Dictionnaire
français
de poche
Collins
Robert

Dictionnaire français de poche Collins Robert

Collins

troisiéme édition 2006

© William Collins Sons & Co. Ltd. et Dictionnaires Le Robert 1984
© HarperCollins Publishers et Dictionnaires Le Robert 1992
© HarperCollins Publishers 2006

HarperCollins Publishers
Westerhill Road, Bishopbriggs, Glasgow G64 2QT
Grande Bretagne

www.collinsdictionaries.ca

Collins® et Bank of English® sont des marques de commerce déposées de
HarperCollins Publishers Limited

HarperCollins Canada Ltd., 2 Bloor Street East,20th floor
Toronto, Ontario M4W 1A8

www.harpercollins.ca

Pierre-Henri Cousin
Lorna Sinclair Knight Lesley Robertson

Collaborateurs
Claude Nimmo Philppe Patry Hélène Lewis Elizabeth Campbell
Renée Birks Jean-François Allain Christine Penman Sabine Citron

Rédaction
Catherine Love Angela Campbell Stephen Clarke Joyce Littlejohn
Megan Thompson Linda Chestnutt

Direction de la rédaction
Vivian Marr

Collaborateurs à la deuxième édition
Catherine E. Love Jennifer Baird Stewart C. Russell Wendy Lee
Callum Brines Jill Williams

Une fiche de catalogue pour ce livre est disponible à la British Library

Tous droits réservés
Composé par Wordcraft, Glasgow
Imprimé et relié aux États-Unis par OPM

Introduction

Nous sommes ravis de votre décision d'acheter le nouveau *Dictionnaire français de poche Collins Robert*. Le but de ce livre est de vous offrir, en un seul volume, un dictionnaire détaillé et un supplément qui vous aideront à vous exprimer de façon simple et correcte dans un langage à la fois courant et naturel.

Dans la partie dictionnaire, vous trouverez :
- une explication approfondie du vocabulaire qui répondra amplement à vos besoins d'examen
- des indications claires de sens et de sujets pour vous guider vers la traduction la plus appropriée
- des phrases idiomatiques modernes illustrant les mots dans leur contexte
- les mots les plus courants dans chaque langue soulignés et expliqués en détail

Le supplément *L'anglais en situation* contient :
- une section expliquant comment construire des phrases, outil de référence inestimable qui vous aidera à construire vos propres phrases
- une section portant sur la correspondance qui offre des modèles de lettres, de demandes d'emploi et de curricula vitae
- une section traitant de la communication par téléphone, par télécopieur et par courrier électronique.

Nous espérons que vous prendrez plaisir à utiliser ce livre et qu'il deviendra un outil de référence précieux pour toutes vos études de la langue anglaise.

Table des matières

Note sur les marques de commerce déposées

Nous avons désigné comme telles les mots qui nous semblent être des marques de commerce déposées. Cependant, ni la présence ni l'absence d'une telle désignation ne doit être interprétée comme affectant le statut légal de toute marque de commerce déposée.

Comment utiliser ce dictionnaire

Vous trouverez ci-dessous une description de la façon dont les renseignements sont présentés dans ce dictionnaire. Notre but est de vous fournir le plus possible de détail de la façon la plus claire et la plus utile.

Les articles

Un article typique de ce dictionnaire sera composé des éléments suivants :

La transcription phonétique

La transcription phonétique apparaît à l'intérieur de crochets tout de suite après le mot en tête. Elle est notée conformément à l'Alphabet phonétique international (API), et une liste complète des symboles employés par ce système se trouve aux pages x et xi.

Les renseignements grammaticaux

Chaque mot appartient à l'une des parties du discours suivantes: le nom, le verbe, l'adjectif, l'adverbe, le pronom, l'article, la conjonction, la préposition, l'abréviation. Les noms peuvent se présenter au singulier ou au pluriel et, en français, au masculin ou au féminin. Les verbes peuvent être transitifs, intransitifs, réfléchis ou impersonnels. Les parties du discours sont indiquées en italique tout de suite après l'orthographe phonétique du mot en tête. Le genre de la traduction apparaît également en italique immédiatement après l'élément clé de la traduction.

   Souvent un mot peut appartenir à plus d'une partie du discours. Tout comme le mot français **rose** peut être un adjectif ou un nom féminin, le mot anglais **rose** peut être un nom ('la rose') ou un verbe (le participe passé de 'to rise'). De même, le verbe **sortir** peut être transitif, c.-à-d. il peut prendre un complément d'objet ('sortir le chien') ou intransitif, c.-à-d. il ne prend pas de complément d'objet ('sortir dîner'). Afin de vous aider à trouver rapidement le sens exact que vous cherchez, et pour des raisons de clarté, les différentes catégories grammaticales sont séparées par un losange noir ◆.

La séparation des sens

La plupart des mots ont plus d'une signification. Par exemple, **bouton** en français peut avoir plusieurs sens, entre autres, une petite pièce ronde servant à décorer des vêtements ou la poignée que l'on tourne sur une porte. D'autres mots se traduisent différemment selon le contexte dans lequel on les utilise. Par exemple, le verbe transitif en français **poser** peut être traduit par «to lay» ou «to ask» selon le complément d'objet utilisé. Afin de vous aider à choisir la traduction la plus appropriée dans chaque contexte, les articles sont présentés selon le sens. Les différentes significations sont désignées par un «indicateur» en italique et notées entre parenthèses. Donc les exemples donnés ci-dessus se présentent de la façon suivante :

bouton *nm* (de vêtement, électrique, etc.) button; (porte) knob
poser *vt* (une moquette) to lay ; (une question) to ask

De la même façon, certains mots prennent un sens spécifique lorsqu'on parle d'un domaine ou d'un sujet particulier. Par exemple, le mot **plateau** en français désignant un support plat s'applique également à un terrain plat. Afin de montrer aux francophones quelle traduction il faut utiliser, nous avons ajouté des «étiquettes de domaine ou de sujet» inscrites en majuscules et indiquées entre parenthèses. Par exemple, (*GÉO*) :

plateau *nm* tray *n*; (GÉO) plain *n*

Les étiquettes de domaine sont souvent abrégées par économie d'espace. Vous trouverez une liste complète des abréviations employées dans ce dictionnaire aux pages viii et ix.

Les traductions

La plupart des mots anglais se traduisent directement en français et inversement, comme on le voit dans les exemples donnés ci-dessus. Cependant, il se peut qu'aucun équivalent n'existe dans la langue cible. Dans ce cas, nous avons proposé un équivalent approximatif indiqué par le signe ≅ Par exemple, l'équivalent approximatif en anglais de **baccalauréat** est «high school diploma». Il n'existe pas d'équivalent exact puisque les deux systèmes d'éducation sont très différents.

baccalauréat *nm* (≅) high school diploma *n*

Il arrive souvent qu'un mot ou le sens particulier d'un mot ne peut pas être traduit isolé de son contexte. Par exemple, la traduction de **l'Anglaise** est «Englishwoman». Pourtant, la phrase **filer à l'anglaise** se traduit par «to take French leave». Même une expression aussi simple que **porte-fenêtre** nécessite une traduction séparée puisque le terme se traduit par «French window» et non pas par «door-window». C'est dans ce genre de situation que ce dictionnaire, riche en mots composés, en phrases et en expressions idiomatiques, s'avérera particulièrement instructif et utile.

Les niveaux de formalité et de familiarité

En français on sait instinctivement quand il faut dire **Je n'ai pas d'argent** et quand il faut dire **Je suis fauché(e)**. Cependant, lorsque vous essayez de comprendre quelqu'un qui parle anglais, ou lorsque vous essayez vous-même de parler anglais, il est important de savoir différencier entre la forme polie et la forme familière ainsi que ce que l'on peut dire dans un contexte décontracté par rapport à un contexte plus formel. Afin de vous aider à faire la distinction entre les niveaux de langue, nous avons ajouté l'étiquette (*col*) dans la section anglais-français du dictionnaire pour indiquer l'aspect familier du sens ou de l'expression en anglais, tandis que la vulgarité d'un sens ou d'une expression est indiquée par un point d'exclamation (*col!*) afin de vous avertir de l'aspect insultant. Remarquez également que dans la section anglais-français, les traductions vulgaires sont suivies d'un point d'exclamation entre parenthèses.

Les mots clés

Nous avons accordé un traitement particulier aux mots portant dans le texte l'étiquette MOT CLÉ, tels que **être** et **faire** ou leurs équivalents anglais **be** et **do**, parce qu'ils constituent les éléments fondamentaux du langage. Cela vous aidera à savoir comment employer ces mots compliqués avec confiance.

Les renseignements culturels

Les articles qui sont séparés du texte principal par une ligne tracée au-dessus et en-dessous expliquent des aspects culturels des pays francophones et anglophones. Les sujets traités comprennent la politique, l'éducation, les média et les fêtes nationales, représentés respectivement par des mots tels que l'**Assemblée nationale**, le **baccalauréat**, la **BBC** et **Halloween**.

ABRÉVIATIONS

ABBREVIATIONS

ABRÉVIATIONS		ABBREVIATIONS
abréviation	ab(b)r	abbreviation
adjectif, locution adjective	adj	adjective, adjectival phrase
administration	ADMIN	administration
adverbe, locution adverbiale	adv	adverb, adverbial phrase
agriculture	AGR	agriculture
anatomie	ANAT	anatomy
architecture	ARCH	architecture
article défini	art déf	definite article
article indéfini	art indéf	indefinite article
automobile	AUT(O)	the motor car and motoring
aviation, voyages aériens	AVIAT	flying, air travel
biologie	BIO(L)	biology
botanique	BOT	botany
anglais de Grande-Bretagne	BRIT	British English
chimie	CHIMIE, CHEM	chemistry
cinéma	CINÉ, CINE	cinema
langue familière (! emploi vulgaire)	col(!)	colloquial usage (! particularly offensive)
commerce, finance, banque	COMM	commerce, finance, banking
informatique	COMPUT	computing
conjonction	conj	conjunction
construction	CONSTR	building
nom utilisé comme adjectif, ne peut s'employer ni comme attribut, ni après le nom qualifié	cpd	compound element: noun used as an adjective and which cannot follow the noun it qualifies
cuisine, art culinaire	CULIN	cookery
article défini	def art	definite article
déterminant: adjectif démonstratif, indéfini etc	dét	determiner: demonstrative etc.
économie	ECON	economics
électricité, électronique	ELEC	electricity, electronics
exclamation, interjection	excl	exclamation, interjection
féminin	f	feminine
langue familière (! emploi vulgaire)	fam(!)	colloquial usage (! particularly offensive)
emploi figuré	fig	figurative use
(verbe anglais) dont la particule est inséparable du verbe	fus	(phrasal verb) where the particle cannot be separated from the main verb
dans la plupart des sens; généralement	gén, gen	in most or all senses; generally
géographie, géologie	GEO	geography, geology
géométrie	GEOM	geometry
histoire	HIST	history
article indéfini	indef art	indefinite article
informatique	INFORM	computing
invariable	inv	invariable
irrégulier	irrég, irreg	irregular
domaine juridique	JUR	law

ABRÉVIATIONS

grammaire, linguistique	LING	grammar, linguistics
masculin	m	masculine
mathématiques, algèbre	MATH	mathematics, calculus
médecine	MÉD, MED	medical term, medicine
masculin ou féminin, suivant le sexe	m/f	either masculine or feminine depending on sex
domaine militaire, armée	MIL	military matters
musique	MUS	music
nom	n	noun
navigation, nautisme	NAVIG, NAUT	sailing, navigation
nom non comptable: ne peut s'utiliser au pluriel	no pl	collective (uncountable) noun: is not used in the plural
nom ou adjectif numéral	num	numeral adjective or noun
	o.s.	oneself
péjoratif	péj, pej	derogatory, pejorative
photographie	PHOT(O)	photography
physiologie	PHYSIOL	physiology
pluriel	pl	plural
politique	POL	politics
participe passé	pp	past participle
préposition	prép, prep	preposition
psychologie, psychiatrie	PSYCH	psychology, psychiatry
temps du passé	pt	past tense
quelque chose	qch	
quelqu'un	qn	
religions, domaine ecclésiastique	REL	religions, church service
	sb	somebody
enseignement, système scolaire et universitaire	SCOL	schooling, schools and universities
singulier	sg	singular
	sth	something
subjonctif	sub	subjunctive
sujet (grammatical)	su(b)j	(grammatical) subject
techniques, technologie	TECH	technical term, technology
télécommunications	TEL	telecommunications
théâtre	THÉÂT, THEAT	theatre
télévision	TV	television
typographie	TYP(O)	typography, printing
anglais des USA	US	American English
verbe	vb	verb
verbe ou groupe verbal à fonction intransitive	vi	verb or phrasal verb used intransitively
verbe ou groupe verbal à fonction transitive	vt	verb or phrasal verb used transitively
zoologie	ZOOL	zoology
marque déposée	®	registered trademark
indique une équivalence culturelle	≃	introduces a cultural equivalent
pas de liaison devant h aspiré	'	no liaison before aspirate h

ABBREVIATIONS

TRANSCRIPTION PHONÉTIQUE

Consonnes | Consonants

NB. p, b, t, d, k, g sont suivis d'une aspiration en anglais.

NB. p, b, t, d, k, g are not aspirated in French.

Français	Symbole	English
poupée	p	puppy
bombe	b	baby
tente thermal	t	tent
dinde	d	daddy
coq qui képi	k	cork kiss chord
gag bague	g	gag guess
sale ce nation	s	so rice kiss
zéro rose	z	cousin buzz
tache chat	ʃ	sheep sugar
gilet juge	ʒ	pleasure beige
	tʃ	church
	dʒ	judge general
fer phare	f	farm raffle
valve	v	very rev
	θ	thin maths
	ð	that other
lent salle	l	little ball
rare rentrer	R	
	r	rat rare
maman femme	m	mummy comb
non nonne	n	no ran
agneau vigne	ɲ	
	ŋ	singing bank
hop!	h	hat reheat
yeux paille pied	j	yet
nouer oui	w	wall bewail
huile lui	ɥ	
	x	loch

Divers | Miscellaneous

Français	Symbole	English
pour l'anglais: le r final se prononce en liaison devant une voyelle	*	
pour l'anglais: précède la syllabe accentuée	'	in French transcription: no liaison before aspirate h

En règle générale, la prononciation est donnée entre crochets après chaque entrée. Toutefois, du côté anglais-français et dans le cas des expressions composées de deux ou plusieurs mots non réunis par un trait d'union et faisant l'objet d'une entrée séparée, la prononciation doit être cherchée sous chacun des mots constitutifs de l'expression en question.

PHONETIC TRANSCRIPTION

Voyelles

NB. La mise en équivalence de certains sons n'indique qu'une ressemblance approximative.

Vowels

NB. The pairing of some vowel sounds only indicates approximate equivalence.

ici vie lyre	i i:	heel bead
	ɪ	hit pity
jouer été	e	
lait jouet merci	ɛ	set tent
plat amour	a æ	bat apple
bas pâte	ɑ ɑ:	after car calm
	ʌ	fun cousin
le premier	ə	over above
beurre peur	œ	
peu deux	ø ə:	urn fern work
or homme	ɔ	wash pot
mot eau gauche	o ɔ:	born cork
genou roue	u	full soot
	u:	boon lewd
rue urne	y	

Diphtongues

Diphthongs

ɪə	beer tier
ɛə	tear fair there
eɪ	date plaice day
aɪ	life buy cry
au	owl foul now
əu	low no
ɔɪ	boil boy oily
uə	poor tour

Nasales

Nasal Vowels

matin plein	ɛ̃
brun	œ̃
sang an dans	ɑ̃
non pont	ɔ̃

In general, we give the pronunciation of each entry in square brackets after the word in question. However, on the English-French side, where the entry is composed of two or more unhyphenated words, each of which is given elsewhere in this dictionary, you will find the pronunciation of each word in its alphabetical position.

FRENCH VERB FORMS

1 Participe présent **2** Participe passé **3** Présent **4** Imparfait **5** Futur **6** Conditionnel **7** Subjonctif présent

acquérir 1 acquérant **2** acquis **3** acquiers, acquérons, acquièrent **4** acquérais **5** acquerrai **7** acquière

ALLER 1 allant **2** allé **3** vais, vas, va, allons, allez, vont **4** allais **5** irai **6** irais **7** aille

asseoir 1 asseyant **2** assis **3** assieds, asseyons, asseyez, asseyent **4** asseyais **5** assiérai **7** asseye

atteindre 1 atteignant **2** atteint **3** atteins, atteignons **4** atteignais **7** atteigne

AVOIR 1 ayant **2** eu **3** ai, as, a, avons, avez, ont **4** avais **5** aurai **6** aurais **7** aie, aies, ait, ayons, ayez, aient

battre 1 battant **2** battu **3** bats, bat, battons **4** battais **7** batte

boire 1 buvant **2** bu **3** bois, buvons, boivent **4** buvais **7** boive

bouillir 1 bouillant **2** bouilli **3** bous, bouillons **4** bouillais **7** bouille

conclure 1 concluant **2** conclu **3** conclus, concluons **4** concluais **7** conclue

conduire 1 conduisant **2** conduit **3** conduis, conduisons **4** conduisais **7** conduise

connaître 1 connaissant **2** connu **3** connais, connaît, connaissons **4** connaissais **7** connaisse

coudre 1 cousant **2** cousu **3** couds, cousons, cousez, cousent **4** cousais **7** couse

courir 1 courant **2** couru **3** cours, courons, courez **5** courrai **7** coure

couvrir 1 couvrant **2** couvert **3** couvre, couvrons **4** couvrais **7** couvre

craindre 1 craignant **2** craint **3** crains, craignons **4** craignais **7** craigne

croire 1 croyant **2** cru **3** crois, croyons, croient **4** croyais **7** croie

croître 1 croissant **2** crû, crue, crus, crues **3** croîs, croissons **4** croissais **7** croisse

cueillir 1 cueillant **2** cueilli **3** cueille, cueillons **4** cueillais **5** cueillerai **7** cueille

devoir 1 devant **2** dû, due, dus, dues **3** dois, devons, doivent **4** devais **5** devrai **7** doive

dire 1 disant **2** dit **3** dis, disons, dites, disent **4** disais **7** dise

dormir 1 dormant **2** dormi **3** dors, dormons **4** dormais **7** dorme

écrire 1 écrivant **2** écrit **3** écris, écrivons **4** écrivais **7** écrive

ÊTRE 1 étant **2** été **3** suis, es, est, sommes, êtes, sont **4** étais **5** serai **6** serais **7** sois, sois, soit, soyons, soyez, soient

φαιre 1 faisant **2** fait **3** fais, fais, fait, faisons, faites, font **4** faisais **5** ferai **6** ferais **7** fasse

falloir 2 fallu **3** faut **4** fallait **5** faudra **7** faille

FINIR 1 finissant **2** fini **3** finis, finis, finit, finissons, finissez, finissent **4** finissais **5** finirai **6** finirais **7** finisse

fuir 1 fuyant **2** fui **3** fuis, fuyons, fuient **4** fuyais **7** fuie

joindre 1 joignant **2** joint **3** joins, joignons **4** joignais **7** joigne

lire 1 lisant **2** lu **3** lis, lisons **4** lisais **7** lise

luire 1 luisant **2** lui **3** luis, luisons **4** luisais **7** luise

maudire 1 maudissant **2** maudit **3** maudis, maudissons **4** maudissait **7** maudisse

mentir 1 mentant **2** menti **3** mens, mentons **4** mentais **7** mente

mettre 1 mettant **2** mis **3** mets, mettons **4** mettais **7** mette

1 Participe présent **2** Participe passé **3** Présent **4** Imparfait **5** Futur **6** Conditionnel **7** Subjonctif présent

mourir 1 mourant **2** mort **3** meurs, mourons, meurent **4** mourais **5** mourrai **7** meure

naître 1 naissant **2** né **3** nais, naît, naissons **4** naissais **7** naisse

offrir 1 offrant **2** offert **3** offre, offrons **4** offrais **7** offre

PARLER 1 parlant **2** parlé **3** parle, parles, parle, parlons, parlez, parlent **4** parlais, parlais, parlait, parlions, parliez, parlaient **5** parlerai, parleras, parlera, parlerons, parlerez, parleront **6** parlerais, parlerais, parlerait, parlerions, parleriez, parleraient **7** parle, parles, parle, parlions, parliez, parlent *impératif* parle! parlez!

partir 1 partant **2** parti **3** pars, partons **4** partais **7** parte

plaire 1 plaisant **2** plu **3** plais, plaît, plaisons **4** plaisais **7** plaise

pleuvoir 1 pleuvant **2** plu **3** pleut, pleuvent **4** pleuvait **5** pleuvra **7** pleuve

pourvoir 1 pourvoyant **2** pourvu **3** pourvois, pourvoyons, pourvoient **4** pourvoyais **7** pourvoie

pouvoir 1 pouvant **2** pu **3** peux, peut, pouvons, peuvent **4** pouvais **5** pourrai **7** puisse

prendre 1 prenant **2** pris **3** prends, prenons, prennent **4** prenais **7** prenne

prévoir *like* voir **5** prévoirai

RECEVOIR 1 recevant **2** reçu **3** reçois, reçois, reçoit, recevons, recevez, reçoivent **4** recevais **5** recevrai **6** recevrais **7** reçoive

RENDRE 1 rendant **2** rendu **3** rends, rends, rend, rendons, rendez, rendent **4** rendais **5** rendrai **6** rendrais **7** rende

résoudre 1 résolvant **2** résolu **3** résous, résout, résolvons **4** résolvais **7** résolve

rire 1 riant **2** ri **3** ris, rions **4** riais **7** rie

savoir 1 sachant **2** su **3** sais, savons, savent **4** savais **5** saurai **7** sache *impératif* sache, sachons, sachez

servir 1 servant **2** servi **3** sers, servons **4** servais **7** serve

sortir 1 sortant **2** sorti **3** sors, sortons **4** sortais **7** sorte

souffrir 1 souffrant **2** souffert **3** souffre, souffrons **4** souffrais **7** souffre

suffire 1 suffisant **2** suffi **3** suffis, suffisons **4** suffisais **7** suffise

suivre 1 suivant **2** suivi **3** suis, suivons **4** suivais **7** suive

taire 1 taisant **2** tu **3** tais, taisons **4** taisais **7** taise

tenir 1 tenant **2** tenu **3** tiens, tenons, tiennent **4** tenais **5** tiendrai **7** tienne

vaincre 1 vainquant **2** vaincu **3** vaincs, vainc, vainquons **4** vainquais **7** vainque

valoir 1 valant **2** valu **3** vaux, vaut, valons **4** valais **5** vaudrai **7** vaille

venir 1 venant **2** venu **3** viens, venons, viennent **4** venais **5** viendrai **7** vienne

vivre 1 vivant **2** vécu **3** vis, vivons **4** vivais **7** vive

voir 1 voyant **2** vu **3** vois, voyons, voient **4** voyais **5** verrai **7** voie

vouloir 1 voulant **2** voulu **3** veux, veut, voulons, veulent **4** voulais **5** voudrai **7** veuille *impératif* veuillez

LES NOMBRES		NUMBERS
un (une)	1	one
deux	2	two
trois	3	three
quatre	4	four
cinq	5	five
six	6	six
sept	7	seven
huit	8	eight
neuf	9	nine
dix	10	ten
onze	11	eleven
douze	12	twelve
treize	13	thirteen
quatorze	14	fourteen
quinze	15	fifteen
seize	16	sixteen
dix-sept	17	seventeen
dix-huit	18	eighteen
dix-neuf	19	nineteen
vingt	20	twenty
vingt et un (une)	21	twenty-one
vingt-deux	22	twenty-two
trente	30	thirty
quarante	40	forty
cinquante	50	fifty
soixante	60	sixty
soixante-dix	70	seventy
soixante et onze	71	seventy-one
soixante-douze	72	seventy-two
quatre-vingts	80	eighty
quatre-vingt-un (-une)	81	eighty-one
quatre-vingt-dix	90	ninety
quatre-vingt-onze	91	ninety-one
cent	100	a hundred
cent un (une)	101	a hundred and one
trois cents	300	three hundred
trois cent un (une)	301	three hundred and one
mille	1 000	a thousand
un million	1 000 000	a million

LES NOMBRES

premier (première), 1er
deuxième, 2e *or* 2ème
troisième, 3e *or* 3ème
quatrième
cinquième
sixième
septième
huitième
neuvième
dixième
onzième
douzième
treizième
quatorzième
quinzième
seizième
dix-septième
dix-huitième
dix-neuvième
vingtième
vingt-et-unième
vingt-deuxième
trentième
centième
cent-unième
millième

NUMBERS

first, 1st
second, 2nd
third, 3rd
fourth, 4th
fifth, 5th
sixth, 6th
seventh
eighth
ninth
tenth
eleventh
twelfth
thirteenth
fourteenth
fifteenth
sixteenth
seventeenth
eighteenth
nineteenth
twentieth
twenty-first
twenty-second
thirtieth
hundredth
hundred-and-first
thousandth

L'HEURE

quelle heure est-il?

il est ...

minuit	midnight
une heure (du matin)	one o'clock (in the morning), one (am)
une heure cinq	five past one
une heure dix	ten past one
une heure et quart	a quarter past one, one fifteen
une heure vingt-cinq	twenty-five past one, one twenty-five
une heure et demie, une heure trente	half past one, one thirty
deux heures moins vingt-cinq, une heure trente-cinq	twenty-five to two, one thirty-five
deux heures moins vingt, une heure quarante	twenty to two, one forty
deux heures moins le quart, une heure quarante-cinq	a quarter to two, one forty-five
deux heures moins dix, une heure cinquante	ten to two, one fifty
midi	twelve o'clock, midday, noon
deux heures (de l'après-midi)	two o'clock (in the afternoon), two (pm)
sept heures (du soir)	seven o'clock (in the evening), seven (pm)

à quelle heure?

at what time?

à minuit	at midnight
à sept heures	at seven o'clock
à une heure	at one o'clock
dans vingt minutes	in twenty minutes
il y a dix minutes	ten minutes ago

LA DATE

THE DATE

aujourd'hui	today
demain	tomorrow
après-demain	the day after tomorrow
hier	yesterday
avant-hier	the day before yesterday
la veille	the day before, the previous day

le lendemain	the next *or* following day
le matin	morning
le soir	evening
ce matin	this morning
ce soir	this evening
cet après-midi	this afternoon
hier matin	yesterday morning
hier soir	yesterday evening
demain matin	tomorrow morning
demain soir	tomorrow evening
dans la nuit du samedi au dimanche	during Saturday night, during the night of Saturday to Sunday
il viendra samedi	he's coming on Saturday
le samedi	on Saturdays
tous les samedis	every Saturday
samedi passé *ou* dernier	last Saturday
samedi prochain	next Saturday
samedi en huit	a week on Saturday
samedi en quinze	a fortnight *or* two weeks on Saturday
du lundi au samedi	from Monday to Saturday
tous les jours	every day
une fois par semaine	once a week
une fois par mois	once a month
deux fois par semaine	twice a week
il y a une semaine *ou* huit jours	a week ago
il y a quinze jours	a fortnight *or* two weeks ago
l'année passée *ou* dernière	last year
dans deux jours	in two days
dans huit jours *ou* une semaine	in a week
dans quinze jours	in a fortnight *or* two weeks
le mois prochain	next month
l'année prochaine	next year

quel jour sommes-nous? / *what day is it?*

le 1er/24 octobre 1996	the 1st/24th of October 1996, October 1st/24th 1996
en 1996	in 1996
mille neuf cent quatre-vingt seize	nineteen ninety-six
44 av. J.-C.	44 BC
14 apr. J.-C.	14 AD
au XIXe (siècle)	in the nineteenth century
dans les années trente	in the thirties
il était une fois …	once upon a time …

FRANÇAIS-ANGLAIS
FRENCH-ENGLISH

— A a —

a [a] *vb voir* **avoir**

à [a] (*à* + *le* = **au**, *à* + *les* = **aux**) *prép* **1** (*endroit, situation*) at, in; **être à Paris/au Portugal** to be in Paris/Portugal; **être à la maison/à l'école** to be at home/at school; **à la campagne** in the country; **c'est à 10 m/km/à 20 minutes (d'ici)** it's 10 m/km/20 minutes away

2 (*direction*) to; **aller à Paris/au Portugal** to go to Paris/Portugal; **aller à la maison/à l'école** to go home/to school; **à la campagne** to the country

3 (*temps*): **à 3 heures/minuit** at 3 o'clock/midnight; **au printemps** in the spring; **au mois de juin** in June; **au départ** at the start, at the outset; **à demain/la semaine prochaine!** see you tomorrow/next week!; **visites de 5 heures à 6 heures** visiting from 5 to *ou* till 6 o'clock

4 (*attribution, appartenance*) to; **le livre est à Paul/à lui/à nous** this book is Paul's/his/ours; **donner qch à qn** to give sth to sb; **un ami à moi** a friend of mine; **c'est à moi de le faire** it's up to me to do it

5 (*moyen*) with; **se chauffer au gaz** to have gas heating; **à bicyclette** on a *ou* by bicycle; **à la main/machine** by hand/machine; **à la télévision/la radio** on television/the radio

6 (*provenance*) from; **boire à la bouteille** to drink from the bottle

7 (*caractérisation, manière*): **l'homme aux yeux bleus** the man with the blue eyes; **à la russe** the Russian way; **glace à la framboise** raspberry ice cream

8 (*but, destination*): **tasse à café** coffee cup; **maison à vendre** house for sale; **problème à régler** problem to sort out

9 (*rapport, évaluation, distribution*): **100 km/unités à l'heure** 100 km/units per *ou* an hour; **payé à l'heure** paid by the hour; **cinq à six** five to six

10 (*conséquence, résultat*): **à ce qu'il prétend** according to him; **à leur grande surprise** much to their surprise; **à nous trois nous n'avons pas su le faire** we couldn't do it even between the three of us; **ils sont arrivés à 4** 4 of them arrived (together)

abaisser [abese] *vt* to lower, bring down; (*manette*) to pull down; (*fig*) to debase; to humiliate; **s'abaisser** *vi* to go down; (*fig*) to demean o.s.; **s'abaisser à faire/à qch** to stoop *ou* descend to doing/to sth

abandon [abɑ̃dɔ̃] *nm* abandoning; deserting; giving up; withdrawal; surrender, relinquishing; (*fig*) lack of constraint; relaxed pose *ou* mood; **être à l'abandon** to be in a state of neglect; **laisser à l'abandon** to abandon

abandonner [abɑ̃dɔne] *vt* to leave, abandon, desert; (*projet, activité*) to abandon, give up; (*SPORT*) to retire *ou* withdraw from; (*céder*) to surrender, relinquish; **s'abandonner** *vi* to let o.s. go; **s'abandonner à** (*paresse, plaisirs*) to give o.s. up to; **abandonner qch à qn** to give sth up to sb

abasourdir [abazurdir] *vt* to stun, stagger

abat-jour [abaʒur] *nm inv* lampshade

abats [aba] *vb voir* **abattre** ♦ *nmpl* (*de bœuf, porc*) offal *sg* (*BRIT*), entrails (*US*); (*de volaille*) giblets

abattement [abatmɑ̃] *nm* (*physique*) enfeeblement; (*moral*) dejection, despondency; (*déduction*) reduction; **abattement fiscal** = tax allowance

abattoir [abatwar] *nm* abattoir (*BRIT*), slaughterhouse

abattre [abatr(ə)] *vt* (*arbre*) to cut down, fell; (*mur, maison*) to pull down; (*avion, personne*) to shoot down; (*animal*) to shoot, kill; (*fig: physiquement*) to wear out, tire out; (: *moralement*) to demoralize; **s'abattre** *vi* to crash down; **s'abattre sur** (*pluie*) to beat down on; (: *coups, injures*) to rain down on; **abattre ses cartes** (*aussi fig*) to lay one's cards on the table; **abattre du travail** *ou* **de la besogne** to get through a lot of work

abbaye [abei] *nf* abbey

abbé [abe] *nm* priest; (*d'une abbaye*) abbot; **M l'abbé** Father

abcès [apsɛ] *nm* abscess

abdiquer [abdike] *vi* to abdicate ♦ *vt* to renounce, give up

abdominal, e, aux [abdɔminal, -o] *adj* abdominal ♦ *nmpl*: **faire des abdominaux** to do exercises for the stomach muscles

abeille [abɛj] *nf* bee

aberrant, e [aberɑ̃, -ɑ̃t] *adj* absurd

aberration [abɛʀɑsjɔ̃] nf aberration

abêtir [abetiʀ] vt to make morons (ou a moron) of

abîme [abim] nm abyss, gulf

abîmer [abime] vt to spoil, damage; **s'abîmer** vi to get spoilt ou damaged; (fruits) to spoil; (tomber) to sink, founder; **s'abîmer les yeux** to ruin one's eyes ou eyesight

ablation [ablɑsjɔ̃] nf removal

aboiement [abwamɑ̃] nm bark, barking no pl

abois [abwa] nmpl: **aux abois** at bay

abolir [abɔliʀ] vt to abolish

abominable [abɔminabl(ə)] adj abominable

abondance [abɔ̃dɑ̃s] nf abundance; (richesse) affluence; **en abondance** in abundance

abondant, e [abɔ̃dɑ̃, -ɑ̃t] adj plentiful, abundant, copious

abonder [abɔ̃de] vi to abound, be plentiful; **abonder en** to be full of, abound in; **abonder dans le sens de qn** to concur with sb

abonné, e [abɔne] nm/f subscriber; season ticket holder ♦ adj: **être abonné à un journal** to subscribe to ou have a subscription to a periodical; **être abonné au téléphone** to be on the (tele)phone

abonnement [abɔnmɑ̃] nm subscription; (pour transports en commun, concerts) season ticket

abonner [abɔne] vt: **s'abonner à** to subscribe to, take out a subscription to

abord [abɔʀ] nm: **être d'un abord facile** to be approachable; **être d'un abord difficile** (personne) to be unapproachable; (lieu) to be hard to reach ou difficult to get to; **de prime abord, au premier abord** at first sight; **d'abord** adv first; **tout d'abord** first of all

abordable [abɔʀdabl(ə)] adj (personne) approachable; (marchandise) reasonably priced; (prix) affordable, reasonable

aborder [abɔʀde] vi to land ♦ vt (sujet, difficulté) to tackle; (personne) to approach; (rivage etc) to reach; (NAVIG: attaquer) to board; (: heurter) to collide with

aboutir [abutiʀ] vi (négociations etc) to succeed; (abcès) to come to a head; **aboutir à/dans/sur** to end up at/in/on

aboyer [abwaje] vi to bark

abréger [abʀeʒe] vt (texte) to shorten, abridge; (mot) to shorten, abbreviate; (réunion, voyage) to cut short, shorten

abreuver [abʀœve] vt to water; (fig): **abreuver qn de** to shower ou swamp sb with; (injures etc) to shower sb with; **s'abreuver** vi to drink

abreuvoir [abʀœvwaʀ] nm watering place

abréviation [abʀevjɑsjɔ̃] nf abbreviation

abri [abʀi] nm shelter; **à l'abri** under cover; **être/ se mettre à l'abri** to be/get under cover ou shelter; **à l'abri de** sheltered from; (fig) safe from

abricot [abʀiko] nm apricot

abriter [abʀite] vt to shelter; (loger) to accommo-date; **s'abriter** to shelter, take cover

abrupt, e [abʀypt] adj sheer, steep; (ton) abrupt

abruti, e [abʀyti] nm/f (fam) idiot, moron

absence [apsɑ̃s] nf absence; (MÉD) blackout; (distraction) mental blank; **en l'absence de** in the absence of

absent, e [apsɑ̃, -ɑ̃t] adj absent; (chose) missing, lacking; (distrait: air) vacant, faraway ♦ nm/f absentee

absenter [apsɑ̃te]: **s'absenter** vi to take time off work; (sortir) to leave, go out

absolu, e [apsɔly] adj absolute; (caractère) rigid, uncompromising ♦ nm (PHILOSOPHIE): **l'absolu** the Absolute; **dans l'absolu** in the absolute, in a vacuum

absolument [apsɔlymɑ̃] adv absolutely

absorbant, e [apsɔʀbɑ̃, -ɑ̃t] adj absorbent; (tâche) absorbing, engrossing

absorber [apsɔʀbe] vt to absorb; (gén MÉD: manger, boire) to take; (ÉCON: firme) to take over, absorb

abstenir [apstəniʀ]: **s'abstenir** vi (POL) to abstain; **s'abstenir de qch/de faire** to refrain from sth/ from doing

abstraction [apstʀaksjɔ̃] nf abstraction; **faire abstraction de** to set ou leave aside; **abstraction faite de …** leaving aside …

abstrait, e [apstʀɛ, -ɛt] pp de **abstraire** ♦ adj abstract ♦ nm: **dans l'abstrait** in the abstract

absurde [apsyʀd(ə)] adj absurd ♦ nm absurdity; (PHILOSOPHIE): **l'absurde** absurd; **par l'absurde** ad absurdio

abus [aby] nm (excès) abuse, misuse; (injustice) abuse; **abus de confiance** breach of trust; (détournement de fonds) embezzlement

abuser [abyze] vi to go too far, overstep the mark ♦ vt to deceive, mislead; **s'abuser** vi (se méprendre) to be mistaken; **abuser de** vt (force, droit) to misuse; (alcool) to take to excess; (violer, duper) to take advantage of

abusif, ive [abyzif, -iv] adj exorbitant; (punition) excessive; (pratique) improper

acabit [akabi] nm: **du même acabit** of the same type

académie [akademi] nf (société) learned society; (école: d'art, de danse) academy; (ART: nu) nude; (SCOL: circonscription) = regional education authority; **l'Académie (française)** the French Academy; see boxed note

ACADÉMIE FRANÇAISE

The **Académie française** was founded by Cardinal Richelieu in 1635, during the reign of Louis XIII. It is made up of forty elected scholars and writers who are known as 'les Quarante' or 'les Immortels'. One of the **Académie**'s functions is to keep an eye on the development of the French language, and its recommendations are frequently the subject of lively public debate. It has produced several editions of its famous dictionary and also awards various literary prizes.

acajou [akaʒu] nm mahogany

acariâtre [akaRjɑtR(ə)] adj sour(-tempered) (BRIT), cantankerous

accablant, e [akablɑ̃, -ɑ̃t] adj (témoignage, preuve) overwhelming

accablement [akabləmɑ̃] nm deep despondency

accabler [akable] vt to overwhelm, overcome; (suj: témoignage) to condemn, damn; **accabler qn d'injures** to heap ou shower abuse on sb; **accabler qn de travail** to overburden sb with work; **accablé de dettes/soucis** weighed down with debts/cares

accalmie [akalmi] nf lull

accaparer [akapare] vt to monopolize; (suj: travail etc) to take up (all) the time ou attention of

accéder [aksede]: **accéder à** vt (lieu) to reach; (fig: pouvoir) to accede to; (: poste) to attain; (accorder: requête) to grant, accede to

accélérateur [akseleRatœR] nm accelerator

accélération [akseleRasjɔ̃] nf speeding up; acceleration

accélérer [akselere] vt (mouvement, travaux) to speed up ♦ vi (AUTO) to accelerate

accent [aksɑ̃] nm accent; (inflexions expressives) tone (of voice); (PHONÉTIQUE, fig) stress; **aux accents de** (musique) to the strains of; **mettre l'accent sur** (fig) to stress; **accent aigu/grave/circonflexe** acute/grave/circumflex accent

accentuer [aksɑ̃tɥe] vt (LING: orthographe) to accent; (: phonétique) to stress, accent; (fig) to accentuate, emphasize; (: effort, pression) to increase; **s'accentuer** vi to become more marked ou pronounced

acceptation [akseptasjɔ̃] nf acceptance

accepter [aksepte] vt to accept; (tolérer): **accepter que qn fasse** to agree to sb doing; **accepter de faire** to agree to do

accès [aksɛ] nm (à un lieu, INFORM) access; (MÉD) attack; (: de toux) fit, bout ♦ nmpl (routes etc) means of access, approaches; **d'accès facile/malaisé** easily/not easily accessible; **donner accès à** (lieu) to give access to; (carrière) to open the door to; **avoir accès auprès de qn** to have access to sb; **l'accès aux quais est interdit aux personnes non munies d'un billet** ticket-holders only on platforms, no access to platforms without a ticket; **accès de colère** fit of anger; **accès de joie** burst of joy

accessible [aksesibl(ə)] adj accessible; (personne) approachable; (livre, sujet): **accessible à qn** within the reach of sb; (sensible): **accessible à la pitié/l'amour** open to pity/love

accessoire [akseswaR] adj secondary, of secondary importance; (frais) incidental ♦ nm accessory; (THÉÂT) prop

accident [aksidɑ̃] nm accident; **par accident** by chance; **accident de parcours** mishap; **accident de la route** road accident; **accident du travail**

accident at work; industrial injury ou accident; **accidents de terrain** unevenness of the ground

accidenté, e [aksidɑ̃te] adj damaged ou injured (in an accident); (relief, terrain) uneven; hilly

accidentel, le [aksidɑ̃tɛl] adj accidental

acclamation [aklamasjɔ̃] nf: **par acclamation** (vote) by acclamation; **acclamations** nfpl cheers, cheering sg

acclamer [aklame] vt to cheer, acclaim

acclimater [aklimate] vt to acclimatize; **s'acclimater** vi to become acclimatized

accolade [akɔlad] nf (amicale) embrace; (signe) brace; **donner l'accolade à qn** to embrace sb

accommodant, e [akɔmɔdɑ̃, -ɑ̃t] adj accommodating, easy-going

accommoder [akɔmɔde] vt (CULIN) to prepare; (points de vue) to reconcile; **accommoder qch à** (adapter) to adapt sth to; **s'accommoder de** to put up with; (se contenter de) to make do with; **s'accommoder à** (s'adapter) to adapt to

accompagnateur, trice [akɔ̃paɲatœR, -tRis] nm/f (MUS) accompanist; (de voyage) guide; (de voyage organisé) courier; (d'enfants) accompanying adult

accompagner [akɔ̃paɲe] vt to accompany, be ou go ou come with; (MUS) to accompany; **s'accompagner de** to bring, be accompanied by

accompli, e [akɔ̃pli] adj accomplished

accomplir [akɔ̃pliR] vt (tâche, projet) to carry out; (souhait) to fulfil; **s'accomplir** vi to be fulfilled

accord [akɔR] nm (entente, convention, LING) agreement; (entre des styles, tons etc) harmony; (consentement) agreement, consent; (MUS) chord; **donner son accord** to give one's agreement; **mettre 2 personnes d'accord** to make 2 people come to an agreement, reconcile 2 people; **se mettre d'accord** to come to an agreement (with each other); **être d'accord** to agree; **être d'accord avec qn** to agree with sb; **d'accord!** OK!, right!; **d'un commun accord** of one accord; **accord parfait** (MUS) tonic chord

accordéon [akɔRdeɔ̃] nm (MUS) accordion

accorder [akɔRde] vt (faveur, délai) to grant; (attribuer): **accorder de l'importance/de la valeur à qch** to attach importance/value to sth; (harmoniser) to match; (MUS) to tune; **s'accorder** to get on together; (être d'accord) to agree; (couleurs, caractères) to go together, match; (LING) to agree; **je vous accorde que ...** I grant you that ...

accoster [akɔste] vt (NAVIG) to draw alongside; (personne) to accost ♦ vi (NAVIG) to berth

accotement [akɔtmɑ̃] nm (de route) verge (BRIT), shoulder; **accotement stabilisé/non stabilisé** hard shoulder/soft verge ou shoulder

accouchement [akuʃmɑ̃] nm delivery, (child)birth; (travail) labour (BRIT), labor (US); **accouchement à terme** delivery at (full) term; **accouchement sans douleur** natural childbirth

accoucher [akuʃe] *vi* to give birth, have a baby; (*être en travail*) to be in labour (*BRIT*) *ou* labor (*US*) ♦ *vt* to deliver; **accoucher d'un garçon** to give birth to a boy

accoucheur [akuʃœʀ] *nm*: (**médecin**) **accoucheur** obstetrician

accouder [akude]: **s'accouder** *vi*: **s'accouder à/contre/sur** to rest one's elbows on/against/on; **accoudé à la fenêtre** leaning on the windowsill

accoudoir [akudwaʀ] *nm* armrest

accoupler [akuple] *vt* to couple; (*pour la reproduction*) to mate; **s'accoupler** to mate

accourir [akuʀiʀ] *vi* to rush *ou* run up

accoutrement [akutʀəmɑ̃] *nm* (*péj*) getup (*BRIT*), outfit

accoutumance [akutymɑ̃s] *nf* (*gén*) adaptation; (*MÉD*) addiction

accoutumé, e [akutyme] *adj* (*habituel*) customary, usual; **comme à l'accoutumée** as is customary *ou* usual

accoutumer [akutyme] *vt*: **accoutumer qn à qch/faire** to accustom sb to sth/to doing; **s'accoutumer à** to get accustomed *ou* used to

accréditer [akʀedite] *vt* (*nouvelle*) to substantiate; **accréditer qn (auprès de)** to accredit sb (to)

accroc [akʀo] *nm* (*déchirure*) tear; (*fig*) hitch, snag; **sans accroc** without a hitch; **faire un accroc à** (*vêtement*) to make a tear in, tear; (*fig: règle etc*) to infringe

accrochage [akʀɔʃaʒ] *nm* hanging (up); hitching (up); (*AUTO*) (minor) collision; (*MIL*) encounter, engagement; (*dispute*) clash, brush

accrocher [akʀɔʃe] *vt* (*suspendre*): **accrocher qch à** to hang sth (up) on; (*attacher: remorque*): **accrocher qch à** to hitch sth (up) to; (*heurter*) to catch; to hit; (*déchirer*): **accrocher qch (à)** to catch sth (on); *vi* to engage; (*fig*) to catch, attract ♦ *vi* to stick, get stuck; (*fig: pourparlers etc*) to hit a snag; (*plaire: disque etc*) to catch on; **s'accrocher** (*se disputer*) to have a clash *ou* brush; (*ne pas céder*) to hold one's own, hang on in (*fam*) **s'accrocher à** (*rester pris à*) to catch on; (*agripper, fig*) to hang on *ou* cling to

accroissement [akʀwasmɑ̃] *nm* increase

accroître [akʀwatʀ(ə)] *vt*, **s'accroître** *vi* to increase

accroupir [akʀupiʀ]: **s'accroupir** *vi* to squat, crouch (down)

accru, e [akʀy] *pp* de **accroître**

accueil [akœj] *nm* welcome; (*endroit*) reception (desk); (: *dans une gare*) information kiosk; **comité/centre d'accueil** reception committee/centre

accueillant, e [akœjɑ̃, -ɑ̃t] *adj* welcoming, friendly

accueillir [akœjiʀ] *vt* to welcome; (*loger*) to accommodate

acculer [akyle] *vt*: **acculer qn à** *ou* **contre** to drive sb back against; **acculer qn dans** to corner sb in;

acculer qn à (*faillite*) to drive sb to the brink of

accumuler [akymyle] *vt* to accumulate, amass; **s'accumuler** *vi* to accumulate; to pile up

accusation [akyzasjɔ̃] *nf* (*gén*) accusation; (*JUR*) charge; (*partie*): **l'accusation** the prosecution; **mettre en accusation** to indict; **acte d'accusation** bill of indictment

accusé, e [akyze] *nm/f* accused; (*prévenu(e)*) defendant ♦ *nm*: **accusé de réception** acknowledgement of receipt

accuser [akyze] *vt* to accuse; (*fig*) to emphasize, bring out; (: *montrer*) to show; **s'accuser** *vi* (*s'accentuer*) to become more marked; **accuser qn de** to accuse sb of; (*JUR*) to charge sb with; **accuser qn/qch de qch** (*rendre responsable*) to blame sb/sth for sth; **s'accuser de qch/d'avoir fait qch** to admit sth/having done sth; to blame o.s. for sth/for having done sth; **accuser réception de** to acknowledge receipt of; **accuser le coup** (*aussi fig*) to be visibly affected

acerbe [asɛʀb(ə)] *adj* caustic, acid

acéré, e [aseʀe] *adj* sharp

acharné, e [aʃaʀne] *adj* (*lutte, adversaire*) fierce, bitter; (*travail*) relentless, unremitting

acharner [aʃaʀne]: **s'acharner** *vi*: **s'acharner sur** to go at fiercely, hound; **s'acharner contre** to set o.s. against; to dog, pursue; (*suj: malchance*) to hound; **s'acharner à faire** to try doggedly to do; to persist in doing

achat [aʃa] *nm* buying *no pl*; (*article acheté*) purchase; **faire l'achat de** to buy, purchase; **faire des achats** to do some shopping, buy a few things

acheminer [aʃmine] *vt* (*courrier*) to forward, dispatch; (*troupes*) to convey, transport; (*train*) to route; **s'acheminer vers** to head for

acheter [aʃte] *vt* to buy, purchase; (*soudoyer*) to buy, bribe; **acheter qch à** (*marchand*) to buy *ou* purchase sth from; (*ami etc: offrir*) to buy sth for; **acheter à crédit** to buy on credit

acheteur, euse [aʃtœʀ, -øz] *nm/f* buyer; shopper; (*COMM*) buyer; (*JUR*) vendee, purchaser

achever [aʃve] *vt* to complete, finish; (*blessé*) to finish off; **s'achever** *vi* to end

acide [asid] *adj* sour, sharp; (*ton*) acid, biting; (*CHIMIE*) acid(ic) ♦ *nm* acid

acidulé, e [asidyle] *adj* slightly acid; **bonbons acidulés** acid drops (*BRIT*), = lemon drops (*US*)

acier [asje] *nm* steel; **acier inoxydable** stainless steel

aciérie [asjeʀi] *nf* steelworks *sg*

acné [akne] *nf* acne

acolyte [akɔlit] *nm* (*péj*) associate

acompte [akɔ̃t] *nm* deposit; (*versement régulier*) instalment; (*sur somme due*) payment on account; (*sur salaire*) advance; **un acompte de 100 F** 100 F on account

à-côté [akote] *nm* side-issue; (*argent*) extra

à-coup [aku] *nm* (*du moteur*) (hic)cough; (*fig*) jolt;

sans à-coups smoothly; **par à-coups** by fits and starts

acoustique [akustik] *nf* (*d'une salle*) acoustics *pl*; (*science*) acoustics *sg* ♦ *adj* acoustic

acquéreur [akerœr] *nm* buyer, purchaser; **se porter/se rendre acquéreur de qch** to announce one's intention to purchase/to purchase sth

acquérir [akerir] *vt* to acquire; (*par achat*) to purchase, acquire; (*valeur*) to gain; (*résultats*) to achieve; **ce que ses efforts lui ont acquis** what his efforts have won *ou* gained (for) him

acquis, e [aki, -iz] *pp de* **acquérir** ♦ *nm* (accumulated) experience; (*avantage*) gain ♦ *adj* (*voir acquérir*) acquired; gained; achieved; **être acquis à** (*plan, idée*) to be in full agreement with; **son aide nous est acquise** we can count on *ou* be sure of his help; **tenir qch pour acquis** to take sth for granted

acquit [aki] *vb voir* **acquérir** ♦ *nm* (*quittance*) receipt; **pour acquit** received; **par acquit de conscience** to set one's mind at rest

acquitter [akite] *vt* (*JUR*) to acquit; (*facture*) to pay, settle; **s'acquitter de** to discharge; (*promesse, tâche*) to fulfil (*BRIT*), fulfill (*US*), carry out

âcre [akr(ə)] *adj* acrid, pungent

acrobate [akrɔbat] *nm/f* acrobat

acrobatie [akrɔbasi] *nf* (*art*) acrobatics *sg*; (*exercice*) acrobatic feat; **acrobatie aérienne** aerobatics *sg*

acte [akt(ə)] *nm* act, action; (*THÉAT*) act; **actes** *nmpl* (*compte-rendu*) proceedings; **prendre acte de** to note, take note of; **faire acte de présence** to put in an appearance; **faire acte de candidature** to submit an application; **acte d'accusation** charge (*BRIT*), bill of indictment; **acte de baptême** baptismal certificate; **acte de mariage/naissance** marriage/birth certificate; **acte de vente** bill of sale

acteur [aktœr] *nm* actor

actif, ive [aktif, -iv] *adj* active ♦ *nm* (*COMM*) assets *pl*; (*LING*) active (voice); (*fig*): **avoir à son actif** to have to one's credit; **actifs** *nmpl* people in employment; **mettre à son actif** to add to one's list of achievements; **l'actif et le passif** assets and liabilities; **prendre une part active à qch** to take an active part in sth; **population active** working population

action [aksjɔ̃] *nf* (*gén*) action; (*COMM*) share; **une bonne/mauvaise action** a good/an unkind deed; **mettre en action** to put into action; **passer à l'action** to take action; **sous l'action de** under the effect of; **l'action syndicale** (the) union action; **un film d'action** an action film *ou* movie; **action en diffamation** libel action; **action de grâce(s)** (*REL*) thanksgiving

actionnaire [aksjɔner] *nm/f* shareholder

actionner [aksjɔne] *vt* to work; to activate; to operate

activer [aktive] *vt* to speed up; (*CHIMIE*) to activate;

s'activer *vi* (*s'affairer*) to bustle about; (*se hâter*) to hurry up

activité [aktivite] *nf* activity; **en activité** (*volcan*) active; (*fonctionnaire*) in active life; (*militaire*) on active service

actrice [aktris] *nf* actress

actualiser [aktualize] *vt* to actualize; (*mettre à jour*) to bring up to date

actualité [aktualite] *nf* (*d'un problème*) topicality; (*événements*): **l'actualité** current events; **les actualités** (*CINÉ, TV*) the news; **l'actualité politique/sportive** the political/sports *ou* sporting news; **les actualités télévisées** the television news; **d'actualité** topical

actuel, le [aktɥɛl] *adj* (*présent*) present; (*d'actualité*) topical; (*non virtuel*) actual; **à l'heure actuelle** at this moment in time, at the moment

actuellement [aktɥɛlmɑ̃] *adv* at present, at the present time

acuité [akɥite] *nf* acuteness

acuponcteur, acupuncteur [akypɔ̃ktœr] *nm* acupuncturist

acuponcture, acupuncture [akypɔ̃ktyr] *nf* acupuncture

adaptateur, trice [adaptatœr, -tris] *nm/f* adapter

adapter [adapte] *vt* to adapt; **s'adapter (à)** (*suj: personne*) to adapt (to); (: *objet, prise etc*) to apply (to); **adapter qch à** (*approprier*) to adapt sth to (fit); **adapter qch sur/dans/à** (*fixer*) to fit sth on/into/to

additif [aditif] *nm* additional clause; (*substance*) additive; **additif alimentaire** food additive

addition [adisjɔ̃] *nf* addition; (*au café*) bill

additionner [adisjɔne] *vt* to add (up); **s'additionner** *vi* to add up; **additionner un produit d'eau** to add water to a product

adepte [adɛpt(ə)] *nm/f* follower

adéquat, e [adekwa, -at] *adj* appropriate, suitable

adhérent, e [aderɑ̃, -ɑ̃t] *nm/f* (*de club*) member

adhérer [adere] *vi* (*coller*) to adhere, stick; **adhérer à** (*coller*) to adhere *ou* stick to; (*se rallier à: parti, club*) to join; to be a member of; (: *opinion, mouvement*) to support

adhésif, ive [adezif, -iv] *adj* adhesive, sticky ♦ *nm* adhesive

adhésion [adezjɔ̃] *nf* (*à un club*) joining; membership; (*à une opinion*) support

adieu, x [adjø] *excl* goodbye ♦ *nm* farewell; **dire adieu à qn** to say goodbye *ou* farewell to sb; **dire adieu à qch** (*renoncer*) to say *ou* wave goodbye to sth

adjectif [adʒɛktif] *nm* adjective; **adjectif attribut** adjectival complement; **adjectif épithète** attributive adjective

adjoindre [adʒwɛ̃dr(ə)] *vt*: **adjoindre qch à** to attach sth to; (*ajouter*) to add sth to; **adjoindre qn à** (*personne*) to appoint sb as an assistant to; (*comité*) to appoint sb to, attach sb to; **s'adjoindre**

vt (collaborateur etc) to take on, appoint

adjoint, e [adʒwɛ̃, -wɛ̃t] *pp de* **adjoindre** ♦ *nm/f* assistant; **directeur adjoint** assistant manager

adjudant [adʒydɑ̃] *nm (MIL)* warrant officer; **adjudant-chef** = warrant officer 1st class *(BRIT)*, = chief warrant officer *(US)*

adjuger [adʒyʒe] *vt (prix, récompense)* to award; *(lors d'une vente)* to auction (off); **s'adjuger** *vt* to take for o.s.; **adjugé!** *(vendu)* gone!, sold!

adjurer [adʒyʀe] *vt*: **adjurer qn de faire** to implore *ou* beg sb to do

admettre [admɛtʀ(ə)] *vt (visiteur, nouveau-venu)* to admit, let in; *(candidat: SCOL)* to pass; *(TECH: gaz, eau, air)* to admit; *(tolérer)* to allow, accept; *(reconnaître)* to admit, acknowledge; *(supposer)* to suppose; **j'admets que ...** I admit that ...; **je n'admets pas que tu fasses cela** I won't allow you to do that; **admettons que ...** let's suppose that ...; **admettons** let's suppose so

administrateur, trice [administratœr, -tris] *nm/f (COMM)* director; *(ADMIN)* administrator; **administrateur délégué** managing director; **administrateur judiciaire** receiver

administration [administrasjɔ̃] *nf* administration; **l'Administration** = the Civil Service

administrer [administre] *vt (firme)* to manage, run; *(biens, remède, sacrement etc)* to administer

admirable [admirabl(ə)] *adj* admirable, wonderful

admirateur, trice [admiratœr, -tris] *nm/f* admirer

admiration [admirasjɔ̃] *nf* admiration; **être en admiration devant** to be lost in admiration before

admirer [admire] *vt* to admire

admis, e [admi, -iz] *pp de* **admettre**

admissible [admisibl(ə)] *adj (candidat)* eligible; *(comportement)* admissible, acceptable; *(JUR)* receivable

admission [admisjɔ̃] *nf* admission; **tuyau d'admission** intake pipe; **demande d'admission** application for membership; **service des admissions** admissions

ADN *sigle m (= acide désoxyribonucléique)* DNA

adolescence [adɔlesɑ̃s] *nf* adolescence

adolescent, e [adɔlesɑ̃, -ɑ̃t] *nm/f* adolescent, teenager

adonner [adɔne]: **s'adonner à** *vt (sport)* to devote o.s. to; *(boisson)* to give o.s. over to

adopter [adɔpte] *vt* to adopt; *(projet de loi etc)* to pass

adoptif, ive [adɔptif, -iv] *adj (parents)* adoptive; *(fils, patrie)* adopted

adorable [adɔrabl(ə)] *adj* adorable

adorer [adɔre] *vt* to adore; *(REL)* to worship

adosser [adose] *vt*: **adosser qch à** *ou* **contre** to stand sth against; **s'adosser à** *ou* **contre** to lean with one's back against; **être adossé à** *ou* **contre** to be leaning with one's back against

adoucir [adusir] *vt (goût, température)* to make milder; *(avec du sucre)* to sweeten; *(peau, voix, eau)* to soften; *(caractère, personne)* to mellow; *(peine)* to soothe, allay; **s'adoucir** *vi* to become milder; to soften; to mellow

adresse [adrɛs] *nf (voir adroit)* skill, dexterity; *(domicile, INFORM)* address; **à l'adresse de** *(pour)* for the benefit of

adresser [adrese] *vt (lettre: expédier)* to send; *(: écrire l'adresse sur)* to address; *(injure, compliments)* to address; **adresser qn à un docteur/ bureau** to refer ou send sb to a doctor/an office; **adresser la parole à qn** to speak to ou address sb; **s'adresser à** *(parler à)* to speak to, address; *(s'informer auprès de)* to go and see, go and speak to; *(: bureau)* to enquire at; *(suj: livre, conseil)* to be aimed at

adroit, e [adrwa, -wat] *adj (joueur, mécanicien)* skilful *(BRIT)*, skillful *(US)*, dext(e)rous; *(politicien etc)* shrewd, skilled

adulte [adylt(ə)] *nm/f* adult, grown-up ♦ *adj (personne, attitude)* adult, grown-up; *(chien, arbre)* fully-grown, mature; **l'âge adulte** adulthood; **formation/film pour adultes** adult training/film

adultère [adyltɛr] *adj* adulterous ♦ *nm/f* adulterer/adulteress ♦ *nm (acte)* adultery

advenir [advənir] *vi* to happen; **qu'est-il advenu de?** what has become of?; **quoi qu'il advienne** whatever befalls *ou* happens

adverbe [advɛrb(ə)] *nm* adverb; **adverbe de manière** adverb of manner

adversaire [advɛrsɛr] *nm/f (SPORT, gén)* opponent, adversary; *(MIL)* adversary, enemy

adverse [advɛrs(ə)] *adj* opposing

aération [aerasjɔ̃] *nf* airing; *(circulation de l'air)* ventilation; **conduit d'aération** ventilation shaft; **bouche d'aération** air vent

aérer [aere] *vt* to air; *(fig)* to lighten; **s'aérer** *vi* to get some (fresh) air

aérien, ne [aerjɛ̃, -ɛn] *adj (AVIAT)* air cpd, aerial; *(câble, métro)* overhead; *(fig)* light; **compagnie aérienne** airline (company); **ligne aérienne** airline

aérobic [aerɔbik] *nf* aerobics *sg*

aérogare [aerɔgar] *nf* airport (buildings); *(en ville)* air terminal

aéroglisseur [aerɔglisœr] *nm* hovercraft

Aéronavale [aerɔnaval] *nf* = Fleet Air Arm *(BRIT)*, = Naval Air Force *(US)*

aérophagie [aerɔfaʒi] *nf* aerophagy

aéroport [aerɔpɔr] *nm* airport; **aéroport d'embarquement** departure airport

aéroporté, e [aerɔpɔrte] *adj* airborne, airlifted

aérosol [aerɔsɔl] *nm* aerosol

affable [afabl(ə)] *adj* affable

affaiblir [afeblir] *vt* to weaken; **s'affaiblir** *vi* to weaken, grow weaker; *(vue)* to grow dim

affaire [afɛr] *nf (problème, question)* matter; *(criminelle, judiciaire)* case; *(scandaleuse etc)* affair;

(entreprise) business; (marché, transaction) (business) deal, (piece of) business no pl; (occasion intéressante) good deal; **affaires** nfpl affairs; (activité commerciale) business sg; (effets personnels) things, belongings; **tirer qn/se tirer d'affaire** to get sb/o.s. out of trouble; **ceci fera l'affaire** this will do (nicely); **avoir affaire à** (comme adversaire) to be faced with; (en contact) to be dealing with; **tu auras affaire à moi!** (menace) you'll have me to contend with!; **c'est une affaire de goût/d'argent** it's a question ou matter of taste/money; **c'est l'affaire d'une minute/heure** it'll only take a minute/an hour; **ce sont mes affaires** (cela me concerne) that's my business; **toutes affaires cessantes** forthwith; **les affaires étrangères** (POL) foreign affairs

affairer [afeʀe]: **s'affairer** vi to busy o.s., bustle about

affaisser [afese]: **s'affaisser** vi (terrain, immeuble) to subside, sink; (personne) to collapse

affaler [afale]: **s'affaler** vi: **s'affaler dans/sur** to collapse ou slump into/onto

affamé, e [afame] adj starving, famished

affectation [afɛktasjɔ̃] nf (voir **affecter**) allotment; appointment; posting; affectedness

affecter [afɛkte] vt (émouvoir) to affect, move; (feindre) to affect, feign; (telle ou telle forme etc) to take on, assume; **affecter qch à** to allocate ou allot sth to; **affecter qn à** to appoint sb to; (diplomate) to post sb to; **affecter qch de** (de coefficient) to modify sth by

affectif, ive [afɛktif, -iv] adj emotional, affective

affection [afɛksjɔ̃] nf affection; (mal) ailment; **avoir de l'affection pour** to feel affection for; **prendre en affection** to become fond of

affectionner [afɛksjɔne] vt to be fond of

affectueusement [afɛktɥøzmɑ̃] adv affectionately

affectueux, euse [afɛktɥø, -øz] adj affectionate

affermir [afɛʀmiʀ] vt to consolidate, strengthen

affichage [afiʃaʒ] nm billposting, billsticking; (électronique) display; **"affichage interdit"** "stick no bills", "billsticking prohibited"; **affichage à cristaux liquides** liquid crystal display, LCD; **affichage numérique** ou **digital** digital display

affiche [afiʃ] nf poster; (officielle) (public) notice; (THÉÂT) bill; **être à l'affiche** (THÉÂT) to be on; **tenir l'affiche** to run

afficher [afiʃe] vt (affiche) to put up, post up; (réunion) to put up a notice about; (électroniquement) to display; (fig) to exhibit, display; **s'afficher** (péj) to flaunt o.s.; **"défense d'afficher"** "stick no bills"

affilée [afile]: **d'affilée** adv at a stretch

affiler [afile] vt to sharpen

affilier [afilje] vt: **s'affilier à** to become affiliated to

affiner [afine] vt to refine; **s'affiner** vi to become (more) refined

affirmatif, ive [afiʀmatif, -iv] adj affirmative ♦ nf: **répondre par l'affirmative** to reply in the affirmative; **dans l'affirmative** (si oui) if (the answer is) yes …, if he does (ou you do etc) …

affirmation [afiʀmasjɔ̃] nf assertion

affirmer [afiʀme] vt (prétendre) to maintain, assert; (autorité etc) to assert; **s'affirmer** to assert o.s.; to assert itself

affligé, e [afliʒe] adj distressed, grieved; **affligé de** (maladie, tare) afflicted with

affliger [afliʒe] vt (peiner) to distress, grieve

affluence [aflyɑ̃s] nf crowds pl; **heures d'affluence** rush hour sg; **jours d'affluence** busiest days

affluent [aflyɑ̃] nm tributary

affluer [aflye] vi (secours, biens) to flood in, pour in; (sang) to rush, flow

affolant, e [afɔlɑ̃, -ɑ̃t] adj terrifying

affolement [afɔlmɑ̃] nm panic

affoler [afɔle] vt to throw into a panic; **s'affoler** vi to panic

affranchir [afʀɑ̃ʃiʀ] vt to put a stamp ou stamps on; (à la machine) to frank (BRIT), meter (US); (esclave) to enfranchise, emancipate; (fig) to free, liberate; **s'affranchir de** to free o.s. from; **machine à affranchir** franking machine, postage meter

affranchissement [afʀɑ̃ʃismɑ̃] nm franking (BRIT), metering (US); freeing; (POSTES: prix payé) postage; **tarifs d'affranchissement** postage rates

affréter [afʀete] vt to charter

affreux, euse [afʀø, -øz] adj dreadful, awful

affront [afʀɔ̃] nm affront

affrontement [afʀɔ̃tmɑ̃] nm (MIL, POL) clash, confrontation

affronter [afʀɔ̃te] vt to confront, face; **s'affronter** to confront each other

affubler [afyble] vt (péj): **affubler qn de** to rig ou deck sb out in; (surnom) to attach to sb

affût [afy] nm (de canon) gun carriage; **à l'affût (de)** (gibier) lying in wait (for); (fig) on the look-out (for)

affûter [afyte] vt to sharpen, grind

afin [afɛ̃]: **afin que** conj so that, in order that; **afin de faire** in order to do, so as to do

africain, e [afʀikɛ̃, -ɛn] adj African ♦ nm/f: **Africain, e** African

Afrique [afʀik] nf: **l'Afrique** Africa; **l'Afrique australe/du Nord/du Sud** southern/North/South Africa

agacer [agase] vt to pester, tease; (involontairement) to irritate, aggravate; (aguicher) to excite, lead on

âge [aʒ] nm age; **quel âge as-tu?** how old are you?; **une femme d'un certain âge** a middle-aged woman, a woman who is getting on (in years); **bien porter son âge** to wear well; **prendre de l'âge** to be getting on (in years), grow older; **limite d'âge**

age limit; **dispense d'âge** special exemption from age limit; **troisième âge** (*période*) retirement; (*personnes âgées*) senior citizens; **l'âge ingrat** the awkward *ou* difficult age; **âge légal** legal age; **âge mental** mental age; **l'âge mûr** maturity, middle age; **âge de raison** age of reason

âgé, e [ɑʒe] *adj* old, elderly; **âgé de 10 ans** 10 years old

agence [aʒɑ̃s] *nf* agency, office; (*succursale*) branch; **agence immobilière** estate agent's (office) (*BRIT*), real estate office (*US*); **agence matrimoniale** marriage bureau; **agence de placement** employment agency; **agence de publicité** advertising agency; **agence de voyages** travel agency

agencer [aʒɑ̃se] *vt* to put together; (*local*) to arrange, lay out

agenda [aʒɛ̃da] *nm* diary

agenouiller [aʒnuje]: **s'agenouiller** *vi* to kneel (down)

agent [aʒɑ̃] *nm* (*aussi*: **agent de police**) policeman; (*ADMIN*) official, officer; (*fig: élément, facteur*) agent; **agent d'assurances** insurance broker; **agent de change** stockbroker; **agent commercial** sales representative; **agent immobilier** estate agent (*BRIT*), realtor (*US*); **agent (secret)** (secret) agent

agglomération [aglɔmeʀasjɔ̃] *nf* town; (*AUTO*) built-up area; **l'agglomération parisienne** the urban area of Paris

aggloméré [aglɔmeʀe] *nm* (*bois*) chipboard; (*pierre*) conglomerate

aggraver [agʀave] *vt* to worsen, aggravate; (*JUR: peine*) to increase; **s'aggraver** *vi* to worsen; **aggraver son cas** to make one's case worse

agile [aʒil] *adj* agile, nimble

agir [aʒiʀ] *vi* (*se comporter*) to behave, act; (*faire quelque chose*) to act, take action; (*avoir de l'effet*) to act; **il s'agit de** it's a matter *ou* question of; it is about; (*il importe que*): **il s'agit de faire** we (*ou* you *etc*) must do; **de quoi s'agit-il?** what is it about?

agitation [aʒitasjɔ̃] *nf* (*hustle and*) bustle; (*trouble*) agitation, excitement; (*politique*) unrest, agitation

agité, e [aʒite] *adj* (*remuant*) fidgety, restless; (*troublé*) agitated, perturbed; (*journée*) hectic; (*mer*) rough; (*sommeil*) disturbed, broken

agiter [aʒite] *vt* (*bouteille, chiffon*) to shake; (*bras, mains*) to wave; (*préoccuper, exciter*) to trouble, perturb; **s'agiter** *vi* to bustle about; (*dormeur*) to toss and turn; (*enfant*) to fidget; (*POL*) to grow restless; **"agiter avant l'emploi"** "shake before use"

agneau, x [aɲo] *nm* lamb; (*toison*) lambswool

agonie [agɔni] *nf* mortal agony, death pangs *pl*; (*fig*) death throes *pl*

agrafe [agʀaf] *nf* (*de vêtement*) hook, fastener; (*de bureau*) staple; (*MÉD*) clip

agrafer [agʀafe] *vt* to fasten; to staple

agrafeuse [agʀaføz] *nf* stapler

agrandir [agʀɑ̃diʀ] *vt* (*magasin, domaine*) to extend, enlarge; (*trou*) to enlarge, make bigger; (*PHOTO*) to enlarge, blow up; **s'agrandir** *vi* to be extended; to be enlarged

agrandissement [agʀɑ̃dismɑ̃] *nm* extension; enlargement; (*photographie*) enlargement

agréable [agʀeabl(ə)] *adj* pleasant, nice

agréé, e [agʀee] *adj*: **concessionnaire agréé** registered dealer; **magasin agréé** registered dealer('s)

agréer [agʀee] *vt* (*requête*) to accept; **agréer à** *vt* to please, suit; **veuillez agréer ...** (*formule épistolaire*) yours faithfully

agrégation [agʀegasjɔ̃] *nf* highest teaching diploma in France; *see boxed note*

AGRÉGATION

The **agrégation**, informally known as the 'agrég', is a prestigious competitive examination for the recruitment of secondary school teachers in France. The number of candidates always far exceeds the number of vacant posts. Most teachers of 'classes préparatoires' and most university lecturers have passed the **agrégation**.

agrégé, e [agʀeʒe] *nm/f* holder of the *agrégation*

agrément [agʀemɑ̃] *nm* (*accord*) consent, approval; (*attraits*) charm, attractiveness; (*plaisir*) pleasure; **voyage d'agrément** pleasure trip

agrémenter [agʀemɑ̃te] *vt*: **agrémenter (de)** to embellish (with), adorn (with)

agresser [agʀese] *vt* to attack

agresseur [agʀesœʀ] *nm* aggressor

agressif, ive [agʀesif, -iv] *adj* aggressive

agricole [agʀikɔl] *adj* agricultural, farm *cpd*

agriculteur, trice [agʀikyltœʀ, -tʀis] *nm/f* farmer

agriculture [agʀikyltyʀ] *nf* agriculture; farming

agripper [agʀipe] *vt* to grab, clutch; (*pour arracher*) to snatch, grab; **s'agripper à** to cling (on) to, clutch, grip

agroalimentaire [agʀɔalimɑ̃tɛʀ] *adj* farming *cpd* ♦ *nf*: **l'agroalimentaire** agribusiness

agrumes [agʀym] *nmpl* citrus fruit(s)

aguerrir [ageʀiʀ] *vt* to harden; **s'aguerrir (contre)** to become hardened (to)

aguets [agɛ]: **aux aguets** *adv*: **être aux aguets** to be on the look-out

aguicher [agiʃe] *vt* to entice

ahuri, e [ayʀi] *adj* (*stupéfait*) flabbergasted; (*idiot*) dim-witted

ai [e] *vb voir* **avoir**

aide [ɛd] *nm/f* assistant ♦ *nf* assistance, help; (*secours financier*) aid; **à l'aide de** with the help *ou* aid of; **aller à l'aide de qn** to go to sb's aid, go to help sb; **venir en aide à qn** to help sb, come to sb's assistance; **appeler (qn) à l'aide** to call for help (from sb); **à l'aide!** help!; **aide de camp** nm aide-de-camp; **aide comptable** nm accountant's assistant; **aide électricien** nm electrician's mate; **aide familiale** nf mother's help, ≃ home help; **aide judiciaire** nf legal aid; **aide de laboratoire** nm/f laboratory assistant; **aide ménagère** nf ≃ home help; **aide sociale** nf (assistance) state aid; **aide soignant, e** nm/f auxiliary nurse; **aide technique** nf ≃ VSO (BRIT), ≃ Peace Corps (US)

aide-mémoire [ɛdmemwaʀ] nm inv (key facts) handbook

aider [ede] vt to help; **aider à qch** to help (towards) sth; **aider qn à faire qch** to help sb to do sth; **s'aider de** (se servir de) to use, make use of

aie etc [aj] vb voir **avoir**

aïe [aj] excl ouch!

aïeul, e [ajœl] nm/f grandparent, grandfather/grandmother; (ancêtre) forebear

aïeux [ajø] nmpl grandparents; forebears, forefathers

aigle [ɛgl(ə)] nm eagle

aigre [ɛgʀ(ə)] adj sour, sharp; (fig) sharp, cutting; **tourner à l'aigre** to turn sour

aigre-doux, -douce [ɛgʀədu, -dus] adj (fruit) bitter-sweet; (sauce) sweet and sour

aigreur [ɛgʀœʀ] nf sourness; sharpness; **aigreurs d'estomac** heartburn sg

aigrir [ɛgʀiʀ] vt (personne) to embitter; (caractère) to sour; **s'aigrir** vi to become embittered; to sour; (lait etc) to turn sour

aigu, ë [egy] adj (objet, arête) sharp, pointed; (son, voix) high-pitched; (note) high(-pitched); (douleur, intelligence) acute, sharp

aiguille [eguij] nf needle; (de montre) hand; **aiguille à tricoter** knitting needle

aiguiller [eguije] vt (orienter) to direct; (RAIL) to shunt

aiguilleur [eguijœʀ] nm: **aiguilleur du ciel** air traffic controller

aiguillon [eguijɔ̃] nm (d'abeille) sting; (fig) spur, stimulus

aiguillonner [eguijɔne] vt to spur ou goad on

aiguiser [egize] vt to sharpen, grind; (fig) to stimulate; (: esprit) to sharpen; (: sens) to excite

ail [aj] nm garlic

aile [ɛl] nf wing; (de voiture) wing (BRIT), fender (US); **battre de l'aile** (fig) to be in a sorry state; **voler de ses propres ailes** to stand on one's own two feet; **aile libre** hang-glider

aileron [ɛlʀɔ̃] nm (de requin) fin; (d'avion) aileron

ailier [elje] nm (SPORT) winger

aille etc [aj] vb voir **aller**

ailleurs [ajœʀ] adv elsewhere, somewhere else; **partout/nulle part ailleurs** everywhere/nowhere else; **d'ailleurs** adv (du reste) moreover, besides; **par ailleurs** adv (d'autre part) moreover, furthermore

aimable [ɛmabl(ə)] adj kind, nice; **vous êtes bien aimable** that's very nice ou kind of you, how kind (of you)!

aimant [ɛmɑ̃] nm magnet

aimer [eme] vt to love; (d'amitié, affection, par goût) to like; (souhait): **j'aimerais ...** I would like ...; **s'aimer** to love each other; to like each other; **je n'aime pas beaucoup Paul** I don't like Paul much, I don't care much for Paul; **aimer faire qch** to like doing sth, like to do sth; **aimeriez-vous que je vous accompagne?** would you like me to come with you?; **j'aimerais (bien) m'en aller** I would (really) like to go; **bien aimer qn/qch** to like sb/sth; **j'aime mieux Paul (que Pierre)** I prefer Paul (to Pierre); **j'aime mieux ou autant vous dire que** I may as well tell you that; **j'aimerais autant ou mieux y aller maintenant** I'd sooner ou rather go now; **j'aime assez aller au cinéma** I quite like going to the cinema

aine [ɛn] nf groin

aîné, e [ene] adj elder, older; (le plus âgé) eldest, oldest ♦ nm/f oldest child ou one, oldest boy ou son/girl ou daughter; **aînés** nmpl (fig: anciens) elders; **il est mon aîné (de 2 ans)** he's (2 years) older than me, he's (2 years) my senior

ainsi [ɛ̃si] adv (de cette façon) like this, in this way, thus; (ce faisant) thus ♦ conj thus, so; **ainsi que** (comme) (just) as; (et aussi) as well as; **pour ainsi dire** so to speak, as it were; **ainsi donc** and so; **ainsi soit-il** (REL) so be it; **et ainsi de suite** and so on (and so forth)

aïoli [ajɔli] nm = garlic mayonnaise

air [ɛʀ] nm air; (mélodie) tune; (expression) look, air; (atmosphère, ambiance): **dans l'air** in the air (fig) **prendre de grands airs (avec qn)** to give ou.s. airs (with sb); **en l'air** (up) into the air; **tirer en l'air** to fire shots in the air; **paroles/menaces en l'air** idle words/threats; **prendre l'air** to get some (fresh) air; (avion) to take off; **avoir l'air triste** to look ou seem sad; **avoir l'air de qch** to look like sth; **avoir l'air de faire** to look as though one is doing, appear to be doing; **courant d'air** draught (BRIT), draft (US); **le grand air** the open air; **mal de l'air** airsickness; **tête en l'air** scatterbrain; **air comprimé** compressed air; **air conditionné** air-conditioning

aisance [ɛzɑ̃s] nf ease; (COUTURE) easing, freedom of movement; (richesse) affluence; **être dans l'aisance** to be well-off ou affluent

aise [ɛz] nf comfort ♦ adj: **être bien aise de/que** to be delighted to/that; **aises** nfpl: **aimer ses aises** to like one's (creature) comforts; **prendre ses aises** to make o.s. comfortable; **frémir d'aise** to shudder with pleasure; **être à l'aise** ou **à son aise** to be comfortable; (pas embarrassé) at ease; (financièrement) to be comfortably off; **se mettre à l'aise** to make o.s. comfortable; **être mal à l'aise** ou **à son aise** to be uncomfortable; (gêné) ill at ease; **mettre qn à l'aise** to put sb at his (ou her) ease; **mettre qn mal à l'aise** to make sb feel ill at ease; **à**

votre aise please yourself, just as you like; **en faire à son aise** to do as one likes; **en prendre à son aise avec qch** to be free and easy with sth, do as one likes with sth

aisé, e [eze] adj easy; (assez riche) well-to-do, well-off

aisselle [esɛl] nf armpit

ait [ɛ] vb voir avoir

ajonc [aʒɔ̃] nm gorse no pl

ajourner [aʒuʀne] vt (réunion) to adjourn; (décision) to defer, postpone; (candidat) to refer; (conscrit) to defer

ajouter [aʒute] vt to add; (INFORM) to append; **ajouter à** vt (accroître) to add to; **s'ajouter à** to add to; **ajouter que** to add that; **ajouter foi à** to lend ou give credence to

ajusté, e [aʒyste] adj: **bien ajusté** (robe etc) close-fitting

ajuster [aʒyste] vt (régler) to adjust; (vêtement) to alter; (arranger): **ajuster sa cravate** to adjust one's tie; (coup de fusil) to aim; (cible) to aim at; (adapter): **ajuster qch à** to fit sth to

alarme [alaʀm(ə)] nf alarm; **donner l'alarme** to give ou raise the alarm; **jeter l'alarme** to cause alarm

alarmer [alaʀme] vt to alarm; **s'alarmer** vi to become alarmed

alarmiste [alaʀmist(ə)] adj alarmist

album [albɔm] nm album; **album à colorier** colouring book; **album de timbres** stamp album

albumine [albymin] nf albumin; **avoir ou faire de l'albumine** to suffer from albuminuria

alcool [alkɔl] nm: **l'alcool** alcohol; **un alcool** a spirit, a brandy; **alcool à brûler** methylated spirits (BRIT), wood alcohol (US); **alcool à 90°** surgical spirit; **alcool camphré** camphorated alcohol; **alcool de prune** etc plum etc brandy

alcoolique [alkɔlik] adj, nm/f alcoholic

alcoolisé, e [alkɔlize] adj alcoholic

alcoolisme [alkɔlism(ə)] nm alcoholism

alco(o)test® [alkɔtɛst] nm (objet) Breathalyser®; (test) breath-test; **faire subir l'alco(o)test à qn** to Breathalyze® sb

aléas [alea] nmpl hazards

aléatoire [aleatwaʀ] adj uncertain; (INFORM, STATISTIQUE) random

alentour [alɑ̃tuʀ] adv around (about); **alentours** nmpl surroundings; **aux alentours de** in the vicinity ou neighbourhood of, around about; (temps) around about

alerte [alɛʀt(ə)] adj agile, nimble; (style) brisk, lively ♦ nf alert; warning; **donner l'alerte** to give the alert; **à la première alerte** at the first sign of trouble ou danger; **alerte à la bombe** bomb scare

alerter [alɛʀte] vt to alert

algèbre [alʒɛbʀ(ə)] nf algebra

Alger [alʒe] n Algiers

Algérie [alʒeʀi] nf: **l'Algérie** Algeria

algérien, ne [alʒeʀjɛ̃, -ɛn] adj Algerian ♦ nm/f: **Algérien, ne** Algerian

algue [alg(ə)] nf (gén) seaweed no pl; (BOT) alga (pl -ae)

alibi [alibi] nm alibi

aliéné, e [aljene] nm/f insane person, lunatic (péj)

aligner [aliɲe] vt to align, line up; (idées, chiffres) to string together; (adapter): **aligner qch sur** to bring sth into alignment with; **s'aligner** (soldats etc) to line up; **s'aligner sur** (POL) to align o.s. with

aliment [alimɑ̃] nm food; **aliment complet** whole food

alimentaire [alimɑ̃tɛʀ] adj food cpd; (péj: besogne) done merely to earn a living; **produits alimentaires** foodstuffs, foods

alimentation [alimɑ̃tasjɔ̃] nf feeding; supplying, supply; (commerce) food trade; (produits) groceries pl; (régime) diet; (INFORM) feed; **alimentation (générale)** (general) grocer's; **alimentation de base** staple diet; **alimentation en feuilles/en continu/en papier** form/stream/sheet feed

alimenter [alimɑ̃te] vt to feed; (TECH): **alimenter (en)** to supply (with), feed (with); (fig) to sustain, keep going

alinéa [alinea] nm paragraph; **"nouvel alinéa"** "new line"

aliter [alite]: **s'aliter** vi to take to one's bed; **infirme alité** bedridden person ou invalid

allaiter [alɛte] vt (suj: femme) to (breast-)feed, nurse; (suj: animal) to suckle; **allaiter au biberon** to bottle-feed

allant [alɑ̃] nm drive, go

alléchant, e [aleʃɑ̃, -ɑ̃t] adj tempting, enticing

allécher [aleʃe] vt: **allécher qn** to make sb's mouth water; to tempt sb, entice sb

allée [ale] nf (de jardin) path; (en ville) avenue, drive; **allées et venues** comings and goings

allégé, e [aleʒe] adj (yaourt etc) low-fat

alléger [aleʒe] vt (voiture) to make lighter; (chargement) to lighten; (souffrance) to alleviate, soothe

allègre [alɛgʀ(ə)] adj lively, jaunty (BRIT); (personne) gay, cheerful

alléguer [alege] vt to put forward (as proof ou an excuse)

Allemagne [aləmaɲ] nf: **l'Allemagne** Germany; **l'Allemagne de l'Est/Ouest** East/West Germany; **l'Allemagne fédérale (RFA)** the Federal Republic of Germany (FRG)

allemand, e [almɑ̃, -ɑ̃d] adj German ♦ nm (LING) German ♦ nm/f: **Allemand, e** German; **Allemand de l'Est/l'Ouest** East/West German

aller [ale] nm (trajet) outward journey; (billet): **aller (simple)** single (BRIT) ou one-way ticket; **aller (et) retour (AR)** (trajet) return trip ou journey (BRIT), round trip (US); (billet) return (BRIT) ou round-trip (US) ticket ♦ vi (gén) to go; **aller à** (convenir) to suit; (suj: forme, pointure etc) to fit; **cela me va** (couleur) that suits me; (vêtement) that suits me; that fits me; (projet, disposition) that suits me, that's fine ou OK by me; **aller à la chasse/pêche** to go hunting/fishing; **aller avec** (couleurs, style etc) to go (well) with; **je vais le faire/me fâcher** I'm going to do it/to get angry; **aller voir/chercher qn** to go and see/look for sb; **comment allez-vous?** how are you?; **comment ça va?** how are you?; (affaires etc) how are things?; **ça va? - oui (ça va)!** how are things? – fine!; **pour aller à** how do I get to; **ça va (comme ça)** that's fine (as it is); **il y a bien/mal** he's well/not well, he's fine/ill; **ça va bien/mal** (affaires etc) it's going well/not going well; **tout va bien** everything's fine; **ça ne va pas!** (mauvaise humeur etc) that's not on!, hey, come on!; **ça ne va pas sans difficultés** it's not without difficulties; **aller mieux** to be better; **il y va de leur vie** their lives are at stake; **se laisser aller** to let o.s. go; **s'en aller** vi (partir) to be off, go, leave; (disparaître) to go away; **aller jusqu'à** to go as far as; **ça va sans dire** that goes without saying; **tu y vas un peu fort** you're going a bit (too) far; **allez!** go on!; come on!; **allons-y!** let's go!; **allez, au revoir** right ou OK then, bye-bye!

allergique [alɛʀʒik] adj allergic; **allergique à** allergic to

alliage [aljaʒ] nm alloy

alliance [aljɑ̃s] nf (MIL, POL) alliance; (mariage) marriage; (bague) wedding ring; **neveu par alliance** nephew by marriage

allier [alje] vt (métaux) to alloy; (POL, gén) to ally; (fig) to combine; **s'allier** to become allies; (éléments, caractéristiques) to combine; **s'allier à** to become allied to ou with

allô [alo] excl hullo, hallo

allocation [alɔkasjɔ̃] nf allowance; **allocation (de) chômage** unemployment benefit; **allocation (de) logement** rent allowance; **allocations familiales** ≃ child benefit no pl; **allocations de maternité** maternity allowance

allocution [alɔkysjɔ̃] nf short speech

allonger [alɔ̃ʒe] vt to lengthen, make longer; (étendre: bras, jambe) to stretch (out); (sauce) to spin out, make go further; **s'allonger** vi to get longer; (se coucher) to lie down, stretch out; **allonger le pas** to hasten one's step(s)

allouer [alwe] vt: **allouer qch à** to allocate sth to, allot sth to

allumage [alymaʒ] nm (AUTO) ignition

allume-cigare [alymsigaʀ] nm inv cigar lighter

allumer [alyme] vt (lampe, phare, radio) to put ou switch on; (pièce) to put ou switch the light(s) on in; (feu, bougie, cigare, pipe, gaz) to light; (chauffage) to put on; **s'allumer** vi (lumière, lampe) to come ou go on; **allumer (la lumière** ou **l'électricité)** to put on the light

allumette [alymɛt] nf match; (morceau de bois)

matchstick; (CULIN): **allumette au fromage** cheese straw; **allumette de sûreté** safety match

allure [alyʀ] nf (vitesse) speed; (: à pied) pace; (démarche) walk; (maintien) bearing; (aspect, air) look; **avoir de l'allure** to have style ou a certain elegance; **à toute allure** at top ou full speed

allusion [alyzjɔ̃] nf allusion; (sous-entendu) hint; **faire allusion à** to allude ou refer to; to hint at

MOT-CLÉ

alors [alɔʀ] adv 1 (à ce moment-là) then, at that time; **il habitait alors à Paris** he lived in Paris at that time; **jusqu'alors** up till ou until then
2 (par conséquent) then; **tu as fini? alors je m'en vais** have you finished? I'm going then
3 (expressions): **alors? quoi de neuf?** well ou so? what's new?; **et alors?** so (what?); **ça alors!** (well) really!
alors que conj 1 (au moment où) when, as; **il est arrivé alors que je partais** he arrived as I was leaving
2 (pendant que) while, when; **alors qu'il était à Paris, il a visité ...** while ou when he was in Paris, he visited ...
3 (tandis que) whereas, while; **alors que son frère travaillait dur, lui se reposait** while his brother was working hard, HE would rest

alouette [alwɛt] nf (sky)lark

alourdir [aluʀdiʀ] vt to weigh down, make heavy; **s'alourdir** vi to grow heavy ou heavier

aloyau [alwajo] nm sirloin

Alpes [alp(ə)] nfpl: **les Alpes** the Alps

alphabet [alfabe] nm alphabet; (livre) ABC (book), primer

alphabétique [alfabetik] adj alphabetic(al); **par ordre alphabétique** in alphabetical order

alphabétiser [alfabetize] vt to teach to read and write; (pays) to eliminate illiteracy in

alpinisme [alpinism(ə)] nm mountaineering, climbing

alpiniste [alpinist(ə)] nm/f mountaineer, climber

Alsace [alzas] nf: **l'Alsace** Alsace

alsacien, ne [alzasjɛ̃, -ɛn] adj Alsatian

altérer [alteʀe] vt (faits, vérité) to falsify, distort; (qualité) to debase, impair; (données) to corrupt; (donner soif à) to make thirsty; **s'altérer** vi to deteriorate; to spoil

alternateur [altɛʀnatœʀ] nm alternator

alternatif, ive [altɛʀnatif, -iv] adj alternating ♦ nf alternative

alternativement [altɛʀnativmɑ̃] adv alternately

alterner [altɛʀne] vt to alternate ♦ vi: **alterner (avec)** to alternate (with); **(faire) alterner qch avec qch** to alternate sth with sth

Altesse [altɛs] nf Highness

altitude [altityd] nf altitude, height; **à 1 000 m d'altitude** at a height ou an altitude of 1000 m; **en**

altitude at high altitudes; **perdre/prendre de l'altitude** to lose/gain height; **voler à haute/basse altitude** to fly at a high/low altitude

alto [alto] *nm* (*instrument*) viola ♦ *nf* (*contr*)alto

aluminium [alyminjɔm] *nm* aluminium (*BRIT*), aluminum (*US*)

amabilité [amabilite] *nf* kindness; **il a eu l'amabilité de** he was kind *ou* good enough to

amadouer [amadwe] *vt* to coax, cajole; (*adoucir*) to mollify, soothe

amaigrir [amegʀiʀ] *vt* to make thin *ou* thinner

amaigrissant, e [amegʀisɑ̃, -ɑ̃t] *adj*: **régime amaigrissant** slimming (*BRIT*) *ou* weight-reduction (*US*) diet

amalgame [amalgam] *nm* amalgam; (*fig: de gens, d'idées*) hotch-potch, mixture

amande [amɑ̃d] *nf* (*de l'amandier*) almond; (*de noyau de fruit*) kernel; **en amande** (*yeux*) almond *cpd*, almond-shaped

amandier [amɑ̃dje] *nm* almond (tree)

amant [amɑ̃] *nm* lover

amarrer [amaʀe] *vt* (*NAVIG*) to moor; (*gén*) to make fast

amas [amɑ] *nm* heap, pile

amasser [amɑse] *vt* to amass; **s'amasser** *vi* to pile up, accumulate; (*foule*) to gather

amateur [amatœʀ] *nm* amateur; **en amateur** (*péj*) amateurishly; **musicien/sportif amateur** amateur musician/sportsman; **amateur de musique/sport** *etc* music/sport *etc* lover

amazone [amazɔn] *nf* horsewoman; **en amazone** side-saddle

ambassade [ɑ̃basad] *nf* embassy; (*mission*): **en ambassade** on a mission

ambassadeur, drice [ɑ̃basadœʀ, -dʀis] *nm/f* ambassador/ambassadress

ambiance [ɑ̃bjɑ̃s] *nf* atmosphere; **il y a de l'ambiance** everyone's having a good time

ambiant, e [ɑ̃bjɑ̃, -ɑ̃t] *adj* (*air, milieu*) surrounding; (*température*) ambient

ambigu, ë [ɑ̃bigy] *adj* ambiguous

ambitieux, euse [ɑ̃bisjø, -øz] *adj* ambitious

ambition [ɑ̃bisjɔ̃] *nf* ambition

ambulance [ɑ̃bylɑ̃s] *nf* ambulance

ambulancier, ière [ɑ̃bylɑ̃sje, -jɛʀ] *nm/f* ambulanceman/woman (*BRIT*), paramedic (*US*)

ambulant, e [ɑ̃bylɑ̃, -ɑ̃t] *adj* travelling, itinerant

âme [ɑm] *nf* soul; **rendre l'âme** to give up the ghost; **bonne âme** (*aussi ironique*) kind soul; **un joueur/tricheur dans l'âme** a gambler/cheat through and through; **âme sœur** kindred spirit

amélioration [ameljɔʀasjɔ̃] *nf* improvement

améliorer [ameljɔʀe] *vt* to improve; **s'améliorer** *vi* to improve, get better

aménager [amenaʒe] *vt* (*agencer: espace, local*) to fit out; (*: terrain*) to lay out; (*: quartier, territoire*) to develop; (*installer*) to fix up, put in; **ferme amé-**

nagée converted farmhouse

amende [amɑ̃d] *nf* fine; **mettre à l'amende** to penalize; **faire amende honorable** to make amends

amener [amne] *vt* to bring; (*causer*) to bring about; (*baisser: drapeau, voiles*) to strike; **s'amener** *vi* (*fam*) to show up, turn up; **amener qn à qch/à faire** to lead sb to sth/to do

amenuiser [amønɥize]: **s'amenuiser** *vi* to dwindle; (*chances*) to grow slimmer, lessen

amer, amère [amɛʀ] *adj* bitter

américain, e [ameʀikɛ̃, -ɛn] *adj* American ♦ *nm* (*LING*) American (English) ♦ *nm/f*: **Américain, e** American; **en vedette américaine** as a special guest (star)

Amérique [ameʀik] *nf* America; **l'Amérique centrale** Central America; **l'Amérique latine** Latin America; **l'Amérique du Nord** North America; **l'Amérique du Sud** South America

amertume [amɛʀtym] *nf* bitterness

ameublement [amœblamɑ̃] *nm* furnishing; (*meubles*) furniture; **articles d'ameublement** furnishings; **tissus d'ameublement** soft furnishings, furnishing fabrics

ameuter [amøte] *vt* (*badauds*) to draw a crowd of; (*peuple*) to rouse, stir up

ami, e [ami] *nm/f* friend; (*amant/maîtresse*) boyfriend/girlfriend ♦ *adj*: **pays/groupe ami** friendly country/group; **être (très) ami avec qn** to be (very) friendly with sb; **être ami de l'ordre** to be a lover of order; **un ami des arts** a patron of the arts; **un ami des chiens** a dog lover; **petit ami/petite amie** (*fam*) boyfriend/girlfriend

amiable [amjabl(ə)]: **à l'amiable** *adv* (*JUR*) out of court; (*gén*) amicably

amiante [amjɑ̃t] *nm* asbestos

amical, e, aux [amikal, -o] *adj* friendly ♦ *nf* (*club*) association

amicalement [amikalmɑ̃] *adv* in a friendly way; (*formule épistolaire*) regards

amidon [amidɔ̃] *nm* starch

amincir [amɛ̃siʀ] *vt* (*objet*) to thin (down); **s'amincir** *vi* to get thinner *ou* slimmer; **amincir qn** to make sb thinner *ou* slimmer

amincissant, e [amɛ̃sisɑ̃, -ɑ̃t] *adj* slimming

amiral, aux [amiʀal, -o] *nm* admiral

amitié [amitje] *nf* friendship; **prendre en amitié** to take a liking to; **faire** *ou* **présenter ses amitiés à qn** to send sb one's best wishes; **amitiés** (*formule épistolaire*) (with) best wishes

ammoniaque [amɔnjak] *nf* ammonia (water)

amnistie [amnisti] *nf* amnesty

amoindrir [amwɛ̃dʀiʀ] *vt* to reduce

amollir [amɔliʀ] *vt* to soften

amonceler [amɔ̃sle] *vt*, **s'amonceler** *vi* to pile *ou* heap up; (*fig*) to accumulate

amont [amɔ̃]: **en amont** *adv* upstream; (*sur une*

pente) uphill; **en amont de** *prép* upstream from; uphill from, above

amorce [amɔʀs(ə)] *nf* (*sur un hameçon*) bait; (*explosif*) cap; (*tube*) primer; (: *contenu*) priming; (*fig: début*) beginning(s), start

amorcer [amɔʀse] *vt* to bait; to prime; (*commencer*) to begin, start

amorphe [amɔʀf(ə)] *adj* passive, lifeless

amortir [amɔʀtiʀ] *vt* (*atténuer: choc*) to absorb, cushion; (: *bruit, douleur*) to deaden; (*COMM: dette*) to pay off, amortize; (: *mise de fonds, matériel*) to write off; **amortir un abonnement** to make a season ticket pay (for itself)

amortisseur [amɔʀtisœʀ] *nm* shock absorber

amour [amuʀ] *nm* love; (*liaison*) love affair, love; (*statuette etc*) cupid; **un amour de** a lovely little; **faire l'amour** to make love

amouracher [amuʀaʃe]: **s'amouracher de** *vt* (*péj*) to become infatuated with

amoureux, euse [amuʀø, -øz] *adj* (*regard, tempérament*) amorous; (*vie, problèmes*) love *cpd*; (*personne*): **amoureux (de qn)** in love (with sb) ♦ *nm/f* lover ♦ *nmpl* courting couple(s); **tomber amoureux de qn** to fall in love with sb; **être amoureux de qch** to be passionately fond of sth; **un amoureux de la nature** a nature lover

amour-propre, *pl* **amours-propres** [amuʀpʀɔpʀ(ə)] *nm* self-esteem

amovible [amɔvibl(ə)] *adj* removable, detachable

ampère [ãpɛʀ] *nm* amp(ere)

amphithéâtre [ãfiteatʀ(ə)] *nm* amphitheatre; (*d'université*) lecture hall *ou* theatre

ample [ãpl(ə)] *adj* (*vêtement*) roomy, ample; (*gestes, mouvement*) broad; (*ressources*) ample; **jusqu'à plus ample informé** (*ADMIN*) until further details are available

amplement [ãplamã] *adv* amply; **amplement suffisant** ample, more than enough

ampleur [ãplœʀ] *nf* scale, size; extent, magnitude

amplificateur [ãplifikatœʀ] *nm* amplifier

amplifier [ãplifje] *vt* (*son, oscillation*) to amplify; (*fig*) to expand, increase

ampoule [ãpul] *nf* (*électrique*) bulb; (*de médicament*) phial; (*aux mains, pieds*) blister

ampoulé, e [ãpule] *adj* (*péj*) pompous, bombastic

amputer [ãpyte] *vt* (*MED*) to amputate; (*fig*) to cut *ou* reduce drastically; **amputer qn d'un bras/pied** to amputate sb's arm/foot

amusant, e [amyzã, -ãt] *adj* (*divertissant, spirituel*) entertaining, amusing; (*comique*) funny, amusing

amuse-gueule [amyzgœl] *nm inv* appetizer, snack

amusement [amyzmã] *nm* (*voir amusé*) amusement; (*voir amuser*) entertaining, amusing; (*jeu etc*) pastime, diversion

amuser [amyze] *vt* (*divertir*) to entertain, amuse; (*égayer, faire rire*) to amuse; (*détourner l'attention de*) to distract; **s'amuser** *vi* (*jouer*) to amuse o.s., play; (*se divertir*) to enjoy o.s., have fun; (*fig*) to mess around; **s'amuser de qch** (*trouver comique*) to find sth amusing; **s'amuser avec** *ou* **de qn** (*duper*) to make a fool of sb

amygdale [amidal] *nf* tonsil; **opérer qn des amygdales** to take sb's tonsils out

an [ã] *nm* year; **être âgé de** *ou* **avoir 3 ans** to be 3 (years old); **en l'an 1980** in the year 1980; **le jour de l'an, le premier de l'an, le nouvel an** New Year's Day

analogique [analɔʒik] *adj* (*LOGIQUE: raisonnement*) analogical; (*calculateur, montre etc*) analogue; (*INFORM*) analog

analogue [analɔg] *adj*: **analogue (à)** analogous (to), similar (to)

analphabète [analfabɛt] *nm/f* illiterate

analyse [analiz] *nf* analysis; (*MED*) test; **faire l'analyse de** to analyse; **une analyse approfondie** an in-depth analysis; **en dernière analyse** in the last analysis; **avoir l'esprit d'analyse** to have an analytical turn of mind; **analyse grammaticale** grammatical analysis, parsing (*SCOL*)

analyser [analize] *vt* to analyse; (*MED*) to test

ananas [anana] *nm* pineapple

anarchie [anaʀʃi] *nf* anarchy

anatomie [anatɔmi] *nf* anatomy

ancêtre [ãsɛtʀ(ə)] *nm/f* ancestor; (*fig*): **l'ancêtre de** the forerunner of

anchois [ãʃwa] *nm* anchovy

ancien, ne [ãsjɛ̃, -ɛn] *adj* old; (*de jadis, de l'antiquité*) ancient; (*précédent, ex-*) former, old ♦ *nm* (*mobilier ancien*): **l'ancien** antiques *pl* ♦ *nm/f* (*dans une tribu etc*) elder; **un ancien ministre** a former minister; **mon ancienne voiture** my previous car; **être plus ancien que qn dans une maison** to have been in a firm longer than sb; (*dans l'hiérarchie*) to be senior to sb in a firm; **ancien combattant** ex-serviceman; **ancien (élève)** (*SCOL*) ex-pupil (*BRIT*), alumnus (*US*)

anciennement [ãsjɛnmã] *adv* formerly

ancienneté [ãsjɛnte] *nf* oldness; antiquity; (*ADMIN*) (length of) service; seniority

ancre [ãkʀ(ə)] *nf* anchor; **jeter/lever l'ancre** to cast/weigh anchor; **à l'ancre** at anchor

ancrer [ãkʀe] *vt* (*CONSTR*) to anchor; (*fig*) to fix firmly; **s'ancrer** *vi* (*NAVIG*) to (cast) anchor

Andorre [ãdɔʀ] *nf* Andorra

andouille [ãduj] *nf* (*CULIN*) sausage made of chitterlings; (*fam*) clot, nit

âne [an] *nm* donkey, ass; (*péj*) dunce, fool

anéantir [aneãtiʀ] *vt* to annihilate, wipe out; (*fig*) to obliterate, destroy; (*déprimer*) to overwhelm

anémie [anemi] *nf* anaemia

anémique [anemik] *adj* anaemic

ânerie [anʀi] *nf* stupidity; (*parole etc*) stupid *ou* idiotic comment *etc*

anesthésie [anɛstezi] *nf* anaesthesia; **sous anesthésie** under anaesthetic; **anesthésie générale/locale** general/local anaesthetic; **faire une anesthésie locale à qn** to give sb a local anaesthetic

ange [ɑ̃ʒ] *nm* angel; **être aux anges** to be over the moon; **ange gardien** guardian angel

angélus [ɑ̃ʒelys] *nm* angelus; (*cloches*) evening bells *pl*

angine [ɑ̃ʒin] *nf* sore throat, throat infection; **angine de poitrine** angina (pectoris)

anglais, e [ɑ̃glɛ, -ɛz] *adj* English ◆ *nm* (LING) English ◆ *nm/f*: **Anglais, e** Englishman/woman; **les Anglais** the English; **filer à l'anglaise** to take French leave; **à l'anglaise** (CULIN) boiled

angle [ɑ̃gl(ə)] *nm* angle; (*coin*) corner; **angle droit/obtus/aigu/mort** right/obtuse/acute/dead angle

Angleterre [ɑ̃glətɛʀ] *nf*: **l'Angleterre** England

anglophone [ɑ̃glɔfɔn] *adj* English-speaking

angoisse [ɑ̃gwas] *nf*: **l'angoisse** anguish *no pl*

angoissé, e [ɑ̃gwase] *adj* anguished; (*personne*) full of anxieties *ou* hang-ups (*fam*)

angoisser [ɑ̃gwase] *vt* to harrow, cause anguish to ◆ *vi* to worry, fret

anguille [ɑ̃gij] *nf* eel; **anguille de mer** conger (eel); **il y a anguille sous roche** (*fig*) there's something going on, there's something beneath all this

anicroche [anikʀɔʃ] *nf* hitch, snag

animal, e, aux [animal, -o] *adj*, *nm* animal; **animal domestique/sauvage** domestic/wild animal

animateur, trice [animatœʀ, -tʀis] *nm/f* (*de télévision*) host; (*de music-hall*) compère; (*de groupe*) leader, organizer; (CINÉ: *technicien*) animator

animation [animasjɔ̃] *nf* (*voir animé*) busyness; liveliness; (CINÉ: *technique*) animation; **animations** *nfpl* (*activité*) activities; **centre d'animation** ≈ community centre

animé, e [anime] *adj* (*rue, lieu*) busy, lively; (*conversation, réunion*) lively, animated; (*opposé à inanimé, aussi* LING) animate

animer [anime] *vt* (*ville, soirée*) to liven up, enliven; (*mettre en mouvement*) to drive; (*stimuler*) to drive, impel; **s'animer** *vi* to liven up, come to life

anis [ani] *nm* (CULIN) aniseed; (BOT) anise

ankyloser [ɑ̃kiloze]: **s'ankyloser** *vi* to get stiff, ankylose

anneau, x [ano] *nm* ring; (*de chaîne*) link; (SPORT): **exercices aux anneaux** ring exercises

année [ane] *nf* year; **souhaiter la bonne année à qn** to wish sb a Happy New Year; **tout au long de l'année** all year long; **d'une année à l'autre** from one year to the next; **d'année en année** from year to year; **l'année scolaire/fiscale** the school/tax year

annexe [anɛks(ə)] *adj* (*problème*) related; (*document*) appended; (*salle*) adjoining ◆ *nf* (*bâtiment*) annex(e); (*de document, ouvrage*) annex, appendix; (*jointe à une lettre, un dossier*) enclosure

anniversaire [anivɛʀsɛʀ] *nm* birthday; (*d'un événement, bâtiment*) anniversary ◆ *adj*: **jour anniversaire** anniversary

annonce [anɔ̃s] *nf* announcement; (*signe, indice*) sign; (*aussi*: **annonce publicitaire**) advertisement; (CARTES) declaration; **annonce personnelle** personal message; **les petites annonces** the small *ou* classified ads

annoncer [anɔ̃se] *vt* to announce; (*être le signe de*) to herald; (CARTES) to declare; **je vous annonce que ...** I wish to tell you that ...; **s'annoncer bien/difficile** to look promising/difficult; **annoncer la couleur** (*fig*) to lay one's cards on the table

annonceur, euse [anɔ̃sœʀ, -øz] *nm/f* (TV, RADIO: *speaker*) announcer; (*publicitaire*) advertiser

annuaire [anɥɛʀ] *nm* yearbook, annual; **annuaire téléphonique** (telephone) directory, phone book

annuel, le [anɥɛl] *adj* annual, yearly

annuité [anɥite] *nf* annual instalment

annulation [anylasjɔ̃] *nf* cancellation; annulment; quashing, repeal

annuler [anyle] *vt* (*rendez-vous, voyage*) to cancel, call off; (*mariage*) to annul; (*jugement*) to quash (BRIT), repeal (US); (*résultats*) to declare void; (MATH, PHYSIQUE) to cancel out; **s'annuler** to cancel each other out

anodin, e [anɔdɛ̃, -in] *adj* harmless; (*sans importance*) insignificant, trivial

anonymat [anɔnima] *nm* anonymity; **garder l'anonymat** to remain anonymous

anonyme [anɔnim] *adj* anonymous; (*fig*) impersonal

anorak [anɔʀak] *nm* anorak

anorexie [anɔʀɛksi] *nf* anorexia

anormal, e, aux [anɔʀmal, -o] *adj* abnormal; (*insolite*) unusual, abnormal

ANPE *sigle f* (= Agence nationale pour l'emploi) national employment agency (*functions include job creation*)

anse [ɑ̃s] *nf* handle; (GÉO) cove

antan [ɑ̃tɑ̃]: **d'antan** *adj* of yesteryear, of long ago

antarctique [ɑ̃taʀktik] *adj* Antarctic ◆ *nm*: **l'Antarctique** the Antarctic; **le cercle Antarctique** the Antarctic Circle; **l'océan Antarctique** the Antarctic Ocean

antécédent [ɑ̃tesedɑ̃] *nm* (LING) antecedent; **antécédents** *nmpl* (MÉD *etc*) past history *sg*; **antécédents professionnels** record, career to date

antenne [ɑ̃tɛn] *nf* (*de radio, télévision*) aerial; (*d'insecte*) antenna (*pl* -ae), feeler; (*poste avancé*) outpost; (*petite succursale*) sub-branch; **sur l'antenne** on the air; **passer à/avoir l'antenne** to go/be on the air; **2 heures d'antenne** 2 hours' broadcasting time; **hors antenne** off the air; **antenne chirurgicale** (MIL) advance surgical unit

antérieur, e [ɑ̃teʀjœʀ] adj (d'avant) previous, earlier; (de devant) front; **antérieur à** prior ou previous to; **passé/futur antérieur** (LING) past/future anterior

antialcoolique [ɑ̃tialkɔlik] adj anti-alcohol; **ligue antialcoolique** temperance league

antiatomique [ɑ̃tiatɔmik] adj: **abri anti-atomique** fallout shelter

antibiotique [ɑ̃tibjɔtik] nm antibiotic

antibrouillard [ɑ̃tibʀujaʀ] adj: **phare antibrouillard** fog lamp

anticipation [ɑ̃tisipasjɔ̃] nf anticipation; (COMM) payment in advance; **par anticipation** in anticipation, in advance; **livre/film d'anticipation** science fiction book/film

anticipé, e [ɑ̃tisipe] adj (règlement, paiement) early, in advance; (joie etc) anticipated, early; **avec mes remerciements anticipés** thanking you in advance ou anticipation

anticiper [ɑ̃tisipe] vt to anticipate, foresee; (paiement) to pay ou make in advance ♦ vi to look ou think ahead; (en racontant) to jump ahead; (prévoir) to anticipate; **anticiper sur** to anticipate

anticonceptionnel, le [ɑ̃tikɔ̃sepsjɔnel] adj contraceptive

anticorps [ɑ̃tikɔʀ] nm antibody

antidote [ɑ̃tidɔt] nm antidote

antigel [ɑ̃tiʒɛl] nm antifreeze

antihistaminique [ɑ̃tiistaminik] nm antihistamine

antillais, e [ɑ̃tije, -ez] adj West Indian

Antilles [ɑ̃tij] nfpl: **les Antilles** the West Indies; **les Grandes/Petites Antilles** the Greater/Lesser Antilles

antilope [ɑ̃tilɔp] nf antelope

antimite(s) [ɑ̃timit] adj, nm: **(produit) antimite(s)** mothproofer, moth repellent

antipathique [ɑ̃tipatik] adj unpleasant, disagreeable

antipelliculaire [ɑ̃tipelikylɛʀ] adj anti-dandruff

antipodes [ɑ̃tipɔd] nmpl (GÉO): **les antipodes** the antipodes; (fig): **être aux antipodes de** to be the opposite extreme of

antiquaire [ɑ̃tikɛʀ] nm/f antique dealer

antique [ɑ̃tik] adj antique; (très vieux) ancient, antiquated

antiquité [ɑ̃tikite] nf (objet) antique; **l'Antiquité** Antiquity; **magasin/marchand d'antiquités** antique shop/dealer

antirabique [ɑ̃tiʀabik] adj rabies cpd

antirouille [ɑ̃tiʀuj] adj inv: **peinture antirouille** antirust paint; **traitement antirouille** rustproofing

antisémite [ɑ̃tisemit] adj anti-Semitic

antiseptique [ɑ̃tiseptik] adj, nm antiseptic

antivol [ɑ̃tivɔl] adj, nm: **(dispositif) antivol** antitheft device; (pour vélo) padlock

antre [ɑ̃tʀ(ə)] nm den, lair

anxiété [ɑ̃ksjete] nf anxiety

anxieux, euse [ɑ̃ksjø, -øz] adj anxious, worried; **être anxieux de faire** to be anxious to do

AOC sigle f (= Appellation d'origine contrôlée) guarantee of quality of wine; see boxed note

---

AOC

AOC ('appellation d'origine contrôlée') is the highest French wine classification. It indicates that the wine meets strict requirements concerning vineyard of origin, type of grape, method of production and alcoholic strength.

---

août [u] nm August; voir aussi **juillet**, **Assomption**

apaiser [apeze] vt (colère) to calm, quell, soothe; (faim) to appease, assuage; (douleur) to soothe; (personne) to calm (down), pacify; **s'apaiser** vi (tempête, bruit) to die down, subside

apanage [apanaʒ] nm: **être l'apanage de** to be the privilege ou prerogative of

aparté [aparte] nm (THÉÂT) aside; (entretien) private conversation; **en aparté** adv in an aside (BRIT); (entretien) in private

apathique [apatik] adj apathetic

apatride [apatʀid] nm/f stateless person

apercevoir [apɛʀsəvwaʀ] vt to see; **s'apercevoir de** vt to notice; **s'apercevoir que** to notice that; **sans s'en apercevoir** without realizing ou noticing

aperçu, e [apɛʀsy] pp de **apercevoir** ♦ nm (vue d'ensemble) general survey; (intuition) insight

apéritif, ive [apeʀitif, -iv] adj which stimulates the appetite ♦ nm (boisson) aperitif; (réunion) (pre-lunch ou -dinner) drinks pl; **prendre l'apéritif** to have drinks (before lunch ou dinner) ou an aperitif

à-peu-près [apøpʀɛ] nm inv (péj) vague approximation

apeuré, e [apœʀe] adj frightened, scared

aphte [aft(ə)] nm mouth ulcer

apiculture [apikyltyʀ] nf beekeeping, apiculture

apitoyer [apitwaje] vt to move to pity; **apitoyer qn sur qn/qch** to move sb to pity for sb/over sth; **s'apitoyer (sur qn/qch)** to feel pity ou compassion (for sb/over sth)

aplanir [aplaniʀ] vt to level; (fig) to smooth away, iron out

aplatir [aplatiʀ] vt to flatten; **s'aplatir** vi to become flatter; (écrasé) to be flattened; (fig) to lie flat on the ground; (: fam) to fall flat on one's face; (: péj) to grovel

aplomb [aplɔ̃] nm (équilibre) balance, equilibrium; (fig) self-assurance; (: péj) nerve; **d'aplomb** adv steady; (CONSTR) plumb

apogée [apɔʒe] nm (fig) peak, apogee

apologie [apɔlɔʒi] nf praise; (JUR) vindication

a posteriori [apɔsteʀjɔʀi] adv after the event, with hindsight, a posteriori

apostrophe [apɔstʀɔf] nf (signe) apostrophe; (appel) interpellation

apostropher [apɔstʀɔfe] vt (interpeller) to shout at, address sharply

apothéose [apoteoz] nf pinnacle (of achievement); (MUS etc) grand finale

apôtre [apotʀ(ə)] nm apostle, disciple

apparaître [apaʀɛtʀ(ə)] vi to appear ♦ vb avec attribut to appear, seem

apparat [apaʀa] nm: **tenue/dîner d'apparat** ceremonial dress/dinner

appareil [apaʀɛj] nm (outil, machine) piece of apparatus, device; (électrique etc) appliance; (politique, syndical) machinery; (avion) (aero)plane (BRIT), (air)plane (US), aircraft inv; (téléphonique) telephone; (dentier) brace (BRIT), braces (US); **appareil digestif/reproducteur** digestive/reproductive system ou apparatus; **l'appareil productif** the means of production; **qui est à l'appareil?** who's speaking?; **dans le plus simple appareil** in one's birthday suit; **appareil (photographique)** camera; **appareil 24 x 36** ou **petit format** 35 mm camera

appareiller [apaʀeje] vi (NAVIG) to cast off, get under way ♦ vt (assortir) to match up

appareil-photo, pl **appareils-photos** [apaʀɛjfɔto] nm camera

apparemment [apaʀamɑ̃] adv apparently

apparence [apaʀɑ̃s] nf appearance; **malgré les apparences** despite appearances; **en apparence** apparently, seemingly

apparent, e [apaʀɑ̃, -ɑ̃t] adj visible; (évident) obvious; (superficiel) apparent; **coutures apparentes** topstitched seams; **poutres apparentes** exposed beams

apparenté, e [apaʀɑ̃te] adj: **apparenté à** related to; (fig) similar to

apparition [apaʀisjɔ̃] nf appearance; (surnaturelle) apparition; **faire son apparition** to appear

appartement [apaʀtəmɑ̃] nm flat (BRIT), apartment (US)

appartenir [apaʀtəniʀ] : **appartenir à** vt to belong to; (faire partie de) to belong to, be a member of; **il lui appartient de** it is up to him to

apparu, e [apaʀy] pp de **apparaître**

appât [apɑ] nm (PÊCHE) bait; (fig) lure, bait

appâter [apɑte] vt (hameçon) to bait; (poisson, fig) to lure, entice

appauvrir [apovʀiʀ] vt to impoverish; **s'appauvrir** vi to grow poorer, become impoverished

appel [apɛl] nm call; (nominal) roll call; (: SCOL) register; (MIL: recrutement) call-up; (JUR) appeal; **faire appel à** (invoquer) to appeal to; (avoir recours à) to call on; (nécessiter) to call for, require; **faire** ou **interjeter appel** (JUR) to appeal, lodge an appeal; **faire l'appel** to call the roll; to call the register; **indicatif d'appel** call sign; **numéro d'appel** (TÉL) number; **produit d'appel** (COMM) loss leader; **sans appel**

(fig) final, irrevocable; **appel d'air** in-draught; **appel d'offres** (COMM) invitation to tender; **faire un appel de phares** to flash one's headlights; **appel (téléphonique)** (tele)phone call

appelé [aple] nm (MIL) conscript

appeler [aple] vt to call; (TÉL) to call, ring; (faire venir: médecin etc) to call, send for; (fig: nécessiter) to call for, demand; **appeler au secours** to call for help; **appeler qn à l'aide** ou **au secours** to call to sb to help; **appeler qn à un poste/des fonctions** to appoint sb to a post/assign duties to sb; **être appelé à** (fig) to be destined to; **appeler qn à comparaître** (JUR) to summon sb to appear; **en appeler à** to appeal to; **s'appeler: elle s'appelle Gabrielle** her name is Gabrielle, she's called Gabrielle; **comment ça s'appelle?** what is it ou that called?

appendice [apɛ̃dis] nm appendix

appendicite [apɛ̃disit] nf appendicitis

appentis [apɑ̃ti] nm lean-to

appesantir [apzɑ̃tiʀ] : **s'appesantir** vi to grow heavier; **s'appesantir sur** (fig) to dwell at length on

appétissant, e [apetisɑ̃, -ɑ̃t] adj appetizing, mouth-watering

appétit [apeti] nm appetite; **couper l'appétit à qn** to take away sb's appetite; **bon appétit!** enjoy your meal!

applaudir [aplodiʀ] vt to applaud ♦ vi to applaud, clap; **applaudir à** vt (décision) to applaud, commend

applaudissements [aplodismɑ̃] nmpl applause sg, clapping sg

application [aplikasjɔ̃] nf application; (d'une loi) enforcement; **mettre en application** to implement

applique [aplik] nf wall lamp

appliquer [aplike] vt to apply; (loi) to enforce; (donner: gifle, châtiment) to give; **s'appliquer** vi (suj: élève etc) to apply o.s.; **s'appliquer à** (loi, remarque) to apply to; **s'appliquer à faire qch** to apply o.s. to doing sth, take pains to do sth; **s'appliquer sur** (coïncider avec) to fit over

appoint [apwɛ̃] nm (extra) contribution ou help; **avoir/faire l'appoint** (en payant) to have/give the right change ou money; **chauffage d'appoint** extra heating

appointements [apwɛ̃tmɑ̃] nmpl salary sg, stipend (surtout REL)

apport [apɔʀ] nm supply; (argent, biens etc) contribution

apporter [apɔʀte] vt to bring; (preuve) to give, provide; (modification) to make; (suj: remarque) to contribute, add

apposer [apoze] vt to append; (sceau etc) to affix

appréciable [apʀesjabl(ə)] adj (important) appreciable, significant

apprécier [apʀesje] vt to appreciate; (évaluer) to estimate, assess; **j'apprécierais que tu …** I should appreciate (it) if you ...

appréhender [apreɑ̃de] vt (craindre) to dread; (arrêter) to apprehend; **appréhender que** to fear that; **appréhender de faire** to dread doing

appréhension [apreɑ̃sjɔ̃] nf apprehension

apprendre [aprɑ̃dr(ə)] vt to learn; (événement, résultats) to learn of, hear of; **apprendre qch à qn** (informer) to tell sb (of) sth; (enseigner) to teach sb sth; **tu me l'apprends!** that's news to me!; **apprendre à faire qch** to learn to do sth; **apprendre à qn à faire qch** to teach sb to do sth

apprenti, e [aprɑ̃ti] nm/f apprentice; (fig) novice, beginner

apprentissage [aprɑ̃tisaʒ] nm learning; (COMM, SCOL: période) apprenticeship; **école** ou **centre d'apprentissage** training school ou centre; **faire l'apprentissage de qch** (fig) to be initiated into sth

apprêté, e [aprete] adj (fig) affected

apprêter [aprete] vt to dress, finish; **s'apprêter** vi: **s'apprêter à qch/à faire qch** to prepare for sth/ for doing sth

appris, e [apri, -iz] pp de **apprendre**

apprivoiser [aprivwaze] vt to tame

approbation [aprɔbasjɔ̃] nf approval; **digne d'approbation** (conduite, travail) praiseworthy, commendable

approchant, e [aprɔʃɑ̃, -ɑ̃t] adj similar, close; **quelque chose d'approchant** something similar

approche [aprɔʃ] nf approaching; (arrivée, attitude) approach; **approches** nfpl (abords) surroundings; **à l'approche du bateau/de l'ennemi** as the ship/enemy approached ou drew near; **l'approche d'un problème** the approach to a problem; **travaux d'approche** (fig) manoeuvrings

approcher [aprɔʃe] vi to approach, come near ◆ vt (vedette, artiste) to come close to, approach; (rapprocher): **approcher qch (de qch)** to bring ou put ou move sth near (to sth); **approcher de** vt to draw near to; (quantité, moment) to approach; **s'approcher de** vt to approach, go ou come ou move near to; **approchez-vous** come ou go nearer

approfondir [aprɔfɔ̃dir] vt to deepen; (question) to go further into; **sans approfondir** without going too deeply into it

approprié, e [aprɔprije] adj: **approprié (à)** appropriate (to), suited to

approprier [aprɔprije] vt (adapter) adapt; **s'approprier** vt to appropriate, take over

approuver [apruve] vt to agree with; (autoriser: loi, projet) to approve, pass; (trouver louable) to approve of; **je vous approuve entièrement/ne vous approuve pas** I agree with you entirely/don't agree with you; **lu et approuvé** (read and) approved

approvisionner [aprɔvizjɔne] vt to supply; (compte bancaire) to pay funds into; **approvisionner qn en** to supply sb with; **s'approvisionner** vi:

s'approvisionner dans un certain magasin/au marché to shop in a certain shop/at the market; **s'approvisionner en** to stock up with

approximatif, ive [aprɔksimatif, -iv] adj approximate, rough; (imprécis) vague

appt abr = **appartement**

appui [apɥi] nm support; **prendre appui sur** to lean on; (suj: objet) to rest on; **point d'appui** fulcrum; (fig) something to lean on; **à l'appui de** (pour prouver) in support of; **à l'appui** adv to support one's argument; **l'appui de la fenêtre** the windowsill, the window ledge

appui-tête, appuie-tête [apɥitɛt] nm inv headrest

appuyer [apɥije] vt (poser): **appuyer qch sur/ contre/à** to lean ou rest sth on/against/on; (soutenir: personne, demande) to support, back (up) ◆ vi: **appuyer sur** (bouton, frein) to press, push; (mot, détail) to stress, emphasize; (suj: chose: peser sur) to rest (heavily) on, press against; **s'appuyer sur** vt to lean on; (compter sur) to rely on; **s'appuyer sur qn** to lean on sb; **appuyer contre** (toucher: mur, porte) to lean ou rest against; **appuyer à droite** ou **sur sa droite** to bear (to the) right; **appuyer sur le champignon** to put one's foot down

âpre [ɑpr(ə)] adj acrid, pungent; (fig) harsh; (lutte) bitter; **âpre au gain** grasping, greedy

après [aprɛ] prép after ◆ adv afterwards; **2 heures après** 2 hours later; **après qu'il est parti/ avoir fait** after he left/having done; **courir après qn** to run after sb; **crier après qn** to shout at sb; **être toujours après qn** (critiquer etc) to be always on at sb; **après quoi** after which; **d'après** prép (selon) according to; **d'après lui** according to him; **d'après moi** in my opinion; **après coup** adv after the event, afterwards; **après tout** adv (au fond) after all; **et (puis) après?** so what?

après-demain [aprɛdmɛ̃] adv the day after tomorrow

après-guerre [aprɛgɛr] nm post-war years pl; **d'après-guerre** adj post-war

après-midi [aprɛmidi] nm ou nf inv afternoon

après-rasage [aprɛrazaʒ] nm inv: (lotion) **après-rasage** after-shave (lotion)

après-shampooing [aprɛʃɑ̃pwɛ̃] nm inv conditioner

après-ski [aprɛski] nm inv (chaussure) snow boot; (moment) après-ski

à-propos [aprɔpo] nm (d'une remarque) aptness; **faire preuve d'à-propos** to show presence of mind, do the right thing; **avec à-propos** suitably, aptly

apte [apt(ə)] adj: **apte à qch/faire qch** capable of sth/doing sth; **apte (au service)** (MIL) fit (for service)

aquarelle [akwarɛl] nf (tableau) watercolour (BRIT), watercolor (US); (genre) watercolo(u)rs pl, aquarelle

aquarium [akwaʀjɔm] *nm* aquarium

arabe [aʀab] *adj* Arabic; (*désert, cheval*) Arabian; (*nation, peuple*) Arab ◆ *nm* (*LING*) Arabic ◆ *nm/f*: **Arabe** Arab

Arabie [aʀabi] *nf*: **l'Arabie** Arabia; **l'Arabie Saoudite** *ou* **Séoudite** Saudi Arabia

arachide [aʀaʃid] *nf* groundnut (plant); (*graine*) peanut, groundnut

araignée [aʀɛɲe] *nf* spider; **araignée de mer** spider crab

arbitraire [aʀbitʀɛʀ] *adj* arbitrary

arbitre [aʀbitʀ(ə)] *nm* (*SPORT*) referee; (: *TENNIS, CRICKET*) umpire; (*fig*) arbiter, judge; (*JUR*) arbitrator

arbitrer [aʀbitʀe] *vt* to referee; to umpire; to arbitrate

arborer [aʀbɔʀe] *vt* to bear, display; (*avec ostentation*) to sport

arbre [aʀbʀ(ə)] *nm* tree; (*TECH*) shaft; **arbre à cames** (*AUTO*) camshaft; **arbre fruitier** fruit tree; **arbre généalogique** family tree; **arbre de Noël** Christmas tree; **arbre de transmission** (*AUTO*) driveshaft

arbuste [aʀbyst(ə)] *nm* small shrub, bush

arc [aʀk] *nm* (*arme*) bow; (*GÉOM*) arc; (*ARCHIT*) arch; **arc de cercle** arc of a circle; **en arc de cercle** *adj* semi-circular

arcade [aʀkad] *nf* arch(way); **arcades** *nfpl*, arcade *sg*, arches; **arcade sourcilière** arch of the eyebrows

arcanes [aʀkan] *nmpl* mysteries

arc-boutant, *pl* **arcs-boutants** [aʀkbutɑ̃] *nm* flying buttress

arceau, x [aʀso] *nm* (*métallique etc*) hoop

arc-en-ciel, *pl* **arcs-en-ciel** [aʀkɑ̃sjɛl] *nm* rainbow

arche [aʀʃ(ə)] *nf* arch; **arche de Noé** Noah's Ark

archéologie [aʀkeɔlɔʒi] *nf* arch(a)eology

archéologue [aʀkeɔlɔg] *nm/f* arch(a)eologist

archet [aʀʃɛ] *nm* bow

archevêque [aʀʃəvɛk] *nm* archbishop

archipel [aʀʃipɛl] *nm* archipelago

architecte [aʀʃitɛkt(ə)] *nm* architect

architecture [aʀʃitɛktyʀ] *nf* architecture

archive [aʀʃiv] *nf* file; **archives** *nfpl* archives

arctique [aʀktik] *adj* Arctic ◆ *nm*: **l'Arctique** the Arctic; **le cercle Arctique** the Arctic Circle; **l'océan Arctique** the Arctic Ocean

ardemment [aʀdamɑ̃] *adv* ardently, fervently

ardent, e [aʀdɑ̃, -ɑ̃t] *adj* (*soleil*) blazing; (*fièvre*) raging; (*amour*) ardent, passionate; (*prière*) fervent

ardeur [aʀdœʀ] *nf* blazing heat; (*fig*) fervour, ardour

ardoise [aʀdwaz] *nf* slate

ardu, e [aʀdy] *adj* arduous, difficult; (*pente*) steep, abrupt

arène [aʀɛn] *nf* arena; (*fig*): **l'arène politique** the politicalr arena; **arènes** *nfpl* bull-ring *sg*

arête [aʀɛt] *nf* (*de poisson*) bone; (*d'une montagne*) ridge; (*GÉOM etc*) edge (*where two faces meet*)

argent [aʀʒɑ̃] *nm* (*métal*) silver; (*monnaie*) money; (*couleur*) silver; **en avoir pour son argent** to get value for money; **gagner beaucoup d'argent** to earn a lot of money; **argent comptant** (hard) cash; **argent liquide** ready money, (ready) cash; **argent de poche** pocket money

argenté, e [aʀʒɑ̃te] *adj* silver(y); (*métal*) silver-plated

argenterie [aʀʒɑ̃tʀi] *nf* silverware; (*en métal argenté*) silver plate

argentin, e [aʀʒɑ̃tɛ̃, -in] *adj* Argentinian, Argentine ◆ *nm/f*: **Argentin, e** Argentinian, Argentine

Argentine [aʀʒɑ̃tin] *nf*: **l'Argentine** Argentina, the Argentine

argile [aʀʒil] *nf* clay

argot [aʀgo] *nm* slang; *see boxed note*

ARGOT

Argot was the term originally used to describe the jargon of the criminal underworld, characterized by colourful images and distinctive intonation and designed to confuse the outsider. Some French authors write in **argot** and so have helped it spread and grow. More generally, the special vocabulary used by any social or professional group is also known as **argot**.

---

argotique [aʀgɔtik] *adj* slang *cpd*; (*très familier*) slangy

argument [aʀgymɑ̃] *nm* argument

argumentaire [aʀgymɑ̃tɛʀ] *nm* list of sales points; (*brochure*) sales leaflet

argumenter [aʀgymɑ̃te] *vi* to argue

argus [aʀgys] *nm* guide to second-hand car etc prices

aride [aʀid] *adj* arid

aristocratie [aʀistɔkʀasi] *nf* aristocracy

aristocratique [aʀistɔkʀatik] *adj* aristocratic

arithmétique [aʀitmetik] *adj* arithmetic(al) ◆ *nf* arithmetic

armateur [aʀmatœʀ] *nm* shipowner

armature [aʀmatyʀ] *nf* framework; (*de tente etc*) frame; (*de corset*) bone; (*de soutien-gorge*) wiring

arme [aʀm(ə)] *nf* weapon; (*section de l'armée*) arm; **armes** *nfpl* weapons, arms; (*blason*) (coat of) arms; **les armes** (*profession*) soldiering *sg*; **à armes égales** on equal terms; **en armes** up in arms; **passer par les armes** to execute (by firing squad); **prendre/présenter les armes** to take up/present arms; **se battre à l'arme blanche** to fight with blades; **arme à feu** firearm

armée [aʀme] *nf* army; **armée de l'air** Air Force; **l'armée du Salut** the Salvation Army; **armée de**

terre Army

armement [arməmã] nm (matériel) arms pl, weapons pl; (: d'un pays) arms pl, armament; (action d'équiper: d'un navire) fitting out; **armements nucléaires** nuclear armaments; **course aux armements** arms race

armer [arme] vt to arm; (arme à feu) to cock; (appareil-photo) to wind on; **armer qch de** to fit sth with; (renforcer) to reinforce sth with; **armer qn de** to arm ou equip sb with; **s'armer de** to arm o.s. with

armistice [armistis] nm armistice; **l'Armistice** ≈ Remembrance (BRIT) ou Veterans (US) Day

armoire [armwar] nf (tall) cupboard; (penderie) wardrobe (BRIT), closet (US); **armoire à pharmacie** medicine chest

armoiries [armwari] nfpl coat of arms sg

armure [armyr] nf armour no pl, suit of armour

armurier [armyrje] nm gunsmith; (MIL, d'armes blanches) armourer

arnaque [arnak] nf: **de l'arnaque** daylight robbery

arnaquer [arnake] vt to do (fam), swindle; **se faire arnaquer** to be had (fam) ou done (fam)

aromates [aromat] nmpl seasoning sg, herbs (and spices)

aromathérapie [aromaterapi] nf aromatherapy

aromatisé, e [aromatize] adj flavoured

arôme [arom] nm aroma; (d'une fleur etc) fragrance

arpenter [arpãte] vt to pace up and down

arpenteur [arpãtœr] nm land surveyor

arqué, e [arke] adj arched; (jambes) bow cpd, bandy

arrache-pied [araʃpje]: **d'arrache-pied** adv relentlessly

arracher [araʃe] vt to pull out; (page etc) to tear off, tear out; (déplanter: légume) to lift; (: herbe, souche) to pull up; (bras etc: par explosion) to blow off; (: par accident) to tear off; **s'arracher** vt (article très recherché) to fight over; **arracher qch à qn** to snatch sth from sb; (fig) to wring sth out of sb, wrest sth from sb; **arracher qn à** (solitude, rêverie) to drag sb out of; (famille etc) to tear ou wrench sb away from; **se faire arracher une dent** to have a tooth out ou pulled (US); **s'arracher de** (lieu) to tear o.s. away from; (habitude) to force o.s. out of

arraisonner [arezone] vt to board and search

arrangeant, e [arãʒã, -ãt] adj accommodating, obliging

arrangement [arãʒmã] nm arrangement

arranger [arãʒe] vt to arrange; (réparer) to fix, put right; (régler) to settle, sort out; (convenir à) to suit, be convenient for; **s'arranger** (se mettre d'accord) to come to an agreement ou arrangement; (s'améliorer: querelle, situation) to be sorted out; (se débrouiller): **s'arranger pour que ...** to arrange things so that ...; **je vais m'arranger** I'll manage;

ça va s'arranger it'll sort itself out; **s'arranger pour faire** to make sure that ou see to it that one can do

arrestation [arestasjɔ̃] nf arrest

arrêt [are] nm stopping; (de bus etc) stop; (JUR) judgment, decision; (FOOTBALL) save; **arrêts** nmpl (MIL) arrest sg; **être à l'arrêt** to be stopped, have come to a halt; **rester** ou **tomber en arrêt devant** to stop short in front of; **sans arrêt** without stopping, non-stop; (fréquemment) continually; **arrêt d'autobus** bus stop; **arrêt facultatif** request stop; **arrêt de mort** capital sentence; **arrêt de travail** stoppage (of work)

arrêté, e [arete] adj (idées) firm, fixed ♦ nm order, decree; **arrêté municipal** ≈ bylaw, byelaw

arrêter [arete] vt to stop; (chauffage etc) to turn off, switch off; (COMM: compte) to settle; (COUTURE: point) to fasten off; (fixer: date etc) to appoint, decide on; (criminel, suspect) to arrest; **s'arrêter** vi to stop; (s'interrompre) to stop o.s.; **arrête de faire** to stop doing; **arrête de te plaindre** stop complaining; **ne pas arrêter de faire** to keep on doing; **s'arrêter de faire** to stop doing; **s'arrêter sur** (suj: choix, regard) to fall on

arrhes [ar] nfpl deposit sg

arrière [arjer] nm back; (SPORT) fullback ♦ adj inv: **siège/roue arrière** back ou rear seat/wheel; **arrières** nmpl (fig): **protéger ses arrières** to protect the rear; **à l'arrière** adv behind, at the back; **en arrière** adv behind; (regarder) back, behind; (tomber, aller) backwards; **en arrière de** prép behind

arriéré, e [arjere] adj (péj) backward ♦ nm (d'argent) arrears pl

arrière-goût [arjergu] nm aftertaste

arrière-grand-mère, pl **arrière-grands-mères** [arjergrãmer] nf great-grandmother

arrière-grand-père, pl **arrière-grands-pères** [arjergrãper] nm great-grandfather

arrière-pays [arjerpei] nm inv hinterland

arrière-pensée [arjerpãse] nf ulterior motive; (doute) mental reservation

arrière-plan [arjerplã] nm background; **d'arrière-plan** adj (INFORM) background cpd

arrière-saison [arjersezɔ̃] nf late autumn

arrière-train [arjertrɛ̃] nm hindquarters pl

arrimer [arime] vt to stow; (fixer) to secure, fasten securely

arrivage [arivaʒ] nm arrival

arrivée [arive] nf arrival; (ligne d'arrivée) finish; **arrivée d'air/de gaz** air/gas inlet; **courrier à l'arrivée** incoming mail; **à mon arrivée** when I arrived

arriver [arive] vi to arrive; (survenir) to happen, occur; **j'arrive** (I'm) just coming!; **il arrive à Paris à 8 h** he gets to ou arrives in Paris at 8; **arriver à destination** to arrive at one's destination; **arriver à** (atteindre) to reach; **arriver à (faire) qch** (réussir) to manage (to do) sth; **arriver à échéance** to fall due;

en arriver à faire to end up doing, get to the point of doing; **il arrive que** it happens that; **il lui arrive de faire** he sometimes does

arriviste [aʀivist(ə)] nm/f go-getter

arrogance [aʀɔgɑ̃s] nf arrogance

arrogant, e [aʀɔgɑ̃, -ɑ̃t] adj arrogant

arrondir [aʀɔ̃diʀ] vt (forme, objet) to round; (somme) to round off; **s'arrondir** vi to become round(ed); **arrondir ses fins de mois** to supplement one's pay

arrondissement [aʀɔ̃dismɑ̃] nm (ADMIN) ≃ district

arroser [aʀoze] vt to water; (victoire etc) to celebrate (over a drink); (CULIN) to baste

arrosoir [aʀozwaʀ] nm watering can

arsenal, aux [aʀsənal, -o] nm (NAVIG) naval dockyard; (MIL) arsenal; (fig) gear, paraphernalia

art [aʀ] nm art; **avoir l'art de faire** (fig: personne) to have a talent for doing; **les arts** the arts; **livre/critique d'art** art book/ critic; **objet d'art** objet d'art; **art dramatique** dramatic art; **arts martiaux** martial arts; **arts et métiers** applied arts and crafts; **arts ménagers** home economics sg; **arts plastiques** plastic arts

artère [aʀtɛʀ] nf (ANAT) artery; (rue) main road

arthrite [aʀtʀit] nf arthritis

artichaut [aʀtiʃo] nm artichoke

article [aʀtikl(ə)] nm article; (COMM) item, article; (INFORM) record, item; **faire l'article** (COMM) to do one's sales spiel; **faire l'article de** (fig) to sing the praises of; **à l'article de la mort** at the point of death; **article défini/indéfini** definite/indefinite article; **article de fond** (PRESSE) feature article; **articles de bureau** office equipment; **articles de voyage** travel goods ou items

articulation [aʀtikylasjɔ̃] nf articulation; (ANAT) joint

articuler [aʀtikyle] vt to articulate; **s'articuler (sur)** (ANAT, TECH) to articulate (with); **s'articuler autour de** (fig) to centre around ou on, turn on

artifice [aʀtifis] nm device, trick

artificiel, le [aʀtifisjɛl] adj artificial

artisan [aʀtizɑ̃] nm artisan, (self-employed) craftsman; **l'artisan de la victoire/du malheur** the architect of the victory/of the disaster

artisanal, e, aux [aʀtizanal, -o] adj of ou made by craftsmen; (péj) cottage industry cpd, unsophisticated

artisanat [aʀtizana] nm arts and crafts pl

artiste [aʀtist(ə)] nm/f artist; (THÉÂT, MUS) artist, performer; (: de variétés) entertainer

artistique [aʀtistik] adj artistic

as vb [a] voir **avoir ♦** nm [ɑs] ace

ascendance [asɑ̃dɑ̃s] nf (origine) ancestry; (ASTROLOGIE) ascendant

ascendant, e [asɑ̃dɑ̃, -ɑ̃t] adj upward ♦ nm influence; **ascendants** nmpl ascendants

ascenseur [asɑ̃sœʀ] nm lift (BRIT), elevator (US)

ascension [asɑ̃sjɔ̃] nf ascent; climb; **l'Ascension** (REL) the Ascension; (: jour férié) Ascension (Day); **(île de) l'Ascension** Ascension Island; see boxed note

---

FÊTE DE L'ASCENSION

The **fête de l'Ascension** is a public holiday in France. It always falls on a Thursday, usually in May. Many French people take the following Friday off work too and enjoy a long weekend.

---

aseptisé, e [aseptize] (péj) adj sanitized

asiatique [azjatik] adj Asian, Asiatic ♦ nm/f: **Asiatique** Asian

Asie [azi] nf: **l'Asie** Asia

asile [azil] nm (refuge) refuge, sanctuary; (POL): **droit d'asile** (political) asylum; (pour malades, vieillards etc) home; **accorder l'asile politique à qn** to grant ou give sb political asylum; **chercher/trouver asile quelque part** to seek/find refuge somewhere

aspect [aspɛ] nm appearance, look; (fig) aspect, side; (LING) aspect; **à l'aspect de** at the sight of

asperge [aspɛʀʒ(ə)] nf asparagus no pl

asperger [aspɛʀʒe] vt to spray, sprinkle

aspérité [aspeʀite] nf excrescence, protruding bit (of rock etc)

asphalte [asfalt(ə)] nm asphalt

asphyxier [asfiksje] vt to suffocate, asphyxiate; (fig) to stifle; **mourir asphyxié** to die of suffocation ou asphyxiation

aspirateur [aspiʀatœʀ] nm vacuum cleaner, hoover®

aspirer [aspiʀe] vt (air) to inhale; (liquide) to suck (up); (suj: appareil) to suck ou draw up; **aspirer à** to aspire to

aspirine [aspiʀin] nf aspirin

assagir [asaʒiʀ] vt: **s'assagir** vi to quieten down, sober down

assaillir [asajiʀ] vt to assail, attack; **assaillir qn de** (questions) to assail ou bombard sb with

assainir [aseniʀ] vt to clean up; (eau, air) to purify

assaisonnement [asɛzɔnmɑ̃] nm seasoning

assaisonner [asɛzɔne] vt to season; **bien assaisonné** highly seasoned

assassin [asasɛ̃] nm murderer; assassin

assassiner [asasine] vt to murder; (surtout POL) to assassinate

assaut [aso] nm assault, attack; **prendre d'assaut** to (take by) storm, assault; **donner l'assaut (à)** to attack; **faire assaut de** (rivaliser) to vie with ou rival each other in

assécher [aseʃe] vt to drain

assemblage [asɑ̃blaʒ] nm assembling; (MENUISERIE) joint; **un assemblage de** (fig) a collection of; **langage d'assemblage** (INFORM) assembly language

assemblée [asɑ̃ble] nf (réunion) meeting; (public,

assistance) gathering; assembled people; (POL) assembly; (REL): **l'assemblée des fidèles** the congregation; **l'Assemblée nationale (AN)** the (French) National Assembly; *see boxed note*

ASSEMBLÉE NATIONALE

The **Assemblée nationale** is the lower house of the French Parliament, the upper house being the 'Sénat'. It is housed in the Palais Bourbon in Paris. Its members, or 'députés', are elected every five years.

assembler [asɑ̃ble] *vt (joindre, monter)* to assemble, put together; *(amasser)* to gather (together), collect (together); **s'assembler** *vi* to gather, collect

assener, asséner [asene] *vt:* **assener un coup à qn** to deal sb a blow

assentiment [asɑ̃timɑ̃] *nm* assent, consent; *(approbation)* approval

asseoir [aswar] *vt (malade, bébé)* to sit up; *(personne debout)* to sit down; *(autorité, réputation)* to establish; **s'asseoir** *vi* to sit (o.s.) up; to sit (o.s.) down; **faire asseoir qn** to ask sb to sit down; **asseyez-vous!, assieds-toi!** sit down!; **asseoir qch sur** to build sth on; *(appuyer)* to base sth on

assermenté, e [asɛrmɑ̃te] *adj* sworn, on oath

asservir [asɛrvir] *vt* to subjugate, enslave

assez [ase] *adv (suffisamment)* enough, sufficiently; *(passablement)* rather, quite, fairly; **assez!** enough!, that'll do!; **assez/pas assez cuit** well enough done/underdone; **est-il assez fort/rapide?** is he strong/fast enough?; **il est passé assez vite** he went past rather *ou* quite *ou* fairly fast; **assez de pain/livres** enough *ou* sufficient bread/books; **vous en avez assez?** have you got enough?; **en avoir assez de qch** *(en être fatigué)* to have had enough of sth; **travailler assez** to work (hard) enough

assidu, e [asidy] *adj* assiduous, painstaking; *(régulier)* regular; **assidu auprès de qn** attentive towards sb

assied *etc* [asje] *vb voir* **asseoir**

assiéger [asjeʒe] *vt* to besiege, lay siege to; *(suj: foule, touristes)* to mob, besiege

assiérai *etc* [asjere] *vb voir* **asseoir**

assiette [asjɛt] *nf* plate; *(contenu)* plate(ful); *(équilibre)* seat; *(de colonne)* seating; *(de navire)* trim; **assiette anglaise** assorted cold meats; **assiette creuse** (soup) dish, soup plate; **assiette à dessert** dessert *ou* side plate; **assiette de l'impôt** basis of (tax) assessment; **assiette plate** (dinner) plate

assigner [asiɲe] *vt:* **assigner qch à** to assign *ou* allot sth to; *(valeur, importance)* to attach sth to; *(somme)* to allocate sth to; *(limites)* to set *ou* fix sth to; *(cause, effet)* to ascribe *ou* attribute sth to; **assigner qn à** *(affecter)* to assign sb to; **assigner qn à résidence** (JUR) to give sb a compulsory order of residence

assimiler [asimile] *vt* to assimilate, absorb; *(comparer)*: **assimiler qch/qn à** to liken *ou* compare sth/sb to; **s'assimiler** *vi (s'intégrer)* to be assimilated *ou* absorbed; **ils sont assimilés aux infirmières** (ADMIN) they are classed as nurses

assis, e [asi, -iz] *pp de* **asseoir** ♦ *adj* sitting (down), seated ♦ *nf* (CONSTR) course; (GEO) stratum *(pl* -a); *(fig)* basis *(pl* bases), foundation; **assis en tailleur** sitting cross-legged

assises [asiz] *nfpl* (JUR) assizes; *(congrès)* (annual) conference

assistance [asistɑ̃s] *nf (public)* audience; *(aide)* assistance; **porter *ou* prêter assistance à qn** to give sb assistance; **Assistance publique (AP)** public health service; **enfant de l'Assistance (publique)** *(formerly)* child in care; **assistance technique** technical aid

assistant, e [asistɑ̃, -t] *nm/f* assistant; *(d'université)* probationary lecturer; **les assistants** *nmpl (auditeurs etc)* those present; **assistante sociale** social worker

assisté, e [asiste] *adj* (AUTO) power assisted ♦ *nm/f* person receiving aid from the State

assister [asiste] *vt* to assist; **assister à** *vt (scène, événement)* to witness; *(conférence)* to attend, be (present) at; *(spectacle, match)* to be at, see

association [asɔsjasjɔ̃] *nf* association; (COMM) partnership; **association d'idées/images** association of ideas/images

associé, e [asɔsje] *nm/f* associate; (COMM) partner

associer [asɔsje] *vt* to associate; **associer qn à** *(profits)* to give sb a share of; *(affaire)* to make sb a partner in; *(joie, triomphe)* to include sb in; **associer qch à** *(joindre, allier)* to combine sth with; **s'associer** *vi* to join together; (COMM) to form a partnership ♦ *vt (collaborateur)* to take on (as a partner); **s'associer à** to be combined with; *(opinions, joie de qn)* to share in; **s'associer à *ou* avec qn pour faire** to join (forces) *ou* join together with sb to do

assoiffé, e [aswafe] *adj* thirsty; *(fig)*: **assoiffé de** *(sang)* thirsting for; *(gloire)* thirsting after

assombrir [asɔ̃brir] *vt* to darken; *(fig)* to fill with gloom; **s'assombrir** *vi* to darken; *(devenir nuageux, fig: visage)* to cloud over; *(fig)* to become gloomy

assommer [asɔme] *vt (étourdir, abrutir)* to knock out, stun; *(fam: ennuyer)* to bore stiff

Assomption [asɔ̃psjɔ̃] *nf:* **l'Assomption** the Assumption; *see boxed note*

FÊTE DE L'ASSOMPTION

The **fête de l'Assomption**, more commonly known as 'le 15 août', is a national holiday in France. Traditionally, large numbers of holiday-makers leave home on 15 August, frequently causing chaos on the roads.

assorti, e [asɔrti] *adj* matched, matching; **fro-**

mages/légumes assortis assorted cheeses/vegetables; **assorti à** matching; **assorti de** accompanied with; (conditions, conseils) coupled with; **bien/mal assorti** well/ill-matched

assortiment [asɔʀtimɑ̃] nm (choix) assortment, selection; (harmonie de couleurs, formes) arrangement; (COMM: lot, stock) selection

assortir [asɔʀtiʀ] vt to match; **s'assortir** to go well together, match; **assortir qch à** to match sth with; **assortir qch de** to accompany sth with; **s'assortir de** to be accompanied by

assoupi, e [asupi] adj dozing, sleeping; (fig) (be)numbed; (sens) dulled

assoupir [asupiʀ]: **s'assoupir** vi (personne) to doze off; (sens) to go numb

assouplir [asupliʀ] vt to make supple, soften; (membres, corps) to limber up, make supple; (fig) to relax; (: caractère) to soften, make more flexible; **s'assouplir** vi to soften; to limber up; to relax; to become more flexible

assouplissant [asuplisɑ̃] nm (fabric) softener

assourdir [asuʀdiʀ] vt (bruit) to deaden, muffle; (suj: bruit) to deafen

assouvir [asuviʀ] vt to satisfy, appease

assujettir [asyʒetiʀ] vt to subject, subjugate; (fixer: planches, tableau) to fix securely; **assujettir qn à** (règle, impôt) to subject sb to

assumer [asyme] vt (fonction, emploi) to assume, take on; (accepter: conséquence, situation) to accept

assurance [asyʀɑ̃s] nf (certitude) assurance; (confiance en soi) (self-)confidence; (contrat) insurance (policy); (secteur commercial) insurance; **prendre une assurance contre** to take out insurance ou an insurance policy against; **assurance contre l'incendie** fire insurance; **assurance contre le vol** insurance against theft; **société d'assurance, compagnie d'assurances** insurance company; **assurance maladie (AM)** health insurance; **assurance au tiers** third party insurance; **assurance tous risques** (AUTO) comprehensive insurance; **assurances sociales (AS)** ≈ National Insurance (BRIT), ≈ Social Security (US)

assurance-vie, pl **assurances-vie** [asyʀɑ̃svi] nf life assurance ou insurance

assuré, e [asyʀe] adj (victoire etc) certain, sure; (démarche, voix) assured, (self-)confident; (certain): **assuré de** confident of; (ASSURANCES) insured ♦ nm/f insured (person); **assuré social** ≈ member of the National Insurance (BRIT) ou Social Security (US) scheme

assurément [asyʀemɑ̃] adv assuredly, most certainly

assurer [asyʀe] vt (COMM) to insure; (stabiliser) to steady, stabilize; (victoire etc) to ensure, make certain; (frontières, pouvoir) to make secure; (service, garde) to provide, operate; **assurer qch à qn** (garantir) to secure ou guarantee sth for sb; (certifier) to assure sb of sth; **assurer à qn que** to assure

sb that; **je vous assure que non/si** I assure you that that is not the case/is the case; **assurer qn de** to assure sb of; **assurer ses arrières** (fig) to be sure one has something to fall back on; **s'assurer (contre)** (COMM) to insure o.s. (against); **s'assurer de/que** (vérifier) to make sure of/that; **s'assurer (de)** (aide de qn) to secure; **s'assurer sur la vie** to take out a life insurance; **s'assurer le concours/la collaboration de qn** to secure sb's aid/collaboration

assureur [asyʀœʀ] nm insurance agent; (société) insurers pl

asthmatique [asmatik] adj asthmatic

asthme [asm(ə)] nm asthma

asticot [astiko] nm maggot

astiquer [astike] vt to polish, shine

astre [astʀ(ə)] nm star

astreignant, e [astʀɛɲɑ̃, -ɑ̃t] adj demanding

astreindre [astʀɛ̃dʀ(ə)] vt: **astreindre qn à qch** to force sth upon sb; **astreindre qn à faire** to compel ou force sb to do; **s'astreindre à** to compel ou force o.s. to

astrologie [astʀɔlɔʒi] nf astrology

astronaute [astʀonot] nm/f astronaut

astronomie [astʀɔnɔmi] nf astronomy

astuce [astys] nf shrewdness, astuteness; (truc) trick, clever way; (plaisanterie) wisecrack

astucieux, euse [astysjø, -øz] adj shrewd, clever, astute

atelier [atalje] nm workshop; (de peintre) studio

athée [ate] adj atheistic ♦ nm/f atheist

Athènes [atɛn] n Athens

athlète [atlɛt] nm/f (SPORT) athlete; (costaud) muscleman

athlétisme [atletism(ə)] nm athletics sg; **faire de l'athlétisme** to do athletics; **tournoi d'athlétisme** athletics meeting

atlantique [atlɑ̃tik] adj Atlantic ♦ nm: **l'(océan) Atlantique** the Atlantic (Ocean)

atlas [atlɑs] nm atlas

atmosphère [atmɔsfɛʀ] nf atmosphere

atome [atom] nm atom

atomique [atɔmik] adj atomic, nuclear; (usine) nuclear; (nombre, masse) atomic

atomiseur [atɔmizœʀ] nm atomizer

atout [atu] nm trump; (fig) asset; (: plus fort) trump card; **"atout pique/trèfle"** "spades/clubs are trumps"

âtre [ɑtʀ(ə)] nm hearth

atroce [atʀɔs] adj atrocious, horrible

attabler [atable]: **s'attabler** vi to sit down at (the) table; **s'attabler à la terrasse** to sit down (at a table) on the terrace

attachant, e [ataʃɑ̃, -ɑ̃t] adj engaging, likeable

attache [ataʃ] nf clip, fastener; (fig) tie; **attaches** nfpl (relations) connections; **à l'attache** (chien) tied up

attacher [ataʃe] vt to tie up; (étiquette) to attach,

tie on; (*souliers*) to do up ♦ *vi* (*poêle, riz*) to stick; **s'attacher** (*robe etc*) to do up; **s'attacher à** (*par affection*) to become attached to; **s'attacher à faire qch** to endeavour to do sth; **attacher qch à** to tie *ou* fasten *ou* attach sth to; **attacher qn à** (*fig: lier*) to attach sb to; **attacher du prix/de l'importance à** to attach great value/attach importance to

attaque [atak] *nf* attack; (*cérébrale*) stroke; (*d'épilepsie*) fit; **être/se sentir d'attaque** to be/feel on form; **attaque à main armée** armed attack

attaquer [atake] *vt* to attack; (*en justice*) to bring an action against, sue; (*travail*) to tackle, set about ♦ *vi* to attack; **s'attaquer à** to attack; (*épidémie, misère*) to tackle, attack

attardé, e [atande] *adj* (*passants*) late; (*enfant*) backward; (*conceptions*) old-fashioned

attarder [atande]: **s'attarder** *vi* (*sur qch, en chemin*) to linger; (*chez qn*) to stay on

atteindre [atɛ̃dʀ(ə)] *vt* to reach; (*blesser*) to hit; (*contacter*) to reach, contact, get in touch with; (*émouvoir*) to affect

atteint, e [atɛ̃, -ɛ̃t] *pp de* **atteindre** ♦ *adj* (*MÉD*): **être atteint de** to be suffering from ♦ *nf* attack; **hors d'atteinte** out of reach; **porter atteinte à** to strike a blow at, undermine

atteler [atle] *vt* (*cheval, bœufs*) to hitch up; (*wagons*) to couple; **s'atteler à** (*travail*) to buckle down to

attelle [atɛl] *nf* splint

attenant, e [atnɑ̃, -ɑ̃t] *adj*: **attenant (à)** adjoining

attendant [atɑ̃dɑ̃]: **en attendant** *adv* (*dans l'intervalle*) meanwhile, in the meantime

attendre [atɑ̃dʀ(ə)] *vt* to wait for; (*être destiné ou réservé à*) to await, be in store for ♦ *vi* to wait; **je n'attends plus rien (de la vie)** I expect nothing more (from life); **attendez que je réfléchisse** wait while I think; **s'attendre à (ce que)** (*escompter*) to expect (that); **je ne m'y attendais pas** I didn't expect that; **ce n'est pas ce à quoi je m'attendais** that's not what I expected; **attendre un enfant** to be expecting a baby; **attendre de pied ferme** to wait determinedly; **attendre de faire/d'être** to wait until one does/is; **attendre que** to wait until; **attendre qch de** to expect sth of; **faire attendre qn** to keep sb waiting; **se faire attendre** to keep people (*ou* us etc) waiting; **en attendant** *adv voir* **attendant**

attendrir [atɑ̃dʀiʀ] *vt* to move (to pity); (*viande*) to tenderize; **s'attendrir (sur)** to be moved *ou* touched (by)

attendrissant, e [atɑ̃dʀisɑ̃, -ɑ̃t] *adj* moving, touching

attendu, e [atɑ̃dy] *pp de* **attendre** ♦ *adj* long-awaited; (*prévu*) expected ♦ *nm*: **attendus** reasons adduced for a judgment; **attendu que** *conj* considering that, since

attentat [atɑ̃ta] *nm* (*contre une personne*) assassination attempt; (*contre un bâtiment*) attack; **atten-**

tat à la bombe bomb attack; **attentat à la pudeur** (*exhibitionnisme*) indecent exposure *no pl*; (*agression*) indecent assault *no pl*

attente [atɑ̃t] *nf* wait; (*espérance*) expectation; **contre toute attente** contrary to (all) expectations

attenter [atɑ̃te]: **attenter à** *vt* (*liberté*) to violate; **attenter à la vie de qn** to make an attempt on sb's life; **attenter à ses jours** to make an attempt on one's life

attentif, ive [atɑ̃tif, -iv] *adj* (*auditeur*) attentive; (*soin*) scrupulous; (*travail*) careful; **attentif à** paying attention to; (*devoir*) mindful of; **attentif à faire** careful to do

attention [atɑ̃sjɔ̃] *nf* attention; (*prévenance*) attention, thoughtfulness *no pl*; **mériter attention** to be worthy of attention; **à l'attention de** for the attention of; **porter qch à l'attention de qn** to bring sth to sb's attention; **attirer l'attention de qn sur qch** to draw sb's attention to sth; **faire attention (à)** to be careful (of); **faire attention (à ce) que** to be *ou* make sure that; **attention!** careful!, watch!, watch *ou* mind (*BRIT*) out!; **attention, si vous ouvrez cette lettre** (*sanction*) just watch out, if you open that letter; **attention, respectez les consignes de sécurité** be sure to observe the safety instructions

attentionné, e [atɑ̃sjɔne] *adj* thoughtful, considerate

atténuer [atenɥe] *vt* to alleviate, ease; (*diminuer*) to lessen; (*amoindrir*) to mitigate the effects of; **s'atténuer** *vi* to ease; (*violence etc*) to abate

atterrer [atɛʀe] *vt* to dismay, appal

atterrir [atɛʀiʀ] *vi* to land

atterrissage [atɛʀisaʒ] *nm* landing; **atterrissage sur le ventre/sans visibilité/forcé** belly/blind/forced landing

attestation [atɛstasjɔ̃] *nf* certificate, testimonial; **attestation médicale** doctor's certificate

attester [atɛste] *vt* to testify to, vouch for; (*démontrer*) to attest, testify to; **attester que** to testify that

attirail [atiʀaj] *nm* gear; (*péj*) paraphernalia

attirant, e [atiʀɑ̃, -ɑ̃t] *adj* attractive, appealing

attirer [atiʀe] *vt* to attract; (*appâter*) to lure, entice; **attirer qn dans un coin/vers soi** to draw sb into a corner/towards one; **attirer l'attention de qn** to attract sb's attention; **attirer l'attention de qn sur qch** to draw sb's attention to sth; **attirer des ennuis à qn** to make trouble for sb; **s'attirer des ennuis** to bring trouble upon o.s., get into trouble

attiser [atize] *vt* (*feu*) to poke (up), stir up; (*fig*) to fan the flame of, stir up

attitré, e [atitʀe] *adj* qualified; (*agréé*) accredited, appointed

attitude [atityd] *nf* attitude; (*position du corps*) bearing

attouchements [atuʃmɑ̃] *nmpl* touching *sg*; (*sexuels*) fondling *sg*, stroking *sg*

attraction [atʀaksjɔ̃] *nf* attraction; (*de cabaret, cirque*) number

attrait [atʀɛ] *nm* appeal, attraction; (*plus fort*) lure; **attraits** *nmpl* attractions; **éprouver de l'attrait pour** to be attracted to

attrape-nigaud [atʀapnigo] *nm* con

attraper [atʀape] *vt* to catch; (*habitude, amende*) to get, pick up; (*fam: duper*) to take in (*BRIT*), con

attrayant, e [atʀɛjɑ̃, -ɑ̃t] *adj* attractive

attribuer [atʀibɥe] *vt* (*prix*) to award; (*rôle, tâche*) to allocate, assign; (*imputer*): **attribuer qch à** to attribute sth to, ascribe sth to, put sth down to; **s'attribuer** *vt* (*s'approprier*) to claim for o.s.

attribut [atʀiby] *nm* attribute; (*LING*) complement

attrister [atʀiste] *vt* to sadden; **s'attrister de qch** to be saddened by sth

attroupement [atʀupmɑ̃] *nm* crowd, mob

attrouper [atʀupe]: **s'attrouper** *vi* to gather

au [o] *prép* + *dét voir* à

aubaine [oben] *nf* godsend; (*financière*) windfall; (*COMM*) bonanza

aube [ob] *nf* dawn, daybreak; (*REL*) alb; **à l'aube** at dawn ou daybreak; **à l'aube de** (*fig*) at the dawn of

aubépine [obepin] *nf* hawthorn

auberge [obeʀ(ə)] *nf* inn; **auberge de jeunesse** youth hostel

aubergine [obeʀʒin] *nf* aubergine (*BRIT*), eggplant (*US*)

aubergiste [obeʀʒist(ə)] *nm/f* inn-keeper, hotelkeeper

aucun, e [okœ̃, -yn] *dét* no, *tournure négative* + any; (*positif*) any ◆ *pron* none, *tournure négative* + any; (*positif*) any(one); **il n'y a aucun livre** there isn't any book, there is no book; **je n'en vois aucun qui** I can't see any which, I (can) see none which; **aucun homme** no man; **sans aucun doute** without any doubt; **sans aucune hésitation** without hesitation; **plus qu'aucun autre** more than any other; **plus qu'aucun de ceux qui ...** more than any of those who ...; **en aucune façon** in no way at all; **aucun des deux** neither of the two; **aucun d'entre eux** none of them; **d'aucuns** (*certains*) some

aucunement [okynmɑ̃] *adv* in no way, not in the least

audace [odas] *nf* daring, boldness; (*péj*) audacity; **il a eu l'audace de ...** he had the audacity to ...; **vous ne manquez pas d'audace!** you're not lacking in nerve ou cheek!

audacieux, euse [odasjø, -øz] *adj* daring, bold

au-delà [odla] *adv* beyond ◆ *nm*: **l'au-delà** the hereafter; **au-delà de** *prép* beyond

au-dessous [odsu] *adv* underneath; below; **au-dessous de** *prép* under(neath), below; (*limite, somme etc*) below, under; (*dignité, condition*) below

au-dessus [odsy] *adv* above; **au-dessus de** *prép* above

au-devant [odvɑ̃]: **au-devant de** *prép*: **aller au-devant de** to go (out) and meet; (*souhaits de qn*) to anticipate

audience [odjɑ̃s] *nf* audience; (*JUR: séance*) hearing; **trouver audience auprès de** to arouse much interest among, get the (interested) attention of

audimat [odimat] *nm* (*taux d'écoute*) ratings *pl*

audio-visuel, le [odjovizɥɛl] *adj* audio-visual ◆ *nm* (*équipement*) audio-visual aids *pl*; (*méthodes*) audio-visual methods *pl*; **l'audio-visuel** radio and television

auditeur, trice [oditœʀ, -tʀis] *nm/f* (*à la radio*) listener; (*à une conférence*) member of the audience, listener; **auditeur libre** unregistered student (*attending lectures*) auditor (*US*)

audition [odisjɔ̃] *nf* (*ouïe, écoute*) hearing; (*JUR: de témoins*) examination; (*MUS, THÉAT: épreuve*) audition

auditoire [oditwaʀ] *nm* audience

auge [oʒ] *nf* trough

augmentation [ogmɑ̃tasjɔ̃] *nf* (*action*) increasing; raising; (*résultat*) increase; **augmentation (de salaire)** rise (in salary) (*BRIT*), (pay) raise (*US*)

augmenter [ogmɑ̃te] *vt* to increase; (*salaire, prix*) to increase, raise, put up; (*employé*) to increase the salary of, give a (salary) rise (*BRIT*) ou (pay) raise (*US*) to ◆ *vi* to increase; **augmenter de poids/volume** to gain (in) weight/volume

augure [ogyʀ] *nm* soothsayer, oracle; **de bon/mauvais augure** of good/ill omen

augurer [ogyʀe] *vt*: **augurer qch de** to foresee sth (coming) from ou out of; **augurer bien de** to augur well for

aujourd'hui [oʒuʀdɥi] *adv* today; **aujourd'hui en huit/quinze** a week/two weeks today, a week/two weeks from now; **à dater** ou **partir d'aujourd'hui** from today('s date)

aumône [omon] *nf* alms *sg* (*pl inv*); **faire l'aumône (à qn)** to give alms (to sb); **faire l'aumône de qch à qn** (*fig*) to favour sb with sth

aumônier [omonje] *nm* chaplain

auparavant [opaʀavɑ̃] *adv* before(hand)

auprès [opʀɛ]: **auprès de** *prép* next to, close to; (*recourir, s'adresser*) to; (*en comparaison de*) compared with, next to; (*dans l'opinion de*) in the opinion of

auquel [okɛl] *prép* + *pron voir* **lequel**

aurai *etc* [ɔʀe] *vb voir* **avoir**

auréole [ɔʀeɔl] *nf* halo; (*tache*) ring

aurons *etc* [ɔʀɔ̃] *vb voir* **avoir**

aurore [ɔʀɔʀ] *nf* dawn, daybreak; **aurore boréale** northern lights *pl*

ausculter [oskylte] *vt* to sound

aussi [osi] *adv* (*également*) also, too; (*de comparaison*) as ◆ *conj* therefore, consequently; **aussi fort que** as strong as; **lui aussi** (*sujet*) he too; (*objet*) him too; **aussi bien que** (*de même que*) as well as

aussitôt [osito] *adv* straight away, immediately;

aussitôt que as soon as; **aussitôt envoyé** as soon as it is (ou was) sent; **aussitôt fait** no sooner done

austère [ɔstɛʀ] *adj* austere; (*sévère*) stern

austral, e [ɔstʀal] *adj* southern; **l'océan Austral** the Antarctic Ocean; **les Terres Australes** Antarctica

Australie [ɔstʀali] *nf*: **l'Australie** Australia

australien, ne [ɔstʀaljɛ̃, -ɛn] *adj* Australian ♦ *nm/f*: **Australien, ne** Australian

autant [otɑ̃] *adv* so much; (*comparatif*): **autant (que)** as much (as); (*nombre*) as many (as); **autant (de)** so much (ou many); as much (ou many); **n'importe qui aurait pu en faire autant** anyone could have done the same ou as much; **autant partir** we (ou you etc) may as well leave; **autant ne rien dire** best not say anything; **autant dire que ...** one might as well say that ...; **fort autant que courageux** as strong as he is brave; **il n'est pas découragé pour autant** he isn't discouraged for all that; **pour autant que** *conj* assuming, as long as; **d'autant** *adv* accordingly, in proportion; **d'autant plus/mieux (que)** all the more/the better (since)

autel [otɛl] *nm* altar

auteur [otœʀ] *nm* author; **l'auteur de cette remarque** the person who said that; **droit d'auteur** copyright

authenticité [otɑ̃tisite] *nf* authenticity

authentique [otɑ̃tik] *adj* authentic, genuine

auto [oto] *nf* car; **autos tamponneuses** bumper cars, dodgems

autobiographie [otobjɔɡʀafi] *nf* autobiography

autobronzant [otobʀɔ̃zɑ̃] *nm* self-tanning cream (or lotion etc)

autobus [otobys] *nm* bus

autocar [otokaʀ] *nm* coach

autochtone [otɔktɔn] *nm/f* native

autocollant, e [otokɔlɑ̃, -ɑ̃t] *adj* self-adhesive; (*enveloppe*) self-seal ♦ *nm* sticker

auto-couchettes [otokuʃɛt] *adj inv*: **train auto-couchettes** car sleeper train, motorail® train (*BRIT*)

autocuiseur [otokwizœʀ] *nm* (*CULIN*) pressure cooker

autodéfense [otodefɑ̃s] *nf* self-defence; **groupe d'autodéfense** vigilante committee

autodidacte [otodidakt(ə)] *nm/f* self-taught person

auto-école [otoekɔl] *nf* driving school

autographe [otoɡʀaf] *nm* autograph

automate [otomat] *nm* (*robot*) automaton; (*machine*) (automatic) machine

automatique [otomatik] *adj, nm* automatic; **l'automatique** (*TÉL*) = direct dialling

automatiquement [otomatikmɑ̃] *adv* automatically

automatiser [otomatize] *vt* to automate

automne [otɔn] *nm* autumn (*BRIT*), fall (*US*)

automobile [otomɔbil] *adj* motor *cpd* ♦ *nf*

(motor) car; **l'automobile** motoring; (*industrie*) the car ou automobile (*US*) industry

automobiliste [otomɔbilist(ə)] *nm/f* motorist

autonome [otonɔm] *adj* autonomous; (*INFORM*) stand-alone; (**en mode**) **autonome** off line

autonomie [otonɔmi] *nf* autonomy; (*POL*) self-government, autonomy; **autonomie de vol** range

autopsie [otopsi] *nf* post-mortem (examination), autopsy

autoradio [otoʀadjo] *nf* car radio

autorisation [otoʀizasjɔ̃] *nf* permission, authorization; (*papiers*) permit; **donner à qn l'autorisation de** to give sb permission to, authorize sb to; **avoir l'autorisation de faire** to be allowed ou have permission to do, be authorized to do

autorisé, e [otoʀize] *adj* (*opinion, sources*) authoritative; (*permis*): **autorisé à faire** authorized ou permitted to do; **dans les milieux autorisés** in official circles

autoriser [otoʀize] *vt* to give permission for, authorize; (*fig*) to allow (of), sanction; **autoriser qn à faire** to give permission to sb to do, authorize sb to do

autoritaire [otoʀitɛʀ] *adj* authoritarian

autorité [otoʀite] *nf* authority; **faire autorité** to be authoritative; **autorités constituées** constitutional authorities

autoroute [otoʀut] *nf* motorway (*BRIT*), expressway (*US*); **autoroute de l'information** (*TEL*) information highway

auto-stop [otostɔp] *nm*: **l'auto-stop** hitch-hiking; **faire de l'auto-stop** to hitch-hike; **prendre qn en auto-stop** to give sb a lift

auto-stoppeur, euse [otostɔpœʀ, -øz] *nm/f* hitch-hiker, hitcher (*BRIT*)

autour [otuʀ] *adv* around; **autour de** *prép* around; (*environ*) around, about; **tout autour** *adv* all around

MOT-CLÉ

autre [otʀ(ə)] *adj* 1 (*différent*) other, different; **je préférerais un autre verre** I'd prefer another ou a different glass; **d'autres verres** different glasses; **se sentir autre** to feel different; **la difficulté est autre** the difficulty is ou lies elsewhere

2 (*supplémentaire*) other; **je voudrais un autre verre d'eau** I'd like another glass of water

3: **autre chose** something else; **autre part** somewhere else; **d'autre part** on the other hand

♦ *pron* 1: **un autre** another (one); **nous/vous autres** us/you; **d'autres** others; **l'autre** the other (one); **les autres** the others; (*autrui*) others; **l'un et l'autre** both of them; **ni l'un ni l'autre** neither of them; **se détester l'un l'autre/les uns les autres** to hate each other ou one another; **d'une semaine/minute à l'autre** from one week/minute ou moment to the next; (*incessamment*) any week/minute ou moment now; **de temps à**

autre from time to time; **entre autres** among other things
2 (expressions): **j'en ai vu d'autres** I've seen worse; **à d'autres!** pull the other one!

autrefois [otʀəfwa] adv in the past
autrement [otʀəmɑ̃] adv differently; (d'une manière différente) in another way; (sinon) otherwise; **je n'ai pas pu faire autrement** I couldn't do anything else, I couldn't do otherwise; **autrement dit** in other words; (c'est-à-dire) that is to say
Autriche [otʀiʃ] nf: **l'Autriche** Austria
autrichien, ne [otʀiʃjɛ̃, -ɛn] adj Austrian ♦ nm/f: **Autrichien, ne** Austrian
autruche [otʀyʃ] nf ostrich; **faire l'autruche** (fig) to bury one's head in the sand
autrui [otʀyi] pron others
auvent [ovɑ̃] nm canopy
aux [o] prép + dét voir **à**
auxiliaire [oksiljɛʀ] adj, nm/f auxiliary
auxquels, auxquelles [okɛl] prép + pron voir **lequel**
avachi, e [avaʃi] adj limp, flabby; (chaussure, vêtement) out-of-shape; (personne): **avachi sur qch** slumped on ou across sth
aval [aval] nm (accord) endorsement, backing; (GÉO): **en aval** downstream, downriver; (sur une pente) downhill; **en aval de** downstream ou downriver from; downhill from
avalanche [avalɑ̃ʃ] nf avalanche; **avalanche poudreuse** powder snow avalanche
avaler [avale] vt to swallow
avance [avɑ̃s] nf (de troupes etc) advance; (progrès) progress; (d'argent) advance; (opposé à retard) lead; being ahead of schedule; **avances** nfpl ouvertures; (amoureuses) advances; **une avance de 300 m/4 h** (SPORT) a 300 m/4 hour lead; **(être) en avance** (to be) early; (sur un programme) (to be) ahead of schedule; **on n'est pas en avance!** we're kind of late!; **être en avance sur qn** to be ahead of sb; **d'avance, à l'avance, par avance** in advance; **avance (du) papier** (INFORM) paper advance
avancé, e [avɑ̃se] adj advanced; (travail etc) well on, well under way; (fruit, fromage) overripe ♦ nf projection; overhang; **il est avancé pour son âge** he is advanced for his age
avancement [avɑ̃smɑ̃] nm (professionnel) promotion; (de travaux) progress
avancer [avɑ̃se] vi to move forward, advance; (projet, travail) to make progress; (être en saillie) to overhang; to project; (montre, réveil) to be fast; (: d'habitude) to gain ♦ vt to move forward, advance; (argent) to advance; (montre, pendule) to put forward; (faire progresser: travail etc) to advance, move on; **s'avancer** vi to move forward, advance; (fig) to commit o.s.; (être en saillie) to overhang; to project; **j'avance (d'une heure)** I'm (an hour) fast
avant [avɑ̃] prép before ♦ adv: **trop/plus avant**

too far/further forward ♦ adj inv: **siège/roue avant** front seat/wheel ♦ nm front; (SPORT: joueur) forward; **avant qu'il parte/de partir** before he leaves/leaving; **avant qu'il (ne) pleuve** before it rains (ou rained); **avant tout** (surtout) above all; **à l'avant** (dans un véhicule) in (the) front; **en avant** adv forward(s); **en avant de** prép in front of; **aller de l'avant** to steam ahead (fig), make good progress
avantage [avɑ̃taʒ] nm advantage; (TENNIS): **avantage service/dehors** advantage ou van (BRIT) ou ad (US) in/out; **tirer avantage de** to take advantage of; **vous auriez avantage à faire** you would be well-advised to do, it would be to your advantage to do; **à l'avantage de qn** to sb's advantage; **être à son avantage** to be at one's best; **avantages en nature** benefits in kind; **avantages sociaux** fringe benefits
avantager [avɑ̃taʒe] vt (favoriser) to favour; (embellir) to flatter
avantageux, euse [avɑ̃taʒø, -øz] adj attractive; (intéressant) attractively priced; (portrait, coiffure) flattering; **conditions avantageuses** favourable terms
avant-bras [avɑ̃bʀa] nm inv forearm
avant-coureur [avɑ̃kuʀœʀ] adj inv (bruit etc) precursory; **signe avant-coureur** advance indication ou sign
avant-dernier, ière [avɑ̃dɛʀnje, -jɛʀ] adj, nm/f next to last, last but one
avant-goût [avɑ̃gu] nm foretaste
avant-hier [avɑ̃tjɛʀ] adv the day before yesterday
avant-première [avɑ̃pʀəmjɛʀ] nf (de film) preview; **en avant-première** as a preview, in a preview showing
avant-projet [avɑ̃pʀɔʒɛ] nm preliminary draft
avant-propos [avɑ̃pʀɔpo] nm foreword
avant-veille [avɑ̃vɛj] nf: **l'avant-veille** two days before
avare [avaʀ] adj miserly, avaricious ♦ nm/f miser; **avare de compliments** stingy ou sparing with one's compliments
avarié, e [avaʀje] adj (viande, fruits) rotting, going off (BRIT); (NAVIG: navire) damaged
avaries [avaʀi] nfpl (NAVIG) damage sg
avec [avɛk] prép with; (à l'égard de) to(wards), with ♦ adv (fam) with it (ou him etc); **avec habileté/ lenteur** skilfully/slowly; **avec eux/ces maladies** with them/these diseases; **avec ça** (malgré ça) for all that; **et avec ça?** (dans un magasin) anything ou something else?
avenant, e [avnɑ̃, -ɑ̃t] adj pleasant ♦ nm (ASSURANCES) additional clause; **à l'avenant** adv in keeping
avènement [avɛnmɑ̃] nm (d'un roi) accession, succession; (d'un changement) advent; (d'une politique, idée) coming

avenir [avniʀ] *nm*: **l'avenir** the future; **à l'avenir** in future; **sans avenir** with no future, without a future; **carrière/politicien d'avenir** career/politician with prospects *ou* a future

aventure [avɑ̃tyʀ] *nf*: **l'aventure** adventure; **une aventure** an adventure; *(amoureuse)* an affair; **partir à l'aventure** to go off in search of adventure; *(au hasard)* to go where one's fancy takes one; **roman/film d'aventure** adventure story/film

aventurer [avɑ̃tyʀe] *vt (somme, réputation, vie)* to stake; *(remarque, opinion)* to venture; **s'aventurer** *vi* to venture; **s'aventurer à faire qch** to venture into sth

aventureux, euse [avɑ̃tyʀø, -øz] *adj* adventurous, venturesome; *(projet)* risky, chancy

avenue [avny] *nf* avenue

avérer [aveʀe]: **s'avérer** *vb avec attribut*: **s'avérer faux/coûteux** to prove (to be) wrong/expensive

averse [avɛʀs(ə)] *nf* shower

averti, e [avɛʀti] *adj* (well-)informed

avertir [avɛʀtiʀ] *vt*: **avertir qn (de qch/que)** to warn sb (of sth/that); *(renseigner)* to inform sb (of sth/that); **avertir qn de ne pas faire qch** to warn sb not to do sth

avertissement [avɛʀtismɑ̃] *nm* warning

avertisseur [avɛʀtisœʀ] *nm* horn, siren; **avertisseur (d'incendie)** (fire) alarm

aveu, x [avø] *nm* confession; **passer aux aveux** to make a confession; **de l'aveu de** according to

aveugle [avœgl(ə)] *adj* blind ♦ *nm/f* blind person; **les aveugles** the blind; **test en (double) aveugle** (double) blind test

aveuglément [avœglemɑ̃] *adv* blindly

aveugler [avœgle] *vt* to blind

aviateur, trice [avjatœʀ, -tʀis] *nm/f* aviator, pilot

aviation [avjasjɔ̃] *nf (secteur commercial)* aviation; *(sport, métier de pilote)* flying; *(MIL)* air force; **terrain d'aviation** airfield; **aviation de chasse** fighter force

avide [avid] *adj* eager; *(péj)* greedy, grasping; **avide de** *(sang etc)* thirsting for; **avide d'honneurs/d'argent** greedy for honours/money; **avide de connaître/d'apprendre** eager to know/learn

avilir [aviliʀ] *vt* to debase

avion [avjɔ̃] *nm* (aero)plane *(BRIT)*, (air)plane *(US)*; **aller (quelque part) en avion** to go (somewhere) by plane, fly (somewhere); **par avion** by airmail; **avion de chasse** fighter; **avion de ligne** airliner; **avion à réaction** jet (plane)

aviron [aviʀɔ̃] *nm* oar; *(sport)*: **l'aviron** rowing

avis [avi] *nm* opinion; *(notification)* notice; *(COMM)*: **avis de crédit/débit** credit/debit advice; **à mon avis** in my opinion; **je suis de votre avis** I share your opinion, I am of your opinion; **être d'avis que** to be of the opinion that; **changer d'avis** to change one's mind; **sauf avis contraire** unless you hear to the contrary; **sans avis préalable** without notice; **jusqu'à nouvel avis** until further notice;

avis de décès death announcement

avisé, e [avize] *adj* sensible, wise; **être bien/mal avisé de faire** to be well-/ill-advised to do

aviser [avize] *vt (voir)* to notice, catch sight of; *(informer)*: **aviser qn de/que** to advise *ou* inform *ou* notify sb of/that ♦ *vi* to think about things, assess the situation; **s'aviser de qch/que** to become suddenly aware of sth/that; **s'aviser de faire** to take it into one's head to do

avocat, e [avɔka, -at] *nm/f (JUR)* = barrister *(BRIT)*, lawyer; *(fig)* advocate, champion ♦ *nm (CULIN)* avocado (pear); **se faire l'avocat du diable** to be the devil's advocate; **l'avocat de la défense/partie civile** the counsel for the defence/plaintiff; **avocat d'affaires** business lawyer; **avocat général** assistant public prosecutor

avoine [avwan] *nf* oats *pl*

MOT-CLÉ

avoir [avwaʀ] *nm* assets *pl*, resources *pl*; *(COMM)* credit; **avoir fiscal** tax credit

♦ *vt* **1** *(posséder)* to have; **elle a 2 enfants/une belle maison** she has (got) 2 children/a lovely house; **il a les yeux bleus** he has (got) blue eyes

2 *(éprouver)*: **qu'est-ce que tu as?, qu'as-tu?** what's wrong?, what's the matter?; *voir aussi* **faim, peur** *etc*

3 *(âge, dimensions)* to be; **il a 3 ans** he is 3 (years old); **le mur a 3 mètres de haut** the wall is 3 metres high

4 *(fam: duper)* to do, have; **on vous a eu!** you've been done *ou* had!

5: **en avoir contre qn** to have a grudge against sb; **en avoir assez** to be fed up; **j'en ai pour une demi-heure** it'll take me half an hour; **n'avoir que faire de qch** to have no use for sth

♦ *vb aux* **1** to have; **avoir mangé/dormi** to have eaten/slept; **hier je n'ai pas mangé** I didn't eat yesterday

2 *(avoir à +infinitif)*: **avoir à faire qch** to have to do sth; **vous n'avez qu'à lui demander** you only have to ask him; **tu n'as pas à me poser des questions** it's not for you to ask me questions

♦ *vb impers* **1**: **il y a** (+ *singulier*) there is; (+ *pluriel*) there are; **qu'y-a-t-il?, qu'est-ce qu'il y a?** what's the matter?, what is it?; **il doit y avoir une explication** there must be an explanation; **il n'y a qu'à ...** we (*ou* you *etc*) will just have to ...; **il ne peut y en avoir qu'un** there can only be one

2 *(temporel)*: **il y a 10 ans** 10 years ago; **il y a 10 ans/longtemps que je le connais** I've known him for 10 years/a long time; **il y a 10 ans qu'il est arrivé** it's 10 years since he arrived

---

avoisiner [avwazine] *vt* to be near *ou* close to; *(fig)* to border *ou* verge on

avortement [avɔʀtəmɑ̃] *nm* abortion

avorter [avɔʀte] *vi (MÉD)* to have an abortion; *(fig)* to fail; **faire avorter** to abort; **se faire avorter** to have an abortion

avoué, e [avwe] *adj* avowed ♦ *nm* (*JUR*) = solicitor (*BRIT*), lawyer

avouer [avwe] *vt* (*crime, défaut*) to confess (to) ♦ *vi* (*se confesser*) to confess; (*admettre*) to admit; **avouer avoir fait/que** to admit *ou* confess to having done/that; **avouer que oui/non** to admit that that is so/not so

avril [avril] *nm* April; *voir aussi* **juillet**; *see boxed note*

POISSON D'AVRIL

The traditional April Fools' Day prank in France involves attaching a cut-out paper fish, known as a '**poisson d'avril**', to the back of one's victim, without being caught.

---

axe [aks(ə)] *nm* axis (*pl* axes); (*de roue etc*) axle: **dans l'axe de** directly in line with; (*fig*) main line; **axe routier** trunk road, main road

axer [akse] *vt*: **axer qch sur** to centre sth on

ayons *etc* [ejɔ̃] *vb voir* **avoir**

azote [azɔt] *nm* nitrogen

— B b —

baba [baba] *adj inv*: **en être baba** (*fam*) to be flabbergasted ♦ *nm*: **baba au rhum** rum baba

babines [babin] *nfpl* chops

babiole [babjɔl] *nf* (*bibelot*) trinket; (*vétille*) trifle

bâbord [babɔʀ] *nm*: **à** *ou* **par bâbord** to port, on the port side

baby-foot [babifut] *nm inv* table football

baby-sitting [babisitiŋ] *nm* baby-sitting; **faire du baby-sitting** to baby-sit

bac [bak] *nm* (*SCOL*) = **baccalauréat**; (*bateau*) ferry; (*récipient*) tub; (: *PHOTO etc*) tray; (: *INDUSTRIE*) tank; **bac à glace** ice-tray; **bac à légumes** vegetable compartment *ou* rack

baccalauréat [bakalɔʀea] *nm* = GCE A-levels *pl* (*BRIT*), = high school diploma (*US*); *see boxed note*

BACCALAURÉAT

The **baccalauréat** or '**bac**' is the school-leaving examination taken at a French '**lycée**' at the age of 17 or 18; it marks the end of seven years' secondary education. Several subject combinations are available, although in all cases a broad range is studied. Successful candidates can go on to university, if they so wish.

---

bâche [baʃ] *nf* tarpaulin, canvas sheet

bachelier, ière [baʃəlje, -jɛʀ] *nm/f* holder of the baccalauréat

bâcler [bakle] *vt* to botch (up)

badaud, e [bado, -od] *nm/f* idle onlooker

badigeonner [badiʒɔne] *vt* to distemper; to colourwash; (*péj: barbouiller*) to daub; (*MÉD*) to paint

badiner [badine] *vi*: **badiner avec qch** to treat sth lightly; **ne pas badiner avec qch** not to trifle with sth

baffe [baf] *nf* (*fam*) slap, clout

baffle [bafl(ə)] *nm* baffle (board)

bafouer [bafwe] *vt* to deride, ridicule

bafouiller [bafuje] *vi*, *vt* to stammer

bâfrer [bafʀe] *vi*, *vt* (*fam*) to guzzle, gobble

bagages [bagaʒ] *nmpl* luggage *sg*, baggage; **faire ses bagages** to pack (one's bags); **bagage littéraire** (stock of) literary knowledge; **bagages à main** hand-luggage

bagarre [bagaʀ] *nf* fight, brawl; **il aime la bagarre** he loves a fight, he likes fighting

bagarrer [bagaʀe] *nm*: **se bagarrer** *vi* to (have a) fight

bagatelle [bagatɛl] *nf* trifle, trifling sum (*ou* matter)

bagne [baɲ] *nm* penal colony; **c'est le bagne** (*fig*) it's forced labour

bagnole [baɲɔl] *nf* (*fam*) car, wheels *pl* (*BRIT*)

bagout [bagu] *nm* glibness; **avoir du bagout** to have the gift of the gab

bague [bag] *nf* ring; **bague de fiançailles** engagement ring; **bague de serrage** clip

baguette [bagɛt] *nf* stick; (*cuisine chinoise*) chopstick; (*de chef d'orchestre*) baton; (*pain*) stick of (French) bread; (*CONSTR*: *moulure*) beading; **mener qn à la baguette** to rule sb with a rod of iron; **baguette magique** magic wand; **baguette de sourcier** divining rod; **baguette de tambour** drumstick

baie [bɛ] *nf* (*GÉO*) bay; (*fruit*) berry; **baie (vitrée)** picture window

baignade [bɛɲad] *nf* (*action*) bathing; (*bain*) bathe; (*endroit*) bathing place

baigner [bɛɲe] *vt* (*bébé*) to bath ♦ *vi*: **baigner dans son sang** to lie in a pool of blood; **baigner dans la brume** to be shrouded in mist; **se baigner** *vi* to go swimming *ou* bathing; (*dans une baignoire*) to have a bath; **ça baigne!** (*fam*) everything's great!

baignoire [bɛɲwaʀ] *nf* bath(tub); (*THÉAT*) ground-floor box

bail, baux [baj, bo] *nm* lease; **donner** *ou* **prendre qch à bail** to lease sth

bâillement [bajmɑ̃] *nm* yawn

bâiller [baje] *vi* to yawn; (*être ouvert*) to gape

bâillonner [bajɔne] *vt* to gag

bain [bɛ̃] *nm* (*dans une baignoire, PHOTO, TECH*) bath; (*dans la mer, une piscine*) swim; **costume de bain**

bathing costume (BRIT), swimsuit; **prendre un bain** to have a bath; **se mettre dans le bain** (fig) to get into (the way of) it ou things; **bain de bouche** mouthwash; **bain de foule** walkabout; **bain de pieds** footbath; (au bord de la mer) paddle; **bain de siège** hip bath; **bain de soleil** sunbathing no pl; **prendre un bain de soleil** to sunbathe; **bains de mer** sea bathing sg; **bains(-douches) municipaux** public baths

bain-marie, pl **bains-marie** [bɛ̃maʀi] nm double boiler; **faire chauffer au bain-marie** (boîte etc) to immerse in boiling water

baiser [beze] nm kiss ♦ vt (main, front) to kiss; (fam!) to screw (!)

baisse [bes] nf fall, drop; (COMM): **"baisse sur la viande"** "meat prices down"; **en baisse** (cours, action) falling; **à la baisse** downwards

baisser [bese] vt to lower; (radio, chauffage) to turn down; (AUTO: phares) to dip (BRIT), lower (US) ♦ vi to fall, drop, go down; **se baisser** vi to bend down

bal [bal] nm dance; (grande soirée) ball; **bal costumé/masqué** fancy-dress/masked ball; **bal musette** dance (with accordion accompaniment)

balade [balad] nf walk, stroll; (en voiture) drive; **faire une balade** to go for a walk ou stroll; to go for a drive

balader [balade] vt (traîner) to trail around; **se balader** vi to go for a walk ou stroll; to go for a drive

baladeur [baladœʀ] nm personal stereo

balafre [balafʀ(ə)] nf gash, slash; (cicatrice) scar

balai [bale] nm broom, brush; (AUTO: d'essuie-glace) blade; (MUS: de batterie etc) brush; **donner un coup de balai** to give the floor a sweep; **balai mécanique** carpet sweeper

balai-brosse, pl **balais-brosses** [balebʀɔs] nm (long-handled) scrubbing brush

balance [balɑ̃s] nf (à plateaux) scales pl; (de précision) balance; (COMM, POL): **balance des comptes** ou **paiements** balance of payments; (signe): **Balance** Libra, the Scales; **être de la Balance** to be Libra; **balance commerciale** balance of trade; **balance des forces** balance of power; **balance romaine** steelyard

balancer [balɑ̃se] vt to swing; (lancer) to fling, chuck; (renvoyer, jeter) to chuck out ♦ vi to swing; **se balancer** vi to swing; (bateau) to rock; (branche) to sway; **se balancer de qch** (fam) not to give a toss about sth

balançoire [balɑ̃swaʀ] nf swing; (sur pivot) see-saw

balayer [baleje] vt (feuilles etc) to sweep up, brush up; (poussière) to sweep; (chasser) to sweep away ou aside; (suj: radar) to scan; (: phares) to sweep across

balayeur, euse [balejœʀ, -øz] nm/f roadsweeper ♦ nf (engin) roadsweeper

balbutier [balbysje] vi, vt to stammer

balcon [balkɔ̃] nm balcony; (THÉAT) dress circle

baleine [balɛn] nf whale; (de parapluie) rib; (de corset) bone

balise [baliz] nf (NAVIG) beacon, (marker) buoy; (AVIAT) runway light, beacon; (AUTO, SKI) sign, marker

baliser [balize] vt to mark out (with beacons ou lights etc)

balivernes [balivɛʀn(ə)] nfpl twaddle sg (BRIT), nonsense sg

ballant, e [balɑ̃, -ɑ̃t] adj dangling

balle [bal] nf (de fusil) bullet; (de sport) ball; (du blé) chaff; (paquet) bale; (fam: franc) franc; **balle perdue** stray bullet

ballerine [balʀin] nf ballet dancer; (chaussure) pump, ballerina

ballet [bale] nm ballet; (fig): **ballet diplomatique** diplomatic to-ings and fro-ings

ballon [balɔ̃] nm (de sport) ball; (jouet, AVIAT, de bande dessinée) balloon; (de vin) glass; **ballon d'essai** (météorologique) pilot balloon; (fig) feeler(s); **ballon de football** football; **ballon d'oxygène** oxygen bottle

ballot [balo] nm bundle; (péj) nitwit

ballottage [balɔtaʒ] nm (POL) second ballot

ballotter [balɔte] vi to roll around; (bateau etc) to toss ♦ vt to shake ou throw about; to toss; **être ballotté entre** (fig) to be shunted between; (: indécis) to be torn between

balnéaire [balneɛʀ] adj seaside cpd

balourd, e [baluʀ, -uʀd(ə)] adj clumsy ♦ nm/f clodhopper

balustrade [balystʀad] nf railings pl, handrail

bambin [bɑ̃bɛ̃] nm little child

bambou [bɑ̃bu] nm bamboo

ban [bɑ̃] nm round of applause, cheer; **être/mettre au ban de** to be outlawed/to outlaw from; **le ban et l'arrière-ban de sa famille** every last one of his relatives; **bans** (de mariage) banns, bans

banal, e [banal] adj banal, commonplace; (péj) trite; **four/moulin banal** village oven/mill

banalité [banalite] nf banality; (remarque) truism, trite remark

banane [banan] nf banana

banc [bɑ̃] nm seat, bench; (de poissons) shoal; **banc des accusés** dock; **banc d'essai** (fig) testing ground; **banc de sable** sandbank; **banc des témoins** witness box; **banc de touche** dugout

bancaire [bɑ̃kɛʀ] adj banking, bank cpd

bancal, e [bɑ̃kal] adj wobbly; (personne) bow-legged; (fig: projet) shaky

bandage [bɑ̃daʒ] nm bandaging; (pansement) bandage; **bandage herniaire** truss

bande [bɑ̃d] nf (de tissu etc) strip; (MÉD) bandage; (motif, dessin) stripe; (CINÉ) film; (INFORM) tape; (RADIO, groupe) band; (péj): **une bande de** a bunch ou crowd of; **par la bande** in a roundabout way; **donner de la bande** to list; **faire bande à part** to keep to o.s.; **bande dessinée (BD)** strip cartoon (*BRIT*), comic strip; **bande magnétique** magnetic tape; **bande perforée** punched tape; **bande de roulement** (*de pneu*) tread; **bande sonore** sound track; **bande de terre** strip of land; **bande Velpeau®** (*MÉD*) crêpe bandage; *see boxed note*

BANDE DESSINÉE

The **bande dessinée** or 'BD' enjoys a huge following amongst adults as well as children in France, where the comic strip is accorded both literary and artistic status. Every year, an international exhibition takes place in Angoulême at the end of January. Astérix, Tintin, Lucky Luke and Gaston Lagaffe are some of the most famous cartoon characters.

---

bandeau, x [bɑ̃do] *nm* headband; (*sur les yeux*) blindfold; (*MÉD*) head bandage

bander [bɑ̃de] *vt* to bandage; (*muscle*) to tense; (*arc*) to bend ♦ *vi* (*fam!*) to have a hard on (!); **bander les yeux à qn** to blindfold sb

banderole [bɑ̃dʀɔl] *nf* banderole; (*dans un défilé etc*) streamer

bandit [bɑ̃di] *nm* bandit

banditisme [bɑ̃ditism(ə)] *nm* violent crime, armed robberies *pl*

bandoulière [bɑ̃duljɛʀ] *nf*: **en bandoulière** (slung *ou* worn) across the shoulder

banlieue [bɑ̃ljø] *nf* suburbs *pl*; **quartiers de banlieue** suburban areas; **trains de banlieue** commuter trains

banlieusard, e [bɑ̃ljøzaʀ, -aʀd(ə)] *nm/f* suburbanite

bannière [banjɛʀ] *nf* banner

bannir [baniʀ] *vt* to banish

banque [bɑ̃k] *nf* bank; (*activités*) banking; **banque des yeux/du sang** eye/blood bank; **banque d'affaires** merchant bank; **banque de dépôt** deposit bank; **banque de données** (*INFORM*) data bank; **banque d'émission** bank of issue

banqueroute [bɑ̃kʀut] *nf* bankruptcy

banquet [bɑ̃kɛ] *nm* (*de club*) dinner; (*de noces*) reception; (*d'apparat*) banquet

banquette [bɑ̃kɛt] *nf* seat

banquier [bɑ̃kje] *nm* banker

banquise [bɑ̃kiz] *nf* ice field

baptême [batɛm] *nm* (*sacrement*) baptism; (*cérémonie*) christening, baptism; (*d'un navire*) launching; (*d'une cloche*) consecration, dedication; **baptême de l'air** first flight

baptiser [batize] *vt* to christen; to baptize; to launch; to consecrate, dedicate

baquet [bakɛ] *nm* tub, bucket

bar [baʀ] *nm* bar; (*poisson*) bass

baraque [baʀak] *nf* shed; (*fam*) house; **baraque foraine** fairground stand

baraqué, e [baʀake] *adj* well-built, hefty

baraquements [baʀakmɑ̃] *nmpl* huts (*for refugees, workers etc*)

baratin [baʀatɛ̃] *nm* (*fam*) smooth talk, patter

baratiner [baʀatine] *vt* to chat up

barbant, e [baʀbɑ̃, -ɑ̃t] *adj* (*fam*) deadly (boring)

barbare [baʀbaʀ] *adj* barbaric ♦ *nm/f* barbarian

barbarie [baʀbaʀi] *nf* barbarism; (*cruauté*) barbarity

barbe [baʀb(ə)] *nf* beard; (**au nez et**) **à la barbe de qn** (*fig*) under sb's very nose; **quelle barbe!** (*fam*) what a drag *ou* bore!; **barbe à papa** candyfloss (*BRIT*), cotton candy (*US*)

barbelé [baʀbəle] *nm* barbed wire *no pl*

barber [baʀbe] *vt* (*fam*) to bore stiff

barbiturique [baʀbityʀik] *nm* barbiturate

barboter [baʀbɔte] *vi* to paddle, dabble ♦ *vt* (*fam*) to filch

barbouiller [baʀbuje] *vt* to daub; (*péj: écrire, dessiner*) to scribble; **avoir l'estomac barbouillé** to feel queasy *ou* sick

barbu, e [baʀby] *adj* bearded

barda [baʀda] *nm* (*fam*) kit, gear

barder [baʀde] *vt* (*CULIN: rôti, volaille*) to bard ♦ *vi* (*fam*): **ça va barder** sparks will fly

barème [baʀɛm] *nm* scale; (*liste*) table; **barème des salaires** salary scale

baril [baʀil] *nm* (*tonneau*) barrel; (*de poudre*) keg

bariolé, e [baʀjɔle] *adj* many-coloured, rainbow-coloured

baromètre [baʀɔmɛtʀ(ə)] *nm* barometer; **baromètre anéroïde** aneroid barometer

baron [baʀɔ̃] *nm* baron

baroque [baʀɔk] *adj* (*ART*) baroque; (*fig*) weird

barque [baʀk(ə)] *nf* small boat

barquette [baʀkɛt] *nf* small boat-shaped tart; (*récipient: en aluminium*) tub; (*: en bois*) basket

barrage [baʀaʒ] *nm* dam; (*sur route*) roadblock, barricade; **barrage de police** police roadblock

barre [baʀ] *nf* (*de fer etc*) rod, bar; (*NAVIG*) helm; (*écrite*) line, stroke; (*DANSE*) barre; (*niveau*): **la livre a franchi la barre des 10 frs** the pound has broken the 10 frs barrier; (*JUR*): **comparaître à la barre** to appear as a witness; **être à** *ou* **tenir la barre** (*NAVIG*) to be at the helm; **coup de barre** (*fig*): **c'est le coup de barre!** it's daylight robbery!; **j'ai le coup de barre!** I'm all in!; **barre fixe** (*GYM*) horizontal bar; **barre de mesure** (*MUS*) bar line; **barre à mine** crowbar; **barres parallèles/asymétriques** (*GYM*) parallel/asymmetric bars

barreau, x [baʀo] *nm* bar; (*JUR*): **le barreau** the Bar

barrer [baʀe] *vt* (*route etc*) to block; (*mot*) to cross out; (*chèque*) to cross (*BRIT*); (*NAVIG*) to steer; **se barrer** *vi* (*fam*) to clear off

barrette [baʀɛt] *nf* (*pour cheveux*) (hair) slide (*BRIT*) *ou* clip (*US*); (*REL: bonnet*) biretta; (*broche*) brooch

barricader [baʀikade] *vt* to barricade; **se barricader chez soi** (*fig*) to lock o.s. in

barrière [baʀjɛʀ] *nf* fence; (*obstacle*) barrier; (*porte*) gate; **la Grande Barrière** the Great Barrier Reef; **barrière de dégel** (*ADMIN: on roadsigns*) no heavy vehicles – road liable to subsidence due to thaw; **barrières douanières** trade barriers

barrique [baʀik] *nf* barrel, cask

bar-tabac [baʀtaba] *nm* bar (*which sells tobacco and stamps*)

bas, basse [bɑ, bɑs] *adj* low; (*action*) low, ignoble ♦ *nm* (*vêtement*) stocking; (*partie inférieure*): **le bas de** the lower part *ou* foot *ou* bottom of ♦ *nf* (*MUS*) bass ♦ *adv* low; (*parler*) softly; **plus bas** lower down; more softly; (*dans un texte*) further on, below; **la tête basse** with lowered head; (*fig*) with head hung low; **avoir la vue basse** to be short-sighted; **au bas mot** at the lowest estimate; **enfant en bas âge** infant, young child; **en bas** down below; at (*ou* to) the bottom; (*dans une maison*) downstairs; **en bas de** at the bottom of; **de bas en haut** upwards; from the bottom to the top; **des hauts et des bas** ups and downs; **un bas de laine** (*fam: économies*) money under the mattress (*fig*); **mettre bas** *vi* to give birth; **à bas la dictature!** down with dictatorship!; **bas morceaux** (*viande*) cheap cuts

basané, e [bazane] *adj* tanned, bronzed; (*immigré etc*) swarthy

bas-côté [bakote] *nm* (*de route*) verge (*BRIT*), shoulder (*US*); (*d'église*) (side) aisle

bascule [baskyl] *nf*: (**jeu de**) **bascule** seesaw; (**balance à**) **bascule** scales *pl*; **fauteuil à bascule** rocking chair; **système à bascule** tip-over device; rocker device

basculer [baskyle] *vi* to fall over, topple (over); (*benne*) to tip up ♦ *vt* (*aussi*: **faire basculer**) to topple over; to tip out, tip up

base [bɑz] *nf* base; (*POL*): **la base** the rank and file, the grass roots; (*fondement, principe*) basis (*pl* bases); **jeter les bases de** to lay the foundations of; **à la base de** (*fig*) at the root of; **sur la base de** (*fig*) on the basis of; **de base** basic; **à base de café** *etc* coffee *etc* -based; **base de données** (*INFORM*) database; **base de lancement** launching site

baser [bɑze] *vt*: **baser qch sur** to base sth on; **se baser sur** (*données, preuves*) to base one's argument on; **être basé à/dans** (*MIL*) to be based at/in

bas-fond [bafɔ̃] *nm* (*NAVIG*) shallow; **bas-fonds** *nmpl* (*fig*) dregs

basilic [bazilik] *nm* (*CULIN*) basil

basket(-ball) [basket(bɔl)] *nm* basketball

basque [bask(ə)] *adj, nm* (*LING*) Basque ♦ *nm/f*: **Basque** Basque; **le Pays basque** the Basque country

basse [bɑs] *adj f, nf voir* bas

basse-cour, *pl* **basses-cours** [baskuʀ] *nf* farm-

yard; (*animaux*) farmyard animals

bassin [basɛ̃] *nm* (*cuvette*) bowl; (*pièce d'eau*) pond, pool; (*de fontaine, GÉO*) basin; (*ANAT*) pelvis; (*portuaire*) dock; **bassin houiller** coalfield

bassine [basin] *nf* basin; (*contenu*) bowl, bowlful

basson [basɔ̃] *nm* bassoon

bas-ventre [bavɑ̃tʀ(ə)] *nm* (lower part of the) stomach

bataille [bataj] *nf* battle; **en bataille** (*en travers*) at an angle; (*en désordre*) awry; **bataille rangée** pitched battle

bâtard, e [bɑtaʀ, -aʀd(ə)] *adj* (*enfant*) illegitimate; (*fig*) hybrid ♦ *nm/f* illegitimate child, bastard (*péj*) ♦ *nm* (*BOULANGERIE*) = Vienna loaf; **chien bâtard** mongrel

bateau, x [bato] *nm* boat; (*grand*) ship ♦ *adj inv* (*banal, rebattu*) hackneyed; **bateau de pêche/à moteur/à voiles** fishing/motor/sailing boat

bateau-mouche [batomuʃ] *nm* (passenger) pleasure boat (*on the seine*)

bâti, e [bɑti] *adj* (*terrain*) developed ♦ *nm* (*armature*) frame; (*COUTURE*) tacking; **bien bâti** (*personne*) well-built

batifoler [batifɔle] *vi* to frolic *ou* lark about

bâtiment [bɑtimɑ̃] *nm* building; (*NAVIG*) ship, vessel; (*industrie*): **le bâtiment** the building trade

bâtir [bɑtiʀ] *vt* to build; (*COUTURE: jupe, ourlet*) to tack; **fil à bâtir** (*COUTURE*) tacking thread

bâtisse [bɑtis] *nf* building

bâton [bɑtɔ̃] *nm* stick; **mettre des bâtons dans les roues à qn** to put a spoke in sb's wheel; **à bâtons rompus** informally; **bâton de rouge (à lèvres)** lipstick; **bâton de ski** ski stick

bats [ba] *vb voir* battre

battage [bataʒ] *nm* (*publicité*) (hard) plugging

battant, e [batɑ̃, -ɑ̃t] *vb voir* battre ♦ *adj*: **pluie battante** lashing rain ♦ *nm* (*de cloche*) clapper; (*de volets*) shutter, flap (*de porte*), side; (*fig: personne*) fighter; **porte à double battant** double door; **tambour battant** briskly

battement [batmɑ̃] *nm* (*de cœur*) beat; (*intervalle*) interval (*between classes, trains etc*); **battement de paupières** blinking *no pl* (*of eyelids*); **un battement de 10 minutes, 10 minutes de battement** 10 minutes to spare

batterie [batʀi] *nf* (*MIL, ÉLEC*) battery; (*MUS*) drums *pl*, drum kit; **batterie de cuisine** kitchen utensils *pl*; (*casseroles etc*) pots and pans *pl*; **une batterie de tests** a string of tests

batteur [batœʀ] *nm* (*MUS*) drummer; (*appareil*) whisk

battre [batʀ(ə)] *vt* to beat; (*pluie, vagues*) to beat *ou* lash against; (*œufs etc*) to beat up, whisk; (*blé*) to thresh; (*cartes*) to shuffle; (*passer au peigne fin*) to scour ♦ *vi* (*cœur*) to beat; (*volets etc*) to bang, rattle; **se battre** *vi* to fight; **battre la mesure** to beat time; **battre en brèche** (*MIL: mur*) to batter; (*fig: théorie*) to demolish; (: *institution etc*) to attack; **bat-**

tre son plein to be at its height, be going full swing; **battre pavillon britannique** to fly the British flag; **battre des mains** to clap one's hands; **battre des ailes** to flap its wings; **battre de l'aile** (fig) to be in a bad way ou in bad shape; **battre la semelle** to stamp one's feet; **battre en retraite** to beat a retreat

baume [bom] nm balm

bavard, e [bavar, -ard(ə)] adj (very) talkative; gossipy

bavarder [bavarde] vi to chatter; (indiscrètement) to gossip; (: révéler un secret) to blab

bave [bav] nf dribble; (de chien etc) slobber, slaver (BRIT), drool (US); (d'escargot) slime

baver [bave] vi to dribble; to slobber, slaver (BRIT), drool (US); (encre, couleur) to run; **en baver** (fam) to have a hard time (of it)

baveux, euse [bavø, -øz] adj dribbling; (omelette) runny

bavoir [bavwar] nm (de bébé) bib

bavure [bavyr] nf smudge; (fig) hitch; blunder

bayer [baje] vi: **bayer aux corneilles** to stand gaping

bazar [bazar] nm general store; (fam) jumble

bazarder [bazarde] vt (fam) to chuck out

BCBG sigle a (= bon chic bon genre) ≈ preppy

BD sigle f = bande dessinée; (= base de données) DB

bd abr = boulevard

béant, e [beã, -ãt] adj gaping

béat, e [bea, -at] adj showing open-eyed wonder; (sourire etc) blissful

béatitude [beatityd] nf bliss

beau (bel), belle, beaux [bo, bel] adj beautiful, lovely; (homme) handsome ◆ nf (SPORT) decider ◆ adv: **il fait beau** the weather's fine ◆ nm: **avoir le sens du beau** to have an aesthetic sense; **le temps est au beau** the weather is set fair; **un beau geste** (fig) a fine gesture; **un beau salaire** a good salary; **un beau gâchis/rhume** a fine mess/nasty cold; **en faire/dire de belles** to do/say (some) stupid things; **le beau monde** high society; **beau parleur** smooth talker; **un beau jour** one (fine) day; **de plus belle** more than ever, even more; **bel et bien** well and truly; (vraiment) really and truly; **le plus beau c'est que …** the best of it is that …; **c'est du beau!** that's great, that is!; **on a beau essayer** however hard ou no matter how hard we try; **il a beau jeu de protester** etc it's easy for him to protest etc; **faire le beau** (chien) to sit up and beg

---

MOT-CLÉ

beaucoup [boku] adv 1 a lot; **il boit beaucoup** he drinks a lot; **il ne boit pas beaucoup** he doesn't drink much ou a lot

2 (suivi de plus, trop etc) much, a lot, far; **il est beaucoup plus grand** he is much ou a lot ou far taller

3: **beaucoup de** (nombre) many, a lot of; (quantité) a lot of; **pas beaucoup de** (nombre) not many, not a lot of; (quantité) not much, not a lot of; **beaucoup d'étudiants/de touristes** a lot of ou many students/tourists; **beaucoup de courage** a lot of courage; **il n'a pas beaucoup d'argent** he hasn't got much ou a lot of money; **il n'y a pas beaucoup de touristes** there aren't many ou a lot of tourists

4: **de beaucoup** by far

◆ pron: **beaucoup le savent** lots of people know that

---

beau-fils, pl beaux-fils [bofis] nm son-in-law; (remariage) stepson

beau-frère, pl beaux-frères [bofrɛr] nm brother-in-law

beau-père, pl beaux-pères [bopɛr] nm father-in-law; (remariage) stepfather

beauté [bote] nf beauty; **de toute beauté** beautiful; **en beauté** adv with a flourish, brilliantly

beaux-arts [bozar] nmpl fine arts

beaux-parents [boparã] nmpl wife's/husband's family sg ou pl, in-laws

bébé [bebe] nm baby

bec [bɛk] nm beak, bill; (de plume) nib; (de cafetière etc) spout; (de casserole etc) lip; (d'une clarinette etc) mouthpiece; (fam) mouth; **clouer le bec à qn** (fam) to shut sb up; **ouvrir le bec** (fam) to open one's mouth; **bec de gaz** (street) gaslamp; **bec verseur** pouring lip

bécane [bekan] nf (fam) bike

bec-de-lièvre, pl becs-de-lièvre [bɛkdəljɛvr(ə)] nm harelip

bêche [bɛʃ] nf spade

bêcher [beʃe] vt (terre) to dig; (personne: critiquer) to slate; (: snober) to look down on

bécoter [bekɔte]: **se bécoter** vi to smooch

becqueter [bɛkte] vt (fam) to eat

bedaine [bədɛn] nf paunch

bedonnant, e [bədɔnã, -ãt] adj paunchy, potbellied

bée [be] adj: **bouche bée** gaping

beffroi [befrwa] nm belfry

bégayer [begeje] vt, vi to stammer

bègue [bɛg] nm/f: **être bègue** to have a stammer

beige [bɛʒ] adj beige

beignet [bɛɲɛ] nm fritter

bel [bɛl] adj m voir beau

bêler [bele] vi to bleat

belette [bəlɛt] nf weasel

belge [bɛlʒ(ə)] adj Belgian ◆ nm/f: **Belge** Belgian; see boxed note

---

FÊTE NATIONALE BELGE

The **fête nationale belge**, on 21 July, marks the day in 1831 when Leopold of Saxe-Coburg-Gotha was crowned King Leopold I.

Belgique [bɛlʒik] *nf*: **la Belgique** Belgium

bélier [belje] *nm* ram; (*engin*) (battering) ram; (*signe*): **le Bélier** Aries, the Ram; **être du Bélier** to be Aries

belle [bɛl] *adj f*, *nf voir* **beau**

belle-fille, *pl* **belles-filles** [bɛlfij] *nf* daughter-in-law; (*remariage*) stepdaughter

belle-mère, *pl* **belles-mères** [bɛlmɛʀ] *nf* mother-in-law; (*remariage*) stepmother

belle-sœur, *pl* **belles-sœurs** [bɛlsœʀ] *nf* sister-in-law

belliqueux, euse [belikø, -øz] *adj* aggressive, warlike

belvédère [bɛlvedɛʀ] *nm* panoramic viewpoint (*or small building there*)

bémol [bemɔl] *nm* (*mus*) flat

bénédiction [benediksjɔ̃] *nf* blessing

bénéfice [benefis] *nm* (*comm*) profit; (*avantage*) benefit; **au bénéfice de** in aid of

bénéficier [benefisje] *vi*: **bénéficier de** to enjoy; (*profiter*) to benefit by *ou* from; (*obtenir*) to get, be given

bénéfique [benefik] *adj* beneficial

bénévole [benevɔl] *adj* voluntary, unpaid

bénin, igne [benɛ̃, -iɲ] *adj* minor, mild; (*tumeur*) benign

bénir [beniʀ] *vt* to bless

bénit, e [beni, -it] *adj* consecrated; **eau bénite** holy water

benjamin, e [bɛ̃ʒamɛ̃, -in] *nm/f* youngest child; (*sport*) under-13

benne [bɛn] *nf* skip; (*de téléphérique*) (cable) car; **benne basculante** tipper (*brit*), dump *ou* dumper truck

BEP *sigle m* (= *Brevet d'études professionnelles*) *school-leaving diploma, taken at approx. 18 years*

béquille [bekij] *nf* crutch; (*de bicyclette*) stand

berceau, x [bɛʀso] *nm* cradle, crib

bercer [bɛʀse] *vt* to rock, cradle; (*suj: musique etc*) to lull; **bercer qn de** (*promesses etc*) to delude sb with

berceuse [bɛʀsøz] *nf* (*chanson*) lullaby

béret (basque) [beʀɛ(bask(ə))] *nm* beret

berge [bɛʀʒ(ə)] *nf* bank

berger, ère [bɛʀʒe, -ɛʀ] *nm/f* shepherd/shepherdess; **berger allemand** (*chien*) alsatian (dog) (*brit*), German shepherd (dog) (*us*)

berlingot [bɛʀlɛ̃go] *nm* (*emballage*) carton (*pyramid shaped*); (*bonbon*) lozenge

berlue [bɛʀly] *nf*: **j'ai la berlue** I must be seeing things

berner [bɛʀne] *vt* to fool

besogne [bəzɔɲ] *nf* work *no pl*, job

besoin [bəzwɛ̃] *nm* need; (*pauvreté*): **le besoin** need, want; **le besoin d'argent/de gloire** the need for money/glory; **besoins (naturels)** nature's needs; **faire ses besoins** to relieve o.s.; **avoir**

besoin de qch/faire qch to need sth/to do sth; **il n'y a pas besoin de (faire)** there is no need to (do); **au besoin, si besoin est** if need be; **pour les besoins de la cause** for the purpose in hand

bestial, e, aux [bɛstjal, -o] *adj* bestial, brutish ♦ *nmpl* cattle

bestiole [bɛstjɔl] *nf* (tiny) creature

bétail [betaj] *nm* livestock, cattle *pl* •

bête [bɛt] *nf* animal; (*bestiole*) insect, creature ♦ *adj* stupid, silly; **les bêtes** (the) animals; **chercher la petite bête** to nit-pick; **bête noire** pet hate, bugbear (*brit*); **bête sauvage** wild beast; **bête de somme** beast of burden

bêtement [bɛtmɑ̃] *adv* stupidly; **tout bêtement** quite simply

bêtise [betiz] *nf* stupidity; (*action, remarque*) stupid thing (to say *ou* do); (*bonbon*) *type of mint sweet* (*brit*) *ou* candy (*us*); **faire/dire une bêtise** to do/say something stupid

béton [betɔ̃] *nm* concrete; **(en) béton** (*fig: alibi, argument*) cast iron; **béton armé** reinforced concrete; **béton précontraint** prestressed concrete

bétonnière [betɔnjɛʀ] *nf* cement mixer

betterave [bɛtʀav] *nf* (*rouge*) beetroot (*brit*), beet (*us*); **betterave fourragère** mangel-wurzel; **betterave sucrière** sugar beet

beugler [bøgle] *vi* to low; (*péj: radio etc*) to blare ♦ *vt* (*péj: chanson etc*) to bawl out

Beur [bœʀ] *adj, nm/f see boxed note*

beurre [bœʀ] *nm* butter; **mettre du beurre dans les épinards** (*fig*) to add a little to the kitty; **beurre de cacao** cocoa butter; **beurre noir** brown butter (sauce)

beurrer [bœʀe] *vt* to butter

beurrier [bœʀje] *nm* butter dish

beuverie [bœvʀi] *nf* drinking session

bévue [bevy] *nf* blunder

Beyrouth [beʀut] *n* Beirut

biais [bjɛ] *nm* (*moyen*) device, expedient; (*aspect*) angle; (*bande de tissu*) piece of cloth cut on the bias; **en biais, de biais** (*obliquement*) at an angle; (*fig*) indirectly

biaiser [bjeze] *vi* (*fig*) to sidestep the issue

bibelot [biblo] *nm* trinket, curio

biberon [bibʀɔ̃] *nm* (feeding) bottle; **nourrir au biberon** to bottle-feed

bible [bibl(ə)] *nf* bible

bibliobus [biblijobys] *nm* mobile library van

bibliographie [biblijɔgrafi] *nf* bibliography
bibliothécaire [biblijɔtekɛʀ] *nm/f* librarian
bibliothèque [biblijɔtɛk] *nf* library; (*meuble*) bookcase; **bibliothèque municipale** public library
bic® [bik] *nm* Biro®
bicarbonate [bikaʀbɔnat] *nm*: **bicarbonate (de soude)** bicarbonate of soda
biceps [bisɛps] *nm* biceps
biche [biʃ] *nf* doe
bichonner [biʃɔne] *vt* to groom
bicolore [bikɔlɔʀ] *adj* two-coloured (BRIT), two-colored (US)
bicoque [bikɔk] *nf* (*péj*) shack, dump
bicyclette [bisiklɛt] *nf* bicycle
bide [bid] *nm* (*fam: ventre*) belly; (THÉÂT) flop
bidet [bidɛ] *nm* bidet
bidon [bidɔ̃] *nm* can ♦ *adj inv* (*fam*) phoney
bidonville [bidɔ̃vil] *nm* shanty town
bidule [bidyl] *nm* (*fam*) thingamajig

MOT-CLÉ

---

bien [bjɛ̃] *nm* **1** (*avantage, profit*): **faire le bien** to do good; **faire du bien à qn** to do sb good; **ça fait du bien de faire** it does you good to do; **dire du bien de** to speak well of; **c'est pour son bien** it's for his own good; **changer en bien** to change for the better; **le bien public** the public good; **vouloir du bien à qn** (*vouloir aider*) to have sb's (best) interests at heart; **je te veux du bien** (*pour mettre en confiance*) I don't wish you any harm
2 (*possession, patrimoine*) possession, property; **son bien le plus précieux** his most treasured possession; **avoir du bien** to have property; **biens (de consommation** etc**)** (consumer etc) goods; **biens durables** (consumer) durables
3 (*moral*): **le bien** good; **distinguer le bien du mal** to tell good from evil
♦ *adv* **1** (*de façon satisfaisante*) well; **elle travaille/mange bien** she works/eats well; **aller** *or* **se porter bien** to be well; **croyant bien faire, je/il ...** thinking I/he was doing the right thing, I/he ...
2 (*valeur intensive*) quite; **bien jeune** quite young; **bien assez** quite enough; **bien mieux** (very) much better; **bien du temps/des gens** quite a time/a number of people; **j'espère bien y aller** I do hope to go; **je veux bien le faire** (*concession*) I'm quite willing to do it; **il faut bien le faire** it has to be done; **il y a bien 2 ans** at least 2 years ago; **il semble bien que** it really seems that; **peut-être bien** it could well be; **aimer bien** to like; **Paul est bien venu, n'est-ce pas?** Paul HAS come, hasn't he?; **où peut-il bien être passé?** where on earth can he have got to?
3 (*conséquence, résultat*): **si bien que** with the result that; **on verra bien** we'll see; **faire bien de ...** to be right to ...

♦ *excl* right!, OK!, fine!; **eh bien!** well!; (**c'est**) **bien fait!** it serves you (*ou* him *etc*) right!; **bien sûr!, bien entendu!** certainly!, of course!
♦ *adj inv* **1** (*en bonne forme, à l'aise*): **je me sens bien, je suis bien** I feel fine; **je ne me sens pas bien, je ne suis pas bien** I don't feel well; **on est bien dans ce fauteuil** this chair is very comfortable
2 (*joli, beau*) good-looking; **tu es bien dans cette robe** you look good in that dress
3 (*satisfaisant*) good; **elle est bien, cette maison/secrétaire** it's a good house/she's a good secretary; **c'est très bien (comme ça)** it's fine (like that); **ce n'est pas si bien que ça** it's not as good *ou* great as all that; **c'est bien?** is that all right?
4 (*moralement*) right; (: *personne*) good, nice; (*respectable*) respectable; **ce n'est pas bien de ...** it's not right to ...; **elle est bien, cette femme** she's a nice woman, she's a good sort; **des gens biens** respectable people
5 (*en bons termes*): **être bien avec qn** to be on good terms with sb

---

bienséant, e [bjɛ̃seɑ̃, -ɑ̃t] *adj* proper, seemly
bientôt [bjɛ̃to] *adv* soon; **à bientôt** see you soon
bienveillant, e [bjɛ̃vɛjɑ̃, -ɑ̃t] *adj* kindly
bienvenu, e [bjɛ̃vny] *adj* welcome ♦ *nm/f*: **être le bienvenu/la bienvenue** to be welcome ♦ *nf*: **souhaiter la bienvenue à** to welcome; **bienvenue à** welcome to
bière [bjɛʀ] *nf* (*boisson*) beer; (*cercueil*) bier; **bière blonde** lager; **bière brune** brown ale; **bière (à la) pression** draught beer
biffer [bife] *vt* to cross out
bifteck [biftɛk] *nm* steak
bifurquer [bifyʀke] *vi* (*route*) to fork; (*véhicule*) to turn off
bigarré, e [bigaʀe] *adj* multicoloured (BRIT), multi-colored (US); (*disparate*) motley
bigorneau, x [bigɔʀno] *nm* winkle
bigot, e [bigo, -ɔt] (*péj*) *adj* bigoted ♦ *nm/f* bigot
bigoudi [bigudi] *nm* curler
bijou, x [biʒu] *nm* jewel
bijouterie [biʒutʀi] *nf* (*magasin*) jeweller's (shop) (BRIT), jewelry store (US); (*bijoux*) jewellery, jewelry
bijoutier, ière [biʒutje, -jɛʀ] *nm/f* jeweller (BRIT), jeweler (US)
bikini [bikini] *nm* bikini
bilan [bilɑ̃] *nm* (COMM) balance sheet(s); (*annuel*) end of year statement; (*fig*) (net) outcome; (: *de victimes*) toll; **faire le bilan de** to assess; to review; **déposer son bilan** to file a bankruptcy statement; **bilan de santé** (MÉD) check-up; **bilan social** statement of a firm's policies towards its employees
bile [bil] *nf* bile; **se faire de la bile** (*fam*) to worry o.s. sick

ilieux, euse [biljø, -øz] adj bilious; (fig: *lérique*) testy

ilingue [bilɛ̃g] adj bilingual

illard [bijaʀ] nm billiards sg; (table) billiard table; **est du billard** (fam) it's a cinch; **passer sur le bil-rd** (fam) to have an (ou one's) operation; **billard lectrique** pinball

ille [bij] nf ball; (du jeu de billes) marble; (de bois) g; **jouer aux billes** to play marbles

illet [bijɛ] nm (aussi: **billet de banque** ank)note; (de cinéma, de bus etc) ticket; (courte let-e) note; **billet à ordre** ou **de commerce** (COMM) romissory note, IOU; **billet d'avion/de train** iane/train ticket; **billet circulaire** round-trip tick-; **billet doux** love letter; **billet de faveur** compli-entary ticket; **billet de loterie** lottery ticket; **bil-t de quai** platform ticket

illetterie [bijɛtʀi] nf ticket office; (distributeur) ket dispenser; (BANQUE) cash dispenser

illion [biljɔ̃] nm billion (BRIT), trillion (US)

illot [bijo] nm block

imensuel, le [bimɑ̃sɥɛl] adj bimonthly, twice-onthly

inette [binɛt] nf (outil) hoe

iochimie [bjɔʃimi] nf biochemistry

iodiversité [bjodivɛʀsite] nf biodiversity

ioéthique [bjoetik] nf bioethics sg

iographie [bjɔgʀafi] nf biography

iologie [bjɔlɔʒi] nf biology

iologique [bjɔlɔʒik] adj biological

iologiste [bjɔlɔʒist(ə)] nm/f biologist

irmanie [biʀmani] nf: **la Birmanie** Burma

is, e [bi, biz] adj (couleur) greyish brown ♦ adv is]: **12 bis** 12a ou A ♦ excl, nm [bis] encore ♦ nf aiser) kiss; (vent) North wind; **faire une** ou **la bise qn** to kiss sb

isannuel, le [bizanɥɛl] adj biennial

iscornu, e [biskɔʀny] adj crooked; (bizarre) eird(-looking)

iscotte [biskɔt] nf (breakfast) rusk

iscuit [biskɥi] nm biscuit (BRIT), cookie (US); gateau) sponge cake; **biscuit à la cuiller** sponge nger

ise [biz] adj f, nf voir **bis**

isou [bizu] nm (fam) kiss

issextile [bisɛkstil] adj: **année bissextile** leap ear

istouri [bisturi] nm lancet

istro(t) [bistʀo] nm bistro, café

itume [bitym] nm asphalt

izarre [bizaʀ] adj strange, odd

lafard, e [blafaʀ, -aʀd(ə)] adj wan

lague [blag] nf (propos) joke; (farce) trick; **sans lague!** no kidding!; **blague à tabac** tobacco ouch

laguer [blage] vi to joke ♦ vt to tease

laireau, x [blɛʀo] nm (ZOOL) badger; (brosse) shaving brush

blairer [blɛʀe] vt: **je ne peux pas le blairer** I can't bear ou stand him

blâme [blam] nm blame; (sanction) reprimand

blâmer [blame] vt (réprouver) to blame; (réprimander) to reprimand

blanc, blanche [blɑ̃, blɑ̃ʃ] adj white; (non imprimé) blank; (innocent) pure ♦ nm/f white, white man/woman ♦ nm (couleur) white; (linge): **le blanc** whites pl; (espace non écrit) blank; (aussi: **blanc d'œuf**) (egg-)white; (aussi: **blanc de poulet**) breast, white meat; (aussi: **vin blanc**) white wine ♦ nf (MUS) minim (BRIT), half-note (US); (fam: drogue) smack; **d'une voix blanche** in a toneless voice; **aux cheveux blancs** white-haired; **le blanc de l'œil** the white of the eye; **laisser en blanc** to leave blank; **chèque en blanc** blank cheque; **à blanc** adv (chauffer) white-hot; (tirer, charger) with blanks; **saigner à blanc** to bleed white; **blanc cassé** off-white

blancheur [blɑ̃ʃœʀ] nf whiteness

blanchir [blɑ̃ʃiʀ] vt (gén) to whiten; (linge, fig: argent) to launder; (CULIN) to blanch; (fig: disculper) to clear ♦ vi to grow white; (cheveux) to go white; **blanchi à la chaux** whitewashed

blanchisserie [blɑ̃ʃisʀi] nf laundry

blason [blazɔ̃] nm coat of arms

blasphème [blasfɛm] nm blasphemy

blazer [blazɛʀ] nm blazer

blé [ble] nm wheat; **blé en herbe** wheat on the ear; **blé noir** buckwheat

bled [blɛd] nm (péj) hole; (en Afrique du Nord): **le bled** the interior

blême [blɛm] adj pale

blessant, e [blɛsɑ̃, -ɑ̃t] adj hurtful

blessé, e [blese] adj injured ♦ nm/f injured person, casualty; **un blessé grave, un grand blessé** a seriously injured ou wounded person

blesser [blese] vt to injure; (délibérément: MIL etc) to wound; (suj: souliers etc, offenser) to hurt; **se blesser** to injure o.s.; **se blesser au pied** etc to injure one's foot etc

blessure [blesyʀ] nf injury; wound

bleu, e [blø] adj blue; (bifteck) very rare ♦ nm (couleur) blue; (novice) greenhorn; (contusion) bruise; (vêtement; aussi: **bleus**) overalls pl (BRIT), coveralls pl (US); **avoir une peur bleue** to be scared stiff; **zone bleue** ≈ restricted parking area; **fromage bleu** blue cheese; **au bleu** (CULIN) au bleu; **bleu (de lessive)** = blue bag; **bleu de méthylène** (MÉD) methylene blue; **bleu marine/nuit/roi** navy/midnight/royal blue

bleuet [bløɛ] nm cornflower

bleuté, e [bløte] adj blue-shaded

blinder [blɛ̃de] vt to armour (BRIT), armor (US); (fig) to harden

bloc [blɔk] nm (de pierre etc, INFORM) block; (de papier à lettres) pad; (ensemble) group, block; **serré à**

bloc tightened right down; **en bloc** as a whole; wholesale; **faire bloc** to unite; **bloc opératoire** operating ou theatre block; **bloc sanitaire** toilet block; **bloc sténo** shorthand notebook

blocage [blɔkaʒ] nm (voir bloquer) blocking; jamming; freezing; (PSYCH) hang-up

bloc-notes, pl **blocs-notes** [blɔknɔt] nm note pad

blocus [blɔkys] nm blockade

blond, e [blɔ̃, -ɔ̃d] adj fair; (plus clair) blond; (sable, blés) golden ♦ nm/f fair-haired ou blond man/woman; **blond cendré** ash blond

bloquer [blɔke] vt (passage) to block; (pièce mobile) to jam; (crédits, compte) to freeze; (personne, négociations etc) to hold up; (regrouper) to group; **bloquer les freins** to jam on the brakes

blottir [blɔtiʀ]: **se blottir** vi to huddle up

blouse [bluz] nf overall

blouson [bluzɔ̃] nm blouson (jacket); **blouson noir** (fig) = rocker

blue-jean(s) [bludʒin(s)] nm jeans

bluff [blœf] nm bluff

bluffer [blœfe] vi, vt to bluff

bobard [bɔbaʀ] nm (fam) tall story

bobine [bɔbin] nf (de fil) reel; (de machine à coudre) spool; (de machine à écrire) ribbon; (ÉLEC) coil; **bobine (d'allumage)** (AUTO) coil; **bobine de pellicule** (PHOTO) roll of film

bocal, aux [bɔkal, -o] nm jar

bock [bɔk] nm (beer) glass; (contenu) glass of beer

body [bɔdi] nm body(suit); (SPORT) leotard

bœuf [bœf] [bø] nm ox (pl oxen), steer; (CULIN) beef; (MUS, fam) jam session

bof [bɔf] excl (fam: indifférence) don't care!; (: pas terrible) nothing special

bogue [bɔg] nf (BOT) husk ♦ nm (ORDIN) bug

bohème [bɔɛm] adj happy-go-lucky, unconventional

bohémien, ne [bɔemjɛ̃, -ɛn] adj Bohemian ♦ nm/f gipsy

boire [bwaʀ] vt to drink; (s'imprégner de) to soak up; **boire un coup** to have a drink

bois [bwa] vb voir **boire** ♦ nm wood; (ZOOL) antler; (MUS): **les bois** the woodwind; **de bois, en bois** wooden; **bois vert** green wood; **bois mort** deadwood; **bois de lit** bedstead

boisé, e [bwaze] adj woody, wooded

boisson [bwasɔ̃] nf drink; **pris de boisson** drunk, intoxicated; **boissons alcoolisées** alcoholic beverages ou drinks; **boissons non alcoolisées** soft drinks

boîte [bwat] nf box; (fam: entreprise) firm, company; **aliments en boîte** canned ou tinned (BRIT) foods; **boîte de sardines/petits pois** can ou tin (BRIT) of sardines/peas; **mettre qn en boîte** (fam) to have a laugh at sb's expense; **boîte d'allumettes** box of matches; (vide) matchbox; **boîte de con-** serves can ou tin (BRIT) (of food); **boîte crânienne** cranium; **boîte à gants** glove compartment; **boîte aux lettres** letter box, mailbox (US); (INFORM) mailbox; **boîte à musique** musical box; **boîte noire** (AVIAT) black box; **boîte de nuit** night club; **boîte à ordures** dustbin (BRIT), trash can (US); **boîte postale (BP)** PO box; **boîte de vitesses** gear box; **boîte vocale** voice mail

boiter [bwate] vi to limp; (fig) to wobble; (raisonnement) to be shaky

boîtier [bwatje] nm case; (d'appareil-photo) body; **boîtier de montre** watch case

boive etc [bwav] vb voir **boire**

bol [bɔl] nm bowl; (contenu): **un bol de café** etc a bowl of coffee etc; **un bol d'air** a breath of fresh air; **en avoir ras le bol** (fam) to have had a bellyful

bolide [bɔlid] nm racing car; **comme un bolide** like a rocket

bombardement [bɔ̃baʀdəmɑ̃] nm bombing

bombarder [bɔ̃baʀde] vt to bomb; **bombarder qn de** (cailloux, lettres) to bombard sb with; **bombarder qn directeur** to thrust sb into the director's seat

bombe [bɔ̃b] nf bomb; (atomiseur) (aerosol) spray; (ÉQUITATION) riding cap; **faire la bombe** (fam) to go on a binge; **bombe atomique** atomic bomb; **bombe à retardement** time bomb

bombé, e [bɔ̃be] adj rounded; (mur) bulging; (front) domed; (route) steeply cambered

bomber [bɔ̃be] vi to bulge; (route) to camber ♦ vt: **bomber le torse** to swell out one's chest

---

MOT-CLÉ

---

bon, bonne [bɔ̃, bɔn] adj 1 (agréable, satisfaisant) good; **un bon repas/restaurant** a good meal/restaurant; **être bon en maths** to be good at maths

2 (charitable): **être bon (envers)** to be good (to), to be kind (to); **vous êtes trop bon** you're too kind

3 (correct) right; **le bon numéro/moment** the right number/moment

4 (souhaits): **bon anniversaire** happy birthday; **bon courage** good luck; **bon séjour** enjoy your stay; **bon voyage** have a good trip; **bon week-end** have a good weekend; **bonne année** happy New Year; **bonne chance** good luck; **bonne fête** happy holiday; **bonne nuit** good night

5 (approprié): **bon à/pour** fit to/for; **bon à jeter** fit for the bin; **c'est bon à savoir** that's useful to know; **à quoi bon (...)?** what's the point ou use (of ...)?

6 (intensif): **ça m'a pris 2 bonnes heures** it took me a good 2 hours; **un bon nombre de** a good number of

7: **bon enfant** adj inv accommodating, easy-going; **bonne femme** (péj) woman; **de bonne heure** early; **bon marché** cheap; **bon mot** witticism; **pour faire bon poids ...** to make up for it

...; **bon sens** common sense; **bon vivant** jovial chap; **bonnes œuvres** charitable works, charities; **bonne sœur** nun

♦ *nm* **1** (*billet*) voucher; (*aussi:* **bon cadeau**) gift voucher; **bon de caisse** cash voucher; **bon d'essence** petrol coupon; **bon à tirer** pass for press; **bon du Trésor** Treasury bond

2: avoir du bon to have its good points; **il y a du bon dans ce qu'il dit** there's some sense in what he says; **pour de bon** for good

♦ *nm/f:* **un bon à rien** a good-for-nothing

♦ *adv:* **il fait bon** it's *ou* the weather is fine; **sentir bon** to smell good; **tenir bon** to stand firm; **juger bon de faire** ... to think fit to do ...

♦ *excl* right!, good!; **ah bon?** really?; **bon, je reste** right, I'll stay; *voir aussi* **bonne**

onbon [bɔ̃bɔ̃] *nm* (boiled) sweet

onbonne [bɔ̃bɔn] *nf* demijohn; carboy

ond [bɔ̃] *nm* leap; (*d'une balle*) rebound, ricochet; **aire un bond** to leap in the air; **d'un seul bond** in ne bound, with one leap; **bond en avant** (*fig: progrès*) leap forward

ondé, e [bɔ̃de] *adj* packed (full)

ondir [bɔ̃diR] *vi* to leap; **bondir de joie** (*fig*) to mp for joy; **bondir de colère** (*fig*) to be hopping ad

onheur [bɔnœR] *nm* happiness; **avoir le boneur de** to have the good fortune to; **porter boneur (à qn)** to bring (sb) luck; **au petit bonheur** aphazardly; **par bonheur** fortunately

onhomie [bɔnɔmi] *nf* goodnaturedness

onhomme [bɔnɔm], *pl* **bonshommes** [bɔ̃zɔm] *m* fellow ♦ *adj* good-natured; **un vieux bonomme** an old chap; **aller son bonhomme de hemin** to carry on in one's own sweet way; **bonomme de neige** snowman

onifier [bɔnifje] *vt:* **se bonifier** *vi* to improve

oniment [bɔnimɑ̃] *nm* patter *no pl*

onjour [bɔ̃ʒuR] *excl, nm* hello; (*selon l'heure*) ood morning (*ou* afternoon); **souhaiter le bonjour à qn** to bid sb good morn- ng *ou* afternoon

onne [bɔn] *adj f voir* **bon** ♦ *nf* (*domestique*) aid; **bonne à tout faire** general help; **bonne 'enfant** nanny

onnement [bɔnmɑ̃] *adv:* **tout bonnement** uite simply

onnet [bɔne] *nm* bonnet, hat; (*de soutien-gorge*) up; **bonnet d'âne** dunce's cap; **bonnet de bain** athing cap; **bonnet de nuit** nightcap

onsoir [bɔ̃swaR] *excl* good evening

onté [bɔ̃te] *nf* kindness *no pl*; **avoir la bonté de** o be kind *ou* good enough to

onus [bɔnys] *nm* (*assurances*) no-claims bonus

ord [bɔR] *nm* (*de table, verre, falaise*) edge; (*de riière, lac*) bank; (*de route*) side; (*de vêtement*) edge, order; (*de chapeau*) brim; (*monter*) **à bord** (to go)

on board; **jeter par-dessus bord** to throw overboard; **le commandant de bord/les hommes du bord** the ship's master/crew; **du même bord** (*fig*) of the same opinion; **au bord de la mer/route** at the seaside/roadside; **être au bord des larmes** to be on the verge of tears; **virer de bord** (*NAVIG*) to tack; **sur les bords** (*fig*) slightly; **de tous bords** on all sides; **bord du trottoir** kerb (*BRIT*), curb (*US*)

bordeaux [bɔRdo] *nm* Bordeaux ♦ *adj inv* maroon

bordel [bɔRdɛl] *nm* brothel; (*fam!*) bloody (*BRIT*) *ou* goddamn (*US*) mess (!) ♦ *excl* hell!

bordelais, e [bɔRdəlɛ, -ɛz] *adj* of *ou* from Bordeaux

border [bɔRde] *vt* (*être le long de*) to border, line; (*garnir*): **border qch de** to line sth with; to trim sth with; (*qn dans son lit*) to tuck up

bordereau, x [bɔRdəRo] *nm* docket, slip

bordure [bɔRdyR] *nf* border; (*sur un vêtement*) trim(ming), border; **en bordure de** on the edge of

borgne [bɔRɲ(ə)] *adj* one-eyed; **hôtel borgne** shady hotel; **fenêtre borgne** obstructed window

borne [bɔRn(ə)] *nf* boundary stone; (*aussi:* **borne kilométrique**) kilometre-marker, ≈ milestone; **bornes** *nfpl* (*fig*) limits; **dépasser les bornes** to go too far; **sans borne(s)** boundless

borné, e [bɔRne] *adj* narrow; (*obtus*) narrow-minded

borner [bɔRne] *vt* (*délimiter*) to limit; (*limiter*) to confine; **se borner à faire** to content o.s. with doing; to limit o.s. to doing

bosquet [bɔskɛ] *nm* copse (*BRIT*), grove

bosse [bɔs] *nf* (*de terrain etc*) bump; (*enflure*) lump; (*du bossu, du chameau*) hump; **avoir la bosse des maths** *etc* to have a gift for maths *etc*; **il a roulé sa bosse** he's been around

bosser [bɔse] *vi* (*fam*) to work; (*: dur*) to slog (hard) (*BRIT*), slave (away)

bossu, e [bɔsy] *nm/f* hunchback

botanique [bɔtanik] *nf* botany ♦ *adj* botanic(al)

botte [bɔt] *nf* (*soulier*) (high) boot; (*ESCRIME*) thrust; (*gerbe*) **botte de paille** bundle of straw; **botte de radis/d'asperges** bunch of radishes/asparagus; **bottes de caoutchouc** wellington boots

botter [bɔte] *vt* to put boots on; (*donner un coup de pied à*) to kick; (*fam*): **ça me botte** I fancy that

bottin® [bɔtɛ̃] *nm* directory

bottine [bɔtin] *nf* ankle boot

bouc [buk] *nm* goat; (*barbe*) goatee; **bouc émissaire** scapegoat

boucan [bukɑ̃] *nm* din, racket

bouche [buʃ] *nf* mouth; **une bouche à nourrir** a mouth to feed; **les bouches inutiles** the non-productive members of the population; **faire du bouche à bouche à qn** to give sb the kiss of life (*BRIT*), give sb mouth-to- mouth resuscitation; **de bouche à oreille** confidentially; **pour la bonne bouche** (*pour la fin*) till last; **faire venir l'eau à la**

bouche to make one's mouth water; **bouche cousue!** mum's the word!; **bouche d'aération** air vent; **bouche de chaleur** hot air vent; **bouche d'égout** manhole; **bouche d'incendie** fire hydrant; **bouche de métro** métro entrance

bouché, e [buʃe] *adj (flacon etc)* stoppered; *(temps, ciel)* overcast; *(carrière)* blocked; *(péj: personne)* thick; *(trompette)* muted; **avoir le nez bouché** to have a blocked(-up) nose

bouchée [buʃe] *nf* mouthful; **ne faire qu'une bouchée de** *(fig)* to make short work of; **pour une bouchée de pain** *(fig)* for next to nothing; **bouchées à la reine** chicken vol-au-vents

boucher [buʃe] *nm* butcher ♦ *vt (pour colmater)* to stop up; to fill up; *(obstruer)* to block (up); **se boucher** *(tuyau etc)* to block up, get blocked up; **se boucher le nez** to hold one's nose

boucherie [buʃʀi] *nf* butcher's (shop); *(métier)* butchery; *(fig)* slaughter, butchery

bouche-trou [buʃtʀu] *nm (en liège)* cork; *(autre matière)* stopper; *(fig: embouteillage)* holdup; *(PÊCHE)* float; **bouchon doseur** measuring cap

boucle [bukl(ə)] *nf (forme, figure, aussi INFORM)* loop; *(objet)* buckle; **boucle (de cheveux)** curl; **boucle d'oreilles** earring

bouclé, e [bukle] *adj* curly; *(tapis)* uncut

boucler [bukle] *vt (fermer: ceinture etc)* to fasten; *(: magasin)* to shut; *(terminer)* to finish off; *(: circuit)* to complete; *(budget)* to balance; *(enfermer)* to shut away; *(: condamné)* to lock up; *(: quartier)* to seal off ♦ *vi* to curl; **faire boucler** *(cheveux)* to curl; **boucler la boucle** *(AVIAT)* to loop the loop

bouclier [buklije] *nm* shield

bouddhiste [budist(ə)] *nm/f* Buddhist

bouder [bude] *vi* to sulk ♦ *vt (chose)* to turn one's nose up at; *(personne)* to refuse to have anything to do with

boudin [budɛ̃] *nm (CULIN)* black pudding; *(TECH)* roll; **boudin blanc** white pudding

boue [bu] *nf* mud

bouée [bwe] *nf* buoy; *(de baigneur)* rubber ring; **bouée (de sauvetage)** lifebuoy; *(fig)* lifeline

boueux, euse [bwø, -øz] *adj* muddy ♦ *nm (fam)* refuse *(BRIT)* ou garbage *(US)* collector

bouffe [buf] *nf (fam)* grub, food

bouffée [bufe] *nf* puff; **bouffée de chaleur** *(gén)* blast of hot air; *(MÉD)* hot flush *(BRIT)* ou flash *(US)*; **bouffée de fièvre/de honte** flush of fever/shame; **bouffée d'orgueil** fit of pride

bouffer [bufe] *vi (fam)* to eat; *(COUTURE)* to puff out ♦ *vt (fam)* to eat

bouffi, e [bufi] *adj* swollen

bougeoir [buʒwaʀ] *nm* candlestick

bougeotte [buʒɔt] *nf:* **avoir la bougeotte** to have the fidgets

bouger [buʒe] *vi* to move; *(dent etc)* to be loose; *(changer)* to alter; *(agir)* to stir ♦ *vt* to move; **se**

bouger *(fam)* to move (oneself)

bougie [buʒi] *nf* candle; *(AUTO)* spark(ing) plug

bougon, ne [bugɔ̃, -ɔn] *adj* grumpy

bougonner [bugɔne] *vi, vt* to grumble

bouillabaisse [bujabɛs] *nf* type of fish soup

bouillant, e [bujɑ̃, -ɑ̃t] *adj (qui bout)* boiling; *(très chaud)* boiling (hot); *(fig: ardent)* hot-headed; **bouillant de colère** *etc* seething with anger *etc*

bouillie [buji] *nf* gruel; *(de bébé)* cereal; **en bouillie** *(fig)* crushed

bouillir [bujiʀ] *vi* to boil ♦ *vt (aussi:* **faire bouillir**: *CULIN)* to boil; **bouillir de colère** *etc* to seethe with anger *etc*

bouilloire [bujwaʀ] *nf* kettle

bouillon [bujɔ̃] *nm (CULIN)* stock *no pl*; *(bulles, écume)* bubble; **bouillon de culture** culture medium

bouillonner [bujɔne] *vi* to bubble; *(fig)* to bubble up; *(torrent)* to foam

bouillotte [bujɔt] *nf* hot-water bottle

boulanger, ère [bulɑ̃ʒe, -ɛʀ] *nm/f* baker ♦ *nf (femme du boulanger)* baker's wife

boulangerie [bulɑ̃ʒʀi] *nf* bakery, baker's (shop); *(commerce)* bakery; **boulangerie industrielle** bakery

boulangerie-pâtisserie, *pl* **boulangeries-pâtisseries** [bulɑ̃ʒʀipatisʀi] *nf* baker's and confectioner's (shop)

boule [bul] *nf (gén)* ball; *(pour jouer)* bowl; *(de machine à écrire)* golf ball; **roulé en boule** curled up in a ball; **se mettre en boule** *(fig)* to fly off the handle, blow one's top; **perdre la boule** *(fig: fam)* to go off one's rocker; **boule de gomme** *(bonbon)* gum(drop), pastille; **boule de neige** snowball; **faire boule de neige** *(fig)* to snowball

bouleau, x [bulo] *nm (silver)* birch

bouledogue [buldɔg] *nm* bulldog

boulet [bulɛ] *nm (aussi:* **boulet de canon**) cannonball; *(de bagnard)* ball and chain; *(charbon)* (coal) nut

boulette [bulɛt] *nf* ball

boulevard [bulvaʀ] *nm* boulevard

bouleversant, e [bulvɛʀsɑ̃, -ɑ̃t] *adj (récit)* deeply distressing; *(nouvelle)* shattering

bouleversement [bulvɛʀsəmɑ̃] *nm (politique, social)* upheaval

bouleverser [bulvɛʀse] *vt (émouvoir)* to overwhelm; *(causer du chagrin à)* to distress; *(pays, vie)* to disrupt; *(papiers, objets)* to turn upside down, upset

boulon [bulɔ̃] *nm* bolt

boulot [bulo] *nm (fam: travail)* work

boulot, te [bulo, -ɔt] *adj* plump, tubby

boum [bum] *nm* bang ♦ *nf* party

bouquet [bukɛ] *nm (de fleurs)* bunch (of flowers), bouquet; *(de persil etc)* bunch; *(parfum)* bouquet; *(fig)* crowning piece; **c'est le bouquet!** that's the last strawl; **bouquet garni** (CULIN) bouquet garni

bouquin [bukɛ̃] nm (fam) book

bouquiner [bukine] vi (fam) to read

bouquiniste [bukinist(ə)] nm/f bookseller

bourbeux, euse [burbø, -øz] adj muddy

bourbier [burbje] nm (quag)mire

bourde [burd(ə)] nf (erreur) howler; (gaffe) blunder

bourdon [burdɔ̃] nm bumblebee

bourdonner [burdɔne] vi to buzz; (moteur) to hum

bourg [bur] nm small market town (ou village)

bourgeois, e [burʒwa, -waz] adj (péj) = (upper) middle class; bourgeois; (maison etc) very comfortable ♦ nm/f (autrefois) burgher

bourgeoisie [burʒwazi] nf = upper middle classes pl; bourgeoisie; **petite bourgeoisie** middle classes

bourgeon [burʒɔ̃] nm bud

Bourgogne [burgɔɲ] nf: **la Bourgogne** Burgundy ♦ nm: **bourgogne** burgundy (wine)

bourguignon, ne [burgiɲɔ̃, -ɔn] adj of ou from Burgundy, Burgundian; **bœuf bourguignon** bœuf bourguignon

bourlinguer [burlɛ̃ge] vi to knock about a lot, get around a lot

bourrade [burad] nf shove, thump

bourrage [buraʒ] nm (papier) jamming; **bourrage de crâne** brainwashing; (SCOL) cramming

bourrasque [burask(ə)] nf squall

bourratif, ive [buratif, -iv] adj filling, stodgy

bourré, e [bure] adj (rempli): **bourré de** crammed full of; (fam: ivre) pickled, plastered

bourreau, x [buro] nm executioner; (fig) torturer; **bourreau de travail** workaholic, glutton for work

bourrelet [burlɛ] nm draught (BRIT) ou draft (US) excluder; (de peau) fold ou roll (of flesh)

bourrer [bure] vt (pipe) to fill; (poêle) to pack; (valise) to cram (full); **bourrer de** to cram (full) with, stuff with; **bourrer de coups** to hammer blows on, pummel; **bourrer le crâne à qn** to pull the wool over sb's eyes; (endoctriner) to brainwash sb

bourrique [burik] nf (âne) ass

bourru, e [bury] adj surly, gruff

bourse [burs(ə)] nf (subvention) grant; (porte-monnaie) purse; **sans bourse délier** without spending a penny; **la Bourse** the Stock Exchange; **bourse du travail** = trades union council (regional headquarters)

boursier, ière [bursje, -jɛr] adj (COMM) Stock Market cpd ♦ nm/f (SCOL) grant-holder

boursoufler [bursufle] vt to puff up, bloat; **se boursoufler** vi (visage) to swell ou puff up; (peinture) to blister

bous [bu] vb voir **bouillir**

bousculade [buskylad] nf (hâte) rush; (poussée) crush

bousculer [buskyle] vt to knock over; to knock into; (fig) to push, rush

bouse [buz] nf: **bouse (de vache)** (cow) dung no pl (BRIT), manure no pl

bousiller [buzije] vt (fam) to wreck

boussole [busɔl] nf compass

bout [bu] vb voir **bouillir** ♦ nm bit; (extrémité: d'un bâton etc) tip; (: d'une ficelle, table, rue, période) end; **au bout de** at the end of, after; **au bout du compte** at the end of the day; **pousser qn à bout** to push sb to the limit (of his patience); **venir à bout de** to manage to finish (off) ou overcome; **bout à bout** end to end; **à tout bout de champ** at every turn; **d'un bout à l'autre, de bout en bout** from one end to the other; **à bout portant** at point-blank range; **un bout de chou** (enfant) a little tot; **bout d'essai** (CINÉ etc) screen test; **bout filtre** filter tip

boutade [butad] nf quip, sally

boute-en-train [butɑ̃trɛ̃] nm inv live wire (fig)

bouteille [butɛj] nf bottle; (de gaz butane) cylinder

boutique [butik] nf shop (BRIT), store (US); (de grand couturier, de mode) boutique

bouton [butɔ̃] nm (de vêtement, électrique etc) button; (BOT) bud; (sur la peau) spot; (de porte) knob; **bouton de manchette** cuff-link; **bouton d'or** buttercup

boutonner [butɔne] vt to button up, do up; **se boutonner** to button one's clothes up

boutonnière [butɔnjɛr] nf buttonhole

bouton-pression, pl **boutons-pression** [butɔ̃presjɔ̃] nm press stud, snap fastener

bouture [butyr] nf cutting; **faire des boutures** to take cuttings

bovins [bɔvɛ̃] nm cattle

bowling [bolin] nm (tenpin) bowling; (salle) bowling alley

box [bɔks] nm lock-up (garage); (de salle, dortoir) cubicle; (d'écurie) loose-box; **le box des accusés** the dock

boxe [bɔks(ə)] nf boxing

boxeur [bɔksœr] nm boxer

boyaux [bwajo] nmpl (viscères) entrails, guts

BP sigle f = **boîte postale**

bracelet [braslɛ] nm bracelet

braconnier [brakɔnje] nm poacher

brader [brade] vt to sell off, sell cheaply

braderie [bradri] nf clearance sale; (par des particuliers) = car boot sale (BRIT), = garage sale (US); (magasin) discount store; (sur marché) cut-price (BRIT) ou cut-rate (US) stall

braguette [bragɛt] nf fly, flies pl (BRIT), zipper (US)

brailler [braje] vi to bawl, yell ♦ vt to bawl out,

yell out

braire [brɛr] *vi* to bray

braise [brɛz] *nf* embers *pl*

brancard [brɑ̃kar] *nm* (*civière*) stretcher; (*bras, perche*) shaft

brancardier [brɑ̃kardje] *nm* stretcher-bearer

branchages [brɑ̃ʃaʒ] *nmpl* branches, boughs

branche [brɑ̃ʃ] *nf* branch; (*de lunettes*) side(-piece)

branché, e [brɑ̃ʃe] *adj* (*fam*) switched-on, trendy ♦ *nm/f* (*fam*) trendy

brancher [brɑ̃ʃe] *vt* to connect (up); (*en mettant la prise*) to plug in; **brancher qn/qch sur** (*fig*) to get sb/sth launched onto

brandir [brɑ̃dir] *vt* (*arme*) to brandish, wield; (*document*) to flourish, wave

branle [brɑ̃l] *nm*: **mettre en branle** to set swinging; **donner le branle à** to set in motion

branle-bas [brɑ̃lba] *nm inv* commotion

braquer [brake] *vi* (*AUTO*) to turn (the wheel) ♦ *vt* (*revolver etc*): **braquer qch sur** to aim sth at, point sth at; (*mettre en colère*): **braquer qn** to antagonize sb, put sb's back up; **braquer son regard sur** to fix one's gaze on; **se braquer** *vi*: **se braquer (contre)** to take a stand (against)

bras [brɑ] *nm* arm; (*de fleuve*) branch ♦ *nmpl* (*fig: travailleurs*) labour *sg* (*BRIT*), labor *sg* (*US*), hands; **bras dessus bras dessous** arm in arm; **à bras raccourcis** with fists flying; **à tour de bras** with all one's might; **baisser les bras** to give up; **bras droit** (*fig*) right hand man; **bras de fer** arm-wrestling; **une partie de bras de fer** (*fig*) a trial of strength; **bras de levier** lever arm; **bras de mer** arm of the sea, sound

brasier [brɑzje] *nm* blaze, (blazing) inferno; (*fig*) inferno

bras-le-corps [brɑlkɔr]: **à bras-le-corps** *adv* (a)round the waist

brassard [brɑsar] *nm* armband

brasse [brɑs] *nf* (*nage*) breast-stroke; (*mesure*) fathom; **brasse papillon** butterfly(-stroke)

brassée [brɑse] *nf* armful; **une brassée de** (*fig*) a number of

brasser [brɑse] *vt* (*bière*) to brew; (*remuer: salade*) to toss; (: *cartes*) to shuffle; (*fig*) to mix; **brasser l'argent/les affaires** to handle a lot of money/ business

brasserie [brɑsri] *nf* (*restaurant*) bar (*selling food*), brasserie; (*usine*) brewery

brave [brav] *adj* (*courageux*) brave; (*bon, gentil*) good, kind

braver [brave] *vt* to defy

bravo [bravo] *excl* bravo! ♦ *nm* cheer

bravoure [bravur] *nf* bravery

break [brɛk] *nm* (*AUTO*) estate car (*BRIT*), station wagon (*US*)

brebis [brəbi] *nf* ewe; **brebis galeuse** black sheep

brèche [brɛʃ] *nf* breach, gap; **être sur la brèche** (*fig*) to be on the go

bredouille [brəduj] *adj* empty-handed

bredouiller [brəduje] *vi, vt* to mumble, stammer

bref, brève [brɛf, brɛv] *adj* short, brief ♦ *adv* in short ♦ *nf* (*voyelle*) short vowel; (*information*) brief news item; **d'un ton bref** sharply, curtly; **en bref** in short, in brief ; **à bref délai** shortly

Brésil [brezil] *nm*: **le Brésil** Brazil

brésilien, ne [breziljɛ̃, -ɛn] *adj* Brazilian ♦ *nm/f*: **Brésilien, ne** Brazilian

Bretagne [brətaɲ] *nf*: **la Bretagne** Brittany

bretelle [brətɛl] *nf* (*de fusil etc*) sling; (*de vêtement*) strap; (*d'autoroute*) slip road (*BRIT*), entrance ou exit ramp (*US*); **bretelles** *nfpl* (*pour pantalon*) braces (*BRIT*), suspenders (*US*); **bretelle de contournement** (*AUTO*) bypass; **bretelle de raccordement** (*AUTO*) access road

breton, ne [brətɔ̃, -ɔn] *adj* Breton ♦ *nm* (*LING*) Breton ♦ *nm/f*: **Breton, ne** Breton

breuvage [brœvaʒ] *nm* beverage, drink

brève [brɛv] *adj f, nf* voir **bref**

brevet [brəvɛ] *nm* diploma, certificate; **brevet (d'invention)** patent; **brevet d'apprentissage** certificate of apprenticeship; **brevet (des collèges)** school certificate, *taken at approx. 16 years*

breveté, e [brəvte] *adj* patented; (*diplômé*) qualified

bribes [brib] *nfpl* bits, scraps; (*d'une conversation*) snatches; **par bribes** piecemeal

bricolage [brikɔlaʒ] *nm*: **le bricolage** do-it-yourself (jobs); (*péj*) patched-up job

bricole [brikɔl] *nf* (*babiole, chose insignifiante*) trifle; (*petit travail*) small job

bricoler [brikɔle] *vi* to do odd jobs; (*en amateur*) to do DIY jobs; (*passe-temps*) to potter about ♦ *vt* (*réparer*) to fix up; (*mal réparer*) to tinker with; (*trafiquer: voiture etc*) to doctor, fix

bricoleur, euse [brikɔlœr, -øz] *nm/f* handyman/woman, DIY enthusiast

bride [brid] *nf* bridle; (*d'un bonnet*) string, tie; **à bride abattue** flat out, hell for leather; **tenir en bride** to keep in check; **lâcher la bride à, laisser la bride sur le cou à** to give free rein to

bridé, e [bride] *adj*: **yeux bridés** slit eyes

bridge [bridʒ(ə)] *nm* bridge

brièvement [brijɛvmɑ̃] *adv* briefly

brigade [brigad] *nf* squad; (*MIL*) brigade

brigadier [brigadje] *nm* (*POLICE*) ≈ sergeant; (*MIL*) bombardier; corporal

brigandage [brigɑ̃daʒ] *nm* robbery

briguer [brige] *vt* to aspire to; (*suffrages*) to canvass

brillamment [brijamɑ̃] *adv* brilliantly

brillant, e [brijɑ̃, -ɑ̃t] *adj* brilliant; bright; (*luisant*) shiny, shining ♦ *nm* (*diamant*) brilliant

briller [bʀije] vi to shine

brimer [bʀime] vt to harass; to bully

brin [bʀɛ̃] nm (de laine, ficelle etc) strand; (fig): **un brin de** a bit of; **un brin mystérieux** etc (fam) a weeny bit mysterious etc; **brin d'herbe** blade of grass; **brin de muguet** sprig of lily of the valley; **brin de paille** wisp of straw

brindille [bʀɛ̃dij] nf twig

brio [bʀijo] nm brilliance; (MUS) brio; **avec brio** brilliantly, with panache

brioche [bʀijɔʃ] nf brioche (bun); (fam: ventre) paunch

brique [bʀik] nf brick; (fam) 10,000 francs ♦ adj inv brick red

briquer [bʀike] vt (fam) to polish up

briquet [bʀikɛ] nm (cigarette) lighter

brise [bʀiz] nf breeze

briser [bʀize] vt to break; **se briser** vi to break

britannique [bʀitanik] adj British ♦ nm/f: **Britannique** Briton, British person; **les Britanniques** the British

brocante [bʀɔkɑ̃t] nf (objets) secondhand goods pl, junk; (commerce) secondhand trade; junk dealing

brocanteur, euse [bʀɔkɑ̃tœʀ, -øz] nm/f junkshop owner; junk dealer

broche [bʀɔʃ] nf brooch; (CULIN) spit; (fiche) spike, peg; (MÉD) pin; **à la broche** spit-roasted, roasted on a spit

broché, e [bʀɔʃe] adj (livre) paper-backed; (tissu) brocaded

brochet [bʀɔʃɛ] nm pike inv

brochette [bʀɔʃɛt] nf skewer; **brochette de décorations** row of medals

brochure [bʀɔʃyʀ] nf pamphlet, brochure, booklet

broder [bʀɔde] vt to embroider ♦ vi: **broder (sur des faits ou une histoire)** to embroider the facts

broderie [bʀɔdʀi] nf embroidery

broncher [bʀɔ̃ʃe] vi: **sans broncher** without flinching, without turning a hair

bronches [bʀɔ̃ʃ] nfpl bronchial tubes

bronchite [bʀɔ̃ʃit] nf bronchitis

bronze [bʀɔ̃z] nm bronze

bronzer [bʀɔ̃ze] vt to tan ♦ vi to get a tan; **se bronzer** to sunbathe

brosse [bʀɔs] nf brush; **donner un coup de brosse à qch** to give sth a brush; **coiffé en brosse** with a crewcut; **brosse à cheveux** hairbrush; **brosse à dents** toothbrush; **brosse à habits** clothesbrush

brosser [bʀɔse] vt (nettoyer) to brush; (fig: tableau etc) to paint; to draw; **se brosser** to brush one's clothes; **se brosser les dents** to brush one's teeth; **tu peux te brosser!** (fam) you can sing for it!

brouette [bʀuɛt] nf wheelbarrow

brouhaha [bʀuaa] nm hubbub

brouillard [bʀujaʀ] nm fog; **être dans le brouillard** (fig) to be all at sea

brouille [bʀuj] nf quarrel

brouiller [bʀuje] vt to mix up; to confuse; (RADIO) to cause interference to; (: délibérément) to jam; (rendre trouble) to cloud; (désunir: amis) to set at odds; **se brouiller** vi (ciel, vue) to cloud over; (détails) to become confused; **se brouiller (avec)** to fall out (with); **brouiller les pistes** to cover one's tracks; (fig) to confuse the issue

brouillon, ne [bʀujɔ̃, -ɔn] adj disorganized, unmethodical ♦ nm (first) draft; **cahier de brouillon** rough (work) book

broussailles [bʀusaj] nfpl undergrowth sg

broussailleux, euse [bʀusajø, -øz] adj bushy

brousse [bʀus] nf: **la brousse** the bush

brouter [bʀute] vt to graze on ♦ vi to graze; (AUTO) to judder

broutille [bʀutij] nf trifle

broyer [bʀwaje] vt to crush; **broyer du noir** to be down in the dumps

bru [bʀy] nf daughter-in-law

brugnon [bʀyɲɔ̃] nm nectarine

bruiner [bʀɥine] vb impers: **il bruine** it's drizzling, there's a drizzle

bruire [bʀɥiʀ] vi (eau) to murmur; (feuilles, étoffe) to rustle

bruit [bʀɥi] nm: **un bruit** a noise, a sound; (fig: rumeur) a rumour (BRIT), a rumor (US); **le bruit** noise; **pas/trop de bruit** no/too much noise; **sans bruit** without a sound, noiselessly; **faire du bruit** to make a noise; **bruit de fond** background noise

bruitage [bʀɥitaʒ] nm sound effects pl

brûlant, e [bʀylɑ̃, -ɑ̃t] adj burning (hot); (liquide) boiling (hot); (regard) fiery; (sujet) red-hot

brûlé, e [bʀyle] adj (fig: démasqué) blown; (: homme politique etc) discredited ♦ nm: **odeur de brûlé** smell of burning

brûle-pourpoint [bʀylpuʀpwɛ̃]: **à brûle-pourpoint** adv point-blank

brûler [bʀyle] vt to burn; (suj: eau bouillante) to scald; (consommer: électricité, essence) to use; (feu rouge, signal) to go through (without stopping) ♦ vi to burn; (jeu): **tu brûles** you're getting warm ou hot; **se brûler** to burn o.s.; to scald o.s.; **se brûler la cervelle** to blow one's brains out; **brûler les étapes** to make rapid progress; (aller trop vite) to cut corners; **brûler (d'impatience) de faire qch** to burn with impatience to do sth, be dying to do sth

brûlure [bʀylyʀ] nf (lésion) burn; (sensation) burning no pl, burning sensation; **brûlures d'estomac** heartburn sg

brume [bʀym] nf mist

brumeux, euse [bʀymø, -øz] adj misty; (fig) hazy

brumisateur [bʀymizatœʀ] nm atomizer

brun, e [bʀœ̃, -yn] adj brown; (cheveux, personne) dark ♦ nm (couleur) brown ♦ nf (cigarette) cigarette *made of dark tobacco*; (*bière*) = brown ale, ≃ stout

brunch [brœntʃ] *nm* brunch

brunir [brynir] *vi*: **se brunir** to get a tan ♦ *vt* to tan

brushing [brœʃiŋ] *nm* blow-dry

brusque [brysk(ə)] *adj* (*soudain*) abrupt, sudden; (*rude*) abrupt, brusque

brusquer [bryske] *vt* to rush

brut, e [bryt] *adj* raw, crude, rough; (*diamant*) uncut; (*soie, minéral*, INFORM: *données*) raw; (*COMM*) gross ♦ *nf* brute; **(champagne) brut** brut champagne; **(pétrole) brut** crude (oil)

brutal, e, aux [brytal, -o] *adj* brutal

brutaliser [brytalize] *vt* to handle roughly, manhandle

Bruxelles [brysɛl] *n* Brussels

bruyamment [brɥijamɑ̃] *adv* noisily

bruyant, e [brɥijɑ̃, -ɑ̃t] *adj* noisy

bruyère [brɥijɛr] *nf* heather

BTS *sigle m* (= *Brevet de technicien supérieur*) vocational training certificate taken at end of 2-year higher education course

bu, e [by] *pp de* **boire**

buccal, e, aux [bykal, -o] *adj*: **par voie buccale** orally

bûche [byʃ] *nf* log; **prendre une bûche** (*fig*) to come a cropper (BRIT), fall flat on one's face; **bûche de Noël** Yule log

bûcher [byʃe] *nm* pyre; bonfire ♦ *vi* (*fam: étudier*) to swot (BRIT), grind (US) ♦ *vt* to swot up (BRIT), cram

bûcheron [byʃrɔ̃] *nm* woodcutter

bûcheur, euse [byʃœr, -øz] *nm/f* (*fam: étudiant*) swot (BRIT), grind (US)

budget [bydʒɛ] *nm* budget

buée [bɥe] *nf* (*sur une vitre*) mist; (*de l'haleine*) steam

buffet [byfɛ] *nm* (*meuble*) sideboard; (*de réception*) buffet; **buffet (de gare)** (station) buffet, snack bar

buffle [byfl(ə)] *nm* buffalo

buis [bɥi] *nm* box tree; (*bois*) box(wood)

buisson [bɥisɔ̃] *nm* bush

buissonnière [bɥisɔnjɛr] *adj f*: **faire l'école buissonnière** to play truant (BRIT), skip school

bulbe [bylb(ə)] *nm* (BOT, ANAT) bulb; (*coupole*) onion-shaped dome

Bulgarie [bylgari] *nf*: **la Bulgarie** Bulgaria

bulle [byl] *adj, nm*: **(papier) bulle** manil(l)a paper ♦ *nf* bubble; (*de bande dessinée*) balloon; (*papale*) bull; **bulle de savon** soap bubble

bulletin [byltɛ̃] *nm* (*communiqué, journal*) bulletin; (*papier*) form; (: *de bagages*) ticket; (SCOL) report; **bulletin d'informations** news bulletin; **bulletin météorologique** weather report; **bulletin de naissance** birth certificate; **bulletin de salaire** pay slip; **bulletin de santé** medical bulletin; **bulletin (de vote)** ballot paper

bureau, x [byro] *nm* (*meuble*) desk; (*pièce, service*) office; **bureau de change** (foreign) exchange office *ou* bureau; **bureau d'embauche** ≃ job centre; **bureau d'études** design office; **bureau de location** box office; **bureau des objets trouvés** lost property office (BRIT), lost and found (US); **bureau de placement** employment agency; **bureau de poste** post office; **bureau de tabac** tobacconist's (shop), smoke shop (US); **bureau de vote** polling station

bureaucratie [byrokrasi] *nf* bureaucracy

burin [byrɛ̃] *nm* cold chisel; (ART) burin

burlesque [byrlɛsk(ə)] *adj* ridiculous; (LITTÉRATURE) burlesque

bus *vb* [by] *voir* **boire** ♦ *nm* [bys] (*véhicule, aussi* INFORM) bus

busqué, e [byske] *adj*: **nez busqué** hook(ed) nose

buste [byst(ə)] *nm* (ANAT) chest; (: *de femme*) bust; (*sculpture*) bust

but [by] *vb voir* **boire** ♦ *nm* (*cible*) target; (*fig*) goal, aim; (FOOTBALL etc) goal; **de but en blanc** point-blank; **avoir pour but de faire** to aim to do; **dans le but de** with the intention of

butane [bytan] *nm* butane; (*domestique*) Calor gas® (BRIT), butane

buté, e [byte] *adj* stubborn, obstinate ♦ *nf* (ARCHIT) abutment; (TECH) stop

buter [byte] *vi*: **buter contre** *ou* **sur** to bump into; (*trébucher*) to stumble against ♦ *vt* to antagonize; **se buter** *vi* to get obstinate, dig in one's heels

butin [bytɛ̃] *nm* booty, spoils *pl*; (*d'un vol*) loot

butiner [bytine] *vi* to gather nectar

butte [byt] *nf* mound, hillock; **être en butte à** to be exposed to

buvais *etc* [byvɛ] *vb voir* **boire**

buvard [byvar] *nm* blotter

buvette [byvɛt] *nf* refreshment room *ou* stall; (*comptoir*) bar

buveur, euse [byvœr, -øz] *nm/f* drinker

— C c —

c' [s] *dét voir* **ce**

CA *sigle m* = **chiffre d'affaires, conseil d'administration, corps d'armée** ♦ *sigle f* = **chambre d'agriculture**

ça [sa] *pron* (*pour désigner*) this; (: *plus loin*) that; (*comme sujet indéfini*) it; **ça m'étonne que** it surprises me that; **ça va?** how are you?; how are things?; (*d'accord?*) OK?, all right?; **ça alors!** (*désapprobation*) well!, really!; (*étonnement*) heavens!; **c'est ça** that's right

çà [sa] *adv*: **çà et là** here and there

cabane [kaban] nf hut, cabin

cabaret [kabaʀɛ] nm night club

cabas [kaba] nm shopping bag

cabillaud [kabijo] nm cod inv

cabine [kabin] nf (de bateau) cabin; (de plage) (beach) hut; (de piscine etc) cubicle; (de camion, train) cab; (d'avion) cockpit; **cabine (d'ascenseur)** lift cage; **cabine d'essayage** fitting room; **cabine de projection** projection room; **cabine spatiale** space capsule; **cabine (téléphonique)** call ou (tele)phone box, (tele)phone booth

cabinet [kabinɛ] nm (petite pièce) closet; (de médecin) surgery (BRIT), office (US); (de notaire etc) office; (: clientèle) practice; (POL) cabinet; (d'un ministre) advisers pl; **cabinets** nmpl (W.-c.) toilet sg, loo sg (fam BRIT); **cabinet d'affaires** business consultants' (bureau), business partnership; **cabinet de toilette** toilet; **cabinet de travail** study

câble [kɑbl(ə)] nm cable; **le câble** (TV) cable television, cablevision (US)

cabosser [kabɔse] vt to dent

cabrer [kabʀe]: **se cabrer** vi (cheval) to rear up; (avion) to nose up; (fig) to revolt, rebel; to jib

cabriole [kabʀijɔl] nf caper; (gymnastique etc) somersault

cacahuète [kakaɥɛt] nf peanut

cacao [kakao] nm cocoa (powder); (boisson) cocoa

cache [kaʃ] nm mask, card (for masking) ♦ nf hiding place

cache-cache [kaʃkaʃ] nm: **jouer à cache-cache** to play hide-and-seek

cachemire [kaʃmiʀ] nm cashmere ♦ adj: **dessin cachemire** paisley pattern; **le Cachemire** Kashmir

cache-nez [kaʃne] nm inv scarf (pl scarves), muffler

cacher [kaʃe] vt to hide, conceal; **cacher qch à qn** to hide ou conceal sth from sb; **se cacher** to hide; to be hidden ou concealed; **il ne s'en cache pas** he makes no secret of it

cachet [kaʃe] nm (comprimé) tablet; (sceau: du roi) seal; (: de la poste) postmark; (rétribution) fee; (fig) style, character

cacheter [kaʃte] vt to seal; **vin cacheté** vintage wine

cachette [kaʃɛt] nf hiding place; **en cachette** on the sly, secretly

cachot [kaʃo] nm dungeon

cachotterie [kaʃɔtʀi] nf mystery; **faire des cachotteries** to be secretive

cactus [kaktys] nm cactus

cadavre [kadavʀ(ə)] nm corpse, (dead) body

Caddie® [kadi] nm (supermarket) trolley

cadeau, x [kado] nm present, gift; **faire un cadeau à qn** to give sb a present ou gift; **faire cadeau de qch à qn** to make a present of sth to sb, give sb sth as a present

cadenas [kadna] nm padlock

cadence [kadɑ̃s] nf (MUS) cadence; (: rythme) rhythm; (de travail etc) rate; **cadences** nfpl (en usine) production rate sg; **en cadence** rhythmically; in time

cadet, te [kadɛ, -ɛt] adj younger; (le plus jeune) youngest ♦ nm/f youngest child ou one, youngest boy ou son/girl ou daughter; **il est mon cadet de deux ans** he's 2 years younger than me, he's 2 years my junior; **les cadets** (SPORT) the minors (15 – 17 years); **le cadet de mes soucis** the least of my worries

cadran [kadʀɑ̃] nm dial; **cadran solaire** sundial

cadre [kadʀ(ə)] nm frame; (environnement) surroundings pl; (limites) scope ♦ nm/f (ADMIN) managerial employee, executive ♦ adj: **loi cadre** outline ou blueprint law; **cadre moyen/supérieur** (ADMIN) middle/senior management employee, junior/senior executive; **rayer qn des cadres** to discharge sb; to dismiss sb; **dans le cadre de** (fig) within the framework ou context of

cadrer [kadʀe] vi: **cadrer avec** to tally ou correspond with ♦ vt (CINÉ, PHOTO) to frame

cafard [kafaʀ] nm cockroach; **avoir le cafard** to be down in the dumps, be feeling low

café [kafe] nm coffee; (bistro) café ♦ adj inv coffee cpd; **café crème** coffee with cream; **café au lait** white coffee; **café noir** black coffee; **café en grains** coffee beans; **café en poudre** instant coffee; **café tabac** tobacconist's or newsagent's also serving coffee and spirits; **café liégeois** coffee ice cream with whipped cream

cafétéria [kafeteʀja] nf cafeteria

cafetière [kaftjɛʀ] nf (pot) coffee-pot

cafouiller [kafuje] vi to get in a shambles; (machine etc) to work in fits and starts

cage [kaʒ] nf cage; **cage (des buts)** goal; **en cage** in a cage, caged up ou in; **cage d'ascenseur** lift shaft; **cage d'escalier** (stair)well; **cage thoracique** rib cage

cageot [kaʒo] nm crate

cagibi [kaʒibi] nm shed

cagnotte [kapɔt] nf kitty

cagoule [kagul] nf cowl; hood; (SKI etc) cagoule

cahier [kaje] nm notebook; (TYPO) signature; (revue): **cahiers** journal; **cahier de revendications/doléances** list of claims/grievances; **cahier de brouillons** roughbook, jotter; **cahier des charges** specification; **cahier d'exercices** exercise book

cahot [kao] nm jolt, bump

caïd [kaid] nm big chief, boss

caille [kaj] nf quail

cailler [kaje] vi (lait) to curdle; (sang) to clot; (fam) to be cold

caillot [kajo] nm (blood) clot

caillou, x [kaju] nm (little) stone

caillouteux, euse [kajutø, -øz] adj stony; pebbly

Caire [kɛʀ] nm: **le Caire** Cairo

caisse [kɛs] nf box; (où l'on met la recette) cashbox; (: machine) till; (où l'on paye) cash desk (BRIT), checkout counter; (: au supermarché) checkout; (de banque) cashier's desk; (TECH) case, casing; **faire sa caisse** (COMM) to count the takings; **caisse claire** (MUS) side ou snare drum; **caisse éclair** express checkout; **caisse enregistreuse** cash register; **caisse d'épargne (CE)** savings bank; **caisse noire** slush fund; **caisse de retraite** pension fund; **caisse de sortie** checkout voir **grosse**

caissier, ière [kesje, -jɛʀ] nm/f cashier

cajoler [kaʒɔle] vt to wheedle, coax; to surround with love and care, make a fuss of

cake [kɛk] nm fruit cake

calandre [kalɑ̃dʀ(ə)] nf radiator grill; (machine) calender, mangle

calanque [kalɑ̃k] nf rocky inlet

calcaire [kalkɛʀ] nm limestone ♦ adj (eau) hard; (GÉO) limestone cpd

calciné, e [kalsine] adj burnt to ashes

calcul [kalkyl] nm calculation; **le calcul** (SCOL) arithmetic; **calcul différentiel/intégral** differential/integral calculus; **calcul mental** mental arithmetic; **calcul (biliaire)** (gall)stone; **calcul (rénal)** (kidney) stone; **d'après mes calculs** by my reckoning

calculer [kalkyle] vt to calculate, work out, reckon; (combiner) to calculate; **calculer qch de tête** to work sth out in one's head

calculette [kalkylɛt] nf (pocket) calculator

cale [kal] nf (de bateau) hold; (en bois) wedge, chock; **cale sèche** ou **de radoub** dry dock

calé, e [kale] adj (fam) clever, bright

caleçon [kalsɔ̃] nm pair of underpants, trunks pl; **caleçon de bain** bathing trunks pl

calembour [kalɑ̃buʀ] nm pun

calendrier [kalɑ̃dʀije] nm calendar; (fig) timetable

calepin [kalpɛ̃] nm notebook

caler [kale] vt to wedge, chock up; **caler (son moteur/véhicule)** to stall (one's engine/vehicle); **se caler dans un fauteuil** to make o.s. comfortable in an armchair

calfeutrer [kalføtʀe] vt to (make) draughtproof (BRIT) ou draftproof (US); **se calfeutrer** to make o.s. snug and comfortable

calibre [kalibʀ(ə)] nm (d'un fruit) grade; (d'une arme) bore, calibre (BRIT), caliber (US); (fig) calibre, caliber

califourchon [kalifuʀʃɔ̃]: **à califourchon** adv astride; **à califourchon sur** astride, straddling

câlin, e [kɑlɛ̃, -in] adj cuddly, cuddlesome; tender

câliner [kɑline] vt to fondle, cuddle

calmant [kalmɑ̃] nm tranquillizer, sedative; (contre la douleur) painkiller

calme [kalm(ə)] adj calm, quiet ♦ nm calm(ness),

quietness; **sans perdre son calme** without losing one's cool ou calmness; **calme plat** (NAVIG) dead calm

calmer [kalme] vt to calm (down); (douleur, inquiétude) to ease, soothe; **se calmer** to calm down

calomnie [kalɔmni] nf slander; (écrite) libel

calomnier [kalɔmnje] vt to slander; to libel

calorie [kalɔʀi] nf calorie

calotte [kalɔt] nf (coiffure) skullcap; (gifle) slap; **la calotte** (péj: clergé) the cloth, the clergy; **calotte glaciaire** icecap

calquer [kalke] vt to trace; (fig) to copy exactly

calvaire [kalvɛʀ] nm (croix) wayside cross, calvary; (souffrances) suffering, martyrdom

calvitie [kalvisi] nf baldness

camarade [kamaʀad] nm/f friend, pal; (POL) comrade

camaraderie [kamaʀadʀi] nf friendship

cambouis [kɑ̃bwi] nm dirty oil ou grease

cambrer [kɑ̃bʀe] vt to arch; **se cambrer** to arch one's back; **cambrer la taille** ou **les reins** to arch one's back

cambriolage [kɑ̃bʀijɔlaʒ] nm burglary

cambrioler [kɑ̃bʀijɔle] vt to burgle (BRIT), burglarize (US)

cambrioleur, euse [kɑ̃bʀijɔlœʀ, -øz] nm/f burglar

camelote [kamlɔt] nf rubbish, trash, junk

caméra [kameʀa] nf (CINÉ, TV) camera; (d'amateur) cine-camera

caméscope® [kameskɔp] nm camcorder

camion [kamjɔ̃] nm lorry (BRIT), truck; (plus petit, fermé) van; (charge): **camion de sable/cailloux** lorry-load ou truck-load of sand/stones; **camion de dépannage** breakdown (BRIT) ou tow (US) truck

camion-citerne, pl camions-citernes [kamjɔ̃sitɛʀn(ə)] nm tanker

camionnette [kamjɔnɛt] nf (small) van

camionneur [kamjɔnœʀ] nm (entrepreneur) haulage contractor (BRIT), trucker (US); (chauffeur) lorry (BRIT) ou truck driver; van driver

camisole [kamizɔl] nf: **camisole (de force)** straitjacket

camomille [kamɔmij] nf camomile; (boisson) camomile tea

camoufler [kamufle] vt to camouflage; (fig) to conceal, cover up

camp [kɑ̃] nm camp; (fig) side; **camp de nudistes/vacances** nudist/holiday camp; **camp de concentration** concentration camp

campagnard, e [kɑ̃paɲaʀ, -aʀd(ə)] adj country cpd ♦ nm/f countryman/woman

campagne [kɑ̃paɲ] nf country, countryside; (MIL, POL, COMM) campaign; (MIL) in the field; **à la campagne** in/to the country; **faire campagne pour** to campaign for; **campagne élec-**

torale election campaign; **campagne de publicité** advertising campaign

camper [kɑ̃pe] *vi* to camp ♦ *vt* (*chapeau etc*) to pull *ou* put on firmly; (*dessin*) to sketch; **se camper devant** to plant o.s. in front of

campeur, euse [kɑ̃pœʀ, -øz] *nm/f* camper

camping [kɑ̃piŋ] *nm* camping; **(terrain de) camping** campsite, camping site; **faire du camping** to go camping; **faire du camping sauvage** to camp rough

camping-car [kɑ̃piŋkaʀ] *nm* caravanette, camper (*US*)

camping-gaz® [kɑ̃piŋgaz] *nm inv* camp(ing) stove

Canada [kanada] *nm*: **le Canada** Canada

canadien, ne [kanadjɛ̃, -ɛn] *adj* Canadian ♦ *nm/f*: **Canadien, ne** Canadian ♦ *nf* (*veste*) furlined jacket

canaille [kanɑj] *nf* (*péj*) scoundrel; (*populace*) riffraff ♦ *adj* raffish, rakish

canal, aux [kanal, -o] *nm* canal; (*naturel*) channel; (*ADMIN*): **par le canal de** through (the medium of), via; **canal de distribution/télévision** distribution/television channel; **canal de Panama/Suez** Panama/Suez Canal

canalisation [kanalizɑsjɔ̃] *nf* (*tuyau*) pipe

canaliser [kanalize] *vt* to canalize; (*fig*) to channel

canapé [kanape] *nm* settee, sofa; (*CULIN*) canapé, open sandwich

canard [kanaʀ] *nm* duck

canari [kanaʀi] *nm* canary

cancans [kɑ̃kɑ̃] *nmpl* (*malicious*) gossip *sg*

cancer [kɑ̃sɛʀ] *nm* cancer; (*signe*): **le Cancer** Cancer, the Crab; **être du Cancer** to be Cancer; **il a un cancer** he has cancer

cancre [kɑ̃kʀ(ə)] *nm* dunce

candeur [kɑ̃dœʀ] *nf* ingenuousness

candidat, e [kɑ̃dida, -at] *nm/f* candidate; (*à un poste*) applicant, candidate

candidature [kɑ̃didatyʀ] *nf* candidacy; application; **poser sa candidature** to submit an application, apply

candide [kɑ̃did] *adj* ingenuous, guileless, naïve

cane [kan] *nf* (*female*) duck

caneton [kantɔ̃] *nm* duckling

canette [kanɛt] *nf* (*de bière*) (flip-top) bottle; (*de machine à coudre*) spool

canevas [kanva] *nm* (*COUTURE*) canvas (for tapestry work); (*fig*) framework, structure

caniche [kaniʃ] *nm* poodle

canicule [kanikyl] *nf* scorching heat; midsummer heat, dog days *pl*

canif [kanif] *nm* penknife, pocket knife

canine [kanin] *nf* canine (tooth), eye tooth

caniveau, x [kanivo] *nm* gutter

canne [kan] *nf* (walking) stick; **canne à pêche** fishing rod; **canne à sucre** sugar cane; **les cannes**

blanches (*les aveugles*) the blind

cannelle [kanɛl] *nf* cinnamon

canoë [kanoe] *nm* canoe; (*sport*) canoeing; **canoë (kayak)** kayak

canon [kanɔ̃] *nm* (*arme*) gun; (*HIST*) cannon; (*d'une arme: tube*) barrel; (*fig*) model; (*MUS*) canon ♦ *adj*: **droit canon** canon law; **canon rayé** rifled barrel

canot [kano] *nm* boat, dingh(y); **canot pneumatique** rubber *ou* inflatable ding(h)y; **canot de sauvetage** lifeboat

canotier [kanɔtje] *nm* boater

cantatrice [kɑ̃tatʀis] *nf* (opera) singer

cantine [kɑ̃tin] *nf* canteen; (*réfectoire d'école*) dining hall

cantique [kɑ̃tik] *nm* hymn

canton [kɑ̃tɔ̃] *nm* district (*consisting of several communes*); (*en Suisse*) canton; *see boxed note*

CANTON

A French **canton** is the administrative division represented by a councillor in the 'Conseil général'. It comprises a number of 'communes' and is, in turn, a subdivision of an 'arrondissement'. In Switzerland the **cantons** are the 23 autonomous political divisions which make up the Swiss confederation.

cantonade [kɑ̃tɔnad]: **à la cantonade** *adv* to everyone in general; (*crier*) from the rooftops

cantonner [kɑ̃tɔne] *vt* (*MIL*) to billet (*BRIT*), quarter; to station; **se cantonner dans** to confine o.s. to

cantonnier [kɑ̃tɔnje] *nm* roadmender

canular [kanylaʀ] *nm* hoax

caoutchouc [kautʃu] *nm* rubber; **caoutchouc mousse** foam rubber; **en caoutchouc** rubber *cpd*

CAP *sigle m* (= *Certificat d'aptitude professionnelle*) vocational training certificate taken at secondary school

cap [kap] *nm* (*GÉO*) cape; headland; (*fig*) hurdle; watershed; (*NAVIG*): **changer de cap** to change course; **mettre le cap sur** to head *ou* steer for; **doubler** *ou* **passer le cap** (*fig*) to get over the worst; **Le Cap** Cape Town; **le cap de Bonne Espérance** the Cape of Good Hope; **le cap Horn** Cape Horn; **les îles du Cap Vert** (*aussi*: **le Cap-Vert**) the Cape Verde Islands

capable [kapabl(ə)] *adj* able, capable; **capable de qch/faire** capable of sth/doing; **il est capable d'oublier** he could easily forget; **spectacle capable d'intéresser** show likely to be of interest

capacité [kapasite] *nf* (*compétence*) ability; (*JUR, INFORM, d'un récipient*) capacity; **capacité (en droit)** basic legal qualification

cape [kap] *nf* cape, cloak; **rire sous cape** to laugh up one's sleeve

CAPES [kapɛs] *sigle m* (= *Certificat d'aptitude au professorat de l'enseignement du second degré*) sec-

ondary teaching diploma; see boxed note

CAPES

The French **CAPES** ('certificat d'aptitude au professorat de l'enseignement du second degré') is a competitive examination sat by prospective secondary school teachers after the 'licence'. Successful candidates become fully qualified teachers ('professeurs certifiés').

capillaire [kapilɛʀ] *adj* (*soins, lotion*) hair *cpd*; (*vaisseau etc*) capillary; **artiste capillaire** hair artist *ou* designer

capitaine [kapiten] *nm* captain; **capitaine des pompiers** fire chief (*BRIT*), fire marshal (*US*); **capitaine au long cours** master mariner

capital, e, aux [kapital, -o] *adj* major; fundamental; (*JUR*) capital ♦ *nm* capital; (*fig*) stock; asset ♦ *nf* (*ville*) capital; (*lettre*) capital (letter) ♦ *nmpl* (*fonds*) capital *sg*, money *sg*; **les sept péchés capitaux** the seven deadly sins; **peine capitale** capital punishment; **capital (social)** authorized capital; **capital d'exploitation** working capital

capitalisme [kapitalism(ə)] *nm* capitalism

capitaliste [kapitalist(ə)] *adj, nm/f* capitalist

capitonné, e [kapitɔne] *adj* padded

caporal, aux [kapɔʀal, -o] *nm* lance corporal

capot [kapo] *nm* (*AUTO*) bonnet (*BRIT*), hood (*US*)

capote [kapɔt] *nf* (*de voiture*) hood (*BRIT*), top (*US*); (*de soldat*) greatcoat; **capote (anglaise)** (*fam*) rubber, condom

capoter [kapɔte] *vi* to overturn; (*négociations*) to founder

câpre [kɑpʀ(ə)] *nf* caper

caprice [kapʀis] *nm* whim, caprice; passing fancy; **caprices** *nmpl* (*de la mode etc*) vagaries; **faire un caprice** to throw a tantrum; **faire des caprices** to be temperamental

capricieux, euse [kapʀisjø, -øz] *adj* capricious; whimsical; temperamental

Capricorne [kapʀikɔʀn] *nm*: **le Capricorne** Capricorn, the Goat; **être du Capricorne** to be Capricorn

capsule [kapsyl] *nf* (*de bouteille*) cap; (*amorce*) primer; cap; (*BOT etc, spatiale*) capsule

capter [kapte] *vt* (*ondes radio*) to pick up; (*eau*) to harness; (*fig*) to win, capture

captivant, e [kaptivɑ̃, -ɑ̃t] *adj* captivating

captivité [kaptivite] *nf* captivity; **en captivité** in captivity

capturer [kaptyʀe] *vt* to capture, catch

capuche [kapyʃ] *nf* hood

capuchon [kapyʃɔ̃] *nm* hood; (*de stylo*) cap, top

capucine [kapysin] *nf* (*BOT*) nasturtium

caquet [kakɛ] *nm*: **rabattre le caquet à qn** to bring sb down a peg or two

caqueter [kakte] *vi* (*poule*) to cackle; (*fig*) to prattle

car [kaʀ] *nm* coach (*BRIT*), bus ♦ *conj* because, for; **car de police** police van; **car de reportage** broadcasting *ou* radio van

carabine [kaʀabin] *nf* carbine, rifle; **carabine à air comprimé** airgun

caractère [kaʀaktɛʀ] *nm* (*gén*) character; **en caractères gras** in bold type; **en petits caractères** in small print; **en caractères d'imprimerie** in block capitals; **avoir du caractère** to have character; **avoir bon/mauvais caractère** to be good-/ill-natured *ou* tempered; **caractère de remplacement** wild card (*INFORM*); **caractères/seconde (cps)** characters per second (cps)

caractériel, le [kaʀakteʀjɛl] *adj* (*enfant*) (emotionally) disturbed ♦ *nm/f* problem child; **troubles caractériels** emotional problems

caractérisé, e [kaʀakteʀize] *adj*: **c'est une grippe/de l'insubordination caractérisée** it is a clear(-cut) case of flu/insubordination

caractériser [kaʀakteʀize] *vt* to characterize; **se caractériser par** to be characterized *ou* distinguished by

caractéristique [kaʀakteʀistik] *adj, nf* characteristic

carafe [kaʀaf] *nf* decanter; carafe

caraïbe [kaʀaib] *adj* Caribbean; **les Caraïbes** *nfpl* the Caribbean (Islands); **la mer des Caraïbes** the Caribbean Sea

carambolage [kaʀɑ̃bɔlaʒ] *nm* multiple crash, pileup

caramel [kaʀamɛl] *nm* (*bonbon*) caramel, toffee; (*substance*) caramel

carapace [kaʀapas] *nf* shell

caravane [kaʀavan] *nf* caravan

caravaning [kaʀavaniŋ] *nm* caravanning; (*emplacement*) caravan site

carbone [kaʀbɔn] *nm* carbon; (*feuille*) carbon, sheet of carbon paper; (*double*) carbon (copy)

carbonique [kaʀbɔnik] *adj*: **gaz carbonique** carbon dioxide; **neige carbonique** dry ice

carbonisé, e [kaʀbɔnize] *adj* charred; **mourir carbonisé** to be burned to death

carburant [kaʀbyʀɑ̃] *nm* (motor) fuel

carburateur [kaʀbyʀatœʀ] *nm* carburettor

carcan [kaʀkɑ̃] *nm* (*fig*) yoke, shackles *pl*

carcasse [kaʀkas] *nf* carcass; (*de véhicule etc*) shell

cardiaque [kaʀdjak] *adj* cardiac, heart *cpd* ♦ *nm/f* heart patient; **être cardiaque** to have a heart condition

cardigan [kaʀdigɑ̃] *nm* cardigan

cardiologue [kaʀdjɔlɔg] *nm/f* cardiologist, heart specialist

carême [kaʀɛm] *nm*: **le Carême** Lent

carence [kaʀɑ̃s] *nf* incompetence, inadequacy; (*manque*) deficiency; **carence vitaminique** vitamin deficiency

caresse [kaʀɛs] *nf* caress

caresser [kaʀese] *vt* to caress, stroke, fondle; (*fig: projet, espoir*) to toy with

cargaison [kaʀgɛzɔ̃] *nf* cargo, freight

cargo [kaʀgo] *nm* cargo boat, freighter; **cargo mixte** cargo and passenger ship

caricature [kaʀikatyʀ] *nf* caricature; (*politique etc*) (satirical) cartoon

carie [kaʀi] *nf*: **la carie (dentaire)** tooth decay; **une carie** a bad tooth

carillon [kaʀijɔ̃] *nm* (*d'église*) bells *pl*; (*de pendule*) chimes *pl*; (*de porte*): **carillon (électrique)** (electric) door chime ou bell

caritatif, ive [kaʀitatif, -iv] *adj* charitable

carnassier, ière [kaʀnasje, -jɛʀ] *adj* carnivorous ◆ *nm* carnivore

carnaval [kaʀnaval] *nm* carnival

carnet [kaʀnɛ] *nm* (*calepin*) notebook; (*de tickets, timbres etc*) book; (*d'école*) school report; (*journal intime*) diary; **carnet d'adresses** address book; **carnet de chèques** cheque book (*BRIT*), checkbook (*US*); **carnet de commandes** order book; **carnet de notes** (*SCOL*) (school) report; **carnet à souches** counterfoil book

carotte [kaʀɔt] *nf* (*aussi fig*) carrot

carpette [kaʀpɛt] *nf* rug

carré, e [kaʀe] *adj* square; (*fig: franc*) straightforward ◆ *nm* (*de terrain, jardin*) patch, plot; (*NAVIG: salle*) wardroom; (*MATH*) square; (*CARTES*): **carré d'as/ de rois** four aces/kings; **élever un nombre au carré** to square a number; **mètre/kilomètre carré** square metre/kilometre; **carré de soie** silk headsquare ou headscarf; **carré d'agneau** loin of lamb

carreau, x [kaʀo] *nm* (*en faïence etc*) (floor) tile, (wall) tile; (*de fenêtre*) (window) pane; (*motif*) check, square; (*CARTES: couleur*) diamonds *pl*; (: *carte*) diamond; **tissu à carreaux** checked fabric; **papier à carreaux** squared paper

carrefour [kaʀfuʀ] *nm* crossroads *sg*

carrelage [kaʀlaʒ] *nm* tiling; (tiled) floor

carrelet [kaʀlɛ] *nm* (*poisson*) plaice

carrément [kaʀemɑ̃] *adv* (*franchement*) straight out, bluntly; (*sans détours, sans hésiter*) straight; (*nettement*) definitely; **il l'a carrément mis à la porte** he threw him straight out

carrière [kaʀjɛʀ] *nf* (*de roches*) quarry; (*métier*) career; **militaire de carrière** professional soldier; **faire carrière dans** to make one's career in

carrossable [kaʀɔsabl(ə)] *adj* suitable for (motor) vehicles

carrosse [kaʀɔs] *nm* (horse-drawn) coach

carrosserie [kaʀɔsʀi] *nf* body, bodywork *no pl* (*BRIT*); (*activité, commerce*) coachwork (*BRIT*), (car) body manufacturing; **atelier de carrosserie** (*pour réparations*) body shop, panel beaters' (yard) (*BRIT*)

carrure [kaʀyʀ] *nf* build; (*fig*) stature

cartable [kaʀtabl(ə)] *nm* (*d'écolier*) satchel, (school) bag

carte [kaʀt(ə)] *nf* (*de géographie*) map; (*marine, du ciel*) chart; (*de fichier, d'abonnement etc, à jouer*) card; (*au restaurant*) menu; (*aussi*: **carte postale**) (post)card; (*aussi*: **carte de visite**) (visiting) card; **avoir/donner carte blanche** to have/give carte blanche ou a free hand; **tirer les cartes à qn** to read sb's cards; **jouer aux cartes** to play cards; **jouer cartes sur table** (*fig*) to put one's cards on the table; **à la carte** (*au restaurant*) à la carte; **carte bancaire** cash card; **carte à circuit imprimé** printed circuit; **carte à puce** smartcard; **carte de crédit** credit card; **carte d'état-major** ≃ Ordnance (*BRIT*) ou Geological (*US*) Survey map; **la carte grise** (*AUTO*) ≃ the (car) registration document; **carte d'identité** identity card; **carte jeune** young person's railcard; **carte perforée** punch(ed) card; **carte de séjour** residence permit; **carte routière** road map; **la carte verte** (*AUTO*) the green card; **la carte des vins** the wine list

carter [kaʀtɛʀ] *nm* (*AUTO: d'huile*) sump (*BRIT*), oil pan (*US*); (: *de la boîte de vitesses*) casing; (*de bicyclette*) chain guard

carton [kaʀtɔ̃] *nm* (*matériau*) cardboard; (*boîte*) (cardboard) box; (*d'invitation*) invitation card; (*ART*) sketch; cartoon; **en carton** cardboard *cpd*; **faire un carton** (*au tir*) to have a go at the rifle range; to score a hit; **carton (à dessin)** portfolio

carton-pâte [kaʀtɔ̃pat] *nm* pasteboard; **de carton-pâte** (*fig*) cardboard *cpd*

cartouche [kaʀtuʃ] *nf* cartridge; (*de cigarettes*) carton

cas [kɑ] *nm* case; **faire peu de cas/grand cas de** to attach little/great importance to; **le cas échéant** if need be; **en aucun cas** on no account, under no circumstances (whatsoever); **au cas où** in case; **dans ce cas** in that case; **en cas de** in case of, in the event of; **en cas de besoin** if need be; **en cas d'urgence** in an emergency; **en ce cas** in that case; **en tout cas** in any case, at any rate; **cas de conscience** matter of conscience; **cas de force majeure** case of absolute necessity; (*ASSURANCES*) act of God; **cas limite** borderline case; **cas social** social problem

casanier, ière [kazanje, -jɛʀ] *adj* stay-at-home

cascade [kaskad] *nf* waterfall, cascade; (*fig*) stream, torrent

cascadeur, euse [kaskadœʀ, -øz] *nm/f* stuntman/girl

case [kɑz] *nf* (*hutte*) hut; (*compartiment*) compartment; (*pour le courrier*) pigeonhole; (*de mots croisés, d'échiquier*) square; (*sur un formulaire*) box

caser [kaze] *vt* (*mettre*) to put; (*loger*) to put up; (*péj*) to find a job for; to marry off; **se caser** (*personne*) to settle down

caserne [kazɛʀn(ə)] *nf* barracks

cash [kaʃ] *adv*: **payer cash** to pay cash down

casier [kɑzje] *nm* (*à journaux etc*) rack; (*de bureau*) filing cabinet; (: *à cases*) set of pigeonholes; (*case*) compartment; pigeonhole; (: *à clef*) locker; (*PÊCHE*) lobster pot; **casier à bouteilles** bottle rack; **casier judiciaire** police record

casino [kazino] *nm* casino

casque [kask(ə)] *nm* helmet; (*chez le coiffeur*) (hair-)dryer; (*pour audition*) (head-)phones *pl*, headset; **les Casques bleus** the UN peacekeeping force

casquette [kaskɛt] *nf* cap

cassant, e [kɑsɑ̃, -ɑ̃t] *adj* brittle; (*fig*) brusque, abrupt

cassation [kɑsɑsjɔ̃] *nf*: **se pourvoir en cassation** to lodge an appeal; **recours en cassation** appeal to the Supreme Court

casse [kɑs] *nf* (*pour voitures*): **mettre à la casse** to scrap, send to the breakers (*BRIT*); (*dégâts*): **il y a eu de la casse** there were a lot of breakages; (*TYPO*): **haut/bas de casse** upper/lower case

casse-cou [kɑsku] *adj inv* daredevil, reckless; **crier casse-cou à qn** to warn sb (*against a risky undertaking*)

casse-croûte [kɑskʀut] *nm inv* snack

casse-noisettes [kɑsnwazɛt], **casse-noix** [kɑsnwa] *nm inv* nutcrackers *pl*

casse-pieds [kɑspje] *adj, nm/f inv* (*fam*): **il est casse-pieds, c'est un casse-pieds** he's a pain (in the neck)

casser [kɑse] *vt* to break; (*ADMIN: gradé*) to demote; (*JUR*) to quash; (*COMM*): **casser les prix** to slash prices; **se casser** *vi* to break; (*fam*) to go, leave ♦ *vt*: **se casser la jambe/une jambe** to break one's leg/ a leg; **à tout casser** fantastic, brilliant; **se casser net** to break clean off

casserole [kɑsʀɔl] *nf* saucepan; **à la casserole** (*CULIN*) braised

casse-tête [kɑstɛt] *nm inv* (*fig*) brain teaser; (*difficultés*) headache (*fig*)

cassette [kɑsɛt] *nf* (*bande magnétique*) cassette; (*coffret*) casket; **cassette numérique** digital compact cassette; **cassette vidéo** video

casseur [kɑsœʀ] *nm* hooligan; rioter

cassis [kɑsis] *nm* blackcurrant; (*de la route*) dip, bump

cassoulet [kɑsulɛ] *nm* sausage and bean hotpot

cassure [kɑsyʀ] *nf* break, crack

castor [kɑstɔʀ] *nm* beaver

castrer [kɑstʀe] *vt* (*mâle*) to castrate; (*femelle*) to spay; (*cheval*) to geld; (*chat, chien*) to doctor (*BRIT*), fix (*us*)

catalogue [katalɔg] *nm* catalogue

cataloguer [katalɔge] *vt* to catalogue, list; (*péj*) to put a label on

catalyseur [katalizœʀ] *nm* catalyst

catalytique [katalitik] *adj* catalytic

catastrophe [katastʀɔf] *nf* catastrophe, disaster;

atterrir en catastrophe to make an emergency landing; **partir en catastrophe** to rush away

catch [katʃ] *nm* (all-in) wrestling

catéchisme [kateʃism(ə)] *nm* catechism

catégorie [kategɔʀi] *nf* category; (*BOUCHERIE*): **morceaux de première/deuxième catégorie** prime/second cuts

catégorique [kategɔʀik] *adj* categorical

cathédrale [katedʀal] *nf* cathedral

catholique [katɔlik] *adj, nm/f* (Roman) Catholic; **pas très catholique** a bit shady *ou* fishy

catimini [katimini]: **en catimini** *adv* on the sly, on the quiet

cauchemar [koʃmaʀ] *nm* nightmare

cause [koz] *nf* cause; (*JUR*) lawsuit, case; brief; **faire cause commune avec qn** to take sides with sb; **être cause de** to be the cause of; **à cause de** because of, owing to; **pour cause de** on account of; owing to; **(et) pour cause** and for a (very) good reason; **être en cause** (*intérêts*) to be at stake; (*personne*) to be involved; (*qualité*) to be in question; **mettre en cause** to implicate; to call into question; **remettre en cause** to challenge, call into question; **c'est hors de cause** it's out of the question; **en tout état de cause** in any case

causer [koze] *vt* to cause ♦ *vi* to chat, talk

causerie [kozʀi] *nf* talk

causette [kozɛt] *nf*: **faire la** *ou* **un brin de causette** to have a chat

caution [kosjɔ̃] *nf* guarantee, security; deposit; (*JUR*) bail (bond); (*fig*) backing, support; **payer la caution de qn** to stand bail for sb; **se porter caution pour qn** to stand security for sb; **libéré sous caution** released on bail; **sujet à caution** unconfirmed

cautionner [kosjɔne] *vt* to guarantee; (*soutenir*) to support

cavalcade [kavalkad] *nf* (*fig*) stampede

cavalier, ière [kavalje, -jɛʀ] *adj* (*désinvolte*) offhand ♦ *nm/f* rider; (*au bal*) partner ♦ *nm* (*ÉCHECS*) knight; **faire cavalier seul** to go it alone; **allée** *ou* **piste cavalière** riding path

cave [kav] *nf* cellar; (*cabaret*) (cellar) nightclub ♦ *adj*: **yeux caves** sunken eyes; **joues caves** hollow cheeks

caveau, x [kavo] *nm* vault

caverne [kavɛʀn(ə)] *nf* cave

CCP *sigle m* = **compte chèque postal**

CD *sigle m* (= *chemin départemental*) secondary road, = B road (*BRIT*); (= *compact disc*) CD; (= *comité directeur*) steering committee; (*POL*) = **corps diplomatique**

CD-ROM [sederɔm] *nm inv* (= *Compact Disc Read Only Memory*) CD-ROM

CE *sigle f* (= *Communauté européenne*) EC; (*COMM*) = **caisse d'épargne** ♦ *sigle m* (*INDUSTRIE*) = **comité d'entreprise**; (*SCOL*) = **cours élémentaire**

ce

ce, cette [sə, sɛt] (*devant nm* **cet** + *voyelle ou h aspiré; pl* **ces**) *dét* (*proximité*) this; these *pl*; (*non-proximité*) that; those *pl*; **cette maison(-ci/-là)** this/that house; **cette nuit** (*qui vient*) tonight; (*passée*) last night

♦ *pron* **1: c'est** it's, it is; **c'est petit/grand/un livre** it's *ou* it is small/big/a book; **c'est un peintre** he's *ou* he is a painter; **ce sont des peintres** they're *ou* they are painters; **c'est le facteur** *etc* (*à la porte*) it's the postman *etc*; **qui est-ce?** who is it?; (*en désignant*) who is he/she?; **qu'est-ce** what is it?; **c'est toi qui lui as parlé** it was you who spoke to him

2: c'est que: c'est qu'il est lent/qu'il n'a pas faim the fact is, he's slow/he's not hungry

3 (*expressions*): **c'est ça** (*correct*) that's it, that's right; **c'est toi qui le dis!** that's what YOU say!; *voir aussi* **c'est-à-dire; -ci; est-ce que; n'est-ce pas**

4: ce qui, ce que what; (*chose qui*): **il est bête, ce qui me chagrine** he's stupid, which saddens me; **tout ce qui bouge** everything that *ou* which moves; **tout ce que je sais** all I know; **ce dont j'ai parlé** what I talked about; **ce que c'est grand!** it's so big!

ceci [səsi] *pron* this

cécité [sesite] *nf* blindness

céder [sede] *vt* to give up ♦ *vi* (*pont, barrage*) to give way; (*personne*) to give in; **céder à** to yield to, give in to

cédérom [sederɔm] *nm* CD-ROM

CEDEX [sedɛks] *sigle m* (= *courrier d'entreprise à distribution exceptionnelle*) *accelerated postal service for bulk users*

cédille [sedij] *nf* cedilla

cèdre [sɛdʀ(ə)] *nm* cedar

CEI *sigle f* (= *Communauté des États indépendants*) CIS

ceinture [sɛ̃tyʀ] *nf* belt; (*taille*) waist; (*fig*) ring; belt; circle; **ceinture de sauvetage** lifebelt (*BRIT*), life preserver (*US*); **ceinture de sécurité** safety *ou* seat belt; **ceinture (de sécurité) à enrouleur** inertia reel seat belt; **ceinture verte** green belt

cela [səla] *pron* that; (*comme sujet indéfini*) it; **cela m'étonne que** it surprises me that; **quand/où cela?** when/where (was that)?

célèbre [selɛbʀ(ə)] *adj* famous

célébrer [selebʀe] *vt* to celebrate; (*louer*) to extol

céleri [sɛlʀi] *nm*: **céleri(-rave)** celeriac; **céleri (en branche)** celery

célibat [seliba] *nm* celibacy, bachelor/spinsterhood

célibataire [selibatɛʀ] *adj* single, unmarried ♦ *nm/f* bachelor/unmarried *ou* single woman; **mère célibataire** single *ou* unmarried mother

celle, celles [sɛl] *pron voir* **celui**

cellier [selje] *nm* storeroom

cellule [selyl] *nf* (*gén*) cell; **cellule (photo-électrique)** electronic eye

cellulite [selylit] *nf* cellulite

celui, celle [səlɥi, sɛl] (*mpl* **ceux,** *fpl* **celles**) *pron* **1: celui-ci/là, celle-ci/là** this one/that one; **ceux-ci, celles-ci** these (ones); **ceux-là, celles-là** those (ones); **celui de mon frère** my brother's; **celui du salon/du dessous** the one in (*ou* from) the lounge/below

2: celui qui bouge the one which *ou* that moves; (*personne*) the one who moves; **celui que je vois** the one (which *ou* that) I see; (*personne*) the one (whom) I see; **celui dont je parle** the one I'm talking about

3 (*valeur indéfinie*): **celui qui veut** whoever wants

cendre [sɑ̃dʀ(ə)] *nf* ash; **cendres** (*d'un foyer*) ash(es), cinders; (*volcaniques*) ash *sg*; (*d'un défunt*) ashes; **sous la cendre** (*CULIN*) in (the) embers

cendrier [sɑ̃dʀije] *nm* ashtray

cène [sɛn] *nf*: **la cène** (*Holy*) Communion; (*ART*) the Last Supper

censé, e [sɑ̃se] *adj*: **être censé faire** to be supposed to do

censeur [sɑ̃sœʀ] *nm* (*SCOL*) deputy-head (*BRIT*), vice-principal (*US*); (*CINÉ, POL*) censor

censure [sɑ̃syʀ] *nf* censorship

censurer [sɑ̃syʀe] *vt* (*CINÉ, PRESSE*) to censor; (*POL*) to censure

cent [sɑ̃] *num* a hundred, one hundred; **pour cent** (%) per cent (%); **faire les cent pas** to pace up and down ♦ *nm* (*US, Canada, partie de l'euro etc*) cent

centaine [sɑ̃tɛn] *nf*: **une centaine (de)** about a hundred, a hundred or so; (*COMM*) a hundred; **plusieurs centaines (de)** several hundred; **des centaines (de)** hundreds (of)

centenaire [sɑ̃tnɛʀ] *adj* hundred-year-old ♦ *nm/f* centenarian ♦ *nm* (*anniversaire*) centenary

centième [sɑ̃tjɛm] *num* hundredth

centigrade [sɑ̃tigʀad] *nm* centigrade

centilitre [sɑ̃tilitʀ(ə)] *nm* centilitre (*BRIT*), centiliter (*US*)

centime [sɑ̃tim] *nm* centime

centimètre [sɑ̃timɛtʀ(ə)] *nm* centimetre (*BRIT*), centimeter (*US*); (*ruban*) tape measure, measuring tape

central, e, aux [sɑ̃tʀal, -o] *adj* central ♦ *nm*: **central (téléphonique)** (telephone) exchange ♦ *nf*: **centrale d'achat** (*COMM*) central buying service; **centrale électrique/nucléaire** electric/nuclear power station; **centrale syndicale** group of affiliated trade unions

centre [sɑ̃tʀ(ə)] *nm* centre (*BRIT*), center (*US*); **centre commercial/sportif/culturel** shopping/sports/

arts centre; **centre aéré** outdoor centre; **centre d'appels** call centre; **centre d'apprentissage** training college; **centre d'attraction** centre of attraction; **centre de gravité** centre of gravity; **centre de loisirs** leisure centre; **centre d'enfouissement des déchets** landfill site; **centre hospitalier** hospital complex; **centre de tri** (*POSTES*) sorting office; **centres nerveux** (*ANAT*) nerve centres

centre-ville, *pl* **centres-villes** [sɑ̃trəvil] *nm* town centre (*BRIT*) *ou* center (*US*), downtown (area) (*US*)

centuple [sɑ̃typl(ə)] *nm*: **le centuple de qch** a hundred times sth; **au centuple** a hundredfold

cep [sɛp] *nm* (vine) stock

cèpe [sɛp] *nm* (edible) boletus

cependant [səpɑ̃dɑ̃] *adv* however, nevertheless

céramique [seramik] *adj* ceramic ♦ *nf* ceramic; (*art*) ceramics *sg*

cercle [sɛrkl(ə)] *nm* circle; (*objet*) band, hoop; **décrire un cercle** (*avion*) to circle; (*projectile*) to describe a circle; **cercle d'amis** circle of friends; **cercle de famille** family circle; **cercle vicieux** vicious circle

cercueil [sɛrkœj] *nm* coffin

céréale [sereal] *nf* cereal

cérémonie [seremɔni] *nf* ceremony; **cérémonies** *nfpl* (*péj*) fuss *sg*, to-do *sg*

cerf [sɛr] *nm* stag

cerfeuil [sɛrfœj] *nm* chervil

cerf-volant [sɛrvɔlɑ̃] *nm* kite; **jouer au cerf-volant** to fly a kite

cerise [səriz] *nf* cherry

cerisier [sərizje] *nm* cherry (tree)

cerner [sɛrne] *vt* (*MIL etc*) to surround; (*fig: problème*) to delimit, define

cernes [sɛrn(ə)] *nfpl* (dark) rings, shadows (under the eyes)

certain, e [sɛrtɛ̃, -ɛn] *adj* certain; (*sûr*): **certain (de/que)** certain *ou* sure (of/ that) ♦ *dét* certain; **d'un certain âge** past one's prime, not so young; **un certain temps** (quite) some time; **sûr et certain** absolutely certain; **certains** *pron* some

certainement [sɛrtɛnmɑ̃] *adv* (*probablement*) most probably *ou* likely; (*bien sûr*) certainly, of course

certes [sɛrt(ə)] *adv* admittedly; of course; indeed (yes)

certificat [sɛrtifika] *nm* certificate; **Certificat d'études (primaires) (CEP)** former school leaving certificate (taken at the end of primary education); **Certificat de fin d'études secondaires (CFES)** school leaving certificate

certifier [sɛrtifje] *vt* to certify, guarantee; **certifier à qn que** to assure sb that, guarantee to sb that; **certifier qch à qn** to guarantee sth to sb

certitude [sɛrtityd] *nf* certainty

cerveau, x [sɛrvo] *nm* brain; **cerveau électro-**nique electronic brain

cervelas [sɛrvəla] *nm* saveloy

cervelle [sɛrvɛl] *nf* (*ANAT*) brain; (*CULIN*) brain(s); **se creuser la cervelle** to rack one's brains

CES *sigle m* (= *Collège d'enseignement secondaire*) ≈ (junior) secondary school (*BRIT*), ≈ junior high school (*US*)

ces [se] *dét voir* **ce**

cesse [sɛs]: **sans cesse** *adv* continually, constantly; continuously; **il n'avait de cesse que** he would not rest until

cesser [sese] *vt* to stop ♦ *vi* to stop, cease; **cesser de faire** to stop doing; **faire cesser** (*bruit, scandale*) to put a stop to

cessez-le-feu [seselfø] *nm inv* ceasefire

c'est-à-dire [setadir] *adv* that is (to say); (*demander de préciser*): **c'est-à-dire?** what does that mean?; **c'est-à-dire que ...** (*en conséquence*) which means that ...; (*manière d'excuse*) well, in fact ...

cet, cette [sɛt] *dét voir* **ce**

ceux [sø] *pron voir* **celui**

CFC *sigle mpl* (= *chlorofluorocarbures*) CFC

CFDT *sigle f* (= *Confédération française démocratique du travail*) trade union

CGT *sigle f* (= *Confédération générale du travail*) trade union

chacun, e [ʃakœ̃, -yn] *pron* each; (*indéfini*) everyone, everybody

chagrin, e [ʃagrɛ̃, -in] *adj* morose ♦ *nm* grief, sorrow; **avoir du chagrin** to be grieved *ou* sorrowful

chagriner [ʃagrine] *vt* to grieve, distress; (*contrarier*) to bother, worry

chahut [ʃay] *nm* uproar

chahuter [ʃayte] *vt* to rag, bait ♦ *vi* to make an uproar

chaîne [ʃɛn] *nf* chain; (*RADIO, TV*) channel; (*INFORM*) string; **chaînes** *nfpl* (*liens, asservissement*) fetters, bonds; **travail à la chaîne** production line work; **réactions en chaîne** chain reactions; **faire la chaîne** to form a (human) chain; **chaîne alimentaire** food chain; **chaîne compacte** music centre; **chaîne d'entraide** mutual aid association; **chaîne (haute-fidélité** *ou* **hi-fi)** hi-fi system; **chaîne (de montage** *ou* **de fabrication)** production *ou* assembly line; **chaîne (de montagnes)** (mountain) range; **chaîne de solidarité** solidarity network; **chaîne (stéréo** *ou* **audio)** stereo (system)

chaînette [ʃenɛt] *nf* (small) chain

chair [ʃɛr] *nf* flesh ♦ *adj*: (*couleur*) **chair** flesh-coloured; **avoir la chair de poule** to have goosepimples *ou* gooseflesh; **bien en chair** plump, well-padded; **en chair et en os** in the flesh; **chair à saucisses** sausage meat

chaire [ʃɛr] *nf* (*d'église*) pulpit; (*d'université*) chair

chaise [ʃɛz] *nf* chair; **chaise de bébé** high chair; **chaise électrique** electric chair; **chaise longue** deckchair

châle [ʃɑl] nm shawl

chaleur [ʃalœʀ] nf heat; (fig) warmth; fire, fervour (BRIT), fervor (US); heat; **en chaleur** (ZOOL) on heat

chaleureux, euse [ʃalœʀø, -øz] adj warm

chaloupe [ʃalup] nf launch; (de sauvetage) lifeboat

chalumeau, x [ʃalymo] nm blowlamp (BRIT), blowtorch

chalutier [ʃalytje] nm trawler; (pêcheur) trawlerman

chamailler [ʃamɑje]: **se chamailler** vi to squabble, bicker

chambouler [ʃɑbule] vt to disrupt, turn upside down

chambre [ʃɑbʀ(ə)] nf bedroom; (TECH) chamber; (POL) chamber, house; (JUR) court; (COMM) chamber; federation; **faire chambre à part** to sleep in separate rooms; **stratège/alpiniste en chambre** armchair strategist/mountaineer; **chambre à un lit/deux lits** single/twin-bedded room; **chambre pour une/deux personne(s)** single/double room; **chambre d'accusation** court of criminal appeal; **chambre d'agriculture** body responsible for the agricultural interests of a département; **chambre à air** (de pneu) (inner) tube; **chambre d'amis** spare ou guest room; **chambre de combustion** combustion chamber; **chambre de commerce et d'industrie (CCI)** chamber of commerce and industry; **chambre à coucher** bedroom; **la Chambre des députés** the Chamber of Deputies, ≈ the House (of Commons) (BRIT), ≈ the House of Representatives (US); **chambre forte** strongroom; **chambre froide** ou **frigorifique** cold room; **chambre à gaz** gas chamber; **chambre d'hôte** ≈ bed and breakfast (in private home); **chambre des machines** engine-room; **chambre des métiers (CM)** chamber of commerce for trades; **chambre meublée** bedsit(ter) (BRIT), furnished room; **chambre noire** (PHOTO) dark room

chambrer [ʃɑbʀe] vt (vin) to bring to room temperature

chameau, x [ʃamo] nm camel

chamois [ʃamwa] nm chamois ♦ adj: (couleur) chamois fawn, buff

champ [ʃɑ] nm (aussi INFORM) field; (PHOTO: aussi: **dans le champ**) in the picture; **prendre du champ** to draw back; **laisser le champ libre à qn** to leave sb a clear field; **champ d'action** sphere of operation(s); **champ de bataille** battlefield; **champ de courses** racecourse; **champ d'honneur** field of honour; **champ de manœuvre** (MIL) parade ground; **champ de mines** minefield; **champ de tir** shooting ou rifle range; **champ visuel** field of vision

champagne [ʃɑpaɲ] nm champagne

champêtre [ʃɑpɛtʀ(ə)] adj country cpd, rural

champignon [ʃɑpiɲɔ] nm mushroom; (terme générique) fungus (pl -i); (fam: accélérateur) accel-

erator, gas pedal (US); **champignon de couche** ou **de Paris** button mushroom; **champignon vénéneux** toadstool, poisonous mushroom

champion, ne [ʃɑpjɔ, -ɔn] adj, nm/f champion

championnat [ʃɑpjɔna] nm championship

chance [ʃɑs] nf: **la chance** luck; **une chance** a stroke ou piece of luck ou good fortune; (occasion) a lucky break; **chances** nfpl (probabilités) chances; **avoir de la chance** to be lucky; **il a des chances de gagner** he has a chance of winning; **il y a de fortes chances pour que Paul soit malade** it's highly probable that Paul is ill; **bonne chance!** good luck!; **encore une chance que tu viennes!** it's lucky you're coming; **je n'ai pas de chance** I'm out of luck; (toujours) I never have any luck; **donner sa chance à qn** to give sb a chance

chanceler [ʃɑsle] vi to totter

chancelier [ʃɑsəlje] nm (allemand) chancellor; (d'ambassade) secretary

chanceux, euse [ʃɑsø, -øz] adj lucky, fortunate

chandail [ʃɑdaj] nm (thick) jumper ou sweater

Chandeleur [ʃɑdlœʀ] nf: **la Chandeleur** Candlemas

chandelier [ʃɑdəlje] nm candlestick; (à plusieurs branches) candelabra

chandelle [ʃɑdɛl] nf (tallow) candle; (TENNIS): **faire une chandelle** to lob; (AVIAT): **monter en chandelle** to climb vertically; **tenir la chandelle** to play gooseberry; **dîner aux chandelles** candlelight dinner

change [ʃɑ̃ʒ] nm (COMM) exchange; **opérations de change** (foreign) exchange transactions; **contrôle des changes** exchange control; **gagner/perdre au change** to be better/worse off (for it); **donner le change à qn** (fig) to lead sb up the garden path

changement [ʃɑ̃ʒmɑ̃] nm change; **changement de vitesse** (dispositif) gears pl; (action) gear change

changer [ʃɑ̃ʒe] vt (modifier) to change, alter; (remplacer, COMM, rhabiller) to change ♦ vi to change, alter; **se changer** to change (o.s.); **changer de** (remplacer: adresse, nom, voiture etc) to change one's; (échanger, alterner: côté, place, train etc) to change + npl; **changer d'air** to get a change of air; **changer de couleur/direction** to change colour/direction; **changer d'idée** to change one's mind; **changer de place avec qn** to change places with sb; **changer de vitesse** (AUTO) to change gear; **changer qn/qch de place** to move sb/sth to another place; **changer (de train** etc**)** to change (trains etc); **changer qch en** to change sth into

chanson [ʃɑsɔ] nf song

chant [ʃɑ] nm song; (art vocal) singing; (d'église) hymn; (de poème) canto; (TECH): **posé de** ou **sur chant** placed edgeways; **chant de Noël** Christmas carol

chantage [ʃɑtaʒ] nm blackmail; **faire du chan-**

tage to use blackmail; **soumettre qn à un chantage** to blackmail sb

chanter [ʃɑ̃te] vt, vi to sing; **chanter juste/faux** to sing in tune/out of tune; **si cela lui chante** (fam) if he feels like it ou fancies it

chanteur, euse [ʃɑ̃tœʀ, -øz] nm/f singer; **chanteur de charme** crooner

chantier [ʃɑ̃tje] nm (building) site; (sur une route) roadworks pl; **mettre en chantier** to start work on; **chantier naval** shipyard

chantilly [ʃɑ̃tiji] nf voir **crème**

chantonner [ʃɑ̃tɔne] vi, vt to sing to oneself, hum

chanvre [ʃɑ̃vʀ(ə)] nm hemp

chaparder [ʃapaʀde] vt to pinch

chapeau, x [ʃapo] nm hat; (PRESSE) introductory paragraph; **chapeau!** well done!; **chapeau melon** bowler hat; **chapeau mou** trilby; **chapeaux de roues** hub caps

chapelet [ʃaplɛ] nm (REL) rosary; (fig): **un chapelet de** a string of; **dire son chapelet** to tell one's beads

chapelle [ʃapɛl] nf chapel; **chapelle ardente** chapel of rest

chapelure [ʃaplyʀ] nf (dried) breadcrumbs pl

chapiteau, x [ʃapito] nm (ARCHIT) capital; (de cirque) marquee, big top

chapitre [ʃapitʀ(ə)] nm chapter; (fig) subject, matter; **avoir voix au chapitre** to have a say in the matter

chaque [ʃak] dét each, every; (indéfini) every

char [ʃaʀ] nm (à foin etc) cart, waggon; (de carnaval) float; **char (d'assaut)** tank

charabia [ʃaʀabja] nm (péj) gibberish, gobbledygook (BRIT)

charade [ʃaʀad] nf riddle; (mimée) charade

charbon [ʃaʀbɔ̃] nm coal; **charbon de bois** charcoal

charcuterie [ʃaʀkytʀi] nf (magasin) pork butcher's shop and delicatessen; (produits) cooked pork meats pl

charcutier, ière [ʃaʀkytje, -jɛʀ] nm/f pork butcher

chardon [ʃaʀdɔ̃] nm thistle

charge [ʃaʀʒ(ə)] nf (fardeau) load; (explosif, ELEC, MIL, JUR) charge; (rôle, mission) responsibility; **charges** nfpl (du loyer) service charges; **à la charge de** (dépendant de) dependent upon, supported by; (aux frais de) chargeable to, payable by; **j'accepte, à charge de revanche** I accept, provided I can do the same for you (in return) one day; **prendre en charge** to take charge of; (suj: véhicule) to take on; (dépenses) to take care of; **charge utile** (AUTO) live load; (COMM) payload; **charges sociales** social security contributions

chargé [ʃaʀʒe] adj (voiture, animal, personne) laden; (fusil, batterie, caméra) loaded; (occupé: emploi du temps, journée) busy, full; (estomac) heavy, full; (langue) furred; (décoration, style) heavy, ornate ◆ nm: **chargé d'affaires** chargé d'affaires; **chargé de cours** ≈ lecturer; **chargé de** (responsable de) responsible for

chargement [ʃaʀʒəmɑ̃] nm (action) loading; charging; (objets) load

charger [ʃaʀʒe] vt (voiture, fusil, caméra, INFORM) to load; (batterie) to charge ◆ vi (MIL etc) to charge; **se charger de** vt to see to, take care of; **charger qn de qch/faire qch** to give sb the responsibility for sth/of doing sth; to put sb in charge of sth/doing sth; **se charger de faire qch** to take it upon o.s. to do sth

chariot [ʃaʀjo] nm trolley; (charrette) waggon; (de machine à écrire) carriage; **chariot élévateur** fork-lift truck

charité [ʃaʀite] nf charity; **faire la charité** to give to charity; to do charitable works; **faire la charité à** to give (something) to; **fête/vente de charité** fête/sale in aid of charity

charmant, e [ʃaʀmɑ̃, -ɑ̃t] adj charming

charme [ʃaʀm(ə)] nm charm; **charmes** nmpl (appas) charms; **c'est ce qui en fait le charme** that is its attraction; **faire du charme** to be charming, turn on the charm; **aller** ou **se porter comme un charme** to be in the pink

charmer [ʃaʀme] vt to charm; **je suis charmé de** I'm delighted to

charnel, le [ʃaʀnɛl] adj carnal

charnière [ʃaʀnjɛʀ] nf hinge; (fig) turning-point

charnu, e [ʃaʀny] adj fleshy

charpente [ʃaʀpɑ̃t] nf frame(work); (fig) structure, framework; (carrure) build, frame

charpentier [ʃaʀpɑ̃tje] nm carpenter

charpie [ʃaʀpi] nf: **en charpie** (fig) in shreds ou ribbons

charrette [ʃaʀɛt] nf cart

charrier [ʃaʀje] vt to carry (along); to cart, carry ◆ vi (fam) to exaggerate

charrue [ʃaʀy] nf plough (BRIT), plow (US)

charter [tʃaʀtœʀ] nm (vol) charter flight; (avion) charter plane

chasse [ʃas] nf hunting; (au fusil) shooting; (poursuite) chase; (aussi: **chasse d'eau**) flush; **la chasse est ouverte** the hunting season is open; **la chasse est fermée** it is the close (BRIT) ou closed (US) season; **aller à la chasse** to go hunting; **prendre en chasse, donner la chasse à** to give chase to; **tirer la chasse (d'eau)** to flush the toilet, pull the chain; **chasse aérienne** aerial pursuit; **chasse à courre** hunting; **chasse à l'homme** manhunt; **chasse gardée** private hunting grounds pl; **chasse sous-marine** underwater fishing

chasse-neige [ʃasnɛʒ] nm inv snowplough (BRIT), snowplow (US)

chasser [ʃase] vt to hunt; (expulser) to chase away ou out, drive away ou out; (dissiper) to chase ou sweep away; to dispel, drive away

chasseur, euse [ʃasœʀ, -øz] nm/f hunter ♦ nm (avion) fighter; (domestique) page (boy), messenger (boy); **chasseur d'images** roving photographer; **chasseur de têtes** (fig) headhunter; **chasseurs alpins** mountain infantry

châssis [ʃasi] nm (AUTO) chassis; (cadre) frame; (de jardin) cold frame

chat [ʃa] nm cat; **chat sauvage** wildcat

châtaigne [ʃatɛɲ] nf chestnut

châtaignier [ʃatɛɲe] nm chestnut (tree)

châtain [ʃatɛ̃] adj inv chestnut (brown); (personne) chestnut-haired

château, x [ʃato] nm castle; **château d'eau** water tower; **château fort** stronghold, fortified castle; **château de sable** sandcastle

châtier [ʃatje] vt to punish, castigate; (fig: style) to polish, refine

châtiment [ʃatimɑ̃] nm punishment, castigation; **châtiment corporel** corporal punishment

chaton [ʃatɔ̃] nm (ZOOL) kitten; (BOT) catkin; (de bague) bezel; stone

chatouiller [ʃatuje] vt to tickle; (l'odorat, le palais) to titillate

chatouilleux, euse [ʃatujø, -øz] adj ticklish; (fig) touchy, over-sensitive

chatoyer [ʃatwaje] vi to shimmer

châtrer [ʃatʀe] vt (mâle) to castrate; (femelle) to spay; (cheval) to geld; (chat, chien) to doctor (BRIT), fix (US); (fig) to mutilate

chatte [ʃat] nf (she-)cat

chaud, e [ʃo, -od] adj (gén) warm; (très chaud) hot; (fig: félicitations) hearty; (discussion) heated; **il fait chaud** it's warm; it's hot; **manger chaud** to have something hot to eat; **avoir chaud** to be warm; to be hot; **tenir chaud** to keep hot; **ça me tient chaud** it keeps me warm; **tenir au chaud** to keep in a warm place; **rester au chaud** to stay in the warm

chaudière [ʃodjɛʀ] nf boiler

chaudron [ʃodʀɔ̃] nm cauldron

chauffage [ʃofaʒ] nm heating; **chauffage au gaz/à l'électricité/au charbon** gas/electric/solid fuel heating; **chauffage central** central heating; **chauffage par le sol** underfloor heating

chauffard [ʃofaʀ] nm (péj) reckless driver; roadhog; (après un accident) hit-and-run driver

chauffe-eau [ʃofo] nm inv water heater

chauffer [ʃofe] vt to heat ♦ vi to heat up, warm up; (trop chauffer: moteur) to overheat; **se chauffer** (se mettre en train) to warm up; (au soleil) to warm o.s.

chauffeur [ʃofœʀ] nm driver; (privé) chauffeur; **voiture avec/sans chauffeur** chauffeur-driven/self-drive car; **chauffeur de taxi** taxi driver

chaume [ʃom] nm (du toit) thatch; (tiges) stubble

chaumière [ʃomjɛʀ] nf (thatched) cottage

chaussée [ʃose] nf road(way); (digue) causeway

chausse-pied [ʃospje] nm shoe-horn

chausser [ʃose] vt (bottes, skis) to put on; (enfant) to put shoes on; (suj: soulier) to fit; **chausser du 38/42** to take size 38/42; **chausser grand/bien** to be big-/well-fitting; **se chausser** to put one's shoes on

chaussette [ʃosɛt] nf sock

chausson [ʃosɔ̃] nm slipper; (de bébé) bootee; **chausson (aux pommes)** (apple) turnover

chaussure [ʃosyʀ] nf shoe; (commerce): **la chaussure** the shoe industry ou trade; **chaussures basses** flat shoes; **chaussures montantes** ankle boots; **chaussures de ski** ski boots

chauve [ʃov] adj bald

chauve-souris, pl chauves-souris [ʃovsuʀi] nf bat

chauvin, e [ʃovɛ̃, -in] adj chauvinistic; jingoistic

chaux [ʃo] nf lime; **blanchi à la chaux** whitewashed

chavirer [ʃaviʀe] vi to capsize, overturn

chef [ʃɛf] nm head, leader; (patron) boss; (de cuisine) chef; **au premier chef** extremely, to the nth degree; **de son propre chef** on his ou her own initiative; **général/commandant en chef** general-/commander-in-chief; **chef d'accusation** (JUR) charge, count (of indictment); **chef d'atelier** (shop) foreman; **chef de bureau** head clerk; **chef de clinique** senior hospital lecturer; **chef d'entreprise** company head; **chef d'équipe** team leader; **chef d'état** head of state; **chef de famille** head of the family; **chef de file** (de parti etc) leader; **chef de gare** station master; **chef d'orchestre** conductor (BRIT), leader (US); **chef de rayon** department(al) supervisor; **chef de service** departmental head

chef-d'œuvre, pl chefs-d'œuvre [ʃɛdœvʀ(ə)] nm masterpiece

chef-lieu, pl chefs-lieux [ʃɛfljø] nm county town

chemin [ʃəmɛ̃] nm path; (itinéraire, direction, trajet) way; **en chemin, chemin faisant** on the way; **chemin de fer** railway (BRIT), railroad (US); **par chemin de fer** by rail; **les chemins de fer** the railways (BRIT), the railroad (US); **chemin de terre** dirt track

cheminée [ʃəmine] nf chimney; (à l'intérieur) chimney piece, fireplace; (de bateau) funnel

cheminement [ʃəminmɑ̃] nm progress; course

cheminot [ʃəmino] nm railwayman (BRIT), railroad worker (US)

chemise [ʃəmiz] nf shirt; (dossier) folder; **chemise de nuit** nightdress

chemisier [ʃəmizje] nm blouse

chenal, aux [ʃənal, -o] nm channel

chêne [ʃɛn] nm oak (tree); (bois) oak

chenil [ʃənil] nm kennels pl

chenille [ʃənij] nf (ZOOL) caterpillar; (AUTO) caterpillar track; **véhicule à chenilles** tracked vehicle, caterpillar

chèque [ʃɛk] nm cheque (BRIT), check (US); **faire/toucher un chèque** to write/cash a cheque; **par**

chèque by cheque; **chèque barré/sans provision** crossed (BRIT) /bad cheque; **chèque en blanc** blank cheque; **chèque au porteur** cheque to bearer; **chèque postal** post office cheque, ≈ giro cheque (BRIT); **chèque de voyage** traveller's cheque

chéquier [ʃekje] nm cheque book (BRIT), checkbook (US)

cher, ère [ʃɛʁ] adj (aimé) dear; (coûteux) expensive, dear ♦ adv: **coûter/payer cher** to cost/pay a lot ♦ nf: **la bonne chère** good food; **cela coûte cher** it's expensive, it costs a lot of money; **mon cher, ma chère** my dear

chercher [ʃɛʁʃe] vt to look for; (gloire etc) to seek; (INFORM) to search; **chercher des ennuis/la bagarre** to be looking for trouble/a fight; **aller chercher** to go for, go and fetch; **chercher à faire** to try to do

chercheur, euse [ʃɛʁʃœʁ, -øz] nm/f researcher, research worker; **chercheur de** seeker of; hunter of; **chercheur d'or** gold digger

chère [ʃɛʁ] adj f, nf voir **cher**

chéri, e [ʃeʁi] adj beloved, dear; **(mon) chéri** darling

chérir [ʃeʁiʁ] vt to cherish

cherté [ʃɛʁte] nf: **la cherté de la vie** the high cost of living

chétif, ive [ʃetif, -iv] adj puny, stunted

cheval, aux [ʃ(ə)val, -o] nm horse; (AUTO): **cheval (vapeur) (CV)** horsepower no pl; **50 chevaux (au frein)** 50 brake horsepower, 50 b.h.p.; **10 chevaux (fiscaux)** 10 horsepower (for tax purposes); **faire du cheval** to ride; **à cheval** on horseback; **à cheval sur** astride, straddling; (fig) overlapping; **cheval d'arçons** vaulting horse; **cheval à bascule** rocking horse; **cheval de bataille** charger; (fig) hobbyhorse; **cheval de course** race horse; **chevaux de bois** (des manèges) wooden (fairground) horses; (manège) merry-go-round

chevalet [ʃ(ə)valɛ] nm easel

chevalier [ʃ(ə)valje] nm knight; **chevalier servant** escort

chevalière [ʃ(ə)valjɛʁ] nf signet ring

chevalin, e [ʃ(ə)valɛ̃, -in] adj of horses, equine; (péj) horsy; **boucherie chevaline** horse-meat butcher's

chevaucher [ʃ(ə)voʃe] vi (aussi: **se chevaucher**) to overlap (each other) ♦ vt to be astride, straddle

chevaux [ʃ(ə)vo] nmpl voir **cheval**

chevelu, e [ʃ(ə)vly] adj with a good head of hair, hairy (péj)

chevelure [ʃ(ə)vlyʁ] nf hair no pl

chevet [ʃ(ə)vɛ] nm: **au chevet de qn** at sb's bedside; **lampe de chevet** bedside lamp

cheveu, x [ʃ(ə)vø] nm hair ♦ nmpl (chevelure) hair sg; **avoir les cheveux courts/en brosse** to have short hair/a crew cut; **se faire couper les cheveux** to get ou have one's hair cut; **tiré par les cheveux** (histoire) far-fetched

cheville [ʃ(ə)vij] nf (ANAT) ankle; (de bois) peg; (pour enfoncer une vis) plug; **être en cheville avec qn** to be in cahoots with sb; **cheville ouvrière** (fig) kingpin

chèvre [ʃɛvʁ(ə)] nf (she-)goat; **ménager la chèvre et le chou** to try to please everyone

chevreau, x [ʃavʁo] nm kid

chèvrefeuille [ʃɛvʁəfœj] nm honeysuckle

chevreuil [ʃavʁœj] nm roe deer inv; (CULIN) venison

chevronné, e [ʃavʁɔne] adj seasoned, experienced

MOT-CLÉ

chez [ʃe] prép **1** (à la demeure de) at; (: direction) to; **chez qn** at/to sb's house ou place; **chez moi** at home; (direction) home

2 (à l'entreprise de): **il travaille chez Renault** he works for Renault, he works at Renault('s)

3 (+profession) at; (: direction) to; **chez le boulanger/dentiste** at ou to the baker's/dentist's

4 (dans le caractère, l'œuvre de) in; **chez les renards/Racine** in foxes/Racine; **chez les Français** among the French; **chez lui, c'est un devoir** for him, it's a duty

♦ nm inv: **mon chez moi/ton chez toi** etc my/ your etc home ou place

chez-soi [ʃeswa] nm inv home

chic [ʃik] adj inv chic, smart; (généreux) nice, decent ♦ nm stylishness; **avoir le chic de** ou **pour** to have the knack of ou for; **de chic** adv off the cuff; **chic!** great!; **chic alors!** terrific!

chicane [ʃikan] nf (obstacle) zigzag; (querelle) squabble

chicaner [ʃikane] vi (ergoter): **chicaner sur** to quibble about

chiche [ʃiʃ] adj (mesquin) niggardly, mean; (pauvre) meagre (BRIT), meager (US) ♦ excl (en réponse à un défi) you're on!; **tu n'es pas chiche de lui parler!** you wouldn't (dare) speak to her!

chichis [ʃiʃi] (fam) nmpl fuss sg

chicorée [ʃikɔʁe] nf (café) chicory; (salade) endive; **chicorée frisée** curly endive

chien [ʃjɛ̃] nm dog; (de pistolet) hammer; **temps de chien** rotten weather; **vie de chien** dog's life; **couché en chien de fusil** curled up; **chien d'aveugle** guide dog; **chien de chasse** gun dog; **chien de garde** guard dog; **chien policier** police dog; **chien de race** pedigree dog; **chien de traîneau** husky

chiendent [ʃjɛ̃dɑ̃] nm couch grass

chien-loup, pl **chiens-loups** [ʃjɛ̃lu] nm wolfhound

chienne [ʃjɛn] nf (she-)dog, bitch

chier [ʃje] vi (fam!) to crap (!), shit (!); **faire chier qn** (importuner) to bug sb; (causer des ennuis à) to piss sb around (!); **se faire chier** (s'ennuyer) to be bored rigid

chiffon [ʃifɔ̃] nm (piece of) rag

chiffonner [ʃifɔne] vt to crumple, crease; (tracasser) to concern

chiffre [ʃifʀ(ə)] nm (représentant un nombre) figure; numeral; (montant, total) total, sum; (d'un code) code, cipher; **chiffres romains/arabes** roman/arabic figures ou numerals; **en chiffres ronds** in round figures; **écrire un nombre en chiffres** to write a number in figures; **chiffre d'affaires (CA)** turnover; **chiffre de ventes** sales figures

chiffrer [ʃifʀe] vt (dépense) to put a figure to, assess; (message) to (en)code, cipher ♦ vi: **chiffrer à, se chiffrer à** to add up to

chignon [ʃiɲɔ̃] nm chignon, bun

Chili [ʃili] nm: **le Chili** Chile

chilien, ne [ʃiljɛ̃, -ɛn] adj Chilean ♦ nm/f: **Chilien,ne** Chilean

chimie [ʃimi] nf chemistry

chimique [ʃimik] adj chemical; **produits chimiques** chemicals

chimpanzé [ʃɛ̃pɑ̃ze] nm chimpanzee

Chine [ʃin] nf: **la Chine** China; **la Chine libre, la république de Chine** the Republic of China, Nationalist China (Taiwan)

chine [ʃin] nm rice paper; (porcelaine) china (vase)

chinois, e [ʃinwa, -waz] adj Chinese; (fig: péj) pernickety, fussy ♦ nm (LING) Chinese ♦ nm/f: **Chinois,e** Chinese

chiot [ʃjo] nm pup(py)

chiper [ʃipe] vt (fam) to pinch

chipoter [ʃipɔte] vi (manger) to nibble; (ergoter) to quibble, haggle

chips [ʃips] nfpl (aussi: **pommes chips**) crisps (BRIT), (potato) chips (US)

chiquenaude [ʃiknod] nf flick, flip

chirurgical, e, aux [ʃiʀyʀʒikal, -o] adj surgical

chirurgie [ʃiʀyʀʒi] nf surgery; **chirurgie esthétique** cosmetic ou plastic surgery

chirurgien [ʃiʀyʀʒjɛ̃] nm surgeon; **chirurgien dentiste** dental surgeon

chlore [klɔʀ] nm chlorine

choc [ʃɔk] nm impact; shock; crash; (moral) shock; (affrontement) clash ♦ adj: **prix choc** amazing ou incredible price/prices; **de choc** (troupe, traitement) shock cpd; (patron etc) high-powered; **choc opératoire/nerveux** post-operative/nervous shock; **choc en retour** return shock; (fig) backlash

chocolat [ʃɔkɔla] nm chocolate; (boisson) (hot) chocolate; **chocolat chaud** hot chocolate; **chocolat à cuire** cooking chocolate; **chocolat au lait** milk chocolate; **chocolat en poudre** drinking chocolate

chœur [kœʀ] nm (chorale) choir; (OPÉRA, THÉÂT) chorus; (ARCHIT) choir, chancel; **en chœur** in chorus

choisir [ʃwaziʀ] vt to choose; (entre plusieurs) to choose, select; **choisir de faire qch** to choose ou

opt to do sth

choix [ʃwa] nm choice; selection; **avoir le choix** to have the choice; **je n'avais pas le choix** I had no choice; **de premier choix** (COMM) class ou grade one; **de choix** choice cpd, selected; **au choix** as you wish ou prefer; **de mon/son choix** of my/his ou her choosing

chômage [ʃomaʒ] nm unemployment; **mettre au chômage** to make redundant, put out of work; **être au chômage** to be unemployed ou out of work; **chômage partiel** short-time working; **chômage structurel** structural unemployment; **chômage technique** lay-offs pl

chômeur, euse [ʃomœʀ, -øz] nm/f unemployed person, person out of work

chope [ʃɔp] nf tankard

choper [ʃɔpe] (fam) vt (objet, maladie) to catch

choquer [ʃɔke] vt (offenser) to shock; (commotionner) to shake (up)

chorale [kɔʀal] nf choral society, choir

choriste [kɔʀist(ə)] nm/f choir member; (OPÉRA) chorus member

chose [ʃoz] nf thing ♦ nm (fam: machin) thingamajig ♦ adj inv: **être/se sentir tout chose** (bizarre) to be/feel a bit odd; (malade) to be/feel out of sorts; **dire bien des choses à qn** to give sb's regards to sb; **parler de chose(s) et d'autre(s)** to talk about one thing and another; **c'est peu de chose** it's nothing much

chou, x [ʃu] nm cabbage ♦ adj inv cute; **mon petit chou** (my) sweetheart; **faire chou blanc** to draw a blank; **feuille de chou** (fig: journal) rag; **chou à la crème** cream bun (made of choux pastry); **chou de Bruxelles** Brussels sprout

chouchou, te [ʃuʃu, -ut] nm/f (SCOL) teacher's pet

choucroute [ʃukʀut] nf sauerkraut; **choucroute garnie** sauerkraut with cooked meats and potatoes

chouette [ʃwɛt] nf owl ♦ adj (fam) great, smashing

chou-fleur, pl choux-fleurs [ʃuflœʀ] nm cauliflower

choyer [ʃwaje] vt to cherish; to pamper

chrétien, ne [kʀetjɛ̃, -ɛn] adj, nm/f Christian

Christ [kʀist] nm: **le Christ** Christ; **christ** (crucifix etc) figure of Christ; **Jésus Christ** Jesus Christ

christianisme [kʀistjanism(ə)] nm Christianity

chrome [kʀom] nm chromium; (revêtement) chrome, chromium

chromé, e [kʀome] adj chrome-plated, chromium-plated

chronique [kʀɔnik] adj chronic ♦ nf (de journal) column, page; (historique) chronicle; (RADIO, TV): **la chronique sportive/théâtrale** the sports/theatre review; **la chronique locale** local news and gossip

chronologique [kʀɔnɔlɔʒik] adj chronological

chronomètre [kʀɔnɔmɛtʀ(ə)] nm stopwatch

chronométrer [kʀɔnɔmetʀe] vt to time

chrysanthème [krizɑ̃tɛm] nm chrysanthemum

chuchotement [ʃyʃɔtmɑ̃] nm whisper

chuchoter [ʃyʃɔte] vt, vi to whisper

chut excl [ʃyt] sh! ♦ vb [ʃy] voir **choir**

chute [ʃyt] nf fall; (de bois, papier: déchet) scrap; **la chute des cheveux** hair loss; **faire une chute (de 10 m)** to fall (10 m); **chutes de pluie/neige** rain/snowfalls; **chute (d'eau)** waterfall; **chute du jour** nightfall; **chute libre** free fall; **chute des reins** small of the back

Chypre [ʃipr] nm: **le Chypre** Cyprus

-ci, ci- [si] adv voir **par, ci-contre, ci-joint** etc ♦ dét: **ce garçon-ci/-là** this/that boy; **ces femmes-ci/-là** these/those women

cible [sibl(ə)] nf target

ciboulette [sibulɛt] nf (small) chive

cicatrice [sikatris] nf scar

cicatriser [sikatrize] vt to heal; **se cicatriser** to heal (up) form a scar

ci-contre [sikɔ̃tr(ə)] adv opposite

ci-dessous [sidəsu] adv below

ci-dessus [sidəsy] adv above

cidre [sidr(ə)] nm cider

Cie abr (= compagnie) Co.

ciel [sjɛl] nm sky; (REL) heaven; **ciels** nmpl (PEINTURE etc) skies; **cieux** nmpl sky sg, skies; (REL) heaven sg; **à ciel ouvert** open-air; (mine) opencast; **tomber du ciel** (arriver à l'improviste) to appear out of the blue; (être stupéfait) to be unable to believe one's eyes; **Ciel!** good heavens!; **ciel de lit** canopy

cierge [sjɛrʒ(ə)] nm candle; **cierge pascal** Easter candle

cieux [sjø] nmpl voir **ciel**

cigale [sigal] nf cicada

cigare [sigar] nm cigar

cigarette [sigarɛt] nf cigarette; **cigarette (à) bout filtre** filter cigarette

ci-gît [siʒi] adv here lies

cigogne [sigɔɲ] nf stork

ci-inclus, e [siɛ̃kly, -yz] adj, adv enclosed

ci-joint, e [siʒwɛ̃, -ɛ̃t] adj, adv enclosed; **veuillez trouver ci-joint** please find enclosed

cil [sil] nm (eye)lash

cime [sim] nf top; (montagne) peak

ciment [simɑ̃] nm cement; **ciment armé** reinforced concrete

cimetière [simtjɛr] nm cemetery; (d'église) churchyard; **cimetière de voitures** scrapyard

cinéaste [sineast(ə)] nm/f film-maker

cinéma [sinema] nm cinema; **aller au cinéma** to go to the cinema ou pictures ou movies; **cinéma d'animation** cartoon (film)

cinématographique [sinematɔgrafik] adj film cpd, cinema cpd

cinglant, e [sɛ̃glɑ̃, -ɑ̃t] adj. (propos, ironie) scathing, biting; (échec) crushing

cinglé, e [sɛ̃gle] adj (fam) crazy

cinq [sɛ̃k] num five

cinquantaine [sɛ̃kɑ̃tɛn] nf: **une cinquantaine (de)** about fifty; **avoir la cinquantaine** (âge) to be around fifty

cinquante [sɛ̃kɑ̃t] num fifty

cinquantenaire [sɛ̃kɑ̃tnɛr] adj, nm/f fifty-year-old

cinquième [sɛ̃kjɛm] num fifth

cintre [sɛ̃tr(ə)] nm coat-hanger; (ARCHIT) arch; **plein cintre** semicircular arch

cintré, e [sɛ̃tre] adj curved; (chemise) fitted, slim-fitting

cirage [siraʒ] nm (shoe) polish

circonflexe [sirkɔ̃flɛks(ə)] adj: **accent circonflexe** circumflex accent

circonscription [sirkɔ̃skripsjɔ̃] nf district; **circonscription électorale** (d'un député) constituency; **circonscription militaire** military area

circonscrire [sirkɔ̃skrir] vt to define, delimit; (incendie) to contain; (propriété) to mark out; (sujet) to define

circonstance [sirkɔ̃stɑ̃s] nf circumstance; (occasion) occasion; **œuvre de circonstance** occasional work; **air de circonstance** fitting air; **tête de circonstance** appropriate demeanour (BRIT) ou demeanor (US); **circonstances atténuantes** mitigating circumstances

circuit [sirkɥi] nm (trajet) tour, (round) trip; (ÉLEC, TECH) circuit; **circuit automobile** motor circuit; **circuit de distribution** distribution network; **circuit fermé** closed circuit; **circuit intégré** integrated circuit

circulaire [sirkylɛr] adj, nf circular

circulation [sirkylasjɔ̃] nf circulation; (AUTO): **la circulation** (the) traffic; **bonne/mauvaise circulation** good/bad circulation; **mettre en circulation** to put into circulation

circuler [sirkyle] vi to drive (along); to walk along; (train etc) to run; (sang, devises) to circulate; **faire circuler** (nouvelle) to spread (about), circulate; (badauds) to move on

cire [sir] nf wax; **cire à cacheter** sealing wax

ciré [sire] nm oilskin

cirer [sire] vt to wax, polish

cirque [sirk(ə)] nm circus; (arène) amphitheatre (BRIT), amphitheater (US); (GÉO) cirque; (fig: désordre) chaos, bedlam; (: chichis) carry-on

cisaille(s) [sizaj] nf(pl) (gardening) shears pl

ciseau, x [sizo] nm: **ciseau (à bois)** chisel ♦ nmpl (pair of) scissors; **sauter en ciseaux** to do a scissors jump; **ciseau à froid** cold chisel

ciseler [sizle] vt to chisel, carve

citadin, e [sitadɛ̃, -in] nm/f city dweller ♦ adj town cpd, city cpd, urban

citation [sitasjɔ̃] nf (d'auteur) quotation; (JUR) summons sg; (MIL: récompense) mention

cité [site] *nf* town; (*plus grande*) city; **cité ouvrière** (workers') housing estate; **cité universitaire** students' residences *pl*

citer [site] *vt* (*un auteur*) to quote (from); (*nommer*) to name; (*JUR*) to summon; **citer (en exemple)** (*personne*) to hold up (as an example); **je ne veux citer personne** I don't want to name names

citerne [sitɛʀn(ə)] *nf* tank

citoyen, ne [sitwajɛ̃, -ɛn] *nm/f* citizen

citron [sitʀɔ̃] *nm* lemon; **citron pressé** (fresh) lemon juice; **citron vert** lime

citronnade [sitʀɔnad] *nf* lemonade

citrouille [sitʀuj] *nf* pumpkin

civet [sivɛ] *nm* stew; **civet de lièvre** jugged hare

civière [sivjɛʀ] *nf* stretcher

civil, e [sivil] *adj* (*JUR, ADMIN, poli*) civil; (*non militaire*) civilian ♦ *nm* civilian; **en civil** in civilian clothes; **dans le civil** in civilian life

civilisation [sivilizasjɔ̃] *nf* civilization

clair, e [klɛʀ] *adj* light; (*chambre*) light, bright; (*eau, son, fig*) clear ♦ *adv*: **voir clair** to see clearly ♦ *nm*: **mettre au clair** (*notes etc*) to tidy up; **tirer qch au clair** to clear sth up, clarify sth; **bleu clair** light blue; **pour être clair** so as to make it plain; **y voir clair** (*comprendre*) to understand, see; **le plus clair de son temps/argent** the better part of his time/money; **en clair** (*non codé*) in clear; **clair de lune** moonlight

clairement [klɛʀmã] *adv* clearly

clairière [klɛʀjɛʀ] *nf* clearing

clairon [klɛʀɔ̃] *nm* bugle

claironner [klɛʀɔne] *vt* (*fig*) to trumpet, shout from the rooftops

clairsemé, e [klɛʀsəme] *adj* sparse

clairvoyant, e [klɛʀvwajã, -ãt] *adj* perceptive, clear-sighted

clandestin, e [klãdɛstɛ̃, -in] *adj* clandestine, covert; (*POL*) underground, clandestine; **passager clandestin** stowaway

clapier [klapje] *nm* (rabbit) hutch

clapoter [klapɔte] *vi* to lap

claque [klak] *nf* (*gifle*) slap; (*THEAT*) claque ♦ *nm* (*chapeau*) opera hat

claquer [klake] *vi* (*drapeau*) to flap; (*porte*) to bang, slam; (*coup de feu*) to ring out ♦ *vt* (*porte*) to slam, bang; (*doigts*) to snap; **elle claquait des dents** her teeth were chattering; **se claquer un muscle** to pull *ou* strain a muscle

claquettes [klakɛt] *nfpl* tap-dancing *sg*

clarinette [klaʀinɛt] *nf* clarinet

clarté [klaʀte] *nf* lightness; brightness; (*d'un son, de l'eau*) clearness; (*d'une explication*) clarity

classe [klas] *nf* class; (*SCOL: local*) class(room); (: *leçon*) class; (: *élèves*) class, form; **1ère/2ème classe** 1st/2nd class; **un (soldat de) deuxième classe** (*MIL: armée de terre*) = private (soldier); (: *armée de l'air*) = aircraftman (*BRIT*), = airman

basic (*US*); **de classe** luxury *cpd*; **faire ses classes** (*MIL*) to do one's (recruit's) training; **faire la classe** (*SCOL*) to be a *ou* the teacher; to teach; **aller en classe** to go to school; **aller en classe verte/de neige/de mer** to go to the countryside/skiing/to the seaside with the school; **classe préparatoire** class which prepares students for the *Grandes Écoles* entry exams; *see boxed note*; **classe sociale** social class; **classe touriste** economy class

classement [klasmã] *nm* classifying; filing; grading; closing; (*rang: SCOL*) place; (: *SPORT*) placing; (*liste: SCOL*) class list (in order of merit); (: *SPORT*) placings *pl*; **premier au classement général** (*SPORT*) first overall

classer [klase] *vt* (*idées, livres*) to classify; (*papiers*) to file; (*candidat, concurrent*) to grade; (*personne: juger: péj*) to rate; (*JUR: affaire*) to close; **se classer premier/dernier** to come first/last; (*SPORT*) to finish first/last

classeur [klasœʀ] *nm* file; (*meuble*) filing cabinet; **classeur à feuillets mobiles** ring binder

classique [klasik] *adj* classical; (*habituel*) standard, classic ♦ *nm* classic; classical author; **études classiques** classical studies, classics

clause [kloz] *nf* clause

clavecin [klavsɛ̃] *nm* harpsichord

clavicule [klavikyl] *nf* clavicle, collarbone

clavier [klavje] *nm* keyboard

clé, clef [kle] *nf* key; (*MUS*) clef; (*de mécanicien*) spanner (*BRIT*), wrench (*US*) ♦ *adj*: **problème/position clé** key problem/position; **mettre sous clé** to place under lock and key; **prendre la clé des champs** to run away, make off; **prix clés en main** (*d'une voiture*) on-the-road price; (*d'un appartement*) price with immediate entry; **clé de sol/de fa/d'ut** treble/bass/alto clef; **livre/film** *etc* **à clé** book/film *etc* in which real people are depicted under fictitious names; **à la clé** (*à la fin*) at the end of it all; **clé anglaise** = **clé à molette**; **clé de contact** ignition key; **clé à molette** adjustable spanner (*BRIT*) *ou* wrench, monkey wrench; **clé de voûte** keystone

clément, e [klemã, -ãt] *adj* (*temps*) mild; (*indulgent*) lenient

clerc [klɛʀ] *nm*: **clerc de notaire** *ou* **d'avoué** lawyer's clerk

clergé [klɛʀʒe] *nm* clergy

cliché [klife] *nm* (*PHOTO*) negative; print; (*TYPO*) (printing) plate; (*LING*) cliché

client, e [klijɑ̃, -ɑ̃t] *nm/f* (*acheteur*) customer, client; (*d'hôtel*) guest, patron; (*du docteur*) patient; (*de l'avocat*) client

clientèle [klijɑ̃tɛl] *nf* (*du magasin*) customers *pl*, clientèle; (*du docteur, de l'avocat*) practice; **accorder sa clientèle à** to give one's custom to; **retirer sa clientèle à** to take one's business away from

cligner [kliɲe] *vi*: **cligner des yeux** to blink (one's eyes); **cligner de l'œil** to wink

clignotant [kliɲɔtɑ̃] *nm* (*AUTO*) indicator

clignoter [kliɲɔte] *vi* (*étoiles etc*) to twinkle; (*lumière: à intervalles réguliers*) to flash; (: *vaciller*) to flicker; (*yeux*) to blink

climat [klima] *nm* climate

climatisation [klimatizasjɔ̃] *nf* air conditioning

climatisé, e [klimatize] *adj* air-conditioned

clin d'œil [klɛ̃dœj] *nm* wink; **en un clin d'œil** in a flash

clinique [klinik] *adj* clinical ♦ *nf* nursing home, private) clinic

clinquant, e [klɛ̃kɑ̃, -ɑ̃t] *adj* flashy

clip [klip] *nm* (*pince*) clip; (*vidéo*) pop (*ou* promotional) video

cliqueter [klikte] *vi* to clash; (*ferraille, clefs, monnaie*) to jangle, jingle; (*verres*) to chink

clochard, e [klɔʃar, -ard(ə)] *nm/f* tramp

cloche [klɔʃ] *nf* (*d'église*) bell; (*fam*) clot; (*chapeau*) cloche (hat); **cloche à fromage** cheese-cover

cloche-pied [klɔʃpje]: **à cloche-pied** *adv* on one leg, hopping (along)

clocher [klɔʃe] *nm* church tower; (*en pointe*) steeple ♦ *vi* (*fam*) to be *ou* go wrong; **de clocher** (*péj*) parochial

cloison [klwazɔ̃] *nf* partition (wall); **cloison étanche** (*fig*) impenetrable barrier, brick wall (*fig*)

cloître [klwatr(ə)] *nm* cloister

cloîtrer [klwatre] *vt*: **se cloîtrer** to shut o.s. away; (*REL*) to enter a convent *ou* monastery

cloque [klɔk] *nf* blister

clore [klɔr] *vt* to close; **clore une session** (*INFORM*) to log out

clos, e [klo, -oz] *pp de* **clore** ♦ *adj voir* **maison, huis, vase** ♦ *nm* (enclosed) field

clôture [klotyr] *nf* closure, closing; (*barrière*) enclosure, fence

clôturer [klotyre] *vt* (*terrain*) to enclose, close off; (*festival, débats*) to close

clou [klu] *nm* nail; (*MÉD*) boil; **clous** *nmpl* = **passage clouté; pneus à clous** studded tyres; **le clou du spectacle** the highlight of the show; **clou de girofle** clove

clouer [klue] *vt* to nail down (*ou* up); (*fig*): **clouer sur/contre** to pin to/against

clown [klun] *nm* clown; **faire le clown** (*fig*) to clown (about), play the fool

club [klœb] *nm* club

CMU *sigle f* (= *couverture maladie universelle*) system of free health care for those on low incomes

CNRS *sigle m* = *Centre national de la recherche scientifique*

coaguler [kɔagyle] *vi*, *vt*: **se coaguler** *vi* to coagulate

coasser [kɔase] *vi* to croak

cobaye [kɔbaj] *nm* guinea-pig

coca® [kɔka] *nm* Coke®

cocaïne [kɔkain] *nf* cocaine

cocasse [kɔkas] *adj* comical, funny

coccinelle [kɔksinɛl] *nf* ladybird (*BRIT*), ladybug (*US*)

cocher [kɔʃe] *nm* coachman ♦ *vt* to tick off; (*entailler*) to notch

cochère [kɔʃɛr] *adj f*: **porte cochère** carriage entrance

cochon, ne [kɔʃɔ̃, -ɔn] *nm* pig ♦ *nm/f* (*péj: sale*) (filthy) pig; (: *méchant*) swine ♦ *adj* (*fam*) dirty, smutty; **cochon d'Inde** guinea-pig; **cochon de lait** (*CULIN*) sucking pig

cochonnerie [kɔʃɔnri] *nf* (*fam: saleté*) filth; (: *marchandises*) rubbish, trash

cocktail [kɔktɛl] *nm* cocktail; (*réception*) cocktail party

coco [kɔko] *nm voir* **noix**; (*fam*) bloke (*BRIT*), dude (*US*)

cocorico [kɔkɔriko] *excl*, *nm* cock-a-doodle-do

cocotier [kɔkɔtje] *nm* coconut palm

cocotte [kɔkɔt] *nf* (*en fonte*) casserole; **ma cocotte** (*fam*) sweetie (*pie*); **cocotte (minute)®** pressure cooker; **cocotte en papier** paper shape

cocu [kɔky] *nm* cuckold

code [kɔd] *nm* code; **se mettre en code(s)** to dip (*BRIT*) *ou* dim (*US*) one's (head)lights; **code à barres** bar code; **code de caractère** (*INFORM*) character code; **code civil** Common Law; **code machine** machine code; **code pénal** penal code; **code postal** (*numéro*) postcode (*BRIT*), zip code (*US*); **code de la route** highway code; **code secret** cipher

cœur [kœr] *nm* heart; (*CARTES: couleur*) hearts *pl*; (: *carte*) heart; (*CULIN*): **cœur de laitue/d'artichaut** lettuce/artichoke heart; (*fig*): **cœur du débat** heart of the debate; **cœur de l'été** height of summer; **cœur de la forêt** depths *pl* of the forest; **affaire de cœur** love affair; **avoir bon cœur** to be kind-hearted; **avoir mal au cœur** to feel sick; **contre** *ou* **sur son cœur** to one's breast; **opérer qn à cœur ouvert** to perform open-heart surgery on sb; **recevoir qn à cœur ouvert** to welcome sb with open arms; **parler à cœur ouvert** to open one's heart; **de tout son cœur** with all one's heart; **avoir le cœur gros** *ou* **serré** to have a heavy heart; **en avoir le cœur net** to be clear in one's own mind (about it); **par cœur** by heart; **de bon cœur** willingly; **avoir à cœur de faire** to be very keen to do; **cela lui tient à cœur** that's (very) close to his heart;

prendre les choses à cœur to take things to heart; **à cœur joie** to one's heart's content; **être de tout cœur avec qn** to be (completely) in accord with sb

coffre [kɔfʀ] *nm* (*meuble*) chest; (*coffre-fort*) safe; (*d'auto*) boot (*BRIT*), trunk (*US*); **avoir du coffre** (*fam*) to have a lot of puff

coffre-fort, *pl* **coffres-forts** [kɔfʀəfɔʀ] *nm* safe

coffret [kɔfʀɛ] *nm* casket; **coffret à bijoux** jewel box

cognac [kɔɲak] *nm* brandy, cognac

cogner [kɔɲe] *vi* to knock, bang; **se cogner** to bump o.s.

cohérent, e [kɔeʀɑ̃, -ɑ̃t] *adj* coherent

cohorte [kɔɔʀt(ə)] *nf* troop

cohue [kɔy] *nf* crowd

coi, coite [kwa, kwat] *adj*: **rester coi** to remain silent

coiffe [kwaf] *nf* headdress

coiffé, e [kwafe] *adj*: **bien/mal coiffé** with tidy/untidy hair; **coiffé d'un béret** wearing a beret, **coiffé en arrière** with one's hair brushed *ou* combed back; **coiffé en brosse** with a crew cut

coiffer [kwafe] *vt* (*fig*) to cover, top; **coiffer qn** to do sb's hair; **coiffer qn d'un béret** to put a beret on sb; **se coiffer** to do one's hair; to put on *ou* one's hat

coiffeur, euse [kwafœʀ, -øz] *nm/f* hairdresser ♦ *nf* (*table*) dressing table

coiffure [kwafyʀ] *nf* (*cheveux*) hairstyle, hairdo; (*chapeau*) hat, headgear *no pl*; (*art*): **la coiffure** hairdressing

coin [kwɛ̃] *nm* corner; (*pour graver*) die; (*pour coincer*) wedge; (*poinçon*) hallmark; **l'épicerie du coin** the local grocer; **dans le coin** (*aux alentours*) in the area, around about; locally; **au coin du feu** by the fireside; **du coin de l'œil** out of the corner of one's eye; **regard en coin** side(ways) glance; **sourire en coin** half-smile

coincé, e [kwɛ̃se] *adj* stuck, jammed; (*fig: inhibé*) inhibited, with hang-ups

coincer [kwɛ̃se] *vt* to jam; (*fam*) to catch (out); to nab; **se coincer** to get stuck *ou* jammed

coïncidence [kɔɛ̃sidɑ̃s] *nf* coincidence

coïncider [kɔɛ̃side] *vi*: **coïncider (avec)** to coincide (with); (*correspondre: témoignage etc*) to correspond *ou* tally (with)

coing [kwɛ̃] *nm* quince

col [kɔl] *nm* (*de chemise*) collar; (*encolure, cou*) neck; (*de montagne*) pass; **col roulé** polo-neck; **col de l'utérus** cervix

colère [kɔlɛʀ] *nf* anger; **une colère** a fit of anger; **être en colère (contre qn)** to be angry (with sb); **mettre qn en colère** to make sb angry; **se mettre en colère** to get angry

coléreux, euse [kɔleʀø, -øz] *adj*, **colérique** [kɔleʀik] *adj* quick-tempered, irascible

colifichet [kɔlifiʃɛ] *nm* trinket

colimaçon [kɔlimasɔ̃] *nm*: **escalier en colimaçon** spiral staircase

colin [kɔlɛ̃] *nm* hake

colique [kɔlik] *nf* diarrhoea (*BRIT*), diarrhea (*US*); (*douleurs*) colic (pains *pl*); (*fam: personne ou chose ennuyeuse*) pain

colis [kɔli] *nm* parcel; **par colis postal** by parcel post

collaborateur, trice [kɔlabɔʀatœʀ, -tʀis] *nm/f* (*aussi POL*) collaborator; (*d'une revue*) contributor

collaborer [kɔlabɔʀe] *vi* to collaborate; (*aussi:* **collaborer à**) to collaborate on; (*revue*) to contribute to

collant, e [kɔlɑ̃, -ɑ̃t] *adj* sticky; (*robe etc*) clinging, skintight; (*péj*) clinging ♦ *nm* (*bas*) tights *pl*

collation [kɔlasjɔ̃] *nf* light meal

colle [kɔl] *nf* glue; (*à papiers peints*) (wallpaper) paste; (*devinette*) teaser, riddle; (*SCOL fam*) detention; **colle forte** superglue®

collecte [kɔlɛkt(ə)] *nf* collection; **faire une collecte** to take up a collection

collectif, ive [kɔlɛktif, -iv] *adj* collective; (*visite, billet etc*) group *cpd* ♦ *nm*: **collectif budgétaire** mini-budget (*BRIT*), mid-term budget; **immeuble collectif** block of flats

collection [kɔlɛksjɔ̃] *nf* collection; (*ÉDITION*) series; **pièce de collection** collector's item; **faire (la) collection de** to collect; **(toute) une collection de ...** (*fig*) a (complete) set of ...

collectionner [kɔlɛksjɔne] *vt* (*tableaux, timbres*) to collect

collectionneur, euse [kɔlɛksjɔnœʀ, -øz] *nm/f* collector

collectivité [kɔlɛktivite] *nf* group; **la collectivité** the community, the collectivity; **les collectivités locales** local authorities

collège [kɔlɛʒ] *nm* (*école*) (secondary) school; (*assemblée*) body; **collège électoral** electoral college; **collège d'enseignement secondaire (CES)** ≈ junior secondary school (*BRIT*), ≈ junior high school (*US*); *see boxed note*

collégien, ne [kɔleʒjɛ̃, -ɛn] *nm/f* secondary school pupil (*BRIT*), high school student (*US*)

collègue [kɔlɛg] nm/f colleague

coller [kɔle] vt (papier, timbre) to stick (on); (affiche) to stick up; (appuyer, placer contre): **coller son front à la vitre** to press one's face to the window; (enveloppe) to stick down; (morceaux) to stick ou glue together; (fam: mettre, fourrer) to stick, shove; (SCOL fam) to keep in, give detention to ♦ vi (être collant) to be sticky; (adhérer) to stick; **coller qch sur** to stick (ou paste ou glue) sth on(to); **coller à** to stick to; (fig) to cling to

collet [kɔlɛ] nm (piège) snare, noose; (cou): **prendre qn au collet** to grab sb by the throat; **collet monté** adj inv straight-laced

collier [kɔlje] nm (bijou) necklace; (de chien, TECH) collar; **collier (de barbe), barbe en collier** narrow beard along the line of the jaw; **collier de serrage** choke collar

collimateur [kɔlimatœʀ] nm: **être dans le collimateur** (fig) to be in the firing line; **avoir qn/qch dans le collimateur** (fig) to have sb/sth in one's sights

colline [kɔlin] nf hill

collision [kɔlizjɔ̃] nf collision, crash; **entrer en collision (avec)** to collide (with)

colloque [kɔlɔk] nm colloquium, symposium

collyre [kɔliʀ] nm (MÉD) eye lotion

colmater [kɔlmate] vt (fuite) to seal off; (brèche) to plug, fill in

colombe [kɔlɔ̃b] nf dove

Colombie [kɔlɔ̃bi] nf: **la Colombie** Colombia

colon [kɔlɔ̃] nm settler; (enfant) boarder (in children's holiday camp)

colonel [kɔlɔnɛl] nm colonel; (de l'armée de l'air) group captain

colonie [kɔlɔni] nf colony; **colonie (de vacances)** holiday camp (for children)

colonne [kɔlɔn] nf column; **se mettre en colonne par deux/quatre** to get into twos/fours; **en colonne par deux** in double file; **colonne de secours** rescue party; **colonne (vertébrale)** spine, spinal column

colorant [kɔlɔʀɑ̃] nm colo(u)ring

colorer [kɔlɔʀe] vt to colour (BRIT), color (US); **se colorer** vi to turn red; to blush

colorier [kɔlɔʀje] vt to colo(u)r (in); **album à colorier** colouring book

coloris [kɔlɔʀi] nm colo(u)r, shade

colporter [kɔlpɔʀte] vt to peddle

colza [kɔlza] nm rape(seed)

coma [kɔma] nm coma; **être dans le coma** to be in a coma

combat [kɔ̃ba] vb voir **combattre** ♦ nm fight; fighting no pl; **combat de boxe** boxing match; **combat de rues** street fighting no pl; **combat singulier** single combat

combattant [kɔ̃batɑ̃] vb voir **combattre** ♦ nm combatant; (d'une rixe) brawler; **ancien combattant** war veteran

combattre [kɔ̃batʀ(ə)] vi to fight ♦ vt to fight; (épidémie, ignorance) to combat

combien [kɔ̃bjɛ̃] adv (quantité) how much; (nombre) how many; (exclamatif) how; **combien de** how much; how many; **combien de temps** how long, how much time; **c'est combien?, ça fait combien?** how much is it?; **combien coûte/pèse ceci?** how much does this cost/weigh?; **vous mesurez combien?** what size are you?; **ça fait combien en largeur?** how wide is that?

combinaison [kɔ̃binɛzɔ̃] nf combination; (astuce) device, scheme; (de femme) slip; (d'aviateur) flying suit; (d'homme-grenouille) wetsuit; (bleu de travail) boilersuit (BRIT), coveralls pl (US)

combine [kɔ̃bin] nf trick; (péj) scheme, fiddle (BRIT)

combiné [kɔ̃bine] nm (aussi: **combiné téléphonique**) receiver; (SKI) combination (event); (vêtement de femme) corselet

combiner [kɔ̃bine] vt to combine; (plan, horaire) to work out, devise

comble [kɔ̃bl(ə)] adj (salle) packed (full) ♦ nm (du bonheur, plaisir) height; **combles** nmpl (CONSTR) attic sg, loft sg; **de fond en comble** from top to bottom; **pour comble de malchance** to cap it all; **c'est le comble!** that beats everything!, that takes the biscuit! (BRIT); **sous les combles** in the attic

combler [kɔ̃ble] vt (trou) to fill in; (besoin, lacune) to fill; (déficit) to make good; (satisfaire) to gratify, fulfil (BRIT), fulfill (US); **combler qn de joie** to fill sb with joy; **combler qn d'honneurs** to shower sb with honours

combustible [kɔ̃bystibl(ə)] adj combustible ♦ nm fuel

comédie [kɔmedi] nf comedy; (fig) playacting no pl; **jouer la comédie** (fig) to put on an act; **comédie musicale** musical; see boxed note

COMÉDIE FRANÇAISE

Founded in 1680 by Louis XIV, the **Comédie française** is the French national theatre. The company is subsidized by the state and mainly performs in the Palais Royal in Paris, tending to concentrate on classical French drama.

comédien, ne [kɔmedjɛ̃, -ɛn] nm/f actor/actress; (comique) comedy actor/actress, comedian/comedienne; (fig) sham

comestible [kɔmɛstibl(ə)] adj edible; **comestibles** nmpl foods

comique [kɔmik] adj (drôle) comical; (THÉAT) comic ♦ nm (artiste) comic, comedian; **le comique de qch** the funny ou comical side of sth

comité [kɔmite] nm committee; **petit comité** select group; **comité directeur** management committee; **comité d'entreprise (CE)** works council;

comité des fêtes festival committee

commandant [kɔmãdã] nm (gén) commander, commandant; (MIL: grade) major; (: armée de l'air) squadron leader; (NAVIG) captain; **commandant (de bord)** (AVIAT) captain

commande [kɔmãd] nf (COMM) order; (INFORM) command; **commandes** nfpl (AVIAT etc) controls; **passer une commande (de)** to put in an order (for); **sur commande** to order; **commande à distance** remote control; **véhicule à double commande** vehicle with dual controls

commandement [kɔmãdmã] nm command; (ordre) command, order; (REL) commandment

commander [kɔmãde] vt (COMM) to order; (diriger, ordonner) to command; **commander à** (MIL) to command; (contrôler, maîtriser) to have control over; **commander à qn de faire** to command ou order sb to do

commando [kɔmãdo] nm commando (squad)

MOT-CLÉ

comme [kɔm] prép 1 (comparaison) like; **tout comme son père** just like his father; **fort comme un bœuf** as strong as an ox; **joli comme tout** ever so pretty

2 (manière) like; **faites-le comme ça** do it like this, do it this way; **comme ça ou cela on n'aura pas d'ennuis** that way we won't have any problems; **comme ci, comme ça** so-so, middling; **comment ça va? – comme ça** how are things? – OK; **comme on dit** as they say

3 (en tant que) as a; **donner comme prix** to give as a prize; **travailler comme secrétaire** to work as a secretary

4: **comme quoi** (d'où il s'ensuit que) which shows that; **il a écrit une lettre comme quoi il ...** he's written a letter saying that ...

5: **comme il faut** phr adv properly; phr adj (correct) proper, correct

♦ conj 1 (ainsi que) as; **elle écrit comme elle parle** she writes as she talks; **comme si** as if

2 (au moment où, alors que) as; **il est parti comme j'arrivais** he left as I arrived

3 (parce que, puisque) as, since; **comme il était en retard, il ...** as he was late, he ...

♦ adv: **comme il est fort/c'est bon!** he's so strong/it's so good!; **il est malin comme c'est pas permis** he's as smart as anything

---

commémorer [kɔmemɔre] vt to commemorate

commencement [kɔmãsmã] nm beginning, start, commencement; **commencements** nmpl (débuts) beginnings

commencer [kɔmãse] vt to begin, start, commence ♦ vi to begin, start, commence; **commencer à ou de faire** to begin ou start doing; **commencer par qch** to begin with sth; **commencer par faire qch** to begin by doing sth

comment [kɔmã] adv how; **comment?** (que dites-vous?) (I beg your) pardon?; **comment!** what! ♦ nm: **le comment et le pourquoi** the whys and wherefores; **et comment!** and how!; **comment donc!** of course!; **comment faire?** how will we do it?; **comment se fait-il que?** how is it that?

commentaire [kɔmãtɛr] nm comment; remark; **commentaire (de texte)** (SCOL) commentary; **commentaire sur image** voice-over

commenter [kɔmãte] vt (jugement, événement) to comment (up)on; (RADIO, TV: match, manifestation) to cover, give a commentary on

commérages [kɔmeraʒ] nmpl gossip sg

commerçant, e [kɔmɛrsã, -ãt] adj commercial; trading; (rue) shopping cpd; (personne) commercially shrewd ♦ nm/f shopkeeper, trader

commerce [kɔmɛrs] nm (activité) trade, commerce; (boutique) business; **le petit commerce** small shopowners pl, small traders pl; **faire commerce de** to trade in; (fig: péj) to trade on; **chambre de commerce** Chamber of Commerce; **livres de commerce** (account) books; **vendu dans le commerce** sold in the shops; **vendu hors-commerce** sold directly to the public; **commerce en ou de gros/détail** wholesale/retail trade; **commerce électronique** e-commerce; **commerce intérieur/extérieur** home/foreign trade

commercial, e, aux [kɔmɛrsjal, -o] adj commercial, trading; (péj) commercial ♦ nm: **les commerciaux** the commercial people

commercialiser [kɔmɛrsjalize] vt to market

commère [kɔmɛr] nf gossip

commettre [kɔmɛtr(ə)] vt to commit; **se commettre** to compromise one's good name

commis [kɔmi] vb voir **commettre** ♦ nm (de magasin) (shop) assistant (BRIT), sales clerk (US); (de banque) clerk; **commis voyageur** commercial traveller (BRIT) ou traveler (US)

commis, e [kɔmi, -iz] pp de **commettre**

commissaire [kɔmisɛr] nm (de police) ≈ (police) superintendent (BRIT), ≈ (police) captain (US); (de rencontre sportive etc) steward; **commissaire du bord** (NAVIG) purser; **commissaire aux comptes** (ADMIN) auditor

commissaire-priseur, pl **commissaires-priseurs** [kɔmisɛrprizœr] nm (official) auctioneer

commissariat [kɔmisarja] nm: **commissariat (de police)** police station; (ADMIN) commissionership

commission [kɔmisjɔ] nf (comité, pourcentage) commission; (message) message; (course) errand; **commissions** nfpl (achats) shopping sg; **commission d'examen** examining board

commode [kɔmɔd] adj (pratique) convenient, handy; (facile) easy; (air, personne) easy-going; (personne): **pas commode** awkward (to deal with) ♦ nf chest of drawers

commodité [kɔmɔdite] nf convenience

commotion [kɔmosjɔ] nf: **commotion**

(cérébrale) concussion

commotionné, e [kɔmɔsjɔne] *adj* shocked, shaken

commun, e [kɔmœ̃, -yn] *adj* common; (*pièce*) communal, shared; (*réunion, effort*) joint ♦ *nf* (ADMIN) commune, ≈ district; (:*urbaine*) ≈ borough; **communs** *nmpl* (*bâtiments*) outbuildings; **cela sort du commun** it's out of the ordinary; **le commun des mortels** the common run of people; **sans commune mesure** incomparable; **être commun à** (*suj: chose*) to be shared by; **en commun** (*faire*) jointly; **mettre en commun** to pool, share; **peu commun** unusual; **d'un commun accord** of one accord; with one accord

communauté [kɔmynote] *nf* community; (JUR): **régime de la communauté** communal estate settlement

commune [kɔmyn] *adj f, nf voir* **commun**

communicatif, ive [kɔmynikatif, -iv] *adj* (*personne*) communicative; (*rire*) infectious

communication [kɔmynikasjɔ̃] *nf* communication; **communication (téléphonique)** (telephone) call; **avoir la communication (avec)** to get on the through (to); **vous avez la communication** you're through; **donnez-moi la communication avec** put me through to; **mettre qn en communication avec qn** (*en contact*) to put sb in touch with sb; (*au téléphone*) to connect sb with sb; **communication interurbaine** long-distance call; **communication en PCV** reverse charge (BRIT) *ou* collect (US) call; **communication avec préavis** personal call

communier [kɔmynje] *vi* (REL) to receive communion; (*fig*) to be united

communion [kɔmynjɔ̃] *nf* communion

communiquer [kɔmynike] *vt* (*nouvelle, dossier*) to pass on, convey; (*maladie*) to pass on; (*peur etc*) to communicate; (*chaleur, mouvement*) to transmit ♦ *vi* to communicate; **communiquer avec** (*suj: salle*) to communicate with; **se communiquer à** (*se propager*) to spread to

communisme [kɔmynism(ə)] *nm* communism

communiste [kɔmynist(ə)] *adj, nm/f* communist

commutateur [kɔmytatœʀ] *nm* (ÉLEC) (changeover) switch, commutator

compact, e [kɔ̃pakt] *adj* dense; compact

compagne [kɔ̃paɲ] *nf* companion

compagnie [kɔ̃paɲi] *nf* (*firme*, MIL) company; (*groupe*) gathering; (*présence*): **la compagnie de qn** sb's company; **homme/femme de compagnie** escort; **tenir compagnie à qn** to keep sb company; **fausser compagnie à qn** to give sb the slip, ou sneak away from sb; **en compagnie de** in the company of s; **Dupont et compagnie, Dupont et Cie** Dupont and Company, Dupont and Co.; **compagnie aérienne** airline (company)

compagnon [kɔ̃paɲɔ̃] *nm* companion; (*autrefois: ouvrier*) craftsman; journeyman

comparable [kɔ̃paʀabl(ə)] *adj*: **comparable (à)** comparable (to)

comparaison [kɔ̃paʀɛzɔ̃] *nf* comparison; (*métaphore*) simile; **en comparaison (de)** in comparison (with); **par comparaison (à)** by comparison (with)

comparaître [kɔ̃paʀɛtʀ(ə)] *vi*: **comparaître (devant)** to appear (before)

comparer [kɔ̃paʀe] *vt* to compare; **comparer qch/qn à** ou **et** (*pour choisir*) to compare sth/sb with ou and; (*pour établir une similitude*) to compare sth/sb to ou and

compartiment [kɔ̃paʀtimã] *nm* compartment

comparution [kɔ̃paʀysjɔ̃] *nf* appearance

compas [kɔ̃pa] *nm* (GÉOM) (pair of) compasses *pl*; (NAVIG) compass

compatible [kɔ̃patibl(ə)] *adj*: **compatible (avec)** compatible (with)

compatir [kɔ̃patiʀ] *vi*: **compatir (à)** to sympathize (with)

compatriote [kɔ̃patʀijɔt] *nm/f* compatriot, fellow countryman/woman

compensation [kɔ̃pɑ̃sasjɔ̃] *nf* compensation; (BANQUE) clearing; **en compensation** in ou as compensation

compenser [kɔ̃pɑ̃se] *vt* to compensate for, make up for

compère [kɔ̃pɛʀ] *nm* accomplice; fellow musician ou comedian *etc*

compétence [kɔ̃petɑ̃s] *nf* competence

compétent, e [kɔ̃petɑ̃, -ɑ̃t] *adj* (*apte*) competent, capable; (JUR) competent

compétition [kɔ̃petisjɔ̃] *nf* (*gén*) competition; (SPORT: *épreuve*) event; **la compétition** competitive sport; **être en compétition avec** to be competing with; **la compétition automobile** motor racing

complainte [kɔ̃plɛ̃t] *nf* lament

complaire [kɔ̃plɛʀ]: **se complaire** *vi*: **se complaire dans/parmi** to take pleasure in/in being among

complaisance [kɔ̃plezɑ̃s] *nf* kindness; (*péj*) indulgence; (:*fatuité*) complacency; **attestation de complaisance** certificate produced to oblige a patient etc; **pavillon de complaisance** flag of convenience

complaisant, e [kɔ̃plezɑ̃, -ɑ̃t] *vb voir* **complaire** ♦ *adj* (*aimable*) kind; obliging; (*péj*) accommodating; (:*fat*) complacent

complément [kɔ̃plemɑ̃] *nm* complement; (*reste*) remainder; (LING) complement; **complément d'information** (ADMIN) supplementary ou further information; **complément d'agent** agent; **complément (d'objet) direct/indirect** direct/indirect object; **complément (circonstanciel) de lieu/temps** adverbial phrase of place/time; **complément de nom** possessive phrase

complémentaire [kɔ̃plemɑ̃tɛʀ] *adj* complementary; (*additionnel*) supplementary

complet, ète [kɔ̃plɛ, -ɛt] *adj* complete; (*plein*:

hôtel etc) full ♦ *nm (aussi:* **complet-veston)** suit; **au (grand) complet** all together

complètement [kɔ̃plɛtmɑ̃] *adv (en entier)* completely; *(absolument: fou, faux etc)* absolutely; *(à fond: étudier etc)* fully, in depth

compléter [kɔ̃plete] *vt (porter à la quantité voulue)* to complete; *(augmenter)* to complement, supplement; to add to; **se compléter** *(personnes)* to complement one another; *(collection etc)* to become complete

complexe [kɔ̃plɛks(ə)] *adj* complex ♦ *nm (PSYCH)* complex, hang-up; *(bâtiments):* **complexe hospitalier/industriel** hospital/industrial complex

complexé, e [kɔ̃plɛkse] *adj* mixed-up, hung-up

complication [kɔ̃plikasjɔ̃] *nf* complexity, intricacy; *(difficulté, ennui)* complication; **complications** *nfpl (MÉD)* complications

complice [kɔ̃plis] *nm* accomplice

complicité [kɔ̃plisite] *nf* complicity

compliment [kɔ̃plimɑ̃] *nm (louange)* compliment; **compliments** *nmpl (félicitations)* congratulations

compliqué, e [kɔ̃plike] *adj* complicated, complex, intricate; *(personne)* complicated

compliquer [kɔ̃plike] *vt* to complicate; **se compliquer** *vi (situation)* to become complicated; **se compliquer la vie** to make life difficult *ou* complicated for o.s

complot [kɔ̃plo] *nm* plot

comportement [kɔ̃pɔrtəmɑ̃] *nm* behaviour *(BRIT)*, behavior *(US)*; *(TECH: d'une pièce, d'un véhicule)* behavio(u)r, performance

comporter [kɔ̃pɔrte] *vt* to be composed of, consist of, comprise; *(être équipé de)* to have; *(impliquer)* to entail, involve; **se comporter** *vi* to behave; *(TECH)* to behave, perform

composant [kɔ̃pozɑ̃] *nm* component, constituent

composé, e [kɔ̃poze] *adj (visage, air)* studied; *(BIO, CHIMIE, LING)* compound ♦ *nm (CHIMIE, LING)* compound; **composé de** made up of

composer [kɔ̃poze] *vt (musique, texte)* to compose; *(mélange, équipe)* to make up; *(faire partie de)* to make up, form; *(TYPO)* to (type)set ♦ *vi (SCOL)* to sit *ou* do a test; *(transiger)* to come to terms; **se composer de** to be composed of, be made up of; **composer un numéro** *(au téléphone)* to dial a number

compositeur, trice [kɔ̃pozitœr, -tris] *nm/f (MUS)* composer; *(TYPO)* compositor, typesetter

composition [kɔ̃pozisjɔ̃] *nf* composition; *(SCOL)* test; *(TYPO)* (type)setting, composition; **de bonne composition** *(accommodant)* easy to deal with; **amener qn à composition** to get sb to come to terms; **composition française** *(SCOL)* French essay

composter [kɔ̃pɔste] *vt* to date-stamp; to punch

compote [kɔ̃pɔt] *nf* stewed fruit *no pl;* **compote de pommes** stewed apples

compréhensible [kɔ̃preɑ̃sibl(ə)] *adj* comprehensible; *(attitude)* understandable

compréhensif, ive [kɔ̃preɑ̃sif, -iv] *adj* understanding

comprendre [kɔ̃prɑ̃dr(ə)] *vt* to understand; *(se composer de)* to comprise, consist of; *(inclure)* to include; **se faire comprendre** to make o.s. understood; to get one's ideas across; **mal comprendre** to misunderstand

compresse [kɔ̃prɛs] *nf* compress

compression [kɔ̃presjɔ̃] *nf* compression; *(d'un crédit etc)* reduction

comprimé, e [kɔ̃prime] *adj:* **air comprimé** compressed air ♦ *nm* tablet

comprimer [kɔ̃prime] *vt* to compress; *(fig: crédit etc)* to reduce, cut down

compris, e [kɔ̃pri, -iz] *pp de* **comprendre** ♦ *adj (inclus)* included; **compris?** understood?, is that clear?; **compris entre** *(situé)* contained between; **la maison comprise/non comprise, y/non compris la maison** including/excluding the house; **service compris** service (charge) included; **100 F tout compris** 100 F all inclusive *ou* all-in

compromettre [kɔ̃prɔmɛtr(ə)] *vt* to compromise

compromis [kɔ̃prɔmi] *vb voir* **compromettre** ♦ *nm* compromise

comptabilité [kɔ̃tabilite] *nf (activité, technique)* accounting, accountancy; *(d'une société: comptes)* accounts *pl*, books *pl*; *(: service)* accounts office *ou* department; **comptabilité à partie double** double-entry book-keeping

comptable [kɔ̃tabl(ə)] *nm/f* accountant ♦ *adj* accounts *cpd*, accounting

comptant [kɔ̃tɑ̃] *adv:* **payer comptant** to pay cash; **acheter comptant** to buy for cash

compte [kɔ̃t] *nm* count, counting; *(total, montant)* count, (right) number; *(bancaire, facture)* account; **comptes** *nmpl* accounts, books; *(fig)* explanation *sg;* **ouvrir un compte** to open an account; **rendre des comptes à qn** *(fig)* to be answerable to sb; **faire le compte de** to count up, make a count of; **tout compte fait** on the whole; **à ce compte-là** *(dans ce cas)* in that case; *(à ce train-là)* at that rate; **en fin de compte** *(fig)* all things considered, weighing it all up; **au bout du compte** in the final analysis; **à bon compte** at a favourable price; *(fig)* lightly; **avoir son compte** *(fig: fam)* to have had it; **pour le compte de** on behalf of; **pour son propre compte** for one's own benefit; **sur le compte de qn** *(à son sujet)* about sb; **travailler à son compte** to work for oneself; **mettre qch sur le compte de qn** *(le rendre responsable)* to attribute sth to sb; **prendre qch à son compte** to take responsibility for sth; **trouver son compte à qch** to do well out of sth; **régler un compte** *(s'acquitter de qch)* to settle an account; *(se venger)* to get one's own back; **rendre compte (à qn) de qch** to give (sb) an account of sth; **tenir compte de qch** to take sth into account; **compte tenu de** taking into account;

compte en banque bank account; **compte chèque(s)** current account; **compte chèque postal (CCP)** Post Office account; **compte client** (*sur bilan*) accounts receivable; **compte courant (CC)** current account; **compte de dépôt** deposit account; **compte d'exploitation** operating account; **compte fournisseur** (*sur bilan*) accounts payable; **compte à rebours** countdown; **compte rendu** account, report; (*de film, livre*) review; *voir aussi* **rendre**

compte-gouttes [kɔ̃tgut] *nm inv* dropper

compter [kɔ̃te] *vt* to count; (*facturer*) to charge for; (*avoir à son actif, comporter*) to have; (*prévoir*) to allow, reckon; (*tenir compte de, inclure*) to include; (*penser, espérer*): **compter réussir/revenir** to expect to succeed/return ♦ *vi* to count; (*être économe*) to economize; (*être non négligeable*) to count, matter; (*valoir*): **compter pour** to count for; (*figurer*): **compter parmi** to be *ou* rank among; **compter sur** to count (up)on; **compter avec qch/qn** to reckon with *ou* take account of sth/sb; **compter sans qch/qn** to reckon without sth/sb; **sans compter que** besides which; **à compter du 10 janvier** (*comm*) (as) from 10th January

compteur [kɔ̃tœʀ] *nm* meter; **compteur de vitesse** speedometer

comptine [kɔ̃tin] *nf* nursery rhyme

comptoir [kɔ̃twaʀ] *nm* (*de magasin*) counter; (*de café*) counter, bar; (*colonial*) trading post

compulser [kɔ̃pylse] *vt* to consult

comte, comtesse [kɔ̃t, kɔ̃tes] *nm/f* count/countess

con, ne [kɔ̃, kɔn] *adj* (*fam!*) bloody (*BRIT*) *ou* damned stupid (*!*)

concéder [kɔ̃sede] *vt* to grant; (*défaite, point*) to concede; **concéder que** to concede that

concentré [kɔ̃sɑ̃tʀe] *nm* concentrate; **concentré de tomates** tomato purée

concentrer [kɔ̃sɑ̃tʀe] *vt* to concentrate; **se concentrer** to concentrate

concept [kɔ̃sɛpt] *nm* concept

conception [kɔ̃sɛpsjɔ̃] *nf* conception; (*d'une machine etc*) design

concerner [kɔ̃sɛʀne] *vt* to concern; **en ce qui me concerne** as far as I am concerned; **en ce qui concerne ceci** as far as this is concerned, with regard to this

concert [kɔ̃sɛʀ] *nm* concert; **de concert** *adv* in unison; together

concerter [kɔ̃sɛʀte] *vt* to devise; **se concerter** *vi* (*collaborateurs etc*) to put our (*ou* their *etc*) heads together, consult (each other)

concession [kɔ̃sesjɔ̃] *nf* concession

concessionnaire [kɔ̃sesjɔnɛʀ] *nm/f* agent, dealer

concevoir [kɔ̃svwaʀ] *vt* (*idée, projet*) to conceive (of); (*méthode, plan d'appartement, décoration etc*) to plan, design; (*enfant*) to conceive; **maison bien/**

mal conçue well-/badly-designed *ou* -planned house

concierge [kɔ̃sjɛʀʒ(ə)] *nm/f* caretaker; (*d'hôtel*) head porter

conciliabules [kɔ̃siljabyl] *nmpl* (private) discussions, confabulations (*BRIT*)

concilier [kɔ̃silje] *vt* to reconcile; **se concilier qn/l'appui de qn** to win sb over/sb's support

concis, e [kɔ̃si, -iz] *adj* concise

concitoyen, ne [kɔ̃sitwajɛ̃, -ɛn] *nm/f* fellow citizen

concluant, e [kɔ̃klyɑ̃, -ɑ̃t] *vb voir* **conclure** ♦ *adj* conclusive

conclure [kɔ̃klyʀ] *vt* to conclude; (*signer: accord, pacte*) to enter into; (*déduire*): **conclure qch de qch** to deduce sth from sth; **conclure à l'acquittement** to decide in favour of an acquittal; **conclure au suicide** to come to the conclusion (*ou* *JUR*) to pronounce) that it is a case of suicide; **conclure un marché** to clinch a deal; **j'en conclus que** from that I conclude that

conclusion [kɔ̃klyzjɔ̃] *nf* conclusion; **conclusions** *nfpl* (*JUR*) submissions; findings; **en conclusion** in conclusion

conçois [kɔ̃swa], **conçoive** etc [kɔ̃swav] *vb voir* **concevoir**

concombre [kɔ̃kɔ̃bʀ(ə)] *nm* cucumber

concorder [kɔ̃kɔʀde] *vi* to tally, agree

concourir [kɔ̃kuʀiʀ] *vi* (*SPORT*) to compete; **concourir à** *vt* (*effet etc*) to work towards

concours [kɔ̃kuʀ] *vb voir* **concourir** ♦ *nm* competition; (*SCOL*) competitive examination; (*assistance*) aid, help; **recrutement par voie de concours** recruitment by (competitive) examination; **apporter son concours à** to give one's support to; **concours de circonstances** combination of circumstances; **concours hippique** horse show; *voir* **hors**

concret, ète [kɔ̃kʀe, -et] *adj* concrete

concrétiser [kɔ̃kʀetize] *vt* to realize; **se concrétiser** *vi* to materialize

conçu, e [kɔ̃sy] *pp de* **concevoir**

concubinage [kɔ̃kybinaʒ] *nm* (*JUR*) cohabitation

concurrence [kɔ̃kyʀɑ̃s] *nf* competition; **jusqu'à concurrence de** up to; **concurrence déloyale** unfair competition

concurrent, e [kɔ̃kyʀɑ̃, -ɑ̃t] *adj* competing ♦ *nm/f* (*SPORT, ÉCON etc*) competitor; (*SCOL*) candidate

condamner [kɔ̃dane] *vt* (*blâmer*) to condemn; (*JUR*) to sentence; (*porte, ouverture*) to fill in, block up; (*malade*) to give up (hope for); (*obliger*): **condamner qn à qch/à faire** to condemn sb to sth/to do; **condamner qn à 2 ans de prison** to sentence sb to 2 years' imprisonment; **condamner qn à une amende** to impose a fine on sb

condensation [kɔ̃dɑ̃sasjɔ̃] *nf* condensation

condenser [kɔ̃dɑ̃se] *vt*: **se condenser** *vi* to condense

condisciple [kɔ̃disipl(ə)] nm/f school fellow, fellow student

condition [kɔ̃disjɔ̃] nf condition; **conditions** nfpl (tarif, prix) terms; (circonstances) conditions; **sans condition** adj unconditional ♦ adv unconditionally; **sous condition que** on condition that; **à condition de** ou **que** provided that; **en bonne condition** in good condition; **mettre en condition** (SPORT etc) to get fit; (PSYCH) to condition (mentally); **conditions de vie** living conditions

conditionnel, le [kɔ̃disjɔnel] adj conditional ♦ nm conditional (tense)

conditionnement [kɔ̃disjɔnmɑ̃] nm (emballage) packaging; (fig) conditioning

conditionner [kɔ̃disjɔne] vt (déterminer) to determine; (COMM: produit) to package; (fig: personne) to condition; **air conditionné** air conditioning; **réflexe conditionné** conditioned reflex

condoléances [kɔ̃dɔleɑ̃s] nfpl condolences

conducteur, trice [kɔ̃dyktœr, -tris] adj (ÉLEC) conducting ♦ nm/f (AUTO etc) driver; (de (or d'une) machine) operator ♦ nm (ÉLEC etc) conductor

conduire [kɔ̃dɥir] vt (véhicule, passager) to drive; (délégation, troupeau) to lead; **se conduire** vi to behave; **conduire vers/à** to lead towards/to; **conduire qn quelque part** to take sb somewhere; to drive sb somewhere

conduite [kɔ̃dɥit] nf (en auto) driving; (comportement) behaviour (BRIT), behavior (US); (d'eau, de gaz) pipe; **sous la conduite de** led by; **conduite forcée** pressure pipe; **conduite à gauche** left-hand drive; **conduite intérieure** saloon (car)

cône [kon] nm cone; **en forme de cône** cone-shaped

confection [kɔ̃feksjɔ̃] nf (fabrication) making; (COUTURE): **la confection** the clothing industry, the rag trade (fam); **vêtement de confection** ready-to-wear ou off-the-peg garment

confectionner [kɔ̃feksjɔne] vt to make

conférence [kɔ̃ferɑ̃s] nf (exposé) lecture; (pourparlers) conference; **conférence de presse** press conference; **conférence au sommet** summit (conference)

conférencier, ière [kɔ̃ferɑ̃sje, -jɛr] nm/f lecturer

confesser [kɔ̃fese] vt to confess; **se confesser** vi (REL) to go to confession

confession [kɔ̃fesjɔ̃] nf confession; (culte: catholique etc) denomination

confiance [kɔ̃fjɑ̃s] nf confidence, trust; faith; **avoir confiance en** to have confidence ou faith in, trust; **faire confiance à** to trust; **en toute confiance** with complete confidence; **de confiance** trustworthy, reliable; **mettre qn en confiance** to win sb's trust; **vote de confiance** (POL) vote of confidence; **inspirer confiance à** to inspire confidence in; **confiance en soi** self-confidence voir **question**

confiant, e [kɔ̃fjɑ̃, -ɑ̃t] adj confident; trusting

confidence [kɔ̃fidɑ̃s] nf confidence

confidentiel, le [kɔ̃fidɑ̃sjel] adj confidential

confier [kɔ̃fje] vt: **confier à qn** (objet en dépôt, travail etc) to entrust to sb; (secret, pensée) to confide to sb; **se confier à qn** to confide in sb

confins [kɔ̃fɛ̃] nmpl: **aux confins de** on the borders of

confirmation [kɔ̃firmasjɔ̃] nf confirmation

confirmer [kɔ̃firme] vt to confirm; **confirmer qn dans une croyance/ses fonctions** to strengthen sb in a belief/his duties

confiserie [kɔ̃fizri] nf (magasin) confectioner's ou sweet shop (BRIT), candy store (US); **confiseries** nfpl (bonbons) confectionery sg, sweets, candy no pl

confisquer [kɔ̃fiske] vt to confiscate

confit, e [kɔ̃fi, -it] adj: **fruits confits** crystallized fruits ♦ nm: **confit d'oie** potted goose

confiture [kɔ̃fityr] nf jam; **confiture d'oranges** (orange) marmalade

conflit [kɔ̃fli] nm conflict

confondre [kɔ̃fɔ̃dr(ə)] vt (jumeaux, faits) to confuse, mix up; (témoin, menteur) to confound; **se confondre** vi to merge; **se confondre en excuses** to offer profuse apologies, apologize profusely; **confondre qch/qn avec qch/qn d'autre** to mistake sth/sb for sth/sb else

confondu, e [kɔ̃fɔ̃dy] pp de **confondre** ♦ adj (stupéfait) speechless, overcome; **toutes catégories confondues** taking all categories together

conforme [kɔ̃fɔrm(ə)] adj: **conforme à** (en accord avec) in accordance with, in keeping with; (identique à) true to; **copie certifiée conforme** (ADMIN) certified copy; **conforme à la commande** as per order

conformément [kɔ̃fɔrmemɑ̃] adv: **conformément à** in accordance with

conformer [kɔ̃fɔrme] vt: **conformer qch à** to model sth on; **se conformer à** to conform to

confort [kɔ̃fɔr] nm comfort; **tout confort** (COMM) with all mod cons (BRIT) ou modern conveniences

confortable [kɔ̃fɔrtabl(ə)] adj comfortable

confrère [kɔ̃frɛr] nm colleague; fellow member

confronter [kɔ̃frɔ̃te] vt to confront; (textes) to compare, collate

confus, e [kɔ̃fy, -yz] adj (vague) confused; (embarrassé) embarrassed

confusion [kɔ̃fyzjɔ̃] nf (voir confus) confusion; embarrassment; (voir confondre) confusion; mixing up; (erreur) confusion; **confusion des peines** (JUR) concurrency of sentences

congé [kɔ̃ʒe] nm (vacances) holiday; (arrêt de travail) time off no pl; leave no pl; (MIL) leave no pl; (avis de départ) notice; **en congé** on holiday; off (work); on leave; **semaine/jour de congé** week/day off; **prendre congé de qn** to take one's leave of sb; **donner son congé à** to hand ou give in one's notice to; **congé de maladie** sick leave; **congé de maternité** maternity leave; **congés payés** paid holiday ou leave

congédier [kɔ̃ʒedje] vt to dismiss

congélateur [kɔ̃ʒelatœʀ] nm freezer, deep freeze

congeler [kɔ̃ʒle] vt: **se congeler** vi to freeze

congestion [kɔ̃ʒɛstjɔ̃] nf congestion; **congestion cérébrale** stroke; **congestion pulmonaire** congestion of the lungs

congestionner [kɔ̃ʒɛstjɔne] vt to congest; (MÉD) to flush

congrès [kɔ̃gʀɛ] nm congress

conifère [kɔnifɛʀ] nm conifer

conjecture [kɔ̃ʒɛktyʀ] nf conjecture, speculation no pl

conjoint, e [kɔ̃ʒwɛ̃, -wɛ̃t] adj joint ♦ nm/f spouse

conjonction [kɔ̃ʒɔ̃ksjɔ̃] nf (LING) conjunction

conjonctivite [kɔ̃ʒɔ̃ktivit] nf conjunctivitis

conjoncture [kɔ̃ʒɔ̃ktyʀ] nf circumstances pl; **la conjoncture (économique)** the economic climate ou situation

conjugaison [kɔ̃ʒygɛzɔ̃] nf (LING) conjugation

conjuguer [kɔ̃ʒyge] vt (LING) to conjugate; (efforts etc) to combine

conjuration [kɔ̃ʒyʀɑsjɔ̃] nf conspiracy

conjurer [kɔ̃ʒyʀe] vt (sort, maladie) to avert; (implorer): **conjurer qn de faire qch** to beseech ou entreat sb to do sth

connaissance [kɔnesɑ̃s] nf (savoir) knowledge no pl; (personne connue) acquaintance; (conscience) consciousness; **connaissances** nfpl knowledge no pl; **être sans connaissance** to be unconscious; **perdre/reprendre connaissance** to lose/regain consciousness; **à ma/sa connaissance** to (the best of) my/his knowledge; **faire connaissance avec qn** ou **la connaissance de qn** (rencontrer) to meet sb; (apprendre à connaître) to get to know sb; **avoir connaissance de** to be aware of; **prendre connaissance de** (document etc) to peruse; **en connaissance de cause** with full knowledge of the facts; **de connaissance** (personne, visage) familiar

connaisseur, euse [kɔnesœʀ, -øz] nm/f connoisseur ♦ adj expert

connaître [kɔnɛtʀ(ə)] vt to know; (éprouver) to experience; (avoir) to have; to enjoy; **connaître de nom/vue** to know by name/sight; **se connaître** to know each other; (soi-même) to know o.s.; **ils se sont connus à Genève** they (first) met in Geneva; **s'y connaître en qch** to know about sth

connecter [kɔnɛkte] vt to connect

connerie [kɔnʀi] nf (fam) (bloody) stupid (BRIT) ou damn-fool (US) thing to do ou say

connu, e [kɔny] pp de **connaître** ♦ adj (célèbre) well-known

conquérir [kɔ̃keʀiʀ] vt to conquer, win

conquête [kɔ̃kɛt] nf conquest

consacrer [kɔ̃sakʀe] vt (REL): **consacrer qch (à)** to consecrate sth (to); (fig: usage etc) to sanction,

establish; (employer): **consacrer qch à** to devote ou dedicate sth to; **se consacrer à qch/faire** to dedicate ou devote o.s. to sth/to doing

conscience [kɔ̃sjɑ̃s] nf conscience; (perception) consciousness; **avoir/prendre conscience de** to be/become aware of; **perdre/reprendre conscience** to lose/regain consciousness; **avoir bonne/mauvaise conscience** to have a clear/ guilty conscience; **en (toute) conscience** in all conscience

consciencieux, euse [kɔ̃sjɑ̃sjø, -øz] adj conscientious

conscient, e [kɔ̃sjɑ̃, -ɑ̃t] adj conscious; **conscient de** aware ou conscious of

conscrit [kɔ̃skʀi] nm conscript

consécutif, ive [kɔ̃sekytif, -iv] adj consecutive; **consécutif à** following upon

conseil [kɔ̃sɛj] nm (avis) piece of advice, advice no pl; (assemblée) council; (expert): **conseil en recrutement** recruitment consultant ♦ adj: **ingénieur-conseil** engineering consultant; **tenir conseil** to hold a meeting; to deliberate; **donner un conseil** ou **des conseils à qn** to give sb (a piece of) advice; **demander conseil à qn** to ask sb's advice; **prendre conseil (auprès de qn)** to take advice (from sb); **conseil d'administration (CA)** board (of directors); **conseil de classe** (SCOL) meeting of teachers, parents and class representatives to discuss pupils' progress; **conseil de discipline** disciplinary committee; **conseil général** regional council; see boxed note; **conseil de guerre** court-martial; **le conseil des ministres** = the Cabinet; **conseil municipal (CM)** town council; **conseil régional** regional board of elected representatives; **conseil de révision** recruitment ou draft (US) board

---

CONSEIL GÉNÉRAL

Each 'département' of France is run by a **Conseil général**, whose remit covers personnel, transport infrastructure, housing, school grants and economic development. The council is made up of 'conseillers généraux', each of whom represents a 'canton' and is elected for a six-year term. Half of the council's membership are elected every three years.

---

conseiller[1] [kɔ̃seje] vt (personne) to advise; (méthode, action) to recommend, advise; **conseiller qch à qn** to recommend sth to sb; **conseiller à qn de faire qch** to advise sb to do sth

conseiller[2]**, ère** [kɔ̃seje, -ɛʀ] nm/f adviser; **conseiller général** regional councillor; **conseiller matrimonial** marriage guidance counsellor; **conseiller municipal** town councillor; **conseiller d'orientation** (SCOL) careers adviser (BRIT), (school) counselor (US)

consentement [kɔ̃sɑ̃tmɑ̃] nm consent

consentir [kɔ̃sɑ̃tiʀ] vt: **consentir (à qch/faire)** to agree ou consent (to sth/to doing); **consentir qch à qn** to grant sb sth

conséquence [kɔ̃sekɑ̃s] nf consequence, outcome; **conséquences** nfpl/consequences, repercussions; **en conséquence** (donc) consequently; (de façon appropriée) accordingly; **ne pas tirer à conséquence** to be unlikely to have any repercussions; **sans conséquence** unimportant; **de conséquence** important

conséquent, e [kɔ̃sekɑ̃, -ɑ̃t] adj logical, rational; (fam: important) substantial; **par conséquent** consequently

conservateur, trice [kɔ̃sɛʁvatœʁ, -tʁis] adj conservative ♦ nm/f (POL) conservative; (de musée) curator

conservatoire [kɔ̃sɛʁvatwaʁ] nm academy; (ÉCOLOGIE) conservation area

conserve [kɔ̃sɛʁv(ə)] nf (gén pl) canned ou tinned (BRIT) food; **conserves de poisson** canned ou tinned (BRIT) fish; **en conserve** canned, tinned (BRIT); **de conserve** (ensemble) in concert; (naviguer) in convoy

conserver [kɔ̃sɛʁve] vt (faculté) to retain, keep; (habitude) to keep up; (amis, livres) to keep; (préserver, CULIN) to preserve; **se conserver** vi (aliments) to keep; **"conserver au frais"** "store in a cool place"

considérable [kɔ̃sideʁabl(ə)] adj considerable, significant, extensive

considération [kɔ̃sideʁasjɔ̃] nf consideration; (estime) esteem, respect; **considérations** nfpl (remarques) reflections; **prendre en considération** to take into consideration ou account; **ceci mérite considération** this is worth considering; **en considération de** given, because of

considérer [kɔ̃sideʁe] vt to consider; (regarder) to consider, study; **considérer qch comme** to regard sth as

consigne [kɔ̃siɲ] nf (COMM) deposit; (de gare) left luggage (office) (BRIT), checkroom (US); (punition: SCOL) detention; (: MIL) confinement to barracks; (ordre, instruction) instructions pl; **consigne automatique** left-luggage locker; **consignes de sécurité** safety instructions

consigner [kɔ̃siɲe] vt (note, pensée) to record; (marchandises) to deposit; (punir: MIL) to confine to barracks; (: élève) to put in detention; (COMM) to put a deposit on

consistant, e [kɔ̃sistɑ̃, -ɑ̃t] adj thick; solid

consister [kɔ̃siste] vi: **consister en/dans/à faire** to consist of/in/in doing

consœur [kɔ̃sœʁ] nf (lady) colleague; fellow member

console [kɔ̃sɔl] nf console; **console graphique ou de visualisation** (INFORM) visual display unit, VDU; **console de jeux vidéo** games console

consoler [kɔ̃sɔle] vt to console; **se consoler (de qch)** to console o.s. (for sth)

consolider [kɔ̃sɔlide] vt to strengthen, reinforce; (fig) to consolidate; **bilan consolidé** consolidated balance sheet

consommateur, trice [kɔ̃sɔmatœʁ, -tʁis] nm/f (ÉCON) consumer; (dans un café) customer

consommation [kɔ̃sɔmasjɔ̃] nf consumption; (JUR) consummation; (boisson) drink; **consommation aux 100 km** (AUTO) consumption per 100 km, ≈ miles per gallon (mpg), ≈ gas mileage (US); **de consommation** (biens, société) consumer cpd

consommer [kɔ̃sɔme] vt (personne) to eat ou drink, consume; (voiture, usine, poêle) to use, consume; (JUR) to consummate ♦ vi (dans un café) to (have a) drink

consonne [kɔ̃sɔn] nf consonant

conspirer [kɔ̃spiʁe] vi to conspire, plot; **conspirer à** (tendre à) to conspire to

constamment [kɔ̃stamɑ̃] adv constantly

constant, e [kɔ̃stɑ̃, -ɑ̃t] adj constant; (personne) steadfast ♦ nf constant

constat [kɔ̃sta] nm (d'huissier) certified report (by bailiff); (de police) report; (observation) (observed) fact, observation; (affirmation) statement; **constat (à l'amiable)** (jointly agreed) statement for insurance purposes

constatation [kɔ̃statasjɔ̃] nf noticing; certifying; (remarque) observation

constater [kɔ̃state] vt (remarquer) to note, notice; (ADMIN, JUR: attester) to certify; (dégâts) to note; **constater que** (dire) to state that

consterner [kɔ̃stɛʁne] vt to dismay

constipé, e [kɔ̃stipe] adj constipated; (fig) stiff

constitué, e [kɔ̃stitɥe] adj: **constitué de** made up ou composed of; **bien constitué** of sound constitution; well-formed

constituer [kɔ̃stitɥe] vt (comité, équipe) to set up, form; (dossier, collection) to put together, build up; (suj: éléments, parties: composer) to make up, constitute; (représenter, être) to constitute; **se constituer prisonnier** to give o.s. up; **se constituer partie civile** to bring an independent action for damages

constitution [kɔ̃stitysjɔ̃] nf setting up; building up; (composition) composition, make-up; (santé, POL) constitution

constructeur [kɔ̃stʁyktœʁ] nm manufacturer, builder

constructif, ive [kɔ̃stʁyktif, -iv] adj (positif) constructive

construction [kɔ̃stʁyksjɔ̃] nf construction, building

construire [kɔ̃stʁɥiʁ] vt to build, construct; **se construire: l'immeuble s'est construit très vite** the building went up ou was built very quickly

consul [kɔ̃syl] nm consul

consulat [kɔ̃syla] nm consulate

consultant, e [kɔ̃syltɑ̃, -ɑ̃t] adj consultant

consultation [kɔ̃syltasjɔ̃] nf consultation; **con-**

sultations nfpl (POL) talks; **être en consultation** (délibération) to be in consultation; (médecin) to be consulting; **aller à la consultation** (MÉD) to go to the surgery (BRIT) ou doctor's office (US); **heures de consultation** (MÉD) surgery (BRIT) ou office (US) hours

consulter [kɔ̃sylte] vt to consult ♦ vi (médecin) to hold surgery (BRIT), be in (the office) (US); **se consulter** to confer

consumer [kɔ̃syme] vt to consume; **se consumer** vi to burn; **se consumer de chagrin/douleur** to be consumed with sorrow/grief

contact [kɔ̃takt] nm contact; **au contact de** (air, peau) on contact with; (gens) through contact with; **mettre/couper le contact** (AUTO) to switch on/off the ignition; **entrer en contact** (fils, objets) to come into contact, make contact; **se mettre en contact avec** (RADIO) to make contact with; **prendre contact avec** (relation d'affaires, connaissance) to get in touch ou contact with

contacter [kɔ̃takte] vt to contact, get in touch with

contagieux, euse [kɔ̃taʒjø, -øz] adj contagious; infectious

contaminer [kɔ̃tamine] vt (par un virus) to infect; (par des radiations) to contaminate

conte [kɔ̃t] nm tale; **conte de fées** fairy tale

contempler [kɔ̃tɑ̃ple] vt to contemplate, gaze at

contemporain, e [kɔ̃tɑ̃pɔʀɛ̃, -ɛn] adj, nm/f contemporary

contenance [kɔ̃tnɑ̃s] nf (d'un récipient) capacity; (attitude) bearing, attitude; **perdre contenance** to lose one's composure; **se donner une contenance** to give the impression of composure; **faire bonne contenance (devant)** to put on a bold front (in the face of)

conteneur [kɔ̃tnœʀ] nm container; **conteneur (de bouteilles)** bottle bank

contenir [kɔ̃tniʀ] vt to contain; (avoir une capacité de) to hold; **se contenir** (se retenir) to control o.s. ou one's emotions, contain o.s.

content, e [kɔ̃tɑ̃, -ɑ̃t] adj pleased, glad; **content de** pleased with; **je serais content que tu ...** I would be pleased if you ...

contenter [kɔ̃tɑ̃te] vt to satisfy, please; (envie) to satisfy; **se contenter de** to content o.s. with

contentieux [kɔ̃tɑ̃sjø] nm (COMM) litigation; (: service) litigation department; (POL etc) contentious issues pl

contenu, e [kɔ̃tny] pp de **contenir** ♦ nm (d'un bol) contents pl; (d'un texte) content

conter [kɔ̃te] vt to recount, relate; **en conter de belles à qn** to tell tall stories to sb

contestable [kɔ̃tɛstabl(ə)] adj questionable

contestation [kɔ̃tɛstasjɔ̃] nf questioning, contesting; (POL): **la contestation** anti-establishment activity, protest

conteste [kɔ̃tɛst(ə)]: **sans conteste** adv unques-

tionably, indisputably

contester [kɔ̃tɛste] vt to question, contest ♦ vi (POL: gén) to protest, rebel (against established authority)

contexte [kɔ̃tɛkst(ə)] nm context

contigu, ë [kɔ̃tigy] adj: **contigu (à)** adjacent (to)

continent [kɔ̃tinɑ̃] nm continent

continu, e [kɔ̃tiny] adj continuous; **(courant) continu** direct current, DC

continuel, le [kɔ̃tinɥɛl] adj (qui se répète) constant, continual; (continu) continuous

continuer [kɔ̃tinɥe] vt (travail, voyage etc) to continue (with), carry on (with), go on with; (prolonger: alignement, rue) to continue ♦ vi (pluie, vie, bruit) to continue, go on; (voyageur) to go on; **se continuer** vi to carry on; **continuer à** ou **de faire** to go on ou continue doing

contorsionner [kɔ̃tɔʀsjɔne]: **se contorsionner** vi to contort o.s., writhe about

contour [kɔ̃tuʀ] nm outline, contour; **contours** nmpl (d'une rivière etc) windings

contourner [kɔ̃tuʀne] vt to bypass, walk (ou drive) round

contraceptif, ive [kɔ̃tʀaseptif, -iv] adj, nm contraceptive

contraception [kɔ̃tʀasɛpsjɔ̃] nf contraception

contracté, e [kɔ̃tʀakte] adj (muscle) tense, contracted; (personne: tendu) tense, tensed up; **article contracté** (LING) contracted article

contracter [kɔ̃tʀakte] vt (muscle etc) to tense, contract; (maladie, dette, obligation) to contract; (assurance) to take out; **se contracter** vi (suj: métal, muscles) to contract

contractuel, le [kɔ̃tʀaktɥɛl] adj contractual ♦ nm/f (agent) traffic warden; (employé) contract employee

contradiction [kɔ̃tʀadiksjɔ̃] nf contradiction

contradictoire [kɔ̃tʀadiktwaʀ] adj contradictory, conflicting; **débat contradictoire** (open) debate

contraignant, e [kɔ̃tʀɛɲɑ̃, -ɑ̃t] vb voir **contraindre** ♦ adj restricting

contraindre [kɔ̃tʀɛ̃dʀ(ə)] vt: **contraindre qn à faire** to force ou compel sb to do

contrainte [kɔ̃tʀɛ̃t] nf constraint; **sans contrainte** unrestrainedly, unconstrainedly

contraire [kɔ̃tʀɛʀ] adj, nm opposite; **contraire à** contrary to; **au contraire** adv on the contrary

contrarier [kɔ̃tʀaʀje] vt (personne) to annoy, bother; (fig) to impede; to thwart, frustrate

contrariété [kɔ̃tʀaʀjete] nf annoyance

contraste [kɔ̃tʀast(ə)] nm contrast

contrat [kɔ̃tʀa] nm contract; (fig: accord, pacte) agreement; **contrat de travail** employment contract

contravention [kɔ̃tʀavɑ̃sjɔ̃] nf (infraction): **contravention à** contravention of; (amende) fine; (PV pour stationnement interdit) parking ticket; **dresser**

contravention à (*automobiliste*) to book; to write out a parking ticket for

contre [kɔ̃tr(ə)] *prép* against; (*en échange*) (in exchange) for; **par contre** on the other hand

contrebande [kɔ̃trəbɑ̃d] *nf* (*trafic*) contraband, smuggling; (*marchandise*) contraband, smuggled goods *pl*; **faire la contrebande de** to smuggle

contrebandier, ière [kɔ̃trəbɑ̃dje, -jɛr] *nm/f* smuggler

contrebas [kɔ̃trəbɑ]: **en contrebas** *adv* (down) below

contrebasse [kɔ̃trəbɑs] *nf* (double) bass

contrecarrer [kɔ̃trəkare] *vt* to thwart

contrecœur [kɔ̃trəkœr]: **à contrecœur** *adv* (be)grudgingly, reluctantly

contrecoup [kɔ̃trəku] *nm* repercussions *pl*; **par contrecoup** as an indirect consequence

contredire [kɔ̃trədir] *vt* (*personne*) to contradict; (*témoignage, assertion, faits*) to refute; **se contredire** to contradict o.s

contrée [kɔ̃tre] *nf* region; land

contrefaçon [kɔ̃trəfasɔ̃] *nf* forgery; **contrefaçon de brevet** patent infringement

contrefaire [kɔ̃trəfɛr] *vt* (*document, signature*) to forge, counterfeit; (*personne, démarche*) to mimic; (*dénaturer: sa voix etc*) to disguise

contre-indication [kɔ̃trɛ̃dikasjɔ̃] *nf* contra-indication

contre-indiqué, e [kɔ̃trɛ̃dike] *adj* (*MÉD*) contraindicated

contre-jour [kɔ̃trəʒur]: **à contre-jour** *adv* against the light

contremaître [kɔ̃trəmɛtr(ə)] *nm* foreman

contrepartie [kɔ̃trəparti] *nf* compensation; **en contrepartie** in compensation; in return

contre-pied [kɔ̃trəpje]; *nm* (*inverse, opposé*): **le contre-pied de ...** the exact opposite of ...; **prendre le contre-pied de** to take the opposing view of; to take the opposite course to; **prendre qn à contre-pied** (*SPORT*) to wrong-foot sb

contre-plaqué [kɔ̃trəplake] *nm* plywood

contrepoids [kɔ̃trəpwa] *nm* counterweight, counterbalance; **faire contrepoids** to act as a counterbalance

contrepoison [kɔ̃trəpwazɔ̃] *nm* antidote

contrer [kɔ̃tre] *vt* to counter

contresens [kɔ̃trəsɑ̃s] *nm* misinterpretation; (*mauvaise traduction*) mistranslation; (*absurdité*) nonsense *no pl*; **à contresens** *adv* the wrong way

contretemps [kɔ̃trətɑ̃] *nm* hitch, contretemps; **à contretemps** *adv* (*MUS*) out of time; (*fig*) at an inopportune moment

contrevenir [kɔ̃trəvnir]: **contrevenir à** *vt* to contravene

contribuable [kɔ̃tribɥabl(ə)] *nm/f* taxpayer

contribuer [kɔ̃tribɥe]: **contribuer à** *vt* to contribute towards

contribution [kɔ̃tribysjɔ̃] *nf* contribution; **les contributions** (*bureaux*) the tax office; **mettre à contribution** to call upon; **contributions directes/indirectes** direct/indirect taxation

contrôle [kɔ̃trol] *nm* checking *no pl*, check; supervision; monitoring; (*test*) test, examination; **perdre le contrôle de son véhicule** to lose control of one's vehicle; **contrôle des changes** (*COMM*) exchange controls; **contrôle continu** (*SCOL*) continuous assessment; **contrôle d'identité** identity check; **contrôle des naissances** birth control; **contrôle des prix** price control

contrôler [kɔ̃trole] *vt* (*vérifier*) to check; (*surveiller*) to supervise; to monitor, control; (*maîtriser, COMM: firme*) to control; **se contrôler** to control o.s

contrôleur, euse [kɔ̃trolœr, -øz] *nm/f* (*de train*) (ticket) inspector; (*de bus*) (bus) conductor/tress; **contrôleur de la navigation aérienne, contrôleur aérien** air traffic controller; **contrôleur financier** financial controller

contrordre [kɔ̃trɔrdr(ə)] *nm* counter-order, countermand; **sauf contrordre** unless otherwise directed

controversé, e [kɔ̃trɔvɛrse] *adj* (*personnage, question*) controversial

contusion [kɔ̃tyzjɔ̃] *nf* bruise, contusion

convaincre [kɔ̃vɛ̃kr(ə)] *vt*: **convaincre qn (de qch)** to convince sb (of sth); **convaincre qn (de faire)** to persuade sb (to do); **convaincre qn de** (*JUR: délit*) to convict sb of

convalescence [kɔ̃valesɑ̃s] *nf* convalescence; **maison de convalescence** convalescent home

convenable [kɔ̃vnabl(ə)] *adj* suitable; (*décent*) acceptable, proper; (*assez bon*) decent, acceptable, adequate, passable

convenance [kɔ̃vnɑ̃s] *nf*: **à ma/votre convenance** to my/your liking; **convenances** *nfpl* proprieties

convenir [kɔ̃vnir] *vt* to be suitable; **convenir à** to suit; **il convient de** it is advisable to; (*bienséant*) it is right ou proper to; **convenir de** (*bien-fondé de qch*) to admit (to), acknowledge; (*date, somme etc*) to agree upon; **convenir que** (*admettre*) to admit that, acknowledge the fact that; **convenir de faire qch** to agree to do sth; **il a été convenu que** it has been agreed that; **comme convenu** as agreed

convention [kɔ̃vɑ̃sjɔ̃] *nf* convention; **conventions** *nfpl* (*convenances*) convention *sg*, social conventions; **de convention** conventional; **convention collective** (*ÉCON*) collective agreement

conventionné, e [kɔ̃vɑ̃sjɔne] *adj* (*ADMIN*) applying charges laid down by the state

convenu, e [kɔ̃vny] *pp de* **convenir** ♦ *adj* agreed

conversation [kɔ̃vɛrsasjɔ̃] *nf* conversation; **avoir de la conversation** to be a good conversationalist

convertir [kɔ̃vɛrtir] *vt*: **convertir qn (à)** to convert sb (to); **convertir qch en** to convert sth into; **se convertir (à)** to be converted (to)

conviction [kɔ̃viksjɔ̃] *nf* conviction

convier [kɔ̃vje] *vt*: **convier qn à** (*dîner etc*) to (cordially) invite sb to; **convier qn à faire** to urge sb to do

convive [kɔ̃viv] *nm/f* guest (*at table*)

convivial, e [kɔ̃vivjal] *adj* (*INFORM*) user-friendly

convocation [kɔ̃vɔkasjɔ̃] *nf* (*voir convoquer*) convening, convoking; summoning; invitation; (*document*) notification to attend; summons *sg*

convoi [kɔ̃vwa] *nm* (*de voitures, prisonniers*) convoy; (*train*) train; **convoi (funèbre)** funeral procession

convoiter [kɔ̃vwate] *vt* to covet

convoquer [kɔ̃vɔke] *vt* (*assemblée*) to convene, convoke; (*subordonné, témoin*) to summon; (*candidat*) to ask to attend; **convoquer qn (à)** (*réunion*) to invite sb (to attend)

convoyeur [kɔ̃vwajœr] *nm* (*NAVIG*) escort ship; **convoyeur de fonds** security guard

coopération [kɔɔperasjɔ̃] *nf* co-operation; (*ADMIN*): **la Coopération** ≈ Voluntary Service Overseas (*BRIT*) ou the Peace Corps (*US*) (*done as alternative to military service*)

coopérer [kɔɔpere] *vi*: **coopérer (à)** to co-operate (in)

coordonnées [kɔɔrdɔne] *nfpl*: **donnez-moi vos coordonnées** (*fam*) can I have your details please?

coordonner [kɔɔrdɔne] *vt* to coordinate

copain, copine [kɔpɛ̃, kɔpin] *nm/f* mate (*BRIT*), pal ♦ *adj*: **être copain avec** to be pally with

copeau, x [kɔpo] *nm* shaving; (*de métal*) turning

copie [kɔpi] *nf* copy; (*SCOL*) script, paper; exercise; **copie certifiée conforme** certified copy; **copie papier** (*INFORM*) hard copy

copier [kɔpje] *vt, vi* to copy; **copier sur** to copy from

copieur [kɔpjœr] *nm* (photo)copier

copieux, euse [kɔpjø, -øz] *adj* copious, hearty

copine [kɔpin] *nf voir* **copain**

copropriété [kɔprɔprijete] *nf* co-ownership, joint ownership; **acheter en copropriété** to buy on a co-ownership basis

coq [kɔk] *nm* cock, rooster ♦ *adj inv* (*BOXE*): **poids coq** bantamweight; **coq de bruyère** grouse; **coq du village** (*fig:péj*) ladykiller; **coq au vin** coq au vin

coq-à-l'âne [kɔkalan] *nm inv* abrupt change of subject

coque [kɔk] *nf* (*de noix, mollusque*) shell; (*de bateau*) hull; **à la coque** (*CULIN*) (soft-)boiled

coquelicot [kɔkliko] *nm* poppy

coqueluche [kɔklyʃ] *nf* whooping-cough; (*fig*): **être la coqueluche de qn** to be sb's flavour of the month

coquet, te [kɔkɛ, -ɛt] *adj* appearance-conscious; (*joli*) pretty

coquetier [kɔktje] *nm* egg-cup

coquillage [kɔkijaʒ] *nm* (*mollusque*) shellfish *inv*; (*coquille*) shell

coquille [kɔkij] *nf* shell; (*TYPO*) misprint; **coquille de beurre** shell of butter; **coquille d'œuf** *adj* (*couleur*) eggshell; **coquille de noix** nutshell; **coquille St Jacques** scallop

coquin, e [kɔkɛ̃, -in] *adj* mischievous, roguish; (*polisson*) naughty ♦ *nm/f* (*péj*) rascal

cor [kɔr] *nm* (*MUS*) horn; (*MED*): **cor (au pied)** corn; **réclamer à cor et à cri** to clamour for; **cor anglais** cor anglais; **cor de chasse** hunting horn

corail, aux [kɔraj, -o] *nm* coral *no pl*

Coran [kɔrɑ̃] *nm*: **le Coran** the Koran

corbeau, x [kɔrbo] *nm* crow

corbeille [kɔrbɛj] *nf* basket; (*BOURSE*): **la corbeille** ≈ the floor of the Stock Exchange); **corbeille de mariage** (*fig*) wedding presents *pl*; **corbeille à ouvrage** work-basket; **corbeille à pain** breadbasket; **corbeille à papier** waste paper basket *ou* bin

corbillard [kɔrbijar] *nm* hearse

corde [kɔrd(ə)] *nf* rope; (*de violon, raquette, d'arc*) string; (*trame*): **la corde** the thread; (*de tissu*): **la corde** the rails *pl*; **les cordes** (*BOXE*) the ropes; **les (instruments à) cordes** (*MUS*) the strings, the stringed instruments; **semelles de corde** rope soles; **tenir la corde** (*ATHLÉTISME, AUTO*) to be in the inside lane; **tomber des cordes** to rain cats and dogs; **tirer sur la corde** to go too far; **la corde sensible** the right chord; **usé jusqu'à la corde** threadbare; **corde à linge** washing *ou* clothes line; **corde lisse** (climbing) rope; **corde à nœuds** knotted climbing rope; **corde raide** tightrope; **corde à sauter** skipping rope; **cordes vocales** vocal cords

cordée [kɔrde] *nf* (*d'alpinistes*) rope, roped party

cordialement [kɔrdjalmɑ̃] *adv* cordially, heartily; (*formule épistolaire*) (kind) regards

cordon [kɔrdɔ̃] *nm* cord, string; **cordon sanitaire/de police** sanitary/police cordon; **cordon littoral** sandbank, sandbar; **cordon ombilical** umbilical cord

cordonnerie [kɔrdɔnri] *nf* shoe repairer's *ou* mender's (shop)

cordonnier [kɔrdɔnje] *nm* shoe repairer *ou* mender, cobbler

Corée [kɔre] *nf*: **la Corée** Korea; **la Corée du Sud/du Nord** South/North Korea; **la République (démocratique populaire) de Corée** the (Democratic People's) Republic of Korea

coriace [kɔrjas] *adj* tough

corne [kɔrn(ə)] *nf* horn; (*de cerf*) antler; (*de la peau*) callus; **corne d'abondance** horn of plenty; **corne de brume** (*NAVIG*) foghorn

cornée [kɔrne] *nf* cornea

corneille [kɔrnɛj] *nf* crow

cornemuse [kɔrnəmyz] *nf* bagpipes *pl*; **joueur de cornemuse** piper

cornet [kɔrnɛ] *nm* (paper) cone; (*de glace*) cornet, cone; **cornet à pistons** cornet

corniche [kɔʀniʃ] *nf* (*de meuble, neigeuse*) cornice; (*route*) coast road

cornichon [kɔʀniʃɔ̃] *nm* gherkin

Cornouailles [kɔʀnwaj] *nf(pl)* Cornwall

corporation [kɔʀpɔʀasjɔ̃] *nf* corporate body; (*au Moyen-Âge*) guild

corporel, le [kɔʀpɔʀɛl] *adj* bodily; (*punition*) corporal; **soins corporels** care *sg* of the body

corps [kɔʀ] *nm* (*gén*) body; (*cadavre*) (dead) body; **à son corps défendant** against one's will; **à corps perdu** headlong; **perdu corps et biens** lost with all hands; **prendre corps** to take shape; **faire corps avec** to be joined to; to form one body with; **corps d'armée (CA)** army corps; **corps de ballet** corps de ballet; **corps constitués** (*POL*) constitutional bodies; **le corps consulaire (CC)** the consular corps; **corps à corps** *adv* hand-to-hand ♦ *nm* clinch; **le corps du délit** (*JUR*) corpus delicti; **le corps diplomatique (CD)** the diplomatic corps; **le corps électoral** the electorate; **le corps enseignant** the teaching profession; **corps étranger** (*MÉD*) foreign body; **corps expéditionnaire** task force; **corps de garde** guardroom; **corps législatif** legislative body; **le corps médical** the medical profession

corpulent, e [kɔʀpylɑ̃, -ɑ̃t] *adj* stout (*BRIT*), corpulent

correct, e [kɔʀɛkt] *adj* (*exact*) accurate, correct; (*bienséant, honnête*) correct; (*passable*) adequate

correcteur, trice [kɔʀɛktœʀ, -tʀis] *nm/f* (*SCOL*) examiner, marker; (*TYPO*) proofreader

correction [kɔʀɛksjɔ̃] *nf* (*voir corriger*) correction; marking; (*voir correct*) correctness; (*rature, surcharge*) correction, emendation; (*coups*) thrashing; **correction sur écran** (*INFORM*) screen editing; **correction (des épreuves)** proofreading

correctionnel, le [kɔʀɛksjɔnɛl] *adj* (*JUR*): **tribunal correctionnel** = criminal court

correspondance [kɔʀɛspɔ̃dɑ̃s] *nf* correspondence; (*de train, d'avion*) connection; **ce train assure la correspondance avec l'avion de 10 heures** this train connects with the 10 o'clock plane; **cours par correspondance** correspondence course; **vente par correspondance** mail-order business

correspondant, e [kɔʀɛspɔ̃dɑ̃, -ɑ̃t] *nm/f* correspondent; (*TÉL*) person phoning (*ou being phoned*)

correspondre [kɔʀɛspɔ̃dʀ(ə)] *vi* (*données, témoignages*) to correspond, tally; (*chambres*) to communicate; **correspondre à** to correspond to; **correspondre avec qn** to correspond with sb

corrida [kɔʀida] *nf* bullfight

corridor [kɔʀidɔʀ] *nm* corridor, passage

corrigé [kɔʀiʒe] *nm* (*SCOL*) correct version; fair copy

corriger [kɔʀiʒe] *vt* (*devoir*) to correct, mark; (*texte*) to correct, emend; (*erreur, défaut*) to correct, put right; (*punir*) to thrash; **corriger qn de** (*défaut*)

to cure sb of; **se corriger de** to cure o.s. of

corroborer [k'bɔʀe] *vt* to corroborate

corrompre [kɔʀɔ̃pʀ(ə)] *vt* (*dépraver*) to corrupt; (*acheter: témoin etc*) to bribe

corruption [kɔʀypsjɔ̃] *nf* corruption; bribery

corsage [kɔʀsaʒ] *nm* (*d'une robe*) bodice; (*chemisier*) blouse

corsaire [kɔʀsɛʀ] *nm* pirate, corsair; privateer

corse [kɔʀs(ə)] *adj* Corsican ♦ *nm/f*: **Corse** Corsican ♦ *nf*: **la Corse** Corsica

corsé, e [kɔʀse] *adj* vigorous; (*café etc*) full-flavoured (*BRIT*) *ou* -flavored (*US*); (*goût*) full; (*fig*) spicy; tricky

corset [kɔʀsɛ] *nm* corset; (*d'une robe*) bodice; **corset orthopédique** surgical corset

cortège [kɔʀtɛʒ] *nm* procession

cortisone [kɔʀtizɔn] *nf* (*MÉD*) cortisone

corvée [kɔʀve] *nf* chore, drudgery *no pl*; (*MIL*) fatigue (duty)

cosmétique [kɔsmetik] *nm* (*pour les cheveux*) hair-oil; (*produit de beauté*) beauty care product

cosmopolite [kɔsmɔpɔlit] *adj* cosmopolitan

cossu, e [kɔsy] *adj* opulent-looking, well-to-do

costaud, e [kɔsto, -od] *adj* strong, sturdy

costume [kɔstym] *nm* (*d'homme*) suit; (*de théâtre*) costume

costumé, e [kɔstyme] *adj* dressed up

cote [kɔt] *nf* (*en Bourse etc*) quotation; quoted value; (*d'un cheval*): **la cote de** the odds *pl* on; (*d'un candidat etc*) rating; (*mesure: sur une carte*) spot height; (: *sur un croquis*) dimension; (*de classement*) (classification) mark; reference number; **avoir la cote** to be very popular; **inscrit à la cote** quoted on the Stock Exchange; **cote d'alerte** danger *ou* flood level; **cote mal taillée** (*fig*) compromise; **cote de popularité** popularity rating

coté, e [kɔte] *adj*: **être coté** to be listed *ou* quoted; **être coté en Bourse** to be quoted on the Stock Exchange; **être bien/mal coté** to be highly/poorly rated

côte [kɔt] *nf* (*rivage*) coast(line); (*pente*) slope; (: *sur une route*) hill; (*ANAT*) rib; (*d'un tricot, tissu*) rib, ribbing *no pl*; **côte à côte** *adv* side by side; **la Côte (d'Azur)** the French Riviera; **la Côte d'Ivoire** the Ivory Coast; **côte de porc** pork chop

côté [kote] *nm* (*gén*) side; (*direction*) way, direction; **de chaque côté (de)** on each side of; **de tous les côtés** from all directions; **de quel côté est-il parti?** which way *ou* in which direction did he go?; **de ce/de l'autre côté** this/the other way; **d'un côté ... de l'autre côté** (*alternative*) on (the) one hand ... on the other (hand); **du côté de** (*provenance*) from; (*direction*) towards; **du côté de Lyon** (*proximité*) near Lyons; **du côté gauche** on the left-hand side; **de côté** *adv* sideways; on one side; to one side; aside; **laisser de côté** to leave on one side; **mettre de côté** to put on one side, put aside; **de mon côté** (*quant à moi*) for my part; **à côté** *adv* (right) nearby; beside; next door; (*d'autre part*) besides; **à côté de** beside; next to; (*fig*) in comparison to; **à côté (de la cible)** off target, wide (of the mark); **être aux côtés de** to be by the side of

coteau, x [kɔto] *nm* hill

côtelette [kotlɛt] *nf* chop

côtier, ière [kotje, -jɛʀ] *adj* coastal

cotisation [kɔtizɑsjɔ̃] *nf* subscription, dues *pl*; (*pour une pension*) contributions *pl*

cotiser [kɔtize] *vi*: **cotiser (à)** to pay contributions (to); (*à une association*) to subscribe (to); **se cotiser** to club together

coton [kɔtɔ̃] *nm* cotton; **coton hydrophile** cotton wool (*BRIT*), absorbent cotton (*US*)

Coton-Tige® [kɔtɔ̃tiʒ] *nm* cotton bud

côtoyer [kotwaje] *vt* to be close to; (*rencontrer*) to rub shoulders with; (*longer*) to run alongside; (*fig: friser*) to be bordering *ou* verging on

cou [ku] *nm* neck

couchant [kuʃɑ̃] *adj*: **soleil couchant** setting sun

couche [kuʃ] *nf* (*strate: gén*), *GÉO*) layer, stratum (*pl* -a); (*de peinture, vernis*) coat; (*de poussière, crème*) layer; (*de bébé*) nappy (*BRIT*), diaper (*US*); **couche d'ozone** ozone layer; **couches** *nfpl* (*MÉD*) confinement *sg*; **couches sociales** social levels *ou* strata

couché, e [kuʃe] *adj* (*étendu*) lying down; (*au lit*) in bed

coucher [kuʃe] *nm* (*du soleil*) setting ♦ *vt* (*personne*) to put to bed; (: *loger*) to put up; (*objet*) to lay on its side; (*écrire*) to inscribe, couch ♦ *vi* (*dormir*) to sleep, spend the night; **coucher avec qn** to sleep with sb, go to bed with sb; **se coucher** *vi* (*pour dormir*) to go to bed; (*pour se reposer*) to lie down; (*soleil*) to set, go down; **à prendre avant le coucher** (*MÉD*) take at night *ou* before going to bed; **coucher de soleil** sunset

couchette [kuʃɛt] *nf* couchette; (*de marin*) bunk

coucou [kuku] *nm* cuckoo ♦ *excl* peek-a-boo

coude [kud] *nm* (*ANAT*) elbow; (*de tuyau, de la route*) bend; **coude à coude** *adv* shoulder to shoulder, side by side

coudre [kudʀ(ə)] *vt* (*bouton*) to sew on; (*robe*) to sew (up) ♦ *vi* to sew

couenne [kwan] *nf* (*de lard*) rind

couette [kwɛt] *nf* duvet, (continental) quilt; **couettes** *nfpl* (*cheveux*) bunches

couffin [kufɛ̃] *nm* Moses basket; (straw) basket

couler [kule] *vi* to flow, run; (*fuir: stylo, récipient*) to leak; (*sombrer: bateau*) to sink ♦ *vt* (*cloche, sculpture*) to cast; (*bateau*) to sink; (*fig*) to ruin, bring down; (: *passer*): **couler une vie heureuse** to enjoy a happy life; **se couler dans** (*interstice etc*) to slip into; **faire couler** (*eau*) to run; **faire couler un bain** to run a bath; **il a coulé une bielle** (*AUTO*) his big end went; **couler de source** to follow on naturally; **couler à pic** to sink *ou* go straight to the bottom

couleur [kulœʀ] *nf* colour (*BRIT*), color (*US*); (*CARTES*) suit; **couleurs** *nfpl* (*du teint*) colo(u)r *sg*; **les**

couleurs (*MIL*) the colo(u)rs; **en couleurs** (*film*) in colo(u)r; **télévision en couleurs** colo(u)r television; **de couleur** (*homme, femme*) colo(u)red; **sous couleur de** on the pretext of; **de quelle couleur** of what colo(u)r

couleuvre [kulœvʀ(ə)] *nf* grass snake

coulisse [kulis] *nf* (*TECH*) runner; **coulisses** *nfpl* (*THÉAT*) wings; (*fig*): **dans les coulisses** behind the scenes; **porte à coulisse** sliding door

coulisser [kulise] *vi* to slide, run

couloir [kulwaʀ] *nm* corridor, passage; (*d'avion*) aisle; (*de bus*) gangway; (: *sur la route*) bus lane; (*SPORT: de piste*) lane; (*GÉO*) gully; **couloir aérien** air corridor *ou* lane; **couloir de navigation** shipping lane

coup [ku] *nm* (*heurt, choc*) knock; (*affectif*) blow, shock; (*agressif*) blow; (*avec arme à feu*) shot; (*de l'horloge*) chime; stroke; (*SPORT*) stroke; shot; blow; (*fam: fois*) time; (*ÉCHECS*) move; **coup de coude/ genou** nudge (with the elbow)/ with the knee; **à coups de hache/marteau** (hitting) with an axe/a hammer; **coup de tonnerre** clap of thunder; **coup de sonnette** ring of the bell; **coup de crayon/ pinceau** stroke of the pencil/brush; **donner un coup de balai** to sweep up, give the floor a sweep; **donner un coup de chiffon** to go round with the duster; **avoir le coup** (*fig*) to have the knack; **être dans le/hors du coup** to be/not to be in on it; **boire un coup** to have a drink; **d'un seul coup** (*subitement*) suddenly; (*à la fois*) at one go; in one blow; **du coup** so (you see); **du premier coup** first time *ou* go, at the first attempt; **du même coup** at the same time; **à coup sûr** definitely, without fail; **après coup** afterwards; **coup sur coup** in quick succession; **être sur un coup** to be on to something; **sur le coup** outright; **sous le coup de** (*surprise etc*) under the influence of; **tomber sous le coup de la loi** to constitute a statutory offence; **à tous les coups** every time; **il a raté son coup** he missed his turn; **pour le coup** for once; **coup bas** (*fig*): **donner un coup bas à qn** to hit sb below the belt; **coup de chance** stroke of luck; **coup de chapeau** (*fig*) pat on the back; **coup de couteau** stab (of a knife); **coup dur** hard blow; **coup d'éclat** (great) feat; **coup d'envoi** kick-off; **coup d'essai** first attempt; **coup d'état** coup d'état; **coup de feu** shot; **coup de filet** (*POLICE*) haul; **coup de foudre** (*fig*) love at first sight; **coup fourré** stab in the back; **coup franc** free kick; **coup de frein** (sharp) braking *no pl*; **coup de fusil** rifle shot; **coup de grâce** coup de grâce; **coup du lapin** (*AUTO*) whiplash; **coup de main**: **donner un coup de main à qn** to give sb a (helping) hand; **coup de maître** master stroke; **coup d'œil** glance; **coup de pied** kick; **coup de poing** punch; **coup de soleil** sunburn *no pl*; **coup de téléphone** phone call; **coup de tête** (*fig*) (sudden) impulse; **coup de théâtre** (*fig*) dramatic turn of events; **coup de vent** gust of wind; **en coup de vent** (*rapidement*) in a tearing hurry

coupable [kupabl(ə)] adj guilty; (pensée) guilty, culpable ♦ nm/f (gén) culprit; (JUR) guilty party; **coupable de** guilty of

coupe [kup] nf (verre) goblet; (à fruits) dish; (SPORT) cup; (de cheveux, de vêtement) cut; (graphique, plan) (cross) section; **être sous la coupe de** to be under the control of; **faire des coupes sombres dans** to make drastic cuts in

coupe-papier [kuppapje] nm inv paper knife

couper [kupe] vt to cut; (retrancher) to cut (out), take out; (route, courant) to cut off; (appétit) to take away; (fièvre) to take down, reduce; (vin, cidre) to blend; (: à table) to dilute (with water) ♦ vi to cut; (prendre un raccourci) to take a short-cut; (CARTES: diviser le paquet) to cut; (: avec l'atout) to trump; **se couper** (se blesser) to cut o.s.; (en témoignant etc) to give o.s. away; **couper l'appétit à qn** to spoil sb's appetite; **couper la parole à qn** to cut sb short; **couper les vivres à qn** to cut off sb's vital supplies; **couper le contact** ou **l'allumage** (AUTO) to turn off the ignition; **couper les ponts avec qn** to break with sb; **se faire couper les cheveux** to have ou get one's hair cut

couple [kupl(ə)] nm couple; **couple de torsion** torque

couplet [kuple] nm verse

coupole [kupɔl] nf dome; cupola

coupon [kupɔ̃] nm (ticket) coupon; (de tissu) remnant; roll

coupon-réponse, pl **coupons-réponses** [kupɔ̃repɔ̃s] nm reply coupon

coupure [kupyr] nf cut; (billet de banque) note; (de journal) cutting; **coupure de courant** power cut

cour [kur] nf (de ferme, jardin) (court)yard; (d'immeuble) back yard; (JUR, royale) court; **faire la cour à qn** to court sb; **cour d'appel** appeal court (BRIT), appellate court (US); **cour d'assises** court of assizes, ≈ Crown Court (BRIT); **cour de cassation** final court of appeal; **cour des comptes** (ADMIN) revenue court; **cour martiale** court-martial; **cour de récréation** (SCOL) schoolyard; playground

courage [kuraʒ] nm courage; bravery

courageux, euse [kuraʒø, -øz] adj brave; courageous

couramment [kuramã] adv commonly; (parler) fluently

courant, e [kurã, -ãt] adj (fréquent) common; (COMM, gén: normal) standard; (en cours) current ♦ nm current; (fig) movement; trend; **être au courant (de)** (fait, nouvelle) to know (about); **mettre qn au courant (de)** (fait, nouvelle) to tell sb (about); (nouveau travail etc) to teach sb the basics (of), brief sb (about); **se tenir au courant (de)** (techniques etc) to keep o.s. up-to-date (on); **dans le courant de** (pendant) in the course of; **courant octobre** etc in the course of October etc; **le 10 courant** (COMM) the 10th inst; **courant d'air**

draught (BRIT), draft (US); **courant électrique** (electric) current, power

courbature [kurbatyr] nf ache

courbe [kurb(ə)] adj curved ♦ nf curve; **courbe de niveau** contour line

courber [kurbe] vt to bend; **courber la tête** to bow one's head; **se courber** vi (branche etc) to bend, curve; (personne) to bend (down)

coureur, euse [kurœr, -øz] nm/f (SPORT) runner (ou driver); (péj) womanizer/manhunter; **coureur cycliste/automobile** racing cyclist/driver

courge [kurʒ(ə)] nf (BOT) gourd; (CULIN) marrow

courgette [kurʒɛt] nf courgette (BRIT), zucchini (US)

courir [kurir] vi (gén) to run; (se dépêcher) to rush; (fig: rumeurs) to go round; (COMM: intérêt) to accrue ♦ vt (SPORT: épreuve) to compete in; (risque) to run; (danger) to face; **courir les cafés/bals** to do the rounds of the cafés/ dances; **le bruit court que** the rumour is going round that; **par les temps qui courent** at the present time; **courir après qn** to run after sb, chase (after) sb; **laisser courir** to let things alone; **faire courir qn** to make sb run around (all over the place); **tu peux (toujours) courir!** you've got a hope!

couronne [kurɔn] nf crown; (de fleurs) wreath, circlet; **couronne (funéraire** ou **mortuaire)** (funeral) wreath

courons [kurɔ̃], **courrai** etc [kure] vb voir **courir**

courrier [kurje] nm mail, post; (lettres à écrire) letters pl; (rubrique) column; **qualité courrier** letter quality; **long/moyen courrier** adj (AVIAT) long-/medium-haul; **courrier du cœur** problem page; **courrier électronique** electronic mail, E-mail

courroie [kurwa] nf strap; (TECH) belt; **courroie de transmission/de ventilateur** driving/fan belt

courrons etc [kurɔ̃] vb voir **courir**

cours [kur] vb voir **courir** ♦ nm (leçon) lesson; class; (série de leçons) course; (cheminement) course; (écoulement) flow; (avenue) walk; (COMM) rate; price; (BOURSE) quotation; **donner libre cours à** to give free expression to; **avoir cours** (monnaie) to be legal tender; (fig) to be current; (SCOL) to have a class ou lecture; **en cours** (année) current; (travaux) in progress; **en cours de route** on the way; **au cours de** in the course of, during; **le cours du change** the exchange rate; **cours d'eau** waterway; **cours élémentaire (CE)** 2nd and 3rd years of primary school; **cours moyen (CM)** 4th and 5th years of primary school; **cours préparatoire** ≈ infants' class (BRIT), ≈ 1st grade (US); **cours du soir** night school

course [kurs(ə)] nf running; (SPORT: épreuve) race; (trajet: du soleil) course; (: d'un projectile) flight; (: d'une pièce mécanique) travel; (excursion) outing; climb; (d'un taxi, autocar) journey, trip; (petite mission) errand; **courses** nfpl (achats) shopping sg; (HIPPISME) races; **faire les** ou **ses courses** to go shopping; **jouer aux courses** to bet on the races; **à bout de course** (épuisé) exhausted; **course auto-**

mobile car race; **course de côte** (AUTO) hill climb; **course par étapes** ou **d'étapes** race in stages; **course d'obstacles** obstacle race; **course à pied** walking race; **course de vitesse** sprint; **courses de chevaux** horse racing

court, e [kur, kurt(ə)] adj short ♦ adv short ♦ nm: **court (de tennis)** (tennis) court; **tourner court** to come to a sudden end; **couper court à** to cut short; **à court de** short of; **prendre qn de court** to catch sb unawares; **pour faire court** briefly, to cut a long story short; **ça fait court** that's not very long; **tirer à la courte paille** to draw lots; **faire la courte échelle à qn** to give sb a leg up; **court métrage** (CINÉ) short (film)

court-circuit, pl **courts-circuits** [kursirkɥi] nm short-circuit

courtier, ière [kurtje, -jɛr] nm/f broker

courtiser [kurtize] vt to court, woo

courtois, e [kurtwa, -waz] adj courteous

courtoisie [kurtwazi] nf courtesy

couru, e [kury] pp de **courir** ♦ adj (spectacle etc) popular; **c'est couru (d'avance)!** (fam) it's a safe bet!

cousais etc [kuzɛ] vb voir **coudre**

couscous [kuskus] nm couscous

cousin, e [kuzɛ̃, -in] nm/f cousin ♦ nm (ZOOL) mosquito; **cousin germain** first cousin

coussin [kusɛ̃] nm cushion; **coussin d'air** (TECH) air cushion

cousu, e [kuzy] pp de **coudre** ♦ adj: **cousu d'or** rolling in riches

coût [ku] nm cost; **le coût de la vie** the cost of living

coûtant [kutã] adj m: **au prix coûtant** at cost price

couteau, x [kuto] nm knife; **couteau à cran d'arrêt** flick-knife; **couteau de cuisine** kitchen knife; **couteau à pain** bread knife; **couteau de poche** pocket knife

coûter [kute] vt to cost ♦ vi: **coûter à qn** to cost sb a lot; **coûter cher** to be expensive; **coûter cher à qn** (fig) to cost sb dear ou dearly; **combien ça coûte?** how much is it?, what does it cost?; **coûte que coûte** at all costs

coûteux, euse [kutø, -øz] adj costly, expensive

coutume [kutym] nf custom; **de coutume** usual, customary

couture [kutyr] nf sewing; dress-making; (points) seam

couturier [kutyrje] nm fashion designer, couturier

couturière [kutyrjɛr] nf dressmaker

couvée [kuve] nf brood, clutch

couvent [kuvã] nm (de sœurs) convent; (de frères) monastery; (établissement scolaire) convent (school)

couver [kuve] vt to hatch; (maladie) to be sicken-

ing for ♦ vi (feu) to smoulder (BRIT), smolder (US); (révolte) to be brewing; **couver qn/qch des yeux** to look lovingly at sb/sth; (convoiter) to look longingly at sb/sth

couvercle [kuvɛrkl(ə)] nm lid; (de bombe aérosol etc, qui se visse) cap, top

couvert, e [kuvɛr, -ɛrt(ə)] pp de **couvrir** ♦ adj (ciel) overcast; (coiffé d'un chapeau) wearing a hat ♦ nm place setting; (place à table) place; (au restaurant) cover charge; **couverts** nmpl place settings; cutlery sg; **couvert de** covered with ou in; **bien couvert** (habillé) well wrapped up; **mettre le couvert** to lay the table; **à couvert** under cover; **sous le couvert de** under the shelter of; (fig) under cover of

couverture [kuvɛrtyr] nf (de lit) blanket; (de bâtiment) roofing; (de livre, fig: d'un espion etc), ASSURANCES) cover; (PRESSE) coverage; **de couverture** (lettre etc) covering; **couverture chauffante** electric blanket

couveuse [kuvøz] nf (à poules) sitter, brooder; (de maternité) incubator

couvre-feu, x [kuvrəfø] nm curfew

couvre-lit [kuvrəli] nm bedspread

couvreur [kuvrœr] nm roofer

couvrir [kuvrir] vt to cover; (dominer, étouffer: voix, pas) to drown out; (erreur) to cover up; (ZOOL: s'accoupler à) to cover; **se couvrir** (ciel) to cloud over; (s'habiller) to cover up, wrap up; (se coiffer) to put on one's hat; (par une assurance) to cover o.s.; **se couvrir de** (fleurs, boutons) to become covered in

cow-boy [kobɔj] nm cowboy

crabe [krab] nm crab

cracher [kraʃe] vi to spit ♦ vt to spit out; (fig: lave etc) to belch (out); **cracher du sang** to spit blood

crachin [kraʃɛ̃] nm drizzle

crack [krak] nm (intellectuel) whizzkid; (sportif) ace; (poulain) hot favourite (BRIT) ou favorite (US)

craie [krɛ] nf chalk

craindre [krɛ̃dr(ə)] vt to fear, be afraid of; (être sensible à: chaleur, froid) to be easily damaged by; **craindre de/que** to be afraid of/that; **je crains qu'il (ne) vienne** I am afraid he may come

crainte [krɛ̃t] nf fear; **de crainte de/que** for fear of/that

craintif, ive [krɛ̃tif, -iv] adj timid

cramoisi, e [kramwazi] adj crimson

crampe [krãp] nf cramp; **crampe d'estomac** stomach cramp

crampon [krãpɔ̃] nm (de semelle) stud; (ALPINISME) crampon

cramponner [krãpɔne]: **se cramponner** vi: **se cramponner (à)** to hang ou cling on (to)

cran [krã] nm (entaille) notch; (de courroie) hole; (courage) guts pl; **cran d'arrêt/de sûreté** safety catch; **cran de mire** bead

crâne [krɑn] nm skull

crâner [kʀane] vi (fam) to swank, show off

crapaud [kʀapo] nm toad

crapule [kʀapyl] nf villain

craquement [kʀakmɑ̃] nm crack, snap; (du plancher) creak, creaking no pl

craquer [kʀake] vi (bois, plancher) to creak; (fil, branche) to snap; (couture) to come apart, burst; (fig) to break down, fall apart; (: être enthousiasmé) to go wild ♦ vt: **craquer une allumette** to strike a match

crasse [kʀas] nf grime, filth ♦ adj (fig: ignorance) crass

crasseux, euse [kʀasø, øz] adj filthy

cravache [kʀavaʃ] nf (riding) crop

cravate [kʀavat] nf tie

crawl [kʀol] nm crawl

crayon [kʀɛjɔ̃] nm pencil; (de rouge à lèvres etc) stick, pencil; **écrire au crayon** to write in pencil; **crayon à bille** ball-point pen; **crayon de couleur** crayon; **crayon optique** light pen

crayon-feutre, pl **crayons-feutres** [kʀɛjɔ̃føtʀ(ə)] nm felt(-tip) pen

créancier, ière [kʀeɑ̃sje, -jɛʀ] nm/f creditor

création [kʀeasjɔ̃] nf creation

créature [kʀeatyʀ] nf creature

crèche [kʀɛʃ] nf (de Noël) crib, (garderie) crèche, day nursery; see boxed note

CRÈCHE

In France the Christmas crib (**crèche**) usually contains figurines representing a miller, a wood-cutter and other villagers as well as the Holy Family and the traditional cow, donkey and shepherds. The Three Wise Men are added to the nativity scene at Epiphany (6 January, Twelfth Night).

crédit [kʀedi] nm (gén) credit; **crédits** nmpl: **acheter à crédit** to buy on credit ou on easy terms; **faire crédit à qn** to give sb credit; **crédit municipal** pawnshop; **crédit relais** bridging loan

créditer [kʀedite] vt: **créditer un compte (de)** to credit an account (with)

crédule [kʀedyl] adj credulous, gullible

créer [kʀee] vt to create; (THÉÂT: pièce) to produce (for the first time); (: rôle) to create

crémaillère [kʀemajɛʀ] nf (RAIL) rack; (tige crantée) trammel; **direction à crémaillère** (AUTO) rack and pinion steering; **pendre la crémaillère** to have a house-warming party

crématoire [kʀematwaʀ] adj: **four crématoire** crematorium

crème [kʀɛm] nf cream; (entremets) cream dessert ♦ adj inv cream; **un (café) crème** ≃ a white coffee; **crème chantilly** whipped cream, crème Chantilly; **crème fouettée** whipped cream; **crème glacée** ice cream; **crème à raser** shaving cream;

crème solaire sun cream

crémerie [kʀemʀi] nf dairy; (tearoom) teashop

crémeux, euse [kʀemø, -øz] adj creamy

créneau, x [kʀeno] nm (de fortification) crenel(le); (fig, aussi COMM) gap, slot; (AUTO): **faire un créneau** to reverse into a parking space (between cars alongside the kerb)

crêpe [kʀɛp] nf (galette) pancake ♦ nm (tissu) crêpe; (de deuil) black mourning crêpe; (ruban) black armband (ou hatband ou ribbon); **semelle (de) crêpe** crêpe sole; **crêpe de Chine** crêpe de Chine

crêpe, e [kʀepe] adj (cheveux) backcombed

crêperie [kʀepʀi] nf pancake shop ou restaurant

crépiter [kʀepite] vi to sputter, splutter, crackle

crépu, e [kʀepy] adj frizzy, fuzzy

crépuscule [kʀepyskyl] nm twilight, dusk

cresson [kʀesɔ̃] nm watercress

crête [kʀɛt] nf (de coq) comb; (de vague, montagne) crest

creuser [kʀøze] vt (trou, tunnel) to dig; (sol) to dig a hole in; (bois) to hollow out; (fig) to go deeply into; **ça creuse** that gives you a real appetite; **se creuser (la cervelle)** to rack one's brains

creux, euse [kʀø, -øz] adj hollow ♦ nm hollow; (fig: sur graphique etc) trough; **heures creuses** slack periods; off-peak periods; **le creux de l'estomac** the pit of the stomach

crevaison [kʀəvɛzɔ̃] nf puncture, flat

crevasse [kʀəvas] nf (dans le sol) crack, fissure; (de glacier) crevasse; (de la peau) crack

crevé, e [kʀəve] adj (fam: fatigué) worn out, dead beat

crever [kʀəve] vt (papier) to tear, break; (tambour, ballon) to burst ♦ vi (pneu) to burst; (automobiliste) to have a puncture (BRIT) ou a flat (tire) (US); (abcès, outre, nuage) to burst (open); (fam) to die; **cela lui a crevé un œil** it blinded him in one eye; **crever l'écran** to have real screen presence

crevette [kʀəvɛt] nf: **crevette (rose)** prawn; **crevette grise** shrimp

cri [kʀi] nm cry, shout; (d'animal: spécifique) cry, call; **à grands cris** at the top of one's voice; **c'est le dernier cri** (fig) it's the latest fashion

criant, e [kʀijɑ̃, -ɑ̃t] adj (injustice) glaring

criard, e [kʀijaʀ, -aʀd(ə)] adj (couleur) garish, loud; (voix) yelling

crible [kʀibl(ə)] nm riddle; (mécanique) screen, jig; **passer qch au crible** to put sth through a riddle; (fig) to go over sth with a fine-tooth comb

criblé, e [kʀible] adj: **criblé de** riddled with

cric [kʀik] nm (AUTO) jack

crier [kʀije] vi (pour appeler) to shout, cry (out); (de peur, de douleur etc) to scream, yell; (fig: grincer) to squeal, screech ♦ vt (ordre, injure) to shout (out), yell (out); **sans crier gare** without warning; **crier grâce** to cry for mercy; **crier au secours** to shout for help

crime [kʀim] *nm* crime; (*meurtre*) murder

criminel, le [kʀiminɛl] *adj* criminal ♦ *nm/f* criminal; murderer; **criminel de guerre** war criminal

crin [kʀɛ̃] *nm* hair *no pl*; (*fibre*) horsehair; **à tous crins, à tout crin** diehard, out-and-out

crinière [kʀinjɛʀ] *nf* mane

crique [kʀik] *nf* creek, inlet

criquet [kʀikɛ] *nm* grasshopper

crise [kʀiz] *nf* crisis (*pl* crises); (*MÉD*) attack; fit; **crise cardiaque** heart attack; **crise de foi** crisis of belief; **crise de foie** bilious attack; **crise de nerfs** attack of nerves

crisper [kʀispe] *vt* to tense; (*poings*) to clench; **se crisper** to tense; to clench; (*personne*) to get tense

crisser [kʀise] *vi* (*neige*) to crunch; (*tissu*) to rustle; (*pneu*) to screech

cristal, aux [kʀistal, -o] *nm* crystal ♦ *nmpl* (*objets*) crystal(ware) *sg*; **cristal de plomb** (lead) crystal; **cristal de roche** rock-crystal; **cristaux de soude** washing soda *sg*

cristallin, e [kʀistalɛ̃, -in] *adj* crystal-clear ♦ *nm* (*ANAT*) crystalline lens

critère [kʀitɛʀ] *nm* criterion (*pl* -ia)

critiquable [kʀitikabl(ə)] *adj* open to criticism

critique [kʀitik] *adj* critical ♦ *nm/f* (*de théâtre, musique*) critic ♦ *nf* criticism; (*THÉAT etc*: *article*) review; **la critique** (*activité*) criticism; (*personnes*) the critics *pl*

critiquer [kʀitike] *vt* (*dénigrer*) to criticize; (*évaluer, juger*) to assess, examine (critically)

croasser [kʀɔase] *vi* to caw

Croatie [kʀɔasi] *nf*: **la Croatie** Croatia

croc [kʀo] *nm* (*dent*) fang; (*de boucher*) hook

croc-en-jambe, *pl* **crocs-en-jambe** [kʀɔkɑ̃ʒɑ̃b] *nm*: **faire un croc-en-jambe à qn** to trip sb up

croche [kʀɔʃ] *nf* (*MUS*) quaver (*BRIT*), eighth note (*US*); **double croche** semiquaver (*BRIT*), sixteenth note (*US*)

croche-pied [kʀɔʃpje] *nm* = croc-en-jambe

crochet [kʀɔʃɛ] *nm* hook; (*clef*) picklock; (*détour*) detour; (*BOXE*): **crochet du gauche** left hook; (*TRICOT*: *aiguille*) crochet hook; (: *technique*) crochet; **crochets** *nmpl* (*TYPO*) square brackets; **vivre aux crochets de qn** to live *ou* sponge off sb

crochu, e [kʀɔʃy] *adj* hooked; claw-like

crocodile [kʀɔkɔdil] *nm* crocodile

croire [kʀwaʀ] *vt* to believe; **croire qn honnête** to believe sb (to be) honest; **se croire fort** to think one is strong; **croire que** to believe *ou* think that; **vous croyez?** do you think so?; **croire être/faire** to think one is/does; **croire à, croire en** to believe in

crois *etc* [kʀwa] *vb voir* croire

croisade [kʀwazad] *nf* crusade

croisé, e [kʀwaze] *adj* (*veston*) double-breasted ♦ *nm* (*guerrier*) crusader ♦ *nf* (*fenêtre*) window, casement; **croisée d'ogives** intersecting ribs; **à la**

croisée des chemins at the crossroads

croisement [kʀwazmɑ̃] *nm* (*carrefour*) crossroads *sg*; (*BIO*) crossing; crossbreed

croiser [kʀwaze] *vt* (*personne, voiture*) to pass; (*route*) to cross, cut across; (*BIO*) to cross ♦ *vi* (*NAVIG*) to cruise; **croiser les jambes/bras** to cross one's legs/ fold one's arms; **se croiser** (*personnes, véhicules*) to pass each other; (*routes*) to cross, intersect; (*lettres*) to cross (in the post); (*regards*) to meet; **se croiser les bras** (*fig*) to twiddle one's thumbs

croisière [kʀwazjɛʀ] *nf* cruise; **vitesse de croisière** (*AUTO etc*) cruising speed

croissance [kʀwasɑ̃s] *nf* growing, growth; **troubles de la croissance** growing pains; **maladie de croissance** growth disease; **croissance économique** economic growth

croissant, e [kʀwasɑ̃, -ɑ̃t] *vb voir* croître ♦ *adj* growing; rising ♦ *nm* (*à manger*) croissant; (*motif*) crescent; **croissant de lune** crescent moon

croître [kʀwatʀ(ə)] *vi* to grow; (*lune*) to wax

croix [kʀwa] *nf* cross; **en croix** *adj*, *adv* in the form of a cross; **la Croix Rouge** the Red Cross

croque-madame [kʀɔkmadam] *nm inv* toasted cheese sandwich with a fried egg on top

croque-monsieur [kʀɔkməsjø] *nm inv* toasted ham and cheese sandwich

croquer [kʀɔke] *vt* (*manger*) to crunch; to munch; (*dessiner*) to sketch ♦ *vi* to be crisp *ou* crunchy; **chocolat à croquer** plain dessert chocolate

croquis [kʀɔki] *nm* sketch

cross(-country), *pl* **cross(-countries)** [kʀɔs (-kuntʀi)] *nm* cross-country race *ou* run; cross-country racing *ou* running

crosse [kʀɔs] *nf* (*de fusil*) butt; (*de revolver*) grip; (*d'évêque*) crook, crosier; (*de hockey*) hockey stick

crotte [kʀɔt] *nf* droppings *pl*; **crotte!** (*fam*) damn!

crotté, e [kʀɔte] *adj* muddy, mucky

crottin [kʀɔtɛ̃] *nm*: **crottin (de cheval)** (horse) dung *ou* manure

crouler [kʀule] *vi* (*s'effondrer*) to collapse; (*être délabré*) to be crumbling

croupe [kʀup] *nf* croup, rump; **en croupe** pillion

croupir [kʀupiʀ] *vi* to stagnate

croustillant, e [kʀustijɑ̃, -ɑ̃t] *adj* crisp; (*fig*) spicy

croûte [kʀut] *nf* crust; (*du fromage*) rind; (*de vol-au-vent*) case; (*MÉD*) scab; **en croûte** (*CULIN*) in pastry, in a pie; **croûte aux champignons** mushrooms on toast; **croûte au fromage** cheese on toast *no pl*; **croûte de pain** (*morceau*) crust (of bread); **croûte terrestre** earth's crust

croûton [kʀutɔ̃] *nm* (*CULIN*) crouton; (*bout du pain*) crust, heel

croyable [kʀwajabl(ə)] *adj* believable, credible

croyant, e [kʀwajɑ̃, -ɑ̃t] *vb voir* croire ♦ *adj*: **être/ ne pas être croyant** to be/not to be a believer ♦ *nm/f* believer

CRS *sigle fpl* (= *Compagnies républicaines de sécu-*

rité) state security police force ♦ **sigle** *m* member of the CRS

cru, e [kry] *pp de* **croire** ♦ *adj* (*non cuit*) raw; (*lumière, couleur*) harsh; (*description*) crude; (*paroles, langage: franc*) blunt; (: *grossier*) crude ♦ *nm* (*vignoble*) vineyard; (*vin*) wine ♦ *nf* (*d'un cours d'eau*) swelling, rising; **de son (propre) cru** (*fig*) of his own devising; **monter à cru** to ride bareback; **du cru** local; **en crue** in spate

crû [kry] *pp de* **croître**

cruauté [kryote] *nf* cruelty

cruche [kryʃ] *nf* pitcher, (earthenware) jug

crucifix [krysifi] *nm* crucifix

crucifixion [krysifiksjɔ̃] *nf* crucifixion

crudité [krydite] *nf* crudeness *no pl*; harshness *no pl*; **crudités** *nfpl* (*CULIN*) mixed salads (*as hors-d'œuvre*)

crue [kry] *nf voir* **cru**

cruel, le [kryɛl] *adj* cruel

crus, crûs [kry *etc*] *vb voir* **croire, croître**

crustacés [krystase] *nmpl* shellfish

Cuba [kyba] *nm*: **le Cuba** Cuba

cubain, e [kybɛ̃, -ɛn] *adj* Cuban ♦ *nm/f*: **Cubain,e** Cuban

cube [kyb] *nm* cube; (*jouet*) brick, building block; **gros cube** powerful motorbike; **mètre cube** cubic metre; **2 au cube = 8** 2 cubed is 8; **élever au cube** to cube

cueillette [kœjɛt] *nf* picking, gathering; harvest *ou* crop (of fruit)

cueillir [kœjiʀ] *vt* (*fruits, fleurs*) to pick, gather; (*fig*) to catch

cuiller, cuillère [kɥijɛʀ] *nf* spoon; **cuiller à café** coffee spoon; (*CULIN*) ≃ teaspoonful; **cuiller à soupe** soup spoon; (*CULIN*) ≃ tablespoonful

cuillerée [kɥijʀe] *nf* spoonful; (*CULIN*): **cuillerée à soupe/café** tablespoonful/teaspoonful

cuir [kɥiʀ] *nm* leather; (*avant tannage*) hide; **cuir chevelu** scalp

cuire [kɥiʀ] *vt*: (**faire**) **cuire** (*aliments*) to cook; (*au four*) to bake; (*poterie*) to fire ♦ *vi* to cook; (*picoter*) to smart, sting, burn; **bien cuit** (*viande*) well done; **trop cuit** overdone; **pas assez cuit** underdone; **cuit à point** medium done; done to a turn

cuisant, e [kɥizɑ̃, -ɑ̃t] *vb adj* (*douleur*) smarting, burning; (*fig: souvenir, échec*) bitter

cuisine [kɥizin] *nf* (*pièce*) kitchen; (*art culinaire*) cookery, cooking; (*nourriture*) cooking, food; **faire la cuisine** to cook

cuisiné, e [kɥizine] *adj*: **plat cuisiné** ready-made meal *ou* dish

cuisiner [kɥizine] *vt* to cook; (*fam*) to grill ♦ *vi* to cook

cuisinier, ière [kɥizinje, -jɛʀ] *nm/f* cook ♦ *nf* (*poêle*) cooker; **cuisinière électrique/à gaz** electric/gas cooker

cuisse [kɥis] *nf* (*ANAT*) thigh; (*CULIN*) leg

cuisson [kɥisɔ̃] *nf* cooking; (*de poterie*) firing

cuit, e [kɥi, -it] *pp de* **cuire** ♦ *nf* (*fam*): **prendre une cuite** to get plastered *ou* smashed

cuivre [kɥivʀ(ə)] *nm* copper; **les cuivres** (*MUS*) the brass; **cuivre rouge** copper; **cuivre jaune** brass

cul [ky] *nm* (*fam!*) arse (*BRIT!*), ass (*US!*), bum (*BRIT*); **cul de bouteille** bottom of a bottle

culbute [kylbyt] *nf* somersault; (*accidentelle*) tumble, fall

culminant, e [kylminɑ̃, -ɑ̃t] *adj*: **point culminant** highest point; (*fig*) height, climax

culminer [kylmine] *vi* to reach its highest point; to tower

culot [kylo] *nm* (*d'ampoule*) cap; (*effronterie*) cheek, nerve

culotte [kylɔt] *nf* (*de femme*) panties *pl*, knickers *pl* (*BRIT*); (*d'homme*) underpants *pl*; (*pantalon*) trousers *pl* (*BRIT*), pants *pl* (*US*); **culotte de cheval** riding breeches *pl*

culpabilité [kylpabilite] *nf* guilt

culte [kylt(ə)] *adj*: **livre/film culte** cult film/book ♦ *nm* (*religion*) religion; (*hommage, vénération*) worship; (*protestant*) service

cultivateur, trice [kyltivatœʀ, -tʀis] *nm/f* farmer

cultivé, e [kyltive] *adj* (*personne*) cultured, cultivated

cultiver [kyltive] *vt* to cultivate; (*légumes*) to grow, cultivate

culture [kyltyʀ] *nf* cultivation; growing; (*connaissances etc*) culture; (**champs de**) **cultures** land(s) under cultivation; **culture physique** physical training

culturel, le [kyltyʀɛl] *adj* cultural

culturisme [kyltyʀism(ə)] *nm* body-building

cumin [kymɛ̃] *nm* (*CULIN*) cumin

cumuler [kymyle] *vt* (*emplois, honneurs*) to hold concurrently; (*salaires*) to draw concurrently; (*JUR: droits*) to accumulate

cupide [kypid] *adj* greedy, grasping

cure [kyʀ] *nf* (*MÉD*) course of treatment; (*REL*) cure, ≃ living; presbytery, ≃ vicarage; **faire une cure de fruits** to go on a fruit cure *ou* diet; **faire une cure thermale** to take the waters; **n'avoir cure de** to pay no attention to; **cure d'amaigrissement** slimming course; **cure de repos** rest cure; **cure de sommeil** sleep therapy *no pl*

curé [kyʀe] *nm* parish priest; **M le curé** ≃ Vicar

cure-dent [kyʀdɑ̃] *nm* toothpick

cure-pipe [kyʀpip] *nm* pipe cleaner

curer [kyʀe] *vt* to clean out; **se curer les dents** to pick one's teeth

curieusement [kyʀjøzmɑ̃] *adv* oddly

curieux, euse [kyʀjø, -øz] *adj* (*étrange*) strange, curious; (*indiscret*) curious, inquisitive; (*intéressé*) inquiring, curious ♦ *nmpl* (*badauds*) onlookers, bystanders

curiosité [kyʀjozite] *nf* curiosity, inquisitiveness;

(*objet*) curio(sity); (*site*) unusual feature *ou* sight

curriculum vitae (CV) [kyʀikylɔmvite] *nm inv* curriculum vitae (CV)

curseur [kyʀsœʀ] *nm* (*INFORM*) cursor; (*de règle*) slide; (*de fermeture-éclair*) slider

cutané, e [kytane] *adj* cutaneous, skin *cpd*

cuti-réaction [kytireaksjɔ̃] *nf* (*MÉD*) skin-test

cuve [kyv] *nf* vat; (*à mazout etc*) tank

cuvée [kyve] *nf* vintage

cuvette [kyvet] *nf* (*récipient*) bowl, basin; (*du lavabo*) (wash)basin; (*des w.-c.*) pan; (*GÉO*) basin

CV *sigle m* (*AUTO*) = **cheval vapeur**; (*ADMIN*) = **curriculum vitae**

cyanure [sjanyʀ] *nm* cyanide

cybercafé [sibeʀkafe] *nm* cybercafé

cyclable [siklabl(ə)] *adj*: **piste cyclable** cycle track

cycle [sikl(ə)] *nm* cycle; (*SCOL*): **premier/second cycle** = middle/upper school (*BRIT*), = junior/senior high school (*US*)

cyclisme [siklism(ə)] *nm* cycling

cycliste [siklist(ə)] *nm/f* cyclist ◆ *adj* cycle *cpd*; **coureur cycliste** racing cyclist

cyclomoteur [siklɔmɔtœʀ] *nm* moped

cyclone [siklon] *nm* hurricane

cygne [siɲ] *nm* swan

cylindre [silɛ̃dʀ(ə)] *nm* cylinder; **moteur à 4 cylindres en ligne** straight-4 engine

cylindrée [silɛ̃dʀe] *nf* (*AUTO*) (cubic) capacity; **une (voiture de) grosse cylindrée** a big-engined car

cymbale [sɛ̃bal] *nf* cymbal

cynique [sinik] *adj* cynical

cystite [sistit] *nf* cystitis

— D d —

d' *prép, dét voir* **de**

dactylo [daktilo] *nf* (*aussi*: **dactylographe**) typist; (*aussi*: **dactylographie**) typing, typewriting

dactylographier [daktilɔgʀafje] *vt* to type (out)

dada [dada] *nm* hobby-horse

daigner [deɲe] *vt* to deign

daim [dɛ̃] *nm* (fallow) deer *inv*; (*peau*) buckskin; (*imitation*) suede

dalle [dal] *nf* slab; (*au sol*) paving stone, flag (stone); **que dalle** nothing at all, damn all (*BRIT*)

daltonien, ne [daltɔnjɛ̃, -ɛn] *adj* colour-blind (*BRIT*), color-blind (*US*)

dam [dam] *nm*: **au grand dam de** much to the detriment (*ou* annoyance) of

dame [dam] *nf* lady; (*CARTES, ÉCHECS*) queen; **dames** *nfpl* (*jeu*) draughts *sg* (*BRIT*), checkers *sg* (*US*); **les (toilettes des) dames** the ladies' (toilets); **dame de charité** benefactress; **dame de compagnie** lady's companion

damner [dane] *vt* to damn

dancing [dãsiŋ] *nm* dance hall

Danemark [danmaʀk] *nm*: **le Danemark** Denmark

danger [dãʒe] *nm* danger; **mettre en danger** to endanger, put in danger; **être en danger de mort** to be in peril of one's life; **être hors de danger** to be out of danger

dangereux, euse [dãʒʀø, -øz] *adj* dangerous

danois, e [danwa, -waz] *adj* Danish ◆ *nm* (*LING*) Danish ◆ *nm/f*: **Danois, e** Dane

danse [dãs] *nf*: **la danse** dancing; (*classique*) (ballet) dancing; **une danse** a dance; **danse du ventre** belly dancing

danser [dãse] *vi, vt* to dance

danseur, euse [dãsœʀ, -øz] *nm/f* ballet dancer; (*au bal etc*) dancer; (: *cavalier*) partner; **danseur de claquettes** tap-dancer; **en danseuse** (*à vélo*) standing on the pedals

dard [daʀ] *nm* sting (*organ*)

date [dat] *nf* date; **faire date** to mark a milestone; **de longue date** *adj* longstanding; **date de naissance** date of birth; **date limite** deadline; (*d'un aliment*: *aussi*: **date limite de vente**) sell-by date

dater [date] *vt, vi* to date; **dater de** to date from, go back to; **à dater de** (as) from

datte [dat] *nf* date

dauphin [dofɛ̃] *nm* (*ZOOL*) dolphin; (*du roi*) dauphin; (*fig*) heir apparent

davantage [davãtaʒ] *adv* more; (*plus longtemps*) longer; **davantage de** more; **davantage que** more than

2 (*provenance*) from; **il vient de Londres** he comes from London; **de Londres à Paris** from London to Paris; **elle est sortie du cinéma** she came out of the cinema

3 (*moyen*) with; **je l'ai fait de mes propres mains** I did it with my own two hands

4 (*caractérisation, mesure*): **un mur de brique/bureau d'acajou** a brick wall/mahogany desk; **un billet de 50 F** a 50 F note; **une pièce de 2 m de large** *ou* **large de 2 m** a room 2 m wide, a 2m-wide room; **un bébé de 10 mois** a 10-month-old baby; **12 mois de crédit/travail** 12 months' credit/work; **elle est payée 20 F de l'heure** she's paid 20 F an hour *ou* per hour; **augmenter de 10 F** to increase by 10 F; **3 jours de libres** 3 free days, 3 days free; **un verre d'eau** a glass of water; **il mange de tout** he'll eat anything

5 (*rapport*) from; **de 4 à 6** from 4 to 6

6 (*de la part de*): **estimé de ses collègues** respected by his colleagues

7 (*cause*): **mourir de faim** to die of hunger; **rouge de colère** red with fury

8 (*vb +de +infin*) to; **il m'a dit de rester** he told me to stay

9 (*en apposition*): **cet imbécile de Paul** that idiot Paul; **le terme de franglais** the term "franglais"

♦ **dét 1** (*phrases affirmatives*) some (*souvent omis*) **du vin, de l'eau, des pommes** (some) wine, (some) water, (some) apples; **des enfants sont venus** some children came; **pendant des mois** for months

2 (*phrases interrogatives et négatives*) any; **a-t-il du vin?** has he got any wine?; **il n'a pas de pommes/d'enfants** he hasn't (got) any apples/children, he has no apples/children

dé [de] *nm* (*à jouer*) die *ou* dice (*pl* dice); (*aussi*: **dé à coudre**) thimble; **dés** *nmpl* (*jeu*) (game of) dice; **un coup de dés** a throw of the dice; **couper en dés** (*CULIN*) to dice

dealer [dilœʀ] *nm* (*fam*) (drug) pusher

déambuler [deɑ̃byle] *vi* to stroll about

débâcle [debɑkl(ə)] *nf* rout

déballer [debale] *vt* to unpack

débandade [debɑ̃dad] *nf* scattering; (*déroute*) rout

débarbouiller [debaʀbuje] *vt* to wash; **se débarbouiller** to wash (one's face)

débarcadère [debaʀkadɛʀ] *nm* landing stage (*BRIT*), wharf

débardeur [debaʀdœʀ] *nm* docker, stevedore; (*maillot*) slipover, tank top

débarquer [debaʀke] *vt* to unload, land ♦ *vi* to disembark; (*fig*) to turn up

débarras [debaʀa] *nm* lumber room; (*placard*) junk cupboard; (*remise*) outhouse; **bon débarras!** good riddance!

débarrasser [debaʀase] *vt* to clear ♦ *vi* (*enlever le couvert*) to clear away; **débarrasser qn de** (*vête-ments, paquets*) to relieve sb of; (*habitude, ennemi*) to rid sb of; **débarrasser qch de** (*fouillis etc*) to clear sth of; **se débarrasser de** *vt* to get rid of; rid o.s. of

débat [deba] *vb voir* **débattre** ♦ *nm* discussion, debate; **débats** *nmpl* proceedings, debates

débattre [debatʀ(ə)] *vt* to discuss, debate; **se débattre** *vi* to struggle

débaucher [deboʃe] *vt* (*licencier*) to lay off, dismiss; (*salarié d'une autre entreprise*) to poach; (*entraîner*) to lead astray, debauch; (*inciter à la grève*) to incite

débile [debil] *adj* weak, feeble; (*fam: idiot*) dim-witted ♦ *nm/f*: **débile mental** retarded person

débit [debi] *nm* (*d'un liquide, fleuve*) (rate of) flow; (*d'un magasin*) turnover (of goods); (*élocution*) delivery; (*bancaire*) debit; **avoir un débit de 10 F** to be 10 F in debit; **débit de boissons** drinking establishment; **débit de tabac** tobacconist's (shop) (*BRIT*), tobacco *ou* smoke shop (*US*)

débiter [debite] *vt* (*compte*) to debit; (*liquide, gaz*) to yield, produce, give out; (*couper: bois, viande*) to cut up; (*vendre*) to retail; (*péj: paroles etc*) to come out with, churn out

débiteur, trice [debitœʀ, -tʀis] *nm/f* debtor ♦ *adj* in debit; (*compte*) debit

déblayer [debleje] *vt* to clear; **déblayer le terrain** (*fig*) to clear the ground

débloquer [debloke] *vt* (*frein, fonds*) to release; (*prix*) to unfreeze ♦ *vi* (*fam*) to talk rubbish

déboires [debwaʀ] *nmpl* setbacks

déboiser [debwaze] *vt* to clear of trees; (*région*) to deforest; **se déboiser** *vi* (*colline, montagne*) to become bare of trees

déboîter [debwate] *vt* (*AUTO*) to pull out; **se déboîter le genou** *etc* to dislocate one's knee *etc*

débonnaire [debɔnɛʀ] *adj* easy-going, good-natured

débordé, e [debɔʀde] *adj*: **être débordé de** (*travail, demandes*) to be snowed under with

déborder [debɔʀde] *vi* to overflow; (*lait etc*) to boil over ♦ *vt* (*MIL, SPORT*) to outflank; **déborder (de) qch** (*dépasser*) to extend beyond sth; **déborder de** (*joie, zèle*) to be brimming over with *ou* bursting with

débouché [debuʃe] *nm* (*pour vendre*) outlet; (*perspective d'emploi*) opening; (*sortie*): **au débouché de la vallée** where the valley opens out (onto the plain)

déboucher [debuʃe] *vt* (*évier, tuyau etc*) to unblock; (*bouteille*) to uncork, open ♦ *vi*: **déboucher de** to emerge from, come out of; **déboucher sur** to come out onto; to open out onto; (*fig*) to arrive at, lead up to

débourser [debuʀse] *vt* to pay out, lay out

déboussoler [debusɔle] *vt* to disorientate, disorient

debout [dəbu] adv : **être debout** (*personne*) to be standing, stand; (*levé, éveillé*) to be up (and about); (*chose*) to be upright; **être encore debout** (*fig: en état*) to be still going; to be still standing; to be still up; **mettre qn debout** to get sb to his feet; **mettre qch debout** to stand sth up; **se mettre debout** to get up (on one's feet); **se tenir debout** to stand; **debout!** get up!; **cette histoire ne tient pas debout** this story doesn't hold water

déboutonner [debutɔne] vt to undo, unbutton; **se déboutonner** vi to come undone ou unbuttoned

débraillé, e [debʀaje] adj slovenly, untidy

débrancher [debʀɑ̃ʃe] vt (*appareil électrique*) to unplug; (*téléphone, courant électrique*) to disconnect, cut off

débrayage [debʀejaʒ] nm (AUTO) clutch; (: *action*) disengaging the clutch; (*grève*) stoppage; **faire un double débrayage** to double-declutch

débrayer [debʀeje] vi (AUTO) to declutch, disengage the clutch; (*cesser le travail*) to stop work

débris [debʀi] nm (*fragment*) fragment ♦ nmpl (*déchets*) pieces, debris *sg*; rubbish *sg* (BRIT), garbage *sg* (US)

débrouillard, e [debʀujaʀ, -aʀd(ə)] adj smart, resourceful

débrouiller [debʀuje] vt to disentangle, untangle; (*fig*) to sort out, unravel; **se débrouiller** vi to manage

début [deby] nm beginning, start; **débuts** nmpl beginnings; (*de carrière*) début *sg*; **faire ses débuts** to start out; **au début** in ou at the beginning, at first; **au début de** at the beginning ou start of; **dès le début** from the start

débutant, e [debytɑ̃, -ɑ̃t] nm/f beginner, novice

débuter [debyte] vi to begin, start; (*faire ses débuts*) to start out

deçà [dəsa]: **en deçà de** prép this side of; **en deçà** adv on this side

décadence [dekadɑ̃s] nf decadence; decline

décaféiné, e [dekafeine] adj decaffeinated, caffeine-free

décalage [dekalaʒ] nm move forward ou back; shift forward ou back; (*écart*) gap; (*désaccord*) discrepancy; **décalage horaire** time difference (between time zones), time-lag

décaler [dekale] vt (*dans le temps: avancer*) to bring forward; (: *retarder*) to put back; (*changer de position*) to shift forward ou back; **décaler de 10 cm** to move forward ou back by 10 cm; **décaler de 2 h** to bring ou move forward 2 hours; to put back 2 hours

décalquer [dekalke] vt to trace; (*par pression*) to transfer

décamper [dekɑ̃pe] vi to clear out ou off

décaper [dekape] vt to strip; (*avec abrasif*) to scour; (*avec papier de verre*) to sand

décapiter [dekapite] vt to behead; (*par accident*) to decapitate; (*fig*) to cut the top off; (: *organisation*) to remove the top people from

décapotable [dekapɔtabl(ə)] adj convertible

décapsuleur [dekapsylœʀ] nm bottle-opener

décarcasser [dekaʀkase] vt : **se décarcasser pour qn/pour faire qch** (*fam*) to slog one's guts out for sb/to do sth

décédé, e [desede] adj deceased

décéder [desede] vi to die

déceler [desle] vt to discover, detect; (*révéler*) to indicate, reveal

décembre [desɑ̃bʀ(ə)] nm December; *voir aussi* **juillet**

décemment [desamɑ̃] adv decently

décennie [deseni] nf decade

décent, e [desɑ̃, -ɑ̃t] adj decent

déception [desɛpsjɔ̃] nf disappointment

décerner [desɛʀne] vt to award

décès [desɛ] nm death, decease; **acte de décès** death certificate

décevant, e [desvɑ̃, -ɑ̃t] adj disappointing

décevoir [desvwaʀ] vt to disappoint

déchaîner [deʃene] vt (*passions, colère*) to unleash; (*rires etc*) to give rise to, arouse; **se déchaîner** vi to be unleashed; (*rires*) to burst out; (*se mettre en colère*) to fly into a rage; **se déchaîner contre qn** to unleash one's fury on sb

déchanter [deʃɑ̃te] vi to become disillusioned

décharge [deʃaʀʒ(ə)] nf (*dépôt d'ordures*) rubbish tip ou dump; (*électrique*) electrical discharge; (*salve*) volley of shots; **à la décharge de** in defence of

décharger [deʃaʀʒe] vt (*marchandise, véhicule*) to unload; (ÉLEC) to discharge; (*arme: neutraliser*) to unload; (: *faire feu*) to discharge, fire; **décharger qn de** (*responsabilité*) to relieve sb of, release sb from; **décharger sa colère (sur)** to vent one's anger (on); **décharger sa conscience** to unburden one's conscience; **se décharger dans** (*se déverser*) to flow into; **se décharger d'une affaire sur qn** to hand a matter over to sb

décharné, e [deʃaʀne] adj bony, emaciated, fleshless

déchausser [deʃose] vt (*personne*) to take the shoes off; (*skis*) to take off; **se déchausser** to take off one's shoes; (*dent*) to come ou work loose

déchéance [deʃeɑ̃s] nf (*déclin*) degeneration, decay, decline; (*chute*) fall

déchet [deʃɛ] nm (*de bois, tissu etc*) scrap; (*perte: gén*) COMM wastage, waste; **déchets** nmpl (*ordures*) refuse *sg*, rubbish *sg* (BRIT), garbage *sg* (US); **déchets radioactifs** radioactive waste

déchiffrer [deʃifʀe] vt to decipher

déchiqueter [deʃikte] vt to tear ou pull to pieces

déchirant, e [deʃiʀɑ̃, -ɑ̃t] adj heart-breaking, heart-rending

déchirement [deʃiʀmɑ̃] nm (*chagrin*) wrench, heartbreak; (*gén pl: conflit*) rift, split

déchirer [deʃiʀe] *vt* to tear, rip; (*mettre en morceaux*) to tear up; (*pour ouvrir*) to tear off; (*arracher*) to tear out; (*fig*) to tear apart; **se déchirer** *vi* to tear, rip; **se déchirer un muscle/tendon** to tear a muscle/ tendon

déchirure [deʃiʀyʀ] *nf* (*accroc*) tear, rip; **déchirure musculaire** torn muscle

déchoir [deʃwaʀ] *vi* (*personne*) to lower o.s., demean o.s.; **déchoir de** to fall from

déchu, e [deʃy] *pp de* **déchoir** ♦ *adj* fallen; (*roi*) deposed

décidé, e [deside] *adj* (*personne, air*) determined; **c'est décidé** it's decided; **être décidé à faire** to be determined to do

décidément [desidemɑ̃] *adv* undoubtedly; really

décider [deside] *vt*: **décider qch** to decide on sth; **décider de faire/que** to decide to do/that; **décider qn (à faire qch)** to persuade *ou* induce sb (to do sth); **décider de qch** to decide upon sth; (*suj: chose*) to determine sth; **se décider** *vi* (*personne*) to decide, make up one's mind; (*problème, affaire*) to be resolved; **se décider à qch** to decide on sth; **se décider à faire** to decide *ou* make up one's mind to do; **se décider pour qch** to decide on *ou* in favour of sth

décimal, e, aux [desimal, -o] *adj, nf* decimal

décimètre [desimɛtʀ(ə)] *nm* decimetre (*BRIT*), decimeter (*US*); **double décimètre** (20 cm) ruler

décisif, ive [desizif, -iv] *adj* decisive; (*qui l'emporte*): **le facteur/l'argument décisif** the deciding factor/argument

décision [desizjɔ̃] *nf* decision; (*fermeté*) decisiveness, decision; **prendre une décision** to make a decision; **prendre la décision de faire** to take the decision to do; **emporter** *ou* **faire la décision** to be decisive

déclaration [deklaʀasjɔ̃] *nf* declaration; registration; (*discours: POL etc*) statement; (*compte rendu*) report; **fausse déclaration** misrepresentation; **déclaration (d'amour)** declaration; **déclaration de décès** registration of death; **déclaration de guerre** declaration of war; **déclaration (d'impôts)** statement of income, tax declaration, ≈ tax return; **déclaration (de sinistre)** (*insurance*) claim; **déclaration de revenus** statement of income

déclarer [deklaʀe] *vt* to declare, announce; (*revenus, employés, marchandises*) to declare; (*décès, naissance*) to register; (*vol etc: à la police*) to report; **rien à déclarer** nothing to declare; **se déclarer** *vi* (*feu, maladie*) to break out; **déclarer la guerre** to declare war

déclencher [deklɑ̃ʃe] *vt* (*mécanisme etc*) to release; (*sonnerie*) to set off, activate; (*attaque, grève*) to launch; (*provoquer*) to trigger off; **se déclencher** *vi* to release itself; to go off

déclic [deklik] *nm* trigger mechanism; (*bruit*) click

décliner [dekline] *vi* to decline ♦ *vt* (*invitation*) to decline, refuse; (*responsabilité*) to refuse to accept; (*nom, adresse*) to state; (*LING*) to decline; **se décliner** (*LING*) to decline

décocher [dekɔʃe] *vt* to hurl; (*flèche, regard*) to shoot

décoiffer [dekwafe] *vt*: **décoiffer qn** to disarrange *ou* mess up sb's hair; to take sb's hat off; **se décoiffer** to take off one's hat

déçois [deswa] *etc*, **déçoive** [deswav] *etc vb voir* **décevoir**

décollage [dekɔlaʒ] *nm* (*AVIAT, ÉCON*) takeoff

décoller [dekɔle] *vt* to unstick ♦ *vi* to take off; (*projet, entreprise*) to take off, get off the ground; **se décoller** *vi* to come unstuck

décolleté, e [dekɔlte] *adj* low-necked, low-cut; (*femme*) wearing a low-cut dress ♦ *nm* low neck (line); (*épaules*) (bare) neck and shoulders; (*plongeant*) cleavage

décolorer [dekɔlɔʀe] *vt* (*tissu*) to fade; (*cheveux*) to bleach, lighten; **se décolorer** *vi* to fade

décombres [dekɔ̃bʀ(ə)] *nmpl* rubble *sg*, debris *sg*

décommander [dekɔmɑ̃de] *vt* to cancel; (*invités*) to put off; **se décommander** to cancel, cry off

décomposé, e [dekɔ̃poze] *adj* (*pourri*) decomposed; (*visage*) haggard, distorted

décompte [dekɔ̃t] *nm* deduction; (*facture*) breakdown (of an account), detailed account

déconcerter [dekɔ̃sɛʀte] *vt* to disconcert, confound

déconfit, e [dekɔ̃fi, -it] *adj* crestfallen, downcast

décongeler [dekɔ̃ʒle] *vt* to thaw (out)

déconner [dekɔne] *vi* (*fam!: en parlant*) to talk (a load of) rubbish (*BRIT*) *ou* garbage (*US*); (: *faire des bêtises*) to muck about; **sans déconner** no kidding

déconseiller [dekɔ̃seje] *vt*: **déconseiller qch (à qn)** to advise (sb) against sth; **déconseiller à qn de faire** to advise sb against doing; **c'est déconseillé** it's not advised *ou* advisable

décontracté, e [dekɔ̃tʀakte] *adj* relaxed

décontracter [dekɔ̃tʀakte] *vt*: **se décontracter** *vi* to relax

déconvenue [dekɔ̃vny] *nf* disappointment

décor [dekɔʀ] *nm* décor; (*paysage*) scenery; **décors** *nmpl* (*THÉAT*) scenery *sg*, decor *sg*; (*CINÉ*) set *sg*; **changement de décor** (*fig*) change of scene; **entrer dans le décor** (*fig*) to run off the road; **en décor naturel** (*CINÉ*) on location

décorateur, trice [dekɔʀatœʀ, -tʀis] *nm/f* (interior) decorator; (*CINÉ*) set designer

décoration [dekɔʀasjɔ̃] *nf* decoration

décorer [dekɔʀe] *vt* to decorate

décortiquer [dekɔʀtike] *vt* to shell; (*riz*) to hull; (*fig*) to dissect

découcher [dekuʃe] *vi* to spend the night away

découdre [dekudʀ(ə)] *vt* (*vêtement, couture*) to unpick, take the stitching out of; (*bouton*) to take off; **se découdre** *vi* to come unstitched; (*bouton*) to come off; **en découdre** (*fig*) to fight, do battle

découler [dekule] *vi*: **découler de** to ensue *ou* follow from

découper [dekupe] *vt* (*papier, tissu etc*) to cut up; (*volaille, viande*) to carve; (*détacher: manche, article*) to cut out; **se découper sur** (*ciel, fond*) to stand out against

décourager [dekuraʒe] *vt* to discourage, dishearten; (*dissuader*) to discourage, put off; **se décourager** *vi* to lose heart, become discouraged; **décourager qn de faire/de qch** to discourage sb from doing/from sth, put sb off doing/sth

décousu, e [dekuzy] *pp de* **découdre** ♦ *adj* unstitched; (*fig*) disjointed, disconnected

découvert, e [dekuvɛʀ, -ɛʀt(ə)] *pp de* **découvrir** ♦ *adj* (*tête*) bare, uncovered; (*lieu*) open, exposed ♦ *nm* (*bancaire*) overdraft ♦ *nf* discovery; **à découvert** *adv* (*MIL*) exposed, without cover; (*fig*) openly ♦ *adj* (*COMM*) overdrawn; **à visage découvert** openly; **aller à la découverte de** to go in search of

découvrir [dekuvʀiʀ] *vt* to discover; (*apercevoir*) to see; (*enlever ce qui couvre ou protège*) to uncover; (*montrer, dévoiler*) to reveal; **se découvrir** to take off one's hat; (*se déshabiller*) to take something off; (*au lit*) to uncover o.s.; (*ciel*) to clear; **se découvrir des talents** to find hidden talents in o.s.

décret [dekʀɛ] *nm* decree

décréter [dekʀete] *vt* to decree; (*ordonner*) to order

décrié, e [dekʀije] *adj* disparaged

décrire [dekʀiʀ] *vt* to describe; (*courbe, cercle*) to follow, describe

décrocher [dekʀɔʃe] *vt* (*dépendre*) to take down; (*téléphone*) to take off the hook; (: *pour répondre*): **décrocher (le téléphone)** to pick up *ou* lift the receiver; (*fig: contrat etc*) to get, land ♦ *vi* to drop out; to switch off; **se décrocher** *vi* (*tableau, rideau*) to fall down

décroître [dekʀwatʀ(ə)] *vi* to decrease, decline diminish

décrypter [dekʀipte] *vt* to decipher

déçu, e [desy] *pp de* **décevoir** ♦ *adj* disappointed

décupler [dekyple] *vt, vi* to increase tenfold

dédaigner [dedeɲe] *vt* to despise, scorn; (*négliger*) to disregard, spurn; **dédaigner de faire** to consider it beneath one to do, not deign to do

dédaigneux, euse [dedeɲø, -øz] *adj* scornful, disdainful

dédain [dedɛ̃] *nm* scorn, disdain

dédale [dedal] *nm* maze

dedans [dədɑ̃] *adv* inside; (*pas en plein air*) indoors, inside ♦ *nm* inside; **au dedans** on the inside; inside; **en dedans** (*vers l'intérieur*) inwards; *voir aussi* **là**

dédicacer [dedikase] *vt*: **dédicacer (à qn)** to sign (for sb), autograph (for sb), inscribe (to sb)

dédier [dedje] *vt* to dedicate

dédire [dediʀ]: **se dédire** *vi* to go back on one's word; (*se rétracter*) to retract, recant

dédommagement [dedɔmaʒmɑ̃] *nm* compensation

dédommager [dedɔmaʒe] *vt*: **dédommager qn (de)** to compensate sb (for); (*fig*) to repay sb (for)

dédouaner [dedwane] *vt* to clear through customs

dédoubler [deduble] *vt* (*classe, effectifs*) to split (into two); (*couverture etc*) to unfold; (*manteau*) to remove the lining of; **dédoubler un train/les trains** to run a relief train/additional trains; **se dédoubler** *vi* (*PSYCH*) to have a split personality

déduire [dedɥiʀ] *vt*: **déduire qch (de)** (*ôter*) to deduct sth (from); (*conclure*) to deduce *ou* infer sth (from)

déesse [dees] *nf* goddess

défaillance [defajɑ̃s] *nf* (*syncope*) blackout; (*fatigue*) (sudden) weakness *no pl*; (*technique*) fault, failure; (*morale etc*) weakness; **défaillance cardiaque** heart failure

défaillir [defajiʀ] *vi* to faint; to feel faint; (*mémoire etc*) to fail

défaire [defɛʀ] *vt* (*installation, échafaudage*) to take down, dismantle; (*paquet etc, nœud, vêtement*) to undo; (*bagages*) to unpack; (*ouvrage*) to undo, unpick; (*cheveux*) to take out; **se défaire** *vi* to come undone; **se défaire de** *vt* (*se débarrasser de*) to get rid of; (*se séparer de*) to part with; **défaire le lit** (*pour changer les draps*) to strip the bed; (*pour se coucher*) to turn back the bedclothes

défait, e [defɛ, -ɛt] *pp de* **défaire** ♦ *adj* (*visage*) haggard, ravaged ♦ *nf* defeat

défalquer [defalke] *vt* to deduct

défaut [defo] *nm* (*moral*) fault, failing, defect; (*d'étoffe, métal*) fault, flaw, defect; (*manque, carence*): **défaut de** lack of; shortage of; (*INFORM*) bug; **défaut de la cuirasse** (*fig*) chink in the armour (*BRIT*) *ou* armor (*US*); **en défaut** at fault; in the wrong; **faire défaut** (*manquer*) to be lacking; **à défaut** *adv* failing that; **à défaut de** for lack *ou* want of; **par défaut** (*JUR*) in his (*ou* her *etc*) absence

défavorable [defavɔʀabl(ə)] *adj* unfavourable (*BRIT*), unfavorable (*US*)

défavoriser [defavɔʀize] *vt* to put at a disadvantage

défection [defɛksjɔ̃] *nf* defection, failure to give support *ou* assistance; failure to appear; **faire défection** (*d'un parti etc*) to withdraw one's support, leave

défectueux, euse [defɛktɥø, -øz] *adj* faulty, defective

défendre [defɑ̃dʀ(ə)] *vt* to defend; (*interdire*) to forbid; **défendre à qn qch/de faire** to forbid sb sth/to do; **il est défendu de cracher** spitting (is) prohibited *ou* is not allowed; **c'est défendu** it is forbidden; **se défendre** to defend o.s.; **il se défend** (*fig*) he can hold his own; **ça se défend** (*fig*) it holds together; **se défendre de/contre** (*se protéger*) to protect o.s. from/against; **se défendre de** (*se* garder de) to refrain from; (nier): **se défendre de vouloir** to deny wanting

défense [defɑ̃s] nf defence (BRIT), defense (US); (d'éléphant etc) tusk; **ministre de la défense** Minister of Defence (BRIT), Defence Secretary; **la défense nationale** defence, the defence of the realm (BRIT); **la défense contre avions** anti-aircraft defence; **"défense de fumer/cracher"** "no smoking/spitting", "smoking/spitting prohibited"; **prendre la défense de qn** to stand up for sb; **défense des consommateurs** consumerism

déférer [defere] vt (JUR) to refer; **déférer à** vt (requête, décision) to defer to; **déférer qn à la justice** to hand sb over to justice

déferler [defɛʀle] vi (vagues) to break; (fig) to surge

défi [defi] nm (provocation) challenge; (bravade) defiance; **mettre qn au défi de faire qch** to challenge sb to do sth; **relever un défi** to take up ou accept a challenge

déficit [defisit] nm (COMM) deficit; (PSYCH etc: manque) defect; **déficit budgétaire** budget deficit; **être en déficit** to be in deficit

déficitaire [defisitɛʀ] adj (année, récolte) bad; **entreprise/budget déficitaire** business/budget in deficit

défier [defje] vt (provoquer) to challenge; (fig) to defy, brave; **se défier de** (se méfier de) to distrust, mistrust; **défier qn de faire** to challenge ou defy sb to do; **défier qn à** to challenge sb to; **défier toute comparaison/concurrence** to be incomparable/unbeatable

défigurer [defigyʀe] vt to disfigure; (boutons etc) to mar ou spoil (the looks of); (fig: œuvre) to mutilate, deface

défilé [defile] nm (GÉO) (narrow) gorge ou pass; (soldats) parade; (manifestants) procession, march; **un défilé de** (voitures, visiteurs etc) a stream of

défiler [defile] vi (troupes) to march past; (sportifs) to parade; (manifestants) to march; (visiteurs) to pour, stream; **se défiler** vi (se dérober) to slip away, sneak off; **faire défiler** (bande, film) to put on; (INFORM) to scroll

définir [definiʀ] vt to define

définitif, ive [definitif, -iv] adj (final) final, definitive; (pour longtemps) permanent, definitive; (sans appel) final, definite ♦ nf: **en définitive** eventually; (somme toute) when all is said and done

définitivement [definitivmɑ̃] adv definitively; permanently; definitely

défoncer [defɔ̃se] vt (caisse) to stave in; (porte) to smash in ou down; (lit, fauteuil) to burst (the springs of); (terrain, route) to rip ou plough up; **se défoncer** vi (se donner à fond) to give it all one's got

déformer [defɔʀme] vt to put out of shape; (corps) to deform; (pensée, fait) to distort; **se déformer** vi to lose its shape

défouler [defule]: **se défouler** vi (PSYCH) to work off one's tensions, release one's pent-up feelings; (gén) to unwind, let off steam

défraîchir [defʀeʃiʀ]: **se défraîchir** vi to fade; to become shop-soiled

défricher [defʀiʃe] vt to clear (for cultivation)

défunt, e [defœ̃, -œ̃t] adj: **son défunt père** his late father ♦ nm/f deceased

dégagé, e [degaʒe] adj clear; (ton, air) casual, jaunty

dégagement [degaʒmɑ̃] nm emission; freeing; clearing; (espace libre) clearing; passage; clearance; (FOOTBALL) clearance; **voie de dégagement** slip road; **itinéraire de dégagement** alternative route (to relieve traffic congestion)

dégager [degaʒe] vt (exhaler) to give off, emit; (délivrer) to free, extricate; (MIL: troupes) to relieve; (désencombrer) to clear; (isoler, mettre en valeur) to bring out; (crédits) to release; **se dégager** vi (odeur) to emanate, be given off; (passage, ciel) to clear; **dégager qn de** (engagement, parole etc) to release ou free sb from; **se dégager de** (fig: engagement etc) to get out of; (: promesse) to go back on

dégarnir [degaʀniʀ] vt (vider) to empty, clear; **se dégarnir** vi to empty; to be cleaned out ou cleared; (tempes, crâne) to go bald

dégâts [degɑ] nmpl damage sg; **faire des dégâts** to damage

dégel [deʒɛl] nm thaw; (fig: des prix etc) unfreezing

dégeler [deʒle] vt to thaw (out); (fig) to unfreeze ♦ vi to thaw (out); **se dégeler** vi (fig) to thaw out

dégénérer [deʒeneʀe] vi to degenerate; (empirer) to go from bad to worse; (devenir): **dégénérer en** to degenerate into

dégingandé, e [deʒɛ̃gɑ̃de] adj gangling, lanky

dégivrer [deʒivʀe] vt (frigo) to defrost; (vitres) to de-ice

dégonflé, e [degɔ̃fle] adj (pneu) flat; (fam) chicken ♦ nm/f (fam) chicken

dégonfler [degɔ̃fle] vt (pneu, ballon) to let down, deflate ♦ vi (désenfler) to go down; **se dégonfler** vi (fam) to chicken out

dégouliner [deguline] vi to trickle, drip; **dégouliner de** to be dripping with

dégourdi, e [deguʀdi] adj smart, resourceful

dégourdir [deguʀdiʀ] vt to warm (up); **se dégourdir (les jambes)** to stretch one's legs

dégoût [degu] nm disgust, distaste

dégoûtant, e [degutɑ̃, -ɑ̃t] adj disgusting

dégoûté, e [degute] adj disgusted; **dégoûté de** sick of

dégoûter [degute] vt to disgust; **cela me dégoûte** I find this disgusting ou revolting; **dégoûter qn de qch** to put sb off sth; **se dégoûter de** to get ou become sick of

dégrader [degʀade] vt (MIL: officier) to degrade; (abîmer) to damage, deface; (avilir) to degrade, debase; **se dégrader** vi (*relations, situation*) to deteriorate

dégrafer [degʀafe] vt to unclip, unhook, unfasten

degré [dagʀe] nm degree; (*d'escalier*) step; **brûlure au 1er/2ème degré** 1st/2nd degree burn; **équation du 1er/2ème degré** linear/quadratic equation; **le premier degré** (SCOL) primary level; **alcool à 90 degrés** surgical spirit; **vin de 10 degrés** 10° wine (on *Gay-Lussac scale*); **par degré(s)** adv by degrees, gradually

dégressif, ive [degʀesif, -iv] adj on a decreasing scale, degressive; **tarif dégressif** decreasing rate of charge

dégringoler [degʀɛ̃gɔle] vi to tumble (down); (*fig: prix, monnaie etc*) to collapse

dégrossir [degʀosiʀ] vt (*bois*) to trim; (*fig*) to work out roughly; (: *personne*) to knock the rough edges off

déguenillé, e [dɛgnije] adj ragged, tattered

déguerpir [degɛʀpiʀ] vi to clear off

dégueulasse [degœlas] adj (*fam*) disgusting

dégueuler [degœle] vi (*fam*) to puke, throw up

déguisement [degizmɑ̃] nm disguise; (*habits: pour s'amuser*) dressing-up clothes; (: *pour tromper*) disguise

déguiser [degize] vt to disguise; **se déguiser (en)** (*se costumer*) to dress up (as); (*pour tromper*) to disguise o.s. (as)

dégustation [degystɑsjɔ̃] nf tasting; sampling; savouring (BRIT), savoring (US); (*séance*): **dégustation de vin(s)** wine-tasting

déguster [degyste] vt (*vins*) to taste; (*fromages etc*) to sample; (*savourer*) to enjoy, savour (BRIT), savor (US)

dehors [dəɔʀ] adv outside; (*en plein air*) outdoors, outside ♦ nm outside ♦ nmpl (*apparences*) appearances, exterior sg; **mettre** ou **jeter dehors** to throw out; **au dehors** outside; (*en apparence*) outwardly; **au dehors de** outside; **de dehors** from outside; **en dehors** outside; outwards; **en dehors de** apart from

déjà [deʒa] adv already; (*auparavant*) before, already; **as-tu déjà été en France?** have you been to France before?; **c'est déjà pas mal** that's not too bad (at all); **c'est déjà quelque chose** (at least) it's better than nothing; **quel nom, déjà?** what was the name again?

déjeuner [deʒœne] vi to (have) lunch; (*le matin*) to have breakfast ♦ nm lunch; (*petit déjeuner*) breakfast; **déjeuner d'affaires** business lunch

déjouer [deʒwe] vt to elude, to foil, thwart

delà [dəla] adv: **par delà, en delà (de), au delà (de)** beyond

délabrer [delabʀe]: **se délabrer** vi to fall into decay, become dilapidated

délacer [delase] vt to unlace, undo

délai [delɛ] nm (*attente*) waiting period; (*sursis*) extension (of time); (*temps accordé; aussi: délais*) time limit; **sans délai** without delay; **à bref délai** shortly, very soon; at short notice; **dans les délais** within the time limit; **un délai de 30 jours** a period of 30 days; **comptez un délai de livraison de 10 jours** allow 10 days for delivery

délaisser [delese] vt (*abandonner*) to abandon, desert; (*négliger*) to neglect

délasser [delase] vt (*reposer*) to relax; (*divertir*) to divert, entertain; **se délasser** vi to relax

délavé, e [delave] adj faded

délayer [deleje] vt (CULIN) to mix (with water *etc*); (*peinture*) to thin down; (*fig*) to pad out, spin out

delco® [delko] nm (AUTO) distributor; **tête de delco** distributor cap

délecter [delɛkte]: **se délecter** vi: **se délecter de** to revel ou delight in

délégué, e [delege] adj delegated ♦ nm/f delegate; representative; **ministre délégué à** minister with special responsibility for

déléguer [delege] vt to delegate

délibéré, e [delibeʀe] adj (*conscient*) deliberate; (*déterminé*) determined, resolute; **de propos délibéré** (*à dessein, exprès*) intentionally

délibérer [delibeʀe] vi to deliberate

délicat, e [delika, -at] adj delicate; (*plein de tact*) tactful; (*attentionné*) thoughtful; (*exigeant*) fussy, particular; **procédés peu délicats** unscrupulous methods

délicatement [delikatmɑ̃] adv delicately; (*avec douceur*) gently

délice [delis] nm delight

délicieux, euse [delisjø, -øz] adj (*au goût*) delicious; (*sensation, impression*) delightful

délimiter [delimite] vt to delimit

délinquance [delɛ̃kɑ̃s] nf criminality; **délinquance juvénile** juvenile delinquency

délinquant, e [delɛ̃kɑ̃, -ɑ̃t] adj, nm/f delinquent

délirant, e [deliʀɑ̃, -ɑ̃t] adj (MÉD: fièvre) delirious; (*imagination*) frenzied; (*fam: déraisonnable*) crazy

délirer [deliʀe] vi to be delirious; (*fig*) to be raving

délit [deli] nm (*criminel*) offence; **délit de droit commun** violation of common law; **délit de fuite** failure to stop after an accident; **délit d'initiés** insider dealing ou trading; **délit de presse** violation of the press laws

délivrer [delivʀe] vt (*prisonnier*) to (set) free, release; (*passeport, certificat*) to issue; **délivrer qn de** (*ennemis*) to set sb free from, deliver ou free sb from; (*fig*) to rid sb of

déloger [delɔʒe] vt (*locataire*) to turn out; (*objet coincé, ennemi*) to dislodge

déloyal, e, aux [delwajal, -o] adj (*personne, conduite*) disloyal; (*procédé*) unfair

deltaplane® [dɛltaplan] nm hang-glider

déluge [delyʒ] nm (*biblique*) Flood, Deluge; (*grosse pluie*) downpour, deluge; (*grand nombre*): **déluge de** flood of

déluré, e [delyʀe] *adj* smart, resourceful; (*péj*) forward, pert

demain [dəmɛ̃] *adv* tomorrow; **demain matin/soir** tomorrow morning/evening; **demain midi** tomorrow at midday; **à demain!** see you tomorrow!

demande [dəmɑ̃d] *nf* (*requête*) request; (*revendication*) demand; (*ADMIN, formulaire*) application; (*ÉCON*): **la demande** demand; **"demandes d'emploi"** "situations wanted"; **à la demande générale** by popular request; **demande en mariage** (marriage) proposal; **faire sa demande (en mariage)** to propose (marriage); **demande de naturalisation** application for naturalization; **demande de poste** job application

demandé, e [dəmɑ̃de] *adj* (*article etc*): **très demandé** (very) much in demand

demander [dəmɑ̃de] *vt* to ask for; (*question: date, heure, chemin*) to ask; (*requérir, nécessiter*) to require, demand; **demander qch à qn** to ask sb for sth, ask sb sth; **ils demandent 2 secrétaires et un ingénieur** they're looking for 2 secretaries and an engineer; **demander la main de qn** to ask for sb's hand (in marriage); **demander pardon à qn** to apologize to sb; **demander à ou de voir/faire** to ask to see/ask if one can do; **demander à qn de faire** to ask sb to do; **demander que/pourquoi** to ask that/why; **se demander si/pourquoi** *etc* to wonder if/why *etc*; (*sens purement réfléchi*) to ask o.s. if/why *etc*; **on vous demande au téléphone** you're wanted on the phone, there's someone for you on the phone; **il ne demande que ça** that's all he wants; **je ne demande pas mieux** I'm asking nothing more; **il ne demande qu'à faire** all he wants is to do

demandeur, euse [dəmɑ̃dœʀ, -øz] *nm/f*: **demandeur d'emploi** job-seeker

démangeaison [demɑ̃ʒɛzɔ̃] *nf* itching

démanger [demɑ̃ʒe] *vi* to itch; **la main me démange** my hand is itching; **l'envie ou ça me démange de faire** I'm itching to do

démanteler [demɑ̃tle] *vt* to break up; to demolish

démaquillant [demakijɑ̃] *nm* make-up remover

démaquiller [demakije] *vt*: **se démaquiller** to remove one's make-up

démarche [demaʀʃ(ə)] *nf* (*allure*) gait, walk; (*intervention*) step; approach; (*fig: intellectuelle*) thought processes *pl*; approach; **faire ou entreprendre des démarches** to take action; **faire des démarches auprès de qn** to approach sb

démarcheur, euse [demaʀʃœʀ, -øz] *nm/f* (*COMM*) door-to-door salesman/woman; (*POL etc*) canvasser

démarque [demaʀk(ə)] *nf* (*COMM: d'un article*) mark-down

démarrage [demaʀaʒ] *nm* starting *no pl*, start; **démarrage en côte** hill start

démarrer [demaʀe] *vt* to start up ♦ *vi* (*conducteur*) to start (up); (*véhicule*) to move off; (*travaux, affaire*) to get moving; (*coureur: accélérer*) to pull away

démarreur [demaʀœʀ] *nm* (*AUTO*) starter

démêlant, e [demelɑ̃, -ɑ̃t] *adj*: **baume démêlant, crème démêlante** (hair) conditioner

démêler [demele] *vt* to untangle, disentangle

démêlés [demele] *nmpl* problems

déménagement [demenaʒmɑ̃] *nm* (*du point de vue du locataire etc*) move; (*: du déménageur*) removal (*BRIT*), moving (*US*); **entreprise/camion de déménagement** removal (*BRIT*) *ou* moving (*US*) firm/van

déménager [demenaʒe] *vt* (*meubles*) to (re)move ♦ *vi* to move (house)

déménageur [demenaʒœʀ] *nm* removal man (*BRIT*), (furniture) mover (*US*); (*entrepreneur*) furniture remover

démener [demne]: **se démener** *vi* to thrash about; (*fig*) to exert o.s.

dément, e [demɑ̃, -ɑ̃t] *vb voir* **démentir** ♦ *adj* (*fou*) mad (*BRIT*), crazy; (*fam*) brilliant, fantastic

démentiel, le [demɑ̃sjɛl] *adj* insane

démentir [demɑ̃tiʀ] *vt* (*nouvelle, témoin*) to refute; (*faits etc*) to belie, refute; **démentir que** to deny that; **ne pas se démentir** not to fail, keep up

démerder [demɛʀde]: **se démerder** *vi* (*fam!*) to bloody well manage for o.s.

démesuré, e [deməzyʀe] *adj* immoderate, disproportionate

démettre [demɛtʀ(ə)] *vt*: **démettre qn de** (*fonction, poste*) to dismiss sb from; **se démettre (de ses fonctions)** to resign (from) one's duties; **se démettre l'épaule** *etc* to dislocate one's shoulder *etc*

demeurant [dəmœʀɑ̃]: **au demeurant** *adv* for all that

demeure [dəmœʀ] *nf* residence; **dernière demeure** (*fig*) last resting place; **mettre qn en demeure de faire** to enjoin *ou* order sb to do; **à demeure** *adv* permanently

demeurer [dəmœʀe] *vi* (*habiter*) to live; (*séjourner*) to stay; (*rester*) to remain; **en demeurer là** (*suj: personne*) to leave it at that; (*: choses*) to be left at that

demi, e [dəmi] *adj*: **et demi: trois heures/bouteilles et demies** three and a half hours/bottles, three hours/bottles and a half ♦ *nm* (*bière: = 0.25 litre*) ≈ half-pint; (*FOOTBALL*) half-back; **il est 2 heures et demie** it's half past 2; **il est midi et demi** it's half past 12; **demi de mêlée/d'ouverture** (*RUGBY*) scrum/fly half; **à demi** *adv* half-; **ouvrir à demi** to half-open; **faire les choses à demi** to do things by halves; **à la demie** (*heure*) on the half-hour

demi-cercle [dəmisɛʀkl(ə)] *nm* semicircle; **en demi-cercle** *adj* semicircular ♦ *adv* in a semicircle

demi-douzaine [dəmiduzɛn] *nf* half-dozen, half a dozen

demi-finale [dəmifinal] *nf* semifinal

demi-frère [dəmifʀɛʀ] *nm* half-brother

demi-heure [dəmijœʀ] *nf*: **une demi-heure** a half-hour, half an hour

demi-journée [dəmiʒuʀne] *nf* half-day, half a day

demi-litre [dəmilitʀ(ə)] *nm* half-litre (*BRIT*), half-liter (*US*), half a litre *ou* liter

demi-livre [dəmilivʀ(ə)] *nf* half-pound, half a pound

demi-mot [dəmimo]: **à demi-mot** *adv* without having to spell things out

demi-pension [dəmipɑ̃sjɔ̃] *nf* half-board; **être en demi-pension** (*SCOL*) to take school meals

demi-pensionnaire [dəmipɑ̃sjɔnɛʀ] *nm/f* (*SCOL*) half-boarder

demi-place [dəmiplas] *nf* half-price; (*TRANSPORTS*) half-fare

démis, e [demi, -iz] *pp de* **démettre** ♦ *adj* (*épaule etc*) dislocated

demi-sel [dəmisɛl] *adj inv* slightly salted

demi-sœur [dəmisœʀ] *nf* half-sister

démission [demisjɔ̃] *nf* resignation; **donner sa démission** to give *ou* hand in one's notice, hand in one's resignation

démissionner [demisjɔne] *vi* (*de son poste*) to resign, give *ou* hand in one's notice

demi-tarif [dəmitaʀif] *nm* half-price; (*TRANSPORTS*) half-fare

demi-tour [dəmituʀ] *nm* about-turn; **faire un demi-tour** (*MIL etc*) to make an about-turn; **faire demi-tour** to turn (and go) back; (*AUTO*) to do a U-turn

démocratie [demɔkʀasi] *nf* democracy; **démocratie populaire/libérale** people's/liberal democracy

démocratique [demɔkʀatik] *adj* democratic

démodé, e [demɔde] *adj* old-fashioned

demoiselle [dəmwazɛl] *nf* (*jeune fille*) young lady; (*célibataire*) single lady, maiden lady; **demoiselle d'honneur** bridesmaid

démolir [demɔliʀ] *vt* to demolish; (*fig: personne*) to do for

démon [demɔ̃] *nm* demon, fiend; evil spirit; (*enfant turbulent*) devil, demon; **le démon du jeu/des femmes** a mania for gambling/women; **le Démon** the Devil

démonstration [demɔ̃stʀasjɔ̃] *nf* demonstration; (*aérienne, navale*) display

démonté, e [demɔ̃te] *adj* (*fig*) raging, wild

démonter [demɔ̃te] *vt* (*machine etc*) to take down, dismantle; (*pneu, porte*) to take off; (*cavalier*) to throw, unseat; (*fig: personne*) to disconcert; **se démonter** *vi* (*personne*) to lose countenance

démontrer [demɔ̃tʀe] *vt* to demonstrate, show

démordre [demɔʀdʀ(ə)] *vi* (*aussi*: **ne pas démordre de**) to refuse to give up, stick to

démouler [demule] *vt* (*gâteau*) to turn out

démuni, e [demyni] *adj* (*sans argent*) impoverished; **démuni de** without, lacking in

démunir [demyniʀ] *vt*: **démunir qn de** to deprive sb of; **se démunir de** to part with, give up

dénaturer [denatyʀe] *vt* (*goût*) to alter (completely); (*pensée, fait*) to distort, misrepresent

dénicher [denife] *vt* to unearth

dénier [denje] *vt* to deny; **dénier qch à qn** to deny sb sth

dénigrer [denigʀe] *vt* to denigrate, run down

dénivellation [denivelasjɔ̃] *nf*, **dénivellement** [denivelmɑ̃] *nm* difference in level; (*pente*) ramp; (*creux*) dip

dénombrer [denɔ̃bʀe] *vt* (*compter*) to count; (*énumérer*) to enumerate, list

dénomination [denɔminasjɔ̃] *nf* designation, appellation

dénommé, e [denɔme] *adj*: **le dénommé Dupont** the man by the name of Dupont

dénoncer [denɔ̃se] *vt* to denounce; **se dénoncer** to give o.s. up, come forward

dénouement [denumɑ̃] *nm* outcome, conclusion; (*THÉÂT*) dénouement

dénouer [denwe] *vt* to unknot, undo

dénoyauter [denwajote] *vt* to stone; **appareil à dénoyauter** stoner

denrée [dɑ̃ʀe] *nf* commodity; (*aussi*: **denrée alimentaire**) food(stuff)

dense [dɑ̃s] *adj* dense

densité [dɑ̃site] *nf* denseness; (*PHYSIQUE*) density

dent [dɑ̃] *nf* tooth (*pl* teeth); **avoir/garder une dent contre qn** to have/hold a grudge against sb; **se mettre qch sous la dent** to eat sth; **être sur les dents** to be on one's last legs; **faire ses dents** to teethe, cut (one's) teeth; **en dents de scie** serrated; (*irrégulier*) jagged; **avoir les dents longues** (*fig*) to be ruthlessly ambitious; **dent de lait/sagesse** milk/wisdom tooth

dentaire [dɑ̃tɛʀ] *adj* dental; **cabinet dentaire** dental surgery; **école dentaire** dental school

dentelé, e [dɑ̃tle] *adj* jagged, indented

dentelle [dɑ̃tɛl] *nf* lace *no pl*

dentier [dɑ̃tje] *nm* denture

dentifrice [dɑ̃tifʀis] *adj, nm*: (**pâte**) **dentifrice** toothpaste; **eau dentifrice** mouthwash

dentiste [dɑ̃tist(ə)] *nm/f* dentist

dentition [dɑ̃tisjɔ̃] *nf* teeth *pl*, dentition

dénuder [denyde] *vt* to bare; **se dénuder** (*personne*) to strip

dénué, e [denye] *adj*: **dénué de** lacking in; (*intérêt*) devoid of

dénuement [denymɑ̃] *nm* destitution

déodorant [deɔdɔʀɑ̃] *nm* deodorant

déontologie [deɔ̃tɔlɔʒi] *nf* code of ethics; (*professionnelle*) (professional) code of practice

dépannage [depanaʒ] *nm*: **service/camion de**

dépannage (AUTO) breakdown service/truck

dépanner [depane] vt (voiture, télévision) to fix, repair; (fig) to bail out, help out

dépanneuse [depanøz] nf breakdown lorry (BRIT), tow truck (US)

dépareillé, e [depareje] adj (collection, service) incomplete; (gant, volume, objet) odd

départ [depar] nm leaving no pl, departure; (SPORT) start; (sur un horaire) departure; **à son départ** when he left; **au départ** (au début) initially, at the start; **courrier au départ** outgoing mail

départager [departaʒe] vt to decide between

département [departəmɑ̃] nm department; see boxed note

DÉPARTEMENT

France is divided into 96 administrative units called **départements**. These local government divisions are headed by a state-appointed 'préfet', and administered by an elected 'Conseil général'. **Départements** are usually named after prominent geographical features such as rivers or mountain ranges.

dépassé, e [depase] adj superseded, outmoded; (fig) out of one's depth

dépasser [depase] vt (véhicule, concurrent) to overtake; (endroit) to pass, go past; (somme, limite) to exceed; (fig: en beauté etc) to surpass, outshine; (être en saillie sur) to jut out above (ou in front of); (dérouter): **cela me dépasse** it's beyond me ♦ vi (AUTO) to overtake; (jupon) to show; **se dépasser** to excel o.s.

dépaysé, e [depeize] adj disorientated

dépaysement [depeizmɑ̃] nm disorientation; change of scenery

dépecer [depəse] vt (suj: boucher) to joint, cut up; (suj: animal) to dismember

dépêche [depɛʃ] nf dispatch; **dépêche (télégraphique)** telegram, wire

dépêcher [depeʃe] vt to dispatch; **se dépêcher** vi to hurry; **se dépêcher de faire qch** to hasten to do sth, hurry (in order) to do sth

dépeindre [depɛ̃dʀ(ə)] vt to depict

dépendance [depɑ̃dɑ̃s] nf (interdépendance) dependence no pl, dependency; (bâtiment) outbuilding

dépendre [depɑ̃dʀ(ə)] vt (tableau) to take down; **dépendre de** vt to depend on, to be dependent on; (appartenir) to belong to; **ça dépend** it depends

dépens [depɑ̃] nmpl: **aux dépens de** at the expense of

dépense [depɑ̃s] nf spending no pl, expense, expenditure no pl; (fig) consumption; (: de temps, de forces) expenditure; **pousser qn à la dépense** to make sb incur an expense; **dépense physique** (physical) exertion; **dépenses de fonctionnement** revenue expenditure; **dépenses d'investissement** capital expenditure; **dépenses publiques** public expenditure

dépenser [depɑ̃se] vt to spend; (gaz, eau) to use; (fig) to expend, use up; **se dépenser** (se fatiguer) to exert o.s.

dépensier, ière [depɑ̃sje, -jɛʀ] adj: **il est dépensier** he's a spendthrift

dépérir [deperiʀ] vi (personne) to waste away; (plante) to wither

dépêtrer [depetʀe] vt: **se dépêtrer de** (situation) to extricate o.s. from

dépeupler [depœple] vt to depopulate; **se dépeupler** to be depopulated

dépilatoire [depilatwaʀ] adj depilatory, hair-removing

dépister [depiste] vt to detect; (MÉD) to screen; (voleur) to track down; (poursuivants) to throw off the scent

dépit [depi] nm vexation, frustration; **en dépit de** prép in spite of; **en dépit du bon sens** contrary to all good sense

dépité, e [depite] adj vexed, frustrated

déplacé, e [deplase] adj (propos) out of place, uncalled-for; **personne déplacée** displaced person

déplacement [deplasmɑ̃] nm moving; shifting; transfer; (voyage) trip, travelling no pl (BRIT), traveling no pl (US); **en déplacement** away (on a trip); **déplacement d'air** displacement of air; **déplacement de vertèbre** slipped disc

déplacer [deplase] vt (table, voiture) to move, shift; (employé) to transfer, move; **se déplacer** vi (objet) to move; (organe) to become displaced; (personne: bouger) to move, walk; (: voyager) to travel ♦ vt (vertèbre etc) to displace

déplaire [deplɛʀ] vi: **ceci me déplaît** I don't like this, I dislike this; **il cherche à nous déplaire** he's trying to displease us ou be disagreeable to us; **se déplaire quelque part** to dislike it ou be unhappy somewhere

déplaisant, e [deplɛzɑ̃, -ɑ̃t] vb voir **déplaire** ♦ adj disagreeable, unpleasant

dépliant [deplijɑ̃] nm leaflet

déplier [deplije] vt to unfold; **se déplier** (parachute) to open

déplorer [deplɔʀe] vt (regretter) to deplore; (pleurer sur) to lament

déployer [deplwaje] vt to open out, spread; (MIL) to deploy; (montrer) to display, exhibit

déporter [depɔʀte] vt (POL) to deport; (dévier) to carry off course; **se déporter** vi (voiture) to swerve

déposer [depoze] vt (gén: mettre, poser) to lay down, put down, set down; (à la banque, à la consigne) to deposit; (caution) to put down; (passager) to drop (off), set down; (démonter: serrure, moteur) to take out; (: rideau) to take down; (roi) to depose;

(ADMIN: *faire enregistrer*) to file; to register ♦ *vi* to form a sediment *ou* deposit; (JUR): **déposer (contre)** to testify *ou* give evidence (against); **se déposer** *vi* to settle; **déposer son bilan** (COMM) to go into (voluntary) liquidation

dépositaire [depoziteʀ] *nm/f* (JUR) depository; (COMM) agent; **dépositaire agréé** authorized agent

déposition [depozisjɔ̃] *nf* (JUR) deposition

dépôt [depo] *nm* (*à la banque, sédiment*) deposit; (*entrepôt, réserve*) warehouse, store; (*gare*) depot; (*prison*) cells *pl*; **dépôt d'ordures** rubbish (BRIT) *ou* garbage (US) dump, tip (BRIT); **dépôt de bilan** (voluntary) liquidation; **dépôt légal** registration of copyright

dépotoir [depotwaʀ] *nm* dumping ground, rubbish (BRIT) *ou* garbage (US) dump; **dépotoir nucléaire** nuclear (waste) dump

dépouiller [depuje] *vt* (*animal*) to skin; (*spolier*) to deprive of one's possessions; (*documents*) to go through, peruse; **dépouiller qn/qch de** to strip sb/ sth of; **dépouiller le scrutin** to count the votes

dépourvu, e [depuʀvy] *adj*: **dépourvu de** lacking in, without; **au dépourvu** *adv*: **prendre qn au dépourvu** to catch sb unawares

déprécier [depresje] *vt*: **se déprécier** *vi* to depreciate

dépression [depresjɔ̃] *nf* depression; **dépression (nerveuse)** (nervous) breakdown

déprimant, e [depʀimɑ̃, -ɑ̃t] *adj* depressing

déprimer [depʀime] *vt* to depress

MOT-CLÉ

depuis [dəpɥi] *prép* **1** (*point de départ dans le temps*) since; **il habite Paris depuis 1983/l'an dernier** he has been living in Paris since 1983/ last year; **depuis quand?** since when?; **depuis quand le connaissez-vous?** how long have you known him?; **depuis lors** since then
2 (*temps écoulé*) for; **il habite Paris depuis 5 ans** he has been living in Paris for 5 years; **je le connais depuis 3 ans** I've known him for 3 years; **depuis combien de temps êtes-vous ici?** how long have you been here?
3 (*lieu*): **il a plu depuis Metz** it's been raining since Metz; **elle a téléphoné depuis Valence** she rang from Valence
4 (*quantité, rang*) from; **depuis les plus petits jusqu'aux plus grands** from the youngest to the oldest
♦ *adv* (*temps*) since (then); **je ne lui ai pas parlé depuis** I haven't spoken to him since (then); **depuis que** *conj* (ever) since; **depuis qu'il m'a dit ça** (ever) since he said that to me

---

député, e [depyte] *nm/f* (POL) deputy, ≈ Member of Parliament (BRIT), ≈ Congressman/woman (US)

députer [depyte] *vt* to delegate; **députer qn auprès de** to send sb (as a representative) to

déraciner [deʀasine] *vt* to uproot

dérailler [deʀaje] *vi* (*train*) to be derailed, go off *ou* jump the rails; (*fam*) to be completely off the track; **faire dérailler** to derail

déraisonner [deʀɛzɔne] *vi* to talk nonsense, rave

dérangement [deʀɑ̃ʒmɑ̃] *nm* (*gêne, déplacement*) trouble; (*gastrique etc*) disorder; (*mécanique*) breakdown; **en dérangement** (*téléphone*) out of order

déranger [deʀɑ̃ʒe] *vt* (*personne*) to trouble, bother, disturb; (*projets*) to disrupt, upset; (*objets, vêtements*) to disarrange; **se déranger** to put o.s. out; (*se déplacer*) to (take the trouble to) come (*ou* go) out; **est-ce que cela vous dérange si ...?** do you mind if ...?; **ça te dérangerait de faire ...?** would you mind doing ...?; **ne vous dérangez pas** don't go to any trouble; don't disturb yourself

déraper [deʀape] *vi* (*voiture*) to skid; (*personne, semelles, couteau*) to slip; (*fig: économie etc*) to go out of control

dérégler [deʀegle] *vt* (*mécanisme*) to put out of order, cause to break down; (*estomac*) to upset; **se dérégler** *vi* to break down, go wrong

dérider [deʀide] *vt*: **se dérider** *vi* to brighten *ou* cheer up

dérision [deʀizjɔ̃] *nf* derision; **tourner en dérision** to deride; **par dérision** in mockery

dérisoire [deʀizwaʀ] *adj* derisory

dérive [deʀiv] *nf* (*de dériveur*) centre-board; **aller à la dérive** (NAVIG, *fig*) to drift; **dérive des continents** (GÉO) continental drift

dérivé, e [deʀive] *adj* derived ♦ *nm* (LING) derivative; (TECH) by-product ♦ *nf* (MATH) derivative

dériver [deʀive] *vt* (MATH) to derive; (*cours d'eau etc*) to divert ♦ *vi* (*bateau*) to drift; **dériver de** to derive from

dermatologue [dɛʀmatɔlɔg] *nm/f* dermatologist

dernier, ière [dɛʀnje, -jɛʀ] *adj* (*dans le temps, l'espace*) last; (*le plus récent: gén avant n*) latest, last; (*final, ultime: effort*) final; (*échelon, grade*) top, highest ♦ *nm* (*étage*) top floor; **lundi/le mois dernier** last Monday/month; **du dernier chic** extremely smart; **le dernier cri** the last word (in fashion); **les derniers honneurs** the last tribute; **le dernier soupir**: **rendre le dernier soupir** to breathe one's last; **en dernier** *adv* last; **ce dernier, cette dernière** the latter

dernièrement [dɛʀnjɛʀmɑ̃] *adv* recently

dérobé, e [deʀɔbe] *adj* (*porte*) secret, hidden; **à la dérobée** surreptitiously

dérober [deʀɔbe] *vt* to steal; (*cacher*): **dérober qch à (la vue de) qn** to conceal *ou* hide sth from sb('s view); **se dérober** *vi* (*s'esquiver*) to slip away; (*fig*) to shy away; **se dérober sous** (*s'effondrer*) to give way beneath; **se dérober à** (*justice, regards*) to hide from; (*obligation*) to shirk

dérogation [deʀɔgasjɔ̃] *nf* (special) dispensation

déroger [deʀɔʒe]: **déroger à** *vt* to go against,

depart from

dérouiller [deʀuje] *vt*: **se dérouiller les jambes** to stretch one's legs

déroulement [deʀulmɑ̃] *nm* (*d'une opération etc*) progress

dérouler [deʀule] *vt* (ficelle) to unwind; (papier) to unroll; **se dérouler** *vi* to unwind; to unroll, come unrolled; (avoir lieu) to take place; (se passer) to go

dérouter [deʀute] *vt* (avion, train) to reroute, divert; (étonner) to disconcert, throw (out)

derrière [deʀjɛʀ] *adv*, *prép* behind ◆ *nm* (d'une maison) back; (postérieur) behind, bottom; **les pattes de derrière** the back legs, the hind legs; **par derrière** from behind; (fig) in an underhand way, behind one's back

des [de] *dét*, *prép* + *dét voir de*

dès [dɛ] *prép* from; **dès que** *conj* as soon as; **dès à présent** here and now; **dès son retour** as soon as he was (ou is) back; **dès réception** upon receipt; **dès lors** *adv* from then on; **dès lors que** *conj* from the moment (that)

désabusé, e [dezabyze] *adj* disillusioned

désaccord [dezakɔʀ] *nm* disagreement

désaccordé, e [dezakɔʀde] *adj* (MUS) out of tune

désaffecté, e [dezafɛkte] *adj* disused

désagréable [dezagʀeablə] *adj* unpleasant, disagreeable

désagréger [dezagʀeʒe]: **se désagréger** *vi* to disintegrate, break up

désagrément [dezagʀemɑ̃] *nm* annoyance, trouble *no pl*

désaltérer [dezaltere] *vt*: **se désaltérer** to quench one's thirst; **ça désaltère** it's thirst-quenching, it quenches your thirst

désapprobateur, trice [dezapʀɔbatœʀ, -tʀis] *adj* disapproving

désapprouver [dezapʀuve] *vt* to disapprove of

désarmant, e [dezaʀmɑ̃, -ɑ̃t] *adj* disarming

désarroi [dezaʀwa] *nm* helplessness, disarray

désastre [dezastʀə] *nm* disaster

désastreux, euse [dezastʀø, -øz] *adj* disastrous

désavantage [dezavɑ̃taʒ] *nm* disadvantage; (inconvénient) drawback, disadvantage

désavantager [dezavɑ̃taʒe] *vt* to put at a disadvantage

descendre [desɑ̃dʀə] *vt* (escalier, montagne) to go (ou come) down; (valise, paquet) to take ou get down; (étagère etc) to lower; (fam: abattre) to shoot down; (: boire) to knock back ◆ *vi* to go (ou come) down; (passager: s'arrêter) to get out, alight; (niveau, température) to go ou come down, fall, drop; (marée) to go out; **descendre à pied/en voiture** to walk/drive down, go down on foot/by car; **descendre de** (famille) to be descended from; **descendre du train** to get out of ou off the train; **descendre d'un arbre** to climb down from a tree; **descendre de cheval** to dismount, get off one's horse; **descendre à l'hôtel** to stay at a hotel;

descendre dans la rue (manifester) to take to the streets; **descendre en ville** to go into town, go down town

descente [desɑ̃t] *nf* descent, going down; (chemin) way down; (SKI) downhill (race); **au milieu de la descente** halfway down; **freinez dans les descentes** use the brakes going downhill; **descente de lit** bedside rug; **descente (de police)** (police) raid

description [dɛskʀipsjɔ̃] *nf* description

désemparé, e [dezɑ̃paʀe] *adj* bewildered, distraught; (bateau, avion) crippled

désemplir [dezɑ̃pliʀ] *vi*: **ne pas désemplir** to be always full

déséquilibre [dezekilibʀ(ə)] *nm* (position): **être en déséquilibre** to be unsteady; (fig: des forces, du budget) imbalance; (PSYCH) unbalance

déséquilibré, e [dezekilibʀe] *nm/f* (PSYCH) unbalanced person

déséquilibrer [dezekilibʀe] *vt* to throw off balance

désert, e [dezɛʀ, -ɛʀt(ə)] *adj* deserted ◆ *nm* desert

déserter [dezɛʀte] *vi*, *vt* to desert

désertique [dezɛʀtik] *adj* desert *cpd*; (inculte) barren, empty

désespéré, e [dezɛspeʀe] *adj* desperate; (regard) despairing; **état désespéré** (MÉD) hopeless condition

désespérer [dezɛspeʀe] *vt* to drive to despair ◆ *vi*: **se désespérer** *vi* to despair; **désespérer de** to despair of

désespoir [dezɛspwaʀ] *nm* despair; **être ou faire le désespoir de qn** to be the despair of sb; **en désespoir de cause** in desperation

déshabiller [dezabije] *vt* to undress; **se déshabiller** to undress (o.s.)

déshérité, e [dezeʀite] *adj* disinherited ◆ *nm/f*: **les déshérités** (pauvres) the underprivileged, the deprived

déshériter [dezeʀite] *vt* to disinherit

déshonneur [dezɔnœʀ] *nm* dishonour (BRIT), dishonor (US), disgrace

déshydraté, e [dezidʀate] *adj* dehydrated

desiderata [dezideʀata] *nmpl* requirements

désigner [dezine] *vt* (montrer) to point out, indicate; (dénommer) to denote, refer to; (nommer: candidat etc) to name, appoint

désinfectant, e [dezɛ̃fɛktɑ̃, -ɑ̃t] *adj*, *nm* disinfectant

désinfecter [dezɛ̃fɛkte] *vt* to disinfect

désintégrer [dezɛ̃tegʀe] *vt*: **se désintégrer** *vi* to disintegrate

désintéressé, e [dezɛ̃teʀese] *adj* (généreux, bénévole) disinterested, unselfish

désintéresser [dezɛ̃teʀese] *vt*: **se désintéresser (de)** to lose interest (in)

désintoxication [dezɛ̃tɔksikasjɔ̃] *nf* treatment for alcoholism (ou drug addiction); **faire une cure**

de désintoxication to have *ou* undergo treatment for alcoholism (*ou* drug addiction)

désinvolte [dezɛ̃vɔlt(ə)] *adj* casual, off-hand

désinvolture [dezɛ̃vɔltyʀ] *nf* casualness

désir [deziʀ] *nm* wish; (*fort, sensuel*) desire

désirer [deziʀe] *vt* to want, wish for; (*sexuellement*) to desire; **je désire ...** (*formule de politesse*) I would like ...; **il désire que tu l'aides** he would like *ou* he wants you to help him; **désirer faire** to want *ou* wish to do; **ça laisse à désirer** it leaves something to be desired

désister [deziste]: **se désister** *vi* to stand down, withdraw

désobéir [dezɔbeiʀ] *vi*: **désobéir (à qn/qch)** to disobey (sb/sth)

désobéissant, e [dezɔbeisɑ̃, -ɑ̃t] *adj* disobedient

désobligeant, e [dezɔbliʒɑ̃, -ɑ̃t] *adj* disagreeable, unpleasant

désodorisant [dezɔdɔʀizɑ̃] *nm* air freshener, deodorizer

désœuvré, e [dezœvʀe] *adj* idle

désolé, e [dezɔle] *adj* (*paysage*) desolate; **je suis désolé** I'm sorry

désoler [dezɔle] *vt* to distress, grieve; **se désoler** to be upset

désopilant, e [dezɔpilɑ̃, -ɑ̃t] *adj* screamingly funny, hilarious

désordonné, e [dezɔʀdɔne] *adj* untidy, disorderly

désordre [dezɔʀdʀ(ə)] *nm* disorder(liness), untidiness; (*anarchie*) disorder; **désordres** *nmpl* (*POL*) disturbances, disorder *sg*; **en désordre** in a mess, untidy

désorienté, e [dezɔʀjɑ̃te] *adj* disorientated; (*fig*) bewildered

désormais [dezɔʀmɛ] *adv* in future, from now on

désosser [dezɔse] *vt* to bone

desquels, desquelles [dekɛl] *prép* + *pron voir* **lequel**

desséché, e [deseʃe] *adj* dried up

dessécher [deseʃe] *vt* (*terre, plante*) to dry out, parch; (*peau*) to dry out; (*volontairement: aliments etc*) to dry, dehydrate; (*fig: cœur*) to harden; **se dessécher** *vi* to dry out; (*peau, lèvres*) to go dry

dessein [desɛ̃] *nm* design; **dans le dessein de** with the intention of; **à dessein** intentionally, deliberately

desserrer [desere] *vt* to loosen; (*frein*) to release; (*poing, dents*) to unclench; (*objets alignés*) to space out; **ne pas desserrer les dents** not to open one's mouth

dessert [desɛʀ] *vb voir* **desservir** ♦ *nm* dessert, pudding

desserte [desɛʀt(ə)] *nf* (*table*) side table; (*transport*): **la desserte du village est assurée par autocar** there is a coach service to the village; **chemin** *ou* **voie de desserte** service road

desservir [desɛʀviʀ] *vt* (*ville, quartier*) to serve; (: *suj: voie de communication*) to lead into; (*suj: vicaire: paroisse*) to serve; (*nuire à: personne*) to do a disservice to; (*débarrasser*): **desservir (la table)** to clear the table

dessin [desɛ̃] *nm* (*œuvre, art*) drawing; (*motif*) pattern, design; (*contour*) (out)line; **le dessin industriel** draughtsmanship (*BRIT*), draftsmanship (*US*); **dessin animé** cartoon (film); **dessin humoristique** cartoon

dessinateur, trice [desinatœʀ, -tʀis] *nm/f* drawer; (*de bandes dessinées*) cartoonist; (*industriel*) draughtsman (*BRIT*), draftsman (*US*); **dessinatrice de mode** fashion designer

dessiner [desine] *vt* to draw; (*concevoir: carrosserie, maison*) to design; (*suj: robe: taille*) to show off; **se dessiner** *vi* (*forme*) to be outlined; (*fig: solution*) to emerge

dessous [dəsu] *adv* underneath, beneath ♦ *nm* underside; (*étage inférieur*): **les voisins du dessous** the downstairs neighbours ♦ *nmpl* (*sous-vêtements*) underwear *sg*; (*fig*) hidden aspects; **en dessous** underneath; below; (*fig: en catimini*) slyly, on the sly; **par dessous** underneath; below; **de dessous le lit** from under the bed; **au-dessous** *adv* below; **au-dessous de** *prép* below; (*peu digne de*) beneath; **au-dessous de tout** the (absolute) limit; **avoir le dessous** to get the worst of it

dessous-de-plat [dəsudpla] *nm inv* tablemat

dessus [dəsy] *adv* on top; (*collé, écrit*) on it ♦ *nm* top; (*étage supérieur*): **les voisins de l'appartement du dessus** the upstairs neighbours/flat; **en dessus** above; **par dessus** *adv* over it ♦ *prép* over; **au-dessus** above; **au-dessus de** above; **avoir/prendre le dessus** to have/get the upper hand; **reprendre le dessus** to get over it; **bras dessus bras dessous** arm in arm; **sens dessus dessous** upside down; *voir* **ci-**, **là-**

dessus-de-lit [dəsydli] *nm inv* bedspread

destin [destɛ̃] *nm* fate; (*avenir*) destiny

destinataire [destinatɛʀ] *nm/f* (*POSTES*) addressee; (*d'un colis*) consignee; (*d'un mandat*) payee; **aux risques et périls du destinataire** at owner's risk

destination [destinasjɔ̃] *nf* (*lieu*) destination; (*usage*) purpose; **à destination de** (*avion etc*) bound for; (*voyageur*) bound for, travelling to

destinée [destine] *nf* fate; (*existence, avenir*) destiny

destiner [destine] *vt*: **destiner qn à** (*poste, sort*) to destine sb for, intend sb for a career; **destiner qn/qch à** (*prédestiner*) to mark sb/sth out for, destine sb/sth to + *verbe*; **destiner qch à** (*envisager d'affecter*) to intend to use sth for; **destiner qch à qn** (*envisager de donner*) to intend to give sth to sb, intend sb to have sth; (*adresser*) to intend sth for sb; **se destiner à l'enseignement** to intend to become a teacher; **être destiné à** (*sort*) to be destined to + *verbe*; (*usage*) to be intended *ou* meant for; (*suj: sort*) to be in store for

destruction [dɛstʀyksjɔ̃] *nf* destruction

désuet, ète [desчɛ, -ɛt] *adj* outdated, outmoded

détachant [detaʃɑ̃] *nm* stain remover

détachement [detaʃmɑ̃] *nm* detachment; *(fonctionnaire, employé)*: **être en détachement** to be on secondment *(BRIT)* ou a posting

détacher [detaʃe] *vt (enlever)* to detach, remove; *(délier)* to untie; *(ADMIN)*: **détacher qn (auprès de** ou **à)** to send sb on secondment (to) *(BRIT)*, post sb (to); *(MIL)* to detail; *(vêtement: nettoyer)* to remove the stains from; **se détacher** *vi (tomber)* to come off; to come out; *(se défaire)* to come undone; *(SPORT)* to pull ou break away; *(se délier: chien, prisonnier)* to break loose; **se détacher sur** to stand out against; **se détacher de** *(se désintéresser)* to grow away from

détail [detaj] *nm* detail; *(COMM)*: **le détail** retail; **prix de détail** retail price; **au détail** *adv (COMM)* retail; (: *individuellement)* separately; **donner le détail de** to give a detailed account of; *(compte)* to give a breakdown of; **en détail** in detail

détaillant, e [detajɑ̃, -ɑ̃t] *nm/f* retailer

détaillé, e [detaje] *adj (récit)* detailed

détailler [detaje] *vt (COMM)* to sell retail; to sell separately; *(expliquer)* to explain in detail; to detail; *(examiner)* to look over, examine

détaler [detale] *vi (lapin)* to scamper off; *(fam: personne)* to make off, scarper *(fam)*

détartrant [detartrɑ̃] *nm* descaling agent *(BRIT)*, scale remover

détaxer [detakse] *vt (réduire)* to reduce the tax on; *(ôter)* to remove the tax on

détecter [detɛkte] *vt* to detect

détective [detɛktiv] *nm (BRIT POLICIER)* detective; **détective (privé)** private detective ou investigator

déteindre [detɛ̃dr(ə)] *vi* to fade; *(fig)*: **déteindre sur** to rub off on

détendre [detɑ̃dr(ə)] *vt (fil)* to slacken, loosen; *(personne, atmosphère)* to relax; (: *situation)* to relieve; **se détendre** to lose its tension; to relax

détenir [detnir] *vt (fortune, objet, secret)* to be in possession of; *(prisonnier)* to detain; *(record)* to hold; **détenir le pouvoir** to be in power

détente [detɑ̃t] *nf* relaxation; *(POL)* détente; *(d'une arme)* trigger; *(d'un athlète qui saute)* spring

détention [detɑ̃sjɔ̃] *nf (voir détenir)* possession; detention; holding; **détention préventive** (pretrial) custody

détenu, e [detny] *pp de* **détenir** ♦ *nm/f* prisoner

détergent [detɛrʒɑ̃] *nm* detergent

détériorer [deterjɔre] *vt* to damage; **se détériorer** *vi* to deteriorate

déterminé, e [detɛrmine] *adj (résolu)* determined; *(précis)* specific, definite

déterminer [detɛrmine] *vt (fixer)* to determine; *(décider)*: **déterminer qn à faire** to decide sb to do; **se déterminer à faire** to make up one's mind to do

déterrer [detere] *vt* to dig up

détestable [detɛstabl(ə)] *adj* foul, detestable

détester [detɛste] *vt* to hate, detest

détonner [detɔne] *vi (MUS)* to go out of tune; *(fig)* to clash

détour [detur] *nm* detour; *(tournant)* bend, curve; *(fig: subterfuge)* roundabout means; **sans détour** *(fig)* plainly

détourné, e [deturne] *adj (sentier, chemin, moyen)* roundabout

détournement [deturnəmɑ̃] *nm* diversion, rerouting; **détournement d'avion** hijacking; **détournement (de fonds)** embezzlement ou misappropriation (of funds); **détournement de mineur** corruption of a minor

détourner [deturne] *vt* to divert; *(avion)* to divert, reroute; (: *par la force)* to hijack; *(yeux, tête)* to turn away; *(de l'argent)* to embezzle, misappropriate; **se détourner** to turn away; **détourner la conversation** to change the subject; **détourner qn de son devoir** to divert sb from his duty; **détourner l'attention (de qn)** to distract ou divert (sb's) attention

détracteur, trice [detraktœr, -tris] *nm/f* disparager, critic

détraquer [detrake] *vt* to put out of order; *(estomac)* to upset; **se détraquer** *vi* to go wrong

détrempé, e [detrɑ̃pe] *adj (sol)* sodden, waterlogged

détresse [detrɛs] *nf* distress; **en détresse** *(avion etc)* in distress; **appel/signal de détresse** distress call/signal

détriment [detrimɑ̃] *nm*: **au détriment de** to the detriment of

détritus [detritys] *nmpl* rubbish *sg*, refuse *sg*, garbage *sg (US)*

détroit [detrwa] *nm* strait; **le détroit de Bering** ou **Behring** the Bering Strait; **le détroit de Gibraltar** the Straits of Gibraltar; **le détroit du Bosphore** the Bosphorus; **le détroit de Magellan** the Strait of Magellan, the Magellan Strait

détromper [detrɔpe] *vt* to disabuse; **se détromper: détrompez-vous** don't believe it

détruire [detrɥir] *vt* to destroy; *(fig: santé, réputation)* to ruin; *(documents)* to shred

dette [dɛt] *nf* debt; **dette publique** ou **de l'État** national debt

DEUG [dœg] *sigle m* = *Diplôme d'études universitaires générales; see boxed note*

DEUG

French students sit their **DEUG** ('diplôme d'études universitaires générales') after two years at university. They can then choose to leave university altogether, or go on to study for their 'licence'. The certificate specifies the student's major subject and may be awarded with distinction.

deuil [dœj] *nm* (*perte*) bereavement; (*période*) mourning; (*chagrin*) grief; **porter le deuil** to wear mourning; **prendre le/être en deuil** to go into/be in mourning

deux [dø] *num* two; **les deux** both; **ses deux mains** both his hands, his two hands; **à deux pas** a short distance away; **tous les deux mois** every two months, every other month

deuxième [døzjɛm] *num* second

deuxièmement [døzjɛmmɑ̃] *adv* secondly, in the second place

deux-pièces [døpjɛs] *nm inv* (*tailleur*) two-piece (suit); (*de bain*) two-piece (swimsuit); (*appartement*) two-roomed flat (*BRIT*) ou apartment (*US*)

deux-points [døpwɛ̃] *nm inv* colon *sg*

deux-roues [døru] *nm inv* two-wheeled vehicle

devais *etc* [dəvɛ] *vb voir* **devoir**

dévaler [devale] *vt* to hurtle down

dévaliser [devalize] *vt* to rob, burgle

dévaloriser [devalɔrize] *vt*: **se dévaloriser** *vi* to depreciate

dévaluation [devalɥasjɔ̃] *nf* depreciation; (*ÉCON: mesure*) devaluation

devancer [dəvɑ̃se] *vt* to be ahead of; (*distancer*) to get ahead of; (*arriver avant*) to arrive before; (*prévenir*) to anticipate; **devancer l'appel** (*MIL*) to enlist before call-up

devant [dəvɑ̃] *vb voir* **devoir** ♦ *adv* in front; (*à distance: en avant*) ahead ♦ *prép* in front of; ahead of; (*avec mouvement: passer*) past; (*fig*) before, in front of; (: *face à*) faced with, in the face of; (: *vu*) in view of ♦ *nm* front; **prendre les devants** to make the first move; **de devant** (*roue, porte*) front; **les pattes de devant** the front legs, the forelegs; **par devant** (*boutonner*) at the front; (*entrer*) at the front way; **par-devant notaire** in the presence of a notary; **aller au-devant de qn** to go out to meet sb; **aller au-devant de** (*désirs de qn*) to anticipate; **aller au-devant des ennuis** ou **difficultés** to be asking for trouble

devanture [dəvɑ̃tyr] *nf* (*façade*) (shop) front; (*étalage*) display; (shop) window

déveine [devɛn] *nf* rotten luck *no pl*

développement [devlɔpmɑ̃] *nm* development

développer [devlɔpe] *vt*: **se développer** *vi* to develop

devenir [dəvnir] *vb avec attribut* to become; **devenir instituteur** to become a teacher; **que sont-ils devenus?** what has become of them?

dévergondé, e [devɛrgɔ̃de] *adj* wild, shameless

déverser [devɛrse] *vt* (*liquide*) to pour (out); (*ordures*) to tip (out); **se déverser dans** (*fleuve, mer*) to flow into

dévêtir [devetir] *vt*: **se dévêtir** *vi* to undress

devez [dəve] *vb voir* **devoir**

déviation [devjasjɔ̃] *nf* deviation; (*AUTO*) diversion (*BRIT*), detour (*US*); **déviation de la colonne** (**vertébrale**) curvature of the spine

dévier [devje] *vt* (*fleuve, circulation*) to divert; (*coup*) to deflect ♦ *vi* to veer (off course); (*faire*) **dévier** (*projectile*) to deflect; (*véhicule*) to push off course

devin [dəvɛ̃] *nm* soothsayer, seer

deviner [dəvine] *vt* to guess; (*prévoir*) to foretell, foresee; (*apercevoir*) to distinguish

devinette [dəvinɛt] *nf* riddle

devis [dəvi] *nm* estimate, quotation; **devis descriptif/estimatif** detailed/preliminary estimate

dévisager [devizaʒe] *vt* to stare at

devise [dəviz] *nf* (*formule*) motto, watchword; (*ÉCON: monnaie*) currency; **devises** *nfpl* (*argent*) currency *sg*

deviser [dəvize] *vi* to converse

dévisser [devise] *vt* to unscrew, undo; **se dévisser** *vi* to come unscrewed

dévoiler [devwale] *vt* to unveil

devoir [dəvwar] *nm* duty; (*SCOL*) piece of homework, homework *no pl*; (: *en classe*) exercise ♦ *vt* (*argent, respect*): **devoir qch (à qn)** to owe (sb) sth; (*suivi de l'infinitif: obligation*): **il doit le faire** he has to do it, he must do it; (: *fatalité*): **cela devait arriver un jour** it was bound to happen; (: *intention*): **il doit partir demain** he is (due) to leave tomorrow; (: *probabilité*): **il doit être tard** it must be late; **se faire un devoir de faire qch** to make it one's duty to do sth; **devoirs de vacances** homework set for the holidays; **se devoir de faire qch** to be duty bound to do sth; **je devrais faire** I ought to ou should do; **tu n'aurais pas dû** you ought not to have ou shouldn't have; **comme il se doit** (*comme il faut*) as is right and proper

dévolu, e [devɔly] *adj*: **dévolu à** allotted to ♦ *nm*: **jeter son dévolu sur** to fix one's choice on

dévorer [devɔre] *vt* to devour; (*suj: feu, soucis*) to consume; **dévorer qn/qch des yeux** ou **du regard** (*fig*) to eye sb/sth intently; (: *convoitise*) to eye sb/sth greedily

dévot, e [devo, -ɔt] *adj* devout, pious ♦ *nm/f* devout person; **un faux dévot** a falsely pious person

dévotion [devɔsjɔ̃] *nf* devoutness; **être à la dévotion de qn** to be totally devoted to sb; **avoir une dévotion pour qn** to worship sb

dévoué, e [devwe] *adj* devoted

dévouement [devumɑ̃] *nm* devotion, dedication

dévouer [devwe]: **se dévouer** *vi* (*se sacrifier*): **se dévouer** (*pour*) to sacrifice o.s. (for); (*se consacrer*): **se dévouer à** to devote ou dedicate o.s. to

dévoyé, e [devwaje] *adj* delinquent

devrai *etc* [dəvre] *vb voir* **devoir**

diabète [djabet] *nm* diabetes *sg*

diabétique [djabetik] *nm/f* diabetic

diable [djabl(ə)] *nm* devil; **une musique du diable** an unholy racket; **il fait une chaleur du diable**

it's fiendishly hot; **avoir le diable au corps** to be the very devil

diabolo [djabɔlo] *nm* (*jeu*) diabolo; (*boisson*) lemonade and fruit cordial; **diabolo(-menthe)** lemonade and mint cordial

diagnostic [djagnɔstik] *nm* diagnosis *sg*

diagnostiquer [djagnɔstike] *vt* to diagnose

diagonal, e, aux [djagɔnal, -o] *adj, nf* diagonal; **en diagonale** diagonally; **lire en diagonale** (*fig*) to skim through

diagramme [djagram] *nm* chart, graph

dialecte [djalɛkt(ə)] *nm* dialect

dialogue [djalɔg] *nm* dialogue; **dialogue de sourds** dialogue of the deaf

diamant [djamɑ̃] *nm* diamond

diamètre [djamɛtʀ(ə)] *nm* diameter

diapason [djapazɔ̃] *nm* tuning fork; (*fig*): **être/se mettre au diapason (de)** to be/get in tune with

diaphragme [djafʀagm(ə)] *nm* (ANAT, PHOTO) diaphragm; (*contraceptif*) diaphragm, cap; **ouverture du diaphragme** (PHOTO) aperture

diapo [djapo], **diapositive** [djapozitiv] *nf* transparency, slide

diarrhée [djaʀe] *nf* diarrhoea (BRIT), diarrhea (US)

dictateur [diktatœʀ] *nm* dictator

dictature [diktatyʀ] *nf* dictatorship

dictée [dikte] *nf* dictation; **prendre sous dictée** to take down (*sth dictated*)

dicter [dikte] *vt* to dictate

dictionnaire [diksjɔnɛʀ] *nm* dictionary; **dictionnaire géographique** gazetteer

dicton [diktɔ̃] *nm* saying, dictum

dièse [djɛz] *nm* (MUS) sharp

diesel [djezɛl] *nm, adj inv* diesel

diète [djɛt] *nf* diet; **être à la diète** to be on a diet

diététique [djetetik] *nf* dietetics *sg* ♦ *adj*: **magasin diététique** health food shop (BRIT) ou store (US)

dieu, x [djø] *nm* god; **Dieu** God; **le bon Dieu** the good Lord; **mon Dieu!** good heavens!

diffamation [difamasjɔ̃] *nf* slander; (*écrite*) libel; **attaquer qn en diffamation** to sue sb for slander (ou libel)

différé [difeʀe] *adj* (INFORM): **traitement différé** batch processing; **crédit différé** deferred credit ♦ *nm* (TV): **en différé** (pre-)recorded

différemment [difeʀamɑ̃] *adv* differently

différence [difeʀɑ̃s] *nf* difference; **à la différence de** unlike

différencier [difeʀɑ̃sje] *vt* to differentiate; **se différencier** *vi* (*organisme*) to become differentiated; **se différencier de** to differentiate o.s. from; (*être différent*) to differ from

différend [difeʀɑ̃] *nm* difference (of opinion), disagreement

différent, e [difeʀɑ̃, -ɑ̃t] *adj*: **différent (de)** different (from); **différents objets** different *ou* various objects; **à différentes reprises** on various occasions

différer [difeʀe] *vt* to postpone, put off ♦ *vi*: **différer (de)** to differ (from); **différer de faire** (*tarder*) to delay doing

difficile [difisil] *adj* difficult; (*exigeant*) hard to please, difficult (to please); **faire le ou la difficile** to be hard to please, be difficult

difficilement [difisilmɑ̃] *adv* (*marcher, s'expliquer etc*) with difficulty; **difficilement lisible/compréhensible** difficult *ou* hard to read/understand

difficulté [difikylte] *nf* difficulty; **en difficulté** (*bateau, alpiniste*) in trouble *ou* difficulties; **avoir de la difficulté à faire** to have difficulty (in) doing

difforme [difɔʀm(ə)] *adj* deformed, misshapen

diffuser [difyze] *vt* (*chaleur, bruit, lumière*) to diffuse; (*émission, musique*) to broadcast; (*nouvelle, idée*) to circulate; (COMM: *livres, journaux*) to distribute

digérer [diʒeʀe] *vt* (*suj: personne*) to digest; (: *machine*) to process; (*fig: accepter*) to stomach, put up with

digestif, ive [diʒɛstif, -iv] *adj* digestive ♦ *nm* (after-dinner) liqueur

digestion [diʒɛstjɔ̃] *nf* digestion

digne [diɲ] *adj* dignified; **digne de** worthy of; **digne de foi** trustworthy

dignité [diɲite] *nf* dignity

digue [dig] *nf* dike, dyke; (*pour protéger la côte*) sea wall

dilapider [dilapide] *vt* to squander, waste; (*détourner: biens, fonds publics*) to embezzle, misappropriate

dilemme [dilɛm] *nm* dilemma

dilettante [diletɑ̃t] *nm/f* dilettante; **en dilettante** in a dilettantish way

diligence [diliʒɑ̃s] *nf* stagecoach, diligence; (*empressement*) despatch; **faire diligence** to make haste

diluer [dilɥe] *vt* to dilute

diluvien, ne [dilyvjɛ̃, -ɛn] *adj*: **pluie diluvienne** torrential rain

dimanche [dimɑ̃ʃ] *nm* Sunday; **le dimanche des Rameaux/de Pâques** Palm/Easter Sunday; *voir aussi* **lundi**

dimension [dimɑ̃sjɔ̃] *nf* (*grandeur*) size; (*gén pl*: *cotes*, MATH: *de l'espace*) dimension

diminué, e [diminɥe] *adj* (*personne*: *physiquement*) run-down; (: *mentalement*) less alert

diminuer [diminɥe] *vt* to reduce, decrease; (*ardeur etc*) to lessen; (*personne*: *physiquement*) to undermine; (*dénigrer*) to belittle ♦ *vi* to decrease, diminish

diminutif [diminytif] *nm* (LING) diminutive; (*surnom*) pet name

diminution [diminysjɔ̃] *nf* decreasing, diminishing

dinde [dɛ̃d] *nf* turkey; (*femme stupide*) goose

dindon [dɛ̃dɔ̃] nm turkey

dîner [dine] nm dinner ♦ vi to have dinner; **dîner d'affaires/de famille** business/family dinner

dingue [dɛ̃g] adj (fam) crazy

dinosaure [dinozɔʀ] nm dinosaur

diplomate [diplɔmat] adj diplomatic ♦ nm diplomat; (fig: personne habile) diplomatist; (culin: gâteau) dessert made of sponge cake, candied fruit and custard, ≈ trifle (brit)

diplomatie [diplɔmasi] nf diplomacy

diplôme [diplom] nm diploma certificate; (examen) (diploma) examination

diplômé, e [diplome] adj qualified

dire [diʀ] nm: **au dire de** according to; **leurs dires** what they say ♦ vt to say; (secret, mensonge) to tell; **dire l'heure/la vérité** to tell the time/the truth; **dis pardon/merci** say sorry/thank you; **dire qch à qn** to tell sb sth; **dire à qn qu'il fasse** ou **de faire** to tell sb to do; **dire que** to say that; **on dit que** they say that; **comme on dit** as they say; **on dirait que** it looks (ou sounds etc) as though; **on dirait du vin** you'd ou one would think it was wine; **que dites-vous de** (penser) what do you think of; **si cela lui dit** if he feels like it, if he fancies it; **cela ne me dit rien** that doesn't appeal to me; **à vrai dire** truth to tell; **pour ainsi dire** so to speak; **cela va sans dire** that goes without saying; **dis donc!, dites donc!** (pour attirer l'attention) hey!; (au fait) by the way; **et dire que ...** and to think that ...; **ceci** ou **cela dit** that being said; (à ces mots) whereupon; **c'est dit, voilà qui est dit** so that's settled; **il n'y a pas à dire** there's no getting away from it; **c'est dire si ...** that just shows that ...; **c'est beaucoup/peu dire** that's saying a lot/not saying much; **se dire** (à soi-même) to say to oneself; (se prétendre): **se dire malade** etc to say (that) one is ill etc; **ça se dit ... en anglais** that is ... in English; **cela ne se dit pas comme ça** you don't say it like that; **se dire au revoir** to say goodbye (to each other)

direct, e [diʀɛkt] adj direct ♦ nm (train) through train; **en direct** (émission) live; **train/bus direct** express train/bus

directement [diʀɛktəmɑ̃] adv directly

directeur, trice [diʀɛktœʀ, -tʀis] nm/f (d'entreprise) director; (de service) manager/eress; (d'école) head(teacher) (brit), principal (us); **comité directeur** management ou steering committee; **directeur général** general manager; **directeur de thèse** ≈ PhD supervisor

direction [diʀɛksjɔ̃] nf management; conducting; supervision; (auto) steering; (sens) direction; **sous la direction de** (mus) conducted by; **en direction de** (avion, train, bateau) for; **"toutes directions"** (auto) "all routes"

dirent [diʀ] vb voir **dire**

dirigeant, e [diʀiʒɑ̃, -ɑ̃t] adj managerial; (classes) ruling ♦ nm/f (d'un parti etc) leader; (d'entreprise) manager, member of the management

diriger [diʀiʒe] vt (entreprise) to manage, run; (véhicule) to steer; (orchestre) to conduct; (recherches, travaux) to supervise, be in charge of; (braquer: regard, arme): **diriger sur** to point ou level ou aim at; (fig: critiques): **diriger contre** to aim at; **se diriger** (s'orienter) to find one's way; **se diriger vers** ou **sur** to make ou head for

dis [di], **disais** [dizɛ] etc vb voir **dire**

discernement [disɛʀnəmɑ̃] nm discernment, judgment

discerner [disɛʀne] vt to discern, make out

discipline [disiplin] nf discipline

discipliner [disipline] vt to discipline; (cheveux) to control

discontinu, e [diskɔ̃tiny] adj intermittent; (bande: sur la route) broken

discontinuer [diskɔ̃tinɥe] vi: **sans discontinuer** without stopping, without a break

discordant, e [diskɔʀdɑ̃, -ɑ̃t] adj discordant; conflicting

discothèque [diskɔtɛk] nf (disques) record collection; (: dans une bibliothèque): **discothèque (de prêt)** record library; (boîte de nuit) disco(thèque)

discours [diskuʀ] vb voir **discourir** ♦ nm speech; **discours direct/indirect** (ling) direct/indirect ou reported speech

discret, ète [diskʀɛ, -ɛt] adj discreet; (fig: musique, style) unobtrusive; (: endroit) quiet

discrétion [diskʀesjɔ̃] nf discretion; **à la discrétion de qn** at sb's discretion; in sb's hands; **à discrétion** (boisson etc) unlimited, as much as one wants

discrimination [diskʀiminasjɔ̃] nf discrimination; **sans discrimination** indiscriminately

disculper [diskylpe] vt to exonerate

discussion [diskysjɔ̃] nf discussion

discutable [diskytabl(ə)] adj (contestable) doubtful; (à débattre) debatable

discuté, e [diskyte] adj controversial

discuter [diskyte] vt (contester) to question, dispute; (débattre: prix) to discuss ♦ vi to talk; (ergoter) to argue; **discuter de** to discuss

dise etc [diz] vb voir **dire**

diseuse [dizøz] nf: **diseuse de bonne aventure** fortuneteller

disgracieux, euse [disgʀasjø, -øz] adj ungainly, awkward

disjoindre [disʒwɛ̃dʀ(ə)] vt to take apart; **se disjoindre** vi to come apart

disjoncteur [disʒɔ̃ktœʀ] nm (élec) circuit breaker

disloquer [disløke] vt (membre) to dislocate; (chaise) to dismantle; (troupe) to disperse; **se disloquer** vi (parti, empire) to break up; **se disloquer l'épaule** to dislocate one's shoulder

disons etc [dizɔ̃] vb voir **dire**

disparaître [dispaʀɛtʀ(ə)] vi to disappear; (à la vue) to vanish, disappear; to be hidden ou concealed; (être manquant) to go missing, disappear; (se perdre: traditions etc) to die out; (personne: mourir) to die; **faire disparaître** (objet, tache, trace) to remove; (personne) to get rid of

disparition [disparisjɔ̃] nf disappearance

disparu, e [dispary] pp de **disparaître** ♦ nm/f missing person; (défunt) departed; **être porté disparu** to be reported missing

dispensaire [dispɑ̃sɛʀ] nm community clinic

dispenser [dispɑ̃se] vt (donner) to lavish, bestow; (exempter): **dispenser qn de** to exempt sb from; **se dispenser de** vt to avoid, get out of

disperser [dispɛʀse] vt to scatter; (fig: son attention) to dissipate; **se disperser** vi to scatter; (fig) to dissipate one's efforts

disponibilité [disponibilite] nf availability; (ADMIN): **être en disponibilité** to be on leave of absence; **disponibilités** nfpl (COMM) liquid assets

disponible [disponibl(ə)] adj available

dispos [dispo] adj m: **(frais et) dispos** fresh (as a daisy)

disposé, e [dispoze] adj (d'une certaine manière) arranged, laid-out; **bien/mal disposé** (humeur) in a good/bad mood; **bien/mal disposé pour** ou **envers qn** well/badly disposed towards sb; **disposé à** (prêt à) willing ou prepared to

disposer [dispoze] vt (arranger, placer) to arrange; (inciter): **disposer qn à qch/faire qch** to dispose ou incline sb towards sth/to do sth ♦ vi: **vous pouvez disposer** you may leave; **disposer de** vt to have (at one's disposal); **se disposer à faire** to prepare to do, be about to do

dispositif [dispozitif] nm device; (fig) system, plan of action; set-up; (d'un texte de loi) operative part; **dispositif de sûreté** safety device

disposition [dispozisjɔ̃] nf (arrangement) arrangement, layout; (humeur) mood; (tendance) tendency; **dispositions** nfpl (mesures) steps, measures; (préparatifs) arrangements; (de loi, testament) provisions; (aptitudes) bent sg, aptitude sg; **à la disposition de qn** at sb's disposal

disproportionné, e [dispʀɔpɔʀsjɔne] adj disproportionate, out of all proportion

dispute [dispyt] nf quarrel, argument

disputer [dispyte] vt (match) to play; (combat) to fight; (course) to run; **se disputer** vi to quarrel, have a quarrel; (match, combat, course) to take place; **disputer qch à qn** to fight with sb for ou over sth

disquaire [diskɛʀ] nm/f record dealer

disqualifier [diskalifje] vt to disqualify; **se disqualifier** vi to bring discredit on o.s.

disque [disk(ə)] nm (MUS) record; (INFORM) disk, disc; (forme, pièce) disc; (SPORT) discus; **disque compact** compact disc; **disque dur** hard disk; **disque d'embrayage** (AUTO) clutch plate; **disque laser** compact disc; **disque de stationnement** parking disc; **disque système** system disk

disquette [diskɛt] nf diskette, floppy (disk); **disquette (à) simple/double densité** single/double density disk; **disquette une face/double face** single-/double-sided disk

disséminer [disemine] vt to scatter; (troupes: sur un territoire) to disperse

disséquer [diseke] vt to dissect

dissertation [disɛʀtasjɔ̃] nf (SCOL) essay

dissimuler [disimyle] vt to conceal; **se dissimuler** to conceal o.s.; to be concealed

dissipé, e [disipe] adj (indiscipliné) unruly

dissiper [disipe] vt to dissipate; (fortune) to squander, fritter away; **se dissiper** vi (brouillard) to clear, disperse; (doutes) to disappear, melt away; (élève) to become undisciplined ou unruly

dissolvant, e [disɔlvɑ̃, -ɑ̃t] vb voir **dissoudre** ♦ nm (CHIMIE) solvent; **dissolvant (gras)** nail polish remover

dissonant, e [disɔnɑ̃, -ɑ̃t] adj discordant

dissoudre [disudʀ(ə)] vt: **se dissoudre** vi to dissolve

dissuader [disɥade] vt: **dissuader qn de faire/ de qch** to dissuade sb from doing/from sth

dissuasion [disɥazjɔ̃] nf dissuasion; **force de dissuasion** deterrent power

distance [distɑ̃s] nf distance; (fig: écart) gap; **à distance** at ou from a distance; (mettre en marche, commander) by remote control; (situé) **à distance** (INFORM) remote; **tenir qn à distance** to keep sb at a distance; **se tenir à distance** to keep one's distance; **à une distance de 10 km, à 10 km de distance** 10 km away, at a distance of 10 km; **à 2 ans de distance** with a gap of 2 years; **prendre ses distances** to space out; **garder ses distances** to keep one's distance; **tenir la distance** (SPORT) to cover the distance, last the course; **distance focale** (PHOTO) focal length

distancer [distɑ̃se] vt to outdistance, leave behind

distant, e [distɑ̃, -ɑ̃t] adj (réservé) distant, aloof; (éloigné) distant, far away; **distant de** (lieu) far away ou a long way from; **distant de 5 km (d'un lieu)** 5 km away (from a place)

distendre [distɑ̃dʀ(ə)] vt, **se distendre** vi to distend

distillerie [distilʀi] nf distillery

distinct, e [distɛ̃(kt), distɛ̃kt(ə)] adj distinct

distinctement [distɛ̃ktəmɑ̃] adv distinctly

distinctif, ive [distɛ̃ktif, -iv] adj distinctive

distingué, e [distɛ̃ge] adj distinguished

distinguer [distɛ̃ge] vt to distinguish; **se distinguer** vi (s'illustrer) to distinguish o.s.; (différer): **se distinguer (de)** to distinguish o.s. ou be distinguished (from)

distraction [distʀaksjɔ̃] nf (manque d'attention) absent-mindedness; (oubli) lapse (in concentration ou attention); (détente) diversion, recreation; (passe-temps) distraction, entertainment

distraire [distʀɛʀ] vt (déranger) to distract; (divertir) to entertain, divert; (détourner : somme d'argent) to divert, misappropriate; **se distraire** to amuse ou enjoy o.s.

distrait, e [distʀɛ, -ɛt] pp de **distraire** ♦ adj absent-minded

distrayant, e [distʀɛjɑ̃, -ɑ̃t] vb voir **distraire** ♦ adj entertaining

distribuer [distʀibɥe] vt to distribute; to hand out; (CARTES) to deal (out); (courrier) to deliver

distributeur [distʀibytœʀ] nm (AUTO, COMM) distributor; (automatique) (vending) machine; **distributeur de billets** (RAIL) ticket machine; (BANQUE) cash dispenser

distribution [distʀibysjɔ̃] nf distribution; (postale) delivery; (choix d'acteurs) casting; **circuits de distribution** (COMM) distribution network; **distribution des prix** (SCOL) prize giving

dit, e [di, dit] pp de **dire** ♦ adj (fixé) : **le jour dit** the arranged day; (surnommé) : **X, dit Pierrot** X, known as ou called Pierrot

dites [dit] vb voir **dire**

divaguer [divage] vi to ramble; (malade) to rave

divan [divɑ̃] nm divan

diverger [divɛʀʒe] vi to diverge

divers, e [divɛʀ, -ɛʀs(ə)] adj (varié) diverse, varied; (différent) different, various ♦ dét (plusieurs) various, several; (frais) divers (COMM) sundries, miscellaneous (expenses); "divers" (rubrique) "miscellaneous"

diversifier [divɛʀsifje] vt: **se diversifier** vi to diversify

diversité [divɛʀsite] nf diversity, variety

divertir [divɛʀtiʀ] vt to amuse, entertain; **se divertir** to amuse ou enjoy o.s.

divertissement [divɛʀtismɑ̃] nm entertainment; (MUS) divertimento, divertissement

divin, e [divɛ̃, -in] adj divine; (fig: excellent) heavenly, divine

diviser [divize] vt (gén, MATH) to divide; (morceler, subdiviser) to divide (up), split (up); **se diviser en** to divide into; **diviser par** to divide by

division [divizjɔ̃] nf (gén) division; **division du travail** (ÉCON) division of labour

divorce [divɔʀs(ə)] nm divorce

divorcé, e [divɔʀse] nm/f divorcee

divorcer [divɔʀse] vi to get a divorce, get divorced; **divorcer de ou d'avec qn** to divorce sb

divulguer [divylge] vt to divulge, disclose

dix [di, dis, diz] num ten

dixième [dizjɛm] num tenth

dizaine [dizɛn] nf (10) ten; (environ 10): **une dizaine (de)** about ten, ten or so

do [do] nm (note) C; (en chantant la gamme) do(h)

docile [dɔsil] adj docile

dock [dɔk] nm dock; (hangar, bâtiment) warehouse

docker [dɔkɛʀ] nm docker

docteur [dɔktœʀ] nm doctor; **docteur en médecine** doctor of medicine

doctorat [dɔktɔʀa] nm: **doctorat (d'Université)** ≃ doctorate; **doctorat d'État** ≃ PhD; **doctorat de troisième cycle** ≃ doctorate

doctoresse [dɔktɔʀɛs] nf lady doctor

doctrine [dɔktʀin] nf doctrine

document [dɔkymɑ̃] nm document

documentaire [dɔkymɑ̃tɛʀ] adj, nm documentary

documentaliste [dɔkymɑ̃talist(ə)] nm/f archivist; (PRESSE, TV) researcher

documentation [dɔkymɑ̃tasjɔ̃] nf documentation, literature; (PRESSE, TV: service) research

documenter [dɔkymɑ̃te] vt: **se documenter (sur)** to gather information ou material (on ou about)

dodo [dodo] nm: **aller faire dodo** to go to beddybyes

dodu, e [dody] adj plump

dogue [dɔg] nm mastiff

doigt [dwa] nm finger; **à deux doigts de** within an ace (BRIT) ou an inch of; **un doigt de lait/whisky** a drop of milk/whisky; **désigner ou montrer du doigt** to point at; **au doigt et à l'œil** to the letter; **connaître qch sur le bout du doigt** to know sth backwards; **mettre le doigt sur la plaie** (fig) to find the sensitive spot; **doigt de pied** toe

doigté [dwate] nm (MUS) fingering; (fig: habileté) diplomacy, tact

doit etc [dwa] vb voir **devoir**

doléances [dɔleɑ̃s] nfpl complaints; (réclamations) grievances

dollar [dɔlaʀ] nm dollar

domaine [dɔmɛn] nm estate, property; (fig) domain, field; **tomber dans le domaine public** (livre etc) to be out of copyright; **dans tous les domaines** in all areas

domestique [dɔmɛstik] adj domestic ♦ nm/f servant, domestic

domestiquer [dɔmɛstike] vt to domesticate; (vent, marées) to harness

domicile [dɔmisil] nm home, place of residence; **à domicile** at home; **élire domicile à** to take up residence in; **sans domicile fixe** of no fixed abode; **domicile conjugal** marital home; **domicile légal** domicile

domicilié, e [dɔmisilje] adj: **être domicilié à** to have one's home in ou at

dominant, e [dɔminɑ̃, -ɑ̃t] adj dominant; (plus important) predominant ♦ nf (caractéristique) dominant characteristic; (couleur) dominant colour

dominer [dɔmine] vt to dominate; (passions etc) to control, master; (surpasser) to outclass, surpass; (surplomber) to tower above, dominate ♦ vi to be in the dominant position; **se dominer** to control o.s.

domino [dɔmino] *nm* domino; **dominos** *nmpl* (*jeu*) dominoes *sg*

dommage [dɔmaʒ] *nm* (*préjudice*) harm, injury; (*dégâts, pertes*) damage *no pl*; **c'est dommage de faire/que** it's a shame *ou* pity to do/that; **quel dommage!** what a pity *ou* shame!; **dommages corporels** physical injury

dommages-intérêts [dɔmaʒ(əz)ētɛʀe] *nmpl* damages

dompter [dɔ̃te] *vt* to tame

dompteur, euse [dɔ̃tœʀ, -øz] *nm/f* trainer; (*de lion*) liontamer

DOM-TOM [dɔmtɔm] *sigle m ou mpl* (= *Département(s) d'outre-mer/Territoire(s) d'outre-mer*) *French overseas departments and territories*

don [dɔ̃] *nm* (*cadeau*) gift; (*charité*) donation; (*aptitude*) gift, talent; **avoir des dons pour** to have a gift *ou* talent for; **faire don de** to make a gift of; **don en argent** cash donation

donc [dɔ̃k] *conj* therefore, so; (*après une digression*) so, then; (*intensif*): **voilà donc la solution** so there's the solution; **je disais donc que ...** as I was saying, ...; **venez donc dîner à la maison** do come for dinner; **allons donc!** come now!; **faites donc** go ahead

donjon [dɔ̃ʒɔ̃] *nm* keep

donné, e [dɔne] *adj* (*convenu*) given; (*pas cher*) very cheap ♦ *nf* (*MATH, INFORM, gén*) datum (*pl* data); **c'est donné** it's a gift; **étant donné ...** given ...

données [dɔne] *nfpl* data

donner [dɔne] *vt* to give; (*vieux habits etc*) to give away; (*spectacle*) to put on; (*film*) to show; **donner qch à qn** to give sb sth, give sth to sb; **donner sur** (*suj: fenêtre, chambre*) to look (out) onto; **donner dans** (*piège etc*) to fall into; **faire donner l'infanterie** (*MIL*) to send in the infantry; **donner l'heure à qn** to tell sb the time; **donner le ton** (*fig*) to set the tone; **donner à penser/entendre que ...** to make one think/give one to understand that ...; **se donner à fond (à son travail)** to give one's all (to one's work); **se donner du mal** *ou* **de la peine (pour faire qch)** to go to a lot of trouble (to do sth); **s'en donner à cœur joie** (*fam*) to have a great time (of it)

`MOT-CLÉ`

dont [dɔ̃] *pron relatif* **1** (*appartenance: objets*) whose, of which; (*: êtres animés*) whose; **la maison dont le toit est rouge** the house the roof of which is red, the house whose roof is red; **l'homme dont je connais la sœur** the man whose sister I know

2 (*parmi lesquel(le)s*): **2 livres, dont l'un est ... 2** books, one of which is ...; **il y avait plusieurs personnes, dont Gabrielle** there were several people, among them Gabrielle; **10 blessés, dont 2 grièvement** 10 injured, 2 of them seriously

3 (*complément d'adjectif, de verbe*): **le fils dont il est si fier** the son he's so proud of; **ce dont je parle** what I'm talking about; **la façon dont il l'a fait** the way (in which) he did it

doré, e [dɔʀe] *adj* golden; (*avec dorure*) gilt, gilded

dorénavant [dɔʀenavɑ̃] *adv* from now on, henceforth

dorer [dɔʀe] *vt* (*cadre*) to gild; (*faire*) **dorer** (*CULIN*) to brown; (*: gâteau*) to glaze; **se dorer au soleil** to sunbathe; **dorer la pilule à qn** to sugar the pill for sb

dorloter [dɔʀlɔte] *vt* to pamper, cosset (*BRIT*); **se faire dorloter** to be pampered *ou* cosseted

dormir [dɔʀmiʀ] *vi* to sleep; (*être endormi*) to be asleep; **dormir à poings fermés** to sleep very soundly

dortoir [dɔʀtwaʀ] *nm* dormitory

dorure [dɔʀyʀ] *nf* gilding

dos [do] *nm* back; (*de livre*) spine; **"voir au dos"** "see over"; **robe décolletée dans le dos** low-backed dress; **de dos** from the back, from behind; **dos à dos** back to back; **sur le dos** on one's back; **à dos de chameau** riding on a camel; **avoir bon dos** to be a good excuse; **se mettre qn à dos** to turn sb against one

dosage [dozaʒ] *nm* mixture

dose [doz] *nf* (*MÉD*) dose; **forcer la dose** (*fig*) to overstep the mark

doser [doze] *vt* to measure out; (*mélanger*) to mix in the correct proportions; (*fig*) to expend in the right amounts *ou* proportions; to strike a balance between

dossard [dɔsaʀ] *nm* number (*worn by competitor*)

dossier [dɔsje] *nm* (*renseignements, fichier*) file; (*enveloppe*) folder, file; (*de chaise*) back; (*PRESSE*) feature; **le dossier social/monétaire** (*fig*) the social/financial question; **dossier suspendu** suspension file

dot [dɔt] *nf* dowry

doter [dɔte] *vt*: **doter qn/qch de** to equip sb/sth with

douane [dwan] *nf* (*poste, bureau*) customs *pl*; (*taxes*) (customs) duty; **passer la douane** to go through customs; **en douane** (*marchandises, entrepôt*) bonded

douanier, ière [dwanje, -jɛʀ] *adj* customs *cpd* ♦ *nm* customs officer

double [dubl(ə)] *adj, adv* double ♦ *nm* (*2 fois plus*): **le double (de)** twice as much (*ou* many) (as), double the amount (*ou* number) (of); (*autre exemplaire*) duplicate, copy; (*sosie*) double; (*TENNIS*) doubles *sg*; **voir double** to see double; **en double (exemplaire)** in duplicate; **faire double emploi** to be redundant; **à double sens** with a double meaning; **à double tranchant** two-edged; **double carburateur** twin carburettor; **à doubles commandes** dual-control; **double messieurs/mixte** men's/

mixed doubles sg; **double toit** (de tente) fly sheet; **double vue** second sight

double-cliquer [dubl(ə)klike] vi (INFORM) to double-click

doubler [duble] vt (multiplier par 2) to double; (vêtement) to line; (dépasser) to overtake, pass; (film) to dub; (acteur) to stand in for ♦ vi to double, increase twofold; **se doubler de** to be coupled with; **doubler (la classe)** (SCOL) to repeat a year; **doubler un cap** (NAVIG) to round a cape; (fig) to get over a hurdle

doublure [dublyʀ] nf lining; (CINÉ) stand-in

douce [dus] adj f voir **doux**

douceâtre [dusɑtʀ(ə)] adj sickly sweet

doucement [dusmɑ̃] adv gently; (à voix basse) softly; (lentement) slowly

doucereux, euse [dusʀø, -øz] adj (péj) sugary

douceur [dusœʀ] nf softness; sweetness; mildness; gentleness; **douceurs** nfpl (friandises) sweets (BRIT), candy sg (US); **en douceur** gently

douche [duʃ] nf shower; **douches** nfpl shower room sg; **prendre une douche** to have ou take a shower; **douche écossaise** (fig), **douche froide** (fig) let-down

doucher [duʃe] vt: **doucher qn** to give sb a shower; (mouiller) to drench sb; (fig) to give sb a telling-off; **se doucher** to have ou take a shower

doudoune [dudun] nf padded jacket; (fam) boob

doué, e [dwe] adj gifted, talented; **doué de** endowed with; **être doué pour** to have a gift for

douille [duj] nf (ÉLEC) socket; (de projectile) case

douillet, te [duje, -ɛt] adj cosy; (péj) soft

douleur [dulœʀ] nf pain; (chagrin) grief, distress; **ressentir des douleurs** to feel pain; **il a eu la douleur de perdre son père** he suffered the grief of losing his father

douloureux, euse [duluʀø, -øz] adj painful

doute [dut] nm doubt; **sans doute** adv no doubt; (probablement) probably; **sans nul** ou **aucun doute** without (a) doubt; **hors de doute** beyond doubt; **nul doute que** there's no doubt that; **mettre en doute** to call into question; **mettre en doute que** to question whether

douter [dute] vt to doubt; **douter de** vt (allié) to doubt, have (one's) doubts about; (résultat) to be doubtful of; **douter que** to doubt whether ou if; **j'en doute** I have my doubts; **se douter de qch/que** to suspect sth/that; **je m'en doutais** I suspected as much; **il ne se doutait de rien** he didn't suspect a thing

douteux, euse [dutø, -øz] adj (incertain) doubtful; (discutable) dubious, questionable; (péj) dubious-looking

Douvres [duvʀ(ə)] n Dover

doux, douce [du, dus] adj (lisse, moelleux, pas vif: couleur, non calcaire: eau) soft; (sucré, agréable) sweet; (peu fort: moutarde etc, clément: climat) mild;

(pas brusque) gentle; **en douce** (partir etc) on the quiet

douzaine [duzɛn] nf (12) dozen; (environ 12): **une douzaine (de)** a dozen or so, twelve or so

douze [duz] num twelve; **les Douze** (membres de la CE) the Twelve

douzième [duzjɛm] num twelfth

doyen, ne [dwajɛ̃, -ɛn] nm/f (en âge, ancienneté) most senior member; (de faculté) dean

dragée [dʀaʒe] nf sugared almond; (MÉD) (sugar-coated) pill

dragon [dʀagɔ̃] nm dragon

draguer [dʀage] vt (rivière: pour nettoyer) to dredge; (: pour trouver qch) to drag; (fam) to try and pick up, chat up (BRIT) ♦ vi (fam) to try and pick sb up, chat sb up (BRIT)

dramatique [dʀamatik] adj dramatic; (tragique) tragic ♦ nf (TV) (television) drama

dramaturge [dʀamatyʀʒ(ə)] nm dramatist, playwright

drame [dʀam] nm (THÉÂT) drama; (catastrophe) drama, tragedy; **drame familial** family drama

drap [dʀa] nm (de lit) sheet; (tissu) woollen fabric; **drap de plage** beach towel

drapeau, x [dʀapo] nm flag; **sous les drapeaux** with the colours (BRIT) ou colors (US), in the army

drap-housse, pl **draps-housses** [dʀaus] nm fitted sheet

dresser [dʀese] vt (mettre vertical, monter: tente) to put up, erect; (fig: liste, bilan, contrat) to draw up; (animal) to train; **se dresser** vi (falaise, obstacle) to stand; (avec grandeur, menace) to tower (up); (personne) to draw o.s. up; **dresser l'oreille** to prick up one's ears; **dresser la table** to set ou lay the table; **dresser qn contre qn d'autre** to set sb against sb else; **dresser un procès-verbal** ou **une contravention à qn** to book sb

drogue [dʀɔg] nf drug; **la drogue** drugs pl; **drogue dure/douce** hard/soft drugs pl

drogué, e [dʀɔge] nm/f drug addict

droguer [dʀɔge] vt (victime) to drug; (malade) to give drugs to; **se droguer** (aux stupéfiants) to take drugs; (péj: de médicaments) to dose o.s. up

droguerie [dʀɔgʀi] nf ≈ hardware shop (BRIT) ou store (US)

droguiste [dʀɔgist(ə)] nm ≈ keeper (ou owner) of a hardware shop ou store

droit, e [dʀwa, dʀwat] adj (non courbe) straight; (vertical) upright, straight; (fig: loyal, franc) upright, straight(forward); (opposé à gauche) right, right-hand ♦ adv straight ♦ nm (prérogative, BOXE) right; (taxe) duty, tax; (: d'inscription) fee; (lois, branche): **le droit** law ♦ nf (POL) right (wing); (ligne) straight line; **droit au but** ou **au fait/cœur** straight to the point/heart; **avoir le droit de** to be allowed to; **avoir droit à** to be entitled to; **être en droit de** to have a ou the right to; **faire droit à** to grant, accede to; **être dans son droit** to be within one's rights; **à bon droit** (*justement*) with good reason; **de quel droit?** by what right?; **à qui de droit** to whom it may concern; **à droite** on the right; (*direction*) (to the) right; **à droite de** to the right of; **de droite, sur votre droite** on your right; (POL) right-wing; **droit d'auteur** copyright; **avoir droit de cité (dans)** (*fig*) to belong (to); **droit coutumier** common law; **droit de regard** right of access *ou* inspection; **droit de réponse** right to reply; **droit de visite** (right of) access; **droit de vote** (right to) vote; **droits d'auteur** royalties; **droits de douane** customs duties; **droits de l'homme** human rights; **droits d'inscription** enrolment *ou* registration fees

droitier, ière [dʀwatje, -jɛʀ] *nm/f* right-handed person

droiture [dʀwatyʀ] *nf* uprightness, straightness

drôle [dʀol] *adj* (*amusant*) funny, amusing; (*bizarre*) funny, peculiar; **un drôle de ...** (*bizarre*) a strange *ou* funny ...; (*intensif*) an incredible ..., a terrific ...

drôlement [dʀolmɑ̃] *adv* funnily; peculiarly; (*très*) terribly, awfully; **il fait drôlement froid** it's awfully cold

dromadaire [dʀomadɛʀ] *nm* dromedary

dru, e [dʀy] *adj* (*cheveux*) thick, bushy; (*pluie*) heavy ♦ *adv* (*pousser*) thickly; (*tomber*) heavily

du [dy] *prép + dét, dét voir* **de**

dû, due [dy] *pp de* **devoir** ♦ *adj* (*somme*) owing, owed; (: *venant à échéance*) due; (*causé par*): **dû à** due to ♦ *nm* due; (*somme*) dues *pl*

duc [dyk] *nm* duke

duchesse [dyʃɛs] *nf* duchess

dûment [dymɑ̃] *adv* duly

dune [dyn] *nf* dune

Dunkerque [dœ̃kɛʀk] *n* Dunkirk

duo [dɥo] *nm* (MUS) duet; (*fig: couple*) duo, pair

dupe [dyp] *nf* dupe ♦ *adj*: (**ne pas**) **être dupe de** (not) to be taken in by

duplex [dyplɛks] *nm* (*appartement*) split-level apartment, duplex; (TV): **émission en duplex** link-up

duplicata [dyplikata] *nm* duplicate

duquel [dykɛl] *prép + pron voir* **lequel**

dur, e [dyʀ] *adj* (*pierre, siège, travail, problème*) hard; (*lumière, voix, climat*) harsh; (*sévère*) hard, harsh; (*cruel*) hard(-hearted); (*porte, col*) stiff; (*viande*) tough ♦ *adv* hard ♦ *nf*: **à la dure** rough; **mener la vie dure à qn** to give sb a hard time; **dur d'oreille** hard of hearing

durant [dyʀɑ̃] *prép* (*au cours de*) during; (*pendant*) for; **durant des mois, des mois durant** for months

durcir [dyʀsiʀ] *vt, vi*: **se durcir** *vi* to harden

durée [dyʀe] *nf* length; (*d'une pile etc*) life; (*déroulement: des opérations etc*) duration; **pour une durée illimitée** for an unlimited length of

time; **de courte durée** (*séjour, répit*) brief, short-term; **de longue durée** (*effet*) long-term; **pile de longue durée** long-life battery

durement [dyʀmɑ̃] *adv* harshly

durer [dyʀe] *vi* to last

dureté [dyʀte] *nf* (*voir* **dur**) hardness; harshness; stiffness; toughness

durit® [dyʀit] *nf* (car radiator) hose

duvet [dyvɛ] *nm* down; (**sac de couchage en**) **duvet** down-filled sleeping bag

DVD *sigle m* (= *digital versatile disc*) DVD

dynamique [dinamik] *adj* dynamic

dynamisme [dinamism(ə)] *nm* dynamism

dynamite [dinamit] *nf* dynamite

dynamo [dinamo] *nf* dynamo

dyslexie [dislɛksi] *nf* dyslexia, word blindness

— Ee —

eau, x [o] *nf* water ♦ *nfpl* waters; **prendre l'eau** (*chaussure etc*) to leak, let in water; **prendre les eaux** to take the waters; **faire eau** to leak; **tomber à l'eau** (*fig*) to fall through; **à l'eau de rose** slushy, sentimental; **eau bénite** holy water; **eau de Cologne** eau de Cologne; **eau courante** running water; **eau distillée** distilled water; **eau douce** fresh water; **eau de Javel** bleach; **eau lourde** heavy water; **eau minérale** mineral water; **eau oxygénée** hydrogen peroxide; **eau plate** still water; **eau de pluie** rainwater; **eau salée** salt water; **eau de toilette** toilet water; **eaux ménagères** dirty water (*from washing up etc*) **eaux territoriales** territorial waters; **eaux usées** liquid waste

eau-de-vie, *pl* **eaux-de-vie** [odvi] *nf* brandy

eau-forte, *pl* **eaux-fortes** [ofɔʀt(ə)] *nf* etching

ébahi, e [ebai] *adj* dumbfounded, flabbergasted

ébattre [ebatʀ(ə)]: **s'ébattre** *vi* to frolic

ébaucher [eboʃe] *vt* to sketch out, outline; (*fig*): **ébaucher un sourire/geste** to give a hint of a smile/make a slight gesture; **s'ébaucher** *vi* to take shape

ébène [ebɛn] *nf* ebony

ébéniste [ebenist(ə)] *nm* cabinetmaker

éberlué, e [ebɛʀlɥe] *adj* astounded, flabbergasted

éblouir [ebluiʀ] *vt* to dazzle

éborgner [ebɔʀɲe] *vt*: **éborgner qn** to blind sb in one eye

éboueur [ebwœʀ] *nm* dustman (BRIT), garbageman (US)

ébouillanter [ebujɑ̃te] *vt* to scald; (CULIN) to blanch; **s'ébouillanter** to scald o.s

éboulement [ebulmɑ̃] *nm* falling rocks *pl*, rock

fall; (amas) heap of boulders etc

ébouler [ebule]: **s'ébouler** vi to crumble, collapse

éboulis [ebuli] nmpl fallen rocks

ébouriffé, e [eburife] adj tousled, ruffled

ébranler [ebrɑ̃le] vt to shake; (rendre instable: mur, santé) to weaken; **s'ébranler** vi (partir) to move off

ébrécher [ebreʃe] vt to chip

ébriété [ebrijete] nf: **en état d'ébriété** in a state of intoxication

ébrouer [ebrue]: **s'ébrouer** vi (souffler) to snort; (s'agiter) to shake o.s.

ébruiter [ebrɥite] vt: **s'ébruiter** vi to spread

ébullition [ebylisjɔ̃] nf boiling point; **en ébullition** boiling; (fig) in an uproar

écaille [ekaj] nf (de poisson) scale; (de coquillage) shell; (matière) tortoiseshell; (de roc etc) flake

écailler [ekaje] vt (poisson) to scale; (huître) to open; **s'écailler** vi to flake ou peel (off)

écarlate [ekarlat] adj scarlet

écarquiller [ekarkije] vt: **écarquiller les yeux** to stare wide-eyed

écart [ekar] nm gap; (embardée) swerve; (saut) sideways leap; (fig) departure, deviation; **à l'écart** adv out of the way; **à l'écart de** prép away from; (fig) out of; **faire le grand écart** (DANSE, GYMNASTIQUE) to do the splits; **écart de conduite** misdemeanour

écarté, e [ekarte] adj (lieu) out-of-the-way, remote; (ouvert): **les jambes écartées** legs apart; **les bras écartés** arms outstretched

écarter [ekarte] vt (séparer) to move apart, separate; (éloigner) to push back, move away; (ouvrir: bras, jambes) to spread, open; (: rideau) to draw (back); (éliminer: candidat, possibilité) to dismiss; (CARTES) to discard; **s'écarter** vi to part; (personne) to move away; **s'écarter de** to wander from

écervelé, e [esɛrvəle] adj scatterbrained, feather-brained

échafaud [eʃafo] nm scaffold

échafaudage [eʃafodaʒ] nm scaffolding; (fig) heap, pile

échafauder [eʃafode] vt (plan) to construct

échalote [eʃalɔt] nf shallot

échancrure [eʃɑ̃kryr] nf (de robe) scoop neckline; (de côte, arête rocheuse) indentation

échange [eʃɑ̃ʒ] nm exchange; **en échange** in exchange; **en échange de** in exchange ou return for; **libre échange** free trade; **échange de lettres/politesses/vues** exchange of letters/civilities/views; **échanges commerciaux** trade; **échanges culturels** cultural exchanges

échanger [eʃɑ̃ʒe] vt: **échanger qch (contre)** to exchange sth (for)

échangeur [eʃɑ̃ʒœr] nm (AUTO) interchange

échantillon [eʃɑ̃tijɔ̃] nm sample

échappement [eʃapmɑ̃] nm (AUTO) exhaust; **échappement libre** cutout

échapper [eʃape]: **échapper à** vt (gardien) to escape (from); (punition, péril) to escape; **échapper à qn** (détail, sens) to escape sb; (objet qu'on tient: aussi: **échapper des mains de qn**) to slip out of sb's hands; **laisser échapper** to let fall; (cri etc) to let out; **s'échapper** vi to escape; **l'échapper belle** to have a narrow escape

écharde [eʃard(ə)] nf splinter (of wood)

écharpe [eʃarp(ə)] nf scarf (pl scarves); (de maire) sash; (MÉD) sling; **prendre en écharpe** (dans une collision) to hit sideways on

échasse [eʃas] nf stilt

échassier [eʃasje] nm wader

échauffer [eʃofe] vt (métal, moteur) to overheat; (fig: exciter) to fire, excite; **s'échauffer** vi (SPORT) to warm up; (discussion) to become heated

échéance [eʃeɑ̃s] nf (d'un paiement: date) settlement date; (: somme due) financial commitment(s); (fig) deadline; **à brève/longue échéance** adj short-/long-term ♦ adv in the short/long term

échéant [eʃeɑ̃]: **le cas échéant** adv if the case arises

échec [eʃɛk] nm failure; (ÉCHECS): **échec et mat/au roi** checkmate/check; **échecs** nmpl (jeu) chess sg; **mettre en échec** to put in check; **tenir en échec** to hold in check; **faire échec à** to foil, thwart

échelle [eʃɛl] nf (aussi: d'une carte) scale; **à l'échelle de** on the scale of; **sur une grande/petite échelle** on a large/small scale; **faire la courte échelle à qn** to give sb a leg up; **échelle de corde** rope ladder

échelon [eʃlɔ̃] nm (d'échelle) rung; (ADMIN) grade

échelonner [eʃlɔne] vt to space out, spread out; (versement) **échelonné** (payment) by instalments

échevelé, e [eʃəvle] adj tousled, dishevelled; (fig) wild, frenzied

échine [eʃin] nf backbone, spine

échiquier [eʃikje] nm chessboard

écho [eko] nm echo; **échos** nmpl (potins) gossip sg, rumours; (PRESSE: rubrique) "news in brief"; **rester sans écho** (suggestion etc) to come to nothing; **se faire l'écho de** to repeat, spread about

échographie [ekɔgrafi] nf ultrasound (scan)

échoir [eʃwar] vi (dette) to fall due; (délais) to expire; **échoir à** vt to fall to

échouer [eʃwe] vi to fail; (débris etc: sur la plage) to be washed up; (aboutir: personne dans un café etc) to arrive ♦ vt (bateau) to ground; **s'échouer** vi to run aground

échu, e [eʃy] pp de échoir ♦ adj due, mature

éclabousser [eklabuse] vt to splash; (fig) to tarnish

éclair [eklɛr] nm (d'orage) flash of lightning, lightning no pl; (PHOTO: de flash) flash; (fig) flash, spark; (gâteau) éclair

éclairage [eklɛraʒ] nm lighting

éclaircie [eklɛʀsi] nf bright ou sunny interval

éclaircir [eklɛʀsiʀ] vt to lighten; (fig) to clear up, clarify; (CULIN) to thin (down); **s'éclaircir** vi (ciel) to brighten up, clear; (cheveux) to go thin; (situation etc) to become clearer; **s'éclaircir la voix** to clear one's throat

éclaircissement [eklɛʀsismɑ̃] nm clearing up, clarification

éclairer [eklɛʀe] vt (lieu) to light (up); (personne: avec une lampe de poche etc) to light the way for; (fig: instruire) to enlighten; (: rendre comprehensible) to shed light on ♦ vi: **éclairer mal/bien** to give a poor/good light; **s'éclairer** vi (phare, rue) to light up; (situation etc) to become clearer; **s'éclairer à la bougie/l'électricité** to use candlelight/have electric lighting

éclaireur, euse [eklɛʀœʀ, -øz] nm/f (scout) (boy) scout/(girl) guide ♦ nm (MIL) scout; **partir en éclaireur** to go off to reconnoitre

éclat [ekla] nm (de bombe, de verre) fragment; (du soleil, d'une couleur etc) brightness, brilliance; (d'une cérémonie) splendour; (scandale): **faire un éclat** to cause a commotion; **action d'éclat** outstanding action; **voler en éclats** to shatter; **des éclats de verre** broken glass; flying glass; **éclat de rire** burst ou roar of laughter; **éclat de voix** shout

éclatant, e [eklatɑ̃, -ɑ̃t] adj brilliant, bright; (succès) resounding; (revanche) devastating

éclater [eklate] vi (pneu) to burst; (bombe) to explode; (guerre, épidémie) to break out; (groupe, parti) to break up; **éclater de rire/en sanglots** to burst out laughing/sobbing

éclipser [eklipse] vt to eclipse; **s'éclipser** vi to slip away

éclore [eklɔʀ] vi (suj: œuf) to hatch; (fleur) to open (out)

écluse [eklyz] nf lock

écœurant, e [ekœʀɑ̃, -ɑ̃t] adj sickening; (gâteau etc) sickly

écœurer [ekœʀe] vt: **écœurer qn** to make sb feel sick; (fig: démoraliser) to disgust sb

école [ekɔl] nf school; **aller à l'école** to go to school; **faire école** to collect a following; **les grandes écoles** prestige university-level colleges with competitive entrance examinations; **école maternelle** nursery school; **école primaire** primary (BRIT) ou grade (US) school; **école secondaire** secondary (BRIT) ou high (US) school; **école privée/publique/élementaire** private/state/elementary school; **école de dessin/danse/musique** art/dancing/music school; **école hôtelière** catering college; **école normale (d'instituteurs) (ENI)** primary school teachers' training college; **école normale supérieure (ENS)** grande école for training secondary school teachers; **école de secrétariat** secretarial college; see boxed note

ÉCOLE MATERNELLE

Nursery school (kindergarten) (**l'école maternelle**) is publicly funded in France and, though not compulsory, is attended by most children between the ages of two and six. Statutory education begins with primary (grade) school (**l'école primaire**) at the age of six and lasts until 10 or 11.

écolier, ière [ekɔlje, -jɛʀ] nm/f schoolboy/girl

écologie [ekɔlɔʒi] nf ecology; (sujet scolaire) environmental studies pl

écologique [ekɔlɔʒik] adj ecological; environmental

écologiste [ekɔlɔʒist(ə)] nm/f ecologist; environmentalist

éconduire [ekɔ̃dɥiʀ] vt to dismiss

économe [ekɔnɔm] adj thrifty ♦ nm/f (de lycée etc) bursar (BRIT), treasurer (US)

économie [ekɔnɔmi] nf (vertu) economy, thrift; (gain: d'argent, de temps etc) saving; (science) economics sg; (situation économique) economy; **économies** nfpl (pécule) savings; **faire des économies** to save up; **une économie de temps/d'argent** a saving in time/of money; **économie dirigée** planned economy; **économie de marché** market economy

économique [ekɔnɔmik] adj (avantageux) economical; (ECON) economic

économiser [ekɔnɔmize] vt, vi to save

écoper [ekɔpe] vi to bale out; (fig) to cop it; **écoper (de)** vt to get

écorce [ekɔʀs(ə)] nf bark; (de fruit) peel

écorcher [ekɔʀʃe] vt (animal) to skin; (égratigner) to graze; **écorcher une langue** to speak a language brokenly; **s'écorcher le genou** etc to scrape ou graze one's knee etc

écorchure [ekɔʀʃyʀ] nf graze

Écosse [ekɔs] nf: **l'Écosse** Scotland

écossais, e [ekɔse, -ez] adj Scottish, Scots; (whisky, confiture) Scotch; (écharpe, tissu) tartan ♦ nm (LING) Scots; (: gaélique) Gaelic; (tissu) tartan (cloth) ♦ nm/f: **Écossais, e** Scot, Scotsman/woman; **les Écossais** the Scots

écosser [ekɔse] vt to shell

écoulement [ekulmɑ̃] nm (de faux billets) circulation; (de stock) selling

écouler [ekule] vt to dispose of; **s'écouler** vi (eau) to flow (out); (foule) to drift away; (jours, temps) to pass (by)

écourter [ekuʀte] vt to curtail, cut short

écoute [ekut] nf (NAVIG: cordage) sheet; (RADIO, TV): **temps d'écoute** (listening ou viewing) time; **heure de grande écoute** peak listening ou viewing time; **prendre l'écoute** to tune in; **rester à l'écoute (de)** to stay tuned in (to); **écoutes téléphoniques**

phone tapping *sg*

écouter [ekute] *vt* to listen to

écouteur [ekutœʀ] *nm* (*TÉL*) (additional) earpiece; **écouteurs** *nmpl* (*RADIO*) headphones, headset *sg*

écoutille [ekutij] *nf* hatch

écran [ekʀɑ̃] *nm* screen; (*INFORM*) VDU, screen; **écran de fumée/d'eau** curtain of smoke/water; **porter à l'écran** (*CINÉ*) to adapt for the screen; **le petit écran** television, the small screen

écrasant, e [ekʀazɑ̃, -ɑ̃t] *adj* overwhelming

écraser [ekʀaze] *vt* to crush; (*piéton*) to run over; (*INFORM*) to overwrite; **se faire écraser** to be run over; **écrase(-toi)!** shut up!; **s'écraser (au sol)** to crash; **s'écraser contre** to crash into

écrémé, e [ekʀeme] *adj* (*lait*) skimmed

écrevisse [ekʀavis] *nf* crayfish *inv*

écrier [ekʀije]: **s'écrier** *vi* to exclaim

écrin [ekʀɛ̃] *nm* case, box

écrire [ekʀiʀ] *vt*, *vi* to write ♦ *vi*: **ça s'écrit comment?** how is it spelt?; **écrire à qn que** to write and tell sb that; **s'écrire** to write to one another

écrit, e [ekʀi, -it] *pp de* **écrire** ♦ *adj*: **bien/mal écrit** well/badly written ♦ *nm* document; (*examen*) written paper; **par écrit** in writing

écriteau, x [ekʀito] *nm* notice, sign

écriture [ekʀityʀ] *nf* writing; (*COMM*) entry; **écritures** *nfpl* (*COMM*) accounts, books; **l'Écriture (sainte), les Écritures** the Scriptures

écrivain [ekʀivɛ̃] *nm* writer

écrou [ekʀu] *nm* nut

écrouer [ekʀue] *vt* to imprison; (*provisoirement*) to remand in custody

écrouler [ekʀule]: **s'écrouler** *vi* to collapse

écru, e [ekʀy] *adj* (*toile*) raw, unbleached; (*couleur*) off-white, écru

écueil [ekœj] *nm* reef; (*fig*) pitfall; stumbling block

éculé, e [ekyle] *adj* (*chaussure*) down-at-heel; (*fig*: *péj*) hackneyed

écume [ekym] *nf* foam; (*CULIN*) scum; **écume de mer** meerschaum

écumer [ekyme] *vt* (*CULIN*) to skim; (*fig*) to plunder ♦ *vi* (*mer*) to foam; (*fig*) to boil with rage

écumoire [ekymwaʀ] *nf* skimmer

écureuil [ekyʀœj] *nm* squirrel

écurie [ekyʀi] *nf* stable

écusson [ekysɔ̃] *nm* badge

écuyer, ère [ekɥije, -ɛʀ] *nm/f* rider

eczéma [egzema] *nm* eczema

édenté, e [edɑ̃te] *adj* toothless

EDF *sigle f* (= *Électricité de France*) national electricity company

édifice [edifis] *nm* building, edifice

édifier [edifje] *vt* to build, erect; (*fig*) to edify

Édimbourg [edɛ̃buʀ] *n* Edinburgh

éditer [edite] *vt* (*publier*) to publish; (: *disque*) to produce; (*préparer*: *texte*, *INFORM*) to edit

éditeur, trice [editœʀ, -tʀis] *nm/f* publisher; editor

édition [edisjɔ̃] *nf* editing *no pl*; (*série d'exemplaires*) edition; (*industrie du livre*): **l'édition** publishing; **édition sur écran** (*INFORM*) screen editing

édredon [edʀədɔ̃] *nm* eiderdown, comforter (*US*)

éducateur, trice [edykatœʀ, -tʀis] *nm/f* teacher; **éducateur spécialisé** specialist teacher

éducatif, ive [edykatif, -iv] *adj* educational

éducation [edykasjɔ̃] *nf* education; (*familiale*) upbringing; (*manières*) (good) manners *pl*; **bonne/mauvaise éducation** good/bad upbringing; **sans éducation** bad-mannered, ill-bred; **l'Éducation (nationale)** = the Department for Education; **éducation permanente** continuing education; **éducation physique** physical education

édulcorant [edylkɔʀɑ̃] *nm* sweetener

éduquer [edyke] *vt* to educate; (*élever*) to bring up; (*faculté*) to train; **bien/mal éduqué** well/badly brought up

effacé, e [efase] *adj* (*fig*) retiring, unassuming

effacer [efase] *vt* to erase, rub out; (*bande magnétique*) to erase; (*INFORM*: *fichier, fiche*) to delete, erase; **s'effacer** *vi* (*inscription etc*) to wear off; (*pour laisser passer*) to step aside; **effacer le ventre** to pull one's stomach in

effarant, e [efaʀɑ̃, -ɑ̃t] *adj* alarming

effarer [efaʀe] *vt* to alarm

effaroucher [efaʀuʃe] *vt* to frighten *ou* scare away; (*personne*) to alarm

effectif, ive [efɛktif, -iv] *adj* real; effective ♦ *nm* (*MIL*) strength; (*SCOL*) total number of pupils, size; **effectifs** numbers, strength *sg*; (*COMM*) manpower *sg*; **réduire l'effectif de** to downsize

effectivement [efɛktivmɑ̃] *adv* effectively; (*réellement*) actually, really; (*en effet*) indeed

effectuer [efɛktɥe] *vt* (*opération, mission*) to carry out; (*déplacement, trajet*) to make, complete; (*mouvement*) to execute, make; **s'effectuer** to be carried out

efféminé, e [efemine] *adj* effeminate

effervescent, e [efɛʀvesɑ̃, -ɑ̃t] *adj* (*cachet, boisson*) effervescent; (*fig*) agitated, in a turmoil

effet [efɛ] *nm* (*résultat, artifice*) effect; (*impression*) impression; (*COMM*) bill; (*JUR*: *d'une loi, d'un jugement*): **avec effet rétroactif** applied retrospectively; **effets** *nmpl* (*vêtements etc*) things; **effet de style/couleur/lumière** stylistic/colour/lighting effect; **effets de voix** dramatic effects with one's voice; **faire de l'effet** (*médicament, menace*) to have an effect, be effective; **sous l'effet de** under the effect of; **donner de l'effet à une balle** (*TENNIS*) to put some spin on a ball; **à cet effet** to that end; **en effet** *adv* indeed; **effet (de commerce)** bill of exchange; **effet de serre** greenhouse effect; **effets spéciaux** (*CINÉ*) special effects

efficace [efikas] adj (personne) efficient; (action, médicament) effective

efficacité [efikasite] nf efficiency; effectiveness

effilocher [efilɔʃe]: **s'effilocher** vi to fray

efflanqué, e [eflɑ̃ke] adj emaciated

effleurer [eflœre] vt to brush (against); (sujet) to touch upon; (suj: idée, pensée): **effleurer qn** to cross sb's mind

effluves [eflyv] nmpl exhalation(s)

effondrer [efɔ̃dre]: **s'effondrer** vi to collapse

efforcer [efɔrse]: **s'efforcer de** vt: **s'efforcer de faire** to try hard to do

effort [efɔr] nm effort; **faire un effort** to make an effort; **faire tous ses efforts** to try one's hardest; **faire l'effort de ...** to make the effort to ...; **sans effort** adj effortless ♦ adv effortlessly; **effort de mémoire** attempt to remember; **effort de volonté** effort of will

effraction [efraksjɔ̃] nf breaking-in; **s'introduire par effraction dans** to break into

effrayant, e [efrejɑ̃, -ɑ̃t] adj frightening, fearsome; (sens affaibli) dreadful

effrayer [efreje] vt to frighten, scare; (rebuter) to put off; **s'effrayer (de)** to be frightened ou scared (by)

effréné, e [efrene] adj wild

effriter [efrite]: **s'effriter** vi to crumble; (monnaie) to be eroded; (valeurs) to slacken off

effroi [efrwa] nm terror, dread no pl

effronté, e [efrɔ̃te] adj insolent

effroyable [efrwajabl(ə)] adj horrifying, appalling

effusion [efyzjɔ̃] nf effusion; **sans effusion de sang** without bloodshed

égal, e, aux [egal, -o] adj (identique, ayant les mêmes droits) equal; (plan: surface) even, level; (constant: vitesse) steady; (équitable) even ♦ nm/f equal; **être égal à** (prix, nombre) to be equal to; **ça m'est égal** it's all the same to me, it doesn't matter to me, I don't mind; **c'est égal, ...** all the same, ...; **sans égal** matchless, unequalled; **à l'égal de** (comme) just like; **d'égal à égal** as equals

également [egalmɑ̃] adv equally; evenly; steadily; (aussi) too, as well

égaler [egale] vt to equal

égaliser [egalize] vt (sol, salaires) to level (out); (chances) to equalize ♦ vi (SPORT) to equalize

égalité [egalite] nf equality; evenness; steadiness; (MATH) identity: **être à égalité (de points)** to be level; **égalité de droits** equality of rights; **égalité d'humeur** evenness of temper

égard [egar] nm: **égards** nmpl consideration sg; **à cet égard** in this respect; **à certains égards/tous égards** in certain respects/all respects; **eu égard à** in view of; **par égard pour** out of consideration for; **sans égard pour** without regard for; **à l'égard de** prép towards; (en ce qui concerne) concerning, as regards

égarement [egarmɑ̃] nm distraction; aberration

égarer [egare] vt (objet) to mislay; (moralement) to lead astray; **s'égarer** vi to get lost, lose one's way; (objet) to go astray; (fig: dans une discussion) to wander

égayer [egeje] vt (personne) to amuse; (: remonter) to cheer up; (récit, endroit) to brighten up, liven up

églantine [eglɑ̃tin] nf wild ou dog rose

églefin [egləfɛ̃] nm haddock

église [egliz] nf church

égoïsme [egɔism(ə)] nm selfishness, egoism

égoïste [egɔist(ə)] adj selfish, egoistic ♦ nm/f egoist

égorger [egɔrʒe] vt to cut the throat of

égosiller [egozije]: **s'égosiller** vi to shout o.s. hoarse

égout [egu] nm sewer; **eaux d'égout** sewage

égoutter [egute] vt (linge) to wring out; (vaisselle, fromage) to drain ♦ vi: **s'égoutter** vi to drip

égouttoir [egutwar] nm draining board; (mobile) draining rack

égratigner [egratiɲe] vt to scratch; **s'égratigner** to scratch o.s.

égratignure [egratiɲyr] nf scratch

Égypte [eʒipt] nf: **l'Égypte** Egypt

égyptien, ne [eʒipsjɛ̃, -ɛn] adj Egyptian ♦ nm/f: **Égyptien, ne** Egyptian

eh [e] excl hey!; **eh bien** well

éhonté, e [eɔ̃te] adj shameless, brazen (BRIT)

éjecter [eʒɛkte] vt (TECH) to eject; (fam) to kick ou chuck out

élaborer [elabɔre] vt to elaborate; (projet, stratégie) to work out; (rapport) to draft

élan [elɑ̃] nm (ZOOL) elk, moose; (SPORT: avant le saut) run up; (de véhicule) momentum; (fig: de tendresse etc) surge; **prendre son élan/de l'élan** to take a run up/gather speed; **perdre son élan** to lose one's momentum

élancé, e [elɑ̃se] adj slender

élancement [elɑ̃smɑ̃] nm shooting pain

élancer [elɑ̃se]: **s'élancer** vi to dash, hurl o.s.; (fig: arbre, clocher) to soar (upwards)

élargir [elarʒir] vt to widen; (vêtement) to let out; (JUR) to release; **s'élargir** vi to widen; (vêtement) to stretch

élastique [elastik] adj elastic ♦ nm (de bureau) rubber band; (pour la couture) elastic no pl

électeur, trice [elektœr, -tris] nm/f elector, voter

élection [elɛksjɔ̃] nf election; **élections** nfpl (POL) election(s); **sa terre/patrie d'élection** the land/country of one's choice; **élection partielle** ≈ by-election; **élections législatives/présidentielles** general/presidential election sg; see boxed note

(SPORT) disqualifying ♦ nf (SPORT) heat

éliminer [elimine] vt to eliminate

élire [elir] vt to elect; **élire domicile à** to take up residence in ou at

elle [ɛl] pron (sujet) she; (: chose) it; (complément) her; it; **elles** (sujet) they; (complément) them; **elle-même** herself; itself; **elles-mêmes** themselves; voir **il**

élocution [elɔkysjɔ̃] nf delivery; **défaut d'élocution** speech impediment

éloge [elɔʒ] nm praise gén no pl; **faire l'éloge de** to praise

élogieux, euse [elɔʒjø, -øz] adj laudatory, full of praise

éloigné, e [elwaɲe] adj distant, far-off

éloignement [elwaɲmɑ̃] nm removal; putting off; estrangement; (fig: distance) distance

éloigner [elwaɲe] vt (objet): **éloigner qch (de)** to move ou take sth away (from); (personne): **éloigner qn (de)** to take sb away ou remove sb (from); (échéance) to put off, postpone; (soupçons, danger) to ward off; **s'éloigner (de)** (personne) to go away (from); (véhicule) to move away (from); (affectivement) to become estranged (from)

élu, e [ely] pp de **élire** ♦ nm/f (POL) elected representative

éluder [elyde] vt to evade

Élysée [elize] nm: **(le palais de) l'Élysée** the Élysée palace; **les Champs Élysées** the Champs Élysées; see boxed note

émacié, e [emasje] adj emaciated

émail, aux [emaj, -o] nm enamel

émaillé, e [emaje] adj enamelled; (fig): **émaillé de** dotted with

émanciper [emɑ̃sipe] vt to emancipate; **s'émanciper** (fig) to become emancipated ou liberated

émaner [emane]: **émaner de** vt to emanate from; (ADMIN) to proceed from

emballage [ɑ̃balaʒ] nm wrapping; packing; (papier) wrapping; (carton) packaging

emballer [ɑ̃bale] vt to wrap (up); (dans un carton) to pack (up); (fig: fam) to thrill to bits; **s'emballer** vi (moteur) to race; (cheval) to bolt; (fig: personne) to get carried away

embarcadère [ɑ̃barkadɛr] nm landing stage; (BRIT) pier

électorat [elɛktɔra] nm electorate

électricien, ne [elɛktrisjɛ̃, -ɛn] nm/f electrician

électricité [elɛktrisite] nf electricity; **allumer/éteindre l'électricité** to put on/off the light; **électricité statique** static electricity

électrique [elɛktrik] adj electric(al)

électrocuter [elɛktrɔkyte] vt to electrocute

électroménager [elɛktrɔmenaʒe] adj: **appareils électroménagers** domestic (electrical) appliances ♦ nm: **l'électroménager** household appliances

électronique [elɛktrɔnik] adj electronic ♦ nf (science) electronics sg

électrophone [elɛktrɔfɔn] nm record player

élégance [elegɑ̃s] nf elegance

élégant, e [elegɑ̃, -ɑ̃t] adj elegant; (solution) neat, elegant; (attitude, procédé) courteous, civilized

élément [elemɑ̃] nm element; (pièce) component, part; **éléments** nmpl elements

élémentaire [elemɑ̃tɛr] adj elementary; (CHIMIE) elemental

éléphant [elefɑ̃] nm elephant; **éléphant de mer** elephant seal

élevage [ɛlvaʒ] nm breeding; (de bovins) cattle breeding ou rearing; (ferme) cattle farm

élévation [elevasjɔ̃] nf (gén) elevation; (voir élever) raising; (voir s'élever) rise

élevé, e [ɛlve] adj (prix, sommet) high; (fig: noble) elevated; **bien/mal élevé** well-/ill-mannered

élève [elɛv] nm/f pupil; **élève infirmière** student nurse

élever [ɛlve] vt (enfant) to bring up, raise; (bétail, volaille) to breed; (abeilles) to keep; (hausser: taux, niveau) to raise; (fig: âme, esprit) to elevate; (édifier: monument) to put up, erect; **s'élever** vi (avion, alpiniste) to go up; (niveau, température, aussi: cri etc) to rise; (survenir: difficultés) to arise; **s'élever à** (suj: frais, dégâts) to amount to, add up to; **s'élever contre** to rise up against; **élever une protestation/critique** to raise a protest/make a criticism; **élever qn au rang de** to raise ou elevate sb to the rank of; **élever un nombre au carré/au cube** to square/cube a number

éleveur, euse [ɛlvœr, -øz] nm/f stock breeder

élimé, e [elime] adj worn (thin), threadbare

éliminatoire [eliminatwar] adj eliminatory;

embarcation [ɑ̃baʀkasjɔ̃] nf (small) boat, (small) craft inv

embardée [ɑ̃baʀde] nf swerve; **faire une embardée** to swerve

embarquement [ɑ̃baʀkəmɑ̃] nm embarkation; loading; boarding

embarquer [ɑ̃baʀke] vt (personne) to embark; (marchandise) to load; (fam) to cart off; (: arrêter) to nick ♦ vi (passager) to board; (NAVIG) to ship water; **s'embarquer** vi to board; **s'embarquer dans** (affaire, aventure) to embark upon

embarras [ɑ̃baʀa] nm (obstacle) hindrance; (confusion) embarrassment; (ennuis): **être dans l'embarras** to be in a predicament ou an awkward position; (gêne financière) to be in difficulties; **embarras gastrique** stomach upset

embarrassant, e [ɑ̃baʀasɑ̃, -ɑ̃t] adj cumbersome; embarrassing; awkward

embarrasser [ɑ̃baʀase] vt (encombrer) to clutter (up); (gêner) to hinder, hamper; (fig) to cause embarrassment to; to put in an awkward position; **s'embarrasser de** to burden o.s. with

embauche [ɑ̃boʃ] nf hiring; **bureau d'embauche** labour office

embaucher [ɑ̃boʃe] vt to take on, hire; **s'embaucher comme** to get (o.s.) a job as

embaumer [ɑ̃bome] vt to embalm; (parfumer) to fill with its fragrance; **embaumer la lavande** to be fragrant with (the scent of) lavender

embellie [ɑ̃beli] nf bright spell, brighter period

embellir [ɑ̃beliʀ] vt to make more attractive; (une histoire) to embellish ♦ vi to grow lovelier ou more attractive

embêtant, e [ɑ̃betɑ̃, -ɑ̃t] adj annoying

embêtement [ɑ̃betmɑ̃] nm problem, difficulty; **embêtements** nmpl trouble sg

embêter [ɑ̃bete] vt to bother; **s'embêter** vi (s'ennuyer) to be bored; **ça m'embête** it bothers me; **il ne s'embête pas!** (ironique) he does all right for himself!

emblée [ɑ̃ble]: **d'emblée** adv straightaway

embobiner [ɑ̃bobine] vt (enjôler): **embobiner qn** to get round sb

emboîter [ɑ̃bwate] vt to fit together; **s'emboîter dans** to fit into; **s'emboîter (l'un dans l'autre)** to fit together; **emboîter le pas à qn** to follow in sb's footsteps

embonpoint [ɑ̃bɔ̃pwɛ̃] nm stoutness (BRIT), corpulence; **prendre de l'embonpoint** to grow stout (BRIT) ou corpulent

embouchure [ɑ̃buʃyʀ] nf (GÉO) mouth; (MUS) mouthpiece

embourber [ɑ̃buʀbe]: **s'embourber** vi to get stuck in the mud; (fig): **s'embourber dans** to sink into

embourgeoiser [ɑ̃buʀʒwaze]: **s'embourgeoiser** vi to adopt a middle-class outlook

embouteillage [ɑ̃butejaʒ] nm traffic jam, (traffic) holdup (BRIT)

emboutir [ɑ̃butiʀ] vt (TECH) to stamp; (heurter) to crash into, ram

embranchement [ɑ̃bʀɑ̃ʃmɑ̃] nm (routier) junction; (classification) branch

embraser [ɑ̃bʀaze]: **s'embraser** vi to flare up

embrasser [ɑ̃bʀase] vt to kiss; (sujet, période) to embrace, encompass; (carrière) to embark on; (métier) to go in for, take up; **embrasser du regard** to take in (with eyes) **s'embrasser** to kiss (each other)

embrasure [ɑ̃bʀazyʀ] nf: **dans l'embrasure de la porte** in the door(way)

embrayage [ɑ̃bʀɛjaʒ] nm clutch

embrayer [ɑ̃bʀeje] vi (AUTO) to let in the clutch ♦ vt (fig: affaire) to set in motion; **embrayer sur qch** to begin on sth

embrocher [ɑ̃bʀɔʃe] vt to (put on a) spit (ou skewer)

embrouiller [ɑ̃bʀuje] vt (fils) to tangle (up); (fiches, idées, personne) to muddle up; **s'embrouiller** vi to get in a muddle

embruns [ɑ̃bʀœ̃] nmpl sea spray sg

embryon [ɑ̃bʀijɔ̃] nm embryo

embûches [ɑ̃byʃ] nfpl pitfalls, traps

embué, e [ɑ̃bɥe] adj misted up; **yeux embués de larmes** eyes misty with tears

embuscade [ɑ̃byskad] nf ambush; **tendre une embuscade à** to lay an ambush for

éméché, e [emeʃe] adj tipsy, merry

émeraude [emʀod] nf emerald ♦ adj inv emerald-green

émerger [emɛʀʒe] vi to emerge; (faire saillie, aussi fig) to stand out

émeri [emʀi] nm: **toile ou papier émeri** emery paper

émerveillement [emɛʀvɛjmɑ̃] nm wonderment

émerveiller [emɛʀveje] vt to fill with wonder; **s'émerveiller de** to marvel at

émettre [emɛtʀ(ə)] vt (son, lumière) to give out, emit; (message etc: RADIO) to transmit; (billet, timbre, emprunt, chèque) to issue; (hypothèse, avis) to voice, put forward; (vœu) to express ♦ vi: **émettre sur ondes courtes** to broadcast on short wave

émeus etc [emø] vb voir **émouvoir**

émeute [emøt] nf riot

émietter [emjete] vt (pain, terre) to crumble; (fig) to split up, disperse; **s'émietter** vi (pain, terre) to crumble

émigrer [emigʀe] vi to emigrate

émincer [emɛ̃se] vt (CULIN) to slice thinly

éminent, e [eminɑ̃, -ɑ̃t] adj distinguished

émission [emisjɔ̃] nf (voir émettre) emission; transmission; issue; (RADIO, TV) programme, broadcast

emmagasiner [ɑ̃magazine] vt to (put into) store; (fig) to store up

emmanchure [ɑ̃mɑ̃ʃyʀ] nf armhole

emmêler [ãmele] *vt* to tangle (up); (*fig*) to muddle up; **s'emmêler** to get into a tangle

emménager [ãmenaʒe] *vi* to move in; **emménager dans** to move into

emmener [ãmne] *vt* to take (with one); (*comme otage, capture*) to take away; **emmener qn au concert** to take sb to a concert

emmerder [ãmɛrde] (*fam!*) *vt* to bug, bother; **s'emmerder** *vi* (*s'ennuyer*) to be bored stiff; **je t'emmerde!** to hell with you!

emmitoufler [ãmitufle] *vt* to wrap up (warmly); **s'emmitoufler** to wrap (o.s.) up (warmly)

émoi [emwa] *nm* (*agitation, effervescence*) commotion; (*trouble*) agitation; **en émoi** (*sens*) excited, stirred

émotif, ive [emɔtif, -iv] *adj* emotional

émotion [emosjɔ̃] *nf* emotion; **avoir des émotions** (*fig*) to get a fright; **donner des émotions à** to give a fright to; **sans émotion** without emotion, coldly

émousser [emuse] *vt* to blunt; (*fig*) to dull

émouvoir [emuvwar] *vt* (*troubler*) to stir, affect; (*toucher, attendrir*) to move; (*indigner*) to rouse; (*effrayer*) to disturb, worry; **s'émouvoir** *vi* to be affected; to be moved; to be roused; to be disturbed *ou* worried

empailler [ãpaje] *vt* to stuff

empaqueter [ãpakte] *vt* to pack up

emparer [ãpare]: **s'emparer de** *vt* (*objet*) to seize, grab; (*comme otage, MIL*) to seize; (*suj: peur etc*) to take hold of

empâter [ãpate]: **s'empâter** *vi* to thicken out

empêchement [ãpɛʃmã] *nm* (unexpected) obstacle, hitch

empêcher [ãpeʃe] *vt* to prevent; **empêcher qn de faire** to prevent *ou* stop sb (from) doing; **empêcher que qch (n')arrive/qn (ne) fasse** to prevent sth from happening/sb from doing; **il n'empêche que** nevertheless, be that as it may; **il n'a pas pu s'empêcher de rire** he couldn't help laughing

empereur [ãprœr] *nm* emperor

empester [ãpɛste] *vt* (*lieu*) to stink out ♦ *vi* to stink, reek; **empester le tabac/le vin** to stink *ou* reek of tobacco/wine

empêtrer [ãpetre] *vt*: **s'empêtrer dans** (*fils etc, aussi fig*) to get tangled up in

emphase [ãfaz] *nf* pomposity, bombast; **avec emphase** pompously

empiéter [ãpjete]: **empiéter sur** *vt* to encroach upon

empiffrer [ãpifre]: **s'empiffrer** *vi* (*péj*) to stuff o.s.

empiler [ãpile] *vt* to pile (up), stack (up); **s'empiler** *vi* to pile up

empire [ãpir] *nm* empire; (*fig*) influence; **style Empire** Empire style; **sous l'empire de** in the grip of

empirer [ãpire] *vi* to worsen, deteriorate

emplacement [ãplasmã] *nm* site; **sur l'emplacement de** on the site of

emplette [ãplɛt] *nf*: **faire l'emplette de** to purchase; **emplettes** shopping *sg*; **faire des emplettes** to go shopping

emplir [ãplir] *vt* to fill; **s'emplir (de)** to fill (with)

emploi [ãplwa] *nm* use; (*COMM, ÉCON*): **l'emploi** employment; (*poste*) job, situation; **d'emploi facile** easy to use; **le plein emploi** full employment; **emploi du temps** timetable, schedule

employé, e [ãplwaje] *nm/f* employee; **employé de bureau/banque** office/bank employee *ou* clerk; **employé de maison** domestic (servant)

employer [ãplwaje] *vt* (*outil, moyen, méthode, mot*) to use; (*ouvrier, main-d'œuvre*) to employ; **s'employer à qch/à faire** to apply *ou* devote o.s. to sth/to doing

employeur, euse [ãplwajœr, -øz] *nm/f* employer

empocher [ãpɔʃe] *vt* to pocket

empoigner [ãpwaɲe] *vt* to grab; **s'empoigner** (*fig*) to have a row *ou* set-to

empoisonner [ãpwazɔne] *vt* to poison; (*empester: air, pièce*) to stink out; (*fam*): **empoisonner qn** to drive sb mad; **s'empoisonner** to poison o.s.; **empoisonner l'atmosphère** (*aussi fig*) to poison the atmosphere; (*aussi*: **il nous empoisonne l'existence**) he's the bane of our life

emporté, e [ãpɔrte] *adj* (*personne, caractère*) fiery

emporter [ãpɔrte] *vt* to take (with one); (*en dérobant ou en levant, emmener: blessés, voyageurs*) to take away; (*entraîner*) to carry away *ou* along; (*arracher*) to tear off; (*rivière, vent*) to carry away; (*MIL: position*) to take; (*avantage, approbation*) to win; **s'emporter** *vi* (*de colère*) to fly into a rage, lose one's temper; **la maladie qui l'a emporté** the illness which caused his death; **l'emporter** to gain victory; **l'emporter (sur)** to get the upper hand (of); (*méthode etc*) to prevail (over); **boissons à emporter** take-away drinks

empreint, e [ãprɛ̃, -ɛ̃t] *adj*: **empreint de** marked with; tinged with ♦ *nf* (*de pied, main*) print; (*fig*) stamp, mark; **empreinte (digitale)** fingerprint

empressé, e [ãprese] *adj* attentive; (*péj*) overanxious to please, overattentive

empressement [ãpresmã] *nm* eagerness

empresser [ãprese]: **s'empresser** *vi*: **s'empresser auprès de qn** to surround sb with attentions; **s'empresser de faire** to hasten to do

emprise [ãpriz] *nf* hold, ascendancy; **sous l'emprise de** under the influence of

emprisonnement [ãprizɔnmã] *nm* imprisonment

emprisonner [ãprizɔne] *vt* to imprison, jail

emprunt [ãprœ̃] *nm* borrowing *no pl*, loan (*from debtor's point of view*); (*LING etc*) borrowing; **nom**

d'emprunt assumed name; **emprunt d'État** government *ou* state loan; **emprunt public à 5%** 5% public loan

emprunté, e [ɑ̃pʀœ̃te] *adj* (*fig*) ill-at-ease, awkward

emprunter [ɑ̃pʀœ̃te] *vt* to borrow; (*itinéraire*) to take, follow; (*style, manière*) to adopt, assume

ému, e [emy] *pp de* **émouvoir** ♦ *adj* excited; touched; moved

---

MOT-CLÉ

---

en [ɑ̃] *prép* **1** (*endroit, pays*) in; (*direction*) to; **habiter en France/ville** to live in France/town; **aller en France/ville** to go to France/town
2 (*moment, temps*) in; **en été/juin** in summer/June; **en 3 jours/20 ans** in 3 days/20 years
3 (*moyen*) by; **en avion/taxi** by plane/taxi
4 (*composition*) made of; **c'est en verre/coton/laine** it's (made of) glass/cotton/wool; **en metal/plastique** made of metal/plastic; **un collier en argent** a silver necklace; **en 2 volumes/une pièce** in 2 volumes/one piece
5 (*description, état*): **une femme (habillée) en rouge** a woman (dressed) in red; **peindre qch en rouge** to paint sth red; **en T/étoile** T-/star-shaped; **en chemise/chaussettes** in one's shirt sleeves/socks; **en soldat** as a soldier; **en civil** in civilian clothes; **cassé en plusieurs morceaux** broken into several pieces; **en réparation** being repaired, under repair; **en vacances** on holiday; **en bonne santé** healthy, in good health; **en deuil** in mourning; **le même en plus grand** the same but *ou* only bigger
6 (*avec gérondif*) while; on; **en dormant** while sleeping, as one sleeps; **en sortant** on going out, as he *etc* went out; **sortir en courant** to run out; **en apprenant la nouvelle, il s'est évanoui** he fainted at the news *ou* when he heard the news
7 (*matière*): **fort en math** good at maths; **expert en** expert in
8 (*conformité*): **en tant que**; **en bon politicien, il ...** good politician that he is, he ..., like a good *ou* true politician, he ...; **je te parle en ami** I'm talking to you as a friend
♦ *pron* **1** (*indéfini*): **j'en ai/veux** I have/want some; **en as-tu?** have you got any?; **il n'y en a pas** there isn't *ou* aren't any; **je n'en veux pas** I don't want any; **j'en ai 2** I've got 2; **combien y en a-t-il?** how many (of them) are there?; **j'en ai assez** I've got enough (of it *ou* them); (*j'en ai marre*) I've had enough; **où en étais-je?** where was I?
2 (*provenance*) from there; **j'en viens** I've come from there
3 (*cause*): **il en est malade/perd le sommeil** he is ill/can't sleep because of it
4 (*de la part de*): **elle en est aimée** she is loved by him (*ou* them *etc*)
5 (*complément de nom, d'adjectif, de verbe*): **j'en**
connais les dangers I know its *ou* the dangers; **j'en suis fier/ai besoin** I am proud of it/need it; **il en est ainsi** *ou* **de même pour moi** it's the same for me, same here

---

ENA [ena] *sigle f* (= *École nationale d'administration*) *grande école for training civil servants*

encadrement [ɑ̃kadʀəmɑ̃] *nm* framing; training; (*de porte*) frame; **encadrement du crédit** credit restrictions

encadrer [ɑ̃kadʀe] *vt* (*tableau, image*) to frame; (*fig: entourer*) to surround; (*personnel, soldats etc*) to train; (*COMM: crédit*) to restrict

encaissé, e [ɑ̃kese] *adj* (*vallée*) steep-sided; (*rivière*) with steep banks

encaisser [ɑ̃kese] *vt* (*chèque*) to cash; (*argent*) to collect; (*fig: coup, défaite*) to take

encart [ɑ̃kaʀ] *nm* insert; **encart publicitaire** publicity insert

en-cas [ɑ̃ka] *nm inv* snack

encastré, e [ɑ̃kastʀe] *adj* (*four, baignoire*) built-in

enceinte, e [ɑ̃sɛ̃t] *adj f*: **enceinte (de 6 mois)** (6 months) pregnant ♦ *nf* (*mur*) wall; (*espace*) enclosure; **enceinte (acoustique)** speaker

encens [ɑ̃sɑ̃] *nm* incense

encercler [ɑ̃seʀkle] *vt* to surround

enchaîner [ɑ̃ʃene] *vt* to chain up; (*mouvements, séquences*) to link (together) ♦ *vi* to carry on

enchanté, e [ɑ̃ʃɑ̃te] *adj* (*ravi*) delighted; (*ensorcelé*) enchanted; **enchanté (de faire votre connaissance)** pleased to meet you, how do you do?

enchantement [ɑ̃ʃɑ̃tmɑ̃] *nm* delight; (*magie*) enchantment; **comme par enchantement** as if by magic

enchère [ɑ̃ʃeʀ] *nf* bid; **faire une enchère** to (make a) bid; **mettre/vendre aux enchères** to put up for (sale by)/sell by auction; **les enchères montent** the bids are rising; **faire monter les enchères** (*fig*) to raise the bidding

enchevêtrer [ɑ̃ʃvetʀe] *vt* to tangle (up)

enclencher [ɑ̃klɑ̃ʃe] *vt* (*mécanisme*) to engage; (*fig: affaire*) to set in motion; **s'enclencher** *vi* to engage

enclin, e [ɑ̃klɛ̃, -in] *adj*: **enclin à qch/à faire** inclined *ou* prone to sth/to do

enclos [ɑ̃klo] *nm* enclosure; (*clôture*) fence

enclume [ɑ̃klym] *nf* anvil

encoche [ɑ̃kɔʃ] *nf* notch

encoignure [ɑ̃kɔɲyʀ] *nf* corner

encolure [ɑ̃kɔlyʀ] *nf* (*tour de cou*) collar size; (*col, cou*) neck

encombrant, e [ɑ̃kɔ̃bʀɑ̃, -ɑ̃t] *adj* cumbersome, bulky

encombre [ɑ̃kɔ̃bʀ(ə)]: **sans encombre** *adv* without mishap *ou* incident

encombrement [ɑ̃kɔ̃bʀəmɑ̃] *nm* (*d'un lieu*) cluttering (up); (*d'un objet: dimensions*) bulk

encombrer [ɑ̃kɔ̃bʀe] vt to clutter (up); (gêner) to hamper; **s'encombrer de** (bagages etc) to load ou burden o.s. with; **encombrer le passage** to block ou obstruct the way

encontre [ɑ̃kɔ̃tʀ(ə)]: **à l'encontre de** prép against, counter to

---

MOT-CLÉ

encore [ɑ̃kɔʀ] adv 1 (continuation) still; **il y travaille encore** he's still working on it; **pas encore** not yet

2 (de nouveau) again; **j'irai encore demain** I'll go again tomorrow; **encore une fois** (once) again; **encore un effort** one last effort; **encore deux jours** two more days

3 (intensif) even, still; **encore plus fort/mieux** even louder/better, louder/better still; **hier encore** even yesterday; **non seulement ...., mais encore ...** not only ..., but also ...; **encore!** (insatisfaction) not again!; **quoi encore?** what now?

4 (restriction) even so ou then, only; **encore pourrais-je le faire si ...** even so, I might be able to do it if ...; **si encore** if only; **encore que** conj although

---

encouragement [ɑ̃kuʀaʒmɑ̃] nm encouragement; (récompense) incentive

encourager [ɑ̃kuʀaʒe] vt to encourage; **encourager qn à faire qch** to encourage sb to do sth

encourir [ɑ̃kuʀiʀ] vt to incur

encrasser [ɑ̃kʀase] vt to foul up; (AUTO etc) to soot up

encre [ɑ̃kʀ(ə)] nf ink; **encre de Chine** Indian ink; **encre indélébile** indelible ink; **encre sympathique** invisible ink

encrier [ɑ̃kʀije] nm inkwell

encroûter [ɑ̃kʀute]: **s'encroûter** vi (fig) to get into a rut, get set in one's ways

encyclopédie [ɑ̃siklɔpedi] nf encyclopaedia (BRIT), encyclopedia (US)

endetter [ɑ̃dete] vt: **s'endetter** vi to get into debt

endiablé, e [ɑ̃djable] adj furious; (enfant) boisterous

endimanché, e [ɑ̃dimɑ̃ʃe] adj in one's Sunday best

endive [ɑ̃div] nf chicory no pl

endoctriner [ɑ̃dɔktʀine] vt to indoctrinate

endommager [ɑ̃dɔmaʒe] vt to damage

endormi, e [ɑ̃dɔʀmi] pp de **endormir** ♦ adj (personne) asleep; (fig: indolent, lent) sluggish; (engourdi: main, pied) numb

endormir [ɑ̃dɔʀmiʀ] vt to put to sleep; (chaleur etc) to send to sleep; (MÉD: dent, nerf) to anaesthetize; (fig: soupçons) to allay; **s'endormir** vi to fall asleep, go to sleep

endosser [ɑ̃dose] vt (responsabilité) to take,

shoulder; (chèque) to endorse; (uniforme, tenue) to put on, don

endroit [ɑ̃dʀwa] nm place; (localité): **les gens de l'endroit** the local people; (opposé à l'envers) right side; **à cet endroit** in this place; **à l'endroit** right side out; the right way up; (vêtement) the right way out; **à l'endroit de** prép regarding, with regard to; **par endroits** in places

enduire [ɑ̃dɥiʀ] vt to coat; **enduire qch de** to coat sth with

enduit, e [ɑ̃dɥi, -it] pp de **enduire** ♦ nm coating

endurance [ɑ̃dyʀɑ̃s] nf endurance

endurant, e [ɑ̃dyʀɑ̃, -ɑ̃t] adj tough, hardy

endurcir [ɑ̃dyʀsiʀ] vt (physiquement) to toughen; (moralement) to harden; **s'endurcir** vi to become tougher; to become hardened

endurer [ɑ̃dyʀe] vt to endure, bear

énergétique [enɛʀʒetik] adj (ressources etc) energy cpd; (aliment) energizing

énergie [enɛʀʒi] nf (PHYSIQUE) energy; (TECH) power; (fig: physique) energy; (: morale) vigour, spirit; **énergie éolienne/solaire** wind/solar power

énergique [enɛʀʒik] adj energetic; vigorous; (mesures) drastic, stringent

énervant, e [enɛʀvɑ̃, -ɑ̃t] adj irritating

énervé, e [enɛʀve] adj nervy, on edge; (agacé) irritated

énerver [enɛʀve] vt to irritate, annoy; **s'énerver** vi to get excited, get worked up

enfance [ɑ̃fɑ̃s] nf (âge) childhood; (fig) infancy; (enfants) children pl; **c'est l'enfance de l'art** it's child's play; **petite enfance** infancy; **souvenir/ami d'enfance** childhood memory/friend; **retomber en enfance** to lapse into one's second childhood

enfant [ɑ̃fɑ̃] nm/f child (pl children); **enfant adoptif/naturel** adopted/natural child; **bon enfant** adj good-natured, easy-going; **enfant de chœur** nm (REL) altar boy; **enfant prodige** child prodigy; **enfant unique** only child

enfantillage [ɑ̃fɑ̃tijaʒ] nm (péj) childish behaviour no pl

enfantin, e [ɑ̃fɑ̃tɛ̃, -in] adj childlike; (péj) childish; (langage) child cpd

enfer [ɑ̃fɛʀ] nm hell; **allure/bruit d'enfer** horrendous speed/noise

enfermer [ɑ̃fɛʀme] vt to shut up; (à clef, interner) to lock up; **s'enfermer** to shut o.s. away; **s'enfermer à clé** to lock o.s. in; **s'enfermer dans la solitude/le mutisme** to retreat into solitude/silence

enfiévré, e [ɑ̃fjevʀe] adj (fig) feverish

enfiler [ɑ̃file] vt (vêtement): **enfiler qch** to slip sth on, slip into sth; (insérer): **enfiler qch dans** to stick sth into; (rue, couloir) to take; (perles) to string; (aiguille) to thread; **s'enfiler dans** to disappear into

enfin [ɑ̃fɛ̃] adv at last; (en énumérant) lastly; (de restriction, résignation) still; (eh bien) well; (pour conclure) in a word

enflammer [ɑ̃flame] vt to set fire to; (MÉD) to inflame; **s'enflammer** vi to catch fire; to become inflamed

enflé, e [ɑ̃fle] adj swollen; (péj: style) bombastic, turgid

enfler [ɑ̃fle] vi to swell (up); **s'enfler** vi to swell

enfoncer [ɑ̃fɔ̃se] vt (clou) to drive in; (faire pénétrer): **enfoncer qch dans** to push (ou drive) sth into; (forcer: porte) to break open; (: plancher) to cause to cave in; (défoncer: côtes etc) to smash; (fam: surpasser) to lick, beat (hollow) ♦ vi (dans la vase etc) to sink in; (sol, surface porteuse) to give way; **s'enfoncer** vi to sink; **s'enfoncer dans** to sink into; (forêt, ville) to disappear into; **enfoncer un chapeau sur la tête** to cram ou jam a hat on one's head; **enfoncer qn dans la dette** to drag sb into debt

enfouir [ɑ̃fwiʀ] vt (dans le sol) to bury; (dans un tiroir etc) to tuck away; **s'enfouir dans/sous** to bury o.s. in/under

enfourcher [ɑ̃fuʀʃe] vt to mount; **enfourcher son dada** (fig) to get on one's hobby-horse

enfreindre [ɑ̃fʀɛ̃dʀ(ə)] vt to infringe, break

enfuir [ɑ̃fyiʀ]: **s'enfuir** vi to run away ou off

enfumer [ɑ̃fyme] vt to smoke out

engageant, e [ɑ̃gaʒɑ̃, -ɑ̃t] adj attractive, appealing

engagement [ɑ̃gaʒmɑ̃] nm taking on, engaging; starting; investing; (promesse) commitment; (MIL: combat) engagement; (: recrutement) enlistment; (SPORT) entry; **prendre l'engagement de faire** to undertake to do; **sans engagement** (COMM) without obligation

engager [ɑ̃gaʒe] vt (embaucher) to take on, engage; (commencer) to start; (lier) to bind, commit; (impliquer, entraîner) to involve; (investir) to invest, lay out; (faire intervenir) to engage; (SPORT: concurrents, chevaux) to enter; (inciter): **engager qn à faire** to urge sb to do; (faire pénétrer): **engager qch dans** to insert sth into; **engager qn à qch** to urge sth on sb; **s'engager** to get taken on; (MIL) to enlist; (promettre, politiquement) to commit o.s.; (débuter) to start (up); **s'engager à faire** to undertake to do; **s'engager dans** (rue, passage) to enter, turn into; (s'emboîter) to engage ou fit into; (fig: affaire, discussion) to enter into, embark on

engelures [ɑ̃ʒlyʀ] nfpl chilblains

engendrer [ɑ̃ʒɑ̃dʀe] vt to father; (fig) to create, breed

engin [ɑ̃ʒɛ̃] nm machine instrument; vehicle; (péj) gadget; (AVIAT: avion) aircraft inv; (: missile) missile; **engin blindé** armoured vehicle; **engin (explosif)** (explosive) device; **engins (spéciaux)** missiles

englober [ɑ̃glɔbe] vt to include

engloutir [ɑ̃glutiʀ] vt to swallow up; (fig: dépenses) to devour; **s'engloutir** to be engulfed

engoncé, e [ɑ̃gɔ̃se] adj: **engoncé dans** cramped in

engorger [ɑ̃gɔʀʒe] vt to obstruct, block; **s'en-**

gorger vi to become blocked

engouement [ɑ̃gumɑ̃] nm (sudden) passion

engouffrer [ɑ̃gufʀe] vt to swallow up, devour; **s'engouffrer dans** to rush into

engourdir [ɑ̃guʀdiʀ] vt to numb; (fig) to dull, blunt; **s'engourdir** vi to go numb

engrais [ɑ̃gʀɛ] nm manure; **engrais (chimique)** (chemical) fertilizer; **engrais organique/inorganique** organic/inorganic fertilizer

engraisser [ɑ̃gʀese] vt to fatten (up); (terre: fertiliser) to fertilize ♦ vi (péj) to get fat(ter)

engrenage [ɑ̃gʀənaʒ] nm gears pl, gearing; (fig) chain

engueuler [ɑ̃gœle] vt (fam) to bawl at ou out

enhardir [ɑ̃aʀdiʀ]: **s'enhardir** vi to grow bolder

énigme [enigm(ə)] nf riddle

enivrer [ɑ̃nivʀe] vt: **s'enivrer** to get drunk; **s'enivrer de** (fig) to become intoxicated with

enjambée [ɑ̃ʒɑ̃be] nf stride; **d'une enjambée** with one stride

enjamber [ɑ̃ʒɑ̃be] vt to stride over; (pont etc) to span, straddle

enjeu, x [ɑ̃ʒø] nm stakes pl

enjôler [ɑ̃ʒole] vt to coax, wheedle

enjoliver [ɑ̃ʒolive] vt to embellish

enjoliveur [ɑ̃ʒolivœʀ] nm (AUTO) hub cap

enjoué, e [ɑ̃ʒwe] adj playful

enlacer [ɑ̃lase] vt (étreindre) to embrace, hug; (suj: lianes) to wind round, entwine

enlaidir [ɑ̃lediʀ] vt to make ugly ♦ vi to become ugly

enlèvement [ɑ̃lɛvmɑ̃] nm removal; (rapt) abduction, kidnapping; **l'enlèvement des ordures ménagères** refuse collection

enlever [ɑ̃lve] vt (ôter: gén) to remove; (: vêtement, lunettes) to take off; (: MÉD: organe) to remove; (emporter: ordures etc) to collect, take away; (kidnapper) to abduct, kidnap; (obtenir: prix, contrat) to win; (MIL: position) to take; (morceau de piano etc) to execute with spirit ou brio; (prendre): **enlever qch à qn** to take sth (away) from sb; **s'enlever** vi (tache) to come out ou off; **la maladie qui nous l'a enlevé** (euphémisme) the illness which took him from us

enliser [ɑ̃lize]: **s'enliser** vi to sink, get stuck; (dialogue etc) to get bogged down

enneigé, e [ɑ̃neʒe] adj snowy; (col) snowed-up; (maison) snowed-in

ennemi, e [ɛnmi] adj hostile; (MIL) enemy cpd ♦ nm/f enemy; **être ennemi de** to be strongly averse ou opposed to

ennui [ɑ̃nɥi] nm (lassitude) boredom; (difficulté) trouble no pl; **avoir des ennuis** to have problems; **s'attirer des ennuis** to cause problems for o.s.

ennuyer [ɑ̃nɥije] vt to bother; (lasser) to bore; **s'ennuyer** vi to be bored; **s'ennuyer de** (regretter) to miss; **si cela ne vous ennuie pas** if it's no trouble to you

ennuyeux, euse [ɑ̃nɥijø, -øz] *adj* boring, tedious; (*agaçant*) annoying

énoncé [enɔ̃se] *nm* terms *pl*; wording; (*LING*) utterance

énoncer [enɔ̃se] *vt* to say, express; (*conditions*) to set out, lay down, state

enorgueillir [ɑ̃nɔʀɡœjiʀ]: **s'enorgueillir de** *vt* to pride o.s. on; to boast

énorme [enɔʀm(ə)] *adj* enormous, huge

énormément [enɔʀmemɑ̃] *adv* enormously, tremendously; **énormément de neige/gens** an enormous amount of snow/number of people

énormité [enɔʀmite] *nf* enormity, hugeness; (*propos*) outrageous remark

enquérir [ɑ̃keʀiʀ]: **s'enquérir de** *vt* to inquire about

enquête [ɑ̃kɛt] *nf* (*de journaliste, de police*) investigation; (*judiciaire, administrative*) inquiry; (*sondage d'opinion*) survey

enquêter [ɑ̃kete] *vi* to investigate; to hold an inquiry; (*faire un sondage*): **enquêter (sur)** to do a survey (on), carry out an opinion poll (on)

enquiers, enquière *etc* [ɑ̃kjɛʀ] *vb voir* **enquérir**

enquiquiner [ɑ̃kikine] *vt* to rile, irritate

enraciné, e [ɑ̃ʀasine] *adj* deep-rooted

enragé, e [ɑ̃ʀaʒe] *adj* (*MÉD*) rabid, with rabies; (*furieux*) furiously angry; (*fig*) fanatical; **enragé de** wild about

enrageant, e [ɑ̃ʀaʒɑ̃, -ɑ̃t] *adj* infuriating

enrager [ɑ̃ʀaʒe] *vi* to be furious, be in a rage; **faire enrager qn** to make sb wild with anger

enrayer [ɑ̃ʀeje] *vt* to check, stop; **s'enrayer** (*arme à feu*) to jam

enregistrement [ɑ̃ʀʒistʀəmɑ̃] *nm* recording; (*ADMIN*) registration; **enregistrement des bagages** (*à l'aéroport*) baggage check-in; **enregistrement magnétique** tape-recording

enregistrer [ɑ̃ʀʒistʀe] *vt* (*MUS, INFORM ETC*) to record; (*remarquer, noter*) to note, record; (*COMM: commande*) to note, enter; (*fig: mémoriser*) to make a mental note of; (*ADMIN*) to register; (*aussi*: **faire enregistrer**: *bagages: par train*) to register; (: *à l'aéroport*) to check in

enrhumé, e [ɑ̃ʀyme] *adj*: **il est enrhumé** he has a cold

enrhumer [ɑ̃ʀyme]: **s'enrhumer** *vi* to catch a cold

enrichir [ɑ̃ʀiʃiʀ] *vt* to make rich(er); (*fig*) to enrich; **s'enrichir** to get rich(er)

enrober [ɑ̃ʀɔbe] *vt*: **enrober qch de** to coat sth with; (*fig*) to wrap sth up in

enrôler [ɑ̃ʀole] *vt* to enlist; **s'enrôler (dans)** to enlist (in)

enrouer [ɑ̃ʀwe]: **s'enrouer** *vi* to go hoarse

enrouler [ɑ̃ʀule] *vt* (*fil, corde*) to wind (up); **s'en-**rouler to coil up; **enrouler qch autour de** to wind sth (a)round

ensanglanté, e [ɑ̃sɑ̃ɡlɑ̃te] *adj* covered with blood

enseignant, e [ɑ̃seɲɑ̃, -ɑ̃t] *adj* teaching ◆ *nm/f* teacher

enseigne [ɑ̃seɲ] *nf* sign ◆ *nm*: **enseigne de vaisseau** lieutenant; **à telle enseigne que** so much so that; **être logés à la même enseigne** (*fig*) to be in the same boat; **enseigne lumineuse** neon sign

enseignement [ɑ̃seɲmɑ̃] *nm* teaching; **enseignement ménager** home economics; **enseignement primaire** primary (*BRIT*) ou grade school (*US*) education; **enseignement secondaire** secondary (*BRIT*) ou high school (*US*) education

enseigner [ɑ̃seɲe] *vt, vi* to teach; **enseigner qch à qn/à qn que** to teach sb sth/sb that

ensemble [ɑ̃sɑ̃bl(ə)] *adv* together ◆ *nm* (*assemblage, MATH*) set; (*totalité*): **l'ensemble du/de la** the whole ou entire; (*vêtement féminin*) ensemble, suit; (*unité, harmonie*) unity; (*résidentiel*) housing development; **aller ensemble** to go together; **impression/idée d'ensemble** overall ou general impression/idea; **dans l'ensemble** (*en gros*) on the whole; **dans son ensemble** overall, in general; **ensemble vocal/musical** vocal/musical ensemble

ensemencer [ɑ̃səmɑ̃se] *vt* to sow

ensevelir [ɑ̃səvliʀ] *vt* to bury

ensoleillé, e [ɑ̃sɔleje] *adj* sunny

ensommeillé, e [ɑ̃sɔmeje] *adj* sleepy, drowsy

ensorceler [ɑ̃sɔʀsəle] *vt* to enchant, bewitch

ensuite [ɑ̃sɥit] *adv* then, next; (*plus tard*) afterwards, later; **ensuite de quoi** after which

ensuivre [ɑ̃sɥivʀ(ə)]: **s'ensuivre** *vi* to follow, ensue; **il s'ensuit que ...** it follows that ...; **et tout ce qui s'ensuit** and all that goes with it

entaille [ɑ̃taj] *nf* (*encoche*) notch; (*blessure*) cut; **se faire une entaille** to cut o.s.

entamer [ɑ̃tame] *vt* to start; (*hostilités, pourparlers*) to open; (*fig: altérer*) to make a dent in; to damage

entasser [ɑ̃tase] *vt* (*empiler*) to pile up, heap up; (*tenir à l'étroit*) to cram together; **s'entasser** *vi* to pile up; to cram; **s'entasser dans** to cram into

entendre [ɑ̃tɑ̃dʀ(ə)] *vt* to hear; (*comprendre*) to understand; (*vouloir dire*) to mean; (*vouloir*): **entendre être obéi/que** to intend ou mean to be obeyed/that; **j'ai entendu dire que** I've heard (it said) that; **je suis heureux de vous l'entendre dire** I'm pleased to hear you say it; **entendre parler de** to hear of; **laisser entendre que, donner à entendre que** to let it be understood that; **entendre raison** to see sense, listen to reason; **qu'est-ce qu'il ne faut pas entendre!** whatever next!; **j'ai mal entendu** I didn't catch what was said; **je vous entends très mal** I can hardly hear you; **s'entendre** *vi* (*sympathiser*) to get on; (*se mettre d'accord*) to agree; **s'entendre à qch/à faire** (*être compétent*) to be good at sth/doing; **ça s'entend** (*est audible*) it's audible; **je m'entends** I mean; **entendons-nous!** let's be clear what we mean

entendu, e [ɑ̃tɑ̃dy] *pp de* **entendre** ♦ *adj* (*réglé*) agreed; (*au courant: air*) knowing; **étant entendu que** since (it's understood *ou* agreed that); (**c'est**) **entendu** all right, agreed; **c'est entendu** (*concession*) all right, granted; **bien entendu** of course

entente [ɑ̃tɑ̃t] *nf* (*entre amis, pays*) understanding, harmony; (*accord, traité*) agreement, understanding; **à double entente** (*sens*) with a double meaning

entériner [ɑ̃teʀine] *vt* to ratify, confirm

enterrement [ɑ̃tɛʀmɑ̃] *nm* burying; (*cérémonie*) funeral, burial; (*cortège funèbre*) funeral procession

enterrer [ɑ̃teʀe] *vt* to bury

entêtant, e [ɑ̃tɛtɑ̃, -ɑ̃t] *adj* heady

entêté, e [ɑ̃tete] *adj* stubborn

en-tête [ɑ̃tɛt] *nm* heading; (*de papier à lettres*) letterhead; **papier à en-tête** headed notepaper

entêter [ɑ̃tete]: **s'entêter** *vi*: **s'entêter (à faire)** to persist (in doing)

enthousiasme [ɑ̃tuzjasm(ə)] *nm* enthusiasm; **avec enthousiasme** enthusiastically

enthousiasmer [ɑ̃tuzjasme] *vt* to fill with enthusiasm; **s'enthousiasmer (pour qch)** to get enthusiastic (about sth)

enthousiaste [ɑ̃tuzjast(ə)] *adj* enthusiastic

enticher [ɑ̃tiʃe]: **s'enticher de** *vt* to become infatuated with

entier, ière [ɑ̃tje, -jɛʀ] *adj* (*non entamé, en totalité*) whole; (*total, complet*) complete; (*fig: caractère*) unbending, averse to compromise ♦ *nm* (MATH) whole; **en entier** totally, in its entirety; **se donner tout entier à qch** to devote o.s. completely to sth; **lait entier** full-cream milk; **pain entier** wholemeal bread; **nombre entier** whole number

entièrement [ɑ̃tjɛʀmɑ̃] *adv* entirely, completely, wholly

entonner [ɑ̃tɔne] *vt* (*chanson*) to strike up

entonnoir [ɑ̃tɔnwaʀ] *nm* (*ustensile*) funnel; (*trou*) shell-hole, crater

entorse [ɑ̃tɔʀs(ə)] *nf* (MÉD) sprain; (*fig*): **entorse à la loi/au règlement** infringement of the law/rule; **se faire une entorse à la cheville/au poignet** to sprain one's ankle/wrist

entortiller [ɑ̃tɔʀtije] *vt* (*envelopper*): **entortiller qch dans/avec** to wrap sth in/with; (*enrouler*): **entortiller qch autour de** to twist *ou* wind sth (a)round; (*fam*): **entortiller qn** to get (a)round sb; (: *duper*) to hoodwink sb (BRIT), trick sb; **s'entortiller dans** (*draps*) to roll o.s. up in; (*fig: réponses*) to get tangled up in

entourage [ɑ̃tuʀaʒ] *nm* circle; family (circle); (*d'une vedette etc*) entourage; (*ce qui enclôt*) surround

entouré, e [ɑ̃tuʀe] *adj* (*recherché, admiré*) popular; **entouré de** surrounded by

entourer [ɑ̃tuʀe] *vt* to surround; (*apporter son soutien à*) to rally round; **entourer de** to surround with; (*trait*) to encircle with; **s'entourer de** to surround o.s. with; **s'entourer de précautions** to take all possible precautions

entracte [ɑ̃tʀakt(ə)] *nm* interval

entraide [ɑ̃tʀɛd] *nf* mutual aid *ou* assistance

entrain [ɑ̃tʀɛ̃] *nm* spirit; **avec entrain** (*répondre, travailler*) energetically; **faire qch sans entrain** to do sth half-heartedly *ou* without enthusiasm

entraînement [ɑ̃tʀɛnmɑ̃] *nm* training; (TECH): **entraînement à chaîne/galet** chain/wheel drive; **manquer d'entraînement** to be unfit; **entraînement par ergots/friction** (INFORM) tractor/friction feed

entraîner [ɑ̃tʀene] *vt* (*tirer: wagons*) to pull; (*charrier*) to carry *ou* drag along; (TECH) to drive; (*emmener: personne*) to take (off); (*mener à l'assaut, influencer*) to lead; (SPORT) to train; (*impliquer*) to entail; (*causer*) to lead to, bring about; **entraîner qn à faire** (*inciter*) to lead sb to do; **s'entraîner** (SPORT) to train; **s'entraîner à qch/à faire** to train o.s. for sth/to do

entraîneur [ɑ̃tʀenœʀ] *nm* (SPORT) coach, trainer; (HIPPISME) trainer

entraver [ɑ̃tʀave] *vt* (*circulation*) to hold up; (*action, progrès*) to hinder, hamper

entre [ɑ̃tʀ(ə)] *prép* between; (*parmi*) among(st); **l'un d'entre eux/nous** one of them/us; **le meilleur d'entre eux/nous** the best of them/us; **ils préfèrent rester entre eux** they prefer to keep to themselves; **entre autres (choses)** among other things; **entre nous, ...** between ourselves ..., between you and me ...; **ils se battent entre eux** they are fighting among(st) themselves

entrebâillé, e [ɑ̃tʀəbaje] *adj* half-open, ajar

entrechoquer [ɑ̃tʀəʃɔke]: **s'entrechoquer** *vi* to knock *ou* bang together

entrecôte [ɑ̃tʀəkot] *nf* entrecôte *ou* rib steak

entrecouper [ɑ̃tʀəkupe] *vt*: **entrecouper qch de** to intersperse sth with; **entrecouper un récit/voyage de** to interrupt a story/journey with; **s'entrecouper** (*traits, lignes*) to cut across each other

entrecroiser [ɑ̃tʀəkʀwaze] *vt*: **s'entrecroiser** *vi* to intertwine

entrée [ɑ̃tʀe] *nf* entrance; (*accès: au cinéma etc*) admission; (*billet*) (admission) ticket; (CULIN) first course; (COMM: *de marchandises*) entry; (INFORM) entry, input; **entrées** *nfpl*: **avoir ses entrées chez** *ou* **auprès de** to be a welcome visitor to; **d'entrée** *adv* from the outset; **erreur d'entrée** input error; **"entrée interdite"** "no admittance *ou* entry"; **entrée des artistes** stage door; **entrée en matière** introduction; **entrée principale** main entrance; **entrée en scène** entrance; **entrée de service** service entrance

entrefaites [ɑ̃tʀəfɛt]: **sur ces entrefaites** *adv* at this juncture

entrefilet [ɑ̃trəfilɛ] *nm* (*article*) paragraph, short report

entrejambes [ɑ̃trəʒɑ̃b] *nm inv* crotch

entrelacer [ɑ̃trəlase] *vt*: **s'entrelacer** *vi* to intertwine

entremêler [ɑ̃trəmele] *vt*: **entremêler qch de** to (inter)mingle sth with

entremets [ɑ̃trəmɛ] *nm* (cream) dessert

entremise [ɑ̃trəmiz] *nf* intervention; **par l'entremise de** through

entreposer [ɑ̃trəpoze] *vt* to store, put into storage

entrepôt [ɑ̃trəpo] *nm* warehouse

entreprenant, e [ɑ̃trəprənɑ̃, -ɑ̃t] *vb voir* **entreprendre ◆** *adj* (*actif*) enterprising; (*trop galant*) forward

entreprendre [ɑ̃trəprɑ̃dr(ə)] *vt* (*se lancer dans*) to undertake; (*commencer*) to begin *ou* start (upon); (*personne*) to buttonhole; **entreprendre qn sur un sujet** to tackle sb on a subject; **entreprendre de faire** to undertake to do

entrepreneur [ɑ̃trəprənœr] *nm*: **entrepreneur (en bâtiment)** (building) contractor; **entrepreneur de pompes funèbres** funeral director, undertaker

entreprise [ɑ̃trəpriz] *nf* (*société*) firm, business; (*action*) undertaking, venture

entrer [ɑ̃tre] *vi* to go (*ou* come) in, enter **◆** *vt* (*INFORM*) to input, enter; (*faire*) **entrer qch dans** to get sth into; **entrer dans** (*gén*) to enter; (*pièce*) to go (*ou* come) into, enter; (*club*) to join; (*heurter*) to run into; (*partager: vues, craintes de qn*) to share; (*être une composante de*) to go into; (*faire partie de*) to form part of; **entrer au couvent** to enter a convent; **entrer à l'hôpital** to go into hospital; **entrer dans le système** (*INFORM*) to log in; **entrer en fureur** to become angry; **entrer en ébullition** to start to boil; **entrer en scène** to come on stage; **laisser entrer qn/qch** to let sb/sth in; **faire entrer** (*visiteur*) to show in

entresol [ɑ̃trəsɔl] *nm* entresol, mezzanine

entre-temps [ɑ̃trətɑ̃] *adv* meanwhile, (in the) meantime

entretenir [ɑ̃trətnir] *vt* to maintain; (*amitié*) to keep alive; (*famille, maîtresse*) to support, keep; **entretenir qn (de)** to speak to sb (about); **s'entretenir (de)** to converse (about); **entretenir qn dans l'erreur** to let sb remain in ignorance

entretien [ɑ̃trətjɛ̃] *nm* maintenance; (*discussion*) discussion, talk; (*audience*) interview; **frais d'entretien** maintenance charges

entrevoir [ɑ̃trəvwar] *vt* (*à peine*) to make out; (*brièvement*) to catch a glimpse of

entrevue [ɑ̃trəvy] *nf* meeting; (*audience*) interview

entrouvert, e [ɑ̃truvɛr, -ɛrt(ə)] *adj* half-open

énumérer [enymere] *vt* to list, enumerate

envahir [ɑ̃vair] *vt* to invade; (*suj: inquiétude, peur*) to come over

envahissant, e [ɑ̃vaisɑ̃, -ɑ̃t] *adj* (*péj: personne*) interfering, intrusive

enveloppe [ɑ̃vlɔp] *nf* (*de lettre*) envelope; (*TECH*) casing; outer layer; **mettre sous enveloppe** to put in an envelope; **enveloppe autocollante** self-seal envelope; **enveloppe budgétaire** budget; **enveloppe à fenêtre** window envelope

envelopper [ɑ̃vlɔpe] *vt* to wrap; (*fig*) to envelop, shroud; **s'envelopper dans un châle/une couverture** to wrap o.s. in a shawl/blanket

envenimer [ɑ̃vnime] *vt* to aggravate; **s'envenimer** *vi* (*plaie*) to fester; (*situation, relations*) to worsen

envergure [ɑ̃vɛrgyr] *nf* (*d'un oiseau, avion*) wingspan; (*fig: étendue*) scope; (*: valeur*) calibre

enverrai *etc* [ɑ̃vɛre] *vb voir* **envoyer**

envers [ɑ̃vɛr] *prép* towards, to, **◆** *nm* other side; (*d'une étoffe*) wrong side; **à l'envers** upside down; back to front; (*vêtement*) inside out; **envers et contre tous** *ou* **tout** against all opposition

envie [ɑ̃vi] *nf* (*sentiment*) envy; (*souhait*) desire, wish; (*tache sur la peau*) birthmark; (*filet de peau*) hangnail; **avoir envie de** to feel like; (*désir plus fort*) to want; **avoir envie de faire** to feel like doing; to want to do; **avoir envie que** to wish that; **donner à qn l'envie de faire** to make sb want to do; **ça lui fait envie** he would like that

envier [ɑ̃vje] *vt* to envy; **envier qch à qn** to envy sb sth; **n'avoir rien à envier à** to have no cause to be envious of

envieux, euse [ɑ̃vjø, -øz] *adj* envious

environ [ɑ̃virɔ̃] *adv*: **environ 3 h/2 km, 3 h/2km environ** (around) about 3 o'clock/2 km, 3 o'clock/2 km or so

environnant, e [ɑ̃virɔnɑ̃, -ɑ̃t] *adj* surrounding

environnement [ɑ̃virɔnmɑ̃] *nm* environment

environs [ɑ̃virɔ̃] *nmpl* surroundings; **aux environs de** around

envisager [ɑ̃vizaʒe] *vt* (*examiner, considérer*) to view, contemplate; (*avoir en vue*) to envisage; **envisager de faire** to consider doing

envoi [ɑ̃vwa] *nm* sending; (*paquet*) parcel, consignment; **envoi contre remboursement** (*COMM*) cash on delivery

envoler [ɑ̃vɔle]: **s'envoler** *vi* (*oiseau*) to fly away *ou* off; (*avion*) to take off; (*papier, feuille*) to blow away; (*fig*) to vanish (into thin air)

envoûter [ɑ̃vute] *vt* to bewitch

envoyé, e [ɑ̃vwaje] *nm/f* (*POL*) envoy; (*PRESSE*) correspondent **◆** *adj*: **bien envoyé** (*remarque, réponse*) well-aimed

envoyer [ɑ̃vwaje] *vt* to send; (*lancer*) to hurl, throw; **envoyer une gifle/un sourire à qn** to aim a blow/flash a smile at sb; **envoyer les couleurs** to run up the colours; **envoyer chercher** to send for; **envoyer par le fond** (*bateau*) to send to the bottom

ÉOLE [eɔl] *sigle m* (= *est-ouest-liaison-express*) *Paris high-speed, east-west subway service*

épagneul, e [epaɲœl] *nm/f* spaniel

épais, se [epɛ, -ɛs] *adj* thick

épaisseur [epɛsœʀ] *nf* thickness

épancher [epɑ̃ʃe] *vt* to give vent to; **s'épancher** *vi* to open one's heart; (*liquide*) to pour out

épanouir [epanwiʀ]: **s'épanouir** *vi* (*fleur*) to bloom, open out; (*visage*) to light up; (*fig: se développer*) to blossom (out); (: *mentalement*) to open up

épargne [epaʀɲ(ə)] *nf* saving; **l'épargne-logement** property investment

épargner [epaʀɲe] *vt* to save; (*ne pas tuer ou endommager*) to spare ♦ *vi* to save; **épargner qch à qn** to spare sb sth

éparpiller [epaʀpije] *vt* to scatter; (*pour répartir*) to disperse; (*fig: efforts*) to dissipate; **s'éparpiller** *vi* to scatter; (*fig*) to dissipate one's efforts

épars, e [epaʀ, -aʀs(ə)] *adj* (*maisons*) scattered; (*cheveux*) sparse

épatant, e [epatɑ̃, -ɑ̃t] *adj* (*fam*) super, splendid

épater [epate] *vt* to amaze; (*impressionner*) to impress

épaule [epol] *nf* shoulder

épauler [epole] *vt* (*aider*) to back up, support; (*arme*) to raise (to one's shoulder) ♦ *vi* to (take) aim

épaulette [epolɛt] *nf* (*MIL, d'un veston*) epaulette; (*de combinaison*) shoulder strap

épave [epav] *nf* wreck

épée [epe] *nf* sword

épeler [eple] *vt* to spell

éperdu, e [epɛʀdy] *adj* (*personne*) overcome; (*sentiment*) passionate; (*fuite*) frantic

éperon [epʀɔ̃] *nm* spur

épervier [epɛʀvje] *nm* (*ZOOL*) sparrowhawk; (*PÊCHE*) casting net

épi [epi] *nm* (*de blé, d'orge*) ear; **épi de cheveux** tuft of hair; **stationnement/se garer en épi** parking/to park at an angle to the kerb

épice [epis] *nf* spice

épicé, e [epise] *adj* highly spiced, spicy; (*fig*) spicy

épicer [epise] *vt* to spice; (*fig*) to add spice to

épicerie [episʀi] *nf* (*magasin*) grocer's shop; (*denrées*) groceries *pl*; **épicerie fine** delicatessen (shop)

épicier, ière [episje, -jɛʀ] *nm/f* grocer

épidémie [epidemi] *nf* epidemic

épiderme [epidɛʀm(ə)] *nm* skin, epidermis

épier [epje] *vt* to spy on, watch closely; (*occasion*) to look out for

épilepsie [epilɛpsi] *nf* epilepsy

épiler [epile] *vt* (*jambes*) to remove the hair from; (*sourcils*) to pluck; **s'épiler les jambes** to remove the hair from one's legs; **s'épiler les sourcils** to pluck one's eyebrows; **se faire épiler** to get unwanted hair removed; **crème à épiler** hair-removing *ou* depilatory cream; **pince à épiler** eye-brow tweezers

épilogue [epilɔg] *nm* (*fig*) conclusion, dénouement

épiloguer [epilɔge] *vi*: **épiloguer sur** to hold forth on

épinards [epinaʀ] *nmpl* spinach *sg*

épine [epin] *nf* thorn, prickle; (*d'oursin etc*) spine, prickle; **épine dorsale** backbone

épineux, euse [epinø, -øz] *adj* thorny, prickly

épingle [epɛ̃gl(ə)] *nf* pin; **tirer son épingle du jeu** to play one's game well; **tiré à quatre épingles** well turned-out; **monter qch en épingle** to build sth up, make a thing of sth (*fam*) **épingle à chapeau** hatpin; **épingle à cheveux** hairpin; **virage en épingle à cheveux** hairpin bend; **épingle de cravate** tie pin; **épingle de nourrice** *ou* **de sûreté** *ou* **double** safety pin, nappy (*BRIT*) *ou* diaper (*US*) pin

épingler [epɛ̃gle] *vt* (*badge, décoration*): **épingler qch sur** to pin sth on(to); (*COUTURE: tissu, robe*) to pin together; (*fam*) to catch, nick

épique [epik] *adj* epic

épisode [epizɔd] *nm* episode; **film/roman à épisodes** serialized film/novel, serial

épisodique [epizɔdik] *adj* occasional

éploré, e [eplɔʀe] *adj* in tears, tearful

épluche-légumes [eplyʃlegym] *nm inv* potato peeler

éplucher [eplyʃe] *vt* (*fruit, légumes*) to peel; (*comptes, dossier*) to go over with a fine-tooth comb

épluchures [eplyʃyʀ] *nfpl* peelings

éponge [epɔ̃ʒ] *nf* sponge; **passer l'éponge (sur)** (*fig*) to let bygones be bygones (with regard to); **jeter l'éponge** (*fig*) to throw in the towel; **éponge métallique** scourer

éponger [epɔ̃ʒe] *vt* (*liquide*) to mop *ou* sponge up; (*surface*) to sponge; (*fig: déficit*) to soak up, absorb; **s'éponger le front** to mop one's brow

épopée [epɔpe] *nf* epic

époque [epɔk] *nf* (*de l'histoire*) age, era; (*de l'année, la vie*) time; **d'époque** *adj* (*meuble*) period *cpd*; **à cette époque** at this (*ou* that) time *ou* period; **faire époque** to make history

époumoner [epumɔne]: **s'époumoner** *vi* to shout (*ou* sing) o.s. hoarse

épouse [epuz] *nf* wife (*pl* wives)

épouser [epuze] *vt* to marry; (*fig: idées*) to espouse; (: *forme*) to fit

épousseter [epuste] *vt* to dust

époustouflant, e [epustuflɑ̃, -ɑ̃t] *adj* staggering, mind-boggling

épouvantable [epuvɑ̃tabl(ə)] *adj* appalling, dreadful

épouvantail [epuvɑ̃taj] *nm* (*à moineaux*) scarecrow; (*fig*) bog(e)y; bugbear

épouvante [epuvɑ̃t] *nf* terror; **film d'épouvante** horror film

épouvanter [epuvɑ̃te] *vt* to terrify

époux [epu] nm husband ♦ nmpl: **les époux** the (married) couple, the husband and wife

éprendre [epʀɑ̃dʀ(ə)]: **s'éprendre de** vt to fall in love with

épreuve [epʀœv] nf (d'examen) test; (malheur, difficulté) trial, ordeal; (PHOTO) print; (TYPO) proof; (SPORT) event; **à l'épreuve des balles/du feu** (vêtement) bulletproof/fireproof; **à toute épreuve** unfailing; **mettre à l'épreuve** to put to the test; **épreuve de force** trial of strength; (fig) showdown; **épreuve de résistance** test of resistance; **épreuve de sélection** (SPORT) heat

épris, e [epʀi, -iz] vb voir **éprendre** ♦ adj: **épris de** in love with

éprouvant, e [epʀuvɑ̃, -ɑ̃t] adj trying

éprouver [epʀuve] vt (tester) to test; (mettre à l'épreuve) to put to the test; (marquer, faire souffrir) to afflict, distress; (ressentir) to experience

éprouvette [epʀuvɛt] nf test tube

épuisé, e [epɥize] adj exhausted; (livre) out of print

épuisement [epɥizmɑ̃] nm exhaustion; **jusqu'à épuisement des stocks** while stocks last

épuiser [epɥize] vt (fatiguer) to exhaust, wear ou tire out; (stock, sujet) to exhaust; **s'épuiser** vi to wear ou tire o.s. out, exhaust o.s.; (stock) to run out

épuisette [epɥizɛt] nf landing net; shrimping net

épurer [epyʀe] vt (liquide) to purify; (parti, administration) to purge; (langue, texte) to refine

équateur [ekwatœʀ] nm equator; **(la république de) l'Équateur** Ecuador

équation [ekwasjɔ̃] nf equation; **mettre en équation** to equate; **équation du premier/second degré** simple/quadratic equation

équerre [ekɛʀ] nf (à dessin) square; (pour fixer) brace; **en équerre** at right angles; **à l'équerre, d'équerre** straight; **double équerre** T-square

équilibre [ekilibʀ(ə)] nm balance; (d'une balance) equilibrium; **équilibre budgétaire** balanced budget; **garder/perdre l'équilibre** to keep/lose one's balance; **être en équilibre** to be balanced; **mettre en équilibre** to make steady; **avoir le sens de l'équilibre** to be well-balanced

équilibré, e [ekilibʀe] adj (fig) well-balanced, stable

équilibrer [ekilibʀe] vt to balance; **s'équilibrer** (poids) to balance; (fig: défauts etc) to balance each other out

équipage [ekipaʒ] nm crew; **en grand équipage** in great array

équipe [ekip] nf team; (bande: parfois péj) bunch; **travailler par équipes** to work in shifts; **travailler en équipe** to work as a team; **faire équipe avec** to team up with; **équipe de chercheurs** research team; **équipe de secours ou de sauvetage** rescue team

équipé, e [ekipe] adj (cuisine etc) equipped, fitted

(-out) ♦ nf escapade

équipement [ekipmɑ̃] nm equipment; **équipements** nmpl amenities, facilities; installations; **biens/dépenses d'équipement** capital goods/expenditure; **ministère de l'Équipement** department of public works; **équipements sportifs/collectifs** sports/community facilities ou resources

équiper [ekipe] vt to equip; (voiture, cuisine) to equip, fit out; **équiper qn/qch de** to equip sb/sth with; **s'équiper** (suj: sportif) to equip o.s., kit o.s. out

équipier, ière [ekipje, -jɛʀ] nm/f team member

équitable [ekitabl(ə)] adj fair

équitation [ekitasjɔ̃] nf (horse-)riding; **faire de l'équitation** to go (horse-)riding

équivalent, e [ekivalɑ̃, -ɑ̃t] adj, nm equivalent

équivaloir [ekivalwaʀ]: **équivaloir à** vt to be equivalent to; (représenter) to amount to

équivoque [ekivɔk] adj equivocal, ambiguous; (louche) dubious ♦ nf ambiguity

érable [eʀabl(ə)] nm maple

érafler [eʀafle] vt to scratch; **s'érafler la main/les jambes** to scrape ou scratch one's hand/legs

éraflure [eʀaflyʀ] nf scratch

éraillé, e [eʀaje] adj (voix) rasping, hoarse

ère [ɛʀ] nf era; **en l'an 1050 de notre ère** in the year 1050 A.D.

érection [eʀɛksjɔ̃] nf erection

éreinter [eʀɛ̃te] vt to exhaust, wear out; (fig: critiquer) to slate; **s'éreinter (à faire qch/à qch)** to wear o.s. out (doing sth/with sth)

ériger [eʀiʒe] vt (monument) to erect; **ériger qch en principe/loi** to make sth a principle/law; **s'ériger en critique (de)** to set o.s. up as a critic (of)

ermite [ɛʀmit] nm hermit

éroder [eʀɔde] vt to erode

érotique [eʀɔtik] adj erotic

errer [eʀe] vi to wander

erreur [eʀœʀ] nf mistake, error; (INFORM: de programme) bug; (morale): **erreurs** nfpl errors; **être dans l'erreur** to be wrong; **induire qn en erreur** to mislead sb; **par erreur** by mistake; **sauf erreur** unless I'm mistaken; **faire erreur** to be mistaken; **erreur de date** mistake in the date; **erreur de fait** error of fact; **erreur d'impression** (TYPO) misprint; **erreur judiciaire** miscarriage of justice; **erreur de jugement** error of judgment; **erreur matérielle ou d'écriture** clerical error; **erreur tactique** tactical error

érudit, e [eʀydi, -it] adj erudite, learned ♦ nm/f scholar

éruption [eʀypsjɔ̃] nf eruption; (cutanée) outbreak; (: boutons) rash; (fig: de joie, colère, folie) outburst

es [ɛ] vb voir **être**

ès [ɛs] prép: **licencié ès lettres/sciences** ≃

Bachelor of Arts/Science; **docteur ès lettres** ≈ doctor of philosophy, ≈ PhD

escabeau, x [ɛskabo] nm (tabouret) stool; (échelle) stepladder

escadron [ɛskadrɔ̃] nm squadron

escalade [ɛskalad] nf climbing no pl; (POL etc) escalation

escalader [ɛskalade] vt to climb, scale

escale [ɛskal] nf (NAVIG) call; (: port) port of call; (AVIAT) stop(over); **faire escale à** to put in at, call in at; to stop over at; **escale technique** (AVIAT) refuelling stop

escalier [ɛskalje] nm stairs pl; **dans l'escalier** ou **les escaliers** on the stairs; **descendre l'escalier** ou **les escaliers** to go downstairs; **escalier mécanique** ou **roulant** escalator; **escalier de secours** fire escape; **escalier de service** backstairs; **escalier à vis** ou **en colimaçon** spiral staircase

escamoter [ɛskamɔte] vt (esquiver) to get round, evade; (faire disparaître) to conjure away; (dérober: portefeuille etc) to snatch; (train d'atterrissage) to retract; (mots) to miss out

escapade [ɛskapad] nf: **faire une escapade** to go on a jaunt; (s'enfuir) to run away ou off

escargot [ɛskaʀgo] nm snail

escarpé, e [ɛskaʀpe] adj steep

escarpin [ɛskaʀpɛ̃] nm flat(-heeled) shoe

escient [ɛsjɑ̃] nm: **à bon escient** advisedly

esclaffer [ɛsklafe]: **s'esclaffer** vi to guffaw

esclandre [ɛsklɑ̃dʀ(ə)] nm scene, fracas

esclavage [ɛsklavaʒ] nm slavery

esclave [ɛsklav] nm/f slave; **être esclave de** (fig) to be a slave of

escompte [ɛskɔ̃t] nm discount

escompter [ɛskɔ̃te] vt (COMM) to discount; (espérer) to expect, reckon upon; **escompter que** to reckon ou expect that

escorte [ɛskɔʀt(ə)] nf escort; **faire escorte à** to escort

escorter [ɛskɔʀte] vt to escort

escouade [ɛskwad] nf squad; (fig: groupe de personnes) group

escrime [ɛskʀim] nf fencing; **faire de l'escrime** to fence

escrimer [ɛskʀime]: **s'escrimer** vi: **s'escrimer à faire** to wear o.s. out doing

escroc [ɛskʀo] nm swindler, con-man

escroquer [ɛskʀɔke] vt: **escroquer qn (de qch)/qch à qn** to swindle sb (out of sth)/sth out of sb

escroquerie [ɛskʀɔkʀi] nf swindle

espace [ɛspas] nm space; **espace publicitaire** advertising space; **espace vital** living space

espacer [ɛspase] vt to space out; **s'espacer** vi (visites etc) to become less frequent

espadon [ɛspadɔ̃] nm swordfish inv

espadrille [ɛspadʀij] nf rope-soled sandal

Espagne [ɛspaɲ(ə)] nf: **l'Espagne** Spain

espagnol, e [ɛspaɲɔl] adj Spanish ♦ nm (LING) Spanish ♦ nm/f: **Espagnol, e** Spaniard

espèce [ɛspɛs] nf (BIO, BOT, ZOOL) species inv; (gén: sorte) sort, kind, type; (péj): **espèce de maladroit/de brute!** you clumsy oaf/you brute!; **espèces** nfpl (COMM) cash sg; (REL) species; **de toute espèce** of all kinds ou sorts; **en l'espèce** adv in the case in point; **payer en espèces** to pay (in) cash; **cas d'espèce** individual case; **l'espèce humaine** humankind

espérance [ɛspeʀɑ̃s] nf hope; **espérance de vie** life expectancy

espérer [ɛspeʀe] vt to hope for; **j'espère (bien)** I hope so; **espérer que/faire** to hope that/to do; **espérer en** to trust in

espiègle [ɛspjɛgl(ə)] adj mischievous

espion, ne [ɛspjɔ̃, -ɔn] nm/f spy; **avion espion** spy plane

espionnage [ɛspjɔnaʒ] nm espionage, spying; **film/roman d'espionnage** spy film/novel

espionner [ɛspjɔne] vt to spy (up)on

esplanade [ɛsplanad] nf esplanade

espoir [ɛspwaʀ] nm hope; **l'espoir de qch/de faire qch** the hope of sth/of doing sth; **avoir bon espoir que ...** to have high hopes that ...; **garder l'espoir que ...** to remain hopeful that ...; **un espoir de la boxe/du ski** one of boxing's/skiing's hopefuls, one of the hopes of boxing/skiing; **sans espoir** adj hopeless

esprit [ɛspʀi] nm (pensée, intellect) mind; (humour, ironie) wit; (mentalité, d'une loi etc, fantôme etc) spirit; **l'esprit d'équipe/de compétition** team/competitive spirit; **faire de l'esprit** to try to be witty; **reprendre ses esprits** to come to; **perdre l'esprit** to lose one's mind; **avoir bon/mauvais esprit** to be of a good/bad disposition; **avoir l'esprit à faire qch** to have a mind to do sth; **avoir l'esprit critique** to be critical; **esprit de contradiction** contrariness; **esprit de corps** esprit de corps; **esprit de famille** family loyalty; **l'esprit malin** (le diable) the Evil One; **esprits chagrins** faultfinders

esquimau, de, x [ɛskimo, -od] adj Eskimo ♦ nm (LING) Eskimo; (glace): **Esquimau®** ice lolly (BRIT), popsicle (US) ♦ nm/f: **Esquimau, de** Eskimo; **chien esquimau** husky

esquinter [ɛskɛ̃te] vt (fam) to mess up; **s'esquinter** vi: **s'esquinter à faire qch** to knock o.s. out doing sth

esquisse [ɛskis] nf sketch; **l'esquisse d'un sourire/changement** a hint of a smile/of change

esquisser [ɛskise] vt to sketch; **s'esquisser** vi (amélioration) to begin to be detectable; **esquisser un sourire** to give a hint of a smile

esquiver [ɛskive] vt to dodge; **s'esquiver** vi to slip away

essai [ɛse] nm trying; (tentative) attempt, try; (RUGBY) try; (LITTÉRATURE) essay; **essais** nmpl (AUTO) trials; **à l'essai** on a trial basis; **essai gratuit** (COMM) free trial

essaim [esɛ̃] nm swarm

essayer [eseje] vt (gén) to try; (vêtement, chaussures) to try (on); (restaurant, méthode, voiture) to try (out) ♦ vi to try; **essayer de faire** to try ou attempt to do; **s'essayer à faire** to try one's hand at doing; **essayez un peu!** (menace) just you try!

essence [esɑ̃s] nf (de voiture) petrol (BRIT), gas(oline) (US); (extrait de plante, PHILOSOPHIE) essence; (espèce: d'arbre) species inv; **prendre de l'essence** to get (some) petrol ou gas; **par essence** (essentiellement) essentially; **essence de citron/rose** lemon/rose oil; **essence sans plomb** unleaded petrol; **essence de térébenthine** turpentine

essentiel, le [esɑ̃sjɛl] adj essential ♦ nm: **l'essentiel d'un discours/d'une œuvre** the essence of a speech/work of art; **emporter l'essentiel** to take the essentials; **c'est l'essentiel** (ce qui importe) that's the main thing; **l'essentiel de** (la majeure partie) the main part of

essieu, x [esjø] nm axle

essor [esɔʀ] nm (de l'économie etc) rapid expansion; **prendre son essor** (oiseau) to fly off

essorer [esɔʀe] vt (en tordant) to wring (out); (par la force centrifuge) to spin-dry; (salade) to spin; (: en secouant) to shake dry

essoreuse [esɔʀøz] nf mangle, wringer; (à tambour) spin-dryer

essoufflé, e [esufle] adj out of breath, breathless

essouffler [esufle] vt to make breathless; **s'essouffler** vi to get out of breath; (fig: économie) to run out of steam

essuie-glace [esɥiglas] nm windscreen (BRIT) ou windshield (US) wiper

essuyer [esɥije] vt to wipe; (fig: subir) to suffer; **s'essuyer** (après le bain) to dry o.s.; **essuyer la vaisselle** to dry up, dry the dishes

est [ɛ] vb voir **être** ♦ nm [ɛst]: **l'est** the east ♦ adj inv (région) east(ern); **à l'est** in the east; (direction) to the east, east(wards); **à l'est de** (to the) east of; **les pays de l'Est** the eastern countries

estampe [ɛstɑ̃p] nf print, engraving

est-ce que [ɛskə] adv: **est-ce que c'est cher/c'était bon?** is it expensive/was it good?; **quand est-ce qu'il part?** when does he leave?; **when is he leaving?; où est-ce qu'il va?** where's he going?; **qui est-ce qui le connaît/a fait ça?** who knows him/did that?; voir aussi **que**

esthéticienne [ɛstetisjɛn] nf beautician

esthétique [ɛstetik] adj (sens, jugement) aesthetic; (beau) attractive, aesthetically pleasing ♦ nf aesthetics sg; **l'esthétique industrielle** industrial design

estimation [ɛstimasjɔ̃] nf valuation; assessment; **d'après mes estimations** according to my calculations

estime [ɛstim] nf esteem, regard; **avoir de l'estime pour qn** to think highly of sb

estimer [ɛstime] vt (respecter) to esteem, hold in high regard; (expertiser) to value; (évaluer) to assess, estimate; (penser): **estimer que/être** to consider that/o.s. to be; **s'estimer satisfait/heureux** to feel satisfied/happy; **j'estime la distance à 10 km** I reckon the distance to be 10 km

estival, e, aux [ɛstival, -o] adj summer cpd; **station estivale** (summer) holiday resort

estivant, e [ɛstivɑ̃, -ɑ̃t] nm/f (summer) holidaymaker

estomac [ɛstɔma] nm stomach; **avoir mal à l'estomac** to have stomach ache; **avoir l'estomac creux** to have an empty stomach

estomaqué, e [ɛstɔmake] adj flabbergasted

estomper [ɛstɔ̃pe] vt (ART) to shade off; (fig) to blur, dim; **s'estomper** vi (sentiments) to soften; (contour) to become blurred

estrade [ɛstʀad] nf platform, rostrum

estragon [ɛstʀagɔ̃] nm tarragon

estuaire [ɛstɥɛʀ] nm estuary

et [e] conj and; **et lui?** what about him?; **et alors?**, **et (puis) après?** so what?; (ensuite) and then?

étable [etabl(ə)] nf cowshed

établi, e [etabli] adj established ♦ nm (work)bench

établir [etabliʀ] vt (papiers d'identité, facture) to make out; (liste, programme) to draw up; (gouvernement, artisan etc: aider à s'installer) to set up, establish; (entreprise, atelier, camp) to set up; (réputation, usage, fait, culpabilité, relations) to establish; (SPORT: record) to set; **s'établir** vi (se faire: entente etc) to be established; **s'établir (à son compte)** to set up in business; **s'établir à/près de** to settle in/near

établissement [etablismɑ̃] nm making out; drawing up; setting up, establishing; (entreprise, institution) establishment; **établissement de crédit** credit institution; **établissement hospitalier** hospital complex; **établissement industriel** industrial plant, factory; **établissement scolaire** school, educational establishment

étage [etaʒ] nm (d'immeuble) storey (BRIT), story (US), floor; (de fusée) stage; (GÉO: de culture, végétation) level; **au 2ème étage** on the 2nd (BRIT) ou 3rd (US) floor; **à l'étage** upstairs; **maison à deux étages** two-storey ou -storey house; **de bas étage** adj low-born; (médiocre) inferior

étagère [etaʒɛʀ] nf (rayon) shelf; (meuble) shelves pl, set of shelves

étai [etɛ] nm stay, prop

étain [etɛ̃] nm tin; (ORFÈVRERIE) pewter no pl

étais etc [etɛ] vb voir **être**

étal [etal] nm stall

étalage [etalaʒ] nm display; (vitrine) display window; **faire étalage de** to show off, parade

étaler [etale] vt (carte, nappe) to spread (out); (peinture, liquide) to spread; (échelonner: paiements, dates, vacances) to spread, stagger; (exposer: marchandises) to display; (richesses, connaissances) to parade; **s'étaler** vi (liquide) to spread out; (fam) to come a cropper (BRIT), fall flat on one's face; **s'é-taler sur** (*paiements etc*) to be spread over

étalon [etalɔ̃] *nm* (*mesure*) standard; (*cheval*) stallion; **l'étalon-or** the gold standard

étanche [etɑ̃ʃ] *adj* (*récipient; aussi fig*) watertight; (*montre, vêtement*) waterproof; **étanche à l'air** airtight

étancher [etɑ̃ʃe] *vt* (*liquide*) to stop (flowing); **étancher sa soif** to quench *ou* slake one's thirst

étang [etɑ̃] *nm* pond

étant [etɑ̃] *vb voir* **être, donné**

étape [etap] *nf* stage; (*lieu d'arrivée*) stopping place; (*CYCLISME*) staging point; **faire étape à** to stop off at; **brûler les étapes** (*fig*) to cut corners

état [eta] *nm* (*POL, condition*) state; (*d'un article d'occasion etc*) condition, state; (*liste*) inventory, statement; (*condition: professionnelle*) profession, trade; (: *sociale*) status; **en bon/mauvais état** in good/poor condition; **en état (de marche)** in (working) order; **remettre en état** to repair; **hors d'état** out of order; **être en état/hors d'état de faire** to be in a state/in no fit state to do; **en tout état de cause** in any event; **être dans tous ses états** to be in a state; **faire état de** (*alléguer*) to put forward; **en état d'arrestation** under arrest; **état de grâce** (*REL*) state of grace; (*fig*) honeymoon period; **en état de grâce** (*fig*) inspired; **en état d'ivresse** under the influence of drink; **état de choses** (*situation*) state of affairs; **état civil** civil status; (*bureau*) registry office (*BRIT*); **état d'esprit** frame of mind; **état des lieux** inventory of fixtures; **état de santé** state of health; **état de siège/d'urgence** state of siege/emergency; **état de veille** (*PSYCH*) waking state; **états d'âme** moods; **les États barbaresques** the Barbary States; **les États du Golfe** the Gulf States; **états de service** service record *sg*

étatiser [etatize] *vt* to bring under state control

état-major, *pl* **états-majors** [etamaʒɔʀ] *nm* (*MIL*) staff; (*d'un parti etc*) top advisers *pl*; (*d'une entreprise*) top management

États-Unis [etazyni] *nmpl*: **les États-Unis (d'Amérique)** the United States (of America)

étau, x [eto] *nm* vice (*BRIT*), vise (*US*)

étayer [eteje] *vt* to prop *ou* shore up; (*fig*) to back up

et c(a)etera [etsetera], **etc.** *adv* et cetera, and so on, etc

été [ete] *pp de* **être** ♦ *nm* summer; **en été** in summer

éteindre [etɛ̃dʀ(ə)] *vt* (*lampe, lumière, radio, chauffage*) to turn *ou* switch off; (*cigarette, incendie, bougie*) to put out, extinguish; (*JUR: dette*) to extinguish; **s'éteindre** *vi* to go off; to go out; (*mourir*) to pass away

éteint, e [etɛ̃, -ɛ̃t] *pp de* **éteindre** ♦ *adj* (*fig*) lacklustre, dull; (*volcan*) extinct; **tous feux éteints** (*AUTO: rouler*) without lights

étendard [etɑ̃daʀ] *nm* standard

étendre [etɑ̃dʀ(ə)] *vt* (*appliquer: pâte, liquide*) to spread; (*déployer: carte etc*) to spread out; (*sur un fil: lessive, linge*) to hang up *ou* out; (*bras, jambes, par terre: blessé*) to stretch out; (*diluer*) to dilute, thin; (*fig: agrandir*) to extend; (*fam: adversaire*) to floor; **s'étendre** *vi* (*augmenter, se propager*) to spread; (*terrain, forêt etc*): **s'étendre jusqu'à/de ... à** to stretch as far as/from ... to; **s'étendre (sur)** (*s'allonger*) to stretch out (upon); (*se coucher*) to lie down (on); (*fig: expliquer*) to elaborate *ou* enlarge (upon)

étendu, e [etɑ̃dy] *adj* extensive ♦ *nf* (*d'eau, de sable*) stretch, expanse; (*importance*) extent

éternel, le [etɛʀnɛl] *adj* eternal; **les neiges éternelles** perpetual snow

éterniser [etɛʀnize]: **s'éterniser** *vi* to last for ages; (*personne*) to stay for ages

éternité [etɛʀnite] *nf* eternity; **il y a** *ou* **ça fait une éternité que** it's ages since; **de toute éternité** from time immemorial

éternuement [etɛʀnymɑ̃] *nm* sneeze

éternuer [etɛʀnɥe] *vi* to sneeze

êtes [ɛt] *vb voir* **être**

éthique [etik] *adj* ethical ♦ *nf* ethics *sg*

ethnie [etni] *nf* ethnic group

éthylisme [etilism(ə)] *nm* alcoholism

étiez [etje] *vb voir* **être**

étinceler [etɛ̃sle] *vi* to sparkle

étincelle [etɛ̃sɛl] *nf* spark

étiqueter [etikte] *vt* to label

étiquette [etikɛt] *vb voir* **étiqueter** ♦ *nf* label; (*protocole*): **l'étiquette** etiquette

étirer [etiʀe] *vt* to stretch; (*ressort*) to stretch out; **s'étirer** *vi* (*personne*) to stretch; (*convoi, route*): **s'étirer sur** to stretch out over

étoffe [etɔf] *nf* material, fabric; **avoir l'étoffe d'un chef** *etc* to be cut out to be a leader *etc*; **avoir de l'étoffe** to be a forceful personality

étoffer [etɔfe] *vt*: **s'étoffer** *vi* to fill out

étoile [etwal] *nf* star ♦ *adj*: **danseuse** *ou* **danseur étoile** leading dancer; **la bonne/mauvaise étoile de qn** sb's lucky/unlucky star; **à la belle étoile** (out) in the open; **étoile filante** shooting star; **étoile de mer** starfish; **étoile polaire** pole star

étoilé, e [etwale] *adj* starry

étonnant, e [etɔnɑ̃, -ɑ̃t] *adj* surprising

étonnement [etɔnmɑ̃] *nm* surprise; **à mon grand étonnement ...** to my great surprise *ou* amazement ...

étonner [etɔne] *vt* to surprise; **s'étonner que/de** to be surprised that/at; **cela m'étonnerait (que)** (*j'en doute*) I'd be (very) surprised (if)

étouffant, e [etufɑ̃, -ɑ̃t] *adj* stifling

étouffée [etufe] *nf*: **à l'étouffée** (*CULIN: poisson, légumes*) steamed; (: *viande*) braised

étouffer [etufe] *vt* to suffocate; (*bruit*) to muffle;

(*scandale*) to hush up ♦ *vi* to suffocate; (*avoir trop chaud; aussi fig*) to feel stifled; **s'étouffer** *vi* (*en mangeant etc*) to choke

étourderie [eturdəri] *nf* heedlessness *no pl*; thoughtless blunder; **faute d'étourderie** careless mistake

étourdi, e [eturdi] *adj* (*distrait*) scatterbrained, heedless

étourdir [eturdir] *vt* (*assommer*) to stun, daze; (*griser*) to make dizzy *ou* giddy

étourdissement [eturdismɑ̃] *nm* dizzy spell

étourneau, x [eturno] *nm* starling

étrange [etrɑ̃ʒ] *adj* strange

étranger, ère [etrɑ̃ʒe, -ɛʁ] *adj* foreign; (*pas de la famille, non familier*) strange ♦ *nm/f* foreigner; stranger ♦ *nm*: **l'étranger** foreign countries; **à l'étranger** abroad; **de l'étranger** from abroad; **étranger à** (*mal connu*) unfamiliar to; (*sans rapport*) irrelevant to

étrangler [etrɑ̃gle] *vt* to strangle; (*fig: presse, libertés*) to stifle; **s'étrangler** *vi* (*en mangeant etc*) to choke; (*se resserrer*) to make a bottleneck

---

MOT-CLÉ

être [etr(ə)] *nm* being; **être humain** human being

♦ *vb +attrib* **1** (*état, description*) to be; **il est instituteur** he is *ou* he's a teacher; **vous êtes grand/intelligent/fatigué** you are *ou* you're tall/clever/tired

2 (*+à: appartenir*) to be; **le livre est à Paul** the book is Paul's *ou* belongs to Paul; **c'est à moi/eux** it is *ou* it's mine/theirs

3 (*+de: provenance*): **il est de Paris** he is from Paris; (*appartenance*): **il est des nôtres** he is one of us

4 (*date*): **nous sommes le 10 janvier** it's the 10th of January (today)

♦ *vi* to be; **je ne serai pas ici demain** I won't be here tomorrow

♦ *vb aux* **1** to have; to be; **être arrivé/allé** to have arrived/gone; **il est parti** he has left, he has gone

2 (*forme passive*) to be; **être fait par** to be made by; **il a été promu** he has been promoted

3 (*+à +inf: obligation, but*): **c'est à réparer** it needs repairing; **c'est à essayer** it should be tried; **il est à espérer que ...** it is *ou* it's to be hoped that ...

♦ *vb impers* **1**: **il est + adjective** it is (+ *adjectif*); **il est impossible de le faire** it's impossible to do it

2 (*heure, date*): **il est 10 heures** it is *ou* it's 10 o'clock

3 (*emphatique*): **c'est moi** it's me; **c'est à lui de le faire** it's up to him to do it; *voir aussi* **est-ce que, n'est-ce pas, c'est-à-dire, ce**

étreindre [etrɛ̃dr(ə)] *vt* to clutch, grip; (*amoureusement, amicalement*) to embrace;

s'étreindre to embrace

étrenner [etrene] *vt* to use (*ou* wear) for the first time

étrennes [etren] *nfpl* (*cadeaux*) New Year's present; (*gratifications*) = Christmas box *sg*, = Christmas bonus

étrier [etrije] *nm* stirrup

étriqué, e [etrike] *adj* skimpy

étroit, e [etrwa, -wat] *adj* narrow; (*vêtement*) tight; (*fig: serré*) close, tight; **à l'étroit** cramped; **étroit d'esprit** narrow-minded

étude [etyd] *nf* studying; (*ouvrage, rapport, mus*) study; (*de notaire: bureau*) office; (*: charge*) practice; (*scol: salle de travail*) study room; **études** *nfpl* (*scol*) studies; **être à l'étude** (*projet etc*) to be under consideration; **faire des études (de droit/médecine)** to study (law/medicine); **études secondaires/supérieures** secondary/higher education; **étude de cas** case study; **étude de faisabilité** feasibility study; **étude de marché** (*écon*) market research

étudiant, e [etydjɑ̃, -ɑ̃t] *adj, nm/f* student

étudier [etydje] *vt, vi* to study

étui [etɥi] *nm* case

étuve [etyv] *nf* steamroom; (*appareil*) sterilizer

étuvée [etyve]: **à l'étuvée** *adv* braised

eu, eue [y] *pp de* **avoir**

euh [ø] *excl* er

euro [øro] *nm* euro

Euroland [ørolɑ̃d] *nm* Euroland

Europe [ørɔp] *nf*: **l'Europe** Europe; **l'Europe centrale** Central Europe; **l'Europe verte** European agriculture

européen, ne [øropeɛ̃, -ɛn] *adj* European ♦ *nm/f*: **Européen, ne** European

eus *etc* [y] *vb voir* **avoir**

eux [ø] *pron* (*sujet*) they; (*objet*) them; **eux, ils ont fait ...** THEY did ...

évacuer [evakɥe] *vt* (*salle, région*) to evacuate, clear; (*occupants, population*) to evacuate; (*toxine etc*) to evacuate, discharge

évader [evade]: **s'évader** *vi* to escape

évaluer [evalɥe] *vt* to assess, evaluate

évangile [evɑ̃ʒil] *nm* gospel; (*texte de la Bible*): **Évangile** Gospel; **ce n'est pas l'Évangile** (*fig*) it's not gospel

évanouir [evanwir]: **s'évanouir** *vi* to faint, pass out; (*disparaître*) to vanish, disappear

évanouissement [evanwismɑ̃] *nm* (*syncope*) fainting fit; (*méd*) loss of consciousness

évaporer [evapɔre]: **s'évaporer** *vi* to evaporate

évasé, e [evaze] *adj* (*jupe etc*) flared

évasif, ive [evazif, -iv] *adj* evasive

évasion [evazjɔ̃] *nf* escape; **littérature d'évasion** escapist literature; **évasion des capitaux** (*écon*) flight of capital; **évasion fiscale** tax avoidance

évêché [evefe] *nm* (*fonction*) bishopric; (*palais*) bishop's palace

éveil [evɛj] nm awakening; **être en éveil** to be alert; **mettre qn en éveil, donner l'éveil à qn** to arouse sb's suspicions; **activités d'éveil** early-learning activities

éveillé, e [eveje] adj awake; (vif) alert, sharp

éveiller [eveje] vt to (a)waken; **s'éveiller** vi to (a)waken; (fig) to be aroused

événement [evenmã] nm event

éventail [evãtaj] nm fan; (choix) range; **en éventail** fanned out; fan-shaped

éventaire [evãtɛʀ] nm stall, stand

éventer [evãte] vt (secret, complot) to uncover; (avec un éventail) to fan; **s'éventer** vi (parfum, vin) to go stale

éventualité [evãtɥalite] nf eventuality; possibility; **dans l'éventualité de** in the event of; **parer à toute éventualité** to guard against all eventualities

éventuel, le [evãtɥɛl] adj possible

éventuellement [evãtɥɛlmã] adv possibly

évêque [evɛk] nm bishop

évertuer [evɛʀtɥe]: **s'évertuer** vi: **s'évertuer à faire** to try very hard to do

éviction [eviksjɔ̃] nf ousting, supplanting; (de locataire) eviction

évidemment [evidamã] adv obviously

évidence [evidãs] nf obviousness; (fait) obvious fact; **se rendre à l'évidence** to bow before the evidence; **nier l'évidence** to deny the evidence; **à l'évidence** evidently; **de toute évidence** quite obviously ou evidently; **en évidence** conspicuous; **mettre en évidence** to bring to the fore

évident, e [evidã, -ãt] adj obvious, evident; **ce n'est pas évident** (cela pose des problèmes) it's not (all that) straightforward, it's not as simple as all that

évider [evide] vt to scoop out

évier [evje] nm (kitchen) sink

évincer [evɛ̃se] vt to oust, supplant

éviter [evite] vt to avoid; **éviter de faire/que qch ne se passe** to avoid doing/sth happening; **éviter qch à qn** to spare sb sth

évolué, e [evolɥe] adj advanced; (personne) broad-minded

évoluer [evolɥe] vi (enfant, maladie) to develop; (situation, moralement) to evolve, develop; (aller et venir: danseur etc) to move about, circle

évolution [evolysjɔ̃] nf development; evolution; **évolutions** nfpl movements

évoquer [evoke] vt to call to mind, evoke; (mentionner) to mention

exact, e [ɛgzakt] adj (précis) exact, accurate, precise; (correct) correct; (ponctuel) punctual; **l'heure exacte** the right ou exact time

exactement [ɛgzaktəmã] adv exactly, accurately, precisely; correctly; (c'est cela même) exactly

ex aequo [ɛgzeko] adj equally placed; **classé 1er**

ex aequo placed equal first

exagéré, e [ɛgzaʒeʀe] adj (prix etc) excessive

exagérer [ɛgzaʒeʀe] vt to exaggerate ♦ vi (abuser) to go too far; (dépasser les bornes) to overstep the mark; (déformer les faits) to exaggerate; **s'exagérer qch** to exaggerate sth

exalter [ɛgzalte] vt (enthousiasmer) to excite, elate; (glorifier) to exalt

examen [ɛgzamɛ̃] nm examination; (SCOL) exam, examination; **à l'examen** (dossier, projet) under consideration; (COMM) on approval; **examen blanc** mock exam(ination); **examen de la vue** sight test

examinateur, trice [ɛgzaminatœʀ, -tʀis] nm/f examiner

examiner [ɛgzamine] vt to examine

exaspérant, e [ɛgzaspeʀã, -ãt] adj exasperating

exaspérer [ɛgzaspeʀe] vt to exasperate; (aggraver) to exacerbate

exaucer [ɛgzose] vt (vœu) to grant, fulfil; **exaucer qn** to grant sb's wishes

excédent [ɛksedã] nm surplus; **en excédent** surplus; **payer 600 F d'excédent** (de bagages) to pay 600 francs excess luggage; **excédent de bagages** excess luggage; **excédent commercial** trade surplus

excéder [ɛksede] vt (dépasser) to exceed; (agacer) to exasperate; **excédé de fatigue** exhausted; **excédé de travail** worn out with work

excellent, e [ɛksɛlã, -ãt] adj excellent

excentrique [ɛksãtʀik] adj eccentric; (quartier) outlying ♦ nm/f eccentric

excepté, e [ɛksɛpte] adj, prép: **les élèves exceptés, excepté les élèves** except for ou apart from the pupils; **excepté si/quand** except if/when; **excepté que** except that

exception [ɛksɛpsjɔ̃] nf exception; **faire exception** to be an exception; **faire une exception** to make an exception; **sans exception** without exception; **à l'exception de** except for, with the exception of; **d'exception** (mesure, loi) special, exceptional

exceptionnel, le [ɛksɛpsjɔnɛl] adj exceptional; (prix) special

exceptionnellement [ɛksɛpsjɔnɛlmã] adv exceptionally; (par exception) by way of an exception, on this occasion

excès [ɛksɛ] nm surplus ♦ nmpl excesses; **à l'excès** (méticuleux, généreux) to excess; **avec excès** to excess; **sans excès** in moderation; **tomber dans l'excès inverse** to go to the opposite extreme; **excès de langage** immoderate language; **excès de pouvoir** abuse of power; **excès de vitesse** speeding no pl, exceeding the speed limit; **excès de zèle** overzealousness no pl

excessif, ive [ɛksesif, -iv] adj excessive

excitant, e [ɛksitã, -ãt] adj exciting ♦ nm stimulant

excitation [ɛksitasjɔ̃] nf (état) excitement

exciter [ɛksite] *vt* to excite; (*suj: café etc*) to stimulate; **s'exciter** *vi* to get excited; **exciter qn à** (*révolte etc*) to incite sb to

exclamation [ɛksklamɑsjɔ̃] *nf* exclamation

exclamer [ɛksklame]: **s'exclamer** *vi* to exclaim

exclure [ɛksklyʀ] *vt* (*faire sortir*) to expel; (*ne pas compter*) to exclude, leave out; (*rendre impossible*) to exclude, rule out

exclusif, ive [ɛksklyzif, -iv] *adj* exclusive; **avec la mission exclusive/dans le but exclusif de ...** with the sole mission/aim of ...; **agent exclusif** sole agent

exclusion [ɛksklyzjɔ̃] *nf* expulsion; **à l'exclusion de** with the exclusion *ou* exception of

exclusivité [ɛksklyzivite] *nf* exclusiveness; (*COMM*) exclusive rights *pl*; **passer en exclusivité** (*film*) to go on general release

excursion [ɛkskyʀsjɔ̃] *nf* (*en autocar*) excursion, trip; (*à pied*) walk, hike; **faire une excursion** to go on an excursion *ou* a trip; to go on a walk *ou* hike

excuse [ɛkskyz] *nf* excuse; **excuses** *nfpl* apology *sg*, apologies; **faire des excuses** to apologize; **faire ses excuses** to offer one's apologies; **mot d'excuse** (*SCOL*) note from one's parent(s) (*to explain absence etc*); **lettre d'excuses** letter of apology

excuser [ɛkskyze] *vt* to excuse; **excuser qn de qch** (*dispenser*) to excuse sb from sth; **s'excuser (de)** to apologize (for); **"excusez-moi"** "I'm sorry"; (*pour attirer l'attention*) "excuse me"; **se faire excuser** to ask to be excused

exécrable [ɛgzekʀabl(ə)] *adj* atrocious

exécuter [ɛgzekyte] *vt* (*prisonnier*) to execute; (*tâche etc*) to execute, carry out; (*MUS: jouer*) to perform, execute; (*INFORM*) to run; **s'exécuter** *vi* to comply

exécutif, ive [ɛgzekytif, -iv] *adj, nm* (*POL*) executive

exécution [ɛgzekysjɔ̃] *nf* execution; carrying out; **mettre à exécution** to carry out

exemplaire [ɛgzɑ̃plɛʀ] *adj* exemplary ♦ *nm* copy

exemple [ɛgzɑ̃pl(ə)] *nm* example; **par exemple** for instance, for example; (*valeur intensive*) really!; **sans exemple** (*bêtise, gourmandise etc*) unparalleled; **donner l'exemple** to set an example; **prendre exemple sur** to take as a model; **à l'exemple de** just like; **pour l'exemple** (*punir*) as an example

exempt, e [ɛgzɑ̃, -ɑ̃t] *adj*: **exempt de** (*dispensé de*) exempt from; (*sans*) free from; **exempt de taxes** tax-free

exercer [ɛgzɛʀse] *vt* (*pratiquer*) to exercise, practise; (*faire usage de: prérogative*) to exercise; (*effectuer: influence, contrôle, pression*) to exert; (*former*) to exercise, train ♦ *vi* (*médecin*) to be in practice; **s'exercer** (*sportif, musicien*) to practise; (*se faire sentir: pression etc*): **s'exercer (sur ou contre)** to be exerted (on); **s'exercer à faire qch** to train o.s. to do sth

exercice [ɛgzɛʀsis] *nm* practice; exercising; (*tâche,

travail) exercise; (*COMM, ADMIN: période*) accounting period; **l'exercice** (*sportive etc*) exercise; (*MIL*) drill; **en exercice** (*juge*) in office; (*médecin*) practising; **dans l'exercice de ses fonctions** in the discharge of his duties; **exercices d'assouplissement** limbering-up (*exercises*)

exhaustif, ive [ɛgzostif, -iv] *adj* exhaustive

exhiber [ɛgzibe] *vt* (*montrer: papiers, certificat*) to present, produce; (*péj*) to display, flaunt; **s'exhiber** (*personne*) to parade; (*exhibitionniste*) to expose o.s.

exhibitionniste [ɛgzibisjɔnist(ə)] *nm/f* exhibitionist

exhorter [ɛgzɔʀte] *vt*: **exhorter qn à faire** to urge sb to do

exigeant, e [ɛgziʒɑ̃, -ɑ̃t] *adj* demanding; (*péj*) hard to please

exigence [ɛgziʒɑ̃s] *nf* demand, requirement

exiger [ɛgziʒe] *vt* to demand, require

exigu, ë [ɛgzigy] *adj* cramped, tiny

exil [ɛgzil] *nm* exile; **en exil** in exile

exiler [ɛgzile] *vt* to exile; **s'exiler** to go into exile

existence [ɛgzistɑ̃s] *nf* existence; **dans l'existence** in life

exister [ɛgziste] *vi* to exist; **il existe un/des** there is a/are (some)

exonérer [ɛgzɔneʀe] *vt*: **exonérer de** to exempt from

exorbitant, e [ɛgzɔʀbitɑ̃, -ɑ̃t] *adj* exorbitant

exorbité, e [ɛgzɔʀbite] *adj*: **yeux exorbités** bulging eyes

exotique [ɛgzɔtik] *adj* exotic

expatrier [ɛkspatʀije] *vt* (*argent*) to take *ou* send out of the country; **s'expatrier** to leave one's country

expectative [ɛkspɛktativ] *nf*: **être dans l'expectative** to be waiting to see

expédient [ɛkspedjɑ̃] *nm* (*parfois péj*) expedient; **vivre d'expédients** to live by one's wits

expédier [ɛkspedje] *vt* (*lettre, paquet*) to send; (*troupes, renfort*) to dispatch; (*péj: travail etc*) to dispose of, dispatch

expéditeur, trice [ɛkspeditœʀ, -tʀis] *nm/f* (*POSTES*) sender

expédition [ɛkspedisjɔ̃] *nf* sending; (*scientifique, sportive, MIL*) expedition; **expédition punitive** punitive raid

expérience [ɛkspeʀjɑ̃s] *nf* (*de la vie, des choses*) experience; (*scientifique*) experiment; **avoir de l'expérience** to have experience, be experienced; **avoir l'expérience de** to have experience of (*sth*); **faire l'expérience de qch** to experience sth; **expérience de chimie/d'électricité** chemical/electrical experiment

expérimenté, e [ɛkspeʀimɑ̃te] *adj* experienced

expérimenter [ɛkspeʀimɑ̃te] *vt* (*machine, technique*) to test out, experiment with

expert, e [ekspɛʀ, -ɛʀt(ə)] adj: **expert en** expert in ♦ nm (spécialiste) expert; **expert en assurances** insurance valuer

expert-comptable, pl **experts-comptables** [ekspɛʀkɔ̃tabl(ə)] nm = chartered (BRIT) ou certified public (US) accountant

expertise [ekspɛʀtiz] nf valuation; assessment; valuer's (ou assessor's) report; (JUR) (forensic) examination

expertiser [ekspɛʀtize] vt (objet de valeur) to value; (voiture accidentée etc) to assess damage to

expier [ekspje] vt to expiate, atone for

expirer [ekspiʀe] vi (prendre fin, littéraire: mourir) to expire; (respirer) to breathe out

explicatif, ive [eksplikatif, -iv] adj (mot, texte, note) explanatory

explication [eksplikasjɔ̃] nf explanation; (discussion) discussion; **explication de texte** (SCOL) critical analysis (of a text)

explicite [eksplisit] adj explicit

expliquer [eksplike] vt to explain; **expliquer (à qn) comment/que** to point out ou explain (to sb) how/that; **s'expliquer** (se faire comprendre: personne) to explain o.s.; (discuter) to discuss things; (se disputer) to have it out; (comprendre): **je m'explique son retard/absence** I understand his lateness/absence; **son erreur s'explique** one can understand his mistake

exploit [eksplwa] nm exploit, feat

exploitant [eksplwatɑ̃] nm farmer

exploitation [eksplwatasjɔ̃] nf exploitation; running; (entreprise): **exploitation agricole** farming concern

exploiter [eksplwate] vt to exploit; (entreprise, ferme) to run, operate

explorer [eksplɔʀe] vt to explore

exploser [eksploze] vi to explode, blow up; (engin explosif) to go off; (fig: joie, colère) to burst out, explode; (: personne: de colère) to explode, flare up; **faire exploser** (bombe) to explode, detonate; (bâtiment, véhicule) to blow up

explosif, ive [eksplozif, -iv] adj, nm explosive

explosion [eksplozjɔ̃] nf explosion; **explosion de joie/colère** outburst of joy/rage; **explosion démographique** population explosion

exportateur, trice [eksportatœr, -tris] adj exporting ♦ nm exporter

exportation [eksportasjɔ̃] nf export

exporter [eksporte] vt to export

exposant [ekspozɑ̃] nm exhibitor; (MATH) exponent

exposé, e [ekspoze] nm (écrit) exposé; (oral) talk ♦ adj: **exposé au sud** facing south, with a southern aspect; **bien exposé** well situated; **très exposé** very exposed

exposer [ekspoze] vt (montrer: marchandise) to display; (: peinture) to exhibit, show; (parler de: problème, situation) to explain, expose, set out; (mettre en danger, orienter: maison etc) to expose; **exposer qn/qch à** to expose sb/sth to; **exposer sa vie** to risk one's life; **s'exposer à** (soleil, danger) to expose o.s. to; (critiques, punition) to lay o.s. open to

exposition [ekspozisjɔ̃] nf (voir exposer) displaying; exhibiting; explanation; exposition; exposure; (voir exposé) aspect, situation; (manifestation) exhibition; (PHOTO) exposure; (introduction) exposition

exprès [ekspʀɛ] adv (délibérément) on purpose; (spécialement) specially; **faire exprès de faire qch** to do sth on purpose

exprès, esse [ekspʀɛs] adj (ordre, défense) express, formal ♦ adj inv, adv (POSTES) express; **envoyer qch en exprès** to send sth express

express [ekspʀɛs] adj, nm: **(café) express** espresso; **(train) express** fast train

expressément [ekspʀesemɑ̃] adv expressly, specifically

expressif, ive [ekspʀesif, -iv] adj expressive

expression [ekspʀesjɔ̃] nf expression; **réduit à sa plus simple expression** reduced to its simplest terms; **liberté/moyens d'expression** freedom/means of expression; **expression toute faite** set phrase

exprimer [ekspʀime] vt (sentiment, idée) to express; (faire sortir: jus, liquide) to press out; **s'exprimer** vi (personne) to express o.s.

exproprier [eksproprije] vt to buy up (ou buy the property of) by compulsory purchase, expropriate

expulser [ekspylse] vt (d'une salle, d'un groupe) to expel; (locataire) to evict; (FOOTBALL) to send off

exquis, e [ekski, -iz] adj (gâteau, parfum, élégance) exquisite; (personne, temps) delightful

extase [ekstɑz] nf ecstasy; **être en extase** to be in raptures

extasier [ekstɑzje]: **s'extasier** vi: **s'extasier sur** to go into raptures over

extension [ekstɑ̃sjɔ̃] nf (d'un muscle, ressort) stretching; (MED): **à l'extension** in traction; (fig) extension; expansion

exténuer [ekstenɥe] vt to exhaust

extérieur, e [eksteʀjœʀ] adj (de dehors: porte, mur etc) outer, outside; (: commerce, politique) foreign; (: influences, pressions) external; (au dehors: escalier, w.-c.) outside; (apparent: calme, gaieté etc) outer ♦ nm (d'une maison, d'un récipient etc) outside, exterior; (d'une personne: apparence) exterior; (d'un pays, d'un groupe social): **l'extérieur** the outside world; **à l'extérieur** (dehors) outside; (fig: à l'étranger) abroad

extérieurement [eksteʀjœʀmɑ̃] adv (de dehors) on the outside; (en apparence) on the surface

exterminer [ekstɛʀmine] vt to exterminate, wipe out

externat [ekstɛʀna] nm day school

externe [ekstɛʀn(ə)] adj external, outer ♦ nm/f (MED) non-resident medical student, extern (US); (SCOL) day pupil

extincteur [ɛkstɛ̃ktœʁ] *nm* (fire) extinguisher

extinction [ɛkstɛ̃ksjɔ̃] *nf* extinction; (*JUR: d'une dette*) extinguishment; **extinction de voix** (*MÉD*) loss of voice

extorquer [ɛkstɔʁke] *vt* (*de l'argent, un renseignement*): **extorquer qch à qn** to extort sth from sb

extra [ɛkstʁa] *adj inv* first-rate; (*marchandises*) top-quality ♦ *nm inv* extra help ♦ *préfixe* extra(-)

extrader [ɛkstʁade] *vt* to extradite

extraire [ɛkstʁɛʁ] *vt* to extract

extrait, e [ɛkstʁɛ, -ɛt] *pp de* **extraire** ♦ *nm* (*de plante*) extract; (*de film, livre*) extract, excerpt; **extrait de naissance** birth certificate

extraordinaire [ɛkstʁaɔʁdinɛʁ] *adj* extraordinary; (*POL, ADMIN*) special; **ambassadeur extraordinaire** ambassador extraordinary; **assemblée extraordinaire** extraordinary meeting; **par extraordinaire** by some unlikely chance

extravagant, e [ɛkstʁavagɑ̃, -ɑ̃t] *adj* (*personne, attitude*) extravagant; (*idée*) wild

extraverti, e [ɛkstʁavɛʁti] *adj* extrovert

extrême [ɛkstʁɛm] *adj, nm* extreme; (*intensif*): **d'une extrême simplicité/brutalité** extremely simple/brutal; **d'un extrême à l'autre** from one extreme to another; **à l'extrême** in the extreme; **à l'extrême rigueur** in the absolute extreme

extrêmement [ɛkstʁɛmmɑ̃] *adv* extremely

extrême-onction, *pl* **extrêmes-onctions** [ɛkstʁɛmɔ̃ksjɔ̃] *nf* (*REL*) last rites *pl*, Extreme Unction

Extrême-Orient [ɛkstʁɛmɔʁjɑ̃] *nm*: **l'Extrême-Orient** the Far East

extrémité [ɛkstʁemite] *nf* (*bout*) end; (*situation*) straits *pl*, plight; (*geste désespéré*) extreme action; **extrémités** *nfpl* (*pieds et mains*) extremities; **à la dernière extrémité** (*à l'agonie*) on the point of death

exubérant, e [ɛgzybeʁɑ̃, -ɑ̃t] *adj* exuberant

exutoire [ɛgzytwaʁ] *nm* outlet, release

— F f —

F, f [ɛf] *nm inv* F, f ♦ *abr* = **féminin**; (= *franc*) fr.; (= *Fahrenheit*) F; (= *frère*) Br(o).; (= *femme*) W; (*appartement*): **un F2/F3** a 2-/3-roomed flat (*BRIT*) ou apartment (*US*); **F comme François** F for Frederick (*BRIT*) ou Fox (*US*)

fa [fa] *nm inv* (*MUS*) F; (*en chantant la gamme*) fa

fable [fabl] *nf* fable; (*mensonge*) story, tale

fabricant [fabʁikɑ̃] *nm* manufacturer, maker

fabrication [fabʁikasjɔ̃] *nf* manufacture, making

fabrique [fabʁik] *nf* factory

fabriquer [fabʁike] *vt* to make; (*industriellement*) to manufacture, make; (*construire: voiture*) to manufacture, build; (: *maison*) to build; (*fig: inventer: his-*

toire, alibi) to make up; (*fam*): **qu'est-ce qu'il fabrique?** what is he up to?; **fabriquer en série** to mass-produce

fabulation [fabylasjɔ̃] *nf* (*PSYCH*) fantasizing

fac [fak] *abr f* (*fam: = faculté*) Uni (*BRIT fam*), ≃ college (*US*)

façade [fasad] *nf* front, façade; (*fig*) façade

face [fas] *nf* face; (*fig: aspect*) side ♦ *adj*: **le côté face** heads; **perdre/sauver la face** to lose/save face; **regarder qn en face** to look sb in the face; **la maison/le trottoir d'en face** the house/pavement opposite; **en face de** *prép* opposite; (*fig*) in front of; **de face** *adv* from the front; face on; **face à** *prép* facing; (*fig*) faced with, in the face of; **faire face à** to face; **faire face à la demande** (*COMM*) to meet the demand; **face à face** *adv* facing each other ♦ *nm inv* encounter

fâché, e [fɑʃe] *adj* angry; (*désolé*) sorry

fâcher [fɑʃe] *vt* to anger; **se fâcher** *vi* to get angry; **se fâcher avec** (*se brouiller*) to fall out with

fâcheux, euse [fɑʃø, -øz] *adj* unfortunate, regrettable

facile [fasil] *adj* easy; (*accommodant*) easy-going; **facile d'emploi** (*INFORM*) user-friendly

facilement [fasilmɑ̃] *adv* easily

facilité [fasilite] *nf* easiness; (*disposition, don*) aptitude; (*moyen, occasion, possibilité*): **il a la facilité de rencontrer les gens** he has every opportunity to meet people; **facilités** *nfpl* facilities; (*COMM*) terms; **facilités de crédit** credit terms; **facilités de paiement** easy terms

faciliter [fasilite] *vt* to make easier

façon [fasɔ̃] *nf* (*manière*) way; (*d'une robe etc*) making-up; cut; (: *main-d'œuvre*) labour (*BRIT*), labor (*US*); (*imitation*): **châle façon cachemire** cashmere-style shawl; **façons** *nfpl* (*péj*) fuss *sg*; **faire des façons** (*péj: être affecté*) to be affected; (: *faire des histoires*) to make a fuss; **de quelle façon?** (*in*) what way?; **sans façon** *adv* without fuss ♦ *adj* unaffected; **d'une autre façon** in another way; **en aucune façon** in no way; **de façon à** so as to; **de façon à ce que, de (telle) façon que** so that; **de toute façon** anyway, in any case; (*c'est une*) **façon de parler** it's a way of putting it; **travail à façon** tailoring

façonner [fasɔne] *vt* (*fabriquer*) to manufacture; (*travailler: matière*) to shape, fashion; (*fig*) to mould, shape

facteur, trice [faktœʁ, -tʁis] *nm/f* postman/woman (*BRIT*), mailman/woman (*US*) ♦ *nm* (*MATH, gén*) factor; **facteur d'orgues** organ builder; **facteur de pianos** piano maker; **facteur rhésus** rhesus factor

factice [faktis] *adj* artificial

faction [faksjɔ̃] *nf* (*groupe*) faction; (*MIL*) guard ou sentry (duty); watch; **en faction** on guard; standing watch

facture [faktyʁ] *nf* (*à payer: gén*) bill; (: *COMM*) invoice; (*d'un artisan, artiste*) technique, workmanship

facturer [faktyʀe] vt to invoice

facultatif, ive [fakyltatif, -iv] adj optional; (arrêt de bus) request cpd

faculté [fakylte] nf (intellectuelle, d'université) faculty; (pouvoir, possibilité) power

fade [fad] adj insipid

fagot [fago] nm (de bois) bundle of sticks

faible [fɛbl(ə)] adj weak; (voix, lumière, vent) faint; (élève, copie) poor; (rendement, intensité, revenu etc) low ◆ nm weak point; (pour quelqu'un) weakness, soft spot; **faible d'esprit** feeble-minded

faiblesse [fɛblɛs] nf weakness

faiblir [fɛbliʀ] vi to weaken; (lumière) to dim; (vent) to drop

faïence [fajɑ̃s] nf earthenware no pl; (objet) piece of earthenware

faignant, e [fɛɲɑ̃, -ɑ̃t] nm/f = **fainéant, e**

faille [faj] vb voir **falloir** ◆ nf (GÉO) fault; (fig) flaw, weakness

faillir [fajiʀ] vi: **j'ai failli tomber/lui dire** I almost ou nearly fell/told him; **faillir à une promesse/un engagement** to break a promise/an agreement

faillite [fajit] nf bankruptcy; (échec: d'une politique etc) collapse; **être en faillite** to be bankrupt; **faire faillite** to go bankrupt

faim [fɛ̃] nf hunger; (fig): **faim d'amour/de richesse** hunger ou yearning for love/wealth; **avoir faim** to be hungry; **rester sur sa faim** (aussi fig) to be left wanting more

fainéant, e [fɛneɑ̃, -ɑ̃t] nm/f idler, loafer

MOT-CLÉ
---

faire [fɛʀ] vt **1** (fabriquer, être l'auteur de) to make; (produire) to produce; (construire: maison, bateau) to build; **faire du vin/une offre/un film** to make wine/an offer/a film; **faire du bruit** to make a noise

2 (effectuer: travail, opération) to do; **que faites-vous?** (quel métier etc) what do you do?; (quelle activité: au moment de la question) what are you doing?; **que faire?** what are we going to do?, what can be done (about it)?; **faire la lessive/le ménage** to do the washing/the housework

3 (études) to do; (sport, musique) to play; **faire du droit/du français** to do law/French; **faire du rugby/piano** to play rugby/the piano; **faire du cheval/du ski** to go riding/skiing

4 (visiter): **faire les magasins** to go shopping; **faire l'Europe** to tour ou do Europe

5 (simuler): **faire le malade/l'ignorant** to act the invalid/the fool

6 (transformer, avoir un effet sur): **faire de qn un frustré/avocat** to make sb frustrated/a lawyer; **ça ne me fait rien** (m'est égal) I don't care ou mind; (me laisse froid) it has no effect on me; **ça ne fait rien** it doesn't matter; **faire que** (impliquer) to mean that

7 (calculs, prix, mesures): **2 et 2 font 4** 2 and 2 are ou make 4; **ça fait 10 m/15F** it's 10 m/15F; **je vous le fais 10F** I'll let you have it for 10F

8 (vb +de): **qu'a-t-il fait de sa valise/de sa sœur?** what has he done with his case/his sister?

9: **ne faire que**: **il ne fait que critiquer** (sans cesse) all he (ever) does is criticize; (seulement) he's only criticizing

10 (dire) to say; **vraiment? fit-il** really? he said

11 (maladie) to have; **faire du diabète/de la tension** to have diabetes sg/high blood pressure

◆ vi **1** (agir, s'y prendre) to act, do; **il faut faire vite** we (ou you etc) must act quickly; **comment a-t-il fait pour?** how did he manage to do?; **faites comme chez vous** make yourself at home; **je n'ai pas pu faire autrement** there was nothing else I could do

2 (paraître) to look; **faire vieux/démodé** to look old/old-fashioned; **ça fait bien** it looks good; **tu fais jeune dans cette robe** that dress makes you look young(er)

◆ vb substitut to do; **ne le casse pas comme je l'ai fait** don't break it as I did; **je peux le voir? – faites!** can I see it? – please do!; **remets-le en place – je viens de le faire** put it back in its place – I just have (done)

◆ vb impers **1**: **il fait beau** etc the weather is fine etc; voir aussi **jour**; **froid** etc

2 (temps écoulé, durée): **ça fait 2 ans qu'il est parti** it's 2 years since he left; **ça fait 2 ans qu'il y est** he's been there for 2 years

◆ vb semi-aux **1**: **faire** + infinitif (action directe) to make; **faire tomber/bouger qch** to make sth fall/move; **faire démarrer un moteur/chauffer de l'eau** to start up an engine/heat some water; **cela fait dormir** it makes you sleep; **faire travailler les enfants** to make the children work ou get the children to work; **il m'a fait traverser la rue** he helped me to cross the road

2 (indirectement, par un intermédiaire): **faire réparer qch** to get ou have sth repaired; **faire punir les enfants** to have the children punished; **il m'a fait ouvrir la porte** he got me to open the door;

se faire vi **1** (vin, fromage) to mature

2: **cela se fait beaucoup/ne se fait pas** it's done a lot/not done

3 (+nom ou pron): **se faire une jupe** to make o.s. a skirt; **se faire des amis** to make friends; **se faire du souci** to worry; **se faire des illusions** to delude o.s.; **se faire beaucoup d'argent** to make a lot of money; **il ne s'en fait pas** he doesn't worry

4 (+adj) (devenir): **se faire vieux** to be getting old; (délibérément): **se faire beau** to do o.s. up

5: **se faire à** (s'habituer) to get used to; **je n'arrive pas à me faire à la nourriture/au climat** I can't get used to the food/climate

6 (+infinitif): **se faire examiner la vue/opérer** to have one's eyes tested/have an operation; **se**

faire couper les cheveux to get one's hair cut; **il va se faire tuer/punir** he's going to get himself killed/get (himself) punished; **il s'est fait aider** he got somebody to help him; **il s'est fait aider par Simon** he got Simon to help him; **se faire faire un vêtement** to get a garment made for o.s.

7 (*impersonnel*): **comment se fait-il/faisait-il que?** how is it/was it that?; **il peut se faire que nous utilisions ...** it's possible that we could use ...

faire-part [fɛʀpaʀ] *nm inv* announcement (*of birth, marriage etc*)

faisable [fəzabl(ə)] *adj* feasible

faisan, e [fəzɑ̃, -an] *nm/f* pheasant

faisandé, e [fəzɑ̃de] *adj* high (*bad*); (*fig péj*) corrupt, decadent

faisceau, x [fɛso] *nm* (*de lumière etc*) beam; (*de branches etc*) bundle

faisons *etc* [fəzɔ̃] *vb voir* **faire**

fait¹ [fɛ] *vb voir* **faire** ♦ *nm* (*événement*) event, occurrence; (*réalité, donnée*) fact; **le fait que/de manger** the fact that/of eating; **être le fait de** (*causé par*) to be the work of; **être au fait (de)** to be informed (of); **mettre qn au fait** to inform sb, put sb in the picture; **au fait** (*à propos*) by the way; **en venir au fait** to get to the point; **de fait** *adj* (*opposé à: de droit*) de facto; *adv* in fact; **du fait de ceci/qu'il a menti** because of/on account of this/his having lied; **de ce fait** therefore, for this reason; **en fait** in fact; **en fait de repas** by way of a meal; **prendre fait et cause pour qn** to support sb, side with sb; **prendre qn sur le fait** to catch sb in the act; **dire à qn son fait** to give sb a piece of one's mind; **hauts faits** (*exploits*) exploits; **fait d'armes** feat of arms; **fait divers** (short) news item; **les faits et gestes de qn** sb's actions *ou* doings

fait², e [fɛ, fɛt] *pp de* **faire** ♦ *adj* (*mûr: fromage, melon*) ripe; (*maquillé: yeux*) made-up; (*vernis: ongles*) painted, polished; **un homme fait** a grown man; **tout(e) fait(e)** (*préparé à l'avance*) ready-made; **c'est fait de notre tranquillité** that's the end of our peace; **c'est bien fait (pour lui ou eux etc)** it serves him (*ou* them *etc*) right

faîte [fɛt] *nm* top; (*fig*) pinnacle, height

faites [fɛt] *vb voir* **faire**

faitout [fɛtu] *nm* stewpot

falaise [falɛz] *nf* cliff

falloir [falwaʀ] *vb impers*: **il faut faire les lits** we (*ou* you *etc*) have to *ou* must make the beds; **il faut que je fasse les lits** I have to *ou* must make the beds; **il a fallu qu'il parte** he had to leave; **il faudrait qu'elle rentre** she ought to go home; **il va falloir 100 F** we'll (*ou* I'll *etc*) need 100 F; **il doit falloir du temps** that must take time; **il vous faut tourner à gauche après l'église** you have to turn left past the church; **nous avons ce qu'il (nous)** faut we have what we need; **il faut qu'il ait oublié** he must have forgotten; **il a fallu qu'il l'apprenne** he would have to hear about it; **il ne fallait pas** (*pour remercier*) you shouldn't have (done); **faut le faire!** (it) takes some doing! ♦ *vi*: **s'en falloir, il s'en est fallu de 100 F/5 minutes** we (*ou* they *etc*) were 100 F short/5 minutes late (*ou* early); **il s'en faut de beaucoup qu'il soit ...** he is far from being ...; **il s'en est fallu de peu que cela n'arrive** it very nearly happened; **ou peu s'en faut** or just about, or as good as; **comme il faut** *adj* proper, *adv* properly

falsifier [falsifje] *vt* to falsify

famé, e [fame] *adj*: **mal famé** disreputable, of ill repute

famélique [famelik] *adj* half-starved

fameux, euse [famø, -øz] *adj* (*illustre: parfois péj*) famous; (*bon: repas, plat etc*) first-rate, first-class; (*intensif*): **un fameux problème** *etc* a real problem *etc*; **pas fameux** not great, not much good

familial, e, aux [familjal, -o] *adj* family *cpd* ♦ *nf* (*AUTO*) family estate car (*BRIT*), station wagon (*US*)

familiarité [familjaʀite] *nf* familiarity; informality; **familiarités** *nfpl* familiarities; **familiarité avec** (*sujet, science*) familiarity with

familier, ière [familje, -jɛʀ] *adj* (*connu, impertinent*) familiar; (*dénotant une certaine intimité*) informal, friendly; (*LING*) informal, colloquial ♦ *nm* regular (visitor)

famille [famij] *nf* family; **il a de la famille à Paris** he has relatives in Paris

famine [famin] *nf* famine

fana [fana] *adj, nm/f* (*fam*) = **fanatique**

fanatique [fanatik] *adj*: **fanatique (de)** fanatical (about) ♦ *nm/f* fanatic

fanatisme [fanatism(ə)] *nm* fanaticism

faner [fane]: **se faner** *vi* to fade

fanfare [fɑ̃faʀ] *nf* (*orchestre*) brass band; (*musique*) fanfare; **en fanfare** (*avec bruit*) noisily

fanfaron, ne [fɑ̃faʀɔ̃, -ɔn] *nm/f* braggart

fantaisie [fɑ̃tezi] *nf* (*spontanéité*) fancy, imagination; (*caprice*) whim; extravagance; (*MUS*) fantasia ♦ *adj*: **bijou (de) fantaisie** (piece of) costume jewellery (*BRIT*) *ou* jewelry (*US*); **pain (de) fantaisie** fancy bread

fantaisiste [fɑ̃tezist(ə)] *adj* (*péj*) unorthodox, eccentric ♦ *nm/f* (*de music-hall*) variety artist *ou* entertainer

fantasme [fɑ̃tasm(ə)] *nm* fantasy

fantasque [fɑ̃task(ə)] *adj* whimsical, capricious; fantastic

fantastique [fɑ̃tastik] *adj* fantastic

fantôme [fɑ̃tom] *nm* ghost, phantom

faon [fɑ̃] *nm* fawn (*deer*)

farce [faʀs(ə)] *nf* (*viande*) stuffing; (*blague*) (practical) joke; (*THÉAT*) farce; **faire une farce à qn** to play a (practical) joke on sb; **farces et attrapes** jokes and novelties

farcir [faʀsiʀ] vt (viande) to stuff; (fig): **farcir qch de** to stuff sth with; **se farcir** (fam): **je me suis farci la vaisselle** I've got stuck ou landed with the washing-up

fardeau, x [faʀdo] nm burden

farder [faʀde] vt to make up; (vérité) to disguise; **se farder** to make o.s. up

farfelu, e [faʀfəly] adj wacky (fam), hare-brained

farine [faʀin] nf flour; **farine de blé** wheatflour; **farine de maïs** cornflour (BRIT), cornstarch (US); **farine lactée** (pour bouillie) baby cereal

farineux, euse [faʀinø, -øz] adj (sauce, pomme) floury ♦ nmpl (aliments) starchy foods

farouche [faʀuʃ] adj shy, timid; (sauvage) savage, wild; (violent) fierce

fart [faʀ(t)] nm (ski) wax

fascicule [fasikyl] nm volume

fascination [fasinɑsjɔ̃] nf fascination

fasciner [fasine] vt to fascinate

fascisme [faʃism(ə)] nm fascism

fasse etc [fas] vb voir **faire**

faste [fast(ə)] nm splendour (BRIT), splendor (US) ♦ adj: **c'est un jour faste** it's his (ou our etc) lucky day

fastidieux, euse [fastidjø, -øz] adj tedious, tiresome

fastueux, euse [fastyø, -øz] adj sumptuous, luxurious

fatal, e [fatal] adj fatal; (inévitable) inevitable

fatalité [fatalite] nf (destin) fate; (coïncidence) fateful coincidence; (caractère inévitable) inevitability

fatidique [fatidik] adj fateful

fatigant, e [fatigɑ̃, -ɑ̃t] adj tiring; (agaçant) tiresome

fatigue [fatig] nf tiredness, fatigue; (détérioration) fatigue; **les fatigues du voyage** the wear and tear of the journey

fatigué, e [fatige] adj tired

fatiguer [fatige] vt to tire, make tired; (TECH) to put a strain on, strain; (fig: importuner) to wear out ♦ vi (moteur) to labour (BRIT), labor (US), strain; **se fatiguer** vi to get tired; to tire o.s. (out); **se fatiguer à faire qch** to tire o.s. out doing sth

fatras [fatʀa] nm jumble, hotchpotch

faubourg [fobuʀ] nm suburb

fauché, e [foʃe] adj (fam) broke

faucher [foʃe] vt (herbe) to cut; (champs, blés) to reap; (fig) to cut down; to mow down; (fam: voler) to pinch, nick

faucille [fosij] nf sickle

faucon [fokɔ̃] nm falcon, hawk

faudra etc [fodʀa] vb voir **falloir**

faufiler [fofile] vt to tack, baste; **se faufiler** vi: **se faufiler dans** to edge one's way into; **se faufiler parmi/entre** to thread one's way among/between

faune [fon] nf (ZOOL) wildlife, fauna; (fig péj) set, crowd ♦ nm faun; **faune marine** marine (animal) life

faussaire [fosɛʀ] nm/f forger

fausse [fos] adj f voir **faux²**

faussement [fosmɑ̃] adv (accuser) wrongly, wrongfully; (croire) falsely, erroneously

fausser [fose] vt (objet) to bend, buckle; (fig) to distort; **fausser compagnie à qn** to give sb the slip

faut [fo] vb voir **falloir**

faute [fot] nf (erreur) mistake, error; (péché, manquement) misdemeanour; (FOOTBALL etc) offence; (TENNIS) fault; (responsabilité): **par la faute de** through the fault of, because of; **c'est de sa/ma faute** it's his/my fault; **être en faute** to be in the wrong; **prendre qn en faute** to catch sb out; **faute de** (temps, argent) for ou through lack of; **faute de mieux** for want of anything ou something better; **sans faute** adv without fail; **faute de frappe** typing error; **faute d'inattention** careless mistake; **faute d'orthographe** spelling mistake; **faute professionnelle** professional misconduct no pl

fauteuil [fotœj] nm armchair; **fauteuil à bascule** rocking chair; **fauteuil club** (big) easy chair; **fauteuil d'orchestre** seat in the front stalls (BRIT) ou the orchestra (US); **fauteuil roulant** wheelchair

fauteur [fotœʀ] nm: **fauteur de troubles** trouble-maker

fautif, ive [fotif, -iv] adj (incorrect) incorrect, inaccurate; (responsable) at fault, in the wrong; (coupable) guilty ♦ nm/f culprit

fauve [fov] nm wildcat; (peintre) Fauve ♦ adj (couleur) fawn

faux¹ [fo] nf scythe

faux², fausse [fo, fos] adj (inexact) wrong; (piano, voix) out of tune; (falsifié) fake, forged; (sournois, postiche) false ♦ adv (MUS) out of tune ♦ nm (copie) fake, forgery; (opposé au vrai): **le faux** falsehood; **le faux numéro/la fausse clé** the wrong number/key; **faire fausse route** to go the wrong way; **faire faux bond à qn** to let sb down; **faux ami** (LING) faux ami; **faux col** detachable collar; **faux départ** (SPORT, fig) false start; **faux frais** nmpl extras, incidental expenses; **faux frère** (fig péj) false friend; **faux mouvement** awkward movement; **faux nez** false nose; **faux nom** assumed name; **faux pas** tripping no pl; (fig) faux pas; **faux témoignage** (délit) perjury; **fausse alerte** false alarm; **fausse clé** skeleton key; **fausse couche** (MÉD) miscarriage; **fausse joie** vain joy; **fausse note** wrong note

faux-filet [fofilɛ] nm sirloin

faux-monnayeur [fomɔnɛjœʀ] nm counterfeiter, forger

faveur [favœʀ] nf favour (BRIT), favor (US); **traitement de faveur** preferential treatment; **à la faveur de** under cover of; (grâce à) thanks to; **en faveur de** in favo(u)r of

favorable [favɔʀabl(ə)] adj favo(u)rable

favori, te [favɔʀi, -it] adj, nm/f favo(u)rite

favoriser [favɔrize] *vt* to favour (*BRIT*), favor (*US*)

fax [faks] *nm* fax

FB *abr* (= *franc belge*) BF, FB

fébrile [febril] *adj* feverish, febrile; **capitaux fébriles** (*ÉCON*) hot money

fécond, e [fekɔ̃, -ɔ̃d] *adj* fertile

féconder [fekɔ̃de] *vt* to fertilize

fécondité [fekɔ̃dite] *nf* fertility

fécule [fekyl] *nf* potato flour

féculent [fekylã] *nm* starchy food

fédéral, e, aux [federal, -o] *adj* federal

fée [fe] *nf* fairy

féerique [feerik] *adj* magical, fairytale *cpd*

feignant, e [fɛɲɑ̃, -ɑ̃t] *nm/f* = **fainéant, e**

feindre [fɛ̃dr(ə)] *vt* to feign ♦ *vi* to dissemble; **feindre de faire** to pretend to do

feint, e [fɛ̃, fɛ̃t] *pp de* **feindre** ♦ *adj* feigned ♦ *nf* (*SPORT: escrime*) feint; (: *football, rugby*) dummy (*BRIT*), fake (*US*); (*fam: ruse*) sham

fêler [fele] *vt* to crack

félicitations [felisitasjɔ̃] *nfpl* congratulations

féliciter [felisite] *vt*: **féliciter qn (de)** to congratulate sb (on)

félin, e [felɛ̃, -in] *adj* feline ♦ *nm* (big) cat

fêlure [felyr] *nf* crack

femelle [fəmɛl] *adj* (*aussi* ÉLEC, TECH) female ♦ *nf* female

féminin, e [feminɛ̃, -in] *adj* feminine; (*sexe*) female; (*équipe, vêtements etc*) women's; (*parfois péj: homme*) effeminate ♦ *nm* (*LING*) feminine

féministe [feminist(ə)] *adj, nf* feminist

femme [fam] *nf* woman; (*épouse*) wife (*pl* wives); **être très femme** to be very much a woman; **devenir femme** to attain womanhood; **femme d'affaires** businesswoman; **femme de chambre** chambermaid; **femme fatale** femme fatale; **femme au foyer** housewife; **femme d'intérieur** (*real*) homemaker; **femme de ménage** domestic help, cleaning lady; **femme du monde** society woman; **femme-objet** sex object; **femme de tête** determined, intellectual woman

fémur [femyr] *nm* femur, thighbone

fendre [fɑ̃dr(ə)] *vt* (*couper en deux*) to split; (*fissurer*) to crack; (*fig: traverser*) to cut through; to push one's way through; **se fendre** *vi* to crack

fenêtre [fənɛtr(ə)] *nf* window; **fenêtre à guillotine** sash window

fenouil [fənuj] *nm* fennel

fente [fɑ̃t] *nf* slit; (*fissure*) crack

féodal, e, aux [feɔdal, -o] *adj* feudal

fer [fɛr] *nm* iron; (*de cheval*) shoe; **fers** *pl* (*MÉD*) forceps; **mettre aux fers** (*enchaîner*) to put in chains; **au fer rouge** with a red-hot iron; **santé/main de fer** iron constitution/hand; **fer à cheval** horseshoe; **en fer à cheval** (*fig*) horseshoe-shaped; **fer forgé** wrought iron; **fer à friser** curling tongs; **fer de lance** spearhead; **fer (à repasser)** iron; **fer à sou**der soldering iron

fer-blanc [fɛrblɑ̃] *nm* tin(plate)

férié, e [ferje] *adj*: **jour férié** public holiday

ferions *etc* [fərjɔ̃] *vb voir* **faire**

ferme [fɛrm(ə)] *adj* firm ♦ *adv* (*travailler etc*) hard; (*discuter*) ardently ♦ *nf* (*exploitation*) farm; (*maison*) farmhouse; **tenir ferme** to stand firm

fermé, e [fɛrme] *adj* closed, shut; (*gaz, eau etc*) off; (*fig: personne*) uncommunicative; (: *milieu*) exclusive

fermenter [fɛrmɑ̃te] *vi* to ferment

fermer [fɛrme] *vt* to close, shut; (*cesser l'exploitation de*) to close down, shut down; (*eau, lumière, électricité, robinet*) to put off, turn off; (*aéroport, route*) to close ♦ *vi* to close, shut; to close down, shut down; **se fermer** *vi* (*yeux*) to close, shut; (*fleur, blessure*) to close up; **fermer à clef** to lock; **fermer au verrou** to bolt; **fermer les yeux (sur qch)** (*fig*) to close one's eyes (to sth); **se fermer à** (*pitié, amour*) to close one's heart ou mind to

fermeté [fɛrməte] *nf* firmness

fermeture [fɛrmətyr] *nf* (*voir fermer*) closing; shutting; closing ou shutting down; putting ou turning off; (*dispositif*) catch; fastening; fastener; **heure de fermeture** (*COMM*) closing time; **jour de fermeture** (*COMM*) day on which the shop (*etc*) is closed; **fermeture éclair®** ou **à glissière** zip (fastener) (*BRIT*), zipper

fermier, ière [fɛrmje, -jɛr] *nm/f* farmer ♦ *adj*: **beurre/cidre fermier** farm butter/cider

fermoir [fɛrmwar] *nm* clasp

féroce [ferɔs] *adj* ferocious, fierce

ferons *etc* [fərɔ̃] *vb voir* **faire**

ferraille [fɛrɑj] *nf* scrap iron; **mettre à la ferraille** to scrap; **bruit de ferraille** clanking

ferrer [fere] *vt* (*cheval*) to shoe; (*chaussure*) to nail; (*canne*) to tip; (*poisson*) to strike

ferronnerie [fɛrɔnri] *nf* ironwork; **ferronnerie d'art** wrought iron work

ferroviaire [fɛrɔvjɛr] *adj* rail *cpd*, railway *cpd* (*BRIT*), railroad *cpd* (*US*)

ferry(-boat) [fɛre(bot)] *nm* ferry

fertile [fɛrtil] *adj* fertile; **fertile en incidents** eventful, packed with incidents

féru, e [fery] *adj*: **féru de** with a keen interest in

fervent, e [fɛrvɑ̃, -ɑ̃t] *adj* fervent

fesse [fɛs] *nf* buttock; **les fesses** the bottom *sg*, the buttocks

fessée [fese] *nf* spanking

festin [fɛstɛ̃] *nm* feast

festival [fɛstival] *nm* festival

festivités [fɛstivite] *nfpl* festivities, merrymaking *sg*

festoyer [fɛstwaje] *vi* to feast

fêtard [fɛtar] *nm* (*péj*) high liver, merrymaker

fête [fɛt] *nf* (*religieuse*) feast; (*publique*) holiday;

(en famille etc) celebration; (kermesse) fête, fair, festival; (du nom) feast day, name day; **faire la fête** to live it up; **faire fête à qn** to give sb a warm welcome; **se faire une fête de** to look forward to; to enjoy; **ça va être sa fête!** (fam) he's going to get it!; **jour de fête** holiday; **les fêtes (de fin d'année)** the festive season; **la salle/le comité des fêtes** the village hall/festival committee; **la fête des Mères/Pères** Mother's/Father's Day; **fête de charité** charity fair ou fête; **fête foraine** (fun)fair; **fête mobile** movable feast (day); **la Fête Nationale** the national holiday; see boxed note

FÊTE DE LA MUSIQUE

The **fête de la Musique** is a music festival which has taken place every year since 1981. On 21 June throughout France local musicians perform free of charge in parks, streets and squares.

fêter [fete] vt to celebrate; (personne) to have a celebration for

feu, x [fø] nm (gén) fire; (signal lumineux) light; (de cuisinière) ring; (sensation de brûlure) burning (sensation); **feux** nmpl fire sg; (AUTO) (traffic) lights; **tous feux éteints** (NAVIG, AUTO) without lights; **au feu!** (incendie) fire!; **à feu doux/vif** over a slow/brisk heat; **à petit feu** (CULIN) over a gentle heat; (fig) slowly; **faire feu** to fire; **ne pas faire long feu** (fig) not to last long; **commander le feu** (MIL) to give the order to (open) fire; **tué au feu** (MIL) killed in action; **mettre à feu** (fusée) to fire off; **pris entre deux feux** caught in the crossfire; **en feu** on fire; **être tout feu tout flamme (pour)** (passion) to be aflame with passion (for); (enthousiasme) to be fired with enthusiasm (for); **prendre feu** to catch fire; **mettre le feu à** to set fire to, set on fire; **faire du feu** to make a fire; **avez-vous du feu?** (pour cigarette) have you (got) a light?; **feu rouge/vert/orange** (AUTO) red/green/amber (BRIT) ou yellow (US) light; **donner le feu vert à qch/qn** (fig) to give sth/sb the go-ahead ou green light; **feu arrière** (AUTO) rear light; **feu d'artifice** firework; (spectacle) fireworks pl; **feu de camp** campfire; **feu de cheminée** chimney fire; **feu de joie** bonfire; **feu de paille** (fig) flash in the pan; **feux de brouillard** (AUTO) fog lights ou lamps; **feux de croisement** (AUTO) dipped (BRIT) ou dimmed (US) headlights; **feux de position** (AUTO) sidelights; **feux de route** (AUTO) headlights (on full (BRIT) ou high (US) beam); **feux de stationnement** parking lights

feuillage [fœjaʒ] nm foliage, leaves pl

feuille [fœj] nf (d'arbre) leaf (pl leaves); **feuille (de papier)** sheet (of paper); **rendre feuille blanche** (SCOL) to give in a blank paper; **feuille d'or/de métal** gold/metal leaf; **feuille de chou** (péj: journal) rag; **feuille d'impôts** tax form; **feuille de maladie** medical expenses claim form; **feuille morte**

dead leaf; **feuille de paye** pay slip; **feuille de présence** attendance sheet; **feuille de température** temperature chart; **feuille de vigne** (BOT) vine leaf; (sur statue) fig leaf; **feuille volante** loose sheet

feuillet [fœjɛ] nm leaf (pl leaves) page

feuilleté, e [fœjte] adj (CULIN) flaky; (verre) laminated

feuilleter [fœjte] vt (livre) to leaf through

feuilleton [fœjtɔ̃] nm serial

feutre [føtʀ(ə)] nm felt; (chapeau) felt hat; (stylo) felt-tip(ped pen)

feutré, e [føtʀe] adj feltlike; (pas, voix) muffled

fève [fɛv] nf broad bean; (dans la galette des Rois) charm (hidden in cake eaten on Twelfth Night)

février [fevʀije] nm February; voir aussi **juillet**

FF abr (= franc français) FF

fiable [fjabl(ə)] adj reliable

fiançailles [fjɑ̃saj] nfpl engagement sg

fiancé, e [fjɑ̃se] nm/f fiancé/fiancée ◆ adj: **être fiancé (à)** to be engaged (to)

fiancer [fjɑ̃se]: **se fiancer** vi: **se fiancer (avec)** to become engaged (to)

fibre [fibʀ(ə)] nf fibre, fiber (US); **avoir la fibre paternelle/militaire** to be a born father/soldier; **fibre optique** optical fibre ou fiber; **fibre de verre** fibreglass (BRIT), fiberglass (US), glass fibre ou fiber

ficeler [fisle] vt to tie up

ficelle [fisɛl] nf string no pl; (morceau) piece ou length of string; (pain) stick of French bread; **ficelles** pl (fig) strings; **tirer sur la ficelle** (fig) to go too far

fiche [fiʃ] nf (carte) (index) card; (INFORM) record; (formulaire) form; (ÉLEC) plug; **fiche de paye** pay slip; **fiche signalétique** (POLICE) identification card; **fiche technique** data sheet, specification ou spec sheet

ficher [fiʃe] vt (dans un fichier) to file; (: POLICE) to put on file; (fam) to do; (: donner) to give; (: mettre) to stick ou shove; (planter): **ficher qch dans** to stick ou drive sth into; **ficher qn à la porte** (fam) to chuck sb out; **fiche(-moi) le camp** (fam) clear off; **fiche-moi la paix** (fam) leave me alone; **se ficher dans** (s'enfoncer) to get stuck in, embed itself in; **se ficher de** (fam) to make fun of; not to care about

fichier [fiʃje] nm (gén, INFORM) file; (à cartes) card index; **fichier actif** ou **en cours d'utilisation** (INFORM) active file; **fichier d'adresses** mailing list; **fichier d'archives** (INFORM) archive file

fichu, e [fiʃy] pp de **ficher** (fam) ◆ adj (fam: fini, inutilisable) bust, done for; (: intensif) wretched, darned ◆ nm (foulard) (head)scarf (pl -scarves); **être fichu de** to be capable of; **mal fichu** feeling lousy; useless; **bien fichu** great

fictif, ive [fiktif, -iv] adj fictitious

fiction [fiksjɔ̃] nf fiction; (fait imaginé) invention

fidèle [fidɛl] adj: **fidèle (à)** faithful (to) ◆ nm/f (REL): **les fidèles** the faithful; (à l'église) the congregation

fidélité [fidelite] nf faithfulness

fier¹ [fje]: **se fier à** vt to trust

fier², fière [fjɛʁ] adj proud; **fier de** proud of; **avoir fière allure** to cut a fine figure

fierté [fjɛʁte] nf pride

fièvre [fjɛvʁ(ə)] nf fever; **avoir de la fièvre/39 de fièvre** to have a high temperature/a temperature of 39° C; **fièvre typhoïde** typhoid fever

fiévreux, euse [fjevʁø, -øz] adj feverish

figé, e [fiʒe] adj (manières) stiff; (société) rigid; (sourire) set

figer [fiʒe] vt to congeal; (fig: personne) to freeze, root to the spot; **se figer** vi to congeal; to freeze; (institutions etc) to become set, stop evolving

fignoler [fiɲɔle] vt to put the finishing touches to

figue [fig] nf fig

figuier [figje] nm fig tree

figurant, e [figyʁɑ̃, -ɑ̃t] nm/f (THÉÂT) walk-on; (CINÉ) extra

figure [figyʁ] nf (visage) face; (image, tracé, forme, personnage) figure; (illustration) picture, diagram; **faire figure de** to look like; **faire bonne figure** to put up a good show; **faire triste figure** to be a sorry sight; **figure de rhétorique** figure of speech

figuré, e [figyʁe] adj (sens) figurative

figurer [figyʁe] vi to appear ♦ vt to represent; **se figurer que** to imagine that; **figurez-vous que ...** would you believe that ...?

fil [fil] nm (brin, fig: d'une histoire) thread; (du téléphone) cable, wire; (textile de lin) linen; (d'un couteau: tranchant) edge; **au fil des années** with the passing of the years; **au fil de l'eau** with the stream ou current; **de fil en aiguille** one thing leading to another; **ne tenir qu'à un fil** (vie, réussite etc) to hang by a thread; **donner du fil à retordre à qn** to make life difficult for sb; **donner/recevoir un coup de fil** to make/get a phone call; **fil à coudre** (sewing) thread ou yarn; **fil dentaire** dental floss; **fil électrique** electric wire; **fil de fer** wire; **fil de fer barbelé** barbed wire; **fil à pêche** fishing line; **fil à plomb** plumbline; **fil à souder** soldering wire

filament [filamɑ̃] nm (ÉLEC) filament; (de liquide) trickle, thread

filandreux, euse [filɑ̃dʁø, -øz] adj stringy

filature [filatyʁ] nf (fabrique) mill; (policière) shadowing no pl, tailing no pl; **prendre qn en filature** to shadow ou tail sb

file [fil] nf line; **file (d'attente)** queue (BRIT), line (US); **prendre la file** to join the (end of the) queue ou line; **prendre la file de droite** (AUTO) to move into the right-hand lane; **se mettre en file** to form a line; (AUTO) to get into lane; **stationner en double file** (AUTO) to double-park; **à la file** adv (d'affilée) in succession; (à la suite) one after another; **à la** ou **en file indienne** in single file

filer [file] vt (tissu, toile, verre) to spin; (dérouler:

câble etc) to pay ou let out; (prendre en filature) to shadow, tail; (fam: donner): **filer qch à qn** to slip sb sth ♦ vi (bas, maille, liquide, pâte) to run; (aller vite) to fly past ou by; (fam: partir) to make off; **filer à l'anglaise** to take French leave; **filer doux** to behave o.s., toe the line; **filer un mauvais coton** to be in a bad way

filet [filɛ] nm net; (CULIN) fillet; (d'eau, de sang) trickle; **tendre un filet** (police) to set a trap; **filet (à bagages)** (RAIL) luggage rack; **filet (à provisions)** string bag

filiale [filjal] nf (COMM) subsidiary; affiliate

filière [filjɛʁ] nf: **passer par la filière** to go through the (administrative) channels; **suivre la filière** to work one's way up (through the hierarchy)

filiforme [filifɔʁm(ə)] adj spindly; threadlike

filigrane [filigʁan] nm (d'un billet, timbre) watermark; **en filigrane** (fig) showing just beneath the surface

fille [fij] nf girl; (opposé à fils) daughter; **vieille fille** old maid; **fille de joie** prostitute; **fille de salle** waitress

fillette [fijɛt] nf (little) girl

filleul, e [fijœl] nm/f godchild, godson/daughter

film [film] nm (pour photo) (roll of) film; (œuvre) film, picture, movie; (couche) film; **film muet/parlant** silent/talking picture ou movie; **film alimentaire** clingfilm; **film d'amour/d'animation/d'horreur** romantic/animated/horror film; **film comique** comedy; **film policier** thriller

filon [filɔ̃] nm vein, lode; (fig) lucrative line, moneyspinner

fils [fis] nm son; **fils de famille** moneyed young man; **fils à papa** (péj) daddy's boy

filtre [filtʁ(ə)] nm filter; **"filtre ou sans filtre?"** (cigarettes) "tipped or plain?"; **filtre à air** air filter

filtrer [filtʁe] vt to filter; (fig: candidats, visiteurs) to screen ♦ vi to filter (through)

fin¹ [fɛ̃] nf end; **fins** nfpl (but) ends; **à (la) fin mai, fin mai** at the end of May; **en fin de semaine** at the end of the week; **prendre fin** to come to an end; **toucher à sa fin** to be drawing to a close; **mettre fin à** to put an end to; **mener à bonne fin** to bring to a successful conclusion; **à cette fin** to this end; **à toutes fins utiles** for your information; **à la fin** in the end, eventually; **sans fin** adj endless, adv endlessly; **fin de non-recevoir** (JUR, ADMIN) objection; **fin de section** (de ligne d'autobus) fare stage

fin², e [fɛ̃, fin] adj (papier, couche, fil) thin; (cheveux, poudre, pointe, visage) fine; (taille) neat, slim; (esprit, remarque) subtle; shrewd ♦ adv (moudre, couper) finely ♦ nm: **vouloir jouer au plus fin (avec qn)** to try to outsmart sb ♦ nf (alcool) liqueur brandy; **c'est fin!** (ironique) how clever!; **fin prêt/soûl** quite ready/drunk; **un fin gourmet** a gourmet; **un fin tireur** a crack shot;

avoir la vue/l'ouïe fine to have sharp eyes/ears, have keen eyesight/hearing; **or/linge/vin fin** fine gold/linen/wine; **le fin fond de** the very depths of; **le fin mot de** the real story behind; **la fine fleur de** the flower of; **une fine mouche** (fig) a sharp customer; **fines herbes** mixed herbs

final, e [final] adj, nf final ♦ nm (MUS) finale; **quarts de finale** quarter finals; **8èmes/16èmes de finale** 2nd/1st round (in 5 round knock-out competition)

finalement [finalmɑ̃] adv finally, in the end; (après tout) after all

finance [finɑ̃s] nf finance; **finances** nfpl (situation financière) finances; (activités financières) finance sg; **moyennant finance** for a fee ou consideration

financer [finɑ̃se] vt to finance

financier, ière [finɑ̃sje, -jɛʀ] adj financial ♦ nm financier

finaud, e [fino, -od] adj wily

finesse [fines] nf thinness; fineness; neatness; slimness; subtlety; shrewdness; **finesses** nfpl (subtilités) niceties; finer points

fini, e [fini] adj finished; (MATH) finite; (intensif): **un menteur fini** a liar through and through ♦ nm (d'un objet manufacturé) finish

finir [finiʀ] vt to finish ♦ vi to finish, end; **finir quelque part** to end ou finish up somewhere; **finir de faire** to finish doing; (cesser) to stop doing; **finir par faire** to end ou finish up doing; **il finit par m'agacer** he's beginning to get on my nerves; **finir en pointe/tragédie** to end in a point/in tragedy; **en finir avec** to be ou have done with; **à n'en plus finir** (route, discussions) never-ending; **il va mal finir** he will come to a bad end; **c'est bientôt fini?** (reproche) have you quite finished?

finition [finisjɔ̃] nf finishing; finish

finlandais, e [fɛ̃lɑ̃dɛ, -ez] adj Finnish ♦ nm/f: **Finlandais, e** Finn

Finlande [fɛ̃lɑ̃d] nf: **la Finlande** Finland

fiole [fjɔl] nf phial

firme [fiʀm(ə)] nf firm

fis [fi] vb voir **faire**

fisc [fisk] nm tax authorities pl, ≈ Inland Revenue (BRIT), ≈ Internal Revenue Service (US)

fiscal, e, aux [fiskal, -o] adj tax cpd, fiscal

fiscalité [fiskalite] nf tax system; (charges) taxation

fissure [fisyʀ] nf crack

fissurer [fisyʀe] vt: **se fissurer** vi to crack

fiston [fistɔ̃] nm (fam) son, lad

fit [fi] vb voir **faire**

fixation [fiksasjɔ̃] nf fixing; fastening; setting; (de ski) binding; (PSYCH) fixation

fixe [fiks(ə)] adj fixed; (emploi) steady, regular ♦ nm (salaire) basic salary; **à heure fixe** at a set time; **menu à prix fixe** set menu

fixé, e [fikse] adj (heure, jour) appointed; **être fixé (sur)** to have made up one's mind (about); to know for certain (about)

fixer [fikse] vt (attacher): **fixer qch (à/sur)** to fix ou fasten sth (to/onto); (déterminer) to fix, set; (CHIMIE, PHOTO) to fix; (poser son regard sur) to look hard at, stare at; **se fixer** (s'établir) to settle down; **fixer son choix sur qch** to decide on sth; **se fixer sur** (suj: attention) to focus on

flacon [flakɔ̃] nm bottle

flageoler [flaʒɔle] vi to have knees like jelly

flageolet [flaʒɔlɛ] nm (MUS) flageolet; (CULIN) dwarf kidney bean

flagrant, e [flagʀɑ̃, -ɑ̃t] adj flagrant, blatant; **en flagrant délit** in the act, in flagrante delicto

flair [flɛʀ] nm sense of smell; (fig) intuition

flairer [fleʀe] vt (humer) to sniff (at); (détecter) to scent

flamand, e [flamɑ̃, -ɑ̃d] adj Flemish ♦ nm (LING) Flemish ♦ nm/f: **Flamand, e** Fleming; **les Flamands** the Flemish

flamant [flamɑ̃] nm flamingo

flambant [flɑ̃bɑ̃] adv: **flambant neuf** brand new

flambé, e [flɑ̃be] adj (CULIN) flambé ♦ nf blaze; (fig) flaring-up, explosion

flambeau, x [flɑ̃bo] nm (flaming) torch; **se passer le flambeau** (fig) to hand down the (ou a) tradition

flambée [flɑ̃be] nf (feu) blaze; (COMM): **flambée des prix** (sudden) shooting up of prices

flamber [flɑ̃be] vi to blaze (up) ♦ vt (poulet) to singe; (aiguille) to sterilize

flamboyer [flɑ̃bwaje] vi to blaze (up); (fig) to flame

flamme [flam] nf flame; (fig) fire, fervour; **en flammes** on fire, ablaze

flan [flɑ̃] nm (CULIN) custard tart ou pie

flanc [flɑ̃] nm side; (MIL) flank; **à flanc de colline** on the hillside; **prêter le flanc à** (fig) to lay o.s. open to

flancher [flɑ̃ʃe] vi (cesser de fonctionner) to fail, pack up; (armée) to quit

flanelle [flanɛl] nf flannel

flâner [flɑne] vi to stroll

flânerie [flɑnʀi] nf stroll

flanquer [flɑ̃ke] vt to flank; (fam: jeter): **flanquer par terre/à la porte** to fling to the ground/chuck out; (: donner): **flanquer la frousse à qn** to put the wind up sb, give sb an awful fright

flaque [flak] nf (d'eau) puddle; (d'huile, de sang etc) pool

flash, pl flashes [flaʃ] nm (PHOTO) flash; **flash (d'information)** newsflash

flasque [flask(ə)] adj flabby ♦ nf (flacon) flask

flatter [flate] vt to flatter; (caresser) to stroke; **se flatter de qch** to pride o.s. on sth

flatterie [flatʀi] nf flattery

flatteur, euse [flatœʀ, -øz] adj flattering ♦ nm/f flatterer

fléau, x [fleo] nm scourge, curse; (de balance) beam; (pour le blé) flail

flèche [flɛʃ] nf arrow; (de clocher) spire; (de grue) jib; (trait d'esprit, critique) shaft; **monter en flèche** (fig) to soar, rocket; **partir en flèche** (fig) to be off like a shot; **à flèche variable** (avion) swing-wing cpd

fléchette [fleʃɛt] nf dart; **fléchettes** nfpl (jeu) darts sg

fléchir [fleʃiʀ] vt (corps, genou) to bend; (fig) to sway, weaken ♦ vi (poutre) to sag, bend; (fig) to weaken, flag; (: baisser: prix) to fall off

flemmard, e [flemaʀ, -aʀd(ə)] nm/f lazybones sg, loafer

flemme [flɛm] nf (fam): **j'ai la flemme de le faire** I can't be bothered

flétrir [fletʀiʀ] vt to wither; (stigmatiser) to condemn (in the most severe terms); **se flétrir** vi to wither

fleur [flœʀ] nf flower; (d'un arbre) blossom; **être en fleur** (arbre) to be in blossom; **tissu à fleurs** flowered ou flowery fabric; **la (fine) fleur de** (fig) the flower of; **être fleur bleue** to be soppy ou sentimental; **à fleur de terre** just above the ground; **faire une fleur à qn** to do sb a favour (BRIT) ou favor (US); **fleur de lis** fleur-de-lis

fleuri, e [flœʀi] adj in flower ou bloom, surrounded by flowers; (fig: style) flowery; (: teint) glowing

fleurir [flœʀiʀ] vi (rose) to flower; (arbre) to blossom; (fig) to flourish ♦ vt (tombe) to put flowers on; (chambre) to decorate with flowers

fleuriste [flœʀist(ə)] nm/f florist

fleuve [flœv] nm river; **roman-fleuve** saga; **discours-fleuve** interminable speech

flexible [flɛksibl(ə)] adj flexible

flic [flik] nm (fam: péj) cop

flipper nm [flipœʀ] pinball (machine) ♦ vi [flipe] (fam: être déprimé) to feel down, be on a downer; (: être exalté) to freak out

flirter [flœʀte] vi to flirt

flocon [flɔkɔ̃] nm flake; (de laine etc: boulette) flock; **flocons d'avoine** oatflakes, porridge oats

flopée [flɔpe] nf: **une flopée de** loads of

floraison [flɔʀɛzɔ̃] nf (voir fleurir) flowering; blossoming; flourishing

flore [flɔʀ] nf flora

florissant, e [flɔʀisɑ̃, -ɑ̃t] vb voir fleurir ♦ adj flourishing; (santé, teint, mine) blooming

flot [flo] nm flood, stream; (marée) flood tide; **flots** nmpl (de la mer) waves; **être à flot** (NAVIG) to be afloat; (fig) to be on an even keel; **à flots** (couler) in torrents; **entrer à flots** to stream ou pour in

flottant, e [flɔtɑ̃, -ɑ̃t] adj (vêtement) loose (-fitting); (cours, barème) floating

flotte [flɔt] nf (NAVIG) fleet; (fam) water; rain

flottement [flɔtmɑ̃] nm (fig) wavering, hesitation; (ÉCON) floating

flotter [flɔte] vi to float; (nuage, odeur) to drift; (drapeau) to fly; (vêtements) to hang loose ♦ vb impers (fam: pleuvoir): **il flotte** it's raining ♦ vt to float; **faire flotter** to float

flotteur [flɔtœʀ] nm float

flou, e [flu] adj fuzzy, blurred; (fig) woolly (BRIT), vague; (non ajusté: robe) loose(-fitting)

fluctuation [flyktɥasjɔ̃] nf fluctuation

fluet, te [flɥɛ, -ɛt] adj thin, slight; (voix) thin

fluide [flɥid] adj fluid; (circulation etc) flowing freely ♦ nm fluid; (force) (mysterious) power

fluor [flyɔʀ] nm fluorine

fluorescent, e [flyɔʀesɑ̃, -ɑ̃t] adj fluorescent

flûte [flyt] nf (aussi: flûte traversière) flute; (verre) flute glass; (pain) long loaf (pl loaves); **petite flûte** piccolo (pl -s); **flûte!** drat it!; **flûte (à bec)** recorder; **flûte de Pan** panpipes pl

flux [fly] nm incoming tide; (écoulement) flow; **le flux et le reflux** the ebb and flow

FM sigle f (= frequency modulation) FM

foc [fɔk] nm jib

foi [fwa] nf faith; **sous la foi du serment** under ou on oath; **ajouter foi à** to lend credence to; **faire foi** (prouver) to be evidence; **digne de foi** reliable; **sur la foi de** on the word ou strength of; **être de bonne/mauvaise foi** to be in good faith/not to be in good faith; **ma foi!** well!

foie [fwa] nm liver; **foie gras** foie gras

foin [fwɛ̃] nm hay; **faire les foins** to make hay; **faire du foin** (fam) to kick up a row

foire [fwaʀ] nf fair; (fête foraine) (fun) fair; (fig: désordre, confusion) bear garden; **faire la foire** to whoop it up; **foire (exposition)** trade fair

fois [fwa] nf time; **une/deux fois** once/twice; **trois/vingt fois** three/twenty times; **2 fois 2** 2 times 2; **deux/quatre fois plus grand (que)** twice/ four times as big (as); **une fois** (passé) once; (futur) sometime; **une (bonne) fois pour toutes** once and for all; **encore une fois** again, once more; **il était une fois** once upon a time; **une fois que c'est fait** once it's done; **une fois parti** once he (ou I etc) had left; **des fois** (parfois) sometimes; **si des fois ...** (fam) if ever ...; **non mais des fois!** (fam) (now) look here!; **à la fois** (ensemble) (all) at once; **à la fois grand et beau** both tall and handsome

foison [fwazɔ̃] nf: **une foison de** an abundance of; **à foison** adv in plenty

foisonner [fwazɔne] vi to abound; **foisonner en** ou **de** to abound in

fol [fɔl] adj m voir **fou**

folie [fɔli] nf (d'une décision, d'un acte) madness, folly; (état) madness, insanity; (acte) folly; **la folie des grandeurs** delusions of grandeur; **faire des folies** (en dépenses) to be extravagant

folklorique [fɔlklɔʀik] adj folk cpd; (fam) weird

folle [fɔl] adj f, nf voir **fou**

follement [fɔlmɑ̃] adv (très) madly, wildly

foncé, e [fɔ̃se] adj dark; **bleu foncé** dark blue

foncer [fɔ̃se] vt to make darker; (CULIN: moule etc) to line ♦ vi to go darker; (fam: aller vite) to tear ou belt along; **foncer sur** to charge at

foncier, ière [fɔ̃sje, -jɛʀ] adj (honnêteté etc) basic, fundamental; (malhonnêteté) deep-rooted; (COMM) real estate cpd

fonction [fɔ̃ksjɔ̃] nf (rôle, MATH, LING) function; (emploi, poste) post, position; **fonctions** (professionnelles) duties; **entrer en fonctions** to take up one's post ou duties; to take up office; **voiture de fonction** company car; **être fonction de** (dépendre de) to depend on; **en fonction de** (par rapport à) according to; **faire fonction de** to serve as; **la fonction publique** the state ou civil (BRIT) service

fonctionnaire [fɔ̃ksjɔnɛʀ] nm/f state employee ou official; (dans l'administration) ≈ civil servant (BRIT)

fonctionner [fɔ̃ksjɔne] vi to work, function; (entreprise) to operate, function; **faire fonctionner** to work, operate

fond [fɔ̃] nm; voir aussi **fonds**; (d'un récipient, trou) bottom; (d'une salle, scène) back; (d'un tableau, décor) background; (opposé à la forme) content; (petite quantité): **un fond de verre** a drop; (SPORT): **le fond** long distance (running); **course/épreuve de fond** long-distance race/trial; **au fond de** at the bottom of; at the back of; **aller au fond des choses** to get to the root of things; **le fond de sa pensée** his (ou her) true thoughts ou feelings; **sans fond** adj bottomless; **envoyer par le fond** (NAVIG: couler) to sink, scuttle; **à fond** adv (connaître, soutenir) thoroughly; (appuyer, visser) right down ou home; **à fond (de train)** adv (fam) full tilt; **dans le fond, au fond** adv (en somme) basically, really; **de fond en comble** adv from top to bottom; **fond sonore** background noise; background music; **fond de teint** (make-up) foundation

fondamental, e, aux [fɔ̃damɑ̃tal, -o] adj fundamental

fondant, e [fɔ̃dɑ̃, -ɑ̃t] adj (neige) melting; (poire) that melts in the mouth; (chocolat) melting

fondateur, trice [fɔ̃datœʀ, -tʀis] nm/f founder; **membre fondateur** founder (BRIT) ou founding (US) member

fondation [fɔ̃dasjɔ̃] nf founding; (établissement) foundation; **fondations** nfpl (d'une maison) foundations; **travail de fondation** foundation works pl

fondé, e [fɔ̃de] adj (accusation etc) well-founded ♦ nm: **fondé de pouvoir** authorized representative; **mal fondé** unfounded; **être fondé à croire** to have grounds for believing ou good reason to believe

fondement [fɔ̃dmɑ̃] nm (derrière) behind; **fondements** nmpl foundations; **sans fondement** adj (rumeur etc) groundless, unfounded

fonder [fɔ̃de] vt to found; (fig): **fonder qch sur** to base sth on; **se fonder sur** (suj: personne) to base o.s. on; **fonder un foyer** (se marier) to set up home

fonderie [fɔ̃dʀi] nf smelting works sg

fondre [fɔ̃dʀ(ə)] vt to melt; (dans l'eau: sucre, sel) to dissolve; (fig: mélanger) to merge, blend ♦ vi to melt; to dissolve; (fig) to melt away; (se précipiter): **fondre sur** to swoop down on; **se fondre** vi (se combiner, se confondre) to merge into each other; to dissolve; **fondre en larmes** to dissolve into tears

fonds [fɔ̃] nm (de bibliothèque) collection; (COMM): **fonds (de commerce)** business; (fig): **fonds de probité** etc fund of integrity etc ♦ nmpl (argent) funds; **à fonds perdus** adv with little or no hope of getting the money back; **être en fonds** to be in funds; **mise de fonds** investment, (capital) outlay; **Fonds monétaire international (FMI)** International Monetary Fund (IMF); **fonds de roulement** nm float

fondu, e [fɔ̃dy] adj (beurre, neige) melted; (métal) molten ♦ nm (CINÉ): **fondu (enchaîné)** dissolve ♦ nf (CULIN) fondue

font [fɔ̃] vb voir **faire**

fontaine [fɔ̃tɛn] nf fountain; (source) spring

fonte [fɔ̃t] nf melting; (métal) cast iron; **la fonte des neiges** the (spring) thaw

foot(ball) [fut(bol)] nm football, soccer

footballeur, euse [futbolœʀ, -øz] nm/f footballer (BRIT), football ou soccer player

footing [futiŋ] nm jogging; **faire du footing** to go jogging

for [fɔʀ] nm: **dans** ou **en son for intérieur** in one's heart of hearts

forain, e [fɔʀɛ̃, -ɛn] adj fairground cpd ♦ nm (marchand) stallholder; (acteur etc) fairground entertainer

forçat [fɔʀsa] nm convict

force [fɔʀs(ə)] nf strength; (puissance: surnaturelle etc) power; (PHYSIQUE, MÉCANIQUE) force; **forces** nfpl (physiques) strength sg; (MIL) forces; (effectifs): **d'importantes forces de police** large contingents of police; **avoir de la force** to be strong; **être à bout de force** to have no strength left; **à la force du poignet** (fig) by the sweat of one's brow; **à force de faire** by dint of doing; **arriver en force** (nombreux) to arrive in force; **cas de force majeure** case of absolute necessity; (ASSURANCES) act of God; **force de la nature** natural force; **de force** adv forcibly, by force; **de toutes mes/ses forces** with all my/his strength; **par la force** using force; **par la force des choses/d'habitude** by force of circumstances/habit; **à toute force** (absolument) at all costs; **faire force de rames/voiles** to ply the oars/cram on sail; **être de force à faire** to be up to doing; **de première force** first class; **la force armée** (les troupes) the army; **force d'âme** fortitude; **force de frappe** strike force; **force d'inertie** force of inertia; **la force publique** the authorities responsible for public order; **forces d'intervention** (MIL, POLICE) peace-keeping force sg; **les forces de l'ordre** the police

forcé, e [fɔʀse] adj forced; (bain) unintended; (inevitable): **c'est forcé!** it's inevitable!, it HAS to be!

forcément [fɔʀsemɑ̃] adv necessarily, inevitably; (bien sûr) of course

forcené, e [fɔʀsane] adj frenzied ♦ nm/f maniac

forcer [fɔʀse] vt (contraindre): **forcer qn à faire** to force sb to do; (porte, serrure, plante) to force; (moteur, voix) to strain ♦ vi (SPORT) to overtax o.s.; **se forcer à faire qch** to force o.s. to do sth; **forcer la dose/l'allure** to overdo it/increase the pace; **forcer l'attention/le respect** to command attention/respect; **forcer la consigne** to bypass orders

forcir [fɔʀsiʀ] vi (grossir) to broaden out; (vent) to freshen

forer [fɔʀe] vt to drill, bore

forestier, ière [fɔʀɛstje, -jɛʀ] adj forest cpd

forêt [fɔʀɛ] nf forest; **Office National des Forêts** (ADMIN) ≃ Forestry Commission (BRIT), ≃ National Forest Service (US); **la Forêt Noire** the Black Forest

forfait [fɔʀfɛ] nm (COMM) fixed ou set price; all-in deal ou price; (crime) infamy; **déclarer forfait** to withdraw; **gagner par forfait** to win by a walkover; **travailler à forfait** to work for a lump sum

forfaitaire [fɔʀfɛtɛʀ] adj set; inclusive

forge [fɔʀʒ(ə)] nf forge, smithy

forger [fɔʀʒe] vt to forge; (fig: personnalité) to form; (: prétexte) to contrive, make up

forgeron [fɔʀʒəʀɔ̃] nm (black)smith

formaliser [fɔʀmalize]: **se formaliser** vi: **se formaliser (de)** to take offence (at)

formalité [fɔʀmalite] nf formality

format [fɔʀma] nm size; **petit format** small size; (PHOTO) 35 mm (film)

formater [fɔʀmate] vt (disque) to format; **non formaté** unformatted

formation [fɔʀmasjɔ̃] nf forming; (éducation) training; (MUS) group; (MIL, AVIAT, GÉO) formation; **la formation permanente** ou **continue** continuing education; **la formation professionnelle** vocational training

forme [fɔʀm(ə)] nf (gén) form; (d'un objet) shape, form; **formes** nfpl (bonnes manières) proprieties; (d'une femme) figure sg; **en forme de poire** pear-shaped, in the shape of a pear; **sous forme de** in the form of; (in the guise of); **sous forme de cachets** in the form of tablets; **être en (bonne** ou **pleine) forme** avoir la forme; (SPORT etc) to be on form; **en bonne et due forme** in due form; **pour la forme** for the sake of form; **sans autre forme de procès** (fig) without further ado; **prendre forme** to take shape

formel, le [fɔʀmɛl] adj (preuve, décision) definite, positive; (logique) formal

formellement [fɔʀmɛlmɑ̃] adv (interdit) strictly

former [fɔʀme] vt (gén) to form; (éduquer: soldat,

ingénieur etc) to train; **se former** to form; to train

formidable [fɔʀmidabl(ə)] adj tremendous

formulaire [fɔʀmylɛʀ] nm form

formule [fɔʀmyl] nf (gén) formula; (formulaire) form; **selon la formule consacrée** as one says; **formule de politesse** polite phrase; (en fin de lettre) letter ending

formuler [fɔʀmyle] vt (émettre: réponse, vœux) to formulate; (expliciter: sa pensée) to express

fort, e [fɔʀ, fɔʀt(ə)] adj strong; (intensité, rendement) high, great; (corpulent) large; (doué): **être fort (en)** to be good (at) ♦ adv (serrer, frapper) hard; (sonner) loud(ly); (beaucoup) greatly, very much; (très) very ♦ nm (édifice) fort; (point fort) strong point, forte; (gén pl: personne, pays): **le fort, les forts** the strong; **c'est un peu fort!** it's a bit much!; **à plus forte raison** even more so, all the more reason; **avoir fort à faire avec qn** to have a hard job with sb; **se faire fort de faire** to claim one can do; **fort bien/peu** very well/few; **au plus fort de** (au milieu de) in the thick of, at the height of; **forte tête** rebel

forteresse [fɔʀtaʀɛs] nf fortress

fortifiant [fɔʀtifjɑ̃] nm tonic

fortifier [fɔʀtifje] vt to strengthen, fortify; (MIL) to fortify; **se fortifier** vi (personne, santé) to grow stronger

fortiori [fɔʀtjɔʀi]: **à fortiori** adv all the more so

fortuit, e [fɔʀtɥi, -it] adj fortuitous, chance cpd

fortune [fɔʀtyn] nf fortune; **faire fortune** to make one's fortune; **de fortune** adj makeshift; (compagnon) chance cpd

fortuné, e [fɔʀtyne] adj wealthy, well-off

fosse [fos] nf (grand trou) pit; (tombe) grave; **la fosse aux lions/ours** the lions' den/bear pit; **fosse commune** common ou communal grave; **fosse (d'orchestre)** (orchestra) pit; **fosse à purin** cesspit; **fosse septique** septic tank; **fosses nasales** nasal fossae

fossé [fose] nm ditch; (fig) gulf, gap

fossette [fosɛt] nf dimple

fossile [fosil] nm fossil ♦ adj fossilized, fossil cpd

fossoyeur [foswajœʀ] nm gravedigger

fou, fol, folle [fu, fɔl] adj mad, crazy; (déréglé etc) wild, erratic; (mèche) stray; (herbe) wild; (fam: extrême, très grand) terrific, tremendous ♦ nm/f madman/woman ♦ nm (du roi) jester, fool; (ÉCHECS) bishop; **fou à lier, fou furieux (folle furieuse)** raving mad; **être fou de** to be mad ou crazy about; (chagrin, joie, colère) to be wild with; **faire le fou** to play ou act the fool; **avoir le fou rire** to have the giggles

foudre [fudʀ(ə)] nf lightning; **foudres** nfpl (fig: colère) wrath sg

foudroyant, e [fudʀwajɑ̃, -ɑ̃t] adj devastating; (maladie, poison) violent

foudroyer [fudʀwaje] vt to strike down; **foudroyer qn du regard** to look daggers at sb; **il a été**

foudroyé he was struck by lightning

fouet [fwɛ] nm whip; (CULIN) whisk; **de plein fouet** adv head on

fouetter [fwete] vt to whip; to whisk

fougère [fuʒɛʀ] nf fern

fougue [fug] nf ardour (BRIT), ardor (US), spirit

fougueux, euse [fugø, -øz] adj fiery, ardent

fouille [fuj] nf search; **fouilles** nfpl (archéologiques) excavations; **passer à la fouille** to be searched

fouiller [fuje] vt to search; (creuser) to dig; (: suj: archéologue) to excavate; (approfondir: étude etc) to go into ♦ vi (archéologue) to excavate; **fouiller dans/parmi** to rummage in/among

fouillis [fuji] nm jumble, muddle

fouiner [fwine] vi (péj): **fouiner dans** to nose around ou about in

foulard [fular] nm scarf (pl scarves)

foule [ful] nf crowd; **une foule de** masses of; **venir en foule** to come in droves

foulée [fule] nf stride; **dans la foulée de** on the heels of

fouler [fule] vt to press; (sol) to tread upon; **se fouler** vi (fam) to overexert o.s.; **se fouler la cheville** to sprain one's ankle; **fouler aux pieds** to trample underfoot

foulure [fulyʀ] nf sprain

four [fuʀ] nm oven; (de potier) kiln; (THÉÂT: échec) flop; **allant au four** ovenproof

fourbe [fuʀb(ə)] adj deceitful

fourbu, e [fuʀby] adj exhausted

fourche [fuʀʃ(ə)] nf pitchfork; (de bicyclette) fork

fourchette [fuʀʃɛt] nf fork; (STATISTIQUE) bracket, margin

fourgon [fuʀgɔ̃] nm van; (RAIL) wag(g)on; **fourgon mortuaire** hearse

fourgonnette [fuʀgɔnɛt] nf (delivery) van

fourmi [fuʀmi] nf ant; **avoir des fourmis** (fig) to have pins and needles

fourmilière [fuʀmiljɛʀ] nf ant-hill; (fig) hive of activity

fourmiller [fuʀmije] vi to swarm; **fourmiller de** to be teeming with, be swarming with

fournaise [fuʀnɛz] nf blaze; (fig) furnace, oven

fourneau, x [fuʀno] nm stove

fournée [fuʀne] nf batch

fourni, e [fuʀni] adj (barbe, cheveux) thick; (magasin): **bien fourni (en)** well stocked (with)

fournir [fuʀniʀ] vt to supply; (preuve, exemple) to provide, supply; (effort) to put in; **fournir qch à qn** to supply sth to sb, supply ou provide sb with sth; **fournir qn en** (COMM) to supply sb with; **se fournir chez** to shop at

fournisseur, euse [fuʀnisœʀ, -øz] nm/f supplier; (INTERNET): **fournisseur d'accès à Internet** (Internet) service provider

fourniture [fuʀnityʀ] nf supply(ing); **fournitures**

nfpl supplies; **fournitures de bureau** office supplies, stationery; **fournitures scolaires** school stationery

fourrage [fuʀaʒ] nm fodder

fourré, e [fuʀe] adj (bonbon, chocolat) filled; (manteau, botte) fur-lined ♦ nm thicket

fourrer [fuʀe] vt (fam): **fourrer qch dans** to stick ou shove sth into; **se fourrer dans/sous** to get into/under; **se fourrer dans** (une mauvaise situation) to land o.s. in

fourre-tout [fuʀtu] nm inv (sac) holdall; (péj) junk room (ou cupboard); (fig) rag-bag

fourrière [fuʀjɛʀ] nf pound

fourrure [fuʀyʀ] nf fur; (sur l'animal) coat; **manteau/col de fourrure** fur coat/collar

fourvoyer [fuʀvwaje]: **se fourvoyer** vi to go astray, stray; **se fourvoyer dans** to stray into

foutre [futʀ(ə)] vt (fam!) = **ficher** (fam)

foutu, e [futy] adj (fam!) = **fichu**

foyer [fwaje] nm (de cheminée) hearth; (fig) seat, centre; (famille) family; (domicile) home; (local de réunion) (social) club; (résidence) hostel; (salon) foyer; (OPTIQUE, PHOTO) focus; **lunettes à double foyer** bi-focal glasses

fracas [fʀaka] nm din; crash

fracassant, e [fʀakasɑ̃, -ɑ̃t] adj sensational, staggering

fracasser [fʀakase] vt to smash; **se fracasser contre** ou **sur** to crash against

fraction [fʀaksjɔ̃] nf fraction

fractionner [fʀaksjɔne] vt to divide (up), split (up)

fracture [fʀaktyʀ] nf fracture; **fracture du crâne** fractured skull; **fracture de la jambe** broken leg

fracturer [fʀaktyʀe] vt (coffre, serrure) to break open; (os, membre) to fracture

fragile [fʀaʒil] adj fragile, delicate; (fig) frail

fragilité [fʀaʒilite] nf fragility

fragment [fʀagmɑ̃] nm (d'un objet) fragment, piece; (d'un texte) passage, extract

fraîche [fʀɛʃ] adj f voir frais

fraîcheur [fʀɛʃœʀ] nf (voir frais) coolness; freshness

fraîchir [fʀɛʃiʀ] vi to get cooler; (vent) to freshen

frais, fraîche [fʀɛ, fʀɛʃ] adj (air, eau, etc) cool; (petit pois, œufs, nouvelles, couleur, troupes) fresh; **le voilà frais!** he's in a (right) mess! ♦ adv (récemment) newly, fresh(ly); **il fait frais** it's cool; **servir frais** chill before serving, serve chilled ♦ nm: **mettre au frais** to put in a cool place; **prendre le frais** to take a breath of cool air ♦ nmpl (débours) expenses; (COMM) costs; charges; **faire des frais** to spend; to go to a lot of expense; **faire les frais de** to bear the brunt of; **faire les frais de la conversation** (parler) to do most of the talking; (en être le sujet) to be the topic of conversation; **il en a été pour ses frais** he could have spared himself the trouble; **rentrer dans ses frais** to recover one's expenses; **frais de déplacement** travel(ling) expenses; **frais d'entretien** upkeep; **frais généraux** overheads; **frais de scolarité** school fees, tuition (US)

fraise [fʀɛz] nf strawberry; (TECH) countersink (bit); (de dentiste) drill; **fraise des bois** wild strawberry

framboise [fʀɑ̃bwaz] nf raspberry

franc, franche [fʀɑ̃, fʀɑ̃ʃ] adj (personne) frank, straightforward; (visage) open; (net: refus, couleur) clear; (: coupure) clean; (intensif) downright; (exempt): **franc de port** post free, postage paid; (zone, port) free; (boutique) duty-free ♦ adv: **parler franc** to be frank ou candid ♦ nm franc

français, e [fʀɑ̃sɛ, -ez] adj French ♦ nm (LING) French ♦ nm/f: **Français, e** Frenchman/woman; **les Français** the French

France [fʀɑ̃s] nf: **la France** France; **en France** in France

franche [fʀɑ̃ʃ] adj f voir **franc**

franchement [fʀɑ̃ʃmɑ̃] adv (voir franc) frankly; clearly; (tout à fait) downright ♦ excl really!

franchir [fʀɑ̃ʃiʀ] vt (obstacle) to clear, get over; (seuil, ligne, rivière) to cross; (distance) to cover

franchise [fʀɑ̃ʃiz] nf frankness; (douanière, d'impôt) exemption; (ASSURANCES) excess; (COMM) franchise; **franchise de bagages** baggage allowance

franc-maçon, pl **francs-maçons** [fʀɑ̃masɔ̃] nm Freemason

franco [fʀɑ̃ko] adv (COMM): **franco (de port)** postage paid

francophone [fʀɑ̃kɔfɔn] adj French-speaking ♦ nm/f French speaker

franc-parler [fʀɑ̃paʀle] nm inv outspokenness

frange [fʀɑ̃ʒ] nf fringe; (cheveux) fringe (BRIT), bangs (US)

frangipane [fʀɑ̃ʒipan] nf almond paste

franquette [fʀɑ̃kɛt]: **à la bonne franquette** adv without any fuss

frappant, e [fʀapɑ̃, -ɑ̃t] adj striking

frappé, e [fʀape] adj (CULIN) iced; **frappé de panique**, panic-stricken; **frappé de stupeur** thunderstruck, dumbfounded

frapper [fʀape] vt to hit, strike; (étonner) to strike; (monnaie) to strike, stamp; **se frapper** vi (s'inquiéter) to get worked up; **frapper à la porte** to knock at the door; **frapper dans ses mains** to clap one's hands; **frapper du poing sur** to bang one's fist on; **frapper un grand coup** (fig) to strike a blow

frasques [fʀask(ə)] nfpl escapades; **faire des frasques** to get up to mischief

fraternel, le [fʀatɛʀnɛl] adj brotherly, fraternal

fraternité [fʀatɛʀnite] nf brotherhood

fraude [fʀod] nf fraud; (SCOL) cheating; **passer qch en fraude** to smuggle sth in (ou out); **fraude fiscale** tax evasion

frauder [fʀode] vi, vt to cheat; **frauder le fisc** to evade paying tax(es)

frauduleux, euse [fʀodylø, -øz] adj fraudulent

frayer [fʀeje] vt to open up, clear ♦ vi to spawn; (fréquenter): **frayer avec** to mix ou associate with; **se frayer un passage dans** to clear o.s. a path through, force one's way through

frayeur [fʀejœʀ] nf fright

fredonner [fʀədɔne] vt to hum

freezer [fʀizœʀ] nm freezing compartment

frein [fʀɛ̃] nm brake; **mettre un frein à** (fig) to put a brake on, check; **sans frein** (sans limites) unchecked; **frein à main** handbrake; **frein moteur** engine braking; **freins à disques** disc brakes; **freins à tambour** drum brakes

freiner [fʀene] vi to brake ♦ vt (progrès etc) to check

frêle [fʀɛl] adj frail, fragile

frelon [fʀəlɔ̃] nm hornet

frémir [fʀemiʀ] vi (de froid, de peur) to tremble, shiver; (de joie) to quiver; (eau) to (begin to) bubble

frêne [fʀɛn] nm ash (tree)

frénétique [fʀenetik] adj frenzied, frenetic

fréquemment [fʀekamɑ̃] adv frequently

fréquent, e [fʀekɑ̃, -ɑ̃t] adj frequent

fréquentation [fʀekɑ̃tasjɔ̃] nf frequenting; seeing; **fréquentations** nfpl company sg

fréquenté, e [fʀekɑ̃te] adj: **très fréquenté** (very) busy; **mal fréquenté** patronized by disreputable elements

fréquenter [fʀekɑ̃te] vt (lieu) to frequent; (personne) to see; **se fréquenter** to see a lot of each other

frère [fʀɛʀ] nm brother ♦ adj: **partis/pays frères** sister parties/countries

fresque [fʀɛsk(ə)] nf (ART) fresco

fret [fʀɛ] nm freight

frétiller [fʀetije] vi to wriggle; to quiver; **frétiller de la queue** to wag its tail

fretin [fʀətɛ̃] nm: **le menu fretin** the small fry

friable [fʀijabl(ə)] adj crumbly

friand, e [fʀijɑ̃, -ɑ̃d] adj: **friand de** very fond of ♦ nm (CULIN) small minced-meat (BRIT) ou ground-meat (US) pie; (: sucré) small almond cake

friandise [fʀijɑ̃diz] nf sweet

fric [fʀik] nm (fam) cash, bread

friche [fʀiʃ]: **en friche** adj (lying) fallow

friction [fʀiksjɔ̃] nf (massage) rub, rub-down; (chez le coiffeur) scalp massage; (TECH, fig) friction

frictionner [fʀiksjɔne] vt to rub (down); to massage

frigidaire® [fʀiʒidɛʀ] nm refrigerator

frigide [fʀiʒid] adj frigid

frigo [fʀigo] nm (= frigidaire) fridge

frigorifique [fʀigɔʀifik] adj refrigerating

frileux, euse [fʀilø, -øz] adj sensitive to (the) cold; (fig) overcautious

frime [fʀim] nf (fam): **c'est de la frime** it's all put on; **pour la frime** just for show

frimer [fʀime] *vi* to put on an act

frimousse [fʀimus] *nf* (sweet) little face

fringale [fʀɛ̃gal] *nf*: **avoir la fringale** to be ravenous

fringant, e [fʀɛ̃gɑ̃, -ɑ̃t] *adj* dashing

fringues [fʀɛ̃g] *nfpl* (*fam*) clothes, gear *no pl*

fripé, e [fʀipe] *adj* crumpled

fripon, ne [fʀipɔ̃, -ɔn] *adj* roguish, mischievous ◆ *nm/f* rascal, rogue

fripouille [fʀipuj] *nf* scoundrel

frire [fʀiʀ] *vt* (*aussi*: **faire frire**), *vi* to fry

frisé, e [fʀize] *adj* curly, curly-haired ◆ *nf*: **(chicorée) frisée** curly endive

frisson [fʀisɔ̃], **frissonnement** [fʀisɔnmɑ̃] *nm* shudder, shiver; quiver

frissonner [fʀisɔne] *vi* (*personne*) to shudder, shiver; (*feuilles*) to quiver

frit, e [fʀi, fʀit] *pp de* **frire** ◆ *adj* fried ◆ *nf*: **(pommes) frites** chips (*BRIT*), French fries

friteuse [fʀitøz] *nf* chip pan (*BRIT*), deep (fat) fryer

friture [fʀityʀ] *nf* (*huile*) (deep) fat; (*plat*): **friture (de poissons)** fried fish; (*RADIO*) crackle, crackling *no pl*; **fritures** *nfpl* (*aliments frits*) fried food *sg*

frivole [fʀivɔl] *adj* frivolous

froid, e [fʀwa, fʀwad] *adj* cold ◆ *nm* cold; (*absence de sympathie*) coolness *no pl*; **il fait froid** it's cold; **avoir froid** to be cold; **prendre froid** to catch a chill *ou* cold; **à froid** *adv* (*démarrer*) (from) cold; **(pendant) les grands froids** (in) the depths of winter, (during) the cold season; **jeter un froid** (*fig*) to cast a chill; **être en froid avec** to be on bad terms with; **battre froid à qn** to give sb the cold shoulder

froidement [fʀwadmɑ̃] *adv* (*accueillir*) coldly; (*décider*) coolly

froideur [fʀwadœʀ] *nf* coolness *no pl*

froisser [fʀwase] *vt* to crumple (up), crease; (*fig*) to hurt, offend; **se froisser** *vi* to crumple, crease; to take offence (*BRIT*) *ou* offense (*US*); **se froisser un muscle** to strain a muscle

frôler [fʀole] *vt* to brush against; (*suj*: *projectile*) to skim past; (*fig*) to come within a hair's breadth of, come very close to

fromage [fʀɔmaʒ] *nm* cheese; **fromage blanc** soft white cheese; **fromage de tête** pork brawn

froment [fʀɔmɑ̃] *nm* wheat

froncer [fʀɔ̃se] *vt* to gather; **froncer les sourcils** to frown

frondaisons [fʀɔ̃dɛzɔ̃] *nfpl* foliage *sg*

front [fʀɔ̃] *nm* forehead, brow; (*MIL, MÉTÉOROLOGIE, POL*) front; **avoir le front de faire** to have the effrontery *ou* front to do; **de front** *adv* (*se heurter*) head-on; (*rouler*) together (*i.e. 2 or 3 abreast*); (*simultanément*) at once; **faire front à** to face up to; **front de mer** (sea) front

frontalier, ière [fʀɔ̃talje, -jɛʀ] *adj* border *cpd*,

frontier *cpd* ◆ *nm/f*: **(travailleurs) frontaliers** workers who cross the border to go to work, commuters from across the border

frontière [fʀɔ̃tjɛʀ] *nf* (*GÉO, POL*) frontier, border; (*fig*) frontier, boundary

frotter [fʀɔte] *vi* to rub, scrape ◆ *vt* to rub; (*pour nettoyer*) to rub (up); (: *avec une brosse*) to scrub; **frotter une allumette** to strike a match; **se frotter à qn** to cross swords with sb; **se frotter à qch** to come up against sth; **se frotter les mains** (*fig*) to rub one's hands (gleefully)

fructifier [fʀyktifje] *vi* to yield a profit; **faire fructifier** to turn to good account

fructueux, euse [fʀyktɥø, -øz] *adj* fruitful; profitable

frugal, e, aux [fʀygal, -o] *adj* frugal

fruit [fʀɥi] *nm* fruit *gén no pl*; **fruits de mer** (*CULIN*) seafood(s); **fruits secs** dried fruit *sg*

fruité, e [fʀɥite] *adj* (*vin*) fruity

fruitier, ière [fʀɥitje, -jɛʀ] *adj*: **arbre fruitier** fruit tree ◆ *nm/f* fruiterer (*BRIT*), fruit merchant (*US*)

fruste [fʀyst(ə)] *adj* unpolished, uncultivated

frustrer [fʀystʀe] *vt* to frustrate; (*priver*): **frustrer qn de qch** to deprive sb of sth

FS *abr* (= franc suisse) FS, SF

fuel(-oil) [fjul(ɔjl)] *nm* fuel oil; (*pour chauffer*) heating oil

fugace [fygas] *adj* fleeting

fugitif, ive [fyʒitif, -iv] *adj* (*lueur, amour*) fleeting; (*prisonnier etc*) runaway ◆ *nm/f* fugitive, runaway

fugue [fyg] *nf* (*d'un enfant*) running away *no pl*; (*MUS*) fugue; **faire une fugue** to run away, abscond

fuir [fɥiʀ] *vt* to flee from; (*éviter*) to shun ◆ *vi* to run away; (*gaz, robinet*) to leak

fuite [fɥit] *nf* flight; (*écoulement*) leak, leakage; (*divulgation*) leak; **être en fuite** to be on the run; **mettre en fuite** to put to flight; **prendre la fuite** to take flight

fulgurant, e [fylgyʀɑ̃, -ɑ̃t] *adj* lightning *cpd*, dazzling

fulminer [fylmine] *vi*: **fulminer (contre)** to thunder forth (against)

fumé, e [fyme] *adj* (*CULIN*) smoked; (*verre*) tinted ◆ *nf* smoke; **partir en fumée** to go up in smoke

fumer [fyme] *vi* to smoke; (*liquide*) to steam ◆ *vt* to smoke; (*terre, champ*) to manure

fûmes [fym] *vb voir* **être**

fumet [fyme] *nm* aroma

fumeur, euse [fymœʀ, -øz] *nm/f* smoker; (*compartiment*) **fumeurs** smoking compartment

fumeux, euse [fymø, -øz] *adj* (*péj*) woolly (*BRIT*), hazy

fumier [fymje] *nm* manure

fumiste [fymist(ə)] *nm* (*ramoneur*) chimney sweep ◆ *nm/f* (*péj*: *paresseux*) shirker; (*charlatan*) phoney

funèbre [fynɛbʀ(ə)] *adj* funeral *cpd*; (*fig*) doleful;

funereal
funérailles [fyneʀɑj] *nfpl* funeral *sg*
funeste [fynɛst(ə)] *adj* disastrous; deathly
fur [fyʀ]: **au fur et à mesure** *adv* as one goes along; **au fur et à mesure que** as; **au fur et à mesure de leur progression** as they advance (*ou* advanced)
furet [fyʀɛ] *nm* ferret
fureter [fyʀte] *vi* (*péj*) to nose about
fureur [fyʀœʀ] *nf* fury; (*passion*): **fureur de** passion for; **faire fureur** to be all the rage
furibond, e [fyʀibɔ̃, -ɔd] *adj* livid, absolutely furious
furie [fyʀi] *nf* fury; (*femme*) shrew, vixen; **en furie** (*mer*) raging
furieux, euse [fyʀjø, -øz] *adj* furious
furoncle [fyʀɔ̃kl(ə)] *nm* boil
furtif, ive [fyʀtif, -iv] *adj* furtive
fus [fy] *vb voir* **être**
fusain [fyzɛ̃] *nm* (*BOT*) spindle-tree; (*ART*) charcoal
fuseau, x [fyzo] *nm* (*pantalon*) (ski-)pants *pl*; (*pour filer*) spindle; **en fuseau** (*jambes*) tapering; (*colonne*) bulging; **fuseau horaire** time zone
fusée [fyze] *nf* rocket; **fusée éclairante** flare
fuser [fyze] *vi* (*rires etc*) to burst forth
fusible [fyzibl(ə)] *nm* (*ÉLEC: fil*) fuse wire; (: *fiche*) fuse
fusil [fyzi] *nm* (*de guerre, à canon rayé*) rifle, gun; (*de chasse, à canon lisse*) shotgun, gun; **fusil à deux coups** double-barrelled rifle *ou* shotgun; **fusil sous-marin** spear-gun
fusillade [fyzijad] *nf* gunfire *no pl*, shooting *no pl*; (*combat*) gun battle
fusiller [fyzije] *vt* to shoot; **fusiller qn du regard** to look daggers at sb
fusil-mitrailleur, *pl* **fusils-mitrailleurs** [fyzimitʀajœʀ] *nm* machine gun
fusionner [fyzjɔne] *vi* to merge
fut [fy] *vb voir* **être**
fût [fy] *vb voir* **être** ◆ *nm* (*tonneau*) barrel, cask; (*de canon*) stock; (*d'arbre*) bole, trunk; (*de colonne*) shaft
futé, e [fyte] *adj* crafty
futile [fytil] *adj* (*inutile*) futile; (*frivole*) frivolous
futur, e [fytyʀ] *adj, nm* future; **son futur époux** her husband-to-be; **au futur** (*LING*) in the future
fuyant, e [fɥijɑ̃, -ɑ̃t] *vb voir* **fuir** ◆ *adj* (*regard etc*) evasive; (*lignes etc*) receding; (*perspective*) vanishing
fuyard, e [fɥijaʀ, -aʀd(ə)] *nm/f* runaway

— G g —

gâcher [gɑʃe] *vt* (*gâter*) to spoil, ruin; (*gaspiller*) to waste; (*plâtre*) to temper; (*mortier*) to mix
gâchis [gɑʃi] *nm* (*désordre*) mess; (*gaspillage*) waste *no pl*
gadoue [gadu] *nf* sludge
gaffe [gaf] *nf* (*instrument*) boat hook; (*fam: erreur*) blunder; **faire gaffe** (*fam*) to watch out
gage [gaʒ] *nm* (*dans un jeu*) forfeit; (*fig: de fidélité*) token; **gages** *nmpl* (*salaire*) wages; (*garantie*) guarantee *sg*; **mettre en gage** to pawn; **laisser en gage** to leave as security
gageure [gaʒyʀ] *nf*: **c'est une gageure** it's attempting the impossible
gagnant, e [gaɲɑ̃, -ɑ̃t] *adj*: **billet/numéro gagnant** winning ticket/number ◆ *adv*: **jouer gagnant** (*aux courses*) to be bound to win ◆ *nm/f* winner
gagne-pain [gaɲpɛ̃] *nm inv* job
gagner [gaɲe] *vt* (*concours, procès, pari*) to win; (*somme d'argent, revenu*) to earn; (*aller vers, atteindre*) to reach; (*s'emparer de*) to overcome; (*envahir*) to spread to; (*se concilier*): **gagner qn** to win sb over ◆ *vi* to win; (*fig*) to gain; **gagner du temps/de la place** to gain time/save space; **gagner sa vie** to earn one's living; **gagner du terrain** (*aussi fig*) to gain ground; **gagner qn de vitesse** to outstrip sb; (*aussi fig*) **gagner à faire** (*s'en trouver bien*) to be better off doing; **il y gagne** it's in his interest, it's to his advantage
gai, e [ge] *adj* cheerful; (*livre, pièce de théâtre*) light-hearted; (*un peu ivre*) merry
gaiement [gemɑ̃] *adv* cheerfully
gaieté [gete] *nf* cheerfulness; **gaietés** *nfpl* (*souvent ironique*) delights; **de gaieté de cœur** with a light heart
gaillard, e [gajaʀ, -aʀd(ə)] *adj* (*robuste*) sprightly; (*grivois*) bawdy, ribald ◆ *nm/f* (*strapping*) fellow/ wench
gain [gɛ̃] *nm* (*revenu*) earnings *pl*; (*bénéfice: gén pl*) profits *pl*; (*au jeu: gén pl*) winnings *pl*; (*fig: de temps, place*) saving; (: *avantage*) benefit; (: *lucre*) gain; **avoir gain de cause** to win the case; (*fig*) to be proved right; **obtenir gain de cause** (*fig*) to win out
gaine [gɛn] *nf* (*corset*) girdle; (*fourreau*) sheath; (*de fil électrique etc*) outer covering
gala [gala] *nm* official reception; **soirée de gala** gala evening
galant, e [galɑ̃, -ɑ̃t] *adj* (*courtois*) courteous, gentlemanly; (*entreprenant*) flirtatious, gallant; (*aventure, poésie*) amorous; **en galante compagnie** (*homme*) with a lady friend; (*femme*) with a gentleman friend
galère [galɛʀ] *nf* galley

galérer [galeʀe] vi (fam) to work hard, slave (away)

galerie [galʀi] nf gallery; (THÉÂT) circle; (de voiture) roof rack; (fig: spectateurs) audience; **galerie marchande** shopping mall; **galerie de peinture** (private) art gallery

galet [galɛ] nm pebble; (TECH) wheel; **galets** nmpl pebbles, shingle sg

galette [galɛt] nf (gâteau) flat pastry cake; (crêpe) savoury pancake; **la galette des Rois** cake traditionally eaten on Twelfth Night

galipette [galipɛt] nf: **faire des galipettes** to turn somersaults

Galles [gal] nfpl: **le pays de Galles** Wales

gallois, e [galwa, -waz] adj Welsh ♦ nm (LING) Welsh ♦ nm/f: **Gallois, e** Welshman/woman

galon [galɔ̃] nm (MIL) stripe; (décoratif) piece of braid; **prendre du galon** to be promoted

galop [galo] nm gallop; **au galop** at a gallop; **galop d'essai** (fig) trial run

galoper [galɔpe] vi to gallop

galopin [galɔpɛ̃] nm urchin, ragamuffin

gambader [gɑ̃bade] vi to skip ou frisk about

gamin, e [gamɛ̃, -in] nm/f kid ♦ adj mischievous, playful

gamme [gam] nf (MUS) scale; (fig) range

gammé, e [game] adj: **croix gammée** swastika

gang [gɑ̃g] nm gang

gant [gɑ̃] nm glove; **prendre des gants** (fig) to handle the situation with kid gloves; **relever le gant** (fig) to take up the gauntlet; **gant de crin** massage glove; **gant de toilette** (face) flannel (BRIT), face cloth; **gants de boxe** boxing gloves; **gants de caoutchouc** rubber gloves

garage [gaʀaʒ] nm garage; **garage à vélos** bicycle shed

garagiste [gaʀaʒist(ə)] nm/f (propriétaire) garage owner; (mécanicien) garage mechanic

garantie [gaʀɑ̃ti] nf guarantee, warranty; (gage) security, surety; **(bon de) garantie** guarantee ou warranty slip; **garantie de bonne exécution** performance bond

garantir [gaʀɑ̃tiʀ] vt to guarantee; (protéger): **garantir de** to protect from; **je vous garantis que** I can assure you that; **garanti pure laine/2 ans** guaranteed pure wool/for 2 years

garce [gaʀs(ə)] nf (péj) bitch

garçon [gaʀsɔ̃] nm boy; (célibataire) bachelor; (jeune homme) boy, lad; (aussi: **garçon de café**) waiter; **garçon boucher/coiffeur** butcher's/hairdresser's assistant; **garçon de courses** messenger; **garçon d'écurie** stable lad; **garçon manqué** tomboy

garçonnière [gaʀsɔnjɛʀ] nf bachelor flat

garde [gaʀd(ə)] nm (de prisonnier) guard; (de domaine etc) warden; (soldat, sentinelle) guardsman ♦ nf guarding; looking after; (soldats, BOXE, ESCRIME) guard; (faction) watch; (d'une arme) hilt; (TYPO: aussi: **page** ou **feuille de garde**) flyleaf; (: collée) endpaper; **de garde** adj, adv on duty; **monter la garde** to stand guard; **être sur ses gardes** to be on one's guard; **mettre en garde** to warn; **mise en garde** warning; **prendre garde (à)** to be careful (of); **avoir la garde des enfants** (après divorce) to have custody of the children; **garde champêtre** nm rural policeman; **garde du corps** nm bodyguard; **garde d'enfants** nf child minder; **garde forestier** nm forest warden; **garde mobile** nm, nf mobile guard; **garde des Sceaux** nm = Lord Chancellor (BRIT), = Attorney General (US); **garde à vue** nf (JUR) = police custody

garde-à-vous [gaʀdavu] nm inv: **être/se mettre au garde-à-vous** to be at/stand to attention; **garde-à-vous (fixe)!** (MIL) attention!

garde-barrière, pl **gardes-barrière(s)** [gaʀdəbaʀjɛʀ] nm/f level-crossing keeper

garde-boue [gaʀdəbu] nm inv mudguard

garde-chasse, pl **gardes-chasse(s)** [gaʀdəʃas] nm gamekeeper

garde-malade, pl **gardes-malade(s)** [gaʀdəmalad] nf home nurse

garde-manger [gaʀdəmɑ̃ʒe] nm inv (boîte) meat safe; (placard) pantry, larder

garder [gaʀde] vt (conserver) to keep; (: sur soi: vêtement, chapeau) to keep on; (surveiller: enfants) to look after; (: immeuble, lieu, prisonnier) to guard; **se garder** vi (aliment: se conserver) to keep; **se garder de faire** to be careful not to do; **garder le lit/la chambre** to stay in bed/indoors; **garder le silence** to keep silent ou quiet; **garder la ligne** to keep one's figure; **garder à vue** to keep in custody; **pêche/chasse gardée** private fishing/hunting (ground)

garderie [gaʀdəʀi] nf day nursery, crèche

garde-robe [gaʀdəʀɔb] nf wardrobe

gardien, ne [gaʀdjɛ̃, -ɛn] nm/f (garde) guard; (de prison) warder; (de domaine, réserve) warden; (de musée etc) attendant; (de phare, cimetière) keeper; (d'immeuble) caretaker; (fig) guardian; **gardien de but** goalkeeper; **gardien de nuit** night watchman; **gardien de la paix** policeman

gare [gaʀ] nf (railway) station, train station (US) ♦ excl: **gare à ...** mind ...!, watch out for ...!; **gare à ne pas ...** mind you don't ...; **gare à toi!** watch out!; **sans crier gare** without warning; **gare maritime** harbour station; **gare routière** coach (BRIT) ou bus station; (de camions) haulage (BRIT) ou trucking (US) depot; **gare de triage** marshalling yard

garer [gaʀe] vt to park; **se garer** to park; (pour laisser passer) to draw into the side

gargariser [gaʀɡaʀize]: **se gargariser** vi to gargle; **se gargariser de** (fig) to revel in

gargote [gaʀɡɔt] nf cheap restaurant, greasy spoon (fam)

gargouille [gaʀɡuj] nf gargoyle

gargouiller [gaʀguje] vi (estomac) to rumble; (eau) to gurgle

garnement [gaʀnəmɑ̃] nm rascal, scallywag

garni, e [gaʀni] adj (plat) served with vegetables (and chips or pasta or rice) ♦ nm (appartement) furnished accommodation no pl (BRIT) ou accommodations pl (US)

garnison [gaʀnizɔ̃] nf garrison

garniture [gaʀnityʀ] nf (CULIN: légumes) vegetables pl; (: persil etc) garnish; (: farce) filling; (décoration) trimming; (protection) fittings pl; **garniture de cheminée** mantelpiece ornaments pl; **garniture de frein** (AUTO) brake lining; **garniture intérieure** (AUTO) interior trim; **garniture périodique** sanitary towel (BRIT) ou napkin (US)

gars [ga] nm lad; (type) guy

Gascogne [gaskɔɲ] nf: **la Gascogne** Gascony

gas-oil [gazɔjl] nm diesel oil

gaspiller [gaspije] vt to waste

gastronome [gastʀɔnɔm] nm/f gourmet

gastronomie [gastʀɔnɔmi] nf gastronomy

gastronomique [gastʀɔnɔmik] adj: **menu gastronomique** gourmet menu

gâteau, x [gato] nm cake ♦ adj inv (fam: trop indulgent): **papa-/maman-gâteau** doting father/mother; **gâteau d'anniversaire** birthday cake; **gâteau de riz** ≈ rice pudding; **gâteau sec** biscuit

gâter [gate] vt to spoil; **se gâter** vi (dent, fruit) to go bad; (temps, situation) to change for the worse

gâterie [gatʀi] nf little treat

gâteux, euse [gatø, -øz] adj senile

gauche [goʃ] adj left, left-hand; (maladroit) awkward, clumsy ♦ nf (POL) left (wing); à **gauche** left; à **gauche** (direction) (to the) left; à **gauche de** (on ou to the) left of; à **la gauche de** to the left of; **sur votre gauche** on your left; **de gauche** (POL) left-wing

gaucher, ère [goʃe, -ɛʀ] adj left-handed

gauchiste [goʃist(ə)] adj, nm/f leftist

gaufre [gofʀ(ə)] nf (pâtisserie) waffle; (de cire) honeycomb

gaufrette [gofʀɛt] nf wafer

gaulois, e [golwa, -waz] adj Gallic; (grivois) bawdy ♦ nm/f: **Gaulois, e** Gaul

gaver [gave] vt to force-feed; (fig): **gaver de** to cram with, fill up with; (personne): **se gaver de** to stuff o.s. with

gaz [gaz] nm inv gas; **mettre les gaz** (AUTO) to put one's foot down; **chambre/masque à gaz** gas chamber/mask; **gaz en bouteille** bottled gas; **gaz butane** Calor gas® (BRIT), butane gas; **gaz carbonique** carbon dioxide; **gaz hilarant** laughing gas; **gaz lacrymogène** tear gas; **gaz naturel** natural gas; **gaz de ville** town gas (BRIT), manufactured domestic gas

gaze [gaz] nf gauze

gazer [gaze] vt to gas ♦ vi (fam) to be going ou

working well

gazette [gazɛt] nf news sheet

gazeux, euse [gazø, -øz] adj gaseous; (eau) sparkling; (boisson) fizzy

gazoduc [gazɔdyk] nm gas pipeline

gazon [gazɔ̃] nm (herbe) turf, grass; (pelouse) lawn

gazouiller [gazuje] vi (oiseau) to chirp; (enfant) to babble

GDF sigle m (= Gaz de France) national gas company

geai [ʒɛ] nm jay

géant, e [ʒeɑ̃, -ɑ̃t] adj gigantic, giant; (COMM) giant-size ♦ nm/f giant

geindre [ʒɛ̃dʀ(ə)] vi to groan, moan

gel [ʒɛl] nm frost; (de l'eau) freezing; (fig: des salaires, prix) freeze; freezing; (produit de beauté) gel

gélatine [ʒelatin] nf gelatine

gelé, e [ʒəle] adj frozen ♦ nf jelly; (gel) frost; **gelée blanche** hoarfrost, white frost

geler [ʒəle] vt, vi to freeze; **il gèle** it's freezing

gélule [ʒelyl] nf capsule

gelures [ʒəlyʀ] nfpl frostbite sg

Gémeaux [ʒemo] nmpl: **les Gémeaux** Gemini, the Twins; **être des Gémeaux** to be Gemini

gémir [ʒemiʀ] vi to groan, moan

gênant, e [ʒɛnɑ̃, -ɑ̃t] adj (objet) awkward, in the way; (histoire, personne) embarrassing

gencive [ʒɑ̃siv] nf gum

gendarme [ʒɑ̃daʀm(ə)] nm gendarme

gendarmerie [ʒɑ̃daʀməʀi] nf military police force in countryside and small towns; their police station or barracks

gendre [ʒɑ̃dʀ(ə)] nm son-in-law

gêné, e [ʒene] adj embarrassed; (dépourvu d'argent) short of money

gêner [ʒene] vt (incommoder) to bother; (encombrer) to hamper; (bloquer le passage) to be in the way of; (déranger) to bother; (embarrasser): **gêner qn** to make sb feel ill-at-ease; **se gêner** to put o.s. out; **ne vous gênez pas!** (ironique) go right ahead!, don't mind me!; **je vais me gêner!** (ironique) why should I care?

général, e, aux [ʒeneʀal, -o] adj, nm general ♦ nf: (répétition) **générale** final dress rehearsal; **en général** usually, in general; à **la satisfaction générale** to everyone's satisfaction

généralement [ʒeneʀalmɑ̃] adv generally

généraliser [ʒeneʀalize] vt, vi to generalize; **se généraliser** vi to become widespread

généraliste [ʒeneʀalist(ə)] nm/f (MÉD) general practitioner, GP

génération [ʒeneʀasjɔ̃] nf (aussi INFORM) generation

généreux, euse [ʒeneʀø, -øz] adj generous

générique [ʒeneʀik] adj generic ♦ nm (CINÉ, TV) credits pl, credit titles pl

générosité [ʒenerozite] *nf* generosity

genêt [ʒanɛ] *nm* (BOT) broom *no pl*

génétique [ʒenetik] *adj* genetic ♦ *nf* genetics *sg*

Genève [ʒ(ə)nɛv] Geneva

génial, e, aux [ʒenjal, -o] *adj* of genius; (fam) fantastic, brilliant

génie [ʒeni] *nm* genius; (MIL): **le génie** = the Engineers *pl*; **avoir du génie** to have genius; **génie civil** civil engineering; **génie génétique** genetic engineering

genièvre [ʒənjɛvʀ(ə)] *nm* (BOT) juniper (tree); (boisson) geneva; **grain de genièvre** juniper berry

génisse [ʒenis] *nf* heifer; **foie de génisse** ox liver

génital, e, aux [ʒenital, -o] *adj* genital

génoise [ʒenwaz] *nf* (gâteau) = sponge cake

genou, x [ʒnu] *nm* knee; **à genoux** on one's knees; **se mettre à genoux** to kneel down

genre [ʒɑ̃ʀ] *nm* (espèce, sorte) kind, type, sort; (allure) manner; (LING) gender; (ART) genre; (ZOOL etc) genus; **se donner du genre** to give o.s. airs; **avoir bon genre** to have style; **avoir mauvais genre** to be ill-mannered

gens [ʒɑ̃] *nmpl* (f in some phrases) people *pl*; **les gens d'Église** the clergy; **les gens du monde** society people; **gens de maison** domestics

gentil, le [ʒɑ̃ti, -ij] *adj* kind; (enfant: sage) good; (sympa: endroit etc) nice; **c'est très gentil à vous** it's very kind ou good ou nice of you

gentillesse [ʒɑ̃tijɛs] *nf* kindness

gentiment [ʒɑ̃timɑ̃] *adv* kindly

géo [ʒeo] *abbr* (= géographie) geography

géographie [ʒeɔgʀafi] *nf* geography

geôlier [ʒolje] *nm* jailer

géologie [ʒeɔlɔʒi] *nf* geology

géomètre [ʒeɔmɛtʀ(ə)] *nm*: **(arpenteur) géomètre** (land) surveyor

géométrie [ʒeɔmetʀi] *nf* geometry; **à géométrie variable** (AVIAT) swing-wing

géométrique [ʒeɔmetʀik] *adj* geometric

géranium [ʒeʀanjɔm] *nm* geranium

gérant, e [ʒeʀɑ̃, -ɑ̃t] *nm/f* manager/manageress; **gérant d'immeuble** managing agent

gerbe [ʒɛʀb(ə)] *nf* (de fleurs, d'eau) spray; (de blé) sheaf (pl sheaves); (fig) shower, burst

gercé, e [ʒɛʀse] *adj* chapped

gerçure [ʒɛʀsyʀ] *nf* crack

gérer [ʒeʀe] *vt* to manage

germain, e [ʒɛʀmɛ̃, -ɛn] *adj*: **cousin germain** first cousin

germe [ʒɛʀm(ə)] *nm* germ

germer [ʒɛʀme] *vi* to sprout; (semence, aussi fig) to germinate

geste [ʒɛst(ə)] *nm* gesture; move; motion; **il fit un geste de la main pour m'appeler** he signed to me to come over, he waved me over; **ne faites pas un geste** (ne bougez pas) don't move

gestion [ʒɛstjɔ̃] *nf* management; **gestion des**

disques (INFORM) housekeeping; **gestion de fichier(s)** (INFORM) file management

ghetto [geto] *nm* ghetto

gibet [ʒibɛ] *nm* gallows *pl*

gibier [ʒibje] *nm* (animaux) game; (fig) prey

giboulée [ʒibule] *nf* sudden shower

gicler [ʒikle] *vi* to spurt, squirt

gifle [ʒifl(ə)] *nf* slap (in the face)

gifler [ʒifle] *vt* to slap (in the face)

gigantesque [ʒigɑ̃tɛsk(ə)] *adj* gigantic

gigogne [ʒigɔɲ] *adj*: **lits gigognes** truckle (BRIT) ou trundle (US) beds; **tables/poupées gigognes** nest of tables/dolls

gigot [ʒigo] *nm* leg (of mutton ou lamb)

gigoter [ʒigɔte] *vi* to wriggle (about)

gilet [ʒilɛ] *nm* waistcoat; (pull) cardigan; (de corps) vest; **gilet pare-balles** bulletproof jacket; **gilet de sauvetage** life jacket

gin [dʒin] *nm* gin

gingembre [ʒɛ̃ʒɑ̃bʀ(ə)] *nm* ginger

girafe [ʒiʀaf] *nf* giraffe

giratoire [ʒiʀatwaʀ] *adj*: **sens giratoire** roundabout

girofle [ʒiʀɔfl(ə)] *nm*: **clou de girofle** clove

girouette [ʒiʀwɛt] *nf* weather vane ou cock

gitan, e [ʒitɑ̃, -an] *nm/f* gipsy

gîte [ʒit] *nm* home; shelter; (du lièvre) form; **gîte (rural)** (country) holiday cottage ou apartment

givre [ʒivʀ(ə)] *nm* (hoar)frost

givré, e [ʒivʀe] *adj*: **citron givré/orange givrée** lemon/orange sorbet (served in fruit skin)

glace [glas] *nf* ice; (crème glacée) ice cream; (verre) sheet of glass; (miroir) mirror; (de voiture) window; **glaces** *nfpl* (GÉO) ice sheets, ice *sg*; **de glace** (fig: accueil, visage) frosty, icy; **rester de glace** to remain unmoved

glacé, e [glase] *adj* icy; (boisson) iced

glacer [glase] *vt* to freeze; (boisson) to chill, ice; (gâteau) to ice (BRIT), frost (US); (papier, tissu) to glaze; (fig): **glacer qn** to chill sb; (fig) to make sb's blood run cold

glacial, e [glasjal] *adj* icy

glacier [glasje] *nm* (GÉO) glacier; (marchand) ice-cream maker

glacière [glasjɛʀ] *nf* icebox

glaçon [glasɔ̃] *nm* icicle; (pour boisson) ice cube

glaïeul [glajœl] *nm* gladiola

glaise [glɛz] *nf* clay

gland [glɑ̃] *nm* (de chêne) acorn; (décoration) tassel; (ANAT) glans

glande [glɑ̃d] *nf* gland

glander [glɑ̃de] *vi* (fam) to fart around (BRIT!), screw around (US!)

glauque [glok] *adj* dull blue-green

glissade [glisad] *nf* (par jeu) slide; (chute) slip; (dérapage) skid; **faire des glissades** to slide

glissant, e [glisɑ̃, -ɑ̃t] *adj* slippery

glissement [glismɑ̃] *nm* sliding; (*fig*) shift; **glissement de terrain** landslide

glisser [glise] *vi* (*avancer*) to glide *ou* slide along; (*coulisser, tomber*) to slide; (*déraper*) to slip; (*être glissant*) to be slippery ♦ *vt*: **glisser qch sous/dans/à** to slip sth under/into/to; **glisser sur** (*fig: détail etc*) to skate over; **se glisser dans/entre** to slip into/between

global, e, aux [glɔbal, -o] *adj* overall

globe [glɔb] *nm* globe; **sous globe** under glass; **globe oculaire** eyeball; **le globe terrestre** the globe

globule [glɔbyl] *nm* (*du sang*): **globule blanc/rouge** white/red corpuscle

globuleux, euse [glɔbylø, -øz] *adj*: **yeux globuleux** protruding eyes

gloire [glwaʀ] *nf* glory; (*mérite*) distinction, credit; (*personne*) celebrity

glorieux, euse [glɔʀjø, -øz] *adj* glorious

gloussement [glusmɑ̃] *nm* (*de poule*) cluck; (*rire*) chuckle

glousser [gluse] *vi* to cluck; (*rire*) to chuckle

glouton, ne [glutɔ̃, -ɔn] *adj* gluttonous, greedy

gluant, e [glyɑ̃, -ɑ̃t] *adj* sticky, gummy

glucose [glykoz] *nm* glucose

glycine [glisin] *nf* wisteria

GO *sigle fpl* (= *grandes ondes*) LW ♦ *sigle m* (= *gentil organisateur*) *title given to leaders on Club Méditerranée holidays; extended to refer to easy-going leader of any group*

goal [gol] *nm* goalkeeper

gobelet [gɔblɛ] *nm* (*en métal*) tumbler; (*en plastique*) beaker; (*à dés*) cup

gober [gɔbe] *vt* to swallow

godasse [gɔdas] *nf* (*fam*) shoe

godet [gɔdɛ] *nm* pot; (*COUTURE*) unpressed pleat

goéland [gɔelɑ̃] *nm* (sea)gull

goélette [gɔelɛt] *nf* schooner

gogo [gɔgo] *nm* (*péj*) mug, sucker; **à gogo** *adv* galore

goguenard, e [gɔgnaʀ, -aʀd(ə)] *adj* mocking

goinfre [gwɛ̃fʀ(ə)] *nm* glutton

golf [gɔlf] *nm* (*jeu*) golf; (*terrain*) golf course; **golf miniature** crazy *ou* miniature golf

golfe [gɔlf(ə)] *nm* gulf; bay; **le golfe d'Aden** the Gulf of Aden; **le golfe de Gascogne** the Bay of Biscay; **le golfe du Lion** the Gulf of Lions; **le golfe Persique** the Persian Gulf

gomme [gɔm] *nf* (à effacer) rubber (*BRIT*), eraser; (*résine*) gum; **boule** *ou* **pastille de gomme** throat pastille

gommer [gɔme] *vt* (*effacer*) to rub out (*BRIT*), erase; (*enduire de gomme*) to gum

gond [gɔ̃] *nm* hinge; **sortir de ses gonds** (*fig*) to fly off the handle

gondoler [gɔ̃dɔle]: **se gondoler** *vi* to warp, buck-

le; (*fam: rire*) to hoot with laughter; to be in stitches

gonflé, e [gɔ̃fle] *adj* swollen; (*ventre*) bloated; (*fam: culotté*): **être gonflé** to have a nerve

gonfler [gɔ̃fle] *vt* (*pneu, ballon*) to inflate, blow up; (*nombre, importance*) to inflate ♦ *vi* (*pied etc*) to swell (up); (*CULIN: pâte*) to rise

gonfleur [gɔ̃flœʀ] *nm* air pump

gonzesse [gɔ̃zɛs] *nf* (*fam*) chick, bird (*BRIT*)

goret [gɔʀɛ] *nm* piglet

gorge [gɔʀʒ(ə)] *nf* (*ANAT*) throat; (*poitrine*) breast; (*GÉO*) gorge; (*rainure*) groove; **avoir mal à la gorge** to have a sore throat; **avoir la gorge serrée** to have a lump in one's throat

gorgé, e [gɔʀʒe] *adj*: **gorgé de** filled with; (*eau*) saturated with ♦ *nf* mouthful; sip; gulp; **boire à petites/grandes gorgées** to take little sips/big gulps

gorille [gɔʀij] *nm* gorilla; (*fam*) bodyguard

gosier [gozje] *nm* throat

gosse [gɔs] *nm/f* kid

goudron [gudʀɔ̃] *nm* (*asphalte*) tar(mac) (*BRIT*), asphalt; (*du tabac*) tar

goudronner [gudʀɔne] *vt* to tar(mac) (*BRIT*), asphalt

gouffre [gufʀ(ə)] *nm* abyss, gulf

goujat [guʒa] *nm* boor

goulot [gulo] *nm* neck; **boire au goulot** to drink from the bottle

goulu, e [guly] *adj* greedy

gourd, e [guʀ, guʀd(ə)] *adj* numb (with cold); (*fam*) oafish

gourde [guʀd(ə)] *nf* (*récipient*) flask; (*fam*) (clumsy) clot *ou* oaf

gourer [guʀe] (*fam*): **se gourer** *vi* to boob

gourdin [guʀdɛ̃] *nm* club, bludgeon

gourmand, e [guʀmɑ̃, -ɑ̃d] *adj* greedy

gourmandise [guʀmɑ̃diz] *nf* greed; (*bonbon*) sweet (*BRIT*), piece of candy (*US*)

gourmet [guʀmɛ] *nm* epicure

gourmette [guʀmɛt] *nf* chain bracelet

gousse [gus] *nf* (*de vanille etc*) pod; **gousse d'ail** clove of garlic

goût [gu] *nm* taste; (*fig: appréciation*) taste, liking; **le (bon) goût** good taste; **de bon goût** in good taste, tasteful; **de mauvais goût** in bad taste, tasteless; **avoir bon/mauvais goût** (*aliment*) to taste nice/ nasty; (*personne*) to have good/bad taste; **avoir du/manquer de goût** to have/lack taste; **avoir du goût pour** to have a liking for; **prendre goût à** to develop a taste *ou* a liking for

goûter [gute] *vt* (*essayer*) to taste; (*apprécier*) to enjoy ♦ *vi* to have (afternoon) tea ♦ *nm* (afternoon) tea; **goûter à** to taste, sample; **goûter de** to have a taste of; **goûter d'enfants/d'anniversaire** children's tea/birthday party

goutte [gut] *nf* drop; (*MÉD*) gout; (*alcool*) nip (*BRIT*), tot (*BRIT*), drop (*US*); **gouttes** *nfpl* (*MÉD*) drops;

goutte à goutte adv a drop at a time; **tomber goutte à goutte** to drip

goutte-à-goutte [gutagut] nm inv (MÉD) drip; **alimenter au goutte-à-goutte** to drip-feed

gouttelette [gutlɛt] nf droplet

gouttière [gutjɛʀ] nf gutter

gouvernail [guvɛʀnaj] nm rudder; (barre) helm, tiller

gouvernante [guvɛʀnɑ̃t] nf housekeeper; (d'un enfant) governess

gouvernement [guvɛʀnəmɑ̃] nm government

gouverner [guvɛʀne] vt to govern; (diriger) to steer; (fig) to control

grâce [gʀɑs] nf grace; (faveur) favour; (JUR) pardon; **grâces** nfpl (REL) grace sg; **de bonne/mauvaise grâce** with (a) good/bad grace; **dans les bonnes grâces de qn** in favour with sb; **faire grâce à qn de qch** to spare sb sth; **rendre grâce(s) à** to give thanks to; **demander grâce** to beg for mercy; **droit de grâce** right of reprieve; **recours en grâce** plea for pardon; **grâce à** prép thanks to

gracier [gʀasje] vt to pardon

gracieux, euse [gʀasjø, -øz] adj (charmant, élégant) graceful; (aimable) gracious, kind; **à titre gracieux** free of charge

grade [gʀad] nm (MIL) rank; (SCOL) degree; **monter en grade** to be promoted

gradin [gʀadɛ̃] nm (dans un théâtre) tier; (de stade) step; **gradins** nmpl (de stade) terracing no pl (BRIT), standing area; **en gradins** terraced

gradué, e [gʀadye] adj (exercices) graded (for difficulty); (règle, verre) graduated

graduel, le [gʀadyɛl] adj gradual; progressive

graduer [gʀadye] vt (effort etc) to increase gradually; (règle, verre) to graduate

graffiti [gʀafiti] nmpl graffiti

grain [gʀɛ̃] nm (gén) grain; (de chapelet) bead; (NAVIG) squall; (averse) heavy shower; (fig: petite quantité): **un grain de** a touch of; **grain de beauté** beauty spot; **grain de café** coffee bean; **grain de poivre** peppercorn; **grain de poussière** speck of dust; **grain de raisin** grape

graine [gʀɛn] nf seed; **mauvaise graine** (mauvais sujet) bad lot; **une graine de voyou** a hooligan in the making

graissage [gʀɛsaʒ] nm lubrication, greasing

graisse [gʀɛs] nf fat; (lubrifiant) grease; **graisse saturée** saturated fat

graisser [gʀese] vt to lubricate, grease; (tacher) to make greasy

graisseux, euse [gʀesø, -øz] adj greasy; (ANAT) fatty

grammaire [gʀamɛʀ] nf grammar

grammatical, e, aux [gʀamatikal, -o] adj grammatical

gramme [gʀam] nm gramme

grand, e [gʀɑ̃, gʀɑ̃d] adj (haut) tall; (gros, vaste, large) big, large; (long) long; (sens abstraits) great ♦ adv: **grand ouvert** wide open; **un grand buveur** a heavy drinker; **un grand homme** a great man; **son grand frère** his big ou older brother; **avoir grand besoin de** to be in dire ou desperate need of; **il est grand temps de** it's high time to; **il est assez grand pour** he's old enough to; **voir grand** to think big; **en grand** on a large scale; **au grand air** in the open (air); **les grands blessés/brûlés** the severely injured/burned; **de grand matin** at the crack of dawn; **grand écart** splits pl; **grand ensemble** housing scheme; **grand jour** broad daylight; **grand livre** (COMM) ledger; **grand magasin** department store; **grand malade** very sick person; **grand public** general public; **grande personne** grown-up; **grande surface** hypermarket, superstore; **grandes écoles** prestige university-level colleges with competitive entrance examinations; **grandes lignes** (RAIL) main lines; **grandes vacances** summer holidays; see boxed note

---

GRANDES ÉCOLES

The **grandes écoles** are highly-respected institutes of higher education which train students for specific careers. Students who have spent two years after the 'baccalauréat' in the 'classes préparatoires' are recruited by competitive entry examination. The prestigious **grandes écoles** have a strong corporate identity and tend to furnish France with its intellectual, administrative and political élite.

---

grand-chose [gʀɑ̃ʃoz] nm/f inv: **pas grand-chose** not much

Grande-Bretagne [gʀɑ̃dbʀətaɲ] nf: **la Grande-Bretagne** (Great) Britain; **en Grande-Bretagne** in (Great) Britain

grandeur [gʀɑ̃dœʀ] nf (dimension) size; (fig: ampleur, importance) magnitude; (: grandeur, puissance) greatness; **grandeur nature** adj life-size

grandiose [gʀɑ̃djoz] adj (paysage, spectacle) imposing

grandir [gʀɑ̃diʀ] vi (enfant, arbre) to grow; (bruit, hostilité) to increase, grow ♦ vt: **grandir qn** (suj: vêtement, chaussure) to make sb look taller; (fig) to make sb grow in stature

grand-mère, pl **grands-mères** [gʀɑ̃mɛʀ] nf grandmother

grand-messe [gʀɑ̃mɛs] nf high mass

grand-peine [gʀɑ̃pɛn]: **à grand-peine** adv with (great) difficulty

grand-père, pl **grands-pères** [gʀɑ̃pɛʀ] nm grandfather

grand-route [gʀɑ̃ʀut] nf main road

grands-parents [gʀɑ̃paʀɑ̃] nmpl grandparents

grange [gʀɑ̃ʒ] nf barn

granit(e) [gʀanit] nm granite

graphique [grafik] adj graphic ◆ nm graph

grappe [grap] nf cluster; **grappe de raisin** bunch of grapes

gras, se [grɑ, grɑs] adj (viande, soupe) fatty; (personne) fat; (surface, main, cheveux) greasy; (terre) sticky; (toux) loose, phlegmy; (rire) throaty; (plaisanterie) coarse; (crayon) soft-lead; (TYPO) bold ◆ nm (CULIN) fat; **faire la grasse matinée** to have a lie-in (BRIT), sleep late; **matière grasse** fat (content)

grassement [grɑsmɑ̃] adv (généreusement): **grassement payé** handsomely paid; (grossièrement: rire) coarsely

grassouillet, te [grɑsuje, -ɛt] adj podgy, plump

gratifiant, e [gratifjɑ̃, -ɑ̃t] adj gratifying, rewarding

gratin [gratɛ̃] nm (CULIN) cheese- (ou crumb-) topped dish; (: croûte) topping; **au gratin** au gratin; **tout le gratin parisien** all the best people of Paris

gratiné [gratine] adj (CULIN) au gratin; (fam) hellish ◆ nf (soupe) onion soup au gratin

gratis [gratis] adv, adj free

gratitude [gratityd] nf gratitude

gratte-ciel [gratsjɛl] nm inv skyscraper

gratte-papier [gratpapje] nm inv (péj) pen-pusher

gratter [grate] vt (frotter) to scrape; (enlever) to scrape off; (bras, bouton) to scratch; **se gratter** to scratch o.s.

gratuit, e [gratɥi, -ɥit] adj (entrée) free; (billet) free, complimentary; (fig) gratuitous

gravats [grava] nmpl rubble sg

grave [grav] adj (dangereux: maladie, accident) serious, bad; (sérieux: sujet, problème) serious, grave; (personne, air) grave, solemn; (voix, son) deep, low-pitched ◆ nm (MUS) low register; **ce n'est pas grave!** it's all right, don't worry; **blessé grave** seriously injured person

gravement [gravmɑ̃] adv seriously; badly; gravely

graver [grave] vt (plaque, nom) to engrave; (fig): **graver qch dans son esprit/sa mémoire** to etch sth in one's mind/memory

gravier [gravje] nm (loose) gravel no pl

gravillons [gravijɔ̃] nmpl gravel sg, loose chippings ou gravel

gravir [gravir] vt to climb (up)

gravité [gravite] nf (voir grave) seriousness; gravity; (PHYSIQUE) gravity

graviter [gravite] vi: **graviter autour de** to revolve around

gravure [gravyr] nf engraving; (reproduction) print; plate

gré [gre] nm: **à son gré** adj to his liking ◆ adv as he pleases; **au gré de** according to, following; **contre le gré de qn** against sb's will; **de son (plein) gré** of one's own free will; **de gré ou de force** whether one likes it or not; **de bon gré** willingly; **bon gré mal gré** like it or not; willy-nilly; **de gré à gré** (COMM) by mutual agreement; **savoir (bien) gré à qn de qch** to be (most) grateful to sb for sth

grec, grecque [grɛk] adj Greek; (classique: vase etc) Grecian ◆ nm (LING) Greek ◆ nm/f: **Grec, Grecque** Greek

Grèce [grɛs] nf: **la Grèce** Greece

greffe [grɛf] nf graft; transplant ◆ nm (JUR) office

greffer [grefe] vt (BOT, MÉD: tissu) to graft; (MÉD: organe) to transplant

greffier [grefje] nm clerk of the court

grêle [grɛl] adj (very) thin ◆ nf hail

grêler [grele] vb impers: **il grêle** it's hailing ◆ vt: **la région a été grêlée** the region was damaged by hail

grêlon [grelɔ̃] nm hailstone

grelot [grəlo] nm little bell

grelotter [grələte] vi (trembler) to shiver

grenade [grənad] nf (explosive) grenade; (BOT) pomegranate; **grenade lacrymogène** teargas grenade

grenadine [grənadin] nf grenadine

grenat [grəna] adj inv dark red

grenier [grənje] nm (de maison) attic; (de ferme) loft

grenouille [grənuj] nf frog

grès [grɛ] nm (roche) sandstone; (poterie) stoneware

grésiller [grezije] vi to sizzle; (RADIO) to crackle

grève [grɛv] nf (d'ouvriers) strike; (plage) shore; **se mettre en/faire grève** to go on/be on strike; **grève bouchon** partial strike (in key areas of a company); **grève de la faim** hunger strike; **grève perlée** go-slow (BRIT), slowdown (US); **grève sauvage** wildcat strike; **grève de solidarité** sympathy strike; **grève surprise** lightning strike; **grève sur le tas** sit down strike; **grève tournante** strike by rota; **grève du zèle** work-to-rule (BRIT), slowdown (US)

gréviste [grevist(ə)] nm/f striker

gribouiller [gribuje] vt to scribble, scrawl ◆ vi to doodle

grièvement [grijɛvmɑ̃] adv seriously

griffe [grif] nf claw; (fig) signature; (: d'un couturier, parfumeur) label, signature

griffer [grife] vt to scratch

griffonner [grifɔne] vt to scribble

grignoter [griɲɔte] vt, vi to nibble

gril [gril] nm steak ou grill pan

grillade [grijad] nf grill

grillage [grijaʒ] nm (treillis) wire netting; (clôture) wire fencing

grille [grij] nf (portail) (metal) gate; (clôture) railings pl; (d'égout) grate; (fig) grid

grille-pain [grijpɛ̃] nm inv toaster

griller [grije] vt (aussi: **faire griller**: pain) to toast; (: viande) to grill (BRIT), broil (US); (: café) to roast; (fig: ampoule etc) to burn out, blow; **griller un feu**

rouge to jump the lights (*BRIT*), run a stoplight (*US*) ♦ vi (*brûler*) to be roasting

grillon [grijɔ̃] nm (*ZOOL*) cricket

grimace [grimas] nf grimace; (*pour faire rire*): **faire des grimaces** to pull ou make faces

grimper [grɛ̃pe] vi, vt to climb ♦ nm: **le grimper** (*SPORT*) rope-climbing; **grimper à/sur** to climb (up)/ climb onto

grincer [grɛ̃se] vi (*porte, roue*) to grate; (*plancher*) to creak; **grincer des dents** to grind one's teeth

grincheux, euse [grɛ̃ʃø, -øz] adj grumpy

grippe [grip] nf flu, influenza; **avoir la grippe** to have (the) flu; **prendre qn/qch en grippe** (*fig*) to take a sudden dislike to sb/sth

grippé, e [gripe] adj: **être grippé** to have (the) flu; (*moteur*) to have seized up (*BRIT*) ou jammed

gris, e [gri, griz] adj grey (*BRIT*), gray (*US*); (*ivre*) tipsy ♦ nm (*couleur*) grey (*BRIT*), gray (*US*); **il fait gris** it's a dull ou grey day; **faire grise mine** to look miserable ou morose; **faire grise mine à qn** to give sb a cool reception

grisaille [grizaj] nf greyness (*BRIT*), grayness (*US*), dullness

griser [grize] vt to intoxicate; **se griser de** (*fig*) to become intoxicated with

grisonner [grizɔne] vi to be going grey (*BRIT*) ou gray (*US*)

grisou [grizu] nm firedamp

grive [griv] nf (*ZOOL*) thrush

grivois, e [grivwa, -waz] adj saucy

Groenland [grɔɛnlɑ̃d] nm: **le Groenland** Greenland

grogner [grɔɲe] vi to growl; (*fig*) to grumble

grognon, ne [grɔɲɔ̃, -ɔn] adj grumpy, grouchy

groin [grwɛ̃] nm snout

grommeler [grɔmle] vi to mutter to o.s.

gronder [grɔ̃de] vi (*canon, moteur, tonnerre*) to rumble; (*animal*) to growl; (*fig: révolte*) to be brewing ♦ vt to scold

groom [grum] nm page, bellhop (*US*)

gros, se [gro, gros] adj big, large; (*obèse*) fat; (*problème, quantité*) great; (*travaux, dégâts*) extensive; (*large: trait, fil*) thick, heavy ♦ adv: **risquer/gagner gros** to risk/win a lot ♦ nm (*COMM*): **le gros** the wholesale business; **écrire gros** to write in big letters; **prix de gros** wholesale price; **par gros temps/grosse mer** in rough weather/heavy seas; **le gros de** the main body of; (*du travail etc*) the bulk of; **en avoir gros sur le cœur** to be upset; **en gros** roughly; (*COMM*) wholesale; **gros intestin** large intestine; **gros lot** jackpot; **gros mot** coarse word, vulgarity; **gros œuvre** shell (of building); **gros plan** (*PHOTO*) close-up; **gros porteur** wide-bodied aircraft, jumbo (jet); **gros sel** cooking salt; **gros titre** headline; **grosse caisse** big drum

groseille [grozɛj] nf: **groseille (rouge)/(blanche)** red/white currant; **groseille à maquereau** gooseberry

grosse [gros] adj f voir **gros** ♦ nf (*COMM*) gross

grossesse [groses] nf pregnancy; **grossesse nerveuse** phantom pregnancy

grosseur [grosœr] nf size; fatness; (*tumeur*) lump

grossier, ière [grosje, -jɛr] adj coarse; (*travail*) rough; crude; (*évident: erreur*) gross

grossièrement [grosjɛrmɑ̃] adv coarsely; roughly; crudely; (*en gros*) roughly

grossièreté [grosjɛrte] nf coarseness; rudeness

grossir [grosir] vi (*suj: personne*) to put on weight; (*fig*) to grow, get bigger; (*rivière*) to swell ♦ vt to increase; (*exagérer*) to exaggerate; (*au microscope*) to magnify, enlarge; (*suj: vêtement*): **grossir qn** to make sb look fatter

grossiste [grosist(ə)] nm/f wholesaler

grosso modo [grosomɔdo] adv roughly

grotesque [grɔtɛsk(ə)] adj grotesque

grotte [grɔt] nf cave

grouiller [gruje] vi (*foule*) to mill about; (*fourmis*) to swarm about; **grouiller de** to be swarming with

groupe [grup] nm group; **cabinet de groupe** group practice; **médecine de groupe** group practice; **groupe électrogène** generator; **groupe de pression** pressure group; **groupe sanguin** blood group; **groupe scolaire** school complex

groupement [grupmɑ̃] nm grouping; (*groupe*) group; **groupement d'intérêt économique (GIE)** ≃ trade association

grouper [grupe] vt to group; (*ressources, moyens*) to pool; **se grouper** to get together

grue [gry] nf crane; **faire le pied de grue** (*fam*) to hang around (waiting), kick one's heels (*BRIT*)

grumeaux [grymo] nmpl (*CULIN*) lumps

guenilles [gənij] nfpl rags

guenon [gənɔ̃] nf female monkey

guépard [gepar] nm cheetah

guêpe [gɛp] nf wasp

guêpier [gepje] nm (*fig*) trap

guère [gɛr] adv (*avec adjectif, adverbe*): **ne ... guère** hardly; (*avec verbe*): **ne ... guère** tournure négative + much; hardly ever; tournure négative + (very) long; **il n'y a guère que/de** there's hardly anybody (ou anything) but/hardly any

guéridon [geridɔ̃] nm pedestal table

guérilla [gerija] nf guerrilla warfare

guérillero [gerijero] nm guerrilla

guérir [gerir] vt (*personne, maladie*) to cure; (*membre, plaie*) to heal ♦ vi (*personne*) to recover, be cured; (*plaie, chagrin*) to heal; **guérir de** to be cured of, recover from; **guérir qn de** to cure sb of

guérison [gerizɔ̃] nf curing; healing; recovery

guérisseur, euse [gerisœr, -øz] nm/f healer

guerre [gɛr] nf war; (*méthode*): **guerre atomique/de tranchées** atomic/trench warfare no pl; **en guerre** at war; **faire la guerre à** to wage war against; **de guerre lasse** (*fig*) tired of fighting ou resisting; **de bonne guerre** fair and square; **guerre**

civile/mondiale civil/world war; **guerre froide/
sainte** cold/holy war; **guerre d'usure** war of attrition

guerrier, ière [gɛʀje, -jɛʀ] *adj* warlike ♦ *nm/f*
warrior

guet [gɛ] *nm*: **faire le guet** to be on the watch *ou*
look-out

guet-apens, *pl* **guets-apens** [gɛtapɑ̃] *nm*
ambush

guetter [gete] *vt* (*épier*) to watch (intently); (*attendre*) to watch (out) for; (: *pour surprendre*) to be lying
in wait for

gueule [gœl] *nf* mouth; (*fam*: *visage*) mug;
(: *bouche*) gob (!), mouth; **ta gueule!** (*fam*) shut up!;
gueule de bois (*fam*) hangover

gueuler [gœle] *vi* (*fam*) to bawl

gueuleton [gœltɔ̃] *nm* (*fam*) blowout (*BRIT*), big
meal

gui [gi] *nm* mistletoe

guichet [giʃɛ] *nm* (*de bureau, banque*) counter,
window; (*d'une porte*) wicket, hatch; **les guichets** (*à
la gare, au théâtre*) the ticket office; **jouer à
guichets fermés** to play to a full house

guide [gid] *nm* guide; (*livre*) guide(book) ♦ *nf*
(*fille scout*) (girl) guide (*BRIT*), girl scout (*US*); **guides**
nfpl (*d'un cheval*) reins

guider [gide] *vt* to guide

guidon [gidɔ̃] *nm* handlebars *pl*

guignol [giɲɔl] *nm* ≈ Punch and Judy show; (*fig*)
clown

guillemets [gijmɛ] *nmpl*: **entre guillemets** in
inverted commas *ou* quotation marks; **guillemets
de répétition** ditto marks

guillotiner [gijɔtine] *vt* to guillotine

guindé, e [gɛ̃de] *adj* stiff, starchy

guirlande [giʀlɑ̃d] *nf* garland; (*de papier*) paper
chain; **guirlande lumineuse** (fairy (*BRIT*)) lights *pl*;
guirlande de Noël tinsel *no pl*

guise [giz] *nf*: **à votre guise** as you wish *ou*
please; **en guise de** by way of

guitare [gitaʀ] *nf* guitar

gym [ʒim] *nf* (*exercices*) gym

gymnase [ʒimnaz] *nm* gym(nasium)

gymnaste [ʒimnast(ə)] *nm/f* gymnast

gymnastique [ʒimnastik] *nf* gymnastics *sg*; (*au
réveil etc*) keep-fit exercises *pl*; **gymnastique cor-
rective** remedial gymnastics

gynécologie [ʒinekɔlɔʒi] *nf* gynaecology (*BRIT*),
gynecology (*US*)

gynécologique [ʒinekɔlɔʒik] *adj* gynaecologi-
cal (*BRIT*), gynecological (*US*)

gynécologue [ʒinekɔlɔg] *nm/f* gynaecologist
(*BRIT*), gynecologist (*US*)

— H h —

habile [abil] *adj* skilful; (*malin*) clever

habileté [abilte] *nf* skill, skilfulness; cleverness

habillé, e [abije] *adj* dressed; (*chic*) dressy; (*TECH*):
habillé de covered with; encased in

habillement [abijmɑ̃] *nm* clothes *pl*; (*profession*)
clothing industry

habiller [abije] *vt* to dress; (*fournir en vêtements*)
to clothe; **s'habiller** to dress (o.s.); (*se déguiser, mettre des vêtements chic*) to dress up; **s'habiller de/en**
to dress in/dress up as; **s'habiller chez/à** to buy
one's clothes from/at

habit [abi] *nm* outfit; **habits** *nmpl* (*vêtements*)
clothes; **habit (de soirée)** tails *pl*; evening dress;
prendre l'habit (*REL: entrer en religion*) to enter
(holy) orders

habitant, e [abitɑ̃, -ɑ̃t] *nm/f* inhabitant; (*d'une
maison*) occupant, occupier; **loger chez l'habitant**
to stay with the locals

habitation [abitasjɔ̃] *nf* living; (*demeure*) residence, home; (*maison*) house; **habitations à loyer
modéré (HLM)** low-rent, state-owned housing, ≈
council housing *sg* (*BRIT*), ≈ public housing units
(*US*)

habiter [abite] *vt* to live in; (*suj: sentiment*) to
dwell in ♦ *vi*: **habiter à/dans** to live in *ou* at/in;
habiter chez *ou* **avec qn** to live with sb; **habiter
16 rue Montmartre** to live at number 16 rue
Montmartre; **habiter rue Montmartre** to live in
rue Montmartre

habitude [abityd] *nf* habit; **avoir l'habitude de
faire** to be in the habit of doing; **avoir l'habitude
des enfants** to be used to children; **prendre
l'habitude de faire qch** to get into the habit of
doing sth; **perdre une habitude** to get out of a
habit; **d'habitude** usually; **comme d'habitude** as
usual; **par habitude** out of habit

habitué, e [abitɥe] *adj*: **être habitué à** to be used
ou accustomed to ♦ *nm/f* regular visitor; (*client*)
regular (customer)

habituel, le [abitɥɛl] *adj* usual

habituer [abitɥe] *vt*: **habituer qn à** to get sb
used to; **s'habituer à** to get used to

'hache [ʼaʃ] *nf* axe

'hacher [ʼaʃe] *vt* (*viande*) to mince (*BRIT*), grind (*US*);
(*persil*) to chop; **hacher menu** to mince *ou* grind
finely; to chop finely

'hachis [ʼaʃi] *nm* mince *no pl* (*BRIT*), hamburger
meat (*US*); **hachis de viande** minced (*BRIT*) *ou*
ground (*US*) meat

'hachisch [ʼaʃiʃ] *nm* hashish

'hachoir [ʼaʃwaʀ] *nm* chopper; (*meat*) mincer
(*BRIT*) *ou* grinder (*US*); (*planche*) chopping board

'hagard, e [ʼagaʀ, -aʀd(ə)] *adj* wild, distraught

'haie [ʼɛ] *nf* hedge; (*SPORT*) hurdle; (*fig: rang*) line, row; **200 m haies** 200 m hurdles; **haie d'honneur** guard of honour

'haillons ['ojɔ̃] nmpl rags

'haine ['ɛn] nf hatred

'haïr ['aiʀ] vt to detest, hate; **se haïr** to hate each other

'hâlé, e ['ɑle] adj (sun)tanned, sunburnt

haleine [alɛn] nf breath; **perdre haleine** to get out of breath; **à perdre haleine** until one is gasping for breath; **avoir mauvaise haleine** to have bad breath; **reprendre haleine** to get one's breath back; **hors d'haleine** out of breath; **tenir en haleine** to hold spellbound; (en attente) to keep in suspense; **de longue haleine** adj long-term

'haleter ['alte] vi to pant

'hall ['ol] nm hall

'halle ['al] nf (covered) market; **halles** nfpl central food market sg

hallucinant, e [alysinɑ̃, -ɑ̃t] adj staggering

hallucination [alysinasjɔ̃] nf hallucination

'halte ['alt(ə)] nf stop, break; (escale) stopping place; (RAIL) halt ♦ excl stop!; **faire halte** to stop

haltère [altɛʀ] nm (à boules, disques) dumbbell, barbell; (poids et) **haltères** weightlifting

haltérophilie [alteʀɔfili] nf weightlifting

'hamac ['amak] nm hammock

'hamburger ['ɑ̃buʀgœʀ] nm hamburger

'hameau, x ['amo] nm hamlet

hameçon [amsɔ̃] nm (fish) hook

'hamster ['amstɛʀ] nm hamster

'hanche ['ɑ̃ʃ] nf hip

'hand-ball ['ɑ̃dbal] nm handball

'handicapé, e ['ɑ̃dikape] adj handicapped ♦ nm/f physically (ou mentally) handicapped person; **handicapé moteur** spastic

'hangar ['ɑ̃gaʀ] nm shed; (AVIAT) hangar

'hanneton ['antɔ̃] nm cockchafer

'hanter ['ɑ̃te] vt to haunt

'hantise ['ɑ̃tiz] nf obsessive fear

'happer ['ape] vt to snatch; (suj: train etc) to hit

'haras ['aʀa] nm stud farm

'harassant, e ['aʀasɑ̃, -ɑ̃t] adj exhausting

'harcèlement ['aʀsɛlmɑ̃] nm harassment; **harcèlement sexuel** sexual harassment

'harceler ['aʀsəle] vt (MIL, CHASSE) to harass, harry; (importuner) to plague

'hardi, e ['aʀdi] adj bold, daring

'hareng ['aʀɑ̃] nm herring

'hargne ['aʀɲ(ə)] nf aggressivity, aggressiveness

'hargneux, euse ['aʀɲø, -øz] adj (propos, personne) belligerent, aggressive; (chien) fierce

'haricot ['aʀiko] nm bean; **haricot blanc/rouge** haricot/kidney bean; **haricot vert** French (BRIT) ou green bean

harmonica [aʀmɔnika] nm mouth organ

harmonie [aʀmɔni] nf harmony

harmonieux, euse [aʀmɔnjø, -øz] adj harmonious

'harnacher ['aʀnaʃe] vt to harness

'harnais ['aʀnɛ] nm harness

'harpe ['aʀp(ə)] nf harp

'harponner ['aʀpone] vt to harpoon; (fam) to collar

'hasard ['azaʀ] nm: **le hasard** chance, fate; **un hasard** a coincidence; (aubaine, chance) a stroke of luck; **au hasard** (sans but) aimlessly; (à l'aveuglette) at random, haphazardly; **par hasard** by chance; **comme par hasard** as if by chance; **à tout hasard** on the off chance; (en cas de besoin) just in case

'hâte ['ɑt] nf haste; **à la hâte** hurriedly, hastily; **en hâte** posthaste, with all possible speed; **avoir hâte de** to be eager ou anxious to

'hâter ['ɑte] vt to hasten; **se hâter** to hurry; **se hâter de** to hurry ou hasten to

'hâtif, ive ['ɑtif, -iv] adj (travail) hurried; (décision) hasty; (légume) early

'hausse ['os] nf rise, increase; (de fusil) backsight adjuster; **à la hausse** upwards; **en hausse** rising

'hausser ['ose] vt to raise; **hausser les épaules** to shrug (one's shoulders); **se hausser sur la pointe des pieds** to stand (up) on tiptoe ou tippy-toe (US)

'haut, e ['o, 'ot] adj high; (grand) tall; (son, voix) high(-pitched) ♦ adv high ♦ nm top (part); **de 3 m de haut, haut de 3 m** 3 m high, 3 m in height; **en haute montagne** high up in the mountains; **en haut lieu** in high places; **à haute voix, (tout) haut** aloud, out loud; **des hauts et des bas** ups and downs; **du haut de** from the top of; **tomber de haut** to fall from a height; (fig) to have one's hopes dashed; **dire qch bien haut** to say sth plainly; **prendre qch de (très) haut** to react haughtily to sth; **traiter qn de haut** to treat sb with disdain; **de haut en bas** from top to bottom; downwards; **haut en couleur** (chose) vividly coloured; (personne): **un personnage haut en couleur** a colourful character; **plus haut** higher up, further up; (dans un texte) above; (parler) louder; **en haut** up above; at (ou to) the top; (dans une maison) upstairs; **en haut de** at the top of; **haut les mains!** hands up!, stick 'em up!; **la haute couture/coiffure** haute couture/coiffure; **haute fidélité** hi-fi, high fidelity; **la haute finance** high finance; **haute trahison** high treason

'hautain, e ['otɛ̃, -ɛn] adj (personne, regard) haughty

'hautbois ['obwa] nm oboe

'haut-de-forme, pl **hauts-de-forme** ['odfɔʀm(ə)] nm top hat

'hauteur ['otœʀ] nf height; (GÉO) height, hill; (fig) loftiness; haughtiness; **à hauteur de** up to (the level of); **à hauteur des yeux** at eye level; **à la hauteur de** (sur la même ligne) level with; by; (fig) equal to; **à la hauteur** (fig) up to it, equal to the task

'haut-fourneau, pl **hauts-fourneaux** ['ofurno] nm blast ou smelting furnace

'haut-le-cœur ['olkœr] nm inv retch, heave

'haut-parleur, pl **haut-parleurs** ['oparlœr] nm (loud)speaker

'havre ['avr(ə)] nm haven

'Haye ['ɛ] n: **la Haye** the Hague

'hayon ['ɛjɔ̃] nm tailgate

hebdo [ɛbdo] nm (fam) weekly

hebdomadaire [ɛbdɔmadɛr] adj, nm weekly

hébergement [ebɛrʒəmɑ̃] nm accommodation, lodging; taking in

héberger [ebɛrʒe] vt to accommodate, lodge; (réfugiés) to take in

hébété, e [ebete] adj dazed

hébreu, x [ebrø] adj m, nm Hebrew

hécatombe [ekatɔ̃b] nf slaughter

hectare [ɛktar] nm hectare, 10,000 square metres

'hein ['ɛ̃] excl eh?; (sollicitant l'approbation): **tu m'approuves, hein?** so I did the right thing then?; **Paul est venu, hein?** Paul came, did he?; **que fais-tu, hein?** hey! what are you doing?

'hélas ['elas] excl alas! ◆ adv unfortunately

'héler ['ele] vt to hail

hélice [elis] nf propeller

hélicoptère [elikɔptɛr] nm helicopter

helvétique [elvetik] adj Swiss

hématome [ematom] nm haematoma

hémicycle [emisikl(ə)] nm semicircle; (POL): **l'hémicycle** the benches (in french parliament)

hémisphère [emisfɛr] nf: **hémisphère nord/sud** northern/southern hemisphere

hémorragie [emɔraʒi] nf bleeding no pl, haemorrhage (BRIT), hemorrhage (US); **hémorragie cérébrale** cerebral haemorrhage; **hémorragie interne** internal bleeding ou haemorrhage

hémorroïdes [emɔrɔid] nfpl piles, haemorrhoids (BRIT), hemorrhoids (US)

'hennir ['enir] vi to neigh, whinny

'hennissement ['enismɑ̃] nm neighing, whinnying

hépatite [epatit] nf hepatitis, liver infection

herbe [ɛrb(ə)] nf grass; (CULIN, MÉD) herb; **en herbe** unripe; (fig) budding; **touffe/brin d'herbe** clump/blade of grass

herbicide [ɛrbisid] nm weed-killer

herboriste [ɛrbɔrist(ə)] nm/f herbalist

'hère ['ɛr] nm: **pauvre hère** poor wretch

héréditaire [erediter] adj hereditary

'hérisser ['erise] vt: **hérisser qn** (fig) to ruffle sb; **se hérisser** vi to bristle, bristle up

'hérisson ['erisɔ̃] nm hedgehog

héritage [eritaʒ] nm inheritance; (fig) heritage; (: legs) legacy; **faire un (petit) héritage** to come into (a little) money

hériter [erite] vi: **hériter de qch (de qn)** to inherit sth (from sb); **hériter de qn** to inherit sb's property

héritier, ière [eritje, -jɛr] nm/f heir/heiress

hermétique [ɛrmetik] adj (à l'air) airtight; (à l'eau) watertight; (fig: écrivain, style) abstruse; (: visage) impenetrable

hermine [ɛrmin] nf ermine

'hernie ['ɛrni] nf hernia

héroïne [erɔin] nf heroine; (drogue) heroin

héroïque [erɔik] adj heroic

'héron ['erɔ̃] nm heron

'héros ['ero] nm hero

hésitant, e [ezitɑ̃, -ɑ̃t] adj hesitant

hésitation [ezitasjɔ̃] nf hesitation

hésiter [ezite] vi: **hésiter (à faire)** to hesitate (to do); **hésiter sur qch** to hesitate over sth

hétéroclite [eterɔklit] adj heterogeneous; (objets) sundry

hétérogène [eterɔʒɛn] adj heterogeneous

hétérosexuel, le [eterɔsɛkɥɛl] adj heterosexual

'hêtre ['ɛtr(ə)] nm beech

heure [œr] nf hour; (SCOL) period; (moment, moment fixé) time; **c'est l'heure** it's time; **pourriez-vous me donner l'heure, s'il vous plaît?** could you tell me the time, please?; **quelle heure est-il?** what time is it?; **2 heures (du matin)** 2 o'clock (in the morning); **à la bonne heure!** (parfois ironique) splendid!; **être à l'heure** to be on time; (montre) to be right; **le bus passe à l'heure** the bus runs on the hour; **mettre à l'heure** to set right; **100 km à l'heure** ≈ 60 miles an ou per hour; **à toute heure** at any time; **24 heures sur 24** round the clock, 24 hours a day; **à l'heure qu'il est** at this time (of day); (fig) now; **à l'heure actuelle** at the present time; **sur l'heure** at once; **pour l'heure** for the time being; **d'heure en heure** from one hour to the next; (régulièrement) hourly; **d'une heure à l'autre** from hour to hour; **de bonne heure** early; **2 heures de marche/travail** 2 hours' walking/work; **une heure d'arrêt** an hour's break ou stop; **heure d'été** summer time (BRIT), daylight saving time (US); **heure de pointe** rush hour; **heures de bureau** office hours; **heures supplémentaires** overtime sg

heureusement [œrøzmɑ̃] adv (par bonheur) fortunately, luckily; **heureusement que ...** it's a good job that ..., fortunately ...

heureux, euse [œrø, -øz] adj happy; (chanceux) lucky, fortunate; (judicieux) felicitous, fortunate; **être heureux de qch** to be pleased ou happy about sth; **être heureux de faire/que** to be pleased ou happy to do/that; **s'estimer heureux de qch/que** to consider o.s. fortunate with sth/that; **encore heureux que ...** just as well that ...

'heurt ['œr] nm (choc) collision; **heurts** nmpl (fig) clashes

'heurter ['œrte] vt (mur) to strike, hit; (personne)

to collide with; (fig) to go against, upset; **se heurter** (couleurs, tons) to clash; **se heurter à** to collide with; (fig) to come up against; **heurter qn de front** to clash head-on with sb

hexagone [ɛgzagɔn] nm hexagon; (la France) France (because of its roughly hexagonal shape)

hiberner [ibɛʀne] vi to hibernate

'hibou, x ['ibu] nm owl

'hideux, euse ['idø, -øz] adj hideous

hier [jɛʀ] adv yesterday; **hier matin/soir/midi** yesterday morning/evening/at midday; **toute la journée d'hier** all day yesterday; **toute la matinée d'hier** all yesterday morning

'hiérarchie ['jeʀaʀʃi] nf hierarchy

'hi-fi ['ifi] nf inv hi-fi

hilare [ilaʀ] adj mirthful

hindou, e [ɛdu] adj, nm/f Hindu; (Indien) Indian

hippique [ipik] adj equestrian, horse cpd

hippisme [ipism(ə)] nm (horse-)riding

hippodrome [ipɔdʀom] nm racecourse

hippopotame [ipɔpɔtam] nm hippopotamus

hirondelle [iʀɔdɛl] nf swallow

hirsute [iʀsyt] adj (personne) hairy; (barbe) shaggy; (tête) tousled

'hisser ['ise] vt to hoist, haul up; **se hisser sur** to haul o.s. up onto

histoire [istwaʀ] nf (science, événements) history; (anecdote, récit, mensonge) story; (affaire) business no pl; (chichis: gén pl) fuss no pl; histoires nfpl (ennuis) trouble sg; **l'histoire de France** French history, the history of France; **l'histoire sainte** biblical history; **une histoire de** (fig) a question of

historique [istɔʀik] adj historical; (important) historic ◆ nm (exposé, récit): **faire l'historique de** to give the background to

'hit-parade ['itpaʀad] nm: **le hit-parade** the charts

hiver [ivɛʀ] nm winter; **en hiver** in winter

hivernal, e, aux [ivɛʀnal, -o] adj (de l'hiver) winter cpd; (comme en hiver) wintry

hiverner [ivɛʀne] vi to winter

HLM sigle m ou f (= habitations à loyer modéré) low-rent, state-owned housing; **un(e) HLM** ≃ a council flat (ou house) (BRIT), ≃ a public housing unit (US)

'hobby ['ɔbi] nm hobby

'hocher ['ɔʃe] vt: **hocher la tête** to nod; (signe négatif ou dubitatif) to shake one's head

'hochet ['ɔʃɛ] nm rattle

'hockey ['ɔkɛ] nm: **hockey (sur glace/gazon)** (ice/field) hockey

'hold-up ['ɔldœp] nm inv hold-up

'hollandais, e ['ɔlɑdɛ, -ɛz] adj Dutch ◆ nm (LING) Dutch ◆ nm/f: **Hollandais, e** Dutchman/woman; **les Hollandais** the Dutch

'Hollande ['ɔlɑd] nf: **la Hollande** Holland ◆ nm: hollande (fromage) Dutch cheese

'homard ['ɔmaʀ] nm lobster

homéopathique [ɔmeopatik] adj homoeopathic

homicide [ɔmisid] nm murder ◆ nm/f murderer/eress; **homicide involontaire** manslaughter

hommage [ɔmaʒ] nm tribute; **hommages** nmpl: **présenter ses hommages** to pay one's respects; **rendre hommage à** to pay tribute ou homage to; **en hommage de** as a token of; **faire hommage de qch à qn** to present sb with sth

homme [ɔm] nm man; (espèce humaine): **l'homme** man, mankind; **homme d'affaires** businessman; **homme des cavernes** caveman; **homme d'Église** churchman, clergyman; **homme d'État** statesman; **homme de loi** lawyer; **homme de main** hired man; **homme de paille** stooge; **homme politique** politician; **l'homme de la rue** the man in the street; **homme à tout faire** odd-job man

homme-grenouille, pl **hommes-grenouilles** [ɔmgʀənuj] nm frogman

homogène [ɔmɔʒɛn] adj homogeneous

homologue [ɔmɔlɔg] nm/f counterpart, opposite number

homologué, e [ɔmɔlɔge] adj (SPORT) officially recognized, ratified; (tarif) authorized

homonyme [ɔmɔnim] nm (LING) homonym; (d'une personne) namesake

homosexuel, le [ɔmɔsɛksɥɛl] adj homosexual

'Hongrie ['ɔgʀi] nf: **la Hongrie** Hungary

'hongrois, e ['ɔgʀwa, -waz] adj Hungarian ◆ nm (LING) Hungarian ◆ nm/f: **Hongrois, e** Hungarian

honnête [ɔnɛt] adj (intègre) honest; (juste, satisfaisant) fair

honnêtement [ɔnɛtmɑ] adv honestly

honnêteté [ɔnɛtte] nf honesty

honneur [ɔnœʀ] nm honour; (mérite): **l'honneur lui revient** the credit is his; **à qui ai-je l'honneur?** to whom have I the pleasure of speaking?; **"j'ai l'honneur de …"** "I have the honour of …"; **en l'honneur de** (personne) in honour of; (événement) on the occasion of; **faire honneur à** (engagements) to honour; (famille, professeur) to be a credit to; (fig: repas etc) to do justice to; **être à l'honneur** to be in the place of honour; **être en honneur** to be in favour; **membre d'honneur** honorary member; **table d'honneur** top table

honorable [ɔnɔʀabl(ə)] adj worthy, honourable; (suffisant) decent

honoraire [ɔnɔʀɛʀ] adj honorary; **honoraires** nmpl fees; **professeur honoraire** professor emeritus

honorer [ɔnɔʀe] vt to honour; (estimer) to hold in high regard; (faire honneur à) to do credit to; **honorer qn de** to honour sb with; **s'honorer de** to pride o.s. upon

honorifique [ɔnɔʀifik] adj honorary

'honte ['ɔt] nf shame; **avoir honte de** to be

ashamed of; **faire honte à qn** to make sb (feel) ashamed

'honteux, euse ['ɔ̃tø, -øz] adj ashamed; (*conduite, acte*) shameful, disgraceful

hôpital, aux [ɔpital, -o] nm hospital

'hoquet ['ɔkɛ] nm hiccough; **avoir le hoquet** to have (the) hiccoughs

'hoqueter ['ɔkte] vi to hiccough

horaire [ɔʀɛʀ] adj hourly ♦ nm timetable, schedule; **horaires** nmpl (*heures de travail*) hours; **horaire flexible** ou **mobile** ou **à la carte** ou **souple** flex(i)time

horizon [ɔʀizɔ̃] nm horizon; (*paysage*) landscape, view; **sur l'horizon** on the skyline ou horizon

horizontal, e, aux [ɔʀizɔ̃tal, -o] adj horizontal ♦ nf: **à l'horizontale** on the horizontal

horloge [ɔʀlɔʒ] nf clock; **l'horloge parlante** the speaking clock; **horloge normande** grandfather clock; **horloge physiologique** biological clock

horloger, ère [ɔʀlɔʒe, -ɛʀ] nm/f watchmaker; clockmaker

'hormis ['ɔʀmi] prép save

horoscope ['skɔp] nm horoscope

horreur [ɔʀœʀ] nf horror; **avoir horreur de** to loathe, detest; **quelle horreur!** how awful!; **cela me fait horreur** I find that awful

horrible [ɔʀibl(ə)] adj horrible

horrifier [ɔʀifje] vt to horrify

horripiler [ɔʀipile] vt to exasperate

'hors ['ɔʀ] prép except (for); **hors de** out of; **hors ligne, hors pair** outstanding; **hors de propos** inopportune; **hors série** (*sur mesure*) made-to-order; (*exceptionnel*) exceptional; **hors service (HS), hors d'usage** out of service; **être hors de soi** to be beside o.s.

'hors-bord [ɔʀbɔʀ] nm inv outboard motor; (*canot*) speedboat (with outboard motor)

'hors-d'œuvre ['ɔʀdœvʀ(ə)] nm inv hors d'œuvre

'hors-jeu ['ɔʀʒø] nm inv being offside no pl

'hors-la-loi ['ɔʀlalwa] nm inv outlaw

hors-taxe [ɔʀtaks] adj (*sur une facture, prix*) excluding VAT; (*boutique, marchandises*) duty-free

hortensia [ɔʀtɑ̃sja] nm hydrangea

hospice [ɔspis] nm (*de vieillards*) home; (*asile*) hospice

hospitalier, ière [ɔspitalje, -jɛʀ] adj (*accueillant*) hospitable; (*MÉD: service, centre*) hospital cpd

hospitaliser [ɔspitalize] vt to take (ou send) to hospital, hospitalize

hospitalité [ɔspitalite] nf hospitality

hostie [ɔsti] nf host (*REL*)

hostile [ɔstil] adj hostile

hostilité [ɔstilite] nf hostility; **hostilités** nfpl hostilities

hôte [ot] nm (*maître de maison*) host; (*client*) patron; (*fig*) inhabitant, occupant ♦ nm/f (*invité*)

guest; **hôte payant** paying guest

hôtel [otɛl] nm hotel; **aller à l'hôtel** to stay in a hotel; **hôtel (particulier)** (private) mansion; **hôtel de ville** town hall

hôtelier, ière [otəlje, -jɛʀ] adj hotel cpd ♦ nm/f hotelier, hotel-keeper

hôtellerie [otɛlʀi] nf (*profession*) hotel business; (*auberge*) inn

hôtesse [otɛs] nf hostess; **hôtesse de l'air** air hostess (*BRIT*) ou stewardess; **hôtesse (d'accueil)** receptionist

'hotte ['ɔt] nf (*panier*) basket (carried on the back); (*de cheminée*) hood; **hotte aspirante** cooker hood

'houblon ['ubl̃ɔ] nm (*BOT*) hop; (*pour la bière*) hops pl

'houille ['uj] nf coal; **houille blanche** hydroelectric power

'houle ['ul] nf swell

'houleux, euse ['ulø, -øz] adj heavy, swelling; (*fig*) stormy, turbulent

'hourra ['uʀa] nm cheer ♦ excl hurrah!

'houspiller ['uspije] vt to scold

'housse ['us] nf cover; (*pour protéger provisoirement*) dust cover; (*pour recouvrir à neuf*) loose ou stretch cover; **housse (penderie)** hanging wardrobe

'houx ['u] nm holly

hovercraft [ɔvœʀkʀaft] nm hovercraft

'hublot ['yblo] nm porthole

'huche ['yʃ] nf: **huche à pain** bread bin

'huer ['ye] vt to boo; (*hibou, chouette*) to hoot

huile [ɥil] nf oil; (*ART*) oil painting; (*fam*) bigwig; **mer d'huile** (*très calme*) glassy sea, sea of glass; **faire tache d'huile** (*fig*) to spread; **huile d'arachide** groundnut oil; **huile essentielle** essential oil; **huile de foie de morue** cod-liver oil; **huile de ricin** castor oil; **huile solaire** suntan oil; **huile de table** salad oil

huiler [ɥile] vt to oil

huileux, euse [ɥilø, -øz] adj oily

huis [ɥi] nm: **à huis clos** in camera

huissier [ɥisje] nm usher; (*JUR*) ≃ bailiff

'huit ['ɥi(t)] num eight; **samedi en huit** a week on Saturday; **dans huit jours** in a week('s time)

'huitaine ['ɥitɛn] nf: **une huitaine de** about eight, eight or so; **une huitaine de jours** a week or so

'huitième ['ɥitjɛm] num eighth

huître [ɥitʀ(ə)] nf oyster

humain, e [ymɛ̃, -ɛn] adj human; (*compatissant*) humane ♦ nm human (being)

humanitaire [ymanitɛʀ] adj humanitarian

humanité [ymanite] nf humanity

humble [œ̃bl(ə)] adj humble

humecter [ymɛkte] vt to dampen; **s'humecter les lèvres** to moisten one's lips

'humer ['yme] vt to inhale; (*pour sentir*) to smell

humeur [ymœʀ] *nf* mood; (*tempérament*) temper; (*irritation*) bad temper; **de bonne/mauvaise humeur** in a good/bad mood; **être d'humeur à faire qch** to be in the mood for doing sth

humide [ymid] *adj* (*linge*) damp; (*main, yeux*) moist; (*climat, chaleur*) humid; (*saison, route*) wet

humilier [ymilje] *vt* to humiliate; **s'humilier devant qn** to humble o.s. before sb

humilité [ymilite] *nf* humility

humoristique [ymɔʀistik] *adj* humorous; humoristic

humour [ymuʀ] *nm* humour; **avoir de l'humour** to have a sense of humour; **humour noir** sick humour

'huppé, e [ype] *adj* crested; (*fam*) posh

'hurlement ['yʀləmɑ̃] *nm* howling *no pl*, howl; yelling *no pl*, yell

'hurler ['yʀle] *vi* to howl, yell; (*fig: vent*) to howl; (: *couleurs etc*) to clash; **hurler à la mort** (*suj: chien*) to bay at the moon

hurluberlu [yʀlybɛʀly] *nm* (*péj*) crank ♦ *adj* cranky

'hutte ['yt] *nf* hut

hybride [ibʀid] *adj* hybrid

hydratant, e [idʀatɑ̃, -ɑ̃t] *adj* (*crème*) moisturizing

hydraulique [idʀolik] *adj* hydraulic

hydravion [idʀavjɔ̃] *nm* seaplane, hydroplane

hydrogène [idʀɔʒɛn] *nm* hydrogen

hydroglisseur [idʀɔglisœʀ] *nm* hydroplane

hyène [jɛn] *nf* hyena

hygiène [iʒjɛn] *nf* hygiene; **hygiène intime** personal hygiene

hygiénique [iʒenik] *adj* hygienic

hymne [imn(ə)] *nm* hymn; **hymne national** national anthem

hypermarché [ipɛʀmaʀʃe] *nm* hypermarket

hypermétrope [ipɛʀmetʀɔp] *adj* long-sighted

hypertension [ipɛʀtɑ̃sjɔ̃] *nf* high blood pressure, hypertension

hypertexte [ipɛʀtɛkst] *nm* (*INFORM*) hypertext

hypnose [ipnoz] *nf* hypnosis

hypnotiser [ipnɔtize] *vt* to hypnotize

hypnotiseur [ipnɔtizœʀ] *nm* hypnotist

hypocrisie [ipɔkʀizi] *nf* hypocrisy

hypocrite [ipɔkʀit] *adj* hypocritical ♦ *nm/f* hypocrite

hypothèque [ipɔtɛk] *nf* mortgage

hypothèse [ipɔtɛz] *nf* hypothesis; **dans l'hypothèse où** assuming that

hystérique [isteʀik] *adj* hysterical

— I i —

iceberg [isbɛʀg] *nm* iceberg

ici [isi] *adv* here; **jusqu'ici** as far as this; (*temporel*) until now; **d'ici là** by then; (*en attendant*) in the meantime; **d'ici peu** before long

icône [ikon] *nf* (*aussi INFORM*) icon

idéal, e, aux [ideal, -o] *adj* ideal ♦ *nm* ideal; (*système de valeurs*) ideals *pl*

idéaliste [idealist(ə)] *adj* idealistic ♦ *nm/f* idealist

idée [ide] *nf* idea; (*illusion*): **se faire des idées** to imagine things, get ideas into one's head; **avoir dans l'idée que** to have an idea that; **mon idée, c'est que ...** I suggest that ..., I think that ...; **à l'idée de/que** at the idea of/that, at the thought of/that; **je n'ai pas la moindre idée** I haven't the faintest idea; **avoir idée que** to have an idea that; **avoir des idées larges/étroites** to be broad-/narrow-minded; **venir à l'idée de qn** to occur to sb; **en voilà des idées!** the very idea!; **idée fixe** idée fixe, obsession; **idées noires** black *ou* dark thoughts; **idées reçues** accepted ideas *ou* wisdom

identifier [idɑ̃tifje] *vt* to identify; **identifier qch/qn à** to identify sth/sb with; **s'identifier avec** *ou* **à qn/qch** (*héros etc*) to identify with sb/sth

identique [idɑ̃tik] *adj*: **identique (à)** identical (to)

identité [idɑ̃tite] *nf* identity; **identité judiciaire** (*POLICE*) = Criminal Records Office

idiot, e [idjo, idjɔt] *adj* idiotic ♦ *nm/f* idiot

idiotie [idjɔsi] *nf* idiocy; (*propos*) idiotic remark *etc*

idole [idɔl] *nf* idol

if [if] *nm* yew

igloo [iglu] *nm* igloo

ignare [iɲaʀ] *adj* ignorant

ignoble [iɲɔbl(ə)] *adj* vile

ignorant, e [iɲɔʀɑ̃, -ɑ̃t] *adj* ignorant ♦ *nm/f*: **faire l'ignorant** to pretend one doesn't know; **ignorant de** ignorant of, not aware of; **ignorant en** ignorant of, knowing nothing of

ignorer [iɲɔʀe] *vt* (*ne pas connaître*) not to know, be unaware *ou* ignorant of; (*être sans expérience de: plaisir, guerre etc*) not to know about, have no experience of; (*bouder: personne*) to ignore; **j'ignore comment/si** I do not know how/if; **ignorer que** to be unaware that, not to know that; **je n'ignore pas que ...** I'm not forgetting that ..., I'm not unaware that ...; **je l'ignore** I don't know

il [il] *pron* he; (*animal, chose, en tournure impersonnelle*) it; *NB: en anglais les navires et les pays sont en général assimilés aux femelles, et les bébés aux choses, si le sexe n'est pas spécifié*; **ils** they; **il neige** it's snowing; *voir aussi* **avoir**

île [il] *nf* island; **les îles** the West Indies; **l'île de Beauté** Corsica; **l'île Maurice** Mauritius; **les îles**

anglo-normandes the Channel Islands; **les îles Britanniques** the British Isles; **les îles Cocos** ou **Keeling** the Cocos ou Keeling Islands; **les îles Cook** the Cook Islands; **les îles Scilly** the Scilly Isles, the Scillies; **les îles Shetland** the Shetland Islands, Shetland; **les îles Sorlingues = les îles Scilly**; **les îles Vierges** the Virgin Islands

illégal, e, aux [ilegal, -o] *adj* illegal, unlawful (*ADMIN*)

illégitime [ileʒitim] *adj* illegitimate; (*optimisme, sévérité*) unjustified, unwarranted

illettré, e [iletʀe] *adj, nm/f* illiterate

illimité, e [ilimite] *adj* (*immense*) boundless, unlimited; (*congé, durée*) indefinite, unlimited

illisible [ilizibl(ə)] *adj* illegible; (*roman*) unreadable

illogique [iloʒik] *adj* illogical

illumination [ilyminasjɔ̃] *nf* illumination, floodlighting; (*inspiration*) flash of inspiration; **illuminations** *nfpl* illuminations, lights

illuminer [ilymine] *vt* to light up; (*monument, rue: pour une fête*) to illuminate, floodlight; **s'illuminer** *vi* to light up

illusion [ilyzjɔ̃] *nf* illusion; **se faire des illusions** to delude o.s.; **faire illusion** to delude ou fool people; **illusion d'optique** optical illusion

illusionniste [ilyzjɔnist(ə)] *nm/f* conjuror

illustration [ilystʀasjɔ̃] *nf* illustration; (*d'un ouvrage: photos*) illustrations *pl*

illustre [ilystʀ(ə)] *adj* illustrious, renowned

illustré, e [ilystʀe] *adj* illustrated ♦ *nm* illustrated magazine; (*pour enfants*) comic

illustrer [ilystʀe] *vt* to illustrate; **s'illustrer** to become famous, win fame

îlot [ilo] *nm* small island, islet; (*de maisons*) block; (*petite zone*) **un îlot de verdure** an island of greenery, a patch of green

ils [il] *pron voir* **il**

image [imaʒ] *nf* (*gén*) picture; (*comparaison, ressemblance, OPTIQUE*) image; **image de** picture ou image of; **image d'Épinal** (*social*) stereotype; **image de marque** brand image; (*d'une personne*) (public) image; (*d'une entreprise*) corporate image; **image pieuse** holy picture

imagé, e [imaʒe] *adj* full of imagery

imaginaire [imaʒinɛʀ] *adj* imaginary

imagination [imaʒinasjɔ̃] *nf* imagination; (*chimère*) fancy, imagining; **avoir de l'imagination** to be imaginative, have a good imagination

imaginer [imaʒine] *vt* to imagine; (*croire*): **qu'allez-vous imaginer là?** what on earth are you thinking of?; (*inventer: expédient, mesure*) to devise, think up; **s'imaginer** *vt* (*se figurer: scène etc*) to imagine, picture; **s'imaginer à 60 ans** to picture ou imagine o.s. at 60; **s'imaginer que** to imagine that; **s'imaginer pouvoir faire qch** to think one can do sth; **j'imagine qu'il a voulu plaisanter** I suppose he was joking; **imaginer de faire** (*se mettre dans l'idée de*) to dream up the idea of doing

imbattable [ɛ̃batabl(ə)] *adj* unbeatable

imbécile [ɛ̃besil] *adj* idiotic ♦ *nm/f* idiot; (*MÉD*) imbecile

imbécillité [ɛ̃besilite] *nf* idiocy; imbecility; idiotic action (*ou* remark *etc*)

imbiber [ɛ̃bibe] *vt*: **imbiber qch de** to moisten ou wet sth with; **s'imbiber de** to become saturated with; **imbibé(e) d'eau** (*chaussures, étoffe*) saturated; (*terre*) waterlogged

imbu, e [ɛ̃by] *adj*: **imbu de** full of; **imbu de soi-même/sa supériorité** full of oneself/one's superiority

imbuvable [ɛ̃byvabl(ə)] *adj* undrinkable

imitateur, trice [imitatœʀ, -tʀis] *nm/f* (*gén*) imitator; (*MUSIC-HALL: d'une personnalité*) impersonator

imitation [imitasjɔ̃] *nf* imitation; impersonation; **sac imitation cuir** bag in imitation ou simulated leather; **à l'imitation de** in imitation of

imiter [imite] *vt* to imitate; (*personne*) to imitate, impersonate; (*contrefaire: signature, document*) to forge, copy; (*ressembler à*) to look like; **il se leva et je l'imitai** he got up and I did likewise

immaculé, e [imakyle] *adj* spotless, immaculate; **l'Immaculée Conception** (*REL*) the Immaculate Conception

immangeable [ɛ̃mɑ̃ʒabl(ə)] *adj* inedible, uneatable

immatriculation [imatʀikylasjɔ̃] *nf* registration

immatriculer [imatʀikyle] *vt* to register; **faire/se faire immatriculer** to register; **voiture immatriculée dans la Seine** car with a Seine registration (number)

immédiat, e [imedja, -at] *adj* immediate ♦ *nm*: **dans l'immédiat** for the time being; **dans le voisinage immédiat de** in the immediate vicinity of

immédiatement [imedjatmɑ̃] *adv* immediately

immense [imɑ̃s] *adj* immense

immerger [imɛʀʒe] *vt* to immerse, submerge; (*câble etc*) to lay under water; (*déchets*) to dump at sea; **s'immerger** *vi* (*sous-marin*) to dive, submerge

immeuble [imœbl(ə)] *nm* building ♦ *adj* (*JUR*) immovable, real; **immeuble locatif** block of rented flats (*BRIT*), rental building (*US*); **immeuble de rapport** investment property

immigration [imigʀasjɔ̃] *nf* immigration

immigré, e [imigʀe] *nm/f* immigrant

imminent, e [iminɑ̃, -ɑ̃t] *adj* imminent, impending

immiscer [imise]: **s'immiscer** *vi*: **s'immiscer dans** to interfere in ou with

immobile [imɔbil] *adj* still, motionless; (*pièce de machine*) fixed; (*fig*) unchanging; **rester/se tenir immobile** to stay/keep still

immobilier, ière [imɔbilje, -jɛʀ] *adj* property *cpd*, in real estate ♦ *nm*: **l'immobilier** the property ou the real estate business

immobiliser [imɔbilize] vt (gén) to immobilize; (circulation, véhicule, affaires) to bring to a standstill; **s'immobiliser** (personne) to stand still; (machine, véhicule) to come to a halt ou a standstill

immonde [imɔ̃d] adj foul; (sale: ruelle, taudis) squalid

immoral, e, aux [imɔral, -o] adj immoral

immortel, le [imɔrtɛl] adj immortal ♦ nf (BOT) everlasting (flower)

immuable [imɥabl(ə)] adj (inébranlable) immutable; (qui ne change pas) unchanging; (personne): **immuable dans ses convictions** immoveable (in one's convictions)

immunisé, e [im(m)ynize] adj: **immunisé contre** immune to

immunité [imynite] nf immunity; **immunité diplomatique** diplomatic immunity; **immunité parlementaire** parliamentary privilege

impact [ɛ̃pakt] nm impact; **point d'impact** point of impact

impair, e [ɛ̃pɛʀ] adj odd ♦ nm faux pas, blunder; **numéros impairs** odd numbers

impardonnable [ɛ̃pardɔnabl(ə)] adj unpardonable, unforgivable; **vous êtes impardonnable d'avoir fait cela** it's unforgivable of you to have done that

imparfait, e [ɛ̃parfɛ, -ɛt] adj imperfect ♦ nm (LING) imperfect (tense)

impartial, e, aux [ɛ̃parsjal, -o] adj impartial, unbiased

impasse [ɛ̃pas] nf dead-end, cul-de-sac; (fig) deadlock; **être dans l'impasse** (négociations) to have reached deadlock; **impasse budgétaire** budget deficit

impassible [ɛ̃pasibl(ə)] adj impassive

impatience [ɛ̃pasjɑ̃s] nf impatience

impatient, e [ɛ̃pasjɑ̃, -ɑ̃t] adj impatient; **impatient de faire qch** keen ou impatient to do sth

impatienter [ɛ̃pasjɑ̃te] vt to irritate, annoy; **s'impatienter** vi to get impatient; **s'impatienter de/contre** to lose patience at/with, grow impatient at/with

impeccable [ɛ̃pekabl(ə)] adj faultless, impeccable; (propre) spotlessly clean; (chic) impeccably dressed; (fam) smashing

impensable [ɛ̃pɑ̃sabl(ə)] adj unthinkable, unbelievable

imper [ɛ̃pɛʀ] nm (imperméable) mac

impératif, ive [ɛ̃peratif, -iv] adj imperative; (JUR) mandatory ♦ nm (LING) imperative; **impératifs** nmpl requirements; demands

impératrice [ɛ̃peratris] nf empress

imperceptible [ɛ̃pɛʀsɛptibl(ə)] adj imperceptible

impérial, e, aux [ɛ̃peʀjal, -o] adj imperial ♦ nf upper deck; **autobus à impériale** double-decker bus

impérieux, euse [ɛ̃peʀjø, -øz] adj (caractère, ton)

imperious; (obligation, besoin) pressing, urgent

impérissable [ɛ̃peʀisabl(ə)] adj undying, imperishable

imperméable [ɛ̃pɛʀmeabl(ə)] adj waterproof; (GÉO) impermeable; (fig): **imperméable à** impervious to ♦ nm raincoat; **imperméable à l'air** airtight

impertinent, e [ɛ̃pɛʀtinɑ̃, -ɑ̃t] adj impertinent

imperturbable [ɛ̃pɛʀtyʀbabl(ə)] adj (personne) imperturbable; (sang-froid) unshakeable; **rester imperturbable** to remain unruffled

impétueux, euse [ɛ̃petɥø, -øz] adj fiery

impitoyable [ɛ̃pitwajabl(ə)] adj pitiless, merciless

implanter [ɛ̃plɑ̃te] vt (usine, industrie, usage) to establish; (colons etc) to settle; (idée, préjugé) to implant; **s'implanter dans** to be established in; to settle in; to become implanted in

impliquer [ɛ̃plike] vt to imply; **impliquer qn (dans)** to implicate sb (in)

impoli, e [ɛ̃pɔli] adj impolite, rude

impopulaire [ɛ̃pɔpylɛʀ] adj unpopular

importance [ɛ̃pɔʀtɑ̃s] nf importance; **avoir de l'importance** to be important; **sans importance** unimportant; **d'importance** important, considerable; **quelle importance?** what does it matter?

important, e [ɛ̃pɔʀtɑ̃, -ɑ̃t] adj important; (en quantité) considerable, sizeable; (: gamme, dégâts) extensive; (péj: airs, ton) self-important ♦ nm: **l'important** the important thing

importateur, trice [ɛ̃pɔʀtatœʀ, -tʀis] adj importing ♦ nm/f importer; **pays importateur de blé** wheat-importing country

importation [ɛ̃pɔʀtasjɔ̃] nf import; introduction; (produit) import

importer [ɛ̃pɔʀte] vt (COMM) to import; (maladies, plantes) to introduce ♦ vi (être important) to matter; **importer à qn** to matter to sb; **il importe de** it is important to; **il importe qu'il fasse** he must do, it is important that he should do; **peu m'importe** I don't mind, I don't care; **peu importe** it doesn't matter; **peu importe (que)** it doesn't matter (if); **peu importe le prix** never mind the price; voir aussi **n'importe**

importun, e [ɛ̃pɔʀtœ̃, -yn] adj irksome, importunate; (arrivée, visite) inopportune, ill-timed ♦ nm intruder

importuner [ɛ̃pɔʀtyne] vt to bother

imposable [ɛ̃pozabl(ə)] adj taxable

imposant, e [ɛ̃pozɑ̃, -ɑ̃t] adj imposing

imposer [ɛ̃poze] vt (taxer) to tax; (REL): **imposer les mains** to lay on hands; **imposer qch à qn** to impose sth on sb; **s'imposer** (être nécessaire) to be imperative; (montrer sa proéminence) to stand out, emerge; (artiste: se faire connaître) to win recognition, come to the fore; **en imposer** to be imposing; **en imposer à** to impress; **ça s'impose** it's essential, it's vital

impossibilité [ɛ̃posibilite] nf impossibility; **être dans l'impossibilité de faire** to be unable to do, find it impossible to do

impossible [ɛpɔsibl(ə)] *adj* impossible ♦ *nm*: **l'impossible** the impossible; **impossible à faire** impossible to do; **il m'est impossible de le faire** it is impossible for me to do it, I can't possibly do it; **faire l'impossible (pour que)** to do one's utmost (so that); **si, par impossible ...** if, by some miracle ...

imposteur [ɛpɔstœr] *nm* impostor

impôt [ɛpo] *nm* tax; *(taxes)* taxation, taxes *pl*; **impôts** *nmpl (contributions)* (income) tax *sg*; **payer 1000 F d'impôts** to pay 1,000 F in tax; **impôt direct/indirect** direct/indirect tax; **impôt sur le chiffre d'affaires** tax on turnover; **impôt foncier** land tax; **impôt sur la fortune** wealth tax; **impôt sur les plus-values** capital gains tax; **impôt sur le revenu** income tax; **impôt sur le RPP** personal income tax; **impôt sur les sociétés** tax on companies; **impôts locaux** rates, local taxes *(US)*, ≈ council tax *(BRIT)*

impotent, e [ɛpɔtɑ̃, -ɑ̃t] *adj* disabled

impraticable [ɛpratikabl(ə)] *adj (projet)* impracticable, unworkable; *(piste)* impassable

imprécis, e [ɛpresi, -iz] *adj (contours, souvenir)* imprecise, vague; *(tir)* inaccurate, imprecise

imprégner [ɛpreɲe] *vt (tissu, tampon)*: **imprégner (de)** to soak *ou* impregnate (with); *(lieu, air)*: **imprégner (de)** to fill with; *(amertume, ironie)* to pervade; **s'imprégner de** to become impregnated with; to be filled with; *(fig)* to absorb

imprenable [ɛprənabl(ə)] *adj (forteresse)* impregnable; **vue imprenable** unimpeded outlook

impresario [ɛpresarjo] *nm* manager, impresario

impression [ɛpresjɔ̃] *nf* impression; *(d'un ouvrage, tissu)* printing; *(PHOTO)* exposure; **faire bonne impression** to make a good impression; **donner une impression de/l'impression que** to give the impression of/that; **avoir l'impression de/que** to have the impression of/that; **faire impression** to make an impression; **impressions de voyage** impressions of one's journey

impressionnant, e [ɛpresjɔnɑ̃, -ɑ̃t] *adj* impressive; upsetting

impressionner [ɛpresjɔne] *vt (frapper)* to impress; *(troubler)* to upset; *(PHOTO)* to expose

imprévisible [ɛprevizibl(ə)] *adj* unforeseeable; *(réaction, personne)* unpredictable

imprévoyant, e [ɛprevwajɑ̃, -ɑ̃t] *adj* lacking in foresight; *(en matière d'argent)* improvident

imprévu, e [ɛprevy] *adj* unforeseen, unexpected ♦ *nm* unexpected incident; **l'imprévu** the unexpected; **en cas d'imprévu** if anything unexpected happens; **sauf imprévu** barring anything unexpected

imprimante [ɛprimɑ̃t] *nf (INFORM)* printer; **imprimante à bulle d'encre** bubblejet printer; **imprimante à jet d'encre** ink-jet printer; **imprimante à laser** laser printer; **imprimante (ligne par)** ligne line printer; **imprimante à marguerite** daisy-wheel printer; **imprimante matricielle** dot-matrix printer; **imprimante thermique** thermal printer

imprimé [ɛprime] *nm (formulaire)* printed form; *(POSTES)* printed matter *no pl*; *(tissu)* printed fabric; **un imprimé à fleurs/pois** *(tissu)* a floral/polka-dot print

imprimer [ɛprime] *vt* to print; *(INFORM)* to print (out); *(apposer: visa, cachet)* to stamp; *(empreinte etc)* to imprint; *(publier)* to publish; *(communiquer: mouvement, impulsion)* to impart, transmit

imprimerie [ɛprimri] *nf* printing; *(établissement)* printing works *sg*; *(atelier)* printing house, printery

imprimeur [ɛprimœr] *nm* printer; **imprimeur-éditeur/-libraire** printer and publisher/bookseller

impromptu, e [ɛprɔ̃pty] *adj* impromptu; *(départ)* sudden

impropre [ɛprɔpr(ə)] *adj* inappropriate; **impropre à** unsuitable for

improviser [ɛprɔvize] *vt, vi* to improvize; **s'improviser** *(secours, réunion)* to be improvized; **s'improviser cuisinier** (to decide) to act as cook; **improviser qn cuisinier** to get sb to act as cook

improviste [ɛprɔvist(ə)]: **à l'improviste** *adv* unexpectedly, without warning

imprudence [ɛprydɑ̃s] *nf* carelessness *no pl*; imprudence *no pl*; act of carelessness, foolish *ou* unwise action

imprudent, e [ɛprydɑ̃, -ɑ̃t] *adj (conducteur, geste, action)* careless; *(remarque)* unwise, imprudent; *(projet)* foolhardy

impudent, e [ɛpydɑ̃, -ɑ̃t] *adj* impudent

impudique [ɛpydik] *adj* shameless

impuissant, e [ɛpɥisɑ̃, -ɑ̃t] *adj* helpless; *(sans effet)* ineffectual; *(sexuellement)* impotent ♦ *nm* impotent man; **impuissant à faire qch** powerless to do sth

impulsif, ive [ɛpylsif, -iv] *adj* impulsive

impulsion [ɛpylsjɔ̃] *nf (ÉLEC, instinct)* impulse; *(élan, influence)* impetus

impunément [ɛpynemɑ̃] *adv* with impunity

inabordable [inabɔrdabl(ə)] *adj (lieu)* inaccessible; *(cher)* prohibitive

inacceptable [inakseptabl(ə)] *adj* unacceptable

inaccessible [inaksesibl(ə)] *adj* inaccessible; *(objectif)* unattainable; *(insensible)*: **inaccessible à** impervious to

inachevé, e [inaʃve] *adj* unfinished

inactif, ive [inaktif, -iv] *adj* inactive, idle

inadapté, e [inadapte] *adj (PSYCH: adulte, enfant)* maladjusted ♦ *nm/f (péj: adulte: asocial)* misfit; **inadapté à** not adapted to, unsuited to

inadéquat, e [inadekwa, wat] *adj* inadequate

inadmissible [inadmisibl(ə)] *adj* inadmissible

inadvertance [inadvɛrtɑ̃s]: **par inadvertance** *adv* inadvertently

inaltérable [inalterabl(ə)] *adj (matière)* stable;

(fig) unchanging; **inaltérable à** unaffected by; **couleur inaltérable (au lavage/à la lumière)** fast colour/fade-resistant colour

inanimé, e [inanime] *adj (matière)* inanimate; *(évanoui)* unconscious; *(sans vie)* lifeless

inanition [inanisjɔ̃] *nf*: **tomber d'inanition** to faint with hunger (and exhaustion)

inaperçu, e [inapεʀsy] *adj*: **passer inaperçu** to go unnoticed

inapte [inapt(ə)] *adj*: **inapte à** incapable of; *(MIL)* unfit for

inattaquable [inatakabl(ə)] *adj (MIL)* unassailable; *(texte, preuve)* irrefutable

inattendu, e [inatɑ̃dy] *adj* unexpected ♦ *nm*: **l'inattendu** the unexpected

inattentif, ive [inatɑ̃tif, -iv] *adj* inattentive; **inattentif à** *(dangers, détails)* heedless of

inattention [inatɑ̃sjɔ̃] *nf* inattention; *(inadvertance)*: **une minute d'inattention** a minute of inattention, a minute's carelessness; **par inattention** inadvertently; **faute d'inattention** careless mistake

inauguration [inɔgyʀasjɔ̃] *nf* unveiling; opening; **discours/cérémonie d'inauguration** inaugural speech/ceremony

inaugurer [inɔgyʀe] *vt (monument)* to unveil; *(exposition, usine)* to open; *(fig)* to inaugurate

inavouable [inavwabl(ə)] *adj* undisclosable; *(honteux)* shameful

incalculable [ɛ̃kalkylabl(ə)] *adj* incalculable; **un nombre incalculable de** countless numbers of

incandescence [ɛ̃kɑ̃desɑ̃s] *nf* incandescence; **en incandescence** incandescent, white-hot; **porter à incandescence** to heat white-hot; **lampe/manchon à incandescence** incandescent lamp/(gas) mantle

incapable [ɛ̃kapabl(ə)] *adj* incapable; **incapable de faire** incapable of doing; *(empêché)* unable to do

incapacité [ɛ̃kapasite] *nf* incapability; *(JUR)* incapacity; **être dans l'incapacité de faire** to be unable to do; **incapacité permanente/de travail** permanent/industrial disablement; **incapacité électorale** ineligibility to vote

incarcérer [ɛ̃kaʀseʀe] *vt* to incarcerate

incarné, e [ɛ̃kaʀne] *adj* incarnate; *(ongle)* ingrown

incarner [ɛ̃kaʀne] *vt* to embody, personify; *(THÉAT)* to play; *(REL)* to incarnate; **s'incarner dans** *(REL)* to be incarnate in

incassable [ɛ̃kasabl(ə)] *adj* unbreakable

incendiaire [ɛ̃sɑ̃djɛʀ] *adj* incendiary; *(fig: discours)* inflammatory ♦ *nm/f* fire-raiser, arsonist

incendie [ɛ̃sɑ̃di] *nm* fire; **incendie criminel** arson *no pl*; **incendie de forêt** forest fire

incendier [ɛ̃sɑ̃dje] *vt (mettre le feu à)* to set fire to, set alight; *(brûler complètement)* to burn down

incertain, e [ɛ̃sɛʀtɛ̃, -ɛn] *adj* uncertain; *(temps)* uncertain, unsettled; *(imprécis: contours)* indistinct, blurred

incertitude [ɛ̃sɛʀtityd] *nf* uncertainty

incessamment [ɛ̃sesamɑ̃] *adv* very shortly

incident [ɛ̃sidɑ̃] *nm* incident; **incident de frontière** border incident; **incident de parcours** minor hitch *ou* setback; **incident technique** technical difficulties *pl*, technical hitch

incisive [ɛ̃siziv] *nf* incisor

inciter [ɛ̃site] *vt*: **inciter qn à (faire) qch** to prompt *ou* encourage sb to do sth; *(à la révolte etc)* to incite sb to do sth

inclinable [ɛ̃klinabl(ə)] *adj (dossier etc)* tilting; **siège à dossier inclinable** reclining seat

inclinaison [ɛ̃klinɛzɔ̃] *nf (déclivité: d'une route etc)* incline; *(: d'un toit)* slope; *(état penché: d'un mur)* lean; *(: de la tête)* tilt; *(: d'un navire)* list

inclination [ɛ̃klinɑsjɔ̃] *nf (penchant)* inclination, tendency; **montrer de l'inclination pour les sciences** *etc* to show an inclination for the sciences *etc*; **inclinations égoïstes/altruistes** egoistic/altruistic tendencies; **inclination de (la) tête** nod (of the head); **inclination (de buste)** bow

incliner [ɛ̃kline] *vt (bouteille)* to tilt; *(tête)* to incline; *(inciter)*: **incliner qn à qch/à faire** to encourage sb towards sth/to do ♦ *vi*: **incliner à qch/à faire** *(tendre à, pencher pour)* to incline towards sth/doing, tend towards sth/to do; **s'incliner** *(route)* to slope; *(toit)* to be sloping; **s'incliner (devant)** to bow (before)

inclure [ɛ̃klyʀ] *vt* to include; *(joindre à un envoi)* to enclose; **jusqu'au 10 mars inclus** until 10th March inclusive

incognito [ɛ̃kɔɲito] *adv* incognito ♦ *nm*: **garder l'incognito** to remain incognito

incohérent, e [ɛ̃kɔeʀɑ̃, -ɑ̃t] *adj* inconsistent; incoherent

incollable [ɛ̃kɔlabl(ə)] *adj (riz)* that does not stick; *(fam: personne)*: **il est incollable** he's got all the answers

incolore [ɛ̃kɔlɔʀ] *adj* colourless

incommoder [ɛ̃kɔmɔde] *vt*: **incommoder qn** to bother *ou* inconvenience sb; *(embarrasser)* to make sb feel uncomfortable *ou* ill at ease

incomparable [ɛ̃kɔ̃paʀabl(ə)] *adj* not comparable; *(inégalable)* incomparable, matchless

incompatible [ɛ̃kɔ̃patibl(ə)] *adj* incompatible

incompétent, e [ɛ̃kɔ̃petɑ̃, -ɑ̃t] *adj (ignorant)* inexpert; *(incapable)* incompetent, not competent

incomplet, ète [ɛ̃kɔ̃plɛ, -ɛt] *adj* incomplete

incompréhensible [ɛ̃kɔ̃pʀeɑ̃sibl(ə)] *adj* incomprehensible

incompris, e [ɛ̃kɔ̃pʀi, -iz] *adj* misunderstood

inconcevable [ɛ̃kɔ̃svabl(ə)] *adj (conduite etc)* inconceivable; *(mystère)* incredible

inconciliable [ɛ̃kɔ̃siljabl(ə)] *adj* irreconcilable

inconditionnel, le [ɛkɔdisjɔnɛl] *adj* unconditional; (*partisan*) unquestioning ◆ *nm/f* (*partisan*) unquestioning supporter

inconfort [ɛkɔfɔʀ] *nm* lack of comfort, discomfort

inconfortable [ɛkɔfɔʀtablə] *adj* uncomfortable

incongru, e [ɛkɔgʀy] *adj* unseemly; (*remarque*) ill-chosen, incongruous

inconnu, e [ɛkɔny] *adj* unknown; (*sentiment, plaisir*) new, strange ◆ *nm/f* stranger; unknown person (*ou* artist *etc*) ◆ *nm*: **l'inconnu** the unknown ◆ *nf* (*MATH*) unknown; (*fig*) unknown factor

inconsciemment [ɛkɔsjamɑ] *adv* unconsciously

inconscient, e [ɛkɔsjɑ, -ɑt] *adj* unconscious; (*irréfléchi*) reckless ◆ *nm* (*PSYCH*): **l'inconscient** the subconscious, the unconscious; **inconscient de** unaware of

inconsidéré, e [ɛkɔsideʀe] *adj* ill-considered

inconsistant, e [ɛkɔsistɑ, -ɑt] *adj* flimsy, weak; (*crème etc*) runny

inconsolable [ɛkɔsɔlablə] *adj* inconsolable

incontestable [ɛkɔtɛstablə] *adj* unquestionable, indisputable

incontinent, e [ɛkɔtinɑ, -ɑt] *adj* (*MÉD*) incontinent ◆ *adv* (*tout de suite*) forthwith

incontournable [ɛkɔtuʀnablə] *adj* unavoidable

incontrôlable [ɛkɔtʀolablə] *adj* unverifiable

inconvenant, e [ɛkɔvnɑ, -ɑt] *adj* unseemly, improper

inconvénient [ɛkɔvenjɑ] *nm* (*d'une situation, d'un projet*) disadvantage, drawback; (*d'un remède, changement etc*) risk, inconvenience; **si vous n'y voyez pas d'inconvénient** if you have no objections; **y a-t-il un inconvénient à …?** (*risque*) isn't there a risk in …?; (*objection*) is there any objection to …?

incorporer [ɛkɔʀpɔʀe] *vt*: **incorporer (à)** to mix in (with); (*paragraphe etc*): **incorporer (dans)** to incorporate (in); (*territoire, immigrants*): **incorporer (dans)** to incorporate (into); (*MIL: appeler*) to recruit, call up; (: *affecter*): **incorporer qn dans** to enlist sb into

incorrect, e [ɛkɔʀɛkt] *adj* (*impropre, inconvenant*) improper; (*défectueux*) faulty; (*inexact*) incorrect; (*impoli*) impolite; (*déloyal*) underhand

incorrigible [ɛkɔʀiʒiblə] *adj* incorrigible

incrédule [ɛkʀedyl] *adj* incredulous; (*REL*) unbelieving

increvable [ɛkʀəvablə] *adj* (*pneu*) puncture-proof; (*fam*) tireless

incriminer [ɛkʀimine] *vt* (*personne*) to incriminate; (*action, conduite*) to bring under attack; (*bonne foi, honnêteté*) to call into question; **livre/article incriminé** offending book/article

incroyable [ɛkʀwajablə] *adj* incredible, unbelievable

incruster [ɛkʀyste] *vt* (*ART*): **incruster qch dans/qch de** to inlay sth into/sth with; (*radiateur etc*) to coat with scale ou fur; **s'incruster** *vi* (*invité*) to take root; (*radiateur etc*) to become coated with fur ou scale; **s'incruster dans** (*suj: corps étranger, caillou*) to become embedded in

inculpé, e [ɛkylpe] *nm/f* accused

inculper [ɛkylpe] *vt*: **inculper (de)** to charge (with)

inculquer [ɛkylke] *vt*: **inculquer qch à** to inculcate sth in, instil sth into

inculte [ɛkylt(ə)] *adj* uncultivated; (*esprit, peuple*) uncultured; (*barbe*) unkempt

Inde [ɛd] *nf*: **l'Inde** India

indécent, e [ɛdesɑ, -ɑt] *adj* indecent

indéchiffrable [ɛdeʃifʀablə] *adj* indecipherable

indécis, e [ɛdesi, -iz] *adj* indecisive; (*perplexe*) undecided

indéfendable [ɛdefɑdablə] *adj* indefensible

indéfini, e [ɛdefini] *adj* (*imprécis, incertain*) undefined; (*illimité, LING*) indefinite

indéfiniment [ɛdefinimɑ] *adv* indefinitely

indéfinissable [ɛdefinisablə] *adj* indefinable

indélébile [ɛdelebil] *adj* indelible

indélicat, e [ɛdelika, -at] *adj* tactless; (*malhonnête*) dishonest

indemne [ɛdemn] *adj* unharmed

indemniser [ɛdemnize] *vt*: **indemniser qn (de)** to compensate sb (for); **se faire indemniser** to get compensation

indemnité [ɛdemnite] *nf* (*dédommagement*) compensation *no pl*; (*allocation*) allowance; **indemnité de licenciement** redundancy payment; **indemnité de logement** housing allowance; **indemnité parlementaire** ≈ MP's (*BRIT*) *ou* Congressman's (*US*) salary

indépendamment [ɛdepɑdamɑ] *adv* independently; **indépendamment de** independently of; (*abstraction faite de*) irrespective of; (*en plus de*) over and above

indépendance [ɛdepɑdɑs] *nf* independence; **indépendance matérielle** financial independence

indépendant, e [ɛdepɑdɑ, -ɑt] *adj* independent; **indépendant de** independent of; **chambre indépendante** room with private entrance; **travailleur indépendant** self-employed worker

indescriptible [ɛdeskʀiptiblə] *adj* indescribable

indésirable [ɛdeziʀablə] *adj* undesirable

indestructible [ɛdestʀyktiblə] *adj* indestructible; (*marque, impression*) indelible

indétermination [ɛdetɛʀminasjɔ] *nf* indecision, indecisiveness

indéterminé, e [ɛdetɛʀmine] *adj* unspecified; indeterminate; indeterminable

index [ɛdeks] *nm* (*doigt*) index finger; (*d'un livre* *etc*) index; **mettre à l'index** to blacklist

indexé, e [ɛ̃dɛkse] *adj* (*ÉCON*): **indexé (sur)** index-linked (to)

indicateur [ɛ̃dikatœʀ] *nm* (*POLICE*) informer; (*livre*) guide; (: *liste*) directory; (*TECH*) gauge; indicator; (*ÉCON*) indicator ◆ *adj*: **poteau indicateur** signpost; **tableau indicateur** indicator (board); **indicateur des chemins de fer** railway timetable; **indicateur de direction** (*AUTO*) indicator; **indicateur immobilier** property gazette; **indicateur de niveau** level, gauge; **indicateur de pression** pressure gauge; **indicateur de rues** street directory; **indicateur de vitesse** speedometer

indicatif, ive [ɛ̃dikatif, -iv] *adj*: **à titre indicatif** for (your) information ◆ *nm* (*LING*) indicative; (*d'une émission*) theme *ou* signature tune; (*TÉL*) dialling code; **indicatif d'appel** (*RADIO*) call sign

indication [ɛ̃dikasjɔ̃] *nf* indication; (*renseignement*) information *no pl*; **indications** *nfpl* (*directives*) instructions; **indication d'origine** (*COMM*) place of origin

indice [ɛ̃dis] *nm* (*marque, signe*) indication, sign; (*POLICE: lors d'une enquête*) clue; (*JUR: présomption*) piece of evidence; (*SCIENCE, ÉCON, TECH*) index; (*ADMIN*) grading; rating; **indice du coût de la vie** cost-of-living index; **indice inférieur** subscript; **indice d'octane** octane rating; **indice des prix** price index; **indice de traitement** salary grading

indicible, ne [ɛ̃disibl(ə)] *adj* inexpressible

indien, ne [ɛ̃djɛ̃, -ɛn] *adj* Indian ◆ *nm/f*: **Indien, ne** (*d'Amérique*) (American *ou* Red) Indian; (*d'Inde*) Indian

indifféremment [ɛ̃diferamɑ̃] *adv* (*sans distinction*) equally; indiscriminately

indifférence [ɛ̃diferɑ̃s] *nf* indifference

indifférent, e [ɛ̃diferɑ̃, -ɑ̃t] *adj* (*peu intéressé*) indifferent; **indifférent à** (*insensible à*) indifferent to, unconcerned about; (*peu intéressant pour*) indifferent to; immaterial to; **ça m'est indifférent (que ...)** it doesn't matter to me (whether ...)

indigence [ɛ̃diʒɑ̃s] *nf* poverty; **être dans l'indigence** to be destitute

indigène [ɛ̃diʒɛn] *adj* native, indigenous; (*de la région*) local ◆ *nm/f* native

indigeste [ɛ̃diʒɛst(ə)] *adj* indigestible

indigestion [ɛ̃diʒɛstjɔ̃] *nf* indigestion *no pl*; **avoir une indigestion** to have indigestion

indigne [ɛ̃diɲ] *adj*: **indigne (de)** unworthy (of)

indigner [ɛ̃diɲe] *vt* to make indignant; **s'indigner (de/contre)** to be (*ou* become) indignant (at)

indiqué, e [ɛ̃dike] *adj* (*date, lieu*) given, appointed; (*adéquat*) appropriate, suitable; (*conseillé*) advisable; (*remède, traitement*) appropriate

indiquer [ɛ̃dike] *vt* (*désigner*): **indiquer qch/qn à qn** to point sth/sb out to sb; (*suj: pendule, aiguille*) to show; (*suj: étiquette, plan*) to show, indicate; (*faire connaître: médecin, restaurant*): **indiquer qch/qn à qn** to tell sb of sth/sb; (*renseigner sur*) to point out,

tell; (*déterminer: date, lieu*) to give, state; (*dénoter*) to indicate, point to; **indiquer du doigt** to point out; **indiquer de la main** to indicate with one's hand; **indiquer du regard** to glance towards *ou* in the direction of; **pourriez-vous m'indiquer les toilettes/l'heure?** could you direct me to the toilets/tell me the time?

indirect, e [ɛ̃diʀɛkt] *adj* indirect

indiscipliné, e [ɛ̃disipline] *adj* undisciplined; (*fig*) unmanageable

indiscret, ète [ɛ̃diskʀɛ, -ɛt] *adj* indiscreet

indiscutable [ɛ̃diskytabl(ə)] *adj* indisputable

indispensable [ɛ̃dispɑ̃sabl(ə)] *adj* indispensable, essential; **indispensable à qn/pour faire qch** essential for sb/to do sth

indisposé, e [ɛ̃dispoze] *adj* indisposed, unwell

indisposer [ɛ̃dispoze] *vt* (*incommoder*) to upset; (*déplaire à*) to antagonize

indistinct, e [ɛ̃distɛ̃, -ɛ̃kt] *adj* indistinct

indistinctement [ɛ̃distɛ̃ktəmɑ̃] *adv* (*voir, prononcer*) indistinctly; (*sans distinction*) without distinction, indiscriminately

individu [ɛ̃dividy] *nm* individual

individuel, le [ɛ̃dividɥɛl] *adj* (*gén*) individual; (*opinion, livret, contrôle, avantages*) personal; **chambre individuelle** single room; **maison individuelle** detached house; **propriété individuelle** personal *ou* private property

indolore [ɛ̃dɔlɔʀ] *adj* painless

indomptable [ɛ̃dɔ̃tabl(ə)] *adj* untameable; (*fig*) invincible, indomitable

Indonésie [ɛ̃dɔnezi] *nf*: **l'Indonésie** Indonesia

indu, e [ɛ̃dy] *adj*: **à des heures indues** at an ungodly hour

induire [ɛ̃dɥiʀ] *vt*: **induire qch de** to induce sth from; **induire qn en erreur** to lead sb astray, mislead sb

indulgent, e [ɛ̃dylʒɑ̃, -ɑ̃t] *adj* (*parent, regard*) indulgent; (*juge, examinateur*) lenient

industrialisé, e [ɛ̃dystʀijalize] *adj* industrialized

industrie [ɛ̃dystʀi] *nf* industry; **industrie automobile/textile** car/textile industry; **industrie du spectacle** entertainment business

industriel, le [ɛ̃dystʀijɛl] *adj* industrial; (*produit industriellement: pain etc*) mass-produced, factory-produced ◆ *nm* industrialist; (*fabricant*) manufacturer

inébranlable [inebʀɑ̃labl(ə)] *adj* (*masse, colonne*) solid; (*personne, certitude, foi*) steadfast, unwavering

inédit, e [inedi, -it] *adj* (*correspondance etc*) (hitherto) unpublished; (*spectacle, moyen*) novel, original

ineffaçable [inefasabl(ə)] *adj* indelible

inefficace [inefikas] *adj* (*remède, moyen*) ineffective; (*machine, employé*) inefficient

inégal, e, aux [inegal, -o] *adj* unequal; (*irrégulier*) uneven

inégalable [inegalabl(ə)] *adj* matchless

inégal, e [inegal] *adj* unmatched, unequalled

inégalité [inegalite] *nf* inequality; unevenness *no pl*; **inégalité de 2 hauteurs** difference *ou* disparity between 2 heights; **inégalités de terrain** uneven ground

inépuisable [inepɥizabl(ə)] *adj* inexhaustible

inerte [inɛʀt(ə)] *adj* lifeless; *(apathique)* passive, inert; *(PHYSIQUE, CHIMIE)* inert

inespéré, e [inɛspeʀe] *adj* unhoped-for, unexpected

inestimable [inɛstimabl(ə)] *adj* priceless; *(fig: bienfait)* invaluable

inévitable [inevitabl(ə)] *adj* unavoidable; *(fatal, habituel)* inevitable

inexact, e [inɛgzakt] *adj* inaccurate, inexact; *(non ponctuel)* unpunctual

inexcusable [inɛkskyzabl(ə)] *adj* inexcusable, unforgivable

inexplicable [inɛksplikabl(ə)] *adj* inexplicable

in extremis [inɛkstʀemis] *adv* at the last minute ♦ *adj* last-minute; *(testament)* deathbed *cpd*

infaillible [ɛfajibl(ə)] *adj* infallible; *(instinct)* infallible, unerring

infâme [ɛfam] *adj* vile

infarctus [ɛfaʀktys] *nm*: **infarctus (du myocarde)** coronary (thrombosis)

infatigable [ɛfatigabl(ə)] *adj* tireless, indefatigable

infect, e [ɛfɛkt] *adj* vile, foul; *(repas, vin)* revolting, foul

infecter [ɛfɛkte] *vt (atmosphère, eau)* to contaminate; *(MÉD)* to infect; **s'infecter** to become infected *ou* septic

infection [ɛfɛksjɔ̃] *nf* infection

inférieur, e [ɛfeʀjœʀ] *adj* lower; *(en qualité, intelligence)* inferior ♦ *nm/f* inferior; **inférieur à** *(somme, quantité)* less *ou* smaller than; *(moins bon que)* inferior to; *(tâche: pas à la hauteur de)* unequal to

infernal, e, aux [ɛfɛʀnal, -o] *adj (chaleur, rythme)* infernal; *(méchanceté, complot)* diabolical

infidèle [ɛfidɛl] *adj* unfaithful; *(REL)* infidel

infiltrer [ɛfiltʀe]: **s'infiltrer** *vi*: **s'infiltrer dans** to penetrate into; *(liquide)* to seep into; *(fig: noyauter)* to infiltrate

infime [ɛfim] *adj* minute, tiny; *(inférieur)* lowly

infini, e [ɛfini] *adj* infinite ♦ *nm* infinity; **à l'infini** *(MATH)* to infinity; *(discourir)* ad infinitum, endlessly; *(agrandir, varier)* infinitely; *(à perte de vue)* endlessly (into the distance)

infiniment [ɛfinimɑ̃] *adv* infinitely; **infiniment grand/petit** *(MATH)* infinitely great/infinitesimal

infinité [ɛfinite] *nf*: **une infinité de** an infinite number of

infinitif, ive [ɛfinitif, -iv] *adj, nm* infinitive

infirme [ɛfiʀm(ə)] *adj* disabled ♦ *nm/f* disabled person; **infirme mental** mentally-handicapped person; **infirme moteur** spastic; **infirme de guerre** war cripple; **infirme du travail** industrially disabled person

infirmerie [ɛfiʀməʀi] *nf* sick bay

infirmier, ière [ɛfiʀmje, -jɛʀ] *nm/f* nurse ♦ *adj*: **élève infirmier** student nurse; **infirmière chef** sister; **infirmière diplômée** registered nurse; **infirmière visiteuse** visiting nurse, = district nurse *(BRIT)*

infirmité [ɛfiʀmite] *nf* disability

inflammable [ɛflamabl(ə)] *adj* (in)flammable

inflation [ɛflasjɔ̃] *nf* inflation; **inflation rampante/galopante** creeping/galloping inflation

infliger [ɛfliʒe] *vt*: **infliger qch (à qn)** to inflict sth (on sb); *(amende, sanction)* to impose sth (on sb)

influençable [ɛflyɑ̃sabl(ə)] *adj* easily influenced

influence [ɛflyɑ̃s] *nf* influence; *(d'un médicament)* effect

influencer [ɛflyɑ̃se] *vt* to influence

influent, e [ɛflyɑ̃, -ɑ̃t] *adj* influential

informateur, trice [ɛfɔʀmatœʀ, -tʀis] *nm/f* informant

informaticien, ne [ɛfɔʀmatisjɛ̃, -ɛn] *nm/f* computer scientist

information [ɛfɔʀmasjɔ̃] *nf (renseignement)* piece of information; *(PRESSE, TV: nouvelle)* item of news; *(diffusion de renseignements, INFORM)* information; *(JUR)* inquiry, investigation; **informations** *nfpl (TV)* news *sg*; **voyage d'information** fact-finding trip; **agence d'information** news agency; **journal d'information** quality *(BRIT) ou* serious newspaper

informatique [ɛfɔʀmatik] *nf (technique)* data processing; *(science)* computer science ♦ *adj* computer *cpd*

informatiser [ɛfɔʀmatize] *vt* to computerize

informe [ɛfɔʀm(ə)] *adj* shapeless

informer [ɛfɔʀme] *vt*: **informer qn (de)** to inform sb (of) ♦ *vi (JUR)*: **informer contre qn/sur qch** to initiate inquiries about sb/sth; **s'informer (sur)** to inform o.s. (about); **s'informer (de qch/si)** to inquire *ou* find out (about sth/whether *ou* if)

infos [ɛfo] *nfpl* (= *informations*) news

infraction [ɛfʀaksjɔ̃] *nf* offence; **infraction à** violation *ou* breach of; **être en infraction** to be in breach of the law

infranchissable [ɛfʀɑ̃ʃisabl(ə)] *adj* impassable; *(fig)* insuperable

infrarouge [ɛfʀaʀuʒ] *adj, nm* infrared

infrastructure [ɛfʀastʀyktyʀ] *nf (d'une route etc)* substructure; *(AVIAT, MIL)* ground installations *pl*; *(touristique etc)* facilities *pl*

infuser [ɛfyze] *vt (aussi:* **faire infuser:** *thé)* to brew; *(: tisane)* to infuse ♦ *vi* to brew; to infuse; **laisser infuser** (to leave) to brew

infusion [ɛfyzjɔ̃] *nf (tisane)* infusion, herb tea

ingénier [ɛʒenje]: **s'ingénier** *vi*: **s'ingénier à**

faire to strive to do

ingénierie [ɛ̃ʒeniʀi] nf engineering

ingénieur [ɛ̃ʒenjœʀ] nm engineer; **ingénieur agronome/chimiste** agricultural/chemical engineer; **ingénieur conseil** consulting engineer; **ingénieur du son** sound engineer

ingénieux, euse [ɛ̃ʒenjø, -øz] adj ingenious, clever

ingénu, e [ɛ̃ʒeny] adj ingenuous, artless ♦ nf (THÉAT) ingénue

ingérer [ɛ̃ʒeʀe]: **s'ingérer** vi: **s'ingérer dans** to interfere in

ingrat, e [ɛ̃gʀa, -at] adj (personne) ungrateful; (sol) poor; (travail, sujet) arid, thankless; (visage) unprepossessing

ingrédient [ɛ̃gʀedjɑ̃] nm ingredient

ingurgiter [ɛ̃gyʀʒite] vt to swallow; **faire ingurgiter qch à qn** to make sb swallow sth; (fig: connaissances) to force sth into sb

inhabitable [inabitabl(ə)] adj uninhabitable

inhabité, e [inabite] adj (régions) uninhabited; (maison) unoccupied

inhabituel, le [inabitɥɛl] adj unusual

inhibition [inibisjɔ̃] nf inhibition

inhumain, e [inymɛ̃, -ɛn] adj inhuman

inhumation [inymasjɔ̃] nf interment, burial

inhumer [inyme] vt to inter, bury

inimaginable [inimaʒinabl(ə)] adj unimaginable

ininterrompu, e [inɛ̃teʀɔ̃py] adj (file, série) unbroken; (flot, vacarme) uninterrupted, non-stop; (effort) unremitting, continuous

initial, e, aux [inisjal, -o] adj, nf initial; **initiales** nfpl, initials

initialiser [inisjalize] vt to initialize

initiation [inisjasjɔ̃] nf initiation

initiative [inisjativ] nf initiative; **prendre l'initiative de qch/de faire** to take the initiative for sth/of doing; **avoir de l'initiative** to have initiative, show enterprise; **esprit/qualités d'initiative** spirit/qualities of initiative; **à** ou **sur l'initiative de qn** on sb's initiative; **de sa propre initiative** on one's own initiative

initier [inisje] vt to initiate; **initier qn à** to initiate sb into; (faire découvrir: art, jeu) to introduce sb to; **s'initier à** (métier, profession, technique) to become initiated into

injecté, e [ɛ̃ʒɛkte] adj: **yeux injectés de sang** bloodshot eyes

injecter [ɛ̃ʒɛkte] vt to inject

injection [ɛ̃ʒɛksjɔ̃] nf injection; **à injection** (AUTO) fuel injection cpd

injure [ɛ̃ʒyʀ] nf insult, abuse no pl

injurier [ɛ̃ʒyʀje] vt to insult, abuse

injurieux, euse [ɛ̃ʒyʀjø, -øz] adj abusive, insulting

injuste [ɛ̃ʒyst(ə)] adj unjust, unfair

injustice [ɛ̃ʒystis] nf injustice

inlassable [ɛ̃lɑsabl(ə)] adj tireless, indefatigable

inné, e [ine] adj innate, inborn

innocent, e [inɔsɑ̃, -ɑ̃t] adj innocent ♦ nm/f innocent person; **faire l'innocent** to play ou come the innocent

innocenter [inɔsɑ̃te] vt to clear, prove innocent

innombrable [inɔ̃bʀabl(ə)] adj innumerable

innommable [inɔmabl(ə)] adj unspeakable

innover [inɔve] vi: **innover en matière d'art** to break new ground in the field of art

inoccupé, e [inɔkype] adj unoccupied

inodore [inɔdɔʀ] adj (gaz) odourless; (fleur) scentless

inoffensif, ive [inɔfɑ̃sif, -iv] adj harmless, innocuous

inondation [inɔ̃dasjɔ̃] nf flooding no pl; (torrent, eau) flood

inonder [inɔ̃de] vt to flood; (fig) to inundate, overrun; **inonder de** (fig) to flood ou swamp with

inopiné, e [inɔpine] adj unexpected, sudden

inopportun, e [inɔpɔʀtœ̃, -yn] adj ill-timed, untimely; inappropriate; (moment) inopportune

inoubliable [inublijabl(ə)] adj unforgettable

inouï, e [inwi] adj unheard-of, extraordinary

inox [inɔks] adj, nm (= inoxydable) stainless (steel)

inqualifiable [ɛ̃kalifjabl(ə)] adj unspeakable

inquiet, ète [ɛ̃kjɛ, -ɛt] adj (par nature) anxious; (momentanément) worried; **inquiet de qch/au sujet de qn** worried about sth/sb

inquiétant, e [ɛ̃kjetɑ̃, -ɑ̃t] adj worrying, disturbing

inquiéter [ɛ̃kjete] vt to worry, disturb; (harceler) to harass; **s'inquiéter** to worry, become anxious; **s'inquiéter de** to worry about; (s'enquérir de) to inquire about

inquiétude [ɛ̃kjetyd] nf anxiety; **donner de l'inquiétude** ou **des inquiétudes à** to worry; **avoir de l'inquiétude** ou **des inquiétudes au sujet de** to feel anxious ou worried about

insaisissable [ɛ̃sezisabl(ə)] adj elusive

insalubre [ɛ̃salybʀ(ə)] adj unhealthy, insalubrious

insatisfait, e [ɛ̃satisfɛ, -ɛt] adj (non comblé) unsatisfied; (: passion, envie) unfulfilled; (mécontent) dissatisfied

inscription [ɛ̃skʀipsjɔ̃] nf (sur un mur, écriteau etc) inscription; (à une institution: voir s'inscrire) enrolment; registration

inscrire [ɛ̃skʀiʀ] vt (marquer: sur son calepin etc) to note ou write down; (: sur un mur, une affiche etc) to write; (: dans la pierre, le métal) to inscribe; (mettre: sur une liste, un budget etc) to put down; (enrôler: soldat) to enlist; **inscrire qn à** (club, école etc) to enrol sb at; **s'inscrire** (pour une excursion etc) to put one's name down; **s'inscrire (à)** (club, parti) to join; (université) to register ou enrol (at); (examen, concours) to register ou enter (for); **s'inscrire dans**

(*se situer: négociations etc*) to come within the scope of; **s'inscrire en faux contre** to deny (strongly); (*JUR*) to challenge

insecte [ɛ̃sɛkt(ə)] *nm* insect

insecticide [ɛ̃sɛktisid] *nm* insecticide

insensé, e [ɛ̃sɑ̃se] *adj* insane, mad

insensibiliser [ɛ̃sɑ̃sibilize] *vt* to anaesthetize; (*à une allergie*) to desensitize; **insensibiliser à qch** (*fig*) to cause to become insensitive to sth

insensible [ɛ̃sɑ̃sibl(ə)] *adj* (*nerf, membre*) numb; (*dur, indifférent*) insensitive; (*imperceptible*) imperceptible

inséparable [ɛ̃sepaRabl(ə)] *adj*: **inséparable (de)** inseparable (from) ♦ *nmpl*: **inséparables** (*oiseaux*) lovebirds

insigne [ɛ̃siɲ] *nm* (*d'un parti, club*) badge ♦ *adj* distinguished; **insignes** *nmpl* (*d'une fonction*) insignia *pl*

insignifiant, e [ɛ̃siɲifjɑ̃, -ɑ̃t] *adj* insignificant; (*somme, affaire, détail*) trivial, insignificant

insinuer [ɛ̃sinɥe] *vt* to insinuate, imply; **s'insinuer dans** to seep into; (*fig*) to worm one's way into, creep into

insipide [ɛ̃sipid] *adj* insipid

insister [ɛ̃siste] *vi* to insist; (*s'obstiner*) to keep on; **insister sur** (*détail, note*) to stress; **insister pour qch/pour faire qch** to be insistent about sth/ about doing sth

insolation [ɛ̃sɔlasjɔ̃] *nf* (*MÉD*) sunstroke *no pl*; (*ensoleillement*) period of sunshine

insolent, e [ɛ̃sɔlɑ̃, -ɑ̃t] *adj* insolent

insolite [ɛ̃sɔlit] *adj* strange, unusual

insomnie [ɛ̃sɔmni] *nf* insomnia *no pl*, sleeplessness *no pl*; **avoir des insomnies** to suffer from insomnia

insonoriser [ɛ̃sɔnɔRize] *vt* to soundproof

insouciant, e [ɛ̃susjɑ̃, -ɑ̃t] *adj* carefree; (*imprévoyant*) heedless

insoumis, e [ɛ̃sumi, -iz] *adj* (*caractère, enfant*) rebellious, refractory; (*contrée, tribu*) unsubdued; (*MIL: soldat*) absent without leave ♦ *nm* (*MIL: soldat*) absentee

insoupçonnable [ɛ̃supsɔnabl(ə)] *adj* above suspicion

insoupçonné, e [ɛ̃supsɔne] *adj* unsuspected

insoutenable [ɛ̃sutnabl(ə)] *adj* (*argument*) untenable; (*chaleur*) unbearable

inspecter [ɛ̃spɛkte] *vt* to inspect

inspecteur, trice [ɛ̃spɛktœR, -tRis] *nm/f* inspector; (*des assurances*) assessor; **inspecteur d'Académie** (*regional*) director of education; **inspecteur (de l'enseignement) primaire** primary school inspector; **inspecteur des finances** ≈ tax inspector (*BRIT*), ≈ Internal Revenue Service agent (*US*); **inspecteur (de police)** (police) inspector

inspection [ɛ̃spɛksjɔ̃] *nf* inspection

inspirer [ɛ̃spiRe] *vt* (*gén*) to inspire ♦ *vi* (*aspirer*) to breathe in; **s'inspirer de** (*suj: artiste*) to draw one's inspiration from; (*suj: tableau*) to be inspired by; **inspirer qch à qn** (*œuvre, project, action*) to inspire sb with sth; (*dégoût, crainte, horreur*) to fill sb with sth; **ça ne m'inspire pas** I'm not keen on the idea

instable [ɛ̃stabl(ə)] *adj* (*meuble, équilibre*) unsteady; (*population, temps*) unsettled; (*paix, régime, caractère*) unstable

installation [ɛ̃stalasjɔ̃] *nf* installation; putting in *ou* up; fitting out; settling in; (*appareils etc*) fittings *pl*, installations *pl*; **installations** *nfpl* installations; (*industrielles*) plant *sg*; (*de loisirs*) facilities

installer [ɛ̃stale] *vt* (*loger*): **installer qn** to get sb settled, install sb; (*asseoir, coucher*) to settle (down); (*placer*) to put, place; (*meuble*) to put in; (*rideau, étagère, tente*) to put up; (*gaz, électricité etc*) to put in, install; (*appartement*) to fit out; (*aménager*): **installer une salle de bains dans une pièce** to fit out a room with a bathroom suite; **s'installer** (*s'établir: artisan, dentiste etc*) to set o.s. up; (*se loger*): **s'installer à l'hôtel/chez qn** to move into a hotel/in with sb; (*emménager*) to settle in; (*sur un siège, à un emplacement*) to settle (down); (*fig: maladie, grève*) to take a firm hold *ou* grip

instance [ɛ̃stɑ̃s] *nf* (*JUR: procédure*) (legal) proceedings *pl*; (*ADMIN: autorité*) authority; **instances** *nfpl* (*prières*) entreaties; **affaire en instance** matter pending; **courrier en instance** mail ready for posting; **être en instance de divorce** to be awaiting a divorce; **train en instance de départ** train on the point of departure; **tribunal de première instance** court of first instance; **en seconde instance** on appeal

instant [ɛ̃stɑ̃] *nm* moment, instant; **dans un instant** in a moment; **à l'instant** this instant; **je l'ai vu à l'instant** I've just this minute seen him, I saw him a moment ago; **à l'instant (même) où** at the (very) moment that *ou* when, (just) as; **à chaque instant, à tout instant** at any moment; constantly; **pour l'instant** for the moment, for the time being; **par instants** at times; **de tous les instants** perpetual; **dès l'instant où** *ou* **que ...** from the moment when ..., since that moment when ...

instantané, e [ɛ̃stɑ̃tane] *adj* (*lait, café*) instant; (*explosion, mort*) instantaneous ♦ *nm* snapshot

instar [ɛ̃staR]: **à l'instar de** *prép* following the example of, like

instaurer [ɛ̃stɔRe] *vt* to institute; **s'instaurer** *vi* to set o.s. up; (*collaboration etc*) to be established

instinct [ɛ̃stɛ̃] *nm* instinct; **d'instinct** (*spontanément*) instinctively; **instinct grégaire** herd instinct; **instinct de conservation** instinct of self-preservation

instinctivement [ɛ̃stɛ̃ktivmɑ̃] *adv* instinctively

instit [ɛ̃stit] (*fam*) *nm/f* (primary school) teacher

instituer [ɛ̃stitɥe] *vt* to institute, set up; **s'instituer défenseur d'une cause** to set o.s. up as defender of a cause

institut [ɛ̃stity] *nm* institute; **institut de beauté** beauty salon; **institut médico-légal** mortuary; **Institut universitaire de technologie (IUT)** technical college

instituteur, trice [ɛ̃stitytœʀ, -tʀis] *nm/f* (*primary* (*BRIT*) *ou* grade (*US*) *school*) teacher

institution [ɛ̃stitysjɔ̃] *nf* institution; (*collège*) private school

instructif, ive [ɛ̃stʀyktif, -iv] *adj* instructive

instruction [ɛ̃stʀyksjɔ̃] *nf* (*enseignement, savoir*) education; (*JUR*) (preliminary) investigation and hearing; (*directive*) instruction; (*ADMIN*: *document*) directive; **instructions** *nfpl* instructions; (*mode d'emploi*) directions, instructions; **instruction civique** civics *sg*; **instruction primaire/publique** primary/public education; **instruction religieuse** religious instruction; **instruction professionnelle** vocational training

instruire [ɛ̃stʀɥiʀ] *vt* (*élèves*) to teach; (*recrues*) to train; (*JUR*: *affaire*) to conduct the investigation for; **s'instruire** to educate o.s.; **s'instruire auprès de qn de qch** (*s'informer*) to find sth out from sb; **instruire qn de qch** (*informer*) to inform *ou* advise sb of sth; **instruire contre qn** (*JUR*) to investigate sb

instruit, e [ɛ̃stʀɥi, -it] *pp de* **instruire** ♦ *adj* educated

instrument [ɛ̃stʀymɑ̃] *nm* instrument; **instrument à cordes/vent** stringed/wind instrument; **instrument de mesure** measuring instrument; **instrument de musique** musical instrument; **instrument de travail** (working) tool

insu [ɛ̃sy] *nm*: **à l'insu de qn** without sb knowing

insubmersible [ɛ̃sybmɛʀsibl(ə)] *adj* unsinkable

insuffisant, e [ɛ̃syfizɑ̃, -ɑ̃t] *adj* insufficient; (*élève, travail*) inadequate

insulaire [ɛ̃sylɛʀ] *adj* island *cpd*; (*attitude*) insular

insuline [ɛ̃sylin] *nf* insulin

insulte [ɛ̃sylt(ə)] *nf* insult

insulter [ɛ̃sylte] *vt* to insult

insupportable [ɛ̃sypɔʀtabl(ə)] *adj* unbearable

insurger [ɛ̃syʀʒe]: **s'insurger** (*contre*) *vi*: **s'insurger** (*contre*) to rise up *ou* rebel (against)

insurmontable [ɛ̃syʀmɔ̃tabl(ə)] *adj* (*difficulté*) insuperable; (*aversion*) unconquerable

insurrection [ɛ̃syʀɛksjɔ̃] *nf* insurrection, revolt

intact, e [ɛ̃takt] *adj* intact

intangible [ɛ̃tɑ̃ʒibl(ə)] *adj* intangible; (*principe*) inviolable

intarissable [ɛ̃taʀisabl(ə)] *adj* inexhaustible

intégral, e, aux [ɛ̃tegʀal, -o] *adj* complete ♦ *nf* (*MATH*) integral; (*œuvres complètes*) complete works

intégralement [ɛ̃tegʀalmɑ̃] *adv* in full, fully

intégralité [ɛ̃tegʀalite] *nf* (*d'une somme, d'un revenu*) whole (*ou* full) amount; **dans son intégralité** in its entirety

intégrant, e [ɛ̃tegʀɑ̃, -ɑ̃t] *adj*: **faire partie inté-grante de** to be an integral part of, be part and parcel of

intègre [ɛ̃tegʀ(ə)] *adj* perfectly honest, upright

intégrer [ɛ̃tegʀe] *vt*: **intégrer qch à** *ou* **dans** to integrate sth into; **s'intégrer à** *ou* **dans** to become integrated into

intégrisme [ɛ̃tegʀism(ə)] *nm* fundamentalism

intellectuel, le [ɛ̃telɛktɥɛl] *adj, nm/f* intellectual; (*péj*) highbrow

intelligence [ɛ̃teliʒɑ̃s] *nf* intelligence; (*compréhension*): **l'intelligence de** the understanding of; (*complicité*): **regard d'intelligence** glance of complicity, meaningful *ou* knowing look; (*accord*): **vivre en bonne intelligence avec qn** to be on good terms with sb; **intelligences** *nfpl* (*MIL, fig*) secret contacts; **être d'intelligence** to have an understanding; **intelligence artificielle** artificial intelligence (A.I.)

intelligent, e [ɛ̃teliʒɑ̃, -ɑ̃t] *adj* intelligent; (*capable*): **intelligent en affaires** competent in business

intelligible [ɛ̃teliʒibl(ə)] *adj* intelligible

intempéries [ɛ̃tɑ̃peʀi] *nfpl* bad weather *sg*

intempestif, ive [ɛ̃tɑ̃pɛstif, -iv] *adj* untimely

intenable [ɛ̃tnabl(ə)] *adj* unbearable

intendant, e [ɛ̃tɑ̃dɑ̃, -ɑ̃t] *nm/f* (*MIL*) quartermaster; (*SCOL*) bursar; (*d'une propriété*) steward

intense [ɛ̃tɑ̃s] *adj* intense

intensif, ive [ɛ̃tɑ̃sif, -iv] *adj* intensive; **cours intensif** crash course; **intensif en main-d'œuvre** labour-intensive; **intensif en capital** capital-intensive

intenter [ɛ̃tɑ̃te] *vt*: **intenter un procès contre** *ou* **à qn** to start proceedings against sb

intention [ɛ̃tɑ̃sjɔ̃] *nf* intention; (*JUR*) intent; **avoir l'intention de faire** to intend to do, have the intention of doing; **dans l'intention de faire qch** with a view to doing sth; **à l'intention de** *prép* for; (*renseignement*) for the benefit *ou* information of; (*film, ouvrage*) aimed at; **à cette intention** with this aim in view; **sans intention** unintentionally; **faire qch sans mauvaise intention** to do sth without ill intent; **agir dans une bonne intention** to act with good intentions

intentionné, e [ɛ̃tɑ̃sjɔne] *adj*: **bien intentionné** well-meaning *ou* -intentioned; **mal intentionné** ill-intentioned

interactif, ive [ɛ̃teʀaktif, -iv] *adj* (*aussi INFORM*) interactive

intercalaire [ɛ̃teʀkalɛʀ] *adj, nm*: (*feuillet*) **inter-calaire** insert; (*fiche*) **intercalaire** divider

intercaler [ɛ̃teʀkale] *vt* to insert; **s'intercaler entre** to come in between; to slip in between

intercepter [ɛ̃teʀsɛpte] *vt* to intercept; (*lumière, chaleur*) to cut off

interchangeable [ɛ̃teʀʃɑ̃ʒabl(ə)] *adj* interchangeable

interclasse [ɛ̃teʀklɑs] *nm* (*SCOL*) break (between

classes)

interdiction [ɛ̃tɛʀdiksjɔ̃] *nf* ban; **interdiction de faire qch** ban on doing sth; **interdiction de séjour** (*JUR*) order banning ex-prisoner from frequenting specified places

interdire [ɛ̃tɛʀdiʀ] *vt* to forbid; (*ADMIN: stationnement, meeting, passage*) to ban, prohibit; (: *journal, livre*) to ban; **interdire qch à qn** to forbid sb sth; **interdire à qn de faire** to forbid sb to do, prohibit sb from doing; (*suj: empêchement*) to prevent *ou* preclude sb from doing; **s'interdire qch** (*éviter*) to refrain *ou* abstain from sth; (*se refuser*) **il s'interdit d'y penser** he doesn't allow himself to think about it

interdit, e [ɛ̃tɛʀdi, -it] *pp de* **interdire** ♦ *adj* (*stupéfait*) taken aback; (*défendu*) forbidden, prohibited ♦ *nm* interdict, prohibition; **film interdit aux moins de 18/13 ans** ≈ 18-/PG-rated film; **sens interdit** one way; **stationnement interdit** no parking; **interdit de chéquier** having cheque book facilities suspended; **interdit de séjour** subject to an *interdiction de séjour*

intéressant, e [ɛ̃teʀesɑ̃, -ɑ̃t] *adj* interesting; **faire l'intéressant** to draw attention to o.s.

intéressé, e [ɛ̃teʀese] *adj* (*parties*) involved, concerned; (*amitié, motifs*) self-interested ♦ *nm*: **l'intéressé** the interested party; **les intéressés** those concerned *ou* involved

intéresser [ɛ̃teʀese] *vt* to interest; (*toucher*) to be of interest *ou* concern to; (*ADMIN: concerner*) to affect, concern; (*COMM: travailleur*) to give a share in the profits to; (: *partenaire*) to interest (in the business); **s'intéresser à** to take an interest in, be interested in; **intéresser qn à qch** to get sb interested in sth

intérêt [ɛ̃teʀɛ] *nm* (*aussi COMM*) interest; (*égoïsme*) self-interest; **porter de l'intérêt à qn** to take an interest in sb; **agir par intérêt** to act out of self-interest; **avoir des intérêts dans** (*COMM*) to have a financial interest *ou* a stake in; **avoir intérêt à faire** to do well to; **il y a intérêt à …** it would be a good thing to …; **intérêt composé** compound interest

intérieur, e [ɛ̃teʀjœʀ] *adj* (*mur, escalier, poche*) inside; (*commerce, politique*) domestic; (*cour, calme, vie*) inner; (*navigation*) inland ♦ *nm* (*d'une maison, d'un récipient etc*) inside; (*d'un pays, aussi: décor, mobilier*) interior; (*POL*): **l'Intérieur** (the Department of) the Interior = the Home Office (*BRIT*); **à l'intérieur (de)** inside; (*fig*) within; **de l'intérieur** (*fig*) from the inside; **en intérieur** (*CINÉ*) in the studio; **vêtement d'intérieur** indoor garment

intérieurement [ɛ̃teʀjœʀmɑ̃] *adv* inwardly

intérim [ɛ̃teʀim] *nm* interim period; **assurer l'intérim (de)** to deputize (for); **par intérim** *adj* interim ♦ *adv* in a temporary capacity

intérimaire [ɛ̃teʀimɛʀ] *adj* temporary, interim ♦ *nm/f* (*secrétaire etc*) temporary, temp (*BRIT*); (*suppléant*) deputy

interlocuteur, trice [ɛ̃tɛʀlɔkytœʀ, -tʀis] *nm/f* speaker; (*POL*): **interlocuteur valable** valid representative; **son interlocuteur** the person he *ou* she was speaking to

interloquer [ɛ̃tɛʀlɔke] *vt* to take aback

intermède [ɛ̃tɛʀmɛd] *nm* interlude

intermédiaire [ɛ̃tɛʀmedjɛʀ] *adj* intermediate; middle; half-way ♦ *nm/f* intermediary; (*COMM*) middleman; **sans intermédiaire** directly; **par l'intermédiaire de** through

interminable [ɛ̃tɛʀminabl(ə)] *adj* never-ending

intermittence [ɛ̃tɛʀmitɑ̃s] *nf*: **par intermittence** intermittently, sporadically

internat [ɛ̃tɛʀna] *nm* (*SCOL*) boarding school

international, e, aux [ɛ̃tɛʀnasjɔnal, -o] *adj, nm/f* international

interne [ɛ̃tɛʀn(ə)] *adj* internal ♦ *nm/f* (*SCOL*) boarder; (*MÉD*) houseman (*BRIT*), intern (*US*)

interner [ɛ̃tɛʀne] *vt* (*POL*) to intern; (*MÉD*) to confine to a mental institution

Internet [ɛ̃tɛʀnɛt] *nm*: **l'Internet** the Internet

interpeller [ɛ̃tɛʀpele] *vt* (*appeler*) to call out to; (*apostropher*) to shout at; (*POLICE*) to take in for questioning; (*POL*) to question; **s'interpeller** to exchange insults

interphone [ɛ̃tɛʀfɔn] *nm* intercom

interposer [ɛ̃tɛʀpoze] *vt* to interpose; **s'interposer** *vi* to intervene; **par personnes interposées** through a third party

interprétation [ɛ̃tɛʀpʀetɑsjɔ̃] *nf* interpretation

interprète [ɛ̃tɛʀpʀɛt] *nm/f* interpreter; (*porteparole*) spokesman

interpréter [ɛ̃tɛʀpʀete] *vt* to interpret

interrogateur, trice [ɛ̃teʀɔgatœʀ, -tʀis] *adj* questioning, inquiring ♦ *nm/f* (*SCOL*) (oral) examiner

interrogatif, ive [ɛ̃teʀɔgatif, -iv] *adj* (*LING*) interrogative

interrogation [ɛ̃teʀɔgɑsjɔ̃] *nf* question; (*SCOL*) (written *ou* oral) test

interrogatoire [ɛ̃teʀɔgatwaʀ] *nm* (*POLICE*) questioning *no pl*; (*JUR*) cross-examination, interrogation

interroger [ɛ̃teʀɔʒe] *vt* to question; (*INFORM*) to interrogate; (*SCOL: candidat*) to test; **interroger qn (sur qch)** to question sb (about sth); **interroger qn du regard** to look questioningly at sb, give sb a questioning look; **s'interroger sur qch** to ask o.s. about sth, ponder (about) sth

interrompre [ɛ̃teʀɔ̃pʀ(ə)] *vt* (*gén*) to interrupt; (*travail, voyage*) to break off, interrupt; **s'interrompre** to break off

interrupteur [ɛ̃teʀyptœʀ] *nm* switch; **interrupteur à bascule** (*INFORM*) toggle switch

interruption [ɛ̃teʀypsjɔ̃] *nf* interruption; **sans interruption** without a break; **interruption de grossesse** termination of pregnancy; **interruption volontaire de grossesse** voluntary termination of pregnancy, abortion

intersection [ɛ̃tɛʀsɛksjɔ̃] nf intersection

interstice [ɛ̃tɛʀstis] nm crack, slit

interurbain [ɛ̃tɛʀyʀbɛ̃]; (TÉL) nm long-distance call service ♦ adj long-distance

intervalle [ɛ̃tɛʀval] nm (espace) space; (de temps) interval; **dans l'intervalle** in the meantime; **à 2 mois d'intervalle** after a space of 2 months; **à intervalles rapprochés** at close intervals; **par intervalles** at intervals

intervenir [ɛ̃tɛʀvəniʀ] vi (gén) to intervene; (survenir) to take place; (faire une conférence) to give a talk ou lecture; **intervenir auprès de/en faveur de qn** to intervene with/on behalf of sb; **la police a dû intervenir** police had to step in ou intervene; **les médecins ont dû intervenir** the doctors had to operate

intervention [ɛ̃tɛʀvɑ̃sjɔ̃] nf intervention; (conférence) talk, paper; **intervention (chirurgicale)** operation

intervertir [ɛ̃tɛʀvɛʀtiʀ] vt to invert (the order of), reverse

interview [ɛ̃tɛʀvju] nf interview

interviewer [ɛ̃tɛʀvjuve] vt to interview ♦ nm [ɛ̃tɛʀvjuvœʀ] (journaliste) interviewer

intestin, e [ɛ̃tɛstɛ̃, -in] adj internal ♦ nm intestine; **intestin grêle** small intestine

intime [ɛ̃tim] adj intimate; (vie, journal) private; (convictions) inmost; (dîner, cérémonie) held among friends, quiet ♦ nm/f close friend

intimider [ɛ̃timide] vt to intimidate

intimité [ɛ̃timite] nf intimacy; (vie privée) privacy; private life; **dans l'intimité** in private; (sans formalités) with only a few friends, quietly

intitulé [ɛ̃tityle] nm title

intolérable [ɛ̃tɔleʀabl(ə)] adj intolerable

intox [ɛ̃tɔks] (fam) nf brainwashing

intoxication [ɛ̃tɔksikɑsjɔ̃] nf poisoning no pl; (toxicomanie) drug addiction; (fig) brainwashing; **intoxication alimentaire** food poisoning

intoxiquer [ɛ̃tɔksike] vt to poison; (fig) to brainwash; **s'intoxiquer** to poison o.s.

intraduisible [ɛ̃tʀadɥizibl(ə)] adj untranslatable; (fig) inexpressible

intraitable [ɛ̃tʀetabl(ə)] adj inflexible, uncompromising

intranet [ɛ̃tʀanɛt] nm intranet

intransigeant, e [ɛ̃tʀɑ̃ziʒɑ̃, -ɑ̃t] adj intransigent; (morale, passion) uncompromising

intransitif, ive [ɛ̃tʀɑ̃zitif, -iv] adj (LING) intransitive

intrépide [ɛ̃tʀepid] adj dauntless, intrepid

intrigue [ɛ̃tʀig] nf intrigue; (scénario) plot

intriguer [ɛ̃tʀige] vi to scheme ♦ vt to puzzle, intrigue

intrinsèque [ɛ̃tʀɛ̃sɛk] adj intrinsic

introduction [ɛ̃tʀɔdyksjɔ̃] nf introduction;

paroles/chapitre d'introduction introductory words/chapter; **lettre/mot d'introduction** letter/note of introduction

introduire [ɛ̃tʀɔdɥiʀ] vt to introduce; (visiteur) to show in; (aiguille, clef): **introduire qch dans** to insert ou introduce sth into; (personne): **introduire à qch** to introduce to sth; (: présenter): **introduire qn à qn/dans un club** to introduce sb to sb/to a club; (INFORM) to input, enter; **s'introduire** (techniques, usages) to be introduced; **s'introduire dans** to gain entry into; to get o.s. accepted into; (eau, fumée) to get into; **introduire au clavier** to key in

introuvable [ɛ̃tʀuvabl(ə)] adj which cannot be found; (COMM) unobtainable

introverti, e [ɛ̃tʀɔvɛʀti] nm/f introvert

intrus, e [ɛ̃tʀy, -yz] nm/f intruder

intrusion [ɛ̃tʀyzjɔ̃] nf intrusion; (ingérence) interference

intuition [ɛ̃tɥisjɔ̃] nf intuition; **avoir une intuition** to have a feeling; **avoir l'intuition de qch** to have an intuition of sth; **avoir de l'intuition** to have intuition

inusable [inyzabl(ə)] adj hard-wearing

inusité, e [inyzite] adj rarely used

inutile [inytil] adj useless; (superflu) unnecessary

inutilement [inytilmɑ̃] adv needlessly

inutilisable [inytilizabl(ə)] adj unusable

invalide [ɛ̃valid] adj disabled ♦ nm/f: **invalide de guerre** disabled ex-serviceman; **invalide du travail** industrially disabled person

invariable [ɛ̃vaʀjabl(ə)] adj invariable

invasion [ɛ̃vɑzjɔ̃] nf invasion

invectiver [ɛ̃vɛktive] vt to hurl abuse at ♦ vi: **invectiver contre** to rail against

invendable [ɛ̃vɑ̃dabl(ə)] adj unsaleable, unmarketable

invendu, e [ɛ̃vɑ̃dy] adj unsold ♦ nm return; **invendus** nmpl unsold goods

inventaire [ɛ̃vɑ̃tɛʀ] nm inventory; (COMM: liste) stocklist; (: opération) stocktaking no pl; (fig) survey; **faire un inventaire** to make an inventory; (COMM) to take stock; **faire ou procéder à l'inventaire** to take stock

inventer [ɛ̃vɑ̃te] vt to invent; (subterfuge) to devise, invent; (histoire, excuse) to make up, invent; **inventer de faire** to hit on the idea of doing

inventeur, trice [ɛ̃vɑ̃tœʀ, -tʀis] nm/f inventor

inventif, ive [ɛ̃vɑ̃tif, -iv] adj inventive

invention [ɛ̃vɑ̃sjɔ̃] nf invention; (imagination, inspiration) inventiveness

inverse [ɛ̃vɛʀs(ə)] adj (ordre) reverse; (sens) opposite; (rapport) inverse ♦ nm reverse; inverse; **en proportion inverse** in inverse proportion; **dans le sens inverse des aiguilles d'une montre** anticlockwise; **en sens inverse** in (ou from) the opposite direction; **à l'inverse** conversely

inversement [ɛ̃vɛʀsəmɑ̃] adv conversely

inverser [ɛvɛʀse] vt to reverse, invert; (ÉLEC) to reverse

investigation [ɛ̃vɛstigɑsjɔ̃] nf investigation, inquiry

investir [ɛ̃vɛstiʀ] vt to invest; **s'investir** vi (PSYCH) to involve o.s.; **investir qn de** to vest ou invest sb with

investissement [ɛ̃vɛstismɑ̃] nm investment; (PSYCH) involvement

investiture [ɛ̃vɛstityʀ] nf investiture; (à une élection) nomination

invétéré, e [ɛ̃vetere] adj (habitude) ingrained; (bavard, buveur) inveterate

invisible [ɛ̃vizibl(ə)] adj invisible; (fig: personne) not available

invitation [ɛ̃vitɑsjɔ̃] nf invitation; **à/sur l'invitation de qn** at/on sb's invitation; **carte/lettre d'invitation** invitation card/letter

invité, e [ɛ̃vite] nm/f guest

inviter [ɛ̃vite] vt to invite; **inviter qn à faire qch** to invite sb to do sth; (suj: chose) to induce ou tempt sb to do sth

invivable [ɛ̃vivabl(ə)] adj unbearable, impossible

involontaire [ɛ̃vɔlɔ̃tɛʀ] adj (mouvement) involuntary; (insulte) unintentional; (complice) unwitting

invoquer [ɛ̃vɔke] vt (Dieu, muse) to call upon, invoke; (prétexte) to put forward (as an excuse); (témoignage) to call upon; (loi, texte) to refer to; **invoquer la clémence de qn** to beg sb ou appeal to sb for clemency

invraisemblable [ɛ̃vʀesɑ̃blabl(ə)] adj unlikely, improbable; (bizarre) incredible

iode [jɔd] nm iodine

irai etc [iʀe] vb voir **aller**

Irak [iʀak] nm: **l'Irak** Iraq ou Irak

irakien, ne [iʀakjɛ̃, -ɛn] adj Iraqi ♦ nm/f: **Irakien, ne** Iraqi

Iran [iʀɑ̃] nm: **l'Iran** Iran

iranien, ne [iʀanjɛ̃, -ɛn] adj Iranian ♦ nm (LING) Iranian ♦ nm/f: **Iranien, ne** Iranian

irascible [iʀasibl(ə)] adj short-tempered, irascible

irions etc [iʀjɔ̃] vb voir **aller**

iris [iʀis] nm iris

irlandais, e [iʀlɑ̃dɛ, -ɛz] adj, nm (LING) Irish ♦ nm/f: **Irlandais, e** Irishman/woman; **les Irlandais** the Irish

Irlande [iʀlɑ̃d] nf: **l'Irlande** (pays) Ireland; (état) the Irish Republic, the Republic of Ireland, Eire; **Irlande du Nord** Northern Ireland, Ulster; **Irlande du Sud** Southern Ireland, Irish Republic, Eire; **la mer d'Irlande** the Irish Sea

ironie [iʀɔni] nf irony

ironique [iʀɔnik] adj ironical

ironiser [iʀɔnize] vi to be ironical

irons etc [iʀɔ̃] vb voir **aller**

irradier [iʀadje] vi to radiate ♦ vt to irradiate

irraisonné, e [iʀezɔne] adj irrational, unreasoned

irrationnel, le [iʀasjɔnɛl] adj irrational

irréalisable [iʀealizabl(ə)] adj unrealizable; (projet) impracticable

irrécupérable [iʀekypeʀabl(ə)] adj unreclaimable, beyond repair; (personne) beyond redemption ou recall

irréductible [iʀedyktibl(ə)] adj indomitable, implacable; (MATH: fraction, équation) irreducible

irréel, le [iʀeɛl] adj unreal

irréfléchi, e [iʀefleʃi] adj thoughtless

irrégularité [iʀegylaʀite] nf irregularity; unevenness no pl

irrégulier, ière [iʀegylje, -jɛʀ] adj irregular; (surface, rythme, écriture) uneven, irregular; (élève, athlète) erratic

irrémédiable [iʀemedjabl(ə)] adj irreparable

irremplaçable [iʀɑ̃plasabl(ə)] adj irreplaceable

irréparable [iʀepaʀabl(ə)] adj beyond repair, irreparable; (fig) irreparable

irréprochable [iʀepʀɔʃabl(ə)] adj irreproachable, beyond reproach; (tenue, toilette) impeccable

irrésistible [iʀezistibl(ə)] adj irresistible; (preuve, logique) compelling

irrésolu, e [iʀezɔly] adj irresolute

irrespectueux, euse [iʀɛspɛktɥø, -øz] adj disrespectful

irrespirable [iʀɛspiʀabl(ə)] adj unbreathable; (fig) oppressive, stifling

irresponsable [iʀɛspɔ̃sabl(ə)] adj irresponsible

irriguer [iʀige] vt to irrigate

irritable [iʀitabl(ə)] adj irritable

irriter [iʀite] vt (agacer) to irritate, annoy; (MÉD: enflammer) to irritate; **s'irriter contre qn/de qch** to get annoyed ou irritated with sb/at sth

irruption [iʀypsjɔ̃] nf irruption no pl; **faire irruption dans** to burst into

Islam [islam] nm Islam

islamique [islamik] adj Islamic

islamiste [islamist(ə)] adj, nm/f Islamic

Islande [islɑ̃d] nf: **l'Islande** Iceland

isolant, e [izɔlɑ̃, -ɑ̃t] adj insulating; (insonorisant) soundproofing ♦ nm insulator

isolation [izɔlɑsjɔ̃] nf insulation; **isolation acoustique/thermique** sound/thermal insulation

isolé, e [izɔle] adj isolated; (ÉLEC) insulated

isoler [izɔle] vt to isolate; (prisonnier) to put in solitary confinement; (ville) to cut off, isolate; (ÉLEC) to insulate

isoloir [izɔlwaʀ] nm polling booth

Israël [isʀaɛl] nm: **l'Israël** Israel

israélien, ne [isʀaeljɛ̃, -ɛn] adj Israeli ♦ nm/f: **Israélien, ne** Israeli

israélite [isʀaelit] adj Jewish; (dans l'Ancien Testament) Israelite ♦ nm/f: **Israélite** Jew/Jewess; Israelite

issu, e [isy] adj: **issu de** descended from; (fig)

stemming from ♦ *nf* (*ouverture, sortie*) exit; (*solution*) way out, solution; (*dénouement*) outcome; **à l'issue de** at the conclusion *ou* close of; **rue sans issue** dead end, no through road (*BRIT*), no outlet (*US*); **issue de secours** emergency exit

Italie [itali] *nf*: **l'Italie** Italy

italien, ne [italjɛ̃, -ɛn] *adj* Italian ♦ *nm* (*LING*) Italian ♦ *nm/f*: **Italien, ne** Italian

italique [italik] *nm*: **en italique(s)** in italics

itinéraire [itinerɛʀ] *nm* itinerary, route

IUT *sigle m* = **Institut universitaire de technologie**

IVG *sigle f* (= *interruption volontaire de grossesse*) abortion

ivoire [ivwaʀ] *nm* ivory

ivre [ivʀ(ə)] *adj* drunk; **ivre de** (*colère*) wild with; (*bonheur*) drunk *ou* intoxicated with; **ivre mort** dead drunk

ivresse [ivʀɛs] *nf* drunkenness; (*euphorie*) intoxication

ivrogne [ivʀɔɲ] *nm/f* drunkard

— J j —

j' [ʒ] *pron voir* **je**

jacasser [ʒakase] *vi* to chatter

jacinthe [ʒasɛ̃t] *nf* hyacinth; **jacinthe des bois** bluebell

jadis [ʒadis] *adv* in times past, formerly

jaillir [ʒajiʀ] *vi* (*siquide*) to spurt out, gush out; (*lumière*) to flood out; (*fig*) to rear up; to burst out

jais [ʒɛ] *nm* jet; (**d'un noir**) **de jais** jet-black

jalousie [ʒaluzi] *nf* jealousy; (*store*) (venetian) blind

jaloux, ouse [ʒalu, -uz] *adj* jealous; **être jaloux de qn/qch** to be jealous of sb/sth

jamais [ʒamɛ] *adv* never; (*sans négation*) ever; **ne ... jamais** never; **jamais de la vie!** never!; **si jamais ... ** if ever ...; **à (tout) jamais, pour jamais** for ever, for ever and ever

jambe [ʒɑ̃b] *nf* leg; **à toutes jambes** as fast as one's legs can carry one

jambon [ʒɑ̃bɔ̃] *nm* ham

jambonneau, x [ʒɑ̃bɔno] *nm* knuckle of ham

jante [ʒɑ̃t] *nf* (wheel) rim

janvier [ʒɑ̃vje] *nm* January; *voir aussi* **juillet**

Japon [ʒapɔ̃] *nm*: **le Japon** Japan

japonais, e [ʒapɔnɛ, -ɛz] *adj* Japanese ♦ *nm* (*LING*) Japanese ♦ *nm/f*: **Japonais, e** Japanese

japper [ʒape] *vi* to yap, yelp

jaquette [ʒakɛt] *nf* (*de cérémonie*) morning coat; (*de femme*) jacket; (*de livre*) dust cover, (dust) jacket

jardin [ʒaʀdɛ̃] *nm* garden; **jardin d'acclimatation** zoological gardens *pl*; **jardin botanique**

botanical gardens *pl*; **jardin d'enfants** nursery school; **jardin potager** vegetable garden; **jardin public** (public) park, public gardens *pl*; **jardins suspendus** hanging gardens; **jardin zoologique** zoological gardens

jardinage [ʒaʀdinaʒ] *nm* gardening

jardiner [ʒaʀdine] *vi* to garden, do some gardening

jardinier, ière [ʒaʀdinje, -jɛʀ] *nm/f* gardener ♦ *nf* (*de fenêtre*) window box; **jardinière d'enfants** nursery school teacher; **jardinière (de légumes)** (*CULIN*) mixed vegetables

jargon [ʒaʀgɔ̃] *nm* (*charabia*) gibberish; (*publicitaire, scientifique etc*) jargon

jarret [ʒaʀɛ] *nm* back of knee; (*CULIN*) knuckle, shin

jarretelle [ʒaʀtɛl] *nf* suspender (*BRIT*), garter (*US*)

jarretière [ʒaʀtjɛʀ] *nf* garter

jaser [ʒɑze] *vi* to chatter, prattle; (*indiscrètement*) to gossip

jatte [ʒat] *nf* basin, bowl

jauge [ʒoʒ] *nf* (*capacité*) capacity, tonnage; (*instrument*) gauge; **jauge (de niveau) d'huile** dipstick

jaune [ʒon] *adj, nm* yellow ♦ *nm/f* Asiatic; (*briseur de grève*) blackleg ♦ *adv* (*fam*): **rire jaune** to laugh on the other side of one's face; **jaune d'œuf** (egg) yolk

jaunir [ʒoniʀ] *vi, vt* to turn yellow

jaunisse [ʒonis] *nf* jaundice

Javel [ʒavɛl] *nf voir* **eau**

javelot [ʒavlo] *nm* javelin; (*SPORT*): **faire du javelot** to throw the javelin

J.-C. *abr* = **Jésus-Christ**

je, j' [ʒ(ə)] *pron* I

jean [dʒin] *nm* jeans *pl*

Jésus-Christ [ʒezykʀi(st)] *n* Jesus Christ; **600 avant/après Jésus-Christ** *ou* **J.-C.** 600 B.C./A.D.

jet¹ [ʒɛ] *nm* (*lancer*) throwing *no pl*, throw; (*jaillissement*) jet; spurt; (*de tuyau*) nozzle; (*fig*): **premier jet** (*ébauche*) rough outline; **arroser au jet** to hose; **d'un (seul) jet** (*d'un seul coup*) at (*ou* in) one go; **du premier jet** at the first attempt *ou* shot; **jet d'eau** spray; (*fontaine*) fountain

jet² [dʒɛt] *nm* (*avion*) jet

jetable [ʒətabl(ə)] *adj* disposable

jetée [ʒəte] *nf* jetty; pier

jeter [ʒəte] *vt* (*gén*) to throw; (*se défaire de*) to throw away *ou* out; (*son, lueur etc*) to give out; **jeter qch à qn** to throw sth to sb; (*de façon agressive*) to throw sth at sb; (*NAVIG*): **jeter l'ancre** to cast anchor; **jeter un coup d'œil (à)** to take a look (at); **jeter les bras en avant/la tête en arrière** to throw one's arms forward/one's head back(ward); **jeter l'effroi parmi** to spread fear among; **jeter un sort à qn** to cast a spell on sb; **jeter qn dans la misère** to reduce sb to poverty; **jeter qn dehors/en prison** to throw sb out/into prison; **jeter l'éponge** (*fig*) to throw in the towel; **jeter des fleurs à qn** (*fig*) to say lovely things to sb; **jeter la pierre à qn** (*accuser, blâmer*) to accuse sb; **se jeter sur** to throw o.s. onto; **se jeter dans** (*suj: fleuve*) to flow into; **se jeter par la fenêtre** to throw o.s. out of the window; **se jeter à l'eau** (*fig*) to take the plunge

jeton [ʒətɔ̃] *nm* (*au jeu*) counter; (*de téléphone*) token; **jetons de présence** (director's) fees

jette *etc* [ʒɛt] *vb voir* **jeter**

jeu, x [ʒø] *nm* (*divertissement, TECH: d'une pièce*) play; (*défini par des règles, TENNIS: partie, FOOTBALL etc*: *façon de jouer*) game; (*THÉAT etc*) acting; (*fonctionnement*) working, interplay; (*série d'objets, jouet*) set; (*CARTES*) hand; (*au casino*): **le jeu** gambling; **cacher son jeu** (*fig*) to keep one's cards hidden, conceal one's hand; **c'est un jeu d'enfant!** (*fig*) it's child's play!; **en jeu** at stake; at work; (*FOOTBALL*) in play; **remettre en jeu** to throw in; **entrer/mettre en jeu** to come/bring into play; **par jeu** (*pour s'amuser*) for fun; **d'entrée de jeu** (*tout de suite, dès le début*) from the outset; **entrer dans le jeu/le jeu de qn** (*fig*) to play the game/sb's game; **jouer gros jeu** to play for high stakes; **se piquer/se prendre au jeu** to get excited over/get caught up in the game; **jeu d'arcade** video game; **jeu de boules** game of bowls; (*endroit*) bowling pitch; (*boules*) set of bowls; **jeu de cartes** card game; (*paquet*) pack of cards; **jeu de construction** building set; **jeu d'échecs** chess set; **jeu d'écritures** (*COMM*) paper transaction; **jeu électronique** electronic game; **jeu de hasard** game of chance; **jeu de mots** pun; **le jeu de l'oie** snakes and ladders *sg*; **jeu d'orgue(s)** organ stop; **jeu de patience** puzzle; **jeu de physionomie** facial expressions *pl*; **jeu de société** parlour game; **jeu télévisé** television game; **jeu vidéo** computer game; **jeux de lumière** lighting effects; **Jeux olympiques (JO)** Olympic Games

jeudi [ʒødi] *nm* Thursday; **jeudi saint** Maundy Thursday; *voir aussi* **lundi**

jeun [ʒœ̃]: **à jeun** *adv* on an empty stomach

jeune [ʒœn] *adj* young ♦ *adv*: **faire/s'habiller jeune** to look/dress young; **les jeunes** young people, the young; **jeune fille** *nf* girl; **jeune homme** *nm* young man; **jeune loup** *nm* (*POL, ÉCON*) go-getter; **jeune premier** leading man; **jeunes gens** *nmpl* young people; **jeunes mariés** *nmpl* newly weds

jeûne [ʒøn] *nm* fast

jeunesse [ʒœnɛs] *nf* youth; (*aspect*) youthfulness; (*jeunes*) young people *pl*, youth

joaillerie [ʒɔajʀi] *nf* jewel trade; jewellery (*BRIT*), jewelry (*US*)

joaillier, ière [ʒɔaje, -jɛʀ] *nm/f* jeweller (*BRIT*), jeweler (*US*)

jogging [dʒɔgiŋ] *nm* tracksuit (*BRIT*), sweatsuit (*US*); **faire du jogging** to jog, go jogging

joie [ʒwa] *nf* joy

joindre [ʒwɛ̃dʀ(ə)] *vt* to join; (*à une lettre*): **joindre qch à** to enclose sth with; (*contacter*) to contact, get in touch with; **joindre les mains/talons** to put

one's hands/heels together; **joindre les deux bouts** (*fig: du mois*) to make ends meet; **se joindre** (*mains etc*) to come together; **se joindre à qn** to join sb; **se joindre à qch** to join in sth

joint, e [ʒwɛ̃, -ɛt] *pp de* **joindre** ♦ *adj*: **joint (à)** (*lettre, paquet*) attached (to), enclosed (with); **pièce jointe** enclosure ♦ *nm* joint; (*ligne*) join; (*de ciment etc*) pointing *no pl*; **chercher/trouver le joint** (*fig*) to look for/come up with the answer; **joint de cardan** cardan joint; **joint de culasse** cylinder head gasket; **joint de robinet** washer; **joint universel** universal joint

joker [ʒɔkɛʀ] *nm* (*CARTES*) joker; (*INFORM*): **(caractère m) joker** wildcard

joli, e [ʒɔli] *adj* pretty, attractive; **une jolie somme/situation** a nice little sum/situation; **un joli gâchis** a real mess *etc*; **c'est du joli!** that's very nice!; **tout ça, c'est bien joli mais ...** that's all very well but ...

jonc [ʒɔ̃] *nm* (*bul*) rush; (*bague, bracelet*) band

jonction [ʒɔ̃ksjɔ̃] *nf* joining; (*point de*) **jonction** (*de routes*) junction; (*de fleuves*) confluence; **opérer une jonction** (*MIL etc*) to rendez-vous

jongleur, euse [ʒɔ̃glœʀ, -øz] *nm/f* juggler

jonquille [ʒɔ̃kij] *nf* daffodil

Jordanie [ʒɔʀdani] *nf*: **la Jordanie** Jordan

joue [ʒu] *nf* cheek; **mettre en joue** to take aim at

jouer [ʒwe] *vt* (*partie, carte, coup, MUS: morceau*) to play; (*somme d'argent, réputation*) to stake, wager; (*pièce, rôle*) to perform; (*film*) to show; (*simuler: sentiment*) to affect, feign ♦ *vi* to play; (*THÉAT, CINÉ*) to act, perform; (*bois, porte: se voiler*) to warp; (*clef, pièce: avoir du jeu*) to be loose; (*entrer ou être en jeu*) to come into play, come into it; **jouer sur** (*miser*) to gamble on; **jouer de** (*MUS*) to play; **jouer du couteau/des coudes** to use knives/one's elbows; **jouer à** (*jeu, sport, roulette*) to play; **jouer au héros** to act *ou* play the hero; **jouer avec** (*risquer*) to gamble with; **se jouer de** (*difficultés*) to make light of; **se jouer de qn** to deceive *ou* dupe sb; **jouer un tour à qn** to play a trick on sb; **jouer la comédie** (*fig*) to put on an act, put it on; **jouer aux courses** to back horses, bet on horses; **jouer à la baisse/hausse** (*BOURSE*) to play for a fall/rise; **jouer serré** to play a close game; **jouer de malchance** to be dogged with ill-luck; **jouer sur les mots** to play with words; **à toi/nous de jouer** it's your/our go *ou* turn

jouet [ʒwɛ] *nm* toy; **être le jouet de** (*illusion etc*) to be the victim of

joueur, euse [ʒwœʀ, -øz] *nm/f* player ♦ *adj* (*enfant, chat*) playful; **être beau/mauvais joueur** to be a good/bad loser

joufflu, e [ʒufly] *adj* chubby(-cheeked)

joug [ʒu] *nm* yoke

jouir [ʒwiʀ]: **jouir de** *vt* to enjoy

jouissance [ʒwisɑ̃s] *nf* pleasure; (*JUR*) use

joujou [ʒuʒu] *nm* (*fam*) toy

jour [ʒuʀ] *nm* day; (*opposé à la nuit*) day, daytime; (*clarté*) daylight; (*fig: aspect*): **sous un jour favourable/nouveau** in a favourable/new light; (*ouverture*) opening; (*COUTURE*) openwork *no pl*; **au jour le jour** from day to day; **de nos jours** these days, nowadays; **tous les jours** every day; **de jour en jour** day by day; **d'un jour à l'autre** from one day to the next; **du jour au lendemain** overnight; **il fait jour** it's daylight; **en plein jour** in broad daylight; **au jour** in daylight; **au petit jour** at daybreak; **au grand jour** (*fig*) in the open; **mettre au jour** to uncover, disclose; **être à jour** to be up to date; **mettre à jour** to bring up to date, update; **mise à jour** updating; **donner le jour à** to give birth to; **voir le jour** to be born; **se faire jour** (*fig*) to become clear; **jour férié** public holiday; **le jour J** D-day

journal, aux [ʒuʀnal, -o] *nm* (*news*)paper; (*personnel*) journal, diary; **journal de bord** log; **journal de mode** fashion magazine; **le Journal officiel (de la République française) (JO)** bulletin giving details of laws and official announcements; **journal parlé/télévisé** radio/television news *sg*

journalier, ière [ʒuʀnalje, -jɛʀ] *adj* daily; (*banal*) everyday ♦ *nm* day labourer

journalisme [ʒuʀnalism(ə)] *nm* journalism

journaliste [ʒuʀnalist(ə)] *nm/f* journalist

journée [ʒuʀne] *nf* day; **la journée continue** the 9 to 5 working day (*with short lunch break*)

journellement [ʒuʀnɛlmɑ̃] *adv* (*tous les jours*) daily; (*souvent*) every day

joyau, x [ʒwajo] *nm* gem, jewel

joyeux, euse [ʒwajø, -øz] *adj* joyful, merry; **joyeux Noël!** Merry *ou* Happy Christmas!; **joyeuses Pâques!** Happy Easter!; **joyeux anniversaire!** many happy returns!

jubiler [ʒybile] *vi* to be jubilant, exult

jucher [ʒyʃe] *vt*: **jucher qch sur** to perch sth (up)on ♦ *vi* (*oiseau*): **jucher sur** to perch (up)on; **se jucher sur** to perch o.s. (up)on

judas [ʒyda] *nm* (*trou*) spy-hole

judiciaire [ʒydisjɛʀ] *adj* judicial

judicieux, euse [ʒydisjø, -øz] *adj* judicious

judo [ʒydo] *nm* judo

juge [ʒyʒ] *nm* judge; **juge d'instruction** examining (*BRIT*) *ou* committing (*US*) magistrate; **juge de paix** justice of the peace; **juge de touche** linesman

jugé [ʒyʒe] **au jugé** *adv* by guesswork

jugement [ʒyʒmɑ̃] *nm* judgment; (*JUR: au pénal*) sentence; (*: au civil*) decision; **jugement de valeur** value judgment

jugeote [ʒyʒɔt] *nf* (*fam*) gumption

juger [ʒyʒe] *vt* to judge ♦ **au juger** by guesswork; **juger qn/qch satisfaisant** to consider sb/ sth (to be) satisfactory; **juger que** to think *ou* consider that; **juger bon de faire** to consider it a good idea to do, see fit to do; **juger de** *vt* to judge; **jugez de ma surprise** imagine my surprise

juif, ive [ʒɥif, -iv] *adj* Jewish ♦ *nm/f*: **Juif, ive** Jew/Jewess *ou* Jewish woman

juillet [ʒɥijɛ] *nm* July; **le premier juillet** the first of July (*BRIT*), July first (*US*); **le deux/onze juillet** the second/eleventh of July, July second/eleventh; **il est venu le 5 juillet** he came on 5th July *ou* July 5th; **en juillet** in July; **début/fin juillet** at the beginning/end of July; *see boxed note*

juin [ʒɥɛ̃] *nm* June; *voir aussi* **juillet**

jumeau, elle, x [ʒymo, -ɛl] *adj, nm/f* twin; **maisons jumelles** semidetached houses

jumelage [ʒymlaʒ] *nm* twinning

jumeler [ʒymle] *vt* to twin; **roues jumelées** double wheels; **billets de loterie jumelés** double series lottery tickets; **pari jumelé** double bet

jumelle [ʒymɛl] *adj f, nf* voir **jumeau** ♦ *vb* voir **jumeler**

jument [ʒymɑ̃] *nf* mare

jungle [ʒɛ̃gl(ə)] *nf* jungle

jupe [ʒyp] *nf* skirt

jupon [ʒypɔ̃] *nm* waist slip *ou* petticoat

juré, e [ʒyʀe] *nm/f* juror ♦ *adj*: **ennemi juré** sworn *ou* avowed enemy

jurer [ʒyʀe] *vt* (*obéissance etc*) to swear, vow ♦ *vi* (*dire des jurons*) to swear, curse; (*dissonner*): **jurer (avec)** to clash (with); (*s'engager*): **jurer de faire/ que** to swear *ou* vow to do/that; (*affirmer*): **jurer que** to swear *ou* vouch that; **jurer de qch** (*s'en porter garant*) to swear to sth; **ils ne jurent que par lui** they swear by him; **je vous jure!** honestly!

juridique [ʒyʀidik] *adj* legal

juron [ʒyʀɔ̃] *nm* curse, swearword

jury [ʒyʀi] *nm* (*JUR*) jury; (*SCOL*) board (of examiners), jury

jus [ʒy] *nm* juice; (*de viande*) gravy, (meat) juice; **jus de fruits** fruit juice; **jus de raisin/tomates** grape/ tomato juice

jusque [ʒysk(ə)]: **jusqu'à** *prép* (*endroit*) as far as, (up) to; (*moment*) until, till; (*limite*) up to; **jusque sur/dans** up to, as far as; (*y compris*) even on/in; **jusque vers** until about; **jusqu'à ce que** *conj* until; **jusque-là** (*temps*) until then; (*espace*) up to there; **jusqu'ici** (*temps*) until now; (*espace*) up to here; **jusqu'à présent** until now, so far

justaucorps [ʒystokɔʀ] *nm inv* (*DANSE, SPORT*) leotard

juste [ʒyst(ə)] *adj* (*équitable*) just, fair; (*légitime*) just, justified; (*exact, vrai*) right; (*étroit, insuffisant*) tight ♦ *adv* right; tight; (*chanter*) in tune; (*seulement*) just; **juste assez/au-dessus** just enough/above; **pouvoir tout juste faire** to be only just able to do; **au juste** exactly, actually; **comme de juste** of course, naturally; **le juste milieu** the happy medium; **à juste titre** rightfully

justement [ʒystəmɑ̃] *adv* rightly; justly; (*précisément*): **c'est justement ce qu'il fallait faire** that's just *ou* precisely what needed doing

justesse [ʒystɛs] *nf* (*précision*) accuracy; (*d'une remarque*) aptness; (*d'une opinion*) soundness; **de justesse** just, by a narrow margin

justice [ʒystis] *nf* (*équité*) fairness, justice; (*ADMIN*) justice; **rendre la justice** to dispense justice; **traduire en justice** to bring before the courts; **obtenir justice** to obtain justice; **rendre justice à qn** to do sb justice; **se faire justice** to take the law into one's own hands; (*se suicider*) to take one's life

justicier, ière [ʒystisje, -jɛʀ] *nm/f* judge, righter of wrongs

justificatif, ive [ʒystifikatif, -iv] *adj* (*document etc*) supporting ♦ *nm* supporting proof

justifier [ʒystifje] *vt* to justify; **justifier de** *vt* to prove; **non justifié** unjustified; **justifié à droite/gauche** ranged right/left

juteux, euse [ʒytø, -øz] *adj* juicy

juvénile [ʒyvenil] *adj* young, youthful

— K k —

K, k [ka] *nm inv* K, k ♦ *abr* (= *kilo*) kg; (= *kilooctet*) K; **K comme Kléber** K for King

K 7 [kasɛt] *nf* cassette

kaki [kaki] *adj inv* khaki

kangourou [kɑ̃guʀu] *nm* kangaroo

karaté [kaʀate] *nm* karate

karting [kaʀtiŋ] *nm* go-carting, karting

kascher [kaʃɛʀ] *adj inv* kosher

kayak [kajak] *nm* kayak

képi [kepi] *nm* kepi

kermesse [kɛʀmɛs] *nf* bazaar, (charity) fête; village fair

kidnapper [kidnape] *vt* to kidnap

kilo [kilo] *nm* kilo

kilogramme [kilɔgʀam] *nm* kilogramme (*BRIT*), kilogram (*US*)

kilométrage [kilɔmetʀaʒ] *nm* number of kilometres travelled, = mileage

kilomètre [kilɔmɛtʀ(ə)] *nm* kilometre (*BRIT*), kilometer (*US*); **kilomètres-heure** kilometres per hour

kilométrique [kilɔmetʀik] *adj* (*distance*) in kilometres; **compteur kilométrique** = mileage indicator

kinésithérapeute [kineziteʀapøt] *nm/f* physiotherapist

kiosque [kjɔsk(ə)] *nm* kiosk, stall; (*TÉL etc*) telephone and/or videotext information service; **kiosque à journaux** newspaper kiosk

kir [kiʀ] *nm* kir (*white wine with blackcurrant liqueur*)

kit [kit] *nm*: **en kit** in kit form

kiwi [kiwi] *nm* (*ZOOL*) kiwi; (*BOT*) kiwi (fruit)

klaxon [klaksɔn] *nm* horn

klaxonner [klaksɔne] *vi, vt* to hoot (*BRIT*), honk (one's horn) (*US*)

km *abr* (= *kilomètre*) km

km/h *abr* (= *kilomètres/heure*) = mph

K.-O. [kao] *adj inv* (knocked) out, out for the count

K-way® [kawe] *nm* (lightweight nylon) cagoule

kyste [kist(ə)] *nm* cyst

— L l —

l' [l] *art déf voir* **le**

la [la] *art déf, pron voir* **le** ♦ *nm* (*MUS*) A; (*en chantant la gamme*) la

là [la] *adv* (*aussi:* **-ci**, **celui**) there; (*ici*) here; (*dans le temps*) then; **est-ce que Catherine est là?** is Catherine there (*ou* here)?; **c'est là que** this is where; **là où** where; **de là** (*fig*) hence; **par là** (*fig*) by that; **tout est là** (*fig*) that's what it's all about

là-bas [laba] *adv* there

label [label] *nm* stamp, seal

labeur [labœʀ] *nm* toil *no pl*, toiling *no pl*

labo [labo] *nm* (= *laboratoire*) lab

laboratoire [labɔʀatwaʀ] *nm* laboratory; **laboratoire de langues/d'analyses** language/(medical) analysis laboratory

laborieux, euse [labɔʀjø, -øz] *adj* (*tâche*) laborious; **classes laborieuses** working classes

labour [labuʀ] *nm* ploughing *no pl* (*BRIT*), plowing *no pl* (*US*); **labours** *nmpl* (*champs*) ploughed fields; **cheval de labour** plough- *ou* cart-horse; **bœuf de labour** ox (*pl* oxen)

labourer [labuʀe] *vt* to plough (*BRIT*), plow (*US*); (*fig*) to make deep gashes *ou* furrows in

labyrinthe [labiʀɛ̃t] *nm* labyrinth, maze

lac [lak] *nm* lake; **le lac Léman** Lake Geneva; **les Grands Lacs** the Great Lakes

lacer [lase] *vt* to lace *ou* do up

lacérer [laseʀe] *vt* to tear to shreds

lacet [lase] *nm* (*de chaussure*) lace; (*de route*) sharp bend; (*piège*) snare; **chaussures à lacets** lace-up *ou* lacing shoes

lâche [lɑʃ] *adj* (*poltron*) cowardly; (*desserré*) loose, slack; (*morale, mœurs*) lax ♦ *nm/f* coward

lâcher [lɑʃe] *nm* (*de ballons, oiseaux*) release ♦ *vt* to let go of; (*ce qui tombe, abandonner*) to drop; (*oiseau, animal: libérer*) to release, set free; (*fig: mot, remarque*) to let slip, come out with; (*SPORT: distancer*) to leave behind ♦ *vi* (*fil, amarres*) to break, give way; (*freins*) to fail; **lâcher les amarres** (*NAVIG*) to cast off (the moorings); **lâcher prise** to let go

lâcheté [lɑʃte] *nf* cowardice; (*bassesse*) lowness

lacrymogène [lakʀimɔʒɛn] *adj*: **grenade/gaz lacrymogène** tear gas grenade/tear gas

lacté, e [lakte] *adj* milk *cpd*

lacune [lakyn] *nf* gap

là-dedans [ladədɑ̃] *adv* inside (there), in it; (*fig*) in that

là-dessous [ladsu] *adv* underneath, under there; (*fig*) behind that

là-dessus [ladsy] *adv* on there; (*fig*) at that point; (*: à ce sujet*) about that

ladite [ladit] *dét voir* **ledit**

lagune [lagyn] *nf* lagoon

là-haut [lao] *adv* up there

laïc [laik] *adj, nm/f* = **laïque**

laid, e [lɛ, lɛd] *adj* ugly; (*fig: acte*) mean, cheap

laideur [lɛdœʀ] *nf* ugliness *no pl*; meanness *no pl*

lainage [lɛnaʒ] *nm* woollen garment; (*étoffe*) woollen material

laine [lɛn] *nf* wool; **laine peignée** worsted (wool); **laine à tricoter** knitting wool; **laine de verre** glass wool; **laine vierge** new wool

laïque [laik] *adj* lay, civil; (*SCOL*) state *cpd* (*as opposed to private and Roman Catholic*) ♦ *nm/f* layman/woman

laisse [lɛs] *nf* (*de chien*) lead, leash; **tenir en laisse** to keep on a lead *ou* leash

laisser [lese] *vt* to leave ♦ *vb aux*: **laisser qn faire** to let sb do; **se laisser exploiter** to let o.s. be exploited; **se laisser aller** to let o.s. go; **laisser qn tranquille** to let *ou* leave sb alone; **laisse-toi faire** let me (*ou* him) do it; **rien ne laisse penser que ...** there is no reason to think that ...; **cela ne laisse pas de surprendre** nonetheless it is surprising

laisser-aller [leseale] *nm* carelessness, slovenliness

laissez-passer [lesepase] *nm inv* pass

lait [lɛ] *nm* milk; **frère/sœur de lait** foster brother/sister; **lait écrémé/concentré/condensé** skimmed/condensed/evaporated milk; **lait en poudre** powdered milk, milk powder; **lait de chèvre/vache** goat's/cow's milk; **lait maternel** mother's milk; **lait démaquillant/de beauté** cleansing/beauty lotion

laitage [lɛtaʒ] *nm* milk product

laiterie [lɛtʀi] *nf* dairy

laitier, ière [letje, -jɛʀ] *adj* dairy ♦ *nm/f* milkman/dairywoman

laiton [lɛtɔ̃] *nm* brass

laitue [lɛty] *nf* lettuce

laïus [lajys] *nm* (*péj*) spiel

lambeau, x [lɑ̃bo] *nm* scrap; **en lambeaux** in tatters, tattered

lambris [lɑ̃bʀi] *nm* panelling *no pl*

lame [lam] *nf* blade; (*vague*) wave; (*lamelle*) strip; **lame de fond** ground swell *no pl*; **lame de rasoir** razor blade

lamelle [lamɛl] *nf* (*lame*) small blade; (*morceau*) sliver; (*de champignon*) gill; **couper en lamelles** to slice thinly

lamentable [lamɑ̃tabl(ə)] *adj* (*déplorable*) appalling; (*pitoyable*) pitiful

lamenter [lamɑ̃te]: **se lamenter** *vi*: **se lamenter (sur)** to moan (over)

lampadaire [lɑ̃padɛʀ] *nm* (*de salon*) standard lamp; (*dans la rue*) street lamp

lampe [lɑ̃p(ə)] *nf* lamp; (*TECH*) valve; **lampe à alcool** spirit lamp; **lampe à bronzer** sunlamp; **lampe de poche** torch (*BRIT*), flashlight (*US*); **lampe à souder** blowlamp; **lampe témoin** warning light

lampion [lɑ̃pjɔ̃] *nm* Chinese lantern

lance [lɑ̃s] *nf* spear; **lance d'arrosage** garden hose; **lance à eau** water hose; **lance d'incendie** fire hose

lancée [lɑ̃se] *nf*: **être/continuer sur sa lancée** to be under way/keep going

lancement [lɑ̃smɑ̃] *nm* launching *no pl*, launch; **offre de lancement** introductory offer

lance-pierres [lɑ̃spjɛʀ] *nm inv* catapult

lancer [lɑ̃se] *nm* (*SPORT*) throwing *no pl*, throw; (*PÊCHE*) rod and reel fishing ♦ *vt* to throw; (*émettre, projeter*) to throw out, send out; (*produit, fusée, bateau, artiste*) to launch; (*injure*) to hurl, fling; (*proclamation, mandat d'arrêt*) to issue; (*emprunt*) to float; (*moteur*) to send roaring away; **lancer qch à qn** to throw sth to sb; (*de façon agressive*) to throw sth at sb; **lancer un cri** *ou* **un appel** to shout *ou* call out; **se lancer** *vi* (*prendre de l'élan*) to build up speed; (*se précipiter*): **se lancer sur** *ou* **contre** to rush at; **se lancer dans** (*discussion*) to launch into; (*aventure*) to embark on; (*les affaires, la politique*) to go into; **lancer du poids** *nm* putting the shot

lancinant, e [lɑ̃sinɑ̃, -ɑ̃t] *adj* (*regrets etc*) haunting; (*douleur*) shooting

landau [lɑ̃do] *nm* pram (*BRIT*), baby carriage (*US*)

lande [lɑ̃d] *nf* moor

langage [lɑ̃gaʒ] *nm* language; **langage d'assemblage** (*INFORM*) assembly language; **langage du corps** body language; **langage évolué/machine** (*INFORM*) high-level/machine language; **langage de programmation** (*INFORM*) programming language

langouste [lɑ̃gust(ə)] *nf* crayfish *inv*

langoustine [lãgustin] *nf* Dublin Bay prawn

langue [lãg] *nf* (ANAT, CULIN) tongue; (LING) language; (bande): **langue de terre** spit of land; **tirer la langue (à)** to stick out one's tongue (at); **donner sa langue au chat** to give up, give in; **de langue française** French-speaking; **langue de bois** officialese; **langue maternelle** native language, mother tongue; **langue verte** slang; **langue vivante** modern language

langueur [lãgœR] *nf* languidity

languir [lãgiR] *vi* to languish; (conversation) to flag; **se languir** *vi* to be languishing; **faire languir qn** to keep sb waiting

lanière [lanjɛR] *nf* (de fouet) lash; (de valise, bretelle) strap

lanterne [lãtɛRn(ə)] *nf* (portable) lantern; (électrique) light, lamp; (de voiture) (side)light; **lanterne rouge** (fig) tail-ender; **lanterne vénitienne** Chinese lantern

laper [lape] *vt* to lap up

lapidaire [lapidɛR] *adj* stone cpd; (fig) terse

lapin [lapɛ̃] *nm* (graisse) fat; (bacon) (streaky) bacon; (fourrure) cony; **coup du lapin** rabbit punch; **poser un lapin à qn** to stand sb up; **lapin de garenne** wild rabbit

Laponie [laponi] *nf*: **la Laponie** Lapland

laps [laps] *nm*: **laps de temps** space of time, time no pl

laque [lak] *nf* lacquer; (brute) shellac; (pour cheveux) hair spray ♦ *nm* lacquer; piece of lacquer ware

laquelle [lakɛl] *pron voir* **lequel**

larcin [laRsɛ̃] *nm* theft

lard [laR] *nm* (graisse) fat; (bacon) (streaky) bacon

lardon [laRdɔ̃] *nm* (CULIN) piece of chopped bacon; (fam: enfant) kid

large [laR3(ə)] *adj* wide; broad; (fig) generous ♦ *adv*: **calculer/voir large** to allow extra/think big ♦ *nm* (largeur): **5 m de large** 5 m wide ou in width; (mer): **le large** the open sea; **en large** *adv* sideways; **au large de** off; **large d'esprit** broad-minded; **ne pas en mener large** to have one's heart in one's boots

largement [laR3əmã] *adv* widely; (de loin) greatly; (amplement, au minimum) easily; (sans compter: donner etc) generously

largesse [laR3ɛs] *nf* generosity; **largesses** *nfpl* liberalities

largeur [laR3œR] *nf* (qu'on mesure) width; (impression visuelle) wideness, width; breadth; broadness

larguer [laRge] *vt* to drop; (fam: se débarrasser de) to get rid of; **larguer les amarres** to cast off (the moorings)

larme [laRm(ə)] *nf* tear; (fig): **une larme de** a drop of; **en larmes** in tears; **pleurer à chaudes larmes** to cry one's eyes out, cry bitterly

larmoyer [laRmwaje] *vi* (yeux) to water; (se plaindre) to whimper

larvé, e [laRve] *adj* (fig) latent

laryngite [laRɛ̃ʒit] *nf* laryngitis

las, lasse [lɑ, lɑs] *adj* weary

laser [lazɛR] *nm*: **(rayon) laser** laser (beam); **chaîne ou platine laser** compact disc (player); **disque laser** compact disc

lasse [lɑs] *adj f voir* **las**

lasser [lɑse] *vt* to weary, tire; **se lasser de** to grow weary ou tired of

latéral, e, aux [lateRal, -o] *adj* side cpd, lateral

latin, e [latɛ̃, -in] *adj* Latin ♦ *nm* (LING) Latin ♦ *nm/f*: **Latin, e** Latin; **j'y perds mon latin** it's all Greek to me

latitude [latityd] *nf* latitude; (fig): **avoir la latitude de faire** to be left free ou be at liberty to do; **à 48° de latitude Nord** at latitude 48° North; **sous toutes les latitudes** (fig) world-wide, throughout the world

latte [lat] *nf* lath, slat; (de plancher) board

lauréat, e [lɔRea, -at] *nm/f* winner

laurier [lɔRje] *nm* (BOT) laurel; (CULIN) bay leaves pl; **lauriers** *nmpl* (fig) laurels

lavable [lavabl(ə)] *adj* washable

lavabo [lavabo] *nm* washbasin; **lavabos** *nmpl* toilet sg

lavage [lavaʒ] *nm* washing no pl, wash; **lavage d'estomac/d'intestin** stomach/intestinal wash; **lavage de cerveau** brainwashing no pl

lavande [lavɑ̃d] *nf* lavender

lave [lav] *nf* lava no pl

lave-linge [lavlɛ̃ʒ] *nm inv* washing machine

laver [lave] *vt* to wash; (tache) to wash off; (fig: affront) to avenge; **se laver** to have a wash, wash; **se laver les mains/dents** to wash one's hands/clean one's teeth; **laver la vaisselle/le linge** to wash the dishes/clothes; **laver qn de** (accusation) to clear sb of

laverie [lavRi] *nf*: **laverie (automatique)** launderette

lavette [lavɛt] *nf* (chiffon) dish cloth; (brosse) dish mop; (fam: homme) wimp, drip

laveur, euse [lavœR, -øz] *nm/f* cleaner

lave-vaisselle [lavvesɛl] *nm inv* dishwasher

lavoir [lavwaR] *nm* wash house; (bac) washtub

laxatif, ive [laksatif, -iv] *adj, nm* laxative

layette [lejɛt] *nf* layette

MOT-CLÉ

le, l', la [l(ə)], pl **les** *art déf* **1** the; **le livre/la pomme/l'arbre** the book/the apple/the tree; **les étudiants** the students

2 (noms abstraits): **le courage/l'amour/la jeunesse** courage/love/youth

3 (indiquant la possession): **se casser la jambe** etc, to break one's leg etc; **levez la main** put your hand up; **avoir les yeux gris/le nez rouge** to have grey eyes/a red nose

4 (*temps*): **le matin/soir** in the morning/evening; mornings/evenings; **le jeudi** *etc* (*d'habitude*) on Thursdays *etc*; (*ce jeudi-là etc*) on (the) Thursday; **nous venons le 3 décembre** (*parlé*) we're coming on the 3rd of December *ou* on December the 3rd; (*écrit*) we're coming (on) 3rd *ou* 3 December **5** (*distribution, évaluation*) a, an; **10 F le mètre/ kilo** 10 F a *ou* per metre/kilo; **le tiers/quart de** a third/quarter of

♦ *pron* **1** (*personne: mâle*) him; (: *femelle*) her; (: *pluriel*) them; **je le/la/les vois** I can see him/ her/them

2 (*animal, chose: singulier*) it; (: *pluriel*) them; **je le** (**ou la**) **vois** I can see it; **je les vois** I can see them **3** (*remplaçant une phrase*): **je ne le savais pas** I didn't know (about it); **il était riche et ne l'est plus** he was once rich but no longer is

lécher [leʃe] *vt* to lick; (*laper: lait, eau*) to lick *ou* lap up; (*finir, polir*) to over-refine; **lécher les vitrines** to go window-shopping; **se lécher les doigts/lèvres** to lick one's fingers/lips

lèche-vitrines [lɛʃvitrin] *nm inv*: **faire du lèche-vitrines** to go window-shopping

leçon [ləsɔ̃] *nf* lesson; **faire la leçon** to teach; **faire la leçon à** (*fig*) to give a lecture to; **leçons de conduite** driving lessons; **leçons particulières** private lessons *ou* tuition *sg* (*BRIT*)

lecteur, trice [lɛktœʀ, -tʀis] *nm/f* reader; (*d'université*) (foreign language) assistant (*BRIT*), (foreign) teaching assistant (*US*) ♦ *nm* (*TECH*): **lecteur de cassettes** cassette player; (*INFORM*): **lecteur de disquette(s) ou de disque** disk drive; **lecteur compact-disc ou CD** compact disc (player)

lecture [lɛktyʀ] *nf* reading

ledit [lədi], **ladite** [ladit], *mpl* **lesdits** [ledi], **lesdites** [ledit] *dét* the aforesaid

légal, e, aux [legal, -o] *adj* legal

légaliser [legalize] *vt* to legalize

légalité [legalite] *nf* legality, lawfulness; **être dans/sortir de la légalité** to be within/step outside the law

légendaire [leʒɑ̃dɛʀ] *adj* legendary

légende [leʒɑ̃d] *nf* (*mythe*) legend; (*de carte, plan*) key, legend; (*de dessin*) caption

léger, ère [leʒe, -ɛʀ] *adj* light; (*bruit, retard*) slight; (*boisson, parfum*) weak; (*couche, étoffe*) thin; (*superficiel*) thoughtless; (*volage*) free and easy; flighty; (*peu sérieux*) lightweight; **blessé léger** slightly injured person; **à la légère** *adv* (*parler, agir*) rashly, thoughtlessly

légèrement [leʒɛʀmɑ̃] *adv* lightly; thoughtlessly, rashly; **légèrement plus grand** slightly bigger

légèreté [leʒɛʀte] *nf* lightness; thoughtlessness

législatif, ive [leʒislatif, -iv] *adj* legislative; **législatives** *nfpl* general election *sg*

légitime [leʒitim] *adj* (*JUR*) lawful, legitimate; (*enfant*) legitimate; (*fig*) rightful, legitimate; **en état**

de légitime défense in self-defence

legs [leg] *nm* legacy

léguer [lege] *vt*: **léguer qch à qn** (*JUR*) to bequeath sth to sb; (*fig*) to hand sth down *ou* pass sth on to sb

légume [legym] *nm* vegetable; **légumes verts** green vegetables; **légumes secs** pulses

lendemain [lɑ̃dmɛ̃] *nm*: **le lendemain** the next *ou* following day; **le lendemain matin/soir** the next *ou* following morning/evening; **le lendemain de** the day after; **au lendemain de** in the days following; in the wake of; **penser au lendemain** to think of the future; **sans lendemain** short-lived; **de beaux lendemains** bright prospects; **des lendemains qui chantent** a rosy future

lent, e [lɑ̃, lɑ̃t] *adj* slow

lentement [lɑ̃tmɑ̃] *adv* slowly

lenteur [lɑ̃tœʀ] *nf* slowness *no pl*; **lenteurs** *nfpl* (*actions, décisions lentes*) slowness *sg*

lentille [lɑ̃tij] *nf* (*OPTIQUE*) lens *sg*; (*BOT*) lentil; **lentille d'eau** duckweed; **lentilles de contact** contact lenses

léopard [leɔpaʀ] *nm* leopard

lèpre [lɛpʀ(ə)] *nf* leprosy

MOT-CLÉ

lequel, laquelle [ləkɛl, lakɛl] (*mpl* **lesquels**, *fpl* **lesquelles**; *à* + **lequel** = **auquel**, *de* + **lequel** = **duquel**) *pron* **1** (*interrogatif*) which, which one **2** (*relatif: personne: sujet*) who; (: *objet, après préposition*) whom; (*sujet: possessif*) whose; (: *chose*) which; **je l'ai proposé au directeur, lequel est d'accord** I suggested it to the director, who agrees; **la femme à laquelle j'ai acheté mon chien** the woman from whom I bought my dog; **le pont sur lequel nous sommes passés** the bridge (over) which we crossed; **un homme sur la compétence duquel on peut compter** a man whose competence one can count on

♦ *adj*: **auquel cas** in which case

---

les [le] *voir* **le**

lesbienne [lɛsbjɛn] *nf* lesbian

lesdits, lesdites [ledi, ledit] *dét voir* **ledit**

léser [leze] *vt* to wrong; (*MÉD*) to injure

lésiner [lezine] *vt*: **lésiner (sur)** to skimp (on)

lésion [lezjɔ̃] *nf* lesion, damage *no pl*; **lésions cérébrales** brain damage

lesquels, lesquelles [lekɛl] *pron voir* **lequel**

lessive [lesiv] *nf* (*poudre*) washing powder; (*linge*) washing *no pl*, wash; (*opération*) washing *no pl*; **faire la lessive** to do the washing

lessiver [lesive] *vt* to wash

lest [lɛst] *nm* ballast; **jeter ou lâcher du lest** (*fig*) to make concessions

leste [lɛst(ə)] *adj* (*personne, mouvement*) sprightly, nimble; (*désinvolte: manières*) offhand; (*osé: plaisanterie*) risqué

lettre [lɛtr(ə)] nf letter; **lettres** nfpl (étude, culture) literature sg; (SCOL) arts (subjects); **à la lettre** (au sens propre) literally; (ponctuellement) to the letter; **en lettres majuscules** ou **capitales** in capital letters, in capitals; **en toutes lettres** in words, in full; **lettre de change** bill of exchange; **lettre piégée** letter bomb; **lettre de voiture (aérienne)** (air) waybill, (air) bill of lading; **lettres de noblesse** pedigree

leucémie [løsemi] nf leukaemia

MOT-CLÉ

---

leur [lœr] adj possessif their; **leur maison** their house; **leurs amis** their friends; **à leur approche** as they came near; **à leur vue** at the sight of them
♦ pron **1** (objet indirect) (to) them; **je leur ai dit la vérité** I told them the truth; **je le leur ai donné** I gave it to them, I gave them it
2 (possessif): **le(la) leur, les leurs** theirs

leurre [lœr] nm (appât) lure; (fig) delusion; (: piège) snare

leurrer [lœre] vt to delude, deceive

leurs [lœr] adj voir **leur**

levain [ləvɛ̃] nm leaven; **sans levain** unleavened

levé, e [ləve] adj: **être levé** to be up ♦ nm: **levé de terrain** land survey; **à mains levées** (vote) by a show of hands; **au pied levé** at a moment's notice

levée [ləve] nf (POSTES) collection; (CARTES) trick; **levée de boucliers** general outcry; **levée du corps** collection of the body from house of the deceased, before funeral; **levée d'écrou** release from custody; **levée de terre** levee; **levée de troupes** levy

lever [ləve] vt (vitre, bras etc) to raise; (soulever de terre, supprimer: interdiction, siège) to lift; (: difficulté) to remove; (séance) to close; (impôts, armée) to levy; (CHASSE: lièvre) to start; (: perdrix) to flush; (fam: fille) to pick up ♦ vi (CULIN) to rise ♦ nm: **au lever** on getting up; **se lever** vi to get up; (soleil) to rise; (jour) to break; (brouillard) to lift; **levez-vous!, lève-toi!** stand up!, get up!; **ça va se lever** the weather will clear; **lever du jour** daybreak; **lever du rideau** (THEAT) curtain; **lever de rideau** (pièce) curtain raiser; **lever de soleil** sunrise

levier [ləvje] nm lever; **faire levier sur** to lever up (ou off); **levier de changement de vitesse** gear lever

lèvre [lɛvr(ə)] nf lip; **lèvres** nfpl (d'une plaie) edges; **petites/grandes lèvres** labia minora/majora; **du bout des lèvres** half-heartedly

lévrier [levrije] nm greyhound

levure [ləvyr] nf yeast; **levure chimique** baking powder

lexique [lɛksik] nm vocabulary, lexicon; (glossaire) vocabulary

lézard [lezar] nm lizard; (peau) lizardskin

lézarde [lezard(ə)] nf crack

liaison [ljɛzɔ̃] nf (rapport) connection, link; (RAIL, AVIAT ETC) link; (relation: d'amitié) friendship; (: d'affaires) relationship; (: amoureuse) affair; (CULIN, PHONÉTIQUE) liaison; **entrer/être en liaison avec** to get/be in contact with; **liaison radio** radio contact; **liaison (de transmission de données)** (INFORM) data link

liane [ljan] nf creeper

liant, e [ljɑ̃, -ɑ̃t] adj sociable

liasse [ljas] nf wad, bundle

Liban [libɑ̃] nm: **le Liban** (the) Lebanon

libanais [libanɛ, -ɛz] adj Lebanese ♦ nm/f: **Libanais, e** Lebanese

libeller [libele] vt (chèque, mandat): **libeller (au nom de)** to make out (to); (lettre) to word

libellule [libelyl] nf dragonfly

libéral, e, aux [liberal, -o] adj, nm/f liberal; **les professions libérales** the professions

libérer [libere] vt (délivrer) to free, liberate; (: moralement, PSYCH) to liberate; (relâcher: prisonnier) to release; (: soldat) to discharge; (dégager: gaz, cran d'arrêt) to release; (ECON: échanges commerciaux) to ease restrictions on; **se libérer** (de rendez-vous) to try and be free, get out of previous engagements; **libérer qn de** (liens, dette) to free sb from; (promesse) to release sb from

liberté [libɛrte] nf freedom; (loisir) free time; **libertés** nfpl (privautés) liberties; **mettre/être en liberté** to set/be free; **en liberté provisoire/surveillée/conditionnelle** on bail/probation/parole; **liberté d'association** right of association; **liberté de conscience** freedom of conscience; **liberté du culte** freedom of worship; **liberté d'esprit** independence of mind; **liberté d'opinion** freedom of thought; **liberté de la presse** freedom of the press; **liberté de réunion** right to hold meetings; **liberté syndicale** union rights pl; **libertés individuelles** personal freedom sg; **libertés publiques** civil rights

libraire [librɛr] nm/f bookseller

librairie [librɛri] nf bookshop

libre [libr(ə)] adj free; (route) clear; (place etc) vacant, free; (fig: propos, manières) open; (SCOL) private and Roman Catholic (as opposed to "laïque") de libre (place) free; **libre de qch/de faire** free from sth/to do; **vente libre** (COMM) unrestricted sale; **libre arbitre** free will; **libre concurrence** free-market economy; **libre entreprise** free enterprise

libre-échange [librɛʃɑ̃ʒ] nm free trade

libre-service [librəsɛrvis] nm inv (magasin) self-service store; (restaurant) self-service restaurant

Libye [libi] nf: **la Libye** Libya

licence [lisɑ̃s] nf (permis) permit; (diplôme) (first) degree; (liberté) liberty; (poétique, orthographique) licence (BRIT), license (US); (des mœurs) licentiousness; **licence ès lettres/en droit** arts/law degree; see boxed note

LICENCE

After the 'DEUG', French university students undertake a third year of study to complete their **licence**. This is roughly equivalent to a bachelor's degree in Britain.

licencié, e [lisɑ̃sje] *nm/f* (SCOL): **licencié ès lettres/en droit** ≈ Bachelor of Arts/Law, arts/law graduate; (SPORT) permit-holder

licenciement [lisɑ̃simɑ̃] *nm* dismissal; redundancy; laying off *no pl*

licencier [lisɑ̃sje] *vt* (*renvoyer*) to dismiss; (*débaucher*) to make redundant; to lay off

licite [lisit] *adj* lawful

lie [li] *nf* dregs *pl*, sediment

lié, e [lje] *adj*: **très lié avec** (*fig*) very friendly with *ou* close to; **lié par** (*serment, promesse*) bound by; **avoir partie liée (avec qn)** to be involved (with sb)

liège [ljɛʒ] *nm* cork

lien [ljɛ̃] *nm* (*corde, fig: affectif, culturel*) bond; (*rapport*) link, connection; (*analogie*) link; **lien de parenté** family tie

lier [lje] *vt* (*attacher*) to tie up; (*joindre*) to link up; (*fig: unir, engager*) to bind; (CULIN) to thicken; **lier qch à** (*attacher*) to tie sth to; (*associer*) to link sth to; **lier conversation (avec)** to strike up a conversation (with); **se lier avec** to make friends with

lierre [ljɛʀ] *nm* ivy

liesse [ljɛs] *nf*: **être en liesse** to be jubilant

lieu, x [ljø] *nm* place; **lieux** *nmpl* (*locaux*) premises; (*endroit: d'un accident etc*) scene *sg*; **en lieu sûr** in a safe place; **en haut lieu** in high places; **vider** *ou* **quitter les lieux** to leave the premises; **arriver/être sur les lieux** to arrive/be on the scene; **en premier lieu** in the first place; **en dernier lieu** lastly; **avoir lieu** to take place; **avoir lieu de faire** to have grounds *ou* good reason for doing; **tenir lieu de** to take the place of; (*servir de*) to serve as; **donner lieu à** to give rise to, give cause for; **au lieu de** instead of; **au lieu qu'il y aille** instead of him going; **lieu commun** commonplace; **lieu géométrique** locus; **lieu de naissance** place of birth

lieu-dit, *pl* **lieux-dits** [ljødi] *nm* locality

lieutenant [ljøtnɑ̃] *nm* lieutenant; **lieutenant de vaisseau** (NAVIG) lieutenant

lièvre [ljɛvʀ(ə)] *nm* hare; (*coureur*) pacemaker; **lever un lièvre** (*fig*) to bring up a prickly subject

ligament [ligamɑ̃] *nm* ligament

ligne [liɲ] *nf* (*gén*) line; (TRANSPORTS: *liaison*) service; (: *trajet*) route; (*silhouette*) **garder la ligne** to keep one's figure; **en ligne** (INFORM) on line; **en ligne droite** as the crow flies; **"à la ligne"** "new paragraph"; **entrer en ligne de compte** to be taken into account; to come into it; **ligne de but/médiane** goal/halfway line; **ligne d'arrivée/de**

départ finishing/starting line; **ligne de conduite** course of action; **ligne directrice** guiding line; **ligne d'horizon** skyline; **ligne de mire** line of sight; **ligne de touche** touchline

lignée [liɲe] *nf* (*race, famille*) line, lineage; (*postérité*) descendants *pl*

ligoter [ligɔte] *vt* to tie up

ligue [lig] *nf* league

liguer [lige]: **se liguer** *vi* to form a league; **se liguer contre** (*fig*) to combine against

lilas [lila] *nm* lilac

limace [limas] *nf* slug

limande [limɑ̃d] *nf* dab

lime [lim] *nf* (TECH) file; (BOT) lime; **lime à ongles** nail file

limer [lime] *vt* (*bois, métal*) to file (down); (*ongles*) to file; (*fig: prix*) to pare down

limier [limje] *nm* (ZOOL) bloodhound; (*détective*) sleuth

limitation [limitasjɔ̃] *nf* limitation, restriction; **sans limitation de temps** with no time limit; **limitation des naissances** birth control; **limitation de vitesse** speed limit

limite [limit] *nf* (*de terrain*) boundary; (*partie ou point extrême*) limit; **dans la limite de** within the limits of; **à la limite** (*au pire*) if the worst comes (*ou* came) to the worst; **sans limites** (*bêtise, richesse, pouvoir*) limitless, boundless; **vitesse/charge limite** maximum speed/load; **cas limite** borderline case; **date limite** deadline; **date limite de vente/consommation** sell-by/best-before date; **prix limite** upper price limit; **limite d'âge** maximum age, age limit

limiter [limite] *vt* (*restreindre*) to limit, restrict; (*délimiter*) to border, form the boundary of; **se limiter (à qch/à faire)** (*personne*) to limit *ou* confine o.s. (to sth/to doing sth); **se limiter à** (*chose*) to be limited to

limitrophe [limitʀɔf] *adj* border *cpd*; **limitrophe de** bordering on

limoger [limɔʒe] *vt* to dismiss

limon [limɔ̃] *nm* silt

limonade [limɔnad] *nf* lemonade (BRIT), (lemon) soda (US)

lin [lɛ̃] *nm* (BOT) flax; (*tissu, toile*) linen

linceul [lɛ̃sœl] *nm* shroud

linge [lɛ̃ʒ] *nm* (*serviettes etc*) linen; (*pièce de tissu*) cloth; (*aussi*: **linge de corps**) underwear; (*aussi*: **linge de toilette**) towel; (*lessive*) washing; **linge sale** dirty linen

lingerie [lɛ̃ʒʀi] *nf* lingerie, underwear

lingot [lɛ̃go] *nm* ingot

linguistique [lɛ̃gɥistik] *adj* linguistic ♦ *nf* linguistics *sg*

lion, ne [ljɔ̃, ljɔn] *nm/f* lion/lioness; (*signe*): **le Lion** Leo, the Lion; **être du Lion** to be Leo; **lion de mer** sealion

lionceau, x [ljɔ̃so] nm lion cub

liqueur [likœʀ] nf liqueur

liquidation [likidasjɔ̃] nf liquidation; (COMM) clearance (sale); **liquidation judiciaire** compulsory liquidation

liquide [likid] adj liquid ♦ nm liquid; (COMM): **en liquide** in ready money ou cash

liquider [likide] vt (société, biens, témoin gênant) to liquidate; (compte, problème) to settle; (COMM: articles) to clear, sell off

liquidités [likidite] nfpl (COMM) liquid assets

lire [liʀ] nf (monnaie) lira ♦ vt, vi to read; **lire qch à qn** to read sth (out) to sb

lis vb [li] voir **lire** ♦ nm [lis] = **lys**

lisible [lizibl(ə)] adj legible; (digne d'être lu) readable

lisière [lizjɛʀ] nf (de forêt) edge; (de tissu) selvage

lisons [lizɔ̃] vb voir **lire**

lisse [lis] adj smooth

liste [list(ə)] nf list; (INFORM) listing; **faire la liste de** to list, make out a list of; **liste d'attente** waiting list; **liste civile** civil list; **liste électorale** electoral roll; **liste de mariage** wedding (present) list; **liste noire** hit list

listing [listiŋ] nm (INFORM) listing; **qualité listing** draft quality

lit [li] nm (gén) bed; **faire son lit** to make one's bed; **aller/se mettre au lit** to go to/get into bed; **chambre avec un grand lit** room with a double bed; **prendre le lit** to take to one's bed; **d'un premier lit** (JUR) of a first marriage; **lit de camp** campbed (BRIT), cot (US); **lit d'enfant** cot (BRIT), crib (US)

literie [litʀi] nf bedding; (linge) bedding, bedclothes pl

litière [litjɛʀ] nf litter

litige [litiʒ] nm dispute; **en litige** in contention

litre [litʀ(ə)] nm litre; (récipient) litre measure

littéraire [liteʀɛʀ] adj literary

littéral, e, aux [literal, -o] adj literal

littérature [literatyʀ] nf literature

littoral, e, aux [litɔʀal, -o] adj coastal ♦ nm coast

liturgie [lityʀʒi] nf liturgy

livide [livid] adj livid, pallid

livraison [livʀɛzɔ̃] nf delivery; **livraison à domicile** home delivery (service)

livre [livʀ(ə)] nm book; (imprimerie etc): **le livre** the book industry ♦ nf (poids, monnaie) pound; **traduire qch à livre ouvert** to translate sth off the cuff ou at sight; **livre blanc** official report (prepared by independent body, following war, natural disaster etc) **livre de bord** (NAVIG) logbook; **livre de comptes** account(s) book; **livre de cuisine** cookery book (BRIT), cookbook; **livre de messe** mass ou prayer book; **livre d'or** visitors' book; **livre de poche** paperback (cheap and pocket size); **livre sterling** pound sterling; **livre verte** green pound

livré, e [livʀe] nf livery ♦ adj: **livré à** (l'anarchie etc) given over to; **livré à soi-même** left to oneself ou one's own devices

livrer [livʀe] vt (COMM) to deliver; (otage, coupable) to hand over; (secret, information) to give away; **se livrer à** (se confier) to confide in; (se rendre) to give o.s. up to; (s'abandonner à: débauche etc) to give o.s. up ou over to; (faire: pratiques, actes) to indulge in; (travail) to be engaged in, engage in; (: sport) to practise; (: enquête) to carry out; **livrer bataille** to give battle

livret [livʀe] nm booklet; (d'opéra) libretto (pl librettos); **livret de caisse d'épargne** (savings) bank-book; **livret de famille** (official) family record book; **livret scolaire** (school) report book

livreur, euse [livʀœʀ, -øz] nm/f delivery boy ou man/girl ou woman

local, e, aux [lɔkal, -o] adj local ♦ nm (salle) premises pl ♦ nmpl premises

localiser [lɔkalize] vt (repérer) to locate, place; (limiter) to localize, confine

localité [lɔkalite] nf locality

locataire [lɔkatɛʀ] nm/f tenant; (de chambre) lodger

location [lɔkasjɔ̃] nf (par le locataire) renting; (par l'usager: de voiture etc) hiring (BRIT), renting (US); (par le propriétaire) renting out, letting; hiring out (BRIT); (de billets, places) booking; (bureau) booking office; **"location de voitures"** "car hire (BRIT) ou rental (US)"

locomotive [lɔkɔmɔtiv] nf locomotive, engine; (fig) pacesetter, pacemaker

locution [lɔkysjɔ̃] nf phrase

loge [lɔʒ] nf (THÉAT: d'artiste) dressing room; (: de spectateurs) box; (de concierge, franc-maçon) lodge

logement [lɔʒmɑ̃] nm flat (BRIT), apartment (US); accommodation no pl (BRIT), accommodations pl (US); **le logement** housing; **chercher un logement** to look for a flat ou apartment, look for accommodation(s); **construire des logements bon marché** to build cheap housing sg; **crise du logement** housing shortage; **logement de fonction** (ADMIN) company flat ou apartment, accommodation(s) provided with one's job

loger [lɔʒe] vt to accommodate ♦ vi to live; **loger: trouver à se loger** to find accommodation; **se loger dans** (suj: balle, flèche) to lodge itself in

logeur, euse [lɔʒœʀ, -øz] nm/f landlord/landlady

logiciel [lɔʒisjɛl] nm software

logique [lɔʒik] adj logical ♦ nf logic; **c'est logique** it stands to reason

logis [lɔʒi] nm home; abode, dwelling

logo [lɔgo], **logotype** [lɔgotip] nm logo

loi [lwa] nf law; **faire la loi** to lay down the law; **les lois de la mode** (fig) the dictates of fashion; **proposition de loi** (private member's) bill; **projet de loi** (government) bill

loin [lwɛ̃] adv far; (dans le temps: futur) a long way off; (: passé) a long time ago; **plus loin** further;

moins loin (que) not as far (as); **loin de** far from; **loin d'ici** a long way from here; **pas loin de 1 000 F** not far off 1000 F; **au loin** far off; **de loin** *adv* from a distance; *(fig: de beaucoup)* by far; **il vient de loin** he's come a long way; he comes from a long way away; **de loin en loin** here and there; *(de temps en temps)* (every) now and then; **loin de là** *(au contraire)* far from it

lointain, e [lwɛ̃tɛ̃, -ɛn] *adj* faraway, distant; *(dans le futur, passé)* distant, far-off; *(cause, parent)* remote, distant ♦ *nm:* **dans le lointain** in the distance

loir [lwaʀ] *nm* dormouse *(pl* dormice)

loisir [lwaziʀ] *nm:* **heures de loisir** spare time; **loisirs** *nmpl* leisure *sg; (activités)* leisure activities; **avoir le loisir de faire** to have the time *ou* opportunity to do; **(tout)** à loisir *(en prenant son temps)* at leisure; *(autant qu'on le désire)* at one's pleasure

londonien, ne [lɔ̃dɔnjɛ̃, -ɛn] *adj* London *cpd*, of London ♦ *nm/f:* **Londonien, ne** Londoner

Londres [lɔ̃dʀ(ə)] *n* London

long, longue [lɔ̃, lɔ̃g] *adj* long ♦ *adv:* **en savoir long** to know a great deal ♦ *nm:* **de 3 m de long** 3 m long, 3 m in length ♦ *nf:* à la longue in the end; **faire long feu** to fizzle out; **ne pas faire long feu** not to last long; **au long cours** *(NAVIG)* ocean *cpd*, oceangoing; **de longue date** *adj* long-standing; **longue durée** *adj* long-term; **de longue haleine** *adj* long-term; **être long à faire** to take a long time to do; **en long** *adv* lengthwise, lengthways; **(tout) le long de** (all) along; **tout au long de** *(année, vie)* throughout; **de long en large** *(marcher)* to and fro, up and down; **en long et en large** *(fig)* in every detail

longer [lɔ̃ʒe] *vt* to go *(ou* walk *ou* drive) along (side); *(suj: mur, route)* to border

longiligne [lɔ̃ʒiliɲ] *adj* long-limbed

longitude [lɔ̃ʒityd] *nf* longitude; **à 45° de longitude ouest** at 45° longitude west

longtemps [lɔ̃tɑ̃] *adv* (for) a long time, (for) long; **ça ne va pas durer longtemps** it won't last long; **avant longtemps** before long; **pour/pendant longtemps** for a long time; **je n'en ai pas pour longtemps** I shan't be long; **mettre longtemps à faire** to take a long time to do; **il en a pour longtemps** he'll be a long time; **il y a longtemps que je travaille** I have been working (for) a long time; **il n'y a pas longtemps que je l'ai rencontré** it's not long since I met him

longue [lɔ̃g] *adj f voir* **long**

longuement [lɔ̃gmɑ̃] *adv* (longtemps: parler, regarder) for a long time; (en détail: expliquer, raconter) at length

longueur [lɔ̃gœʀ] *nf* length; **longueurs** *nfpl* (fig: d'un film etc) tedious parts; **sur une longueur de 10 km** for *ou* over 10 km; **en longueur** *adv* lengthwise, lengthways; **tirer en longueur** to drag on; **à longueur de journée** all day long; **d'une longueur** (gagner) by a length; **longueur d'onde** wavelength

longue-vue [lɔ̃gvy] *nf* telescope

look [luk] *(fam)* *nm* look, image

lopin [lɔpɛ̃] *nm:* **lopin de terre** patch of land

loque [lɔk] *nf (personne)* wreck; **loques** *nfpl (habits)* rags; **être** *ou* **tomber en loques** to be in rags

loquet [lɔkɛ] *nm* latch

lorgner [lɔʀɲe] *vt* to eye; *(convoiter)* to have one's eye on

lors [lɔʀ]: **lors de** *prép (au moment de)* at the time of; *(pendant)* during; **lors même que** even though

lorsque [lɔʀsk(ə)] *conj* when, as

losange [lɔzɑ̃ʒ] *nm* diamond; *(GÉOM)* lozenge; **en losange** diamond-shaped

lot [lo] *nm (part)* share; *(de loterie)* prize; *(fig: destin)* fate, lot; *(COMM, INFORM)* batch; **lot de consolation** consolation prize

loterie [lɔtʀi] *nf* lottery; *(tombola)* raffle; **Loterie nationale** French national lottery

loti, e [lɔti] *adj:* **bien/mal loti** well-/badly off, lucky/unlucky

lotion [losjɔ̃] *nf* lotion; **lotion après rasage** aftershave (lotion); **lotion capillaire** hair lotion

lotissement [lɔtismɑ̃] *nm (groupe de maisons, d'immeubles)* housing development; *(parcelle)* (building) plot, lot

loto [lɔto] *nm* lotto; *see boxed note*

LOTO

Le Loto is a state-run national lottery with large cash prizes. Participants select seven numbers out of a possible 49. There is a sliding scale of winnings: if you have all seven numbers right you win top prize, if you have six right you win a smaller sum, and so on. The draw is shown on television twice weekly.

lotte [lɔt] *nf (ZOOL: de rivière)* burbot; *(: de mer)* monkfish

louable [lwabl(ə)] *adj (appartement, garage)* rentable; *(action, personne)* praiseworthy, commendable

louange [lwɑ̃ʒ] *nf:* **à la louange de** in praise of; **louanges** *nfpl* praise *sg*

loubar(d) [lubaʀ] *nm (fam)* lout

louche [luʃ] *adj* shady, dubious ♦ *nf* ladle

loucher [luʃe] *vi* to squint; *(fig):* **loucher sur** to have one's (beady) eye on

louer [lwe] *vt (maison: suj: propriétaire)* to let, rent (out); *(: locataire)* to rent; *(voiture etc)* to hire *ou* rent (out); *(BRIT)*, rent (out); to hire *(BRIT)*, rent; *(réserver)* to book; *(faire l'éloge de)* to praise; **"à louer"** "to let" *(BRIT)*, "for rent" *(US)*; **louer qn de** to praise sb for; **se louer de** to congratulate o.s. on

loup [lu] *nm* wolf *(pl* wolves); *(poisson)* bass; *(masque)* (eye) mask; **jeune loup** young go-getter; **loup de mer** *(marin)* old seadog

loupe [lup] nf magnifying glass; **loupe de noyer** burr walnut; **à la loupe** (fig) in minute detail

louper [lupe] vt (fam: manquer) to miss; (: gâcher) to mess up, bungle

lourd, e [luʀ, luʀd(ə)] adj heavy; (chaleur, temps) sultry; (fig: personne, style) heavy-handed ♦ adv: **peser lourd** to be heavy; **lourd de** (menaces) charged with; (conséquences) fraught with; **artillerie/industrie lourde** heavy artillery/industry

lourdaud, e [luʀdo, -od] adj oafish

lourdement [luʀdəmã] adv heavily; **se tromper lourdement** to make a big mistake

lourdeur [luʀdœʀ] nf heaviness; **lourdeur d'estomac** indigestion no pl

loutre [lutʀ(ə)] nf otter; (fourrure) otter skin

louveteau, x [luvto] nm (ZOOL) wolf-cub; (scout) cub (scout)

louvoyer [luvwaje] vi (NAVIG) to tack; (fig) to hedge, evade the issue

loyal, e, aux [lwajal, -o] adj (fidèle) loyal, faithful; (fair-play) fair

loyauté [lwajote] nf loyalty, faithfulness; fairness

loyer [lwaje] nm rent; **loyer de l'argent** interest rate

lu, e [ly] pp de **lire**

lubie [lybi] nf whim, craze

lubrifiant [lybʀifjã] nm lubricant

lubrifier [lybʀifje] vt to lubricate

lubrique [lybʀik] adj lecherous

lucarne [lykaʀn(ə)] nf skylight

lucide [lysid] adj (conscient) lucid, conscious; (perspicace) clear-headed

lucratif, ive [lykʀatif, -iv] adj lucrative; profitable; **à but non lucratif** non profit-making

lueur [lɥœʀ] nf (chatoyante) glimmer no pl; (métallique, mouillée) gleam no pl; (rougeoyante) glow no pl; (pâle) faint light; (fig) spark; (: d'espérance) glimmer, gleam

luge [lyʒ] nf sledge (BRIT), sled (US); **faire de la luge** to sledge (BRIT), sled (US), toboggan

lugubre [lygybʀ(ə)] adj gloomy; dismal

MOT-CLÉ

lui [lɥi] pp de **luire**
♦ pron 1 (objet indirect: mâle) (to) him; (: femelle) (to) her; (: chose, animal) (to) it; **je lui ai parlé** I have spoken to him (ou to her); **il lui a offert un cadeau** he gave him (ou her) a present; **je le lui ai donné** I gave it to him (ou her)

2 (après préposition, comparatif: personne) him; (: chose, animal) it; **elle est contente de lui** she is pleased with him; **je la connais mieux que lui** I know her better than he does; **cette voiture est à lui** this car belongs to him, this is HIS car

3 (sujet, forme emphatique) he; **lui, il est à Paris** HE is in Paris; **c'est lui qui l'a fait** HE did it

---

luire [lɥiʀ] vi (gén) to shine, gleam; (surface mouillée) to glisten; (reflets chauds, cuivrés) to glow

lumière [lymjɛʀ] nf light; **lumières** nfpl (d'une personne) knowledge sg, wisdom sg; **à la lumière de** by the light of; (fig: événements) in the light of; **fais de la lumière** let's have some light, give us some light; **faire (toute) la lumière sur** (fig) to clarify (completely); **mettre en lumière** (fig) to highlight; **lumière du jour/soleil** day/sunlight

luminaire [lyminɛʀ] nm lamp, light

lumineux, euse [lyminø, -øz] adj (émettant de la lumière) luminous; (éclairé) illuminated; (ciel, journée, couleur) bright; (relatif à la lumière: rayon etc) of light, light cpd; (fig: regard) radiant

lunatique [lynatik] adj whimsical, temperamental

lundi [lœ̃di] nm Monday; **on est lundi** it's Monday; **le lundi 20 août** Monday 20th August; **il est venu lundi** he came on Monday; **le(s) lundi(s)** on Mondays; **à lundi!** see you (on) Monday!; **lundi de Pâques** Easter Monday; **lundi de Pentecôte** Whit Monday (BRIT)

lune [lyn] nf moon; **pleine/nouvelle lune** full/new moon; **être dans la lune** (distrait) to have one's head in the clouds; **lune de miel** honeymoon

lunette [lynɛt] nf: **lunettes** nfpl glasses, spectacles; (protectrices) goggles; **lunette d'approche** telescope; **lunette arrière** (AUTO) rear window; **lunettes noires** dark glasses; **lunettes de soleil** sunglasses

lus etc [ly] vb voir **lire**

lustre [lystʀ(ə)] nm (de plafond) chandelier; (fig: éclat) lustre

lustrer [lystʀe] vt: **lustrer qch** (faire briller) to make sth shine; (user) to make sth shiny

lut [ly] vb voir **lire**

luth [lyt] nm lute

lutin [lytɛ̃] nm imp, goblin

lutte [lyt] nf (conflit) struggle; (SPORT): **la lutte** wrestling; **de haute lutte** after a hard-fought struggle; **lutte des classes** class struggle; **lutte libre** (SPORT) all-in wrestling

lutter [lyte] vi to fight, struggle; (SPORT) to wrestle

luxe [lyks(ə)] nm luxury; **un luxe de** (détails, précautions) a wealth of; **de luxe** adj luxury cpd

Luxembourg [lyksãbuʀ] nm: **le Luxembourg** Luxembourg

luxembourgeois, e [lyksãbuʀʒwa, -waz] adj of ou from Luxembourg ♦ nm/f: **Luxembourgeois, e** inhabitant ou native of Luxembourg

luxer [lykse] vt: **se luxer l'épaule** to dislocate one's shoulder

luxueux, euse [lyksɥø, -øz] adj luxurious

luxure [lyksyʀ] nf lust

luxuriant, e [lyksyʀjã, -ãt] adj luxuriant, lush

lycée [lise] nm (state) secondary (BRIT) ou high (US) school; **lycée technique** technical secondary ou high school; see boxed note

LYCÉE

French pupils spend the last three years of their secondary education at a **lycée**, where they sit their 'baccalauréat' before leaving school or going on to higher education. There are various types of **lycée**, including the 'lycées d'enseignement technologique', providing technical courses, and 'lycées d'enseignement professionnel', providing vocational courses. Some **lycées**, particularly those with a wide catchment area or those which run specialist courses, have boarding facilities.

lycéen, ne [liseɛ̃, -ɛn] *nm/f* secondary school pupil

lyophilisé, e [ljɔfilize] *adj* freeze-dried

lyrique [liʀik] *adj* lyrical; (OPÉRA) lyric; **artiste lyrique** opera singer; **comédie lyrique** comic opera; **théâtre lyrique** opera house (*for light opera*)

lys [lis] *nm* lily

— M m —

M, m [ɛm] *nm inv* M, m ♦ *abr* = **majeur, masculin, mètre, Monsieur**; (= **million**) M; **M comme Marcel** M for Mike

m' [m] *pron voir* **me**

ma [ma] *dét voir* **mon**

macaron [makaʀɔ̃] *nm* (*gâteau*) macaroon; (*insigne*) (round) badge

macaroni(s) [makaʀɔni] *nm (pl)* macaroni *sg*; **macaroni(s) au fromage** *ou* **au gratin** macaroni cheese (BRIT), macaroni and cheese (US)

macédoine [masedwan] *nf*: **macédoine de fruits** fruit salad; **macédoine de légumes** mixed vegetables *pl*

macérer [maseʀe] *vi, vt* to macerate; (*dans du vinaigre*) to pickle

mâcher [maʃe] *vt* to chew; **ne pas mâcher ses mots** not to mince one's words; **mâcher le travail à qn** (*fig*) to spoonfeed sb, do half sb's work for him

machin [maʃɛ̃] *nm* (*fam*) thingamajig, thing; (*personne*): **Machin** what's-his(*ou* -her)-name

machinal, e, aux [maʃinal, -o] *adj* mechanical, automatic

machinalement [maʃinalmɑ̃] *adv* mechanically, automatically

machination [maʃinasjɔ̃] *nf* scheming, frame-up

machine [maʃin] *nf* machine; (*locomotive; de navire etc*) engine; (*fig: rouages*) machinery; (*fam: personne*): **Machine** what's-her-name; **faire machine arrière** (NAVIG) to go astern; (*fig*) to back-

pedal; **machine à laver/coudre/tricoter** washing/sewing/knitting machine; **machine à écrire** typewriter; **machine à sous** fruit machine; **machine à vapeur** steam engine

macho [matʃo] (*fam*) *nm* male chauvinist

mâchoire [maʃwaʀ] *nf* jaw; **mâchoire de frein** brake shoe

mâchonner [maʃɔne] *vt* to chew (at)

maçon [masɔ̃] *nm* bricklayer; (*constructeur*) builder

maçonnerie [masɔnʀi] *nf* (*murs: de brique*) brickwork; (: *de pierre*) masonry, stonework; (*activité*) bricklaying; building; **maçonnerie de béton** concrete

maculer [makyle] *vt* to stain; (TYPO) to mackle

Madame [madam], *pl* **Mesdames** [medam] *nf*: **Madame X** Mrs X ['mɪsɪz]; **occupez-vous de Madame/Monsieur/Mademoiselle** please serve this lady/gentleman/(young) lady; **bonjour Madame/Monsieur/Mademoiselle** good morning; (*ton déférent*) good morning Madam/Sir/Madam; (*le nom est connu*) good morning Mrs X/Mr X/Miss X; **Madame/Monsieur/Mademoiselle!** (*pour appeler*) excuse me!; (*ton déférent*) Madam/Sir/Miss!; **Madame/Monsieur/Mademoiselle** (*sur lettre*) Dear Madam/Sir/Madam; **chère Madame/cher Monsieur/chère Mademoiselle** Dear Mrs X/Mr X/Miss X; **Madame la Directrice** the director; the manageress; the headteacher; **Mesdames** Ladies

madeleine [madlɛn] *nf* madeleine, ≃ sponge finger cake

Mademoiselle [madmwazɛl], *pl* **Mesdemoiselles** [medmwazɛl] *nf* Miss; *voir aussi* **Madame**

Madère [madɛʀ] *nf* Madeira ♦ *nm*: **madère** Madeira (wine)

magasin [magazɛ̃] *nm* (*boutique*) shop; (*entrepôt*) warehouse; (*d'arme, appareil-photo*) magazine; **en magasin** (COMM) in stock; **faire les magasins** to go (a)round the shops, do the shops; **magasin d'alimentation** grocer's (shop) (BRIT), grocery store (US)

magazine [magazin] *nm* magazine

Maghreb [magʀɛb] *nm*: **le Maghreb** the Maghreb, North(-West) Africa

maghrébin, e [magʀebɛ̃, -in] *adj* of ou from the Maghreb ♦ *nm/f*: **Maghrébin, e** North African, Maghrebi

magicien, ne [maʒisjɛ̃, -ɛn] *nm/f* magician

magie [maʒi] *nf* magic; **magie noire** black magic

magique [maʒik] *adj* (*occulte*) magic; (*fig*) magical

magistral, e, aux [maʒistʀal, -o] *adj* (*œuvre, adresse*) masterly; (*ton*) authoritative; (*gifle etc*) sound, resounding; (*ex cathedra*): **enseignement magistral** lecturing, lectures *pl*; **cours magistral** lecture

magistrat [maʒistʀa] *nm* magistrate

magnat [magna] *nm* tycoon, magnate

magnétique [maɲetik] *adj* magnetic

magnétiser [maɲetize] *vt* to magnetize; (*fig*) to

mesmerize, hypnotize

magnétophone [maɲetɔfɔn] *nm* tape recorder; **magnétophone à cassettes** cassette recorder

magnétoscope [maɲetɔskɔp] *nm*: **magnétoscope (à cassette)** video (recorder)

magnifique [maɲifik] *adj* magnificent

magot [mago] *nm* (*argent*) pile (of money); (*économies*) nest egg

magouille [maguj] *nf* (*fam*) scheming

magret [magʀɛ] *nm*: **magret de canard** duck steaklet

mai [mɛ] *nm* May; *voir aussi* **juillet**; *see boxed note*

maigre [mɛgʀ(ə)] *adj* (very) thin, skinny; (*viande*) lean; (*fromage*) low-fat; (*végétation*) thin, sparse; (*fig*) poor, meagre, skimpy ♦ *adv*: **faire maigre** not to eat meat; **jours maigres** days of abstinence, fish days

maigreur [mɛgʀœʀ] *nf* thinness

maigrir [megʀiʀ] *vi* to get thinner, lose weight ♦ *vt*: **maigrir qn** (*suj*: *vêtement*) to make sb look slim(mer)

maille [maj] *nf* (*boucle*) stitch; (*ouverture*) hole (in the mesh); **avoir maille à partir avec qn** to have a brush with sb; **maille à l'endroit/à l'envers** knit one/purl one; (*boucle*) plain/purl stitch

maillet [majɛ] *nm* mallet

maillon [majɔ̃] *nm* link

maillot [majo] *nm* (*aussi*: **maillot de corps**) vest; (*de danseur*) leotard; (*de sportif*) jersey; **maillot de bain** bathing costume (*BRIT*), swimsuit; (*d'homme*) bathing trunks *pl*; **maillot deux pièces** two-piece swimsuit, bikini; **maillot jaune** yellow jersey

main [mɛ̃] *nf* hand; **la main dans la main** hand in hand; **à deux mains** with both hands; **à une main** with one hand; **à la main** (*tenir, avoir*) in one's hand; (*faire, tricoter etc*) by hand; **se donner la main** to hold hands; **donner** *ou* **tendre la main à qn** to hold out one's hand to sb; **se serrer la main** to

shake hands; **serrer la main à qn** to shake hands with sb; **sous la main** *to* ou at hand; **haut les mains!** hands up!; **à main levée** (*ART*) freehand; **à mains levées** (*voter*) with a show of hands; **attaque à main armée** armed attack; **à main droite/gauche** to the right/left; **à remettre en mains propres** to be delivered personally; **de première main** (*renseignement*) first-hand; (*COMM*: *voiture etc*) with only one previous owner; **faire main basse sur** to help o.s. to; **mettre la dernière main à** to put the finishing touches to; **mettre la main à la pâte** (*fig*) to lend a hand; **avoir/passer la main** (*CARTES*) to lead/hand over the lead; **s'en laver les mains** (*fig*) to wash one's hands of it; **se faire/perdre la main** to get one's hand in/lose one's touch; **avoir qch bien en main** to have got the hang of sth; **en un tour de main** (*fig*) in the twinkling of an eye; **main courante** handrail

main-d'œuvre [mɛ̃dœvʀ(ə)] *nf* manpower, labour (*BRIT*), labor (*US*)

main-forte [mɛ̃fɔʀt(ə)] *nf*: **prêter main-forte à qn** to come to sb's assistance

mainmise [mɛ̃miz] *nf* seizure; (*fig*): **avoir la mainmise sur** to have a grip ou stranglehold on

maint, e [mɛ̃, mɛ̃t] *adj* many a; **maints** many; **à maintes reprises** time and (time) again

maintenant [mɛ̃tnɑ̃] *adv* now; (*actuellement*) nowadays

maintenir [mɛ̃tniʀ] *vt* (*retenir, soutenir*) to support; (*contenir: foule etc*) to keep in check, hold back; (*conserver*) to maintain, uphold; (*affirmer*) to maintain; **se maintenir** *vi* (*paix, temps*) to hold; (*préjugé*) to persist; (*malade*) to remain stable

maintien [mɛ̃tjɛ̃] *nm* maintaining, upholding; (*attitude*) bearing; **maintien de l'ordre** maintenance of law and order

maire [mɛʀ] *nm* mayor

mairie [meʀi] *nf* (*endroit*) town hall; (*administration*) town council

mais [mɛ] *conj* but; **mais non!** of course not!; **mais enfin** but after all; (*indignation*) look here!; **mais encore?** is that all?

maïs [mais] *nm* maize (*BRIT*), corn (*US*)

maison [mɛzɔ̃] *nf* (*bâtiment*) house; (*chez-soi*) home; (*COMM*) firm; (*famille*): **ami de la maison** friend of the family ♦ *adj inv* (*CULIN*) home-made; (: *au restaurant*) made by the chef; (*COMM*) in-house, own; (*fam*) first-rate; **à la maison** at home; (*direction*) home; **maison d'arrêt** (short-stay) prison; **maison centrale** prison; **maison close** brothel; **maison de correction** = remand home (*BRIT*), = reformatory (*US*); **maison de la culture** = arts centre; **maison des jeunes** = youth club; *see boxed note*; **maison mère** parent company; **maison de passe** = **maison close**; **maison de repos** convalescent home; **maison de retraite** old people's home; **maison de santé** mental home

MAISONS DES JEUNES

Maisons des jeunes et de la culture are centres for young people which combine the functions of youth club and community arts centre. They organize a wide range of sporting and cultural activities (theatre, music, exhibitions), and their members also help out in the community. The centres receive some of their funding from the state.

maisonnée [mezɔne] *nf* household, family
maisonnette [mezɔnɛt] *nf* small house, cottage
maître, esse [mɛtʀ(ə), mɛtʀɛs] *nm/f* master/mistress; (SCOL) teacher, schoolmaster/mistress ♦ *nm* (*peintre etc*) master; (*titre*): **Maître (Me)** Maître, *term of address for lawyers etc* ♦ *nm* (*amante*) mistress ♦ *adj* (*principal, essentiel*) main; **maison de maître** family seat; **être maître de** (*soi-même, situation*) to be in control of; **se rendre maître de** (*pays, ville*) to gain control of; (*situation, incendie*) to bring under control; **être passé maître dans l'art de** to be a (past) master in the art of; **une maîtresse femme** a forceful woman; **maître d'armes** fencing master; **maître auxiliaire (MA)** (SCOL) temporary teacher; **maître chanteur** blackmailer; **maître de chapelle** choirmaster; **maître de conférences** ≈ senior lecturer (BRIT), ≈ assistant professor (US); **maître/maîtresse d'école** teacher, schoolmaster/mistress; **maître d'hôtel** (*domestique*) butler; (*d'hôtel*) head waiter; **maître de maison** host; **maître nageur** lifeguard; **maître d'œuvre** (CONSTR) project manager; **maître d'ouvrage** (CONSTR) client; **maître queux** chef; **maîtresse de maison** hostess; (*ménagère*) housewife (*pl* -wives)
maîtrise [metʀiz] *nf* (*aussi:* **maîtrise de soi**) self-control; (*habileté*) skill, mastery; (*suprématie*) mastery, command; (*diplôme*) ≈ master's degree; (*chefs d'équipe*) supervisory staff; *see boxed note*

MAÎTRISE

The **maîtrise** is a French degree which is awarded to university students if they successfully complete two more years' study after the 'DEUG'. Students wishing to go on to do research or to take the 'agrégation' must hold a **maîtrise**.

maîtriser [metʀize] *vt* (*cheval, incendie*) to (bring under) control; (*sujet*) to master; (*émotion*) to control; **se maîtriser** to control o.s.
majestueux, euse [maʒɛstɥø, -øz] *adj* majestic
majeur, e [maʒœʀ] *adj* (*important*) major; (JUR) of age; (*fig*) adult ♦ *nm/f* (JUR) person who has come of age *ou* attained his (*ou* her) majority ♦ *nm* (*doigt*) middle finger; **en majeure partie** for the most part; **la majeure partie de** the major part of

majoration [maʒɔʀasjɔ̃] *nf* increase
majorer [maʒɔʀe] *vt* to increase
majoritaire [maʒɔʀitɛʀ] *adj* majority *cpd*; **système/scrutin majoritaire** majority system/ballot
majorité [maʒɔʀite] *nf* (*gén*) majority; (*parti*) party in power; **en majorité** (*composé etc*) mainly
majuscule [maʒyskyl] *adj, nf*: **(lettre) majuscule** capital (letter)
mal, maux [mal, mo] *nm* (*opposé au bien*) evil; (*tort, dommage*) harm; (*douleur physique*) pain, ache; (*maladie*) illness, sickness *no pl*; (*difficulté, peine*) trouble; (*souffrance morale*) pain ♦ *adv* badly ♦ *adj*: **c'est mal (de faire)** it's bad *ou* wrong (to do); **être mal** to be uncomfortable; **être mal avec qn** to be on bad terms with sb; **être au plus mal** (*malade*) to be very bad; (*brouillé*) to be at daggers drawn; **il comprend mal** he has difficulty in understanding; **il a mal compris** he misunderstood; **mal tourner** to go wrong; **dire/penser du mal de** to speak/think ill of; **ne vouloir de mal à personne** to wish nobody any ill; **il n'a rien fait de mal** he has done nothing wrong; **avoir du mal à faire qch** to have trouble doing sth; **se donner du mal pour faire qch** to go to a lot of trouble to do sth; **ne voir aucun mal à** to see no harm in, see nothing wrong with; **craignant mal faire** fearing he *etc* was doing the wrong thing; **sans penser *ou* songer à mal** without meaning any harm; **faire du mal à qn** to hurt sb; to harm sb; **se faire mal** to hurt o.s.; **se faire mal au pied** to hurt one's foot; **ça fait mal** it hurts; **j'ai mal (ici)** it hurts (here); **j'ai mal au dos** my back aches, I've got a pain in my back; **avoir mal à la tête/à la gorge** to have a headache/a sore throat; **avoir mal aux dents/à l'oreille** to have toothache/earache; **avoir le mal de l'air** to be airsick; **avoir le mal du pays** to be homesick; **mal de mer** seasickness; **mal de la route** carsickness; **mal en point** *adj inv* in a bad state; **maux de ventre** stomach ache *sg*; *voir aussi* **cœur**
malade [malad] *adj* ill, sick; (*poitrine, jambe*) bad; (*plante*) diseased; (*fig: entreprise, monde*) ailing ♦ *nm/f* invalid, sick person; (*à l'hôpital etc*) patient; **tomber malade** to fall ill; **être malade du cœur** to have heart trouble *ou* a bad heart; **grand malade** seriously ill person; **malade mental** mentally sick *ou* ill person
maladie [maladi] *nf* (*spécifique*) disease, illness; (*mauvaise santé*) sickness, illness; (*fig: manie*) mania; **être rongé par la maladie** to be wasting away (through illness); **maladie d'Alzheimer** Alzheimer's disease; **maladie de peau** skin disease
maladif, ive [maladif, -iv] *adj* sickly; (*curiosité, besoin*) pathological
maladresse [maladʀɛs] *nf* clumsiness *no pl*; (*gaffe*) blunder
maladroit, e [maladʀwa, -wat] *adj* clumsy
malaise [malɛz] *nm* (MÉD) feeling of faintness; feeling of discomfort; (*fig*) uneasiness, malaise; **avoir un malaise** to feel faint *ou* dizzy

malaisé, e [maleze] adj difficult

malaria [malarja] nf malaria

malaxer [malakse] vt (pétrir) to knead; (mêler) to mix

malchance [malʃɑ̃s] nf misfortune, ill luck no pl; **par malchance** unfortunately; **quelle malchance!** what bad luck!

malchanceux, euse [malʃɑ̃sø, -øz] adj unlucky

mâle [mɑl] adj (aussi ÉLEC, TECH) male; (viril: voix, traits) manly ♦ nm male

malédiction [malediksjɔ̃] nf curse

malencontreux, euse [malɑ̃kɔ̃trø, -øz] adj unfortunate, untoward

malentendant, e [malɑ̃tɑ̃dɑ̃, -ɑ̃t] nm/f: **les malentendants** the hard of hearing

malentendu [malɑ̃tɑ̃dy] nm misunderstanding

malfaçon [malfasɔ̃] nf fault

malfaisant, e [malfəzɑ̃, -ɑ̃t] adj evil, harmful

malfaiteur [malfɛtœʀ] nm lawbreaker, criminal; (voleur) thief (pl thieves)

malfamé, e [malfame] adj disreputable, of ill repute

malgache [malgaʃ] adj Malagasy, Madagascan ♦ nm (LING) Malagasy ♦ nm/f: **Malgache** Malagasy, Madagascan

malgré [malgre] prép in spite of, despite; **malgré tout** adv in spite of everything

malhabile [malabil] adj clumsy

malheur [malœʀ] nm (situation) adversity, misfortune; (événement) misfortune; (: plus fort) disaster, tragedy; **par malheur** unfortunately; **quel malheur!** what a shame ou pity!; **faire un malheur** (fam: un éclat) to do something desperate; (: avoir du succès) to be a smash hit

malheureusement [malœʀøzmɑ̃] adv unfortunately

malheureux, euse [malœʀø, -øz] adj (triste) unhappy, miserable; (infortuné, regrettable) unfortunate; (malchanceux) unlucky; (insignifiant) wretched ♦ nm/f (infortuné, misérable) poor soul; (indigent, miséreux) unfortunate creature; **les malheureux** the destitute; **avoir la main malheureuse** (au jeu) to be unlucky; (tout casser) to be ham-fisted

malhonnête [malɔnɛt] adj dishonest; (impoli) rude

malhonnêteté [malɔnɛtte] nf dishonesty; rudeness no pl

malice [malis] nf mischievousness; (méchanceté): **par malice** out of malice ou spite; **sans malice** guileless

malicieux, euse [malisjø, -øz] adj mischievous

malin, igne [malɛ̃, -iɲ] adj (futé: f gén: **maline**): smart, shrewd; (: sourire) knowing; (MÉD, influence) malignant; **faire le malin** to show off; **éprouver un malin plaisir à** to take malicious pleasure in

malingre [malɛ̃gʀ(ə)] adj puny

malle [mal] nf trunk; (AUTO): **malle (arrière)** boot (BRIT), trunk (US)

mallette [malɛt] nf (valise) (small) suitcase; (aussi: **mallette de voyage**) overnight case; (pour documents) attaché case

malmener [malməne] vt to manhandle; (fig) to give a rough ride to

malodorant, e [malɔdɔʀɑ̃, -ɑ̃t] adj foul-smelling

malotru [malɔtʀy] nm lout, boor

malpoli, e [malpɔli] nm/f rude individual

malpropre [malpʀɔpʀ(ə)] adj (personne, vêtement) dirty; (travail) slovenly; (histoire, plaisanterie) unsavoury (BRIT), unsavory (US), smutty; (malhonnête) dishonest

malsain, e [malsɛ̃, -ɛn] adj unhealthy

malt [malt] nm malt; **pur malt** (whisky) malt (whisky)

Malte [malt(ə)] nf Malta

maltraiter [maltʀete] vt (brutaliser) to manhandle, ill-treat; (critiquer, éreinter) to slate (BRIT), roast

malveillance [malvɛjɑ̃s] nf (animosité) ill will; (intention de nuire) malevolence; (JUR) malicious intent no pl

malversation [malvɛʀsasjɔ̃] nf embezzlement, misappropriation (of funds)

maman [mamɑ̃] nf mum(my) (BRIT), mom (US)

mamelle [mamɛl] nf teat

mamelon [mamlɔ̃] nm (ANAT) nipple; (colline) knoll, hillock

mamie [mami] nf (fam) granny

mammifère [mamifɛʀ] nm mammal

mammouth [mamut] nm mammoth

manche [mɑ̃ʃ] nf (de vêtement) sleeve; (d'un jeu, tournoi) round; (GÉO): **la Manche** the (English) Channel ♦ nm (d'outil, casserole) handle; (de pelle, pioche etc) shaft; (de violon, guitare) neck; (fam) clumsy oaf; **faire la manche** to pass the hat; **manche à air** nf (AVIAT) wind-sock; **manche à balai** nm broomstick; (AVIAT, INFORM) joystick

manchette [mɑ̃ʃɛt] nf (de chemise) cuff; (coup) forearm blow; (titre) headline

manchot [mɑ̃ʃo] nm one-armed man; armless man; (ZOOL) penguin

mandarine [mɑ̃daʀin] nf mandarin (orange), tangerine

mandat [mɑ̃da] nm (postal) postal ou money order; (d'un député etc) mandate; (procuration) power of attorney, proxy; (POLICE) warrant; **mandat d'amener** summons sg; **mandat d'arrêt** warrant for arrest; **mandat de dépôt** committal order; **mandat de perquisition** (POLICE) search warrant

mandataire [mɑ̃datɛʀ] nm/f (représentant, délégué) representative; (JUR) proxy

manège [manɛʒ] nm riding school; (à la foire) roundabout (BRIT), merry-go-round; (fig) game, ploy; **faire un tour de manège** to go for a ride on a ou the roundabout *etc*; **manège (de chevaux de bois)** roundabout (BRIT), merry-go-round

manette [manɛt] *nf* lever, tap; **manette de jeu** (INFORM) joystick

mangeable [mãʒablə] *adj* edible, eatable

mangeoire [mãʒwaʀ] *nf* trough, manger

manger [mãʒe] *vt* to eat; (*ronger: suj: rouille etc*) to eat into *ou* away; (*utiliser, consommer*) to eat up ♦ *vi* to eat

mangeur, euse [mãʒœʀ, -øz] *nm/f* eater

mangue [mãg] *nf* mango

maniable [manjablə] *adj* (*outil*) handy; (*voiture, voilier*) easy to handle; manoeuvrable (BRIT), maneuverable (US); (*fig: personne*) easily influenced, manipulable

maniaque [manjak] *adj* (*pointilleux, méticuleux*) finicky, fussy; (*atteint de manie*) suffering from a mania ♦ *nm/f* maniac

manie [mani] *nf* mania; (*tic*) odd habit

manier [manje] *vt* to handle; **se manier** *vi* (*fam*) to get a move on

manière [manjɛʀ] *nf* (*façon*) way, manner; (*genre, style*) style; **manières** *nfpl* (*attitude*) manners; (*chichis*) fuss *sg*; **de manière à** so as to; **de telle manière que** in such a way that; **de cette manière** in this way *ou* manner; **d'une manière générale** generally speaking, as a general rule; **de toute manière** in any case; **d'une certaine manière** in a (certain) way; **faire des manières** to put on airs; **employer la manière forte** to use strong-arm tactics; **adverbe de manière** adverb of manner

maniéré, e [manjeʀe] *adj* affected

manif [manif] *nf* (*manifestation*) demo (*pl* -s)

manifestant, e [manifɛstã, -ãt] *nm/f* demonstrator

manifestation [manifɛstasjɔ̃] *nf* (*de joie, mécontentement*) expression, demonstration; (*symptôme*) outward sign; (*fête etc*) event; (POL) demonstration

manifeste [manifɛst(ə)] *adj* obvious, evident ♦ *nm* manifesto (*pl* -s)

manifester [manifɛste] *vt* (*volonté, intentions*) to show, indicate; (*joie, peur*) to express, show ♦ *vi* (POL) to demonstrate; **se manifester** *vi* (*émotion*) to show *ou* express itself; (*difficultés*) to arise; (*symptômes*) to appear; (*témoin etc*) to come forward

manigance [manigãs] *nf* scheme

manigancer [manigãse] *vt* to plot, devise

manipulation [manipylasjɔ̃] *nf* handling; manipulation

manipuler [manipyle] *vt* to handle; (*fig*) to manipulate

manivelle [manivɛl] *nf* crank

mannequin [mankɛ̃] *nm* (COUTURE) dummy; (MODE) model

manœuvre [manœvʀ(ə)] *nf* (*gén*) manoeuvre (BRIT), maneuver (US) ♦ *nm* (*ouvrier*) labourer (BRIT), laborer (US)

manœuvrer [manœvʀe] *vt* to manoeuvre (BRIT), maneuver (US); (*levier, machine*) to operate; (*personne*) to manipulate ♦ *vi* to manoeuvre *ou* maneuver

manoir [manwaʀ] *nm* manor *ou* country house

manque [mãk] *nm* (*insuffisance*): **manque de** lack of; (*vide*) emptiness, gap; (MÉD) withdrawal; **manques** *nmpl* (*lacunes*) faults, defects; **par manque de** for want of; **manque à gagner** loss of profit *ou* earnings

manqué [mãke] *adj* failed; **garçon manqué** tomboy

manquer [mãke] *vi* (*faire défaut*) to be lacking; (*être absent*) to be missing; (*échouer*) to fail ♦ *vt* to miss ♦ *vb impers*: **il (nous) manque encore 100 F** we are still 100 F short; **il manque des pages (au livre)** there are some pages missing *ou* some pages are missing (from the book); **l'argent qui leur manque** the money they need *ou* are short of; **le pied/la voix lui manqua** he missed his footing/his voice failed him; **manquer à qn** (*absent etc*): **il/cela me manque** I miss him/that; **manquer à** *vt* (*règles etc*) to be in breach of, fail to observe; **manquer de** *vt* to lack; (COMM) to be out of (stock of); **ne pas manquer de faire : il n'a pas manqué de le dire** he certainly said it; **manquer (de) faire : il a manqué (de) se tuer** he very nearly got killed; **il ne manquerait plus qu'il fasse** all we need now is for him to do; **je n'y manquerai pas** leave it to me, I'll definitely do it

mansarde [mãsaʀd(ə)] *nf* attic

mansardé, e [mãsaʀde] *adj* attic *cpd*

manteau, x [mãto] *nm* coat; **manteau de cheminée** mantelpiece; **sous le manteau** (*fig*) under cover

manucure [manykyʀ] *nf* manicurist

manuel, le [manɥɛl] *adj* manual ♦ *nm/f* manually gifted pupil (*as opposed to intellectually gifted*) ♦ *nm* (*ouvrage*) manual, handbook

manufacture [manyfaktyʀ] *nf* (*établissement*) factory; (*fabrication*) manufacture

manufacturé, e [manyfaktyʀe] *adj* manufactured

manuscrit, e [manyskʀi, -it] *adj* handwritten ♦ *nm* manuscript

manutention [manytãsjɔ̃] *nf* (COMM) handling; (*local*) storehouse

mappemonde [mapmɔ̃d] *nf* (*plane*) map of the world; (*sphère*) globe

maquereau, x [makʀo] *nm* mackerel *inv*; (*fam: proxénète*) pimp

maquette [makɛt] *nf* (*d'un décor, bâtiment, véhicule*) (scale) model; (TYPO) mockup; (: *d'une page illustrée, affiche*) paste-up; (: *prêt à la reproduction*) artwork

maquillage [makijaʒ] *nm* making up; faking; (*produits*) make-up

maquiller [makije] *vt* (*personne, visage*) to make up; (*truquer: passeport, statistique*) to fake; (: *voiture* *volée*) to do over (*respray etc*) **se maquiller** to make o.s. up

maquis [maki] *nm* (*GÉO*) scrub; (*fig*) tangle; (*MIL*) maquis, underground fighting *no pl*

maraîcher, ère [maʀeʃe, maʀeʃɛʀ] *adj:* **cultures maraîchères** market gardening *sg* ♦ *nm/f* market gardener

marais [maʀɛ] *nm* marsh, swamp; **marais salant** saltworks

marasme [maʀasm(ə)] *nm* (*POL, ÉCON*) stagnation, sluggishness; (*accablement*) dejection, depression

marathon [maʀatɔ̃] *nm* marathon

maraudeur, euse [maʀodœʀ, -øz] *nm/f* marauder; prowler

marbre [maʀbʀ(ə)] *nm* (*pierre, statue*) marble; (*d'une table, commode*) marble top; (*TYPO*) stone, bed; **rester de marbre** to remain stonily indifferent

marc [maʀ] *nm* (*de raisin, pommes*) marc; **marc de café** coffee grounds *pl ou* dregs *pl*

marchand, e [maʀʃɑ̃, -ɑ̃d] *nm/f* shopkeeper, tradesman/woman; (*au marché*) stallholder; (*spécifique*): **marchand de cycles/tapis** bicycle/carpet dealer; **marchand de charbon/vins** coal/wine merchant ♦ *adj:* **prix/valeur marchand(e)** market price/value; **qualité marchande** standard quality; **marchand en gros/au détail** wholesaler/retailer; **marchand de biens** real estate agent; **marchand de canons** (*péj*) arms dealer; **marchand de couleurs** ironmonger (*BRIT*), hardware dealer (*US*); **marchand/e de fruits** fruiterer (*BRIT*), fruit seller (*US*); **marchand/e de journaux** newsagent; **marchand/e de légumes** greengrocer (*BRIT*), produce dealer (*US*); **marchand/e de poisson** fishmonger (*BRIT*), fish seller (*US*); **marchand/e de(s) quatre-saisons** costermonger (*BRIT*), street vendor (selling fresh fruit and vegetables); **marchand de sable** (*fig*) sandman; **marchand de tableaux** art dealer

marchander [maʀʃɑ̃de] *vt* (*article*) to bargain *ou* haggle over; (*éloges*) to be sparing with ♦ *vi* to bargain, haggle

marchandise [maʀʃɑ̃diz] *nf* goods *pl*, merchandise *no pl*

marche [maʀʃ(ə)] *nf* (*d'escalier*) step; (*activité*) walking; (*promenade, trajet, allure*) walk; (*démarche*) walk, gait; (*MIL etc, MUS*) march; (*fonctionnement*) running; (*progression*) progress; course; **à une heure de marche** an hour's walk (away); **ouvrir/fermer la marche** to lead the way/bring up the rear; **dans le sens de la marche** (*RAIL*) facing the engine; **en marche** (*monter etc*) while the vehicle is moving *ou* in motion; **mettre en marche** to start; **remettre qch en marche** to set *ou* start sth going again; **se mettre en marche** (*personne*) to get moving; (*machine*) to start; **marche arrière** (*AUTO*) reverse (gear); **faire marche arrière** (*AUTO*) to reverse; (*fig*) to backtrack, back-pedal; **marche à suivre** (*correct*) procedure; (*sur notice*) (step by step) instructions *pl*

marché [maʀʃe] *nm* (*lieu, COMM, ÉCON*) market; (*ville*) trading centre; (*transaction*) bargain, deal; **par-dessus le marché** into the bargain; **faire son marché** to do one's shopping; **mettre le marché en main à qn** to tell sb to take it or leave it; **marché au comptant** (*BOURSE*) spot market; **Marché commun** Common Market; **marché aux fleurs** flower market; **marché noir** black market; **faire du marché noir** to buy and sell on the black market; **marché aux puces** flea market; **marché à terme** (*BOURSE*) forward market; **marché du travail** labour market

marchepied [maʀʃəpje] *nm* (*RAIL*) step; (*AUTO*) running board; (*fig*) stepping stone

marcher [maʀʃe] *vi* to walk; (*MIL*) to march; (*aller: voiture, train, affaires*) to go; (*prospérer*) to go well; (*fonctionner*) to work, run; (*fam*) to go along, agree; (: *croire naïvement*) to be taken in; **marcher sur** to walk on; (*mettre le pied sur*) to step on *ou* in; (*MIL*) to march upon; **marcher dans** (*herbe etc*) to walk in *ou* on; (*flaque*) to step in; **faire marcher qn** (*pour rire*) to pull sb's leg; (*pour tromper*) to lead sb up the garden path

marcheur, euse [maʀʃœʀ, -øz] *nm/f* walker

mardi [maʀdi] *nm* Tuesday; **Mardi gras** Shrove Tuesday; *voir aussi* **lundi**

mare [maʀ] *nf* pond; **mare de sang** pool of blood

marécage [maʀekaʒ] *nm* marsh, swamp

marécageux, euse [maʀekaʒø, -øz] *adj* marshy, swampy

maréchal, aux [maʀeʃal, -o] *nm* marshal; **maréchal des logis** (*MIL*) sergeant

maréchal-ferrant, *pl* **maréchaux-ferrants** [maʀeʃalfeʀɑ̃, maʀeʃo-] *nm* blacksmith, farrier (*BRIT*)

marée [maʀe] *nf* tide; (*poissons*) fresh (sea) fish; **marée haute/basse** high/low tide; **marée montante/descendante** rising/ebb tide; **marée noire** oil slick

marelle [maʀɛl] *nf:* (**jouer à**) **la marelle** (to play) hopscotch

margarine [maʀgaʀin] *nf* margarine

marge [maʀʒ(ə)] *nf* margin; **en marge** in the margin; **en marge de** (*fig*) on the fringe of; (*en dehors de*) cut off from; (*qui se rapporte à*) connected with; **marge bénéficiaire** profit margin, mark-up; **marge de sécurité** safety margin

marginal, e, aux [maʀʒinal, -o] *adj* marginal ♦ *nm/f* dropout

marguerite [maʀgəʀit] *nf* marguerite, (oxeye) daisy; (*INFORM*) daisy wheel

mari [maʀi] *nm* husband

mariage [maʀjaʒ] *nm* (*union, état, fig*) marriage; (*noce*) wedding; **mariage civil/religieux** registry office (*BRIT*) *ou* civil/church wedding; **un mariage de raison/d'amour** a marriage of convenience/a love match; **mariage blanc** unconsummated marriage; **mariage en blanc** white wedding

marié, e [maʀje] *adj* married ♦ *nm/f* (bride)groom/bride; **les mariés** the bride and groom; **les (jeunes) mariés** the newly-weds

marier [maʀje] *vt* to marry; (*fig*) to blend; **se marier (avec)** to marry, get married (to); (*fig*) to blend (with)

marin, e [maʀɛ̃, -in] *adj* sea *cpd*, marine ♦ *nm* sailor ♦ *nf* navy; (*ART*) seascape; (*couleur*) navy (blue); **avoir le pied marin** to be a good sailor; (*garder son équilibre*) to have one's sea legs; **marine de guerre** navy; **marine marchande** merchant navy; **marine à voiles** sailing ships *pl*

marine [maʀin] *adj f, nf voir* **marin** ♦ *adj inv* navy (blue) ♦ *nm* (*MIL*) marine

mariner [maʀine] *vi, vt* to marinate, marinade

marionnette [maʀjɔnɛt] *nf* puppet

maritalement [maʀitalmɑ̃] *adv*: **vivre maritalement** to live together (as husband and wife)

maritime [maʀitim] *adj* sea *cpd*, maritime; (*ville*) coastal, seaside; (*droit*) shipping, maritime

mark [maʀk] *nm* (*monnaie*) mark

marmelade [maʀməlad] *nf* (*compote*) stewed fruit, compote; **marmelade d'oranges** (orange) marmalade; **en marmelade** (*fig*) crushed (to a pulp)

marmite [maʀmit] *nf* (cooking-)pot

marmonner [maʀmɔne] *vt, vi* to mumble, mutter

marmot [maʀmo] *nm* (*fam*) brat

marmotter [maʀmɔte] *vt* (*prière*) to mumble, mutter

Maroc [maʀɔk] *nm*: **le Maroc** Morocco

marocain, e [maʀɔkɛ̃, -ɛn] *adj* Moroccan ♦ *nm/f*: **Marocain, e** Moroccan

maroquinerie [maʀɔkinʀi] *nf* (*industrie*) leather craft; (*commerce*) leather shop; (*articles*) fine leather goods *pl*

marquant, e [maʀkɑ̃, -ɑ̃t] *adj* outstanding

marque [maʀk(ə)] *nf* mark; (*SPORT, JEU*) score; (*COMM: de produits*) brand, make; (*: de disques*) label; (*insigne: d'une fonction*) badge; (*fig*): **marque d'affection** token of affection; **marque de joie** sign of joy; **à vos marques!** (*SPORT*) on your marks!; **de marque** *adj* (*COMM*) brand-name *cpd*; proprietary; (*fig*) high-class; (*: personnage, hôte*) distinguished; **produit de marque** (*COMM*) quality product; **marque déposée** registered trademark; **marque de fabrique** trademark

marquer [maʀke] *vt* to mark; (*inscrire*) to write down; (*bétail*) to brand; (*SPORT: but etc*) to score; (*: joueur*) to mark; (*accentuer: taille etc*) to emphasize; (*manifester: refus, intérêt*) to show ♦ *vi* (*événement, personnalité*) to stand out, be outstanding; (*SPORT*) to score; **marquer qn de son influence/empreinte** to have an influence/leave its impression on sb; **marquer un temps d'arrêt** to pause momentarily; **marquer le pas** (*fig*) to mark time; **il a marqué ce jour-là d'une pierre blanche** that was a red-letter day for him; **marquer les points** (*tenir la marque*) to keep the score

marqueterie [maʀkətʀi] *nf* inlaid work, marquetry

marquis, e [maʀki, -iz] *nm/f* marquis *ou* marquess/marchioness ♦ *nf* (*auvent*) glass canopy *ou* awning

marraine [maʀɛn] *nf* godmother; (*d'un navire, d'une rose etc*) namer

marrant, e [maʀɑ̃, -ɑ̃t] *adj* (*fam*) funny

marre [maʀ] *adv* (*fam*): **en avoir marre de** to be fed up with

marrer [maʀe]: **se marrer** *vi* (*fam*) to have a (good) laugh

marron, ne [maʀɔ̃, -ɔn] *nm* (*fruit*) chestnut ♦ *adj inv* brown ♦ *adj* (*péj*) crooked; (*: faux*) bogus; **marrons glacés** marrons glacés

marronnier [maʀɔnje] *nm* chestnut (tree)

mars [maʀs] *nm* March; *voir aussi* **juillet**

marsouin [maʀswɛ̃] *nm* porpoise

marteau, x [maʀto] *nm* hammer; (*de porte*) knocker; **marteau pneumatique** pneumatic drill

marteau-piqueur, *pl* **marteaux-piqueurs** [maʀtopikœʀ] *nm* pneumatic drill

marteler [maʀtəle] *vt* to hammer; (*mots, phrases*) to rap out

martien, ne [maʀsjɛ̃, -ɛn] *adj* Martian, of *ou* from Mars

martyr, e [maʀtiʀ] *nm/f* martyr ♦ *adj* martyred; **enfants martyrs** battered children

martyre [maʀtiʀ] *nm* martyrdom; (*fig: sens affaibli*) agony, torture; **souffrir le martyre** to suffer agonies

martyriser [maʀtiʀize] *vt* (*REL*) to martyr; (*fig*) to bully; (*: enfant*) to batter

marxiste [maʀksist(ə)] *adj, nm/f* Marxist

mascara [maskaʀa] *nm* mascara

masculin, e [maskylɛ̃, -in] *adj* masculine; (*sexe, population*) male; (*équipe, vêtements*) men's; (*viril*) manly ♦ *nm* masculine

masochiste [mazɔʃist(ə)] *adj* masochistic ♦ *nm/f* masochist

masque [mask(ə)] *nm* mask; **masque de beauté** face pack; **masque à gaz** gas mask; **masque de plongée** diving mask

masquer [maske] *vt* (*cacher: porte, goût*) to hide, conceal; (*dissimuler: vérité, projet*) to mask, obscure

massacre [masakʀ(ə)] *nm* massacre, slaughter; **jeu de massacre** (*fig*) wholesale slaughter

massacrer [masakʀe] *vt* to massacre, slaughter; (*fig: adversaire*) to slaughter; (*: texte etc*) to murder

massage [masaʒ] *nm* massage

masse [mas] *nf* mass; (*péj*): **la masse** the masses *pl*; (*ÉLEC*) earth; (*maillet*) sledgehammer; **masses** *nfpl* masses; **une masse de, des masses de** (*fam*) masses *ou* loads of; **en masse** *adv* (*en bloc*) in bulk; (*en foule*) en masse ♦ *adj* (*exécutions, production*) mass *cpd*; **masse monétaire** (*ÉCON*) money supply; **masse salariale** (*COMM*) wage(s) bill

masser [mase] *vt* (*assembler*) to gather; (*pétrir*) to massage; **se masser** vi to gather

masseur, euse [masœʀ, -øz] nm/f (personne) masseur/euse ♦ nm (appareil) massager

massif, ive [masif, -iv] adj (porte) solid, massive; (visage) heavy, large; (bois, or) solid; (dose) massive; (déportations etc) mass cpd ♦ nm (montagneux) massif; (de fleurs) clump, bank

massue [masy] nf club, bludgeon ♦ adj inv: **argument massue** sledgehammer argument

mastic [mastik] nm (pour vitres) putty; (pour fentes) filler

mastiquer [mastike] vt (aliment) to chew, masticate; (fente) to fill; (vitre) to putty

mat, e [mat] adj (couleur, métal) mat(t); (bruit, son) dull ♦ adj inv (ÉCHECS): **être mat** to be checkmate

mât [mɑ] nm (NAVIG) mast; (poteau) pole, post

match [matʃ] nm match; **match nul** draw, tie (US); **faire match nul** to draw, tie (US); **match aller** first leg; **match retour** second leg, return match

matelas [matla] nm mattress; **matelas pneumatique** air bed ou mattress; **matelas à ressorts** spring ou interior-sprung mattress

matelassé, e adj (vêtement) padded; (tissu) quilted

matelot [matlo] nm sailor, seaman

mater [mate] vt (personne) to bring to heel, subdue; (révolte) to put down; (fam) to watch, look at

matérialiser [materjalize]: **se matérialiser** vi to materialize

matérialiste [materjalist(ə)] adj materialistic ♦ nm/f materialist

matériau, x [materjo] nm material; **matériaux** nmpl material(s); **matériaux de construction** building materials

matériel, le [materjel] adj material; (organisation, aide, obstacle) practical; (fig: péj: personne) materialistic ♦ nm equipment no pl; (de camping etc) gear no pl; **il n'a pas le temps matériel de le faire** he doesn't have the time (needed) to do it; **matériel d'exploitation** (COMM) plant; **matériel roulant** rolling stock

maternel, le [maternel] adj (amour, geste) motherly, maternal; (grand-père, oncle) maternal ♦ nf (aussi: **école maternelle**) (state) nursery school

maternité [maternite] nf (établissement) maternity hospital; (état de mère) motherhood, maternity; (grossesse) pregnancy

mathématique [matematik] adj mathematical

mathématiques [matematik] nfpl mathematics sg

maths [mat] nfpl maths (BRIT), math (US)

matière [matjɛʀ] nf (PHYSIQUE) matter; (COMM, TECH) material, matter no pl; (fig: d'un livre etc) subject matter; (SCOL) subject; **en matière de** as regards; **donner matière à** to give cause to; **matière plastique** plastic; **matières fécales** faeces; **matières grasses** fat (content) sg; **matières premières** raw materials

matin [matɛ̃] nm, adv morning; **le matin** (pendant le matin) in the morning; **demain matin** tomorrow morning; **le lendemain matin** (the) next morning; **du matin au soir** from morning till night; **une heure du matin** one o'clock in the morning; **de grand** ou **bon matin** early in the morning

matinal, e, aux [matinal, -o] adj (toilette, gymnastique) morning cpd; (de bonne heure) early; **être matinal** (personne) to be up early; (: habituellement) to be an early riser

matinée [matine] nf morning; (spectacle) matinée, afternoon performance

matou [matu] nm tom(cat)

matraque [matʀak] nf (de malfaiteur) cosh (BRIT), club; (de policier) truncheon (BRIT), billy (US)

matricule [matʀikyl] nf (aussi: **registre matricule**) roll, register ♦ nm (aussi: **numéro matricule**: MIL) regimental number; (: ADMIN) reference number

matrimonial, e, aux [matʀimɔnjal, -o] adj marital, marriage cpd

maudire [modiʀ] vt to curse

maudit, e [modi, -it] adj (fam: satané) blasted, confounded

maugréer [mogʀee] vi to grumble

maussade [mosad] adj (air, personne) sullen; (ciel, temps) dismal

mauvais, e [mɔvɛ, -ɛz] adj bad; (faux): **le mauvais numéro** the wrong number; (méchant, malveillant) malicious, spiteful ♦ nm: **le mauvais** the bad side ♦ adv: **il fait mauvais** the weather is bad; **sentir mauvais** to have a nasty smell, smell bad ou nasty; **la mer est mauvaise** the sea is rough; **mauvais coucheur** awkward customer; **mauvais coup** (fig) criminal venture; **mauvais garçon** tough; **mauvais pas** tight spot; **mauvais plaisant** hoaxer; **mauvais traitements** ill treatment sg; **mauvaise herbe** weed; **mauvaise langue** gossip, scandalmonger (BRIT); **mauvaise passe** difficult situation; (période) bad patch; **mauvaise tête** rebellious ou headstrong customer

mauve [mov] adj (couleur) mauve ♦ nf (BOT) mallow

maux [mo] nmpl voir **mal**

maximal, e, aux [maksimal, -o] adj maximal

maximum [maksimɔm] adj, nm maximum; **atteindre un/son maximum** to reach a/his peak; **au maximum** adv (le plus possible) to the full; as much as one can; (tout au plus) at the (very) most ou maximum

mayonnaise [majɔnɛz] nf mayonnaise

mazout [mazut] nm (fuel) oil; **chaudière/poêle à mazout** oil-fired boiler/stove

me, m' [m(ə)] pron me; (réfléchi) myself

mec [mɛk] nm (fam) guy, bloke (BRIT)

mécanicien, ne [mekanisjɛ̃, -ɛn] nm/f mechanic; (RAIL) (train ou engine) driver; **mécanicien navi-**

gant *ou* **de bord** (*AVIAT*) flight engineer

mécanique [mekanik] *adj* mechanical ♦ *nf* (*science*) mechanics *sg*; (*technologie*) mechanical engineering; (*mécanisme*) mechanism; engineering; works *pl*; **ennui mécanique** engine trouble *no pl*; **s'y connaître en mécanique** to be mechanically minded; **mécanique hydraulique** hydraulics *sg*; **mécanique ondulatoire** wave mechanics *sg*

mécanisme [mekanism(ə)] *nm* mechanism; **mécanisme des taux de change** exchange rate mechanism

méchamment [meʃamɑ̃] *adv* nastily, maliciously, spitefully; viciously

méchanceté [meʃɑ̃ste] *nf* (*d'une personne, d'une parole*) nastiness, maliciousness, spitefulness; (*parole, action*) nasty *ou* spiteful *ou* malicious remark (*ou* action)

méchant, e [meʃɑ̃, -ɑ̃t] *adj* nasty, malicious, spiteful; (*enfant: pas sage*) naughty; (*animal*) vicious; (*avant le nom: valeur péjorative*) nasty; miserable; (*: intensive*) terrific

mèche [mɛʃ] *nf* (*de lampe, bougie*) wick; (*d'un explosif*) fuse; (*MÉD*) pack, dressing; (*de vilebrequin, perceuse*) bit; (*de dentiste*) drill; (*de fouet*) lash; (*de cheveux*) lock; **se faire faire des mèches** (*chez le coiffeur*) to have one's hair streaked, have highlights put in one's hair; **vendre la mèche** to give the game away; **de mèche avec** to be in league with

méchoui [meʃwi] *nm* whole sheep barbecue

méconnaissable [mekɔnɛsabl(ə)] *adj* unrecognizable

méconnaître [mekɔnɛtʀ(ə)] *vt* (*ignorer*) to be unaware of; (*mésestimer*) to misjudge

mécontent, e [mekɔ̃tɑ̃, -ɑ̃t] *adj*: **mécontent (de)** (*insatisfait*) discontented *ou* dissatisfied *ou* displeased (with); (*contrarié*) annoyed (at) ♦ *nm/f* malcontent, dissatisfied person

mécontentement [mekɔ̃tɑ̃tmɑ̃] *nm* dissatisfaction, discontent; displeasure; annoyance

médaille [medaj] *nf* medal

médaillon [medajɔ̃] *nm* (*portrait*) medallion; (*bijou*) locket; (*CULIN*) médaillon; **en médaillon** *adj* (*carte etc*) inset

médecin [medsɛ̃] *nm* doctor; **médecin du bord** (*NAVIG*) ship's doctor; **médecin généraliste** general practitioner, GP; **médecin légiste** forensic scientist (*BRIT*), medical examiner (*US*); **médecin traitant** family doctor, GP

médecine [medsin] *nf* medicine; **médecine générale** general medicine; **médecine infantile** paediatrics *sg* (*BRIT*), pediatrics *sg* (*US*); **médecine légale** forensic medicine; **médecine préventive** preventive medicine; **médecine du travail** occupational *ou* industrial medicine; **médecines parallèles** *ou* **douces** alternative medicine

médiatique [medjatik] *adj* media *cpd*

médiatisé, e [medjatize] *adj* reported in the media; **ce procès a été très médiatisé** (*péj*) this

trial was turned into a media event

médical, e, aux [medikal, -o] *adj* medical; **visiteur** *ou* **délégué médical** medical rep *ou* representative

médicament [medikamɑ̃] *nm* medicine, drug

médiéval, e, aux [medjeval, -o] *adj* medieval

médiocre [medjɔkʀ(ə)] *adj* mediocre, poor

médire [mediʀ] *vi*: **médire de** to speak ill of

médisance [medizɑ̃s] *nf* scandalmongering *no pl* (*BRIT*), mud-slinging *no pl*; (*propos*) piece of scandal *ou* malicious gossip

méditer [medite] *vt* (*approfondir*) to meditate on, ponder (over); (*combiner*) to meditate ♦ *vi* to meditate; **méditer de faire** to contemplate doing, plan to do

Méditerranée [mediteʀane] *nf*: **la (mer) Méditerranée** the Mediterranean (Sea)

méditerranéen, ne [mediteʀaneɛ̃, -ɛn] *adj* Mediterranean ♦ *nm/f*: **Méditerranéen, ne** Mediterranean

méduse [medyz] *nf* jellyfish

meeting [mitiŋ] *nm* (*POL, SPORT*) rally, meeting; **meeting d'aviation** air show

méfait [mefɛ] *nm* (*faute*) misdemeanour, wrongdoing; **méfaits** *nmpl* (*ravages*) ravages

méfiance [mefjɑ̃s] *nf* mistrust, distrust

méfiant, e [mefjɑ̃, -ɑ̃t] *adj* mistrustful, distrustful

méfier [mefje]: **se méfier** *vi* to be wary; (*faire attention*) to be careful; **se méfier de** *vt* to mistrust, distrust, be wary of; to be careful about

mégarde [megaʀd(ə)] *nf*: **par mégarde** accidentally; (*par erreur*) by mistake

mégère [meʒɛʀ] *nf* (*péj: femme*) shrew

mégot [mego] *nm* cigarette end *ou* butt

meilleur, e [mejœʀ] *adj, adv* better; (*valeur superlative*) best ♦ *nm*: **le meilleur** (*celui qui …*) the best (one); (*ce qui …*) the best ♦ *nf*: **la meilleure** the best (one); **le meilleur des deux** the better of the two; **de meilleure heure** earlier; **meilleur marché** cheaper

mélancolie [melɑ̃kɔli] *nf* melancholy, gloom

mélancolique [melɑ̃kɔlik] *adj* melancholy, gloomy

mélange [melɑ̃ʒ] *nm* (*opération*) mixing; blending; (*résultat*) mixture; blend; **sans mélange** unadulterated

mélanger [melɑ̃ʒe] *vt* (*substances*) to mix; (*vins, couleurs*) to blend; (*mettre en désordre, confondre*) to mix up, muddle (up); **se mélanger** (*liquides, couleurs*) to blend, mix

mélasse [melas] *nf* treacle, molasses *sg*

mêlée [mele] *nf* (*bataille, cohue*) mêlée, scramble; (*lutte, conflit*) tussle, scuffle; (*RUGBY*) scrum(mage)

mêler [mele] *vt* (*substances, odeurs, races*) to mix; (*embrouiller*) to muddle (up), mix up; **se mêler** to mix; (*se joindre, s'allier*) to mingle; **se mêler à** (*suj: personne*) to join; to mix with; (*: odeurs etc*) to mingle with; **se mêler de** (*suj: personne*) to meddle with, interfere in; **mêle-toi de tes affaires!** mind your own business!; **mêler à** *ou* **avec** *ou* **de** to mix with; to mingle with; **mêler qn à** (*affaire*) to get sb mixed up *ou* involved in

mélodie [melɔdi] *nf* melody

mélodieux, euse [melɔdjø, -øz] *adj* melodious, tuneful

melon [məlɔ̃] *nm* (*BOT*) (honeydew) melon; (*aussi:* **chapeau melon**) bowler (hat); **melon d'eau** watermelon

membre [mɑ̃bʀ(ə)] *nm* (*ANAT*) limb; (*personne, pays, élément*) member ♦ *adj* member; **être membre de** to be a member of; **membre (viril)** (male) organ

mémé [meme] *nf* (*fam*) granny; (: *vieille femme*) old dear

---
MOT-CLÉ

même [mɛm] *adj* **1** (*avant le nom*) same; **en même temps** at the same time; **ils ont les mêmes goûts** they have the same *ou* similar tastes

2 (*après le nom: renforcement*): **il est la loyauté même** he is loyalty itself; **ce sont ses paroles/celles-là même** they are his very words/the very ones

♦ *pron:* **le(la) même** the same one

♦ *adv* **1** (*renforcement*): **il n'a même pas pleuré** he didn't even cry; **même lui l'a dit** even HE said it; **ici même** at this very place; **même si** even if

2: à même: à même la bouteille straight from the bottle; **à même la peau** next to the skin; **être à même de faire** to be in a position to do, be able to do; **mettre qn à même de faire** to enable sb to do

3: de même likewise; **faire de même** to do likewise *ou* the same; **lui de même** so does (*ou* did *ou* is) he; **de même que** just as; **il en va de même pour** the same goes for

---

mémo [memo] (*fam*) *nm* memo

mémoire [memwaʀ] *nf* memory ♦ *nm* (*ADMIN, JUR*) memorandum (*pl* -a); (*SCOL*) dissertation, paper; **avoir la mémoire des visages/chiffres** to have a (good) memory for faces/figures; **n'avoir aucune mémoire** to have a terrible memory; **avoir de la mémoire** to have a good memory; **à la mémoire de** to the *ou* in memory of; **pour mémoire** *adv* for the record; **de mémoire** *adv* from memory; **de mémoire d'homme** in living memory; **mettre en mémoire** (*INFORM*) to store; **mémoire morte** ROM; **mémoire rémanente** *ou* **non volatile** non-volatile memory; **mémoire vive** RAM

mémorable [memɔʀabl(ə)] *adj* memorable

menace [mənas] *nf* threat; **menace en l'air** empty threat

menacer [mənase] *vt* to threaten; **menacer qn de qch/de faire qch** to threaten sb with sth/to do

sth

ménage [menaʒ] *nm* (*travail*) housekeeping, housework; (*couple*) (married) couple; (*famille, ADMIN*) household; **faire le ménage** to do the housework; **faire des ménages** to work as a cleaner (*in people's homes*); **monter son ménage** to set up house; **se mettre en ménage (avec)** to set up house (with); **heureux en ménage** happily married; **faire bon ménage avec** to get on well with; **ménage de poupée** doll's kitchen set; **ménage à trois** love triangle

ménagement [menaʒmɑ̃] *nm* care and attention; **ménagements** *nmpl* (*égards*) consideration *sg*, attention *sg*

ménager [menaʒe] *vt* (*traiter avec mesure*) to handle with tact; to treat considerately; (*utiliser*) to use with care; (: *avec économie*) to use sparingly; (*prendre soin de*) to take (great) care of, look after; (*organiser*) to arrange; (*installer*) to put in; to make; **se ménager** to look after o.s.; **ménager qch à qn** (*réserver*) to have sth in store for sb

ménager, ère [menaʒe, -ɛʀ] *adj* household *cpd*, domestic ♦ *nf* (*femme*) housewife (*pl* -wives) (*couverts*) canteen (of cutlery)

mendiant, e [mɑ̃djɑ̃, -ɑ̃t] *nm/f* beggar

mendier [mɑ̃dje] *vi* to beg (for); ♦ *vt* to beg (for); (*fig: éloges, compliments*) to fish for

mener [məne] *vt* to lead; (*enquête*) to conduct; (*affaires*) to manage, conduct, run ♦ *vi:* **mener (à la marque)** to lead, be in the lead; **mener à/dans** (*emmener*) to take to/into; **mener qch à bonne fin** *ou* **à terme** *ou* **à bien** to see sth through (to a successful conclusion), complete sth successfully

meneur, euse [mənœʀ, -øz] *nm/f* leader; (*péj: agitateur*) ringleader; **meneur d'hommes** born leader; **meneur de jeu** host, quizmaster (*BRIT*)

méningite [menɛ̃ʒit] *nf* meningitis *no pl*

ménopause [menɔpoz] *nf* menopause

menotte [mənɔt] *nf* (*langage enfantin*) handie; **menottes** *nfpl* handcuffs; **passer les menottes à** to handcuff

mensonge [mɑ̃sɔ̃ʒ] *nm:* **le mensonge** lying *no pl*; **un mensonge** a lie

mensonger, ère [mɑ̃sɔ̃ʒe, -ɛʀ] *adj* false

mensualité [mɑ̃syalite] *nf* (*somme payée*) monthly payment; (*somme perçue*) monthly salary

mensuel, le [mɑ̃syɛl] *adj* monthly ♦ *nm/f* (*employé*) employee paid monthly ♦ *nm* (*PRESSE*) monthly

mensurations [mɑ̃syʀasjɔ̃] *nfpl* measurements

mental, e, aux [mɑ̃tal, -o] *adj* mental

mentalité [mɑ̃talite] *nf* mentality

menteur, euse [mɑ̃tœʀ, -øz] *nm/f* liar

menthe [mɑ̃t] *nf* mint; **menthe (à l'eau)** peppermint cordial

mention [mɑ̃sjɔ̃] *nf* (*note*) note, comment; (*SCOL*): **mention (très) bien/passable** (very) good/satisfactory pass; **faire mention de** to mention; "**rayer

la mention inutile "delete as appropriate"

mentionner [mɑ̃sjɔne] vt to mention

mentir [mɑ̃tiʀ] vi to lie

menton [mɑ̃tɔ̃] nm chin

menu, e [məny] adj (mince) thin; (petit) tiny; (frais, difficulté) minor ♦ adv (couper, hacher) very fine ♦ nm menu; **par le menu** (raconter) in minute detail; **menu touristique** popular ou tourist menu; **menue monnaie** small change

menuiserie [mənɥizʀi] nf (travail) joinery, carpentry; (d'amateur) woodwork; (local) joiner's workshop; (ouvrages) woodwork no pl

menuisier [mənɥizje] nm joiner, carpenter

méprendre [mepʀɑ̃dʀ(ə)]: **se méprendre** vi: **se méprendre sur** to be mistaken about

mépris, e [mepʀi, -iz] pp de **méprendre** ♦ nm (dédain) contempt, scorn; (indifférence): **le mépris de** contempt ou disregard for; **au mépris de** regardless of, in defiance of

méprisable [mepʀizabl(ə)] adj contemptible, despicable

méprisant, e [mepʀizɑ̃, -ɑ̃t] adj contemptuous, scornful

méprise [mepʀiz] nf mistake, error; (malentendu) misunderstanding

mépriser [mepʀize] vt to scorn, despise; (gloire, danger) to scorn, spurn

mer [mɛʀ] nf sea; (marée) tide; **mer fermée** inland sea; **en mer** at sea; **prendre la mer** to put out to sea; **en haute** ou **pleine mer** off shore, on the open sea; **la mer Adriatique** the Adriatic (Sea); **la mer des Antilles** ou **des Caraïbes** the Caribbean (Sea); **la mer Baltique** the Baltic (Sea); **la mer Caspienne** the Caspian Sea; **la mer de Corail** the Coral Sea; **la mer Égée** the Aegean (Sea); **la mer Ionienne** the Ionian Sea; **la mer Morte** the Dead Sea; **la mer Noire** the Black Sea; **la mer du Nord** the North Sea; **la mer Rouge** the Red Sea; **la mer des Sargasses** the Sargasso Sea; **les mers du Sud** the South Seas; **la mer Tyrrhénienne** the Tyrrhenian Sea

mercenaire [mɛʀsənɛʀ] nm mercenary

mercerie [mɛʀsəʀi] nf (couture) haberdashery (BRIT), notions pl (US); (boutique) haberdasher's (shop) (BRIT), notions store (US)

merci [mɛʀsi] excl thank you ♦ nf: **à la merci de qn/qch** at sb's mercy/the mercy of sth; **merci beaucoup** thank you very much; **merci de** ou **pour** thank you for; **sans merci** adj merciless ♦ adv mercilessly

mercredi [mɛʀkʀədi] nm Wednesday; **mercredi des Cendres** Ash Wednesday; voir aussi **lundi**

mercure [mɛʀkyʀ] nm mercury

merde [mɛʀd(ə)] (fam!) nf shit (!) ♦ excl (bloody) hell (!)

mère [mɛʀ] nf mother ♦ adj inv mother cpd; **mère célibataire** single parent, unmarried mother

merguez [mɛʀgɛz] nf spicy North African sausage

méridional, e, aux [meʀidjɔnal, -o] adj south-

ern; (du midi de la France) Southern (French) ♦ nm/f Southerner

meringue [məʀɛ̃g] nf meringue

mérite [meʀit] nm merit; **le mérite (de ceci) lui revient** the credit (for this) is his

mériter [meʀite] vt to deserve; **mériter de réussir** to deserve to succeed; **il mérite qu'on fasse ...** he deserves people to do ...

merlan [mɛʀlɑ̃] nm whiting

merle [mɛʀl(ə)] nm blackbird

merveille [mɛʀvɛj] nf marvel, wonder; **faire merveille** ou **des merveilles** to work wonders; **à merveille** perfectly, wonderfully

merveilleux, euse [mɛʀvɛjø, -øz] adj marvellous, wonderful

mes [me] adj possessif voir **mon**

mésange [mezɑ̃ʒ] nf tit(mouse) (pl -mice); **mésange bleue** bluetit

mésaventure [mezavɑ̃tyʀ] nf misadventure, misfortune

Mesdames [medam] nfpl voir **Madame**

Mesdemoiselles [medmwazɛl] nfpl voir **Mademoiselle**

mesquin, e [mɛskɛ̃, -in] adj mean, petty

mesquinerie [mɛskinʀi] nf meanness no pl, pettiness no pl

message [mesaʒ] nm message; **message d'erreur** (INFORM) error message; **message (de guidage)** (INFORM) prompt; **message publicitaire** ad, advertisement; **message téléphoné** telegram dictated by telephone

messager, ère [mesaʒe, -ɛʀ] nm/f messenger

messagerie [mesaʒʀi] nf: **messagerie (électronique)** (electronic) bulletin board; **messagerie rose** lonely hearts and contact service on videotext; **messageries aériennes/maritimes** air freight/shipping service sg; **messageries de presse** press distribution service

messe [mes] nf mass; **aller à la messe** to go to mass; **messe de minuit** midnight mass; **faire des messes basses** (fig, péj) to mutter

Messieurs [mesjø] nmpl voir **Monsieur**

mesure [məzyʀ] nf (évaluation, dimension) measurement; (étalon, récipient, contenu) measure; (MUS: cadence) time, tempo; (: division) bar; (retenue) moderation; (disposition) measure, step; **unité/système de mesure** unit/system of measurement; **sur mesure** (costume) made-to-measure; (fig) personally adapted; **à la mesure de** (fig: personne) worthy of; (chambre etc) on the same scale as; **dans la mesure où** insofar as, inasmuch as; **dans une certaine mesure** to some ou a certain extent; **à mesure que** as; **en mesure** (MUS) in time ou tempo; **être en mesure de** to be in a position to; **dépasser la mesure** (fig) to overstep the mark

mesurer [məzyʀe] vt to measure; (juger) to weigh up, assess; (limiter) to limit, ration; (modérer) to moderate; (proportionner): **mesurer qch à** to match sth to, gear sth to; **se mesurer avec** to have a confrontation with; to tackle; **il mesure 1 m 80** he's 1 m 80 tall

met [mɛ] *vb voir* **mettre**

métal, aux [metal, -o] *nm* metal

métallique [metalik] *adj* metallic

météo [meteo] *nf* (*bulletin*) (weather) forecast; (*service*) = Met Office (*BRIT*), = National Weather Service (*US*)

météorologie [meteɔʀɔlɔʒi] *nf* (*étude*) meteorology; (*service*) = Meteorological Office (*BRIT*), = National Weather Service (*US*)

méthode [metɔd] *nf* method; (*livre, ouvrage*) manual, tutor

méticuleux, euse [metikylø, -øz] *adj* meticulous

métier [metje] *nm* (*profession: gén*) job; (: *manuel*) trade; (: *artisanal*) craft; (*technique, expérience*) (acquired) skill *ou* technique; (*aussi*: **métier à tisser**) (weaving) loom; **être du métier** to be in the trade *ou* profession

métis, se [metis] *adj, nm/f* half-caste, half-breed

métrage [metʀaʒ] *nm* (*de tissu*) length; (*CINÉ*) footage, length; **long/moyen/court métrage** feature *ou* full-length/medium-length/short film

mètre [mɛtʀ(ə)] *nm* metre (*BRIT*), meter (*US*); (*règle*) (metre ou meter) rule; (*ruban*) tape measure; **mètre carré/cube** square/cubic metre *ou* meter

métrique [metʀik] *adj* metric ♦ *nf* metrics *sg*

métro [metʀo] *nm* underground (*BRIT*), subway (*US*)

métropole [metʀɔpɔl] *nf* (*capitale*) metropolis; (*pays*) home country

mets [mɛ] *nm* dish ♦ *vb voir* **mettre**

metteur [mɛtœʀ] *nm*: **metteur en scène** (*THÉÂT*) producer; (*CINÉ*) director; **metteur en ondes** (*RADIO*) producer

---

MOT-CLÉ

mettre [mɛtʀ(ə)] *vt* **1** (*placer*) to put; **mettre en bouteille/en sac** to bottle/put in bags *ou* sacks; **mettre qch à la poste** to post sth (*BRIT*), mail sth (*US*); **mettre en examen (pour)** to charge (with) (*BRIT*), indict (for) (*US*); **mettre une note gaie/amusante** to inject a cheerful/an amusing note; **mettre qn debout/assis** to help sb up *ou* to their feet/help sb to sit down

2 (*vêtements: revêtir*) to put on; (: *porter*) to wear; **mets ton gilet** put your cardigan on; **je ne mets plus mon manteau** I no longer wear my coat

3 (*faire fonctionner: chauffage, électricité*) to put on; (: *réveil, minuteur*) to set; (*installer: gaz, eau*) to put in, lay on; **mettre en marche** to start up

4 (*consacrer*): **mettre du temps/2 heures à faire qch** to take time/2 hours to do sth *ou* over sth; **y mettre du sien** to pull one's weight

5 (*noter, écrire*) to say, put (down); **qu'est-ce qu'il a mis sur la carte?** what did he say *ou* write on the card?; **mettez au pluriel** ... put ... into the plural

6 (*supposer*): **mettons que ...** let's suppose *ou* say that ..

7 (*faire + vb*): **faire mettre le gaz/l'électricité** to have gas/electricity put in *ou* installed

se mettre ♦ *vi* **1** (*se placer*): **vous pouvez vous mettre là** you can sit (*ou* stand) there; **où ça se met?** where does it go?; **se mettre au lit** to get into bed; **se mettre au piano** to sit down at the piano; **se mettre à l'eau** to get into the water; **se mettre de l'encre sur les doigts** to get ink on one's fingers

2 (*s'habiller*): **se mettre en maillot de bain** to get into *ou* put on a swimsuit; **n'avoir rien à se mettre** to have nothing to wear

3 (*dans rapports*): **se mettre bien/mal avec qn** to get on the right/wrong side of sb; **se mettre qn à dos** to get on sb's bad side; **se mettre avec qn** (*prendre parti*) to side with sb; (*faire équipe*) to team up with sb; (*en ménage*) to move in with sb

4: **se mettre à** to begin, start; **se mettre à faire** to begin *ou* start doing *ou* to do; **se mettre au piano** to start learning the piano; **se mettre au régime** to go on a diet; **se mettre au travail/à l'étude** to get down to work/one's studies; **il est temps de s'y mettre** it's time we got down to it *ou* got on with it

---

meuble [mœbl(ə)] *nm* (*objet*) piece of furniture; (*ameublement*) furniture *no pl* ♦ *adj* (*terre*) loose, friable; (*JUR*): **biens meubles** movables

meublé [mœble] *nm* (*pièce*) furnished room; (*appartement*) furnished flat (*BRIT*) *ou* apartment (*US*)

meubler [mœble] *vt* to furnish; (*fig*): **meubler qch (de)** to fill sth (with); **se meubler** to furnish one's house

meugler [møgle] *vi* to low, moo

meule [møl] *nf* (*à broyer*) millstone; (*à aiguiser*) grindstone; (*à polir*) buffwheel; (*de foin, blé*) stack; (*de fromage*) round

meunier, ière [mønje, -jɛʀ] *nm* miller ♦ *nf* miller's wife ♦ *adj f* (*CULIN*) meunière

meurtre [mœʀtʀ(ə)] *nm* murder

meurtrier, ière [mœʀtʀije, -jɛʀ] *adj* (*arme, épidémie, combat*) deadly; (*accident*) fatal; (*carrefour, route*) lethal; (*fureur, instincts*) murderous ♦ *nm/f* murderer/murderess ♦ *nf* (*ouverture*) loophole

meurtrir [mœʀtʀiʀ] *vt* to bruise; (*fig*) to wound

meurtrissure [mœʀtʀisyʀ] *nf* bruise; (*fig*) scar

meus [mø] *etc vb voir* **mouvoir**

meute [møt] *nf* pack

mexicain, e [mɛksikɛ̃, -ɛn] *adj* Mexican ♦ *nm/f*: **Mexicain, e** Mexican

Mexico [mɛksiko] *n* Mexico City

Mexique [mɛksik] *nm*: **le Mexique** Mexico

Mgr *abr* = **Monseigneur**

mi [mi] *nm* (*MUS*) E; (*en chantant la gamme*) mi

miauler [mjole] *vi* to miaow

mi-bas [miba] *nm inv* knee-length sock

miche [miʃ] *nf* round *ou* cob loaf

mi-chemin [miʃmɛ̃]: **à mi-chemin** *adv* halfway, midway

mi-clos, e [miklo, -kloz] *adj* half-closed

micro [mikʀo] *nm* mike, microphone; (*INFORM*) micro; **micro cravate** lapel mike

microbe [mikʀɔb] *nm* germ, microbe

micro-onde [mikʀɔɔ̃d] *nf*: **four à micro-ondes** microwave oven

micro-ordinateur [mikʀɔɔʀdinatœʀ] *nm* microcomputer

microscope [mikʀɔskɔp] *nm* microscope; **au microscope** under *ou* through the microscope

microscopique [mikʀɔskɔpik] *adj* microscopic

midi [midi] *nm* (*milieu du jour*) midday, noon; (*moment du déjeuner*) lunchtime; (*sud*) south; (: de *la France*): **le Midi** the South (of France), the Midi; **à midi** at 12 (o'clock) *ou* midday *ou* noon; **tous les midis** every lunchtime; **le repas de midi** lunch; **en plein midi** (right) in the middle of the day; (*sud*) facing south

mie [mi] *nf* inside (of the loaf)

miel [mjɛl] *nm* honey; **être tout miel** (*fig*) to be all sweetness and light

mielleux, euse [mjɛlø, -øz] *adj* (*péj*) sugary, honeyed

mien, ne [mjɛ̃, mjɛn] *adj, pron*: **le (la) mien(ne), les miens** mine; **les miens** (*ma famille*) my family

miette [mjɛt] *nf* (*de pain, gâteau*) crumb; (*fig: de la conversation etc*) scrap; **en miettes** (*fig*) in pieces *ou* bits

---

MOT-CLÉ

mieux [mjø] *adv* **1** (*d'une meilleure façon*): **mieux (que)** better (than); **elle travaille/mange mieux** she works/eats better; **aimer mieux** to prefer; **j'attendais mieux de vous** I expected better of you; **elle va mieux** she is better; **de mieux en mieux** better and better

2 (*de la meilleure façon*) best; **ce que je sais le mieux** what I know best; **les livres les mieux faits** the best made books

3 (*intensif*): **vous feriez mieux de faire ...** you would be better to do ...; **crier à qui mieux mieux** to try to shout each other down

◆ *adj* **1** (*plus à l'aise, en meilleure forme*) better; **se sentir mieux** to feel better

2 (*plus satisfaisant*) better; **c'est mieux ainsi** it's better like this; **c'est le mieux des deux** it's the better of the two; **le(la) mieux, les mieux** the best; **demandez-lui, c'est le mieux** ask him, it's the best thing

3 (*plus joli*) better-looking; (*plus gentil*) nicer; **il est mieux que son frère** (*plus beau*) he's better-looking than his brother; (*plus gentil*) he's nicer

than his brother; **il est mieux sans moustache** he looks better without a moustache

4: **au mieux** at best; **au mieux avec** on the best of terms with; **pour le mieux** for the best; **qui mieux est** even better, better still

◆ *nm* **1** (*progrès*) improvement

2: **de mon/ton mieux** as best I/you can (*ou* could); **faire de son mieux** to do one's best; **du mieux qu'il peut** the best he can; **faute de mieux** for lack *ou* want of anything better, failing anything better

---

mièvre [mjɛvʀ(ə)] *adj* sickly sentimental

mignon, ne [miɲɔ̃, -ɔn] *adj* sweet, cute

migraine [migʀɛn] *nf* headache; migraine

mijoter [miʒɔte] *vt* to simmer; (*préparer avec soin*) to cook lovingly; (*affaire, projet*) to plot, cook up ◆ *vi* to simmer

mil [mil] *num* = **mille**

milieu, x [miljø] *nm* (*centre*) middle; (*fig*) middle course *ou* way; (*aussi*: **juste milieu**) happy medium; (*BIO, GÉO*) environment; (*entourage social*) milieu; (*familial*) background; circle; (*pègre*): **le milieu** the underworld; **au milieu de** in the middle of; **au beau** *ou* **en plein milieu (de)** right in the middle (of); **milieu de terrain** (*FOOTBALL: joueur*) midfield player; (: *joueurs*) midfield

militaire [militɛʀ] *adj* military ◆ *nm* serviceman; **service militaire** military service

militant, e [militɑ̃, -ɑ̃t] *adj, nm/f* militant

militer [milite] *vi* to be a militant; **militer pour/contre** to militate in favour of/against

mille [mil] *num* a *ou* one thousand ◆ *nm* (*mesure*): **mille (marin)** nautical mile; **mettre dans le mille** to hit the bull's-eye; (*fig*) to be bang on (target)

millefeuille [milfœj] *nm* cream *ou* vanilla slice

millénaire [milenɛʀ] *nm* millennium ◆ *adj* thousand-year-old; (*fig*) ancient

mille-pattes [milpat] *nm inv* centipede

millésimé, e [milezime] *adj* vintage *cpd*

millet [mijɛ] *nm* millet

milliard [miljaʀ] *nm* milliard, thousand million (*BRIT*), billion (*US*)

milliardaire [miljaʀdɛʀ] *nm/f* multimillionaire (*BRIT*), billionaire (*US*)

millier [milje] *nm* thousand; **un millier (de)** a thousand *ou* so, about a thousand; **par milliers** in (their) thousands, by the thousand

milligramme [miligʀam] *nm* milligramme (*BRIT*), milligram (*US*)

millimètre [milimɛtʀ(ə)] *nm* millimetre (*BRIT*), millimeter (*US*)

million [miljɔ̃] *nm* million; **deux millions de** two million; **riche à millions** worth millions

millionnaire [miljɔnɛʀ] *nm/f* millionaire

mime [mim] *nm/f* (*acteur*) mime(r); (*imitateur*) mimic ◆ *nm* (*art*) mime, miming

mimer [mime] *vt* to mime; (*singer*) to mimic, take off

mimique [mimik] *nf* (funny) face; (*signes*) gesticulations *pl*, sign language *no pl*

minable [minabl(ə)] *adj* (*personne*) shabby(-looking); (*travail*) pathetic

mince [mɛ̃s] *adj* thin; (*personne, taille*) slim; (*fig: profit, connaissances*) slight, small; (: *prétexte*) weak ♦ *excl*: **mince (alors)!** darn it!

minceur [mɛ̃sœʀ] *nf* thinness; slimness; slenderness

mincir [mɛ̃siʀ] *vi* to get slimmer *ou* thinner

mine [min] *nf* (*physionomie*) expression, look; (*extérieur*) exterior, appearance; (*de crayon*) lead; (*gisement, exploitation, explosif*) mine; **mines** *nfpl* (*péj*) simpering airs; **les Mines** (ADMIN) the national mining and geological service; the government vehicle testing department; **avoir bonne mine** (BRIT) (*personne*) to look well; (*ironique*) to look an utter idiot; **avoir mauvaise mine** to look unwell; **faire mine de faire** to make a pretence of doing; **ne pas payer de mine** to be not much to look at; **mine de rien** *adv* with a casual air; although you wouldn't think so; **mine de charbon** coalmine; **mine à ciel ouvert** opencast (BRIT) *ou* open-air (US) mine

miner [mine] *vt* (*saper*) to undermine, erode; (MIL) to mine

minerai [minʀɛ] *nm* ore

minéral, e, aux [mineʀal, -o] *adj* mineral; (CHIMIE) inorganic ♦ *nm* mineral

minéralogique [mineʀalɔʒik] *adj* mineralogical; **plaque minéralogique** number (BRIT) *ou* license (US) plate; **numéro minéralogique** registration (BRIT) *ou* license (US) number

minet, te [minɛ, -ɛt] *nm/f* (*chat*) pussy-cat; (*péj*) young trendy

mineur, e [minœʀ] *adj* minor ♦ *nm/f* (JUR) minor ♦ *nm* (*travailleur*) miner; (MIL) sapper; **mineur de fond** face worker

miniature [minjatyʀ] *adj, nf* miniature

minibus [minibys] *nm* minibus

mini-cassette [minikasɛt] *nf* cassette (recorder)

minier, ière [minje, -jɛʀ] *adj* mining

mini-jupe [miniʒyp] *nf* mini-skirt

minimal, e, aux [minimal, -o] *adj* minimum

minime [minim] *adj* minor, minimal ♦ *nm/f* (SPORT) junior

minimiser [minimize] *vt* to minimize; (*fig*) to play down

minimum [minimɔm] *adj, nm* minimum; **au minimum** at the very least; **minimum vital** (*salaire*) living wage; (*niveau de vie*) subsistance level

ministère [ministɛʀ] *nm* (*cabinet*) government; (*département*) ministry (BRIT), department; (REL) ministry; **ministère public** (JUR) Prosecution, State Prosecutor

ministre [ministʀ(ə)] *nm* minister (BRIT), secretary; (REL) minister; **ministre d'État** senior minister *ou* secretary

Minitel® [minitɛl] *nm* videotext terminal and service; *see boxed note*

minoritaire [minɔʀitɛʀ] *adj* minority *cpd*

minorité [minɔʀite] *nf* minority; **être en minorité** to be in the *ou* a minority; **mettre en minorité** (POL) to defeat

minuit [minɥi] *nm* midnight

minuscule [minyskyl] *adj* minute, tiny ♦ *nf*: (*lettre*) **minuscule** small letter

minute ♦ [minyt] *nf* minute; (JUR: *original*) minute, draft ♦ *excl* just a minute!, hang on!; **à la minute** (*présent*) (just) this instant; (*passé*) there and then; **entrecôte** *ou* **steak minute** steak minute

minuter [minyte] *vt* to time

minuterie [minytʀi] *nf* time switch

minutieux, euse [minysjø, -øz] *adj* (*personne*) meticulous; (*inspection*) minutely detailed; (*travail*) requiring painstaking attention to detail

mirabelle [miʀabɛl] *nf* (*fruit*) (cherry) plum; (*eau-de-vie*) plum brandy

miracle [miʀakl(ə)] *nm* miracle

mirage [miʀaʒ] *nm* mirage

mire [miʀ] *nf* (*d'un fusil*) sight; (TV) test card; **point de mire** target; (*fig*) focal point; **ligne de mire** line of sight

miroir [miʀwaʀ] *nm* mirror

miroiter [miʀwate] *vi* to sparkle, shimmer; **faire miroiter qch à qn** to paint sth in glowing colours for sb, dangle sth in front of sb's eyes

mis, e [mi, miz] *pp de* **mettre** ♦ *adj* (*couvert, table*) set, laid; (*personne*): **bien mis** well dressed ♦ *nf* (*argent: au jeu*) stake; (*tenue*) clothing; attire; **être de mise** to be acceptable *ou* in season; **mise en bouteilles** bottling; **mise en examen** charging, indictment; **mise à feu** blast-off; **mise de fonds** capital outlay; **mise à jour** updating; **mise à mort** kill; **mise à pied** (*d'un employé*) suspension; lay-off; **mise sur pied** (*d'une affaire, entreprise*) setting up; **mise en plis** set; **mise au point** (PHOTO) focusing; (*fig*) clarification; **mise à prix** reserve (BRIT) *ou* upset price; **mise en scène** production

mise [miz] adj f, nf voir **mis**

miser [mize] vt (enjeu) to stake, bet; **miser sur** vt (cheval, numéro) to bet on; (fig) to bank ou count on

misérable [mizerabl(ə)] adj (lamentable, malheureux) pitiful, wretched; (pauvre) poverty-stricken; (insignifiant, mesquin) miserable ♦ nm/f wretch; (miséreux) poor wretch

misère [mizer] nf (pauvreté) (extreme) poverty, destitution; **misères** nfpl (malheurs) woes, miseries; (ennuis) little troubles; **être dans la misère** to be destitute ou poverty-stricken; **salaire de misère** starvation wage; **faire des misères à qn** to torment sb; **misère noire** utter destitution, abject poverty

missile [misil] nm missile

mission [misjɔ̃] nf mission; **partir en mission** (ADMIN, POL) to go on an assignment

missionnaire [misjɔnɛr] nm/f missionary

mit [mi] vb voir **mettre**

mité, e [mite] adj moth-eaten

mi-temps [mitɑ̃] nf inv (SPORT: période) half (pl halves); (: pause) half-time; **à mi-temps** adj, adv part-time

miteux, euse [mitø, -øz] adj seedy, shabby

mitigé, e [mitiʒe] adj (conviction, ardeur) lukewarm; (sentiments) mixed

mitonner [mitɔne] vt (préparer) to cook with loving care; (fig) to cook up quietly

mitoyen, ne [mitwajɛ̃, -ɛn] adj common, party cpd; **maisons mitoyennes** semi-detached houses; (plus de deux) terraced (BRIT) ou row (US) houses

mitrailler [mitraje] vt to machine-gun; (fig: photographier) to snap away at; **mitrailler qn de** to pelt ou bombard sb with

mitraillette [mitrajɛt] nf submachine gun

mitrailleuse [mitrajøz] nf machine gun

mi-voix [mivwa]: **à mi-voix** adv in a low ou hushed voice

mixage [miksaʒ] nm (CINÉ) (sound) mixing

mixer, mixeur [miksœr] nm (CULIN) (food) mixer

mixte [mikst(ə)] adj (gén) mixed; (SCOL) mixed, coeducational; **à usage mixte** dual-purpose; **cuisinière mixte** combined gas and electric cooker; **équipe mixte** combined team

mixture [mikstyr] nf mixture; (fig) concoction

MJC sigle f (= maison des jeunes et de la culture) community arts centre and youth club

Mlle, pl **Mlles** abr = **Mademoiselle**

MM abr = **Messieurs**; voir **Monsieur**

Mme, pl **Mmes** abr = **Madame**

mobile [mɔbil] adj mobile; (amovible) loose, removable; (pièce de machine) moving; (élément de meuble etc) movable ♦ nm (motif) motive; (œuvre d'art) mobile; (PHYSIQUE) moving object ou body

mobilier, ière [mɔbilje, -jɛr] adj (JUR) personal ♦ nm (meubles) furniture; **valeurs mobilières** transferable securities; **vente mobilière** sale of personal property ou chattels

mobiliser [mɔbilize] vt (MIL, gén) to mobilize

mobylette® [mɔbilɛt] nf moped

mocassin [mɔkasɛ̃] nm moccasin

moche [mɔʃ] adj (fam: laid) ugly; (: mauvais, méprisable) rotten

modalité [mɔdalite] nf form, mode; **modalités** nfpl (d'un accord etc) clauses, terms; **modalités de paiement** methods of payment

mode [mɔd] nf fashion; (commerce) fashion trade ou industry ♦ nm (manière) form, mode, method; (LING) mood; (INFORM, MUS) mode; **travailler dans la mode** to be in the fashion business; **à la mode** fashionable, in fashion; **mode dialogué** (INFORM) interactive ou conversational mode; **mode d'emploi** directions pl (for use); **mode de vie** way of life

modèle [mɔdɛl] adj model ♦ nm model; (qui pose: de peintre) sitter; (type) type; (gabarit, patron) pattern; **modèle courant** ou **de série** (COMM) production model; **modèle déposé** registered design; **modèle réduit** small-scale model

modeler [mɔdle] vt (ART) to model, mould; (suj: vêtement, érosion) to mould, shape; **modeler qch sur/d'après** to model sth on

modem [mɔdɛm] nm modem

modéré, e [mɔdere] adj, nm/f moderate

modérer [mɔdere] vt to moderate; **se modérer** vi to restrain o.s

moderne [mɔdɛrn(ə)] adj modern ♦ nm (ART) modern style; (ameublement) modern furniture

moderniser [mɔdɛrnize] vt to modernize

modeste [mɔdɛst(ə)] adj modest; (origine) humble, lowly

modestie [mɔdɛsti] nf modesty; **fausse modestie** false modesty

modifier [mɔdifje] vt to modify, alter; (LING) to modify; **se modifier** vi to alter

modique [mɔdik] adj (salaire, somme) modest

modiste [mɔdist(ə)] nf milliner

module [mɔdyl] nm module

moelle [mwal] nf marrow; (fig) pith, core; **moelle épinière** spinal chord

moelleux, euse [mwalø, -øz] adj soft; (au goût, à l'ouïe) mellow; (gracieux, souple) smooth

mœurs [mœr] nfpl (conduite) morals; (manières) manners; (pratiques sociales) habits; (mode de vie) life style sg; (d'une espèce animale) behaviour sg (BRIT), behavior sg (US); **femme de mauvaises mœurs** loose woman; **passer dans les mœurs** to become the custom; **contraire aux bonnes mœurs** contrary to proprieties

mohair [mɔɛr] nm mohair

moi [mwa] pron me; (emphatique): **moi, je** ... for my part, I ..., I myself ... ♦ nm inv (PSYCH) ego, self; **à moi!** (à l'aide) help (me)!

moi-même [mwamɛm] pron myself; (emphatique) I myself

moindre [mwɛ̃dʀ(ə)] *adj* lesser; lower; **le(la) moindre, les moindres** the least; the slightest; **le (la) moindre de** the least of; **c'est la moindre des choses** it's nothing at all

moine [mwan] *nm* monk, friar

moineau, x [mwano] *nm* sparrow

MOT-CLÉ

moins [mwɛ̃] *adv* **1** (*comparatif*): **moins (que)** less (than); **moins grand que** less tall than, not as tall as; **il a 3 ans de moins que moi** he's 3 years younger than me; **il est moins intelligent que moi** he's not as clever as me, he's less clever than me; **moins je travaille, mieux je me porte** the less I work, the better I feel

2 (*superlatif*): **le moins** (the) least; **c'est ce que j'aime le moins** it's what I like (the) least; **le(la) moins doué(e)** the least gifted; **au moins, du moins** at least; **pour le moins** at the very least

3: moins de (*quantité*) less (than); (*nombre*) fewer (than); **moins de sable/d'eau** less sand/water; **moins de livres/gens** fewer books/people; **moins de 2 ans** less than 2 years; **moins de midi** not yet midday

4: de moins, en moins: 100 F/3 jours de moins 100 F/3 days less; **3 livres en moins** 3 books fewer; 3 books too few; **de l'argent en moins** less money; **le soleil en moins** but for the sun, minus the sun; **de moins en moins** less and less; **en moins de deux** in a flash *ou* a trice

5: à moins de, à moins que unless; **à moins de faire** unless we do (*ou* he does *etc*); **à moins que tu ne fasses** unless you do; **à moins d'un accident** barring any accident

♦ *prép*: **4 moins 2** 4 minus 2; **10 heures moins 5** 5 to 10; **il fait moins 5** it's 5 (degrees) below (freezing), it's minus 5; **il est moins 5** it's 5 to

♦ *nm* (*signe*) minus sign

---

mois [mwa] *nm* month; (*salaire, somme dû*) (monthly) pay *ou* salary; **treizième mois, double mois** extra month's salary

moisi, e [mwazi] *adj* mouldy (*BRIT*), moldy (*US*), mildewed ♦ *nm* mould, mold mildew; **odeur de moisi** musty smell

moisir [mwaziʀ] *vi* to go mouldy (*BRIT*) *ou* moldy (*US*); (*fig*) to rot; (*personne*) to hang about ♦ *vt* to make mouldy *ou* moldy

moisissure [mwazisyʀ] *nf* mould *no pl* (*BRIT*), mold *no pl* (*US*)

moisson [mwasɔ̃] *nf* harvest; (*époque*) harvest (time); (*fig*): **faire une moisson de** to gather a wealth of

moissonner [mwasɔne] *vt* to harvest, reap; (*fig*) to collect

moissonneur, euse [mwasɔnœʀ, -øz] *nm/f* harvester, reaper ♦ *nf* (*machine*) harvester

moite [mwat] *adj* (*peau, mains*) sweaty, sticky; (*atmosphère*) muggy

moitié [mwatje] *nf* half (*pl* halves); (*épouse*): **sa moitié** his better half; **la moitié** half; **la moitié de** half (of), half the amount (*ou* number) of; **la moitié du temps/des gens** half the time/the people; **à la moitié de** halfway through; **moitié moins grand** half as tall; **moitié plus long** half as long again, longer by half; **à moitié** (*avant le verbe*), half-(*avant l'adjectif*); **à moitié prix** (at) half price, half-price; **de moitié** by half; **moitié moitié** half-and-half

moka [mɔka] *nm* (*café*) mocha coffee; (*gâteau*) mocha cake

mol [mɔl] *adj m* voir **mou**

molaire [mɔlɛʀ] *nf* molar

molester [mɔlɛste] *vt* to manhandle, maul (about)

molle [mɔl] *adj f* voir **mou**

mollement [mɔlmɑ̃] *adv* softly; (*péj*) sluggishly; (*protester*) feebly

mollet [mɔlɛ] *nm* calf (*pl* calves) ♦ *adj m*: **œuf mollet** soft-boiled egg

molletonné, e [mɔltɔne] *adj* (*gants etc*) fleece-lined

mollir [mɔliʀ] *vi* (*jambes*) to give way; (*NAVIG: vent*) to drop, die down; (*fig: personne*) to relent; (: *courage*) to fail, flag

mollusque [mɔlysk(ə)] *nm* (*ZOOL*) mollusc; (*fig: personne*) lazy lump

môme [mom] *nm/f* (*fam: enfant*) brat; (: *fille*) bird (*BRIT*), chick

moment [mɔmɑ̃] *nm* moment; (*occasion*): **profiter du moment** to take (advantage of) the opportunity; **ce n'est pas le moment** this is not the right time; **à un certain moment** at some point; **à un moment donné** at a certain point; **à quel moment?** when exactly?; **au même moment** at the same time; (*instant*) at the same moment; **pour un bon moment** for a good while; **pour le moment** for the moment, for the time being; **au moment de** at the time of; **au moment où** as; at a time when; **à tout moment** at any time *ou* moment; (*continuellement*) constantly, continually; **en ce moment** at the moment; (*aujourd'hui*) at present; **sur le moment** at the time; **par moments** now and then, at times; **d'un moment à l'autre** any time (now); **du moment où** *ou* **que** seeing that, since; **n'avoir pas un moment à soi** not to have a minute to oneself

momentané, e [mɔmɑ̃tane] *adj* temporary, momentary

momentanément [mɔmɑ̃tanemɑ̃] *adv* for a moment, for a while

momie [mɔmi] *nf* mummy

mon [mɔ̃], **ma** [ma], *pl* **mes** [me], *adj possessif* my

Monaco [mɔnako] *nm*: **le Monaco** Monaco

monarchie [mɔnaʀʃi] *nf* monarchy

monastère [mɔnastɛʀ] *nm* monastery

monceau, x [mɔ̃so] *nm* heap

mondain, e [mɔ̃dɛ̃, -ɛn] *adj* (*soirée, vie*) society

cpd; (*obligations*) social; (*peintre, écrivain*) fashionable; (*personne*) society *cpd* ♦ *nm/f* society man/woman, socialite ♦ *nf*: **la Mondaine, la police mondaine** ≃ the vice squad

monde [mɔ̃d] *nm* world; (*personnes mondaines*): **le monde** (high) society; (*milieu*): **être du même monde** to move in the same circles; (*gens*): **il y a du monde** (*beaucoup de gens*) there are a lot of people; (*quelques personnes*) there are some people; **y a-t-il du monde dans le salon?** is there anybody in the lounge?; **beaucoup/peu de monde** many/few people; **le meilleur** *etc* **du monde** the best *etc* in the world; **mettre au monde** to bring into the world; **pas le moins du monde** not in the least; **se faire un monde de qch** to make a great deal of fuss about sth; **tour du monde** round-the-world trip; **homme/femme du monde** society man/woman

mondial, e, aux [mɔ̃djal, -o] *adj* (*population*) world *cpd*; (*influence*) world-wide

mondialement [mɔ̃djalmɑ̃] *adv* throughout the world

monégasque [mɔnegask(ə)] *adj* Monegasque, of ou from Monaco ♦ *nm/f*: **Monégasque** Monegasque

monétaire [mɔnetɛʀ] *adj* monetary

moniteur, trice [mɔnitœʀ, -tʀis] *nm/f* (*SPORT*) instructor/instructress; (*de colonie de vacances*) supervisor ♦ *nm* (*écran*) monitor; **moniteur cardiaque** cardiac monitor; **moniteur d'auto-école** driving instructor

monnaie [mɔnɛ] *nf* (*pièce*) coin; (*ÉCON*: *gén*: *moyen d'échange*) currency; (*petites pièces*): **avoir de la monnaie** to have (some) change; **faire de la monnaie** to get (some) change; **avoir/faire la monnaie de 20 F** to have change of/get change for 20 F; **faire** ou **donner à qn la monnaie de 20 F** to give sb change for 20 F, change 20 F for sb; **rendre à qn la monnaie (sur 20 F)** to give sb the change (from ou out of 20 F); **servir de monnaie d'échange** (*fig*) to be used as a bargaining counter ou as bargaining counters; **payer en monnaie de singe** to fob (sb) off with empty promises; **c'est monnaie courante** it's a common occurrence; **monnaie légale** legal tender

monnayer [mɔneje] *vt* to convert into cash; (*talent*) to capitalize on

monologue [mɔnɔlɔg] *nm* monologue, soliloquy; **monologue intérieur** stream of consciousness

monologuer [mɔnɔlɔge] *vi* to soliloquize

monopole [mɔnɔpɔl] *nm* monopoly

monotone [mɔnɔtɔn] *adj* monotonous

Monsieur [məsjø], *pl* **Messieurs** [mesjø] *titre* Mr ['mɪstəʳ] ♦ *nm* (*homme quelconque*): **un/le monsieur** a/the gentleman; *voir aussi* **Madame**

monstre [mɔ̃stʀ(ə)] *nm* monster ♦ *adj* (*fam*: *effet, publicité*) massive; **un travail monstre** a fantastic amount of work; an enormous job; **monstre sacré** superstar

monstrueux, euse [mɔ̃stʀyø, -øz] *adj* monstrous

mont [mɔ̃] *nm*: **par monts et par vaux** up hill and down dale; **le Mont Blanc** Mont Blanc; **mont de Vénus** mons veneris

montage [mɔ̃taʒ] *nm* putting up; (*d'un bijou*) mounting, setting; (*d'une machine etc*) assembly; (*PHOTO*) photomontage; (*CINÉ*) editing; **montage sonore** sound editing

montagnard, e [mɔ̃taɲaʀ, -aʀd(ə)] *adj* mountain *cpd* ♦ *nm/f* mountain-dweller

montagne [mɔ̃taɲ] *nf* (*cime*) mountain; (*région*): **la montagne** the mountains *pl*; **la haute montagne** the high mountains; **les montagnes Rocheuses** the Rocky Mountains, the Rockies; **montagnes russes** big dipper *sg*, switchback *sg*

montagneux, euse [mɔ̃taɲø, -øz] *adj* mountainous; hilly

montant, e [mɔ̃tɑ̃, -ɑ̃t] *adj* (*mouvement, marée*) rising; (*chemin*) uphill; (*robe, corsage*) high-necked ♦ *nm* (*somme, total*) (sum) total, (total) amount; (*de fenêtre*) upright; (*de lit*) post

monte-charge [mɔ̃tʃaʀʒ(ə)] *nm inv* goods lift, hoist

montée [mɔ̃te] *nf* rising, rise; (*escalade*) ascent, climb; (*chemin*) way up; (*côte*) hill; **au milieu de la montée** halfway up; **le moteur chauffe dans les montées** the engine overheats going uphill

monter [mɔ̃te] *vt* (*escalier, côte*) to go (*ou* come) up; (*valise, paquet*) to take (*ou* bring) up; (*cheval*) to mount; (*femelle*) to cover, serve; (*tente, échafaudage*) to put up; (*machine*) to assemble; (*bijou*) to mount, set; (*COUTURE*) to sew on; (: *manche*) to set in; (*CINÉ*) to edit; (*THÉAT*) to put on, stage; (*société, coup etc*) to set up; (*fournir, équiper*) to equip ♦ *vi* to go (*ou* come) up; (*avion, voiture*) to climb, go up; (*chemin, niveau, température, voix, prix*) to go up, rise; (*brouillard, bruit*) to rise, come up; (*passager*) to get on; (*à cheval*): **monter bien/mal** to ride well/badly; **monter à cheval/bicyclette** to get on *ou* mount a horse/bicycle; (*faire du cheval etc*) to ride (a horse); to (ride a) bicycle; **monter à pied/en voiture** to walk/ drive up, go up on foot/ by car; **monter dans le train/l'avion** to get into the train/plane, board the train/plane; **monter sur** to climb up onto; **monter sur** *ou* **à un arbre/une échelle** to climb (up) a tree/ladder; **monter à bord** to (get on) board; **monter à la tête de qn** to go to sb's head; **monter sur les planches** to go on the stage; **monter en grade** to be promoted; **se monter** (*s'équiper*) to equip o.s., get kitted out (*BRIT*); **se monter à** (*frais etc*) to add up to, come to; **monter qn contre qn** to set sb against sb; **monter la tête à qn** to give sb ideas

montre [mɔ̃tʀ(ə)] *nf* watch; (*ostentation*): **pour la montre** for show; **montre en main** exactly, to the minute; **faire montre de** to show, display; **contre**

la montre (*SPORT*) against the clock; **montre de plongée** diver's watch

montre-bracelet, pl **montres-bracelets** [mɔ̃trəbraslɛ] nf wristwatch

montrer [mɔ̃tre] vt to show; **se montrer** to appear; **montrer qch à qn** to show sb sth; **montrer qch du doigt** to point to sth, point one's finger at sth; **se montrer intelligent** to prove (to be) intelligent

monture [mɔ̃tyR] nf (*bête*) mount; (*d'une bague*) setting; (*de lunettes*) frame

monument [mɔnymɑ̃] nm monument; **monument aux morts** war memorial

moquer [mɔke]: **se moquer de** vt to make fun of, laugh at; (*fam: se désintéresser de*) not to care about; (*tromper*): **se moquer de qn** to take sb for a ride

moquerie [mɔkRi] nf mockery no pl

moquette [mɔkɛt] nf fitted carpet, wall-to-wall carpeting no pl

moqueur, euse [mɔkœR, -øz] adj mocking

moral, e, aux [mɔRal, -o] adj moral ♦ nm morale ♦ nf (*conduite*) morals pl; (*règles*) moral code, ethic; (*valeurs*) moral standards pl; (*science*) ethics sg, moral philosophy; (*conclusion: d'une fable etc*) moral; **au moral, sur le plan moral** morally; **avoir le moral à zéro** to be really down; **faire la morale à** to lecture, preach at

moralité [mɔRalite] nf (*d'une action, attitude*) morality; (*conduite*) morals pl; (*conclusion, enseignement*) moral

morceau, x [mɔRso] nm piece, bit; (*d'une œuvre*) passage, extract; (*MUS*) piece; (*CULIN: de viande*) cut; **mettre en morceaux** to pull to pieces ou bits

morceler [mɔRsəle] vt to break up, divide up

mordant, e [mɔRdɑ̃, -ɑ̃t] adj scathing, cutting; (*froid*) biting ♦ nm (*dynamisme, énergie*) spirit; (*fougue*) bite, punch

mordiller [mɔRdije] vt to nibble at, chew at

mordre [mɔRdR(ə)] vt to bite; (*suj: lime, vis*) to bite into ♦ vi (*poisson*) to bite; **mordre dans** to bite into; **mordre sur** (*fig*) to go over into, overlap into; **mordre à qch** (*comprendre, aimer*) to take to; **mordre à l'hameçon** to bite, rise to the bait

mordu, e [mɔRdy] pp de **mordre** ♦ adj (*amoureux*) smitten ♦ nm/f: **un mordu du jazz/de la voile** a jazz/sailing fanatic ou buff

morfondre [mɔRfɔ̃dR(ə)]: **se morfondre** vi to mope

morgue [mɔRg(ə)] nf (*arrogance*) haughtiness; (*lieu: de la police*) morgue; (: à l'hôpital) mortuary

morne [mɔRn(ə)] adj (*personne, visage*) glum, gloomy; (*temps, vie*) dismal, dreary

morose [mɔRoz] adj sullen, morose; (*marché*) sluggish

mors [mɔR] nm bit

morse [mɔRs(ə)] nm (*ZOOL*) walrus; (*TÉL*) Morse (code)

morsure [mɔRsyR] nf bite

mort¹ [mɔR] nf death; **se donner la mort** to take one's own life; **de mort** (*silence, pâleur*) deathly; **blessé à mort** fatally wounded ou injured; **à la vie, à la mort** for better, for worse; **mort clinique** brain death; **mort subite du nourrisson, mort au berceau** cot death

mort², e [mɔR, mɔRt(ə)] pp de **mourir** ♦ adj dead ♦ nm/f (*défunt*) dead man/woman; (*victime*): **il y a eu plusieurs morts** several people were killed, there were several killed ♦ nm (*CARTES*) dummy; **mort ou vif** dead or alive; **mort de peur/fatigue** frightened to death/dead tired; **morts et blessés** casualties; **faire le mort** to play dead; (*fig*) to lie low

mortalité [mɔRtalite] nf mortality, death rate

mortel, le [mɔRtɛl] adj (*poison etc*) deadly, lethal; (*accident, blessure*) fatal; (*REL: danger, frayeur*) mortal; (*fig: froid*) deathly; (: *ennui, soirée*) deadly (boring) ♦ nm/f mortal

mortier [mɔRtje] nm (*gén*) mortar

mort-né, e [mɔRne] adj (*enfant*) stillborn; (*fig*) abortive

mortuaire [mɔRtɥɛR] adj funeral cpd; **avis mortuaires** death announcements, intimations; **chapelle mortuaire** mortuary chapel; **couronne mortuaire** (*funeral*) wreath; **domicile mortuaire** house of the deceased; **drap mortuaire** pall

morue [mɔRy] nf (*ZOOL*) cod inv; (*CULIN: salée*) salt-cod

mosaïque [mɔzaik] nf (*ART*) mosaic; (*fig*) patchwork

Moscou [mɔsku] n Moscow

mosquée [mɔske] nf mosque

mot [mo] nm word; (*message*) line, note; (*bon mot etc*) saying; **le mot de la fin** the last word; **mot à mot** adj, adv word for word; **mot pour mot** word for word, verbatim; **sur ou à ces mots** with these words; **en un mot** in a word; **à mots couverts** in veiled terms; **prendre qn au mot** to take sb at his word; **se donner le mot** to send the word round; **avoir son mot à dire** to have a say; **mot d'ordre** watchword; **mot de passe** password; **mots croisés** crossword (puzzle) sg

motard [mɔtaR] nm biker; (*policier*) motorcycle cop

motel [mɔtɛl] nm motel

moteur, trice [mɔtœR, -tRis] adj (*ANAT, PHYSIOL*) motor; (*TECH*) driving; (*AUTO*): **à 4 roues motrices** 4-wheel drive ♦ nm engine, motor; (*fig*) mover, mainspring; **à moteur** power-driven, motor cpd; **moteur à deux temps** two-stroke engine; **moteur à explosion** internal combustion engine; **moteur à réaction** jet engine; **moteur thermique** heat engine

motif [mɔtif] nm (*cause*) motive; (*décoratif*) design, pattern, motif; (*d'un tableau*) subject, motif; (*MUS*) figure, motif; **motifs** nmpl (*JUR*) grounds pl; **sans motif** adj groundless

motivation [mɔtivasjɔ̃] nf motivation

motiver [mɔtive] *vt* (*justifier*) to justify, account for; (*ADMIN, JUR, PSYCH*) to motivate

moto [mɔto] *nf* (motor)bike; **moto verte** *ou* **de trial** trail (*BRIT*) *ou* dirt (*US*) bike

motocyclette [mɔtɔsiklɛt] *nf* motorbike, motorcycle

motocycliste [mɔtɔsiklist(ə)] *nm/f* motorcyclist

motorisé, e [mɔtɔrize] *adj* (*troupe*) motorized; (*personne*) having one's own transport

motrice [mɔtris] *adj f voir* **moteur**

motte [mɔt] *nf*: **motte de terre** lump of earth, clod (of earth); **motte de gazon** turf, sod; **motte de beurre** lump of butter

mou (mol), molle [mu, mɔl] *adj* soft; (*péj: visage, traits*) flabby; (: *geste*) limp; (: *personne*) sluggish; (: *résistance, protestations*) feeble ♦ *nm* (*homme mou*) wimp; (*abats*) lights *pl*, lungs *pl*; (*de la corde*): **avoir du mou** to be slack; **donner du mou** to slacken, loosen; **avoir les jambes molles** to be weak at the knees

mouche [muʃ] *nf* fly; (*ESCRIME*) button; (*de taffetas*) patch; **prendre la mouche** to go into a huff; **faire mouche** to score a bull's-eye

moucher [muʃe] *vt* (*enfant*) to blow the nose of; (*chandelle*) to snuff (out); **se moucher** to blow one's nose

moucheron [muʃRɔ] *nm* midge

mouchoir [muʃwaR] *nm* handkerchief, hanky; **mouchoir en papier** tissue, paper hanky

moudre [mudR(ə)] *vt* to grind

moue [mu] *nf* pout; **faire la moue** to pout; (*fig*) to pull a face

mouette [mwɛt] *nf* (sea)gull

moufle [mufl(ə)] *nf* (*gant*) mitt(en); (*TECH*) pulley block

mouillé, e [muje] *adj* wet

mouiller [muje] *vt* (*humecter*) to wet, moisten; (*tremper*): **mouiller qn/qch** to make sb/sth wet; (*CULIN: ragoût*) to add stock *ou* wine to; (*couper, diluer*) to water down; (*mine etc*) to lay ♦ *vi* (*NAVIG*) to lie *ou* be at anchor; **se mouiller** to get wet; (*fam*) to commit o.s; to get (o.s.) involved; **mouiller l'ancre** to drop *ou* cast anchor

moulant, e [mulã, -ãt] *adj* figure-hugging

moule [mul] *vb voir* **moudre** ♦ *nf* (*mollusque*) mussel ♦ *nm* (*creux, CULIN*) mould, mold (*US*); (*modèle plein*) cast; **moule à gâteau** *nm* cake tin (*BRIT*) *ou* pan (*US*); **moule à gaufre** *nm* waffle iron; **moule à tarte** *nm* pie *ou* flan dish

moulent [mul] *vb voir* **moudre, mouler**

mouler [mule] *vt* (*brique*) to mould (*BRIT*), mold (*US*); (*statue*) to cast; (*visage, bas-relief*) to make a cast of; (*lettre*) to shape with care; (*suj: vêtement*) to hug, fit closely round; **mouler qch sur** (*fig*) to model sth on

moulin [mulɛ̃] *nm* mill; (*fam*) engine; **moulin à café** coffee mill; **moulin à eau** watermill; **moulin à légumes** (vegetable) shredder; **moulin à paroles** (*fig*) chatterbox; **moulin à poivre** pepper mill; **moulin à prières** prayer wheel; **moulin à vent** windmill

moulinet [mulinɛ] *nm* (*de treuil*) winch; (*de canne à pêche*) reel; (*mouvement*): **faire des moulinets avec qch** to whirl sth around

moulinette® [mulinɛt] *nf* (vegetable) shredder

moulu, e [muly] *pp de* **moudre** ♦ *adj* (*café*) ground

mourant, e [murã, -ãt] *vb voir* **mourir** ♦ *adj* dying ♦ *nm/f* dying man/woman

mourir [muriR] *vi* to die; (*civilisation*) to die out; **mourir assassiné** to be murdered; **mourir de froid/faim/vieillesse** to die of exposure/hunger/old age; **mourir de faim/d'ennui** (*fig*) to be starving/be bored to death; **mourir d'envie de faire** to be dying to do; **s'ennuyer à mourir** to be bored to death

mousse [mus] *nf* (*BOT*) moss; (*écume: sur eau, bière*) froth, foam; (: *shampooing*) lather; (*de champagne*) bubbles *pl*; (*CULIN*) mousse; (*en caoutchouc etc*) foam ♦ *nm* (*NAVIG*) ship's boy; **bain de mousse** bubble bath; **bas mousse** stretch stockings; **balle mousse** rubber ball; **mousse carbonique** (firefighting) foam; **mousse de nylon** nylon foam; (*tissu*) stretch nylon; **mousse à raser** shaving foam

mousseline [muslin] *nf* (*TEXTILES*) muslin; chiffon; **pommes mousseline** (*CULIN*) creamed potatoes

mousser [muse] *vi* to foam; to lather

mousseux, euse [musø, -øz] *adj* (*chocolat*) frothy; (*eau*) foamy, frothy; (*vin*) sparkling ♦ *nm*: **(vin) mousseux** sparkling wine

mousson [musɔ] *nf* monsoon

moustache [mustaʃ] *nf* moustache; **moustaches** *nfpl* (*d'animal*) whiskers *pl*

moustachu, e [mustaʃy] *adj* wearing a moustache

moustiquaire [mustikɛR] *nf* (*rideau*) mosquito net; (*chassis*) mosquito screen

moustique [mustik] *nm* mosquito

moutarde [mutaRd(ə)] *nf* mustard ♦ *adj inv* mustard(-coloured)

mouton [mutɔ] *nm* (*ZOOL, péj*) sheep *inv*; (*peau*) sheepskin; (*CULIN*) mutton

mouvement [muvmã] *nm* (*gen, aussi: mécanisme*) movement; (*ligne courbe*) contours *pl*; (*fig: tumulte, agitation*) activity, bustle; (: *impulsion*) impulse; reaction; (*geste*) gesture; (*MUS: rythme*) tempo (*pl -s ou* tempi); **en mouvement** in motion; on the move; **mettre qch en mouvement** to set sth in motion, set sth going; **mouvement d'humeur** fit *ou* burst of temper; **mouvement d'opinion** trend of (public) opinion; **le mouvement perpétuel** perpetual motion

mouvementé, e [muvmãte] *adj* (*vie, poursuite*) eventful; (*réunion*) turbulent

mouvoir [muvwaR] *vt* (*levier, membre*) to move; (*machine*) to drive; **se mouvoir** to move

moyen, ne [mwajɛ̃, -ɛn] adj average; (tailles, prix) medium; (de grandeur moyenne) medium-sized ♦ nm (façon) means sg, way ♦ nf average; (STATISTIQUE) mean; (SCOL: à l'examen) pass mark; (AUTO) average speed; **moyens** nmpl (capacités) means; **au moyen de** by means of; **y a-t-il moyen de ...?** is it possible to ...?, can one ...?; **par quel moyen?** how?, which way?, by which means?; **par tous les moyens** by every possible means, every possible way; **avec les moyens du bord** (fig) with what's available ou what comes to hand; **employer les grands moyens** to resort to drastic measures; **par ses propres moyens** all by oneself; **en moyenne** on (an) average; **faire la moyenne** to work out the average; **moyen de locomotion/d'expression** means of transport/expression; **moyen âge** Middle Ages; **moyen de transport** means of transport; **moyenne d'âge** average age; **moyenne entreprise** (COMM) medium-sized firm

moyennant [mwajenɑ̃] prép (somme) for; (service, conditions) in return for; (travail, effort) with

Moyen-Orient [mwajɛ̃ɔʀjɑ̃] nm: **le Moyen-Orient** the Middle East

moyeu, x [mwajø] nm hub

MST sigle f (= maladie sexuellement transmissible) STD (= sexually transmitted disease)

mû, mue [my] pp de **mouvoir**

muer [mɥe] vi (oiseau, mammifère) to moult (BRIT), molt (US); (serpent) to slough (its skin); (jeune garçon): **il mue** his voice is breaking; **se muer en** to transform into

muet, te [mɥɛ, -ɛt] adj dumb; (fig): **muet d'admiration** etc speechless with admiration etc; (joie, douleur, CINÉ) silent; (LING: lettre) silent, mute; (carte) blank ♦ nm/f mute ♦ nm: **le muet** (CINÉ) the silent cinema ou (esp US) movies

mufle [myfl(ə)] nm muzzle; (goujat) boor ♦ adj boorish

mugir [myʒiʀ] vi (bœuf) to bellow; (vache) to low, moo; (fig) to howl

muguet [mygɛ] nm (BOT) lily of the valley; (MÉD) thrush

mule [myl] nf (ZOOL) (she-)mule

mulet [mylɛ] nm (ZOOL) (he-)mule; (poisson) mullet

multinational, e, aux [myltinasjɔnal, -o] adj, nf multinational

multiple [myltipl(ə)] adj multiple, numerous; (varié) many, manifold ♦ nm (MATH) multiple

multiplication [myltiplikasjɔ̃] nf multiplication

multiplier [myltiplije] vt to multiply; **se multiplier** vi to multiply; (fig: personne) to be everywhere at once

municipal, e, aux [mynisipal, -o] adj municipal; town cpd

municipalité [mynisipalite] nf (corps municipal) town council, corporation; (commune) town, municipality

munir [myniʀ] vt: **munir qn/qch de** to equip sb/sth with; **se munir de** to provide o.s. with

munitions [mynisjɔ̃] nfpl ammunition sg

mur [myʀ] nm wall; (fig) stone ou brick wall; **faire le mur** (interne, soldat) to jump the wall; **mur du son** sound barrier

mûr, e [myʀ] adj ripe; (personne) mature ♦ nf (de la ronce) blackberry; (du mûrier) mulberry

muraille [myʀɑj] nf (high) wall

mural, e, aux [myʀal, -o] adj wall cpd ♦ nm (ART) mural

mûre [myʀ] nf voir **mûr**

muret [myʀɛ] nm low wall

mûrir [myʀiʀ] vi (fruit, blé) to ripen; (abcès, furoncle) to come to a head; (fig: idée, personne) to mature; (projet) to develop ♦ vt (fruit, blé) to ripen; (personne) to (make) mature; (pensée, projet) to nurture

murmure [myʀmyʀ] nm murmur; **murmures** nmpl (plaintes) murmurings, mutterings

murmurer [myʀmyʀe] vi to murmur; (se plaindre) to mutter, grumble

muscade [myskad] nf (aussi: **noix muscade**) nutmeg

muscat [myska] nm (raisin) muscat grape; (vin) muscatel (wine)

muscle [myskl(ə)] nm muscle

musclé, e [myskle] adj (personne, corps) muscular; (fig: politique, régime etc) strong-arm cpd

museau, x [myzo] nm muzzle

musée [myze] nm museum; (de peinture) art gallery

museler [myzle] vt to muzzle

muselière [myzəljɛʀ] nf muzzle

musette [myzɛt] nf (sac) lunchbag ♦ adj inv (orchestre etc) accordion cpd

musical, e, aux [myzikal, -o] adj musical

music-hall [myzikol] nm variety theatre; (genre) variety

musicien, ne [myzisjɛ̃, -ɛn] adj musical ♦ nm/f musician

musique [myzik] nf music; (fanfare) band; **faire de la musique** to make music; (jouer d'un instrument) to play an instrument; **musique de chambre** chamber music; **musique de fond** background music

musulman, e [myzylmɑ̃, -an] adj, nm/f Moslem, Muslim

mutation [mytasjɔ̃] nf (ADMIN) transfer; (BIO) mutation

muter [myte] vt (ADMIN) to transfer

mutilé, e [mytile] nm/f disabled person (through loss of limbs) **mutilé de guerre** disabled ex-serviceman; **grand mutilé** severely disabled person

mutiler [mytile] vt to mutilate, maim; (fig) to mutilate, deface

mutin, e [mytɛ̃, -in] adj (enfant, air, ton) mischievous, impish ♦ nm/f (MIL, NAVIG) mutineer

mutinerie [mytinʀi] nf mutiny

mutisme [mytism(ə)] *nm* silence

mutuel, le [mytɥɛl] *adj* mutual ♦ *nf* mutual benefit society

myope [mjɔp] *adj* short-sighted

myosotis [mjozɔtis] *nm* forget-me-not

myrtille [mirtij] *nf* bilberry (*BRIT*), blueberry (*US*), whortleberry

mystère [mistɛr] *nm* mystery

mystérieux, euse [misterjø, -øz] *adj* mysterious

mystifier [mistifje] *vt* to fool, take in; (*tromper*) to mystify

mythe [mit] *nm* myth

mythologie [mitɔlɔʒi] *nf* mythology

— N n —

n' [n] *adv voir* ne

nacre [nakr(ə)] *nf* mother-of-pearl

nage [naʒ] *nf* swimming; (*manière*) style of swimming, stroke; **traverser/s'éloigner à la nage** to swim across/away; **en nage** bathed in perspiration; **nage indienne** sidestroke; **nage libre** freestyle; **nage papillon** butterfly

nageoire [naʒwar] *nf* fin

nager [naʒe] *vi* to swim; (*fig: ne rien comprendre*) to be all at sea; **nager dans** to be swimming in; (*vêtements*) to be lost in; **nager dans le bonheur** to be overjoyed

nageur, euse [naʒœr, -øz] *nm/f* swimmer

naguère [nagɛr] *adv* (*il y a peu de temps*) not long ago; (*autrefois*) formerly

naïf, ïve [naif, naiv] *adj* naïve

nain, e [nɛ̃, nɛn] *adj, nm/f* dwarf

naissance [nɛsɑ̃s] *nf* birth; **donner naissance à** to give birth to; (*fig*) to give rise to; **prendre naissance** to originate; **aveugle de naissance** born blind; **Français de naissance** French by birth; **à la naissance des cheveux** at the roots of the hair; **lieu de naissance** place of birth

naître [nɛtr(ə)] *vi* to be born; (*conflit, complications*): **naître de** to arise from, be born out of; **naître à** (*amour, poésie*) to awaken to; **je suis né en 1960** I was born in 1960; **il naît plus de filles que de garçons** there are more girls born than boys; **faire naître** (*fig*) to give rise to, arouse

naïveté [naivte] *nf* naïvety

nana [nana] *nf* (*fam: fille*) bird (*BRIT*), chick

nantir [nɑ̃tir] *vt*: **nantir qn de** to provide sb with; **les nantis** (*péj*) the well-to-do

nappe [nap] *nf* tablecloth; (*fig*) sheet; layer; **nappe de mazout** oil slick; **nappe (phréatique)** water table

napperon [naprɔ̃] *nm* table-mat; **napperon individuel** place mat

narcodollars [narkodɔlar] *nmpl* drug money *no pl*

narguer [narge] *vt* to taunt

narine [narin] *nf* nostril

narquois, e [narkwa, -waz] *adj* derisive, mocking

natal, e [natal] *adj* native

natalité [natalite] *nf* birth rate

natation [natasjɔ̃] *nf* swimming; **faire de la natation** to go swimming (*regularly*); **natation synchronisée** synchronized swimming

natif, ive [natif, -iv] *adj* native

nation [nasjɔ̃] *nf* nation; **les Nations unies (NU)** the United Nations (UN)

national, e, aux [nasjɔnal, -o] *adj* national ♦ *nf*: **(route) nationale** ≈ A road (*BRIT*), ≈ state highway (*US*); **obsèques nationales** state funeral

nationaliser [nasjɔnalize] *vt* to nationalize

nationalisme [nasjɔnalism(ə)] *nm* nationalism

nationalité [nasjɔnalite] *nf* nationality; **de nationalité française** of French nationality

natte [nat] *nf* (*tapis*) mat; (*cheveux*) plait

naturaliser [natyralize] *vt* to naturalize; (*empailler*) to stuff

nature [natyr] *nf* nature ♦ *adj, adv* (*CULIN*) plain, without seasoning or sweetening; (*café, thé: sans lait*) black; (: *sans sucre*) without sugar; **payer en nature** to pay in kind; **peint d'après nature** painted from life; **être de nature à faire qch** (*propre à*) to be the sort of thing (*ou* person) to do sth; **nature morte** still-life

naturel, le [natyrɛl] *adj* (*gén, aussi: enfant*) natural ♦ *nm* naturalness; (*caractère*) disposition, nature; (*autochtone*) native; **au naturel** (*CULIN*) in water; in its own juices

naturellement [natyrɛlmɑ̃] *adv* naturally; (*bien sûr*) of course

naufrage [nofraʒ] *nm* (*ship*)wreck; (*fig*) wreck; **faire naufrage** to be shipwrecked

nauséabond, e [nozeabɔ̃, -ɔ̃d] *adj* foul, nauseous

nausée [noze] *nf* nausea; **avoir la nausée** to feel sick; **avoir des nausées** to have waves of nausea, feel nauseous *ou* sick

nautique [notik] *adj* nautical, water *cpd*; **sports nautiques** water sports

naval, e [naval] *adj* naval

navet [nave] *nm* turnip; (*péj*) third-rate film

navette [navɛt] *nf* shuttle; (*en car etc*) shuttle (service); **faire la navette (entre)** to go to and fro (between), shuttle (between); **navette spatiale** space shuttle

navigateur [navigatœr] *nm* (*NAVIG*) seafarer, sailor; (*AVIAT*) navigator

navigation [navigasjɔ̃] *nf* navigation, sailing; (*COMM*) shipping; **compagnie de navigation** shipping company; **navigation spatiale** space navigation

naviguer [navige] *vi* to navigate, sail

navire [navik] *nm* ship; **navire de guerre** warship; **navire marchand** merchantman

navrer [navke] *vt* to upset, distress; **je suis navré (de/de faire/que)** I'm so sorry (for/for doing/that)

ne, n' [n(ə)] *adv voir* **pas, plus, jamais** *etc*; (*explétif*) *non traduit*

né, e [ne] *pp de* **naître**; **né en 1960** born in 1960; **née Scott** née Scott; **né(e) de ... et de ...** son/daughter of ... and of ...; **né d'une mère française** having a French mother; **né pour commander** born to lead ♦ *adj*: **un comédien né** a born comedian

néanmoins [neãmwɛ̃] *adv* nevertheless, yet

néant [neã] *nm* nothingness; **réduire à néant** to bring to nought; (*espoir*) to dash

nécessaire [neseseR] *adj* necessary ♦ *nm* necessary; (*sac*) kit; **faire le nécessaire** to do the necessary; **n'emporter que le strict nécessaire** to take only what is strictly necessary; **nécessaire de couture** sewing kit; **nécessaire de toilette** toilet bag; **nécessaire de voyage** overnight bag

nécessité [nesesite] *nf* necessity; **se trouver dans la nécessité de faire qch** to find it necessary to do sth; **par nécessité** out of necessity

nécessiter [nesesite] *vt* to require

nécrologique [nekRɔlɔʒik] *adj*: **article nécrologique** obituary; **rubrique nécrologique** obituary column

nectar [nɛktaR] *nm* nectar

néerlandais, e [neeRlãdɛ, -ɛz] *adj* Dutch, of the Netherlands ♦ *nm* (*LING*) Dutch ♦ *nm/f*: **Néerlandais, e** Dutchman/woman; **les Néerlandais** the Dutch

nef [nɛf] *nf* (*d'église*) nave

néfaste [nefast(ə)] *adj* baneful; ill-fated

négatif, ive [negatif, iv] *adj* negative ♦ *nm* (*PHOTO*) negative

négligé, e [negliʒe] *adj* (*en désordre*) slovenly ♦ *nm* (*tenue*) negligee

négligeable [negliʒabl(ə)] *adj* insignificant, negligible

négligent, e [negliʒã, -ãt] *adj* careless; (*JUR etc*) negligent

négliger [negliʒe] *vt* (*épouse, jardin*) to neglect; (*tenue*) to be careless about; (*avis, précautions*) to disregard, overlook; **négliger de faire** to fail to do, not bother to do; **se négliger** to neglect o.s.

négoce [negɔs] *nm* trade

négociant [negɔsjã] *nm* merchant

négociation [negɔsjasjɔ̃] *nf* negotiation; **négociations collectives** collective bargaining *sg*

négocier [negɔsje] *vi, vt* to negotiate

nègre [nɛgR(ə)] *nm* (*péj*) Negro; (*péj: écrivain*) ghost writer ♦ *adj* Negro

neige [nɛʒ] *nf* snow; **battre les œufs en neige** (*CULIN*) to whip *ou* beat the egg whites until stiff; **neige carbonique** dry ice; **neige fondue** (*par terre*) slush; (*qui tombe*) sleet; **neige poudreuse** powdery snow

neiger [neʒe] *vi* to snow

nénuphar [nenyfaR] *nm* water-lily

néon [neɔ̃] *nm* neon

néo-zélandais, e [neozelãde, -ɛz] *adj* New Zealand *cpd* ♦ *nm/f*: **Néo-zélandais, e** New Zealander

nerf [nɛR] *nm* nerve; (*fig*) spirit; (: *forces*) stamina; **nerfs** *nmpl* nerves; **être** *ou* **vivre sur les nerfs** to live on one's nerves; **être à bout de nerfs** to be at the end of one's tether; **passer ses nerfs sur qn** to take it out on sb

nerveux, euse [nɛRvø, -øz] *adj* nervous; (*cheval*) highly-strung; (*voiture*) nippy, responsive; (*tendineux*) sinewy

nervosité [nɛRvozite] *nf* nervousness; (*émotivité*) excitability

nervure [nɛRvyR] *nf* (*de feuille*) vein; (*ARCHIT, TECH*) rib

n'est-ce pas [nɛspa] *adv* isn't it?, won't you? *etc*, *selon le verbe qui précède*; **c'est bon, n'est-ce pas?** it's good, isn't it?; **il a peur, n'est-ce pas?** he's afraid, isn't he?; **n'est-ce pas que c'est bon?** don't you think it's good?; **lui, n'est-ce pas, il peut se le permettre** he, of course, can afford to do that, can't he?

net, nette [nɛt] *adj* (*sans équivoque, distinct*) clear; (*photo*) sharp; (*évident*) definite; (*propre*) neat, clean; (*COMM: prix, salaire, poids*) net ♦ *adv* (*refuser*) flatly ♦ *nm*: **mettre au net** to copy out; **s'arrêter net** to stop dead; **la lame a cassé net** the blade snapped clean through; **faire place nette** to make a clean sweep; **net d'impôt** tax free

Net [nɛt] *nm* (*INTERNET*): **le Net** the Net

nettement [nɛtmã] *adv* (*distinctement*) clearly; (*évidemment*) definitely; (*avec comparatif, superlatif*): **nettement mieux** definitely *ou* clearly better

netteté [nɛtte] *nf* clearness

nettoyage [nɛtwajaʒ] *nm* cleaning; **nettoyage à sec** dry cleaning

nettoyer [nɛtwaje] *vt* to clean; (*fig*) to clean out

neuf [nœf] *num* nine

neuf, neuve [nœf, nœv] *adj* new ♦ *nm*: **repeindre à neuf** to redecorate; **remettre à neuf** to do up (as good as new), refurbish; **n'acheter que du neuf** to buy everything new; **quoi de neuf?** what's new?

neutre [nøtR(ə)] *adj, nm* (*aussi LING*) neutral

neuve [nœv] *adj f voir* **neuf**

neuvième [nœvjɛm] *num* ninth

neveu, x [nəvø] *nm* nephew

névrosé, e [nevRoze] *adj, nm/f* neurotic

nez [ne] *nm* nose; **rire au nez de qn** to laugh in sb's face; **avoir du nez** to have flair; **avoir le nez fin** to have foresight; **nez à nez avec** face to face with; **à vue de nez** roughly

ni [ni] *conj*: **ni l'un ni l'autre ne sont** *ou* **n'est** neither one nor the other is; **il n'a rien dit ni fait** he hasn't said or done anything

niais, e [njɛ, -ɛz] *adj* silly, thick

niche [niʃ] *nf* (*du chien*) kennel; (*de mur*) recess, niche; (*farce*) trick

nicher [niʃe] *vi* to nest; **se nicher dans** (*personne: se blottir*) to snuggle into; (*: se cacher*) to hide in; (*objet*) to lodge itself in

nid [ni] *nm* nest; (*fig: repaire etc*) den, lair; **nid d'abeilles** (*COUTURE, TEXTILE*) honeycomb stitch; **nid de poule** pothole

nièce [njɛs] *nf* niece

nier [nje] *vt* to deny

nigaud, e [nigo, -od] *nm/f* booby, fool

Nil [nil] *nm*: **le Nil** the Nile

n'importe [nɛ̃pɔʀt(ə)] *adv*: **n'importe!** no matter!; **n'importe qui/quoi/où** anybody/anything/anywhere; **n'importe quoi!** (*fam: désapprobation*) what rubbish!; **n'importe quand** any time; **n'importe quel/quelle** any; **n'importe lequel/laquelle** any (one); **n'importe comment** (*sans soin*) carelessly; **n'importe comment, il part ce soir** he's leaving tonight in any case

niveau, x [nivo] *nm* level; (*des élèves, études*) standard; **au niveau de** at the level of; (*personne*) on a level with; **de niveau (avec)** level (with); **le niveau de la mer** sea level; **niveau (à bulle)** spirit level; **niveau (d'eau)** water level; **niveau de vie** standard of living

niveler [nivle] *vt* to level

NN *abr* (= *nouvelle norme*) revised standard of hotel classification

noble [nɔbl(ə)] *adj* noble; (*de qualité: métal etc*) precious ♦ *nm/f* noble(man/woman)

noblesse [nɔblɛs] *nf* (*classe sociale*) nobility; (*d'une action etc*) nobleness

noce [nɔs] *nf* wedding; (*gens*) wedding party (*ou* guests *pl*); **il a épousée en secondes noces** she was his second wife; **faire la noce** (*fam*) to go on a binge; **noces d'or/d'argent/de diamant** golden/silver/diamond wedding

nocif, ive [nɔsif, -iv] *adj* harmful, noxious

nocturne [nɔktyʀn(ə)] *adj* nocturnal ♦ *nf* (*SPORT*) floodlit fixture; (*d'un magasin*) late opening

Noël [nɔɛl] *nm* Christmas; **la (fête de) Noël** Christmas time

nœud [nø] *nm* (*de corde, du bois, NAVIG*) knot; (*ruban*) bow; (*fig: liens*) bond, tie; (*: d'une question*) crux; (*THÉÂT etc*): **le nœud de l'action** the web of events; **nœud coulant** noose; **nœud gordien** Gordian knot; **nœud papillon** bow tie

noir, e [nwaʀ] *adj* black; (*obscur, sombre*) dark ♦ *nm/f* black man/woman, Negro/Negro woman ♦ *nm*: **dans le noir** in the dark ♦ *nf* (*MUS*) crotchet (*BRIT*), quarter note (*US*); **il fait noir** it is dark; **au noir** *adv* (*acheter, vendre*) on the black market; **travail au noir** moonlighting

noircir [nwaʀsiʀ] *vt, vi* to blacken

noisette [nwazɛt] *nf* hazelnut; (*morceau: de beurre etc*) small knob ♦ *adj* (*yeux*) hazel

noix [nwa] *nf* walnut; (*fam*) twit; (*CULIN*): **une noix de beurre** a knob of butter; **à la noix** (*fam*) worthless; **noix de cajou** cashew nut; **noix de coco** coconut; **noix muscade** nutmeg; **noix de veau** (*CULIN*) round fillet of veal

nom [nɔ̃] *nm* name; (*LING*) noun; **connaître qn de nom** to know sb by name; **au nom de** in the name of; **nom d'une pipe** *ou* **d'un chien!** (*fam*) for goodness' sake!; **nom de Dieu!** (*fam!*) bloody hell! (*BRIT*), my God!; **nom commun/propre** common/proper noun; **nom composé** (*LING*) compound noun; **nom déposé** trade name; **nom d'emprunt** assumed name; **nom de famille** surname; **nom de fichier** file name; **nom de jeune fille** maiden name

nomade [nɔmad] *adj* nomadic ♦ *nm/f* nomad

nombre [nɔ̃bʀ(ə)] *nm* number; **venir en nombre** to come in large numbers; **depuis nombre d'années** for many years; **ils sont au nombre de 3** there are 3 of them; **au nombre de mes amis** among my friends; **sans nombre** countless; (*bon*) **nombre de** (*beaucoup, plusieurs*) a (large) number of; **nombre premier/entier** prime/whole number

nombreux, euse [nɔ̃bʀø, -øz] *adj* many, numerous; (*avec nom sg: foule etc*) large; **peu nombreux** few; small; **de nombreux cas** many cases

nombril [nɔ̃bʀi] *nm* navel

nommer [nɔme] *vt* (*baptiser*) to name, give a name to; (*qualifier*) to call; (*mentionner*) to name, give the name of; (*élire*) to appoint, nominate; **se nommer**: **il se nomme Pascal** his name's Pascal, he's called Pascal

non [nɔ̃] *adv* (*réponse*) no; (*suivi d'un adjectif, adverbe*) not; **Paul est venu, non?** Paul came, didn't he?; **répondre** *ou* **dire que non** to say no; **non pas que** not that; **non plus: moi non plus** neither do I, I don't either; **je préférerais que non** I would prefer not; **je te trouve que non** perhaps not; **je pense que non** I don't think so; **non mais!** well really!; **non mais des fois!** you must be joking!; **non alcoolisé** non-alcoholic; **non loin/seulement** not far/only

nonante [nɔnɑ̃t] *num* (*Belgique, Suisse*) ninety

nonchalant, e [nɔ̃ʃalɑ̃, -ɑ̃t] *adj* nonchalant, casual

non-fumeur [nɔ̃fymœʀ] *nm* non-smoker

non-sens [nɔ̃sɑ̃s] *nm* absurdity

nord [nɔʀ] *nm* North ♦ *adj* northern; north; **au nord** (*situation*) in the north; (*direction*) to the north; **au nord de** north of, to the north of; **perdre le nord** to lose the place (*fig*)

nord-est [nɔʀɛst] *nm* North-East

nord-ouest [nɔʀwɛst] *nm* North-West

normal, e, aux [nɔʀmal, -o] *adj* normal ♦ *nf*: **la normale** the norm, the average

normalement [nɔʀmalmɑ̃] adv (en général) normally; (comme prévu): **normalement, il le fera demain** he should be doing it tomorrow, he's supposed to do it tomorrow

normand, e [nɔʀmɑ̃, -ɑ̃d] adj (de Normandie) Norman ♦ nm/f: **Normand, e** (de Normandie) Norman

Normandie [nɔʀmɑ̃di] nf: **la Normandie** Normandy

norme [nɔʀm(ə)] nf norm; (TECH) standard

Norvège [nɔʀvɛʒ] nf: **la Norvège** Norway

norvégien, ne [nɔʀveʒjɛ̃, -ɛn] adj Norwegian ♦ nm (LING) Norwegian ♦ nm/f: **Norvégien, ne** Norwegian

nos [no] adj possessif voir **notre**

nostalgie [nɔstalʒi] nf nostalgia

nostalgique [nɔstalʒik] adj nostalgic

notable [nɔtabl(ə)] adj notable, noteworthy; (marqué) noticeable, marked ♦ nm prominent citizen

notaire [nɔtɛʀ] nm notary; solicitor

notamment [nɔtamɑ̃] adv in particular, among others

note [nɔt] nf (écrite, MUS) note; (SCOL) mark (BRIT), grade; (facture) bill; **prendre des notes** to take notes; **prendre note de** to note; (par écrit) to note, write down; **dans la note** exactly right; **forcer la note** to exaggerate; **une note de tristesse/de gaieté** a sad/happy note; **note de service** memorandum

noté, e [nɔte] adj: **être bien/mal noté** (employé etc) to have a good/bad record

noter [nɔte] vt (écrire) to write down, note; (remarquer) to note, notice; (SCOL, ADMIN: donner une appréciation) to mark, give a grade to; **notez bien que ...** (please) note that ...

notice [nɔtis] nf summary, short article; (brochure): **notice explicative** explanatory leaflet, instruction booklet

notifier [nɔtifje] vt: **notifier qch à qn** to notify sb of sth, notify sth to sb

notion [nɔsjɔ̃] nf notion, idea; **notions** nfpl (rudiments) rudiments

notoire [nɔtwaʀ] adj widely known; (en mal) notorious; **le fait est notoire** the fact is common knowledge

notre, nos [nɔtʀ(ə), no] adj possessif our

nôtre [notʀ(ə)] adj ours ♦ pron: **le/la nôtre** ours; **les nôtres** ours; (alliés etc) our own people; **soyez des nôtres** join us

nouer [nwe] vt to tie, knot; (fig: alliance etc) to strike up; **nouer la conversation** to start a conversation; **se nouer** vi: **c'est là où l'intrigue se noue** it's at that point that the strands of the plot come together; **ma gorge se noua** a lump came to my throat

noueux, euse [nwø, -øz] adj gnarled

nouille [nuj] nf (pâtes): **nouilles** noodles; pasta sg; (fam) noodle (BRIT), fathead

nourrice [nuʀis] nf ≈ baby-minder; (autrefois) wet-nurse

nourrir [nuʀiʀ] vt to feed; (fig: espoir) to harbour, nurse; **logé nourri** with board and lodging; **nourrir au sein** to breast-feed; **se nourrir de légumes** to live on vegetables

nourrissant, e [nuʀisɑ̃, -ɑ̃t] adj nourishing, nutritious

nourrisson [nuʀisɔ̃] nm (unweaned) infant

nourriture [nuʀityʀ] nf food

nous [nu] pron (sujet) we; (objet) us

nous-mêmes [numɛm] pron ourselves

nouveau (nouvel), elle, x [nuvo, -ɛl] adj new; (original) novel ♦ nm/f new pupil (ou employee) ♦ nm: **il y a du nouveau** there's something new ♦ nf (piece of) news sg; (LITTÉRATURE) short story; **nouvelles** nfpl (PRESSE, TV) news; **de nouveau à nouveau** again; **je suis sans nouvelles de lui** I haven't heard from him; **Nouvel An** New Year; **nouveau venu, nouvelle venue** newcomer; **nouveaux mariés** newly-weds; **nouvelle vague** new wave

nouveau-né, e [nuvone] nm/f newborn (baby)

nouveauté [nuvote] nf novelty; (chose nouvelle) innovation, something new; (COMM) new film (ou book ou creation etc)

nouvel adj m, **nouvelle** adj f, nf [nuvɛl] voir **nouveau**

Nouvelle-Calédonie [nuvɛlkaledɔni] nf: **la Nouvelle-Calédonie** New Caledonia

nouvellement [nuvɛlmɑ̃] adv (arrivé etc) recently, newly

Nouvelle-Zélande [nuvɛlzelɑ̃d] nf: **la Nouvelle-Zélande** New Zealand

novembre [nɔvɑ̃bʀ(ə)] nm November; voir aussi **juillet**; see boxed note

---

11 NOVEMBRE

Le 11 novembre is a public holiday in France commemorating the signing of the armistice, near Compiègne, at the end of World War I.

---

novice [nɔvis] adj inexperienced ♦ nm/f novice

noyade [nwajad] nf drowning no pl

noyau, x [nwajo] nm (de fruit) stone; (BIO, PHYSIQUE) nucleus; (ÉLEC, GÉO, fig: centre) core; (fig: d'artistes etc) group; (: de résistants etc) cell

noyauter [nwajote] vt (POL) to infiltrate

noyer [nwaje] nm walnut (tree); (bois) walnut ♦ vt to drown; (fig) to flood; to submerge; (AUTO: moteur) to flood; **se noyer** to be drowned; drown; (suicide) to drown o.s.; **noyer son chagrin** to drown one's sorrows; **noyer le poisson** to duck the issue

nu, e [ny] adj naked; (membres) naked, bare; (chambre, fil, plaine) bare ♦ nm (ART) nude; **le nu intégral** total nudity; **se mettre nu** to strip; **mettre**

à **nu** to bare

nuage [nɥaʒ] *nm* cloud; **être dans les nuages** (*distrait*) to have one's head in the clouds; **nuage de lait** drop of milk

nuageux, euse [nɥaʒø, -øz] *adj* cloudy

nuance [nɥɑ̃s] *nf* (*de couleur, sens*) shade; **il y a une nuance (entre)** there's a slight difference (between); **une nuance de tristesse** a tinge of sadness

nuancer [nɥɑ̃se] *vt* (*pensée, opinion*) to qualify

nucléaire [nykleɛʀ] *adj* nuclear ♦ *nm* nuclear power

nudiste [nydist(ə)] *adj, nm/f* nudist

nuée [nɥe] *nf*: **une nuée de** a cloud ou host ou swarm of

nues [ny] *nfpl*: **tomber des nues** to be taken aback; **porter qn aux nues** to praise sb to the skies

nuire [nɥiʀ] *vi* to be harmful; **nuire à** to harm, do damage to

nuisible [nɥizibl(ə)] *adj* harmful; (*animal*) **nuisible** pest

nuit [nɥi] *nf* night; **payer sa nuit** to pay for one's overnight accommodation; **il fait nuit** it's dark; **cette nuit** (*hier*) last night; (*aujourd'hui*) tonight; **de nuit** (*vol, service*) night *cpd*; **nuit blanche** sleepless night; **nuit de noces** wedding night; **nuit de Noël** Christmas Eve

nul, nulle [nyl] *adj* (*aucun*) no; (*minime*) nil, non-existent; (*non valable*) null; (*péj*) useless, hopeless ♦ *pron* none, no one; **résultat nul, match nul** draw; **nulle part** *adv* nowhere

nullement [nylmɑ̃] *adv* by no means

nullité [nylite] *nf* nullity; (*péj*) hopelessness; (:*personne*) hopeless individual, nonentity

numérique [nymeʀik] *adj* numerical; (*INFORM*) digital

numéro [nymeʀo] *nm* number; (*spectacle*) act, turn; **faire** ou **composer un numéro** to dial a number; **numéro d'identification personnel** personal identification number (PIN); **numéro d'immatriculation** ou **minéralogique** ou **de police** registration (*BRIT*) ou license (*US*) number; **numéro de téléphone** (tele)phone number; **numéro vert** ≈ Freefone® number (*BRIT*), ≈ toll-free number (*US*)

numéroter [nymeʀɔte] *vt* to number

nu-pieds [nypje] *nm inv* sandal ♦ *adj inv* barefoot

nuque [nyk] *nf* nape of the neck

nu-tête [nytɛt] *adj inv* bareheaded

nutritif, ive [nytʀitif, -iv] *adj* nutritional; (*aliment*) nutritious, nourishing

nylon [nilɔ̃] *nm* nylon

oasis [ɔazis] *nf ou m* oasis (*pl* oases)

obéir [ɔbeiʀ] *vi* to obey; **obéir à** to obey; (*moteur, véhicule*) to respond to

obéissance [ɔbeisɑ̃s] *nf* obedience

obéissant, e [ɔbeisɑ̃, -ɑ̃t] *adj* obedient

obèse [ɔbɛz] *adj* obese

obésité [ɔbezite] *nf* obesity

objecter [ɔbʒɛkte] *vt* (*prétexter*) to plead, put forward as an excuse; **objecter qch à** (*argument*) to put forward sth against; **objecter (à qn) que** to object (to sb) that

objecteur [ɔbʒɛktœʀ] *nm*: **objecteur de conscience** conscientious objector

objectif, ive [ɔbʒɛktif, -iv] *adj* objective ♦ *nm* (*OPTIQUE, PHOTO*) lens *sg*; (*MIL, fig*) objective; **objectif grand angulaire/à focale variable** wide-angle/zoom lens

objection [ɔbʒɛksjɔ̃] *nf* objection; **objection de conscience** conscientious objection

objectivité [ɔbʒɛktivite] *nf* objectivity

objet [ɔbʒɛ] *nm* (*chose*) object; (*d'une discussion, recherche*) subject; **être** ou **faire l'objet de** (*discussion*) to be the subject of; (*soins*) to be given ou shown; **sans objet** *adj* purposeless; (*sans fondement*) groundless; **objet d'art** objet d'art; **objets personnels** personal items; **objets de toilette** toiletries; **objets trouvés** lost property *sg* (*BRIT*), lost-and-found *sg* (*US*); **objets de valeur** valuables

obligation [ɔbligasjɔ̃] *nf* obligation; (*gén pl*: *devoir*) duty; (*COMM*) bond, debenture; **sans obligation d'achat** with no obligation (to buy); **être dans l'obligation de faire** to be obliged to do; **avoir l'obligation de faire** to be under an obligation to do; **obligations familiales** family obligations ou responsibilities; **obligations militaires** military obligations ou duties

obligatoire [ɔbligatwaʀ] *adj* compulsory, obligatory

obligatoirement [ɔbligatwaʀmɑ̃] *adv* compulsorily; (*fatalement*) necessarily

obligé, e [ɔbliʒe] *adj* (*redevable*): **être très obligé à qn** to be most obliged to sb; (*contraint*): **je suis (bien) obligé (de le faire)** I have to (do it); (*nécessaire: conséquence*) necessary; **c'est obligé!** it's inevitable!

obligeance [ɔbliʒɑ̃s] *nf*: **avoir l'obligeance de** to be kind ou good enough to

obligeant, e [ɔbliʒɑ̃, -ɑ̃t] *adj* obliging; kind

obliger [ɔbliʒe] *vt* (*contraindre*): **obliger qn à faire** to force ou oblige sb to do; (*JUR: engager*) to bind; (*rendre service à*) to oblige

oblique [ɔblik] *adj* oblique; **regard oblique** sidelong glance; **en oblique** *adv* diagonally

obliquer [ɔblike] *vi*: **obliquer vers** to turn off towards

oblitérer [ɔblitere] *vt* (*timbre-poste*) to cancel; (*MÉD: canal, vaisseau*) to obstruct

obnubiler [ɔbnybile] *vt* to obsess

obscène [ɔpsɛn] *adj* obscene

obscur, e [ɔpskyr] *adj* (*sombre*) dark; (*fig: raisons*) obscure; (: *sentiment, malaise*) vague; (: *personne, vie*) humble, lowly

obscurcir [ɔpskyrsir] *vt* to darken; (*fig*) to obscure; **s'obscurcir** *vi* to grow dark

obscurité [ɔpskyrite] *nf* darkness; **dans l'obscurité** in the dark, in darkness; (*anonymat, médiocrité*) in obscurity

obsédé, e [ɔpsede] *nm/f* fanatic; **obsédé(e) sexuel(le)** sex maniac

obséder [ɔpsede] *vt* to obsess, haunt

obsèques [ɔpsɛk] *nfpl* funeral *sg*

observateur, trice [ɔpsɛrvatœr, -tris] *adj* observant, perceptive ♦ *nm/f* observer

observation [ɔpsɛrvasjɔ̃] *nf* observation; (*d'un règlement, règle*) observance; (*commentaire*) observation, remark; (*reproche*) reproof; **en observation** (*MÉD*) under observation

observatoire [ɔpsɛrvatwar] *nm* observatory; (*lieu élevé*) observation post, vantage point

observer [ɔpsɛrve] *vt* (*regarder*) to observe, watch; (*examiner*) to examine; (*scientifiquement, aussi: règlement, jeûne etc*) to observe; (*surveiller*) to watch; (*remarquer*) to observe, notice; **faire observer qch à qn** (*dire*) to point out sth to sb; **s'observer** (*se surveiller*) to keep a check on o.s.

obsession [ɔpsesjɔ̃] *nf* obsession; **avoir l'obsession de** to have an obsession with

obstacle [ɔpstakl(ə)] *nm* obstacle; (*ÉQUITATION*) jump, hurdle; **faire obstacle à** (*lumière*) to block out; (*projet*) to hinder, put obstacles in the path of; **obstacles antichars** tank defences

obstiné, e [ɔpstine] *adj* obstinate

obstiner [ɔpstine]: **s'obstiner** *vi* to insist, dig one's heels in; **s'obstiner à faire** to persist (obstinately) in doing; **s'obstiner sur qch** to keep working at sth, labour away at sth

obstruer [ɔpstrye] *vt* to block, obstruct; **s'obstruer** *vi* to become blocked

obtenir [ɔptənir] *vt* to obtain, get; (*total*) to arrive at, reach; (*résultat*) to achieve, obtain; **obtenir de pouvoir faire** to obtain permission to do; **obtenir qch à qn** to obtain sth for sb; **obtenir de qn qu'il fasse** to get sb to agree to do(ing)

obturateur [ɔptyratœr] *nm* (*PHOTO*) shutter; **obturateur à rideau** focal plane shutter

obus [ɔby] *nm* shell; **obus explosif** high-explosive shell; **obus incendiaire** incendiary device, fire bomb

occasion [ɔkazjɔ̃] *nf* (*aubaine, possibilité*) opportunity; (*circonstance*) occasion; (*COMM: article non neuf*) secondhand buy; (: *acquisition avantageuse*) bargain; **à plusieurs occasions** on several occasions; **à la première occasion** at the first *ou* earliest opportunity; **avoir l'occasion de faire** to have the opportunity to do; **être à l'occasion de** to occasion, give rise to; **à l'occasion** *adv* sometimes, on occasions; (*un jour*) some time; **à l'occasion de** on the occasion of; **d'occasion** *adj, adv* secondhand

occasionnel, le [ɔkazjɔnɛl] *adj* (*fortuit*) chance *cpd*; (*non régulier*) occasional; (: *travail*) casual

occasionnellement [ɔkazjɔnɛlmɑ̃] *adv* occasionally, from time to time

occasionner [ɔkazjɔne] *vt* to cause, bring about; **occasionner qch à qn** to cause sb sth

occident [ɔksidɑ̃] *nm*: **l'Occident** the West

occidental, e, aux [ɔksidɑ̃tal, -o] *adj* western; (*POL*) Western ♦ *nm/f* Westerner

occupation [ɔkypasjɔ̃] *nf* occupation; **l'Occupation** the Occupation (of France)

occupé, e [ɔkype] *adj* (*MIL, POL*) occupied; (*personne: affairé, pris*) busy; (*esprit: absorbé*) occupied; (*place, sièges*) taken; (*toilettes, ligne*) engaged

occuper [ɔkype] *vt* to occupy; (*poste, fonction*) to hold; (*main-d'œuvre*) to employ; **s'occuper (à qch)** to occupy o.s. *ou* keep o.s. busy (with sth); **s'occuper de** (*être responsable de*) to be in charge of; (*se charger de: affaire*) to take charge of, deal with; (: *clients etc*) to attend to; (*s'intéresser à, pratiquer: politique etc*) to be involved in; **ça occupe trop de place** it takes up too much room

occurrence [ɔkyrɑ̃s] *nf*: **en l'occurrence** in this case

océan [ɔseɑ̃] *nm* ocean; **l'océan Indien** the Indian Ocean

octante [ɔktɑ̃t] *num* (*Belgique, Suisse*) eighty

octet [ɔktɛ] *nm* byte

octobre [ɔktɔbr(ə)] *nm* October; *voir aussi* **juillet**

octroyer [ɔktrwaje] *vt*: **octroyer qch à qn** to grant sth to sb, grant sb sth

oculiste [ɔkylist(ə)] *nm/f* eye specialist, oculist

odeur [ɔdœr] *nf* smell

odieux, euse [ɔdjø, -øz] *adj* odious, hateful

odorant, e [ɔdɔrɑ̃, -ɑ̃t] *adj* sweet-smelling, fragrant

odorat [ɔdɔra] *nm* (sense of) smell; **avoir l'odorat fin** to have a keen sense of smell

œil [œj], *pl* **yeux** [jø] *nm* eye; **avoir un œil poché** *ou* **au beurre noir** to have a black eye; **à l'œil** (*fam*) for free; **à l'œil nu** with the naked eye; **tenir qn à l'œil** to keep an eye *ou* a watch on sb; **avoir l'œil à** to keep an eye on; **faire de l'œil à qn** to make eyes at sb; **voir qch d'un bon/mauvais œil** to view sth in a favourable/an unfavourable light; **à l'œil vif** with a lively expression; **à mes/ses yeux** in my/his eyes; **de ses propres yeux** with his own eyes; **fermer les yeux (sur)** (*fig*) to turn a blind eye (to); **les yeux fermés** (*aussi fig*) with one's eyes shut; **fermer l'œil** to get a moment's sleep; **œil pour œil, dent pour dent** an eye for an eye, a tooth for a tooth; **pour les beaux yeux de qn** (fig) for love of sb; **œil de verre** glass eye

œillères [œjɛʀ] nfpl blinkers (BRIT), blinders (US); **avoir des œillères** (fig) to be blinkered, wear blinders

œillet [œjɛ] nm (BOT) carnation; (trou) eyelet

œuf [œf, pl ø] nm egg; **étouffer dans l'œuf** to nip in the bud; **œuf à la coque/dur/mollet** boiled/hard-boiled/soft-boiled egg; **œuf au plat/poché** fried/poached egg; **œufs brouillés** scrambled eggs; **œuf de Pâques** Easter egg; **œuf à repriser** darning egg

œuvre [œvʀ(ə)] nf (tâche) task, undertaking; (ouvrage achevé, livre, tableau etc) work; (ensemble de la production artistique) works pl; (organisme charitable) charity ♦ nm (d'un artiste) works pl; (CONSTR): **le gros œuvre** the shell; **œuvres** nfpl (actes) deeds, works; **être/se mettre à l'œuvre** to be at/get (down) to work; **mettre en œuvre** (moyens) to make use of; (plan, loi, projet etc) to implement; **œuvre d'art** work of art; **bonnes œuvres** good works ou deeds; **œuvres de bienfaisance** charitable works

offense [ofɑ̃s] nf (affront) insult; (REL: péché) transgression, trespass

offenser [ofɑ̃se] vt to offend, hurt; (principes, Dieu) to offend against; **s'offenser de** to take offence (BRIT) ou offense (US) at

offert, e [ofɛʀ, -ɛʀt(ə)] pp de **offrir**

office [ofis] nm (charge) office; (agence) bureau, agency; (REL) service ♦ nm ou nf (pièce) pantry; **faire office de** to act as; to do duty as; **d'office** adv automatically; **bons offices** (POL) good offices; **office du tourisme** tourist bureau

officiel, le [ofisjɛl] adj, nm/f official

officier [ofisje] nm officer ♦ vi (REL) to officiate; **officier de l'état-civil** registrar; **officier ministériel** member of the legal profession; **officier de police** ≈ police officer

officieux, euse [ofisjø, -øz] adj unofficial

offrande [ofʀɑ̃d] nf offering

offre [ofʀ(ə)] vb voir **offrir** ♦ nf offer; (aux enchères) bid; (ADMIN: soumission) tender; (ÉCON): **l'offre** supply; **offre d'emploi** job advertised; **"offres d'emploi"** "situations vacant"; **offre publique d'achat (OPA)** takeover bid; **offres de service** offer of service

offrir [ofʀiʀ] vt: **offrir (à qn)** to offer (to sb); (faire cadeau) to give to (sb); **s'offrir** vi (se présenter: occasion, paysage) to present itself ♦ vt (se payer: vacances, voiture) to treat o.s. to; **offrir (à qn) de faire qch** to offer to do sth (for sb); **offrir à boire à qn** to offer sb a drink; **s'offrir à faire qch** to offer ou volunteer to do sth; **s'offrir comme guide/en otage** to offer one's services as (a) guide/offer o.s. as (a) hostage; **s'offrir aux regards** (suj: personne) to expose o.s. to the public gaze

offusquer [ofyske] vt to offend; **s'offusquer de** to take offence (BRIT) ou offense (US) at, be offended by

OGM sigle m (= organisme génétiquement modifié) GMO

oie [wa] nf (ZOOL) goose (pl geese); **oie blanche** (fig) young innocent

oignon [ɔɲɔ̃] nm (CULIN) onion; (de tulipe etc: bulbe) bulb; (MÉD) bunion; **ce ne sont pas tes oignons** (fam) that's none of your business

oiseau, x [wazo] nm bird; **oiseau de proie** bird of prey

oisif, ive [wazif, -iv] adj idle ♦ nm/f (péj) man/lady of leisure

oléoduc [ɔleɔdyk] nm (oil) pipeline

olive [ɔliv] nf (BOT) olive ♦ adj inv olive(-green)

olivier [ɔlivje] nm olive (tree); (bois) olive (wood)

OLP sigle f (= Organisation de libération de la Palestine) PLO

olympique [ɔlɛ̃pik] adj Olympic

ombragé, e [ɔ̃bʀaʒe] adj shaded, shady

ombrageux, euse [ɔ̃bʀaʒø, -øz] adj (cheval) skittish, nervous; (personne) touchy, easily offended

ombre [ɔ̃bʀ(ə)] nf (espace non ensoleillé) shade; (ombre portée, tache) shadow; **à l'ombre** in the shade; (fam: en prison) behind bars; **à l'ombre de** in the shade of; (tout près de, fig) in the shadow of; **tu me fais de l'ombre** you're in my light; **ça nous donne de l'ombre** it gives us (some) shade; **il n'y a pas l'ombre d'un doute** there's not the shadow of a doubt; **dans l'ombre** in the shade; **vivre dans l'ombre** (fig) to live in obscurity; **laisser dans l'ombre** (fig) to leave in the dark; **ombre à paupières** eyeshadow; **ombre portée** shadow; **ombres chinoises** (spectacle) shadow show sg

ombrelle [ɔ̃bʀɛl] nf parasol, sunshade

omelette [ɔmlɛt] nf omelette; **omelette baveuse** runny omelette; **omelette au fromage/au jambon** cheese/ham omelette; **omelette aux herbes** omelette with herbs; **omelette norvégienne** baked Alaska

omettre [ɔmɛtʀ(ə)] vt to omit, leave out; **omettre de faire** to fail ou omit to do

omnibus [ɔmnibys] nm slow ou stopping train

omoplate [ɔmɔplat] nf shoulder blade

MOT-CLÉ

on [ɔ̃] pron 1 (indéterminé) you, one; **on peut le faire ainsi** you ou one can do it like this, it can be done like this; **on dit que ...** they say that ..., it is said that ..

2 (quelqu'un): **on les a attaqués** they were attacked; **on vous demande au téléphone** there's a phone call for you, you're wanted on the phone; **on frappe à la porte** someone's knocking at the door

3 (nous) we; **on va y aller demain** we're going tomorrow

4 (les gens) they; **autrefois, on croyait ...** they used to believe ...

5: on ne peut plus *adv*: **on ne peut plus stu-pide** as stupid as can be

oncle [ɔ̃kl(ə)] *nm* uncle

onctueux, euse [ɔ̃ktɥø, -øz] *adj* creamy, smooth; (*fig*) smooth, unctuous

onde [ɔ̃d] *nf* (*PHYSIQUE*) wave; **sur l'onde** on the waters; **sur les ondes** on the radio; **mettre en ondes** to produce for the radio; **onde de choc** shock wave; **ondes courtes (OC)** short wave *sg*; **petites ondes (PO), ondes moyennes (OM)** medium wave *sg*; **grandes ondes (GO), ondes longues (OL)** long wave *sg*; **ondes sonores** sound waves

ondée [ɔ̃de] *nf* shower

on-dit [ɔ̃di] *nm inv* rumour

onduler [ɔ̃dyle] *vi* to undulate; (*cheveux*) to wave

onéreux, euse [ɔneʀø, -øz] *adj* costly; **à titre onéreux** in return for payment

ongle [ɔ̃gl(ə)] *nm* (*ANAT*) nail; **manger** *ou* **ronger ses ongles** to bite one's nails; **se faire les ongles** to do one's nails

ont [ɔ̃] *vb voir* **avoir**

ONU [ɔny] *sigle f* (= *Organisation des Nations unies*) UN(O)

onze [ɔ̃z] *num* eleven

onzième [ɔ̃zjɛm] *num* eleventh

OPA *sigle f* = **offre publique d'achat**

opaque [ɔpak] *adj* (*vitre, verre*) opaque; (*brouil-lard, nuit*) impenetrable

opéra [ɔpeʀa] *nm* opera; (*édifice*) opera house

opérateur, trice [ɔpeʀatœʀ, -tʀis] *nm/f* operator; **opérateur (de prise de vues)** cameraman

opération [ɔpeʀasjɔ̃] *nf* operation; (*COMM*) deal-ing; **salle/table d'opération** operating theatre/ table; **opération de sauvetage** rescue operation; **opération à cœur ouvert** open-heart surgery *no pl*

opératoire [ɔpeʀatwaʀ] *adj* (*manœuvre, mé-thode*) operating; (*choc etc*) post-operative

opérer [ɔpeʀe] *vt* (*MÉD*) to operate on; (*faire, exé-cuter*) to carry out, make ♦ *vi* (*remède: faire effet*) to act, work; (*procéder*) to proceed; (*MÉD*) to operate; **s'opérer** *vi* (*avoir lieu*) to occur, take place; **se faire opérer** to have an operation; **se faire opérer des amygdales/du cœur** to have one's tonsils out/ have a heart operation

opérette [ɔpeʀet] *nf* operetta, light opera

ophtalmologie [ɔftalmɔlɔʒi] *nf* ophthalmology

opiner [ɔpine] *vi*: **opiner de la tête** to nod assent ♦ *vt*: **opiner à** to consent to

opinion [ɔpinjɔ̃] *nf* opinion; **l'opinion (publique)** public opinion; **avoir bonne/mau-vaise opinion de** to have a high/low opinion of

opportun, e [ɔpɔʀtœ̃, -yn] *adj* timely, opportune; **en temps opportun** at the appropriate time

opportuniste [ɔpɔʀtynist(ə)] *adj, nm/f* oppor-tunist

opposant, e [ɔpozɑ̃, -ɑ̃t] *adj* opposing ♦ *nm/f* opponent

opposé, e [ɔpoze] *adj* (*direction, rive*) opposite; (*faction*) opposing; (*couleurs*) contrasting; (*opinions, intérêts*) conflicting; (*contre*): **opposé à** opposed to, against ♦ *nm*: **l'opposé** the other *ou* opposite side (*ou* direction); (*contraire*) the opposite; **être opposé à** to be opposed to; **à l'opposé** (*fig*) on the other hand; **à l'opposé de** on the other *ou* oppo-site side from; (*fig*) contrary to, unlike

opposer [ɔpoze] *vt* (*meubles, objets*) to place opposite each other; (*personnes, armées, équipes*) to oppose; (*couleurs, termes, tons*) to contrast; (*compar-er: livres, avantages*) to contrast; **opposer qch à** (*comme obstacle, défense*) to set sth against; (*comme objection*) to put sth forward against; (*en contraste*) to set sth opposite; to match sth with; **s'opposer** (*sens réciproque*) to conflict; to clash; to face each other; to contrast; **s'opposer à** (*interdire, empêcher*) to oppose; (*tenir tête à*) to rebel against; **sa religion s'y oppose** it's against his religion; **s'opposer à ce que qn fasse** to be opposed to sb's doing

opposition [ɔpozisjɔ̃] *nf* opposition; **par opposi-tion** in contrast; **par opposition à** as opposed to, in contrast with; **entrer en opposition avec** to come into conflict with; **être en opposition avec** (*idées, conduite*) to be at variance with; **faire oppo-sition à un chèque** to stop a cheque

oppressant, e [ɔpʀesɑ̃, -ɑ̃t] *adj* oppressive

oppresser [ɔpʀese] *vt* to oppress; **se sentir oppressé** to feel breathless

oppression [ɔpʀesjɔ̃] *nf* oppression; (*malaise*) feeling of suffocation

opprimer [ɔpʀime] *vt* (*asservir: peuple, faibles*) to oppress; (*étouffer: liberté, opinion*) to suppress, sti-fle; (*suj: chaleur etc*) to suffocate, oppress

opter [ɔpte] *vi*: **opter pour** to opt for; **opter entre** to choose between

opticien, ne [ɔptisjɛ̃, -ɛn] *nm/f* optician

optimisme [ɔptimism(ə)] *nm* optimism

optimiste [ɔptimist(ə)] *adj* optimistic ♦ *nm/f* optimist

option [ɔpsjɔ̃] *nf* option; (*AUTO: supplément*) optional extra; **matière à option** (*SCOL*) optional subject (*BRIT*), elective (*US*); **prendre une option sur** to take (out) an option on; **option par défaut** (*INFORM*) default (option)

optique [ɔptik] *adj* (*nerf*) optic; (*verres*) optical ♦ *nf* (*PHOTO: lentilles etc*) optics *pl*; (*science, industrie*) optics *sg*; (*fig: manière de voir*) perspective

opulent, e [ɔpylɑ̃, -ɑ̃t] *adj* wealthy, opulent; (*formes, poitrine*) ample, generous

or [ɔʀ] *nm* gold ♦ *conj* now, but; **d'or** (*fig*) golden; **en or** gold *cpd*; (*occasion*) golden; **un mari/enfant en or** a treasure; **une affaire en or** (*achat*) a real bargain; (*commerce*) a gold mine; **plaqué or** gold-plated; **or noir** black gold

orage [ɔʀaʒ] nm (thunder)storm

orageux, euse [ɔʀaʒø, -øz] adj stormy

oral, e, aux [ɔʀal, -o] adj (déposition, promesse) oral, verbal; (MÉD): **par voie orale** by mouth, orally ♦ nm (SCOL) oral

orange [ɔʀɑ̃ʒ] adj inv, nf orange; **orange sanguine** blood orange; **orange pressée** freshly-squeezed orange juice

orangé, e [ɔʀɑ̃ʒe] adj orangey, orange-coloured

orangeade [ɔʀɑ̃ʒad] nf orangeade

oranger [ɔʀɑ̃ʒe] nm orange tree

orateur [ɔʀatœʀ] nm speaker; orator

orbite [ɔʀbit] nf (ANAT) (eye-)socket; (PHYSIQUE) orbit; **mettre sur orbite** to put into orbit; (fig) to launch; **dans l'orbite de** (fig) within the sphere of influence of

orchestre [ɔʀkɛstʀ(ə)] nm orchestra; (de jazz, danse) band; (places) stalls pl (BRIT), orchestra (US)

orchestrer [ɔʀkɛstʀe] vt (MUS) to orchestrate; (fig) to mount, stage-manage

orchidée [ɔʀkide] nf orchid

ordinaire [ɔʀdinɛʀ] adj ordinary; (coutumier: maladresse etc) usual; (de tous les jours) everyday; (modèle, qualité) standard ♦ nm ordinary; (menus) everyday fare ♦ nf (essence) = two-star (petrol) (BRIT), = regular (gas) (US); **d'ordinaire** usually, normally; **à l'ordinaire** usually, ordinarily

ordinateur [ɔʀdinatœʀ] nm computer; **mettre sur ordinateur** to computerize, put on computer; **ordinateur de bureau** desktop computer; **ordinateur domestique** home computer; **ordinateur individuel** ou **personnel** personal computer; **ordinateur portatif** laptop (computer)

ordonnance [ɔʀdɔnɑ̃s] nf organization; (groupement, disposition) layout; (MÉD) prescription; (JUR) order; (MIL) orderly, batman (BRIT); **d'ordonnance** (MIL) regulation cpd; **officier d'ordonnance** aide-de-camp

ordonné, e [ɔʀdɔne] adj tidy, orderly; (MATH) ordered ♦ nf (MATH) Y-axis, ordinate

ordonner [ɔʀdɔne] vt (agencer) to organize, arrange; (: meubles, appartement) to lay out, arrange; (donner un ordre): **ordonner à qn de faire** to order sb to do; (MATH) to (arrange in) order; (REL) to ordain; (MÉD) to prescribe; (JUR) to order; **s'ordonner** (faits) to organize themselves

ordre [ɔʀdʀ(ə)] nm (gén) order; (propreté et soin) orderliness, tidiness; (association professionnelle, honorifique) association; (COMM): **à l'ordre de** payable to; (nature): **d'ordre pratique** of a practical nature; **ordres** nmpl (REL) holy orders; **avoir de l'ordre** to be tidy ou orderly; **mettre en ordre** to tidy (up), put in order; **mettre bon ordre à** to put to rights, sort out; **procéder par ordre** to take things one at a time; **être aux ordres de qn/sous les ordres de qn** to be at sb's disposal/under sb's command; **rappeler qn à l'ordre** to call sb to

order; **jusqu'à nouvel ordre** until further notice; **dans le même ordre d'idées** in this connection; **par ordre d'entrée en scène** in order of appearance; **un ordre de grandeur** some idea of the size (ou amount); **de premier ordre** first-rate; **ordre de grève** strike call; **ordre du jour** (d'une réunion) agenda; (MIL) order of the day; **à l'ordre du jour** on the agenda; (fig) topical; (MIL: citer) in dispatches; **ordre de mission** (MIL) orders pl; **ordre public** law and order; **ordre de route** marching orders pl

ordure [ɔʀdyʀ] nf filth no pl; (propos, écrit) obscenity, (piece of) filth; **ordures** nfpl (balayures, déchets) rubbish sg, refuse sg; **ordures ménagères** household refuse

oreille [ɔʀɛj] nf (ANAT) ear; (de marmite, tasse) handle; (TECH: d'un écrou) wing; **avoir de l'oreille** to have a good ear (for music); **avoir l'oreille fine** to have good ou sharp ears; **l'oreille basse** crestfallen, dejected; **se faire tirer l'oreille** to take a lot of persuading; **dire qch à l'oreille de qn** to have a word in sb's ear (about sth)

oreiller [ɔʀeje] nm pillow

oreillons [ɔʀejɔ̃] nmpl mumps sg

ores [ɔʀ]: **d'ores et déjà** adv already

orfèvrerie [ɔʀfɛvʀəʀi] nf (art, métier) goldsmith's (ou silversmith's) trade; (ouvrage) (silver ou gold) plate

organe [ɔʀgan] nm organ; (véhicule, instrument) instrument; (voix) voice; (porte-parole) representative, mouthpiece; **organes de commande** (TECH) controls; **organes de transmission** (TECH) transmission system sg

organigramme [ɔʀganigʀam] nm (hiérarchique, structure) organization chart; (des opérations) flow chart

organique [ɔʀganik] adj organic

organisateur, trice [ɔʀganizatœʀ, -tʀis] nm/f organizer

organisation [ɔʀganizasjɔ̃] nf organization; **Organisation des Nations unies (ONU)** United Nations (Organization) (UN, UNO); **Organisation mondiale de la santé (OMS)** World Health Organization (WHO); **Organisation du traité de l'Atlantique Nord (OTAN)** North Atlantic Treaty Organization (NATO)

organiser [ɔʀganize] vt to organize; (mettre sur pied: service etc) to set up; **s'organiser** to get organized

organisme [ɔʀganism(ə)] nm (BIO) organism; (corps humain) body; (ADMIN, POL etc) body, organism

organiste [ɔʀganist(ə)] nm/f organist

orgasme [ɔʀgasm(ə)] nm orgasm, climax

orge [ɔʀʒ(ə)] nf barley

orgue [ɔʀg(ə)] nm organ; **orgues** nfpl organ sg; **orgue de Barbarie** barrel ou street organ

orgueil [ɔʀgœj] nm pride

orgueilleux, euse [ɔʀgœjø, -øz] adj proud

Orient [ɔʀjɑ̃] nm: **l'Orient** the East, the Orient

oriental, e, aux [ɔʀjɑ̃tal, -o] adj oriental, eastern; (frontière) eastern ♦ nm/f: **Oriental, e** Oriental

orientation [ɔʀjɑ̃tasjɔ̃] nf positioning; adjustment; orientation; direction; (d'une maison etc) aspect; (d'un journal) leanings pl; **avoir le sens de l'orientation** to have a (good) sense of direction; **course d'orientation** orienteering exercise; **orientation professionnelle** careers advice ou guidance; (service) careers advisory service

orienté, e [ɔʀjɑ̃te] adj (fig: article, journal) slanted; **bien/mal orienté** (appartement) well/badly positioned; **orienté au sud** facing south, with a southern aspect

orienter [ɔʀjɑ̃te] vt (situer) to position; (placer, disposer: pièce mobile) to adjust, position; (tourner) to direct, turn; (voyageur, touriste, recherches) to direct; (fig: élève) to orientate; **s'orienter** (se repérer) to find one's bearings; **s'orienter vers** (fig) to turn towards

origan [ɔʀigɑ̃] nm oregano

originaire [ɔʀiʒinɛʀ] adj original; **être originaire de** (pays, lieu) to be a native of; (provenir de) to originate from; to be native to

original, e, aux [ɔʀiʒinal, -o] adj original; (bizarre) eccentric ♦ nm/f (fam: excentrique) eccentric; (: fantaisiste) joker ♦ nm (document etc, ART) original; (dactylographie) top copy

origine [ɔʀiʒin] nf origin; (d'un message, appel téléphonique) source; (d'une révolution, réussite) root; **origines** nfpl (d'une personne) origins; **d'origine** of origin; (pneus etc) original; (bureau postal) dispatching; **d'origine française** of French origin; **dès l'origine** at ou from the outset; **à l'origine** originally; **avoir son origine dans** to have its origins in, originate in

originel, le [ɔʀiʒinɛl] adj original

orme [ɔʀm(ə)] nm elm

ornement [ɔʀnəmɑ̃] nm ornament; (fig) embellishment, adornment; **ornements sacerdotaux** vestments

orner [ɔʀne] vt to decorate, adorn; **orner qch de** to decorate sth with

ornière [ɔʀnjɛʀ] nf rut; (fig): **sortir de l'ornière** (routine) to get out of the rut; (impasse) to get out of a spot

orphelin, e [ɔʀfəlɛ̃, -in] adj orphan(ed) ♦ nm/f orphan; **orphelin de père/mère** fatherless/motherless

orphelinat [ɔʀfəlina] nm orphanage

orteil [ɔʀtɛj] nm toe: **gros orteil** big toe

orthographe [ɔʀtɔgʀaf] nf spelling

ortie [ɔʀti] nf (stinging) nettle; **ortie blanche** white dead-nettle

os [ɔs, pl o] nm bone; **sans os** (BOUCHERIE) off the bone, boned; **os à moelle** marrowbone

osciller [ɔsile] vi (pendule) to swing; (au vent etc) to rock; (TECH) to oscillate; (fig): **osciller entre** to waver ou fluctuate between

osé, e [oze] adj daring, bold

oseille [ozɛj] nf sorrel

oser [oze] vi, vt to dare; **oser faire** to dare (to) do

osier [ozje] nm (BOT) willow; **d'osier en osier** wicker(work) cpd

ossature [ɔsatyʀ] nf (ANAT: squelette) frame, skeletal structure; (: du visage) bone structure; (fig) framework

osseux, euse [ɔsø, -øz] adj bony; (tissu, maladie, greffe) bone cpd

ostensible [ɔstɑ̃sibl(ə)] adj conspicuous

otage [ɔtaʒ] nm hostage; **prendre qn comme otage** to take sb hostage

OTAN [ɔtɑ̃] sigle f (= Organisation du traité de l'Atlantique Nord) NATO

otarie [ɔtaʀi] nf sea-lion

ôter [ote] vt to remove; (soustraire) to take away; **ôter qch à qn** to take sth (away) from sb; **ôter qch de** to remove sth from; **6 ôté de 10 égale 4** 6 from 10 equals ou is 4

otite [ɔtit] nf ear infection

ou [u] conj or; **ou ... ou** either ... or; **ou bien** or (else)

MOT-CLÉ

où [u] pron relatif **1** (position, situation) where, that (souvent omis); **la chambre où il était** the room (that) he was in, the room where he was; **la ville où je l'ai rencontré** the town where I met him; **la pièce d'où il est sorti** the room he came out of; **le village d'où je viens** the village I come from; **les villes par où il est passé** the towns he went through
2 (temps, état) that (souvent omis); **le jour où il est parti** the day (that) he left; **au prix où c'est** at the price it is
♦ adv **1** (interrogation) where; **où est-il/va-t-il?** where is he/is he going?; **par où?** which way?; **d'où vient que ...?** how come ...?
2 (position) where; **je sais où il est** I know where he is; **où que l'on aille** wherever you go

---

ouate [wat] nf cotton wool (BRIT), cotton (US); (bourre) padding, wadding; **ouate (hydrophile)** cotton wool (BRIT), (absorbent) cotton (US)

oubli [ubli] nm (acte): **l'oubli de** forgetting; (étourderie) forgetfulness no pl; (négligence) omission, oversight; (absence de souvenirs) oblivion; **oubli de soi** self-effacement, self-negation

oublier [ublije] vt (gén) to forget; (ne pas voir: erreurs etc) to miss; (ne pas mettre: virgule, nom) to leave out, forget; (laisser quelque part: chapeau etc) to leave behind; **s'oublier** to forget o.s.; (enfant, animal) to have an accident (euphemism) **oublier l'heure** to forget (about) the time

oubliettes [ublijɛt] nfpl dungeon sg; (jeter) aux **oubliettes** (fig) (to put) completely out of mind

ouest [wɛst] nm west ♦ adj inv west; (région)

western; **à l'ouest** in the west, (to the) west, westwards; **à l'ouest de** (to the) west of; **vent d'ouest** westerly wind

ouf [uf] *excl* phew!

oui [wi] *adv* yes; **répondre (par) oui** to answer yes; **mais oui, bien sûr** yes, of course; **je pense que oui** I think so; **pour un oui ou pour un non** for no apparent reason

ouï-dire [widiʀ]: **par ouï-dire** *adv* by hearsay

ouïe [wi] *nf* hearing; **ouïes** *nfpl* (*de poisson*) gills; (*de violon*) sound-hole *sg*

ouragan [uʀagɑ̃] *nm* hurricane; (*fig*) storm

ourlet [uʀlɛ] *nm* hem; (*de l'oreille*) rim; **faire un ourlet à** to hem

ours [uʀs] *nm* bear; **ours brun/blanc** brown/polar bear; **ours marin** fur seal; **ours mal léché** uncouth fellow; **ours (en peluche)** teddy (bear)

oursin [uʀsɛ̃] *nm* sea urchin

ourson [uʀsɔ̃] *nm* (bear-)cub

ouste [ust(ə)] *excl* hop it!

outil [uti] *nm* tool

outiller [utije] *vt* (*ouvrier, usine*) to equip

outrage [utʀaʒ] *nm* insult; **faire subir les derniers outrages à** (*femme*) to ravish; **outrage aux bonnes mœurs** (*JUR*) outrage to public decency; **outrage à magistrat** (*JUR*) contempt of court; **outrage à la pudeur** (*JUR*) indecent behaviour *no pl*

outrager [utʀaʒe] *vt* to offend gravely; (*fig: contrevenir à*) to outrage, insult

outrance [utʀɑ̃s] *nf* excessiveness *no pl*, excess; **à outrance** *adv* excessively, to excess

outre [utʀ(ə)] *nf* goatskin, water skin ♦ *prép* besides ♦ *adv*: **passer outre** to carry on regardless; **passer outre à** to disregard, take no notice of; **en outre** besides, moreover; **outre que** apart from the fact that; **outre mesure** immoderately; unduly

outre-Atlantique [utʀatlɑ̃tik] *adv* across the Atlantic

outre-Manche [utʀəmɑ̃ʃ] *adv* across the Channel

outre-mer [utʀəmɛʀ] *adv* overseas; **d'outre-mer** overseas

outrepasser [utʀəpɑse] *vt* to go beyond, exceed

ouvert, e [uvɛʀ, -ɛʀt(ə)] *pp de* ouvrir ♦ *adj* open; (*robinet, gaz etc*) on; **à bras ouverts** with open arms

ouvertement [uvɛʀtəmɑ̃] *adv* openly

ouverture [uvɛʀtyʀ] *nf* opening; (*MUS*) overture; (*POL*): **l'ouverture** the widening of the political spectrum; (*PHOTO*): **ouverture (du diaphragme)** aperture; **ouvertures** *nfpl* (*propositions*) overtures; **ouverture d'esprit** open-mindedness; **heures d'ouverture** (*COMM*) opening hours; **jours d'ouverture** (*COMM*) days of opening

ouvrable [uvʀabl(ə)] *adj*: **jour ouvrable** working day, weekday; **heures ouvrables** business hours

ouvrage [uvʀaʒ] *nm* (*tâche, de tricot etc, MIL*) work *no pl*; (*objet: COUTURE, ART*) (piece of) work; (*texte, livre*) work; **panier** *ou* **corbeille à ouvrage** work basket; **ouvrage d'art** (*GÉNIE CIVIL*) bridge or tunnel *etc*

ouvragé, e [uvʀaʒe] *adj* finely embroidered (*ou* worked ou carved)

ouvre-boîte(s) [uvʀəbwat] *nm inv* tin (*BRIT*) ou can opener

ouvre-bouteille(s) [uvʀəbutɛj] *nm inv* bottle-opener

ouvreuse [uvʀøz] *nf* usherette

ouvrier, ière [uvʀije, -jɛʀ] *nm/f* worker ♦ *nf* (*ZOOL*) worker (bee) ♦ *adj* working-class; (*problèmes, conflit*) industrial, labour *cpd* (*BRIT*), labor *cpd* (*US*); (*revendications*) workers'; **classe ouvrière** working class; **ouvrier agricole** farmworker; **ouvrier qualifié** skilled worker; **ouvrier spécialisé (OS)** semiskilled worker; **ouvrier d'usine** factory worker

ouvrir [uvʀiʀ] *vt* (*gén*) to open; (*brèche, passage*) to open up; (*commencer l'exploitation de, créer*) to open (up); (*eau, électricité, chauffage, robinet*) to turn on; (*MÉD: abcès*) to open up, cut open ♦ *vi* to open; to open up; (*CARTES*): **ouvrir à trèfle** to open in clubs; **s'ouvrir** *vi* to open; **s'ouvrir à** (*art etc*) to open one's mind to; **s'ouvrir à qn (de qch)** to open one's heart to sb (about sth); **s'ouvrir les veines** to slash ou cut one's wrists; **ouvrir sur** to open onto; **ouvrir l'appétit à qn** to whet sb's appetite; **ouvrir des horizons** to open up new horizons; **ouvrir l'esprit** to broaden one's horizons; **ouvrir une session** (*INFORM*) to log in

ovaire [ɔvɛʀ] *nm* ovary

ovale [ɔval] *adj* oval

OVNI [ɔvni] *sigle m* (= *objet volant non identifié*) UFO

oxyder [ɔkside]: **s'oxyder** *vi* to become oxidized

oxygène [ɔksiʒɛn] *nm* oxygen; (*fig*): **cure d'oxygène** fresh air cure

oxygéné, e [ɔksiʒene] *adj*: **eau oxygénée** hydrogen peroxide; **cheveux oxygénés** bleached hair

ozone [ozɔn] *nm* ozone; **trou dans la couche d'ozone** ozone hole

— P p —

pacifique [pasifik] *adj* (*personne*) peaceable; (*intentions, coexistence*) peaceful ♦ *nm*: **le Pacifique, l'océan Pacifique** the Pacific (Ocean)

pack [pak] *nm* pack

pacotille [pakɔtij] *nf* (*péj*) cheap goods *pl*; **de pacotille** cheap

pacte [pakt(ə)] *nm* pact, treaty

pagaie [page] *nf* paddle

pagaille [pagaj] *nf* mess, shambles *sg*; **il y en a en pagaille** there are loads *ou* heaps of them

pagayer [pageje] *vi* to paddle

page [paʒ] *nf* page; (*passage: d'un roman*) passage ♦ *nm* page (boy); **mettre en pages** to make up (into pages); **mise en page** layout; **à la page** (*fig*) up-to-date; **page blanche** blank page; **page de garde** endpaper

paiement [pemɑ̃] *nm* = **payement**

païen, ne [pajɛ̃, -ɛn] *adj, nm/f* pagan, heathen

paillasson [pajasɔ̃] *nm* doormat

paille [paj] *nf* straw; (*défaut*) flaw; **être sur la paille** to be ruined; **paille de fer** steel wool

paillette [pajɛt] *nf* speck, flake; **paillettes** *nfpl* (*décoratives*) sequins, spangles; **lessive en paillettes** soapflakes *pl*

pain [pɛ̃] *nm* (*substance*) bread; (*unité*) loaf (*pl* loaves) (of bread); (*morceau*): **pain de cire** *etc* bar of wax *etc*; (*culin*) **pain de poisson/légumes** fish/vegetable loaf; **petit pain** (bread) roll; **pain bis/complet** brown/wholemeal (*BRIT*) *ou* wholewheat (*US*) bread; **pain de campagne** farmhouse bread; **pain d'épice** ≃ gingerbread; **pain grillé** toast; **pain de mie** sandwich loaf; **pain perdu** French toast; **pain de seigle** rye bread; **pain de sucre** sugar loaf

pair, e [pɛʀ] *adj* (*nombre*) even ♦ *nm* peer; **aller de pair** (**avec**) to go hand in hand *ou* together (with); **au pair** (*FINANCE*) at par; **valeur au pair** par value; **jeune fille au pair** au pair

paire [pɛʀ] *nf* pair; **une paire de lunettes/tenailles** a pair of glasses/pincers; **faire la paire: les deux font la paire** they are two of a kind

paisible [pezibl(ə)] *adj* peaceful, quiet

paître [pɛtʀ(ə)] *vi* to graze

paix [pɛ] *nf* peace; (*fig*) peacefulness, peace; **faire la paix avec** to make peace with; **avoir la paix** to have peace (and quiet)

Pakistan [pakistɑ̃] *nm*: **le Pakistan** Pakistan

palace [palas] *nm* luxury hotel

palais [palɛ] *nm* palace; (*ANAT*) palate; **le Palais Bourbon** the seat of the French National Assembly; **le Palais de l'Élysée** the Élysée Palace; **palais des expositions** exhibition centre; **le Palais de Justice** the Law Courts *pl*

pâle [pɑl] *adj* pale; (*fig*): **une pâle imitation** a pale imitation; **bleu pâle** pale blue; **pâle de colère** white *ou* pale with anger

Palestine [palestin] *nf*: **la Palestine** Palestine

palet [palɛ] *nm* disc; (*HOCKEY*) puck

paletot [palto] *nm* (short) coat

palette [palɛt] *nf* palette; (*de produits*) range

pâleur [pɑlœʀ] *nf* paleness

palier [palje] *nm* (*d'escalier*) landing; (*fig*) level, plateau; (: *phase stable*) levelling (*BRIT*) *ou* leveling (*US*) off, new level; (*TECH*) bearing; **nos voisins de palier** our neighbo(u)rs across the landing (*BRIT*) *ou*

the hall (*US*); **en palier** *adv* level; **par paliers** in stages

pâlir [paliʀ] *vi* to turn *ou* go pale; (*couleur*) to fade; **faire pâlir qn** (*de jalousie*) to make sb green (with envy)

palissade [palisad] *nf* fence

pallier [palje] *vt*, **pallier à** *vt* to offset, make up for

palmarès [palmaʀɛs] *nm* record (of achievements); (*SCOL*) prize list; (*SPORT*) list of winners

palme [palm(ə)] *nf* (*BOT*) palm leaf (*pl* leaves); (*symbole*) palm; (*de plongeur*) flipper; **palmes (académiques)** *decoration for services to education*

palmé, e [palme] *adj* (*pattes*) webbed

palmier [palmje] *nm* palm tree

pâlot, te [palo, -ɔt] *adj* pale, peaky

palourde [paluʀd(ə)] *nf* clam

palper [palpe] *vt* to feel, finger

palpitant, e [palpitɑ̃, -ɑ̃t] *adj* thrilling, gripping

palpiter [palpite] *vi* (*cœur, pouls*) to beat; (: *plus fort*) to pound, throb; (*narines, chair*) to quiver

paludisme [palydism(ə)] *nm* malaria

pamphlet [pɑ̃flɛ] *nm* lampoon, satirical tract

pamplemousse [pɑ̃pləmus] *nm* grapefruit

pan [pɑ̃] *nm* section, piece; (*côté: d'un prisme, d'une tour*) side, face ♦ *excl* bang!; **pan de chemise** shirt tail; **pan de mur** section of wall

panache [panaʃ] *nm* plume; (*fig*) spirit, panache

panaché, e [panaʃe] *adj*: **œillet panaché** variegated carnation; **glace panachée** mixed ice cream; **salade panachée** mixed salad; **bière panachée** shandy

pancarte [pɑ̃kaʀt(ə)] *nf* sign, notice; (*dans un défilé*) placard

pancréas [pɑ̃kʀeas] *nm* pancreas

pané, e [pane] *adj* fried in breadcrumbs

panier [panje] *nm* basket; (*à diapositives*) magazine; **mettre au panier** to chuck away; **panier de crabes**: **c'est un panier de crabes** (*fig*) they're constantly at one another's throats; **panier percé** (*fig*) spendthrift; **panier à provisions** shopping basket; **panier à salade** (*CULIN*) salad shaker; (*POLICE*) paddy wagon, police van

panier-repas, *pl* **paniers-repas** [panjeʀ(ə)pɑ] *nm* packed lunch

panique [panik] *adj* panicky ♦ *nf* panic

paniquer [panike] *vi* to panic

panne [pan] *nf* (*d'un mécanisme, moteur*) breakdown; **être/tomber en panne** to have broken down/break down; **être en panne d'essence** *ou* **en panne sèche** to have run out of petrol (*BRIT*) *ou* gas (*US*); **mettre en panne** (*NAVIG*) to bring to; **panne d'électricité** *ou* **de courant** power *ou* electrical failure

panneau, x [pano] *nm* (*écriteau*) sign, notice; (*de boiserie, de tapisserie etc*) panel; **tomber dans le panneau** (*fig*) to walk into the trap; **panneau d'affichage** notice (*BRIT*) *ou* bulletin (*US*) board; **pan-**

neau électoral board for election poster; **panneau indicateur** signpost; **panneau publicitaire** hoarding (BRIT), billboard (US); **panneau de signalisation** roadsign; **panneau solaire** solar panel

panoplie [panɔpli] nf (jouet) outfit; (d'armes) display; (fig) array

panorama [panɔrama] nm (vue) all-round view, panorama; (peinture) panorama; (fig: étude complète) complete overview

panse [pɑ̃s] nf paunch

pansement [pɑ̃smɑ̃] nm dressing, bandage; **pansement adhésif** sticking plaster (BRIT), bandaid® (US)

panser [pɑ̃se] vt (plaie) to dress, bandage; (bras) to put a dressing on, bandage; (cheval) to groom

pantalon [pɑ̃talɔ̃] nm (aussi: **pantalons, paire de pantalons**) trousers pl (BRIT), pants pl (US), pair of trousers ou pants; **pantalon de ski** ski pants pl

panthère [pɑ̃tɛr] nf panther

pantin [pɑ̃tɛ̃] nm (jouet) jumping jack; (péj: personne) puppet

pantois [pɑ̃twa] adj m: **rester pantois** to be flabbergasted

pantoufle [pɑ̃tufl(ə)] nf slipper

paon [pɑ̃] nm peacock

papa [papa] nm dad(dy)

pape [pap] nm pope

paperasse [paprɑs] nf (péj) bumf no pl, papers pl; forms pl

paperasserie [paprɑsri] nf (péj) red tape no pl; paperwork no pl

papeterie [papetri] nf (fabrication du papier) paper-making (industry); (usine) paper mill; (magasin) stationer's (shop (BRIT)); (articles) stationery

papetier, ière [papetje, -jɛr] nm/f paper-maker; stationer

papi [papi] nm (fam) granddad

papier [papje] nm paper; (feuille) sheet ou piece of paper; (article) article; (écrit officiel) document; **papiers** nmpl (aussi: **papiers d'identité**) (identity) papers; **sur le papier** (théoriquement) on paper; **noircir du papier** to write page after page; **papier couché/glacé** art/glazed paper; **papier (d')aluminium** aluminium (BRIT) ou aluminum (US) foil, tinfoil; **papier d'Arménie** incense paper; **papier bible** India ou bible paper; **papier de brouillon** rough ou scrap paper; **papier buvard** blotting paper; **papier calque** tracing paper; **papier carbone** carbon paper; **papier collant** Sellotape® (BRIT), Scotch tape® (US), sticky tape; **papier en continu** continuous stationery; **papier à dessin** drawing paper; **papier d'emballage** wrapping paper; **papier gommé** gummed paper; **papier hygiénique** toilet paper; **papier journal** newsprint; (pour emballer) newspaper; **papier à lettres** writing paper, notepaper; **papier mâché** papier-mâché; **papier machine** typing paper; **papier peint** wallpaper;

papier pelure India paper; **papier à pliage accordéon** fanfold paper; **papier de soie** tissue paper; **papier thermique** thermal paper; **papier de tournesol** litmus paper; **papier de verre** sandpaper

papillon [papijɔ̃] nm butterfly; (fam: contravention) (parking) ticket; (TECH: écrou) wing ou butterfly nut; **papillon de nuit** moth

papillote [papijɔt] nf (pour cheveux) curlpaper; (de gigot) (paper) frill

papoter [papɔte] vi to chatter

paquebot [pakbo] nm liner

pâquerette [pakrɛt] nf daisy

Pâques [pak] nm, nfpl Easter; **faire ses Pâques** to do one's Easter duties; **l'île de Pâques** Easter Island

paquet [pakɛ] nm packet; (colis) parcel; (ballot) bundle; (dans négociations) package (deal); (fig: tas): **paquet de** pile ou heap of; **paquets** nmpl (bagages) bags; **mettre le paquet** (fam) to give one's all; **paquet de mer** big wave

paquet-cadeau, pl **paquets-cadeaux** [pakɛkado] nm gift-wrapped parcel

par [par] prép by; **finir** etc **par** to end etc with; **par amour** out of love; **passer par Lyon/la côte** to go via ou through Lyons/along by the coast; **par la fenêtre** (jeter, regarder) out of the window; **3 par jour/personne** 3 a ou per day/head; **deux par deux** two at a time; (marcher etc) in twos; **par où?** which way?; **par ici** this way; (dans le coin) round here; **par-ci, par-là** here and there

parabolique [parabɔlik] adj parabolic; **antenne parabolique** satellite dish

parachever [paraʃve] vt to perfect

parachute [paraʃyt] nm parachute

parachutiste [paraʃytist(ə)] nm/f parachutist; (MIL) paratrooper

parade [parad] nf (spectacle, défilé) parade; (ESCRIME, BOXE) parry; (ostentation): **faire parade de** to display, show off; (défense, riposte): **trouver la parade à une attaque** to find the answer to an attack; **de parade** adj ceremonial; (superficiel) superficial, outward

paradis [paradi] nm heaven, paradise; **Paradis terrestre** (REL) Garden of Eden; (fig) heaven on earth

paradoxe [paradɔks(ə)] nm paradox

paraffine [parafin] nf paraffin; paraffin wax

parages [paraʒ] nmpl (NAVIG) waters; **dans les parages (de)** in the area ou vicinity (of)

paragraphe [paragraf] nm paragraph

paraître [parɛtr(ə)] vb avec attribut to seem, look, appear ♦ vi to appear; (être visible) to show; (PRESSE, ÉDITION) to be published, come out, appear; (briller) to show off; **laisser paraître qch** to let (sth) show ♦ vb impers: **il paraît que** it seems ou appears that; **il me paraît que** it seems to me that; **il paraît absurde de** it seems absurd to; **il ne**

paraît pas son âge he doesn't look his age; **paraître en justice** to appear before the court(s); **paraître en scène/en public/à l'écran** to appear on stage/in public/on the screen

parallèle [paʀalɛl] adj parallel; (police, marché) unofficial; (société, énergie) alternative ♦ nm (comparaison): **faire un parallèle entre** to draw a parallel between; (GÉO) parallel ♦ nf parallel (line); **en parallèle** in parallel; **mettre en parallèle** (choses opposées) to compare; (choses semblables) to parallel

paralyser [paʀalize] vt to paralyze

paramédical, e, aux [paʀamedikal, -o] adj paramedical

paraphrase [paʀafʀɑz] nf paraphrase

parapluie [paʀaplɥi] nm umbrella; **parapluie atomique ou nucléaire** nuclear umbrella; **parapluie pliant** telescopic umbrella

parasite [paʀazit] nm parasite ♦ adj (BOT, BIO) parasitic(al); **parasites** nmpl (TÉL) interference sg

parasol [paʀasɔl] nm parasol, sunshade

paratonnerre [paʀatɔnɛʀ] nm lightning conductor

paravent [paʀavɑ̃] nm folding screen; (fig) screen

parc [paʀk] nm (public) park, gardens pl; (de château etc) grounds pl; (pour le bétail) pen, enclosure; (d'enfant) playpen; (MIL: entrepôt) depot; (ensemble d'unités) stock; (de voitures etc) fleet; **parc d'attractions** amusement park; **parc automobile** (d'un pays) number of cars on the roads; **parc à huîtres** oyster bed; **parc à thème** theme park; **parc national** national park; **parc naturel** nature reserve; **parc de stationnement** car park; **parc zoologique** zoological gardens pl

parcelle [paʀsɛl] nf fragment, scrap; (de terrain) plot, parcel

parce que [paʀsk(ə)] conj because

parchemin [paʀʃəmɛ̃] nm parchment

parc(o)mètre [paʀk(ɔ)mɛtʀ(ə)] nm parking meter

parcourir [paʀkuʀiʀ] vt (trajet, distance) to cover; (article, livre) to skim ou glance through; (lieu) to go all over, travel up and down; (suj: frisson, vibration) to run through; **parcourir des yeux** to run one's eye over

parcours [paʀkuʀ] vb voir **parcourir** ♦ nm (trajet) journey; (itinéraire) route; (SPORT: terrain) course; (: tour) round; run; lap; **parcours du combattant** assault course

par-dessous [paʀdəsu] prép, adv under(neath)

pardessus [paʀdəsy] nm overcoat

par-dessus [paʀdəsy] prép over (the top of) ♦ adv over (the top); **par-dessus le marché** on top of it all

par-devant [paʀdəvɑ̃] prép in the presence of, before ♦ adv at the front; round the front

pardon [paʀdɔ̃] nm forgiveness no pl ♦ excl (excuses) (I'm) sorry; (pour interpeller etc) excuse me; (demander de répéter) (I beg your) pardon? (BRIT),

pardon me? (US)

pardonner [paʀdɔne] vt to forgive; **pardonner qch à qn** to forgive sb for sth; **qui ne pardonne pas** (maladie, erreur) fatal

paré, e [paʀe] adj ready, prepared

pare-balles [paʀbal] adj inv bulletproof

pare-brise [paʀbʀiz] nm inv windscreen (BRIT), windshield (US)

pare-chocs [paʀʃɔk] nm inv bumper (BRIT), fender (US)

pareil, le [paʀɛj] adj (identique) the same, alike; (similaire) similar; (tel): **un courage/livre pareil** such courage/a book, courage/a book like this; **de pareils livres** such books ♦ adv: **habillés pareil** dressed the same (way), dressed alike; **faire pareil** to do the same (thing); **j'en veux un pareil** I'd like one just like it; **rien de pareil** no (ou any) such thing, nothing (ou anything) like it; **ses pareils** one's fellow men; one's peers; **ne pas avoir son (sa) pareil(le)** to be second to none; **pareil à** the same as; similar to; **sans pareil** unparalleled, unequalled; **c'est du pareil au même** it comes to the same thing, it's six (of one) and half-a-dozen (of the other); **en pareil cas** in such a case; **rendre la pareille à qn** to pay sb back in his own coin

parent, e [paʀɑ̃, -ɑ̃t] nm/f: **un/une parent/e** a relative ou relation ♦ adj: **être parent de** to be related to; **parents** nmpl (père et mère) parents; (famille, proches) relatives, relations; **parent unique** lone parent; **parents par alliance** relatives ou relations by marriage; **parents en ligne directe** blood relations

parenté [paʀɑ̃te] nf (lien) relationship; (personnes) relatives pl, relations pl

parenthèse [paʀɑ̃tɛz] nf (ponctuation) bracket, parenthesis; (MATH) bracket; (digression) parenthesis, digression; **ouvrir/fermer la parenthèse** to open/close brackets; **entre parenthèses** in brackets; (fig) incidentally

parer [paʀe] vt to adorn; (CULIN) to dress, trim; (éviter) to ward off; **parer à** (danger) to ward off; (inconvénient) to deal with; **se parer de** (fig: qualité, titre) to assume; **parer à toute éventualité** to be ready for every eventuality; **parer au plus pressé** to attend to what's most urgent

paresse [paʀɛs] nf laziness

paresseux, euse [paʀɛsø, -øz] adj lazy; (fig) slow, sluggish ♦ nm (ZOOL) sloth

parfaire [paʀfɛʀ] vt to perfect, complete

parfait, e [paʀfɛ, -ɛt] pp de **parfaire** ♦ adj perfect ♦ nm (LING) perfect (tense); (CULIN) parfait ♦ excl fine, excellent

parfaitement [paʀfɛtmɑ̃] adv perfectly ♦ excl (most) certainly

parfois [paʀfwa] adv sometimes

parfum [paʀfœ̃] nm (produit) perfume, scent; (odeur: de fleur) scent, fragrance; (: de tabac, vin) aroma; (goût: de glace, milk-shake) flavour (BRIT), flavor (US)

parfumé, e [parfyme] adj (fleur, fruit) fragrant; (papier à lettres etc) scented; (femme) wearing perfume ou scent, perfumed; (aromatisé): **parfumé au café** coffee-flavoured (BRIT) ou -flavored (US)

parfumer [parfyme] vt (suj: odeur, bouquet) to perfume; (mouchoir) to put scent ou perfume on; (crème, gâteau) to flavour (BRIT), flavor (US) **se parfumer** to put on (some) perfume ou scent; (d'habitude) to use perfume ou scent

parfumerie [parfymri] nf (commerce) perfumery; (produits) perfumes pl; (boutique) perfume shop (BRIT) ou store (US)

pari [pari] nm bet, wager; (SPORT) bet; **pari mutuel urbain (PMU)** system of betting on horses

parier [parje] vt to bet; **j'aurais parié que si/non** I'd have said that si/non (ou you etc) would/wouldn't

Paris [pari] n Paris

parisien, ne [parizjɛ̃, -ɛn] adj Parisian; (GÉO, ADMIN) Paris cpd ♦ nm/f: **Parisien, ne** Parisian

parjure [parʒyr] nm (faux serment) false oath, perjury; (violation de serment) breach of oath, perjury ♦ nm/f perjurer

parking [parkiŋ] nm (lieu) car park (BRIT), parking lot (US)

parlant, e [parlɑ̃, -ɑ̃t] adj (fig) graphic, vivid; (: comparaison, preuve) eloquent; (CINÉ) talking ♦ adv: **généralement parlant** generally speaking

parlement [parləmɑ̃] nm parliament; **le Parlement européen** the European Parliament

parlementaire [parləmɑ̃tɛr] adj parliamentary ♦ nm/f (député) ≈ Member of Parliament (BRIT) ou Congress (US) parliamentarian; (négociateur) negotiator, mediator

parlementer [parləmɑ̃te] vi (ennemis) to negotiate, parley; (s'entretenir, discuter) to argue at length, have lengthy talks

parler [parle] nm speech; dialect ♦ vi to speak, talk; (avouer) to talk; **parler (à qn) de** to talk ou speak (to sb) about; **parler pour qn** (intercéder) to speak for sb; **parler en l'air** to say the first thing that comes into one's head; **parler le/en français** to speak French/in French; **parler affaires** to talk business; **parler en dormant/du nez** to talk in one's sleep/through one's nose; **sans parler de** (fig) not to mention, to say nothing of; **tu parles!** you must be joking!; **n'en parlons plus!** let's forget it!

parloir [parlwar] nm (d'une prison, d'un hôpital) visiting room; (REL) parlour (BRIT), parlor (US)

parmi [parmi] prép among(st)

paroi [parwa] nf wall; (cloison) partition; **paroi rocheuse** rock face

paroisse [parwas] nf parish

parole [parɔl] nf (faculté): **la parole** speech; (mot, promesse) word; (REL): **la bonne parole** the word of God; **paroles** nfpl (MUS) words, lyrics; **tenir parole** to keep one's word; **avoir la parole** to have the floor; **n'avoir qu'une parole** to be true to one's word; **donner la parole à qn** to hand over to sb; **prendre la parole** to speak; **demander la parole** to ask for permission to speak; **perdre la parole** to lose the power of speech; (fig) to lose one's tongue; **je le crois sur parole** I'll take his word for it, I'll take him at his word; **temps de parole** (TV, RADIO etc) discussion time; **ma parole!** my word!, good heavens!; **parole d'honneur** word of honour (BRIT) ou honor (US)

parquer [parke] vt (voiture, matériel) to park; (bestiaux) to pen (in ou up); (prisonniers) to pack in

parquet [parke] nm (parquet) floor; (JUR: bureau) public prosecutor's office; **le parquet (général)** (magistrats) ≈ the Bench

parrain [parɛ̃] nm godfather; (d'un navire) namer; (d'un nouvel adhérent) sponsor, proposer

parrainer [parene] vt (nouvel adhérent) to sponsor, propose; (entreprise) to promote, sponsor

pars [par] vb voir **partir**

parsemer [parsəme] vt (suj: feuilles, papiers) to be scattered over; **parsemer qch de** to scatter sth with

part [par] vb voir **partir** ♦ nf (qui revient à qn) share; (fraction, partie) part; (de gâteau, fromage) portion; (FINANCE) (non-voting) share; **prendre part à** (débat etc) to take part in; (soucis, douleur de qn) to share in; **faire part de qch à qn** to announce sth to sb, inform sb of sth; **pour ma part** as for me, as far as I'm concerned; **à part entière** adj full; **de la part de** (au nom de) on behalf of; (donné par) from; **c'est de la part de qui?** (au téléphone) who's calling ou speaking (please)?; **de toute(s) part(s)** from all sides ou quarters; **de part et d'autre** on both sides, on either side; **de part en part** right through; **d'une part ... d'autre part** on the one hand ... on the other hand; **nulle/autre/quelque part** nowhere/elsewhere/somewhere; **à part** adv separately; (de côté) aside ♦ prép apart from, except for ♦ adj exceptional, special; **pour une large** ou **bonne part** to a great extent; **prendre qch en bonne/mauvaise part** to take sth well/badly; **faire la part des choses** to make allowances; **faire la part du feu** (fig) to cut one's losses; **faire la part (trop) belle à qn** to give sb more than his (ou her) share

partage [partaʒ] nm (voir partager) sharing (out) no pl, share-out; sharing; dividing up; (POL: de suffrages) share; **recevoir qch en partage** to receive sth as one's share (ou lot); **sans partage** undivided

partager [partaʒe] vt to share; (distribuer, répartir) to share (out); (morceler, diviser) to divide (up); **se partager** vt (héritage etc) to share between themselves (ou ourselves etc)

partance [partɑ̃s]: **en partance** adv outbound, due to leave; **en partance pour** (bound) for

partenaire [partənɛr] nm/f partner; **partenaires sociaux** management and workforce

parterre [partɛr] nm (de fleurs) (flower) bed, border; (THÉÂT) stalls pl

parti [paʀti] nm (POL) party; (décision) course of action; (personne à marier) match; **tirer parti de** to take advantage of, turn to good account; **prendre le parti de faire** to make up one's mind to do, resolve to do; **prendre le parti de qn** to stand up for sb, side with sb; **prendre parti (pour/contre)** to take sides ou a stand (for/against); **prendre son parti de** to come to terms with; **parti pris** bias

partial, e, aux [paʀsjal, -o] adj biased, partial

participant, e [paʀtisipã, -ãt] nm/f participant; (à un concours) entrant; (d'une société) member

participation [paʀtisipasjɔ̃] nf participation; sharing; (COMM) interest; **la participation aux bénéfices** profit-sharing; **la participation ouvrière** worker participation; **"avec la participation de ..."** "featuring ..."

participer [paʀtisipe]: **participer à** vt (course, réunion) to take part in; (profits etc) to share in; (frais etc) to contribute to; (entreprise: financièrement) to cooperate in; (chagrin, succès de qn) to share (in); **participer de** vt to partake of.

particularité [paʀtikylaʀite] nf particularity; (distinctive) characteristic, feature

particulier, ière [paʀtikylje, -jɛʀ] adj (personnel, privé) private; (spécial) special, particular; (caractéristique) characteristic, distinctive; (spécifique) particular ♦ nm (individu: ADMIN) private individual; **"particulier vend ..."** (COMM) "for sale privately ...," "for sale by owner ..." (US); **particulier à** peculiar to; **en particulier** adv (surtout) in particular, particularly; (à part) separately; (en privé) in private

particulièrement [paʀtikyljɛʀmɑ̃] adv particularly

partie [paʀti] nf (gén) part; (profession, spécialité) field, subject; (JUR etc: protagonistes) party; (de cartes, tennis etc) game; (fig: lutte, combat) struggle, fight; **une partie de campagne/de pêche** an outing in the country/a fishing party ou trip; **en partie** adv partly, in part; **faire partie de** to belong to; (suj: chose) to be part of; **prendre qn à partie** to take sb to task; (malmener) to set on sb; **en grande partie** largely, in the main; **ce n'est que partie remise** it will be for another time ou the next time; **avoir partie liée avec qn** to be in league with sb; **partie civile** (JUR) party claiming damages in a criminal case

partiel, le [paʀsjɛl] adj partial ♦ nm (SCOL) class exam

partir [paʀtiʀ] vi (gén) to go; (quitter) to go, leave; (s'éloigner) to go (ou drive etc) away ou off; (moteur) to start; (pétard) to go off; (bouchon) to come out; (bouton) to come off; **partir de** (lieu: quitter) to leave; (: commencer à) to start from; (date) to run ou start from; **partir pour/à** (lieu, pays etc) to leave for/ go off to; **à partir de** from

partisan, e [paʀtizã, -an] nm/f partisan; (d'un parti, régime etc) supporter ♦ adj (lutte, querelle) partisan, one-sided; **être partisan de qch/faire** to be in favour (BRIT) ou favor (US) of sth/doing

partition [paʀtisjɔ̃] nf (MUS) score; (POL) partition

partout [paʀtu] adv everywhere; **partout où il allait** everywhere ou wherever he went; **trente partout** (TENNIS) thirty all

paru [paʀy] pp de **paraître**

parure [paʀyʀ] nf (bijoux etc) finery no pl; jewellery no pl (BRIT), jewelry no pl (US); (assortiment) set

parution [paʀysjɔ̃] nf publication, appearance

parvenir [paʀvəniʀ]: **parvenir à** vt (atteindre) to reach; (obtenir, arriver à) to attain; (réussir): **parvenir à faire** to manage to do, succeed in doing; **faire parvenir qch à qn** to have sth sent to sb

---

MOT-CLÉ

pas¹ [pɑ] adv **1** (en corrélation avec ne, non etc) not; **il ne pleure pas** (habituellement) he does not ou doesn't cry; (maintenant) he's not ou isn't crying; **je ne mange pas de viande** I don't ou do not eat meat; **il n'a pas pleuré/ne pleurera pas** he did not ou didn't/will not ou won't cry; **ils n'ont pas de voiture/d'enfants** they haven't got a car/any children; they have no car/children; **il m'a dit de ne pas le faire** he told me not to do it; **non pas que ...** not that ..

2 (employé sans ne etc): **pas moi** not me, not I, I don't (ou can't etc); **elle travaille, (mais) lui pas** ou **pas lui** she works but he doesn't ou does not; **une pomme pas mûre** an apple which isn't ripe; **pas plus tard qu'hier** only yesterday; **pas du tout** not at all; **pas de sucre, merci** no sugar, thanks; **ceci est à vous ou pas?** is this yours or not?, is this yours or isn't it?

3: pas mal (joli: personne, maison) not bad; **pas mal fait** not badly done ou made; **comment ça va? – pas mal** how are things? – not bad; **pas mal de** quite a lot of

---

pas² [pɑ] nm (allure, mesure) pace; (démarche) tread; (enjambée, DANSE, fig: étape) step; (bruit) (foot)step; (trace) footprint; (allure) pace; (d'un cheval) walk; (mesure) pace; (TECH: de vis, d'écrou) thread; **pas à pas** step by step; **au pas** at a walking pace; **de ce pas** (à l'instant même) straightaway, at once; **marcher à grands pas** to stride along; **mettre qn au pas** to bring sb to heel; **au pas de gymnastique/de course** at a jog ou trot/at a run; **à pas de loup** stealthily; **faire les cent pas** to pace up and down; **faire les premiers pas** to make the first move; **retourner** ou **revenir sur ses pas** to retrace one's steps; **se tirer d'un mauvais pas** to get ou s. out of a tight spot; **sur le pas de la porte** on the doorstep; **le pas de Calais** (détroit) the Straits pl of Dover; **pas de porte** (fig) key money

passage [pasaʒ] nm (fait de passer) voir **passer**; (lieu, prix de la traversée, extrait de livre etc) passage; (chemin) way; (itinéraire): **sur le passage du cortège** along the route of the procession; **"laissez/n'obstruez pas le passage"** "keep clear/do not obstruct"; **au passage** (en passant) as I (ou he *etc*) went by; **de passage** (*touristes*) passing through; (*amants etc*) casual; **passage clouté** pedestrian crossing; **"passage interdit"** "no entry"; **passage à niveau** level (BRIT) *ou* grade (US) crossing; **"passage protégé"** right of way over secondary road(s) on your right; **passage souterrain** subway (BRIT), underpass; **passage à tabac** beating-up; **passage à vide** (*fig*) bad patch

passager, ère [pasaʒe, -ɛʀ] *adj* passing; (*hôte*) short-stay *cpd*; (*oiseau*) migratory ♦ *nm/f* passenger; **passager clandestin** stowaway

passant, e [pasɑ̃, -ɑ̃t] *adj* (*rue, endroit*) busy ♦ *nm/f* passer-by ♦ *nm* (*pour ceinture etc*) loop; **en passant: remarquer qch en passant** to notice sth in passing

passe [pas] *nf* (SPORT, *magnétique*) pass; (NAVIG) channel ♦ *nm* (*passe-partout*) master *ou* skeleton key; **être en passe de faire** to be on the way to doing; **être dans une bonne/mauvaise passe** (*fig*) to be going through a good/bad patch; **passe d'armes** (*fig*) heated exchange

passé, e [pase] *adj* (*événement, temps*) past; (*couleur, tapisserie*) faded; (*précédent*): **dimanche passé** last Sunday ♦ *prép* after ♦ *nm* past; (LING) past (tense); **il est passé midi** *ou* **midi passé** it's gone (BRIT) *ou* past twelve; **passé de mode** out of fashion; **passé composé** perfect (tense); **passé simple** past historic

passe-partout [paspaʀtu] *nm inv* master *ou* skeleton key ♦ *adj inv* all-purpose

passeport [paspɔʀ] *nm* passport

passer [pase] *vi* (*se rendre, aller*) to go; (*voiture, piétons: défiler*) to pass (by), go by; (*faire une halte rapide: facteur, laitier etc*) to come, call; (: *pour rendre visite*) to call *ou* drop in; (*courant, air, lumière, franchir un obstacle etc*) to get through; (*accusé, projet de loi*): **passer devant** to come before; (*film, émission*) to be on; (*temps, jours*) to pass, go by; (*liquide, café*) to go through; (*être digéré, avalé*) to go down; (*couleur, papier*) to fade; (*mode*) to die out; (*douleur*) to pass, go away; (CARTES) to pass; (SCOL) to go up (to the next class); (*devenir*): **passer président** to be appointed *ou* become president ♦ *vt* (*frontière, rivière etc*) to cross; (*douane*) to go through; (*examen*) to sit, take; (*visite médicale etc*) to have; (*journée, temps*) to spend; (*donner*): **passer qch à qn** to pass sth to sb; to give sb sth; (*transmettre*): **passer qch à qn** to pass sth on to sb; (*enfiler: vêtement*) to slip on; (*faire entrer, mettre*): **(faire) passer qch dans/par** to get sth into/through; (*café*) to pour the water on; (*thé, soupe*) to strain; (*film, pièce*) to show, put on; (*disque*) to play, put on; (*marché, accord*) to agree on; (*tolérer*): **passer qch à qn** to let sb get away with sth; *se passer vi* (*avoir lieu: scène, action*) to take place; (*se dérouler: entretien etc*) to go; (*arriver*): **que s'est-il passé?** what happened?; (*s'écouler: semaine etc*) to pass, go by; **se passer de** *vt* to go *ou* do without; **se passer les mains sous l'eau/de l'eau sur le visage** to put one's hands under the

tap/run water over one's face; **en passant** in passing; **passer par** to go through; **passez devant/par ici** go in front/this way; **passer sur** *vt* (*faute, détail inutile*) to pass over; **passer dans les mœurs/l'usage** to become the custom/normal usage; **passer avant qch/qn** (*fig*) to come before sth/sb; **laisser passer** (*air, lumière, personne*) to let through; (*occasion*) to let slip, miss; (*erreur*) to overlook; **faire passer** (*message*) to get over *ou* across; **faire passer à qn le goût de qch** to cure sb of his (*ou* her) taste for sth; **passer à la radio/fouille** to be X-rayed/searched; **passer à la radio/télévision** to be on the radio/on television; **passer à table** to sit down to eat; **passer au salon** to go through to *ou* into the sitting room; **passer à l'opposition** to go over to the opposition; **passer aux aveux** to confess, make a confession; **passer à l'action** to go into action; **passer pour riche** to be taken for a rich man; **il passait pour avoir** he was said to have; **faire passer qn/qch pour** to make sb/sth out to be; **passe encore de le penser, mais de le dire!** it's one thing to think it, but to say it!; **passons!** let's say no more (about it); **et j'en passe!** and that's not all!; **passer en seconde, passer la seconde** (AUTO) to change into second; **passer qch en fraude** to smuggle sth in (*ou* out); **passer la main par la portière** to stick one's hand out of the door; **passer le balai/l'aspirateur** to sweep up/hoover; **passer commande/la parole à qn** to hand over to sb; **je vous passe M X** (*je vous mets en communication avec lui*) I'm putting you through to Mr X; (*je lui passe l'appareil*) here is Mr X, I'll hand you over to Mr X; **passer prendre** to (come and) collect

passerelle [pasʀɛl] *nf* footbridge; (*de navire, avion*) gangway; (NAVIG): **passerelle (de commandement)** bridge

passe-temps [pastɑ̃] *nm inv* pastime

passible [pasibl(ə)] *adj*: **passible de** liable to

passif, ive [pasif, -iv] *adj* passive ♦ *nm* (LING) passive; (COMM) liabilities *pl*

passion [pasjɔ̃] *nf* passion; **avoir la passion de** to have a passion for; **fruit de la passion** passion fruit

passionnant, e [pasjɔnɑ̃, -ɑ̃t] *adj* fascinating

passionné, e [pasjɔne] *adj* (*personne, tempérament*) passionate; (*description*) impassioned ♦ *nm/f*: **c'est un passionné d'échecs** he's a chess fanatic; **être passionné de** *ou* **pour qch** to have a passion for sth

passionner [pasjɔne] *vt* (*personne*) to fascinate, grip; (*débat, discussion*) to inflame; **se passionner pour** to take an avid interest in; to have a passion for

passoire [paswaʀ] *nf* sieve; (à *légumes*) colander; (à *thé*) strainer

pastèque [pastɛk] *nf* watermelon

pasteur [pastœʀ] *nm* (*protestant*) minister, pastor

pasteurisé, e [pastœʀize] *adj* pasteurized

pastille [pastij] *nf* (à *sucer*) lozenge, pastille; (*de papier etc*) (small) disc; **pastilles pour la toux**

cough drops *ou* lozenges

patate [patat] *nf* spud; **patate douce** sweet potato

patauger [patoʒe] *vi* (*pour s'amuser*) to splash about; (*avec effort*) to wade about; (*fig*) to flounder; **patauger dans** (*en marchant*) to wade through

pâte [pɑt] *nf* (*à tarte*) pastry; (*à pain*) dough; (*à frire*) batter; (*substance molle*) paste; cream; **pâtes** *nfpl* (*macaroni etc*) pasta *sg*; **fromage à pâte dure/molle** hard/soft cheese; **pâte d'amandes** almond paste; **pâte brisée** shortcrust (*BRIT*) *ou* pie crust (*US*) pastry; **pâte à choux/feuilletée** choux/puff *ou* flaky (*BRIT*) pastry; **pâte de fruits** crystallized fruit *no pl*; **pâte à modeler** modelling clay, Plasticine® (*BRIT*); **pâte à papier** paper pulp

pâté [pɑte] *nm* (*charcuterie: terrine*) pâté; (*tache*) ink blot; (*de sable*) sandpie; **pâté (en croûte)** = meat pie; **pâté de foie** liver pâté; **pâté de maisons** block (of houses)

pâtée [pɑte] *nf* mash, feed

patente [patɑ̃t] *nf* (*COMM*) trading licence (*BRIT*) *ou* license (*US*)

paternel, le [paternel] *adj* (*amour, soins*) fatherly; (*ligne, autorité*) paternal

pâteux, euse [pɑtø, -øz] *adj* thick; pasty; **avoir la bouche** *ou* **langue pâteuse** to have a furred (*BRIT*) *ou* coated tongue

pathétique [patetik] *adj* pathetic, moving

patience [pasjɑ̃s] *nf* patience; **être à bout de patience** to have run out of patience; **perdre/prendre patience** to lose (one's)/have patience

patient, e [pasjɑ̃, -ɑ̃t] *adj, nm/f* patient

patienter [pasjɑ̃te] *vi* to wait

patin [patɛ̃] *nm* skate; (*sport*) skating; (*de traîneau, luge*) runner; (*pièce de tissu*) cloth pad (*used as slippers to protect polished floor*); **patin (de frein)** brake block; **patins (à glace)** (ice) skates; **patins à roulettes** roller skates

patinage [patinaʒ] *nm* skating; **patinage artistique/de vitesse** figure/speed skating

patiner [patine] *vi* to skate; (*embrayage*) to slip; (*roue, voiture*) to spin; **se patiner** *vi* (*meuble, cuir*) to acquire a sheen, become polished

patineur, euse [patinœr, -øz] *nm/f* skater

patinoire [patinwar] *nf* skating rink, (ice) rink

pâtir [pɑtir]: **pâtir de** *vt* to suffer because of

pâtisserie [pɑtisri] *nf* (*boutique*) cake shop; (*métier*) confectionery; (*à la maison*) pastry- *ou* cake-making, baking; **pâtisseries** *nfpl* (*gâteaux*) pastries, cakes

pâtissier, ière [pɑtisje, -jɛr] *nm/f* pastrycook; confectioner

patois [patwa] *nm* dialect, patois

patraque [patrak] (*fam*) *adj* peaky, off-colour

patrie [patri] *nf* homeland

patrimoine [patrimwan] *nm* inheritance, patrimony; (*culture*) heritage; **patrimoine génétique** *ou* **héréditaire** genetic inheritance

patriotique [patrijɔtik] *adj* patriotic

patron, ne [patrɔ̃, -ɔn] *nm/f* (*chef*) boss, manager/eress; (*propriétaire*) owner, proprietor/tress; (*employeur*) employer; (*MÉD*) = senior consultant; (*REL*) patron saint ♦ *nm* (*COUTURE*) pattern; **patron de thèse** supervisor (of postgraduate thesis)

patronat [patrɔna] *nm* employers *pl*

patronner [patrɔne] *vt* to sponsor, support

patrouille [patruj] *nf* patrol

patte [pat] *nf* (*jambe*) leg; (*pied: de chien, chat*) paw; (*: d'oiseau*) foot; (*languette*) strap; (*: de poche*) flap; (*favoris*): **pattes (de lapin)** (short) sideburns; **à pattes d'éléphant** *adj* (*pantalon*) flared; **pattes de mouche** (*fig*) spidery scrawl *sg*; **pattes d'oie** (*fig*) crow's feet

pâturage [pɑtyraʒ] *nm* pasture

paume [pom] *nf* palm

paumé, e [pome] *nm/f* (*fam*) drop-out

paumer [pome] *vt* (*fam*) to lose

paupière [popjɛr] *nf* eyelid

pause [poz] *nf* (*arrêt*) break; (*en parlant, MUS*) pause; **pause de midi** lunch break

pauvre [povr(ə)] *adj* poor ♦ *nm/f* poor man/woman; **les pauvres** the poor; **pauvre en calcium** low in calcium

pauvreté [povrəte] *nf* (*état*) poverty

pavaner [pavane]: **se pavaner** *vi* to strut about

pavé, e [pave] *adj* (*cour*) paved; (*rue*) cobbled ♦ *nm* (*bloc*) paving stone; cobblestone; (*pavage*) paving; (*bifteck*) slab of steak; (*fam: livre*) hefty tome; **être sur le pavé** (*sans domicile*) to be on the streets; (*sans emploi*) to be out of a job; **pavé numérique** (*INFORM*) keypad

pavillon [pavijɔ̃] *nm* (*de banlieue*) small (detached) house; (*kiosque*) lodge, pavilion; (*d'hôpital*) ward; (*MUS: de cor etc*) bell; (*ANAT: de l'oreille*) pavilion, pinna; (*NAVIG*) flag; **pavillon de complaisance** flag of convenience

pavoiser [pavwaze] *vt* to deck with flags ♦ *vi* to put out flags; (*fig*) to rejoice, exult

pavot [pavo] *nm* poppy

payant, e [pejɑ̃, -ɑ̃t] *adj* (*spectateurs etc*) paying; (*billet*) that you pay for, to be paid for; (*fig: entreprise*) profitable; **c'est payant** you have to pay, there is a charge

paye [pɛj] *nf* pay, wages *pl*

payer [peje] *vt* (*créancier, employé, loyer*) to pay; (*achat, réparations, fig: faute*) to pay for ♦ *vi* to pay; (*métier*) to pay, be well-paid; (*effort, tactique etc*) to pay off; **être bien/mal payé** to be well/badly paid; **il me l'a fait payer 10 F** he charged me 10 F for it; **payer qn de** (*ses efforts, peines*) to reward sb for; **payer qch à qn** to buy sth for sb, buy sb sth; **ils nous ont payé le voyage** they paid for our trip; **payer de sa personne** to give of oneself; **payer d'audace** to act with great daring; **payer cher qch** to pay dear(ly) for sth; **cela ne paie pas de mine** it doesn't look much; **se payer qch** to buy o.s. sth; **se**

payer de mots to shoot one's mouth off; **se payer la tête de qn** to take the mickey out of sb (*BRIT*), make a fool of sb; (*duper*) to take sb for a ride

pays [pei] *nm* (*territoire, habitants*) country, land; (*région*) region; (*village*) village; **du pays** *adj* local; **le pays de Galles** Wales

paysage [peizaʒ] *nm* landscape

paysan, ne [peizã, -an] *nm/f* countryman/ woman; farmer; (*péj*) peasant ♦ *adj* country *cpd* farming, farmers'

Pays-Bas [peiba] *nmpl*: **les Pays-Bas** the Netherlands

PC *sigle m* (*POL*) = **parti communiste**; (*INFORM*: = personal computer) PC; (= prêt conventionné) type of loan for house purchase (*CONSTR*: = permis de construire); (*MIL*) = **poste de commandement**

PDG *sigle m* = **président directeur général**

péage [peaʒ] *nm* toll; (*endroit*) tollgate; **pont à péage** toll bridge

peau, x [po] *nf* skin; (*cuir*): **gants de peau** leather gloves; **être bien/mal dans sa peau** to be at ease/ odds with oneself; **se mettre dans la peau de qn** to put o.s. in sb's place *ou* shoes; **faire peau neuve** (*se renouveler*) to change one's image; **peau de chamois** (*chiffon*) chamois leather, shammy; **peau d'orange** orange peel

Peau-Rouge [poruʒ] *nm/f* Red Indian, red skin

péché [peʃe] *nm* sin; **péché mignon** weakness

pêche [pɛʃ] *nf* (*sport, activité*) fishing; (*poissons pêchés*) catch; (*fruit*) peach; **aller à la pêche** to go fishing; **avoir la pêche** (*fam*) to be on (top) form; **pêche à la ligne** (*en rivière*) angling; **pêche sous-marine** deep-sea fishing

pécher [peʃe] *vi* (*REL*) to sin; (*fig: personne*) to err; (: *chose*) to be flawed; **pécher contre la bienséance** to break the rules of good behaviour

pêcher [peʃe] *nm* peach tree ♦ *vi* to go fishing; (*en rivière*) to go angling ♦ *vt* (*attraper*) to catch, land; (*chercher*) to fish for; **pêcher au chalut** to trawl

pécheur, eresse [peʃœr, peʃrɛs] *nm/f* sinner

pêcheur [peʃœr] *nm voir* **pêcher** fisherman; angler; **pêcheur de perles** pearl diver

pécule [pekyl] *nm* savings *pl*, nest egg; (*d'un détenu*) earnings *pl* (*paid on release*)

pédagogie [pedagɔʒi] *nf* educational methods *pl*, pedagogy

pédagogique [pedagɔʒik] *adj* educational; **formation pédagogique** teacher training

pédale [pedal] *nf* pedal; **mettre la pédale douce** to soft-pedal

pédalo [pedalo] *nm* pedalo, pedal-boat

pédant, e [pedã, -ãt] *adj* (*péj*) pedantic ♦ *nm/f* pedant

pédestre [pedɛstr(ə)] *adj*: **tourisme pédestre** hiking; **randonnée pédestre** (*activité*) rambling; (*excursion*) ramble

pédiatre [pedjatr(ə)] *nm/f* paediatrician (*BRIT*),

pediatrician *ou* pediatrist (*US*), child specialist

pédicure [pedikyr] *nm/f* chiropodist

pègre [pɛgr(ə)] *nf* underworld

peignais [peɲɛ] *etc vb voir* **peindre**

peigne [pɛɲ] *vb voir* **peindre, peigner** ♦ *nm* comb

peigner [peɲe] *vt* to comb (the hair of); **se peigner** to comb one's hair

peignoir [peɲwar] *nm* dressing gown; **peignoir de bain** bathrobe; **peignoir de plage** beach robe

peindre [pɛ̃dr(ə)] *vt* to paint; (*fig*) to portray, depict

peine [pɛn] *nf* (*affliction*) sorrow, sadness *no pl*; (*mal, effort*) trouble *no pl*, effort; (*difficulté*) difficulty; (*punition, châtiment*) punishment; (*JUR*) sentence; **faire de la peine à qn** to distress *ou* upset sb; **prendre la peine de faire** to go to the trouble of doing; **se donner de la peine** to make an effort; **ce n'est pas la peine de faire** there's no point in doing, it's not worth doing; **ce n'est pas la peine que vous fassiez** there's no point (in) you doing; **avoir de la peine à faire** to have difficulty doing; **donnez-vous** *ou* **veuillez-vous donner la peine d'entrer** please do come in; **c'est peine perdue** it's a waste of time (and effort); **à peine** *adv* scarcely, hardly, barely; **à peine ... que** hardly ... than; **c'est à peine si ...** it's (*ou* it was) a job to ...; **sous peine: sous peine d'être puni** for fear of being punished; **défense d'afficher sous peine d'amende** billposters will be fined; **peine capitale** capital punishment; **peine de mort** death sentence *ou* penalty

peiner [pene] *vi* to work hard; to struggle; (*moteur, voiture*) to labour (*BRIT*), labor (*US*) ♦ *vt* to grieve, sadden

peintre [pɛ̃tr(ə)] *nm* painter; **peintre en bâtiment** house painter, painter and decorator; **peintre d'enseignes** signwriter

peinture [pɛ̃tyr] *nf* painting; (*couche de couleur, couleur*) paint; (*surfaces peintes; aussi*: **peintures**) paintwork; **je ne peux pas la voir en peinture** I can't stand the sight of him; **peinture mate/brillante** matt/gloss paint; **"peinture fraîche"** "wet paint"

péjoratif, ive [peʒɔratif, -iv] *adj* pejorative, derogatory

pelage [pəlaʒ] *nm* coat, fur

pêle-mêle [pɛlmɛl] *adv* higgledy-piggledy

peler [pəle] *vt, vi* to peel

pèlerin [pɛlrɛ̃] *nm* pilgrim

pèlerinage [pɛlrinaʒ] *nm* (*voyage*) pilgrimage; (*lieu*) place of pilgrimage, shrine

pelle [pɛl] *nf* shovel; (*d'enfant, de terrassier*) spade; **pelle à gâteau** cake slice; **pelle mécanique** mechanical digger

pellicule [pelikyl] *nf* film; **pellicules** *nfpl* (*MÉD*) dandruff *sg*

pelote [pəlɔt] *nf* (*de fil, laine*) ball; (*d'épingles*) pin cushion; **pelote basque** pelota

peloton [pəlɔtɔ̃] nm (groupe: de personnes) group; (: de pompiers, gendarmes) squad; (: SPORT) pack; (de laine) ball; **peloton d'exécution** firing squad

pelotonner [pəlɔtɔne]: **se pelotonner** vi to curl (o.s.) up

pelouse [pəluz] nf lawn; (HIPPISME) spectating area inside racetrack

peluche [pəlyʃ] nf (bit of) fluff; **animal en peluche** soft toy, fluffy animal

pelure [pəlyʀ] nf peeling, peel no pl; **pelure d'oignon** onion skin

pénal, e, aux [penal, -o] adj penal

pénalité [penalite] nf penalty

penaud, e [pəno, -od] adj sheepish, contrite

penchant [pɑ̃ʃɑ̃] nm: **un penchant à faire/à qch** a tendency to do/to sth; **un penchant pour qch** a liking ou fondness for sth

pencher [pɑ̃ʃe] vi to tilt, lean over ◆ vt to tilt; **se pencher** vi to lean over; (se baisser) to bend down; **se pencher sur** to bend over; (fig: problème) to look into; **se pencher au dehors** to lean out; **pencher pour** to be inclined to favour (BRIT) ou favor (US)

pendaison [pɑ̃dɛzɔ̃] nf hanging

pendant, e [pɑ̃dɑ̃, -ɑ̃t] adj hanging (out); (ADMIN, JUR) pending ◆ nm counterpart; matching piece ◆ prép during; **faire pendant à** to match; to be the counterpart of; **pendant que** while; **pendants d'oreilles** drop ou pendant earrings

pendentif [pɑ̃dɑ̃tif] nm pendant

penderie [pɑ̃dʀi] nf wardrobe; (placard) walk-in cupboard

pendre [pɑ̃dʀ(ə)] vt, vi to hang; **se pendre (à)** (se suicider) to hang o.s. (on); **se pendre à** (se suspendre) to hang from; **pendre à** to hang (down) from; **pendre qch à** (mur) to hang sth (up) on; (plafond) to hang sth (up) from

pendule [pɑ̃dyl] nf clock ◆ nm pendulum

pénétrer [penetʀe] vi to come ou get in ◆ vt to penetrate; **pénétrer dans** to enter; (suj: froid, projectile) to penetrate; (: air, eau) to come into, get into; (mystère, secret) to fathom; **se pénétrer de qch** to get sth firmly set in one's mind

pénible [penibl(ə)] adj (astreignant) hard; (affligeant) painful; (personne, caractère) tiresome; **il m'est pénible de ...** I'm sorry to ...

péniblement [peniblemɑ̃] adv with difficulty

péniche [peniʃ] nf barge; **péniche de débarquement** landing craft inv

pénicilline [penisilin] nf penicillin

péninsule [penɛ̃syl] nf peninsula

pénis [penis] nm penis

pénitence [penitɑ̃s] nf (repentir) penitence; (peine) penance; (punition, châtiment) punishment; **mettre un enfant en pénitence** ≈ to make a child stand in the corner; **faire pénitence** to do a penance

pénitencier [penitɑ̃sje] nm prison, penitentiary (US)

pénombre [penɔ̃bʀ(ə)] nf half-light

pensée [pɑ̃se] nf thought; (démarche, doctrine) thinking no pl; (BOT) pansy; **se représenter qch par la pensée** to conjure up a mental picture of sth; **en pensée** in one's mind

penser [pɑ̃se] vi to think ◆ vt to think; (concevoir: problème, machine) to think out; **penser à** to think of; (songer à: ami, vacances) to think of ou about; (réfléchir à: problème, offre): **penser à qch** to think about sth, think sth over; **penser faire qch** to think of doing sth; **penser faire qch** to be thinking of doing sth, intend to do sth; **faire penser à** to remind one of; **n'y pensons plus** let's forget it; **vous n'y pensez pas!** don't let it bother you!; **sans penser à mal** without meaning any harm; **je le pense aussi** I think so too; **je pense que oui/non** I think so/don't think so

pensif, ive [pɑ̃sif, -iv] adj pensive, thoughtful

pension [pɑ̃sjɔ̃] nf (allocation) pension; (prix du logement) board and lodging, bed and board; (maison particulière) boarding house; (hôtel) guesthouse, hotel; (école) boarding school; **prendre pension chez** to take board and lodging at; **prendre qn en pension** to take sb (in) as a lodger; **mettre en pension** to send to boarding school; **pension alimentaire** (d'étudiant) living allowance; (de divorcée) maintenance allowance; alimony; **pension complète** full board; **pension de famille** boarding house, guesthouse; **pension de guerre/d'invalidité** war/disablement pension

pensionnaire [pɑ̃sjɔnɛʀ] nm/f boarder; guest

pensionnat [pɑ̃sjɔna] nm boarding school

pente [pɑ̃t] nf slope; **en pente** adj sloping

Pentecôte [pɑ̃tkot] nf: **la Pentecôte** Whitsun (BRIT), Pentecost; (dimanche) Whitsunday (BRIT); **lundi de Pentecôte** Whit Monday (BRIT)

pénurie [penyʀi] nf shortage; **pénurie de main-d'œuvre** undermanning

pépé [pepe] nm (fam) grandad

pépin [pepɛ̃] nm (BOT: graine) pip; (fam: ennui) snag, hitch; (: parapluie) brolly (BRIT), umbrella

pépinière [pepinjɛʀ] nf nursery; (fig) nest, breeding-ground

perçant, e [pɛʀsɑ̃, -ɑ̃t] adj (vue, regard, yeux) sharp, keen; (cri, voix) piercing, shrill

percée [pɛʀse] nf (trouée) opening; (MIL, COMM, fig) breakthrough; (SPORT) break

perce-neige [pɛʀsənɛʒ] nm ou f inv snowdrop

percepteur [pɛʀsɛptœʀ] nm tax collector

perception [pɛʀsɛpsjɔ̃] nf perception; (d'impôts etc) collection; (bureau) tax (collector's) office

percer [pɛʀse] vt to pierce; (ouverture etc) to make; (mystère, énigme) to penetrate ◆ vi to come through; (réussir) to break through; **percer une dent** to cut a tooth

perceuse [pɛʀsøz] nf drill; **perceuse à percus-**

sion hammer drill

percevoir [pɛʀsəvwaʀ] *vt* (*distinguer*) to perceive, detect; (*taxe, impôt*) to collect; (*revenu, indemnité*) to receive

perche [pɛʀʃ(ə)] *nf* (*ZOOL*) perch; (*bâton*) pole; **perche à son** (*sound*) boom

percher [pɛʀʃe] *vt*: **percher qch sur** to perch sth on ♦ *vi*: **se percher** *vi* (*oiseau*) to perch

perchoir [pɛʀʃwaʀ] *nm* perch; (*fig*) presidency of the French National Assembly

perçois [pɛʀswa] *etc vb voir* **percevoir**

percolateur [pɛʀkɔlatœʀ] *nm* percolator

perçu, e [pɛʀsy] *pp de* **percevoir**

percussion [pɛʀkysjɔ̃] *nf* percussion

percuter [pɛʀkyte] *vt* to strike; (*suj: véhicule*) to crash into ♦ *vi*: **percuter contre** to crash into

perdant, e [pɛʀdɑ̃, -ɑ̃t] *nm/f* loser ♦ *adj* losing

perdre [pɛʀdʀ(ə)] *vt* to lose; (*gaspiller: temps, argent*) to waste; (*: occasion*) to waste, miss; (*personne: moralement etc*) to ruin ♦ *vi* to lose; (*sur une vente etc*) to lose out; (*récipient*) to leak; **se perdre** *vi* (*s'égarer*) to get lost, lose one's way; (*fig: se gâter*) to go to waste; (*disparaître*) to disappear, vanish; **il ne perd rien pour attendre** it can wait, it'll keep

perdrix [pɛʀdʀi] *nf* partridge

perdu, e [pɛʀdy] *pp de* **perdre** ♦ *adj* (*enfant, cause, objet*) lost; (*isolé*) out-of-the-way; (*COMM: emballage*) non-returnable; (*récolte etc*) ruined; (*malade*): **il est perdu** there's no hope left for him; **à vos moments perdus** in your spare time

père [pɛʀ] *nm* father; **pères** *nmpl* (*ancêtres*) forefathers; **de père en fils** from father to son; **père de famille** father; family man; **mon père** (*REL*) Father; **le père Noël** Father Christmas

perfection [pɛʀfɛksjɔ̃] *nf* perfection; **à la perfection** *adv* to perfection

perfectionné, e [pɛʀfɛksjɔne] *adj* sophisticated

perfectionner [pɛʀfɛksjɔne] *vt* to improve, perfect; **se perfectionner en anglais** to improve one's English

perforatrice [pɛʀfɔʀatʀis] *nf voir* **perforateur**

perforer [pɛʀfɔʀe] *vt* to perforate, punch a hole ou holes) in; (*ticket, bande, carte*) to punch

performant, e [pɛʀfɔʀmɑ̃, -ɑ̃t] *adj* (*ÉCON: produit, entreprise*) high-return *cpd*; (*TECH: appareil, machine*) high-performance *cpd*

perfusion [pɛʀfyzjɔ̃] *nf* perfusion; **faire une perfusion à qn** to put sb on a drip

péricliter [peʀiklite] *vi* to go downhill

péril [peʀil] *nm* peril; **au péril de sa vie** at the risk of his life; **à ses risques et périls** at his (*ou* her) own risk

périmé, e [peʀime] *adj* (out)dated; (*ADMIN*) out-of-date, expired

périmètre [peʀimɛtʀ(ə)] *nm* perimeter

période [peʀjɔd] *nf* period

périodique [peʀjɔdik] *adj* (*phases*) periodic; (*publication*) periodical; (*MATH: fraction*) recurring ♦ *nm* periodical; **garniture** *ou* **serviette périodique** sanitary towel (*BRIT*) *ou* napkin (*US*)

péripéties [peʀipesi] *nfpl* events, episodes

périphérique [peʀifeʀik] *adj* (*quartiers*) outlying; (*ANAT, TECH*) peripheral; (*station de radio*) operating from a neighbouring country ♦ *nm* (*INFORM*) peripheral; (*AUTO*): (**boulevard**) **périphérique** ring road (*BRIT*), beltway (*US*)

périple [peʀipl(ə)] *nm* journey

périr [peʀiʀ] *vi* to die, perish

périssable [peʀisabl(ə)] *adj* perishable

perle [pɛʀl(ə)] *nf* pearl; (*de plastique, métal, sueur*) bead; (*personne, chose*) gem, treasure; (*erreur*) gem, howler

permanence [pɛʀmanɑ̃s] *nf* permanence; (*local*) (duty) office, strike headquarters; (*service des urgences*) emergency service; (*SCOL*) study room; **assurer une permanence** (*service public, bureaux*) to operate *ou* maintain a basic service; **être de permanence** to be on call *ou* duty; **en permanence** *adv* (*toujours*) permanently; (*continûment*) continuously

permanent, e [pɛʀmanɑ̃, -ɑ̃t] *adj* permanent; (*spectacle*) continuous; (*armée, comité*) standing ♦ *nf* perm ♦ *nm/f* (*d'un syndicat, parti*) paid official

perméable [pɛʀmeabl(ə)] *adj* (*terrain*) permeable; **perméable à** (*fig*) receptive *ou* open to

permettre [pɛʀmɛtʀ(ə)] *vt* to allow, permit; **permettre à qn de faire/qch** to allow sb to do/sth; **se permettre de faire qch** to take the liberty of doing sth; **permettez!** excuse me!

permis, e [pɛʀmi, -iz] *pp de* **permettre** ♦ *nm* permit, licence (*BRIT*), license (*US*); **permis de chasse** hunting permit; **permis (de conduire)** (driving) licence (*BRIT*), (driver's) license (*US*); **permis de construire** planning permission (*BRIT*), building permit (*US*); **permis d'inhumer** burial certificate; **permis poids lourds** = HGV (driving) licence (*BRIT*), = class E (driver's) license (*US*); **permis de séjour** residence permit; **permis de travail** work permit

permission [pɛʀmisjɔ̃] *nf* permission; (*MIL*) leave; (*: papier*) pass; **en permission** on leave; **avoir la permission de faire** to have permission to do, be allowed to do

permuter [pɛʀmyte] *vt* to change around, permutate ♦ *vi* to change, swap

Pérou [peʀu] *nm*: **le Pérou** Peru

perpétuel, le [pɛʀpetɥɛl] *adj* perpetual; (*ADMIN etc*) permanent; for life

perpétuité [pɛʀpetɥite] *nf*: **à perpétuité** *adj, adv* for life; **être condamné à perpétuité** to be sentenced to life imprisonment, receive a life sentence

perplexe [pɛʀplɛks(ə)] *adj* perplexed, puzzled

perquisitionner [pɛʀkizisjɔne] *vi* to carry out a search

perron [pɛʀɔ̃] *nm* steps *pl* (*in front of mansion etc*)

perroquet [peʀɔkɛ] *nm* parrot

perruche [peʀyʃ] *nf* budgerigar *(BRIT)*, budgie *(BRIT)*, parakeet *(US)*

perruque [peʀyk] *nf* wig

persan, e [pɛʀsɑ̃, -an] *adj* Persian ♦ *nm (LING)* Persian

persécuter [pɛʀsekyte] *vt* to persecute

persévérer [pɛʀsevɛʀe] *vi* to persevere; **persévérer à croire que** to continue to believe that

persiennes [pɛʀsjɛn] *nfpl* (slatted) shutters

persil [pɛʀsi] *nm* parsley

Persique [pɛʀsik] *adj*: **le golfe Persique** the (Persian) Gulf

persistant, e [pɛʀsistɑ̃, -ɑ̃t] *adj* persistent; *(feuilles)* evergreen; **à feuillage persistant** evergreen

persister [pɛʀsiste] *vi* to persist; **persister à faire qch** to persist in doing sth

personnage [pɛʀsɔnaʒ] *nm (notable)* personality; figure; *(individu)* character, individual; *(THÉÂT)* character; *(PEINTURE)* figure

personnalité [pɛʀsɔnalite] *nf* personality; *(personnage)* prominent figure

personne [pɛʀsɔn] *nf* person ♦ *pron* nobody, no one; *(quelqu'un)* anybody, anyone; **personnes** *nfpl* people *pl*; **il n'y a personne** there's nobody in *ou* there, there isn't anybody in *ou* thère; **10 F par personne** 10 F per person *ou* a head; **en personne** personally, in person; **personne âgée** elderly person; **personne à charge** *(JUR)* dependent; **personne morale** *ou* **civile** *(JUR)* legal entity

personnel, le [pɛʀsɔnɛl] *adj* personal; *(égoïste: personne)* selfish, self-centred; *(idée, opinion)*: **j'ai des idées personnelles à ce sujet** I have my own ideas about that ♦ *nm* personnel, staff; **service du personnel** personnel department

personnellement [pɛʀsɔnɛlmɑ̃] *adv* personally

perspective [pɛʀspɛktiv] *nf (ART)* perspective; *(vue, coup d'œil)* view; *(point de vue)* viewpoint, angle; *(chose escomptée, envisagée)* prospect; **en perspective** in prospect

perspicace [pɛʀspikas] *adj* clear-sighted, gifted with *ou* showing insight

perspicacité [pɛʀspikasite] *nf* insight, perspicacity

persuader [pɛʀsɥade] *vt*: **persuader qn (de/de faire)** to persuade sb (of/to do); **j'en suis persuadé** I'm quite sure *ou* convinced (of it)

persuasif, ive [pɛʀsɥazif, -iv] *adj* persuasive

perte [pɛʀt(ə)] *nf* loss; *(de temps)* waste; *(fig: morale)* ruin; **pertes** *nfpl* losses; **à perte** *(COMM)* at a loss; **à perte de vue** as far as the eye can *(ou* could *)* see; *(fig)* interminably; **en pure perte** for absolutely nothing; **courir à sa perte** to be on the road to ruin; **être en perte de vitesse** *(fig)* to be losing momentum; **avec perte et fracas** forcibly; **perte de chaleur** heat loss; **perte sèche** dead loss; **pertes blanches** (vaginal) discharge *sg*

pertinemment [pɛʀtinamɑ̃] *adv* to the point; *(savoir)* perfectly well, full well

pertinent, e [pɛʀtinɑ̃, -ɑ̃t] *adj (remarque)* apt, pertinent, relevant; *(analyse)* discerning, judicious

perturbation [pɛʀtyʀbasjɔ̃] *nf (dans un service public)* disruption; *(agitation, trouble)* perturbation; **perturbation (atmosphérique)** atmospheric disturbance

perturber [pɛʀtyʀbe] *vt* to disrupt; *(PSYCH)* to perturb, disturb

pervers, e [pɛʀvɛʀ, -ɛʀs(ə)] *adj* perverted, depraved; *(malfaisant)* perverse

pervertir [pɛʀvɛʀtiʀ] *vt* to pervert

pesant, e [pəzɑ̃, -ɑ̃t] *adj* heavy; *(fig)* burdensome ♦ *nm*: **valoir son pesant de** to be worth one's weight in

pèse-personne [pɛzpɛʀsɔn] *nm* (bathroom) scales *pl*

peser [pəze] *vt, vb avec attribut* to weigh; *(considérer, comparer)* to weigh up ♦ *vi* to be heavy; *(fig)* to carry weight; **peser sur** *(levier, bouton)* to press, push; *(fig: accabler)* to lie heavy on; *(: influencer)* to influence; **peser à qn** to weigh heavy on sb

pessimisme [pɛsimism(ə)] *nm* pessimism

pessimiste [pɛsimist(ə)] *adj* pessimistic ♦ *nm/f* pessimist

peste [pɛst(ə)] *nf* plague; *(fig)* pest, nuisance

pester [pɛste] *vi*: **pester contre** to curse

pétale [petal] *nm* petal

pétanque [petɑ̃k] *nf* type of bowls; *see boxed note*

PÉTANQUE

Pétanque is a version of the game of 'boules', played on a variety of hard surfaces. Standing with their feet together, players throw steel bowls at a wooden jack. **Pétanque** originated in the South of France and is still very much associated with that area.

pétarader [petaʀade] *vi* to backfire

pétard [petaʀ] *nm (feu d'artifice)* banger *(BRIT)*, firecracker; *(de cotillon)* cracker; *(RAIL)* detonator

péter [pete] *vi (fam: casser, sauter)* to burst; to bust; *(fam!)* to fart (!)

pétillant, e [petijɑ̃, -ɑ̃t] *adj* sparkling

pétiller [petije] *vi (flamme, bois)* to crackle; *(mousse, champagne)* to bubble; *(pierre, métal)* to glisten; *(yeux)* to sparkle; *(fig)*: **pétiller d'esprit** to sparkle with wit

petit, e [pəti, -it] *adj (gén)* small; *(main, objet, colline, en âge: enfant)* small, little; *(mince, fin: personne, taille, pluie)* slight; *(voyage)* short, little; *(bruit etc)* faint, slight; *(mesquin)* mean; *(peu important)* minor ♦ *nm/f (petit enfant)* little one, child ♦ *nmpl (d'un animal)* young *pl*; **faire des petits** to have kittens *(ou* puppies *etc)*; **en petit** in miniature; **mon petit** son; little one; **ma petite** dear; little one; **pauvre petit** poor little thing; **la classe des petits** the infant class; **pour petits et grands** for children and adults; **les tout-petits** the little ones, the tiny tots; **petit à petit** bit by bit, gradually; **petit(e) ami/e** boyfriend/girlfriend; **les petites annonces** the small ads; **petit déjeuner** breakfast; **petit doigt** little finger; **le petit écran** the small screen; **petit four** petit four; **petit pain** (bread) roll; **petite monnaie** small change; **petite vérole** smallpox; **petits pois** petit pois *pl*, garden peas; **petites gens** people of modest means

petite-fille, *pl* **petites-filles** [pətitfij] *nf* granddaughter

petit-fils, *pl* **petits-fils** [pətifis] *nm* grandson

pétition [petisjɔ̃] *nf* petition; **faire signer une pétition** to get up a petition

petits-enfants [pətizɑ̃fɑ̃] *nmpl* grandchildren

petit-suisse, *pl* **petits-suisses** [pətisɥis] *nm* small individual pot of cream cheese

pétrin [petʁɛ̃] *nm* kneading-trough; *(fig)*: **dans le pétrin** in a jam *ou* fix

pétrir [petʁiʁ] *vt* to knead

pétrole [petʁɔl] *nm* oil; *(aussi:* **pétrole lampant**) paraffin *(BRIT)*, kerosene *(US)*

pétrolier, ière [petʁɔlje, -jɛʁ] *adj* oil *cpd*; *(pays)* oil-producing ◆ *nm (navire)* oil tanker; *(financier)* oilman; *(technicien)* petroleum engineer

P et T *sigle fpl* = postes et télécommunications

MOT-CLÉ
---

peu [pø] *adv* **1** *(modifiant verbe, adjectif, adverbe)*: **il boit peu** he doesn't drink (very) much; **il est peu bavard** he's not very talkative; **peu avant/après** shortly before/afterwards; **pour peu qu'il fasse** if he should do, if by any chance he does

2 *(modifiant nom)*: **peu de: peu de gens/d'arbres** few *ou* not (very) many people/trees; **il a peu d'espoir** he hasn't (got) much hope, he has little hope; **pour peu de temps** for (only) a short while; **à peu de frais** for very little cost

3: peu à peu little by little; **à peu près** just about, more *ou* less; **à peu près 10 kg/10 F** approximately 10 kg/10 F

◆ *nm* **1: le peu de gens qui** the few people who; **le peu de sable qui** what little sand, the little sand which

2: un peu a little; **un petit peu** a little bit; **un peu d'espoir** a little hope; **elle est un peu bavarde** she's rather talkative; **un peu plus/moins de** slightly more/less *(ou* fewer) than; **pour un peu il ..., un peu plus et il ...** he very nearly *ou* all but ...; **essayez un peu!** have a go!, just try it!

◆ *pron*: **peu le savent** few know (it); **avant *ou* sous peu** shortly, before long; **depuis peu** for a short *ou* little while; *(au passé)* a short *ou* little while ago; **de peu** (only) just; **c'est peu de chose** it's nothing; **il est de peu mon cadet** he's just a little *ou* bit younger than me

peuple [pœpl(ə)] *nm* people; *(masse)*: **un peuple de vacanciers** a crowd of holiday-makers; **il y a du peuple** there are a lot of people

peupler [pœple] *vt (pays, région)* to populate; *(étang)* to stock; *(suj: hommes, poissons)* to inhabit; *(fig: imagination, rêves)* to fill; **se peupler** *vi (ville, région)* to become populated; *(fig: s'animer)* to fill (up), be filled

peuplier [pøplije] *nm* poplar (tree)

peur [pœʁ] *nf* fear; **avoir peur (de/de faire/que)** to be frightened *ou* afraid (of/of doing/that); **prendre peur** to take fright; **faire peur à** to frighten; **de peur de/que** for fear of/that; **j'ai peur qu'il ne soit trop tard** I'm afraid it might be too late; **j'ai peur qu'il (ne) vienne (pas)** I'm afraid he may (not) come

peureux, euse [pœʁø, -øz] *adj* fearful, timorous

peut [pø] *vb voir* **pouvoir**

peut-être [pøtetʁ(ə)] *adv* perhaps, maybe; **peut-être que** perhaps, maybe; **peut-être bien qu'il fera/est** he may well do/be

phare [faʁ] *nm (en mer)* lighthouse; *(d'aéroport)* beacon; *(de véhicule)* headlight, headlamp *(BRIT)* ◆ *adj*: **produit phare** leading product; **se mettre en phares, mettre ses phares** to put on one's headlights; **phares de recul** reversing *(BRIT) ou* back-up *(US)* lights

pharmacie [faʁmasi] *nf (science)* pharmacology; *(magasin)* chemist's *(BRIT)*, pharmacy; *(officine)* dispensary; *(produits)* pharmaceuticals *pl*; *(armoire)* medicine chest *ou* cupboard, first-aid cupboard

pharmacien, ne [faʁmasjɛ̃, -ɛn] *nm/f* pharmacist, chemist *(BRIT)*

phénomène [fenɔmɛn] *nm* phenomenon *(pl* -a); *(monstre)* freak

philatélie [filateli] *nf* philately, stamp collecting

philosophe [filɔzɔf] *nm/f* philosopher ◆ *adj* philosophical

philosophie [filɔzɔfi] *nf* philosophy

phobie [fɔbi] *nf* phobia

phonétique [fɔnetik] *adj* phonetic ◆ *nf* phonetics *sg*

phoque [fɔk] *nm* seal; *(fourrure)* sealskin

phosphorescent, e [fɔsfɔʁesɑ̃, -ɑ̃t] *adj* luminous

photo [fɔto] *nf (photographie)* photo ◆ *adj*: **appareil/pellicule photo** camera/film; **en photo** in *ou* on a photo; **prendre en photo** to take a photo of; **aimer la/faire de la photo** to like taking/take photos; **photo en couleurs** colour photo; **photo d'identité** passport photo

photocopie [fɔtɔkɔpi] *nf (procédé)* photocopying; *(document)* photocopy

photocopier [fɔtɔkɔpje] *vt* to photocopy

photocopieur [fɔtɔkɔpjœʁ] *nm*, **photocopieuse** [fɔtɔkɔpjøz] *nf* (photo)copier

photographe [fɔtɔgʁaf] *nm/f* photographer

photographie [fɔtɔgrafi] nf (procédé, technique) photography; (cliché) photograph; **faire de la photographie** to do photography as a hobby; (comme métier) to be a photographer

photographier [fɔtɔgrafje] vt to photograph, take

phrase [frɑz] nf (LING) sentence; (propos, MUS) phrase; **phrases** nfpl (péj) flowery language sg

physicien, ne [fizisjɛ̃, -ɛn] nm/f physicist

physionomie [fizjɔnɔmi] nf face; (d'un paysage etc) physiognomy

physique [fizik] adj physical ♦ nm physique ♦ nf physics sg; **au physique** physically

physiquement [fizikmɑ̃] adv physically

piailler [pjaje] vi to squawk

pianiste [pjanist(ə)] nm/f pianist

piano [pjano] nm piano; **piano à queue** grand piano

pianoter [pjanɔte] vi to tinkle away (at the piano); (tapoter): **pianoter sur** to drum one's fingers on

pic [pik] nm (instrument) pick(axe); (montagne) peak; (ZOOL) woodpecker; **à pic** adv vertically; (fig) just at the right time; **couler à pic** (bateau) to go straight down; **pic à glace** ice pick

pichet [piʃɛ] nm jug

picorer [pikɔre] vt to peck

picoter [pikɔte] vt (suj: oiseau) to peck ♦ vi (irriter) to smart, prickle

pie [pi] nf magpie; (fig) chatterbox ♦ adj inv: **cheval pie** piebald; **vache pie** black and white cow

pièce [pjɛs] nf (d'un logement) room; (THÉÂT) play; (de mécanisme, machine) part; (de monnaie) coin; (COUTURE) patch; (document) document; (de drap, fragment, d'une collection) piece; (de bétail) head; **mettre en pièces** to smash to pieces; **dix francs pièce** ten francs each; **vendre à la pièce** to sell separately ou individually; **travailler/payer à la pièce** to do piecework/pay piece rate; **de toutes pièces : c'est inventé de toutes pièces** it's a complete fabrication; **un maillot une pièce** a one-piece swimsuit; **un deux-pièces cuisine** a two-room(ed) flat (BRIT) ou apartment (US) with kitchen; **tout d'une pièce** (personne: franc) blunt; (: sans souplesse) inflexible; **pièce à conviction** exhibit; **pièce d'eau** ornamental lake ou pond; **pièce d'identité : avez-vous une pièce d'identité?** have you got any (means of) identification?; **pièce montée** tiered cake; **pièce de rechange** spare (part); **pièce de résistance** pièce de résistance; (plat) main dish; **pièces détachées** spares, (spare) parts; **en pièces détachées** (à monter) in kit form; **pièces justificatives** supporting documents

pied [pje] nm foot (pl feet); (de verre) stem; (de table) leg; (de lampe) base; (plante) plant; **pieds nus** barefoot; **à pied** on foot; **à pied sec** without getting one's feet wet; **à pied d'œuvre** ready to start (work); **au pied de la lettre** literally; **au pied levé** at a moment's notice; **de pied en cap** from head to foot; **en pied** (portrait) full-length; **avoir pied** to be able to touch the bottom, to be out of one's depth; **avoir le pied marin** to be a good sailor; **perdre pied** to lose one's footing; (fig) to get out of one's depth; **sur pied** on the stalk, uncut; (debout, rétabli) up and about; **mettre sur pied** (entreprise) to set up; **mettre à pied** to suspend; to lay off; **mettre qn au pied du mur** to get sb with his (ou her) back to the wall; **sur le pied de guerre** ready for action; **sur un pied d'égalité** on an equal footing; **sur pied d'intervention** on stand-by; **faire du pied à qn** (prévenir) to give sb a (warning) kick; (galamment) to play footsie with sb; **mettre les pieds quelque part** to set foot somewhere; **faire des pieds et des mains** (fig) to move heaven and earth, pull out all the stops; **c'est le pied!** (fam) it's terrific!; **se lever du bon pied/du pied gauche** to get out of bed on the right/wrong side; **pied de lit** footboard; **pied de nez : faire un pied de nez à** to thumb one's nose at; **pied de vigne** vine

pied-noir, pl **pieds-noirs** [pjenwar] nm Algerian-born Frenchman

piège [pjɛʒ] nm trap; **prendre au piège** to trap

piéger [pjeʒe] vt (animal, fig) to trap; (avec une bombe) to booby-trap; **lettre/voiture piégée** letter-/car-bomb

piercing [pjɛrsiŋ] nm piercing

pierre [pjɛr] nf stone; **première pierre** (d'un édifice) foundation stone; **mur de pierres sèches** drystone wall; **faire d'une pierre deux coups** to kill two birds with one stone; **pierre à briquet** flint; **pierre fine** semiprecious stone; **pierre ponce** pumice stone; **pierre de taille** freestone no pl; **pierre tombale** tombstone, gravestone; **pierre de touche** touchstone

pierreries [pjɛrri] nfpl gems, precious stones

piétiner [pjetine] vi (trépigner) to stamp (one's foot); (marquer le pas) to stand about; (fig) to be at a standstill ♦ vt to trample on

piéton, ne [pjetɔ̃, -ɔn] nm/f pedestrian ♦ adj pedestrian cpd

piétonnier, ière [pjetɔnje, -jɛr] adj pedestrian cpd

pieu, x [pjø] nm (piquet) post; (pointu) stake; (fam: lit) bed

pieuvre [pjœvr(ə)] nf octopus

pieux, euse [pjø, -øz] adj pious

piffer [pife] vt (fam): **je ne peux pas le piffer** I can't stand him

pigeon [piʒɔ̃] nm pigeon; **pigeon voyageur** homing pigeon

piger [piʒe] vi (fam) to get it ♦ vt (fam) to get, understand

pigiste [piʒist(ə)] nm/f (typographe) typesetter on piecework; (journaliste) freelance journalist (paid by the line)

pignon [piɲɔ̃] nm (de mur) gable; (d'engrenage) cog(wheel), gearwheel; (graine) pine kernel; **avoir**

pignon sur rue *(fig)* to have a prosperous business

pile [pil] *nf* (tas, pilier) pile; (ÉLEC) battery ◆ *adj*: **le côté pile** tails ◆ *adv* (net, brusquement) dead; (à temps, à point nommé) just at the right time; **à deux heures pile** at two on the dot; **jouer à pile ou face** to toss up (for it); **pile ou face?** heads or tails?

piler [pile] *vt* to crush, pound

pilier [pilje] *nm* (colonne, support) pillar; (personne) mainstay; (RUGBY) prop (forward)

piller [pije] *vt* to pillage, plunder, loot

pilote [pilɔt] *nm* pilot; (de char, voiture) driver ◆ *adj* pilot *cpd*; **usine/ferme pilote** experimental factory/farm; **pilote de chasse/d'essai/de ligne** fighter/test/airline pilot; **pilote de course** racing driver

piloter [pilɔte] *vt* (navire) to pilot; (avion) to fly; (automobile) to drive; (fig): **piloter qn** to guide sb round; **piloté par menu** (INFORM) menu-driven

pilule [pilyl] *nf* pill; **prendre la pilule** to be on the pill; **pilule du lendemain** morning-after pill

piment [pimɑ̃] *nm* (BOT) pepper, capsicum; (fig) spice, piquancy; **piment rouge** (CULIN) chilli

pimenté, e [pimɑ̃te] *adj* hot and spicy

pimpant, e [pɛ̃pɑ̃, -ɑ̃t] *adj* spruce

pin [pɛ̃] *nm* pine (tree); (bois) pine(wood)

pinard [pinar] *nm* (fam) (cheap) wine, plonk (BRIT)

pince [pɛ̃s] *nf* (outil) pliers *pl*; (de homard, crabe) pincer, claw; (COUTURE: pli) dart; **pince à sucre/glace** sugar/ice tongs *pl*; **pince à épiler** tweezers *pl*; **pince à linge** clothes peg (BRIT) ou pin (US); **pince universelle** (universal) pliers *pl*; **pinces de cycliste** bicycle clips

pincé, e [pɛ̃se] *adj* (air) stiff; (mince: bouche) pinched ◆ *nf*: **une pincée de** a pinch of

pinceau, x [pɛ̃so] *nm* (paint)brush

pincer [pɛ̃se] *vt* to pinch; (MUS: cordes) to pluck; (COUTURE) to dart, put darts in; (fam) to nab; **se pincer le doigt** to squeeze ou nip one's finger; **se pincer le nez** to hold one's nose

pinède [pinɛd] *nf* pinewood, pine forest

pingouin [pɛ̃gwɛ̃] *nm* penguin

ping-pong [piŋpɔ̃g] *nm* table tennis

pingre [pɛ̃gʀ(ə)] *adj* niggardly

pinson [pɛ̃sɔ̃] *nm* chaffinch

pintade [pɛ̃tad] *nf* guinea-fowl

pioche [pjɔʃ] *nf* pickaxe

piocher [pjɔʃe] *vt* to dig up (with a pickaxe); (fam) to swot (BRIT) ou grind (US) at; **piocher dans** to dig into

pion, ne [pjɔ̃, pjɔn] *nm/f* (SCOL, péj) student paid to supervise schoolchildren ◆ *nm* (ÉCHECS) pawn; (DAMES) piece, draught (BRIT), checker (US)

pionnier [pjɔnje] *nm* pioneer

pipe [pip] *nf* pipe; **fumer la** ou **une pipe** to smoke a pipe; **pipe de bruyère** briar pipe

pipeau, x [pipo] *nm* (reed-)pipe

piquant, e [pikɑ̃, -ɑ̃t] *adj* (barbe, rosier etc) prickly; (saveur, sauce) hot, pungent; (fig: description, style) racy; (: mordant, caustique) biting ◆ *nm* (épine) thorn, prickle; (de hérisson) quill, spine; (fig) spiciness, spice

pique [pik] *nf* (arme) pike; (fig): **envoyer** ou **lancer des piques à qn** to make cutting remarks to sb ◆ *nm* (CARTES: couleur) spades *pl*; (: carte) spade

pique-nique [piknik] *nm* picnic

pique-niquer [piknike] *vi* to (have a) picnic

piquer [pike] *vt* (percer) to prick; (planter): **piquer qch dans** to stick sth into; (fixer): **piquer qch à** ou **sur** to pin sth onto; (MÉD) to give an injection to; (: animal blessé etc) to put to sleep; (suj: insecte, fumée, ortie) to sting; (: poivre) to burn; (: froid) to bite; (COUTURE) to machine (stitch); (intérêt etc) to arouse; (fam: prendre) to pick up; (: voler) to pinch; (: arrêter) to nab ◆ *vi* (oiseau, avion) to go into a dive; (saveur) to be pungent; to be sour; **se piquer** (avec une aiguille) to prick o.s.; (se faire une piqûre) to inject o.s.; (se vexer) to get annoyed; **se piquer de faire** to pride o.s. on doing; **piquer sur** to swoop down on; to head straight for; **piquer du nez** (avion) to go into a nose-dive; **piquer une tête** (plonger) to dive headfirst; **piquer un galop/un cent mètres** to break into a gallop/put on a sprint; **piquer une crise** to throw a fit; **piquer au vif** (fig) to sting

piquet [pike] *nm* (pieu) post, stake; (de tente) peg; **mettre un élève au piquet** to make a pupil stand in the corner; **piquet de grève** (strike) picket; **piquet d'incendie** fire-fighting squad

piqûre [pikyʀ] *nf* (d'épingle) prick; (d'ortie) sting; (de moustique) bite; (MÉD) injection, shot (US); (COUTURE) (straight) stitch; straight stitching; (de ver) hole; (tache) (spot of) mildew; **faire une piqûre à qn** to give sb an injection

pirate [piʀat] *adj* pirate *cpd* ◆ *nm* pirate; (fig: escroc) crook, shark; **pirate de l'air** hijacker

pire [piʀ] *adj* (comparatif) worse; (superlatif): **le (la) pire …** the worst … ◆ *nm*: **le pire (de)** the worst (of)

pis [pi] *nm* (de vache) udder; (pire): **le pis** the worst ◆ *adj, adv* worse; **qui pis est** what is worse; **au pis aller** if the worst comes to the worst, at worst

piscine [pisin] *nf* (swimming) pool; **piscine couverte** indoor (swimming) pool

pissenlit [pisɑ̃li] *nm* dandelion

pistache [pistaʃ] *nf* pistachio (nut)

piste [pist(ə)] *nf* (d'un animal, sentier) track, trail; (indice) lead; (de stade, de magnétophone, INFORM) track; (de cirque) ring; (de danse) floor; (de patinage) rink; (de ski) run; (AVIAT) runway; **piste cavalière** bridle path; **piste cyclable** cycle track, bikeway (US); **piste sonore** sound track

pistolet [pistɔlε] *nm* (arme) pistol, gun; (à peinture) spray gun; **pistolet à bouchon/air comprimé** popgun/airgun; **pistolet à eau** water pistol

pistolet-mitrailleur, *pl* **pistolets-mitrailleurs** [pistɔlɛmitrajœr] *nm* submachine gun

piston [pistɔ̃] *nm* (TECH) piston; (MUS) valve; (fig: appui) string-pulling

pistonner [pistɔne] *vt* (candidat) to pull strings for

piteux, euse [pitø, -øz] *adj* pitiful, sorry (avant le nom) **en piteux état** in a sorry state

pitié [pitje] *nf* pity; **sans pitié** *adj* pitiless, merciless; **faire pitié** to inspire pity; **il me fait pitié** I pity him, I feel sorry for him; **avoir pitié de** (compassion) to pity, feel sorry for; (merci) to have pity ou mercy on; **par pitié!** for pity's sake!

pitoyable [pitwajabl(ə)] *adj* pitiful

pitre [pitr(ə)] *nm* clown

pitrerie [pitrəri] *nf* tomfoolery no pl

pittoresque [pitɔrɛsk(ə)] *adj* picturesque; (expression, détail) colourful (BRIT), colorful (US)

pivot [pivo] *nm* pivot; (d'une dent) post

pivoter [pivɔte] *vi* (fauteuil) to swivel; (porte) to revolve; **pivoter sur ses talons** to swing round

pizza [pidza] *nf* pizza

PJ *sigle f* = **police judiciaire** ♦ *sigle fpl* (= pièces jointes) encl.

placard [plakar] *nm* (armoire) cupboard; (affiche) poster, notice; (TYPO) galley; **placard publicitaire** display advertisement

place [plas] *nf* (emplacement, situation, classement) place; (de ville, village) square; (ÉCON) **place financière/boursière** money/stock market; (espace libre) room, space; (de parking) space; (siège: de train, cinéma, voiture) seat; (prix au cinéma etc) price; (: dans un bus, taxi) fare; (emploi) job; **en place** (mettre) in its place; **de place en place, par places** here and there, in places; **sur place** on the spot; **faire place à** to give way to; **faire la place à** to make room for; **ça prend de la place** it takes up a lot of room ou space; **prendre place** to take one's place; **remettre qn à sa place** to put sb in his (ou her) place; **ne pas rester** ou **tenir en place** to be always on the go; **à la place de** in place of, instead of; **une quatre places** (AUTO) a four-seater; **il y a 20 places assises/debout** there are 20 seats/there is standing room for 20; **place forte** fortified town; **place d'honneur** place (ou seat) of honour (BRIT) ou honor (US)

placé, e [plase] *adj* (HIPPISME) placed; **haut placé** (fig) high-ranking; **être bien/mal placé** to be well-/badly placed; (spectateur) to have a good/bad seat; **être bien/mal placé pour faire** to be in/not to be in a position to do

placement [plasmã] *nm* placing; (FINANCE) investment; **agence** ou **bureau de placement** employment agency

placer [plase] *vt* to place, put; (convive, spectateur) to seat; (capital, argent) to place, invest; (dans la conversation) to put ou get in; **placer qn chez** to get sb a job at (ou with); **se placer au premier rang** to go

and stand (ou sit) in the first row

plafond [plafɔ̃] *nm* ceiling

plage [plaʒ] *nf* beach; (station) (seaside) resort; (fig) band, bracket; (de disque) track, band; **plage arrière** (AUTO) parcel ou back shelf

plagiat [plaʒja] *nm* plagiarism

plaid [plɛd] *nm* (tartan) car rug, lap robe (US)

plaider [plede] *vi* (avocat) to plead; (plaignant) to go to court, litigate ♦ *vt* to plead; **plaider pour** (fig) to speak for

plaidoyer [plɛdwaje] *nm* (JUR) speech for the defence (BRIT) ou defense (US); (fig) plea

plaie [plɛ] *nf* wound

plaignant, e [plɛɲã, -ãt] *vb voir* **plaindre** ♦ *nm/f* plaintiff

plaindre [plɛ̃dr(ə)] *vt* to pity, feel sorry for; **se plaindre** *vi* (gémir) to moan; (protester, rouspéter) to complain; **se plaindre (à qn) (de)** to complain (to sb) (about); (souffrir): **se plaindre de** to complain of

plaine [plɛn] *nf* plain

plain-pied [plɛ̃pje]: **de plain-pied** *adv* at streetlevel; (fig) straight; **de plain-pied (avec)** on the same level (as)

plaint, e [plɛ̃, -ɛ̃t] *pp de* **plaindre** ♦ *nf* (gémissement) moan, groan; (doléance) complaint; **porter plainte** to lodge a complaint

plaire [plɛr] *vi* to be a success, be successful; to please; **plaire à: cela me plaît** I like it; **essayer de plaire à qn** (en étant serviable etc) to try and please sb; **elle plaît aux hommes** she's a success with men, men like her; **se plaire quelque part** to like being somewhere, like it somewhere; **se plaire à faire** to take pleasure in doing; **ce qu'il vous plaira** what(ever) you like ou wish; **s'il vous plaît** please

plaisance [plɛzɑ̃s] *nf* (aussi: **navigation de plaisance**) (pleasure) sailing, yachting

plaisant, e [plɛzɑ̃, -ɑ̃t] *adj* pleasant; (histoire, anecdote) amusing

plaisanter [plɛzɑ̃te] *vi* to joke ♦ *vt* (personne) to tease, make fun of; **pour plaisanter** for a joke; **on ne plaisante pas avec cela** that's no joking matter; **tu plaisantes!** you're joking ou kidding!

plaisanterie [plɛzɑ̃tri] *nf* joke; joking no pl

plaise [plɛz] *etc vb voir* **plaire**

plaisir [plɛzir] *nm* pleasure; **faire plaisir à qn** (délibérément) to be nice to sb, please sb; (suj: cadeau, nouvelle etc): **ceci me fait plaisir** I'm delighted ou very pleased with this; **prendre plaisir à/à faire** to take pleasure in/in doing; **j'ai le plaisir de ...** it is with great pleasure that I ...; **M. et Mme X ont le plaisir de vous faire part de ...** M. and Mme X are pleased to announce ...; **se faire un plaisir de faire qch** to be (only too) pleased to do sth; **faites-moi le plaisir de ...** would you mind ..., would you be kind enough to ...; **à plaisir** freely; for the sake of it; **au plaisir (de vous revoir)** (I hope to) see you again; **pour le** ou **pour son** ou **par plaisir** for pleasure

plaît [plɛ] vb voir **plaire**

plan, e [plɑ̃, -an] adj flat ♦ nm plan; (GÉOM) plane; (fig) level, plane; (CINÉ) shot; **au premier/second plan** in the foreground/middle distance; **à l'arrière plan** in the background; **mettre qch au premier plan** (fig) to consider sth to be of primary importance; **sur le plan sexuel** sexually, as far as sex is concerned; **laisser/rester en plan** to abandon/be abandoned; **plan d'action** plan of action; **plan directeur** (ÉCON) master plan; **plan d'eau** lake; pond; **plan de travail** work-top, work surface; **plan de vol** (AVIAT) flight plan

planche [plɑ̃ʃ] nf (pièce de bois) plank, (wooden) board; (illustration) plate; (de salades, radis, poireaux) bed; (d'un plongeoir) (diving) board; **les planches** (THÉÂT) the boards; **en planches** adj wooden; **faire la planche** (dans l'eau) to float on one's back; **avoir du pain sur la planche** to have one's work cut out; **planche à découper** chopping board; **planche à dessin** drawing board; **planche à pain** bread-board; **planche à repasser** ironing board; **planche (à roulettes)** (planche) skateboard; (sport) skateboarding; **planche de salut** (fig) sheet anchor; **planche à voile** (planche) windsurfer, sailboard; (sport) windsurfing

plancher [plɑ̃ʃe] nm floor; (planches) floorboards pl; (fig) minimum level ♦ vi to work hard

planer [plane] vi (oiseau, avion) to glide; (fumée, vapeur) to float, hover; (drogué) to be (on a) high; **planer sur** (fig) to hang over; to hover above

planète [planɛt] nf planet

planeur [planœR] nm glider

planification [planifikasjɔ̃] nf (economic) planning

planifier [planifje] vt to plan

planning [planiŋ] nm programme (BRIT), program (US), schedule; **planning familial** family planning

planque [plɑ̃k] nf (fam: combine, filon) cushy (BRIT) ou easy number; (: cachette) hideout

plant [plɑ̃] nm seedling, young plant

plante [plɑ̃t] nf plant; **plante d'appartement** house ou pot plant; **plante du pied** sole (of the foot); **plante verte** house plant

planter [plɑ̃te] vt (plante) to plant; (enfoncer) to hammer ou drive in; (tente) to put up, pitch; (drapeau, échelle, décors) to put up; (fam: mettre) to dump; (: abandonner): **planter là** to ditch; **se planter** vi (fam: se tromper) to get it wrong; **planter qch dans** to hammer ou drive sth into; to stick sth into; **se planter dans** to sink into; to get stuck in; **se planter devant** to plant o.s. in front of

plantureux, euse [plɑ̃tyRø, -øz] adj (repas) copious, lavish; (femme) buxom

plaque [plak] nf plate; (de verre) sheet; (de verglas, d'eczéma) patch; (avec inscription) plaque; **plaque (minéralogique ou de police ou d'immatriculation)** number (BRIT) ou license (US) plate; **plaque de beurre** slab of butter; **plaque**

chauffante hotplate; **plaque de chocolat** bar of chocolate; **plaque de cuisson** hob; **plaque d'identité** identity disc; **plaque tournante** (fig) centre (BRIT), center (US)

plaqué, e [plake] adj: **plaqué or/argent** gold-/silver-plated ♦ nm: **plaqué or/argent** gold/silver plate; **plaqué acajou** with a mahogany veneer

plaquer [plake] vt (bijou) to plate; (bois) to veneer; (aplatir): **plaquer qch sur/contre** to make sth stick ou cling to; (RUGBY) to bring down; (fam: laisser tomber) to drop, ditch; **se plaquer contre** to flatten o.s. against; **plaquer qn contre** to pin sb to

plaquette [plakɛt] nf tablet; (de chocolat) bar; (de beurre) slab, packet; (livre) small volume; (MÉD: de pilules, gélules) pack, packet; (INFORM) circuit board; **plaquette de frein** (AUTO) brake pad

plastique [plastik] adj plastic ♦ nm plastic ♦ nf plastic arts pl; (d'une statue) modelling

plastiquer [plastike] vt to blow up

plat, e [pla, -at] adj flat; (fade: vin) flat-tasting, insipid; (personne, livre) dull ♦ nm (récipient, CULIN) dish; (d'un repas): **le premier plat** the first course; (partie plate): **le plat de la main** the flat of the hand; (d'une route) flat (part); **à plat ventre** adv face down; (tomber) flat on one's face; **à plat** adj (pneu, batterie) flat; (fam: fatigué) dead beat, tired out; **plat cuisiné** pre-cooked meal (ou dish); **plat du jour** dish of the day; **plat principal** ou **de résistance** main course; **plats préparés** convenience food(s)

platane [platan] nm plane tree

plateau, x [plato] nm (support) tray; (d'une table) top; (d'une balance) pan; (GÉO) plateau; (de tournedisques) turntable; (CINÉ) set; (TV): **nous avons 2 journalistes sur le plateau ce soir** we have 2 journalists with us tonight; **plateau à fromages** cheeseboard

plate-bande, pl **plates-bandes** [platbɑ̃d] nf flower bed

plate-forme, pl **plates-formes** [platfɔRm(ə)] nf platform; **plate-forme de forage/pétrolière** drilling/oil rig

platine [platin] nm platinum ♦ nf (d'un tournedisque) turntable; **platine disque/cassette** record/cassette deck; **platine laser** ou **compact-disc** compact disc (player)

plâtre [plɑtR(ə)] nm (matériau) plaster; (statue) plaster statue; (MÉD) (plaster) cast; **plâtres** nmpl plasterwork sg; **avoir un bras dans le plâtre** to have an arm in plaster

plein, e [plɛ̃, -ɛn] adj full; (porte, roue) solid; (chienne, jument) big (with young) ♦ nm: **faire le plein (d'essence)** to fill up (with petrol (BRIT) ou gas (US)) ♦ prép: **avoir de l'argent plein les poches** to have loads of money; **plein de** full of; **avoir les mains pleines** to have one's hands full; **à pleines mains** (ramasser) in handfuls; (empoigner) firmly; **à plein régime** at maximum revs; (fig) at full speed; **plein temps** full-time; **en plein air** in the open air;

jeux en plein air outdoor games; **en pleine mer** on the open sea; **en plein soleil** in direct sunlight; **en pleine nuit/rue** in the middle of the night/street; **en plein milieu** right in the middle; **en plein jour** in broad daylight; **les pleins** the downstrokes (in handwriting) **faire le plein des voix** to get the maximum number of votes possible; **en plein sur** right on; **en avoir plein le dos** (fam) to have had it up to here

pleurer [plœʀe] vi to cry; (yeux) to water ♦ vt to mourn (for); **pleurer sur** vt to lament (over), bemoan; **pleurer de rire** to laugh till one cries

pleurnicher [plœʀnife] vi to snivel, whine

pleurs [plœʀ] nmpl: **en pleurs** in tears

pleut [plø] vb voir **pleuvoir**

pleuvait [pløvɛ] etc vb voir **pleuvoir**

pleuvoir [pløvwaʀ] vb impers to rain ♦ vi (fig): **pleuvoir (sur)** to shower down (upon), be showered upon; **il pleut** it's raining; **il pleut des cordes** ou **à verse** ou **à torrents** it's pouring (down), it's raining cats and dogs

pli [pli] nm fold; (de jupe) pleat; (de pantalon) crease; (aussi: **faux pli**) crease; (enveloppe) envelope; (lettre) letter; (CARTES) trick; **prendre le pli de faire** to get into the habit of doing; **ça ne fait pas un pli!** don't you worry!; **pli d'aisance** inverted pleat

pliant, e [plijɑ̃, -ɑ̃t] adj folding ♦ nm folding stool, campstool

plier [plije] vt to fold; (pour ranger) to fold up; (table pliante) to fold down; (genou, bras) to bend ♦ vi to bend; (fig) to yield; **se plier à** to submit to; **plier bagages** (fig) to pack up (and go)

plinthe [plɛ̃t] nf skirting board

plisser [plise] vt (chiffonner: papier, étoffe) to crease; (rider: front) to furrow, wrinkle; (: bouche) to pucker; (jupe) to put pleats in; **se plisser** vi (vêtement, étoffe) to crease

plomb [plɔ̃] nm (métal) lead; (d'une cartouche) (lead) shot; (PÊCHE) sinker; (sceau) (lead) seal; (ÉLEC) fuse; **de plomb** (soleil) blazing; **sans plomb** (essence) unleaded; **sommeil de plomb** heavy ou very deep sleep; **mettre à plomb** to plumb

plombage [plɔ̃baʒ] nm (de dent) filling

plomberie [plɔ̃bʀi] nf plumbing

plombier [plɔ̃bje] nm plumber

plonge [plɔ̃ʒ] nf: **faire la plonge** to be a washer-up (BRIT) ou dishwasher (person)

plongeant, e [plɔ̃ʒɑ̃, -ɑ̃t] adj (vue) from above; (tir, décolleté) plunging

plongée [plɔ̃ʒe] nf (SPORT) diving no pl; (: sans scaphandre) skin diving; (de sous-marin) submersion, dive; **en plongée** (sous-marin) submerged; (prise de vue) high angle

plongeoir [plɔ̃ʒwaʀ] nm diving board

plongeon [plɔ̃ʒɔ̃] nm dive

plonger [plɔ̃ʒe] vi to dive ♦ vt: **plonger qch dans** to plunge sth into; **plonger dans un sommeil pro-** fond to sink straight into a deep sleep; **plonger qn dans l'embarras** to throw sb into a state of confusion

plongeur, euse [plɔ̃ʒœʀ, -øz] nm/f diver; (de café) washer-up (BRIT), dishwasher (person)

ployer [plwaje] vt to bend ♦ vi to bend; (plancher) to sag

plu [ply] pp de **plaire, pleuvoir**

pluie [plɥi] nf rain; (averse, ondée): **une pluie brève** a shower; (fig): **pluie de** shower of; **une pluie fine** fine rain; **retomber en pluie** to shower down; **sous la pluie** in the rain

plume [plym] nf feather; (pour écrire) (pen) nib; (fig) pen; **dessin à la plume** pen and ink drawing

plupart [plypaʀ]: **la plupart** pron the majority, most (of them); **la plupart des** most, the majority of; **la plupart du temps/d'entre nous** most of the time/of us; **pour la plupart** adv for the most part, mostly

pluriel [plyʀjɛl] nm plural; **au pluriel** in the plural

plus¹ [ply] vb voir **plaire**

MOT-CLÉ

plus² [ply] adv **1** (forme négative): **ne ... plus** no more, no longer; **je n'ai plus d'argent** I've got no more money ou no money left; **il ne travaille plus** he's no longer working, he doesn't work any more

2 [ply, plyz +voyelle] (comparatif) more, ...+er; (superlatif): **le plus** the most, the ...+est; **plus grand/intelligent (que)** bigger/more intelligent (than); **le plus grand/intelligent** the biggest/most intelligent; **tout au plus** at the very most

3 [plys] (davantage) more; **il travaille plus (que)** he works more (than); **plus il travaille, plus il est heureux** the more he works, the happier he is; **plus de pain** more bread; **plus de 10 personnes/3 heures/4 kilos** more than ou over 10 people/3 hours/4 kilos; **3 heures de plus que** 3 hours more than; **plus de minuit** after ou past midnight; **de plus** what's more, moreover; **il a 3 ans de plus que moi** he's 3 years older than me; **3 kilos en plus** 3 kilos more; **en plus de** in addition to; **de plus en plus** more and more; **en plus de cela ...** what is more ...; **plus ou moins** more or less; **ni plus ni moins** no more, no less; **sans plus** (but) no more than that, (but) that's all; **qui plus est** what is more

♦ prép [plys]: **4 plus 2** 4 plus 2

---

plusieurs [plyzjœʀ] dét, pron several; **ils sont plusieurs** there are several of them

plus-value [plyvaly] nf (d'un bien) appreciation; (bénéfice) capital gain; (budgétaire) surplus

plut [ply] vb voir **plaire, pleuvoir**

plutôt [plyto] adv rather; **je ferais plutôt ceci** I'd rather ou sooner do this; **fais plutôt comme ça** try this way instead; **plutôt que (de) faire** rather than ou instead of doing

pluvieux, euse [plyvjø, -øz] *adj* rainy, wet

PME *sigle fpl* = petites et moyennes entreprises

PMU *sigle m* = pari mutuel urbain; (*café*) betting agency

PNB *sigle m* (= produit national brut) GNP

pneu [pnø] *nm* (*de roue*) tyre (*BRIT*), tire (*US*); (*message*) letter sent by pneumatic tube

pneumonie [pnømɔni] *nf* pneumonia

poche [pɔʃ] *nf* pocket; (*déformation*): **faire une/des poche(s)** to bag; (*sous les yeux*) bag, pouch; (*ZOOL*) pouch ◆ *nm* (= livre de poche) (pocket-size) paperback; **de poche** pocket *cpd*; **en être de sa poche** to be out of pocket; **c'est dans la poche** it's in the bag

pocher [pɔʃe] *vt* (*CULIN*) to poach; (*ART*) to sketch ◆ *vi* (*vêtement*) to bag

pochette [pɔʃɛt] *nf* (*de timbres*) wallet, envelope; (*d'aiguilles etc*) case; (*sac: de femme*) clutch bag, purse; (: *d'homme*) breast pocket; (*sur veston*) breast pocket handkerchief; **pochette d'allumettes** book of matches; **pochette de disque** record sleeve; **pochette surprise** lucky bag

poêle [pwal] *nm* stove ◆ *nf*: **poêle (à frire)** frying pan

poème [pɔɛm] *nm* poem

poésie [pɔezi] *nf* (*poème*) poem; (*art*): **la poésie** poetry

poète [pɔɛt] *nm* poet; (*fig*) dreamer ◆ *adj* poetic

poids [pwa] *nm* weight; (*SPORT*) shot; **vendre au poids** to sell by weight; **de poids** *adj* (*argument etc*) weighty; **prendre du poids** to put on weight; **faire le poids** (*fig*) to measure up; **poids plume/mouche/coq/moyen** (*BOXE*) feather/fly/bantam/middleweight; **poids et haltères** *nmpl* weight lifting *sg*; **poids lourd** (*BOXE*) heavyweight; (*camion; aussi*: **PL**) (big) lorry (*BRIT*), truck (*US*); (: *ADMIN*) large goods vehicle (*BRIT*), truck (*US*); **poids mort** dead weight; **poids utile** net weight

poignant, e [pwaɲɑ̃, -ɑ̃t] *adj* poignant, harrowing

poignard [pwaɲar] *nm* dagger

poignarder [pwaɲarde] *vt* to stab, knife

poigne [pwaɲ] *nf* grip; (*fig*) firm-handedness; **à poigne** firm-handed

poignée [pwaɲe] *nf* (*de sel etc, fig*) handful; (*de couvercle, porte*) handle; **poignée de main** handshake

poignet [pwaɲɛ] *nm* (*ANAT*) wrist; (*de chemise*) cuff

poil [pwal] *nm* (*ANAT*) hair; (*de pinceau, brosse*) bristle; (*de tapis, tissu*) strand; (*pelage*) coat; (*ensemble des poils*): **avoir du poil sur la poitrine** to have hair(s) on one's chest, have a hairy chest; **à poil** *adj* (*fam*) starkers; **au poil** *adj* (*fam*) hunky-dory; **de tout poil** of all kinds; **être de bon/mauvais poil** to be in a good/bad mood; **poil à gratter** itching powder

poilu, e [pwaly] *adj* hairy

poinçon [pwɛ̃sɔ̃] *nm* awl; bodkin; (*marque*) hallmark

poinçonner [pwɛ̃sɔne] *vt* (*marchandise*) to stamp; (*bijou etc*) to hallmark; (*billet, ticket*) to clip, punch

poing [pwɛ̃] *nm* fist; **dormir à poings fermés** to sleep soundly

point [pwɛ̃] *vb voir* **poindre** ◆ *nm* (*marque, signe*) dot; (: *de ponctuation*) full stop, period (*us*); (*moment, de score etc, fig: question*) point; (*endroit*) spot; (*COUTURE, TRICOT*) stitch ◆ *adv* = **pas; ne ... point** not (at all); **faire le point** (*NAVIG*) to take a bearing; (*fig*) to take stock of (the situation); **faire le point sur** to review; **en tout point** in every respect; **sur le point de faire** (just) about to do; **au point que, à tel point que** so much so that; **mettre au point** (*mécanisme, procédé*) to develop; (*appareil-photo*) to focus; (*affaire*) to settle; **à point** (*CULIN*) just right; (: *viande*) medium; **à point (nommé)** just at the right time; **point de croix/tige/chaînette** (*COUTURE*) cross/stem/chain stitch; **point mousse/jersey** (*TRICOT*) garter/stocking stitch; **point de départ/d'arrivée/d'arrêt** departure/arrival/stopping point; **point chaud** (*MIL, POL*) hot spot; **point de chute** landing place; (*fig*) stopping-off point; **point (de) côté** stitch (*pain*); **point culminant** summit; (*fig*) height, climax; **point d'eau** spring; water point; **point d'exclamation** exclamation mark; **point faible** weak spot; **point final** full stop, period (*us*); **point d'interrogation** question mark; **point mort** (*FINANCE*) break-even point; **au point mort** (*AUTO*) in neutral; (*affaire, entreprise*) at a standstill; **point noir** (*sur le visage*) blackhead; (*AUTO*) accident black spot; **point de non-retour** point of no return; **point de repère** landmark; (*dans le temps*) point of reference; **point de vente** retail outlet; **point de vue** viewpoint; (*fig: opinion*) point of view; **du point de vue de** from the point of view of; **points cardinaux** points of the compass, cardinal points; **points de suspension** suspension points

pointe [pwɛ̃t] *nf* point; (*de la côte*) headland; (*allusion*) dig; sally; (*fig*): **une pointe d'ail/d'accent** a touch *ou* hint of garlic/of an accent; **pointes** *nfpl* (*DANSE*) points, point shoes; **être à la pointe de** (*fig*) to be in the forefront of; **faire** *ou* **pousser une pointe jusqu'à ...** to press on as far as ...; **sur la pointe des pieds** on tiptoe; **en pointe** *adv* (*tailler*) into a point ◆ *adj* pointed, tapered; **de pointe** *adj* (*technique etc*) leading; (*vitesse*) maximum, top; **heures/jours de pointe** peak hours/days; **faire du 180 en pointe** (*AUTO*) to have a top *ou* maximum speed of 180; **faire des pointes** (*DANSE*) to dance on points; **pointe d'asperge** asparagus tip; **pointe de courant** surge (of current); **pointe de tension** (*INFORM*) spike; **pointe de vitesse** burst of speed

pointer [pwɛ̃te] *vt* (*cocher*) to tick off; (*employés etc*) to check in; (*diriger: canon, longue-vue, doigt*): **pointer vers qch** to point at sth; (*MUS: note*) to dot ◆ *vi* (*employé*) to clock in *ou* on; (*pousses*) to come through; (*jour*) to break; **pointer les oreilles** (*chien*) to prick up its ears

pointillé [pwɛtije] *nm* (*trait*) dotted line; (*ART*) stippling *no pl*

pointilleux, euse [pwɛtijø, -øz] *adj* particular, pernickety

pointu, e [pwɛty] *adj* pointed; (*clou*) sharp; (*voix*) shrill; (*analyse*) precise

pointure [pwɛtyʀ] *nf* size

point-virgule, *pl* **points-virgules** [pwɛviʀgyl] *nm* semi-colon

poire [pwaʀ] *nf* pear; (*fam: péj*) mug; **poire électrique** (*pear-shaped*) switch; **poire à injections** syringe

poireau, x [pwaʀo] *nm* leek

poireauter [pwaʀote] *vi* (*fam*) to hang about (waiting)

poirier [pwaʀje] *nm* pear tree; (*GYMNASTIQUE*): **faire le poirier** to do a headstand

pois [pwa] *nm* (*BOT*) pea; (*sur une étoffe*) dot, spot; **à pois** (*cravate etc*) spotted, polka-dot *cpd*; **pois chiche** chickpea; **pois de senteur** sweet pea; **pois cassés** split peas

poison [pwazɔ̃] *nm* poison

poisse [pwas] *nf* rotten luck

poisseux, euse [pwasø, -øz] *adj* sticky

poisson [pwasɔ̃] *nm* fish *gén inv*; **les Poissons** (*ASTROL: signe*) Pisces, the Fish; **être des Poissons** to be Pisces; **pêcher** *ou* **prendre du poisson** *ou* **des poissons** to fish; **poisson d'avril** April fool; (*blague*) April fool's day trick; **poisson rouge** goldfish

poissonnerie [pwasɔnʀi] *nf* fishmonger's (*BRIT*), fish store (*US*)

poissonnier, ière [pwasɔnje, -jɛʀ] *nm/f* fishmonger (*BRIT*), fish merchant (*US*) ♦ *nf* (*ustensile*) fish kettle

poitrine [pwatʀin] *nf* (*ANAT*) chest; (*seins*) bust, bosom; (*CULIN*) breast; **poitrine de bœuf** brisket

poivre [pwavʀ(ə)] *nm* pepper; **poivre en grains/ moulu** whole/ground pepper; **poivre de cayenne** cayenne (*pepper*); **poivre et sel** *adj* (*cheveux*) pepper-and-salt

poivron [pwavʀɔ̃] *nm* pepper, capsicum; **poivron vert/rouge** green/red pepper

polaire [pɔlɛʀ] *adj* polar

polar [pɔlaʀ] (*fam*) *nm* detective novel

pôle [pol] *nm* (*GÉO, ÉLEC*) pole; **le pôle Nord/Sud** the North/South Pole; **pôle d'attraction** (*fig*) centre of attraction

poli, e [pɔli] *adj* polite; (*lisse*) smooth; polished

police [pɔlis] *nf* police; (*discipline*): **assurer la police de** *ou* **dans** to keep order in; **peine de simple police** sentence given by a magistrates' or police court; **police (d'assurance)** (*insurance*) policy; **police (de caractères)** (*TYPO, INFORM*) typeface; **police judiciaire (PJ)** ≈ Criminal Investigation Department (CID) (*BRIT*), ≈ Federal Bureau of Investigation (FBI) (*US*); **police des mœurs** ≈ vice squad; **police secours** ≈ emergency services *pl*

policier, ière [pɔlisje, -jɛʀ] *adj* police *cpd* ♦ *nm* policeman; (*aussi:* **roman policier**) detective novel

polio(myélite) [pɔljɔ(mjelit)] *nf* polio(myelitis)

polio(myélitique) [pɔljɔ(mjelitik)] *nm/f* polio patient *ou* case

polir [pɔliʀ] *vt* to polish

polisson, ne [pɔlisɔ̃, -ɔn] *adj* naughty

politesse [pɔlitɛs] *nf* politeness; **politesses** *nfpl* (*exchange of*) courtesies; **rendre une politesse à qn** to return sb's favour (*BRIT*) *ou* favor (*US*)

politicien, ne [pɔlitisjɛ̃, -ɛn] *adj* political ♦ *nm/f* politician

politique [pɔlitik] *adj* political ♦ *nf* (*science, activité*) politics *sg*; (*principes, tactique*) policy, policies *pl* ♦ *nm* (*politicien*) politician; **politique étrangère/intérieure** foreign/domestic policy

pollen [pɔlɛn] *nm* pollen

polluant, e [pɔlɥɑ̃, -ɑ̃t] *adj* polluting ♦ *nm* polluting agent, pollutant

polluer [pɔlɥe] *vt* to pollute

pollution [pɔlysjɔ̃] *nf* pollution

polo [pɔlo] *nm* (*sport*) polo; (*tricot*) polo shirt

Pologne [pɔlɔɲ] *nf*: **la Pologne** Poland

polonais, e [pɔlɔnɛ, -ɛz] *adj* Polish ♦ *nm* (*LING*) Polish ♦ *nm/f*: **Polonais, e** Pole

poltron, ne [pɔltʀɔ̃, -ɔn] *adj* cowardly

polycopier [pɔlikɔpje] *vt* to duplicate

Polynésie [pɔlinezi] *nf*: **la Polynésie** Polynesia; **la Polynésie française** French Polynesia

polyvalent, e [pɔlivalɑ̃, -ɑ̃t] *adj* (*vaccin*) polyvalent; (*personne*) versatile; (*salle*) multi-purpose ♦ *nm* ≈ tax inspector

pommade [pɔmad] *nf* ointment, cream

pomme [pɔm] *nf* (*BOT*) apple; (*boule décorative*) knob; (*pomme de terre*): **steak pommes (frites)** steak and chips (*BRIT*) *ou* (*French*) fries (*US*); **tomber dans les pommes** (*fam*) to pass out; **pomme d'Adam** Adam's apple; **pommes allumettes** French fries (*thin-cut*); **pomme d'arrosoir** (*sprinkler*) rose; **pomme de pin** pine *ou* fir cone; **pomme de terre** potato; **pommes vapeur** boiled potatoes

pommeau, x [pɔmo] *nm* (*boule*) knob; (*de selle*) pommel

pommette [pɔmɛt] *nf* cheekbone

pommier [pɔmje] *nm* apple tree

pompe [pɔ̃p] *nf* pump; (*faste*) pomp (and ceremony); **pompe à eau/essence** water/petrol pump; **pompe à huile** oil pump; **pompe à incendie** (*apparatus*) fire engine **pompes funèbres** undertaker's *sg*, funeral parlour *sg* (*BRIT*), mortician's *sg* (*US*)

pomper [pɔ̃pe] *vt* to pump; (*évacuer*) to pump

out; (aspirer) to pump up; (absorber) to soak up ♦ vi to pump

pompeux, euse [pɔ̃pø, -øz] adj pompous

pompier [pɔ̃pje] nm fireman ♦ adj m (style) pretentious, pompous

pompiste [pɔ̃pist(ə)] nm/f petrol (BRIT) ou gas (US) pump attendant

poncer [pɔ̃se] vt to sand (down)

ponctuation [pɔ̃ktɥasjɔ̃] nf punctuation

ponctuel, le [pɔ̃ktɥel] adj (à l'heure, TECH) punctual; (fig: opération etc) one-off, single; (scrupuleux) punctilious, meticulous

pondéré, e [pɔ̃dere] adj level-headed, composed

pondre [pɔ̃dʀ(ə)] vt to lay; (fig) to produce ♦ vi to lay

poney [pɔne] nm pony

pont [pɔ̃] nm bridge; (AUTO): **pont arrière/avant** rear/front axle; (NAVIG) deck; **faire le pont** to take the extra day off; **faire un pont d'or à qn** to offer sb a fortune to take a job; **pont aérien** airlift; **pont basculant** bascule bridge; **pont d'envol** flight deck; **pont élévateur** hydraulic ramp; **pont de graissage** (in garage) ramp **pont à péage** tollbridge; **pont roulant** travelling crane; **pont suspendu** suspension bridge; **pont tournant** swing bridge; **Ponts et Chaussées** highways department; see boxed note

---

FAIRE LE PONT

The expression **'faire le pont'** refers to the practice of taking a Monday or Friday off to make a long weekend if a public holiday falls on a Tuesday or Thursday. The French commonly take an extra day off work to give four consecutive days' holiday at 'l'Ascension', 'le 14 juillet' and le '15 août'.

---

pont-levis, pl **ponts-levis** [pɔ̃lvi] nm drawbridge

pop [pɔp] adj inv pop ♦ nm: **le pop** pop (music)

populace [pɔpylas] nf (péj) rabble

populaire [pɔpylɛʀ] adj popular; (manifestation) mass cpd, of the people; (milieux, clientèle) working-class; (LING: mot etc) used by the lower classes (of society)

popularité [pɔpylaʀite] nf popularity

population [pɔpylasjɔ̃] nf population; **population active/agricole** working/farming population

populeux, euse [pɔpylø, -øz] adj densely populated

porc [pɔʀ] nm (ZOOL) pig; (CULIN) pork; (peau) pigskin

porcelaine [pɔʀsəlɛn] nf (substance) porcelain, china; (objet) piece of china(ware)

porc-épic, pl **porcs-épics** [pɔʀkepik] nm porcupine

porche [pɔʀʃ(ə)] nm porch

porcherie [pɔʀʃəʀi] nf pigsty

pore [pɔʀ] nm pore

porno [pɔʀno] adj porno ♦ nm porn

port [pɔʀ] nm (NAVIG) harbour (BRIT), harbor (US), port; (ville, aussi INFORM) port; (de l'uniforme etc) wearing; (pour lettre) postage; (pour colis, aussi: posture) carriage; **port de commerce/de pêche** commercial/fishing port; **arriver à bon port** to arrive safe and sound; **port d'arme** (JUR) carrying of a firearm; **port d'attache** (NAVIG) port of registry; (fig) home base; **port d'escale** port of call; **port franc** free port

portable [pɔʀtabl(ə)] adj (vêtement) wearable; (portatif) transportable

portail [pɔʀtaj] nm gate; (de cathédrale) portal

portant, e [pɔʀtɑ̃, -ɑ̃t] adj (murs) structural, supporting; (roues) running; **bien/mal portant** in good/poor health

portatif, ive [pɔʀtatif, -iv] adj portable

porte [pɔʀt(ə)] nf door; (de ville, forteresse, SKI) gate; **mettre à la porte** to throw out; **prendre la porte** to leave, go away; **à ma/sa porte** (tout près) on my/his (ou her) doorstep; **porte (d'embarquement)** (AVIAT) (departure) gate; **porte d'entrée** front door; **porte à porte** nm door-to-door selling; **porte de secours** emergency exit; **porte de service** service entrance

porté, e [pɔʀte] adj: **être porté à faire qch** to be apt to do sth, tend to do sth; **être porté sur qch** to be partial to sth

porte-avions [pɔʀtavjɔ̃] nm inv aircraft carrier

porte-bagages [pɔʀtbagaʒ] nm inv luggage rack (ou basket etc)

porte-bonheur [pɔʀtbɔnœʀ] nm inv lucky charm

porte-clefs [pɔʀtəkle] nm inv key ring

porte-documents [pɔʀtdɔkymɑ̃] nm inv attaché ou document case

portée [pɔʀte] nf (d'une arme) range; (fig: importance) impact, import; (: capacités) scope, capability; (de chatte etc) litter; (MUS) stave, staff (pl staves); **à/hors de portée (de)** within/out of reach (of); **à portée de (la) main** within (arm's) reach; **à portée de voix** within earshot; **à la portée de qn** (fig) at sb's level, within sb's capabilities; **à la portée de toutes les bourses** to suit every pocket, within everyone's means

porte-fenêtre, pl **portes-fenêtres** [pɔʀtfənɛtʀ(ə)] nf French window

portefeuille [pɔʀtəfœj] nm wallet; (POL, BOURSE) portfolio; **faire un lit en portefeuille** to make an apple-pie bed

portemanteau, x [pɔʀtmɑ̃to] nm coat rack

porte-monnaie [pɔʀtmɔne] nm inv purse

porte-parole [pɔʀtpaʀɔl] nm inv spokesperson

porter [pɔʀte] vt (charge ou sac etc, aussi: foetus) to carry; (sur soi: vêtement, barbe, bague) to wear; (fig: responsabilité etc) to bear, carry; (inscription, marque, titre, patronyme: suj: arbre: fruits, fleurs) to bear;

(*jugement*) to pass; (*apporter*): **porter qch quelque part/à qn** to take sth somewhere/to sb; (*inscrire*): **porter qch sur** to put sth down on; to enter sth in ♦ *vi* (*voix, regard, canon*) to carry; (*coup, argument*) to hit home; **se porter** *vi* (*se sentir*): **se porter bien/mal** to be well/unwell; (*aller*): **se porter vers** to go towards; **porter sur** (*peser*) to rest on; (*accent*) to fall on; (*conférence etc*) to concern; (*heurter*) to strike; **être porté à faire** to be apt *ou* inclined to do; **elle portait le nom de Rosalie** she was called Rosalie; **porter qn au pouvoir** to bring sb to power; **porter bonheur à qn** to bring sb luck; **porter qn à croire** to lead sb to believe; **porter son âge** to look one's age; **porter un toast** to drink a toast; **porter de l'argent au crédit d'un compte** to credit an account with some money; **se porter partie civile** to associate in a court action with the public prosecutor; **se porter garant de qch** to guarantee sth, vouch for sth; **se porter candidat à la députation** ≃ to stand for Parliament (*BRIT*), ≃ run for Congress (*US*); **se faire porter malade** to report sick; **porter la main à son chapeau** to raise one's hand to one's hat; **porter son effort sur** to direct one's efforts towards; **porter un fait à la connaissance de qn** to bring a fact to sb's attention *ou* notice

porteur, euse [pɔrtœr,´-øz] *adj* (*COMM*) strong, promising; (*nouvelle, chèque etc*): **être porteur de** to be the bearer of ♦ *nm/f* (*de messages*) bearer ♦ *nm* (*de bagages*) porter; (*COMM: de chèque*) bearer; (: *d'actions*) holder; (*avion*) **gros porteur** wide-bodied aircraft, jumbo (jet)

porte-voix [pɔrtəvwa] *nm inv* megaphone, loudhailer (*BRIT*)

portier [pɔrtje] *nm* doorman, commissionnaire (*BRIT*)

portière [pɔrtjɛr] *nf* door

portillon [pɔrtijɔ̃] *nm* gate

portion [pɔrsjɔ̃] *nf* (*part*) portion, share; (*partie*) portion, section

porto [pɔrto] *nm* port (wine)

portrait [pɔrtrɛ] *nm* portrait; (*photographie*) photograph; (*fig*): **elle est le portrait de sa mère** she's the image of her mother

portrait-robot [pɔrtrɛrɔbo] *nm* Identikit® *ou* Photo-fit® (*BRIT*) picture

portuaire [pɔrtɥɛr] *adj* port *cpd*, harbour *cpd* (*BRIT*), harbor *cpd* (*US*)

portugais, e [pɔrtyɡɛ, -ɛz] *adj* Portuguese ♦ *nm* (*LING*) Portuguese ♦ *nm/f*: **Portugais, e** Portuguese

Portugal [pɔrtyɡal] *nm*: **le Portugal** Portugal

pose [poz] *nf* (*de moquette*) laying; (*de rideaux, papier peint*) hanging; (*attitude, d'un modèle*) pose; (*PHOTO*) exposure

posé, e [poze] *adj* calm, unruffled

poser [poze] *vt* (*déposer*): **poser qch (sur)/qn à** to put sth down (on)/drop sb at; (*placer*): **poser qch sur/quelque part** to put sth on/somewhere; (*installer: moquette, carrelage*) to lay; (*rideaux, papier peint*) to hang; (*MATH: chiffre*) to put (down); (*question*) to ask; (*principe, conditions*) to lay *ou* set down; (*problème*) to formulate; (*difficulté*) to pose; (*personne: mettre en valeur*) to give standing to ♦ *vi* (*modèle*) to pose; to sit; **se poser** (*oiseau, avion*) to land; (*question*) to arise; **se poser en** to pass o.s off as, pose as; **poser son** *ou* **un regard sur qn/qch** to turn one's gaze on sb/sth; **poser sa candidature** to apply; (*POL*) to put o.s. up for election

positif, ive [pozitif, -iv] *adj* positive

position [pozisjɔ̃] *nf* position; **prendre position** (*fig*) to take a stand

posologie [pozɔlɔʒi] *nf* directions *pl* for use, dosage

posséder [pɔsede] *vt* to own, possess; (*qualité, talent*) to have, possess; (*bien connaître: métier, langue*) to have mastered, have a thorough knowledge of; (*sexuellement, aussi: suj: colère etc*) to possess; (*fam: duper*) to take in

possession [pɔsesjɔ̃] *nf* ownership *no pl*; possession; **être/entrer en possession de qch** to be in/take possession of sth

possibilité [pɔsibilite] *nf* possibility; **possibilités** *nfpl* (*moyens*) means; (*potentiel*) potential *sg*; **avoir la possibilité de faire** to be in a position to do; to have the opportunity to do

possible [pɔsibl(ə)] *adj* possible; (*projet, entreprise*) feasible ♦ *nm*: **faire son possible** to do all one can, do one's utmost; (**ce n'est**) **pas possible!** impossible!; **le plus/moins de livres possible** as many/few books as possible; **dès que possible** as soon as possible; **gentil** *etc* **au possible** as nice *etc* as it is possible to be

postal, e, aux [pɔstal, -o] *adj* postal, post office *cpd*; **sac postal** mailbag, postbag

poste [pɔst(ə)] *nf* (*service*) post, postal service; (*administration, bureau*) post office ♦ *nm* (*fonction, MIL*) post; (*TÉL*) extension; (*de radio etc*) set; (*de budget*) item; **postes** *nfpl* post office *sg*; **Postes télécommunications et télédiffusion (PTT)** *postal and telecommunications service*; **agent** *ou* **employé des postes** post office worker; **mettre à la poste** to post; **poste de commandement (PC)** *nm* (*MIL etc*) headquarters; **poste de contrôle** *nm* checkpoint; **poste de douane** *nm* customs post; **poste émetteur** *nm* transmitting set; **poste d'essence** *nm* filling station; **poste d'incendie** *nm* fire point; **poste de péage** *nm* tollgate; **poste de pilotage** *nm* cockpit; **poste (de police)** *nm* police station; **poste de radio** *nm* radio set; **poste restante (PR)** *nf* poste restante (*BRIT*), general delivery (*US*); **poste de secours** *nm* first-aid post; **poste de télévision** *nm* television set; **poste de travail** *nm* work station

poster *vt* [pɔste] to post ♦ *nm* [pɔstɛr] poster; **se poster** to position o.s

postérieur, e [pɔsterjœr] *adj* (*date*) later; (*partie*) back ♦ *nm* (*fam*) behind

posthume [pɔstym] *adj* posthumous

postulant, e [pɔstylɑ̃, -ɑ̃t] *nm/f (candidat)* applicant; *(REL)* postulant

postuler [pɔstyle] *vt (emploi)* to apply for, put in for

posture [pɔstyʀ] *nf* posture, position; *(fig)* position

pot [po] *nm* jar, pot; *(en plastique, carton)* carton; *(en métal)* tin; *(fam)*: **avoir du pot** to be lucky; **boire ou prendre un pot** *(fam)* to have a drink; **découvrir le pot aux roses** to find out what's been going on; **pot catalytique** catalytic converter; **pot (de chambre)** (chamber)pot; **pot d'échappement** exhaust pipe; **pot de fleurs** plant pot, flowerpot; *(plante)* pot plant; **pot à tabac** tobacco jar

potable [pɔtabl(ə)] *adj (fig: boisson)* drinkable; *(: travail, devoir)* decent; **eau (non) potable** (not) drinking water

potage [pɔtaʒ] *nm* soup

potager, ère [pɔtaʒe, -ɛʀ] *adj (plante)* edible, vegetable *cpd*; **(jardin) potager** kitchen *ou* vegetable garden

pot-au-feu [pɔtofø] *nm inv* (beef) stew; *(viande)* stewing beef ♦ *adj (fam: personne)* stay-at-home

pot-de-vin [pɔdvɛ̃] *pl* **pots-de-vin** *nm* bribe

pote [pɔt] *nm (fam)* mate *(BRIT)*, pal

poteau, x [pɔto] *nm* post; **poteau de départ/arrivée** starting/finishing post; **poteau (d'exécution)** execution post, stake; **poteau indicateur** signpost; **poteau télégraphique** telegraph pole; **poteaux (de but)** goal-posts

potelé, e [pɔtle] *adj* plump, chubby

potence [pɔtɑ̃s] *nf* gallows *sg*; **en potence** T-shaped

potentiel, le [pɔtɑ̃sjɛl] *adj, nm* potential

poterie [pɔtʀi] *nf (fabrication)* pottery; *(objet)* piece of pottery

potier [pɔtje] *nm* potter

potins [pɔtɛ̃] *nmpl* gossip *sg*

potiron [pɔtiʀɔ̃] *nm* pumpkin

pou, x [pu] *nm* louse *(pl* lice)

poubelle [pubɛl] *nf* (dust)bin

pouce [pus] *nm* thumb; **se tourner** *ou* **se rouler les pouces** *(fig)* to twiddle one's thumbs; **manger sur le pouce** to eat on the run, snatch something to eat

poudre [pudʀ(ə)] *nf* powder; *(fard)* (face) powder; *(explosif)* gunpowder; **en poudre: café en poudre** instant coffee; **savon en poudre** soap powder; **lait en poudre** dried *ou* powdered milk; **poudre à canon** gunpowder; **poudre à éternuer** sneezing powder; **poudre à récurer** scouring powder; **poudre de riz** face powder

poudreux, euse [pudʀø, -øz] *adj* dusty; *(neige)* powdery, powder *cpd*

poudrier [pudʀije] *nm* (powder) compact

pouffer [pufe] *vi*: **pouffer (de rire)** to snigger; to giggle

poulailler [pulaje] *nm* henhouse; *(THEAT)*: **le** poulailler the gods *sg*

poulain [pulɛ̃] *nm* foal; *(fig)* protégé

poule [pul] *nf (ZOOL)* hen; *(CULIN)* (boiling) fowl; *(SPORT)* (round-robin) tournament; *(RUGBY)* group; *(fam)* bird *(BRIT)*, chick, broad *(US)*; *(prostituée)* tart; **poule d'eau** moorhen; **poule mouillée** coward; **poule pondeuse** laying hen, layer; **poule au riz** chicken and rice

poulet [pulɛ] *nm* chicken; *(fam)* cop

poulie [puli] *nf* pulley

pouls [pu] *nm* pulse *(ANAT)*; **prendre le pouls de qn** to take sb's pulse

poumon [pumɔ̃] *nm* lung; **poumon d'acier** *ou* **artificiel** iron *ou* artificial lung

poupe [pup] *nf* stern; **en poupe** astern

poupée [pupe] *nf* doll; **jouer à la poupée** to play with one's doll (*ou* dolls); **de poupée** *(très petit)*: **jardin de poupée** doll's garden, pocket-handkerchief-sized garden

pouponnière [puponjɛʀ] *nf* crèche, day nursery

pour [puʀ] *prép* for ♦ *nm*: **le pour et le contre** the pros and cons; **pour faire** (so as) to do, in order to do; **pour avoir fait** for having done; **pour que** so that, in order that; **pour moi** *(à mon avis, pour ma part)* for my part, personally; **pour riche qu'il soit** rich though he may be; **pour 100 francs d'essence** 100 francs' worth of petrol; **pour cent** per cent; **pour ce qui est de** as for; **y être pour quelque chose** to have something to do with it

pourboire [puʀbwaʀ] *nm* tip

pourcentage [puʀsɑ̃taʒ] *nm* percentage; **travailler au pourcentage** to work on commission

pourchasser [puʀʃase] *vt* to pursue

pourparlers [puʀpaʀle] *nmpl* talks, negotiations; **être en pourparlers avec** to be having talks with

pourpre [puʀpʀ(ə)] *adj* crimson

pourquoi [puʀkwa] *adv, conj* why ♦ *nm inv*: **le pourquoi (de)** the reason (for)

pourrai [puʀe] *etc vb voir* **pouvoir**

pourri, e [puʀi] *adj* rotten; *(roche, pierre)* crumbling; *(temps, climat)* filthy, foul ♦ *nm*: **sentir le pourri** to smell rotten

pourrir [puʀiʀ] *vi* to rot; *(fruit)* to go rotten *ou* bad; *(fig: situation)* to deteriorate ♦ *vt* to rot; *(fig: corrompre: personne)* to corrupt; *(: gâter: enfant)* to spoil thoroughly

pourriture [puʀityʀ] *nf* rot

pourrons [puʀɔ̃] *etc vb voir* **pouvoir**

poursuite [puʀsɥit] *nf* pursuit, chase; **poursuites** *nfpl (JUR)* legal proceedings; **(course) poursuite** track race; *(fig)* chase

poursuivre [puʀsɥivʀ(ə)] *vt* to pursue, chase (after); *(relancer)* to hound, harry; *(obséder)* to haunt; *(JUR)* to bring proceedings against, prosecute; *(: au civil)* to sue; *(but)* to strive towards; *(voyage, études)* to carry on with, continue ♦ *vi* to carry on, go on; **se poursuivre** *vi* to go on, continue

pourtant [puʀtɑ̃] *adv* yet; **mais pourtant** but

nevertheless, but even so; **c'est pourtant facile** (and) yet it's easy

pourtour [purtur] nm perimeter

pourvoir [purvwar] nm (COMM) supply ♦ vt: **pourvoir qch/qn de** to equip sth/sb with ♦ vi: **pourvoir à** to provide for; (emploi) to fill; **se pourvoir** (JUR): **se pourvoir en cassation** to take one's case to the Court of Appeal

pourvoyeur, euse [purvwajœr, -øz] nm/f supplier

pourvu, e [purvy] pp de **pourvoir** ♦ adj: **pourvu de** equipped with; **pourvu que** conj (si) provided that, so long as; (espérons que) let's hope (that)

pousse [pus] nf growth; (bourgeon) shoot

poussé, e [puse] adj sophisticated, advanced; (moteur) souped-up

poussée [puse] nf thrust; (coup) push; (MÉD) eruption; (fig) upsurge

pousser [puse] vt to push; (inciter): **pousser qn à** to urge ou press sb to + infinitif; (acculer): **pousser qn à** to drive sb to; (moteur, voiture) to drive hard; (émettre: cri etc) to give; (stimuler) to urge on; to drive hard; (poursuivre) to carry on ♦ vi to push; (croître) to grow; (aller): **pousser plus loin** to push on a bit further; **se pousser** vi to move over; **faire pousser** (plante) to grow; **pousser le dévouement etc jusqu'à ...** to take devotion etc as far as ...

poussette [puset] nf (voiture d'enfant) pushchair (BRIT), stroller (US)

poussière [pusjɛr] nf dust; (grain) speck of dust; **et des poussières** (fig) and a bit; **poussière de charbon** coaldust

poussiéreux, euse [pusjerø, -øz] adj dusty

poussin [pusɛ̃] nm chick

poutre [putr(ə)] nf beam; (en fer, ciment armé) girder; **poutres apparentes** exposed beams

---

MOT-CLÉ
---

pouvoir [puvwar] nm power; (POL: dirigeants): **le pouvoir** those in power; **les pouvoirs publics** the authorities; **avoir pouvoir de faire** (autorisation) to have (the) authority to do; (droit) to have the right to do; **pouvoir absolu** absolute power; **pouvoir absorbant** absorbency; **pouvoir d'achat** purchasing power; **pouvoir calorifique** calorific value

♦ vb semi-aux **1** (être en état de) can, be able to; **je ne peux pas le réparer** I can't ou I am not able to repair it; **déçu de ne pas pouvoir le faire** disappointed not to be able to do it

2 (avoir la permission) can, may, be allowed to; **vous pouvez aller au cinéma** you can ou may go to the pictures

3 (probabilité, hypothèse) may, might, could; **il a pu avoir un accident** he may ou might ou could have had an accident; **il aurait pu le dire!** he might ou could have said (so)!

4 (expressions): **tu ne peux pas savoir!** you have no idea!; **tu peux le dire!** you can say that again!

♦ vb impers may, might, could; **il peut arriver que** it may ou might ou could happen that; **il pourrait pleuvoir** it might rain

♦ vt **1** can, be able to; **j'ai fait tout ce que j'ai pu** I did all I could; **je n'en peux plus** (épuisé) I'm exhausted; (à bout) I can't take any more

2 (vb +adj ou adv comparatif): **je me porte on ne peut mieux** I'm absolutely fine, I couldn't be better; **elle est on ne peut plus gentille** she couldn't be nicer, she's as nice as can be

se pouvoir vi: **il se peut que** it may ou might be that; **cela se pourrait** that's quite possible

---

prairie [preri] nf meadow

praline [pralin] nf (bonbon) sugared almond; (au chocolat) praline

praticable [pratikabl(ə)] adj (route etc) passable, practicable; (projet) practicable

pratiquant, e [pratikɑ̃, -ɑ̃t] adj practising (BRIT), practicing (US)

pratique [pratik] nf practice ♦ adj practical; (commode: horaire etc) convenient; (: outil) handy, useful; **dans la pratique** in (actual) practice; **mettre en pratique** to put into practice

pratiquement [pratikmɑ̃] adv (dans la pratique) in practice; (pour ainsi dire) practically, virtually

pratiquer [pratike] vt to practise (BRIT), practice (US); (SPORT etc) to go in for, play; (appliquer: méthode, théorie) to apply; (intervention, opération) to carry out; (ouverture, abri) to make ♦ vi (REL) to be a churchgoer

pré [pre] nm meadow

préalable [prealabl(ə)] adj preliminary; **condition préalable (de)** precondition (for), prerequisite (for); **sans avis préalable** without prior ou previous notice; **au préalable** first, beforehand

préambule [preɑ̃byl] nm preamble; (fig) prelude; **sans préambule** straight away

préau, x [preo] nm (d'une cour d'école) covered playground; (d'un monastère, d'une prison) inner courtyard

préavis [preavi] nm notice; **préavis de congé** notice; **communication avec préavis** (TÉL) personal ou person-to-person call

précaution [prekosjɔ̃] nf precaution; **avec précaution** cautiously; **prendre des ou ses précautions** to take precautions; **par précaution** as a precaution; **pour plus de précaution** to be on the safe side; **précautions oratoires** carefully phrased remarks

précédemment [presedamɑ̃] adv before, previously

précédent, e [presedɑ̃, -ɑ̃t] adj previous ♦ nm precedent; **sans précédent** unprecedented; **le jour précédent** the day before, the previous day

précéder [presede] vt to precede; (marcher ou rouler devant) to be in front of; (arriver avant) to get ahead of

précepteur, trice [preseptœr, -tris] nm/f (prite) tutor

rêcher [pʀeʃe] vt, vi to preach

récieux, euse [pʀesjø, -øz] adj precious; (collaborateur, conseils) invaluable; (style, écrivain) précieux, precious

récipice [pʀesipis] nm drop, chasm; (fig) abyss; **bord du précipice** at the edge of the precipice

récipitamment [pʀesipitamɑ̃] adv hurriedly, astily

récipitation [pʀesipitasjɔ̃] nf (hâte) haste; **précipitations (atmosphériques)** nfpl precipitation sg

récipité, e [pʀesipite] adj (respiration) fast; (pas) urried; (départ) hasty

récipiter [pʀesipite] vt (faire tomber): **précipiter** n/qch du haut de to throw ou hurl sb/sth off ou rom; (hâter: marche) to quicken; (: départ) to hasn; **se précipiter** vi (événements) to move faster; espiration) to speed up; **se précipiter sur/vers** to sh at/towards; **se précipiter au-devant de qn** to row o.s. before sb

récis, e [pʀesi, -iz] adj precise; (tir, mesures) accute, precise ♦ nm handbook

récisément [pʀesizemɑ̃] adv precisely; **ma vie 'est pas précisément distrayante** my life is not xactly entertaining

réciser [pʀesize] vt (expliquer) to be more specifcabout, clarify; (spécifier) to state, specify; **se préser** vi to become clear(er)

récision [pʀesizjɔ̃] nf precision; accuracy; détail) point ou detail (made clear or to be clariced); **précisions** nfpl further details

récoce [pʀekɔs] adj early; (enfant) precocious; alvitie) premature

réconçu, e [pʀekɔ̃sy] adj preconceived

réconiser [pʀekɔnize] vt to advocate

rédécesseur [pʀedesesœʀ] nm predecessor

rédilection [pʀedileksjɔ̃] nf: **avoir une rédilection pour** to be partial to; **de prédilecon** favourite (BRIT), favorite (US)

rédire [pʀediʀ] vt to predict

rédominer [pʀedɔmine] vi to predominate; vis) to prevail

réface [pʀefas] nf preface

réfecture [pʀefektyʀ] nf prefecture; **préfecture** e police police headquarters pl; see boxed note

référable [pʀefeʀabl(ə)] adj preferable

référé, e [pʀefeʀe] adj, nm/f favourite (BRIT),

favorite (US)

préférence [pʀefeʀɑ̃s] nf preference; **de préférence** preferably; **de ou par préférence à** in preference to, rather than; **donner la préférence à qn** to give preference to sb; **par ordre de préférence** in order of preference; **obtenir la préférence sur** to have preference over

préférer [pʀefeʀe] vt: **préférer qn/qch (à)** to prefer sb/sth (to), like sb/sth better (than); **préférer faire** to prefer to do; **je préférerais du thé** I would rather have tea, I'd prefer tea

préfet [pʀefe] nm prefect; **préfet de police** = Chief Constable (BRIT), = Police Commissioner (US)

préhistorique [pʀeistɔʀik] adj prehistoric

préjudice [pʀeʒydis] nm (matériel) loss; (moral) harm no pl; **porter préjudice à** to harm, be detrimental to; **au préjudice de** at the expense of

préjugé [pʀeʒyʒe] nm prejudice; **avoir un préjugé contre** to be prejudiced against; **bénéficier d'un préjugé favorable** to be viewed favourably

préjuger [pʀeʒyʒe]: **préjuger de** vt to prejudge

prélasser [pʀelase]: **se prélasser** vi to lounge

prélèvement [pʀelɛvmɑ̃] nm deduction; withdrawal; **faire un prélèvement de sang** to take a blood sample

prélever [pʀelve] vt (échantillon) to take; (argent): **prélever (sur)** to deduct (from); (: sur son compte): **prélever (sur)** to withdraw (from)

prématuré, e [pʀematyʀe] adj premature; (retraite) early ♦ nm premature baby

premier, ière [pʀəmje, -jɛʀ] adj first; (branche, marche, grade) bottom; (fig: fondamental) basic; prime; (en importance) first, foremost ♦ nm (premier étage) first (BRIT) ou second (US) floor ♦ nf (AUTO) first (gear); (RAIL, AVIAT etc) first class; (SCOL: classe) penultimate school year (age 16-17); (THÉÂT) first night; (CINE) première; (exploit) first; **au premier abord** at first sight; **au ou du premier coup** at the first attempt ou go; **de premier ordre** first-class, first-rate; **de première qualité, de premier choix** best ou top quality; **de première importance** of the highest importance; **de première nécessité** absolutely essential; **le premier venu** the first person to come along; **jeune premier** leading man; **le premier de l'an** New Year's Day; **enfant du premier lit** child of a first marriage; **en premier lieu** in the first place; **premier âge** (d'un enfant) the first 3 months (of life); **Premier Ministre** Prime Minister

premièrement [pʀəmjɛʀmɑ̃] adv firstly

prémonition [pʀemɔnisjɔ̃] nf premonition

prémunir [pʀemyniʀ]: **se prémunir** vi: **se prémunir contre** to protect o.s. from, guard against

prenant, e [pʀənɑ̃, -ɑ̃t] vb voir **prendre** ♦ adj absorbing, engrossing

prénatal, e [pʀenatal] adj (MÉD) antenatal; (allocation) maternity cpd

prendre [pʀɑ̃dʀ(ə)] vt to take; (ôter): **prendre qch**

à to take sth from; (aller chercher) to get, fetch; (se procurer) to get; (réserver: place) to book; (acquérir: du poids, de la valeur) to put on, gain; (malfaiteur, poisson) to catch; (passager) to pick up; (personnel, aussi: couleur, goût) to take on; (locataire) to take in; (traiter: enfant, problème) to handle; (voix, ton) to put on; (prélever: pourcentage, argent) to take off; (coincer): **se prendre les doigts dans** to get one's fingers caught in ♦ vi (liquide, ciment) to set; (greffe, vaccin) to take; (mensonge) to be successful; (feu: foyer) to go; (: incendie) to start; (allumette) to light; (se diriger): **prendre à gauche** to turn (to the) left; **prendre son origine** ou **sa source** (mot, rivière) to have its source; **prendre qn pour** to take sb for; **se prendre pour** to think one is; **prendre sur soi de faire qch** to take it upon o.s. to do sth; **prendre qn en sympathie/horreur** to get to like/loathe sb; **à tout prendre** all things considered; **s'en prendre à** (agresser) to set about; (passer sa colère sur) to take it out on; (critiquer) to attack; (remettre en question) to challenge; **se prendre d'amitié/d'affection pour** to befriend/become fond of; **s'y prendre** (procéder) to set about it; **s'y prendre à l'avance** to see to it in advance; **s'y prendre à deux fois** to try twice, make two attempts

preneur [prənœr] nm: **être preneur** to be willing to buy; **trouver preneur** to find a buyer

preniez [prənje] vb voir **prendre**

prenne etc [prɛn] vb voir **prendre**

prénom [prenɔ̃] nm first name

préoccupation [preɔkypasjɔ̃] nf (souci) concern; (idée fixe) preoccupation

préoccuper [preɔkype] vt (tourmenter, tracasser) to concern; (absorber, obséder) to preoccupy; **se préoccuper de qch** to be concerned about sth; to show concern about sth

préparatifs [preparatif] nmpl preparations

préparation [preparasjɔ̃] nf preparation; (SCOL) piece of homework

préparer [prepare] vt to prepare; (café, repas) to make; (examen) to prepare for; (voyage, entreprise) to plan; **se préparer** vi (orage, tragédie) to brew, be in the air; **se préparer (à qch/à faire)** to prepare (o.s.) ou get ready (for sth/to do); **préparer qch à qn** (surprise etc) to have sth in store for sb; **préparer qn à qch** (nouvelle etc) to prepare sb for sth

prépondérant, e [prepɔ̃derɑ̃, -ɑ̃t] adj major, dominating; **voix prépondérante** casting vote

préposé, e [prepoze] adj: **préposé à** in charge of ♦ nm/f (gén: employé) employee; (ADMIN: facteur) postman/woman (BRIT), mailman/woman (US); (de la douane etc) official; (de vestiaire) attendant

préposition [prepozisjɔ̃] nf preposition

près [prɛ] adv near, close; **près de** prép near (to), close to; (environ) nearly, almost; **près d'ici** near here; **de près** adv closely; **à 5 kg près** to within about 5 kg; **à cela près que** apart from the fact that; **je ne suis pas près de lui pardonner** I'm nowhere near ready to forgive him; **on n'est pas à**

un jour près one day (either way) won't make any difference, we're not going to quibble over the odd day

présage [prezaʒ] nm omen

présager [prezaʒe] vt (prévoir) to foresee; (annoncer) to portend

presbyte [prɛsbit] adj long-sighted (BRIT), far-sighted (US)

presbytère [prɛsbiter] nm presbytery

prescription [prɛskripsjɔ̃] nf (instruction) order, instruction; (MÉD, JUR) prescription

prescrire [prɛskrir] vt to prescribe; **se prescrire** vi (JUR) to lapse

présence [prezɑ̃s] nf presence; (au bureau etc) attendance; **en présence** face to face; **en présence de** in (the) presence of; (fig) in the face of; **faire acte de présence** to put in a token appearance; **présence d'esprit** presence of mind

présent, e [prezɑ̃, -ɑ̃t] adj, nm present; (ADMIN, COMM): **la présente lettre/loi** this letter/law ♦ nm/f: **les présents** (personnes) those present ♦ nf (COMM: lettre): **la présente** this letter; **à présent** now, at present; **dès à présent** here and now; **jusqu'à présent** up till now, until now; **à présent que** now that

présentation [prezɑ̃tasjɔ̃] nf presentation; introduction; (allure) appearance

présenter [prezɑ̃te] vt to present; (invité, candidat) to introduce; (félicitations, condoléances) to offer; (montrer: billet, pièce d'identité) to show, produce; (faire inscrire: candidat) to put forward; (soumettre) to submit ♦ vi: **présenter mal/bien** to have an unattractive/a pleasing appearance; **se présenter** vi (sur convocation) to report, come; (se faire connaître) to come forward; (à une élection) to stand; (occasion) to arise; **se présenter à un examen** to sit an exam; **se présenter bien/mal** to look good/not too good

préservatif [prezɛrvatif] nm condom, sheath

préserver [prezɛrve] vt: **préserver de** (protéger) to protect from; (sauver) to save from

président [prezidɑ̃] nm (POL) president; (d'une assemblée, COMM) chairman; **président directeur général (PDG)** chairman and managing director (BRIT), chairman and president (US); **président du jury** (JUR) foreman of the jury; (d'examen) chief examiner

présidentiel, le [prezidɑ̃sjɛl] adj presidential; **présidentielles** nfpl presidential election(s)

présider [prezide] vt to preside over; (dîner) to be the guest of honour (BRIT) ou honor (US) at; **présider à** vt to direct; to govern

présomptueux, euse [prezɔ̃ptɥø, -øz] adj presumptuous

presque [prɛsk(ə)] adv almost, nearly; **presque rien** hardly anything; **presque pas** hardly (at all); **presque pas de** hardly any; **personne, ou presque** next to nobody, hardly anyone; **la**

presque totalité (de) almost *ou* nearly all

presqu'île [preskil] *nf* peninsula

pressant, e [presã, -ãt] *adj* urgent; *(personne)* insistent; **se faire pressant** to become insistent

presse [pres] *nf* press; *(affluence)*: **heures de presse** busy times; **sous presse** gone to press; **mettre sous presse** to send to press; **avoir une bonne/mauvaise presse** to have a good/bad press; **presse féminine** women's magazines *pl*; **presse d'information** quality newspapers *pl*

pressé, e [prese] *adj* in a hurry; *(air)* hurried; *(besogne)* urgent ♦ *nm*: **aller au plus pressé** to see to first things first; **être pressé de faire qch** to be in a hurry to do sth; **orange pressée** freshly squeezed orange juice

pressentiment [presãtimã] *nm* foreboding, premonition

pressentir [presãtir] *vt* to sense; *(prendre contact avec)* to approach

presse-papiers [prespapje] *nm inv* paperweight

presser [prese] *vt* *(fruit, éponge)* to squeeze; *(interrupteur, bouton)* to press, push; *(allure, affaire)* to speed up; *(débiteur etc)* to press; *(inciter)*: **presser qn de faire** to urge *ou* press sb to do ♦ *vi* to be urgent; **se presser** *(se hâter)* to hurry (up); *(se grouper)* to crowd; **rien ne presse** there's no hurry; **se presser contre qn** to squeeze up against sb; **presser le pas** to quicken one's step; **presser qn entre ses bras** to squeeze sb tight

pressing [presiŋ] *nm* *(repassage)* steampressing; *(magasin)* dry-cleaner's

pression [presjɔ̃] *nf* pressure; *(bouton)* press stud *(BRIT)*, snap fastener; **faire pression sur** to put pressure on; **sous pression** pressurized, under pressure; *(fig)* keyed up; **pression artérielle** blood pressure

prestance [prestãs] *nf* presence, imposing bearing

prestataire [prestater] *nm/f* person receiving benefits; *(COMM)*: **prestataire de services** provider of services

prestation [prestasjɔ̃] *nf* *(allocation)* benefit; *(d'une assurance)* cover *no pl*; *(d'une entreprise)* service provided; *(d'un joueur, artiste)* performance; **prestation de serment** taking the oath; **prestation de service** provision of a service; **prestations familiales** = child benefit

prestidigitateur, trice [prestidiʒitatœr, -tris] *nm/f* conjurer

prestige [prestiʒ] *nm* prestige

prestigieux, euse [prestiʒjø, -øz] *adj* prestigious

présumer [prezyme] *vt*: **présumer que** to presume *ou* assume that; **présumer de** to overrate; **présumer qn coupable** to presume sb guilty

prêt, e [pre, pret] *adj* ready ♦ *nm* lending *no pl*; *(somme prêtée)* loan; **prêt à faire** ready to do; **prêt**

à tout ready for anything; **prêt sur gages** pawnbroking *no pl*

prêt-à-porter, *pl* **prêts-à-porter** [pretaporte] *nm* ready-to-wear *ou* off-the-peg *(BRIT)* clothes *pl*

prétendre [pretãdr(ə)] *vt* *(affirmer)*: **prétendre que** to claim that; *(avoir l'intention de)*: **prétendre faire qch** to mean *ou* intend to do sth; **prétendre à** *vt* *(droit, titre)* to lay claim to

prétendu, e [pretãdy] *adj* *(supposé)* so-called

prétentieux, euse [pretãsjø, -øz] *adj* pretentious

prétention [pretãsjɔ̃] *nf* pretentiousness; *(exigence, ambition)* claim; **sans prétention** unpretentious

prêter [prete] *vt* *(livres, argent)*: **prêter qch (à)** to lend sth (to); *(supposer)*: **prêter à qn** *(caractère, propos)* to attribute to sb ♦ *vi* *(aussi* **se prêter**: *tissu, cuir)* to give; **prêter à** *(commentaires etc)* to be open to, give rise to; **se prêter à** to lend o.s. *(ou* itself *)* to; *(manigances etc)* to go along with; **prêter assistance à** to give help to; **prêter attention** to pay attention; **prêter serment** to take the oath; **prêter l'oreille** to listen

prétexte [pretekst(ə)] *nm* pretext, excuse; **sous aucun prétexte** on no account; **sous (le) prétexte que/de** on the pretext that/of

prétexter [pretekste] *vt* to give as a pretext *ou* an excuse

prêtre [pretr(ə)] *nm* priest

preuve [prœv] *nf* proof; *(indice)* proof, evidence *no pl*; **jusqu'à preuve du contraire** until proved otherwise; **faire preuve de** to show; **faire ses preuves** to prove o.s. *(ou* itself *)*; **preuve matérielle** material evidence

prévaloir [prevalwar] *vi* to prevail; **se prévaloir de** *vt* to take advantage of; *(tirer vanité de)* to pride o.s. on

prévenant, e [prevnã, -ãt] *adj* thoughtful, kind

prévenir [prevnir] *vt* *(avertir)*: **prévenir qn (de)** to warn sb (about); *(informer)*: **prévenir qn (de)** to tell *ou* inform sb (about); *(éviter)* to avoid, prevent; *(anticiper)* to anticipate; *(influencer)*: **prévenir qn contre** to prejudice sb against

préventif, ive [prevãtif, -iv] *adj* preventive

prévention [prevãsjɔ̃] *nf* prevention; *(préjugé)* prejudice; *(JUR)* custody, detention; **prévention routière** road safety

prévenu, e [prevny] *nm/f* *(JUR)* defendant, accused

prévision [previzjɔ̃] *nf*: **prévisions** predictions; *(météorologiques, économiques)* forecast *sg*; **en prévision de** in anticipation of; **prévisions météorologiques** *ou* **du temps** weather forecast *sg*

prévoir [prevwar] *vt* *(deviner)* to foresee; *(s'attendre à)* to expect, reckon on; *(prévenir)* to anticipate; *(organiser)* to plan; *(préparer, réserver)* to allow; **prévu pour 4 personnes** designed for 4 people;

prévu pour 10 h scheduled for 10 o'clock

prévoyant, e [prevwajã, -ãt] *vb voir* **prévoir** ♦ *adj* gifted with (*ou* showing) foresight, far-sighted

prévu, e [prevy] *pp de* **prévoir**

prier [prije] *vi* to pray ♦ *vt* (*Dieu*) to pray to; (*implorer*) to beg; (*demander*): **prier qn de faire** to ask sb to do; (*inviter*): **prier qn à dîner** to invite sb to dinner; **se faire prier** to need coaxing *ou* persuading; **je vous en prie** (*allez-y*) please do; (*de rien*) don't mention it; **je vous prie de faire** please (would you) do

prière [prijɛr] *nf* prayer; (*demande instante*) plea, entreaty; **"prière de faire ..."** "please do ..."

primaire [primɛr] *adj* primary; (*péj: personne*) simple-minded; (: *idées*) simplistic ♦ *nm* (*SCOL*) primary education

prime [prim] *nf* (*bonification*) bonus; (*subside*) allowance; (*COMM: cadeau*) free gift; (*ASSURANCES, BOURSE*) premium ♦ *adj*: **de prime abord** at first glance; **prime de risque** danger money *no pl*; **prime de transport** travel allowance

primer [prime] *vt* (*l'emporter sur*) to prevail over; (*récompenser*) to award a prize to ♦ *vi* to dominate, prevail

primeur [primœr] *nf*: **avoir la primeur de** to be the first to hear (*ou* see etc); **primeurs** *nfpl* (*fruits, légumes*) early fruits and vegetables; **marchand de primeur** greengrocer (*BRIT*), produce dealer (*US*)

primevère [primvɛr] *nf* primrose

primitif, ive [primitif, -iv] *adj* primitive; (*originel*) original ♦ *nm/f* primitive

primordial, e, aux [primɔrdjal, -o] *adj* essential, primordial

prince [prɛs] *nm* prince; **prince charmant** Prince Charming; **prince de Galles** *nm inv* (*tissu*) check cloth; **prince héritier** crown prince

princesse [prɛsɛs] *nf* princess

principal, e, aux [prɛsipal, -o] *adj* principal, main ♦ *nm* (*SCOL*) head (teacher) (*BRIT*), principal (*US*); (*essentiel*) main thing ♦ *nf* (*LING*): (**proposition**) **principale** main clause

principe [prɛsip] *nm* principle; **partir du principe que** to work on the principle *ou* assumption that; **pour le principe** on principle, for the sake of it; **de principe** *adj* (*hostilité*) automatic; (*accord*) in principle; **par principe** on principle; **en principe** (*habituellement*) as a rule; (*théoriquement*) in principle

printemps [prɛtã] *nm* spring; **au printemps** in spring

priorité [prijɔrite] *nf* (*AUTO*): **avoir la priorité (sur)** to have right of way (over); **priorité à droite** right of way to vehicles coming from the right; **en priorité** as a (matter of) priority

pris, e [pri, priz] *pp de* **prendre** ♦ *adj* (*place*) taken; (*billets*) sold; (*journée, mains*) full; (*personne*) busy; (*crème, ciment*) set; (*MÉD: enflammé*): **avoir le nez/la gorge pris(e)** to have a stuffy nose/a bad

throat; (*saisi*): **être pris de peur/de fatigue** to be stricken with fear/overcome with fatigue

prise [priz] *nf* (*d'une ville*) capture; (*PÊCHE, CHASSE*) catch; (*de judo ou catch, point d'appui ou pour empoigner*) hold; (*ÉLEC: fiche*) plug; (: *femelle*) socket; (: *au mur*) point; **en prise** (*AUTO*) in gear; **être aux prises avec** to be grappling with; to be battling with; **lâcher prise** to let go; **donner prise à** (*fig*) to give rise to; **avoir prise sur qn** to have a hold over sb; **prise en charge** (*taxe*) pick-up charge; (*par la sécurité sociale*) undertaking to reimburse costs; **prise de contact** initial meeting, first contact; **prise de courant** power point; **prise d'eau** water (supply) point; tap; **prise multiple** adaptor; **prise d'otages** hostage-taking; **prise à partie** (*JUR*) action against a judge; **prise de sang** blood test; **prise de son** sound recording; **prise de tabac** pinch of snuff; **prise de terre** earth; **prise de vue** (*photo*) shot; (*action*): **prise de vue(s)** filming, shooting

priser [prize] *vt* (*tabac, héroïne*) to take; (*estimer*) to prize, value ♦ *vi* to take snuff

prison [prizõ] *nf* prison; **aller/être en prison** to go to/be in prison *ou* jail; **faire de la prison** to serve time; **être condamné à 5 ans de prison** to be sentenced to 5 years' imprisonment *ou* 5 years in prison

prisonnier, ière [prizɔnje, -jɛr] *nm/f* prisoner ♦ *adj* captive; **faire qn prisonnier** to take sb prisoner

prit [pri] *vb voir* **prendre**

privé, e [prive] *adj* private; (*dépourvu*): **privé de** without, lacking; **en privé, dans le privé** in private

priver [prive] *vt*: **priver qn de** to deprive sb of; **se priver de** to go *ou* do without; **ne pas se priver de faire** not to refrain from doing

privilège [privilɛʒ] *nm* privilege

prix [pri] *nm* (*valeur*) price; (*récompense, SCOL*) prize; **mettre à prix** to set a reserve (*BRIT*) *ou* an upset (*US*) price on; **au prix fort** at a very high price; **acheter qch à prix d'or** to pay a (small) fortune for sth; **hors de prix** exorbitantly priced; **à aucun prix** not at any price; **à tout prix** at all costs; **grand prix** (*SPORT*) Grand Prix; **prix d'achat/de vente/de revient** purchasing/selling/cost price; **prix conseillé** manufacturer's recommended price (MRP)

probable [prɔbabl(ə)] *adj* likely, probable

probablement [prɔbabləmã] *adv* probably

probant, e [prɔbã, -ãt] *adj* convincing

problème [prɔblɛm] *nm* problem

procédé [prɔsede] *nm* (*méthode*) process; (*comportement*) behaviour *no pl* (*BRIT*), behavior *no pl* (*US*)

procéder [prɔsede] *vi* to proceed; to behave; **procéder à** *vt* to carry out

procès [prɔsɛ] *nm* (*JUR*) trial; (: *poursuites*) proceedings *pl*; **être en procès avec** to be involved in a lawsuit with; **faire le procès de qn/qch** (*fig*) to put sb/sth on trial; **sans autre forme de procès**

without further ado

processus [prɔsesys] *nm* process

procès-verbal, aux [prɔsɛvɛrbal, -o] *nm* (*constat*) statement; (*aussi*: **PV**): **avoir un procès-verbal** to get a parking ticket; to be booked; (*de réunion*) minutes *pl*

prochain, e [prɔʃɛ̃, -ɛn] *adj* next; (*proche*) impending; near ♦ *nm* fellow man; **la prochaine fois/semaine prochaine** next time/week; **à la prochaine!** (*fam*) **à la prochaine fois** see you!, till the next time!; **un prochain jour** (some day) soon

prochainement [prɔʃɛnmɑ̃] *adv* soon, shortly

proche [prɔʃ] *adj* nearby; (*dans le temps*) imminent; close at hand; (*parent, ami*) close; **proches** *nmpl* (*parents*) close relatives, next of kin; (*amis*): **l'un de ses proches** one of those close to him (*ou* her); **être proche (de)** to be near be close (to); **de proche en proche** gradually

proclamer [prɔklame] *vt* to proclaim; (*résultat d'un examen*) to announce

procuration [prɔkyrasjɔ̃] *nf* proxy; power of attorney; **voter par procuration** to vote by proxy

procurer [prɔkyre] *vt* (*fournir*): **procurer qch à qn** to get *ou* obtain sth for sb; (*causer: plaisir etc*): **procurer qch à qn** to bring *ou* give sb sth; **se procurer** *vt* to get

procureur [prɔkyrœr] *nm* public prosecutor; **procureur général** public prosecutor (*in appeal court*)

prodige [prɔdiʒ] *nm* (*miracle, merveille*) marvel, wonder; (*personne*) prodigy

prodiguer [prɔdige] *vt* (*argent, biens*) to be lavish with; (*soins, attentions*): **prodiguer qch à qn** to lavish sth on sb

producteur, trice [prɔdyktœr, -tris] *adj*: **producteur de blé** wheat-producing; (*CINÉ*): **société productrice** film *ou* movie company ♦ *nm/f* producer

productif, ive [prɔdyktif, -iv] *adj* productive

production [prɔdyksjɔ̃] *nf* (*gén*) production; (*rendement*) output; (*produits*) products *pl*, goods *pl*; (*œuvres*): **la production dramatique du XVIIe siècle** the plays of the 17th century

productivité [prɔdyktivite] *nf* productivity

produire [prɔdɥir] *vt, vi* to produce; **se produire** *vi* (*acteur*) to perform, appear; (*événement*) to happen, occur

produit, e [prɔdɥi, -it] *pp de* **produire** ♦ *nm* (*gén*) product; **produit d'entretien** cleaning product; **produit national brut (PNB)** gross national product (GNP); **produit net** net profit; **produit pour la vaisselle** washing-up (*BRIT*) *ou* dishwashing (*US*) liquid; **produit des ventes** income from sales; **produits agricoles** farm produce *sg*; **produits alimentaires** foodstuffs; **produits de beauté** beauty products, cosmetics

prof [prɔf] *nm* (*fam*: = *professeur*) teacher; professor; lecturer

profane [prɔfan] *adj* (*REL*) secular; (*ignorant, non initié*) uninitiated ♦ *nm/f* layman

proférer [prɔfere] *vt* to utter

professeur [prɔfesœr] *nm* teacher; (*titulaire d'une chaire*) professor; **professeur (de faculté)** (university) lecturer

profession [prɔfesjɔ̃] *nf* (*libérale*) profession; (*gén*) occupation; **faire profession de** (*opinion, religion*) to profess; **de profession** by profession; **"sans profession"** "unemployed"; (*femme mariée*) "housewife"

professionnel, le [prɔfesjɔnɛl] *adj* professional ♦ *nm/f* professional; (*ouvrier qualifié*) skilled worker

profil [prɔfil] *nm* profile; (*d'une voiture*) line, contour; **de profil** in profile

profit [prɔfi] *nm* (*avantage*) benefit, advantage; (*COMM, FINANCE*) profit; **au profit de** in aid of; **tirer** *ou* **retirer profit de** to profit from; **mettre à profit** to take advantage of; to turn to good account; **profits et pertes** (*COMM*) profit and loss(es)

profitable [prɔfitabl(ə)] *adj* beneficial; profitable

profiter [prɔfite] *vi*: **profiter de** to take advantage of; to make the most of; **profiter de ce que ...** to take advantage of the fact that ...; **profiter à** to be of benefit to, benefit; to be profitable to

profond, e [prɔfɔ̃, -ɔ̃d] *adj* deep; (*méditation, mépris*) profound; **peu profond** (*eau, vallée, puits*) shallow; (*coupure*) superficial; **au plus profond de** in the depths of, at the (very) bottom of; **la France profonde** the heartlands of France

profondément [prɔfɔ̃demɑ̃] *adv* deeply; profoundly

profondeur [prɔfɔ̃dœr] *nf* depth

progéniture [prɔʒenityr] *nf* offspring *inv*

programme [prɔgram] *nm* programme (*BRIT*), program (*US*); (*TV, RADIO*) program(me)s *pl*; (*SCOL*) syllabus, curriculum; (*INFORM*) program; **au programme de ce soir** (*TV*) among tonight's program(me)s

programmer [prɔgrame] *vt* (*TV, RADIO*) to put on, show; (*organiser, prévoir*) to schedule; (*INFORM*) to program

programmeur, euse [prɔgramœr, -øz] *nm/f* (computer) programmer

progrès [prɔgrɛ] *nm* progress *no pl*; **faire des/être en progrès** to make/be making progress

progresser [prɔgrese] *vi* to progress; (*troupes etc*) to make headway *ou* progress

progressif, ive [prɔgresif, -iv] *adj* progressive

prohiber [prɔibe] *vt* to prohibit, ban

proie [prwa] *nf* prey *no pl*; **être la proie de** to fall prey to; **être en proie à** (*doutes, sentiment*) to be prey to; (*douleur, mal*) to be suffering

projecteur [prɔʒɛktœr] *nm* projector; (*de théâtre, cirque*) spotlight

projectile [prɔʒɛktil] *nm* missile; (*d'arme*) projectile, bullet (*ou* shell *etc*)

projection [prɔʒɛksjɔ̃] nf projection; showing; **conférence avec projections** lecture with slides (ou a film)

projet [prɔʒɛ] nm plan; (ébauche) draft; **faire des projets** to make plans; **projet de loi** bill

projeter [prɔʒte] vt (envisager) to plan; (film, photos) to project; (passer) to show; (ombre, lueur) to throw, cast, project; (jeter) to throw up (ou off ou out); **projeter de faire qch** to plan to do sth

prolétaire [prɔletɛr] adj, nm/f proletarian

prolongement [prɔlɔ̃ʒmɑ̃] nm extension; **prolongements** nmpl (fig) repercussions, effects; **dans le prolongement de** running on from

prolonger [prɔlɔ̃ʒe] vt (débat, séjour) to prolong; (délai, billet, rue) to extend; (suj: chose) to be a continuation ou an extension of; **se prolonger** vi to go on

promenade [prɔmnad] nf walk (ou drive ou ride); **faire une promenade** to go for a walk; **une promenade (à pied)/en voiture/à vélo** a walk/drive/(bicycle) ride

promener [prɔmne] vt (personne, chien) to take out for a walk; (fig) to carry around; to trail round; (doigts, regard): **promener qch sur** to run sth over; **se promener** vi (à pied) to go for (ou be out for) a walk; (en voiture) to go for (ou be out for) a drive; (fig): **se promener sur** to wander over

promesse [prɔmɛs] nf promise; **promesse d'achat** commitment to buy

promettre [prɔmɛtr(ə)] vt to promise ♦ vi (récolte, arbre) to look promising; (enfant, musicien) to be promising; **se promettre de faire** to resolve ou mean to do; **promettre à qn de faire** to promise sb that one will do

promiscuité [prɔmiskɥite] nf crowding; lack of privacy

promontoire [prɔmɔ̃twar] nm headland

promoteur, trice [prɔmɔtœr, -tris] nm/f (instigateur) instigator, promoter; **promoteur (immobilier)** (BRIT), property developer (BRIT), real estate promoter (US)

promotion [prɔmɔsjɔ̃] nf (avancement) promotion; (SCOL) year (BRIT), class; **en promotion** (COMM) on promotion, on (special) offer

promouvoir [prɔmuvwar] vt to promote

prompt, e [prɔ̃, prɔ̃t] adj swift, rapid; (intervention, changement) sudden; **prompt à faire qch** quick to do sth

prôner [prone] vt (louer) to laud, extol; (préconiser) to advocate, commend

pronom [prɔnɔ̃] nm pronoun

prononcer [prɔnɔ̃se] vt (son, mot, jugement) to pronounce; (dire) to utter; (allocution) to deliver ♦ vi (JUR) to deliver ou give a verdict; **prononcer bien/mal** to have good/poor pronunciation; **se prononcer** vi to reach a decision, give a verdict; **se prononcer sur** to give an opinion on; **se prononcer contre** to come down against; **ça se prononce**

comment? how do you pronounce this?

prononciation [prɔnɔ̃sjasjɔ̃] nf pronunciation

pronostic [prɔnɔstik] nm (MÉD) prognosis (pl -oses); (fig: aussi: **pronostics**) forecast

propagande [prɔpagɑ̃d] nf propaganda; **faire de la propagande pour qch** to plug ou push sth

propager [prɔpaʒe] vt to spread; **se propager** vi to spread; (PHYSIQUE) to be propagated

prophète [prɔfɛt], **prophétesse** [prɔfetɛs] nm/f prophet/ess

prophétie [prɔfesi] nf prophecy

propice [prɔpis] adj favourable (BRIT), favorable (US)

proportion [prɔpɔrsjɔ̃] nf proportion; **il n'y a aucune proportion entre le prix demandé et le prix réel** the asking price bears no relation to the real price; **à proportion de** proportionally to, in proportion to; **en proportion (de)** in proportion (to); **hors de proportion** out of proportion; **toute(s) proportion(s) gardée(s)** making due allowance(s)

propos [prɔpo] nm (paroles) talk no pl, remark; (intention, but) intention, aim; (sujet): **à quel propos?** what about?; **à propos de** about, regarding; **à tout propos** for no reason at all; **à ce propos** on that subject, in this connection; **à propos** adv by the way; (opportunément) (just) at the right moment; **hors de propos, mal à propos** adv at the wrong moment

proposer [prɔpoze] vt (suggérer): **proposer qch (à qn)/de faire** to suggest sth (to sb)/doing, propose sth (to sb)/to do; (offrir): **proposer qch à qn/ de faire** to offer sb sth/to do; (candidat) to nominate, put forward; (loi, motion) to propose; **se proposer (pour faire)** to offer one's services (to do); **se proposer de faire** to intend ou propose to do

proposition [prɔpozisjɔ̃] nf suggestion; proposal; offer; (LING) clause; **sur la proposition de** at the suggestion of; **proposition de loi** private bill

propre [prɔpr(ə)] adj clean; (net) neat, tidy; (qui ne salit pas: chien, chat) house-trained; (: enfant) toilet-trained; (fig: honnête) honest; (possessif) own; (sens) literal; (particulier): **propre à** peculiar to, characteristic of; (approprié): **propre à** suitable ou appropriate for; (de nature à): **propre à faire** likely to, that will do ♦ nm: **recopier au propre** to make a fair copy of; (particularité): **le propre de** the peculiarity of, the distinctive feature of; **au propre** (LING) literally; **appartenir à qn en propre** to belong to sb (exclusively); **propre à rien** nm/f (péj) good-for-nothing

proprement [prɔprəmɑ̃] adv cleanly; neatly, tidily; **à proprement parler** strictly speaking; **le village proprement dit** the actual village, the village itself

propreté [prɔprəte] nf cleanliness, cleanness; neatness, tidiness

propriétaire [prɔprijetɛr] nm/f owner; (d'hôtel etc) proprietor/tress, owner; (pour le locataire) landlord/lady; **propriétaire (immobilier)** house-owner; householder; **propriétaire récoltant** grower; **propriétaire (terrien)** landowner

propriété [pʀɔpʀijete] nf (droit) ownership; (objet, immeuble etc) property gén no pl; (villa) residence, property; (terres) property gén no pl, land gén no pl; (qualité, CHIMIE, MATH) property; (correction) appropriateness, suitability; **propriété artistique et littéraire** artistic and literary copyright; **propriété industrielle** patent rights pl

propulser [pʀɔpylse] vt (missile) to propel; (projeter) to hurl, fling

proroger [pʀɔʀɔʒe] vt to put back, defer; (prolonger) to extend; (assemblée) to adjourn, prorogue

proscrire [pʀɔskʀiʀ] vt (bannir) to banish; (interdire) to ban, prohibit

prose [pʀoz] nf prose (style)

prospecter [pʀɔspɛkte] vt to prospect; (COMM) to canvass

prospectus [pʀɔspɛktys] nm (feuille) leaflet; (dépliant) brochure, leaflet

prospère [pʀɔspɛʀ] adj prosperous; (santé, entreprise) thriving, flourishing

prospérer [pʀɔspeʀe] vi to thrive

prosterner [pʀɔstɛʀne]: **se prosterner** vi to bow low, prostrate o.s.

prostituée [pʀɔstitɥe] nf prostitute

prostitution [pʀɔstitysjɔ̃] nf prostitution

protecteur, trice [pʀɔtɛktœʀ, -tʀis] adj protective; (air, ton: péj) patronizing ♦ nm/f (défenseur) protector; (des arts) patron

protection [pʀɔtɛksjɔ̃] nf protection; (d'un personnage influent: aide) patronage; **écran de protection** protective screen; **protection civile** state-financed civilian rescue service; **protection maternelle et infantile (PMI)** social service concerned with child welfare

protéger [pʀɔteʒe] vt to protect; (aider, patronner: personne, arts) to be a patron of; (: carrière) to further; **se protéger de/contre** to protect o.s. from

protéine [pʀɔtein] nf protein

protestant, e [pʀɔtɛstɑ̃, -ɑ̃t] adj, nm/f Protestant

protestation [pʀɔtɛstasjɔ̃] nf (plainte) protest; (déclaration) protestation, profession

protester [pʀɔtɛste] vi: **protester (contre)** to protest (against ou about); **protester de** (son innocence, sa loyauté) to protest

prothèse [pʀɔtɛz] nf artificial limb, prosthesis (pl -ses); **prothèse dentaire** (appareil) denture; (science) dental engineering

protocole [pʀɔtɔkɔl] nm protocol; (fig) etiquette; **protocole d'accord** draft treaty; **protocole opératoire** (MÉD) operating procedure

proue [pʀu] nf bow(s pl), prow

prouesse [pʀues] nf feat

prouver [pʀuve] vt to prove

provenance [pʀɔvnɑ̃s] nf origin; (de mot, cou-tume) source; **avion en provenance de** plane (arriving) from

provenir [pʀɔvniʀ]: **provenir de** vt to come from; (résulter de) to be due to, be the result of

proverbe [pʀɔvɛʀb(ə)] nm proverb

province [pʀɔvɛ̃s] nf province

proviseur [pʀɔvizœʀ] nm = head (teacher) (BRIT), = principal (US)

provision [pʀɔvizjɔ̃] nf (réserve) stock, supply; (avance: à un avocat, avoué) retainer, retaining fee; (COMM) funds pl (in account); reserve; **provisions** nfpl (vivres) provisions, food no pl; **faire provision de** to stock up with; **placard ou armoire à provisions** food cupboard

provisoire [pʀɔvizwaʀ] adj temporary; (JUR) provisional; **mise en liberté provisoire** release on bail

provisoirement [pʀɔvizwaʀmɑ̃] adv temporarily, for the time being

provocant, e [pʀɔvɔkɑ̃, -ɑ̃t] adj provocative

provoquer [pʀɔvɔke] vt (défier) to provoke; (causer) to cause, bring about; (: curiosité) to arouse, give rise to; (: aveux) to prompt, elicit; (inciter) to **provoquer qn à** to incite sb to

proxénète [pʀɔksenet] nm procurer

proximité [pʀɔksimite] nf nearness, closeness, proximity; (dans le temps) imminence, closeness; **à proximité** near ou close by; **à proximité de** near (to), close to

prudemment [pʀydamɑ̃] adv (voir prudent) carefully; cautiously; prudently; wisely, sensibly

prudence [pʀydɑ̃s] nf carefulness; caution; prudence; **avec prudence** carefully; cautiously; wisely; **par (mesure de) prudence** as a precaution

prudent, e [pʀydɑ̃, -ɑ̃t] adj (pas téméraire) careful, cautious, prudent; (: en général) safety-conscious; (sage, conseillé) wise, sensible; (réservé) cautious; **ce n'est pas prudent** it's risky; it's not sensible; **soyez prudent** take care, be careful

prune [pʀyn] nf plum

pruneau, x [pʀyno] nm prune

prunelle [pʀynɛl] nf pupil; (œil) eye; (BOT) sloe; (eau de vie) sloe gin

prunier [pʀynje] nm plum tree

PS sigle m = parti socialiste; (= post-scriptum) PS

psaume [psom] nm psalm

pseudonyme [psødɔnim] nm (gén) fictitious name; (d'écrivain) pseudonym, pen name; (de comédien) stage name

psychanalyse [psikanaliz] nf psychoanalysis

psychiatre [psikjatʀ(ə)] nm/f psychiatrist

psychiatrique [psikjatʀik] adj psychiatric; (hôpital) mental, psychiatric

psychique [psiʃik] adj psychological

psychologie [psikɔlɔʒi] nf psychology

psychologique [psikɔlɔʒik] adj psychological

psychologue [psikɔlɔg] nm/f psychologist; **être psychologue** (fig) to be a good psychologist

pu [py] *pp de* **pouvoir**

puanteur [pyɑ̃tœʀ] *nf* stink, stench

pub [pyb] *nf* (*fam* = *publicité*): **la pub** advertising

public, ique [pyblik] *adj* public; (*école, instruction*) state *cpd*; (*scrutin*) open ♦ *nm* public; (*assistance*) audience; **en public** in public; **le grand public** the general public

publicitaire [pyblisitɛʀ] *adj* advertising *cpd*; (*film, voiture*) publicity *cpd*; (*vente*) promotional ♦ *nm* adman; **rédacteur publicitaire** copywriter

publicité [pyblisite] *nf* (*méthode, profession*) advertising; (*annonce*) advertisement; (*révélations*) publicity

publier [pyblije] *vt* to publish; (*nouvelle*) to publicize, make public

publique [pyblik] *adj f voir* **public**

puce [pys] *nf* flea; (*INFORM*) chip; (**marché aux) puces** flea market *sg*; **mettre la puce à l'oreille de qn** to give sb something to think about

pudeur [pydœʀ] *nf* modesty

pudique [pydik] *adj* (*chaste*) modest; (*discret*) discreet

puer [pɥe] (*péj*) *vi* to stink ♦ *vt* to stink of, reek of

puéricultrice [pɥeʀikyltʀis] *nf* = nursery nurse

puéril, e [pɥeʀil] *adj* childish

puis [pɥi] *vb voir* **pouvoir** ♦ *adv* (*ensuite*) then; (*dans une énumération*) next; (*en outre*): **et puis** and (then); **et puis (après ou quoi)?** so (what)?

puiser [pɥize] *vt*: **puiser (dans)** to draw (from); **puiser dans qch** to dip into sth

puisque [pɥisk(ə)] *conj* since; (*valeur intensive*): **puisque je te le dis!** I'm telling you!

puissance [pɥisɑ̃s] *nf* power; **en puissance** *adj* potential; **2 (à la) puissance 5** 2 to the power (of) 5

puissant, e [pɥisɑ̃, -ɑ̃t] *adj* powerful

puisse [pɥis] *etc vb voir* **pouvoir**

puits [pɥi] *nm* well; **puits artésien** artesian well; **puits de mine** mine shaft; **puits de science** fount of knowledge

pull(-over) [pyl(ɔvœʀ)] *nm* sweater, jumper (*BRIT*)

pulluler [pylyle] *vi* to swarm; (*fig: erreurs*) to abound, proliferate

pulpe [pylp(ə)] *nf* pulp

pulvérisateur [pylveʀizatœʀ] *nm* spray

pulvériser [pylveʀize] *vt* (*solide*) to pulverize; (*liquide*) to spray; (*fig: anéantir: adversaire*) to pulverize; (: *record*) to smash, shatter; (: *argument*) to demolish

punaise [pynɛz] *nf* (*ZOOL*) bug; (*clou*) drawing pin (*BRIT*), thumb tack (*US*)

punch [pɔ̃ʃ] *nm* (*boisson*) punch; [pœnʃ] (*BOXE*) punching ability; (*fig*) punch

punir [pyniʀ] *vt* to punish; **punir qn de qch** to punish sb for sth

punition [pynisjɔ̃] *nf* punishment

pupille [pypij] *nf* (*ANAT*) pupil ♦ *nm/f* (*enfant*) ward; **pupille de l'État** child in care; **pupille de la Nation** war orphan

pupitre [pypitʀ(ə)] *nm* (*SCOL*) desk; (*REL*) lectern; (*de chef d'orchestre*) rostrum; (*INFORM*) console; **pupitre de commande** control panel

pur, e [pyʀ] *adj* pure; (*vin*) undiluted; (*whisky*) neat; (*intentions*) honourable (*BRIT*), honorable (*US*) ♦ *nm* (*personne*) hard-liner; **en pure perte** fruitlessly, to no avail

purée [pyʀe] *nf*: **purée (de pommes de terre)** = mashed potatoes *pl*; **purée de marrons** chestnut purée; **purée de pois** (*fig*) peasoup(er)

purement [pyʀmɑ̃] *adv* purely

purgatoire [pyʀgatwaʀ] *nm* purgatory

purger [pyʀʒe] *vt* (*radiateur*) to flush (out), drain; (*circuit hydraulique*) to bleed; (*MÉD, POL*) to purge; (*JUR: peine*) to serve

purin [pyʀɛ̃] *nm* liquid manure

pur-sang [pyʀsɑ̃] *nm inv* thoroughbred, purebred

pus [py] *vb voir* **pouvoir** ♦ *nm* pus

putain [pytɛ̃] *nf* (*fam!*) whore (!); **ce/cette putain de ...** this bloody (*BRIT*) ou goddamn (*US*) ... (!)

puzzle [pœzl(ə)] *nm* jigsaw (puzzle)

PV *sigle m* = **procès-verbal**

pyjama [piʒama] *nm* pyjamas *pl*, pair of pyjamas

pyramide [piʀamid] *nf* pyramid

Pyrénées [piʀene] *nfpl*: **les Pyrénées** the Pyrenees

— Q q —

QI *sigle m* (= *quotient intellectuel*) IQ

quadragénaire [kadʀaʒenɛʀ] *nm/f* (*de quarante ans*) forty-year-old; (*de quarante à cinquante ans*) man/woman in his/her forties

quadriller [kadʀije] *vt* (*papier*) to mark out in squares; (*POLICE: ville, région etc*) to keep under tight control, be positioned throughout

quadruple [k(w)adʀypl(ə)] *nm*: **le quadruple de** four times as much as

quadruplés, ées [k(w)adʀyple] *nm/fpl* quadruplets, quads

quai [ke] *nm* (*de port*) quay; (*de gare*) platform; (*de cours d'eau, canal*) embankment; **être à quai** (*navire*) to be alongside; (*train*) to be in the station; **le Quai d'Orsay** offices of the French Ministry for Foreign Affairs; **le Quai des Orfèvres** central police headquarters

qualification [kalifikasjɔ̃] *nf* qualification

qualifié, e [kalifje] *adj* qualified; (*main d'œuvre*) skilled

qualifier [kalifje] *vt* to qualify; (*appeler*): **qualifier qch/qn de** to describe sth/sb as; **se qualifier** *vi* (*SPORT*) to qualify; **être qualifié pour** to be qualified for

qualité [kalite] *nf* quality; (*titre, fonction*) position; **en qualité de** in one's capacity as; **ès qualités** in an official capacity; **avoir qualité pour** to have authority to; **de qualité** *adj* quality *cpd*; **rapport qualité-prix** value (for money)

quand [kɑ̃] *conj, adv* when; **quand je serai riche** when I'm rich; **quand même** (*cependant, pourtant*) nevertheless; (*tout de même*) all the same; really; **quand bien même** even though

quant [kɑ̃]: **quant à** *prép* (*pour ce qui est de*) as for, as to; (*au sujet de*) regarding

quant-à-soi [kɑ̃taswa] *nm*: **rester sur son quant-à-soi** to remain aloof

quantité [kɑ̃tite] *nf* quantity, amount; (*SCIENCE*) quantity; (*grand nombre*) **une** *ou* **des quantité(s) de** a great deal of; a lot of; **en grande quantité** in large quantities; **en quantités industrielles** in vast amounts; **du travail en quantité** a great deal of work; **quantité de** many

quarantaine [karɑ̃tɛn] *nf* (*isolement*) quarantine; (*âge*): **avoir la quarantaine** to be around forty; (*nombre*): **une quarantaine (de)** forty or so, about forty; **mettre en quarantaine** to put into quarantine; (*fig*) to send to Coventry (*BRIT*), ostracize

quarante [karɑ̃t] *num* forty

quart [kaʀ] *nm* (*fraction*) quarter; (*surveillance*) watch; (*partie*): **un quart de poulet/fromage** a chicken quarter/a quarter of a cheese; **un quart de beurre** a quarter kilo of butter, ≈ a half pound of butter; **un quart de vin** a quarter litre of wine; **une livre un quart** *ou* **et quart** one and a quarter pounds; **le quart de** a quarter of; **quart d'heure** quarter of an hour; **2h et** *ou* **un quart** (a) quarter past 2, (a) quarter after 2 (*us*); **il est le quart** it's (a) quarter past *ou* after (*us*); **une heure moins le quart** (a) quarter to one, (a) quarter of one (*us*); **il est moins le quart** it's (a) quarter to; **être de/ prendre le quart** to keep/take the watch; **quart de tour** quarter turn; **au quart de tour** (*fig*) straight off; **quarts de finale** (*SPORT*) quarter finals

quartier [kaʀtje] *nm* (*de ville*) district, area; (*de bœuf, de la lune*) quarter; (*de fruit, fromage*) piece; **quartiers** *nmpl* (*MIL, BLASON*) quarters; **cinéma/salle de quartier** local cinema/hall; **avoir quartier libre** to be free; (*MIL*) to have leave from barracks; **ne pas faire de quartier** to spare no one, give no quarter; **quartier commerçant/résidentiel** shopping/residential area; **quartier général (QG)** headquarters (HQ)

quartz [kwaʀts] *nm* quartz

quasi [kazi] *adv* almost, nearly ♦ *préfixe*: **quasi-certitude** near certainty

quasiment [kazimɑ̃] *adv* almost, very nearly

quatorze [katɔʀz(ə)] *num* fourteen

quatre [katʀ(ə)] *num* four; **à quatre pattes** on all fours; **tiré à quatre épingles** dressed up to the nines; **faire les quatre cent coups** to be a bit wild; **se mettre en quatre pour qn** to go out of one's

way for sb; **quatre à quatre** (*monter, descendre*) four at a time; **à quatre mains** (*jouer*) four-handed

quatre-vingt-dix [katʀəvɛ̃dis] *num* ninety

quatre-vingts [katʀəvɛ̃] *num* eighty

quatre-vingt-un *num* eighty-one

quatrième [katʀijɛm] *num* fourth

quatuor [kwatɥɔʀ] *nm* quartet(te)

MOT-CLÉ

que [kə] *conj* **1** (*introduisant complétive*) that; **il sait que tu es là** he knows (that) you're here; **je veux que tu acceptes** I want you to accept; **il a dit que oui** he said he would (*ou* it was *etc*)

2 (*reprise d'autres conjonctions*): **quand il rentrera et qu'il aura mangé** when he gets back and (when) he has eaten; **si vous y allez ou que vous …** if you go there or if you …

3 (*en tête de phrase: hypothèse, souhait etc*): **qu'il le veuille ou non** whether he likes it or not; **qu'il fasse ce qu'il voudra!** let him do as he pleases!

4 (*but*): **tenez-le qu'il ne tombe pas** hold it so (that) it doesn't fall

5 (*après comparatif*) than; as; *voir aussi* **plus**; **aussi**; **autant** *etc*

6 (*seulement*): **ne … que** only; **il ne boit que de l'eau** he only drinks water

7 (*temps*): **elle venait à peine de sortir qu'il se mit à pleuvoir** she had just gone out when it started to rain, no sooner had she gone out than it started to rain; **il y a 4 ans qu'il est parti** it is 4 years since he left, he left 4 years ago

♦ *adv* (*exclamation*): **qu'il** *ou* **qu'est-ce qu'il est bête/court vite!** he's so silly!/he runs so fast!; **que de livres!** what a lot of books!

♦ *pron* **1** (*relatif: personne*) whom; (: *chose*) that, which; **l'homme que je vois** the man (whom) I see; **le livre que tu vois** the book (that *ou* which) you see; **un jour que j'étais …** a day when I was …

2 (*interrogatif*) what; **que fais-tu?, qu'est-ce que tu fais?** what are you doing?; **qu'est-ce que c'est?** what is it?, what's that?; **que faire?** what can one do?; **que préfères-tu, celui-ci** *ou* **celui-là?** which (one) do you prefer, this one or that one?

Québec [kebɛk] *n* (*ville*) Quebec ♦ *nm*: **le Québec** Quebec (Province)

québécois, e [kebekwa, -waz] *adj* Quebec *cpd* ♦ *nm* (*LING*) Quebec French ♦ *nm/f*: **Québécois, e** Quebecois, Quebec(k)er

---

MOT-CLÉ

quel, quelle [kɛl] *adj* **1** (*interrogatif: personne*) who; (: *chose*) what; which; **quel est cet homme?** who is this man?; **quel est ce livre?** what is this book?; **quel livre/homme?** what book/man?; (*parmi un certain choix*) which book/man?; **quels acteurs préférez-vous?** which actors do you prefer?; **dans quels pays êtes-vous allé?** which *ou* what countries did you go to?

2 (*exclamatif*): **quelle surprise/coïncidence!** what a surprise/coincidence!

3: quel(le) que soit le coupable whoever is guilty; **quel que soit votre avis** whatever your opinion (may be)

quelconque [kɛlkɔ̃k] *adj* (*médiocre*) indifferent, poor; (*sans attrait*) ordinary, plain; (*indéfini*): **un ami/prétexte quelconque** some friend/pretext or other; **un livre quelconque suffira** any book will do; **pour une raison quelconque** for some reason (or other)

MOT-CLÉ

quelque [kɛlkə] *adj* **1** some; a few; (*tournure interrogative*) any; **quelque espoir** some hope; **il a quelques amis** he has a few *ou* some friends; **a-t-il quelques amis?** has he any friends?; **les quelques livres qui** the few books which; **20 kg et quelque(s)** a bit over 20 kg; **il habite à quelque distance d'ici** he lives some distance *ou* way (away) from here

2: quelque ... que whatever, whichever; **quelque livre qu'il choisisse** whatever (*ou* whichever) book he chooses; **par quelque temps qu'il fasse** whatever the weather

3: quelque chose something; (*tournure interrogative*) anything; **quelque chose d'autre** something else; anything else; **y être pour quelque chose** to have something to do with it; **faire quelque chose à qn** to have an effect on sb, do something to sb; **quelque part** somewhere; anywhere; **en quelque sorte** as it were

♦ *adv* **1** (*environ*): **quelque 100 mètres** some 100 metres

2: quelque peu rather, somewhat

---

quelquefois [kɛlkəfwa] *adv* sometimes

quelques-uns, -unes [kɛlkəzœ̃, -yn] *pron* some, a few; **quelques-uns des lecteurs** some of the readers

quelqu'un [kɛlkœ̃] *pron* someone, somebody, *tournure interrogative ou négative* + anyone *ou* anybody; **quelqu'un d'autre** someone *ou* somebody else; anybody else

quémander [kemɑ̃de] *vt* to beg for

qu'en dira-t-on [kɑ̃diratɔ̃] *nm inv*: **le qu'en dira-t-on** gossip, what people say

querelle [kəʀɛl] *nf* quarrel; **chercher querelle à qn** to pick a quarrel with sb

quereller [kəʀele]: **se quereller** *vi* to quarrel

qu'est-ce que [kɛskə] *voir* **que**

qu'est-ce qui [kɛski] *voir* **qui**

question [kɛstjɔ̃] *nf* (*gén*) question; (*fig*) matter; issue; **il a été question de** we (*ou* they) spoke about; **il est question de les emprisonner** there's talk of them being jailed; **c'est une question de temps** it's a matter *ou* question of time; **de quoi est-il question?** what is it about?; **il n'en est pas question** there's no question of it; **en question** in question; **hors de question** out of the question; **je ne me suis jamais posé la question** I've never thought about it; **(re)mettre en question** (*autorité, science*) to question; **poser la question de confiance** (*POL*) to ask for a vote of confidence; **question piège** (*d'apparence facile*) trick question; (*pour nuire*) loaded question; **question subsidiaire** tiebreaker

questionnaire [kɛstjɔnɛʀ] *nm* questionnaire

questionner [kɛstjɔne] *vt* to question

quête [kɛt] *nf* (*collecte*) collection; (*recherche*) quest, search; **faire la quête** (*à l'église*) to take the collection; (*artiste*) to pass the hat round; **se mettre en quête de qch** to go in search of sth

quetsche [kwɛtʃ(ə)] *nf* damson

queue [kø] *nf* tail; (*fig: du classement*) bottom; (: *de poêle*) handle; (: *de fruit, feuille*) stalk; (: *de train, colonne, file*) rear; (*file: de personnes*) queue (*BRIT*), line (*US*); **en queue (de train)** at the rear (of the train); **faire la queue** to queue (up) (*BRIT*), line up (*US*); **se mettre à la queue** to join the queue *ou* line; **histoire sans queue ni tête** cock and bull story; **à la queue leu leu** in single file; (*fig*) one after the other; **queue de cheval** ponytail; **queue de poisson: faire une queue de poisson à qn** (*AUTO*) to cut in front of sb; **finir en queue de poisson** (*film*) to come to an abrupt end

qui [ki] *pron* (*personne*) who ♦ *prép* + whom; (*chose, animal*) which, that; (*interrogatif indirect: sujet*): **je me demande qui est là?** I wonder who is there?; (: *objet*): **elle ne sait à qui se plaindre** she doesn't know who to complain to *ou* to whom to complain; **qu'est-ce qui est sur la table?** what is on the table?; **à qui est ce sac?** whose bag is this?; **à qui parlais-tu?** who were you talking to?, to whom were you talking?; **chez qui allez-vous?** whose house are you going to?; **amenez qui vous voulez** bring who(ever) you like; **qui est-ce qui ...?** who?; **qui est-ce que ...?** who?; whom?; **qui que ce soit** whoever it may be

quiche [kiʃ] *nf* quiche; **quiche lorraine** quiche Lorraine

quiconque [kikɔ̃k] *pron* (*celui qui*) whoever, anyone who; (*n'importe qui, personne*) anyone, anybody

quiétude [kjetyd] *nf* (*d'un lieu*) quiet, tranquillity; (*d'une personne*) peace (of mind), serenity; **en toute quiétude** in complete peace; (*mentale*) with complete peace of mind

quille [kij] *nf* ninepin, skittle (*BRIT*); (*NAVIG: d'un bateau*) keel; **(jeu de) quilles** ninepins *sg*, skittles *sg* (*BRIT*)

quincaillerie [kɛ̃kajʀi] *nf* (*ustensiles, métier*) hardware, ironmongery (*BRIT*); (*magasin*) hardware shop *ou* store (*US*), ironmonger's (*BRIT*)

quincaillier, ière [kɛ̃kaje, -jɛʀ] *nm/f* hardware dealer, ironmonger (*BRIT*)

quinquagénaire [kɛ̃kaʒenɛʀ] *nm/f* (*de

cinquante ans) fifty-year old; *(de cinquante à soixante ans)* man/woman in his/her fifties

quintal, aux [kɛ̃tal, -o] *nm* quintal *(100 kg)*

quinte [kɛ̃t] *nf*: **quinte (de toux)** coughing fit

quintuple [kɛ̃typl(ə)] *nm*: **le quintuple de** five times as much as

quintuplés, ées [kɛ̃typle] *nm/fpl* quintuplets, quins

quinzaine [kɛ̃zɛn] *nf*: **une quinzaine (de)** about fifteen, fifteen or so; **une quinzaine (de jours)** *(deux semaines)* a fortnight *(BRIT)*, two weeks; **quinzaine publicitaire** *ou* **commerciale** (two-week) sale

quinze [kɛ̃z] *num* fifteen; **demain en quinze** a fortnight *(BRIT)* *ou* two weeks tomorrow; **dans quinze jours** in a fortnight's time) *(BRIT)*, in two weeks(' time)

quiproquo [kiprɔko] *nm (méprise sur une personne)* mistake; *(malentendu sur un sujet)* misunderstanding; *(THÉÂT)* (case of) mistaken identity

quittance [kitɑ̃s] *nf (reçu)* receipt; *(facture)* bill

quitte [kit] *adj*: **être quitte envers qn** to be no longer in sb's debt; *(fig)* to be quits with sb; **être quitte de** *(obligation)* to be clear of; **en être quitte à bon compte** to have got off lightly; **quitte à faire** even if it means doing; **quitte ou double** *(jeu)* double or quits; *(fig)*: **c'est le quitte ou double** it's a big risk

quitter [kite] *vt* to leave; *(espoir, illusion)* to give up; *(vêtement)* to take off; **se quitter** *(couples, interlocuteurs)* to part; **ne quittez pas** *(au téléphone)* hold the line; **ne pas quitter qn d'une semelle** to stick to sb like glue

qui-vive [kiviv] *nm inv*: **être sur le qui-vive** to be on the alert

quoi [kwa] *pron (interrogatif)* what; **quoi de neuf** *ou* **de nouveau?** what's new *ou* the news?; **as-tu de quoi écrire?** have you anything to write with?; **il n'a pas de quoi se l'acheter** he can't afford it, he hasn't got the money to buy it; **il y a de quoi être fier** that's something to be proud of; **"il n'y a pas de quoi"** "(please) don't mention it", "not at all"; **quoi qu'il arrive** whatever happens; **quoi qu'il en soit** be that as it may; **quoi que ce soit** anything at all; **en quoi puis-je vous aider?** how can I help you?; **à quoi bon?** what's the use *ou* point?; **et puis quoi encore!** what(ever) next!; **quoi faire?** what's to be done?; **sans quoi** *(ou sinon)* otherwise

quoique [kwak(ə)] *conj* (al)though

quote-part [kɔtpar] *nf* share

quotidien, ne [kɔtidjɛ̃, -ɛn] *adj (journalier)* daily; *(banal)* ordinary, everyday ♦ *nm (journal)* daily (paper); *(vie quotidienne)* daily life, day-to-day existence; **les grands quotidiens** the big (national) dailies

quotidiennement [kɔtidjɛnmɑ̃] *adv* daily, every day

— R r —

rab [rab] *(fam)*, **rabiot** [rabjo] *nm* extra, more

rabâcher [rabɑʃe] *vi* to harp on ♦ *vt* keep on repeating

rabais [rabɛ] *nm* reduction, discount; **au rabais** at a reduction *ou* discount

rabaisser [rabese] *vt (rabattre)* to reduce; *(dénigrer)* to belittle

rabat-joie [rabaʒwa] *nm/f inv* killjoy *(BRIT)*, spoilsport

rabattre [rabatʀ(ə)] *vt (couvercle, siège)* to pull down; *(col)* to turn down; *(couture)* to stitch down; *(gibier)* to drive; *(somme d'un prix)* to deduct, take off; *(orgueil, prétentions)* to humble; *(TRICOT)* to decrease; **se rabattre** *vi (bords, couvercle)* to fall shut; *(véhicule, coureur)* to cut in; **se rabattre sur** *(accepter)* to fall back on

rabbin [rabɛ̃] *nm* rabbi

râblé, e [rɑble] *adj* broad-backed, stocky

rabot [rabo] *nm* plane

rabougri, e [rabugri] *adj* stunted

rabrouer [rabrue] *vt* to snub, rebuff

racaille [rakɑj] *nf (péj)* rabble, riffraff

raccommoder [rakɔmɔde] *vt* to mend, repair; *(chaussette etc)* to darn; *(fam: réconcilier: amis, ménage)* to bring together again; **se raccommoder (avec)** *(fam)* to patch it up (with)

raccompagner [rakɔ̃paɲe] *vt* to take *ou* see back

raccord [rakɔr] *nm* link; **raccord de maçonnerie** pointing *no pl*; **raccord de peinture** join; touch-up

raccorder [rakɔrde] *vt* to join (up), link up; *(suj: pont etc)* to connect, link; **se raccorder à** to join up with; *(fig: se rattacher à)* to tie in with; **raccorder au réseau du téléphone** to connect to the telephone service

raccourci [rakursi] *nm* short cut; **en raccourci** in brief

raccourcir [rakursir] *vt* to shorten ♦ *vi (vêtement)* to shrink

raccrocher [rakrɔʃe] *vt (tableau, vêtement)* to hang back up; *(récepteur)* to put down; *(fig: affaire)* to save ♦ *vi (TÉL)* to hang up, ring off; **se raccrocher à** *vt* to cling to, hang on to; **ne raccrochez pas** *(TÉL)* hold on, don't hang up

race [ras] *nf* race; *(d'animaux, fig: espèce)* breed; *(ascendance, origine)* stock, race; **de race** *adj* purebred, pedigree

rachat [raʃa] *nm* buying; buying back; redemption; atonement

racheter [raʃte] *vt (article perdu)* to buy another; *(davantage)*: **racheter du lait/3 œufs** to buy more milk/another 3 eggs *ou* 3 more eggs; *(après avoir vendu)* to buy back; *(d'occasion)* to buy; *(COMM: part, firme)* to buy up; (: *pension, rente)* to redeem; *(REL:*

pécheur) to redeem; (: péché) to atone for, expiate; (mauvaise conduite, oubli, défaut) to make up for; **se racheter** (REL) to redeem o.s.; (gén) to make amends, make up for it

racial, e, aux [Rasjal, -o] adj racial

racine [Rasin] nf root; (fig: attache) roots pl; **racine carrée/cubique** square/cube root; **prendre racine** (fig) to take root; to put down roots

raciste [Rasist(ə)] adj, nm/f racist, racialist

racket [Raket] nm racketeering no pl

raclée [Rakle] nf (fam) hiding, thrashing

racler [Rakle] vt (os, plat) to scrape; (tache, boue) to scrape off; (fig: instrument) to scrape on; (suj: chose: frotter contre) to scrape (against)

racoler [Rakɔle] vt (attirer: suj: prostituée) to solicit; (: parti, marchand) to tout for; (attraper) to pick up

racontars [Rakɔ̃tar] nmpl stories, gossip sg

raconter [Rakɔ̃te] vt: **raconter (à qn)** (décrire) to relate (to sb), tell (sb) about; (dire) to tell (sb)

racorni, e [Rakɔrni] adj hard(ened)

radar [Radar] nm radar; **système radar** radar system; **écran radar** radar screen

rade [Rad] nf (natural) harbour; **en rade de Toulon** in Toulon harbour; **rester en rade** (fig) to be left stranded

radeau, x [Rado] nm raft; **radeau de sauvetage** life raft

radiateur [Radjatœr] nm radiator, heater; (AUTO) radiator; **radiateur électrique/à gaz** electric/gas heater ou fire

radiation [Radjɑsjɔ̃] nf (d'un nom etc) striking off no pl; (PHYSIQUE) radiation

radical, e, aux [Radikal, -o] adj radical ♦ nm (LING) stem; (MATH) root sign; (POL) radical

radier [Radje] vt to strike off

radieux, euse [Radjø, -øz] adj (visage, personne) radiant; (journée, soleil) brilliant, glorious

radin, e [Radɛ̃, -in] adj (fam) stingy

radio [Radjo] nf radio; (MÉD) X-ray ♦ nm (personne) radio operator; **à la radio** on the radio; **avoir la radio** to have a radio; **passer à la radio** to be on the radio; **se faire faire une radio/une radio des poumons** to have an X-ray/a chest X-ray

radioactif, ive [Radjɔaktif, -iv] adj radioactive

radiocassette [Radjɔkaset] nf cassette radio

radiodiffuser [Radjɔdifyze] vt to broadcast

radiographie [Radjɔgrafi] nf radiography; (photo) X-ray photograph, radiograph

radiophonique [Radjɔfɔnik] adj: **programme/émission/jeu radiophonique** radio programme/broadcast/game

radio(-)réveil [Radjɔrevɛj] nm clock radio

radis [Radi] nm radish; **radis noir** horseradish no pl

radoter [Radɔte] vi to ramble on

radoucir [Radusir]: **se radoucir** vi (se réchauffer)

to become milder; (se calmer) to calm down; to soften

rafale [Rafal] nf (vent) gust (of wind); (de balles, d'applaudissements) burst; **rafale de mitrailleuse** burst of machine-gun fire

raffermir [Rafermir] vt: **se raffermir** vi (tissus, muscle) to firm up; (fig) to strengthen

raffiner [Rafine] vt to refine

raffinerie [Rafinri] nf refinery

raffoler [Rafɔle]: **raffoler de** vt to be very keen on

rafistoler [Rafistɔle] vt (fam) to patch up

rafle [Rafl(ə)] nf (de police) roundup, raid

rafler [Rafle] vt (fam) to swipe, nick

rafraîchir [RafrEʃir] vt (atmosphère, température) to cool (down); (aussi: **mettre à rafraîchir**) to chill; (suj: air, eau) to freshen up; (: boisson) to refresh; (fig: rénover) to brighten up ♦ vi: **mettre du vin/une boisson à rafraîchir** to chill wine/a drink; **se rafraîchir** to grow cooler; to freshen up; (personne: en buvant etc) to refresh o.s.; **rafraîchir la mémoire ou les idées à qn** to refresh sb's memory

rafraîchissant, e [RafrEʃisɑ̃, -ɑ̃t] adj refreshing

rafraîchissement [RafrEʃismɑ̃] nm cooling; (boisson) cool drink; **rafraîchissements** nmpl (boissons, fruits etc) refreshments

rage [Raʒ] nf (MÉD): **la rage** rabies; (fureur) rage, fury; **faire rage** to rage; **rage de dents** (raging) toothache

ragot [Rago] nm (fam) malicious gossip no pl

ragoût [Ragu] nm (plat) stew

raide [Red] adj (tendu) taut, tight; (escarpé) steep; (droit: cheveux) straight; (ankylosé, dur, guindé) stiff; (fam: cher) steep, stiff; (: sans argent) flat broke; (osé, licencieux) daring ♦ adv (en pente) steeply; **raide mort** stone dead

raideur [Redœr] nf steepness; stiffness

raidir [Redir] vt (muscles) to stiffen; (câble) to pull taut, tighten; **se raidir** vi to stiffen; to become taut; (personne: se crisper) to tense up; (: devenir intransigeant) to harden

raie [RE] nf (ZOOL) skate, ray; (rayure) stripe; (des cheveux) parting

raifort [RefɔR] nm horseradish

rail [Raj] nm (barre d'acier) rail; (chemins de fer) railways pl (BRIT), railroads pl (US); **les rails** (la voie ferrée) the rails, the track sg; **par rail** by rail; **rail conducteur** live ou conductor rail

railler [Raje] vt to scoff at, jeer at

rainure [Renyr] nf groove; slot

raisin [Rezɛ̃] nm (aussi: **raisins**) grapes pl; (variété): **raisin blanc/noir** white (ou green)/black grape; **raisin muscat** muscat grape; **raisins secs** raisins

raison [Rezɔ̃] nf reason; **avoir raison** to be right; **donner raison à qn** (personne) to agree with sb; (fait) to prove sb right; **avoir raison de qn/qch** to get the better of sb/sth; **se faire une raison** to learn to live with it; **perdre la raison** to become insane; (fig) to take leave of one's senses; **recouvrer**

la raison to come to one's senses; **ramener qn à la raison** to make sb see sense; **demander raison à qn de** (affront etc) to demand satisfaction from sb for; **entendre raison** to listen to reason, see reason; **plus que de raison** too much, more than is reasonable; **raison de plus** all the more reason; **à plus forte raison** all the more so; **en raison de** (à cause de) because of; (à proportion de) in proportion to; **à raison de** at the rate of; **raison d'État** reason of state; **raison d'être** raison d'être; **raison sociale** corporate name

raisonnable [rɛzɔnabl(ə)] adj reasonable, sensible

raisonnement [rɛzɔnmã] nm reasoning; arguing; argument

raisonner [rɛzɔne] vi (penser) to reason; (argumenter, discuter) to argue ♦ vt (personne) to reason with; (attitude: justifier) to reason out; **se raisonner** to reason with oneself

rajeunir [raʒœnir] vt (suj: coiffure, robe): **rajeunir qn** to make sb look younger; (suj: cure etc) to rejuvenate; (fig: rafraîchir) to brighten up; (: moderniser) to give a new look to; (: en recrutant) to inject new blood into ♦ vi (personne) to become (ou look) younger; (entreprise, quartier) to be modernized

rajouter [raʒute] vt (commentaire) to add; **rajouter du sel/un œuf** to add some more salt/another egg; **rajouter que** to add that; **en rajouter** to lay it on thick

rajuster [raʒyste] vt (vêtement) to straighten, tidy; (salaires) to adjust; (machine) to readjust; **se rajuster** to tidy ou straighten o.s. up

ralenti [ralãti] nm: **au ralenti** (CINÉ) in slow motion; (fig) at a slower pace; **tourner au ralenti** (AUTO) to tick over, idle

ralentir [ralãtir] vt, vi: **se ralentir** vi to slow down

râler [rale] vi to groan; (fam) to grouse, moan (and groan)

rallier [ralje] vt (rassembler) to rally; (rejoindre) to rejoin; (gagner à sa cause) to win over; **se rallier à** (avis) to come over ou round to

rallonge [ralɔ̃ʒ] nf (de table) (extra) leaf (pl leaves); (argent etc) extra (no pl); (ÉLEC) extension (cable ou flex); (fig: de crédit etc) extension

rallonger [ralɔ̃ʒe] vt to lengthen

rallye [rali] nm rally; (POL) march

ramassage [ramasaʒ] nm: **ramassage scolaire** school bus service

ramassé, e [ramase] adj (trapu) squat, stocky; (concis: expression etc) compact

ramasser [ramase] vt (objet tombé ou par terre, fam) to pick up; (recueillir) to collect; (récolter) to gather; (: pommes de terre) to lift; **se ramasser** vi (sur soi-même) to huddle up; to crouch

ramassis [ramasi] nm (péj: de gens) bunch; (: de choses) jumble

rambarde [rãbard(ə)] nf guardrail

rame [ram] nf (aviron) oar; (de métro) train; (de papier) ream; **rame de haricots** bean support; **faire force de rames** to row hard

rameau, x [ramo] nm (small) branch; (fig) branch; **les Rameaux** (REL) Palm Sunday sg

ramener [ramne] vt to bring back; (reconduire) to take back; (rabattre: couverture, visière): **ramener qch sur** to pull sth back over; **ramener qch à** (réduire à, aussi MATH) to reduce sth to; **ramener qn à la vie/raison** to bring sb back to life/bring sb to his (ou her) senses; **se ramener** vi (fam) to roll ou turn up; **se ramener à** (se réduire à) to come ou boil down to

ramer [rame] vi to row

ramollir [ramɔlir] vt to soften; **se ramollir** vi (os, tissus) to get (ou go) soft; (beurre, asphalte) to soften

ramoner [ramɔne] vt (cheminée) to sweep; (pipe) to clean

rampe [rãp] nf (d'escalier) banister(s pl); (dans un garage, d'un terrain) ramp; (THÉÂT): **la rampe** the footlights pl; (lampes: lumineuse, de balisage) floodlights pl; **passer la rampe** (toucher le public) to get across to the audience; **rampe de lancement** launching pad

ramper [rãpe] vi (reptile, animal) to crawl; (plante) to creep

rancard [rãkar] nm (fam) date; tip

rancart [rãkar] nm: **mettre au rancart** (article, projet) to scrap; (personne) to put on the scrapheap

rance [rãs] adj rancid

rancœur [rãkœr] nf rancour (BRIT), rancor (US), resentment

rançon [rãsɔ̃] nf ransom; (fig): **la rançon du succès** etc the price of success etc

rancune [rãkyn] nf grudge, rancour (BRIT), rancor (US); **garder rancune à qn (de qch)** to bear sb a grudge (for sth); **sans rancune!** no hard feelings!

rancunier, ière [rãkynje, -jɛr] adj vindictive, spiteful

randonnée [rãdɔne] nf ride; (à pied) walk, ramble; hike, hiking no pl

rang [rã] nm (rangée) row; (de perles) row, string, rope; (grade, condition sociale, classement) rank; **rangs** nmpl (MIL) ranks; **se mettre en rangs/sur un rang** to get into ou form rows/a line; **sur 3 rangs** (lined up) 3 deep; **se mettre en rangs par 4** to form fours ou rows of 4; **se mettre sur les rangs** (fig) to get into the running; **au premier rang** in the first row; (fig) ranking first; **rentrer dans le rang** to get into line; **au rang de** (au nombre de) among (the ranks of); **avoir rang de** to hold the rank of

rangé, e [rãʒe] adj (sérieux) orderly, steady

rangée [rãʒe] nf row

ranger [rãʒe] vt (classer, grouper) to order, arrange; (mettre à sa place) to put away; (voiture dans la rue) to park; (mettre de l'ordre dans) to tidy up; (*arranger, disposer: en cercle etc*) to arrange; (*fig: classer*): **ranger qn/qch parmi** to rank sb/sth among; **se ranger** *vi* (*se placer, se disposer: autour d'une table etc*) to take one's place, sit round; (*véhicule, conducteur: s'écarter*) to pull over; (: *s'arrêter*) to pull in; (*piéton*) to step aside; (*s'assagir*) to settle down; **se ranger à** (*avis*) to come round to, fall in with

ranimer [ranime] *vt* (*personne évanouie*) to bring round; (*revigorer: forces, courage*) to restore; (*réconforter: troupes etc*) to kindle new life in; (*douleur, souvenir*) to revive; (*feu*) to rekindle

rap [rap] *nm* rap (music)

rapace [rapas] *nm* bird of prey ♦ *adj* (*péj*) rapacious, grasping; **rapace diurne/nocturne** diurnal/nocturnal bird of prey

râpe [rɑp] *nf* (*CULIN*) grater; (*à bois*) rasp

râper [rɑpe] *vt* (*CULIN*) to grate; (*gratter, râcler*) to rasp

rapetisser [raptise] *vt*: **rapetisser qch** to shorten sth; to make sth look smaller ♦ *vi*: **se rapetisser** *vi* to shrink

rapide [rapid] *adj* fast; (*prompt*) quick; (*intelligence*) quick ♦ *nm* express (train); (*de cours d'eau*) rapid

rapidement [rapidmã] *adv* fast; quickly

rapiécer [rapjese] *vt* to patch

rappel [rapɛl] *nm* (*d'un ambassadeur, MIL*) recall; (*THÉÂT*) curtain call; (*MÉD: vaccination*) booster; (*ADMIN: de salaire*) back pay *no pl*; (*d'une aventure, d'un nom*) reminder; (*de limitation de vitesse: sur écriteau*) speed limit sign (*reminder*); (*TECH*) return; (*NAVIG*) sitting out; (*ALPINISME: aussi*: **rappel de corde**) abseiling *no pl*, roping down *no pl*; abseil; **rappel à l'ordre** call to order

rappeler [raple] *vt* (*pour faire revenir, retéléphoner*) to call back; (*ambassadeur, MIL, INFORM*) to recall; (*acteur*) to call back (onto the stage); (: *s'arrêter*) s'arrêter; (*faire se souvenir*): **rappeler qch à qn** to remind sb of sth; **se rappeler** *vt* (*se souvenir de*) to remember, recall; **rappeler qn à la vie** to bring sb back to life; **rappeler qn à la décence** to recall sb to a sense of decency; **ça rappelle la Provence** it's reminiscent of Provence, it reminds you of Provence; **se rappeler que...** to remember that...

rapport [rapɔr] *nm* (*compte rendu*) report; (*profit*) yield, return; revenue; (*lien, analogie*) relationship; (*corrélation*) connection; (*proportion: MATH, TECH*) ratio (*pl* -s); **rapports** *nmpl* (*entre personnes, pays*) relations; **avoir rapport à** to have something to do with, concern; **être en rapport avec** (*idée de corrélation*) to be related to; **être/se mettre en rapport avec qn** to be/get in touch with sb; **par rapport à** (*comparé à*) in relation to; (*à propos de*) with regard to; **sous le rapport de** from the point of view of; **sous tous (les) rapports** in all respects; **rapports (sexuels)** (sexual) intercourse *sg*; **rapport qualité-prix** value (for money)

rapporter [rapɔrte] *vt* (*rendre, ramener*) to bring back; (*apporter davantage*) to bring more; (*COUTURE*) to sew on; (*suj: investissement*) to yield; (: *activité*) to bring in; (*relater*) to report; (*JUR: annuler*) to revoke ♦ *vi* (*investissement*) to give a good return *ou* yield; (*activité*) to be very profitable; (*péj: moucharder*) to tell; **rapporter qch à** (*fig: rattacher*) to relate sth to; **se rapporter à** (*correspondre à*) to relate to; **s'en rapporter à** to rely on

rapporteur, euse [rapɔrtœr, -øz] *nm/f* (*de procès, commission*) reporter; (*péj*) telltale ♦ *nm* (*GÉOM*) protractor

rapprochement [raprɔʃmã] *nm* (*réconciliation: de nations, familles*) reconciliation; (*analogie, rapport*) parallel

rapprocher [raprɔʃe] *vt* (*chaise d'une table*): **rapprocher qch (de)** to bring sth closer (to); (*deux objets*) to bring closer together; (*réunir*) to bring together; (*comparer*) to establish a parallel between; **se rapprocher** *vi* to draw closer *ou* nearer; (*fig: familles, pays*) to come together; to come closer together; **se rapprocher de** to come closer to; (*présenter une analogie avec*) to be close to

rapt [rapt] *nm* abduction

raquette [rakɛt] *nf* (*de tennis*) racket; (*de ping-pong*) bat; (*à neige*) snowshoe

rare [rar] *adj* rare; (*main-d'œuvre, denrées*) scarce; (*cheveux, herbe*) sparse; **il est rare que** it's rare that, it's unusual that; **se faire rare** to become scarce; (*fig: personne*) to make oneself scarce

rarement [rarmã] *adv* rarely, seldom

ras, e [rɑ, rɑz] *adj* (*tête, cheveux*) close-cropped; (*poil, herbe*) short; (*mesure, cuillère*) level ♦ *adv* short; **faire table rase** to make a clean sweep; **en rase campagne** in open country; **à ras bords** to the brim; **au ras de** level with; **en avoir ras le bol** (*fam*) to be fed up; **ras du cou** *adj* (*pull, robe*) crewneck

rasade [razad] *nf* glassful

raser [rɑze] *vt* (*barbe, cheveux*) to shave off; (*menton, personne*) to shave; (*fam: ennuyer*) to bore; (*démolir*) to raze (to the ground); (*frôler*) to graze, skim; **se raser** to shave; (*fam*) to be bored (to tears)

rasoir [rɑzwar] *nm* razor; **rasoir électrique** electric shaver *ou* razor; **rasoir mécanique** *ou* **de sûreté** safety razor

rassasier [rasazje] *vt* to satisfy; **être rassasié** (*dégoûté*) to be sated; to have had more than enough

rassemblement [rasãbləmã] *nm* (*groupe*) gathering; (*POL*) union; association; (*MIL*): **le rassemblement** parade

rassembler [rasãble] *vt* (*réunir*) to assemble, gather; (*regrouper, amasser*) to gather together, collect; **se rassembler** *vi* to gather; **rassembler ses idées/ses esprits/son courage** to collect one's thoughts/gather one's wits/screw up one's courage

rassis, e [rasi, -iz] *adj* (*pain*) stale

rassurer [rasyre] *vt* to reassure; **se rassurer** to be reassured; **rassure-toi** don't worry

rat [ʀa] nm rat; **rat d'hôtel** hotel thief (pl thieves); **rat musqué** muskrat

rate [ʀat] nf female rat; (ANAT) spleen

raté, e [ʀate] adj (tentative) unsuccessful, failed ♦ nm/f failure ♦ nm misfiring no pl

râteau, x [ʀɑto] nm rake

rater [ʀate] vi (ne pas partir: coup de feu) to fail to go off; (affaire, projet etc) to go wrong, fail ♦ vt (cible, train, occasion) to miss; (démonstration, plat) to spoil; (examen) to fail; **rater son coup** to fail, not to bring it off

ration [ʀasjɔ̃] nf ration; (fig) share; **ration alimentaire** food intake

ratisser [ʀatise] vt (allée) to rake; (feuilles) to rake up; (suj: armée, police) to comb; **ratisser large** to cast one's net wide

RATP sigle f (= Régie autonome des transports parisiens) Paris transport authority

rattacher [ʀataʃe] vt (animal, cheveux) to tie up again; (incorporer: ADMIN etc): **rattacher qch à** to join sth to, unite sth with; (fig: relier): **rattacher qch à** to link sth with, relate sth to; (: lier): **rattacher qn à** to bind ou tie sb to; **se rattacher à** (fig: avoir un lien avec) to be linked (ou connected) with

rattrapage [ʀatʀapaʒ] nm (SCOL) remedial classes pl; (ÉCON) catching up

rattraper [ʀatʀape] vt (fugitif) to recapture; (retenir, empêcher de tomber) to catch (hold of); (atteindre, rejoindre) to catch up with; (réparer: imprudence, erreur) to make up for; **se rattraper** vi (regagner: du temps) to make up for lost time; (: de l'argent etc) to make good one's losses; (réparer une gaffe etc) to make up for it; **se rattraper (à)** (se raccrocher) to stop o.s. falling (by catching hold of); **rattraper son retard/le temps perdu** to make up (for) lost time

rature [ʀatyʀ] nf deletion, erasure

rauque [ʀok] adj raucous; hoarse

ravages [ʀavaʒ] nmpl ravages; **faire des ravages** to wreak havoc; (fig: séducteur) to break hearts

ravaler [ʀavale] vt (mur, façade) to restore; (déprécier) to lower; (avaler de nouveau) to swallow again; **ravaler sa colère/son dégoût** to stifle one's anger/swallow one's distaste

ravi, e [ʀavi] adj delighted; **être ravi de/que** to be delighted with/that

ravigoter [ʀavigɔte] vt (fam) to buck up

ravin [ʀavɛ̃] nm gully, ravine

ravir [ʀaviʀ] vt (enchanter) to delight; (enlever): **ravir qch à qn** to rob sb of sth; **à ravir** adv delightfully, beautifully; **être beau à ravir** to be ravishingly beautiful

raviser [ʀavize]: **se raviser** vi to change one's mind

ravissant, e [ʀavisɑ̃, -ɑ̃t] adj delightful

ravisseur, euse [ʀavisœʀ, -øz] nm/f abductor, kidnapper

ravitaillement [ʀavitajmɑ̃] nm resupplying; refuelling; (provisions) supplies pl; **aller au ravitaillement** to go for fresh supplies; **ravitaillement en vol** (AVIAT) in-flight refuelling

ravitailler [ʀavitaje] vt to resupply; (véhicule) to refuel; **se ravitailler** vi to get fresh supplies

raviver [ʀavive] vt (feu) to rekindle, revive; (douleur) to revive; (couleurs) to brighten up

rayé, e [ʀeje] adj (à rayures) striped; (éraflé) scratched

rayer [ʀeje] vt (érafler) to scratch; (barrer) to cross ou score out; (d'une liste: radier) to cross ou strike off

rayon [ʀejɔ̃] nm (de soleil etc) ray; (GÉOM) radius; (de roue) spoke; (étagère) shelf (pl shelves); (de grand magasin) department; (fig: domaine) responsibility, concern; (de ruche) (honey)comb; **dans un rayon de** within a radius of; **rayons** nmpl (radiothérapie) radiation; **rayon d'action** range; **rayon de braquage** (AUTO) turning circle; **rayon laser** laser beam; **rayon de soleil** sunbeam, ray of sunlight ou sunshine; **rayons X** X-rays

rayonnement [ʀejɔnmɑ̃] nm radiation; (fig: éclat) radiance; (: influence) influence

rayonner [ʀejɔne] vi (chaleur, énergie) to radiate; (fig: émotion) to shine forth; (: visage) to be radiant; (avenues, axes) to radiate; (touriste) to go touring (from one base)

rayure [ʀejyʀ] nf (motif) stripe; (éraflure) scratch; (rainure, d'un fusil) groove; **à rayures** striped

raz-de-marée [ʀɑdmaʀe] nm inv tidal wave

ré [ʀe] nm (MUS) D; (en chantant la gamme) re

réacteur [ʀeaktœʀ] nm jet engine; **réacteur nucléaire** nuclear reactor

réaction [ʀeaksjɔ̃] nf reaction; **par réaction** jet-propelled; **avion/moteur à réaction** jet (plane)/jet engine; **réaction en chaîne** chain reaction

réadapter [ʀeadapte] vt to readjust; (MÉD) to rehabilitate; **se réadapter (à)** to readjust (to)

réagir [ʀeaʒiʀ] vi to react

réalisateur, trice [ʀealizatœʀ, -tʀis] nm/f (TV, CINÉ) director

réalisation [ʀealizasjɔ̃] nf carrying out; realization; fulfilment; achievement; production; (œuvre) production, work; (création) creation

réaliser [ʀealize] vt (projet, opération) to carry out, realize; (rêve, souhait) to realize, fulfil; (exploit) to achieve; (achat, vente) to make; (film) to produce; (se rendre compte de, COMM: bien, capital) to realize; **se réaliser** vi to be realized

réaliste [ʀealist(ə)] adj realistic; (peintre, roman) realist ♦ nm/f realist

réalité [ʀealite] nf reality; **en réalité** in (actual) fact; **dans la réalité** in reality; **réalité virtuelle** virtual reality

réanimation [ʀeanimasjɔ̃] nf resuscitation; **service de réanimation** intensive care unit

rébarbatif, ive [ʀebaʀbatif, -iv] adj forbidding; (style) off-putting (BRIT), crabbed

rebattu, e [ʀəbaty] *pp de* **rebattre** ♦ *adj* hackneyed

rebelle [ʀəbɛl] *nm/f* rebel ♦ *adj* (*troupes*) rebel; (*enfant*) rebellious; (*mèche etc*) unruly; **rebelle à qch** unamenable to sth; **rebelle à faire** unwilling to do

rebeller [ʀəbele]: **se rebeller** *vi* to rebel

rebondi, e [ʀəbɔ̃di] *adj* (*ventre*) rounded; (*joues*) chubby, well-rounded

rebondir [ʀəbɔ̃diʀ] *vi* (*ballon: au sol*) to bounce; (: *contre un mur*) to rebound; (*fig: procès, action, conversation*) to get moving again, be suddenly revived

rebondissement [ʀəbɔ̃dismɑ̃] *nm* new development

rebord [ʀəbɔʀ] *nm* edge

rebours [ʀəbuʀ]: **à rebours** *adv* the wrong way

rebrousser [ʀəbʀuse] *vt* (*cheveux, poils*) to brush back, brush up; **rebrousser chemin** to turn back

rebut [ʀəby] *nm*: **mettre au rebut** to scrap, discard

rebutant, e [ʀəbytɑ̃, -ɑ̃t] *adj* (*travail, démarche*) off-putting, disagreeable

rebuter [ʀəbyte] *vt* to put off

récalcitrant, e [ʀekalsitʀɑ̃, -ɑ̃t] *adj* refractory, recalcitrant

recaler [ʀəkale] *vt* (SCOL) to fail

récapituler [ʀekapityle] *vt* to recapitulate; (*résumer*) to sum up

receler [ʀəsəle] *vt* (*produit d'un vol*) to receive; (*malfaiteur*) to harbour; (*fig*) to conceal

receleur, euse [ʀəsəlœʀ, -øz] *nm/f* receiver

récemment [ʀesamɑ̃] *adv* recently

recensement [ʀəsɑ̃smɑ̃] *nm* census; inventory

recenser [ʀəsɑ̃se] *vt* (*population*) to take a census of; (*inventorier*) to make an inventory of; (*dénombrer*) to list

récent, e [ʀesɑ̃, -ɑ̃t] *adj* recent

récépissé [ʀesepise] *nm* receipt

récepteur, trice [ʀesɛptœʀ, -tʀis] *adj* receiving ♦ *nm* receiver; **récepteur (de papier)** (INFORM) stacker; **récepteur (de radio)** radio set ou receiver

réception [ʀesɛpsjɔ̃] *nf* receiving *no pl*; (*d'une marchandise, commande*) receipt; (*accueil*) reception, welcome; (*bureau*) reception (desk); (*réunion mondaine*) reception, party; (*pièces*) reception rooms *pl*; (SPORT: *après un saut*) landing; (*du ballon*) catching *no pl*; **jour/heures de réception** day/hours for receiving visitors (*ou* students *etc*)

réceptionniste [ʀesɛpsjɔnist(ə)] *nm/f* receptionist

recette [ʀəsɛt] *nf* (CULIN) recipe; (*fig*) formula, recipe; (COMM) takings *pl*; (ADMIN: *bureau*) tax *ou* revenue office; **recettes** *nfpl* (COMM: *rentrées*) receipts; **faire recette** (*spectacle, exposition*) to be a winner

receveur, euse [ʀəsvœʀ, -øz] *nm/f* (*des contributions*) tax collector; (*des postes*) postmaster/mistress; (*d'autobus*) conductor/conductress; (MÉD: *de sang, organe*) recipient

recevoir [ʀəsvwaʀ] *vt* to receive; (*lettre, prime*) to receive, get; (*client, patient, représentant*) to see; (*jour, soleil: pièce*) to get; (SCOL: *candidat*) to pass ♦ *vi* to receive visitors; to give parties; to see patients *etc*; **se recevoir** *vi* (*athlète*) to land; **recevoir qn à dîner** to invite sb to dinner; **il reçoit de 8 à 10** he's at home from 8 to 10, he will see visitors from 8 to 10; (*docteur, dentiste etc*) he sees patients from 8 to 10; **être reçu** (*à un examen*) to pass; **être bien/mal reçu** to be well/badly received

rechange [ʀəʃɑ̃ʒ]: **de rechange** *adj* (*pièces, roue*) spare; (*fig: solution*) alternative; **des vêtements de rechange** a change of clothes

réchapper [ʀeʃape]: **réchapper de** *ou* **à** *vt* (*accident, maladie*) to come through; **va-t-il en réchapper?** is he going to get over it?, is he going to come through (it)?

recharge [ʀəʃaʀʒ(ə)] *nf* refill

rechargeable [ʀəʃaʀʒabl(ə)] *adj* refillable; rechargeable

recharger [ʀəʃaʀʒe] *vt* (*camion, fusil, appareil-photo*) to reload; (*briquet, stylo*) to refill; (*batterie*) to recharge

réchaud [ʀeʃo] *nm* (portable) stove; platewarmer

réchauffer [ʀeʃofe] *vt* (*plat*) to reheat; (*mains, personne*) to warm; **se réchauffer** *vi* to get warmer; **se réchauffer les doigts** to warm (up) one's fingers

rêche [ʀɛʃ] *adj* rough

recherche [ʀəʃɛʀʃə] *nf* (*action*): **la recherche de** the search for; (*raffinement*) affectedness, studied elegance; (*scientifique etc*): **la recherche** research; **recherches** *nfpl* (*de la police*) investigations; (*scientifiques*) research *sg*; **être/se mettre à la recherche de** to be/go in search of

recherché, e [ʀəʃɛʀʃe] *adj* (*rare, demandé*) much sought-after; (*entouré: acteur, femme*) in demand; (*raffiné*) studied, affected

rechercher [ʀəʃɛʀʃe] *vt* (*objet égaré, personne*) to look for, search for; (*témoins, coupable, main-d'œuvre*) to look for; (*causes d'un phénomène, nouveau procédé*) to try to find; (*bonheur etc, l'amitié de qn*) to seek; **"rechercher et remplacer"** (INFORM) "search and replace"

rechigner [ʀəʃiɲe] *vi*: **rechigner (à)** to balk (at)

rechute [ʀəʃyt] *nf* (MÉD) relapse; (*dans le péché, le vice*) lapse; **faire une rechute** to have a relapse

récidiver [ʀesidive] *vi* to commit a second (*ou* subsequent) offence; (*fig*) to do it again

récif [ʀesif] *nm* reef

récipient [ʀesipjɑ̃] *nm* container

réciproque [ʀesipʀɔk] *adj* reciprocal ♦ *nf*: **la réciproque** (*l'inverse*) the converse

récit [ʀesi] *nm* (*action de narrer*) telling; (*conte, histoire*) story

récital [ʀesital] *nm* recital

réciter [ʀesite] *vt* to recite

réclamation [ʀeklamɑsjɔ̃] *nf* complaint; **réclamations** *nfpl* (*bureau*) complaints department *sg*

réclame [ʀeklam] *nf*: **la réclame** advertising; **une réclame** an ad(vertisement), an advert (*BRIT*); **faire de la réclame (pour qch/qn)** to advertise (sth/sb); **article en réclame** special offer

réclamer [ʀeklame] *vt* (*aide, nourriture etc*) to ask for; (*revendiquer: dû, part, indemnité*) to claim, demand; (*nécessiter*) to demand, require ♦ *vi* to complain; **se réclamer de** to give as one's authority; to claim filiation with

réclusion [ʀeklyzjɔ̃] *nf* imprisonment; **réclusion à perpétuité** life imprisonment

recoin [ʀəkwɛ̃] *nm* nook, corner; (*fig*) hidden recess

reçois [ʀəswa] *etc vb voir* recevoir

récolte [ʀekɔlt(ə)] *nf* harvesting, gathering; (*produits*) harvest, crop; (*fig*) crop, collection; (: *d'observations*) findings

récolter [ʀekɔlte] *vt* to harvest, gather (in); (*fig*) to get

recommandé [ʀəkɔmɑ̃de] *nm* (*méthode etc*) recommended; (*POSTES*): **en recommandé** by registered mail

recommander [ʀəkɔmɑ̃de] *vt* to recommend; (*suj: qualités etc*) to commend; (*POSTES*) to register; **recommander qch à qn** to recommend sth to sb; **recommander à qn de faire** to recommend sb to do; **recommander qn auprès de qn** *ou* **à qn** to recommend sb to sb; **il est recommandé de faire ...** it is recommended that one does ...; **se recommander à qn** to commend o.s. to sb; **se recommander de qn** to give sb's name as a reference

recommencer [ʀəkɔmɑ̃se] *vt* (*reprendre: lutte, séance*) to resume, start again; (*refaire: travail, explications*) to start afresh, start (over) again; (*récidiver: erreur*) to make again ♦ *vi* to start again; (*récidiver*) to do it again; **recommencer à faire** to start doing again; **ne recommence pas!** don't do that again!

récompense [ʀekɔ̃pɑ̃s] *nf* reward; (*prix*) award; **recevoir qch en récompense** to get sth as a reward, be rewarded with sth

récompenser [ʀekɔ̃pɑ̃se] *vt*: **récompenser qn (de** *ou* **pour)** to reward sb (for)

réconcilier [ʀekɔ̃silje] *vt* to reconcile; **réconcilier qn avec qn** to reconcile sb with sb; **réconcilier qn avec qch** to reconcile sb to sth; **se réconcilier (avec)** to be reconciled (with)

reconduire [ʀəkɔ̃dɥiʀ] *vt* (*raccompagner*) to take *ou* see back; (: *à la porte*) to show out; (: *à son domicile*) to see home, take home; (*JUR, POL: renouveler*) to renew

réconfort [ʀekɔ̃fɔʀ] *nm* comfort

réconforter [ʀekɔ̃fɔʀte] *vt* (*consoler*) to comfort; (*revigorer*) to fortify

reconnaissance [ʀəkɔnɛsɑ̃s] *nf* recognition; acknowledgement; (*gratitude*) gratitude, gratefulness; (*MIL*) reconnaissance, recce; **en reconnaissance** (*MIL*) on reconnaissance; **reconnaissance de dette** acknowledgement of a debt, IOU

reconnaissant, e [ʀəkɔnɛsɑ̃, -ɑ̃t] *vb voir* reconnaître ♦ *adj* grateful; **je vous serais reconnaissant de bien vouloir** I should be most grateful if you would (kindly)

reconnaître [ʀəkɔnɛtʀ(ə)] *vt* to recognize; (*MIL: lieu*) to reconnoitre; (*JUR: enfant, dette, droit*) to acknowledge; **reconnaître que** to admit *ou* acknowledge that; **reconnaître qn/qch à** (*l'identifier grâce à*) to recognize sb/sth by; **reconnaître à qn: je lui reconnais certaines qualités** I recognize certain qualities in him; **se reconnaître quelque part** (*s'y retrouver*) to find one's way around (a place)

reconnu, e [ʀə(ə)kɔny] *pp de* reconnaître ♦ *adj* (*indiscuté, connu*) recognized

reconstituant, e [ʀəkɔ̃stitɥɑ̃, -ɑ̃t] *adj* (*régime*) strength-building ♦ *nm* tonic, pick-me-up

reconstituer [ʀəkɔ̃stitɥe] *vt* (*monument ancien*) to recreate, build a replica of; (*fresque, vase brisé*) to piece together, reconstitute; (*événement, accident*) to reconstruct; (*fortune, patrimoine*) to rebuild; (*BIO: tissus etc*) to regenerate

reconstruction [ʀəkɔ̃stʀyksjɔ̃] *nf* rebuilding, reconstruction

reconstruire [ʀəkɔ̃stʀɥiʀ] *vt* to rebuild, reconstruct

reconvertir [ʀəkɔ̃vɛʀtiʀ] *vt* (*usine*) to reconvert; (*personnel, troupes etc*) to redeploy; **se reconvertir dans** (*un métier, une branche*) to move into, be redeployed into

record [ʀəkɔʀ] *nm, adj* record; **record du monde** world record

recoupement [ʀəkupmɑ̃] *nm*: **faire un recoupement** *ou* **des recoupements** to cross-check; **par recoupement** by cross-checking

recouper [ʀəkupe] *vt* (*tranche*) to cut again; (*vêtement*) to recut ♦ *vi* (*CARTES*) to cut again; **se recouper** *vi* (*témoignages*) to tie *ou* match up

recourber [ʀəkuʀbe] *vt* (*branche, tige de métal*) to bend

recourir [ʀəkuʀiʀ] *vi* (*courir de nouveau*) to run again; (*refaire une course*) to race again; **recourir à** *vt* (*ami, agence*) to turn *ou* appeal to; (*force, ruse, emprunt*) to resort to, have recourse to

recours [ʀəkuʀ] *vb voir* recourir ♦ *nm* (*JUR*) appeal; **avoir recours à** = **recourir à**; **en dernier recours** as a last resort; **sans recours** final; with no way out; **recours en grâce** plea for clemency (*ou* pardon)

recouvrer [ʀəkuvʀe] *vt* (*vue, santé etc*) to recover, regain; (*impôts*) to collect; (*créance*) to recover

recouvrir [ʀəkuvʀiʀ] *vt* (*couvrir à nouveau*) to recover; (*couvrir entièrement: aussi fig*) to cover; (*cacher, masquer*) to conceal, hide; **se recouvrir** (*se* *superposer*) to overlap

récréation [ʀekʀeasjɔ̃] *nf* recreation, entertainment; (*SCOL*) break

récrier [ʀekʀije]: **se récrier** *vi* to exclaim

récriminations [ʀekʀiminasjɔ̃] *nfpl* remonstrations, complaints

recroqueviller [ʀəkʀɔkvije]: **se recroqueviller** *vi* (*feuilles*) to curl *ou* shrivel up; (*personne*) to huddle up

recru, e [ʀəkʀy] *adj*: **recru de fatigue** exhausted ♦ *nf* recruit

recrudescence [ʀəkʀydesɑ̃s] *nf* fresh outbreak

recruter [ʀəkʀyte] *vt* to recruit

rectangle [ʀɛktɑ̃gl(ə)] *nm* rectangle; **rectangle blanc** (*TV*) "adults only" symbol

rectangulaire [ʀɛktɑ̃gylɛʀ] *adj* rectangular

rectificatif, ive [ʀɛktifikatif, -iv] *adj* corrected ♦ *nm* correction

rectifier [ʀɛktifje] *vt* (*tracé, virage*) to straighten; (*calcul, adresse*) to correct; (*erreur, faute*) to rectify, put right

rectiligne [ʀɛktiliɲ] *adj* straight; (*GÉOM*) rectilinear

recto [ʀɛkto] *nm* front (*of a sheet of paper*)

reçu, e [ʀəsy] *pp de* **recevoir** ♦ *adj* (*admis, consacré*) accepted ♦ *nm* (*COMM*) receipt

recueil [ʀəkœj] *nm* collection

recueillir [ʀəkœjiʀ] *vt* to collect; (*voix, suffrages*) to win; (*accueillir: réfugiés, chat*) to take in; **se recueillir** *vi* to gather one's thoughts; to meditate

recul [ʀəkyl] *nm* retreat; recession; decline; (*d'arme à feu*) recoil, kick; **avoir un mouvement de recul** to recoil, start back; **prendre du recul** to stand back; **avec le recul** with the passing of time, in retrospect

reculé, e [ʀəkyle] *adj* remote

reculer [ʀəkyle] *vi* to move back, back away; (*AUTO*) to reverse, back (up); (*fig: civilisation, épidémie*) to (be on the) decline; (*: se dérober*) to shrink back ♦ *vt* to move back; to reverse, back (up); (*fig: possibilités, limites*) to extend; (*: date, décision*) to postpone; **reculer devant** (*danger, difficulté*) to shrink from; **reculer pour mieux sauter** (*fig*) to postpone the evil day

reculons [ʀəkylɔ̃]: **à reculons** *adv* backwards

récupérer [ʀekypeʀe] *vt* (*rentrer en possession de*) to recover, get back; (*: forces*) to recover; (*déchets etc*) to salvage (for reprocessing); (*remplacer: journée, heures de travail*) to make up; (*délinquant etc*) to rehabilitate; (*POL*) to bring into line ♦ *vi* to recover

récurer [ʀekyʀe] *vt* to scour; **poudre à récurer** scouring powder

récuser [ʀekyze] *vt* to challenge; **se récuser** to decline to give an opinion

recycler [ʀəsikle] *vt* (*SCOL*) to reorientate; (*employés*) to retrain; (*matériau*) to recycle; **se recycler** to retrain; to go on a retraining course

rédacteur, trice [ʀedaktœʀ, -tʀis] *nm/f* (*journaliste*) writer; subeditor; (*d'ouvrage de référence*) editor, compiler; **rédacteur en chef** chief editor; **rédacteur publicitaire** copywriter

rédaction [ʀedaksjɔ̃] *nf* writing; (*rédacteurs*) editorial staff; (*bureau*) editorial office(s); (*SCOL: devoir*) essay, composition

redemander [ʀədmɑ̃de] *vt* (*renseignement*) to ask again for; (*nourriture*): **redemander de** to ask for more (*ou* another); (*objet prêté*): **redemander qch** to ask for sth back

redescendre [ʀədesɑ̃dʀ(ə)] *vi* (*à nouveau*) to go back down; (*après la montée*) to go down (again) ♦ *vt* (*pente etc*) to go down

redevance [ʀədvɑ̃s] *nf* (*TÉL*) rental charge; (*TV*) licence (*BRIT*) *ou* license (*US*) fee

rédiger [ʀediʒe] *vt* to write; (*contrat*) to draw up

redire [ʀədiʀ] *vt* to repeat; **trouver à redire à** to find fault with

redonner [ʀədɔne] *vt* (*restituer*) to give back, return; (*du courage, des forces*) to restore

redoubler [ʀəduble] *vi* (*tempête, violence*) to intensify, get even stronger *ou* fiercer etc; (*SCOL*) to repeat a year ♦ *vt* (*SCOL: classe*) to repeat; (*LING: lettre*) to double; **redoubler de** *vt* to be twice as + *adjectif*; **le vent redouble de violence** the wind is blowing twice as hard

redoutable [ʀədutabl(ə)] *adj* formidable, fearsome

redouter [ʀədute] *vt* to fear; (*appréhender*) to dread; **redouter de faire** to dread doing

redressement [ʀədʀɛsmɑ̃] *nm* (*de l'économie etc*) putting right; **maison de redressement** reformatory; **redressement fiscal** repayment of back taxes

redresser [ʀədʀese] *vt* (*arbre, mât*) to set upright, right; (*pièce tordue*) to straighten out; (*AVIAT, AUTO*) to straighten up; (*situation, économie*) to put right; **se redresser** *vi* (*objet penché*) to right itself; to straighten up; (*personne*) to sit (*ou* stand) up; to sit (*ou* stand) up straight; (*fig: pays, situation*) to recover; **redresser (les roues)** (*AUTO*) to straighten up

réduction [ʀedyksjɔ̃] *nf* reduction; **en réduction** *adv* in miniature, scaled-down

réduire [ʀeduiʀ] *vt* (*gén, aussi CULIN, MATH*) to reduce; (*prix, dépenses*) to cut, reduce; (*carte*) to scale down, reduce; (*MÉD: fracture*) to set; **réduire qn/qch à** to reduce sb/sth to; **se réduire à** (*revenir à*) to boil down to; **se réduire en** (*se transformer en*) to be reduced to; **en être réduit à** to be reduced to

réduit, e [ʀedui, -it] *pp de* **réduire** ♦ *adj* (*prix, tarif, échelle*) reduced; (*mécanisme*) scaled-down; (*vitesse*) reduced ♦ *nm* tiny room; recess

rééducation [ʀeedykasjɔ̃] *nf* (*d'un membre*) re-education; (*de délinquant, d'un blessé*) rehabilitation; **rééducation de la parole** speech therapy; **centre de rééducation** physiotherapy *ou* physical therapy (*US*) centre

réel, le [ʀeɛl] *adj* real ♦ *nm*: **le réel** reality
réellement [ʀeɛlmɑ̃] *adv* really

réexpédier [ʀeɛkspedje] *vt* (*à l'envoyeur*) to return, send back; (*au destinataire*) to send on, forward

refaire [ʀəfɛʀ] *vt* (*faire de nouveau, recommencer*) to do again; (*réparer, restaurer*) to do up; **se refaire** *vi* (*en argent*) to make up one's losses; **se refaire une santé** to recuperate; **se refaire à qch** (*se réhabituer à*) to get used to sth again

réfection [ʀefɛksjɔ̃] *nf* repair; **en réfection** under repair

réfectoire [ʀefɛktwaʀ] *nm* refectory

référence [ʀefeʀɑ̃s] *nf* reference; **références** *nfpl* (*recommandations*) reference *sg*; **faire référence à** to refer to; **ouvrage de référence** reference work; **ce n'est pas une référence** (*fig*) that's no recommendation

référer [ʀefeʀe]: **se référer à** *vt* to refer to; **en référer à qn** to refer the matter to sb

refermer [ʀəfɛʀme] *vt* to close again, shut again

refiler [ʀəfile] *vt* (*fam*): **refiler qch à qn** to palm (*BRIT*) *ou* fob sth off on sb; to pass sth on to sb

réfléchi, e [ʀefleʃi] *adj* (*caractère*) thoughtful; (*action*) well-thought-out; (*LING*) reflexive

réfléchir [ʀefleʃiʀ] *vt* to reflect ♦ *vi* to think; **réfléchir à** *ou* **sur** to think about; **c'est tout réfléchi** my mind's made up

reflet [ʀəflɛ] *nm* reflection; (*sur l'eau etc*) sheen *no pl*, glint; **reflets** *nmpl* gleam *sg*

refléter [ʀəflete] *vt* to reflect; **se refléter** *vi* to be reflected

réflexe [ʀeflɛks(ə)] *adj, nm* reflex; **réflexe conditionné** conditioned reflex

réflexion [ʀeflɛksjɔ̃] *nf* (*de la lumière etc, pensée*) reflection; (*fait de penser*) thought; (*remarque*) remark; **réflexions** *nfpl* (*méditations*) thought *sg*, reflection *sg*; **sans réflexion** without thinking; **réflexion faite, à la réflexion, après réflexion** on reflection; **délai de réflexion** cooling-off period; **groupe de réflexion** think tank

refluer [ʀəflye] *vi* to flow back; (*foule*) to surge back

reflux [ʀəfly] *nm* (*de la mer*) ebb; (*fig*) backward surge

réforme [ʀefɔʀm(ə)] *nf* reform; (*MIL*) declaration of unfitness for service; discharge (*on health grounds*) (*REL*): **la Réforme** the Reformation

réformer [ʀefɔʀme] *vt* to reform; (*MIL: recrue*) to declare unfit for service; (*: soldat*) to discharge, invalid out; (*matériel*) to scrap

refouler [ʀəfule] *vt* (*envahisseurs*) to drive back, repulse; (*liquide*) to force back; (*fig*) to suppress; (*PSYCH*) to repress

refrain [ʀəfʀɛ̃] *nm* (*MUS*) refrain, chorus; (*air, fig*) tune

refréner, réfréner [ʀəfʀene, ʀefʀene] *vt* to curb, check

réfrigérateur [ʀefʀiʒeʀatœʀ] *nm* refrigerator; **réfrigérateur-congélateur** fridge-freezer

refroidir [ʀəfʀwadiʀ] *vt* to cool; (*fig*) to have a cooling effect on ♦ *vi* to cool (down); **se refroidir** *vi* (*prendre froid*) to catch a chill; (*temps*) to get cooler *ou* colder; (*fig*) to cool (off)

refroidissement [ʀəfʀwadismɑ̃] *nm* cooling; (*grippe etc*) chill

refuge [ʀəfyʒ] *nm* refuge; (*pour piétons*) (traffic) island; **demander refuge à qn** to ask sb for refuge

réfugié, e [ʀefyʒje] *adj, nm/f* refugee

réfugier [ʀefyʒje]: **se réfugier** *vi* to take refuge

refus [ʀəfy] *nm* refusal; **ce n'est pas de refus** I won't say no, it's very welcome

refuser [ʀəfyze] *vt* to refuse; (*SCOL: candidat*) to fail ♦ *vi* to refuse; **refuser qch à qn/de faire** to refuse sb sth/to do; **refuser du monde** to have to turn people away; **se refuser à qch** *ou* **à faire qch** to refuse to do sth; **il ne se refuse rien** he doesn't stint himself; **se refuser à qn** to refuse sb

réfuter [ʀefyte] *vt* to refute

regagner [ʀəgaɲe] *vt* (*argent, faveur*) to win back; (*lieu*) to get back to; **regagner le temps perdu** to make up (for) lost time; **regagner du terrain** to regain ground

regain [ʀəgɛ̃] *nm* (*herbe*) second crop of hay; (*renouveau*): **un regain de** renewed + *nom*

régal [ʀegal] *nm* treat; **un régal pour les yeux** a pleasure *ou* delight to look at

régaler [ʀegale] *vt*: **régaler qn** to treat sb to a delicious meal; **régaler qn de** to treat sb to; **se régaler** *vi* to have a delicious meal; (*fig*) to enjoy o.s.

regard [ʀəgaʀ] *nm* (*coup d'œil*) look, glance; (*expression*) look (in one's eye); **parcourir/menacer du regard** to cast an eye over/look threateningly at; **au regard de** (*loi, morale*) from the point of view of; **en regard** (*vis à vis*) opposite; **en regard de** in comparison with

regardant, e [ʀəgaʀdɑ̃, -ɑ̃t] *adj*: **très/peu regardant (sur)** quite fussy/very free (about); (*économe*) very tight-fisted/quite generous (with)

regarder [ʀəgaʀde] *vt* (*examiner, observer, lire*) to look at; (*film, télévision, match*) to watch; (*envisager: situation, avenir*) to view; (*considérer: son intérêt etc*) to be concerned with; (*être orienté vers*): **regarder (vers)** to face; (*concerner*) to concern ♦ *vi* to look; **regarder à** *vt* (*dépense, qualité, détails*) to be fussy with *ou* over; **regarder à faire** to hesitate to do; **dépenser sans regarder** to spend freely; **regarder qn/qch comme** to regard sb/sth as; **regarder (qch) dans le dictionnaire/l'annuaire** to look (sth up) in the dictionary/directory; **regarder par la fenêtre** to look out of the window; **cela me regarde** it concerns me, it's my business

régie [ʀeʒi] *nf* (*COMM, INDUSTRIE*) state-owned company; (*THÉÂT, CINÉ*) production; (*RADIO, TV*) control room; **la régie de l'État** state control

regimber [ʀaʒɛ̃be] vi to balk, jib

régime [ʀeʒim] nm (POL, GEO) régime; (ADMIN: carcéral, fiscal etc) system; (MED) diet; (TECH) (engine) speed; (fig) rate, pace; (de bananes, dattes) bunch; **se mettre au/suivre un régime** to go on/be on a diet; **régime sans sel** salt-free diet; **à bas/haut régime** (AUTO) at low/high revs; **à plein régime** flat out, at full speed; **régime matrimonial** marriage settlement

régiment [ʀeʒimɑ̃] nm (MIL: unité) regiment; (fig: fam): **un régiment de** an army of; **un copain de régiment** a pal from military service ou (one's) army days

région [ʀeʒjɔ̃] nf region; **la région parisienne** the Paris area

régional, e, aux [ʀeʒjɔnal, -o] adj regional

régir [ʀeʒiʀ] vt to govern

régisseur [ʀeʒisœʀ] nm (d'un domaine) steward; (CINÉ, TV) assistant director; (THÉÂT) stage manager

registre [ʀeʒistʀ(ə)] nm (livre) register; logbook; ledger; (MUS, LING) register; (d'orgue) stop; **registre de comptabilité** ledger; **registre de l'état civil** register of births, marriages and deaths

réglage [ʀeglaʒ] nm (d'une machine) adjustment; (d'un moteur) tuning

règle [ʀɛgl(ə)] nf (instrument) ruler; (loi, prescription) rule; **règles** nfpl (PHYSIOL) period sg; **avoir pour règle de** to make it a rule that ou to; **en règle** (papiers d'identité) in order; **être/se mettre en règle** to be/put o.s. straight with the authorities; **en règle générale** as a (general) rule; **être la règle** to be the rule; **être de règle** to be usual; **règle à calcul** slide rule; **règle de trois** (MATH) rule of three

réglé, e [ʀegle] adj well-ordered; stable, steady; (papier) ruled; (arrangé) settled; (femme): **bien réglée** whose periods are regular

règlement [ʀɛglamɑ̃] nm settling; (paiement) settlement; (arrêté) regulation; (règles, statuts) regulations pl, rules pl; **règlement à la commande** cash with order; **règlement de compte(s)** settling of scores; **règlement en espèces/par chèque** payment in cash/by cheque; **règlement intérieur** (SCOL) school rules pl; (ADMIN) by-laws pl; **règlement judiciaire** compulsory liquidation

réglementaire [ʀɛglamɑ̃tɛʀ] adj conforming to the regulations; (tenue, uniforme) regulation cpd

réglementation [ʀɛglamɑ̃tasjɔ̃] nf regulation, control; (règlements) regulations pl

réglementer [ʀɛglamɑ̃te] vt to regulate, control

régler [ʀegle] vt (mécanisme, machine) to regulate, adjust; (moteur) to tune; (thermostat etc) to set, adjust; (emploi du temps etc) to organize, plan; (question, conflit, facture, dette) to settle; (fournisseur) to settle up with, pay; (papier) to rule; **régler qch sur** to model sth on; **régler son compte à qn** to sort sb out, settle sb; **régler un compte avec qn** to settle a score with sb

réglisse [ʀeglis] nf ou m liquorice; **bâton de réglisse** liquorice stick

règne [ʀɛɲ] nm (d'un roi etc, fig) reign; (BIO): **le règne végétal/animal** the vegetable/animal kingdom

régner [ʀeɲe] vi (roi) to rule, reign; (fig) to reign

regorger [ʀəgɔʀʒe] vi to overflow; **regorger de** to overflow with, be bursting with

regret [ʀəgʀɛ] nm regret; **à regret** with regret; **avec regret** regretfully; **être au regret de devoir/ne pas pouvoir faire** to regret to have to/that one is unable to do; **j'ai le regret de vous informer que ...** I regret to inform you that ...

regrettable [ʀəgʀɛtabl(ə)] adj regrettable

regretter [ʀəgʀɛte] vt to regret; (personne) to miss; **regretter d'avoir fait** to regret doing; **regretter que** to regret that, be sorry that; **non, je regrette** no, I'm sorry

regrouper [ʀəgʀupe] vt (grouper) to group together; (contenir) to include, comprise; **se regrouper** vi to gather (together)

régulier, ière [ʀegylje, -jɛʀ] adj (gén) regular; (vitesse, qualité) steady; (répartition, pression, paysage) even; (TRANSPORTS: ligne, service) scheduled, regular; (légal, réglementaire) lawful, in order; (fam: correct) straight, on the level

régulièrement [ʀegyljɛʀmɑ̃] adv regularly; steadily; evenly; normally

rehausser [ʀəose] vt to heighten, raise; (fig) to set off, enhance

rein [ʀɛ̃] nm kidney; **reins** nmpl (dos) back sg; **avoir mal aux reins** to have backache; **rein artificiel** kidney machine

reine [ʀɛn] nf queen

reine-claude [ʀɛnklod] nf greengage

réinsertion [ʀeɛ̃sɛʀsjɔ̃] nf rehabilitation

réintégrer [ʀeɛ̃tegʀe] vt (lieu) to return to; (fonctionnaire) to reinstate

rejaillir [ʀəʒajiʀ] vi to splash up; **rejaillir sur** to splash up onto; (fig) to rebound on; to fall upon

rejet [ʀəʒɛ] nm (action, aussi MÉD) rejection; (POÉSIE) enjambement, rejet; (BOT) shoot

rejeter [ʀəʒte] vt (relancer) to throw back; (vomir) to bring ou throw up; (écarter) to reject; (déverser) to throw out, discharge; (reporter): **rejeter un mot à la fin d'une phrase** to transpose a word to the end of a sentence; **se rejeter sur qch** (accepter faute de mieux) to fall back on sth; **rejeter la tête/les épaules en arrière** to throw one's head/pull one's shoulders back; **rejeter la responsabilité de qch sur qn** to lay the responsibility for sth at sb's door

rejoindre [ʀəʒwɛ̃dʀ(ə)] vt (famille, régiment) to rejoin, return to; (lieu) to get (back) to; (suj: route etc) to meet, join; (rattraper) to catch up (with); **se rejoindre** vi to meet; **je te rejoins au café** I'll see ou meet you at the café

réjouir [ʀeʒwiʀ] vt to delight; **se réjouir** vi to be delighted; **se réjouir de qch/de faire** to be delighted about sth/to do; **se réjouir que** to be delighted that

réjouissances [ʀeʒwisɑ̃s] *nfpl (joie)* rejoicing *sg*; *(fête)* festivities, merry-making *sg*

relâche [ʀəlɑʃ]: **faire relâche** *vi (navire)* to put into port; *(CINÉ)* to be closed; **c'est le jour de relâche** *(CINÉ)* it's closed today; **sans relâche** *adv* without respite *ou* a break

relâché, e [ʀəlɑʃe] *adj* loose, lax

relâcher [ʀəlɑʃe] *vt (ressort, prisonnier)* to release; *(étreinte, cordes)* to loosen; *(discipline)* to relax ♦ *vi (NAVIG)* to put into port; **se relâcher** *vi* to loosen; *(discipline)* to become slack *ou* lax; *(élève etc)* to slacken off

relais [ʀəlɛ] *nm (SPORT)*: **(course de) relais** relay (race); *(RADIO, TV)* relay; *(intermédiaire)* go-between; **équipe de relais** shift team; *(SPORT)* relay team; **prendre le relais (de)** to take over (from); **relais de poste** post house, coaching inn; **relais routier** = transport café *(BRIT)*, = truck stop *(US)*

relancer [ʀəlɑ̃se] *vt (balle)* to throw back (again); *(moteur)* to restart; *(fig)* to boost, revive; *(personne)* **relancer qn** to pester sb; to get on to sb again

relatif, ive [ʀəlatif, -iv] *adj* relative

relation [ʀəlasjɔ̃] *nf (récit)* account, report; *(rapport)* relation(ship); **relations** *nfpl (rapports)* relations; relationship; *(connaissances)* connections; **être/entrer en relation(s) avec** to be in contact *ou* be dealing/get in contact with; **mettre qn en relation(s) avec** to put sb in touch with; **relations internationales** international relations; **relations publiques (RP)** public relations (PR); **relations (sexuelles)** sexual relations, (sexual) intercourse *sg*

relaxer [ʀəlakse] *vt* to relax; *(JUR)* to discharge; **se relaxer** *vi* to relax

relayer [ʀəleje] *vt (collaborateur, coureur etc)* to relieve, take over from; *(RADIO, TV)* to relay; **se relayer** *(dans une activité)* to take it in turns

reléguer [ʀəlege] *vt* to relegate; **reléguer au second plan** to push into the background

relent(s) [ʀəlɑ̃] *nm(pl)* stench *sg*

relevé, e [ʀəlve] *adj (bord de chapeau)* turned-up; *(manches)* rolled-up; *(fig: style)* elevated; *(: sauce)* highly-seasoned ♦ *nm (lecture)* reading; *(de cotes)* plotting; *(liste)* list; *(facture)* account; **relevé de compte** bank statement; **relevé d'identité bancaire (RIB)** (bank) account number

relève [ʀəlɛv] *nf (remplaçant)* relief; *(équipe)* relief team (*ou* troops *pl*); **prendre la relève** to take over

relever [ʀəlve] *vt (statue, meuble)* to stand up again; *(personne tombée)* to help up; *(vitre, plafond, niveau de vie)* to raise; *(pays, économie, entreprise)* to put back on its feet; *(col)* to turn up; *(style, conversation)* to elevate; *(plat, sauce)* to season; *(sentinelle, équipe)* to relieve; *(souligner: fautes, points)* to pick out; *(constater: traces etc)* to find, pick up; *(répliquer à: remarque)* to react to, reply to; *(: défi)* to accept, take up; *(noter: adresse etc)* to take down, note;

(: plan) to sketch; *(: cotes etc)* to plot; *(compteur)* to read; *(ramasser: cahiers, copies)* to collect, take in ♦ *vi (jupe, bord)* to ride up; **relever de** *vt (maladie)* to be recovering from; *(être du ressort de)* to be a matter for; *(ADMIN: dépendre de)* to come under; *(fig)* to pertain to; **se relever** *vi (se remettre debout)* to get up; *(fig)*: **se relever (de)** to recover (from); **relever qn de** *(vœux)* to release sb from; *(fonctions)* to relieve sb of; **relever la tête** to look up; to hold up one's head

relief [ʀəljɛf] *nm* relief; *(de pneu)* tread pattern; **reliefs** *nmpl (restes)* remains; **en relief** in relief; *(photographie)* three-dimensional; **mettre en relief** *(fig)* to bring out, highlight

relier [ʀəlje] *vt* to link up; *(livre)* to bind; **relier qch à** to link sth to; **livre relié cuir** leather-bound book

religieux, euse [ʀəliʒjø, -øz] *adj* religious ♦ *nm* monk ♦ *nf* nun; *(gâteau)* cream bun

religion [ʀəliʒjɔ̃] *nf* religion; *(piété, dévotion)* faith; **entrer en religion** to take one's vows

relire [ʀəliʀ] *vt (à nouveau)* to reread, read again; *(vérifier)* to read over; **se relire** to read through what one has written

reliure [ʀəljyʀ] *nf* binding; *(art, métier)*: **la reliure** book-binding

reluire [ʀəlɥiʀ] *vi* to gleam

remanier [ʀəmanje] *vt* to reshape, recast; *(POL)* to reshuffle

remarquable [ʀəmaʀkabl(ə)] *adj* remarkable

remarque [ʀəmaʀk(ə)] *nf* remark; *(écrite)* note

remarquer [ʀəmaʀke] *vt (voir)* to notice; *(dire)*: **remarquer que** to remark that; **se remarquer** to be noticeable; **se faire remarquer** to draw attention to o.s.; **faire remarquer (à qn) que** to point out (to sb) that; **faire remarquer qch (à qn)** to point sth out (to sb); **remarquez, ...** mark you, ..., mind you, ...

rembourrer [ʀɑ̃buʀe] *vt* to stuff; *(dossier, vêtement, souliers)* to pad

remboursement [ʀɑ̃buʀsəmɑ̃] *nm* repayment; **envoi contre remboursement** cash on delivery

rembourser [ʀɑ̃buʀse] *vt* to pay back, repay

remède [ʀəmɛd] *nm (médicament)* medicine; *(traitement, fig)* remedy, cure; **trouver un remède à** *(MÉD, fig)* to find a cure for

remémorer [ʀəmemɔʀe]: **se remémorer** *vt* to recall, recollect

remerciements [ʀəmɛʀsimɑ̃] *nmpl* thanks; **(avec) tous mes remerciements** (with) grateful *ou* many thanks

remercier [ʀəmɛʀsje] *vt* to thank; *(congédier)* to dismiss; **remercier qn de/d'avoir fait** to thank sb for/for having done; **non, je vous remercie** no thank you

remettre [ʀəmɛtʀ(ə)] *vt (vêtement)*: **remettre qch** to put sth back on, put sth on again; *(replacer)*: **remettre qch quelque part** to put sth back somewhere; *(ajouter)*: **remettre du sel/un sucre** to add more salt/another lump of sugar; (*rétablir: personne*): **remettre qn** to set sb back on his (*ou* her) feet; (*rendre, restituer*): **remettre qch à qn** to give sth back to sb, return sth to sb; (*donner, confier: paquet, argent*): **remettre qch à qn** to hand sth over to sb, deliver sth to sb; (*prix, décoration*): **remettre qch à qn** to present sb with sth; (*ajourner*): **remettre qch (à)** to postpone sth *ou* put sth off (until); **se remettre** *vi* to get better, recover; **se remettre de** to recover from, get over; **s'en remettre à** to leave it (up) to; **se remettre à faire/qch** to start doing/sth again; **remettre une pendule à l'heure** to put a clock right; **remettre un moteur/une machine en marche** to get an engine/a machine going again; **remettre en état/en ordre** to repair/sort out; **remettre en cause/question** to challenge/question again; **remettre sa démission** to hand in one's notice; **remettre qch à neuf** to make sth as good as new; **remettre qn à sa place** (*fig*) to put sb in his (*ou* her) place

remis, e [ʀǝmi, -iz] *pp de* **remettre** ◆ *nf* delivery; presentation; (*rabais*) discount; (*local*) shed; **remis en marche/en ordre** starting up again/sorting out; **remis en cause/question** calling into question/challenging; **remis de fonds** remittance; **remis en jeu** (*FOOTBALL*) throw-in; **remis à neuf** restoration; **remis de peine** remission of sentence

remontant [ʀǝmɔ̃tɑ̃] *nm* tonic, pick-me-up

remonte-pente [ʀǝmɔ̃tpɑ̃t] *nm* ski lift, (ski) tow

remonter [ʀǝmɔ̃te] *vi* (*à nouveau*) to go back up; (*sur un cheval*) to remount; (*après une descente*) to go up (again); (*dans une voiture*) to get back in; (*jupe*) to ride up ◆ *vt* (*pente*) to go up; (*fleuve*) to sail (*ou* swim *etc*) up; (*manches, pantalon*) to roll up; (*col*) to turn up; (*niveau, limite*) to raise; (*fig: personne*) to buck up; (*moteur, meuble*) to put back together, reassemble; (*garde-robe etc*) to renew, replenish; (*montre, mécanisme*) to wind up; **remonter le moral à qn** to raise sb's spirits; **remonter à** (*dater de*) to date *ou* go back to; **remonter en voiture** to get back into the car

remontrance [ʀǝmɔ̃tʀɑ̃s] *nf* reproof, reprimand

remontrer [ʀǝmɔ̃tʀe] *vt* (*montrer de nouveau*): **remontrer qch (à qn)** to show sth again (to sb); (*fig*): **en remontrer à** to prove one's superiority over

remords [ʀǝmɔʀ] *nm* remorse *no pl*; **avoir des remords** to feel remorse, be conscience-stricken

remorque [ʀǝmɔʀk(ǝ)] *nf* trailer; **prendre/être en remorque** to tow/be on tow; **être à la remorque** (*fig*) to tag along (behind)

remorquer [ʀǝmɔʀke] *vt* to tow

remorqueur [ʀǝmɔʀkœʀ] *nm* tug(boat)

remous [ʀǝmu] *nm* (*d'un navire*) (back)wash *no pl*; (*de rivière*) swirl, eddy ◆ *nmpl* (*fig*) stir *sg*

remparts [ʀɑ̃paʀ] *nmpl* walls, ramparts

remplaçant, e [ʀɑ̃plasɑ̃, -ɑ̃t] *nm/f* replacement, substitute, stand-in; (*THÉAT*) understudy; (*SCOL*) supply (*BRIT*) *ou* substitute (*US*) teacher

remplacement [ʀɑ̃plasmɑ̃] *nm* replacement; (*job*) replacement work *no pl*; (*suppléance: SCOL*) supply (*BRIT*) *ou* substitute (*US*) teacher; **assurer le remplacement de qn** (*suj: remplaçant*) to stand in *ou* substitute for sb; **faire des remplacements** (*professeur*) to do supply *ou* substitute teaching; (*médecin*) to do locum work

remplacer [ʀɑ̃plase] *vt* to replace; (*prendre temporairement la place de*) to stand in for; (*tenir lieu de*) to take the place of, act as a substitute for; **remplacer qch/qn par** to replace sth/sb with

rempli, e [ʀɑ̃pli] *adj* (*emploi du temps*) full, busy; **rempli de** full of, filled with

remplir [ʀɑ̃pliʀ] *vt* to fill (up); (*questionnaire*) to fill out *ou* up; (*obligations, fonction, condition*) to fulfil; **se remplir** *vi* to fill up; **remplir qch de** to fill sth with

remporter [ʀɑ̃pɔʀte] *vt* (*marchandise*) to take away; (*fig*) to win, achieve

remuant, e [ʀǝmɥɑ̃, -ɑ̃t] *adj* restless

remue-ménage [ʀǝmymenaʒ] *nm inv* commotion

remuer [ʀǝmɥe] *vt* to move; (*café, sauce*) to stir ◆ *vi* to move; (*fig: opposants*) to show signs of unrest; **se remuer** *vi* (*se démener*) to stir o.s.; (*fam*) to get a move on

rémunérer [ʀemyneʀe] *vt* to remunerate, pay

renard [ʀǝnaʀ] *nm* fox

renchérir [ʀɑ̃ʃeʀiʀ] *vi* to become more expensive; (*fig*): **renchérir (sur)** to add something (to)

rencontre [ʀɑ̃kɔ̃tʀ(ǝ)] *nf* (*de cours d'eau*) confluence; (*de véhicules*) collision; (*entrevue, congrès, match etc*) meeting; (*imprévue*) encounter; **faire la rencontre de qn** to meet sb; **aller à la rencontre de qn** to go and meet sb; **amours de rencontre** casual love affairs

rencontrer [ʀɑ̃kɔ̃tʀe] *vt* to meet; (*mot, expression*) to come across; (*difficultés*) to meet with; **se rencontrer** to meet; (*véhicules*) to collide

rendement [ʀɑ̃dmɑ̃] *nm* (*d'un travailleur, d'une machine*) output; (*d'une culture*) yield; (*d'un investissement*) return; **à plein rendement** at full capacity

rendez-vous [ʀɑ̃devu] *nm* (*rencontre*) appointment; (: *d'amoureux*) date; (*lieu*) meeting place; **donner rendez-vous à qn** to arrange to meet sb; **recevoir sur rendez-vous** to have an appointment system; **fixer un rendez-vous à qn** to give sb an appointment; **avoir/prendre rendez-vous (avec)** to have/make an appointment (with); **prendre rendez-vous chez le médecin** to make an appointment with the doctor; **rendez-vous spatial** *ou* **orbital** docking (in space)

rendre [ʀɑ̃dʀ(ǝ)] *vt* (*livre, argent etc*) to give back, return; (*otages, visite, politesse, JUR: verdict*) to return; (*honneurs*) to pay; (*sang, aliments*) to bring up; (*sons: suj: instrument*) to produce, make; (*exprimer, traduire*) to render; (*jugement*) to pronounce, render; (faire devenir): **rendre qn célèbre/qch possible** to make sb famous/sth possible; **se rendre** vi (capituler) to surrender, give o.s. up; (aller): **se rendre quelque part** to go somewhere; **se rendre à** (arguments etc) to bow to; (ordres) to comply with; **se rendre compte de qch** to realize sth; **rendre la vue/la santé à qn** to restore sb's sight/health; **rendre la liberté à qn** to set sb free; **rendre la monnaie** to give change; **se rendre insupportable/ malade** to become unbearable/make o.s. ill

rênes [ʀɛn] nfpl reins

renfermé, e [ʀɑ̃fɛʀme] adj (fig) withdrawn ♦ nm: **sentir le renfermé** to smell stuffy

renfermer [ʀɑ̃fɛʀme] vt to contain; **se renfermer (sur soi-même)** to withdraw into o.s.

renflouer [ʀɑ̃flue] vt to refloat; (fig) to set back on its (ou his/her etc feet (again)

renfoncement [ʀɑ̃fɔ̃smɑ̃] nm recess

renforcer [ʀɑ̃fɔʀse] vt to reinforce; **renforcer qn dans ses opinions** to confirm sb's opinion

renfort [ʀɑ̃fɔʀ]: **renforts** nmpl reinforcements; **en renfort** as a back-up; **à grand renfort de** with a great deal of

renfrogné, e [ʀɑ̃fʀɔɲe] adj sullen, scowling

rengaine [ʀɑ̃gɛn] nf (péj) old tune

renier [ʀənje] vt (parents) to disown, repudiate; (engagements) to go back on; (foi) to renounce

renifler [ʀənifle] vi to sniff ♦ vt (tabac) to sniff up; (odeur) to sniff

renne [ʀɛn] nm reindeer inv

renom [ʀənɔ̃] nm reputation; (célébrité) renown; **vin de grand renom** celebrated ou highly renowned wine

renommé, e [ʀ(ə)nɔme] adj celebrated, renowned ♦ nf fame

renoncer [ʀənɔ̃se] vi: **renoncer à** vt to give up; **renoncer à faire** to give up the idea of doing; **j'y renonce!** I give up!

renouer [ʀənwe] vt (cravate etc) to retie; (fig: conversation, liaison) to renew, resume; **renouer avec** (tradition) to revive; (habitude) to take up again; **renouer avec qn** to take up with sb again

renouvelable [ʀ(ə)nuvlabl(ə)] adj (contrat, bail) renewable; (expérience) which can be renewed

renouveler [ʀənuvle] vt to renew; (exploit, méfait) to repeat; **se renouveler** vi (incident) to recur, happen again, be repeated; (cellules etc) to be renewed ou replaced; (artiste, écrivain) to try something new

renouvellement [ʀ(ə)nuvɛlmɑ̃] nm renewal; recurrence

rénover [ʀenɔve] vt (immeuble) to renovate, do up; (meuble) to restore; (enseignement) to reform; (quartier) to redevelop

renseignement [ʀɑ̃sɛɲmɑ̃] nm information no pl, piece of information; (MIL) intelligence no pl; **prendre des renseignements sur** to make inquiries about, ask for information about;

(guichet des) renseignements information desk; **(service des) renseignements** (TÉL) directory inquiries (BRIT), information (US); **service de renseignements** (MIL) intelligence service; **les renseignements généraux** ≃ the secret police

renseigner [ʀɑ̃seɲe] vt: **renseigner qn (sur)** to give information to sb (about); **se renseigner** vi to ask for information, make inquiries

rentabilité [ʀɑ̃tabilite] nf profitability; cost-effectiveness; (d'un investissement) return; **seuil de rentabilité** break-even point

rentable [ʀɑ̃tabl(ə)] adj profitable; cost-effective

rente [ʀɑ̃t] nf income; (pension) pension; (titre) government stock ou bond; **rente viagère** life annuity

rentrée [ʀɑ̃tʀe] nf: **rentrée (d'argent)** cash no pl coming in; **la rentrée (des classes)** the start of the new school year; **la rentrée (parlementaire)** the reopening ou reassembly of parliament; **faire sa rentrée** (artiste, acteur) to make a comeback; see boxed note

---

RENTRÉE

La **rentrée (des classes)** in September each year is more than going back to school for children and teachers. It is also the time when political and social life begin again after the long summer break, and it thus marks an important point in the French year.

---

rentrer [ʀɑ̃tʀe] vi (entrer de nouveau) to go (ou come) back in; (entrer) to go (ou come) in; (revenir chez soi) to go (ou come) (back) home; (air, clou: pénétrer) to go in; (revenu, argent) to come in ♦ vt (foins) to bring in; (véhicule) to put away; (chemise dans pantalon etc) to tuck in; (griffes) to draw in; (train d'atterrissage) to raise; (fig: larmes, colère etc) to hold back; **rentrer le ventre** to pull in one's stomach; **rentrer dans** to go (ou come) back into; to go (ou come) into; (famille, patrie) to go back ou return to; (heurter) to crash into; (appartenir à) to be included in; (: catégorie etc) to fall into; **rentrer dans l'ordre** to get back to normal; **rentrer dans ses frais** to recover one's expenses (ou initial outlay)

renverse [ʀɑ̃vɛʀs(ə)]: **à la renverse** adv backwards

renverser [ʀɑ̃vɛʀse] vt (faire tomber: chaise, verre) to knock over, overturn; (piéton) to knock down; (liquide, contenu) to spill, upset; (retourner: verre, image) to turn upside down, invert; (: ordre des mots etc) to reverse; (fig: gouvernement etc) to overthrow; (stupéfier) to bowl over, stagger; **se renverser** vi to fall over; to overturn; to spill; **se renverser (en arrière)** to lean back; **renverser la tête/le corps (en arrière)** to tip one's head back/throw oneself back; **renverser la vapeur** (fig) to change course

renvoi [ʀɑ̃vwa] nm dismissal; return; reflection;

postponement; (*référence*) cross-reference; (*éructation*) belch

renvoyer [ʀɑ̃vwaje] *vt* to send back; (*congédier*) to dismiss; (*TENNIS*) to return; (*lumière*) to reflect; (*son*) to echo; (*ajourner*): **renvoyer qch (à)** to postpone sth (until); **renvoyer qch à qn** (*rendre*) to return sth to sb; **renvoyer qn à** (*fig*) to refer sb to

repaire [ʀəpɛʀ] *nm* den

répandre [ʀepɑ̃dʀ(ə)] *vt* (*renverser*) to spill; (*étaler, diffuser*) to spread; (*lumière*) to shed; (*chaleur, odeur*) to give off; **se répandre** *vi* to spill; to spread; **se répandre en** (*injures etc*) to pour out

répandu, e [ʀepɑ̃dy] *pp de* **répandre** ♦ *adj* (*opinion, usage*) widespread

réparateur, trice [ʀepaʀatœʀ, -tʀis] *nm/f* repairer

réparation [ʀepaʀasjɔ̃] *nf* repairing *no pl*, repair; **en réparation** (*machine etc*) under repair; **demander à qn réparation de** (*offense etc*) to ask sb to make amends for

réparer [ʀepaʀe] *vt* to repair; (*fig: offense*) to make up for, atone for; (*: oubli, erreur*) to put right

repartie [ʀəpaʀti] *nf* retort; **avoir de la repartie** to be quick at repartee

repartir [ʀəpaʀtiʀ] *vi* to set off again; to leave again; (*fig*) to get going again, pick up again; **repartir à zéro** to start from scratch (again)

répartir [ʀepaʀtiʀ] *vt* (*pour attribuer*) to share out; (*pour disperser, disposer*) to divide up; (*poids, chaleur*) to distribute; (*étaler: dans le temps*): **répartir sur** to spread over; (*classer, diviser*): **répartir en** to divide into, split up into; **se répartir** *vt* (*travail, rôles*) to share out between themselves

répartition [ʀepaʀtisjɔ̃] *nf* sharing out; dividing up; distribution

repas [ʀəpa] *nm* meal; **à l'heure des repas** at mealtimes

repassage [ʀəpasaʒ] *nm* ironing

repasser [ʀəpase] *vi* to come (*ou* go) back ♦ *vt* (*vêtement, tissu*) to iron; (*examen*) to retake, resit; (*film*) to show again; (*lame*) to sharpen; (*leçon, rôle: revoir*) to go over (again); (*plat, pain*): **repasser qch à qn** to pass sth back to sb

repêcher [ʀəpeʃe] *vt* (*noyé*) to recover the body of, fish out; (*fam: candidat*) to pass (*by inflating marks*); to give a second chance to

repentir [ʀəpɑ̃tiʀ] *nm* repentance; **se repentir** *vi*: **se repentir (de)** to repent (of)

répercussions [ʀepɛʀkysjɔ̃] *nfpl* repercussions

répercuter [ʀepɛʀkyte] *vt* (*réfléchir, renvoyer: son, voix*) to reflect; (*faire transmettre: consignes, charges etc*) to pass on; **se répercuter** *vi* (*bruit*) to reverberate; (*fig*): **se répercuter sur** to have repercussions on

repère [ʀəpɛʀ] *nm* mark; (*monument etc*) landmark; **(point de) repère** point of reference

repérer [ʀəpeʀe] *vt* (*erreur, connaissance*) to spot; (*abri, ennemi*) to locate; **se repérer** *vi* to get one's

bearings; **se faire repérer** to be spotted

répertoire [ʀepɛʀtwaʀ] *nm* (*liste*) (alphabetical) list; (*carnet*) index notebook; (*INFORM*) directory; (*de carnet*) thumb index; (*indicateur*) directory, index; (*d'un théâtre, artiste*) repertoire

répéter [ʀepete] *vt* to repeat; (*préparer: leçon: aussi vi*) to learn, go over; (*THÉÂT*) to rehearse; **se répéter** (*redire*) to repeat o.s.; (*se reproduire*) to be repeated, recur

répétition [ʀepetisjɔ̃] *nf* repetition; (*THÉÂT*) rehearsal; **répétitions** *nfpl* (*leçons*) private coaching *sg*; **armes à répétition** repeater weapons; **répétition générale** final dress rehearsal

répit [ʀepi] *nm* respite; **sans répit** without letting up

replier [ʀəplije] *vt* (*rabattre*) to fold down *ou* over; **se replier** *vi* (*troupes, armée*) to withdraw, fall back; **se replier sur soi-même** to withdraw into oneself

réplique [ʀeplik] *nf* (*repartie, fig*) reply; (*objection*) retort; (*THÉÂT*) line; (*copie*) replica; **donner la réplique à** to play opposite; **sans réplique** *adj* nononsense; irrefutable

répliquer [ʀeplike] *vi* to reply; (*avec impertinence*) to answer back; (*riposter*) to retaliate

répondeur [ʀepɔ̃dœʀ] *nm* answering machine

répondre [ʀepɔ̃dʀ(ə)] *vi* to answer, reply; (*freins, mécanisme*) to respond; **répondre à** *vt* to reply to, answer; (*avec impertinence*): **répondre à qn** to answer sb back; (*invitation, convocation*) to reply to; (*affection, salut*) to return; (*provocation: suj: mécanisme etc*) to respond to; (*correspondre à: besoin*) to answer; (*: conditions*) to meet; (*: description*) to match; **répondre que** to answer *ou* reply that; **répondre de** to answer for

réponse [ʀepɔ̃s] *nf* answer, reply; **avec réponse payée** (*POSTES*) reply-paid, post-paid (*US*); **avoir réponse à tout** to have an answer for everything; **en réponse à** in reply to; **carte-/bulletin-réponse** reply card/slip

reportage [ʀəpɔʀtaʒ] *nm* (*bref*) report; (*écrit: documentaire*) story; article; (*en direct*) commentary; (*genre, activité*): **le reportage** reporting

reporter *nm* [ʀəpɔʀtɛʀ] reporter ♦ *vt* [ʀəpɔʀte] (*total*): **reporter qch sur** to carry sth forward *ou* over to; (*ajourner*): **reporter qch (à)** to postpone sth (until); (*transférer*): **reporter qch sur** to transfer sth to; **se reporter à** (*époque*) to think back to; (*document*) to refer to

repos [ʀəpo] *nm* rest; (*fig*) peace (and quiet); (*mental*) peace of mind; (*MIL*): **repos!** (stand) at easel; **en repos** at rest; **au repos** at rest; (*soldat*) at ease; **de tout repos** safe

reposant, e [ʀ(ə)pozɑ̃, -ɑ̃t] *adj* restful; (*sommeil*) refreshing

reposer [ʀəpoze] *vt* (*verre, livre*) to put down; (*rideaux, carreaux*) to put back; (*délasser*) to rest; (*problème*) to reformulate ♦ *vi* (*liquide, pâte*) to settle, rest; (*personne*): **ici repose ...** here lies ...;

reposer sur to be built on; (fig) to rest on; **se reposer** vi to rest; **se reposer sur qn** to rely on sb

repoussant, e [Rəpusɑ̃, -ɑ̃t] adj repulsive

repousser [Rəpuse] vi to grow again ♦ vt to repel, repulse; (offre) to turn down, reject; (tiroir, personne) to push back; (différer) to put back

reprendre [RəpRɑ̃dR(ə)] vt (prisonnier, ville) to recapture; (objet prêté, donné) to take back; (chercher): **je viendrai te reprendre à 4 h** I'll come and fetch you ou I'll come back for you at 4; (se resservir de): **reprendre du pain/un œuf** to take (ou eat) more bread/another egg; (COMM: article usagé) to take back; to take in part exchange; (firme, entreprise) to take over; (travail, promenade) to resume; (emprunter: argument, idée) to take up, use; (refaire: article etc) to go over again; (jupe etc) to alter; (émission, pièce) to put on again; (réprimander) to tell off; (corriger) to correct ♦ vi (classes, pluie) to start (up) again; (activités, travaux, combats) to resume, start (up) again; (affaires, industrie) to pick up; (dire): **reprit-il** he went on; **se reprendre** (se ressaisir) to recover, pull o.s. together; **s'y reprendre** to make another attempt; **reprendre des forces** to recover one's strength; **reprendre courage** to take new heart; **reprendre ses habitudes/sa liberté** to get back into one's old habits/regain one's freedom; **reprendre la route** to resume one's journey, set off again; **reprendre connaissance** to come to, regain consciousness; **reprendre haleine** ou son **souffle** to get one's breath back; **reprendre la parole** to speak again

représailles [RəpRezaj] nfpl reprisals, retaliation sg

représentant, e [RəpRezɑ̃tɑ̃, -ɑ̃t] nm/f representative

représentation [RəpRezɑ̃tasjɔ̃] nf representation; performing; (symbole, image) representation; (spectacle) performance; (COMM): **la représentation** commercial travelling; sales representation; **frais de représentation** (d'un diplomate) entertainment allowance

représenter [RəpRezɑ̃te] vt to represent; (donner: pièce, opéra) to perform; **se représenter** vt (se figurer) to imagine; to visualize ♦ vi: **se représenter à** (POL) to stand ou run again at; (SCOL) to resit

répression [RepResjɔ̃] nf (voir réprimer) suppression; repression; (POL): **la répression** repression; **mesures de répression** repressive measures

réprimer [RepRime] vt (émotions) to suppress; (peuple etc) repress

repris, e [RəpRi, -iz] pp de **reprendre** ♦ nm: **repris de justice** ex-prisoner, ex-convict

reprise [RəpRiz] nf (recommencement) resumption; (économique) recovery; (TV) repeat; (CINÉ) rerun; (BOXE etc) round; (AUTO) acceleration no pl; (COMM) trade-in, part exchange; (de location) sum asked for any extras or improvements made to the property; (raccommodage) darn; mend; **la reprise des hostilités** the resumption of hostilities; **à plusieurs**

reprises on several occasions, several times

repriser [RəpRize] vt to darn; to mend; **aiguille/ coton à repriser** darning needle/thread

reproche [RəpRɔʃ] nm (remontrance) reproach; **ton/air de reproche** reproachful tone/look; **faire des reproches à qn** to reproach sb; **faire reproche à qn de qch** to reproach sb for sth; **sans reproche(s)** beyond ou above reproach

reprocher [RəpRɔʃe] vt: **reprocher qch à qn** to reproach ou blame sb for sth; **reprocher qch à** (machine, théorie) to have sth against; **se reprocher qch/d'avoir fait qch** to blame o.s. for sth/for doing sth

reproduction [RəpRɔdyksjɔ̃] nf reproduction; **reproduction interdite** all rights (of reproduction) reserved

reproduire [RəpRɔdɥiR] vt to reproduce; **se reproduire** vi (BIO) to reproduce; (recommencer) to recur, re-occur

réprouver [RepRuve] vt to reprove

reptile [Reptil] nm reptile

repu, e [Rəpy] pp de **repaître** ♦ adj satisfied, sated

république [Repyblik] nf republic; **République arabe du Yémen** Yemen Arab Republic; **République Centrafricaine** Central African Republic; **République de Corée** South Korea; **République démocratique allemande (RDA)** German Democratic Republic (GDR); **République dominicaine** Dominican Republic; **République fédérale d'Allemagne (RFA)** Federal Republic of Germany (FRG); **République d'Irlande** Irish Republic, Eire; **République populaire de Chine** People's Republic of China; **République populaire démocratique de Corée** Democratic People's Republic of Korea; **République populaire du Yémen** People's Democratic Republic of Yemen

répugnant, e [Repyɲɑ̃, -ɑ̃t] adj repulsive, loathsome

répugner [Repyɲe] vt: **répugner à** vt: **répugner à qn** to repel ou disgust sb; **répugner à faire** to be loath ou reluctant to do

réputation [Repytasjɔ̃] nf reputation; **avoir la réputation d'être ...** to have a reputation for being ...; **connaître qn/qch de réputation** to know sb/sth by repute; **de réputation mondiale** world-renowned

réputé, e [Repyte] adj renowned; **être réputé pour** to have a reputation for, be renowned for

requérir [RəkeRiR] vt (nécessiter) to require, call for; (au nom de la loi) to call upon; (JUR: peine) to call for, demand

requête [Rəkɛt] nf request, petition; (JUR) petition

requin [Rəkɛ̃] nm shark

requis, e [Rəki, -iz] pp de **requérir** ♦ adj required

RER sigle m (= Réseau express régional) Greater Paris high speed train service

rescapé, e [Rɛskape] nm/f survivor

rescousse [Rɛskus] nf: **aller à la rescousse de qn**

to go to sb's aid *ou* rescue; **appeler qn à la rescousse** to call on sb for help

réseau, x [rezo] *nm* network

réservation [rezervɑsjɔ̃] *nf* reservation; booking

réserve [rezɛrv(ə)] *nf* (*retenue*) reserve; (*entrepôt*) storeroom; (*restriction, aussi: d'Indiens*) reservation; (*de pêche, chasse*) preserve; (*restrictions*): **faire des réserves** to have reservations; **officier de réserve** reserve officer; **sous toutes réserves** with all reserve; (*dire*) with reservations; **sous réserve de** subject to; **sans réserve** *adv* unreservedly; **en réserve** in reserve; **de réserve** (*provisions etc*) in reserve

réservé, e [rezɛrve] *adj* (*discret*) reserved; (*chasse, pêche*) private; **réservé à** *ou* **pour** reserved for

réserver [rezɛrve] *vt* (*gén*) to reserve; (*chambre, billet etc*) to book, reserve; (*mettre de côté, garder*): **réserver qch pour** *ou* **à** to keep *ou* save sth for; **réserver qch à qn** to reserve (*ou* book) sth for sb; (*fig: destiner*) to have sth in store for sb; **se réserver le droit de faire** to reserve the right to do

réservoir [rezɛrvwar] *nm* tank

résidence [rezidɑ̃s] *nf* residence; **résidence principale/secondaire** main/second home; **résidence universitaire** hall of residence; **(en) résidence surveillée** (under) house arrest

résidentiel, le [rezidɑ̃sjɛl] *adj* residential

résider [rezide] *vi*: **résider à** *ou* **dans** *ou* **en** to reside in; **résider dans** (*fig*) to lie in

résidu [rezidy] *nm* residue *no pl*

résigner [rezine] *vt* to relinquish, resign; **se résigner** *vi*: **se résigner (à qch/à faire)** to resign o.s. (to sth/to doing)

résilier [rezilje] *vt* to terminate

résistance [rezistɑ̃s] *nf* resistance; (*de réchaud, bouilloire: fil*) element

résistant, e [rezistɑ̃, -ɑ̃t] *adj* (*personne*) robust, tough; (*matériau*) strong, hard-wearing ◆ *nm/f* (*patriote*) Resistance worker *ou* fighter

résister [reziste] *vi* to resist; **résister à** *vt* (*assaut, tentation*) to resist; (*effort, souffrance*) to withstand; (*suj: matériau, plante*) to stand up to, withstand; (*personne: désobéir à*) to stand up to, oppose

résolu, e [rezɔly] *pp de* **résoudre** ◆ *adj* (*ferme*) resolute; **être résolu à qch/faire** to be set upon sth/doing

résolution [rezɔlysjɔ̃] *nf* solving; (*fermeté, décision, INFORM*) resolution; **prendre la résolution de** to make a resolution to

résonner [rezɔne] *vi* (*cloche, pas*) to reverberate, resound; (*salle*) to be resonant; **résonner de** to resound with

résorber [rezɔrbe]: **se résorber** *vi* (*MÉD*) to be resorbed; (*fig*) to be absorbed

résoudre [rezudr(ə)] *vt* to solve; **résoudre qn à faire qch** to get sb to make up his (*ou* her) mind to do sth; **résoudre de faire** to resolve to do; **se résoudre à faire** to bring o.s. to do

respect [rɛspɛ] *nm* respect; **tenir en respect** to keep at bay

respecter [rɛspɛkte] *vt* to respect; **faire respecter** to enforce; **le lexicographe qui se respecte** (*fig*) any self-respecting lexicographer

respectueux, euse [rɛspɛktɥø, -øz] *adj* respectful; **respectueux de** respectful of

respiration [rɛspirɑsjɔ̃] *nf* breathing *no pl*; **faire une respiration complète** to breathe in and out; **retenir sa respiration** to hold one's breath; **respiration artificielle** artificial respiration

respirer [rɛspire] *vi* to breathe; (*fig: se reposer*) to get one's breath, have a break; (: *être soulagé*) to breathe again ◆ *vt* to breathe (in), inhale; (*manifester: santé, calme etc*) to exude

resplendir [rɛsplɑ̃dir] *vi* to shine; (*fig*): **resplendir (de)** to be radiant (with)

responsabilité [rɛspɔ̃sabilite] *nf* responsibility; (*légale*) liability; **refuser la responsabilité de** to deny responsibility (*ou* liability) for; **prendre ses responsabilités** to assume responsibility for one's actions; **responsabilité civile** civil liability; **responsabilité pénale/morale/collective** criminal/moral/collective responsibility

responsable [rɛspɔ̃sabl(ə)] *adj* responsible ◆ *nm/f* (*du ravitaillement etc*) person in charge; (*de parti, syndicat*) official; **responsable de** responsible for; (*légalement: de dégâts etc*) liable for; (*chargé de*) in charge of, responsible for

resquiller [rɛskije] *vi* (*au cinéma, au stade*) to get in on the sly; (*dans le train*) to fiddle a free ride

ressaisir [rəsezir]: **se ressaisir** *vi* to regain one's self-control; (*équipe sportive*) to rally

ressasser [rəsase] *vt* (*remâcher*) to keep turning over; (*redire*) to keep trotting out

ressemblance [rəsɑ̃blɑ̃s] *nf* (*visuelle*) resemblance, similarity, likeness; (: *ART*) likeness; (*analogie, trait commun*) similarity

ressemblant, e [rəsɑ̃blɑ̃, -ɑ̃t] *adj* (*portrait*) lifelike, true to life

ressembler [rəsɑ̃ble]: **ressembler à** *vt* to be like, resemble; (*visuellement*) to look like; **se ressembler** to be (*ou* look) alike

ressemeler [rəsəmle] *vt* to (re)sole

ressentiment [rəsɑ̃timɑ̃] *nm* resentment

ressentir [rəsɑ̃tir] *vt* to feel; **se ressentir de** to feel (*ou* show) the effects of

resserrer [rəsere] *vt* (*pores*) to close; (*nœud, boulon*) to tighten (up); (*fig: liens*) to strengthen; **se resserrer** *vi* (*route, vallée*) to narrow; (*liens*) to strengthen; **se resserrer (autour de)** to draw closer (around); to close in (on)

resservir [rəsɛrvir] *vi* to do *ou* serve again ◆ *vt*: **resservir qch (à qn)** to serve sth up again (to sb); **resservir de qch (à qn)** to give (sb) a second helping of sth; **resservir qn (d'un plat)** to give sb a second helping (of a dish); **se resservir de** (*plat*) to take a second helping of; (*outil etc*) to use again

ressort [Rəsɔʀ] vb voir **ressortir** ♦ nm: (pièce) spring; (force morale) spirit; (recours): **en dernier ressort** as a last resort; (compétence): **être du ressort de** to fall within the competence of

ressortir [Rəsɔʀtiʀ] vi to go (ou come) out (again); (contraster) to stand out; **ressortir de** (résulter de): **il ressort de ceci que** it emerges from this that; **ressortir à** (JUR) to come under the jurisdiction of; (ADMIN) to be the concern of; **faire ressortir** (fig: souligner) to bring out

ressortissant, e [Rəsɔʀtisɑ̃, -ɑ̃t] nm/f national

ressource [Rəsuʀs(ə)] nf: **avoir la ressource de** to have the possibility of; **ressources** nfpl resources; (fig) possibilities; **leur seule ressource était de** the only course open to them was to; **ressources d'énergie** energy resources

ressusciter [Resysite] vt to resuscitate, restore to life; (fig) to revive, bring back ♦ vi to rise (from the dead); (fig: pays) to come back to life

restant, e [Rɛstɑ̃, -ɑ̃t] adj remaining ♦ nm: **le restant (de)** the remainder (of); **un restant de** (de trop) some leftover; (fig: vestige) a remnant ou last trace of

restaurant [Rɛstɔʀɑ̃] nm restaurant; **manger au restaurant** to eat out; **restaurant d'entreprise** staff canteen ou cafeteria (US); **restaurant universitaire (RU)** university refectory ou cafeteria (US)

restauration [Rɛstɔʀasjɔ̃] nf restoration; (hôtellerie) catering; **restauration rapide** fast food

restaurer [Rɛstɔʀe] vt to restore; **se restaurer** vi to have something to eat

reste [Rɛst(ə)] nm (restant): **le reste (de)** the rest (of); (de trop): **un reste (de)** some leftover; (de trop): **un reste de** a remnant ou last trace of; (MATH) remainder; **restes** nmpl leftovers; (d'une cité etc, dépouille mortelle) remains; **avoir du temps de reste** to have time to spare; **ne voulant pas être en reste** not wishing to be outdone; **partir sans attendre ou demander son reste** (fig) to leave without waiting to hear more; **du reste, au reste** adv besides, moreover; **pour le reste, quant au reste** adv as for the rest

rester [Rɛste] vi (dans un lieu, un état, une position) to stay, remain; (subsister) to remain, be left; (durer) to last, live on ♦ vb impers: **il reste du pain/2 œufs** there's some bread/there are 2 eggs left (over); **il reste du temps/10 minutes** there's some time/ there are 10 minutes left; **il me reste assez de temps** I have enough time left; **voilà tout ce qui (me) reste** that's all I've got left; **ce qui reste à faire** what remains to be done; **ce qui me reste à faire** what remains for me to do; **(il) reste à savoir/établir si ...** it remains to be seen/established if ou whether ...; **il n'en reste pas moins que ...** the fact remains that ..., it's nevertheless a fact that ...; **en rester à** (stade, menaces) to go no further than, only go as far as; **restons-en** let's leave it at that; **rester sur une impression** to retain an impression; **y rester**: **il a failli y rester** he

nearly met his end

restituer [Rɛstitɥe] vt (objet, somme): **restituer qch (à qn)** to return ou restore sth (to sb); (énergie) to release; (son) to reproduce

restreindre [Rɛstʀɛ̃dʀ(ə)] vt to restrict, limit; **se restreindre** (dans ses dépenses etc) to cut down; (champ de recherches) to narrow

restriction [Rɛstʀiksjɔ̃] nf restriction; (condition) qualification; **restrictions** nfpl (mentales) reservations; **sans restriction** adv unreservedly

résultat [Rezylta] nm result; (conséquence) outcome no pl, result; (d'élection etc) results pl; **résultats** nmpl (d'une enquête) findings; **résultats sportifs** sports results

résulter [Rezylte]: **résulter de** vt to result from, be the result of; **il résulte de ceci que ...** the result of this is that ...

résumé [Rezyme] nm summary, résumé; **faire le résumé de** to summarize; **en résumé** adv in brief; (pour conclure) to sum up

résumer [Rezyme] vt (texte) to summarize; (récapituler) to sum up; (fig) to epitomize, typify; **se résumer** vi (personne) to sum up (one's ideas); **se résumer à** to come down to

résurrection [RezyʀɛksjÕ] nf resurrection; (fig) revival

rétablir [Retabliʀ] vt to restore, re-establish; (personne: suj: traitement): **rétablir qn** to restore sb to health, help sb recover; (ADMIN): **rétablir qn dans son emploi/ses droits** to reinstate sb in his post/ restore sb's rights; **se rétablir** vi (guérir) to recover; (silence, calme) to return, be restored; (GYM etc): **se rétablir (sur)** to pull o.s. up (onto)

rétablissement [Retablismɑ̃] nm restoring; recovery; pull-up

retaper [Rətape] vt (maison, voiture etc) to do up; (fam: revigorer) to buck up; (redactylographier) to retype

retard [RətaR] nm (d'une personne attendue) lateness no pl; (sur l'horaire, une échéance) delay; (fig: scolaire, mental etc) backwardness; **être en retard** (pays) to be backward; (dans paiement, travail) to be behind; **en retard (de 2 heures)** (2 hours) late; **avoir un retard de 2 km** (SPORT) to be 2 km behind; **rattraper son retard** to catch up; **avoir du retard** to be late; (sur un programme) to be behind (schedule); **prendre du retard** (train, avion) to be delayed; (montre) to lose (time); **sans retard** adv without delay; **retard à l'allumage** (AUTO) retarded spark; **retard scolaire** backwardness at school

retardataire [RətaRdatɛR] adj late; (enfant, idées) backward ♦ nm/f latecomer; backward child

retardement [RətaRdəmɑ̃]: **à retardement** adj delayed action cpd; **bombe à retardement** time bomb

retarder [RətaRde] vt (sur un horaire): **retarder qn (d'une heure)** to delay sb (an hour); (sur un pro-

gramme): **retarder qn (de 3 mois)** to set sb back *ou* delay sb (3 months); (*départ, date*): **retarder qch (de 2 jours)** to put sth back (2 days), delay sth (for *ou* by 2 days); (*horloge*) to put back ♦ *vi* (*montre*) to be slow; (: *habituellement*) to lose (time); **je retarde (d'une heure)** I'm (an hour) slow

retenir [RǝtniR] *vt* (*garder, retarder*) to keep, detain; (*maintenir: objet qui glisse, fig: colère, larmes, rire*) to hold back; (: *objet suspendu*) to hold; (: *chaleur, odeur*) to retain; (*fig: empêcher d'agir*): **retenir qn (de faire)** to hold sb back (from doing); (*se rappeler*) to retain; (*réserver*) to reserve; (*accepter*) to accept; (*prélever*): **retenir qch (sur)** to deduct sth (from); **se retenir** (*euphémisme*) to hold on; (*se raccrocher*): **se retenir à** to hold onto; (*se contenir*): **se retenir de faire** to restrain o.s. from doing; **retenir son souffle** *ou* **haleine** to hold one's breath; **retenir qn à dîner** to ask sb to stay for dinner; **je pose 3 et je retiens 2** put down 3 and carry 2

retentir [Rǝtɑ̃tiR] *vi* to ring out; (*salle*): **retentir de** to ring *ou* resound with; **retentir sur** *vt* (*fig*) to have an effect upon

retentissant, e [Rǝtɑ̃tisɑ̃, -ɑ̃t] *adj* resounding; (*fig*) impact-making

retentissement [Rǝtɑ̃tismɑ̃] *nm* (*retombées*) repercussions *pl*; effect, impact

retenu, e [Rǝtny] *pp de* **retenir** ♦ *adj* (*place*) reserved; (*personne: empêché*) held up; (*propos: contenu, discret*) restrained ♦ *nf* (*prélèvement*) deduction; (*MATH*) number to carry over; (*SCOL*) detention; (*modération*) (self-)restraint; (*réserve*) reserve, reticence; (*AUTO*) tailback

réticence [Retisɑ̃s] *nf* reticence *no pl*, reluctance *no pl*; **sans réticence** without hesitation

réticent, e [Retisɑ̃, -ɑ̃t] *adj* reticent, reluctant

rétine [Retin] *nf* retina

retiré, e [RǝtiRe] *adj* (*solitaire*) secluded; (*éloigné*) remote

retirer [RǝtiRe] *vt* to withdraw; (*vêtement, lunettes*) to take off, remove; (*enlever*): **retirer qch à qn** to take sth from sb; (*extraire*): **retirer qn/qch de** to take sb away from/sth out of, remove sb/sth from; (*reprendre: bagages, billets*) to collect, pick up; **retirer des avantages de** to derive advantages from; **se retirer** *vi* (*partir, reculer*) to withdraw; (*prendre sa retraite*) to retire; **se retirer de** to withdraw from; to retire from

retombées [Rǝtɔ̃be] *nfpl* (*radioactives*) fallout *sg*; (*fig*) fallout; spin-offs

retomber [Rǝtɔ̃be] *vi* (à *nouveau*) to fall again; (*rechuter*): **retomber malade/dans l'erreur** to fall ill again/fall back into error; (*atterrir: après un saut etc*) to land; (*tomber, redescendre*) to fall back; (*pendre*) to fall, hang (down); (*échoir*): **retomber sur qn** to fall on sb

rétorquer [RetɔRke] *vt*: **rétorquer (à qn) que** to retort (to sb) that

retouche [Rǝtuʃ] *nf* touching up *no pl*; alteration; **faire une retouche** *ou* **des retouches à** to touch up

retoucher [Rǝtuʃe] *vt* (*photographie, tableau*) to touch up; (*texte, vêtement*) to alter

retour [RǝtuR] *nm* return; **au retour** (*en arrivant*) when we (*ou* they *etc*) get (*ou* got) back; (*en route*) on the way back; **pendant le retour** on the way *ou* journey back; **à mon/ton retour** on my/your return; **au retour de** on the return of; **être de retour (de)** to be back (from); **de retour à …/chez moi** back at …/back home; **en retour** *adv* in return; **par retour du courrier** by return of post; **par un juste retour des choses** by a favourable twist of fate; **match retour** return match; **retour en arrière** (*CINE*) flashback; (*mesure*) backward step; **retour de bâton** kickback; **retour de chariot** carriage return; **retour à l'envoyeur** (*POSTES*) return to sender; **retour de flamme** backfire; **retour (automatique) à la ligne** (*INFORM*) wordwrap; **retour de manivelle** (*fig*) backfire; **retour offensif** renewed attack; **retour aux sources** (*fig*) return to basics

retourner [RǝtuRne] *vt* (*dans l'autre sens: matelas, crêpe*) to turn (over); (: *caisse*) to turn upside down; (: *sac, vêtement*) to turn inside out; (*fig: argument*) to turn back; (*en remuant: terre, sol, foin*) to turn over; (*émouvoir: personne*) to shake; (*renvoyer, restituer*): **retourner qch à qn** to return sth to sb ♦ *vi* (*aller, revenir*): **retourner quelque part/à** to go back *ou* return somewhere/to; **retourner à** (*état, activité*) to return to, go back to; **se retourner** *vi* to turn over; (*tourner la tête*) to turn round; **s'en retourner** to go back; **se retourner contre** (*fig*) to turn against; **savoir de quoi il retourne** to know what it is all about; **retourner sa veste** (*fig*) to turn one's coat; **retourner en arrière** *ou* **sur ses pas** to turn back, retrace one's steps; **retourner aux sources** to go back to basics

retrait [RǝtRɛ] *nm voir* **retirer** withdrawal; collection *voir* **se retirer** withdrawal; (*rétrécissement*) shrinkage; **en retrait** *adj* set back; **écrire en retrait** to indent; **retrait du permis (de conduire)** disqualification from driving (*BRIT*), revocation of driver's license (*US*)

retraite [RǝtRɛt] *nf* (*d'une armée, REL, refuge*) retreat; (*d'un employé*) retirement; (*revenu*) (retirement) pension; **être/mettre à la retraite** to be retired/pension off *ou* retire; **prendre sa retraite** to retire; **retraite anticipée** early retirement; **retraite aux flambeaux** torchlight tattoo

retraité, e [RǝtRete] *adj* retired ♦ *nm/f* (*old age*) pensioner

retrancher [RǝtRɑ̃ʃe] *vt* (*passage, détails*) to take out, remove; (*nombre, somme*): **retrancher qch de** to take *ou* deduct sth from; (*couper*) to cut off; **se retrancher derrière/dans** to entrench o.s. behind/in; (*fig*) to take refuge behind/in

retransmettre [RǝtRɑ̃smetR(ǝ)] *vt* (*RADIO*) to

broadcast, relay; (TV) to show

rétrécir [ʀetʀesiʀ] vt (vêtement) to take in ◆ vi to shrink; **se rétrécir** vi to narrow

rétribution [ʀetʀibysjɔ̃] nf payment

rétro [ʀetʀo] adj inv old-style ◆ nm (= rétroviseur) (rear-view) mirror; **la mode rétro** the nostalgia vogue

rétrograde [ʀetʀogʀad] adj reactionary, backward-looking

rétroprojecteur [ʀetʀopʀɔʒɛktœʀ] nm overhead projector

rétrospectif, ive [ʀetʀospɛktif, -iv] adj, nf retrospective

rétrospectivement [ʀetʀospɛktivmɑ̃] adv in retrospect

retrousser [ʀətʀuse] vt to roll up; (fig: nez) to wrinkle; (: lèvres) to curl

retrouvailles [ʀətʀuvaj] nfpl reunion sg

retrouver [ʀətʀuve] vt (fugitif, objet perdu) to find; (occasion) to find again; (calme, santé) to regain; (reconnaître: expression, style) to recognize; (revoir) to see again; (rejoindre) to meet (again), join; **se retrouver** vi to meet; (s'orienter) to find one's way; **se retrouver quelque part** to find o.s. somewhere; to end up somewhere; **se retrouver seul/sans argent** to find o.s. alone/with no money; **se retrouver dans** (calculs, dossiers, désordre) to make sense of; **s'y retrouver** (rentrer dans ses frais) to break even

rétroviseur [ʀetʀovizœʀ] nm (rear-view) mirror

réunion [ʀeynjɔ̃] nf bringing together; joining; (séance) meeting

réunir [ʀeyniʀ] vt (convoquer) to call together; (rassembler) to gather together; (cumuler) to combine; (rapprocher) to bring together (again), reunite; (rattacher) to join (together); **se réunir** vi (se rencontrer) to meet; (s'allier) to unite

réussi, e [ʀeysi] adj successful

réussir [ʀeysiʀ] vi to succeed, be successful; (à un examen) to pass; (plante, culture) to thrive, do well ◆ vt to make a success of; to bring off; **réussir à faire** to succeed in doing; **réussir à qn** to go right for sb; (aliment) to agree with sb; **le travail/le mariage lui réussit** work/married life agrees with him

réussite [ʀeysit] nf success; (CARTES) patience

revaloir [ʀəvalwaʀ] vt: **je vous revaudrai cela** I'll repay you some day; (en mal) I'll pay you back for this

revanche [ʀəvɑ̃ʃ] nf revenge; **prendre sa revanche (sur)** to take one's revenge (on); **en revanche** (par contre) on the other hand; (en compensation) in return

rêve [ʀɛv] nm dream; (activité psychique): **le rêve** dreaming; **paysage/silence de rêve** dreamlike landscape/silence; **rêve éveillé** daydreaming no pl, daydream

revêche [ʀəvɛʃ] adj surly, sour-tempered

réveil [ʀevɛj] nm (d'un dormeur) waking up no pl; (fig) awakening; (pendule) alarm (clock); **au réveil** when I (ou you etc) wake (ou woke) up, on waking (up); **sonner le réveil** (MIL) to sound the reveille

réveille-matin [ʀevɛjmatɛ̃] nm inv alarm clock

réveiller [ʀevɛje] vt (personne) to wake up; (fig) to awaken, revive; **se réveiller** vi to wake up; (fig) to be revived, reawaken

réveillon [ʀevɛjɔ̃] nm Christmas Eve; (de la Saint-Sylvestre) New Year's Eve; Christmas Eve (ou New Year's Eve) party ou dinner

réveillonner [ʀevɛjɔne] vi to celebrate Christmas Eve (ou New Year's Eve)

révélateur, trice [ʀevelatœʀ, -tʀis] adj: **révélateur (de qch)** revealing (sth) ◆ nm (PHOTO) developer

révéler [ʀevele] vt (gén) to reveal; (divulguer) to disclose, reveal; (dénoter) to reveal, show; (faire connaître au public): **révéler qn/qch** to make sb/sth widely known, bring sb/sth to the public's notice; **se révéler** vi to be revealed, reveal itself ◆ vb avec attribut: **se révéler facile/faux** to prove (to be) easy/false; **se révéler cruel/un allié sûr** to show o.s. to be cruel/a trustworthy ally

revenant, e [ʀəvnɑ̃, -ɑ̃t] nm/f ghost

revendeur, euse [ʀəvɑ̃dœʀ, -øz] nm/f (détaillant) retailer; (d'occasions) secondhand dealer

revendication [ʀəvɑ̃dikasjɔ̃] nf claim, demand; **journée de revendication** day of action (in support of one's claims)

revendiquer [ʀəvɑ̃dike] vt to claim, demand; (responsabilité) to claim ◆ vi to agitate in favour of one's claims

revendre [ʀəvɑ̃dʀ(ə)] vt (d'occasion) to resell; (détailler) to sell; (vendre davantage de): **revendre du sucre/un foulard/deux bagues** to sell more sugar/another scarf/another two rings; **à revendre** adv (en abondance) to spare

revenir [ʀəvniʀ] vi to come back; (CULIN): **faire revenir** to brown; (coûter): **revenir cher/à 100 F (à qn)** to cost (sb) a lot/100 F; **revenir à** (études, projet) to return to, go back to; (équivaloir à) to amount to; **revenir à qn** (rumeur, nouvelle) to get back to sb, reach sb's ears; (part, honneur) to go to sb, be sb's; (souvenir, nom) to come back to sb; **revenir de** (fig: maladie, étonnement) to recover from; **revenir sur** (question, sujet) to go back over; (engagement) to go back on; **revenir à la charge** to return to the attack; **revenir à soi** to come round; **n'en pas revenir: je n'en reviens pas** I can't get over it; **revenir sur ses pas** to retrace one's steps; **cela revient à dire que/au même** it amounts to saying that/to the same thing; **revenir de loin** (fig) to have been at death's door

revenu, e [ʀəvny] pp de **revenir** ◆ nm income; (de l'État) revenue; (d'un capital) yield; **revenus** nmpl income sg; **revenu national brut** gross national income

rêver [Reve] vi, vt to dream; (rêvasser) to (day)dream; **rêver de** (voir en rêve) to dream of ou about; **rêver de qch/de faire** to dream of sth/of doing; **rêver à** to dream of

réverbère [ReveRbεR] nm street lamp ou light

réverbérer [ReveRbeRe] vt to reflect

révérence [ReveRɑ̃s] nf (vénération) reverence; (salut: d'homme) bow; (: de femme) curtsey

rêverie [RεvRi] nf daydreaming no pl, daydream

revers [RəvεR] nm (de feuille, main) back; (d'étoffe) wrong side; (de pièce, médaille) back, reverse; (TENNIS, PING-PONG) backhand; (de veston) lapel; (de pantalon) turn-up; (fig: échec) setback; **revers de fortune** reverse of fortune; **d'un revers de main** with the back of one's hand; **le revers de la médaille** (fig) the other side of the coin; **prendre à revers** (MIL) to take from the rear

revêtement [Rəvεtmɑ̃] nm (de paroi) facing; (des sols) flooring; (de chaussée) surface; (de tuyau etc: enduit) coating

revêtir [RəvetiR] vt (habit) to don, put on; (fig) to take on; **revêtir qn de** to dress sb in; (fig) to endow ou invest sb with; **revêtir qch de** to cover sth with; (fig) to cloak sth in; **revêtir d'un visa** to append a visa to

rêveur, euse [RεvœR, -øz] adj dreamy ♦ nm/f dreamer

revient [Rəvjɛ̃] vb voir revenir ♦ nm: **prix de revient** cost price

revigorer [RəvigɔRe] vt to invigorate, revive, buck up

revirement [RəviRmɑ̃] nm change of mind; (d'une situation) reversal

réviser [Revize] vt (texte, SCOL: matière) to revise; (comptes) to audit; (machine, installation, moteur) to overhaul, service; (JUR: procès) to review

révision [Revizjɔ̃] nf revision; auditing no pl; overhaul, servicing no pl; review; **conseil de révision** (MIL) recruiting board; **faire ses révisions** (SCOL) to do one's revision (BRIT), revise (BRIT), review (US); **la révision des 10 000 km** (AUTO) the 10,000 km service

revivre [RəvivR(ə)] vi (reprendre des forces) to come alive again; (traditions) to be revived ♦ vt (épreuve, moment) to relive; **faire revivre** (mode, institution, usage) to bring back to life

revoir [RəvwaR] vt to see again; (réviser) to revise (BRIT), review (US) ♦ nm: **au revoir** goodbye; **dire au revoir à qn** to say goodbye to sb; **se revoir** (amis) to meet (again), see each other again

révoltant, e [Revɔltɑ̃, -ɑ̃t] adj revolting

révolte [Revɔlt(ə)] nf rebellion, revolt

révolter [Revɔlte] vt to revolt, outrage; **se révolter vi: se révolter (contre)** to rebel (against); **se révolter (à)** to be outraged (by)

révolu, e [Revɔly] adj past; (ADMIN): **âgé de 18 ans révolus** over 18 years of age; **après 3 ans révolus** when 3 full years have passed

révolution [Revɔlysjɔ̃] nf revolution; **être en**

révolution (pays etc) to be in revolt; **la révolution industrielle** the industrial revolution

révolutionnaire [RevɔlysjɔnεR] adj, nm/f revolutionary

revolver [RevɔlvεR] nm gun; (à barillet) revolver

révoquer [Revɔke] vt (fonctionnaire) to dismiss, remove from office; (arrêt, contrat) to revoke

revu, e [Rəvy] pp de revoir ♦ nf (inventaire, examen) review; (MIL: défilé) review, march past; (: inspection) inspection, review; (périodique) review, magazine; (pièce satirique) revue; (de music-hall) variety show; **passer en revue** to review, inspect; (fig) to review; **revue de (la) presse** press review

rez-de-chaussée [Redʃose] nm inv ground floor

RF sigle f = République française

Rhin [Rɛ̃] nm: **le Rhin** the Rhine

rhinocéros [RinɔseRɔs] nm rhinoceros

Rhône [Ron] nm: **le Rhône** the Rhone

rhubarbe [RybaRb(ə)] nf rhubarb

rhum [Rɔm] nm rum

rhumatisme [Rymatism(ə)] nm rheumatism no pl

rhume [Rym] nm cold; **rhume de cerveau** head cold; **le rhume des foins** hay fever

ri [Ri] pp de rire

riant, e [Rjɑ̃, -ɑ̃t] vb voir rire ♦ adj smiling, cheerful; (campagne, paysage) pleasant

ricaner [Rikane] vi (avec méchanceté) to snigger; (bêtement, avec gêne) to giggle

riche [Riʃ] adj (gén) rich; (personne, pays) rich, wealthy; **riche en** rich in; **riche de** full of; rich in

richesse [Riʃεs] nf wealth; (fig) richness; **richesses** nfpl wealth sg; treasures; **richesse en vitamines** high vitamin content

ricochet [Rikɔʃε] nm rebound; bounce; **faire ricochet** to rebound, bounce; (fig) to rebound; **faire des ricochets** to skip stones; **par ricochet** adv on the rebound; (fig) as an indirect result

rictus [Riktys] nm grin; (snarling) grimace

ride [Rid] nf wrinkle; (fig) ripple

rideau, x [Rido] nm curtain; **tirer/ouvrir les rideaux** to draw/open the curtains; **rideau de fer** metal shutter; (POL): **le rideau de fer** the Iron Curtain

rider [Ride] vt to wrinkle; (fig) to ripple, ruffle the surface of; **se rider** vi to become wrinkled

ridicule [Ridikyl] adj ridiculous ♦ nm ridiculousness no pl; **le ridicule** ridicule; (travers: gén pl) absurdities pl; **tourner en ridicule** to ridicule

ridiculiser [Ridikylize] vt to ridicule; **se ridiculiser** to make a fool of o.s.

┌─────────┐
│ MOT-CLÉ │
└─────────┘

rien [Rjɛ̃] pron 1: **(ne) ... rien** nothing; tournure negative + anything; **qu'est-ce que vous avez? – rien** what have you got? – nothing; **il n'a rien**

dit/fait he said/did nothing, he hasn't said/done anything; **il n'a rien** (*n'est pas blessé*) he's all right; **ça ne fait rien** it doesn't matter; **il n'y est pour rien** he's got nothing to do with it

2 (*quelque chose*): **a-t-il jamais rien fait pour nous?** has he ever done anything for us?

3: rien de: rien d'intéressant nothing interesting; **rien d'autre** nothing else; **rien du tout** nothing at all; **il n'a rien d'un champion** he's no champion, there's nothing of the champion about him

4: rien que just, only; nothing but; **rien que pour lui faire plaisir** only *ou* just to please him; **rien que la vérité** nothing but the truth; **rien que cela** that alone

♦ *excl*: **de rien!** not at all!, don't mention it!; **il n'en est rien!** nothing of the sort!; **rien à faire!** it's no good!, it's no use!

♦ *nm*: **un petit rien** (*cadeau*) a little something; **des riens** trivia *pl*; **en un rien de** a hint of; **en un rien de temps** in no time at all; **avoir peur d'un rien** to be frightened of the slightest thing

rieur, euse [ʀjœʀ, -øz] *adj* cheerful

rigide [ʀiʒid] *adj* stiff; (*fig*) rigid; (*moralement*) strict

rigole [ʀigɔl] *nf* (*conduit*) channel; (*filet d'eau*) rivulet

rigoler [ʀigɔle] *vi* (*rire*) to laugh; (*s'amuser*) to have (some) fun; (*plaisanter*) to be joking *ou* kidding

rigolo, ote [ʀigɔlo, -ɔt] *adj* (*fam*) funny ♦ *nm/f* comic; (*péj*) fraud, phoney

rigoureusement [ʀiguʀøzmɑ̃] *adv* rigorously; **rigoureusement vrai/interdit** strictly true/forbidden

rigoureux, euse [ʀiguʀø, -øz] *adj* (*morale*) rigorous, strict; (*personne*) stern, strict; (*climat, châtiment*) rigorous, harsh, severe; (*interdiction, neutralité*) strict; (*preuves, analyse, méthode*) rigorous

rigueur [ʀigœʀ] *nf* rigour (*BRIT*), rigor (*US*); strictness; harshness; **"tenue de soirée de rigueur"** "evening dress (to be worn)"; **être de rigueur** to be the usual thing, be the rule; **à la rigueur** at a pinch; possibly; **tenir rigueur à qn de qch** to hold sth against sb

rillettes [ʀijɛt] *nfpl* ≈ potted meat *sg*

rime [ʀim] *nf* rhyme; **n'avoir ni rime ni raison** to have neither rhyme nor reason

rinçage [ʀɛ̃saʒ] *nm* rinsing (out); (*opération*) rinse

rincer [ʀɛ̃se] *vt* to rinse; (*récipient*) to rinse out; **se rincer la bouche** to rinse one's mouth out

ring [ʀiŋ] *nm* (boxing) ring; **monter sur le ring** (*aussi fig*) to enter the ring; (: *faire carrière de boxeur*) to take up boxing

ringard, e [ʀɛ̃gaʀ, -aʀd(ə)] *adj* (*péj*) old-fashioned

rions [ʀjɔ̃] *vb voir* rire

riposter [ʀipɔste] *vi* to retaliate ♦ *vt*: **riposter**

que to retort that; **riposter à** *vt* to counter; to reply to

rire [ʀiʀ] *vi* to laugh; (*se divertir*) to have fun; (*plaisanter*) to joke ♦ *nm* laugh; **le rire** laughter; **rire de** *vt* to laugh at; **se rire de** to make light of; **tu veux rire!** you must be joking!; **rire aux éclats/aux larmes** to roar with laughter/laugh until one cries; **rire jaune** to force oneself to laugh; **rire sous cape** to laugh up one's sleeve; **rire au nez de qn** to laugh in sb's face; **pour rire** (*pas sérieusement*) for a joke *ou* a laugh

risée [ʀize] *nf*: **être la risée de** to be the laughing stock of

risible [ʀizibl(ə)] *adj* laughable, ridiculous

risque [ʀisk(ə)] *nm* risk; **l'attrait du risque** the lure of danger; **prendre des risques** to take risks; **à ses risques et périls** at his own risk; **au risque de** at the risk of; **risque d'incendie** fire risk; **risque calculé** calculated risk

risqué, e [ʀiske] *adj* risky; (*plaisanterie*) risqué, daring

risquer [ʀiske] *vt* to risk; (*allusion, question*) to venture, hazard; **tu risques qu'on te renvoie** you risk being dismissed; **ça ne risque rien** it's quite safe; **risquer de: il risque de se tuer** he could get *ou* risks getting himself killed; **il a risqué de se tuer** he almost got himself killed; **ce qui risque de se produire** what might *ou* could well happen; **il ne risque pas de recommencer** there's no chance of him doing that again; **se risquer dans** (*s'aventurer*) to venture into; **se risquer à faire** (*tenter*) to dare to do; **risquer le tout pour le tout** to risk the lot

rissoler [ʀisɔle] *vi, vt*: **(faire) rissoler** to brown

ristourne [ʀistuʀn(ə)] *nf* rebate; discount

rite [ʀit] *nm* rite; (*fig*) ritual

rivage [ʀivaʒ] *nm* shore

rival, e, aux [ʀival, -o] *adj, nm/f* rival; **sans rival** *adj* unrivalled

rivaliser [ʀivalize] *vi*: **rivaliser avec** to rival, vie with; (*être comparable*) to hold its own against, compare with; **rivaliser avec qn de** (*élégance etc*) to vie with *ou* rival sb in

rivalité [ʀivalite] *nf* rivalry

rive [ʀiv] *nf* shore; (*de fleuve*) bank

riverain, e [ʀivʀɛ̃, -ɛn] *adj* riverside *cpd*; lakeside *cpd*; roadside *cpd* ♦ *nm/f* riverside (*ou* lakeside) resident; local *ou* roadside resident

rivet [ʀivɛ] *nm* rivet

rivière [ʀivjɛʀ] *nf* river; **rivière de diamants** diamond rivière

rixe [ʀiks(ə)] *nf* brawl, scuffle

riz [ʀi] *nm* rice; **riz au lait** ≈ rice pudding

rizière [ʀizjɛʀ] *nf* paddy field

RMI *sigle m* (= *revenu minimum d'insertion*) ≈ income support (*BRIT*), ≈ welfare (*US*)

RN *sigle f* = **route nationale**

robe [ʀɔb] nf dress; (de juge, d'ecclésiastique) robe; (de professeur) gown; (pelage) coat; **robe de soirée/de mariée** evening/wedding dress; **robe de baptême** christening robe; **robe de chambre** dressing gown; **robe de grossesse** maternity dress

robinet [ʀɔbinɛ] nm tap, faucet (US); **robinet du gaz** gas tap; **robinet mélangeur** mixer tap

robot [ʀɔbo] nm robot; **robot de cuisine** food processor

robuste [ʀɔbyst(ə)] adj robust, sturdy

robustesse [ʀɔbystɛs] nf robustness, sturdiness

roc [ʀɔk] nm rock

rocade [ʀɔkad] nf (AUTO) bypass

rocaille [ʀɔkaj] nf (pierres) loose stones pl; (terrain) rocky ou stony ground; (jardin) rockery, rock garden ◆ adj (style) rocaille

roche [ʀɔʃ] nf rock

rocher [ʀɔʃe] nm rock; (ANAT) petrosal bone

rocheux, euse [ʀɔʃø, -øz] adj rocky; **les (montagnes) Rocheuses** the Rockies, the Rocky Mountains

rock (and roll) [ʀɔk(ɛnʀɔl)] nm (musique) rock('n'-roll); (danse) rock

rodage [ʀɔdaʒ] nm running in (BRIT), breaking in (US); **en rodage** (AUTO) running ou breaking in

roder [ʀɔde] vt (moteur, voiture) to run in (BRIT), break in (US); **roder un spectacle** to iron out the initial problems of a show

rôder [ʀode] vi to roam ou wander about; (de façon suspecte) to lurk (about ou around)

rôdeur, euse [ʀodœʀ, -øz] nm/f prowler

rogne [ʀɔɲ] nf: **être en rogne** to be mad ou in a temper; **se mettre en rogne** to get mad ou in a temper

rogner [ʀɔɲe] vt to trim; (fig) to whittle down; **rogner sur** (fig) to cut down ou back on

rognons [ʀɔɲɔ̃] nmpl kidneys

roi [ʀwa] nm king; **les Rois mages** the Three Wise Men, the Magi; **le jour** ou **la fête des Rois, les Rois** Twelfth Night; see boxed note

FÊTE DES ROIS

La **fête des Rois** is celebrated on January 6. Figurines representing the magi are traditionally added to the Christmas crib and people eat the galette des Rois, a plain, flat cake in which a porcelain charm (la fève) is hidden. Whoever finds the charm is king or queen for the day and chooses a partner.

rôle [ʀol] nm role; (contribution) part

romain, e [ʀɔmɛ̃, -ɛn] adj Roman ◆ nm/f: **Romain, e** Roman ◆ nf (CULIN) cos (lettuce)

roman, e [ʀɔmɑ̃, -an] adj (ARCHIT) Romanesque; (LING) Romance cpd, Romanic ◆ nm novel; **roman d'amour** love story; **roman d'espionnage** spy novel ou story; **roman noir** thriller; **roman policier** detective novel

romance [ʀɔmɑ̃s] nf ballad

romancer [ʀɔmɑ̃se] vt to romanticize

romancier, ière [ʀɔmɑ̃sje, -jɛʀ] nm/f novelist

romanesque [ʀɔmanɛsk(ə)] adj (fantastique) fantastic; storybook cpd; (sentimental) romantic; (LITTÉRATURE) novelistic

roman-feuilleton, pl **romans-feuilletons** [ʀɔmɑ̃fœjtɔ̃] nm serialized novel

romanichel, le [ʀɔmaniʃɛl] nm/f gipsy

romantique [ʀɔmɑ̃tik] adj romantic

romarin [ʀɔmaʀɛ̃] nm rosemary

rompre [ʀɔ̃pʀ(ə)] vt to break; (entretien, fiançailles) to break off ◆ vi (fiancés) to break it off; **se rompre** vi to break; (MÉD) to burst, rupture; **se rompre les os** ou **le cou** to break one's neck; **rompre avec** to break with; **à tout rompre** adv wildly; **applaudir à tout rompre** to bring down the house, applaud wildly; **rompre la glace** (fig) to break the ice; **rompez (les rangs)!** (MIL) dismiss!, fall out!

rompu, e [ʀɔ̃py] pp de rompre ◆ adj (fourbu) exhausted, worn out; **rompu à** with wide experience of; inured to

ronce [ʀɔ̃s] nf (BOT) bramble branch; (MENUISERIE): **ronce de noyer** burr walnut; **ronces** nfpl brambles, thorns

ronchonner [ʀɔ̃ʃɔne] vi (fam) to grouse, grouch

rond, e [ʀɔ̃, ʀɔ̃d] adj round; (joues, mollets) well-rounded; (fam: ivre) tight; (sincère, décidé): **être rond en affaires** to be on the level in business, do an honest deal ◆ nm (cercle) ring; (fam: sou): **je n'ai plus un rond** I haven't a penny left ◆ nf (gén: de surveillance) rounds pl, patrol; (danse) round (dance); (MUS) semibreve (BRIT), whole note (US) ◆ adv: **tourner rond** (moteur) to run smoothly; **ça ne tourne pas rond** (fig) there's something not quite right about it; **pour faire un compte rond** to make (it) a round figure, to round (it) off; **avoir le dos rond** to be round-shouldered; **en rond** (s'asseoir, danser) in a ring; **à la ronde** (alentour): **à 10 km à la ronde** for 10 km round; (à chacun son tour): **passer qch à la ronde** to pass sth (a)round; **faire des ronds de jambe** to bow and scrape; **rond de serviette** napkin ring

rondelet, te [ʀɔ̃dlɛ, -ɛt] adj plump; (fig: somme) tidy; (: bourse) well-lined, fat

rondelle [ʀɔ̃dɛl] nf (TECH) washer; (tranche) slice, round

rondement [ʀɔ̃dmɑ̃] adv (avec décision) briskly; (loyalement) frankly

rondin [ʀɔ̃dɛ̃] nm log

rond-point, pl **ronds-points** [ʀɔ̃pwɛ̃] nm roundabout (BRIT), traffic circle (US)

ronflant, e [ʀɔ̃flɑ̃, -ɑ̃t] adj (péj) high-flown, grand

ronflement [ʀɔ̃fləmɑ̃] nm snore, snoring no pl

ronfler [ʀɔ̃fle] vi to snore; (moteur, poêle) to hum; (: plus fort) to roar

ronger [Rɔ̃ʒe] vt to gnaw (at); (suj: vers, rouille) to eat into; **ronger son frein** to champ (at the bit); (fig) **se ronger de souci, se ronger les sangs** to worry o.s. sick, fret; **se ronger les ongles** to bite one's nails

rongeur, euse [Rɔ̃ʒœR, -øz] nm/f rodent

ronronner [Rɔ̃Rɔne] vi to purr

rosace [Rɔzas] nf (vitrail) rose window, rosace; (motif: de plafond etc) rose

rosbif [Rɔsbif] nm: **du rosbif** roasting beef; (cuit) roast beef; **un rosbif** a joint of (roasting) beef

rose [Roz] nf rose; (vitrail) rose window ♦ adj pink; **rose bonbon** adj inv candy pink; **rose des vents** compass card

rosé, e [Roze] adj pinkish; (vin) rosé rosé (wine)

roseau, x [Rozo] nm reed

rosée [Roze] adj f voir rosé ♦ nf: **goutte de rosée** dewdrop

rosette [Rozɛt] nf rosette (gen of the Légion d'honneur)

rosier [Rozje] nm rosebush, rose tree

rosse [Rɔs] nf (péj: cheval) nag ♦ adj nasty, vicious

rossignol [Rɔsiɲɔl] nm (ZOOL) nightingale; (crochet) picklock

rot [Ro] nm belch; (de bébé) burp

rotatif, ive [Rɔtatif, -iv] adj rotary ♦ nf rotary press

rotation [Rɔtasjɔ̃] nf rotation; (fig) rotation, swaparound; (renouvellement) turnover; **par rotation** on a rota (BRIT) ou rotation (US) basis; **rotation des cultures** crop rotation; **rotation des stocks** stock turnover

roter [Rɔte] vi (fam) to burp, belch

rôti [Roti] nm: **du rôti** roasting meat; (cuit) roast meat; **un rôti de bœuf/porc** a joint of (roasting) beef/pork

rotin [Rɔtɛ̃] nm rattan (cane); **fauteuil en rotin** cane (arm)chair

rôtir [RotiR] vt (aussi: **faire rôtir**) to roast ♦ vi to roast; **se rôtir au soleil** to bask in the sun

rôtisserie [RotisRi] nf (restaurant) steakhouse; (comptoir, magasin) roast meat counter (ou shop)

rôtissoire [RotiswaR] nf (roasting) spit

rotule [Rɔtyl] nf kneecap, patella

roturier, ière [RɔtyRje, -jɛR] nm/f commoner

rouage [Rwaʒ] nm cog(wheel), gearwheel; (de montre) part; (fig) cog; **rouages** nmpl (fig) internal structure sg

roucouler [Rukule] vi to coo; (fig: péj) to warble; (: amoureux) to bill and coo

roue [Ru] nf wheel; **faire la roue** (paon) to spread ou fan its tail; (GYM) to do a cartwheel; **descendre en roue libre** to freewheel ou coast down; **pousser à la roue** to put one's shoulder to the wheel; **grande roue** (à la foire) big wheel; **roue à aubes** paddle wheel; **roue dentée** cogwheel; **roue de**

secours spare wheel

roué, e [Rwe] adj wily

rouer [Rwe] vt: **rouer qn de coups** to give sb a thrashing

rouge [Ruʒ] adj, nm/f red ♦ nm red; (fard) rouge; (vin) **rouge** red wine; **passer au rouge** (signal) to go red; (automobiliste) to go through a red light; **porter au rouge** (métal) to bring to red heat; **sur la liste rouge** (TÉL) ex-directory (BRIT), unlisted (US); **rouge de honte/colère** red with shame/anger; **se fâcher tout/voir rouge** to blow one's top/see red; **rouge (à lèvres)** lipstick

rouge-gorge [RuʒgɔRʒ(ə)] nm robin (redbreast)

rougeole [Ruʒɔl] nf measles sg

rougeoyer [Ruʒwaje] vi to glow red

rouget [Ruʒɛ] nm mullet

rougeur [RuʒœR] nf redness; (du visage) red face; **rougeurs** nfpl (MÉD) red blotches

rougir [RuʒiR] vi (de honte, timidité) to blush, flush; (de plaisir, colère) to flush; (fraise, tomate) to go ou turn red; (ciel) to redden

rouille [Ruj] adj inv rust-coloured, rusty ♦ nf rust; (CULIN) spicy (Provençal) sauce served with fish dishes

rouillé, e [Ruje] adj rusty

rouiller [Ruje] vt to rust ♦ vi to rust, go rusty; **se rouiller** vi to rust; (fig: mentalement) to become rusty; (: physiquement) to grow stiff

roulant, e [Rulɑ̃, -ɑ̃t] adj (meuble) on wheels; (surface, trottoir) moving; **matériel roulant** (RAIL) rolling stock; **personnel roulant** (RAIL) train crews pl

rouleau, x [Rulo] nm (de papier, tissu, pièces de monnaie, SPORT) roll; (de machine à écrire) roller, platen; (à mise en plis, à peinture, vague) roller; **être au bout du rouleau** (fig) to be at the end of the line; **rouleau compresseur** steamroller; **rouleau à pâtisserie** rolling pin; **rouleau de pellicule** roll of film

roulement [Rulmɑ̃] nm (bruit) rumbling no pl, rumble; (rotation) rotation; turnover; (: de capitaux) circulation; **par roulement** on a rota (BRIT) ou rotation (US) basis; **roulement (à billes)** ball bearings pl; **roulement de tambour** drum roll; **roulement d'yeux** roll(ing) of the eyes

rouler [Rule] vt to roll; (papier, tapis) to roll up; (CULIN: pâte) to roll out; (fam) to do, con ♦ vi (bille, boule) to roll; (voiture, train) to go, run; (automobiliste) to drive; (cycliste) to ride; (bateau) to roll; (tonnerre) to rumble, roll; (dégringoler): **rouler en bas de** to roll down; **rouler sur** (suj: conversation) to turn on; **se rouler dans** (boue) to roll in; (couverture) to roll o.s. up (in); **rouler dans la farine** (fam) to con; **rouler les épaules/hanches** to sway one's shoulders/wiggle one's hips; **rouler les "r"** to roll one's r's; **rouler sur l'or** to be rolling in money, be rolling in it; **rouler (sa bosse)** to go places

roulette [Rulɛt] nf (de table, fauteuil) castor; (de pâtissier) pastry wheel; (jeu): **la roulette** roulette; **à**

roulettes on castors; **la roulette russe** Russian roulette

roulis [ʀuli] *nm* roll(ing)

roulotte [ʀulɔt] *nf* caravan

roumain, e [ʀumɛ̃, -ɛn] *adj* Rumanian, Romanian ♦ *nm* (*LING*) Rumanian, Romanian ♦ *nm/f*: **Roumain, e** Rumanian, Romanian

Roumanie [ʀumani] *nf*: **la Roumanie** Rumania, Romania

rouquin, e [ʀukɛ̃, -in] *nm/f* (*péj*) redhead

rouspéter [ʀuspete] *vi* (*fam*) to moan, grouse

rousse [ʀus] *adj f voir* **roux**

roussir [ʀusiʀ] *vt* to scorch ♦ *vi* (*feuilles*) to go ou turn brown; (*CULIN*): **faire roussir** to brown

route [ʀut] *nf* road; (*fig: chemin*) way; (*itinéraire, parcours*) route; (*fig: voie*) road, path; **par (la) route** by road; **il y a 3 heures de route** it's a 3-hour ride ou journey; **en route** *adv* on the way; **en route!** let's go!; **en cours de route** en route; **mettre en route** to start up; **se mettre en route** to set off; **faire route vers** to head towards; **faire fausse route** (*fig*) to be on the wrong track; **route nationale (RN)** = A-road (*BRIT*), = state highway (*US*)

routier, ière [ʀutje, -jɛʀ] *adj* road *cpd* ♦ *nm* (*camionneur*) (long-distance) lorry (*BRIT*) ou truck driver; (*restaurant*) = transport café (*BRIT*), = truck stop (*US*); (*scout*) = rover; (*cycliste*) road racer ♦ *nf* (*voiture*) touring car; **vieux routier** old stager; **carte routière** road map

routine [ʀutin] *nf* routine; **visite/contrôle de routine** routine visit/check

routinier, ière [ʀutinje, -jɛʀ] *adj* (*péj: travail*) humdrum, routine; (: *personne*) addicted to routine

rouvrir [ʀuvʀiʀ] *vt, vi* to reopen, open again; **se rouvrir** *vi* (*blessure*) to open up again

roux, rousse [ʀu, ʀus] *adj* red; (*personne*) red-haired ♦ *nm/f* redhead ♦ *nm* (*CULIN*) roux

royal, e, aux [ʀwajal, -o] *adj* royal; (*fig*) fit for a king, princely; blissful; thorough

royaume [ʀwajom] *nm* kingdom; (*fig*) realm; **le royaume des cieux** the kingdom of heaven

Royaume-Uni [ʀwajomyni] *nm*: **le Royaume-Uni** the United Kingdom

royauté [ʀwajote] *nf* (*dignité*) kingship; (*régime*) monarchy

RPR *sigle m* (= *Rassemblement pour la République*) political party

ruban [ʀybɑ̃] *nm* (*gén*) ribbon; (*pour ourlet, couture*) binding; (*de téléscripteur etc*) tape; (*d'acier*) strip; **ruban adhésif** adhesive tape; **ruban carbone** carbon ribbon

rubéole [ʀybeɔl] *nf* German measles *sg*, rubella

rubis [ʀybi] *nm* ruby; (*HORLOGERIE*) jewel; **payer rubis sur l'ongle** to pay cash on the nail

rubrique [ʀybʀik] *nf* (*titre, catégorie*) heading, rubric; (*PRESSE: article*) column

ruche [ʀyʃ] *nf* hive

rude [ʀyd] *adj* (*barbe, toile*) rough; (*métier, tâche*) hard, tough; (*climat*) severe, harsh; (*bourru*) harsh, rough; (*fruste*) rugged, tough; (*fam*) jolly good; **être mis à rude épreuve** to be put through the mill

rudement [ʀydmɑ̃] *adv* (*tomber, frapper*) hard; (*traiter, reprocher*) harshly; (*fam: très*) terribly; (: *beaucoup*) terribly hard

rudimentaire [ʀydimɑ̃tɛʀ] *adj* rudimentary, basic

rudiments [ʀydimɑ̃] *nmpl* rudiments; basic knowledge *sg*; basic principles

rudoyer [ʀydwaje] *vt* to treat harshly

rue [ʀy] *nf* street; **être/jeter qn à la rue** to be on the streets/throw sb out onto the street

ruée [ʀɥe] *nf* rush; **la ruée vers l'or** the gold rush

ruelle [ʀɥɛl] *nf* alley(way)

ruer [ʀɥe] *vi* (*cheval*) to kick out; **se ruer** *vi*: **se ruer sur** to pounce on; **se ruer vers/dans/hors de** to rush ou dash towards/into/out of; **ruer dans les brancards** to become rebellious

rugby [ʀygbi] *nm* rugby (football); **rugby à treize/quinze** rugby league/union

rugir [ʀyʒiʀ] *vi* to roar

rugueux, euse [ʀygø, -øz] *adj* rough

ruine [ʀɥin] *nf* ruin; **ruines** *nfpl* ruins; **tomber en ruine** to fall into ruin(s)

ruiner [ʀɥine] *vt* to ruin

ruineux, euse [ʀɥinø, -øz] *adj* terribly expensive to buy (ou run), ruinous; extravagant

ruisseau, x [ʀɥiso] *nm* stream, brook; (*caniveau*) gutter; (*fig*): **ruisseaux de larmes/sang** floods of tears/streams of blood

ruisseler [ʀɥisle] *vi* to stream; **ruisseler (d'eau)** to be streaming (with water); **ruisseler de lumière** to stream with light

rumeur [ʀymœʀ] *nf* (*bruit confus*) rumbling; hubbub *no pl*; (*protestation*) murmur(ing); (*nouvelle*) rumour (*BRIT*), rumor (*US*)

ruminer [ʀymine] *vt* (*herbe*) to ruminate; (*fig*) to ruminate on ou over, chew over ♦ *vi* (*vache*) to chew the cud, ruminate

rupture [ʀyptyʀ] *nf* (*de câble, digue*) breaking; (*de tendon*) rupture, tearing; (*de négociations etc*) breakdown; (*de contrat*) breach; (*séparation, désunion*) break-up, split; **en rupture de ban** at odds with authority; **en rupture de stock** (*COMM*) out of stock

rural, e, aux [ʀyʀal, -o] *adj* rural, country *cpd* ♦ *nmpl*: **les ruraux** country people

ruse [ʀyz] *nf*: **la ruse** cunning, craftiness; trickery; **une ruse** a trick, a ruse; **par ruse** by trickery

rusé, e [ʀyze] *adj* cunning, crafty

russe [ʀys] *adj* Russian ♦ *nm* (*LING*) Russian ♦ *nm/f*: **Russe** Russian

Russie [ʀysi] *nf*: **la Russie** Russia; **la Russie blanche** White Russia; **la Russie soviétique** Soviet

Russia

rustine [ʀystin] *nf* repair patch (*for bicycle inner tube*)

rustique [ʀystik] *adj* rustic; (*plante*) hardy

rustre [ʀystʀ(ə)] *nm* boor

rutilant, e [ʀytilã, -ãt] *adj* gleaming

rythme [ʀitm(ə)] *nm* rhythm; (*vitesse*) rate; (: *de la vie*) pace, tempo; **au rythme de 10 par jour** at the rate of 10 a day

rythmé, e [ʀitme] *adj* rhythmic(al)

— S s —

s' [s] *pron voir* **se**

SA *sigle f* = **société anonyme**; (= *Son Altesse*) HH

sa [sa] *adj possessif voir* **son**

sable [sabl(ə)] *nm* sand; **sables mouvants** quick-sand(s)

sablé [sable] *adj* (*allée*) sandy ♦ *nm* shortbread biscuit; **pâte sablée** (*CULIN*) shortbread dough

sabler [sable] *vt* to sand; (*contre le verglas*) to grit; **sabler le champagne** to drink champagne

sablier [sablije] *nm* hourglass; (*de cuisine*) egg timer

sablonneux, euse [sablɔnø, -øz] *adj* sandy

saborder [sabɔʀde] *vt* (*navire*) to scuttle; (*fig*) to wind up, shut down

sabot [sabo] *nm* clog; (*de cheval, bœuf*) hoof; **sabot (de Denver)** (*wheel*) clamp; **sabot de frein** brake shoe

saboter [sabɔte] *vt* (*travail, morceau de musique*) to botch, make a mess of; (*machine, installation, négociation etc*) to sabotage

sac [sak] *nm* bag; (*à charbon etc*) sack; (*pillage*) sack(ing); **mettre à sac** to sack; **sac à provisions/de voyage** shopping/travelling bag; **sac de couchage** sleeping bag; **sac à dos** rucksack; **sac à main** hand-bag; **sac de plage** beach bag

saccadé, e [sakade] *adj* jerky

saccager [sakaʒe] *vt* (*piller*) to sack, lay waste; (*dévaster*) to create havoc in, wreck

saccharine [sakaʀin] *nf* saccharin(e)

sacerdoce [sasɛʀdɔs] *nm* priesthood; (*fig*) calling, vocation

sache *etc* [saʃ] *vb voir* **savoir**

sachet [saʃɛ] *nm* (*small*) bag; (*de lavande, poudre, shampooing*) sachet; **thé en sachets** tea bags; **sachet de thé** tea bag

sacoche [sakɔʃ] *nf* (*gén*) bag; (*de bicyclette*) saddlebag; (*du facteur*) (post)bag; (*d'outils*) toolbag

sacquer [sake] *vt* (*fam: candidat, employé*) to sack; (: *réprimander, mal noter*) to plough

sacre [sakʀ] *nm* coronation; consecration

sacré, e [sakʀe] *adj* sacred; (*fam: satané*) blasted; (: *fameux*): **un sacré ...** a heck of a ...; (*ANAT*) sacral

sacrement [sakʀəmã] *nm* sacrament; **les derniers sacrements** the last rites

sacrifice [sakʀifis] *nm* sacrifice; **faire le sacrifice de** to sacrifice

sacrifier [sakʀifje] *vt* to sacrifice; **sacrifier à** *vt* to conform to; **se sacrifier** to sacrifice o.s.; **articles sacrifiés** (*COMM*) items sold at rock-bottom *ou* give-away prices

sacristie [sakʀisti] *nf* sacristy; (*culte protestant*) vestry

sadique [sadik] *adj* sadistic ♦ *nm/f* sadist

safran [safʀã] *nm* saffron

sage [saʒ] *adj* wise; (*enfant*) good ♦ *nm* wise man; sage

sage-femme [saʒfam] *nf* midwife (*pl* -wives)

sagesse [saʒɛs] *nf* wisdom

Sagittaire [saʒitɛʀ] *nm*: **le Sagittaire** Sagittarius, the Archer; **être du Sagittaire** to be Sagittarius

Sahara [saaʀa] *nm*: **le Sahara** the Sahara (Desert); **le Sahara occidental** (*pays*) Western Sahara

saignant, e [sɛɲã, -ãt] *adj* (*viande*) rare; (*blessure, plaie*) bleeding

saignée [seɲe] *nf* (*MÉD*) bleeding *no pl*, blood-letting *no pl*; (*ANAT*): **la saignée du bras** the bend of the arm; (*fig: MIL*) heavy losses *pl*; (: *prélèvement*) savage cut

saigner [seɲe] *vi* to bleed ♦ *vt* to bleed; (*animal*) to bleed to death; **saigner qn à blanc** (*fig*) to bleed sb white; **saigner du nez** to have a nosebleed

saillie [saji] *nf* (*sur un mur etc*) projection; (*trait d'esprit*) witticism; (*accouplement*) covering, serving; **faire saillie** to project, stick out; **en saillie, formant saillie** projecting, overhanging

saillir [sajiʀ] *vi* to project, stick out; (*veine, muscle*) to bulge ♦ *vt* (*ÉLEVAGE*) to cover, serve

sain, e [sɛ̃, sɛn] *adj* healthy; (*dents, constitution*) healthy, sound; (*lectures*) wholesome; **sain et sauf** safe and sound, unharmed; **sain d'esprit** sound in mind, sane

saindoux [sɛ̃du] *nm* lard

saint, e [sɛ̃, sɛ̃t] *adj* holy; (*fig*) saintly ♦ *nm/f* saint; **la Sainte Vierge** the Blessed Virgin

sainteté [sɛ̃tte] *nf* holiness; saintliness

Saint-Sylvestre [sɛ̃silvɛstʀ(ə)] *nf*: **la Saint-Sylvestre** New Year's Eve

sais [sɛ] *etc vb voir* **savoir**

saisie [sezi] *nf* seizure; **à la saisie** (*texte*) being keyed; **saisie (de données)** (*data*) capture

saisir [seziʀ] *vt* to take hold of, grab; (*fig: occasion*) to seize; (*comprendre*) to grasp; (*entendre*) to get, catch; (*suj: émotions*) to take hold of, come over; (*INFORM*) to capture, keyboard; (*CULIN*) to fry quickly; (*JUR: biens, publication*) to seize; (: *juridiction*): **saisir un tribunal d'une affaire** to submit *ou* refer a case to a court; **se saisir de** *vt* to seize; **être saisi** (*frappé de peur etc*) to be overcome

saisissant, e [sezisã, -ãt] *adj* startling, striking;

(*froid*) biting

saison [sɛzɔ̃] *nf* season; **la belle/mauvaise saison** the summer/winter months; **être de saison** to be in season; **en/hors saison** in/out of season; **haute/basse/morte saison** high/low/slack season; **la saison des pluies/des amours** the rainy/ mating season

saisonnier, ière [sɛzɔnje, -jɛʀ] *adj* seasonal ♦ *nm* (*travailleur*) seasonal worker; (*vacancier*) seasonal holidaymaker

sait [sɛ] *vb voir* **savoir**

salade [salad] *nf* (*BOT*) lettuce *etc* (*generic term*); (*CULIN*) (green) salad; (*fam*) tangle, muddle; **salades** *nfpl* (*fam*): **raconter des salades** to tell tales (*fam*); **haricots en salade** bean salad; **salade de concombres** cucumber salad; **salade de fruits** fruit salad; **salade niçoise** salade niçoise; **salade russe** Russian salad; **salade de tomates** tomato salad; **salade verte** green salad

saladier [saladje] *nm* (salad) bowl

salaire [salɛʀ] *nm* (*annuel, mensuel*) salary; (*hebdomadaire, journalier*) pay, wages *pl*; (*fig*) reward; **salaire de base** basic salary (*ou* wage); **salaire de misère** starvation wage; **salaire minimum interprofessionnel de croissance (SMIC)** index-linked guaranteed minimum wage

salami [salami] *nm* salami *no pl*, salami sausage

salarié, e [salaʀje] *adj* salaried; wage-earning ♦ *nm/f* salaried employee; wage-earner

salaud [salo] *nm* (*fam!*) sod (!), bastard (!)

sale [sal] *adj* dirty; (*fig: avant le nom*) nasty

salé, e [sale] *adj* (*liquide, saveur*) salty; (*CULIN*) salted, salt *cpd*; (*fig*) spicy, juicy; (: *note, facture*) steep, stiff ♦ *nm* (*porc salé*) salt pork; **petit salé** = boiling bacon

saler [sale] *vt* to salt

saleté [salte] *nf* (*état*) dirtiness; (*crasse*) dirt, filth; (*tache etc*) dirt *no pl* something dirty, dirty mark; (*fig: tour*) filthy trick; (: *chose sans valeur*) rubbish *no pl*; (: *obscénité*) filth *no pl*; (: *microbe etc*) bug; **vivre dans la saleté** to live in squalor

salière [saljɛʀ] *nf* saltcellar

salin, e [salɛ̃, -in] *adj* saline ♦ *nf* saltworks *sg*

salir [saliʀ] *vt* to (make) dirty; (*fig*) to soil the reputation of; **se salir** to get dirty

salissant, e [salisɑ̃, -ɑ̃t] *adj* (*tissu*) which shows the dirt; (*métier*) dirty, messy

salle [sal] *nf* room; (*d'hôpital*) ward; (*de restaurant*) dining room; (*d'un cinéma*) auditorium; (: *public*) audience; **faire salle comble** to have a full house; **salle d'armes** (*pour l'escrime*) arms room; **salle d'attente** waiting room; **salle de bain(s)** bathroom; **salle de bal** ballroom; **salle de cinéma** cinema; **salle de classe** classroom; **salle commune** (*d'hôpital*) ward; **salle de concert** concert hall; **salle de consultation** consulting room (*BRIT*), office (*US*); **salle de danse** dance hall; **salle de douches** shower-room; **salle d'eau** shower-room; **salle**

d'embarquement (*à l'aéroport*) departure lounge; **salle d'exposition** showroom; **salle de jeux** games room; playroom; **salle des machines** engine room; **salle à manger** dining room; (*mobilier*) dining room suite; **salle obscure** cinema (*BRIT*), movie theater (*US*); **salle d'opération** (*d'hôpital*) operating theatre; **salle des professeurs** staffroom; **salle de projection** film theatre; **salle de séjour** living room; **salle de spectacle** theatre; cinema; **salle des ventes** saleroom

salon [salɔ̃] *nm* lounge, sitting room; (*mobilier*) lounge suite; (*exposition*) exhibition, show; (*mondain, littéraire*) salon; **salon de coiffure** hairdressing salon; **salon de thé** tearoom

salope [salɔp] *nf* (*fam!*) bitch (!)

saloperie [salɔpʀi] *nf* (*fam!*) filth *no pl*; dirty trick; rubbish *no pl*

salopette [salɔpɛt] *nf* dungarees *pl*; (*d'ouvrier*) overall(s)

salsifis [salsifi] *nm* salsify, oyster plant

salubre [salybʀ(ə)] *adj* healthy, salubrious

saluer [salɥe] *vt* (*pour dire bonjour, fig*) to greet; (*pour dire au revoir*) to take one's leave; (*MIL*) to salute

salut [saly] *nm* (*sauvegarde*) safety; (*REL*) salvation; (*geste*) wave; (*parole*) greeting; (*MIL*) salute ♦ *excl* (*fam: pour dire bonjour*) hi (there); (: *pour dire au revoir*) see you!, bye!; (*style relevé*) (all) hail

salutations [salytasjɔ̃] *nfpl* greetings; **recevez mes salutations distinguées** *ou* **respectueuses** yours faithfully

samedi [samdi] *nm* Saturday; *voir aussi* **lundi**

SAMU [samy] *sigle m* (= *service d'assistance médicale d'urgence*) = ambulance (service) (*BRIT*), = paramedics (*US*)

sanction [sɑ̃ksjɔ̃] *nf* sanction; (*fig*) penalty; **prendre des sanctions contre** to impose sanctions on

sanctionner [sɑ̃ksjɔne] *vt* (*loi, usage*) to sanction; (*punir*) to punish

sandale [sɑ̃dal] *nf* sandal; **sandales à lanières** strappy sandals

sandwich [sɑ̃dwitʃ] *nm* sandwich; **pris en sandwich** sandwiched

sang [sɑ̃] *nm* blood; **en sang** covered in blood; **jusqu'au sang** (*mordre, pincer*) till the blood comes; **se faire du mauvais sang** to fret, get in a state

sang-froid [sɑ̃fʀwa] *nm* calm, sangfroid; **garder/ perdre/reprendre son sang-froid** to keep/lose/ regain one's cool; **de sang-froid** in cold blood

sanglant, e [sɑ̃glɑ̃, -ɑ̃t] *adj* bloody, covered in blood; (*combat*) bloody; (*fig: reproche, affront*) cruel

sangle [sɑ̃gl(ə)] *nf* strap; **sangles** *nfpl* (*pour lit etc*) webbing *sg*

sanglier [sɑ̃glije] *nm* (wild) boar

sanglot [sɑ̃glo] *nm* sob

sangloter [sɑ̃glɔte] *vi* to sob

sangsue [sɑ̃sy] *nf* leech

sanguin, e [sɑ̃gɛ̃, -in] *adj* blood *cpd*; (*fig*) fiery ♦ *nf* blood orange; (*ART*) red pencil drawing

sanguinaire [sɑ̃ginɛʀ] *adj* (*animal, personne*) bloodthirsty; (*lutte*) bloody

sanitaire [sanitɛʀ] *adj* health *cpd*; **sanitaires** *nmpl* (*salle de bain et w.-c.*) bathroom *sg*; **installation/appareil sanitaire** bathroom plumbing/appliance

sans [sɑ̃] *prép* without; **sans qu'il s'en aperçoive** without my *ou* his noticing; **sans scrupules** unscrupulous; **sans manches** sleeveless

sans-abri [sɑ̃zabʀi] *nmpl* homeless

sans-emploi [sɑ̃zɑ̃plwa] *nmpl* jobless

sans-gêne [sɑ̃ʒɛn] *adj inv* inconsiderate ♦ *nm inv* (*attitude*) lack of consideration

santé [sɑ̃te] *nf* health; **avoir une santé de fer** to be bursting with health; **être en bonne santé** to be in good health, be healthy; **boire à la santé de qn** to drink (to) sb's health; **"à la santé de"** "here's to"; **à ta** *ou* **votre santé!** cheers!; **service de santé** (*dans un port etc*) quarantine service; **la santé publique** public health

saoudien, ne [saudjɛ̃, -ɛn] *adj* Saudi (Arabian) ♦ *nm/f*: **Saoudien, ne** Saudi (Arabian)

saoul, e [su, sul] *adj* = **soûl, e**

saper [sape] *vt* to undermine, sap; **se saper** *vi* (*fam*) to dress

sapeur-pompier [sapœʀpɔ̃pje] *nm* fireman

saphir [safiʀ] *nm* sapphire; (*d'électrophone*) needle, sapphire

sapin [sapɛ̃] *nm* fir (tree); (*bois*) fir; **sapin de Noël** Christmas tree

sarcastique [saʀkastik] *adj* sarcastic

sarcler [saʀkle] *vt* to weed

Sardaigne [saʀdɛɲ] *nf*: **la Sardaigne** Sardinia

sardine [saʀdin] *nf* sardine; **sardines à l'huile** sardines in oil

SARL [saʀl] *sigle f* = **société à responsabilité limitée**

sarrasin [saʀazɛ̃] *nm* buckwheat

sas [sas] *nm* (*de sous-marin, d'engin spatial*) airlock; (*d'écluse*) lock

satané, e [satane] *adj* (*fam*) confounded

satellite [satelit] *nm* satellite; **pays satellite** satellite country

satin [satɛ̃] *nm* satin

satire [satiʀ] *nf* satire; **faire la satire** to satirize

satirique [satiʀik] *adj* satirical

satisfaction [satisfaksjɔ̃] *nf* satisfaction; **à ma grande satisfaction** to my great satisfaction; **obtenir satisfaction** to obtain *ou* get satisfaction; **donner satisfaction (à)** to give satisfaction (to)

satisfaire [satisfɛʀ] *vt* to satisfy; **se satisfaire de** to be satisfied *ou* content with; **satisfaire à** *vt* (*engagement*) to fulfil; (*revendications, conditions*) to satisfy, meet

satisfaisant, e [satisfəzɑ̃, -ɑ̃t] *vb voir* **satisfaire**

♦ *adj* satisfactory; (*qui fait plaisir*) satisfying

satisfait, e [satisfɛ, -ɛt] *pp de* **satisfaire** ♦ *adj* satisfied; **satisfait de** happy *ou* satisfied with

saturer [satyʀe] *vt* to saturate; **saturer qn/qch de** to saturate sb/sth with

sauce [sos] *nf* sauce; (*avec un rôti*) gravy; **en sauce** in a sauce; **sauce blanche** white sauce; **sauce chasseur** sauce chasseur; **sauce tomate** tomato sauce

saucière [sosjɛʀ] *nf* sauceboat; gravy boat

saucisse [sosis] *nf* sausage

saucisson [sosisɔ̃] *nm* (slicing) sausage; **saucisson à l'ail** garlic sausage

sauf [sof] *prép* except; **sauf si** (*à moins que*) unless; **sauf avis contraire** unless you hear to the contrary; **sauf empêchement** barring (any) problems; **sauf erreur** if I'm not mistaken; **sauf imprévu** unless anything unforeseen arises, barring accidents

sauf, sauve [sof, sov] *adj* unharmed, unhurt; (*fig: honneur*) intact, saved; **laisser la vie sauve à qn** to spare sb's life

sauge [soʒ] *nf* sage

saugrenu, e [sogʀəny] *adj* preposterous, ludicrous

saule [sol] *nm* willow (tree); **saule pleureur** weeping willow

saumon [somɔ̃] *nm* salmon *inv* ♦ *adj inv* salmon (pink)

saumure [somyʀ] *nf* brine

saupoudrer [sopudʀe] *vt*: **saupoudrer qch de** to sprinkle sth with

saur [sɔʀ] *adj m*: **hareng saur** smoked *ou* red herring, kipper

saurai *etc* [sɔʀe] *vb voir* **savoir**

saut [so] *nm* jump; (*discipline sportive*) jumping; **faire un saut** to (make a) jump *ou* leap; **faire un saut chez qn** to pop over to sb's (place); **au saut du lit** on getting out of bed; **saut en hauteur/ longueur** high/long jump; **saut à la corde** skipping; **saut de page** (*INFORM*) page break; **saut en parachute** parachuting *no pl*; **saut à la perche** pole vaulting; **saut à l'élastique** bungee jumping; **saut périlleux** somersault

saute [sot] *nf*: **saute de vent/température** sudden change of wind direction/in the temperature; **avoir des sautes d'humeur** to have sudden changes of mood

sauter [sote] *vi* to jump, leap; (*exploser*) to blow up, explode; (: *fusibles*) to blow; (*se rompre*) to snap, burst; (*se détacher*) to pop out (*ou* off) ♦ *vt* to jump (over), leap (over); (*fig: omettre*) to skip, miss (out); **faire sauter** to blow up; to burst open; (*CULIN*) to sauté; **sauter à pieds joints/à cloche-pied** to make a standing jump/to hop; **sauter en parachute** to make a parachute jump; **sauter à la corde** to skip; **sauter de joie** to jump for joy; **sauter de colère** to be hopping with rage *ou* hopping mad; **sauter au cou de qn** to fly into sb's arms; **sauter aux yeux** to be quite obvious; **sauter au plafond** (*fig*) to hit the roof

sauterelle [sotʀɛl] *nf* grasshopper

sautiller [sotije] *vi* to hop; to skip

sauvage [sovaʒ] *adj* (*gén*) wild; (*peuplade*) savage; (*farouche*) unsociable; (*barbare*) wild, savage; (*non officiel*) unauthorized, unofficial ♦ *nm/f* savage; (*timide*) unsociable type, recluse

sauve [sov] *adj f voir* **sauf**

sauvegarde [sovgaʀd(ə)] *nf* safeguard; **sous la sauvegarde de** under the protection of; **disquette/fichier de sauvegarde** (*INFORM*) backup disk/file

sauvegarder [sovgaʀde] *vt* to safeguard; (*INFORM: enregistrer*) to save; (*: copier*) to back up

sauve-qui-peut [sovkipø] *nm inv* stampede, mad rush ♦ *excl* run for your life!

sauver [sove] *vt* to save; (*porter secours à*) to rescue; (*récupérer*) to salvage, rescue; **se sauver** *vi* (*s'enfuir*) to run away; (*fam: partir*) to be off; **sauver qn de** to save sb from; **sauver la vie à qn** to save sb's life; **sauver les apparences** to keep up appearances

sauvetage [sovtaʒ] *nm* rescue; **sauvetage en montagne** mountain rescue; **ceinture de sauvetage** lifebelt (*BRIT*), life preserver (*US*); **brassière** *ou* **gilet de sauvetage** lifejacket (*BRIT*), life preserver (*US*)

sauveteur [sovtœʀ] *nm* rescuer

sauvette [sovɛt]: **à la sauvette** *adv* (*vendre*) without authorization; (*se marier etc*) hastily, hurriedly; **vente à la sauvette** (unauthorized) street trading, (street) peddling

sauveur [sovœʀ] *nm* saviour (*BRIT*), savior (*US*)

savais *etc* [savɛ] *vb voir* **savoir**

savamment [savamɑ̃] *adv* (*avec érudition*) learnedly; (*habilement*) skilfully, cleverly

savant, e [savɑ̃, -ɑ̃t] *adj* scholarly, learned; (*calé*) clever ♦ *nm* scientist; **animal savant** performing animal

saveur [savœʀ] *nf* flavour (*BRIT*), flavor (*US*); (*fig*) savour (*BRIT*), savor (*US*)

savoir [savwaʀ] *vt* to know; (*être capable de*): **il sait nager** he knows how to swim, he can swim ♦ *nm* knowledge; **se savoir** (*être connu*) to be known; **se savoir malade/incurable** to know that one is ill/incurably ill; **il est petit: tu ne peux pas savoir!** you won't believe how small he is!; **vous n'êtes pas sans savoir que** you are not *ou* will not be unaware of the fact that; **je crois savoir que …** I believe that …, I think I know that …; **je n'en sais rien** I (really) don't know; **à savoir (que)** that is, namely; **faire savoir qch à qn** to inform sb about sth, let sb know sth; **pas que je sache** not as far as I know; **sans le savoir** *adv* unknowingly, unwittingly; **en savoir long** to know a lot

savon [savɔ̃] *nm* (*produit*) soap; (*morceau*) bar *ou* tablet of soap; (*fam*): **passer un savon à qn** to give sb a good dressing-down

savonner [savɔne] *vt* to soap

savonnette [savɔnɛt] *nf* bar *ou* tablet of soap

savons [savɔ̃] *vb voir* **savoir**

savourer [savuʀe] *vt* to savour (*BRIT*), savor (*US*)

savoureux, euse [savuʀø, -øz] *adj* tasty; (*fig*) spicy, juicy

saxo(phone) [saksɔ(fɔn)] *nm* sax(ophone)

scabreux, euse [skabʀø, -øz] *adj* risky; (*indécent*) improper, shocking

scandale [skɑ̃dal] *nm* scandal; (*tapage*): **faire du scandale** to make a scene, create a disturbance; **faire scandale** to scandalize people; **au grand scandale de …** to the great indignation of …

scandaleux, euse [skɑ̃dalø, -øz] *adj* scandalous, outrageous

scandinave [skɑ̃dinav] *adj* Scandinavian ♦ *nm/f*: **Scandinave** Scandinavian

Scandinavie [skɑ̃dinavi] *nf*: **la Scandinavie** Scandinavia

scaphandre [skafɑ̃dʀ(ə)] *nm* (*de plongeur*) diving suit; (*de cosmonaute*) spacesuit; **scaphandre autonome** aqualung

scarabée [skaʀabe] *nm* beetle

scarlatine [skaʀlatin] *nf* scarlet fever

scarole [skaʀɔl] *nf* endive

sceau, x [so] *nm* seal; (*fig*) stamp, mark; **sous le sceau du secret** under the seal of secrecy

scélérat, e [seleʀa, -at] *nm/f* villain, blackguard ♦ *adj* villainous, blackguardly

sceller [sele] *vt* to seal

scénario [senaʀjo] *nm* (*CINÉ*) screenplay, script; (*: idée, plan*) scenario; (*fig*) pattern; scenario

scène [sɛn] *nf* (*gén*) scene; (*estrade, fig: théâtre*) stage; **entrer en scène** to come on stage; **mettre en scène** (*THÉÂT*) to stage; (*CINÉ*) to direct; (*fig*) to present, introduce; **sur le devant de la scène** (*en pleine actualité*) in the forefront; **porter à la scène** to adapt for the stage; **faire une scène (à qn)** to make a scene (with sb); **scène de ménage** domestic fight *ou* scene

sceptique [septik] *adj* sceptical ♦ *nm/f* sceptic

schéma [ʃema] *nm* (*diagramme*) diagram, sketch; (*fig*) outline

schématique [ʃematik] *adj* diagrammatic(al), schematic; (*fig*) oversimplified

sciatique [sjatik] *adj*: **nerf sciatique** sciatic nerve ♦ *nf* sciatica

scie [si] *nf* saw; (*fam: rengaine*) catch-tune; (*: personne*) bore; **scie à bois** wood saw; **scie circulaire** circular saw; **scie à découper** fretsaw; **scie à métaux** hacksaw; **scie sauteuse** jigsaw

sciemment [sjamɑ̃] *adv* knowingly, wittingly

science [sjɑ̃s] *nf* science; (*savoir*) knowledge; (*savoir-faire*) art, skill; **sciences économiques** economics; **sciences humaines/sociales** social sciences; **sciences naturelles** natural science *sg*, biology *sg*; **sciences po** political studies

science-fiction [sjɑ̃sfiksjɔ̃] *nf* science fiction

scientifique [sjɑ̃tifik] *adj* scientific ♦ *nm/f* (*savant*) scientist; (*étudiant*) science student

scier [sje] *vt* to saw; (*retrancher*) to saw off

scierie [siʀi] *nf* sawmill

scinder [sɛ̃de] *vt*: **se scinder** *vi* to split (up)

scintiller [sɛ̃tije] *vi* to sparkle

scission [sisjɔ̃] *nf* split

sciure [sjyʀ] *nf*: **sciure (de bois)** sawdust

sclérose [skleʀoz] *nf* sclerosis; (*fig*) ossification; **sclérose en plaques (SEP)** multiple sclerosis (MS)

scolaire [skɔlɛʀ] *adj* school *cpd*; (*péj*) schoolish; **l'année scolaire** the school year; (*à l'université*) the academic year; **en âge scolaire** of school age

scolariser [skɔlaʀize] *vt* to provide with schooling (*ou* schools)

scolarité [skɔlaʀite] *nf* schooling; **frais de scolarité** school fees (*BRIT*), tuition (*US*)

scooter [skutœʀ] *nm* (motor) scooter

score [skɔʀ] *nm* score; (*électoral etc*) result

scorpion [skɔʀpjɔ̃] *nm* (*signe*): **le Scorpion** Scorpio, the Scorpion; **être du Scorpion** to be Scorpio

scotch [skɔtʃ] *nm* (*whisky*) scotch, whisky; (*adhésif*) Sellotape® (*BRIT*), Scotch tape® (*US*)

scout, e [skut] *adj*, *nm* scout

script [skʀipt(ə)] *nm* printing; (*CINE*) (shooting) script

scrupule [skʀypyl] *nm* scruple; **être sans scrupules** to be unscrupulous; **se faire un scrupule de qch** to have scruples *ou* qualms about doing sth

scruter [skʀyte] *vt* to search, scrutinize; (*l'obscurité*) to peer into; (*motifs, comportement*) to examine, scrutinize

scrutin [skʀytɛ̃] *nm* (*vote*) ballot; (*ensemble des opérations*) poll; **scrutin proportionnel/majoritaire** election on a proportional/majority basis; **scrutin à deux tours** poll with two ballots *ou* rounds; **scrutin de liste** list system

sculpter [skylte] *vt* to sculpt; (*suj: érosion*) to carve

sculpteur [skyltœʀ] *nm* sculptor

sculpture [skyltyʀ] *nf* sculpture; **sculpture sur bois** wood carving

SDF *sigle m* (= *sans domicile fixe*) homeless person; **les SDF** the homeless

---

MOT-CLÉ

---

se, s' [s(ə)] *pron* **1** (*emploi réfléchi*) oneself; (: *masc*) himself; (: *fém*) herself; (: *sujet non humain*) itself; (: *pl*) themselves; **se voir comme l'on est** to see o.s. as one is

2 (*réciproque*) one another, each other; **ils s'aiment** they love one another *ou* each other

3 (*passif*): **cela se répare facilement** it is easily repaired

4 (*possessif*): **se casser la jambe/laver les mains** to break one's leg/wash one's hands

---

séance [seɑ̃s] *nf* (*d'assemblée, récréative*) meeting, session; (*de tribunal*) sitting, session; (*musicale, CINE, THEAT*) performance; **ouvrir/lever la séance** to open/close the meeting; **séance tenante** forthwith

seau, x [so] *nm* bucket, pail; **seau à glace** ice bucket

sec, sèche [sɛk, sɛʃ] *adj* dry; (*raisins, figues*) dried; (*cœur, personne: insensible*) hard, cold; (*maigre, décharné*) spare, lean; (*réponse, ton*) sharp, curt; (*démarrage*) sharp, sudden ♦ *nm*: **tenir au sec** to keep in a dry place ♦ *adv* (*démarrer*) sharply; **boire sec** to be a heavy drinker; **je le bois sec** I drink it straight *ou* neat; **à pied sec** without getting one's feet wet; **à sec** *adj* dried up; (*à court d'argent*) broke

sécateur [sekatœʀ] *nm* secateurs *pl* (*BRIT*), shears *pl*, pair of secateurs *ou* shears

sèche [sɛʃ] *adj f voir* **sec** ♦ *nf* (*fam*) cigarette, fag (*BRIT*)

sèche-cheveux [sɛʃʃəvø] *nm inv* hair-drier

sèche-linge [sɛʃlɛ̃ʒ] *nm inv* drying cabinet

sèchement [sɛʃmɑ̃] *adv* (*frapper etc*) sharply; (*répliquer etc*) drily, sharply

sécher [seʃe] *vt* to dry; (*dessécher: peau, blé*) to dry (out); (: *étang*) to dry up; (*bois*) to season; (*fam: classe, cours*) to skip, miss ♦ *vi* to dry; to dry out; to dry up; (*fam: candidat*) to be stumped; **se sécher** (*après le bain*) to dry o.s.

sécheresse [seʃʀɛs] *nf* dryness; (*absence de pluie*) drought

séchoir [seʃwaʀ] *nm* drier

second, e [s(ə)gɔ̃, -ɔ̃d] *adj* second ♦ *nm* (*assistant*) second in command; (*étage*) second floor (*BRIT*), third floor (*US*); (*NAVIG*) first mate ♦ *nf* second; (*SCOL*) ≈ fifth form (*BRIT*), ≈ tenth grade (*US*); **en second** (*en second rang*) in second place; **voyager en seconde** to travel second-class; **doué de seconde vue** having (the gift of) second sight; **trouver son second souffle** (*SPORT, fig*) to get one's second wind; **être dans un état second** to be in a daze (*ou* trance); **de seconde main** second-hand

secondaire [s(ə)gɔ̃dɛʀ] *adj* secondary

seconder [s(ə)gɔ̃de] *vt* to assist; (*favoriser*) to back

secouer [s(ə)kwe] *vt* to shake; (*passagers*) to rock; (*traumatiser*) to shake (up); **se secouer** (*chien*) to shake itself; (*fam: se démener*) to shake o.s. up; **secouer la poussière d'un tapis** to shake the dust off a carpet; **secouer la tête** to shake one's head

secourir [s(ə)kuʀiʀ] *vt* (*aller sauver*) to (go and) rescue; (*prodiguer des soins à*) to help, assist; (*venir en aide à*) to assist, aid

secourisme [s(ə)kuʀism(ə)] *nm* (*premiers soins*) first aid; (*sauvetage*) life saving

secouriste [səkuʀist(ə)] nm/f first-aid worker

secours [səkuʀ] vb voir **secourir** ♦ nm help, aid, assistance ♦ nmpl aid sg; **cela lui a été d'un grand secours** this was a great help to him; **au secours!** help!; **appeler au secours** to shout ou call for help; **appeler qn à son secours** to call sb to one's assistance; **porter secours à qn** to give sb assistance, help sb; **les premiers secours** first aid sg; **le secours en montagne** mountain rescue

secousse [səkus] nf jolt, bump; (électrique) shock; (fig: psychologique) jolt, shock; **secousse sismique** ou **tellurique** earth tremor

secret, ète [səkʀɛ, -ɛt] adj secret; (fig: renfermé) reticent, reserved ♦ nm secret; (discrétion absolue): **le secret** secrecy; **en secret** in secret, secretly; **au secret** in solitary confinement; **secret de fabrication** trade secret; **secret professionnel** professional secrecy

secrétaire [səkʀetɛʀ] nm/f secretary ♦ nm (meuble) writing desk, secretaire; **secrétaire d'ambassade** embassy secretary; **secrétaire de direction** private ou personal secretary; **secrétaire d'État** = junior minister; **secrétaire général (SG)** Secretary-General; (COMM) company secretary; **secrétaire de mairie** town clerk; **secrétaire médicale** medical secretary; **secrétaire de rédaction** sub-editor

secrétariat [s(ə)kʀetaʀja] nm (profession) secretarial work; (bureau: d'entreprise, d'école) (secretary's) office; (: d'organisation internationale) secretariat; (POL etc: fonction) secretaryship, office of Secretary

secteur [sɛktœʀ] nm sector; (ADMIN) district; (ÉLEC): **branché sur le secteur** plugged into the mains (supply); **fonctionne sur pile et secteur** battery or mains operated; **le secteur privé/public** (ÉCON) the private/public sector; **le secteur primaire/tertiaire** the primary/tertiary sector

section [sɛksjɔ̃] nf section; (de parcours d'autobus) fare stage; (MIL: unité) platoon; **section rythmique** rhythm section

sectionner [sɛksjɔne] vt to sever; **se sectionner** vi to be severed

sécu [seky] nf (fam: = sécurité sociale) = dole (BRIT), = Welfare (US)

séculaire [sekylɛʀ] adj secular; (très vieux) age-old

sécuriser [sekyʀize] vt to give a sense of security to

sécurité [sekyʀite] nf security; (absence de danger) safety; **impression de sécurité** sense of security; **la sécurité internationale** international security; **système de sécurité** security (ou safety) system; **être en sécurité** to be safe; **la sécurité de l'emploi** job security; **la sécurité routière** road safety; **la sécurité sociale** = (the) Social Security (BRIT), = (the) Welfare (US)

sédentaire [sedɑ̃tɛʀ] adj sedentary

séduction [sedyksjɔ̃] nf seduction; (charme, attrait) appeal, charm

séduire [sedɥiʀ] vt to charm; (femme: abuser de) to seduce; (suj: chose) to appeal to

séduisant, e [sedɥizɑ̃, -ɑ̃t] vb voir **séduire** ♦ adj (femme) seductive; (homme, offre) very attractive

ségrégation [segʀegasjɔ̃] nf segregation

seigle [sɛgl(ə)] nm rye

seigneur [sɛɲœʀ] nm lord; **le Seigneur** the Lord

sein [sɛ̃] nm breast; (entrailles) womb; **au sein de** prép (équipe, institution) within; (flots, bonheur) in the midst of; **donner le sein à** (bébé) to feed (at the breast); to breast-feed; **nourrir au sein** to breast-feed

séisme [seism(ə)] nm earthquake

seize [sɛz] num sixteen

seizième [sɛzjɛm] num sixteenth

séjour [seʒuʀ] nm stay; (pièce) living room

séjourner [seʒuʀne] vi to stay

sel [sɛl] nm salt; (fig) wit; spice; **sel de cuisine/de table** cooking/table salt; **sel gemme** rock salt; **sels de bain** bathsalts

sélection [selɛksjɔ̃] nf selection; **faire/opérer une sélection parmi** to make a selection from among; **épreuve de sélection** (SPORT) trial (for selection); **sélection naturelle** natural selection; **sélection professionnelle** professional recruitment

sélectionner [selɛksjɔne] vt to select

self [sɛlf] nm (fam) self-service

self-service [sɛlfsɛʀvis] adj self-service ♦ nm self-service (restaurant); (magasin) self-service shop

selle [sɛl] nf saddle; **selles** nfpl (MÉD) stools; **aller à la selle** (MÉD) to have a bowel movement; **se mettre en selle** to mount, get into the saddle

seller [sele] vt to saddle

sellette [selɛt] nf: **être sur la sellette** to be on the carpet (fig)

selon [səlɔ̃] prép according to; (en se conformant à) in accordance with; **selon moi** as I see it; **selon que** according to, depending on whether

semaine [səmɛn] nf week; (salaire) week's wages ou pay, weekly wages ou pay; **en semaine** during the week, on weekdays; **à la petite semaine** from day to day; **la semaine sainte** Holy Week

semblable [sɑ̃blabl(ə)] adj similar; (de ce genre): **de semblables mésaventures** such mishaps ♦ nm fellow creature ou man; **semblable à** similar to, like

semblant [sɑ̃blɑ̃] nm: **un semblant de vérité** a semblance of truth; **faire semblant (de faire)** to pretend (to do)

sembler [sɑ̃ble] vb avec attribut to seem ♦ vb impers: **il semble (bien) que/inutile de** it (really) seems ou appears that/useless to; **il me semble (bien) que** it (really) seems to me that, I (really) think that; **il me semble le connaître** I think ou I've a feeling I know him; **sembler être** to seem to be; **comme bon lui semble** as he sees fit; **me semble-**

t-il, à ce qu'il me **semble** it seems to me, to my mind

semelle [səmɛl] *nf* sole; (*intérieure*) insole, inner sole; **battre la semelle** to stamp one's feet (to keep them warm); (*fig*) to hang around (waiting); **semelles compensées** platform soles

semence [səmɑ̃s] *nf* (*graine*) seed; (*clou*) tack

semer [səme] *vt* to sow; (*fig: éparpiller*) to scatter; (*confusion*) to spread; (: *poursuivants*) to lose, shake off; **semer la discorde parmi** to sow discord among; **semé de** (*difficultés*) riddled with

semestre [səmɛstʀ(ə)] *nm* half-year; (*SCOL*) semester

séminaire [seminɛʀ] *nm* seminar; (*REL*) seminary

semi-remorque [səmiʀəmɔʀk(ə)] *nf* trailer ♦ *nm* articulated lorry (*BRIT*), semi(trailer) (*US*)

semoule [səmul] *nf* semolina; **semoule de riz** ground rice

sempiternel, le [sɛpitɛʀnɛl] *adj* eternal, never-ending

sénat [sena] *nm* senate; *see boxed note*

sénateur [senatœʀ] *nm* senator

sens [sɑ̃] *vb voir* **sentir** ♦ *nm* [sɑ̃s] (*PHYSIOL, instinct*) sense; (*signification*) meaning, sense; (*direction*) direction, way ♦ *nmpl* (*sensualité*) senses; **reprendre ses sens** to regain consciousness; **avoir le sens des affaires/de la mesure** to have business sense/a sense of moderation; **ça n'a pas de sens** that doesn't make (any) sense; **en dépit du bon sens** contrary to all good sense; **tomber sous le sens** to stand to reason, be perfectly obvious; **en un sens, dans un sens** in a way; **en ce sens que** in the sense that; **à mon sens** to my mind; **dans le sens des aiguilles d'une montre** clockwise; **dans le sens de la longueur/largeur** lengthways/widthways; **dans le mauvais sens** the wrong way; in the wrong direction; **bon sens** good sense; **sens commun** common sense; **sens dessus dessous** upside down; **sens interdit, sens unique** one-way street

sensass [sɑ̃sas] *adj* (*fam*) fantastic

sensation [sɑ̃sasjɔ̃] *nf* sensation; **faire sensation** to cause a sensation, create a stir; **à sensation** (*péj*) sensational

sensationnel, le [sɑ̃sasjɔnɛl] *adj* sensational

sensé, e [sɑ̃se] *adj* sensible

sensibiliser [sɑ̃sibilize] *vt* to sensitize; **sensibiliser qn (à)** to make sb sensitive (to)

sensibilité [sɑ̃sibilite] *nf* sensitivity; (*affectivité, émotivité*) sensitivity, sensibility

sensible [sɑ̃sibl(ə)] *adj* sensitive; (*aux sens*) perceptible; (*appréciable: différence, progrès*) appreciable, noticeable; **sensible à** sensitive to

sensiblement [sɑ̃sibləmɑ̃] *adv* (*notablement*) appreciably, noticeably; (*à peu près*): **ils ont sensiblement le même poids** they weigh approximately the same

sensiblerie [sɑ̃sibləʀi] *nf* sentimentality; squeamishness

sensuel, le [sɑ̃sɥɛl] *adj* sensual; sensuous

sentence [sɑ̃tɑ̃s] *nf* (*jugement*) sentence; (*adage*) maxim

sentier [sɑ̃tje] *nm* path

sentiment [sɑ̃timɑ̃] *nm* feeling; (*conscience, impression*): **avoir le sentiment de/que** to be aware of/have the feeling that; **recevez mes sentiments respectueux** yours faithfully; **faire du sentiment** (*péj*) to be sentimental; **si vous me prenez par les sentiments** if you appeal to my feelings

sentimental, e, aux [sɑ̃timɑ̃tal, -o] *adj* sentimental; (*vie, aventure*) love *cpd*

sentinelle [sɑ̃tinɛl] *nf* sentry; **en sentinelle** standing guard; (*soldat: en faction*) on sentry duty

sentir [sɑ̃tiʀ] *vt* (*par l'odorat*) to smell; (*par le goût*) to taste; (*au toucher, fig*) to feel; (*répandre une odeur de*) to smell of; (: *ressemblance*) to smell like; (*avoir la saveur de*) to taste of; to taste like; (*fig: dénoter, annoncer*) to be indicative of; to smack of; to foreshadow ♦ *vi* to smell; **sentir mauvais** to smell bad; **se sentir bien** to feel good; **se sentir mal** (*se sentir indisposé*) to feel unwell *ou* ill; **se sentir le courage/la force de faire** to feel brave/strong enough to do; **ne plus se sentir de joie** to be beside o.s. with joy; **il ne peut pas le sentir** (*fam*) he can't stand him

séparation [separasjɔ̃] *nf* separation; (*cloison*) division, partition; **séparation de biens** division of property (*in marriage settlement*) **séparation de corps** legal separation

séparé, e [separe] *adj* (*appartements, pouvoirs*) separate; (*époux*) separated; **séparé de** separate from; separated from

séparément [separemɑ̃] *adv* separately

séparer [separe] *vt* (*gén*) to separate; (*suj: divergences etc*) to divide; to drive apart; (: *différences, obstacles*) to stand between; (*détacher*): **séparer qch de** to pull sth (off) from; (*dissocier*) to distinguish between; (*diviser*): **séparer qch par** to divide sth (up) with; **séparer une pièce en deux** to divide a room into two; **se séparer** (*époux*) to separate, part; (*prendre congé: amis etc*) to part, leave each other; (*adversaires*) to separate; (*se diviser: route, tige etc*) to divide; (*se détacher*): **se séparer (de)** to split

off (from); to come off; **se séparer de** (époux) to
separate ou part from; (employé, objet personnel) to
part with

sept [sɛt] *num* seven

septante [sɛptɑ̃t] *num* (Belgique, Suisse) seventy

septembre [sɛptɑ̃bʀ(ə)] *nm* September; *voir aussi*
juillet

septennat [sɛptena] *nm* seven-year term (of
office); seven-year reign

septentrional, e, aux [sɛptɑ̃tʀijɔnal, -o] *adj*
northern

septicémie [sɛptisemi] *nf* blood poisoning, septi-
caemia

septième [sɛtjɛm] *num* seventh; **être au septième ciel** to be on cloud nine

septique [sɛptik] *adj*: **fosse septique** septic tank

sépulture [sepyltyʀ] *nf* burial; (tombeau) burial
place, grave

séquelles [sekɛl] *nfpl* after-effects; (fig) aftermath
sg; consequences

séquestrer [sekɛstʀe] *vt* (personne) to confine
illegally; (biens) to impound

serai *etc* [səʀe] *vb voir* être

serein, e [səʀɛ̃, -ɛn] *adj* serene; (jugement) dispassionate

serez [səʀe] *vb voir* être

sergent [sɛʀʒɑ̃] *nm* sergeant

série [seʀi] *nf* (de questions, d'accidents, TV) series
inv; (de clés, casseroles, outils) set; (catégorie: SPORT)
rank; class; **en série** in quick succession; (COMM)
mass *cpd*; **de série** *adj* standard; **hors série** (COMM)
custom-built; (fig) outstanding; **imprimante série**
(INFORM) serial printer; **soldes de fin de séries** end
of line special offers; **série noire** (crime) thriller
◆ *nf* (suite de malheurs) run of bad luck

sérieusement [seʀjøzmɑ̃] *adv* seriously; reliably;
responsibly; **il parle sérieusement** he's serious, he
means it; **sérieusement?** are you serious?, do you
mean it?

sérieux, euse [seʀjø, -øz] *adj* serious; (élève,
employé) reliable, responsible; (client, maison) reliable, dependable; (offre, proposition) genuine, serious; (grave, sévère) serious, solemn; (maladie, situation) serious, grave; (important) considerable ◆ *nm*
seriousness; reliability; **ce n'est pas sérieux**
(raisonnable) that's not on; **garder son sérieux** to
keep a straight face; **manquer de sérieux** not to
be very responsible (ou reliable); **prendre qch/qn
au sérieux** to take sth/sb seriously

serin [səʀɛ̃] *nm* canary

seringue [səʀɛ̃g] *nf* syringe

serions *etc* [səʀjɔ̃] *vb voir* être

serment [sɛʀmɑ̃] *nm* (juré) oath; (promesse)
pledge, vow; **prêter serment** to take the ou an
oath; **faire le serment de** to take a vow to, swear
to; **sous serment** ou under oath

sermon [sɛʀmɔ̃] *nm* sermon; (péj) sermon, lecture

séronégatif, ive [seʀonegatif, -iv] *adj* HIV negative

séropositif, ive [seʀopozitif, -iv] *adj* HIV positive

serpent [sɛʀpɑ̃] *nm* snake; **serpent à sonnettes**
rattlesnake; **serpent monétaire (européen)**
(European) monetary snake

serpenter [sɛʀpɑ̃te] *vi* to wind

serpillière [sɛʀpijɛʀ] *nf* floorcloth

serre [sɛʀ] *nf* (AGR) greenhouse; **serre chaude** hothouse; **serre froide** unheated greenhouse

serré, e [seʀe] *adj* (tissu) closely woven; (réseau)
dense; (écriture) close; (habits) tight; (fig: lutte,
match) tight, close-fought; (passagers etc) (tightly)
packed; (café) strong ◆ *adv*: **jouer serré** to play it
close, play a close game; **écrire serré** to write a
cramped hand; **avoir la gorge serrée** to have a
lump in one's throat

serrer [seʀe] *vt* (tenir) to grip ou hold tight; (comprimer, coincer) to squeeze; (poings, mâchoires) to
clench; (suj: vêtement) to be too tight for; to fit tightly; (rapprocher) to close up, move closer together;
(ceinture, nœud, frein, vis) to tighten ◆ *vi*: **serrer à
droite** to keep to the right; to move into the right-
hand lane; **se serrer** (se rapprocher) to squeeze up;
se serrer contre qn to huddle up to sb; **se serrer
les coudes** to stick together, back one another up;
se serrer la ceinture to tighten one's belt; **serrer
la main à qn** to shake sb's hand; **serrer qn dans
ses bras** to hug sb, clasp sb in one's arms; **serrer la
gorge à qn** (suj: chagrin) to bring a lump to sb's
throat; **serrer les dents** to clench ou grit one's
teeth; **serrer qn de près** to follow close behind sb;
serrer le trottoir to hug the kerb; **serrer sa droite**
to keep well to the right; **serrer la vis à qn** to crack
down harder on sb; **serrer les rangs** to close ranks

serrure [seʀyʀ] *nf* lock

serrurier [seʀyʀje] *nm* locksmith

sers, sert [sɛʀ] *vb voir* servir

servante [sɛʀvɑ̃t] *nf* (maid)servant

serveur, euse [sɛʀvœʀ, -øz] *nm/f* waiter/waitress
◆ *adj*: **centre serveur** (INFORM) service centre

serviable [sɛʀvjabl(ə)] *adj* obliging, willing to help

service [sɛʀvis] *nm* (gén) service; (série de repas):
premier service first sitting; (pourboire) service
(charge); (assortiment de vaisselle) set, service; (linge
de table) set; (bureau: de la vente etc) department,
section; (travail): **pendant le service** on duty; **services** *nmpl* (travail, ÉCON) services, inclusive/exclu-
sive of service; **faire le service** to serve; **être en
service chez qn** (domestique) to be in sb's service;
être au service de (patron, patrie) to be in the service of; **être au service de qn** (collaborateur,
voiture) to be at sb's service; **porte de service**
tradesman's entrance; **rendre service à** to help; **il
aime rendre service** he likes to help; **rendre un
service à qn** to do sb a favour; **heures de service**
hours of duty; **être de service** to be on duty;
reprendre du service to get back into action;
avoir 25 ans de service to have completed 25
years' service; **être/mettre en service** to be in/put

into service ou operation; **hors service** not in use; out of order; **service à thé/café** tea/coffee set ou service; **service après-vente (SAV)** after-sales service; **en service commandé** on an official assignment; **service funèbre** funeral service; **service militaire** military service; *see boxed note*; **service d'ordre** police (ou stewards) in charge of maintaining order; **services publics** public services, (public) utilities; **services secrets** secret service *sg*; **services sociaux** social services

SERVICE MILITAIRE

French men over 18 years of age are required to do ten months' **service militaire** if they pass their physical examination. Call-up can be delayed, however, if the conscript is a full-time student in higher education. Conscientious objectors are required to do two years' community service. Since 1970, women have been able to do military service, though few do.

serviette [sɛRvjɛt] *nf* (de table) (table) napkin, serviette; (de toilette) towel; (porte-documents) briefcase; **serviette éponge** terry towel; **serviette hygiénique** sanitary towel

servir [sɛRviR] *vt* (gén) to serve; (dîneur: au restaurant) to wait on; (client: au magasin) to serve, attend to; (fig: aider) to serve; **servir qn** to aid sb; to serve sb's interests; to stand sb in good stead; (COMM: rente) to pay ♦ **vi** (TENNIS) to serve; (CARTES) to deal; (être militaire) to serve; **servir qch à qn** to serve sb with sth, help sb to sth; **qu'est-ce que je vous sers?** what can I get you?; *se servir* (prendre d'un plat) to help o.s.; (s'approvisionner): **se servir chez** to shop at; **se servir de** (plat) to help o.s. to; (voiture, outil, relations) to use; **servir à qn** (diplôme, livre) to be of use to sb; **ça m'a servi pour faire** it was useful to me when I did; I used it to do; **servir à qch/à faire** (outil etc) to be used for sth/for doing; **ça peut servir** it may come in handy; **à quoi cela sert-il (de faire)?** what's the use (of doing)?; **cela ne sert à rien** it's no use; **servir (à qn) de ...** to serve as ... (for sb); **servir à dîner (à qn)** to serve dinner (to sb)

serviteur [sɛRvitœR] *nm* servant

ses [se] *adj possessif voir* **son**

set [sɛt] *nm* set; (napperon) placemat; **set de table** set of placemats

seuil [sœj] *nm* doorstep; (fig) threshold; **sur le seuil de la maison** in the doorway of his house, on his doorstep; **au seuil de** (fig) on the threshold ou brink ou edge of; **seuil de rentabilité** (COMM) breakeven point

seul, e [sœl] *adj* (sans compagnie) alone; (avec nuance affective: isolé) lonely; (unique): **un seul livre** only one book, a single book; **le seul livre** the only book; **seul ce livre, ce livre seul** this book alone, only this book; **d'un seul coup** (soudaine-

ment) all at once; (à la fois) at one blow ♦ *adv* (vivre) alone, on one's own; **parler tout seul** to talk to oneself; **faire qch (tout) seul** to do sth (all) on one's own ou (all) by oneself ♦ *nm, nf*: **il en reste un(e) seul(e)** there's only one left; **pas un(e) seul(e)** not a single; **à lui (tout) seul** single-handed, on his own; **seul à seul** in private

seulement [sœlmɑ̃] *adv* (pas davantage): **seulement 5, 5 seulement** only 5; (exclusivement): **seulement eux** only them, them alone; (pas avant): **seulement hier/à 10h** only yesterday/at 10 o'clock; (mais, toutefois): **il consent, seulement il demande des garanties** he agrees, only he wants guarantees; **non seulement ... mais aussi** ou **encore** not only ... but also

sève [sɛv] *nf* sap

sévère [sevɛR] *adj* severe

sévices [sevis] *nmpl* (physical) cruelty *sg*, ill treatment *sg*

sévir [seviR] *vi* (punir) to use harsh measures, crack down; (suj: fléau) to rage, be rampant; **sévir contre** (abus) to deal ruthlessly with, crack down on

sevrer [savRe] *vt* to wean; (fig): **sevrer qn de** to deprive sb of

sexe [sɛks(ə)] *nm* sex; (organe mâle) member

sexuel, le [sɛksɥɛl] *adj* sexual; **acte sexuel** sex act

seyant, e [sejɑ̃, -ɑ̃t] *vb voir* **seoir** ♦ *adj* becoming

shampooing [ʃɑ̃pwɛ̃] *nm* shampoo; **se faire un shampooing** to shampoo one's hair; **shampooing colorant** (colour) rinse; **shampooing traitant** medicated shampoo

short [ʃɔRt] *nm* (pair of) shorts *pl*

MOT-CLÉ

si [si] *nm* (MUS) B; (en chantant la gamme) ti
♦ *adv* **1** (oui) yes; **"Paul n'est pas venu" – "si!"** "Paul hasn't come" – "Yes he has!"; **je vous assure que si** I assure you he did/she is *etc*
2 (tellement) so; **si gentil/rapidement** so kind/fast; **(tant et) si bien que** so much so that; **si rapide qu'il soit** however fast he may be
♦ *conj* if; **si tu veux** if you want; **je me demande si** I wonder if ou whether; **si j'étais toi** if I were you; **si seulement** if only; **si ce n'est que** apart from; **une des plus belles, si ce n'est la plus belle** one of the most beautiful, if not THE most beautiful; **s'il est aimable, eux par contre ...** while ou whereas he's nice, they (on the other hand) ...

Sicile [sisil] *nf*: **la Sicile** Sicily

SIDA, sida [sida] *nm* (= *syndrome immuno-déficitaire acquis*) AIDS *sg*

sidéré, e [sidere] *adj* staggered

sidérurgie [sideRyRʒi] *nf* steel industry

siècle [sjɛkl(ə)] *nm* century; (époque): **le siècle des lumières/de l'atome** the age of enlightenment/atomic age; (REL): **le siècle** the world

siège [sjɛʒ] *nm* seat; *(d'entreprise)* head office; *(d'organisation)* headquarters *pl*; (MIL) siege; **lever le siège** to raise the siege; **mettre le siège devant** to besiege; **présentation par le siège** (MÉD) breech presentation; **siège avant/arrière** (AUTO) front/back seat; **siège baquet** bucket seat; **siège social** registered office

siéger [sjeʒe] *vi* *(assemblée, tribunal)* to sit; *(résider, se trouver)* to lie, be located

sien, ne [sjɛ̃, sjɛn] *pron*: **le(la) sien(ne), les siens (siennes)** *m* his; *f* hers; *non humain* its; **y mettre du sien** to pull one's weight; **faire des siennes** *(fam)* to be up to one's (usual) tricks; **les siens** *(sa famille)* one's family

sieste [sjɛst(ə)] *nf* (afternoon) snooze *ou* nap, siesta; **faire la sieste** to have a snooze *ou* nap

sifflement [sifləmɑ̃] *nm* whistle, whistling *no pl*; wheezing *no pl*; hissing *no pl*

siffler [sifle] *vi* *(gén)* to whistle; *(avec un sifflet)* to blow (on) one's whistle; *(en respirant)* to wheeze; *(serpent, vapeur)* to hiss ♦ *vt* *(chanson)* to whistle; *(chien etc)* to whistle for; *(fille)* to whistle at; *(pièce, orateur)* to hiss, boo; *(faute)* to blow one's whistle at; *(fin du match, départ)* to blow one's whistle for; *(fam: verre, bouteille)* to guzzle, knock back (BRIT)

sifflet [siflɛ] *nm* whistle; **sifflets** *nmpl* *(de mécontentement)* whistles, boos; **coup de sifflet** whistle

siffloter [siflɔte] *vi, vt* to whistle

sigle [siɡl(ə)] *nm* acronym, (set of) initials *pl*

signal, aux [siɲal, -o] *nm* *(signe convenu, appareil)* signal; *(indice, écriteau)* sign; **donner le signal de** to give the signal for; **signal d'alarme** alarm signal; **signal d'alerte/de détresse** warning/distress signal; **signal horaire** time signal; **signal optique/sonore** warning light/sound; visual/acoustic signal; **signaux (lumineux)** (AUTO) traffic signals; **signaux routiers** road signs; *(lumineux)* traffic lights

signalement [siɲalmɑ̃] *nm* description, particulars *pl*

signaler [siɲale] *vt* to indicate; to announce; to report; *(être l'indice de)* to indicate; *(faire remarquer)*: **signaler qch à qn/à qn que** to point out sth to sb/ to sb that; *(appeler l'attention sur)*: **signaler qn à la police** to bring sb to the notice of the police; **se signaler par** to distinguish o.s. by; **se signaler à l'attention de qn** to attract sb's attention

signature [siɲatyʀ] *nf* signature; *(action)* signing

signe [siɲ] *nm* sign; (TYPO) mark; **ne pas donner signe de vie** to give no sign of life; **c'est bon signe** it's a good sign; **c'est signe que** it's a sign that; **faire un signe de la main/tête** to give a sign with one's hand/shake one's head; **faire signe à qn** *(fig)* to get in touch with sb; **faire signe à qn d'entrer** to motion (to) sb to come in; **en signe de** as a sign *ou* mark of; **le signe de la croix** the sign of the Cross; **signe de ponctuation** punctuation mark; **signe du zodiaque** sign of the zodiac; **signes par-**

ticuliers distinguishing marks

signer [siɲe] *vt* to sign; **se signer** *vi* to cross o.s.

significatif, ive [siɲifikatif, -iv] *adj* significant

signification [siɲifikasjɔ̃] *nf* meaning

signifier [siɲifje] *vt* *(vouloir dire)* to mean, signify; *(faire connaître)*: **signifier qch (à qn)** to make sth known (to sb); (JUR): **signifier qch à qn** to serve notice of sth on sb

silence [silɑ̃s] *nm* silence; (MUS) rest; **garder le silence (sur qch)** to keep silent (about sth), say nothing (about sth); **passer sous silence** to pass over (in silence); **réduire au silence** to silence

silencieux, euse [silɑ̃sjø, -øz] *adj* quiet, silent ♦ *nm* silencer (BRIT), muffler (US)

silex [silɛks] *nm* flint

silhouette [silwɛt] *nf* outline, silhouette; *(lignes, contour)* outline; *(figure)* figure

silicium [silisjɔm] *nm* silicon; **plaquette de silicium** silicon chip

sillage [sijaʒ] *nm* wake; *(fig)* trail; **dans le sillage de** *(fig)* in the wake of

sillon [sijɔ̃] *nm* *(d'un champ)* furrow; *(de disque)* groove

sillonner [sijɔne] *vt* *(creuser)* to furrow; *(traverser)* to cross, criss-cross

simagrées [simaɡʀe] *nfpl* fuss *sg*; airs and graces

similaire [similɛʀ] *adj* similar

similicuir [similikɥiʀ] *nm* imitation leather

similitude [similityd] *nf* similarity

simple [sɛ̃pl(ə)] *adj* *(gén)* simple; *(non multiple)* single; **simples** *nmpl* (MÉD) medicinal plants; **simple messieurs** *nm* (TENNIS) men's singles *sg*; **un simple particulier** an ordinary citizen; **une simple formalité** a mere formality; **cela varie du simple au double** it can double the price *etc*; **dans le plus simple appareil** in one's birthday suit; **simple course** *adj* single; **simple d'esprit** *nm/f* simpleton; **simple soldat** private

simplicité [sɛ̃plisite] *nf* simplicity; **en toute simplicité** quite simply

simplifier [sɛ̃plifje] *vt* to simplify

simulacre [simylakʀ(ə)] *nm* enactment; *(péj)*: **un simulacre de** a pretence of, a sham

simuler [simyle] *vt* to sham, simulate

simultané, e [simyltane] *adj* simultaneous

sincère [sɛ̃sɛʀ] *adj* sincere; genuine; heartfelt; **mes sincères condoléances** my deepest sympathy

sincèrement [sɛ̃sɛʀmɑ̃] *adv* sincerely; genuinely

sincérité [sɛ̃seʀite] *nf* sincerity; **en toute sincérité** in all sincerity

sine qua non [sinekwanɔn] *adj*: **condition sine qua non** indispensable condition

singe [sɛ̃ʒ] *nm* monkey; *(de grande taille)* ape

singer [sɛ̃ʒe] *vt* to ape, mimic

singeries [sɛ̃ʒʀi] *nfpl* antics; *(simagrées)* airs and graces

singulariser [sɛ̃gylaʀize] vt to mark out; **se singulariser** to call attention to o.s.

singularité [sɛ̃gylaʀite] nf peculiarity

singulier, ière [sɛ̃gylje, -jɛʀ] adj remarkable, singular; (LING) singular ♦ nm singular

sinistre [sinistʀ(ə)] adj sinister; (intensif): **un sinistre imbécile** an incredible idiot ♦ nm (incendie) blaze; (catastrophe) disaster; (ASSURANCES) damage (giving rise to a claim)

sinistré, e [sinistʀe] adj disaster-stricken ♦ nm/f disaster victim

sinon [sinɔ̃] conj (autrement, sans quoi) otherwise, or else; (sauf) except, other than; (si ce n'est) if not

sinueux, euse [sinɥø, -øz] adj winding; (fig) tortuous

sinus [sinys] nm (ANAT) sinus; (GÉOM) sine

sinusite [sinyzit] nf sinusitis, sinus infection

siphon [sifɔ̃] nm (tube, d'eau gazeuse) siphon; (d'évier etc) U-bend

sirène [siʀɛn] nf siren; **sirène d'alarme** fire alarm; (pendant la guerre) air-raid siren

sirop [siʀo] nm (à diluer: de fruit etc) syrup, cordial (BRIT); (boisson) fruit drink; (pharmaceutique) syrup, mixture; **sirop de menthe** mint syrup ou cordial; **sirop contre la toux** cough syrup ou mixture

siroter [siʀɔte] vt to sip

sismique [sismik] adj seismic

site [sit] nm (paysage, environnement) setting; (d'une ville etc: emplacement) site; **site (pittoresque)** beauty spot; **sites touristiques** places of interest; **sites naturels/historiques** natural/historic sites

site web [sitwɛb] nm website

sitôt [sito] adv: **sitôt parti** as soon as he etc had left; **sitôt après** straight after; **pas de sitôt** not for a long time; **sitôt (après) que** as soon as

situation [sitɥasjɔ̃] nf (gén) situation; (d'un édifice, d'une ville) situation, position; (emplacement) location; **être en situation de faire qch** to be in a position to do sth; **situation de famille** marital status

situé, e [sitɥe] adj: **bien situé** well situated, in a good location; **situé à/près de** situated at/near

situer [sitɥe] vt to site, situate; (en pensée) to set, place; **se situer** vi: **se situer à/près de** to be situated at/near

six [sis] num six

sixième [sizjɛm] num sixth; **en sixième** (SCOL: classe) first form (BRIT), sixth grade (US)

skaï ® [skaj] nm = Leatherette®

ski [ski] nm (objet) ski; (sport) skiing; **faire du ski** to ski; **ski alpin** Alpine skiing; **ski court** short ski; **ski évolutif** short ski method; **ski de fond** cross-country skiing; **ski nautique** water-skiing; **ski de piste** downhill skiing; **ski de randonnée** cross-country skiing

skier [skje] vi to ski

skieur, euse [skjœʀ, -øz] nm/f skier

slip [slip] nm (sous-vêtement) underpants pl, pants pl (BRIT), briefs pl; (de bain: d'homme) (bathing ou swimming) trunks pl; (: du bikini) (bikini) briefs pl ou bottoms pl

slogan [slɔgɑ̃] nm slogan

SMIC [smik] sigle m = **salaire minimum interprofessionnel de croissance**; see boxed note

---

SMIC

In France, the **SMIC** ('salaire minimum interprofessionnel de croissance') is the minimum hourly rate which workers over the age of 18 must legally be paid. It is index-linked and is raised each time the cost of living rises by 2 per cent.

---

smicard, e [smikaʀ, -aʀd(ə)] nm/f minimum wage earner

smoking [smɔkiŋ] nm dinner ou evening suit

SNC abr = service non compris

SNCF sigle f (= Société nationale des chemins de fer français) French railways

snob [snɔb] adj snobbish ♦ nm/f snob

snobisme [snɔbism(ə)] nm snobbery

sobre [sɔbʀ(ə)] adj temperate, abstemious; (élégance, style) restrained, sober; **sobre de** (gestes, compliments) sparing of

sobriquet [sɔbʀikɛ] nm nickname

social, e, aux [sɔsjal, -o] adj social

socialisme [sɔsjalism(ə)] nm socialism

socialiste [sɔsjalist(ə)] adj, nm/f socialist

société [sɔsjete] nf society; (d'abeilles, de fourmis) colony; (sportive) club; (COMM) company; **la bonne société** polite society; **se plaire dans la société de** to enjoy the society of; **l'archipel de la Société** the Society Islands; **la société d'abondance/de consommation** the affluent/consumer society; **société par actions** joint stock company; **société anonyme (SA)** = limited company (Ltd) (BRIT), = incorporated company (Inc.) (US); **société d'investissement à capital variable (SICAV)** = investment trust (BRIT), = mutual fund (US); **société à responsabilité limitée (SARL)** type of limited liability company (with non-negotiable shares); **société savante** learned society; **société de services** service company

sociologie [sɔsjɔlɔʒi] nf sociology

socle [sɔkl(ə)] nm (de colonne, statue) plinth, pedestal; (de lampe) base

socquette [sɔkɛt] nf ankle sock

sœur [sœʀ] nf sister; (religieuse) nun, sister; **sœur Élisabeth** (REL) Sister Elizabeth; **sœur de lait** foster sister

soi [swa] pron oneself; **cela va de soi** that ou it goes without saying, it stands to reason

soi-disant [swadizɑ̃] adj inv so-called ♦ adv supposedly

soie [swa] *nf* silk; (*de porc, sanglier*: *poil*) bristle

soierie [swari] *nf* (*industrie*) silk trade; (*tissu*) silk

soif [swaf] *nf* thirst; (*fig*): **soif de** thirst *ou* craving for; **avoir soif** to be thirsty; **donner soif à qn** to make sb thirsty

soigné, e [swaɲe] *adj* (*tenue*) well-groomed, neat; (*travail*) careful, meticulous; (*fam*) whopping; stiff

soigner [swaɲe] *vt* (*malade, maladie*: *suj: docteur*) to treat; (: *suj: infirmière, mère*) to nurse, look after; (*blessé*) to tend; (*travail, détails*) to take care over; (*jardin, chevelure, invités*) to look after

soigneux, euse [swaɲø, -øz] *adj* (*propre*) tidy, neat; (*méticuleux*) painstaking, careful; **soigneux de** careful with

soi-même [swamɛm] *pron* oneself

soin [swɛ̃] *nm* (*application*) care; (*propreté, ordre*) tidiness, neatness; (*responsabilité*): **le soin de qch** the care of sth; **soins** *nmpl* (*à un malade, blessé*) treatment *sg*, medical attention *sg*; (*attentions, prévenance*) care and attention *sg*; (*hygiène*) care *sg*; **soins de la chevelure/de beauté** hair/beauty care; **soins du corps/ménage** care of one's body/ the home; **avoir** *ou* **prendre soin de** to take care of, look after; **avoir** *ou* **prendre soin de faire** to take care to do; **faire qch avec (grand) soin** to do sth (very) carefully; **sans soin** *adj* careless; untidy; **les premiers soins** first aid *sg*; **aux bons soins de** c/o, care of; **être aux petits soins pour qn** to wait on sb hand and foot, see to sb's every need; **confier qn aux soins de qn** to hand sb over to sb's care

soir [swar] *nm, adv* evening; **le soir** in the evening(s); **ce soir** this evening, tonight; **à ce soir!** see you this evening (*ou* tonight)!; **la veille au soir** the previous evening; **sept/dix heures du soir** seven in the evening/ten at night; **le repas/journal du soir** the evening meal/newspaper; **dimanche soir** Sunday evening; **hier soir** yesterday evening; **demain soir** tomorrow evening, tomorrow night

soirée [sware] *nf* evening; (*réception*) party; **donner en soirée** (*film, pièce*) to give an evening performance of

soit [swa] *vb voir* **être** ♦ *conj* (*à savoir*) namely, to wit; (*ou*): **soit ... soit** either ... or ♦ *adv* so be it, very well; **soit un triangle ABC** let ABC be a triangle; **soit que ... soit que** *ou* **ou que** whether ... or whether

soixantaine [swasɑ̃tɛn] *nf*: **une soixantaine (de)** sixty or so, about sixty; **avoir la soixantaine** to be around sixty

soixante [swasɑ̃t] *num* sixty

soixante-dix [swasɑ̃tdis] *num* seventy

soja [sɔʒa] *nm* soya; (*graines*) soya beans *pl*; **germes de soja** beansprouts

sol [sɔl] *nm* ground; (*de logement*) floor; (*revêtement*) flooring *no pl*; (*territoire, AGR, GÉO*) soil; (*MUS*) G; (: *en chantant la gamme*) so(h)

solaire [sɔlɛr] *adj* solar, sun *cpd*

soldat [sɔlda] *nm* soldier; **Soldat inconnu** Unknown Warrior *ou* Soldier; **soldat de plomb** tin *ou* toy soldier

solde [sɔld(ə)] *nf* pay ♦ *nm* (*COMM*) balance; **soldes** *nmpl ou nfpl* (*COMM*) sales; (*articles*) sale goods; **à la solde de qn** (*péj*) in sb's pay; **solde créditeur/ débiteur** credit/debit balance; **solde à payer** balance outstanding; **en solde** at sale price; **aux soldes** at the sales

solder [sɔlde] *vt* (*compte*) to settle; (*marchandise*) to sell at sale price, sell off; **se solder par** (*fig*) to end in; **article soldé (à) 10 F** item reduced to 10 F

sole [sɔl] *nf* sole *inv* (*fish*)

soleil [sɔlɛj] *nm* sun; (*lumière*) sun(light); (*temps ensoleillé*) sun(shine); (*feu d'artifice*) Catherine wheel; (*ACROBATIE*) grand circle; (*BOT*) sunflower; **il y a** *ou* **il fait du soleil** it's sunny; **au soleil** in the sun; **en plein soleil** in full sun; **le soleil levant/ couchant** the rising/setting sun; **le soleil de minuit** the midnight sun

solennel, le [sɔlanɛl] *adj* solemn; ceremonial

solfège [sɔlfɛʒ] *nm* rudiments *pl* of music; (*exercices*) ear training *no pl*

solidaire [sɔlidɛr] *adj* (*personnes*) who stand together, who show solidarity; (*pièces mécaniques*) interdependent; (*JUR: engagement*) binding on all parties; (: *débiteurs*) jointly liable; **être solidaire de** (*collègues*) to stand by; (*mécanisme*) to be bound up with, be dependent on

solidarité [sɔlidarite] *nf* (*entre personnes*) solidarity; (*de mécanisme, phénomènes*) interdependence; **par solidarité (avec)** (*cesser le travail etc*) in sympathy (with)

solide [sɔlid] *adj* solid; (*mur, maison, meuble*) solid, sturdy; (*connaissances, argument*) sound; (*personne*) robust, sturdy; (*estomac*) strong ♦ *nm* solid; **avoir les reins solides** (*fig*) to be in a good financial position; to have sound financial backing

soliste [sɔlist(ə)] *nm/f* soloist

solitaire [sɔlitɛr] *adj* (*sans compagnie*) solitary, lonely; (*isolé*) solitary, isolated, lone; (*lieu*) lonely ♦ *nm/f* recluse; loner ♦ *nm* (*diamant, jeu*) solitaire

solitude [sɔlityd] *nf* loneliness; (*paix*) solitude

solive [sɔliv] *nf* joist

solliciter [sɔlisite] *vt* (*personne*) to appeal to; (*emploi, faveur*) to seek; (*moteur*) to prompt; (*suj: occupations, attractions etc*): **solliciter qn** to appeal to sb's curiosity *etc*; to entice sb; to make demands on sb's time; **solliciter qn de faire** to appeal to sb *ou* request sb to do

sollicitude [sɔlisityd] *nf* concern

soluble [sɔlybl(ə)] *adj* (*sucre, cachet*) soluble; (*problème etc*) soluble, solvable

solution [sɔlysjɔ̃] *nf* solution; **solution de continuité** gap, break; **solution de facilité** easy way out

solvable [sɔlvabl(ə)] *adj* solvent

sombre [sɔ̃br(ə)] *adj* dark; (*fig*) sombre, gloomy; (*sinistre*) awful, dreadful

sombrer [sɔ̃bre] *vi* (*bateau*) to sink, go down;

sombrer corps et biens to go down with all hands; **sombrer dans** (*misère, désespoir*) to sink into

sommaire [sɔmɛʀ] *adj* (*simple*) basic; (*expéditif*) summary ♦ *nm* summary; **faire le sommaire de** to make a summary of, summarize; **exécution sommaire** summary execution

sommation [sɔmasjɔ̃] *nf* (*JUR*) summons *sg*; (*avant de faire feu*) warning

somme [sɔm] *nf* (*MATH*) sum; (*fig*) amount; (*argent*) sum, amount ♦ *nm*: **faire un somme** to have a (short) nap; **faire la somme de** to add up; **en somme, somme toute** *adv* all in all

sommeil [sɔmɛj] *nm* sleep; **avoir sommeil** to be sleepy; **avoir le sommeil léger** to be a light sleeper; **en sommeil** (*fig*) dormant

sommeiller [sɔmeje] *vi* to doze; (*fig*) to lie dormant

sommer [sɔme] *vt*: **sommer qn de faire** to command *ou* order sb to do; (*JUR*) to summon sb to do

sommes [sɔm] *vb voir* **être**; *voir aussi* **somme**

sommet [sɔmɛ] *nm* top; (*d'une montagne*) summit, top; (*fig: de la perfection, gloire*) height; (*GÉOM: d'angle*) vertex (*pl* vertices); (*conférence*) summit (conference)

sommier [sɔmje] *nm* bed base, bedspring (*US*); (*ADMIN: registre*) register; **sommier à ressorts** (interior sprung) divan base (*BRIT*), box spring (*US*); **sommier à lattes** slatted bed base

somnambule [sɔmnɑ̃byl] *nm/f* sleepwalker

somnifère [sɔmnifɛʀ] *nm* sleeping drug; (*comprimé*) sleeping pill *ou* tablet

somnoler [sɔmnɔle] *vi* to doze

somptueux, euse [sɔ̃ptɥø, -øz] *adj* sumptuous; (*cadeau*) lavish

son [sɔ̃], **sa** [sa], *pl* **ses** [se] *adj possessif* (*antécédent humain mâle*) his; (*: femelle*) her; (*: valeur indéfinie*) one's, his(her); (*: non humain*) its; *voir note* **sous il**

son [sɔ̃] *nm* sound; (*de blé etc*) bran; **son et lumière** *adj inv* son et lumière

sondage [sɔ̃daʒ] *nm* (*de terrain*) boring, drilling; (*de mer, atmosphère*) sounding; probe; (*enquête*) survey, sounding out of opinion; **sondage (d'opinion**) (opinion) poll

sonde [sɔ̃d] *nf* (*NAVIG*) lead *ou* sounding line; (*MÉTÉOROLOGIE*) sonde; (*MÉD*) probe; catheter; (*d'alimentation*) feeding tube; (*TECH*) borer, driller; (*de forage, sondage*) drill; (*pour fouiller etc*) probe; **sonde à avalanche** pole (*for probing snow and locating victims*) **sonde spatiale** probe

sonder [sɔ̃de] *vt* (*NAVIG*) to sound; (*atmosphère, plaie, bagages etc*) to probe; (*TECH*) to bore, drill; (*fig: personne*) to sound out; (*opinion*) to probe; **sonder le terrain** (*fig*) to see how the land lies

songe [sɔ̃ʒ] *nm* dream

songer [sɔ̃ʒe] *vi* to dream; **songer à** (*rêver à*) to muse over, think over; (*penser à*) to think of; (*envisager*) to contemplate, think of, consider; **songer que** to consider that; to think that

songeur, euse [sɔ̃ʒœʀ, -øz] *adj* pensive; **ça me laisse songeur** that makes me wonder

sonnant, e [sɔnɑ̃, -ɑ̃t] *adj*: **en espèces sonnantes et trébuchantes** in coin of the realm; **à 8 heures sonnantes** on the stroke of 8

sonné, e [sɔne] *adj* (*fam*) cracked; (*passé*): **il est midi sonné** it's gone twelve; **il a quarante ans bien sonnés** he's well into his forties

sonner [sɔne] *vi* (*retentir*) to ring; (*donner une impression*) to sound ♦ *vt* (*cloche*) to ring; (*glas, tocsin*) to sound; (*portier, infirmière*) to ring for; (*messe*) to ring the bell for; (*fam: suj: choc, coup*) to knock out; **sonner du clairon** to sound the bugle; **sonner bien/mal/creux** to sound good/bad/hollow; **sonner faux** (*instrument*) to sound out of tune; (*rire*) to ring false; **sonner les heures** to strike the hours; **minuit vient de sonner** midnight has just struck; **sonner chez qn** to ring sb's doorbell, ring at sb's door

sonnerie [sɔnʀi] *nf* (*son*) ringing; (*sonnette*) bell; (*mécanisme d'horloge*) striking mechanism; **sonnerie d'alarme** alarm bell; **sonnerie de clairon** bugle call

sonnette [sɔnɛt] *nf* bell; **sonnette d'alarme** alarm bell; **sonnette de nuit** night-bell

sono [sɔno] *nf* (= *sonorisation*) PA (system); (*d'une discothèque*) sound system

sonore [sɔnɔʀ] *adj* (*voix*) sonorous, ringing; (*salle, métal*) resonant; (*ondes, film, signal*) sound *cpd*; (*LING*) voiced; **effets sonores** sound effects

sonorisation [sɔnɔʀizasjɔ̃] *nf* (*installations*) public address system; (*d'une discothèque*) sound system

sonorité [sɔnɔʀite] *nf* (*de piano, violon*) tone; (*de voix, mot*) sonority; (*d'une salle*) resonance; acoustics *pl*

sont [sɔ̃] *vb voir* **être**

sophistiqué, e [sɔfistike] *adj* sophisticated

sorbet [sɔʀbɛ] *nm* water ice, sorbet

sorcellerie [sɔʀsɛlʀi] *nf* witchcraft *no pl*, sorcery *no pl*

sorcier, ière [sɔʀsje, -jɛʀ] *nm/f* sorcerer/witch *ou* sorceress ♦ *adj*: **ce n'est pas sorcier** (*fam*) it's as easy as pie

sordide [sɔʀdid] *adj* sordid; squalid

sornettes [sɔʀnɛt] *nfpl* twaddle *sg*

sort [sɔʀ] *vb voir* **sortir** ♦ *nm* (*fortune, destinée*) fate; (*condition, situation*) lot; (*magique*) spell; **jeter un sort** to cast a spell; **un coup du sort** a blow dealt by fate; **le sort en est jeté** the die is cast; **tirer au sort** to draw lots; **tirer qch au sort** to draw lots for sth

sorte [sɔʀt(ə)] *vb voir* **sortir** ♦ *nf* sort, kind; **une sorte de** a sort of; **de la sorte** *adv* in that way; **en quelque sorte** in a way; **de sorte à** so as to, in order to; **de (telle) sorte que, en sorte que** (*de* *manière que*) so that; (*si bien que*) so much so that; **faire en sorte que** to see to it that

sortie [sɔʀti] *nf* (*issue*) way out, exit; (MIL) sortie; (*fig: verbale*) outburst; sally; (: *parole incongrue*) odd remark; (*d'un gaz, de l'eau*) outlet; (*promenade*) outing; (*le soir: au restaurant etc*) night out; (*de produits*) export; (*de capitaux*) outflow; (COMM: *somme*): **sorties** items of expenditure; outgoings *sans sg*; (INFORM) output; (*d'imprimante*) printout; **à sa sortie** as he went out *ou* left; **à la sortie de l'école/l'usine** (*moment*) after school/work; when school/the factory comes out; (*lieu*) at the school/factory gates; **à la sortie de ce nouveau modèle** when this new model comes (*ou* came) out, when they bring (*ou* brought) out this new model; **sortie de bain** (*vêtement*) bathrobe; **"sortie de camions"** "vehicle exit"; **sortie papier** hard copy; **sortie de secours** emergency exit

sortilège [sɔʀtilɛʒ] *nm* (magic) spell

sortir [sɔʀtiʀ] *vi* (*gén*) to come out; (*partir, se promener, aller au spectacle etc*) to go out; (*bourgeon, plante, numéro gagnant*) to come up ◆ *vt* (*gén*) to take out; (*produit, ouvrage, modèle*) to bring out; (*boniments, incongruités*) to come out with; (INFORM) to output; (: *sur papier*) to print out; (*fam: expulser*) to throw out ◆ *nm*: **au sortir de l'hiver/ l'enfance** as winter/childhood nears its end; **sortir qch de** to take sth out of; **sortir qn d'embarras** to get sb out of trouble; **sortir de** (*gén*) to leave; (*endroit*) to go (*ou* come) out, leave; (*rainure etc*) to come out of; (*maladie*) to get over; (*époque*) to get through; (*cadre, compétence*) to be outside; (*provenir de: famille etc*) to come from; **sortir de table** to leave the table; **sortir du système** (INFORM) to log out; **sortir de ses gonds** (*fig*) to fly off the handle; **se sortir de** (*affaire, situation*) to get out of; **s'en sortir** (*malade*) to pull through; (*d'une difficulté etc*) to come through all right; to get through, be able to manage

sosie [sɔzi] *nm* double

sot, sotte [so, sɔt] *adj* silly, foolish ◆ *nm/f* fool

sottise [sɔtiz] *nf* silliness *no pl*, foolishness *no pl*; (*propos, acte*) silly *ou* foolish thing (to do *ou* say)

sou [su] *nm*: **près de ses sous** tight-fisted; **sans le sou** penniless; **sou à sou** penny by penny; **pas un sou de bon sens** not a scrap *ou* an ounce of good sense; **de quatre sous** worthless

soubresaut [subʀəso] *nm* (*de peur etc*) start; (*cahot: d'un véhicule*) jolt

souche [suʃ] *nf* (*d'arbre*) stump; (*de carnet*) counterfoil (BRIT), stub; **dormir comme une souche** to sleep like a log; **de vieille souche** of old stock

souci [susi] *nm* (*inquiétude*) worry; (*préoccupation*) concern; (BOT) marigold; **se faire du souci** to worry; **avoir (le) souci de** to have concern for; **par souci de** for the sake of, out of concern for

soucier [susje]: **se soucier de** *vt* to care about

soucieux, euse [susjø, -øz] *adj* concerned, worried; **soucieux de** concerned about; **peu soucieux**

de/que caring little about/whether

soucoupe [sukup] *nf* saucer; **soucoupe volante** flying saucer

soudain, e [sudɛ̃, -ɛn] *adj* (*douleur, mort*) sudden ◆ *adv* suddenly, all of a sudden

soude [sud] *nf* soda

souder [sude] *vt* (*avec fil à souder*) to solder; (*par soudure autogène*) to weld; (*fig*) to bind *ou* knit together; to fuse (together); **se souder** *vi* (*os*) to knit (together)

soudoyer [sudwaje] *vt* (*péj*) to bribe, buy over

soudure [sudyʀ] *nf* soldering; welding; (*joint*) soldered joint; weld; **faire la soudure** (COMM) to fill a gap; (*fig: assurer une transition*) to bridge the gap

souffert, e [sufɛʀ, -ɛʀt(ə)] *pp de* **souffrir**

souffle [sufl(ə)] *nm* (*en expirant*) breath; (*en soufflant*) puff, blow; (*respiration*) breathing; (*d'explosion, de ventilateur*) blast; (*du vent*) blowing; (*fig*) inspiration; **retenir son souffle** to hold one's breath; **avoir du/manquer de souffle** to have a lot of puff/be short of breath; **être à bout de souffle** to be out of breath; **avoir le souffle court** to be short-winded; **un souffle d'air *ou* de vent** a breath of air, a puff of wind; **souffle au cœur** (MÉD) heart murmur

soufflé, e [sufle] *adj* (CULIN) souffléd; (*fam: ahuri, stupéfié*) staggered ◆ *nm* (CULIN) soufflé

souffler [sufle] *vi* (*gén*) to blow; (*haleter*) to puff (and blow) ◆ *vt* (*feu, bougie*) to blow out; (*chasser: poussière etc*) to blow away; (TECH: *verre*) to blow; (*suj: explosion*) to destroy (with its blast); (*dire*): **souffler qch à qn** to whisper sth to sb; (*fam: voler*): **souffler qch à qn** to pinch sth from sb; **souffler son rôle à qn** to prompt sb; **ne pas souffler mot** not to breathe a word; **laisser souffler qn** (*fig*) to give sb a breather

soufflet [sufle] *nm* (*instrument*) bellows *pl*; (*entre wagons*) vestibule; (COUTURE) gusset; (*gifle*) slap (in the face)

souffleur, euse [suflœʀ, -øz] *nm/f* (THÉÂT) prompter; (TECH) glass-blower

souffrance [sufʀɑ̃s] *nf* suffering; **en souffrance** (*marchandise*) awaiting delivery; (*affaire*) pending

souffrant, e [sufʀɑ̃, -ɑ̃t] *adj* unwell

souffre-douleur [sufʀədulœʀ] *nm inv* whipping boy (BRIT), butt, underdog

souffrir [sufʀiʀ] *vi* to suffer; (*éprouver des douleurs*) to be in pain ◆ *vt* to suffer, endure; (*supporter*) to bear, stand; (*admettre: exception etc*) to allow *ou* admit of; **souffrir de** (*maladie, froid*) to suffer from; **souffrir des dents** to have trouble with one's teeth; **ne pas pouvoir souffrir qch/que ...** not to be able to endure *ou* bear sth/that ...; **faire souffrir qn** (*suj: personne*) to make sb suffer; (: *dents, blessure etc*) to hurt sb

soufre [sufʀ(ə)] *nm* sulphur (BRIT), sulfur (US)

souhait [swɛ] *nm* wish; **tous nos souhaits de** good wishes *ou* our best wishes for; **riche *etc* à**

souhait as rich *etc* as one could wish; **à vos souhaits!** bless you!

souhaitable [swetabl(ə)] *adj* desirable

souhaiter [swete] *vt* to wish for; **souhaiter le bonjour à qn** to bid sb good day; **souhaiter la bonne année à qn** to wish sb a happy New Year; **il est à souhaiter que** it is to be hoped that

souiller [suje] *vt* to dirty, soil; *(fig)* to sully, tarnish

soûl, e [su, sul] *adj* drunk; *(fig)*: **soûl de musique/plaisirs** drunk with music/pleasure ♦ *nm*: **tout son soûl** to one's heart's content

soulagement [sulaʒmɑ̃] *nm* relief

soulager [sulaʒe] *vt* to relieve; **soulager qn de** to relieve sb of

soûler [sule] *vt*: **soûler qn** to get sb drunk; *(suj: boisson)* to make sb drunk; *(fig)* to make sb's head spin *ou* reel; **se soûler** to get drunk; **se soûler de** *(fig)* to intoxicate o.s. with

soulever [sulve] *vt* to lift; *(vagues, poussière)* to send up; *(peuple)* to stir up *(to revolt)*; *(enthousiasme)* to arouse; *(question, débat, protestations, difficultés)* to raise; **se soulever** *vi* *(peuple)* to rise up; *(personne couchée)* to lift o.s. up; *(couvercle etc)* to lift; **cela me soulève le cœur** it makes me feel sick

soulier [sulje] *nm* shoe; **souliers bas** low-heeled shoes; **souliers plats/à talons** flat/heeled shoes

souligner [suliɲe] *vt* to underline; *(fig)* to emphasize, stress

soumettre [sumetʀ(ə)] *vt (pays)* to subject, subjugate; *(rebelles)* to put down, subdue; **soumettre qn/qch à** to subject sb/sth to; **soumettre qch à qn** *(projet etc)* to submit sth to sb; **se soumettre (à)** *(se rendre, obéir)* to submit (to); **se soumettre à** *(formalités etc)* to submit to; *(régime etc)* to submit o.s. to

soumis, e [sumi, -iz] *pp de* **soumettre** ♦ *adj* submissive; **revenus soumis à l'impôt** taxable income

soumission [sumisjɔ̃] *nf (voir se soumettre)* submission; *(docilité)* submissiveness; *(COMM)* tender

soupape [supap] *nf* valve; **soupape de sûreté** safety valve

soupçon [supsɔ̃] *nm* suspicion; *(petite quantité)*: **un soupçon de** a hint *ou* touch of; **avoir soupçon de** to suspect; **au dessus de tout soupçon** above (all) suspicion

soupçonner [supsɔne] *vt* to suspect; **soupçonner qn de qch/d'être** to suspect sb of sth/of being

soupçonneux, euse [supsɔnø, -øz] *adj* suspicious

soupe [sup] *nf* soup; **soupe au lait** *adj inv* quick-tempered; **soupe à l'oignon/de poisson** onion/fish soup; **soupe populaire** soup kitchen

souper [supe] *vi* to have supper ♦ *nm* supper; **avoir soupé de** *(fam)* to be sick and tired of

soupeser [supəze] *vt* to weigh in one's hand(s), feel the weight of; *(fig)* to weigh up

soupière [supjɛʀ] *nf* (soup) tureen

soupir [supiʀ] *nm* sigh; *(MUS)* crotchet rest *(BRIT)*, quarter note rest *(US)*; **rendre le dernier soupir** to breathe one's last

soupirail, aux [supiʀaj, -o] *nm* (small) basement window

soupirer [supiʀe] *vi* to sigh; **soupirer après qch** to yearn for sth

souple [supl(ə)] *adj* supple; *(col)* soft; *(fig: règlement, caractère)* flexible; *(: démarche, taille)* lithe, supple; **disque(tte) souple** *(INFORM)* floppy disk, diskette

souplesse [suples] *nf* suppleness; flexibility

source [suʀs(ə)] *nf (point d'eau)* spring; *(d'un cours d'eau, fig)* source; **prendre sa source à/dans** *(suj: cours d'eau)* to have its source at/in; **tenir qch de bonne source/de source sûre** to have sth on good authority/from a reliable source; **source thermale/d'eau minérale** hot *ou* thermal/mineral spring

sourcil [suʀsij] *nm* (eye)brow

sourciller [suʀsije] *vi*: **sans sourciller** without turning a hair *ou* batting an eyelid

sourd, e [suʀ, suʀd(ə)] *adj* deaf; *(bruit, voix)* muffled; *(couleur)* muted; *(douleur)* dull; *(lutte)* silent, hidden; *(LING)* voiceless ♦ *nm/f* deaf person; **être sourd à** to be deaf to

sourdine [suʀdin] *nf (MUS)* mute; **en sourdine** *adv* softly, quietly; **mettre une sourdine à** *(fig)* to tone down

sourd-muet, sourde-muette [suʀmyɛ, suʀdmyɛt] *adj* deaf-and-dumb ♦ *nm/f* deaf-mute

souriant, e [suʀjɑ̃, -ɑ̃t] *vb voir* **sourire** ♦ *adj* cheerful

souricière [suʀisjɛʀ] *nf* mousetrap; *(fig)* trap

sourire [suʀiʀ] *nm* smile ♦ *vi* to smile; **sourire à qn** to smile at sb; *(fig)* to appeal to sb; *(: chance)* to smile on sb; **faire un sourire à qn** to give sb a smile; **garder le sourire** to keep smiling

souris [suʀi] *nf* mouse (*pl* mice); *(INFORM)* mouse

sournois, e [suʀnwa, -waz] *adj* deceitful, underhand

sous [su] *prép (gén)* under; **sous la pluie/le soleil** in the rain/sunshine; **sous mes yeux** before my eyes; **sous terre** *adj, adv* underground; **sous vide** *adj, adv* vacuum-packed; **sous l'influence/l'action de** under the influence of/by the action of; **sous antibiotiques/perfusion** on antibiotics/a drip; **sous cet angle/ce rapport** from this angle/in this respect; **sous peu** *adv* shortly, before long

sous-bois [subwa] *nm inv* undergrowth

souscrire [suskʀiʀ]: **souscrire à** *vt* to subscribe to

sous-directeur, trice [sudiʀɛktœʀ, -tʀis] *nm/f* assistant manager/manageress, submanager/manageress

sous-entendre [suzɑ̃tɑ̃dʀ(ə)] *vt* to imply, infer

sous-entendu, e [suzɑ̃tɑ̃dy] *adj* implied; *(LING)* understood ♦ *nm* innuendo, insinuation

sous-estimer [suzɛstime] *vt* to underestimate

sous-jacent, e [suʒasɑ̃, -ɑ̃t] *adj* underlying

sous-louer [sulwe] *vt* to sublet

sous-marin, e [sumaʀɛ̃, -in] *adj* (*flore, volcan*) submarine; (*navigation, pêche, explosif*) underwater ♦ *nm* submarine

sous-officier [suzɔfisje] *nm* = non-commissioned officer (NCO)

sous-produit [supʀɔdɥi] *nm* by-product; (*fig: péj*) pale imitation

sous-pull [supul] *nm* thin poloneck sweater

soussigné, e [susiɲe] *adj*: **je soussigné** I the undersigned

sous-sol [susɔl] *nm* basement; (*GÉO*) subsoil

sous-titre [sutitʀ(ə)] *nm* subtitle

soustraction [sustʀaksjɔ̃] *nf* subtraction

soustraire [sustʀɛʀ] *vt* to subtract, take away; (*dérober*): **soustraire qch à qn** to remove sth from sb; **soustraire qn à** (*danger*) to shield sb from; **se soustraire à** (*autorité, obligation, devoir*) to elude, escape from

sous-traitant [sutʀetɑ̃] *nm* subcontractor

sous-traiter [sutʀete] *vt, vi* to subcontract

sous-vêtement [suvetmɑ̃] *nm* undergarment, item of underwear; **sous-vêtements** *nmpl* underwear *sg*

soutane [sutan] *nf* cassock, soutane

soute [sut] *nf* hold; **soute à bagages** baggage hold

soutenir [sutniʀ] *vt* to support; (*assaut, choc, regard*) to stand up to, withstand; (*intérêt, effort*) to keep up; (*assurer*): **soutenir que** to maintain that; **se soutenir** (*dans l'eau etc*) to hold o.s. up; (*être soutenable: point de vue*) to be tenable; (*s'aider mutuellement*) to stand by each other; **soutenir la comparaison avec** to bear *ou* stand comparison with; **soutenir le regard de qn** to be able to look sb in the face

soutenu, e [sutny] *pp de* **soutenir** ♦ *adj* (*efforts*) sustained, unflagging; (*style*) elevated; (*couleur*) strong

souterrain, e [sutɛʀɛ̃, -ɛn] *adj* underground; (*fig*) subterranean ♦ *nm* underground passage

soutien [sutjɛ̃] *nm* support; **apporter son soutien à** to lend one's support to; **soutien de famille** breadwinner

soutien-gorge, *pl* **soutiens-gorge** [sutjɛ̃gɔʀʒ(ə)] *nm* bra; (*de maillot de bain*) top

soutirer [sutiʀe] *vt*: **soutirer qch à qn** to squeeze *ou* get sth out of sb

souvenir [suvniʀ] *nm* (*réminiscence*) memory; (*cadeau*) souvenir, keepsake; (*de voyage*) souvenir ♦ *vb*: **se souvenir de** *vt* to remember; **se souvenir que** to remember that; **garder le souvenir de** to retain the memory of; **en souvenir de** in memory *ou* remembrance of; **avec mes affectueux/ meilleurs souvenirs, ...** with love from, .../ regards, ...

souvent [suvɑ̃] *adv* often; **peu souvent** seldom, infrequently; **le plus souvent** more often than not, most often

souverain, e [suvʀɛ̃, -ɛn] *adj* sovereign; (*fig: mépris*) supreme ♦ *nm/f* sovereign, monarch

soyeux, euse [swajø, -øz] *adj* silky

soyons *etc* [swajɔ̃] *vb voir* **être**

spacieux, euse [spasjø, -øz] *adj* spacious; roomy

spaghettis [spageti] *nmpl* spaghetti *sg*

sparadrap [spaʀadʀa] *nm* adhesive *ou* sticking (*BRIT*) plaster, bandaid® (*US*)

spatial, e, aux [spasjal, -o] *adj* (*AVIAT*) space *cpd*; (*PSYCH*) spatial

speaker, ine [spikœʀ, -kʀin] *nm/f* announcer

spécial, e, aux [spesjal, -o] *adj* special; (*bizarre*) peculiar

spécialement [spesjalmɑ̃] *adv* especially, particularly; (*tout exprès*) specially; **pas spécialement** not particularly

spécialiser [spesjalize]: **se spécialiser** *vi* to specialize

spécialiste [spesjalist(ə)] *nm/f* specialist

spécialité [spesjalite] *nf* speciality; (*SCOL*) special field; **spécialité pharmaceutique** patent medicine

spécifier [spesifje] *vt* to specify, state

spécimen [spesimɛn] *nm* specimen; (*revue etc*) specimen *ou* sample copy

spectacle [spɛktakl(ə)] *nm* (*tableau, scène*) sight; (*représentation*) show; (*industrie*) show business, entertainment; **se donner en spectacle** (*péj*) to make a spectacle *ou* an exhibition of o.s.; **pièce/ revue à grand spectacle** spectacular (play/revue); **au spectacle de ...** at the sight of ...

spectaculaire [spɛktakylɛʀ] *adj* spectacular

spectateur, trice [spɛktatœʀ, -tʀis] *nm/f* (*CINÉ etc*) member of the audience; (*SPORT*) spectator; (*d'un événement*) onlooker, witness

spéculer [spekyle] *vi* to speculate; **spéculer sur** (*COMM*) to speculate in; (*réfléchir*) to speculate on; (*tabler sur*) to bank *ou* rely on

spéléologie [speleɔlɔʒi] *nf* (*étude*) speleology; (*activité*) potholing

sperme [spɛʀm(ə)] *nm* semen, sperm

sphère [sfɛʀ] *nf* sphere

spirale [spiʀal] *nf* spiral; **en spirale** in a spiral

spirituel, le [spiʀitɥɛl] *adj* spiritual; (*fin, piquant*) witty; **musique spirituelle** sacred music; **concert spirituel** concert of sacred music

splendide [splɑ̃did] *adj* splendid, magnificent

sponsoriser [spɔ̃sɔʀize] *vt* to sponsor

spontané, e [spɔ̃tane] *adj* spontaneous

spontanéité [spɔ̃taneite] *nf* spontaneity

sport [spɔʀ] *nm* sport ♦ *adj inv* (*vêtement*) casual; (*fair-play*) sporting; **faire du sport** to do sport; **sport individuel/d'équipe** individual/team sport; **sport de combat** combative sport; **sports d'hiver**

winter sports

sportif, ive [spɔʀtif, -iv] adj (journal, association, épreuve) sports cpd; (allure, démarche) athletic; (attitude, esprit) sporting; **les résultats sportifs** the sports results

spot [spɔt] nm (lampe) spot(light); (annonce): **spot (publicitaire)** commercial (break)

square [skwaʀ] nm public garden(s)

squelette [skəlɛt] nm skeleton

squelettique [skəletik] adj scrawny; (fig) skimpy

stabiliser [stabilize] vt to stabilize; (terrain) to consolidate

stable [stabl(ə)] adj stable, steady

stade [stad] nm (SPORT) stadium; (phase, niveau) stage

stage [staʒ] nm training period; training course; (d'avocat stagiaire) articles pl; **stage en entreprise** work experience placement

stagiaire [staʒjɛʀ] nm/f, adj trainee (cpd)

stagner [stagne] vi to stagnate

stalle [stal] nf stall, box

stand [stɑ̃d] nm (d'exposition) stand; (de foire) stall; **stand de tir** (à la foire, SPORT) shooting range; **stand de ravitaillement** pit

standard [stɑ̃daʀ] adj inv standard ♦ nm (type, norme) standard; (téléphonique) switchboard

standardiste [stɑ̃daʀdist(ə)] nm/f switchboard operator

standing [stɑ̃diŋ] nm standing; **immeuble de grand standing** block of luxury flats (BRIT), condo (minium) (US)

starter [staʀtɛʀ] nm (AUTO) choke; (SPORT: personne) starter; **mettre le starter** to pull out the choke

station [stasjɔ̃] nf station; (de bus) stop; (de villégiature) resort; (posture): **la station debout** standing, an upright posture; **station balnéaire** seaside resort; **station de graissage** lubrication bay; **station de lavage** carwash; **station de ski** ski resort; **station de sports d'hiver** winter sports resort; **station de taxis** taxi rank (BRIT) ou stand (US); **station thermale** thermal spa; **station de travail** workstation

stationnement [stasjɔnmɑ̃] nm parking; **zone de stationnement interdit** no parking area; **stationnement alterné** parking on alternate sides

stationner [stasjɔne] vi to park

station-service [stasjɔ̃sɛʀvis] nf service station

statistique [statistik] nf (science) statistics sg; (rapport, étude) statistic ♦ adj statistical; **statistiques** nfpl (données) statistics pl

statue [staty] nf statue

statu quo [statykwo] nm status quo

statut [staty] nm status; **statuts** nmpl (JUR, ADMIN) statutes

statutaire [statytɛʀ] adj statutory

Sté abr (= société) soc

steak [stɛk] nm steak

sténo(graphie) [stenɔ(gʀafi)] nf shorthand; **prendre en sténo(graphie)** to take down in shorthand

stéréo(phonie) [steʀeɔ(fɔni)] nf stereo(phony); **émission en stéréo(phonie)** stereo broadcast

stéréo(phonique) [steʀeɔ(fɔnik)] adj stereo (phonic)

stérile [steʀil] adj sterile; (terre) barren; (fig) fruitless, futile

stérilet [steʀilɛ] nm coil, loop

stériliser [steʀilize] vt to sterilize

stigmates [stigmat] nmpl scars, marks; (REL) stigmata pl

stimulant, e [stimylɑ̃, -ɑ̃t] adj stimulating ♦ nm (MED) stimulant; (fig) stimulus (pl stimuli); incentive

stimuler [stimyle] vt to stimulate

stipuler [stipyle] vt to stipulate, specify

stock [stɔk] nm stock; **en stock** in stock

stocker [stɔke] vt to stock; (déchets) to store

stop [stɔp] nm (AUTO: écriteau) stop sign; (: signal) brake-light; (dans un télégramme) stop ♦ excl stop!

stopper [stɔpe] vt to stop, halt; (COUTURE) to mend ♦ vi to stop, halt

store [stɔʀ] nm blind; (de magasin) shade, awning

strabisme [stʀabism(ə)] nm squint(ing)

strapontin [stʀapɔ̃tɛ̃] nm jump ou foldaway seat

Strasbourg [stʀazbuʀ] n Strasbourg

stratégie [stʀateʒi] nf strategy

stratégique [stʀateʒik] adj strategic

stress [stʀɛs] nm inv stress

stressant, e [stʀɛsɑ̃, -ɑ̃t] adj stressful

stresser [stʀɛse] vt to stress, cause stress in

strict, e [stʀikt(ə)] adj strict; (tenue, décor) severe, plain; **son droit le plus strict** his most basic right; **dans la plus stricte intimité** strictly in private; **le strict nécessaire/minimum** the bare essentials/minimum

strident, e [stʀidɑ̃, -ɑ̃t] adj shrill, strident

strophe [stʀɔf] nf verse, stanza

structure [stʀyktyʀ] nf structure; **structures d'accueil/touristiques** reception/tourist facilities

studieux, euse [stydjø, -øz] adj (élève) studious; (vacances) study cpd

studio [stydjo] nm (logement) studio flat (BRIT) ou apartment (US); (d'artiste, TV etc) studio (pl studios)

stupéfait, e [stypefɛ, -ɛt] adj astonished

stupéfiant, e [stypefjɑ̃, -ɑ̃t] adj stunning, astonishing ♦ nm (MED) drug, narcotic

stupéfier [stypefje] vt to stupefy; (étonner) to stun, astonish

stupeur [stypœʀ] nf (inertie, insensibilité) stupor; (étonnement) astonishment, amazement

stupide [stypid] adj stupid; (hébété) stunned

stupidité [stypidite] nf stupidity no pl; (propos, action) stupid thing (to say ou do)

style [stil] nm style; **meuble/robe de style** piece

of period furniture/period dress; **style de vie** lifestyle

stylé, e [stile] *adj* well-trained

styliste [stilist(ə)] *nm/f* designer; stylist

stylo [stilo] *nm:* **stylo (à encre)** (fountain) pen; **stylo (à) bille** ballpoint pen

su, e [sy] *pp* de **savoir ♦** *nm:* **au su de** with the knowledge of

suave [sɥav] *adj (odeur)* sweet; *(voix)* suave, smooth; *(coloris)* soft, mellow

subalterne [sybaltɛʀn(ə)] *adj (employé, officier)* junior; *(rôle)* subordinate, subsidiary **♦** *nm/f* subordinate, inferior

subconscient [sypkɔ̃sjɑ̃] *nm* subconscious

subir [sybiʀ] *vt (affront, dégâts, mauvais traitements)* to suffer; *(influence, charme)* to be under, be subjected to; *(traitement, opération, châtiment)* to undergo; *(personne)* to suffer, be subjected to

subit, e [sybi, -it] *adj* sudden

subitement [sybitmɑ̃] *adv* suddenly, all of a sudden

subjectif, ive [sybʒɛktif, -iv] *adj* subjective

subjonctif [sybʒɔ̃ktif] *nm* subjunctive

subjuguer [sybʒyge] *vt* to subjugate

submerger [sybmɛʀʒe] *vt* to submerge; *(suj: foule)* to engulf; *(fig)* to overwhelm

subordonné, e [sybɔʀdɔne] *adj, nm/f* subordinate; **subordonné à** *(personne)* subordinate to; *(résultats etc)* subject to, depending on

subrepticement [sybʀɛptismɑ̃] *adv* surreptitiously

subside [sypsid] *nm* grant

subsidiaire [sypsidjɛʀ] *adj* subsidiary; **question subsidiaire** deciding question

subsister [sybziste] *vi (rester)* to remain, subsist; *(vivre)* to live; *(survivre)* to live on

substance [sypstɑ̃s] *nf* substance; **en substance** in substance

substituer [sypstitɥe] *vt:* **substituer qn/qch à** to substitute sb/sth for; **se substituer à qn** *(représenter)* to substitute for sb; *(évincer)* to substitute o.s. for sb

substitut [sypstity] *nm (JUR)* deputy public prosecutor; *(succédané)* substitute

subterfuge [sybtɛʀfyʒ] *nm* subterfuge

subtil, e [syptil] *adj* subtle

subtiliser [syptilize] *vt:* **subtiliser qch (à qn)** to spirit sth away (from sb)

subvenir [sybvəniʀ] : **subvenir à** *vt* to meet

subvention [sybvɑ̃sjɔ̃] *nf* subsidy, grant

subventionner [sybvɑ̃sjɔne] *vt* to subsidize

suc [syk] *nm (BOT)* sap; *(de viande, fruit)* juice; **sucs gastriques** gastric juices

succédané [syksedane] *nm* substitute

succéder [syksede] : **succéder à** *vt (directeur, roi etc)* to succeed; *(venir après: dans une série)* to follow, succeed; **se succéder** *vi (accidents, années)* to

follow one another

succès [syksɛ] *nm* success; **avec succès** successfully; **sans succès** unsuccessfully; **avoir du succès** to be a success, be successful; **à succès** successful; **livre à succès** bestseller; **succès de librairie** bestseller; **succès (féminins)** conquests

successeur [syksesœʀ] *nm* successor

successif, ive [syksesif, -iv] *adj* successive

succession [syksesjɔ̃] *nf (série, POL)* succession; *(JUR: patrimoine)* estate, inheritance; **prendre la succession de** *(directeur)* to succeed, take over from; *(entreprise)* to take over

succomber [sykɔ̃be] *vi* to die, succumb; *(fig)*: **succomber à** to give way to, succumb to

succulent, e [sykylɑ̃, -ɑ̃t] *adj* succulent

succursale [sykyʀsal] *nf* branch; **magasin à succursales multiples** chain ou multiple store

sucer [syse] *vt* to suck

sucette [sysɛt] *nf (bonbon)* lollipop; *(de bébé)* dummy *(BRIT)*, comforter, pacifier *(US)*

sucre [sykʀ(ə)] *nm (substance)* sugar; *(morceau)* lump of sugar, sugar lump ou cube; **sucre de canne/betterave** cane/beet sugar; **sucre en morceaux/cristallisé/en poudre** lump ou cube/ granulated/caster sugar; **sucre glace** icing sugar; **sucre d'orge** barley sugar

sucré, e [sykʀe] *adj (produit alimentaire)* sweetened; *(au goût)* sweet; *(péj)* sugary, honeyed

sucrer [sykʀe] *vt (thé, café)* to sweeten, put sugar in; **sucrer qn** to put sugar in sb's tea (ou coffee etc); **se sucrer** to help o.s. to sugar, have some sugar; *(fam)* to line one's pocket(s)

sucrerie [sykʀəʀi] *nf (usine)* sugar refinery; **sucreries** *nfpl (bonbons)* sweets, sweet things

sucrier, ière [sykʀije, -jɛʀ] *adj (industrie)* sugar *cpd*; *(région)* sugar-producing **♦** *nm (fabricant)* sugar producer; *(récipient)* sugar bowl ou basin

sud [syd] *nm:* **le sud** the south **♦** *adj inv* south; *(côte)* south, southern; **au sud** *(situation)* in the south; *(direction)* to the south; **au sud de** (to the) south of

sud-africain, e [sydafʀikɛ̃, -ɛn] *adj* South African **♦** *nm/f:* **Sud-Africain, e** South African

sud-américain, e [sydameʀikɛ̃, -ɛn] *adj* South American **♦** *nm/f:* **Sud-Américain, e** South American

sud-est [sydɛst] *nm, adj inv* south-east

sud-ouest [sydwɛst] *nm, adj inv* south-west

Suède [sɥɛd] *nf:* **la Suède** Sweden

suédois, e [sɥedwa, -waz] *adj* Swedish **♦** *nm (LING)* Swedish **♦** *nm/f:* **Suédois, e** Swede

suer [sɥe] *vi* to sweat; *(suinter)* to ooze **♦** *vt (fig)* to exude; **suer à grosses gouttes** to sweat profusely

sueur [sɥœʀ] *nf* sweat; **en sueur** sweating, in a sweat; **avoir des sueurs froides** to be in a cold sweat

suffire [syfiʀ] *vi (être assez)*: **suffire (à qn/pour qch/pour faire)** to be enough ou sufficient (for sb/

for sth/to do); (*satisfaire*): **cela lui suffit** he's content with this, this is enough for him; **se suffire** *vi* to be self-sufficient; **cela suffit pour les irriter/qu'ils se fâchent** it's enough to annoy them/for them to get angry; **il suffit d'une négligence/qu'on oublie pour que ...** it only takes one act of carelessness/one only needs to forget for ...; **ça suffit!** that's enough!, that'll do!

suffisamment [syfizamā] *adv* sufficiently, enough; **suffisamment de** sufficient, enough

suffisant, e [syfizã, -ãt] *adj* (*temps, ressources*) sufficient; (*résultats*) satisfactory; (*vaniteux*) self-important, bumptious

suffixe [syfiks(ə)] *nm* suffix

suffoquer [syfɔke] *vt* to choke, suffocate; (*stupéfier*) to stagger, astound ♦ *vi* to choke, suffocate; **suffoquer de colère/d'indignation** to choke with anger/indignation

suffrage [syfraʒ] *nm* (*POL: voix*) vote; (: *méthode*) **suffrage universel/direct/indirect** universal/direct/indirect suffrage; (*du public etc*) approval *no pl*; **suffrages exprimés** valid votes

suggérer [syɡʒere] *vt* to suggest; **suggérer que/de faire** to suggest that/doing

suggestion [syɡʒɛstjɔ̃] *nf* suggestion

suicide [sɥisid] *nm* suicide ♦ *adj*: **opération suicide** suicide mission

suicider [sɥiside]: **se suicider** *vi* to commit suicide

suie [sɥi] *nf* soot

suinter [sɥɛ̃te] *vi* to ooze

suis [sɥi] *vb voir* **être**, **suivre**

suisse [sɥis] *adj* Swiss ♦ *nm* (*bedeau*) = verger; ♦ *nm/f*: **Suisse** Swiss *pl inv* ♦ *nf*: **la Suisse** Switzerland; **la Suisse romande/allemande** French-speaking/German-speaking Switzerland; **suisse romand** Swiss French

Suissesse [sɥisɛs] *nf* Swiss (woman *ou* girl)

suite [sɥit] *nf* (*continuation: d'énumération etc*) rest, remainder; (: *de feuilleton*) continuation; (: *second film sur le même thème*) sequel; (*série: de maisons, succès*): **une suite de** a series *ou* succession of; (*MATH*) series *pl*; (*conséquence*) result; (*ordre, liaison logique*) coherence; (*appartement, MUS*) suite; (*escorte*) retinue, suite; **suites** *nfpl* (*d'une maladie etc*) effects; **prendre la suite de** (*directeur etc*) to succeed, take over from; **donner suite à** (*requête, projet*) to follow up; **faire suite à** to follow; (*faisant*) **suite à votre lettre du** further to your letter of the; **sans suite** *adj* incoherent, disjointed ♦ *adv* incoherently, disjointedly; **de suite** *adv* (*d'affilée*) in succession; (*immédiatement*) at once; **par la suite** afterwards, subsequently; **à la suite** *adv* one after the other; **à la suite de** (*derrière*) behind; (*en conséquence de*) following; **par suite de** owing to, as a result of; **avoir de la suite dans les idées** to show great singleness of purpose; **attendre la suite des événements** to (wait and see) what

happens

suivant, e [sɥivã, -ãt] *vb voir* **suivre** ♦ *adj* next, following; (*ci-après*): **l'exercice suivant** the following exercise ♦ *prép* (*selon*) according to; **suivant que** according to whether; **au suivant!** next!

suivi, e [sɥivi] *pp de* **suivre** ♦ *adj* (*régulier*) regular; (*COMM: article*) in general production; (*cohérent*) consistent; coherent ♦ *nm* follow-up; **très/peu suivi** (*cours*) well-/poorly-attended; (*mode*) widely/not widely adopted; (*feuilleton etc*) widely/not widely followed

suivre [sɥivʀ(ə)] *vt* (*gén*) to follow; (*SCOL: cours*) to attend; (: *leçon*) to follow, attend to; (: *programme*) to keep up with; (*COMM: article*) to continue to stock ♦ *vi* to follow; (*élève: écouter*) to attend, pay attention; (: *assimiler le programme*) to keep up, follow; **se suivre** (*accidents, personnes, voitures etc*) to follow one after the other; (*raisonnement*) to be coherent; **suivre des yeux** to follow with one's eyes; **faire suivre** (*lettre*) to forward; **suivre son cours** (*suj: enquête etc*) to run *ou* take its course; **"à suivre"** "to be continued"

sujet, te [syʒɛ, -ɛt] *adj*: **être sujet à** (*accidents*) to be prone to; (*vertige etc*) to be liable *ou* subject to ♦ *nm/f* (*d'un souverain*) subject ♦ *nm* subject; **un sujet de dispute/discorde/mécontentement** a cause for argument/dissension/dissatisfaction; **c'est à quel sujet?** what is it about?; **avoir sujet de se plaindre** to have cause for complaint; **au sujet de** *prép* about; **sujet à caution** *adj* questionable; **sujet de conversation** topic *ou* subject of conversation; **sujet d'examen** (*SCOL*) examination question; examination paper; **sujet d'expérience** (*BIO etc*) experimental subject

summum [sɔmɔm] *nm*: **le summum de** the height of

super [sypɛʀ] *adj inv* great, fantastic ♦ *nm* (= *supercarburant*) = 4-star (*BRIT*), = premium (*US*)

superbe [sypɛʀb(ə)] *adj* magnificent, superb ♦ *nf* arrogance

supercherie [sypɛʀʃəʀi] *nf* trick, trickery *no pl*; (*fraude*) fraud

supérette [sypeʀɛt] *nf* minimarket

superficie [sypɛʀfisi] *nf* (*surface*) area; (*fig*) surface

superficiel, le [sypɛʀfisjɛl] *adj* superficial

superflu, e [sypɛʀfly] *adj* superfluous ♦ *nm*: **le superflu** the superfluous

supérieur, e [sypeʀjœʀ] *adj* (*lèvre, étages, classes*) upper; (*plus élevé: température, niveau*): **supérieur (à)** higher (than); (*meilleur: qualité, produit*): **supérieur (à)** superior (to); (*excellent, hautain*) superior ♦ *nm/f* superior; **Mère supérieure** Mother Superior; **à l'étage supérieur** on the next floor up; **supérieur en nombre** superior in number

supériorité [sypeʀjɔʀite] *nf* superiority

superlatif [sypɛʀlatif] *nm* superlative

supermarché [sypɛrmarʃe] nm supermarket

superposer [sypɛrpoze] vt to superpose; (meubles, caisses) to stack; (faire chevaucher) to superimpose; **se superposer** (images, souvenirs) to be superimposed; **lits superposés** bunk beds

superproduction [sypɛrprɔdyksjɔ̃] nf (film) spectacular

superpuissance [sypɛrpɥisɑ̃s] nf superpower

superstitieux, euse [sypɛrstisjø, -øz] adj superstitious

superviser [sypɛrvize] vt to supervise

supplanter [syplɑ̃te] vt to supplant

suppléance [sypleɑ̃s] nf (poste) supply post (BRIT), substitute teacher's post (US)

suppléant, e [sypleɑ̃, -ɑ̃t] adj (juge, fonctionnaire) deputy cpd; (professeur) supply cpd (BRIT), substitute cpd (US) ♦ nm/f deputy; supply ou substitute teacher; **médecin suppléant** locum

suppléer [syplee] vt (ajouter: mot manquant etc) to supply, provide; (compenser: lacune) to fill in; (: défaut) to make up for; (remplacer: professeur) to stand in for; (: juge) to deputize for; **suppléer à** vt to make up for; to substitute for

supplément [syplemɑ̃] nm supplement; **un supplément de travail** extra ou additional work; **un supplément de frites** etc an extra portion of chips etc; **un supplément de 100 F** a supplement of 100 F, an extra ou additional 100 F; **ceci est en supplément** (au menu etc) this is extra, there is an extra charge for this; **supplément d'information** additional information

supplémentaire [syplemɑ̃tɛr] adj additional, further; (train, bus) relief cpd, extra

supplication [syplikasjɔ̃] nf (REL) supplication; **supplications** nfpl (adjurations) pleas, entreaties

supplice [syplis] nm (peine corporelle) torture no pl; form of torture; (douleur physique, morale) torture, agony; **être au supplice** to be in agony

supplier [syplije] vt to implore, beseech

support [sypɔr] nm support; (pour livre, outils) stand; **support audio-visuel** audio-visual aid; **support publicitaire** advertising medium

supportable [sypɔrtabl(ə)] adj (douleur, température) bearable; (procédé, conduite) tolerable

supporter nm [sypɔrtɛr] supporter, fan ♦ vt [sypɔrte] (poids, poussée, SPORT: concurrent, équipe) to support; (conséquences, épreuve) to bear, endure; (défauts, personne) to tolerate, put up with; (suj: chose: chaleur etc) to withstand; (suj: personne: chaleur, vin) to take

supposer [sypoze] vt to suppose; (impliquer) to presuppose; **en supposant** ou **à supposer que** supposing (that)

suppositoire [sypozitwar] nm suppository

suppression [sypresjɔ̃] nf (voir supprimer) removal; deletion; cancellation; suppression

supprimer [syprime] vt (cloison, cause, anxiété) to remove; (clause, mot) to delete; (congés, service

d'autobus etc) to cancel; (publication, article) to suppress; (emplois, privilèges, témoin gênant) to do away with; **supprimer qch à qn** to deprive sb of sth

suprême [syprɛm] adj supreme

MOT-CLÉ

sur [syr] prép **1** (position) on; (pardessus) over; (au-dessus) above; **pose-le sur la table** put it on the table; **je n'ai pas d'argent sur moi** I haven't any money on me

2 (direction) towards; **en allant sur Paris** going towards Paris; **sur votre droite** on ou to your right

3 (à propos de) on, about; **un livre/une conférence sur Balzac** a book/lecture on ou about Balzac

4 (proportion, mesures) out of; by; **un sur 10** one in 10; (SCOL) one out of 10; **sur 20, 2 sont venus** out of 20, 2 came; **4 m sur 2** 4 m by 2; **avoir accident sur accident** to have one accident after another

5 (cause): **sur sa recommandation** on ou at his recommendation; **sur son invitation** at his invitation

sur ce adv whereupon; **sur ce, il faut que je vous quitte** and now I must leave you

---

sur, e [syr] adj sour

sûr, e [syr] adj sure, certain; (digne de confiance) reliable; (sans danger) safe; **peu sûr** unreliable; **sûr de qch** sure ou certain of sth; **être sûr de qn** to be sure of sb; **sûr et certain** absolutely certain; **sûr de soi** self-assured, self-confident; **le plus sûr est de** the safest thing is to

surcharge [syrʃarʒ(ə)] nf (de passagers, marchandises) excess load; (de détails, d'ornements) overabundance, excess; (correction) alteration; (POSTES) surcharge; **prendre des passagers en surcharge** to take on excess ou extra passengers; **surcharge de bagages** excess luggage; **surcharge de travail** extra work

surcharger [syrʃarʒe] vt to overload; (timbre-poste) to surcharge; (décoration) to overdo

surchoix [syrʃwa] adj inv top-quality

surclasser [syrklɑse] vt to outclass

surcroît [syrkrwa] nm: **un surcroît de** additional + nom; **par** ou **de surcroît** moreover; **en surcroît** in addition

surdité [syrdite] nf deafness; **atteint de surdité totale** profoundly deaf

surélever [syrɛlve] vt to raise, heighten

sûrement [syrmɑ̃] adv reliably; safely, securely; (certainement) certainly; **sûrement pas** certainly not

surenchère [syrɑ̃ʃɛr] nf (aux enchères) higher bid; (sur prix fixe) overbid; (fig) overstatement; outbidding tactics pl; **surenchère de violence** build-up of violence; **surenchère électorale** political (ou electoral) one-upmanship

surenchérir [syʀɑ̃ʃeʀiʀ] *vi* to bid higher; to raise one's bid; (*fig*) to try and outbid each other

surent [syʀ] *vb voir* **savoir**

surestimer [syʀɛstime] *vt* (*tableau*) to overvalue; (*possibilité, personne*) to overestimate

sûreté [syʀte] *nf* (*voir* **sûr**) reliability; safety; (*JUR*) guaranty; surety; **mettre en sûreté** to put in a safe place; **pour plus de sûreté** as an extra precaution; to be on the safe side; **la sûreté de l'État** State security; **la Sûreté (nationale)** division of the Ministère de l'Intérieur heading all police forces except the gendarmerie and the Paris préfecture de police

surf [sœʀf] *nm* surfing; **faire du surf** to go surfing

surface [syʀfas] *nf* surface; (*superficie*) surface area; **faire surface** to surface; **en surface** *adv* near the surface; (*fig*) superficially; **la pièce fait 100 m² de surface** the room has a surface area of 100 m²; **surface de réparation** (*SPORT*) penalty area; **surface porteuse** *ou* **de sustentation** (*AVIAT*) aerofoil

surfait, e [syʀfɛ, -ɛt] *adj* overrated

surfer [sœʀfe] *vi*: **surfer sur Internet** to surf the Internet

surgelé, e [syʀʒəle] *adj* (deep-)frozen

surgir [syʀʒiʀ] *vi* (*personne, véhicule*) to appear suddenly; (*jaillir*) to shoot up; (*montagne etc*) to rise up, loom up; (*fig: problème, conflit*) to arise

surhumain, e [syʀymɛ̃, -ɛn] *adj* superhuman

sur-le-champ [syʀləʃɑ̃] *adv* immediately

surlendemain [syʀlɑ̃dmɛ̃] *nm*: **le surlendemain (soir)** two days later (in the evening); **le surlendemain de** two days after

surmenage [syʀmənaʒ] *nm* overwork; **le surmenage intellectuel** mental fatigue

surmener [syʀməne] *vt*, **se surmener** *vi* to overwork

surmonter [syʀmɔ̃te] *vt* (*suj: coupole etc*) to surmount, top; (*vaincre*) to overcome, surmount

surnaturel, le [syʀnatyʀɛl] *adj, nm* supernatural

surnom [syʀnɔ̃] *nm* nickname

surnombre [syʀnɔ̃bʀ(ə)] *nm*: **être en surnombre** to be too many (*ou* one too many)

surpeuplé, e [syʀpœple] *adj* overpopulated

surplace [syʀplas] *nm*: **faire du surplace** to mark time

surplomber [syʀplɔ̃be] *vi* to be overhanging ♦ *vt* to overhang; (*dominer*) to tower above

surplus [syʀply] *nm* (*COMM*) surplus; (*reste*): **surplus de bois** wood left over; **au surplus** moreover; **surplus américains** American army surplus *sg*

surprenant, e [syʀpʀənɑ̃, -ɑ̃t] *vb voir* **surprendre** ♦ *adj* amazing

surprendre [syʀpʀɑ̃dʀ(ə)] *vt* (*étonner, prendre à l'improviste*) to amaze, surprise; (*secret*) to discover; (*tomber sur: intrus etc*) to catch; (*fig*) to detect; to chance *ou* happen upon; (*clin d'œil*) to intercept; (*conversation*) to overhear; (*suj: orage, nuit etc*) to catch out, take by surprise; **surprendre la vigi-**

lance/bonne foi de qn to catch sb out/betray sb's good faith; **se surprendre à faire** to catch *ou* find o.s. doing

surpris, e [syʀpʀi, -iz] *pp de* **surprendre** ♦ *adj*: **surpris (de/que)** amazed *ou* surprised (at/that)

surprise [syʀpʀiz] *nf* surprise; **faire une surprise à qn** to give sb a surprise; **voyage sans surprises** uneventful journey; **par surprise** *adv* by surprise

surprise-partie [syʀpʀizpaʀti] *nf* party

sursaut [syʀso] *nm* start, jump; **sursaut de** (*énergie, indignation*) sudden fit *ou* burst of; **en sursaut** *adv* with a start

sursauter [syʀsote] *vi* to (give a) start, jump

sursis [syʀsi] *nm* (*JUR: gén*) suspended sentence; (*à l'exécution capitale, aussi fig*) reprieve; (*MIL*): **sursis (d'appel ou d'incorporation)** deferment; **condamné à 5 mois (de prison) avec sursis** given a 5-month suspended (prison) sentence

surtaxe [syʀtaks(ə)] *nf* surcharge

surtout [syʀtu] *adv* (*avant tout, d'abord*) above all; (*spécialement, particulièrement*) especially; **il aime le sport, surtout le football** he likes sport, especially football; **cet été, il a surtout fait de la pêche** this summer he went fishing more than anything (else); **surtout pas d'histoires!** no fuss now!; **surtout, ne dites rien!** whatever you do – don't say anything!; **surtout pas!** certainly *ou* definitely not!; **surtout que ...** especially as ...

surveillance [syʀvejɑ̃s] *nf* watch; (*POLICE, MIL*) surveillance; **sous surveillance médicale** under medical supervision; **la surveillance du territoire** internal security; *voir aussi* **DST**

surveillant, e [syʀvejɑ̃, -ɑ̃t] *nm/f* (*de prison*) warder; (*SCOL*) monitor; (*de travaux*) supervisor, overseer

surveiller [syʀveje] *vt* (*enfant, élèves, bagages*) to watch, keep an eye on; (*malade*) to watch over; (*prisonnier, suspect*) to keep (a) watch on; (*territoire, bâtiment*) to keep watch over; (*travaux, cuisson*) to supervise; (*SCOL: examen*) to invigilate; **se surveiller** to keep a check *ou* watch on o.s.; **surveiller son langage/sa ligne** to watch one's language/figure

survenir [syʀvəniʀ] *vi* (*incident, retards*) to occur, arise; (*événement*) to take place; (*personne*) to appear, arrive

survêt(ement) [syʀvɛt(mɑ̃)] *nm* tracksuit (*BRIT*), sweat suit (*US*)

survie [syʀvi] *nf* survival; (*REL*) afterlife; **équipement de survie** survival equipment; **une survie de quelques mois** a few more months of life

survivant, e [syʀvivɑ̃, -ɑ̃t] *vb voir* **survivre** ♦ *nm/f* survivor

survivre [syʀvivʀ(ə)] *vi* to survive; **survivre à** *vt* (*accident etc*) to survive; (*personne*) to outlive; **la victime a peu de chance de survivre** the victim has little hope of survival

survoler [syʀvɔle] *vt* to fly over; (*fig: livre*) to skim through; (*: question, problèmes*) to skim over

survolté, e [syʀvɔlte] *adj* (*ELEC*) stepped up,

boosted; (*fig*) worked up

sus [sy(s)]: **en sus de** *prép* in addition to, over and above; **en sus** *adv* in addition; **sus à** *excl*: **sus au tyran!** at the tyrant! ♦ *vb* [sy] *voir* **savoir**

susceptible [syseptibl(ə)] *adj* touchy, sensitive; **susceptible d'amélioration** *ou* **d'être amélioré** that can be improved, open to improvement; **susceptible de faire** (*capacité*) able to do; (*probabilité*) liable to do

susciter [sysite] *vt* (*admiration*) to arouse; (*obstacles, ennuis*): **susciter (à qn)** to create (for sb)

suspect, e [syspε(kt), -εkt(ə)] *adj* suspicious; (*témoignage, opinions, vin etc*) suspect ♦ *nm/f* suspect; **peu suspect de** most unlikely to be suspected of

suspecter [syspεkte] *vt* to suspect; (*honnêteté de qn*) to question, have one's suspicions about; **suspecter qn d'être/d'avoir fait qch** to suspect sb of being/having done sth

suspendre [syspɑ̃dʀ(ə)] *vt* (*accrocher*: *vêtement*): **suspendre qch (à)** to hang sth up (on); (*fixer*: *lustre etc*): **suspendre qch à** to hang sth from; (*interrompre, démettre*) to suspend; (*remettre*) to defer; **se suspendre à** to hang from

suspendu, e [syspɑ̃dy] *pp de* **suspendre** ♦ *adj* (*accroché*): **suspendu à** hanging on (*ou* from); (*perché*): **suspendu au-dessus de** suspended over; (*AUTO*): **bien/mal suspendu** with good/poor suspension; **être suspendu aux lèvres de qn** to hang upon sb's every word

suspens [syspɑ̃]: **en suspens** *adv* (*affaire*) in abeyance; **tenir en suspens** to keep in suspense

suspense [syspɑ̃s] *nm* suspense

suspension [syspɑ̃sjɔ̃] *nf* suspension; deferment; (*AUTO*) suspension; (*lustre*) pendant light fitting; **en suspension** in suspension, suspended; **suspension d'audience** adjournment

sut [sy] *vb voir* **savoir**

suture [sytyʀ] *nf*: **point de suture** stitch

svelte [svεlt(ə)] *adj* slender, svelte

SVP *sigle* (= *s'il vous plaît*) please

sweat-shirt, *pl* **sweat-shirts** [switfœʀt] *nm* sweatshirt

syllabe [silab] *nf* syllable

symbole [sɛ̃bɔl] *nm* symbol; **symbole graphique** (*INFORM*) icon

symbolique [sɛ̃bɔlik] *adj* symbolic; (*geste, offrande*) token *cpd*; (*salaire, dommages-intérêts*) nominal

symboliser [sɛ̃bɔlize] *vt* to symbolize

symétrique [simetʀik] *adj* symmetrical

sympa [sɛ̃pa] *adj inv* (= *sympathique*) nice; friendly; good

sympathie [sɛ̃pati] *nf* (*inclination*) liking; (*affinité*) fellow feeling; (*condoléances*) sympathy; **accueillir avec sympathie** (*projet*) to receive favourably; **avoir de la sympathie pour qn** to like sb, have a liking for sb; **témoignages de sympathie** expressions of sympathy; **croyez à toute ma**

sympathie you have my deepest sympathy

sympathique [sɛ̃patik] *adj* (*personne, figure*) nice, friendly, likeable; (*geste*) friendly; (*livre*) good; (*déjeuner*) nice; (*réunion, endroit*) pleasant, nice

sympathisant, e [sɛ̃patizɑ̃, -ɑ̃t] *nm/f* sympathizer

sympathiser [sɛ̃patize] *vi* (*voisins etc*: *s'entendre*) to get on (*BRIT*) *ou* along (*US*) (well); (: *se fréquenter*) to socialize, see each other; **sympathiser avec** to get on *ou* along (well) with, to see, socialize with

symphonie [sɛ̃fɔni] *nf* symphony

symptôme [sɛ̃ptom] *nm* symptom

synagogue [sinagɔg] *nf* synagogue

syncope [sɛ̃kɔp] *nf* (*MÉD*) blackout; (*MUS*) syncopation; **tomber en syncope** to faint, pass out

syndic [sɛ̃dik] *nm* managing agent

syndical, e, aux [sɛ̃dikal, -o] *adj* (trade-)union *cpd*; **centrale syndicale** group of affiliated trade unions

syndicaliste [sɛ̃dikalist(ə)] *nm/f* trade unionist

syndicat [sɛ̃dika] *nm* (*d'ouvriers, employés*) (trade(s)) union; (*autre association d'intérêts*) union, association; **syndicat d'initiative (SI)** tourist office *ou* bureau; **syndicat patronal** employers' syndicate, federation of employers; **syndicat de propriétaires** association of property owners

syndiqué, e [sɛ̃dike] *adj* belonging to a (trade) union; **non syndiqué** non-union

syndiquer [sɛ̃dike]: **se syndiquer** *vi* to form a trade union; (*adhérer*) to join a trade union

synonyme [sinɔnim] *adj* synonymous ♦ *nm* synonym; **synonyme de** synonymous with

syntaxe [sɛ̃taks(ə)] *nf* syntax

synthèse [sɛ̃tεz] *nf* synthesis (*pl* syntheses); **faire la synthèse de** to synthesize

synthétique [sɛ̃tetik] *adj* synthetic

Syrie [siʀi] *nf*: **la Syrie** Syria

systématique [sistematik] *adj* systematic

système [sistεm] *nm* system; **le système D** resourcefulness; **système décimal** decimal system; **système expert** expert system; **système d'exploitation à disques** (*INFORM*) disk operating system; **système immunitaire** immune system; **système métrique** metric system; **système solaire** solar system

— T t —

t' [t(ə)] *pron voir* **te**

ta [ta] *adj possessif voir* **ton**

tabac [taba] *nm* tobacco; (*aussi*: **débit** *ou* **bureau de tabac**) tobacconist's (shop) ♦ *adj inv*: (**couleur**) **tabac** buff, tobacco *cpd*; **passer qn à tabac** to beat sb up; **faire un tabac** (*fam*) to be a big hit; **tabac blond/brun** light/dark tobacco; **tabac gris** shag; **tabac à priser** snuff

tabagisme [tabaʒism(ə)] *nm* nicotine addiction;

tabagisme passif passive smoking

tabasser [tabase] vt to beat up

table [tabl(ə)] nf table; **avoir une bonne table** to keep a good table; **à table!** dinner etc is ready!; **se mettre à table** to sit down to eat; (fig: fam) to come clean; **mettre** ou **dresser/desservir la table** to lay ou set/clear the table; **faire table rase de** to make a clean sweep of; **table basse** coffee table; **table de cuisson** (à l'électricité) hotplate; (au gas) gas ring; **table d'écoute** wire-tapping set; **table d'harmonie** sounding board; **table d'hôte** set menu; **table de lecture** turntable; **table des matières** (table of) contents pl; **table de multiplication** multiplication table; **table des négociations** negotiating table; **table de nuit** ou **de chevet** bedside table; **table ronde** (débat) round table; **table roulante** (tea) trolley; **table de toilette** washstand; **table traçante** (INFORM) plotter

tableau, x [tablo] nm (ART) painting; (reproduction, fig) picture; (panneau) board; (schéma) table, chart; **tableau d'affichage** notice board; **tableau de bord** dashboard; (AVIAT) instrument panel; **tableau de chasse** tally; **tableau de contrôle** console, control panel; **tableau de maître** masterpiece; **tableau noir** blackboard

tabler [table] vi: **tabler sur** to count ou bank on

tablette [tablɛt] nf (planche) shelf (pl shelves); **tablette de chocolat** bar of chocolate

tableur [tablœR] nm (INFORM) spreadsheet

tablier [tablije] nm apron; (de pont) roadway; (de cheminée) (flue-)shutter

tabou [tabu] adj, nm taboo

tabouret [tabuRɛ] nm stool

tac [tak] nm: **du tac au tac** tit for tat

tache [taʃ] nf (saleté) stain, mark; (ART: de couleur, lumière) spot; splash, patch; **faire tache d'huile** to spread, gain ground; **tache de rousseur** ou **de son** freckle; **tache de vin** (sur la peau) strawberry mark

tâche [taʃ] nf task; **travailler à la tâche** to do piecework

tacher [taʃe] vt to stain, mark; (fig) to sully, stain; **se tacher** vi (fruits) to become marked

tâcher [taʃe] vi: **tâcher de faire** to try to do, endeavour (BRIT) ou endeavor (US) to do

tacheté, e [taʃte] adj: **tacheté de** speckled ou spotted with

tacot [tako] nm (péj: voiture) banger (BRIT), clunker (US)

tact [takt] nm tact; **avoir du tact** to be tactful, have tact

tactique [taktik] adj tactical ◆ nf (technique) tactics sg; (plan) tactic

taie [tɛ] nf: **taie (d'oreiller)** pillowslip, pillowcase

taille [taj] nf cutting; pruning; (milieu du corps) waist; (hauteur) height; (grandeur) size; **de taille à faire** capable of doing; **de taille** ou sizeable; **quelle taille faites-vous?** what size are you?

taille-crayon(s) [tajkRɛjɔ̃] nm inv pencil sharpener

tailler [taje] vt (pierre, diamant) to cut; (arbre, plante) to prune; (vêtement) to cut out; (crayon) to sharpen; **se tailler** vt (ongles, barbe) to trim, cut; (fig: réputation) to gain, win ◆ vi (fam: s'enfuir) to beat it; **tailler dans** (chair, bois) to cut into; **tailler grand/petit** to be on the large/small side

tailleur [tajœR] nm (couturier) tailor; (vêtement) suit, costume; **en tailleur** (assis) cross-legged; **tailleur de diamants** diamond-cutter

taillis [taji] nm copse

taire [tɛR] vt to keep to o.s., conceal ◆ vi: **faire taire qn** to make sb be quiet; (fig) to silence sb; **se taire** vi (s'arrêter de parler) to fall silent, stop talking; (ne pas parler) to be silent ou quiet; (s'abstenir de s'exprimer) to keep quiet; (bruit, voix) to disappear; **tais-toi, taisez-vous!** be quiet!

talc [talk] nm talc, talcum powder

talent [talɑ̃] nm talent; **avoir du talent** to be talented, have talent

talkie-walkie [tɔkiwɔki] nm walkie-talkie

taloche [talɔʃ] nf (fam: claque) slap; (TECH) plaster float

talon [talɔ̃] nm heel; (de chèque, billet) stub, counterfoil (BRIT); **talons plats/aiguilles** flat/stiletto heels; **être sur les talons de qn** to be on sb's heels; **tourner les talons** to turn on one's heel; **montrer les talons** (fig) to show a clean pair of heels

talonner [talɔne] vt to follow hard behind; (fig) to hound; (RUGBY) to heel

talus [taly] nm embankment; **talus de remblai/déblai** embankment/excavation slope

tambour [tɑ̃buR] nm (MUS, aussi TECH) drum; (musicien) drummer; (porte) revolving door (pl -s); **sans tambour ni trompette** unobtrusively

tambourin [tɑ̃buRɛ̃] nm tambourine

tambouriner [tɑ̃buRine] vi: **tambouriner contre** to drum against ou on

tamis [tami] nm sieve

Tamise [tamiz] nf: **la Tamise** the Thames

tamisé, e [tamize] adj (fig) subdued, soft

tampon [tɑ̃pɔ̃] nm (de coton, d'ouate) pad; (aussi: **tampon hygiénique** ou **périodique**) tampon; (amortisseur, INFORM: aussi: **mémoire tampon**) buffer; (bouchon) plug, stopper; (cachet, timbre) stamp; (CHIMIE) buffer; **tampon buvard** blotter; **tampon encreur** inking pad; **tampon (à récurer)** scouring pad

tamponner [tɑ̃pɔne] vt (timbres) to stamp; (heurter) to crash on ou ram into; (essuyer) to mop up; **se tamponner** (voitures) to crash (into each other)

tamponneuse [tɑ̃pɔnøz] adj f: **autos tamponneuses** dodgems, bumper cars

tandem [tɑ̃dɛm] nm tandem; (fig) duo, pair

tandis [tɑ̃di]: **tandis que** conj while

tanguer [tɑ̃ge] vi to pitch (and toss)

tanière [tanjɛR] nf lair, den

tanné, e [tane] *adj* weather-beaten

tanner [tane] *vt* to tan

tant [tɑ̃] *adv* so much; **tant de** (*sable, eau*) so much; (*gens, livres*) so many; **tant que** *conj* as long as; **tant que** (*comparatif*) as much as; **tant mieux** that's great; so much the better; **tant mieux pour lui** good for him; **tant pis** too bad; **un tant soit peu** (*un peu*) a little bit; (*même un peu*) (even) remotely; **tant bien que mal** as well as can be expected; **tant s'en faut** far from it, not by a long way

tante [tɑ̃t] *nf* aunt

tantôt [tɑ̃to] *adv* (*parfois*): **tantôt ... tantôt** now ... now; (*cet après-midi*) this afternoon

taon [tɑ̃] *nm* horsefly, gadfly

tapage [tapaʒ] *nm* uproar, din; (*fig*) fuss, row; **tapage nocturne** (*JUR*) disturbance of the peace (*at night*)

tapageur, euse [tapaʒœr, -øz] *adj* (*bruyant: enfants etc*) noisy; (*toilette*) loud, flashy; (*publicité*) obtrusive

tape [tap] *nf* slap

tape-à-l'oeil [tapalœj] *adj inv* flashy, showy

taper [tape] *vt* (*personne*) to clout; (*porte*) to bang, slam; (*dactylographier*) to type (out); (*INFORM*) to key (board); (*fam: emprunter*): **taper qn de 10 F** to touch sb for 10 F, cadge 10 F off sb ♦ *vi* (*soleil*) to beat down; **se taper** *vt* (*fam: travail*) to get landed with; (: *boire, manger*) to down; **taper sur qn** to thump sb; (*fig*) to run sb down; **taper sur qch** (*clou etc*) to hit sth; (*table etc*) to bang on sth; **taper à** (*porte etc*) to knock on; **taper dans** (*se servir*) to dig into; **taper des mains/pieds** to clap one's hands/ stamp one's feet; **taper (à la machine)** to type

tapi, e [tapi] *adj*: **tapi dans/derrière** (*blotti*) crouching *ou* cowering in/behind; (*caché*) hidden away in/behind

tapis [tapi] *nm* carpet; (*de table*) cloth; **mettre sur le tapis** (*fig*) to bring up for discussion; **aller au tapis** (*BOXE*) to go down; **envoyer au tapis** (*BOXE*) to floor; **tapis roulant** conveyor belt; **tapis de sol** (*de tente*) groundsheet; **tapis de souris** (*INFORM*) mouse mat

tapisser [tapise] *vt* (*avec du papier peint*) to paper; (*recouvrir*): **tapisser qch (de)** to cover sth (with)

tapisserie [tapisri] *nf* (*tenture, broderie*) tapestry; (: *travail*) tapestry-making; (: *ouvrage*) tapestry work; (*papier peint*) wallpaper; (*fig*): **faire tapisserie** to sit out, be a wallflower

tapissier, ière [tapisje, -jɛr] *nm/f*: **tapissier-décorateur** upholsterer and decorator

tapoter [tapɔte] *vt* to pat, tap

taquin, e [takɛ̃, -in] *adj* teasing

taquiner [takine] *vt* to tease

tarabiscoté, e [tarabiskɔte] *adj* over-ornate, fussy

tard [tar] *adv* late; **au plus tard** at the latest; **plus tard** later (on) ♦ *nm*: **sur le tard** (*à une heure avancée*) late in the day; (*vers la fin de la vie*) late in life

tarder [tarde] *vi* (*chose*) to be a long time coming; (*personne*): **tarder à faire** to delay doing; **il me tarde d'être** I am longing to be; **sans (plus) tarder** without (further) delay

tardif, ive [tardif, -iv] *adj* (*heure, repas, fruit*) late; (*talent, goût*) late in developing

taré, e [tare] *nm/f* cretin

tarif [tarif] *nm* (*liste*) price list, tariff (*BRIT*); (*barème*) rate, rates *pl*, tariff (*BRIT*); (: *de taxis etc*) fares *pl*; **voyager à plein tarif/à tarif réduit** to travel at full/ reduced fare

tarir [tarir] *vi* to dry up, run dry ♦ *vt* to dry up

tarte [tart(ə)] *nf* tart; **tarte aux pommes/à la crème** apple/custard tart

tartine [tartin] *nf* slice of bread (and butter (*ou* jam)); **tartine de miel** slice of bread and honey; **tartine beurrée** slice of bread and butter

tartiner [tartine] *vt* to spread; **fromage à tartiner** cheese spread

tartre [tartr(ə)] *nm* (*des dents*) tartar; (*de chaudière*) fur, scale

tas [tɑ] *nm* heap, pile; (*fig*): **un tas de** heaps of, lots of; **en tas** in a heap *ou* pile; **dans le tas** (*fig*) in the crowd; among them; **formé sur le tas** trained on the job

tasse [tɑs] *nf* cup; **boire la tasse** (*en se baignant*) to swallow a mouthful; **tasse à café/thé** coffee/ teacup

tassé, e [tɑse] *adj*: **bien tassé** (*café etc*) strong

tasser [tɑse] *vt* (*terre, neige*) to pack down; (*entasser*): **tasser qch dans** to cram sth into; (*INFORM*) to pack; **se tasser** *vi* (*terrain*) to settle; (*personne: avec l'âge*) to shrink; (*fig*) to sort itself out, settle down

tâter [tɑte] *vt* to feel; (*fig*) to sound out; **tâter de** (*prison etc*) to have a taste of; **se tâter** (*hésiter*) to be in two minds; **tâter le terrain** (*fig*) to test the ground

tatillon, ne [tatijɔ̃, -ɔn] *adj* pernickety

tâtonnement [tɑtɔnmɑ̃] *nm*: **par tâtonnements** (*fig*) by trial and error

tâtonner [tɑtɔne] *vi* to grope one's way along; (*fig*) to grope around (in the dark)

tâtons [tɑtɔ̃]: **à tâtons** *adv*: **chercher/avancer à tâtons** to grope around for/grope one's way forward

tatouage [tatwaʒ] *nm* tattooing; (*dessin*) tattoo

tatouer [tatwe] *vt* to tattoo

taudis [todi] *nm* hovel, slum

taule [tol] *nf* (*fam*) nick (*BRIT*), jail

taupe [top] *nf* mole; (*peau*) moleskin

taureau, x [tɔro] *nm* bull; (*signe*): **le Taureau** Taurus, the Bull; **être du Taureau** to be Taurus

tauromachie [tɔrɔmaʃi] *nf* bullfighting

taux [to] *nm* rate; (*d'alcool*) level; **taux d'escompte** discount rate; **taux d'intérêt** interest rate; **taux de mortalité** mortality rate

taxe [taks(ə)] *nf* tax; (*douanière*) duty; **toutes taxes comprises (TTC)** inclusive of tax; **taxe de base** (*TÉL*) unit charge; **taxe de séjour** tourist tax; **taxe à ou sur la valeur ajoutée (TVA)** value added tax (VAT)

taxer [takse] *vt* (*personne*) to tax; (*produit*) to put a tax on, tax; (*fig*): **taxer qn de** (*qualifier de*) to call sb + *attribut*; (*accuser de*) to accuse sb of, tax sb with

taxi [taksi] *nm* taxi

Tchécoslovaquie [tʃekɔslɔvaki] *nf*: **la Tchécoslovaquie** Czechoslovakia

tchèque [tʃɛk] *adj* Czech ♦ *nm* (*LING*) Czech ♦ *nm/f*: **Tchèque** Czech

te, t' [t(ə)] *pron* you; (*réfléchi*) yourself

technicien, ne [teknisjɛ̃, -ɛn] *nm/f* technician

technico-commercial, e, aux [teknikokɔmɛrsjal, -o] *adj*: **agent technico-commercial** sales technician

technique [teknik] *adj* technical ♦ *nf* technique

techniquement [teknikmɑ̃] *adv* technically

technologie [teknɔlɔʒi] *nf* technology

technologique [teknɔlɔʒik] *adj* technological

teck [tɛk] *nm* teak

tee-shirt [tiʃœrt] *nm* T-shirt, tee-shirt

teindre [tɛ̃dr(ə)] *vt* to dye; **se teindre (les cheveux)** to dye one's hair

teint, e [tɛ̃, tɛ̃t] *pp de* **teindre** ♦ *adj* dyed ♦ *nm* (*du visage: permanent*) complexion, colouring (*BRIT*), coloring (*US*); (*momentané*) colour (*BRIT*), color (*US*) ♦ *nf* shade, colour, color; (*fig: petite dose*): **une teinte de** a hint of; **grand teint** *adj inv* colourfast; **bon teint** *adj inv* (*couleur*) fast; (*tissu*) colourfast; (*personne*) staunch, firm

teinté, e [tɛ̃te] *adj* (*verres*) tinted; (*bois*) stained; **teinté acajou** mahogany-stained; **teinté de** (*fig*) tinged with

teinter [tɛ̃te] *vt* to tint; (*bois*) to stain; (*fig: d'ironie etc*) to tinge

teinture [tɛ̃tyr] *nf* dyeing; (*substance*) dye; (*MÉD*): **teinture d'iode** tincture of iodine

teinturerie [tɛ̃tyrri] *nf* dry cleaner's

teinturier, ière [tɛ̃tyrje, -jɛr] *nm/f* dry cleaner

tel, telle [tɛl] *adj* (*pareil*) such; (*comme*): **tel un/des ... like a/like ...**; (*indéfini*) such-and-such a, a given; (*intensif*): **un tel/de tels ...** such (a)/such ...; **rien de tel** nothing like it, no such thing; **tel que** *conj* like, such as; **tel quel** as it is *ou* stands (*ou* was *etc*)

télé [tele] *nf* (= *télévision*) TV, telly (*BRIT*); **à la télé** on TV *ou* telly

télécabine [telekabin] *nm, nf* telecabine, gondola

télécarte [telekart(ə)] *nf* phonecard

télécommande [telekɔmɑ̃d] *nf* remote control

télécopie [telekɔpi] *nf* fax, telefax

télécopieur [telekɔpjœr] *nm* fax (machine)

télédistribution [teledistribysjɔ̃] *nf* cable TV

téléférique [teleferik] *nm* = **téléphérique**

télégramme [telegram] *nm* telegram

télégraphier [telegrafje] *vt* to telegraph, cable

téléguider [telegide] *vt* to operate by remote control, radio-control

téléjournal, aux [teleʒurnal, -o] *nm* television news magazine programme

télématique [telematik] *nf* telematics *sg* ♦ *adj* telematic

téléobjectif [teleɔbʒɛktif] *nm* telephoto lens *sg*

télépathie [telepati] *nf* telepathy

téléphérique [teleferik] *nm* cable-car

téléphone [telefɔn] *nm* telephone; **avoir le téléphone** to be on the (tele)phone; **au téléphone** on the phone; **les Téléphones** the (tele)phone service *sg*; **téléphone arabe** bush telegraph; **téléphone à carte (magnétique)** cardphone; **téléphone cellulaire** cellphone, cellular phone; **téléphone manuel** manually-operated telephone system; **téléphone rouge** hotline

téléphoner [telefɔne] *vt* to telephone ♦ *vi* to telephone; to make a phone call; **téléphoner à** to phone up, ring up, call up

téléphonique [telefɔnik] *adj* telephone *cpd*, phone *cpd*; **cabine téléphonique** call box (*BRIT*), (tele)phone box (*BRIT*) *ou* booth; **conversation/appel téléphonique** (tele)phone conversation/call

télescope [teleskɔp] *nm* telescope

télescoper [teleskɔpe] *vt* to smash up; **se télescoper** (*véhicules*) to collide, crash into each other

téléscripteur [teleskriptœr] *nm* teleprinter

télésiège [telesjɛʒ] *nm* chairlift

téléski [teleski] *nm* ski-tow; **téléski à archets** T-bar tow; **téléski à perche** button lift

téléspectateur, trice [telespɛktatœr, -tris] *nm/f* (television) viewer

télévente [televɑ̃t] *nf* telesales

téléviseur [televizœr] *nm* television set

télévision [televizjɔ̃] *nf* television; (**poste de) télévision** television (set); **avoir la télévision** to have a television; **à la télévision** on television; **télévision par câble/satellite** cable/satellite television

télex [teleks] *nm* telex

telle [tɛl] *adj f voir* **tel**

tellement [tɛlmɑ̃] *adv* (*tant*) so much; (*si*) so; **tellement plus grand (que)** so much bigger (than); **tellement de** (*sable, eau*) so much; (*gens, livres*) so many; **il s'est endormi tellement il était fatigué** he was so tired (that) he fell asleep; **pas tellement** not really; **pas tellement fort/lentement** not (all) that strong/slowly; **il ne mange pas tellement** he doesn't eat (all that) much

téméraire [temerer] *adj* reckless, rash

témérité [temerite] *nf* recklessness, rashness

témoignage [temwaɲaʒ] *nm* (*JUR: déclaration*) testimony *no pl*, evidence *no pl*; (: *faits*) evidence *no pl*; (*gén: rapport, récit*) account; (*fig: d'affection etc*) token, mark; expression

témoigner [temwaɲe] *vt* (*manifester: intérêt, gratitude*) to show ♦ *vi* (*JUR*) to testify, give evidence; **témoigner que** to testify that; (*fig: démontrer*) to reveal that, testify to the fact that; **témoigner de** *vt* (*confirmer*) to bear witness to, testify to

témoin [temwɛ̃] *nm* witness; (*fig*) testimony; (*SPORT*) baton; (*CONSTR*) telltale ♦ *adj* control *cpd*, test *cpd*; **témoin le fait que ...** (as) witness the fact that ...; **appartement-témoin** show flat (*BRIT*), model apartment (*US*); **être témoin de** (*voir*) to witness; **prendre à témoin** to call to witness; **témoin à charge** witness for the prosecution; **Témoin de Jéhovah** Jehovah's Witness; **témoin de moralité** character reference; **témoin oculaire** eyewitness

tempe [tɑ̃p] *nf* (*ANAT*) temple

tempérament [tɑ̃peramɑ̃] *nm* temperament, disposition; (*santé*) constitution; **à tempérament** (*vente*) on deferred (payment) terms; (*achat*) by instalments, hire purchase *cpd*; **avoir du tempérament** to be hot-blooded

température [tɑ̃peratyʀ] *nf* temperature; **prendre la température de** to take the temperature of; (*fig*) to gauge the feeling of; **avoir ou faire de la température** to be running *ou* have a temperature

tempéré, e [tɑ̃pere] *adj* temperate

tempête [tɑ̃pɛt] *nf* storm; **tempête de sable/neige** sand/snowstorm; **vent de tempête** gale

temple [tɑ̃pl(ə)] *nm* temple; (*protestant*) church

temporaire [tɑ̃pɔʀɛʀ] *adj* temporary

temps [tɑ̃] *nm* (*atmosphérique*) weather; (*durée*) time; (*époque*) time, times *pl*; (*LING*) tense; (*MUS*) beat; (*TECH*) stroke; **les temps changent/sont durs** times are changing/hard; **il fait beau/mauvais temps** the weather is fine/bad; **avoir le temps/tout le temps/juste le temps** to have time/plenty of time/just enough time; **avoir fait son temps** (*fig*) to have had its (*ou* his *etc*) day; **en temps de paix/guerre** in peacetime/wartime; **en temps utile** *ou* **voulu** in due time *ou* course; **de temps en temps, de temps à autre** from time to time, now and again; **en même temps** at the same time; **à temps** (*partir, arriver*) in time; **à plein/mi-temps** *adv, adj* full-/part-time; **à temps partiel** *adv, adj* part-time; **dans le temps** at one time; **de tout temps** always; **du temps que** at the time when, in the days when; **dans le** *ou* **du** *ou* **au temps où** at the time when; **pendant ce temps** in the meantime; **temps d'accès** (*INFORM*) access time; **temps d'arrêt** pause, halt; **temps mort** (*SPORT*) stoppage (time); (*COMM*) slack period; **temps partagé** (*INFORM*) time-sharing; **temps réel** (*INFORM*) real time

tenable [tənabl(ə)] *adj* bearable

tenace [tənas] *adj* tenacious, persistent

tenailler [tənaje] *vt* (*fig*) to torment, torture

tenailles [tənaj] *nfpl* pincers

tenais [t(ə)nɛ] *etc vb voir* **tenir**

tenancier, ière [tənɑ̃sje, -jɛʀ] *nm/f* (*d'hôtel, de bistro*) manager/manageress

tenant, e [tənɑ̃, -ɑ̃t] *adj f voir* **séance** ♦ *nm/f* (*SPORT*): **tenant du titre** title-holder ♦ *nm*: **d'un seul tenant** in one piece; **les tenants et les aboutissants** (*fig*) the ins and outs

tendance [tɑ̃dɑ̃s] *nf* (*opinions*) leanings *pl*, sympathies *pl*; (*inclination*) tendency; (*évolution*) trend; **tendance à la hausse/baisse** upward/downward trend; **avoir tendance à** to have a tendency to, tend to

tendeur [tɑ̃dœʀ] *nm* (*de vélo*) chain-adjuster; (*de câble*) wire-strainer; (*de tente*) runner; (*attache*) elastic strap

tendre [tɑ̃dʀ(ə)] *adj* (*viande, légumes*) tender; (*bois, roche, couleur*) soft; (*affectueux*) tender, loving ♦ *vt* (*élastique, peau*) to stretch, draw tight; (*muscle*) to tense; (*donner*): **tendre qch à qn** to hold sth out to sb; to offer sb sth; (*fig: piège*) to set, lay; (*tapisserie*): **tendu de soie** hung with silk, with silk hangings; **se tendre** *vi* (*corde*) to tighten; (*relations*) to become strained; **tendre à qch/à faire** to tend towards sth/to do; **tendre l'oreille** to prick up one's ears; **tendre la main/le bras** to hold out one's hand/stretch out one's arm; **tendre la perche à qn** (*fig*) to throw sb a line

tendrement [tɑ̃dʀəmɑ̃] *adv* tenderly, lovingly

tendresse [tɑ̃dʀɛs] *nf* tenderness; **tendresses** *nfpl* (*caresses etc*) tenderness *no pl*, caresses

tendu, e [tɑ̃dy] *pp de* **tendre** ♦ *adj* tight; tensed; strained

ténèbres [tenɛbʀ(ə)] *nfpl* darkness *sg*

teneur [tənœʀ] *nf* content, substance; (*d'une lettre*) terms *pl*, content; **teneur en cuivre** copper content

tenir [təniʀ] *vt* to hold; (*magasin, hôtel*) to run; (*promesse*) to keep ♦ *vi* to hold; (*neige, gel*) to last; (*survivre*) to survive; **se tenir** *vi* (*avoir lieu*) to be held, take place; (*être: personne*) to stand; **se tenir droit** to stand up (*ou* sit up) straight; **bien se tenir** to behave well; **se tenir à qch** to hold on to sth; **s'en tenir à qch** to confine o.s. to sth; to stick to sth; **tenir à** *vt* to be attached to, care about (*ou* for); (*avoir pour cause*) to be due to, stem from; **tenir à faire** to want to do, be keen to do; **tenir à ce que qn fasse qch** to be anxious that sb should do sth; **tenir de** *vt* to partake of; (*ressembler à*) to take after; **ça ne tient qu'à lui** it is entirely up to him; **tenir qn pour** to take sb for; **tenir qch de qn** (*histoire*) to have heard *ou* learnt sth from sb; (*qualité, défaut*) to have inherited *ou* got sth from sb; **tenir les comptes** to keep the books; **tenir un rôle** to play a part; **tenir de la place** to take up space *ou* room; **tenir l'alcool** to be able to hold a drink; **tenir le coup** to hold out; **tenir bon** to stand *ou* hold fast; **tenir 3 jours/2 mois** (*résister*) to hold out *ou* last 3 days/2 months; **tenir au chaud/à l'abri** to keep hot/under shelter *ou* cover; **tenir prêt** to have ready; **tenir sa langue** (*fig*) to hold one's tongue; **tiens** (*ou* **tenez**), **voilà le stylo** there's the pen!; **tiens, Alain!** look, here's Alain!; **tiens?** (*surprise*) really?; **tiens-toi bien!** (*pour informer*) brace yourself!, take a deep breath!

tennis [tenis] *nm* tennis; (*aussi:* **court de tennis**) tennis court ♦ *nmpl ou fpl* (*aussi:* **chaussures de tennis**) tennis *ou* gym shoes; **tennis de table** table tennis

tennisman [tenisman] *nm* tennis player

tension [tɑ̃sjɔ̃] *nf* tension; (*fig: des relations, de la situation*) tension; (: *concentration, effort*) strain; (*MÉD*) blood pressure; **faire** *ou* **avoir de la tension** to have high blood pressure; **tension nerveuse/raciale** nervous/racial tension

tentation [tɑ̃tasjɔ̃] *nf* temptation

tentative [tɑ̃tativ] *nf* attempt, bid; **tentative d'évasion** escape bid; **tentative de suicide** suicide attempt

tente [tɑ̃t] *nf* tent; **tente à oxygène** oxygen tent

tenter [tɑ̃te] *vt* (*éprouver, attirer*) to tempt; (*essayer*): **tenter qch/de faire** to attempt *ou* try sth/to do; **être tenté de** to be tempted to; **tenter sa chance** to try one's luck

tenture [tɑ̃tyʀ] *nf* hanging

tenu, e [təny] *pp de* **tenir** ♦ *adj* (*maison, comptes*): **bien tenu** well-kept; (*obligé*): **tenu de faire** under an obligation to do ♦ *nf* (*action de tenir*) running; keeping; holding; (*vêtements*) clothes *pl*, gear; (*allure*) dress *no pl*, appearance; (*comportement*) manners *pl*, behaviour (*BRIT*), behavior (*US*); **être en tenue** to be dressed (up); **se mettre en tenue** to dress (up); **en grande tenue** in full dress; **en petite tenue** scantily dressed *ou* clad; **avoir de la tenue** to have good manners; (*journal*) to have a high standard; **tenue de combat** combat gear *ou* dress; **tenue de pompier** fireman's uniform; **tenue de route** (*AUTO*) road-holding; **tenue de soirée** evening dress; **tenue de sport/voyage** sports/travelling clothes *pl ou* gear *no pl*

ter [tɛʀ] *adj:* **16 ter** 16b *ou* B

térébenthine [teʀebɑ̃tin] *nf:* (**essence de**) **térébenthine** (oil of) turpentine

tergal® [tɛʀgal] *nm* Terylene®

terme [tɛʀm(ə)] *nm* term; (*fin*) end; **être en bons/mauvais termes avec qn** to be on good/bad terms with sb; **vente/achat à terme** (*COMM*) forward sale/purchase; **au terme de** at the end of; **en d'autres termes** in other words; **moyen terme** (*solution intermédiaire*) middle course; **à court/long terme** *adj* short-/long-term *ou* -range ♦ *adv* in the short/long term; **à terme** *adj* (*MÉD*) full-term ♦ *adv* sooner or later, eventually; (*MÉD*) at term; **avant terme** (*MÉD*) ♦ *adj* premature ♦ *adv* prematurely; **mettre un terme à** to put an end *ou* a stop to; **toucher à son terme** to be nearing its end

terminaison [tɛʀminezɔ̃] *nf* (*LING*) ending

terminal, e, aux [tɛʀminal, -o] *adj* (*partie, phase*) final; (*MÉD*) terminal ♦ *nm* terminal ♦ *nf* (*SCOL*) ≈ sixth form *ou* year (*BRIT*), ≈ twelfth grade (*US*)

terminer [tɛʀmine] *vt* to end; (*travail, repas*) to finish; **se terminer** *vi* to end; **se terminer par** to end with

terne [tɛʀn(ə)] *adj* dull

ternir [tɛʀniʀ] *vt* to dull; (*fig*) to sully, tarnish; **se ternir** *vi* to become dull

terrain [tɛʀɛ̃] *nm* (*sol, fig*) ground; (*COMM*) land *no pl*, plot (of land) ; (: *à bâtir*) site; **sur le terrain** (*fig*) on the field; **terrain de football/rugby** football/rugby pitch (*BRIT*) *ou* field (*US*); **terrain d'atterrissage** landing strip; **terrain d'aviation** airfield; **terrain de camping** campsite; **un terrain d'entente** an area of agreement; **terrain de golf** golf course; **terrain de jeu** playground; (*SPORT*) games field; **terrain de sport** sports ground; **terrain vague** waste ground *no pl*

terrasse [tɛʀas] *nf* terrace; (*de café*) pavement area, terrasse; **à la terrasse** (*café*) outside

terrasser [tɛʀase] *vt* (*adversaire*) to floor, bring down; (*suj: maladie etc*) to lay low

terre [tɛʀ] *nf* (*gén, aussi ÉLEC*) earth; (*substance*) soil, earth; (*opposé à mer*) land *no pl*; (*contrée*) land; **terres** *nfpl* (*terrains*) lands, land *sg*; **travail de la terre** work on the land; **en terre** (*pipe, poterie*) clay *cpd*; **mettre en terre** (*plante etc*) to plant; (*personne: enterrer*) to bury; **à** *ou* **par terre** (*mettre, être*) on the ground (*ou* floor); (*jeter, tomber*) to the ground, down; **terre à terre** *adj inv* down-to-earth, matter-of-fact; **la Terre Adélie** Adélie Coast *ou* Land; **terre de bruyère** (heath-)peat; **terre cuite** earthenware; terracotta; **la terre ferme** dry land, terra firma; **la Terre de Feu** Tierra del Fuego; **terre glaise** clay; **la Terre promise** the Promised Land; **la Terre Sainte** the Holy Land

terreau [tɛʀo] *nm* compost

terre-plein [tɛʀplɛ̃] *nm* platform

terrer [tɛʀe]: **se terrer** *vi* to hide away; to go to ground

terrestre [tɛʀɛstʀ(ə)] *adj* (*surface*) earth's, of the earth; (*BOT, ZOOL, MIL*) land *cpd*; (*REL*) earthly, worldly

terreur [tɛʀœʀ] *nf* terror *no pl*, fear

terrible [tɛʀibl(ə)] *adj* terrible, dreadful; (*fam: fantastique*) terrific

terrien, ne [tɛʀjɛ̃, -ɛn] *adj:* **propriétaire terrien** landowner ♦ *nm/f* countryman/woman, man/woman of the soil; (*non martien etc*) earthling; (*non marin*) landsman

terrier [tɛʀje] *nm* burrow, hole; (*chien*) terrier

terrifier [tɛʀifje] *vt* to terrify

terrine [tɛʀin] *nf* (*récipient*) terrine; (*CULIN*) pâté

territoire [tɛʀitwaʀ] *nm* territory; **Territoire des Afars et des Issas** French Territory of Afars and Issas

terroir [tɛʀwaʀ] *nm* (*AGR*) soil; (*région*) region; **accent du terroir** country *ou* rural accent

terroriser [terɔrize] vt to terrorize

terrorisme [terɔrism(ə)] nm terrorism

terroriste [terɔrist(ə)] nm/f terrorist

tertiaire [tersjer] adj tertiary ♦ nm (ÉCON) tertiary sector, service industries pl

tertre [tertr(ə)] nm hillock, mound

tes [te] adj possessif voir ton

tesson [tesɔ̃] nm: **tesson de bouteille** piece of broken bottle

test [test] nm test; **test de grossesse** pregnancy test

testament [testamɑ̃] nm (JUR) will; (fig) legacy; (REL): **Testament** Testament; **faire son testament** to make one's will

tester [teste] vt to test

testicule [testikyl] nm testicle

tétanos [tetanos] nm tetanus

têtard [tetar] nm tadpole

tête [tet] nf head; (cheveux) hair no pl; (visage) face; (longueur): **gagner d'une (courte) tête** to win by a (short) head; (FOOTBALL) header; **de tête** adj (wagon etc) front cpd; (concurrent) leading ♦ adv (calculer) in one's head, mentally; **par tête** (par personne) per head; **se mettre en tête que** to get it into one's head that; **se mettre en tête de faire** to take it into one's head to do; **prendre la tête de qch** to take the lead in sth; **perdre la tête** (fig: s'affoler) to lose one's head; (: devenir fou) to go off one's head; **ça ne va pas, la tête?** (fam) are you crazy?; **tenir tête à qn** to stand up to ou defy sb; **la tête en bas** with one's head down; **la tête la première** (tomber) head-first; **la tête basse** hanging one's head; **avoir la tête dure** (fig) to be thick-headed; **faire une tête** (FOOTBALL) to head the ball; **faire la tête** (fig) to sulk; **en tête** (SPORT) in the lead; at the front ou head; **de la tête aux pieds** from head to toe; **tête d'affiche** (THÉÂT etc) top of the bill; **tête de bétail** head inv of cattle; **tête brulée** desperado; **tête chercheuse** homing device; **tête d'enregistrement** recording head; **tête d'impression** printhead; **tête de lecture** (playback) head; **tête de ligne** (TRANSPORTS) start of the line; **tête de liste** (POL) chief candidate; **tête de mort** skull and crossbones; **tête de pont** (MIL) bridge- ou beachhead; **tête de série** (TENNIS) seeded player, seed; **tête de Turc** (fig) whipping boy (BRIT), butt; **tête de veau** (CULIN) calf's head

tête-à-queue [tetakø] nm inv: **faire un tête-à-queue** to spin round

téter [tete] vt: **téter (sa mère)** to suck at one's mother's breast, feed

tétine [tetin] nf teat; (sucette) dummy (BRIT), pacifier (US)

têtu, e [tety] adj stubborn, pigheaded

texte [tekst(ə)] nm text; (SCOL: d'un devoir) subject, topic; **apprendre son texte** (THÉÂT) to learn one's lines; **un texte de loi** the wording of a law

textile [tekstil] adj textile cpd ♦ nm textile; (industrie) textile industry

texto [teksto] (fam) adj word for word

texture [tekstyr] nf texture; (fig: d'un texte, livre) feel

TGV sigle m = **train à grande vitesse**

thaïlandais, e [tailɑ̃de, -ez] adj Thai

Thaïlande [tailɑ̃d] nf: **la Thaïlande** Thailand

thé [te] nm tea; (réunion) tea party; **prendre le thé** to have tea; **thé au lait/citron** tea with milk/lemon

théâtral, e, aux [teatral, -o] adj theatrical

théâtre [teatr(ə)] nm theatre; (techniques, genre) drama, theatre; (activité) stage, theatre; (œuvres) plays pl, dramatic works pl; (fig: lieu): **le théâtre de** the scene of; (péj) histrionics pl, playacting; **faire du théâtre** (en professionnel) to be on the stage; (en amateur) to do some acting; **théâtre filmé** filmed stage productions pl

théière [tejer] nf teapot

thème [tem] nm theme; (SCOL: traduction) prose (composition); **thème astral** birth chart

théologie [teɔlɔʒi] nf theology

théorie [teɔri] nf theory; **en théorie** in theory

théorique [teɔrik] adj theoretical

thérapie [terapi] nf therapy; **thérapie de groupe** group therapy

thermal, e, aux [termal, -o] adj thermal; **station thermale** spa; **cure thermale** water cure

thermes [term(ə)] nmpl thermal baths; (romains) thermae pl

thermomètre [termɔmetr(ə)] nm thermometer

thermos® [termos] nm ou nf: **(bouteille) thermos** vacuum ou Thermos® flask (BRIT) ou bottle (US)

thermostat [termɔsta] nm thermostat

thèse [tez] nf thesis (pl theses)

thon [tɔ̃] nm tuna (fish)

thym [tɛ̃] nm thyme

tibia [tibja] nm shin; (os) shinbone, tibia

tic [tik] nm tic, (nervous) twitch; (de langage etc) mannerism

ticket [tike] nm ticket; **ticket de caisse** till receipt; **ticket modérateur** patient's contribution towards medical costs; **ticket de quai** platform ticket; **ticket repas** luncheon voucher

tic-tac [tiktak] nm inv tick-tock

tiède [tjed] adj (bière etc) lukewarm; (thé, café etc) tepid; (bain, accueil, sentiment) lukewarm; (vent, air) mild, warm ♦ adv: **boire tiède** to drink things lukewarm

tiédir [tjedir] vi (se réchauffer) to grow warmer; (refroidir) to cool

tien, tienne [tjɛ̃, tjen] pron: **le tien (la tienne), les tiens (tiennes)** yours; **à la tienne!** cheers!

tiens [tjɛ̃] vb, excl voir **tenir**

tierce [tjers(ə)] adj f, nf voir **tiers**

tiercé [tjerse] nm system of forecast betting giving first three horses

tiers, tierce [tjer, tjers(ə)] adj third ♦ nm (JUR)

third party; *(fraction)* third ◆ *nf (MUS)* third; *(CARTES)*
tierce; **une tierce personne** a third party; **assurance au tiers** third-party insurance; **le tiers
monde** the third world; **tiers payant** direct payment by insurers of medical expenses; **tiers provisionnel** interim payment of tax

tifs [tif] *(fam) nmpl* hair

tige [tiʒ] *nf* stem; *(baguette)* rod

tignasse [tiɲas] *nf (péj)* shock *ou* mop of hair

tigre [tigʀ(ə)] *nm* tiger

tigré, e [tigʀe] *adj (rayé)* striped; *(tacheté)* spotted

tigresse [tigʀɛs] *nf* tigress

tilleul [tijœl] *nm* lime (tree), linden (tree); *(boisson)*
lime(-blossom) tea

timbale [tɛ̃bal] *nf* (metal) tumbler; **timbales** *nfpl*
(MUS) timpani, kettledrums

timbre [tɛ̃bʀ(ə)] *nm (tampon)* stamp; *(aussi:*
timbre-poste) (postage) stamp; *(cachet de la
poste)* postmark; *(sonnette)* bell; *(MUS: de voix, instrument)* timbre, tone; **timbre anti-tabac** nicotine
patch; **timbre dateur** date stamp

timbré, e [tɛ̃bʀe] *adj (enveloppe)* stamped; *(voix)*
resonant; *(fam: fou)* cracked, nuts

timide [timid] *adj (emprunté)* shy, timid; *(timoré)*
timid, timorous

timidement [timidmɑ̃] *adv* shyly; timidly

timidité [timidite] *nf* shyness; timidity

tintamarre [tɛ̃tamaʀ] *nm* din, uproar

tinter [tɛ̃te] *vi* to ring, chime; *(argent, clés)* to jingle

tique [tik] *nf* tick *(insect)*

tir [tiʀ] *nm (sport)* shooting; *(fait ou manière de
tirer)* firing *no pl*; *(FOOTBALL)* shot; *(stand)* shooting
gallery; **tir d'obus/de mitraillette** shell/machine
gun fire; **tir à l'arc** archery; **tir de barrage** barrage
fire; **tir au fusil** (rifle) shooting; **tir au pigeon**
(d'argile) clay pigeon shooting

tirage [tiʀaʒ] *nm (action)* printing; *(PHOTO)* print;
(INFORM) printout; *(de journal)* circulation; *(de livre)*
(print-)run; edition; *(de cheminée)* draught *(BRIT)*,
draft *(US)*; *(de loterie)* draw; *(fig: désaccord)* friction;
tirage au sort drawing lots

tirailler [tiʀaje] *vt* to pull at, tug at; *(fig)* to gnaw at
◆ *vi* to fire at random

tire [tiʀ] *nf:* **vol à la tire** pickpocketing

tiré, e [tiʀe] *adj (visage, traits)* drawn ◆ *nm (COMM)*
drawee; **tiré par les cheveux** far-fetched; **tiré à
part** off-print

tire-au-flanc [tiʀoflɑ̃] *nm inv (péj)* skiver

tire-bouchon [tiʀbuʃɔ̃] *nm* corkscrew

tirelire [tiʀliʀ] *nf* moneybox

tirer [tiʀe] *vt (gén)* to pull; *(extraire)*: **tirer qch de**
to take *ou* pull sth out of; to get sth out of; to extract
sth from; *(tracer: ligne, trait)* to draw, trace; *(fermer:
volet, porte, trappe)* to pull to, close; *(: rideau)* to
draw; *(choisir: carte, conclusion, aussi COMM: chèque)*
to draw; *(en faisant feu: balle, coup)* to fire; *(: animal)*
to shoot; *(journal, livre, photo)* to print; *(FOOTBALL: corner etc)* to take ◆ *vi (faire feu)* to fire; *(faire du tir,
FOOTBALL)* to shoot; *(cheminée)* to draw; **se tirer** *vi*
(fam) to push off; **s'en tirer** to pull through; **tirer
sur** *(corde, poignée)* to pull on *ou* at; *(faire feu sur)* to
shoot *ou* fire at; *(pipe)* to draw on; *(fig: avoisiner)* to
verge *ou* border on; **tirer 6 mètres** *(NAVIG)* to draw 6
metres of water; **tirer son nom de** to take *ou* get its
name from; **tirer la langue** to stick out one's
tongue; **tirer qn de** *(embarras etc)* to help *ou* get sb
out of; **tirer à l'arc/la carabine** to shoot with a
bow and arrow/with a rifle; **tirer en longueur** to
drag on; **tirer à sa fin** to be drawing to an end;
tirer les cartes to read *ou* tell the cards

tiret [tiʀɛ] *nm* dash; *(en fin de ligne)* hyphen

tireur [tiʀœʀ] *nm* gunman; *(COMM)* drawer; **bon
tireur** good shot; **tireur d'élite** marksman; **tireur
de cartes** fortuneteller

tiroir [tiʀwaʀ] *nm* drawer

tiroir-caisse [tiʀwaʀkɛs] *nm* till

tisane [tizan] *nf* herb tea

tisonnier [tizɔnje] *nm* poker

tisser [tise] *vt* to weave

tisserand, e [tisʀɑ̃, -ɑ̃d] *nm/f* weaver

tissu [tisy] *nm* fabric, material, cloth *no pl*; *(fig)* fabric; *(ANAT, BIO)* tissue; **tissu de mensonges** web of
lies

tissu, e [tisy] *adj:* **tissu de** woven through with

tissu-éponge [tisyepɔ̃ʒ] *nm* (terry) towelling *no
pl*

titre [titʀ(ə)] *nm (gén)* title; *(de journal)* headline;
(diplôme) qualification; *(COMM)* security; *(CHIMIE)* titre;
en titre *(champion, responsable)* official, recognized; **à juste titre** with just cause, rightly; **à quel
titre?** on what grounds?; **à aucun titre** on no
account; **au même titre (que)** in the same way
(as); **au titre de la coopération** *etc* in the name of
cooperation *etc*; **à titre d'exemple** as an *ou* by way
of an example; **à titre exceptionnel** exceptionally;
à titre d'information for (your) information; **à
titre gracieux** free of charge; **à titre d'essai** on a
trial basis; **à titre privé** in a private capacity; **titre
courant** running head; **titre de propriété** title
deed; **titre de transport** ticket

tituber [titybe] *vi* to stagger *ou* reel (along)

titulaire [titylɛʀ] *adj (ADMIN)* appointed, with
tenure ◆ *nm (ADMIN)* incumbent; **être titulaire de**
to hold

toast [tost] *nm* slice *ou* piece of toast; *(de bienvenue)* (welcoming) toast; **porter un toast à qn** to
propose *ou* drink a toast to sb

toboggan [tɔbɔgɑ̃] *nm* toboggan; *(jeu)* slide;
(AUTO) flyover *(BRIT)*, overpass *(US)*; **toboggan de secours** *(AVIAT)* escape chute

toc [tɔk] *nm:* **en toc** imitation *cpd*

tocsin [tɔksɛ̃] *nm* alarm (bell)

toge [tɔʒ] *nf* toga; *(de juge)* gown

tohu-bohu [tɔybɔy] *nm (désordre)* confusion;

(tumulte) commotion

toi [twa] *pron* you; **toi, tu l'as fait?** did YOU do it?

toile [twal] *nf (matériau)* cloth *no pl; (bâche)* piece of canvas; *(tableau)* canvas; **grosse toile** canvas; **tisser sa toile** *(araignée)* to spin its web; **toile d'araignée** spider's web; *(au plafond etc: à enlever)* cobweb; **toile cirée** oilcloth; **toile émeri** emery cloth; **toile de fond** *(fig)* backdrop; **toile de jute** hessian; **toile de lin** linen; **toile de tente** canvas

toilette [twalɛt] *nf* wash; *(s'habiller et se préparer)* getting ready, washing and dressing; *(habits)* outfit; dress *no pl*; **toilettes** *nfpl* toilet *sg*; **les toilettes des dames/messieurs** the ladies'/gents' (toilets) *(BRIT)*, the ladies'/men's (rest)room *(US)*; **faire sa toilette** to have a wash, get washed; **faire la toilette de** *(animal)* to groom; *(voiture etc)* to clean, wash; *(texte)* to tidy up; **articles de toilette** toiletries; **toilette intime** personal hygiene

toi-même [twamɛm] *pron* yourself

toiser [twaze] *vt* to eye up and down

toison [twazɔ̃] *nf (de mouton)* fleece; *(cheveux)* mane

toit [twa] *nm* roof; **toit ouvrant** sun roof

toiture [twatyʀ] *nf* roof

tôle [tol] *nf* sheet metal *no pl; (plaque)* steel *(ou* iron) sheet; **tôles** *nfpl (carrosserie)* bodywork *sg (BRIT)*, body *sg;* panels; **tôle d'acier** sheet steel *no pl;* **tôle ondulée** corrugated iron

tolérable [tɔleʀabl(ə)] *adj* tolerable, bearable

tolérant, e [tɔleʀɑ̃, -ɑ̃t] *adj* tolerant

tolérer [tɔleʀe] *vt* to tolerate; *(ADMIN: hors taxe etc)* to allow

tollé [tɔle] *nm:* **un tollé (de protestations)** a general outcry

tomate [tɔmat] *nf* tomato

tombe [tɔ̃b] *nf (sépulture)* grave; *(avec monument)* tomb

tombeau, x [tɔ̃bo] *nm* tomb; **à tombeau ouvert** at breakneck speed

tombée [tɔ̃be] *nf:* **à la tombée du jour** *ou* **de la nuit** at the close of day, at nightfall

tomber [tɔ̃be] *vi* to fall ♦ *vt:* **tomber la veste** to slip off one's jacket; **laisser tomber** to drop; **tomber sur** *vt (rencontrer)* to come across; *(attaquer)* to set about; **tomber de fatigue/sommeil** to drop from exhaustion/be falling asleep on one's feet; **tomber à l'eau** *(fig: projet etc)* to fall through; **tomber en panne** to break down; **tomber juste** *(opération, calcul)* to come out right; **tomber en ruine** to fall into ruins; **ça tombe bien/mal** *(fig)* that's come at the right/wrong time; **il est bien/mal tombé** *(fig)* he's been lucky/unlucky

tombola [tɔ̃bɔla] *nf* tombola

tome [tɔm] *nm* volume

ton, ta, pl tes [tɔ̃, ta, te] *adj possessif* your

ton [tɔ̃] *nm (gén)* tone; *(MUS)* key; *(couleur)* shade, tone; *(de la voix: hauteur)* pitch; **donner le ton** to set the tone; **élever** *ou* **hausser le ton** to raise one's voice; **de bon ton** in good taste; **si vous le prenez sur ce ton** if you're going to take it like that; **ton sur ton** in matching shades

tonalité [tɔnalite] *nf (au téléphone)* dialling tone; *(MUS)* tonality; *(: ton)* key; *(fig)* tone

tondeuse [tɔ̃døz] *nf (à gazon)* (lawn)mower; *(du coiffeur)* clippers *pl; (pour la tonte)* shears *pl*

tondre [tɔ̃dʀ(ə)] *vt (pelouse, herbe)* to mow; *(haie)* to cut, clip; *(mouton, toison)* to shear; *(cheveux)* to crop

tongs [tɔ̃g] *nfpl* flip-flops

tonifier [tɔnifje] *vt (air, eau)* to invigorate; *(peau, organisme)* to tone up

tonique [tɔnik] *adj* fortifying; *(personne)* dynamic ♦ *nm, nf* tonic

tonne [tɔn] *nf* metric ton, tonne

tonneau, x [tɔno] *nm (à vin, cidre)* barrel; *(NAVIG)* ton; **faire des tonneaux** *(voiture, avion)* to roll over

tonnelle [tɔnɛl] *nf* bower, arbour *(BRIT)*, arbor *(US)*

tonner [tɔne] *vi* to thunder; *(parler avec véhémence):* **tonner contre qn/qch** to inveigh against sb/sth; **il tonne** it is thundering, there's some thunder

tonnerre [tɔnɛʀ] *nm* thunder; **coup de tonnerre** *(fig)* thunderbolt, bolt from the blue; **un tonnerre d'applaudissements** thunderous applause; **du tonnerre** *(fam)* terrific

tonte [tɔ̃t] *nf* shearing

tonton [tɔ̃tɔ̃] *nm* uncle

tonus [tɔnys] *nm (des muscles)* tone; *(d'une personne)* dynamism

top [tɔp] *nm:* **au 3ème top** at the 3rd stroke ♦ *adj:* **top secret** top secret ♦ *excl* go!

topinambour [tɔpinɑ̃buʀ] *nm* Jerusalem artichoke

topo [tɔpo] *nm (discours, exposé)* talk; *(fam)* spiel

toque [tɔk] *nf (de fourrure)* fur hat; **toque de jockey/juge** jockey's/judge's cap; **toque de cuisinier** chef's hat

toqué, e [tɔke] *adj (fam)* touched, cracked

torche [tɔʀʃ(ə)] *nf* torch; **se mettre en torche** *(parachute)* to candle

torchon [tɔʀʃɔ̃] *nm* cloth, duster; *(à vaisselle)* tea towel *ou* cloth

tordre [tɔʀdʀ(ə)] *vt (chiffon)* to wring; *(barre, fig: visage)* to twist; **se tordre** *vi (barre)* to bend; *(roue)* to twist, buckle; *(ver, serpent)* to writhe; **se tordre le pied/bras** to twist one's foot/arm; **se tordre de douleur/rire** to writhe in pain/be doubled up with laughter

tordu, e [tɔʀdy] *pp de* **tordre** ♦ *adj (fig)* warped, twisted

tornade [tɔʀnad] *nf* tornado

torpille [tɔʀpij] *nf* torpedo

torréfier [tɔʀefje] *vt* to roast

torrent [tɔʀɑ̃] nm torrent, mountain stream; (fig): **un torrent de** a torrent ou flood of; **il pleut à torrents** the rain is lashing down

torsade [tɔʀsad] nf twist; (ARCHIT) cable moulding (BRIT) ou molding (US)

torse [tɔʀs(ə)] nm torso; (poitrine) chest

tort [tɔʀ] nm (défaut) fault; (préjudice) wrong no pl; **torts** nmpl (JUR) fault sg; **avoir tort** to be wrong; **être dans son tort** to be in the wrong; **donner tort à qn** to lay the blame on sb; (fig) to prove sb wrong; **causer du tort à** to harm; to be harmful ou detrimental to; **en tort** in the wrong, at fault; **à tort** wrongly; **à tort ou à raison** rightly or wrongly; **à tort et à travers** wildly

torticolis [tɔʀtikɔli] nm stiff neck

tortiller [tɔʀtije] vt (corde, mouchoir) to twist; (doigts) to twiddle; **se tortiller** vi to wriggle, squirm

tortionnaire [tɔʀsjɔnɛʀ] nm torturer ·

tortue [tɔʀty] nf tortoise; (fig) slowcoach (BRIT), slowpoke (US)

tortueux, euse [tɔʀtɥø, -øz] adj (rue) twisting; (fig) tortuous

torture [tɔʀtyʀ] nf torture

torturer [tɔʀtyʀe] vt to torture; (fig) to torment

tôt [to] adv early; **tôt ou tard** sooner or later; **si tôt** so early; (déjà) so soon; **au plus tôt** at the earliest, as soon as possible; **plus tôt** earlier; **il eut tôt fait de faire ...** he soon did ...

total, e, aux [tɔtal, -o] adj, nm total; **au total** in total ou all; (fig) all in all; **faire le total** to work out the total

totalement [tɔtalmɑ̃] adv totally, completely

totaliser [tɔtalize] vt to total (up)

totalitaire [tɔtalitɛʀ] adj totalitarian

totalité [tɔtalite] nf: **la totalité de: la totalité des élèves** all (of) the pupils; **la totalité de la population/classe** the whole population/class; **en totalité** entirely

toubib [tubib] nm (fam) doctor

touchant, e [tuʃɑ̃, -ɑ̃t] adj touching

touche [tuʃ] nf (de piano, de machine à écrire) key; (de violon) fret; (de télécommande etc) key, button; (PEINTURE etc) stroke, touch; (fig: de couleur, nostalgie) touch, hint; (RUGBY) line-out; (FOOTBALL: aussi: **remise en touche**) throw-in; (aussi: **ligne de touche**) touch-line; (ESCRIME) hit; **en touche** in (ou into) touch; **avoir une drôle de touche** to look a sight; **touche de commande/de fonction/de retour** (INFORM) control/function/return key; **touche à effleurement** ou **sensitive** touch-sensitive control ou key

toucher [tuʃe] nm touch ♦ vt to touch; (palper) to feel; (atteindre: d'un coup de feu etc) to hit; (affecter) to touch, affect; (concerner) to concern, affect; (contacter) to reach, contact; (recevoir: récompense) to receive, get; (: salaire) to draw, get; (chèque) to cash; (aborder: problème, sujet) to touch on; **au toucher** to the touch; by the feel; **se toucher** (être en con-

tact) to touch; **toucher à** to touch; (modifier) to touch, tamper ou meddle with; (traiter de, concerner) to have to do with, concern; **je vais lui en toucher un mot** I'll have a word with him about it; **toucher au but** (fig) to near one's goal; **toucher à sa fin** to be drawing to a close

touffe [tuf] nf tuft

touffu, e [tufy] adj thick, dense; (fig) complex, involved

toujours [tuʒuʀ] adv always; (encore) still; (constamment) forever; **depuis toujours** always; **essaie toujours** (you can) try anyway; **pour toujours** forever; **toujours est-il que** the fact remains that; **toujours plus** more and more

toupet [tupɛ] nm quiff (BRIT), tuft; (fam) nerve, cheek (BRIT)

toupie [tupi] nf (spinning) top

tour [tuʀ] nf tower; (immeuble) high-rise block (BRIT) ou building (US), tower block (BRIT); (ÉCHECS) castle, rook ♦ nm (excursion: à pied) stroll, walk; (: en voiture etc) run, ride; (: plus long) trip; (SPORT: aussi: **tour de piste**) lap; (d'être servi ou de jouer etc, tournure, de vis ou clef) turn; (de roue etc) revolution; (circonférence): **de 3 m de tour** 3 m round, with a circumference ou girth of 3 m; (POL: aussi: **tour de scrutin**) ballot; (ruse, de prestidigitation, de cartes) trick; (de potier) wheel; (à bois, métaux) lathe; **faire le tour de** to go (a)round; (à pied) to walk (a)round; (fig) to review; **faire le tour de l'Europe** to tour Europe; **faire un tour** to go for a walk; (en voiture etc) to go for a ride; **faire 2 tours** to go (a)round twice; (hélice etc) to turn ou revolve twice; **fermer à double tour** vi to double-lock the door; **c'est au tour de Renée** it's Renée's turn; **à tour de rôle, tour à tour** in turn; **à tour de bras** with all one's strength; (fig) non-stop, relentlessly; **tour de taille/tête** waist/head measurement; **tour de chant** song recital; **tour de contrôle** nf control tower; **tour de garde** spell of duty; **tour d'horizon** (fig) general survey; **tour de lit** valance; **tour de main** dexterity, knack; **en un tour de main** (as) quick as a flash; **tour de passe-passe** trick, sleight of hand; **tour de reins** sprained back; see boxed note

tourbe [tuʀb(ə)] nf peat

tourbillon [tuʀbijɔ̃] nm whirlwind; (d'eau)

whirlpool; (fig) whirl, swirl

tourbillonner [tuʀbijɔne] vi to whirl, swirl; (objet, personne) to whirl ou twirl round

tourelle [tuʀɛl] nf turret

tourisme [tuʀism(ə)] nm tourism; **agence de tourisme** tourist agency; **avion/voiture de tourisme** private plane/car; **faire du tourisme** to do some sightseeing, go touring

touriste [tuʀist(ə)] nm/f tourist

touristique [tuʀistik] adj tourist cpd; (région) touristic (péj), with tourist appeal

tourment [tuʀmɑ̃] nm torment

tourmenter [tuʀmɑ̃te] vt to torment; **se tourmenter** vi to fret, worry o.s.

tournage [tuʀnaʒ] nm (d'un film) shooting

tournant, e [tuʀnɑ̃, -ɑ̃t] adj (feu, scène) revolving; (chemin) winding; (escalier) spiral cpd; (mouvement) circling ♦ nm (de route) bend (BRIT), curve (US); (fig) turning point voir **plaque**, **grève**

tournebroche [tuʀnəbʀɔʃ] nm roasting spit

tourne-disque [tuʀnədisk(ə)] nm record player

tournée [tuʀne] nf (du facteur etc) round; (d'artiste, politicien) tour; (au café) round (of drinks); **faire la tournée de** to go (a)round

tournemain [tuʀnəmɛ̃]: **en un tournemain** adv in a flash

tourner [tuʀne] vt to turn; (sauce, mélange) to stir; (contourner) to get (a)round; (CINÉ) to shoot; to make ♦ vi to turn; (moteur) to run; (compteur) to tick away; (lait etc) to turn (sour); (fig: chance, vie) to turn out; **se tourner** vi to turn (a)round; **se tourner vers** to turn to; to turn towards; **bien tourner** to turn out well; **tourner autour de** to go (a)round; (planète) to revolve (a)round; (péj) to hang (a)round; **tourner autour du pot** (fig) to go (a)round in circles; **tourner à/en** to turn into; **tourner à la pluie/au rouge** to turn rainy/red; **tourner en ridicule** to ridicule; **tourner le dos à** (mouvement) to turn one's back on; (position) to have one's back to; **tourner court** to come to a sudden end; **se tourner les pouces** to twiddle one's thumbs; **tourner la tête** to look away; **tourner la tête à qn** (fig) to go to sb's head; **tourner de l'œil** to pass out; **tourner la page** (fig) to turn the page

tournesol [tuʀnəsɔl] nm sunflower

tournevis [tuʀnəvis] nm screwdriver

tourniquet [tuʀnike] nm (pour arroser) sprinkler; (portillon) turnstile; (présentoir) revolving stand, spinner; (CHIRURGIE) tourniquet

tournoi [tuʀnwa] nm tournament

tournoyer [tuʀnwaje] vi (oiseau) to wheel (a)round; (fumée) to swirl (a)round

tournure [tuʀnyʀ] nf (LING: syntaxe) turn of phrase; form; (: d'une phrase) phrasing; (évolution): **la tournure de qch** the way sth is developing; (aspect): **la tournure de** the look of; **la tournure des événements** the turn of events; **prendre**

tournure to take shape

tourte [tuʀt(ə)] nf pie

tourterelle [tuʀtəʀɛl] nf turtledove

tous dét [tu] ♦ pron [tus] voir **tout**

Toussaint [tusɛ̃] nf: **la Toussaint** All Saints' Day; see boxed note

---

TOUSSAINT

La Toussaint, 1 November, or All Saints' Day, is a public holiday in France. People traditionally visit the graves of friends and relatives to lay chrysanthemums on them.

---

tousser [tuse] vi to cough

MOT-CLÉ
---

tout, e [tu, tut] (mpl **tous**, fpl **toutes**) adj 1 (avec article singulier) all; **tout le lait** all the milk; **toute la nuit** all night, the whole night; **tout le livre** the whole book; **tout un pain** a whole loaf; **tout le temps** all the time, the whole time; **c'est tout le contraire** it's quite the opposite; **c'est toute une affaire** ou **histoire** it's quite a business, it's a whole rigmarole

2 (avec article pluriel) every; all; **tous les livres** all the books; **toutes les nuits** every night; **toutes les fois** every time; **toutes les trois/deux semaines** every third/other ou second week, every three/two weeks; **tous les deux** both ou each of us (ou them ou you); **toutes les trois** all three of us (ou them ou you)

3 (sans article): **à tout âge** at any age; **pour toute nourriture, il avait ...** his only food was ...; **de tous côtés, de toutes parts** from everywhere, from every side

♦ pron everything, all; **il a tout fait** he's done everything; **je les vois tous** I can see them all ou all of them; **nous y sommes tous allés** all of us went, we all went; **c'est tout** that's all; **en tout** in all; **en tout et pour tout** all in all; **tout ce qu'il sait** all he knows; **c'était tout ce qu'il y a de chic** it was the last word ou the ultimate in chic

♦ nm whole; **le tout** all of it (ou them); **le tout est de ...** the main thing is to ...; **pas du tout** not at all; **elle a tout d'une mère/d'une intrigante** she's a real ou true mother/schemer; **du tout au tout** utterly

♦ adv 1 (très, complètement) very; **tout près** ou **à côté** very near; **le tout premier** the very first; **tout seul** all alone; **il était tout rouge** he was really ou all red; **parler tout bas** to speak very quietly; **le livre tout entier** the whole book; **tout en haut** right at the top; **tout droit** straight ahead

2: **tout en** while; **tout en travaillant** while working, as he etc works

3: **tout d'abord** first of all; **tout à coup** suddenly; **tout à fait** absolutely; **tout à fait!** exactly;

tout à l'heure a short while ago; (futur) in a short while, shortly; **à tout à l'heure!** see you later!; **il répondit tout court que non** he just answered no (and that was all); **tout de même** all the same; **tout le monde** everybody; **tout ou rien** all or nothing; **tout simplement** quite simply; **tout de suite** immediately, straight away

toutefois [tutfwa] adv however

toux [tu] nf cough

toxicomane [tɔksikɔman] nm/f drug addict

toxique [tɔksik] adj toxic, poisonous

trac [trak] nm nerves pl; (THÉAT) stage fright; **avoir le trac** to get an attack of nerves; to have stage fright; **tout à trac** all of a sudden

tracasser [trakase] vt to worry, bother; (harceler) to harass; **se tracasser** vi to worry o.s., fret

trace [tras] nf (empreintes) tracks pl; (marques, aussi fig) mark; (restes, vestige) trace; (indice) sign; **suivre à la trace** to track; **traces de pas** footprints

tracé [trase] nm (contour) line; (plan) layout

tracer [trase] vt to draw; (mot) to trace; (piste) to open up; (fig: chemin) to show

tract [trakt] nm tract, pamphlet; (publicitaire) handout

tractations [traktɑsjɔ̃] nfpl dealings, bargaining sg

tracteur [traktœr] nm tractor

traction [traksjɔ̃] nf traction; (GYM) pull-up; **traction avant/arrière** front-wheel/rear-wheel drive; **traction électrique** electric(al) traction ou haulage

tradition [tradisjɔ̃] nf tradition

traditionnel, le [tradisjɔnel] adj traditional

traducteur, trice [tradyktœr, -tris] nm/f translator

traduction [tradyksjɔ̃] nf translation

traduire [traduir] vt to translate; (exprimer) to render, convey; **se traduire par** to find expression in; **traduire en français** to translate into French; **traduire en justice** to bring before the courts

trafic [trafik] nm traffic; **trafic d'armes** arms dealing; **trafic de drogue** drug peddling

trafiquant, e [trafikɑ̃, -ɑ̃t] nm/f trafficker; dealer

trafiquer [trafike] vt (péj) to doctor, tamper with ♦ vi to traffic, be engaged in trafficking

tragédie [traʒedi] nf tragedy

tragique [traʒik] adj tragic ♦ nm: **prendre qch au tragique** to make a tragedy out of sth

trahir [trair] vt to betray; (fig) to give away, reveal; **se trahir** to betray o.s., give o.s. away

trahison [traizɔ̃] nf betrayal; (JUR) treason

train [trɛ̃] nm (RAIL) train; (allure) pace; (fig: ensemble) set; **être en train de faire qch** to be doing sth; **mettre qch en train** to get sth under way; **mettre qn en train** to put sb in good spirits; **se mettre en train** (commencer) to get started; (faire de la gymnastique) to warm up; **se sentir en train** to feel in good form; **aller bon train** to make good progress; **train avant/arrière** front-wheel/rear-wheel axle unit; **train à grande vitesse (TGV)** high-speed train; **train d'atterrissage** undercarriage; **train autos-couchettes** car-sleeper train; **train électrique** (jouet) (electric) train set; **train de pneus** set of tyres ou tires; **train de vie** style of living

traîne [trɛn] nf (de robe) train; **être à la traîne** to be in tow; (en arrière) to lag behind; (en désordre) to be lying around

traîneau, x [trɛno] nm sleigh, sledge

traînée [trɛne] nf streak, trail; (péj) slut

traîner [trɛne] vt (remorque) to pull; (enfant, chien) to drag ou trail along; (maladie): **il traîne un rhume depuis l'hiver** he has a cold which has been dragging on since winter ♦ vi (être en désordre) to lie around; (marcher lentement) to dawdle (along); (vagabonder) to hang about; (agir lentement) to idle about; (durer) to drag on; **se traîner** vi (ramper) to crawl along; (marcher avec difficulté) to drag o.s. along; (durer) to drag on; **se traîner par terre** to crawl (on the ground); **traîner qn au cinéma** to drag sb to the cinema; **traîner les pieds** to drag one's feet; **traîner par terre** to trail on the ground; **traîner en longueur** to drag out

train-train [trɛ̃trɛ̃] nm humdrum routine

traire [trɛr] vt to milk

trait, e [trɛ, -ɛt] pp de **traire** ♦ nm (ligne) line; (de dessin) stroke; (caractéristique) feature, trait; (flèche) dart, arrow; shaft; **traits** nmpl (du visage) features; **d'un trait** (boire) in one gulp; **de trait** adj (animal) draught (BRIT), draft (US); **avoir trait à** to concern; **trait pour trait** line for line; **trait de caractère** characteristic, trait; **trait d'esprit** flash of wit; **trait de génie** brainwave; **trait d'union** hyphen; (fig) link

traitant, e [trɛtɑ̃, -ɑ̃t] adj: **votre médecin traitant** your usual ou family doctor; **shampooing traitant** medicated shampoo; **crème traitante** conditioning cream, conditioner

traite [trɛt] nf (COMM) draft; (AGR) milking; (trajet) stretch; **d'une (seule) traite** without stopping (once); **la traite des noirs** the slave trade; **la traite des blanches** the white slave trade

traité [trɛte] nm treaty

traitement [trɛtmɑ̃] nm treatment; processing; (salaire) salary; **suivre un traitement** to undergo treatment; **mauvais traitement** ill-treatment; **traitement de données** ou **de l'information** (INFORM) data processing; **traitement hormonosupplétif** hormone replacement therapy; **traitement par lots** (INFORM) batch processing; **traitement de texte** (INFORM) word processing

traiter [trɛte] vt (gén) to treat; (TECH: matériaux) to process, treat; (INFORM) to process; (affaire) to deal with, handle; (qualifier): **traiter qn d'idiot** to call sb a fool ♦ vi to deal; **traiter de** vt to deal with; **bien/mal traiter** to treat well/ill-treat

traiteur [tʀɛtœʀ] *nm* caterer

traître, esse [tʀɛtʀ(ə), -tʀɛs] *adj* (*dangereux*) treacherous ♦ *nm* traitor; **prendre qn en traître** to make an insidious attack on sb

trajectoire [tʀaʒɛktwaʀ] *nf* trajectory, path

trajet [tʀaʒɛ] *nm* journey; (*itinéraire*) route; (*fig*) path, course

trame [tʀam] *nf* (*de tissu*) weft; (*fig*) framework; texture; (*TYPO*) screen

tramer [tʀame] *vt* to plot, hatch

trampoline [tʀɑ̃pɔlin], **trampolino** [tʀɑ̃pɔlino] *nm* trampoline; (*SPORT*) trampolining

tramway [tʀamwɛ] *nm* tram(way); (*voiture*) tram (car) (*BRIT*), streetcar (*US*)

tranchant, e [tʀɑ̃ʃɑ̃, -ɑ̃t] *adj* sharp; (*fig: personne*) peremptory; (: *couleurs*) striking ♦ *nm* (*d'un couteau*) cutting edge; (*de la main*) edge; **à double tranchant** (*argument, procédé*) double-edged

tranche [tʀɑ̃ʃ] *nf* (*morceau*) slice; (*arête*) edge; (*partie*) section; (*série*) block; (*d'impôts, revenus etc*) bracket; (*loterie*) issue; **tranche d'âge** age bracket; **tranche (de silicium)** wafer

tranché, e [tʀɑ̃ʃe] *adj* (*couleurs*) distinct, sharply contrasted; (*opinions*) clear-cut, definite ♦ *nf* trench

trancher [tʀɑ̃ʃe] *vt* to cut, sever; (*fig: résoudre*) to settle ♦ *vi* to be decisive; (*entre deux choses*) to settle the argument; **trancher avec** to contrast sharply with

tranquille [tʀɑ̃kil] *adj* calm, quiet; (*enfant, élève*) quiet; (*rassuré*) easy in one's mind, with one's mind at rest; **se tenir tranquille** (*enfant*) to be quiet; **avoir la conscience tranquille** to have an easy conscience; **laisse-moi/laisse-ça tranquille** leave me/it alone

tranquillisant, e [tʀɑ̃kilizɑ̃, -ɑ̃t] *adj* (*nouvelle*) reassuring ♦ *nm* tranquillizer

tranquillité [tʀɑ̃kilite] *nf* quietness; peace (and quiet); **en toute tranquillité** with complete peace of mind; **tranquillité d'esprit** peace of mind

transat [tʀɑ̃zat] *nm* deckchair ♦ *nf* = **course transatlantique**

transborder [tʀɑ̃sbɔʀde] *vt* to tran(s)ship

transcription [tʀɑ̃skʀipsjɔ̃] *nf* transcription

transférer [tʀɑ̃sfeʀe] *vt* to transfer

transfert [tʀɑ̃sfɛʀ] *nm* transfer

transformation [tʀɑ̃sfɔʀmasjɔ̃] *nf* transformation; (*RUGBY*) conversion; **industries de transformation** processing industries

transformer [tʀɑ̃sfɔʀme] *vt* to transform, alter ("*alter*" *implique un changement moins radical*); (*matière première, appartement, RUGBY*) to convert; **transformer en** to transform into; to turn into; to convert into; **se transformer** *vi* to be transformed; to alter

transfusion [tʀɑ̃sfyzjɔ̃] *nf*: **transfusion sanguine** blood transfusion

transgresser [tʀɑ̃sgʀese] *vt* to contravene, disobey

transi, e [tʀɑ̃zi] *adj* numb (with cold), chilled to the bone

transiger [tʀɑ̃ziʒe] *vi* to compromise, come to an agreement; **transiger sur** *ou* **avec qch** to compromise on sth

transistor [tʀɑ̃zistɔʀ] *nm* transistor

transit [tʀɑ̃zit] *nm* transit; **de transit** transit *cpd*; **en transit** in transit

transiter [tʀɑ̃zite] *vi* to pass in transit

transitif, ive [tʀɑ̃zitif, -iv] *adj* transitive

transition [tʀɑ̃zisjɔ̃] *nf* transition; **de transition** transitional

transitoire [tʀɑ̃zitwaʀ] *adj* (*mesure, gouvernement*) transitional, provisional; (*fugitif*) transient

translucide [tʀɑ̃slysid] *adj* translucent

transmettre [tʀɑ̃smɛtʀ(ə)] *vt* (*passer*): **transmettre qch à qn** to pass sth on to sb; (*TECH, TÉL, MÉD*) to transmit; (*TV, RADIO: retransmettre*) to broadcast

transmission [tʀɑ̃smisjɔ̃] *nf* transmission, passing on; (*AUTO*) transmission; **transmissions** *nfpl* (*MIL*) ≈ signals corps *sg*; **transmission de données** (*INFORM*) data transmission; **transmission de pensée** thought transmission

transparent, e [tʀɑ̃spaʀɑ̃, -ɑ̃t] *adj* transparent

transpercer [tʀɑ̃spɛʀse] *vt* to go through, pierce

transpiration [tʀɑ̃spiʀasjɔ̃] *nf* perspiration

transpirer [tʀɑ̃spiʀe] *vi* to perspire; (*information, nouvelle*) to come to light

transplantation [tʀɑ̃splɑ̃tasjɔ̃] *nf* transplant

transplanter [tʀɑ̃splɑ̃te] *vt* (*MÉD, BOT*) to transplant; (*personne*) to uproot, move

transport [tʀɑ̃spɔʀ] *nm* transport; (*émotions*): **transport de colère** fit of rage; **transport de joie** transport of delight; **transport de voyageurs/marchandises** passenger/goods transportation; **transports en commun** public transport *sg*; **transports** haulage (*BRIT*), trucking (*US*)

transporter [tʀɑ̃spɔʀte] *vt* to carry, move; (*COMM*) to transport, convey; (*fig*): **transporter qn (de joie)** to send sb into raptures; **se transporter quelque part** (*fig*) to let one's imagination carry one away (somewhere)

transporteur [tʀɑ̃spɔʀtœʀ] *nm* haulage contractor (*BRIT*), trucker (*US*)

transvaser [tʀɑ̃svaze] *vt* to decant

transversal, e, aux [tʀɑ̃svɛʀsal, -o] *adj* transverse, cross(-); (*route etc*) cross-country; (*mur, chemin, rue*) running at right angles; (*AUTO*): **axe transversal** main cross-country road (*BRIT*) *ou* highway (*US*)

trapèze [tʀapɛz] *nm* (*GÉOM*) trapezium; (*au cirque*) trapeze

trappe [tʀap] *nf* (*de cave, grenier*) trap door; (*piège*) trap

trapu, e [tʀapy] *adj* squat, stocky

traquenard [tʀaknaʀ] *nm* trap

traquer [tʀake] *vt* to track down; (*harceler*) to hound

traumatiser [tʀomatize] *vt* to traumatize

travail, aux [tʀavaj, -o] *nm* (*gén*) work; (*tâche, métier*) work *no pl*, job; (*ÉCON, MÉD*) labour (*BRIT*), labor (*US*); (*INFORM*) job ◆ *nmpl* (*de réparation, agricoles etc*) work *sg*; (*sur route*) roadworks; (*de construction*) building (work) *sg*; **être/entrer en travail** (*MÉD*) to be in/go into labour; **être sans travail** (*employé*) to be out of work, be unemployed; **travail d'intérêt général (TIG)** ≃ community service; **travail (au) noir** moonlighting; **travail posté** shiftwork; **travaux des champs** farmwork *sg*; **travaux dirigés (TD)** (*SCOL*) supervised practical work *sg*; **travaux forcés** hard labour *sg*; **travaux manuels** (*SCOL*) handicrafts; **travaux ménagers** housework *sg*; **travaux pratiques (TP)** (*gén*) practical work; (*en laboratoire*) lab work (*BRIT*), lab (*US*); **travaux publics (TP)** ≃ public works *sg*

travailler [tʀavaje] *vi* to work; (*bois*) to warp ◆ *vt* (*bois, métal*) to work; (*pâte*) to knead; (*objet d'art, discipline, fig: influencer*) to work on; **cela le travaille** it is on his mind; **travailler la terre** to work the land; **travailler son piano** to do one's piano practice; **travailler à** to work on; (*fig: contribuer à*) to work towards; **travailler à faire** to endeavour (*BRIT*) ou endeavor (*US*) to do

travailleur, euse [tʀavajœʀ, -øz] *adj* hard-working ◆ *nm/f* worker; **travailleur de force** labourer (*BRIT*), laborer (*US*); **travailleur intellectuel** non-manual worker; **travailleur social** social worker; **travailleuse familiale** home help

travailliste [tʀavajist(ə)] *adj* ≃ Labour *cpd* ◆ *nm/f* member of the Labour party

travers [tʀavɛʀ] *nm* fault, failing; **en travers (de)** across; **au travers (de)** through; **de travers** *adj* askew ◆ *adv* sideways; (*fig*) the wrong way; **à travers** through; **regarder de travers** (*fig*) to look askance at

traverse [tʀavɛʀs(ə)] *nf* (*de voie ferrée*) sleeper; **chemin de traverse** shortcut

traversée [tʀavɛʀse] *nf* crossing

traverser [tʀavɛʀse] *vt* (*gén*) to cross; (*ville, tunnel, aussi: percer, fig*) to go through; (*suj: ligne, trait*) to run across

traversin [tʀavɛʀsɛ̃] *nm* bolster

travesti [tʀavɛsti] *nm* (*costume*) fancy dress; (*artiste de cabaret*) female impersonator, drag artist; (*pervers*) transvestite

trébucher [tʀebyʃe] *vi*: **trébucher (sur)** to stumble (over), trip (over)

trèfle [tʀɛfl(ə)] *nm* (*BOT*) clover; (*CARTES: couleur*) clubs *pl*; (*: carte*) club; **trèfle à quatre feuilles** four-leaf clover

treille [tʀɛj] *nf* (*tonnelle*) vine arbour (*BRIT*) ou arbor (*US*); (*vigne*) climbing vine

treillis [tʀeji] *nm* (*métallique*) wire-mesh; (*toile*) canvas; (*MIL: tenue*) combat uniform; (*pantalon*) combat trousers *pl*

treize [tʀɛz] *num* thirteen

treizième [tʀɛzjɛm] *num* thirteenth; *see boxed note*

TREIZIÈME MOIS

The **treizième mois** is an end-of-year bonus roughly corresponding to one month's salary. For many employees it is a standard part of their salary package.

tréma [tʀema] *nm* diaeresis

tremblement [tʀɑ̃bləmɑ̃] *nm* trembling *no pl*, shaking *no pl*, shivering *no pl*; **tremblement de terre** earthquake

trembler [tʀɑ̃ble] *vi* to tremble, shake; **trembler de** (*froid, fièvre*) to shiver ou tremble with; (*peur*) to shake ou tremble with; **trembler pour qn** to fear for sb

trémousser [tʀemuse]: **se trémousser** *vi* to jig about, wriggle about

trempe [tʀɑ̃p] *nf* (*fig*): **de cette/sa trempe** of this/his calibre (*BRIT*) ou caliber (*US*)

trempé, e [tʀɑ̃pe] *adj* soaking (wet), drenched; (*TECH*): **acier trempé** tempered steel

tremper [tʀɑ̃pe] *vt* to soak, drench; (*aussi:* **faire tremper, mettre à tremper**) to soak; (*plonger*): **tremper qch dans** to dip sth in(to) ◆ *vi* to soak; (*fig*): **tremper dans** to be involved ou have a hand in; **se tremper** *vi* to have a quick dip; **se faire tremper** to get soaked ou drenched

trempette [tʀɑ̃pɛt] *nf*: **faire trempette** to go paddling

tremplin [tʀɑ̃plɛ̃] *nm* springboard; (*SKI*) ski jump

trentaine [tʀɑ̃tɛn] *nf* (*âge*): **avoir la trentaine** to be around thirty; **une trentaine (de)** thirty or so, about thirty

trente [tʀɑ̃t] *num* thirty; **voir trente-six chandelles** (*fig*) to see stars; **être/se mettre sur son trente et un** to be/get dressed to kill; **trente-trois tours** *nm* long-playing record, LP

trentième [tʀɑ̃tjɛm] *num* thirtieth

trépidant, e [tʀepidɑ̃, -ɑ̃t] *adj* (*fig: rythme*) pulsating; (*: vie*) hectic

trépied [tʀepje] *nm* (*d'appareil*) tripod; (*meuble*) trivet

trépigner [tʀepiɲe] *vi* to stamp (one's feet)

très [tʀɛ] *adv* very; much + *pp*, highly + *pp*; **très beau/bien** very beautiful/well; **très critiqué** much criticized; **très industrialisé** highly industrialized; **j'ai très faim** I'm very hungry

trésor [tʀezɔʀ] *nm* treasure; (*ADMIN*) finances *pl*; (*d'une organisation*) funds *pl*; **trésor (public) (TP)** public revenue; (*service*) public revenue office

trésorerie [tʀezɔʀʀi] *nf* (*fonds*) funds *pl*; (*gestion*) accounts *pl*; (*bureaux*) accounts department; (*poste*) treasurership; **difficultés de trésorerie** cash problems, shortage of cash ou funds; **trésorerie générale (TG)** local government finance office

trésorier, ière [tʀezɔʀje, -jɛʀ] *nm/f* treasurer

tressaillir [tʀesajiʀ] *vi* (*de peur etc*) to shiver, shudder; (*de joie*) to quiver

tressauter [tʀesote] *vi* to start, jump

tresse [tʀɛs] *nf* (*de cheveux*) braid, plait; (*cordon, galon*) braid

tresser [tʀese] *vt* (*cheveux*) to braid, plait; (*fil, jonc*) to plait; (*corbeille*) to weave; (*corde*) to twist

tréteau, x [tʀeto] *nm* trestle; **les tréteaux** (*fig: THÉÂT*) the boards

treuil [tʀœj] *nm* winch

trêve [tʀɛv] *nf* (*MIL, POL*) truce; (*fig*) respite; **sans trêve** unremittingly; **trêve de ...** enough of this ...; **les États de la Trêve** the Trucial States

tri [tʀi] *nm* (*voir trier*) sorting (out) *no pl*; selection; screening; (*INFORM*) sort; (*POSTES: action*) sorting; (: *bureau*) sorting office

triangle [tʀijɑ̃gl(ə)] *nm* triangle; **triangle isocèle/équilatéral** isosceles/equilateral triangle; **triangle rectangle** right-angled triangle

triangulaire [tʀijɑ̃gylɛʀ] *adj* triangular

tribord [tʀibɔʀ] *nm*: **à tribord** to starboard, on the starboard side

tribu [tʀiby] *nf* tribe

tribunal, aux [tʀibynal, -o] *nm* (*JUR*) court; (*MIL*) tribunal; **tribunal de police/pour enfants** police/juvenile court; **tribunal d'instance (TI)** ≃ magistrates' court (*BRIT*), ≃ district court (*US*); **tribunal de grande instance (TGI)** ≃ High Court (*BRIT*), ≃ Supreme Court (*US*)

tribune [tʀibyn] *nf* (*estrade*) platform, rostrum; (*débat*) forum; (*d'église, de tribunal*) gallery; (*de stade*) stand; **tribune libre** (*PRESSE*) opinion column

tribut [tʀiby] *nm* tribute

tributaire [tʀibytɛʀ] *adj*: **être tributaire de** to be dependent on; (*GÉO*) to be a tributary of

tricher [tʀiʃe] *vi* to cheat

tricheur, euse [tʀiʃœʀ, -øz] *nm/f* cheat

tricolore [tʀikɔlɔʀ] *adj* three-coloured (*BRIT*), three-colored (*US*); (*français: drapeau*) red, white and blue; (: *équipe etc*) French

tricot [tʀiko] *nm* (*technique, ouvrage*) knitting *no pl*; (*tissu*) knitted fabric; (*vêtement*) jersey, sweater; **tricot de corps** vest (*BRIT*), undershirt (*US*)

tricoter [tʀikɔte] *vt* to knit; **machine/aiguille à tricoter** knitting machine/needle (*BRIT*) ou pin (*US*)

trictrac [tʀiktʀak] *nm* backgammon

tricycle [tʀisikl(ə)] *nm* tricycle

triennal, e, aux [tʀiɛnal, -o] *adj* (*prix, foire, élection*) three-yearly; (*charge, mandat, plan*) three-year

trier [tʀije] *vt* (*classer*) to sort (out); (*choisir*) to select; (*visiteurs*) to screen; (*POSTES, INFORM*) to sort

trimestre [tʀimɛstʀ(ə)] *nm* (*SCOL*) term; (*COMM*) quarter

trimestriel, le [tʀimɛstʀijɛl] *adj* quarterly; (*SCOL*) end-of-term

tringle [tʀɛ̃gl(ə)] *nf* rod

trinquer [tʀɛ̃ke] *vi* to clink glasses; (*fam*) to cop it; **trinquer à qch/la santé de qn** to drink to sth/sb

triomphe [tʀijɔ̃f] *nm* triumph; **être reçu/porté en triomphe** to be given a triumphant welcome/be carried shoulder-high in triumph

triompher [tʀijɔ̃fe] *vi* to triumph; **triompher de** to triumph over, overcome

tripes [tʀip] *nfpl* (*CULIN*) tripe *sg*; (*fam*) guts

triple [tʀipl(ə)] *adj* (*à trois éléments*) triple; (*trois fois plus grand*) treble ♦ *nm*: **le triple (de)** (*comparaison*) three times as much (as); **en triple exemplaire** in triplicate; **triple saut** (*SPORT*) triple jump

tripler [tʀiple] *vi, vt* to triple, treble, increase threefold

triplés, ées [tʀiple] *nm/fpl* triplets

tripoter [tʀipɔte] *vt* to fiddle with, finger ♦ *vi* (*fam*) to rummage about

triste [tʀist(ə)] *adj* sad; (*péj*): **triste personnage/affaire** sorry individual/affair; **c'est pas triste!** (*fam*) it's something else!

tristesse [tʀistɛs] *nf* sadness

trivial, e, aux [tʀivjal, -o] *adj* coarse, crude; (*commun*) mundane

troc [tʀɔk] *nm* (*ÉCON*) barter; (*transaction*) exchange, swap

troène [tʀɔɛn] *nm* privet

trognon [tʀɔɲɔ̃] *nm* (*de fruit*) core; (*de légume*) stalk

trois [tʀwa] *num* three

troisième [tʀwazjɛm] *num* third; **le troisième âge** the years of retirement

trois quarts [tʀwakaʀ] *nmpl*: **les trois quarts de** three-quarters of

trombe [tʀɔ̃b] *nf* waterspout; **des trombes d'eau** a downpour; **en trombe** (*arriver, passer*) like a whirlwind

trombone [tʀɔ̃bɔn] *nm* (*MUS*) trombone; (*de bureau*) paper clip; **trombone à coulisse** slide trombone

trompe [tʀɔ̃p] *nf* (*d'éléphant*) trunk; (*MUS*) trumpet, horn; **trompe d'Eustache** Eustachian tube; **trompes utérines** Fallopian tubes

tromper [tʀɔ̃pe] *vt* to deceive; (*fig: espoir, attente*) to disappoint; (*vigilance, poursuivants*) to elude; **se tromper** *vi* to make a mistake, be mistaken; **se tromper de voiture/jour** to take the wrong car/get the day wrong; **se tromper de 3 cm/20 F** to be out by 3 cm/20 F

tromperie [tʀɔ̃pʀi] *nf* deception, trickery *no pl*

trompette [tʀɔ̃pɛt] *nf* trumpet; **en trompette** (*nez*) turned-up

trompeur, euse [tʀɔ̃pœʀ, -øz] *adj* deceptive,

misleading

tronc [tʀɔ̃] nm (BOT, ANAT) trunk; (d'église) collection box; **tronc d'arbre** tree trunk; **tronc commun** (SCOL) common-core syllabus; **tronc de cône** truncated cone

tronçon [tʀɔ̃sɔ̃] nm section

tronçonner [tʀɔ̃sɔne] vt (arbre) to saw up; (pierre) to cut up

trône [tʀon] nm throne; **monter sur le trône** to ascend the throne

trop [tʀo] adv vb + too much; too + adjectif, adverbe; **trop (nombreux)** too many; **trop peu (nombreux)** too few; **trop (souvent)** too often; **trop (longtemps)** (for) too long; **trop de** (nombre) too many; (quantité) too much; **de trop, en trop**: **des livres en trop** a few books too many, a few extra books; **du lait en trop** too much milk; **3 livres/5 F de trop** 3 books too many/5 F too much

tropical, e, aux [tʀɔpikal, -o] adj tropical

tropique [tʀɔpik] nm tropic; **tropiques** nmpl tropics; **tropique du Cancer/Capricorne** Tropic of Cancer/Capricorn

trop-plein [tʀoplɛ̃] nm (tuyau) overflow ou outlet (pipe); (liquide) overflow

troquer [tʀɔke] vt: **troquer qch contre** to barter ou trade sth for; (fig) to swap sth for

trot [tʀo] nm trot; **aller au trot** to trot along; **partir au trot** to set off at a trot

trotter [tʀɔte] vi to trot; (fig) to scamper along (ou about)

trotteuse [tʀɔtøz] nf (de montre) second hand

trottinette [tʀɔtinɛt] nf (child's) scooter

trottoir [tʀɔtwaʀ] nm pavement (BRIT), sidewalk (US); **faire le trottoir** (péj) to walk the streets; **trottoir roulant** moving pavement (BRIT) ou walkway

trou [tʀu] nm hole; (fig) gap; (COMM) deficit; **trou d'aération** (air) vent; **trou d'air** air pocket; **trou de mémoire** blank, lapse of memory; **trou noir** black hole; **trou de la serrure** keyhole

troublant, e [tʀublɑ̃, -ɑ̃t] adj disturbing

trouble [tʀubl(ə)] adj (liquide) cloudy; (image, mémoire) indistinct, hazy; (affaire) shady, murky ♦ adv indistinctly ♦ nm (désarroi) distress, agitation; (émoi sensuel) turmoil, agitation; (embarras) confusion; (zizanie) unrest, discord; **troubles** nmpl (POL) disturbances, troubles, unrest sg; (MÉD) trouble sg, disorders; **troubles de la personnalité** personality problems; **troubles de la vision** eye trouble

trouble-fête [tʀublafɛt] nm/f inv spoilsport

troubler [tʀuble] vt (embarrasser) to confuse, disconcert; (émouvoir) to agitate; to disturb; to perturb; (perturber: ordre etc) to disrupt, disturb; (liquide) to make cloudy; **se troubler** vi (personne) to become flustered ou confused; **troubler l'ordre public** to cause a breach of the peace

trouer [tʀue] vt to make a hole (ou holes) in; (fig) to pierce

trouille [tʀuj] nf (fam): **avoir la trouille** to be

scared stiff, be scared out of one's wits

troupe [tʀup] nf (MIL) troop; (groupe) troop, group; **la troupe** (MIL: l'armée) the army; (: les simples soldats) the troops pl; **troupe (de théâtre)** (theatrical) company; **troupes de choc** shock troops

troupeau, x [tʀupo] nm (de moutons) flock; (de vaches) herd

trousse [tʀus] nf case, kit; (d'écolier) pencil case; (de docteur) instrument case; **aux trousses de** (fig) on the heels ou tail of; **trousse à outils** toolkit; **trousse de toilette** toilet ou sponge (BRIT) bag

trousseau, x [tʀuso] nm (de mariée) trousseau; **trousseau de clefs** bunch of keys

trouvaille [tʀuvaj] nf find; (fig: idée, expression etc) brainwave

trouver [tʀuve] vt to find; (rendre visite): **aller/venir trouver qn** to go/come and see sb; **je trouve que** I find ou think that; **trouver à boire/critiquer** to find something to drink/criticize; **trouver asile/refuge** to find refuge/shelter; **se trouver** vi (être) to be; (être soudain) to find o.s.; **se trouver être/avoir** to happen to be/have; **il se trouve que** it happens that, it turns out that; **se trouver bien** to feel well; **se trouver mal** to pass out

truand [tʀyɑ̃] nm villain, crook

truander [tʀyɑ̃de] vi (fam) to cheat, do

truc [tʀyk] nm (astuce) way, device; (de cinéma, prestidigitateur) trick effect; (chose) thing; (machin) thingumajig, whatsit (BRIT); **avoir le truc** to have the knack; **c'est pas son** (ou **mon** etc) **truc** (fam) it's not really his (ou my etc) thing

truelle [tʀyɛl] nf trowel

truffe [tʀyf] nf truffle; (nez) nose

truffé, e [tʀyfe] adj: **truffé de** (fig) peppered with; (fautes) riddled with; (pièges) bristling with

truie [tʀyi] nf sow

truite [tʀyit] nf trout inv

truquage [tʀykaʒ] nm fixing; (CINÉ) special effects pl

truquer [tʀyke] vt (élections, serrure, dés) to fix; (CINÉ) to use special effects in

TSVP abr (= tournez s'il vous plaît) PTO

TTC abr = **toutes taxes comprises**

tu [ty] pron you ♦ nm: **employer le tu** to use the "tu" form

tu, e [ty] pp de **taire**

tuba [tyba] nm (MUS) tuba; (SPORT) snorkel

tube [tyb] nm tube; (de canalisation, métallique etc) pipe; (chanson, disque) hit song ou record; **tube digestif** alimentary canal, digestive tract; **tube à essai** test tube

tuberculose [tybɛʀkyloz] nf tuberculosis, TB

tuer [tɥe] vt to kill; **se tuer** (se suicider) to kill o.s.; (dans un accident) to be killed; **se tuer au travail** (fig) to work o.s. to death

tuerie [tyʀi] nf slaughter no pl, massacre

tue-tête [tytɛt]: **à tue-tête** adv at the top of one's voice

tueur [tɥœʀ] nm killer; **tueur à gages** hired killer

tuile [tɥil] nf tile; (fam) spot of bad luck, blow

tulipe [tylip] nf tulip

tuméfié, e [tymefje] adj puffy, swollen

tumeur [tymœʀ] nf growth, tumour (BRIT), tumor (US)

tumulte [tymylt(ə)] nm commotion, hubbub

tumultueux, euse [tymyltɥø, -øz] adj stormy, turbulent

tunique [tynik] nf tunic; (de femme) smock, tunic

Tunisie [tynizi] nf: **la Tunisie** Tunisia

tunisien, ne [tynizjɛ̃, -ɛn] adj Tunisian ♦ nm/f: **Tunisien, ne** Tunisian

tunnel [tynɛl] nm tunnel; **le tunnel sous la Manche** the Channel Tunnel, the Chunnel

turbulences [tyʀbylɑ̃s] nfpl (AVIAT) turbulence sg

turbulent, e [tyʀbylɑ̃, -ɑ̃t] adj boisterous, unruly

turc, turque [tyʀk(ə)] adj Turkish; (w.-c.) seatless ♦ nm (LING) Turkish ♦ nm/f: **Turc, Turque** Turk/Turkish woman; **à la turque** adv (assis) cross-legged

turf [tyʀf] nm racing

turfiste [tyʀfist(ə)] nm/f racegoer

Turquie [tyʀki] nf: **la Turquie** Turkey

turquoise [tyʀkwaz] nf, adj inv turquoise

tus etc [ty] vb voir **taire**

tutelle [tytɛl] nf (JUR) guardianship; (POL) trusteeship; **sous la tutelle de** (fig) under the supervision of

tuteur, trice [tytœʀ, -tʀis] nm/f (JUR) guardian; (de plante) stake, support

tutoyer [tytwaje] vt: **tutoyer qn** to address sb as "tu"

tuyau, x [tɥijo] nm pipe; (flexible) tube; (fam: conseil) tip; (: mise au courant) gen no pl; **tuyau d'arrosage** hosepipe; **tuyau d'échappement** exhaust pipe; **tuyau d'incendie** fire hose

tuyauterie [tɥijotʀi] nf piping no pl

TVA sigle f = **taxe à** ou **sur la valeur ajoutée**

tympan [tɛ̃pɑ̃] nm (ANAT) eardrum

type [tip] nm type; (personne, chose: représentant) classic example, epitome; (fam) chap, guy ♦ adj typical, standard; **avoir le type nordique** to be Nordic-looking

typé, e [tipe] adj ethnic (euph)

typique [tipik] adj typical

tyran [tiʀɑ̃] nm tyrant

tyrannique [tiʀanik] adj tyrannical

tzigane [dzigan] adj gipsy, tzigane ♦ nm/f (Hungarian) gipsy, Tzigane

— U u —

UEM sigle f (= Union économique et monétaire) EMU

ulcère [ylsɛʀ] nm ulcer; **ulcère à l'estomac** stomach ulcer

ulcérer [ylseʀe] vt (MÉD) to ulcerate; (fig) to sicken, appal

ultérieur, e [ylteʀjœʀ] adj later, subsequent; **remis à une date ultérieure** postponed to a later date

ultérieurement [ylteʀjœʀmɑ̃] adv later

ultime [yltim] adj final

MOT-CLÉ

un, une [œ̃, yn] art indéf a; (devant voyelle) an; **un garçon/vieillard** a boy/an old man; **une fille** a girl
♦ pron one; **l'un des meilleurs** one of the best; **l'un ..., l'autre** (the) one ..., the other; **les uns ..., les autres** some ..., others; **l'un et l'autre** both (of them); **l'un ou l'autre** either (of them); **l'un l'autre, les uns les autres** each other, one another; **pas un seul** not a single one; **un par un** one by one
♦ num one; **une pomme seulement** one apple only
♦ nf: **la une** (PRESSE) the front page

---

unanime [ynanim] adj unanimous; **ils sont unanimes (à penser que)** they are unanimous (in thinking that)

unanimité [ynanimite] nf unanimity; **à l'unanimité** unanimously; **faire l'unanimité** to be approved unanimously

uni, e [yni] adj (ton, tissu) plain; (surface) smooth, even; (famille) close(-knit); (pays) united

unifier [ynifje] vt to unite, unify; (systèmes) to standardize, unify; **s'unifier** to become united

uniforme [ynifɔʀm(ə)] adj (mouvement) regular, uniform; (surface, ton) even; (objets, maisons) uniform; (fig: vie, conduite) unchanging ♦ nm uniform; **être sous l'uniforme** (MIL) to be serving

uniformiser [ynifɔʀmize] vt to make uniform; (systèmes) to standardize

union [ynjɔ̃] nf union; **union conjugale** union of marriage; **union de consommateurs** consumers' association; **union libre** free love; **l'Union des Républiques socialistes soviétiques (URSS)** the Union of Soviet Socialist Republics (USSR); **l'Union soviétique** the Soviet Union

unique [ynik] adj (seul) only; (le même): **un prix/système unique** a single price/system; (exceptionnel) unique; **ménage à salaire unique** one-salary family; **route à voie unique** single-lane road; **fils/fille unique** only son/daughter, only child; **unique en France** the only one of its kind in France

uniquement [ynikmɑ̃] *adv* only, solely; (*juste*) only, merely

unir [yniʀ] *vt* (*nations*) to unite; (*éléments, couleurs*) to combine; (*en mariage*) to unite, join together; **unir qch à** to unite sth with; to combine sth with; **s'unir** to unite; (*en mariage*) to be joined together; **s'unir à** *ou* **avec** to unite with

unitaire [yniteʀ] *adj* unitary; (*POL*) unitarian; **prix unitaire** unit price

unité [ynite] *nf* (*harmonie, cohésion*) unity; (*COMM, MIL, de mesure, MATH*) unit; **unité centrale (de traitement)** central processing unit (CPU); **unité de valeur (UV)** (university) course, credit

univers [yniveʀ] *nm* universe

universel, le [yniveʀsɛl] *adj* universal; (*esprit*) all-embracing

universitaire [yniveʀsiteʀ] *adj* university *cpd*; (*diplôme, études*) academic, university *cpd* ♦ *nm/f* academic

université [yniveʀsite] *nf* university

urbain, e [yʀbɛ̃, -ɛn] *adj* urban, city *cpd*, town *cpd*; (*poli*) urbane

urbanisme [yʀbanism(ə)] *nm* town planning

urgence [yʀʒɑ̃s] *nf* urgency; (*MÉD etc*) emergency; **d'urgence** *adj* emergency *cpd* ♦ *adv* as a matter of urgency; **en cas d'urgence** in case of emergency; **service des urgences** emergency service

urgent, e [yʀʒɑ̃, -ɑ̃t] *adj* urgent

urine [yʀin] *nf* urine

urinoir [yʀinwaʀ] *nm* (public) urinal

urne [yʀn(ə)] *nf* (*électorale*) ballot box; (*vase*) urn; **aller aux urnes** (*voter*) to go to the polls

urticaire [yʀtikɛʀ] *nf* nettle rash, urticaria

us [ys] *nmpl*: **us et coutumes** (habits and) customs

USA *sigle mpl* (= United States of America) USA

usage [yzaʒ] *nm* (*emploi, utilisation*) use; (*coutume*) custom; (*éducation*) (good) manners *pl*, (good) breeding; (*LING*) **l'usage** usage; **faire usage de** (*pouvoir, droit*) to exercise; **avoir l'usage de** to have the use of; **à l'usage** *adv* with use; **à l'usage de** (*pour*) for (use of); **en usage** in use; **hors d'usage** out of service; **à usage interne** to be taken; **à usage externe** for external use only

usagé, e [yzaʒe] *adj* (*usé*) worn; (*d'occasion*) used

usager, ère [yzaʒe, -ɛʀ] *nm/f* user

usé, e [yze] *adj* worn (down *ou* out *ou* away); ruined; (*banal*) hackneyed

user [yze] *vt* (*outil*) to wear down; (*vêtement*) to wear out; (*matière*) to wear away; (*consommer: charbon etc*) to use; (*fig: santé*) to ruin; (: *personne*) to wear out; **s'user** *vi* to wear; to wear out; (*fig*) to decline; **s'user à la tâche** to wear o.s. out with work; **user de** *vt* (*moyen, procédé*) to use, employ; (*droit*) to exercise

usine [yzin] *nf* factory; **usine atomique** nuclear power plant; **usine à gaz** gasworks *sg*; **usine maré-motrice** tidal power station

usité, e [yzite] *adj* in common use, common; **peu usité** rarely used

ustensile [ystɑ̃sil] *nm* implement; **ustensile de cuisine** kitchen utensil

usuel, le [yzɥɛl] *adj* everyday, common

usure [yzyʀ] *nf* wear; worn state; (*de l'usurier*) usury; **avoir qn à l'usure** to wear sb down; **usure normale** fair wear and tear

utérus [yteʀys] *nm* uterus, womb

utile [ytil] *adj* useful; **utile à qn/qch** of use to sb/sth

utilisation [ytilizɑsjɔ̃] *nf* use

utiliser [ytilize] *vt* to use

utilitaire [ytiliteʀ] *adj* utilitarian; (*objets*) practical ♦ *nm* (*INFORM*) utility

utilité [ytilite] *nf* usefulness *no pl*; use; **jouer les utilités** (*THÉÂT*) to play bit parts; **reconnu d'utilité publique** state-approved; **c'est d'une grande utilité** it's extremely useful; **il n'y a aucune utilité à ...** there's no use in ...

utopie [ytɔpi] *nf* (*idée, conception*) utopian idea ou view; (*société etc idéale*) utopia

— V v —

va [va] *vb voir* **aller**

vacance [vakɑ̃s] *nf* (*ADMIN*) vacancy; **vacances** *nfpl* holiday(s *pl*) (*BRIT*), vacation *sg* (*US*); **les grandes vacances** the summer holidays *ou* vacation; **prendre des/ses vacances** to take a holiday *ou* vacation/one's holiday(s) *ou* vacation; **aller en vacances** to go on holiday *ou* vacation

vacancier, ière [vakɑ̃sje, -jɛʀ] *nm/f* holiday-maker (*BRIT*), vacationer (*US*)

vacant, e [vakɑ̃, -ɑ̃t] *adj* vacant

vacarme [vakaʀm(ə)] *nm* row, din

vaccin [vaksɛ̃] *nm* vaccine; (*opération*) vaccination

vaccination [vaksinɑsjɔ̃] *nf* vaccination

vacciner [vaksine] *vt* to vaccinate; (*fig*) to make immune; **être vacciné** (*fig*) to be immune

vache [vaʃ] *nf* (*ZOOL*) cow; (*cuir*) cowhide ♦ *adj* (*fam*) rotten, mean; **vache à eau** (canvas) water bag; (**manger de la) vache enragée** (to go through) hard times; **vache à lait** (*péj*) mug, sucker; **vache laitière** dairy cow; **période des vaches maigres** lean times *pl*, lean period

vachement [vaʃmɑ̃] *adv* (*fam*) damned, fantastically

vacherie [vaʃʀi] *nf* (*fam*) meanness *no pl*; (*action*) dirty trick; (*propos*) nasty remark

vaciller [vasije] *vi* to sway, wobble; (*bougie, lumière*) to flicker; (*fig*) to be failing, falter; **vaciller dans ses réponses** to falter in one's replies; **vaciller dans ses résolutions** to waver in one's resolutions

va-et-vient [vaevjɛ̃] nm inv (de pièce mobile) to and fro (ou up and down) movement; (de personnes, véhicules) comings and goings pl, to-ings and fro-ings pl; (ÉLEC) two-way switch

vagabond, e [vagabɔ̃, -ɔd] adj wandering; (imagination) roaming, roving ♦ nm (rôdeur) tramp, vagrant; (voyageur) wanderer

vagabonder [vagabɔ̃de] vi to roam, wander

vagin [vaʒɛ̃] nm vagina

vague [vag] nf wave ♦ adj vague; (regard) faraway; (manteau, robe) loose(-fitting); (quelconque): **un vague bureau/cousin** some office/cousin or other ♦ nm: **être dans le vague** to be rather in the dark; **rester dans le vague** to keep things rather vague; **regarder dans le vague** to gaze into space; **vague à l'âme** nm vague melancholy; **vague d'assaut** nf (MIL) wave of assault; **vague de chaleur** nf heatwave; **vague de fond** nf ground swell; **vague de froid** nf cold spell

vaillant, e [vajɑ̃, -ɑ̃t] adj (courageux) brave, gallant; (robuste) vigorous, hale and hearty; **n'avoir plus un sou vaillant** to be penniless

vaille [vaj] vb voir **valoir**

vain, e [vɛ̃, vɛn] adj vain; **en vain** adv in vain

vaincre [vɛ̃kʀ(ə)] vt to defeat; (fig) to conquer, overcome

vaincu, e [vɛ̃ky] pp de **vaincre** ♦ nm/f defeated party

vainqueur [vɛ̃kœʀ] nm victor; (SPORT) winner ♦ adj m victorious

vais [vɛ] vb voir **aller**

vaisseau, x [veso] nm (ANAT) vessel; (NAVIG) ship, vessel; **vaisseau spatial** spaceship

vaisselier [vesəlje] nm dresser

vaisselle [vesel] nf (service) crockery; (plats etc à laver) (dirty) dishes pl; **faire la vaisselle** to do the washing-up (BRIT) ou the dishes

val, pl **vaux** ou **vals** [val, vo] nm valley

valable [valabl(ə)] adj valid; (acceptable) decent, worthwhile

valent etc [val] vb voir **valoir**

valet [valɛ] nm valet; (péj) lackey; (CARTES) jack, knave (BRIT); **valet de chambre** manservant, valet; **valet de ferme** farmhand; **valet de pied** footman

valeur [valœʀ] nf (gén) value; (mérite) worth, merit; (COMM: titre) security; **mettre en valeur** (bien) to exploit; (terrain, région) to develop; (fig) to highlight; to show off to advantage; **avoir de la valeur** to be valuable; **prendre de la valeur** to go up ou gain in value; **sans valeur** worthless; **valeur absolue** absolute value; **valeur d'échange** exchange value; **valeur nominale** face value; **valeurs mobilières** transferable securities

valide [valid] adj (en bonne santé) fit, well; (indemne) able-bodied, fit; (valable) valid

valider [valide] vt to validate

valions [valjɔ̃] etc vb voir **valoir**

valise [valiz] nf (suit)case; **faire sa valise** to pack one's (suit)case; **la valise (diplomatique)** the diplomatic bag

vallée [vale] nf valley

vallon [valɔ̃] nm small valley

vallonné, e [valɔne] adj undulating

valoir [valwaʀ] vi (être valable) to hold, apply ♦ vt (prix, valeur, effort) to be worth; (causer): **valoir qch à qn** to earn sb sth; **se valoir** to be of equal merit; (péj) to be two of a kind; **faire valoir** (droits, prérogatives) to assert; (domaine, capitaux) to exploit; **faire valoir que** to point out that; **se faire valoir** to make the most of o.s.; **à valoir** on account; **à valoir sur** to be deducted from; **vaille que vaille** somehow or other; **cela ne me dit rien qui vaille** I don't like the look of it at all; **ce climat ne me vaut rien** this climate doesn't suit me; **valoir la peine** to be worth the trouble, be worth it; **valoir mieux: il vaut mieux se taire** it's better to say nothing; **il vaut mieux que je fasse/comme ceci** it's better if I do/like this; **ça ne vaut rien** it's worthless; **que vaut ce candidat?** how good is this applicant?

valse [vals(ə)] nf waltz; **c'est la valse des étiquettes** the prices don't stay the same from one moment to the next

valu, e [valy] pp de **valoir**

vandalisme [vɑ̃dalism(ə)] nm vandalism

vanille [vanij] nf vanilla; **glace à la vanille** vanilla ice cream

vanité [vanite] nf vanity

vaniteux, euse [vanitø, -øz] adj vain, conceited

vanne [van] nf gate; (fam: remarque) dig, (nasty) crack; **lancer une vanne à qn** to have a go at sb (BRIT), knock sb

vannerie [vanʀi] nf basketwork

vantard, e [vɑ̃taʀ, -aʀd(ə)] adj boastful

vanter [vɑ̃te] vt to speak highly of, vaunt; **se vanter** vi to boast, brag; **se vanter de** to pride o.s. on; (péj) to boast of

vapeur [vapœʀ] nf steam; (émanation) vapour (BRIT), vapor (US), fumes pl; (brouillard, buée) haze; **vapeurs** nfpl (bouffées) vapours, vapors; **à vapeur** steam-powered, steam cpd; **à toute vapeur** full steam ahead; (fig) at full tilt; **renverser la vapeur** to reverse engines; (fig) to backtrack, backpedal; **cuit à la vapeur** steamed

vaporeux, euse [vapoʀø, -øz] adj (flou) hazy, misty; (léger) filmy, gossamer cpd

vaporisateur [vapoʀizatœʀ] nm spray

vaporiser [vapoʀize] vt (CHIMIE) to vaporize; (parfum etc) to spray

varappe [vaʀap] nf rock climbing

vareuse [vaʀøz] nf (blouson) pea jacket; (d'uniforme) tunic

variable [vaʀjabl(ə)] adj variable; (temps, humeur) changeable; (TECH: à plusieurs positions etc) adaptable; (LING) inflectional; (divers: résultats) varied, various ♦ nf (INFORM, MATH) variable

varice [varis] *nf* varicose vein

varicelle [varisɛl] *nf* chickenpox

varié, e [varje] *adj* varied; (*divers*) various; **hors-d'œuvre variés** selection of hors d'œuvres

varier [varje] *vi* to vary; (*temps, humeur*) to change ♦ *vt* to vary

variété [varjete] *nf* variety; **spectacle de variétés** variety show

variole [varjɔl] *nf* smallpox

vas [va] *vb voir* **aller vas-y!** [vazi] go on!

vase [vɑz] *nm* vase ♦ *nf* silt, mud; **en vase clos** in isolation; **vase de nuit** chamberpot; **vases communicants** communicating vessels

vaseux, euse [vɑzø, -øz] *adj* silty, muddy; (*fig: confus*) woolly, hazy; (: *fatigué*) peaky; (: *étourdi*) woozy

vasistas [vazistas] *nm* fanlight

vaste [vast(ə)] *adj* vast, immense

vaudrai *etc* [vodre] *vb voir* **valoir**

vaurien, ne [vorjɛ̃, -ɛn] *nm/f* good-for-nothing, guttersnipe

vaut [vo] *vb voir* **valoir**

vautour [votur] *nm* vulture

vautrer [votre]: **se vautrer** *vi*: **se vautrer dans** to wallow in; **se vautrer sur** to sprawl on

vaux [vo] *pl de* **val** ♦ *vb voir* **valoir**

va-vite [vavit]: **à la va-vite** *adv* in a rush

VDQS *abr* (= *vin délimité de qualité supérieure*) label guaranteeing quality of wine; *see boxed note*

veau, x [vo] *nm* (*zool*) calf (*pl* calves); (*culin*) veal; (*peau*) calfskin; **tuer le veau gras** to kill the fatted calf

vécu, e [veky] *pp de* **vivre** ♦ *adj* (*aventure*) real(-life)

vedette [vədɛt] *nf* (*artiste etc*) star; (*canot*) patrol boat; launch; **avoir la vedette** to top the bill, get star billing; **mettre qn en vedette** (*CINÉ etc*) to give sb the starring role; (*fig*) to push sb into the limelight; **voler la vedette à qn** to steal the show from sb

végétal, e, aux [veʒetal, -o] *adj* vegetable ♦ *nm* vegetable, plant

végétalien, ne [veʒetaljɛ̃, -ɛn] *adj, nm/f* vegan

végétarien, ne [veʒetarjɛ̃, -ɛn] *adj, nm/f* vegetarian

végétation [veʒetasjɔ̃] *nf* vegetation; **végéta-**

tions *nfpl* (*MÉD*) adenoids

véhicule [veikyl] *nm* vehicle; **véhicule utilitaire** commercial vehicle

veille [vej] *nf* (*garde*) watch; (*PSYCH*) wakefulness; (*jour*): **la veille** the day before, the previous day; **la veille au soir** the previous evening; **la veille de** the day before; **à la veille de** on the eve of; **l'état de veille** the waking state

veillée [veje] *nf* (*soirée*) evening; (*réunion*) evening gathering; **veillée d'armes** night before combat; (*fig*); **veillée (mortuaire)** watch

veiller [veje] *vi* (*rester debout*) to stay ou sit up; (*ne pas dormir*) to be awake; (*être de garde*) to be on watch; (*être vigilant*) to be watchful ♦ *vt* (*malade, mort*) to watch over, sit up with; **veiller à** *vt* to attend to, see to; **veiller à ce que** to make sure that, see to it that; **veiller sur** *vt* to keep a watch ou an eye on

veilleur [vejœr] *nm*: **veilleur de nuit** night watchman

veilleuse [vejøz] *nf* (*lampe*) night light; (*AUTO*) sidelight; (*flamme*) pilot light; **en veilleuse** *adj* (*lampe*) dimmed; (*fig: affaire*) shelved, set aside

veinard, e [venar, -ard(ə)] *nm/f* (*fam*) lucky devil

veine [vɛn] *nf* (*ANAT, du bois etc*) vein; (*filon*) vein, seam; (*fam: chance*): **avoir de la veine** to be lucky; (*inspiration*) inspiration

véliplanchiste [veliplɑ̃ʃist(ə)] *nm/f* windsurfer

vélo [velo] *nm* bike, cycle; **faire du vélo** to go cycling

vélomoteur [velomotœr] *nm* moped

velours [vəlur] *nm* velvet; **velours côtelé** corduroy

velouté, e [vəlute] *adj* (*au toucher*) velvety; (*à la vue*) soft, mellow; (*au goût*) smooth, mellow ♦ *nm*: **velouté d'asperges/de tomates** cream of asparagus/tomato soup

velu, e [vəly] *adj* hairy

venais [vanɛ] *etc voir* **venir**

venaison [vanɛzɔ̃] *nf* venison

vendange [vɑ̃dɑ̃ʒ] *nf* (*opération, période; aussi*: **vendanges**) grape harvest; (*raisins*) grape crop, grapes *pl*

vendanger [vɑ̃dɑ̃ʒe] *vi* to harvest the grapes

vendeur, euse [vɑ̃dœr, -øz] *nm/f* (*de magasin*) shop ou sales assistant (*BRIT*), sales clerk (*US*); (*COMM*) salesman/woman ♦ *nm* (*JUR*) vendor, seller; **vendeur de journaux** newspaper seller

vendre [vɑ̃dr(ə)] *vt* to sell; **vendre qch à qn** to sell sb sth; **cela se vend à la douzaine** these are sold by the dozen; **"à vendre"** "for sale"

vendredi [vɑ̃dʀədi] *nm* Friday; **Vendredi saint** Good Friday; *voir aussi* **lundi**

vénéneux, euse [venenø, -øz] *adj* poisonous

vénérien, ne [venerjɛ̃, -ɛn] *adj* venereal

vengeance [vɑ̃ʒɑ̃s] *nf* vengeance *no pl*, revenge *no pl*; (*acte*) act of vengeance ou revenge

venger [vãʒe] vt to avenge; **se venger** vi to avenge o.s.; (par rancune) to take revenge; **se venger de qch** to avenge o.s. for sth; to take one's revenge for sth; **se venger de qn** to take revenge on sb; **se venger sur** to wreak vengeance upon; to take revenge on ou through; to take it out on

venimeux, euse [vanimø, -øz] adj poisonous, venomous; (fig: haineux) venomous, vicious

venin [vanɛ̃] nm venom, poison; (fig) venom

venir [vanir] vi to come; **venir de** to come from; **venir de faire**: je viens d'y aller/de le voir I've just been there/seen him; **s'il vient à pleuvoir** if it should rain, if it happens to rain; **en venir à faire**: j'en viens à croire que I am coming to believe that; **où veux-tu en venir?** what are you getting at?; **il en est venu à mendier** he has been reduced to begging; **en venir aux mains** to come to blows; **les années/générations à venir** the years/generations to come; **il me vient une idée** an idea has just occurred to me; **il me vient des soupçons** I'm beginning to be suspicious; **je te vois venir** I know what you're after; **faire venir** (docteur, plombier) to call (out); **d'où vient que ...?** how is it that ...?; **venir au monde** to come into the world

vent [vã] nm wind; **il y a du vent** it's windy; **c'est du vent** it's all hot air; **au vent** to windward; **sous le vent** to leeward; **avoir le vent debout/arrière** to head into the wind/have the wind astern; **dans le vent** (fam) trendy; **prendre le vent** (fig) to see which way the wind blows; **avoir vent de** to get wind of; **contre vents et marées** come hell or high water

vente [vãt] nf sale; **la vente** (activité) selling; (secteur) sales pl; **mettre en vente** to put on sale; (objets personnels) to put up for sale; **vente de charité** jumble (BRIT) ou rummage (US) sale; **vente par correspondance (VPC)** mail-order selling; **vente aux enchères** auction sale

venteux, euse [vãtø, -øz] adj windswept, windy

ventilateur [vãtilatœr] nm fan

ventiler [vãtile] vt to ventilate; (total, statistiques) to break down

ventouse [vãtuz] nf (ampoule) cupping glass; (de caoutchouc) suction pad; (ZOOL) sucker

ventre [vãtr(ə)] nm (ANAT) stomach, (fig) belly; **prendre du ventre** to be getting a paunch; **avoir mal au ventre** to have (a) stomach ache

ventriloque [vãtrilɔk] nm/f ventriloquist

venu, e [vany] pp de venir ♦ adj: **être mal venu à** ou **de faire** to have no grounds for doing, be in no position to do; **mal venu** ill-timed, unwelcome; **bien venu** timely, welcome ♦ nf coming

ver [ver] nm voir aussi **vers**; worm; (des fruits etc) maggot; (du bois) woodworm no pl; **ver blanc** May beetle grub; **ver luisant** glow-worm; **ver à soie** silkworm; **ver solitaire** tapeworm; **ver de terre** earthworm

verbaliser [verbalize] vi (POLICE) to book ou report an offender; (PSYCH) to verbalize

verbe [vɛrb(ə)] nm (LING) verb; (voix): **avoir le verbe sonore** to have a sonorous tone (of voice); (expression): **la magie du verbe** the magic of language ou the word; (REL): **le Verbe** the Word

verdâtre [vɛrdɑtr(ə)] adj greenish

verdict [vɛrdik(t)] nm verdict

verdir [vɛrdir] vi, vt to turn green

verdure [vɛrdyr] nf (arbres, feuillages) greenery; (légumes verts) green vegetables pl, greens pl

véreux, euse [verø, -øz] adj worm-eaten; (malhonnête) shady, corrupt

verge [vɛrʒ(ə)] nf (ANAT) penis; (baguette) stick, cane

verger [vɛrʒe] nm orchard

verglacé, e [vɛrglase] adj icy, iced-over

verglas [vɛrgla] nm (black) ice

vergogne [vɛrgɔɲ]: **sans vergogne** adv shamelessly

véridique [veridik] adj truthful

vérification [verifikasjɔ̃] nf checking no pl, check; **vérification d'identité** identity check

vérifier [verifje] vt to check; (corroborer) to confirm, bear out; (INFORM) to verify; **se vérifier** vi to be confirmed ou verified

véritable [veritabl(ə)] adj real; (ami, amour) true; **un véritable désastre** an absolute disaster

vérité [verite] nf truth; (d'un portrait) lifelikeness; (sincérité) truthfulness, sincerity; **en vérité, à la vérité** to tell the truth

vermeil, le [vɛrmɛj] adj bright red, ruby red ♦ nm (substance) vermeil

vermine [vɛrmin] nf vermin pl

vermoulu, e [vɛrmuly] adj worm-eaten, with woodworm

verni, e [vɛrni] adj varnished; glazed; (fam) lucky; **cuir verni** patent leather; **souliers vernis** patent (leather) shoes

vernir [vɛrnir] vt (bois, tableau, ongles) to varnish; (poterie) to glaze

vernis [vɛrni] nm (enduit) varnish; glaze; (fig) veneer; **vernis à ongles** nail varnish (BRIT) ou polish

vernissage [vɛrnisaʒ] nm varnishing; glazing; (d'une exposition) preview

vérole [verɔl] nf (variole) smallpox; (fam: syphilis) pox

verrai etc [vere] vb voir **voir**

verre [ver] nm glass; (de lunettes) lens sg; **verres** nmpl (lunettes) glasses; **boire** ou **prendre un verre** to have a drink; **verre à vin/à liqueur** wine/liqueur glass; **verre à dents** tooth mug; **verre dépoli** frosted glass; **verre de lampe** lamp glass ou chimney; **verre de montre** watch glass; **verre à pied** stemmed glass; **verres de contact** contact lenses; **verres fumés** tinted lenses

verrerie [vɛrri] nf (fabrique) glassworks sg; (activité) glass-making, glass-working; (objets) glassware

verrière [vɛʀjɛʀ] nf (grand vitrage) window; (toit vitré) glass roof

verrons [vɛʀɔ̃] etc vb voir **voir**

verrou [vɛʀu] nm (targette) bolt; (fig) constriction; **mettre le verrou** to bolt the door; **mettre qn sous les verrous** to put sb behind bars

verrouillage [vɛʀujaʒ] nm (dispositif) locking mechanism; (AUTO): **verrouillage central** ou **centralisé** central locking

verrouiller [vɛʀuje] vt to bolt; to lock; (MIL: brèche) to close

verrue [vɛʀy] nf wart; (plantaire) verruca; (fig) eyesore

vers [vɛʀ] nm line ♦ nmpl (poésie) verse sg ♦ prép (en direction de) toward(s); (près de) around (about); (temporel) about, around

versant [vɛʀsɑ̃] nm slopes pl, side

versatile [vɛʀsatil] adj fickle, changeable

verse [vɛʀs(ə)]: **à verse** adv: **il pleut à verse** it's pouring (with rain)

Verseau [vɛʀso] nm: **le Verseau** Aquarius, the water-carrier; **être du Verseau** to be Aquarius

versement [vɛʀsəmɑ̃] nm payment; (sur un compte) deposit, remittance; **en 3 versements** in 3 instalments

verser [vɛʀse] vt (liquide, grains) to pour; (larmes, sang) to shed; (argent) to pay; (soldat: affecter): **verser qn dans** to assign sb to ♦ vi (véhicule) to overturn; (fig): **verser dans** to lapse into; **verser à un compte** to pay into an account

verset [vɛʀsɛ] nm verse; versicle

version [vɛʀsjɔ̃] nf version; (SCOL) translation (into the mother tongue) **film en version originale** film in the original language

verso [vɛʀso] nm back; **voir au verso** see over (leaf)

vert, e [vɛʀ, vɛʀt(ə)] adj green; (vin) young; (vigoureux) sprightly; (cru) forthright ♦ nm green; **dire des vertes** to say some pretty spicy things; **il en a vu des vertes** he's seen a thing or two; **vert bouteille** adj inv bottle-green; **vert d'eau** adj inv sea-green; **vert pomme** adj inv apple-green

vertèbre [vɛʀtɛbʀ(ə)] nf vertebra (pl -ae)

vertement [vɛʀtəmɑ̃] adv (réprimander) sharply

vertical, e, aux [vɛʀtikal, -o] adj, nf vertical; **à la verticale** adv vertically

verticalement [vɛʀtikalmɑ̃] adv vertically

vertige [vɛʀtiʒ] nm (peur du vide) vertigo; (étourdissement) dizzy spell; (fig) fever; **ça me donne le vertige** it makes me dizzy; (fig) it makes my head spin ou reel

vertigineux, euse [vɛʀtiʒinø, -øz] adj (hausse, vitesse) breathtaking; (altitude, gorge) breathtakingly high (ou deep)

vertu [vɛʀty] nf virtue; **une vertu** a saint, a paragon of virtue; **avoir la vertu de faire** to have

the virtue of doing; **en vertu de** prép in accordance with

vertueux, euse [vɛʀtɥø, -øz] adj virtuous

verve [vɛʀv(ə)] nf witty eloquence; **être en verve** to be in brilliant form

verveine [vɛʀvɛn] nf (BOT) verbena, vervain; (infusion) verbena tea

vésicule [vezikyl] nf vesicle; **vésicule biliaire** gall-bladder

vessie [vesi] nf bladder

veste [vɛst(ə)] nf jacket; **veste droite/croisée** single-/double-breasted jacket; **retourner sa veste** (fig) to change one's colours

vestiaire [vɛstjɛʀ] nm (au théâtre etc) cloakroom; (de stade etc) changing-room (BRIT), locker-room (US); (métallique): **(armoire) vestiaire** locker

vestibule [vɛstibyl] nm hall

vestige [vɛstiʒ] nm (objet) relic; (fragment) trace; (fig) remnant, vestige; **vestiges** nmpl (d'une ville) remains; (d'une civilisation, du passé) remnants, relics

vestimentaire [vɛstimɑ̃tɛʀ] adj (dépenses) clothing; (détail) of dress; (élégance) sartorial

veston [vɛstɔ̃] nm jacket

vêtement [vɛtmɑ̃] nm garment, item of clothing; (COMM): **le vêtement** the clothing industry; **vêtements** nmpl clothes; **vêtements de sport** sportswear sg, sports clothes

vétérinaire [veteʀinɛʀ] adj veterinary ♦ nm/f vet, veterinary surgeon (BRIT), veterinarian (US)

vêtir [vɛtiʀ] vt to clothe, dress; **se vêtir** to dress (o.s.)

veto [veto] nm veto; **droit de veto** right of veto; **mettre** ou **opposer un veto à** to veto

vêtu, e [vɛty] pp de **vêtir** ♦ adj: **vêtu de** dressed in, wearing; **chaudement vêtu** warmly dressed

vétuste [vetyst(ə)] adj ancient, timeworn

veuf, veuve [vœf, vœv] adj widowed ♦ nm widower ♦ nf widow

veuille [vœj], **veuillez** [vœje] etc vb voir **vouloir**

veule [vøl] adj spineless

veuve [vœv] adj f, nf voir **veuf**

veux [vø] vb voir **vouloir**

vexant, e [vɛksɑ̃, -ɑ̃t] adj (contrariant) annoying; (blessant) upsetting

vexations [vɛksasjɔ̃] nfpl humiliations

vexer [vɛkse] vt to hurt, upset; **se vexer** vi to be hurt, get upset

viable [vjabl(ə)] adj viable

viaduc [vjadyk] nm viaduct

viager, ère [vjaʒe, -ɛʀ] adj: **rente viagère** life annuity ♦ nm: **mettre en viager** to sell in return for a life annuity

viande [vjɑ̃d] nf meat

vibrer [vibʀe] vi to vibrate; (son, voix) to be vibrant; (fig) to be stirred; **faire vibrer** to (cause to) vibrate; to stir, thrill

vice [vis] *nm* vice; (*défaut*) fault; **vice caché** (*COMM*) latent *ou* inherent defect; **vice de forme** legal flaw *ou* irregularity

vichy [viʃi] *nm* (*toile*) gingham; (*eau*) Vichy water; **carottes Vichy** boiled carrots

vicié, e [visje] *adj* (*air*) polluted, tainted; (*JUR*) invalidated

vicieux, euse [visjø, -øz] *adj* (*pervers*) dirty(-minded); (*méchant*) nasty; (*fautif*) incorrect, wrong

vicinal, e, aux [visinal, -o] *adj*: **chemin vicinal** byroad, byway

victime [viktim] *nf* victim; (*d'accident*) casualty; **être (la) victime de** to be the victim of; **être victime d'une attaque/d'un accident** to suffer a stroke/be involved in an accident

victoire [viktwaʀ] *nf* victory

victuailles [viktɥaj] *nfpl* provisions

vidange [vidɑ̃ʒ] *nf* (*d'un fossé, réservoir*) emptying; (*AUTO*) oil change; (*de lavabo: bonde*) waste outlet; **vidanges** *nfpl* (*matières*) sewage *sg*; **faire la vidange** (*AUTO*) to change the oil, do an oil change; **tuyau de vidange** drainage pipe

vidanger [vidɑ̃ʒe] *vt* to empty; **faire vidanger la voiture** to have the oil changed in one's car

vide [vid] *adj* empty ♦ *nm* (*PHYSIQUE*) vacuum; (*espace*) (empty) space, gap; (*sous soi: dans une falaise etc*) drop; (*futilité, néant*) void; **vide de** empty of; (*de sens etc*) devoid of; **sous vide** *adv* in a vacuum; **emballé sous vide** vacuum-packed; **regarder dans le vide** to stare into space; **avoir peur du vide** to be afraid of heights; **parler dans le vide** to waste one's breath; **faire le vide** (*dans son esprit*) to make one's mind go blank; **faire le vide autour de qn** to isolate sb; **à vide** *adv* (*sans occupants*) empty; (*sans charge*) unladen; (*TECH*) without gripping *ou* being in gear

vidéo [video] *nf, adj inv* video; **vidéo inverse** reverse video

vidéoclip [videoklip] *nm* music video

vidéoclub [videoklœb] *nm* video club

vide-ordures [vidɔʀdyʀ] *nm inv* (rubbish) chute

vidéothèque [videotɛk] *nf* video library

vide-poches [vidpɔʃ] *nm inv* tidy; (*AUTO*) glove compartment

vider [vide] *vt* to empty; (*CULIN: volaille, poisson*) to gut, clean out; (*régler: querelle*) to settle; (*fatiguer*) to wear out; (*fam: expulser*) to throw out, chuck out; **se vider** *vi* to empty; **vider les lieux** to quit *ou* vacate the premises

videur [vidœʀ] *nm* (*de boîte de nuit*) bouncer

vie [vi] *nf* life (*pl* lives); **être en vie** to be alive; **sans vie** lifeless; **à vie** for life; **membre à vie** life member; **dans la vie courante** in everyday life; **avoir la vie dure** to have nine lives; to die hard; **mener la vie dure à qn** to make life a misery for sb

vieil [vjɛj] *adj m voir* **vieux**

vieillard [vjejaʀ] *nm* old man; **les vieillards** old people, the elderly

vieille [vjɛj] *adj f, nf voir* **vieux**

vieilleries [vjejʀi] *nfpl* old things *ou* stuff *sg*

vieillesse [vjejɛs] *nf* old age; (*vieillards*): **la vieillesse** the old *pl*, the elderly *pl*

vieillir [vjejiʀ] *vi* (*prendre de l'âge*) to grow old; (*population, vin*) to age; (*doctrine, auteur*) to become dated ♦ *vt* to age; **il a beaucoup vieilli** he has aged a lot; **se vieillir** to make o.s. older

vieillissement [vjejismɑ̃] *nm* growing old; ageing

Vienne [vjɛn] *n* (*en Autriche*) Vienna

vienne [vjɛn], **viens** [vjɛ̃] *etc vb voir* **venir**

viens [vjɛ̃] *vb voir* **venir**

vierge [vjɛʀʒ(ə)] *adj* virgin; (*film*) blank; (*page*) clean, blank; (*jeune fille*): **être vierge** to be a virgin ♦ *nf* virgin; (*signe*): **la Vierge** Virgo, the Virgin; **être de la Vierge** to be Virgo; **vierge de** (*sans*) free from, unsullied by

Viêtnam, Vietnam [vjetnam] *nm*: **le Viêtnam** Vietnam; **le Viêtnam du Nord/du Sud** North/South Vietnam

vietnamien, ne [vjetnamjɛ̃, -ɛn] *adj* Vietnamese ♦ *nm* (*LING*) Vietnamese ♦ *nm/f*: **Vietnamien, ne** Vietnamese; **Vietnamien, ne du Nord/Sud** North/South Vietnamese

vieux (vieil), vieille [vjø, vjɛj] *adj* old ♦ *nm/f* old man/woman ♦ *nmpl*: **les vieux** the old, old people; (*fam: parents*) the old folk *ou* ones; **un petit vieux** a little old man; **mon vieux/ma vieille** (*fam*) old man/girl; **pauvre vieux** poor old soul; **prendre un coup de vieux** to put years on; **se faire vieux** to make o.s. look older; **un vieux de la vieille** one of the old brigade; **vieux garçon** *nm* bachelor; **vieux jeu** *adj inv* old-fashioned; **vieux rose** *adj inv* old rose; **vieil or** *adj inv* old gold; **vieille fille** *nf* spinster

vif, vive [vif, viv] *adj* (*animé*) lively; (*alerte*) sharp, quick; (*brusque*) sharp, brusque; (*aigu*) sharp; (*lumière, couleur*) brilliant; (*air*) crisp; (*vent, émotion*) keen; (*froid*) bitter; (*fort: regret, déception*) great, deep; (*vivant*): **brûlé vif** burnt alive; **eau vive** running water; **de vive voix** personally; **piquer qn au vif** to cut sb to the quick; **tailler dans le vif** to cut into the living flesh; **à vif** (*plaie*) open; **avoir les nerfs à vif** to be on edge; **sur le vif** (*ART*) from life; **entrer dans le vif du sujet** to get to the very heart of the matter

vigne [viɲ] *nf* (*plante*) vine; (*plantation*) vineyard; **vigne vierge** Virginia creeper

vigneron [viɲʀɔ̃] *nm* wine grower

vignette [viɲɛt] *nf* (*motif*) vignette; (*de marque*) manufacturer's label *ou* seal; (*petite illustration*) (small) illustration; (*ADMIN*) ≈ (road) tax disc (*BRIT*), ≈ license plate sticker (*US*); (*sur médicament*) price label (*on medicines for reimbursement by Social Security*)

vignoble [viɲɔbl(ə)] *nm* (*plantation*) vineyard; (*vignes d'une région*) vineyards *pl*

vigoureux, euse [vigurø, -øz] adj vigorous, robust

vigueur [vigœʀ] nf vigour (BRIT), vigor (US); **être/entrer en vigueur** to be in/come into force; **en vigueur** current

vil, e [vil] adj vile, base; **à vil prix** at a very low price

vilain, e [vilɛ̃, -ɛn] adj (laid) ugly; (affaire, blessure) nasty; (pas sage: enfant) naughty ♦ nm (paysan) villein, villain; **ça va tourner au vilain** things are going to turn nasty; **vilain mot** bad word

villa [vila] nf (detached) house

village [vilaʒ] nm village; **village de toile** tent village; **village de vacances** holiday village

villageois, e [vilaʒwa, -waz] adj village cpd ♦ nm/f villager

ville [vil] nf town; (importante) city; (administration): **la ville** ≃ the Corporation; ≃ the (town) council; **aller en ville** to go to town; **habiter en ville** to live in town; **ville jumelée** twin town; **ville nouvelle** new town

villégiature [vileʒjatyʀ] nf (séjour) holiday; (lieu) (holiday) resort

vin [vɛ̃] nm wine; **avoir le vin gai/triste** to get happy/miserable after a few drinks; **vin blanc/rosé/rouge** white/rosé/red wine; **vin d'honneur** reception (with wine and snacks); **vin de messe** altar wine; **vin ordinaire** ou **de table** table wine; **vin de pays** local wine; voir aussi **AOC, VDQS**

vinaigre [vinɛgʀ(ə)] nm vinegar; **tourner au vinaigre** (fig) to turn sour; **vinaigre de vin/d'alcool** wine/spirit vinegar

vinaigrette [vinɛgʀɛt] nf vinaigrette, French dressing

vindicatif, ive [vɛ̃dikatif, -iv] adj vindictive

vineux, euse [vinø, -øz] adj win(e)y

vingt [vɛ̃, vɛ̃t] num + vowel and in 22, 23 etc, num twenty; **vingt-quatre heures sur vingt-quatre** twenty-four hours a day, round the clock

vingtaine [vɛ̃tɛn] nf: **une vingtaine (de)** around twenty, twenty or so

vingtième [vɛ̃tjɛm] num twentieth

vinicole [vinikɔl] adj (production) wine cpd; (région) wine-growing

vins etc [vɛ̃] vb voir **venir**

vinyle [vinil] nm vinyl

viol [vjɔl] nm (d'une femme) rape; (d'un lieu sacré) violation

violacé, e [vjɔlase] adj purplish, mauvish

violemment [vjɔlamɑ̃] adv violently

violence [vjɔlɑ̃s] nf violence; **violences** nfpl acts of violence; **faire violence à qn** to do violence to sb; **se faire violence** to force o.s.

violent, e [vjɔlɑ̃, -ɑ̃t] adj violent; (remède) drastic; (besoin, désir) intense, urgent

violer [vjɔle] vt (femme) to rape; (sépulture) to desecrate, violate; (loi, traité) to violate

violet, te [vjɔlɛ, -ɛt] adj, nm purple, mauve ♦ nf (fleur) violet

violon [vjɔlɔ̃] nm violin; (dans la musique folklorique etc) fiddle; (fam: prison) lock-up; **premier violon** first violin; **violon d'Ingres** (artistic) hobby

violoncelle [vjɔlɔ̃sɛl] nm cello

violoniste [vjɔlɔnist(ə)] nm/f violinist, violin-player; (folklorique etc) fiddler

vipère [vipɛʀ] nf viper, adder

virage [viʀaʒ] nm (d'un véhicule) turn; (d'une route, piste) bend; (CHIMIE) change in colour (BRIT) ou color (US); (de cuti-réaction) positive reaction; (PHOTO) toning; (fig: POL) about-turn; **prendre un virage** to go into a bend, take a bend; **virage sans visibilité** blind bend

virée [viʀe] nf (courte) run; (: à pied) walk; (longue) trip; hike, walking tour

virement [viʀmɑ̃] nm (COMM) transfer; **virement bancaire** (bank) credit transfer, ≃ (bank) giro transfer (BRIT); **virement postal** Post Office credit transfer, ≃ Girobank® transfer (BRIT)

virent [viʀ] vb voir **voir**

virer [viʀe] vt (COMM): **virer qch (sur)** to transfer sth (into); (PHOTO) to tone; (fam: renvoyer) to sack, boot out ♦ vi to turn; (CHIMIE) to change colour (BRIT) ou color (US); (cuti-réaction) to come up positive; (PHOTO) to tone; **virer au bleu** to turn blue; **virer de bord** to tack; (fig) to change tack; **virer sur l'aile** to bank

virevolter [viʀvɔlte] vi to twirl around

virgule [viʀgyl] nf comma; (MATH) point; **4 virgule 2** 4 point 2; **virgule flottante** floating decimal

viril, e [viʀil] adj (propre à l'homme) masculine; (énergique, courageux) manly, virile

virtuel, le [viʀtɥɛl] adj potential; (théorique) virtual

virtuose [viʀtɥoz] nm/f (MUS) virtuoso; (gén) master

virus [viʀys] nm virus

vis vb [vi] voir **voir, vivre** ♦ nf [vis] screw; **vis à tête plate/ronde** flat-headed/round-headed screw; **vis platinées** (AUTO) (contact) points; **vis sans fin** worm, endless screw

visa [viza] nm (sceau) stamp; (validation de passeport) visa; **visa de censure** (censor's) certificate

visage [vizaʒ] nm face; **à visage découvert** (franchement) openly

vis-à-vis [vizavi] adv face to face ♦ nm person opposite; house etc opposite; **vis-à-vis de** prép opposite; (fig) towards, vis-à-vis; **en vis-à-vis** facing ou opposite each other; **sans vis-à-vis** (immeuble) with an open outlook

viscéral, e, aux [viseʀal, -o] adj (fig) deep-seated, deep-rooted

visée [vize] nf (avec une arme) aiming; (ARPENTAGE) sighting; **visées** nfpl (intentions) designs; **avoir des visées sur qn/qch** to have designs on sb/sth

viser [vize] vi to aim ♦ vt to aim at; (concerner) to

be aimed *ou* directed at; (*apposer un visa sur*) to stamp, visa; **viser à qch/faire** to aim at sth/at doing *ou* to do

viseur [vizœʀ] *nm* (*d'arme*) sights *pl*; (*PHOTO*) viewfinder

visibilité [vizibilite] *nf* visibility; **sans visibilité** (*pilotage, virage*) blind *cpd*

visible [vizibl(ə)] *adj* visible; (*disponible*): **est-il visible?** can he see me?, will he see visitors?

visière [vizjɛʀ] *nf* (*de casquette*) peak; (*qui s'attache*) eyeshade

vision [vizjɔ̃] *nf* vision; (*sens*) (eye)sight, vision; (*fait de voir*): **la vision de** the sight of; **première vision** (*CINÉ*) first showing

visionneuse [vizjɔnøz] *nf* viewer

visite [vizit] *nf* (*visiteur*) visit; (*touristique: d'un musée etc*) tour; (*COMM: de représentant*) call; (*expertise, d'inspection*) inspection; (*médicale, à domicile*) visit, call; **la visite** (*MÉD*) medical examination; (*MIL: d'entrée*) medicals *pl*; (*: quotidienne*) sick parade; **faire une visite à qn** to call on sb, pay sb a visit; **rendre visite à qn** to visit sb, pay sb a visit; **être en visite (chez qn)** to be visiting (sb); **heures de visite** (*hôpital, prison*) visiting hours; **le droit de visite** (*JUR: aux enfants*) right of access, access; **visite de douane** customs inspection *ou* examination; **visite guidée** guided tour

visiter [vizite] *vt* to visit; (*musée, ville*) to visit, go round

visiteur, euse [vizitœʀ, -øz] *nm/f* visitor; **visiteur des douanes** customs inspector; **visiteur médical** medical rep(resentative); **visiteur de prison** prison visitor

vison [vizɔ̃] *nm* mink

visser [vise] *vt*: **visser qch** (*fixer, serrer*) to screw sth on

visuel, le [vizɥɛl] *adj* visual ♦ *nm* (*visual*) display; (*INFORM*) visual display unit (VDU)

vit [vi] *vb voir* **vivre, voir**

vital, e, aux [vital, -o] *adj* vital

vitamine [vitamin] *nf* vitamin

vite [vit] *adv* (*rapidement*) quickly, fast; (*sans délai*) quickly; soon; **faire vite** (*agir rapidement*) to act fast; (*se dépêcher*) to be quick; **ce sera vite fini** this will soon be finished; **viens vite** come quick(ly)

vitesse [vites] *nf* speed; (*AUTO: dispositif*) gear; **faire de la vitesse** to drive fast *ou* at speed; **prendre qn de vitesse** to outstrip sb, get ahead of sb; **prendre de la vitesse** to pick up *ou* gather speed; **à toute vitesse** at full *ou* top speed; **en perte de vitesse** (*avion*) losing lift; (*fig*) losing momentum; **changer de vitesse** (*AUTO*) to change gear; **vitesse acquise** momentum; **vitesse de croisière** cruising speed; **vitesse de pointe** top speed; **vitesse du son** speed of sound

viticole [vitikɔl] *adj* (*industrie*) wine *cpd*; (*région*) wine-growing

viticulteur [vitikyltœʀ] *nm* wine grower

vitrage [vitʀaʒ] *nm* (*cloison*) glass partition; (*toit*) glass roof; (*rideau*) net curtain

vitrail, aux [vitʀaj, -o] *nm* stained-glass window

vitre [vitʀ(ə)] *nf* (*window*) pane; (*de portière, voiture*) window

vitré, e [vitʀe] *adj* glass *cpd*

vitrer [vitʀe] *vt* to glaze

vitreux, euse [vitʀø, -øz] *adj* vitreous; (*terne*) glassy

vitrine [vitʀin] *nf* (*devanture*) (shop) window; (*étalage*) display; (*petite armoire*) display cabinet; **en vitrine** in the window, on display; **vitrine publicitaire** display case, showcase

vivable [vivabl(ə)] *adj* (*personne*) livable-with; (*endroit*) fit to live in

vivace *adj* [vivas] (*arbre, plante*) hardy; (*fig*) enduring ♦ *adv* [vivatʃe] lively; (*preuve, exemple*) living; (*langue*) modern

vivacité [vivasite] *nf* (*voir vif*) liveliness, vivacity; sharpness; brilliance

vivant, e [vivɑ̃, -ɑ̃t] *vb voir* **vivre** ♦ *adj* (*qui vit*) living, alive; (*animé*) lively; (*preuve, exemple*) living; (*langue*) modern ♦ *nm*: **du vivant de qn** in sb's lifetime; **les vivants et les morts** the living and the dead

vive [viv] *adj f voir* **vif** ♦ *vb voir* **vivre** ♦ *excl*: **vive le roi!** long live the king!; **vive les vacances!** hurrah for the holidays!

vivement [vivmɑ̃] *adv* vivaciously; sharply ♦ *excl*: **vivement les vacances!** I can't wait for the holidays!, roll on the holidays!

vivier [vivje] *nm* (*au restaurant etc*) fish tank; (*étang*) fishpond

vivifiant, e [vivifjɑ̃, -ɑ̃t] *adj* invigorating

vivions [vivjɔ̃] *vb voir* **vivre**

vivoter [vivɔte] *vi* (*personne*) to scrape a living, get by; (*fig: affaire etc*) to struggle along

vivre [vivʀ(ə)] *vi, vt* to live ♦ *nm*: **le vivre et le logement** board and lodging; **vivres** *nmpl* provisions, food supplies; **il vit encore** he is still alive; **se laisser vivre** to take life as it comes; **ne plus vivre** (*être anxieux*) to live on one's nerves; **il a vécu** (*eu une vie aventureuse*) he has seen life; **ce régime a vécu** this regime has had its day; **être facile à vivre** to be easy to get on with; **faire vivre qn** (*pourvoir à sa subsistance*) to provide (a living) for sb; **vivre mal** (*chichement*) to have a meagre existence; **vivre de** (*salaire etc*) to live on

vlan [vlɑ̃] *excl* wham!, bang!

VO *sigle f* (*CINÉ*: = *version originale*): **voir un film en VO** to see a film in its original language

vocable [vɔkabl(ə)] *nm* term

vocabulaire [vɔkabylɛʀ] *nm* vocabulary

vocation [vɔkasjɔ̃] *nf* vocation, calling; **avoir la vocation** to have a vocation

vociférer [vɔsifeʀe] *vi, vt* to scream

vœu, x [vø] *nm* wish; (*à Dieu*) vow; **faire vœu de** to take a vow of; **avec tous nos vœux** with every good wish ou our best wishes; **meilleurs vœux** best wishes; (sur une carte) "Season's Greetings"; **vœux de bonheur** best wishes for your future happiness; **vœux de bonne année** best wishes for the New Year

vogue [vɔg] nf fashion, vogue; **en vogue** in fashion, in vogue

voguer [vɔge] vi to sail

voici [vwasi] prép (pour introduire, désigner) here is + sg, here are + pl; **et voici que ...** and now it (ou he) ...; **il est parti voici 3 ans** he left 3 years ago; **voici une semaine que je l'ai vue** it's a week since I've seen her; **me voici** here I am; voir aussi **voilà**

voie [vwa] vb voir ♦ nf way; (RAIL) track, line; (AUTO) lane; **par voie buccale ou orale** orally; **par voie rectale** rectally; **suivre la voie hiérarchique** to go through official channels; **ouvrir/montrer la voie** to open up/show the way; **être en bonne voie** to be shaping ou going well; **mettre qn sur la voie** to put sb on the right track; **être en voie d'achèvement/de rénovation** to be nearing completion/in the process of renovation; **à voie étroite** narrow-gauge; **à voie unique** single-track; **route à 2/3 voies** 2-/3-lane road; **par la voie aérienne/maritime** by air/sea; **voie d'eau** (NAVIG) leak; **voie express** expressway; **voie de fait** (JUR) assault (and battery); **voie ferrée** track; railway line (BRIT), railroad (US); **par voie ferrée** by rail, by railroad; **voie de garage** (RAIL) siding; **la voie lactée** the Milky Way; **voie navigable** waterway; **voie prioritaire** (AUTO) road with right of way; **voie privée** private road; **la voie publique** the public highway

voilà [vwala] prép (en désignant) there is + sg, there are + pl; **les voilà** here ou there they are; **en voilà ou voici un** here's one, there's one; **voilà ou voici deux ans** two years ago; **voilà ou voici deux ans que** it's two years since; **et voilà!** there we are!; **voilà tout** that's all; **"voilà ou voici"** (en offrant etc) "there ou here you are"

voile [vwal] nm veil; (tissu léger) net ♦ nf sail; (sport) sailing; **prendre le voile** to take the veil; **mettre à la voile** to make way under sail; **voile du palais** nm soft palate, velum; **voile au poumon** nm shadow on the lung

voiler [vwale] vt to veil; (PHOTO) to fog; (fausser: roue) to buckle; (: bois) to warp; **se voiler** vi (lune, regard) to mist over; (ciel) to grow hazy; (voix) to become husky; (roue, disque) to buckle; (planche) to warp; **se voiler la face** to hide one's face

voilier [vwalje] nm sailing ship; (de plaisance) sailing boat

voilure [vwalyʀ] nf (de voilier) sails pl; (d'avion) aerofoils pl (BRIT), airfoils pl (US); (de parachute) canopy

voir [vwaʀ] vi, vt to see; **se voir**: **se voir critiquer/transformer** to be criticized/transformed; **cela se voit** (cela arrive) it happens; (c'est visible) that's obvious, it shows; **voir à faire qch** to see to it that sth is done; **voir loin** (fig) to be far-sighted; **voir**

venir (fig) to wait and see; **faire voir qch à qn** to show sb sth; **en faire voir à qn** (fig) to give sb a hard time; **ne pas pouvoir voir qn** (fig) not to be able to stand sb; **regardez voir** just look; **montrez voir** show (me); **dites voir** tell me; **voyons!** let's see now; (indignation etc) come (along) now!; **c'est à voir!** we'll see!; **c'est ce qu'on va voir!** we'll see about that!; **avoir quelque chose à voir avec** to have something to do with; **ça n'a rien à voir avec lui** that has nothing to do with him

voire [vwaʀ] adv indeed; nay; or even

voisin, e [vwazɛ̃, -in] adj (proche) neighbouring (BRIT), neighboring (US); (contigu) next; (ressemblant) connected ♦ nm/f neighbo(u)r; (de table, de dortoir etc) person next to me (ou him etc); **voisin de palier** neighbo(u)r across the landing (BRIT) ou hall (US)

voisinage [vwazinaʒ] nm (proximité) proximity; (environs) vicinity; (quartier, voisins) neighbourhood (BRIT), neighborhood (US); **relations de bon voisinage** neighbo(u)rly terms

voiture [vwatyʀ] nf car; (wagon) coach, carriage; **en voiture!** all aboard!; **voiture à bras** handcart; **voiture d'enfant** pram (BRIT), baby carriage (US); **voiture d'infirme** invalid carriage; **voiture de sport** sports car

voix [vwa] nf voice; (POL) vote; **la voix de la conscience/raison** the voice of conscience/reason; **à haute voix** aloud; **à voix basse** in a low voice; **faire la grosse voix** to speak gruffly; **avoir de la voix** to have a good voice; **rester sans voix** to be speechless; **voix de basse/ténor** etc bass/tenor etc voice; **à 2/4 voix** (MUS) in 2/4 parts; **avoir voix au chapitre** to have a say in the matter; **mettre aux voix** to put to the vote; **voix off** voice-over

vol [vɔl] nm (mode de locomotion) flying; (trajet, voyage, groupe d'oiseaux) flight; (mode d'appropriation) theft, stealing; (larcin) theft; **à vol d'oiseau** as the crow flies; **au vol: attraper qch au vol** to catch sth as it flies past; **saisir une remarque au vol** to pick up a passing remark; **prendre son vol** to take flight; **de haut vol** (fig) of the highest order; **en vol** in flight; **vol avec effraction** breaking and entering no pl, break-in; **vol à l'étalage** shoplifting no pl; **vol libre** hang-gliding; **vol à main armée** armed robbery; **vol de nuit** night flight; **vol plané** (AVIAT) glide, gliding no pl; **vol à la tire** pickpocketing no pl; **vol à voile** gliding

volage [vɔlaʒ] adj fickle

volaille [vɔlaj] nf (oiseaux) poultry pl; (viande) poultry no pl; (oiseau) fowl

volant, e [vɔlɑ̃, -ɑ̃t] adj voir **feuille** etc ♦ nm (d'automobile) (steering) wheel; (de commande) wheel; (objet lancé) shuttlecock; (jeu) battledore and shuttlecock; (bande de tissu) flounce; (feuillet détachable) tear-off portion; **le personnel volant, les volants** (AVIAT) the flight staff; **volant de sécurité** (fig) reserve, margin, safeguard

volcan [vɔlkɑ̃] nm volcano; (fig: personne) hothead

volée [vɔle] *nf* (*groupe d'oiseaux*) flight, flock; (*TEN-NIS*) volley; **volée de coups/de flèches** volley of blows/arrows; **à la volée: rattraper à la volée** to catch in midair; **lancer à la volée** to fling about; **semer à la volée** to (sow) broadcast; **à toute volée** (*sonner les cloches*) vigorously; (*lancer un projectile*) with full force; **de haute volée** (*fig*) of the highest order

voler [vɔle] *vi* (*avion, oiseau, fig*) to fly; (*voleur*) to steal ♦ *vt* (*objet*) to steal; (*personne*) to rob; **voler en éclats** to smash to smithereens; **voler de ses propres ailes** (*fig*) to stand on one's own two feet; **voler au vent** to fly in the wind; **voler qch à qn** to steal sth from sb

volet [vɔle] *nm* (*de fenêtre*) shutter; (*AVIAT*) flap; (*de feuillet, document*) section; (*fig: d'un plan*) facet; **trié sur le volet** hand-picked

voleur, euse [vɔlœʀ, -øz] *nm/f* thief (*pl* thieves) ♦ *adj* thieving; **"au voleur!"** "stop thief!"

volière [vɔljɛʀ] *nf* aviary

volley(-ball) [vɔle(bol)] *nm* volleyball

volontaire [vɔlɔ̃tɛʀ] *adj* (*acte, activité*) voluntary; (*délibéré*) deliberate; (*caractère, personne: décidé*) self-willed ♦ *nm/f* volunteer

volonté [vɔlɔ̃te] *nf* (*faculté de vouloir*) will; (*énergie, fermeté*) will(power); (*souhait, désir*) wish; **se servir/boire à volonté** to take/drink as much as one likes; **bonne volonté** goodwill, willingness; **mauvaise volonté** lack of goodwill, unwillingness

volontiers [vɔlɔ̃tje] *adv* (*de bonne grâce*) willingly; (*avec plaisir*) willingly, gladly; (*habituellement, souvent*) readily, willingly; **"volontiers"** "with pleasure","I'd be glad to"

volt [vɔlt] *nm* volt

volte-face [vɔltəfas] *nf inv* about-turn; (*fig*) about-turn, U-turn; **faire volte-face** to do an about-turn; to do a U-turn

voltige [vɔltiʒ] *nf* (*ÉQUITATION*) trick riding; (*au cirque*) acrobatics *sg*; (*AVIAT*) (aerial) acrobatics *sg*; **numéro de haute voltige** acrobatic act

voltiger [vɔltiʒe] *vi* to flutter (about)

volubile [vɔlybil] *adj* voluble

volume [vɔlym] *nm* volume; (*GÉOM: solide*) solid

volumineux, euse [vɔlyminø, -øz] *adj* voluminous, bulky

volupté [vɔlypte] *nf* sensual delight *ou* pleasure

vomi [vɔmi] *nm* vomit

vomir [vɔmiʀ] *vi* to vomit, be sick ♦ *vt* to vomit, bring up; (*fig*) to belch out, spew out; (*exécrer*) to loathe, abhor

vomissements [vɔmismɑ̃] *nmpl* (*action*) vomiting *no pl*; **des vomissements** vomit *sg*

vont [vɔ̃] *vb voir* **aller**

vorace [vɔʀas] *adj* voracious

vos [vo] *adj possessif voir* **votre**

vote [vɔt] *nm* vote; **vote par correspondance/procuration** postal/proxy vote; **vote à main levée** vote by show of hands; **vote secret, vote à bul-**letins secrets secret ballot

voter [vɔte] *vi* to vote ♦ *vt* (*loi, décision*) to vote for

votre [vɔtʀ(ə)], *pl* **vos** [vo] *adj possessif* your

vôtre [votʀ(ə)] *pron*: **le vôtre, la vôtre, les vôtres** yours; **les vôtres** (*fig*) your family *ou* folks; **à la vôtre** (*toast*) your (good) health!

voudrai *etc* [vudʀe] *vb voir* **vouloir**

voué, e [vwe] *adj*: **voué à** doomed to, destined for

vouer [vwe] *vt*: **vouer qch à** (*Dieu/un saint*) to dedicate sth to; **vouer sa vie/son temps à** (*étude, cause etc*) to devote one's life/time to; **vouer une haine/amitié éternelle à qn** to vow undying hatred/friendship to sb

---

MOT-CLÉ

vouloir [vulwaʀ] *nm*: **le bon vouloir de qn** sb's goodwill; sb's pleasure

♦ *vt* **1** (*exiger, désirer*) to want; **vouloir faire/que qn fasse** to want to do/sb to do; **voulez-vous du thé?** would you like *ou* do you want some tea?; **vouloir qch à qn** to wish sth for sb; **que me veut-il?** what does he want with me?; **que veux-tu que je te dise?** what do you want me to say?; **sans le vouloir** (*involontairement*) without meaning to, unintentionally; **je voudrais ceci/faire** I would *ou* I'd like this/to do; **le hasard a voulu que ...** as fate would have it, ...; **la tradition veut que ...** tradition demands that ...; ... **qui se veut moderne** ... which purports to be modern

2 (*consentir*): **je veux bien** (*bonne volonté*) I'll be happy to; (*concession*) fair enough, that's fine; **oui, si on veut** (*en quelque sorte*) yes, if you like; **comme tu veux** as you wish; (*en quelque sorte*) if you like; **veuillez attendre** please wait; **veuillez agréer ...** (*formule épistolaire*) yours faithfully

3: **en vouloir** (*être ambitieux*) to be out to win; **en vouloir à qn** to bear sb a grudge; **je lui en veux d'avoir fait ça** I resent his having done that; **s'en vouloir (de)** to be annoyed with o.s. (for); **il en veut à mon argent** he's after my money

4: **vouloir de** to want; **la compagnie ne veut plus de lui** the firm doesn't want him any more; **elle ne veut pas de son aide** she doesn't want his help

5: **vouloir dire** to mean

---

voulu, e [vuly] *pp de* **vouloir** ♦ *adj* (*requis*) required, requisite; (*délibéré*) deliberate, intentional

vous [vu] *pron* you; (*objet indirect*) (to) you; (*réfléchi*) yourself (*pl* yourselves); (*réciproque*) each other ♦ *nm*: **employer le vous** (*vouvoyer*) to use the "vous" form; **vous-même** yourself; **vous-mêmes** yourselves

voûte [vut] *nf* vault; **la voûte céleste** the vault of heaven; **voûte du palais** (*ANAT*) roof of the mouth; **voûte plantaire** arch (of the foot)

voûter [vute] *vt* (*ARCHIT*) to arch, vault; **se voûter** *vi* (*dos, personne*) to become stooped

vouvoyer [vuvwaje] *vt*: **vouvoyer qn** to address sb as "vous"

voyage [vwajaʒ] *nm* journey, trip; (*fait de voyager*): **le voyage** travel(ling); **partir/être en voyage** to go off/be away on a journey *ou* trip; **faire un voyage** to go on *ou* make a trip *ou* journey; **faire bon voyage** to have a good journey; **les gens du voyage** travelling people; **voyage d'agrément/d'affaires** pleasure/business trip; **voyage de noces** honeymoon; **voyage organisé** package tour

voyager [vwajaʒe] *vi* to travel

voyageur, euse [vwajaʒœr, -øz] *nm/f* traveller; (*passager*) passenger ♦ *adj* (*tempérament*) nomadic, wayfaring; **voyageur (de commerce)** commercial traveller

voyant, e [vwajã, -ãt] *adj* (*couleur*) loud, gaudy ♦ *nm/f* (*personne qui voit*) sighted person ♦ *nm* (*signal*) (warning) light ♦ *nf* clairvoyant

voyelle [vwajɛl] *nf* vowel

voyons [vwajɔ̃] *etc vb* voir **voir**

voyou [vwaju] *nm* lout, hoodlum; (*enfant*) guttersnipe

vrac [vrak]: **en vrac** *adv* higgledy-piggledy; (*COMM*) in bulk

vrai, e [vrɛ] *adj* (*véridique: récit, faits*) true; (*non factice, authentique*) real ♦ *nm*: **le vrai** the truth; **à vrai dire** to tell the truth; **il est vrai que** it is true that; **être dans le vrai** to be right

vraiment [vrɛmɑ̃] *adv* really

vraisemblable [vrɛsɑ̃blabl(ə)] *adj* (*plausible*) likely, plausible; (*probable*) likely, probable

vraisemblablement [vrɛsɑ̃blabləmɑ̃] *adv* in all likelihood, very likely

vraisemblance [vrɛsɑ̃blɑ̃s] *nf* likelihood, plausibility; (*romanesque*) verisimilitude; **selon toute vraisemblance** in all likelihood

vrille [vrij] *nf* (*de plante*) tendril; (*outil*) gimlet; (*spirale*) spiral; (*AVIAT*) spin

vrombir [vrɔ̃bir] *vi* to hum

VRP *sigle m* (= *voyageur, représentant, placier*) (sales) rep

VTT *sigle m* (= *vélo tout-terrain*) mountain bike

vu [vy] *prép* (*en raison de*) in view of; **vu que** in view of the fact that

vu, e [vy] *pp de* voir ♦ *adj*: **bien/mal vu** (*personne*) well/poorly thought of; (*conduite*) good/bad form ♦ *nm*: **au vu et au su de tous** openly and publicly; **ni vu ni connu** what the eye doesn't see ...!, no one will be any the wiser; **c'est tout vu** it's a foregone conclusion

vue [vy] *nf* (*fait de voir*): **la vue de** the sight of; (*sens, faculté*) (eye)sight; (*panorama, image, photo*) view; (*spectacle*) sight; **vues** *nfpl* (*idées*) views; (*dessein*) designs; **perdre la vue** to lose one's (eye)sight; **perdre de vue** to lose sight of; **à la vue de tous** in full view of everybody; **hors de vue** out of sight; **à première vue** at first sight; **connaître de vue** to know by sight; **à vue** (*COMM*) at sight;

tirer à vue to shoot on sight; **à vue d'œil** *adv* visibly; (*à première vue*) at a quick glance; **avoir vue sur** to have a view of; **en vue** (*visible*) in sight; (*COMM*) in the public eye; **avoir qch en vue** (*intentions*) to have one's sights on sth; **en vue de faire** with the intention of doing, with a view to doing; **vue d'ensemble** overall view; **vue de l'esprit** theoretical view

vulgaire [vylgɛr] *adj* (*grossier*) vulgar, coarse; (*trivial*) commonplace, mundane; (*péj: quelconque*): **de vulgaires touristes/chaises de cuisine** common tourists/kitchen chairs; (*BOT, ZOOL: non latin*) common

vulgariser [vylgarize] *vt* to popularize

vulnérable [vylnerabl(ə)] *adj* vulnerable

wagon [vagɔ̃] *nm* (*de voyageurs*) carriage; (*de marchandises*) truck, wagon

wagon-lit, *pl* **wagons-lits** [vagɔ̃li] *nm* sleeper, sleeping car

wagon-restaurant, *pl* **wagons-restaurants** [vagɔ̃rɛstɔrɑ̃] *nm* restaurant *ou* dining car

wallon, ne [walɔ̃, -ɔn] *adj* Walloon ♦ *nm* (*LING*) Walloon ♦ *nm/f*: **Wallon, ne** Walloon

waters [watɛr] *nmpl* toilet *sg*, loo *sg* (*BRIT*)

watt [wat] *nm* watt

WC [vese] *nmpl* toilet *sg*, lavatory *sg*

Web [wɛb] *nm inv*: **le Web** the (World Wide) Web

week-end [wikɛnd] *nm* weekend

western [wɛstɛrn] *nm* western

whisky, *pl* **whiskies** [wiski] *nm* whisky

xénophobe [gzenɔfɔb] *adj* xenophobic ♦ *nm/f* xenophobe

xérès [gzerɛs] *nm* sherry

xylophone [ksilɔfɔn] *nm* xylophone

y [i] *adv* (*à cet endroit*) there; (*dessus*) on it (*ou* them); (*dedans*) in it (*ou* them) ♦ *pron* (*about ou on ou of*) it: **vérifier la syntaxe du verbe employé**; **j'y pense** I'm thinking about it; *voir aussi* **aller**, **avoir**

yacht [jɔt] *nm* yacht

yaourt [jaurt] *nm* yoghurt

yeux [jø] *pl de* œil

yoga [jɔga] *nm* yoga

yoghourt [jɔgurt] *nm* = **yaourt**

yougoslave [jugɔslav] *adj* Yugoslav(ian) ◆ *nm/f*: **Yougoslave** Yugoslav(ian)

Yougoslavie [jugɔslavi] *nf*: **la Yougoslavie** Yugoslavia

— Z z —

zapper [zape] *vi* to zap

zapping [zapiŋ] *nm*: **faire du zapping** to flick through the channels

zèbre [zɛbʀ(ə)] *nm* (*ZOOL*) zebra

zébré, e [zebʀe] *adj* striped, streaked

zèle [zɛl] *nm* diligence, assiduousness; **faire du zèle** (*péj*) to be over-zealous

zélé, e [zele] *adj* zealous

zéro [zeʀo] *nm* zero, nought (*BRIT*); **au-dessous de zéro** below zero (Centigrade), below freezing; **partir de zéro** to start from scratch; **réduire à zéro** to reduce to nothing; **trois (buts) à zéro** 3 (goals to) nil

zeste [zɛst(ə)] *nm* peel, zest; **un zeste de citron** a piece of lemon peel

zézayer [zezeje] *vi* to have a lisp

zigzag [zigzag] *nm* zigzag

zigzaguer [zigzage] *vi* to zigzag (along)

zinc [zɛ̃g] *nm* (*CHIMIE*) zinc; (*comptoir*) bar, counter

zizanie [zizani] *nf*: **semer la zizanie** to stir up ill-feeling

zizi [zizi] *nm* (*fam*) willy (*BRIT*), peter (*US*)

zodiaque [zɔdjak] *nm* zodiac

zona [zona] *nm* shingles *sg*

zone [zon] *nf* zone, area; (*INFORM*) field; (*quartiers*): **la zone** the slum belt; **de seconde zone** (*fig*) second-rate; **zone d'action** (*MIL*) sphere of activity; **zone bleue** ≈ restricted parking area; **zone d'extension** *ou* **d'urbanisation** urban development area; **zone franche** free zone; **zone industrielle (ZI)** industrial estate; **zone piétonne** pedestrian precinct; **zone résidentielle** residential area; **zone tampon** buffer zone

zoo [zoo] *nm* zoo

zoologie [zɔɔlɔʒi] *nf* zoology

zoologique [zɔɔlɔʒik] *adj* zoological

zut [zyt] *excl* dash (it)! (*BRIT*), nuts! (*US*)

L'ANGLAIS EN SITUATION

FRENCH IN ACTION

Collaborateurs/Contributors

Rose Rociola   Daphne Day

Coordination/Coordination

Isobel Gordon

INTRODUCTION

The aim of FRENCH IN ACTION is to help you express yourself simply but correctly in fluent, natural French.

The SENTENCE BUILDER section provides hundreds of phrases in which the key elements have been translated, providing an invaluable point of reference when you then construct your own sentences.

The section on correspondence provides practical models of personal and business letters, job applications and CVs, together with examples of standard opening and closing formulae and information on how to address an envelope. This section also offers guidance notes to help the user adapt these models to his/her needs.

A separate section covers fax and e-mail correspondence as well as all the expressions you might need to make different types of phone calls.

We hope you will find FRENCH IN ACTION both relevant and useful and that, used in conjunction with the dictionary, it will improve your understanding and enjoyment of French.

CONTENTS

INTRODUCTION

L'ANGLAIS EN SITUATION a pour objectif de vous aider à vous exprimer en anglais, dans un style simple et naturel.

Dans le MÉMO DES TOURNURES ESSENTIELLES, vous trouverez des centaines d'expressions anglaises de base, qui vous permettront de construire vos propres phrases dans toutes sortes de contextes.

La partie correspondance contient des modèles de lettres de tous genres, dont vous pourrez vous inspirer pour rédiger à votre tour vos lettres, que ce soit dans un contexte privé ou professionnel. Si vous êtes à la recherche d'un travail, vous y trouverez également des exemples de curriculum vitæ et de lettres de candidature. Pour vous permettre d'adapter ces modèles à vos besoins, nous vous donnons en outre une liste des formules de politesse employées en début et en fin de lettre.

La dernière partie est consacrée à la communication par télécopie, par courrier électronique et par téléphone, et comprend une liste des expressions de base les plus couramment utilisées au téléphone.

L'ANGLAIS EN SITUATION, complément indispensable de votre dictionnaire, vous permettra de vous exprimer avec aisance dans toutes les situations.

TABLE DES MATIÈRES

LIKES, DISLIKES AND PREFERENCES

Saying what you like

J'aime les gâteaux.	I like ...
J'aime que les choses soient à leur place.	I like ...
J'ai bien aimé le film.	I liked ...
J'adore sortir en boîte.	I love ...
Ce que je préfère chez Laurent, c'est son enthousiasme.	What I like most ...
Ce que j'aime par-dessus tout, c'est son sourire.	What I like most of all is ...
La visite des vignobles **m'a beaucoup plu.**	I very much enjoyed ...
J'ai un faible pour le chocolat.	I've got a weakness for ...
Rien ne vaut un bon café.	You can't beat ...
Rien de tel qu'un bon bain chaud !	There's nothing better than ...
Le couscous est **mon** plat **favori.**	My favourite ...
La lecture est **une de mes** activités **préférées.**	... one of my favourite ...
Cela ne me déplaît pas de sortir seule.	I don't mind ...

Saying what you dislike

Je n'aime pas le poisson.	I don't like ...
Je n'aime pas beaucoup parler en public.	I'm not very keen on ...
Je ne l'aime pas du tout.	I don't like ... at all.
Cette idée **ne m'emballe pas.**	I'm not particularly keen on ...
Je déteste la chimie.	I hate ...
J'ai horreur du sport.	I loathe ...
Je ne supporte pas qu'on me mente.	I can't stand ...
Sa façon d'agir **ne me plaît pas du tout.**	I don't like ... at all.
Ce que je déteste le plus, c'est le repassage.	What I hate most is ...

Saying what you prefer

Je préfère le rock **à** la musique classique.	I prefer ... to ...
Je préférerais vivre à Paris.	I would rather ...
J'aimerais mieux mourir de faim **que de** lui demander un service.	I'd sooner ... than ...

Expressing indifference

Ça m'est égal.	*It's all the same to me.*
Je n'ai pas de préférence.	*I have no preference either way.*
C'est comme vous voudrez.	*As you wish.*
Cela n'a aucune importance.	*It doesn't matter in the least.*
Peu importe.	*I don't mind.*

Asking what someone likes

Est-ce que vous aimez les frites ?	*Do you like ...*
Est-ce que vous aimez faire la cuisine ?	*Do you like ...*
Est-ce que cela vous plaît de vivre en ville ?	*Do you like ...*
Qu'est-ce que vous préférez : la mer ou la montagne ?	*Which do you like better ...*
Vous préférez lequel, le rouge ou le noir ?	*Which do you prefer ...*
Est-ce que vous préférez vivre à la campagne ou en ville ?	*Do you prefer ...*
Qu'est-ce que vous aimez le plus à la télévision ?	*What do you like best ...*

OPINIONS

Asking for opinions

Qu'en pensez-vous ?	*What do you think about it?*
Que pensez-vous de sa façon d'agir ?	*What do you think of ...*
Je voudrais savoir ce que vous pensez de son travail.	*I'd like to know what you think of ...*
J'aimerais connaître votre avis sur ce problème.	*I would like to know your views on ...*
Est-ce que vous pourriez me donner votre opinion sur cette émission ?	*What do you think of ...*
Quelle est votre opinion sur la peine de mort ?	*What is your opinion on ...*
À votre avis, hommes et femmes sont-ils égaux ?	*In your opinion ...*
Selon vous, faut-il donner plus de liberté aux jeunes ?	*In your opinion ...*

Expressing opinions

Vous avez raison.	*You are right.*
Il a tort.	*He is wrong.*
Il a eu tort de démissionner.	*He was wrong to ...*
Je pense que ce sera possible.	*I think ...*
Je crois que c'est un peu prématuré.	*I think ...*
Je trouve que c'est normal.	*I think ...*
Personnellement, je pense que c'est trop cher.	*Personally, I think that ...*
Il me semble que vous vous trompez.	*I think ...*
J'ai l'impression que ses parents ne la comprennent pas.	*I get the impression that ...*
Je suis certain qu'il est tout à fait sincère.	*I'm sure ...*
Je suis sûr que Marc va gagner.	*I'm sure ...*
Je suis persuadé qu'il y a d'autres solutions.	*I am convinced that ...*
À mon avis, il n'a pas changé.	*In my opinion ...*
D'après moi, il a fait une erreur.	*In my view ...*
Selon moi, c'est impossible.	*In my view ...*

Being noncommittal

Ça dépend.	*It depends.*
Tout dépend de ce que vous entendez par là.	*It all depends what you mean by ...*
Je ne peux pas me prononcer.	*I'd rather not express an opinion.*
Je n'ai pas d'opinion bien précise à ce sujet.	*I have no definite opinion on this.*
Je ne me suis jamais posé la question.	*I have never thought about it.*

APPROVAL AND AGREEMENT

Je trouve que c'est une excellente idée.	*I think it's an excellent idea.*
Quelle bonne idée !	*What a good idea!*
J'ai beaucoup apprécié son article.	*I was very impressed by ...*
C'est une très bonne chose.	*It's a very good thing.*
Je trouve que vous avez raison de vous méfier.	*I think you're right to ...*

Les journaux **ont raison de** publier ces informations.	... are right to ...
Vous avez bien fait de laisser vos bagages à la consigne.	You were right to ...
Vous n'avez pas tort de critiquer le gouvernement.	You're quite justified in ...
Je partage cette opinion.	I share this view.
Je partage votre inquiétude.	I fully share your ...
Nous sommes favorables à la création d'emplois.	We are in favour of ...
Nous sommes en faveur d'une Europe unie.	We are in favour of ...
Il est exact que c'est un risque à prendre.	It is true that ...
Il est vrai que cette erreur aurait pu être évitée.	It is true that ...
Je suis d'accord avec vous.	I agree with you.
Je suis entièrement d'accord avec toi.	I entirely agree with you.

DISAPPROVAL AND DISAGREEMENT

Je trouve qu'il a eu tort d'emprunter autant d'argent.	I think he was wrong to ...
Il est dommage qu'il ait réagi ainsi.	It's a pity that ...
Il est regrettable qu'ils ne nous aient pas prévenus.	It is regrettable that ...
Cette idée **me déplaît profondément.**	I dislike ... intensely.
Je ne supporte pas le mensonge.	I can't stand ...
Nous sommes contre la chasse.	We are against ...
Je refuse cette solution.	I reject ...
Je suis opposé à toute forme de censure.	I am opposed to ...
Je ne partage pas ce point de vue.	I don't share this point of view.
Je suis déçu par son attitude.	I am disappointed by ...
Je suis profondément déçu.	I am deeply disappointed.
Tu n'aurais pas dû lui parler sur ce ton.	You shouldn't have ...
Nous ne pouvons accepter de voir la situation se dégrader.	We can't stand by and ...
De quel droit agit-**il** de la sorte ?	What gives him the right to ...
Je ne suis pas d'accord.	I disagree.
Nous ne sommes pas d'accord avec eux.	We don't agree with ...
Je ne suis absolument pas d'accord avec ce qu'il a dit.	I totally disagree with ...
C'est faux de dire que cette erreur était inévitable.	It is wrong to say that ...
Vous vous trompez !	You're wrong!

APOLOGIES

How to say sorry

Excusez-moi.	*Sorry.*
Excusez-moi de vous déranger.	*Sorry to bother you.*
Oh, pardon ! J'ai dû faire un faux numéro.	*Oh, sorry!*
Je suis désolé de vous avoir réveillé.	*I am sorry I ...*
Je suis désolé pour tout ce qui s'est passé.	*I am sorry about ...*
Je vous prie de m'excuser.	*I do apologize.*
Nous prions nos lecteurs **de bien vouloir excuser** cette omission.	*We hope ... will excuse ...*

Admitting responsibility

C'est (de) ma faute : j'aurais dû partir plus tôt.	*It's my fault, I should have ...*
Je n'aurais pas dû me moquer d'elle.	*I shouldn't have ...*
Nous avons eu tort de ne pas vérifier cette information.	*We were wrong not to ...*
J'assume seul l'entière responsabilité de cette erreur.	*I take full responsibility for ...*
Si seulement j'avais préparé ma leçon !	*If only I had ...*

Disclaiming responsibility

Ce n'est pas (de) ma faute.	*It's not my fault.*
Ce n'est pas (de) ma faute si nous sommes en retard.	*It isn't my fault if ...*
Je ne l'ai pas fait exprès.	*I didn't do it on purpose.*
Je ne pouvais pas faire autrement.	*I had no other option.*
J'avais pourtant cru comprendre que je pouvais me garer là.	*But I thought that ...*
J'avais cru bien faire en le prévenant.	*I thought I was doing the right thing in ...*

Apologizing for being unable to do something

Je regrette, mais ce n'est pas possible.	*I'm sorry, but ...*
Je suis désolé, mais je ne peux pas vous aider.	*I'm sorry, but ...*
Il nous est malheureusement impossible d'accéder à votre demande.	*Unfortunately, it's impossible for us to ...*

EXPLANATIONS

Causes

Je n'ai rien acheté **parce que** je n'ai pas d'argent.	*... because ...*
Je suis arrivé en retard **à cause des** embouteillages.	*... because of ...*
Puisque tu insistes, je rentre dans une semaine.	*Since ...*
Comme j'habitais près de la bibliothèque, j'y allais souvent.	*As ...*
J'ai réussi à m'en sortir **grâce au** soutien de mes amis.	*... thanks to ...*
Je ne pourrai pas venir **car** je n'ai pas fini.	*... as ...*
Vu la situation actuelle, nous ne pouvons pas nous prononcer.	*Given ...*
Étant donné la crise, il est difficile de trouver du travail.	*Given ...*
C'est une rupture d'essieu **qui a provoqué** le déraillement.	*It was ... that caused ...*
Le théâtre va fermer **faute de** moyens.	*... due to lack of ...*
Il a donné sa démission **pour des raisons de** santé.	*... for ... reasons.*
Le projet a été abandonné **en raison de** problèmes juridiques.	*... owing to ...*
Le malaise des enseignants **est lié à** la difficulté de leur métier.	*... is linked to ...*
Le problème vient de ce que les gens ont peur des ordinateurs.	*The problem is that ...*
Le ralentissement des exportations **provient de** la chute de la demande européenne.	*... is the result of ...*
La haine **résulte de** l'incompréhension.	*... results from ...*

Consequences

Je dois partir ce soir. Je ne pourrai **donc** pas venir avec vous.	*... so ...*
La distribution a été améliorée, **de telle sorte que** les lecteurs trouveront leur journal plus tôt.	*... so that ...*
Le cidre nouveau est très peu fermenté et **par conséquent** très peu alcoolisé.	*... consequently ...*
Ce manque de concertation **a eu pour conséquence** une duplication inutile de nos efforts.	*... has resulted in ...*
Voilà pourquoi on s'en souvient.	*That's why ...*

COMPARISONS

On peut comparer la télévision **à** une drogue.	... can be compared to ...
C'est une très belle performance **que l'on peut comparer à** celle des meilleurs athlètes.	... which can be compared to ...
Le Centre Pompidou **est souvent comparé à** un paquebot.	... is often compared to ...
Le bruit **était comparable à** celui d'une moto dépourvue de silencieux.	... was comparable to ...
L'Afrique reste un continent sous-peuplé **comparé à** l'Asie.	... compared with ...
Par comparaison avec l'Islande, l'Irlande a un climat tropical.	Compared to ...
Les investissements publicitaires ont connu une légère progression **par rapport à** l'année dernière.	... compared to ...
Cette histoire **ressemble à** un conte de fées.	... is like ...
Il adorait cette campagne qui **lui rappelait** l'Irlande.	... reminded him of ...
Des taux de chômage effrayants, **rappelant ceux** des années 30.	... reminiscent of those ...
Il me fait penser à mon frère.	He reminds me of ...
Le surf des neiges **est l'équivalent** sur neige **de** la planche à roulettes.	... is the equivalent ... of ...
Cette somme **correspond à** six mois de salaire.	... corresponds to ...
C'est la même chose.	It's the same thing.
Cela revient au même.	It comes to the same thing.
Ce disque **n'est ni meilleur ni moins bon que** les autres.	... is no better and no worse than ...

Stressing differences

Aucune catastrophe **ne peut être comparée à** celle de Tchernobyl.	No ... can compare with ...
On ne peut pas comparer les usines modernes **à** celles où travaillaient nos grands-parents.	... cannot be compared with ...
Les actions de ce groupe **n'ont rien de comparable avec** les agissements des terroristes.	... are in no way comparable to ...
Sa démarche le **différencie de** son frère.	... distinguishes ... from ...
L'histoire des États-Unis **ne ressemble en rien à** la nôtre.	... in no way resembles ...
Il y a des événements bien plus tragiques que de perdre une finale de Coupe d'Europe.	There are worse things than ...
Le gruyère **est meilleur que** le comté.	... is better than ...

Son deuxième film **est moins** réussi **que** le premier.	... is less ... than ...
L'espérance de vie des femmes est de 81 ans, **tandis que** celle des hommes est de 72 ans.	... while ...
Alors que la consommation de vin et de bière diminue, l'eau minérale est un marché en expansion.	While ...

REQUESTS AND OFFERS

Requests

Je voudrais trois tartelettes.	I'd like ...
Je voudrais connaître les horaires des trains pour Lille.	I'd like to ...
Pourriez-vous nous donner un coup de main ?	Could you ...
Est-ce que vous pouvez annoncer la bonne nouvelle à Éliane ?	Can you ...
Est-ce que vous pourriez venir me chercher ?	Could you ...
Sois gentille, fais un saut chez le boulanger.	Be an angel ...
Auriez-vous l'amabilité de m'indiquer la sortie ?	Could you please ...
Auriez-vous la gentillesse de nous donner la recette ?	Would you be so kind as to ...
Auriez-vous l'obligeance de me garder ma place ?	Would you be very kind and ...
Puis-je vous demander de m'accorder un instant ?	Could you ...
Merci de bien vouloir patienter.	If you wouldn't mind ...
Est-ce que cela vous dérangerait d'ouvrir la fenêtre ?	Would you mind ...
Je vous serais reconnaissant de me prévenir dès que possible.	I would be grateful if you would ...
Je vous serais reconnaissant de bien vouloir me communiquer votre décision d'ici vendredi.	I would be grateful if you would ...

Offers

Je peux passer vous prendre, **si** vous voulez.	I can ... if ...
Je pourrais vous accompagner.	I could ...
Ça te dirait, une glace ?	Do you fancy ...
Ça vous dirait d'aller faire un tour ?	Would you like to ...
Que diriez-vous d'une balade en forêt ?	How do you fancy ...
Est-ce que vous voulez que j'aille chercher votre voiture ?	Do you want me to ...
Est-ce que vous voulez dîner avec nous un soir ?	Would you like to ...

ADVICE AND SUGGESTIONS

Asking for advice or suggestions

À ma place, que feriez-vous ?
What would you do, if you were me?

Quel est votre avis sur la question ?
What's your opinion on the matter?

Qu'est-ce que vous me conseillez, les Baléares ou les Canaries ?
Which would you recommend ...

Que me conseillez-vous de faire ?
What would you advise me to do?

Parmi les excursions à faire, **laquelle nous conseilleriez-vous ?**
... which would you recommend?

Quelle stratégie **proposez-vous ?**
What ... do you suggest?

Que proposez-vous pour réduire la pollution ?
What, in your opinion, should be done to ...

Qu'est-ce que vous proposez contre le chômage ?
How would you deal with ...

Offering advice or suggestions

À votre place, je me méfierais.
If I were you ...

Si j'étais toi, je ne dirais rien.
If I were you ...

Je peux vous donner un conseil : achetez votre billet à l'avance.
If I may give you a bit of advice ...

Un conseil : lisez le mode d'emploi.
A word of advice ...

Un bon conseil : n'attendez pas le dernier moment pour faire votre réservation.
A useful tip ...

Vous devriez voir un spécialiste.
You should ...

Vous feriez bien de consulter un avocat.
You would do well to ...

Vous feriez mieux d'acheter une nouvelle voiture.
You would do better to ...

Vous pourriez peut-être demander à quelqu'un de vous le traduire.
You could perhaps ...

Vous pourriez montrer un peu plus de compréhension.
You could ...

Pourquoi ne pas lui téléphoner ?
Why don't you ...

Il faudrait peut-être essayer autre chose. — *Perhaps we ought to …*

Et si on allait au cinéma ? — *How about …*

Je vous propose le 3 mars à 10 h 30. — *How about …*

Il vaudrait mieux lui offrir de l'argent qu'un bijou. — *It might be better to …*

Il serait préférable d'attendre le résultat. — *It would be better to …*

Warnings

Je vous préviens, je ne me laisserai pas faire. — *I warn you …*

Je te préviens que ça ne sera pas facile. — *I'd better warn you that …*

N'oubliez pas de conserver le double de votre déclaration d'impôts. — *Don't forget to …*

Méfiez-vous des apparences. — *Remember: appearances can be deceptive.*

Surtout, n'y allez **jamais** le samedi. — *Whatever you do, don't …*

Si tu ne viens pas, **tu risques de** le regretter. — *… you risk …*

INTENTIONS AND DESIRES

Asking what someone intends to do

Qu'est-ce que vous allez faire ? — *What are you going to do?*

Qu'est-ce que tu vas faire si tu rates ton examen ? — *What will you do if …*

Qu'allez-vous faire en rentrant? **Avez-vous des projets ?** — *What are you going to do … Do you have anything planned?*

Quels sont vos projets ? — *What are your plans?*

Est-ce que tu comptes passer tes vacances ici ? — *Are you planning to …*

Vous comptez rester longtemps ? — *Are you planning on …*

Que comptez-vous faire de votre collection ? — *What are you planning to do with …*

Comment comptez-vous faire ? — *What are you thinking of doing?*

Tu as l'intention de passer des concours ? — *Do you intend to …*

Songez-vous à refaire un film en Europe ? — *Are you thinking of …*

Talking about intentions

Je comptais m'envoler pour Ajaccio le 8 juillet.	*I was planning to ...*
Elle prévoit de voyager pendant un an.	*She plans to ...*
Il est prévu de construire un nouveau stade.	*There are plans to ...*
Ils envisagent d'avoir plusieurs enfants.	*They are thinking of ...*
Cette banque **a l'intention de** fermer un grand nombre de succursales.	*... intends to ...*
Je songe à abandonner la politique.	*I am thinking of ...*
J'ai décidé de changer de carrière.	*I have decided to ...*
Je suis décidée à arrêter de fumer.	*I have made up my mind to ...*
Je me suis décidée à y aller.	*I have decided to ...*
C'est décidé, nous partons à la campagne.	*That's settled ...*
Il n'a jamais été dans nos intentions de lui cacher la vérité.	*We never had any intention of ...*
Il n'est pas question pour moi **de** renoncer à ce projet.	*There is no question of ...*

Wishes

Je veux faire du cinéma.	*I want to ...*
Je voudrais savoir jouer aussi bien que lui.	*I'd like to ...*
J'aimerais faire du deltaplane.	*I'd like to ...*
J'aimerais que mes photos soient publiées dans la presse.	*I would like ...*
J'aurais aimé avoir un frère.	*I would have liked to ...*
Lionel **voulait à tout prix** partir le soir-même.	*... wanted at all costs ...*
Nous souhaitons préserver notre indépendance.	*We wish to ...*
J'espère avoir des enfants.	*I hope to ...*
Nous espérons que les enfants regarderont cette émission avec leurs parents.	*We hope that ...*
Vous rêvez de faire le tour du monde ?	*Do you dream of ...*
Mon rêve serait d'avoir une grande maison.	*My dream would be to ...*

OBLIGATION

Il faut que je me trouve un logement.	*I must ...*
Il faut absolument qu'on se revoie avant le 23 !	*We really must ...*
Si vous allez en Pologne, **vous devez** venir nous voir.	*... you must ...*
Les auteurs du détournement **ont exigé que** l'avion reparte vers New York.	*... demanded that ...*
Ça **me force à** faire de l'exercice.	*... makes me ...*
Une violente crise d'asthme **m'a obligé à** consulter un médecin.	*... forced me to ...*
Je suis obligé de partir.	*I have to ...*
Il est obligé de travailler, **il n'a pas le choix.**	*He has to ... he has no other option.*
On ne peut pas faire autrement que d'accepter.	*You have no choice but to ...*
L'école **est obligatoire** jusqu'à seize ans.	*... is compulsory ...*
Il est indispensable de voyager pour comprendre les autres.	*It is essential to ...*

PERMISSION

Asking for permission

Je peux téléphoner ?	*Can I ...*
Je peux vous demander quelque chose ?	*Can I ...*
Est-ce que je peux passer vous dire un petit bonjour tout à l'heure ?	*Can I ...*
Ça ne vous dérange pas si j'arrive en avance ?	*Is it alright if ...*
Ça ne vous dérange pas que je fume ?	*Do you mind if ...*
Est-ce que ça vous dérange si j'ouvre la fenêtre ?	*Do you mind if ...*
Vous permettez, Madame, **que** je regarde ce qu'il y a dans votre sac ?	*Would you mind if ...*

Giving permission

(Vous) faites comme vous voulez.	*Do as you please.*
Allez-y !	*Go ahead!*
Je n'y vois pas d'inconvénient.	*I have nothing against it.*
Vous avez le droit de porter plainte.	*You have the right to ...*

Saying something is not allowed

Je te défends de sortir !	*I forbid you to ...*
C'est défendu.	*It's forbidden.*
Il est interdit de fumer dans les toilettes.	*... is forbidden.*
Le travail des enfants **est formellement interdit par** une convention de l'ONU.	*... is strictly forbidden by ...*
Défense d'entrer.	*No entry.*
Stationnement interdit.	*No parking.*
Interdiction de stationner.	*No parking.*
C'est interdit.	*It's not allowed.*
Elle interdit à ses enfants **d'**ouvrir la porte.	*She forbids ... to ...*
Tu n'as pas le droit.	*You're not allowed.*
On n'avait pas le droit de manger ni de boire pendant le service.	*We weren't allowed to ...*
Il n'en est pas question.	*That's out of the question.*

CERTAINTY, PROBABILITY AND POSSIBILITY

Certainty

Il est certain qu'il y aura des problèmes.	*Undoubtedly ...*
Il ne fait aucun doute que ce produit connaîtra un réel succès.	*There is no doubt that ...*
Il est évident qu'il traverse une période difficile.	*Clearly ...*

C'est **de toute évidence** la seule chose à faire.	*Quite obviously ...*
Il est indéniable qu'il a eu tort d'agir ainsi.	*It is undeniable that ...*
Je suis sûre que mon frère te plaira.	*I am sure that ...*
Je suis sûr de gagner.	*I am sure that I ...*
Je suis certain que nous sommes sur la bonne voie.	*I am certain that ...*
J'ai la certitude qu'en travaillant avec lui, je ne m'ennuierai pas.	*I am sure that ...*
Je suis persuadé qu'il y a d'autres solutions.	*I am convinced that ...*

Probability

Il est probable que le prix du pétrole va continuer d'augmenter.	*... probably ...*
Le taux d'inflation dépassera **très probablement** les 10 %.	*... very probably ...*
80 % des problèmes de peau sont **sans doute** d'origine psychique.	*... undoubtedly ...*
Ils avaient **sans doute** raison.	*... no doubt ...*
Les travaux **devraient** débuter au mois d'avril.	*... should ...*
Il se pourrait bien qu'ils cherchent à tester nos réactions.	*It is quite possible that ...*
On dirait que tout lui est égal.	*It's as if ...*
Il a dû oublier d'ouvrir les fenêtres.	*He must have ...*

Possibility

C'est possible.	*It is possible.*
Il est possible que cela coûte plus cher.	*That might ...*
Il n'est pas impossible qu'il soit parti à Paris.	*It is not impossible that ...*
Il se pourrait que l'Amérique ait été découverte par des Chinois.	*It is possible that ...*
Il se peut que ce virus soit particulièrement virulent.	*... may ...*
En quelques mois tout **peut** changer.	*... could ...*
Il a **peut-être** mal compris.	*Maybe ...*
Peut-être que je me trompe.	*Perhaps ...*

DOUBT, IMPROBABILITY AND IMPOSSIBILITY

Doubt

Je ne suis pas sûr que ce soit utile.	I'm not sure ...
Je ne suis pas sûre d'y arriver.	I'm not sure I'll ...
Je ne suis pas certain d'avoir raison.	I'm not sure I'm ...
Il n'est pas certain que cela soit une bonne idée.	I'm not sure that ...
Il n'est pas certain qu'un vaccin puisse être mis au point.	I'm not sure that ...
Je me demande si nous avons fait beaucoup de progrès dans ce domaine.	I wonder if ...
Est-ce sage ? **J'en doute.**	I doubt it.
Il se mit à **douter de** la compétence de son médecin.	... to have doubts about ...
Je doute fort qu'il accepte de rester inactif.	I very much doubt ...
On ne sait pas exactement ce qui s'est passé.	Nobody knows exactly ...

Improbability

Il **ne** changera **probablement pas** d'avis.	... probably won't ...
Il est peu probable qu'il reste encore des places.	It is unlikely that ...
Ça m'étonnerait qu'ils aient ta pointure.	I'd be surprised if ...
Il serait étonnant que tout se passe conformément aux prévisions.	It would be amazing if ...
Nous ne risquons pas de nous ennuyer.	There's no danger of ...
Elles ne risquent pas d'avoir le prix Nobel d'économie.	They are not likely to ...
Il y a peu de chances que le taux de croissance dépasse 1,5 %.	There is not much chance of ...

Impossibility

C'est impossible.	It's impossible.
Il n'est pas possible qu'il n'y ait rien à faire.	It is not possible that ...
Il est impossible que ces renseignements soient faux.	... cannot ...
Il n'y a aucune chance qu'ils viennent à notre secours.	There is no chance of ...

GREETINGS

Bonjour !	*Hello!*
Bonsoir !	*Good evening!*
Salut !	*Hi!*
Comment allez-vous ?	*How are you?*
Comment ça va ?	*How's things?*

What to say in reply

Très bien, merci, et vous ?	*Fine thanks, and you?*
Ça va, et toi ?	*Fine thanks, and you?*
Super bien !	*Great!*
On fait aller.	*So-so.*
Couci-couça.	*So-so.*

Introductions

Je vous présente Charles.	*This is ...*
Je vous présente mon amie.	*May I introduce ...*
Marc ; Laurent	*Marc, this is Laurent; Laurent, Marc.*
Je ne crois pas que vous vous connaissiez.	*I don't believe you know one another.*

Replying to an introduction

Enchanté.	*Pleased to meet you.*
Enchanté or **Ravi de faire votre connaissance.**	*Pleased to meet you.*
Salut, moi c'est Dominique.	*Hi, I'm ...*

Leavetaking

Au revoir !	*Goodbye!*
Bonne nuit !	*Good night!*
Salut !	*Bye!*

Ciao !	*See you!*
À bientôt !	*See you later!*
À demain !	*See you tomorrow!*
À la semaine prochaine !	*See you next week!*
À jeudi !	*See you Thursday!*

Best wishes

Bon anniversaire !	*Happy Birthday!*
Joyeux Noël !	*Merry Christmas!*
Bonne année !	*Happy New Year!*
Félicitations !	*Congratulations!*
Bon voyage !	*Safe journey!*
Bonne chance !	*Good luck!*
Bienvenue !	*Welcome!*
Amusez-vous bien !	*Have fun!*
Bon appétit !	*Enjoy your meal!*
(À votre) santé !	*Cheers!*
Tchin-tchin !	*Cheers!*

CORRESPONDENCE

How to address an envelope

On the front

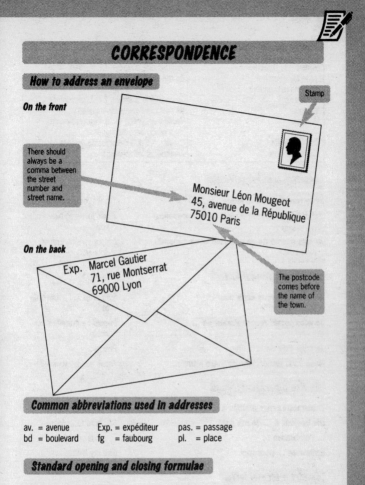

Stamp

There should always be a comma between the street number and street name.

Monsieur Léon Mougeot
45, avenue de la République
75010 Paris

On the back

Exp. Marcel Gautier
71, rue Montserrat
69000 Lyon

The postcode comes before the name of the town.

Common abbreviations used in addresses

av. = avenue	Exp. = expéditeur	pas. = passage
bd = boulevard	fg = faubourg	pl. = place

Standard opening and closing formulae

In personal correspondence

Cher Monsieur	Je vous envoie mes bien amicales pensées *(fairly formal)*
Chers Jean et Sylvie	Bien amicalement
Chère tante Laure	Je t'embrasse bien affectueusement
Mon cher Laurent	Grosses bises *(very informal)*

In formal correspondence

Monsieur le Directeur (or le Maire etc) Madame le Directeur	Je vous prie d'agréer, [. . .], l'assurance de ma considération distinguée
Messieurs Monsieur Madame	Je vous prie d'agréer, [. . .], l'assurance de mes sentiments distingués or Veuillez accepter, [. . .], l'expression de mes sentiments distingués
Cher Monsieur Chère Madame	Croyez, [. . .], à l'expression de mes sentiments les meilleurs

Starting a personal letter

Je te remercie de ta lettre ...	*Thanks for your letter ...*
J'ai été très content d'avoir de tes nouvelles.	*It was lovely to hear from you.*
Je suis désolé de ne pas vous avoir répondu plus vite.	*I'm sorry I didn't reply sooner.*

Starting a formal letter

Suite à ... je vous écris pour ...	*Further to ... I am writing to ...*
Je vous serais reconnaissant de ...	*I would be grateful if you would ...*
Je vous prie de ...	*Please ...*
Nous vous remercions de votre lettre ...	*Thank you for your letter ...*

Ending a personal letter

Transmettez mes amitiés à ...	*Give my regards to ...*
Dis bonjour à ... de ma part.	*Say hello to ... for me.*
... t'embrasse ...	*... sends you his love ...*
Embrasse ... pour moi.	*Give my love to ...*

Ending a formal letter

Dans l'attente de votre réponse ...	*I look forward to hearing from you ...*
Je demeure à votre entière disposition pour toute information complémentaire.	*I will be happy to supply any further information you may require.*
Je vous remercie dès à présent de ...	*Thank you in advance for ...*

Name and address of sender.

The town or city from which the letter is being sent should be included along with the date. The article **le** should be included in the date.

Anne et Cyrille Legendre
25, rue des Grillons
69000 LYON

Lyon, le 24 octobre 1999

Chers oncle et tante,

Le grand jour, c'était il y a presqu'un mois déjà ...
Ce fut une merveilleuse fête et nous étions très
heureux de vous avoir parmi nous.

Nous tenons à vous remercier chaleureusement de
votre gentil cadeau et nous vous inviterons bientôt
pour inaugurer ce superbe service à raclette comme
il se doit.

Vous trouverez aussi ci-joint une photo-souvenir.

Nous vous embrassons tous les deux,

For alternatives see p21.

Anne et Cyrille

Name and address of letter's recipient.

Jeanne Judon
89, bd des Tertres
75008 PARIS

Hôtel Renoir
15, rue de Beaumanoir
59000 LILLE

Paris, le 3 novembre 1999

Madame ou Monsieur,

For alternatives see p22.

Me rendant à Lille le mois prochain à l'occasion du Salon de l'esthétique, j'aimerais réserver une chambre avec salle de bains pour deux nuits le mercredi 1er et le jeudi 2 décembre 1999.

Je vous saurais gré de me communiquer vos tarifs et de me confirmer que vous avez bien une chambre libre à cette époque.

Je vous prie de croire, Madame, Monsieur, à l'assurance de mes sentiments distingués.

Jeanne Judon

M et Mme DAUNAY
La Longue Haie
35135 CHANTEPIE

Hôtel "Au Bon Accueil"
17, rue Nationale
86000 POITIERS

Chantepie, le 29 décembre 1999

Madame, Monsieur,

Mon mari et moi avons passé la nuit du 23 décembre dans votre hôtel, où nous avions préalablement réservé une chambre. Nous tenons à vous faire savoir que nous avons été très déçus par vos services, en particulier par le bruit – nous avons pourtant demandé une chambre calme – et l'impossibilité de se faire servir un petit déjeuner avant notre départ à 6 h 30.

For alternatives see p22.

Cet arrêt dans votre hôtel qui devait nous permettre de nous reposer au cours d'un long voyage en voiture n'a fait que nous fatiguer davantage. Sachez que nous prendrons bien soin de déconseiller votre établissement à nos amis.

Je vous prie d'agréer, Madame, Monsieur, mes salutations distinguées.

CURRICULUM VITAE

In Canadian French **courriel** is used instead.

CURRICULUM VITÆ

LEGUEN Maxime
29, rue de Vannes
35000 RENNES
Tél : 56 02 71 28
Adresse électronique : mleguen@agriventes.com.fr

29 ans
célibataire
nationalité française

EXPÉRIENCE PROFESSIONNELLE

Du 10.3.95 à ce jour :   Adjointe du directeur à l'exportation,
    Agriventes, Rennes

Du 8.10.93 au 30.1.95 :   Secrétaire de direction,
    France-Exportations, Cognac

DIPLÔMES

1993 :   Diplôme de secrétaire bilingue, délivré par l'École de
    commerce de Poitiers

1992 :   Licence de langues étrangères appliquées (anglais et russe),
    Université de Poitiers – plusieurs mentions

1988 :   Baccalauréat (langues) – mention assez bien

AUTRES RENSEIGNEMENTS

Langues étrangères : anglais et russe (courant), allemand (bonnes connaissances)

Stage d'information dans le cadre de la formation continue, 1995

Permis de conduire

Nombreux voyages en Europe et aux États-Unis

If you have British or American etc qualifications you should use wording such as **"équivalence baccalauréat (3 A-levels), équivalence licence de lettres (BA Hons)"** etc.

JOB APPLICATION

This is appropriate if you are writing to a company. However, if you are writing to the holder of a particular post use the following:
Monsieur (or Madame) le Directeur des ressources humaines
Société GERBAULT etc
and begin the letter:
Monsieur le Directeur des ressources humaines,
If you know the name of the person you should use the following:
Monsieur Alain Dupont
Directeur des ressources humaines
Société GERBAULT etc
and begin the letter:
Monsieur,

Maxime LEGUEN
29, rue de Vannes
35000 RENNES

Service du Personnel
Société GERBAULT
85, bd de la Liberté
35000 RENNES

Rennes, le 12 juillet 1999

Madame, Monsieur,

Votre annonce parue dans le Monde du 8 juillet concernant un poste d'assistante de direction dans votre service Import-Export m'a particulièrement intéressée.

Mon expérience de quatre ans en tant qu'assistante de direction dans le service d'exportation d'une petite entreprise m'a permis d'acquérir un sens des responsabilités ainsi qu'une grande capacité d'adaptation. Le poste que vous proposez m'intéresse tout particulièrement car j'aimerais beaucoup pouvoir utiliser ma connaissance de la langue et de la culture russe dans le cadre de mon travail.

Je me tiens à votre disposition pour vous apporter de plus amples renseignements sur ma formation et mon expérience.

Je vous prie, Madame, Monsieur, de bien vouloir agréer mes salutations distinguées.

Maxime Leguen

Maxime Leguen

P.J. : CV

= **pièces jointes**. You should add this if you are enclosing any other information with your letter eg a CV.

SOCIÉTÉ GERBAULT

85, bd de la Liberté
35000 RENNES
TÉLÉPHONE : 02 99 45 32 88 • TÉLÉCOPIE : 02 99 45 32 90

Maxime LEGUEN
29, rue de Vannes
35000 RENNES

Rennes, le 19 juillet

Madame,

For alternatives see p22.

Votre candidature au poste d'assistante de direction au sein de notre Compagnie a retenu notre attention.

Nous vous proposons, dans le but de faire plus ample connaissance de part et d'autre, de rencontrer :

Monsieur LAURENT
notre Directeur Régional, le 26 juillet prochain, à 9 h, à l'adresse suivante :

2, bd de Lattre de Tassigny
35000 RENNES

Si cette date ne vous convenait pas, vous seriez aimable d'avertir notre secrétariat (Tél : 02 99 45 32 88) afin de convenir d'un autre rendez-vous.

Nous vous prions de croire, Madame, à l'expression de nos sentiments distingués.

Jean Minet

Jean Minet

FAX

France-Sanitaires S.A

55, rue de Strasbourg
75012 Paris
Téléphone : 01 63 13 84 20
Télécopie : 01 63 13 84 32

TELECOPIE

À : Mme Robin

Date : le 7 janvier 1999

De : M. Edmond
Service clientèle

Nombre de pages à suivre : 1

Réf. : Devis pour installation salle de bains.

Madame,

Suite à notre visite d'avant-hier, veuillez trouver ci-joint notre devis
pour l'installation d'une salle de bains dans votre appartement.
Les prix comprennent la fourniture du matériel ainsi que la main
d'œuvre.

Dans l'attente de votre réponse, je vous prie, Madame, d'agréer
l'expression de mes meilleurs sentiments,

Y. Edmond

E-MAIL

Sending messages

```
┌─────────────────────────────────────────────────────┐
│                    Nouveau message                   │
├─────────────────────────────────────────────────────┤
│ Fichier Edition Affichage Outils  Composer  Aide Envoyer ⊠ │
├─────────────────────────────┬───────────────────────┤
│ A: fabienne@europost.fr     │ Nouveau message       │
│ Cc:                         │ Répondre              │
│ Copie cachée:               │ Répondre à tous       │
│ Objet: Réunion              │ Faire suivre          │
│                             │ Fichier joint         │
│                             └───────────────────────┤
│                                                      │
│   Est-ce qu'on pourrait se voir demain à 15 h pour faire un point sur │
│   les opérations en cours ? Si tu ne peux pas demain, je suis libre  │
│   vendredi midi, on pourrait déjeuner ensemble.      │
│                                                      │
│   À plus                                             │
│                                                      │
│   Nadia                                              │
│                                                      │
└─────────────────────────────────────────────────────┘
```

Fichier	File
Édition	Edit
Affichage	View
Outils	Tools
Composer	Compose
Aide	Help
Envoyer	Send
Nouveau message	New
Répondre	Reply to Sender

E-MAIL

Receiving messages

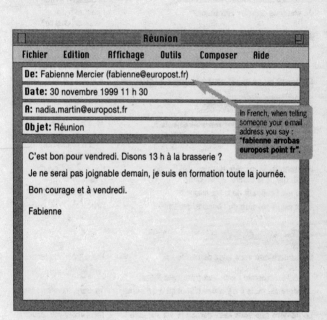

		Réunion			
Fichier	Edition	Affichage	Outils	Composer	Aide

De: Fabienne Mercier (fabienne@europost.fr)

Date: 30 novembre 1999 11 h 30

A: nadia.martin@europost.fr

Objet: Réunion

> In French, when telling someone your e-mail address you say : **"fabienne arrobas europost point fr"**.

C'est bon pour vendredi. Disons 13 h à la brasserie ?

Je ne serai pas joignable demain, je suis en formation toute la journée.

Bon courage et à vendredi.

Fabienne

Répondre à tous	Reply to All
Faire suivre	Forward
Fichier joint	Attachment
À	To
Cc	Cc (carbon copy)
Copie cachée	Bcc (blind carbon copy)
Objet	Subject
De	From
Date	Sent

TELEPHONE

Different types of call

Communication locale/interurbaine.	*Local/national call.*
Je voudrais appeler l'étranger.	*I want to make an international call.*
Je voudrais appeler Londres **en PCV.**	*I want to make a reverse charge call (Brit) to a ... number or I want to call a ... number collect (US).*
Comment est-ce que je peux téléphoner à l'extérieur ?	*How do I get an outside line?*

Asking for information

Quel est le numéro des renseignements ?	*What is the number for directory enquiries (Brit) or directory assistance (US)?*
Je voudrais le numéro de la société Europost, 20, rue de la Marelle, à Pierrefitte.	*Can you give me the number of ...*
Quel est l'indicatif de la Martinique ?	*What is the code for ...*
Quel est le numéro de l'horloge parlante ?	*What is the number for the speaking clock?*

Receiving information

Le numéro que vous avez demandé est le 01 40 32 37 12. *(zéro-un quarante trente-deux trente-sept douze)*	*The number you require is ...*
Je regrette, mais il n'y a pas d'abonné à ce nom.	*I'm sorry, there's no listing under that name.*
Le numéro que vous avez demandé est sur liste rouge.	*The number you require is ex-directory (Brit) or unlisted (US).*

When your number answers

Je voudrais parler à or **Pourrais-je parler à** M. Wolff, s'il vous plaît ?	*Could I speak to ...*
Pourriez-vous me passer le docteur Henderson, s'il vous plaît ?	*Could you put me through to ...*
Pourriez-vous me passer le poste 52 64, s'il vous plaît ?	*Can I have extension ...*
Je rappellerai dans une demi-heure.	*I'll call back in ...*
Pourriez-vous lui demander de me rappeler à son retour ?	*Would you ask him to ring me when he gets back?*

The switchboard operator speaks

C'est de la part de qui ?	*Who shall I say is calling?*
Je vous le passe.	*I'm putting you through.*
J'ai un appel de Tokyo **pour** Mme Thomson.	*I have a call from ... for ...*
J'ai Mlle Martin **en ligne.**	*I've got ... on the line.*
Le docteur Roberts est en ligne, vous patientez ?	*... is on another line. Do you want to wait?*
Ne quittez pas.	*Please hold.*
Ça ne répond pas.	*There's no reply.*
Voulez-vous laisser un message ?	*Would you like to leave a message?*

Recorded messages

Le numéro de votre correspondant n'est plus attribué. Veuillez consulter l'annuaire ou votre centre de renseignements.	*The number you have dialled has not been recognized. Please consult the directory or directory enquiries.*
Le numéro de votre correspondant a changé. Veuillez composer désormais le 33 42 21 70.	*The number you have dialled has been changed to ...*
Par suite de l'encombrement des lignes, votre appel ne peut aboutir. Veuillez rappeler ultérieurement.	*All the lines are busy right now. Please try again later.*
Bonjour, vous êtes en communication avec le service des ventes. **Veuillez patienter, nous allons donner suite à votre appel dans quelques instants.**	*Hello, you have reached ... Please wait, your call will be answered shortly.*
Bonjour, vous êtes bien chez M. et Mme Martin. **Laissez un message après le bip sonore et nous vous rappellerons dès notre retour.** Merci.	*Hello, you are through to ... Leave a message after the tone and we'll get back to you.*

Answering the telephone

Allô, c'est Anne **à l'appareil.**	*Hello, it's ... speaking.*
C'est moi or **lui-même** (or **elle-même**).	*Speaking.*
Qui est à l'appareil ?	*Who's speaking?*

When in trouble

Je n'arrive pas à avoir le numéro.	*I can't get through.*
Leur téléphone est en dérangement.	*Their phone is out of order.*
Nous avons été coupés.	*We have been cut off.*
J'ai dû faire un faux numéro.	*I must have dialled the wrong number.*
La ligne est très mauvaise.	*This is a very bad line.*

GOÛTS ET PRÉFÉRENCES

Pour dire ce que l'on aime

I like cakes.	*J'aime ...*
I like things to be in their proper place.	*J'aime que ...*
I really liked the film.	*J'ai bien aimé ...*
I love going to clubs.	*J'adore ...*
What I like best about Matthew are his eyes.	*Ce que je préfère ...*
What I enjoy most is an evening with friends.	*Ce que j'aime par-dessus tout, c'est ...*
I very much enjoyed the trip to the vineyards.	*... m'a beaucoup plu.*
I've never tasted **anything better than** this chicken.	*... rien ... de meilleur que ...*
I've got a weakness for chocolate cakes.	*J'ai un faible pour ...*
You can't beat a good cup of tea.	*Rien ne vaut ...*
There's nothing quite like a nice hot bath!	*Rien de tel que ...*
My favourite dish is lasagne.	*... mon ... favori.*
Reading is **one of my favourite** pastimes.	*... une de mes ... préférées.*
I don't mind being alone.	*Cela ne me déplaît pas de ...*

Pour dire ce que l'on n'aime pas

I don't like fish.	*Je n'aime pas ...*
I don't like him **at all**.	*Je ne ... aime pas du tout.*
I'm not very keen on speaking in public.	*Je n'aime pas beaucoup ...*
I'm not particularly keen on the idea.	*... ne m'emballe pas.*
I hate chemistry.	*Je déteste ...*
I loathe sport.	*J'ai horreur du ...*
I can't stand being lied to.	*Je ne supporte pas que ...*
If there's one thing I hate it's ironing.	*Ce que je déteste le plus, c'est de ...*

Préférences

I prefer pop **to** classical music.	*Je préfère ... à ...*

| **I would rather** live in Paris. | *Je préférerais ...* |
| **I'd rather** starve **than** ask him a favour. | *J'aimerais mieux ... que de ...* |

Indifférence

It's all the same to me.	*Ça m'est égal.*
I have no particular preference.	*Je n'ai pas de préférence.*
As you like.	*C'est comme vous voudrez.*
It doesn't matter in the least.	*Cela n'a aucune importance.*
I don't mind.	*Peu importe.*

Comment demander à quelqu'un ce qu'il aime

Do you like chocolate?	*Est-ce que vous aimez ...*
Do you like cooking?	*Est-ce que vous aimez ...*
Which do you like better: football or cricket?	*Qu'est-ce que vous préférez : ...*
Which would you rather have: the red one or the black one?	*Lequel préférez-vous : ...*
Do you prefer living in the town or in the country?	*Est-ce que vous préférez ...*
What do you like best on television?	*Qu'est-ce que vous aimez le plus ...*

OPINIONS

Comment demander l'avis de quelqu'un

What do you think about it?	*Qu'en pensez-vous ?*
What do you think about divorce?	*Que pensez-vous du ...*
What do you think of his behaviour?	*Que pensez-vous de ...*
I'd like to know what you think of his work.	*Je voudrais savoir ce que vous pensez de ...*
I would like to know your views on this.	*J'aimerais connaître votre avis sur ...*
What is your opinion on the team's chances of success?	*Quelle est votre opinion sur ...*
Could you give me your opinion on this proposal?	*Est-ce que vous pourriez me donner votre avis sur ...*
In your opinion, are men and women equal?	*À votre avis ...*
In your view, is this the best solution?	*Selon vous ...*

Comment donner son avis

You are right.	*Vous avez raison.*
He is wrong.	*Il a tort.*
He was wrong to resign.	*Il a eu tort de ...*
I think it ought to be possible.	*Je pense que ...*
I think it's a bit premature.	*Je crois que ...*
I think it's quite natural.	*Je trouve que ...*
Personally, I think that it's a waste of money.	*Personnellement, je pense que ...*
I have the impression that her parents don't understand her.	*J'ai l'impression que ...*
I'm sure he is completely sincere.	*Je suis certain que ...*
I'm convinced that there are other possibilities.	*Je suis persuadé que ...*
In my opinion, he hasn't changed.	*À mon avis ...*
In my view, he's their best player.	*Selon moi ...*

Comment éviter de donner son avis

It depends.	*Ça dépend.*
It all depends on what you mean by patriotism.	*Tout dépend de ce que vous entendez par ...*
I'd rather not express an opinion.	*Je préfère ne pas me prononcer.*
Actually, I've never thought about it.	*À vrai dire, je ne me suis jamais posé la question.*

APPROBATION ET ACCORD

I think it's an excellent idea.	*Je trouve que c'est une excellente idée.*
What a good idea!	*Quelle bonne idée !*
I was very impressed by his speech.	*J'ai beaucoup apprécié ...*
It's a very good thing.	*C'est une très bonne chose.*
I think you're right to be wary.	*Je trouve que vous avez raison de ...*
Newspapers **are right to** publish these stories.	*... ont raison de ...*

You were **right to** leave your bags in left-luggage.	*Vous avez bien fait de ...*
Third World countries **rightly believe that** most pollution comes from developed countries.	*... estiment à juste titre que ...*
You're quite justified in complaining.	*Vous avez bien raison de ...*
I share this view.	*Je partage cette opinion.*
I fully share your concern.	*Je partage ...*
We support the creation of jobs.	*Nous sommes favorables à ...*
We are in favour of a united Europe.	*Nous sommes en faveur de ...*
It is true that mistakes were made.	*Il est vrai que ...*
I agree with you.	*Je suis d'accord avec vous.*
I entirely agree with you.	*Je suis entièrement d'accord avec toi.*

DÉSAPPROBATION ET DÉSACCORD

I think he was wrong to borrow so much money.	*Je trouve qu'il a eu tort de ...*
It's a pity that you didn't tell me.	*Il est dommage que ...*
It is regrettable that they allowed this to happen.	*Il est regrettable que ...*
I dislike the idea **intensely.**	*... me déplaît profondément.*
I can't stand lies.	*Je ne supporte pas ...*
We are against hunting.	*Nous sommes contre ...*
We do not condone violence.	*Nous ne tolérons pas ...*
I am opposed to compulsory screening.	*Je suis opposé au ...*
I don't share this point of view.	*Je ne partage pas ce point de vue.*
I am disappointed by his attitude.	*Je suis déçu par ...*
I am deeply disappointed.	*Je suis profondément déçu.*
You shouldn't have said that.	*Tu n'aurais pas dû ...*
What gives him **the right to** act like this?	*De quel droit ...*
I disagree.	*Je ne suis pas d'accord.*
We don't agree with them.	*Nous ne sommes pas d'accord avec ...*
I totally disagree with what he said.	*Je ne suis absolument pas d'accord avec ...*

It is not true to say that the disaster was inevitable.	C'est faux de dire que ...
You are wrong!	Vous vous trompez !

EXCUSES

Pour s'excuser

Sorry.	Excusez-moi.
Oh, sorry! I've got the wrong number.	Oh, pardon !
Sorry to bother you.	Excusez-moi de vous déranger.
I'm sorry I woke you.	Je suis désolé de ...
I'm terribly sorry about the misunderstanding.	Je suis navré de ...
I do apologize.	Je vous prie de m'excuser.
We hope our readers will excuse this oversight.	Nous prions ... de bien vouloir excuser ...

En assumant la responsabilité de ce qui s'est passé

It's my fault; I should have left earlier.	C'est (de) ma faute : j'aurais dû ...
I shouldn't have laughed at her.	Je n'aurais pas dû ...
We were wrong not to check this information.	Nous avons eu tort de ne pas ...
I take full responsibility for what I did.	J'assume seul l'entière responsabilité de ...
If only I had done my homework!	Si seulement j'avais ...

En niant toute responsabilité

It's not my fault.	Ce n'est pas (de) ma faute.
It isn't my fault if we're late.	Ce n'est pas (de) ma faute si ...
I didn't do it on purpose.	Je ne l'ai pas fait exprès.
I had no option.	Je ne pouvais pas faire autrement.
But I thought that it was okay to park here.	J'avais pourtant cru comprendre que ...
I thought I was doing the right thing in warning him.	J'avais cru bien faire en ...

En exprimant ses regrets

I'm sorry, but it's impossible.	*Je regrette, mais ...*
I'm afraid we're fully booked.	*Je regrette, mais ...*
Unfortunately we are **unable to** meet your request.	*Il nous est malheureusement impossible de ...*

EXPLICATIONS

Causes

I didn't buy anything **because** I had no money.	*... parce que ...*
I arrived late **because of** the traffic.	*... à cause de ...*
Since you insist, I'll come again tomorrow.	*Puisque ...*
As I lived near the library, I used it a lot.	*Comme ...*
I got through it **thanks to** the support of my friends.	*... grâce à ...*
Given the present situation, finding a job will be difficult.	*Vu ...*
Given that there is an economic crisis, it is difficult to find work.	*Étant donné ...*
Considering how many problems we had, we did well.	*Étant donné ...*
It was a broken axle **that caused** the derailment.	*C'est ... qui a provoqué ...*
He resigned **for** health **reasons.**	*... pour des raisons de ...*
The theatre is closing, **due to lack of** funds.	*... faute de ...*
The project was abandoned **owing to** legal problems.	*... en raison de ...*
Many cancers **are linked to** smoking.	*... sont dus à ...*
The problem is that people are afraid of computers.	*Le problème vient de ce que ...*
The drop in sales **is the result of** high interest rates.	*... est due à ...*
The quarrel **resulted from** a misunderstanding.	*... a pour origine ...*

Conséquences

I have to leave tonight; **so** I can't come with you.	*... donc ...*
Distribution has been improved **so that** readers now get their newspaper earlier.	*... de telle sorte que ...*
This cider is fermented for a very short time and is **consequently** low in alcohol.	*... par conséquent ...*

| Our lack of consultation **has resulted in** a duplication of effort. | ... a eu pour conséquence ... |
| That's why they are easy to remember. | Voilà pourquoi ... |

COMPARAISONS

Gambling **can be compared to** a drug.	On peut comparer ... à ...
The gas has a smell **that can be compared to** rotten eggs.	... que l'on peut comparer à ...
The shape of Italy **is often compared to** a boot.	... est souvent comparé à ...
The noise **was comparable to** that of a large motorbike.	... était comparable à ...
Africa is still underpopulated **compared with** Asia.	... comparé à ...
In the UK, the rate of inflation increased slightly **compared to** the previous year.	... par rapport à ...
What is so special about a holiday in Florida **as compared to** one in Spain?	... par rapport à ...
This story **is like** a fairy tale.	... ressemble à ...
He loved this countryside, which **reminded him of** Ireland.	... lui rappelait ...
Frightening levels of unemployment, **reminiscent of those** of the 30s.	... rappelant ceux ...
The snowboard **is the equivalent** on snow **of** the skateboard.	... est l'équivalent ... de ...
This sum **corresponds to** six months' salary.	... correspond à ...
A 'bap'? **It's the same thing as** a bread roll.	C'est la même chose que ...
It comes to the same thing in terms of calories.	Ça revient au même ...
This record **is no better and no worse than** the others.	... n'est ni meilleur ni moins bon que ...

Pour souligner une différence

No catastrophe **can compare with** Chernobyl.	Aucune ... ne peut être comparée à ...
Modern factories **cannot be compared with** those our grandparents worked in.	On ne peut pas comparer ... à ...
The actions of this group **are in no way comparable to** those of terrorists.	... n'ont rien de comparable avec ...
The newspaper reports **differ** on this point.	... divergent ...

The history of the United States **in no way resembles** our own.	*... ne ressemble en rien à ...*
There are worse things than losing a European cup final.	*Il y a des événements bien plus tragiques que ...*
This film **is less** interesting **than** his first one.	*... est moins ... que ...*
Women's life expectancy is 81 years, **while** men's is 72.	*... tandis que ...*
While the consumption of wine and beer is decreasing, the consumption of bottled water is increasing.	*Alors que ...*

DEMANDES ET PROPOSITIONS

Demandes

I'd like another beer.	*Je voudrais ...*
I'd like to know the times of trains to Lille.	*Je voudrais ...*
Could you give us a hand?	*Pourriez-vous ...*
Can you tell Eleanor the good news?	*Est-ce que vous pouvez ...*
Could you please show me the way out?	*Auriez-vous l'obligeance de ...*
Could I ask you for a few minutes of your time?	*Puis-je vous demander de ...*
Be an angel, pop to the baker's for me.	*Sois gentille ...*
If you wouldn't mind waiting for a moment.	*Merci de bien vouloir ...*
Would you mind opening the window?	*Est-ce que cela vous dérangerait de ...*
Would you be very kind and save my seat for me?	*Auriez-vous l'obligeance de ...*
I would be grateful if you could reply as soon as possible.	*Je vous serais reconnaissant de ...*

Propositions

I can come and pick you up **if** you like.	*Je peux ... si ...*
I could go with you.	*Je pourrais ...*
Do you fancy a bit of Stilton?	*Ça te dit ...*
How about a pear tart?	*Que diriez-vous de ...*
Would you like to see my photos?	*Ça vous dirait de ...*

Would you like to have dinner with me one evening?

Est-ce que vous voulez ...

Do you want me to go and get your car?

Est-ce que vous voulez que ...

CONSEILS ET SUGGESTIONS

Comment demander conseil

What would you do, if you were me?

À ma place, que feriez-vous ?

Would you accept, **if you were me?**

À ma place ...

What's your opinion on this?

Quel est votre avis sur la question ?

What, in your opinion, should be done to reduce pollution?

Que proposez-vous pour ...

What would you advise?

Que me conseillez-vous ?

What would you advise me to do?

Que me conseillez-vous de faire ?

Which would you recommend, Majorca or Ibiza?

Qu'est-ce que vous me conseillez ...

If we were to sponsor a player, **who would you recommend?**

... lequel nous conseilleriez-vous ?

What strategy do you suggest?

Quelle ... proposez-vous ?

How would you deal with unemployment?

Qu'est-ce que vous proposez contre ...

Comment donner un conseil

If I were you, I'd be a bit wary.

À votre place ...

If I were you I wouldn't say anything.

À ta place ...

Take my advice, buy your tickets in advance.

Je vous conseille de ...

A word of advice: read the instructions.

Un conseil ...

A useful tip: always have some pasta in your cupboard.

Un bon conseil ...

As you like languages, **you ought to** study as a translator.

... vous devriez ...

You should see a specialist.

Vous devriez ...

You would do well to see a solicitor.

Vous feriez bien de ...

You would do better to spend the money on a new car.

Vous feriez mieux de ...

You could perhaps ask someone to go with you.	*Vous pourriez peut-être ...*
You could try being a little more understanding.	*Vous pourriez ...*
Perhaps you should speak to a plumber about it.	*Il faudrait peut-être que ...*
Perhaps we ought to try a different approach.	*Il faudrait peut-être ...*
Why don't you phone him?	*Pourquoi ne pas ...*
How about renting a video?	*Et si on ...*
How about 3 March at 10.30am?	*... ça vous va ?*
It might be better to give her money rather than jewellery.	*Il vaudrait peut-être mieux ...*
It would be better to wait a bit.	*Il serait préférable de ...*

Mises en garde

I warn you, I intend to get my own back.	*Je vous préviens ...*
I'd better warn you that he knows you did it.	*Mieux vaut que je te prévienne ...*
Don't forget to keep a copy of your income tax return.	*N'oubliez pas de ...*
Remember: appearances can be deceptive.	*Méfiez-vous des apparences.*
Beware of buying tickets from touts.	*Attention ...*
Whatever you do, don't leave your camera in the car.	*Surtout, ne ... jamais ...*
If you don't book early **you risk** being disappointed.	*... tu risques de ...*

INTENTIONS ET SOUHAITS

Pour demander à quelqu'un ce qu'il compte faire

What are you going to do?	*Qu'est-ce que vous allez faire ?*
What will you do if you fail your exams?	*Qu'est-ce que tu vas faire si ...*
What are you going to do when you get back? **Do you have anything planned?**	*Qu'allez-vous faire ... Avez-vous des projets ?*
Can we expect you next Sunday?	*On compte sur vous ...*
Are you planning to spend all of the holiday here?	*Est-ce que tu comptes ...*
Are you planning on staying long?	*Vous comptez ...*

What are you planning to do with your collection?	*Que comptez-vous faire de …*
What are you thinking of doing?	*Que comptez-vous faire ?*
Do you intend to go into teaching?	*Est-ce que tu as l'intention de …*
Are you thinking of making another film in Europe?	*Songez-vous à …*

Pour dire ce qu'on a l'intention de faire

I was planning to go to Ajaccio on 8 July.	*Je comptais …*
She plans to go to India for a year.	*Elle prévoit de …*
There are plans to build a new stadium.	*Il est prévu de …*
The bank **intends to** close a hundred branches.	*… a l'intention de …*
I am thinking of giving up politics.	*Je songe à …*
I have decided to get a divorce.	*J'ai décidé de …*
I have made up my mind to stop smoking.	*Je suis décidé à …*
We never had any intention of talking to the press.	*Il n'a jamais été dans nos intentions de …*
That's settled, we'll go to Florida in May.	*C'est décidé …*
For me, living abroad **is out of the question.**	*Il n'est pas question … de …*

Souhaits

I'd like to be able to play as well as him.	*Je voudrais …*
I'd like to go hang-gliding.	*J'aimerais …*
I would like my photos to be published.	*J'aimerais que …*
I would like to have had a brother.	*J'aurais aimé …*
I want to act in films.	*Je veux …*
Ian **wanted at all costs** to prevent his boss finding out.	*… voulait à tout prix …*
We wish to preserve our independence.	*Nous souhaitons …*
I hope to have children.	*J'espère …*
We hope that children will watch this programme with their parents.	*Nous espérons que …*
Do you dream of winning the lottery?	*Vous rêvez de …*
I dream of having a big house.	*Mon rêve serait de …*

OBLIGATION

I must find somewhere to live.	Il faut que je ...
We really must see each other more often!	Il faut absolument qu'on ...
If you're going to Poland, **you must** learn Polish.	... vous devez ...
He **made** his secretary answer all his calls.	... exigeait que ...
My mother **makes me** eat spinach.	... me force à ...
The hijackers **demanded that** the plane fly to New York.	... ont exigé que ...
A serious illness **forced me to** cancel my holiday.	... m'a obligé à ...
He **was obliged to** borrow more and more money.	... a été obligé de ...
Mary **had no choice but to** invite him.	... n'avait pas pu faire autrement que de ...
The only thing you can do is say no.	Tu ne peux pas faire autrement que de ...
Many mothers **have to** work; **they have no other option.**	... sont obligées de ... elles n'ont pas le choix.
She had the baby adopted because **she had no other option.**	... elle ne pouvait pas faire autrement.
School **is compulsory** until the age of sixteen.	... est obligatoire ...
It is essential to know some history, if we are to understand the situation.	Il est indispensable de ...

PERMISSION

Comment demander la permission de faire quelque chose

Can I use the phone?	Je peux ...
Can I ask you something?	Je peux ...
Is it okay if I come now, or is it too early?	Ça ne vous dérange pas si ...
Do you mind if I smoke?	Ça ne vous dérange pas que ...
Do you mind if I open the window?	Est-ce que ça vous dérange si ...
Would you mind if I had a look in your briefcase, madam?	Vous permettez ... que ...
Could I have permission to leave early?	Est-ce que je peux vous demander la permission de ...

Autorisation

Do as you please.	(Vous) faites comme vous voulez.
Go ahead!	Allez-y !
No, of course I don't mind.	Bien sûr que non.
I have nothing against it.	Je n'y vois pas d'inconvénient.
Pupils **are allowed to** wear what they like.	... ont le droit de ...

Défense

I **forbid you to** go out!	Je te défends de ...
It's forbidden.	C'est défendu.
Smoking in the toilet **is forbidden**.	Il est interdit de ...
Child labour is **strictly forbidden by** a UN convention.	... formellement interdit par ...
No entry!	Défense d'entrer !
No parking.	Stationnement interdit.
It's not allowed.	C'est interdit.
You are **not allowed to** swim in the lake.	Il est interdit de ...
We **weren't allowed to** eat or drink while on duty.	On n'avait pas le droit de ...
That's out of the question.	Il n'en est pas question.

CERTITUDE, PROBABILITÉ ET POSSIBILITÉ

Certitude

Undoubtedly, there will be problems.	Il est certain que ...
There is no doubt that the country's image has suffered.	Il ne fait aucun doute que ...
It's bound to cause trouble.	Cela va sûrement ...
Clearly the company is in difficulties.	Il est évident que ...
A foreign tourist is **quite obviously** a rare sight here.	... de toute évidence ...
It is undeniable that she was partly to blame.	Il est indéniable que ...
I am sure you will like my brother.	Je suis sûre que ...
I am sure that I will win.	Je suis sûr de ...
I'm sure that I won't get bored working with him.	J'ai la certitude que ...

| I am **certain that** we are on the right track. | Je suis certain que ... |
| I am **convinced that** there are other solutions. | Je suis persuadé que ... |

Probabilité

The price of petrol will **probably** rise.	Il est probable que ...
Inflation will **very probably** exceed 10%.	... très probablement ...
It is highly probable that they will abandon the project.	Il est fort probable que ...
The trend **is likely** to continue.	Il est probable que ...
80% of skin problems **undoubtedly** have psychological origins.	... sans doute ...
They were **no doubt** right.	... sans doute ...
The construction work **should** start in April.	... devrait ...
He must have forgotten to open the windows.	Il a dû ...

Possibilité

It's possible.	C'est possible.
It is possible that they got your name from the electoral register.	Il est possible que ...
It is not impossible that he has gone to Paris.	Il n'est pas impossible que ...
That might be more expensive.	Il se peut que ...
He may have misunderstood.	... peut-être ...
This virus **may** be extremely infectious.	Il se peut que ...
It may be that it will take time to achieve peace.	Il se peut que ...
In a few months everything **could** change.	... peut ...
Perhaps I am mistaken.	Peut-être que ...

INCERTITUDE, IMPROBABILITÉ ET IMPOSSIBILITÉ

Incertitude

I'm not sure it's useful.	Je ne suis pas sûr que ...
I'm not sure I'll manage.	Je ne suis pas certain de ...
I'm not sure that it's a good idea.	Je ne suis pas sûr que ...

We **cannot be sure that** the problem will be solved.	*Il n'est pas sûr que ...*
I **very much doubt** he'll adapt to not working.	*Je doute fort que ...*
Is it wise? **I doubt it.**	*J'en doute.*
He began to **have doubts about** his doctor's competence.	*... douter de ...*
I **wonder if** we've made much progress in this area.	*Je me demande si ...*
There is no guarantee that a vaccine can be developed.	*Il n'est pas certain que ...*
Nobody knows exactly what happened.	*Personne ne sait exactement ...*

Improbabilité

He **probably won't** change his mind.	*... ne ... probablement pas ...*
It is unlikely that there'll be any tickets left.	*Il est peu probable que ...*
I'd be surprised if they had your size.	*Ça m'étonnerait que ...*
They are not likely to get the Nobel prize for Economics!	*Ils ne risquent pas de ...*
There is not much chance the growth rate will exceed 1.5%.	*Il y a peu de chances que ...*
There's no danger we'll get bored.	*Nous ne risquons pas de ...*
It would be amazing if everything went according to plan.	*Il serait étonnant que ...*

Impossibilité

It's impossible.	*C'est impossible.*
It is not possible for the government to introduce this Bill before the recess.	*Il n'est pas possible que ...*
This information **cannot be** wrong.	*Il est impossible que ...*
There is no chance of their helping us.	*Il n'y a aucune chance que ...*

SALUTATIONS

Hello!	*Bonjour !*
Hi!	*Salut !*
Good morning!	*Bonjour !*

Good afternoon!	*Bonjour !*
Good evening!	*Bonsoir !*
How's it going?	*Comment ça va ?*
How's things?	*Comment (ça) va ?*
How's life?	*Comment (ça) va ?*
How are you?	*Comment allez-vous ?*

Réponses

Very well, and you?	*Très bien, merci, et vous ?*
Fine, thanks.	*Bien, merci.*
Great!	*Super bien !*
So-so.	*Comme ci comme ça.*
Could be worse.	*On fait aller.*

Présentations

This is Charles.	*Je te présente ...*
Let me introduce you to my girlfriend.	*Je vous présente ...*
I'd like you to meet my husband.	*Je vous présente ...*
I don't believe you know one another.	*Je ne crois pas que vous vous connaissiez.*

Une fois qu'on a été présenté

Pleased to meet you.	*Enchanté.*
Hello, how do you do?	*Enchanté de faire votre connaissance.*
Hi, I'm Jane.	*Salut, moi c'est ...*

Pour prendre congé

Bye!	*Au revoir !*
Goodbye!	*Au revoir !*
Good night!	*Bonne nuit !*
See you!	*Ciao !*
See you later!	*À tout à l'heure !*

See you soon!	À bientôt !
See you tomorrow!	À demain !
See you next week!	À la semaine prochaine !
See you Thursday!	À jeudi !

Vœux et félicitations

Happy Birthday!	Bon anniversaire !
Many happy returns!	Bon anniversaire !
Merry Christmas!	Joyeux Noël !
Happy New Year!	Bonne année !
Happy Anniversary!	Bon anniversaire de mariage !
Congratulations!	Félicitations !
Welcome!	Soyez les bienvenus !
Good luck!	Bonne chance !
Safe journey!	Bon voyage !
Have fun!	Amusez-vous bien !
Get well soon!	Bon rétablissement !
Take care!	Fais bien attention à toi !
Cheers!	(À votre) santé !
Enjoy your meal!	Bon appétit !

CORRESPONDANCE

La rédaction de l'adresse en Grande-Bretagne

Timbre

Le code postal vient après le nom de la ville ou du département.

Mrs J.M. Mackintosh
129 Strathmore Ave
EDINBURGH
EH11 2AD
UK

La rédaction de l'adresse aux États-Unis

Timbre

MARK SMITH
968 MICHIGAN ST
SEATTLE WA 98060-1024
USA

Le code postal (**zip code**) vient après le nom de la ville et de l'État (en abrégé).

Abréviations couramment employées dans les adresses

Ave = avenue	Dr = drive	Pl = place	Sq = square
Cres = crescent	Gdns = gardens	Rd = road	St = street

Les formes d'adresse et les formules de politesse

Dans les lettres personnelles

Dear Mr and Mrs Roberts	Yours *(assez soutenu)*
Dear Kate and Jeremy	With best wishes
Dear Aunt Jane and Uncle Alan	Love from
Dear Granny	Lots of love from *(familier)*

Dear Sirs	Yours faithfully
Dear Sir	
Dear Madam	
Dear Sir or Madam	
Dear Professor Meldrum	Yours sincerely
Dear Ms Gilmour	

Pour commencer une lettre personnelle

It was lovely to hear from you.	*Cela m'a fait plaisir d'avoir de vos nouvelles.*
Thanks for your letter ...	*Merci pour ta lettre ...*
Sorry I haven't written sooner.	*Je suis désolé de ne pas t'avoir écrit plus tôt.*

Pour commencer une lettre d'affaires

Thank you for your letter of ...	*Je vous remercie de votre lettre du ...*
In reply to your letter of ...	*En réponse à votre lettre du ...*
With reference to ...	*Suite à ...*
We are writing to you to ...	*Nous vous écrivons pour ...*
We are pleased to inform you ...	*Nous avons le plaisir de vous informer ...*
We regret to inform you ...	*Nous sommes au regret de vous informer ...*

Pour terminer une lettre personnelle

Write soon.	*Écris-moi vite.*
Give my regards to ...	*Transmettez mes amitiés à ...*
... sends his/her best wishes.	*... me charge de transmettre ses amitiés.*
Give my love to ...	*Embrasse ... de ma part.*

Pour terminer une lettre d'affaires

I look forward to hearing from you.	*Dans l'attente de votre réponse.*
Thanking you in advance for your help.	*En vous remerciant à l'avance pour votre aide.*
If you require any further information please do not hesitate to contact me.	*N'hésitez pas à me contacter pour toute information complémentaire.*

LETTRE DE REMERCIEMENT

Adresse de l'expéditeur.

18 Slateford Ave
Leeds
LS24 3PR

25th May 1999

Date

Dear Gran and Grandpa,

Thank you both very much for the CDs which you sent me for my birthday. They are two of my favourite groups and I'll really enjoy listening to them.

There's not much news here. I seem to be spending most of my time studying for my exams which start in two weeks. I'm hoping to pass all of them but I'm not looking forward to the Maths exam as that's my worst subject.

Mum says that you're off to Crete on holiday next week, so I hope that you have a great time and come back with a good tan.

Tony sends his love.

With love from

Voir également les formules p.51.

109 Bellview Road
Cumbernauld
CA7 4TX

14th June 1999 ← Date

Mrs Elaine Crawford
Manager
Poppywell Cottage
Westleigh
Devon
DV3 8SP

← Nom et adresse du destinataire.

Dear Mrs Crawford,

My sister stayed with you last year and has highly recommended your guest house.

I would like to reserve a room for one week from 18th-24th August of this year. I would be obliged if you would let me know how much this would be for two adults and two children, and whether you have a room free on those dates.

On utilise cette formule lorsque l'on connaît le nom de la personne.

I hope to hear from you soon.

Yours sincerely,

Andrew Naismith

LETTRE DE RÉCLAMATION

Voir également les formules p.52.

85 Rush Lane
Triptown
Lancs
LC4 2DT

20th February 1999

Woodpecker Restaurant
145 Main Street
Triptown
Lancs
LC4 3EF

Dear Sir/Madam

I was to have dined in your restaurant last Thursday by way of celebrating my wedding anniversary with my wife and young son but am writing to let you know of our great dissatisfaction.

I had reserved a corner table for two with a view of the lake. However, when we arrived we had to wait for more than 20 minutes for a table and even then, not in the area which I had chosen. There was no highchair for my son as was promised and your staff made no effort whatsoever to accommodate our needs. In fact, they were downright discourteous. Naturally we went elsewhere, and not only have you lost any future custom from me, but I will be sure to advise my friends and colleagues against your establishment.

Yours faithfully

T. Greengage

On utilise cette formule lorsque l'on commence la lettre par **Dear Sir** etc.

CURRICULUM VITÆ

CURRICULUM VITAE

Name:	Rosalind A. Williamson
Address:	11 North Street, Barnton NE6 2BT
Telephone:	01294 476230
E-mail:	rosalind@metalcomp.co.uk
Date of Birth:	18/4/1973
Nationality:	British
Marital Status:	Single

Pour les diplômes obtenus en France, mettre le nom du diplôme suivi d'une brève description en anglais entre parenthèses.

CAREER

2/97 to date:	Sales and Marketing Executive, Metal Company plc, Barnton
11/95-1/97:	Marketing Assistant, Metal Company plc

QUALIFICATIONS

1991-1995:	University of Newby BA (Hons) Italian with French – 2:1
1984-1991:	Barnton Comprehensive School *A-levels:* English Literature (D), French (B), Italian (A) *GCSEs:* Art, Chemistry, English Language, English Literature, French, German, Italian, Maths

OTHER SKILLS

Computer literate (Word for Windows, Excel, QuarkXPress), good keyboarding skills, full, clean driving licence.

INTERESTS

Travel (have travelled extensively throughout Europe and North Amercia), riding and sailing.

REFEREES

Ms Alice Bluegown	Dr I.O. Sono
Sales and Marketing Manager	Department of Italian
Metal Company plc	University of Newby
Barnton	Newby
NE4 3KL	S13 2RR

Il est d'usage d'indiquer sur son C.V. les noms de deux personnes prêtes à fournir une recommandation à l'employeur potentiel. L'une d'entre elles doit normalement être un ancien employeur, ou, pour les étudiants, un professeur.

LETTRE DE CANDIDATURE

11 North Street
Barnton
NE6 2BY

18 August 1999

The Personnel Director
Clifton Manufacturing Ltd
Firebrick House
Clifton
MK45 6RB

Lorsqu'on ignore si le destinataire est un homme ou une femme, il convient d'utiliser la formule ci-contre. Toutefois, si l'on connaît le nom de la personne, on utilise la présentation suivante :
Mrs Lynn Kerr
Personnel Director
Clifton Manufacturing Ltd etc.
Pour commencer votre lettre, la formule à employer est la suivante :
Dear Mrs Kerr

Dear Sir or Madam

With reference to your advertisement in the Guardian of 15 August, I wish to apply for the position of Marketing Manager in your company.

I am currently employed as a Sales and Marketing Executive for the Metal Company in Barnton where my main role is maintaining and developing links with our customers within the UK and producing material for marketing purposes.

I am interested in this position as it offers an opportunity to apply my sales and marketing skills in a new and challenging direction. I enclose my Curriculum Vitae for your consideration. Please do not hesitate to contact me if you require any further details.

Yours faithfully

On utilise cette formule lorsque l'on commence la lettre par **Dear Sir or Madam** etc.

Rosalind Williamson

Enc.

= **enclosures**. On ajoute ceci lorsque l'on joint d'autres pièces à la lettre, un C.V. par exemple.

POUR PROPOSER UN ENTRETIEN

Les coordonnées de l'expéditeur sont souvent mentionnées pour faciliter le classement de la correspondance.

CLIFTON MANUFACTURING LTD.

Firebrick House • Clifton MK45 6RB
Tel: (01367) 345 900 • Fax: (01367) 345 901
E-mail: personnel@cliftman.co.uk

Ref: RW/LK

27 August 1999

Ms Rosalind Williamson
11 North Street
Barnton
NE6 2BT

Dear Ms Williamson

Following your recent application for the position of Marketing Manager, I would like to invite you to attend an interview at the above office on Friday 3 September at 11am.

The interview will be conducted by the Sales and Marketing Director and myself and should last approximately one hour.

If this date does not suit please notify Jane Simpson on extension 3287 to arrange an alternative date.

We look forward to meeting you.

Yours sincerely

Lynn Kerr

Lynn Kerr (Mrs)
Personnel Director

On utilise cette formule lorsque l'on commence la lettre par **Dear Ms Williamson** etc.

Brown & Sons

Northport Enterprise Park
Birmingham B45 6JH
Tel: 0121 346 3287
Fax: 0121 346 3288
E-mail: orders@brownandsons.co.uk

FAX

To: Emma Scott, Westcott Hotel

Date: 6 November 2000

From: Malcolm Marshall

No. of pages to follow: 1

Re your order of 23 October for 100 tablecloths (Catalogue number 435789), I regret to inform you that these items are currently out of stock.

The next delivery will be in approximately four weeks' time. However, if this delay is unacceptable to you, please can you let me know so that I can cancel the order.

I am sorry for any inconvenience this may cause.

Regards

Malcolm Marshall

IF THERE ARE ANY PROBLEMS WITH THIS MESSAGE, PLEASE CONTACT CLAIRE NEWPORT ON 0121 346 3287

Envoyer des messages

	New Message	
File **Edit** **View** **Tools**	**Compose** **Help** **Send** ✉	

To: andrew@pmdesigns.co.uk	**New**	
Cc:	**Reply to Sender**	
Bcc:	**Reply to All**	
Subject: Meeting	**Forward**	
	Attachment	

Re our conversation this morning, would next Monday morning
10am be convenient for a meeting about the project's progress?
If this doesn't suit, I'm also free Wednesday morning.
Mark

New Message	Nouveau message
File	Fichier
Edit	Édition
View	Affichage
Tools	Outils
Compose	Composer
Help	Aide
Send	Envoyer
New	Nouveau message
Reply to Sender	Répondre

COURRIER ÉLECTRONIQUE

Recevoir des messages

```
┌─────────────────────── Meeting ───────────────────────┐
│ File   Edit   View   Tools   Compose   Help            │
├────────────────────────────────────────────────────────┤
│ From: Andrew Collins (andrew@pmdesigns.co.uk)          │
├────────────────────────────────────────────────────────┤
│ Sent: 30 November 2000 08.30                           │
├────────────────────────────────────────────────────────┤
│ To: mark.gordon@typo.co.uk                             │
├────────────────────────────────────────────────────────┤
│ Subject: Meeting                                       │
├────────────────────────────────────────────────────────┤
│                                                        │
│ Mark,                                                  │
│ Unfortunately I'm away on business all next week. Would it be possible │
│ to arrange a working lunch, Thursday or Friday of this week? │
│ Sorry about this!                                      │
│ Andrew                                                 │
│                                                        │
└────────────────────────────────────────────────────────┘
```

En anglais, l'adresse électronique s'énonce de la manière suivante : "andrew at pmdesigns dot co dot uk".

Reply to All	Répondre à tous
Forward	Faire suivre
Attachment	Fichier joint
To	À
Cc (carbon copy)	Cc
Bcc (blind carbon copy)	Copie cachée
Subject	Objet
From	De
Sent	Date

TÉLÉPHONE

Les différents types de communication

Local/national call.
Communication locale/ interurbaine.

I want to make an international call.
Je voudrais appeler l'étranger.

I want to make a reverse charge call *(Brit)* to a Paris **number** ou I want to call a Paris **number collect** *(US)*.
Je voudrais appeler ... en PCV.

How do I get an outside line?
Comment est-ce que je peux téléphoner à l'extérieur ?

Les renseignements

What is the number for directory enquiries *(Brit)* ou directory assistance *(US)*?
Quel est le numéro des renseignements ?

Can you give me the number of Europost, 20 Cumberland Street, Newquay?
Je voudrais le numéro de ...

What is the code for Martinique?
Quel est l'indicatif de ...

What is the number for the speaking clock?
Quel est le numéro de l'horloge parlante ?

Réponses

The number you require is 0181-613 3297. *(o-one-eight-one six-one-three three-two-nine-seven)*
Le numéro que vous avez demandé est le ...

I'm sorry, there's no listing under that name.
Je regrette, mais il n'y a pas d'abonné à ce nom.

The number you require is ex-directory *(Brit)* ou unlisted *(US)*.
Le numéro que vous avez demandé est sur liste rouge.

Lorsque l'abonné répond

Could I speak to Mr Sanderson, please?
Pourrais-je parler à ...

Could you put me through to Dr Evans, please?
Pourriez-vous me passer ...

Can I have extension 6578, please?
Pourriez-vous me passer le poste ...

I'll call back in half an hour.
Je rappellerai dans ...

Would you ask him to ring me when he gets back?
Pourriez-vous lui demander de me rappeler à son retour ?

Au standard

Who shall I say is calling?
C'est de la part de qui ?

I'm putting you through.
Je vous le passe.

I have a call from Tokyo for Mrs Thomson.
J'ai un appel de ... pour ...

I've got Miss Martin on the line.
J'ai ... en ligne.

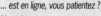

English	French
Dr Roberts **is on another line. Do you want to wait?**	*... est en ligne, vous patientez ?*
Please hold.	*Ne quittez pas.*
There's no reply.	*Ça ne répond pas.*
Would you like to leave a message?	*Voulez-vous laisser un message ?*

Messages enregistrés

The number you have dialled has not been recognized. Please hang up.	*Le numéro de votre correspondant n'est plus attribué. Veuillez raccrocher.*
The number you have dialled has been changed to 0171-789 0044.	*Le numéro de votre correspondant a changé. Veuillez composer désormais le ...*
All the lines are busy right now. Please try again later.	*Par suite de l'encombrement des lignes, votre appel ne peut aboutir. Veuillez rappeler ultérieurement.*
Hello, you have reached Sunspot Insurance. **Please wait, your call will be answered shortly.**	*Bonjour, vous êtes en communication avec ... Veuillez patienter, nous allons donner suite à votre appel dans quelques instants.*
Hello, you are through to Emma and Matthew Hargreaves. **Please leave a message after the tone and we'll get back to you.** Thanks.	*Bonjour, vous êtes bien chez ... Laissez un message après le bip sonore et nous vous rappellerons dès notre retour.*

Pour répondre au téléphone

Hello, it's Anne **speaking.**	*Allô, c'est ... à l'appareil.*
Speaking.	*C'est moi.*
Who's speaking?	*Qui est à l'appareil ?*

En cas de difficulté

I can't get through.	*Je n'arrive pas à avoir le numéro.*
Their phone is out of order.	*Leur téléphone est en dérangement.*
We have been cut off.	*Nous avons été coupés.*
I must have dialled the wrong number.	*J'ai dû faire un faux numéro.*
We've got a crossed line.	*Il y a quelqu'un d'autre sur la ligne.*
This is a very bad line.	*La ligne est très mauvaise.*

ENGLISH-FRENCH
ANGLAIS-FRANÇAIS

ENGLISH-FRENCH
ANGLAIS-FRANÇAIS

— A a —

A, a [eɪ] *n* (*letter*) A, a *m*; (*SCOL: mark*) A; (*MUS*): **A** la *m*; **A for Andrew,** (*US*) **A for Able** A comme Anatole; **A road** *n* (*BRIT AUT*) route nationale; **A shares** *npl* (*BRIT STOCK EXCHANGE*) actions *fpl* prioritaires

a [eɪ, ə] (*before vowel or silent h* **an**) *indef art*
1 un(e); **a book** un livre; **an apple** une pomme; **she's a doctor** elle est médecin
2 (*instead of the number "one"*) un(e); **a year ago** il y a un an; **a hundred/thousand** *etc* **pounds** cent/mille *etc* livres
3 (*in expressing ratios, prices etc*): **3 a day/week** 3 par jour/semaine; **10 km an hour** 10 km à l'heure; **30p a kilo** 30p le kilo

AA *n abbr* (*BRIT*: = *Automobile Association*) ≃ ACF *m*; (*US*: = *Associate in/of Arts*) *diplôme universitaire*; (= *Alcoholics Anonymous*) AA; (= *anti-aircraft*) AA
AAA *n abbr* (= *American Automobile Association*) ≃ ACF *m*; (*BRIT*) = *Amateur Athletics Association*
aback [ə'bæk] *adv*: **to be taken aback** être déconcentané(e)
abandon [ə'bændən] *vt* abandonner ♦ *n* abandon *m*; **to abandon ship** évacuer le navire
abate [ə'beɪt] *vi* s'apaiser, se calmer
abbey [æbɪ] *n* abbaye *f*
abbot [æbət] *n* père supérieur
abbreviation [əbriːvɪ'eɪʃən] *n* abréviation *f*
abdicate [æbdɪkeɪt] *vt, vi* abdiquer
abdomen [æbdəmən] *n* abdomen *m*
abduct [æb'dʌkt] *vt* enlever
aberration [æbə'reɪʃən] *n* anomalie *f*; **in a moment of mental aberration** dans un moment d'égarement
abide [ə'baɪd] *vt* souffrir, supporter
▶ **abide by** *vt fus* observer, respecter
ability [ə'bɪlɪtɪ] *n* compétence *f*; capacité *f*; (*skill*) talent *m*; **to the best of my ability** de mon mieux
abject [æbdʒekt] *adj* (*poverty*) sordide; (*coward*) méprisable; **an abject apology** les excuses les plus plates
ablaze [ə'bleɪz] *adj* en feu, en flammes; **ablaze**

with light resplendissant de lumière
able [ˈeɪbl] *adj* compétent(e); **to be able to do sth** pouvoir faire qch, être capable de faire qch
able-bodied [ˈeɪblˈbɔdɪd] *adj* robuste; **able-bodied seaman** (*BRIT*) matelot breveté
ably [ˈeɪblɪ] *adv* avec compétence *or* talent, habilement
abnormal [æbˈnɔːməl] *adj* anormal(e)
aboard [əˈbɔːd] *adv* à bord ♦ *prep* à bord de; (*train*) dans
abode [əˈbəud] *n* (*old*) demeure *f*; (*LAW*): **of no fixed abode** sans domicile fixe
abolish [əˈbɔlɪʃ] *vt* abolir
aborigine [æbəˈrɪdʒɪnɪ] *n* aborigène *m/f*
abort [əˈbɔːt] *vt* (*MED, fig*) faire avorter; (*COMPUT*) abandonner
abortion [əˈbɔːʃən] *n* avortement *m*; **to have an abortion** se faire avorter
abortive [əˈbɔːtɪv] *adj* manqué(e)

about [əˈbaut] *adv* **1** (*approximately*) environ, à peu près; **about a hundred/thousand** *etc* environ cent/mille *etc*, une centaine (de)/un millier (de) *etc*; **it takes about 10 hours** ça prend environ *or* à peu près 10 heures; **at about 2 o'clock** vers 2 heures; **I've just about finished** j'ai presque fini
2 (*referring to place*) çà et là, deci delà; **to run about** courir çà et là; **to walk about** se promener, aller et venir; **is Paul about?** (*BRIT*) est-ce que Paul est là?; **it's about here** c'est par ici, c'est dans les parages; **they left all their things lying about** ils ont laissé traîner toutes leurs affaires
3: **to be about to do sth** être sur le point de faire qch; **I'm not about to do all that for nothing** (*col*) je ne vais quand même pas faire tout ça pour rien
4 (*opposite*): **it's the other way about** (*BRIT*) c'est l'inverse
♦ *prep* **1** (*relating to*) au sujet de, à propos de; **a book about London** un livre sur Londres; **what is it about?** de quoi s'agit-il?; **we talked about it** nous en avons parlé; **do something about it!** faites quelque chose!; **what** *or* **how about doing**

this? et si nous faisions ceci?
2 (*referring to place*) dans; **to walk about the town** se promener dans la ville

about face, about turn *n* (*MIL*) demi-tour *m*; (*fig*) volte-face *f*

above [ə'bʌv] *adv* au-dessus ♦ *prep* au-dessus de; **mentioned above** mentionné ci-dessus; **costing above £10** coûtant plus de 10 livres; **above all** par-dessus tout, surtout

aboveboard [ə'bʌv'bɔːd] *adj* franc(franche), loyal(e); honnête

abrasive [ə'breızıv] *adj* abrasif(ive); (*fig*) caustique, agressif(ive)

abreast [ə'brɛst] *adv* de front; **to keep abreast of** se tenir au courant de

abroad [ə'brɔːd] *adv* à l'étranger; **there is a rumour abroad that ...** (*fig*) le bruit court que ...

abrupt [ə'brʌpt] *adj* (*steep, blunt*) abrupt(e); (*sudden, gruff*) brusque

abruptly [ə'brʌptlı] *adv* (*speak, end*) brusquement

abscess ['æbsıs] *n* abcès *m*

absence ['æbsəns] *n* absence *f*; **in the absence of** (*person*) en l'absence de; (*thing*) faute de

absent ['æbsənt] *adj* absent(e); **absent without leave (AWOL)** (*MIL*) en absence irrégulière

absentee [æbsən'tiː] *n* absent/e

absent-minded ['æbsənt'maındıd] *adj* distrait(e)

absolute ['æbsəluːt] *adj* absolu(e)

absolutely [æbsə'luːtlı] *adv* absolument

absolve [əb'zɔlv] *vt*: **to absolve sb (from)** (*sin etc*) absoudre qn (de); **to absolve sb from** (*oath*) délier qn de

absorb [əb'zɔːb] *vt* absorber; **to be absorbed in a book** être plongé(e) dans un livre

absorbent cotton [əb'zɔːbənt-] *n* (*US*) coton *m* hydrophile

abstain [əb'steın] *vi*: **to abstain (from)** s'abstenir (de)

abstract *adj n* ['æbstrækt] ♦ *adj* abstrait(e) ♦ *n* (*summary*) résumé *m* ♦ *vt* [æb'strækt] extraire

absurd [əb'sɜːd] *adj* absurde

abundant [ə'bʌndənt] *adj* abondant(e)

abuse *n* [ə'bjuːs] insultes *fpl*, injures *fpl*; (*of power etc*) abus *m* ♦ *vt* [ə'bjuːz] abuser de; **to be open to abuse** se prêter à des abus

abusive [ə'bjuːsıv] *adj* grossier(ière), injurieux(euse)

abysmal [ə'bızməl] *adj* exécrable; (*ignorance etc*) sans bornes

abyss [ə'bıs] *n* abîme *m*, gouffre *m*

AC *n abbr* (*US*) = **athletic club**

academic [ækə'dɛmık] *adj* universitaire; (*pej: issue*) oiseux(euse), purement théorique ♦ *n* universitaire *m/f*; **academic freedom** liberté *f* académique

academic year *n* année *f* universitaire

academy [ə'kædəmı] *n* (*learned body*) académie *f*; (*school*) collège *m*; **military/naval academy** école militaire/navale; **academy of music** conservatoire *m*

accelerate [æk'sɛləreıt] *vt, vi* accélérer

accelerator [æk'sɛləreıtəʳ] *n* accélérateur *m*

accent ['æksɛnt] *n* accent *m*

accept [ək'sɛpt] *vt* accepter

acceptable [ək'sɛptəbl] *adj* acceptable

acceptance [ək'sɛptəns] *n* acceptation *f*; **to meet with general acceptance** être favorablement accueilli par tous

access ['æksɛs] *n* accès *m* ♦ *vt* (*COMPUT*) accéder à; **to have access to** (*information, library etc*) avoir accès à, pouvoir utiliser ou consulter; (*person*) avoir accès auprès de; **the burglars gained access through a window** les cambrioleurs sont entrés par une fenêtre

accessible [æk'sɛsəbl] *adj* accessible

accessory [æk'sɛsərı] *n* accessoire *m*; **toilet accessories** (*BRIT*) articles *mpl* de toilette

accident ['æksıdənt] *n* accident *m*; (*chance*) hasard *m*; **to meet with** *or* **to have an accident** avoir un accident; **accidents at work** accidents du travail; **by accident** par hasard; (*not deliberately*) accidentellement

accidental [æksı'dɛntl] *adj* accidentel(le)

accidentally [æksı'dɛntəlı] *adv* accidentellement

accident insurance *n* assurance *f* accident

accident-prone ['æksıdənt'prəun] *adj* sujet(te) aux accidents

acclaim [ə'kleım] *vt* acclamer ♦ *n* acclamation *f*

accommodate [ə'kɔmədeıt] *vt* loger, recevoir; (*oblige, help*) obliger; (*adapt*): **to accommodate one's plans to** adapter ses projets à; **this car accommodates 4 people comfortably** on tient confortablement à 4 dans cette voiture

accommodating [ə'kɔmədeıtıŋ] *adj* obligeant(e), arrangeant(e)

accommodation (*US*) **accommodations** [əkɔmə'deıʃən(z)] *n(pl)* logement *m*; **he's found accommodation** il a trouvé à se loger; **"accommodation to let"** (*BRIT*) "appartement *or* studio *etc* à louer"; **they have accommodation for 500** ils peuvent recevoir 500 personnes, il y a de la place pour 500 personnes; **the hall has seating accommodation for 600** (*BRIT*) la salle contient 600 places assises

accompany [ə'kʌmpənı] *vt* accompagner

accomplice [ə'kʌmplıs] *n* complice *m/f*

accomplish [ə'kʌmplıʃ] *vt* accomplir

accomplishment [ə'kʌmplıʃmənt] *n* accomplissement *m*; (*achievement*) réussite *f*; **accomplishments** *npl* (*skills*) talents *mpl*

accord [ə'kɔːd] *n* accord *m* ♦ *vt* accorder; **of his own accord** de son plein gré; **with one accord**

d'un commun accord

accordance [əˈkɔːdəns] *n*: **in accordance with** conformément à

according [əˈkɔːdɪŋ]: **according to** *prep* selon; **according to plan** comme prévu

accordingly [əˈkɔːdɪŋlɪ] *adv* en conséquence

accordion [əˈkɔːdɪən] *n* accordéon *m*

account [əˈkaunt] *n* (COMM) compte *m*; (*report*) compte rendu, récit *m*; **accounts** *npl* (BOOK-KEEPING) comptabilité *f*, comptes; **"account payee only"** (BRIT) "chèque non endossable"; **to keep an account of** noter; **to bring sb to account for sth/ for having done sth** amener qn à rendre compte de qch/d'avoir fait qch; **by all accounts** au dire de tous; **of little account** de peu d'importance; **to pay £5 on account** verser un acompte de 5 livres; **to buy sth on account** acheter qch à crédit; **on no account** en aucun cas; **on account of** à cause de; **to take into account, take account of** tenir compte de

▶ **account for** *vt fus* expliquer, rendre compte de; **all the children were accounted for** aucun enfant ne manquait; **4 people are still not accounted for** on n'a toujours pas retrouvé 4 personnes

accountable [əˈkauntəbl] *adj*: **accountable (for)** responsable (de)

accountancy [əˈkauntənsɪ] *n* comptabilité *f*

accountant [əˈkauntənt] *n* comptable *m/f*

account number *n* numéro *m* de compte

accrue [əˈkruː] *vi* s'accroître; (*mount up*) s'accumuler; **to accrue to** s'ajouter à; **accrued interest** intérêt couru

accumulate [əˈkjuːmjuleɪt] *vt* accumuler, amasser ♦ *vi* s'accumuler, s'amasser

accuracy [ˈækjurəsɪ] *n* exactitude *f*, précision *f*

accurate [ˈækjurɪt] *adj* exact(e), précis(e)

accurately [ˈækjurɪtlɪ] *adv* avec précision

accusation [ækjuˈzeɪʃən] *n* accusation *f*

accuse [əˈkjuːz] *vt* accuser

accustom [əˈkʌstəm] *vt* accoutumer, habituer; **to accustom o.s. to sth** s'habituer à qch

accustomed [əˈkʌstəmd] *adj* (*usual*) habituel(le); **accustomed to** habitué(e) or accoutumé(e) à

ace [eɪs] *n* as *m*; **within an ace of** (BRIT) à deux doigts or un cheveu de

ache [eɪk] *n* mal *m*, douleur *f* ♦ *vi* (*be sore*) faire mal, être douloureux(euse); (*yearn*): **to ache to do sth** mourir d'envie de faire qch; **I've got stomach ache** or (US) **a stomach ache** j'ai mal à l'estomac; **my head aches** j'ai mal à la tête; **I'm aching all over** j'ai mal partout

achieve [əˈtʃiːv] *vt* (*aim*) atteindre; (*victory*, *success*) remporter, obtenir; (*task*) accomplir

achievement [əˈtʃiːvmənt] *n* exploit *m*, réussite *f*; (*of aims*) réalisation *f*

acid [ˈæsɪd] *adj*, *n* acide (*m*)

acid rain *n* pluies *fpl* acides

acknowledge [əkˈnɔlɪdʒ] *vt* (*also*: **acknowledge receipt of**) accuser réception de; (*fact*) reconnaître

acknowledgement [əkˈnɔlɪdʒmənt] *n* accusé *m* de réception; **acknowledgements** (*in book*) remerciements *mpl*

acne [ˈæknɪ] *n* acné *m*

acorn [ˈeɪkɔːn] *n* gland *m*

acoustic [əˈkuːstɪk] *adj* acoustique

acoustics [əˈkuːstɪks] *n*, *npl* acoustique *f*

acquaint [əˈkweɪnt] *vt*: **to acquaint sb with sth** mettre qn au courant de qch; **to be acquainted with** (*person*) connaître; (*fact*) savoir

acquaintance [əˈkweɪntəns] *n* connaissance *f*; **to make sb's acquaintance** faire la connaissance de qn

acquire [əˈkwaɪə*] *vt* acquérir

acquit [əˈkwɪt] *vt* acquitter; **to acquit o.s. well** s'en tirer très honorablement

acre [ˈeɪkə*] *n* acre *f* (= 4047 m²)

acrid [ˈækrɪd] *adj* (*smell*) âcre; (*fig*) mordant(e)

acrobat [ˈækrəbæt] *n* acrobate *m/f*

across [əˈkrɔs] *prep* (*on the other side*) de l'autre côté de; (*crosswise*) en travers de ♦ *adv* de l'autre côté; en travers; **to walk across the road** traverser (la route); **to take sb across the road** faire traverser la route à qn; **a road across the wood** une route qui traverse le bois; **the lake is 12 km across** le lac fait 12 km de large; **across from** en face de; **to get sth across (to sb)** faire comprendre qch (à qn)

acrylic [əˈkrɪlɪk] *adj*, *n* acrylique (*m*)

act [ækt] *n* acte *m*, action *f*; (THEAT: *part of play*) acte; (: *of performer*) numéro *m*; (LAW) loi *f* ♦ *vi* agir; (THEAT) jouer; (*pretend*) jouer la comédie ♦ *vt* (*role*) jouer, tenir; **act of God** (LAW) catastrophe naturelle; **to catch sb in the act** prendre qn sur le fait or en flagrant délit; **it's only an act** c'est du cinéma; **to act Hamlet** (BRIT) tenir or jouer le rôle d'Hamlet; **to act the fool** (BRIT) faire l'idiot; **to act as** servir de; **it acts as a deterrent** cela a un effet dissuasif; **acting in my capacity as chairman, I ...** en ma qualité de président, je ...

▶ **act on** *vt*: **to act on sth** agir sur la base de qch

▶ **act out** *vt* (*event*) raconter en mimant; (*fantasies*) réaliser

acting [ˈæktɪŋ] *adj* suppléant(e), par intérim ♦ *n* (*of actor*) jeu *m*; (*activity*): **to do some acting** faire du théâtre (*or* du cinéma); **he is the acting manager** il remplace (provisoirement) le directeur

action [ˈækʃən] *n* action *f*; (MIL) combat(s) *m(pl)*; (LAW) procès *m*, action en justice; **to bring an action against sb** (LAW) poursuivre qn en justice, intenter un procès contre qn; **killed in action** (MIL) tué au champ d'honneur; **out of action** hors de combat; (*machine etc*) hors d'usage; **to take action** agir, prendre des mesures; **to put a plan into action** mettre un projet à exécution

action replay n (BRIT TV) retour m sur une séquence

activate ['æktɪveɪt] vt (mechanism) actionner, faire fonctionner; (CHEM, PHYSICS) activer

active ['æktɪv] adj actif(ive); (volcano) en activité; **to play an active part in** jouer un rôle actif dans

actively ['æktɪvlɪ] adv activement

activity [æk'tɪvɪtɪ] n activité f

activity holiday n vacances actives

actor ['æktə*] n acteur m

actress ['æktrɪs] n actrice f

actual ['æktjuəl] adj réel(le), véritable

actually ['æktjuəlɪ] adv réellement, véritablement; (in fact) en fait

acute [ə'kjuːt] adj aigu(ë); (mind, observer) pénétrant(e)

AD adv abbr (= Anno Domini) ap. J.-C. ♦ n abbr (US MIL) = active duty

ad [æd] n abbr = **advertisement**

adamant ['ædəmənt] adj inflexible

adapt [ə'dæpt] vt adapter ♦ vi: **to adapt (to)** s'adapter (à)

adaptable [ə'dæptəbl] adj (device) adaptable; (person) qui s'adapte facilement

adapter, adaptor [ə'dæptə*] n (ELEC) adaptateur m

add [æd] vt ajouter; (figures) additionner ♦ vi: **to add to** (increase) ajouter à, accroître

▶ **add on** vt ajouter

▶ **add up** vt (figures) additionner ♦ vi (fig): **it doesn't add up** cela ne rime à rien; **it doesn't add up to much** ça n'est pas grand'chose

adder ['ædə*] n vipère f

addict ['ædɪkt] n toxicomane m/f; (fig) fanatique m/f; **heroin addict** héroïnomane m/f; **drug addict** drogué/e m/f

addicted [ə'dɪktɪd] adj: **to be addicted to** (drink etc) être adonné(e) à; (fig: football etc) être un(e) fanatique de

addiction [ə'dɪkʃən] n (MED) dépendance f

addictive [ə'dɪktɪv] adj qui crée une dépendance

addition [ə'dɪʃən] n addition f; **in addition** de plus, de surcroît; **in addition to** en plus de

additional [ə'dɪʃənl] adj supplémentaire

additive ['ædɪtɪv] n additif m

address [ə'drɛs] n adresse f; (talk) discours m, allocution f ♦ vt s'adresser; (speak to) s'adresser à; **form of address** titre m; **what form of address do you use for ...?** comment s'adresse-t-on à ...?; **to address (o.s. to) sth** (problem, issue) aborder qch; **absolute/relative address** (COMPUT) adresse absolue/relative

adept ['ædept] adj: **adept at** expert(e) à or en

adequate ['ædɪkwɪt] adj (enough) suffisant(e); **to feel adequate to the task** se sentir à la hauteur de la tâche

adhere [əd'hɪə*] vi: **to adhere to** adhérer à; (fig:

rule, decision) se tenir à

adhesive [əd'hiːzɪv] adj adhésif(ive) ♦ n adhésif m; **adhesive tape** (BRIT) ruban adhésif; (US) sparadrap m

ad hoc [æd'hɔk] adj (decision) de circonstance; (committee) ad hoc

adjacent [ə'dʒeɪsənt] adj adjacent(e), contigu(ë); **adjacent to** adjacent à

adjective ['ædʒektɪv] n adjectif m

adjoining [ə'dʒɔɪnɪŋ] adj voisin(e), adjacent(e), attenant(e) ♦ prep voisin de, adjacent à

adjourn [ə'dʒɜːn] vt ajourner ♦ vi suspendre la séance; lever la séance; clore la session; (go) se retirer; **to adjourn a meeting till the following week** reporter une réunion à la semaine suivante; **they adjourned to the pub** (BRIT col) ils ont filé au pub

adjust [ə'dʒʌst] vt ajuster, régler; rajuster ♦ vi: **to adjust (to)** s'adapter (à)

adjustable [ə'dʒʌstəbl] adj réglable

adjustment [ə'dʒʌstmənt] n ajustage m, réglage m; (of prices, wages) rajustement m; (of person) adaptation f

ad-lib [æd'lɪb] vt, vi improviser ♦ n improvisation f ♦ adv: **ad lib** à volonté, à discrétion

administer [əd'mɪnɪstə*] vt administrer; (justice) rendre

administration [ədmɪnɪs'treɪʃən] n administration f; **the Administration** (US) le gouvernement

administrative [əd'mɪnɪstrətɪv] adj administratif(ive)

admiral ['ædmərəl] n amiral m

Admiralty ['ædmərəltɪ] n (BRIT: also: **Admiralty Board**) ministère m de la Marine

admire [əd'maɪə*] vt admirer

admission [əd'mɪʃən] n admission f; (to exhibition, night club etc) entrée f; (confession) aveu m; **"admission free", "free admission"** "entrée libre"; **by his own admission** de son propre aveu

admission charge n droits mpl d'admission

admit [əd'mɪt] vt laisser entrer; admettre; (agree) reconnaître, admettre; **"children not admitted"** "entrée interdite aux enfants"; **this ticket admits two** ce billet est valable pour deux personnes; **I must admit that ...** je dois admettre or reconnaître que ...

▶ **admit of** vt fus admettre, permettre

▶ **admit to** vt fus reconnaître, avouer

admittance [əd'mɪtəns] n admission f, (droit m d')entrée f; **"no admittance"** "défense d'entrer"

admittedly [əd'mɪtɪdlɪ] adv il faut en convenir

ado [ə'duː] n: **without (any) more ado** sans plus de cérémonies

adolescence [ædəu'lesns] n adolescence f

adolescent [ædəu'lesnt] adj, n adolescent/e

adopt [ə'dɔpt] vt adopter

adopted [ə'dɔptɪd] adj adoptif(ive), adopté(e)

adoption [ə'dɔpʃən] n adoption f

adore [ə'dɔː*] vt adorer

adorn [ə'dɔːn] vt orner

Adriatic (Sea) [eɪdrɪ'ætɪk-] n Adriatique f

adrift [ə'drɪft] adv à la dérive; **to come adrift** (boat) aller à la dérive; (wire, rope, fastening etc) se défaire

adult ['ædʌlt] n adulte m/f

adultery [ə'dʌltərɪ] n adultère m

advance [əd'vɑːns] n avance f ♦ vt avancer ♦ vi s'avancer; **in advance** en avance, d'avance; **to make advances to sb** (gen) faire des propositions à qn; (amorously) faire des avances à qn

advanced [əd'vɑːnst] adj avancé(e); (SCOL: studies) supérieur(e); **advanced in years** d'un âge avancé

advantage [əd'vɑːntɪdʒ] n (also TENNIS) avantage m; **to take advantage of** profiter de; **it's to our advantage** c'est notre intérêt; **it's to our advantage to ...** nous avons intérêt à ...

advent ['ædvənt] n avènement m, venue f; **Advent** (REL) avent m

adventure [əd'ventʃə*] n aventure f

adverb ['ædvɜːb] n adverbe m

adverse ['ædvɜːs] adj contraire, adverse; **adverse to** hostile à; **in adverse circumstances** dans l'adversité

advert ['ædvɜːt] n abbr (BRIT) = advertisement

advertise ['ædvətaɪz] vi, vt faire de la publicité or de la réclame (pour); (in classified ads etc) mettre une annonce (pour vendre); **to advertise for** (staff) recruter par (voie d')annonce

advertisement [əd'vɜːtɪsmənt] n (COMM) réclame f, publicité f; (in classified ads etc) annonce f

advertising ['ædvətaɪzɪŋ] n publicité f

advice [əd'vaɪs] n conseils mpl; (notification) avis m; **piece of advice** conseil; **to ask (sb) for advice** demander conseil (à qn); **to take legal advice** consulter un avocat

advisable [əd'vaɪzəbl] adj recommandable, indiqué(e)

advise [əd'vaɪz] vt conseiller; **to advise sb of sth** aviser or informer qn de qch; **to advise sb against sth** déconseiller qch à qn; **to advise sb against doing sth** conseiller à qn de ne pas faire qch; **you would be well/ill advised to go** vous feriez mieux d'y aller/de ne pas y aller, vous auriez intérêt à y aller/à ne pas y aller

adviser, advisor [əd'vaɪzə*] n conseiller/ère

advisory [əd'vaɪzərɪ] adj consultatif(ive); **in an advisory capacity** à titre consultatif

advocate n ['ædvəkɪt] (upholder) défenseur m, avocat/e ♦ vt ['ædvəkeɪt] recommander, prôner; **to be an advocate of** être partisan(e) de

Aegean (Sea) [iː'dʒiːən-] n mer f Égée

aerial ['ɛərɪəl] n antenne f ♦ adj aérien(ne)

aerobics [ɛə'rəʊbɪks] n aérobic m

aeroplane ['ɛərəpleɪn] n (BRIT) avion m

aerosol ['ɛərəsɒl] n aérosol m

aesthetic [ɪs'θetɪk] adj esthétique

afar [ə'fɑː*] adv: **from afar** de loin

affair [ə'fɛə*] n affaire f; (also: **love affair**) liaison f; aventure f; **affairs** (business) affaires

affect [ə'fekt] vt affecter

affected [ə'fektɪd] adj affecté(e)

affection [ə'fekʃən] n affection f

affectionate [ə'fekʃənɪt] adj affectueux(euse)

affinity [ə'fɪnɪtɪ] n affinité f

afflict [ə'flɪkt] vt affliger

affluence ['æfluəns] n aisance f, opulence f

affluent ['æfluənt] adj opulent(e); (person) dans l'aisance, riche; **the affluent society** la société d'abondance

afford [ə'fɔːd] vt (goods etc) avoir les moyens d'acheter or d'entretenir; (behaviour) se permettre; (provide) fournir, procurer; **can we afford a car?** avons-nous de quoi acheter or les moyens d'acheter une voiture?; **I can't afford the time** je n'ai vraiment pas le temps

afloat [ə'fləʊt] adj à flot ♦ adv: **to stay afloat** surnager; **to keep/get a business afloat** maintenir à flot/lancer une affaire

afoot [ə'fʊt] adv: **there is something afoot** il se prépare quelque chose

afraid [ə'freɪd] adj effrayé(e); **to be afraid of** or **to** avoir peur de; **I am afraid that** je crains que + sub; **I'm afraid so/not** oui/non, malheureusement

Africa ['æfrɪkə] n Afrique f

African ['æfrɪkən] adj africain(e) ♦ n Africain/e

after ['ɑːftə*] prep, adv après ♦ conj après que, après avoir or être + pp; **after dinner** après (le) dîner; **the day after tomorrow** après demain; **quarter after two** (US) deux heures et quart; **what/who are you after?** que/qui cherchez-vous?; **the police are after him** la police est à ses trousses; **after you!** après vous!; **after all** après tout

after-effects ['ɑːftərɪfekts] npl (of disaster, radiation, drink etc) répercussions fpl; (of illness) séquelles fpl, suites fpl

aftermath ['ɑːftəmɑːθ] n conséquences fpl; **in the aftermath of** dans les mois or années etc qui suivirent, au lendemain de

afternoon ['ɑːftə'nuːn] n après-midi m or f; **good afternoon!** bonjour!; (goodbye) au revoir!

afters ['ɑːftəz] n (BRIT col: dessert) dessert m

after-sales service [ɑːftə'seɪlz-] n service m après-vente, SAV m

after-shave (lotion) ['ɑːftəʃeɪv-] n lotion f après-rasage

aftersun ['ɑːftəsʌn] n après-soleil m inv

afterthought ['ɑːftəθɔːt] n: **I had an afterthought** il m'est venu une idée après coup

afterwards ['ɑːftəwədz] adv après

again [ə'gen] adv de nouveau, encore une fois; **to begin/see again** recommencer/revoir; **not ... again** ne ... plus; **again and again** à plusieurs reprises; **he's opened it again** il l'a rouvert, il l'a de nouveau *or* il l'a encore ouvert; **now and again** de temps à autre

against [ə'genst] *prep* contre; **against a blue background** sur un fond bleu; **(as) against** *(BRIT)* contre

age [eɪdʒ] *n* âge *m* ♦ *vt*, *vi* vieillir; **what age is he?** quel âge a-t-il?; **he is 20 years of age** il a 20 ans; **under age** mineur(e); **to come of age** atteindre sa majorité; **it's been ages since** ça fait une éternité que ... ne

aged ['eɪdʒd] *adj* âgé(e); **aged 10** âgé de 10 ans; **the aged** ['eɪdʒɪd] *npl* les personnes âgées

age group *n* tranche *f* d'âge; **the 40 to 50 age group** la tranche d'âge des 40 à 50 ans

age limit *n* limite *f* d'âge

agency ['eɪdʒənsɪ] *n* agence *f*; **through** *or* **by the agency of** par l'entremise *or* l'action de

agenda [ə'dʒɛndə] *n* ordre *m* du jour; **on the agenda** à l'ordre du jour

agent ['eɪdʒənt] *n* agent *m*

aggravate ['ægrəveɪt] *vt* aggraver; *(annoy)* exaspérer, agacer

aggressive [ə'grɛsɪv] *adj* agressif(ive)

agitate ['ædʒɪteɪt] *vt* rendre inquiet(ète) *or* agité(e) ♦ *vi* faire de l'agitation (politique); **to agitate for** faire campagne pour

AGM *n abbr* = annual general meeting

ago [ə'gəu] *adv*: **2 days ago** il y a 2 jours; **not long ago** il n'y a pas longtemps; **as long ago as 1960** déjà en 1960; **how long ago?** il y a combien de temps (de cela)?

agony ['ægənɪ] *n* grande souffrance *or* angoisse; **to be in agony** souffrir le martyre

agree [ə'gri:] *vt (price)* convenir de ♦ *vi*: **to agree (with)** *(person)* être d'accord (avec); *(statements etc)* concorder (avec); *(LING)* s'accorder (avec); **to agree to do** accepter de *or* consentir à faire; **to agree to sth** consentir à qch; **to agree that** *(admit)* convenir *or* reconnaître que; **it was agreed that ...** il a été convenu que ...; **they agreed on this** ils sont d'accord sur ce point; **they agreed on going/a price** ils se mirent d'accord pour y aller/sur un prix; **garlic doesn't agree with me** je ne supporte pas l'ail

agreeable [ə'gri:əbl] *adj (pleasant)* agréable; *(willing)* consentant(e), d'accord; **are you agreeable to this?** est-ce que vous êtes d'accord?

agreed [ə'gri:d] *adj (time, place)* convenu(e); **to be agreed** être d'accord

agreement [ə'gri:mənt] *n* accord *m*; **in agreement** d'accord; **by mutual agreement** d'un commun accord

agricultural [ægrɪ'kʌltʃərəl] *adj* agricole

agriculture ['ægrɪkʌltʃə*] *n* agriculture *f*

aground [ə'graund] *adv*: **to run aground** s'échouer

ahead [ə'hɛd] *adv* en avant; devant; **go right** *or*

straight ahead allez tout droit; **go ahead!** *(fig)* allez-y!; **ahead of** devant; *(fig: schedule etc)* en avance sur; **ahead of time** en avance; **they were (right) ahead of us** ils nous précédaient (de peu), ils étaient (juste) devant nous

aid [eɪd] *n* aide *f* ♦ *vt* aider; **with the aid of** avec l'aide de; **in aid of** en faveur de; **to aid and abet** *(LAW)* se faire le complice de

aide [eɪd] *n (person)* assistant/e

AIDS [eɪdz] *n abbr* (= acquired immune (or immuno-)deficiency syndrome) SIDA *m*

aim [eɪm] *n* but *m* ♦ *vt*: **to aim sth at** *(gun, camera)* braquer *or* pointer qch sur, diriger qch contre; *(missile)* pointer qch vers *or* sur; *(remark, blow)* destiner *or* adresser qch à ♦ *vi (also: to take aim)* viser; **to aim at** viser; *(fig)* viser (à); avoir pour but *or* ambition; **to aim to do** avoir l'intention de faire

aimless ['eɪmlɪs] *adj* sans but

ain't [eɪnt] *(col)* = **am not, aren't, isn't**

air [ɛə*] *n* air *m* ♦ *vt* aérer; *(idea, grievance, views)* mettre sur le tapis; *(knowledge)* faire étalage de ♦ *cpd (currents, attack etc)* aérien(ne); **by air** par avion; **to be on the air** *(RADIO, TV: programme)* être diffusé(e); *(: station)* émettre

airbed ['ɛəbed] *n (BRIT)* matelas *m* pneumatique

air-conditioned ['ɛəkən'dɪʃənd] *adj* climatisé(e), à air conditionné

air conditioning [-kən'dɪʃnɪŋ] *n* climatisation *f*

aircraft ['ɛəkrɑːft] *n (pl inv)* avion *m*

aircraft carrier *n* porte-avions *m inv*

airfield ['ɛəfiːld] *n* terrain *m* d'aviation

Air Force *n* Armée *f* de l'air

air freshener [-'frɛʃnə*] *n* désodorisant *m*

airgun ['ɛəgʌn] *n* fusil *m* à air comprimé

air hostess *n (BRIT)* hôtesse *f* de l'air

airlift ['ɛəlɪft] *n* pont aérien

airline ['ɛəlaɪn] *n* ligne aérienne, compagnie aérienne

airliner ['ɛəlaɪnə*] *n* avion *m* de ligne

airmail ['ɛəmeɪl] *n*: **by airmail** par avion

air mile *n* air mile *m*

airplane ['ɛəpleɪn] *n (US)* avion *m*

airport ['ɛəpɔːt] *n* aéroport *m*

air raid *n* attaque aérienne

airsick ['ɛəsɪk] *adj*: **to be airsick** avoir le mal de l'air

airtight ['ɛətaɪt] *adj* hermétique

air-traffic controller ['ɛətræfɪk-] *n* aiguilleur *m* du ciel

airy ['ɛərɪ] *adj* bien aéré(e); *(manners)* dégagé(e)

aisle [aɪl] *n (of church)* allée centrale; nef latérale; *(in theatre)* allée *f*; *(on plane)* couloir *m*

aisle seat *n* place *f* côté couloir

ajar [ə'dʒɑː*] *adj* entrouvert(e)

akin [ə'kɪn] *adj*: **akin to** semblable à, du même ordre que

alarm [əˈlɑːm] n alarme f ♦ vt alarmer

alarm call n coup m de fil pour réveiller

alarm clock n réveille-matin m inv, réveil m

alas [əˈlæs] excl hélas

album [ˈælbəm] n album m

alcohol [ˈælkəhɔl] n alcool m

alcohol-free [ˈælkəhɔlfriː] adj sans alcool

alcoholic [ælkəˈhɔlɪk] adj, n alcoolique (m/f)

ale [eɪl] n bière f

alert [əˈləːt] adj alerte, vif(vive); (watchful) vigilant(e) ♦ n alerte f ♦ vt: **to alert sb (to sth)** attirer l'attention de qn (sur qch); **to alert sb to the dangers of sth** avertir qn des dangers de qch; **on the alert** sur le qui-vive; (MIL) en état d'alerte

algebra [ˈældʒɪbrə] n algèbre m

Algeria [ælˈdʒɪərɪə] n Algérie f

alias [ˈeɪlɪəs] adv alias ♦ n faux nom, nom d'emprunt

alibi [ˈælɪbaɪ] n alibi m

alien [ˈeɪlɪən] n étranger/ère ♦ adj: **alien (to)** étranger(ère) (à)

alight [əˈlaɪt] adj, adv en feu ♦ vi mettre pied à terre; (passenger) descendre; (bird) se poser

alike [əˈlaɪk] adj semblable, pareil(le) ♦ adv de même; **to look alike** se ressembler

alimony [ˈælɪmənɪ] n (payment) pension f alimentaire

alive [əˈlaɪv] adj vivant(e); (active) plein(e) de vie; **alive with** grouillant(e) de; **alive to** sensible à

KEYWORD
---

all [ɔːl] adj (singular) tout(e); (plural) tous (toutes); **all day** toute la journée; **all night** toute la nuit; **all men** tous les hommes; **all five** tous les cinq; **all the food** toute la nourriture; **all the books** tous les livres; **all the time** tout le temps; **all his life** toute sa vie

♦ pron 1 tout; **I ate it all, I ate all of it** j'ai tout mangé; **all of us went** nous y sommes tous allés; **all of the boys went** tous les garçons y sont allés; **is that all?** c'est tout?; (in shop) ce sera tout?

2 (in phrases): **above all** surtout, par-dessus tout; **after all** après tout; **at all: not at all** (in answer to question) pas du tout; (in answer to thanks) je vous en prie!; **I'm not at all tired** je ne suis pas du tout fatigué(e); **anything at all will do** n'importe quoi fera l'affaire; **all in all** tout bien considéré, en fin de compte

♦ adv: **all alone** tout(e) seul(e); **it's not as hard as all that** ce n'est pas si difficile que ça; **all the more/the better** d'autant plus/mieux; **all but** presque, pratiquement; **to be all in** (BRIT col) être complètement à plat; **all out** adv à fond; **the score is 2 all** le score est de 2 partout

---

allege [əˈledʒ] vt alléguer, prétendre; **he is alleged to have said** il aurait dit

allegedly [əˈledʒɪdlɪ] adv à ce que l'on prétend,

paraît-il

allegiance [əˈliːdʒəns] n fidélité f, obéissance f

allergic [əˈlɜːdʒɪk] adj: **allergic to** allergique à

allergy [ˈælədʒɪ] n allergie f

alleviate [əˈliːvɪeɪt] vt soulager, adoucir

alley [ˈælɪ] n ruelle f; (in garden) allée f

alliance [əˈlaɪəns] n alliance f

allied [ˈælaɪd] adj allié(e)

all-in [ˈɔːlɪn] adj, adv (BRIT: charge) tout compris

all-night [ˈɔːlnaɪt] adj ouvert(e) ou qui dure toute la nuit

allocate [ˈæləkeɪt] vt (share out) répartir, distribuer; (duties): **to allocate sth to** assigner or attribuer qch à; (sum, time): **to allocate sth to** allouer qch à; **to allocate sth for** affecter qch à

allot [əˈlɔt] vt (share out) répartir, distribuer; (time): **to allot sth to** allouer qch à; (duties): **to allot sth to** assigner qch à; **in the allotted time** dans le temps imparti

allotment [əˈlɔtmənt] n (share) part f; (garden) lopin m de terre (loué à la municipalité)

all-out [ˈɔːlaut] adj (effort etc) total(e)

allow [əˈlau] vt (practice, behaviour) permettre, autoriser; (sum to spend etc) accorder, allouer; (sum, time estimated) compter, prévoir; (concede): **to allow that** convenir que; **to allow sb to do** permettre à qn de faire, autoriser qn à faire; **he is allowed to ...** on lui permet de ...; **smoking is not allowed** il est interdit de fumer; **we must allow 3 days for the journey** il faut compter 3 jours pour le voyage

▶ **allow for** vt fus tenir compte de

allowance [əˈlauəns] n (money received) allocation f; (: from parent etc) subside m; (: for expenses) indemnité f; (TAX) somme f déductible du revenu imposable, abattement m; **to make allowances for** tenir compte de

alloy [ˈælɔɪ] n alliage m

all right adv (feel, work) bien; (as answer) d'accord

all-rounder [ɔːlˈraundəʳ] n (BRIT): **to be a good all-rounder** être doué(e) en tout

all-time [ˈɔːltaɪm] adj (record) sans précédent, absolu(e)

ally n [ˈælaɪ] allié m ♦ vt [əˈlaɪ]: **to ally o.s. with** s'allier avec

almighty [ɔːlˈmaɪtɪ] adj tout-puissant

almond [ˈɑːmənd] n amande f

almost [ˈɔːlməust] adv presque; **he almost fell** il a failli tomber

alone [əˈləun] adj, adv seul(e); **to leave sb alone** laisser qn tranquille; **to leave sth alone** ne pas toucher à qch; **let alone ...** sans parler de ...; encore moins ...

along [əˈlɔŋ] prep le long de ♦ adv: **is he coming along?** vient-il avec nous?; **he was hopping/limping along** il venait or avançait en sautillant/

boitant; **along with** avec, en plus de; (*person*) en compagnie de

alongside [ə'lɒŋ'saɪd] *prep* le long de; au côté de ◆ *adv* bord à bord; côte à côte; **we brought our boat alongside** (*of a pier, shore etc*) nous avons accosté

aloof [ə'lu:f] *adj, adv* à distance, à l'écart; **to stand aloof** se tenir à l'écart or à distance

aloud [ə'laʊd] *adv* à haute voix

alphabet ['ælfəbet] *n* alphabet *m*

alphabetical [ælfə'betɪkl] *adj* alphabétique; **in alphabetical order** par ordre alphabétique

alpine ['ælpaɪn] *adj* alpin(e), alpestre; **alpine hut** cabane *f* or refuge *m* de montagne; **alpine pasture** pâturage *m* (de montagne); **alpine skiing** ski alpin

Alps [ælps] *npl*: **the Alps** les Alpes *fpl*

already [ɔːl'redɪ] *adv* déjà

alright ['ɔːl'raɪt] *adv* (*BRIT*) = **all right**

Alsatian [æl'seɪʃən] *adj* alsacien(ne), d'Alsace ◆ *n* Alsacien/ne; (*BRIT*: *dog*) berger allemand

also ['ɔːlsəʊ] *adv* aussi

altar ['ɔːltə*] *n* autel *m*

alter ['ɔːltə*] *vt, vi* changer, modifier

alternate [ɒl'tɜːnɪt] *adj* alterné(e), alternant(e), alternatif(ive) ◆ *vi* ['ɒltəneɪt] alterner; **on alternate days** un jour sur deux, tous les deux jours

alternative [ɒl'tɜːnətɪv] *adj* (*solutions*) interchangeable, possible; (*solution*) autre, de remplacement; (*energy*) doux(douce); (*society*) parallèle ◆ *n* (*choice*) alternative *f*; (*other possibility*) autre possibilité *f*

alternatively [ɒl'tɜːnətɪvlɪ] *adv*: **alternatively one could** une autre or l'autre solution serait de

alternator ['ɒltəneɪtə*] *n* (*AUT*) alternateur *m*

although [ɔːl'ðəʊ] *conj* bien que + *sub*

altitude ['æltɪtjuːd] *n* altitude *f*

alto ['æltəʊ] *n* (*female*) contralto *m*; (*male*) haute-contre *f*

altogether [ɔːltə'geðə*] *adv* entièrement, tout à fait; (*on the whole*) tout compte fait; (*in all*) en tout; **how much is that altogether?** ça fait combien en tout?

aluminium [ælju'mɪnɪəm], (*US*) **aluminum** [ə'luːmɪnəm] *n* aluminium *m*

always ['ɔːlweɪz] *adv* toujours

Alzheimer's disease [ælts'haɪməz-] *n* maladie *f* d'Alzheimer

AM *abbr* = **amplitude modulation** ◆ *n abbr* (= *Assembly Member*) député *m* au Parlement gallois

am [æm] *vb see* **be**

a.m. *adv abbr* (= *ante meridiem*) du matin

amalgamate [ə'mælgəmeɪt] *vt, vi* fusionner

amateur ['æmətə*] *n* amateur *m* ◆ *adj* (*SPORT*) amateur *inv*; **amateur dramatics** le théâtre amateur

amateurish ['æmətərɪʃ] *adj* (*pej*) d'amateur, un peu amateur

amaze [ə'meɪz] *vt* surprendre, étonner; **to be amazed (at)** être surpris or étonné (de)

amazement [ə'meɪzmənt] *n* surprise *f*, étonnement *m*

amazing [ə'meɪzɪŋ] *adj* étonnant(e), incroyable; (*bargain, offer*) exceptionnel(le)

ambassador [æm'bæsədə*] *n* ambassadeur *m*

amber ['æmbə*] *n* ambre *m*; **at amber** (*BRIT AUT*) à l'orange

ambiguous [æm'bɪgjuəs] *adj* ambigu(ë)

ambition [æm'bɪʃən] *n* ambition *f*

ambitious [æm'bɪʃəs] *adj* ambitieux(euse)

ambulance ['æmbjuləns] *n* ambulance *f*

ambush ['æmbʊʃ] *n* embuscade *f* ◆ *vt* tendre une embuscade à

amenable [ə'miːnəbl] *adj*: **amenable to** (*advice etc*) disposé(e) à écouter or suivre; **amenable to the law** responsable devant la loi

amend [ə'mend] *vt* (*law*) amender; (*text*) corriger; (*habits*) réformer ◆ *vi* s'amender, se corriger; **to make amends** réparer ses torts, faire amende honorable

amenities [ə'miːnɪtɪz] *npl* aménagements *mpl*, équipements *mpl*

America [ə'merɪkə] *n* Amérique *f*

American [ə'merɪkən] *adj* américain(e) ◆ *n* Américain/e

amiable ['eɪmɪəbl] *adj* aimable, affable

amicable ['æmɪkəbl] *adj* amical(e)

amid(st) [ə'mɪd(st)] *prep* parmi, au milieu de

amiss [ə'mɪs] *adj, adv*: **there's something amiss** il y a quelque chose qui ne va pas or qui cloche; **to take sth amiss** prendre qch mal or de travers

ammonia [ə'məʊnɪə] *n* (*gas*) ammoniac *m*; (*liquid*) ammoniaque *f*

ammunition [æmju'nɪʃən] *n* munitions *fpl*; (*fig*) arguments *mpl*

amok [ə'mɒk] *adv*: **to run amok** être pris(e) d'un accès de folie furieuse

among(st) [ə'mʌŋ(st)] *prep* parmi, entre

amorous ['æmərəs] *adj* amoureux(euse)

amount [ə'maʊnt] *n* (*sum of money*) somme *f*; (*total*) montant *m*; (*quantity*) quantité *f*; nombre *m* ◆ *vi*: **to amount to** (*total*) s'élever à; (*be same as*) équivaloir à, revenir à; **this amounts to a refusal** cela équivaut à un refus; **the total amount** (*of money*) le montant total

amp(ere) ['æmp(eə*)] *n* ampère *m*; **a 13 amp plug** une fiche de 13 A

ample ['æmpl] *adj* ample, spacieux(euse); (*enough*): **this is ample** c'est largement suffisant; **to have ample time/room** avoir bien assez de temps/place, avoir largement le temps/la place

amplifier ['æmplɪfaɪə*] *n* amplificateur *m*

amuse [ə'mjuːz] *vt* amuser; **to amuse o.s. with**

sth/by doing sth se divertir avec qch/à faire qch;
to be amused at être amusé par; **he was not
amused** il n'a pas apprécié
amusement [əˈmjuːzmənt] n amusement m
amusement arcade n salle f de jeu
amusement park n parc m d'attractions
an [æn, ən, n] indef art see **a**
anaemic [əˈniːmɪk] adj anémique
anaesthetic [ænɪsˈθetɪk] adj, n anesthésique (m);
under the anaesthetic sous anesthésie; **local/
general anaesthetic** anesthésie locale/générale
analog(ue) [ˈænələg] adj (watch, computer) analogique
analyse [ˈænəlaɪz] vt (BRIT) analyser
analysis [əˈnæləsɪs, -siːz] n analyse f;
in the final analysis en dernière analyse
analyst [ˈænəlɪst] n (political analyst etc) analyste
m/f; (US) psychanalyste m/f
analyze [ˈænəlaɪz] vt (US) = **analyse**
anarchist [ˈænəkɪst] adj, n anarchiste (m/f)
anarchy [ˈænəkɪ] n anarchie f
anatomy [əˈnætəmɪ] n anatomie f
ancestor [ˈænsɪstə*] n ancêtre m, aïeul m
anchor [ˈæŋkə*] n ancre f ♦ vi (also: **to
drop anchor**) jeter l'ancre, mouiller ♦ vt mettre à
l'ancre
anchovy [ˈæntʃəvɪ] n anchois m
ancient [ˈeɪnʃənt] adj ancien(ne), antique; (fig)
d'un âge vénérable, antique; **ancient monument**
monument m historique
ancillary [ænˈsɪlərɪ] adj auxiliaire
and [ænd] conj et; **and so on** et ainsi de suite; **try
and come** tâchez de venir; **come and sit here**
venez vous asseoir ici; **better and better** de mieux
en mieux; **more and more** de plus en plus
anew [əˈnjuː] adv à nouveau
angel [ˈeɪndʒəl] n ange m
anger [ˈæŋgə*] n colère f ♦ vt mettre en colère,
irriter
angina [ænˈdʒaɪnə] n angine f de poitrine
angle [ˈæŋgl] n angle m ♦ vi: **to angle for** (trout)
pêcher; (compliments) chercher, quêter; **from their
angle** de leur point de vue
angler [ˈæŋglə*] n pêcheur/euse à la ligne
Anglican [ˈæŋglɪkən] adj, n anglican/e
angling [ˈæŋglɪŋ] n pêche f à la ligne
Anglo- [ˈæŋgləu] prefix anglo(-)
angrily [ˈæŋgrɪlɪ] adv avec colère
angry [ˈæŋgrɪ] adj en colère, furieux(euse); **to be
angry with sb/at sth** être furieux contre qn/de
qch; **to get angry** se fâcher, se mettre en colère; **to
make sb angry** mettre qn en colère
anguish [ˈæŋgwɪʃ] n angoisse f
animal [ˈænɪməl] n animal m ♦ adj animal(e)
animate vt [ˈænɪmeɪt] animer ♦ adj [ˈænɪmɪt]
animé(e), vivant(e)

animated [ˈænɪmeɪtɪd] adj animé(e)
aniseed [ˈænɪsiːd] n anis m
ankle [ˈæŋkl] n cheville f
ankle socks npl socquettes fpl
annex n [ˈæneks] (BRIT: also: **annexe**) annexe f ♦ vt
[əˈneks] annexer
anniversary [ænɪˈvəːsərɪ] n anniversaire m
announce [əˈnauns] vt annoncer; (birth, death)
faire part de; **he announced that he wasn't going**
il a déclaré qu'il n'irait pas
announcement [əˈnaunsmənt] n annonce f; (for
births etc: in newspaper) avis m de faire-part; (: letter,
card) faire-part m; **I'd like to make an announcement** j'ai une communication à faire
announcer [əˈnaunsə*] n (RADIO, TV: between pro-
grammes) speaker/ine; (: in a programme) présenta-
teur/trice
annoy [əˈnɔɪ] vt agacer, ennuyer, contrarier; **to be
annoyed (at sth/with sb)** être en colère or irrité
(contre qch/qn); **don't get annoyed!** ne vous
fâchez pas!
annoyance [əˈnɔɪəns] n mécontentement m,
contrariété f
annoying [əˈnɔɪɪŋ] adj ennuyeux(euse), aga-
çant(e), contrariant(e)
annual [ˈænjuəl] adj annuel(le) ♦ n (BOT) plante
annuelle; (book) album m
annul [əˈnʌl] vt annuler; (law) abroger
anonymous [əˈnɔnɪməs] adj anonyme; **to
remain anonymous** garder l'anonymat
anorak [ˈænəræk] n anorak m
anorexia [ænəˈreksɪə] n (also: **anorexia nervosa**)
anorexie f
another [əˈnʌðə*] adj: **another book** (one more)
un autre livre, encore un livre, un livre de plus; (a different one) un autre livre; **another drink?** encore
un verre?; **in another 5 years** dans 5 ans ♦ pron
un(e) autre, encore un(e), un(e) de plus; see also **one**
answer [ˈɑːnsə*] n réponse f; (to problem) solution
f ♦ vi répondre ♦ vt (reply to) répondre à; (problem)
résoudre; (prayer) exaucer; **to answer the phone**
répondre (au téléphone); **in answer to your letter**
suite à or en réponse à votre lettre; **to answer the
bell** or **the door** aller or venir ouvrir (la porte)
▶ **answer back** vi répondre, répliquer
▶ **answer for** vt fus répondre de, se porter garant
de; (crime, one's actions) répondre de
▶ **answer to** vt fus (description) répondre or correspondre à
answerable [ˈɑːnsərəbl] adj: **answerable (to sb)
for sth**) responsable (devant qn/de qch); **I am answerable to no-one** je n'ai de comptes à rendre à
personne
answering machine [ˈɑːnsərɪŋ-] n répondeur
m
ant [ænt] n fourmi f
antagonism [ænˈtægənɪzəm] n antagonisme m

antagonize [æn'tægənaɪz] *vt* éveiller l'hostilité de, contrarier

Antarctic [ænt'ɑːktɪk] *adj* antarctique, austral(e) ◆ *n*: **the Antarctic** l'Antarctique *m*

antenatal ['æntɪ'neɪtl] *adj* prénatal(e)

antenatal clinic *n* service *m* de consultation prénatale

anthem ['ænθəm] *n* motet *m*; **national anthem** hymne national

anti- ['æntɪ] *prefix* anti-

anti-aircraft ['æntɪ'ɛəkrɑːft] *adj* antiaérien(ne)

antibiotic ['æntɪbaɪ'ɔtɪk] *adj*, *n* antibiotique (*m*)

antibody ['æntɪbɒdɪ] *n* anticorps *m*

anticipate [æn'tɪsɪpeɪt] *vt* s'attendre à, prévoir; *(wishes, request)* aller au devant de, devancer; **this is worse than I anticipated** c'est pire que je ne pensais; **as anticipated** comme prévu

anticipation [æntɪsɪ'peɪʃən] *n* attente *f*; **thanking you in anticipation** en vous remerciant d'avance, avec mes remerciements anticipés

anticlimax ['æntɪ'klaɪmæks] *n* réalisation décevante d'un événement que l'on escomptait important, intéressant etc

anticlockwise ['æntɪ'klɒkwaɪz] *adj* dans le sens inverse des aiguilles d'une montre

antics ['æntɪks] *npl* singeries *fpl*

antidepressant ['æntɪdɪ'presnt] *n* antidépresseur *m*

antifreeze ['æntɪfriːz] *n* antigel *m*

antihistamine [æntɪ'hɪstəmɪn] *n* antihistaminique *m*

antiquated ['æntɪkweɪtɪd] *adj* vieilli(e), suranné(e), vieillot(te)

antique [æn'tiːk] *n* objet *m* d'art ancien, meuble ancien or d'époque, antiquité *f* ◆ *adj* ancien(ne); *(pre-mediaeval)* antique

antique dealer *n* antiquaire *m/f*

antique shop *n* magasin *m* d'antiquités

anti-Semitism ['æntɪ'semɪtɪzəm] *n* antisémitisme *m*

antiseptic [æntɪ'septɪk] *adj*, *n* antiseptique (*m*)

antisocial ['æntɪ'səuʃəl] *adj* peu liant(e), insociable; *(against society)* antisocial(e)

antlers ['æntləz] *npl* bois *mpl*, ramure *f*

anvil ['ænvɪl] *n* enclume *f*

anxiety [æŋ'zaɪətɪ] *n* anxiété *f*; *(keenness)*: **anxiety to do** grand désir or impatience *f* de faire

anxious ['æŋkʃəs] *adj* anxieux(euse), (très) inquiet(ète); *(keen)*: **anxious to do/that** qui tient beaucoup à faire/à ce que; impatient(e) de faire/que; **I'm very anxious about you** je me fais beaucoup de souci pour toi

---

KEYWORD

any ['enɪ] *adj* **1** *(in questions etc: singular)* du, de l', de la; *(in questions etc: plural)* des; **have you any butter/children/ink?** avez-vous du beurre/des enfants/de l'encre?

2 *(with negative)* de, d'; **I haven't any money/books** je n'ai pas d'argent/de livres; **without any difficulty** sans la moindre difficulté

3 *(no matter which)* n'importe quel(le), quelconque; *(each and every)* tout(e), chaque; **choose any book you like** vous pouvez choisir n'importe quel livre

4 *(in phrases)*: **in any case** de toute façon; **any day now** d'un jour à l'autre; **at any moment** à tout moment, d'un instant à l'autre; **at any rate** en tout cas

◆ *pron* **1** *(in questions etc)* en; **have you got any?** est-ce que vous en avez?; **can any of you sing?** est-ce que parmi vous il y en a qui savent chanter?

2 *(with negative)* en; **I haven't any (of them)** je n'en ai pas, je n'en ai aucun

3 *(no matter which one(s))* n'importe lequel (or laquelle); *(anybody)* n'importe qui; **take any of those books (you like)** vous pouvez prendre n'importe lequel de ces livres

◆ *adv* **1** *(in questions etc)*: **do you want any more soup/sandwiches?** voulez-vous encore de la soupe/des sandwichs?; **are you feeling any better?** est-ce que vous vous sentez mieux?

2 *(with negative)*: **I can't hear him any more** je ne l'entends plus; **don't wait any longer** n'attendez pas plus longtemps

---

anybody ['enɪbɒdɪ] *pron* n'importe qui; *(in interrogative sentences)* quelqu'un; *(in negative sentences)*: **I don't see anybody** je ne vois personne

anyhow ['enɪhau] *adv* quoi qu'il en soit; *(haphazardly)* n'importe comment; **I shall go anyhow** j'irai de toute façon

anyone ['enɪwʌn] = **anybody**

anything ['enɪθɪŋ] *pron* n'importe quoi; *(in interrogative sentences)* quelque chose; *(in negative sentences)*: **I don't want anything** je ne veux rien; **anything else?** *(in shop)* et avec ça?; **it can cost anything between £10 and £20** *(BRIT)* ça peut coûter dans les 15 à 20 livres

anyway ['enɪweɪ] *adv* de toute façon

anywhere ['enɪwɛə*] *adv* n'importe où; *(in interrogative sentences)* quelque part; *(in negative sentences)*: **I don't see him anywhere** je ne le vois nulle part; **anywhere in the world** n'importe où dans le monde

apart [ə'pɑːt] *adv* *(to one side)* à part; de côté; à l'écart; *(separately)* séparément; **10 miles/a long way apart** à 10 milles/très éloignés l'un de l'autre; **they are living apart** ils sont séparés; **apart from** *prep* à part, excepté

apartheid [ə'pɑːteɪt] *n* apartheid *m*

apartment [ə'pɑːtmənt] *n* *(US)* appartement *m*, logement *m*

apartment building *n* *(US)* immeuble *m*; maison divisée en appartements

ape [eɪp] *n* (grand) singe *m* ◆ *vt* singer

apéritif [ə'perɪtiːf] *n* apéritif *m*

aperture [ˈæpətʃjuəˈ] n orifice m, ouverture f; (PHOT) ouverture (du diaphragme)

APEX [ˈeɪpeks] n abbr (AVIAT: = advance purchase excursion) APEX m

apologetic [əpɒləˈdʒetɪk] adj (tone, letter) d'excuse; **to be very apologetic about** s'excuser vivement de

apologize [əˈpɒlədʒaɪz] vi: **to apologize (for sth to sb)** s'excuser (de qch auprès de qn), présenter des excuses (à qn pour qch)

apology [əˈpɒlədʒɪ] n excuses fpl; **to send one's apologies** envoyer une lettre or un mot d'excuse, s'excuser (de ne pas pouvoir venir); **please accept my apologies** vous voudriez bien m'excuser

apostle [əˈpɒsl] n apôtre m

apostrophe [əˈpɒstrəfɪ] n apostrophe f

appalling [əˈpɔːlɪŋ] adj épouvantable; (stupidity) consternant(e); **she's an appalling cook** c'est une très mauvaise cuisinière

apparatus [æpəˈreɪtəs] n appareil m, dispositif m; (in gymnasium) agrès mpl

apparel [əˈpærl] n (US) habillement m, confection f

apparent [əˈpærənt] adj apparent(e); **it is apparent that** il est évident que

apparently [əˈpærəntlɪ] adv apparemment

appeal [əˈpiːl] vi (LAW) faire or interjeter appel ♦ n (LAW) appel m; (request) appel; prière f; (charm) attrait m, charme m; **to appeal for** demander (instamment); implorer; **to appeal to** (person) faire appel à; (thing) plaire à; **to appeal to sb for mercy** implorer la pitié de qn, prier or adjurer qn d'avoir pitié; **it doesn't appeal to me** cela ne m'attire pas; **right of appeal** droit m de recours

appealing [əˈpiːlɪŋ] adj (nice) attrayant(e); (touching) attendrissant(e)

appear [əˈpɪəˈ] vi apparaître, se montrer; (LAW) comparaître; (publication) paraître, sortir, être publié(e); (seem) paraître, sembler; **it would appear that** il semble que; **to appear in Hamlet** jouer dans Hamlet; **to appear on TV** passer à la télé

appearance [əˈpɪərəns] n apparition f; parution f; (look, aspect) apparence f, aspect m; **to put in or make an appearance** faire acte de présence; (THEAT) **by order of appearance** par ordre d'entrée en scène; **to keep up appearances** sauver les apparences; **to all appearances** selon toute apparence

appease [əˈpiːz] vt apaiser, calmer

appendicitis [əpendɪˈsaɪtɪs] n appendicite f

appendix, pl **appendices** [əˈpendɪks, -siːz] n appendice m; **to have one's appendix out** se faire opérer de l'appendicite

appetite [ˈæpɪtaɪt] n appétit m; **that walk has given me an appetite** cette promenade m'a ouvert l'appétit

appetizer [ˈæpɪtaɪzəˈ] n (food) amuse-gueule m;

(drink) apéritif m

applaud [əˈplɔːd] vt, vi applaudir

applause [əˈplɔːz] n applaudissements mpl

apple [ˈæpl] n pomme f; (also: **apple tree**) pommier m; **it's the apple of my eye** j'y tiens comme à la prunelle de mes yeux

appliance [əˈplaɪəns] n appareil m; **electrical appliances** l'électroménager m

applicable [əˈplɪkəbl] adj applicable; **the law is applicable from January** la loi entre en vigueur au mois de janvier; **to be applicable to** valoir pour

applicant [ˈæplɪkənt] n: **applicant (for)**; (ADMIN: for benefit etc) demandeur/euse (de); (for post) candidat/e (à)

application [æplɪˈkeɪʃən] n application f; (for a job, a grant etc) demande f; candidature f; **on application** sur demande

application form n formulaire m de demande

applied [əˈplaɪd] adj appliqué(e); **applied arts** npl arts décoratifs

apply [əˈplaɪ] vt: **to apply (to)** (paint, ointment) appliquer (sur); (theory, technique) appliquer (à) ♦ vi: **to apply to** (ask) s'adresser à; (be suitable for, relevant to) s'appliquer à, être valable pour; **to apply (for)** (permit, grant) faire une demande (en vue d'obtenir); (job) poser sa candidature (pour), faire une demande d'emploi (concernant); **to apply the brakes** actionner les freins, freiner; **to apply o.s. to** s'appliquer à

appoint [əˈpɔɪnt] vt nommer, engager; (date, place) fixer, désigner

appointed [əˈpɔɪntɪd] adj: **at the appointed time** à l'heure dite

appointment [əˈpɔɪntmənt] n (to post) nomination f; (arrangement to meet) rendez-vous m; **to make an appointment (with)** prendre rendez-vous (avec); **"appointments (vacant)"** (PRESS) "offres d'emploi"; **by appointment** sur rendez-vous

appraisal [əˈpreɪzl] n évaluation f

appreciate [əˈpriːʃɪeɪt] vt (like) apprécier, faire cas de; (be grateful for) être reconnaissant(e) de; (assess) évaluer; (be aware of) comprendre, se rendre compte de ♦ vi (FINANCE) prendre de la valeur; **I appreciate your help** je vous remercie pour votre aide

appreciation [əpriːʃɪˈeɪʃən] n appréciation f; (gratitude) reconnaissance f; (FINANCE) hausse f, valorisation f

appreciative [əˈpriːʃɪətɪv] adj (person) sensible; (comment) élogieux(euse)

apprehensive [æprɪˈhensɪv] adj inquiet(ète), appréhensif(ive)

apprentice [əˈprentɪs] n apprenti m ♦ vt: **to be apprenticed to** être en apprentissage chez

apprenticeship [əˈprentɪʃɪp] n apprentissage m; **to serve one's apprenticeship** faire son apprentissage

approach [ə'prəʊtʃ] *vi* approcher ♦ *vt* (*come near*) approcher de; (*ask, apply to*) s'adresser à; (*subject, passer-by*) aborder ♦ *n* approche *f*; accès *m*, abord *m*; démarche *f* (*auprès de qn*); démarche (*intellectuelle*) **to approach sb about sth** aller or venir voir qn pour qch

approachable [ə'prəʊtʃəbl] *adj* accessible

appropriate *vt* [ə'prəʊprɪeɪt] (*take*) s'approprier; (*allot*): **to appropriate sth for** affecter qch à ♦ *adj* [ə'prəʊprɪɪt] qui convient, approprié(e); (*timely*) opportun(e); **appropriate for** or **to** approprié à; **it would not be appropriate for me to comment** il ne me serait pas approprié de commenter

approval [ə'pruːvəl] *n* approbation *f*; **to meet with sb's approval** (*proposal etc*) recueillir l'assentiment de qn; **on approval** (*COMM*) à l'examen

approve [ə'pruːv] *vt* approuver

▶ **approve of** *vt fus* approuver

approximate *adj* [ə'prɒksɪmɪt] approximatif(ive) ♦ *vt* [ə'prɒksɪmeɪt] se rapprocher de; être proche de

approximately [ə'prɒksɪmətlɪ] *adv* approximativement

apricot ['eɪprɪkɒt] *n* abricot *m*

April ['eɪprəl] *n* avril *m*; **April fool!** poisson d'avril!; *for phrases see also* **July**

April Fools' Day *n* le premier avril; *voir encadré*

> ### APRIL FOOLS' DAY
>
> **April Fools' Day** est le 1er avril, à l'occasion duquel on fait des farces de toutes sortes. Les victimes de ces farces sont les "April fools". Les médias britanniques s'en prennent aussi au jeu, diffusant de fausses nouvelles, comme la découverte d'îles de la taille de l'Irlande, ou faisant des reportages bidon, montrant par exemple la culture d'arbres à spaghettis en Italie.

apron ['eɪprən] *n* tablier *m*; (*AVIAT*) aire *f* de stationnement

apt [æpt] *adj* (*suitable*) approprié(e); (*able*) **apt (at)** doué(e) (pour); (*likely*): **apt to do** susceptible de faire; ayant tendance à faire

Aquarius [ə'kwɛərɪəs] *n* le Verseau; **to be Aquarius** être du Verseau

Arab ['ærəb] *n* Arabe *m/f* ♦ *adj* arabe

Arabian [ə'reɪbɪən] *adj* arabe

Arabic ['ærəbɪk] *adj, n* arabe (*m*)

arbitrary ['ɑːbɪtrərɪ] *adj* arbitraire

arbitration [ɑːbɪ'treɪʃən] *n* arbitrage *m*; **the dispute went to arbitration** le litige a été soumis à arbitrage

arcade [ɑː'keɪd] *n* arcade *f*; (*passage with shops*) passage *m*, galerie *f*

arch [ɑːtʃ] *n* arche *f*; (*of foot*) cambrure *f*, voûte *f* plantaire ♦ *vt* arquer, cambrer ♦ *adj* malicieux(euse) ♦ *prefix*: **arch(-)** achevé(e); par excellence; **pointed arch** ogive *f*

archaeologist [ɑːkɪ'ɒlədʒɪst] *n* archéologue *m/f*

archaeology [ɑːkɪ'ɒlədʒɪ] *n* archéologie *f*

archbishop [ɑːtʃ'bɪʃəp] *n* archevêque *m*

archeology *etc* [ɑːkɪ'ɒlədʒɪ] (*US*) = **archaeology** *etc*

archery ['ɑːtʃərɪ] *n* tir *m* à l'arc

architect ['ɑːkɪtekt] *n* architecte *m*

architecture ['ɑːkɪtektʃə*] *n* architecture *f*

archives ['ɑːkaɪvz] *npl* archives *fpl*

Arctic ['ɑːktɪk] *adj* arctique ♦ *n*: **the Arctic** l'Arctique *m*

ardent ['ɑːdənt] *adj* fervent(e)

are [ɑː*] *vb see* **be**

area ['ɛərɪə] *n* (*GEOM*) superficie *f*; (*zone*) région *f*; (*: smaller*) secteur *m*; **dining area** coin *m* salle à manger; **the London area** la région Londonienne

area code *n* (*TEL*) indicatif *m* de zone

aren't [ɑːnt] = **are not**

Argentina [ɑːdʒən'tiːnə] *n* Argentine *f*

Argentinian [ɑːdʒən'tɪnɪən] *adj* argentin(e) ♦ *n* Argentin/e

arguably ['ɑːgjuəblɪ] *adv*: **it is arguably ...** on peut soutenir que c'est ...

argue ['ɑːgjuː] *vi* (*quarrel*) se disputer; (*reason*) argumenter ♦ *vt* (*debate: case, matter*) débattre; **to argue about sth (with sb)** se disputer (avec qn) au sujet de qch; **to argue that** objecter or alléguer que, donner comme argument que

argument ['ɑːgjumənt] *n* (*reasons*) argument *m*; (*quarrel*) dispute *f*, discussion *f*; (*debate*) discussion, controverse *f*; **argument for/against** argument pour/contre

argumentative [ɑːgju'mentətɪv] *adj* ergoteur(euse), raisonneur(euse)

Aries ['ɛərɪz] *n* le Bélier; **to be Aries** être du Bélier

arise, *pt* **arose**, *pp* **arisen** [ə'raɪz, ə'rəʊz, ə'rɪzn] *vi* survenir, se présenter; **to arise from** résulter de; **should the need arise** en cas de besoin

aristocrat ['ærɪstəkræt] *n* aristocrate *m/f*

arithmetic [ə'rɪθmətɪk] *n* arithmétique *f*

ark [ɑːk] *n*: **Noah's Ark** l'Arche *f* de Noé

arm [ɑːm] *n* bras *m* ♦ *vt* armer; **arm in arm** bras dessus bras dessous

armaments ['ɑːməmənts] *npl* (*weapons*) armement *m*

armchair ['ɑːmtʃɛə*] *n* fauteuil *m*

armed [ɑːmd] *adj* armé(e); **the armed forces** les forces armées

armed robbery *n* vol *m* à main armée

armour, (*US*) **armor** ['ɑːmə*] *n* armure *f*; (*also*: **armour-plating**) blindage *m*; (*MIL: tanks*) blindés *mpl*

armo(u)red car ['ɑːməd-] *n* véhicule blindé

armpit ['ɑːmpɪt] *n* aisselle *f*

armrest ['ɑːmrest] *n* accoudoir *m*

army [ˈɑːmɪ] n armée f

aroma [əˈrəumə] n arôme m

aromatherapy [ərəuməˈθerəpɪ] n aromathérapie f

arose [əˈrəuz] pt of **arise**

around [əˈraund] adv (tout) autour; (nearby) dans les parages ♦ prep autour de; (fig: about) environ; vers; **is he around?** est-il dans les parages or là?

arouse [əˈrauz] vt (sleeper) éveiller; (curiosity, passions) éveiller, susciter; exciter

arrange [əˈreɪndʒ] vt arranger; (programme) arrêter, convenir de ♦ vi: **we have arranged for a car to pick you up** nous avons prévu qu'une voiture vienne vous prendre; **it was arranged that ...** il a été convenu que ..., il a été décidé que ...; **to arrange to do sth** prévoir de faire qch

arrangement [əˈreɪndʒmənt] n arrangement m; (plans etc): **arrangements** dispositions fpl; **to come to an arrangement (with sb)** se mettre d'accord (avec qn); **home deliveries by arrangement** livraison à domicile sur demande; **I'll make arrangements for you to be met** je vous enverrai chercher

array [əˈreɪ] n (of objects) déploiement m, étalage m; (MATH, COMPUT) tableau m

arrears [əˈrɪəz] npl arriéré m; **to be in arrears with one's rent** devoir un arriéré de loyer, être en retard pour le paiement de son loyer

arrest [əˈrest] vt arrêter; (sb's attention) retenir, attirer ♦ n arrestation f; **under arrest** en état d'arrestation

arrival [əˈraɪvl] n arrivée f; (COMM) arrivage m; (person) arrivant/e; **new arrival** nouveau venu/nouvelle venue

arrive [əˈraɪv] vi arriver
► **arrive at** vt fus (fig) parvenir à

arrogant [ˈerəgənt] adj arrogant(e)

arrow [ˈerəu] n flèche f

arse [ɑːs] n (BRIT col!) cul m (!)

arson [ˈɑːsn] n incendie criminel

art [ɑːt] n art m; (craft) métier m; **work of art** œuvre f d'art

artery [ˈɑːtərɪ] n artère f

art gallery n musée m d'art; (small and private) galerie f de peinture

arthritis [ɑːˈθraɪtɪs] n arthrite f

artichoke [ˈɑːtɪtʃəuk] n artichaut m; **Jerusalem artichoke** topinambour m

article [ˈɑːtɪkl] n article m; (BRIT LAW: training): **articles** npl = stage m; **articles of clothing** vêtements mpl

articulate adj [ɑːˈtɪkjulɪt] (person) qui s'exprime clairement et aisément; (speech) bien articulé(e), prononcé(e) clairement ♦ vi [ɑːˈtɪkjuleɪt] articuler, parler distinctement

articulated lorry [ɑːˈtɪkjuleɪtɪd-] n (BRIT) (camion m) semi-remorque m

artificial [ɑːtɪˈfɪʃl] adj artificiel(le)

artificial respiration n respiration artificielle

artist [ˈɑːtɪst] n artiste m/f

artistic [ɑːˈtɪstɪk] adj artistique

artistry [ˈɑːtɪstrɪ] n art m, talent m

art school n ≈ école f des beaux-arts

KEYWORD
---

as [æz] conj **1** (time: moment) comme, alors que; à mesure que; (: duration) tandis que; **he came in as I was leaving** il est arrivé comme je partais; **as the years went by** à mesure que les années passaient; **as from tomorrow** à partir de demain
2 (in comparisons): **as big as** aussi grand que; **twice as big as** deux fois plus grand que; **big as it is** si grand que ce soit; **much as I like them, I ...** je les aime bien, mais je ...; **as much or many as** autant que; **as much money/many books** autant d'argent/de livres que; **as soon as** dès que
3 (since, because) comme, puisque; **as he had to be home by 10 ...** comme il or puisqu'il devait être de retour avant 10h ...
4 (referring to manner, way) comme; **do as you wish** faites comme vous voudrez
5 (concerning): **as for** or **to that** quant à cela, pour ce qui est de cela
6: as if or **though** comme si; **he looked as if he was ill** il avait l'air d'être malade; see also **long**; **such**; **well**
♦ prep (in the capacity of) en tant que, en qualité de; **he works as a driver** il travaille comme chauffeur; **as chairman of the company, he ...** en tant que président de la compagnie, il ...; **dressed up as a cowboy** déguisé en cowboy; **he gave me it as a present** il me l'a offert, il m'en a fait cadeau

---

a.s.a.p. abbr = **as soon as possible**

asbestos [æzˈbestəs] n asbeste m, amiante m

ascend [əˈsend] vt gravir

ascertain [æsəˈteɪn] vt s'assurer de, vérifier; établir

ash [æʃ] n (dust) cendre f; (also: **ash tree**) frêne m

ashamed [əˈʃeɪmd] adj honteux(euse), confus(e); **to be ashamed of** avoir honte de; **to be ashamed (of o.s.) for having done** avoir honte d'avoir fait

ashore [əˈʃɔː*] adv à terre; **to go ashore** aller à terre, débarquer

ashtray [ˈæʃtreɪ] n cendrier m

Ash Wednesday n mercredi m des Cendres

Asia [ˈeɪʃə] n Asie f

Asian [ˈeɪʃən] n Asiatique m/f ♦ adj asiatique

aside [əˈsaɪd] adv de côté, à l'écart ♦ n aparté m; **aside from** prep à part, excepté

ask [ɑːsk] vt demander; (invite) inviter; **to ask sb sth/to do sth** demander à qn qch/de faire qch; **to ask sb the time** demander l'heure à qn; **to ask sb**

about sth questionner qn au sujet de qch; **se renseigner auprès de qn au sujet de qch; to ask about the price** s'informer du prix, se renseigner au sujet du prix; **to ask (sb) a question** poser une question (à qn); **to ask sb out to dinner** inviter qn au restaurant

► **ask after** vt fus demander des nouvelles de

► **ask for** vt fus demander; **it's just asking for trouble** or **for it** ce serait chercher des ennuis

asking price ['ɑːskɪŋ-] n prix demandé

asleep [ə'sliːp] adj endormi(e); **to be asleep** dormir, être endormi; **to fall asleep** s'endormir

asparagus [əs'pærəgəs] n asperges fpl

aspect ['æspekt] n aspect m; (direction in which a building etc faces) orientation f, exposition f

aspire [əs'paɪə*] vi: **to aspire to** aspirer à

aspirin ['æsprɪn] n aspirine f

ass [æs] n âne m; (col) imbécile m/f; (US col!) cul m (!)

assailant [ə'seɪlənt] n agresseur m; assaillant m

assassinate [ə'sæsɪneɪt] vt assassiner

assassination [əsæsɪ'neɪʃən] n assassinat m

assault [ə'sɔːlt] n (MIL) assaut m; (gen: attack) agression f; (LAW): **assault (and battery)** voies fpl de fait, coups mpl et blessures fpl ◆ vt attaquer; (sexually) violenter

assemble [ə'sɛmbl] vt assembler ◆ vi s'assembler, se rassembler

assembly [ə'sɛmblɪ] n (meeting) rassemblement m; (construction) assemblage m

assembly line n chaîne f de montage

assent [ə'sɛnt] n assentiment m, consentement m ◆ vi: **to assent (to sth)** donner son assentiment (à qch), consentir (à qch)

assert [ə'sɜːt] vt affirmer, déclarer; établir; **to assert o.s.** s'imposer

assess [ə'sɛs] vt évaluer, estimer; (tax, damages) établir or fixer le montant de; (property etc: for tax) calculer la valeur imposable de

assessment [ə'sɛsmənt] n évaluation f, estimation f; (judgment): **assessment (of)** jugement m or opinion f (sur)

assessor [ə'sɛsə*] n expert m (en matière d'impôt et d'assurance)

asset ['æset] n avantage m, atout m; (person) atout m; **assets** npl (COMM) capital m; avoir(s) m(pl); actif m

assign [ə'saɪn] vt (date) fixer, arrêter; (task): **to assign sth to** assigner qch à; (resources): **to assign sth to** affecter qch à; (cause, meaning): **to assign sth to** attribuer qch à

assignment [ə'saɪnmənt] n tâche f, mission f

assist [ə'sɪst] vt aider, assister; (injured person etc) secourir

assistance [ə'sɪstəns] n aide f, assistance f; secours mpl

assistant [ə'sɪstənt] n assistant/e, adjoint/e; (BRIT:

also: **shop assistant**) vendeur/euse

associate adj, n [ə'səʊʃɪt] associé/e ◆ vb [ə'səʊʃɪeɪt] vt associer ◆ vi: **to associate with sb** fréquenter qn; **associate director** directeur adjoint; **associated company** société affiliée

association [əsəʊsɪ'eɪʃən] n association f; **in association with** en collaboration avec

assorted [ə'sɔːtɪd] adj assorti(e); **in assorted sizes** en plusieurs tailles

assortment [ə'sɔːtmənt] n assortiment m

assume [ə'sjuːm] vt supposer; (responsibilities etc) assumer; (attitude, name) prendre, adopter

assumption [ə'sʌmpʃən] n supposition f, hypothèse f; **on the assumption that** dans l'hypothèse où; (on condition that) à condition que

assurance [ə'fʊərəns] n assurance f; **I can give you no assurances** je ne peux rien vous garantir

assure [ə'fʊə*] vt assurer

asthma ['æsmə] n asthme m

astonish [ə'stɒnɪʃ] vt étonner, stupéfier

astonishment [ə'stɒnɪʃmənt] n (grand) étonnement, stupéfaction f

astound [ə'staʊnd] vt stupéfier, sidérer

astray [ə'streɪ] adv: **to go astray** s'égarer; (fig) quitter le droit chemin; **to go astray in one's calculations** faire fausse route dans ses calculs

astride [ə'straɪd] adv à cheval ◆ prep à cheval sur

astrology [əs'trɒlədʒɪ] n astrologie f

astronaut ['æstrənɔːt] n astronaute m/f

astronomy [əs'trɒnəmɪ] n astronomie f

asylum [ə'saɪləm] n asile m; **to seek political asylum** demander l'asile politique

┌─────────────────────────┐
│ KEYWORD │
└─────────────────────────┘

at [æt] prep **1** (referring to position, direction) à; **at the top** au sommet; **at home/school** à la maison or chez soi/à l'école; **at the baker's** à la boulangerie, chez le boulanger; **to look at sth** regarder qch **2** (referring to time): **at 4 o'clock** à 4 heures; **at Christmas** à Noël; **at night** la nuit; **at times** par moments, parfois

3 (referring to rates, speed etc) à; **at £1 a kilo** une livre le kilo; **two at a time** deux à la fois; **at 50 km/h** à 50 km/h; **at full speed** à toute vitesse

4 (referring to manner): **at a stroke** d'un seul coup; **at peace** en paix

5 (referring to activity): **to be at work** être au travail, travailler; **to play at cowboys** jouer aux cowboys; **to be good at sth** être bon en qch

6 (referring to cause): **shocked/surprised/annoyed at sth** choqué par/étonné de/agacé par qch; **I went at his suggestion** j'y suis allé sur son conseil

ate [eɪt] pt of eat

atheist ['eɪθɪɪst] n athée m/f

Athens ['æθɪnz] n Athènes

athlete ['æθli:t] n athlète m/f

athletic [æθ'letɪk] adj athlétique

athletics [æθ'letɪks] n athlétisme m

Atlantic [at'læntɪk] adj atlantique ♦ n: **the Atlantic (Ocean)** l'Atlantique m, l'océan m Atlantique

atlas ['ætləs] n atlas m

ATM abbr (= Automated Telling Machine) guichet m automatique

atmosphere ['ætməsfɪə*] n atmosphère f; (air) air m

atom ['ætəm] n atome m

atomic [ə'tɔmɪk] adj atomique

atom(ic) bomb n bombe f atomique

atomizer ['ætəmaɪzə*] n atomiseur m

atone [ə'təun] vi: **to atone for** expier, racheter

atrocious [ə'trəuʃəs] adj (very bad) atroce, exécrable

attach [ə'tætʃ] vt (gen) attacher; (document, letter) joindre; (employee, troops) affecter; **to be attached to sb/sth** (to like) être attaché à qn/qch; **the attached letter** la lettre ci-jointe

attaché case [ə'tæʃeɪ] n mallette f, attaché-case m

attachment [ə'tætʃmənt] n (tool) accessoire m; (love): **attachment (to)** (LAW) affection f (pour), attachement m (à)

attack [ə'tæk] vt attaquer; (task etc) s'attaquer à ♦ n attaque f; (also: **heart attack**) crise f cardiaque

attain [ə'teɪn] vt (also: **to attain to**) parvenir à, atteindre; acquérir

attempt [ə'tempt] n tentative f ♦ vt essayer, tenter; **attempted theft** etc (LAW) tentative de vol etc; **to make an attempt on sb's life** attenter à la vie de qn; **he made no attempt to help** il n'a rien fait pour m'aider ou l'aider etc

attempted [ə'temptɪd] adj: **attempted murder/suicide** tentative f de meurtre/suicide

attend [ə'tend] vt (course) suivre; (meeting, talk) assister à; (school, church) aller à, fréquenter; (patient) soigner, s'occuper de; **to attend (up)on** servir; être au service de

▶ **attend to** vt fus (needs, affairs etc) s'occuper de; (customer) s'occuper de, servir

attendance [ə'tendəns] n (being present) présence f; (people present) assistance f

attendant [ə'tendənt] n employé/e; gardien/ne ♦ adj concomitant(e), qui accompagne or s'ensuit

attention [ə'tenʃən] n attention f; **attentions** attentions fpl, prévenances fpl; **attention!** (MIL) garde-à-vous!; **at attention** (MIL) au garde-à-vous; **for the attention of** (ADMIN) à l'attention de; **it has come to my attention that ...** je constate que ...

attentive [ə'tentɪv] adj attentif(ive); (kind) prévenant(e)

attest [ə'test] vi: **to attest to** témoigner de attester (de)

attic ['ætɪk] n grenier m, combles mpl

attitude ['ætɪtjuːd] n (behaviour) attitude f, manière f; (posture) pose f, attitude; (view): **attitude (to)** attitude (envers)

attorney [ə'təːnɪ] n (US: lawyer) avocat m; (having proxy) mandataire m; **power of attorney** procuration f

Attorney General n (BRIT) = procureur général; (US), = garde m des Sceaux, ministre m de la Justice

attract [ə'trækt] vt attirer

attraction [ə'trækʃən] n (gen pl: pleasant things) attraction f, attrait m; (PHYSICS) attraction; (fig: towards sth) attirance f

attractive [ə'træktɪv] adj séduisant(e), attrayant(e)

attribute n ['ætrɪbjuːt] attribut m ♦ vt [ə'trɪbjuːt]: **to attribute sth to** attribuer qch à

attrition [ə'trɪʃən] n: **war of attrition** guerre f d'usure

aubergine ['əubəʒiːn] n aubergine f

auction ['ɔːkʃən] n (also: **sale by auction**) vente f aux enchères ♦ vt (also: **to sell by auction**) vendre aux enchères; (also: **to put up for auction**) mettre aux enchères

auctioneer [ɔːkʃə'nɪə*] n commissaire-priseur m

audience ['ɔːdɪəns] n (people) assistance f, auditoire m; auditeurs mpl; spectateurs mpl; (interview) audience f

audiovisual [ɔːdɪəu'vɪzjuəl] adj audio-visuel(le); **audiovisual aids** supports or moyens audiovisuels

audit ['ɔːdɪt] n vérification f des comptes, apurement m ♦ vt vérifier, apurer

audition [ɔː'dɪʃən] n audition f ♦ vi auditionner

auditor ['ɔːdɪtə*] n vérificateur m des comptes

augur ['ɔːgə*] vt (be a sign of) présager, annoncer ♦ vi: **it augurs well** c'est bon signe ou de bon augure, cela s'annonce bien

August ['ɔːgəst] n août m; for phrases see also **July**

aunt [ɑːnt] n tante f

auntie, aunty ['ɑːntɪ] n diminutive of **aunt**

au pair ['əu'peə*] n (also: **au pair girl**) jeune fille f au pair

auspicious [ɔːs'pɪʃəs] adj de bon augure, propice

Australia [ɔs'treɪlɪə] n Australie f

Australian [ɔs'treɪlɪən] adj australien(ne) ♦ n Australien/ne

Austria ['ɔstrɪə] n Autriche f

Austrian ['ɔstrɪən] adj autrichien(ne) ♦ n Autrichien/ne

authentic [ɔː'θentɪk] adj authentique

author ['ɔːθə*] n auteur m

authoritarian [ɔːθɔrɪ'tɛərɪən] adj autoritaire

authoritative [ɔː'θɔrɪtətɪv] adj (account) digne de foi; (study, treatise) qui fait autorité; (manner) autoritaire

authority [ɔː'θɔrɪtɪ] n autorité f; (permission) autorisation (formelle); **the authorities** les autorités, l'administration f; **to have authority to do sth** être habilité à faire qch

authorize ['ɔːθəraɪz] vt autoriser

auto ['ɔːtəʊ] n (US) auto f, voiture f

autobiography [ɔːtəbaɪ'ɒɡrəfɪ] n autobiographie f

autograph ['ɔːtəɡrɑːf] n autographe m ♦ vt signer, dédicacer

automated ['ɔːtəmeɪtɪd] adj automatisé(e)

automatic [ɔːtə'mætɪk] adj automatique ♦ n (gun) automatique m; (washing machine) lave-linge m automatique; (BRIT AUT) voiture f à transmission automatique

automatically [ɔːtə'mætɪklɪ] adv automatiquement

automation [ɔːtə'meɪʃən] n automatisation f

automobile ['ɔːtəməbiːl] n (US) automobile f

autonomy [ɔː'tɒnəmɪ] n autonomie f

autumn ['ɔːtəm] n automne m

auxiliary [ɔːɡ'zɪlɪərɪ] adj, n auxiliaire (m/f)

avail [ə'veɪl] vt: **to avail o.s. of** user de; profiter de ♦ n: **to no avail** sans résultat, en vain, en pure perte

availability [əveɪlə'bɪlɪtɪ] n disponibilité f

available [ə'veɪləbl] adj disponible; **every available means** tous les moyens possibles or à sa (or notre etc) disposition; **is the manager available?** est-ce que le directeur peut (me) recevoir?; (on phone) pourrais-je parler au directeur?; **to make sth available to sb** mettre qch à la disposition de qn

avalanche ['ævəlɑːnʃ] n avalanche f

Ave. abbr (= avenue) Av.

avenge [ə'vendʒ] vt venger

avenue ['ævənjuː] n avenue f

average ['ævərɪdʒ] n moyenne f ♦ adj moyen(ne) ♦ vt (a certain figure) atteindre or faire etc en moyenne; **on average** en moyenne; **above/below (the) average** au-dessus/en-dessous de la moyenne

▶ **average out** vi: **to average out at** représenter en moyenne, donner une moyenne de

averse [ə'vɜːs] adj: **to be averse to sth/doing** éprouver une forte répugnance envers qch/à faire; **I wouldn't be averse to a drink** un petit verre ne serait pas de refus, je ne dirais pas non à un petit verre

avert [ə'vɜːt] vt prévenir, écarter; (one's eyes) détourner

aviary ['eɪvɪərɪ] n volière f

avocado [ævə'kɑːdəʊ] n (BRIT: also: **avocado pear**) avocat m

avoid [ə'vɔɪd] vt éviter

await [ə'weɪt] vt attendre; **awaiting attention/ delivery** (COMM) en souffrance; **long awaited** tant attendu(e)

awake [ə'weɪk] adj éveillé(e); (fig) en éveil ♦ vb, pt **awoke** [ə'wəʊk], pp **awoken** [ə'wəʊkən], **awaked** vt éveiller ♦ vi s'éveiller; **awake to** conscient de; **he was still awake** il ne dormait pas encore

awakening [ə'weɪknɪŋ] n réveil m

award [ə'wɔːd] n récompense f, prix m ♦ vt (prize) décerner; (LAW: damages) accorder

aware [ə'wɛə*] adj: **aware of** (conscious) conscient(e) de; (informed) au courant de; **to become aware of** avoir conscience de, prendre conscience de; se rendre compte de; **politically/socially aware** sensibilisé(e) aux or ayant pris conscience des problèmes politiques/sociaux; **I am fully aware that** je me rends parfaitement compte que

awareness [ə'wɛənɪs] n conscience f, connaissance f; **to develop people's awareness (of)** sensibiliser le public (à)

away [ə'weɪ] adj, adv (au) loin; absent(e); **two kilometres away** à (une distance de) deux kilomètres, à deux kilomètres de distance; **two hours away by car** à deux heures de voiture or de route; **the holiday was two weeks away** il restait deux semaines jusqu'aux vacances; **away from** loin de; **he's away for a week** il est parti (pour) une semaine; **he's away in Milan** il est (parti) à Milan; **to take away** vt emporter; **to pedal/work/laugh** etc **away** la particule indique la constance et l'énergie de l'action il pédalait etc tant qu'il pouvait; **to fade/ wither** etc **away** la particule renforce l'idée de la disparition, l'éloignement

away game n (SPORT) match m à l'extérieur

awe [ɔː] n respect mêlé de crainte, effroi mêlé d'admiration

awe-inspiring ['ɔːɪnspaɪərɪŋ], **awesome** ['ɔːsəm] adj impressionnant(e)

awful ['ɔːfəl] adj affreux(euse); **an awful lot of** énormément de

awfully ['ɔːfəlɪ] adv (very) terriblement, vraiment

awkward ['ɔːkwəd] adj (clumsy) gauche, maladroit(e); (inconvenient) malaisé(e), d'emploi malaisé, peu pratique; (embarrassing) gênant

awning ['ɔːnɪŋ] n (of tent) auvent m; (of shop) store m; (of hotel etc) marquise f (de toile)

awoke [ə'wəʊk] pt of **awake**

awoken [ə'wəʊkən] pp of **awake**

axe, (US) **ax** [æks] n hache f ♦ vt (employee) renvoyer; (project etc) abandonner; (jobs) supprimer; **to have an axe to grind** (fig) prêcher pour son saint

axes ['æksiːz] npl of **axis**

axis, pl **axes** ['æksɪs, -siːz] n axe m

axle ['æksl] n (also: **axle-tree**) essieu m

ay(e) [aɪ] excl (yes) oui ♦ n: **the ay(e)s** les oui

— Bb —

B, b [biː] n (letter) B, b m; (SCOL: mark) B; (MUS): **B** si m; **B for Benjamin,** (US) **B for Baker** B comme Berthe; **B road** n (BRIT AUT) route départementale

BA n abbr = British Academy; (SCOL) = Bachelor of Arts

babble [ˈbæbl] vi babiller ♦ n babillage m

baby [ˈbeɪbɪ] n bébé m

baby carriage n (US) voiture f d'enfant

baby food n aliments mpl pour bébé(s)

baby-sit [ˈbeɪbɪsɪt] vi garder les enfants

baby-sitter [ˈbeɪbɪsɪtə*] n baby-sitter m/f

baby wipe n lingette f (pour bébé)

bachelor [ˈbætʃələ*] n célibataire m

back [bæk] n (of person, horse) dos m; (of hand) dos, revers m; (of house) derrière m; (of car, train) arrière m; (of chair) dossier m; (of page) verso m; (FOOTBALL) arrière m; **to have one's back to the wall** (fig) être au pied du mur; **to break the back of a job** (BRIT) faire le gros d'un travail; **back to front** à l'envers ♦ vt (financially) soutenir (financièrement); (candidate; also: **back up**) soutenir, appuyer; (horse: at races) parier or miser sur; (car) (faire) reculer ♦ vi reculer; (car etc) faire marche arrière ♦ adj (in compounds) de derrière, à l'arrière; **back seats/wheels** (AUT) sièges mpl/roues fpl arrière; **back payments/rent** arriéré m de paiements/loyer; **back garden/room** jardin/pièce sur l'arrière; **to take a back seat** (fig) se contenter d'un second rôle, être relégué(e) au second plan ♦ adv (not forward) en arrière; (returned): **he's back** il est rentré, il est de retour; **when will you be back?** quand seras-tu de retour?; **he ran back** il est revenu en courant; (restitution): **throw the ball back** renvoie la balle; **can I have it back?** puis-je le ravoir?, peux-tu me le rendre?; (again): **he called back** il a rappelé

▶ **back down** vi rabattre de ses prétentions

▶ **back on to** vt fus: **the house backs on to the golf course** la maison donne derrière sur le terrain de golf

▶ **back out** vi (of promise) se dédire

▶ **back up** vt (COMPUT) faire une copie de sauvegarde de

backache [ˈbækeɪk] n maux mpl de reins

backbencher [bækˈbentʃə*] (BRIT) n membre du parlement sans portefeuille

backbone [ˈbækbəun] n colonne vertébrale, épine dorsale; **he's the backbone of the organization** c'est sur lui que repose l'organisation

backdate [bækˈdeɪt] vt (letter) antidater; **backdated pay rise** augmentation f avec effet rétroactif

backfire [bækˈfaɪə*] vi (AUT) pétarader; (plans) mal tourner

background [ˈbækgraund] n arrière-plan m; (of events) situation f, conjoncture f; (basic knowledge) éléments mpl de base; (experience) formation f ♦ cpd (noise, music) de fond; **background reading** lecture(s) générale(s) (sur un sujet); **family background** milieu familial

backhand [ˈbækhænd] n (TENNIS: also: **backhand stroke**) revers m

backhander [ˈbækhændə*] n (BRIT: bribe) pot-de-vin m

backing [ˈbækɪŋ] n (fig) soutien m, appui m; (COMM) soutien (financier); (MUS) accompagnement m

backlash [ˈbæklæʃ] n contre-coup m, répercussion f

backlog [ˈbæklɔg] n: **backlog of work** travail m en retard

back number n (of magazine etc) vieux numéro

backpack [ˈbækpæk] n sac m à dos

backpacker [ˈbækpækə*] n randonneur/euse

back pain n mal m de dos

back pay n rappel m de salaire

backside [ˈbæksaɪd] n (col) derrière m, postérieur m

backstage [bækˈsteɪdʒ] adv dans les coulisses

backstroke [ˈbækstrəuk] n dos crawlé

backup [ˈbækʌp] adj (train, plane) supplémentaire, de réserve; (COMPUT) de sauvegarde ♦ n (support) appui m, soutien m; (COMPUT: also: **backup file**) sauvegarde f

backward [ˈbækwəd] adj (movement) en arrière; (measure) rétrograde; (person, country) arriéré(e), attardé(e); (shy) hésitant(e); **backward and forward movement** mouvement de va-et-vient

backwards [ˈbækwədz] adv (move, go) en arrière; (read a list) à l'envers, à rebours; (fall) à la renverse; (walk) à reculons; (in time) en arrière, vers le passé; **to know sth backwards** or (US) **backwards and forwards** (col) connaître qch sur le bout des doigts

backwater [ˈbækwɔːtə*] n (fig) coin reculé; bled perdu

backyard [bækˈjɑːd] n arrière-cour f

bacon [ˈbeɪkən] n bacon m, lard m

bacteria [bækˈtɪərɪə] npl bactéries fpl

bad [bæd] adj mauvais(e); (child) vilain(e); (meat, food) gâté(e), avarié(e); (meat, food) se gâter; (milk) tourner; **to go bad** (meat, food) se gâter; (milk) tourner; **to have a bad time of it** traverser une mauvaise passe; **I feel bad about it** (guilty) j'ai un peu mauvaise conscience; **bad debt** créance douteuse; **in bad faith** de mauvaise foi

badge [bædʒ] n insigne m; (of policeman) plaque f; (stick-on, sew-on) badge m

badger [ˈbædʒə*] n blaireau m ♦ vt harceler

badly [ˈbædlɪ] adv (work, dress etc) mal; **badly wounded** grièvement blessé; **he needs it badly** il en a absolument besoin; **things are going badly** les choses vont mal; **badly off** adj, adv dans la gêne

badminton ['bædmɪntən] n badminton m

bad-tempered ['bæd'tempəd] adj (by nature) ayant mauvais caractère; (on one occasion) de mauvaise humeur

baffle ['bæfl] vt (puzzle) déconcerter

bag [bæg] n sac m; (of hunter) gibecière f, chasse f ♦ vt (col: take) empocher; s'approprier; (TECH) mettre en sacs; **bags of** (col: lots of) des masses de; **to pack one's bags** faire ses valises or bagages; **bags under the eyes** poches fpl sous les yeux

baggage ['bægɪdʒ] n bagages mpl

baggage allowance n franchise f de bagages

baggage reclaim n (at airport) livraison f des bagages

baggy ['bægɪ] adj avachi(e), qui fait des poches

bagpipes ['bægpaɪps] npl cornemuse f

bail [beɪl] n caution f ♦ vt (prisoner: also: **grant bail to**) mettre en liberté sous caution; (boat: also: **bail out**) écoper; **to be released on bail** être libéré(e) sous caution see **bale**

▶ **bail out** vt (prisoner) payer la caution de

bailiff ['beɪlɪf] n huissier m

bait [beɪt] n appât m ♦ vt appâter; (fig) tourmenter

bake [beɪk] vt (faire) cuire au four ♦ vi (bread etc) cuire (au four); (make cakes etc) faire de la pâtisserie

baked beans [beɪkt-] npl haricots blancs à la sauce tomate

baked potato n pomme f de terre en robe des champs

baker ['beɪkə*] n boulanger m

bakery ['beɪkərɪ] n boulangerie f; boulangerie industrielle

baking ['beɪkɪŋ] n cuisson f

baking powder n levure f (chimique)

balance ['bæləns] n équilibre m; (COMM: sum) solde m; (scales) balance f ♦ vt mettre ou faire tenir en équilibre; (pros and cons) peser; (budget) équilibrer; (account) balancer; (compensate) compenser, contrebalancer; **balance of trade/payments** balance commerciale/des comptes or paiements; **balance carried forward** solde m à reporter; **balance brought forward** solde reporté; **to balance the books** arrêter les comptes, dresser le bilan

balanced ['bælənst] adj (personality, diet) équilibré(e)

balance sheet n bilan m

balcony ['bælkənɪ] n balcon m

bald [bɔːld] adj chauve; (tyre) lisse

bale [beɪl] n balle f, ballot m

▶ **bale out** vi (of a plane) sauter en parachute ♦ vt (NAUT: water, boat) écoper

ball [bɔːl] n boule f; (football) ballon m; (for tennis, golf) balle f; (dance) bal m; **to play ball (with sb)** jouer au ballon (or à la balle) (avec qn); (fig) coopérer (avec qn); **to be on the ball** (fig: competent) être à la hauteur; (: alert) être éveillé(e), être vif(vive); **to start the ball rolling** (fig) commencer; **the ball is in their court** (fig) la balle est dans leur camp

ballast ['bæləst] n lest m

ball bearings n roulement m à billes

ballerina [bælə'riːnə] n ballerine f

ballet ['bæleɪ] n ballet m; (art) danse f (classique)

ballet dancer n danseur/euse de ballet

ballet shoe n chausson m de danse

balloon [bə'luːn] n ballon m; (in comic strip) bulle f ♦ vi gonfler

ballot ['bælət] n scrutin m

ballot paper n bulletin m de vote

ballpoint pen ['bɔːlpɔɪnt-] n stylo m à bille

ballroom ['bɔːlrum] n salle f de bal

ban [bæn] n interdiction f ♦ vt interdire; **he was banned from driving** (BRIT) on lui a retiré le permis (de conduire)

banana [bə'nɑːnə] n banane f

band [bænd] n bande f; (at a dance) orchestre m; (MIL) musique f, fanfare f

▶ **band together** vi se liguer

B & B n abbr = **bed and breakfast**; voir encadré

BED AND BREAKFAST

Un **bed and breakfast** est une petite pension dans une maison particulière ou une ferme où l'on peut louer une chambre avec petit déjeuner compris pour un prix modique par rapport à ce que l'on paierait dans un hôtel. Ces établissements sont communément appelés "B & B", et sont signalés par une pancarte dans le jardin ou au-dessus de la porte.

---

bandage ['bændɪdʒ] n bandage m, pansement m ♦ vt (wound, leg) mettre un pansement or un bandage sur; (person) mettre un pansement or un bandage à

Band-Aid® ['bændeɪd] n (US) pansement adhésif

bandit ['bændɪt] n bandit m

bandy-legged ['bændɪ'legɪd] adj aux jambes arquées

bang [bæŋ] n détonation f; (of door) claquement m; (blow) coup (violent) ♦ vt frapper (violemment); (door) claquer ♦ vi détoner; claquer ♦ adv: **to be bang on time** (BRIT col) être à l'heure pile; **to bang at the door** cogner à la porte; **to bang into sth** se cogner contre qch

bangs [bæŋz] npl (US: fringe) frange f

banish ['bænɪʃ] vt bannir

banister(s) ['bænɪstə(z)] n(pl) rampe f (d'escalier)

bank [bæŋk] n banque f; (of river, lake) bord m, rive f; (of earth) talus m, remblai m ♦ vi (AVIAT) virer sur l'aile; (COMM): **they bank with Pitt's** leur banque or banquier est Pitt's

▶ **bank on** vt fus miser or tabler sur
bank account n compte m en banque
bank card n = banker's card
banker ['bæŋkə*] n banquier m; **banker's card**
(BRIT) carte f d'identité bancaire; **banker's order**
(BRIT) ordre m de virement
bank holiday n (BRIT) jour férié (où les banques
sont fermées); voir encadré

BANK HOLIDAY

Un **bank holiday** en Grande-Bretagne est un
lundi férié et donc l'occasion d'un week-end
prolongé. La circulation sur les routes et le trafic dans les gares et les aéroports augmentent
considérablement à ces périodes. Les principaux **bank holidays**, à part Pâques et Noël, se
situent au mois de mai et fin août.

---

banking ['bæŋkɪŋ] n opérations fpl bancaires;
profession f de banquier
banknote ['bæŋknəʊt] n billet m de banque
bank rate n taux m de l'escompte
bankrupt ['bæŋkrʌpt] n failli/e ♦ adj en faillite; **to
go bankrupt** faire faillite
bankruptcy ['bæŋkrʌptsɪ] n faillite f
bank statement n relevé m de compte
banner ['bænə*] n bannière f
bannister(s) ['bænɪstə(z)] n(pl) = banister(s)
baptism ['bæptɪzəm] n baptême m
bar [bɑː*] n barre f; (of window etc) barreau m; (of
chocolate) tablette f, plaque f; (fig) obstacle m;
mesure f d'exclusion; (pub) bar m; (counter: in pub)
comptoir m, bar; (MUS) mesure f ♦ vt (road) barrer;
(window) munir de barreaux; (person) exclure; (activity) interdire; **bar of soap** savonnette f; **behind
bars** (prisoner) derrière les barreaux; **the Bar** (LAW)
le barreau; **bar none** sans exception
barbaric [bɑːˈbærɪk] adj barbare
barbecue ['bɑːbɪkjuː] n barbecue m
barbed wire ['bɑːbd-] n fil m de fer barbelé
barber ['bɑːbə*] n coiffeur m (pour hommes)
bar code n code m à barres
bare [bɛə*] adj nu(e) ♦ vt mettre à nu, dénuder;
(teeth) montrer; **the bare essentials** le strict nécessaire
bareback ['bɛəbæk] adv à cru, sans selle
barefaced ['bɛəfeɪst] adj impudent(e), effronté(e)
barefoot ['bɛəfut] adj, adv nu-pieds, (les) pieds
nus
barely ['bɛəlɪ] adv à peine
bargain ['bɑːgɪn] n (transaction) marché m; (good
buy) affaire f, occasion f ♦ vi (haggle) marchander;
(trade) négocier, traiter; **into the bargain** par-
dessus le marché

▶ **bargain for** vi (col): **he got more than he bar-**

gained for! il en a eu pour son argent!
barge [bɑːdʒ] n péniche f

▶ **barge in** vi (walk in) faire irruption; (interrupt
talk) intervenir mal à propos

▶ **barge into** vt fus rentrer dans
bark [bɑːk] n (of tree) écorce f; (of dog) aboiement
m ♦ vi aboyer
barley ['bɑːlɪ] n orge f
barley sugar n sucre m d'orge
barmaid ['bɑːmeɪd] n serveuse f (de bar), barmaid
f
barman ['bɑːmən] n serveur m (de bar), barman
m
bar meal n repas m de bistrot; **to go for a bar
meal** aller manger au bistrot
barn [bɑːn] n grange f
barometer [bəˈrɒmɪtə*] n baromètre m
baron ['bærən] n baron m; **the press/oil barons**
les magnats mpl or barons mpl de la presse/du
pétrole
baroness ['bærənɪs] n baronne f
barracks ['bærəks] npl caserne f
barrage ['bærɑːʒ] n (MIL) tir m de barrage; (dam)
barrage m; **a barrage of questions** un feu roulant
de questions
barrel ['bærəl] n tonneau m; (of gun) canon m
barren ['bærən] adj stérile; (hills) aride
barricade [bærɪˈkeɪd] n barricade f ♦ vt barricader
barrier ['bærɪə*] n barrière f; (BRIT: also: **crash barrier**) rail m de sécurité
barring ['bɑːrɪŋ] prep sauf
barrister ['bærɪstə*] n (BRIT) avocat (plaidant); voir
encadré

BARRISTER

En Angleterre, un **barrister**, que l'on appelle
également "barrister-at-law", est un avocat qui
représente ses clients devant la cour et plaide
pour eux. Le client doit d'abord passer par l'intermédiaire d'un "solicitor". On obtient le
diplôme de **barrister** après avoir fait des
études dans l'une des "Inns of Court", les
quatre écoles de droit londoniennes.

---

barrow ['bærəʊ] n (cart) charrette f à bras
bartender ['bɑːtɛndə*] n (US) serveur m (de bar)
barman m
barter ['bɑːtə*] n échange m, troc m ♦ vt: **to barter sth for** échanger qch contre
base [beɪs] n base f ♦ vt (troops): **to be based at**
être basé(e) à; (opinion, belief): **to base sth on** baser
or fonder qch sur ♦ adj vil(e), bas(se); **coffee-
based** à base de café; **a Paris-based firm** une maison opérant de Paris or dont le siège est à Paris; **I'm
based in London** je suis basé(e) à Londres

baseball ['beɪsbɔːl] n base-ball m

basement ['beɪsmənt] n sous-sol m

bases ['beɪsiːz] npl of **basis** ['beɪsɪz] npl of **base**

bash [bæʃ] vt (col) frapper, cogner ♦ n: **I'll have a bash (at it)** (BRIT col) je vais essayer un coup; **bashed in** adj enfoncé(e), défoncé(e)

▶ **bash up** vt (col: car) bousiller; (: BRIT: person) tabasser

bashful ['bæʃful] adj timide; modeste

basic ['beɪsɪk] adj (precautions, rules) élémentaire; (principles, research) fondamental(e); (vocabulary, salary) de base; réduit(e) au minimum, rudimentaire

basically ['beɪsɪklɪ] adv (really) en fait; (essentially) fondamentalement

basics ['beɪsɪks] npl: **the basics** l'essentiel m

basil ['bæzl] n basilic m

basin ['beɪsn] n (vessel, also GEO) cuvette f, bassin m; (for food) bol m; (: bigger) saladier m; (also: **washbasin**) lavabo m

basis, pl **bases** ['beɪsɪs, -siːz] n base f; **on the basis of what you've said** d'après or compte tenu de ce que vous dites

bask [bɑːsk] vi: **to bask in the sun** se chauffer au soleil

basket ['bɑːskɪt] n corbeille f; (with handle) panier m

basketball ['bɑːskɪtbɔːl] n basket-ball m

bass [beɪs] n (MUS) basse f

bass drum n grosse caisse f

bassoon [bə'suːn] n basson m

bastard ['bɑːstəd] n enfant naturel(le), bâtard/e; (col!) salaud m (!)

bat [bæt] n chauve-souris f; (for baseball etc) batte f; (BRIT: for table tennis) raquette f ♦ vt: **he didn't bat an eyelid** il n'a pas sourcillé or bronché; **off one's own bat** de sa propre initiative

batch [bætʃ] n (of bread) fournée f; (of papers) liasse f; (of applicants, letters) paquet m; (of work) monceau m; (of goods) lot m

bated ['beɪtɪd] adj: **with bated breath** en retenant son souffle

bath [bɑːθ], pl **baths** [bɑːðz] n bain m; (bathtub) baignoire f ♦ vt baigner, donner un bain à; **to have a bath** prendre un bain; see also **baths**

bathe [beɪð] vi se baigner ♦ vt baigner; (wound etc) laver

bathing ['beɪðɪŋ] n baignade f

bathing costume, (US) **bathing suit** n maillot m (de bain)

bathrobe ['bɑːðrəub] n peignoir m de bain

bathroom ['bɑːθrum] n salle f de bains

baths [bɑːðz] npl établissement m de bains(-douches)

bath towel n serviette f de bain

baton ['bætən] n bâton m; (MUS) baguette f; (club) matraque f

batter ['bætə*] vt battre ♦ n pâte f à frire

battered ['bætəd] adj (hat, pan) cabossé(e); **battered wife/child** épouse/enfant maltraité(e) or martyr(e)

battery ['bætəri] n batterie f; (of torch) pile f

battery farming n élevage m en batterie

battle ['bætl] n bataille f, combat m ♦ vi se battre, lutter; **that's half the battle** (fig) c'est déjà bien; **it's a** or **we're fighting a losing battle** (fig) c'est perdu d'avance, c'est peine perdue

battlefield ['bætlfiːld] n champ m de bataille

battleship ['bætlʃɪp] n cuirassé m

Bavaria [bə'veəriə] n Bavière f

bawl [bɔːl] vi hurler, brailler

bay [beɪ] n (of sea) baie f; (BRIT: for parking) place f de stationnement; (: for loading) aire f de chargement; (horse) bai/e m/f; **to hold sb at bay** tenir qn à distance or en échec

bay leaf n laurier m

bay window n baie vitrée

bazaar [bə'zɑː*] n bazar m; vente f de charité

BBC n abbr (= British Broadcasting Corporation) office de la radiodiffusion et télévision britannique

B.C. adv abbr (= before Christ) av. J.-C. ♦ abbr (Canada) = British Columbia

KEYWORD

be [biː], pt **was, were**, pp **been** aux vb **1** (with present participle: forming continuous tenses): **what are you doing?** que faites-vous?; **they're coming tomorrow** ils viennent demain; **I've been waiting for you for 2 hours** je t'attends depuis 2 heures

2 (with pp: forming passives) être; **to be killed** être tué(e); **he was nowhere to be seen** on ne le voyait nulle part

3 (in tag questions): **it was fun, wasn't it?** c'était drôle, n'est-ce pas?; **she's back, is she?** elle est rentrée, n'est-ce pas or alors?

4 (+to +infinitive): **the house is to be sold** la mai-

son doit être vendue; **he's not to open it** il ne doit pas l'ouvrir; **am I to understand that ...?** dois-je comprendre que ...?; **he was to have come yesterday** il devait venir hier
5 (*possibility, supposition*): **if I were you, I ...** à votre place, je ..., si j'étais vous, je ...
♦ *vb + complement* 1 (*gen*) être; **I'm English** je suis anglais(e); **I'm tired** je suis fatigué(e); **I'm hot/cold** j'ai chaud/froid; **he's a doctor** il est médecin; **2 and 2 are 4** 2 et 2 font 4
2 (*of health*) aller; **how are you?** comment allez-vous?; **he's fine now** il va bien maintenant; **he's very ill** il est très malade
3 (*of age*) aller; **how old are you?** quel âge avez-vous?; **I'm sixteen (years old)** j'ai seize ans
4 (*cost*) coûter; **how much was the meal?** combien a coûté le repas?; **that'll be £5, please** ça fera 5 livres, s'il vous plaît
♦ *vi* 1 (*exist, occur etc*) être, exister; **the prettiest girl that ever was** la fille la plus jolie qui ait jamais existé; **be that as it may** quoi qu'il en soit; **so be it** soit
2 (*referring to place*) être, se trouver; **I won't be here tomorrow** je ne serai pas là demain; **Edinburgh is in Scotland** Édimbourg est *or* se trouve en Écosse
3 (*referring to movement*) aller; **where have you been?** où êtes-vous allé(s)?
♦ *impers vb* 1 (*referring to time, distance*) être; **it's 5 o'clock** il est 5 heures; **it's the 28th of April** c'est le 28 avril; **it's 10 km to the village** le village est à 10 km
2 (*referring to the weather*) faire; **it's too hot/cold** il fait trop chaud/froid; **it's windy** il y a du vent
3 (*emphatic*): **it's me/the postman** c'est moi/le facteur

beach [biːtʃ] *n* plage *f* ♦ *vt* échouer
beacon ['biːkən] *n* (*lighthouse*) fanal *m*; (*marker*) balise *f*; (*also*: **radio beacon**) radiophare *m*
bead [biːd] *n* perle *f*; (*of dew, sweat*) goutte *f*; **beads** *npl* (*necklace*) collier *m*
beak [biːk] *n* bec *m*
beaker ['biːkə*] *n* gobelet *m*
beam [biːm] *n* poutre *f*; (*of light*) rayon *m*; (*RADIO*) faisceau *m* radio ♦ *vi* rayonner; **to drive on full** *or* **main** (*us*) **high beam** rouler en pleins phares
bean [biːn] *n* haricot *m*; (*of coffee*) grain *m*
bean sprouts *npl* pousses *fpl* (de soja)
bear [bɛə*] *n* ours *m*; (*STOCK EXCHANGE*) baissier *m* ♦ *vb, pt* **bore**, *pp* **borne** [boː*, bɔːn] *vt* porter; (*endure*) supporter; (*traces, signs*) porter; (*COMM: interest*) rapporter ♦ *vi*: **to bear right/left** obliquer à droite/gauche, se diriger vers la droite/gauche; **to bear the responsibility of** assumer la responsabilité de; **to bear comparison with** soutenir la comparaison avec; **I can't bear him** je ne peux pas le supporter *or* souffrir; **to bring pressure to bear on sb** faire pression sur qn

▶ **bear out** *vt* (*theory, suspicion*) confirmer
▶ **bear up** *vi* supporter, tenir le coup; **he bore up well** il a tenu le coup
▶ **bear with** *vt fus* (*sb's moods, temper*) supporter; **bear with me a minute** un moment, s'il vous plaît
beard [biəd] *n* barbe *f*
bearded ['biədid] *adj* barbu(e)
bearer ['bɛərə*] *n* porteur *m*; (*of passport etc*) titulaire *m/f*
bearing ['bɛəriŋ] *n* maintien *m*, allure *f*; (*connection*) rapport *m*; (*TECH*): **(ball) bearings** *npl* roulement *m* (à billes); **to take a bearing** faire le point; **to find one's bearings** s'orienter
beast [biːst] *n* bête *f*; (*col*): **he's a beast** c'est une brute
beastly ['biːstli] *adj* infect(e)
beat [biːt] *n* battement *m*; (*MUS*) temps *m*, mesure *f*; (*of policeman*) ronde *f* ♦ *vt, pt* **beat**, *pp* **beaten** battre; **off the beaten track** hors des chemins *or* sentiers battus; **to beat about the bush** tourner autour du pot; **that beats everything!** c'est le comble!
▶ **beat down** *vt* (*door*) enfoncer; (*price*) faire baisser; (*seller*) faire descendre ♦ *vi* (*rain*) tambouriner; (*sun*) taper
▶ **beat off** *vt* repousser
▶ **beat up** *vt* (*eggs*) battre; (*col: person*) tabasser
beating ['biːtiŋ] *n* raclée *f*
beautiful ['bjuːtiful] *adj* beau(belle)
beautifully ['bjuːtifli] *adv* admirablement
beauty ['bjuːti] *n* beauté *f*; **the beauty of it is that ...** le plus beau, c'est que ...
beauty salon *n* institut *m* de beauté
beauty spot *n* grain *m* de beauté; (*BRIT TOURISM*) site naturel (d'une grande beauté)
beaver ['biːvə*] *n* castor *m*
because [bi'kɔz] *conj* parce que; **because of** *prep* à cause de
beck [bɛk] *n*: **to be at sb's beck and call** être à l'entière disposition de qn
beckon ['bɛkən] *vt* (*also*: **beckon to**) faire signe (de venir) à
become [bi'kʌm] *vt* (*irreg: like come*) devenir; **to become fat/thin** grossir/maigrir; **to become angry** se mettre en colère; **it became known that** on apprit que; **what has become of him?** qu'est-il devenu?
becoming [bi'kʌmiŋ] *adj* (*behaviour*) convenable, bienséant(e); (*clothes*) seyant(e)
bed [bɛd] *n* lit *m*; (*of flowers*) parterre *m*; (*of coal, clay*) couche *f*; (*of sea, lake*) fond *m*; **to go to bed** aller se coucher
▶ **bed down** *vi* se coucher
bedclothes ['bɛdkləʊðz] *npl* couvertures *fpl* et draps *mpl*
bedding ['bɛdiŋ] *n* literie *f*
bed linen *n* draps *mpl* de lit (et taies *fpl*

d'oreillers), literie f

bedraggled [brˈdrægld] *adj* dépenaillé(e), les vêtements en désordre

bedridden [ˈbedrɪdn] *adj* cloué(e) au lit

bedroom [ˈbedrum] *n* chambre f (à coucher)

bedside [ˈbedsaɪd] *n*: **at sb's bedside** au chevet de qn ◆ *cpd* (*book, lamp*) de chevet

bedsit(ter) [ˈbedsɪt(əʳ)] *n* (*BRIT*) chambre meublée, studio *m*

bedspread [ˈbedspred] *n* couvre-lit *m*, dessus-de-lit *m*

bedtime [ˈbedtaɪm] *n*: **it's bedtime** c'est l'heure de se coucher

bee [biː] *n* abeille f; **to have a bee in one's bonnet (about sth)** être obnubilé/e (par qch)

beech [biːtʃ] *n* hêtre *m*

beef [biːf] *n* bœuf *m*

▶ **beef up** *vt* (*col: support*) renforcer; (: *essay*) étoffer

beefburger [ˈbiːfbəːgəʳ] *n* hamburger *m*

beefeater [ˈbiːfiːtəʳ] *n* hallebardier *m* (de la tour de Londres)

beehive [ˈbiːhaɪv] *n* ruche f

beeline [ˈbiːlaɪn] *n*: **to make a beeline for** se diriger tout droit vers

been [biːn] *pp* of **be**

beer [bɪəʳ] *n* bière f

beet [biːt] *n* (*vegetable*) betterave f; (*US: also*: **red beet**) betterave (potagère)

beetle [ˈbiːtl] *n* scarabée *m*, coléoptère *m*

beetroot [ˈbiːtruːt] *n* (*BRIT*) betterave f

before [brˈfɔːʳ] *prep* (*of time*) avant; (*of space*) devant ◆ *conj* avant que + *sub*; avant de ◆ *adv* avant; **before going** avant de partir; **before she goes** avant qu'elle (ne) parte; **the week before** la semaine précédente *or* d'avant; **I've seen it before** je l'ai déjà vu; **I've never seen it before** c'est la première fois que je le vois

beforehand [brˈfɔːhænd] *adv* au préalable, à l'avance

beg [beg] *vi* mendier ◆ *vt* mendier; (*favour*) quémander, solliciter; (*entreat*) supplier; **I beg your pardon** (*apologising*) excusez-moi; (: *not hearing*) pardon?; **that begs the question of ...** cela soulève la question de ..., cela suppose réglée la question de ...

began [brˈgæn] *pt* of **begin**

beggar [ˈbegəʳ] *n* (*also*: **beggarman, beggarwoman**) mendiant/e

begin, *pt* **began**, *pp* **begun** [brˈgɪn, -ˈgæn, -ˈgʌn] *vt, vi* commencer; **to begin doing** *or* **to do sth** commencer à faire qch; **beginning (from) Monday** à partir de lundi; **I can't begin to thank you** je ne saurais vous remercier; **to begin with** d'abord, pour commencer

beginner [brˈgɪnəʳ] *n* débutant/e

beginning [brˈgɪnɪŋ] *n* commencement *m*, début

m; **right from the beginning** dès le début

behalf [brˈhɑːf] *n*: **on behalf of**, (*US*) **in behalf of** de la part de; au nom de; pour le compte de

behave [brˈheɪv] *vi* se conduire, se comporter; (*well: also*: **behave o.s.**) se conduire bien *or* comme il faut

behaviour, (*US*) **behavior** [brˈheɪvjəʳ] *n* comportement *m*, conduite f

behead [brˈhed] *vt* décapiter

behind [brˈhaɪnd] *prep* derrière; (*time*) en retard sur ◆ *adv* derrière; en retard ◆ *n* derrière *m*; **behind the scenes** dans les coulisses; **to leave sth behind** (*forget*) oublier de prendre qch; **to be behind (schedule) with sth** être en retard dans qch

behold [brˈhəʊld] *vt* (*irreg: like* **hold**) apercevoir, voir

beige [beɪʒ] *adj* beige

Beijing [ˈbeɪˈdʒɪŋ] *n* Bei-jing, Pékin

being [ˈbiːɪŋ] *n* être *m*; **to come into being** prendre naissance

Beirut [beɪˈruːt] *n* Beyrouth

Belarus [belaˈrus] *n* Bélarus f

belated [brˈleɪtɪd] *adj* tardif(ive)

belch [beltʃ] *vi* avoir un renvoi, roter ◆ *vt* (*also*: **belch out**: *smoke etc*) vomir, cracher

Belgian [ˈbeldʒən] *adj* belge, de Belgique ◆ *n* Belge *m/f*

Belgium [ˈbeldʒəm] *n* Belgique f

belie [brˈlaɪ] *vt* démentir; (*give false impression of*) occulter

belief [brˈliːf] *n* (*opinion*) conviction f; (*trust, faith*) foi f; (*acceptance as true*) croyance f; **it's beyond belief** c'est incroyable; **in the belief that** dans l'idée que

believe [brˈliːv] *vt, vi* croire, estimer; **to believe in** (*God*) croire en; (*ghosts, method*) croire à; **I don't believe in corporal punishment** je ne suis pas partisan des châtiments corporels; **he is believed to be abroad** il serait à l'étranger

believer [brˈliːvəʳ] *n* (*in idea, activity*): **believer in** partisan/e de (*REL*) croyant/e

belittle [brˈlɪtl] *vt* déprécier, rabaisser

bell [bel] *n* cloche f; (*small*) clochette f, grelot *m*; (*on door*) sonnette f; (*electric*) sonnerie f; **that rings a bell** (*fig*) cela me rappelle qch

belligerent [brˈlɪdʒərənt] *adj* (*at war*) belligérant(e); (*fig*) agressif(ive)

bellow [ˈbeləʊ] *vi* mugir; beugler ◆ *vt* (*orders*) hurler

belly [ˈbelɪ] *n* ventre *m*

belong [brˈlɔŋ] *vi*: **to belong to** appartenir à; (*club etc*) faire partie de; **this book belongs here** ce livre va ici, la place de ce livre est ici

belongings [brˈlɔŋɪŋz] *npl* affaires *fpl*, possessions *fpl*; **personal belongings** effets personnels

beloved [bɪ'lʌvɪd] *adj* (bien-)aimé(e), chéri(e) ◆ *n* bien-aimé/e

below [bɪ'ləu] *prep* sous, au-dessous de ◆ *adv* en dessous; en contre-bas; **see below** voir plus bas *or* plus loin *or* ci-dessous; **temperatures below normal** températures inférieures à la normale

belt [belt] *n* ceinture *f*; (TECH) courroie *f* ◆ *vt* (*thrash*) donner une raclée à ◆ *vi* (BRIT col) filer (à toutes jambes); **industrial belt** zone industrielle
▶ **belt out** *vt* (*song*) chanter à tue-tête *or* à pleins poumons
▶ **belt up** (BRIT col) la boucler

beltway ['beltweɪ] *n* (US AUT) route *f* de ceinture; (: *motorway*) périphérique *m*

bemused [bɪ'mju:zd] *adj* médusé(e)

bench [bentʃ] *n* banc *m*; (*in workshop*) établi *m*; **the Bench** (LAW) la magistrature, la Cour

bend [bend] *vb, pt, pp* **bent** [bent] *vt* courber; (*leg, arm*) plier ◆ *vi* se courber ◆ *n* (BRIT: *in road*) virage *m*, tournant *m*; (*in pipe, river*) coude *m*
▶ **bend down** *vi* se baisser
▶ **bend over** *vi* se pencher

beneath [bɪ'ni:θ] *prep* sous, au-dessous de; (*unworthy of*) indigne de ◆ *adv* dessous, au-dessous, en bas

benefactor ['benɪfæktə*] *n* bienfaiteur *m*

beneficial [benɪ'fɪʃəl] *adj*: **beneficial (to)** salutaire (pour), bénéfique (à)

benefit ['benɪfɪt] *n* avantage *m*, profit *m*; (*allowance of money*) allocation *f* ◆ *vt* faire du bien à, profiter à ◆ *vi*: **he'll benefit from it** cela lui fera du bien, il y gagnera *or* s'en trouvera bien

Benelux ['benɪlʌks] *n* Bénélux *m*

benevolent [bɪ'nevələnt] *adj* bienveillant(e)

benign [bɪ'naɪn] *adj* (*person, smile*) bienveillant(e), affable; (MED) bénin(igne)

bent [bent] *pt, pp of* **bend** ◆ *n* inclination *f*, penchant *m* ◆ *adj* (*wire, pipe*) coudé(e); (*col: dishonest*) véreux(euse); **to be bent on** être résolu(e) à

bequest [bɪ'kwest] *n* legs *m*

bereaved [bɪ'ri:vd] *n*: **the bereaved** la famille du disparu ◆ *adj* endeuillé(e)

beret ['bereɪ] *n* béret *m*

Berlin [bə:'lɪn] *n* Berlin; **East/West Berlin** Berlin Est/Ouest

berm [bə:m] *n* (US AUT) accotement *m*

Bermuda [bə:'mju:də] *n* Bermudes *fpl*

berry ['berɪ] *n* baie *f*

berserk [bə'sə:k] *adj*: **to go berserk** être pris(e) d'une rage incontrôlable; se déchaîner

berth [bə:θ] *n* (*bed*) couchette *f*; (*for ship*) poste *m* d'amarrage, mouillage *m* ◆ *vi* (*in harbour*) venir à quai; (*at anchor*) mouiller; **to give sb a wide berth** (*fig*) éviter qn

beseech, *pt, pp* **besought** [bɪ'si:tʃ, -'sɔ:t] *vt* implorer, supplier

beset, *pt, pp* **beset** [bɪ'set] *vt* assaillir ◆ *adj*: **beset with** semé(e) de

beside [bɪ'saɪd] *prep* à côté de; (*compared with*) par rapport à; **that's beside the point** ça n'a rien à voir; **to be beside o.s. (with anger)** être hors de soi

besides [bɪ'saɪdz] *adv* en outre, de plus ◆ *prep* en plus de; (*except*) excepté

besiege [bɪ'si:dʒ] *vt* (*town*) assiéger; (*fig*) assaillir

best [best] *adj* meilleur(e) ◆ *adv* le mieux; **the best part of** (*quantity*) le plus clair de, la plus grande partie de; **at best** au mieux; **to make the best of sth** s'accommoder de qch (du mieux que l'on peut); **to do one's best** faire de son mieux; **to the best of my knowledge** pour autant que je sache; **to the best of my ability** du mieux que je pourrai; **he's not exactly patient at the best of times** il n'est jamais spécialement patient; **the best thing to do is ...** le mieux, c'est de ...

best before date *n* date *f* de limite d'utilisation *or* de consommation

best man *n* garçon *m* d'honneur

bestow [bɪ'stəu] *vt* accorder; (*title*) conférer

bet [bet] *n* pari *m* ◆ *vt, vi, pt, pp* **bet** *or* **betted** parier; **it's a safe bet** (*fig*) il y a de fortes chances

betray [bɪ'treɪ] *vt* trahir

better ['betə*] *adj* meilleur(e) ◆ *adv* mieux ◆ *vt* améliorer ◆ *n*: **to get the better of** triompher de, l'emporter sur; **a change for the better** une amélioration; **I had better go** il faut que je m'en aille; **you had better do it** vous feriez mieux de le faire; **he thought better of it** il s'est ravisé; **to get better** aller mieux; s'améliorer; **that's better!** c'est mieux!; **better off** *adj* plus à l'aise financièrement; (*fig*): **you'd be better off this way** vous vous en trouveriez mieux ainsi, ce serait mieux *or* plus pratique ainsi

betting ['betɪŋ] *n* paris *mpl*

betting shop *n* (BRIT) bureau *m* de paris

between [bɪ'twi:n] *prep* entre ◆ *adv* au milieu, dans l'intervalle; **the road between here and London** la route d'ici à Londres; **we only had 5 between us** nous n'en avions que 5 en tout

beverage ['bevərɪdʒ] *n* boisson *f* (*gén sans alcool*)

beware [bɪ'wɛə*] *vt, vi*: **to beware (of)** prendre garde (à)

bewildered [bɪ'wɪldəd] *adj* dérouté(e), ahuri(e)

beyond [bɪ'jɔnd] *prep* (*in space*) au-delà de; (*exceeding*) au-dessus de ◆ *adv* au-delà; **beyond doubt** hors de doute; **beyond repair** irréparable

bias ['baɪəs] *n* (*prejudice*) préjugé *m*, parti pris *f*; (*preference*) prévention *f*

bias(s)ed ['baɪəst] *adj* partial(e), montrant un parti pris; **to be bias(s)ed against** avoir un préjugé contre

bib [bɪb] *n* bavoir *m*, bavette *f*

Bible ['baɪbl] *n* Bible *f*

bicarbonate of soda [baɪ'kɑ:bənɪt-] *n* bicarbonate *m* de soude

bicker ['bɪkə*] vi se chamailler

bicycle ['baɪsɪkl] n bicyclette f

bid [bɪd] n offre f; (at auction) enchère f; (attempt) tentative f ♦ vb, pt **bid** or **bade** [bæd], pp **bid** or **bidden** ['bɪdn] vi faire une enchère or offre ♦ vt faire une enchère or offre de; **to bid sb good day** souhaiter le bonjour à qn

bidder ['bɪdə*] n: **the highest bidder** le plus offrant

bidding ['bɪdɪŋ] n enchères fpl

bide [baɪd] vt: **to bide one's time** attendre son heure

bifocals [baɪ'fəuklz] npl lunettes fpl à double foyer

big [bɪg] adj (in height: person, building, tree) grand(e); (in bulk, amount: person, parcel, book) gros (se); **to do things in a big way** faire les choses en grand

bigheaded ['bɪg'hedɪd] adj prétentieux(euse)

bigot ['bɪgət] n fanatique m/f, sectaire m/f

bigoted ['bɪgətɪd] adj fanatique, sectaire

bigotry ['bɪgətrɪ] n fanatisme m, sectarisme m

big top n grand chapiteau

bike [baɪk] n vélo m, bécane f

bikini [bɪ'ki:nɪ] n bikini m

bilingual [baɪ'lɪŋgwəl] adj bilingue

bill [bɪl] n note f, facture f; (POL) projet m de loi; (US: banknote) billet m (de banque); (in restaurant) addition f, note f; (notice) affiche f; (THEAT) **on the bill** à l'affiche; (of bird) bec m ♦ vt (item) facturer; (customer) remettre la facture à; **may I have the bill please?** est-ce que je peux avoir) l'addition, s'il vous plaît?; **"stick or post no bills"** "défense d'afficher"; **to fit or fill the bill** (fig) faire l'affaire; **bill of exchange** lettre f de change; **bill of lading** connaissement m; **bill of sale** contrat m de vente

billboard ['bɪlbɔːd] n panneau m d'affichage

billet ['bɪlɪt] n cantonnement m (chez l'habitant) ♦ vt (troops) cantonner

billfold ['bɪlfəuld] n (US) portefeuille m

billiards ['bɪljədz] n (jeu m de) billard m

billion ['bɪljən] n (BRIT) billion m (million de millions); (US) milliard m

bimbo ['bɪmbəu] n (col) ravissante idiote f

bin [bɪn] n boîte f; (BRIT: also: **dustbin**, **litterbin**) poubelle f; (for coal) coffre m

bind, pt, pp **bound** [baɪnd, baund] vt attacher; (book) relier; (oblige) obliger, contraindre

▶ **bind over** vt (LAW) mettre en liberté conditionnelle

▶ **bind up** vt (wound) panser; **to be bound up in** (work, research etc) être complètement absorbé par, être accroché par; **to be bound up with** (person) être accroché à

binding ['baɪndɪŋ] n (of book) reliure f ♦ adj (contract) qui constitue une obligation

binge [bɪndʒ] n (col): **to go on a binge** faire la bringue

bingo ['bɪŋgəu] n sorte de jeu de loto pratiqué dans des établissements publics

binoculars [bɪ'nɔkjuləz] npl jumelles fpl

biochemistry [baɪə'kemɪstrɪ] n biochimie f

biodegradable ['baɪəudɪ'greɪdəbl] adj biodégradable

biography [baɪ'ɔgrəfɪ] n biographie f

biological [baɪə'lɔdʒɪkl] adj biologique

biology [baɪ'ɔlədʒɪ] n biologie f

birch [bəːtʃ] n bouleau m

bird [bəːd] n oiseau m; (BRIT col: girl) nana f

bird's-eye view ['bəːdzaɪ-] n vue f à vol d'oiseau; (fig) vue d'ensemble or générale

bird watcher [-wɔtʃə*] n ornithologue m/f amateur

Biro® ['baɪərəu] n stylo m à bille

birth [bəːθ] n naissance f; **to give birth to** donner naissance à, mettre au monde; (animal) mettre bas

birth certificate n acte m de naissance

birth control n limitation f des naissances, méthode(s) contraceptive(s)

birthday ['bəːθdeɪ] n anniversaire m

birthplace ['bəːθpleɪs] n lieu m de naissance

birth rate n (taux m de) natalité f

biscuit ['bɪskɪt] n (BRIT) biscuit m; (US) petit pain au lait

bisect [baɪ'sekt] vt couper or diviser en deux

bishop ['bɪʃəp] n évêque m; (CHESS) fou m

bit [bɪt] pt of **bite** ♦ n morceau m; (of tool) mèche f; (of horse) mors m; (COMPUT) bit m, élément m binaire; **a bit of** un peu de; **a bit mad/dangerous** un peu fou/risqué; **bit by bit** petit à petit; **to come to bits** (break) tomber en morceaux, se déglinguer; **bring all your bits and pieces** apporte toutes tes affaires; **to do one's bit** y mettre du sien

bitch [bɪtʃ] n (dog) chienne f; (col!) salope f (!), garce f

bite [baɪt] vt, vi, pt **bit** [bɪt], pp **bitten** ['bɪtn] mordre ♦ n morsure f; (insect bite) piqûre f; (mouthful) bouchée f; **let's have a bite (to eat)** mangeons un morceau; **to bite one's nails** se ronger les ongles

bitter ['bɪtə*] adj amer(ère); (criticism) cinglant(e); (icy: weather, wind) glacial(e) ♦ n (BRIT: beer) bière f (à forte teneur en houblon) **to the bitter end** jusqu'au bout

bitterness ['bɪtənɪs] n amertume f; goût amer

black [blæk] adj noir(e) ♦ n (colour) noir m; (person): **Black** noir/e ♦ vt (shoes) cirer; (BRIT INDUSTRY) boycotter; **to give sb a black eye** pocher l'œil à qn, faire un œil au beurre noir à qn; **black coffee** café noir; **there it is in black and white** (fig) c'est écrit noir sur blanc; **to be in the black** (in credit) avoir un compte créditeur; **black and blue** adj couvert(e) de bleus

▶ **black out** vi (faint) s'évanouir

blackberry ['blækbərɪ] n mûre f

blackbird ['blækbɜːd] n merle m

blackboard ['blækbɔːd] n tableau noir

blackcurrant ['blæk'kʌrənt] n cassis m

blacken ['blækn] vt noircir

black ice n verglas m

blackleg ['blækleg] n (BRIT) briseur m de grève, jaune m

blacklist ['blæklɪst] n liste noire ♦ vt mettre sur la liste noire

blackmail ['blækmeɪl] n chantage m ♦ vt faire chanter, soumettre au chantage

black market n marché noir

blackout ['blækaut] n panne f d'électricité; (in wartime) black-out m; (TV) interruption f d'émission; (fainting) syncope f

black pudding n boudin (noir)

Black Sea n: the Black Sea la mer Noire

black sheep n brebis galeuse

blacksmith ['blæksmɪθ] n forgeron m

black spot n (AUT) point noir

bladder ['blædə*] n vessie f

blade [bleɪd] n lame f; (of oar) plat m; **blade of grass** brin m d'herbe

blame [bleɪm] n faute f, blâme m ♦ vt: **to blame sb/sth for sth** attribuer à qn/qch la responsabilité de qch; reprocher qch à qn/qch; **who's to blame?** qui est le fautif or coupable or responsable?; **I'm not to blame** ce n'est pas ma faute

bland [blænd] adj affable; (taste) doux(douce), fade

blank [blæŋk] adj blanc(blanche); (look) sans expression, dénué(e) d'expression ♦ n espace m vide, blanc m; (cartridge) cartouche f à blanc; **we drew a blank** (fig) nous n'avons abouti à rien

blanket ['blæŋkɪt] n couverture f ♦ adj (statement, agreement) global(e), de portée générale; **to give blanket cover** (subj: insurance policy) couvrir tous les risques

blare [blɛə*] vi (brass band, horns, radio) beugler

blast [blɑːst] n explosion f; (shock wave) souffle m; (of air, steam) bouffée f ♦ vt faire sauter or exploser ♦ excl (BRIT col) zut!; **(at) full blast** (play music etc) à plein volume

▶ **blast off** vi (SPACE) décoller

blast-off ['blɑːstɔf] n (SPACE) lancement m

blatant ['bleɪtənt] adj flagrant(e), criant(e)

blaze [bleɪz] n (fire) incendie m; (flames: of fire, sun etc) embrasement m; (: in hearth) flamme f, flambée f; (fig) flamboiement m ♦ vi (fire) flamber; (fig) flamboyer, resplendir ♦ vt: **to blaze a trail** (fig) montrer la voie; **in a blaze of publicity** à grand renfort de publicité

blazer ['bleɪzə*] n blazer m

bleach [bliːtʃ] n (also: **household bleach**) eau f de Javel ♦ vt (linen) blanchir

bleached [bliːtʃt] adj (hair) oxygéné(e), décoloré(e)

bleak [bliːk] adj morne, désolé(e); (weather) triste, maussade; (smile) lugubre; (prospect, future) morose

bleat [bliːt] n bêlement m ♦ vi bêler

bleed, pt, pp **bled** [bliːd, bled] vt saigner; (brakes, radiator) purger ♦ vi saigner; **my nose is bleeding** je saigne du nez

bleeper ['bliːpə*] n (of doctor etc) bip m

blemish ['blemɪʃ] n défaut m; (on reputation) tache f

blend [blend] n mélange m ♦ vt mélanger ♦ vi (colours etc) se mélanger, se fondre, s'allier

blender ['blendə*] n (CULIN) mixeur m

bless, pt, pp **blessed** or **blest** [bles, blest] vt bénir; **to be blessed with** avoir le bonheur de jouir de or d'avoir

blessing ['blesɪŋ] n bénédiction f; bienfait m; **to count one's blessings** s'estimer heureux; **it was a blessing in disguise** c'est un bien pour un mal

blew [bluː] pt of **blow**

blight [blaɪt] n (of plants) rouille f ♦ vt (hopes etc) anéantir, briser

blimey ['blaɪmɪ] excl (BRIT col) mince alors!

blind [blaɪnd] adj aveugle ♦ n (for window) store m ♦ vt aveugler; **to turn a blind eye (on or to)** fermer les yeux (sur)

blind alley n impasse f

blind corner n (BRIT) virage m sans visibilité

blindfold ['blaɪndfəuld] n bandeau m ♦ adj, adv les yeux bandés ♦ vt bander les yeux à

blindly ['blaɪndlɪ] adv aveuglément

blindness ['blaɪndnɪs] n cécité f; (fig) aveuglement m

blind spot n (AUT etc) angle m aveugle; (fig) angle mort

blink [blɪŋk] vi cligner des yeux; (light) clignoter ♦ n: **the TV's on the blink** (col) la télé ne va pas tarder à nous lâcher

blinkers ['blɪŋkəz] npl œillères fpl

bliss [blɪs] n félicité f, bonheur m sans mélange

blister ['blɪstə*] n (on skin) ampoule f, cloque f; (on paintwork) boursouflure f ♦ vi (paint) se boursoufler, se cloquer

blizzard ['blɪzəd] n blizzard m, tempête f de neige

bloated ['bləutɪd] adj (face) bouffi(e); (stomach) gonflé(e)

blob [blɔb] n (drop) goutte f; (stain, spot) tache f

block [blɔk] n bloc m; (in pipes) obstruction f; (toy) cube m; (of buildings) pâté m (de maisons) ♦ vt bloquer; (COMPUT) grouper; **block of flats** (BRIT) immeuble (locatif); **3 blocks from here** à trois rues d'ici; **mental block** blocage m; **block and tackle** (TECH) palan m

▶ **block up** vt boucher

blockade [blɔ'keɪd] n blocus m ♦ vt faire le blocus de

blockage ['blɒkɪdʒ] n obstruction f

blockbuster ['blɒkbʌstə*] n (film, book) grand succès

block letters npl majuscules fpl

bloke [bləʊk] n (BRIT col) type m

blond(e) [blɒnd] adj, n blond/e

blood [blʌd] n sang m

blood donor n donneur/euse de sang

blood group n groupe sanguin

bloodhound ['blʌdhaʊnd] n limier m

blood poisoning n empoisonnement m du sang

blood pressure n tension (artérielle); **to have high/low blood pressure** faire de l'hypertension/ l'hypotension

bloodshed ['blʌdʃed] n effusion f de sang, carnage m

bloodshot ['blʌdʃɒt] adj: **bloodshot eyes** yeux injectés de sang

blood sports npl sports mpl sanguinaires

bloodstream ['blʌdstriːm] n sang m, système sanguin

blood test n analyse f de sang

bloodthirsty ['blʌdθɜːstɪ] adj sanguinaire

blood vessel n vaisseau sanguin

bloody ['blʌdɪ] adj sanglant(e); (BRIT col!): **this bloody ...** ce foutu ..., ce putain de ... (!) **bloody strong/good** (col!) vachement or sacrément fort/ bon

bloody-minded ['blʌdɪ'maɪndɪd] adj (BRIT col) contrariant(e), obstiné(e)

bloom [bluːm] n fleur f; (fig) épanouissement m ♦ vi être en fleur; (fig) s'épanouir; être florissant(e)

blossom ['blɒsəm] n fleur(s) f(pl) ♦ vi être en fleurs; (fig) s'épanouir; **to blossom into** (fig) devenir

blot [blɒt] n tache f ♦ vt tacher; (ink) sécher; **to be a blot on the landscape** gâcher le paysage; **to blot one's copy book** (fig) faire un impair

▶ **blot out** vt (memories) effacer; (view) cacher, masquer; (nation, city) annihiler

blotchy ['blɒtʃɪ] adj (complexion) couvert(e) de marbrures

blotting paper ['blɒtɪŋ-] n buvard m

blouse [blaʊz] n (feminine garment) chemisier m, corsage m

blow [bləʊ] n coup m ♦ vb, pt **blew**, pp **blown** [bluː, bləʊn] vi souffler ♦ vt (glass) souffler; (fuse) faire sauter; **to blow one's nose** se moucher; **to blow a whistle** siffler; **to come to blows** en venir aux coups

▶ **blow away** vi s'envoler ♦ vt chasser, faire s'envoler

▶ **blow down** vt faire tomber, renverser

▶ **blow off** vi s'envoler ♦ vt (hat) emporter; (ship): **to blow off course** faire dévier

▶ **blow out** vi (tyre) éclater; (fuse) sauter

▶ **blow over** vi s'apaiser

▶ **blow up** vi exploser, sauter ♦ vt faire sauter; (tyre) gonfler; (PHOT) agrandir

blow-dry ['bləʊdraɪ] n (hairstyle) brushing m ♦ vt faire un brushing à

blowlamp ['bləʊlæmp] n (BRIT) chalumeau m

blow-out ['bləʊaʊt] n (of tyre) éclatement m; (BRIT col: big meal) gueuleton m

blowtorch ['bləʊtɔːtʃ] n chalumeau m

blue [bluː] adj bleu(e); **blue film/joke** film m/histoire f pornographique; (only) **once in a blue moon** tous les trente-six du mois; **out of the blue** (fig) à l'improviste, sans qu'on si attende

bluebell ['bluːbel] n jacinthe f des bois

bluebottle ['bluːbɒtl] n mouche f à viande

blueprint ['bluːprɪnt] n bleu m; (fig) projet m, plan directeur

bluff [blʌf] vi bluffer ♦ n bluff m; (cliff) promontoire m, falaise f ♦ adj (person) bourru(e), brusque; **to call sb's bluff** mettre qn au défi d'exécuter ses menaces

blunder ['blʌndə*] n gaffe f, bévue f ♦ vi faire une gaffe or une bévue; **to blunder into sb/sth** buter contre qn/qch

blunt [blʌnt] adj émoussé(e), peu tranchant(e); (pencil) mal taillé(e); (person) brusque, ne mâchant pas ses mots ♦ vt émousser; **blunt instrument** (LAW) instrument contondant

blur [blɜː*] n tache f or masse floue or confuse ♦ vt brouiller, rendre flou(e)

blush [blʌʃ] vi rougir ♦ n rougeur f

blustery ['blʌstərɪ] adj (weather) à bourrasques

boar [bɔː*] n sanglier m

board [bɔːd] n planche f; (on wall) panneau m; (for chess etc) plateau m; (committee) conseil m, comité m; (in firm) conseil d'administration; (NAUT, AVIAT): **on board** à bord ♦ vt (ship) monter à bord de; (train) monter dans; **full board** (BRIT) pension complète; **half board** (BRIT) demi-pension f; **board and lodging** n chambre f avec pension; **with board and lodging** logé nourri; **above board** (fig) régulier(ère); **across the board** (fig: adv) systématiquement; (: adj) de portée générale; **to go by the board** être abandonné(e); (be unimportant) compter pour rien, n'avoir aucune importance

▶ **board up** vt (door) condamner (au moyen de planches, de tôle)

boarder ['bɔːdə*] n pensionnaire m/f; (SCOL) interne m/f, pensionnaire

board game n jeu m de société

boarding card ['bɔːdɪŋ-] n (AVIAT, NAUT) carte f d'embarquement

boarding house ['bɔːdɪŋ-] n pension f

boarding pass ['bɔːdɪŋ-] n (BRIT) = **boarding card**

boarding school ['bɔːdɪŋ-] n internat m, pensionnat *m*

board room *n* salle *f* du conseil d'administration

boast [bəust] *vi*: **to boast (about** or **of)** se vanter (de) ♦ *vt* s'enorgueillir de ♦ *n* vantardise *f*; sujet *m* d'orgueil or de fierté

boat [bəut] *n* bateau *m*; (*small*) canot *m*; barque *f*; **to go by boat** aller en bateau; **to be in the same boat** (*fig*) être logé à la même enseigne

bob [bɔb] *vi* (*boat, cork on water: also*: **bob up and down**) danser, se balancer ♦ *n* (*BRIT col*) = shilling
► **bob up** *vi* surgir or apparaître brusquement

bobby ['bɔbɪ] *n* (*BRIT col*) = agent *m* (de police)

bobsleigh ['bɔbsleɪ] *n* bob *m*

bode [bəud] *vi*: **to bode well/ill (for)** être de bon/ mauvais augure (pour)

bodily ['bɔdɪlɪ] *adj* corporel(le); (*pain, comfort*) physique; (*needs*) matériel(le) ♦ *adv* (*carry, lift*) dans ses bras

body ['bɔdɪ] *n* corps *m*; (*of car*) carrosserie *f*; (*of plane*) fuselage *m*; (*also*: **body stocking**) body *m*, justaucorps *m*; (*fig: society*) organe *m*, organisme *m*; (: *quantity*) ensemble *m*, masse *f*; (*of wine*) corps; **ruling body** organe directeur; **in a body** en masse, ensemble; (*speak*) comme un seul et même homme

body-building ['bɔdɪbɪldɪŋ] *n* body-building *m*, culturisme *m*

bodyguard ['bɔdɪɡɑːd] *n* garde *m* du corps

bodywork ['bɔdɪwɜːk] *n* carrosserie *f*

bog [bɔɡ] *n* tourbière *f* ♦ *vt*: **to get bogged down (in)** (*fig*) s'enliser (dans)

bog-standard ['bɔɡ'stændəd] (*inf*) *adj* tout à fait ordinaire

bogus ['bəuɡəs] *adj* bidon *inv*; fantôme

boil [bɔɪl] *vt* (faire) bouillir ♦ *vi* bouillir ♦ *n* (*MED*) furoncle *m*; **to come to the** or (*US*) **a boil** bouillir; **to bring to the** or (*US*) **a boil** porter à ébullition; **boiled egg** œuf *m* à la coque; **boiled potatoes** pommes *fpl* à l'anglaise or à l'eau
► **boil down** *vi* (*fig*): **to boil down to** se réduire or ramener à
► **boil over** *vi* déborder

boiler ['bɔɪlə*] *n* chaudière *f*

boiling point *n* point *m* d'ébullition

boisterous ['bɔɪstərəs] *adj* bruyant(e), tapageur(euse)

bold [bəuld] *adj* hardi(e), audacieux(euse); (*pej*) effronté(e); (*outline, colour*) franc(franche) tranché(e), marqué(e)

bollard ['bɔləd] *n* (*NAUT*) bitte *f* d'amarrage; (*BRIT AUT*) borne lumineuse or de signalisation

bolt [bəult] *n* verrou *m*; (*with nut*) boulon *m* ♦ *adv*: **bolt upright** droit(e) comme un piquet ♦ *vt* verrouiller; (*food*) engloutir ♦ *vi* se sauver, filer (comme une flèche); **a bolt from the blue** (*fig*) un coup de tonnerre dans un ciel bleu

bomb [bɔm] *n* bombe *f* ♦ *vt* bombarder

bomb disposal *n*: **bomb disposal unit** section *f* de déminage; **bomb disposal expert** artificier *m*

bomber ['bɔmə*] *n* caporal *m* d'artillerie; (*AVIAT*) bombardier *m*; (*terrorist*) poseur *m* de bombes

bombing ['bɔmɪŋ] *n* bombardement *m*

bombshell ['bɔmʃel] *n* obus *m*; (*fig*) bombe *f*

bond [bɔnd] *n* lien *m*; (*binding promise*) engagement *m*, obligation *f*; (*FINANCE*) obligation; **in bond** (*of goods*) en entrepôt

bondage ['bɔndɪdʒ] *n* esclavage *m*

bone [bəun] *n* os *m*; (*of fish*) arête *f* ♦ *vt* désosser; ôter les arêtes de

bone-dry ['bəun'draɪ] *adj* absolument sec(sèche)

bone idle *adj* fainéant(e)

bone marrow *n* moelle osseuse

bonfire ['bɔnfaɪə*] *n* feu *m* (de joie); (*for rubbish*) feu

bonnet ['bɔnɪt] *n* bonnet *m*; (*BRIT: of car*) capot *m*

bonus ['bəunəs] *n* prime *f*, gratification *f*; (*on wages*) prime

bony ['bəunɪ] *adj* (*arm, face*; *MED: tissue*) osseux(euse); (*thin: person*) squelettique; (*meat*) plein(e) d'os; (*fish*) plein d'arêtes

boo [buː] *excl* hou!, peuh! ♦ *vt* huer ♦ *n* huée *f*

booby trap ['buːbɪ-] *n* guet-apens *m*

book [buk] *n* livre *m*; (*of stamps etc*) carnet *m*; (*COMM*): **books** *npl* comptes *mpl*, comptabilité *f* ♦ *vt* (*ticket*) prendre; (*seat, room*) réserver; (*driver*) dresser un procès-verbal à; (*football player*) prendre le nom de, donner un carton à; **to keep the books** tenir la comptabilité; **by the book** à la lettre, selon les règles; **to throw the book at sb** passer un savon à qn
► **book in** *vi* (*BRIT: at hotel*) prendre sa chambre
► **book up** *vt* réserver; **all seats are booked up** tout est pris, c'est complet; **the hotel is booked up** l'hôtel est complet

bookcase ['bukkeɪs] *n* bibliothèque *f* (*meuble*)

booking office *n* (*BRIT*) bureau *m* de location

book-keeping ['buk'kiːpɪŋ] *n* comptabilité *f*

booklet ['buklɪt] *n* brochure *f*

bookmaker ['bukmeɪkə*] *n* bookmaker *m*

bookseller ['bukselə*] *n* libraire *m/f*

bookshelf ['bukʃelf] *n* (*single*) étagère *f* (à livres); **bookshelves** rayons *mpl* (de bibliothèque)

bookshop ['bukʃɔp] *n* librairie *f*

bookstore ['bukstɔː*] *n* = **bookshop**

boom [buːm] *n* (*noise*) grondement *m*; (*busy period*) boom *m*, vague *f* de prospérité ♦ *vi* gronder; prospérer

boon [buːn] *n* bénédiction *f*, grand avantage

boost [buːst] *n* stimulant *m*, remontant *m* ♦ *vt* stimuler; **to give a boost to sb's spirits** or **to sb** remonter le moral à qn

booster ['buːstə*] *n* (*TV*) amplificateur *m* (de signal); (*ELEC*) survolteur *m*; (*also*: **booster rocket**) booster m; (MED: vaccine) rappel m

boot [buːt] n botte f; (for hiking) chaussure f (de marche); (for football etc) soulier m; (ankle boot) bottine f; (BRIT: of car) coffre m ♦ vt (COMPUT) lancer, mettre en route; **to boot** (in addition) par-dessus le marché, en plus; **to give sb the boot** (col) flanquer qn dehors, virer qn

booth [buːð] n (at fair) baraque (foraine); (of cinema, telephone etc) cabine f; (also: **voting booth**) isoloir m

booze [buːz] (col) n boissons fpl alcooliques, alcool m ♦ vi boire, picoler

border ['bɔːdə*] n bordure f; bord m; (of a country) frontière f; **the Border** la frontière entre l'Écosse et l'Angleterre; **the Borders** la région frontière entre l'Écosse et l'Angleterre

▶ **border on** vt fus être voisin(e) de, toucher à

borderline ['bɔːdəlaɪn] n (fig) ligne f de démarcation ♦ adj: **borderline case** cas m limite

bore [bɔː*] pt of bear ♦ vt (hole) percer; (person) ennuyer, raser ♦ n (person) raseur/euse; (of gun) calibre m; **he's bored to tears** or **bored to death** or **bored stiff** il s'ennuie à mourir

boredom ['bɔːdəm] n ennui m

boring ['bɔːrɪŋ] adj ennuyeux(euse)

born [bɔːn] adj: **to be born** naître; **I was born in 1960** je suis né en 1960; **born blind** aveugle de naissance; **a born comedian** un comédien-né

borne [bɔːn] pp of bear

borough ['bʌrə] n municipalité f

borrow ['bɔrəu] vt: **to borrow sth (from sb)** emprunter qch (à qn); **may I borrow your car?** est-ce que je peux vous emprunter votre voiture?

Bosnia-Herzegovina ['bɔsnɪəherzə'gəuviːnə] n (also: **Bosnia-Hercegovina**) Bosnie-Herzégovine f

Bosnian ['bɔznɪən] adj bosniaque, bosnien(ne) ♦ n Bosniaque m/f, Bosnien/ne

bosom ['buzəm] n poitrine f; (fig) sein m

boss [bɔs] n patron/ne ♦ vt (also: **boss about, boss around**) mener à la baguette

bossy ['bɔsɪ] adj autoritaire

bosun ['bəusn] n maître m d'équipage

botany ['bɔtənɪ] n botanique f

botch [bɔtʃ] vt (also: **botch up**) saboter, bâcler

both [bəuθ] adj les deux, l'un(e) et l'autre ♦ pron: **both (of them)** les deux, tous(toutes) (les) l'un(e) et l'autre; **both of us went, we both went** nous y sommes allés tous les deux ♦ adv: **they sell both the fabric and the finished curtains** ils vendent (et) le tissu et les rideaux finis), ils vendent à la fois le tissu et les rideaux (finis)

bother ['bɔðə*] vt (worry) tracasser; (needle, bait) importuner, ennuyer; (disturb) déranger ♦ vi (also: **bother o.s.**) se tracasser, se faire du souci ♦ n: **it is a bother to have to do** c'est vraiment ennuyeux d'avoir à faire ♦ excl zut!; **to bother doing** prendre la peine de faire; **I'm sorry to bother you** excusez-

moi de vous déranger; **please don't bother** ne vous dérangez pas; **don't bother** ce n'est pas la peine; **it's no bother** aucun problème

bottle ['bɔtl] n bouteille f; (baby's) biberon m; (of perfume, medicine) flacon m ♦ vt mettre en bouteille(s); **bottle of wine/milk** bouteille de vin/lait; **wine/milk bottle** bouteille à vin/lait

▶ **bottle up** vt refouler, contenir

bottle bank n conteneur m (de bouteilles)

bottleneck ['bɔtlnek] n (in traffic) bouchon m; (in production) goulet m d'étranglement

bottle-opener ['bɔtləupnə*] n ouvre-bouteille m

bottom ['bɔtəm] n (of container, sea etc) fond m; (buttocks) derrière m; (of page, list) bas m; (of chair) siège m; (of mountain, tree, hill) pied m ♦ adj du fond; du bas; **to get to the bottom of sth** (fig) découvrir le fin fond de qch

bough [bau] n branche f, rameau m

bought [bɔːt] pt, pp of buy

boulder ['bəuldə*] n gros rocher (gén lisse, arrondi)

bounce [bauns] vi (ball) rebondir; (cheque) être refusé (étant sans provision) (also: **to bounce forward/out etc**) bondir, s'élancer ♦ vt faire rebondir ♦ n (rebound) rebond m; **he's got plenty of bounce** (fig) il est plein d'entrain or d'allant

bouncer ['baunsə*] n (col) videur m

bound [baund] pt, pp of bind ♦ n (gen pl) limite f; (leap) bond m ♦ vt (leap) bondir; (limit) borner ♦ adj: **to be bound to do sth** (obliged) être obligé(e) or avoir obligation de faire qch; **he's bound to fail** (likely) il est sûr d'échouer, son échec est inévitable or assuré; **bound for** à destination de; **out of bounds** dont l'accès est interdit

boundary ['baundrɪ] n frontière f

bout [baut] n période f; (of malaria etc) accès m, crise f, attaque f; (BOXING etc) combat m, match m

bow¹ [bəu] n nœud m; (weapon) arc m; (MUS) archet m

bow² [bau] n (with body) révérence f, inclination f (du buste or corps); (NAUT: also: **bows**) proue f ♦ vi faire une révérence, s'incliner; (yield): **to bow to** or **before** s'incliner devant, se soumettre à; **to bow to the inevitable** accepter l'inévitable or l'inéluctable

bowels [bauəlz] npl intestins mpl; (fig) entrailles fpl

bowl [bəul] n (for eating) bol m; (for washing) cuvette f; (ball) boule f; (of pipe) fourneau m ♦ vt (CRICKET) lancer (la balle)

▶ **bowl over** vt (fig) renverser

bow-legged ['bəu'legɪd] adj aux jambes arquées

bowler ['bəulə*] n joueur m de boules; (CRICKET) lanceur m (de la balle); (BRIT: also: **bowler hat**) (chapeau m) melon m

bowling ['bəulɪŋ] n (game) jeu m de boules, jeu de quilles

bowling alley n bowling m

bowling green n terrain m de boules (gazonné et carré)

bowls [bəulz] n (jeu m de) boules fpl

bow tie [bəu-] n nœud m papillon

box [bɒks] n boîte f; (also: **cardboard box**) carton m; (crate) caisse f; (THEAT) loge f; (BRIT AUT) intersection f (matérialisée par des marques au sol) ♦ vt mettre en boîte; (SPORT) boxer avec ♦ vi boxer, faire de la boxe

boxer ['bɒksə*] n (person) boxeur m; (dog) boxer m

boxer shorts npl caleçon msg

boxing ['bɒksɪŋ] n (sport) boxe f

Boxing Day n (BRIT) le lendemain de Noël; voir encadré

━━━━━━━━━━━━━━━━━━━━━━━
BOXING DAY

Boxing Day est le lendemain de Noël, férié en Grande-Bretagne. Si Noël tombe un samedi, le jour férié est reculé jusqu'au lundi suivant. Ce nom vient d'une coutume du XIXe siècle qui consistait à donner des cadeaux de Noël (dans des boîtes) à ses employés etc le 26 décembre.
━━━━━━━━━━━━━━━━━━━━━━━

boxing gloves npl gants mpl de boxe

boxing ring n ring m

box office n bureau m de location

box room n débarras m; chambrette f

boy [bɔɪ] n garçon m

boycott ['bɔɪkɒt] n boycottage m ♦ vt boycotter

boyfriend ['bɔɪfrɛnd] n (petit) ami

boyish ['bɔɪɪʃ] adj d'enfant, de garçon; **to look boyish** (man: appear youthful) faire jeune

BR abbr = **British Rail**

bra [brɑ:] n soutien-gorge m

brace [breɪs] n attache f, agrafe f; (on teeth) appareil m (dentaire); (tool) vilbrequin m; (TYP: also: **brace bracket**) accolade f ♦ vt consolider, soutenir; **to brace o.s.** (fig) se préparer mentalement

bracelet ['breɪslɪt] n bracelet m

bracing ['breɪsɪŋ] adj tonifiant(e), tonique

bracket ['brækɪt] n (TECH) tasseau m, support m; (group) classe f, tranche f; (also: **brace bracket**) accolade f; (also: **round bracket**) parenthèse f; (also: **square bracket**) crochet m ♦ vt mettre entre parenthèses; (fig: also: **bracket together**) regrouper; **income bracket** tranche f des revenus; **in brackets** entre parenthèses or crochets

brag [bræg] vi se vanter

braid [breɪd] n (trimming) galon m; (of hair) tresse f, natte f

brain [breɪn] n cerveau m; **brains** npl cervelle f; **he's got brains** il est intelligent

brainwash ['breɪnwɒʃ] vt faire subir un lavage de cerveau à

brainwave ['breɪnweɪv] n idée f de génie

brainy ['breɪnɪ] adj intelligent(e), doué(e)

braise [breɪz] vt braiser

brake [breɪk] n frein m ♦ vt, vi freiner

brake light n feu m de stop

bran [bræn] n son m

branch [brɑ:ntʃ] n branche f; (COMM) succursale f; (: bank) agence f; (of association) section locale ♦ vi bifurquer

▶ **branch out** vi diversifier ses activités; **to branch out into** étendre ses activités à

brand [brænd] n marque (commerciale) ♦ vt (cattle) marquer (au fer rouge); (fig: pej): **to brand sb a communist** etc traiter or qualifier qn de communiste etc

brand-new ['brænd'nju:] adj tout(e) neuf(neuve), flambant neuf(neuve)

brandy ['brændɪ] n cognac m, fine f

brash [bræʃ] adj effronté(e)

brass [brɑ:s] n cuivre m (jaune), laiton m; **the brass** (MUS) les cuivres

brass band n fanfare f

brat [bræt] n (pej) mioche m/f, môme m/f

brave [breɪv] adj courageux(euse), brave ♦ n guerrier indien ♦ vt braver, affronter

bravery ['breɪvərɪ] n bravoure f, courage m

brawl [brɔːl] n rixe f, bagarre f ♦ vi se bagarrer

brazen ['breɪzn] adj impudent(e), effronté(e) ♦ vt: **to brazen it out** payer d'effronterie, crâner

brazier ['breɪzɪə*] n brasero m

Brazil [brə'zɪl] n Brésil m

breach [briːtʃ] vt ouvrir une brèche dans ♦ n (gap) brèche f; (estrangement) brouille f; (breaking): **breach of contract** rupture f de contrat; **breach of the peace** attentat m à l'ordre public; **breach of trust** abus m de confiance

bread [brɛd] n pain m; (col: money) fric m; **bread and butter** n tartines (beurrées); (fig) subsistance f; **to earn one's daily bread** gagner son pain; **to know which side one's bread is buttered (on)** savoir où est son avantage or intérêt

breadbin ['brɛdbɪn] n (BRIT) boîte f or huche f à pain

breadcrumbs ['brɛdkrʌmz] npl miettes fpl de pain; (CULIN) chapelure f, panure f

breadline ['brɛdlaɪn] n: **to be on the breadline** être sans le sou or dans l'indigence

breadth [brɛtθ] n largeur f

breadwinner ['brɛdwɪnə*] n soutien m de famille

break [breɪk], vb: pt **broke** [brəuk], pp **broken** ['brəukən] vt casser, briser; (promise) rompre; (law) violer ♦ vi, se briser; (weather) tourner ♦ n (gap) brèche f; (fracture) cassure f; (: rest) interruption f, arrêt m; (: short) pause f; (: at school) récréation f; (chance) chance f, occasion f favorable; **to break one's leg** etc se casser la jambe etc; **to break a record** battre un record; **to break the news to sb** annoncer la nouvelle à qn; **to break with sb**

rompre avec qn; **to break even** vi rentrer dans ses frais; **to break free** or **loose** vi se dégager, s'échapper; **to take a break** (few minutes) faire une pause, s'arrêter cinq minutes; (holiday) prendre un peu de repos; **without a break** sans interruption, sans arrêt

▶ **break down** vt (door etc) enfoncer; (resistance) venir à bout de; (figures, data) décomposer, analyser ♦ vi s'effondrer; (MED) faire une dépression (nerveuse); (AUT) tomber en panne

▶ **break in** vt (horse etc) dresser ♦ vi (burglar) entrer par effraction

▶ **break into** vt fus (house) s'introduire or pénétrer par effraction dans

▶ **break off** vi (speaker) s'interrompre; (branch) se rompre ♦ vt (talks, engagement) rompre

▶ **break open** vt (door etc) forcer, fracturer

▶ **break out** vi éclater, se déclarer; **to break out in spots** se couvrir de boutons

▶ **break through** vi: **the sun broke through** le soleil a fait son apparition ♦ vt fus (defences, barrier) franchir; (crowd) se frayer un passage à travers

▶ **break up** vi (partnership) cesser, prendre fin; (marriage) se briser; (friends) se séparer ♦ vt fracasser, casser; (fight etc) interrompre, faire cesser; (marriage) désunir

breakage ['breɪkɪdʒ] n casse f; **to pay for breakages** payer la casse

breakdown ['breɪkdaʊn] n (AUT) panne f; (in communications) rupture f; (MED: also: **nervous breakdown**) dépression (nerveuse); (of figures) ventilation f, répartition f

breakdown van n (BRIT) dépanneuse f

breaker ['breɪkə*] n brisant m

breakfast ['brekfəst] n petit déjeuner m

break-in ['breɪkɪn] n cambriolage m

breaking and entering ['breɪkɪŋənd'entərɪŋ] n (LAW) effraction f

breakthrough ['breɪkθruː] n percée f

breakwater ['breɪkwɔːtə*] n brise-lames m inv, digue f

breast [brest] n (of woman) sein m; (chest) poitrine f

breast-feed ['brestfiːd] vt, vi (irreg: like **feed**) allaiter

breaststroke ['breststrəʊk] n brasse f

breath [breθ] n haleine f, souffle m; **to go out for a breath of air** sortir prendre l'air; **out of breath** à bout de souffle, essoufflé(e)

Breathalyser® ['breθəlaɪzə*] n alcootest m

breathe [briːð] vt, vi respirer; **I won't breathe a word about it** je n'en soufflerai pas mot, je n'en dirai rien à personne

▶ **breathe in** vi inspirer ♦ vt aspirer

▶ **breathe out** vt, vi expirer

breather ['briːðə*] n moment m de repos or de répit

breathing ['briːðɪŋ] n respiration f

breathless ['breθlɪs] adj essoufflé(e), haletant(e), oppressé(e); **breathless with excitement** le souffle coupé par l'émotion

breath-taking ['breθteɪkɪŋ] adj stupéfiant(e), à vous couper le souffle

breed [briːd], pt, pp **bred** [bred] vt élever, faire l'élevage de; (fig: hate, suspicion) engendrer ♦ vi se reproduire ♦ n race f, variété f

breeding ['briːdɪŋ] n reproduction f; élevage m; (upbringing) éducation f

breeze [briːz] n brise f

breezy ['briːzɪ] adj frais(fraîche); aéré(e); désinvolte; jovial(e)

brevity ['brevɪtɪ] n brièveté f

brew [bruː] vt (tea) faire infuser; (beer) brasser; (plot) tramer, préparer ♦ vi (tea) infuser; (beer) fermenter; (fig) se préparer, couver

brewery ['bruːərɪ] n brasserie f (fabrique)

bribe [braɪb] n pot-de-vin m ♦ vt acheter; soudoyer; **to bribe sb to do sth** soudoyer qn pour qu'il fasse qch

bribery ['braɪbərɪ] n corruption f

brick [brɪk] n brique f

bricklayer ['brɪkleɪə*] n maçon m

bridal ['braɪdl] adj nuptial(e); **bridal party** noce f

bride [braɪd] n mariée f, épouse f

bridegroom ['braɪdgruːm] n marié m, époux m

bridesmaid ['braɪdzmeɪd] n demoiselle f d'honneur

bridge [brɪdʒ] n pont m; (NAUT) passerelle f (de commandement); (of nose) arête f; (CARDS, DENTISTRY) bridge m ♦ vt (river) construire un pont sur; (gap) combler

bridle ['braɪdl] n bride f ♦ vt refréner, mettre la bride à; (horse) brider

bridle path n piste or allée cavalière

brief [briːf] adj bref(brève) ♦ n (LAW) dossier m, cause f ♦ vt (MIL etc) donner des instructions à; **in brief ...** (en) bref ...; **to brief sb (about sth)** mettre qn au courant (de qch)

briefcase ['briːfkeɪs] n serviette f; porte-documents m inv

briefly ['briːflɪ] adv brièvement; (visit) en coup de vent; **to glimpse briefly** entrevoir

bright [braɪt] adj brillant(e); (room, weather) clair(e); (person) intelligent(e), doué(e); (colour) vif(vive); **to look on the bright side** regarder le bon côté des choses

brighten ['braɪtn] (also: **brighten up**) vt (room) éclaircir; égayer ♦ vi s'éclaircir; (person) retrouver un peu de sa gaieté

brilliance ['brɪljəns] n éclat m; (fig: of person) brio m

brilliant ['brɪljənt] adj brillant(e)

brim [brɪm] n bord m

brine [braɪn] n eau salée; (CULIN) saumure f

bring, *pt*, *pp* **brought** [brɪŋ, brɔːt] *vt* (*thing*) apporter; (*person*) amener; **to bring sth to an end** mettre fin à qch; **I can't bring myself to fire him** je ne peux me résoudre à le mettre à la porte
▶ **bring about** *vt* provoquer, entraîner
▶ **bring back** *vt* rapporter; (*person*) ramener
▶ **bring down** *vt* (*lower*) abaisser; (*shoot down*) abattre; (*government*) faire s'effondrer
▶ **bring forward** *vt* avancer; (*BOOK-KEEPING*) reporter
▶ **bring in** *vt* (*person*) faire entrer; (*object*) rentrer; (*POL: legislation*) introduire; (*LAW: verdict*) rendre; (*produce: income*) rapporter
▶ **bring off** *vt* (*task, plan*) réussir, mener à bien; (*deal*) mener à bien
▶ **bring out** *vt* (*meaning*) faire ressortir, mettre en relief; (*new product, book*) sortir
▶ **bring round, bring to** *vt* (*unconscious person*) ranimer
▶ **bring up** *vt* élever; (*question*) soulever; (*food: vomit*) vomir, rendre

brink [brɪŋk] *n* bord *m*; **on the brink of doing** sur le point de faire, à deux doigts de faire; **she was on the brink of tears** elle était au bord des larmes

brisk [brɪsk] *adj* vif(vive); (*abrupt*) brusque; (*trade etc*) actif(ive); **to go for a brisk walk** se promener d'un bon pas; **business is brisk** les affaires marchent (bien)

bristle [ˈbrɪsl] *n* poil *m* ♦ *vi* se hérisser; **bristling with** hérissé(e) de

Britain [ˈbrɪtən] *n* (*also:* **Great Britain**) la Grande-Bretagne; **in Britain** en Grande-Bretagne

British [ˈbrɪtɪʃ] *adj* britannique; **the British** *npl* les Britanniques *mpl*; **the British Isles** les îles *fpl* Britanniques

British Rail (BR) *n* compagnie ferroviaire britannique ≈ SNCF *f*

Briton [ˈbrɪtən] *n* Britannique *m/f*

Brittany [ˈbrɪtənɪ] *n* Bretagne *f*

brittle [ˈbrɪtl] *adj* cassant(e), fragile

broach [brəʊtʃ] *vt* (*subject*) aborder

broad [brɔːd] *adj* large; (*distinction*) général(e); (*accent*) prononcé(e) ♦ *n* (*US col*) nana *f*; **broad hint** allusion transparente; **in broad daylight** en plein jour; **the broad outlines** les grandes lignes

broadcast [ˈbrɔːdkɑːst] *n* émission *f* ♦ *vb*, *pt*, *pp* **broadcast** *vt* radiodiffuser; téléviser ♦ *vi* émettre

broaden [ˈbrɔːdn] *vt* élargir ♦ *vi* s'élargir

broadly [ˈbrɔːdlɪ] *adv* en gros, généralement

broad-minded [ˈbrɔːdˈmaɪndɪd] *adj* large d'esprit

broccoli [ˈbrɔkəlɪ] *n* brocoli *m*

brochure [ˈbrəʊʃjuə*] *n* prospectus *m*, dépliant *m*

broil [brɔɪl] *vt* rôtir

broke [brəʊk] *pt of* **break** ♦ *adj* (*col*) fauché(e); **to go broke** (*business*) faire faillite

broken [ˈbrəʊkn] *pp of* **break** ♦ *adj* (*stick, leg etc*)

cassé(e); (*promise, vow*) rompu(e); **a broken marriage** un couple dissocié; **a broken home** un foyer désuni; **in broken French/English** dans un français/anglais approximatif *or* hésitant

broken-hearted [ˈbrəʊkn'hɑːtɪd] *adj* (ayant) le cœur brisé

broker [ˈbrəʊkə*] *n* courtier *m*

brolly [ˈbrɔlɪ] *n* (*BRIT col*) pépin *m*, parapluie *m*

bronchitis [brɔŋ'kaɪtɪs] *n* bronchite *f*

bronze [brɔnz] *n* bronze *m*

brooch [brəʊtʃ] *n* broche *f*

brood [bruːd] *n* couvée *f* ♦ *vi* (*hen, storm*) couver; (*person*) méditer (sombrement), ruminer

broom [brum] *n* balai *m*

broomstick [ˈbrumstɪk] *n* manche *m* à balai

Bros. *abbr* (*COMM: = brothers*) Frères

broth [brɔθ] *n* bouillon *m* de viande et de légumes

brothel [ˈbrɔθl] *n* maison close, bordel *m*

brother [ˈbrʌðə*] *n* frère *m*

brother-in-law [ˈbrʌðərɪn'lɔː*] *n* beau-frère *m*

brought [brɔːt] *pt*, *pp of* **bring**

brow [braʊ] *n* front *m*; (*rare: gen:* **eyebrow**) sourcil *m*; (*of hill*) sommet *m*

brown [braʊn] *adj* brun(e), marron *inv*; (*hair*) châtain *inv*; (*rice, bread, flour*) complet(ète) ♦ *n* (*colour*) brun *m*, marron *m* ♦ *vt* brunir; (*CULIN*) faire dorer, faire roussir; **to go brown** (*person*) bronzer; (*leaves*) jaunir

brown bread *n* pain *m* bis

Brownie [ˈbraʊnɪ] *n* jeannette *f*, éclaireuse (cadette)

brown paper *n* papier *m* d'emballage, papier kraft

brown sugar *n* cassonade *f*

browse [braʊz] *vi* (*among books*) bouquiner, feuilleter les livres; (*animal*) paître; **to browse through a book** feuilleter un livre

browser [ˈbraʊzə*] *n* (*COMPUT*) navigateur *m*

bruise [bruːz] *n* bleu *m*, ecchymose *f*, contusion *f* ♦ *vt* contusionner, meurtrir ♦ *vi* (*fruit*) se taler, se meurtrir; **to bruise one's arm** se faire un bleu au bras

brunette [bruːˈnet] *n* (femme) brune

brunt [brʌnt] *n*: **the brunt of** (*attack, criticism etc*) le plus gros de

brush [brʌʃ] *n* brosse *f*; (*quarrel*) accrochage *m*, prise *f* de bec ♦ *vt* brosser; (*also:* **brush past, brush against**) effleurer, frôler; **to have a brush with sb** s'accrocher avec qn; **to have a brush with the police** avoir maille à partir avec la police
▶ **brush aside** *vt* écarter, balayer
▶ **brush up** *vt* (*knowledge*) rafraîchir, réviser

brushwood [ˈbrʌʃwʊd] *n* broussailles *fpl*, taillis *m*

Brussels [ˈbrʌslz] *n* Bruxelles

Brussels sprout *n* chou *m* de Bruxelles

brutal ['bru:tl] *adj* brutal(e)

brute [bru:t] *n* brute *f* ♦ *adj*: **by brute force** par la force

BSc *n abbr* = Bachelor of Science

BSE *n abbr* (= bovine spongiform encephalopathy) ESB *f*, BSE *f*

bubble ['bʌbl] *n* bulle *f* ♦ *vi* bouillonner, faire des bulles; (*sparkle, fig*) pétiller

bubble bath *n* bain moussant

bubble gum *n* bubblegum *m*

buck [bʌk] *n* mâle *m* (*d'un lapin, lièvre, daim etc*); (*US col*) dollar *m* ♦ *vi* ruer, lancer une ruade; **to pass the buck (to sb)** se décharger de la responsabilité (sur qn)

▶ **buck up** *vi* (*cheer up*) reprendre du poil de la bête, se remonter ♦ *vt*: **to buck one's ideas up** se reprendre

bucket ['bʌkɪt] *n* seau *m* ♦ *vi* (*BRIT col*): **the rain is bucketing (down)** il pleut à verse

Buckingham Palace ['bʌkɪŋhəm-] *n* le palais de Buckingham; *voir encadré*

buckle ['bʌkl] *n* boucle *f* ♦ *vt* boucler, attacher; (*warp*) tordre, gauchir; (*: wheel*) voiler

▶ **buckle down** *vi* s'y mettre

bud [bʌd] *n* bourgeon *m*; (*of flower*) bouton *m* ♦ *vi* bourgeonner; (*flower*) éclore

Buddhism ['budɪzəm] *n* bouddhisme *m*

Buddhist ['budɪst] *adj* bouddhiste ♦ *n* Bouddhiste *m/f*

budding ['bʌdɪŋ] *adj* (*flower*) en bouton; (*poet etc*) en herbe; (*passion etc*) naissant(e)

buddy ['bʌdɪ] *n* (*US*) copain *m*

budge [bʌdʒ] *vt* faire bouger ♦ *vi* bouger

budgerigar ['bʌdʒərɪgɑ:*] *n* perruche *f*

budget ['bʌdʒɪt] *n* budget *m* ♦ *vi*: **to budget for sth** inscrire qch au budget; **I'm on a tight budget** je dois faire attention à mon budget

budgie ['bʌdʒɪ] *n* = **budgerigar**

buff [bʌf] *adj* (couleur *f*) chamois *m* ♦ *n* (*enthusiast*) mordu(e)

buffalo, *pl* **buffalo** *or* **buffaloes** ['bʌfələu] *n* buffle *m*; (*US*) bison *m*

buffer ['bʌfə*] *n* tampon *m*; (*COMPUT*) mémoire *f* tampon

buffet *n* ['bufeɪ] (*food, BRIT: bar*) buffet *m* ♦ *vt* ['bʌfɪt] gifler, frapper; secouer, ébranler

buffet car *n* (*BRIT RAIL*) voiture-bar *f*

bug [bʌg] *n* (*insect*) punaise *f*; (*: gen*) insecte *m*,

bestiole *f*; (*fig: germ*) virus *m*, microbe *m*; (*spy device*) dispositif *m* d'écoute (électronique), micro clandestin; (*COMPUT: of program*) erreur *f*; (*: of equipment*) défaut *m* ♦ *vt* (*room*) poser des micros dans; (*col: annoy*) embêter; **I've got the travel bug** (*fig*) j'ai le virus du voyage

bugle ['bju:gl] *n* clairon *m*

build [bɪld] *n* (*of person*) carrure *f*, charpente *f* ♦ *vt, pt, pp* **built** [bɪlt] construire, bâtir

▶ **build on** *vt fus* (*fig*) tirer parti de, partir de

▶ **build up** *vt* accumuler, amasser; (*business*) développer; (*reputation*) bâtir

builder ['bɪldə*] *n* entrepreneur *m*

building ['bɪldɪŋ] *n* construction *f*; (*structure*) bâtiment *m*, construction; (*: residential, offices*) immeuble *m*

building society *n* (*BRIT*) société *f* de crédit immobilier; *voir encadré*

built [bɪlt] *pt, pp* of **build**

built-in ['bɪlt'ɪn] *adj* (*cupboard*) encastré(e); (*device*) incorporé(e); intégré(e)

built-up area ['bɪltʌp-] *n* agglomération (urbaine); zone urbanisée

bulb [bʌlb] *n* (*BOT*) bulbe *m*, oignon *m*; (*ELEC*) ampoule *f*

Bulgaria [bʌl'geərɪə] *n* Bulgarie *f*

bulge [bʌldʒ] *n* renflement *m*, gonflement *m*; (*in birth rate, sales*) brusque augmentation *f* ♦ *vi* faire saillie; présenter un renflement; **to be bulging with** être plein(e) à craquer de

bulk [bʌlk] *n* masse *f*, volume *m*; **in bulk** (*COMM*) en gros, en vrac; **the bulk of** la plus grande *or* grosse partie de

bulky ['bʌlkɪ] *adj* volumineux(euse), encombrant(e)

bull [bul] *n* taureau *m*; (*STOCK EXCHANGE*) haussier *m*; (*REL*) bulle *f*

bulldog ['buldɔg] *n* bouledogue *m*

bulldozer ['buldəuzə*] *n* bulldozer *m*

bullet ['bulɪt] *n* balle *f* (*de fusil etc*)

bulletin ['bulɪtɪn] *n* bulletin *m*, communiqué *m*

bulletin board n (COMPUT) messagerie f (électronique)

bulletproof ['bulɪtpruːf] adj à l'épreuve des balles; **bulletproof vest** gilet m pare-balles

bullfight ['bulfaɪt] n corrida f, course f de taureaux

bullfighter ['bulfaɪtə*] n torero m

bullfighting ['bulfaɪtɪŋ] n tauromachie f

bullion ['buljən] n or m or argent m en lingots

bullock ['bulək] n bœuf m

bullring ['bulrɪŋ] n arène f

bull's-eye ['bulzaɪ] n centre m (de la cible)

bully ['bulɪ] n brute f, tyran m ♦ vt tyranniser, rudoyer; (frighten) intimider

bum [bʌm] n (col: backside) derrière m; (: tramp) vagabond/e, traîne-savates m/f inv; (: idler) glandeur m

► **bum around** vi (col) vagabonder

bumblebee ['bʌmblbiː] n bourdon m

bump [bʌmp] n (blow) coup m, choc m; (jolt) cahot m; (on road etc, on head) bosse f ♦ vt heurter, cogner; (car) emboutir

► **bump along** vi avancer en cahotant

► **bump into** vt fus rentrer dans, tamponner; (col: meet) tomber sur

bumper ['bʌmpə*] n pare-chocs m inv ♦ adj: **bumper crop/harvest** récolte/moisson exceptionnelle

bumper cars npl (US) autos tamponneuses

bumpy ['bʌmpɪ] adj cahoteux(euse); **it was a bumpy flight/ride** on a été secoués dans l'avion/la voiture

bun [bʌn] n petit pain au lait; (of hair) chignon m

bunch [bʌntʃ] n (of flowers) bouquet m; (of keys) trousseau m; (of bananas) régime m; (of people) groupe m; **bunch of grapes** grappe f de raisin

bundle ['bʌndl] n paquet m ♦ vt (also: **bundle up**) faire un paquet de; (put): **to bundle sth/sb into** fourrer ou enfourner qch/qn dans

► **bundle off** vt (person) faire sortir (en toute hâte); expédier

► **bundle out** vt éjecter, sortir (sans ménagements)

bungalow ['bʌŋgələu] n bungalow m

bungle ['bʌŋgl] vt bâcler, gâcher

bunion ['bʌnjən] n oignon m (au pied)

bunk [bʌŋk] n couchette f; (BRIT col): **to do a bunk** mettre les bouts or les voiles

► **bunk off** vi (BRIT col: SCOL) sécher (les cours); **I'll bunk off at 3 o'clock this afternoon** je vais mettre les bouts or les voiles à 3 heures cet après-midi

bunk beds npl lits superposés

bunker ['bʌŋkə*] n (coal store) soute f à charbon; (MIL, GOLF) bunker m

bunting ['bʌntɪŋ] n pavoisement m, drapeaux mpl

buoy [bɔɪ] n bouée f

► **buoy up** vt faire flotter; (fig) soutenir, épauler

buoyant ['bɔɪənt] adj (ship) flottable; (carefree) gai(e), plein(e) d'entrain; (COMM: market) actif(ive); (: prices, currency) soutenu(e)

burden ['bəːdn] n fardeau m, charge f ♦ vt charger; (oppress) accabler, surcharger; **to be a burden to sb** être un fardeau pour qn

bureau, pl **bureaux** ['bjuərəu, -z] n (BRIT: writing desk) bureau m, secrétaire m; (US: chest of drawers) commode f; (office) bureau, office m

bureaucracy [bjuə'rɔkrəsɪ] n bureaucratie f

burglar ['bəːglə*] n cambrioleur m

burglar alarm n sonnerie f d'alarme

burglary ['bəːglərɪ] n cambriolage m

Burgundy ['bəːgəndɪ] n Bourgogne f

burial ['berɪəl] n enterrement m

burly ['bəːlɪ] adj de forte carrure, costaud(e)

Burma ['bəːmə] n Birmanie f; see also **Myanmar**

burn [bəːn] vt, vi, pt, pp **burned** or **burnt** [bəːnt] brûler ♦ n brûlure f; **the cigarette burnt a hole in her dress** la cigarette a fait un trou dans sa robe; **I've burnt myself!** je me suis brûlé(e)!

► **burn down** vt incendier, détruire par le feu

► **burn out** vt (writer etc): **to burn o.s. out** s'user (à force de travailler)

burner ['bəːnə*] n brûleur m

burning ['bəːnɪŋ] adj (building, forest) en flammes; (issue, question) brûlant(e)

Burns' Night [bəːnz-] voir encadré

BURNS' NIGHT

Burns' Night est une fête qui a lieu le 25 janvier, à la mémoire du poète écossais Robert Burns (1759–1796), à l'occasion de laquelle les Écossais partout dans le monde organisent un souper, en général arrosé de whisky. Le plat principal est toujours le haggis, servi avec de la purée de pommes de terre et de la purée de rutabagas. On apporte le haggis au son des cornemuses et au cours du repas on lit des poèmes de Burns et on chante ses chansons.

burrow ['bʌrəu] n terrier m ♦ vt creuser

bursary ['bəːsərɪ] n (BRIT) bourse f (d'études)

burst [bəːst] vb (pt, pp **burst**) vt faire éclater ♦ vi éclater ♦ n explosion f; (also: **burst pipe**) fuite f (due à une rupture) **burst of energy** activité soudaine; **burst of laughter** éclat m de rire; **a burst of applause** une salve d'applaudissements; **a burst of speed** une pointe de vitesse; **burst blood vessel** rupture f de vaisseau sanguin; **the river has burst its banks** le cours d'eau est sorti de son lit; **to burst into flames** s'enflammer soudainement; **to burst out laughing** éclater de rire; **to burst into tears** fondre en larmes; **to burst open** vi s'ouvrir violemment or soudainement; **to be bursting with** être

plein(e) (à craquer) de; regorger de
▶ **burst into** vt fus (room etc) faire irruption dans
▶ **burst out of** vt fus sortir précipitamment de

bury ['bɛrɪ] vt enterrer; **to bury one's face in one's hands** se couvrir le visage de ses mains; **to bury one's head in the sand** (fig) pratiquer la politique de l'autruche; **to bury the hatchet** (fig) enterrer la hache de guerre

bus, pl **buses** [bʌs, 'bʌsɪz] n autobus m

bush [bʊʃ] n buisson m; (scrubland) brousse f

bushy ['bʊʃɪ] adj broussailleux(euse), touffu(e)

busily ['bɪzɪlɪ] adv: **to be busily doing sth** s'affairer à faire qch

business ['bɪznɪs] n (matter, firm) affaire f; (trading) affaires fpl; (job, duty) travail m; **to be away on business** être en déplacement d'affaires; **I'm here on business** je suis là pour affaires; **he's in the insurance business** il est dans les assurances; **to do business with sb** traiter avec qn; **it's none of my business** cela ne me regarde pas, ce ne sont pas mes affaires; **he means business** il ne plaisante pas, il est sérieux

businesslike ['bɪznɪslaɪk] adj sérieux(euse); efficace

businessman ['bɪznɪsmən] n homme m d'affaires

business trip n voyage m d'affaires

businesswoman ['bɪznɪswʊmən] n femme f d'affaires

busker ['bʌskə*] n (BRIT) artiste ambulant(e)

bus shelter n abribus m

bus station n gare routière

bus stop n arrêt m d'autobus

bust [bʌst] n buste m ◆ adj (col: broken) fichu(e), fini(e) ◆ vt (col: POLICE: arrest) pincer; **to go bust** faire faillite

bustle ['bʌsl] n remue-ménage m, affairement m ◆ vi s'affairer, se démener

bustling ['bʌslɪŋ] adj (person) affairé(e); (town) très animé(e)

busy ['bɪzɪ] adj occupé(e); (shop, street) très fréquenté(e); (US: telephone, line) occupé ◆ vt: **to busy o.s.** s'occuper; **he's a busy man** (normally) c'est un homme très pris; (temporarily) il est très pris

busybody ['bɪzɪbɔdɪ] n mouche f du coche, âme f charitable

busy signal n (US) tonalité f occupé

but [bʌt] conj mais; **I'd love to come, but I'm busy** j'aimerais venir mais je suis occupé
◆ prep (apart from, except) sauf, excepté; **nothing but** rien d'autre que; **we've had nothing but trouble** nous n'avons eu que des ennuis; **no-one but him can do it** lui seul peut le faire; **but for you/your help** sans toi/ton aide; **anything but that** tout sauf or excepté ça, tout mais pas ça; **the last but one** (BRIT) l'avant-dernier(ère)

◆ adv (just, only) ne … que; **she's but a child** elle n'est qu'une enfant; **had I but known** si seulement j'avais su; **all but finished** pratiquement terminé; **anything but finished** tout sauf fini, très loin d'être fini

butcher ['bʊtʃə*] n boucher m ◆ vt massacrer; (cattle etc for meat) tuer; **butcher's (shop)** boucherie f

butler ['bʌtlə*] n maître m d'hôtel

butt [bʌt] n (cask) gros tonneau; (thick end) (gros) bout; (of gun) crosse f; (of cigarette) mégot m; (BRIT fig: target) cible f ◆ vt donner un coup de tête à
▶ **butt in** vi (interrupt) interrompre

butter ['bʌtə*] n beurre m ◆ vt beurrer

buttercup ['bʌtəkʌp] n bouton m d'or

butterfly ['bʌtəflaɪ] n papillon m; (SWIMMING: also: **butterfly stroke**) brasse f papillon

buttocks ['bʌtəks] npl fesses fpl

button ['bʌtn] n bouton m ◆ vt (also: **button up**) boutonner ◆ vi se boutonner

buttress ['bʌtrɪs] n contrefort m

buy [baɪ] vb (pt, pp **bought** [bɔːt]) vt acheter; (COMM: company) (r)acheter ◆ n: **that was a good/bad buy** c'était un bon/mauvais achat; **to buy sb sth/sth from sb** acheter qch à qn; **to buy sb a drink** offrir un verre or à boire à qn
▶ **buy back** vt racheter
▶ **buy in** vt (BRIT: goods) acheter, faire venir
▶ **buy into** vt fus (BRIT COMM) acheter des actions de
▶ **buy off** vt (bribe) acheter
▶ **buy out** vt (partner) désintéresser; (business) racheter
▶ **buy up** vt acheter en bloc, rafler

buyer ['baɪə*] n acheteur/euse; **buyer's market** marché m favorable aux acheteurs

buzz [bʌz] n bourdonnement m; (col: phone call) coup m de fil ◆ vi bourdonner ◆ vt (call on intercom) appeler; (with buzzer) sonner; (AVIAT: plane, building) raser; **my head is buzzing** j'ai la tête qui bourdonne
▶ **buzz off** vi (col) s'en aller, ficher le camp

buzzer ['bʌzə*] n timbre m électrique

buzz word n (col) mot m à la mode or dans le vent

by [baɪ] prep 1 (referring to cause, agent) par, de; **killed by lightning** tué par la foudre; **surrounded by a fence** entouré d'une barrière; **a painting by Picasso** un tableau de Picasso
2 (referring to method, manner, means): **by bus/car** en autobus/voiture; **by train** par le or en train; **to pay by cheque** payer par chèque; **by saving hard, he …** à force d'économiser, il …
3 (via, through) par; **we came by Dover** nous sommes venus par Douvres
4 (close to, past) à côté de; **the house by the school** la maison à côté de l'école; **a holiday by**

the sea des vacances au bord de la mer; **she sat by his bed** elle était assise à son chevet; **she went by me** elle est passée à côté de moi; **I go by the post office every day** je passe devant la poste tous les jours

5 (with time: not later than) avant; (: during): **by daylight** à la lumière du jour; **by night** la nuit, de nuit; **by 4 o'clock** avant 4 heures; **by this time tomorrow** d'ici demain à la même heure; **by the time I got here it was too late** lorsque je suis arrivé il était déjà trop tard

6 (amount) à; **by the kilo/metre** au kilo/au mètre; **paid by the hour** payé à l'heure; **to increase** etc **by the hour** augmenter etc d'heure en heure

7 (MATH: measure): **to divide/multiply by 3** diviser/multiplier par 3; **a room 3 metres by 4** une pièce de 3 mètres sur 4; **it's broader by a metre** c'est plus large d'un mètre; **the bullet missed him by inches** la balle est passée à quelques centimètres de lui; **one by one** un à un; **little by little** petit à petit, peu à peu

8 (according to) d'après, selon; **it's 3 o'clock by my watch** il est 3 heures à ma montre; **it's all right by me** je n'ai rien contre

9: (all) by oneself etc tout(e) seul(e)

10: by the way au fait, à propos

♦ adv **1** see **go**; **pass** etc

2: by and by un peu plus tard, bientôt; **by and large** dans l'ensemble

bye(-bye) ['baɪ('baɪ)] excl au revoir!, salut!

by(e)-law ['baɪlɔː] n arrêté municipal

by-election ['baɪɪlekʃən] n (BRIT) élection (législative) partielle

bygone ['baɪɡɔn] adj passé(e) ♦ n: **let bygones be bygones** passons l'éponge, oublions le passé

bypass ['baɪpɑːs] n (route f de) contournement m; (MED) pontage m ♦ vt éviter

by-product ['baɪprɔdʌkt] n sous-produit m, dérivé m; (fig) conséquence f secondaire, retombée f

bystander ['baɪstændə*] n spectateur/trice, badaud/e

byte [baɪt] n (COMPUT) octet m

byword ['baɪwəːd] n: **to be a byword for** être synonyme de (fig)

— Cc —

C, c [siː] n (letter) C, c m; (SCOL: mark) C; (MUS): **C** do m; **C for Charlie** C comme Célestin

C abbr (= Celsius, centigrade) C

c abbr (= century) s.; (= circa) v.; (US etc) = cent(s)

CA n abbr = **Central America**; (BRIT) = **chartered accountant** ♦ abbr (US) = California

cab [kæb] n taxi m; (of train, truck) cabine f; (horse-drawn) fiacre m

cabaret ['kæbəreɪ] n attractions fpl, spectacle m de cabaret

cabbage ['kæbɪdʒ] n chou m

cabin ['kæbɪn] n cabane f, hutte f; (on ship) cabine f

cabin crew n (AVIAT) équipage m

cabin cruiser n yacht m (à moteur)

cabinet ['kæbɪnɪt] n (POL) cabinet m; (furniture) petit meuble à tiroirs et rayons; (also: **display cabinet**) vitrine f, petite armoire vitrée

cable ['keɪbl] n câble m ♦ vt câbler, télégraphier

cable-car ['keɪblkɑː*] n téléphérique m

cable television n télévision f par câble

cache [kæʃ] n cachette f; **a cache of food** etc un dépôt secret de provisions etc, une cachette contenant des provisions etc

cackle ['kækl] vi caqueter

cactus, pl **cacti** ['kæktəs, -taɪ] n cactus m

cadet [kə'det] n (MIL) élève m officier; **police cadet** élève agent de police

cadge [kædʒ] vt (col) se faire donner; **to cadge a meal (off sb)** se faire inviter à manger (par qn)

Caesarean, (US) **Cesarean** [siːˈzɛərɪən] adj: **Caesarean (section)** césarienne f

café ['kæfeɪ] n ≈ café(-restaurant) m (sans alcool)

cage [keɪdʒ] n cage f ♦ vt mettre en cage

cagey ['keɪdʒɪ] adj (col) réticent(e); méfiant(e)

cagoule [kəˈɡuːl] n K-way® m

Cairo ['kaɪərəʊ] n le Caire

cajole [kəˈdʒəʊl] vt couvrir de flatteries or de gentillesses

cake [keɪk] n gâteau m; **cake of soap** savonnette f; **it's a piece of cake** (col) c'est un jeu d'enfant; **he wants to have his cake and eat it (too)** (fig) il veut tout avoir

caked [keɪkt] adj: **caked with** raidi(e) par, couvert(e) d'une croûte de

calculate ['kælkjuleɪt] vt calculer; (estimate: chances, effect) évaluer

► **calculate on** vt fus: **to calculate on sth/on doing sth** compter sur qch/faire qch

calculation [kælkjuˈleɪʃən] n calcul m

calculator ['kælkjuleɪtə*] n machine f à calculer, calculatrice f

calendar ['kælɪndə*] n calendrier m

calendar year n année civile

calf, pl **calves** [kɑːf, kɑːvz] n (of cow) veau m; (of other animals) petit m; (also: **calfskin**) veau m, vachette f; (ANAT) mollet m

calibre, (US) **caliber** ['kælɪbə*] n calibre m

call [kɔːl] vt (gen, also TEL) appeler; (announce: flight) annoncer; (meeting) convoquer; (strike) lancer ♦ vi appeler; (visit: also: **call in, call round**): **to call (for)** passer (prendre) ♦ n (shout) appel m, cri m; (summons: for flight etc, fig: lure) appel; (visit) visite f; (also: **telephone call**) coup m de téléphone; communication f; **to be on call** être de permanence; **she's called Suzanne** elle s'appelle Suzanne; **who is calling?** (TEL) qui est à l'appareil?; **London calling** (RADIO) ici Londres; **please give me a call at 7** appelez-moi à 7 heures; **to make a call** téléphoner, passer un coup de fil; **to pay a call on sb** rendre visite à qn, passer voir qn; **there's not much call for these items** ces articles ne sont pas très demandés

► **call at** vt fus (subj: ship) faire escale à; (train) s'arrêter à

► **call back** vi (return) repasser; (TEL) rappeler ♦ vt (TEL) rappeler

► **call for** vt fus demander

► **call in** vt (doctor, expert, police) appeler, faire venir

► **call off** vt annuler; **the strike was called off** l'ordre de grève a été rapporté

► **call on** vt fus (visit) rendre visite à, passer voir; (request): **to call on sb to do** inviter qn à faire

► **call out** vi pousser un cri or des cris ♦ vt (doctor, police, troops) appeler

► **call up** vt (MIL) appeler, mobiliser

callbox ['kɔːlbɔks] n (BRIT) cabine f téléphonique

call centre n centre m d'appels

caller ['kɔːlə*] n personne f qui appelle; visiteur m; **hold the line, caller!** (TEL) ne quittez pas, Monsieur (or Madame)!

call girl n call-girl f

call-in ['kɔːlɪn] n (US RADIO, TV) programme m à ligne ouverte

calling ['kɔːlɪŋ] n vocation f; (trade, occupation) état m

calling card n (US) carte f de visite

callous ['kæləs] adj dur(e), insensible

calm [kɑːm] adj calme ♦ n calme m ♦ vt calmer, apaiser

► **calm down** vi se calmer, s'apaiser ♦ vt calmer, apaiser

Calor gas® ['kælə*-] n (BRIT) butane m, butagaz® m

calorie ['kælərɪ] n calorie f; **low calorie product** produit m pauvre en calories

calves [kɑːvz] npl of **calf**

camber ['kæmbə*] n (of road) bombement m

Cambodia [kæm'bəudɪə] n Cambodge m

camcorder ['kæmkɔːdə*] n caméscope m

came [keɪm] pt of **come**

camel ['kæməl] n chameau m

camera ['kæmərə] n appareil-photo m; (CINE, TV) caméra f; **35mm camera** appareil 24 × 36 or petit format; **in camera** à huis clos, en privé

cameraman ['kæmərəmæn] n caméraman m

camouflage ['kæməflɑːʒ] n camouflage m ♦ vt camoufler

camp [kæmp] n camp m ♦ vi camper; **to go cam-** ping faire du camping

campaign [kæm'peɪn] n (MIL, POL etc) campagne f ♦ vi (also fig) faire campagne; **to campaign for/against** militer pour/contre

campbed ['kæmp'bed] n (BRIT) lit m de camp

camper ['kæmpə*] n campeur/euse

camping ['kæmpɪŋ] n camping m

camping gas® n butane m

camp(ing) site n (terrain m de) camping m

campus ['kæmpəs] n campus m

can¹ [kæn] aux vb see keyword ♦ n (of milk, oil, water) bidon m; (tin) boîte f (de conserve) ♦ vt mettre en conserve; **a can of beer** une canette de bière; **he had to carry the can** (BRIT col) on lui a fait porter le chapeau

---

KEYWORD

can² [kæn] (negative **cannot, can't**; conditional and pt **could**) aux vb 1 (be able to) pouvoir; **you can do it if you try** vous pouvez le faire si vous essayez; **I can't hear you** je ne t'entends pas

2 (know how to) savoir; **I can swim/play tennis/drive** je sais nager/jouer au tennis/conduire; **can you speak French?** parlez-vous français?

3 (may) pouvoir; **can I use your phone?** puis-je me servir de votre téléphone?

4 (expressing disbelief, puzzlement etc): **it can't be true!** ce n'est pas possible!; **what CAN he want?** qu'est-ce qu'il peut bien vouloir?

5 (expressing possibility, suggestion etc): **he could be in the library** il est peut-être dans la bibliothèque; **she could have been delayed** il se peut qu'elle ait été retardée; **they could have forgotten** ils ont pu oublier

---

Canada ['kænədə] n Canada m

Canadian [kə'neɪdɪən] adj canadien(ne) ♦ n Canadien/ne

canal [kə'næl] n canal m

canary [kə'nɛərɪ] n canari m, serin m

cancel ['kænsəl] vt annuler; (train) supprimer; (party, appointment) décommander; (cross out) barrer, rayer; (stamp) oblitérer; (cheque) faire opposition à

► **cancel out** vt annuler; **they cancel each other out** ils s'annulent

cancellation [kænsə'leɪʃən] n annulation f; suppression f; oblitération f; (TOURISM) réservation annulée, client etc qui s'est décommandé

cancer ['kænsə*] n cancer m; **Cancer** (sign) le Cancer; **to be Cancer** être du Cancer

candid ['kændɪd] adj (très) franc(franche) sincère

candidate ['kændɪdeɪt] n candidat/e

candle ['kændl] n bougie f; (of tallow) chandelle f; (in church) cierge m

candlelight ['kændllaɪt] n: **by candlelight** à la lumière d'une bougie; (dinner) aux chandelles

candlestick ['kændlstɪk] n (also: **candle holder**)

bougeoir m; (bigger, ornate) chandelier m

candour, (US) **candor** ['kændə*] n (grande) franchise or sincérité

candy ['kændı] n sucre candi; (US) bonbon m

candy-floss ['kændıflɔs] n (BRIT) barbe f à papa

cane [keın] n canne f; (for baskets, chairs etc) rotin m ♦ vt (BRIT SCOL) administrer des coups de bâton à

canister ['kænıstə*] n boîte f (gén en métal)

cannabis ['kænəbıs] n (drug) cannabis m; (also: **cannabis plant**) chanvre indien

canned ['kænd] adj (food) en boîte, en conserve; (col: music) enregistré(e); (BRIT col: drunk) bourré(e); (US col: worker) mis(e) à la porte

cannon, pl **cannon** or **cannons** ['kænən] n (gun) canon m

cannot ['kænɔt] = **can not**

canoe [kə'nu:] n pirogue f; (SPORT) canoë m

canoeing [kə'nu:ıŋ] n (sport) canoë m

canon ['kænən] n (clergyman) chanoine m; (standard) canon m

can opener [-'əupnə*] n ouvre-boîte m

canopy ['kænəpı] n baldaquin m; dais m

can't [kænt] = **can not**

canteen [kæn'ti:n] n cantine f; (BRIT: of cutlery) ménagère f

canter ['kæntə*] n petit galop ♦ vi aller au petit galop

canvas ['kænvəs] n (gen) toile f; **under canvas** (camping) sous la tente; (NAUT) toutes voiles dehors

canvass ['kænvəs] vt (POL: district) faire la tournée électorale dans; (: person) solliciter le suffrage de; (COMM: district) prospecter; (citizens, opinions) sonder

canyon ['kænjən] n cañon m, gorge (profonde)

cap [kæp] n casquette f; (for swimming) bonnet m de bain; (of pen) capuchon m; (of bottle) capsule f; (BRIT: contraceptive: also: **Dutch cap**) diaphragme m; (: FOOTBALL) sélection f pour l'équipe nationale ♦ vt capsuler; (outdo) surpasser; **capped with** coiffé(e) de; **and to cap it all, he ...** (BRIT) pour couronner le tout, il ...

capability [keıpə'bılıtı] n aptitude f, capacité f

capable ['keıpəbl] adj capable; **capable of** (interpretation etc) susceptible de

capacity [kə'pæsıtı] n (of container) capacité f, contenance f; (ability) aptitude f; **filled to capacity** plein(e); **in his capacity as** en sa qualité de; **in an advisory capacity** à titre consultatif; **to work at full capacity** travailler à plein rendement

cape [keıp] n (garment) cape f; (GEO) cap m

caper ['keıpə*] n (CULIN: also: **capers**) câpre f

capital ['kæpıtl] n (also: **capital city**) capitale f; (money) capital m; (also: **capital letter**) majuscule f

capital gains tax n impôt m sur les plus-values

capitalism ['kæpıtəlızəm] n capitalisme m

capitalist ['kæpıtəlıst] adj, n capitaliste (m/f)

capitalize ['kæpıtəlaız] vt (provide with capital) financer

▶ **capitalize on** vt fus (fig) profiter de

capital punishment n peine capitale

Capitol ['kæpıtl] n: **the Capitol** le Capitole; voir encadré

Capricorn ['kæprıkɔ:n] n le Capricorne; **to be Capricorn** être du Capricorne

capsize [kæp'saız] vt faire chavirer ♦ vi chavirer

capsule ['kæpsju:l] n capsule f

captain ['kæptın] n capitaine m ♦ vt commander, être le capitaine de

caption ['kæpʃən] n légende f

captive ['kæptıv] adj, n captif(ive)

capture ['kæptʃə*] vt capturer, prendre; (attention) capter ♦ n capture f

car [kɑ:*] n voiture f, auto f; (US RAIL) wagon m, voiture; **by car** en voiture

caramel ['kærəməl] n caramel m

caravan ['kærəvæn] n caravane f

caravanning ['kærəvænıŋ] n: **to go caravanning** faire du caravaning

caravan site n (BRIT) camping m pour caravanes

carbohydrates [kɑ:bəu'haıdreıts] npl (foods) aliments mpl riches en hydrate de carbone

carbon ['kɑ:bən] n carbone m

carbon dioxide [-daı'ɔksaıd] n gas m carbonique, dioxyde m de carbone

carbon monoxide [-mɔ'nɔksaıd] n oxyde m de carbone

carbon paper n papier m carbone

car boot sale n marché aux puces où des particuliers vendent des objets entreposés dans le coffre de leur voiture.

carburettor, (US) **carburetor** [kɑ:bju'retə*] n carburateur m

card [kɑ:d] n carte f; (membership card) carte d'adhérent; **to play cards** jouer aux cartes

cardboard ['kɑ:dbɔ:d] n carton m

card game n jeu m de cartes

cardiac ['kɑ:dıæk] adj cardiaque

cardigan ['kɑ:dıgən] n cardigan m

cardinal ['kɑ:dınl] adj cardinal(e) ♦ n cardinal m

card index n fichier m (alphabétique)

cardphone ['kɑ:dfəun] n téléphone m à carte (magnétique)

care [kɛə*] n soin m, attention f; (worry) souci m ♦ vi: **to care about** se soucier de, s'intéresser à; la sb's care à la garde de qn, confié à qn; **care of (c/o)** (on letter) aux bons soins de; **"with care"** "fragile"; **to take care (to do)** faire attention (à faire); **to take care of** vt s'occuper de, prendre soin de; (details, *arrangements*) s'occuper de; **the child has been taken into care** l'enfant a été placé en institution; **would you care to/for ...?** voulez-vous ...?; **I wouldn't care to do it** je n'aimerais pas le faire; **I don't care** ça m'est bien égal, peu m'importe; **I couldn't care less** cela m'est complètement égal, je m'en fiche complètement

▶ **care for** *vt fus* s'occuper de; (*like*) aimer

career [kə'rɪə*] *n* carrière *f* ◆ *vi* (*also*: **career along**) aller à toute allure

career woman (*irreg*) *n* femme ambitieuse

carefree ['kɛəfriː] *adj* sans souci, insouciant(e)

careful ['kɛəful] *adj* soigneux(euse); (*cautious*) prudent(e); **(be) careful!** (fais) attention!; **to be careful with one's money** regarder à la dépense

carefully ['kɛəfəlɪ] *adv* avec soin, soigneusement; prudemment

careless ['kɛəlɪs] *adj* négligent(e); (*heedless*) insouciant(e)

carer ['kɛərə*] *n* personne qui s'occupe d'un proche qui est malade

caress [kə'rɛs] *n* caresse *f* ◆ *vt* caresser

caretaker ['kɛəteɪkə*] *n* gardien/ne, concierge *m/f*

car-ferry ['kɑːfɛrɪ] *n* (*on sea*) ferry(-boat) *m*; (*on river*) bac *m*

cargo, *pl* **cargoes** ['kɑːgəu] *n* cargaison *f*, chargement *m*

car hire *n* (*BRIT*) location *f* de voitures

Caribbean [kærɪ'biːən] *adj* des Caraïbes; **the Caribbean (Sea)** la mer des Antilles *or* des Caraïbes

caring ['kɛərɪŋ] *adj* (*person*) bienveillant(e); (*society, organization*) humanitaire

carnation [kɑː'neɪʃən] *n* œillet *m*

carnival ['kɑːnɪvl] *n* (*public celebration*) carnaval *m*; (*US: funfair*) fête foraine

carol ['kærəl] *n*: **(Christmas) carol** chant *m* de Noël

carp [kɑːp] *n* (*fish*) carpe *f*

▶ **carp at** *vt fus* critiquer

car park *n* parking *m*, parc *m* de stationnement

carpenter ['kɑːpɪntə*] *n* charpentier *m*

carpentry ['kɑːpɪntrɪ] *n* charpenterie *f*, métier *m* de charpentier; (*woodwork: at school etc*) menuiserie *f*

carpet ['kɑːpɪt] *n* tapis *m* ◆ *vt* recouvrir (d'un tapis); **fitted carpet** (*BRIT*) moquette *f*

carpet sweeper [-'swiːpə*] *n* balai *m* mécanique

car phone *n* téléphone *m* de voiture

car rental *n* (*US*) location *f* de voitures

carriage ['kærɪdʒ] *n* voiture *f*; (*of goods*) transport *m*; (: *cost*) port *m*; (*of typewriter*) chariot *m*; (*bearing*) maintien *m*, port *m*; **carriage forward** port dû; **carriage free** franco de port; **carriage paid** (en) port payé

carriageway ['kærɪdʒweɪ] *n* (*BRIT: part of road*) chaussée *f*

carrier ['kærɪə*] *n* transporteur *m*, camionneur *m*; (*MED*) porteur/euse; (*NAUT*) porte-avions *m inv*

carrier bag *n* (*BRIT*) sac *m* en papier *or* en plastique

carrot ['kærət] *n* carotte *f*

carry ['kærɪ] *vt* (*subj: person*) porter; (*vehicle*) transporter; (*a motion, bill*) voter, adopter; (*MATH: figure*) retenir; (*COMM: interest*) rapporter; (*involve: responsibilities etc*) comporter, impliquer ◆ *vi* (*sound*) porter; **to be carried away** (*fig*) s'emballer, s'enthousiasmer; **this loan carries 10% interest** ce prêt est à 10% (d'intérêt)

▶ **carry forward** *vt* (*gen, BOOK-KEEPING*) reporter

▶ **carry on** *vi* (*continue*): **to carry on with sth/doing** continuer qch/à faire; (*col: make a fuss*) faire des histoires ◆ *vt* entretenir, poursuivre

▶ **carry out** *vt* (*orders*) exécuter; (*investigation*) effectuer; (*idea, threat*) mettre à exécution

carrycot ['kærɪkɔt] *n* (*BRIT*) porte-bébé *m*

carry-on ['kærɪ'ɔn] *n* (*col: fuss*) histoires *fpl*; (: *annoying behaviour*) cirque *m*, cinéma *m*

cart [kɑːt] *n* charrette *f* ◆ *vt* transporter

carton ['kɑːtən] *n* (*box*) carton *m*; (*of yogurt*) pot *m* (en carton); (*of cigarettes*) cartouche *f*

cartoon [kɑː'tuːn] *n* (*PRESS*) dessin *m* (humoristique); (*satirical*) caricature *f*; (*comic strip*) bande dessinée; (*CINE*) dessin animé

cartridge ['kɑːtrɪdʒ] *n* (*for gun, pen*) cartouche *f*; (*for camera*) chargeur *m*; (*music tape*) cassette *f*; (*of record player*) cellule *f*

carve [kɑːv] *vt* (*meat: also*: **carve up**) découper; (*wood, stone*) tailler, sculpter

carving ['kɑːvɪŋ] *n* (*in wood etc*) sculpture *f*

carving knife *n* couteau *m* à découper

car wash *n* station *f* de lavage (de voitures)

case [keɪs] *n* cas *m*; (*LAW*) affaire *f*, procès *m*; (*box*) caisse *f*, boîte *f*, étui *m*; (*BRIT: also*: **suitcase**) valise *f*; (*TYP*): **lower/upper case** minuscule *f*/majuscule *f*; **to have a good case** avoir de bons arguments; **there's a strong case for reform** il y aurait lieu d'engager une réforme; **in case of** en cas de; **in case he** au cas où il; **just in case** à tout hasard

cash [kæʃ] *n* argent *m*; (*COMM*) argent liquide, numéraire *m*; liquidités *fpl*; (: *in payment*) argent comptant, espèces *fpl* ◆ *vt* encaisser; **to pay (in) cash** payer (en argent) comptant *or* en espèces; **cash with order/on delivery** (*COMM*) payable *or* paiement à la commande/livraison; **to be short of cash** être à court d'argent

▶ **cash in** *vt* (*insurance policy etc*) toucher

▶ **cash in on** *vt fus* profiter de

cashbook ['kæʃbuk] *n* livre *m* de caisse

cash card *n* carte de retrait *or* accréditive

cash desk *n* (*BRIT*) caisse *f*

cash dispenser *n* distributeur *m* automatique

de billets

cashew [kæ'ʃuː] n (also: **cashew nut**) noix f de cajou

cashier [kæ'ʃɪəʳ] n caissier/ère ♦ vt (MIL) destituer, casser

cashmere [ˈkæʃmɪəʳ] n cachemire m

cash register n caisse enregistreuse

casing [ˈkeɪsɪŋ] n revêtement (protecteur), enveloppe (protectrice)

casino [kəˈsiːnəu] n casino m

casket [ˈkɑːskɪt] n coffret m; (US: coffin) cercueil m

casserole [ˈkæsərəul] n cocotte f; (food) ragoût m (en cocotte)

cassette [kæˈset] n cassette f, musicassette f

cassette player n lecteur m de cassettes

cassette recorder n magnétophone m à cassettes

cast [kɑːst] vb (pt, pp **cast**) vt (throw) jeter; (shed) perdre; se dépouiller de; (metal) couler, fondre; (THEAT): **to cast sb as Hamlet** attribuer à qn le rôle d'Hamlet ♦ n (THEAT) distribution f; (mould) moule m; (also: **plaster cast**) plâtre m; **to cast one's vote** voter, exprimer son suffrage

▶ **cast aside** vt (reject) rejeter

▶ **cast off** vi (NAUT) larguer les amarres; (KNITTING) arrêter les mailles ♦ vt (KNITTING) arrêter

▶ **cast on** (KNITTING) vt monter ♦ vi monter les mailles

castaway [ˈkɑːstəweɪ] n naufragé/e

caster sugar [ˈkɑːstə-] n (BRIT) sucre m semoule

casting vote [ˈkɑːstɪŋ-] n (BRIT) voix prépondérante (pour départager)

cast iron n fonte f ♦ adj: **cast-iron** (fig: will) de fer; (: alibi) en béton

castle [ˈkɑːsl] n château-fort m; (manor) château m

castor [ˈkɑːstəʳ] n (wheel) roulette f

castor oil n huile f de ricin

castrate [kæsˈtreɪt] vt châtrer

casual [ˈkæʒjul] adj (by chance) de hasard, fait(e) au hasard, fortuit(e); (irregular: work etc) temporaire; (unconcerned) désinvolte; **casual wear** vêtements mpl sport inv

casually [ˈkæʒjulɪ] adv avec désinvolture, négligemment; (by chance) fortuitement

casualty [ˈkæʒjultɪ] n accidenté/e, blessé/e; (dead) victime f, mort/e; **heavy casualties** lourdes pertes

cat [kæt] n chat m

catalogue, (US) **catalog** [ˈkætələg] n catalogue m ♦ vt cataloguer

catalyst [ˈkætəlɪst] n catalyseur m

catalytic converter [kætəˈlɪtɪkkənˈvɜːtəʳ] n pot m catalytique

catapult [ˈkætəpʌlt] n lance-pierres m inv, fronde m; (HISTORY) catapulte f

catarrh [kəˈtɑːʳ] n rhume m chronique, catarrhe f

catastrophe [kəˈtæstrəfɪ] n catastrophe f

catch [kætʃ] vb (pt, pp **caught** [kɔːt]) vt (ball, train, thief, cold) attraper; (person: by surprise) prendre, surprendre; (understand) saisir; (get entangled) accrocher ♦ vt (fire) prendre; (get entangled) s'accrocher ♦ n (fish etc) prise f; (thief etc) capture f; (trick) attrape f; (TECH) loquet m; cliquet m; **to catch sb's attention** or **eye** attirer l'attention de qn; **to catch fire** prendre feu; **to catch sight of** apercevoir

▶ **catch on** vi (become popular) prendre; (understand): **to catch on (to sth)** saisir (qch)

▶ **catch out** vt (BRIT fig: with trick question) prendre en défaut

▶ **catch up** vi se rattraper, combler son retard ♦ vt (also: **catch up with**) rattraper

catching [ˈkætʃɪŋ] adj (MED) contagieux(euse)

catchment area [ˈkætʃmənt-] n (BRIT SCOL) aire f de recrutement; (GEO) bassin m hydrographique

catch phrase n slogan m; expression toute faite

catchy [ˈkætʃɪ] adj (tune) facile à retenir

category [ˈkætɪgərɪ] n catégorie f

cater [ˈkeɪtəʳ] vi (provide food): **to cater (for)** préparer des repas (pour)

▶ **cater for** vt fus (BRIT: needs) satisfaire, pourvoir à; (: readers, consumers) s'adresser à, pourvoir aux besoins de

caterer [ˈkeɪtərəʳ] n traiteur m; fournisseur m

catering [ˈkeɪtərɪŋ] n restauration f; approvisionnement m, ravitaillement m

caterpillar [ˈkætəpɪləʳ] n chenille f ♦ cpd (vehicle) à chenille; **caterpillar track** n chenille f

cathedral [kəˈθiːdrəl] n cathédrale f

catholic [ˈkæθəlɪk] adj éclectique; universel(le); libéral(e); **Catholic** adj, n (REL) catholique (m/f)

cat's-eye [ˈkætsˈaɪ] n (BRIT AUT) (clou m à) catadioptre m

cattle [ˈkætl] npl bétail m, bestiaux mpl

catty [ˈkætɪ] adj méchant(e)

caucus [ˈkɔːkəs] n (US POL) comité électoral (pour désigner des candidats); (BRIT POL: group) comité local (d'un parti politique); voir encadré

CAUCUS

Un **caucus** aux États-Unis est une réunion restreinte des principaux dirigeants d'un parti politique, précédant souvent une assemblée générale, dans le but de choisir des candidats ou de définir une ligne d'action. Par extension, ce terme désigne également l'état-major d'un parti politique.

caught [kɔːt] pt, pp of **catch**

cauliflower [ˈkɔlɪflauəʳ] n chou-fleur m

cause [kɔːz] n cause f ♦ vt causer; **there is no cause for concern** il n'y a pas lieu de s'inquiéter; **to cause sth to be done** faire faire qch; **to cause sb to do sth** faire faire qch à qn

caution ['kɔːʃən] n prudence f; (warning) avertissement m ♦ vt avertir, donner un avertissement à

cautious ['kɔːʃəs] adj prudent(e)

cavalry ['kævəlrɪ] n cavalerie f

cave [keɪv] n caverne f, grotte f ♦ vi: **to go caving** faire de la spéléo(logie)

▶ **cave in** vi (roof etc) s'effondrer

caveman ['keɪvmæn] n homme m des cavernes

caviar(e) ['kævɪɑː*] n caviar m

CB n abbr (= Citizens' Band (Radio)) CB f; (BRIT: = Companion of (the Order of) the Bath) titre honorifique

CBI n abbr (= Confederation of British Industry) = CNPF m, Conseil national du patronat français

cc abbr (= cubic centimetre) cm³; (on letter etc) = **carbon copy**

CD n abbr (= compact disc) CD m; (MIL) = Civil Defence (Corps) (BRIT), Civil Defense (US) ♦ abbr (BRIT: = Corps Diplomatique) CD

cease [siːs] vt, vi cesser

ceasefire ['siːsfaɪə*] n cessez-le-feu m

ceaseless ['siːslɪs] adj incessant(e), continuel(le)

cedar ['siːdə*] n cèdre m

ceiling ['siːlɪŋ] n (also fig) plafond m

celebrate ['selɪbreɪt] vt, vi célébrer

celebrated ['selɪbreɪtɪd] adj célèbre

celebration [selɪ'breɪʃən] n célébration f

celebrity [sɪ'lebrɪtɪ] n célébrité f

celery ['selərɪ] n céleri m (en branches)

cell [sel] n (gen) cellule f; (ELEC) élément m (de pile)

cellar ['selə*] n cave f

cello ['tʃeləu] n violoncelle m

cellphone ['selfəun] n téléphone m cellulaire

Celt [kelt, selt] n Celte m/f

Celtic ['keltɪk, 'seltɪk] adj celte, celtique ♦ n (LING) celtique m

cement [sə'ment] n ciment m ♦ vt cimenter

cement mixer n bétonnière f

cemetery ['semɪtrɪ] n cimetière m

censor ['sensə*] n censeur m ♦ vt censurer

censorship ['sensəʃɪp] n censure f

censure ['senʃə*] vt blâmer, critiquer

census ['sensəs] n recensement m

cent [sent] n (US, euro: coin) cent m (= 1:100 du dollar, de l'euro); see also **per**

centenary [sen'tiːnərɪ], **centennial** [sen'tenɪəl] n centenaire m

center ['sentə*] n, vt (US) = **centre**

centigrade ['sentɪgreɪd] adj centigrade

centimetre, (US) **centimeter** ['sentɪmiːtə*] n centimètre m

centipede ['sentɪpiːd] n mille-pattes m inv

central ['sentrəl] adj central(e)

Central America n Amérique centrale

central heating n chauffage central

central reservation n (BRIT AUT) terre-plein central

centre, (US) **center** ['sentə*] n centre m ♦ vt centrer; (PHOT) cadrer; (concentrate): **to centre (on)** centrer (sur)

centre-forward ['sentə'fɔːwəd] n (SPORT) avant-centre m

centre-half ['sentə'hɑːf] n (SPORT) demi-centre m

century ['sentjurɪ] n siècle m; **in the twentieth century** au vingtième siècle

ceramic [sɪ'ræmɪk] adj céramique

cereal ['siːrɪəl] n céréale f

ceremony ['serɪmənɪ] n cérémonie f; **to stand on ceremony** faire des façons

certain ['sɜːtən] adj certain(e); **to make certain of** s'assurer de; **for certain** certainement, sûrement

certainly ['sɜːtənlɪ] adv certainement

certainty ['sɜːtəntɪ] n certitude f

certificate [sə'tɪfɪkɪt] n certificat m

certify ['sɜːtɪfaɪ] vt certifier ♦ vi: **to certify to** attester

cervical ['sɜːvɪkl] adj: **cervical cancer** cancer m du col de l'utérus; **cervical smear** frottis vaginal

cervix ['sɜːvɪks] n col m de l'utérus

cf. abbr (= compare) cf., voir

CFC n abbr (= chlorofluorocarbon) CFC m

ch. abbr (= chapter) chap

chafe [tʃeɪf] vt irriter, frotter contre ♦ vi (fig): **to chafe against** se rebiffer contre, regimber contre

chain [tʃeɪn] n (gen) chaîne f ♦ vt (also: **chain up**) enchaîner, attacher (avec une chaîne)

chain reaction n réaction f en chaîne

chain-smoke ['tʃeɪnsməuk] vi fumer cigarette sur cigarette

chain store n magasin m à succursales multiples

chair [tʃeə*] n chaise f; (armchair) fauteuil m; (of university) chaire f ♦ vt (meeting) présider; **the chair** (US: electric chair) la chaise électrique

chairlift ['tʃeəlɪft] n télésiège m

chairman ['tʃeəmən] n président m

chalet ['ʃæleɪ] n chalet m

chalk [tʃɔːk] n craie f

▶ **chalk up** vt écrire à la craie; (fig: success etc) remporter

challenge ['tʃælɪndʒ] n défi m ♦ vt défier; (statement, right) mettre en question, contester; **to challenge sb to a fight/game** inviter qn à se battre/à jouer (sous forme d'un défi) **to challenge sb to do** mettre qn au défi de faire

challenging ['tʃælɪndʒɪŋ] adj de défi, provocateur(trice)

chamber ['tʃeɪmbə*] n chambre f; **chamber of commerce** chambre de commerce

chambermaid ['tʃeɪmbəmeɪd] n femme f de chambre

chamber music n musique f de chambre

champagne [ʃæm'peɪn] n champagne m

champion ['tʃæmpɪən] n (also of cause) champion/ne ◆ vt défendre

championship ['tʃæmpɪənʃɪp] n championnat m

chance [tʃɑːns] n hasard m; (opportunity) occasion f, possibilité f; (hope, likelihood) chance f ◆ vt (risk): **to chance it** risquer (le coup), essayer; (happen): **to chance to do** faire par hasard ◆ adj fortuit(e), de hasard; **there is little chance of his coming** il est peu probable or il y a peu de chances qu'il vienne; **to take a chance** prendre un risque; **it's the chance of a lifetime** c'est une occasion unique; **by chance** par hasard

▶ **chance (up)on** vt fus (person) tomber sur, rencontrer par hasard; (thing) trouver par hasard

chancellor ['tʃɑːnsələ*] n chancelier m; **Chancellor of the Exchequer** (BRIT) chancelier de l'Échiquier

chandelier [ʃændəˈlɪə*] n lustre m

change [tʃeɪndʒ] vt (alter, replace, money) changer; (switch, substitute: gear, hands, trains, clothes, one's name etc) changer de; (transform): **to change sb into** changer or transformer qn en ◆ vi (gen) changer; (change clothes) se changer; (be transformed): **to change into** se changer or transformer en ◆ n changement m; (money) monnaie f; **to change one's mind** changer d'avis; **she changed into an old skirt** elle (s'est changée et) a enfilé une vieille jupe; **a change of clothes** des vêtements de rechange; **for a change** pour changer; **small change** petite monnaie; **to give sb change for** or **of £10** faire à qn la monnaie de 10 livres

changeable ['tʃeɪndʒəbl] adj (weather) variable; (person) d'humeur changeante

change machine n distributeur m de monnaie

changeover ['tʃeɪndʒəʊvə*] n (to new system) changement m, passage m

changing ['tʃeɪndʒɪŋ] adj changeant(e)

changing room n (BRIT: in shop) salon m d'essayage; (: SPORT) vestiaire m

channel ['tʃænl] n (TV) chaîne f; (waveband, groove, fig: medium) canal m; (of river, sea) chenal m ◆ vt canaliser; (fig: interest, energies): **to channel into** diriger vers; **through the usual channels** en suivant la filière habituelle; **green/red channel** (CUSTOMS) couloir m or sortie f "rien à déclarer"/ "marchandises à déclarer"; **the (English) Channel** la Manche

channel-hopping ['tʃsænl'hɔpɪŋ] n (TV) zapping m

chant [tʃɑːnt] n chant m; mélopée f; psalmodie f ◆ vt chanter, scander; psalmodier

chaos ['keɪɔs] n chaos m

chap [tʃæp] n (BRIT col: man) type m; (term of address): **old chap** mon vieux ◆ vt (skin) gercer, crevasser

chapel ['tʃæpl] n chapelle f

chaplain ['tʃæplɪn] n aumônier m

chapped [tʃæpt] adj (skin, lips) gercé(e)

chapter ['tʃæptə*] n chapitre m

char [tʃɑː*] vi (burn) carboniser ◆ vi (BRIT: cleaner) faire des ménages ◆ n (BRIT) = charlady

character ['kærɪktə*] n caractère m; (in novel, film) personnage m; (eccentric) numéro m, phénomène m; **a person of good character** une personne bien

characteristic ['kærɪktə'rɪstɪk] adj, n caractéristique (f)

charcoal ['tʃɑːkəul] n charbon m de bois

charge [tʃɑːdʒ] n accusation f; (LAW) inculpation f; (cost) prix (demandé); (of gun, battery, MIL: attack) charge f ◆ vt (LAW): **to charge sb (with)** inculper qn (de); (gun, battery, MIL: enemy) charger; (customer, sum) faire payer ◆ vi (gen with: up, along etc) foncer; **charges** npl: **bank/labour charges** frais mpl de banque/main-d'œuvre; **to charge in/out** entrer/sortir en trombe; **to charge down/up** dévaler/grimper à toute allure; **is there a charge?** doit-on payer?; **there's no charge** c'est gratuit, on ne fait pas payer; **extra charge** supplément m; **to take charge of** se charger de; **to be in charge of** être responsable de, s'occuper de; **to have charge of sb** avoir la charge de qn; **they charged us £10 for the meal** ils nous ont fait payer le repas 10 livres, ils nous ont compté 10 livres pour le repas; **how much do you charge for this repair?** combien demandez-vous pour cette réparation?; **to charge an expense (up) to sb** mettre une dépense sur le compte de qn; **charge it to my account** facturez-le sur mon compte

charge card n carte f de client (émise par un grand magasin)

charity ['tʃærɪtɪ] n charité f; (organization) institution f charitable or de bienfaisance, œuvre f (de charité)

charm [tʃɑːm] n charme m ◆ vt charmer, enchanter

charming ['tʃɑːmɪŋ] adj charmant(e)

chart [tʃɑːt] n tableau m, diagramme m; graphique m; (map) carte marine; (weather chart) carte f du temps ◆ vt dresser or établir la carte de; (sales, progress) établir la courbe de; **to be in the charts** (record, pop group) figurer au hit-parade

charter ['tʃɑːtə*] vt (plane) affréter ◆ n (document) charte f; **on charter** (plane) affrété(e)

chartered accountant (CA) ['tʃɑːtəd-] n (BRIT) expert-comptable m

charter flight n charter m

chase [tʃeɪs] vt poursuivre, pourchasser ◆ n poursuite f, chasse f

▶ **chase down** vt (US) = **chase up**

▶ **chase up** vt (BRIT: person) relancer; (: information) rechercher

chasm ['kæzəm] n gouffre m, abîme m

chat [tʃæt] vi (also: **have a chat**) bavarder, causer ◆ n conversation f

▶ **chat up** vt (BRIT col: girl) baratiner

chat show n (BRIT) entretien télévisé

chatter ['tʃætə*] vi (person) bavarder, papoter ♦ n bavardage m, papotage m; **my teeth are chattering** je claque des dents

chatterbox ['tʃætəbɒks] n moulin m à paroles, babillard/e

chatty ['tʃætɪ] adj (style) familier(ière); (person) enclin(e) à bavarder or au papotage

chauffeur ['ʃəʊfə*] n chauffeur m (de maître)

chauvinist ['ʃəʊvɪnɪst] n (also: **male chauvinist**) phallocrate m, macho m; (nationalist) chauvin/e

cheap [tʃiːp] adj bon marché inv, pas cher(chère); (reduced: ticket) à prix réduit; (: fare) réduit(e); (joke) facile, d'un goût douteux; (poor quality) à bon marché, de qualité médiocre ♦ adv à bon marché, pour pas cher; **cheaper** adj moins cher(chère)

cheaply ['tʃiːplɪ] adv à bon marché, à bon compte

cheat [tʃiːt] vi tricher; (in exam) copier ♦ vt tromper, duper; (rob) escroquer ♦ n tricheur/euse; escroc m; (trick) duperie f, tromperie f; **to cheat on sb** (col: husband, wife etc) tromper qn

check [tʃek] vt vérifier; (passport, ticket) contrôler; (halt) enrayer; (restrain) maîtriser ♦ vi (official etc) se renseigner ♦ n vérification f; contrôle m; (curb) frein m; (bill) addition f; (pattern: gen pl) carreaux mpl; (US) = **cheque** ♦ adj (also: **checked**: pattern, cloth) à carreaux = **to check with sb** demander à qn = **to keep a check on sb/sth** surveiller qn/qch
▶ **check in** vi (in hotel) remplir sa fiche (d'hôtel); (at airport) se présenter à l'enregistrement ♦ vt (luggage) (faire) enregistrer
▶ **check off** vt cocher
▶ **check out** vi (in hotel) régler sa note ♦ vt (luggage) retirer; (investigate: story) vérifier; (person) prendre des renseignements sur
▶ **check up** vi: **to check up (on sth)** vérifier (qch); **to check up on sb** se renseigner sur le compte de qn

checkered ['tʃekəd] adj (US) = **chequered**

checkers ['tʃekəz] n (US) jeu m de dames

check-in ['tʃekɪn] n (also: **check-in desk**: at airport) enregistrement m

checking account ['tʃekɪŋ-] n (US) compte courant

checkmate ['tʃekmeɪt] n échec et mat m

checkout ['tʃekaʊt] n (in supermarket) caisse f

checkpoint ['tʃekpɔɪnt] n contrôle m

checkup ['tʃekʌp] n (MED) examen médical, check-up m

cheek [tʃiːk] n joue f; (impudence) toupet m, culot m

cheekbone ['tʃiːkbəʊn] n pommette f

cheeky ['tʃiːkɪ] adj effronté(e), culotté(e)

cheep [tʃiːp] n (of bird) piaulement m ♦ vi piauler

cheer [tʃiə*] vt acclamer, applaudir; (gladden) réjouir, réconforter ♦ vi applaudir ♦ n (gen pl)

acclamations fpl, applaudissements mpl; bravos mpl, hourras mpl; **cheers!** (à votre) santé!
▶ **cheer on** vt encourager (par des cris etc)
▶ **cheer up** vi se dérider, reprendre courage ♦ vt remonter le moral à or de, dérider, égayer

cheerful ['tʃɪəful] adj gai(e), joyeux(euse)

cheerio [tʃɪərɪ'əʊ] excl (BRIT) salut!, au revoir!

cheese [tʃiːz] n fromage m

cheeseboard ['tʃiːzbɔːd] n plateau m à fromages; (with cheese on it) plateau m de fromages

cheetah ['tʃiːtə] n guépard m

chef [ʃef] n chef (cuisinier)

chemical ['kemɪkl] adj chimique ♦ n produit m chimique

chemist ['kemɪst] n (BRIT: pharmacist) pharmacien/ne; (scientist) chimiste m/f; **chemist's (shop)** n (BRIT) pharmacie f

chemistry ['kemɪstrɪ] n chimie f

cheque, (US) **check** [tʃek] n chèque m; **to pay by cheque** payer par chèque

chequebook, (US) **checkbook** ['tʃekbuk] n chéquier m, carnet m de chèques

cheque card n (BRIT) carte f (d'identité) bancaire

chequered, (US) **checkered** ['tʃekəd] adj (fig) varié(e)

cherish ['tʃerɪʃ] vt chérir; (hope etc) entretenir

cherry ['tʃerɪ] n cerise f

chess [tʃes] n échecs mpl

chessboard ['tʃesbɔːd] n échiquier m

chest [tʃest] n poitrine f; (box) coffre m, caisse f; **to get sth off one's chest** (col) vider son sac; **chest of drawers** n commode f

chestnut ['tʃesnʌt] n châtaigne f; (also: **chestnut tree**) châtaignier m; (colour) châtain m ♦ adj (hair) châtain inv; (horse) alezan

chew [tʃuː] vt mâcher

chewing gum ['tʃuːɪŋ-] n chewing-gum m

chic [ʃiːk] adj chic inv, élégant(e)

chick [tʃik] n poussin m; (US col) pépée f

chicken ['tʃikɪn] n poulet m; (col: coward) poule mouillée
▶ **chicken out** vi (col) se dégonfler

chickenpox ['tʃikɪnpɒks] n varicelle f

chicory ['tʃikərɪ] n chicorée f; (salad) endive f

chief [tʃiːf] n chef m ♦ adj principal(e); **Chief of Staff** (MIL) chef d'État-major

chief executive, (US) **chief executive officer** n directeur général

chiefly ['tʃiːflɪ] adv principalement, surtout

chiffon ['ʃifɒn] n mousseline f de soie

chilblain ['tʃilbleɪn] n engelure f

child, pl **children** [tʃaɪld, 'tʃɪldrən] n enfant m/f

childbirth ['tʃaɪldbɜːθ] n accouchement m

childhood ['tʃaɪldhud] n enfance f

childish ['tʃaɪldɪʃ] adj puéril(e), enfantin(e)

childlike ['tʃaɪldlaɪk] *adj* innocent(e), pur(e)

child minder *n* (*BRIT*) garde *f* d'enfants

children ['tʃɪldrən] *npl of* **child**

Chile ['tʃɪlɪ] *n* Chili *m*

chill [tʃɪl] *n* froid *m*; (*MED*) refroidissement *m*, coup *m* de froid ◆ *adj* froid(e), glacial(e) ◆ *vt* faire frissonner; refroidir; (*CULIN*) mettre au frais, rafraîchir; "**serve chilled**" "à servir frais"

▶ **chill out** *vi* (*col: esp US*) se relaxer

chil(l)i ['tʃɪlɪ] *n* piment *m* (rouge)

chilly ['tʃɪlɪ] *adj* froid(e), glacé(e); (*sensitive to cold*) frileux(euse); **to feel chilly** avoir froid

chime [tʃaɪm] *n* carillon *m* ◆ *vi* carillonner, sonner

chimney ['tʃɪmnɪ] *n* cheminée *f*

chimney sweep *n* ramoneur *m*

chimpanzee [tʃɪmpæn'ziː] *n* chimpanzé *m*

chin [tʃɪn] *n* menton *m*

China ['tʃaɪnə] *n* Chine *f*

china ['tʃaɪnə] *n* porcelaine *f*; (*vaisselle f en*) porcelaine

Chinese [tʃaɪ'niːz] *adj* chinois(e) ◆ *n* (*pl inv*) Chinois/e; (*LING*) chinois *m*

chink [tʃɪŋk] *n* (*opening*) fente *f*, fissure *f*; (*noise*) tintement *m*

chip [tʃɪp] *n* (*gen pl: CULIN*) frite *f*; (*: US: also:* **potato chip**) chip *m*; (*of wood*) copeau *m*; (*of glass, stone*) éclat *m*; (*also:* **microchip**) puce *f*; (*in gambling*) fiche *f* ◆ *vt* (*cup, plate*) ébrécher; **when the chips are down** (*fig*) au moment critique

▶ **chip in** *vi* (*col*) mettre son grain de sel

chip shop *n* (*BRIT*) friterie *f*; *voir encadré*

CHIP SHOP

Un **chip shop**, que l'on appelle également un "fish-and-chip shop", est un magasin où l'on vend des plats à emporter. Les **chip shops** sont d'ailleurs à l'origine des "takeaways". On achète en particulier du poisson frit et des frites, mais on y trouve également des plats traditionnels britanniques ("steak pies", saucisses, etc). Tous les plats étaient à l'origine emballés dans du papier journal. Dans certains de ces magasins, on peut s'asseoir pour consommer sur place.

---

chiropodist [kɪ'rɔpədɪst] *n* (*BRIT*) pédicure *m/f*

chirp [tʃəːp] *n* pépiement *m*, gazouillis *m*; (*of crickets*) stridulation *f* ◆ *vi* pépier, gazouiller; chanter, striduler

chisel ['tʃɪzl] *n* ciseau *m*

chit [tʃɪt] *n* mot *m*, note *f*

chitchat ['tʃɪttʃæt] *n* bavardage *m*, papotage *m*

chivalry ['ʃɪvəlrɪ] *n* chevalerie *f*; esprit *m* chevaleresque

chives [tʃaɪvz] *npl* ciboulette *f*, civette *f*

chock-a-block ['tʃɔkə'blɔk], **chock-full** [tʃɔk'ful] *adj* plein(e) à craquer

chocolate ['tʃɔklɪt] *n* chocolat *m*

choice [tʃɔɪs] *n* choix *m* ◆ *adj* de choix; **by** or **from choice** par choix; **a wide choice** un grand choix

choir ['kwaɪə*] *n* chœur *m*, chorale *f*

choirboy ['kwaɪəbɔɪ] *n* jeune choriste *m*, petit chanteur

choke [tʃəuk] *vi* étouffer ◆ *vt* étrangler; étouffer; (*block*) boucher, obstruer ◆ *n* (*AUT*) starter *m*

cholesterol [kə'lɛstərɔl] *n* cholestérol *m*

choose, *pt* **chose**, *pp* **chosen** [tʃuːz, tʃəuz, 'tʃəuzn] *vt* choisir ◆ *vi*: **to choose between** choisir entre; **to choose from** choisir parmi; **to choose to do** décider de faire, juger bon de faire

choosy ['tʃuːzɪ] *adj*: (**to be) choosy** (faire le) difficile

chop [tʃɔp] *vt* (*wood*) couper (à la hache); (*CULIN: also:* **chop up**) couper (fin), émincer, hacher (en morceaux) ◆ *n* coup *m* (*de hache, du tranchant de la main*); (*CULIN*) côtelette *f*; **to get the chop** (*BRIT col: project*) tomber à l'eau; (*: person: be sacked*) se faire renvoyer

▶ **chop down** *vt* (*tree*) abattre

chopper ['tʃɔpə*] *n* (*helicopter*) hélicoptère *m*, hélico *m*

choppy ['tʃɔpɪ] *adj* (*sea*) un peu agité(e)

chopsticks ['tʃɔpstɪks] *npl* baguettes *fpl*

chord [kɔːd] *n* (*MUS*) accord *m*

chore [tʃɔː*] *n* travail *m* de routine; **household chores** travaux *mpl* du ménage

chortle ['tʃɔːtl] *vi* glousser

chorus ['kɔːrəs] *n* chœur *m*; (*repeated part of song, also fig*) refrain *m*

chose [tʃəuz] *pt of* **choose**

chosen ['tʃəuzn] *pp of* **choose**

chowder ['tʃaudə*] *n* soupe *f* de poisson

Christ [kraɪst] *n* Christ *m*

christen ['krɪsn] *vt* baptiser

christening ['krɪsnɪŋ] *n* baptême *m*

Christian ['krɪstɪən] *adj*, *n* chrétien(ne)

Christianity [krɪstɪ'ænɪtɪ] *n* christianisme *m*

Christian name *n* prénom *m*

Christmas ['krɪsməs] *n* Noël *m* or *f*; **happy** or **merry Christmas!** joyeux Noël!

Christmas card *n* carte *f* de Noël

Christmas Day *n* le jour de Noël

Christmas Eve *n* la veille de Noël; la nuit de Noël

Christmas tree *n* arbre *m* de Noël

chrome [krəum] *n* = **chromium**

chromium ['krəumɪəm] *n* chrome *m*; (*also:* **chromium plating**) chromage *m*

chronic ['krɔnɪk] *adj* chronique; (*fig: liar, smoker*) invétéré(e)

chronicle ['krɔnɪkl] *n* chronique *f*

chronological [krɔnə'lɔdʒɪkl] adj chronologique

chrysanthemum [krɪ'sænθəməm] n chrysanthème m

chubby ['tʃʌbɪ] adj potelé(e), rondelet(te)

chuck [tʃʌk] vt lancer, jeter; **to chuck (up or in)** vt (BRIT: job) lâcher; (: person) plaquer

▶ **chuck out** vt flanquer dehors or à la porte

chuckle ['tʃʌkl] vi glousser

chug [tʃʌg] vi faire teuf-teuf; souffler

chum [tʃʌm] n copain/copine

chunk [tʃʌŋk] n gros morceau; (of bread) quignon m

church [tʃəːtʃ] n église f; **the Church of England** l'Église anglicane

churchyard ['tʃəːtʃjɑːd] n cimetière m

churn [tʃəːn] n (for butter) baratte f; (for transport: also: **milk churn**) (grand) bidon à lait

▶ **churn out** vt débiter

chute [ʃuːt] n glissoire f; (also: **rubbish chute**) vide-ordures m inv; (BRIT: children's slide) toboggan m

chutney ['tʃʌtnɪ] n chutney m

CIA n abbr (US: = Central Intelligence Agency) CIA f

CID n abbr (BRIT: = Criminal Investigation Department) = P.J. f (= police judiciaire)

cider ['saɪdə*] n cidre m

cigar [sɪ'gɑː*] n cigare m

cigarette [sɪgə'rɛt] n cigarette f

cigarette case n étui m à cigarettes

cigarette end n mégot m

Cinderella [sɪndə'rɛlə] n Cendrillon

cinders ['sɪndəz] npl cendres fpl

cine-camera ['sɪnɪ'kæmərə] n (BRIT) caméra f

cinema ['sɪnəmə] n cinéma m

cinnamon ['sɪnəmən] n cannelle f

circle ['səːkl] n cercle m; (in cinema) balcon m ♦ vi faire or décrire des cercles ♦ vt (surround) entourer, encercler; (move round) faire le tour de, tourner autour de

circuit ['səːkɪt] n circuit m

circuitous [səː'kjuɪtəs] adj indirect(e), qui fait un détour

circular ['səːkjulə*] adj circulaire ♦ n circulaire f; (as advertisement) prospectus m

circulate ['səːkjuleɪt] vi circuler ♦ vt faire circuler

circulation [səːkju'leɪʃən] n circulation f; (of newspaper) tirage m

circumflex ['səːkəmflɛks] n (also: **circumflex accent**) accent m circonflexe

circumstances ['səːkəmstənsɪz] npl circonstances fpl; (financial condition) moyens mpl, situation financière; **in the circumstances** dans ces conditions; **under no circumstances** en aucun cas, sous aucun prétexte

circus ['səːkəs] n cirque m; (also: **Circus**: in place names) place f

CIS n abbr (= Commonwealth of Independent States) CEI f

cistern ['sɪstən] n réservoir m (d'eau); (in toilet) réservoir de la chasse d'eau

citizen ['sɪtɪzn] n (POL) citoyen/ne; (resident): **the citizens of this town** les habitants de cette ville

citizenship ['sɪtɪznʃɪp] n citoyenneté f

citrus fruit ['sɪtrəs-] n agrume m

city ['sɪtɪ] n ville f, cité f; **the City** la Cité de Londres (centre des affaires)

City Technology College n (BRIT) établissement m d'enseignement technologique (situé dans un quartier défavorisé)

civic ['sɪvɪk] adj civique

civic centre n (BRIT) centre administratif (municipal)

civil ['sɪvɪl] adj civil(e); (polite) poli(e), civil(e)

civil engineer n ingénieur civil

civilian [sɪ'vɪlɪən] adj, n civil(e)

civilization [sɪvɪlaɪ'zeɪʃən] n civilisation f

civilized ['sɪvɪlaɪzd] adj civilisé(e); (fig) où règnent les bonnes manières, empreint(e) d'une courtoisie de bon ton

civil law n code civil; (study) droit civil

civil servant n fonctionnaire m/f

Civil Service n fonction publique, administration f

civil war n guerre civile

clad [klæd] adj: **clad (in)** habillé(e) de, vêtu(e) de

claim [kleɪm] vt (rights etc) revendiquer; (compensation) réclamer; **to claim that/to be** prétendre que/être ♦ vi (for insurance) faire une déclaration de sinistre ♦ n revendication f; prétention f; (right) droit m; (for expenses) note f de frais; (insurance) claim demande f d'indemnisation, déclaration f de sinistre; **to put in a claim for** (pay rise etc) demander

claimant ['kleɪmənt] n (ADMIN, LAW) requérant/e

clairvoyant [klɛə'vɔɪənt] n voyant/e, extra-lucide m/f

clam [klæm] n palourde f

▶ **clam up** vi (col) la boucler

clamber ['klæmbə*] vi grimper, se hisser

clammy ['klæmɪ] adj humide et froid(e) (au toucher), moite

clamour, (US) **clamor** ['klæmə*] n (noise) clameurs fpl; (protest) protestations bruyantes ♦ vi: **to clamour for sth** réclamer qch à grands cris

clamp [klæmp] n étau m à main; agrafe f, crampon m ♦ vt serrer; cramponner

▶ **clamp down on** vt fus sévir contre, prendre des mesures draconiennes à l'égard de

clan [klæn] n clan m

clang [klæŋ] n bruit m or fracas m métallique ♦ vi émettre un bruit or fracas métallique

clap [klæp] vi applaudir ♦ vt: **to clap (one's hands)** battre des mains ♦ n claquement m; tape *f*; **a clap of thunder** un coup de tonnerre

clapping ['klæpɪŋ] *n* applaudissements *mpl*

claret ['klærət] *n* (vin *m* de) bordeaux *m* (rouge)

clarinet ['klærɪ'nɛt] *n* clarinette *f*

clarity ['klærɪtɪ] *n* clarté *f*

clash [klæʃ] *n* (sound) choc *m*, fracas *m*; (with police) affrontement *m*; (fig) conflit *m* ♦ *vi* se heurter; être or entrer en conflit; (dates, events) tomber en même temps

clasp [klɑːsp] *n* fermoir *m* ♦ *vt* serrer, étreindre

class [klɑːs] *n* (gen) classe *f*; (group, category) catégorie *f* ♦ *vt* classer, classifier

classic ['klæsɪk] *adj* classique ♦ *n* (author) classique *m*; (race etc) classique *f*

classical ['klæsɪkl] *adj* classique

classified ['klæsɪfaɪd] *adj* (information) secret (ète); **classified ads** petites annonces

classmate ['klɑːsmeɪt] *n* camarade *m/f* de classe

classroom ['klɑːsrum] *n* (salle *f* de) classe *f*

clatter ['klætə*] *n* cliquetis *m* ♦ *vi* cliqueter

clause [klɔːz] *n* clause *f*; (LING) proposition *f*

claw [klɔː] *n* griffe *f*; (of bird of prey) serre *f*; (of lobster) pince *f* ♦ *vt* griffer; déchirer

clay [kleɪ] *n* argile *f*

clean [kliːn] *adj* propre; (clear, smooth) net(te) ♦ *vt* nettoyer ♦ *adv*: **he clean forgot** il a complètement oublié; **to come clean** (col: admit guilt) se mettre à table; **to clean one's teeth** (BRIT) se laver les dents; **clean driving licence** or (US) **record** permis où n'est portée aucune indication de contravention

▶ **clean off** *vt* enlever

▶ **clean out** *vt* nettoyer (à fond)

▶ **clean up** *vt* nettoyer; (fig) remettre de l'ordre dans ♦ *vi* (fig: make profit): **to clean up on** faire son beurre avec

clean-cut ['kliːn'kʌt] *adj* (man) soigné; (situation etc) bien délimité(e), net(te), clair(e)

cleaner ['kliːnə*] *n* (person) nettoyeur/euse, femme *f* de ménage; (also: **dry cleaner**) teinturier/ière; (product) détachant *m*

cleaning ['kliːnɪŋ] *n* nettoyage *m*

cleanliness ['klɛnlɪnɪs] *n* propreté *f*

cleanse [klɛnz] *vt* nettoyer; purifier

cleanser ['klɛnzə*] *n* détergent *m*; (for face) démaquillant *m*

clean-shaven ['kliːn'ʃeɪvn] *adj* rasé(e) de près

cleansing department ['klɛnzɪŋ-] *n* (BRIT) service *m* de voirie

clear [klɪə*] *adj* clair(e); (road, way) libre, dégagé(e); (profit, majority) net(te) ♦ *vt* dégager, déblayer, débarrasser; (room etc: of people) faire évacuer; (woodland) défricher; (cheque) compenser; (COMM: goods) liquider; (LAW: suspect) innocenter; (obstacle) franchir or sauter sans heurter ♦ *vi* (subj: weather) s'éclaircir; (subj: fog) se dissiper ♦ *adv*: **clear of** à distance de, à l'écart de ♦ *n*: **to be in the clear** (out

of debt) être dégagé/e de toute dette; (out of suspicion) être lavé/e de tout soupçon; (out of danger) être hors de danger; **to clear the table** débarrasser la table, desservir; **to clear one's throat** s'éclaircir la gorge; **to clear a profit** faire un bénéfice net; **to make o.s. clear** se faire bien comprendre; **to make it clear to sb that …** bien faire comprendre à qn que …; **I have a clear day tomorrow** (BRIT) je n'ai rien de prévu demain; **to keep clear of sb/sth** éviter qn/qch

▶ **clear off** *vi* (col: leave) dégager

▶ **clear up** *vi* s'éclaircir, se dissiper ♦ *vt* ranger, mettre en ordre; (mystery) éclaircir, résoudre

clearance ['klɪərəns] *n* (removal) déblayage *m*; (free space) dégagement *m*; (permission) autorisation *f*

clear-cut ['klɪə'kʌt] *adj* précis(e), nettement défini(e)

clearing ['klɪərɪŋ] *n* (in forest) clairière *f*; (BRIT BANKING) compensation *f*, clearing *m*

clearing bank *n* (BRIT) banque *f* qui appartient à une chambre de compensation

clearly ['klɪəlɪ] *adv* clairement; (obviously) de toute évidence

clearway ['klɪəweɪ] *n* (BRIT) route *f* à stationnement interdit

clef [klɛf] *n* (MUS) clé *f*

cleft [klɛft] *n* (in rock) crevasse *f*, fissure *f*

clementine ['klɛməntaɪn] *n* clémentine *f*

clench [klɛntʃ] *vt* serrer

clergy ['klɜːdʒɪ] *n* clergé *m*

clergyman ['klɜːdʒɪmən] *n* ecclésiastique *m*

clerical ['klɛrɪkl] *adj* de bureau, d'employé de bureau; (REL) clérical(e), du clergé

clerk [klɑːk, (US) klɜːrk] *n* employé/e de bureau; (US: salesman/woman) vendeur/euse; **Clerk of Court** (LAW) greffier *m* (du tribunal)

clever ['klɛvə*] *adj* (mentally) intelligent(e); (deft, crafty) habile, adroit(e); (device, arrangement) ingénieux(euse), astucieux(euse)

click [klɪk] *vi* faire un bruit sec or un déclic ♦ *vt*: **to click one's tongue** faire claquer sa langue; **to click one's heels** claquer des talons

client ['klaɪənt] *n* client/e

cliff [klɪf] *n* falaise *f*

climate ['klaɪmɪt] *n* climat *m*

climax ['klaɪmæks] *n* apogée *m*, point culminant; (sexual) orgasme *m*

climb [klaɪm] *vi* grimper, monter; (plane) prendre de l'altitude ♦ *vt* gravir, escalader, monter sur ♦ *n* montée *f*, escalade *f*; **to climb over a wall** passer par dessus un mur

▶ **climb down** *vi* (re)descendre; (BRIT fig) rabattre de ses prétentions

climbdown ['klaɪmdaun] *n* (BRIT) reculade *f*

climber ['klaɪmə*] *n* (also: **rock climber**) grimpeur/euse, varappeur/euse

climbing ['klaɪmɪŋ] *n* (*also*: **rock climbing**) escalade *f*, varappe *f*

clinch [klɪntʃ] *vt* (*deal*) conclure, sceller

cling, *pt*, *pp* **clung** [klɪŋ, klʌŋ], *vi*: **to cling (to)** se cramponner (à), s'accrocher (à); (*of clothes*) coller (à)

clinic ['klɪnɪk] *n* clinique *f*; centre médical; (*session*: *MED*) consultation(s) *f(pl)*, séance(s) *f(pl)*; (:*SPORT*) séance(s) de perfectionnement

clinical ['klɪnɪkl] *adj* clinique; (*fig*) froid(e)

clink [klɪŋk] *vi* tinter, cliqueter

clip [klɪp] *n* (*for hair*) barrette *f*; (*also*: **paper clip**) trombone *m*; (*BRIT*: *also*: **bulldog clip**) pince *f* de bureau; (*holding hose etc*) collier *m or* bague *f* (métallique) de serrage ♦ *vt* (*also*: **clip together**: *papers*) attacher; (*hair, nails*) couper; (*hedge*) tailler

clippers ['klɪpəz] *npl* tondeuse *f*; (*also*: **nail clippers**) coupe-ongles *m inv*

clipping ['klɪpɪŋ] *n* (*from newspaper*) coupure *f* de journal

cloak [kləuk] *n* grande cape

cloakroom ['kləukrum] *n* (*for coats etc*) vestiaire *m*; (*BRIT*: *W.C.*) toilettes *fpl*

clock [klɔk] *n* (*large*) horloge *f*; (*small*) pendule *f*; **round the clock** (*work etc*) vingt-quatre heures sur vingt-quatre; **to sleep round the clock** *or* **the clock round** faire le tour du cadran; **30,000 on the clock** (*BRIT AUT*) 30 000 milles au compteur; **to work against the clock** faire la course contre la montre

▶ **clock in, clock on** *vi* (*BRIT*) pointer (en arrivant)

▶ **clock off, clock out** *vi* (*BRIT*) pointer (en partant)

▶ **clock up** *vt* (*miles, hours etc*) faire

clockwise ['klɔkwaɪz] *adv* dans le sens des aiguilles d'une montre

clockwork ['klɔkwɜːk] *n* mouvement *m* (d'horlogerie); rouages *mpl*, mécanisme *m* ♦ *adj* (*toy, train*) mécanique

clog [klɔg] *n* sabot *m* ♦ *vt* boucher, encrasser ♦ *vi* se boucher, s'encrasser

cloister ['klɔɪstə*] *n* cloître *m*

close *adj, adv and derivatives* [kləus] ♦ *adj* (*near*): **close (to)** près (de), proche (de); (*writing, texture*) serré(e); (*watch*) étroit(e), strict(e); (*examination*) attentif(ive), minutieux(euse); (*weather*) lourd(e), étouffant(e); (*room*) mal aéré(e) ♦ *adv* près, à proximité; **close to** *prep* près de; **close by, close at hand** *adj, adv* tout(e) près; **how close is Edinburgh to Glasgow?** combien de kilomètres y-a-t-il entre Édimbourg et Glasgow?; **a close friend** un ami intime; **to have a close shave** (*fig*) l'échapper belle; **at close quarters** tout près, à côté ♦ *vb and derivatives* [kləuz] ♦ *vt* fermer; (*bargain, deal*) conclure ♦ *vi* (*shop etc*) fermer; (*lid, door etc*) se fermer; (*end*) se terminer, se conclure ♦ *n* (*end*) conclusion *f*; **to bring sth to a close** mettre fin à qch

▶ **close down** *vt, vi* fermer (définitivement)

▶ **close in** *vi* (*hunters*) approcher; (*night, fog*) tomber; **the days are closing in** les jours raccourcissent; **to close in on sb** cerner qn

▶ **close off** *vt* (*area*) boucler

closed [kləuzd] *adj* (*shop etc*) fermé(e); (*road*) fermé à la circulation

closed shop *n* organisation *f* qui n'admet que des travailleurs syndiqués

close-knit ['kləus'nɪt] *adj* (*family, community*) très uni(e)

closely ['kləuslɪ] *adv* (*examine, watch*) de près; **we are closely related** nous sommes très proches parents; **a closely guarded secret** un secret bien gardé

closet ['klɔzɪt] *n* (*cupboard*) placard *m*, réduit *m*

close-up ['kləusʌp] *n* gros plan

closure ['kləuʒə*] *n* fermeture *f*

clot [klɔt] *n* (*gen*) **blood clot** caillot *m*; (*col*: *person*) ballot *m* ♦ *vi* (*blood*) former des caillots; (: *external bleeding*) se coaguler

cloth [klɔθ] *n* (*material*) tissu *m*, étoffe *f*; (*BRIT*: *also*: **teacloth**) torchon *m*; lavette *f*; (*also*: **tablecloth**) nappe *f*

clothe [kləuð] *vt* habiller, vêtir

clothes [kləuðz] *npl* vêtements *mpl*, habits *mpl*; **to put one's clothes on** s'habiller; **to take one's clothes off** enlever ses vêtements

clothes brush *n* brosse *f* à habits

clothes line *n* corde *f* (à linge)

clothes peg, (*us*) **clothes pin** *n* pince *f* à linge

clothing ['kləuðɪŋ] *n* = **clothes**

cloud [klaud] *n* nuage *m* ♦ *vt* (*liquid*) troubler; **to cloud the issue** brouiller les cartes; **every cloud has a silver lining** (*proverb*) à quelque chose malheur est bon (*proverb*)

▶ **cloud over** *vi* se couvrir; (*fig*) s'assombrir

cloudburst ['klaudbɜːst] *n* violente averse

cloudy ['klaudɪ] *adj* nuageux(euse), couvert(e); (*liquid*) trouble

clout [klaut] *n* (*blow*) taloche *f*; (*fig*) pouvoir *m* ♦ *vt* flanquer une taloche à

clove [kləuv] *n* clou *m* de girofle; **clove of garlic** gousse *f* d'ail

clover ['kləuvə*] *n* trèfle *m*

clown [klaun] *n* clown *m* ♦ *vi* (*also*: **clown about**, **clown around**) faire le clown

cloying ['klɔɪɪŋ] *adj* (*taste, smell*) écœurant(e)

club [klʌb] *n* (*society*) club *m*; (*weapon*) massue *f*, matraque *f*; (*also*: **golf club**) club ♦ *vt* matraquer ♦ *vi*: **to club together** s'associer; **clubs** *npl* (*CARDS*) trèfle *m*

club class *n* (*AVIAT*) classe *f* club

clubhouse ['klʌbhaus] *n* pavillon *m*

cluck [klʌk] *vi* glousser

clue [kluː] *n* indice *m*; (*in crosswords*) définition *f*; **I haven't a clue** je n'en ai pas la moindre idée

clump [klʌmp] *n*: **clump of trees** bouquet *m* d'arbres

clumsy ['klʌmzɪ] adj (person) gauche, maladroit(e); (object) malcommode, peu maniable

clung [klʌŋ] pt, pp of **cling**

cluster ['klʌstə*] n (petit) groupe m ◆ vi se rassembler

clutch [klʌtʃ] n (grip, grasp) étreinte f, prise f; (AUT) embrayage m ◆ vt agripper, serrer fort; **to clutch at** se cramponner à

clutter ['klʌtə*] vt (also: **clutter up**) encombrer ◆ n désordre m, fouillis m

CND n abbr = Campaign for Nuclear Disarmament

Co. abbr = **company, county**

c/o abbr (= care of) c/o, aux bons soins de

coach [kəutʃ] n (bus) autocar m; (horse-drawn) diligence f; (of train) voiture f, wagon m; (SPORT: trainer) entraîneur/euse; (school: tutor) répétiteur/trice ◆ vt entraîner; donner des leçons particulières à

coach trip n excursion f en car

coal [kəul] n charbon m

coal face n front m de taille

coalfield ['kəulfiːld] n bassin houiller

coalition [kəuə'lɪʃən] n coalition f

coalman ['kəulmən] n charbonnier m, marchand m de charbon

coal mine n mine f de charbon

coarse [kɔːs] adj grossier(ère), rude; (vulgar) vulgaire

coast [kəust] n côte f ◆ vi (with cycle etc) descendre en roue libre

coastal ['kəustl] adj côtier(ère)

coastguard ['kəustgaːd] n garde-côte m

coastline ['kəustlaɪn] n côte f, littoral m

coat [kəut] n manteau m; (of animal) pelage m, poil m; (of paint) couche f ◆ vt couvrir, enduire; **coat of arms** n blason m, armoiries fpl

coat hanger n cintre m

coating ['kəutɪŋ] n couche f, enduit m

coax [kəuks] vt persuader par des cajoleries

cobbler ['kɔblə*] n cordonnier m

cobbles, cobblestones ['kɔblz, 'kɔblstəunz] npl pavés (ronds)

cobweb ['kɔbweb] n toile f d'araignée

cocaine [kə'keɪn] n cocaïne f

cock [kɔk] n (rooster) coq m; (male bird) mâle m ◆ vt (gun) armer; **to cock one's ears** (fig) dresser l'oreille

cockerel ['kɔkərl] n jeune coq m

cockle ['kɔkl] n coque f

cockney ['kɔknɪ] n cockney m/f (habitant des quartiers populaires de l'East End de Londres) ≈ faubourien/ne

cockpit ['kɔkpɪt] n (in aircraft) poste m de pilotage, cockpit m

cockroach ['kɔkrəutʃ] n cafard m, cancrelat m

cocktail ['kɔkteɪl] n cocktail m; **prawn cocktail**, (US) **shrimp cocktail** cocktail de crevettes

cocktail cabinet n (meuble-)bar m

cocktail party n cocktail m

cocoa ['kəukəu] n cacao m

coconut ['kəukənʌt] n noix f de coco

COD abbr = **cash on delivery, collect on delivery** (US)

cod [kɔd] n morue fraîche, cabillaud m

code [kəud] n code m; **code of behaviour** règles fpl de conduite; **code of practice** déontologie f

cod-liver oil ['kɔdlɪvər-] n huile f de foie de morue

coercion [kəu'əːʃən] n contrainte f

coffee ['kɔfɪ] n café m; **white coffee**, (US) **coffee with cream** (café-)crème m

coffee bar n (BRIT) café m

coffee bean n grain m de café

coffee break n pause-café f

coffeepot ['kɔfɪpɔt] n cafetière f

coffee table n (petite) table basse

coffin ['kɔfɪn] n cercueil m

cog [kɔg] n dent f (d'engrenage)

cogent ['kəudʒənt] adj puissant(e), convaincant(e)

coil [kɔɪl] n rouleau m, bobine f; (one loop) anneau m, spire f; (of smoke) volute f; (contraceptive) stérilet m ◆ vt enrouler

coin [kɔɪn] n pièce f de monnaie ◆ vt (word) inventer

coinage ['kɔɪnɪdʒ] n monnaie f, système m monétaire

coinbox ['kɔɪnbɔks] n (BRIT) cabine f téléphonique

coincide [kəuɪn'saɪd] vi coïncider

coincidence [kəu'ɪnsɪdəns] n coïncidence f

Coke® [kəuk] n coca m

coke [kəuk] n coke m

colander ['kɔləndə*] n passoire f (à légumes)

cold [kəuld] adj froid(e) ◆ n froid m; (MED) rhume m; **it's cold** il fait froid; **to be cold** avoir froid; **to catch cold** prendre or attraper froid; **to catch a cold** s'enrhumer, attraper un rhume; **in cold blood** de sang-froid; **to have cold feet** avoir froid aux pieds; (fig) avoir la frousse or la trouille; **to give sb the cold shoulder** battre froid à qn

cold sore n bouton m de fièvre

coleslaw ['kəulslɔː] n sorte de salade de chou cru

colic ['kɔlɪk] n colique(s) f(pl)

collapse [kə'læps] vi s'effondrer, s'écrouler ◆ n effondrement m, écroulement m; (of government) chute f

collapsible [kə'læpsəbl] adj pliant(e), télescopique

collar ['kɔlə*] n (of coat, shirt) col m; (for dog) collier m; (TECH) collier, bague f ◆ vt (col: person) pincer

collarbone ['kɔləbəun] n clavicule f

collateral [kə'lætərl] n nantissement m

colleague ['kɔliːg] n collègue m/f

collect [kə'lɛkt] vt rassembler; (pick up) ramasser; (as a hobby) collectionner; (BRIT: call for) (passer) prendre; (mail) faire la levée de, ramasser; (money owed) encaisser; (donations, subscriptions) recueillir ♦ vi (people) se rassembler; (dust, dirt) s'amasser; **to collect one's thoughts** réfléchir, réunir ses idées; **collect on delivery (COD)** (us comm) payable or paiement à la livraison; **to call collect** (us tel) téléphoner en PCV

collection [kə'lɛkʃən] n collection f; (of mail) levée f; (for money) collecte f, quête f

collector [kə'lɛktə*] n collectionneur m; (of taxes) percepteur m; (of rent, cash) encaisseur m; **collector's item** or **piece** pièce f de collection

college [kɔlɪdʒ] n collège m; (of technology, agriculture etc) institut m; **to go to college** faire des études supérieures; **college of education** = école normale

collide [kə'laɪd] vi: **to collide (with)** entrer en collision (avec)

colliery [kɔlɪərɪ] n (BRIT) mine f de charbon, houillère f

collision [kə'lɪʒən] n collision f, heurt m; **to be on a collision course** aller droit à la collision; (fig) aller vers l'affrontement

colloquial [kə'ləukwɪəl] adj familier(ère)

colon [kəulən] n (sign) deux-points mpl; (med) côlon m

colonel [kə:nl] n colonel m

colony [kɔlənɪ] n colonie f

colour, (us) **color** [kʌlə*] n couleur f ♦ vt colorer; peindre; (with crayons) colorier; (news) fausser, exagérer ♦ vi rougir ♦ cpd (film, photograph, television) en couleur; **colours** npl (of party, club) couleurs fpl

▶ **colour in** vt colorier

colo(u)r bar n discrimination raciale (dans un établissement etc)

colo(u)r-blind [kʌləblaɪnd] adj daltonien(ne)

colo(u)red [kʌləd] adj coloré(e); (photo) en couleur

colo(u)rful [kʌləful] adj coloré(e), vif(vive); (personality) pittoresque, haut(e) en couleurs

colo(u)ring [kʌlərɪŋ] n colorant m; (complexion) teint m

colo(u)r scheme n combinaison f de(s) couleur(s)

colt [kəult] n poulain m

column [kɔləm] n colonne f; (fashion column, sports column etc) rubrique f; **the editorial column** l'éditorial m

columnist [kɔləmnɪst] n rédacteur/trice d'une rubrique

coma [kəumə] n coma m

comb [kəum] n peigne m ♦ vt (hair) peigner; (area) ratisser, passer au peigne fin

combat [kɔmbæt] n combat m ♦ vt combattre, lutter contre

combination [kɔmbɪ'neɪʃən] n (gen) combinaison f

combine vb [kəm'baɪn] ♦ vt combiner; (one quality with another): **to combine sth with sth** joindre qch à qch, allier qch à qch ♦ vi s'associer; (CHEM) se combiner ♦ n [kɔmbaɪn] association f; (ECON) trust m; **a combined effort** un effort conjugué

combine (harvester) n moissonneuse-batteuse(-lieuse) f

come, pt came, pp come [kʌm, keɪm] vi venir; (col: sexually) jouir; **come with me** suivez-moi; **we've just come from Paris** nous arrivons de Paris; ... **what might come of it** ... ce qui pourrait en résulter, ... ce qui pourrait advenir or se produire; **to come into sight** or **view** apparaître; **to come to** (decision etc) parvenir or arriver à; **to come undone/loose** se défaire/desserrer; **coming!** j'arrive!; **if it comes to it** s'il le faut, dans le pire des cas

▶ **come about** vi se produire, arriver

▶ **come across** vt fus rencontrer par hasard, tomber sur ♦ vi: **to come across well/badly** faire une bonne/mauvaise impression

▶ **come along** vi (pupil, work) faire des progrès, avancer; **come along!** viens!; allons!, allez!

▶ **come apart** vi s'en aller en morceaux; se détacher

▶ **come away** vi partir, s'en aller; (become detached) se détacher

▶ **come back** vi revenir; (reply): **can I come back to you on that one?** est-ce qu'on peut revenir là-dessus plus tard?

▶ **come by** vt fus (acquire) obtenir, se procurer

▶ **come down** vi descendre; (prices) baisser; (buildings) s'écrouler; (: be demolished) être démoli(e)

▶ **come forward** vi s'avancer; (make o.s. known) se présenter, s'annoncer

▶ **come from** vt fus venir de; (place) venir de, être originaire de

▶ **come in** vi entrer

▶ **come in for** vt fus (criticism etc) être l'objet de

▶ **come into** vt fus (money) hériter de

▶ **come off** vi (button) se détacher; (stain) s'enlever; (attempt) réussir

▶ **come on** vi (lights, electricity) s'allumer; (central heating) se mettre en marche; (pupil, work, project) faire des progrès, avancer; **come on!** viens!; allons!, allez!

▶ **come out** vi sortir; (book) paraître; (strike) cesser le travail, se mettre en grève

▶ **come over** vt fus: **I don't know what's come over him!** je ne sais pas ce qui lui a pris!

▶ **come round** vi (after faint, operation) revenir à soi, reprendre connaissance

▶ **come through** vi (survive) s'en sortir; (telephone call): **the call came through** l'appel est bien parvenu

▶ **come to** vi revenir à soi ♦ vt (add up to: amount): **how much does it come to?** ça fait combien?

▶ **come under** vt fus (heading) se trouver sous; (influence) subir

▶ **come up** vi monter

▶ **come up against** vt fus (resistance, difficulties) rencontrer

▶ **come up to** vt fus arriver à; **the film didn't come up to our expectations** le film nous a déçu

▶ **come up with** vt fus: **he came up with an idea** il a eu une idée, il a proposé quelque chose

▶ **come upon** vt fus tomber sur

comeback ['kʌmbæk] n (reaction) réaction f; (response) réponse f; (THEAT etc) rentrée f

comedian [kə'miːdiən] n (in music hall etc) comique m; (THEAT) comédien m

comedy ['kɒmɪdɪ] n comédie f

comeuppance [kʌm'ʌpəns] n: **to get one's comeuppance** recevoir ce qu'on mérite

comfort ['kʌmfət] n confort m, bien-être m; (solace) consolation f, réconfort m ♦ vt consoler, réconforter

comfortable ['kʌmfətəbl] adj confortable; **I don't feel very comfortable about it** cela m'inquiète un peu

comfortably ['kʌmfətəblɪ] adv (sit) confortablement; (live) à l'aise

comfort station n (US) toilettes fpl

comic ['kɒmɪk] adj comique ♦ n comique m; (magazine) illustré m

comic strip n bande dessinée

coming ['kʌmɪŋ] n arrivée f ♦ adj (next) prochain(e); (future) à venir; **in the coming weeks** dans les prochaines semaines

coming(s) and going(s) n(pl) va-et-vient m inv

comma ['kɒmə] n virgule f

command [kə'mɑːnd] n ordre m, commandement m; (MIL: authority) commandement; (mastery) maîtrise f; (COMPUT) commande f ♦ vt (troops) commander; (be able to get) (pouvoir) disposer de, avoir à sa disposition; (deserve) avoir droit à; **to command sb to do** donner l'ordre or commander à qn de faire; **to have/take command of** avoir/prendre le commandement de; **to have at one's command** (money, resources etc) disposer de

commandeer [kɒmən'dɪə*] vt réquisitionner (par la force)

commander [kə'mɑːndə*] n chef m; (MIL) commandant m

commando [kə'mɑːndəu] n commando m; membre m d'un commando

commemorate [kə'meməreɪt] vt commémorer

commence [kə'mens] vt, vi commencer

commend [kə'mend] vt louer; recommander

commensurate [kə'menʃərɪt] adj: **commensurate with/to** en rapport avec/selon

comment ['kɒment] n commentaire m ♦ vi faire des remarques or commentaires; **to comment on** faire des remarques sur; **to comment that** faire remarquer que; **"no comment"** "je n'ai rien à déclarer"

commentary ['kɒmentərɪ] n commentaire m; (SPORT) reportage m (en direct)

commentator ['kɒmenteɪtə*] n commentateur m; (SPORT) reporter m

commerce ['kɒmɜːs] n commerce m

commercial [kə'mɜːʃəl] adj commercial(e) ♦ n (RADIO, TV) annonce f publicitaire, spot m (publicitaire)

commiserate [kə'mɪzəreɪt] vi: **to commiserate with sb** témoigner de la sympathie pour qn

commission [kə'mɪʃən] n (committee; fee: also for salesman) commission f; (order for work of art etc) commande f ♦ vt (MIL) nommer (à un commandement); (work of art) commander, charger un artiste de l'exécution de; **out of commission** (NAUT) hors de service; (machine) hors service; **I get 10% commission** je reçois une commission de 10%; **commission of inquiry** (BRIT) commission d'enquête

commissionaire [kəmɪʃə'nɛə*] n (BRIT: at shop, cinema etc) portier m (en uniforme)

commissioner [kə'mɪʃənə*] n membre m d'une commission; (POLICE) préfet m (de police)

commit [kə'mɪt] vt (act) commettre; (to sb's care) confier (à); **to commit o.s. (to do)** s'engager (à faire); **to commit suicide** se suicider; **to commit to writing** coucher par écrit; **to commit sb for trial** traduire qn en justice

commitment [kə'mɪtmənt] n engagement m; (obligation) responsabilité(s) f (pl)

committee [kə'mɪtɪ] n comité m; **to be on a committee** siéger dans un comité or une commission

commodity [kə'mɒdɪtɪ] n produit m, marchandise f, article m; (food) denrée f

common ['kɒmən] adj (gen, also pej) commun(e); (usual) courant(e) ♦ n terrain communal; **in common** en commun; **in common use** d'un usage courant; **it's common knowledge that** il est bien connu or notoire que; **for the common good** pour le bien de tous, dans l'intérêt général

commoner ['kɒmənə*] n roturier/ière

common law n droit coutumier

commonly ['kɒmənlɪ] adv communément, généralement; couramment

Common Market n Marché commun

commonplace ['kɒmənpleɪs] adj banal(e), ordinaire

commonroom ['kɒmənrum] n salle commune; (SCOL) salle des professeurs

common sense n bon sens

Commonwealth ['kɒmənwelθ] n: **the**

Commonwealth le Commonwealth; *voir encadré*

COMMONWEALTH

Le **Commonwealth** regroupe 50 États indépendants et plusieurs territoires qui reconnaissent tous le souverain britannique comme chef de cette association.

commotion [kəˈməʊʃən] *n* désordre *m*, tumulte *m*

communal [ˈkɒmjuːnl] *adj* (*life*) communautaire; (*for common use*) commun(e)

commune *n* [ˈkɒmjuːn] (*group*) communauté *f* ♦ *vi* [kəˈmjuːn]: **to commune with** converser intimement avec; communier avec

communicate [kəˈmjuːnɪkeɪt] *vt* communiquer, transmettre ♦ *vi*: **to communicate (with)** communiquer (avec)

communication [kəmjuːnɪˈkeɪʃən] *n* communication *f*

communication cord *n* (*BRIT*) sonnette *f* d'alarme

communion [kəˈmjuːnɪən] *n* (*also*: **Holy Communion**) communion *f*

communism [ˈkɒmjunɪzəm] *n* communisme *m*

communist [ˈkɒmjunɪst] *adj, n* communiste (*m/f*)

community [kəˈmjuːnɪtɪ] *n* communauté *f*

community centre *n* foyer socio-éducatif, centre *m* de loisirs

community chest *n* (*US*) fonds commun

commutation ticket [kɒmjuˈteɪʃən-] *n* (*US*) carte *f* d'abonnement

commute [kəˈmjuːt] *vi* faire le trajet journalier (de son domicile à un lieu de travail assez éloigné) ♦ *vt* (*LAW*) commuer; (*MATH: terms etc*) opérer la commutation de

commuter [kəˈmjuːtə*] *n* banlieusard/e (qui … *see vi*)

compact *adj* [kəmˈpækt] compact(e) ♦ *n* [ˈkɒmpækt] contrat *m*, entente *f*; (*also*: **powder compact**) poudrier *m*

compact disc *n* disque compact

compact disc player *n* lecteur *m* de disques compacts

companion [kəmˈpænjən] *n* compagnon/compagne

companionship [kəmˈpænjənʃɪp] *n* camaraderie *f*

company [ˈkʌmpənɪ] *n* (*also COMM, MIL, THEAT*) compagnie *f*; **he's good company** il est d'une compagnie agréable; **we have company** nous avons de la visite; **to keep sb company** tenir compagnie à qn; **to part company with** se séparer de; **Smith and Company** Smith et Compagnie

company secretary *n* (*BRIT COMM*) secrétaire général (*d'une société*)

comparative [kəmˈpærətɪv] *adj* comparatif(ive); (*relative*) relatif(ive)

comparatively [kəmˈpærətɪvlɪ] *adv* (*relatively*) relativement

compare [kəmˈpeə*] *vt*: **to compare sth/sb with/to** comparer qch/qn avec or et/à ♦ *vi*: **to compare (with)** se comparer (à); être comparable (à); **how do the prices compare?** comment sont les prix?, est-ce que les prix sont comparables?; **compared with** or **to** par rapport à

comparison [kəmˈpærɪsn] *n* comparaison *f*; **in comparison (with)** en comparaison (de)

compartment [kəmˈpɑːtmənt] *n* (*also RAIL*) compartiment *m*

compass [ˈkʌmpəs] *n* boussole *f*; **within the compass of** dans les limites de

compassion [kəmˈpæʃən] *n* compassion *f*, humanité *f*

compassionate [kəmˈpæʃənɪt] *adj* accessible à la compassion, au cœur charitable et bienveillant; **on compassionate grounds** pour raisons personnelles or de famille

compatible [kəmˈpætɪbl] *adj* compatible

compel [kəmˈpel] *vt* contraindre, obliger

compensate [ˈkɒmpənseɪt] *vt* indemniser, dédommager ♦ *vi*: **to compensate for** compenser

compensation [kɒmpənˈseɪʃən] *n* compensation *f*; (*money*) dédommagement *m*, indemnité *f*

compere [ˈkɒmpeə*] *n* présentateur/trice, animateur/trice

compete [kəmˈpiːt] *vi* (*take part*) concourir; (*vie*): **to compete (with)** rivaliser (avec), faire concurrence (à)

competent [ˈkɒmpɪtənt] *adj* compétent(e), capable

competition [kɒmpɪˈtɪʃən] *n* compétition *f*, concours *m*; (*ECON*) concurrence *f*; **in competition with** en concurrence avec

competitive [kəmˈpetɪtɪv] *adj* (*ECON*) concurrentiel(le); (*sports*) de compétition

competitor [kəmˈpetɪtə*] *n* concurrent/e

complacency [kəmˈpleɪsnsɪ] *n* contentement *m* de soi, autosatisfaction *f*

complain [kəmˈpleɪn] *vi*: **to complain (about)** se plaindre (de); (*in shop etc*) réclamer (au sujet de)

▶ **complain of** *vt fus* (*MED*) se plaindre de

complaint [kəmˈpleɪnt] *n* plainte *f*; (*in shop etc*) réclamation *f*; (*MED*) affection *f*

complement [ˈkɒmplɪmənt] *n* complément *m*; (*esp of ship's crew etc*) effectif complet ♦ *vt* compléter

complementary [kɒmplɪˈmentərɪ] *adj* complémentaire

complete [kəmˈpliːt] *adj* complet(ète) ♦ *vt* achever, parachever; (*a form*) remplir

completely [kəmˈpliːtlɪ] *adv* complètement

completion [kəmˈpliːʃən] *n* achèvement *m*; **to**

be nearing completion être presque terminé; **on completion of contract** dès signature du contrat

complex ['kɒmpleks] *adj* complexe ♦ *n* (PSYCH, buildings etc) complexe *m*

complexion [kəm'plekʃən] *n* (of face) teint *m*; (of event etc) aspect *m*, caractère *m*

compliance [kəm'plaɪəns] *n* (submission) docilité *f*; (agreement): **compliance with** le fait de se conformer à; **in compliance with** en conformité avec, conformément à

complicate ['kɒmplɪkeɪt] *vt* compliquer

complicated ['kɒmplɪkeɪtɪd] *adj* compliqué(e)

complication [kɒmplɪ'keɪʃən] *n* complication *f*

compliment *n* ['kɒmplɪmənt] compliment *m* ♦ *vt* ['kɒmplɪment] complimenter; **compliments** *npl* compliments *mpl*, hommages *mpl*; vœux *mpl*; **to pay sb a compliment** faire or adresser un compliment à qn; **to compliment sb (on sth/on doing sth)** féliciter qn (pour qch/de faire qch)

complimentary [kɒmplɪ'mentərɪ] *adj* flatteur (euse); (free) à titre gracieux

complimentary ticket *n* billet *m* de faveur

comply [kəm'plaɪ] *vi*: **to comply with** se soumettre à, se conformer à

component [kəm'pəunənt] *adj* composant(e), constituant(e) ♦ *n* composant *m*, élément *m*

compose [kəm'pəuz] *vt* composer; **to compose o.s.** se calmer, se maîtriser; prendre une contenance

composed [kəm'pəuzd] *adj* calme, posé(e)

composer [kəm'pəuzə*] *n* (MUS) compositeur *m*

composition [kɒmpə'zɪʃən] *n* composition *f*

composure [kəm'pəuʒə*] *n* calme *m*, maîtrise *f* de soi

compound ['kɒmpaund] *n* (CHEM, LING) composé *m*; (enclosure) enclos *m*, enceinte *f* ♦ *adj* composé(e) ♦ *vt* [kəm'paund] (fig: problem etc) aggraver

compound fracture *n* fracture compliquée

compound interest *n* intérêt composé

comprehend [kɒmprɪ'hend] *vt* comprendre

comprehension [kɒmprɪ'henʃən] *n* compréhension *f*

comprehensive [kɒmprɪ'hensɪv] *adj* (très) complet(ète)

comprehensive insurance policy *n* assurance *f* tous risques

comprehensive (school) *n* (BRIT) école secondaire non sélective avec libre circulation d'une section à l'autre, ≈ CES *m*

compress *vt* [kəm'pres] comprimer ♦ *n* ['kɒmpres] (MED) compresse *f*

comprise [kəm'praɪz] *vt* (also: **be comprised of**) comprendre

compromise ['kɒmprəmaɪz] *n* compromis *m* ♦ *vt* compromettre ♦ *vi* transiger, accepter un compromis ♦ *cpd* (decision, solution) de compromis

compulsion [kəm'pʌlʃən] *n* contrainte *f*, force *f*;

under compulsion sous la contrainte

compulsive [kəm'pʌlsɪv] *adj* (PSYCH) compulsif (ive); **he's a compulsive smoker** c'est un fumeur invétéré

compulsory [kəm'pʌlsərɪ] *adj* obligatoire

computer [kəm'pju:tə*] *n* ordinateur *m*; (mechanical) calculatrice *f*

computer game *n* jeu *m* vidéo

computer-generated [kəm'pju:tə*'dʒenəreɪtɪd] *adj* de synthèse

computerize [kəm'pju:təraɪz] *vt* traiter or automatiser par ordinateur

computer programmer *n* programmeur/euse

computer programming *n* programmation *f*

computer science *n* informatique *f*

computing [kəm'pju:tɪŋ] *n* informatique *f*

comrade ['kɒmrɪd] *n* camarade *m/f*

con [kɒn] *vt* duper; escroquer ♦ *n* escroquerie *f*; **to con sb into doing sth** tromper qn pour lui faire faire qch

conceal [kən'si:l] *vt* cacher, dissimuler

conceit [kən'si:t] *n* vanité *f*, suffisance *f*, prétention *f*

conceited [kən'si:tɪd] *adj* vaniteux(euse), suffisant(e)

conceive [kən'si:v] *vt* concevoir ♦ *vi*: **to conceive of sth/of doing sth** imaginer qch/de faire qch

concentrate ['kɒnsəntreɪt] *vi* se concentrer ♦ *vt* concentrer

concentration [kɒnsən'treɪʃən] *n* concentration *f*

concentration camp *n* camp *m* de concentration

concept ['kɒnsept] *n* concept *m*

concern [kən'sə:n] *n* affaire *f*; (COMM) entreprise *f*, firme *f*; (anxiety) inquiétude *f*, souci *m* ♦ *vt* concerner; **to be concerned (about)** s'inquiéter (de), être inquiet(ète) (au sujet de); **"to whom it may concern"** "à qui de droit"; **as far as I am concerned** en ce qui me concerne; **to be concerned with** (person: involved with) s'occuper de; **the department concerned** (under discussion) le service en question; (involved) le service concerné

concerning [kən'sə:nɪŋ] *prep* en ce qui concerne, à propos de

concert ['kɒnsət] *n* concert *m*; **in concert** à l'unisson, en chœur; ensemble

concerted [kən'sə:tɪd] *adj* concerté(e)

concert hall *n* salle *f* de concert

concerto [kən'tʃə:təu] *n* concerto *m*

concession [kən'seʃən] *n* concession *f*

conclude [kən'klu:d] *vt* conclure ♦ *vi* (speaker) conclure; (events): **to conclude (with)** se terminer (par)

conclusion [kən'klu:ʒən] *n* conclusion *f*; **to come to the conclusion that** (en) conclure que

conclusive [kənˈkluːsɪv] *adj* concluant(e), définitif(ive)

concoct [kənˈkɔkt] *vt* confectionner, composer

concoction [kənˈkɔkʃən] *n* (*food, drink*) mélange *m*

concourse [ˈkɔŋkɔːs] *n* (*hall*) hall *m*, salle *f* des pas perdus; (*crowd*) affluence *f*; multitude *f*

concrete [ˈkɔŋkriːt] *n* béton *m* ♦ *adj* concret(ète); (*CONSTR*) en béton

concur [kənˈkəː] *vi* être d'accord

concurrently [kənˈkʌrntlɪ] *adv* simultanément

concussion [kənˈkʌʃən] *n* (*MED*) commotion (cérébrale)

condemn [kənˈdɛm] *vt* condamner

condensation [kɔndənˈseɪʃən] *n* condensation *f*

condense [kənˈdɛns] *vi* se condenser ♦ *vt* condenser

condensed milk [kənˈdɛnst-] *n* lait concentré (sucré)

condition [kənˈdɪʃən] *n* condition *f*; (*disease*) maladie *f* ♦ *vt* déterminer, conditionner; **in good/ poor condition** en bon/mauvais état; **a heart condition** une maladie cardiaque; **weather conditions** conditions *fpl* météorologiques; **on condition that** à condition que + *sub*, à condition de

conditional [kənˈdɪʃənl] *adj* conditionnel(le); **to be conditional upon** dépendre de

conditioner [kənˈdɪʃənə*] *n* (*for hair*) baume démêlant

condolences [kənˈdəʊlənsɪz] *npl* condoléances *fpl*

condom [ˈkɔndəm] *n* préservatif *m*

condominium [kɔndəˈmɪnɪəm] *n* (*US: building*) immeuble *m* (en copropriété); (*: rooms*) appartement *m* (dans un immeuble en copropriété)

condone [kənˈdəʊn] *vt* fermer les yeux sur, approuver (tacitement)

conducive [kənˈdjuːsɪv] *adj*: **conducive to** favorable à, qui contribue à

conduct *n* [ˈkɔndʌkt] conduite *f* ♦ *vt* [kənˈdʌkt] conduire; (*manage*) mener, diriger; (*MUS*) diriger; **to conduct o.s.** se conduire, se comporter

conducted tour [kənˈdʌktɪd-] *n* voyage organisé; (*of building*) visite guidée

conductor [kənˈdʌktə*] *n* (*of orchestra*) chef *m* d'orchestre; (*on bus*) receveur *m*; (*US: on train*) chef *m* de train; (*ELEC*) conducteur *m*

conductress [kənˈdʌktrɪs] *n* (*on bus*) receveuse *f*

cone [kəʊn] *n* cône *m*; (*for ice-cream*) cornet *m*; (*BOT*) pomme *f* de pin, cône

confectioner [kənˈfɛkʃənə*] *n* (*of cakes*) pâtissier/ière; (*of sweets*) confiseur/euse; **confectioner's (shop)** confiserie(-pâtisserie)

confectionery [kənˈfɛkʃənrɪ] *n* (*cakes*) pâtisserie *f*; (*sweets*) confiserie *f*

confer [kənˈfəː] *vt*: **to confer sth on** conférer qch à ♦ *vi* conférer, s'entretenir; **to confer (with sb**

about sth) s'entretenir (de qch avec qn)

conference [ˈkɔnfərəns] *n* conférence *f*; **to be in conference** être en réunion *or* en conférence

confess [kənˈfɛs] *vt* confesser, avouer ♦ *vi* se confesser

confession [kənˈfɛʃən] *n* confession *f*

confetti [kənˈfɛtɪ] *n* confettis *mpl*

confide [kənˈfaɪd] *vi*: **to confide in** s'ouvrir à, se confier à

confidence [ˈkɔnfɪdns] *n* confiance *f*; (*also:* **self-confidence**) assurance *f*, confiance en soi; (*secret*) confidence *f*; **to have (every) confidence that** être certain que; **motion of no confidence** motion *f* de censure; **to tell sb sth in strict confidence** dire qch à qn en toute confidence

confidence trick *n* escroquerie *f*

confident [ˈkɔnfɪdənt] *adj* sûr(e), assuré(e)

confidential [kɔnfɪˈdɛnʃəl] *adj* confidentiel(le); (*secretary*) particulier(ère)

confine [kənˈfaɪn] *vt* limiter, borner; (*shut up*) confiner, enfermer; **to confine o.s. to doing sth/to sth** se contenter de faire qch/se limiter à qch

confined [kənˈfaɪnd] *adj* (*space*) restreint(e), réduit(e)

confinement [kənˈfaɪnmənt] *n* emprisonnement *m*, détention *f*; (*MIL*) consigne *f* (au quartier); (*MED*) accouchement *m*

confines [ˈkɔnfaɪnz] *npl* confins *mpl*, bornes *fpl*

confirm [kənˈfəːm] *vt* (*report,* *REL*) confirmer; (*appointment*) ratifier

confirmation [kɔnfəˈmeɪʃən] *n* confirmation *f*; ratification *f*

confirmed [kənˈfəːmd] *adj* invétéré(e), incorrigible

confiscate [ˈkɔnfɪskeɪt] *vt* confisquer

conflict *n* [ˈkɔnflɪkt] conflit *m*, lutte *f* ♦ *vi* [kənˈflɪkt] être *or* entrer en conflit; (*opinions*) s'opposer, se heurter

conflicting [kənˈflɪktɪŋ] *adj* contradictoire

conform [kənˈfɔːm] *vi*: **to conform (to)** se conformer (à)

confound [kənˈfaʊnd] *vt* confondre; (*amaze*) rendre perplexe

confront [kənˈfrʌnt] *vt* confronter, mettre en présence; (*enemy, danger*) affronter, faire face à

confrontation [kɔnfrənˈteɪʃən] *n* confrontation *f*

confuse [kənˈfjuːz] *vt* embrouiller; (*one thing with another*) confondre

confused [kənˈfjuːzd] *adj* (*person*) dérouté(e), désorienté(e); (*situation*) confus(e), embrouillé(e)

confusing [kənˈfjuːzɪŋ] *adj* peu clair(e), déroutant(e)

confusion [kənˈfjuːʒən] *n* confusion *f*

congeal [kənˈdʒiːl] *vi* (*oil*) se figer; (*blood*) se coaguler

congenial [kənˈdʒiːnɪəl] *adj* sympathique, agréable

congested [kənˈdʒestɪd] *adj* (*MED*) congestionné(e); (*fig*) surpeuplé(e); congestionné; bloqué(e); (*telephone lines*) encombré(e)

congestion [kənˈdʒestʃən] *n* congestion *f*; (*fig*) encombrement *m*

congratulate [kənˈgrætjuleɪt] *vt*: **to congratulate sb (on)** féliciter qn (de)

congratulations [kəngrætjuˈleɪʃənz] *npl*: **congratulations (on)** félicitations *fpl* (pour) ♦ *excl*: **congratulations!** (toutes mes) félicitations!

congregate [ˈkɔŋgrɪgeɪt] *vi* se rassembler, se réunir

congregation [kɔŋgrɪˈgeɪʃən] *n* assemblée *f* (des fidèles)

congress [ˈkɔŋgres] *n* congrès *m*; (*US POL*): **Congress** Congrès *m*; *voir encadré*

CONGRESS

Le **Congress** est le parlement des États-Unis. Il comprend la "House of Representatives" et le "Senate". Représentants et sénateurs sont élus au suffrage universel direct. Le Congrès se réunit au "Capitol", à Washington.

---

congressman [ˈkɔŋgresmən], **congresswoman** [ˈkɔŋgreswumən] *n* (*US*) membre *m* du Congrès

conjunction [kənˈdʒʌŋkʃən] *n* conjonction *f*; **in conjunction with** (conjointement) avec

conjunctivitis [kəndʒʌŋktɪˈvaɪtɪs] *n* conjonctivite *f*

conjure [ˈkʌndʒə*] *vt* faire apparaître (par la prestidigitation) [kənˈdʒuə*] conjurer, supplier ♦ *vi* faire des tours de passe-passe

► **conjure up** *vt* (*ghost, spirit*) faire apparaître; (*memories*) évoquer

conjurer [ˈkʌndʒərə*] *n* prestidigitateur *m*, illusionniste *m/f*

conman [ˈkɔnmæn] *n* escroc *m*

connect [kəˈnekt] *vt* joindre, relier; (*ELEC*) connecter; (*fig*) établir un rapport entre, faire un rapprochement entre ♦ *vi* (*train*): **to connect with** assurer la correspondance avec; **to be connected with** avoir un rapport avec; (*have dealings with*) avoir des rapports avec, être en relation avec; **I am trying to connect you** (*TEL*) j'essaie d'obtenir votre communication

connection [kəˈnekʃən] *n* relation *f*, lien *m*; (*ELEC*) connexion *f*; (*TEL*) communication *f*; (*train etc*) correspondance *f*; **in connection with** à propos de; **what is the connection between them?** quel est le lien entre eux?; **business connections** relations d'affaires; **to miss/get one's connection** (*train etc*) rater/avoir sa correspondance

connive [kəˈnaɪv] *vi*: **to connive at** se faire le complice de

conquer [ˈkɔŋkə*] *vt* conquérir; (*feelings*) vaincre, surmonter

conquest [ˈkɔŋkwest] *n* conquête *f*

cons [kɔnz] *npl see* **pro, convenience**

conscience [ˈkɔnʃəns] *n* conscience *f*; **in all conscience** en conscience

conscientious [kɔnʃɪˈenʃəs] *adj* consciencieux(euse); (*scruple, objection*) de conscience

conscious [ˈkɔnʃəs] *adj* conscient(e); (*deliberate: insult, error*) délibéré(e); **to become conscious of sth/that** prendre conscience de qch/que

consciousness [ˈkɔnʃəsnɪs] *n* conscience *f*; (*MED*) connaissance *f*; **to lose/regain consciousness** perdre/reprendre connaissance

conscript [ˈkɔnskrɪpt] *n* conscrit *m*

consent [kənˈsent] *n* consentement *m* ♦ *vi*: **to consent (to)** consentir (à); **age of consent** âge nubile (légal); **by common consent** d'un commun accord

consequence [ˈkɔnsɪkwəns] *n* suites *fpl*, conséquence *f*; importance *f*; **in consequence** en conséquence, par conséquent

consequently [ˈkɔnsɪkwəntlɪ] *adv* par conséquent, donc

conservation [kɔnsəˈveɪʃən] *n* préservation *f*, protection *f*; (*also*: **nature conservation**) défense *f* de l'environnement; **energy conservation** économies *fpl* d'énergie

conservative [kənˈsəːvətɪv] *adj* conservateur(trice); (*cautious*) prudent(e); **Conservative** *adj*, *n* (*BRIT POL*) conservateur/trice; **the Conservative Party** le parti conservateur

conservatory [kənˈsəːvətrɪ] *n* (*greenhouse*) serre *f*

conserve [kənˈsəːv] *vt* conserver, préserver; (*supplies, energy*) économiser ♦ *n* confiture *f*, conserve *f* (de fruits)

consider [kənˈsɪdə*] *vt* considérer, réfléchir à; (*take into account*) penser à, prendre en considération; (*regard, judge*) considérer, estimer; **to consider doing sth** envisager de considérer; **consider yourself lucky** estimez-vous heureux; **all things considered** (toute) réflexion faite

considerable [kənˈsɪdərəbl] *adj* considérable

considerably [kənˈsɪdərəblɪ] *adv* nettement

considerate [kənˈsɪdərɪt] *adj* prévenant(e), plein(e) d'égards

consideration [kənsɪdəˈreɪʃən] *n* considération *f*; (*reward*) rétribution *f*, rémunération *f*; **out of consideration for** par égard pour; **under consideration** à l'étude; **my first consideration is my family** ma famille passe avant tout le reste

considering [kənˈsɪdərɪŋ] *prep*: **considering (that)** étant donné (que)

consign [kənˈsaɪn] *vt* expédier, livrer

consignment [kənˈsaɪnmənt] *n* arrivage *m*, envoi *m*

consist [kənˈsɪst] *vi*: **to consist of** consister en, se composer de

consistency [kən'sɪstənsɪ] n consistance f; (fig) cohérence f

consistent [kən'sɪstənt] adj logique, cohérent(e); **consistent with** compatible avec, en accord avec

consolation [kɒnsə'leɪʃən] n consolation f

console vt [kən'səul] consoler ♦ n ['kɒnsəul] console f

consonant ['kɒnsənənt] n consonne f

conspicuous [kən'spɪkjuəs] adj voyant(e), qui attire la vue or l'attention; **to make o.s. conspicuous** se faire remarquer

conspiracy [kən'spɪrəsɪ] n conspiration f, complot m

constable ['kʌnstəbl] n (BRIT) ≃ agent m de police, gendarme m

constabulary [kən'stæbjulərɪ] n ≃ police f, gendarmerie f

constant ['kɒnstənt] adj constant(e); incessant(e)

constantly ['kɒnstəntlɪ] adv constamment, sans cesse

constipated ['kɒnstɪpeɪtɪd] adj constipé(e)

constipation [kɒnstɪ'peɪʃən] n constipation f

constituency [kən'stɪtjuənsɪ] n circonscription électorale; (people) électorat m; voir encadré

constituent [kən'stɪtjuənt] n électeur/trice; (part) élément constitutif, composant m

constitution [kɒnstɪ'tjuːʃən] n constitution f

constitutional [kɒnstɪ'tjuːʃənl] adj constitutionnel(le)

constraint [kən'streɪnt] n contrainte f; (embarrassment) gêne f

construct [kən'strʌkt] vt construire

construction [kən'strʌkʃən] n construction f; (fig: interpretation) interprétation f; **under construction** (building etc) en construction

constructive [kən'strʌktɪv] adj constructif(ive)

consul ['kɒnsl] n consul m

consulate ['kɒnsjulɪt] n consulat m

consult [kən'sʌlt] vt consulter; **to consult sb (about sth)** consulter qn (à propos de qch)

consultant [kən'sʌltənt] n (MED) médecin consultant; (other specialist) consultant m, (expert-)conseil m ♦ cpd: **consultant engineer** n ingénieur-conseil m; **consultant paediatrician** n pédiatre m; **legal/management consultant** conseiller m juridique/

en gestion

consulting room [kən'sʌltɪŋ-] n (BRIT) cabinet m de consultation

consume [kən'sjuːm] vt consommer

consumer [kən'sjuːmə*] n consommateur/trice; (of electricity, gas etc) usager m

consumer goods npl biens mpl de consommation

consumer society n société f de consommation

consummate ['kɒnsʌmeɪt] vt consommer

consumption [kən'sʌmpʃən] n consommation f; **not fit for human consumption** non comestible

cont. abbr = **continued**

contact ['kɒntækt] n contact m; (person) connaissance f, relation f ♦ vt se mettre en contact or en rapport avec; **to be in contact with sb/sth** être en contact avec qn/qch; **business contacts** relations fpl d'affaires, contacts mpl

contact lenses npl verres mpl de contact

contagious [kən'teɪdʒəs] adj contagieux(euse)

contain [kən'teɪn] vt contenir; **to contain o.s.** se contenir, se maîtriser

container [kən'teɪnə*] n récipient m; (for shipping etc) conteneur m

contaminate [kən'tæmɪneɪt] vt contaminer

cont'd abbr = **continued**

contemplate ['kɒntəmpleɪt] vt contempler; (consider) envisager

contemporary [kən'tempərərɪ] adj contemporain(e); (design, wallpaper) moderne ♦ n contemporain/e

contempt [kən'tempt] n mépris m, dédain m; **contempt of court** (LAW) outrage m à l'autorité de la justice

contemptuous [kən'temptjuəs] adj dédaigneux(euse), méprisant(e)

contend [kən'tend] vt: **to contend that** soutenir or prétendre que ♦ vi: **to contend with** (compete) lutter avec; **to have to contend with** (be faced with) avoir affaire à, être aux prises avec

contender [kən'tendə*] n prétendant/e; candidat/e

content [kən'tent] adj content(e), satisfait(e) ♦ vt contenter, satisfaire ♦ n ['kɒntent] contenu m; teneur f; **contents** npl contenu m; (table of) **contents** table f des matières; **to be content with** se contenter de; **to content o.s. with sth/with doing sth** se contenter de qch/de faire qch

contented [kən'tentɪd] adj content(e), satisfait(e)

contention [kən'tenʃən] n dispute f, contestation f; (argument) assertion f, affirmation f; **bone of contention** sujet m de discorde

contest n ['kɒntest] combat m, lutte f; (competition) concours m ♦ vt [kən'test] contester, discuter; (compete for) disputer; (LAW) attaquer

contestant [kən'testənt] n concurrent/e; (in fight)

adversaire m/f

context ['kɔntekst] n contexte m; **in/out of context** dans le/hors contexte

continent ['kɔntɪnənt] n continent m; **the Continent** (BRIT) l'Europe continentale; **on the Continent** en Europe (continentale)

continental [kɔntɪ'nentl] adj continental(e) ♦ n (BRIT) Européen(ne) (continental(e))

continental breakfast n café (or thé) complet

continental quilt n (BRIT) couette f

contingency [kən'tɪndʒənsɪ] n éventualité f, événement imprévu

continual [kən'tɪnjuəl] adj continuel(le)

continuation [kəntɪnju'eɪʃən] n continuation f; (after interruption) reprise f; (of story) suite f

continue [kən'tɪnjuː] vi continuer ♦ vt continuer; (start again) reprendre; (to be continued (story) à suivre; **continued on page 10** suite page 10

continuity [kɔntɪ'njuːɪtɪ] n continuité f; (CINE) script m

continuous [kən'tɪnjuəs] adj continu(e), permanent(e); **continuous performance** (CINE) séance permanente; **continuous stationery** (COMPUT) papier m en continu

contort [kən'tɔːt] vt tordre, crisper

contour ['kɔntuə*] n contour m, profil m; (also: **contour line**) courbe f de niveau

contraband ['kɔntrəbænd] n contrebande f ♦ adj de contrebande

contraceptive [kɔntrə'septɪv] adj contraceptif(ive), anticonceptionnel(le) ♦ n contraceptif m

contract n ['kɔntrækt] contrat m ♦ cpd ['kɔntrækt] (price, date) contractuel(le); (work) à forfait ♦ vb [kən'trækt] ♦ vi (become smaller) se contracter, se resserrer; (COMM): **to contract to do sth** s'engager (par contrat) à faire qch ♦ vt contracter; **contract of employment/service** contrat de travail/de service

▶ **contract in** vi s'engager (par contrat); (BRIT ADMIN) s'affilier au régime de retraite complémentaire

▶ **contract out** vi se dégager; (BRIT ADMIN) opter pour la non-affiliation au régime de retraite complémentaire

contraction [kən'trækʃən] n contraction f; (LING) forme contractée

contractor [kən'træktə*] n entrepreneur m

contradict [kɔntrə'dɪkt] vt contredire; (be contrary to) démentir, être en contradiction avec

contraflow ['kɔntrəfləu] n (AUT): **contraflow lane** voie f à contresens; **there's a contraflow system in operation on ...** une voie a été mise en sens inverse sur ...

contraption [kən'træpʃən] n (pej) machin m, truc m

contrary[1] ['kɔntrərɪ] adj contraire, opposé(e) ♦ n contraire m; **on the contrary** au contraire; **unless**

you hear to the contrary sauf avis contraire; **contrary to what we thought** contrairement à ce que nous pensions

contrary[2] [kən'treərɪ] adj (perverse) contrariant(e), entêté(e)

contrast n ['kɔntrɑːst] contraste m ♦ vt [kən'trɑːst] mettre en contraste, contraster; **in contrast to or with** contrairement à, par opposition à

contravene [kɔntrə'viːn] vt enfreindre, violer, contrevenir à

contribute [kən'trɪbjuːt] vi contribuer ♦ vt: **to contribute £10/an article to** donner 10 livres/un article à; **to contribute to** (gen) contribuer à; (newspaper) collaborer à; (discussion) prendre part à

contribution [kɔntrɪ'bjuːʃən] n contribution f

contributor [kən'trɪbjuːtə*] n (to newspaper) collaborateur/trice

contrive [kən'traɪv] vt combiner, inventer ♦ vi: **to contrive to do** s'arranger pour faire, trouver le moyen de faire

control [kən'trəul] vt maîtriser; (check) contrôler ♦ n maîtrise f; **controls** npl commandes fpl; **to take control of** se rendre maître de; (COMM) acquérir une participation majoritaire dans; **to be in control of** être maître de, maîtriser; (in charge of) être responsable de; **to control o.s.** se contrôler; **everything is under control** j'ai (or il a etc) la situation en main; **the car went out of control** j'ai (or il a etc) perdu le contrôle du véhicule; **beyond our control** indépendant(e) de notre volonté

control panel n (on aircraft, ship, TV etc) tableau m de commandes

control room n (NAUT, MIL) salle f des commandes; (RADIO, TV) régie f

control tower n (AVIAT) tour f de contrôle

controversial [kɔntrə'vɜːʃl] adj discutable, controversé(e)

controversy ['kɔntrəvɜːsɪ] n controverse f, polémique f

convalesce [kɔnvə'les] vi relever de maladie, se remettre (d'une maladie)

convector [kən'vektə*] n radiateur m à convection, appareil m de chauffage par convection

convene [kən'viːn] vt convoquer, assembler ♦ vi se réunir, s'assembler

convenience [kən'viːnɪəns] n commodité f; **at your convenience** quand or comme cela vous convient; **at your earliest convenience** (COMM) dans les meilleurs délais, le plus tôt possible; **all modern conveniences**, (BRIT) **all mod cons** avec tout le confort moderne, tout confort

convenient [kən'viːnɪənt] adj commode; **if it is convenient to you** si cela vous convient, si cela ne vous dérange pas

convent ['kɔnvənt] n couvent m

convention [kən'venʃən] n convention f

conventional [kən'venʃənl] adj conventionnel(le)

convent school n couvent m

conversant [kən'vɜːsnt] adj: **to be conversant with** s'y connaître en; être au courant de

conversation [kɒnvə'seɪʃən] n conversation f

converse n ['kɒnvɜːs] contraire m, inverse m ♦ vi [kən'vɜːs]: **to converse (with sb about sth)** s'entretenir (avec qn de qch)

conversely [kɒn'vɜːslɪ] adv inversement, réciproquement

convert vt [kən'vɜːt] (REL, COMM) convertir; (alter) transformer, aménager; (RUGBY) transformer ♦ n ['kɒnvɜːt] converti/e

convertible [kən'vɜːtəbl] adj convertible ♦ n (voiture f) décapotable f

convey [kən'veɪ] vt transporter; (thanks) transmettre; (idea) communiquer

conveyor belt [kən'veɪə*-] n convoyeur m, tapis roulant

convict vt [kən'vɪkt] déclarer (or reconnaître) coupable ♦ n ['kɒnvɪkt] forçat m, convict m

conviction [kən'vɪkʃən] n condamnation f; (belief) conviction f

convince [kən'vɪns] vt convaincre, persuader; **to convince sb (of sth/that)** persuader qn (de qch/que)

convincing [kən'vɪnsɪŋ] adj persuasif(ive), convaincant(e)

convoluted ['kɒnvəluːtɪd] adj (shape) tarabiscoté(e); (argument) compliqué(e)

convulse [kən'vʌls] vt ébranler; **to be convulsed with laughter** se tordre de rire

cook [kuk] vt (food) cuire ♦ vi (person) faire la cuisine ♦ n cuisinier/ière

▶ **cook up** vt (col: excuse, story) inventer

cookbook ['kukbuk] n livre m de cuisine

cooker ['kukə*] n cuisinière f

cookery ['kukərɪ] n cuisine f

cookery book n (BRIT) = cookbook

cookie ['kukɪ] n (US) biscuit m, petit gâteau sec

cooking ['kukɪŋ] n cuisine f ♦ cpd (apples, chocolate) à cuire; (utensils, salt) de cuisine

cool [kuːl] adj frais(fraîche); (not afraid) calme; (unfriendly) froid(e); (impertinent) effronté(e) ♦ vt, vi rafraîchir, refroidir; **it's cool** (weather) il fait frais; **to keep sth cool** or **in a cool place** garder or conserver qch au frais

▶ **cool down** vi refroidir; (fig: person, situation) se calmer

coop [kuːp] n poulailler m ♦ vt: **to coop up** (fig) cloîtrer, enfermer

cooperate [kəu'pəreɪt] vi coopérer, collaborer

cooperation [kəuɒpə'reɪʃən] n coopération f, collaboration f

cooperative [kəu'ɒpərətɪv] adj coopératif(ive) ♦ n coopérative f

coordinate vt [kəu'ɔːdɪneɪt] coordonner ♦ n [kəu'ɔːdɪnət] (MATH) coordonnée f; **coordinates** npl (clothes) ensemble m, coordonnés mpl

co-ownership ['kəu'əunəʃɪp] n copropriété f

cop [kɒp] n (col) flic m

cope [kəup] vi s'en sortir, tenir le coup; **to cope with** faire face à; (take care of) s'occuper de

copper ['kɒpə*] n cuivre m; (col: policeman) flic m; **coppers** npl petite monnaie

copy ['kɒpɪ] n copie f; (book etc) exemplaire m; (material: for printing) copie ♦ vt copier; (imitate) imiter; **rough copy** (gen) premier jet; (SCOL) brouillon m; **fair copy** version définitive; propre m; **to make good copy** (PRESS) faire un bon sujet d'article

▶ **copy out** vt copier

copyright ['kɒpɪraɪt] n droit m d'auteur, copyright m; **copyright reserved** tous droits (de reproduction) réservés

coral ['kɒrəl] n corail m

cord [kɔːd] n corde f; (fabric) velours côtelé; whipcord m; corde f; (ELEC) cordon m (d'alimentation), fil m (électrique); **cords** npl (trousers) pantalon m de velours côtelé

cordial ['kɔːdɪəl] adj cordial(e), chaleureux(euse) ♦ n sirop m; cordial m

cordon ['kɔːdn] n cordon m

▶ **cordon off** vt (area) interdire l'accès à; (crowd) tenir à l'écart

corduroy ['kɔːdərɔɪ] n velours côtelé

core [kɔː*] n (of fruit) trognon m, cœur m; (TECH: also of earth) noyau m; (of nuclear reactor, fig: of problem etc) cœur ♦ vt enlever le trognon or le cœur de; **rotten to the core** complètement pourri

cork [kɔːk] n liège m; (of bottle) bouchon m

corkscrew ['kɔːkskruː] n tire-bouchon m

corn [kɔːn] n (BRIT: wheat) blé m; (US: maize) maïs m; (on foot) cor m; **corn on the cob** (CULIN) épi m de maïs au naturel

corned beef ['kɔːnd-] n corned-beef m

corner ['kɔːnə*] n coin m; (AUT) tournant m, virage m; (FOOTBALL: also: **corner kick**) corner m ♦ vt acculer, mettre au pied du mur; coincer; (COMM: market) accaparer ♦ vi prendre un virage; **to cut corners** (fig) prendre des raccourcis

cornerstone ['kɔːnəstəun] n pierre f angulaire

cornet ['kɔːnɪt] n (MUS) cornet m à pistons; (BRIT: of ice-cream) cornet (de glace)

cornflakes ['kɔːnfleɪks] npl cornflakes mpl

cornflour ['kɔːnflauə*] n (BRIT) farine f de maïs, maïzena® f

Cornwall ['kɔːnwəl] n Cornouailles f

corny ['kɔːnɪ] adj (col) rebattu(e), galvaudé(e)

coronary ['kɒrənərɪ] n: **coronary (thrombosis)** infarctus m (du myocarde), thrombose f coronaire

coronation [kɒrə'neɪʃən] n couronnement m

coroner ['kɒrənə*] n coroner m

corporal ['kɔːpərl] n caporal m, brigadier m ♦ adj: **corporal punishment** châtiment corporel

corporate ['kɔːpərɪt] *adj* en commun; (*COMM*) constitué(e) (en corporation)

corporation [kɔːpə'reɪʃən] *n* (*of town*) municipalité *f*, conseil municipal; (*COMM*) société *f*

corps [kɔː*], *pl* **corps** [kɔːz] ◆ *n* corps *m*; **the press corps** la presse

corpse [kɔːps] *n* cadavre *m*

correct [kə'rekt] *adj* (*accurate*) correct(e), exact(e); (*proper*) correct, convenable ◆ *vt* corriger; **you are correct** vous avez raison

correction [kə'rekʃən] *n* correction *f*

correspond [kɔrɪs'pɔnd] *vi* correspondre

correspondence [kɔrɪs'pɔndəns] *n* correspondance *f*

correspondence course *n* cours *m* par correspondance

correspondent [kɔrɪs'pɔndənt] *n* correspondant/e

corridor ['kɔrɪdɔː*] *n* couloir *m*, corridor *m*

corrode [kə'rəud] *vt* corroder, ronger ◆ *vi* se corroder

corrugated ['kɔrəgeɪtɪd] *adj* plissé(e); ondulé(e)

corrugated iron *n* tôle ondulée

corrupt [kə'rʌpt] *adj* corrompu(e) ◆ *vt* corrompre; (*data*) altérer; **corrupt practices** (*dishonesty, bribery*) malversation *f*

corruption [kə'rʌpʃən] *n* corruption *f*; altération *f* (de données)

Corsica ['kɔːsɪkə] *n* Corse *f*

cosmetic [kɔz'metɪk] *n* produit *m* de beauté, cosmétique *m* ◆ *adj* (*preparation*) cosmétique; (*surgery*) esthétique; (*fig: reforms*) symbolique, superficiel(le)

cost [kɔst] *n* coût *m* ◆ *vb* (*pt, pp* **cost**) ◆ *vi* coûter ◆ *vt* établir *or* calculer le prix de revient de; **costs** *npl* (*LAW*) dépens *mpl*; **how much does it cost?** combien ça coûte?; **it costs £5/too much** cela coûte 5 livres/trop cher; **what will it cost to have it repaired?** combien cela coûtera-t-il de faire réparer?; **it cost him his life/job** ça lui a coûté la vie/son emploi; **the cost of living** le coût de la vie; **at all costs** coûte que coûte, à tout prix

co-star ['kəustɑː*] *n* partenaire *m/f*

cost-effective ['kɔstɪ'fektɪv] *adj* rentable

costly ['kɔstlɪ] *adj* coûteux(euse)

cost-of-living ['kɔstəv'lɪvɪŋ] *adj*: **cost-of-living allowance** indemnité *f* de vie chère; **cost-of-living index** indice *m* du coût de la vie

cost price *n* (*BRIT*) prix coûtant *or* de revient

costume ['kɔstjuːm] *n* costume *m*; (*lady's suit*) tailleur *m*; (*BRIT: also:* **swimming costume**) maillot *m* (de bain)

costume jewellery *n* bijoux *mpl* de fantaisie

cosy, (*US*) **cozy** ['kəuzɪ] *adj* (*bed*) douillet(te); (*scarf, gloves*) bien chaud(e); (*atmosphere*) chaleureux(euse); (*room*) mignon(ne)

cot [kɔt] *n* (*BRIT: child's*) lit *m* d'enfant, petit lit; (*US:*

campbed) lit de camp

cottage ['kɔtɪdʒ] *n* petite maison (à la campagne), cottage *m*

cottage cheese *n* fromage blanc (*maigre*)

cotton ['kɔtn] *n* coton *m*; **cotton dress** *etc* robe *etc* en *or* de coton

► **cotton on** *vi* (*col*): **to cotton on (to sth)** piger (qch)

cotton candy (*US*) *n* barbe *f* à papa

cotton wool *n* (*BRIT*) ouate *f*, coton *m* hydrophile

couch [kautʃ] *n* canapé *m*; divan *m*; (*doctor's*) table *f* d'examen; (*psychiatrist's*) divan ◆ *vt* formuler, exprimer

couchette [kuː'ʃet] *n* couchette *f*

cough [kɔf] *vi* tousser ◆ *n* toux *f*

cough sweet *n* pastille *f* pour *or* contre la toux

could [kud] *pt of* **can**

couldn't ['kudnt] = **could not**

council ['kaunsl] *n* conseil *m*; **city** *or* **town council** conseil municipal; **Council of Europe** Conseil de l'Europe

council estate *n* (*BRIT*) (quartier *m* *or* zone *f* de) logements loués à/par la municipalité

council house *n* (*BRIT*) maison *f* (à loyer modéré) louée par la municipalité

councillor ['kaunslə*] *n* conseiller/ère

counsel ['kaunsl] *n* consultation *f*, délibération *f*; (*person*) avocat/e ◆ *vt*: **to counsel sth/sb to do sth** conseiller qch/à qn de faire qch; **counsel for the defence/the prosecution** (avocat de la) défense/ avocat du ministère public

counsellor, (*US*) **counselor** ['kaunslə*] *n* conseiller/ère; (*US LAW*) avocat *m*

count [kaunt] *vt, vi* compter ◆ *n* compte *m*; (*nobleman*) comte *m*; **to count (up) to 10** compter jusqu'à 10; **to keep count of sth** tenir le compte de qch; **not counting the children** sans compter les enfants; **10 counting him** 10 avec lui, 10 en le comptant; **to count the cost of** établir le coût de; **it counts for very little** cela n'a pas beaucoup d'importance; **count yourself lucky** estimez-vous heureux

► **count on** *vt fus* compter sur; **to count on doing sth** compter faire qch

► **count up** *vt* compter, additionner

countdown ['kauntdaun] *n* compte *m* à rebours

countenance ['kauntɪnəns] *n* expression *f* ◆ *vt* approuver

counter ['kauntə*] *n* comptoir *m*; (*in post office, bank*) guichet *m*; (*in game*) jeton *m* ◆ *vt* aller à l'encontre de, opposer; (*blow*) parer ◆ *adv*: **counter to** à l'encontre de; contrairement à; **to buy under the counter** (*fig*) acheter sous le manteau *or* en sousmain; **to counter sth with sth/by doing sth** contrer *or* riposter à qch par qch/en faisant qch

counteract ['kauntər'ækt] *vt* neutraliser, contrebalancer

counterfeit ['kauntəfɪt] n faux m, contrefaçon f ♦ vt contrefaire ♦ adj faux(fausse)

counterfoil ['kauntəfɔɪl] n talon m, souche f

counterpart ['kauntəpɑːt] n (of document etc) double m; (of person) homologue m/f

countess ['kauntɪs] n comtesse f

countless ['kauntlɪs] adj innombrable

country ['kʌntrɪ] n pays m; (native land) patrie f; (as opposed to town) campagne f; (region) région f, pays; **in the country** à la campagne; **mountainous country** pays de montagne, région montagneuse

country dancing n (BRIT) danse f folklorique

country house n manoir m, (petit) château

countryman ['kʌntrɪmən] n (national) compatriote m; (rural) habitant m de la campagne, campagnard m

countryside ['kʌntrɪsaɪd] n campagne f

county ['kauntɪ] n comté m

coup, coups [kuː, -z] n beau coup m; (also: **coup d'état**) coup d'État

couple ['kʌpl] n couple m ♦ vt (carriages) atteler; (TECH) coupler; (ideas, names) associer; **a couple of** deux; (a few) deux ou trois

coupon ['kuːpɔn] n (voucher) bon-prime m, bon-réclame m; (detachable form) coupon m détachable, coupon-réponse m; (FINANCE) coupon

courage ['kʌrɪdʒ] n courage m

courier ['kurɪə*] n messager m, courrier m; (for tourists) accompagnateur/trice

course [kɔːs] n cours m; (of ship) route f; (for golf) terrain m; (part of meal) plat m; **first course** entrée f; **of course** adv bien sûr; **(no) of course not!** bien sûr que non!, évidemment que non!; **in the course of the next few days** au cours des prochains jours; **in due course** en temps utile or voulu; **course (of action)** parti m, ligne f de conduite; **the best course would be to ...** le mieux serait de ...; **we have no other course but to ...** nous n'avons pas d'autre solution que de ...; **course of lectures** série f de conférences; **course of treatment** (MED) traitement m

court [kɔːt] n cour f; (LAW) cour, tribunal m; (TENNIS) court m ♦ vt (woman) courtiser, faire la cour à; (fig: favour, popularity) rechercher; (: death, disaster) courir après, flirter avec; **out of court** (LAW: settle) à l'amiable; **to take to court** actionner or poursuivre en justice; **court of appeal** cour d'appel

courteous ['kɜːtɪəs] adj courtois(e), poli(e)

courtesy ['kɜːtəsɪ] n courtoisie f, politesse f; **by courtesy of** avec l'aimable autorisation de

courtesy bus or **coach** n navette gratuite

court-house ['kɔːthaus] n (US) palais m de justice

courtier ['kɔːtɪə*] n courtisan m, dame f de cour

court martial, pl **courts martial** n cour martiale, conseil m de guerre

courtroom ['kɔːtrum] n salle f de tribunal

courtyard ['kɔːtjɑːd] n cour f

cousin ['kʌzn] n cousin/e

cove [kəuv] n petite baie, anse f

covenant ['kʌvənənt] n contrat m, engagement m ♦ vt: **to covenant £200 per year to a charity** s'engager à verser 200 livres par an à une œuvre de bienfaisance

cover ['kʌvə*] vt couvrir; (PRESS: report on) faire un reportage sur ♦ n (for bed, of book, COMM) couverture f; (of pan) couvercle m; (over furniture) housse f; (shelter) abri m; **to take cover** se mettre à l'abri; **under cover** à l'abri; **under cover of darkness** à la faveur de la nuit; **under separate cover** (COMM) sous pli séparé; **£10 will cover everything** 10 livres suffiront (pour tout payer)

▶ **cover up** vt (person, object): **to cover up (with)** couvrir (de); (fig: truth, facts) occulter; **to cover up for sb** (fig) couvrir qn

coverage ['kʌvərɪdʒ] n (in media) reportage m; (INSURANCE) couverture f

cover charge n couvert m (supplément à payer)

covering ['kʌvərɪŋ] n couverture f, enveloppe f

covering letter, (US) **cover letter** n lettre explicative

cover note n (INSURANCE) police f provisoire

covert ['kʌvət] adj (threat) voilé(e), caché(e); (attack) indirect(e); (glance) furtif(ive)

cover-up ['kʌvərʌp] n tentative f pour étouffer une affaire

covet ['kʌvɪt] vt convoiter

cow [kau] n vache f ♦ cpd femelle ♦ vt effrayer, intimider

coward ['kauəd] n lâche m/f

cowardice ['kauədɪs] n lâcheté f

cowardly ['kauədlɪ] adj lâche

cowboy ['kaubɔɪ] n cow-boy m

cower ['kauə*] vi se recroqueviller; trembler

coy [kɔɪ] adj faussement effarouché(e) or timide

cozy ['kəuzɪ] adj (US) = cosy

CPA n abbr (US) = certified public accountant

crab [kræb] n crabe m

crab apple n pomme f sauvage

crack [kræk] n fente f, fissure f; (in bone, dish, glass) fêlure f; (in wall) lézarde f; (noise) craquement m, coup (sec); (joke) plaisanterie f; (col: attempt): **to have a crack (at sth)** essayer (qch); (DRUGS) crack m ♦ vt fendre, fissurer; fêler; lézarder; (whip) faire claquer; (nut) casser; (solve) résoudre, trouver la clef de; déchiffrer ♦ cpd (athlete) de première classe, d'élite; **to crack jokes** (col) raconter des blagues; **to get cracking** (col) s'y mettre, se magner

▶ **crack down on** vt fus (crime) sévir contre, réprimer; (spending) mettre un frein à

▶ **crack up** vi être au bout de son rouleau, flancher

cracked [krækt] adj (col) toqué(e), timbré(e)

cracker ['krækə*] n pétard m; (biscuit) biscuit (salé), craquelin m; **a cracker of a ...** (BRIT col) un(e)

... formidable; **he's crackers** (*BRIT col*) il est cinglé

crackle ['krækl] *vi* crépiter, grésiller

cradle ['kreɪdl] *n* berceau *m* ◆ *vt* (*child*) bercer; (*object*) tenir dans ses bras

craft [krɑːft] *n* métier (artisanal); (*cunning*) ruse *f*, astuce *f*; (*boat*) embarcation *f*, barque *f*

craftsman ['krɑːftsmən] *n* artisan *m*, ouvrier (qualifié)

craftsmanship ['krɑːftsmənʃɪp] *n* métier *m*, habileté *f*

crafty ['krɑːftɪ] *adj* rusé(e), malin(igne), astucieux(euse)

crag [kræg] *n* rocher escarpé

cram [kræm] *vt* (*fill*): **to cram sth with** bourrer qch de; (*put*): **to cram sth into** fourrer qch dans

cramp [kræmp] *n* crampe *f* ◆ *vt* gêner, entraver

cramped [kræmpt] *adj* à l'étroit, très serré(e)

cranberry ['krænbərɪ] *n* canneberge *f*

crane [kreɪn] *n* grue *f* ◆ *vt*, *vi*: **to crane forward, to crane one's neck** allonger le cou

crank [kræŋk] *n* manivelle *f*; (*person*) excentrique *m/f*

cranny ['krænɪ] *n see* **nook**

crash [kræʃ] *n* fracas *m*; (*of car, plane*) collision *f*; (*of business*) faillite *f*; (*STOCK EXCHANGE*) krach *m* ◆ *vt* (*plane*) écraser ◆ *vi* (*plane*) s'écraser; (*two cars*) se percuter, s'emboutir; (*fig*) s'effondrer; **to crash into** se jeter *or* se fracasser contre; **he crashed the car into a wall** il s'est écrasé contre un mur avec sa voiture

crash course *n* cours intensif

crash helmet *n* casque (protecteur)

crash landing *n* atterrissage forcé *or* en catastrophe

crate [kreɪt] *n* cageot *m*

cravat [krə'væt] *n* foulard (noué autour du cou)

crave [kreɪv] *vt*, *vi*: **to crave for** désirer violemment, avoir un besoin physiologique de, avoir une envie irrésistible de

crawl [krɔːl] *vi* ramper; (*vehicle*) avancer au pas ◆ *n* (*SWIMMING*) crawl *m*; **to crawl on one's hands and knees** aller à quatre pattes; **to crawl to sb** (*col*) faire de la lèche à qn

crayfish ['kreɪfɪʃ] *n* (*pl inv: freshwater*) écrevisse *f*; (*saltwater*) langoustine *f*

crayon ['kreɪən] *n* crayon *m* (de couleur)

craze [kreɪz] *n* engouement *m*

crazy ['kreɪzɪ] *adj* fou(folle); **to go crazy** devenir fou; **to be crazy about sb** (*col*) aimer qn à la folie; **he's crazy about skiing** (*col*) c'est un fana(tique) de ski

creak [kriːk] *vi* (*hinge*) grincer; (*floor, shoes*) craquer

cream [kriːm] *n* crème *f* ◆ *adj* (*colour*) crème *inv*; **whipped cream** crème fouettée

▶ **cream off** *vt* (*fig*) prélever

cream cake *n* (petit) gâteau à la crème

cream cheese *n* fromage *m* à la crème, fromage blanc

creamy ['kriːmɪ] *adj* crémeux(euse)

crease [kriːs] *n* pli *m* ◆ *vt* froisser, chiffonner ◆ *vi* se froisser, se chiffonner

create [kriː'eɪt] *vt* créer; (*impression, fuss*) faire

creation [kriː'eɪʃən] *n* création *f*

creative [kriː'eɪtɪv] *adj* créateur(trice)

creature ['kriːtʃə*] *n* créature *f*

crèche [krɛʃ] *n* garderie *f*, crèche *f*

credence ['kriːdns] *n* croyance *f*, foi *f*

credentials [krɪ'dɛnʃlz] *npl* (*papers*) références *fpl*; (*letters of reference*) pièces justificatives

credit ['krɛdɪt] *n* crédit *m*; (*SCOL*) unité *f* de valeur ◆ *vt* (*COMM*) créditer; (*believe: also:* **give credit to**) ajouter foi à, croire; **to credit sb with** (*fig*) prêter *or* attribuer à qn; **to credit £5 to sb** créditer (le compte de) qn de 5 livres; **to be in credit** (*person, bank account*) être créditeur(trice); **on credit** à crédit; **to one's credit** à son honneur; à son actif; **to take the credit for** s'attribuer le mérite de; **it does him credit** cela lui fait honneur

credit card *n* carte *f* de crédit

creditor ['krɛdɪtə*] *n* créancier/ière

creed [kriːd] *n* croyance *f*; credo *m*, principes *mpl*

creek [kriːk] *n* crique *f*, anse *f*; (*US*) ruisseau *m*, petit cours d'eau

creep, *pt*, *pp* **crept** [kriːp, krɛpt], *vi* ramper; (*fig*) se faufiler, se glisser; (*plant*) grimper ◆ *n* (*col*) saligaud *m*; **he's a creep** c'est un type puant; **it gives me the creeps** cela me fait froid dans le dos; **to creep up on sb** s'approcher furtivement de qn

creeper ['kriːpə*] *n* plante grimpante

creepy ['kriːpɪ] *adj* (*frightening*) qui fait frissonner, qui donne la chair de poule

cremate [krɪ'meɪt] *vt* incinérer

crematorium, *pl* **crematoria** [krɛmə'tɔːrɪəm, -'tɔːrɪə] *n* four *m* crématoire

crepe [kreɪp] *n* crêpe *m*

crepe bandage *n* (*BRIT*) bande *f* Velpeau®

crept [krɛpt] *pt*, *pp of* **creep**

crescent ['krɛsnt] *n* croissant *m*; (*street*) rue *f* (en arc de cercle)

cress [krɛs] *n* cresson *m*

crest [krɛst] *n* crête *f*; (*of helmet*) cimier *m*; (*of coat of arms*) timbre *m*

crestfallen ['krɛstfɔːlən] *adj* déconfit(e), découragé(e)

Crete ['kriːt] *n* Crète *f*

crevice ['krɛvɪs] *n* fissure *f*, lézarde *f*, fente *f*

crew [kruː] *n* équipage *m*; (*CINE*) équipe *f* (de tournage); (*gang*) bande *f*

crew-cut ['kruːkʌt] *n*: **to have a crew-cut** avoir les cheveux en brosse

crew-neck ['kruːnɛk] *n* col ras

crib [krɪb] *n* lit *m* d'enfant ◆ *vt* (*col*) copier

crick [krɪk] *n* crampe *f*; **crick in the neck** torticolis *m*

cricket ['krɪkɪt] *n* (*insect*) grillon *m*, cri-cri *m inv*; (*game*) cricket *m*

crime [kraɪm] *n* crime *m*; **minor crime** délit *m* or infraction *f* mineur(e)

criminal ['krɪmɪnl] *adj*, *n* criminel(le)

crimson ['krɪmzn] *adj* cramoisi(e)

cringe [krɪndʒ] *vi* avoir un mouvement de recul; (*fig*) s'humilier, ramper

crinkle ['krɪŋkl] *vt* froisser, chiffonner

cripple ['krɪpl] *n* boiteux/euse, infirme *m/f* ♦ *vt* estropier, paralyser; (*ship, plane*) immobiliser; (*production, exports*) paralyser; **crippled with rheumatism** perclus(e) de rhumatismes

crisis, *pl* **crises** ['kraɪsɪs, -siːz] *n* crise *f*

crisp [krɪsp] *adj* croquant(e); (*fig*) vif(vive) brusque

crisps [krɪsps] *npl* (BRIT) (pommes) chips *fpl*

crisscross ['krɪskrɔs] *adj* entrecroisé(e), en croisillons ♦ *vt* sillonner; **crisscross pattern** croisillons *mpl*

criterion, *pl* **criteria** [kraɪˈtɪərɪən, -ˈtɪərɪə] *n* critère *m*

critic ['krɪtɪk] *n* critique *m/f*

critical ['krɪtɪkl] *adj* critique; **to be critical of sb/ sth** critiquer qn/qch

critically ['krɪtɪklɪ] *adv* (*examine*) d'un œil critique; (*speak*) sévèrement; **critically ill** gravement malade

criticism ['krɪtɪsɪzəm] *n* critique *f*

criticize ['krɪtɪsaɪz] *vt* critiquer

croak [krəuk] *vi* (*frog*) coasser; (*raven*) croasser

Croatia [krəuˈeɪʃə] *n* Croatie *f*

crochet ['krəuʃeɪ] *n* travail *m* au crochet

crockery ['krɔkərɪ] *n* vaisselle *f*

crocodile ['krɔkədaɪl] *n* crocodile *m*

crocus ['krəukəs] *n* crocus *m*

croft [krɔft] *n* (BRIT) petite ferme

crony ['krəunɪ] *n* copain/copine

crook [kruk] *n* escroc *m*; (*of shepherd*) houlette *f*

crooked ['krukɪd] *adj* courbé(e), tordu(e); (*action*) malhonnête

crop [krɔp] *n* (*produce*) culture *f*; (*amount produced*) récolte *f*; (*riding crop*) cravache *f*; (*of bird*) jabot *m* ♦ *vt* (*hair*) tondre; (*subj: animals: grass*) brouter

▶ **crop up** *vi* surgir, se présenter, survenir

cross [krɔs] *n* croix *f*; (BIOL) croisement *m* ♦ *vt* (*street etc*) traverser; (*arms, legs*, BIOL) croiser; (*cheque*) barrer; (*thwart: person, plan*) contrarier ♦ *vi*: **the boat crosses from ... to ...** le bateau fait la traversée de ... à ... ♦ *adj* en colère, fâché(e); **to cross o.s.** se signer, faire le signe de (la) croix; **we have a crossed line** (BRIT: *on telephone*) il y a des interférences; **they've got their lines crossed** (*fig*) il y a un malentendu entre eux; **to be/get cross with sb (about sth)** être en colère/se fâcher contre qn (à propos de qch)

▶ **cross out** *vt* barrer, biffer

▶ **cross over** *vi* traverser

crossbar ['krɔsbaː*] *n* barre transversale

cross-country (race) ['krɔsˈkʌntrɪ-] *n* cross (-country) *m*

cross-examine ['krɔsɪgˈzæmɪn] *vt* (LAW) faire subir un examen contradictoire à

cross-eyed ['krɔsaɪd] *adj* qui louche

crossfire ['krɔsfaɪə*] *n* feux croisés

crossing ['krɔsɪŋ] *n* croisement *m*, carrefour *m*; (*sea passage*) traversée *f*; (*also*: **pedestrian crossing**) passage clouté

cross-purposes ['krɔsˈpəːpəsɪz] *npl*: **to be at cross-purposes with sb** comprendre qn de travers; **we're (talking) at cross-purposes** on ne parle pas de la même chose

cross-reference ['krɔsˈrefrəns] *n* renvoi *m*, référence *f*

crossroads ['krɔsrəudz] *n* carrefour *m*

cross section *n* (BIOL) coupe transversale; (*in population*) échantillon *m*

crosswalk ['krɔswɔːk] *n* (US) passage clouté

crosswind ['krɔswɪnd] *n* vent *m* de travers

crossword ['krɔswəːd] *n* mots *mpl* croisés

crotch [krɔtʃ] *n* (*of garment*) entre-jambes *m inv*

crouch [krautʃ] *vi* s'accroupir; se tapir; se ramasser

crow [krəu] *n* (*bird*) corneille *f*; (*of cock*) chant *m* du coq, cocorico *m* ♦ *vi* (*cock*) chanter; (*fig*) pavoiser, chanter victoire

crowbar ['krəubaː*] *n* levier *m*

crowd [kraud] *n* foule *f* ♦ *vt* bourrer, remplir ♦ *vi* affluer, s'attrouper, s'entasser; **crowds of people** une foule de gens

crowded ['kraudɪd] *adj* bondé(e), plein(e); **crowded with** plein de

crown [kraun] *n* couronne *f*; (*of head*) sommet *m* de la tête, calotte crânienne; (*of hat*) fond *m*; (*of hill*) sommet *m* ♦ *vt* (*also tooth*) couronner

crown jewels *npl* joyaux *mpl* de la Couronne

crow's-feet ['krəuzfiːt] *npl* pattes *fpl* d'oie (*fig*)

crucial ['kruːʃl] *adj* crucial(e), décisif(ive) (*also*: **crucial to**) essentiel(le) à

crucifix ['kruːsɪfɪks] *n* crucifix *m*

crucifixion [kruːsɪˈfɪkʃən] *n* crucifiement *m*, crucifixion *f*

crude [kruːd] *adj* (*materials*) brut(e); non raffiné(e); (*basic*) rudimentaire, sommaire; (*vulgar*) cru(e), grossier(ière)

crude (oil) *n* (pétrole) brut *m*

cruel ['kruəl] *adj* cruel(le)

cruelty ['kruəltɪ] *n* cruauté *f*

cruise [kruːz] *n* croisière *f* ♦ *vi* (*ship*) croiser; (*car*) rouler; (*aircraft*) voler; (*taxi*) être en maraude

cruiser ['kruːzə*] *n* croiseur *m*

crumb [krʌm] *n* miette *f*

crumble ['krʌmbl] *vt* émietter ♦ *vi* s'émietter; (*plaster etc*) s'effriter; (*land, earth*) s'ébouler; (*build-*

ing) s'écrouler, crouler; (fig) s'effondrer

crumbly ['krʌmblɪ] adj friable

crumpet ['krʌmpɪt] n petite crêpe (épaisse)

crumple ['krʌmpl] vt froisser, friper

crunch [krʌntʃ] vt croquer; (underfoot) faire craquer, écraser; faire crisser ◆ n (fig) instant m or moment m critique, moment de vérité

crunchy ['krʌntʃɪ] adj croquant(e), croustillant(e)

crusade [kruː'seɪd] n croisade f ◆ vi (fig): **to crusade for/against** partir en croisade pour/contre

crush [krʌʃ] n foule f, cohue f; (love): **to have a crush on sb** avoir le béguin pour qn; (drink): **lemon crush** citron pressé ◆ vt écraser; (crumple) froisser; (grind, break up: garlic, ice) piler; (: grapes) presser

crust [krʌst] n croûte f

crutch [krʌtʃ] n béquille f; (TECH) support m; (also: crotch) entrejambe m

crux [krʌks] n point crucial

cry [kraɪ] vi pleurer; (shout: also: **cry out**) crier ◆ n cri m; **what are you crying about?** pourquoi pleures-tu?; **to cry for help** appeler à l'aide; **she had a good cry** elle a pleuré un bon coup; **it's a far cry from ...** (fig) on est loin de ...

▶ **cry off** vi se dédire; se décommander

cryptic ['krɪptɪk] adj énigmatique

crystal ['krɪstl] n cristal m

crystal-clear ['krɪstl'klɪə*] adj clair(e) comme de l'eau de roche

CSA n abbr = Confederate States of America; (BRIT: Child Support Agency) organisme pour la protection des enfants de parents séparés, qui contrôle le versement des pensions alimentaires.

CTC n abbr (BRIT) = **city technology college**

cub [kʌb] n petit m (d'un animal) (also: **cub scout**) louveteau m

Cuba ['kjuːbə] n Cuba m

cube [kjuːb] n cube m ◆ vt (MATH) élever au cube

cubic ['kjuːbɪk] adj cubique; **cubic metre** etc mètre m etc cube; **cubic capacity** (AUT) cylindrée f

cubicle ['kjuːbɪkl] n box m, cabine f

cuckoo ['kuku:] n coucou m

cuckoo clock n (pendule f à) coucou m

cucumber ['kjuːkʌmbə*] n concombre m

cuddle ['kʌdl] vt câliner, caresser ◆ vi se blottir l'un contre l'autre

cue [kjuː] n queue f de billard; (THEAT etc) signal m

cuff [kʌf] n (of shirt, coat etc) poignet m, manchette f; (US: on trousers) revers m; (blow) gifle f ◆ vt gifler; **off the cuff** adv de chic, à l'improviste

cufflinks ['kʌflɪŋks] n boutons m de manchette

cul-de-sac ['kʌldəsæk] n cul-de-sac m, impasse f

cull [kʌl] vt sélectionner; (kill selectively) pratiquer l'abattage sélectif de

culminate ['kʌlmɪneɪt] vi: **to culminate in** finir or se terminer par; (lead to) mener à

culmination [kʌlmɪ'neɪʃən] n point culminant

culottes [kjuː'lɔts] npl jupe-culotte f

culprit ['kʌlprɪt] n coupable m/f

cult [kʌlt] n culte m

cultivate ['kʌltɪveɪt] vt (also fig) cultiver

cultivation [kʌltɪ'veɪʃən] n culture f

cultural ['kʌltʃərəl] adj culturel(le)

culture ['kʌltʃə*] n (also fig) culture f

cultured ['kʌltʃəd] adj cultivé(e) (fig)

cumbersome ['kʌmbəsəm] adj encombrant(e), embarrassant(e)

cunning ['kʌnɪŋ] n ruse f, astuce f ◆ adj rusé(e), malin(igne); (clever: device, idea) astucieux(euse)

cup [kʌp] n tasse f; (prize, event) coupe f; (of bra) bonnet m; **a cup of tea** une tasse de thé

cupboard ['kʌbəd] n placard m

cup tie n (BRIT FOOTBALL) match m de coupe

curate ['kjuərɪt] n vicaire m

curator [kjuə'reɪtə*] n conservateur m (d'un musée etc)

curb [kəːb] vt refréner, mettre un frein à; (expenditure) limiter, juguler ◆ n frein m (fig); (US) = **kerb**

curdle ['kəːdl] vi (se) cailler

cure [kjuə*] vt guérir; (CULIN) saler; fumer; sécher ◆ n remède m; **to be cured of sth** être guéri de qch

curfew ['kəːfjuː] n couvre-feu m

curiosity [kjuərɪ'ɔsɪtɪ] n curiosité f

curious ['kjuərɪəs] adj curieux(euse); **I'm curious about him** il m'intrigue

curl [kəːl] n boucle f (de cheveux); (of smoke etc) volute f ◆ vt, vi boucler; (tightly) friser

▶ **curl up** vi s'enrouler; se pelotonner

curler ['kəːlə*] n bigoudi m, rouleau m; (SPORT) joueur/euse de curling

curly ['kəːlɪ] adj bouclé(e); (tightly curled) frisé(e)

currant ['kʌrnt] n raisin m de Corinthe, raisin sec

currency ['kʌrnsɪ] n monnaie f; **foreign currency** devises étrangères, monnaie étrangère; **to gain currency** (fig) s'accréditer

current ['kʌrnt] n courant m ◆ adj courant(e); (tendency, price, event) actuel(le); **direct/alternating current** (ELEC) courant continu/alternatif; **the current issue of a magazine** le dernier numéro d'un magazine; **in current use** d'usage courant

current account n (BRIT) compte courant

current affairs npl (questions fpl d')actualité f

currently ['kʌrntlɪ] adv actuellement

curriculum, pl **curriculums** or **curricula** [kə'rɪkjuləm, -lə] n programme m d'études

curriculum vitae (CV) [-'viːtaɪ] n curriculum vitae (CV) m

curry ['kʌrɪ] n curry m ◆ vt: **to curry favour with** chercher à gagner la faveur or à s'attirer les bonnes grâces de; **chicken curry** curry de poulet, poulet m au curry

curse [kəːs] vi jurer, blasphémer ◆ vt maudire ◆ n malédiction f; fléau m; (swearword) juron m

cursor ['kɜːsə*] n (COMPUT) curseur m

cursory ['kɜːsərɪ] adj superficiel(le), hâtif(ive)

curt [kɜːt] adj brusque, sec(sèche)

curtail [kɜː'teɪl] vt (visit etc) écourter; (expenses etc) réduire

curtain ['kɜːtn] n rideau m; **to draw the curtains** (together) fermer or tirer les rideaux; (apart) ouvrir les rideaux

curts(e)y ['kɜːtsɪ] n révérence f ♦ vi faire une révérence

curve [kɜːv] n courbe f; (in the road) tournant m, virage m ♦ vt courber ♦ vi se courber; (road) faire une courbe

cushion ['kuʃən] n coussin m ♦ vt (seat) rembourrer; (shock) amortir

custard ['kʌstəd] n (for pouring) crème anglaise

custody ['kʌstədɪ] n (of child) garde f; (for offenders) détention préventive; **to take sb into custody** placer qn en détention préventive; **in the custody of** sous la garde de

custom ['kʌstəm] n coutume f, usage m; (LAW) droit coutumier, coutume; (COMM) clientèle f

customary ['kʌstəmərɪ] adj habituel(le); **it is customary to do it** l'usage veut qu'on le fasse

customer ['kʌstəmə*] n client/e; **he's an awkward customer** (col) ce n'est pas quelqu'un de facile

customized ['kʌstəmaɪzd] adj personnalisé(e)

custom-made ['kʌstəm'meɪd] adj (clothes) fait(e) sur mesure; (other goods: also: **custom-built**) hors série, fait(e) sur mesure

customs ['kʌstəmz] npl douane f; **to go through (the) customs** passer la douane

customs officer n douanier m

cut [kʌt] vb (pt, pp **cut**) vt couper; (meat) découper; (shape, make) tailler; couper; creuser; graver; (reduce) réduire; (col: lecture, appointment) manquer ♦ vi couper; (intersect) se couper ♦ n (gen) coupure f; (of clothes) coupe f; (of jewel) taille f; (in salary etc) réduction f; (of meat) morceau m; **cold cuts** npl (US) viandes froides; **to cut teeth** (baby) faire ses dents; **to cut a tooth** percer une dent; **to cut one's finger** se couper le doigt; **to get one's hair cut** se faire couper les cheveux; **to cut sth short** couper court à qch; **to cut sb dead** ignorer (complètement) qn

▶ **cut back** vt (plants) tailler; (production, expenditure) réduire

▶ **cut down** vt (tree) abattre; (reduce) réduire; **to cut sb down to size** (fig) remettre qn à sa place

▶ **cut down on** vt fus réduire

▶ **cut in** vi (interrupt: conversation): **to cut in (on)** couper la parole (à); (AUT) faire une queue de poisson

▶ **cut off** vt couper; (fig) isoler; **we've been cut off** (TEL) nous avons été coupés

▶ **cut out** vt (picture etc) découper; (remove) ôter; supprimer

▶ **cut up** vt découper

cutback ['kʌtbæk] n réduction f

cute [kjuːt] adj mignon(ne), adorable; (clever) rusé(e), astucieux(euse)

cutlery ['kʌtlərɪ] n couverts mpl; (trade) coutellerie f

cutlet ['kʌtlɪt] n côtelette f

cutout ['kʌtaut] n coupe-circuit m inv; (paper figure) découpage m

cut-price ['kʌt'praɪs], (US) **cut-rate** ['kʌt'reɪt] adj au rabais, à prix réduit

cut-throat ['kʌtθrəut] n assassin m ♦ adj: **cut-throat competition** concurrence f sauvage

cutting ['kʌtɪŋ] adj tranchant(e), coupant(e); (fig) cinglant(e), mordant(e) ♦ n (BRIT: from newspaper) coupure f (de journal); (: RAIL) tranchée f; (CINE) montage m

CV n abbr = **curriculum vitae**

cwt abbr = **hundredweight**

cyanide ['saɪənaɪd] n cyanure m

cybercafé ['saɪbəkæfeɪ] n cybercafé m

cyberspace ['saɪbəspeɪs] n cyberspace m

cycle ['saɪkl] n cycle m ♦ vi faire de la bicyclette

cycle hire n location f de vélos

cycle lane or **path** n piste f cyclable

cycling ['saɪklɪŋ] n cyclisme m; **to go on a cycling holiday** (BRIT) faire du cyclotourisme

cyclist ['saɪklɪst] n cycliste m/f

cygnet ['sɪgnɪt] n jeune cygne m

cylinder ['sɪlɪndə*] n cylindre m

cylinder-head gasket ['sɪlɪndəhed-] n joint m de culasse

cymbals ['sɪmblz] npl cymbales fpl

cynic ['sɪnɪk] n cynique m/f

cynical ['sɪnɪkl] adj cynique

cynicism ['sɪnɪsɪzəm] n cynisme m

Cypriot ['sɪprɪət] adj cypriote, chypriote ♦ n Cypriote m/f, Chypriote m/f

Cyprus ['saɪprəs] n Chypre f

cyst [sɪst] n kyste m

cystitis [sɪs'taɪtɪs] n cystite f

czar [zɑː*] n tsar m

Czech [tʃek] adj tchèque ♦ n Tchèque m/f; (LING) tchèque m; **the Czech Republic** la République tchèque

Czechoslovak [tʃekə'sləuvæk] adj, n = **Czechoslovakian**

Czechoslovakia [tʃekəslə'vækɪə] n Tchécoslovaquie f

Czechoslovakian [tʃekəslə'vækɪən] adj tchécoslovaque ♦ n Tchécoslovaque m/f

—D d—

D, d [di:] n (letter) D, d m; (MUS): **D** ré m; **D for David**, (US) **D for Dog** D comme Désirée

D abbr (US POL) = **democrat(ic)**

d abbr (BRIT: old) = **penny**

dab [dæb] vt (eyes, wound) tamponner; (paint, cream) appliquer (par petites touches or rapidement); **a dab of paint** un petit coup de peinture

dabble ['dæbl] vi: **to dabble in** faire or se mêler or s'occuper un peu de

dad, daddy [dæd, 'dædɪ] n papa m

daffodil ['dæfədɪl] n jonquille f

daft [dɑːft] adj (col) idiot(e), stupide; **to be daft about** être toqué(e) or mordu(e) de

dagger ['dægə*] n poignard m; **to be at daggers drawn with sb** être à couteaux tirés avec qn; **to look daggers at sb** foudroyer qn du regard

daily ['deɪlɪ] adj quotidien(ne), journalier(ière) ♦ n quotidien m; (BRIT: servant) femme f de ménage (à la journée) ♦ adv tous les jours; **twice daily** deux fois par jour

dainty ['deɪntɪ] adj délicat(e), mignon(ne)

dairy ['dɛərɪ] n (shop) crémerie f, laiterie f; (on farm) laiterie ♦ adj laitier(ière)

dairy products npl produits laitier

daisy ['deɪzɪ] n pâquerette f

dale [deɪl] n vallon m

dam [dæm] n barrage m; (reservoir) réservoir m, lac m de retenue ♦ vt endiguer

damage ['dæmɪdʒ] n dégâts mpl, dommages mpl; (fig) tort m ♦ vt endommager, abîmer; (fig) faire du tort à; **damage to property** dégâts matériels

damn [dæm] vt condamner; (curse) maudire ♦ n (col): **I don't give a damn** je m'en fous ♦ adj (col): **this damn ...** ce sacré or foutu ...; **damn (it)!** zut!

damning ['dæmɪŋ] adj (evidence) accablant(e)

damp [dæmp] adj humide ♦ n humidité f ♦ vt (also: **dampen**: cloth, rag) humecter; (: enthusiasm etc) refroidir

damson ['dæmzən] n prune f de Damas

dance [dɑːns] n danse f; (ball) bal m ♦ vi danser; **to dance about** sautiller, gambader

dance hall n salle f de bal, dancing m

dancer ['dɑːnsə*] n danseur/euse

dancing ['dɑːnsɪŋ] n danse f

dandelion ['dændɪlaɪən] n pissenlit m

dandruff ['dændrəf] n pellicules fpl

Dane [deɪn] n Danois/e

danger ['deɪndʒə*] n danger m; **there is a danger of fire** il y a (un) risque d'incendie; **in danger** en danger; **he was in danger of falling** il risquait de tomber; **out of danger** hors de danger

dangerous ['deɪndʒrəs] adj dangereux(euse)

dangle ['dæŋgl] vt balancer; (fig) faire miroiter ♦ vi pendre, se balancer

Danish ['deɪnɪʃ] adj danois(e) ♦ n (LING) danois m

dare [dɛə*] vt: **to dare sb to do** défier qn or mettre qn au défi de faire ♦ vi: **to dare (to) do sth** oser faire qch; **I daren't tell him** (BRIT) je n'ose pas le lui dire; **I dare say he'll turn up** il est probable qu'il viendra

daring ['dɛərɪŋ] adj hardi(e), audacieux(euse) ♦ n audace f, hardiesse f

dark [dɑːk] adj (night, room) obscur(e), sombre; (colour, complexion) foncé(e), sombre; (fig) sombre ♦ n: **in the dark** dans le noir; **in the dark about** (fig) ignorant tout de; **after dark** après la tombée de la nuit; **it is/is getting dark** il fait nuit/commence à faire nuit

darken [dɑːkn] vt obscurcir, assombrir ♦ vi s'obscurcir, s'assombrir

dark glasses npl lunettes noires

darkness ['dɑːknɪs] n obscurité f

darkroom ['dɑːkrum] n chambre noire

darling ['dɑːlɪŋ] adj, n chéri(e)

darn [dɑːn] vt repriser

dart [dɑːt] n fléchette f ♦ vi: **to dart towards** (also: **make a dart towards**) se précipiter or s'élancer vers; **to dart away/along** partir/passer comme une flèche

dartboard ['dɑːtbɔːd] n cible f (de jeu de fléchettes)

darts [dɑːts] n jeu m de fléchettes

dash [dæʃ] n (sign) tiret m; (small quantity) goutte f, larme f ♦ vt (missile) jeter or lancer violemment; (hopes) anéantir ♦ vi: **to dash towards** (also: **make a dash towards**) se précipiter or se ruer vers; **a dash of soda** un peu d'eau gazeuse

▶ **dash away** vi partir à toute allure

▶ **dash off** vi = **dash away**

dashboard ['dæʃbɔːd] n (AUT) tableau m de bord

dashing ['dæʃɪŋ] adj fringant(e)

data ['deɪtə] npl données fpl

database ['deɪtəbeɪs] n base f de données

data processing n traitement m (électronique) de l'information

date [deɪt] n date f; (appointment) rendez-vous m; (fruit) datte f ♦ vt dater; (col: girl etc) sortir avec; **what's the date today?** quelle date sommes-nous aujourd'hui?; **date of birth** date de naissance; **closing date** date de clôture; **to date** adv à ce jour; **out of date** périmé(e); **up to date** à la page, mis(e) à jour, moderne; **to bring up to date** (correspondence, information) mettre à jour; (method) moderniser; (person) mettre au courant; **letter dated 5th July** or (US) **July 5th** lettre (datée) du 5 juillet

dated ['deɪtɪd] adj démodé(e)

date rape n viol m (à l'issue d'un rendez-vous galant)

daub [dɔːb] *vt* barbouiller

daughter ['dɔːtə*] *n* fille *f*

daughter-in-law ['dɔːtərɪnlɔː] *n* belle-fille *f*, bru *f*

daunting ['dɔːntɪŋ] *adj* décourageant(e), intimidant(e)

dawdle ['dɔːdl] *vi* traîner, lambiner; **to dawdle over one's work** traînasser *or* lambiner sur son travail

dawn [dɔːn] *n* aube *f*, aurore *f* ♦ *vi* (*day*) se lever, poindre; (*fig*) naître, se faire jour; **at dawn** à l'aube; **from dusk to dawn** du matin au soir; **it dawned on him that ...** il lui vint à l'esprit que ...

day [deɪ] *n* jour *m*; (*as duration*) journée *f*; (*period of time, age*) époque *f*, temps *m*; **the day before** la veille, le jour précédent; **the day after, the following day** le lendemain, le jour suivant; **the day before yesterday** avant-hier; **the day after tomorrow** après-demain; **(on) the day that ...** le jour où ...; **day by day** jour après jour; **by day** de jour; **paid by the day** payé(e) à la journée; **these days, in the present day** de nos jours, à l'heure actuelle

daybreak ['deɪbreɪk] *n* point *m* du jour

daydream ['deɪdriːm] *n* rêverie *f* ♦ *vi* rêver (tout éveillé)

daylight ['deɪlaɪt] *n* (lumière *f* du) jour *m*

day return (ticket) *n* (*BRIT*) billet *m* d'aller-retour (valable pour la journée)

daytime ['deɪtaɪm] *n* jour *m*, journée *f*

day-to-day ['deɪtə'deɪ] *adj* (*routine, expenses*) journalier(ière); **on a day-to-day basis** au jour le jour

daze [deɪz] *vt* (*drug*) hébéter; (*blow*) étourdir ♦ *n*: **in a daze** hébété/e, étourdi/e

dazzle ['dæzl] *vt* éblouir, aveugler

DC *abbr* (*ELEC*) = direct current; (*US*) = District of Columbia

D-day ['diːdeɪ] *n* le jour J

dead [ded] *adj* mort(e); (*numb*) engourdi(e), insensible ♦ *adv* absolument, complètement; **the dead** *npl* les morts; **he was shot dead** il a été tué d'un coup de revolver; **dead on time** à l'heure pile; **dead tired** éreinté(e), complètement fourbu(e); **to stop dead** s'arrêter pile *or* net; **the line has gone dead** (*TEL*) on n'entend plus rien

deaden [dedn] *vt* (*blow, sound*) amortir; (*make numb*) endormir, rendre insensible

dead end *n* impasse *f*

dead heat *n* (*SPORT*): **to finish in a dead heat** terminer ex aequo

deadline ['dedlaɪn] *n* date *f or* heure *f* limite; **to work to a deadline** avoir des délais stricts à respecter

deadlock ['dedlɔk] *n* impasse *f*; (*fig*)

dead loss *n* (*col*): **to be a dead loss** (*person*) n'être bon/bonne à rien; (*subj: thing*) ne rien valoir

deadly ['dedlɪ] *adj* mortel(le); (*weapon*) meurtrier(ière); **deadly dull** ennuyeux(euse) à mourir, mortellement ennuyeux

deadpan ['dedpæn] *adj* impassible; (*humour*) pince-sans-rire *inv*

Dead Sea *n*: **the Dead Sea** la mer Morte

deaf [def] *adj* sourd(e); **to turn a deaf ear to sth** faire la sourde oreille à qch

deafen [defn] *vt* rendre sourd(e); (*fig*) assourdir

deafening ['defnɪŋ] *adj* assourdissant(e)

deaf-mute ['defmjuːt] *n* sourd/e-muet/te

deafness ['defnɪs] *n* surdité *f*

deal [diːl] *n* affaire *f*, marché *m* ♦ *vt, pt, pp* **dealt** [delt] (*blow*) porter; (*cards*) donner, distribuer; **to strike a deal with sb** faire *or* conclure un marché avec qn; **it's a deal!** (*col*) marché conclu!, tope-là!, topez-là!; **he got a bad deal from them** ils ont mal agi envers lui; **he got a fair deal from them** ils ont agi loyalement envers lui; **a good deal** (*a lot*) beaucoup; **a good deal of, a great deal of** beaucoup de, énormément de

▶ **deal in** *vt fus* (*COMM*) faire le commerce de, être dans le commerce de

▶ **deal with** *vt fus* (*COMM*) traiter avec; (*handle*) s'occuper *or* se charger de; (*be about: book etc*) traiter de

dealer ['diːlə*] *n* marchand *m*

dealings ['diːlɪŋz] *npl* (*in goods, shares*) opérations *fpl*, transactions *fpl*; (*relations*) relations *fpl*, rapports *mpl*

dean [diːn] *n* (*REL, BRIT SCOL*) doyen *m*; (*US SCOL*) conseiller/e (principal(e)) d'éducation

dear [dɪə*] *adj* cher(chère); (*expensive*) cher, coûteux(euse) ♦ *n*: **my dear** mon cher/ma chère; **dear me!** mon Dieu!; **Dear Sir/Madam** (*in letter*) Monsieur/Madame; **Dear Mr/Mrs X** Cher Monsieur/Chère Madame X

dearly ['dɪəlɪ] *adv* (*love*) tendrement; (*pay*) cher

death [deθ] *n* mort *f*; (*ADMIN*) décès *m*

death certificate *n* acte *m* de décès

deathly ['deθlɪ] *adj* de mort ♦ *adv* comme la mort

death penalty *n* peine *f* de mort

death rate *n* taux *m* de mortalité

death toll *n* nombre *m* de morts

debase [dɪ'beɪs] *vt* (*currency*) déprécier, dévaloriser; (*person*) abaisser, avilir

debatable [dɪ'beɪtəbl] *adj* discutable, contestable; **it is debatable whether ...** il est douteux que ...

debate [dɪ'beɪt] *n* discussion *f*, débat *m* ♦ *vt* discuter, débattre ♦ *vi* (*consider*): **to debate whether** se demander si

debit ['debɪt] *n* débit *m* ♦ *vt*: **to debit a sum to sb** *or* **to sb's account** porter une somme au débit de qn, débiter qn d'une somme

debt [det] *n* dette *f*; **to be in debt** avoir des

dettes, être endetté(e); **bad debt** créance f irrécouvrable

debtor ['dɛtə*] n débiteur/trice

decade ['dekeɪd] n décennie f, décade f

decadence ['dekədəns] n décadence f

decaff ['di:kæf] n (col) déca m

decaffeinated [dɪ'kæfɪneɪtɪd] adj décaféiné(e)

decanter [dɪ'kæntə*] n carafe f

decay [dɪ'keɪ] n décomposition f, pourrissement m; (fig) déclin m, délabrement m; (also: **tooth decay**) carie f ♦ vi (rot) se décomposer, pourrir; (fig) se délabrer; décliner; se détériorer

deceased [dɪ'si:st] n: **the deceased** le/la défunt/e

deceit [dɪ'si:t] n tromperie f, supercherie f

deceitful [dɪ'si:tful] adj trompeur(euse)

deceive [dɪ'si:v] vt tromper; **to deceive o.s.** s'abuser

December [dɪ'sɛmbə*] n décembre m; for phrases see also **July**

decent ['di:sənt] adj décent(e), convenable; **they were very decent about it** ils se sont montrés très chics

deception [dɪ'sɛpʃən] n tromperie f

deceptive [dɪ'sɛptɪv] adj trompeur(euse)

decide [dɪ'saɪd] vt (person) décider; (question, argument) trancher, régler ♦ vi se décider, décider; **to decide to do/that** décider de faire/que; **to decide on** décider, se décider pour; **to decide on doing** décider de faire; **to decide against doing** décider de ne pas faire

decided [dɪ'saɪdɪd] adj (resolute) résolu(e), décidé(e); (clear, definite) net(te), marqué(e)

decidedly [dɪ'saɪdɪdlɪ] adv résolument; incontestablement, nettement

deciduous [dɪ'sɪdjuəs] adj à feuilles caduques

decimal ['desɪməl] adj décimal(e) ♦ n décimale f; **to three decimal places** (jusqu')à la troisième décimale

decimal point n ≃ virgule f

decipher [dɪ'saɪfə*] vt déchiffrer

decision [dɪ'sɪʒən] n décision f; **to make a decision** prendre une décision

decisive [dɪ'saɪsɪv] adj décisif(ive); (influence) décisif, déterminant(e); (manner, person) décidé(e), catégorique; (reply) ferme, catégorique

deck [dɛk] n (NAUT) pont m; (of bus): **top deck** impériale f; (of cards) jeu m; **to go up on deck** monter sur le pont; **below deck** dans l'entrepont; **record/cassette deck** platine-disques/-cassettes f

deckchair ['dɛktʃɛə*] n chaise longue

declare [dɪ'klɛə*] vt déclarer

decline [dɪ'klaɪn] n (decay) déclin m; (lessening) baisse f ♦ vt refuser, décliner ♦ vi décliner; être en baisse, baisser; **decline in living standards** baisse du niveau de vie; **to decline to do sth** refuser

(poliment) de faire qch

decoder [di:'kəudə*] n (COMPUT, TV) décodeur m

decorate ['dekəreɪt] vt (adorn, give a medal to) décorer; (paint and paper) peindre et tapisser

decoration [dekə'reɪʃən] n (medal etc, adornment) décoration f

decorator ['dekəreɪtə*] n peintre m en bâtiment

decoy ['di:kɔɪ] n piège m; **they used him as a decoy for the enemy** ils se sont servis de lui pour attirer l'ennemi

decrease n ['di:kri:s] diminution f ♦ vt, vi [di:'kri:s] diminuer; **to be on the decrease** diminuer, être en diminution

decree [dɪ'kri:] n (POL, REL) décret m; (LAW) arrêt m, jugement m ♦ vt: **to decree (that)** décréter (que), ordonner (que); **decree absolute** jugement définitif (de divorce); **decree nisi** jugement provisoire de divorce

dedicate ['dedɪkeɪt] vt consacrer; (book etc) dédier

dedicated ['dedɪkeɪtɪd] adj (person) dévoué(e); (COMPUT) spécialisé(e), dédié(e); **dedicated word processor** station f de traitement de texte

dedication [dedɪ'keɪʃən] n (devotion) dévouement m; (in book) dédicace f

deduce [dɪ'dju:s] vt déduire, conclure

deduct [dɪ'dʌkt] vt: **to deduct sth (from)** déduire qch (de), retrancher qch (de); (from wage etc) prélever qch (sur), retenir qch (sur)

deduction [dɪ'dʌkʃən] n (deducting) déduction f; (from wage etc) prélèvement m, retenue f; (deducing) déduction, conclusion f

deed [di:d] n action f, acte m; (LAW) acte notarié, contrat m; **deed of covenant** (acte m de) donation f

deep [di:p] adj (water, sigh, sorrow, thoughts) profond(e); (voice) grave ♦ adv: **deep in snow** recouvert(e) d'une épaisse couche de neige; **spectators stood 20 deep** il y avait 20 rangs de spectateurs; **knee-deep in water** dans l'eau jusqu'aux genoux; **4 metres deep** de 4 mètres de profondeur; **he took a deep breath** il inspira profondément, il prit son souffle

deepen [di:pn] vt (hole) approfondir ♦ vi s'approfondir; (darkness) s'épaissir

deepfreeze [di:p'fri:z] n congélateur m ♦ vt surgeler

deep-fry ['di:p'fraɪ] vt faire frire (dans une friteuse)

deeply ['di:plɪ] adv profondément; (dig) en profondeur; (regret, interest) vivement

deep-sea ['di:p'si:] adj: **deep-sea diver** plongeur sous-marin; **deep-sea diving** plongée sous-marine; **deep-sea fishing** pêche hauturière

deep-seated ['di:p'si:tɪd] adj (belief) profondément enraciné(e)

deer [dɪə*] n (pl inv): **the deer** les cervidés mpl; (ZOOL) **(red) deer** cerf m; **(fallow) deer** daim m; **(roe) deer** chevreuil m

deerskin ['dɪəskɪn] n peau f de daim
deface [dɪ'feɪs] vt dégrader; barbouiller rendre illisible
default [dɪ'fɔːlt] vi (LAW) faire défaut; (gen) manquer à ses engagements ♦ n (COMPUT: also: **default value**) valeur f par défaut; **by default** (LAW) par défaut, par contumace; (SPORT) par forfait; **to default on a debt** ne pas s'acquitter d'une dette
defeat [dɪ'fiːt] n défaite f ♦ vt (team, opponents) battre; (fig: plans, efforts) faire échouer
defect n ['diːfɛkt] défaut m ♦ vi [dɪ'fɛkt]: **to defect to the enemy/the West** passer à l'ennemi/l'Ouest; **physical defect** malformation f, vice m de conformation; **mental defect** anomalie or déficience mentale
defective [dɪ'fɛktɪv] adj défectueux(euse)
defence, (US) **defense** [dɪ'fɛns] n défense f; **in defence of** pour défendre; **witness for the defence** témoin m à décharge; **the Ministry of Defence**, (US) **the Department, of Defense** le ministère de la Défense nationale
defenceless [dɪ'fɛnslɪs] adj sans défense
defend [dɪ'fɛnd] vt défendre; (decision, action, opinion) justifier, défendre
defendant [dɪ'fɛndənt] n défendeur/deresse; (in criminal case) accusé/e, prévenu/e
defender [dɪ'fɛndə*] n défenseur m
defer [dɪ'fəː*] vt (postpone) différer, ajourner ♦ vi (submit): **to defer to sb/sth** déférer à qn/qch, s'en remettre à qn/qch
defiance [dɪ'faɪəns] n défi m; **in defiance of** au mépris de
defiant [dɪ'faɪənt] adj provocant(e), de défi
deficiency [dɪ'fɪʃənsɪ] n insuffisance f, déficience f; carence f; (COMM) déficit m, découvert m
deficient [dɪ'fɪʃənt] adj insuffisant(e), défectueux(euse), déficient(e); **to be deficient in** manquer de
deficit ['dɛfɪsɪt] n déficit m
define [dɪ'faɪn] vt définir
definite ['dɛfɪnɪt] adj (fixed) défini(e), (bien) déterminé(e); (clear, obvious) net(te), manifeste; (LING) défini(e); **he was definite about it** il a été catégorique; il était sûr de son fait
definitely ['dɛfɪnɪtlɪ] adv sans aucun doute
definition [dɛfɪ'nɪʃən] n définition f
deflate [diː'fleɪt] vt dégonfler; (pompous person) rabattre le caquet à; (ECON) provoquer la déflation de; (: prices) faire tomber or baisser
deflect [dɪ'flɛkt] vt détourner, faire dévier
deformed [dɪ'fɔːmd] adj difforme
defraud [dɪ'frɔːd] vt frauder; **to defraud sb of sth** soutirer qch malhonnêtement à qn; escroquer qch à qn; frustrer qn de qch
defrost [diː'frɔst] vt (fridge) dégivrer; (frozen food) décongeler
deft [dɛft] adj adroit(e), preste

defunct [dɪ'fʌŋkt] adj défunt(e)
defuse [diː'fjuːz] vt désamorcer
defy [dɪ'faɪ] vt défier; (efforts etc) résister à
degenerate vi [dɪ'dʒɛnəreɪt] dégénérer ♦ adj [dɪ'dʒɛnərɪt] dégénéré(e)
degree [dɪ'griː] n degré m; (SCOL) diplôme m (universitaire); **10 degrees below (zero)** 10 degrés au-dessous de zéro; **a (first) degree in maths** (BRIT) une licence en maths; **a considerable degree of risk** un considérable facteur or élément de risque; **by degrees** (gradually) par degrés; **to some degree, to a certain degree** jusqu'à un certain point, dans une certaine mesure
dehydrated [diːhaɪ'dreɪtɪd] adj déshydraté(e); (milk, eggs) en poudre
de-ice ['diː'aɪs] vt (windscreen) dégivrer
deign [deɪn] vi: **to deign to do** daigner faire
dejected [dɪ'dʒɛktɪd] adj abattu(e), déprimé(e)
delay [dɪ'leɪ] vt (journey, operation) retarder, différer; (traveller, train) retarder; (payment) différer ♦ vi s'attarder ♦ n délai m, retard m; **without delay** sans délai, sans tarder
delectable [dɪ'lɛktəbl] adj délicieux(euse)
delegate n ['dɛlɪgɪt] délégué/e ♦ vt ['dɛlɪgeɪt] déléguer; **to delegate sth to sb/sb to do sth** déléguer qch à qn/qn pour faire qch
delete [dɪ'liːt] vt rayer, supprimer; (COMPUT) effacer
deliberate adj [dɪ'lɪbərɪt] (intentional) délibéré(e); (slow) mesuré(e) ♦ vi [dɪ'lɪbəreɪt] délibérer, réfléchir
deliberately [dɪ'lɪbərɪtlɪ] adv (on purpose) exprès, délibérément
delicacy ['dɛlɪkəsɪ] n délicatesse f; (choice food) mets fin or délicat, friandise f
delicate ['dɛlɪkɪt] adj délicat(e)
delicatessen [dɛlɪkə'tɛsn] n épicerie fine
delicious [dɪ'lɪʃəs] adj délicieux(euse), exquis(e)
delight [dɪ'laɪt] n (grande) joie, grand plaisir ♦ vt enchanter; **a delight to the eyes** un régal or plaisir pour les yeux; **to take delight in** prendre grand plaisir à; **to be the delight of** faire les délices or la joie de
delighted [dɪ'laɪtɪd] adj: **delighted (at or with sth)** ravi(e) (de qch); **to be delighted to do sth/that** être enchanté(e) or ravi(e) de faire qch/que; **I'd be delighted** j'en serais enchanté or ravi
delightful [dɪ'laɪtful] adj (person, child) absolument charmant(e), adorable; (evening, view) merveilleux(euse); (meal) délicieux(euse)
delinquent [dɪ'lɪŋkwənt] adj, n délinquant/e
delirious [dɪ'lɪrɪəs] adj (MED, fig) délirant(e); **to be delirious** délirer
deliver [dɪ'lɪvə*] vt (mail) distribuer; (goods) livrer; (message) remettre; (speech) prononcer; (warning, ultimatum) lancer; (free) délivrer; (MED) accoucher; **to deliver the goods** (fig) tenir ses promesses
delivery [dɪ'lɪvərɪ] n (of mail) distribution f; (of

goods) livraison *f*; (*of speaker*) élocution *f*; (*MED*) accouchement *m*; **to take delivery of** prendre livraison de

delude [dɪ'luːd] *vt* tromper, leurrer; **to delude o.s.** se leurrer, se faire des illusions

delusion [dɪ'luːʒən] *n* illusion *f*; **to have delusions of grandeur** être un peu mégalomane

demand [dɪ'mɑːnd] *vt* réclamer, exiger; (*need*) exiger, requérir ♦ *n* exigence *f*; (*claim*) revendication *f*; (*ECON*) demande *f*; **to demand sth (from** *or* **of sb)** exiger qch (de qn), réclamer qch (à qn); **in demand** demandé/e, recherché/e; **on demand** sur demande

demanding [dɪ'mɑːndɪŋ] *adj* (*person*) exigeant(e); (*work*) astreignant(e)

demean [dɪ'miːn] *vt*: **to demean o.s.** s'abaisser

demeanour, (*US*) **demeanor** [dɪ'miːnə*] *n* comportement *m*; maintien *m*

demented [dɪ'mentɪd] *adj* dément(e), fou(folle)

demise [dɪ'maɪz] *n* décès *m*

demister [diː'mɪstə*] *n* (*BRIT AUT*) dispositif *m* antibuée *inv*

demo ['dɛməu] *n abbr* (*col*: = demonstration) manif *f*

democracy [dɪ'mɔkrəsɪ] *n* démocratie *f*

democrat ['dɛməkræt] *n* démocrate *m/f*

democratic [dɛmə'krætɪk] *adj* démocratique; **the Democratic Party** (*US*) le parti démocrate

demolish [dɪ'mɔlɪʃ] *vt* démolir

demonstrate ['dɛmənstreɪt] *vt* démontrer, prouver ♦ *vi*: **to demonstrate (for/against)** manifester (en faveur de/contre)

demonstration [dɛmən'streɪʃən] *n* démonstration *f*; (*POL etc*) manifestation *f*; **to hold a demonstration** (*POL etc*) organiser une manifestation, manifester

demonstrator ['dɛmənstreɪtə*] *n* (*POL etc*) manifestant/e; (*COMM*: *sales person*) vendeur/euse; (: *car*, *computer etc*) modèle *m* de démonstration

demote [dɪ'məut] *vt* rétrograder

demure [dɪ'mjuə*] *adj* sage, réservé(e), d'une modestie affectée

den [dɛn] *n* tanière *f*, antre *m*

denial [dɪ'naɪəl] *n* (*of accusation*) démenti *m*; (*of rights, guilt, truth*) dénégation *f*

denim ['dɛnɪm] *n* coton émerisé

Denmark ['dɛnmɑːk] *n* Danemark *m*

denomination [dɪnɔmɪ'neɪʃən] *n* (*money*) valeur *f*; (*REL*) confession *f*; culte *m*

denounce [dɪ'nauns] *vt* dénoncer

dense [dɛns] *adj* dense; (*col*: *stupid*) obtus(e), dur(e) *or* lent(e) à la comprenette

densely ['dɛnslɪ] *adv*: **densely wooded** couvert(e) d'épaisses forêts; **densely populated** à forte densité (de population), très peuplé(e)

density ['dɛnsɪtɪ] *n* densité *f*; **single/double density disk** (*COMPUT*) disquette *f* (à) simple/double

densité

dent [dɛnt] *n* bosse *f* ♦ *vt* (*also*: **make a dent in**) cabosser; **to make a dent in** (*fig*) entamer

dental ['dɛntl] *adj* dentaire

dental surgeon *n* (chirurgien/ne) dentiste

dentist ['dɛntɪst] *n* dentiste *m/f*; **dentist's surgery** (*BRIT*) cabinet *m* de dentiste

denture(s) ['dɛntʃə(z)] *n(pl)* dentier *m*

deny [dɪ'naɪ] *vt* nier; (*refuse*) refuser; (*disown*) renier; **he denies having said it** il nie l'avoir dit

deodorant [diː'əudərənt] *n* désodorisant *m*, déodorant *m*

depart [dɪ'pɑːt] *vi* partir; **to depart from** (*leave*) quitter, partir de; (*fig*: *differ from*) s'écarter de

department [dɪ'pɑːtmənt] *n* (*COMM*) rayon *m*; (*SCOL*) section *f*; (*POL*) ministère *m*, département *m*; **that's not my department** (*fig*) ce n'est pas mon domaine *or* ma compétence, ce n'est pas mon rayon; **Department of State** (*US*) Département d'État

department store *n* grand magasin

departure [dɪ'pɑːtʃə*] *n* départ *m*; (*fig*): **departure from** écart *m* par rapport à; **a new departure** une nouvelle voie

departure lounge *n* salle *f* de départ

depend [dɪ'pɛnd] *vi*: **to depend (up)on** dépendre de; (*rely on*) compter sur; (*financially*) dépendre (financièrement) de, être à la charge de; **it depends** cela dépend; **depending on the result …** selon le résultat …

dependable [dɪ'pɛndəbl] *adj* sûr(e), digne de confiance

dependant [dɪ'pɛndənt] *n* personne *f* à charge

dependent [dɪ'pɛndənt] *adj*: **to be dependent (on)** dépendre (de) ♦ *n* = **dependant**

depict [dɪ'pɪkt] *vt* (*in picture*) représenter; (*in words*) (dé)peindre, décrire

depleted [dɪ'pliːtɪd] *adj* (considérablement) réduit(e) *or* diminué(e)

deport [dɪ'pɔːt] *vt* déporter, expulser

deposit [dɪ'pɔzɪt] *n* (*CHEM, COMM, GEO*) dépôt *m*; (*of ore, oil*) gisement *m*; (*part payment*) arrhes *fpl*, acompte *m*; (*on bottle etc*) consigne *f*; (*for hired goods etc*) cautionnement *m*, garantie *f* ♦ *vt* déposer; (*valuables*) mettre *or* laisser en dépôt; **to put down a deposit of £50** verser 50 livres d'arrhes *or* d'acompte; laisser 50 livres en garantie

deposit account *n* compte *m* de dépôt

depot ['dɛpəu] *n* dépôt *m*

depress [dɪ'prɛs] *vt* déprimer; (*press down*) appuyer sur, abaisser

depressed [dɪ'prɛst] *adj* (*person*) déprimé(e), abattu(e); (*area*) en déclin, touché(e) par le sous-emploi; (*COMM*: *market, trade*) maussade; **to get depressed** se démoraliser, se laisser abattre

depressing [dɪ'prɛsɪŋ] *adj* déprimant(e)

depression [dɪ'prɛʃən] *n* (*ECON*) dépression *f*

deprivation [dɛprɪ'veɪʃən] n privation f; (loss) perte f

deprive [dɪ'praɪv] vt (also: **to deprive sb of**) priver qn de; enlever à qn

deprived [dɪ'praɪvd] adj déshérité(e)

depth [dɛpθ] n profondeur f; **in the depths of** au fond de; au cœur de; au plus profond de; **at a depth of 3 metres** à 3 mètres de profondeur; **to be out of one's depth** (BRIT: swimmer) ne plus avoir pied; (fig) être dépassé/e, nager; **to study sth in depth** étudier qch en profondeur

deputize ['dɛpjutaɪz] vi: **to deputize for** assurer l'intérim de

deputy ['dɛpjutɪ] n (replacement) suppléant/e, intérimaire m/f; (second in command) adjoint/e
♦ adj: **deputy chairman** vice-président m; **deputy head** (SCOL) directeur/trice adjoint(e); sous-directeur/trice; **deputy leader** (BRIT POL) vice-président/e, secrétaire adjoint(e)

derail [dɪ'reɪl] vt faire dérailler; **to be derailed** dérailler

deranged [dɪ'reɪndʒd] adj: **to be (mentally) deranged** avoir le cerveau dérangé

derby ['dɑːbɪ] n (US) (chapeau m) melon m

derelict ['dɛrɪlɪkt] adj abandonné(e), à l'abandon

derisory [dɪ'raɪsərɪ] adj (sum) dérisoire; (smile, person) moqueur(euse), railleur(euse)

derive [dɪ'raɪv] vt: **to derive sth from** tirer qch de; trouver qch dans ♦ vi: **to derive from** provenir de, dériver de

derogatory [dɪ'rɔgətərɪ] adj désobligeant(e), péjoratif(ive)

descend [dɪ'sɛnd] vt, vi descendre; **to descend from** descendre de, être issu(e) de; **in descending order of importance** par ordre d'importance décroissante

▶ **descend on** vt fus (enemy, angry person) tomber or sauter sur; (misfortune) s'abattre sur; (gloom, silence) envahir; **visitors descended (up)on us** des gens sont arrivés chez nous à l'improviste

descent [dɪ'sɛnt] n descente f; (origin) origine f

describe [dɪs'kraɪb] vt décrire

description [dɪs'krɪpʃən] n description f; (sort) sorte f, espèce f; **of every description** de toutes sortes

desecrate ['dɛsɪkreɪt] vt profaner

desert n ['dɛzət] désert m ♦ vb [dɪ'zəːt] ♦ vt déserter, abandonner ♦ vi (MIL) déserter

deserter [dɪ'zəːtə*] n déserteur m

desertion [dɪ'zəːʃən] n désertion f

desert island n île déserte

deserve [dɪ'zəːv] vt mériter

deserving [dɪ'zəːvɪŋ] adj (person) méritant(e); (action, cause) méritoire

design [dɪ'zaɪn] n (sketch) plan m, dessin m; (layout, shape) conception f, ligne f; (pattern) dessin, motif(s) m(pl); (of dress, car) modèle m; (art)

design m, stylisme m; (intention) dessein m ♦ vt dessiner; (plan) concevoir; **to have designs on** avoir des visées sur; **well-designed** adj bien conçu(e); **industrial design** esthétique industrielle

designer [dɪ'zaɪnə*] n (ARCHIT, ART) dessinateur/trice; (INDUSTRY) concepteur m, designer m; (FASHION) modéliste m/f

desire [dɪ'zaɪə*] n désir m ♦ vt désirer, vouloir; **to desire to do sth/that** désirer faire qch/que

desk [dɛsk] n (in office) bureau m; (for pupil) pupitre m; (BRIT: in shop, restaurant) caisse f; (in hotel, at airport) réception f

desktop publishing ['dɛsktɔp-] n publication assistée par ordinateur, PAO f

desolate ['dɛsəlɪt] adj désolé(e)

despair [dɪs'pɛə*] n désespoir m ♦ vi: **to despair of** désespérer de; **to be in despair** être au désespoir

despatch [dɪs'pætʃ] n, vt = **dispatch**

desperate ['dɛspərɪt] adj désespéré(e); (fugitive) prêt(e) à tout; (measures) désespéré, extrême; **we are getting desperate** nous commençons à désespérer

desperately ['dɛspərɪtlɪ] adv désespérément; (very) terriblement, extrêmement; **desperately ill** très gravement malade

desperation [dɛspə'reɪʃən] n désespoir m; **in desperation** en désespoir de cause

despicable [dɪs'pɪkəbl] adj méprisable

despise [dɪs'paɪz] vt mépriser, dédaigner

despite [dɪs'paɪt] prep malgré, en dépit de

despondent [dɪs'pɔndənt] adj découragé(e), abattu(e)

dessert [dɪ'zəːt] n dessert m

dessertspoon [dɪ'zəːtspuːn] n cuiller f à dessert

destination [dɛstɪ'neɪʃən] n destination f

destined ['dɛstɪnd] adj: **to be destined to do sth** être destiné(e) à faire qch; **destined for London** à destination de Londres

destiny ['dɛstɪnɪ] n destinée f, destin m

destitute ['dɛstɪtjuːt] adj indigent(e), dans le dénuement; **destitute of** dépourvu(e) or dénué(e) de

destroy [dɪs'trɔɪ] vt détruire

destroyer [dɪs'trɔɪə*] n (NAUT) contre-torpilleur m

destruction [dɪs'trʌkʃən] n destruction f

detach [dɪ'tætʃ] vt détacher

detached [dɪ'tætʃt] adj (attitude) détaché(e)

detached house n pavillon m, maison(nette) (individuelle)

detachment [dɪ'tætʃmənt] n (MIL) détachement m; (fig) détachement, indifférence f

detail ['diːteɪl] n détail m; (MIL) détachement m
♦ vt raconter en détail, énumérer; (MIL): **to detail sb (for)** affecter qn (à), détacher qn (pour); **in detail** en détail; **to go into detail(s)** entrer dans les

détails

detailed ['di:teɪld] *adj* détaillé(e)

detain [dɪ'teɪn] *vt* retenir; (*in captivity*) détenir; (*in hospital*) hospitaliser

detect [dɪ'tekt] *vt* déceler, percevoir; (*MED, POLICE*) dépister; (*MIL, RADAR, TECH*) détecter

detection [dɪ'tekʃən] *n* découverte *f*; (*MED, POLICE*) dépistage *m*; (*MIL, RADAR, TECH*) détection *f*; **to escape detection** échapper aux recherches, éviter d'être découvert(e); (*mistake*) passer inaperçu(e); **crime detection** le dépistage des criminels

detective [dɪ'tektɪv] *n* agent *m* de la sûreté, policier *m*; **private detective** détective privé

detective story *n* roman policier

detention [dɪ'tenʃən] *n* détention *f*; (*SCOL*) retenue *f*, consigne *f*

deter [dɪ'tə:*] *vt* dissuader

detergent [dɪ'tə:dʒənt] *n* détersif *m*, détergent *m*

deteriorate [dɪ'tɪərɪəreɪt] *vi* se détériorer, se dégrader

determine [dɪ'tə:mɪn] *vt* déterminer; **to determine to do** résoudre de faire, se déterminer à faire

determined [dɪ'tə:mɪnd] *adj* (*person*) déterminé(e), décidé(e); (*quantity*) déterminé, établi(e); (*effort*) très gros(se)

deterrent [dɪ'terənt] *n* effet *m* de dissuasion; force *f* de dissuasion; **to act as a deterrent** avoir un effet dissuasif

detest [dɪ'test] *vt* détester, avoir horreur de

detonate ['detəneɪt] *vi* exploser ◆ *vt* faire exploser *or* détoner

detour ['di:tuə*] *n* détour *m*; (*US AUT: diversion*) déviation *f*

detract [dɪ'trækt] *vt*: **to detract from** (*quality, pleasure*) diminuer; (*reputation*) porter atteinte à

detriment ['detrɪmənt] *n*: **to the detriment of** au détriment de, au préjudice de; **without detriment to** sans porter atteinte *or* préjudice à, sans conséquences fâcheuses pour

detrimental [detrɪ'mentl] *adj*: **detrimental to** préjudiciable *or* nuisible à

devaluation [dɪvælju'eɪʃən] *n* dévaluation *f*

devastate ['devəsteɪt] *vt* dévaster

devastated ['devəsteɪtɪd] *adj* (*fig*) anéanti(e); **he was devastated by the news** cette nouvelle lui a porté un coup terrible

devastating ['devəsteɪtɪŋ] *adj* dévastateur(trice)

develop [dɪ'veləp] *vt* (*gen*) développer; (*habit*) contracter; (*resources*) mettre en valeur, exploiter; (*land*) aménager ◆ *vi* se développer; (*situation, disease: evolve*) évoluer; (*facts, symptoms: appear*) se manifester, se produire; **to develop a taste for sth** prendre goût à qch; **to develop into** devenir

developer [dɪ'veləpə*] *n* (*PHOT*) révélateur *m*; (*of land*) promoteur *m*; (*also*: **property developer**) promoteur immobilier

development [dɪ'veləpmənt] *n* développement

m; (*of affair, case*) rebondissement *m*, fait(s) nouveau(x)

device [dɪ'vaɪs] *n* (*scheme*) moyen *m*, expédient *m*; (*apparatus*) engin *m*, dispositif *m*; **explosive device** engin explosif

devil ['devl] *n* diable *m*; démon *m*

devious ['di:vɪəs] *adj* (*means*) détourné(e); (*person*) sournois(e), dissimulé(e)

devise [dɪ'vaɪz] *vt* imaginer, concevoir

devoid [dɪ'vɔɪd] *adj*: **devoid of** dépourvu(e) de, dénué(e) de

devolution [di:və'lu:ʃən] *n* (*POL*) décentralisation *f*

devote [dɪ'vəut] *vt*: **to devote sth to** consacrer qch à

devoted [dɪ'vəutɪd] *adj* dévoué(e); **to be devoted to** être dévoué(e) *or* très attaché(e) à; (*book etc*) être consacré(e) à

devotee [devəu'ti:] *n* (*REL*) adepte *m/f*; (*MUS, SPORT*) fervent/e

devotion [dɪ'vəuʃən] *n* dévouement *m*, attachement *m*; (*REL*) dévotion *f*, piété *f*

devour [dɪ'vauə*] *vt* dévorer

devout [dɪ'vaut] *adj* pieux(euse), dévot(e)

dew [dju:] *n* rosée *f*

diabetes [daɪə'bi:ti:z] *n* diabète *m*

diabetic [daɪə'betɪk] *n* diabétique *m/f* ◆ *adj* (*person*) diabétique; (*chocolate, jam*) pour diabétiques

diabolical [daɪə'bɔlɪk] *adj* diabolique; (*col: dreadful*) infernal(e), atroce

diagnosis, *pl* **diagnoses** [daɪəg'nəusɪs, -si:z] *n* diagnostic *m*

diagonal [daɪ'ægənl] *adj* diagonal(e) ◆ *n* diagonale *f*

diagram ['daɪəgræm] *n* diagramme *m*, schéma *m*

dial ['daɪəl] *n* cadran *m* ◆ *vt* (*number*) faire, composer; **to dial a wrong number** faire un faux numéro; **can I dial London direct?** puis-je *or* estce que je peux avoir Londres par l'automatique?

dialect ['daɪəlekt] *n* dialecte *m*

dialling code ['daɪəlɪŋ-], (*US*) **dial code** *n* indicatif *m* (téléphonique)

dialling tone ['daɪəlɪŋ-], (*US*) **dial tone** *n* tonalité *f*

dialogue ['daɪəlɔg] *n* dialogue *m*

diameter [daɪ'æmɪtə*] *n* diamètre *m*

diamond ['daɪəmənd] *n* diamant *m*; (*shape*) losange *m*; **diamonds** *npl* (*CARDS*) carreau *m*

diaper ['daɪəpə*] *n* (*US*) couche *f*

diaphragm ['daɪəfræm] *n* diaphragme *m*

diarrhoea, (*US*) **diarrhea** [daɪə'ri:ə] *n* diarrhée *f*

diary ['daɪərɪ] *n* (*daily account*) journal *m*; (*book*) agenda *m*; **to keep a diary** tenir un journal

dice [daɪs] *n* (*pl inv*) dé *m* ◆ *vt* (*CULIN*) couper en dés *or* en cubes

dictate *vt* [dɪk'teɪt] dicter ◆ *vi*: **to dictate to** (*person*) imposer sa volonté à, régenter; **I won't be dic-**

tated to je n'ai d'ordres à recevoir de personne ♦ n ['dɪkteɪt] injonction f

dictation [dɪk'teɪʃən] n dictée f; **at dictation speed** à une vitesse de dictée

dictator [dɪk'teɪtə*] n dictateur m

dictatorship [dɪk'teɪtəʃɪp] n dictature f

dictionary ['dɪkʃənrɪ] n dictionnaire m

did [dɪd] pt of **do**

didn't [dɪdnt] = **did not**

die [daɪ] n (pl: **dice**) dé m; (pl: **dies**) coin m; matrice f; étampe f ♦ vi: **to die** (of or from) mourir (de); **to be dying** être mourant(e); **to be dying for sth** avoir une envie folle de qch; **to be dying to do sth** mourir d'envie de faire qch

▶ **die away** vi s'éteindre

▶ **die down** vi se calmer, s'apaiser

▶ **die out** vi disparaître, s'éteindre

diesel ['diːzl] n diesel m

diesel engine n moteur m diesel

diet ['daɪət] n alimentation f; (restricted food) régime m ♦ vi: **be on a diet** suivre un régime; **to live on a diet of** se nourrir de

differ ['dɪfə*] vi: **to differ from sth** être différent(e) de qch, différer de qch; **to differ from sb over sth** ne pas être d'accord avec qn au sujet de qch

difference ['dɪfrəns] n différence f; (quarrel) différend m, désaccord m; **it makes no difference to me** cela m'est égal, cela m'est indifférent; **to settle one's differences** résoudre la situation

different ['dɪfrənt] adj différent(e)

differentiate [dɪfə'renʃɪeɪt] vt différencier ♦ vi se différencier; **to differentiate between** faire une différence entre

difficult ['dɪfɪkəlt] adj difficile; **difficult to understand** difficile à comprendre

difficulty ['dɪfɪkəltɪ] n difficulté f; **to have difficulties with** avoir des ennuis or problèmes avec; **to be in difficulty** avoir des difficultés, avoir des problèmes

diffident ['dɪfɪdənt] adj qui manque de confiance or d'assurance, peu sûr(e) de soi

dig [dɪg] vt, pt, pp **dug** [dʌg] (hole) creuser; (garden) bêcher ♦ n (prod) coup m de coude; (fig) coup de griffe or de patte; (ARCHAEOLOGY) fouille f; **to dig into** (snow, soil) creuser; **to dig into one's pockets for sth** fouiller dans ses poches pour chercher or prendre qch; **to dig one's nails into** enfoncer ses ongles dans

▶ **dig in** vi (also: **dig o.s. in**: MIL) se retrancher; (: fig) tenir bon, se braquer; (col: eat) attaquer (un repas or un plat etc) ♦ vt (compost) bien mélanger à la bêche; (knife, claw) enfoncer; **to dig in one's heels** (fig) se braquer, se buter

▶ **dig out** vt (survivors, car from snow) sortir or dégager (à coups de pelles or pioches)

▶ **dig up** vt déterrer

digest vt [daɪ'dʒest] digérer ♦ n ['daɪdʒest] sommaire m, résumé m

digestion [dɪ'dʒestʃən] n digestion f

digit ['dɪdʒɪt] n chiffre m (de 0 à 9); (finger) doigt m

digital ['dɪdʒɪtl] adj digital(e); (watch) à affichage numérique or digital

dignified ['dɪgnɪfaɪd] adj digne

dignity ['dɪgnɪtɪ] n dignité f

digress [daɪ'gres] vi: **to digress from** s'écarter de, s'éloigner de

digs [dɪgz] npl (BRIT col) piaule f, chambre meublée

dilapidated [dɪ'læpɪdeɪtɪd] adj délabré(e)

dilemma [daɪ'lemə] n dilemme m; **to be in a dilemma** être pris dans un dilemme

diligent ['dɪlɪdʒənt] adj appliqué(e), assidu(e)

dilute [daɪ'luːt] vt diluer ♦ adj dilué(e)

dim [dɪm] adj (light, eyesight) faible; (memory, outline) vague, indécis(e); (stupid) borné(e), obtus(e) ♦ vt (light) réduire, baisser; (US AUT) mettre en code, baisser; **to take a dim view of sth** voir qch d'un mauvais œil

dime [daɪm] n (US) = 10 cents

dimension [daɪ'menʃən] n dimension f

diminish [dɪ'mɪnɪʃ] vt, vi diminuer

diminutive [dɪ'mɪnjutɪv] adj minuscule, tout(e) petit(e) ♦ n (LING) diminutif m

dimmer ['dɪmə*] n (also: **dimmer switch**) variateur m; **dimmers** npl (US AUT: dipped headlights) phares mpl code inv; (parking lights) feux mpl de position

dimple ['dɪmpl] n fossette f

din [dɪn] n vacarme m ♦ vt: **to din sth into sb** (col) enfoncer qch dans la tête or la caboche de qn

dine [daɪn] vi dîner

diner ['daɪnə*] n (person) dîneur/euse; (RAIL) = **dining car**; (US: eating place) petit restaurant

dinghy ['dɪŋgɪ] n youyou m; (inflatable) canot m pneumatique; (also: **sailing dinghy**) voilier m, dériveur m

dingy ['dɪndʒɪ] adj miteux(euse), minable

dining car ['daɪnɪŋ-] n voiture-restaurant f, wagon-restaurant m

dining room ['daɪnɪŋ-] n salle f à manger

dinner ['dɪnə*] n dîner m; (public) banquet m; **dinner's ready!** à table!

dinner jacket n smoking m

dinner party n dîner m

dinner time n heure f du dîner

dinosaur ['daɪnəsɔ:*] n dinosaure m

dip [dɪp] n déclivité f; (in sea) baignade f, bain m ♦ vt tremper, plonger; (BRIT AUT: lights) mettre en code, baisser ♦ vi plonger

diploma [dɪ'pləumə] n diplôme m

diplomacy [dɪ'pləuməsɪ] n diplomatie f

diplomat ['dɪpləmæt] n diplomate m

diplomatic [dɪplə'mætɪk] adj diplomatique; **to**

break off diplomatic relations (with) rompre les relations diplomatiques (avec)

dipstick ['dɪpstɪk] n (AUT) jauge f de niveau d'huile

dipswitch ['dɪpswɪtʃ] n (BRIT AUT) commutateur m de code

dire [daɪə*] adj extrême, affreux(euse)

direct [dɪ'rekt] adj direct(e); (manner, person) direct, franc(franche) ♦ vt diriger, orienter; **can you direct me to ...?** pouvez-vous m'indiquer le chemin de ...?; **to direct sb to do sth** ordonner à qn de faire qch

direct debit n (BANKING) prélèvement m automatique

direction [dɪ'rekʃən] n direction f; (THEAT) mise f en scène; (CINE, TV) réalisation f; **directions** npl (instructions: to a place) indications fpl; **directions for use** mode m d'emploi; **to ask for directions** demander sa route or son chemin; **sense of direction** sens m de l'orientation; **in the direction of** dans la direction de, vers

directly [dɪ'rektlɪ] adv (in straight line) directement, tout droit; (at once) tout de suite, immédiatement

director [dɪ'rektə*] n directeur m; (board member) administrateur m; (THEAT) metteur m en scène; (CINE, TV) réalisateur/trice; **Director of Public Prosecutions** (BRIT) ≈ procureur général

directory [dɪ'rektərɪ] n annuaire m; (also: **street directory**) indicateur m de rues; (also: **trade directory**) annuaire du commerce; (COMPUT) répertoire m

directory enquiries, (US) **directory assistance** n (TEL: service) renseignements mpl

dirt [dɜːt] n saleté f; (mud) boue f; **to treat sb like dirt** traiter qn comme un chien

dirt-cheap ['dɜːt'tʃiːp] adj (ne) coûtant presque rien

dirty ['dɜːtɪ] adj sale ♦ vt salir; **dirty story** histoire cochonne; **dirty trick** coup tordu

disability [dɪsə'bɪlɪtɪ] n invalidité f, infirmité f

disabled [dɪs'eɪbld] adj infirme, invalide; (maimed) mutilé(e); (through illness, old age) impotent(e)

disadvantage [dɪsəd'vɑːntɪdʒ] n désavantage m, inconvénient m

disagree [dɪsə'griː] vi (differ) ne pas concorder; (be against, think otherwise): **to disagree (with)** ne pas être d'accord (avec); **garlic disagrees with me** l'ail ne me convient pas, je ne supporte pas l'ail

disagreeable [dɪsə'griːəbl] adj désagréable

disagreement [dɪsə'griːmənt] n désaccord m, différend m

disallow ['dɪsə'lau] vt rejeter, désavouer; (BRIT FOOTBALL: goal) refuser

disappear [dɪsə'pɪə*] vi disparaître

disappearance [dɪsə'pɪərəns] n disparition f

disappoint [dɪsə'pɔɪnt] vt décevoir

disappointed [dɪsə'pɔɪntɪd] adj déçu(e)

disappointing [dɪsə'pɔɪntɪŋ] adj décevant(e)

disappointment [dɪsə'pɔɪntmənt] n déception f

disapproval [dɪsə'pruːvəl] n désapprobation f

disapprove [dɪsə'pruːv] vi: **to disapprove of** désapprouver

disarmament [dɪs'ɑːməmənt] n désarmement m

disarray [dɪsə'reɪ] n désordre m, confusion f; **in disarray** (troops) en déroute; (thoughts) embrouillé(e) (clothes) en désordre; **to throw into disarray** semer la confusion or le désordre dans (or parmi)

disaster [dɪ'zɑːstə*] n catastrophe f, désastre m

disastrous [dɪ'zɑːstrəs] adj désastreux(euse)

disband [dɪs'bænd] vt démobiliser; disperser ♦ vi se séparer; se disperser

disbelief ['dɪsbə'liːf] n incrédulité f; **in disbelief** avec incrédulité

disc [dɪsk] n disque m

discard [dɪs'kɑːd] vt (old things) se défaire de, mettre au rencart or au rebut; (fig) écarter, renoncer à

discern [dɪ'sɜːn] vt discerner, distinguer

discerning [dɪ'sɜːnɪŋ] adj judicieux(euse), perspicace

discharge vt [dɪs'tʃɑːdʒ] (duties) s'acquitter de; (settle: debt) s'acquitter de, régler; (waste etc) déverser; décharger; (ELEC, MED) émettre; (patient) renvoyer (chez lui); (employee, soldier) congédier, licencier; (defendant) relaxer, élargir ♦ n ['dɪstʃɑːdʒ] (ELEC, MED etc) émission f; (also: **vaginal discharge**) pertes blanches; (dismissal) renvoi m; licenciement m; élargissement m; **to discharge one's gun** faire feu; **discharged bankrupt** failli/e, réhabilité/e

discipline ['dɪsɪplɪn] n discipline f ♦ vt discipliner; (punish) punir; **to discipline o.s. to do sth** s'imposer or s'astreindre à une discipline pour faire qch

disc jockey (DJ) n disque-jockey m (DJ)

disclaim [dɪs'kleɪm] vt désavouer, dénier

disclose [dɪs'kləuz] vt révéler, divulguer

disclosure [dɪs'kləuʒə*] n révélation f, divulgation f

disco ['dɪskəu] n abbr = discotheque

discomfort [dɪs'kʌmfət] n malaise m, gêne f; (lack of comfort) manque m de confort

disconcert [dɪskən'sɜːt] vt déconcerter, décontenancer

disconnect [dɪskə'nekt] vt détacher; (ELEC, RADIO) débrancher; (gas, water) couper

discontent [dɪskən'tent] n mécontentement m

discontented [dɪskən'tentɪd] adj mécontent(e)

discontinue [dɪskən'tɪnjuː] vt cesser, interrompre; **"discontinued"** (COMM) "fin de série"

discord ['dɪskɔːd] n discorde f, dissension f; (MUS) dissonance f

discotheque ['dɪskəutek] n discothèque f

discount n ['dɪskaunt] remise f, rabais m ♦ vt [dɪs

'kaunt] (report etc) ne pas tenir compte de; **to give sb a discount on sth** faire une remise or un rabais à qn sur qch; **discount for cash** escompte f au comptant; **at a discount** avec une remise or réduction, au rabais

discourage [dɪsˈkʌrɪdʒ] vt décourager; (dissuade, deter) dissuader, décourager

discover [dɪsˈkʌvə*] vt découvrir

discovery [dɪsˈkʌvərɪ] n découverte f

discredit [dɪsˈkredɪt] vt mettre en doute; discréditer ♦ n discrédit m

discreet [dɪˈskriːt] adj discret(ète)

discrepancy [dɪˈskrepənsɪ] n divergence f, contradiction f

discretion [dɪˈskreʃən] n discrétion f; **use your own discretion** à vous de juger

discriminate [dɪˈskrɪmɪneɪt] vi: **to discriminate between** établir une distinction entre, faire la différence entre; **to discriminate against** pratiquer une discrimination contre

discriminating [dɪˈskrɪmɪneɪtɪŋ] adj qui a du discernement

discrimination [dɪskrɪmɪˈneɪʃən] n discrimination f; (judgment) discernement m; **racial/sexual discrimination** discrimination raciale/sexuelle

discuss [dɪˈskʌs] vt discuter de; (debate) discuter

discussion [dɪˈskʌʃən] n discussion f; **under discussion** en discussion

disdain [dɪsˈdeɪn] n dédain m

disease [dɪˈziːz] n maladie f

disembark [dɪsɪmˈbɑːk] vt, vi débarquer

disentangle [dɪsɪnˈtæŋgl] vt démêler

disfigure [dɪsˈfɪgə*] vt défigurer

disgrace [dɪsˈgreɪs] n honte f; (disfavour) disgrâce f ♦ vt déshonorer, couvrir de honte

disgraceful [dɪsˈgreɪsful] adj scandaleux(euse), honteux(euse)

disgruntled [dɪsˈgrʌntld] adj mécontent(e)

disguise [dɪsˈgaɪz] n déguisement m ♦ vt déguiser; (voice) déguiser, contrefaire; (feelings etc) masquer, dissimuler; **in disguise** déguisé(e); **to disguise o.s. as** se déguiser en; **there's no disguising the fact that ...** on ne peut pas se dissimuler que ...

disgust [dɪsˈgʌst] n dégoût m, aversion f ♦ vt dégoûter, écœurer

disgusting [dɪsˈgʌstɪŋ] adj dégoûtant(e), révoltant(e)

dish [dɪʃ] n plat m; **to do** or **wash the dishes** faire la vaisselle

▶ **dish out** vt distribuer

▶ **dish up** vt servir; (facts, statistics) sortir, débiter

dishcloth [ˈdɪʃklɔθ] n (for drying) torchon m; (for washing) lavette f

dishearten [dɪsˈhɑːtn] vt décourager

dishevelled, (us) **disheveled** [dɪˈʃevəld] adj ébouriffé(e), décoiffé(e), débraillé(e)

dishonest [dɪsˈɒnɪst] adj malhonnête

dishonour, (us) **dishonor** [dɪsˈɒnə*] n déshonneur m

dishono(u)rable [dɪsˈɒnərəbl] adj déshonorant(e)

dishtowel [ˈdɪʃtauəl] n torchon m (à vaisselle)

dishwasher [ˈdɪʃwɔʃə*] n lave-vaisselle m; (person) plongeur/euse

disillusion [dɪsɪˈluːʒən] vt désabuser, désenchanter ♦ n désenchantement m; **to become disillusioned (with)** perdre ses illusions (en ce qui concerne)

disinfect [dɪsɪnˈfekt] vt désinfecter

disinfectant [dɪsɪnˈfektənt] n désinfectant m

disintegrate [dɪsˈɪntɪgreɪt] vi se désintégrer

disinterested [dɪsˈɪntrəstɪd] adj désintéressé(e)

disjointed [dɪsˈdʒɔɪntɪd] adj décousu(e), incohérent(e)

disk [dɪsk] n (COMPUT) disquette f; **single-/double-sided disk** disquette une face/double face

disk drive n lecteur m de disquette

diskette [dɪsˈket] n (COMPUT) disquette f

dislike [dɪsˈlaɪk] n aversion f, antipathie f ♦ vt ne pas aimer; **to take a dislike to sb/sth** prendre qn/qch en grippe; **I dislike the idea** l'idée me déplaît

dislocate [ˈdɪsləkeɪt] vt disloquer, déboîter; (services etc) désorganiser; **he has dislocated his shoulder** il s'est disloqué l'épaule

dislodge [dɪsˈlɔdʒ] vt déplacer, faire bouger; (enemy) déloger

disloyal [dɪsˈlɔɪəl] adj déloyal(e)

dismal [ˈdɪzml] adj lugubre, maussade

dismantle [dɪsˈmæntl] vt démonter; (fort, warship) démanteler

dismay [dɪsˈmeɪ] n consternation f ♦ vt consterner; **much to my dismay** à ma grande consternation, à ma grande inquiétude

dismiss [dɪsˈmɪs] vt congédier, renvoyer; (idea) écarter; (LAW) rejeter ♦ vi (MIL) rompre les rangs

dismissal [dɪsˈmɪsl] n renvoi m

dismount [dɪsˈmaunt] vi mettre pied à terre

disobedient [dɪsəˈbiːdɪənt] adj désobéissant(e), indiscipliné(e)

disobey [dɪsəˈbeɪ] vt désobéir à; (rule) transgresser, enfreindre

disorder [dɪsˈɔːdə*] n désordre m; (rioting) désordres mpl; (MED) troubles mpl

disorderly [dɪsˈɔːdəlɪ] adj (room) en désordre; (behaviour, retreat, crowd) désordonné(e)

disorientated [dɪsˈɔːrɪenteɪtɪd] adj désorienté(e)

disown [dɪsˈaun] vt renier

disparaging [dɪsˈpærɪdʒɪŋ] adj désobligeant(e); **to be disparaging about sb/sth** faire des remarques désobligeantes sur qn/qch

dispassionate [dɪsˈpæʃənət] adj calme, froid(e), impartial(e), objectif(ive)

dispatch [dɪsˈpætʃ] vt expédier, envoyer; (deal

with: *business*) régler, en finir avec ♦ *n* envoi *m*, expédition *f*; (*MIL, PRESS*) dépêche *f*

dispel [dɪs'pɛl] *vt* dissiper, chasser

dispense [dɪs'pɛns] *vt* distribuer, administrer; (*medicine*) préparer (et vendre); **to dispense sb from** dispenser qn de
▶ **dispense with** *vt fus* se passer de; (*make unnecessary*) rendre superflu(e)

dispenser [dɪs'pɛnsə*] *n* (*device*) distributeur *m*

dispensing chemist [dɪs'pɛnsɪŋ-] *n* (*BRIT*) pharmacie *f*

disperse [dɪs'pə:s] *vt* disperser; (*knowledge*) disséminer ♦ *vi* se disperser

dispirited [dɪs'pɪrɪtɪd] *adj* découragé(e), déprimé(e)

displace [dɪs'pleɪs] *vt* déplacer

display [dɪs'pleɪ] *n* (*of goods*) étalage *m*; affichage *m*; (*computer display: information*) visualisation *f*; (*: device*) visuel *m*; (*of feeling*) manifestation *f*; (*pej*) ostentation *f*; (*show, spectacle*) spectacle *m*; (*military display*) parade *f* militaire ♦ *vt* montrer; (*goods*) mettre à l'étalage, exposer; (*results, departure times*) afficher; (*pej*) faire étalage de; **on display** (*exhibits*) exposé(e), exhibé(e); (*goods*) à l'étalage

displease [dɪs'pli:z] *vt* mécontenter, contrarier; **displeased with** mécontent(e) de

displeasure [dɪs'plɛʒə*] *n* mécontentement *m*

disposable [dɪs'pəuzəbl] *adj* (*pack etc*) jetable; (*income*) disponible; **disposable nappy** (*BRIT*) couche *f* à jeter, couche-culotte *f*

disposal [dɪs'pəuzl] *n* (*availability, arrangement*) disposition *f*; (*of property etc: by selling*) vente *f*; (*: by giving away*) cession *f*; (*of rubbish*) évacuation *f*, destruction *f*; **at one's disposal** à sa disposition; **to put sth at sb's disposal** mettre qch à la disposition de qn

dispose [dɪs'pəuz] *vt* disposer
▶ **dispose of** *vt fus* (*time, money*) disposer de; (*unwanted goods*) se débarrasser de, se défaire de; (*COMM: stock*) écouler, vendre; (*problem*) expédier

disposed [dɪs'pəuzd] *adj*: **disposed to do** disposé(e) à faire

disposition [dɪspə'zɪʃən] *n* disposition *f*; (*temperament*) naturel *m*

disprove [dɪs'pru:v] *vt* réfuter

dispute [dɪs'pju:t] *n* discussion *f*; (*also*: **industrial dispute**) conflit *m* ♦ *vt* contester; (*matter*) discuter; (*victory*) disputer; **to be in** *or* **under dispute** (*matter*) être en discussion; (*territory*) être contesté(e)

disqualify [dɪs'kwɔlɪfaɪ] *vt* (*SPORT*) disqualifier; **to disqualify sb for sth/from doing** (*status, situation*) rendre qn inapte à qch/à faire; (*authority*) signifier à qn l'interdiction de faire; **to disqualify sb (from driving)** (*BRIT*) retirer à qn son permis (de conduire)

disquiet [dɪs'kwaɪət] *n* inquiétude *f*, trouble *m*

disregard [dɪsrɪ'gɑːd] *vt* ne pas tenir compte de

♦ *n* (*indifference*): **disregard (for)** (*feelings*) indifférence *f* (pour), insensibilité *f* (à); (*danger, money*) mépris *m* (pour)

disrepair ['dɪsrɪ'pɛə*] *n* mauvais état; **to fall into disrepair** (*building*) tomber en ruine; (*street*) se dégrader

disreputable [dɪs'rɛpjutəbl] *adj* (*person*) de mauvaise réputation, peu recommandable; (*behaviour*) déshonorant(e); (*area*) mal famée(e), louche

disrespectful [dɪsrɪ'spɛktful] *adj* irrespectueux(euse)

disrupt [dɪs'rʌpt] *vt* (*plans, meeting, lesson*) perturber, déranger

dissatisfied [dɪs'sætɪsfaɪd] *adj*: **dissatisfied (with)** mécontent(e) *or* insatisfait(e) (de)

dissect [dɪ'sɛkt] *vt* disséquer; (*fig*) disséquer, éplucher

dissent [dɪ'sɛnt] *n* dissentiment *m*, différence *f* d'opinion

dissertation [dɪsə'teɪʃən] *n* (*SCOL*) mémoire *m*

disservice [dɪs'sə:vɪs] *n*: **to do sb a disservice** rendre un mauvais service à qn; desservir qn

dissimilar [dɪ'sɪmɪlə*] *adj*: **dissimilar (to)** dissemblable (à), différent(e) de

dissipate ['dɪsɪpeɪt] *vt* dissiper; (*energy, efforts*) disperser

dissolute ['dɪsəluːt] *adj* débauché(e), dissolu(e)

dissolve [dɪ'zɔlv] *vt* dissoudre ♦ *vi* se dissoudre, fondre; (*fig*) disparaître

distance ['dɪstns] *n* distance *f*; **what's the distance to London?** à quelle distance se trouve Londres?; **it's within walking distance** on peut y aller à pied; **in the distance** au loin

distant ['dɪstnt] *adj* lointain(e), éloigné(e); (*manner*) distant(e), froid(e)

distaste [dɪs'teɪst] *n* dégoût *m*

distasteful [dɪs'teɪstful] *adj* déplaisant(e), désagréable

distended [dɪs'tɛndɪd] *adj* (*stomach*) dilaté(e)

distil, (*US*) **distill** [dɪs'tɪl] *vt* distiller

distillery [dɪs'tɪlərɪ] *n* distillerie *f*

distinct [dɪs'tɪŋkt] *adj* distinct(e); (*preference, progress*) marqué(e); **as distinct from** par opposition à, en contraste avec

distinction [dɪs'tɪŋkʃən] *n* distinction *f*; (*in exam*) mention *f* très bien; **to draw a distinction between** faire une distinction entre; **a writer of distinction** un écrivain réputé

distinctive [dɪs'tɪŋktɪv] *adj* distinctif(ive)

distinguish [dɪs'tɪŋgwɪʃ] *vt* distinguer ♦ *vi*: **to distinguish between** (*concepts*) distinguer entre, faire une distinction entre; **to distinguish o.s.** se distinguer

distinguished [dɪs'tɪŋgwɪʃt] *adj* (*eminent, refined*) distingué(e); (*career*) remarquable, brillant(e)

distinguishing [dɪs'tɪŋgwɪʃɪŋ] *adj* (*feature*) distinctif(ive), caractéristique

distort [dɪs'tɔːt] *vt* déformer

distract [dɪs'trækt] *vt* distraire, déranger

distracted [dɪs'træktɪd] *adj* (look etc) éperdu(e), égaré(e)

distraction [dɪs'trækʃən] *n* distraction *f*, dérangement *m*; **to drive sb to distraction** rendre qn fou/folle

distraught [dɪs'trɔːt] *adj* éperdu(e)

distress [dɪs'tres] *n* détresse *f*; (pain) douleur *f* ♦ *vt* affliger; **in distress** (ship) en perdition; (plane) en détresse; **distressed area** (BRIT) zone sinistrée

distressing [dɪs'tresɪŋ] *adj* douloureux(euse), pénible, affligeant(e)

distribute [dɪs'trɪbjuːt] *vt* distribuer

distribution [dɪstrɪ'bjuːʃən] *n* distribution *f*

distributor [dɪs'trɪbjuːtə*] *n* (gen, TECH) distributeur *m*; (COMM) concessionnaire *m/f*

district ['dɪstrɪkt] *n* (of country) région *f*; (of town) quartier *m*; (ADMIN) district *m*

district attorney *n* (US) ≈ procureur *m* de la République

district nurse *n* (BRIT) infirmière visiteuse

distrust [dɪs'trʌst] *n* méfiance *f*, doute *m* ♦ *vt* se méfier de

disturb [dɪs'təːb] *vt* troubler; (inconvenience) déranger; **sorry to disturb you** excusez-moi de vous déranger

disturbance [dɪs'təːbəns] *n* dérangement *m*; (political etc) troubles *mpl*; (by drunks etc) tapage *m*; **to cause a disturbance** troubler l'ordre public; **disturbance of the peace** (LAW) tapage injurieux or nocturne

disturbed [dɪs'təːbd] *adj* agité(e), troublé(e); **to be mentally/emotionally disturbed** avoir des problèmes psychologiques/affectifs

disturbing [dɪs'təːbɪŋ] *adj* troublant(e), inquiétant(e)

disuse [dɪs'juːs] *n*: **to fall into disuse** tomber en désuétude

disused [dɪs'juːzd] *adj* désaffecté(e)

ditch [dɪtʃ] *n* fossé *m* ♦ *vt* (col) abandonner

dither ['dɪðə*] *vi* hésiter

ditto ['dɪtəu] *adv* idem

dive [daɪv] *n* plongeon *m*; (of submarine) plongée *f*; (AVIAT) piqué *m*; (pej: café, bar etc) bouge *m* ♦ *vi* plonger

diver ['daɪvə*] *n* plongeur *m*

diversion [daɪ'vəːʃən] *n* (BRIT AUT) déviation *f*; (distraction, MIL) diversion *f*

divert [daɪ'vəːt] *vt* (BRIT: traffic) dévier; (plane) dérouter; (train, river) détourner; (amuse) divertir

divide [dɪ'vaɪd] *vt* diviser; (separate) séparer ♦ *vi* se diviser; **to divide (between** or **among)** répartir or diviser (entre); **40 divided by 5** 40 divisé par 5

▶ **divide out** *vt*: **to divide out (between** or **among)** distribuer or répartir (entre)

dividend ['dɪvɪdend] *n* dividende *m*

divine [dɪ'vaɪn] *adj* divin(e) ♦ *vt* (future) prédire; (truth) deviner, entrevoir; (water, metal) détecter la présence de (par l'intermédiaire de la radiesthésie)

diving ['daɪvɪŋ] *n* plongée (sous-marine)

diving board *n* plongeoir *m*

divinity [dɪ'vɪnɪtɪ] *n* divinité *f*; (as study) théologie *f*

division [dɪ'vɪʒən] *n* (BRIT FOOTBALL) division *f*; (separation) séparation *f*; (BRIT POL) vote *m*; (**division of labour** division du travail

divorce [dɪ'vɔːs] *n* divorce *m* ♦ *vt* divorcer d'avec

divorced [dɪ'vɔːst] *adj* divorcé(e)

divorcee [dɪvɔː'siː] *n* divorcé/e

DIY *adj, n abbr* (BRIT) = **do-it-yourself**

dizzy ['dɪzɪ] *adj* (height) vertigineux(euse); **to make sb dizzy** donner le vertige à qn; **I feel dizzy** la tête me tourne, j'ai la tête qui tourne

DJ *n abbr* = **disc jockey**

DNA fingerprinting [-'fɪŋgəprɪntɪŋ] *n* technique *f* des empreintes génétiques

---KEYWORD---

do [duː] *pt* **did**, *pp* **done**, *n* (col: party etc) soirée *f*, fête *f*; (: formal gathering) réception *f*
♦ *vb* **1** (in negative constructions: non traduit) **I don't understand** je ne comprends pas

2 (to form questions: non traduit) **didn't you know?** vous ne le saviez pas?; **why didn't you come?** pourquoi n'êtes-vous pas venu?

3 (for emphasis, in polite expressions): **she does seem rather late** je trouve qu'elle est bien en retard; **do sit down/help yourself** asseyez-vous/servez-vous je vous en prie; **I DO wish I could go** j'aimerais tant y aller; **but I DO like it!** mais si, je l'aime!

4 (used to avoid repeating vb): **she swims better than I do** elle nage mieux que moi; **do you agree?** vous êtes d'accord?; **she lives in Glasgow – so do I** elle habite Glasgow – moi aussi; **who broke it? – I did** qui l'a cassé? – c'est moi

5 (in question tags): **he laughed, didn't he?** il a ri, n'est-ce pas?; **I don't know him, do I?** je ne crois pas le connaître

♦ *vt* (gen: carry out, perform etc) faire; (visit: city, museum) faire, visiter; **what are you doing tonight?** qu'est-ce que vous faites ce soir?; **what did he do with the cat?** qu'a t'il fait du chat?; **to do the cooking/washing-up** faire la cuisine/la vaisselle; **to do one's teeth/hair/nails** se brosser les dents/se coiffer/se faire les ongles; **the car was doing 100** la voiture faisait du 100 (à l'heure)

♦ *vi* **1** (act, behave) faire; **do as I do** faites comme moi

2 (get on, fare) marcher; **the firm is doing well** l'entreprise marche bien; **how do you do?** com-

ment allez-vous?; (on being introduced) enchan-
té(e)!

3 (suit) aller; **will it do?** est-ce que ça ira?

4 (be sufficient) suffire, aller; **will £10 do?** est-ce
que 10 livres suffiront?; **that'll do** ça suffit, ça ira;
that'll do! (in annoyance) ça va or suffit comme
ça!; **to make do (with)** se contenter (de)

▶ **do away with** vt fus abolir; (kill) supprimer

▶ **do for** vt fus (BRIT col: clean for) faire le ménage chez

▶ **do up** vt (laces, dress) attacher; (buttons) boutonner; (zip) fermer; (renovate: room) refaire; (:
house) remettre à neuf; **to do o.s. up** se faire
beau(belle)

▶ **do with** vt fus (need): **I could do with a
drink/some help** quelque chose à boire/un peu
d'aide ne serait pas de refus; **it could do with a
wash** ça ne lui ferait pas de mal d'être lavé; (be
connected with): **that has nothing to do with
you** cela ne vous concerne pas; **I won't have
anything to do with it** je ne veux pas m'en
mêler; **what has that got to do with it?** quel est
le rapport?, qu'est-ce que cela vient faire là-
dedans?

▶ **do without** vi s'en passer ◆ vt fus se passer
de

dock [dɔk] n dock m; (wharf) quai m; (LAW) banc m
des accusés ◆ vi se mettre à quai ◆ vt: **they
docked a third of his wages** ils lui ont retenu or
décompté un tiers de son salaire

docker ['dɔkə*] n docker m

dockyard ['dɔkjɑːd] n chantier m de construction
navale

doctor ['dɔktə*] n médecin m, docteur m; (PhD
etc) docteur ◆ vt (cat) couper; (interfere with: food)
altérer; (: drink) frelater; (: text, document) arranger;
doctor's office (US) cabinet m de consultation;
Doctor of Philosophy (PhD) doctorat m; titulaire
m/f d'un doctorat

document n ['dɔkjumənt] document m ◆ vt
['dɔkjument] documenter

documentary [dɔkju'mentərɪ] adj, n documentaire (m)

dodge [dɔdʒ] n truc m; combine f ◆ vt esquiver,
éviter ◆ vi faire un saut de côté; (SPORT) faire une
esquive; **to dodge out of the way** s'esquiver; **to
dodge through the traffic** se faufiler or faire de
savantes manœuvres entre les voitures

dodgems ['dɔdʒəmz] npl (BRIT) autos tamponneuses

doe [dəu] n (deer) biche f; (rabbit) lapine f

does [dʌz] see do

doesn't ['dʌznt] = does not

dog [dɔg] n chien/ne ◆ vt (follow closely) suivre de
près, ne pas lâcher d'une semelle; (fig: memory etc)
poursuivre, harceler; **to go to the dogs** (nation etc)
aller à vau-l'eau

dog collar n collier m de chien; (fig) faux-col m

d'ecclésiastique

dog-eared ['dɔgiəd] adj corné(e)

dogged ['dɔgid] adj obstiné(e), opiniâtre

dogsbody ['dɔgzbɔdi] n (BRIT) bonne f à tout faire,
tâcheron m

doings ['duːiŋz] npl activités fpl

do-it-yourself ['duːitjɔː'self] n bricolage m

doldrums ['dɔldrəmz] npl: **to be in the doldrums** avoir le cafard; être dans le marasme

dole [dəul] n (BRIT: payment) allocation f de chômage; **on the dole** au chômage

▶ **dole out** vt donner au compte-goutte

doll [dɔl] n poupée f

▶ **doll up** vt: **to doll o.s. up** se faire beau(belle)

dollar ['dɔlə*] n dollar m

dolphin ['dɔlfin] n dauphin m

dome [dəum] n dôme m

domestic [də'mestik] adj (duty, happiness) fami-
lial(e); (policy, affairs, flight) intérieur(e); (news)
national(e); (animal) domestique

domesticated [də'mestikeitid] adj domesti-
qué(e); (pej) d'intérieur; **he's very domesticated** il
participe volontiers aux tâches ménagères; question ménage, il est très organisé

dominate ['dɔmineit] vt dominer

domineering [dɔmi'niəriŋ] adj domina-
teur(trice), autoritaire

dominion [də'miniən] n domination f; territoire
m; dominion m

domino ['dɔminəu] n domino m;
dominoes npl (game) dominos mpl

don [dɔn] n (BRIT) professeur m d'université ◆ vt
revêtir

donate [də'neit] vt faire don de, donner

done [dʌn] pp of do

donkey ['dɔŋki] n âne m

donor ['dəunə*] n (of blood etc) donneur/euse; (to
charity) donateur/trice

donor card n carte f de don d'organes

don't [dəunt] = do not

donut ['dəunʌt] (US) n = doughnut

doodle ['duːdl] n griffonnage m, gribouillage m
◆ vi griffonner, gribouiller

doom [duːm] n (fate) destin m; (ruin) ruine f ◆ vt:
to be doomed to failure être voué(e) à l'échec

door [dɔː*] n porte f; (of vehicle) portière f, porte;
to go from door to door aller de porte en porte

doorbell ['dɔːbel] n sonnette f

door handle n poignée f de porte

doorman ['dɔːmən] n (in hotel) portier m; (in
block of flats) concierge m

doormat ['dɔːmæt] n paillasson m

doorstep ['dɔːstep] n pas m de (la) porte, seuil m

doorway ['dɔːwei] n (embrasure f de) porte f

dope [dəup] n (col) drogue f; (: information)
tuyaux mpl, rancards mpl ◆ vt (horse etc) doper

dormant ['dɔ:mənt] *adj* assoupi(e), en veilleuse; (*rule, law*) inappliqué(e)

dormitory ['dɔ:mɪtrɪ] *n* dortoir *m*; (*us: hall of residence*) foyer *m* d'étudiants

dormouse, *pl* **dormice** ['dɔ:maʊs, -maɪs] *n* loir *m*

DOS [dɒs] *n abbr* = **disk operating system**

dose [dəʊs] *n* dose *f*; (*BRIT: bout*) attaque *f* ♦ *vt*: **to dose o.s.** se bourrer de médicaments; **a dose of flu** une belle *or* bonne grippe

dosh [dɒʃ] (*inf*) *n* fric *m*

doss house ['dɒs-] (*BRIT*) *n* asile *m* de nuit

dot [dɒt] *n* point *m* ♦ *vt*: **dotted with** parsemé(e) de; **on the dot** à l'heure tapante

dotted line ['dɒtɪd-] *n* ligne pointillée; (*AUT*) ligne discontinue; **to sign on the dotted line** signer à l'endroit indiqué *or* sur la ligne pointillée; (*fig*) donner son consentement

double ['dʌbl] *adj* double ♦ *adv* (*fold*) en deux; (*twice*): **to cost double (sth)** coûter le double (de qch) *or* deux fois plus (que qch) ♦ *n* double *m*; (*CINE*) doublure *f* ♦ *vt* doubler; (*fold*) plier en deux ♦ *vi* doubler; (*have two uses*): **to double as** servir aussi de; **double five two six (5526)** (*BRIT TEL*) cinquante-cinq – vingt-six; **it's spelt with a double "l"** ça s'écrit avec deux "l"; **on the double**, (*BRIT*) **at the double** au pas de course

▶ **double back** *vi* (*person*) revenir sur ses pas

▶ **double up** *vi* (*bend over*) se courber, se plier; (*share room*) partager la chambre

double bass *n* contrebasse *f*

double bed *n* grand lit

double-breasted ['dʌbl'brestɪd] *adj* croisé(e)

double-click ['dʌbl'klɪk] *vi* (*COMPUT*) double-cliquer

double-cross ['dʌbl'krɒs] *vt* doubler, trahir

double-decker ['dʌbl'dekə*] *n* autobus *m* à impériale

double glazing *n* (*BRIT*) double vitrage *m*

double room *n* chambre *f* pour deux

doubly ['dʌblɪ] *adv* doublement, deux fois plus

doubt [daʊt] *n* doute *m* ♦ *vt* douter de; **without (a) doubt** sans aucun doute; **beyond doubt** *adv* indubitablement ♦ *adj* indubitable; **to doubt that** douter que; **I doubt it very much** j'en doute fort

doubtful ['daʊtfʊl] *adj* douteux(euse); (*person*) incertain(e); **to be doubtful about sth** avoir des doutes sur qch, ne pas être convaincu de qch; **I'm a bit doubtful** je n'en suis pas certain *or* sûr

doubtless ['daʊtlɪs] *adv* sans doute, sûrement

dough [dəʊ] *n* pâte *f*; (*col: money*) fric *m*, pognon *m*

doughnut ['dəʊnʌt] *n* beignet *m*

dove [dʌv] *n* colombe *f*

Dover ['dəʊvə*] *n* Douvres

dovetail ['dʌvteɪl] *n*: **dovetail joint** assemblage *m* à queue d'aronde ♦ *vi* (*fig*) concorder

dowdy ['daʊdɪ] *adj* démodé(e), mal fagoté(e)

down [daʊn] *n* (*fluff*) duvet *m*; (*hill*) colline (dénudée) ♦ *adv* en bas ♦ *prep* en bas de ♦ *vt* (*enemy*) abattre; (*col: drink*) siffler; **down there** là-bas (en bas), là au fond; **down here** ici en bas; **the price of meat is down** le prix de la viande a baissé; **I've got it down in my diary** c'est inscrit dans mon agenda; **to pay £2 down** verser 2 livres d'arrhes *or* en acompte; **England is two goals down** l'Angleterre a deux buts de retard; **to down tools** (*BRIT*) cesser le travail; **down with X!** à bas X!

down-and-out ['daʊnəndaʊt] *n* (*tramp*) clochard/e

down-at-heel ['daʊnət'hi:l] *adj* (*fig*) miteux(euse)

downcast ['daʊnkɑ:st] *adj* démoralisé(e)

downfall ['daʊnfɔ:l] *n* chute *f*; ruine *f*

downhearted ['daʊn'hɑ:tɪd] *adj* découragé(e)

downhill ['daʊn'hɪl] *adv* (*face, look*) en aval, vers l'aval; (*roll, go*) vers le bas, en bas ♦ *n* (*SKI: also*: **downhill race**) descente *f*; **to go downhill** descendre; (*business*) péricliter, aller à vau-l'eau

Downing Street ['daʊnɪŋ-] *n* (*BRIT*): **10 Downing Street** résidence du Premier ministre; *voir encadré*

DOWNING STREET

Downing Street est une rue de Westminster (à Londres) où se trouvent la résidence officielle du Premier ministre et celle du ministre des Finances. Le nom **Downing Street** est souvent utilisé pour désigner le gouvernement britannique.

down payment *n* acompte *m*

downpour ['daʊnpɔ:*] *n* pluie torrentielle, déluge *m*

downright ['daʊnraɪt] *adj* franc(franche); (*refusal*) catégorique

downsize [daʊn'saɪz] *vt* réduire l'effectif de

Down's syndrome [daʊnz-] *n* mongolisme *m*, trisomie *f*; **a Down's syndrome baby** un bébé mongolien *or* trisomique

downstairs ['daʊn'steəz] *adv* (*on or to ground floor*) au rez-de-chaussée; (*on or to floor below*) à l'étage inférieur; **to come downstairs to go downstairs** descendre (l'escalier)

downstream ['daʊnstri:m] *adv* en aval

down-to-earth ['daʊntu'ə:θ] *adj* terre à terre *inv*

downtown ['daʊn'taʊn] *adv* en ville ♦ *adj* (*us*): **downtown Chicago** le centre commerçant de Chicago

down under *adv* en Australie (*or* Nouvelle Zélande)

downward ['daʊnwəd] *adj* vers le bas; **a downward trend** une tendance à la baisse, une diminution progressive

downward(s) ['daʊnwəd(z)] *adv* vers le bas

dowry ['dauri] n dot f

doz. abbr (= dozen) douz

doze [dəuz] vi sommeiller

▶ **doze off** vi s'assoupir

dozen ['dʌzn] n douzaine f; **a dozen books** une douzaine de livres; **80p a dozen** 80p la douzaine; **dozens of times** des centaines de fois

Dr. abbr (= doctor) Dr; (in street names) = **drive**

drab [dræb] adj terne, morne

draft [drɑ:ft] n brouillon m; (of contract, document) version f préliminaire; (COMM) traite f; (US MIL) contingent m; (: call-up) conscription f ◆ vt faire le brouillon de; (document, report) rédiger une version préliminaire de; see also **draught**

drag [dræg] vt traîner; (river) draguer ◆ vi traîner ◆ n (AVIAT, NAUT) résistance f; (col: person) raseur/euse; (: task etc) corvée f; (women's clothing): **in drag** (en) travesti

▶ **drag away** vt: **to drag away (from)** arracher or emmener de force (de)

▶ **drag on** vi s'éterniser

dragon ['drægn] n dragon m

dragonfly ['drægənflaɪ] n libellule f

drain [dreɪn] n égout m; (on resources) saignée f ◆ vt (land, marshes, vegetables) drainer, assécher; (vegetables) égoutter; (reservoir etc) vider ◆ vi (water) s'écouler; **to feel drained (of energy or emotion)** être minée)

drainage ['dreɪnɪdʒ] n système m d'égouts

draining board ['dreɪnɪŋ-], (US) **drainboard** ['dreɪnbɔ:d] n égouttoir m

drainpipe ['dreɪnpaɪp] n tuyau m d'écoulement

drama ['drɑ:mə] n (art) théâtre m, art m dramatique; (play) pièce f; (event) drame m

dramatic [drə'mætɪk] adj (THEAT) dramatique; (impressive) spectaculaire

dramatist ['dræmətɪst] n auteur m dramatique

dramatize ['dræmətaɪz] vt (events etc) dramatiser; (adapt) adapter pour la télévision (or pour l'écran)

drank [dræŋk] pt of **drink**

drape [dreɪp] vt draper

drapes [dreɪps] npl (US) rideaux mpl

drastic ['dræstɪk] adj (measures) d'urgence, énergique; (change) radical(e)

draught, (US) **draft** [drɑ:ft] n courant m d'air; (of chimney) tirage m; (NAUT) tirant m d'eau; **on draught** (beer) à la pression

draughtboard ['drɑ:ftbɔ:d] n (BRIT) damier m

draughts [drɑ:fts] n (BRIT) (jeu m de) dames fpl

draughtsman, (US) **draftsman** ['drɑ:ftsmən] n dessinateur/trice (industriel(le))

draw [drɔ:] vb: pt **drew**, pp **drawn** [dru:, drɔ:n] vt tirer; (attract) attirer; (picture) dessiner; (line, circle) tracer; (money) retirer; (comparison, distinction): **to draw (between)** faire (entre) ◆ vi (SPORT) faire match nul ◆ n match nul; (lottery) loterie f; (: picking

of ticket) tirage m au sort; **to draw to a close** toucher à or tirer à sa fin; **to draw near** vi s'approcher; approcher

▶ **draw back** vi (move back): **to draw back (from)** reculer (de)

▶ **draw in** vi (BRIT: car) s'arrêter le long du trottoir; (: train) entrer en gare or dans la station

▶ **draw on** vt (resources) faire appel à; (imagination, person) avoir recours à, faire appel à

▶ **draw out** vi (lengthen) s'allonger ◆ vt (money) retirer

▶ **draw up** vi (stop) s'arrêter ◆ vt (document) établir, dresser; (plan) formuler, dessiner

drawback ['drɔ:bæk] n inconvénient m, désavantage m

drawbridge ['drɔ:brɪdʒ] n pont-levis m

drawer [drɔ:*] n tiroir m; ['drɔ:ə*] (of cheque) tireur m

drawing ['drɔ:ɪŋ] n dessin m

drawing board n planche f à dessin

drawing pin n (BRIT) punaise f

drawing room n salon m

drawl [drɔ:l] n accent traînant

drawn [drɔ:n] pp of **draw** ◆ adj (haggard) tiré(e), crispé(e)

dread [drɛd] n épouvante f, effroi m ◆ vt redouter, appréhender

dreadful ['drɛdful] adj épouvantable affreux(euse)

dream [dri:m] n rêve m ◆ vt, vi, pt, pp **dreamed** or **dreamt** [drɛmt] rêver; **to have a dream about sb/sth** rêver à qn/qch; **sweet dreams!** faites de beaux rêves!

▶ **dream up** vt inventer

dreamy ['dri:mɪ] adj (absent-minded) rêveur(euse)

dreary ['drɪərɪ] adj triste; monotone

dredge [drɛdʒ] vt draguer

▶ **dredge up** vt draguer; (fig: unpleasant facts) (faire) ressortir

dregs [drɛgz] npl lie f

drench [drɛntʃ] vt tremper; **drenched to the skin** trempé(e) jusqu'aux os

dress [drɛs] n robe f; (clothing) habillement m, tenue f ◆ vt habiller; (wound) panser; (food) préparer ◆ vi: **she dresses very well** elle s'habille très bien; **to dress o.s., to get dressed** s'habiller; **to dress a shop window** faire l'étalage or la vitrine

▶ **dress up** vi s'habiller; (in fancy dress) se déguiser

dress circle n premier balcon

dresser ['drɛsə*] n (THEAT) habilleur/euse (also: window dresser) étalagiste m/f; (furniture) vaisselier m

dressing ['drɛsɪŋ] n (MED) pansement m; (CULIN) sauce f, assaisonnement m

dressing gown n (BRIT) robe f de chambre

dressing room n (THEAT) loge f; (SPORT) vestiaire m

dressing table n coiffeuse f

dressmaker ['drɛsmeɪkə*] n couturière f

dress rehearsal n (répétition f) générale f

drew [druː] pt of **draw**

dribble ['drɪbl] vi tomber goutte à goutte; (baby) baver ♦ vt (ball) dribbler

dried [draɪd] adj (fruit, beans) sec(sèche); (eggs, milk) en poudre

drier ['draɪə*] n = dryer

drift [drɪft] n (of current etc) force f; direction f; (of sand etc) amoncellement m; (of snow) rafale f; coulée f; (: on ground) congère f; (general meaning) sens général ♦ vi (boat) aller à la dérive, dériver; (sand, snow) s'amonceler, s'entasser; **to let things drift** laisser les choses aller à la dérive; **to drift apart** (friends, lovers) s'éloigner l'un de l'autre; **I get or catch your drift** je vois en gros ce que vous voulez dire

driftwood ['drɪftwud] n bois flotté

drill [drɪl] n perceuse f; (bit) foret m; (of dentist) roulette f, fraise f; (MIL) exercice m ♦ vt percer; (soldiers) faire faire l'exercice à; (pupils: in grammar) faire faire des exercices à ♦ vi (for oil) faire un or des forage(s)

drink [drɪŋk] n boisson f ♦ vt, vi, pt **drank**, pp **drunk** [dræŋk, drʌŋk] boire; **to have a drink** boire quelque chose, boire un verre; **a drink of water** un verre d'eau; **would you like something to drink?** aimeriez-vous boire quelque chose?; **we had drinks before lunch** on a pris l'apéritif

▶ **drink in** vt (fresh air) inspirer profondément; (story) avaler, ne pas perdre une miette de; (sight) se remplir la vue de

drinker ['drɪŋkə*] n buveur/euse

drinking water n eau f potable

drip [drɪp] n goutte f; (sound: of water etc) bruit m de l'eau qui tombe goutte à goutte; (MED) goutte-à-goutte m inv, perfusion f; (col: person) lavette f, nouille f ♦ vi tomber goutte à goutte; (washing) s'égoutter; (wall) suinter

drip-dry ['drɪp'draɪ] adj (shirt) sans repassage

dripping ['drɪpɪŋ] n graisse f de rôti ♦ adj: **dripping wet** trempé(e)

drive [draɪv] n promenade f or trajet m en voiture; (also: **driveway**) allée f; (energy) dynamisme m, énergie f; (PSYCH) besoin m; pulsion f; (push) effort (concerté); campagne f; (SPORT) drive m; (TECH) entraînement m; traction f; transmission f; (COMPUT: also: **disk drive**) lecteur m de disquette ♦ vb, pt **drove**, pp **driven** [drəuv, 'drɪvn] vt conduire; (nail) enfoncer; (push) chasser, pousser; (TECH: motor) actionner; entraîner ♦ vi (be at the wheel) conduire; (travel by car) aller en voiture; **to go for a drive** aller faire une promenade en voiture; **it's 3 hours' drive from London** Londres est à 3 heures de route; **left-/right-hand drive** (AUT) conduite f à gauche/droite; **front-/rear-wheel drive** (AUT) traction f avant/arrière; **to drive sb to (do) sth** pousser or conduire qn à (faire) qch; **to drive sb mad** rendre qn fou(folle)

▶ **drive at** vt fus (fig: intend, mean) vouloir dire, en venir à

▶ **drive on** vi poursuivre sa route, continuer; (after stopping) reprendre sa route, repartir ♦ vt (incite, encourage) inciter

drive-by ['draɪvbaɪ] n (also: **drive-by shooting**) tentative d'assassinat par coups de feu tirés d'une voiture

drivel ['drɪvl] n (col) idioties fpl, imbécillités fpl

driver ['draɪvə*] n conducteur/trice; (of taxi, bus) chauffeur m

driver's license n (US) permis m de conduire

driveway ['draɪvweɪ] n allée f

driving ['draɪvɪŋ] adj: **driving rain** n pluie battante ♦ n conduite f

driving instructor n moniteur m d'auto-école

driving lesson n leçon f de conduite

driving licence n (BRIT) permis m de conduire

driving school n auto-école f

driving test n examen m du permis de conduire

drizzle ['drɪzl] n bruine f, crachin m ♦ vi bruiner

drool [druːl] vi baver; **to drool over sb/sth** (fig) baver d'admiration or être en extase devant qn/qch

droop [druːp] vi s'affaisser; tomber

drop [drɔp] n goutte f, baisse f; (: in salary) réduction f; (also: **parachute drop**) saut m; (of cliff) dénivellation f; à-pic m ♦ vt laisser tomber; (voice, eyes, price) baisser; (set down from car) déposer ♦ vi (wind, temperature, price, voice) tomber; (numbers, attendance) diminuer; **drops** npl (MED) gouttes; **cough drops** pastilles fpl pour la toux; **a drop of 10%** une baisse or réduction de 10%; **to drop anchor** jeter l'ancre; **to drop sb a line** mettre un mot à qn

▶ **drop in** vi (col: visit): **to drop in (on)** faire un saut (chez), passer (chez)

▶ **drop off** vi (sleep) s'assoupir ♦ vt: **to drop sb off** déposer qn

▶ **drop out** vi (withdraw) se retirer; (student etc) abandonner, décrocher

dropout ['drɔpaut] n (from society) marginal/e; (from university) drop-out m/f, dropé/e

dropper ['drɔpə*] n (MED etc) compte-gouttes m inv

droppings ['drɔpɪŋz] npl crottes fpl

drought [draut] n sécheresse f

drove [drəuv] pt of **drive** ♦ n: **droves of people** une foule de gens

drown [draun] vt noyer; (also: **drown out**: sound) couvrir, étouffer ♦ vi se noyer

drowsy ['drauzı] *adj* somnolent(e)

drug [drʌg] *n* médicament *m*; (*narcotic*) drogue *f* ◆ *vt* droguer; **he's on drugs** il se drogue; (MED) il est sous médication

drug addict *n* toxicomane *m/f*

druggist ['drʌgıst] *n* (US) pharmacien/ne-droguiste

drugstore ['drʌgstɔː*] *n* (US) pharmacie-droguerie *f*, drugstore *m*

drum [drʌm] *n* tambour *m*; (*for oil, petrol*) bidon *m* ◆ *vt*: **to drum one's fingers on the table** pianoter or tambouriner sur la table; **drums** *npl* (MUS) batterie *f*

▶ **drum up** *vt* (*enthusiasm, support*) susciter, rallier

drummer ['drʌmə*] *n* (joueur *m* de) tambour *m*

drunk [drʌŋk] *pp of* **drink** ◆ *adj* ivre, soûl(e) ◆ *n* soûlard/e, homme/femme soûl(e); **to get drunk** s'enivrer, se soûler

drunken ['drʌŋkən] *adj* ivre, soûl(e); (*habitual*) ivrogne, d'ivrogne; **drunken driving** conduite *f* en état d'ivresse

dry [draı] *adj* sec(sèche); (*day*) sans pluie; (*humour*) pince-sans-rire; (*uninteresting*) aride, rébarbatif(ive) ◆ *vt* sécher; (*clothes*) faire sécher ◆ *vi* sécher; **on dry land** sur la terre ferme; **to dry one's hands/hair/eyes** se sécher les mains/les cheveux/les yeux

▶ **dry up** *vi* (*also fig: source of supply, imagination*) se tarir; (*speaker*) rester sec

dry-cleaner's ['draı'kliːnəz] *n* teinturerie *f*

dryer ['draıə*] *n* séchoir *m*; (*spin-dryer*) essoreuse *f*

dryness ['draınıs] *n* sécheresse *f*

dry rot *n* pourriture sèche (*du bois*)

DSS *n abbr* (BRIT) = Department of Social Security

DTP *n abbr* = **desktop publishing**

dual ['djuəl] *adj* double

dual carriageway *n* (BRIT) route *f* à quatre voies

dual-purpose ['djuəl'pəːpəs] *adj* à double emploi

dubbed [dʌbd] *adj* (CINE) doublé(e); (*nicknamed*) surnommé(e)

dubious ['djuːbıəs] *adj* hésitant(e), incertain(e); (*reputation, company*) douteux(euse); **I'm very dubious about it** j'ai des doutes sur la question, je n'en suis pas sûr du tout

duchess ['dʌtʃıs] *n* duchesse *f*

duck [dʌk] *n* canard *m* ◆ *vi* se baisser vivement, baisser subitement la tête ◆ *vt* plonger dans l'eau

duckling ['dʌklıŋ] *n* caneton *m*

duct [dʌkt] *n* conduite *f*, canalisation *f*; (ANAT) conduit *m*

dud [dʌd] *n* (*shell*) obus non éclaté; (*object, tool*): **it's a dud** c'est de la camelote, ça ne marche pas ◆ *adj* (BRIT: *cheque*) sans provision; (: *note, coin*) faux(fausse)

due [djuː] *adj* dû(due); (*expected*) attendu(e); (*fitting*) qui convient ◆ *n* dû *m* ◆ *adv*: **due north** droit vers le nord; **dues** *npl* (*for club, union*) cotisation *f*; (*in harbour*) droits *mpl* (de port); **in due course** en temps utile or voulu; (*in the end*) finalement; **due to** dû à; causé par; **the rent is due on the 30th** il faut payer le loyer le 30; **the train is due at 8** le train est attendu à 8 h; **she is due back tomorrow** elle doit rentrer demain; **I am due 6 days' leave** j'ai droit à 6 jours de congé

duet [djuː'ɛt] *n* duo *m*

duffel bag ['dʌfl-] *n* sac marin

duffel coat ['dʌfl-] *n* duffel-coat *m*

dug [dʌg] *pt, pp of* **dig**

duke [djuːk] *n* duc *m*

dull [dʌl] *adj* (*boring*) ennuyeux(euse); (*slow*) borné(e); (*lacklustre*) morne, terne; (*sound, pain*) sourd(e); (*weather, day*) gris(e), maussade; (*blade*) émoussé(e) ◆ *vt* (*pain, grief*) atténuer; (*mind, senses*) engourdir

duly ['djuːlı] *adv* (*on time*) en temps voulu; (*as expected*) comme il se doit

dumb [dʌm] *adj* muet(te); (*stupid*) bête; **to be struck dumb** (*fig*) rester abasourdi(e), être sidéré(e)

dumbfounded [dʌm'faundıd] *adj* sidéré(e)

dummy ['dʌmı] *n* (*tailor's model*) mannequin *m*; (SPORT) feinte *f*; (BRIT: *for baby*) tétine *f* ◆ *adj* faux (fausse) factice

dump [dʌmp] *n* tas *m* d'ordures; (*place*) décharge (*publique*); (MIL) dépôt *m*; (COMPUT) listage *m* (de la mémoire) ◆ *vt* (*put down*) déposer; déverser; (*get rid of*) se débarrasser de; (COMPUT) lister; (COMM: *goods*) vendre à perte (*sur le marché extérieur*) **to be (down) in the dumps** (*col*) avoir le cafard, broyer du noir

dumpling ['dʌmplıŋ] *n* boulette *f* (de pâte)

dumpy ['dʌmpı] *adj* courtaud(e), boulot(te)

dunce [dʌns] *n* âne *m*, cancre *m*

dune [djuːn] *n* dune *f*

dung [dʌŋ] *n* fumier *m*

dungarees [dʌŋgə'riːz] *npl* bleu(s) *m(pl)*; (*for child, woman*) salopette *f*

dungeon ['dʌndʒən] *n* cachot *m*

duplex ['djuːplɛks] *n* (US: *also*: **duplex apartment**) duplex *m*

duplicate *n* ['djuːplıkət] double *m*, copie exacte; (*copy of letter etc*) duplicata *m* ◆ *adj* (*copy*) en double ◆ *vt* ['djuːplıkeıt] faire un double de; (*on machine*) polycopier; **in duplicate** en deux exemplaires, en double; **duplicate key** double *m* de la (or d'une) clé

durable ['djuərəbl] *adj* durable; (*clothes, metal*) résistant(e), solide

duration [djuə'reıʃən] *n* durée *f*

during ['djuərıŋ] *prep* pendant, au cours de

dusk [dʌsk] *n* crépuscule *m*

dust [dʌst] n poussière f ◆ vt (furniture) essuyer, épousseter; (cake etc): **to dust with** saupoudrer de
▶ **dust off** vt (also fig) dépoussiérer

dustbin ['dʌstbɪn] n (BRIT) poubelle f

duster ['dʌstə*] n chiffon m

dustman ['dʌstmən] n (BRIT) boueux m, éboueur m

dusty ['dʌstɪ] adj poussiéreux(euse)

Dutch [dʌtʃ] adj hollandais(e), néerlandais(e) ◆ n (LING) hollandais m, néerlandais m ◆ adv: **to go Dutch** or **dutch** partager les frais; **the Dutch** npl les Hollandais, les Néerlandais

Dutchman ['dʌtʃmən], **Dutchwoman** ['dʌtʃwumən] n Hollandais/e

duty ['djuːtɪ] n devoir m; (tax) droit m, taxe f; **duties** npl fonctions fpl; **to make it one's duty to do sth** se faire un devoir de faire qch; **to pay duty on sth** payer un droit ou une taxe sur qch; **on duty** de service; (at night etc) de garde; **off duty** libre, pas de service or de garde

duty-free ['djuːtɪ'friː] adj exempté(e) de douane, hors-taxe; **duty-free shop** boutique f hors-taxe

duvet ['duːveɪ] n (BRIT) couette f

DVD n abbr (= digital versatile disc) DVD m

dwarf [dwɔːf] n nain/e ◆ vt écraser

dwell, pt, pp **dwelt** [dwel, dwelt] vi demeurer
▶ **dwell on** vt fus s'étendre sur

dwindle ['dwɪndl] vi diminuer, décroître

dye [daɪ] n teinture f ◆ vt teindre; **hair dye** teinture pour les cheveux

dying ['daɪɪŋ] adj mourant(e), agonisant(e)

dyke [daɪk] n (embankment) digue f

dynamic [daɪ'næmɪk] adj dynamique

dynamite ['daɪnəmaɪt] n dynamite f ◆ vt dynamiter, faire sauter à la dynamite

dynamo ['daɪnəməu] n dynamo f

dyslexia [dɪs'lɛksɪə] n dyslexie f

— Ee —

E, e [iː] n (letter) E, e m; (MUS): **E** mi m; **E for Edward**, (US) **E for Easy** E comme Eugène

E abbr (= east) E ◆ n abbr (DRUGS) = **ecstasy**

each [iːtʃ] adj chaque ◆ pron chacun(e); **each one** chacun(e); **each other** se (or nous etc); **they hate each other** ils se détestent (mutuellement); **you are jealous of each other** vous êtes jaloux l'un de l'autre; **each day** chaque jour, tous les jours; **they have 2 books each** ils ont 2 livres chacun; **they cost £5 each** ils coûtent 5 livres (la) pièce; **each of us** chacun/e de nous

eager ['iːgə*] adj impatient(e), avide; ardent(e), passionné(e); (keen: pupil) plein(e) d'enthousiasme, qui se passionne pour les études; **to be eager to**

do sth être impatient de faire qch, brûler de faire qch; désirer vivement faire qch; **to be eager for** désirer vivement, être avide de

eagle ['iːgl] n aigle m

ear [ɪə*] n oreille f; (of corn) épi m; **up to one's ears in debt** endetté/e jusqu'au cou

earache ['ɪəreɪk] n douleurs fpl aux oreilles

eardrum ['ɪədrʌm] n tympan m

earl [əːl] n comte m

earlier ['əːlɪə*] adj (date etc) plus rapproché(e); (edition etc) plus ancien(ne), antérieur(e) ◆ adv plus tôt

early ['əːlɪ] adv tôt, de bonne heure; (ahead of time) en avance ◆ adj précoce, qui se manifeste (or se fait) tôt or de bonne heure; (Christians, settlers) premier(ière); **have an early night/start** couchez-vous/partez tôt or de bonne heure; **take the early train** prenez le premier train; **in the early** or **early in the spring/19th century** au début or commencement du printemps/19ème siècle; **you're early!** tu es en avance!; **early in the morning** tôt le matin; **she's in her early forties** elle a un peu plus de quarante ans or de la quarantaine; **at your earliest convenience** (COMM) dans les meilleurs délais

early retirement n retraite anticipée

earmark ['ɪəmɑːk] vt: **to earmark sth for** réserver or destiner qch à

earn [əːn] vt gagner; (COMM: yield) rapporter; **to earn one's living** gagner sa vie; **this earned him much praise, he earned much praise for this** ceci lui a valu de nombreux éloges; **he's earned his rest/reward** il mérite or a bien mérité or a bien gagné son repos/sa récompense

earnest ['əːnɪst] adj sérieux(euse) ◆ n (also: **earnest money**) acompte m, arrhes fpl; **in earnest** adv sérieusement, pour de bon

earnings ['əːnɪŋz] npl salaire m; gains mpl; (of company etc) profits mpl, bénéfices mpl

earphones ['ɪəfəunz] npl écouteurs mpl

earring ['ɪərɪŋ] n boucle f d'oreille

earshot ['ɪəʃɔt] n: **out of/within earshot** hors de portée/à portée de voix

earth [əːθ] n (gen, BRIT ELEC) terre f; (of fox etc) terrier m ◆ vt (BRIT ELEC) relier à la terre

earthenware ['əːθnwɛə*] n poterie f; faïence f ◆ adj de or en faïence

earthquake ['əːθkweɪk] n tremblement m de terre, séisme m

earthy ['əːθɪ] adj (fig) terre à terre inv (truculent(e))

ease [iːz] n facilité f, aisance f ◆ vt (soothe) calmer; (loosen) relâcher, détendre; (help pass): **to ease sth in/out** faire pénétrer/sortir qch délicatement or avec douceur, faciliter la pénétration/la sortie de qch ◆ vi (situation) se détendre; **with ease** sans difficulté, aisément; **life of ease** vie oisive; **at ease** à l'aise; (MIL) au repos
▶ **ease off, ease up** vi diminuer; (slow down)

ralentir; (relax) se détendre

easel ['i:zl] n chevalet m

easily ['i:zılı] adv facilement

east [i:st] n est m ◆ adj d'est ◆ adv à l'est, vers l'est; **the East** l'Orient m; (POL) les pays mpl de l'Est

Easter ['i:stə*] n Pâques fpl ◆ adj (holidays) de Pâques, pascal(e)

Easter egg n œuf m de Pâques

easterly ['i:stəlı] adj d'est

eastern ['i:stən] adj de l'est, oriental(e); **Eastern Europe** l'Europe de l'Est; **the Eastern bloc** (POL) les pays mpl de l'est

eastward(s) ['i:stwəd(z)] adv vers l'est, à l'est

easy ['i:zı] adj facile; (manner) aisé(e) ◆ adv: **to take it** or **things easy** ne pas se fatiguer; (not worry) ne pas (trop) s'en faire; **payment on easy terms** (COMM) facilités fpl de paiement; **that's easier said than done** c'est plus facile à dire qu'à faire, c'est vite dit; **I'm easy** (col) ça m'est égal

easy chair n fauteuil m

easy-going ['i:zı'gəuıŋ] adj accommodant(e), facile à vivre

eat, pt ate, pp eaten [i:t, eıt, 'i:tn] vt, vi manger

▶ **eat away** vt (subj: sea) saper, éroder; (acid) ronger, corroder

▶ **eat away at, eat into** vt fus ronger, attaquer

▶ **eat out** vi manger au restaurant

▶ **eat up** vt (food) finir (de manger); **it eats up electricity** ça bouffe du courant, ça consomme beaucoup d'électricité

eaves [i:vz] npl avant-toit m

eavesdrop ['i:vzdrɒp] vi: **to eavesdrop (on)** écouter de façon indiscrète

ebb [eb] n reflux m ◆ vi refluer; (fig: also: **ebb away**) décliner; **the ebb and flow** le flux et le reflux; **to be at a low ebb** (fig) être bien bas(se), ne pas aller bien fort

ebony ['ebənı] n ébène f

EC n abbr (= European Community) CE f (= Communauté européenne)

ECB n abbr (= European Central Bank) BCE f, Banque centrale européenne

eccentric [ık'sentrık] adj, n excentrique m/f

echo ['ekəu] (pl echoes) n écho m ◆ vt répéter; faire chorus avec ◆ vi résonner; faire écho

eclipse [ı'klıps] n éclipse f ◆ vt éclipser

ecology [ı'kɒlədʒı] n écologie f

e-commerce [i:kɒmə:s] n commerce m électronique

economic [i:kə'nɒmık] adj économique; (profitable) rentable

economical [i:kə'nɒmıkl] adj économique; (person) économe

economics [i:kə'nɒmıks] n économie f politique ◆ npl côté m or aspect m économique

economize [ı'kɒnəmaız] vi économiser, faire des économies

economy [ı'kɒnəmı] n économie f; **economies of scale** économies d'échelle

economy class n (AVIAT etc) classe f touriste

economy size n taille f économique

ecstasy ['ekstəsı] n extase f; (DRUGS) ecstasy m; **to go into ecstasies over** s'extasier sur

ecstatic [eks'tætık] adj extatique, en extase

ECU, ecu ['eıkju:] n abbr (= European Currency Unit) ECU m, écu m

eczema ['eksımə] n eczéma m

edge [edʒ] n bord m; (of knife etc) tranchant m, fil m ◆ vt border ◆ vi: **to edge forward** avancer petit à petit; **to edge away from** s'éloigner furtivement de; **on edge** (fig) = **edgy**; **to have the edge on** (fig) l'emporter (de justesse) sur, être légèrement meilleur que

edgeways ['edʒweız] adv latéralement; **he couldn't get a word in edgeways** il ne pouvait pas placer un mot

edgy ['edʒı] adj crispé(e), tendu(e)

edible ['edıbl] adj comestible; (meal) mangeable

Edinburgh ['edınbərə] n Édimbourg

edit ['edıt] vt éditer; (magazine) diriger; (newspaper) être le rédacteur or la rédactrice en chef de

edition [ı'dıʃən] n édition f

editor ['edıtə*] n (in newspaper) rédacteur/trice, rédacteur/trice en chef; (of sb's work) éditeur/trice; (also: **film editor**) monteur/euse

editorial [edı'tɔ:rıəl] adj de la rédaction, éditorial(e) ◆ n éditorial m; **the editorial staff** la rédaction

educate ['edjukeıt] vt instruire; éduquer; **educated at ...** qui a fait ses études à ...

educated ['edjukeıtıd] adj (person) cultivé(e)

education [edju'keıʃən] n éducation f; (schooling) enseignement m, instruction f; (at university: subject etc) pédagogie f; **primary/** or (US) **elementary/ secondary education** instruction f primaire/ secondaire

educational [edju'keıʃənl] adj pédagogique; scolaire; (useful) instructif(ive); (game, toy) éducatif(ive); **educational technology** technologie f de l'enseignement

eel [i:l] n anguille f

eerie ['ıərı] adj inquiétant(e), spectral(e), surnaturel(le)

effect [ı'fekt] n effet m ◆ vt effectuer; **to take effect** (LAW) entrer en vigueur, prendre effet; (drug) agir, faire son effet; **to put into effect** (plan) mettre en application or à exécution; **to have an effect on sb/sth** avoir or produire un effet sur qn/qch; **in effect** en fait; **his letter is to the effect that ...** sa lettre nous apprend que ...

effective [ı'fektıv] adj efficace; (striking: display, outfit) frappant(e), qui produit or fait de l'effet; **to become effective** (LAW) entrer en vigueur, prendre effet; **effective date** date f d'effet or d'entrée en vigueur

effectively [ɪ'fektɪvlɪ] *adv* efficacement; (*strikingly*) d'une manière frappante, avec beaucoup d'effet; (*in reality*) effectivement, en fait

effectiveness [ɪ'fektɪvnɪs] *n* efficacité *f*

effeminate [ɪ'femɪnɪt] *adj* efféminé(e)

effervescent [efə'vesnt] *adj* effervescent(e)

efficiency [ɪ'fɪʃənsɪ] *n* efficacité *f*; rendement *m*

efficient [ɪ'fɪʃənt] *adj* efficace; (*machine, car*) d'un bon rendement

effort ['efət] *n* effort *m*; **to make an effort to do sth** faire *or* fournir un effort pour faire qch

effortless ['efətlɪs] *adj* sans effort, aisé(e)

effusive [ɪ'fjuːsɪv] *adj* (*person*) expansif(ive); (*welcome*) chaleureux(euse)

e.g. *adv abbr* (= *exempli gratia*) par exemple, p. ex.

egg [eg] *n* œuf *m*
▶ **egg on** *vt* pousser

eggcup ['egkʌp] *n* coquetier *m*

eggplant ['egplɑːnt] *n* aubergine *f*

eggshell ['egʃel] *n* coquille *f* d'œuf ♦ *adj* (*colour*) blanc cassé *inv*

ego ['iːgəu] *n* moi *m*

egotism ['egəutɪzəm] *n* égotisme *m*

egotist ['egəutɪst] *n* égocentrique *m/f*

Egypt ['iːdʒɪpt] *n* Égypte *f*

Egyptian [ɪ'dʒɪpʃən] *adj* égyptien(ne) ♦ *n* Égyptien/ne

eiderdown ['aɪdədaun] *n* édredon *m*

Eiffel Tower ['aɪfəl-] *n* tour *f* Eiffel

eight [eɪt] *num* huit

eighteen [eɪ'tiːn] *num* dix-huit

eighth [eɪtθ] *num* huitième

eighty ['eɪtɪ] *num* quatre-vingt(s)

Eire ['eərə] *n* République *f* d'Irlande

either ['aɪðə*] *adj* l'un ou l'autre; (*both, each*) chaque; **on either side** de chaque côté ♦ *pron*: **either (of them)** l'un ou l'autre; **I don't like either** je n'aime ni l'un ni l'autre ♦ *adv* non plus; **no, I don't either** moi non plus ♦ *conj*: **either good or bad** ou bon ou mauvais, soit bon soit mauvais; **I haven't seen either one or the other** je n'ai vu ni l'un ni l'autre

eject [ɪ'dʒekt] *vt* expulser; éjecter ♦ *vi* (*pilot*) s'éjecter

elaborate *adj* [ɪ'læbərɪt] compliqué(e), recherché(e), minutieux(euse) ♦ *vb* [ɪ'læbəreɪt] ♦ *vt* élaborer ♦ *vi* entrer dans les détails

elastic [ɪ'læstɪk] *adj, n* élastique (*m*)

elastic band *n* (*BRIT*) élastique *m*

elated [ɪ'leɪtɪd] *adj* transporté(e) de joie

elation [ɪ'leɪʃən] *n* (grande) joie, allégresse *f*

elbow ['elbəu] *n* coude *m* ♦ *vt*: **to elbow one's way through the crowd** se frayer un passage à travers la foule (en jouant des coudes)

elder ['eldə*] *adj* aîné(e) ♦ *n* (*tree*) sureau *m*; **one's elders** ses aînés

elderly ['eldəlɪ] *adj* âgé(e) ♦ *npl*: **the elderly** les personnes âgées

eldest ['eldɪst] *adj, n*: **the eldest (child)** l'aîné(e) (des enfants)

elect [ɪ'lekt] *vt* élire; (*choose*): **to elect to do** choisir de faire ♦ *adj*: **the president elect** le président désigné

election [ɪ'lekʃən] *n* élection *f*; **to hold an election** procéder à une élection

electioneering [ɪlekʃə'nɪərɪŋ] *n* propagande électorale, manœuvres électorales

elector [ɪ'lektə*] *n* électeur/trice

electorate [ɪ'lektərɪt] *n* électorat *m*

electric [ɪ'lektrɪk] *adj* électrique

electrical [ɪ'lektrɪkl] *adj* électrique

electric blanket *n* couverture chauffante

electric fire *n* (*BRIT*) radiateur *m* électrique

electrician [ɪlek'trɪʃən] *n* électricien *m*

electricity [ɪlek'trɪsɪtɪ] *n* électricité *f*; **to switch on/off the electricity** rétablir/couper le courant

electrify [ɪ'lektrɪfaɪ] *vt* (*RAIL*) électrifier; (*audience*) électriser

electronic [ɪlek'trɔnɪk] *adj* électronique

electronic mail *n* courrier *m* électronique

electronics [ɪlek'trɔnɪks] *n* électronique *f*

elegant ['elɪgənt] *adj* élégant(e)

element ['elɪmənt] *n* (*gen*) élément *m*; (*of heater, kettle etc*) résistance *f*

elementary [elɪ'mentərɪ] *adj* élémentaire; (*school, education*) primaire

elephant ['elɪfənt] *n* éléphant *m*

elevation [elɪ'veɪʃən] *n* élévation *f*; (*height*) altitude *f*

elevator ['elɪveɪtə*] *n* élévateur *m*, monte-charge *m inv*; (*US: lift*) ascenseur *m*

eleven [ɪ'levn] *num* onze

elevenses [ɪ'levnzɪz] *npl* (*BRIT*) ≈ pause-café *f*

eleventh [ɪ'levnθ] *adj* onzième; **at the eleventh hour** (*fig*) à la dernière minute

elicit [ɪ'lɪsɪt] *vt*: **to elicit (from)** obtenir (de); tirer (de)

eligible ['elɪdʒəbl] *adj* éligible; (*for membership*) admissible; **eligible for a pension** ayant droit à la retraite

elm [elm] *n* orme *m*

elongated ['iːlɔŋgeɪtɪd] *adj* étiré(e), allongé(e)

elope [ɪ'ləup] *vi* (*lovers*) s'enfuir (ensemble)

eloquent ['eləkwənt] *adj* éloquent(e)

else [els] *adv* d'autre; **something else** quelque chose d'autre, autre chose; **somewhere else** ailleurs, autre part; **everywhere else** partout ailleurs; **everyone else** tous les autres; **nothing else** rien d'autre; **is there anything else I can do?** est-ce que je peux faire quelque chose d'autre?; **where else?** à quel autre endroit?; **little else** pas grand-chose d'autre

elsewhere [els'weə*] *adv* ailleurs, autre part

elude [ɪˈluːd] vt échapper à; (question) éluder

elusive [ɪˈluːsɪv] adj insaisissable; (answer) évasif(ive)

emaciated [ɪˈmeɪsɪeɪtɪd] adj émacié(e), décharné(e)

email [ˈiːmeɪl] n abbr (= electronic mail) courrier m électronique ♦ vt: **to email sb** envoyer un message électronique à qn

emancipate [ɪˈmænsɪpeɪt] vt émanciper

embankment [ɪmˈbæŋkmənt] n (of road, railway) remblai m, talus m; (riverside) berge f, quai m; (dyke) digue f

embark [ɪmˈbɑːk] vi: **to embark (on)** (s')embarquer (à bord de or sur) ♦ vt embarquer; **to embark on** (journey etc) commencer, entreprendre; (fig) se lancer or s'embarquer dans

embarkation [embɑːˈkeɪʃən] n embarquement m

embarrass [ɪmˈbærəs] vt embarrasser, gêner; **to be embarrassed** être gêné(e)

embarrassing [ɪmˈbærəsɪŋ] adj gênant(e), embarrassant(e)

embarrassment [ɪmˈbærəsmənt] n embarras m, gêne f

embassy [ˈembəsɪ] n ambassade f; **the French Embassy** l'ambassade de France

embedded [ɪmˈbedɪd] adj enfoncé(e)

embellish [ɪmˈbelɪʃ] vt embellir; enjoliver

embers [ˈembəz] npl braise f

embezzle [ɪmˈbezl] vt détourner

embezzlement [ɪmˈbezlmənt] n détournement m (de fonds)

embitter [ɪmˈbɪtə*] vt aigrir; envenimer

embody [ɪmˈbɒdɪ] vt (features) réunir, comprendre; (ideas) formuler, exprimer

embossed [ɪmˈbɒst] adj repoussé(e), gaufré(e); **embossed with** où figure(nt) en relief

embrace [ɪmˈbreɪs] vt embrasser, étreindre; (include) embrasser, couvrir, comprendre ♦ vi s'embrasser, s'étreindre ♦ n étreinte f

embroider [ɪmˈbrɔɪdə*] vt broder; (fig: story) enjoliver

embroidery [ɪmˈbrɔɪdərɪ] n broderie f

emerald [ˈemərəld] n émeraude f

emerge [ɪˈmɜːdʒ] vi apparaître, surgir; **it emerges that** (BRIT) il ressort que

emergency [ɪˈmɜːdʒənsɪ] n urgence f; **in an emergency** en cas d'urgence; **state of emergency** état m d'urgence

emergency exit n sortie f de secours

emergency landing n atterrissage forcé

emergency services npl: **the emergency services** (fire, police, ambulance) les services mpl d'urgence

emery board [ˈeməri-] n lime f à ongles (en carton émerisé)

emigrate [ˈemɪgreɪt] vi émigrer

eminent [ˈemɪnənt] adj éminent(e)

emissions [ɪˈmɪʃənz] npl émissions fpl

emit [ɪˈmɪt] vt émettre

emotion [ɪˈməuʃən] n sentiment m; (as opposed to reason) émotion f, sentiments

emotional [ɪˈməuʃənl] adj (person) émotif(ive), très sensible; (scene) émouvant(e); (tone, speech) qui fait appel aux sentiments

emotive [ɪˈməutɪv] adj émotif(ive); **emotive power** capacité f d'émouvoir ou de toucher

emperor [ˈempərə*] n empereur m

emphasis (pl: **-ases**) [ˈemfəsɪs, -siːz] n accent m; force f, insistance f; **to lay** or **place emphasis on sth** (fig) mettre l'accent sur, insister sur; **the emphasis is on reading** la lecture tient une place primordiale, on accorde une importance particulière à la lecture

emphasize [ˈemfəsaɪz] vt (syllable, word, point) appuyer or insister sur; (feature) souligner, accentuer

emphatic [emˈfætɪk] adj (strong) énergique, vigoureux(euse); (unambiguous, clear) catégorique

empire [ˈempaɪə*] n empire m

employ [ɪmˈplɔɪ] vt employer; **he's employed in a bank** il est employé de banque, il travaille dans une banque

employee [ɪmplɔɪˈiː] n employé/e

employer [ɪmˈplɔɪə*] n employeur/euse

employment [ɪmˈplɔɪmənt] n emploi m; **to find employment** trouver un emploi or du travail; **without employment** au chômage, sans emploi; **place of employment** lieu m de travail

employment agency n agence f or bureau m de placement

empower [ɪmˈpauə*] vt: **to empower sb to do** autoriser or habiliter qn à faire

empress [ˈemprɪs] n impératrice f

emptiness [ˈemptɪnɪs] n vide m

empty [ˈemptɪ] adj vide; (street, area) désert(e); (threat, promise) en l'air, vain(e) ♦ n (bottle) bouteille f vide ♦ vt vider ♦ vi se vider; (liquid) s'écouler; **on an empty stomach** à jeun; **to empty into** (river) se jeter dans, se déverser dans

empty-handed [ˈemptɪˈhændɪd] adj les mains vides

EMU n abbr (= European Monetary Union) UME f

emulate [ˈemjuleɪt] vt rivaliser avec, imiter

emulsion [ɪˈmʌlʃən] n émulsion f; (also: **emulsion paint**) peinture mate

enable [ɪˈneɪbl] vt: **to enable sb to do** permettre à qn de faire, donner à qn la possibilité de faire

enamel [ɪˈnæməl] n émail m

enchant [ɪnˈtʃɑːnt] vt enchanter

enchanting [ɪnˈtʃɑːntɪŋ] adj ravissant(e), enchanteur(eresse)

enc(l). abbr (on letters etc); (= enclosed, enclosure)

PJ

enclose [ɪnˈkləʊz] *vt* (*land*) clôturer; (*letter etc*): **to enclose (with)** joindre (à); **please find enclosed** veuillez trouver ci-joint

enclosure [ɪnˈkləʊʒəʳ] *n* enceinte *f*; (*in letter etc*) annexe *f*

encompass [ɪnˈkʌmpəs] *vt* encercler, entourer; (*include*) contenir, inclure

encore [ɒŋˈkɔːʳ] *excl*, *n* bis *m*

encounter [ɪnˈkaʊntəʳ] *n* rencontre *f* ◆ *vt* rencontrer

encourage [ɪnˈkʌrɪdʒ] *vt* encourager; (*industry*, *growth*) favoriser; **to encourage sb to do sth** encourager qn à faire qch

encouragement [ɪnˈkʌrɪdʒmənt] *n* encouragement *m*

encroach [ɪnˈkrəʊtʃ] *vi*: **to encroach (up)on** empiéter sur

encyclop(a)edia [ensaɪkləʊˈpiːdɪə] *n* encyclopédie *f*

end [end] *n* fin *f*; (*of table, street, line, rope etc*) bout *m*, extrémité *f*; (*of pointed object*) pointe *f*; (*of town*) bout ◆ *vt* terminer; (*also*: **bring to an end, put an end to**) mettre fin à ◆ *vi* se terminer, finir; **from end to end** d'un bout à l'autre; **to come to an end** prendre fin; **to be at an end** être fini(e), être terminé(e); **in the end** finalement; **on end** (*object*) debout, dressé(e); **to stand on end** (*hair*) se dresser sur la tête; **for 5 hours on end** durant 5 heures d'affilée *or* de suite; **for hours on end** pendant des heures (*et des heures*); **at the end of the day** (*BRIT fig*) en fin de compte; **to this end with this end in view** à cette fin, dans ce but

▶ **end up** *vi*: **to end up in** finir *or* se terminer par; (*place*) finir *or* aboutir à

endanger [ɪnˈdeɪndʒəʳ] *vt* mettre en danger; **an endangered species** une espèce en voie de disparition

endearing [ɪnˈdɪərɪŋ] *adj* attachant(e)

endeavour, (*US*) **endeavor** [ɪnˈdevəʳ] *n* tentative *f*, effort *m* ◆ *vi*: **to endeavour to do** tenter *or* s'efforcer de faire

ending [ˈendɪŋ] *n* dénouement *m*, conclusion *f*; (*LING*) terminaison *f*

endive [ˈendaɪv] *n* (*curly*) chicorée *f*; (*smooth, flat*) endive *f*

endless [ˈendlɪs] *adj* sans fin, interminable; (*patience, resources*) inépuisable, sans limites; (*possibilities*) illimité(e)

endorse [ɪnˈdɔːs] *vt* (*cheque*) endosser; (*approve*) appuyer, approuver, sanctionner

endorsement [ɪnˈdɔːsmənt] *n* (*approval*) caution *f*, aval *m*; (*signature*) endossement *m*; (*BRIT: on driving licence*) contravention *f* (*portée au permis de conduire*)

endure [ɪnˈdjʊəʳ] *vt* supporter, endurer ◆ *vi* durer

enemy [ˈenəmɪ] *adj*, *n* ennemi/e; **to make an enemy of sb** se faire un/e ennemi/e de qn, se

mettre qn à dos

energetic [enəˈdʒetɪk] *adj* énergique; (*activity*) très actif(ive), qui fait se dépenser (*physiquement*)

energy [ˈenədʒɪ] *n* énergie *f*; **Department of Energy** ministère *m* de l'Énergie

enforce [ɪnˈfɔːs] *vt* (*LAW*) appliquer, faire respecter

engage [ɪnˈgeɪdʒ] *vt* engager; (*MIL*) engager le combat avec; (*lawyer*) prendre ◆ *vi* (*TECH*) s'enclencher, s'engrener; **to engage in** se lancer dans; **to engage sb in conversation** engager la conversation avec qn

engaged [ɪnˈgeɪdʒd] *adj* (*BRIT: busy, in use*) occupé(e); (*betrothed*) fiancé(e); **to get engaged** se fiancer; **he is engaged in research/a survey** il fait de la recherche/une enquête

engaged tone *n* (*BRIT TEL*) tonalité *f*, occupé *inv*

engagement [ɪnˈgeɪdʒmənt] *n* obligation *f*, engagement *m*; (*appointment*) rendez-vous *m inv*; (*to marry*) fiançailles *fpl*; (*MIL*) combat *m*; **I have a previous engagement** j'ai déjà un rendez-vous, je suis déjà pris/e

engagement ring *n* bague *f* de fiançailles

engaging [ɪnˈgeɪdʒɪŋ] *adj* engageant(e), attirant(e)

engine [ˈendʒɪn] *n* (*AUT*) moteur *m*; (*RAIL*) locomotive *f*

engine driver *n* (*BRIT: of train*) mécanicien *m*

engineer [endʒɪˈnɪəʳ] *n* ingénieur *m*; (*BRIT: for domestic appliances*) réparateur *m*; (*US RAIL*) mécanicien *m*; **civil/mechanical engineer** ingénieur *m* des Travaux Publics *or* des Ponts et Chaussées/mécanicien

engineering [endʒɪˈnɪərɪŋ] *n* engineering *m*, ingénierie *f*; (*of bridges, ships*) génie *m*; (*of machine*) mécanique *f* ◆ *cpd*: **engineering works** *or* **factory** atelier *m* de construction mécanique

England [ˈɪŋglənd] *n* Angleterre *f*

English [ˈɪŋglɪʃ] *adj* anglais(e) ◆ *n* (*LING*) anglais *m*; **the English** *npl* les Anglais; **an English speaker** un anglophone

Englishman [ˈɪŋglɪʃmən], **Englishwoman** [ˈɪŋglɪʃwʊmən] *n* Anglais/e

engraving [ɪnˈgreɪvɪŋ] *n* gravure *f*

engrossed [ɪnˈgrəʊst] *adj*: **engrossed in** absorbé(e) par, plongé(e) dans

engulf [ɪnˈgʌlf] *vt* engloutir

enhance [ɪnˈhɑːns] *vt* rehausser, mettre en valeur; (*position*) améliorer; (*reputation*) accroître

enjoy [ɪnˈdʒɔɪ] *vt* aimer, prendre plaisir à; (*have benefit of: health, fortune*) jouir de; (: *success*) connaître; **to enjoy o.s.** s'amuser

enjoyable [ɪnˈdʒɔɪəbl] *adj* agréable

enjoyment [ɪnˈdʒɔɪmənt] *n* plaisir *m*

enlarge [ɪnˈlɑːdʒ] *vt* accroître; (*PHOT*) agrandir ◆ *vi*: **to enlarge on** (*subject*) s'étendre sur

enlargement [ɪnˈlɑːdʒmənt] *n* (*PHOT*) agrandissement *m*

enlighten [ɪn'laɪtn] vt éclairer

enlightened [ɪn'laɪtnd] adj éclairé(e)

enlightenment [ɪn'laɪtnmənt] n édification f; éclaircissements mpl; (HISTORY): **the Enlightenment** ≃ le Siècle des lumières

enlist [ɪn'lɪst] vt recruter; (support) s'assurer ♦ vi s'engager; **enlisted man** (US MIL) simple soldat m

enmity ['enmɪtɪ] n inimitié f

enormous [ɪ'nɔːməs] adj énorme

enough [ɪ'nʌf] adj, n: **enough time/books** assez or suffisamment de temps/livres ♦ adv: **big enough** assez or suffisamment grand; **have you got enough?** (en) avez-vous assez?; **will 5 be enough?** est-ce que 5 suffiront?, est-ce qu'il y en aura assez avec 5?; **that's enough!** ça suffit!, assez!; **that's enough, thanks** cela suffit or c'est assez, merci; **I've had enough!** je n'en peux plus!; **he has not worked enough** il n'a pas assez or suffisamment travaillé, il n'a pas travaillé suffisamment; **enough! enough!** assez!, ça suffit!; **it's hot enough (as it is)!** il fait assez chaud comme ça!; **he was kind enough to lend me the money** il a eu la gentillesse de me prêter l'argent; **... which, funnily enough ...** qui, chose curieuse

enquire [ɪn'kwaɪə*] vt, vi = **inquire**

enrage [ɪn'reɪdʒ] vt mettre en fureur or en rage rendre furieux(euse)

enrol, (US) **enroll** [ɪn'rəul] vt inscrire ♦ vi s'inscrire

enrol(l)ment [ɪn'rəulmənt] n inscription f

en suite ['ɒnswiːt] adj: **with en suite bathroom** avec salle de bains en attenante

ensure [ɪn'ʃuə*] vt assurer, garantir; **to ensure that** s'assurer que

entail [ɪn'teɪl] vt entraîner, nécessiter

entangle [ɪn'tæŋgl] vt emmêler, embrouiller; **to become entangled in sth** (fig) se laisser entraîner or empêtrer dans qch

enter ['entə*] vt (room) entrer dans, pénétrer dans; (club, army) entrer à; (profession) embrasser; (competition) s'inscrire à or pour; (sb for a competition) (faire) inscrire; (write down) inscrire, noter; (COMPUT) entrer, introduire ♦ vi entrer

▶ **enter for** vt fus s'inscrire à, se présenter pour or à

▶ **enter into** vt fus (explanation) se lancer dans; (negotiations) entamer; (debate) prendre part à; (agreement) conclure

▶ **enter up** vt inscrire

▶ **enter (up)on** vt fus commencer

enterprise ['entəpraɪz] n (company, undertaking) entreprise f; (initiative) (esprit m d')initiative f

enterprising ['entəpraɪzɪŋ] adj entreprenant(e), dynamique

entertain [entə'teɪn] vt amuser, distraire; (invite) recevoir (à dîner); (idea, plan) envisager

entertainer [entə'teɪnə*] n artiste m/f de variétés

entertaining [entə'teɪnɪŋ] adj amusant(e), distrayant(e) ♦ n: **to do a lot of entertaining** beaucoup recevoir

entertainment [entə'teɪnmənt] n (amusement) distraction f, divertissement m, amusement m; (show) spectacle m

enthralled [ɪn'θrɔːld] adj captivé(e)

enthusiasm [ɪn'θuːzɪæzəm] n enthousiasme m

enthusiast [ɪn'θuːzɪæst] n enthousiaste m/f; **a jazz etc enthusiast** un fervent or passionné du jazz etc

enthusiastic [ɪnθuːzɪ'æstɪk] adj enthousiaste; **to be enthusiastic about** être enthousiasmé(e) par

entire [ɪn'taɪə*] adj (tout) entier(ère)

entirely [ɪn'taɪəlɪ] adv entièrement, complètement

entirety [ɪn'taɪərətɪ] n: **in its entirety** dans sa totalité

entitle [ɪn'taɪtl] vt (allow): **to entitle sb to do** donner (le) droit à qn de faire; **to entitle sb to sth** donner droit à qch à qn

entitled [ɪn'taɪtld] adj (book) intitulé(e); **to be entitled to sth/to do sth** avoir droit à qch/le droit de faire qch

entrance n ['entrns] entrée f ♦ vt [ɪn'trɑːns] enchanter, ravir; **to gain entrance to** (university etc) être admis à

entrance examination n examen m d'entrée or d'admission

entrance fee n droit m d'inscription; (to museum etc) prix m d'entrée

entrance ramp n (US AUT) bretelle f d'accès

entrant ['entrnt] n (in race etc) participant/e, concurrent/e; (BRIT: in exam) candidat/e

entrenched [en'trentʃt] adj retranché(e)

entrepreneur ['ɒntrəprə'nɜː*] n entrepreneur m

entrust [ɪn'trʌst] vt: **to entrust sth to** confier qch à

entry ['entrɪ] n entrée f; (in register, diary) inscription f; (in ledger) écriture f; **"no entry"** "défense d'entrer", "entrée interdite"; (AUT) "sens interdit"; **single/double entry book-keeping** comptabilité f en partie simple/double

entry form n feuille f d'inscription

entry phone n (BRIT) interphone m (à l'entrée d'un immeuble)

envelop [ɪn'veləp] vt envelopper

envelope ['envələup] n enveloppe f

envious ['envɪəs] adj envieux(euse)

environment [ɪn'vaɪərnmənt] n milieu m; environnement m; **Department of the Environment** (BRIT) ministère de l'équipement et de l'aménagement du territoire

environmental [ɪnvaɪərn'mentl] adj écologique, relatif(ive) à l'environnement; **environmental studies** (in school etc) écologie f

environment-friendly adj écologique

envisage [ɪnˈvɪzɪdʒ] vt envisager; prévoir

envoy [ˈɛnvɔɪ] n envoyé/e

envy [ˈɛnvɪ] n envie f ♦ vt envier; **to envy sb sth** envier qch à qn

epic [ˈɛpɪk] n épopée f ♦ adj épique

epidemic [ɛpɪˈdɛmɪk] n épidémie f

epilepsy [ˈɛpɪlɛpsɪ] n épilepsie f

epileptic [ɛpɪˈlɛptɪk] adj, n épileptique m/f

episode [ˈɛpɪsəud] n épisode m

epitome [ɪˈpɪtəmɪ] n (fig) quintessence f, type m

epitomize [ɪˈpɪtəmaɪz] vt (fig) illustrer, incarner

equal [ˈiːkwl] adj égal(e) ♦ n égal/e ♦ vt égaler; **equal to** (task) à la hauteur de; **equal to doing** de taille à or capable de faire

equality [iːˈkwɔlɪtɪ] n égalité f

equalize [ˈiːkwəlaɪz] vt, vi égaliser

equally [ˈiːkwəlɪ] adv également; (just as) tout aussi; **they are equally clever** ils sont tout aussi intelligents

equanimity [ɛkwəˈnɪmɪtɪ] n égalité f d'humeur

equate [ɪˈkweɪt] vt: **to equate sth with** comparer qch à; assimiler qch à; **to equate sth to** mettre qch en équation avec; égaler qch à

equation [ɪˈkweɪʃən] n (MATH) équation f

equator [ɪˈkweɪtəʳ] n équateur m

equilibrium [iːkwɪˈlɪbrɪəm] n équilibre m

equip [ɪˈkwɪp] vt équiper; **to equip sb/sth with** équiper or munir qn/qch de; **he is well equipped for the job** il a les compétences or les qualités requises pour ce travail

equipment [ɪˈkwɪpmənt] n équipement m; (electrical etc) appareillage m, installation f

equities [ˈɛkwɪtɪz] npl (BRIT COMM) actions cotées en Bourse

equivalent [ɪˈkwɪvəlnt] adj équivalent(e) ♦ n équivalent m; **to be equivalent to** équivaloir à, être équivalent(e) à

era [ˈɪərə] n ère f, époque f

eradicate [ɪˈrædɪkeɪt] vt éliminer

erase [ɪˈreɪz] vt effacer

eraser [ɪˈreɪzəʳ] n gomme f

erect [ɪˈrɛkt] adj droit(e) ♦ vt construire; (monument) ériger, élever; (tent etc) dresser

erection [ɪˈrɛkʃən] n (PHYSIOL) érection f; (of building) construction f; (of machinery etc) installation f

ERM n abbr (= Exchange Rate Mechanism) mécanisme m des taux de change

erode [ɪˈrəud] vt éroder; (metal) ronger

erotic [ɪˈrɔtɪk] adj érotique

errand [ˈɛrnd] n course f, commission f; **to run errands** faire des courses; **errand of mercy** mission f de charité, acte m charitable

erratic [ɪˈrætɪk] adj irrégulier(ière), inconstant(e)

error [ˈɛrəʳ] n erreur f; **typing/spelling error** faute f de frappe/d'orthographe; **in error** par erreur, par méprise; **errors and omissions excepted** sauf erreur ou omission

erupt [ɪˈrʌpt] vi entrer en éruption; (fig) éclater, exploser

eruption [ɪˈrʌpʃən] n éruption f; (of anger, violence) explosion f

escalate [ˈɛskəleɪt] vi s'intensifier; (costs) monter en flèche

escalator [ˈɛskəleɪtəʳ] n escalier roulant

escapade [ɛskəˈpeɪd] n fredaine f; équipée f

escape [ɪˈskeɪp] n évasion f, fuite f; (of gas etc) fuite; (TECH) échappement m ♦ vi s'échapper, fuir; (from jail) s'évader; (fig) s'en tirer, en réchapper; (leak) fuir; s'échapper ♦ vt échapper à; **to escape from** (person) échapper à; (place) s'échapper de; (fig) fuir; **to escape to** (another place) fuir à, s'enfuir à; **to escape to safety** se réfugier dans or gagner un endroit sûr; **to escape notice** passer inaperçu(e)

escapism [ɪˈskeɪpɪzəm] n évasion f (fig)

escort vt [ɪˈskɔːt] escorter ♦ n [ˈɛskɔːt] escorte f; (to dance etc): **her escort** son compagnon or cavalier; **his escort** sa compagne

Eskimo [ˈɛskɪməu] adj esquimau(de), eskimo ♦ n Esquimau/de (LING) esquimau m

especially [ɪˈspɛʃlɪ] adv (specifically) spécialement, exprès; (more than usually) particulièrement; (above all) particulièrement, surtout

espionage [ˈɛspɪənɑːʒ] n espionnage m

Esquire [ɪˈskwaɪəʳ] n (BRIT: abbr **Esq.**): **J. Brown, Esquire** Monsieur J. Brown

essay [ˈɛseɪ] n (SCOL) dissertation f; (LITERATURE) essai m; (attempt) tentative f

essence [ˈɛsns] n essence f; **in essence** en substance; **speed is of the essence** l'essentiel, c'est la rapidité

essential [ɪˈsɛnʃl] adj essentiel(le); (basic) fondamental(e) ♦ n élément essentiel; **it is essential that** il est essentiel or primordial que

essentially [ɪˈsɛnʃlɪ] adv essentiellement

establish [ɪˈstæblɪʃ] vt établir; (business) fonder, créer; (one's power etc) asseoir, affirmir

established [ɪˈstæblɪʃt] adj bien établi(e)

establishment [ɪˈstæblɪʃmənt] n établissement m; création f; (institution) établissement; **the Establishment** les pouvoirs établis; l'ordre établi

estate [ɪˈsteɪt] n (land) domaine m, propriété f; (LAW) biens mpl, succession f; (BRIT: also: **housing estate**) lotissement m

estate agent n (BRIT) agent immobilier

estate car n (BRIT) break m

esteem [ɪˈstiːm] n estime f ♦ vt estimer; apprécier; **to hold sb in high esteem** tenir qn en haute estime

esthetic [ɪsˈθɛtɪk] adj (US) = **aesthetic**

estimate n [ˈɛstɪmət] estimation f; (COMM) devis m ♦ vb [ˈɛstɪmeɪt] ♦ vt estimer ♦ vi (BRIT COMM): **to esti-**

mate for estimer, faire une estimation de; (bid for) faire un devis pour; **to give sb an estimate of** faire or donner un devis à qn pour; **at a rough estimate** approximativement

estimation [ɛstɪˈmeɪʃən] n opinion f; estime f; **in my estimation** à mon avis, selon moi

estranged [ɪsˈtreɪndʒd] adj (couple) séparé(e); (husband, wife) dont on s'est séparé(e)

etc. abbr (= et cetera) etc.

eternal [ɪˈtɜːnl] adj éternel(le)

eternity [ɪˈtɜːnɪtɪ] n éternité f

ethical [ˈɛθɪkl] adj moral(e)

ethics [ˈɛθɪks] n éthique f ♦ npl moralité f

Ethiopia [iːθɪˈəʊpɪə] n Éthiopie f

ethnic [ˈɛθnɪk] adj ethnique; (clothes, food) folklorique, exotique; propre aux minorités ethniques non-occidentales

ethos [ˈiːθɒs] n (système m de) valeurs fpl

etiquette [ˈɛtɪkɛt] n convenances fpl, étiquette f

EU n abbr (= European Union) UE f

euro [ˈjʊərəʊ] n (currency) euro m

Eurocheque [ˈjʊərəʊtʃɛk] n eurochèque m

Euroland [ˈjʊərəʊlænd] n Euroland m

Europe [ˈjʊərəp] n Europe f

European [jʊərəˈpiːən] adj européen(ne) ♦ n Européen/ne

evacuate [ɪˈvækjueɪt] vt évacuer

evade [ɪˈveɪd] vt échapper à; (question etc) éluder; (duties) se dérober à

evaporate [ɪˈvæpəreɪt] vi s'évaporer ♦ vt faire évaporer

evaporated milk [ɪˈvæpəreɪtɪd-] n lait condensé (non sucré)

evasion [ɪˈveɪʒən] n dérobade f; (excuse) faux-fuyant m

eve [iːv] n: **on the eve of** à la veille de

even [ˈiːvn] adj régulier(ière), égal(e); (number) pair(e) ♦ adv même; **even if** même si + indicative; **even though** quand (bien) même + conditional, alors même que + conditional; **even more** encore plus; **even faster** encore plus vite; **even so** quand même; **not even** pas même; **to break even** s'y retrouver, équilibrer ses comptes; **to get even with sb** prendre sa revanche sur qn
▶ **even out** vi s'égaliser

evening [ˈiːvnɪŋ] n soir m; (as duration, event) soirée f; **in the evening** le soir; **this evening** ce soir; **tomorrow/yesterday evening** demain/hier soir

evening class n cours m du soir

evening dress n (man's) habit m de soirée, smoking m; (woman's) robe f de soirée

event [ɪˈvɛnt] n événement m; (SPORT) épreuve f; **in the course of events** par la suite; **in the event of** en cas de; **in the event** en réalité, en fait; **at all events** (BRIT), **in any event** en tout cas, de toute manière

eventful [ɪˈvɛntful] adj mouvementé(e)

eventual [ɪˈvɛntjuəl] adj final(e)

eventuality [ɪvɛntjuˈælɪtɪ] n possibilité f, éventualité f

eventually [ɪˈvɛntjuəlɪ] adv finalement

ever [ˈɛvə*] adv jamais; (at all times) toujours; **the best ever** le meilleur qu'on ait jamais vu; **did you ever meet him?** est-ce qu'il vous est arrivé de le rencontrer?; **have you ever been there?** y êtes-vous déjà allé?; **for ever** pour toujours; **hardly ever** ne ... presque jamais; **ever since** adv depuis ♦ conj depuis que; **ever so pretty** si joli; **thank you ever so much** merci mille fois

evergreen [ˈɛvəɡriːn] n arbre m à feuilles persistantes

everlasting [ɛvəˈlɑːstɪŋ] adj éternel(le)

every [ˈɛvrɪ] adj chaque; **every day** tous les jours, chaque jour; **every other/third day** tous les deux/ trois jours; **every other car** une voiture sur deux; **every now and then** de temps en temps; **I have every confidence in him** j'ai entièrement or pleinement confiance en lui

everybody [ˈɛvrɪbɔdɪ] pron tout le monde, tous pl; **everybody knows about it** tout le monde le sait; **everybody else** tous les autres

everyday [ˈɛvrɪdeɪ] adj (expression) courant(e), d'usage courant; (use) courant; (occurrence, experience) de tous les jours, ordinaire

everyone [ˈɛvrɪwʌn] = everybody

everything [ˈɛvrɪθɪŋ] pron tout; **everything is ready** tout est prêt; **he did everything possible** il a fait tout son possible

everywhere [ˈɛvrɪwɛə*] adv partout; **everywhere you go you meet ...** où qu'on aille, on rencontre ...

evict [ɪˈvɪkt] vt expulser

eviction [ɪˈvɪkʃən] n expulsion f

evidence [ˈɛvɪdns] n (proof) preuve(s) f(pl); (of witness) témoignage m; (sign): **to show evidence of** donner des signes de; **to give evidence** témoigner, déposer; **in evidence** (obvious) en évidence; en vue

evident [ˈɛvɪdnt] adj évident(e)

evidently [ˈɛvɪdntlɪ] adv de toute évidence

evil [ˈiːvl] adj mauvais(e) ♦ n mal m

evoke [ɪˈvəʊk] vt évoquer; (admiration) susciter

evolution [iːvəˈluːʃən] n évolution f

evolve [ɪˈvɒlv] vt élaborer ♦ vi évoluer, se transformer

ewe [juː] n brebis f

ex- [ɛks] prefix (former: husband, president etc) ex-; (out of): **the price ex-works** le prix départ usine

exact [ɪɡˈzækt] adj exact(e) ♦ vt: **to exact sth (from)** extorquer qch (à); exiger qch (de)

exacting [ɪɡˈzæktɪŋ] adj exigeant(e); (work) fatigant(e)

exactly [ɪɡˈzæktlɪ] adv exactement; **exactly!** parfaitement!, précisément!

exaggerate [ɪg'zædʒəreɪt] vt, vi exagérer
exaggeration [ɪgzædʒə'reɪʃən] n exagération f
exalted [ɪg'zɔːltɪd] adj (rank) élevé(e); (person) haut placé(e); (elated) exalté(e)
exam [ɪg'zæm] n abbr (SCOL) = **examination**
examination [ɪgzæmɪ'neɪʃən] n (SCOL, MED) examen m; **to take** or (BRIT) **sit an examination** passer un examen; **the matter is under examination** la question est à l'examen
examine [ɪg'zæmɪn] vt (gen) examiner; (SCOL, LAW: person) interroger; (inspect: machine, premises) inspecter; (passport) contrôler; (luggage) fouiller
examiner [ɪg'zæmɪnə*] n examinateur/trice
example [ɪg'zɑːmpl] n exemple m; **for example** par exemple; **to set a good/bad example** donner le bon/mauvais exemple
exasperate [ɪg'zɑːspəreɪt] vt exaspérer, agacer
exasperation [ɪgzɑːspə'reɪʃən] n exaspération f, irritation f
excavate ['ekskəveɪt] vt excaver; (object) mettre au jour
excavation [ekskə'veɪʃən] n excavation f
exceed [ɪk'siːd] vt dépasser; (one's powers) outrepasser
exceedingly [ɪk'siːdɪŋlɪ] adv excessivement
excellent ['eksələnt] adj excellent(e)
except [ɪk'sept] prep (also: **except for, excepting**) sauf, excepté, à l'exception de ♦ vt excepter; **except if/when** sauf si/quand; **except that** excepté que, si ce n'est que
exception [ɪk'sepʃən] n exception f; **to take exception to** s'offusquer de; **with the exception of** à l'exception de
exceptional [ɪk'sepʃənl] adj exceptionnel(le)
excerpt ['eksɔːpt] n extrait m
excess [ɪk'ses] n excès m; **in excess of** plus de
excess baggage n excédent m de bagages
excess fare n supplément m
excessive [ɪk'sesɪv] adj excessif(ive)
exchange [ɪks'tʃeɪndʒ] n échange m; (also: **telephone exchange**) central m ♦ vt: **to exchange (for)** échanger (contre); **in exchange for** en échange de; **foreign exchange** (COMM) change m
exchange rate n taux m de change
exchequer [ɪks'tʃekə*] n (BRIT) Échiquier m, ≈ ministère m des Finances
excise n ['eksaɪz] taxe f ♦ vt [ek'saɪz] exciser
excite [ɪk'saɪt] vt exciter; **to get excited** s'exciter
excitement [ɪk'saɪtmənt] n excitation f
exciting [ɪk'saɪtɪŋ] adj passionnant(e)
exclaim [ɪk'skleɪm] vi s'exclamer
exclamation [eksklə'meɪʃən] n exclamation f
exclamation mark n point m d'exclamation
exclude [ɪk'skluːd] vt exclure
exclusion zone n zone interdite
exclusive [ɪk'skluːsɪv] adj exclusif(ive); (club, dis-

trict) sélect(e); (item of news) en exclusivité ♦ adv (COMM) exclusivement, non inclus; **exclusive of VAT** TVA non comprise; **exclusive of postage** (les) frais de poste non compris; **from 1st to 15th March exclusive** du 1er au 15 mars exclusivement or exclu; **exclusive rights** (COMM) exclusivité f
excruciating [ɪk'skruːʃɪeɪtɪŋ] adj atroce, déchirant(e)
excursion [ɪk'skɔːʃən] n excursion f
excuse n [ɪk'skjuːs] excuse f ♦ vt [ɪk'skjuːz] excuser; (justify) excuser, justifier; **to excuse sb from** (activity) dispenser qn de; **excuse me!** excusez-moi, pardon!; **now if you will excuse me, ...** maintenant, si vous (le) permettez ...; **to make excuses for sb** trouver des excuses à qn; **to excuse o.s. for sth/for doing sth** s'excuser de/d'avoir fait qch
ex-directory ['eksdɪ'rektərɪ] adj (BRIT): **ex-directory (phone) number** numéro m (de téléphone) sur la liste rouge
execute ['eksɪkjuːt] vt exécuter
execution [eksɪ'kjuːʃən] n exécution f
executive [ɪg'zekjutɪv] n (COMM) cadre m; (POL) exécutif m ♦ adj exécutif(ive); (position, job) de cadre; (secretary) de direction; (offices) de la direction; (car, plane) de fonction
exemplify [ɪg'zemplɪfaɪ] vt illustrer
exempt [ɪg'zempt] adj: **exempt from** exempté(e) or dispensé(e) de ♦ vt: **to exempt sb from** exempter or dispenser qn de
exercise ['eksəsaɪz] n exercice m ♦ vt exercer; (patience etc) faire preuve de; (dog) promener ♦ vi (also: **to take exercise**) prendre de l'exercice
exercise book n cahier m
exert [ɪg'zɔːt] vt exercer, employer; (strength, force) employer; **to exert o.s.** se dépenser
exertion [ɪg'zɔːʃən] n effort m
exhale [eks'heɪl] vt expirer, exhaler ♦ vi expirer
exhaust [ɪg'zɔːst] n (also: **exhaust fumes**) gaz mpl d'échappement; (also: **exhaust pipe**) tuyau m d'échappement ♦ vt épuiser; **to exhaust o.s.** s'épuiser
exhausted [ɪg'zɔːstɪd] adj épuisé(e)
exhaustion [ɪg'zɔːstʃən] n épuisement m; **nervous exhaustion** fatigue nerveuse
exhaustive [ɪg'zɔːstɪv] adj très complet(ète)
exhibit [ɪg'zɪbɪt] n (ART) pièce f or objet m exposé(e) (LAW) pièce à conviction ♦ vt exposer; (courage, skill) faire preuve de
exhibition [eksɪ'bɪʃən] n exposition f; **exhibition of temper** manifestation f de colère
exhilarating [ɪg'zɪləreɪtɪŋ] adj grisant(e), stimulant(e)
ex-husband ['eks'hʌzbənd] n ex-mari m
exile ['eksaɪl] n exil m; (person) exilé/e ♦ vt exiler; **in exile** en exil
exist [ɪg'zɪst] vi exister
existence [ɪg'zɪstəns] n existence f; **to be in ex-**

istence exister

existing [ɪg'zɪstɪŋ] *adj* (*laws*) existant(e); (*system, regime*) actuel(le)

exit ['ɛksɪt] *n* sortie *f* ♦ *vi* (COMPUT, THEAT) sortir

exit poll *n* sondage *m* (*fait à la sortie de l'isoloir*)

exit ramp *n* (US AUT) bretelle *f* d'accès

exodus ['ɛksədəs] *n* exode *m*

exonerate [ɪg'zɔnəreɪt] *vt*: **to exonerate from** disculper de

exotic [ɪg'zɔtɪk] *adj* exotique

expand [ɪk'spænd] *vt* (*area*) agrandir; (*quantity*) accroître; (*influence etc*) étendre ♦ *vi* (*population, production*) s'accroître; (*trade, influence etc*) se développer, s'étendre; (*gas, metal*) se dilater, dilater; **to expand on** (*notes, story etc*) développer

expanse [ɪk'spæns] *n* étendue *f*

expansion [ɪk'spænʃən] *n see* **expand** développement *m*; accroissement *m*; extension *f*; dilatation *f*

expect [ɪk'spɛkt] *vt* (*anticipate*) s'attendre à, s'attendre à ce que + *sub*; (*count on*) compter sur, escompter; (*hope for*) espérer; (*require*) demander, exiger; (*suppose*) supposer; (*await: also baby*) attendre ♦ *vi*: **to be expecting** être enceinte; **to expect sb to do** (*anticipate*) s'attendre à ce que qn fasse; (*demand*) attendre de qn qu'il fasse; **to expect to do sth** penser *or* compter faire qch, s'attendre à faire qch; **as expected** comme prévu; **I expect so** je crois que oui, je crois bien

expectancy [ɪks'pɛktənsɪ] *n* attente *f*; **life expectancy** espérance *f* de vie

expectant [ɪk'spɛktənt] *adj* qui attend (quelque chose); **expectant mother** future maman

expectation [ɛkspɛk'teɪʃən] *n* attente *f*, prévisions *fpl*; espérance(s) *f(pl)*; **in expectation of** dans l'attente de, en prévision de; **against** *or* **contrary to all expectation(s)** contre toute attente, contrairement à ce qu'on attendait; **to come** *or* **live up to sb's expectations** répondre à l'attente *or* aux espérances de qn

expedient [ɪk'spiːdɪənt] *adj* indiqué(e), opportun(e), commode ♦ *n* expédient *m*

expedition [ɛkspə'dɪʃən] *n* expédition *f*

expel [ɪk'spɛl] *vt* chasser, expulser; (SCOL) renvoyer, exclure

expend [ɪk'spɛnd] *vt* consacrer; (*use up*) dépenser

expenditure [ɪk'spɛndɪtʃə*] *n* dépense *f*; dépenses *fpl*

expense [ɪk'spɛns] *n* (*cost*) coût *m*; (*spending*) dépense *f*, frais *mpl*; **expenses** *npl* frais *mpl*; dépenses; **to go to the expense of** faire la dépense de; **at great/little expense** à grands/peu de frais; **at the expense of** aux frais de; (*fig*) aux dépens de

expense account *n* (note *f* de) frais *mpl*

expensive [ɪk'spɛnsɪv] *adj* cher(chère) coûteux(euse); **to be expensive** coûter cher; **expensive tastes** goûts *mpl* de luxe

experience [ɪk'spɪərɪəns] *n* expérience *f* ♦ *vt* connaître;' éprouver; **to know by experience** savoir par expérience

experienced [ɪk'spɪərɪənst] *adj* expérimenté(e)

experiment [ɪk'spɛrɪmənt] *n* expérience *f* ♦ *vi* faire une expérience; **to experiment with** expérimenter; **to perform** *or* **carry out an experiment** faire une expérience; **as an experiment** à titre d'expérience

expert ['ɛkspɜːt] *adj* expert(e) ♦ *n* expert *m*; **expert in** *or* **at doing sth** spécialiste de qch; **an expert on sth** un spécialiste de qch; **expert witness** (LAW) expert *m*

expertise [ɛkspə'tiːz] *n* (grande) compétence

expire [ɪk'spaɪə*] *vi* expirer

expiry [ɪk'spaɪərɪ] *n* expiration *f*

explain [ɪk'spleɪn] *vt* expliquer

▶ **explain away** *vt* justifier, excuser

explanation [ɛksplə'neɪʃən] *n* explication *f*; **to find an explanation for sth** trouver une explication à qch

explanatory [ɪk'splænətrɪ] *adj* explicatif(ive)

explicit [ɪk'splɪsɪt] *adj* explicite; (*definite*) formel(le)

explode [ɪk'spləud] *vi* exploser ♦ *vt* faire exploser; (*fig: theory*) démolir; **to explode a myth** détruire un mythe

exploit *n* ['ɛksplɔɪt] exploit *m* ♦ *vt* [ɪk'splɔɪt] exploiter

exploitation [ɛksplɔɪ'teɪʃən] *n* exploitation *f*

exploratory [ɪk'splɔrətrɪ] *adj* (*fig: talks*) préliminaire; **exploratory operation** (MED) intervention *f* (à visée) exploratrice

explore [ɪk'splɔː*] *vt* explorer; (*possibilities*) étudier, examiner

explorer [ɪk'splɔːrə*] *n* explorateur/trice

explosion [ɪk'spləuʒən] *n* explosion *f*

explosive [ɪk'spləusɪv] *adj* explosif(ive) ♦ *n* explosif *m*

exponent [ɪk'spəunənt] *n* (*of school of thought etc*) interprète *m*, représentant *m*; (MATH) exposant *m*

export *vt* [ɛk'spɔːt] exporter ♦ *n* ['ɛkspɔːt] exportation *f* ♦ *cpd* d'exportation

exporter [ɛk'spɔːtə*] *n* exportateur *m*

expose [ɪk'spəuz] *vt* exposer; (*unmask*) démasquer, dévoiler; **to expose o.s.** (LAW) commettre un outrage à la pudeur

exposed [ɪk'spəuzd] *adj* (*land, house*) exposé(e); (ELEC: *wire*) à nu; (*pipe, beam*) apparent(e)

exposure [ɪk'spəuʒə*] *n* exposition *f*; (PHOT) (temps *m* de) pose *f*; (: *shot*) pose; **suffering from exposure** (MED) souffrant des effets du froid et de l'épuisement; **to die of exposure** (MED) mourir de froid

exposure meter *n* posemètre *m*

express [ɪk'sprɛs] *adj* (*definite*) formel(le), exprès(esse); (BRIT: letter etc) exprès inv ♦ n (train) rapide m ♦ adv (send) exprès ♦ vt exprimer; **to express o.s.** s'exprimer

expression [ɪkˈsprɛʃən] n expression f

expressly [ɪkˈsprɛslɪ] adv expressément, formellement

expressway [ɪkˈsprɛsweɪ] n (US) voie f express (à plusieurs files)

exquisite [ɛkˈskwɪzɪt] adj exquis(e)

extend [ɪkˈstɛnd] vt (visit, street) prolonger; (deadline) reporter, remettre; (building) agrandir; (offer) présenter, offrir; (COMM: credit) accorder ♦ vi (land) s'étendre

extension [ɪkˈstɛnʃən] n (see extend) prolongation f; agrandissement m; (building) annexe f; (to wire, table) rallonge f; (telephone: in offices) poste m; (: in private house) téléphone m supplémentaire; **extension 3718** (TEL) poste 3718

extensive [ɪkˈstɛnsɪv] adj étendu(e), vaste; (damage, alterations) considérable; (inquiries) approfondi(e); (use) largement répandu(e)

extensively [ɪkˈstɛnsɪvlɪ] adv (altered, damaged etc) considérablement; **he's travelled extensively** il a beaucoup voyagé

extent [ɪkˈstɛnt] n étendue f; (degree: of damage, loss) importance f; **to some extent** dans une certaine mesure; **to a certain extent** dans une certaine mesure, jusqu'à un certain point; **to a large extent** en grande partie; **to what extent?** dans quelle mesure?, jusqu'à quel point?; **to such an extent that ...** à tel point que ...

extenuating [ɪkˈstɛnjueɪtɪŋ] adj: **extenuating circumstances** circonstances atténuantes

exterior [ɛkˈstɪərɪə*] adj extérieur(e), du dehors ♦ n extérieur m; dehors m

external [ɛkˈstə:nl] adj externe ♦ n: **the externals** les apparences fpl; **for external use only** (MED) à usage externe

extinct [ɪkˈstɪŋkt] adj éteint(e)

extinguish [ɪkˈstɪŋgwɪʃ] vt éteindre

extort [ɪkˈstɔ:t] vt: **to extort sth (from)** extorquer qch (à)

extortionate [ɪkˈstɔ:ʃnɪt] adj exorbitant(e)

extra [ˈɛkstrə] adj supplémentaire, de plus ♦ adv (in addition) en plus ♦ n supplément m; (THEAT) figurant/e; **wine will cost extra** le vin sera en supplément; **extra large sizes** très grandes tailles

extract vt [ɪkˈstrækt] extraire; (tooth) arracher; (money, promise) soutirer ♦ n [ˈɛkstrækt] extrait m

extracurricular [ˈɛkstrəkəˈrɪkjulə*] adj (SCOL) parascolaire

extradite [ˈɛkstrədaɪt] vt extrader

extramarital [ˈɛkstrəˈmærɪtl] adj extraconjugal(e)

extramural [ˈɛkstrəˈmjuərl] adj hors-faculté inv

extraordinary [ɪkˈstrɔ:dnrɪ] adj extraordinaire; **the extraordinary thing is that ...** le plus étrange or étonnant c'est que ...

extravagance [ɪkˈstrævəgəns] n (excessive spending) prodigalités fpl; (thing bought) folie f, dépense excessive or exagérée

extravagant [ɪkˈstrævəgənt] adj extravagant(e); (in spending: person) prodigue, dépensier(ière); (: tastes) dispendieux(euse)

extreme [ɪkˈstri:m] adj, n extrême (m); **the extreme left/right** (POL) l'extrême gauche f/droite f; **extremes of temperature** différences fpl extrêmes de température

extremely [ɪkˈstri:mlɪ] adv extrêmement

extremist [ɪkˈstri:mɪst] adj, n extrémiste m/f

extricate [ˈɛkstrɪkeɪt] vt: **to extricate sth (from)** dégager qch (de)

extrovert [ˈɛkstrəvə:t] n extraverti/e

ex-wife [ˈɛkswaɪf] n ex-femme f

eye [aɪ] n œil m (pl yeux); (of needle) trou m, chas m ♦ vt examiner; **as far as the eye can see** à perte de vue; **to keep an eye on** surveiller; **to have an eye for sth** avoir l'œil pour qch; **in the public eye** en vue; **with an eye to doing sth** (BRIT) en vue de faire qch; **there's more to this than meets the eye** ce n'est pas aussi simple que cela paraît

eyebrow [ˈaɪbrau] n sourcil m

eyedrops [ˈaɪdrɔps] npl gouttes fpl pour les yeux

eyelash [ˈaɪlæʃ] n cil m

eyelid [ˈaɪlɪd] n paupière f

eyeliner [ˈaɪlaɪnə*] n eye-liner m

eye-opener [ˈaɪəupnə*] n révélation f

eyeshadow [ˈaɪʃædəu] n ombre f à paupières

eyesight [ˈaɪsaɪt] n vue f

eyesore [ˈaɪsɔ:*] n horreur f, chose f qui dépare or enlaidit

eye witness n témoin m oculaire

— F f —

F, f [ɛf] n (letter) F, f m; (MUS): F fa m; **F for Frederick**, (US) **F for Fox** F comme François

F abbr (= Fahrenheit) F

fable [ˈfeɪbl] n fable f

fabric [ˈfæbrɪk] n tissu m ♦ cpd: **fabric ribbon** n (for typewriter) ruban m (en) tissu

fabulous [ˈfæbjuləs] adj fabuleux(euse); (col: super) formidable, sensationnel(le)

face [feɪs] n visage m, figure f; expression f; grimace f; (of clock) cadran m; (of building) façade f; (side, surface) face f ♦ vt faire face à; (facts etc) accepter; **face down** (person) à plat ventre; (card) face en dessous; **to lose/save face** perdre/sauver la face; **to pull a face** faire une grimace; **in the face of** (difficulties etc) face à, devant; **on the face of it** à première vue

▶ **face up to** vt fus faire face à, affronter

face cloth n (BRIT) gant m de toilette

face cream n crème f pour le visage

face lift n lifting m; (of façade etc) ravalement m, retapage m

face powder n poudre f (pour le visage)

face value ['feɪs'væljuː] n (of coin) valeur nominale; **to take sth at face value** (fig) prendre qch pour argent comptant

facility [fə'sɪlɪtɪ] n facilité f; **facilities** npl installations fpl, équipement m; **credit facilities** facilités de paiement

facing ['feɪsɪŋ] prep face à, en face de ♦ n (of wall etc) revêtement m; (SEWING) revers m

facsimile [fæk'sɪmɪlɪ] n (exact replica) facsimilé m; (also: **facsimile machine**) télécopieur m; (transmitted document) télécopie f

fact [fækt] n fait m; **in fact** en fait; **to know for a fact that …** savoir pertinemment que …

factor ['fæktə'] n facteur m; (COMM) factor m, société f d'affacturage; (: agent) dépositaire m/f ♦ vi faire du factoring; **safety factor** facteur de sécurité

factory ['fæktərɪ] n usine f, fabrique f

factual ['fæktjuəl] adj basé(e) sur les faits

faculty ['fækəltɪ] n faculté f; (US: teaching staff) corps enseignant

fad [fæd] n (col) manie f; engouement m

fade [feɪd] vi se décolorer, passer; (light, sound, hope) s'affaiblir, disparaître; (flower) se faner

▶ **fade in** vt (picture) ouvrir en fondu; (sound) monter progressivement

▶ **fade out** vt (picture) fermer en fondu; (sound) baisser progressivement

fag [fæg] n (BRIT col: cigarette) sèche f; (: chore): **what a fag!** quelle corvée!; (US col: homosexual) pédé m

fail [feɪl] vt (exam) échouer à; (candidate) recaler; (subj: courage, memory) faire défaut à ♦ vi échouer; (supplies) manquer; (eyesight, health, light: also: **be failing**) baisser, s'affaiblir; (brakes) lâcher; **to fail to do sth** (neglect) négliger de or ne pas faire qch; (be unable) ne pas arriver or parvenir à faire qch; **without fail** à coup sûr; sans faute

failing ['feɪlɪŋ] n défaut m ♦ prep faute de; **failing that** à défaut, sinon

failure ['feɪljə'] n échec m; (person) raté/e; (mechanical etc) défaillance f; **his failure to turn up** le fait de n'être pas venu or qu'il ne soit pas venu

faint [feɪnt] adj faible; (recollection) vague; (mark) à peine visible; (smell, breeze, trace) léger(ère) ♦ n évanouissement m ♦ vi s'évanouir; **to feel faint** défaillir

fair [fɛə'] adj équitable, juste; (reasonable) correct(e), honnête; (hair) blond(e); (skin, complexion) pâle, blanc(blanche); (weather) beau(belle); (good enough) assez bon(ne) ♦ adv: **to play fair** jouer franc jeu ♦ n foire f; (BRIT: funfair) fête (foraine); (also: **trade fair**) foire(-exposition) commerciale;

it's not fair! ce n'est pas juste!; **a fair amount of** une quantité considérable de

fairly ['fɛəlɪ] adv équitablement; (quite) assez; **I'm fairly sure** j'en suis quasiment or presque sûr

fairness ['fɛənɪs] n (of trial etc) justice f, équité f; (of person) sens m de la justice; **in all fairness** en toute justice

fairy ['fɛərɪ] n fée f

fairy tale n conte m de fées

faith [feɪθ] n foi f; (trust) confiance f; (sect) culte m, religion f; **to have faith in sb/sth** avoir confiance en qn/qch

faithful ['feɪθful] adj fidèle

faithfully ['feɪθfulɪ] adv fidèlement; **yours faithfully** (BRIT: in letters) veuillez agréer l'expression de mes salutations les plus distinguées

fake [feɪk] n (painting etc) faux m; (photo) trucage m; (person) imposteur m ♦ adj faux(fausse) ♦ vt (emotions) simuler; (photo) truquer; (story) fabriquer; **his illness is a fake** sa maladie est une comédie or de la simulation

falcon ['fɔːlkən] n faucon m

fall [fɔːl] n chute f; (decrease) baisse f; (US: autumn) automne m ♦ vi, pt **fell**, pp **fallen** [fɛl, 'fɔːlən] tomber; **falls** npl (waterfall) chute f d'eau, cascade f; **to fall flat** vi (on one's face) tomber de tout son long, s'étaler; (joke) tomber à plat; (plan) échouer; **to fall short of** (sb's expectations) ne pas répondre à; **a fall of snow** (BRIT) une chute de neige

▶ **fall apart** vi tomber en morceaux; (col: emotionally) craquer

▶ **fall back** vi reculer, se retirer

▶ **fall back on** vt fus se rabattre sur; **to have something to fall back on** (money etc) avoir quelque chose en réserve; (job etc) avoir une solution de rechange

▶ **fall behind** vi prendre du retard

▶ **fall down** vi (person) tomber; (building) s'effondrer, s'écrouler

▶ **fall for** vt fus (trick) se laisser prendre à; (person) tomber amoureux(euse) de

▶ **fall in** vi s'effondrer; (MIL) se mettre en rangs

▶ **fall in with** vt fus (sb's plans etc) accepter

▶ **fall off** vi tomber; (diminish) baisser, diminuer

▶ **fall out** vi (friends etc) se brouiller

▶ **fall over** vi tomber (par terre)

▶ **fall through** vi (plan, project) tomber à l'eau

fallacy ['fæləsɪ] n erreur f, illusion f

fallout ['fɔːlaut] n retombées (radioactives)

fallow ['fæləu] adj en jachère; en friche

false [fɔːls] adj faux(fausse); **under false pretences** sous un faux prétexte

false alarm n fausse alerte

false teeth npl (BRIT) fausses dents

falter ['fɔːltə'] vi chanceler, vaciller

fame [feɪm] n renommée f, renom m

familiar [fə'mɪlɪə'] adj familier(ière); **to be fa-**

miliar with sth connaître qch; **to make o.s. familiar with sth** se familiariser avec qch; **to be on familiar terms with sb** bien connaître qn

family ['fæmɪlɪ] n famille f

famine ['fæmɪn] n famine f

famished ['fæmɪʃt] adj affamé(e); **I'm famished!** (col) je meurs de faim!

famous ['feɪməs] adj célèbre

famously ['feɪməslɪ] adv (get on) fameusement, à merveille

fan [fæn] n (folding) éventail m; (ELEC) ventilateur m; (person) fan m, admirateur/trice; (SPORT) supporter m/f ◆ vt éventer; (fire, quarrel) attiser
▶ **fan out** vi se déployer (en éventail)

fanatic [fə'nætɪk] n fanatique m/f

fan belt n courroie f de ventilateur

fancy ['fænsɪ] n fantaisie f, envie f; imagination f ◆ cpd (de) fantaisie inv ◆ vt (feel like, want) avoir envie de; (imagine) imaginer; **to take a fancy to** se prendre d'affection pour; s'enticher de; **it took or caught my fancy** ça m'a plu; **when the fancy takes him** quand ça lui prend; **to fancy that ...** se figurer or s'imaginer que ...; **he fancies her** elle lui plaît

fancy dress n déguisement m, travesti m

fancy-dress ball [fænsɪ'dres-] n bal masqué or costumé

fang [fæŋ] n croc m; (of snake) crochet m

fantastic [fæn'tæstɪk] adj fantastique

fantasy ['fæntəsɪ] n imagination f, fantaisie f; fantasme m

far [fɑː*] adj: **the far side/end** l'autre côté/bout; **the far left/right** (POL) l'extrême gauche f/droite f ◆ adv loin; **is it far to London?** est-ce qu'on est loin de Londres?; **it's not far (from here)** ce n'est pas loin (d'ici); **far away, far off** au loin, dans le lointain; **far better** beaucoup mieux; **far from** loin de; **by far** de loin, de beaucoup; **as far back as the 13th century** dès le 13e siècle; **go as far as the farm** allez jusqu'à la ferme; **as far as I know** pour autant que je sache; **as far as possible** dans la mesure du possible; **how far have you got with your work?** où en êtes-vous dans votre travail?

faraway ['fɑːrəweɪ] adj lointain(e); (look) absent(e)

farce [fɑːs] n farce f

fare [fɛə*] n (on trains, buses) prix m du billet; (in taxi) prix de la course; (passenger in taxi) client m; (food) table f, chère f ◆ vi se débrouiller

Far East n: **the Far East** l'Extrême-Orient m

farewell [fɛə'wel] excl, n adieu m ◆ cpd (party etc) d'adieux

farm [fɑːm] n ferme f ◆ vt cultiver
▶ **farm out** vt (work etc) distribuer

farmer ['fɑːmə*] n fermier/ière, cultivateur/trice

farmhand ['fɑːmhænd] n ouvrier/ière agricole

farmhouse ['fɑːmhaʊs] n (maison f de) ferme f

farming ['fɑːmɪŋ] n agriculture f; **intensive**

farming culture intensive; **sheep farming** élevage m du mouton

farmland ['fɑːmlænd] n terres cultivées or arables

farm worker n = farmhand

farmyard ['fɑːmjɑːd] n cour f de ferme

far-reaching ['fɑː'riːtʃɪŋ] adj d'une grande portée

fart [fɑːt] (col!) n pet m ◆ vi péter

farther ['fɑːðə*] adv plus loin ◆ adj plus éloigné(e), plus lointain(e)

farthest ['fɑːðɪst] superlative of **far**

fascinate ['fæsɪneɪt] vt fasciner, captiver

fascinating ['fæsɪneɪtɪŋ] adj fascinant(e)

fascism ['fæʃɪzəm] n fascisme m

fashion ['fæʃən] n (manner) façon f, manière f ◆ vt façonner; **in fashion** à la mode; **out of fashion** démodé(e); **in the Greek fashion** à la grecque; **after a fashion** (finish, manage etc) tant bien que mal

fashionable ['fæʃnəbl] adj à la mode

fashion show n défilé m de mannequins or de mode

fast [fɑːst] adj rapide; (clock): **to be fast** avancer; (dye, colour) grand or bon teint inv ◆ adv vite, rapidement; (stuck, held) solidement ◆ n jeûne m ◆ vi jeûner; **my watch is 5 minutes fast** ma montre avance de 5 minutes; **fast asleep** profondément endormi; **as fast as I can** aussi vite que je peux; **to make a boat fast** (BRIT) amarrer un bateau

fasten ['fɑːsn] vt attacher, fixer; (coat) attacher, fermer ◆ vi se fermer, s'attacher
▶ **fasten (up)on** vt fus (idea) se cramponner à

fastener ['fɑːsnə*], **fastening** ['fɑːsnɪŋ] n fermeture f, attache f; (BRIT: zip fastener) fermeture éclair® inv or à glissière

fast food n fast food m, restauration f rapide

fastidious [fæs'tɪdɪəs] adj exigeant(e), difficile

fat [fæt] adj gros(se) ◆ n graisse f; (on meat) gras m; **to live off the fat of the land** vivre grassement

fatal ['feɪtl] adj fatal(e); (leading to death) mortel(le)

fatality [fə'tælɪtɪ] n (road death etc) victime f, décès m

fate [feɪt] n destin m; (of person) sort m; **to meet one's fate** trouver la mort

fateful ['feɪtful] adj fatidique

father ['fɑːðə*] n père m

father-in-law ['fɑːðərənlɔː] n beau-père m

fatherly ['fɑːðəlɪ] adj paternel(le)

fathom ['fæðəm] n brasse f (= 1828 mm) ◆ vt (mystery) sonder, pénétrer

fatigue [fə'tiːg] n fatigue f; (MIL) corvée f; **metal fatigue** fatigue du métal

fatten ['fætn] vt, vi engraisser; **chocolate is fattening** le chocolat fait grossir

fatty ['fætɪ] adj (food) gras(se) ◆ n (col) gros/grosse

fatuous ['fætjʊəs] *adj* stupide

faucet ['fɔːsɪt] *n* (US) robinet *m*

fault [fɔːlt] *n* faute *f*; (*defect*) défaut *m*; (GEO) faille *f* ♦ *vt* trouver des défauts à, prendre en défaut; **it's my fault** c'est de ma faute; **to find fault with** trouver à redire or à critiquer à; **at fault** fautif(ive), coupable; **to a fault** à l'excès

faulty ['fɔːltɪ] *adj* défectueux(euse)

fauna ['fɔːnə] *n* faune *f*

favour, (US) **favor** ['feɪvə*] *n* faveur *f*; (*help*) service *m* ♦ *vt* (*proposition*) être en faveur de; (*pupil etc*) favoriser; (*team, horse*) donner gagnant; **to do sb a favour** rendre un service à qn; **in favour of** en faveur de; **to be in favour of sth/of doing sth** être partisan de qch/de faire qch; **to find favour with sb** trouver grâce aux yeux de qn

favo(u)rable ['feɪvrəbl] *adj* favorable; (*price*) avantageux(euse)

favo(u)rite ['feɪvrɪt] *adj, n* favori/te

fawn [fɔːn] *n* faon *m* ♦ *adj* (*also*: **fawn-coloured**) fauve ♦ *vi*: **to fawn (up)on** flatter servilement

fax [fæks] *n* (*document*) télécopie *f*; (*machine*) télécopieur *m* ♦ *vt* envoyer par télécopie

FBI *n abbr* (US: = *Federal Bureau of Investigation*) FBI *m*

fear [fɪə*] *n* crainte *f*, peur *f* ♦ *vt* craindre ♦ *vi*: **to fear for** craindre pour; **to fear that** craindre que; **fear of heights** vertige *m*; **for fear of** de peur que + *sub* or de + *infinitive*

fearful ['fɪəful] *adj* craintif(ive); (*sight, noise*) affreux(euse), épouvantable; **to be fearful of** avoir peur de, craindre

fearless ['fɪəlɪs] *adj* intrépide, sans peur

feasible ['fiːzəbl] *adj* faisable, réalisable

feast [fiːst] *n* festin *m*, banquet *m*; (REL: *also*: **feast day**) fête *f* ♦ *vi* festoyer; **to feast on** se régaler de

feat [fiːt] *n* exploit *m*, prouesse *f*

feather ['feðə*] *n* plume *f* ♦ *vt*: **to feather one's nest** (*fig*) faire sa pelote ♦ *cpd* (*bed etc*) de plumes

feature ['fiːtʃə*] *n* caractéristique *f*; (*article*) chronique *f*, rubrique *f* ♦ *vt* (*subj: film*) avoir pour vedette(s) ♦ *vi* figurer (en bonne place); **features** *npl* (*of face*) traits *mpl*; **a (special) feature on sth/sb** un reportage sur qch/qn; **it featured prominently in** ... cela a figuré en bonne place sur or dans ...

feature film *n* long métrage

February ['februərɪ] *n* février *m*; **for phrases see also July**

fed [fed] *pt, pp of* **feed**: **to be fed up** en avoir marre or plein le dos

federal ['fedərəl] *adj* fédéral(e)

fee [fiː] *n* rémunération *f*; (*of doctor, lawyer*) honoraires *mpl*; (*of school, college etc*) frais *mpl* de scolarité; (*for examination*) droits *mpl*; **entrance/membership fee** droit d'entrée/d'inscription; **for a small fee** pour une somme modique

feeble ['fiːbl] *adj* faible

feed [fiːd] *n* (*of baby*) tétée *f*; (*of animal*) fourrage *m*; pâture *f*; (*on printer*) mécanisme *m* d'alimentation ♦ *vt, pt, pp* **fed** [fed] nourrir; (*horse etc*) donner à manger à; (*machine*) alimenter; (*data etc*): **to feed sth into** fournir qch à, introduire qch dans

▶ **feed back** *vt* (*results*) donner en retour

▶ **feed on** *vt fus* se nourrir de

feedback ['fiːdbæk] *n* feed-back *m*; (*from person*) réactions *fpl*

feel [fiːl] *n* sensation *f* ♦ *vt, pt, pp* **felt** [felt] (*touch*) toucher; tâter, palper; (*cold, pain*) sentir; (*grief, anger*) ressentir, éprouver; (*think, believe*): **to feel (that)** trouver que; **I feel that you ought to do it** il me semble que vous devriez le faire; **to feel hungry/cold** avoir faim/froid; **to feel lonely/better** se sentir seul/mieux; **I don't feel well** je ne me sens pas bien; **to feel sorry for** avoir pitié de; **it feels soft** c'est doux au toucher; **it feels colder here** je trouve qu'il fait plus froid ici; **it feels like velvet** on dirait du velours, ça ressemble au velours; **to feel like** (*want*) avoir envie de; **to feel about** or **around** fouiller, tâtonner; **to get the feel of sth** (*fig*) s'habituer à qch

feeler ['fiːlə*] *n* (*of insect*) antenne *f*; (*fig*): **to put out a feeler** or **feelers** tâter le terrain

feeling ['fiːlɪŋ] *n* sensation *f*, sentiment *m*; (*impression*) sentiment; **to hurt sb's feelings** froisser qn; **feelings ran high about it** cela a déchaîné les passions; **what are your feelings about the matter?** quel est votre sentiment sur cette question?; **my feeling is that ...** j'estime que ...; **I have a feeling that ...** j'ai l'impression que ...

feet [fiːt] *npl of* **foot**

feign [feɪn] *vt* feindre, simuler

fell [fel] *pt of* **fall** ♦ *vt* (*tree*) abattre ♦ *n* (BRIT: *mountain*) montagne *f*; (: *moorland*): **the fells** la lande ♦ *adj*: **with one fell blow** d'un seul coup

fellow ['feləu] *n* type *m*; (*comrade*) compagnon *m*; (*of learned society*) membre *m*; (*of university*) universitaire *m/f* (*membre du conseil*) ♦ *cpd*: **their fellow prisoners/students** leurs camarades prisonniers/étudiants; **his fellow workers** ses collègues *mpl* (de travail)

fellow citizen *n* concitoyen/ne

fellow countryman *n* compatriote *m*

fellow men *npl* semblables *mpl*

fellowship ['feləuʃɪp] *n* (*society*) association *f*; (*comradeship*) amitié *f*, camaraderie *f*; (SCOL) sorte de bourse universitaire

felony ['felənɪ] *n* (LAW) crime *m*, forfait *m*

felt [felt] *pt, pp of* **feel** ♦ *n* feutre *m*

felt-tip pen ['felttɪp-] *n* stylo-feutre *m*

female ['fiːmeɪl] *n* (ZOOL) femelle *f*; (*pej: woman*) bonne femme ♦ *adj* (BIOL, ELEC) femelle; (*sex, character*) féminin(e); (*vote etc*) des femmes; (*child etc*) du sexe féminin; **male and female students** étudiants et étudiantes

feminine ['femɪnɪn] *adj* féminin(e) ♦ *n* féminin *m*

feminist ['feminist] n féministe m/f

fence [fens] n barrière f; (SPORT) obstacle m; (col: person) receleur/euse ♦ vt (also: **fence in**) clôturer ♦ vi faire de l'escrime; **to sit on the fence** (fig) ne pas se mouiller

fencing ['fensɪŋ] n (sport) escrime m

fend [fend] vi: **to fend for o.s.** se débrouiller (tout seul)

▶ **fend off** vt (attack etc) parer

fender ['fendəʳ] n (of fireplace) garde-feu m inv; (on boat) défense f; (US: of car) aile f

ferment vi [fə'ment] fermenter ♦ n ['fɜːment] agitation f, effervescence f

fern [fɜːn] n fougère f

ferocious [fə'rəʊʃəs] adj féroce

ferret ['ferɪt] n furet m

▶ **ferret about, ferret around** vi fureter

▶ **ferret out** vt dénicher

ferry ['feri] n (small) bac m; (large: also: **ferryboat**) ferry(-boat m) m ♦ vt transporter; **to ferry sth/sb across** or **over** faire traverser qch/qn

fertile ['fɜːtaɪl] adj fertile; (BIOL) fécond(e); **fertile period** période f de fécondité

fertilizer ['fɜːtɪlaɪzəʳ] n engrais m

fester ['festəʳ] vi suppurer

festival ['festɪvəl] n (REL) fête f; (ART, MUS) festival m

festive ['festɪv] adj de fête; **the festive season** (BRIT: Christmas) la période des fêtes

festivities [fes'tɪvɪtɪz] npl réjouissances fpl

festoon [fes'tuːn] vt: **to festoon with** orner de

fetch [fetʃ] vt aller chercher; (BRIT: sell for) se vendre; **how much did it fetch?** ça a atteint quel prix?

▶ **fetch up** vi (BRIT) se retrouver

fête [feɪt] n fête f, kermesse f

feud [fjuːd] n dispute f, dissension f ♦ vi se disputer, se quereller; **a family feud** une querelle de famille

fever ['fiːvəʳ] n fièvre f; **he has a fever** il a de la fièvre

feverish ['fiːvərɪʃ] adj fiévreux(euse), fébrile

few [fjuː] adj peu de ♦ pron: **few succeed** il y en a peu qui réussissent, (bien) peu réussissent; **they were few** ils étaient peu (nombreux), il y en avait peu; **a few ...** quelques ...; **I know a few** j'en connais quelques-uns; **quite a few ...** un certain nombre de ..., pas mal de ...; **in the next few days** dans les jours qui viennent; **in the past few days** ces derniers jours; **every few days/months** tous les deux ou trois jours/mois; **a few more ...** encore quelques ..., quelques ... de plus

fewer ['fjuːəʳ] adj moins de ♦ pron moins; **they are fewer now** il y en a moins maintenant, ils sont moins (nombreux) maintenant

fewest ['fjuːɪst] adj le moins nombreux

fiancé [fɪ'ɑ̃ːŋseɪ] n fiancé m

fiancée [fɪ'ɑ̃ːŋseɪ] n fiancée f

fib [fɪb] n bobard m

fibre, (US) **fiber** ['faɪbəʳ] n fibre f

fibreglass, (US) **fiberglass** ['faɪbəglɑːs] n fibre f de verre

fickle ['fɪkl] adj inconstant(e) volage, capricieux(euse)

fiction ['fɪkʃən] n romans mpl, littérature f romanesque; (invention) fiction f

fictional ['fɪkʃənl] adj fictif(ive)

fictitious [fɪk'tɪʃəs] adj fictif(ive), imaginaire

fiddle ['fɪdl] n (MUS) violon m; (cheating) combine f; escroquerie f ♦ vt (BRIT: accounts) falsifier, maquiller; **tax fiddle** fraude fiscale, combine f pour échapper au fisc; **to work a fiddle** traficoter

▶ **fiddle with** vt fus tripoter

fidget ['fɪdʒɪt] vi se trémousser, remuer

field [fiːld] n champ m; (fig) domaine m, champ; (SPORT: ground) terrain m; (COMPUT) champ, zone f; **to lead the field** (SPORT, COMM) dominer; **the children had a field day** (fig) c'était un grand jour pour les enfants

fieldwork ['fiːldwɜːk] n travaux mpl pratiques (or recherches fpl) sur le terrain

fiend [fiːnd] n démon m

fierce [fɪəs] adj (look) féroce, sauvage; (wind, attack) (très) violent(e); (fighting, enemy) acharné(e)

fiery ['faɪərɪ] adj ardent(e), brûlant(e), fougueux(euse)

fifteen [fɪf'tiːn] num quinze

fifth [fɪfθ] num cinquième

fifty ['fɪftɪ] num cinquante

fifty-fifty ['fɪftɪ'fɪftɪ] adv: **to share fifty-fifty with sb** partager moitié-moitié avec qn ♦ adj: **to have a fifty-fifty chance (of success)** avoir une chance sur deux (de réussir)

fig [fɪg] n figue f

fight [faɪt] n bagarre f; (MIL) combat m; (against cancer etc) lutte f ♦ vb, pt, pp **fought** [fɔːt] vt se battre contre; (cancer, alcoholism) combattre, lutter contre; (LAW: case) défendre ♦ vi se battre; (fig): **to fight (for/against)** lutter (pour/contre)

fighter ['faɪtəʳ] n lutteur m; (fig: plane) chasseur m

fighting ['faɪtɪŋ] n combats mpl; (brawls) bagarres fpl

figment ['fɪgmənt] n: **a figment of the imagination** une invention

figurative ['fɪgjurətɪv] adj figuré(e)

figure ['fɪgəʳ] n (DRAWING, GEOM) figure f; (number, cipher) chiffre m; (body, outline) silhouette f, ligne f, formes fpl; (person) personnage m ♦ vt (US) supposer ♦ vi (appear) figurer; (US: make sense) s'expliquer; **public figure** personnalité f; **figure of speech** figure f de rhétorique

▶ **figure on** vt fus (US): **to figure on doing** compter faire

▶ **figure out** vt arriver à comprendre; calculer

figurehead ['fɪgəhed] n (NAUT) figure f de proue;

(*pej*) prête-nom *m*

file [faɪl] *n* (*tool*) lime *f*; (*dossier*) dossier *m*; (*folder*) dossier, chemise *f*; (: *binder*) classeur *m*; (*COMPUT*) fichier *m*; (*row*) file *f* ♦ *vt* (*nails, wood*) limer; (*papers*) classer; (*LAW: claim*) faire enregistrer; déposer ♦ *vi*: **to file in/out** entrer/sortir l'un derrière l'autre; **to file past** défiler devant; **to file a suit against sb** (*LAW*) intenter un procès à qn

filing cabinet *n* classeur *m* (*meuble*)

fill [fɪl] *vt* remplir; (*vacancy*) pourvoir à ♦ *n*: **to eat one's fill** manger à sa faim

▶ **fill in** *vt* (*hole*) boucher; (*form*) remplir; (*details, report*) compléter

▶ **fill out** *vt* (*form, receipt*) remplir

▶ **fill up** *vt* remplir ♦ *vi* (*AUT*) faire le plein; **fill it up, please** (*AUT*) le plein, s'il vous plaît

fillet [ˈfɪlɪt] *n* filet *m* ♦ *vt* préparer en filets

fillet steak *n* filet *m* de bœuf, tournedos *m*

filling [ˈfɪlɪŋ] *n* (*CULIN*) garniture *f*, farce *f*; (*for tooth*) plombage *m*

filling station *n* station *f* d'essence

film [fɪlm] *n* film *m*; (*PHOT*) pellicule *f*, film *m* ♦ *vt* (*scene*) filmer

film star *n* vedette *f* de cinéma

filter [ˈfɪltə*] *n* filtre *m* ♦ *vt* filtrer

filter lane *n* (*BRIT AUT: at traffic lights*) voie *f* de dégagement; (: *on motorway*) voie *f* de sortie

filter tip *n* bout *m* filtre

filth [fɪlθ] *n* saleté *f*

filthy [ˈfɪlθɪ] *adj* sale, dégoûtant(e); (*language*) ordurier(ière), grossier(ière)

fin [fɪn] *n* (*of fish*) nageoire *f*

final [ˈfaɪnl] *adj* (*last*) dernier(ière); (*decision, answer*) définitif(ive) ♦ *n* (*SPORT*) finale *f*; **finals** *npl* (*SCOL*) examens *mpl* de dernière année; **final demand** (*on invoice etc*) dernier rappel

finale [fɪˈnɑːlɪ] *n* finale *m*

finalist [ˈfaɪnəlɪst] *n* (*SPORT*) finaliste *m/f*

finalize [ˈfaɪnəlaɪz] *vt* mettre au point

finally [ˈfaɪnəlɪ] *adv* (*lastly*) en dernier lieu; (*eventually*) enfin, finalement; (*irrevocably*) définitivement

finance [faɪˈnæns] *n* finance *f* ♦ *vt* financer; **finances** *npl* finances *fpl*

financial [faɪˈnænʃəl] *adj* financier(ière); **financial statement** bilan *m*, exercice financier

find [faɪnd] *vt, pt, pp* **found** [faʊnd] trouver; (*lost object*) retrouver ♦ *n* trouvaille *f*, découverte *f*; **to find sb guilty** (*LAW*) déclarer qn coupable; **to find (some) difficulty in doing sth** avoir du mal à faire qch

▶ **find out** *vt* se renseigner sur; (*truth, secret*) découvrir; (*person*) démasquer ♦ *vi*: **to find out about** se renseigner sur; (*by chance*) apprendre

findings [ˈfaɪndɪŋz] *npl* (*LAW*) conclusions *fpl*, verdict *m*; (*of report*) constatations *fpl*

fine [faɪn] *adj* beau(belle); excellent(e); (*subtle, not*

coarse) fin(e) ♦ *adv* (*well*) très bien; (*small*) fin, finement ♦ *n* (*LAW*) amende *f*; contravention *f* ♦ *vt* (*LAW*) condamner à une amende; donner une contravention à; **he's fine** il va bien; **the weather is fine** il fait beau; **you're doing fine** c'est bien, vous vous débrouillez bien; **to cut it fine** calculer un peu juste

fine arts *npl* beaux-arts *mpl*

finery [ˈfaɪnərɪ] *n* parure *f*

finger [ˈfɪŋgə*] *n* doigt *m* ♦ *vt* palper, toucher

fingernail [ˈfɪŋgəneɪl] *n* ongle *m* (de la main)

fingerprint [ˈfɪŋgəprɪnt] *n* empreinte digitale ♦ *vt* (*person*) prendre les empreintes digitales de

fingertip [ˈfɪŋgətɪp] *n* bout *m* du doigt; (*fig*): **to have sth at one's fingertips** avoir qch à sa disposition; (*knowledge*) savoir qch sur le bout du doigt

finish [ˈfɪnɪʃ] *n* fin *f*; (*SPORT*) arrivée *f*; (*polish etc*) finition *f* ♦ *vt* finir, terminer ♦ *vi* finir, se terminer; (*session*) s'achever; **to finish doing sth** finir de faire qch; **to finish third** arriver *or* terminer troisième

▶ **finish off** *vt* finir, terminer; (*kill*) achever

▶ **finish up** *vi, vt* finir

finishing line [ˈfɪnɪʃɪŋ-] *n* ligne *f* d'arrivée

finite [ˈfaɪnaɪt] *adj* fini(e); (*verb*) conjugué(e)

Finland [ˈfɪnlənd] *n* Finlande *f*

Finn [fɪn] *n* Finnois/e, Finlandais/e

Finnish [ˈfɪnɪʃ] *adj* finnois(e), finlandais(e) ♦ *n* (*LING*) finnois *m*

fir [fə:*] *n* sapin *m*

fire [faɪə*] *n* feu *m*; incendie *m* ♦ *vt* (*discharge*): **to fire a gun** tirer un coup de feu; (*fig*) enflammer, animer; (*dismiss*) mettre à la porte, renvoyer ♦ *vi* tirer, faire feu ♦ *cpd*: **fire hazard, fire risk: that's a fire hazard** *or* **risk** cela présente un risque d'incendie; **on fire** en feu; **to set fire to sth, set sth on fire** mettre le feu à qch; **insured against fire** assuré contre l'incendie

fire alarm *n* avertisseur *m* d'incendie

firearm [ˈfaɪərɑːm] *n* arme *f* à feu

fire brigade *n* (*BRIT*) (régiment *m* de sapeurs-)pompiers *mpl*

fire department *n* (*US*) = **fire brigade**

fire engine *n* pompe *f* à incendie

fire escape *n* escalier *m* de secours

fire extinguisher *n* extincteur *m*

fireman [ˈfaɪəmən] *n* pompier *m*

fireplace [ˈfaɪəpleɪs] *n* cheminée *f*

fireside [ˈfaɪəsaɪd] *n* foyer *m*, coin *m* du feu

fire station *n* caserne *f* de pompiers

firewood [ˈfaɪəwʊd] *n* bois *m* de chauffage

firework [ˈfaɪəwə:k] *n* feu *m* d'artifice; **fireworks** *npl* (*display*) feu(x) d'artifice

firing squad *n* peloton *m* d'exécution

firm [fə:m] *adj* ferme ♦ *n* compagnie *f*, firme *f*

first [fə:st] *adj* premier(ière) ♦ *adv* (*before others*) le premier, la première; (*before other things*) en premier, d'abord; (*when listing reasons etc*) en premier

lieu, premièrement ♦ n (person: in race) premier/
ière; (BRIT SCOL) mention f très bien; (AUT) première f;
the first of January le premier janvier; **at first** au
début, au commencement; **first of all** tout d'abord,
pour commencer; **in the first instance** en premier
lieu; **I'll do it first thing tomorrow** je le ferai tout
de suite demain matin

first aid n premiers secours or soins

first-aid kit [faːst'eɪd-] n trousse f à pharmacie

first-class ['faːst'klɑːs] adj de première classe

first-hand ['faːst'hænd] adj de première main

first lady n (US) femme f du président

firstly ['faːstlɪ] adv premièrement, en premier lieu

first name n prénom m

first-rate ['faːst'reɪt] adj excellent(e)

fish [fɪʃ] n (pl inv) poisson m; poissons mpl ♦ vt, vi
pêcher; **to fish a river** pêcher dans une rivière; **to
go fishing** aller à la pêche

fisherman ['fɪʃəmən] n pêcheur m

fish farm n établissement m piscicole

fish fingers npl (BRIT) bâtonnets de poisson
(congelés)

fishing boat ['fɪʃɪŋ-] n barque f de pêche

fishing line ['fɪʃɪŋ-] n ligne f (de pêche)

fishing rod ['fɪʃɪŋ-] n canne f à pêche

fishing tackle ['fɪʃɪŋ-] n attirail m de pêche

fishmonger ['fɪʃmʌŋgə*] n marchand m de poisson; **fishmonger's (shop)** poissonnerie f

fish slice n (BRIT) pelle f à poisson

fish sticks npl (US) = **fish fingers**

fishy ['fɪʃɪ] adj (fig) suspect(e), louche

fist [fɪst] n poing m

fit [fɪt] adj (MED, SPORT) en (bonne) forme; (proper)
convenable; approprié(e) ♦ vt (subj: clothes) aller à;
(adjust) ajuster; (put in, attach) installer, poser;
adapter; (equip) équiper, garnir, munir ♦ vi (clothes)
aller; (parts) s'adapter; (in space, gap) entrer, s'adapter ♦ n (MED) accès m, crise f; (of coughing) quinte f;
fit to en état de; **fit for** digne de; apte à; **to keep fit**
se maintenir en forme; **this dress is a tight/good
fit** cette robe est un peu juste/(me) va très bien; **a
fit of anger** un accès de colère; **to have a fit** (MED)
faire ou avoir une crise; (col) piquer une crise; **by fits
and starts** par à-coups

▶ **fit in** vi s'accorder; (person) s'adapter

▶ **fit out** vt (BRIT: also: **fit up**) équiper

fitful ['fɪtful] adj intermittent(e)

fitment ['fɪtmənt] n meuble encastré, élément m

fitness ['fɪtnɪs] n (MED) forme f physique; (of
remark) à-propos m, justesse f

fitted carpet ['fɪtɪd-] n moquette f

fitted kitchen ['fɪtɪd-] n (BRIT) cuisine équipée

fitter ['fɪtə*] n monteur m; (DRESSMAKING) essa-
yeur/euse

fitting ['fɪtɪŋ] adj approprié(e) ♦ n (of dress)
essayage m; (of piece of equipment) pose f, installation f

fitting room n (in shop) cabine f d'essayage

five [faɪv] num cinq

fiver ['faɪvə*] n (col: BRIT) billet m de cinq livres; (: US)
billet de cinq dollars

fix [fɪks] vt fixer; (sort out) arranger; (mend) réparer;
(make ready: meal, drink) préparer; (col: game etc)
truquer ♦ n: **to be in a fix** être dans le pétrin

▶ **fix up** vt (meeting) arranger; **to fix sb up with
sth** faire avoir qch à qn

fixation [fɪk'seɪʃən] n (PSYCH) fixation f; (fig) obsession f

fixed [fɪkst] adj (prices etc) fixe; **there's a fixed
charge** il y a un prix forfaitaire; **how are you fixed
for money?** (col) question fric, ça va?

fixture ['fɪkstʃə*] n installation f (fixe); (SPORT) rencontre f (au programme)

fizzy ['fɪzɪ] adj pétillant(e), gazeux(euse)

flabbergasted ['flæbəgɑːstɪd] adj sidéré(e), ahu-
ri(e)

flabby ['flæbɪ] adj mou(molle)

flag [flæg] n drapeau m; (also: **flagstone**) dalle f
♦ vi faiblir; fléchir; **flag of convenience** pavillon m
de complaisance

▶ **flag down** vt héler, faire signe (de s'arrêter) à

flagpole ['flægpəul] n mât m

flagship ['flægʃɪp] n vaisseau m amiral; (fig) produit m vedette

flair [flɛə*] n flair m

flak [flæk] n (MIL) tir antiaérien; (col: criticism) critiques fpl

flake [fleɪk] n (of rust, paint) écaille f; (of snow, soap
powder) flocon m ♦ vi (also: **flake off**) s'écailler

flamboyant [flæm'bɔɪənt] adj flamboyant(e),
éclatant(e); (person) haut(e) en couleur

flame [fleɪm] n flamme f

flamingo [flə'mɪŋgəu] n flamant m (rose)

flammable ['flæməbl] adj inflammable

flan [flæn] n (BRIT) tarte f

flank [flæŋk] n flanc m ♦ vt flanquer

flannel ['flænl] n (BRIT: also: **face flannel**) gant m
de toilette; (fabric) flanelle f; (BRIT col) baratin m;
flannels npl pantalon m de flanelle

flap [flæp] n (of pocket, envelope) rabat m ♦ vt
(wings) battre (de) ♦ vi (sail, flag) claquer; (col: also:
be in a flap) paniquer

flare [flɛə*] n fusée éclairante; (in skirt etc) évase-
ment m

▶ **flare up** vi s'embraser; (fig: person) se mettre en
colère, s'emporter; (: revolt) éclater

flash [flæʃ] n éclair m; (also: **news flash**) flash m
(d'information); (PHOT) flash m ♦ vt (switch on) allumer
(brièvement); (direct): **to flash sth at** braquer qch
sur; (flaunt) étaler, exhiber; (send: message) câbler
♦ vi briller; jeter des éclairs; (light on ambulance etc)
clignoter; **in a flash** en un clin d'œil; **to flash one's
headlights** faire un appel de phares; **he flashed
by or past** il passa (devant nous) comme un éclair

flashbulb ['flæʃbʌlb] n ampoule f de flash

flashcube ['flæʃkjuːb] n cube-flash m

flashlight ['flæʃlaɪt] n lampe f de poche

flashy ['flæʃɪ] adj (pej) tape-à-l'œil inv, tapageur(euse)

flask [flɑːsk] n flacon m, bouteille f; (CHEM) ballon m; (also: **vacuum flask**) bouteille f thermos®

flat [flæt] adj plat(e); (tyre) dégonflé(e), à plat; (denial) catégorique; (MUS) bémolisé(e); (: voice) faux (fausse) ♦ n (BRIT: rooms) appartement m; (AUT) crevaison f, pneu crevé; (MUS) bémol m; **flat out** (work) sans relâche; (race) à fond; **flat rate of pay** (COMM) salaire m fixe

flatly ['flætlɪ] adv catégoriquement

flatten ['flætn] vt (also: **flatten out**) aplatir; (house, city) raser

flatter ['flætə*] vt flatter

flattering ['flætərɪŋ] adj flatteur(euse); (clothes etc) seyant(e)

flattery ['flætərɪ] n flatterie f

flaunt [flɔːnt] vt faire étalage de

flavour, (US) **flavor** ['fleɪvə*] n goût m, saveur f; (of ice cream etc) parfum m ♦ vt parfumer, aromatiser; **vanilla-flavoured** à l'arôme de vanille, vanillé(e); **to give** or **add flavour to** donner du goût à, relever

flavo(u)ring ['fleɪvərɪŋ] n arôme m (synthétique)

flaw [flɔː] n défaut m

flawless ['flɔːlɪs] adj sans défaut

flax [flæks] n lin m

flea [fliː] n puce f

fleck [flɛk] n (of dust) particule f; (of mud, paint, colour) tacheture f, moucheture f ♦ vt tacher, éclabousser; **brown flecked with white** brun moucheté de blanc

flee [fliː], pt, pp **fled** [flɛd, flɛd] vt fuir, s'enfuir de ♦ vi fuir, s'enfuir

fleece [fliːs] n toison f ♦ vt (col) voler, filouter

fleet [fliːt] n flotte f; (of lorries, cars etc) parc m; convoi m

fleeting ['fliːtɪŋ] adj fugace, fugitif(ive); (visit) très bref(brève)

Flemish ['flɛmɪʃ] adj flamand(e) ♦ n (LING) flamand m; **the Flemish** npl les Flamands

flesh [flɛʃ] n chair f

flesh wound [-wuːnd] n blessure superficielle

flew [fluː] pt of fly

flex [flɛks] n fil m or câble m électrique (souple) ♦ vt fléchir; (muscles) tendre

flexible ['flɛksəbl] adj flexible; (person, schedule) souple

flick [flɪk] n petite tape; chiquenaude f; sursaut m
▶ **flick through** vt fus feuilleter

flicker ['flɪkə*] vi vaciller ♦ n vacillement m; **a flicker of light** une brève lueur

flier ['flaɪə*] n aviateur m

flight [flaɪt] n vol m; (escape) fuite f; (also: **flight of steps**) escalier m; **to take flight** prendre la fuite; **to put to flight** mettre en fuite

flight attendant n (US) steward m, hôtesse f de l'air

flight deck n (AVIAT) poste m de pilotage; (NAUT) pont m d'envol

flimsy ['flɪmzɪ] adj (partition, fabric) peu solide, mince; (excuse) pauvre, mince

flinch [flɪntʃ] vi tressaillir; **to flinch from** se dérober à, reculer devant

fling [flɪŋ] vt, pt, pp **flung** [flʌŋ] jeter, lancer ♦ n (love affair) brève liaison, passade f

flint [flɪnt] n silex m; (in lighter) pierre f (à briquet)

flip [flɪp] n chiquenaude f ♦ vt donner une chiquenaude à; (US: pancake) faire sauter ♦ vi: **to flip for sth** (US) jouer qch à pile ou face
▶ **flip through** vt fus feuilleter

flippant ['flɪpənt] adj désinvolte, irrévérencieux(euse)

flipper ['flɪpə*] n (of animal) nageoire f; (for swimmer) palme f

flirt [flɜːt] vi flirter ♦ n flirteuse f

float [fləʊt] n flotteur m; (in procession) char m; (sum of money) réserve f ♦ vi flotter; (bather) flotter, faire la planche ♦ vt faire flotter; (loan, business, idea) lancer

flock [flɒk] n troupeau m; (of birds) vol m; (of people) foule f

flog [flɒg] vt fouetter

flood [flʌd] n inondation f; (of words, tears etc) flot m, torrent m ♦ vt inonder; (AUT: carburettor) noyer; **to flood the market** (COMM) inonder le marché; **in flood** en crue

flooding ['flʌdɪŋ] n inondation f

floodlight ['flʌdlaɪt] n projecteur m ♦ vt éclairer aux projecteurs, illuminer

floor [flɔː*] n sol m; (storey) étage m; (of sea, valley) fond m; (fig: at meeting): **the floor** l'assemblée f, les membres mpl de l'assemblée ♦ vt terrasser; (baffle) désorienter; **on the floor** par terre; **ground floor**, (US) **first floor** rez-de-chaussée m; **first floor**, (US) **second floor** premier étage; **top floor** dernier étage; **to have the floor** (speaker) avoir la parole

floorboard ['flɔːbɔːd] n planche f (du plancher)

floor show n spectacle m de variétés

flop [flɒp] n fiasco m ♦ vi (fail) faire fiasco

floppy ['flɒpɪ] adj lâche, flottant(e); **floppy disk** disquette m; **floppy hat** chapeau m à bords flottants

flora ['flɔːrə] n flore f

floral ['flɔːrl] adj floral(e)

florid ['flɒrɪd] adj (complexion) fleuri(e); (style) plein(e) de fioritures

florist ['flɒrɪst] n fleuriste m/f; **florist's (shop)** magasin m or boutique f de fleuriste

flounder ['flaʊndə*] n (ZOOL) flet m ♦ vi patauger

flour ['flauə*] n farine f

flourish ['flʌrɪʃ] vi prospérer ♦ vt brandir ♦ n floriture f; (of trumpets) fanfare f

flout [flaut] vt se moquer de, faire fi de

flow [fləu] n (of water, traffic etc) écoulement m; (tide, influx) flux m; (of orders, letters etc) flot m; (of blood, ELEC) circulation f; (of river) courant m ♦ vi couler; (traffic) s'écouler; (robes, hair) flotter

flow chart, flow diagram n organigramme m

flower ['flauə*] n fleur f ♦ vi fleurir; **in flower** en fleur

flower bed n plate-bande f

flowerpot ['flauəpɔt] n pot m (à fleurs)

flowery ['flauərɪ] adj fleuri(e)

flown [fləun] pp of fly

flu [flu:] n grippe f

fluctuate ['flʌktjueɪt] vi varier, fluctuer

fluent ['flu:ənt] adj (speech, style) coulant(e), aisé(e); **he's a fluent speaker/reader** il s'exprime/lit avec aisance or facilité; **he speaks fluent French, he's fluent in French** il parle le français couramment

fluff [flʌf] n duvet m; peluche f

fluffy ['flʌfɪ] adj duveteux(euse), pelucheux(euse); **fluffy toy** jouet m en peluche

fluid ['flu:ɪd] n fluide m; (in diet) liquide m ♦ adj fluide

fluke [flu:k] n (col) coup m de veine

flung [flʌŋ] pt, pp of fling

fluoride ['fluəraɪd] n fluor m

flurry ['flʌrɪ] n (of snow) rafale f, bourrasque f; **flurry of activity/excitement** affairement m/excitation f soudain(e)

flush [flʌʃ] n rougeur f; (fig) éclat m; afflux m ♦ vt nettoyer à grande eau; (also: **flush out**) débusquer ♦ vi rougir ♦ adj (col) en fonds; (level): **flush with** au ras de, de niveau avec; **to flush the toilet** tirer la chasse (d'eau); **hot flushes** (MED) bouffées fpl de chaleur

flushed ['flʌʃt] adj (tout(e)) rouge

flustered ['flʌstəd] adj énervé(e)

flute [flu:t] n flûte f

flutter ['flʌtə*] n agitation f; (of wings) battement m ♦ vi battre des ailes, voleter; (person) aller et venir dans une grande agitation

flux [flʌks] n: **in a state of flux** fluctuant sans cesse

fly [flaɪ] n (insect) mouche f; (on trousers: also: **flies**) braguette f ♦ vb, pt flew, pp flown [flu:, fləun] vt (plane) piloter; (passengers, cargo) transporter (par avion); (distance) parcourir ♦ vi voler; (passengers) aller en avion; (escape) s'enfuir, fuir; (flag) se déployer; **to fly open** s'ouvrir brusquement; **to fly off the handle** s'énerver, s'emporter

▶ **fly away** vi s'envoler

▶ **fly in** vi (plane) atterrir; (person): **he flew in yes-**terday il est arrivé hier (par avion)

▶ **fly off** vi s'envoler

▶ **fly out** vi see **fly in** s'envoler, partir (par avion)

fly-drive ['flaɪdraɪv] n formule f avion plus voiture

flying ['flaɪɪŋ] n (activity) aviation f ♦ adj: **flying visit** visite f éclair inv; **with flying colours** haut la main; **he doesn't like flying** il n'aime pas voyager en avion

flying saucer n soucoupe volante

flying start n: **to get off to a flying start** faire un excellent départ

flyover ['flaɪəuvə*] n (BRIT: overpass) saut-de-mouton m, pont autoroutier

flysheet ['flaɪʃi:t] n (for tent) double toit m

foal [fəul] n poulain m

foam [fəum] n écume f; (on beer) mousse f; (also: **plastic foam**) mousse cellulaire or de plastique ♦ vi écumer; (soapy water) mousser

fob [fɔb] n (also: **watch fob**) chaîne f, ruban m ♦ vt: **to fob sb off with** refiler à qn; se débarrasser de qn avec

focal point n foyer m; (fig) centre m de l'attention, point focal

focus, pl **focuses** ['fəukəs] n foyer m; (of interest) centre m ♦ vt (field glasses etc) mettre au point; (light rays) faire converger ♦ vi: **to focus (on)** (with camera) régler la mise au point (sur); (person) fixer son regard (sur); **in focus** au point; **out of focus** pas au point

fodder ['fɔdə*] n fourrage m

foe [fəu] n ennemi m

fog [fɔg] n brouillard m

foggy ['fɔgɪ] adj: **it's foggy** il y a du brouillard

fog lamp, (US) **fog light** n (AUT) phare m anti-brouillard

foil [fɔɪl] vt déjouer, contrecarrer ♦ n feuille f de métal; (kitchen foil) papier m d'alu(minium); (FENCING) fleuret m; **to act as a foil to** (fig) servir de repoussoir or de faire-valoir à

fold [fəuld] n (bend, crease) pli m; (AGR) parc m à moutons; (fig) bercail m ♦ vt plier; **to fold one's arms** croiser les bras

▶ **fold up** vi (map etc) se plier, se replier; (business) fermer boutique ♦ vt (map etc) plier, replier

folder ['fəuldə*] n (for papers) chemise f; (: binder) classeur m; (brochure) dépliant m; (COMPUT) répertoire m

folding ['fəuldɪŋ] adj (chair, bed) pliant(e)

foliage ['fəulɪdʒ] n feuillage m

folk [fəuk] npl gens mpl ♦ cpd folklorique; **folks** npl famille f, parents mpl

folklore ['fəuklɔ:*] n folklore m

folksong ['fəuksɔŋ] n chanson f folklorique; (contemporary) chanson folk inv

follow ['fɔləu] vt suivre ♦ vi suivre; (result) s'ensuivre; **to follow sb's advice** suivre les conseils de qn; **I don't quite follow you** je ne vous suis plus; **to follow in sb's footsteps** emboîter le pas à qn; *(fig)* suivre les traces de qn; **it follows that ...** de ce fait, il s'ensuit que ...; **he followed suit** il fit de même

► **follow out** *vt (idea, plan)* poursuivre, mener à terme

► **follow through** *vt* = **follow out**

► **follow up** *vt (victory)* tirer parti de; *(letter, offer)* donner suite à; *(case)* suivre

follower ['fɔlauə*] *n* disciple *m/f*, partisan/e

following ['fɔlauŋ] *adj* suivant(e) ♦ *n* partisans *mpl*, disciples *mpl*

folly ['fɔli] *n* inconscience *f*; sottise *f*; *(building)* folie *f*

fond [fɔnd] *adj (memory, look)* tendre, affectueux(euse); **to be fond of** aimer beaucoup

fondle ['fɔndl] *vt* caresser

font [fɔnt] *n (REL)* fonts baptismaux; *(TYP)* police *f* de caractères

food [fuːd] *n* nourriture *f*

food mixer *n* mixeur *m*

food poisoning *n* intoxication *f* alimentaire

food processor *n* robot *m* de cuisine

foodstuffs ['fuːdstʌfs] *npl* denrées *fpl* alimentaires

fool [fuːl] *n* idiot/e; *(HIST: of king)* bouffon *m*, fou *m*; *(CULIN)* purée *f* de fruits à la crème ♦ *vt* berner, duper ♦ *vi (also: fool around)* faire l'idiot *or* l'imbécile; **to make a fool of sb** *(ridicule)* ridiculiser qn; *(trick)* avoir *or* duper qn; **to make a fool of o.s.** se couvrir de ridicule; **you can't fool me** vous (ne) me la ferez pas, on (ne) me la fait pas

► **fool about, fool around** *vi (pej: waste time)* traînailler, glandouiller; (: *behave foolishly*) faire l'imbécile

foolhardy ['fuːlhɑːdɪ] *adj* téméraire, imprudent(e)

foolish ['fuːlɪʃ] *adj* idiot(e), stupide; *(rash)* imprudent(e)

foolproof ['fuːlpruːf] *adj (plan etc)* infaillible

foot [fut], *pl* **feet** [fut, fiːt] *n* pied *m*; *(measure)* pied (= 30.48 cm; 12 inches); *(of animal)* patte *f* ♦ *vt (bill)* casquer, payer; **on foot** à pied; **to find one's feet** *(fig)* s'acclimater; **to put one's foot down** *(AUT)* appuyer sur le champignon; *(say no)* s'imposer

footage ['futɪdʒ] *n (CINE: length)* ≃ métrage *m*; (: *material*) séquences *fpl*

football ['futbɔːl] *n* ballon *m* (de football); *(sport: BRIT)* football *m*; (: *US*) football américain

football player *n* footballeur *m*, joueur *m* de football

football pools *npl (US)* ≃ loto *m* sportif, ≃ pronostics *mpl* (sur les matchs de football); *voir encadré*

footbrake ['futbreɪk] *n* frein *m* à pédale

footbridge ['futbrɪdʒ] *n* passerelle *f*

foothills ['futhɪlz] *npl* contreforts *mpl*

foothold ['futhəuld] *n* prise *f* (de pied)

footing ['futɪŋ] *n (fig)* position *f*; **to lose one's footing** perdre pied; **on an equal footing** sur pied d'égalité

footlights ['futlaɪts] *npl* rampe *f*

footnote ['futnəut] *n* note *f* (en bas de page)

footpath ['futpɑːθ] *n* sentier *m*; *(in street)* trottoir *m*

footprint ['futprɪnt] *n* trace *f* (de pied)

footstep ['futstep] *n* pas *m*

footwear ['futwɛə*] *n* chaussure(s) *f(pl)*

KEYWORD

for [fɔː*] *prep* **1** *(indicating destination, intention, purpose)* pour; **the train for London** le train pour (*or* à destination de) Londres; **he went for the paper** il est allé chercher le journal; **it's time for lunch** c'est l'heure du déjeuner; **what's it for?** ça sert à quoi?; **what for?** *(why)* pourquoi?; *(to what end)* pour quoi faire?, à quoi bon?; **for sale** à vendre

2 *(on behalf of, representing)* pour; **the MP for Hove** le député de Hove; **to work for sb/sth** travailler pour qn/qch; **G for George** G comme Georges

3 *(because of)* pour; **for this reason** pour cette raison; **for fear of being criticized** de peur d'être critiqué

4 *(with regard to)* pour; **it's cold for July** il fait froid pour juillet; **a gift for languages** un don pour les langues

5 *(in exchange for)*: **I sold it for £5** je l'ai vendu 5 livres; **to pay 50 pence for a ticket** payer un billet 50 pence

6 *(in favour of)* pour; **are you for or against us?** êtes-vous pour ou contre nous?

7 *(referring to distance)* pendant, sur; **there are roadworks for 5 km** il y a des travaux sur *or* pendant 5 km; **we walked for miles** nous avons marché pendant des kilomètres

8 *(referring to time)* pendant; depuis; pour; **he**

was away for 2 years il a été absent pendant 2 ans; **she will be away for a month** elle sera absente (pendant) un mois; **I have known her for years** je la connais depuis des années; **can you do it for tomorrow?** est-ce que tu peux le faire pour demain?

9 (with infinitive clauses): **it is not for me to decide** ce n'est pas à moi de décider; **it would be best for you to leave** le mieux serait que vous partiez; **there is still time for you to do it** vous avez encore le temps de le faire; **for this to be possible ...** pour que cela soit possible ...

10 (in spite of): **for all that** malgré cela, néanmoins; **for all his work/efforts** malgré tout son travail/tous ses efforts; **for all his complaints, he's very fond of her** il a beau se plaindre, il l'aime beaucoup

♦ conj (since, as: rather formal) car

forage ['fɒrɪdʒ] n fourrage m ♦ vi fourrager, fouiller

foray ['fɒreɪ] n incursion f

forbid, pt **forbad(e)**, pp **forbidden** [fə'bɪd, -'bæd, -'bɪdn] vt défendre, interdire; **to forbid sb to do** défendre or interdire à qn de faire

forbidding [fə'bɪdɪŋ] adj d'aspect or d'allure sévère or sombre

force [fɔːs] n force f ♦ vt forcer; **the Forces** npl (BRIT) l'armée f; **to force sb to do sth** forcer qn à faire qch; **in force** en force; **to come into force** entrer en vigueur; **a force 5** vent un vent de force 5; **the sales force** (COMM) la force de vente; **to join forces** unir ses forces

▶ **force back** vt (crowd, enemy) repousser; (tears) refouler

▶ **force down** vt (food) se forcer à manger

force-feed ['fɔːsfiːd] vt nourrir de force

forceful ['fɔːsful] adj énergique, volontaire

forcibly ['fɔːsəblɪ] adv par la force, de force; (vigorously) énergiquement

ford [fɔːd] n gué m ♦ vt passer à gué

fore [fɔː⁺] n: **to the fore** en évidence

forearm ['fɔːrɑːm] n avant-bras m inv

foreboding [fɔː'bəudɪŋ] n pressentiment m (néfaste)

forecast ['fɔːkɑːst] n prévision f; (also: **weather forecast**) prévisions météorologiques météo f ♦ vt (irreg: like **cast**) prévoir

forecourt ['fɔːkɔːt] n (of garage) devant m

forefinger ['fɔːfɪŋgə⁺] n index m

forefront ['fɔːfrʌnt] n: **in the forefront of** au premier rang or plan de

foregone ['fɔːgɒn] adj: **it's a foregone conclusion** c'est à prévoir, c'est couru d'avance

foreground ['fɔːgraund] n premier plan ♦ cpd (COMPUT) prioritaire

forehead ['fɒrɪd] n front m

foreign ['fɒrɪn] adj étranger(ère); (trade) extérieur(e)

foreigner ['fɒrɪnə⁺] n étranger/ère

foreign exchange n (system) change m; (money) devises fpl

Foreign Office n (BRIT) ministère m des Affaires étrangères

foreign secretary n (BRIT) ministre m des Affaires étrangères

foreleg ['fɔːleg] n patte f de devant, jambe antérieure

foreman ['fɔːmən] n contremaître m; (LAW: of jury) président m (du jury)

foremost ['fɔːməust] adj le(la) plus en vue premier(ière) ♦ adv: **first and foremost** avant tout, tout d'abord

forensic [fə'rensɪk] adj: **forensic medicine** médecine légale; **forensic expert** expert m de la police, expert légiste

forerunner ['fɔːrʌnə⁺] n précurseur m

foresee, pt **foresaw**, pp **foreseen** [fɔː'siː, -'sɔː, -'siːn] vt prévoir

foreseeable [fɔː'siːəbl] adj prévisible

foreshadow [fɔː'ʃædəu] vt présager, annoncer, laisser prévoir

foresight ['fɔːsaɪt] n prévoyance f

forest ['fɒrɪst] n forêt f

forestry ['fɒrɪstrɪ] n sylviculture f

foretaste ['fɔːteɪst] n avant-goût m

foretell, pt, pp **foretold** [fɔː'tel, -'təuld] vt prédire

forever [fə'revə⁺] adv pour toujours; (fig) continuellement

foreword ['fɔːwəːd] n avant-propos m inv

forfeit ['fɔːfɪt] n prix m, rançon f ♦ vt perdre; (one's life, health) payer de

forgave [fə'geɪv] pt of **forgive**

forge [fɔːdʒ] n forge f ♦ vt (signature) contrefaire; (wrought iron) forger; **to forge documents/a will** fabriquer de faux papiers/un faux testament; **to forge money** (BRIT) fabriquer de la fausse monnaie

▶ **forge ahead** vi pousser de l'avant, prendre de l'avance

forged [fɔːdʒd] adj faux(fausse)

forger ['fɔːdʒə⁺] n faussaire m

forgery ['fɔːdʒərɪ] n faux m, contrefaçon f

forget, pt **forgot**, pp **forgotten** [fə'get, -'gɒt, -'gɒtn] vt, vi oublier

forgetful [fə'getful] adj distrait(e), étourdi(e); **forgetful of** oublieux(euse) de

forget-me-not [fə'getmɪnɒt] n myosotis m

forgive, pt **forgave**, pp **forgiven** [fə'gɪv, -'geɪv, -'gɪvn] vt pardonner; **to forgive sb for sth/for doing sth** pardonner qch à qn/à qn de faire qch

forgiveness [fə'gɪvnɪs] n pardon m

forgo, pt **forwent**, pp **forgone** [fɔː'gəu, -'went, -'gɒn] vt = **forego**

fork [fɔːk] n (for eating) fourchette f; (for gardening) fourche f; (of roads) bifurcation f; (of rail-

ways) embranchement m ♦ vi (road) bifurquer
▶ **fork out** (col: pay) vt allonger, se fendre de ♦ vi
casquer

fork-lift truck ['fɔːklɪft-] n chariot élévateur

forlorn [fə'lɔːn] adj abandonné(e), délaissé(e);
(hope, attempt) désespéré(e)

form [fɔːm] n forme f; (SCOL) classe f; (questionnaire) formulaire m ♦ vt former; **in the form of**
sous forme de; **to form part of sth** faire partie de
qch; **to be in good form** (SPORT, fig) être en forme;
in top form en pleine forme

formal ['fɔːməl] adj (offer, receipt) en bonne et due
forme; (person) cérémonieux(euse), à cheval sur les
convenances; (occasion, dinner) officiel(le) (ART,
PHILOSOPHY) formel(le); **formal dress** tenue f de cérémonie; (evening dress) tenue de soirée

formally ['fɔːməlɪ] adv officiellement; formellement; cérémonieusement

format ['fɔːmæt] n format m ♦ vt (COMPUT) formater

formation [fɔː'meɪʃən] n formation f

formative ['fɔːmətɪv] adj: **formative years**
années fpl d'apprentissage (fig) or de formation
(d'un enfant, d'un adolescent)

former ['fɔːmə*] adj ancien(ne) (before n), précé-
dent(e); the former ... the latter le premier ... le
second, celui-là ... celui-ci; **the former president**
l'ex-président; **the former Yugoslavia/Soviet
Union** l'ex Yougoslavie/Union Soviétique

formerly ['fɔːməlɪ] adv autrefois

formidable ['fɔːmɪdəbl] adj redoutable

formula ['fɔːmjulə] n formule f; **Formula One**
(AUT) Formule un

forsake, pt **forsook**, pp **forsaken** [fə'seɪk, -'suk,
-'seɪkən] vt abandonner

fort [fɔːt] n fort m; **to hold the fort** (fig) assurer la
permanence

forte ['fɔːtɪ] n (point) fort m

forth [fɔːθ] adv en avant; **to go back and forth**
aller et venir; **and so forth** et ainsi de suite

forthcoming ['fɔːθ'kʌmɪŋ] adj qui va paraître or
avoir lieu prochainement; (character) ouvert(e),
communicatif(ive)

forthright ['fɔːθraɪt] adj franc(franche), direct(e)

forthwith ['fɔːθ'wɪθ] adv sur le champ

fortify ['fɔːtɪfaɪ] vt fortifier

fortitude ['fɔːtɪtjuːd] n courage m, force f
d'âme

fortnight ['fɔːtnaɪt] n (BRIT) quinzaine f, quinze
jours mpl; **it's a fortnight since ...** il y a quinze
jours que ...

fortnightly ['fɔːtnaɪtlɪ] adj bimensuel(le) ♦ adv
tous les quinze jours

fortunate ['fɔːtʃənɪt] adj: **to be fortunate** avoir
de la chance; **it is fortunate that** c'est une chance
que, il est heureux que

fortunately ['fɔːtʃənɪtlɪ] adv heureusement, par

bonheur

fortune ['fɔːtʃən] n chance f; (wealth) fortune f; **to
make a fortune** faire fortune

fortune-teller ['fɔːtʃəntelə*] n diseuse f de
bonne aventure

forty ['fɔːtɪ] num quarante

forward ['fɔːwəd] adj (movement, position) en
avant, vers l'avant; (not shy) effronté(e); (COMM: delivery, sales, exchange) à terme ♦ adv en avant ♦ n
(SPORT) avant m ♦ vt (letter) faire suivre; (parcel,
goods) expédier; (fig) promouvoir, contribuer au
développement or à l'avancement de; **to move
forward** avancer; **"please forward"** "prière de faire
suivre"; **forward planning** planification f à long
terme

fossil ['fɔsl] adj, n fossile m; **fossil fuel** combustible m fossile

foster ['fɔstə*] vt encourager, favoriser

foster child n enfant adopté

fought [fɔːt] pt, pp of **fight**

foul [faul] adj (weather, smell, food) infect(e); (language) ordurier(ière); (deed) infâme ♦ n (FOOTBALL)
faute f ♦ vt salir, encrasser; (football player) commettre une faute sur; (entangle: anchor, propeller)
emmêler

foul play n (SPORT) jeu déloyal; **foul play is not
suspected** la mort (or l'incendie etc) n'a pas de
causes suspectes, on écarte l'hypothèse d'un
meurtre (or d'un acte criminel)

found [faund] pt, pp of **find** ♦ vt (establish) fonder

foundation [faun'deɪʃən] n (act) fondation f;
(base) fondement m; (also: **foundation cream**)
fond m de teint; **foundations** npl (of building) fondations fpl; **to lay the foundations** (fig) poser les
fondements

founder ['faundə*] n fondateur m ♦ vi couler,
sombrer

foundry ['faundrɪ] n fonderie f

fountain ['fauntɪn] n fontaine f

fountain pen n stylo m (à encre)

four [fɔː*] num quatre; **on all fours** à quatre
pattes

four-poster ['fɔː'pəustə*] n (also: **four-poster
bed**) lit m à baldaquin

fourteen ['fɔː'tiːn] num quatorze

fourth [fɔːθ] num quatrième ♦ n (AUT: also:
fourth gear) quatrième f

fowl [faul] n volaille f

fox [fɔks] n renard m ♦ vt mystifier

foyer ['fɔɪeɪ] n vestibule m; (THEAT) foyer m

fraction ['frækʃən] n fraction f

fracture ['fræktʃə*] n fracture f ♦ vt fracturer

fragile ['frædʒaɪl] adj fragile

fragment ['frægmənt] n fragment m

fragrant ['freɪgrənt] adj parfumé(e), odorant(e)

frail [freɪl] adj fragile, délicat(e)

frame [freɪm] n (of building) charpente f; (of

human, animal) charpente, ossature *f*; (*of picture*) cadre *m*; (*of door, window*) encadrement *m*, chambranle *m*; (*of spectacles: also:* **frames**) monture *f* ♦ *vt* encadrer; (*theory, plan*) construire, élaborer; **to frame sb** (*col*) monter un coup contre qn; **frame of mind** disposition *f* d'esprit

framework ['freɪmwɜːk] *n* structure *f*

France [frɑːns] *n* la France; **in France** en France

franchise ['fræntʃaɪz] *n* (*POL*) droit *m* de vote; (*COMM*) franchise *f*

frank [fræŋk] *adj* franc(franche) ♦ *vt* (*letter*) affranchir

frankly ['fræŋklɪ] *adv* franchement

frantic ['fræntɪk] *adj* frénétique; (*desperate: need, desire*) effréné(e); (*person*) hors de soi

fraternity [frə'tɜːnɪtɪ] *n* (*club*) communauté *f*, confrérie *f*; (*spirit*) fraternité *f*

fraud [frɔːd] *n* supercherie *f*, fraude *f*, tromperie *f*; (*person*) imposteur *m*

fraught [frɔːt] *adj* (*tense: person*) très tendu(e); (: *situation*) pénible; **fraught with** (*difficulties etc*) chargé(e) de, plein(e) de

fray [freɪ] *n* bagarre *f*; (*MIL*) combat *m* ♦ *vt* effilocher ♦ *vi* s'effilocher; **tempers were frayed** les gens commençaient à s'énerver; **her nerves were frayed** elle était à bout de nerfs

freak [friːk] *n* phénomène *m* créature ou événement exceptionnel par sa rareté, son caractère d'anomalie; (*pej: fanatic*): **health freak** fana *m/f* or obsédé/e de l'alimentation saine (*or* de la forme physique)

► **freak out** *vi* (*col: drop out*) se marginaliser; (: *on drugs*) se défoncer

freckle ['frekl] *n* tache *f* de rousseur

free [friː] *adj* libre; (*gratis*) gratuit(e); (*liberal*) généreux(euse), large ♦ *vt* (*prisoner etc*) libérer; (*jammed object or person*) dégager; **to give sb a free hand** donner carte blanche à qn; **free and easy** sans façon, décontracté(e); **admission free** entrée libre; **free (of charge)** gratuitement

freedom ['friːdəm] *n* liberté *f*

Freefone ® ['friːfəun] *n* numéro vert

free-for-all ['friːfərɔːl] *n* mêlée générale

free gift *n* prime *f*

freehold ['friːhəuld] *n* propriété foncière libre

free kick *n* (*SPORT*) coup franc

freelance ['friːlɑːns] *adj* (*journalist etc*) indépendant(e); (*work*) à la pige, à la tâche

freely ['friːlɪ] *adv* librement; (*liberally*) libéralement

freemason ['friːmeɪsn] *n* franc-maçon *m*

freepost ['friːpəust] *n* franchise postale

free-range ['friː'reɪndʒ] *adj* (*egg*) de ferme

free trade *n* libre-échange *m*

freeway ['friːweɪ] *n* (*US*) autoroute *f*

free will *n* libre arbitre *m*; **of one's own free will** de son plein gré

freeze [friːz] *vb*, *pt* **froze**, *pp* **frozen** [frəuz, 'frəuzn] ♦ *vi* geler ♦ *vt* geler; (*food*) congeler; (*prices, salaries*) bloquer, geler ♦ *n* gel *m*; blocage *m*

► **freeze over** *vi* (*river*) geler; (*windscreen*) se couvrir de givre or de glace

► **freeze up** *vi* geler

freeze-dried ['friːzdraɪd] *adj* lyophilisé(e)

freezer ['friːzə*] *n* congélateur *m*

freezing ['friːzɪŋ] *adj*: **freezing (cold)** (*room etc*) glacial(e); (*person, hands*) gelé(e), glacé(e) ♦ *n*: **3 degrees below freezing** 3 degrés au-dessous de zéro

freezing point *n* point *m* de congélation

freight [freɪt] *n* (*goods*) fret *m*, cargaison *f*; (*money charged*) fret, prix *m* du transport; **freight forward** port dû; **freight inward** port payé par le destinataire

freight train *n* (*US*) train *m* de marchandises

French [frentʃ] *adj* français(e) ♦ *n* (*LING*) français *m*; **the French** *npl* les Français

French bean *n* (*BRIT*) haricot vert

French fried potatoes, (*US*) **French fries** *npl* (pommes de terre *fpl*) frites *fpl*

French horn *n* (*MUS*) cor *m* (d'harmonie)

French kiss *n* baiser profond

French loaf *n* ≈ pain *m*, ≈ parisien *m*

Frenchman ['frentʃmən] *n* Français *m*

French window *n* porte-fenêtre *f*

Frenchwoman ['frentʃwumən] *n* Française *f*

frenzy ['frenzɪ] *n* frénésie *f*

frequency ['friːkwənsɪ] *n* fréquence *f*

frequent *adj* ['friːkwənt] fréquent(e) ♦ *vt* [frɪ'kwent] fréquenter

frequently ['friːkwəntlɪ] *adv* fréquemment

fresh [freʃ] *adj* frais(fraîche); (*new*) nouveau(nouvelle); (*cheeky*) familier(ière), culotté(e); **to make a fresh start** prendre un nouveau départ

freshen ['freʃən] *vi* (*wind, air*) fraîchir

► **freshen up** *vi* faire un brin de toilette

fresher ['freʃə*] *n* (*BRIT SCOL: col*) = **freshman**

freshly ['freʃlɪ] *adv* nouvellement, récemment

freshman ['freʃmən] *n* (*SCOL*) bizuth *m*, étudiant/e de première année

freshness ['freʃnɪs] *n* fraîcheur *f*

freshwater ['freʃwɔːtə*] *adj* (*fish*) d'eau douce

fret [fret] *vi* s'agiter, se tracasser

friar ['fraɪə*] *n* moine *m*, frère *m*

friction ['frɪkʃən] *n* friction *f*, frottement *m*

Friday ['fraɪdɪ] *n* vendredi *m*; *for phrases see also* **Tuesday**

fridge [frɪdʒ] *n* (*BRIT*) frigo *m*, frigidaire® *m*

fried [fraɪd] *pt*, *pp of* **fry** ♦ *adj* frit(e); **fried egg** œuf *m* sur le plat

friend [frend] *n* ami/e; **to make friends with** se lier (d'amitié) avec

friendly ['frendlɪ] *adj* amical(e); (*kind*) sympa-

thique, gentil(le); (POL: country, government) ami(e)
♦ n (also: friendly match) match amical; **to be
friendly with** être ami/e avec; **to be friendly to**
être bien disposé/e à l'égard de

friendship ['frɛndʃɪp] n amitié f

frieze [friːz] n frise f, bordure f

fright [fraɪt] n peur f, effroi m; **to take fright**
prendre peur, s'effrayer; **she looks a fright** elle a
l'air d'un épouvantail

frighten ['fraɪtn] vt effrayer, faire peur à
▶ **frighten away, frighten off** vt (birds, children
etc) faire fuir, effaroucher

frightened ['fraɪtnd] adj: **to be frightened (of)**
avoir peur (de)

frightening ['fraɪtnɪŋ] adj effrayant(e)

frightful ['fraɪtful] adj affreux(euse)

frigid ['frɪdʒɪd] adj frigide

frill [frɪl] n (of dress) volant m; (of shirt) jabot m;
without frills (fig) sans manières

fringe [frɪndʒ] n frange f; (edge: of forest etc) bordure f; (fig): **on the fringe** en marge

fringe benefits npl avantages sociaux or en
nature

Frisbee® ['frɪzbɪ] n Frisbee® m

frisk [frɪsk] vt fouiller

fritter ['frɪtə*] n beignet m
▶ **fritter away** vt gaspiller

frivolous ['frɪvələs] adj frivole

frizzy ['frɪzɪ] adj crépu(e)

fro [frau] see **to**

frock [frɔk] n robe f

frog [frɔg] n grenouille f; **to have a frog in one's
throat** avoir un chat dans la gorge

frogman ['frɔgmən] n homme-grenouille m

frolic ['frɔlɪk] n ébats mpl ♦ vi folâtrer, batifoler

┌─────────────────
│ KEYWORD
└─────────────────

from [frɔm] prep **1** (indicating starting place, origin etc) de; **where do you come from?, where
are you from?** d'où venez-vous?; **where has he
come from?** d'où arrive-t-il?; **from London to
Paris** de Londres à Paris; **a letter/telephone call
from my sister** une lettre/un appel de ma sœur;
to drink from the bottle boire à (même) la bouteille
2 (indicating time) (à partir) de; **from one o'clock
to** or **until** or **till two** d'une heure à deux heures;
from January (on) à partir de janvier
3 (indicating distance) de; **the hotel is one kilometre from the beach** l'hôtel est à un kilomètre
de la plage
4 (indicating price, number etc) de; **the interest
rate was increased from 9% to 10%** le taux
d'intérêt est passé de 9% à 10%
5 (indicating difference) de; **he can't tell red
from green** il ne peut pas distinguer le rouge du
vert

6 (because of, on the basis of): **from what he says**
d'après ce qu'il dit; **weak from hunger** affaibli
par la faim

└─────────────────

front [frʌnt] n (of house, dress) devant m; (of coach,
train) avant m; (of book) couverture f; (promenade:
also: **sea front**) bord m de mer; (MIL, POL, METEOROLOGY)
front m; (fig: appearances) contenance f, façade f
♦ adj de devant, premier(ière) ♦ vi: **to front onto
sth** donner sur qch; **in front (of)** devant

frontage ['frʌntɪdʒ] n façade f; (of shop) devanture f

front door n porte f d'entrée; (of car) portière f
avant

frontier ['frʌntɪə*] n frontière f

front page n première page

front room n (BRIT) pièce f de devant, salon m

front-wheel drive ['frʌntwiːl-] n traction f
avant

frost [frɔst] n gel m, gelée f; (also: **hoarfrost**) givre
m

frostbite ['frɔstbaɪt] n gelures fpl

frosted ['frɔstɪd] adj (glass) dépoli(e); (esp US: cake)
glacé(e)

frosty ['frɔstɪ] adj (window) couvert(e) de givre;
(welcome) glacial(e)

froth [frɔθ] n mousse f; écume f

frown [fraun] n froncement m de sourcils ♦ vi
froncer les sourcils
▶ **frown on** vt (fig) désapprouver

froze [frauz] pt of **freeze**

frozen ['frauzn] pp of **freeze** ♦ adj (food) conge-
lé(e); (COMM: assets) gelé(e)

fruit [fruːt] n (pl inv) fruit m

fruiterer ['fruːtərə*] n fruitier m, marchand/e de
fruits; **fruiterer's (shop)** fruiterie f

fruitful ['fruːtful] adj fructueux(euse); (plant, soil)
fécond(e)

fruition [fruːˈɪʃən] n: **to come to fruition** se réaliser

fruit juice n jus m de fruit

fruit machine n (BRIT) machine f à sous

fruit salad n salade f de fruits

frustrate [frʌsˈtreɪt] vt frustrer; (plot, plans) faire
échouer

fry, pt, pp **fried** [fraɪ, -d] vt (faire) frire; **the small
fry** le menu fretin

frying pan ['fraɪɪŋ-] n poêle f (à frire)

ft. abbr = **foot, feet**

fudge [fʌdʒ] n (CULIN) sorte de confiserie à base de
sucre, de beurre et de lait ♦ vt (issue, problem) esquiver

fuel ['fjuəl] n (for heating) combustible m; (for propel-
ling) carburant m

fuel oil n mazout m

fuel tank n cuve f à mazout, citerne f; (in vehicle)
réservoir m de or à carburant

fugitive ['fju:dʒɪtɪv] n fugitif/ive

fulfil, (US) **fulfill** [ful'fɪl] vt (function) remplir; (order) exécuter; (wish, desire) satisfaire, réaliser

fulfil(l)ment [ful'fɪlmənt] n (of wishes) réalisation f

full [ful] adj plein(e); (details, information) complet(ète); (price) fort(e), normal(e); (skirt) ample, large ◆ adv: **to know full well that** savoir fort bien que; **full (up)** (hotel etc) complet(ète); **I'm full (up)** j'ai bien mangé; **full employment/fare** plein emploi/tarif; **a full two hours** deux bonnes heures; **at full speed** à toute vitesse; **in full** (reproduce, quote, pay) intégralement; (write name etc) en toutes lettres

full-length ['ful'leŋθ] adj (portrait) en pied; **full-length film** long métrage

full moon n pleine lune

full-scale ['fulskeɪl] adj (model) grandeur nature inv; (search, retreat) complet(ète), total(e)

full stop n point m

full-time ['ful'taɪm] adj (work) à plein temps ◆ n (SPORT) fin f du match

fully ['fulɪ] adv entièrement, complètement; (at least): **fully as big** au moins aussi grand

fully-fledged ['fulɪ'fledʒd] adj (teacher, barrister) diplômé(e); (citizen, member) à part entière

fumble ['fʌmbl] vi fouiller, tâtonner ◆ vt (ball) mal réceptionner, cafouiller
▶ **fumble with** vt fus tripoter

fume [fju:m] vi rager; **fumes** npl vapeurs fpl, émanations fpl, gaz mpl

fun [fʌn] n amusement m, divertissement m; **to have fun** s'amuser; **for fun** pour rire; **it's not much fun** ce n'est pas très drôle or amusant; **to make fun of** se moquer de

function ['fʌŋkʃən] n fonction f; (reception, dinner) cérémonie f, soirée officielle ◆ vi fonctionner; **to function as** faire office de

functional ['fʌŋkʃənl] adj fonctionnel(le)

fund [fʌnd] n caisse f, fonds m; (source, store) source f, mine f; **funds** npl fonds mpl

fundamental [fʌndə'mentl] adj fondamental(e); **fundamentals** npl principes mpl de base

funeral ['fju:nərəl] n enterrement m, obsèques fpl (more formal occasion)

funeral parlour n dépôt m mortuaire

funeral service n service m funèbre

funfair ['fʌnfeə*] n (BRIT) fête (foraine)

fungus, pl **fungi** ['fʌngəs, -gaɪ] n champignon m; (mould) moisissure f

funnel ['fʌnl] n entonnoir m; (of ship) cheminée f

funny ['fʌnɪ] adj amusant(e), drôle; (strange) curieux(euse), bizarre

fur [fɜ:*] n fourrure f; (BRIT: in kettle etc) (dépôt m de) tartre m

furious ['fjuərɪəs] adj furieux(euse); (effort) acharné(e); **to be furious with sb** être dans une fureur

noire contre qn

furlong ['fɜ:lɒŋ] n = 201.17 m (terme d'hippisme)

furnace ['fɜ:nɪs] n fourneau m

furnish ['fɜ:nɪʃ] vt meubler; (supply) fournir; **furnished flat** or (US) **apartment** meublé m

furnishings ['fɜ:nɪʃɪŋz] npl mobilier m, articles mpl d'ameublement

furniture ['fɜ:nɪtʃə*] n meubles mpl, mobilier m; **piece of furniture** meuble m

furrow ['fʌrəu] n sillon m

furry ['fɜ:rɪ] adj (animal) à fourrure; (toy) en peluche

further ['fɜ:ðə*] adj supplémentaire, autre, nouveau(nouvelle) ◆ adv plus loin; (more) davantage; (moreover) de plus ◆ vt faire avancer or progresser, promouvoir; **how much further is it?** quelle distance or combien reste-t-il à parcourir?; **until further notice** jusqu'à nouvel ordre or avis; **further to your letter of ...** (COMM) suite à votre lettre du ...

further education n enseignement m postscolaire (recyclage, formation professionnelle)

furthermore [fɜ:ðə'mɔ:*] adv de plus, en outre

furthest ['fɜ:ðɪst] superlative of **far**

fury ['fjuərɪ] n fureur f

fuse, (US) **fuze** [fju:z] n fusible m; (for bomb etc) amorce f, détonateur m ◆ vt, vi (metal) fondre; (fig) fusionner; (ELEC): **to fuse the lights** faire sauter les fusibles or les plombs; **a fuse has blown** un fusible a sauté

fuse box n boîte f à fusibles

fuss [fʌs] n (anxiety, excitement) chichis mpl, façons fpl; (commotion) tapage m; (complaining, trouble) histoire(s) f(pl) ◆ vi faire des histoires ◆ vt (person) embêter; **to make a fuss** faire des façons (or des histoires); **to make a fuss of sb** dorloter qn
▶ **fuss over** vt fus (person) dorloter

fussy ['fʌsɪ] adj (person) tatillon(ne) difficile, chichiteux(euse); (dress, style) tarabis(e); **I'm not fussy** (col) ça m'est égal

future ['fju:tʃə*] adj futur(e) ◆ n avenir m; (LING) futur m; **in (the) future** à l'avenir; **in the near/immediate future** dans un avenir proche/immédiat

fuze [fju:z] n, vt, vi (US) = **fuse**

fuzzy ['fʌzɪ] adj (PHOT) flou(e); (hair) crépu(e)

— G g —

G, g [dʒi:] n (letter) G, g m; (MUS): **G** sol m; **G for George** G comme Gaston

G n abbr (BRIT SCOL: = good) b = bien; (US CINE: = general (audience)) ≈ tous publics

g abbr (= gram, gravity) g

G8 n abbr (= Group of 8) G8

gabble ['gæbl] vi bredouiller; jacasser

gable ['geɪbl] n pignon m

gadget ['gædʒɪt] n gadget m

Gaelic ['geɪlɪk] adj, n gaélique (m)

gag [gæg] n bâillon m; (joke) gag m ◆ vt (prisoner etc) bâillonner ◆ vi (choke) étouffer

gaiety ['geɪtɪ] n gaieté f

gain [geɪn] n gain m, profit m ◆ vt gagner ◆ vi (watch) avancer; **to gain in/by** gagner en/à; **to gain 3lbs (in weight)** prendre 3 livres; **to gain ground** gagner du terrain
▶ **gain (up)on** vt fus rattraper

gal. abbr = **gallon**

gale [geɪl] n coup m de vent; **gale force 10** vent m de force 10

gallant ['gælənt] adj vaillant(e), brave; (towards ladies) empressé(e), galant(e)

gall bladder ['gɔːl-] n vésicule f biliaire

gallery ['gælərɪ] n galerie f; (for spectators) tribune f; (: in theatre) dernier balcon; (also: **art gallery**) musée m; (: private) galerie

gallon ['gælən] n gallon m = 8 pints; (BRIT = 4.543 l; US = 3.785 l)

gallop ['gæləp] n galop m ◆ vi galoper; **galloping inflation** inflation galopante

gallows ['gæləuz] n potence f

gallstone ['gɔːlstəun] n calcul m (biliaire)

galore [gə'lɔː*] adv en abondance, à gogo

Gambia ['gæmbɪə] n Gambie f

gambit ['gæmbɪt] n (fig): (**opening**) **gambit** manœuvre f stratégique

gamble ['gæmbl] n pari m, risque calculé ◆ vt, vi jouer; **to gamble on the Stock Exchange** jouer en or à la Bourse; **to gamble on** (fig) miser sur

gambler ['gæmblə*] n joueur m

gambling ['gæmblɪŋ] n jeu m

game [geɪm] n jeu m; (event) match m; (HUNTING) gibier m ◆ adj brave; (ready): **to be game (for sth/ to do)** être prêt(e) (à qch/à faire), se sentir de taille (à faire); **a game of football/tennis** une partie de football/tennis; **games** (SCOL) sport m; **big game** gros gibier

gamekeeper ['geɪmkiːpə*] n garde-chasse m

gammon ['gæmən] n (bacon) quartier m de lard fumé; (ham) jambon fumé

gamut ['gæmət] n gamme f

gang [gæŋ] n bande f, groupe m
▶ **gang up** vi: **to gang up on sb** se liguer contre qn

gangster ['gæŋstə*] n gangster m, bandit m

gangway ['gæŋweɪ] n passerelle f; (BRIT: of bus) couloir central

gaol [dʒeɪl] n, vt (BRIT) = **jail**

gap [gæp] n trou m; (in time) intervalle m; (fig) lacune f; vide m

gape [geɪp] vi être or rester bouche bée

gaping ['geɪpɪŋ] adj (hole) béant(e)

garage ['gærɑːʒ] n garage m

garbage ['gɑːbɪdʒ] n ordures fpl, détritus mpl; (fig: col) conneries fpl

garbage can n (US) poubelle f, boîte f à ordures

garbled ['gɑːbld] adj déformé(e), faussé(e)

garden ['gɑːdn] n jardin m ◆ vi jardiner; **gardens** npl (public) jardin public; (private) parc m

gardener ['gɑːdnə*] n jardinier m

gardening ['gɑːdnɪŋ] n jardinage m

gargle ['gɑːgl] vi se gargariser ◆ n gargarisme m

garish ['gɛərɪʃ] adj criard(e), voyant(e)

garland ['gɑːlənd] n guirlande f; couronne f

garlic ['gɑːlɪk] n ail m

garment ['gɑːmənt] n vêtement m

garrison ['gærɪsn] n garnison f ◆ vt mettre en garnison, stationner

garter ['gɑːtə*] n jarretière f; (US: suspender) jarretelle f

gas [gæs] n gaz m; (used as anaesthetic): **to be given gas** se faire endormir; (US: gasoline) essence f ◆ vt asphyxier; (MIL) gazer

gas cooker n (BRIT) cuisinière f à gaz

gas cylinder n bouteille f de gaz

gas fire n (BRIT) radiateur m à gaz

gash [gæʃ] n entaille f; (on face) balafre f ◆ vt taillader; balafrer

gasket ['gæskɪt] n (AUT) joint m de culasse

gas mask n masque m à gaz

gas meter n compteur m à gaz

gasoline ['gæsəliːn] n (US) essence f

gasp [gɑːsp] vi haleter; (fig) avoir le souffle coupé
▶ **gasp out** vt (say) dire dans un souffle or d'une voix entrecoupée

gas ring n brûleur m

gas station n (US) station-service f

gas tap n bouton m (de cuisinière à gaz); (on pipe) robinet m à gaz

gastric ['gæstrɪk] adj gastrique

gate [geɪt] n (of garden) portail m; (of farm, at level crossing) barrière f; (of building, town, at airport) porte f; (of lock) vanne f

gâteau, pl **gâteaux** ['gætəu, -z] n gros gâteau à la crème

gatecrash ['geɪtkræʃ] vt s'introduire sans invitation dans

gateway ['geɪtweɪ] n porte f

gather ['gæðə*] vt (flowers, fruit) cueillir; (pick up) ramasser; (assemble) rassembler, réunir; recueillir; (understand) comprendre ◆ vi (assemble) se rassembler; (dust) s'amasser; (clouds) s'amonceler; **to gather (from/that)** conclure or déduire (de/que); **as far as I can gather** d'après ce que je comprends; **to gather speed** prendre de la vitesse

gathering ['gæðərɪŋ] n rassemblement m

gaudy ['gɔːdɪ] adj voyant(e)

gauge [geɪdʒ] n (standard measure) calibre m;

(*RAIL*) écartement *m*; (*instrument*) jauge *f* ♦ *vt* jauger; (*fig: sb's capabilities, character*) juger de; **to gauge the right moment** calculer le moment propice; **petrol gauge, (***us***) gas gauge** jauge d'essence

gaunt [gɔ:nt] *adj* décharné(e); (*grim, desolate*) désolé(e)

gauntlet [ˈgɔ:ntlɪt] *n* (*fig*): **to throw down the gauntlet** jeter le gant; **to run the gauntlet through an angry crowd** se frayer un passage à travers une foule hostile *or* entre deux haies de manifestants *etc* hostiles

gauze [gɔ:z] *n* gaze *f*

gave [geɪv] *pt of* **give**

gay [geɪ] *adj* (*homosexual*) homosexuel(le); (*slightly old-fashioned: cheerful*) gai(e), réjoui(e); (*colour*) gai, vif(vive)

gaze [geɪz] *n* regard *m* fixe ♦ *vi*: **to gaze at** *vt* fixer du regard

gazump [gəˈzʌmp] *vi* (*BRIT*) revenir sur une promesse de vente pour accepter un prix plus élevé

GB *abbr* = **Great Britain**

GCE *n abbr* (*BRIT* = *General Certificate of Education*)

GCSE *n abbr* (*BRIT*: = *General Certificate of Secondary Education*) examen passé à l'âge de 16 ans sanctionnant les connaissances de l'élève; (= **she's got eight GCSEs**) elle a réussi dans huit matières aux épreuves du GCSE

gear [gɪə*] *n* matériel *m*, équipement *m*; (*TECH*) engrenage *m*; (*AUT*) vitesse *f* ♦ *vt* (*fig: adapt*) adapter; **top** *or* (*us*) **high/low/bottom gear** quatrième (*or* cinquième)/deuxième/première vitesse; **in gear** en prise; **out of gear** au point mort; **our service is geared to meet the needs of the disabled** notre service répond de façon spécifique aux besoins des handicapés

▶ **gear up** *vi*: **to gear up (to do)** se préparer (à faire)

gear box *n* boîte *f* de vitesse

gear lever, (*us***) gear shift** *n* levier *m* de vitesse

geese [gi:s] *npl of* **goose**

gel [dʒɛl] *n* gelée *f*; (*CHEMISTRY*) colloïde *m*

gem [dʒɛm] *n* pierre précieuse

Gemini [ˈdʒɛmɪnaɪ] *n* les Gémeaux *mpl*; **to be Gemini** être des Gémeaux

gender [ˈdʒɛndə*] *n* genre *m*

gene [dʒi:n] *n* (*BIOL*) gène *m*

general [ˈdʒɛnərl] *n* général *m* ♦ *adj* général(e); **in general** en général; **the general public** le grand public; **general audit** (*COMM*) vérification annuelle

general delivery *n* poste restante

general election *n* élection(s) législative(s)

general knowledge *n* connaissances générales

generally [ˈdʒɛnrəlɪ] *adv* généralement

general practitioner (GP) *n* généraliste *m/f*; **who's your GP?** qui est votre médecin traitant?

generate [ˈdʒɛnəreɪt] *vt* engendrer; (*electricity*) produire

generation [dʒɛnəˈreɪʃən] *n* génération *f*; (*of electricity etc*) production *f*

generator [ˈdʒɛnəreɪtə*] *n* générateur *m*

generosity [dʒɛnəˈrɒsɪtɪ] *n* générosité *f*

generous [ˈdʒɛnərəs] *adj* généreux(euse); (*copious*) copieux(euse)

genetic [dʒɪˈnɛtɪk] *adj* génétique

genetics [dʒɪˈnɛtɪks] *n* génétique *f*

Geneva [dʒɪˈni:və] *n* Genève; **Lake Geneva** le lac Léman

genial [ˈdʒi:nɪəl] *adj* cordial(e), chaleureux(euse); (*climate*) clément(e)

genitals [ˈdʒɛnɪtlz] *npl* organes génitaux

genius [ˈdʒi:nɪəs] *n* génie *m*

genteel [dʒɛnˈti:l] *adj* de bon ton, distingué(e)

gentle [ˈdʒɛntl] *adj* doux(douce)

gentleman [ˈdʒɛntlmən] *n* monsieur *m*; (*well-bred man*) gentleman *m*; **gentleman's agreement** gentleman's agreement

gently [ˈdʒɛntlɪ] *adv* doucement

gentry [ˈdʒɛntrɪ] *n* petite noblesse

gents [dʒɛnts] *n* W.-C. *mpl* (pour hommes)

genuine [ˈdʒɛnjuɪn] *adj* véritable, authentique; (*person, emotion*) sincère

geographic(al) [dʒɪəˈgræfɪk(l)] *adj* géographique

geography [dʒɪˈɒgrəfɪ] *n* géographie *f*

geology [dʒɪˈɒlədʒɪ] *n* géologie *f*

geometric(al) [dʒɪəˈmɛtrɪk(l)] *adj* géométrique

geometry [dʒɪˈɒmətrɪ] *n* géométrie *f*

geranium [dʒɪˈreɪnɪəm] *n* géranium *m*

geriatric [dʒɛrɪˈætrɪk] *adj* gériatrique

germ [dʒɜ:m] *n* (*MED*) microbe *m*; (*BIO, fig*) germe *m*

German [ˈdʒɜ:mən] *adj* allemand(e) ♦ *n* Allemand/e; (*LING*) allemand *m*

German measles *n* rubéole *f*

Germany [ˈdʒɜ:mənɪ] *n* Allemagne *f*

gesture [ˈdʒɛstjə*] *n* geste *m*; **as a gesture of friendship** en témoignage d'amitié

KEYWORD

get [gɛt], *pt*, *pp* **got**, *pp* **gotten** (*us*) *vi* **1** (*become, be*) devenir; **to get old/tired** vieillir/se fatiguer; **to get drunk** s'enivrer; **to get ready/washed/shaved** *etc* se préparer/laver/raser *etc*; **to get killed** se faire tuer; **when do I get paid?** quand est-ce que je serai payé?; **it's getting late** il se fait tard

2 (*go*): **to get to/from** aller à/de; **to get home** rentrer chez soi; **how did you get here?** comment es-tu arrivé ici?; **he got across the bridge/under the fence** il a traversé le pont/est passé au-dessous de la barrière

3 (*begin*) commencer *or* se mettre à; **I'm getting to like him** je commence à l'apprécier; **let's get going** *or* **started** allons-y

4 (*modal aux vb*): **you've got to do it** il faut que vous le fassiez; **I've got to tell the police** je dois le dire à la police

♦ *vt* **1**: **to get sth done** (*do*) faire qch; (*have done*) faire faire qch; **to get sth/sb ready** préparer qch/qn; **to get one's hair cut** se faire couper les cheveux; **to get sb to do sth** faire faire qch à qn; **to get sb drunk** enivrer qn

2 (*obtain: money, permission, results*) obtenir, avoir; (*find: job, flat*) trouver; (*fetch: person, doctor, object*) aller chercher; **to get sth for sb** procurer qch à qn; **get me Mr Jones, please** (*on phone*) passez-moi Mr Jones, s'il vous plaît; **can I get you a drink?** est-ce que je peux vous servir à boire?

3 (*receive: present, letter*) recevoir, avoir; (*acquire: reputation*) avoir; (*prize*) obtenir; **what did you get for your birthday?** qu'est-ce que tu as eu pour ton anniversaire?

4 (*catch*) prendre, saisir, attraper; (*hit: target etc*) atteindre; **to get sb by the arm/throat** prendre *or* saisir *or* attraper qn par le bras/à la gorge; **get him!** arrête-le!; **he really gets me!** il me porte sur les nerfs!

5 (*take, move*) faire parvenir; **do you think we'll get it through the door?** on arrivera à le faire passer par la porte?; **I'll get you there somehow** je vous débrouillerai pour t'y emmener

6 (*catch, take: plane, bus etc*) prendre

7 (*understand*) comprendre, saisir; (*hear*) entendre; **I've got it!** j'ai compris!; **I didn't get your name** je n'ai pas entendu votre nom

8 (*have, possess*): **to have got** avoir; **how many have you got?** vous en avez combien?

▶ **get about** *vi* se déplacer; (*news*) se répandre

▶ **get across** *vt*: **to get across (to)** (*message, meaning*) faire passer (à) ♦ *vi*: **to get across (to)** (*speaker*) se faire comprendre (par)

▶ **get along** *vi* (*agree*) s'entendre; (*depart*) s'en aller; (*manage*) = **get by**

▶ **get at** *vt fus* (*attack*) s'en prendre à; (*reach*) attraper, atteindre; **what are you getting at?** à quoi voulez-vous en venir?

▶ **get away** *vi* partir, s'en aller; (*escape*) s'échapper

▶ **get away with** *vt fus* en être quitte pour; se faire passer *or* pardonner

▶ **get back** *vi* (*return*) rentrer ♦ *vt* récupérer, recouvrer; **to get back to** (*start again*) retourner *or* revenir à; (*contact again*) recontacter

▶ **get back at** *vt fus* (*col*): **to get back at sb** rendre la monnaie de sa pièce à qn

▶ **get by** *vi* (*pass*) passer; (*manage*) se débrouiller; **I can get by in Dutch** je me débrouille en hollandais

▶ **get down** *vi*, *vt fus* descendre ♦ *vt* descendre; (*depress*) déprimer

▶ **get down to** *vt fus* (*work*) se mettre à (faire); **to get down to business** passer aux choses sérieuses

▶ **get in** *vi* entrer; (*arrive home*) rentrer; (*train*) arriver ♦ *vt* (*bring in: harvest*) rentrer; (*: coal*) faire rentrer; (*: supplies*) faire des provisions de

▶ **get into** *vt fus* entrer dans; (*car, train etc*) monter dans; (*clothes*) mettre, enfiler, endosser; **to get into bed/a rage** se mettre au lit/en colère

▶ **get off** *vi* (*from train etc*) descendre; (*depart: person, car*) s'en aller; (*escape*) s'en tirer ♦ *vt* (*remove: clothes, stain*) enlever; (*send off*) expédier; (*have as leave: day, time*): **we got 2 days off** nous avons eu 2 jours de congé ♦ *vt fus* (*train, bus*) descendre de; **to get off to a good start** (*fig*) prendre un bon départ

▶ **get on** *vi* (*at exam etc*) se débrouiller; (*agree*): **to get on (with)** s'entendre (avec); **how are you getting on?** comment ça va? ♦ *vt fus* monter dans; (*horse*) monter sur

▶ **get on to** *vt fus* (BRIT: *deal with: problem*) s'occuper de; (*contact: person*) contacter

▶ **get out** *vi* sortir; (*of vehicle*) descendre; (*news etc*) s'ébruiter ♦ *vt* sortir

▶ **get out of** *vt fus* sortir de; (*duty etc*) échapper à, se soustraire à

▶ **get over** *vt fus* (*illness*) se remettre de ♦ *vt* (*communicate: idea etc*) communiquer; (*finish*): **let's get it over (with)** finissons-en

▶ **get round** *vi*: **to get round to doing sth** se mettre (finalement) à faire qch ♦ *vt fus* contourner; (*fig: person*) entortiller

▶ **get through** *vi* (TEL) avoir la communication; **to get through to sb** atteindre qn ♦ *vt fus* (*finish: work, book*) finir, terminer

▶ **get together** *vi* se réunir ♦ *vt* rassembler

▶ **get up** *vi* (*rise*) se lever ♦ *vt fus* monter

▶ **get up to** *vt fus* (*reach*) arriver à; (*prank etc*) faire

getaway ['gɛtəweɪ] *n* fuite *f*

geyser ['giːzə*] *n* chauffe-eau *m inv*; (GEO) geyser *m*

Ghana ['gɑːnə] *n* Ghana *m*

ghastly ['gɑːstlɪ] *adj* atroce, horrible; (*pale*) livide, blême

gherkin ['gɜːkɪn] *n* cornichon *m*

ghetto blaster ['gɛtəublɑːstə*] *n* (*col*) gros radiocassette

ghost [gəust] *n* fantôme *m*, revenant *m* ♦ *vt* (*sb else's book*) écrire

giant ['dʒaɪənt] *n* géant/e ♦ *adj* géant(e), énorme; **giant (size) packet** paquet géant

gibberish ['dʒɪbərɪʃ] *n* charabia *m*

giblets ['dʒɪblɪts] *npl* abats *mpl*

Gibraltar [dʒɪ'brɔːltə*] *n* Gibraltar *m*

giddy ['gɪdɪ] *adj* (*dizzy*): **to be** (*or* **feel**) **giddy** avoir le vertige; (*height*) vertigineux(euse);

(thoughtless) sot(te), étourdi(e)

gift [gɪft] n cadeau m, présent m; (donation) don m; (COMM: also: **free gift**) cadeau(-réclame) m; (talent): **to have a gift for sth** avoir des dons pour or le don de qch

gifted ['gɪftɪd] adj doué(e)

gift shop n boutique f de cadeaux

gift token, gift voucher n bon m d'achat

gigantic [dʒaɪˈɡæntɪk] adj gigantesque

giggle ['gɪgl] vi pouffer, ricaner sottement ♦ n petit rire sot, ricanement m

gill [dʒɪl] n (measure) = 0.25 pints (BRIT = 0.148 l; US = 0.118 l)

gills [gɪlz] npl (of fish) ouïes fpl, branchies fpl

gilt [gɪlt] n dorure f ♦ adj doré(e)

gilt-edged ['gɪltedʒd] adj (stocks, securities) de premier ordre

gimmick ['gɪmɪk] n truc m; **sales gimmick** offre promotionnelle

gin [dʒɪn] n gin m

ginger ['dʒɪndʒə*] n gingembre m

▶ **ginger up** vt secouer; animer

ginger ale, ginger beer n boisson gazeuse au gingembre

gingerbread ['dʒɪndʒəbred] n pain m d'épices

gingerly ['dʒɪndʒəlɪ] adv avec précaution

gipsy ['dʒɪpsɪ] n gitan/e, bohémien/ne ♦ cpd: **gipsy caravan** n roulotte f

giraffe [dʒɪˈrɑːf] n girafe f

girder ['gɜːdə*] n poutrelle f

girl [gɜːl] n fille f, fillette f; (young unmarried woman) jeune fille; (daughter) fille; **an English girl** une jeune Anglaise; **a little English girl** une petite Anglaise

girlfriend ['gɜːlfrend] n (of girl) amie f; (of boy) petite amie

girlish ['gɜːlɪʃ] adj de jeune fille

giro ['dʒaɪrəu] n (bank giro) virement m bancaire; (post office giro) mandat m

gist [dʒɪst] n essentiel m

give [gɪv] n (of fabric) élasticité f ♦ vb, pt **gave**, pp **given** [geɪv, 'gɪvn] vt donner ♦ vi (break) céder; (stretch: fabric) se prêter; **to give sb sth, give sth to sb** donner qch à qn; **to give a cry/sigh** pousser un cri/un soupir; **how much did you give for it?** combien (l')avez-vous payé?; **12 o'clock, give or take a few minutes** midi, à quelques minutes près; **to give way** vi céder; (BRIT AUT) donner la priorité

▶ **give away** vt donner; (give free) faire cadeau de; (betray) donner, trahir; (disclose) révéler; (bride) conduire à l'autel

▶ **give back** vt rendre

▶ **give in** vi céder ♦ vt donner

▶ **give off** vt dégager

▶ **give out** vt (food etc) distribuer; (news) annoncer ♦ vi (be exhausted: supplies) s'épuiser; (fail) lâcher

▶ **give up** vi renoncer ♦ vt renoncer à; **to give up smoking** arrêter de fumer; **to give o.s. up** se rendre

glacier ['glæsɪə*] n glacier m

glad [glæd] adj content(e); **to be glad about sth/ that** être heureux(euse) or bien content de qch/ que; **I was glad of his help** j'étais bien content de (pouvoir compter sur) son aide or qu'il m'aide

gladly ['glædlɪ] adv volontiers

glamorous ['glæmərəs] adj séduisant(e)

glamour ['glæmə*] n éclat m, prestige m

glance [glɑːns] n coup m d'œil ♦ vi: **to glance at** jeter un coup d'œil à

▶ **glance off** vt fus (bullet) ricocher sur

glancing ['glɑːnsɪŋ] adj (blow) oblique

gland [glænd] n glande f

glare [glɛə*] n lumière éblouissante ♦ vi briller d'un éclat aveuglant; **to glare at** lancer un or des regard(s) furieux à

glaring ['glɛərɪŋ] adj (mistake) criant(e), qui saute aux yeux

glass [glɑːs] n verre m; (also: **looking glass**) miroir m

glasshouse ['glɑːshaus] n serre f

glassware ['glɑːswɛə*] n verrerie f

glaze [gleɪz] vt (door) vitrer; (pottery) vernir; (CULIN) glacer ♦ n vernis m; (CULIN) glaçage m

glazed [gleɪzd] adj (eye) vitreux(euse); (pottery) verni(e); (tiles) vitrifié(e)

glazier ['gleɪzɪə*] n vitrier m

gleam [gliːm] n lueur f ♦ vi luire, briller; **a gleam of hope** une lueur d'espoir

glean [gliːn] vt (information) recueillir

glee [gliː] n joie f

glib [glɪb] adj qui a du bagou; facile

glide [glaɪd] vi glisser; (AVIAT, bird) planer ♦ n glissement m; vol plané

glider ['glaɪdə*] n (AVIAT) planeur m

gliding ['glaɪdɪŋ] n (AVIAT) vol m à voile

glimmer ['glɪmə*] vi luire ♦ n lueur f

glimpse [glɪmps] n vision passagère, aperçu m ♦ vt entrevoir, apercevoir; **to catch a glimpse of** entrevoir

glint [glɪnt] n éclair m ♦ vi étinceler

glisten ['glɪsn] vi briller, luire

glitter ['glɪtə*] vi scintiller, briller ♦ n scintillement m

gloat [gləut] vi: **to gloat (over)** jubiler (à propos de)

global ['gləubl] adj (world-wide) mondial(e); (overall) global(e)

globe [gləub] n globe m

gloom [gluːm] n obscurité f; (sadness) tristesse f, mélancolie f

gloomy ['gluːmɪ] adj sombre, triste, mélancolique; **to feel gloomy** avoir or se faire des idées noires

glorious ['glɔːrɪəs] *adj* glorieux(euse); (*beautiful*) splendide

glory ['glɔːrɪ] *n* gloire *f*; splendeur *f* ♦ *vi*: **to glory in** se glorifier de

gloss [glɔs] *n* (*shine*) brillant *m*, vernis *m*; (*also*: **gloss paint**) peinture brillante *or* laquée

▶ **gloss over** *vt fus* glisser sur

glossary ['glɔsərɪ] *n* glossaire *m*, lexique *m*

glossy ['glɔsɪ] *adj* brillant(e), luisant(e) ♦ *n* (*also*: **glossy magazine**) revue *f* de luxe

glove [glʌv] *n* gant *m*

glove compartment *n* (*AUT*) boîte *f* à gants, vide-poches *m inv*

glow [gləu] *vi* rougeoyer; (*face*) rayonner ♦ *n* rougeoiement *m*

glower ['glauə*] *vi* lancer des regards mauvais

glucose ['gluːkəus] *n* glucose *m*

glue [gluː] *n* colle *f* ♦ *vt* coller

glum [glʌm] *adj* maussade, morose

glut [glʌt] *n* surabondance *f* ♦ *vt* rassasier; (*market*) encombrer

glutton ['glʌtn] *n* glouton/ne; **a glutton for work** un bourreau de travail

GM *abbr* (= *genetically modified*) génétiquement modifié(e)

gm *abbr* (= *gram*) g

gnat [næt] *n* moucheron *m*

gnaw [nɔː] *vt* ronger

go [gəu] *vb, pt* **went**, *pp* **gone** [wɛnt, gɔn] *vi* aller; (*depart*) partir, s'en aller; (*work*) marcher; (*be sold*): **to go for £10** se vendre 10 livres; (*fit, suit*): **to go with** aller avec; (*become*): **to go pale/mouldy** pâlir/moisir; (*break etc*) céder ♦ *n* (*pl*: **goes**): **to have a go (at)** essayer (de faire); **to be on the go** être en mouvement; **whose go is it?** à qui est-ce de jouer?; **to go by car/on foot** aller en voiture/à pied; **he's going to do it** il va faire, il est sur le point de faire; **to go for a walk** aller se promener; **to go dancing/shopping** aller danser/faire les courses; **to go looking for sb/sth** aller *or* partir à la recherche de qn/qch; **to go to sleep** s'endormir; **to go and see sb, go to see sb** aller voir qn; **how is it going?** comment ça marche?; **how did it go?** comment est-ce que ça s'est passé?; **to go round the back/by the shop** passer par derrière/devant le magasin; **my voice has gone** j'ai une extinction de voix; **the cake is all gone** il n'y a plus de gâteau; **I'll take whatever is going** (*BRIT*) je prendrai ce qu'il y a (*or* ce que vous avez); **... to go** (*US*: *food*) ... à emporter

▶ **go about** *vi* (*also*: **go around**) aller çà et là; (*rumour*) se répandre ♦ *vt fus*: **how do I go about this?** comment dois-je m'y prendre (pour faire ceci)?; **to go about one's business** s'occuper de ses affaires

▶ **go after** *vt fus* (*pursue*) poursuivre, courir après; (*job, record etc*) essayer d'obtenir

▶ **go against** *vt fus* (*be unfavourable to*) être

défavorable à; (*be contrary to*) être contraire à

▶ **go ahead** *vi* (*make progress*) avancer; (*get going*) y aller

▶ **go along** *vi* aller, avancer ♦ *vt fus* longer, parcourir; **as you go along (with your work)** au fur et à mesure (de votre travail); **to go along with** (*accompany*) accompagner; (*agree with: idea*) être d'accord sur; (: *person*) suivre

▶ **go away** *vi* partir, s'en aller

▶ **go back** *vi* rentrer; revenir; (*go again*) retourner

▶ **go back on** *vt fus* (*promise*) revenir sur

▶ **go by** *vi* (*years, time*) passer, s'écouler ♦ *vt fus* s'en tenir à; (*believe*) en croire

▶ **go down** *vi* descendre; (*ship*) couler; (*sun*) se coucher ♦ *vt fus* descendre; **that should go down well with him** (*fig*) ça devrait lui plaire

▶ **go for** *vt fus* (*fetch*) aller chercher; (*like*) aimer; (*attack*) s'en prendre à; attaquer

▶ **go in** *vi* entrer

▶ **go in for** *vt fus* (*competition*) se présenter à; (*like*) aimer

▶ **go into** *vt fus* entrer dans; (*investigate*) étudier, examiner; (*embark on*) se lancer dans

▶ **go off** *vi* partir, s'en aller; (*food*) se gâter; (*bomb*) sauter; (*lights etc*) s'éteindre; (*event*) se dérouler ♦ *vt fus* ne plus aimer, ne plus avoir envie de; **the gun went off** le coup est parti; **to go off to sleep** s'endormir; **the party went off well** la fête s'est bien passée *or* était très réussie

▶ **go on** *vi* continuer; (*happen*) se passer; (*lights*) s'allumer ♦ *vt fus* (*be guided by: evidence etc*) se fonder sur; **to go on doing** continuer à faire; **what's going on here?** qu'est-ce qui se passe ici?

▶ **go on at** *vt fus* (*nag*) tomber sur le dos de

▶ **go on with** *vt fus* poursuivre, continuer

▶ **go out** *vi* sortir; (*fire, light*) s'éteindre; (*tide*) descendre; **to go out with sb** sortir avec qn

▶ **go over** *vi* (*ship*) chavirer ♦ *vt fus* (*check*) revoir, vérifier; **to go over sth in one's mind** repasser qch dans son esprit

▶ **go past** *vt fus*: **to go past sth** passer devant qch

▶ **go round** *vi* (*circulate: news, rumour*) circuler; (*revolve*) tourner; (*visit*): **to go round to sb's** passer chez qn; aller chez qn; (*make a detour*): **to go round (by)** faire un détour (par); (*suffice*) suffire (pour tout le monde)

▶ **go through** *vt fus* (*town etc*) traverser; (*search through*) fouiller; (*examine: list, book*) lire *or* regarder en détail, éplucher; (*perform: lesson*) réciter; (: *formalities*) remplir; (: *programme*) exécuter

▶ **go through with** *vt fus* (*plan, crime*) aller jusqu'au bout de

▶ **go under** *vi* (*sink: also fig*) couler; (: *person*) succomber

▶ **go up** *vi* monter; (*price*) augmenter ♦ *vt fus* gravir; (*also*: **to go up in flames**) flamber, s'enflammer brusquement

▶ **go with** vt fus (suit) aller avec

▶ **go without** vt fus se passer de

goad [gəud] vt aiguillonner

go-ahead ['gəuəhɛd] adj dynamique, entreprenant(e) ♦ n feu vert

goal [gəul] n but m

goalkeeper ['gəulki:pə*] n gardien m de but

goalpost ['gəulpəust] n poteau m de but

goat [gəut] n chèvre f

gobble ['gɔbl] vt (also: **gobble down, gobble up**) engloutir

go-between ['gəubitwi:n] n médiateur m

god [gɔd] n dieu m; **God** Dieu

godchild ['gɔdtʃaild] n filleul m

goddaughter ['gɔdɔ:tə*] n filleule f

goddess ['gɔdɪs] n déesse f

godfather ['gɔdfɑ:ðə*] n parrain m

god-forsaken ['gɔdfəseɪkən] adj maudit(e)

godmother ['gɔdmʌðə*] n marraine f

godsend ['gɔdsɛnd] n aubaine f

godson ['gɔdsʌn] n filleul m

goggles ['gɔglz] npl lunettes (protectrices) (de motocycliste etc)

going ['gəuɪŋ] n (conditions) état m du terrain ♦ adj: **the going rate** le tarif (en vigueur); **a going concern** une affaire prospère; **it was slow going** les progrès étaient lents, ça n'avançait pas vite

gold [gəuld] n or m ♦ adj en or; (reserves) d'or

golden ['gəuldən] adj (made of gold) en or; (gold in colour) doré(e)

goldfish ['gəuldfɪʃ] n poisson m rouge

gold-plated ['gəuld'pleɪtɪd] adj plaqué(e) or inv

goldsmith ['gəuldsmɪθ] n orfèvre m

golf [gɔlf] n golf m

golf ball n balle f de golf; (on typewriter) boule f

golf club n club m de golf; (stick) club m, crosse f de golf

golf course n terrain m de golf

golfer ['gɔlfə*] n joueur/euse de golf

gone [gɔn] pp of **go** ♦ adj parti(e)

gong [gɔŋ] n gong m

good [gud] adj bon(ne); (kind) gentil(le); (child) sage ♦ n bien m; **good!** bon!, très bien!; **to be good at** être bon en; **it's good for you** c'est bon pour vous; **it's a good thing you were there** heureusement que vous étiez là; **she is good with children/her hands** elle sait bien s'occuper des enfants/sait se servir de ses mains; **to feel good** se sentir bien; **it's good to see you** ça me fait plaisir de vous voir, je suis content de vous voir; **he's up to no good** il prépare quelque mauvais coup; **it's no good complaining** cela ne sert à rien de se plaindre; **for the common good** dans l'intérêt commun; **for good** (for ever) pour de bon, une fois pour toutes; **would you be good enough to ...?** auriez-vous la bonté or l'amabilité de ...?; **that's very good of you** c'est très gentil de votre part; **is this any good?** (will it

do?) est-ce que ceci fera l'affaire?, est-ce que cela peut vous rendre service?; (what's it like?) qu'est-ce que ça vaut?; **a good deal (of)** beaucoup (de); **a good many** beaucoup (de); **good morning/afternoon!** bonjour!; **good evening!** bonsoir!; **good night!** bonsoir!; (on going to bed) bonne nuit!

goodbye [gud'baɪ] excl au revoir!; **to say goodbye to** dire au revoir à

Good Friday n Vendredi saint

good-looking ['gud'lukɪŋ] adj bien inv

good-natured ['gud'neɪtʃəd] adj (person) qui a un bon naturel; (discussion) enjoué(e)

goodness ['gudnɪs] n (of person) bonté f; **for goodness sake!** je vous en prie!; **goodness gracious!** mon Dieu!

goods train n (BRIT) train m de marchandises.

goodwill [gud'wɪl] n bonne volonté; (COMM) réputation f (auprès de la clientèle)

goose (pl: **geese**) [gu:s, gi:s] n oie f

gooseberry ['guzbərɪ] n groseille f à maquereau; **to play gooseberry** (BRIT) tenir la chandelle

gooseflesh ['gu:sflɛʃ] n, **goosepimples** ['gu:spɪmplz] npl chair f de poule

gore [gɔ:*] vt encorner ♦ n sang m

gorge [gɔ:dʒ] n gorge f ♦ vt: **to gorge o.s. (on)** se gorger (de)

gorgeous ['gɔ:dʒəs] adj splendide, superbe

gorilla [gə'rɪlə] n gorille m

gorse [gɔ:s] n ajoncs mpl

gory ['gɔ:rɪ] adj sanglant(e)

go-slow ['gəu'sləu] n (BRIT) grève perlée

gospel ['gɔspl] n évangile m

gossip ['gɔsɪp] n bavardages mpl; (malicious) commérage m, cancans mpl; (person) commère f ♦ vi bavarder; cancaner, faire des commérages; **a piece of gossip** un ragot, un racontar

got [gɔt] pt, pp of **get**

gotten ['gɔtn]; (US) pp of **get**

gout [gaut] n goutte f

govern ['gʌvən] vt (gen, LING) gouverner

governess ['gʌvənɪs] n gouvernante f

government ['gʌvnmənt] n gouvernement m; (BRIT: ministers) ministère m ♦ cpd de l'État; **local government** administration locale

governor ['gʌvənə*] n (of colony, state, bank) gouverneur m; (of school, hospital etc) administrateur/trice; (BRIT: of prison) directeur/trice

gown [gaun] n robe f; (of teacher, BRIT: of judge) toge f

GP n abbr (MED) = **general practitioner**

grab [græb] vt saisir, empoigner; (property, power) se saisir de ♦ vi: **to grab at** essayer de saisir

grace [greɪs] n grâce f ♦ vt honorer; **5 days' grace** répit m de 5 jours; **to say grace** dire le bénédicité; (after meal) dire les grâces; **with a good/bad grace** de bonne/mauvaise grâce; **his sense of**

humour is his saving grace il se rachète par son sens de l'humour

graceful ['greisful] adj gracieux(euse), élégant(e)

gracious ['greisəs] adj (kind) charmant(e), bienveillant(e); (elegant) plein(e) d'élégance, d'une grande élégance; (formal: pardon etc) miséricordieux(euse) ♦ excl: **(good) gracious!** mon Dieu!

grade [greid] n (COMM) qualité f; calibre m; catégorie f; (in hierarchy) grade m, échelon m; (US: SCOL) note f; classe f; (: gradient) pente f ♦ vt classer; calibrer; graduer; **to make the grade** (fig) réussir

grade crossing n (US) passage m à niveau

grade school n (US) école f primaire

gradient ['greidiənt] n inclinaison f, pente f; (GEOM) gradient m

gradual ['grædjuəl] adj graduel(le), progressif(ive)

gradually ['grædjuəli] adv peu à peu, graduellement

graduate n ['grædjuit] diplômé/e d'université; (US) diplômé/e de fin d'études ♦ vi ['grædjueit] obtenir un diplôme d'université (or de fin d'études)

graduation [grædju'eiʃən] n cérémonie f de remise des diplômes

graffiti [grə'fiːtı] npl graffiti mpl

graft [grɑːft] n (AGR, MED) greffe f; (bribery) corruption f ♦ vt greffer; **hard graft** (col) boulot acharné

grain [grein] n grain m; (no pl: cereals) céréales fpl; (US: corn) blé m; **it goes against the grain** cela va à l'encontre de sa (or ma etc) nature

gram [græm] n gramme m

grammar ['græmə*] n grammaire f

grammar school n (BRIT) ≃ lycée m

grammatical [grə'mætikl] adj grammatical(e)

gramme [græm] n = **gram**

grand [grænd] adj splendide, imposant(e); (terrific) magnifique, formidable; noble ♦ n (col: thousand) mille livres fpl (or dollars mpl)

grandchildren ['græntʃildrən] npl petits-enfants mpl

granddad ['grændæd] n grand-papa m

granddaughter ['grændɔːtə*] n petite-fille f

grandfather ['grændfɑːðə*] n grand-père m

grandma ['grænmɑː] n grand-maman f

grandmother ['grænmʌðə*] n grand-mère f

grandpa ['grænpɑː] n = **granddad**

grandparent ['grændpɛərənt] n grand-père m/ grand-mère

grand piano n piano m à queue

grandson ['grænsʌn] n petit-fils m

grandstand ['grændstænd] n (SPORT) tribune f

granite ['grænit] n granit m

granny ['grænı] n grand-maman f

grant [grɑːnt] vt accorder; (a request) accéder à; (admit) concéder ♦ n (SCOL) bourse f; (ADMIN) subside m, subvention f; (also: **to take sth for granted**) considérer qch comme acquis; **to grant that** admettre que

granulated ['grænjuleitid] adj: **granulated sugar** sucre m en poudre

grape [greip] n raisin m; **a bunch of grapes** une grappe de raisin

grapefruit ['greipfruːt] n pamplemousse m

graph [grɑːf] n graphique m, courbe f

graphic ['græfik] adj graphique; (vivid) vivant(e)

graphics ['græfiks] n (art) arts mpl graphiques; (process) graphisme m; (pl: drawings) illustrations fpl

grapple ['græpl] vi: **to grapple with** être aux prises avec

grasp [grɑːsp] vt saisir, empoigner; (understand) saisir, comprendre ♦ n (grip) prise f; (fig) compréhension f, connaissance f; **to have sth within one's grasp** avoir qch à sa portée; **to have a good grasp of sth** (fig) bien comprendre qch

▶ **grasp at** vt fus (rope etc) essayer de saisir; (fig: opportunity) sauter sur

grasping ['grɑːspiŋ] adj avide

grass [grɑːs] n herbe f; (BRIT col: informer) mouchard/e; (: ex-terrorist) balanceur/euse

grasshopper ['grɑːshɒpə*] n sauterelle f

grass roots npl (fig) base f

grate [greit] n grille f de cheminée ♦ vi grincer ♦ vt (CULIN) râper

grateful ['greitful] adj reconnaissant(e)

grater ['greitə*] n râpe f

gratifying ['grætifaiiŋ] adj agréable, satisfaisant(e)

grating ['greitiŋ] n (iron bars) grille f ♦ adj (noise) grinçant(e)

gratitude ['grætitjuːd] n gratitude f

gratuity [grə'tjuːiti] n pourboire m

grave [greiv] n tombe f ♦ adj grave, sérieux(euse)

gravel ['grævl] n gravier m

gravestone ['greivstəun] n pierre tombale

graveyard ['greivjɑːd] n cimetière m

gravity ['græviti] n (PHYSICS) gravité f; pesanteur f; (seriousness) gravité, sérieux m

gravy ['greivi] n jus m (de viande), sauce f (au jus de viande)

gray [grei] adj (US) = **grey**

graze [greiz] vi paître, brouter ♦ vt (touch lightly) frôler, effleurer; (scrape) écorcher ♦ n écorchure f

grease [griːs] n (fat) graisse f; (lubricant) lubrifiant m ♦ vt graisser; lubrifier; **to grease the skids** (US: fig) huiler les rouages

greaseproof paper ['griːspruːf-] n (BRIT) papier sulfurisé

greasy ['griːsi] adj gras(se), graisseux(euse); (hands, clothes) graisseux; (BRIT: road, surface) glissant(e)

great [greit] adj grand(e); (heat, pain etc) très fort(e), intense; (col) formidable; **they're great friends** ils sont très amis, ce sont de grands amis; **we had a great time** nous nous sommes bien amusés; **it was great!** c'était fantastique or super!; **the great thing is that ...** ce qu'il y a de vraiment bien c'est que ...

Great Britain n Grande-Bretagne f

great-grandfather [greɪt'grænfɑːðə*] n arrière-grand-père m

great-grandmother [greɪt'grænmʌðə*] n arrière-grand-mère f

greatly ['greɪtlɪ] adv très, grandement; (with verbs) beaucoup

greatness ['greɪtnɪs] n grandeur f

Greece [griːs] n Grèce f

greed [griːd] n (also: **greediness**) avidité f; (for food) gourmandise f

greedy ['griːdɪ] adj avide, gourmand(e)

Greek [griːk] adj grec(grecque) ♦ n Grec/Grecque; (LING) grec m; **ancient/modern Greek** grec classique/moderne

green [griːn] adj vert(e); (inexperienced) (bien) jeune, naïf(ïve); (ecological: product etc) écologique ♦ n (colour, of golf course) vert m; (stretch of grass) pelouse f; (also: **village green**) = place f du village; **greens** npl légumes verts; **to have green fingers** or (US) **a green thumb** (fig) avoir le pouce vert; **Green** (POL) écologiste m/f; **the Green Party** le parti écologiste

green belt n (round town) ceinture verte

green card n (AUT) carte verte

greenery ['griːnərɪ] n verdure f

greengrocer ['griːngrəʊsə*] n (BRIT) marchand m de fruits et légumes

greenhouse ['griːnhaʊs] n serre f

greenhouse effect n: **the greenhouse effect** l'effet m de serre

greenhouse gas n gaz m contribuant à l'effet de serre

greenish ['griːnɪʃ] adj verdâtre

Greenland ['griːnlənd] n Groenland m

greet [griːt] vt accueillir

greeting ['griːtɪŋ] n salutation f; **Christmas/birthday greetings** souhaits mpl de Noël/de bon anniversaire

greeting(s) card n carte f de vœux

gregarious [grə'gɛərɪəs] adj grégaire; sociable

grenade [grə'neɪd] n (also: **hand grenade**) grenade f

grew [gruː] pt of **grow**

grey [greɪ] adj gris(e); (dismal) sombre; **to go grey** (commencer à) grisonner

grey-haired [greɪ'hɛəd] adj aux cheveux gris

greyhound ['greɪhaʊnd] n lévrier m

grid [grɪd] n grille f; (ELEC) réseau m; (US AUT) intersection f (matérialisée par des marques au sol)

gridlock ['grɪdlɔk] n (traffic jam) embouteillage m

gridlocked adj: **to be gridlocked** (roads) être

bloqué par un embouteillage; (talks etc) être suspendu

grief [griːf] n chagrin m, douleur f; **to come to grief** (plan) échouer; (person) avoir un malheur

grievance ['griːvəns] n doléance f, grief m; (cause for complaint) grief

grieve [griːv] vi avoir du chagrin; se désoler ♦ vt faire de la peine à, affliger; **to grieve at** se désoler de; pleurer

grievous ['griːvəs] adj grave, cruel(le); **grievous bodily harm** (LAW) coups mpl et blessures fpl

grill [grɪl] n (on cooker) gril m ♦ vt (BRIT) griller; (question) interroger longuement, cuisiner

grille [grɪl] n grillage m; (AUT) calandre f

grill(room) ['grɪl(rum)] n rôtisserie f

grim [grɪm] adj sinistre, lugubre

grimace [grɪ'meɪs] n grimace f ♦ vi grimacer, faire une grimace

grime [graɪm] n crasse f

grin [grɪn] n large sourire m ♦ vi sourire; **to grin (at)** faire un grand sourire (à)

grind [graɪnd] vb, pt, pp **ground** [graund] vt écraser; (coffee, pepper etc) moudre; (us: meat) hacher; (make sharp) aiguiser; (polish: gem, lens) polir ♦ vi (car gears) grincer ♦ n (work) corvée f; **to grind one's teeth** grincer des dents; **to grind to a halt** (vehicle) s'arrêter dans un grincement de freins; (fig) s'arrêter, s'immobiliser; **the daily grind** (col) le train-train quotidien

grip [grɪp] n (control, grasp) étreinte f; (hold) prise f; (handle) poignée f; (holdall) sac m de voyage ♦ vt saisir, empoigner étreindre; **to come to grips with** se colleter avec, en venir aux prises avec; **to grip the road** (AUT) adhérer à la route; **to lose one's grip** lâcher prise; (fig) perdre les pédales, être dépassé(e)

gripping ['grɪpɪŋ] adj prenant(e), palpitant(e)

grisly ['grɪzlɪ] adj sinistre, macabre

gristle ['grɪsl] n cartilage m (de poulet etc)

grit [grɪt] n gravillon m; (courage) cran m ♦ vt (road) sabler; **to grit one's teeth** serrer les dents; **to have a piece of grit in one's eye** avoir une poussière or saleté dans l'œil

groan [grəʊn] n gémissement m; grognement m ♦ vi gémir; grogner

grocer ['grəʊsə*] n épicier m; **at the grocer's** à l'épicerie, chez l'épicier

groceries ['grəʊsərɪz] npl provisions fpl

groin [grɔɪn] n aine f

groom [gruːm] n palefrenier m; (also: **bridegroom**) marié m ♦ vt (horse) panser; (fig): **to groom sb for** former qn pour

groove [gruːv] n sillon m, rainure f

grope [grəʊp] vi tâtonner; **to grope for** vt fus chercher à tâtons

gross [grəʊs] adj grossier(ière); (COMM) brut(e) ♦ n (pl inv) (twelve dozen) grosse f ♦ vt (COMM): **to gross**

£500,000 gagner 500 000 livres avant impôt

grossly ['grəʊslɪ] *adv* (*greatly*) très, grandement

grotto ['grɒtəʊ] *n* grotte *f*

grotty ['grɒtɪ] *adj* (*BRIT col*) minable

ground [graʊnd] *pt, pp of* grind ♦ *n* sol *m*, terre *f*; (*land*) terrain *m*, terres *fpl*; (*SPORT*) terrain; (*reason: gen pl*) raison *f*; (*US: also*: **ground wire**) terre *f* ♦ *vt* (*plane*) empêcher de décoller, retenir au sol; (*US ELEC*) équiper d'une prise de terre, mettre à la terre ♦ *vi* (*ship*) s'échouer ♦ *adj* (*coffee etc*) moulu(e); (*US: meat*) haché(e); **grounds** *npl* (*gardens etc*) parc *m*, domaine *m*; (*of coffee*) marc *m*; **on the ground, to the ground** par terre; **below ground** sous terre; **to gain/lose ground** gagner/perdre du terrain; **common ground** terrain d'entente; **he covered a lot of ground in his lecture** sa conférence a traité un grand nombre de questions *or* la question en profondeur

ground cloth *n* (*US*) = groundsheet

grounding ['graʊndɪŋ] *n* (*in education*) connaissances *fpl* de base

groundless ['graʊndlɪs] *adj* sans fondement

groundsheet ['graʊndʃiːt] *n* (*BRIT*) tapis *m* de sol

ground staff *n* équipage *m* au sol

groundwork ['graʊndwɜːk] *n* préparation *f*

group [gruːp] *n* groupe *m* ♦ *vt* (*also*: **group together**) grouper ♦ *vi* (*also*: **group together**) se grouper

grouse [graʊs] *n* (*pl inv*) (*bird*) grouse *f* (*sorte de coq de bruyère*) ♦ *vi* (*complain*) rouspéter, râler

grove [grəʊv] *n* bosquet *m*

grovel ['grɒvl] *vi* (*fig*): **to grovel (before)** ramper (devant)

grow, *pt* **grew**, *pp* **grown** [grəʊ, gruː, grəʊn] *vi* (*plant*) pousser, croître; (*person*) grandir; (*increase*) augmenter, se développer; (*become*): **to grow rich/ weak** s'enrichir/s'affaiblir ♦ *vt* cultiver, faire pousser

▶ **grow apart** *vi* (*fig*) se détacher (l'un de l'autre)

▶ **grow away from** *vt fus* (*fig*) s'éloigner de

▶ **grow on** *vt fus*: **that painting is growing on me** je finirai par aimer ce tableau

▶ **grow out of** *vt fus* (*clothes*) devenir trop grand pour; (*habit*) perdre (avec le temps); **he'll grow out of it** ça lui passera

▶ **grow up** *vi* grandir

grower ['grəʊə*] *n* producteur *m*; (*AGR*) cultivateur/trice

growing ['grəʊɪŋ] *adj* (*fear, amount*) croissant(e), grandissant(e); **growing pains** (*MED*) fièvre *f* de croissance; (*fig*) difficultés *fpl* de croissance

growl [graʊl] *vi* grogner

grown [grəʊn] *pp of* grow ♦ *adj* adulte

grown-up [grəʊn'ʌp] *n* adulte *m/f*, grande personne

growth [grəʊθ] *n* croissance *f*, développement *m*; (*what has grown*) pousse *f*; poussée *f*; (*MED*) grosseur *f*, tumeur *f*

grub [grʌb] *n* larve *f*; (*col: food*) bouffe *f*

grubby ['grʌbɪ] *adj* crasseux(euse)

grudge [grʌdʒ] *n* rancune *f* ♦ *vt*: **to grudge sb sth** donner qch à qn à contre-cœur; reprocher qch à qn; **to bear sb a grudge (for)** garder rancune *or* en vouloir à qn (de); **he grudges spending** il rechigne à dépenser

gruelling ['gruəlɪŋ] *adj* exténuant(e)

gruesome ['gruːsəm] *adj* horrible

gruff [grʌf] *adj* bourru(e)

grumble ['grʌmbl] *vi* rouspéter, ronchonner

grumpy ['grʌmpɪ] *adj* grincheux(euse)

grunt [grʌnt] *vi* grogner ♦ *n* grognement *m*

G-string ['dʒiːstrɪŋ] *n* (*garment*) cache-sexe *m inv*

guarantee [gærən'tiː] *n* garantie *f* ♦ *vt* garantir; **he can't guarantee (that) he'll come** il n'est pas absolument certain de pouvoir venir

guard [gɑːd] *n* garde *f*, surveillance *f*; (*squad, BOXING, FENCING*) garde *f*; (*one man*) garde *m*; (*BRIT RAIL*) chef *m* de train; (*safety device: on machine*) dispositif *m* de sûreté; (*also*: **fireguard**) garde-feu *m inv* ♦ *vt* garder, surveiller; (*protect*): **to guard (against** *or* **from)** protéger (contre); **to be on one's guard** (*fig*) être sur ses gardes

▶ **guard against** *vi*: **to guard against doing sth** se garder de faire qch

guarded ['gɑːdɪd] *adj* (*fig*) prudent(e)

guardian ['gɑːdɪən] *n* gardien/ne; (*of minor*) tuteur/trice

guard's van ['gɑːdz-] *n* (*BRIT RAIL*) fourgon *m*

guerrilla [gə'rɪlə] *n* guérillero *m*

guess [ges] *vi* deviner ♦ *vt* deviner; (*US*) croire, penser ♦ *n* supposition *f*, hypothèse *f*; **to take** *or* **have a guess** essayer de deviner; **to keep sb guessing** laisser qn dans le doute *or* l'incertitude, tenir qn en haleine

guesswork ['geswɜːk] *n* hypothèse *f*; **I got the answer by guesswork** j'ai deviné la réponse

guest [gest] *n* invité/e; (*in hotel*) client/e; **be my guest** faites comme chez vous

guest-house ['gesthaʊs] *n* pension *f*

guest room *n* chambre *f* d'amis

guffaw [gʌ'fɔː] *n* gros rire *m* ♦ *vi* pouffer de rire

guidance ['gaɪdəns] *n* conseils *mpl*; **under the guidance of** conseillé(e) *or* encadré(e) par, sous la conduite de; **vocational guidance** orientation professionnelle; **marriage guidance** conseils conjugaux

guide [gaɪd] *n* (*person, book etc*) guide *m*; (*also*: **girl guide**) guide *f* ♦ *vt* guider; **to be guided by sb/sth** se laisser guider par qn/qch

guidebook ['gaɪdbʊk] *n* guide *m*

guide dog *n* chien *m* d'aveugle

guidelines ['gaɪdlaɪnz] *npl* (*fig*) instructions générales, conseils *mpl*

guild [gɪld] *n* corporation *f*; cercle *m*, association *f*

guillotine ['gɪləti:n] *n* guillotine *f*; (*for paper*) massicot *m*

guilt [gɪlt] *n* culpabilité *f*

guilty ['gɪltɪ] *adj* coupable; **to plead guilty/not guilty** plaider coupable/non coupable; **to feel guilty about doing sth** avoir mauvaise conscience à faire qch

guinea pig *n* cobaye *m*

guise [gaɪz] *n* aspect *m*, apparence *f*

guitar [gɪ'tɑ:ʳ] *n* guitare *f*

gulf [gʌlf] *n* golfe *m*; (*abyss*) gouffre *m*; **the (Persian) Gulf** le golfe Persique

gull [gʌl] *n* mouette *f*

gullible ['gʌlɪbl] *adj* crédule

gully ['gʌlɪ] *n* ravin *m*; ravine *f*; couloir *m*

gulp [gʌlp] *vi* avaler sa salive; (*from emotion*) avoir la gorge serrée, s'étrangler ♦ *vt* (*also*: **gulp down**) avaler ♦ *n* (*of drink*) gorgée *f*; **at one gulp** d'un seul coup

gum [gʌm] *n* (*ANAT*) gencive *f*; (*glue*) colle *f*; (*sweet*) boule *f* de gomme; (*also*: **chewing-gum**) chewing-gum *m* ♦ *vt* coller

▶ **gum up** *vt*: **to gum up the works** (*col*) bousiller tout

gumboots ['gʌmbu:ts] *npl* (*BRIT*) bottes *fpl* en caoutchouc

gun [gʌn] *n* (*small*) revolver *m*, pistolet *m*; (*rifle*) fusil *m*, carabine *f*; (*cannon*) canon *m* ♦ *vt* (*also*: **gun down**) abattre; **to stick to one's guns** (*fig*) ne pas en démordre

gunboat ['gʌnbəut] *n* canonnière *f*

gunfire ['gʌnfaɪəʳ] *n* fusillade *f*

gunman ['gʌnmən] *n* bandit armé

gunpoint ['gʌnpɔɪnt] *n*: **at gunpoint** sous la menace du pistolet (*or* fusil)

gunpowder ['gʌnpaudəʳ] *n* poudre *f* à canon

gunshot ['gʌnʃɔt] *n* coup *m* de feu; **within gunshot** à portée de fusil

gurgle ['gə:gl] *n* gargouillis *m* ♦ *vi* gargouiller

gush [gʌʃ] *n* jaillissement *m*, jet *m* ♦ *vi* jaillir; (*fig*) se répandre en effusions

gust [gʌst] *n* (*of wind*) rafale *f*; (*of smoke*) bouffée *f*

gusto ['gʌstəu] *n* enthousiasme *m*

gut [gʌt] *n* intestin *m*, boyau *m*; (*MUS etc*) boyau ♦ *vt* (*poultry, fish*) vider; (*building*) ne laisser que les murs de; **guts** *npl* boyaux *mpl*; (*col: courage*) cran *m*; **to hate sb's guts** ne pas pouvoir voir qn en peinture *or* sentir qn

gutter ['gʌtəʳ] *n* (*of roof*) gouttière *f*; (*in street*) caniveau *m*; (*fig*) ruisseau *m*

guy [gaɪ] *n* (*also*: **guyrope**) corde *f*; (*col: man*) type *m*; (*figure*) effigie de Guy Fawkes

Guy Fawkes' Night [gaɪ'fɔ:ks-] *n voir encadré*

guzzle ['gʌzl] *vi* s'empiffrer ♦ *vt* avaler gloutonnement

gym [dʒɪm] *n* (*also*: **gymnasium**) gymnase *m*; (*also*: **gymnastics**) gym *f*

gymnast ['dʒɪmnæst] *n* gymnaste *m/f*

gymnastics [dʒɪm'næstɪks] *n*, *npl* gymnastique *f*

gym shoes *npl* chaussures *fpl* de gym(nastique)

gymslip ['dʒɪmslɪp] *n* (*BRIT*) tunique *f* (d'écolière)

gynaecologist, (*us*) **gynecologist** [gaɪnɪ'kɔlədʒɪst] *n* gynécologue *m/f*

gypsy ['dʒɪpsɪ] *n* = **gipsy**

— H h —

haberdashery [hæbə'dæʃərɪ] *n* (*BRIT*) mercerie *f*

habit ['hæbɪt] *n* habitude *f*; (*costume*) habit *m*, tenue *f*; **to get out of/into the habit of doing sth** perdre/prendre l'habitude de faire qch

habitual [hə'bɪtjuəl] *adj* habituel(le); (*drinker, liar*) invétéré(e)

hack [hæk] *vt* hacher, tailler ♦ *n* (*cut*) entaille *f*; (*blow*) coup *m*; (*pej: writer*) nègre *m*; (*old horse*) canasson *m*

hacker ['hækəʳ] *n* (*COMPUT*) pirate *m* (informatique); (: *enthusiast*) passionné *e m/f* des ordinateurs

hackneyed ['hæknɪd] *adj* usé(e), rebattu(e)

had [hæd] *pt, pp of* **have**

haddock, *pl* **haddock** *or* **haddocks** ['hædək] *n* églefin *m*; **smoked haddock** haddock *m*

hadn't ['hædnt] = **had not**

haemorrhage, (*us*) **hemorrhage** ['hemərɪdʒ] *n* hémorragie *f*

haemorrhoids, (*us*) **hemorrhoids** ['hemərɔɪdz] *npl* hémorroïdes *fpl*

haggle ['hægl] *vi* marchander; **to haggle over** chicaner sur

Hague [heɪg] *n*: **The Hague** La Haye

hail [heɪl] *n* grêle *f* ♦ *vt* (*call*) héler; (*greet*) acclamer ♦ *vi* grêler; (*originate*): **he hails from Scotland** il est originaire d'Écosse

hailstone ['heɪlstəun] *n* grêlon *m*

hair [hɛə*] *n* cheveux *mpl*; (*on body*) poils *mpl*, pilosité *f*; (*single hair: on head*) cheveu *m*; (: *on body*) poil *m*; **to do one's hair** se coiffer

hairbrush ['hɛəbrʌʃ] *n* brosse *f* à cheveux

haircut ['hɛəkʌt] *n* coupe *f* (de cheveux)

hairdo ['hɛədu:] *n* coiffure *f*

hairdresser ['hɛədrɛsə*] *n* coiffeur/euse

hairdryer ['hɛədraɪə*] *n* sèche-cheveux *m*

hair gel *n* gel *m* pour cheveux

hairgrip ['hɛəgrɪp] *n* pince *f* à cheveux

hairnet ['hɛənɛt] *n* résille *f*

hairpiece ['hɛəpi:s] *n* postiche *m*

hairpin ['hɛəpɪn] *n* épingle *f* à cheveux

hairpin bend, (*US*) **hairpin curve** *n* virage *m* en épingle à cheveux

hair-raising ['hɛəreɪzɪŋ] *adj* à (vous) faire dresser les cheveux sur la tête

hair removing cream *n* crème *f* dépilatoire

hair spray *n* laque *f* (pour les cheveux)

hairstyle ['hɛəstaɪl] *n* coiffure *f*

hairy ['hɛərɪ] *adj* poilu(e), chevelu(e); (*fig*) effrayant(e)

hake [heɪk] *n* colin *m*, merlu *m*

half [hɑ:f] *n* (*pl*: **halves**) [hɑ:vz] moitié *f*; (*SPORT: of match*) mi-temps *f*; (: *of ground*) moitié (du terrain) ♦ *adj* demi(e) ♦ *adv* (à) moitié, à demi; **half-an-hour** une demi-heure; **half a dozen** une demi-douzaine; **half a pound** une demi-livre = 250 g; **two and a half** deux et demi; **a week and a half** une semaine et demie; **half (of it)** la moitié; **half (of)** la moitié de; **half the amount of** la moitié de; **to cut sth in half** couper qch en deux; **half past three** trois heures et demie; **half empty/closed** à moitié vide/fermé; **to go halves (with sb)** se mettre de moitié avec qn

half-caste ['hɑ:fkɑ:st] *n* métis/se

half-hearted ['hɑ:f'hɑ:tɪd] *adj* tiède, sans enthousiasme

half-hour [hɑ:f'auə*] *n* demi-heure *f*

half-mast ['hɑ:f'mɑ:st] *n*: **at half-mast** (*flag*) en berne, à mi-mât

halfpenny ['heɪpnɪ] *n* demi-penny *m*

half-price ['hɑ:f'praɪs] *adj* à moitié prix ♦ *adv* (*also*: **at half-price**) à moitié prix

half term *n* (*BRIT SCOL*) congé *m* de demi-trimestre

half-time [hɑ:f'taɪm] *n* mi-temps *f*

halfway ['hɑ:f'weɪ] *adv* à mi-chemin; **to meet sb halfway** (*fig*) parvenir à un compromis avec qn

hall [hɔ:l] *n* salle *f*; (*entrance way*) hall *m*, entrée *f*; (*corridor*) couloir *m*; (*mansion*) château *m*, manoir *m*; **hall of residence** *n* (*BRIT*) pavillon *m* or résiden-ce *f* universitaire

hallmark ['hɔ:lmɑ:k] *n* poinçon *m*; (*fig*) marque *f*

hallo [hə'ləu] *excl* = **hello**

Hallowe'en ['hæləu'i:n] *n* veille *f* de la Toussaint; *voir encadré*

HALLOWE'EN

Selon la tradition, **Hallowe'en** est la nuit des fantômes et des sorcières. En Écosse et aux États-Unis surtout (beaucoup moins en Angleterre) les enfants, pour fêter **Hallowe'en**, se déguisent ce soir-là et ils vont ainsi de porte en porte en demandant de petits cadeaux (du chocolat, une pomme etc).

---

hallucination [həlu:sɪ'neɪʃən] *n* hallucination *f*

hallway ['hɔ:lweɪ] *n* vestibule *m*; couloir *m*

halo ['heɪləu] *n* (*of saint etc*) auréole *f*; (*of sun*) halo *m*

halt [hɔ:lt] *n* halte *f*, arrêt *m* ♦ *vt* faire arrêter ♦ *vi* faire halte, s'arrêter; **to call a halt to sth** (*fig*) mettre fin à qch

halve [hɑ:v] *vt* (*apple etc*) partager *or* diviser en deux; (*reduce by half*) réduire de moitié

halves [hɑ:vz] *npl of* **half**

ham [hæm] *n* jambon *m*; (*col: also*: **radio ham**) radio-amateur *m*; (*also*: **ham actor**) cabotin/e

hamburger ['hæmbɜ:gə*] *n* hamburger *m*

hamlet ['hæmlɪt] *n* hameau *m*

hammer ['hæmə*] *n* marteau *m* ♦ *vt* (*fig*) éreinter, démolir ♦ *vi* (*at door*) frapper à coups redoublés; **to hammer a point home to sb** faire rentrer qch dans la tête de qn

▶ **hammer out** *vt* (*metal*) étendre au marteau; (*fig: solution*) élaborer

hammock ['hæmək] *n* hamac *m*

hamper ['hæmpə*] *vt* gêner ♦ *n* panier *m* (d'osier)

hamster ['hæmstə*] *n* hamster *m*

hand [hænd] *n* main *f*; (*of clock*) aiguille *f*; (*handwriting*) écriture *f*; (*at cards*) jeu *m*; (*measurement: of horse*) paume *f*; (*worker*) ouvrier/ière ♦ *vt* passer, donner; **to give sb a hand** donner un coup de main à qn; **at hand** à portée de la main; **in hand** en main; (*work*) en cours; **we have the situation in hand** nous avons la situation bien en main; **to be on hand** (*person*) être disponible; (*emergency services*) se tenir prêt(e) (à intervenir); **to hand** (*information etc*) sous la main, à portée de la main; **to force sb's hand** forcer la main à qn; **to have a free hand** avoir carte blanche; **to have sth in one's hand** tenir qch à la main; **on the one hand ..., on the other hand** d'une part ..., d'autre part

▶ **hand down** *vt* passer; (*tradition, heirloom*) transmettre; (*US: sentence, verdict*) prononcer

▶ **hand in** *vt* remettre

▶ **hand out** *vt* distribuer

▶ **hand over** vt remettre; (powers etc) transmettre

▶ **hand round** vt (BRIT: information) faire circuler; (: chocolates etc) faire passer

handbag ['hændbæg] n sac m à main

handbook ['hændbuk] n manuel m

handbrake ['hændbreɪk] n frein m à main

handcuffs ['hændkʌfs] npl menottes fpl

handful ['hændful] n poignée f

handicap ['hændɪkæp] n handicap m ♦ vt handicaper; **mentally/physically handicapped** handicapé(e) mentalement/physiquement

handicraft ['hændɪkrɑːft] n travail m d'artisanat, technique artisanale

handiwork ['hændɪwɜːk] n ouvrage m; **this looks like his handiwork** (pej) ça a tout l'air d'être son œuvre

handkerchief ['hæŋkətʃɪf] n mouchoir m

handle ['hændl] n (of door etc) poignée f; (of cup etc) anse f; (of knife etc) manche m; (of saucepan) queue f; (for winding) manivelle f ♦ vt toucher, manier; (deal with) s'occuper de; (treat: people) prendre; **"handle with care"** "fragile"

handlebar(s) ['hændlbɑː(z)] n(pl) guidon m

hand-luggage ['hændlʌgɪdʒ] n bagages mpl à main

handmade ['hænd'meɪd] adj fait(e) à la main

handout ['hændaut] n documentation f, prospectus m; (press handout) communiqué m de presse

handrail ['hændreɪl] n (on staircase etc) rampe f, main courante

handset ['hændset] n (TEL) combiné m

handshake ['hændʃeɪk] n poignée f de main; (COMPUT) établissement m de la liaison

handsome ['hænsəm] adj beau(belle); (gift) généreux(euse); (profit) considérable

handwriting ['hændraɪtɪŋ] n écriture f

handy ['hændɪ] adj (person) adroit(e); (close at hand) sous la main; (convenient) pratique; **to come in handy** être (or s'avérer) utile

hang [hæŋ], pt, pp **hung** vt accrocher; (criminal) pt, pp **hanged** pendre ♦ vi pendre; (hair, drapery) tomber ♦ n: **to get the hang of (doing) sth** (col) attraper le coup pour faire qch

▶ **hang about** vi flâner, traîner

▶ **hang around** vi = **hang about**

▶ **hang back** vi (hesitate): **to hang back (from doing)** être réticent(e) (pour faire)

▶ **hang on** vi (wait) attendre ♦ vt fus (depend on) dépendre de; **to hang on to** (keep hold of) ne pas lâcher; (keep) garder

▶ **hang out** vt (washing) étendre (dehors) ♦ vi pendre; (col: live) habiter, percher

▶ **hang together** vi (argument etc) se tenir, être cohérent(e)

▶ **hang up** vi (TEL) raccrocher ♦ vt accrocher, suspendre; **to hang up on sb** (TEL) raccrocher au nez de qn

hangar ['hæŋə*] n hangar m

hanger ['hæŋə*] n cintre m, portemanteau m

hanger-on [hæŋər'ɔn] n parasite m

hang-gliding ['hæŋglaɪdɪŋ] n vol m libre or sur aile delta

hangover ['hæŋəʊvə*] n (after drinking) gueule f de bois

hang-up ['hæŋʌp] n complexe m

hanker ['hæŋkə*] vi: **to hanker after** avoir envie de

hankie, hanky ['hæŋkɪ] n abbr = **handkerchief**

haphazard [hæp'hæzəd] adj fait(e) au hasard, fait(e) au petit bonheur

happen ['hæpən] vi arriver, se passer, se produire; **what's happening?** que se passe-t-il?; **she happened to be free** il s'est trouvé (or se trouvait) qu'elle était libre; **if anything happened to him** s'il lui arrivait quoi que ce soit; **as it happens** justement

▶ **happen (up)on** vt fus tomber sur

happening ['hæpnɪŋ] n événement m

happily ['hæpɪlɪ] adv heureusement

happiness ['hæpɪnɪs] n bonheur m

happy ['hæpɪ] adj heureux(euse); **happy with** (arrangements etc) satisfait(e) de; **I'd be happy to** oui, avec plaisir or (bien) volontiers; **happy birthday!** bon anniversaire!; **happy Christmas/ New Year!** joyeux Noël/bonne année!

happy-go-lucky ['hæpɪgəʊ'lʌkɪ] adj insouciant(e)

happy hour n l'heure f de l'apéritif, heure pendant laquelle les consommations sont à prix réduit

harass ['hærəs] vt accabler, tourmenter

harassment ['hærəsmənt] n tracasseries fpl

harbour , (US) **harbor** ['hɑːbə*] n port m ♦ vt héberger, abriter; (hopes, suspicions) entretenir; **to harbour a grudge against sb** en vouloir à qn

hard [hɑːd] adj dur(e) ♦ adv (work) dur; (think, try) sérieusement; **to look hard at** regarder fixement; regarder de près; **to drink hard** boire sec; **hard luck!** pas de veine!; **no hard feelings!** sans rancune!; **to be hard of hearing** être dur(e) d'oreille; **to be hard done by** être traité(e) injustement; **to find it hard to believe that ...** je n'arrive pas à croire que ...

hardback ['hɑːdbæk] n livre relié

hard cash n espèces fpl

hard disk n (COMPUT) disque dur

harden ['hɑːdn] vt durcir; (steel) tremper; (fig) endurcir ♦ vi (substance) durcir

hard-headed ['hɑːd'hedɪd] adj réaliste; décidé(e)

hard labour n travaux forcés

hardly ['hɑːdlɪ] adv (scarcely) à peine; (harshly) durement; **it's hardly the case** ce n'est guère le cas; **hardly anywhere/ever** presque nulle part/jamais; **I can hardly believe it** j'ai du mal à le croire

hardship ['hɑːdʃɪp] n épreuves fpl; privations fpl

hard shoulder n (BRIT AUT) accotement stabilisé

hard-up [hɑːd'ʌp] adj (col) fauché(e)

hardware ['hɑːdwɛə*] n quincaillerie f; (COMPUT) matériel m

hardware shop n quincaillerie f

hard-wearing [hɑːd'wɛərɪŋ] adj solide

hard-working [hɑːd'wɜːkɪŋ] adj travailleur(euse), consciencieux(euse)

hardy ['hɑːdɪ] adj robuste; (plant) résistant(e) au gel

hare [hɛə*] n lièvre m

hare-brained ['hɛəbreɪnd] adj farfelu(e), écervelé(e)

harm [hɑːm] n mal m; (wrong) tort m ♦ vt (person) faire du mal or du tort à; (thing) endommager; **to mean no harm** ne pas avoir de mauvaises intentions; **there's no harm in trying** on peut toujours essayer; **out of harm's way** à l'abri du danger, en lieu sûr

harmful ['hɑːmful] adj nuisible

harmless [hɑːmlɪs] adj inoffensif(ive), sans méchanceté

harmony ['hɑːmənɪ] n harmonie f

harness ['hɑːnɪs] n harnais m ♦ vt (horse) harnacher; (resources) exploiter

harp [hɑːp] n harpe f ♦ vi: **to harp on about** parler tout le temps de

harrowing ['hærəʊɪŋ] adj déchirant(e)

harsh [hɑːʃ] adj (hard) dur(e), sévère; (rough: surface) rugueux(euse); (: sound) discordant(e); (: taste) âpre

harvest ['hɑːvɪst] n (of corn) moisson f; (of fruit) récolte f; (of grapes) vendange f ♦ vi, vt moissonner; récolter; vendanger

has [hæz] vb see **have**

hash [hæʃ] n (CULIN) hachis m; (fig: mess) gâchis m ♦ n abbr (col) = hashish

hasn't ['hæznt] = **has not**

hassle ['hæsl] n (col: fuss) histoire(s) f(pl)

haste [heɪst] n hâte f, précipitation f; **in haste** à la hâte, précipitamment

hasten ['heɪsn] vt hâter, accélérer ♦ vi se hâter, s'empresser; **I hasten to add that ...** je m'empresse d'ajouter que ...

hastily ['heɪstɪlɪ] adv à la hâte, précipitamment

hasty ['heɪstɪ] adj hâtif(ive), précipité(e)

hat [hæt] n chapeau m

hatch [hætʃ] n (NAUT: also: **hatchway**) écoutille f; (BRIT: also: **service hatch**) passe-plats m inv ♦ vi éclore ♦ vt faire éclore; (fig: scheme) tramer, ourdir

hatchback ['hætʃbæk] n (AUT) modèle m avec hayon arrière

hatchet ['hætʃɪt] n hachette f

hate [heɪt] vt haïr, détester ♦ n haine f; **to hate to do** or **doing** détester faire; **I hate to trouble you,**

but ... désolé de vous déranger, mais ...

hateful ['heɪtful] adj odieux(euse), détestable

hatred ['heɪtrɪd] n haine f

haughty ['hɔːtɪ] adj hautain(e), arrogant(e)

haul [hɔːl] vt traîner, tirer; (by lorry) camionner; (NAUT) haler ♦ n (of fish) prise f; (of stolen goods etc) butin m

haulage ['hɔːlɪdʒ] n transport routier

haulier ['hɔːlɪə*], (US) **hauler** ['hɔːlə*] n transporteur (routier), camionneur m

haunch [hɔːntʃ] n hanche f; **haunch of venison** cuissot m de chevreuil

haunt [hɔːnt] vt (subj: ghost, fear) hanter; (person) fréquenter ♦ n repaire m

have [hæv], pt, pp **had** aux vb 1 (gen) avoir; être; **to have arrived/gone** être arrivé(e)/allé(e); **to have eaten/slept** avoir mangé/dormi; **he has been promoted** il a eu une promotion

2 (in tag questions): **you've done it, haven't you?** vous l'avez fait, n'est-ce pas?

3 (in short answers and questions): **no I haven't!/ yes we have!** mais non!/mais si!; **so I have!** ah oui!, oui c'est vrai!; **I've been there before, have you?** j'y suis déjà allé, et vous?

♦ modal aux vb (be obliged): **to have (got) to do sth** devoir faire qch, être obligé(e) de faire qch; **she has (got) to do it** elle doit le faire, il faut qu'elle le fasse; **you haven't to tell her** vous n'êtes pas obligé de le lui dire; (must not) ne le lui dites surtout pas

♦ vt 1 (possess, obtain) avoir; **he has (got) blue eyes/dark hair** il a les yeux bleus/les cheveux bruns; **may I have your address?** puis-je avoir votre adresse?

2 (+noun: take, hold etc): **to have breakfast/a bath/a shower** prendre le petit déjeuner/un bain/une douche; **to have dinner/lunch** dîner/déjeuner; **to have a swim** nager; **to have a meeting** se réunir; **to have a party** organiser une fête; **let me have a try** laissez-moi essayer

3: **to have sth done** faire faire qch; **to have one's hair cut** se faire couper les cheveux; **to have sb do sth** faire faire qch à qn

4 (experience, suffer) avoir; **to have a cold/flu** avoir un rhume/la grippe; **to have an operation** se faire opérer; **I won't have it** cela ne se passera pas ainsi

5 (col: dupe) avoir; **he's been had** il s'est fait avoir or rouler

♦ **have out** vt: **to have it out with sb** (settle a problem etc) s'expliquer (franchement) avec qn

└───────────────

haven ['heɪvn] n port m; (fig) havre m

haven't ['hævnt] = **have not**

havoc ['hævək] n ravages mpl, dégâts mpl; **to play havoc with** (fig) désorganiser complètement; détraquer

hawk [hɔːk] n faucon m ♦ vt (goods for sale) colporter

hay [heɪ] n foin m

hay fever n rhume m des foins

haystack ['heɪstæk] n meule f de foin

haywire ['heɪwaɪə*] adj (col): **to go haywire** perdre la tête; mal tourner

hazard ['hæzəd] n (chance) hasard m, chance f; (risk) danger m, risque m ♦ vt risquer, hasarder; **to be a health/fire hazard** présenter un risque pour la santé/d'incendie; **to hazard a guess** émettre or hasarder une hypothèse

hazard (warning) lights npl (AUT) feux mpl de détresse

haze [heɪz] n brume f

hazelnut ['heɪzlnʌt] n noisette f

hazy ['heɪzɪ] adj brumeux(euse); (idea) vague; (photograph) flou(e)

he [hiː] pron il; **it is he who ...** c'est lui qui ...; **here he is** le voici; **he-bear** etc ours etc mâle

head [hed] n tête f; (leader) chef m ♦ vt (list) être en tête de; (group) être à la tête de; **heads** pl (on coin) (le côté) face; **heads or tails** pile ou face; **head over heels in love** follement or éperdument amoureux(euse); **to head the ball** faire une tête; **10 francs a or per head** 10F par personne; **to sit at the head of the table** présider la tablée; **to have a head for business** avoir des dispositions pour les affaires; **to have no head for heights** être sujet(te) au vertige; **to come to a head** (fig: situation etc) devenir critique

▶ **head for** vt fus se diriger vers

▶ **head off** vt (threat, danger) détourner

headache ['hedeɪk] n mal m de tête; **to have a headache** avoir mal à la tête

headdress ['heddres] n coiffure f

heading ['hedɪŋ] n titre m; (subject title) rubrique f

headlamp ['hedlæmp] n = **headlight**

headland ['hedlənd] n promontoire m cap m

headlight ['hedlaɪt] n phare m

headline ['hedlaɪn] n titre m

headlong ['hedlɒŋ] adv (fall) la tête la première; (rush) tête baissée

headmaster [hed'mɑːstə*] n directeur m, proviseur m

headmistress [hed'mɪstrɪs] n directrice f

head office n siège m, direction f (générale)

head-on [hed'ɒn] adj (collision) de plein fouet

headphones ['hedfəʊnz] npl casque m (à écouteurs)

headquarters (HQ) ['hedkwɔːtəz] npl (of business) siège m, direction f (générale); (MIL) quartier général

headrest ['hedrest] n appui-tête m

headroom ['hedrum] n (in car) hauteur f de plafond; (under bridge) hauteur limite; dégagement m

headscarf ['hedskɑːf] n foulard m

headstrong ['hedstrɒŋ] adj têtu(e), entêté(e)

head teacher n directeur/trice; (of secondary school) proviseur m

head waiter n maître m d'hôtel

headway ['hedweɪ] n: **to make headway** avancer, faire des progrès

headwind ['hedwɪnd] n vent m contraire

heady ['hedɪ] adj capiteux(euse), enivrant(e)

heal [hiːl] vt, vi guérir

health [helθ] n santé f; **Department of Health** (US) ≈ ministère m de la Santé; **Department of Health (DH)** (BRIT) ≈ ministère m de la Santé

health food(s) n(pl) aliment(s) naturel(s)

health food shop n magasin m diététique

Health Service n: **the Health Service** (BRIT) ≈ la Sécurité Sociale

healthy ['helθɪ] adj (person) en bonne santé; (climate, food, attitude etc) sain(e)

heap [hiːp] n tas m, monceau m ♦ vt entasser, amonceler; **heaps (of)** (col: lots) des tas (de); **to heap favours/praise/gifts on sb** combler qn de faveurs/d'éloges/de cadeaux etc

hear, pt, pp **heard** [hɪə, hɜːd] vt entendre; (news) apprendre; (lecture) assister à, écouter ♦ vi entendre; **to hear about** entendre parler de; (have news of) avoir des nouvelles de; **did you hear about the move?** tu es au courant du déménagement?; **to hear from sb** recevoir des nouvelles de qn; **I've never heard of that book** je n'ai jamais entendu parler de ce livre

▶ **hear out** vt écouter jusqu'au bout

hearing ['hɪərɪŋ] n (sense) ouïe f; (of witnesses) audition f; (of a case) audience f; (of committee) séance f; **to give sb a hearing** (BRIT) écouter ce que qn a à dire

hearing aid n appareil m acoustique

hearsay ['hɪəseɪ] n on-dit mpl, rumeurs fpl; **by hearsay** adv par ouï-dire

hearse [hɜːs] n corbillard m

heart [hɑːt] n cœur m; **hearts** npl (CARDS) cœur m; **at heart** au fond; **by heart** (learn, know) par cœur; **to have a weak heart** avoir le cœur malade, avoir des problèmes de cœur; **to lose heart** perdre courage, se décourager; **to take heart** prendre courage; **to set one's heart on sth/on doing sth** vouloir absolument qch/faire qch; **the heart of the matter** le fond du problème

heart attack n crise f cardiaque

heartbeat ['hɑːtbiːt] n battement m de cœur

heartbreaking ['hɑːtbreɪkɪŋ] adj navrant(e), déchirant(e)

heartbroken ['hɑːtbrəʊkən] adj: **to be heartbroken** avoir beaucoup de chagrin

heartburn ['hɑːtbɜːn] n brûlures fpl d'estomac

heart failure n (MED) arrêt m du cœur

heartfelt ['hɑːtfelt] adj sincère

hearth [hɑ:θ] n foyer m, cheminée f

heartily ['hɑ:tɪlɪ] adv chaleureusement; (laugh) de bon cœur; (eat) de bon appétit; **to agree heartily** être entièrement d'accord; **to be heartily sick of** (BRIT) en avoir ras le bol de

hearty ['hɑ:tɪ] adj chaleureux(euse), robuste; vigoureux(euse)

heat [hi:t] n chaleur f; (fig) ardeur f; feu m; (SPORT: also: **qualifying heat**) éliminatoire f; (ZOOL): **in or on heat** (BRIT) en chaleur ◆ vt chauffer

▶ **heat up** vi (liquids) chauffer; (room) se réchauffer ◆ vt réchauffer

heated ['hi:tɪd] adj chauffé(e); (fig) passionné(e), échauffé(e), excité(e)

heater ['hi:tə*] n appareil m de chauffage; radiateur m

heath [hi:θ] n (BRIT) lande f

heather ['hɛðə*] n bruyère f

heating ['hi:tɪŋ] n chauffage m

heatstroke ['hi:tstrəuk] n coup m de chaleur

heatwave ['hi:tweɪv] n vague f de chaleur

heave [hi:v] vt soulever (avec effort) ◆ vi se soulever; (retch) avoir des haut-le-cœur ◆ n (push) poussée f; **to heave a sigh** pousser un gros soupir

heaven ['hɛvn] n ciel m, paradis m; **heaven forbid!** surtout pas!; **thank heaven!** Dieu merci!; **for heaven's sake!** (pleading) je vous en prie!; (protesting) mince alors!

heavenly ['hɛvnlɪ] adj céleste, divin(e)

heavily ['hɛvɪlɪ] adv lourdement; (drink, smoke) beaucoup; (sleep, sigh) profondément

heavy ['hɛvɪ] adj lourd(e); (work, rain, user, eater) gros(se); (drinker, smoker) grand(e); **it's heavy going** ça ne va pas tout seul, c'est pénible

heavy goods vehicle (HGV) n (BRIT) poids lourd m (PL.)

heavyweight ['hɛvɪweɪt] n (SPORT) poids lourd

Hebrew ['hi:bru:] adj hébraïque ◆ n (LING) hébreu m

Hebrides ['hɛbrɪdɪz] n: **the Hebrides** les Hébrides fpl

heckle ['hɛkl] vt interpeller (un orateur)

hectic ['hɛktɪk] adj agité(e), trépidant(e); (busy) trépidant

he'd [hi:d] = **he would, he had**

hedge [hɛdʒ] n haie f ◆ vi se défiler ◆ vt: **to hedge one's bets** (fig) se couvrir; **as a hedge against inflation** pour se prémunir contre l'inflation

▶ **hedge in** vt entourer d'une haie

hedgehog ['hɛdʒhɔg] n hérisson m

heed [hi:d] vt (also: **take heed of**) tenir compte de, prendre garde à

heedless ['hi:dlɪs] adj insouciant(e)

heel [hi:l] n talon m ◆ vt (shoe) retalonner; **to bring to heel** (dog) faire venir à ses pieds; (fig: person) rappeler à l'ordre; **to take to one's heels** prendre ses jambes à son cou

hefty ['hɛftɪ] adj (person) costaud(e); (parcel) lourd(e); (piece, price) gros(se)

heifer ['hɛfə*] n génisse f

height [haɪt] n (of person) taille f, grandeur f; (of object) hauteur f; (of plane, mountain) altitude f; (high ground) hauteur, éminence f; (fig: of glory) sommet m; (: of stupidity) comble m; **what height are you?** combien mesurez-vous?, quelle est votre taille?; **of average height** de taille moyenne; **to be afraid of heights** être sujet/te au vertige; **it's the height of fashion** c'est le dernier cri

heighten ['haɪtn] vt hausser, surélever; (fig) augmenter

heir [ɛə*] n héritier m

heiress ['ɛərɛs] n héritière f

heirloom ['ɛəlu:m] n meuble m (or bijou m or tableau m) de famille

held [hɛld] pt, pp of **hold**

helicopter ['hɛlɪkɔptə*] n hélicoptère m

hell [hɛl] n enfer m; **a hell of a ...** (col) un(e) sacré(e) ...; **oh hell!** (col) merde!

he'll [hi:l] = **he will, he shall**

hellish ['hɛlɪʃ] adj infernal(e)

hello [hə'ləu] excl bonjour!; salut! (to sb one addresses as "tu"); (surprise) tiens!

helm [hɛlm] n (NAUT) barre f

helmet ['hɛlmɪt] n casque m

help [hɛlp] n aide f; (charwoman) femme f de ménage; (assistant etc) employé/e ◆ vt aider; **help!** au secours!; **help yourself (to bread)** servez-vous (de pain); **can I help you?** (in shop) vous désirez?; **with the help of** (person) avec l'aide de; (tool etc) à l'aide de; **to be of help to sb** être utile à qn; **to help sb (to) do sth** aider qn à faire qch; **I can't help saying** je ne peux pas m'empêcher de dire; **he can't help it** il n'y peut rien

helper ['hɛlpə*] n aide m/f, assistant/e

helpful ['hɛlpful] adj serviable, obligeant(e); (useful) utile

helping ['hɛlpɪŋ] n portion f

helpless ['hɛlplɪs] adj impuissant(e); (baby) sans défense

hem [hɛm] n ourlet m ◆ vt ourler

▶ **hem in** vt cerner; **to feel hemmed in** (fig) avoir l'impression d'étouffer, se sentir oppressé(e) or écrasé(e)

hemorrhage ['hɛmərɪdʒ] n (US) = **haemorrhage**

hemorrhoids ['hɛmərɔɪdz] npl (US) = **haemorrhoids**

hen [hɛn] n poule f; (female bird) femelle f

hence [hɛns] adv (therefore) d'où, de là; **2 years hence** d'ici 2 ans

henceforth [hɛns'fɔ:θ] adv dorénavant

her [hə:*] pron (direct) la, l' + vowel or h mute; (indirect) lui; (stressed, after prep) elle; see note at **she** ◆ adj son(sa), ses pl; **I see her** je la vois; **give her a**

book donne-lui un livre; **after her** après elle

herald ['herəld] *n* héraut *m* ♦ *vt* annoncer

heraldry ['herəldrı] *n* héraldique *f*; (*coat of arms*) blason *m*

herb [hə:b] *n* herbe *f*; **herbs** *npl* (*CULIN*) fines herbes

herd [hə:d] *n* troupeau *m*; (*of wild animals, swine*) troupeau, troupe *f* ♦ *vt* (*drive: animals, people*) mener, conduire; (*gather*) rassembler; **herded together** parqués (comme du bétail)

here [hıə*] *adv* ici ♦ *excl* tiens!, tenez!; **here!** présent!; **here is, here are** voici; **here's my sister** voici ma sœur; **here he/she is** le(la) voici; **here she comes** la voici qui vient; **come here!** viens ici!; **here and there** ici et là

hereafter [hıər'ɑ:ftə*] *adv* après, plus tard; ci-après ♦ *n*: **the hereafter** l'au-delà *m*

hereby [hıə'baı] *adv* (*in letter*) par la présente

hereditary [hı'redıtrı] *adj* héréditaire

heresy ['herəsı] *n* hérésie *f*

heritage ['herıtıdʒ] *n* héritage *m*, patrimoine *m*; **our national heritage** notre patrimoine national

hermit ['hə:mıt] *n* ermite *m*

hernia ['hə:nıə] *n* hernie *f*

hero (*pl*: **heroes**) ['hıərəu] *n* héros *m*

heroin ['herəuın] *n* héroïne *f*

heroine ['herəuın] *n* héroïne *f* (*femme*)

heron ['herən] *n* héron *m*

herring ['herıŋ] *n* hareng *m*

hers [hə:z] *pron* le(la) sien(ne), les siens(siennes); **a friend of hers** un(e) ami(e) à elle, un(e) de ses ami(e)s

herself [hə:'self] *pron* (*reflexive*) se; (*emphatic*) elle-même; (*after prep*) elle

he's [hi:z] = he is, he has

hesitant ['hezıtənt] *adj* hésitant(e), indécis(e); **to be hesitant about doing sth** hésiter à faire qch

hesitate ['hezıteıt] *vi*: **to hesitate (about/to do)** hésiter (sur/à faire)

hesitation [hezı'teıʃən] *n* hésitation *f*; **I have no hesitation in saying (that)** ... je n'hésiterai pas à dire (que) ...

heterosexual ['hetərəu'seksjuəl] *adj, n* hétérosexuel/le

heyday ['heıdeı] *n*: **the heyday of** l'âge *m* d'or de, les beaux jours de

HGV *n abbr* = **heavy goods vehicle**

hi [haı] *excl* salut!

hiatus [haı'eıtəs] *n* trou *m*, lacune *f*; (*LING*) hiatus *m*

hibernate ['haıbəneıt] *vi* hiberner

hiccough, hiccup ['hıkʌp] *vi* hoqueter ♦ *n* hoquet *m*; **to have (the) hiccoughs** avoir le hoquet

hide [haıd] *n* (*skin*) peau *f* ♦ *vb, pt* **hid**, *pp* **hidden** [hıd, 'hıdn] *vt*: **to hide sth (from sb)** cacher qch (à qn); (*feelings, truth*) dissimuler qch (à qn) ♦ *vi*: **to**

hide (from sb) se cacher (de qn)

hide-and-seek ['haıdən'si:k] *n* cache-cache *m*

hideous ['hıdıəs] *adj* hideux(euse), atroce

hiding ['haıdıŋ] *n* (*beating*) correction *f*, volée *f* de coups; **to be in hiding** (*concealed*) se tenir caché(e)

hierarchy ['haıərɑːkı] *n* hiérarchie *f*

hi-fi ['haıfaı] *adj, n abbr* (= *high fidelity*) hi-fi *f inv*

high [haı] *adj* haut(e); (*speed, respect, number*) grand(e); (*price*) élevé(e); (*wind*) fort(e), violent(e); (*voice*) aigu(ë); (*col: person: on drugs*) défoncé(e), fait(e); (: *on drink*) soûl(e), bourré(e); (*BRIT CULIN: meat, game*) faisandé(e); (: *spoilt*) avarié(e) ♦ *adv* haut, en haut ♦ *n*: **exports have reached a new high** les exportations ont atteint un niveau record; **20 m high** haut/e de 20 m; **to pay a high price for sth** payer cher pour qch

highbrow ['haıbrau] *adj, n* intellectuel/le

highchair ['haıtʃeə*] *n* chaise haute (*pour enfant*)

higher education *n* études supérieures

high-handed [haı'hændıd] *adj* très autoritaire; très cavalier(ière)

high-heeled [haı'hi:ld] *adj* à hauts talons

high jump *n* (*SPORT*) saut *m* en hauteur

highlands ['haıləndz] *npl* région montagneuse; **the Highlands** (*in Scotland*) les Highlands *mpl*

highlight ['haılaıt] *n* (*fig: of event*) point culminant ♦ *vt* faire ressortir, souligner; **highlights** *npl* (*hairstyle*) reflets *mpl*

highly ['haılı] *adv* très, fort, hautement; **highly paid** très bien payé(e); **to speak highly of** dire beaucoup de bien de

highly strung *adj* nerveux(euse), toujours tendu(e)

highness ['haınıs] *n* hauteur *f*; **Her Highness** son Altesse *f*

high-pitched [haı'pıtʃt] *adj* aigu(ë)

high-rise (block) ['haıraız-] *n* tour *f* (d'habitation)

high school *n* lycée *m*; (*US*) établissement *m* d'enseignement supérieur; *voir encadré*

high season *n* (*BRIT*) haute saison

high street *n* (*BRIT*) grand-rue *f*

highway ['haıweı] *n* grand'route *f*, route nationale; **the information highway** l'autoroute *f* de l'information

Highway Code n (BRIT) code m de la route

hijack ['haɪdʒæk] vt détourner (par la force) ♦ n (also: **hijacking**) détournement m (d'avion)

hijacker ['haɪdʒækə*] n auteur m d'un détournement d'avion, pirate m de l'air

hike [haɪk] vi aller à pied ♦ n excursion f à pied, randonnée f; (col: in prices etc) augmentation f ♦ vt (col) augmenter

hiker ['haɪkə*] n promeneur/euse, excursionniste m/f

hiking ['haɪkɪŋ] n excursions fpl à pied, randonnée f

hilarious [hɪ'lɛərɪəs] adj (behaviour, event) désopilant(e)

hill [hɪl] n colline f; (fairly high) montagne f; (on road) côte f

hillside ['hɪlsaɪd] n (flanc m de) coteau m

hill-walking ['hɪl'wɔːkɪŋ] n randonnée f de basse montagne

hilly ['hɪlɪ] adj vallonné(e), montagneux(euse); (road) à fortes côtes

hilt [hɪlt] n (of sword) garde f; **to the hilt** (fig: support) à fond

him [hɪm] pron (direct) le, l' + vowel or h mute; (stressed, indirect, after prep) lui; **I see him** je le vois; **give him a book** donne-lui un livre; **after him** après lui

himself [hɪm'sɛlf] pron (reflexive) se; (emphatic) lui-même; (after prep) lui

hinder ['hɪndə*] vt gêner; (delay) retarder; (prevent): **to hinder sb from doing** empêcher qn de faire

hindrance ['hɪndrəns] n gêne f, obstacle m

hindsight ['haɪndsaɪt] n bon sens après coup; **with the benefit of hindsight** avec du recul, rétrospectivement

Hindu ['hɪnduː] n Hindou/e

hinge [hɪndʒ] n charnière f ♦ vi (fig): **to hinge on** dépendre de

hint [hɪnt] n allusion f; (advice) conseil m ♦ vt: **to hint that** insinuer que ♦ vi: **to hint at** faire une allusion à; **to drop a hint** faire une allusion or insinuation; **give me a hint** (clue) mettez-moi sur la voie, donnez-moi une indication

hip [hɪp] n hanche f; (BOT) fruit m de l'églantier or du rosier

hippie, hippy ['hɪpɪ] n hippie m/f

hippo ['hɪpəu], pl hippos, **hippopotamus**, pl **hippopotamuses** or **hippopotami** [hɪpə'pɒtəməs, -'pɒtəmaɪ] n hippopotame m

hire ['haɪə*] vt (BRIT: car, equipment) louer; (worker) embaucher, engager ♦ n location f; **for hire** à louer; (taxi) libre; **on hire** en location

▶ **hire out** vt louer

hire(d) car ['haɪə(d)-] n (BRIT) voiture louée

hire purchase (H.P.) n (BRIT) achat m (or vente f) à tempérament or crédit; **to buy sth on hire purchase** acheter qch en location-vente

his [hɪz] pron le(la) sien(ne), les siens(siennes) ♦ adj son(sa) ses pl; **this is his** c'est à lui, c'est le sien

hiss [hɪs] vi siffler ♦ n sifflement m

historic(al) [hɪ'stɒrɪk(l)] adj historique

history ['hɪstərɪ] n histoire f; **medical history** (of patient) passé médical

hit [hɪt] vt (pt, pp hit) frapper; (knock against) cogner; (reach: target) atteindre, toucher; (collide with: car) entrer en collision avec, heurter; (fig: affect) toucher; (find) tomber sur ♦ n coup m; (success) coup réussi; succès m; (song) chanson f à succès, tube m; **to hit it off with sb** bien s'entendre avec qn; **to hit the headlines** être à la une des journaux; **to hit the road** (col) se mettre en route

▶ **hit back** vi: **to hit back at sb** prendre sa revanche sur qn

▶ **hit out at** vt fus envoyer un coup à; (fig) attaquer

▶ **hit (up)on** vt fus (answer) trouver (par hasard); (solution) tomber sur (par hasard)

hit-and-run driver ['hɪtænd'rʌn-] n chauffard m

hitch [hɪtʃ] vt (fasten) accrocher, attacher; (also: **hitch up**) remonter d'une saccade ♦ n (knot) nœud m; (difficulty) anicroche f, contretemps m; **to hitch a lift** faire du stop; **technical hitch** incident m technique

▶ **hitch up** vt (horse, cart) atteler; for phrases see also **hitch**

hitchhike ['hɪtʃhaɪk] vi faire de l'auto-stop

hitchhiker ['hɪtʃhaɪkə*] n auto-stoppeur/euse

hi-tech ['haɪ'tɛk] adj de pointe ♦ n high-tech m

hitherto [hɪðə'tuː] adv jusqu'ici, jusqu'à présent

hitman ['hɪtmæn] n (col) tueur m à gages

HIV n abbr (= human immunodeficiency virus) HIV m, VIH m; **HIV-negative/-positive** séronégatif(ive)/séropositif(ive)

hive [haɪv] n ruche f; **the shop was a hive of activity** (fig) le magasin était une véritable ruche

▶ **hive off** vt (col) mettre à part, séparer

HMS abbr (BRIT) = His (or Her) Majesty's Ship

hoard [hɔːd] n (of food) provisions fpl, réserves fpl; (of money) trésor m ♦ vt amasser

hoarding ['hɔːdɪŋ] n (BRIT) panneau m d'affichage or publicitaire

hoarse [hɔːs] adj enroué(e)

hoax [həuks] n canular m

hob [hɒb] n plaque chauffante

hobble ['hɒbl] vi boitiller

hobby ['hɒbɪ] n passe-temps favori

hobo ['həubəu] n (US) vagabond m

hockey ['hɒkɪ] n hockey m

hog [hɒg] n porc (châtré) ♦ vt (fig) accaparer; **to go the whole hog** aller jusqu'au bout

hoist [hɔɪst] n palan m ♦ vt hisser

hold [həuld], *vb: pt, pp* **held** [held] *vt* tenir; (*contain*) contenir; (*keep back*) retenir; (*believe*) maintenir; considérer; (*possess*) avoir; détenir ◆ *vi* (*withstand pressure*) tenir (bon); (*be valid*) valoir ◆ *n* prise *f*; (*fig*) influence *f*; (*NAUT*) cale *f*; **to catch** *or* **get (a) hold of** saisir; **to get hold of** (*fig*) trouver; **to get hold of o.s.** se contrôler; **hold the line!** (*TEL*) ne quittez pas!; **to hold one's own** (*fig*) (bien) se défendre; **to hold office** (*POL*) avoir un portefeuille; **to hold firm** *or* **fast** tenir bon; **he holds the view that ...** il pense *or* estime que ..., d'après lui ...; **to hold sb responsible for sth** tenir qn pour responsable de qch

▶ **hold back** *vt* retenir; (*secret*) cacher; **to hold sb back from doing sth** empêcher qn de faire qch

▶ **hold down** *vt* (*person*) maintenir à terre; (*job*) occuper

▶ **hold forth** *vi* pérorer

▶ **hold off** *vt* tenir à distance ◆ *vi* (*rain*): **if the rain holds off** s'il ne pleut pas, s'il ne se met pas à pleuvoir

▶ **hold on** *vi* tenir bon; (*wait*) attendre; **hold on!** (*TEL*) ne quittez pas!

▶ **hold on to** *vt fus* se cramponner à; (*keep*) conserver, garder

▶ **hold out** *vt* offrir ◆ *vi* (*resist*): **to hold out (against)** résister (devant), tenir bon (devant)

▶ **hold over** *vt* (*meeting etc*) ajourner, reporter

▶ **hold up** *vt* (*raise*) lever; (*support*) soutenir; (*delay*) retarder; (: *traffic*) ralentir; (*rob*) braquer

holdall ['həuldɔːl] *n* (*BRIT*) fourre-tout *m inv*

holder ['həuldə*] *n* (*of ticket, record*) détenteur/trice; (*of office, title, passport etc*) titulaire *m/f*

holding ['həuldɪŋ] *n* (*share*) intérêts *mpl*; (*farm*) ferme *f*

hold-up ['həuldʌp] *n* (*robbery*) hold-up *m*; (*delay*) retard *m*; (*BRIT: in traffic*) embouteillage *m*

hole [həul] *n* trou *m* ◆ *vt* trouer, faire un trou dans; **hole in the heart** (*MED*) communication *f* interventriculaire; **to pick holes (in)** (*fig*) chercher des poux (dans)

▶ **hole up** *vi* se terrer

hole-in-the-wall [həulɪnðə'wɔːl] *n* (*cash dispenser*) distributeur *m* de billets

holiday ['hɔlədɪ] *n* (*BRIT: vacation*) vacances *fpl*; (*day off*) jour *m* de congé; (*public*) jour férié; **to be on holiday** être en congé; **tomorrow is a holiday** demain c'est fête, on a congé demain

holiday camp *n* (*BRIT: for children*) colonie *f* de vacances; (*also:* **holiday centre**) camp *m* de vacances

holiday-maker ['hɔlədɪmeɪkə*] *n* (*BRIT*) vacancier/ière

holiday resort *n* centre *m* de villégiature *or* de vacances

Holland ['hɔlənd] *n* Hollande *f*

hollow ['hɔləu] *adj* creux(euse); (*fig*) faux(fausse) ◆ *n* creux *m*; (*in land*) dépression *f* (de terrain),

cuvette *f* ◆ *vt*: **to hollow out** creuser, évider

holly ['hɔlɪ] *n* houx *m*

holocaust ['hɔləkɔːst] *n* holocauste *m*

holster ['həulstə*] *n* étui *m* de revolver

holy ['həulɪ] *adj* saint(e); (*bread, water*) bénit(e); (*ground*) sacré(e)

Holy Ghost, Holy Spirit *n* Saint-Esprit *m*

homage ['hɔmɪdʒ] *n* hommage *m*; **to pay homage to** rendre hommage à

home [həum] *n* foyer *m*, maison *f*; (*country*) pays natal, patrie *f*; (*institution*) maison ◆ *adj* de famille; (*ECON, POL*) national(e), intérieur(e); (*SPORT: team*) qui reçoit; (: *match, win*) sur leur (*or* notre) terrain ◆ *adv* chez soi, à la maison; au pays natal; (*right in: nail etc*) à fond; **at home** chez soi, à la maison; **to go (or come) home** rentrer (chez soi), rentrer à la maison (*or* au pays); **make yourself at home** faites comme chez vous; **near my home** près de chez moi

▶ **home in on** *vt fus* (*missile*) se diriger automatiquement vers *or* sur

home address *n* domicile permanent

homeland ['həumlænd] *n* patrie *f*

homeless ['həumlɪs] *adj* sans foyer, sans abri; **the homeless** *npl* les sans-abri *mpl*

homely ['həumlɪ] *adj* simple, sans prétention; accueillant(e)

home-made [həum'meɪd] *adj* fait(e) à la maison

home match *n* match *m* à domicile

Home Office *n* (*BRIT*) ministère *m* de l'Intérieur

home page *n* (*COMPUT*) page *f* d'accueil

home rule *n* autonomie *f*

Home Secretary *n* (*BRIT*) ministre *m* de l'Intérieur

homesick ['həumsɪk] *adj*: **to be homesick** avoir le mal du pays; (*missing one's family*) s'ennuyer de sa famille

home town *n* ville natale

homeward ['həumwəd] *adj* (*journey*) du retour ◆ *adv* = **homewards**

homework ['həumwəːk] *n* devoirs *mpl*

homoeopathic [həumɪəu'pæθɪk], (*US* **homeopathic**) *adj* (*medicine, methods*) homéopathique; (*doctor*) homéopathe

homogeneous [hɔməu'dʒiːnɪəs] *adj* homogène

homosexual [hɔməu'sɛksjuəl] *adj, n* homosexuel/le

honest ['ɔnɪst] *adj* honnête; (*sincere*) franc(franche); **to be quite honest with you ...** à dire vrai ...

honestly ['ɔnɪstlɪ] *adv* honnêtement; franchement

honesty ['ɔnɪstɪ] *n* honnêteté *f*

honey ['hʌnɪ] *n* miel *m*; (*col: darling*) chéri/e

honeycomb ['hʌnɪkəum] *n* rayon *m* de miel; (*pattern*) nid *m* d'abeilles, motif alvéolé ◆ *vt* (*fig*): **to honeycomb with** cribler de

honeymoon ['hʌnɪmuːn] *n* lune *f* de miel, voyage m de noces

honeysuckle ['hʌnɪsʌkl] n chèvrefeuille m

honk [hɔŋk] n (AUT) coup m de klaxon ♦ vi klaxonner

honorary ['ɔnərərɪ] adj honoraire; (duty, title) honorifique

honour, (US) **honor** ['ɔnə*] vt honorer ♦ n honneur m; **in honour of** en l'honneur de

hono(u)rable ['ɔnərəbl] adj honorable

hono(u)rs degree n (SCOL) licence avec mention

hood [hud] n capuchon m; (BRIT AUT) capote f; (US AUT) capot m; (col) truand m

hoof (pl: **hoofs** or **hooves**) [huːf, huːvz] n sabot m

hook [huk] n crochet m; (on dress) agrafe f; (for fishing) hameçon m ♦ vt accrocher; (dress) agrafer; **hook and eye** agrafe; **by hook or by crook** de gré ou de force, coûte que coûte; **to be hooked (on)** (col) être accroché(e) (par); (person) être dingue (de)

▶ **hook up** vt (RADIO, TV ETC) faire un duplex entre

hooligan ['huːlɪgən] n voyou m

hoop [huːp] n cerceau m; (of barrel) cercle m

hooray [huː'reɪ] excl hourra

hoot [huːt] vi (AUT) klaxonner; (siren) mugir; (owl) hululer ♦ vt (jeer at) huer ♦ n huée f; coup m de klaxon; mugissement m; hululement m; **to hoot with laughter** rire aux éclats

hooter ['huːtə*] n (BRIT AUT) klaxon m; (NAUT, factory) sirène f

hoover® ['huːvə*] n (BRIT) aspirateur m ♦ vt (room) passer l'aspirateur dans; (carpet) passer l'aspirateur sur

hooves [huːvz] npl of **hoof**

hop [hɔp] vi sauter; (on one foot) sauter à cloche-pied ♦ n saut m

hope [həup] vt, vi espérer ♦ n espoir m; **I hope so** je l'espère; **I hope not** j'espère que non

hopeful ['həupful] adj (person) plein(e) d'espoir; (situation) prometteur(euse), encourageant(e); **I'm hopeful that she'll manage to come** j'ai bon espoir qu'elle pourra venir

hopefully ['həupfulɪ] adv avec espoir, avec optimisme; **hopefully, they'll come back** espérons bien qu'ils reviendront

hopeless ['həuplɪs] adj désespéré(e), sans espoir; (useless) nul(le)

hops [hɔps] npl houblon m

horizon [hə'raɪzn] n horizon m

horizontal [hɔrɪ'zɔntl] adj horizontal(e)

horn [hɔːn] n corne f; (MUS) cor m; (AUT) klaxon m

hornet ['hɔːnɪt] n frelon m

horoscope ['hɔrəskəup] n horoscope m

horrendous [hə'rendəs] adj horrible, affreux(euse)

horrible ['hɔrɪbl] adj horrible, affreux(euse)

horrid ['hɔrɪd] adj méchant(e), désagréable

horrify ['hɔrɪfaɪ] vt horrifier

horror ['hɔrə*] n horreur f

horror film n film m d'épouvante

hors d'œuvre [ɔː'dɜːvrə] n hors d'œuvre m

horse [hɔːs] n cheval m

horseback ['hɔːsbæk]: **on horseback** adj, adv à cheval

horse chestnut n marron m (d'Inde)

horseman ['hɔːsmən] n cavalier m

horsepower (h.p.) ['hɔːspauə*] n puissance f (en chevaux); cheval-vapeur m (CV)

horse-racing ['hɔːsreɪsɪŋ] n courses fpl de chevaux

horseradish ['hɔːsrædɪʃ] n raifort m

horseshoe ['hɔːsʃuː] n fer m à cheval

hose [həuz] n tuyau m; (also: **garden hose**) tuyau d'arrosage

▶ **hose down** vt laver au jet

hospitable ['hɔspɪtəbl] adj hospitalier(ière)

hospital ['hɔspɪtl] n hôpital m; **in hospital**, (US) **in the hospital** à l'hôpital

hospitality [hɔspɪ'tælɪtɪ] n hospitalité f

host [həust] n hôte m; (in hotel etc) patron m; (TV, RADIO) présentateur/trice, animateur/trice; (large number): **a host of** une foule de; (REL) hostie f ♦ vt (TV programme) présenter, animer

hostage ['hɔstɪdʒ] n otage m

hostel ['hɔstl] n foyer m; (also: **youth hostel**) auberge f de jeunesse

hostess ['həustɪs] n hôtesse f; (AVIAT) hôtesse de l'air; (in nightclub) entraîneuse f

hostile ['hɔstaɪl] adj hostile

hostility [hɔ'stɪlɪtɪ] n hostilité f

hot [hɔt] adj chaud(e); (as opposed to only warm) très chaud; (spicy) fort(e); (fig) acharné(e); brûlant(e); violent(e), passionné(e); **to be hot** (person) avoir chaud; (thing) être (très) chaud; (weather) faire chaud

▶ **hot up** (BRIT col) vi (situation) devenir tendu(e); (party) s'animer ♦ vt (pace) accélérer, forcer; (engine) gonfler

hotbed ['hɔtbed] n (fig) foyer m, pépinière f

hot dog n hot dog m

hotel [həu'tel] n hôtel m

hothouse ['hɔthaus] n serre chaude

hotline ['hɔtlaɪn] n (POL) téléphone m rouge, ligne directe

hotly ['hɔtlɪ] adv passionnément, violemment

hotplate ['hɔtpleɪt] n (on cooker) plaque chauffante

hotpot ['hɔtpɔt] n (BRIT CULIN) ragoût m

hot-water bottle [hɔt'wɔːtə*] n bouillotte f

hound [haund] vt poursuivre avec acharnement ♦ n chien courant; **the hounds** la meute

hour ['auə*] n heure f; **at 30 miles an hour** = à 50 km à l'heure; **lunch hour** heure du déjeuner; **to pay sb by the hour** payer qn à l'heure

hourly ['auəlɪ] adj toutes les heures; (rate) horaire; **hourly paid** adj payé(e) à l'heure

house n -[haus] (pl: **houses** ['hauzɪz]) maison f; (POL) chambre f; (THEAT) salle f; auditoire m ♦ vt [hauz], (person) loger, héberger; **at** (or **to**) **my house** chez moi; **the House of Commons/of Lords** (BRIT) la Chambre des communes/des lords; **the House (of Representatives)** (US) la Chambre des représentants; **on the house** (fig) aux frais de la maison

house arrest n assignation f à domicile

houseboat ['hausbəut] n bateau (aménagé en habitation)

housebound ['hausbaund] adj confiné(e) chez soi

housebreaking ['hausbreɪkɪŋ] n cambriolage m (avec effraction)

household ['haushəuld] n ménage m; (people) famille f, maisonnée f; **household name** nom connu de tout le monde

housekeeper ['hauskiːpəʳ] n gouvernante f

housekeeping ['hauskiːpɪŋ] n (work) ménage m; (also: **housekeeping money**) argent m du ménage; (COMPUT) gestion f (des disques)

house-warming ['hauswɔːmɪŋ] n (also: **house-warming party**) pendaison f de crémaillère

housewife ['hauswaɪf] n ménagère f; femme f du foyer

housework ['hauswɜːk] n (travaux mpl du) ménage m

housing ['hauzɪŋ] n logement m ♦ cpd (problem, shortage) de or du logement

housing development, (BRIT) **housing estate** n cité f, lotissement m

hovel ['hɒvl] n taudis m

hover ['hɒvəʳ] vi planer; **to hover round sb** rôder or tourner autour de qn

hovercraft ['hɒvəkrɑːft] n aéroglisseur m

how [hau] adv comment; **how are you?** comment allez-vous?; **how do you do?** bonjour; (on being introduced) enchanté(e); **how far is it to ...?** combien y a-t-il jusqu'à ...?; **how long have you been here?** depuis combien de temps êtes-vous là?; **how lovely!** que or comme c'est joli!; **how many/much?** combien?; **how old are you?** quel âge avez-vous?; **how's life?** (col) comment ça va?; **how about a drink?** si on buvait quelque chose?; **how is it that ...?** comment se fait-il que ... + sub?

however [hau'evəʳ] conj pourtant, cependant ♦ adv de quelque façon or manière que + subj; (+ adjective) quelque or si ... que + subj; (in questions) comment

howl [haul] n hurlement m ♦ vi hurler

H.P. n abbr (BRIT) = **hire purchase**

h.p. abbr (AUT) = **horsepower**

HQ n abbr (= headquarters) QG m

hub [hʌb] n (of wheel) moyeu m; (fig) centre m, foyer m

hubcap ['hʌbkæp] n (AUT) enjoliveur m

huddle ['hʌdl] vi: **to huddle together** se blottir les uns contre les autres

hue [hjuː] n teinte f, nuance f; **hue and cry** n tollé (général), clameur f

huff [hʌf] n: **in a huff** fâché(e); **to take the huff** prendre la mouche

hug [hʌg] vt serrer dans ses bras; (shore, kerb) serrer ♦ n étreinte f; **to give sb a hug** serrer qn dans ses bras

huge [hjuːdʒ] adj énorme, immense

hulk [hʌlk] n (ship) vieux rafiot; (car, building) carcasse f; (person) mastodonte m, malabar m

hull [hʌl] n (of ship, nuts) coque f; (of peas) cosse f

hullo [hə'ləu] excl = **hello**

hum [hʌm] vt (tune) fredonner ♦ vi fredonner; (insect) bourdonner; (plane, tool) vrombir ♦ n fredonnement m; bourdonnement m; vrombissement m

human ['hjuːmən] adj humain(e) ♦ n (also: **human being**) être humain

humane [hjuː'meɪn] adj humain(e), humanitaire

humanitarian [hjuːmænɪ'tɛərɪən] adj humanitaire

humanity [hjuː'mænɪtɪ] n humanité f

humble ['hʌmbl] adj humble, modeste ♦ vt humilier

humdrum ['hʌmdrʌm] adj monotone, routinier(ière)

humid ['hjuːmɪd] adj humide

humiliate [hjuː'mɪlɪeɪt] vt humilier

humiliation [hjuːmɪlɪ'eɪʃən] n humiliation f

humorous ['hjuːmərəs] adj humoristique; (person) plein(e) d'humour

humour, (US) humor ['hjuːməʳ] n humour m; (mood) humeur f ♦ vt (person) faire plaisir à; se prêter aux caprices de; **sense of humour** sens m de l'humour; **to be in a good/bad humour** être de bonne/mauvaise humeur

hump [hʌmp] n bosse f

hunch [hʌntʃ] n bosse f; (premonition) intuition f; **I have a hunch that** j'ai (comme une vague) idée que

hunchback ['hʌntʃbæk] n bossu/e

hunched [hʌntʃt] adj arrondi(e), voûté(e)

hundred ['hʌndrəd] num cent; **about a hundred people** une centaine de personnes; **hundreds of people** des centaines de gens; **I'm a hundred per cent sure** j'en suis absolument certain

hundredweight ['hʌndrədweɪt] n (BRIT) =50.8 kg; 112 lb; (US) = 45.3 kg; 100 lb

hung [hʌŋ] pt, pp of **hang**

Hungary ['hʌŋgərɪ] n Hongrie f

hunger ['hʌŋgəʳ] n faim f ♦ vi: **to hunger for** avoir faim de, désirer ardemment

hungry ['hʌŋgrɪ] adj affamé(e); **to be hungry** avoir faim; **hungry for** (fig) avide de

hunk [hʌŋk] n gros morceau; (col: man) beau mec

hunt [hʌnt] vt (seek) chercher; (SPORT) chasser ♦ vi chasser ♦ n chasse f

► **hunt down** vt pourchasser

hunter [ˈhʌntə*] n chasseur m; (BRIT: horse) cheval m de chasse

hunting [ˈhʌntɪŋ] n chasse f

hurdle [ˈhɜːdl] n (for fences) claie f; (SPORT) haie f; (fig) obstacle m

hurl [hɜːl] vt lancer (avec violence)

hurrah, hurray [huˈrɑː, huˈreɪ] n hourra m

hurricane [ˈhʌrɪkən] n ouragan m

hurried [ˈhʌrɪd] adj pressé(e), précipité(e); (work) fait(e) à la hâte

hurriedly [ˈhʌrɪdlɪ] adv précipitamment, à la hâte

hurry [ˈhʌrɪ] n hâte f, précipitation f ♦ vi se presser, se dépêcher ♦ vt (person) faire presser, faire se dépêcher; (work) presser; **to be in a hurry** être pressé(e); **to do sth in a hurry** faire qch en vitesse; **to hurry in/out** entrer/sortir précipitamment; **to hurry home** se dépêcher de rentrer

► **hurry along** vi marcher d'un pas pressé

► **hurry away, hurry off** vi partir précipitamment

► **hurry up** vi se dépêcher

hurt [hɜːt], vb: pt, pp **hurt** vt (cause pain to) faire mal à; (injure, fig) blesser; (damage: business, interests etc) nuire à; faire du tort à ♦ vi faire mal ♦ adj blessé(e); **I hurt my arm** je me suis fait mal au bras; **where does it hurt?** où avez-vous mal?, où est-ce que ça vous fait mal?

hurtful [ˈhɜːtful] adj (remark) blessant(e)

hurtle [ˈhɜːtl] vt lancer (de toutes ses forces) ♦ vi: **to hurtle past** passer en trombe; **to hurtle down** dégringoler

husband [ˈhʌzbənd] n mari m

hush [hʌʃ] n calme m, silence m ♦ vt faire taire; **hush!** chut!

► **hush up** vt (fact) étouffer

husk [hʌsk] n (of wheat) balle f; (of rice, maize) enveloppe f; (of peas) cosse f

husky [ˈhʌskɪ] adj rauque; (burly) costaud(e) ♦ n chien m esquimau or de traîneau

hustle [ˈhʌsl] vt pousser, bousculer ♦ n bousculade f; **hustle and bustle** n tourbillon m (d'activité)

hut [hʌt] n hutte f; (shed) cabane f

hutch [hʌtʃ] n clapier m

hyacinth [ˈhaɪəsɪnθ] n jacinthe f

hydrant [ˈhaɪdrənt] n prise f d'eau; (also: **fire hydrant**) bouche f d'incendie

hydraulic [haɪˈdrɔːlɪk] adj hydraulique

hydroelectric [ˌhaɪdrəʊˈlɛktrɪk] adj hydroélectrique

hydrofoil [ˈhaɪdrəfɔɪl] n hydrofoil m

hydrogen [ˈhaɪdrədʒən] n hydrogène m

hyena [haɪˈiːnə] n hyène f

hygiene [ˈhaɪdʒiːn] n hygiène f

hygienic [haɪˈdʒiːnɪk] adj hygiénique

hymn [hɪm] n hymne m; cantique m

hype [haɪp] n (col) matraquage m publicitaire or médiatique

hypermarket [ˈhaɪpəmɑːkɪt] n (BRIT) hypermarché m

hypertext [ˈhaɪpətɛkst] n (COMPUT) hypertexte m

hyphen [ˈhaɪfn] n trait m d'union

hypnotize [ˈhɪpnətaɪz] vt hypnotiser

hypocrisy [hɪˈpɔkrɪsɪ] n hypocrisie f

hypocrite [ˈhɪpəkrɪt] n hypocrite m/f

hypocritical [ˌhɪpəˈkrɪtɪkl] adj hypocrite

hypothesis (pl: **hypotheses**) [haɪˈpɔθɪsɪs, -siːz] n hypothèse f

hysterical [hɪˈstɛrɪkl] adj hystérique; **to become hysterical** avoir une crise de nerfs

hysterics [hɪˈstɛrɪks] npl (violente) crise de nerfs; (laughter) crise de rire; **to have hysterics** avoir une crise de nerfs; attraper un fou rire

I, i [aɪ] n (letter) I, i m; **I for Isaac**, (US) **I for Item** I comme Irma

I [aɪ] pron je; (before vowel) j'; (stressed) moi ♦ abbr (= **island, isle**) I

ice [aɪs] n glace f; (on road) verglas m ♦ vt (cake) glacer; (drink) faire rafraîchir ♦ vi (also: **ice over**) geler; (also: **ice up**) se givrer; **to put sth on ice** (fig) mettre qch en attente

iceberg [ˈaɪsbɜːɡ] n iceberg m; **the tip of the iceberg** (also fig) la partie émergée de l'iceberg

icebox [ˈaɪsbɔks] n (US) réfrigérateur m; (BRIT) compartiment m à glace; (insulated box) glacière f

ice cream n glace f

ice cube n glaçon m

iced [aɪst] adj (drink) frappé(e); (coffee, tea, also cake) glacé(e)

ice hockey n hockey m sur glace

Iceland [ˈaɪslənd] n Islande f

ice lolly [-ˈlɔlɪ] n (BRIT) esquimau m

ice rink n patinoire f

ice-skating [ˈaɪsskeɪtɪŋ] n patinage m (sur glace)

icicle [ˈaɪsɪkl] n glaçon m (naturel)

icing [ˈaɪsɪŋ] n (AVIAT etc) givrage m; (CULIN) glaçage m

icing sugar n (BRIT) sucre m glace

icy [ˈaɪsɪ] adj glacé(e); (road) verglacé(e); (weather, temperature) glacial(e)

I'd [aɪd] = **I would, I had**

idea [aɪˈdɪə] n idée f; **good idea!** bonne idée!; **to have an idea that ...** avoir idée que ...; **I haven't the least idea** je n'ai pas la moindre idée

ideal [aɪˈdɪəl] n idéal m ♦ adj idéal(e)

identical [aɪˈdɛntɪkl] adj identique

identification [aɪdɛntɪfɪˈkeɪʃən] n identification f; **means of identification** pièce f d'identité

identify [aɪˈdɛntɪfaɪ] vt identifier ♦ vi: **to identify with** s'identifier à

Identikit® [aɪˈdɛntɪkɪt] n: **Identikit (picture)** portrait-robot m

identity [aɪˈdɛntɪtɪ] n identité f

identity card n carte f d'identité

ideology [aɪdɪˈɔlədʒɪ] n idéologie f

idiom [ˈɪdɪəm] n langue f, idiome m; (phrase) expression f idiomatique

idiosyncrasy [ɪdɪəʊˈsɪŋkrəsɪ] n particularité f, caractéristique f

idiot [ˈɪdɪət] n idiot/e, imbécile m/f

idiotic [ɪdɪˈɔtɪk] adj idiot(e), bête, stupide

idle [ˈaɪdl] adj sans occupation, désœuvré(e); (lazy) oisif(ive), paresseux(euse); (unemployed) au chômage; (machinery) au repos; (question, pleasures) vain(e), futile ♦ vi (engine) tourner au ralenti; **to lie idle** être arrêté, ne pas fonctionner

▶ **idle away** vt: **to idle away one's time** passer son temps à ne rien faire

idol [ˈaɪdl] n idole f

idolize [ˈaɪdəlaɪz] vt idolâtrer, adorer

i.e. abbr (= id est: that is) c. à d., c'est-à-dire

if [ɪf] conj si ♦ n: **there are a lot of ifs and buts** il y a beaucoup de si mpl et de mais mpl; **I'd be pleased if you could do it** je serais très heureux si vous pouviez le faire; **if necessary** si nécessaire, le cas échéant; **if only he were here** si seulement il était là; **if only to show him my gratitude** ne serait-ce que pour lui témoigner ma gratitude

ignite [ɪgˈnaɪt] vt mettre le feu à, enflammer ♦ vi s'enflammer

ignition [ɪgˈnɪʃən] n (AUT) allumage m; **to switch on/off the ignition** mettre/couper le contact

ignition key n (AUT) clé f de contact

ignorant [ˈɪgnərənt] adj ignorant(e); **to be ignorant of** (subject) ne rien connaître en; (events) ne pas être au courant de

ignore [ɪgˈnɔːʳ] vt ne tenir aucun compte de, ne pas relever; (person) faire semblant de ne pas reconnaître, ignorer; (fact) méconnaître

ill [ɪl] adj (sick) malade; (bad) mauvais(e) ♦ n mal m ♦ adv: **to speak/think ill of sb** dire/penser du mal de qn; **to take** or **be taken ill** tomber malade

I'll [aɪl] = **I will, I shall**

ill-advised [ɪlədˈvaɪzd] adj (decision) peu judicieux(euse); (person) malavisé(e)

ill-at-ease [ɪlətˈiːz] adj mal à l'aise

illegal [ɪˈliːgl] adj illégal(e)

illegible [ɪˈlɛdʒɪbl] adj illisible

illegitimate [ɪlɪˈdʒɪtɪmət] adj illégitime

ill-fated [ɪlˈfeɪtɪd] adj malheureux(euse); (day) néfaste

ill feeling n ressentiment m, rancune f

illiterate [ɪˈlɪtərət] adj illettré(e); (letter) plein(e) de fautes

ill-mannered [ɪlˈmænəd] adj impoli(e), grossier(ière)

illness [ˈɪlnɪs] n maladie f

ill-treat [ɪlˈtriːt] vt maltraiter

illuminate [ɪˈluːmɪneɪt] vt (room, street) éclairer; (building) illuminer; **illuminated sign** enseigne lumineuse

illumination [ɪluːmɪˈneɪʃən] n éclairage m; illumination f

illusion [ɪˈluːʒən] n illusion f; **to be under the illusion that** avoir l'illusion que

illustrate [ˈɪləstreɪt] vt illustrer

illustration [ɪləˈstreɪʃən] n illustration f

ill will n malveillance f

I'm [aɪm] = **I am**

image [ˈɪmɪdʒ] n image f; (public face) image de marque

imagery [ˈɪmɪdʒərɪ] n images fpl

imaginary [ɪˈmædʒɪnərɪ] adj imaginaire

imagination [ɪmædʒɪˈneɪʃən] n imagination f

imaginative [ɪˈmædʒɪnətɪv] adj imaginatif(ive), plein(e) d'imagination

imagine [ɪˈmædʒɪn] vt s'imaginer; (suppose) imaginer, supposer

imbalance [ɪmˈbæləns] n déséquilibre m

imitate [ˈɪmɪteɪt] vt imiter

imitation [ɪmɪˈteɪʃən] n imitation f

immaculate [ɪˈmækjʊlət] adj impeccable; (REL) immaculé(e)

immaterial [ɪməˈtɪərɪəl] adj sans importance, insignifiant(e)

immature [ɪməˈtjʊəʳ] adj (fruit) qui n'est pas mûr(e); (person) qui manque de maturité

immediate [ɪˈmiːdɪət] adj immédiat(e)

immediately [ɪˈmiːdɪətlɪ] adv (at once) immédiatement; **immediately next to** juste à côté de

immense [ɪˈmɛns] adj immense; énorme

immerse [ɪˈmɜːs] vt immerger, plonger; **to immerse sth in** plonger qch dans

immersion heater [ɪˈmɜːʃən-] n (BRIT) chauffe-eau m électrique

immigrant [ˈɪmɪgrənt] n immigrant/e; (already established) immigré/e

immigration [ɪmɪˈgreɪʃən] n immigration f

imminent [ˈɪmɪnənt] adj imminent(e)

immoral [ɪˈmɔrl] adj immoral(e)

immortal [ɪˈmɔːtl] adj, n immortel/le

immune [ɪˈmjuːn] adj: **immune (to)** immunisé(e) (contre)

immunity [ɪˈmjuːnɪtɪ] n immunité f; **diplomatic immunity** immunité diplomatique

impact [ˈɪmpækt] n choc m, impact m; (fig) impact

impair [ɪmˈpɛəʳ] vt détériorer, diminuer

impart [ɪmˈpɑːt] vt (make known) communiquer, transmettre; (bestow) confier, donner

impartial [ɪmˈpɑːʃl] adj impartial(e)

impassable [ɪmˈpɑːsəbl] adj infranchissable; (road) impraticable

impassive [ɪmˈpæsɪv] adj impassible

impatience [ɪmˈpeɪʃəns] n impatience f

impatient [ɪmˈpeɪʃənt] adj impatient(e); **to get** or **grow impatient** s'impatienter

impatiently [ɪmˈpeɪʃəntlɪ] adv avec impatience

impeccable [ɪmˈpekəbl] adj impeccable, parfait(e)

impede [ɪmˈpiːd] vt gêner

impediment [ɪmˈpedɪmənt] n obstacle m; (also: speech impediment) défaut m d'élocution

impending [ɪmˈpendɪŋ] adj imminent(e)

imperative [ɪmˈperətɪv] adj nécessaire; urgent(e), pressant(e); (tone) impérieux(euse) ♦ n (LING) impératif m

imperfect [ɪmˈpəːfɪkt] adj imparfait(e); (goods etc) défectueux(euse) ♦ n (LING: also: imperfect tense) imparfait m

imperial [ɪmˈpɪərɪəl] adj impérial(e); (BRIT: measure) légal(e)

impersonal [ɪmˈpəːsənl] adj impersonnel(le)

impersonate [ɪmˈpəːsəneɪt] vt se faire passer pour; (THEAT) imiter

impertinent [ɪmˈpəːtɪnənt] adj impertinent(e), insolent(e)

impervious [ɪmˈpəːvɪəs] adj imperméable; (fig): **impervious to** insensible à; inaccessible à

impetuous [ɪmˈpetjuəs] adj impétueux(euse), fougueux(euse)

impetus [ˈɪmpɪtəs] n impulsion f; (of runner) élan m

impinge [ɪmˈpɪndʒ]: **to impinge on** vt fus (person) affecter, toucher; (rights) empiéter sur

implement n [ˈɪmplɪmənt] outil m, instrument m; (for cooking) ustensile m ♦ vt [ˈɪmplɪment] exécuter, mettre à effet

implicit [ɪmˈplɪsɪt] adj implicite; (complete) absolu(e), sans réserve

imply [ɪmˈplaɪ] vt (hint) suggérer, laisser entendre; (mean) indiquer, supposer

impolite [ɪmpəˈlaɪt] adj impoli(e)

import vt [ɪmˈpɔːt] importer ♦ n [ˈɪmpɔːt] (COMM) importation f; (meaning) portée f, signification f ♦ cpd (duty, licence etc) d'importation

importance [ɪmˈpɔːtns] n importance f; **to be of great/little importance** avoir beaucoup/peu d'importance

important [ɪmˈpɔːtnt] adj important(e); **it is important that** il importe que, il est important que; **it's not important** c'est sans importance, ce n'est pas important

importer [ɪmˈpɔːtə*] n importateur/trice

impose [ɪmˈpəuz] vt imposer ♦ vi: **to impose on** sb abuser de la gentillesse de qn

imposing [ɪmˈpəuzɪŋ] adj imposant(e), impressionnant(e)

imposition [ɪmpəˈzɪʃən] n (of tax etc) imposition f; **to be an imposition on** (person) abuser de la gentillesse or la bonté de

impossible [ɪmˈpɔsɪbl] adj impossible; **it is impossible for me to leave** il m'est impossible de partir

impotent [ˈɪmpətnt] adj impuissant(e)

impound [ɪmˈpaund] vt confisquer, saisir

impoverished [ɪmˈpɔvərɪʃt] adj pauvre, appauvri(e)

impractical [ɪmˈpræktɪkl] adj pas pratique; (person) qui manque d'esprit pratique

impregnable [ɪmˈpregnəbl] adj (fortress) imprenable; (fig) inattaquable, irréfutable

impress [ɪmˈpres] vt impressionner, faire impression sur; (mark) imprimer, marquer; **to impress sth on sb** faire bien comprendre qch à qn

impressed [ɪmˈprest] adj impressionné(e)

impression [ɪmˈpreʃən] n impression f; (of stamp, seal) empreinte f; **to make a good/bad impression on sb** faire bonne/mauvaise impression sur qn; **to be under the impression that** avoir l'impression que

impressionist [ɪmˈpreʃənɪst] n impressionniste m/f

impressive [ɪmˈpresɪv] adj impressionnant(e)

imprint [ˈɪmprɪnt] n empreinte f; (PUBLISHING) notice f; (: label) nom m (de collection or d'éditeur)

imprison [ɪmˈprɪzn] vt emprisonner, mettre en prison

improbable [ɪmˈprɔbəbl] adj improbable; (excuse) peu plausible

improper [ɪmˈprɔpə*] adj (wrong) incorrect(e); (unsuitable) déplacé(e), de mauvais goût; indécent(e)

improve [ɪmˈpruːv] vt améliorer ♦ vi s'améliorer; (pupil etc) faire des progrès
▶ **improve (up)on** vt fus (offer) enchérir sur

improvement [ɪmˈpruːvmənt] n amélioration f; (of pupil etc) progrès m; **to make improvements to** apporter des améliorations à

improvise [ˈɪmprəvaɪz] vt, vi improviser

impudent [ˈɪmpjudnt] adj impudent(e)

impulse [ˈɪmpʌls] n impulsion f; **on impulse** impulsivement, sur un coup de tête

impulsive [ɪmˈpʌlsɪv] adj impulsif(ive)

KEYWORD

in [ɪn] prep **1** (indicating place, position) dans; **in the house/the fridge** dans la maison/le frigo; **in the garden** dans le or au jardin; **in town** en ville; **in the country** à la campagne; **in school** à l'école; **in here/there** ici/là

2 (with place names: of town, region, country): **in**

London à Londres; **in England** en Angleterre; **in Japan** au Japon; **in the United States** aux États-Unis

3 (*indicating time: during*): **in spring** au printemps; **in summer** en été; **in May/1992** en mai/1992; **in the afternoon** (dans) l'après-midi; **at 4 o'clock in the afternoon** à 4 heures de l'après-midi

4 (*indicating time: in the space of*) en; (: *future*) dans; **I did it in 3 hours/days** je l'ai fait en 3 heures/jours; **I'll see you in 2 weeks** *or* **in 2 weeks' time** je te verrai dans 2 semaines; **once in a hundred years** une fois tous les cent ans

5 (*indicating manner etc*) à; **in a loud/soft voice** à voix haute/basse; **in pencil** au crayon; **in writing** par écrit; **in French** en français; **to pay in dollars** payer en dollars; **the boy in the blue shirt** le garçon à *or* avec la chemise bleue

6 (*indicating circumstances*): **in the sun** au soleil; **in the shade** à l'ombre; **in the rain** sous la pluie

7 (*indicating mood, state*): **in tears** en larmes; **in anger** sous le coup de la colère; **in despair** au désespoir; **in good condition** en bon état; **to live in luxury** vivre dans le luxe

8 (*with ratios, numbers*): **1 in 10 (households), 1 (household) in 10** 1 (ménage) sur 10; **20 pence in the pound** 20 pence par livre sterling; **they lined up in twos** ils se mirent en rangs (deux) par deux; **in hundreds** par centaines

9 (*referring to people, works*) chez; **the disease is common in children** c'est une maladie courante chez les enfants; **in (the works of) Dickens** chez Dickens, dans (l'œuvre de) Dickens

10 (*indicating profession etc*) dans; **to be in teaching** être dans l'enseignement

11 (*after superlative*) de; **the best pupil in the class** le meilleur élève de la classe

12 (*with present participle*): **in saying this** en disant ceci

♦ *adv*: **to be in** (*person: at home, work*) être là; (*train, ship, plane*) être arrivé(e); (*in fashion*) être à la mode; **to ask sb in** inviter qn à entrer; **to run/limp etc in** entrer en courant/boitant *etc*; **their party is in** leur parti est au pouvoir

♦ *n*: **the ins and outs (of)** (*of proposal, situation etc*) les tenants et aboutissants (de)

in. *abbr* = **inch(es)**
inability [ɪnəˈbɪlɪtɪ] *n* incapacité *f*; **inability to pay** incapacité de payer
inaccurate [ɪnˈækjʊrət] *adj* inexact(e); (*person*) qui manque de précision
inadequate [ɪnˈædɪkwət] *adj* insuffisant(e), inadéquat(e)
inadvertently [ɪnədˈvɜːtntlɪ] *adv* par mégarde
inadvisable [ɪnədˈvaɪzəbl] *adj* à déconseiller; **it is inadvisable to** il est déconseillé de
inane [ɪˈneɪn] *adj* inepte, stupide
inanimate [ɪnˈænɪmət] *adj* inanimé(e)

inappropriate [ɪnəˈprəʊprɪət] *adj* inopportun(e), mal à propos; (*word, expression*) impropre
inarticulate [ɪnɑːˈtɪkjʊlət] *adj* (*person*) qui s'exprime mal; (*speech*) indistinct(e)
inasmuch as [ɪnəzˈmʌtʃ-] *adv* vu que, en ce sens que
inauguration [ɪnɔːɡjʊˈreɪʃən] *n* inauguration *f*; investiture *f*
inborn [ɪnˈbɔːn] *adj* (*feeling*) inné(e); (*defect*) congénital(e)
inbred [ɪnˈbred] *adj* inné(e), naturel(le); (*family*) consanguin(e)
Inc. *abbr* = **incorporated**
incapable [ɪnˈkeɪpəbl] *adj*: **incapable (of)** incapable (de)
incapacitate [ɪnkəˈpæsɪteɪt] *vt*: **to incapacitate sb from doing** rendre qn incapable de faire
incense *n* [ˈɪnsens] encens *m* ♦ *vt* [ɪnˈsens] (*anger*) mettre en colère
incentive [ɪnˈsentɪv] *n* encouragement *m*, raison *f* de se donner de la peine
incessant [ɪnˈsesnt] *adj* incessant(e)
incessantly [ɪnˈsesntlɪ] *adv* sans cesse, constamment
inch [ɪntʃ] *n* pouce *m* (=25 mm; 12 in a foot); **within an inch of** à deux doigts de; **he wouldn't give an inch** (*fig*) il n'a pas voulu céder d'un pouce *or* faire la plus petite concession
► **inch forward** *vi* avancer petit à petit
incident [ˈɪnsɪdnt] *n* incident *m*; (*in book*) péripétie *f*
incidental [ɪnsɪˈdentl] *adj* accessoire; (*unplanned*) accidentel(le); **incidental to** qui accompagne; **incidental expenses** faux frais *mpl*
incidentally [ɪnsɪˈdentəlɪ] *adv* (*by the way*) à propos
inclination [ɪnklɪˈneɪʃən] *n* inclination *f*
incline *n* [ˈɪnklaɪn] pente *f*, plan incliné ♦ *vb* [ɪnˈklaɪn] ♦ *vt* incliner ♦ *vi*: **to incline to** avoir tendance à; **to be inclined to do** être enclin(e) à faire; (*have a tendency to do*) avoir tendance à faire; **to be well inclined towards sb** être bien disposé(e) à l'égard de qn
include [ɪnˈkluːd] *vt* inclure, comprendre; **the tip is/is not included** le service est compris/n'est pas compris
including [ɪnˈkluːdɪŋ] *prep* y compris; **including tip** service compris
inclusive [ɪnˈkluːsɪv] *adj* inclus(e), compris(e); **£50 inclusive of all surcharges** 50 livres tous frais compris
income [ˈɪnkʌm] *n* revenu *m*; **gross/net income** revenu brut/net; **income and expenditure account** compte *m* de recettes et de dépenses
income tax *n* impôt *m* sur le revenu
incoming [ˈɪnkʌmɪŋ] *adj* (*passengers, mail*) à l'arrivée; (*government, tenant*) nouveau(nouvelle);

incoming tide marée montante

incompetent [ɪn'kɔmpɪtnt] *adj* incompétent(e), incapable

incomplete [ɪnkəm'pli:t] *adj* incomplet(ète)

incongruous [ɪn'kɔŋgruəs] *adj* peu approprié(e); (*remark, act*) incongru(e), déplacé(e)

inconsiderate [ɪnkən'sɪdərət] *adj* (*action*) inconsidéré(e); (*person*) qui manque d'égards

inconsistency [ɪnkən'sɪstənsɪ] *n* (*of actions etc*) inconséquence *f*; (*of work*) irrégularité *f*; (*of statement etc*) incohérence *f*

inconsistent [ɪnkən'sɪstnt] *adj* inconséquent(e), irregulier(ière), peu cohérent(e); **inconsistent with** en contradiction avec

inconspicuous [ɪnkən'spɪkjuəs] *adj* qui passe inaperçu(e); (*colour, dress*) discret(ète); **to make o.s. inconspicuous** ne pas se faire remarquer

inconvenience [ɪnkən'vi:njəns] *n* inconvénient *m*; (*trouble*) dérangement *m* ♦ *vt* déranger; **don't inconvenience yourself** ne vous dérangez pas

inconvenient [ɪnkən'vi:njənt] *adj* malcommode; (*time, place*) mal choisi(e), qui ne convient pas; **that time is very inconvenient for me** c'est un moment qui ne me convient pas du tout

incorporate [ɪn'kɔːpəreɪt] *vt* incorporer; (*contain*) contenir ♦ *vi* fusionner; (*two firms*) se constituer en société

incorporated [ɪn'kɔːpəreɪtɪd] *adj*: **incorporated company** (*us: abbr* **Inc.**) ≃ société *f* anonyme (S.A.)

incorrect [ɪnkə'rekt] *adj* incorrect(e); (*opinion, statement*) inexact(e)

increase *n* ['ɪnkri:s] augmentation *f* ♦ *vi, vt* [ɪn'kri:s] augmenter; **an increase of 5%** une augmentation de 5%; **to be on the increase** être en augmentation

increasing [ɪn'kri:sɪŋ] *adj* croissant(e)

increasingly [ɪn'kri:sɪŋlɪ] *adv* de plus en plus

incredible [ɪn'kredɪbl] *adj* incroyable

incubator ['ɪnkjubeɪtə*] *n* incubateur *m*; (*for babies*) couveuse *f*

incumbent [ɪn'kʌmbənt] *adj*: **it is incumbent on him to ...** il lui appartient de ... ♦ *n* titulaire *m/f*

incur [ɪn'kəː*] *vt* (*expenses*) encourir; (*anger, risk*) s'exposer à; (*debt*) contracter; (*loss*) subir

indebted [ɪn'detɪd] *adj*: **to be indebted to sb (for)** être redevable à qn (de)

indecent [ɪn'di:snt] *adj* indécent(e), inconvenant(e)

indecent assault *n* (*BRIT*) attentat *m* à la pudeur

indecent exposure *n* outrage *m* public à la pudeur

indecisive [ɪndɪ'saɪsɪv] *adj* indécis(e); (*discussion*) peu concluant(e)

indeed [ɪn'di:d] *adv* en effet, effectivement; (*furthermore*) d'ailleurs; **yes indeed!** certainement!

indefinitely [ɪn'defɪnɪtlɪ] *adv* (*wait*) indéfiniment; (*speak*) vaguement, avec imprécision

indemnity [ɪn'demnɪtɪ] *n* (*insurance*) assurance *f*, garantie *f*; (*compensation*) indemnité *f*

independence [ɪndɪ'pendns] *n* indépendance *f*

Independence Day *n* (*us*) fête *or* anniversaire de l'Indépendance américaine; *voir encadré*

INDEPENDENCE DAY

L'**Independence Day** est la fête nationale aux États-Unis, le 4 juillet. Il commémore l'adoption de la déclaration d'Indépendance, en 1776, écrite par Thomas Jefferson et proclamant la séparation des 13 colonies américaines de la Grande-Bretagne.

---

independent [ɪndɪ'pendnt] *adj* indépendant(e); **to become independent** s'affranchir

index ['ɪndeks] *n* (*pl*: **indexes**) (*in book*) index *m*; (*: in library etc*) catalogue *m*; (*pl*: **indices** ['ɪndɪsi:z]) (*ratio, sign*) indice *m*

index card *n* fiche *f*

index finger *n* index *m*

index-linked ['ɪndeks'lɪŋkt], (*us*) **indexed** ['ɪndekst] *adj* indexée(e) (sur le coût de la vie *etc*)

India ['ɪndɪə] *n* Inde *f*

Indian ['ɪndɪən] *adj* indien(ne) ♦ *n* Indien/ne

Indian Ocean *n*: **the Indian Ocean** l'océan Indien

indicate ['ɪndɪkeɪt] *vt* indiquer ♦ *vi* (*BRIT AUT*): **to indicate left/right** mettre son clignotant à gauche/à droite

indication [ɪndɪ'keɪʃən] *n* indication *f*, signe *m*

indicative [ɪn'dɪkətɪv] *adj* indicatif(ive) ♦ *n* (*LING*) indicatif *m*; **to be indicative of sth** être symptomatique de qch

indicator ['ɪndɪkeɪtə*] *n* (*sign*) indicateur *m*; (*AUT*) clignotant *m*

indices ['ɪndɪsi:z] *npl of* **index**

indictment [ɪn'daɪtmənt] *n* accusation *f*

indifferent [ɪn'dɪfrənt] *adj* indifférent(e); (*poor*) médiocre, quelconque

indigenous [ɪn'dɪdʒɪnəs] *adj* indigène

indigestion [ɪndɪ'dʒestʃən] *n* indigestion *f*, mauvaise digestion

indignant [ɪn'dɪgnənt] *adj*: **indignant (at sth/ with sb)** indigné(e) (de qch/contre qn)

indignity [ɪn'dɪgnɪtɪ] *n* indignité *f*, affront *m*

indirect [ɪndɪ'rekt] *adj* indirect(e)

indiscreet [ɪndɪ'skri:t] *adj* indiscret(ète); (*rash*) imprudent(e)

indiscriminate [ɪndɪ'skrɪmɪnət] *adj* (*person*) qui manque de discernement; (*admiration*) aveugle; (*killings*) commis(e) au hasard

indisputable [ɪndɪ'spju:təbl] *adj* incontestable, indiscutable

individual [ɪndɪˈvɪdjuəl] *n* individu *m* ♦ *adj* individuel(le); (*characteristic*) particulier(ière), original(e)

indoctrination [ɪndɒktrɪˈneɪʃən] *n* endoctrinement *m*

Indonesia [ɪndəˈniːzɪə] *n* Indonésie *f*

indoor [ˈɪndɔːʳ] *adj* d'intérieur; (*plant*) d'appartement; (*swimming pool*) couvert(e); (*sport, games*) pratiqué(e) en salle

indoors [ɪnˈdɔːz] *adv* à l'intérieur; (*at home*) à la maison

induce [ɪnˈdjuːs] *vt* persuader; (*bring about*) provoquer; **to induce sb to do sth** inciter *or* pousser qn à faire qch

inducement [ɪnˈdjuːsmənt] *n* incitation *f*; (*incentive*) but *m*; (*pej: bribe*) pot-de-vin *m*

indulge [ɪnˈdʌldʒ] *vt* (*whim*) céder à, satisfaire; (*child*) gâter ♦ *vi*: **to indulge in sth** s'offrir qch, se permettre qch; se livrer à qch

indulgence [ɪnˈdʌldʒəns] *n* fantaisie *f* (que l'on s'offre); (*leniency*) indulgence *f*

indulgent [ɪnˈdʌldʒənt] *adj* indulgent(e)

industrial [ɪnˈdʌstrɪəl] *adj* industriel(le); (*injury*) du travail; (*dispute*) ouvrier(ière)

industrial action *n* action revendicative

industrial estate *n* (*BRIT*) zone industrielle

industrialist [ɪnˈdʌstrɪəlɪst] *n* industriel *m*

industrial park *n* (*US*) zone industrielle

industrious [ɪnˈdʌstrɪəs] *adj* travailleur(euse)

industry [ˈɪndəstrɪ] *n* industrie *f*; (*diligence*) zèle *m*, application *f*

inebriated [ɪˈniːbrɪeɪtɪd] *adj* ivre

inedible [ɪnˈedɪbl] *adj* immangeable; (*plant etc*) non comestible

ineffective [ɪnɪˈfektɪv], **ineffectual** [ɪnɪˈfektʃuəl] *adj* inefficace; incompétent(e)

inefficient [ɪnɪˈfɪʃənt] *adj* inefficace

inequality [ɪnɪˈkwɔlɪtɪ] *n* inégalité *f*

inescapable [ɪnɪˈskeɪpəbl] *adj* inéluctable, inévitable

inevitable [ɪnˈevɪtəbl] *adj* inévitable

inevitably [ɪnˈevɪtəblɪ] *adv* inévitablement, fatalement

inexpensive [ɪnɪkˈspensɪv] *adj* bon marché *inv*

inexperienced [ɪnɪkˈspɪərɪənst] *adj* inexpérimenté(e); **to be inexperienced in sth** manquer d'expérience dans qch

infallible [ɪnˈfælɪbl] *adj* infaillible

infamous [ˈɪnfəməs] *adj* infâme, abominable

infancy [ˈɪnfənsɪ] *n* petite enfance, bas âge; (*fig*) enfance, débuts *mpl*

infant [ˈɪnfənt] *n* (*baby*) nourrisson *m*; (*young child*) petit/e enfant

infant school *n* (*BRIT*) classes *fpl* préparatoires (*entre 5 et 7 ans*)

infatuated [ɪnˈfætjueɪtɪd] *adj*: **infatuated with** entiché(e) de; **to become infatuated (with sb)** s'enticher (de qn)

infatuation [ɪnfætjuˈeɪʃən] *n* toquade *f*; engouement *m*

infect [ɪnˈfekt] *vt* infecter, contaminer; (*fig pej*) corrompre; **infected with** (*illness*) atteint(e) de; **to become infected** (*wound*) s'infecter

infection [ɪnˈfekʃən] *n* infection *f*; contagion *f*

infectious [ɪnˈfekʃəs] *adj* infectieux(euse); (*also fig*) contagieux(euse)

infer [ɪnˈfɜːʳ] *vt*: **to infer (from)** conclure (de), déduire (de)

inferior [ɪnˈfɪərɪəʳ] *adj* inférieur(e); (*goods*) de qualité inférieure ♦ *n* inférieur/e; (*in rank*) subalterne *m*/*f*; **to feel inferior** avoir un sentiment d'infériorité

inferiority [ɪnfɪərɪˈɔrətɪ] *n* infériorité *f*

infertile [ɪnˈfɜːtaɪl] *adj* stérile

in-fighting [ˈɪnfaɪtɪŋ] *n* querelles *fpl* internes

infinite [ˈɪnfɪnɪt] *adj* infini(e); (*time, money*) illimité(e)

infinitive [ɪnˈfɪnɪtɪv] *n* infinitif *m*

infinity [ɪnˈfɪnɪtɪ] *n* infinité *f*; (*also MATH*) infini *m*

infirmary [ɪnˈfɜːmərɪ] *n* hôpital *m*; (*in school, factory*) infirmerie *f*

inflamed [ɪnˈfleɪmd] *adj* enflammé(e)

inflammable [ɪnˈflæməbl] *adj* (*BRIT*) inflammable

inflammation [ɪnfləˈmeɪʃən] *n* inflammation *f*

inflatable [ɪnˈfleɪtəbl] *adj* gonflable

inflate [ɪnˈfleɪt] *vt* (*tyre, balloon*) gonfler; (*fig*) grossir; gonfler; faire monter

inflation [ɪnˈfleɪʃən] *n* (*ECON*) inflation *f*

inflationary [ɪnˈfleɪʃənərɪ] *adj* inflationniste

inflict [ɪnˈflɪkt] *vt*: **to inflict on** infliger à

influence [ˈɪnfluəns] *n* influence *f* ♦ *vt* influencer; **under the influence of** sous l'effet de; **under the influence of drink** en état d'ébriété

influential [ɪnfluˈenʃl] *adj* influent(e)

influenza [ɪnfluˈenzə] *n* grippe *f*

influx [ˈɪnflʌks] *n* afflux *m*

infomercial [ˈɪnfəmɜːʃl] (*US*) *n* (*for product*) publi-information *f*; (*POL*) émission où un candidat présente son programme électoral

inform [ɪnˈfɔːm] *vt*: **to inform sb (of)** informer *or* avertir qn (de) ♦ *vi*: **to inform on sb** dénoncer qn, informer contre qn; **to inform sb about** renseigner qn sur, mettre qn au courant de

informal [ɪnˈfɔːml] *adj* (*person, manner*) simple, sans cérémonie; (*announcement, visit*) non officiel(le); **"dress informal"** "tenue de ville"

informality [ɪnfɔːˈmælɪtɪ] *n* simplicité *f*, absence *f* de cérémonie; caractère non officiel

informant [ɪnˈfɔːmənt] *n* informateur/trice

information [ɪnfəˈmeɪʃən] *n* information(s) *f*(*pl*); renseignements *mpl*; (*knowledge*) connaissances *fpl*; **to get information on** se renseigner sur; **a piece of information** un renseignement; **for your information** à titre d'information

information desk n accueil m

information office n bureau m de renseignements

informative [ɪnˈfɔːmətɪv] adj instructif(ive)

informer [ɪnˈfɔːməʳ] n dénonciateur/trice (also: **police informer**) indicateur/trice

infringe [ɪnˈfrɪndʒ] vt enfreindre ♦ vi: **to infringe on** empiéter sur

infringement [ɪnˈfrɪndʒmənt] n: **infringement (of)** infraction f (à)

infuriating [ɪnˈfjuərɪeɪtɪŋ] adj exaspérant(e)

ingenious [ɪnˈdʒiːnjəs] adj ingénieux(euse)

ingenuity [ɪndʒɪˈnjuːɪtɪ] n ingéniosité f

ingenuous [ɪnˈdʒenjuəs] adj franc(franche), ouvert(e)

ingot [ˈɪŋgət] n lingot m

ingrained [ɪnˈgreɪnd] adj enraciné(e)

ingratiate [ɪnˈgreɪʃɪeɪt] vt: **to ingratiate o.s. with** s'insinuer dans les bonnes grâces de, se faire bien voir de

ingredient [ɪnˈgriːdɪənt] n ingrédient m; élément m

inhabit [ɪnˈhæbɪt] vt habiter

inhabitant [ɪnˈhæbɪtnt] n habitant/e

inhale [ɪnˈheɪl] vt inhaler; (perfume) respirer ♦ vi (in smoking) avaler la fumée

inherent [ɪnˈhɪərənt] adj: **inherent (in or to)** inhérent(e) (à)

inherit [ɪnˈherɪt] vt hériter (de)

inheritance [ɪnˈherɪtəns] n héritage m; **law of inheritance** droit m de la succession

inhibit [ɪnˈhɪbɪt] vt (PSYCH) inhiber; **to inhibit sb from doing** empêcher or retenir qn de faire

inhibition [ɪnhɪˈbɪʃən] n inhibition f

inhuman [ɪnˈhjuːmən] adj inhumain(e)

initial [ɪˈnɪʃl] adj initial(e) ♦ n initiale f ♦ vt parafer; **initials** npl initiales fpl; (as signature) parafe m

initially [ɪˈnɪʃəlɪ] adv initialement, au début

initiate [ɪˈnɪʃɪeɪt] vt (start) entreprendre; amorcer; lancer; (person) initier; **to initiate sb into a secret** initier qn à un secret; **to initiate proceedings against sb** (LAW) intenter une action à qn, engager des poursuites contre qn

initiative [ɪˈnɪʃətɪv] n initiative f; **to take the initiative** prendre l'initiative

inject [ɪnˈdʒekt] vt (liquid, fig: money) injecter; (person) faire une piqûre à

injection [ɪnˈdʒekʃən] n injection f, piqûre f; **to have an injection** se faire faire une piqûre

injure [ˈɪndʒəʳ] vt blesser; (wrong) faire du tort à; (damage: reputation etc) compromettre; (feelings) heurter; **to injure o.s.** se blesser

injured [ˈɪndʒəd] adj (person, leg etc) blessé(e); (tone, feelings) offensé(e); **injured party** (LAW) partie lésée

injury [ˈɪndʒərɪ] n blessure f; (wrong) tort m; **to escape without injury** s'en sortir sain et sauf

injury time n (SPORT) arrêts mpl de jeu

injustice [ɪnˈdʒʌstɪs] n injustice f; **you do me an injustice** vous êtes injuste envers moi

ink [ɪŋk] n encre f

inkling [ˈɪŋklɪŋ] n soupçon m, vague idée f

inlaid [ˈɪnleɪd] adj incrusté(e); (table etc) marqueté(e)

inland adj [ˈɪnlənd] intérieur(e) ♦ adv [ɪnˈlænd] à l'intérieur, dans les terres; **inland waterways** canaux mpl et rivières fpl

Inland Revenue n (BRIT) fisc m

in-laws [ˈɪnlɔːz] npl beaux-parents mpl; belle famille

inlet [ˈɪnlet] n (GEO) crique f

inmate [ˈɪnmeɪt] n (in prison) détenu/e; (in asylum) interné/e

inn [ɪn] n auberge f

innate [ɪˈneɪt] adj inné(e)

inner [ˈɪnəʳ] adj intérieur(e)

inner city n (vieux quartiers du) centre urbain (souffrant souvent de délabrement, d'embouteillages etc)

inner tube n (of tyre) chambre f à air

innings [ˈɪnɪŋz] n (CRICKET) tour m de batte; (BRIT fig): **he has had a good innings** il (en) a bien profité

innocent [ˈɪnəsnt] adj innocent(e)

innocuous [ɪˈnɔkjuəs] adj inoffensif(ive)

innuendo, pl **innuendoes** [ɪnjuˈendəu] n insinuation f, allusion (malveillante)

innumerable [ɪˈnjuːmrəbl] adj innombrable

in-patient [ˈɪnpeɪʃnt] n malade hospitalisé(e)

input [ˈɪnput] n (ELEC) énergie f, puissance f; (of machine) consommation f; (of computer) information fournie ♦ vt (COMPUT) introduire, entrer

inquest [ˈɪnkwest] n enquête (criminelle)

inquire [ɪnˈkwaɪəʳ] vi demander ♦ vt demander, s'informer de; **to inquire about** s'informer de, se renseigner sur; **to inquire when/where/whether** demander quand/où/si

▶ **inquire after** vt fus demander des nouvelles de

▶ **inquire into** vt fus faire une enquête sur

inquiry [ɪnˈkwaɪərɪ] n demande f de renseignements; (LAW) enquête f, investigation f; **to hold an inquiry into sth** enquêter sur qch

inquisitive [ɪnˈkwɪzɪtɪv] adj curieux(euse)

ins abbr = **inches**

insane [ɪnˈseɪn] adj fou(folle); (MED) aliéné(e)

insanity [ɪnˈsænɪtɪ] n folie f; (MED) aliénation (mentale)

inscription [ɪnˈskrɪpʃən] n inscription f; (in book) dédicace f

inscrutable [ɪnˈskruːtəbl] adj impénétrable

insect [ˈɪnsekt] n insecte m

insecticide [ɪnˈsektɪsaɪd] n insecticide m

insect repellent n crème f anti-insectes

insecure [ɪnsɪ'kjuə*] adj peu solide; peu sûr(e); (person) anxieux(euse)

insensitive [ɪn'sɛnsɪtɪv] adj insensible

insert vt [ɪn'səːt] insérer ♦ n ['ɪnsəːt] insertion f

insertion [ɪn'səːʃən] n insertion f

in-service ['ɪn'səːvɪs] adj (training) continu(e); (course) d'initiation; de perfectionnement; de recyclage

inshore [ɪn'fɔː*] adj côtier(ière) ♦ adv près de la côte; vers la côte

inside ['ɪn'saɪd] n intérieur m; (of road: BRIT) côté m gauche (de la route); (: US, Europe etc) côté droit (de la route) ♦ adj intérieur(e) ♦ adv à l'intérieur, dedans ♦ prep à l'intérieur de; (of time): **inside 10 minutes** en moins de 10 minutes; **insides** npl (col) intestins mpl; **inside out** adv à l'envers; **to turn sth inside out** retourner qch; **to know sth inside* out** connaître qch à fond or comme sa poche; **inside information** renseignements mpl à la source; **inside story** histoire racontée par un témoin

inside lane n (AUT: in Britain) voie f de gauche; (: in US, Europe) voie f de droite

insider dealing, insider trading n (STOCK EXCHANGE) délit m d'initiés

insight ['ɪnsaɪt] n perspicacité f; (glimpse, idea) aperçu m; **to gain (an) insight into** parvenir à comprendre

insignificant [ɪnsɪg'nɪfɪknt] adj insignifiant(e)

insincere [ɪnsɪn'sɪə*] adj hypocrite

insinuate [ɪn'sɪnjueɪt] vt insinuer

insist [ɪn'sɪst] vi insister; **to insist on doing** insister pour faire; **to insist that** insister pour que; (claim) maintenir or soutenir que

insistent [ɪn'sɪstənt] adj insistant(e), pressant(e)

insole ['ɪnsəul] n semelle intérieure; (fixed part of shoe) première f

insolent ['ɪnsələnt] adj insolent(e)

insolvent [ɪn'sɔlvənt] adj insolvable; (bankrupt) en faillite

insomnia [ɪn'sɔmnɪə] n insomnie f

inspect [ɪn'spɛkt] vt inspecter; (BRIT: ticket) contrôler

inspection [ɪn'spɛkʃən] n inspection f; contrôle m

inspector [ɪn'spɛktə*] n inspecteur/trice; contrôleur/euse

inspire [ɪn'spaɪə*] vt inspirer

install [ɪn'stɔːl] vt installer

installation [ɪnstə'leɪʃən] n installation f

instalment, (US) **installment** [ɪn'stɔːlmənt] n acompte m, versement partiel; (of TV serial etc) épisode m; **in instalments** (pay) à tempérament; (receive) en plusieurs fois

instance ['ɪnstəns] n exemple m; **for instance** par exemple; **in many instances** dans bien des cas; **in that instance** dans ce cas; **in the first instance** tout d'abord, en premier lieu

instant ['ɪnstənt] n instant m ♦ adj immédiat(e), urgent(e); (coffee, food) instantané(e), en poudre; **the 10th instant** le 10 courant

instantly ['ɪnstəntlɪ] adv immédiatement, tout de suite

instead [ɪn'stɛd] adv au lieu de cela; **instead of** au lieu de; **instead of sb** à la place de qn

instep ['ɪnstɛp] n cou-de-pied m; (of shoe) cambrure f

instigate ['ɪnstɪgeɪt] vt (rebellion, strike, crime) inciter à; (new ideas etc) susciter

instil [ɪn'stɪl] vt: **to instil (into)** inculquer (à); (courage) insuffler (à)

instinct ['ɪnstɪŋkt] n instinct m

institute ['ɪnstɪtjuːt] n institut m ♦ vt instituer, établir; (inquiry) ouvrir; (proceedings) entamer

institution [ɪnstɪ'tjuːʃən] n institution f; (school) établissement m (scolaire); (for care) établissement (psychiatrique etc)

instruct [ɪn'strʌkt] vt instruire, former; **to instruct sb in sth** enseigner qch à qn; **to instruct sb to do** charger qn or ordonner à qn de faire

instruction [ɪn'strʌkʃən] n instruction f; **instructions** npl directives fpl; **instructions for use** mode m d'emploi

instructor [ɪn'strʌktə*] n professeur m; (for skiing, driving) moniteur m

instrument ['ɪnstrumənt] n instrument m

instrumental [ɪnstru'mɛntl] adj (MUS) instrumental(e); **to be instrumental in sth/in doing sth** contribuer à qch/à faire qch

instrument panel n tableau m de bord

insufficient [ɪnsə'fɪʃənt] adj insuffisant(e)

insular ['ɪnsjulə*] adj insulaire; (outlook) étroit(e); (person) aux vues étroites

insulate ['ɪnsjuleɪt] vt isoler; (against sound) insonoriser

insulation [ɪnsju'leɪʃən] n isolation f; insonorisation f

insulin ['ɪnsjulɪn] n insuline f

insult n ['ɪnsʌlt] insulte f, affront m ♦ vt [ɪn'sʌlt] insulter, faire un affront à

insurance [ɪn'fuərəns] n assurance f; **fire/life insurance** assurance-incendie/-vie; **to take out insurance (against)** s'assurer (contre)

insurance policy n police f d'assurance

insure [ɪn'fuə*] vt assurer; **to insure sb/sb's life** assurer qn/la vie de qn; **to be insured for £5000** être assuré(e) pour 5000 livres

intact [ɪn'tækt] adj intact(e)

intake ['ɪnteɪk] n (TECH) admission f; adduction f; (of food) consommation f; (BRIT SCOL): **an intake of 200 a year** 200 admissions par an

integral ['ɪntɪgrəl] adj intégral(e); (part) intégrant(e)

integrate ['ɪntɪgreɪt] vt intégrer ♦ vi s'intégrer

intellect ['ɪntəlekt] n intelligence f
intellectual [ɪntəˈlektjuəl] adj, n intellectuel/le
intelligence [ɪnˈtelɪdʒəns] n intelligence f; (MIL etc) informations fpl, renseignements mpl
Intelligence Service n services mpl de renseignements
intelligent [ɪnˈtelɪdʒənt] adj intelligent(e)
intend [ɪnˈtend] vt (gift etc): **to intend sth for** destiner qch à; **to intend to do** avoir l'intention de faire
intense [ɪnˈtens] adj intense; (person) véhément(e)
intensely [ɪnˈtenslɪ] adv intensément; (moving) profondément
intensive [ɪnˈtensɪv] adj intensif(ive)
intensive care n: **to be in intensive care** être en réanimation; **intensive care unit** n service m de réanimation
intent [ɪnˈtent] n intention f ♦ adj attentif(ive), absorbé(e); **to all intents and purposes** en fait, pratiquement; **to be intent on doing sth** être (bien) décidé à faire qch
intention [ɪnˈtenʃən] n intention f
intentional [ɪnˈtenʃənl] adj intentionnel(le), délibéré(e)
intently [ɪnˈtentlɪ] adv attentivement
interact [ɪntərˈækt] vi avoir une action réciproque
interactive [ɪntərˈæktɪv] adj (group) interactif(ive); (COMPUT) interactif, conversationnel(le)
interchange n ['ɪntətʃeɪndʒ] (exchange) échange m; (on motorway) échangeur m ♦ vt [ɪntəˈtʃeɪndʒ] échanger; mettre à la place l'un(e) de l'autre
interchangeable [ɪntəˈtʃeɪndʒəbl] adj interchangeable
intercom ['ɪntəkɔm] n interphone m
intercourse ['ɪntəkɔːs] n rapports mpl; **sexual intercourse** rapports sexuels
interest ['ɪntrɪst] n intérêt m; (COMM: stake, share) participation f, intérêts mpl ♦ vt intéresser; **compound/simple interest** intérêt composé/simple; **British interests in the Middle East** les intérêts britanniques au Moyen-Orient; **his main interest is ...** ce qui l'intéresse le plus est ...
interesting ['ɪntrɪstɪŋ] adj intéressant(e)
interest rate n taux m d'intérêt
interface ['ɪntəfeɪs] n (COMPUT) interface f
interfere [ɪntəˈfɪə] vi: **to interfere in** (quarrel, other people's business) se mêler à; **to interfere with** (object) tripoter, toucher à; (plans) contrecarrer; (duty) être en conflit avec; **don't interfere** mêlez-vous de vos affaires
interference [ɪntəˈfɪərəns] n (gen) intrusion f; (PHYSICS) interférence f; (RADIO, TV) parasites mpl
interim ['ɪntərɪm] adj provisoire; (post) intérimaire ♦ n: **in the interim** dans l'intérim
interior [ɪnˈtɪərɪə] n intérieur m ♦ adj intérieur(e)
interior decorator, interior designer n

décorateur/trice d'intérieur
interjection [ɪntəˈdʒekʃən] n interjection f
interlock [ɪntəˈlɔk] vi s'enclencher ♦ vt enclencher
interlude ['ɪntəluːd] n intervalle m; (THEAT) intermède m
intermediate [ɪntəˈmiːdɪət] adj intermédiaire; (SCOL: course, level) moyen(ne)
intermission [ɪntəˈmɪʃən] n pause f; (THEAT, CINE) entracte m
intern vt [ɪnˈtəːn] interner ♦ n ['ɪntəːn] (US) interne m/f
internal [ɪnˈtəːnl] adj interne; (dispute, reform etc) intérieur(e); **internal injuries** lésions fpl internes
internally [ɪnˈtəːnəlɪ] adv intérieurement; **"not to be taken internally"** "pour usage externe"
Internal Revenue (Service) (IRS) n (US) fisc m
international [ɪntəˈnæʃənl] adj international(e) ♦ n (BRIT SPORT) international m
Internet ['ɪntənet] n: **the Internet** l'Internet m
interplay ['ɪntəpleɪ] n effet m réciproque, jeu m
interpret [ɪnˈtəːprɪt] vt interpréter ♦ vi servir d'interprète
interpreter [ɪnˈtəːprɪtə] n interprète m/f
interrelated [ɪntərɪˈleɪtɪd] adj en corrélation, en rapport étroit
interrogate [ɪnˈterəʊgeɪt] vt interroger; (suspect etc) soumettre à un interrogatoire
interrogation [ɪnterəʊˈgeɪʃən] n interrogation f; interrogatoire m
interrupt [ɪntəˈrʌpt] vt interrompre
interruption [ɪntəˈrʌpʃən] n interruption f
intersect [ɪntəˈsekt] vt couper, croiser; (MATH) intersecter ♦ vi se croiser, se couper; s'intersecter
intersection [ɪntəˈsekʃən] n intersection f; (of roads) croisement m
intersperse [ɪntəˈspəːs] vt: **to intersperse with** parsemer de
intertwine [ɪntəˈtwaɪn] vt entrelacer ♦ vi s'entrelacer
interval ['ɪntəvl] n intervalle m; (BRIT: THEAT) entracte m; (: SPORT) mi-temps f; **bright intervals** (in weather) éclaircies fpl; **at intervals** par intervalles
intervene [ɪntəˈviːn] vi (time) s'écouler; (event) survenir; (person) intervenir
intervention [ɪntəˈvenʃən] n intervention f
interview ['ɪntəvjuː] n (RADIO, TV ETC) interview f; (for job) entrevue f ♦ vt interviewer; avoir une entrevue avec
interviewer ['ɪntəvjuə] n interviewer m
intestine [ɪnˈtestɪn] n intestin m; **large intestine** gros intestin; **small intestine** intestin grêle
intimacy ['ɪntɪməsɪ] n intimité f
intimate adj ['ɪntɪmət] intime; (knowledge) approfondi(e) ♦ vt ['ɪntɪmeɪt] suggérer, laisser entendre; (announce) faire savoir

into ['ɪntu] *prep* dans; **into pieces/French** en morceaux/français; **to change pounds into dollars** changer des livres en dollars

intolerant [ɪn'tɔlərnt] *adj*: **intolerant (of)** intolérant(e) (de) (MED) intolérant (à)

intoxicated [ɪn'tɔksɪkeɪtɪd] *adj* ivre

intractable [ɪn'træktəbl] *adj* (*child, temper*) indocile, insoumis(e); (*problem*) insoluble; (*illness*) incurable

intranet ['ɪntrənet] *n* intranet *m*

intransitive [ɪn'trænsɪtɪv] *adj* intransitif(ive)

intravenous [ɪntrə'viːnəs] *adj* intraveineux(euse)

in-tray ['ɪntreɪ] *n* courrier *m* "arrivée"

intricate ['ɪntrɪkət] *adj* complexe, compliqué(e)

intrigue [ɪn'triːg] *n* intrigue *f* ♦ *vt* intriguer ♦ *vi* intriguer, comploter

intriguing [ɪn'triːgɪŋ] *adj* fascinant(e)

intrinsic [ɪn'trɪnsɪk] *adj* intrinsèque

introduce [ɪntrə'djuːs] *vt* introduire; **to introduce sb (to sb)** présenter qn (à qn); **to introduce sb to** (*pastime, technique*) initier qn à; **may I introduce ...?** je vous présente ...

introduction [ɪntrə'dʌkʃən] *n* introduction *f*; (*of person*) présentation *f*; **a letter of introduction** une lettre de recommendation

introductory [ɪntrə'dʌktərɪ] *adj* préliminaire, introductif(ive); **introductory remarks** remarques *fpl* liminaires; **an introductory offer** une offre de lancement

intrude [ɪn'truːd] *vi* (*person*) être importun(e); **to intrude on** *or* **into** (*conversation etc*) s'immiscer dans; **am I intruding?** est-ce que je vous dérange?

intruder [ɪn'truːdə*] *n* intrus/e

intuition [ɪntjuː'ɪʃən] *n* intuition *f*

inundate ['ɪnʌndeɪt] *vt*: **to inundate with** inonder de

invade [ɪn'veɪd] *vt* envahir

invalid *n* ['ɪnvəlɪd] malade *m/f*; (*with disability*) invalide *m/f* ♦ *adj* [ɪn'vælɪd] (*not valid*) invalide, non valide

invaluable [ɪn'væljuəbl] *adj* inestimable, inappréciable

invariably [ɪn'veərɪəblɪ] *adv* invariablement; **she is invariably late** elle est toujours en retard

invent [ɪn'vent] *vt* inventer

invention [ɪn'venʃən] *n* invention *f*

inventive [ɪn'ventɪv] *adj* inventif(ive)

inventor [ɪn'ventə*] *n* inventeur/trice

inventory ['ɪnvəntrɪ] *n* inventaire *m*

invert [ɪn'vɜːt] *vt* intervertir; (*cup, object*) retourner

inverted commas [ɪn'vɜːtɪd-] *npl* (BRIT) guillemets *mpl*

invest [ɪn'vest] *vt* investir; (*endow*): **to invest sb with sth** conférer qch à qn ♦ *vi* faire un investissement, investir; **to invest in** placer de l'argent *or* investir dans; (*acquire*) s'offrir, faire l'acquisition de

investigate [ɪn'vestɪgeɪt] *vt* étudier, examiner; (*crime*) faire une enquête sur

investigation [ɪnvestɪ'geɪʃən] *n* examen *m*; (*of crime*) enquête *f*, investigation *f*

investment [ɪn'vestmənt] *n* investissement *m*, placement *m*

investor [ɪn'vestə*] *n* épargnant/e; (*shareholder*) actionnaire *m/f*

invigilator [ɪn'vɪdʒɪleɪtə*] *n* (BRIT) surveillant *m* (d'examen)

invigorating [ɪn'vɪgəreɪtɪŋ] *adj* vivifiant(e), stimulant(e)

invisible [ɪn'vɪzɪbl] *adj* invisible

invitation [ɪnvɪ'teɪʃən] *n* invitation *f*; **by invitation only** sur invitation; **at sb's invitation** à la demande de qn

invite [ɪn'vaɪt] *vt* inviter; (*opinions etc*) demander; (*trouble*) chercher; **to invite sb (to do)** inviter qn (à faire); **to invite sb to dinner** inviter qn à dîner

▶ **invite out** *vt* inviter (à sortir)

▶ **invite over** *vt* inviter (chez soi)

inviting [ɪn'vaɪtɪŋ] *adj* engageant(e), attrayant(e); (*gesture*) encourageant(e)

invoice ['ɪnvɔɪs] *n* facture *f* ♦ *vt* facturer; **to invoice sb for goods** facturer des marchandises à qn

involuntary [ɪn'vɔləntrɪ] *adj* involontaire

involve [ɪn'vɔlv] *vt* (*entail*) impliquer; (*concern*) concerner; (*require*) nécessiter; **to involve sb in** (*theft etc*) impliquer qn dans; (*activity, meeting*) faire participer qn à

involved [ɪn'vɔlvd] *adj* complexe; **to feel involved** se sentir concerné(e); **to become involved** (*in love etc*) s'engager

involvement [ɪn'vɔlvmənt] *n* (*personal role*) participation *f*; (*of resources, funds*) mise *f* en jeu

inward ['ɪnwəd] *adj* (*movement*) vers l'intérieur; (*thought, feeling*) profond(e), intime ♦ *adv* = **inwards**

I/O *abbr* (COMPUT: = *input/output*) E/S

iodine ['aɪəudiːn] *n* iode *m*

iota [aɪ'əutə] *n* (*fig*) brin *m*, grain *m*

IOU *n abbr* (= *I owe you*) reconnaissance *f* de dette

IQ *n abbr* = *intelligence quotient*

IRA *n abbr* (= *Irish Republican Army*) IRA *f*; (US) = *individual retirement account*

Iran [ɪ'rɑːn] *n* Iran *m*

Iraq [ɪ'rɑːk] *n* Irak *m*

irate [aɪ'reɪt] *adj* courroucé(e)

Ireland ['aɪələnd] *n* Irlande *f*; **Republic of Ireland** République *f* d'Irlande

iris, *pl* **irises** ['aɪrɪs, -ɪz] *n* iris *m*

Irish ['aɪrɪʃ] *adj* irlandais(e) ♦ *n* (LING) irlandais *m*; **the Irish** *npl* les Irlandais

Irishman ['aɪrɪʃmən] *n* Irlandais *m*

Irish Sea *n*: **the Irish Sea** la mer d'Irlande

Irishwoman ['aɪrɪʃwumən] *n* Irlandaise *f*

iron ['aɪən] *n* fer *m*; *(for clothes)* fer *m* à repasser ♦ *adj* de or en fer ♦ *vt (clothes)* repasser; **irons** *npl (chains)* fers *mpl*, chaînes *fpl*
► **iron out** *vt (crease)* faire disparaître au fer; *(fig)* aplanir; faire disparaître
ironic(al) [aɪ'rɒnɪk*l*] *adj* ironique
ironing ['aɪənɪŋ] *n* repassage *m*
ironing board *n* planche *f* à repasser
ironmonger ['aɪənmʌŋgə*] *n (BRIT)* quincailler *m*; **ironmonger's (shop)** quincaillerie *f*
irony ['aɪrənɪ] *n* ironie *f*
irrational [ɪ'ræʃən*l*] *adj* irrationnel(le); déraisonnable; qui manque de logique
irregular [ɪ'regjʊlə*] *adj* irrégulier(ière)
irrelevant [ɪ'reləvənt] *adj* sans rapport, hors de propos
irresistible [ɪrɪ'zɪstɪb*l*] *adj* irrésistible
irrespective [ɪrɪ'spektɪv]: **irrespective of** *prep* sans tenir compte de
irresponsible [ɪrɪ'spɒnsɪb*l*] *adj (act)* irréfléchi(e); *(person)* qui n'a pas le sens des responsabilités
irrigate ['ɪrɪgeɪt] *vt* irriguer
irrigation [ɪrɪ'geɪʃən] *n* irrigation *f*
irritate ['ɪrɪteɪt] *vt* irriter
irritating ['ɪrɪteɪtɪŋ] *adj* irritant(e)
irritation [ɪrɪ'teɪʃən] *n* irritation *f*
IRS *n abbr* **(US) = Internal Revenue Service**
is [ɪz] *vb see* **be**
Islam ['ɪzlɑːm] *n* Islam *m*
Islamic [ɪz'læmɪk] *adj* islamique; **Islamic fundamentalists** intégristes *mpl* musulmans
island ['aɪlənd] *n* île *f*; *(also:* **traffic island** *)* refuge *m* (pour piétons)
islander ['aɪləndə*] *n* habitant/e d'une île, insulaire *m/f*
isle [aɪl] *n* île *f*
isn't ['ɪznt] = **is not**
isolate ['aɪsəleɪt] *vt* isoler
isolated ['aɪsəleɪtɪd] *adj* isolé(e)
isolation [aɪsə'leɪʃən] *n* isolement *m*
ISP *n abbr* = **Internet service provider**
Israel ['ɪzreɪl] *n* Israël *m*
Israeli [ɪz'reɪlɪ] *adj* israélien(ne) ♦ *n* Israélien/ne
issue ['ɪʃuː] *n* question *f*, problème *m*; *(outcome)* résultat *m*, issue *f*; *(of banknotes etc)* émission *f*; *(of newspaper etc)* numéro *m*; *(offspring)* descendance *f* ♦ *vt (rations, equipment)* distribuer; *(orders)* donner; *(book)* faire paraître, publier; *(banknotes, cheques, stamps)* émettre, mettre en circulation ♦ *vi:* **to issue from** provenir de; **at issue** en jeu, en cause; **to avoid the issue** éluder le problème; **to take issue with sb (over sth)** exprimer son désaccord avec qn (sur qch); **to make an issue of sth** faire de qch un problème; **to confuse** *or* **obscure the issue** embrouiller la question

KEYWORD

it [ɪt] *pron* **1** *(specific: subject)* il(elle); *(: direct object)* le(la, l'); *(: indirect object)* lui; **it's on the table** c'est or il (or elle) est sur la table; **about/ from/of it** en; **what did you learn from it?** qu'est-ce que vous en avez retiré?; **I'm proud of it** j'en suis fier; **I've come from it** j'en viens; **in/to it** y; **put the book in it** mettez-y le livre; **it's on it** c'est dessus; **he agreed to it** il y a consenti; **did you go to it?** *(party, concert etc)* est-ce que vous y êtes allé(s)?; **above it, over it** (au-)dessus; **below it, under it** (en-)dessous; **in front of/ behind it** devant/derrière
2 *(impersonal)* il, ce, cela, ça; **it's raining** il pleut; **it's Friday tomorrow** demain, c'est vendredi *or* nous sommes, vendredi; **it's 6 o'clock** il est 6 heures; **it's 2 hours by train** c'est à 2 heures de train; **who is it? – it's me** qui est-ce? – c'est moi

Italian [ɪ'tæljən] *adj* italien(ne) ♦ *n* Italien/ne *(LING)* italien *m*
italic [ɪ'tælɪk] *adj* italique; **italics** *npl* italique *m*
Italy ['ɪtəlɪ] *n* Italie *f*
itch [ɪtʃ] *n* démangeaison *f* ♦ *vi (person)* éprouver des démangeaisons; *(part of body)* démanger; **I'm itching to do** l'envie me démange de faire
itchy ['ɪtʃɪ] *adj* qui démange; **my back is itchy** j'ai le dos qui me démange
it'd ['ɪtd] = **it would, it had**
item ['aɪtəm] *n (gen)* article *m*; *(on agenda)* question *f*, point *m*; *(in programme)* numéro *m*; *(also:* **news item** *)* nouvelle *f*; **items of clothing** articles vestimentaires
itemize ['aɪtəmaɪz] *vt* détailler, spécifier
itinerary [aɪ'tɪnərərɪ] *n* itinéraire *m*
it'll ['ɪtl] = **it will, it shall**
its [ɪts] *adj* son(sa), ses *pl* ♦ *pron* le(la) sien(ne), les siens(siennes)
it's [ɪts] = **it is, it has**
itself [ɪt'self] *pron (emphatic)* lui-même(elle-même); *(reflexive)* se
ITV *n abbr* **(BRIT: = Independent Television)** chaîne de télévision commerciale; *voir encadré*

ITV

ITV est une chaîne de télévision britannique financée par la publicité. Les actualités, documentaires, débats etc, constituent environ un tiers des émissions de ITV, le reste étant partagé entre les sports, les films, les feuilletons, les jeux, les séries etc. Des compagnies indépendantes fournissent des émissions au niveau régional.

IUD *n abbr* = intra-uterine device

I've [aɪv] = **I have**

ivory [ˈaɪvərɪ] *n* ivoire *m*

ivy [ˈaɪvɪ] *n* lierre *m*

— J j —

jab [dʒæb] *vt*: **to jab sth into** enfoncer *or* planter qch dans ♦ *n* coup *m*; (MED, col) piqûre *f*

jack [dʒæk] *n* (AUT) cric *m*; (BOWLS) cochonnet *m*; (CARDS) valet *m*

► **jack in** *vt* (col) laisser tomber

► **jack up** *vt* soulever (au cric)

jackal [ˈdʒækl] *n* chacal *m*

jacket [ˈdʒækɪt] *n* veste *f*, veston *m*; (of boiler etc) enveloppe *f*; (of book) couverture *f*, jaquette *f*

jacket potato *n* pomme *f* de terre en robe des champs

jackknife [ˈdʒæknaɪf] *n* couteau *m* de poche ♦ *vi*: **the lorry jackknifed** la remorque (du camion) s'est mise en travers

jack plug *n* (BRIT) jack *m*

jackpot [ˈdʒækpɒt] *n* gros lot

jaded [ˈdʒeɪdɪd] *adj* éreinté(e), fatigué(e)

jagged [ˈdʒægɪd] *adj* dentelé(e)

jail [dʒeɪl] *n* prison *f* ♦ *vt* emprisonner, mettre en prison

jam [dʒæm] *n* confiture *f*; (of shoppers etc) cohue *f*; (also: **traffic jam**) embouteillage *m* ♦ *vt* (passage etc) encombrer, obstruer; (mechanism, drawer etc) bloquer, coincer; (RADIO) brouiller ♦ *vi* (mechanism, sliding part) se coincer, se bloquer; (gun) s'enrayer; **to get sb out of a jam** (col) sortir qn du pétrin; **to jam sth into** entasser *or* comprimer qch dans; enfoncer qch dans; **the telephone lines are jammed** les lignes (téléphoniques) sont encombrées

Jamaica [dʒəˈmeɪkə] *n* Jamaïque *f*

jam jar *n* pot *m* à confiture

jammed [dʒæmd] *adj* (window etc) coincé(e)

jam-packed [dʒæmˈpækt] *adj*: **jam-packed (with)** bourré(e) (de)

jangle [ˈdʒæŋgl] *vi* cliqueter

janitor [ˈdʒænɪtər] *n* (caretaker) huissier *m*; concierge *m*

January [ˈdʒænjuərɪ] *n* janvier *m*; for phrases see also **July**

Japan [dʒəˈpæn] *n* Japon *m*

Japanese [dʒæpəˈniːz] *adj* japonais(e) ♦ *n* (pl inv) Japonais/e (LING) japonais *m*

jar [dʒɑːr] *n* (container) pot *m*, bocal *m* ♦ *vi* (sound) produire un son grinçant *or* discordant; (colours etc) détonner, jurer ♦ *vt* (shake) ébranler, secouer

jargon [ˈdʒɑːgən] *n* jargon *m*

jaundice [ˈdʒɔːndɪs] *n* jaunisse *f*

javelin [ˈdʒævlɪn] *n* javelot *m*

jaw [dʒɔː] *n* mâchoire *f*

jay [dʒeɪ] *n* geai *m*

jaywalker [ˈdʒeɪwɔːkər] *n* piéton indiscipliné

jazz [dʒæz] *n* jazz *m*

► **jazz up** *vt* animer, égayer

jealous [ˈdʒeləs] *adj* jaloux(ouse)

jealousy [ˈdʒeləsɪ] *n* jalousie *f*

jeans [dʒiːnz] *npl* (blue-)jean *m*

jeer [dʒɪər] *vi*: **to jeer (at)** huer; se moquer cruellement (de), railler

Jehovah's Witness [dʒɪˈhəʊvəz-] *n* témoin *m* de Jéhovah

jelly [ˈdʒelɪ] *n* gelée *f*

jellyfish [ˈdʒelɪfɪʃ] *n* méduse *f*

jeopardy [ˈdʒepədɪ] *n*: **in jeopardy** en danger *or* péril

jerk [dʒɜːk] *n* secousse *f*; saccade *f*; sursaut *m*, spasme *m*; (col) pauvre type *m* ♦ *vt* donner une secousse à ♦ *vi* (vehicles) cahoter

jersey [ˈdʒɜːzɪ] *n* tricot *m*; (fabric) jersey *m*

Jesus [ˈdʒiːzəs] *n* Jésus; **Jesus Christ** Jésus-Christ

jet [dʒet] *n* (of gas, liquid) jet *m*; (AUT) gicleur *m*; (AVIAT) avion *m* à réaction, jet *m*

jet-black [ˈdʒetˈblæk] *adj* (d'un noir) de jais

jet engine *n* moteur *m* à réaction

jet lag *n* décalage *m* horaire

jettison [ˈdʒetɪsn] *vt* jeter par-dessus bord

jetty [ˈdʒetɪ] *n* jetée *f*, digue *f*

Jew [dʒuː] *n* Juif *m*

jewel [ˈdʒuːəl] *n* bijou *m*, joyau *m*

jeweller [ˈdʒuːələr] *n* bijoutier/ière, joaillier *m*; **jeweller's (shop)** *n* bijouterie *f*, joaillerie *f*

jewellery [ˈdʒuːəlrɪ] *n* bijoux *mpl*

Jewess [ˈdʒuːɪs] *n* Juive *f*

Jewish [ˈdʒuːɪʃ] *adj* juif(juive)

jibe [dʒaɪb] *n* sarcasme *m*

jiffy [ˈdʒɪfɪ] *n* (col): **in a jiffy** en un clin d'œil

jigsaw [ˈdʒɪgsɔː] *n* (also: **jigsaw puzzle**) puzzle *m*; (tool) scie sauteuse

jilt [dʒɪlt] *vt* laisser tomber, plaquer

jingle [ˈdʒɪŋgl] *n* (advertising jingle) couplet *m* publicitaire ♦ *vi* cliqueter, tinter

jinx [dʒɪŋks] *n* (col) (mauvais) sort

jitters [ˈdʒɪtəz] *npl* (col): **to get the jitters** avoir la trouille *or* la frousse

job [dʒɒb] *n* travail *m*; (employment) emploi *m*, poste *m*, place *f*; **a part-time/full-time job** un emploi à temps partiel/à plein temps; **he's only doing his job** il fait son boulot; **it's a good job that …** c'est heureux *or* c'est une chance que …; **just the job!** (c'est) juste *or* exactement ce qu'il faut!

Jobcentre [ˈdʒɒbsentər] *n* agence *f* pour l'emploi

jobless [ˈdʒɒblɪs] *adj* sans travail, au chômage

◆ *npl*: **the jobless** les sans-emploi *m inv*, les chô-meurs *mpl*

jockey ['dʒɔkɪ] *n* jockey *m* ◆ *vi*: **to jockey for position** manœuvrer pour être bien placé

jog [dʒɔg] *vt* secouer ◆ *vi* (SPORT) faire du jogging; **to jog along** cahoter; trotter; **to jog sb's memory** rafraîchir la mémoire de qn

jogging ['dʒɔgɪŋ] *n* jogging *m*

join [dʒɔɪn] *vt* unir, assembler; (*become member of*) s'inscrire à; (*meet*) rejoindre, retrouver; se joindre à ◆ *vi* (*roads, rivers*) se rejoindre, se rencontrer ◆ *n* raccord *m*; **will you join us for dinner?** vous dîne-rez bien avec nous?; **I'll join you later** je vous rejoindrai plus tard; **to join forces (with)** s'associer (à)

▶ **join in** *vi* se mettre de la partie ◆ *vt* se mêler à

▶ **join up** *vi* s'engager

joiner ['dʒɔɪnə*] *n* menuisier *m*

joint [dʒɔɪnt] *n* (TECH) jointure *f*; joint *m*; (ANAT) arti-culation *f*, jointure; (BRIT CULIN) rôti *m*; (col: place) boîte *f* ◆ *adj* commun(e); (committee) mixte, pari-taire; **joint responsibility** coresponsabilité *f*

joint account *n* compte joint

joke [dʒəuk] *n* plaisanterie *f*; (also: **practical joke**) farce *f* ◆ *vi* plaisanter; **to play a joke on** jouer un tour à, faire une farce à

joker ['dʒəukə*] *n* plaisantin *m*, blagueur/euse *f*; (CARDS) joker *m*

jolly ['dʒɔlɪ] *adj* gai(e), enjoué(e) ◆ *adv* (BRIT col) rudement, drôlement ◆ *vt* (BRIT): **to jolly sb along** amadouer qn, convaincre or entraîner qn à force d'encouragements; **jolly good!** (BRIT) formidable!

jolt [dʒəult] *n* cahot *m*, secousse *f* ◆ *vt* cahoter, secouer

Jordan [dʒɔːdən] *n* (country) Jordanie *f*; (river) Jourdain *m*

jostle ['dʒɔsl] *vt* bousculer, pousser ◆ *vi* jouer des coudes

jot [dʒɔt] *n*: **not one jot** pas un brin

▶ **jot down** *vt* inscrire rapidement, noter

jotter ['dʒɔtə*] *n* (BRIT) cahier *m* (de brouillon); bloc-notes *m*

journal ['dʒəːnl] *n* journal *m*

journalism ['dʒəːnəlɪzəm] *n* journalisme *m*

journalist ['dʒəːnəlɪst] *n* journaliste *m/f*

journey ['dʒəːnɪ] *n* voyage *m*; (distance covered) trajet *m*; **a 5-hour journey** un voyage de 5 heures ◆ *vi* voyager

joy [dʒɔɪ] *n* joie *f*

joyful ['dʒɔɪful], **joyous** ['dʒɔɪəs] *adj* joyeux(euse)

joyrider ['dʒɔɪraɪdə*] *n* voleur/euse de voiture (qui fait une virée dans le véhicule volé)

joystick ['dʒɔɪstɪk] *n* (AVIAT) manche *m* à balai; (COM-PUT) manche à balai, manette *f* (de jeu)

JP *n abbr* = **Justice of the Peace**

Jr *abbr* = **junior**

jubilant ['dʒuːbɪlnt] *adj* triomphant(e), réjoui(e)

judge [dʒʌdʒ] *n* juge *m* ◆ *vt* juger; (estimate: weight, size etc) apprécier; (consider) estimer ◆ *vi*: **judging** or **to judge by his expression** d'après son expression; **as far as I can judge** autant que je puisse en juger

judg(e)ment ['dʒʌdʒmənt] *n* jugement *m*; (punishment) châtiment *m*; **in my judg(e)ment** à mon avis; **to pass judg(e)ment on** (LAW) prononcer un jugement (sur)

judicial [dʒuː'dɪʃl] *adj* judiciaire; (fair) impartial(e)

judiciary [dʒuː'dɪʃɪərɪ] *n* (pouvoir *m*) judiciaire *m*

judo ['dʒuːdəu] *n* judo *m*

jug [dʒʌg] *n* pot *m*, cruche *f*

juggernaut ['dʒʌgənɔːt] *n* (BRIT: huge truck) mas-todonte *m*

juggle ['dʒʌgl] *vi* jongler

juggler ['dʒʌglə*] *n* jongleur *m*

juice [dʒuːs] *n* jus *m*; (col: petrol): **we've run out of juice** c'est la panne sèche

juicy ['dʒuːsɪ] *adj* juteux(euse)

jukebox ['dʒuːkbɔks] *n* juke-box *m*

July [dʒuː'laɪ] *n* juillet *m*; **the first of July** le pre-mier juillet; **(on) the eleventh of July** le onze juillet; **in the month of July** au mois de juillet; **at the beginning/end of July** au début/à la fin (du mois) de juillet, début/fin juillet; **in the middle of July** au milieu (du mois) de juillet, à la mi-juillet; **during July** pendant le mois de juillet; **in July of next year** en juillet de l'année prochaine; **each** or **every July** tous les ans or chaque année en juillet; **July was wet this year** il a beaucoup plu cette année en juillet

jumble ['dʒʌmbl] *n* fouillis *m* ◆ *vt* (also: **jumble up**, **jumble together**) mélanger, brouiller

jumble sale *n* (BRIT) vente *f* de charité; *voir enca-dré*

jumbo ['dʒʌmbəu] *adj*: **jumbo jet** (avion) gros porteur *m* (à réaction); **jumbo size** format maxi or extra-grand

jump [dʒʌmp] *vi* sauter, bondir; (start) sursauter; (increase) monter en flèche ◆ *vt* sauter, franchir ◆ *n* saut *m*, bond *m*; sursaut *m*; (fence) obstacle *m*; **to jump the queue** (BRIT) passer avant son tour

▶ **jump about** *vi* sautiller

▶ **jump at** *vt fus* (fig) sauter sur; **he jumped at the offer** il s'est empressé d'accepter la

proposition

▶ **jump down** vi sauter (pour descendre)

▶ **jump up** vi se lever (d'un bond)

jumper ['dʒʌmpə*] n (BRIT: pullover) pull-over m; (US: pinafore dress) robe-chasuble f; (SPORT) sauteur/euse

jump leads, (US) **jumper cables** npl câbles mpl de démarrage

jumpy ['dʒʌmpɪ] adj nerveux(euse), agité(e)

Jun. abbr = June, junior

Junr abbr = junior

junction ['dʒʌŋkʃən] n (BRIT: of roads) carrefour m; (of rails) embranchement m

juncture ['dʒʌŋktʃə*] n: **at this juncture** à ce moment-là, sur ces entrefaites

June [dʒuːn] n juin m; for phrases see also July

jungle ['dʒʌŋgl] n jungle f

junior ['dʒuːnɪə*] adj, n: **he's junior to me (by 2 years), he's my junior (by 2 years)** il est mon cadet (de 2 ans), il est plus jeune que moi (de 2 ans); **he's junior to me** (seniority) il est en dessous de moi (dans la hiérarchie), j'ai plus d'ancienneté que lui

junior school n (BRIT) école f primaire, cours moyen

junk [dʒʌŋk] n (rubbish) bric-à-brac m inv; (ship) jonque f ♦ vt (col) abandonner, mettre au rancart

junk food n snacks vite prêts (sans valeur nutritive)

junk mail n prospectus mpl

junk shop n (boutique f de) brocanteur m

juror ['dʒuərə*] n juré m

jury ['dʒuərɪ] n jury m

just [dʒʌst] adj juste ♦ adv: **he's just done it/left** il vient de le faire/partir; **just as I expected** exactement, précisément comme je m'y attendais; **just right/two o'clock** exactement or juste ce qu'il faut/deux heures; **we were just going** nous partions; **I was just about to phone** j'allais téléphoner; **just as he was leaving** au moment or à l'instant précis où il partait; **just before/enough/here** juste avant/assez/là; **it's just me/a mistake** ce n'est que moi/(rien) qu'une erreur; **just missed/caught** manqué/attrapé de justesse; **just listen to this!** écoutez un peu ça!; **just ask someone the way** vous n'avez qu'à demander votre chemin à quelqu'un; **it's just as good** c'est (vraiment) aussi bon; **it's just as well that you ...** heureusement que vous ...; **not just now** pas tout de suite; **just a minute!, just one moment!** un instant (s'il vous plaît)!

justice ['dʒʌstɪs] n justice f; **Lord Chief Justice** (BRIT) premier président de la cour d'appel; **this photo doesn't do you justice** cette photo ne vous avantage pas

Justice of the Peace (JP) n juge m de paix

justify ['dʒʌstɪfaɪ] vt justifier; **to be justified in doing sth** être en droit de faire qch

jut [dʒʌt] vi (also: **jut out**) dépasser, faire saillie

juvenile ['dʒuːvənaɪl] adj juvénile; (court, books) pour enfants ♦ n adolescent/e

K, k [keɪ] n (letter) K, k m; **K for King** K comme Kléber

K abbr (= kilobyte) Ko; (BRIT: = Knight) titre honorifique ♦ n abbr (= one thousand) K

kangaroo [kæŋgə'ruː] n kangourou m

karate [kə'rɑːtɪ] n karaté m

kebab [kə'bæb] n kébab m

keel [kiːl] n quille f; **on an even keel** (fig) à flot

▶ **keel over** vi (NAUT) chavirer, dessaler; (person) tomber dans les pommes

keen [kiːn] adj (interest, desire, competition) (vive); (eye, intelligence) pénétrant(e); (edge) effilé(e); (eager) plein(e) d'enthousiasme; **to be keen to do** or **on doing sth** désirer vivement faire qch, tenir beaucoup à faire qch; **to be keen on sth/sb** aimer beaucoup qch/qn; **I'm not keen on going** je ne suis pas chaud pour aller, je n'ai pas très envie d'y aller

keep [kiːp] vb, pt, pp kept [kept] vt (retain, preserve) garder; (hold back) retenir; (a shop, the books, a diary) tenir; (feed: one's family etc) entretenir, assurer la subsistance de; (a promise) tenir; (chickens, bees, pigs etc) élever ♦ vi (food) se conserver; (remain: in a certain state or place) rester ♦ n (of castle) donjon m; (food etc): **enough for his keep** assez pour (assurer) sa subsistance; **to keep doing sth** continuer à faire qch; faire qch continuellement; **to keep sb from doing/sth from happening** empêcher qn de faire or que qn (ne) fasse/que qch (n')arrive; **to keep sb happy/a place tidy** faire que qn soit content/qu'un endroit reste propre; **to keep sb waiting** faire attendre qn; **to keep an appointment** ne pas manquer un rendez-vous; **to keep a record of sth** prendre note de qch; **to keep sth to o.s.** garder qch pour soi, tenir qch secret; **to keep sth (back) from sb** cacher qch à qn; **to keep time** (clock) être à l'heure, ne pas retarder

▶ **keep away** vt: **to keep sth/sb away from sb** tenir qch/qn éloigné de qn ♦ vi: **to keep away (from)** ne pas s'approcher (de)

▶ **keep back** vt (crowds, tears, money) retenir ♦ vi rester en arrière

▶ **keep down** vt (control: prices, spending) empêcher d'augmenter, limiter; (retain: food) garder ♦ vi (person) rester assis(e); rester par terre

▶ **keep in** vt (invalid, child) garder à la maison; (SCOL) consigner ♦ vi (col): **to keep in with sb** rester en bons termes avec qn

▶ **keep off** vi ne pas s'approcher; **"keep off the grass"** "pelouse interdite"

▶ **keep on** vi continuer; **to keep on doing** continuer à faire

▶ **keep out** vt empêcher d'entrer ♦ vi rester en dehors; **"keep out"** "défense d'entrer"

▶ **keep up** vi se maintenir; (fig: in comprehension) suivre ♦ vt continuer, maintenir; **to keep up with** se maintenir au niveau de; **to keep up with sb** (in race etc) aller aussi vite que qn, être du même niveau que qn

keeper ['ki:pə*] n gardien/ne

keep-fit [ki:p'fit] n gymnastique f de maintien

keeping ['ki:pɪŋ] n (care) garde f; **in keeping with** à l'avenant de; en accord avec

keepsake ['ki:pseik] n souvenir m

kennel ['kɛnl] n niche f; **kennels** npl chenil m

kerb [kə:b] n (BRIT) bordure f du trottoir

kernel ['kə:nl] n amande f; (fig) noyau m

kettle ['kɛtl] n bouilloire f

kettledrum ['kɛtldrʌm] n timbale f

key [ki:] n (gen, MUS) clé f; (of piano, typewriter) touche f; (on map) légende f ♦ cpd (-)clé

▶ **key in** vt (text) introduire au clavier

keyboard ['ki:bɔ:d] n clavier m ♦ vt (text) saisir

keyed up [ki:d'ʌp] adj: **to be (all) keyed up** être surexcité(e)

keyhole ['ki:həul] n trou m de la serrure

keyhole surgery n chirurgie très minutieuse où l'incision est minimale

keynote ['ki:nəut] n (MUS) tonique f; (fig) note dominante

key ring n porte-clés m

khaki ['kɑ:ki] adj, n kaki m

kick [kɪk] vt donner un coup de pied à ♦ vi (horse) ruer ♦ n coup m de pied; (of rifle) recul m; (col: thrill): **he does it for kicks** il le fait parce que ça l'excite, il le fait pour le plaisir

▶ **kick around** vi (col) traîner

▶ **kick off** vi (SPORT) donner le coup d'envoi

kid [kɪd] n (col: child) gamin/e, gosse m/f; (animal, leather) chevreau m ♦ vi (col) plaisanter, blaguer

kidnap ['kɪdnæp] vt enlever, kidnapper

kidnapper ['kɪdnæpə*] n ravisseur/euse

kidnapping ['kɪdnæpɪŋ] n enlèvement m

kidney ['kɪdnɪ] n (ANAT) rein m; (CULIN) rognon m

kill [kɪl] vt tuer; (fig) faire échouer; détruire; supprimer ♦ n mise f à mort; **to kill time** tuer le temps

▶ **kill off** vt exterminer; (fig) éliminer

killer ['kɪlə*] n tueur/euse; meurtrier/ière

killing ['kɪlɪŋ] n meurtre m; tuerie f, massacre m; (col): **to make a killing** se remplir les poches, réussir un beau coup ♦ adj (col) tordant(e)

killjoy ['kɪldʒɔɪ] n rabat-joie m inv

kiln [kɪln] n four m

kilo ['ki:ləu] n abbr (= kilogram) kilo m

kilobyte ['ki:ləubaɪt] n kilo-octet m

kilogram(me) ['kɪləugræm] n kilogramme m

kilometre, (US) **kilometer** ['kɪləmi:tə*] n kilomètre m

kilowatt ['kɪləuwɔt] n kilowatt m

kilt [kɪlt] n kilt m

kin [kɪn] n see **next-of-kin**, **kith**

kind [kaɪnd] adj gentil(le), aimable ♦ n sorte f, espèce f; (species) genre m; **to be two of a kind** se ressembler; **would you be kind enough to ...?**, **would you be so kind as to ...?** auriez-vous la gentillesse or l'obligeance de ...?; **it's very kind of you (to do)** c'est très aimable à vous (de faire); **in kind** (COMM) en nature; (fig): **to repay sb in kind** rendre la pareille à qn

kindergarten ['kɪndəgɑ:tn] n jardin m d'enfants

kind-hearted [kaɪnd'hɑ:tɪd] adj bon(bonne)

kindle ['kɪndl] vt allumer, enflammer

kindly ['kaɪndlɪ] adj bienveillant(e), plein(e) de gentillesse ♦ adv avec bonté; **will you kindly ...** auriez-vous la bonté or l'obligeance de ...; **he didn't take it kindly** il l'a mal pris

kindness ['kaɪndnɪs] n bonté f, gentillesse f

king [kɪŋ] n roi m

kingdom ['kɪŋdəm] n royaume m

kingfisher ['kɪŋfɪʃə*] n martin-pêcheur m

king-size bed ['kɪŋsaɪz-] n grand lit (de 1,95 m de large)

king-size(d) ['kɪŋsaɪz(d)] adj (cigarette) (format) extra-long(longue)

kiosk ['ki:ɔsk] n kiosque m; (BRIT: also: **telephone kiosk**) cabine f (téléphonique); (also: **newspaper kiosk**) kiosque à journaux

kipper ['kɪpə*] n hareng fumé et salé

kiss [kɪs] n baiser m ♦ vt embrasser; **to kiss (each other)** s'embrasser; **to kiss sb goodbye** dire au revoir à qn en l'embrassant; **kiss of life** n (BRIT) bouche à bouche m

kit [kɪt] n équipement m, matériel m; (set of tools etc) trousse f; (for assembly) kit m; **tool kit** nécessaire m à outils

▶ **kit out** vt (BRIT) équiper

kitchen ['kɪtʃɪn] n cuisine f

kitchen sink n évier m

kite [kaɪt] n (toy) cerf-volant m; (ZOOL) milan m

kitten ['kɪtn] n petit chat, chaton m

kitty ['kɪtɪ] n (money) cagnotte f

km abbr (= kilometre) km

knack [næk] n: **to have the knack (of doing)** avoir le coup (pour faire); **there's a knack** il y a un coup à prendre or une combine

knapsack ['næpsæk] n musette f

knead [ni:d] vt pétrir

knee [ni:] n genou m

kneecap ['ni:kæp] n rotule f ♦ vt tirer un coup de feu dans la rotule de

kneel, *pt, pp* **knelt** [niːl, nɛlt] *vi* (*also:* **kneel down**) s'agenouiller

knew [njuː] *pt of* **know**

knickers ['nɪkəz] *npl* (*BRIT*) culotte *f* (de femme)

knife, *pl* **knives** [naɪf] *n* couteau *m* ♦ *vt* poignarder, frapper d'un coup de couteau; **knife, fork and spoon** couvert *m*

knight [naɪt] *n* chevalier *m*; (*CHESS*) cavalier *m*

knighthood ['naɪthʊd] *n* chevalerie *f*; (*title*): **to get a knighthood** être fait chevalier

knit [nɪt] *vt* tricoter; (*fig*): **to knit together** unir ♦ *vi* (*broken bones*) se ressouder

knitting ['nɪtɪŋ] *n* tricot *m*

knitting needle *n* aiguille *f* à tricoter

knitwear ['nɪtwɛəʳ] *n* tricots *mpl*, lainages *mpl*

knives [naɪvz] *npl of* **knife**

knob [nɔb] *n* bouton *m*; (*BRIT*): **a knob of butter** une noix de beurre

knock [nɔk] *vt* frapper; (*make: hole etc*): **to knock a hole in** faire un trou dans, trouer; (*force: nail etc*): **to knock a nail into** enfoncer un clou dans; (*fig: col*) dénigrer ♦ *vi* (*engine*) cogner; (*at door etc*): **to knock at/on** frapper à/sur ♦ *n* coup *m*; **he knocked at the door** il frappa à la porte

▶ **knock down** *vt* renverser; (*price*) réduire

▶ **knock off** *vi* (*col: finish*) s'arrêter (de travailler) ♦ *vt* (*vase, object*) faire tomber; (*col: steal*) piquer; (*fig: from price etc*): **to knock off £10** faire une remise de 10 livres

▶ **knock out** *vt* assommer; (*BOXING*) mettre k.-o.

▶ **knock over** *vt* (*object*) faire tomber; (*pedestrian*) renverser

knocker ['nɔkəʳ] *n* (*on door*) heurtoir *m*

knockout ['nɔkaʊt] *n* (*BOXING*) knock-out *m*, K.-O. *m*

knot [nɔt] *n* (*gen*) nœud *m* ♦ *vt* nouer; **to tie a knot** faire un nœud

know [nəʊ] *vt, pt* **knew**, *pp* **known** [njuː, nəʊn] savoir; (*person, place*) connaître; **to know that** savoir que; **to know how to do** savoir faire; **to know about/of sth** être au courant de/connaître qch; **to get to know sth** (*fact*) apprendre qch; (*place*) apprendre à connaître qch; **I don't know him** je ne le connais pas; **to know right from wrong** savoir distinguer le bon du mauvais; **as far as I know ...** à ma connaissance ..., autant que je sache ...

know-all ['nəʊɔːl] *n* (*BRIT pej*) je-sais-tout *m/f*

know-how ['nəʊhaʊ] *n* savoir-faire *m*, technique *f*, compétence *f*

knowing ['nəʊɪŋ] *adj* (*look etc*) entendu(e)

knowingly ['nəʊɪŋlɪ] *adv* sciemment; d'un air entendu

knowledge ['nɔlɪdʒ] *n* connaissance *f*; (*learning*) connaissances, savoir *m*; **to have no knowledge of** ignorer; **not to my knowledge** pas à ma connaissance; **without my knowledge** à mon insu; **to**

have a working knowledge of French se débrouiller en français; **it is common knowledge that ...** chacun sait que ...; **it has come to my knowledge that ...** j'ai appris que ...

knowledgeable ['nɔlɪdʒəbl] *adj* bien informé(e)

knuckle ['nʌkl] *n* articulation *f* (des phalanges), jointure *f*

▶ **knuckle down** *vi* (*col*) s'y mettre

▶ **knuckle under** *vi* (*col*) céder

Koran [kɔ'rɑːn] *n* Coran *m*

Korea [kə'rɪə] *n* Corée *f*; **North/South Korea** Corée du Nord/Sud

kosher ['kəʊʃəʳ] *adj* kascher *inv*

Kosovo ['kɔsəvəʊ] *n* Kosovo *m*

L, l [ɛl] *n* (*letter*) L, l *m*; **L for Lucy**, (*US*) **L for Love** L comme Louis

L *abbr* (= *lake, large*) L; (= *left*) g; (*BRIT AUT:* = *learner*) *signale un conducteur débutant*

l *abbr* (= *litre*) l

lab [læb] *n abbr* (= *laboratory*) labo *m*

label ['leɪbl] *n* étiquette *f*; (*brand: of record*) marque *f* ♦ *vt* étiqueter; **to label sb a ...** qualifier qn de ...

labor *etc* ['leɪbəʳ] (*US*) = **labour** *etc*

laboratory [lə'bɔrətərɪ] *n* laboratoire *m*

labour, (*US*) **labor** ['leɪbəʳ] *n* (*task*) travail *m*; (*workmen*) main-d'œuvre *f*; (*MED*) travail, accouchement *m* ♦ *vi:* **to labour (at)** travailler dur (à), peiner (sur); **in labour** (*MED*) en travail

labo(u)red ['leɪbəd] *adj* lourd(e), laborieux(euse); (*breathing*) difficile, pénible; (*style*) lourd, embarrassé(e)

labo(u)rer ['leɪbərəʳ] *n* manœuvre *m*; (*on farm*) ouvrier *m* agricole

lace [leɪs] *n* dentelle *f*; (*of shoe etc*) lacet *m* ♦ *vt* (*shoe*) lacer; (*drink*) arroser, corser

lack [læk] *n* manque *m* ♦ *vt* manquer de; **through or for lack of** faute de, par manque de; **to be lacking** manquer, faire défaut; **to be lacking in** manquer de

lacquer ['lækəʳ] *n* laque *f*

lad [læd] *n* garçon *m*, gars *m*; (*BRIT: in stable etc*) lad *m*

ladder ['lædəʳ] *n* échelle *f*; (*BRIT: in tights*) maille filée ♦ *vt, vi* (*BRIT: tights*) filer

laden ['leɪdn] *adj:* **laden (with)** chargé(e) (de); **fully laden** (*truck, ship*) en pleine charge

ladle ['leɪdl] *n* louche *f*

lady ['leɪdɪ] *n* dame *f*; **Lady Smith** lady Smith; **the ladies' (room)** les toilettes *fpl* des dames; **a lady doctor** une doctoresse, une femme médecin

ladybird ['leɪdɪbəːd], (US) **ladybug** ['leɪdɪbʌg] n coccinelle f

ladylike ['leɪdɪlaɪk] adj distingué(e)

ladyship ['leɪdɪʃɪp] n: **your Ladyship** Madame la comtesse (or la baronne etc)

lag [læg] n = **time lag** ♦ vi (also: **lag behind**) rester en arrière, traîner ♦ vt (pipes) calorifuger

lager ['lɑːgə*] n bière blonde

lagoon [lə'guːn] n lagune f

laid [leɪd] pt, pp of **lay**

laid-back [leɪd'bæk] adj (col) relaxe, décontracté(e)

laid up adj alité(e)

lain [leɪn] pp of **lie**

lake [leɪk] n lac m

lamb [læm] n agneau m

lamb chop n côtelette f d'agneau

lame [leɪm] adj boiteux(euse); **lame duck** (fig) canard boiteux

lament [lə'mɛnt] n lamentation f ♦ vt pleurer, se lamenter sur

laminated ['læmɪneɪtɪd] adj laminé(e); (windscreen) (en verre) feuilleté

lamp [læmp] n lampe f

lamppost ['læmppəust] n (BRIT) réverbère m

lampshade ['læmpʃeɪd] n abat-jour m inv

lance [lɑːns] n lance f ♦ vt (MED) inciser

land [lænd] n (as opposed to sea) terre f (ferme); (country) pays m; (soil) terre; terrain m; (estate) terre(s), domaine(s) m(pl) ♦ vi (from ship) débarquer; (AVIAT) atterrir; (fig: fall) (re)tomber ♦ vt (passengers, goods) débarquer; (obtain) décrocher; **to go/travel by land** se déplacer par voie de terre; **to own land** être propriétaire foncier; **to land on one's feet** (also fig) retomber sur ses pieds

▶ **land up** vi atterrir, (finir par) se retrouver

landfill site ['lændfɪl-] n centre m d'enfouissement des déchets

landing ['lændɪŋ] n (from ship) débarquement m; (AVIAT) atterrissage m; (of staircase) palier m

landing strip n piste f d'atterrissage

landlady ['lændleɪdɪ] n propriétaire f, logeuse f

landlocked ['lændlɔkt] adj entouré(e) de terre(s), sans accès à la mer

landlord ['lændlɔːd] n propriétaire m, logeur m; (of pub etc) patron m

landmark ['lændmɑːk] n (point m de) repère m; **to be a landmark** (fig) faire date or époque

landowner ['lændəunə*] n propriétaire foncier or terrien

landscape ['lænskeɪp] n paysage m

landscape architect, landscape gardener n paysagiste m/f

landslide ['lændslaɪd] n (GEO) glissement m (de terrain); (fig: POL) raz-de-marée (électoral)

lane [leɪn] n (in country) chemin m; (in town) ruelle f; (AUT) voie f; file f; (in race) couloir m; **shipping**

lane route f maritime or de navigation

language ['læŋgwɪdʒ] n langue f; (way one speaks) langage m; **bad language** grossièretés fpl, langage grossier

language laboratory n laboratoire m de langues

lank [læŋk] adj (hair) raide et terne

lanky ['læŋkɪ] adj grand(e) et maigre, efflanqué(e)

lantern ['læntn] n lanterne f

lap [læp] n (of track) tour m (de piste); (of body): **in** or **on one's lap** sur les genoux ♦ vt (also: **lap up**) laper ♦ vi (waves) clapoter

▶ **lap up** vt (fig) boire comme du petit-lait, se gargariser de; (: lies etc) gober

lapel [lə'pɛl] n revers m

Lapland ['læplænd] n Laponie f

lapse [læps] n défaillance f; (in behaviour) écart m (de conduite) ♦ vi (LAW) cesser d'être en vigueur; se périmer; **to lapse into bad habits** prendre de mauvaises habitudes; **lapse of time** laps m de temps, intervalle m; **a lapse of memory** un trou de mémoire

laptop ['læptɔp] n (also: **laptop computer**) ordinateur portatif

larceny ['lɑːsənɪ] n vol m

larch [lɑːtʃ] n mélèze m

lard [lɑːd] n saindoux m

larder ['lɑːdə*] n garde-manger m inv

large [lɑːdʒ] adj grand(e); (person, animal) gros(grosse); **to make large** agrandir; **a large number of people** beaucoup de gens; **by and large** en général; **on a large scale** sur une grande échelle; **at large** (free) en liberté; (generally) en général; pour la plupart

largely ['lɑːdʒlɪ] adv en grande partie

large-scale ['lɑːdʒ'skeɪl] adj (map, drawing etc) à grande échelle; (fig) important(e)

lark [lɑːk] n (bird) alouette f; (joke) blague f, farce f

▶ **lark about** vi faire l'idiot, rigoler

laryngitis [lærɪn'dʒaɪtɪs] n laryngite f

laser ['leɪzə*] n laser m

laser printer n imprimante f laser

lash [læʃ] n coup m de fouet; (also: **eyelash**) cil m ♦ vt fouetter; (tie) attacher

▶ **lash down** vt attacher; amarrer; arrimer ♦ vi (rain) tomber avec violence

▶ **lash out** vi: **to lash out (at** or **against sb/sth)** attaquer violemment (qn/qch); **to lash out (on sth)** (col: spend) se fendre (de qch)

lass [læs] n (jeune) fille f

lasso [læ'suː] n lasso m ♦ vt prendre au lasso

last [lɑːst] adj dernier(ière) ♦ adv en dernier ♦ vi durer; **last week** la semaine dernière; **last night** hier soir; la nuit dernière; **at last** enfin; **last but one** avant-dernier(ière); **the last time** la dernière fois; **it lasts (for) 2 hours** ça dure 2 heures

last-ditch ['lɑːst'dɪtʃ] *adj* ultime, désespéré(e)

lasting ['lɑːstɪŋ] *adj* durable

lastly ['lɑːstlɪ] *adv* en dernier lieu, pour finir

last-minute ['lɑːstmɪnɪt] *adj* de dernière minute

latch [lætʃ] *n* loquet *m*

▶ **latch on to** *vt* (*cling to: person*) s'accrocher à; (: *idea*) trouver bon(ne)

late [leɪt] *adj* (*not on time*) en retard; (*far on in day etc*) dernier(ière); tardif(ive); (*recent*) récent(e), dernier; (*former*) ancien(ne); (*dead*) défunt(e) ♦ *adv* tard; (*behind time, schedule*) en retard; **to be late** avoir du retard; **to be 10 minutes late** avoir 10 minutes de retard; **to work late** travailler tard; **late in life** sur le tard, à un âge avancé; **of late** dernièrement; **in late May** vers la fin (du mois) de mai, fin mai; **the late Mr X** feu M. X

latecomer ['leɪtkʌmə*] *n* retardataire *m/f*

lately ['leɪtlɪ] *adv* récemment

later ['leɪtə*] *adj* (*date etc*) ultérieur(e); (*version etc*) plus récent(e) ♦ *adv* plus tard; **later on today** plus tard dans la journée

latest ['leɪtɪst] *adj* tout(e) dernier(ière); **the latest news** les dernières nouvelles; **at the latest** au plus tard

lathe [leɪð] *n* tour *m*

lather ['lɑːðə*] *n* mousse *f* (de savon) ♦ *vt* savonner ♦ *vi* mousser

Latin ['lætɪn] *n* latin *m* ♦ *adj* latin(e)

Latin America *n* Amérique latine

Latin American *adj* latino-américain(e), d'Amérique latine ♦ *n* Latino-Américain/e

latitude ['lætɪtjuːd] *n* (*also fig*) latitude *f*

latter ['lætə*] *adj* deuxième, dernier(ière) ♦ *n*: **the latter** ce dernier, celui-ci

latterly ['lætəlɪ] *adv* dernièrement, récemment

laudable ['lɔːdəbl] *adj* louable

laugh [lɑːf] *n* rire *m* ♦ *vi* rire

▶ **laugh at** *vt fus* se moquer de; (*joke*) rire de

▶ **laugh off** *vt* écarter ou rejeter par une plaisanterie ou par une boutade

laughable ['lɑːfəbl] *adj* risible, ridicule

laughing stock *n*: **the laughing stock of** la risée de

laughter ['lɑːftə*] *n* rire *m*; (*people laughing*) rires *mpl*

launch [lɔːntʃ] *n* lancement *m*; (*boat*) chaloupe *f*; (*also*: **motor launch**) vedette *f* ♦ *vt* (*ship, rocket, plan*) lancer

▶ **launch out** *vi*: **to launch out (into)** se lancer (dans)

Launderette® [lɔːn'dret], (*US*) **Laundromat®** ['lɔːndrəmæt] *n* laverie *f* (automatique)

laundry ['lɔːndrɪ] *n* blanchisserie *f*; (*clothes*) linge *m*; **to do the laundry** faire la lessive

laurel ['lɔrl] *n* laurier *m*; **to rest on one's laurels** se reposer sur ses lauriers

lava ['lɑːvə] *n* lave *f*

lavatory ['lævətərɪ] *n* toilettes *fpl*

lavender ['lævəndə*] *n* lavande *f*

lavish ['lævɪʃ] *adj* copieux(euse), somptueux(euse); (*giving freely*): **lavish with** prodigue de ♦ *vt*: **to lavish sth on sb** prodiguer qch à qn

law [lɔː] *n* loi *f*; (*science*) droit *m*; **against the law** contraire à la loi; **to study law** faire du droit; **to go to law** (*BRIT*) avoir recours à la justice; **law and order** *n* l'ordre public

law-abiding ['lɔːəbaɪdɪŋ] *adj* respectueux(euse) des lois

law court *n* tribunal *m*, cour *f* de justice

lawful ['lɔːful] *adj* légal(e), permis(e)

lawless ['lɔːlɪs] *adj* sans loi

lawn [lɔːn] *n* pelouse *f*

lawnmower ['lɔːnməuə*] *n* tondeuse *f* à gazon

lawn tennis *n* tennis *m*

law school *n* faculté *f* de droit

lawsuit ['lɔːsuːt] *n* procès *m*; **to bring a lawsuit against** engager des poursuites contre

lawyer ['lɔːjə*] *n* (*consultant, with company*) juriste *m*; (*for sales, wills etc*) ≈ notaire *m*; (*partner, in court*) ≈ avocat *m*

lax [læks] *adj* relâché(e)

laxative ['læksətɪv] *n* laxatif *m*

lay [leɪ] *pt of* **lie** ♦ *adj* laïque; profane ♦ *vt, pt, pp* **laid** [leɪd], poser, mettre; (*eggs*) pondre; (*trap*) tendre; (*plans*) élaborer; **to lay the table** mettre la table; **to lay the facts/one's proposals before sb** présenter les faits/ses propositions à qn; **to get laid** (*col!*) baiser (!), se faire baiser (!)

▶ **lay aside, lay by** *vt* mettre de côté

▶ **lay down** *vt* poser; **to lay down the law** (*fig*) faire la loi

▶ **lay in** *vt* accumuler, s'approvisionner en

▶ **lay into** *vi* (*col: attack*) tomber sur; (: *scold*) passer une engueulade à

▶ **lay off** *vt* (*workers*) licencier

▶ **lay on** *vt* (*water, gas*) mettre, installer; (*provide: meal etc*) fournir; (*paint*) étaler

▶ **lay out** *vt* (*design*) dessiner, concevoir; (*display*) disposer; (*spend*) dépenser

▶ **lay up** *vt* (*store*) amasser; (*car*) remiser; (*ship*) désarmer; (*subj: illness*) forcer à s'aliter

layabout ['leɪəbaut] *n* fainéant/e

lay-by ['leɪbaɪ] *n* (*BRIT*) aire *f* de stationnement (sur le bas-côté)

layer ['leɪə*] *n* couche *f*

layman ['leɪmən] *n* laïque *m*; profane *m*

layout ['leɪaut] *n* disposition *f*, plan *m*, agencement *m*; (*PRESS*) mise *f* en page

laze [leɪz] *vi* paresser

lazy ['leɪzɪ] *adj* paresseux(euse)

lb *abbr* (= *libra: pound*) unité de poids

lead¹ [liːd] *n* (*front position*) tête *f*; (*distance, time ahead*) avance *f*; (*clue*) piste *f*; (*to battery*) raccord *m*; (*ELEC*) fil *m*; (*for dog*) laisse *f*; (*THEAT*) rôle principal

♦ *vb, pt, pp* led [led] *vt* mener, conduire; (*induce*) amener; (*be leader of*) être à la tête de; (*SPORT*) être en tête de; (*orchestra: BRIT*) être le premier violon de; (: *US*) diriger ♦ *vi* mener, être en tête; **to lead** to mener à; (*result in*) conduire à; aboutir à; **to lead sb astray** détourner qn du droit chemin; **to be in the lead** (*SPORT: in race*) mener; (: *in match*) mener (à la marque); **to take the lead** (*SPORT*) passer en tête, prendre la tête; mener; (*fig*) prendre l'initiative; **to lead sb to believe that ...** amener qn à croire que ...; **to lead sb to do sth** amener qn à faire qch

► **lead away** *vt* emmener

► **lead back** *vt* ramener

► **lead off** *vi* (*in game etc*) commencer

► **lead on** *vt* (*tease*) faire marcher; **to lead sb on to** (*induce*) amener qn à

► **lead up to** *vt* conduire à

lead² [led] *n* (*chemical*) plomb *m*; (*in pencil*) mine *f*

leaded petrol ['lɛdɪd] *n* essence *f* au plomb

leaden ['lɛdn] *adj* de or en plomb

leader ['liːdə*] *n* (*of team*) chef *m*; (*of party etc*) dirigeant/e, leader *m*; (*in newspaper*) éditorial *m*; **they are leaders in their field** (*fig*) ils sont à la pointe du progrès dans leur domaine; **the Leader of the House** (*BRIT*) le chef de la majorité ministérielle

leadership ['liːdəʃɪp] *n* direction *f*; **under the leadership of ...** sous la direction de ...; **qualities of leadership** qualités *fpl* de chef or de meneur

lead-free ['lɛdfriː] *adj* sans plomb

leading ['liːdɪŋ] *adj* de premier plan; (*main*) principal(e); **a leading question** une question tendancieuse; **leading role** rôle prépondérant or de premier plan

leading lady *n* (*THEAT*) vedette (féminine)

leading light *n* (*person*) sommité *f*, personnalité *f* de premier plan

leading man *n* (*THEAT*) vedette (masculine)

lead singer [liːd-] *n* (*in pop group*) (chanteur *m*) vedette *f*

leaf, *pl* **leaves** [liːf, liːvz] *n* feuille *f*; (*of table*) rallonge *f*; **to turn over a new leaf** changer de conduite or d'existence; **to take a leaf out of sb's book** (*fig*) prendre exemple sur qn

► **leaf through** *vt* (*book*) feuilleter

leaflet ['liːflɪt] *n* prospectus *m*, brochure *f*; (*POL, REL*) tract *m*

league [liːg] *n* ligue *f*; (*FOOTBALL*) championnat *m*; (*measure*) lieue *f*; **to be in league with** avoir partie liée avec, être de mèche avec

leak [liːk] *n* (*out: also fig*) fuite *f*; (*in*) infiltration *f* ♦ *vi* (*pipe, liquid etc*) fuir; (*shoes*) prendre l'eau ♦ *vt* (*liquid*) répandre; (*information*) divulguer

► **leak out** *vi* fuir; (*information*) être divulgué(e)

lean [liːn] *adj* maigre ♦ *n* (*of meat*) maigre *m* ♦ *vb, pt, pp* **leaned** or **leant** [lɛnt] *vt*: **to lean sth on** appuyer qch sur ♦ *vi* (*slope*) pencher; (*rest*): **to lean against** s'appuyer contre; être appuyé(e) contre; **to lean on** s'appuyer sur

► **lean back** *vi* se pencher en arrière

► **lean forward** *vi* se pencher en avant

► **lean out** *vi*: **to lean out (of)** se pencher au dehors (de)

► **lean over** *vi* se pencher

leaning ['liːnɪŋ] *adj* penché(e) ♦ *n*: **leaning (towards)** penchant *m* (pour); **the Leaning Tower of Pisa** la tour penchée de Pise

leant [lɛnt] *pt, pp of* **lean**

leap [liːp] *n* bond *m*, saut *m* ♦ *vi, pt, pp* **leaped** or **leapt** [lɛpt] bondir, sauter; **to leap at an offer** saisir une offre

► **leap up** *vi* (*person*) faire un bond; se lever d'un bond

leapfrog ['liːpfrɒg] *n* jeu *m* de saute-mouton

leapt [lɛpt] *pt, pp of* **leap**

leap year *n* année *f* bissextile

learn, *pt, pp* **learned** or **learnt** [ləːn, -t] *vt, vi* apprendre; **to learn how to do sth** apprendre à faire qch; **we were sorry to learn that ...** nous apprenons avec regret que ...; **to learn about sth** (*SCOL*) étudier qch; (*hear*) apprendre qch

learned ['ləːnɪd] *adj* érudit(e), savant(e)

learner ['ləːnə*] *n* débutant/e; (*BRIT: also*: **learner driver**) (conducteur/trice) débutant/e

learning ['ləːnɪŋ] *n* savoir *m*

lease [liːs] *n* bail *m* ♦ *vt* louer à bail; **on lease** en location

► **lease back** *vt* vendre en cession-bail

leash [liːʃ] *n* laisse *f*

least [liːst] *adj*: **the least** (+ *noun*) le(la) plus petit(e), le(la) moindre; (*smallest amount of*) le moins de; **the least** (+ *adjective*) le(la) moins; **the least money** le moins d'argent; **the least expensive** le moins cher; **at least** au moins; **not in the least** pas le moins du monde

leather ['lɛðə*] *n* cuir *m* ♦ *cpd* en or de cuir; **leather goods** maroquinerie *f*

leave [liːv] *vb, pt, pp* **left** [lɛft] *vt* laisser; (*go away from*) quitter ♦ *vi* partir, s'en aller ♦ *n* (*time off*) congé *m*; (*MIL, consent*) permission *f*; **to be left** rester; **there's some milk left over** il reste du lait; **to leave school** quitter l'école, terminer sa scolarité; **leave it to me!** laissez-moi faire!, je m'en occupe!; **on leave** en permission; **to take one's leave of** prendre congé de; **leave of absence** *n* congé exceptionnel; (*MIL*) permission spéciale

► **leave behind** *vt* (*also fig*) laisser; (*opponent in race*) distancer; (*forget*) laisser, oublier

► **leave off** *vt* (*cover, lid, heating*) ne pas (re)mettre; (*light*) ne pas (r)allumer, laisser éteint(e); (*BRIT col: stop*): **to leave off (doing sth)** s'arrêter (de faire qch)

► **leave on** *vt* (*coat etc*) garder, ne pas enlever; (*lid*) laisser dessus; (*light, fire, cooker*) laisser allumé(e)

▶ **leave out** vt oublier, omettre

leaves [liːvz] npl of **leaf**

Lebanon ['lebənən] n Liban m

lecherous ['letʃərəs] adj lubrique

lecture ['lektʃəʳ] n conférence f; (SCOL) cours (magistral) ♦ vi donner des cours; enseigner ♦ vt (reprove) sermonner, réprimander; **to lecture on** faire un cours (or son cours) sur; **to give a lecture (on)** faire une conférence (sur), faire un cours (sur)

lecturer ['lektʃərəʳ] n (speaker) conférencier/ière; (BRIT: at university) professeur m (d'université), ≈ maître assistant, ≈ maître de conférences; **assistant lecturer** (BRIT) ≈ assistant/e; **senior lecturer** (BRIT) ≈ chargé/e d'enseignement

led [led] pt, pp of **lead**[1]

ledge [ledʒ] n (of window, on wall) rebord m; (of mountain) saillie f, corniche f

ledger ['ledʒəʳ] n registre m, grand livre

leech [liːtʃ] n sangsue f

leek [liːk] n poireau m

leer [lɪəʳ] vi: **to leer at sb** regarder qn d'un air mauvais or concupiscent, lorgner qn

leeway ['liːweɪ] n (fig): **to make up leeway** rattraper son retard; **to have some leeway** avoir une certaine liberté d'action

left [left] pt, pp of **leave** ♦ adj gauche ♦ adv à gauche ♦ n gauche f; **on the left, to the left** à gauche; **the Left** (POL) la gauche

left-handed [left'hændɪd] adj gaucher(ère); (scissors etc) pour gauchers

left-hand side ['lefthænd-] n gauche f, côté m gauche

left-luggage locker [left'lʌgɪdʒ-] n (casier m à) consigne f automatique

left-luggage (office) [left'lʌgɪdʒ(-)] n (BRIT) consigne f

leftovers ['leftəʊvəz] npl restes mpl

left wing [left'wɪŋ] n (MIL, SPORT) aile f gauche; (POL) gauche f ♦ adj: **left-wing** (POL) de gauche

leg [leg] n jambe f; (of animal) patte f; (of furniture) pied m; (CULIN: of chicken) cuisse f; **1st/2nd leg** (SPORT) match m aller/retour; (of journey) 1ère/2ème étape; **leg of lamb** (CULIN) gigot m d'agneau; **to stretch one's legs** se dégourdir les jambes

legacy ['legəsɪ] n (also fig) héritage m, legs m

legal ['liːgl] adj légal(e); **to take legal action** or **proceedings against sb** poursuivre qn en justice

legal holiday (US) n jour férié

legal tender n monnaie légale

legend ['ledʒənd] n légende f

leggings ['legɪŋz] npl jambières fpl, guêtres fpl

legible ['ledʒəbl] adj lisible

legislation [ledʒɪs'leɪʃən] n législation f; **a piece of legislation** un texte de loi

legislature ['ledʒɪslətʃəʳ] n corps législatif

legitimate [lɪ'dʒɪtɪmət] adj légitime

leg-room ['legruːm] n place f pour les jambes

leisure ['leʒəʳ] n (time) loisir m, temps m; (free time) temps libre, loisirs mpl; **at leisure** (tout) à loisir; à tête reposée

leisure centre n centre m de loisirs

leisurely ['leʒəlɪ] adj tranquille, fait(e) sans se presser

lemon ['lemən] n citron m

lemonade [lemə'neɪd] n limonade f

lemon tea n thé m au citron

lend, pt, pp **lent** [lend, lent] vt: **to lend sth (to sb)** prêter qch (à qn); **to lend a hand** donner un coup de main

length [leŋθ] n longueur f; (section: of road, pipe etc) morceau m, bout m; **length of time** durée f; **what length is it?** quelle longueur fait-il?; **it is 2 metres in length** cela fait 2 mètres de long; **to fall full length** tomber de tout son long; **at length** (at last) enfin, à la fin; (lengthily) longuement; **to go to any length(s) to do sth** faire n'importe quoi pour faire qch, ne reculer devant rien pour faire qch

lengthen ['leŋθn] vt allonger, prolonger ♦ vi s'allonger

lengthways ['leŋθweɪz] adv dans le sens de la longueur, en long

lengthy ['leŋθɪ] adj (très) long(longue)

lenient ['liːnɪənt] adj indulgent(e), clément(e)

lens [lenz] n lentille f; (of spectacles) verre m; (of camera) objectif m

Lent [lent] n carême m

lent [lent] pt, pp of **lend**

lentil ['lentl] n lentille f

Leo ['liːəʊ] n le Lion; **to be Leo** être du Lion

leotard ['liːətɑːd] n maillot m (de danseur etc)

leprosy ['leprəsɪ] n lèpre f

lesbian ['lezbɪən] n lesbienne f ♦ adj lesbien(ne)

less [les] adj moins de ♦ pron, adv moins; **less than that/you** moins que cela/ vous; **less than half** moins de la moitié; **less than one/a kilo/3 metres** moins de un/d'un kilo/de 3 mètres; **less and less** de moins en moins; **the less he works …** moins il travaille …

lessen ['lesn] vi diminuer, s'amoindrir, s'atténuer ♦ vt diminuer, réduire, atténuer

lesser ['lesəʳ] adj moindre; **to a lesser extent** or **degree** à un degré moindre

lesson ['lesn] n leçon f; **a maths lesson** une leçon or un cours de maths; **to give lessons in** donner des cours de; **it taught him a lesson** (fig) cela lui a servi de leçon

let, pt, pp **let** [let] vt laisser; (BRIT: lease) louer; **to let sb do sth** laisser qn faire qch; **to let sb know sth** faire savoir qch à qn, prévenir qn de qch; **he let me go** il m'a laissé partir; **let the water boil and …** faites bouillir l'eau et …; **let's go** allons-y; **let him come** qu'il vienne; **"to let"** (BRIT) "à louer"

▶ **let down** vt (lower) baisser; (dress) rallonger;

(*hair*) défaire; (*BRIT: tyre*) dégonfler; (*disappoint*) décevoir
▶ **let go** *vi* lâcher prise ♦ *vt* lâcher
▶ **let in** *vt* laisser entrer; (*visitor etc*) faire entrer; **what have you let yourself in for?** à quoi t'es-tu engagé?
▶ **let off** *vt* (*allow to leave*) laisser partir; (*not punish*) ne pas punir; (*subj: taxi driver, bus driver*) déposer; (*firework etc*) faire partir; (*smell etc*) dégager; **to let off steam** (*fig: col*) se défouler, décharger sa rate *or* bile
▶ **let on** *vi* (*col*): **to let on that ...** révéler que ..., dire que ...
▶ **let out** *vt* laisser sortir; (*dress*) élargir; (*scream*) laisser échapper; (*rent out*) louer
▶ **let up** *vi* diminuer, s'arrêter
lethal ['liːθl] *adj* mortel(le), fatal(e)
letter ['lɛtə*] *n* lettre *f*; **letters** *npl* (*LITERATURE*) lettres; **small/capital letter** minuscule *f*/majuscule *f*; **letter of credit** lettre *f* de crédit
letter bomb *n* lettre piégée
letterbox ['lɛtəbɒks] *n* (*BRIT*) boîte *f* aux *or* à lettres
lettering ['lɛtərɪŋ] *n* lettres *fpl*; caractères *mpl*
lettuce ['lɛtɪs] *n* laitue *f*, salade *f*
let-up ['lɛtʌp] *n* répit *m*, détente *f*
leukaemia, (*US*) **leukemia** [luːˈkiːmɪə] *n* leucémie *f*
level ['lɛvl] *adj* plat(e), plan(e), uni(e); horizontal(e) ♦ *n* niveau *m*; (*flat place*) terrain plat; (*also:* **spirit level**) niveau à bulle ♦ *vt* niveler, aplanir; (*gun*) pointer, braquer; (*accusation*): **to level (against)** lancer *or* porter (contre) ♦ *vi* (*col*): **to level with sb** être franc(franche) avec qn; "**A**" **levels** *npl* (*BRIT: formerly*) ≈ baccalauréat *m*; "**O**" **levels** *npl* (*BRIT: formerly*) examens passés à l'âge de 16 ans sanctionnant les connaissances de l'élève, ≈ brevet *m* des collèges; **a level spoonful** (*CULIN*) une cuillerée à raser; **to be level with** être au même niveau que; **to draw level with** (*team*) arriver à égalité de points avec, égaliser avec; arriver au même classement que; (*runner, car*) arriver à la hauteur de, rattraper; **on the level** à l'horizontale; (*fig: honest*) régulier(ière)
▶ **level off, level out** *vi* (*prices etc*) se stabiliser ♦ *vt* (*ground*) aplanir, niveler
level crossing *n* (*BRIT*) passage *m* à niveau
level-headed [lɛvl'hɛdɪd] *adj* équilibré(e)
lever ['liːvə*] *n* levier *m* ♦ *vt*: **to lever up/out** soulever/extraire au moyen d'un levier
leverage ['liːvərɪdʒ] *n*: **leverage (on** *or* **with)** prise *f*(sur)
levy ['lɛvɪ] *n* taxe *f*, impôt *m* ♦ *vt* prélever, imposer, percevoir
lewd [luːd] *adj* obscène, lubrique
liability [laɪə'bɪlɪtɪ] *n* responsabilité *f*; (*handicap*) handicap *m*
liable ['laɪəbl] *adj* (*subject*): **liable to** sujet(te) à, passible de; (*responsible*): **liable (for)** responsable

(de); (*likely*): **liable to do** susceptible de faire; **to be liable to a fine** être passible d'une amende
liaise [liːˈeɪz] *vi*: **to liaise with** rester en liaison avec
liaison [liːˈeɪzɒn] *n* liaison *f*
liar ['laɪə*] *n* menteur/euse
libel ['laɪbl] *n* écrit *m* diffamatoire, diffamation *f* ♦ *vt* diffamer
liberal ['lɪbərl] *adj* libéral(e); (*generous*): **liberal with** prodigue de, généreux(euse) avec ♦ *n*: **Liberal** (*POL*) libéral/e
liberation [lɪbəˈreɪʃən] *n* libération *f*
liberty ['lɪbətɪ] *n* liberté *f*; **at liberty to do** libre de faire; **to take the liberty of** prendre la liberté de, se permettre de
Libra ['liːbrə] *n* la Balance; **to be Libra** être de la Balance
librarian [laɪˈbrɛərɪən] *n* bibliothécaire *m/f*
library ['laɪbrərɪ] *n* bibliothèque *f*
libretto [lɪˈbrɛtəu] *n* livret *m*
Libya ['lɪbɪə] *n* Libye *f*
lice [laɪs] *npl of* **louse**
licence, (*US*) **license** ['laɪsns] *n* autorisation *f*, permis *m*; (*COMM*) licence *f*; (*RADIO, TV*) redevance *f*; (*also:* **driving licence**, (*US*) **driver's license**) permis *m* (de conduire), (*excessive freedom*) licence; **import licence** licence d'importation; **produced under licence** fabriqué/e sous licence
licence number *n* (*BRIT AUT*) numéro *m* d'immatriculation
licence plate *n* plaque *f* minéralogique
license ['laɪsns] *n* (*US*) = **licence** ♦ *vt* donner une licence à; (*car*) acheter la vignette de; délivrer la vignette de
licensed ['laɪsnst] *adj* (*for alcohol*) patenté(e) pour la vente des spiritueux, qui a une patente de débit de boissons
lick [lɪk] *vt* lécher; (*col: defeat*) écraser, flanquer une piquette *or* raclée à ♦ *n* coup *m* de langue; **a lick of paint** un petit coup de peinture
licorice ['lɪkərɪs] *n* = **liquorice**
lid [lɪd] *n* couvercle *m*; **to take the lid off sth** (*fig*) exposer *or* étaler qch au grand jour
lie [laɪ] *n* mensonge *m* ♦ *vi* mentir; *pt* **lay**, *pp* **lain** [leɪ, leɪn] (*rest*) être étendu(e) *or* allongé(e) *or* couché(e); (*in grave*) être enterré(e), reposer; (*of object: be situated*) se trouver, être; **to lie low** (*fig*) se cacher, rester caché(e); **to tell lies** mentir
▶ **lie about, lie around** *vi* (*things*) traîner; (*person*) traînasser, flemmarder
▶ **lie back** *vi* se renverser en arrière
▶ **lie down** *vi* se coucher, s'étendre
▶ **lie up** *vi* (*hide*) se cacher
lie-down ['laɪdaun] *n* (*BRIT*): **to have a lie-down** s'allonger, se reposer
lie-in ['laɪɪn] *n* (*BRIT*): **to have a lie-in** faire la grasse matinée

lieutenant [lef'tenant, (US) luː'tenant] n lieutenant m

life, pl: **lives** [laıf, laıvz] n vie f ♦ cpd de vie; de la vie; à vie; **true to life** réaliste, fidèle à la réalité; **to paint from life** peindre d'après nature; **to be sent to prison for life** être condamné(e) (à la réclusion criminelle) à perpétuité; **country/city life** la vie à la campagne/à la ville

life assurance n (BRIT) = **life insurance**

lifebelt ['laıfbelt] n (BRIT) bouée f de sauvetage

lifeboat ['laıfbəut] n canot m or chaloupe f de sauvetage

lifebuoy ['laıfbɔı] n bouée f de sauvetage

lifeguard ['laıfgɑːd] n surveillant m de baignade

life insurance n assurance-vie f

life jacket n gilet m or ceinture f de sauvetage

lifeless ['laıflıs] adj sans vie, inanimé(e); (dull) qui manque de vie or de vigueur

lifelike ['laıflaık] adj qui semble vrai(e) or vivant(e), ressemblant(e)

lifelong ['laıflɔŋ] adj de toute une vie, de toujours

life preserver [-prı'zɜːvə*] n (US) gilet m or ceinture f de sauvetage

life-saving ['laıfseıvıŋ] n sauvetage m

life sentence n condamnation f à vie or à perpétuité

life-size(d) ['laıfsaız(d)] adj grandeur nature inv

life span n (durée f de) vie f

lifestyle ['laıfstaıl] n style m de vie

life-support system n (MED) respirateur artificiel

lifetime ['laıftaım] n: **in his lifetime** de son vivant; **the chance of a lifetime** la chance de ma (or sa etc) vie, une occasion unique

lift [lıft] vt soulever, lever; (steal) prendre, voler ♦ vi (fog) se lever ♦ n (BRIT: elevator) ascenseur m; **to give sb a lift** (BRIT) emmener or prendre qn en voiture

▶ **lift off** vi (rocket, helicopter) décoller

▶ **lift out** vt sortir; (troops, evacuees etc) évacuer par avion or hélicoptère

▶ **lift up** vt soulever

lift-off ['lıftɔf] n décollage m

light [laıt] n lumière f; (daylight) lumière, jour m; (lamp) lampe f; (AUT: traffic light, rear light) feu m; (: headlamp) phare m; (for cigarette etc): **have you got a light?** avez-vous du feu? ♦ vt, pt, pp **lighted** or **lit** [lıt] (candle, cigarette, fire) allumer; (room) éclairer ♦ adj (room, colour) clair(e); (not heavy, also fig) léger(ère) ♦ adv (travel) avec peu de bagages; **to turn the light on/off** allumer/éteindre; **to cast** or **shed** or **throw light on** éclaircir; **to come to light** être dévoilé(e) or découvert(e); **in the light of** à la lumière de; étant donné; **to make light of sth** (fig) prendre qch à la légère, faire peu de cas de qch

▶ **light up** vi s'allumer; (face) s'éclairer ♦ vt (illuminate) éclairer, illuminer

light bulb n ampoule f

lighten ['laıtn] vi s'éclairer ♦ vt (give light to) éclairer; (make lighter) éclaircir; (make less heavy) alléger

lighter ['laıtə*] n (also: **cigarette lighter**) briquet m; (: in car) allume-cigare m inv; (boat) péniche f

light-headed [laıt'hedıd] adj étourdi(e), écervelé(e)

light-hearted [laıt'hɑːtıd] adj gai(e), joyeux(euse), enjoué(e)

lighthouse ['laıthaus] n phare m

lighting ['laıtıŋ] n (on road) éclairage m; (in theatre) éclairages

lightly ['laıtlı] adv légèrement; **to get off lightly** s'en tirer à bon compte

lightness ['laıtnıs] n clarté f; (in weight) légèreté f

lightning ['laıtnıŋ] n éclair m, foudre f

lightning conductor, (US) **lightning rod** n paratonnerre m

light pen n crayon m optique

lightweight ['laıtweıt] adj (suit) léger(ère); (boxer) poids léger inv

like [laık] vt aimer (bien) ♦ prep comme ♦ adj semblable, pareil(le) ♦ n: **the like** un(e) pareil(le) or semblable; le(la) pareil(le); (pej) (d')autres du même genre or acabit; **his likes and dislikes** ses goûts mpl or préférences fpl; **I would like, I'd like** je voudrais, j'aimerais; **would you like a coffee?** voulez-vous du café?; **to be/look like sb/sth** ressembler à qn/qch; **what's he like?** comment est-il?; **what's the weather like?** quel temps fait-il?; **that's just like him** c'est bien de lui, ça lui ressemble; **something like that** quelque chose comme ça; **I feel like a drink** je boirais bien quelque chose; **if you like** si tu veux; **there's nothing like ...** il n'y a rien de tel que ...

likeable ['laıkəbl] adj sympathique, agréable

likelihood ['laıklıhud] n probabilité f; **in all likelihood** selon toute vraisemblance

likely ['laıklı] adj (result, outcome) probable; (excuse) plausible; **he's likely to leave** il va sûrement partir, il risque fort de partir; **not likely!** (col) pas de danger!

likeness ['laıknıs] n ressemblance f

likewise ['laıkwaız] adv de même, pareillement

liking ['laıkıŋ] n affection f, penchant m; goût m; **to take a liking to sb** se prendre d'amitié pour qn; **to be to sb's liking** être au goût de qn, plaire à qn

lilac ['laılək] n lilas m ♦ adj lilas inv

lily ['lılı] n lis m; **lily of the valley** muguet m

limb [lım] n membre m; **to be out on a limb** (fig) être isolé/e

limber ['lımbə*]: **to limber up** vi se dégourdir, se mettre en train

limbo ['lımbəu] n: **to be in limbo** (fig) être tombé(e) dans l'oubli

lime [laım] n (tree) tilleul m; (fruit) citron vert, lime f; (GEO) chaux f

limelight ['laɪmlaɪt] *n*: **in the limelight** (*fig*) en vedette, au premier plan

limerick ['lɪmərɪk] *n* petit poème humoristique

limestone ['laɪmstəʊn] *n* pierre *f* à chaux; (*GEO*) calcaire *m*

limit ['lɪmɪt] *n* limite *f* ♦ *vt* limiter; **weight/speed limit** limite de poids/de vitesse

limited ['lɪmɪtɪd] *adj* limité(e), restreint(e); **limited edition** édition *f* à tirage limité

limited (liability) company (Ltd) *n* (*BRIT*) ≈ société *f* anonyme (SA)

limousine ['lɪməziːn] *n* limousine *f*

limp [lɪmp] *n*: **to have a limp** boiter ♦ *vi* boiter ♦ *adj* mou(molle)

limpet ['lɪmpɪt] *n* patelle *f*; **like a limpet** (*fig*) comme une ventouse

line [laɪn] *n* (*gen*) ligne *f*; (*rope*) corde *f*; (*wire*) fil *m*; (*of poem*) vers *m*; (*row, series*) rangée *f*; file *f*, queue *f*; (*COMM: series of goods*) article(s) *m(pl)*, ligne de produits ♦ *vt* (*clothes*): **to line (with)** doubler (de); (*box*): **to line (with)** garnir *or* tapisser (de); (*trees, crowd*) border; **to cut in line** (*US*) passer avant son tour; **in his line of business** dans sa partie, dans son rayon; **on the right lines** sur la bonne voie; **a new line in cosmetics** une nouvelle ligne de produits de beauté; **hold the line please** (*BRIT TEL*) ne quittez pas; **to be in line for sth** (*fig*) être en lice pour qch; **in line with** en accord avec, en conformité avec; **to bring sth into line with sth** aligner qch sur qch; **to draw the line at (doing) sth** (*fig*) se refuser à (faire) qch; ne pas tolérer *or* admettre (qu'on fasse) qch; **to take the line that …** être d'avis *or* de l'opinion que …

▶ **line up** *vi* s'aligner, se mettre en rang(s) ♦ *vt* aligner; (*set up, have ready*) prévoir; trouver; **to have sb/sth lined up** avoir qn/qch en vue *or* de prévu(e)

lined [laɪnd] *adj* (*paper*) réglé(e); (*face*) marqué(e), ridé(e); (*clothes*) doublé(e)

linen ['lɪnɪn] *n* linge *m* (de corps *or* de maison); (*cloth*) lin *m*

liner ['laɪnə*] *n* paquebot *m* de ligne

linesman ['laɪnzmən] *n* (*TENNIS*) juge *m* de ligne; (*FOOTBALL*) juge de touche

line-up ['laɪnʌp] *n* file *f*; (*also*: **police line-up**) parade *f* d'identification; (*SPORT*) (composition *f* de l')équipe *f*

linger ['lɪŋɡə*] *vi* s'attarder; traîner; (*smell, tradition*) persister

linguist ['lɪŋɡwɪst] *n* linguiste *m/f*; personne douée pour les langues

linguistics [lɪŋ'ɡwɪstɪks] *n* linguistique *f*

lining ['laɪnɪŋ] *n* doublure *f*; (*TECH*) revêtement *m*; (: *of brakes*) garniture *f*

link [lɪŋk] *n* (*of a chain*) maillon *m*; (*connection*) lien *m*, rapport *m* ♦ *vt* relier, lier, unir; **rail link** liaison *f* ferroviaire

▶ **link up** *vt* relier ♦ *vi* se rejoindre; s'associer

lino ['laɪnəʊ] *n* = **linoleum**

linoleum [lɪ'nəʊlɪəm] *n* linoléum *m*

lion ['laɪən] *n* lion *m*

lioness ['laɪənɪs] *n* lionne *f*

lip [lɪp] *n* lèvre *f*; (*of cup etc*) rebord *m*; (*insolence*) insolences *fpl*

liposuction ['lɪpəʊsʌkʃən] *n* liposuccion *f*

lip-read ['lɪprɪd] *vi* lire sur les lèvres

lip salve [-sælv] *n* pommade *f* pour les lèvres, pommade rosat

lip service *n*: **to pay lip service to sth** ne reconnaître le mérite de qch que pour la forme *or* qu'en paroles

lipstick ['lɪpstɪk] *n* rouge *m* à lèvres

liqueur [lɪ'kjʊə*] *n* liqueur *f*

liquid ['lɪkwɪd] *n* liquide *m* ♦ *adj* liquide

liquidize ['lɪkwɪdaɪz] *vt* (*BRIT CULIN*) passer au mixer

liquidizer ['lɪkwɪdaɪzə*] *n* (*BRIT CULIN*) mixer *m*

liquor ['lɪkə*] *n* spiritueux *m*, alcool *m*

liquorice ['lɪkərɪs] *n* (*BRIT*) réglisse *m*

liquor store (*US*) *n* magasin *m* de vins et spiritueux

lisp [lɪsp] *n* zézaiement *m*

list [lɪst] *n* liste *f*; (*of ship*) inclinaison *f* ♦ *vt* (*write down*) inscrire; faire la liste de; (*enumerate*) énumérer; (*COMPUT*) lister ♦ *vi* (*ship*) gîter, donner de la bande; **shopping list** liste des courses

listed building ['lɪstɪd-] *n* (*ARCHIT*) monument classé

listen ['lɪsn] *vi* écouter; **to listen to** écouter

listener ['lɪsnə*] *n* auditeur/trice

listless ['lɪstlɪs] *adj* indolent(e), apathique

lit [lɪt] *pt, pp of* **light**

liter ['liːtə*] *n* (*US*) = **litre**

literacy ['lɪtərəsɪ] *n* degré *m* d'alphabétisation, fait *m* de savoir lire et écrire

literal ['lɪtərl] *adj* littéral(e)

literally ['lɪtrəlɪ] *adv* littéralement

literary ['lɪtərərɪ] *adj* littéraire

literate ['lɪtərət] *adj* qui sait lire et écrire, instruit(e)

literature ['lɪtrɪtʃə*] *n* littérature *f*; (*brochures etc*) copie *f* publicitaire, prospectus *mpl*

lithe [laɪð] *adj* agile, souple

litigation [lɪtɪ'ɡeɪʃən] *n* litige *m*; contentieux *m*

litre, (*US*) **liter** ['liːtə*] *n* litre *m*

litter ['lɪtə*] *n* (*rubbish*) détritus *mpl*, ordures *fpl*; (*young animals*) portée *f* ♦ *vt* éparpiller; laisser des détritus dans; **littered with** jonché(e) de, couvert(e) de

litter bin *n* (*BRIT*) boîte *f* à ordures, poubelle *f*

little ['lɪtl] *adj* (*small*) petit(e); (*not much*): **it's little** c'est peu ♦ *adv* peu; **little milk** peu de lait; **a little** un peu (de); **a little milk** un peu de lait; **for a little while** pendant un petit moment; **with little difficulty** sans trop de difficulté; **as little as possible** le moins possible; **little by little** petit à petit, peu à peu; **to make little of** faire peu de cas de

live vi [lɪv] vivre; (reside) vivre, habiter ◆ adj [laɪv] (animal) vivant(e), en vie; (wire) sous tension; (broadcast) (transmis(e)) en direct; (issue) d'actualité, brûlant(e); (unexploded) non explosé(e); **to live in London** habiter (à) Londres; **to live together** vivre ensemble, cohabiter; **live ammunition** munitions fpl de combat

▶ **live down** vt faire oublier (avec le temps)

▶ **live in** vi être logé(e) et nourri(e); être interne

▶ **live off** vt (land, fish etc) vivre de; (pej: parents etc) vivre aux crochets de

▶ **live on** vt fus (food) vivre de ◆ vi survivre; **to live on £50 a week** vivre avec 50 livres par semaine

▶ **live out** vi (BRIT: students) être externe ◆ vt: **to live out one's days** or **life** passer sa vie

▶ **live up** vt: **to live it up** (col) faire la fête; mener la grande vie

▶ **live up to** vt fus se montrer à la hauteur de

livelihood ['laɪvlɪhud] n moyens mpl d'existence

lively ['laɪvlɪ] adj vif(vive) plein(e) d'entrain

liven up ['laɪvn-] vt (room etc) égayer; (discussion, evening) animer

liver ['lɪvə*] n foie m

lives [laɪvz] npl of **life**

livestock ['laɪvstɔk] n cheptel m, bétail m

livid ['lɪvɪd] adj livide, blafard(e); (furious) furieux(euse), furibond(e)

living ['lɪvɪŋ] adj vivant(e), en vie ◆ n: **to earn** or **make a living** gagner sa vie; **cost of living** coût m de la vie; **within living memory** de mémoire d'homme

living conditions npl conditions fpl de vie

living room n salle f de séjour

living standards npl niveau m de vie

living wage n salaire m permettant de vivre (décemment)

lizard ['lɪzəd] n lézard m

load [laud] n (weight) poids m; (thing carried) chargement m, charge f; (ELEC, TECH) charge ◆ vt (lorry, ship): **to load (with)** charger (de); (gun, camera): **to load (with)** charger (avec); (COMPUT) charger; **a load of, loads of** (fig) un or des tas de, des masses de

loaded ['laudɪd] adj (dice) pipé(e); (question) insidieux(euse); (col: rich) bourré(e) de fric; (: drunk) bourré

loaf, pl **loaves** [lauf, lauvz] n pain m, miche f ◆ vi (also: **loaf about, loaf around**) fainéanter, traîner

loan [ləun] n prêt m ◆ vt prêter; **on loan** prêté(e), en prêt; **public loan** emprunt public

loath [ləuθ] adj: **to be loath to do** répugner à faire

loathe [ləuð] vt détester, avoir en horreur

loaves [ləuvz] npl of **loaf**

lobby ['lɔbɪ] n hall m, entrée f; (POL) groupe m de pression, lobby m ◆ vt faire pression sur

lobster ['lɔbstə*] n homard m

local ['ləukl] adj local(e) ◆ n (BRIT: pub) pub m or café m du coin; **the locals** npl les gens mpl du pays or du coin

local anaesthetic n anesthésie locale

local authority n collectivité locale, municipalité f

local call n (TEL) communication urbaine

local government n administration locale or municipale

locality [ləu'kælɪtɪ] n région f, environs mpl; (position) lieu m

locate [ləu'keɪt] vt (find) trouver, repérer; (situate) situer

location [ləu'keɪʃən] n emplacement m; **on location** (CINE) en extérieur

loch [lɔx] n lac m, loch m

lock [lɔk] n (of door, box) serrure f; (of canal) écluse f; (of hair) mèche f, boucle f ◆ vt (with key) fermer à clé; (immobilize) bloquer ◆ vi (door etc) fermer à clé; (wheels) se bloquer; **lock stock and barrel** (fig) en bloc; **on full lock** (BRIT AUT) le volant tourné à fond

▶ **lock away** vt (valuables) mettre sous clé; (criminal) mettre sous les verrous, enfermer

▶ **lock in** vt enfermer

▶ **lock out** vt enfermer dehors; (on purpose) mettre à la porte; (: workers) lock-outer

▶ **lock up** vi tout fermer (à clé)

locker ['lɔkə*] n casier m

locket ['lɔkɪt] n médaillon m

locksmith ['lɔksmɪθ] n serrurier m

lock-up ['lɔkʌp] n (prison) prison f; (cell) cellule f provisoire; (also: **lock-up garage**) box m

locum ['laukəm] n (MED) suppléant/e (de médecin)

lodge [lɔdʒ] n pavillon m (de gardien); (FREEMASONRY) loge f ◆ vi (person): **to lodge with** être logé(e) chez, être en pension chez ◆ vt (appeal etc) présenter; déposer; **to lodge a complaint** porter plainte; **to lodge (itself) in/between** se loger dans/entre

lodger ['lɔdʒə*] n locataire m/f; (with room and meals) pensionnaire m/f

lodgings ['lɔdʒɪŋz] npl chambre f, meublé m

loft [lɔft] n grenier m; (US) grenier aménagé en appartement (gén dans ancien entrepôt ou fabrique)

lofty ['lɔftɪ] adj élevé(e); (haughty) hautain(e); (sentiments, aims) noble

log [lɔg] n (of wood) bûche f; (book) = **logbook** ◆ n abbr (= logarithm) log m ◆ vt enregistrer

▶ **log in, log on** vi (COMPUT) ouvrir une session, entrer dans le système

▶ **log off, log out** vi (COMPUT) clore une session, sortir du système

logbook ['lɔgbuk] n (NAUT) livre m or journal m de bord; (AVIAT) carnet m de vol; (of lorry driver) carnet de route; (of movement of goods etc) registre m; (of car) = carte grise

loggerheads ['lɔgəhedz] npl: **at loggerheads**

(with) à couteaux tirés (avec)

logic ['lɒdʒɪk] n logique f

logical ['lɒdʒɪkl] adj logique

loin [lɔɪn] n (CULIN) filet m, longe f; **loins** npl reins mpl

loiter ['lɔɪtə*] vi s'attarder; **to loiter (about)** traîner, musarder; (pej) rôder

loll [lɒl] vi (also: **loll about**) se prélasser, fainéanter

lollipop ['lɒlɪpɒp] n sucette f

lollipop lady/man n (BRIT) voir encadré

LOLLIPOP LADIES/MEN

Les **lollipop ladies/men** sont employés pour aider les enfants à traverser la rue à proximité des écoles à l'heure où ils entrent en classe et à la sortie. On les repère facilement à cause de leur long ciré blanc et ils portent une pancarte ronde pour faire signe aux automobilistes de s'arrêter. On les appelle ainsi car la forme circulaire de cette pancarte rappelle une sucette.

lolly ['lɒlɪ] n (col: ice) esquimau m; (: lollipop) sucette f; (: money) fric m

London ['lʌndən] n Londres

Londoner ['lʌndənə*] n Londonien/ne

lone [ləʊn] adj solitaire

loneliness ['ləʊnlɪnɪs] n solitude f, isolement m

lonely ['ləʊnlɪ] adj seul(e); (childhood etc) solitaire; (place) solitaire, isolé(e)

long [lɒŋ] adj long(longue) ♦ adv longtemps ♦ n: **the long and the short of it is that ...** (fig) le fin mot de l'histoire c'est que ... ♦ vi: **to long for sth/to do** avoir très envie de qch/de faire, attendre qch avec impatience/impatience de faire; **he had long understood that ...** il avait compris depuis longtemps que ...; **how long is this river/course?** quelle est la longueur de ce fleuve/la durée de ce cours?; **6 metres long** (long) de 6 mètres; **6 months long** qui dure 6 mois, de 6 mois; **all night long** toute la nuit; **he no longer comes** il ne vient plus; **long before** longtemps avant; **before long** (+ future) avant peu, dans peu de temps; (+ past) peu de temps après; **long ago** il y a longtemps; **don't be long!** fais vite!, dépêche-toi!; **I shan't be long** je n'en ai pas pour longtemps; **at long last** enfin; **in the long run** à la longue; finalement; **so** or **as long as** pourvu que

long-distance [lɒŋ'dɪstəns] adj (race) de fond; (call) interurbain(e)

longer ['lɒŋgə*] adv see **long**

longhand ['lɒŋhænd] n écriture normale or courante

longing ['lɒŋɪŋ] n désir m, envie f, nostalgie f ♦ adj plein(e) d'envie or de nostalgie

longitude ['lɒŋgɪtjuːd] n longitude f

long jump n saut m en longueur

long-life [lɒŋ'laɪf] adj (batteries etc) longue durée inv; (milk) longue conservation

long-lost ['lɒŋlɒst] adj perdu(e) depuis longtemps

long-range ['lɒŋ'reɪndʒ] adj à longue portée; (weather forecast) à long terme

long-sighted ['lɒŋ'saɪtɪd] adj (BRIT) presbyte; (fig) prévoyant(e)

long-standing ['lɒŋ'stændɪŋ] adj de longue date

long-suffering [lɒŋ'sʌfərɪŋ] adj empreint(e) d'une patience résignée; extrêmement patient(e)

long-term ['lɒŋtɜːm] adj à long terme

long wave n (RADIO) grandes ondes, ondes longues

long-winded [lɒŋ'wɪndɪd] adj intarissable, interminable

loo [luː] n (BRIT col) w.-c. mpl, petit coin

look [lʊk] vi regarder; (seem) sembler, paraître, avoir l'air; (building etc): **to look south/on to the sea** donner au sud/sur la mer ♦ n regard m; (appearance) air m, allure f, aspect m; **looks** npl physique m, beauté f; **to look like** ressembler à; **it looks like him** on dirait que c'est lui; **it looks about 4 metres long** je dirais que ça fait 4 mètres de long; **it looks all right to me** ça me paraît bien; **to have a look at sth** jeter un coup d'œil à qch; **to have a look for sth** chercher qch; **to look ahead** regarder devant soi; (fig) envisager l'avenir

▶ **look after** vt fus s'occuper de, prendre soin de; (luggage etc: watch over) garder, surveiller

▶ **look around** vi regarder autour de soi

▶ **look at** vt fus regarder

▶ **look back** vi: **to look back at sth/sb** se retourner pour regarder qch/qn; **to look back on** (event, period) évoquer, repenser à

▶ **look down on** vt fus (fig) regarder de haut, dédaigner

▶ **look for** vt fus chercher

▶ **look forward to** vt fus attendre avec impatience; **I'm not looking forward to it** cette perspective ne me réjouit guère; **looking forward to hearing from you** (in letter) dans l'attente de vous lire

▶ **look in** vi: **to look in on sb** passer voir qn

▶ **look into** vt fus (matter, possibility) examiner, étudier

▶ **look on** vi regarder (en spectateur)

▶ **look out** vi (beware): **to look out (for)** prendre garde (à), faire attention (à)

▶ **look out for** vt fus être à la recherche de; guetter

▶ **look over** vt (essay) jeter un coup d'œil à; (town, building) visiter (rapidement); (person) jeter un coup d'œil à; examiner de la tête aux pieds

▶ **look round** vi (turn) regarder derrière soi, se retourner; **to look round for sth** chercher qch

▶ **look through** vt fus (papers, book) examiner; (: briefly) parcourir; (telescope) regarder à travers

▶ **look to** vt fus veiller à; (rely on) compter sur

▶ **look up** vi lever les yeux; (improve) s'améliorer ♦ vt (word) chercher; (friend) passer voir

▶ **look up to** vt fus avoir du respect pour

loom [lu:m] n métier m à tisser ♦ vi surgir; (fig) menacer, paraître imminent(e)

loony ['lu:nɪ] adj, n (col) timbré/e, cinglé/e m/f

loop [lu:p] n boucle f; (contraceptive) stérilet m

loophole ['lu:phəul] n porte f de sortie (fig); échappatoire f

loose [lu:s] adj (knot, screw) desserré(e); (stone) branlant(e); (clothes) vague, ample, lâche; (animal) en liberté, échappé(e); (life) dissolu(e); (morals, discipline) relâché(e); (thinking) peu rigoureux(euse), vague; (translation) approximatif(ive) ♦ vt (free: animal) lâcher; (: prisoner) relâcher, libérer; (slacken) détendre, relâcher; desserrer; défaire; donner du mou à; donner du ballant à; (BRIT: arrow) tirer; **loose connection** (ELEC) mauvais contact; **to be at a loose end** or (US) **at loose ends** fig ne pas trop savoir quoi faire; **to tie up loose ends** (fig) mettre au point or régler les derniers détails

loose change n petite monnaie

loose chippings [-tʃɪpɪŋz] npl (on road) gravillons mpl

loosely ['lu:slɪ] adv sans serrer; approximativement

loosen ['lu:sn] vt desserrer, relâcher, défaire

▶ **loosen up** vi (before game) s'échauffer; (col: relax) se détendre, se laisser aller

loot [lu:t] n butin m ♦ vt piller

lopsided ['lɔp'saɪdɪd] adj de travers, asymétrique

lord [lɔːd] n seigneur m; **Lord Smith** lord Smith; **the Lord** (REL) le Seigneur; **the (House of) Lords** (BRIT) la Chambre des Lords

lordship ['lɔːdʃɪp] n (BRIT): **your Lordship** Monsieur le comte (or le baron or le Juge)

lore [lɔː*] n tradition(s) f(pl)

lorry ['lɔrɪ] n (BRIT) camion m

lorry driver n (BRIT) camionneur m, routier m

lose [lu:z], pt, pp **lost** [lu:z, lɔst] vt perdre; (opportunity) manquer, perdre; (pursuers) distancer, semer ♦ vi perdre; **to lose (time)** (clock) retarder; **to lose no time (in doing sth)** ne pas perdre de temps (à faire qch); **to get lost** vi (person) se perdre; **my watch has got lost** ma montre est perdue

loser ['lu:zə*] n perdant/e; **to be a good/bad loser** être beau/mauvais joueur

loss [lɔs] n perte f; **to cut one's losses** limiter les dégâts; **to make a loss** enregistrer une perte; **to sell sth at a loss** vendre qch à perte; **to be at a loss** être perplexe or embarrassé(e); **to be at a loss to do** se trouver incapable de faire

lost [lɔst] pt, pp de **lose** ♦ adj perdu(e); **lost in** thought perdu dans ses pensées; **lost and found property** n (US) objets trouvés; **lost and found** n (US) (bureau m des) objets trouvés

lost property n (BRIT) objets trouvés; **lost property office** or **department** (bureau m des) objets trouvés

lot [lɔt] n (at auctions) lot m; (destiny) sort m, destinée f; **the lot** le tout; tous mpl, toutes fpl; **a lot** beaucoup; **a lot of** beaucoup de; **lots of** des tas de; **to draw lots (for sth)** tirer (qch) au sort

lotion ['ləuʃən] n lotion f

lottery ['lɔtəri] n loterie f

loud [laud] adj bruyant(e), sonore, fort(e); (gaudy) voyant(e), tapageur(euse) ♦ adv (speak etc) fort; **out loud** tout haut

loud-hailer [laud'heɪlə*] n porte-voix m inv

loudly ['laudlɪ] adv fort, bruyamment

loudspeaker [laud'spi:kə*] n haut-parleur m

lounge [laundʒ] n salon m; (of airport) salle f ♦ vi se prélasser, paresser

lounge suit n (BRIT) complet m; (: on invitation) "tenue de ville"

louse ,pl **lice** [laus, laɪs] n pou m

▶ **louse up** vt (col) gâcher

lousy ['lauzɪ] adj (fig) infect(e), moche

lout [laut] n rustre m, butor m

lovable ['lʌvəbl] adj très sympathique; adorable

love [lʌv] n amour m ♦ vt aimer; aimer beaucoup; **to love to do** aimer beaucoup or adorer faire; **I'd love to come** cela me ferait très plaisir (de venir); **"15 love"** (TENNIS) "15 à rien or zéro"; **to be/fall in love with** être/tomber amoureux(euse) de; **to make love** faire l'amour; **love at first sight** le coup de foudre; **to send one's love to sb** adresser ses amitiés à qn; **love from Anne, love, Anne** affectueusement, Anne

love affair n liaison (amoureuse)

love life n vie sentimentale

lovely ['lʌvlɪ] adj (pretty) ravissant(e); (friend, wife) charmant(e); (holiday, surprise) très agréable, merveilleux(euse); **we had a lovely time** c'était vraiment très bien, nous avons eu beaucoup de plaisir

lover ['lʌvə*] n amant m; (amateur): **a lover of** un(e) ami/e de, un(e) amoureux/euse de

loving ['lʌvɪŋ] adj affectueux(euse) tendre, aimant(e)

low [ləu] adj bas(basse) ♦ adv bas ♦ n (METEOROLOGY) dépression f ♦ vi (cow) mugir; **to feel low** se sentir déprimé(e); **he's very low** (ill) il est bien bas or très affaibli; **to turn (down) low** vt baisser; **to reach a new** or **an all-time low** tomber au niveau le plus bas

low-alcohol [ləu'ælkəhɔl] adj à faible teneur en alcool, peu alcoolisé(e)

low-calorie ['ləu'kælərɪ] adj hypocalorique

low-cut ['ləukʌt] adj (dress) décolleté(e)

lower ['ləuə*] adj, adv, comparative of **low** ♦ vt baisser; (resistance) diminuer ♦ vi ['lauə*] (person):

to lower at sb jeter un regard mauvais or noir à qn; (sky, clouds) être menaçant

lower sixth (BRIT) n (SCOL) première f

low-fat ['ləʊ'fæt] adj maigre

lowland(s) ['ləʊlənd(z)] n(pl) plaine(s) f(pl)

lowly ['ləʊlɪ] adj humble, modeste

loyal ['lɔɪəl] adj loyal(e), fidèle

loyalty ['lɔɪəltɪ] n loyauté f, fidélité f

loyalty card n carte f de fidélité

lozenge ['lɒzɪndʒ] n (MED) pastille f; (GEOM) losange m

LP n abbr = long-playing record

L-plates ['elpleɪts] npl (BRIT) plaques fpl (obligatoires) d'apprenti conducteur; voir encadré

Ltd abbr (COMM) = limited

lubricant ['lu:brɪkənt] n lubrifiant m

lubricate ['lu:brɪkeɪt] vt lubrifier, graisser

luck [lʌk] n chance f; **bad luck** malchance f, malheur m; **to be in luck** avoir de la chance; **to be out of luck** ne pas avoir de chance; **good luck!** bonne chance!

luckily ['lʌkɪlɪ] adv heureusement, par bonheur

lucky ['lʌkɪ] adj (person) qui a de la chance; (coincidence) heureux(euse); (number etc) qui porte bonheur

ludicrous ['lu:dɪkrəs] adj ridicule, absurde

lug [lʌg] vt traîner, tirer

luggage ['lʌgɪdʒ] n bagages mpl

luggage rack n (in train) porte-bagages m inv; (: made of string) filet m à bagages; (on car) galerie f

lukewarm ['lu:kwɔ:m] adj tiède

lull [lʌl] n accalmie f ♦ vt (child) bercer; (person, fear) apaiser, calmer

lullaby ['lʌləbaɪ] n berceuse f

lumbago [lʌm'beɪgəu] n lumbago m

lumber ['lʌmbə*] n bric-à-brac m inv ♦ vt (BRIT col): **to lumber sb with sth/sb** coller or refiler qch/ qn à qn ♦ vi (also: **lumber about, lumber along**) marcher pesamment

lumberjack ['lʌmbədʒæk] n bûcheron m

luminous ['lu:mɪnəs] adj lumineux(euse)

lump [lʌmp] n morceau m; (in sauce) grumeau m; (swelling) grosseur f ♦ vt (also: **lump together**)

réunir, mettre en tas

lump sum n somme globale or forfaitaire

lumpy ['lʌmpɪ] adj (sauce) qui a des grumeaux

lunar ['lu:nə*] adj lunaire

lunatic ['lu:nətɪk] n fou/folle, dément/e ♦ adj fou(folle), dément(e)

lunch [lʌntʃ] n déjeuner m ♦ vi déjeuner; **it is his lunch hour** c'est l'heure où il déjeune; **to invite sb to** or **for lunch** inviter qn à déjeuner

luncheon ['lʌntʃən] n déjeuner m

luncheon meat n sorte de saucisson

luncheon voucher n chèque-repas m, ticket-repas m

lung [lʌŋ] n poumon m

lunge [lʌndʒ] vi (also: **lunge forward**) faire un mouvement brusque en avant; **to lunge at sb** envoyer or assener un coup à qn

lurch [lə:tʃ] vi vaciller, tituber ♦ n écart m brusque, embardée f; **to leave sb in the lurch** laisser qn se débrouiller or se dépêtrer tout(e) seul(e)

lure [luə*] n appât m, leurre m ♦ vt attirer or persuader par la ruse

lurid ['luərɪd] adj affreux(euse), atroce

lurk [lə:k] vi se tapir, se cacher

luscious ['lʌʃəs] adj succulent(e), appétissant(e)

lush [lʌʃ] adj luxuriant(e)

lust [lʌst] n luxure f; lubricité f; désir m; (fig): **lust for** soif f de

▶ **lust after** vt fus convoiter, désirer

lusty ['lʌstɪ] adj vigoureux(euse), robuste

Luxembourg ['lʌksəmbə:g] n Luxembourg m

luxurious [lʌg'zjuərɪəs] adj luxueux(euse)

luxury ['lʌkʃərɪ] n luxe m ♦ cpd de luxe

lying ['laɪŋ] n mensonge(s) m(pl) ♦ adj (statement, story) mensonger(ère), faux(fausse); (person) menteur(euse)

lyric ['lɪrɪk] adj lyrique; **lyrics** npl (of song) paroles fpl

lyrical ['lɪrɪkl] adj lyrique

— M m —

m abbr (= metre) m; (= million) M; (= mile) mi

M n abbr (SCOL) = Master of Arts ♦ abbr (US) = military academy; (US) = Massachusetts

mac [mæk] n (BRIT) imper(méable m) m

macaroni [mækə'rəunɪ] n macaronis mpl

machine [mə'ʃi:n] n machine f ♦ vt (dress etc) coudre à la machine; (TECH) usiner

machine gun n mitrailleuse f

machine language n (COMPUT) langage m machine

machinery [mə'ʃiːnərɪ] n machinerie f, machines fpl; (fig) mécanisme(s) m(pl)

mackerel ['mækrl] n (pl inv) maquereau m

mackintosh ['mækɪntɒʃ] n (BRIT) imperméable m

mad [mæd] adj fou(folle); (foolish) insensé(e); (angry) furieux(euse): **to go mad** devenir fou; **to be mad (keen) about** or **on sth** (col) être follement passionné de qch, être fou de qch

madam ['mædəm] n madame f; **yes madam** oui Madame; **Madam Chairman** Madame la Présidente

madden ['mædn] vt exaspérer

made [meɪd] pt, pp of **make**

Madeira [mə'dɪərə] n (GEO) Madère f; (wine) madère m

made-to-measure ['meɪdtə'meʒə*] adj (BRIT) fait(e) sur mesure

madly ['mædlɪ] adv follement

madman ['mædmən] n fou m, aliéné m

madness ['mædnɪs] n folie f

magazine [mægə'ziːn] n (PRESS) magazine m, revue f; (MIL: store) dépôt m, arsenal m; (of firearm) magasin m

maggot ['mægət] n ver m, asticot m

magic ['mædʒɪk] n magie f ◆ adj magique

magical ['mædʒɪkl] adj magique

magician [mə'dʒɪʃən] n magicien/ne

magistrate ['mædʒɪstreɪt] n magistrat m; juge m; **magistrates' court** (BRIT) ≈ tribunal m d'instance

magnet ['mægnɪt] n aimant m

magnetic [mæg'netɪk] adj magnétique

magnificent [mæg'nɪfɪsnt] adj superbe, magnifique

magnify ['mægnɪfaɪ] vt grossir; (sound) amplifier

magnifying glass ['mægnɪfaɪɪŋ-] n loupe f

magnitude ['mægnɪtjuːd] n ampleur f

magpie ['mægpaɪ] n pie f

mahogany [mə'hɒɡənɪ] n acajou m ◆ cpd en (bois d')acajou

maid [meɪd] n bonne f; **old maid** (pej) vieille fille

maiden ['meɪdn] n jeune fille f ◆ adj (aunt etc) non mariée; (speech, voyage) inaugural(e)

maiden name n nom m de jeune fille

mail [meɪl] n poste f; (letters) courrier m ◆ vt envoyer (par la poste); **by mail** par la poste

mailbox ['meɪlbɒks] n (US: for letters etc; COMPUT) boîte f aux lettres

mailing list ['meɪlɪŋ-] n liste f d'adresses

mail-order ['meɪl:ɔːdə*] n vente f or achat m par correspondance ◆ cpd: **mail-order firm** or **house** maison f de vente par correspondance

maim [meɪm] vt mutiler

main [meɪn] adj principal(e) ◆ n (pipe) conduite principale, canalisation f; **the mains** (ELEC) le secteur; **the main thing** l'essentiel m; **in the main** dans l'ensemble

mainframe ['meɪnfreɪm] n (also: **mainframe computer**) (gros) ordinateur, unité centrale

mainland ['meɪnlənd] n continent m

mainly ['meɪnlɪ] adv principalement, surtout

main road n grand axe, route nationale

mainstay ['meɪnsteɪ] n (fig) pilier m

mainstream ['meɪnstriːm] n (fig) courant principal

maintain [meɪn'teɪn] vt entretenir; (continue) maintenir, préserver; (affirm) soutenir; **to maintain that ...** soutenir que ...

maintenance ['meɪntənəns] n entretien m; (LAW: alimony) pension f alimentaire

maize [meɪz] n maïs m

majestic [mə'dʒestɪk] adj majestueux(euse)

majesty ['mædʒɪstɪ] n majesté f

major ['meɪdʒə*] n (MIL) commandant m ◆ adj important(e), principal(e); (MUS) majeur(e) ◆ vi (US SCOL): **to major (in)** se spécialiser (en); **a major operation** (MED) une grosse opération

Majorca [mə'jɔːkə] n Majorque f

majority [mə'dʒɒrɪtɪ] n majorité f ◆ cpd (verdict, holding) majoritaire

make [meɪk] vt, pt, pp **made** [meɪd] faire; (manufacture) faire, fabriquer; (cause to be): **to make sb sad** etc rendre qn triste etc; (force): **to make sb do sth** obliger qn à faire qch, faire faire qch à qn; (equal): **2 and 2 make 4** 2 et 2 font 4 ◆ n fabrication f; (brand) marque f; **to make it** (in time etc) y arriver; (succeed) réussir; **what time do you make it?** quelle heure avez-vous?; **to make good** vi (succeed) faire son chemin, réussir ◆ vt (deficit) combler; (losses) compenser; **to make do with** se contenter de; se débrouiller avec

▶ **make for** vt fus (place) se diriger vers

▶ **make off** vi filer

▶ **make out** vt (write out) écrire; (understand) comprendre; (see) distinguer; (claim, imply) prétendre, vouloir faire croire; **to make out a case for sth** présenter des arguments solides en faveur de qch

▶ **make over** vt (assign): **to make over (to)** céder (à), transférer (au nom de)

▶ **make up** vt (invent) inventer, imaginer; (parcel) faire ◆ vi se réconcilier; (with cosmetics) se maquiller, se farder; **to be made up of** se composer de

▶ **make up for** vt fus compenser; racheter

make-believe ['meɪkbɪliːv] n: **a world of make-believe** un monde de chimères or d'illusions; **it's just make-believe** c'est de la fantaisie; c'est une illusion

maker ['meɪkə*] n fabricant m

makeshift ['meɪkʃɪft] adj provisoire, improvisé(e)

make-up ['meɪkʌp] n maquillage m

making ['meɪkɪŋ] n (fig): **in the making** en formation or gestation; **he has the makings of an**

actor il a l'étoffe d'un acteur

malaria [məˈlɛərɪə] n malaria f, paludisme m

Malaysia [məˈleɪzɪə] n Malaisie f

male [meɪl] n (BIOL, ELEC) mâle m ♦ adj (sex, attitude) masculin(e); mâle; (child etc) du sexe masculin; **male and female students** étudiants et étudiantes

malevolent [məˈlɛvələnt] adj malveillant(e)

malfunction [mælˈfʌŋkʃən] n fonctionnement défectueux

malice [ˈmælɪs] n méchanceté f, malveillance f

malicious [məˈlɪʃəs] adj méchant(e), malveillant(e) (LAW) avec intention criminelle

malignant [məˈlɪgnənt] adj (MED) malin(igne)

mall [mɔːl] n (also: **shopping mall**) centre commercial

mallet [ˈmælɪt] n maillet m

malpractice [mælˈpræktɪs] n faute professionnelle; négligence f

malt [mɔːlt] n malt m ♦ cpd (whisky) pur malt

Malta [ˈmɔːltə] n Malte f

mammal [ˈmæml] n mammifère m

mammoth [ˈmæməθ] n mammouth m ♦ adj géant(e), monstre

man, pl **men** [mæn, mɛn] n homme m; (CHESS) pièce f; (DRAUGHTS) pion m ♦ vt garnir d'hommes; servir, assurer le fonctionnement de; être de service à; **an old man** un vieillard; **man and wife** mari et femme

manage [ˈmænɪdʒ] vi se débrouiller; y arriver, réussir ♦ vt (business) gérer; (team, operation) diriger; (device, things to do, carry etc) arriver à se débrouiller avec, s'en tirer avec; **to manage to do** se débrouiller pour faire; (succeed) réussir à faire

manageable [ˈmænɪdʒəbl] adj maniable; (task etc) faisable

management [ˈmænɪdʒmənt] n administration f, direction f; (persons: of business, firm) dirigeants mpl, cadres mpl; (: of hotel, shop, theatre) direction; **"under new management"** "changement de gérant","changement de propriétaire"

manager [ˈmænɪdʒə*] n (of business) directeur m; (of institution etc) administrateur m; (of department, unit) responsable m/f, chef m; (of hotel etc) gérant m; (of artist) impresario m; **sales manager** responsable or chef des ventes

manageress [mænɪdʒəˈrɛs] n directrice f; (of hotel etc) gérante f

managerial [mænɪˈdʒɪərɪəl] adj directorial(e); **managerial staff** cadres mpl

managing director (MD) [ˈmænɪdʒɪŋ-] n directeur général

mandarin [ˈmændərɪn] n (also: **mandarin orange**) mandarine f; (person) mandarin m

mandatory [ˈmændətərɪ] adj obligatoire; (powers etc) mandataire

mane [meɪn] n crinière f

manfully [ˈmænfəlɪ] adv vaillamment

mangle [ˈmæŋgl] vt déchiqueter; mutiler ♦ n essoreuse f; calandre f

mango, pl **mangoes** [ˈmæŋgəʊ] n mangue f

mangy [ˈmeɪndʒɪ] adj galeux(euse)

manhandle [ˈmænhændl] vt (mistreat) maltraiter, malmener; (move by hand) manutentionner

manhole [ˈmænhəʊl] n trou m d'homme

manhood [ˈmænhʊd] n âge m d'homme; virilité f

man-hour [ˈmænaʊə*] n heure-homme f, heure f de main-d'œuvre

manhunt [ˈmænhʌnt] n chasse f à l'homme

mania [ˈmeɪnɪə] n manie f

maniac [ˈmeɪnɪæk] n maniaque m/f

manic [ˈmænɪk] adj maniaque

manicure [ˈmænɪkjʊə*] n manucure f ♦ vt (person) faire les mains à

manifest [ˈmænɪfɛst] vt manifester ♦ adj manifeste, évident(e) ♦ n (AVIAT, NAUT) manifeste m

manifesto [mænɪˈfɛstəʊ] n manifeste m (POL)

manipulate [məˈnɪpjʊleɪt] vt manipuler

mankind [mænˈkaɪnd] n humanité f, genre humain

manly [ˈmænlɪ] adj viril(e), courageux(euse)

man-made [ˈmænˈmeɪd] adj artificiel(le)

manner [ˈmænə*] n manière f, façon f; (good) **manners** (bonnes) manières; **bad manners** mauvaises manières; **all manner of** toutes sortes de

mannerism [ˈmænərɪzəm] n particularité f de langage (or de comportement), tic m

manoeuvre, (US) **maneuver** [məˈnuːvə*] vt, vi manœuvrer ♦ n manœuvre f; **to manoeuvre sb into doing sth** manipuler qn pour lui faire faire qch

manor [ˈmænə*] n (also: **manor house**) manoir m

manpower [ˈmænpaʊə*] n main-d'œuvre f

mansion [ˈmænʃən] n château m, manoir m

manslaughter [ˈmænslɔːtə*] n homicide m involontaire

mantelpiece [ˈmæntlpiːs] n cheminée f

manual [ˈmænjʊəl] adj manuel(le) ♦ n manuel m

manufacture [mænjʊˈfæktʃə*] vt fabriquer ♦ n fabrication f

manufacturer [mænjʊˈfæktʃərə*] n fabricant m

manure [məˈnjʊə*] n fumier m; (artificial) engrais m

manuscript [ˈmænjʊskrɪpt] n manuscrit m

many [ˈmɛnɪ] adj beaucoup de, de nombreux(euses) ♦ pron beaucoup, un grand nombre; **how many?** combien?; **a great many** un grand nombre (de); **too many difficulties** trop de difficultés; **twice as many** deux fois plus; **many a …** bien des …, plus d'un(e) …

map [mæp] n carte f ♦ vt dresser la carte de
▶ **map out** vt tracer; (fig: career, holiday) organiser, préparer (à l'avance); (: essay) faire le plan de

maple [ˈmeɪpl] n érable m

mar [maːʳ] vt gâcher, gâter

marathon ['mærəθən] n marathon m ♦ adj: **a marathon session** une séance-marathon

marble ['maːbl] n marbre m; (toy) bille f; **marbles** npl (game) billes

March [maːtʃ] n mars m; for phrases see also **July**

march [maːtʃ] vi marcher au pas; (demonstrators) défiler ♦ n marche f; (demonstration) rallye m; **to march out of/into** etc sortir de/entrer dans etc (de manière décidée ou impulsive)

mare [mɛəʳ] n jument f

margarine [maːdʒəˈriːn] n margarine f

margin ['maːdʒɪn] n marge f

marginal ['maːdʒɪnl] adj marginal(e); **marginal seat** (POL) siège disputé

marigold ['mærɪɡəʊld] n souci m

marijuana [mærɪˈwɑːnə] n marijuana f

marina [məˈriːnə] n marina f

marine [məˈriːn] adj marin(e) ♦ n fusilier marin; (US) marine m

marital ['mærɪtl] adj matrimonial(e); **marital status** situation f de famille

marjoram ['maːdʒərəm] n marjolaine f

mark [maːk] n marque f; (of skid etc) trace f; (BRIT SCOL) note f; (SPORT) cible f; (currency) mark m; (BRIT TECH): **Mark 2/3** 2ème/3ème série f or version f ♦ vt (also SPORT: player) marquer; (stain) tacher; (BRIT SCOL) noter; corriger; (also: **punctuation marks**) signes mpl de ponctuation; **to mark time** marquer le pas; **to be quick off the mark (in doing)** (fig) ne pas perdre de temps (pour faire); **up to the mark** (in efficiency) à la hauteur

▶ **mark down** vt (prices, goods) démarquer, réduire le prix de

▶ **mark off** vt (tick off) cocher, pointer

▶ **mark out** vt désigner

▶ **mark up** vt (price) majorer

marker ['maːkəʳ] n (sign) jalon m; (bookmark) signet m

market ['maːkɪt] n marché m ♦ vt (COMM) commercialiser; **to be on the market** être sur le marché; **the open market** en vente libre; **to play the market** jouer à la or spéculer en Bourse

market garden n (BRIT) jardin maraîcher

marketing ['maːkɪtɪŋ] n marketing m

marketplace ['maːkɪtpleɪs] n place f du marché; (COMM) marché m

market research n étude f de marché

marksman ['maːksmən] n tireur m d'élite

marmalade ['maːməleɪd] n confiture f d'oranges

maroon [məˈruːn] vt (fig): **to be marooned (in** or **at)** être bloqué(e) (à) ♦ adj bordeaux inv

marquee [maːˈkiː] n chapiteau m

marriage ['mærɪdʒ] n mariage m

marriage certificate n extrait m d'acte de mariage

married ['mærɪd] adj marié(e); (life, love) conjugal(e)

marrow ['mærəʊ] n moelle f; (vegetable) courge f

marry ['mærɪ] vt épouser, se marier avec; (subj: father, priest etc) marier ♦ vi (also: **get married**) se marier

Mars [maːz] n (planet) Mars f

marsh [maːʃ] n marais m, marécage m

marshal ['maːʃl] n maréchal m; (US: fire, police) ≈ capitaine m; (for demonstration, meeting) membre m du service d'ordre ♦ vt rassembler

marshy ['maːʃɪ] adj marécageux(euse)

martyr ['maːtəʳ] n martyr/e ♦ vt martyriser

martyrdom ['maːtədəm] n martyre m

marvel ['maːvl] n merveille f ♦ vi: **to marvel (at)** s'émerveiller (de)

marvellous, (US) **marvelous** ['maːvləs] adj merveilleux(euse)

Marxist ['maːksɪst] adj, n marxiste (m/f)

marzipan ['maːzɪpæn] n pâte f d'amandes

mascara [mæsˈkaːrə] n mascara m

masculine ['mæskjulɪn] adj masculin(e) ♦ n masculin m

mash [mæʃ] vt (CULIN) faire une purée de

mashed [mæʃt] adj: **mashed potatoes** purée f de pommes de terre

mask [maːsk] n masque m ♦ vt masquer

mason ['meɪsn] n (also: **stonemason**) maçon m; (also: **freemason**) franc-maçon m

masonry ['meɪsnrɪ] n maçonnerie f

masquerade [mæskəˈreɪd] n bal masqué; (fig) mascarade f ♦ vi: **to masquerade as** se faire passer pour

mass [mæs] n multitude f, masse f; (PHYSICS) masse f; (REL) messe f ♦ vi se masser; **the masses** les masses; **to go to mass** aller à la messe

massacre ['mæsəkəʳ] n massacre m ♦ vt massacrer

massage ['mæsaːʒ] n massage m ♦ vt masser

massive ['mæsɪv] adj énorme, massif(ive)

mass media npl mass-media mpl

mass production n fabrication f en série

mast [maːst] n mât m; (RADIO, TV) pylône m

master ['maːstəʳ] n maître m; (in secondary school) professeur m; (title for boys): **Master X** Monsieur X ♦ vt maîtriser; (learn) apprendre à fond; (understand) posséder parfaitement or à fond; **master of ceremonies (MC)** n maître des cérémonies; **Master of Arts/Science (MA/MSc)** n ≈ titulaire m/f d'une maîtrise (en lettres/science); **Master of Arts/Science degree (MA/MSc)** n ≈ maîtrise f

masterly ['maːstəlɪ] adj magistral(e)

mastermind ['maːstəmaɪnd] n esprit supérieur ♦ vt diriger, être le cerveau de

masterpiece ['maːstəpiːs] n chef-d'œuvre m

master plan n stratégie f d'ensemble

mastery ['maːstərɪ] n maîtrise f; connaissance parfaite

mat [mæt] *n* petit tapis; *(also:* **doormat)** paillasson *m* ◆ *adj* = **matt**

match [mætʃ] *n* allumette *f*; *(game)* match *m*, partie *f*; *(fig)* égal/e; mariage *m*; parti *m* ◆ *vt* assortir; *(go well with)* aller bien avec, s'assortir à; *(equal)* égaler, valoir ◆ *vi* être assorti(e); **to be a good match** être bien assorti(e)

▶ **match up** *vt* assortir

matchbox ['mætʃbɔks] *n* boîte *f* d'allumettes

matching ['mætʃɪŋ] *adj* assorti(e)

mate [meɪt] *n* camarade *m/f* de travail; *(col)* copain/copine; *(animal)* partenaire *m/f*, mâle/femelle; *(in merchant navy)* second ◆ *vi* s'accoupler ◆ *vt* accoupler

material [mə'tɪərɪəl] *n (substance)* matière *f*, matériau *m*; *(cloth)* tissu *m*, étoffe *f* ◆ *adj* matériel(le); *(important)* essentiel(le); **materials** *npl* matériaux *mpl*; **reading material** de quoi lire, de la lecture

maternal [mə'təːnl] *adj* maternel(le)

maternity [mə'təːnɪtɪ] *n* maternité *f* ◆ *cpd* de maternité, de grossesse

maternity dress *n* robe *f* de grossesse

maternity hospital *n* maternité *f*

mathematical [mæθə'mætɪkl] *adj* mathématique

mathematics [mæθə'mætɪks] *n* mathématiques *fpl*

maths [mæθs] *n abbr (BRIT:* = **mathematics)** maths *fpl*

matinée ['mætɪneɪ] *n* matinée *f*

mating call *n* appel *m* du mâle

matrices ['meɪtrɪsiːz] *npl of* **matrix**

matriculation [mətrɪkju'leɪʃən] *n* inscription *f*

matrimonial [mætrɪ'məʊnɪəl] *adj* matrimonial(e), conjugal(e)

matrimony ['mætrɪmənɪ] *n* mariage *m*

matrix, *pl* **matrices** ['meɪtrɪks, 'meɪtrɪsiːz] *n* matrice *f*

matron ['meɪtrən] *n (in hospital)* infirmière-chef *f*; *(in school)* infirmière *f*

matted ['mætɪd] *adj* emmêlé(e)

matter ['mætə*] *n* question *f*; *(PHYSICS)* matière *f*, substance *f*; *(content)* contenu *m*, fond *m*; *(MED: pus)* pus *m* ◆ *vi* importer; **it doesn't matter** cela n'a pas d'importance; *(I don't mind)* cela ne fait rien; **what's the matter?** qu'est-ce qu'il y a?, qu'est-ce qui ne va pas?; **no matter what** quoiqu'il arrive; **that's another matter** c'est une autre affaire; **as a matter of course** tout naturellement; **as a matter of fact** en fait; **it's a matter of habit** c'est une question d'habitude; **printed matter** imprimés *mpl*; **reading matter** *(BRIT)* de quoi lire, de la lecture

matter-of-fact ['mætərəv'fækt] *adj* terre à terre, neutre

mattress ['mætrɪs] *n* matelas *m*

mature [mə'tjuə*] *adj* mûr(e); *(cheese)* fait(e) ◆ *vi* mûrir; se faire

maul [mɔːl] *vt* lacérer

mauve [məʊv] *adj* mauve

maximum ['mæksɪməm] *adj* maximum ◆ *n (pl* **maxima** ['mæksɪmə]) maximum *m*

May [meɪ] *n* mai *m*; *for phrases see also* **July**

may [meɪ] *vi (conditional):* **might** *(indicating possibility):* **he may come** il se peut qu'il vienne; *(be allowed to):* **may I smoke?** puis-je fumer?; *(wishes):* **may God bless you!** (que) Dieu vous bénisse!; **may I sit here?** vous permettez que je m'assoie ici?; **he might be there** il pourrait bien y être, il se pourrait qu'il y soit; **I might as well go** je ferais aussi bien d'y aller, autant y aller; **you might like to try** vous pourriez *(peut-être)* essayer

maybe ['meɪbiː] *adv* peut-être; **maybe he'll ...** peut-être qu'il ...; **maybe not** peut-être pas

mayday ['meɪdeɪ] *n* S.O.S. *m*

mayhem ['meɪhem] *n* grabuge *m*

mayonnaise [meɪə'neɪz] *n* mayonnaise *f*

mayor [mɛə*] *n* maire *m*

mayoress ['mɛəres] *n* maire *m*; épouse *f* du maire

maze [meɪz] *n* labyrinthe *m*, dédale *m*

MD *n abbr (=* Doctor of Medicine) titre universitaire; *(COMM) =* **managing director** ◆ *abbr (US) =* Maryland

me [miː] *pron* me, m' + vowel; *(stressed, after prep)* moi; **it's me** c'est moi; **it's for me** c'est pour moi

meadow ['medəʊ] *n* prairie *f*, pré *m*

meagre, *(US)* **meager** ['miːgə*] *adj* maigre

meal [miːl] *n* repas *m*; *(flour)* farine *f*; **to go out for a meal** sortir manger

mealtime ['miːltaɪm] *n* heure *f* du repas

mean [miːn] *adj (with money)* avare, radin(e); *(unkind)* mesquin(e), méchant(e); *(US col: animal)* méchant, vicieux(euse); *(: person)* vache; *(average)* moyen(ne) ◆ *vt, pt, pp* [ment] *(signify)* signifier, vouloir dire; *(intend):* **to mean to do** avoir l'intention de faire ◆ *n* moyenne *f*; **to be meant for** être destiné(e) à; **do you mean it?** vous êtes sérieux?; **what do you mean?** que voulez-vous dire?

meander [mɪ'ændə*] *vi* faire des méandres; *(fig)* flâner

meaning ['miːnɪŋ] *n* signification *f*, sens *m*

meaningful ['miːnɪŋful] *adj* significatif(ive); *(relationship)* valable

meaningless ['miːnɪŋlɪs] *adj* dénué(e) de sens

meanness ['miːnnɪs] *n* avarice *f*; mesquinerie *f*

meant [ment] *pt, pp of* **mean**

meantime ['miːntaɪm] *adv*, **meanwhile** ['miːnwaɪl] *adv (also:* **in the meantime)** pendant ce temps

measles ['miːzlz] *n* rougeole *f*

measure ['meʒə*] *vt, vi* mesurer ◆ *n* mesure *f*; *(ruler)* règle (graduée); **a litre measure** un litre; **some measure of success** un certain succès; **to take measures to do sth** prendre des mesures pour faire qch

▶ **measure up** vi: **to measure up (to)** être à la hauteur (de)

measurement ['meʒəmənt] n: **chest/hip measurement** tour m de poitrine/hanches; **measurements** npl mesures fpl; **to take sb's measurements** prendre les mesures de qn

meat [miːt] n viande f; **cold meats** (BRIT) viandes froides; **crab meat** crabe f

meatball ['miːtbɔːl] n boulette f de viande

Mecca ['mekə] n la Mecque; (fig): **a Mecca (for)** la Mecque (de)

mechanic [mɪ'kænɪk] n mécanicien m

mechanical [mɪ'kænɪkl] adj mécanique

mechanics [məˈkænɪks] n mécanique f ♦ npl mécanisme m

mechanism ['mekənɪzəm] n mécanisme m

medal ['medl] n médaille f

medallion [mɪ'dælɪən] n médaillon m

medallist, (US) **medalist** ['medlɪst] n (SPORT) médaillé/e

meddle ['medl] vi: **to meddle in** se mêler de, s'occuper de; **to meddle with** toucher à

media ['miːdɪə] npl media mpl

mediaeval [medɪ'iːvl] adj = medieval

median ['miːdɪən] n (US: also: **median strip**) bande médiane

mediate ['miːdɪeɪt] vi s'interposer; servir d'intermédiaire

Medicaid ['medɪkeɪd] n (US) assistance médicale aux indigents

medical ['medɪkl] adj médical(e) ♦ n (also: **medical examination**) visite médicale; examen médical

Medicare ['medɪkeə*] n (US) régime d'assurance maladie

medication [medɪ'keɪʃən] n (drugs etc) médication f

medicine ['medsɪn] n médecine f; (drug) médicament m

medieval [medɪ'iːvl] adj médiéval(e)

mediocre [miːdɪ'əukə*] adj médiocre

meditate ['medɪteɪt] vi: **to meditate (on)** méditer (sur)

Mediterranean [medɪtə'reɪnɪən] adj méditerranéen(ne); **the Mediterranean (Sea)** la (mer) Méditerranée

medium ['miːdɪəm] adj moyen(ne) ♦ n (pl media) (means) moyen m; (pl mediums) (person) médium m; **the happy medium** le juste milieu

medium-sized ['miːdɪəm'saɪzd] adj de taille moyenne

medium wave n (RADIO) ondes moyennes, petites ondes

medley ['medlɪ] n mélange m

meek [miːk] adj doux(douce), humble

meet, pt, pp **met** [miːt, met] vt rencontrer; (by arrangement) retrouver, rejoindre; (for the first time)

faire la connaissance de; (go and fetch): **I'll meet you at the station** j'irai te chercher à la gare; (problem) faire face à; (requirements) satisfaire à, répondre à; (bill, expenses) régler, honorer ♦ vi se rencontrer; se retrouver; (in session) se réunir; (join: objects) se joindre ♦ n (BRIT HUNTING) rendez-vous m de chasse; (US SPORT) rencontre f, meeting m; **pleased to meet you!** enchanté!

▶ **meet up** vi: **to meet up with sb** rencontrer qn
▶ **meet with** vt fus rencontrer

meeting ['miːtɪŋ] n rencontre f; (session: of club etc) réunion f; (formal) assemblée f; (SPORT: rally) rencontre, meeting m; (interview) entrevue f; **she's at a meeting** elle est en conférence; **to call a meeting** convoquer une réunion

mega ['megə] (inf) adv: **he's mega rich** il est hyper-riche

megabyte ['megabaɪt] n (COMPUT) méga-octet m

megaphone ['megəfəun] n porte-voix m inv

melancholy ['melənkəlɪ] n mélancolie f ♦ adj mélancolique

mellow ['meləu] adj velouté(e), doux(douce); (colour) riche et profond(e); (fruit) mûr(e) ♦ vi (person) s'adoucir

melody ['melədɪ] n mélodie f

melon ['melən] n melon m

melt [melt] vi fondre; (become soft) s'amollir; (fig) s'attendrir ♦ vt faire fondre

▶ **melt away** vi fondre complètement
▶ **melt down** vt fondre

meltdown ['meltdaun] n fusion f (du cœur d'un réacteur nucléaire)

melting pot ['meltɪŋ-] n (fig) creuset m; **to be in the melting pot** être encore en discussion

member ['membə*] n membre m; (of club, political party) membre, adhérent/e ♦ cpd: **member country/state** n pays m/état m membre; **Member of Parliament (MP)** n (BRIT) député m; **Member of the European Parliament (MEP)** n Eurodéputé m; **Member of the House of Representatives (MHR)** n (US) membre de la Chambre des représentants

membership ['membəʃɪp] n (becoming a member) adhésion f; admission f; (being a member) qualité f de membre, fait m d'être membre; (the members) membres mpl, adhérents mpl; (number of members) nombre m des membres or adhérents

membership card n carte f de membre

memento [mə'mentəu] n souvenir m

memo ['meməu] n note f (de service)

memoir ['memwɑː*] n mémoire m, étude f; **memoirs** npl mémoires

memorandum, pl **memoranda** [memə'rændəm, -də] n note f (de service); (DIPLOMACY) mémorandum m

memorial [mɪ'mɔːrɪəl] n mémorial m ♦ adj commémoratif(ive)

memorize ['meməraɪz] vt apprendre or retenir par cœur

memory ['mɛmərɪ] n mémoire f; (recollection) souvenir m; **to have a good/bad memory** avoir une bonne/mauvaise mémoire; **loss of memory** perte f de mémoire; **in memory of** à la mémoire de

men [mɛn] npl of **man**

menace ['mɛnɪs] n menace f; (col: nuisance) peste f, plaie f ♦ vt menacer; **a public menace** un danger public

menacing ['mɛnɪsɪŋ] adj menaçant(e)

mend [mɛnd] vt réparer; (darn) raccommoder, repriser ♦ n reprise f; **on the mend** en voie de guérison

mending ['mɛndɪŋ] n raccommodages mpl

menial ['miːnɪəl] adj de domestique, inférieur(e); subalterne

meningitis [mɛnɪn'dʒaɪtɪs] n méningite f

menopause ['mɛnəʊpɔːz] n ménopause f

menstruation [mɛnstru'eɪʃən] n menstruation f

mental ['mɛntl] adj mental(e); **mental illness** maladie mentale

mentality [mɛn'tælɪtɪ] n mentalité f

mention ['mɛnʃən] n mention f ♦ vt mentionner, faire mention de; **don't mention it!** je vous en prie, il n'y a pas de quoi!; **I need hardly mention that ...** est-il besoin de rappeler que ...?; **not to mention ..., without mentioning ...** sans parler de ..., sans compter ...

menu ['mɛnjuː] n (in restaurant, COMPUT) menu m; (printed) carte f

MEP n abbr = **Member of the European Parliament**

mercenary ['mɜːsɪnərɪ] adj mercantile ♦ n mercenaire m

merchandise ['mɜːtʃəndaɪz] n marchandises fpl ♦ vt commercialiser

merchant ['mɜːtʃənt] n négociant m, marchand m; **timber/wine merchant** négociant en bois/vins, marchand de bois/vins

merchant bank n (BRIT) banque f d'affaires

merchant navy, (US) **merchant marine** n marine marchande

merciful ['mɜːsɪful] adj miséricordieux(euse), clément(e)

merciless ['mɜːsɪlɪs] adj impitoyable, sans pitié

mercury ['mɜːkjurɪ] n mercure m

mercy ['mɜːsɪ] n pitié f, merci f; (REL) miséricorde f; **to have mercy on sb** avoir pitié de qn; **at the mercy of** à la merci de

mere [mɪə*] adj simple

merely ['mɪəlɪ] adv simplement, purement

merge [mɜːdʒ] vt unir; (COMPUT) fusionner, interclasser ♦ vi se fondre; (COMM) fusionner

merger ['mɜːdʒə*] n (COMM) fusion f

meringue [mə'ræŋ] n meringue f

merit ['mɛrɪt] n mérite m, valeur f ♦ vt mériter

mermaid ['mɜːmeɪd] n sirène f

merry ['mɛrɪ] adj gai(e); **Merry Christmas!** joyeux Noël!

merry-go-round ['mɛrɪɡəʊraund] n manège m

mesh [mɛʃ] n maille f; filet m ♦ vi (gears) s'engrener; **wire mesh** grillage m (métallique), treillis m (métallique)

mesmerize ['mɛzməraɪz] vt hypnotiser; fasciner

mess [mɛs] n désordre m, fouillis m, pagaille f; (MIL) mess m, cantine f; **to be (in) a mess** être en désordre; **to be/get o.s. in a mess** (fig) être/se mettre dans le pétrin

▶ **mess about, mess around** vi (col) perdre son temps

▶ **mess about** or **around with** vt fus (col) chambarder, tripoter

▶ **mess up** vt salir; chambarder; gâcher

message ['mɛsɪdʒ] n message m; **to get the message** (fig: col) saisir, piger

messenger ['mɛsɪndʒə*] n messager m

Messrs, Messrs. ['mɛsəz] abbr (on letters); (= messieurs) MM

messy ['mɛsɪ] adj sale; en désordre

met [mɛt] pt, pp of **meet** ♦ adj abbr (= meteorological) météo inv

metal ['mɛtl] n métal m ♦ vt empierrer

metallic [mɛ'tælɪk] adj métallique

meteorology [miːtɪə'rɒlədʒɪ] n météorologie f

meter ['miːtə*] n (instrument) compteur m; (also: **parking meter**) parc(o)mètre m; (US) = **metre**

method ['mɛθəd] n méthode f; **method of payment** mode m or modalité f de paiement

methodical [mɪ'θɒdɪkl] adj méthodique

Methodist ['mɛθədɪst] adj, n méthodiste (m/f)

methylated spirit ['mɛθɪleɪtɪd-] n (BRIT: also: **meths**) alcool m à brûler

metre, (US) **meter** ['miːtə*] n mètre m

metric ['mɛtrɪk] adj métrique; **to go metric** adopter le système métrique

metropolitan [mɛtrə'pɒlɪtən] adj métropolitain(e)

mettle ['mɛtl] n courage m

mew [mjuː] vi (cat) miauler

mews [mjuːz] n (BRIT): **mews cottage** maisonnette aménagée dans une ancienne écurie ou remise

Mexico ['mɛksɪkəʊ] n Mexique m

miaow [miː'aʊ] vi miauler

mice [maɪs] npl of **mouse**

microchip ['maɪkrəʊtʃɪp] n (ELEC) puce f

micro(computer) ['maɪkrəʊ(kəm'pjuːtə*)] n micro(-ordinateur m) m

microphone ['maɪkrəfəʊn] n microphone m

microscope ['maɪkrəskəʊp] n microscope m; **under the microscope** au microscope

microwave ['maɪkrəweɪv] n (also: **microwave oven**) four m à micro-ondes

mid [mɪd] adj: **mid May** la mi-mai; **mid afternoon** le milieu de l'après-midi; **in mid air** en plein ciel; **he's in his mid thirties** il a dans les trente-cinq ans

midday ['mɪd'deɪ] n midi m

middle ['mɪdl] n milieu m; (waist) ceinture f, taille f ♦ adj du milieu; **in the middle of the night** au milieu de la nuit; **I'm in the middle of reading it** je suis (justement) en train de le lire

middle-aged [mɪdl'eɪdʒd] adj (people) d'un certain âge, ni vieux ni jeune; (pej: values, outlook) conventionnel(le), rassis(e)

Middle Ages npl: **the Middle Ages** le moyen âge

middle class n: **the middle class(es)** ≃ les classes moyennes; ♦ adj (also: **middle-class**) ≃ (petit(e)-)bourgeois(e)

Middle East n: **the Middle East** le Proche-Orient, le Moyen-Orient

middleman ['mɪdlmæn] n intermédiaire m

middle name n second prénom

middle-of-the-road ['mɪdləvðə'rəud] adj (policy) modéré(e), du juste milieu; (music etc) plutôt classique, assez traditionnel(le)

middleweight ['mɪdlweɪt] n (BOXING) poids moyen

middling ['mɪdlɪŋ] adj moyen(ne)

midge [mɪdʒ] n moucheron m

midget ['mɪdʒɪt] n nain/e ♦ adj minuscule

Midlands ['mɪdləndz] npl comtés du centre de l'Angleterre

midnight ['mɪdnaɪt] n minuit m; **at midnight** à minuit

midriff ['mɪdrɪf] n estomac m, taille f

midst [mɪdst] n: **in the midst of** au milieu de

midsummer [mɪd'sʌmə*] n milieu m de l'été

midway [mɪd'weɪ] adj, adv: **midway (between)** à mi-chemin (entre)

midweek [mɪd'wiːk] adj du milieu de la semaine ♦ adv au milieu de la semaine, en pleine semaine

midwife, pl **midwives** ['mɪdwaɪf, -vz] n sage-femme f

might [maɪt] vb see **may** ♦ n puissance f, force f

mighty ['maɪtɪ] adj puissant(e) ♦ adv (col) rudement

migraine ['miːgreɪn] n migraine f

migrant ['maɪgrənt] n (bird, animal) migrateur m; (person) migrant/e; nomade m/f ♦ adj migrateur(trice); migrant(e); nomade; (worker) saisonnier(ière)

migrate [maɪ'greɪt] vi émigrer

mike [maɪk] n abbr (= microphone) micro m

mild [maɪld] adj doux(douce); (reproach) léger(ère); (illness) bénin(igne) ♦ n bière légère

mildly ['maɪldlɪ] adv doucement; légèrement; **to put it mildly** (col) c'est le moins qu'on puisse dire

mile [maɪl] n mil(l)e m (= 1609 m); **to do 30 miles per gallon** ≃ faire 9, 4 litres aux cent

mileage ['maɪlɪdʒ] n distance f en milles, ≃ kilométrage m

mileometer [maɪ'lɔmɪtə*] n (BRIT) = **milometer**

milestone ['maɪlstəun] n borne f; (fig) jalon m

militant ['mɪlɪtnt] adj, n militant/e

military ['mɪlɪtərɪ] adj militaire ♦ n: **the military** l'armée f, les militaires mpl

militia [mɪ'lɪʃə] n milice f

milk [mɪlk] n lait m ♦ vt (cow) traire; (fig) dépouiller, plumer

milk chocolate n chocolat m au lait

milkman ['mɪlkmən] n laitier m

milk shake n milk-shake m

milky ['mɪlkɪ] adj lacté(e); (colour) laiteux(euse)

Milky Way n Voie lactée

mill [mɪl] n moulin m; (factory) usine f, fabrique f; (spinning mill) filature f; (flour mill) minoterie f ♦ vt moudre, broyer ♦ vi (also: **mill about**) grouiller

millennium bug [mɪ'leniəm-] n bogue m or bug m de l'an 2000

miller ['mɪlə*] n meunier m

millimetre, (US) **millimeter** ['mɪlɪmiːtə*] n millimètre m

million ['mɪljən] n million m

millionaire [mɪljə'nɛə*] n millionnaire m

milometer [maɪ'lɔmɪtə*] n (BRIT) ≃ compteur m kilométrique

mime [maɪm] n mime m ♦ vt, vi mimer

mimic ['mɪmɪk] n imitateur/trice f ♦ vt, vi imiter, contrefaire

min. abbr (= minute) mn.; (= minimum) min.

mince [mɪns] vt hacher ♦ vi (in walking) marcher à petits pas maniérés ♦ n (BRIT CULIN) viande hachée, hachis m; **he does not mince (his) words** il ne mâche pas ses mots

mincemeat ['mɪnsmiːt] n hachis de fruits secs utilisés en pâtisserie

mince pie n sorte de tarte aux fruits secs

mincer ['mɪnsə*] n hachoir m

mind [maɪnd] n esprit m ♦ vt (attend to, look after) s'occuper de; (be careful) faire attention à; (object to): **I don't mind the noise** je ne crains pas le bruit, le bruit ne me dérange pas; **do you mind if ...?** est-ce que cela vous gêne si ...?; **I don't mind** cela ne me dérange pas; **mind you, ...** remarquez, ...; **never mind** peu importe, ça ne fait rien; **it is on my mind** cela me préoccupe; **to change one's mind** changer d'avis; **to be in two minds about sth** (BRIT) être indécis(e) or irrésolu(e) en ce qui concerne qch; **to my mind** à mon avis, selon moi; **to be out of one's mind** ne plus avoir toute sa raison; **to keep sth in mind** ne pas oublier qch; **to bear sth in mind** tenir compte de qch; **to have sb/sth in mind** avoir qn/qch en tête; **to have in mind to do** avoir l'intention de faire; **it went right out of my mind** ça m'est complètement sorti de la tête; **to bring** or **call sth to mind** se rappeler qch; **to make up one's mind** se décider; **"mind the step"** "attention à la marche"

minder ['maɪndə*] n (child minder) gardienne f;

(*bodyguard*) ange gardien (*fig*)

mindful ['maɪndful] *adj*: **mindful of** attentif(ive) à, soucieux(euse) de

mindless ['maɪndlɪs] *adj* irréfléchi(e); (*violence, crime*) insensé(e)

mine [maɪn] *pron* le(la) mien(ne), les miens(miennes); **this book is mine** ce livre est à moi ♦ *n* **mine** *f* ♦ *vt* (*coal*) extraire; (*ship, beach*) miner

minefield ['maɪnfiːld] *n* champ *m* de mines

miner ['maɪnə*] *n* mineur *m*

mineral ['mɪnərəl] *adj* minéral(e) ♦ *n* minéral *m*; **minerals** *npl* (*BRIT*: *soft drinks*) boissons gazeuses (sucrées)

mineral water *n* eau minérale

mingle ['mɪŋgl] *vt* mêler, mélanger ♦ *vi*: **to mingle with** se mêler à

miniature ['mɪnətʃə*] *adj* (en) miniature ♦ *n* miniature *f*

minibus ['mɪnɪbʌs] *n* minibus *m*

minimal ['mɪnɪml] *adj* minimal(e)

minimize ['mɪnɪmaɪz] *vt* minimiser

minimum ['mɪnɪməm] *n* (*pl* **minima** ['mɪnɪmə]) minimum *m* ♦ *adj* minimum; **to reduce to a minimum** réduire au minimum

mining ['maɪnɪŋ] *n* exploitation minière ♦ *adj* minier(ière); de mineurs

miniskirt ['mɪnɪskə:t] *n* mini-jupe *f*

minister ['mɪnɪstə*] *n* (*BRIT POL*) ministre *m*; (*REL*) pasteur *m* ♦ *vi*: **to minister to sb** donner ses soins à qn; **to minister to sb's needs** pourvoir aux besoins de qn

ministerial [mɪnɪs'tɪərɪəl] *adj* (*BRIT POL*) ministériel(le)

ministry ['mɪnɪstrɪ] *n* (*BRIT POL*) ministère *m*; (*REL*): **to go into the ministry** devenir pasteur

mink [mɪŋk] *n* vison *m*

minor ['maɪnə*] *adj* petit(e), de peu d'importance; (*MUS*) mineur(e) ♦ *n* (*LAW*) mineur/e

minority [maɪ'nɔrɪtɪ] *n* minorité *f*; **to be in a minority** être en minorité

mint [mɪnt] *n* (*plant*) menthe *f*; (*sweet*) bonbon *m* à la menthe ♦ *vt* (*coins*) battre; **the (Royal) Mint**, (*US*) **the (US) Mint** = l'hôtel *m* de la Monnaie; **in mint condition** à l'état de neuf

minus ['maɪnəs] *n* (*also*: **minus sign**) signe *m* moins ♦ *prep* moins

minute *adj* [maɪ'njuːt] minuscule; (*detailed*) minutieux(euse) ♦ *n* ['mɪnɪt] minute *f*; (*official record*) procès-verbal *m*, compte rendu; **minutes** *npl* procès-verbal; **it is 5 minutes past 3** il est 3 heures 5; **wait a minute!** (attendez) un instant!; **at the last minute** à la dernière minute; **up to the minute** (*fashion*) dernier cri; (*news*) de dernière minute; (*machine, technology*) de pointe; **in minute detail** par le menu

miracle ['mɪrəkl] *n* miracle *m*

mirage ['mɪrɑːʒ] *n* mirage *m*

mirror ['mɪrə*] *n* miroir *m*, glace *f* ♦ *vt* refléter

mirth [mə:θ] *n* gaieté *f*

misadventure [mɪsəd'ventʃə*] *n* mésaventure *f*; **death by misadventure** (*BRIT*) décès accidentel

misapprehension ['mɪsæprɪ'henʃən] *n* malentendu *m*, méprise *f*

misappropriate [mɪsə'prəʊprɪeɪt] *vt* détourner

misbehave [mɪsbɪ'heɪv] *vi* mal se conduire

miscalculate [mɪs'kælkjuleɪt] *vt* mal calculer

miscarriage ['mɪskærɪdʒ] *n* (*MED*) fausse couche; **miscarriage of justice** erreur *f* judiciaire

miscellaneous [mɪsɪ'leɪnɪəs] *adj* (*items, expenses*) divers(es); (*selection*) varié(e)

mischief ['mɪstʃɪf] *n* (*naughtiness*) sottises *fpl*; (*harm*) mal *m*, dommage *m*; (*maliciousness*) méchanceté *f*

mischievous ['mɪstʃɪvəs] *adj* (*naughty*) coquin(e), espiègle; (*harmful*) méchant(e)

misconception ['mɪskən'sepʃən] *n* idée fausse

misconduct [mɪs'kɒndʌkt] *n* inconduite *f*; **professional misconduct** faute professionnelle

misdemeanour, (*US*) **misdemeanor** [mɪsdɪ'miːnə*] *n* écart *m* de conduite; infraction *f*

miser ['maɪzə*] *n* avare *m/f*

miserable ['mɪzərəbl] *adj* malheureux(euse); (*wretched*) misérable; **to feel miserable** avoir le cafard

miserly ['maɪzəlɪ] *adj* avare

misery ['mɪzərɪ] *n* (*unhappiness*) tristesse *f*; (*pain*) souffrances *fpl*; (*wretchedness*) misère *f*

misfire [mɪs'faɪə*] *vi* rater; (*car engine*) avoir des ratés

misfit ['mɪsfɪt] *n* (*person*) inadapté/e

misfortune [mɪs'fɔːtʃən] *n* malchance *f*, malheur *m*

misgiving(s) [mɪs'gɪvɪŋ(z)] *n(pl)* craintes *fpl*, soupçons *mpl*; **to have misgivings about sth** avoir des doutes quant à qch

misguided [mɪs'gaɪdɪd] *adj* malavisé(e)

mishandle [mɪs'hændl] *vt* (*treat roughly*) malmener; (*mismanage*) mal s'y prendre pour faire *or* résoudre *etc*

mishap ['mɪshæp] *n* mésaventure *f*

misinform [mɪsɪn'fɔːm] *vt* mal renseigner

misinterpret [mɪsɪn'tə:prɪt] *vt* mal interpréter

misjudge [mɪs'dʒʌdʒ] *vt* méjuger, se méprendre sur le compte de

mislay [mɪs'leɪ] *vt irreg* égarer

mislead [mɪs'liːd] *vt irreg* induire en erreur

misleading [mɪs'liːdɪŋ] *adj* trompeur(euse)

mismanage [mɪs'mænɪdʒ] *vt* mal gérer; mal s'y prendre pour faire *or* résoudre *etc*

misplace [mɪs'pleɪs] *vt* égarer; **to be misplaced** (*trust etc*) être mal placé(e)

misprint ['mɪsprɪnt] *n* faute *f* d'impression

Miss [mɪs] n Mademoiselle; **Dear Miss Smith** Chère Mademoiselle Smith

miss [mɪs] vt (*fail to get*) manquer, rater; (*appointment, class*) manquer; (*escape, avoid*) échapper à, éviter; (*notice loss of: money etc*) s'apercevoir de l'absence de; (*regret the absence of*): **I miss him/it** il/cela me manque ♦ vi manquer ♦ n (*shot*) coup manqué; **the bus just missed the wall** le bus a évité le mur de justesse; **you're missing the point** vous êtes à côté de la question

▶ **miss out** vt (*BRIT*) oublier

▶ **miss out on** vt fus (*fun, party*) rater, manquer; (*chance, bargain*) laisser passer

misshapen [mɪs'ʃeɪpən] adj difforme

missile ['mɪsaɪl] n (*AVIAT*) missile m; (*object thrown*) projectile m

missing ['mɪsɪŋ] adj manquant(e); (*after escape, disaster: person*) disparu(e); **to go missing** disparaître; **missing person** personne disparue, disparu/e

mission ['mɪʃən] n mission f; **on a mission to sb** en mission auprès de qn

missionary ['mɪʃənrɪ] n missionnaire m/f

mission statement n déclaration f d'intention

mist [mɪst] n brume f ♦ vi (*also*: **mist over, mist up**) devenir brumeux(euse); (*BRIT: windows*) s'embuer

mistake [mɪs'teɪk] n erreur f, faute f ♦ vt (*irreg: like take*) (*meaning*) mal comprendre; (*intentions*) se méprendre sur; **to mistake for** prendre pour; **by mistake** par erreur, par inadvertance; **to make a mistake** (*in writing*) faire une faute; (*in calculating etc*) faire une erreur; **to make a mistake about sb/sth** se tromper sur le compte de qn/sur qch

mistaken [mɪs'teɪkən] pp of **mistake** ♦ adj (*idea etc*) erroné(e); **to be mistaken** faire erreur, se tromper

mister ['mɪstə*] n (*col*) Monsieur m; see **Mr**

mistletoe ['mɪsltəʊ] n gui m

mistook [mɪs'tʊk] pt of **mistake**

mistress ['mɪstrɪs] n maîtresse f; (*BRIT: in primary school*) institutrice f; see **Mrs**

mistrust [mɪs'trʌst] vt se méfier de ♦ n: **mistrust (of)** méfiance f (à l'égard de)

misty ['mɪstɪ] adj brumeux(euse)

misunderstand [mɪsʌndə'stænd] vt, vi irreg mal comprendre

misunderstanding ['mɪsʌndə'stændɪŋ] n méprise f, malentendu m

misuse n [mɪs'juːs] mauvais emploi; (*of power*) abus m ♦ vt [mɪs'juːz] mal employer; abuser de

mitigate ['mɪtɪgeɪt] vt atténuer; **mitigating circumstances** circonstances atténuantes

mitt(en) ['mɪt(n)] n mitaine f; moufle f

mix [mɪks] vt mélanger ♦ vi se mélanger ♦ n mélange m; dosage m; **to mix sth with sth** mélan-

ger qch à qch; **to mix business with pleasure** unir l'utile à l'agréable; **cake mix** préparation f pour gâteau

▶ **mix in** vt incorporer, mélanger

▶ **mix up** vt mélanger; (*confuse*) confondre; **to be mixed up in sth** être mêlé(e) à qch or impliqué(e) dans qch

mixed [mɪkst] adj (*assorted*) assortis(ies); (*school etc*) mixte

mixed grill n (*BRIT*) assortiment m de grillades

mixed-up [mɪkst'ʌp] adj (*person*) désorienté(e) (*fig*)

mixer ['mɪksə*] n (*for food*) batteur m, mixeur m; (*person*): **he is a good mixer** il est très sociable

mixture ['mɪkstʃə*] n assortiment m, mélange m; (*MED*) préparation f

mix-up ['mɪksʌp] n confusion f

mm abbr (= *millimetre*) mm

moan [məʊn] n gémissement m ♦ vi gémir; (*col: complain*): **to moan (about)** se plaindre (de)

moat [məʊt] n fossé m, douves fpl

mob [mɒb] n foule f; (*disorderly*) cohue f; (*pej*): **the mob** la populace ♦ vt assaillir

mobile ['məʊbaɪl] adj mobile ♦ n (*ART*) mobile m; **applicants must be mobile** (*BRIT*) les candidats devront être prêts à accepter tout déplacement

mobile home n caravane f

mobile phone n téléphone portatif

mock [mɒk] vt ridiculiser, se moquer de ♦ adj faux(fausse)

mockery ['mɒkərɪ] n moquerie f, raillerie f; **to make a mockery of** ridiculiser, tourner en dérision

mock-up ['mɒkʌp] n maquette f

mod [mɒd] adj see **convenience**

mode [məʊd] n mode m; (*of transport*) moyen m

model ['mɒdl] n modèle m; (*person: for fashion*) mannequin m; (: *for artist*) modèle ♦ vt modeler ♦ vi travailler comme mannequin ♦ adj (*railway: toy*) modèle réduit inv; (*child, factory*) modèle; **to model clothes** présenter des vêtements; **to model sb/sth on** modeler qn/qch sur

modem ['məʊdem] n modem m

moderate adj n ['mɒdərət] ♦ adj modéré(e) ♦ n (*POL*) modéré/e ♦ vb ['mɒdəreɪt] ♦ vi se modérer, se calmer ♦ vt modérer

modern ['mɒdən] adj moderne; **modern languages** langues vivantes

modernize ['mɒdənaɪz] vt moderniser

modest ['mɒdɪst] adj modeste

modesty ['mɒdɪstɪ] n modestie f

modify ['mɒdɪfaɪ] vt modifier

mogul ['məʊgl] n (*fig*) nabab m; (*SKI*) bosse f

mohair ['məʊhɛə*] n mohair m

moist [mɔɪst] adj humide, moite

moisten ['mɔɪsn] vt humecter, mouiller légèrement

moisture ['mɔɪstʃə*] n humidité f; (*on glass*) buée f

moisturizer | 475 | more

moisturizer [ˈmɔɪstʃəraɪzə*] n produit hydratant

molar [ˈməʊlə*] n molaire f

molasses [məʊˈlæsɪz] n mélasse f

mold [məʊld] n, vt (US) = **mould**

mole [məʊl] n (animal) taupe f; (spot) grain m de beauté

molest [məʊˈlest] vt tracasser; molester

mollycoddle [ˈmɒlɪkɒdl] vt chouchouter, couver

molt [məʊlt] vi (US) = **moult**

molten [ˈməʊltən] adj fondu(e)

mom [mɒm] n (US) = **mum**

moment [ˈməʊmənt] n moment m, instant m; (importance) importance f; **at the moment** en ce moment; **for the moment** pour l'instant; **in a moment** dans un instant; **"one moment please"** (TEL) "ne quittez pas"

momentary [ˈməʊməntərɪ] adj momentané(e), passager(ère)

momentous [məʊˈmentəs] adj important(e), capital(e)

momentum [məʊˈmentəm] n élan m, vitesse acquise; **to gather momentum** prendre de la vitesse

mommy [ˈmɒmɪ] n (US: mother) maman f

Monaco [ˈmɒnəkəʊ] n Monaco f

monarch [ˈmɒnək] n monarque m

monarchy [ˈmɒnəkɪ] n monarchie f

monastery [ˈmɒnəstərɪ] n monastère m

Monday [ˈmʌndɪ] n lundi m; for phrases see also **Tuesday**

monetary [ˈmʌnɪtərɪ] adj monétaire

money [ˈmʌnɪ] n argent m; **to make money** (person) gagner de l'argent; (business) rapporter; **I've got no money left** je n'ai plus d'argent, je n'ai plus un sou

money belt n ceinture-portefeuille f

money order n mandat m

money-spinner [ˈmʌnɪspɪnə*] n (col) mine f d'or (fig)

mongrel [ˈmʌŋɡrəl] n (dog) bâtard m

monitor [ˈmɒnɪtə*] n (BRIT SCOL) chef m de classe; (US SCOL) surveillant m (d'examen); (TV, COMPUT) écran m, moniteur m ♦ vt contrôler; (foreign station) être à l'écoute de

monk [mʌŋk] n moine m

monkey [ˈmʌŋkɪ] n singe m

monkey nut n (BRIT) cacahuète f

monopoly [məˈnɒpəlɪ] n monopole m; **Monopolies and Mergers Commission** (BRIT) commission britannique d'enquête sur les monopoles

monotone [ˈmɒnətəʊn] n ton m (or voix f) monocorde; **to speak in a monotone** parler sur un ton monocorde

monotonous [məˈnɒtənəs] adj monotone

monsoon [mɒnˈsuːn] n mousson f

monster [ˈmɒnstə*] n monstre m

monstrous [ˈmɒnstrəs] adj (huge) gigantesque; (atrocious) monstrueux(euse), atroce

month [mʌnθ] n mois m; **every month** tous les mois; **300 dollars a month** 300 dollars par mois

monthly [ˈmʌnθlɪ] adj mensuel(le) ♦ adv mensuellement ♦ n (magazine) mensuel m, publication mensuelle; **twice monthly** deux fois par mois

monument [ˈmɒnjumənt] n monument m

moo [muː] vi meugler, beugler

mood [muːd] n humeur f, disposition f; **to be in a good/bad mood** être de bonne/mauvaise humeur; **to be in the mood for** être d'humeur à, avoir envie de

moody [ˈmuːdɪ] adj (variable) d'humeur changeante, lunatique; (sullen) morose, maussade

moon [muːn] n lune f

moonlight [ˈmuːnlaɪt] n clair m de lune ♦ vi travailler au noir

moonlighting [ˈmuːnlaɪtɪŋ] n travail m au noir

moonlit [ˈmuːnlɪt] adj éclairé(e) par la lune; **a moonlit night** une nuit de lune

moor [muə*] n lande f ♦ vt (ship) amarrer ♦ vi mouiller

moorland [ˈmuələnd] n lande f

moose [muːs] n (pl inv) élan m

mop [mɒp] n balai m à laver ♦ vt éponger, essuyer; **mop of hair** tignasse f

▶ **mop up** vt éponger

mope [məʊp] vi avoir le cafard, se morfondre

▶ **mope about, mope around** vi broyer du noir, se morfondre

moped [ˈməʊped] n cyclomoteur m

moral [ˈmɒrl] adj moral(e) ♦ n morale f; **morals** npl moralité f

morale [mɒˈrɑːl] n moral m

morality [məˈrælɪtɪ] n moralité f

morass [məˈræs] n marais m, marécage m

KEYWORD

more [mɔː*] adj 1 (greater in number etc) plus de), davantage; **more people/work (than)** plus de gens/de travail (que)
2 (additional) encore (de); **do you want (some) more tea?** voulez-vous encore du thé?; **I have no** or **I don't have any more money** je n'ai plus d'argent; **it'll take a few more weeks** ça prendra encore quelques semaines
♦ pron plus, davantage; **more than 10** plus de 10; **it cost more than we expected** cela a coûté plus que prévu; **I want more** j'en veux plus or davantage; **is there any more?** est-ce qu'il en reste?; **there's no more** il n'y en a plus; **a little more** un peu plus; **many/much more** beaucoup plus, bien davantage
♦ adv: **more dangerous/easily (than)** plus dangereux/facilement (que); **more and more**

expensive de plus en plus cher; **more or less** plus ou moins; **more than ever** plus que jamais; **once more** encore une fois, une fois de plus; **and what's more ...** et de plus ..., et qui plus est ...

moreover [mɔːˈrəʊvə*] *adv* de plus

morning [ˈmɔːnɪŋ] *n* matin *m*; (*as duration*) matinée *f*; **in the morning** le matin; **7 o'clock in the morning** 7 heures du matin; **this morning** ce matin

morning sickness *n* nausées matinales

Morocco [məˈrɒkəʊ] *n* Maroc *m*

moron [ˈmɔːrɒn] *n* idiot/e, minus *m/f*

Morse [mɔːs] *n* (*also*: **Morse code**) morse *m*

morsel [ˈmɔːsl] *n* bouchée *f*

mortar [ˈmɔːtə*] *n* mortier *m*

mortgage [ˈmɔːgɪdʒ] *n* hypothèque *f*; (*loan*) prêt *m* (*or* crédit *m*) hypothécaire ♦ *vt* hypothéquer; **to take out a mortgage** prendre une hypothèque, faire un emprunt

mortgage company *n* (*US*) société *f* de crédit immobilier

mortuary [ˈmɔːtjuəri] *n* morgue *f*

mosaic [məʊˈzeɪɪk] *n* mosaïque *f*

Moscow [ˈmɒskəʊ] *n* Moscou

Moslem [ˈmɒzləm] *adj*, *n* = **Muslim**

mosque [mɒsk] *n* mosquée *f*

mosquito, *pl* **mosquitoes** [mɒsˈkiːtəʊ] *n* moustique *m*

moss [mɒs] *n* mousse *f*

most [məʊst] *adj* la plupart de; le plus de ♦ *pron* la plupart ♦ *adv* le plus; (*very*) très, extrêmement; **the most** le plus; **most fish** la plupart des poissons; **most of** la plus grande partie de; **most of them** la plupart d'entre eux; **I saw most** j'en ai vu le plus; **c'est moi qui en ai vu le plus**; **at the (very) most** au plus; **to make the most of** profiter au maximum de

mostly [ˈməʊstlɪ] *adv* surtout, principalement

MOT *n abbr* (*BRIT* = Ministry of Transport): **the MOT (test)** visite technique (annuelle) obligatoire des véhicules à moteur

motel [məʊˈtɛl] *n* motel *m*

moth [mɒθ] *n* papillon *m* de nuit; mite *f*

mother [ˈmʌðə*] *n* mère *f* ♦ *vt* (*care for*) dorloter

motherhood [ˈmʌðəhʊd] *n* maternité *f*

mother-in-law [ˈmʌðərɪnlɔː] *n* belle-mère *f*

motherly [ˈmʌðəlɪ] *adj* maternel(le)

mother-of-pearl [ˈmʌðərəvˈpɜːl] *n* nacre *f*

Mother's Day [ˈmʌðəz-] *n* fête *f* des Mères

mother-to-be [ˈmʌðətəˈbiː] *n* future maman

mother tongue *n* langue maternelle

motion [ˈməʊʃən] *n* mouvement *m*; (*gesture*) geste *m*; (*at meeting*) motion *f*; (*BRIT*: *also*: **bowel motion**) selles *fpl* ♦ *vt*, *vi*: **to motion (to) sb to do** faire signe à qn de faire; **to be in motion** (*vehicle*) être en marche; **to set in motion** mettre en

marche; **to go through the motions of doing sth** (*fig*) faire qch machinalement *or* sans conviction

motionless [ˈməʊʃənlɪs] *adj* immobile, sans mouvement

motion picture *n* film *m*

motivated [ˈməʊtɪveɪtɪd] *adj* motivé(e)

motivation [məʊtɪˈveɪʃən] *n* motivation *f*

motive [ˈməʊtɪv] *n* motif *m*, mobile *m* ♦ *adj* moteur(trice); **from the best (of) motives** avec les meilleures intentions (du monde)

motley [ˈmɒtlɪ] *adj* hétéroclite; bigarré(e), bariolé(e)

motor [ˈməʊtə*] *n* moteur *m*; (*BRIT col*: *vehicle*) auto *f* ♦ *adj* moteur(trice)

motorbike [ˈməʊtəbaɪk] *n* moto *f*

motorboat [ˈməʊtəbəʊt] *n* bateau *m* à moteur

motorcar [ˈməʊtəkɑː] *n* (*BRIT*) automobile *f*

motorcycle [ˈməʊtəsaɪkl] *n* vélomoteur *m*

motorcycle racing *n* course *f* de motos

motorcyclist [ˈməʊtəsaɪklɪst] *n* motocycliste *m/f*

motoring [ˈməʊtərɪŋ] (*BRIT*) *n* tourisme *m* automobile ♦ *adj* (*accident*) de voiture, de la route; **motoring holiday** vacances *fpl* en voiture; **motoring offence** infraction *f* au code de la route

motorist [ˈməʊtərɪst] *n* automobiliste *m/f*

motor mechanic *n* mécanicien *m* garagiste

motor racing *n* (*BRIT*) course *f* automobile

motor trade *n* secteur *m* de l'automobile

motorway [ˈməʊtəweɪ] *n* (*BRIT*) autoroute *f*

mottled [ˈmɒtld] *adj* tacheté(e), marbré(e)

motto, *pl* **mottoes** [ˈmɒtəʊ] *n* devise *f*

mould, (*US*) **mold** [məʊld] *n* moule *m*; (*mildew*) moisissure *f* ♦ *vt* mouler, modeler; (*fig*) façonner

mo(u)ldy [ˈməʊldɪ] *adj* moisi(e)

moult, (*US*) **molt** [məʊlt] *vi* muer

mound [maʊnd] *n* monticule *m*, tertre *m*

mount [maʊnt] *n* mont *m*, montagne *f*; (*horse*) monture *f*; (*for jewel etc*) monture ♦ *vt* monter; (*exhibition*) organiser, monter; (*picture*) monter sur carton; (*stamp*) coller dans un album ♦ *vi* (*also*: **mount up**) s'élever, monter

mountain [ˈmaʊntɪn] *n* montagne *f* ♦ *cpd* de (la) montagne; **to make a mountain out of a molehill** (*fig*) se faire une montagne d'un rien

mountain bike *n* VTT *m*, vélo *m* tout terrain

mountaineer [maʊntɪˈnɪə*] *n* alpiniste *m/f*

mountaineering [maʊntɪˈnɪərɪŋ] *n* alpinisme *m*; **to go mountaineering** faire de l'alpinisme

mountainous [ˈmaʊntɪnəs] *adj* montagneux(euse)

mountain rescue team *n* colonne *f* de secours

mountainside [ˈmaʊntɪnsaɪd] *n* flanc *m* or versant *m* de la montagne

mourn [mɔːn] *vt* pleurer ♦ *vi*: **to mourn (for)** se lamenter (sur)

mourner ['mɔːnəʳ] n parent/e or ami/e du défunt; personne f en deuil or venue rendre hommage au défunt

mourning ['mɔːnɪŋ] n deuil m ♦ cpd (dress) de deuil; **in mourning** en deuil

mouse, pl **mice** [maus, maɪs] n (also COMPUT) souris f

mouse mat n (COMPUT) tapis m de souris

mousetrap ['maustræp] n souricière f

mousse [muːs] n mousse f

moustache [məs'tɑːʃ] n moustache(s) f(pl)

mousy ['mausɪ] adj (person) effacé(e); (hair) d'un châtain terne

mouth [mauθ, -ðz] n bouche f; (of dog, cat) gueule f; (of river) embouchure f; (of bottle) goulot m; (opening) orifice m

mouthful ['mauθful] n bouchée f

mouth organ n harmonica m

mouthpiece ['mauθpiːs] n (of musical) bec m, embouchure f; (spokesman) porte-parole m inv

mouthwash ['mauθwɔʃ] n eau f dentifrice

mouth-watering ['mauθwɔːtərɪŋ] adj qui met l'eau à la bouche

movable ['muːvəbl] adj mobile

move [muːv] n (movement) mouvement m; (in game) coup m; (: turn to play) tour m; (change of house) déménagement m ♦ vt déplacer, bouger; (emotionally) émouvoir; (POL: resolution etc) proposer ♦ vi (gen) bouger, remuer; (traffic) circuler; (also: **move house**) déménager; **to move towards** se diriger vers; **to move sb to do sth** pousser or inciter qn à faire qch; **to get a move on** se dépêcher, se remuer

▶ **move about, move around** vi (fidget) remuer; (travel) voyager, se déplacer

▶ **move along** vi se pousser

▶ **move away** vi s'en aller, s'éloigner

▶ **move back** vi revenir, retourner

▶ **move forward** vi avancer ♦ vt avancer; (people) faire avancer

▶ **move in** vi (to a house) emménager

▶ **move off** vi s'éloigner, s'en aller

▶ **move on** vi se remettre en route ♦ vt (onlookers) faire circuler

▶ **move out** vi (of house) déménager

▶ **move over** vi se pousser, se déplacer

▶ **move up** vi avancer; (employee) avoir de l'avancement

moveable ['muːvəbl] adj = **movable**

movement ['muːvmənt] n mouvement m; **movement (of the bowels)** (MED) selles fpl

movie ['muːvɪ] n film m; **the movies** le cinéma

moving ['muːvɪŋ] adj en mouvement; (touching) émouvant(e) ♦ n (US) déménagement m

mow, pt **mowed**, pp **mowed** or **mown** [məu, -n] vt faucher; (lawn) tondre

▶ **mow down** vt faucher

mower ['məuəʳ] n (also: **lawnmower**) tondeuse f à gazon

MP n abbr (= Military Police) PM; (BRIT) = **Member of Parliament**; (Canada) = **Mounted Police**

mph abbr = miles per hour (60 mph = 96 km/h)

Mr, Mr. ['mɪstəʳ] n: **Mr X** Monsieur X, M. X

Mrs, Mrs. ['mɪsɪz] n: **Mrs X** Madame X, Mme X

Ms, Ms. [mɪz] n (Miss or Mrs): **Ms X** Madame X, Mme X

MSc n abbr = **Master of Science**

MSP n abbr (= Member of the Scottish Parliament) député m au Parlement écossais

much [mʌtʃ] adj beaucoup de ♦ adv, n or pron beaucoup; **much milk** beaucoup de lait; **how much is it?** combien est-ce que ça coûte?; **it's not much** ce n'est pas beaucoup; **too much** trop (de); **so much** tant (de); **I like it very/so much** j'aime beaucoup/tellement ça; **thank you very much** merci beaucoup; **much to my amazement ...** à mon grand étonnement ...

muck [mʌk] n (mud) boue f; (dirt) ordures fpl

▶ **muck about** vi (col) faire l'imbécile; (: waste time) traînasser; (: tinker) bricoler; tripoter

▶ **muck in** vi (BRIT col) donner un coup de main

▶ **muck out** vt (stable) nettoyer

▶ **muck up** vt (col: ruin) gâcher, esquinter; (: dirty) salir

mucky ['mʌkɪ] adj (dirty) boueux(euse), sale

mud [mʌd] n boue f

muddle ['mʌdl] n pagaille f; désordre m, fouillis m ♦ vt (also: **muddle up**) brouiller, embrouiller; **to be in a muddle** (person) ne plus savoir ou l'on en est; **to get in a muddle** (while explaining etc) s'embrouiller

▶ **muddle along** vi aller son chemin tant bien que mal

▶ **muddle through** vi se débrouiller

muddy ['mʌdɪ] adj boueux(euse)

mudguard ['mʌdgɑːd] n garde-boue m inv

muesli ['mjuːzlɪ] n muesli m

muffin ['mʌfɪn] n petit pain rond et plat

muffle ['mʌfl] vt (sound) assourdir, étouffer; (against cold) emmitoufler

muffled ['mʌfld] adj étouffé(e), voilé(e)

muffler ['mʌfləʳ] n (scarf) cache-nez m inv; (US AUT) silencieux m

mug [mʌg] n (cup) tasse f (sans soucoupe); (: for beer) chope f; (col: face) bouille f; (: fool) poire f ♦ vt (assault) agresser; **it's a mug's game** (BRIT) c'est bon pour les imbéciles

▶ **mug up** vt (BRIT col: also: **mug up on**) bosser, bûcher

mugger ['mʌgəʳ] n agresseur m

mugging ['mʌgɪŋ] n agression f

muggy ['mʌgɪ] adj lourd(e), moite

mule [mjuːl] n mule f

multi-level ['mʌltɪlevl] adj (US) = **multistorey**

multiple ['mʌltɪpl] adj multiple ♦ n multiple m; (BRIT: also: **multiple store**) magasin m à succursales (multiples)

multiple sclerosis n sclérose f en plaques

multiplex ['mʌltɪpleks] n (also: **multiplex cinema**) (cinéma m) multisalles m

multiplication [mʌltɪplɪ'keɪʃən] n multiplication f

multiply ['mʌltɪplaɪ] vt multiplier ♦ vi se multiplier

multistorey ['mʌltɪ'stɔ:rɪ] adj (BRIT: building) à étages; (: car park) à étages or niveaux multiples

mum [mʌm] n (BRIT) maman f ♦ adj: **to keep mum** ne pas souffler mot; **mum's the word!** motus et bouche cousue!

mumble ['mʌmbl] vt, vi marmotter, marmonner

mummy ['mʌmɪ] n (BRIT: mother) maman f; (embalmed) momie f

mumps [mʌmps] n oreillons mpl

munch [mʌntʃ] vt, vi mâcher

mundane [mʌn'deɪn] adj banal(e), terre à terre inv

municipal [mju:'nɪsɪpl] adj municipal(e)

murder ['mɜ:də*] n meurtre m, assassinat m ♦ vt assassiner; **to commit murder** commettre un meurtre

murderer ['mɜ:dərə*] n meurtrier m, assassin m

murderous ['mɜ:dərəs] adj meurtrier(ière)

murky ['mɜ:kɪ] adj sombre, ténébreux(euse)

murmur ['mɜ:mə*] n murmure m ♦ vt, vi murmurer; **heart murmur** (MED) souffle m au cœur

muscle ['mʌsl] n muscle m

▶ **muscle in** vi s'imposer, s'immiscer

muscular ['mʌskjulə*] adj musculaire; (person, arm) musclé(e)

muse [mju:z] vi méditer, songer ♦ n muse f

museum [mju:'zɪəm] n musée m

mushroom ['mʌʃrum] n champignon m ♦ vi (fig) pousser comme un (or des) champignon(s)

music ['mju:zɪk] n musique f

musical ['mju:zɪkl] adj musical(e); (person) musicien(ne) ♦ n (show) comédie musicale

musical instrument n instrument m de musique

music centre n chaîne compacte

musician [mju:'zɪʃən] n musicien-ne

Muslim ['mʌzlɪm] adj, n musulman/e

muslin ['mʌzlɪn] n mousseline f

mussel ['mʌsl] n moule f

must [mʌst] aux vb (obligation): **I must do it** je dois le faire, il faut que je le fasse; (probability): **he must be there by now** il doit y être maintenant, il y est probablement maintenant; **I must have made a mistake** j'ai dû me tromper ♦ n nécessité f, impératif m; **it's a must** c'est indispensable

mustache ['mʌstæʃ] n (US) = **moustache**

mustard ['mʌstəd] n moutarde f

muster ['mʌstə*] vt rassembler; (also: **muster up**: strength, courage) rassembler

mustn't ['mʌsnt] = **must not**

mute [mju:t] adj, n muet/te

muted ['mju:tɪd] adj (noise) sourd(e), assourdi(e); (criticism) voilé(e); (MUS) en sourdine; (: trumpet) bouché(e)

mutiny ['mju:tɪnɪ] n mutinerie f ♦ vi se mutiner

mutter ['mʌtə*] vt, vi marmonner, marmotter

mutton ['mʌtn] n mouton m

mutual ['mju:tʃuəl] adj mutuel(le), réciproque

mutually ['mju:tʃuəlɪ] adv mutuellement, réciproquement

muzzle ['mʌzl] n museau m; (protective device) muselière f; (of gun) gueule f ♦ vt museler

my [maɪ] adj mon(ma), mes pl

myself [maɪ'self] pron (reflexive) me; (emphatic) moi-même; (after prep) moi

mysterious [mɪs'tɪərɪəs] adj mystérieux(euse)

mystery ['mɪstərɪ] n mystère m

mystify ['mɪstɪfaɪ] vt mystifier; (puzzle) ébahir

myth [mɪθ] n mythe m

mythology [mɪ'θɔlədʒɪ] n mythologie f

— N n —

n/a abbr (= not applicable) n.a.; (COMM etc) = no account

naff [næf] (BRIT inf) adj nul(le)

nag [næg] vt (person) être toujours après, reprendre sans arrêt ♦ n (pej: horse) canasson m; (person): **she's an awful nag** elle est constamment après lui (or eux etc), elle est terriblement casse-pieds

nagging ['nægɪn] adj (doubt, pain) persistant(e) ♦ n remarques continuelles

nail [neɪl] n (human) ongle m; (metal) clou m ♦ vt clouer; **to nail sb down to a date/price** contraindre qn à accepter or donner une date/un prix; **to pay cash on the nail** (BRIT) payer rubis sur l'ongle

nailbrush ['neɪlbrʌʃ] n brosse f à ongles

nailfile ['neɪlfaɪl] n lime f à ongles

nail polish n vernis m à ongles

nail polish remover n dissolvant m

nail scissors npl ciseaux mpl à ongles

nail varnish n (BRIT) = **nail polish**

naïve [naɪ'i:v] adj naïf(ïve)

naked ['neɪkɪd] adj nu(e); **with the naked eye** à l'œil nu

name [neɪm] n nom m; (reputation) réputation f ♦ vt nommer; citer; (price, date) fixer, donner; **by**

name par son nom; de nom; **in the name of** au nom de; **what's your name?** quel est votre nom?; **my name is Peter** je m'appelle Peter; **to take sb's name and address** relever l'identité de qn or les nom et adresse de qn; **to make a name for o.s.** se faire un nom; **to get (o.s.) a bad name** se faire une mauvaise réputation; **to call sb names** traiter qn de tous les noms

nameless ['neɪmlɪs] adj sans nom; (witness, contributor) anonyme

namely ['neɪmlɪ] adv à savoir

namesake ['neɪmseɪk] n homonyme m

nanny ['nænɪ] n bonne f d'enfants

nap [næp] n (sleep) (petit) somme ♦ vi: **to be caught napping** être pris(e) à l'improviste or en défaut

nape [neɪp] n: **nape of the neck** nuque f

napkin ['næpkɪn] n serviette f (de table)

nappy ['næpɪ] n (BRIT) couche f gen pl

nappy rash n: **to have nappy rash** avoir les fesses rouges

narcissus, pl **narcissi** [nɑː'sɪsəs, -saɪ] n narcisse m

narcotic [nɑː'kɔtɪk] n (MED) narcotique m; **narcotics** npl (drugs) stupéfiants mpl

narrative ['nærətɪv] n récit m ♦ adj narratif(ive)

narrow ['nærəu] adj étroit(e); (fig) restreint(e), limité(e) ♦ vi devenir plus étroit, se rétrécir; **to have a narrow escape** l'échapper belle; **to narrow sth down to** réduire qch à

narrowly ['nærəulɪ] adv: **he narrowly missed injury/the tree** il a failli se blesser/rentrer dans l'arbre; **he only narrowly missed the target** il a manqué la cible de peu or de justesse

narrow-minded [nærəu'maɪndɪd] adj à l'esprit étroit, borné(e)

nasty ['nɑːstɪ] adj (person) méchant(e); très désagréable; (smell) dégoûtant(e); (wound, situation) mauvais(e), vilain(e); (weather) affreux(euse); **to turn nasty** (situation) mal tourner; (weather) se gâter; (person) devenir méchant; **it's a nasty business** c'est une sale affaire

nation ['neɪʃən] n nation f

national ['næʃənl] adj national(e) ♦ n (abroad) ressortissant/e; (when home) national/e

national anthem n hymne national

national dress n costume national

National Health Service (NHS) n (BRIT) service national de santé, ≈ Sécurité Sociale

National Insurance n (BRIT) ≈ Sécurité Sociale

nationalism ['næʃnəlɪzəm] n nationalisme m

nationalist ['næʃnəlɪst] adj, n nationaliste m/f

nationality [næʃə'nælɪtɪ] n nationalité f

nationalize ['næʃnəlaɪz] vt nationaliser

nationally ['næʃnəlɪ] adv du point de vue national; dans le pays entier

national park n parc national

National Trust n (BRIT) ≈ Caisse f nationale des monuments historiques et des sites; voir encadré

nationwide ['neɪʃənwaɪd] adj s'étendant à l'ensemble du pays; (problem) à l'échelle du pays entier ♦ adv à travers or dans tout le pays

native ['neɪtɪv] n habitant/e du pays, autochtone m/f; (in colonies) indigène m/f ♦ adj du pays, indigène; (country) natal(e); (language) maternel(le); (ability) inné(e); **a native of Russia** une personne originaire de Russie; **a native speaker of French** une personne de langue maternelle française

Native American n Indien/ne d'Amérique

native language n langue maternelle

NATO ['neɪtəu] n abbr (= North Atlantic Treaty Organization) OTAN f

natural ['nætʃrəl] adj naturel(le); **to die of natural causes** mourir d'une mort naturelle

natural gas n gaz naturel

naturalist ['nætʃrəlɪst] n naturaliste m/f

naturally ['nætʃrəlɪ] adv naturellement

nature ['neɪtʃə*] n nature f; **by nature** par tempérament, de nature; **documents of a confidential nature** documents à caractère confidentiel

naught [nɔːt] n = **nought**

naughty ['nɔːtɪ] adj (child) vilain(e), pas sage; (story, film) grivois(e)

nausea ['nɔːsɪə] n nausée f

naval ['neɪvl] adj naval(e)

naval officer n officier m de marine

nave [neɪv] n nef f

navel ['neɪvl] n nombril m

navigate ['nævɪgeɪt] vt diriger, piloter ♦ vi naviguer; (AUT) indiquer la route à suivre

navigation [nævɪ'geɪʃən] n navigation f

navvy ['nævɪ] n (BRIT) terrassier m

navy ['neɪvɪ] n marine f; **Department of the Navy** (US) ministère m de la Marine

navy(-blue) ['neɪvɪ'bluː] adj bleu marine inv

Nazi ['nɑːtsɪ] adj nazi(e) ♦ n Nazi/e

NB abbr (= nota bene) NB; (Canada) = New Brunswick

near [nɪə*] adj proche ♦ adv près ♦ prep (also: **near to**) près de ♦ vt approcher de; **near here/there** près d'ici/non loin de là; **£25,000 or nearest offer** (BRIT) 25 000 livres à débattre; **in the near future** dans un proche avenir; **to come near** vi s'approcher

nearby [nɪəˈbaɪ] *adj* proche ♦ *adv* tout près, à proximité

nearly [ˈnɪəlɪ] *adv* presque; **I nearly fell** j'ai failli tomber; **it's not nearly big enough** ce n'est vraiment pas assez grand, c'est loin d'être assez grand

near miss *n* collision évitée de justesse; (*when aiming*) coup manqué de peu ou de justesse

nearside [ˈnɪəsaɪd] (AUT) *n* (*right-hand drive*) côté *m* gauche; (*left-hand drive*) côté droit ♦ *adj* de gauche; de droite

near-sighted [nɪəˈsaɪtɪd] *adj* myope

neat [niːt] *adj* (*person, work*) soigné(e); (*room etc*) bien tenu(e) *ou* rangé(e); (*solution, plan*) habile; (*spirits*) pur(e); **I drink it neat** je le bois sec *ou* sans eau

neatly [ˈniːtlɪ] *adv* avec soin ou ordre; habilement

necessarily [ˈnɛsɪsrɪlɪ] *adv* nécessairement; **not necessarily** pas nécessairement *or* forcément

necessary [ˈnɛsɪsrɪ] *adj* nécessaire; **if necessary** si besoin est, le cas échéant

necessity [nɪˈsɛsɪtɪ] *n* nécessité *f*; chose nécessaire *or* essentielle; **in case of necessity** en cas d'urgence

neck [nɛk] *n* cou *m*; (*of horse, garment*) encolure *f*; (*of bottle*) goulot *m* ♦ *vi* (*col*) se peloter; **neck and neck** à égalité; **to stick one's neck out** (*col*) se mouiller

necklace [ˈnɛklɪs] *n* collier *m*

neckline [ˈnɛklaɪn] *n* encolure *f*

necktie [ˈnɛktaɪ] *n* (*esp US*) cravate *f*

need [niːd] *n* besoin *m* ♦ *vt* avoir besoin de; **to need to do** devoir faire; avoir besoin de faire; **you don't need to go** vous n'avez pas besoin *or* vous n'êtes pas obligé de partir; **a signature is needed** il faut une signature; **to be in need of** *or* **have need of** avoir besoin de; **£10 will meet my immediate needs** 10 livres suffiront pour mes besoins immédiats; **in case of need** en cas de besoin, au besoin; **there's no need to do ...** il n'y a pas lieu de faire ..., il n'est pas nécessaire de faire ...; **there's no need for that** ce n'est pas la peine, cela n'est pas nécessaire

needle [ˈniːdl] *n* aiguille *f*; (*on record player*) saphir *m* ♦ *vt* (*col*) asticoter, tourmenter

needless [ˈniːdlɪs] *adj* inutile; **needless to say, ...** inutile de dire que ...

needlework [ˈniːdlwəːk] *n* (*activity*) travaux *mpl* d'aiguille; (*object*) ouvrage *m*

needn't [ˈniːdnt] = **need not**

needy [ˈniːdɪ] *adj* nécessiteux(euse)

negative [ˈnɛgətɪv] *n* (PHOT, ELEC) négatif *m*; (LING) terme *m* de négation ♦ *adj* négatif(ive); **to answer in the negative** répondre par la négative

neglect [nɪˈglɛkt] *vt* négliger ♦ *n* (*of person, duty, garden*) le fait de négliger; (**state of**) **neglect** abandon *m*; **to neglect to do sth** négliger *or* omettre de faire qch

neglected [nɪˈglɛktɪd] *adj* négligé(e), à l'abandon

negligee [ˈnɛglɪʒeɪ] *n* déshabillé *m*

negotiate [nɪˈgəʊʃɪeɪt] *vi* négocier ♦ *vt* (COMM) négocier; (*obstacle*) franchir, négocier; (*bend in road*) négocier; **to negotiate with sb for sth** négocier avec qn en vue d'obtenir qch

negotiation [nɪgəʊʃɪˈeɪʃən] *n* négociation *f*, pourparlers *mpl*; **to enter into negotiations with sb** engager des négociations avec qn

neigh [neɪ] *vi* hennir

neighbour, (US) **neighbor** [ˈneɪbə*] *n* voisin/e

neighbo(u)rhood [ˈneɪbəhʊd] *n* quartier *m*; voisinage *m*

neighbo(u)ring [ˈneɪbərɪŋ] *adj* voisin(e), avoisinant(e)

neighbo(u)rly [ˈneɪbəlɪ] *adj* obligeant(e); (*relations*) de bon voisinage

neither [ˈnaɪðə*] *adj, pron* aucun(e) (des deux), ni l'un(e) ni l'autre ♦ *conj*: **I didn't move and neither did Claude** je n'ai pas bougé, (et) Claude non plus ♦ *adv*: **neither good nor bad** ni bon ni mauvais; **..., neither did I refuse** ..., (et ou mais) je n'ai pas non plus refusé

neon [ˈniːɔn] *n* néon *m*

neon light *n* lampe *f* au néon

nephew [ˈnɛvjuː] *n* neveu *m*

nerve [nəːv] *n* nerf *m*; (*bravery*) sang-froid *m*, courage *m*; (*cheek*) aplomb *m*, toupet *m*; **he gets on my nerves** il m'énerve; **to have a fit of nerves** avoir le trac; **to lose one's nerve** (*self-confidence*) perdre son sang-froid

nerve-racking [ˈnəːvrækɪŋ] *adj* angoissant(e)

nervous [ˈnəːvəs] *adj* nerveux(euse); (*apprehensive*) inquiet(ète), plein(e) d'appréhension

nervous breakdown *n* dépression nerveuse

nest [nɛst] *n* nid *m* ♦ *vi* (se) nicher, faire son nid; **nest of tables** table *f* gigogne

nest egg *n* (*fig*) bas *m* de laine, magot *m*

nestle [ˈnɛsl] *vi* se blottir

net [nɛt] *n* filet *m* ♦ *adj* net(te) ♦ *vt* (*fish etc*) prendre au filet; (*money: subj: person*) toucher; (: *deal, sale*) rapporter; **net of tax** net d'impôt; **he earns £10,000 net per year** il gagne 10 000 livres net par an

netball [ˈnɛtbɔːl] *n* netball *m*

Netherlands [ˈnɛðələndz] *npl*: **the Netherlands** les Pays-Bas *mpl*

nett [nɛt] *adj* = **net**

netting [ˈnɛtɪŋ] *n* (*for fence etc*) treillis *m*, grillage *m*; (*fabric*) voile *m*

nettle [ˈnɛtl] *n* ortie *f*

network [ˈnɛtwəːk] *n* réseau *m* ♦ *vt* (RADIO, TV) diffuser sur l'ensemble du réseau; (*computers*) interconnecter

neurotic [njʊəˈrɔtɪk] *adj, n* névrosé/e

neuter [ˈnjuːtə*] *adj, n* neutre *m* ♦ *vt* (*cat etc*) châtrer, couper

neutral ['nju:trəl] *adj* neutre ♦ *n* (AUT) point mort
neutralize ['nju:trəlaɪz] *vt* neutraliser
never ['nevə*] *adv* (ne ...) jamais; **never again** plus jamais; **never in my life** jamais de ma vie; *see also* **mind**
never-ending [nevər'endɪŋ] *adj* interminable
nevertheless [nevəðə'les] *adv* néanmoins, malgré tout
new [nju:] *adj* nouveau(nouvelle); (*brand new*) neuf(neuve); **as good as new** comme neuf
New Age *n* New Age *m*
newborn ['nju:bɔ:n] *adj* nouveau-né(e)
newcomer ['nju:kʌmə*] *n* nouveau venu/nouvelle venue
new-fangled ['nju:fæŋgld] *adj* (*pej*) ultramoderne (et farfelu(e))
new-found ['nju:faund] *adj* de fraîche date; (*friend*) nouveau(nouvelle)
newly ['nju:lɪ] *adv* nouvellement, récemment
newly-weds ['nju:lɪwedz] *npl* jeunes mariés *mpl*
news [nju:z] *n* nouvelle(s) *f(pl)*; (RADIO, TV) informations *fpl*, actualités *fpl*; **a piece of news** une nouvelle; **good/bad news** bonne/mauvaise nouvelle; **financial news** (PRESS, RADIO, TV) page financière
news agency *n* agence *f* de presse
newsagent ['nju:zeɪdʒənt] *n* (BRIT) marchand *m* de journaux
newscaster ['nju:zkɑ:stə*] *n* (RADIO, TV) présentateur/trice
news flash *n* flash *m* d'information
newsletter ['nju:zletə*] *n* bulletin *m*
newspaper ['nju:zpeɪpə*] *n* journal *m*; **daily newspaper** quotidien *m*; **weekly newspaper** hebdomadaire *m*
newsprint ['nju:zprɪnt] *n* papier *m* (de) journal
newsreader ['nju:zri:də*] *n* = **newscaster**
newsreel ['nju:zri:l] *n* actualités (filmées)
news stand *n* kiosque *m* à journaux
newt [nju:t] *n* triton *m*
New Year *n* Nouvel An; **Happy New Year!** Bonne Année!; **to wish sb a happy New Year** souhaiter la Bonne Année à qn
New Year's Day *n* le jour de l'An
New Year's Eve *n* la Saint-Sylvestre
New Zealand [-'zi:lənd] *n* Nouvelle-Zélande *f* ♦ *adj* néo-zélandais(e)
New Zealander [-'zi:ləndə*] *n* Néo-Zélandais/e
next [nekst] *adj* (*seat, room*) voisin(e), d'à côté; (*meeting, bus stop*) suivant(e); prochain(e) ♦ *adv* la fois suivante; la prochaine fois; (*afterwards*) ensuite; **next to** *prep* à côté de; **next to nothing** presque rien; **next time** *adv* la prochaine fois; **the next day** le lendemain, le jour suivant or d'après; **next week** la semaine prochaine; **the next week** la semaine suivante; **next year** l'année prochaine; **"turn to the next page"** "voir page suivante"; **who's next?** c'est à qui?; **the week after next** dans deux

semaines; **when do we meet next?** quand nous revoyons-nous?
next door *adv* à côté
next-of-kin ['nekstəv'kɪn] *n* parent *m* le plus proche
NHS *n abbr* (BRIT) = **National Health Service**
nib [nɪb] *n* (*of pen*) (bec *m* de) plume *f*
nibble ['nɪbl] *vt* grignoter
nice [naɪs] *adj* (*holiday, trip, taste*) agréable; (*flat, picture*) joli(e); (*person*) gentil(le); (*distinction, point*) subtil(e)
nicely ['naɪslɪ] *adv* agréablement; joliment; gentiment; subtilement; **that will do nicely** ce sera parfait
niceties ['naɪsɪtɪz] *npl* subtilités *fpl*
nick [nɪk] *n* encoche *f*; (BRIT *col*): **in good nick** en bon état ♦ *vt* (*cut*): **to nick o.s.** se couper; (*col: steal*) faucher, piquer; (: BRIT: *arrest*) choper, pincer; **in the nick of time** juste à temps
nickel ['nɪkl] *n* nickel *m*; (US) pièce *f* de 5 cents
nickname ['nɪkneɪm] *n* surnom *m* ♦ *vt* surnommer
nicotine patch ['nɪkəti:n-] *n* timbre *m* antitabac, patch *m*
niece [ni:s] *n* nièce *f*
Nigeria [naɪ'dʒɪərɪə] *n* Nigéria *m or f*
niggling ['nɪglɪŋ] *adj* tatillon(ne); (*detail*) insignifiant(e); (*doubt, pain*) persistant(e)
night [naɪt] *n* nuit *f*; (*evening*) soir *m*; **at night** la nuit; **by night** de nuit; **in the night, during the night** pendant la nuit; **the night before last** avant-hier soir
nightcap ['naɪtkæp] *n* boisson prise avant le coucher
night club *n* boîte *f* de nuit
nightdress ['naɪtdres] *n* chemise *f* de nuit
nightfall ['naɪtfɔ:l] *n* tombée *f* de la nuit
nightie ['naɪtɪ] *n* chemise *f* de nuit
nightingale ['naɪtɪŋgeɪl] *n* rossignol *m*
nightlife ['naɪtlaɪf] *n* vie *f* nocturne
nightly ['naɪtlɪ] *adj* de chaque nuit or soir; (*by night*) nocturne ♦ *adv* chaque nuit or soir; nuitamment
nightmare ['naɪtmeə*] *n* cauchemar *m*
night porter *n* gardien *m* de nuit, concierge *m* de service la nuit
night school *n* cours *mpl* du soir
nightshift ['naɪtʃɪft] *n* équipe *f* de nuit
night-time ['naɪttaɪm] *n* nuit *f*
night watchman *n* veilleur *m* de nuit; poste *m* de nuit
nil [nɪl] *n* rien *m*; (BRIT SPORT) zéro *m*
Nile [naɪl] *n*: **the Nile** le Nil
nimble ['nɪmbl] *adj* agile
nine [naɪn] *num* neuf
nineteen ['naɪn'ti:n] *num* dix-neuf
ninety ['naɪntɪ] *num* quatre-vingt-dix

ninth [naɪnθ] *num* neuvième

nip [nɪp] *vt* pincer ♦ *vi* (*BRIT col*): **to nip out/down/up** sortir/descendre/monter en vitesse ♦ *n* pincement *m*; (*drink*) petit verre; **to nip into a shop** faire un saut dans un magasin

nipple ['nɪpl] *n* (*ANAT*) mamelon *m*, bout *m* du sein

nitrogen ['naɪtrədʒən] *n* azote *m*

KEYWORD
---

no [nəʊ] (*pl* **noes**) *adv* (*opposite of "yes"*) non; **are you coming?** – **no (I'm not)** est-ce que vous venez? – non; **would you like some more?** – **no thank you** vous en voulez encore? – non merci ♦ *adj* (*not any*) pas de, aucun(e) (*used with "ne"*); **I have no money/books** je n'ai pas d'argent/de livres; **no student would have done it** aucun étudiant ne l'aurait fait; **"no smoking"** "défense de fumer"; **"no dogs"** "les chiens ne sont pas admis"

♦ *n* non *m*; **I won't take no for an answer** il n'est pas question de refuser

---

nobility [nəʊ'bɪlɪtɪ] *n* noblesse *f*

noble ['nəʊbl] *adj* noble

nobody ['nəʊbədɪ] *pron* personne (*with negative*)

nod [nɒd] *vi* faire un signe de (la) tête (*affirmatif ou amical*); (*sleep*) somnoler ♦ *vt*: **to nod one's head** faire un signe de (la) tête; (*in agreement*) faire signe que oui ♦ *n* signe *m* de (la) tête; **they nodded their agreement** ils ont acquiescé d'un signe de la tête

▶ **nod off** *vi* s'assoupir

noise [nɔɪz] *n* bruit *m*

noisy ['nɔɪzɪ] *adj* bruyant(e)

nominal ['nɒmɪnl] *adj* (*rent, fee*) symbolique; (*value*) nominal(e)

nominate ['nɒmɪneɪt] *vt* (*propose*) proposer; (*elect*) nommer

nominee [nɒmɪ'niː] *n* candidat agréé; personne nommée

non- [nɒn] *prefix* non-

nonalcoholic [nɒnælkə'hɒlɪk] *adj* non-alcoolisé(e)

noncommittal [nɒnkə'mɪtl] *adj* évasif(ive)

nondescript ['nɒndɪskrɪpt] *adj* quelconque, indéfinissable

none [nʌn] *pron* aucun(e); **none of you** aucun d'entre vous, personne parmi vous; **I have none** je n'en ai pas; **I have none left** je n'en ai plus; **none at all** (*not one*) aucun(e); **how much milk?** – **none at all** combien de lait? – pas du tout; **he's none the worse for it** il ne s'en porte pas plus mal

nonentity [nɒ'nentɪtɪ] *n* personne insignifiante

nonetheless ['nʌnðə'les] *adv* néanmoins

nonexistent [nɒnɪg'zɪstənt] *adj* inexistant(e)

nonfiction [nɒn'fɪkʃən] *n* littérature *f* non-romanesque

nonplussed [nɒn'plʌst] *adj* perplexe

nonsense ['nɒnsəns] *n* absurdités *fpl*, idioties *fpl*; **nonsense!** ne dites pas d'idioties!; **it is nonsense to say that ...** il est absurde de dire que ...

nonsmoker ['nɒn'sməʊkə*] *n* non-fumeur *m*

nonsmoking ['nɒn'sməʊkɪŋ] *adj* non-fumeurs *inv*

nonstick ['nɒn'stɪk] *adj* qui n'attache pas

nonstop ['nɒn'stɒp] *adj* direct(e), sans arrêt (*or* escale) ♦ *adv* sans arrêt

noodles ['nuːdlz] *npl* nouilles *fpl*

nook [nʊk] *n*: **nooks and crannies** recoins *mpl*

noon [nuːn] *n* midi *m*

no one ['nəʊwʌn] *pron* = **nobody**

noose [nuːs] *n* nœud coulant; (*hangman's*) corde *f*

nor [nɔː*] *conj* = **neither** ♦ *adv see* **neither**

norm [nɔːm] *n* norme *f*

normal ['nɔːml] *adj* normal(e) ♦ *n*: **to return to normal** redevenir normal(e)

normally ['nɔːməlɪ] *adv* normalement

Normandy ['nɔːməndɪ] *n* Normandie *f*

north [nɔːθ] *n* nord *m* ♦ *adj* du nord, nord *inv* ♦ *adv* au *or* vers le nord

North America *n* Amérique *f* du Nord

north-east [nɔːθ'iːst] *n* nord-est *m*

northerly ['nɔːðəlɪ] *adj* (*wind, direction*) du nord

northern ['nɔːðən] *adj* du nord, septentrional(e)

Northern Ireland *n* Irlande *f* du Nord

North Pole *n*: **the North Pole** le pôle Nord

North Sea *n*: **the North Sea** la mer du Nord

northward(s) ['nɔːθwəd(z)] *adv* vers le nord

north-west [nɔːθ'west] *n* nord-ouest *m*

Norway ['nɔːweɪ] *n* Norvège *f*

Norwegian [nɔː'wiːdʒən] *adj* norvégien(ne) ♦ *n* Norvégien/ne; (*LING*) norvégien *m*

nose [nəʊz] *n* nez *m*; (*fig*) flair *m* ♦ *vi* (*also*: **nose one's way**) avancer précautionneusement; **to pay through the nose (for sth)** (*col*) payer un prix excessif (pour qch)

▶ **nose about, nose around** *vi* fouiner *or* fureter (partout)

nosebleed ['nəʊzbliːd] *n* saignement *m* de nez

nose-dive ['nəʊzdaɪv] *n* (*descente f en*) piqué *m*

nosey ['nəʊzɪ] *adj* curieux(euse)

nostalgia [nɒs'tældʒɪə] *n* nostalgie *f*

nostril ['nɒstrɪl] *n* narine *f*; (*of horse*) naseau *m*

nosy ['nəʊzɪ] *adj* = **nosey**

not [nɒt] *adv* (ne ...) pas; **I hope not** j'espère que non; **not at all** pas du tout; (*after thanks*) de rien; **you must not** *or* **mustn't do this** tu ne dois pas faire ça; **he isn't ...** il n'est pas ...

notably ['nəʊtəblɪ] *adv* en particulier

notary ['nəʊtərɪ] *n* (*also*: **notary public**) notaire *m*

notch [nɒtʃ] *n* encoche *f*

▶ **notch up** *vt* (*score*) marquer; (*victory*) remporter

note [nəʊt] *n* note *f*; (*letter*) mot *m*; (*banknote*) billet *m* ♦ *vt* (*also*: **note down**) noter; (*notice*) constater; **just a quick note to let you know ...** juste un mot pour vous dire ...; **to take notes** prendre des notes; **to compare notes** (fig) échanger des (or leurs etc) impressions; **to take note of** prendre note de; **a person of note** une personne éminente

notebook ['nəutbuk] n carnet m; (for shorthand etc) bloc-notes m

noted ['nəutɪd] adj réputé(e)

notepad ['nəutpæd] n bloc-notes m

notepaper ['nəutpeɪpə'] n papier m à lettres

nothing ['nʌθɪŋ] n rien m; **he does nothing** il ne fait rien; **nothing new** rien de nouveau; **for nothing** (free) pour rien, gratuitement; **nothing at all** rien du tout

notice ['nəutɪs] n avis m; (of leaving) congé m; (BRIT: review: of play etc) critique f, compte rendu m ♦ vt remarquer, s'apercevoir de; **without notice** sans préavis; **advance notice** préavis m; **to give sb notice of sth** notifier qn de qch; **at short notice** dans un délai très court; **until further notice** jusqu'à nouvel ordre; **to give notice, hand in one's notice** (subj: employee) donner sa démission, démissionner; **to take notice of** prêter attention à; **to bring sth to sb's notice** porter qch à la connaissance de qn; **it has come to my notice that ...** on m'a signalé que ...; **to escape** or **avoid notice** (essayer de) passer inaperçu or ne pas se faire remarquer

noticeable ['nəutɪsəbl] adj visible

notice board n (BRIT) panneau m d'affichage

notify ['nəutɪfaɪ] vt: **to notify sth to sb** notifier qch à qn; **to notify sb of sth** avertir qn de qch

notion ['nəuʃən] n idée f; (concept) notion f

notorious [nəu'tɔːrɪəs] adj notoire (souvent en mal)

nought [nɔːt] n zéro m

noun [naun] n nom m

nourish ['nʌrɪʃ] vt nourrir

nourishing ['nʌrɪʃɪŋ] adj nourrissant(e)

nourishment ['nʌrɪʃmənt] n nourriture f

novel ['nɔvl] n roman m ♦ adj nouveau(nouvelle), original(e)

novelist ['nɔvəlɪst] n romancier m

novelty ['nɔvəltɪ] n nouveauté f

November [nəu'vɛmbə'] n novembre m; for phrases see also **July**

now [nau] adv maintenant ♦ conj: **now (that)** maintenant (que); **right now** tout de suite; **by now** à l'heure qu'il est; **just now: that's the fashion just now** c'est la mode en ce moment or maintenant; **I saw her just now** je viens de la voir, je l'ai vue à l'instant; **I'll read it just now** je vais le lire à l'instant or dès maintenant; **now and then, now and again** de temps en temps; **from now on** dorénavant; **in 3 days from now** dans or d'ici trois jours; **between now and Monday** d'ici (à) lundi; **that's all for now** c'est tout pour l'instant

nowadays ['nauədeɪz] adv de nos jours

nowhere ['nəuwɛə'] adv nulle part; **nowhere else** nulle part ailleurs

nozzle ['nɔzl] n (of hose) jet m, lance f

nuclear ['njuːklɪə'] adj nucléaire

nucleus, pl **nuclei** ['njuːklɪəs, 'njuːklɪaɪ] n noyau m

nude [njuːd] adj nu(e) ♦ n (ART) nu m; **in the nude** (tout(e)) nu(e)

nudge [nʌdʒ] vt donner un (petit) coup de coude à

nudist ['njuːdɪst] n nudiste m/f

nuisance ['njuːsns] n: **it's a nuisance** c'est (très) ennuyeux or gênant; **he's a nuisance** il est assommant or casse-pieds; **what a nuisance!** quelle barbe!

null [nʌl] adj: **null and void** nul(le) et non avenu(e)

numb [nʌm] adj engourdi(e) ♦ vt engourdir; **numb with cold** engourdi(e) par le froid, transi(e) (de froid); **numb with fear** transi de peur, paralysé(e) par la peur

number ['nʌmbə'] n nombre m; (numeral) chiffre m; (of house, car, telephone, newspaper) numéro m ♦ vt numéroter; (include) compter; **a number of** un certain nombre de; **to be numbered among** compter parmi; **the staff numbers 20** le nombre d'employés s'élève à or est de 20; **wrong number** (TEL) mauvais numéro

number plate n (BRIT AUT) plaque f minéralogique or d'immatriculation

numeral ['njuːmərəl] n chiffre m

numerate ['njuːmərɪt] adj (BRIT): **to be numerate** avoir des notions d'arithmétique

numerical [njuː'mɛrɪkl] adj numérique

numerous ['njuːmərəs] adj nombreux(euse)

nun [nʌn] n religieuse f, sœur f

nurse [nəːs] n infirmière f; (also: **nursemaid**) bonne f d'enfants ♦ vt (patient, cold) soigner; (baby: BRIT) bercer (dans ses bras); (: US) allaiter, nourrir; (hope) nourrir

nursery ['nəːsərɪ] n (room) nursery f; (institution) pouponnière f; (for plants) pépinière f

nursery rhyme n comptine f, chansonnette f pour enfants

nursery school n école maternelle

nursery slope n (BRIT SKI) piste f pour débutants

nursing ['nəːsɪŋ] n (profession) profession f d'infirmière ♦ adj (mother) qui allaite

nursing home n clinique f; maison f de convalescence

nut [nʌt] n (of metal) écrou m; (fruit) noix f, noisette f, cacahuète f (terme générique en anglais) ♦ adj (chocolate etc) aux noisettes; **he's nuts** (col) il est dingue

nutcrackers ['nʌtkrækəz] npl casse-noix m inv, casse-noisette(s) m

nutmeg ['nʌtmɛg] n (noix f) muscade f

nutritious [njuː'trɪʃəs] adj nutritif(ive), nourrissant(e)

nutshell ['nʌtʃel] n coquille f de noix; **in a nutshell** en un mot

nutter ['nʌtə*] (BRIT inf) n: **he's a complete nutter** il est complètement cinglé

nylon ['naɪlɔn] n nylon m ♦ adj de or en nylon; **nylons** npl bas mpl nylon

— O o —

oak [əuk] n chêne m ♦ cpd de or en (bois de) chêne

OAP n abbr (BRIT) = **old age pensioner**

oar [ɔː*] n aviron m, rame f; **to put** or **shove one's oar in** (fig: col) mettre son grain de sel

oasis [əu'eɪsɪs, əu'eɪsiːz], pl **oases** n oasis f

oath [əuθ] n serment m; (swear word) juron m; **to take the oath** prêter serment; **on** (BRIT) or **under oath** sous serment; assermenté(e)

oatmeal ['əutmiːl] n flocons mpl d'avoine

oats [əuts] n avoine f

obedience [ə'biːdɪəns] n obéissance f; **in obedience to** conformément à

obedient [ə'biːdɪənt] adj obéissant(e); **to be obedient to sb/sth** obéir à qn/qch

obey [ə'beɪ] vt obéir à; (instructions, regulations) se conformer à ♦ vi obéir

obituary [ə'bɪtjuərɪ] n nécrologie f

object n ['ɔbdʒɪkt] objet m; (purpose) but m, objet m; (LING) complément m d'objet ♦ vi ['ɔb'dʒɛkt]: **to object to** (attitude) désapprouver; (proposal) protester contre, élever une objection contre; **I object!** je proteste!; **he objected that ...:** il a fait valoir or a objecté que ...; **do you object to my smoking?** est-ce que cela vous gêne si je fume?; **what's the object of doing that?** quel est l'intérêt de faire cela?; **money is no object** l'argent n'est pas un problème

objection [əb'dʒɛkʃən] n objection f; (drawback) inconvénient m; **if you have no objection** si vous n'y voyez pas d'inconvénient; **to make** or **raise an objection** élever une objection

objectionable [əb'dʒɛkʃənəbl] adj très désagréable; choquant(e)

objective [əb'dʒɛktɪv] n objectif m ♦ adj objectif(ive)

obligation [ɔblɪ'geɪʃən] n obligation f, devoir m; (debt) dette f (de reconnaissance); **"without obligation"** "sans engagement"

obligatory [ə'blɪgətərɪ] adj obligatoire

oblige [ə'blaɪdʒ] vt (force): **to oblige sb to do** obliger or forcer qn à faire; (do a favour) rendre service à, obliger; **to be obliged to sb for sth** être obligé(e) à qn de qch; **anything to oblige!** (col) (toujours prêt à rendre) service!

obliging [ə'blaɪdʒɪŋ] adj obligeant(e), serviable

oblique [ə'bliːk] adj oblique; (allusion) indirect(e) ♦ n (BRIT TYP): **oblique (stroke)** barre f oblique

obliterate [ə'blɪtəreɪt] vt effacer

oblivion [ə'blɪvɪən] n oubli m

oblivious [ə'blɪvɪəs] adj: **oblivious of** oublieux(euse) de

oblong ['ɔblɔŋ] adj oblong(ue) ♦ n rectangle m

obnoxious [əb'nɔkʃəs] adj odieux(euse); (smell) nauséabond(e)

oboe ['əubəu] n hautbois m

obscene [əb'siːn] adj obscène

obscure [əb'skjuə*] adj obscur(e) ♦ vt obscurcir; (hide: sun) cacher

observant [əb'zɜːvnt] adj observateur(trice)

observation [ɔbzə'veɪʃən] n observation f; (by police etc) surveillance f

observatory [əb'zɜːvətrɪ] n observatoire m

observe [əb'zɜːv] vt observer; (remark) faire observer or remarquer

observer [əb'zɜːvə*] n observateur/trice

obsess [əb'sɛs] vt obséder; **to be obsessed by** or **with sb/sth** être obsédé(e) par qn/qch

obsessive [əb'sɛsɪv] adj obsédant(e)

obsolete ['ɔbsəliːt] adj dépassé(e), périmé(e)

obstacle ['ɔbstəkl] n obstacle m

obstacle race n course f d'obstacles

obstinate ['ɔbstɪnɪt] adj obstiné(e); (pain, cold) persistant(e)

obstruct [əb'strʌkt] vt (block) boucher, obstruer; (halt) arrêter; (hinder) entraver

obtain [əb'teɪn] vt obtenir ♦ vi avoir cours

obvious ['ɔbvɪəs] adj évident(e), manifeste

obviously ['ɔbvɪəslɪ] adv manifestement; (of course): **obviously, no ...** or **he obviously ...** il est bien évident qu'il ...; **obviously not!** évidemment pas!, bien sûr que non!

occasion [ə'keɪʒən] n occasion f; (event) événement m ♦ vt occasionner, causer; **on that occasion** à cette occasion; **to rise to the occasion** se montrer à la hauteur de la situation

occasional [ə'keɪʒənl] adj pris(e) (or fait(e) etc) de temps en temps; occasionnel(le)

occasionally [ə'keɪʒənəlɪ] adv de temps en temps; **very occasionally** (assez) rarement

occupation [ɔkju'peɪʃən] n occupation f; (job) métier m, profession f; **unfit for occupation** (house) impropre à l'habitation

occupational hazard [ɔkjupeɪʃənl-] n risque m du métier

occupier ['ɔkjupaɪə*] n occupant/e

occupy ['ɔkjupaɪ] vt occuper; **to occupy o.s. with** or **by doing** s'occuper à faire; **to be occupied with sth** être occupé avec qch

occur [ə'kɜː*] vi se produire; (difficulty, opportunity) se présenter; (phenomenon, error) se rencontrer; **to occur to sb** venir à l'esprit de qn

occurrence [ə'kʌrəns] n présence f, existence f; cas m, fait m

ocean ['əuʃən] n océan m; **oceans of** (col) des masses de

o'clock [ə'klɔk] adv: **it is 5 o'clock** il est 5 heures

OCR n abbr = **optical character reader, optical character recognition**

October [ɔk'təubə*] n octobre m; for phrases see also **July**

octopus ['ɔktəpəs] n pieuvre f

odd [ɔd] adj (strange) bizarre, curieux(euse); (number) impair(e); (left over) qui reste, en plus; (not of a set) dépareillé(e); **60-odd** 60 et quelques; **at odd times** de temps en temps; **the odd one out** l'exception f

oddity ['ɔdɪtɪ] n bizarrerie f; (person) excentrique m/f

odd-job man [ɔd'dʒɔb-] n homme m à tout faire

odd jobs npl petits travaux divers

oddly ['ɔdlɪ] adv bizarrement, curieusement

oddments ['ɔdmənts] npl (BRIT COMM) fins fpl de série

odds [ɔdz] npl (in betting) cote f; **the odds are against his coming** il y a peu de chances qu'il vienne; **it makes no odds** cela n'a pas d'importance; **to succeed against all the odds** réussir contre toute attente; **odds and ends** de petites choses; **at odds** en désaccord

odour, (US) **odor** ['əudə*] n odeur f

KEYWORD

of [ɔv, əv] prep 1 (gen) de; **a friend of ours** un de nos amis; **a boy of 10** un garçon de 10 ans; **that was kind of you** c'était gentil de votre part
2 (expressing quantity, amount, dates etc) de; **a kilo of flour** un kilo de farine; **how much of this do you need?** combien vous en faut-il?; **there were 3 of them** (people) ils étaient 3; (objects) il y en avait 3; **3 of us went** 3 d'entre nous y sont allé(e)s; **the 5th of July** le 5 juillet; **a quarter of 4** (US) 4 heures moins le quart
3 (from, out of) en, de; **a statue of marble** une statue de or en marbre; **made of wood** (fait) en bois

off [ɔf] adj, adv (engine) coupé(e); (tap) fermé(e); (BRIT: food) mauvais(e); (: milk) tourné(e); (absent) absent(e); (cancelled) annulé(e); (removed): **the lid was off** le couvercle était retiré or n'était pas mis ♦ prep de; sur; **to be off** (to leave) partir, s'en aller; **I must be off** il faut que je file; **to be off sick** être absent pour cause de maladie; **a day off** un jour de congé; **to have an off day** n'être pas en forme; **he had his coat off** il avait enlevé son manteau; **the hook is off** le crochet s'est détaché; le crochet n'est pas mis; **10% off** (COMM) 10% de rabais; **5 km off (the road)** à 5 km (de la route); **off**

the coast au large de la côte; **a house off the main road** une maison à l'écart de la grand-route; **it's a long way off** c'est loin (d'ici); **I'm off meat** je ne mange plus de viande; je n'aime plus la viande; **on the off chance** à tout hasard; **to be well/badly off** être bien/mal loti; (financially) être aisé/dans la gêne; **off and on, on and off** de temps à autre; **I'm afraid the chicken is off** (BRIT: not available) je regrette, il n'y a plus de poulet; **that's a bit off** (fig: col) c'est un peu fort

offal ['ɔfl] n (CULIN) abats mpl

off-colour ['ɔf'kʌlə*] adj (BRIT: ill) malade, mal fichu(e); **to feel off-colour** être mal fichu

offence, (US) **offense** [ə'fens] n (crime) délit m, infraction f; **to give offence to** blesser, offenser; **to take offence at** se vexer de, s'offenser de; **to commit an offence** commettre une infraction

offend [ə'fend] vt (person) offenser, blesser ♦ vi: **to offend against** (law, rule) contrevenir à, enfreindre

offender [ə'fendə*] n délinquant/e; (against regulations) contrevenant/e

offense [ə'fens] n (US) = **offence**

offensive [ə'fensɪv] adj offensant(e), choquant(e); (smell etc) très déplaisant(e); (weapon) offensif(ive) ♦ n (MIL) offensive f

offer ['ɔfə*] n offre f, proposition f ♦ vt offrir, proposer; **to make an offer for sth** faire une offre pour qch; **to offer sth to sb, offer sb sth** offrir qch à qn; **to offer to do sth** proposer de faire qch; **"on offer"** (COMM) "en promotion"

offering ['ɔfərɪŋ] n offrande f

offhand [ɔf'hænd] adj désinvolte ♦ adv spontanément; **I can't tell you offhand** je ne peux pas vous le dire comme ça

office ['ɔfɪs] n (place) bureau m; (position) charge f, fonction f; **doctor's office** (US) cabinet (médical); **to take office** entrer en fonctions; **through his good offices** (fig) grâce à ses bons offices; **Office of Fair Trading** (BRIT) organisme de protection contre les pratiques commerciales abusives

office automation n bureautique f

office block, (US) **office building** n immeuble m de bureaux

office hours npl heures fpl de bureau; (US MED) heures de consultation

officer ['ɔfɪsə*] n (MIL etc) officier m; (of organization) membre m du bureau directeur; (also: **police officer**) agent m (de police)

office worker n employé/e de bureau

official [ə'fɪʃl] adj (authorized) officiel(le) ♦ n officiel m; (civil servant) fonctionnaire m/f; employé/e

officiate [ə'fɪʃɪeɪt] vi (REL) officier; **to officiate as Mayor** exercer les fonctions de maire; **to officiate at a marriage** célébrer un mariage

officious [ə'fɪʃəs] adj trop empressé(e)

offing ['ɔfɪŋ] n: **in the offing** (fig) en perspective

off-licence ['ɔflaɪsns] n (BRIT: shop) débit m de

vins et de spiritueux; *voir encadré*

OFF-LICENCE

Un **off-licence** est un magasin où l'on vend de l'alcool (à emporter) aux heures où les pubs sont fermés. On peut également y acheter des boissons non alcoolisées, des cigarettes, des chips, des bonbons, des chocolats etc.

---

off line *adj* (*COMPUT*) (en mode) autonome; (: *switched off*) non connecté(e)

off-peak ['ɔf'piːk] *adj* aux heures creuses

off-putting ['ɔfputɪŋ] *adj* (*BRIT*) rébarbatif(ive); rebutant(e), peu engageant(e)

off-road vehicle ['ɔfrəud-] *n* véhicule *m* tout-terrain

off-season ['ɔf'siːzn] *adj, adv* hors-saison *inv*

offset ['ɔfset] *vt irreg* (*counteract*) contrebalancer, compenser ♦ *n* (*also:* **offset printing**) offset *m*

offshoot ['ɔfʃuːt] *n* (*fig*) ramification *f*, antenne *f*; (: *of discussion etc*) conséquence *f*

offshore [ɔf'ʃɔːʳ] *adj* (*breeze*) de terre; (*island*) proche du littoral; (*fishing*) côtier(ière); **offshore oilfield** gisement *m* pétrolifère en mer

offside ['ɔf'said] *n* (*AUT: with right-hand drive*) côté droit; (: *with left-hand drive*) côté gauche ♦ *adj* (*AUT*) de droite; de gauche; (*SPORT*) hors jeu

offspring ['ɔfsprɪŋ] *n* progéniture *f*

offstage [ɔf'steidʒ] *adv* dans les coulisses

off-the-peg ['ɔfðə'peg], (*US*) **off-the-rack** ['ɔfðə'ræk] *adv* en prêt-à-porter

off-white ['ɔfwaɪt] *adj* blanc cassé *inv*

Oftel ['ɔftel] *n* (*BRIT:* = Office of Telecommunications) organisme qui supervise les télécommunications

often ['ɔfn] *adv* souvent; **how often do you go?** vous y allez tous les combien?; **as often as not** la plupart du temps

Ofwat ['ɔfwɔt] *n* (*BRIT:* = Office of Water Services) organisme qui surveille les activités des compagnies des eaux

oh [əu] *excl* ô!, oh!, ah!

oil [ɔɪl] *n* huile *f*; (*petroleum*) pétrole *m*; (*for central heating*) mazout *m* ♦ *vt* (*machine*) graisser

oilcan ['ɔɪlkæn] *n* burette *f* de graissage; (*for storing*) bidon *m* à huile

oilfield ['ɔɪlfiːld] *n* gisement *m* de pétrole

oil filter *n* (*AUT*) filtre *m* à huile

oil painting *n* peinture *f* à l'huile

oil refinery *n* raffinerie *f* de pétrole

oil rig *n* derrick *m*; (*at sea*) plate-forme pétrolière

oil slick *n* nappe *f* de mazout

oil tanker *n* pétrolier *m*

oil well *n* puits *m* de pétrole

oily ['ɔɪlɪ] *adj* huileux(euse); (*food*) gras(se)

ointment ['ɔɪntmənt] *n* onguent *m*

O.K., okay ['əu'keɪ] (*col*) *excl* d'accord! ♦ *vt*

approuver, donner son accord à ♦ *n*: **to give sth one's O.K.** donner son accord à qch ♦ *adj* en règle; en bon état; sain et sauf; acceptable; **is it O.K.?, are you O.K.?** ça va?; **are you O.K. for money?** ça va *or* ira question argent?; **it's O.K. with** *or* **by me** ça me va, c'est d'accord en ce qui me concerne

old [əuld] *adj* vieux(vieille); (*person*) vieux, âgé(e); (*former*) ancien(ne), vieux; **how old are you?** quel âge avez-vous?; **he's 10 years old** il a 10 ans, il est âgé de 10 ans; **older brother/sister** frère/sœur aîné(e); **any old thing will do** n'importe quoi fera l'affaire

old age *n* vieillesse *f*

old age pensioner (OAP) *n* (*BRIT*) retraité/e

old-fashioned ['əuld'fæʃnd] *adj* démodé(e); (*person*) vieux jeu *inv*

olive ['ɔlɪv] *n* (*fruit*) olive *f*; (*tree*) olivier *m* ♦ *adj* (*also:* **olive-green**) (vert) olive *inv*

olive oil *n* huile *f* d'olive

Olympic [əu'lɪmpɪk] *adj* olympique; **the Olympic Games, the Olympics** les Jeux *mpl* olympiques

omelet(te) ['ɔmlɪt] *n* omelette *f*; **ham/cheese omelet(te)** omelette au jambon/fromage

omen ['əumən] *n* présage *m*

ominous ['ɔmɪnəs] *adj* menaçant(e), inquiétant(e); (*event*) de mauvais augure

omit [əu'mɪt] *vt* omettre; **to omit to do sth** négliger de faire qch

---

KEYWORD

on [ɔn] *prep* **1** (*indicating position*) sur; **on the table** sur la table; **on the wall** sur le *or* au mur; **on the left** à gauche; **I haven't any money on me** je n'ai pas d'argent sur moi

2 (*indicating means, method, condition etc*): **on foot** à pied; **on the train/plane** (*be*) dans le train/l'avion; (*go*) en train/avion; **on the telephone/radio/television** au téléphone/à la radio/à la télévision; **to be on drugs** se droguer; **on holiday,** (*US*) **on vacation** en vacances; **on the continent** sur le continent

3 (*referring to time*): **on Friday** vendredi; **on Fridays** le vendredi; **on June 20th** le 20 juin; **a week on Friday** vendredi en huit; **on arrival** à l'arrivée; **on seeing this** en voyant cela

4 (*about, concerning*) sur, de; **a book on Balzac/ physics** un livre sur Balzac/de physique

5 (*at the expense of*): **this round is on me** c'est ma tournée

♦ *adv* **1** (*referring to dress, covering*): **to have one's coat on** avoir (mis) son manteau; **to put one's coat on** mettre son manteau; **what's she got on?** qu'est-ce qu'elle porte?; **screw the lid on tightly** vissez bien le couvercle

2 (*further, continuously*): **to walk** *etc* **on** continuer à marcher *etc*; **on and off** de temps à autre; **from that day on** depuis ce jour

♦ *adj* **1** (*in operation: machine*) en marche; (: *radio, TV, light*) allumé(e); (: *tap, gas*) ouvert(e); (: *brakes*)

mis(e); **is the meeting still on?** (*not cancelled*) est-ce que la réunion a bien lieu?; (*in progress*) la réunion dure-t-elle encore?; **it was well on in the evening** c'était tard dans la soirée; **when is this film on?** quand passe ce film?

2 (*col*): **that's not on!** (*not acceptable*) cela ne se fait pas!; (*not possible*) pas question!

once [wʌns] *adv* une fois; (*formerly*) autrefois ♦ *conj* une fois que; **once he had left/it was done** une fois qu'il fut parti/ que ce fut terminé; **at once** tout de suite, immédiatement; (*simultaneously*) à la fois; **all at once** *adv* tout d'un coup; **once a week** une fois par semaine; **once more** encore une fois; **I knew him once** je l'ai connu autrefois; **once and for all** une fois pour toutes; **once upon a time there was …** il y avait une fois …, il était une fois …

oncoming ['ɔnkʌmɪŋ] *adj* (*traffic*) venant en sens inverse

KEYWORD

one [wʌn] *num* un(e); **one hundred and fifty** cent cinquante; **one day** un jour
♦ *adj* **1** (*sole*) seul(e), unique; **the one book which** l'unique *or* le seul livre qui; **the one man who** le seul (homme) qui
2 (*same*) même; **they came in the one car** ils sont venus dans la même voiture
♦ *pron* **1**: **this one** celui-ci(celle-ci); **that one** celui-là(celle-là); **I've already got one/a red one** j'en ai déjà un(e)/un(e) rouge; **one by one** un(e) à *or* par un(e); **which one do you want?** lequel voulez-vous?
2: **one another** l'un(e) l'autre; **to look at one another** se regarder
3 (*impersonal*) on; **one never knows** on ne sait jamais; **to cut one's finger** se couper le doigt
4 (*phrases*): **to be one up on sb** avoir l'avantage sur qn; **to be at one (with sb)** être d'accord (avec qn)

---

one-day excursion ['wʌndeɪ-] *n* (*US*) billet *m* d'aller-retour (valable pour la journée)
one-man ['wʌn'mæn] *adj* (*business*) dirigé(e) *etc* par un seul homme
one-man band *n* homme-orchestre *m*
one-off [wʌn'ɔf] (*BRIT col*) *n* exemplaire *m* unique ♦ *adj* unique
oneself [wʌn'self] *pron* se; (*after prep, also emphatic*) soi-même; **by oneself** tout seul
one-sided [wʌn'saɪdɪd] *adj* (*decision*) unilatéral(e); (*judgment, account*) partial(e); (*contest*) inégal(e)
one-to-one ['wʌntəwʌn] *adj* (*relationship*) univoque
one-way ['wʌnweɪ] *adj* (*street, traffic*) à sens unique
ongoing ['ɔngəʊɪŋ] *adj* en cours; suivi(e)
onion ['ʌnjən] *n* oignon *m*
online, on-line ['ɔnlaɪn] *adj* (*COMPUT*) en ligne; (: *switched on*) connecté(e)

onlooker ['ɔnlʊkə*] *n* spectateur/trice
only ['əʊnlɪ] *adv* seulement ♦ *adj* seul(e), unique ♦ *conj* seulement, mais; **an only child** un enfant unique; **not only** non seulement; **I only took one** j'en ai seulement pris un, je n'en ai pris qu'un; **I saw her only yesterday** je l'ai vue hier encore; **I'd be only too pleased to help** je ne serais que trop content de vous aider; **I would come, only I'm very busy** je viendrais bien mais j'ai beaucoup à faire
onset ['ɔnset] *n* début *m*; (*of winter, old age*) approche *f*
onshore ['ɔnʃɔ:*] *adj* (*wind*) du large
onslaught ['ɔnslɔ:t] *n* attaque *f*, assaut *m*
onto ['ɔntu] *prep* = **on to**
onward(s) ['ɔnwəd(z)] *adv* (*move*) en avant
ooze [u:z] *vi* suinter
opaque [əʊ'peɪk] *adj* opaque
OPEC ['əʊpek] *n abbr* (= *Organization of Petroleum-Exporting Countries*) OPEP *f*
open ['əʊpn] *adj* ouvert(e); (*car*) découvert(e); (*road, view*) dégagé(e); (*meeting*) public(ique); (*admiration*) manifeste; (*question*) non résolu(e); (*enemy*) déclaré(e) ♦ *vt* ouvrir ♦ *vi* (*flower, eyes, door, debate*) s'ouvrir; (*shop, bank, museum*) ouvrir; (*book etc: commence*) commencer, débuter; **in the open (air)** en plein air; **the open sea** le large; **open ground** (*among trees*) clairière *f*; (*waste ground*) terrain *m* vague; **to have an open mind (on sth)** avoir l'esprit ouvert (sur qch)
▶ **open on to** *vt fus* (*room, door*) donner sur
▶ **open out** *vt* ouvrir ♦ *vi* s'ouvrir
▶ **open up** *vt* ouvrir; (*blocked road*) dégager ♦ *vi* s'ouvrir
opening ['əʊpnɪŋ] *n* ouverture *f*; (*opportunity*) occasion *f*; débouché *m*; (*job*) poste vacant
opening hours *npl* heures *fpl* d'ouverture
openly ['əʊpnlɪ] *adv* ouvertement
open-minded [əʊpn'maɪndɪd] *adj* à l'esprit ouvert
open-necked ['əʊpnnekt] *adj* à col ouvert
open-plan ['əʊpn'plæn] *adj* sans cloisons
Open University *n* (*BRIT*) cours universitaires par correspondance; *voir encadré*

opera ['ɔpərə] n opéra m

opera singer n chanteur/euse d'opéra

operate ['ɔpəreɪt] vt (machine) faire marcher, faire fonctionner; (system) pratiquer ♦ vi fonctionner; (drug) faire effet; **to operate on sb (for)** (MED) opérer qn (de)

operatic [ɔpə'rætɪk] adj d'opéra

operating ['ɔpəreɪtɪŋ] adj (COMM: costs, profit) d'exploitation; (MED): **operating table/theatre** table f/salle f d'opération

operation [ɔpə'reɪʃən] n opération f; (of machine) fonctionnement m; **to have an operation (for)** se faire opérer (de); **to be in operation** (machine) être en service; (system) être en vigueur

operative ['ɔpərətɪv] adj (measure) en vigueur ♦ n (in factory) ouvrier/ière; **the operative word** le mot clef

operator ['ɔpəreɪtə*] n (of machine) opérateur/trice; (TEL) téléphoniste m/f

opinion [ə'pɪnjən] n opinion f, avis m; **in my opinion** à mon avis; **to seek a second opinion** demander un deuxième avis

opinionated [ə'pɪnjəneɪtɪd] adj aux idées bien arrêtées

opinion poll n sondage m d'opinion

opponent [ə'pəunənt] n adversaire m/f

opportunity [ɔpə'tjuːnɪtɪ] n occasion f; **to take the opportunity to do** or **of doing** profiter de l'occasion pour faire

oppose [ə'pəuz] vt s'opposer à; **opposed to** adj opposé(e) à; **as opposed to** par opposition à

opposing [ə'pəuzɪŋ] adj (side) opposé(e)

opposite ['ɔpəzɪt] adj opposé(e); (house etc) d'en face ♦ adv en face ♦ prep en face de ♦ n opposé m, contraire m; (of word) contraire; **"see opposite page"** "voir ci-contre"

opposition [ɔpə'zɪʃən] n opposition f

oppressive [ə'presɪv] adj oppressif(ive)

opt [ɔpt] vi: **to opt for** opter pour; **to opt to do** choisir de faire

▶ **opt out** vi (school, hospital) devenir autonome; (health service) devenir privé(e); **to opt out of** choisir de quitter

optical ['ɔptɪkl] adj optique; (instrument) d'optique

optical character reader/recognition (OCR) n lecteur m/lecture f optique

optician [ɔp'tɪʃən] n opticien/ne

optimist ['ɔptɪmɪst] n optimiste m/f

optimistic [ɔptɪ'mɪstɪk] adj optimiste

option ['ɔpʃən] n choix m, option f; (SCOL) matière f à option; (COMM) option; **to keep one's options open** (fig) ne pas s'engager; **I have no option** je n'ai pas le choix

optional ['ɔpʃənl] adj facultatif(ive); (COMM) en option; **optional extras** accessoires mpl en option, options fpl

or [ɔː*] conj ou; (with negative): **he hasn't seen or heard anything** il n'a rien vu ni entendu; **or else** sinon; ou bien, ou alors

oral ['ɔːrəl] adj oral(e) ♦ n oral m

orange ['ɔrɪndʒ] n (fruit) orange f ♦ adj orange inv

orbit ['ɔːbɪt] n orbite f ♦ vt décrire une or des orbite(s) autour de; **to be in/go into orbit (round)** être/entrer en orbite (autour de)

orchard ['ɔːtʃəd] n verger m; **apple orchard** verger de pommiers

orchestra ['ɔːkɪstrə] n orchestre m; (US: seating) (fauteuils mpl d')orchestre

orchid ['ɔːkɪd] n orchidée f

ordain [ɔː'deɪn] vt (REL) ordonner; (decide) décréter

ordeal [ɔː'diːl] n épreuve f

order ['ɔːdə*] n ordre m; (COMM) commande f ♦ vt ordonner; (COMM) commander; **in order** en ordre; (of document) en règle; **out of order** hors service; (telephone) en dérangement; **a machine in working order** une machine en état de marche; **in order of size** par ordre de grandeur; **in order to do/that** pour faire/que + sub; **to order sb to do** ordonner à qn de faire; **to place an order for sth with sb** commander qch auprès de qn, passer commande de qch à qn; **to be on order** être en commande; **made to order** fait sur commande; **to be under orders to do sth** avoir ordre de faire qch; **a point of order** un point de procédure; **to the order of** (BANKING) à l'ordre de

order form n bon m de commande

orderly ['ɔːdəlɪ] n (MIL) ordonnance f ♦ adj (room) en ordre; (mind) méthodique; (person) qui a de l'ordre

ordinary ['ɔːdnrɪ] adj ordinaire, normal(e); (pej) ordinaire, quelconque; **out of the ordinary** exceptionnel(le)

Ordnance Survey map n (BRIT) ≃ carte f d'État-major

ore [ɔː*] n minerai m

organ ['ɔːgən] n organe m; (MUS) orgue m, orgues fpl

organic [ɔː'gænɪk] adj organique; (crops etc) biologique, naturel(le)

organization [ɔːgənaɪ'zeɪʃən] n organisation f

organize ['ɔːgənaɪz] vt organiser; **to get organized** s'organiser

organizer ['ɔːgənaɪzə*] n organisateur/trice

orgasm ['ɔːgæzəm] n orgasme m

Orient ['ɔːrɪənt] n: **the Orient** l'Orient m

oriental [ɔːrɪ'entl] adj oriental(e) ♦ n Oriental/e

origin ['ɔrɪdʒɪn] n origine f; **country of origin** pays m d'origine

original [ə'rɪdʒɪnl] adj original(e); (earliest) originel(le) ♦ n original m

originally [ə'rɪdʒɪnəlɪ] adv (at first) à l'origine

originate [ə'rɪdʒɪneɪt] *vi*: **to originate from** être originaire de; (*suggestion*) provenir de; **to originate in** prendre naissance dans; avoir son origine dans

Orkney ['ɔːknɪ] *n*: **the Orkneys** (*also*: **the Orkney Islands**) les Orcades *fpl*

ornament ['ɔːnəmənt] *n* ornement *m*; (*trinket*) bibelot *m*

ornamental [ɔːnə'mɛntl] *adj* décoratif(ive); (*garden*) d'agrément

ornate [ɔː'neɪt] *adj* très orné(e)

orphan ['ɔːfn] *n* orphelin/e ♦ *vt*: **to be orphaned** devenir orphelin

orthopaedic, (*us*) **orthopedic** [ɔːθə'piːdɪk] *adj* orthopédique

ostensibly [ɔs'tɛnsɪblɪ] *adv* en apparence

ostentatious [ɔstɛn'teɪʃəs] *adj* prétentieux(euse); ostentatoire

ostracize ['ɔstrəsaɪz] *vt* frapper d'ostracisme

ostrich ['ɔstrɪtʃ] *n* autruche *f*

other ['ʌðə*] *adj* autre ♦ *pron*: **the other (one)** l'autre; **others** (*other people*) d'autres; **some other people have still to arrive** on attend encore quelques personnes; **the other day** l'autre jour; **other than** autrement que; à part; **some actor or other** un certain acteur, je ne sais quel acteur; **somebody or other** quelqu'un; **the car was none other than John's** la voiture n'était autre que celle de John

otherwise ['ʌðəwaɪz] *adv*, *conj* autrement; **an otherwise good piece of work** par ailleurs, un beau travail

otter ['ɔtə*] *n* loutre *f*

ouch [autʃ] *excl* aïe!

ought, *pt* **ought** [ɔːt] *aux vb*: **I ought to do it** je devrais le faire, il faudrait que je le fasse; **this ought to have been corrected** cela aurait dû être corrigé; **he ought to win** il devrait gagner; **you ought to go and see it** vous devriez aller le voir

ounce [auns] *n* once *f* (28.35g; 16 *in a pound*)

our ['auə*] *adj* notre, nos *pl*

ours [auəz] *pron* le(la) nôtre, les nôtres

ourselves [auə'sɛlvz] *pron pl* (*reflexive, after preposition*) nous; (*emphatic*) nous-mêmes; **we did it (all) by ourselves** nous avons fait ça tout seuls

oust [aust] *vt* évincer

out [aut] *adv* dehors; (*published, not at home etc*) sorti(e); (*light, fire*) éteint(e); (*on strike*) en grève ♦ *vt*: **to out sb** révéler l'homosexualité de qn; **out here** ici; **out there** là-bas; **he's out** (*absent*) il est sorti; (*unconscious*) il est sans connaissance; **to be out in one's calculations** s'être trompé dans ses calculs; **to run/back** *etc* **out** sortir en courant/en reculant *etc*; **to be out and about** *or* (*us*) **around again** être de nouveau sur pied; **before the week was out** avant la fin de la semaine; **the journey out** l'aller *m*; **the boat was 10 km out** le bateau était à 10 km du rivage; **out loud** *adv* à haute voix;

out of *prep* (*outside*) en dehors de; (*because of*: *anger etc*) par; (*from among*): **out of 10** sur 10; (*without*): **out of petrol** sans essence, à court d'essence; **made out of wood** en or de bois; **out of order** (*machine*) en panne; (*TEL*: *line*) en dérangement; **out of stock** (*COMM*: *article*) épuisé(e); (: *shop*) en rupture de stock

out-and-out ['autəndaut] *adj* véritable

outback ['autbæk] *n* campagne isolée; (*in Australia*) intérieur *m*

outboard ['autbɔːd] *n*: **outboard (motor)** (moteur *m*) hors-bord *m*

outbreak ['autbreɪk] *n* éruption *f*, explosion *f*; (*start*) déclenchement *m*

outburst ['autbɜːst] *n* explosion *f*, accès *m*

outcast ['autkɑːst] *n* exilé/e; (*socially*) paria *m*

outcome ['autkʌm] *n* issue *f*, résultat *m*

outcrop ['autkrɔp] *n* affleurement *m*

outcry ['autkraɪ] *n* tollé (général)

outdated [aut'deɪtɪd] *adj* démodé(e)

outdo [aut'duː] *vt irreg* surpasser

outdoor [aut'dɔː*] *adj* de or en plein air

outdoors [aut'dɔːz] *adv* dehors; au grand air

outer ['autə*] *adj* extérieur(e); **outer suburbs** grande banlieue

outer space *n* espace *m* cosmique

outfit ['autfɪt] *n* équipement *m*; (*clothes*) tenue *f*; (*col*: *comm*) organisation *f*, boîte *f*

outgoing ['autgəuɪŋ] *adj* (*president, tenant*) sortant(e); (*character*) ouvert(e), extraverti(e)

outgoings ['autgəuɪŋz] *npl* (*BRIT*: *expenses*) dépenses *fpl*

outgrow [aut'grəu] *vt* (*irreg*) (*clothes*) devenir trop grand(e) pour

outhouse ['authaus] *n* appentis *m*, remise *f*

outing ['autɪŋ] *n* sortie *f*; excursion *f*

outlaw ['autlɔː] *n* hors-la-loi *m inv* ♦ *vt* (*person*) mettre hors la loi; (*practice*) proscrire

outlay ['autleɪ] *n* dépenses *fpl*; (*investment*) mise *f* de fonds

outlet ['autlɛt] *n* (*for liquid etc*) issue *f*, sortie *f*; (*for emotion*) exutoire *m*; (*for goods*) débouché *m*; (*also*: **retail outlet**) point *m* de vente; (*us*: *ELEC*) prise *f* de courant

outline ['autlaɪn] *n* (*shape*) contour *m*; (*summary*) esquisse *f*, grandes lignes

outlive [aut'lɪv] *vt* survivre à

outlook ['autluk] *n* perspective *f*

outlying ['autlaɪɪŋ] *adj* écarté(e)

outmoded [aut'məudɪd] *adj* démodé(e); dépassé(e)

outnumber [aut'nʌmbə*] *vt* surpasser en nombre

out-of-date [autəv'deɪt] *adj* (*passport, ticket*) périmé(e); (*theory, idea*) dépassé(e); (*custom*) désuet(ète); (*clothes*) démodé(e)

out-of-the-way ['autəvðə'weɪ] *adj* loin de tout;

(fig) insolite

outpatient ['autpeɪʃənt] *n* malade *m/f* en consultation externe

outpost ['autpəust] *n* avant-poste *m*

output ['autput] *n* rendement *m*, production *f* ◆ *vt* (COMPUT) sortir

outrage ['autreɪdʒ] *n* atrocité *f*, acte *m* de violence; scandale *m* ◆ *vt* outrager

outrageous [aut'reɪdʒəs] *adj* atroce; scandaleux(euse)

outright *adv* [aut'raɪt] complètement; catégoriquement; carrément; sur le coup ◆ *adj* ['autraɪt] complet(ète); catégorique

outset ['autset] *n* début *m*

outside [aut'saɪd] *n* extérieur *m* ◆ *adj* extérieur(e); *(remote, unlikely)*: **an outside chance** une (très) faible chance ◆ *adv* (au) dehors, à l'extérieur ◆ *prep* hors de, à l'extérieur de; **at the outside** *(fig)* au plus or maximum; **outside left/right** *n* (FOOTBALL) ailier gauche/droit

outside lane *n* (AUT: in Britain) voie *f* de droite; (: in US, Europe) voie de gauche

outside line *n* (TEL) ligne extérieure

outsider [aut'saɪdə*] *n* (in race etc) outsider *m*; *(stranger)* étranger/ère

outsize ['autsaɪz] *adj* énorme; *(clothes)* grande taille *inv*

outskirts ['autskɜːts] *npl* faubourgs *mpl*

outspoken [aut'spəukən] *adj* très franc(franche)

outstanding [aut'stændɪŋ] *adj* remarquable, exceptionnel(le); *(unfinished)* en suspens; en souffrance; non réglé(e); **your account is still outstanding** vous n'avez pas encore tout remboursé

outstay [aut'steɪ] *vt*: **to outstay one's welcome** abuser de l'hospitalité de son hôte

outstretched [aut'stretʃt] *adj* *(hand)* tendu(e); *(body)* étendu(e)

outstrip [aut'strɪp] *vt* *(also fig)* dépasser

out-tray ['auttreɪ] *n* courrier *m* "départ"

outward ['autwəd] *adj* *(sign, appearances)* extérieur(e); *(journey)* (d')aller

outweigh [aut'weɪ] *vt* l'emporter sur

outwit [aut'wɪt] *vt* se montrer plus malin que

oval ['əuvl] *adj*, *n* ovale *m*

Oval Office *n* (US POL) voir encadré

OVAL OFFICE

L'**Oval Office** est le bureau personnel du président des États-Unis à la Maison-Blanche, ainsi appelé du fait de sa forme ovale. Par extension, ce terme désigne la présidence elle-même.

ovary ['əuvərɪ] *n* ovaire *m*

oven ['ʌvn] *n* four *m*

ovenproof ['ʌvnpruːf] *adj* allant au four

over ['əuvə*] *adv* (par-)dessus; *(excessively)* trop ◆ *adj* (or *adv*) *(finished)* fini(e), terminé(e); *(too much)* en plus ◆ *prep* sur; par-dessus; *(above)* au-dessus de; *(on the other side of)* de l'autre côté de; *(more than)* plus de; *(during)* pendant; *(about, concerning)*: **they fell out over money/her** ils se sont brouillés pour des questions d'argent/à cause d'elle; **over here** ici; **over there** là-bas; **all over** *(everywhere)* partout; *(finished)* fini(e); **over and over (again)** à plusieurs reprises; **over and above** en plus de; **to ask sb over** inviter qn (à passer); **to go over to sb's** passer chez qn; **now over to our Paris correspondent** nous passons l'antenne à notre correspondant à Paris; **the world over** dans le monde entier; **she's not over intelligent** (BRIT) elle n'est pas particulièrement intelligente

overall *adj* *n* ['əuvərɔːl] ◆ *adj* *(length)* total(e); *(study)* d'ensemble ◆ *n* (BRIT) blouse *f* ◆ *adv* [əuvər'ɔːl] dans l'ensemble, en général; **overalls** *npl* bleus *mpl* (de travail)

overawe [əuvər'ɔː] *vt* impressionner

overbalance [əuvə'bæləns] *vi* basculer

overboard ['əuvəbɔːd] *adv* (NAUT) par-dessus bord; **to go overboard for sth** *(fig)* s'emballer (pour qch)

overbook [əuvə'buk] *vi* faire du surbooking

overcast ['əuvəkɑːst] *adj* couvert(e)

overcharge [əuvə'tʃɑːdʒ] *vt*: **to overcharge sb for sth** faire payer qch trop cher à qn

overcoat ['əuvəkəut] *n* pardessus *m*

overcome [əuvə'kʌm] *vt* *irreg* triompher de; surmonter ◆ *adj* *(emotionally)* bouleversé(e); **overcome with grief** accablé(e) de douleur

overcrowded [əuvə'kraudɪd] *adj* bondé(e)

overdo [əuvə'duː] *vt* *(irreg)* exagérer; *(overcook)* trop cuire; **to overdo it, to overdo things** *(work too hard)* en faire trop, se surmener

overdose ['əuvədəus] *n* dose excessive

overdraft ['əuvədrɑːft] *n* découvert *m*

overdrawn [əuvə'drɔːn] *adj* *(account)* à découvert

overdue [əuvə'djuː] *adj* en retard; *(bill)* impayé(e); **that change was long overdue** ce changement n'avait que trop tardé

overestimate [əuvər'estɪmeɪt] *vt* surestimer

overflow *vi* [əuvə'fləu] déborder ◆ *n* ['əuvəfləu] trop-plein *m*; *(also:* **overflow pipe**) tuyau *m* d'écoulement, trop-plein *m*

overgrown [əuvə'grəun] *adj* *(garden)* envahi(e) par la végétation; **he's just an overgrown schoolboy** *(fig)* c'est un écolier attardé

overhaul *vt* [əuvə'hɔːl] réviser ◆ *n* ['əuvəhɔːl] révision *f*

overhead *adv* [əuvə'hed] au-dessus ◆ *adj*, *n* ['əuvəhed] *adj* aérien(ne); *(lighting)* vertical(e); *n* (US) = **overheads**

overhead projector *n* rétroprojecteur *m*

overhear [əuvə'hɪə*] *vt* *irreg* entendre (par

hasard)

overheat [əuvə'hiːt] *vi* devenir surchauffé(e);
(*engine*) chauffer

overjoyed [əuvə'dʒɔɪd] *adj* ravi(e), enchanté(e)

overland ['əuvəlænd] *adj, adv* par voie de terre

overlap *vi* [əuvə'læp] se chevaucher ♦ *n* ['əuvəlæp]
chevauchement *m*

overleaf [əuvə'liːf] *adv* au verso

overload [əuvə'ləud] *vt* surcharger

overlook [əuvə'luk] *vt* (*have view of*) donner sur;
(*miss*) oublier, négliger; (*forgive*) fermer les yeux sur

overnight *adv* [əuvə'naɪt] (*happen*) durant la
nuit; (*fig*) soudain ♦ *adj* ['əuvənaɪt] d'une (*or* de)
nuit; soudain(e); **he stayed there overnight** il y a
passé la nuit; **if you travel overnight …** si tu fais le
voyage de nuit …; **he'll be away overnight** il ne
rentrera pas ce soir

overpass ['əuvəpɑːs] *n* pont autoroutier; (*US*) passerelle *f*, pont *m*

overpower [əuvə'pauə*] *vt* vaincre; (*fig*) accabler

overpowering [əuvə'pauərɪŋ] *adj* irrésistible;
(*heat, stench*) suffocant(e)

overrate [əuvə'reɪt] *vt* surestimer

override [əuvə'raɪd] *vt* (*irreg: like* ride) (*order,
objection*) passer outre à; (*decision*) annuler

overriding [əuvə'raɪdɪŋ] *adj* prépondérant(e)

overrule [əuvə'ruːl] *vt* (*decision*) annuler; (*claim*)
rejeter

overrun [əuvə'rʌn] *vt* (*irreg*) (*MIL: country etc*)
occuper; (*time limit etc*) dépasser ♦ *vi* dépasser le
temps imparti; **the town is overrun with tourists**
la ville est envahie de touristes

overseas [əuvə'siːz] *adv* outre-mer; (*abroad*) à
l'étranger ♦ *adj* (*trade*) extérieur(e); (*visitor*) étran-
ger(ère)

overshadow [əuvə'ʃædəu] *vt* (*fig*) éclipser

oversight ['əuvəsaɪt] *n* omission *f*, oubli *m*; **due
to an oversight** par suite d'une inadvertance

oversleep [əuvə'sliːp] *vi* (*irreg*) se réveiller (trop)
tard

overstep [əuvə'stɛp] *vt*: **to overstep the mark**
dépasser la mesure

overt [əu'vɜːt] *adj* non dissimulé(e)

overtake [əuvə'teɪk] *vt* irreg dépasser; (*AUT*)
dépasser, doubler

overthrow [əuvə'θrəu] *vt* irreg (*government*) renverser

overtime ['əuvətaɪm] *n* heures *fpl* supplémentaires; **to do** *or* **work overtime** faire des heures
supplémentaires

overtone ['əuvətəun] *n* (*also*: **overtones**) note *f*,
sous-entendus *mpl*

overture ['əuvətʃuə*] *n* (*MUS, fig*) ouverture *f*

overturn [əuvə'tɜːn] *vt* renverser ♦ *vi* se retourner

overweight [əuvə'weɪt] *adj* (*person*) trop
gros(se); (*luggage*) trop lourd(e)

overwhelm [əuvə'wɛlm] *vt* accabler; submerger;
écraser

overwhelming [əuvə'wɛlmɪŋ] *adj* (*victory,
defeat*) écrasant(e); (*desire*) irrésistible; **one's
overwhelming impression is of heat** on a une
impression dominante de chaleur

overwrought [əuvə'rɔːt] *adj* excédé(e)

owe [əu] *vt* devoir; **to owe sb sth, to owe sth to
sb** devoir qch à qn

owing to ['əuɪŋtuː] *prep* à cause de, en raison de

owl [aul] *n* hibou *m*

own [əun] *vt* posséder ♦ *vi* (*BRIT*): **to own to sth**
reconnaître *or* avouer qch; **to own to having done
sth** avouer avoir fait qch ♦ *adj* propre; **a room of
my own** une chambre à moi, ma propre chambre;
can I have it for my (very) own? puis-je l'avoir
pour moi (tout) seul?; **to get one's own back**
prendre sa revanche; **on one's own** tout(e) seul(e);
to come into one's own trouver sa voie; trouver sa
justification

▶ **own up** *vi* avouer

owner ['əunə*] *n* propriétaire *m/f*

ownership ['əunəʃɪp] *n* possession *f*; **it's under
new ownership** (*shop etc*) il y a eu un changement
de propriétaire

ox, *pl* **oxen** [ɔks, 'ɔksn] *n* bœuf *m*

oxtail ['ɔksteɪl] *n*: **oxtail soup** soupe *f* à la queue
de bœuf

oxygen ['ɔksɪdʒən] *n* oxygène *m*

oyster ['ɔɪstə*] *n* huître *f*

oz. *abbr* = **ounce**

ozone ['əuzəun] *n* ozone *m*

ozone-friendly ['əuzəunfrɛndlɪ] *adj* qui n'attaque pas *or* qui préserve la couche d'ozone

ozone hole *n* trou *m* d'ozone

ozone layer *n* couche *f* d'ozone

— *P p* —

p *abbr* (= *page*) p; (*BRIT*) = **penny, pence**

PA *n abbr* = **personal assistant, public address
system** ♦ *abbr* (*US*) = *Pennsylvania*

pa [pɑː] *n* (*col*) papa *m*

p.a. *abbr* = *per annum*

pace [peɪs] *n* pas *m*; (*speed*) allure *f*; vitesse *f* ♦ *vi*:
to pace up and down faire les cent pas; **to keep
pace with** aller à la même vitesse que; (*events*) se
tenir au courant de; **to set the pace** (*running*) donner l'allure; (*fig*) donner le ton; **to put sb through
his paces** (*fig*) mettre qn à l'épreuve

pacemaker ['peɪsmeɪkə*] *n* (*MED*) stimulateur *m*
cardiaque

pacific [pə'sɪfɪk] *adj* pacifique ♦ *n*: **the Pacific
(Ocean)** le Pacifique, l'océan *m* Pacifique

pack [pæk] n paquet m; ballot m; (of hounds) meute f; (of thieves, wolves etc) bande f; (of cards) jeu m ♦ vt (goods) empaqueter, emballer; (in suitcase etc) emballer; (box) remplir; (cram) entasser; (press down) tasser; damer; (COMPUT) grouper, tasser ♦ vi: **to pack (one's bags)** faire ses bagages; **to pack into** (room, stadium) s'entasser dans; **to send sb packing** (col) envoyer promener qn

► **pack in** (BRIT col) vi (machine) tomber en panne ♦ vt (boyfriend) plaquer; **pack it in!** laisse tomber!

► **pack off** vt (person) envoyer (promener), expédier

► **pack up** vi (BRIT col: machine) tomber en panne; (: person) se tirer ♦ vt (belongings) ranger; (goods, presents) empaqueter, emballer

package ['pækɪdʒ] n paquet m; (of goods) emballage m, conditionnement m; (also: **package deal**) marché global; forfait m; (COMPUT) progiciel m ♦ vt (goods) conditionner

package tour n voyage organisé

packed [pækt] adj (crowded) bondé(e); **packed lunch** (BRIT) repas froid

packet ['pækɪt] n paquet m

packing ['pækɪŋ] n emballage m

packing case n caisse f (d'emballage)

pact [pækt] n pacte m, traité m

pad [pæd] n bloc(-notes) m; (for inking) tampon m encreur; (col: flat) piaule f ♦ vt rembourrer ♦ vi: **to pad in/about** etc entrer/aller et venir etc à pas feutrés

padding ['pædɪŋ] n rembourrage m; (fig) délayage m

paddle ['pædl] n (oar) pagaie f ♦ vi barboter, faire trempette ♦ vt: **to paddle a canoe** etc pagayer

paddling pool ['pædlɪŋ-] n petit bassin

paddock ['pædək] n enclos m; paddock m

padlock ['pædlɒk] n cadenas m ♦ vt cadenasser

paediatrics, (US) **pediatrics** [piːdɪ'ætrɪks] n pédiatrie f

pagan ['peɪgən] adj, n païen-ne

page [peɪdʒ] n (of book) page f; (also: **page boy**) groom m, chasseur m; (at wedding) garçon m d'honneur ♦ vt (in hotel etc) (faire) appeler

pageant ['pædʒənt] n spectacle m historique; grande cérémonie

pageantry ['pædʒəntrɪ] n apparat m, pompe f

pager ['peɪdʒə*] n système m de téléappel, bip m

paid [peɪd] pt, pp of **pay** ♦ adj (work, official) rémunéré(e); **to put paid to** (BRIT) mettre fin à, mettre par terre

pail [peɪl] n seau m

pain [peɪn] n douleur f; **to be in pain** souffrir, avoir mal; **to have a pain in** avoir mal à or une douleur à or dans; **to take pains to do** se donner du mal pour faire; **on pain of death** sous peine de mort

pained ['peɪnd] adj peiné(e), chagrin(e)

painful ['peɪnful] adj douloureux(euse); (difficult) difficile, pénible

painfully ['peɪnfəlɪ] adv (fig: very) terriblement

painkiller ['peɪnkɪlə*] n calmant m

painless ['peɪnlɪs] adj indolore

painstaking ['peɪnzteɪkɪŋ] adj (person) soigneux(euse); (work) soigné(e)

paint [peɪnt] n peinture f ♦ vt peindre; (fig) dépeindre; **to paint the door blue** peindre la porte en bleu; **to paint in oils** faire de la peinture à l'huile

paintbrush ['peɪntbrʌʃ] n pinceau m

painter ['peɪntə*] n peintre m

painting ['peɪntɪŋ] n peinture f; (picture) tableau m

paintwork ['peɪntwɜːk] n (BRIT) peintures fpl; (: of car) peinture f

pair [pɛə*] n (of shoes, gloves etc) paire f; (couple) couple m; (twosome) duo m; **pair of scissors** (paire de) ciseaux mpl; **pair of trousers** pantalon m

► **pair off** vi se mettre par deux

pajamas [pə'dʒɑːməz] npl (US) pyjama(s) m(pl)

Pakistan [pɑːkɪ'stɑːn] n Pakistan m

Pakistani [pɑːkɪ'stɑːnɪ] adj pakistanais(e) ♦ n Pakistanais/e

pal [pæl] n (col) copain/copine

palace ['pæləs] n palais m

palatable ['pælɪtəbl] adj bon(bonne), agréable au goût

palate ['pælɪt] n palais m (ANAT)

pale [peɪl] adj pâle ♦ vi pâlir ♦ n: **to be beyond the pale** être au ban de la société; **to grow** or **turn pale** (person) pâlir; **pale blue** adj bleu pâle inv; **to pale into insignificance (beside)** perdre beaucoup d'importance (par rapport à)

Palestine ['pælɪstaɪn] n Palestine f

Palestinian [pælɪs'tɪnɪən] adj palestinien(ne) ♦ n Palestinien/ne

palette ['pælɪt] n palette f

pall [pɔːl] n (of smoke) voile m ♦ vi: **to pall (on)** devenir lassant (pour)

pallet ['pælɪt] n (for goods) palette f

pallid ['pælɪd] adj blême

palm [pɑːm] n (ANAT) paume f; (also: **palm tree**) palmier m; (leaf, symbol) palme f ♦ vt: **to palm sth off on sb** (col) refiler qch à qn

Palm Sunday n le dimanche des Rameaux

paltry ['pɔːltrɪ] adj dérisoire; piètre

pamper ['pæmpə*] vt gâter, dorloter

pamphlet ['pæmflət] n brochure f; (political etc) tract m

pan [pæn] n (also: **saucepan**) casserole f; (also: **frying pan**) poêle f; (of lavatory) cuvette f ♦ vi (CINE) faire un panoramique ♦ vt (col: book, film) éreinter; **to pan for gold** laver du sable aurifère

pancake ['pænkeɪk] n crêpe f

panda ['pændə] n panda m

pandemonium [pændɪ'məʊnɪəm] n tohu-bohu m

pander ['pændə*] vi: **to pander to** flatter basse-ment; obéir servilement à

pane [peɪn] n carreau m (de fenêtre)

panel ['pænl] n (of wood, cloth etc) panneau m; (RADIO, TV) panel m, invités mpl; (of experts) table ronde, comité m

panelling, (US) **paneling** ['pænlɪŋ] n boiseries fpl

pang [pæŋ] n: **pangs of remorse** pincements mpl de remords; **pangs of hunger/conscience** tiraille-ments mpl d'estomac/de la conscience

panic ['pænɪk] n panique f, affolement m ◆ vi s'af-foler, paniquer

panicky ['pænɪkɪ] adj (person) qui panique or s'af-fole facilement

panic-stricken ['pænɪkstrɪkən] adj affolé(e)

pansy ['pænzɪ] n (BOT) pensée f; (col) tapette f, pédé m

pant [pænt] vi haleter

panther ['pænθə*] n panthère f

panties ['pæntɪz] npl slip m, culotte f

pantihose ['pæntɪhəʊz] n (US) collant m

pantomime ['pæntəmaɪm] n (BRIT) spectacle m de Noël; voir encadré

PANTOMIME

Une **pantomime** (à ne pas confondre avec le mot tel qu'on l'utilise en français), que l'on appelle également de façon familière "panto", est un genre de farce où le personnage principal est souvent un jeune garçon et où il y a toujours une "dame", c'est-à-dire une vieille femme jouée par un homme, et un méchant. La plupart du temps, l'histoire est basée sur un conte de fées comme Cendrillon ou Le Chat Botté, et le public est encouragé à participer en prévenant le héros d'un danger imminent. Ce genre de spectacle, qui s'adresse surtout aux enfants, vise également un public d'adultes au travers des nombreuses plaisan-teries faisant allusion à des faits d'actualité.

---

pantry ['pæntrɪ] n garde-manger m inv; (room) office m

pants [pænts] n (BRIT: woman's) culotte f, slip m; (: man's) slip m, caleçon m; (US: trousers) pan-talon m

paper ['peɪpə*] n papier m; (also: **wallpaper**) papier peint; (also: **newspaper**) journal m; (study, article) article m; (exam) épreuve écrite ◆ adj en or de papier ◆ vt tapisser (de papier peint); **a piece of paper** (odd bit) un bout de papier; (sheet) une feuille de papier; **to put sth down on paper** mettre qch par écrit

paperback ['peɪpəbæk] n livre m de poche; livre broché or non relié ◆ adj: **paperback edition** édi-tion brochée

paper bag n sac m en papier

paper clip n trombone m

paper handkerchief n, **paper hankie** n (col) mouchoir m en papier

paperweight ['peɪpəweɪt] n presse-papiers m inv

paperwork ['peɪpəwɜːk] n paperasserie f

par [pɑː*] n pair m; (GOLF): normale f du parcours; **on a par with** à égalité avec, au même niveau que; **at par** au pair; **above/below par** au-dessus/au-dessous du pair; **to feel below** or **under par** not up **to par** ne pas se sentir en forme

parachute ['pærəʃuːt] n parachute m ◆ vi sauter en parachute

parade [pə'reɪd] n défilé m; (inspection) revue f; (street) boulevard m ◆ vt (fig) faire étalage de ◆ vi défiler; **a fashion parade** (BRIT) un défilé de mode

paradise ['pærədaɪs] n paradis m

paradox ['pærədɒks] n paradoxe m

paradoxically [pærə'dɒksɪklɪ] adv paradoxale-ment

paraffin ['pærəfɪn] n (BRIT): **paraffin (oil)** pétrole (lampant); **liquid paraffin** huile f de paraffine

paragon ['pærəgən] n parangon m

paragraph ['pærəgrɑːf] n paragraphe m; **to begin a new paragraph** aller à la ligne

parallel ['pærəlel] adj: **parallel (with** or **to)** paral-lèle (à); (fig) analogue (à) ◆ n (line) parallèle f; (fig, GEO) parallèle m

paralysis, pl paralyses [pə'rælɪsɪs, -siːz] n paralysie f

paralyze ['pærəlaɪz] vt paralyser

paramount ['pærəmaʊnt] adj: **of paramount importance** de la plus haute or grande importan-ce

paranoid ['pærənɔɪd] adj (PSYCH) paranoïaque; (neurotic) paranoïde

paraphernalia [pærəfə'neɪlɪə] n attirail m, affaires fpl

parasol ['pærəsɒl] n ombrelle f; (at café etc) para-sol m

paratrooper ['pærətruːpə*] n parachutiste m (sol-dat)

parcel ['pɑːsl] n paquet m, colis m ◆ vt (also: **par-cel up**) empaqueter

▶ **parcel out** vt répartir

parchment ['pɑːtʃmənt] n parchemin m

pardon ['pɑːdn] n pardon m; grâce f ◆ vt par-donner à; (LAW) gracier; **pardon!** pardon!; **pardon me!** excusez-moi!; **I beg your pardon!** pardon!, je suis désolé!; **(I beg your) pardon?**, (US) **pardon me?** pardon?

parent ['pɛərənt] n père m or mère f; **parents** npl parents mpl

Paris ['pærɪs] n Paris

parish ['pærɪʃ] n paroisse f; (civil) ≃ commune f ◆ adj paroissial(e)

Parisian [pəˈrɪzɪən] adj parisien(ne) ♦ n Parisien/ne

park [paːk] n parc m, jardin public ♦ vt garer ♦ vi se garer

parking [ˈpaːkɪŋ] n stationnement m; "no parking" "stationnement interdit"

parking lot n (US) parking m, parc m de stationnement

parking meter n parc(o)mètre m

parking ticket n P-V. m

parliament [ˈpaːləmənt] n parlement m

parliamentary [paːləˈmentərɪ] adj parlementaire

parlour, (US) **parlor** [ˈpaːləˀ] n salon m

parochial [pəˈrəukɪəl] adj paroissial(e); (pej) à l'esprit de clocher

parole [pəˈrəul] n: **on parole** en liberté conditionnelle

parrot [ˈpærət] n perroquet m

parry [ˈpærɪ] vt esquiver, parer à

parsley [ˈpaːslɪ] n persil m

parsnip [ˈpaːsnɪp] n panais m

parson [ˈpaːsn] n ecclésiastique m; (Church of England) pasteur m

part [paːt] n partie f; (of machine) pièce f; (THEAT etc) rôle m; (MUS) voix f; partie ♦ adj partiel(le); ♦ adv = **partly** ♦ vt séparer ♦ vi (people) se séparer; (roads) se diviser; **to take part in** participer à, prendre part à; **to take sb's part** prendre la part de qn, prendre parti pour qn; **on his part** de sa part; **for my part** en ce qui me concerne; **for the most part** en grande partie; dans la plupart des cas; **for the better part of the day** pendant la plus grande partie de la journée; **to be part and parcel of** faire partie de; **to take sth in good/bad part** prendre qch du bon/mauvais côté; **part of speech** (LING) partie f du discours

▶ **part with** vt fus se séparer de; se défaire de

part exchange n (BRIT): **in part exchange** en reprise

partial [ˈpaːʃl] adj partiel(le); (unjust) partial(e); **to be partial to** aimer, avoir un faible pour

participate [paːˈtɪsɪpeɪt] vi: **to participate (in)** participer (à), prendre part (à)

participation [paːtɪsɪˈpeɪʃən] n participation f

participle [ˈpaːtɪsɪpl] n participe m

particle [ˈpaːtɪkl] n particule f

particular [pəˈtɪkjuləˀ] adj (specific) particulier(ière); (special) particulier, spécial(e); (fussy) difficile, exigeant(e); **particulars** npl détails mpl; (information) renseignements mpl; **in particular** surtout, en particulier

particularly [pəˈtɪkjuləlɪ] adv particulièrement; (in particular) en particulier

parting [ˈpaːtɪŋ] n séparation f; (BRIT: in hair) raie f ♦ adj d'adieu; **his parting shot was ...** il lança en partant ....

partisan [paːtɪˈzæn] n partisan/e ♦ adj partisan(e); de parti

partition [paːˈtɪʃən] n (POL) partition f, division f; (wall) cloison f

partly [ˈpaːtlɪ] adv en partie, partiellement

partner [ˈpaːtnəˀ] n (COMM) associé/e (SPORT) partenaire m/f; (at dance) cavalier/ière ♦ vt être l'associé or le partenaire or le cavalier de

partnership [ˈpaːtnəʃɪp] n association f; **to go into partnership (with), form a partnership (with)** s'associer (avec)

partridge [ˈpaːtrɪdʒ] n perdrix f

part-time [ˈpaːtˈtaɪm] adj, adv à mi-temps, à temps partiel

party [ˈpaːtɪ] n (POL) parti m; (team) équipe f; groupe m; (LAW) partie f; (celebration) réception f; soirée f; réunion f, fête f; **dinner party** dîner m; **to give** or **throw a party** donner une réception; **we're having a party next Saturday** nous organisons une soirée or réunion entre amis samedi prochain; **it's for our son's birthday party** c'est pour la fête (or le goûter) d'anniversaire de notre garçon; **to be a party to a crime** être impliqué/e dans un crime

party dress n robe habillée

pass [paːs] vt (time, object) passer; (place) passer devant; (car, friend) croiser; (exam) être reçu(e) à, réussir; (candidate) admettre; (overtake, surpass) dépasser; (approve) approuver, accepter; (law) promulguer ♦ vi passer; (SCOL) être reçu(e) or admis(e), réussir ♦ n (permit) laissez-passer m inv; carte f d'accès or d'abonnement; (in mountains) col m; (SPORT) passe f; (SCOL: also: **pass mark**): **to get a pass** être reçu(e) (sans mention); **she could pass for 25** on lui donnerait 25 ans; **to pass sth through a ring** etc (faire) passer qch dans un anneau etc; **could you pass the vegetables round?** pourriez-vous faire passer les légumes?; **things have come to a pretty pass** (BRIT) voilà où l'on en est!; **to make a pass at sb** (col) faire des avances à qn

▶ **pass away** vi mourir

▶ **pass by** vi passer ♦ vt négliger

▶ **pass down** vt (customs, inheritance) transmettre

▶ **pass on** vi (die) s'éteindre, décéder ♦ vt (hand on): **to pass on (to)** transmettre (à); (: illness) passer (à); (: price rises) répercuter (sur)

▶ **pass out** vi s'évanouir; (BRIT MIL) sortir (d'une école militaire)

▶ **pass over** vt (ignore) passer sous silence

▶ **pass up** vt (opportunity) laisser passer

passable [ˈpaːsəbl] adj (road) praticable; (work) acceptable

passage [ˈpæsɪdʒ] n (also: **passageway**) couloir m; (gen, in book) passage m; (by boat) traversée f

passbook [ˈpaːsbuk] n livret m

passenger [ˈpæsɪndʒəˀ] n passager/ère

passer-by [paːsəˈbaɪ] n passant/e

passing ['pɑːsɪŋ] adj (fig) passager(ère); **in passing** en passant

passing place n (AUT) aire f de croisement

passion ['pæʃən] n passion f; **to have a passion for sth** avoir la passion de qch

passionate ['pæʃənɪt] adj passionné(e)

passive ['pæsɪv] adj (also LING) passif(ive)

passive smoking n tabagisme passif

Passover ['pɑːsəʊvə*] n Pâque juive

passport ['pɑːspɔːt] n passeport m

passport control n contrôle m des passeports

passport office n bureau m de délivrance des passeports

password ['pɑːswɑːd] n mot m de passe

past [pɑːst] prep (further than) au delà de, plus loin que; après; (later than) après ♦ adj passé(e); (president etc) ancien(ne) ♦ n passé m; **quarter/half past four** quatre heures et quart/demie; **ten/twenty past four** quatre heures dix/vingt; **he's past forty** il a dépassé la quarantaine, il a plus de or passé quarante ans; **it's past midnight** il est plus de minuit, il est passé minuit; **for the past few/3 days** depuis quelques/3 jours; ces derniers/3 derniers jours; **to run past** passer en courant; **he ran past me** il m'a dépassé en courant; il a passé devant moi en courant; **in the past** (gen) dans le temps, autrefois; (LING) au passé; **I'm past caring** je ne m'en fais plus; **to be past it** (BRIT col: person) avoir passé l'âge

pasta ['pæstə] n pâtes fpl

paste [peɪst] n (glue) colle f (de pâte); (jewellery) strass m; (CULIN) pâté m (à tartiner); pâte f ♦ vt coller; **tomato paste** concentré m de tomate, purée f de tomate

pasteurized ['pæstəraɪzd] adj pasteurisé(e)

pastille ['pæstɪl] n pastille f

pastime ['pɑːstaɪm] n passe-temps m inv, distraction f

pastry ['peɪstrɪ] n pâte f; (cake) pâtisserie f

pasture ['pɑːstʃə*] n pâturage m

pasty n ['pæstɪ] petit pâté (en croûte) ♦ adj ['peɪstɪ] pâteux(euse); (complexion) terreux(euse)

pat [pæt] vt donner une petite tape à ♦ n: **a pat of butter** une noisette de beurre; **to give sb/o.s. a pat on the back** (fig) congratuler qn/se congratuler; **he knows it** (off) **pat**, (US) **he has it down pat** il sait cela sur le bout des doigts

patch [pætʃ] n (of material) pièce f; (spot) tache f; (of land) parcelle f ♦ vt (clothes) rapiécer; **a bad patch** (BRIT) une période difficile

► **patch up** vt réparer

patchy ['pætʃɪ] adj inégal(e)

pâté ['pæteɪ] n pâté m, terrine f

patent ['peɪtnt] ['pætnt] n brevet m (d'invention) ♦ vt faire breveter ♦ adj patent(e), manifeste

patent leather n cuir verni

paternal [pə'tɜːnl] adj paternel(le)

path [pɑːθ] n chemin m, sentier m; allée f; (of planet) course f; (of missile) trajectoire f

pathetic [pə'θetɪk] adj (pitiful) pitoyable; (very bad) lamentable, minable; (moving) pathétique

pathological [pæθə'lɔdʒɪkl] adj pathologique

pathway ['pɑːθweɪ] n chemin m, sentier m

patience ['peɪʃns] n patience f; (BRIT: CARDS) réussite f; **to lose (one's) patience** perdre patience

patient ['peɪʃnt] n patient/e; (in hospital) malade m/f ♦ adj patient(e)

patio ['pætɪəʊ] n patio m

patriotic [pætrɪ'ɔtɪk] adj patriotique; (person) patriote

patrol [pə'trəʊl] n patrouille f ♦ vt patrouiller dans; **to be on patrol** être de patrouille

patrol car n voiture f de police

patrolman [pə'trəʊlmən] n (US) agent m de police

patron ['peɪtrən] n (in shop) client/e; (of charity) patron/ne; **patron of the arts** mécène m

patronize ['pætrənaɪz] vt être (un) client or un habitué de; (fig) traiter avec condescendance

patter ['pætə*] n crépitement m, tapotement m; (sales talk) boniment m ♦ vi crépiter, tapoter

pattern ['pætən] n modèle m; (SEWING) patron m; (design) motif m; (sample) échantillon m; **behaviour pattern** mode m de comportement

pauper ['pɔːpə*] n indigent/e; **pauper's grave** fosse commune

pause [pɔːz] n pause f, arrêt m; (MUS) silence m ♦ vi faire une pause, s'arrêter; **to pause for breath** reprendre son souffle; (fig) faire une pause

pave [peɪv] vt paver, daller; **to pave the way for** ouvrir la voie à

pavement ['peɪvmənt] n (BRIT) trottoir m; (US) chaussée f

pavilion [pə'vɪlɪən] n pavillon m; tente f; (SPORT) stand m

paving ['peɪvɪŋ] n pavage m, dallage m

paving stone n pavé m

paw [pɔː] n patte f ♦ vt donner un coup de patte à; (subj: person: pej) tripoter

pawn [pɔːn] n gage m; (CHESS, also fig) pion m ♦ vt mettre en gage

pawnbroker ['pɔːnbrəʊkə*] n prêteur m sur gages

pawnshop ['pɔːnʃɔp] n mont-de-piété m

pay [peɪ] n salaire m; (of manual worker) paie f ♦ vb, pt, pp **paid** [peɪd] vt payer; (be profitable to: also fig) rapporter à ♦ vi payer; (be profitable) être rentable; **how much did you pay for it?** combien l'avez-vous payé?, vous l'avez payé combien?; **I paid £5 for that record** j'ai payé ce disque 5 livres; **to pay one's way** payer sa part; (subj: company) couvrir ses frais; **to pay dividends** (fig) porter ses fruits, s'avérer rentable; **it won't pay you to do that** vous ne gagnerez rien à faire cela; **to pay**

attention (to) prêter attention (à)
▶ **pay back** vt rembourser
▶ **pay for** vt fus payer
▶ **pay in** vt verser
▶ **pay off** vt (debts) régler, acquitter; (creditor, mortgage) rembourser; (workers) licencier ♦ vi (plan, patience) se révéler payant(e); **to pay sth off in instalments** payer qch à tempérament
▶ **pay out** vt (money) payer, sortir de sa poche; (rope) laisser filer
▶ **pay up** vt (debts) régler; (amount) payer
payable ['peɪəbl] adj payable; **to make a cheque payable to sb** établir un chèque à l'ordre de qn
payee [peɪ'iː] n bénéficiaire m/f
pay envelope n (US) (enveloppe f de) paie f
payment ['peɪmənt] n paiement m; (of bill) règlement m; (of deposit, cheque) versement m; **advance payment** (part sum) acompte m; (total sum) paiement anticipé; **deferred payment, payment by instalments** paiement par versements échelonnés; **monthly payment** mensualité f; **in payment for, in payment of** en règlement de; **on payment of £5** pour 5 livres
pay packet n (BRIT) paie f
payphone ['peɪfəʊn] n cabine f téléphonique, téléphone public
payroll ['peɪrəʊl] n registre m du personnel; **to be on a firm's payroll** être employé par une entreprise
pay slip n (BRIT) bulletin m de paie, feuille f de paie
pay television n chaînes fpl payantes
PC n abbr = **personal computer**; (BRIT) = **police constable** ♦ adj abbr = **politically correct** ♦ abbr (BRIT)= Privy Councillor
pc abbr = **per cent, postcard**
pea [piː] n (petit) pois
peace [piːs] n paix f; (calm) calme m, tranquillité f; **to be at peace with sb/sth** être en paix avec qn/qch; **to keep the peace** (subj: policeman) assurer le maintien de l'ordre; (: citizen) ne pas troubler l'ordre
peaceful ['piːsful] adj paisible, calme
peach [piːtʃ] n pêche f
peacock ['piːkɒk] n paon m
peak [piːk] n (mountain) pic m, cime f; (fig: highest level) maximum m; (: of career, fame) apogée m
peak hours npl heures fpl d'affluence
peal [piːl] n (of bells) carillon m; **peals of laughter** éclats mpl de rire
peanut ['piːnʌt] n arachide f, cacahuète f
peanut butter n beurre m de cacahuète
pear [peə*] n poire f
pearl [pɜːl] n perle f
peasant ['peznt] n paysan/ne
peat [piːt] n tourbe f
pebble ['pebl] n galet m, caillou m
peck [pek] vt (also: **peck at**) donner un coup de bec à; (food) picorer ♦ n coup m de bec; (kiss)

bécot m
pecking order ['pekɪŋ-] n ordre m hiérarchique
peckish ['pekɪʃ] adj (BRIT col): **I feel peckish** je mangerais bien quelque chose, j'ai la dent
peculiar [pɪ'kjuːlɪə*] adj (odd) étrange, bizarre, curieux(euse); (particular) particulier(ière); **peculiar to** particulier à
pedal ['pedl] n pédale f ♦ vi pédaler
pedantic [pɪ'dæntɪk] adj pédant(e)
peddler ['pedlə*] n colporteur m; camelot m
pedestal ['pedəstl] n piédestal m
pedestrian [pɪ'destrɪən] n piéton m ♦ adj piétonnier(ière); (fig) prosaïque, terre à terre inv
pedestrian crossing n (BRIT) passage clouté
pedestrianized [pɪ'destrɪənaɪzd] adj: **a pedestrianized street** une rue piétonne
pediatrics [piːdɪ'ætrɪks] n (US) = **paediatrics**
pedigree ['pedɪgriː] n ascendance f; (of animal) pedigree m ♦ cpd (animal) de race
pee [piː] vi (col) faire pipi, pisser
peek [piːk] vi jeter un coup d'œil (furtif)
peel [piːl] n pelure f, épluchure f; (of orange, lemon) écorce f ♦ vt peler, éplucher ♦ vi (paint etc) s'écailler; (wallpaper) se décoller
▶ **peel back** vt décoller
peep [piːp] n (BRIT: look) coup d'œil furtif; (sound) pépiement m ♦ vi jeter un coup d'œil (furtif)
▶ **peep out** vi (BRIT) se montrer (furtivement)
peephole ['piːphəʊl] n judas m
peer [pɪə*] vi: **to peer at** regarder attentivement, scruter ♦ n (noble) pair m; (equal) pair, égal/e
peerage ['pɪərɪdʒ] n pairie f
peeved [piːvd] adj irrité(e), ennuyé(e)
peg [peg] n cheville f; (for coat etc) patère f; (BRIT: also: **clothes peg**) pince f à linge ♦ vt (clothes) accrocher; (BRIT: groundsheet) fixer (avec des piquets); (fig: prices, wages) contrôler, stabiliser
Pekin(g)ese [piːkɪ'niːz] n pékinois m
pelican ['pelɪkən] n pélican m
pelican crossing n (BRIT AUT) feu m à commande manuelle
pellet ['pelɪt] n boulette f; (of lead) plomb m
pelt [pelt] vt: **to pelt sb (with)** bombarder qn (de) ♦ vi (rain) tomber à seaux ♦ n peau f
pelvis ['pelvɪs] n bassin m
pen [pen] n (for writing) stylo m; (for sheep) parc m; (US col: prison) taule f; **to put pen to paper** prendre la plume
penal ['piːnl] adj pénal(e)
penalize ['piːnəlaɪz] vt pénaliser; (fig) désavantager
penalty ['penltɪ] n pénalité f; sanction f; (fine) amende f; (SPORT) pénalisation f; (FOOTBALL: also: **penalty kick**) penalty m
penance ['penəns] n pénitence f
pence [pens] npl (BRIT) see **penny**
pencil ['pensl] n crayon m ♦ vt: **to pencil sth in**

noter qch provisoirement

pencil case n trousse f (d'écolier)

pencil sharpener n taille-crayon(s) m inv

pendant ['pɛndnt] n pendentif m

pending ['pɛndɪŋ] prep en attendant ♦ adj en suspens

pendulum ['pɛndjuləm] n pendule m; (of clock) balancier m

penetrate ['pɛnɪtreɪt] vt pénétrer dans; pénétrer

penfriend ['pɛnfrɛnd] n (BRIT) correspondant/e

penguin ['pɛŋgwɪn] n pingouin m

penicillin [pɛnɪ'sɪlɪn] n pénicilline f

peninsula [pə'nɪnsjulə] n péninsule f

penis ['piːnɪs] n pénis m, verge f

penitentiary [pɛnɪ'tɛnʃərɪ] n (US) prison f

penknife ['pɛnnaɪf] n canif m

pen name n nom m de plume, pseudonyme m

penniless ['pɛnɪlɪs] adj sans le sou

penny, pl **pennies** or **pence** ['pɛnɪ, 'pɛnɪz, pɛns] n (BRIT) penny m (pl pennies) (new: 100 in a pound; old:12 in a shilling; on tend à employer "pennies" ou "two-pence piece" etc pour les pièces, "pence" pour la valeur); (US) = **cent**

penpal ['pɛnpæl] n correspondant/e

pension ['pɛnʃən] n retraite f; (MIL) pension f
▶ **pension off** vt mettre à la retraite

pensioner ['pɛnʃənə*] n (BRIT) retraité/e

pension fund n caisse f de retraite

pension plan n plan m de retraite

pentagon ['pɛntəgən] n pentagone m; **the Pentagon** (US POL) le Pentagone; voir encadré

pentathlon [pɛn'tæθlən] n pentathlon m

Pentecost ['pɛntɪkɔst] n Pentecôte f

penthouse ['pɛnthaus] n appartement m (de luxe) en attique

pent-up ['pɛntʌp] adj (feelings) refoulé(e)

penultimate [pɪ'nʌltɪmət] adj pénultième, avant-dernier(ière)

people ['piːpl] npl gens mpl; personnes fpl; (citizens) peuple m ♦ n (nation, race) peuple m ♦ vt peupler; **I know people who ...** je connais des gens qui ...; **the room was full of people** la salle était pleine de monde or de gens; **people say that ...** on dit or les gens disent que ...; **old people** les personnes âgées; **young people** les jeunes; **a man of the people** un homme du peuple

pepper ['pɛpə*] n poivre m; (vegetable) poivron m

♦ vt poivrer

pepper mill n moulin m à poivre

peppermint ['pɛpəmɪnt] n (plant) menthe poivrée; (sweet) pastille f de menthe

peptalk ['pɛptɔːk] n (col) (petit) discours d'encouragement

per [pə*] prep par; **per hour** (miles etc) à l'heure; (fee) (de) l'heure; **per kilo** etc le kilo etc; **per day/person** par jour/personne; **as per your instructions** conformément à vos instructions

perceive [pə'siːv] vt percevoir; (notice) remarquer, s'apercevoir de

per cent adv pour cent; **a 20 per cent discount** une réduction de 20 pour cent

percentage [pə'sɛntɪdʒ] n pourcentage m; **on a percentage basis** au pourcentage

perception [pə'sɛpʃən] n perception f; (insight) sensibilité f

perceptive [pə'sɛptɪv] adj (remark, person) perspicace

perch [pə:tʃ] n (fish) perche f; (for bird) perchoir m ♦ vi (se) percher

percolator ['pə:kəleɪtə*] n percolateur m; cafetière f électrique

percussion [pə'kʌʃən] n percussion f

perennial [pə'rɛnɪəl] adj perpétuel(le); (BOT) vivace ♦ n plante f vivace

perfect adj, n ['pə:fɪkt] ♦ adj parfait(e) ♦ n (also: **perfect tense**) parfait m ♦ vt [pə'fɛkt] parfaire; mettre au point; **he's a perfect stranger to me** il m'est totalement inconnu

perfectly ['pə:fɪktlɪ] adv parfaitement; **I'm perfectly happy with the situation** cette situation me convient parfaitement; **you know perfectly well** vous le savez très bien

perforate ['pə:fəreɪt] vt perforer, percer

perforation [pə:fə'reɪʃən] n perforation f; (line of holes) pointillé m

perform [pə'fɔ:m] vt (carry out) exécuter, remplir; (concert etc) jouer, donner ♦ vi jouer

performance [pə'fɔ:məns] n représentation f, spectacle m; (of an artist) interprétation f; (of player etc) prestation f; (of car, engine) performance f; **the team put up a good performance** l'équipe a bien joué

performer [pə'fɔ:mə*] n artiste m/f

perfume ['pə:fju:m] n parfum m ♦ vt parfumer

perhaps [pə'hæps] adv peut-être; **perhaps he'll ...** peut-être qu'il ...; **perhaps so/not** peut-être que oui/que non

peril ['pɛrɪl] n péril m

perimeter [pə'rɪmɪtə*] n périmètre m

period ['pɪərɪəd] n période f; (HISTORY) époque f; (SCOL) cours m; (full stop) point m; (MED) règles fpl ♦ adj (costume, furniture) d'époque; **for a period of three weeks** pour (une période de) trois semaines; **the holiday period** (BRIT) la période des vacances

periodical [pɪərɪˈɔdɪkl] *adj* périodique ♦ *n* périodique *m*

peripheral [pəˈrɪfərəl] *adj* périphérique ♦ *n* (COMPUT) périphérique *m*

perish [ˈpɛrɪʃ] *vi* périr, mourir; (decay) se détériorer

perishable [ˈpɛrɪʃəbl] *adj* périssable

perjury [ˈpəːdʒərɪ] *n* (LAW: in court) faux témoignage; (breach of oath) parjure *m*

perk [pəːk] *n* (col) avantage *m*, à-côté *m*

▶ **perk up** *vi* (col: cheer up) se ragaillardir

perky [ˈpəːkɪ] *adj* (cheerful) guilleret(te), gai(e)

perm [pəːm] *n* (for hair) permanente *f* ♦ *vt*: **to have one's hair permed** se faire faire une permanente

permanent [ˈpəːmənənt] *adj* permanent(e); (job, position) permanent, fixe; (dye, ink) indélébile; **I'm not permanent here** je ne suis pas ici à titre définitif; **permanent address** adresse habituelle

permeate [ˈpəːmɪeɪt] *vi* s'infiltrer ♦ *vt* s'infiltrer dans; pénétrer

permissible [pəˈmɪsɪbl] *adj* permis(e), acceptable

permission [pəˈmɪʃən] *n* permission *f*, autorisation *f*; **to give sb permission to do sth** donner à qn la permission de faire qch

permissive [pəˈmɪsɪv] *adj* tolérant(e); **the permissive society** la société de tolérance

permit *n* [ˈpəːmɪt] permis *m*; (entrance pass) autorisation *f*, laisser-passer *m*; (for goods) licence *f* ♦ *vt* [pəˈmɪt] permettre; **to permit sb to do** autoriser qn à faire, permettre à qn de faire; **weather permitting** si le temps le permet

perpendicular [pəːpənˈdɪkjuləʳ] *adj*, *n* perpendiculaire *f*

perplex [pəˈplɛks] *vt* rendre perplexe; (complicate) embrouiller

persecute [ˈpəːsɪkjuːt] *vt* persécuter

persevere [pəːsɪˈvɪəʳ] *vi* persévérer

Persian [ˈpəːʃən] *adj* persan(e) ♦ *n* (LING) persan *m*; **the (Persian) Gulf** le golfe Persique

persist [pəˈsɪst] *vi*: **to persist (in doing)** persister (à faire), s'obstiner (à faire)

persistent [pəˈsɪstənt] *adj* persistant(e), tenace; (lateness, rain) persistant; **persistent offender** (LAW) multirécidiviste *m/f*

person [ˈpəːsn] *n* personne *f*; **in person** en personne; **on** or **about one's person** sur soi; **person to person call** (TEL) appel *m* avec préavis

personal [ˈpəːsnl] *adj* personnel(le); **personal belongings, personal effects** effets personnels; **personal hygiene** hygiène *f* intime; **a personal interview** un entretien

personal assistant (PA) *n* secrétaire personnel(le)

personal column *n* annonces personnelles

personal computer (PC) *n* ordinateur individuel, PC *m*

personal identification number (PIN) *n* (COMPUT, BANKING) numéro *m* d'identification personnel

personality [pəːsəˈnælɪtɪ] *n* personnalité *f*

personally [ˈpəːsnəlɪ] *adv* personnellement

personal organizer *n* agenda (personnel) (style Filofax); (electronic) agenda électronique

personal stereo *n* Walkman® *m*, baladeur *m*

personnel [pəːsəˈnɛl] *n* personnel *m*

perspective [pəˈspɛktɪv] *n* perspective *f*; **to get sth into perspective** ramener qch à sa juste mesure

perspex® [ˈpəːspɛks] *n* (BRIT) Plexiglas® *m*

perspiration [pəːspɪˈreɪʃən] *n* transpiration *f*

persuade [pəˈsweɪd] *vt*: **to persuade sb to do sth** persuader qn de faire qch, amener or décider qn à faire qch; **to persuade sb of sth/that** persuader qn de qch/que

persuasion [pəˈsweɪʒən] *n* persuasion *f*; (creed) conviction *f*

perverse [pəˈvəːs] *adj* pervers(e); (stubborn) entêté(e), contrariant(e)

pervert *n* [ˈpəːvəːt] perverti/e ♦ *vt* [pəˈvəːt] pervertir

pessimist [ˈpɛsɪmɪst] *n* pessimiste *m/f*

pessimistic [pɛsɪˈmɪstɪk] *adj* pessimiste

pest [pɛst] *n* animal *m* (or insecte *m*) nuisible; (fig) fléau *m*

pester [ˈpɛstəʳ] *vt* importuner, harceler

pet [pɛt] *n* animal familier; (favourite) chouchou *m* ♦ *vt* choyer ♦ *vi* (col) se peloter; **pet lion** etc lion etc apprivoisé

petal [ˈpɛtl] *n* pétale *m*

peter [ˈpiːtəʳ]: **to peter out** *vi* s'épuiser; s'affaiblir

petite [pəˈtiːt] *adj* menu(e)

petition [pəˈtɪʃən] *n* pétition *f* ♦ *vt* adresser une pétition à ♦ *vi*: **to petition for divorce** demander le divorce

petrified [ˈpɛtrɪfaɪd] *adj* (fig) mort(e) de peur

petrol [ˈpɛtrəl] *n* (BRIT) essence *f*

petrol can *n* (BRIT) bidon *m* à essence

petroleum [pəˈtrəulɪəm] *n* pétrole *m*

petrol pump *n* (BRIT: in car, at garage) pompe *f* à essence

petrol station *n* (BRIT) station-service *f*

petrol tank *n* (BRIT) réservoir *m* d'essence

petticoat [ˈpɛtɪkəut] *n* jupon *m*

petty [ˈpɛtɪ] *adj* (mean) mesquin(e); (unimportant) insignifiant(e), sans importance

petty cash *n* caisse *f* des dépenses *f* courantes, petite caisse

petty officer *n* second-maître *m*

petulant [ˈpɛtjulənt] *adj* irritable

pew [pjuː] *n* banc *m* (d'église)

pewter [ˈpjuːtəʳ] *n* étain *m*

phantom [ˈfæntəm] *n* fantôme *m*; (vision) fantasme *m*

pharmacy ['fɑːməsɪ] n pharmacie f

phase [feɪz] n phase f, période f ♦ vt: **to phase sth in/out** introduire/supprimer qch progressivement

PhD abbr (= Doctor of Philosophy) title ≈ Docteur m en Droit or Lettres etc ♦ n = doctorat m, titulaire m d'un doctorat; see also **doctorate**

pheasant ['feznt] n faisan m

phenomenon, pl **phenomena** [fə'nɔmɪnən, -nə] n phénomène m

philosophical [fɪlə'sɔfɪkl] adj philosophique

philosophy [fɪ'lɔsəfɪ] n philosophie f

phobia ['fəubjə] n phobie f

phone [fəun] n téléphone m ♦ vt téléphoner à ♦ vi téléphoner; **to be on the phone** avoir le téléphone; (be calling) être au téléphone

▶ **phone back** vt, vi rappeler

▶ **phone up** vt téléphoner à ♦ vi téléphoner

phone bill n facture f de téléphone

phone book n annuaire m

phone box, phone booth n cabine f téléphonique

phone call n coup m de fil or de téléphone

phonecard ['fəunkɑːd] n télécarte f

phone-in ['fəunɪn] n (BRIT RADIO, TV) programme m à ligne ouverte

phone number n numéro m de téléphone

phonetics [fə'netɪks] n phonétique f

phoney ['fəunɪ] adj faux(fausse), factice ♦ n (person) charlatan m, fumiste m/f

photo ['fəutəu] n photo f

photocopier ['fəutəukɔpɪə*] n copieur m

photocopy ['fəutəukɔpɪ] n photocopie f ♦ vt photocopier

photograph ['fəutəgræf] n photographie f ♦ vt photographier; **to take a photograph of sb** prendre qn en photo

photographer [fə'tɔgrəfə*] n photographe m/f

photography [fə'tɔgrəfɪ] n photographie f

phrase [freɪz] n expression f; (LING) locution f ♦ vt exprimer; (letter) rédiger

phrase book n recueil m d'expressions (pour touristes)

physical ['fɪzɪkl] adj physique; **physical examination** examen médical; **physical education** éducation physique; **physical exercises** gymnastique f

physically ['fɪzɪklɪ] adv physiquement

physician [fɪ'zɪʃən] n médecin m

physicist ['fɪzɪsɪst] n physicien/ne

physics ['fɪzɪks] n physique f

physiotherapist [fɪzɪəu'θerəpɪst] n kinésithérapeute m/f

physiotherapy [fɪzɪəu'θerəpɪ] n kinésithérapie f

physique [fɪ'ziːk] n (appearance) physique m; (health etc) constitution f

pianist ['pɪːənɪst] n pianiste m/f

piano [pɪ'ænəu] n piano m

pick [pɪk] n (tool: also: **pick-axe**) pic m, pioche f ♦ vt choisir; (gather) cueillir; (scab, spot) gratter, écorcher; **take your pick** faites votre choix; **the pick of** le(la) meilleur(e) de; **to pick a bone** ronger un os; **to pick one's nose** se mettre le doigt dans le nez; **to pick one's teeth** se curer les dents; **to pick sb's brains** faire appel aux lumières de qn; **to pick pockets** pratiquer le vol à la tire; **to pick a quarrel/fight with sb** chercher querelle à/la bagarre avec qn

▶ **pick at** vt fus: **to pick at one's food** manger du bout des dents, chipoter

▶ **pick off** vt (kill) (viser soigneusement et) abattre

▶ **pick on** vt fus (person) harceler

▶ **pick out** vt choisir; (distinguish) distinguer

▶ **pick up** vi (improve) remonter, s'améliorer ♦ vt ramasser; (telephone) décrocher; (collect) passer prendre; (AUT: give lift to) prendre; (learn) apprendre; (RADIO, TV, TEL) capter; **to pick up speed** prendre de la vitesse; **to pick o.s. up** se relever; **to pick up where one left off** reprendre là où l'on s'est arrêté

picket ['pɪkɪt] n (in strike) gréviste m/f participant à un piquet de grève; piquet m de grève ♦ vt mettre un piquet de grève devant

pickle ['pɪkl] n (also: **pickles**: as condiment) pickles mpl; (fig): **in a pickle** dans le pétrin ♦ vt conserver dans du vinaigre ou dans de la saumure

pickpocket ['pɪkpɔkɪt] n pickpocket m

pickup ['pɪkʌp] n (BRIT: on record player) bras m pick-up; (small truck: also: **pickup truck, pickup van**) camionnette f

picnic ['pɪknɪk] n pique-nique m ♦ vi pique-niquer

picture ['pɪktʃə*] n (also TV) image f; (painting) peinture f, tableau m; (photograph) photo(graphie) f; (drawing) dessin m; (film) film m ♦ vt se représenter; (describe) dépeindre, représenter; **the pictures** (BRIT) le cinéma; **to take a picture of sb/sth** prendre qn/qch en photo; **the overall picture** le tableau d'ensemble; **to put sb in the picture** mettre qn au courant

picture book n livre m d'images

picturesque [pɪktʃə'resk] adj pittoresque

pie [paɪ] n tourte f; (of meat) pâté m en croûte

piece [piːs] n morceau m; (of land) parcelle f; (item): **a piece of furniture/advice** un meuble/conseil; (DRAUGHTS etc) pion m ♦ vt: **to piece together** rassembler; **in pieces** (broken) en morceaux, en miettes; (not yet assembled) en pièces détachées; **to take to pieces** démonter; **in one piece** (object) intact(e); **to get back all in one piece** (person) rentrer sain et sauf; **a 10p piece** (BRIT) une pièce de 10p; **piece by piece** morceau par morceau; **a six-piece band** un orchestre de six musiciens; **to say one's piece** réciter son morceau

piecemeal ['piːsmiːl] *adv* par bouts

piecework ['piːswəːk] *n* travail *m* aux pièces *or* à la pièce

pie chart *n* graphique *m* à secteurs, camembert *m*

pier [pɪə*] *n* jetée *f*; (*of bridge etc*) pile *f*

pierce [pɪəs] *vt* percer, transpercer; **to have one's ears pierced** se faire percer les oreilles

pig [pɪg] *n* cochon *m*, porc *m*

pigeon ['pɪdʒən] *n* pigeon *m*

pigeonhole ['pɪdʒənhəul] *n* casier *m*

piggy bank ['pɪgɪ-] *n* tirelire *f*

pigheaded ['pɪg'hedɪd] *adj* entêté(e), têtu(e)

piglet ['pɪglɪt] *n* petit cochon, porcelet *m*

pigskin ['pɪgskɪn] *n* (peau *f* de) porc *m*

pigsty ['pɪgstaɪ] *n* porcherie *f*

pigtail ['pɪgteɪl] *n* natte *f*, tresse *f*

pike [paɪk] *n* (*spear*) pique *f*; (*fish*) brochet *m*

pilchard ['pɪltʃəd] *n* pilchard *m*; (*sorte de sardine*)

pile [paɪl] *n* (*pillar, of books*) pile *f*; (*heap*) tas *m*; (*of carpet*) épaisseur *f* ♦ *vb* (*also:* **pile up**) ♦ *vt* empiler, entasser ♦ *vi* s'entasser; **in a pile** en tas

▶ **pile on** *vt:* **to pile it on** (*col*) exagérer

piles [paɪlz] *npl* hémorroïdes *fpl*

pile-up ['paɪlʌp] *n* (*AUT*) télescopage *m*, collision *f* en série

pilfering ['pɪlfərɪŋ] *n* chapardage *m*

pilgrim ['pɪlgrɪm] *n* pèlerin *m*

pill [pɪl] *n* pilule *f*; **the pill** la pilule; **to be on the pill** prendre la pilule

pillage ['pɪlɪdʒ] *vt* piller

pillar ['pɪlə*] *n* pilier *m*

pillar box *n* (*BRIT*) boîte *f* aux lettres (*publique*)

pillion ['pɪljən] *n* (*of motor cycle*) siège *m* arrière; **to ride pillion** être derrière; (*on horse*) être en croupe

pillow ['pɪləu] *n* oreiller *m*

pillowcase ['pɪləukeɪs], **pillowslip** ['pɪləuslɪp] *n* taie *f* d'oreiller

pilot ['paɪlət] *n* pilote *m* ♦ *cpd* (*scheme etc*) pilote, expérimental(e) ♦ *vt* piloter

pilot light *n* veilleuse *f*

pimp [pɪmp] *n* souteneur *m*, maquereau *m*

pimple ['pɪmpl] *n* bouton *m*

PIN *n abbr* = **personal identification number**

pin [pɪn] *n* épingle *f*; (*TECH*) cheville *f*; (*BRIT: drawing pin*) punaise *f*; (*in grenade*) goupille *f*; (*BRIT ELEC: of plug*) broche *f* ♦ *vt* épingler; **pins and needles** fourmis *fpl*; **to pin sb against/to** clouer qn contre/à; **to pin sth on sb** (*fig*) mettre qch sur le dos de qn

▶ **pin down** *vt* (*fig*): **to pin sb down** obliger qn à répondre; **there's something strange here but I can't quite pin it down** il y a quelque chose d'étrange ici, mais je n'arrive pas exactement à savoir quoi

pinafore ['pɪnəfɔː*] *n* tablier *m*

pinball ['pɪnbɔːl] *n* flipper *m*

pincers ['pɪnsəz] *npl* tenailles *fpl*

pinch [pɪntʃ] *n* pincement *m*; (*of salt etc*) pincée *f* ♦ *vt* pincer; (*col: steal*) piquer, chiper ♦ *vi* (*shoe*) serrer; **at a pinch** à la rigueur; **to feel the pinch** (*fig*) se ressentir des restrictions (*or* de la récession *etc*)

pincushion ['pɪnkuʃən] *n* pelote *f* à épingles

pine [paɪn] *n* (*also:* **pine tree**) pin *m* ♦ *vi:* **to pine for** aspirer à, désirer ardemment

▶ **pine away** *vi* dépérir

pineapple ['paɪnæpl] *n* ananas *m*

ping [pɪŋ] *n* (*noise*) tintement *m*

Ping-Pong® ['pɪŋpɔŋ] *n* ping-pong® *m*

pink [pɪŋk] *adj* rose ♦ *n* (*colour*) rose *m*; (*BOT*) œillet *m*, mignardise *f*

pinpoint ['pɪnpɔɪnt] *vt* indiquer (avec précision)

pint [paɪnt] *n* pinte *f* (*BRIT* = 0.57 *l*; *US* = 0.47 *l*); (*BRIT col*) = demi *m*, = pot *m*

pioneer [paɪə'nɪə*] *n* explorateur/trice; (*early settler*) pionnier *m*; (*fig*) pionnier, précurseur *m* ♦ *vt* être un pionnier de

pious ['paɪəs] *adj* pieux(euse)

pip [pɪp] *n* (*seed*) pépin *m*; (*BRIT: time signal on radio*) top *m*

pipe [paɪp] *n* tuyau *m*, conduite *f*; (*for smoking*) pipe *f*; (*MUS*) pipeau *m* ♦ *vt* amener par tuyau; **pipes** *npl* (*also:* **bagpipes**) cornemuse *f*

▶ **pipe down** *vi* (*col*) se taire

pipe cleaner *n* cure-pipe *m*

pipe dream *n* chimère *f*, utopie *f*

pipeline ['paɪplaɪn] *n* (*for gas*) gazoduc *m*, pipeline *m*; (*for oil*) oléoduc *m*, pipeline; **it is in the pipeline** (*fig*) c'est en route, ça va se faire

piper ['paɪpə*] *n* joueur/euse de pipeau (*or* de cornemuse*)

piping ['paɪpɪŋ] *adv:* **piping hot** très chaud(e)

pique [piːk] *n* dépit *m*

pirate ['paɪərət] *n* pirate *m* ♦ *vt* (*record, video, book*) pirater

pirated ['paɪərətɪd] *adj* pirate

Pisces ['paɪsiːz] *n les Poissons* *mpl*; **to be Pisces** être des Poissons

piss [pɪs] *vi* (*col!*) pisser (*!*); **piss off!** tire-toi! (*!*)

pissed [pɪst] *adj* (*BRIT col: drunk*) bourré(e)

pistol ['pɪstl] *n* pistolet *m*

piston ['pɪstən] *n* piston *m*

pit [pɪt] *n* trou *m*, fosse *f*; (*also:* **coal pit**) puits *m* de mine; (*also:* **orchestra pit**) fosse d'orchestre ♦ *vt:* **to pit sb against sb** opposer qn à qn; **to pit o.s. against** se mesurer à; **pits** *npl* (*in motor racing*) aire *f* de service

pitch [pɪtʃ] *n* (*throw*) lancement *m*; (*MUS*) ton *m*; (*of voice*) hauteur *f*; (*fig: degree*) degré *m*; (*also:* **sales pitch**) baratin *m*, boniment *m*; (*BRIT SPORT*) terrain *m*; (*NAUT*) tangage *m*; (*tar*) poix *f* ♦ *vt* (*throw*) lancer; (*tent*) dresser; (*set: price, message*) adapter, positionner ♦ *vi* (*NAUT*) tanguer; (*fall*): **to pitch into/off**

tomber dans/de; **to be pitched forward** être projeté(e) en avant; **at this pitch** à ce rythme

pitch-black ['pɪtʃ'blæk] *adj* noir(e) comme poix

pitched battle [pɪtʃt-] *n* bataille rangée

pitfall ['pɪtfɔ:l] *n* trappe *f*, piège *m*

pith [pɪθ] *n* (*of plant*) moelle *f*; (*of orange*) intérieur *m* de l'écorce; (*fig*) essence *f*; vigueur *f*

pithy ['pɪθɪ] *adj* piquant(e); vigoureux(euse)

pitiful ['pɪtɪful] *adj* (*touching*) pitoyable; (*contemptible*) lamentable

pitiless ['pɪtɪlɪs] *adj* impitoyable

pittance ['pɪtns] *n* salaire *m* de misère

pity ['pɪtɪ] *n* pitié *f* ♦ *vt* plaindre; **what a pity!** quel dommage!; **it is a pity that you can't come** c'est dommage que vous ne puissiez venir; **to have** or **take pity on sb** avoir pitié de qn

pizza ['pi:tsə] *n* pizza *f*

placard ['plækɑ:d] *n* affiche *f*

placate [plə'keɪt] *vt* apaiser, calmer

place [pleɪs] *n* endroit *m*, lieu *m*; (*proper position, rank, seat*) place *f*; (*house*) maison *f*, logement *m*; (*in street names*): **Laurel Place** ≃ rue des Lauriers; (*home*): **at/to his place** chez lui ♦ *vt* (*position*) placer, mettre; (*identify*) situer; reconnaître; **to take place** avoir lieu; (*occur*) se produire; **from place to place** d'un endroit à l'autre; **all over the place** partout; **out of place** (*not suitable*) déplacé(e), inopportun(e); **I feel out of place here** je ne me sens pas à ma place ici; **in the first place** d'abord, en premier; **to put sb in his place** (*fig*) remettre qn à sa place; **he's going places** (*fig: col*) il fait son chemin; **it is not my place to do it** ce n'est pas à moi de le faire; **to place an order with sb (for)** (*COMM*) passer commande à qn (de); **to be placed** (*in race, exam*) se placer; **how are you placed next week?** comment ça se présente pour la semaine prochaine?

plague [pleɪg] *n* fléau *m*; (*MED*) peste *f* ♦ *vt* (*fig*) tourmenter; **to plague sb with questions** harceler qn de questions

plaice [pleɪs] *n* (*pl inv*) carrelet *m*

plaid [plæd] *n* tissu écossais

plain [pleɪn] *adj* (*clear*) clair(e), évident(e); (*simple*) simple, ordinaire; (*frank*) franc(franche); (*not handsome*) quelconque, ordinaire; (*cigarette*) sans filtre; (*without seasoning etc*) nature *inv*; (*in one colour*) uni(e) ♦ *adv* franchement, carrément ♦ *n* plaine *f*; **in plain clothes** (*police*) en civil; **to make sth plain to sb** faire clairement comprendre qch à qn

plain chocolate *n* chocolat *m* à croquer

plainly ['pleɪnlɪ] *adv* clairement; (*frankly*) carrément, sans détours

plaintiff ['pleɪntɪf] *n* plaignant/e

plait [plæt] *n* tresse *f*, natte *f* ♦ *vt* tresser, natter

plan [plæn] *n* plan *m*; (*scheme*) projet *m* ♦ *vt* (*think in advance*) projeter; (*prepare*) organiser ♦ *vi* faire des projets; **to plan to do** projeter de faire; **how long do you plan to stay?** combien de temps

comptez-vous rester?

plane [pleɪn] *n* (*AVIAT*) avion *m*; (*tree*) platane *m*; (*tool*) rabot *m*; (*ART, MATH ETC*) plan *m* ♦ *adj* plan(e); plat(e) ♦ *vt* (*with tool*) raboter

planet ['plænɪt] *n* planète *f*

plank [plæŋk] *n* planche *f*; (*POL*) point *m* d'un programme

planner ['plænə*] *n* planificateur/trice; (*chart*) planning *m*; **town** or (*us*) **city planner** urbaniste *m/f*

planning ['plænɪŋ] *n* planification *f*; **family planning** planning familial

planning permission *n* (*BRIT*) permis *m* de construire

plant [plɑ:nt] *n* plante *f*; (*machinery*) matériel *m*; (*factory*) usine *f* ♦ *vt* (*plant*); (*bomb*) déposer, poser

plaster ['plɑ:stə*] *n* plâtre *m*; (*BRIT: also: sticking plaster*) pansement adhésif ♦ *vt* plâtrer; (*cover*): **to plaster with** couvrir de; **in plaster** (*BRIT: leg etc*) dans le plâtre; **plaster of Paris** plâtre à mouler

plastered ['plɑ:stəd] *adj* (*col*) soûl(e)

plastic ['plæstɪk] *n* plastique *m* ♦ *adj* (*made of plastic*) en plastique; (*flexible*) plastique, malléable; (*art*) plastique

plastic bag *n* sac *m* en plastique

plasticine® ['plæstɪsi:n] *n* pâte *f* à modeler

plastic surgery *n* chirurgie *f* esthétique

plate [pleɪt] *n* (*dish*) assiette *f*; (*sheet of metal, on door, PHOT*) plaque *f*; (*TYP*) cliché *m*; (*in book*) gravure *f*; (*AUT: number plate*) plaque minéralogique; **gold/silver plate** (*dishes*) vaisselle *f* d'or/d'argent

plateau, *pl* **plateaus** or **plateaux** ['plætəu, -z] *n* plateau *m*

plate glass *n* verre *m* à vitre, vitre *f*

platform ['plætfɔ:m] *n* (*at meeting*) tribune *f*; (*BRIT: of bus*) plate-forme *f*; (*stage*) estrade *f*; (*RAIL*) quai *m*; **the train leaves from platform 7** le train part de la voie 7

platinum ['plætɪnəm] *n* platine *m*

platter ['plætə*] *n* plat *m*

plausible ['plɔ:zɪbl] *adj* plausible; (*person*) convaincant(e)

play [pleɪ] *n* jeu *m*; (*THEAT*) pièce *f* (de théâtre) ♦ *vt* (*game*) jouer à; (*team, opponent*) jouer contre; (*instrument*) jouer de; (*part, piece of music, note*) jouer ♦ *vi* jouer; **to bring** or **call into play** faire entrer en jeu; **play on words** jeu de mots; **to play a trick on sb** jouer un tour à qn; **they're playing at soldiers** ils jouent aux soldats; **to play for time** (*fig*) chercher à gagner du temps; **to play into sb's hands** (*fig*) faire le jeu de qn

▶ **play about, play around** *vi* (*person*) s'amuser

▶ **play along** *vi* (*fig*): **to play along with** (*person*) entrer dans le jeu de ♦ *vt* (*fig*): **to play sb along** faire marcher qn

▶ **play back** *vt* repasser, réécouter

▶ **play down** vt minimiser

▶ **play on** vt fus (sb's feelings, credulity) jouer sur; **to play on sb's nerves** porter sur les nerfs de qn

▶ **play up** vi (cause trouble) faire des siennes

playboy ['pleɪbɔɪ] n playboy m

player ['pleɪə*] n joueur/euse; (THEAT) acteur/trice; (MUS) musicien/ne

playful ['pleɪful] adj enjoué(e)

playground ['pleɪgraund] n cour f de récréation

playgroup ['pleɪgruːp] n garderie f

playing card ['pleɪɪŋ-] n carte f à jouer

playing field ['pleɪɪŋ-] n terrain m de sport

playmate ['pleɪmeɪt] n camarade m/f, copain/copine

play-off ['pleɪɔf] n (SPORT) belle f

playpen ['pleɪpen] n parc m (pour bébé)

plaything ['pleɪθɪŋ] n jouet m

playtime ['pleɪtaɪm] n (SCOL) récréation f

playwright ['pleɪraɪt] n dramaturge m

plc abbr (BRIT) (= public limited company) SARL f

plea [pliː] n (request) appel m; (excuse) excuse f; (LAW) défense f

plead [pliːd] vt plaider; (give as excuse) invoquer ♦ vi (LAW) plaider; (beg): **to plead with sb (for sth)** implorer qn (d'accorder qch); **to plead for sth** implorer qch; **to plead guilty/not guilty** plaider coupable/non coupable

pleasant ['plɛznt] adj agréable

pleasantry ['plɛzntrɪ] n (joke) plaisanterie f; **pleasantries** npl (polite remarks) civilités fpl

please [pliːz] vt plaire à ♦ vi (think fit): **do as you please** faites comme il vous plaira; **please!** s'il te (or vous) plaît; **my bill, please** l'addition, s'il vous plaît; **please don't cry!** je t'en prie, ne pleure pas!; **please yourself!** (faites) comme vous voulez!

pleased [pliːzd] adj: **pleased (with)** content(e) (de); **pleased to meet you** enchanté (de faire votre connaissance); **we are pleased to inform you that ...** nous sommes heureux de vous annoncer que ...

pleasing ['pliːzɪŋ] adj plaisant(e), qui fait plaisir

pleasure ['plɛʒə*] n plaisir m; **"it's a pleasure"** "je vous en prie"; **with pleasure** avec plaisir; **is this trip for business or pleasure?** est-ce un voyage d'affaires ou d'agrément?

pleat [pliːt] n pli m

pledge [plɛdʒ] n gage m; (promise) promesse f ♦ vt engager; promettre; **to pledge support for sb** s'engager à soutenir qn; **to pledge sb to secrecy** faire promettre à qn de garder le secret

plentiful ['plɛntɪful] adj abondant(e), copieux(euse)

plenty ['plɛntɪ] n abondance f; **plenty of** beaucoup de; (sufficient) (bien) assez de; **we've got plenty of time** nous avons largement le temps

pliable ['plaɪəbl] adj flexible; (person) malléable

pliers ['plaɪəz] npl pinces fpl

plight [plaɪt] n situation f critique

plimsolls ['plɪmsəlz] npl (BRIT) (chaussures fpl) tennis fpl

plinth [plɪnθ] n socle m

PLO n abbr (= Palestine Liberation Organization) OLP f

plod [plɔd] vi avancer péniblement; (fig) peiner

plonk [plɔŋk] (col) n (BRIT: wine) pinard m, piquette f ♦ vt: **to plonk sth down** poser brusquement qch

plot [plɔt] n complot m, conspiration f; (of story, play) intrigue f; (of land) lot m de terrain, lopin m ♦ vt (mark out) pointer; relever; (conspire) comploter ♦ vi comploter; **a vegetable plot** (BRIT) un carré de légumes

plough, (US) **plow** [plaʊ] n charrue f ♦ vt (earth) labourer

▶ **plough back** vt (COMM) réinvestir

▶ **plough through** vt fus (snow etc) avancer péniblement dans

ploughman, (US) **plowman** ['plaʊmən] n laboureur m; **ploughman's lunch** (BRIT) repas sommaire de pain et de fromage

ploy [plɔɪ] n stratagème m

pluck [plʌk] vt (fruit) cueillir; (musical instrument) pincer; (bird) plumer ♦ n courage m, cran m; **to pluck one's eyebrows** s'épiler les sourcils; **to pluck up courage** prendre son courage à deux mains

plug [plʌg] n bouchon m, bonde f; (ELEC) prise f de courant; (AUT: also: **spark(ing) plug**) bougie f ♦ vt (hole) boucher; (col: advertise) faire du battage pour, matraquer; **to give sb/sth a plug** (col) faire de la pub pour qn/qch

▶ **plug in** (ELEC) vt brancher ♦ vi se brancher

plum [plʌm] n (fruit) prune f ♦ adj: **plum job** (col) travail m en or

plumb [plʌm] adj vertical(e) ♦ n plomb m ♦ adv (exactly) en plein ♦ vt sonder

▶ **plumb in** vt (washing machine) faire le raccordement dans

plumber ['plʌmə*] n plombier m

plumbing ['plʌmɪŋ] n (trade) plomberie f; (piping) tuyauterie f

plummet ['plʌmɪt] vi plonger, dégringoler

plump [plʌmp] adj rondelet(te), dodu(e), bien en chair ♦ vt: **to plump sth (down) on** laisser tomber qch lourdement sur

▶ **plump for** vt fus (col: choose) se décider pour

▶ **plump up** vt (cushion) battre (pour lui redonner forme)

plunder ['plʌndə*] n pillage m ♦ vt piller

plunge [plʌndʒ] n plongeon m ♦ vt plonger ♦ vi (fall) tomber, dégringoler; **to take the plunge** se jeter à l'eau

plunging ['plʌndʒɪŋ] adj (neckline) plongeant(e)

pluperfect [pluːˈpəːfɪkt] n plus-que-parfait m

plural ['pluərl] *adj* pluriel(le) ♦ *n* pluriel *m*

plus [plʌs] *n* (*also:* **plus sign**) signe *m* plus ♦ *prep* plus; **ten/twenty plus** plus de dix/vingt; **it's a plus** c'est un atout

plush [plʌʃ] *adj* somptueux(euse) ♦ *n* peluche *f*

ply [plai] *n* (*of wool*) fil *m*; (*of wood*) feuille *f*, épaisseur *f* ♦ *vt* (*tool*) manier; (*a trade*) exercer ♦ *vi* (*ship*) faire la navette; **three ply (wool)** *n* laine *f* trois fils; **to ply sb with drink** donner continuellement à boire à qn

plywood ['plaiwud] *n* contreplaqué *m*

PM *n abbr* (*BRIT*) = **prime minister**

p.m. *adv abbr* (= *post meridiem*) de l'après-midi

PMS *n abbr* (= *premenstrual syndrome*) syndrome prémenstruel

pneumatic [nju:'mætɪk] *adj* pneumatique; **pneumatic drill** marteau-piqueur *m*

pneumonia [nju:'məunɪə] *n* pneumonie *f*

poach [pəutʃ] *vt* (*cook*) pocher; (*steal*) pêcher (or chasser) sans permis ♦ *vi* braconner

poached egg [pəutʃt-] *n* œuf poché

poacher ['pəutʃə*] *n* braconnier *m*

PO box *n abbr* = **post office box**

pocket ['pɔkɪt] *n* poche *f* ♦ *vt* empocher; **to be (£5) out of pocket** (*BRIT*) en être de sa poche (pour 5 livres)

pocketbook ['pɔkɪtbuk] *n* (*wallet*) portefeuille *m*; (*notebook*) carnet *m*; (*us: handbag*) sac *m* à main

pocket calculator *n* calculette *f*

pocket knife *n* canif *m*

pocket money *n* argent *m* de poche

pod [pɔd] *n* cosse *f* ♦ *vt* écosser

podgy ['pɔdʒɪ] *adj* rondelet(te)

podiatrist [pɔ'di:ətrɪst] *n* (*us*) pédicure *m/f*

poem ['pəuɪm] *n* poème *m*

poet ['pəuɪt] *n* poète *m*

poetic [pəu'etɪk] *adj* poétique

poetry ['pəuɪtrɪ] *n* poésie *f*

poignant ['pɔɪnjənt] *adj* poignant(e); (*sharp*) vif(vive)

point [pɔɪnt] *n* (*tip*) pointe *f*; (*in time*) moment *m*; (*in space*) endroit *m*; (*GEOM, SCOL, SPORT, on scale*) point *m*; (*subject, idea*) point, sujet *m*; (*also:* **decimal point**): **2 point 3 (2.3)** 2 virgule 3 (2,3); (*BRIT ELEC: also:* **power point**) prise *f* (de courant) ♦ *vt* (*show*) indiquer; (*wall, window*) jointoyer; (*gun etc*): **to point sth at** braquer or diriger qch sur ♦ *vi* montrer du doigt; **to point at** montrer du doigt; (*fig*) signaler; **points** *npl* (*AUT*) vis platinées (*f*); (*RAIL*) aiguillage *m*; **good points** qualités *fpl*; **the train stops at Carlisle and all points south** le train dessert Carlisle et toutes les gares vers le sud; **to make a point** faire une remarque; **to make a point of doing sth** ne pas manquer de faire qch; **to make one's point** se faire comprendre; **to get the point** comprendre, saisir; **to come to the point** en venir au fait; **when it comes to the point** le moment venu; **there's no point (in doing)** cela ne sert à rien (de faire); **to be on the point of doing sth** être sur le point de faire qch; **that's the whole point!** précisément!; **to be beside the point** être à côté de la question; **you've got a point there!** (c'est juste!; **in point of fact** en fait, en réalité; **point of departure** (*also fig*) point de départ; **point of order** point de procédure; **point of sale** (*COMM*) point de vente; **point of view** point de vue

▶ **point out** *vt* faire remarquer, souligner

point-blank ['pɔɪnt'blæŋk] *adv* (*also:* **at point-blank range**) à bout portant ♦ *adj* (*fig*) catégorique

pointed ['pɔɪntɪd] *adj* (*shape*) pointu(e); (*remark*) plein(e) de sous-entendus

pointer ['pɔɪntə*] *n* (*stick*) baguette *f*; (*needle*) aiguille *f*; (*dog*) chien *m* d'arrêt; (*clue*) indication *f*; (*advice*) tuyau *m*

pointless ['pɔɪntlɪs] *adj* inutile, vain(e)

poise [pɔɪz] *n* (*balance*) équilibre *m*; (*of head, body*) port *m*; (*calmness*) calme *m* ♦ *vt* placer en équilibre; **to be poised for** (*fig*) être prêt à

poison ['pɔɪzn] *n* poison *m* ♦ *vt* empoisonner

poisonous ['pɔɪznəs] *adj* (*snake*) venimeux(euse); (*substance etc*) vénéneux(euse); (*fumes*) toxique; (*fig*) pernicieux(euse)

poke [pəuk] *vt* (*fire*) tisonner; (*jab with finger, stick etc*) piquer; pousser du doigt; (*put*): **to poke sth into** fourrer or enfoncer qch dans ♦ *n* (*jab*) (petit) coup; (*to fire*) coup *m* de tisonnier; **to poke one's head out of the window** passer la tête par la fenêtre; **to poke fun at sb** se moquer de qn

▶ **poke about** *vi* fureter

poker ['pəukə*] *n* tisonnier *m*; (*CARDS*) poker *m*

poky ['pəukɪ] *adj* exigu(ë)

Poland ['pəulənd] *n* Pologne *f*

polar ['pəulə*] *adj* polaire

polar bear *n* ours blanc

Pole [pəul] *n* Polonais(e)

pole [pəul] *n* (*of wood*) mât *m*, perche *f*; (*ELEC*) poteau *m*; (*GEO*) pôle *m*

pole bean *n* (*us*) haricot *m* (à rames)

pole vault ['pəulvɔ:lt] *n* saut *m* à la perche

police [pə'li:s] *npl* police *f* ♦ *vt* maintenir l'ordre dans; **a large number of police were hurt** de nombreux policiers ont été blessés

police car *n* voiture *f* de police

policeman [pə'li:smən] *n* agent *m* de police, policier *m*

police station *n* commissariat *m* de police

policewoman [pə'li:swumən] *n* femme-agent *f*

policy ['pɔlɪsɪ] *n* politique *f*; (*also:* **insurance policy**) police *f* (d'assurance); (*of newspaper, company*) politique générale; **to take out a policy** (*INSURANCE*) souscrire une police d'assurance

polio ['pəulɪəu] *n* polio *f*

Polish ['pəulɪʃ] *adj* polonais(e) ♦ *n* (*LING*) polonais *m*

polish ['pɒlɪʃ] n (for shoes) cirage m; (for floor) cire f, encaustique f; (for nails) vernis m; (shine) éclat m, poli m; (fig: refinement) raffinement m ♦ vt (put polish on: shoes, wood) cirer; (make shiny) astiquer, faire briller; (fig: improve) perfectionner

► **polish off** vt (work) expédier; (food) liquider

polished ['pɒlɪʃt] adj (fig) raffiné(e)

polite [pə'laɪt] adj poli(e); **it's not polite to do that** ça ne se fait pas

politely [pə'laɪtlɪ] adv poliment

politeness [pə'laɪtnɪs] n politesse f

political [pə'lɪtɪkl] adj politique

politically correct (PC) adj politiquement correct(e)

politician [pɒlɪ'tɪʃən] n homme/femme politique, politicien/ne

politics ['pɒlɪtɪks] n politique f

poll [pəul] n scrutin m, vote m; (also: **opinion poll**) sondage m (d'opinion) ♦ vt obtenir; **to go to the polls** (voters) aller aux urnes; (government) tenir des élections

pollen ['pɒlən] n pollen m

polling day n (BRIT) jour m des élections

polling station n (BRIT) bureau m de vote

pollute [pə'lu:t] vt polluer

pollution [pə'lu:ʃən] n pollution f

polo ['pəuləu] n polo m

poloneck ['pəuləunek] n col roulé ♦ adj **poloneck(ed)** à col roulé

polo shirt n polo m

polyester [pɒlɪ'estə*] n polyester m

polystyrene [pɒlɪ'staɪri:n] n polystyrène m

polythene ['pɒlɪθi:n] n polyéthylène m

polythene bag n sac m en plastique

pomegranate ['pɒmɪgrænɪt] n grenade f

pomp [pɒmp] n pompe f, faste m, apparat m

pompous ['pɒmpəs] adj pompeux(euse)

pond [pɒnd] n étang m; (stagnant) mare f

ponder ['pɒndə*] vi réfléchir ♦ vt considérer, peser

ponderous ['pɒndərəs] adj pesant(e), lourd(e)

pong [pɒŋ] (BRIT col) n puanteur f ♦ vi schlinguer

pony ['pəunɪ] n poney m

ponytail ['pəunɪteɪl] n queue f de cheval

pony trekking [-trekɪŋ] n (BRIT) randonnée f équestre or à cheval

poodle ['pu:dl] n caniche m

pool [pu:l] n (of rain) flaque f; (pond) mare f; (artificial) bassin m; (also: **swimming pool**) piscine f; (sth shared) fonds commun; (money at cards) cagnotte f; (billiards) poule f; (COMM: consortium) pool m; (US: monopoly trust) trust m ♦ vt mettre en commun; **typing pool**, (US) **secretary pool** pool m dactylographique; **to do the (football) pools** (BRIT) ≈ jouer au loto sportif; see also **football pools**

poor [puə*] adj pauvre; (mediocre) médiocre, faible, mauvais(e) ♦ npl: **the poor** les pauvres mpl

poorly ['puəlɪ] adv pauvrement; médiocrement ♦ adj souffrant(e), malade

pop [pɒp] n (noise) bruit sec; (MUS) musique f pop; (col: drink) soda m; (US col: father) papa m ♦ vt (put) fourrer, mettre (rapidement) ♦ vi éclater; (cork) sauter; **she popped her head out of the window** elle passa la tête par la fenêtre

► **pop in** vi entrer en passant

► **pop out** vi sortir

► **pop up** vi apparaître, surgir

popcorn ['pɒpkɔ:n] n pop-corn m

pope [pəup] n pape m

poplar ['pɒplə*] n peuplier m

popper ['pɒpə*] n (BRIT) bouton-pression m

poppy ['pɒpɪ] n coquelicot m; pavot m

Popsicle® ['pɒpsɪkl] n (US) esquimau m (glace)

popular ['pɒpjulə*] adj populaire; (fashionable) à la mode; **to be popular (with)** (person) avoir du succès (auprès de); (decision) être bien accueilli(e) (par)

population [pɒpju'leɪʃən] n population f

porcelain ['pɔ:slɪn] n porcelaine f

porch [pɔ:tʃ] n porche m

porcupine ['pɔ:kjupaɪn] n porc-épic m

pore [pɔ:*] n pore m ♦ vi: **to pore over** s'absorber dans, être plongé(e) dans

pork [pɔ:k] n porc m

porn [pɔ:n] adj, n (col) porno m

pornographic [pɔ:nə'græfɪk] adj pornographique

pornography [pɔ:'nɔgrəfɪ] n pornographie f

porpoise ['pɔ:pəs] n marsouin m

porridge ['pɒrɪdʒ] n porridge m

port [pɔ:t] n (harbour) port m; (opening in ship) sabord m; (NAUT: left side) bâbord m; (wine) porto m; (COMPUT) port m, accès m ♦ cpd portuaire, du port; **to port** (NAUT) à bâbord; **port of call** (port d')escale f

portable ['pɔ:təbl] adj portatif(ive)

porter ['pɔ:tə*] n (for luggage) porteur m; (doorkeeper) gardien/ne; portier m

portfolio [pɔ:t'fəulɪəu] n portefeuille m; (of artist) portfolio m

porthole ['pɔ:thəul] n hublot m

portion ['pɔ:ʃən] n portion f, part f

portrait ['pɔ:treɪt] n portrait m

portray [pɔ:'treɪ] vt faire le portrait de; (in writing) dépeindre, représenter

Portugal ['pɔ:tjugl] n Portugal m

Portuguese [pɔ:tju'gi:z] adj portugais(e) ♦ n (pl inv) Portugais/e; (LING) portugais m

pose [pəuz] n pose f; (pej) affectation f ♦ vi poser; (pretend): **to pose as** se poser en ♦ vt poser, créer; **to strike a pose** poser (pour la galerie)

posh [pɔʃ] *adj* (*col*) chic *inv*; **to talk posh** parler d'une manière affectée

position [pə'zɪʃən] *n* position *f*; (*job*) situation *f* ♦ *vt* mettre en place or en position; **to be in a position to do sth** être en mesure de faire qch

positive ['pɔzɪtɪv] *adj* positif(ive); (*certain*) sûr(e), certain(e); (*definite*) formel(le), catégorique; (*clear*) indéniable, réel(le)

possess [pə'zɛs] *vt* posséder; **like one possessed** comme un fou; **whatever can have possessed you?** qu'est-ce qui vous a pris?

possession [pə'zɛʃən] *n* possession *f*; **to take possession of sth** prendre possession de qch

possibility [pɔsɪ'bɪlɪtɪ] *n* possibilité *f*; éventualité *f*; **he's a possibility for the part** c'est un candidat possible pour le rôle

possible ['pɔsɪbl] *adj* possible; (*solution*) envisageable, éventuel(le); **it is possible to do it** il est possible de le faire; **as far as possible** dans la mesure du possible, autant que possible; **if possible** si possible; **as big as possible** aussi gros que possible

possibly ['pɔsɪblɪ] *adv* (*perhaps*) peut-être; **if you possibly can** si cela vous est possible; **I cannot possibly come** il m'est impossible de venir

post [pəust] *n* (*BRIT: mail*) poste *f*; (*: collection*) levée *f*; (*: letters, delivery*) courrier *m*; (*job, situation*) poste *m*; (*pole*) poteau *m*; (*trading post*) comptoir (commercial) ♦ *vt* (*BRIT: send by post, MIL*) poster; (*BRIT: appoint*): **to post to** affecter à; (*notice*) afficher; **by post** (*BRIT*) par la poste; **by return of post** (*BRIT*) par retour du courrier; **to keep sb posted** tenir qn au courant

postage ['pəustɪdʒ] *n* affranchissement *m*; **postage paid** port payé; **postage prepaid** (*US*) franco (de port)

postal order *n* mandat(-poste *m*) *m*

postbox ['pəustbɔks] *n* (*BRIT*) boîte *f* aux lettres (*publique*)

postcard ['pəustkɑːd] *n* carte postale

postcode ['pəustkəud] *n* (*BRIT*) code postal

poster ['pəustə*] *n* affiche *f*

poste restante [pəust'rɛstɑ̃ːnt] *n* (*BRIT*) poste restante

postgraduate ['pəust'grædjuət] *n* ≃ étudiant/e de troisième cycle

posthumous ['pɔstjuməs] *adj* posthume

postman ['pəustmən] *n* facteur *m*

postmark ['pəustmɑːk] *n* cachet *m* (de la poste)

postmortem [pəust'mɔːtəm] *n* autopsie *f*

post office *n* (*building*) poste *f*; (*organization*) postes *fpl*

post office box (PO box) *n* boîte postale (B.P.)

postpone [pəs'pəun] *vt* remettre (à plus tard), reculer

posture ['pɔstʃə*] *n* posture *f*, attitude *f* ♦ *vi* poser

postwar [pəust'wɔː*] *adj* d'après-guerre

postwoman [pəust'wumən] *n* factrice *f*

posy ['pəuzɪ] *n* petit bouquet

pot [pɔt] *n* (*for cooking*) marmite *f*; casserole *f*; (*for plants, jam*) pot *m*; (*piece of pottery*) poterie *f*; (*col: marijuana*) herbe *f* ♦ *vt* (*plant*) mettre en pot; **to go to pot** aller à vau-l'eau; **pots of** (*BRIT col*) beaucoup de, plein de

potato, *pl* **potatoes** [pə'teɪtəu] *n* pomme *f* de terre

potato peeler *n* épluche-légumes *m*

potent ['pəutnt] *adj* puissant(e); (*drink*) fort(e), très alcoolisé(e)

potential [pə'tɛnʃl] *adj* potentiel(le) ♦ *n* potentiel *m*; **to have potential** être prometteur(euse); ouvrir des possibilités

pothole ['pɔthəul] *n* (*in road*) nid *m* de poule; (*BRIT: underground*) gouffre *m*, caverne *f*

potholing ['pɔthəulɪŋ] *n* (*BRIT*): **to go potholing** faire de la spéléologie

potluck [pɔt'lʌk] *n*: **to take potluck** tenter sa chance

pot plant *n* plante *f* d'appartement

potted ['pɔtɪd] *adj* (*food*) en conserve; (*plant*) en pot; (*fig: shortened*) abrégé(e)

potter ['pɔtə*] *n* potier *m* ♦ *vi* (*BRIT*): **to potter around, potter about** bricoler; **potter's wheel** tour *m* de potier

pottery ['pɔtərɪ] *n* poterie *f*; **a piece of pottery** une poterie

potty ['pɔtɪ] *adj* (*BRIT col: mad*) dingue ♦ *n* (*child's*) pot *m*

pouch [pautʃ] *n* (*ZOOL*) poche *f*; (*for tobacco*) blague *f*

poultry ['pəultrɪ] *n* volaille *f*

pounce [pauns] *vi*: **to pounce (on)** bondir (sur), fondre (sur) ♦ *n* bond *m*, attaque *f*

pound [paund] *n* livre *f* (*weight* = 453g, 16 ounces; *money* = 100 pence); (*for dogs, cars*) fourrière *f* ♦ *vt* (*beat*) bourrer de coups, marteler; (*crush*) piler, pulvériser; (*with guns*) pilonner ♦ *vi* (*beat*) battre violemment, taper; **half a pound (of)** une demi-livre (de); **a five-pound note** un billet de cinq livres

pour [pɔː*] *vt* verser ♦ *vi* couler à flots; (*rain*) pleuvoir à verse; **to come pouring in** (*water*) entrer à flots; (*letters*) arriver par milliers; (*cars, people*) affluer

▶ **pour away, pour off** *vt* vider

▶ **pour in** *vi* (*people*) affluer, se précipiter

▶ **pour out** *vi* (*people*) sortir en masse ♦ *vt* vider; déverser; (*serve: a drink*) verser

pouring ['pɔːrɪŋ] *adj*: **pouring rain** pluie torrentielle

pout [paut] *n* moue *f* ♦ *vi* faire la moue

poverty ['pɔvətɪ] *n* pauvreté *f*, misère *f*

poverty-stricken ['pɔvətɪstrɪkn] *adj* pauvre, déshérité(e)

powder ['paudə*] *n* poudre *f* ♦ *vt* poudrer; **to powder one's nose** se poudrer; *(euphemism)* aller à la salle de bain; **powdered milk** lait *m* en poudre

powder compact *n* poudrier *m*

powder room *n* toilettes *fpl* (pour dames)

power ['pauə*] *n* (*strength*) puissance *f*, force *f*; (*ability*, POL: *of party, leader*) pouvoir *m*; (MATH) puissance; (*of speech, thought*) faculté *f*; (ELEC) courant *m* ♦ *vt* faire marcher, actionner; **to do all in one's power to help sb** faire tout ce qui est en son pouvoir pour aider qn; **the world powers** les grandes puissances; **to be in power** être au pouvoir

power cut *n* (BRIT) coupure *f* de courant

powered ['pauəd] *adj*: **powered by** actionné(e) par, fonctionnant à; **nuclear-powered submarine** sous-marin *m* (à propulsion) nucléaire

power failure *n* panne *f* de courant

powerful ['pauəful] *adj* puissant(e)

powerless ['pauəlıs] *adj* impuissant(e)

power point *n* (BRIT) prise *f* de courant

power station *n* centrale *f* électrique

power struggle *n* lutte *f* pour le pouvoir

pp *abbr* (= *per procurationem: by proxy*) p.p.

PR *n* *abbr* = **proportional representation**, **public relations** ♦ *abbr* (US) = **Puerto Rico**

practical ['præktɪkl] *adj* pratique

practicality [præktɪ'kælɪtɪ] *n* (*of plan*) aspect *m* pratique; (*of person*) sens *m* pratique; **practicalities** *npl* détails *mpl* pratiques

practical joke *n* farce *f*

practically ['præktɪklɪ] *adv* (*almost*) pratiquement

practice ['præktɪs] *n* pratique *f*; (*of profession*) exercice *m*; (*at football etc*) entraînement *m*; (*business*) cabinet *m*; clientèle *f* ♦ *vt*, *vi* (US) = **practise**; **in practice** (*in reality*) en pratique; **out of practice** rouillé(e); **2 hours' piano practice** 2 heures de travail *or* d'exercices au piano; **target practice** exercices de tir; **it's common practice** c'est courant, ça se fait couramment; **to put sth into practice** mettre qch en pratique

practise, (US) **practice** ['præktɪs] *vt* (*work at: piano, one's backhand etc*) s'exercer à, travailler; (*train for: skiing, running etc*) s'entraîner à; (*a sport, religion, method*) pratiquer; (*profession*) exercer ♦ *vi* s'exercer, travailler; (*train*) s'entraîner; **to practise for a match** s'entraîner pour un match

practising, (US) **practicing** ['præktɪsɪŋ] *adj* (*Christian etc*) pratiquant(e); (*lawyer*) en exercice; (*homosexual*) déclaré

practitioner [præk'tɪʃənə*] *n* praticien/ne

prairie ['prɛərɪ] *n* savane *f*; (US): **the prairies** la Prairie

praise [preɪz] *n* éloge(s) *m*(*pl*), louange(s) *f*(*pl*) ♦ *vt* louer, faire l'éloge de

praiseworthy ['preɪzwə:ðɪ] *adj* digne de louanges

pram [præm] *n* (BRIT) landau *m*, voiture *f* d'enfant

prance [prɑ:ns] *vi* (*horse*) caracoler

prank [præŋk] *n* farce *f*

prawn [prɔ:n] *n* crevette *f* (rose)

prawn cocktail *n* cocktail *m* de crevettes

pray [preɪ] *vi* prier

prayer [prɛə*] *n* prière *f*

preach [pri:tʃ] *vt*, *vi* prêcher; **to preach at sb** faire la morale à qn

precaution [prɪ'kɔ:ʃən] *n* précaution *f*

precede [prɪ'si:d] *vt*, *vi* précéder

precedent ['presɪdənt] *n* précédent *m*; **to establish** *or* **set a precedent** créer un précédent

preceding [prɪ'si:dɪŋ] *adj* qui précède (*or* précédait)

precinct ['pri:sɪŋkt] *n* (*round cathedral*) pourtour *m*, enceinte *f*; (US: *district*) circonscription *f*, arrondissement *m*; **precincts** *npl* (*neighbourhood*) alentours *mpl*, environs *mpl*; **pedestrian precinct** zone piétonne; **shopping precinct** (BRIT) centre commercial

precious ['preʃəs] *adj* précieux(euse) ♦ *adv* (col): **precious little** *or* **few** fort peu; **your precious dog** (*ironic*) ton chien chéri, ton chéri chien

precipitate *adj* [prɪ'sɪpɪtɪt] (*hasty*) précipité(e) ♦ *vt* [prɪ'sɪpɪteɪt] précipiter

precise [prɪ'saɪs] *adj* précis(e)

precisely [prɪ'saɪslɪ] *adv* précisément

precocious [prɪ'kəuʃəs] *adj* précoce

precondition ['pri:kən'dɪʃən] *n* condition *f* nécessaire

predecessor ['pri:dɪsesə*] *n* prédécesseur *m*

predicament [prɪ'dɪkəmənt] *n* situation *f* difficile

predict [prɪ'dɪkt] *vt* prédire

predictable [prɪ'dɪktəbl] *adj* prévisible

predominantly [prɪ'dɔmɪnəntlɪ] *adv* en majeure partie; surtout

pre-empt [pri:'emt] *vt* (BRIT) acquérir par droit de préemption; (*fig*) anticiper sur; **to pre-empt the issue** conclure avant même d'ouvrir les débats

preen [pri:n] *vt*: **to preen itself** (*bird*) se lisser les plumes; **to preen o.s.** s'admirer

prefab ['pri:fæb] *n* *abbr* (= *prefabricated building*) bâtiment préfabriqué

preface ['prefəs] *n* préface *f*

prefect ['pri:fekt] *n* (BRIT: *in school*) élève chargé de certaines fonctions de discipline (*in France*) préfet *m*

prefer [prɪ'fə:*] *vt* préférer; (LAW): **to prefer charges** procéder à une inculpation; **to prefer coffee to tea** préférer le café au thé

preferably ['prefrəblɪ] *adv* de préférence

preference ['prefrəns] *n* préférence *f*; **in preference to sth** plutôt que qch, de préférence à qch

preferential [prefə'renʃəl] *adj* préférentiel(le); **preferential treatment** traitement *m* de faveur

prefix ['pri:fɪks] *n* préfixe *m*

pregnancy ['prɛgnənsɪ] n grossesse f
pregnant ['prɛgnənt] adj enceinte adj f; **3 months pregnant** enceinte de 3 mois
prehistoric ['priːhɪsˈtɔrɪk] adj préhistorique
prejudice ['prɛdʒudɪs] n préjugé m; (harm) tort m, préjudice m ♦ vt porter préjudice à; (bias): **to prejudice sb in favour of/against** prévenir qn en faveur de/contre; **racial prejudice** préjugés raciaux
prejudiced ['prɛdʒudɪst] adj (person) plein(e) de préjugés; (view) préconçu(e), partial(e); **to be prejudiced against sb/sth** avoir un parti-pris contre qn/qch; **to be racially prejudiced** avoir des préjugés raciaux
premarital ['priːˈmærɪtl] adj avant le mariage; **premarital contract** contrat m de mariage
premature ['prɛmətʃuə*] adj prématuré(e); **to be premature (in doing sth)** aller un peu (trop) vite (en faisant qch)
premier ['prɛmɪə*] adj premier(ière), principal(e) ♦ n (POL: Prime Minister) premier ministre; (POL: President) chef m de l'État
premiere ['prɛmɪɛə*] n première f
Premier League n première division
premise ['prɛmɪs] n prémisse f
premium ['priːmɪəm] n prime f; **to be at a premium** (fig: housing etc) être très demandé(e), être rarissime; **to sell at a premium** (shares) vendre au-dessus du pair
premium bond n (BRIT) obligation f à prime, bon m à lots
premonition [prɛməˈnɪʃən] n prémonition f
preoccupied [priːˈɔkjupaɪd] adj préoccupé(e)
prep [prɛp] adj abbr: **prep school = preparatory school** ♦ n abbr (SCOL: = preparation) étude f
prepaid [priːˈpeɪd] adj payé(e) d'avance
preparation [prɛpəˈreɪʃən] n préparation f; **preparations** (for trip, war) préparatifs mpl; **in preparation for** en vue de
preparatory [prɪˈpærətərɪ] adj préparatoire; **preparatory to sth/to doing sth** en prévision de qch/avant de faire qch
preparatory school n école primaire privée; (US) lycée privé; voir encadré

PREPARATORY SCHOOL

En Grande-Bretagne, une **preparatory school** – ou, plus familièrement, une **prep school** – est une école payante qui prépare les enfants de 7 à 13 ans aux "public schools".

prepare [prɪˈpɛə*] vt préparer ♦ vi: **to prepare for** se préparer à
preposition [prɛpəˈzɪʃən] n préposition f
preposterous [prɪˈpɔstərəs] adj ridicule, absurde
prep school n = **preparatory school**

prerequisite [priːˈrɛkwɪzɪt] n condition f préalable
presbyterian [prɛzbɪˈtɪərɪən] adj, n presbytérien/ne
prescribe [prɪˈskraɪb] vt prescrire; **prescribed books** (BRIT SCOL) œuvres fpl au programme
prescription [prɪˈskrɪpʃən] n prescription f; (MED) ordonnance f; **to make up** or (US) **fill a prescription** faire une ordonnance; **"only available on prescription"** "uniquement sur ordonnance"
presence ['prɛzns] n présence f; **presence of mind** présence d'esprit
present ['prɛznt] adj présent(e) ♦ n cadeau m; (also: **present tense**) présent m ♦ vt [prɪˈzɛnt] présenter; (give): **to present sb with sth** offrir qch à qn; **to be present at** assister à; **those present** les présents; **at present** en ce moment; **to give sb a present** offrir un cadeau à qn; **to present sth (to sb)** présenter qn (à qn)
presentation [prɛznˈteɪʃən] n présentation f; (gift) cadeau m, présent m; (ceremony) remise f du cadeau; **on presentation of** (voucher etc) sur présentation de
present-day ['prɛzntdeɪ] adj contemporain(e), actuel(le)
presenter [prɪˈzɛntə*] n (BRIT RADIO, TV) présentateur/trice
presently ['prɛzntlɪ] adv (soon) tout à l'heure, bientôt; (at present) en ce moment; (US: now) maintenant
preservative [prɪˈzəːvətɪv] n agent m de conservation
preserve [prɪˈzəːv] vt (keep safe) préserver, protéger; (maintain) conserver, garder; (food) mettre en conserve ♦ n (for game, fish) réserve f; (often pl: jam) confiture f; (: fruit) fruits mpl en conserve
president ['prɛzɪdənt] n président/e; (US: of company) président-directeur général, PDG m
presidential [prɛzɪˈdɛnʃl] adj présidentiel(le)
press [prɛs] n (tool, machine, newspapers) presse f; (for wine) pressoir m; (crowd) cohue f, foule f ♦ vt (push) appuyer sur; (squeeze) presser, serrer; (clothes: iron) repasser; (pursue) talonner; (insist): **to press sth on sb** presser qn d'accepter qch; (urge, entreat): **to press sb to do** or **into doing sth** pousser qn à faire qch ♦ vi appuyer, peser; se presser; **we are pressed for time** le temps nous manque; **to press for sth** faire pression pour obtenir qch; **to press sb for an answer** presser qn de répondre; **to press charges against sb** (LAW) engager des poursuites contre qn; **to go to press** (newspaper) aller à l'impression; **to be in the press** (being printed) être sous presse; (in the newspapers) être dans le journal
▶ **press ahead** vi = **press on**
▶ **press on** vi continuer
press conference n conférence f de presse
pressing ['prɛsɪŋ] adj urgent(e), pressant(e) ♦ n repassage m

press stud n (BRIT) bouton-pression m

press-up ['presʌp] n (BRIT) traction f

pressure ['prefə*] n pression f; (stress) tension f
♦ vt = to put pressure on: to put pressure on sb
(to do sth) faire pression sur qn (pour qu'il fasse
qch)

pressure cooker n cocotte-minute f

pressure gauge n manomètre m

pressure group n groupe m de pression

prestige [pres'tiːʒ] n prestige m

prestigious [pres'tɪdʒəs] adj prestigieux(euse)

presumably [prɪ'zjuːməblɪ] adv vraisemblablement; **presumably he did it** c'est sans doute lui
(qui a fait cela)

presume [prɪ'zjuːm] vt présumer, supposer; **to
presume to do** (dare) se permettre de faire

pretence, (US) **pretense** [prɪ'tens] n (claim) prétention f; (pretext) prétexte m; **she is devoid of all
pretence** elle n'est pas du tout prétentieuse; **to
make a pretence of doing** faire semblant de faire;
on or **under the pretence of doing sth** sous prétexte de faire qch

pretend [prɪ'tend] vt (feign) feindre, simuler ♦ vi
(feign) faire semblant; (claim): **to pretend to sth**
prétendre à qch; **to pretend to do** faire semblant
de faire

pretext ['priːtekst] n prétexte m; **on** or **under the
pretext of doing sth** sous prétexte de faire qch

pretty ['prɪtɪ] adj joli(e) ♦ adv assez

prevail [prɪ'veɪl] vi (win) l'emporter, prévaloir; (be
usual) avoir cours; (persuade): **to prevail (up)on sb
to do** persuader qn de faire

prevailing [prɪ'veɪlɪŋ] adj dominant(e)

prevalent ['prevələnt] adj répandu(e), courant(e);
(fashion) en vogue

prevent [prɪ'vent] vt: **to prevent (from doing)**
empêcher (de faire)

preventative [prɪ'ventətɪv] adj préventif(ive)

preview ['priːvjuː] n (of film) avant-première f;
(fig) aperçu m

previous ['priːvɪəs] adj (last) précédent(e); (earlier) antérieur(e); (question, experience) préalable; **I
have a previous engagement** je suis déjà pris(e);
previous to doing avant de faire

previously ['priːvɪəslɪ] adv précédemment, auparavant

prewar [priː'wɔː*] adj d'avant-guerre

prey [preɪ] n proie f ♦ vi: **to prey on** s'attaquer à; **it
was preying on his mind** ça le rongeait or minait

price [praɪs] n prix m; (BETTING: odds) cote f ♦ vt
(goods) fixer le prix de; tarifer; **what is the price of
...?** combien coûte ...?, quel est le prix de ...?; **to
go up** or **rise in price** augmenter; **to put a price
on sth** chiffrer qch; **to be priced out of the market** (article) être trop cher pour soutenir la concurrence; (producer, nation) ne pas pouvoir soutenir la
concurrence; **what price his promises now?** (BRIT)

que valent maintenant toutes ses promesses?; **he
regained his freedom, but at a price** il a retrouvé
sa liberté, mais cela lui a coûté cher

priceless ['praɪslɪs] adj sans prix, inestimable; (col:
amusing) impayable

price list n tarif m

prick [prɪk] n piqûre f; (col!) bitte f (!); connard
m (!) ♦ vt piquer; **to prick up one's ears** dresser or
tendre l'oreille

prickle ['prɪkl] n (of plant) épine f; (sensation)
picotement m

prickly ['prɪklɪ] adj piquant(e), épineux(euse); (fig:
person) irritable

prickly heat n fièvre f miliaire

pride [praɪd] n (feeling proud) fierté f; (: pej)
orgueil m; (self-esteem) amour-propre m ♦ vt: **to
pride o.s. on** se flatter de; s'enorgueillir de; **to take
(a) pride in** être (très) fier(ère) de; **to take a pride
in doing** mettre sa fierté à faire; **to have pride of
place** (BRIT) avoir la place d'honneur

priest [priːst] n prêtre m

priesthood ['priːsthud] n prêtrise f, sacerdoce m

prim [prɪm] adj collet monté inv, guindé(e)

primarily ['praɪmərɪlɪ] adv principalement, essentiellement

primary ['praɪmərɪ] adj primaire; (first in importance) premier(ière), primordial(e) ♦ n (US: election)
(élection f) primaire f

primary school n (BRIT) école f primaire; voir
encadré

prime [praɪm] adj primordial(e), fondamental(e);
(excellent) excellent(e) ♦ vt (gun, pump) amorcer;
(fig) mettre au courant; **in the prime of life** dans la
fleur de l'âge

prime minister n Premier ministre

primeval [praɪ'miːvl] adj primitif(ive)

primitive ['prɪmɪtɪv] adj primitif(ive)

primrose ['prɪmrəuz] n primevère f

primus (stove)® ['praɪməs-] n (BRIT) réchaud m
de camping

prince [prɪns] n prince m

princess [prɪn'ses] n princesse f

principal ['prɪnsɪpl] adj principal(e) ♦ n (headmaster) directeur m, principal m; (in play) rôle principal; (money) principal m

principle ['prɪnsɪpl] n principe m; **in principle** en
principe; **on principle** par principe

print [prɪnt] *n* (*mark*) empreinte *f*; (*letters*) caractères *mpl*; (*fabric*) imprimé *m*; (*ART*) gravure *f*, estampe *f*; (*PHOT*) épreuve *f* ♦ *vt* imprimer; (*publish*) publier; (*write in capitals*) écrire en majuscules; **out of print** épuisé(e)

▶ **print out** *vt* (*COMPUT*) imprimer

printed matter ['prɪntɪd-] *n* imprimés *mpl*

printer ['prɪntə*] *n* imprimeur *m*; (*machine*) imprimante *f*

printing ['prɪntɪŋ] *n* impression *f*

print-out ['prɪntaʊt] *n* listing *m*

prior ['praɪə*] *adj* antérieur(e), précédent(e) ♦ *n* (*REL*) prieur *m*; **prior to doing** avant de faire; **without prior notice** sans préavis; **to have a prior claim to sth** avoir priorité pour qch

priority [praɪ'ɒrɪtɪ] *n* priorité *f*; **to have** or **take priority over sth/sb** avoir la priorité sur qch/qn

prise [praɪz] *vt*: **to prise open** forcer

prison ['prɪzn] *n* prison *f*

prisoner ['prɪznə*] *n* prisonnier/ière; **the prisoner at the bar** l'accusé/e; **to take sb prisoner** faire qn prisonnier; **prisoner of war** prisonnier de guerre

pristine ['prɪstiːn] *adj* virginal(e)

privacy ['prɪvəsɪ] *n* intimité *f*, solitude *f*

private ['praɪvɪt] *adj* (*not public*) privé(e); (*personal*) personnel(le); (*house, car, lesson*) particulier(ière) ♦ *n* soldat *m* de deuxième classe; **"private"** (*on envelope*) "personnelle"; **in private** en privé; **in (his) private life** dans sa vie privée; **he is a very private person** il est très secret; **to be in private practice** être médecin (*or* dentiste *etc*) non conventionné; **private hearing** (*LAW*) audience *f* à huis-clos

private detective *n* détective privé

private enterprise *n* entreprise privée

private property *n* propriété privée

privatize ['praɪvɪtaɪz] *vt* privatiser

privet ['prɪvɪt] *n* troène *m*

privilege ['prɪvɪlɪdʒ] *n* privilège *m*

privy ['prɪvɪ] *adj*: **to be privy to** être au courant de

prize [praɪz] *n* prix *m* ♦ *adj* (*example, idiot*) parfait(e); (*bull, novel*) primé(e) ♦ *vt* priser, faire grand cas de

prize-giving ['praɪzgɪvɪŋ] *n* distribution *f* des prix

prizewinner ['praɪzwɪnə*] *n* gagnant/e

pro [prəʊ] *n* (*SPORT*) professionnel/le; **the pros and cons** le pour et le contre

probability [prɒbə'bɪlɪtɪ] *n* probabilité *f*; **in all probability** très probablement

probable ['prɒbəbl] *adj* probable; **it is probable/ hardly probable that ...** il est probable/peu probable que ...

probably ['prɒbəblɪ] *adv* probablement

probation [prə'beɪʃən] *n* (*in employment*) (période *f* d')essai *m*; (*LAW*) liberté surveillée; (*REL*) noviciat

m, probation *f*; **on probation** (*employee*) à l'essai; (*LAW*) en liberté surveillée

probe [prəʊb] *n* (*MED, SPACE*) sonde *f*; (*enquiry*) enquête *f*, investigation *f* ♦ *vt* sonder, explorer

problem ['prɒbləm] *n* problème *m*; **to have problems with the car** avoir des ennuis avec la voiture; **what's the problem?** qu'y a-t-il?, quel est le problème?; **I had no problem in finding her** je n'ai pas eu de mal à la trouver; **no problem!** pas de problème!

procedure [prə'siːdʒə*] *n* (*ADMIN, LAW*) procédure *f*; (*method*) marche *f* à suivre, façon *f* de procéder

proceed [prə'siːd] *vi* (*go forward*) avancer; (*go about it*) procéder; (*continue*): **to proceed (with)** continuer, poursuivre; **to proceed to** aller à; passer à; **to proceed to do** se mettre à faire; **I am not sure how to proceed** je ne sais pas exactement comment m'y prendre; **to proceed against sb** (*LAW*) intenter des poursuites contre qn

proceedings [prə'siːdɪŋz] *npl* mesures *fpl*; (*LAW*) poursuites *fpl*; (*meeting*) réunion *f*, séance *f*; (*records*) compte rendu; actes *mpl*

proceeds ['prəʊsiːdz] *npl* produit *m*, recette *f*

process ['prəʊses] *n* processus *m*; (*method*) procédé *m* ♦ *vt* traiter ♦ *vi* [prə'ses] (*BRIT formal: go in procession*) défiler; **in process** en cours; **we are in the process of doing** nous sommes en train de faire

processing ['prəʊsesɪŋ] *n* traitement *m*

procession [prə'seʃən] *n* défilé *m*, cortège *m*; **funeral procession** cortège funèbre, convoi *m* mortuaire

proclaim [prə'kleɪm] *vt* déclarer, proclamer

procrastinate [prəʊ'kræstɪneɪt] *vi* faire traîner les choses, vouloir tout remettre au lendemain

procure [prə'kjʊə*] *vt* (*for o.s.*) se procurer; (*for sb*) procurer

prod [prɒd] *vt* pousser ♦ *n* (*push, jab*) petit coup, poussée *f*

prodigal ['prɒdɪgl] *adj* prodigue

prodigy ['prɒdɪdʒɪ] *n* prodige *m*

produce *n* ['prɒdjuːs]; (*AGR*) produits *mpl* ♦ *vt* [prə'djuːs] produire; (*show*) présenter; (*cause*) provoquer, causer; (*THEAT*) monter, mettre en scène

producer [prə'djuːsə*] *n* (*THEAT*) metteur *m* en scène; (*AGR, CINE, CINE*) producteur *m*

product ['prɒdʌkt] *n* produit *m*

production [prə'dʌkʃən] *n* production *f*; (*THEAT*) mise *f* en scène; **to put into production** (*goods*) entreprendre la fabrication de

production line *n* chaîne *f* (de fabrication)

productivity [prɒdʌk'tɪvɪtɪ] *n* productivité *f*

profession [prə'feʃən] *n* profession *f*; **the professions** les professions libérales

professional [prə'feʃənl] *n* (*SPORT*) professionnel/le ♦ *adj* professionnel(le); (*work*) de professionnel; **he's a professional man** il exerce une profession libérale; **to take professional advice** consulter un spécialiste

professionally [prə'feʃnəlɪ] adv professionnellement; (SPORT: play) en professionnel; **I only know him professionally** je n'ai avec lui que des relations de travail

professor [prə'fesə*] n professeur m (titulaire d'une chaire); (US: teacher) professeur m

proficiency [prə'fɪʃənsɪ] n compétence f, aptitude f

profile ['prəufaɪl] n profil m; **to keep a high/low profile** (fig) rester or être très en évidence/discret(ète)

profit ['prɒfɪt] n (from trading) bénéfice m; (advantage) profit m ♦ vt: **to profit (by or from)** profiter (de); **profit and loss account** compte m de profits et pertes; **to make a profit** faire un or des bénéfice(s); **to sell sth at a profit** vendre qch à profit

profitable ['prɒfɪtəbl] adj lucratif(ive), rentable; (fig: beneficial) avantageux(euse); (: meeting) fructueux(euse)

profound [prə'faund] adj profond(e)

profusely [prə'fju:slɪ] adv abondamment; (thank etc) avec effusion

prognosis, pl **prognoses** [prɒg'nəusɪs, -si:z] n pronostic m

programme, (US, also BRIT COMPUT) **program** ['prəugræm] n programme m; (RADIO, TV) émission f ♦ vt programmer

program(m)er ['prəugræmə*] n programmeur/euse

program(m)ing ['prəugræmɪŋ] n programmation f

progress n ['prəugres] progrès m ♦ vi [prə'gres] progresser, avancer; **in progress** en cours; **to make progress** progresser, faire des progrès, être en progrès; **as the match progressed** au fur et à mesure que la partie avançait

progressive [prə'gresɪv] adj progressif(ive); (person) progressiste

prohibit [prə'hɪbɪt] vt interdire, défendre; **to prohibit sb from doing sth** défendre or interdire à qn de faire qch; **"smoking prohibited"** "défense de fumer"

project n ['prɒdʒekt] (plan) projet m, plan m; (venture) opération f, entreprise f; (gen SCOL: research) étude f, dossier m ♦ vb [prə'dʒekt] ♦ vt projeter ♦ vi (stick out) faire saillie, s'avancer

projection [prə'dʒekʃən] n projection f; (overhang) saillie f

projector [prə'dʒektə*] n (CINE etc) projecteur m

prolong [prə'lɒŋ] vt prolonger

prom [prɒm] n abbr = **promenade**, **promenade concert**; (US: ball) bal m d'étudiants

promenade [prɒmə'nɑːd] n (by sea) esplanade f, promenade f

promenade concert n concert m (de musique classique); voir encadré

PROMENADE CONCERT

En Grande-Bretagne, un **promenade concert** ou **prom** est un concert de musique classique, ainsi appelé car, à l'origine, le public restait debout et se promenait au lieu de rester assis. De nos jours, une partie du public reste debout, mais il y a également des places assises (plus chères). Les Proms les plus connus sont les Proms londoniens. La dernière séance ("the Last Night of the Proms") est un grand événement médiatique où se jouent des airs traditionnels et patriotiques. Aux États-Unis et au Canada, le **prom** ou **promenade** est un bal organisé par le lycée.

prominent ['prɒmɪnənt] adj (standing out) proéminent(e); (important) important(e); **he is prominent in the field of ...** il est très connu dans le domaine de ...

promiscuous [prə'mɪskjuəs] adj (sexually) de mœurs légères

promise ['prɒmɪs] n promesse f ♦ vt, vi promettre; **to make sb a promise** faire une promesse à qn; **a young man of promise** un jeune homme plein d'avenir; **to promise well** vi promettre

promising ['prɒmɪsɪŋ] adj prometteur(euse)

promote [prə'məut] vt promouvoir; (venture, event) organiser, mettre sur pied; (new product) lancer; **the team was promoted to the second division** (BRIT FOOTBALL) l'équipe est montée en 2e division

promoter [prə'məutə*] n (of event) organisateur/trice

promotion [prə'məuʃən] n promotion f

prompt [prɒmpt] adj rapide ♦ n (COMPUT) message m (de guidage) ♦ vt inciter; (cause) entraîner, provoquer; (THEAT) souffler (son rôle or ses répliques) à; **they're very prompt** (punctual) ils sont ponctuels; **at 8 o'clock prompt** à 8 heures précises; **he was prompt to accept** il a tout de suite accepté; **to prompt sb to do** inciter or pousser qn à faire

promptly ['prɒmptlɪ] adv rapidement, sans délai; ponctuellement

prone [prəun] adj (lying) couché(e) (face contre terre); (liable): **prone to** enclin(e) à; **to be prone to illness** être facilement malade; **to be prone to an illness** être sujet à une maladie; **she is prone to burst into tears if ...** elle a tendance à tomber en larmes si ...

prong [prɒŋ] n pointe f; (of fork) dent f

pronoun ['prəunaun] n pronom m

pronounce [prə'nauns] vt prononcer ♦ vi: **to pronounce (up)on** se prononcer sur; **they pronounced him unfit to drive** ils l'ont déclaré inapte à la conduite

pronunciation [prənʌnsɪ'eɪʃən] n prononciation f

proof [pru:f] n preuve f; (test, of book, PHOT) épreuve f; (of alcohol) degré m ♦ adj: **proof against** à l'épreuve de ♦ vt (BRIT: tent, anorak) imperméabiliser; **to be 70° proof** = titrer 40 degrés

prop [prɒp] n support m, étai m ♦ vt (also: **prop up**) étayer, soutenir; (lean): **to prop sth against** appuyer qch contre or à

propaganda [prɒpə'gændə] n propagande f

propel [prə'pɛl] vt propulser, faire avancer

propeller [prə'pɛlə*] n hélice f

propensity [prə'pɛnsɪtɪ] n propension f

proper [prɒpə*] adj (suited, right) approprié(e), bon(bonne); (seemly) correct(e), convenable; (authentic) vrai(e), véritable; (col: real) fini(e), vrai(e); **to go through the proper channels** (ADMIN) passer par la voie officielle

properly ['prɒpəlɪ] adv correctement, convenablement; (really) bel et bien

proper noun n nom m propre

property ['prɒpətɪ] n (possessions) biens mpl; (house etc) propriété f; (land) terres fpl, domaine m; (CHEM etc: quality) propriété f; **it's their property** cela leur appartient, c'est leur propriété

prophecy ['prɒfɪsɪ] n prophétie f

prophesy ['prɒfɪsaɪ] vt prédire ♦ vi prophétiser

prophet ['prɒfɪt] n prophète m

proportion [prə'pɔ:ʃən] n proportion f; (share) part f; partie f ♦ vt proportionner; **to be in/out of proportion to or with sth** être à la mesure de/hors de proportion avec qch; **to see sth in proportion** (fig) ramener qch à de justes proportions

proportional [prə'pɔ:ʃənl], **proportionate** [prə'pɔ:ʃənɪt] adj proportionnel(le)

proposal [prə'pəuzl] n proposition f, offre f; (plan) projet m; (of marriage) demande f en mariage

propose [prə'pəuz] vt proposer, suggérer; (have in mind): **to propose sth/to do** or **doing sth** envisager qch/de faire qch ♦ vi faire sa demande en mariage; **to propose to do** avoir l'intention de faire

proposition [prɒpə'zɪʃən] n proposition f; **to make sb a proposition** faire une proposition à qn

proprietor [prə'praɪətə*] n propriétaire m/f

propriety [prə'praɪətɪ] n (seemliness) bienséance f, convenance f

prose [prəuz] n prose f; (SCOL: translation) thème m

prosecute ['prɒsɪkju:t] vt poursuivre

prosecution [prɒsɪ'kju:ʃən] n poursuites fpl judiciaires; (accusing side) accusation f

prosecutor ['prɒsɪkju:tə*] n procureur m; (also: **public prosecutor**) ministère public

prospect n ['prɒspɛkt] perspective f; (hope) espoir m, chances fpl ♦ vt, vi [prə'spɛkt] prospecter; **we are faced with the prospect of leaving** nous ris-

quons de devoir partir; **there is every prospect of an early victory** tout laisse prévoir une victoire rapide

prospecting [prə'spɛktɪŋ] n prospection f

prospective [prə'spɛktɪv] adj (possible) éventuel(le); (future) futur(e)

prospectus [prə'spɛktəs] n prospectus m

prosperity [prɒ'spɛrɪtɪ] n prospérité f

prostitute ['prɒstɪtju:t] n prostituée f; **male prostitute** prostitué m

protect [prə'tɛkt] vt protéger

protection [prə'tɛkʃən] n protection f; **to be under sb's protection** être sous la protection de qn

protective [prə'tɛktɪv] adj protecteur(trice); **protective custody** (LAW) détention préventive

protein ['prəuti:n] n protéine f

protest n ['prəutɛst] protestation f ♦ vb [prə'tɛst] ♦ vi: **to protest against/about** protester contre/à propos de ♦ vt protester de

Protestant ['prɒtɪstənt] adj, n protestant/e

protester, protestor [prə'tɛstə*] n (in demonstration) manifestant/e

protracted [prə'træktɪd] adj prolongé(e)

protrude [prə'tru:d] vi avancer, dépasser

proud [praud] adj fier(ère); (pej) orgueilleux(euse); **to be proud to do sth** être fier de faire qch; **to do sb proud** (col) faire honneur à qn; **to do o.s. proud** (col) ne se priver de rien

prove [pru:v] vt prouver, démontrer ♦ vi: **to prove correct** s'avérer juste etc; **to prove o.s.** montrer ce dont on est capable; **to prove o.s./itself (to be) useful** etc se montrer or se révéler utile etc; **he was proved right in the end** il s'est avéré qu'il avait raison

proverb ['prɒvə:b] n proverbe m

provide [prə'vaɪd] vt fournir; **to provide sb with sth** fournir qch à qn; **to be provided with** (person) disposer de; (thing) être équipé(e) or muni(e) de

▶ **provide for** vt fus (person) subvenir aux besoins de; (emergency) prévoir

provided [prə'vaɪdɪd] conj: **provided (that)** à condition que + sub

providing [prə'vaɪdɪŋ] conj à condition que + sub

province ['prɒvɪns] n province f

provincial [prə'vɪnʃəl] adj provincial(e)

provision [prə'vɪʒən] n (supply) provision f; (supplying) fourniture f; approvisionnement m; (stipulation) disposition f; **provisions** npl (food) provisions fpl; **to make provision for** (one's future) assurer; (one's family) assurer l'avenir de; **there's no provision for this in the contract** le contrat ne prévoit pas cela

provisional [prə'vɪʒənl] adj provisoire ♦ n: **Provisional** (Irish POL) Provisional m (membre de la tendance activiste de l'IRA)

proviso [prə'vaɪzəu] n condition f; **with the pro-**

viso that à la condition (expresse) que

provocative [prə'vɔkətɪv] adj provocateur(trice), provocant(e)

provoke [prə'vəuk] vt provoquer; **to provoke sb to sth/to do** or **into doing sth** pousser qn à qch/à faire qch

prowess ['prauɪs] n prouesse f

prowl [praul] vi (also: **prowl about, prowl around**) rôder ♦ n: **to be on the prowl** rôder

prowler ['praulə*] n rôdeur/euse

proxy ['prɔksɪ] n procuration f; **by proxy** par procuration

prudent ['pru:dnt] adj prudent(e)

prune [pru:n] n pruneau m ♦ vt élaguer

pry [praɪ] vi: **to pry into** fourrer son nez dans

PS n abbr (= postscript) PS m

psalm [sɑ:m] n psaume m

pseudonym ['sju:dənɪm] n pseudonyme m

psyche ['saɪkɪ] n psychisme m

psychiatrist [saɪ'kaɪətrɪst] n psychiatre m/f

psychic ['saɪkɪk] adj (also: **psychical**) (méta)psychique; (person) doué(e) de télépathie or d'un sixième sens

psychoanalyst [saɪkəu'ænəlɪst] n psychanalyste m/f

psychological [saɪkə'lɔdʒɪkl] adj psychologique

psychologist [saɪ'kɔlədʒɪst] n psychologue m/f

psychology [saɪ'kɔlədʒɪ] n psychologie f

PTO abbr (= please turn over) TSVP (= tournez s'il vous plaît)

pub [pʌb] n abbr (= public house) pub m; voir encadré

PUB

Un **pub** comprend en général deux salles: l'une ("the lounge") est plutôt confortable, avec des fauteuils et des bancs capitonnés, tandis que l'autre ("the public bar") est simplement un bar où les consommations sont en général moins chères. Cette dernière est souvent aussi une salle de jeux, les jeux les plus courants étant les fléchettes, les dominos et le billard. Il y a parfois aussi une petite arrière-salle douillette appelée "the snug". Beaucoup de **pubs** servent maintenant des repas, surtout à l'heure du déjeuner, et c'est alors le seul moment où les enfants sont acceptés, à condition d'être accompagnés. Les pubs sont en général ouverts de 11 h à 23 h, mais cela peut varier selon leur licence; certains pubs ferment l'après-midi.

public ['pʌblɪk] adj public(ique) ♦ n public m; **in public** en public; **the general public** le grand public; **to be public knowledge** être de notoriété publique; **to go public** (COMM) être coté(e) en Bourse

public address system (PA) n (système m de) sonorisation f, sono f (col)

publican ['pʌblɪkən] n patron m or gérant m de pub

public company n société f anonyme

public convenience n (BRIT) toilettes fpl

public holiday n (BRIT) jour férié

public house n (BRIT) pub m

publicity [pʌb'lɪsɪtɪ] n publicité f

publicize ['pʌblɪsaɪz] vt faire connaître, rendre public

public opinion n opinion publique

public relations (PR) n or npl relations publiques (RP)

public school n (BRIT) école privée; (US) école publique; voir encadré

PUBLIC SCHOOL

Une **public school** est un établissement d'enseignement secondaire privé. Bon nombre d'entre elles sont des pensionnats. Beaucoup ont également une école primaire qui leur est rattachée (une "prep" ou "preparatory school") pour préparer les élèves au cycle secondaire. Ces écoles sont en général prestigieuses, et les frais de scolarité sont très élevés dans les plus connues (Westminster, Eton, Harrow). Beaucoup d'élèves vont ensuite à l'université, et un grand nombre entre à Oxford ou à Cambridge. Les grands industriels, les députés et les hauts fonctionnaires sortent souvent de ces écoles. En Écosse et aux États-Unis, le terme "public school" désigne tout simplement une école publique gratuite.

public-spirited [pʌblɪk'spɪrɪtɪd] adj qui fait preuve de civisme

public transport, (US) **public transportation** n transports mpl en commun

publish ['pʌblɪʃ] vt publier

publisher ['pʌblɪʃə*] n éditeur m

publishing ['pʌblɪʃɪŋ] n (industry) édition f; (of a book) publication f

pub lunch n repas m de bistrot

pucker ['pʌkə*] vt plisser

pudding ['pudɪŋ] n (BRIT: sweet) dessert m, entremets m; (sausage) boudin m; **rice pudding** ≈ riz m au lait; **black pudding**, (US) **blood pudding** boudin (noir)

puddle ['pʌdl] n flaque f d'eau

puff [pʌf] n bouffée f ♦ vt: **to puff one's pipe** tirer sur sa pipe; (also: **puff out**: sails, cheeks) gonfler ♦ vi sortir par bouffées; (pant) haleter; **to puff out smoke** envoyer des bouffées de fumée

puff pastry, (US) **puff paste** n pâte feuilletée

puffy ['pʌfɪ] adj bouffi(e), boursouflé(e)

pull [pʊl] *n* (*of moon, magnet, the sea etc*) attraction *f*; (*fig*) influence *f* ♦ *vt* tirer; (*strain: muscle, tendon*) se claquer ♦ *vi* tirer; **to give sth a pull** (*tug*) tirer sur qch; **to pull a face** faire une grimace; **to pull to pieces** mettre en morceaux; **to pull one's punches** (*also fig*) ménager son adversaire; **to pull one's weight** y mettre du sien; **to pull o.s. together** se ressaisir; **to pull sb's leg** (*fig*) faire marcher qn; **to pull strings (for sb)** intervenir (en faveur de qn)

▶ **pull about** *vt* (*BRIT: handle roughly: object*) maltraiter; (*: person*) malmener

▶ **pull apart** *vt* séparer; (*break*) mettre en pièces, démantibuler

▶ **pull down** *vt* baisser, abaisser; (*house*) démolir; (*tree*) abattre

▶ **pull in** *vi* (*AUT*) se ranger; (*RAIL*) entrer en gare

▶ **pull off** *vt* enlever, ôter; (*deal etc*) conclure

▶ **pull out** *vi* démarrer, partir; (*withdraw*) se retirer; (*AUT: come out of line*) déboîter ♦ *vt* sortir; arracher; (*withdraw*) retirer

▶ **pull over** *vi* (*AUT*) se ranger

▶ **pull round** *vi* (*unconscious person*) revenir à soi; (*sick person*) se rétablir

▶ **pull through** *vi* s'en sortir

▶ **pull up** *vi* (*stop*) s'arrêter ♦ *vt* remonter; (*uproot*) déraciner, arracher; (*stop*) arrêter

pulley [ˈpʊlɪ] *n* poulie *f*

pullover [ˈpʊləʊvə*] *n* pull-over *m*, tricot *m*

pulp [pʌlp] *n* (*of fruit*) pulpe *f*; (*for paper*) pâte *f* à papier; (*pej: also:* **pulp magazines** *etc*) presse *f* à sensation or de bas étage; **to reduce sth to (a) pulp** réduire qch en purée

pulpit [ˈpʊlpɪt] *n* chaire *f*

pulsate [pʌlˈseɪt] *vi* battre, palpiter; (*music*) vibrer

pulse [pʌls] *n* (*of blood*) pouls *m*; (*of heart*) battement *m*; (*of music, engine*) vibrations *fpl*; **to feel or take sb's pulse** prendre le pouls à qn

pump [pʌmp] *n* pompe *f*; (*shoe*) escarpin *m* ♦ *vt* pomper; (*fig: col*) faire parler; **to pump sb for information** essayer de soutirer des renseignements à qn

▶ **pump up** *vt* gonfler

pumpkin [ˈpʌmpkɪn] *n* potiron *m*, citrouille *f*

pun [pʌn] *n* jeu *m* de mots, calembour *m*

punch [pʌntʃ] *n* (*blow*) coup *m* de poing; (*fig: force*) vivacité *f*, mordant *m*; (*tool*) poinçon *m*; (*drink*) punch *m* ♦ *vt* (*make a hole in*) poinçonner, perforer; (*hit*): **to punch sb/sth** donner un coup de poing à qn/sur qch; **to punch a hole (in)** faire un trou (dans)

▶ **punch in** *vi* (*US*) pointer (en arrivant)

▶ **punch out** *vi* (*US*) pointer (en partant)

punch line *n* (*of joke*) conclusion *f*

punch-up [ˈpʌntʃʌp] *n* (*BRIT col*) bagarre *f*

punctual [ˈpʌŋktjʊəl] *adj* ponctuel(le)

punctuation [pʌŋktjuˈeɪʃən] *n* ponctuation *f*

puncture [ˈpʌŋktʃə*] *n* (*BRIT*) crevaison *f* ♦ *vt* crever; **I have a puncture** (*AUT*) j'ai (un pneu) crevé

pundit [ˈpʌndɪt] *n* individu *m* qui pontifie, pontife *m*

pungent [ˈpʌndʒənt] *adj* piquant(e); (*fig*) mordant(e), caustique

punish [ˈpʌnɪʃ] *vt* punir; **to punish sb for sth/for doing sth** punir qn de qch/d'avoir fait qch

punishment [ˈpʌnɪʃmənt] *n* punition *f*, châtiment *m*; (*fig: col*): **to take a lot of punishment** (*boxer*) encaisser; (*car, person etc*) être mis(e) à dure épreuve

punk [pʌŋk] *n* (*person: also:* **punk rocker**) punk *m/f*; (*music: also:* **punk rock**) le punk; (*US col: hoodlum*) voyou *m*

punt [pʌnt] *n* (*boat*) bachot *m*; (*IRELAND*) livre irlandaise ♦ *vi* (*BRIT: bet*) parier

punter [ˈpʌntə*] *n* (*BRIT: gambler*) parieur/euse; (*: col*) Monsieur *m* tout le monde; type *m*

puny [ˈpjuːnɪ] *adj* chétif(ive)

pup [pʌp] *n* chiot *m*

pupil [ˈpjuːpl] *n* élève *m/f*; (*of eye*) pupille *f*

puppet [ˈpʌpɪt] *n* marionnette *f*, pantin *m*

puppy [ˈpʌpɪ] *n* chiot *m*, petit chien

purchase [ˈpɜːtʃɪs] *n* achat *m*; (*grip*) prise *f* ♦ *vt* acheter; **to get a purchase on** trouver appui sur

purchaser [ˈpɜːtʃɪsə*] *n* acheteur/euse

pure [pjʊə*] *adj* pur(e); **a pure wool jumper** un pull en pure laine; **pure and simple** pur(e) et simple

purely [ˈpjʊəlɪ] *adv* purement

purge [pɜːdʒ] *n* (*MED*) purge *f*; (*POL*) épuration *f*, purge ♦ *vt* purger; (*fig*) épurer, purger

purple [ˈpɜːpl] *adj* violet(te); cramoisi(e)

purpose [ˈpɜːpəs] *n* intention *f*, but *m*; **on purpose** exprès; **for illustrative purposes** à titre d'illustration; **for teaching purposes** dans un but pédagogique; **for the purposes of this meeting** pour cette réunion; **to no purpose** en pure perte

purposeful [ˈpɜːpəsful] *adj* déterminé(e), résolu(e)

purr [pɜː*] *n* ronronnement *m* ♦ *vi* ronronner

purse [pɜːs] *n* porte-monnaie *m* *inv*, bourse *f*; (*US: handbag*) sac *m* (à main) ♦ *vt* serrer, pincer

purser [ˈpɜːsə*] *n* (*NAUT*) commissaire *m* du bord

pursue [pəˈsjuː] *vt* poursuivre; (*pleasures*) rechercher; (*inquiry, matter*) approfondir

pursuit [pəˈsjuːt] *n* poursuite *f*; (*occupation*) occupation *f*, activité *f*; **scientific pursuits** recherches *fpl* scientifiques; **in (the) pursuit of sth** à la recherche de qch

push [pʊʃ] *n* poussée *f*; (*effort*) gros effort; (*drive*) énergie *f* ♦ *vt* pousser; (*button*) appuyer sur; (*thrust*): **to push sth (into)** enfoncer qch (dans); (*fig*) mettre en avant, faire de la publicité pour ♦ *vi* pousser; appuyer; **to push a door open/shut** pousser une porte (pour l'ouvrir/pour la fermer);

"push" (on door) "pousser"; (on bell) "appuyer"; **to push for** (better pay, conditions) réclamer; **to be pushed for time/money** être à court de temps/ d'argent; **she is pushing fifty** (col) elle frise la cinquantaine; **at a push** (BRIT col) à la limite, à la rigueur

▶ **push aside** vt écarter

▶ **push in** vi s'introduire de force

▶ **push off** vi (col) filer, ficher le camp

▶ **push on** vi (continue) continuer

▶ **push over** vt renverser

▶ **push through** vt (measure) faire voter

▶ **push up** vt (total, prices) faire monter

pushchair ['puʃtʃeə*] n (BRIT) poussette f

pusher ['puʃə*] n (also: **drug pusher**) revendeur/euse (de drogue), ravitailleur/euse (en drogue)

pushover ['puʃəuvə*] n (col): **it's a pushover** c'est un jeu d'enfant

push-up ['puʃʌp] n (US) traction f

pushy ['puʃɪ] adj (pej) arriviste

puss, pussy(-cat) [pus, 'pusɪ(kæt)] n minet m

put, pt, pp **put** [put] vt mettre; (place) poser, placer; (say) dire, exprimer; (a question) poser; (estimate) estimer; **to put sb in a good/bad mood** mettre qn de bonne/mauvaise humeur; **to put sb to bed** mettre qn au lit, coucher qn; **to put sb to a lot of trouble** déranger qn; **how shall I put it?** comment dirais-je?, comment dire?; **to put a lot of time into sth** passer beaucoup de temps à qch; **to put money on a horse** miser sur un cheval; **I put it to you that ...** (BRIT) je (vous) suggère que ..., je suis d'avis que ...; **to stay put** ne pas bouger

▶ **put about** vi (NAUT) virer de bord ♦ vt (rumour) faire courir

▶ **put across** vt (ideas etc) communiquer; faire comprendre

▶ **put aside** vt mettre de côté

▶ **put away** vt (store) ranger

▶ **put back** vt (replace) remettre, replacer; (postpone) remettre; (delay: also watch, clock) retarder; **this will put us back ten years** cela nous ramènera dix ans en arrière

▶ **put by** vt (money) mettre de côté, économiser

▶ **put down** vt (parcel etc) poser, déposer; (pay) verser; (in writing) mettre par écrit, inscrire; (suppress: revolt etc) réprimer, écraser; (attribute) attribuer

▶ **put forward** vt (ideas) avancer, proposer; (date, watch, clock) avancer

▶ **put in** vt (gas, electricity) installer; (application, complaint) faire

▶ **put in for** vt fus (job) poser sa candidature pour; (promotion) solliciter

▶ **put off** vt (light etc) éteindre; (postpone) remettre à plus tard, ajourner; (discourage) dissuader

▶ **put on** vt (clothes, lipstick etc) mettre; (light etc) allumer; (play etc) monter; (extra bus, train etc) mettre en service; (food, meal) servir; (weight) prendre; (assume: accent, manner) prendre; (: airs) se donner, prendre; (brake) mettre; (col: tease) faire marcher; (inform, indicate): **to put sb on to sb/sth** indiquer qn/qch à qn

▶ **put out** vt mettre dehors; (one's hand) tendre; (news, rumour) faire courir, répandre; (light etc) éteindre; (person: inconvenience) déranger, gêner; (BRIT: dislocate) se démettre ♦ vi (NAUT): **to put out to sea** prendre le large; **to put out from Plymouth** quitter Plymouth

▶ **put through** vt (caller) mettre en communication; (call) passer; **put me through to Miss Blair** passez-moi Miss Blair

▶ **put together** vt mettre ensemble; (assemble: furniture, toy etc) monter, assembler; (meal) préparer

▶ **put up** vt (raise) lever, relever, remonter; (pin up) afficher; (hang) accrocher; (build) construire, ériger; (a tent) monter; (increase) augmenter; (accommodate) loger; (incite): **to put sb up to doing sth** pousser qn à faire qch; **to put sth up for sale** mettre qch en vente

▶ **put upon** vt fus: **to be put upon** (imposed on) se laisser faire

▶ **put up with** vt fus supporter

putt [pʌt] vt, vi putter ♦ n putt m

putting green ['pʌtɪŋ-] n green m

putty ['pʌtɪ] n mastic m

put-up ['putʌp] adj: **put-up job** coup monté

puzzle ['pʌzl] n énigme f, mystère m; (jigsaw) puzzle m; (also: **crossword puzzle**) problème m de mots croisés ♦ vt intriguer, rendre perplexe ♦ vi se creuser la tête; **to puzzle over** chercher à comprendre; **to be puzzled about sth** être perplexe au sujet de qch

puzzling ['pʌzlɪŋ] adj déconcertant(e), inexplicable

pyjamas [pɪ'dʒɑːməz] npl (BRIT) pyjama m; **a pair of pyjamas** un pyjama

pylon ['paɪlən] n pylône m

pyramid ['pɪrəmɪd] n pyramide f

Pyrenees [pɪrə'niːz] npl: **the Pyrenees** les Pyrénées fpl

— *Q q* —

quack [kwæk] n (of duck) coin-coin m inv; (pej: doctor) charlatan m ♦ vi faire coin-coin

quad [kwɔd] n abbr = **quadruplet, quadrangle**

quadrangle ['kwɔdræŋgl] n (MATH) quadrilatère m; (courtyard: abbr: **quad**) cour f

quadruple [kwɔ'dru:pl] *adj, n* quadruple *m* ♦ *vt, vi* quadrupler

quadruplet [kwɔ'dru:plɪt] *n* quadruplé/e

quail [kweɪl] *n* (ZOOL) caille *f*

quaint [kweɪnt] *adj* bizarre, (old-fashioned) désuet(ète); au charme vieillot, pittoresque

quake [kweɪk] *vi* trembler ♦ *n abbr* = **earthquake**

qualification [kwɔlɪfɪ'keɪʃən] *n* (degree etc) diplôme *m*; (ability) compétence *f*, qualification *f*; (limitation) réserve *f*, restriction *f*; **what are your qualifications?** qu'avez-vous comme diplômes?; quelles sont vos qualifications?

qualified ['kwɔlɪfaɪd] *adj* diplômé(e); (able) compétent(e), qualifié(e); (limited) conditionnel(le); **it was a qualified success** ce fut un succès mitigé; **qualified for/to do** qui a les diplômes requis pour/ pour faire; qualifié pour/pour faire

qualify ['kwɔlɪfaɪ] *vt* qualifier; (limit: statement) apporter des réserves à ♦ *vi*: **to qualify (as)** obtenir son diplôme (de); **to qualify (for)** remplir les conditions requises (pour); (SPORT) se qualifier (pour)

quality ['kwɔlɪtɪ] *n* qualité *f* ♦ *cpd* de qualité; **of good/poor quality** de bonne/mauvaise qualité

quality (news)papers = **quality press**

quality press *n* (BRIT): **the quality press** la presse d'information; *voir encadré*

QUALITY PRESS

La **quality press** ou les "quality (news)papers" englobent les journaux sérieux, quotidiens ou hebdomadaires, par opposition aux journaux populaires "tabloid press". Ces journaux visent un public qui souhaite des informations détaillées sur une éventail très vaste de sujets et qui est prêt à consacrer beaucoup de temps à leur lecture. Les "quality newspapers" sont en général de grand format.

---

quality time *n* moments privilégiés

qualm [kwɑ:m] *n* doute *m*; scrupule *m*; **to have qualms about sth** avoir des doutes sur qch; éprouver des scrupules à propos de qch

quandary ['kwɔndrɪ] *n*: **in a quandary** devant un dilemme, dans l'embarras

quantity ['kwɔntɪtɪ] *n* quantité *f*; **in quantity** en grande quantité

quantity surveyor *n* (BRIT) métreur vérificateur

quarantine ['kwɔrəntiːn] *n* quarantaine *f*

quarrel ['kwɔrəl] *n* querelle *f*, dispute *f* ♦ *vi* se disputer, se quereller; **to have a quarrel with sb** se quereller avec qn; **I've no quarrel with him** je n'ai rien contre lui; **I can't quarrel with that** je ne vois rien à redire à cela

quarry ['kwɔrɪ] *n* (for stone) carrière *f*; (animal)

proie *f*, gibier *m* ♦ *vt* (marble etc) extraire

quart [kwɔːt] *n* ≃ litre *m*

quarter ['kwɔːtə*] *n* quart *m*; (of year) trimestre *m*; (district) quartier *m*; (US, CANADA: 25 cents) (pièce *f* de) vingt-cinq cents *mpl* ♦ *vt* partager en quartiers or en quatre; (MIL) caserner, cantonner; **quarters** *npl* logement *m*; (MIL) quartiers *mpl*, cantonnement *m*; **a quarter of an hour** un quart d'heure; **it's a quarter to 3, (US) it's a quarter of 3** il est 3 heures moins le quart; **it's a quarter past 3, (US) it's a quarter after 3** il est 3 heures et quart; **from all quarters** de tous côtés

quarter final *n* quart *m* de finale

quarterly ['kwɔːtəlɪ] *adj* trimestriel(le) ♦ *adv* tous les trois mois ♦ *n* (PRESS) revue trimestrielle

quartet(te) [kwɔː'tet] *n* quatuor *m*; (jazz players) quartette *m*

quartz [kwɔːts] *n* quartz *m* ♦ *cpd* de or en quartz; (watch, clock) à quartz

quash [kwɔʃ] *vt* (verdict) annuler, casser

quaver ['kweɪvə*] *n* (BRIT MUS) croche *f* ♦ *vi* trembler

quay [kiː] *n* (also: **quayside**) quai *m*

queasy ['kwiːzɪ] *adj* (stomach) délicat(e); **to feel queasy** avoir mal au cœur

queen [kwiːn] *n* (gen) reine *f*; (CARDS etc) dame *f*

queen mother *n* reine mère *f*

queer [kwɪə*] *adj* étrange, curieux(euse); (suspicious) louche; (BRIT: sick): **I feel queer** je ne me sens pas bien ♦ *n* (col) homosexuel *m*

quell [kwel] *vt* réprimer, étouffer

quench [kwentʃ] *vt* (flames) éteindre; **to quench one's thirst** se désaltérer

query ['kwɪərɪ] *n* question *f*; (doubt) doute *m*; (question mark) point *m* d'interrogation ♦ *vt* (disagree with, dispute) mettre en doute, questionner

quest [kwest] *n* recherche *f*, quête *f*

question ['kwestʃən] *n* question *f* ♦ *vt* (person) interroger; (plan, idea) mettre en question or en doute; **to ask sb a question, to put a question to sb** poser une question à qn; **to bring or call sth into question** remettre qch en question; **the question is ...** la question est de savoir ...; **it's a question of doing** il s'agit de faire; **there's some question of doing** il est question de faire; **beyond question** sans aucun doute; **out of the question** hors de question

questionable ['kwestʃənəbl] *adj* discutable

question mark *n* point *m* d'interrogation

questionnaire [kwestʃə'nɛə*] *n* questionnaire *m*

queue [kjuː] *n* (BRIT) queue *f*, file *f* ♦ *vi* faire la queue; **to jump the queue** passer avant son tour

quibble ['kwɪbl] *vi* ergoter, chicaner

quick [kwɪk] *adj* rapide; (reply) prompt(e), rapide; (mind) vif(vive) ♦ *adv* vite, rapidement ♦ *n*: **cut to the quick** (fig) touché(e) au vif; **be quick!** dépêche-toi!; **to be quick to act** agir tout de suite

quicken ['kwɪkən] vt accélérer, presser; (rouse) stimuler ♦ vi s'accélérer, devenir plus rapide

quickly ['kwɪklɪ] adv (fast) vite, rapidement; (immediately) tout de suite

quicksand ['kwɪksænd] n sables mouvants

quick-witted [kwɪk'wɪtɪd] adj à l'esprit vif

quid [kwɪd] n (pl inv) (BRIT col) livre f

quiet ['kwaɪət] adj tranquille, calme; (not noisy: engine) silencieux(euse); (reserved) réservé(e); (not busy: day, business) calme; (ceremony, colour) discret(ète) ♦ n tranquillité f, calme m ♦ vt, vi (US) = **quieten**; **keep quiet!** tais-toi!; **on the quiet** en secret, discrètement; **I'll have a quiet word with him** je lui en parlerai discrètement

quieten ['kwaɪətn] (also: **quieten down**) vi se calmer, s'apaiser ♦ vt calmer, apaiser

quietly ['kwaɪətlɪ] adv tranquillement, calmement; discrètement

quietness ['kwaɪətnɪs] n tranquillité f, calme m; silence m

quilt [kwɪlt] n édredon m; (continental quilt) couette f

quin [kwɪn] n abbr = **quintuplet**

quintuplet [kwɪn'tjuːplɪt] n quintuplé/e

quip [kwɪp] n remarque piquante or spirituelle, pointe f ♦ vt: ... he quipped ... lança-t-il

quirk [kwɜːk] n bizarrerie f; **by some quirk of fate** par un caprice du hasard

quit [kwɪt], pt, pp **quit** or **quitted** [kwɪt] vt quitter ♦ vi (give up) abandonner, renoncer; (resign) démissionner; **to quit doing** arrêter de faire; **quit stalling!** (US col) arrête de te dérober!; **notice to quit** (BRIT) congé m (signifié au locataire)

quite [kwaɪt] adv (rather) assez, plutôt; (entirely) complètement, tout à fait; **quite new** plutôt neuf; tout à fait neuf; **she's quite pretty** elle est plutôt jolie; **I quite understand** je comprends très bien; **quite a few of them** un assez grand nombre d'entre eux; **that's not quite right** ce n'est pas tout à fait juste; **not quite as many as last time** pas tout à fait autant que la dernière fois; **quite (so)!** exactement!

quits [kwɪts] adj: **quits (with)** quitte (envers); **let's call it quits** restons-en là

quiver ['kwɪvə*] vi trembler, frémir ♦ n (for arrows) carquois m

quiz [kwɪz] n (on TV) jeu-concours m (télévisé); (in magazine etc) test m de connaissances ♦ vt interroger

quizzical ['kwɪzɪkl] adj narquois(e)

quota ['kwəʊtə] n quota m

quotation [kwəʊ'teɪʃən] n citation f; (of shares etc) cote f, cours m; (estimate) devis m

quotation marks npl guillemets mpl

quote [kwəʊt] n citation f ♦ vt (sentence, author) citer; (price) donner, soumettre; (shares) coter ♦ vi: **to quote from** citer; **to quote for a job** établir un devis pour des travaux; **quotes** npl (col) = **quotation marks**; **in quotes** entre guillemets; **quote ... unquote** (in dictation) ouvrez les guillemets ... fermez les guillemets

— R r —

rabbi ['ræbaɪ] n rabbin m

rabbit ['ræbɪt] n lapin m ♦ vi: **to rabbit (on)** (BRIT) parler à n'en plus finir

rabbit hutch n clapier m

rabble ['ræbl] n (pej) populace f

rabies ['reɪbiːz] n rage f

RAC n abbr (BRIT: = Royal Automobile Club) ≃ ACF m

ra(c)coon [rə'kuːn] n raton m laveur

race [reɪs] n race f; (competition, rush) course f ♦ vt (person) faire la course avec; (horse) faire courir; (engine) emballer ♦ vi courir; (engine) s'emballer; **the human race** la race humaine; **to race in/out** etc entrer/sortir etc à toute vitesse

race car n (US) = **racing car**

race car driver n (US) = **racing driver**

racecourse ['reɪskɔːs] n champ m de courses

racehorse ['reɪshɔːs] n cheval m de course

racer ['reɪsə*] n (bike) vélo m de course

racetrack ['reɪstræk] n piste f

racial ['reɪʃl] adj racial(e)

racing ['reɪsɪŋ] n courses fpl

racing car n (BRIT) voiture f de course

racing driver n (BRIT) pilote m de course

racism ['reɪsɪzəm] n racisme m

racist ['reɪsɪst] adj, n (pej) raciste (m/f)

rack [ræk] n (also: **luggage rack**) filet m à bagages; (also: **roof rack**) galerie f ♦ vt tourmenter; **magazine rack** porte-revues m inv; **shoe rack** étagère f à chaussures; **toast rack** porte-toast m; **to rack one's brains** se creuser la cervelle; **to go to rack and ruin** (building) tomber en ruine; (business) péricliter

▶ **rack up** vt accumuler

racket ['rækɪt] n (for tennis) raquette f; (noise) tapage m, vacarme m; (swindle) escroquerie f; (organized crime) racket m

racquet ['rækɪt] n raquette f

racy ['reɪsɪ] adj plein(e) de verve, osé(e)

radar ['reɪdɑː*] n radar m ♦ cpd radar inv

radial ['reɪdɪəl] adj (also: **radial-ply**) à carcasse radiale

radiant ['reɪdɪənt] adj rayonnant(e); (PHYSICS) radiant(e)

radiate ['reɪdɪeɪt] vt (heat) émettre, dégager ♦ vi (lines) rayonner

radiation [reɪdɪ'eɪʃən] n rayonnement m; (radio-

active) radiation *f*

radiator ['reɪdɪeɪtə*] *n* radiateur *m*

radical ['rædɪkl] *adj* radical(e)

radii ['reɪdɪaɪ] *npl of* **radius**

radio ['reɪdɪəu] *n* radio *f* ♦ *vi*: **to radio to sb** envoyer un message radio à qn ♦ *vt* (*information*) transmettre par radio; (*one's position*) signaler par radio; (*person*) appeler par radio; **on the radio** à la radio

radioactive ['reɪdɪəu'æktɪv] *adj* radioactif(ive)

radio cassette *n* radiocassette *m*

radio-controlled ['reɪdɪəukən'trəuld] *adj* radio-guidé(e)

radio station *n* station *f* de radio

radish ['rædɪʃ] *n* radis *m*

radius, *pl* **radii** ['reɪdɪəs, -ɪaɪ] *n* rayon *m*; (ANAT) radius *m*; **within a radius of 50 miles** dans un rayon de 50 milles

RAF *n abbr* (BRIT) = **Royal Air Force**

raffle ['ræfl] *n* tombola *f* ♦ *vt* mettre comme lot dans une tombola

raft [rɑ:ft] *n* (*craft*; *also*: **life raft**) radeau *m*; (*logs*) train *m* de flottage

rafter ['rɑ:ftə*] *n* chevron *m*

rag [ræg] *n* chiffon *m*; (*pej: newspaper*) feuille *f*, torchon *m*; (*for charity*) attractions organisées par les étudiants au profit d'œuvres de charité ♦ *vt* (BRIT) chahuter, mettre en boîte; **rags** *npl* haillons *mpl*; **in rags** (*person*) en haillons; (*clothes*) en lambeaux

rag doll *n* poupée *f* de chiffon

rage [reɪdʒ] *n* (*fury*) rage *f*, fureur *f* ♦ *vi* (*person*) être fou(folle) de rage; (*storm*) faire rage, être déchaîné(e); **to fly into a rage** se mettre en rage; **it's all the rage** cela fait fureur

ragged ['rægɪd] *adj* (*edge*) inégal(e), qui accroche; (*cuff*) effiloché(e); (*appearance*) déguenillé(e)

raid [reɪd] *n* (MIL) raid *m*; (*criminal*) hold-up *m inv*; (*by police*) descente *f*, rafle *f* ♦ *vt* faire un raid sur ou un hold-up dans ou une descente dans

rail [reɪl] *n* (*on stair*) rampe *f*; (*on bridge, balcony*) balustrade *f*; (*of ship*) bastingage *m*; (*for train*) rail *m*; **rails** *npl* rails *mpl*, voie ferrée; **by rail** par chemin de fer, par le train

railing(s) ['reɪlɪŋ(z)] *n(pl)* grille *f*

railway ['reɪlweɪ], (US) **railroad** ['reɪlrəud] *n* chemin *m* de fer

railway line *n* ligne *f* de chemin de fer; (*track*) voie ferrée

railwayman ['reɪlweɪmən] *n* cheminot *m*

railway station *n* gare *f*

rain [reɪn] *n* pluie *f* ♦ *vi* pleuvoir; **in the rain** sous la pluie; **it's raining** il pleut; **it's raining cats and dogs** il pleut à torrents

rainbow ['reɪnbəu] *n* arc-en-ciel *m*

raincoat ['reɪnkəut] *n* imperméable *m*

raindrop ['reɪndrɒp] *n* goutte *f* de pluie

rainfall ['reɪnfɔ:l] *n* chute *f* de pluie; (*measure-*

ment) hauteur *f* des précipitations

rainforest ['reɪnfɒrɪst] *n* forêt tropicale

rainy ['reɪnɪ] *adj* pluvieux(euse)

raise [reɪz] *n* augmentation *f* ♦ *vt* (*lift*) lever; hausser; (*end: siege, embargo*) lever; (*build*) ériger; (*increase*) augmenter; (*a protest, doubt*) provoquer, causer; (*a question*) soulever; (*cattle, family*) élever; (*crop*) faire pousser; (*army, funds*) rassembler; (*loan*) obtenir; **to raise one's glass to sb/sth** porter un toast en l'honneur de qn/qch; **to raise one's voice** élever la voix; **to raise sb's hopes** donner de l'espoir à qn; **to raise a laugh/a smile** faire rire/sourire

raisin ['reɪzn] *n* raisin sec

rake [reɪk] *n* (*tool*) râteau *m*; (*person*) débauché *m* ♦ *vt* (*garden*) ratisser; (*fire*) tisonner; (*with machine gun*) balayer ♦ *vi*: **to rake through** (*fig: search*) fouiller (dans)

rally ['rælɪ] *n* (POL *etc*) meeting *m*, rassemblement *m*; (AUT) rallye *m*; (TENNIS) échange *m* ♦ *vt* rassembler, rallier ♦ *vi* se rallier; (*sick person*) aller mieux; (*Stock Exchange*) reprendre

▶ **rally round** *vi* venir en aide ♦ *vt fus* se rallier à; venir en aide à

RAM [ræm] *n abbr* (COMPUT) = **random access memory**

ram [ræm] *n* bélier *m* ♦ *vt* enfoncer; (*soil*) tasser; (*crash into*) emboutir; percuter; éperonner

ramble ['ræmbl] *n* randonnée *f* ♦ *vi* (*pej: also*: **ramble on**) discourir, pérorer

rambler ['ræmblə*] *n* promeneur/euse, randonneur/euse; (BOT) rosier grimpant

rambling ['ræmblɪŋ] *adj* (*speech*) décousu(e); (*house*) plein(e) de coins et de recoins; (BOT) grimpant(e)

ramp [ræmp] *n* (*incline*) rampe *f*; dénivellation *f*; (*in garage*) pont *m*

rampage [ræm'peɪdʒ] *n*: **to be on the rampage** se déchaîner ♦ *vi*: **they went rampaging through the town** ils ont envahi les rues et ont tout saccagé sur leur passage

rampant ['ræmpənt] *adj* (*disease etc*) qui sévit

ram raiding [-reɪdɪŋ] *n* pillage d'un magasin en enfonçant la vitrine avec une voiture volée

ramshackle ['ræmʃækl] *adj* (*house*) délabré(e); (*car etc*) déglingué(e)

ran [ræn] *pt of* **run**

ranch [rɑ:ntʃ] *n* ranch *m*

rancher ['rɑ:ntʃə*] *n* (*owner*) propriétaire *m* de ranch; (*ranch hand*) cowboy *m*

rancid ['rænsɪd] *adj* rance

rancour, (US) **rancor** ['ræŋkə*] *n* rancune *f*, rancœur *f*

random ['rændəm] *adj* fait(e) ou établi(e) au hasard; (COMPUT, MATH) aléatoire ♦ *n*: **at random** au hasard

random access memory (RAM) *n* (COMPUT) mémoire vive, RAM *f*

randy ['rændɪ] *adj* (*BRIT col*) excité(e); lubrique

rang [ræŋ] *pt of* **ring**

range [reɪndʒ] *n* (*of mountains*) chaîne *f*; (*of missile, voice*) portée *f*; (*of products*) choix *m*, gamme *f*; (*also: **shooting range***) champ *m* de tir; (: *indoor*) stand *m* de tir; (*also: **kitchen range***) fourneau *m* (de cuisine) ♦ *vt* (*place*) mettre en rang, placer; (*roam*) parcourir ♦ *vi*: **to range over** couvrir; **to range from ... to** aller de ... à; **price range** éventail *m* des prix; **do you have anything else in this price range?** avez-vous autre chose dans ces prix?; **within** (*firing*) **range** à portée de tir; **ranged left/right** (*text*) justifié à gauche/à droite

ranger ['reɪndʒə*] *n* garde *m* forestier

rank [ræŋk] *n* rang *m*; (*MIL*) grade *m*; (*BRIT: also: **taxi rank***) station *f* de taxis ♦ *vi*: **to rank among** compter *or* se classer parmi ♦ *vt*: **I rank him sixth** je le place sixième ♦ *adj* (*smell*) nauséabond(e); (*hypocrisy, injustice etc*) flagrant(e); **he's rank outsider** il n'est vraiment pas dans la course; **the ranks** (*MIL*) la troupe; **the rank and file** (*fig*) la masse, la base; **to close ranks** (*MIL, fig*) serrer les rangs

ransack ['rænsæk] *vt* fouiller (à fond); (*plunder*) piller

ransom ['rænsəm] *n* rançon *f*; **to hold sb to ransom** (*fig*) exercer un chantage sur qn

rant [rænt] *vi* fulminer

rap [ræp] *n* petit coup sec; tape *f* ♦ *vt* frapper sur *or* à; taper sur

rape [reɪp] *n* viol *m*; (*BOT*) colza *m* ♦ *vt* violer

rape(seed) oil ['reɪp(siːd)-] *n* huile *f* de colza

rapid ['ræpɪd] *adj* rapide

rapids ['ræpɪdz] *npl* (*GEO*) rapides *mpl*

rapist ['reɪpɪst] *n* auteur *m* d'un viol

rapport [ræ'pɔː*] *n* entente *f*

rapturous ['ræptʃərəs] *adj* extasié(e); frénétique

rare [rɛə*] *adj* rare; (*CULIN: steak*) saignant(e)

raring ['rɛərɪŋ] *adj*: **to be raring to go** (*col*) être très impatient(e) de commencer

rascal ['rɑːskl] *n* vaurien *m*

rash [ræʃ] *adj* imprudent(e), irréfléchi(e) ♦ *n* (*MED*) rougeur *f*, éruption *f*; **to come out in a rash** avoir une éruption

rasher ['ræʃə*] *n* fine tranche (de lard)

raspberry ['rɑːzbərɪ] *n* framboise *f*

raspberry bush *n* framboisier *m*

rasping ['rɑːspɪŋ] *adj*: **rasping noise** grincement *m*

rat [ræt] *n* rat *m*

rate [reɪt] *n* (*ratio*) taux *m*, pourcentage *m*; (*speed*) vitesse *f*, rythme *m*; (*price*) tarif *m* ♦ *vt* classer; évaluer; **to rate sb/sth as** considérer qn/qch comme; **to rate sb/sth among** classer qn/qch parmi; **to rate sb/sth highly** avoir une haute opinion de qn/qch; **at a rate of 60 kph** à une vitesse de 60 km/h; **rate of exchange** taux *or* cours *m* du change; **rate of flow** débit *m*; **rate of return** (taux de) rende-ment *m*; **pulse rate** fréquence *f* des pulsations

rateable value ['reɪtəbl-] *n* (*BRIT*) valeur locative imposable

ratepayer ['reɪtpeɪə*] *n* (*BRIT*) contribuable *m/f* (*payant les impôts locaux*)

rather ['rɑːðə*] *adv* (*somewhat*) assez, plutôt; (*to some extent*) un peu; **it's rather expensive** c'est assez cher; (*too much*) c'est un peu cher; **there's rather a lot** il y en a beaucoup; **I would** *or* **I'd rather go** j'aimerais mieux *or* je préférerais partir; **I had rather go** il vaudrait mieux que je parte; **I'd rather not leave** j'aimerais mieux ne pas partir; *or* **rather** (*more accurately*) ou plutôt; **I rather think he won't come** je crois bien qu'il ne viendra pas

rating ['reɪtɪŋ] *n* classement *m*; cote *f*; (*NAUT: category*) classe *f*; (: *sailor: BRIT*) matelot *m*; **ratings** *npl* (*RADIO, TV*) indice(s) *m(pl)* d'écoute

ratio ['reɪʃɪəu] *n* proportion *f*; **in the ratio of 100 to 1** dans la proportion de 100 contre 1

ration ['ræʃən] *n* (*gen pl*) ration(s) *f(pl)* ♦ *vt* rationner

rational ['ræʃənl] *adj* raisonnable, sensé(e); (*solution, reasoning*) logique; (*MED*) lucide

rationale [ræʃə'nɑːl] *n* raisonnement *m*; justification *f*

rationalize ['ræʃnəlaɪz] *vt* rationaliser; (*conduct*) essayer d'expliquer *or* de motiver

rat race *n* foire *f* d'empoigne

rattle ['rætl] *n* cliquetis *m*; (*louder*) bruit *m* de ferraille; (*object: of baby*) hochet *m*; (: *of sports fan*) crécelle *f* ♦ *vi* cliqueter; faire un bruit de ferraille *or* du bruit ♦ *vt* agiter (bruyamment); (*col: disconcert*) décontenancer; (: *annoy*) embêter

rattlesnake ['rætlsneɪk] *n* serpent *m* à sonnettes

raucous ['rɔːkəs] *adj* rauque

rave [reɪv] *vi* (*in anger*) s'emporter; (*with enthusiasm*) s'extasier; (*MED*) délirer ♦ *n*: **a rave (party)** une rave, une soirée techno ♦ *adj* (*scene, culture, music*) rave, techno ♦ *cpd*: **rave review** (*col*) critique *f* dithyrambique

raven ['reɪvən] *n* grand corbeau

ravenous ['rævənəs] *adj* affamé(e)

ravine [rə'viːn] *n* ravin *m*

raving ['reɪvɪŋ] *adj*: **raving lunatic** *n* fou furieux/folle furieuse

ravishing ['rævɪʃɪŋ] *adj* enchanteur(eresse)

raw [rɔː] *adj* (*uncooked*) cru(e); (*not processed*) brut(e); (*sore*) à vif, irrité(e); (*inexperienced*) inexpérimenté(e); **raw deal** (*col: bad bargain*) sale coup *m*; (: *unfair treatment*): **to get a raw deal** être traité(e) injustement

raw material *n* matière première

ray [reɪ] *n* rayon *m*; **ray of hope** lueur *f* d'espoir

raze [reɪz] *vt* (*also: **raze to the ground***) raser

razor ['reɪzə*] *n* rasoir *m*

razor blade *n* lame *f* de rasoir

Rd *abbr* = **road**

RE n abbr (BRIT) = religious education; (BRIT MIL) = Royal Engineers

re [ri:] prep concernant

reach [ri:tʃ] n portée f, atteinte f; (of river etc) étendue f ♦ vt atteindre, arriver à ♦ vi s'étendre; (stretch out hand): **to reach up/down/out** etc (**for sth**) lever/baisser/allonger etc le bras (pour prendre qch); **to reach sb by phone** joindre qn par téléphone; **out of/within reach** (object) hors de/à portée; **within easy reach (of)** (place) à proximité (de), proche (de)

react [ri:'ækt] vi réagir

reaction [ri:'ækʃən] n réaction f

reactor [ri:'æktə*] n réacteur m

read, pt, pp **read** [ri:d, red] vi lire ♦ vt lire; (understand) comprendre, interpréter; (study) étudier; (subj: instrument etc) indiquer, marquer; **to take sth as read** (fig) considérer qch comme accepté; **do you read me?** (TEL) est-ce que vous me recevez?

▶ **read out** vt lire à haute voix
▶ **read over** vt relire
▶ **read through** vt (quickly) parcourir; (thoroughly) lire jusqu'au bout
▶ **read up** vt, **read up on** vt fus étudier

readable ['ri:dəbl] adj facile or agréable à lire

reader ['ri:də*] n lecteur/trice; (book) livre m de lecture; (BRIT: at university) maître m de conférences

readership ['ri:dəʃip] n (of paper etc) (nombre m de) lecteurs mpl

readily ['redili] adv volontiers, avec empressement; (easily) facilement

readiness ['redinis] n empressement m; **in readiness** (prepared) prêt(e)

reading ['ri:diŋ] n lecture f; (understanding) interprétation f; (on instrument) indications fpl

ready ['redi] adj prêt(e); (willing) prêt, disposé(e); (quick) prompt(e); (available) disponible ♦ n: **at the ready** (MIL) prêt à faire feu; (fig) tout(e) prêt(e); **ready for use** prêt à l'emploi; **to be ready to do sth** être prêt à faire qch; **to get ready** vi se préparer ♦ vt préparer

ready-made ['redi'meid] adj tout(e) faite(e)

ready-to-wear ['redita'weə*] adj (en) prêt-à-porter

real [riəl] adj réel(le); (genuine) véritable; (proper) vrai(e) ♦ adv (US col: very) vraiment; **in real life** dans la réalité

real estate n biens fonciers or immobiliers

realistic [riə'listik] adj réaliste

reality [ri:'æliti] n réalité f; **in reality** en réalité, en fait

realization [riəlai'zeiʃən] n prise f de conscience; réalisation f

realize ['riəlaiz] vt (understand) se rendre compte de, prendre conscience de; (a project, COMM: asset) réaliser

really ['riəli] adv vraiment

realm [relm] n royaume m

realtor ['riəltɔ:*] (US) n agent immobilier

reap [ri:p] vt moissonner; (fig) récolter

reappear [ri:ə'piə*] vi réapparaître, reparaître

rear [riə*] adj de derrière, arrière inv; (AUT: wheel etc) arrière ♦ n arrière m, derrière m ♦ vt (cattle, family) élever ♦ vi (also: **rear up**: animal) se cabrer

rearguard ['riəgɑ:d] n arrière-garde f

rear-view ['riəvju:]: **rear-view mirror** n (AUT) rétroviseur m

reason ['ri:zn] n raison f ♦ vi: **to reason with sb** raisonner qn, faire entendre raison à qn; **the reason for/why** la raison de/pour laquelle; **to have reason to think** avoir lieu de penser; **it stands to reason that** il va sans dire que; **she claims with good reason that** ... elle affirme à juste titre que ...; **all the more reason why** raison de plus pour + infinitive or pour que + sub

reasonable ['ri:znəbl] adj raisonnable; (not bad) acceptable

reasonably ['ri:znəbli] adv (to behave) raisonnablement; (fairly) assez; **one can reasonably assume that** ... on est fondé à or il est permis de supposer que ...

reasoning ['ri:zniŋ] n raisonnement m

reassurance [ri:ə'ʃuərəns] n assurance f, garantie f; (comfort) réconfort m

reassure [ri:ə'ʃuə*] vt rassurer; **to reassure sb of** donner à qn l'assurance répétée de

rebate ['ri:beit] n (on product) rabais m; (on tax etc) dégrèvement m; (repayment) remboursement m

rebel n ['rebl] rebelle m/f ♦ vi [ri'bel] se rebeller, se révolter

rebellious [ri'beljəs] adj rebelle

rebound vi [ri'baund] (ball) rebondir ♦ n ['ri:baund] rebond m

rebuff [ri'bʌf] n rebuffade f ♦ vt repousser

rebuke [ri'bju:k] n réprimande f, reproche m ♦ vt réprimander

rebut [ri'bʌt] vt réfuter

recall [ri'kɔ:l] vt rappeler; (remember) se rappeler, se souvenir de ♦ n rappel m; **beyond recall** adj irrévocable

recant [ri'kænt] vi se rétracter; (REL) abjurer

recap ['ri:kæp] n récapitulation f ♦ vt, vi récapituler

recd abbr = received

recede [ri'si:d] vi s'éloigner; reculer

receding [ri'si:diŋ] adj (forehead, chin) fuyant(e); **receding hairline** front dégarni

receipt [ri'si:t] n (document) reçu m; (for parcel etc) accusé m de réception; (act of receiving) réception f; **receipts** npl (COMM) recettes fpl; **to acknowledge receipt of** accuser réception de; **we are in receipt of ...** nous avons reçu ...

receive [ri'si:v] vt recevoir; (guest) recevoir, accueillir; **"received with thanks"** (COMM) "pour acquit"; **Received Pronunciation** voir encadré

RECEIVED PRONUNCIATION

En Grande-Bretagne, la **Received Pronunciation** ou **RP** est une prononciation de la langue anglaise qui, récemment encore, était surtout associée à l'aristocratie et à la bourgeoisie, mais qui maintenant est en général considérée comme la prononciation correcte.

receiver [rɪ'siːvə*] n (TEL) récepteur m; (RADIO) récepteur; (of stolen goods) receleur m; (COMM) administrateur m judiciaire

recent ['riːsnt] adj récent(e); **in recent years** au cours de ces dernières années

recently ['riːsntlɪ] adv récemment; **as recently as** pas plus tard que; **until recently** jusqu'à il y a peu de temps encore

receptacle [rɪ'septɪkl] n récipient m

reception [rɪ'sepʃən] n réception f; (welcome) accueil m, réception

reception desk n réception f

receptionist [rɪ'sepʃənɪst] n réceptionniste m/f

recess [rɪ'ses] n (in room) renfoncement m; (for bed) alcôve f; (secret place) recoin m; (POL etc: holiday) vacances fpl; (US: LAW: short break) suspension f d'audience; (SCOL: esp US) récréation f

recession [rɪ'seʃən] n (ECON) récession f

recipe ['resɪpɪ] n recette f

recipient [rɪ'sɪpɪənt] n bénéficiaire m/f; (of letter) destinataire m/f

recital [rɪ'saɪtl] n récital m

recite [rɪ'saɪt] vt (poem) réciter; (complaints etc) énumérer

reckless ['rekləs] adj (driver etc) imprudent(e); (spender etc) insouciant(e)

reckon ['rekən] vt (count) calculer, compter; (consider) considérer, estimer; (think): **I reckon (that) ...** je pense (que) ..., j'estime (que) ... ♦ vi: **he is somebody to be reckoned with** il ne faut pas le sous-estimer; **to reckon without sb/sth** ne pas tenir compte de qn/qch

▶ **reckon on** vt fus compter sur, s'attendre à

reckoning ['rekənɪŋ] n compte m, calcul m; estimation f; **the day of reckoning** le jour du Jugement

reclaim [rɪ'kleɪm] vt (land) amender; (: from sea) assécher; (: from forest) défricher; (demand back) réclamer (le remboursement or la restitution de)

recline [rɪ'klaɪn] vi être allongé(e) or étendu(e)

reclining [rɪ'klaɪnɪŋ] adj (seat) à dossier réglable

recluse [rɪ'kluːs] n reclus/e, ermite m

recognition [rekəg'nɪʃən] n reconnaissance f; **in recognition of** en reconnaissance de; **to gain recognition** être reconnu(e); **transformed beyond recognition** méconnaissable

recognizable ['rekəgnaɪzəbl] adj: **recognizable (by)** reconnaissable (à)

recognize ['rekəgnaɪz] vt: **to recognize (by/as)** reconnaître (à/comme étant)

recoil [rɪ'kɔɪl] vi (person): **to recoil (from)** reculer (devant) ♦ n (of gun) recul m

recollect [rekə'lekt] vt se rappeler, se souvenir de

recollection [rekə'lekʃən] n souvenir m; **to the best of my recollection** autant que je m'en souvienne

recommend [rekə'mend] vt recommander; **she has a lot to recommend her** elle a beaucoup de choses en sa faveur

reconcile ['rekənsaɪl] vt (two people) réconcilier; (two facts) concilier, accorder; **to reconcile o.s. to** se résigner à

recondition [riːkən'dɪʃən] vt remettre à neuf; réviser entièrement

reconnoitre, (US) reconnoiter [rekə'nɔɪtə*] (MIL) vt reconnaître ♦ vi faire une reconnaissance

reconsider [riːkən'sɪdə*] vt reconsidérer

reconstruct [riːkən'strʌkt] vt (building) reconstruire; (crime) reconstituer

record n ['rekɔːd] rapport m, récit m; (of meeting etc) procès-verbal m; (register) registre m; (file) dossier m; (COMPUT) article m; (also: **police record**) casier m judiciaire; (MUS: disc) disque m; (SPORT) record m ♦ vt [rɪ'kɔːd] (set down) noter; (relate) rapporter; (MUS: song etc) enregistrer; **in record time** dans un temps record inv; **public records** archives fpl; **to keep a record of** noter; **to keep the record straight** (fig) mettre les choses au point; **he is on record as saying that ...** il a déclaré en public que ...; **Italy's excellent record** les excellents résultats obtenus par l'Italie; **off the record** adj officieux(euse) ♦ adv officieusement

record card n (in file) fiche f

recorded delivery letter [rɪ'kɔːdɪd-] n (BRIT POST) = lettre recommandée

recorder [rɪ'kɔːdə*] n (LAW) avocat nommé à la fonction de juge (MUS) flûte f à bec

record holder n (SPORT) détenteur/trice du record

recording [rɪ'kɔːdɪŋ] n (MUS) enregistrement m

record player n électrophone m

recount [rɪ'kaʊnt] vt raconter

re-count n ['riːkaʊnt] (POL: of votes) nouveau décompte (des suffrages) ♦ vt [riː'kaʊnt] recompter

recoup [rɪ'kuːp] vt: **to recoup one's losses** récupérer ce qu'on a perdu, se refaire

recourse [rɪ'kɔːs] n recours m; expédient m; **to have recourse to** avoir recours à, avoir recours à

recover [rɪ'kʌvə*] vt récupérer ♦ vi (from illness) se rétablir; (from shock) se remettre; (country) se redresser

recovery [rɪ'kʌvərɪ] n récupération f; rétablissement m; redressement m

recreation [rekrɪ'eɪʃən] n récréation f, détente f

recreational [rɛkrɪ'eɪʃənl] *adj* pour la détente, récréatif(ive)

recruit [rɪ'kruːt] *n* recrue *f* ♦ *vt* recruter

rectangle ['rɛktæŋgl] *n* rectangle *m*

rectangular [rɛk'tæŋgjulə*] *adj* rectangulaire

rectify ['rɛktɪfaɪ] *vt* (*error*) rectifier, corriger; (*omission*) réparer

rector ['rɛktə*] *n* (*REL*) pasteur *m*; (*in Scottish universities*) personnalité élue par les étudiants pour les représenter

recuperate [rɪ'kjuːpəreɪt] *vi* (*from illness*) se rétablir

recur [rɪ'kəː*] *vi* se reproduire; (*idea, opportunity*) se retrouver; (*symptoms*) réapparaître

recurrence [rɪ'kəːrns] *n* répétition *f*; réapparition *f*

recurrent [rɪ'kəːrnt] *adj* périodique, fréquent(e)

recycle [riː'saɪkl] *vt, vi* recycler

recycling [riː'saɪklɪŋ] *n* recyclage *m*

red [rɛd] *n* rouge *m*; (*POL, pej*) rouge *m/f* ♦ *adj* rouge; **in the red** (*account*) à découvert; (*business*) en déficit

red carpet treatment *n* réception *f* en grande pompe

Red Cross *n* Croix-Rouge *f*

redcurrant ['rɛdkʌrənt] *n* groseille *f* (rouge)

redden ['rɛdn] *vt, vi* rougir

redecorate [riː'dɛkəreɪt] *vt* refaire à neuf, repeindre et retapisser

redeem [rɪ'diːm] *vt* (*debt*) rembourser; (*sth in pawn*) dégager; (*fig, also REL*) racheter

redeeming [rɪ'diːmɪŋ] *adj* (*feature*) qui sauve, qui rachète (le reste)

redeploy [riːdɪ'plɔɪ] *vt* (*MIL*) redéployer; (*staff, resources*) reconvertir

red-haired [rɛd'hɛəd] *adj* roux(rousse)

red-handed [rɛd'hændɪd] *adj*: **to be caught red-handed** être pris(e) en flagrant délit *or* la main dans le sac

redhead ['rɛdhɛd] *n* roux/rousse

red herring *n* (*fig*) diversion *f*, fausse piste

red-hot [rɛd'hɔt] *adj* chauffé(e) au rouge, brûlant(e)

redirect [riːdaɪ'rɛkt] *vt* (*mail*) faire suivre

red light *n*: **to go through a red light** (*AUT*) brûler un feu rouge

red-light district ['rɛdlaɪt-] *n* quartier réservé

redo [riː'duː] *vt irreg* refaire

redress [rɪ'drɛs] *n* réparation *f* ♦ *vt* redresser; **to redress the balance** rétablir l'équilibre

Red Sea *n*: **the Red Sea** la mer Rouge

redskin ['rɛdskɪn] *n* Peau-Rouge *m/f*

red tape *n* (*fig*) paperasserie (administrative)

reduce [rɪ'djuːs] *vt* réduire; (*lower*) abaisser; **"reduce speed now"** (*AUT*) "ralentir"; **to reduce sth by/to** réduire qch de/à; **to reduce sb to tears** faire

pleurer qn

reduction [rɪ'dʌkʃən] *n* réduction *f*; (*of price*) baisse *f*; (*discount*) rabais *m*; réduction

redundancy [rɪ'dʌndənsɪ] *n* (*BRIT*) licenciement *m*, mise *f* au chômage; **compulsory redundancy** licenciement; **voluntary redundancy** départ *m* volontaire

redundant [rɪ'dʌndnt] *adj* (*BRIT: worker*) licencié(e), mis(e) au chômage; (*detail, object*) superflu(e); **to be made redundant** (*worker*) être licencié, être mis au chômage

reed [riːd] *n* (*BOT*) roseau *m*; (*MUS: of clarinet etc*) anche *f*

reef [riːf] *n* (*at sea*) récif *m*, écueil *m*

reek [riːk] *vi*: **to reek (of)** puer, empester

reel [riːl] *n* bobine *f*; (*TECH*) dévidoir *m*; (*FISHING*) moulinet *m*; (*CINE*) bande *f* ♦ *vt* (*TECH*) bobiner; (*also*: **reel up**) enrouler ♦ *vi* (*sway*) chanceler; **my head is reeling** j'ai la tête qui tourne

▶ **reel in** *vt* (*fish, line*) ramener

▶ **reel off** *vt* (*say*) énumérer, débiter

ref [rɛf] *n abbr* (*col: = referee*) arbitre *m*

refectory [rɪ'fɛktərɪ] *n* réfectoire *m*

refer [rɪ'fəː*] *vt*: **to refer sth to** (*dispute, decision*) soumettre qch à; **to refer sb to** (*inquirer: for information*) adresser *or* envoyer qn à; (*reader: to text*) renvoyer qn à; **he referred me to the manager** il m'a dit de m'adresser au directeur

▶ **refer to** *vt fus* (*allude to*) parler de, faire allusion à; (*apply to*) s'appliquer à; (*consult*) se reporter à; **referring to your letter** (*COMM*) en réponse à votre lettre

referee [rɛfə'riː] *n* arbitre *m*; (*TENNIS*) juge-arbitre *m*; (*BRIT: for job application*) répondant/e ♦ *vt* arbitrer

reference ['rɛfrəns] *n* référence *f*, renvoi *m*; (*mention*) allusion *f*, mention *f*; (*for job application: letter*) références; lettre *f* de recommandation; (: *person*) répondant/e; **with reference to** en ce qui concerne; (*COMM: in letter*) me référant à; **"please quote this reference"** (*COMM*) "prière de rappeler cette référence"

reference book *n* ouvrage *m* de référence

refill *vt* [riː'fɪl] remplir à nouveau; (*pen, lighter etc*) recharger ♦ *n* ['riːfɪl] (*for pen etc*) recharge *f*

refine [rɪ'faɪn] *vt* (*sugar, oil*) raffiner; (*taste*) affiner

refined [rɪ'faɪnd] *adj* (*person, taste*) raffiné(e)

refinery [rɪ'faɪnərɪ] *n* raffinerie *f*

reflect [rɪ'flɛkt] *vt* (*light, image*) réfléchir, refléter; (*fig*) refléter ♦ *vi* (*think*) réfléchir, méditer

▶ **reflect on** *vt fus* (*discredit*) porter atteinte à, faire tort à

reflection [rɪ'flɛkʃən] *n* réflexion *f*; (*image*) reflet *m*; (*criticism*): **reflection on** critique *f* de; atteinte *f* à; **on reflection** réflexion faite

reflex ['riːflɛks] *adj, n* réflexe (*m*)

reflexive [rɪ'fleksɪv] *adj* (LING) réfléchi(e)

reform [rɪ'fɔ:m] *n* réforme *f* ♦ *vt* réformer

reformatory [rɪ'fɔ:mətərɪ] *n* (US) centre *m* d'éducation surveillée

refrain [rɪ'freɪn] *vi*: **to refrain from doing** s'abstenir de faire ♦ *n* refrain *m*

refresh [rɪ'freʃ] *vt* rafraîchir; (*subj: food, sleep etc*) redonner des forces à

refresher course [rɪ'freʃə-] *n* (BRIT) cours *m* de recyclage

refreshing [rɪ'freʃɪŋ] *adj* rafraîchissant(e); (*sleep*) réparateur(trice); (*fact, idea etc*) qui réjouit par son originalité *or* sa rareté

refreshment [rɪ'freʃmənt] *n*: **for some refreshment** (*eating*) pour se restaurer *or* sustenter; **in need of refreshment** (*resting etc*) ayant besoin de refaire ses forces; **refreshment(s)** rafraîchissement(s) *m(pl)*

refrigerator [rɪ'frɪdʒəreɪtə*] *n* réfrigérateur *m*, frigidaire *m*

refuel [ri:'fjuəl] *vt* ravitailler en carburant ♦ *vi* se ravitailler en carburant

refuge ['refju:dʒ] *n* refuge *m*; **to take refuge in** se réfugier dans

refugee [refju'dʒi:] *n* réfugié/e

refund *n* ['ri:fʌnd] remboursement *m* ♦ *vt* [rɪ'fʌnd] rembourser

refurbish [ri:'fɜ:bɪʃ] *vt* remettre à neuf

refusal [rɪ'fju:zəl] *n* refus *m*; **to have first refusal on sth** avoir droit de préemption sur qch

refuse *n* ['refju:s] ordures *fpl*, détritus *mpl* ♦ *vt, vi* [rɪ'fju:z] refuser; **to refuse to do sth** refuser de faire qch

refuse collection *n* ramassage *m* d'ordures

regain [rɪ'geɪn] *vt* regagner; retrouver

regal ['ri:gl] *adj* royal(e)

regard [rɪ'gɑ:d] *n* respect *m*, estime *f*, considération *f* ♦ *vt* considérer; **to give one's regards to** faire ses amitiés à; **"with kindest regards"** "bien amicalement"; **as regards, with regard to** en ce qui concerne

regarding [rɪ'gɑ:dɪŋ] *prep* en ce qui concerne

regardless [rɪ'gɑ:dlɪs] *adv* quand même; **regardless of** sans se soucier de

régime [reɪ'ʒi:m] *n* régime *m*

regiment *n* ['redʒɪmənt] régiment *m* ♦ *vt* ['redʒɪment] imposer une discipline trop stricte à

regimental [redʒɪ'mentl] *adj* d'un régiment

region ['ri:dʒən] *n* région *f*; **in the region of** (*fig*) aux alentours de

regional ['ri:dʒənl] *adj* régional(e)

register ['redʒɪstə*] *n* registre *m*; (*also*: **electoral register**) liste électorale ♦ *vt* enregistrer, inscrire; (*birth*) déclarer; (*vehicle*) immatriculer; (*luggage*) enregistrer; (*letter*) envoyer en recommandé; (*instrument*) marquer ♦ *vi* se faire inscrire; (*at hotel*) signer le registre; (*make impression*) être (bien) compris(e); **to register for a course** s'inscrire à un cours; **to register a protest** protester

registered ['redʒɪstəd] *adj* (*design*) déposé(e); (BRIT: *letter*) recommandé(e); (*student, voter*) inscrit(e)

registered trademark *n* marque déposée

registrar ['redʒɪstrɑ:*] *n* officier *m* de l'état civil; secrétaire général

registration [redʒɪs'treɪʃən] *n* (*act*) enregistrement *m*; inscription *f*; (BRIT AUT: *also*: **registration number**) numéro *m* d'immatriculation

registry ['redʒɪstrɪ] *n* bureau *m* de l'enregistrement

registry office *n* (BRIT) bureau *m* de l'état civil; **to get married in a registry office** ≈ se marier à la mairie

regret [rɪ'gret] *n* regret *m* ♦ *vt* regretter; **to regret that** regretter que + *sub*; **we regret to inform you that ...** nous sommes au regret de vous informer que ...

regretfully [rɪ'gretfəlɪ] *adv* à *or* avec regret

regular ['regjulə*] *adj* régulier(ière); (*usual*) habituel(le), normal(e); (*listener, reader*) fidèle; (*soldier*) de métier; (COMM: *size*) ordinaire ♦ *n* (*client etc*) habitué/e

regularly ['regjuləlɪ] *adv* régulièrement

regulate ['regjuleɪt] *vt* régler

regulation [regju'leɪʃən] *n* (*rule*) règlement *m*; (*adjustment*) réglage *m* ♦ *cpd* réglementaire

rehabilitation ['ri:əbɪlɪ'teɪʃən] *n* (*of offender*) réhabilitation *f*; (*of disabled*) rééducation *f*, réadaptation *f*

rehearsal [rɪ'hɜ:səl] *n* répétition *f*; **dress rehearsal** (*répétition*) générale *f*

rehearse [rɪ'hɜ:s] *vt* répéter

reign [reɪn] *n* règne *m* ♦ *vi* régner

reimburse [ri:ɪm'bɜ:s] *vt* rembourser

rein [reɪn] *n* (*for horse*) rêne *f*; **to give sb free rein** (*fig*) donner carte blanche à qn

reindeer ['reɪndɪə*] *n* (*pl inv*) renne *m*

reinforce [ri:ɪn'fɔ:s] *vt* renforcer

reinforced concrete [ri:ɪn'fɔ:st-] *n* béton armé

reinforcement [ri:ɪn'fɔ:smənt] *n* (*action*) renforcement *m*; **reinforcements** *npl* (MIL) renfort(s) *m(pl)*

reinstate [ri:ɪn'steɪt] *vt* rétablir, réintégrer

reject *n* ['ri:dʒekt] (COMM) article *m* de rebut ♦ *vt* [rɪ'dʒekt] refuser; (COMM: *goods*) mettre au rebut; (*idea*) rejeter

rejection [rɪ'dʒekʃən] *n* rejet *m*, refus *m*

rejoice [rɪ'dʒɔɪs] *vi*: **to rejoice (at *or* over)** se réjouir (de)

rejuvenate [rɪ'dʒu:vəneɪt] *vt* rajeunir

relapse [rɪ'læps] *n* (MED) rechute *f*

relate [rɪ'leɪt] *vt* (*tell*) raconter; (*connect*) établir un rapport entre ♦ *vi*: **to relate to** (*connect*) se rapporter à; (*interact*) établir un rapport or une entente avec

related [rɪ'leɪtɪd] *adj* apparenté(e)

relating [rɪ'leɪtɪŋ]: **relating to** *prep* concernant

relation [rɪ'leɪʃən] *n* (*person*) parent/e; (*link*) rapport *m*, lien *m*; **diplomatic/international relations** relations diplomatiques/internationales; **in relation to** en ce qui concerne; par rapport à; **to bear no relation to** être sans rapport avec

relationship [rɪ'leɪʃənʃɪp] *n* rapport *m*, lien *m*; (*personal ties*) relations *fpl*, rapports; (*also*: **family relationship**) lien de parenté; (*affair*) liaison *f*; **they have a good relationship** ils s'entendent bien.

relative ['relatɪv] *n* parent/e ♦ *adj* relatif(ive); (*respective*) respectif(ive); **all her relatives** toute sa famille

relatively ['relatɪvlɪ] *adv* relativement

relax [rɪ'læks] *vi* se relâcher; (*person*: *unwind*) se détendre; (*calm down*) se calmer ♦ *vt* relâcher; (*mind, person*) détendre

relaxation [riːlæk'seɪʃən] *n* relâchement *m*; détente *f*; (*entertainment*) distraction *f*

relaxed [rɪ'lækst] *adj* relâché(e); détendu(e)

relaxing [rɪ'læksɪŋ] *adj* délassant(e)

relay ['riːleɪ] *n* (*SPORT*) course *f* de relais ♦ *vt* (*message*) retransmettre, relayer

release [rɪ'liːs] *n* (*from prison, obligation*) libération *f*; (*of gas etc*) émission *f*; (*of film etc*) sortie *f*; (*record*) disque *m*; (*device*) déclencheur *m* ♦ *vt* (*prisoner*) libérer; (*book, film*) sortir; (*report, news*) rendre public, publier; (*gas etc*) émettre, dégager; (*free: from wreckage etc*) dégager; (*TECH: catch, spring etc*) déclencher; (*let go*) relâcher; lâcher; desserrer; **to release one's grip** or **hold** lâcher prise; **to release the clutch** (*AUT*) débrayer

relegate ['relɪɡeɪt] *vt* reléguer; (*SPORT*): **to be relegated** descendre dans une division inférieure

relent [rɪ'lent] *vi* se laisser fléchir

relentless [rɪ'lentlɪs] *adj* implacable

relevant ['relavant] *adj* approprié(e); (*fact*) significatif(ive); (*information*) utile, pertinent(e); **relevant to** ayant rapport à, approprié à

reliable [rɪ'laɪabl] *adj* (*person, firm*) sérieux(euse), fiable; (*method, machine*) fiable

reliably [rɪ'laɪablɪ] *adv*: **to be reliably informed** savoir de source sûre

reliance [rɪ'laɪans] *n*: **reliance (on)** (*trust*) confiance *f* (en); (*dependence*) besoin *m* (de), dépendance *f* (de)

relic ['relɪk] *n* (*REL*) relique *f*; (*of the past*) vestige *m*

relief [rɪ'liːf] *n* (*from pain, anxiety*) soulagement *m*; (*help, supplies*) secours *m*(*pl*); (*of guard*) relève *f*; (*ART, GEO*) relief *m*; **by way of light relief** pour faire diversion

relieve [rɪ'liːv] *vt* (*pain, patient*) soulager; (*bring help*) secourir; (*take over from: gen*) relayer; (*: guard*) relever; **to relieve sb of sth** débarrasser qn de qch; **to relieve sb of his command** (*MIL*) relever qn de ses fonctions; **to relieve o.s.** (*euphemism*) se soulager, faire ses besoins

religion [rɪ'lɪdʒən] *n* religion *f*

religious [rɪ'lɪdʒəs] *adj* religieux(euse); (*book*) de piété

relinquish [rɪ'lɪŋkwɪʃ] *vt* abandonner; (*plan, habit*) renoncer à

relish ['relɪʃ] *n* (*CULIN*) condiment *m*; (*enjoyment*) délectation *f* ♦ *vt* (*food etc*) savourer; **to relish doing** se délecter à faire

relocate [riːlaʊ'keɪt] *vt* (*business*) transférer ♦ *vi* se transférer, s'installer or s'établir ailleurs; **to relocate in** (déménager et) s'installer or s'établir à, se transférer à

reluctance [rɪ'lʌktəns] *n* répugnance *f*

reluctant [rɪ'lʌktənt] *adj* peu disposé(e), qui hésite; **to be reluctant to do sth** hésiter à faire qch

reluctantly [rɪ'lʌktəntlɪ] *adv* à contrecœur, sans enthousiasme

rely [rɪ'laɪ]: **to rely on** *vt fus* compter sur; (*be dependent*) dépendre de

remain [rɪ'meɪn] *vi* rester; **to remain silent** garder le silence; **I remain, yours faithfully** (*BRIT: in letters*) je vous prie d'agréer, Monsieur etc, l'assurance de mes sentiments distingués

remainder [rɪ'meɪndə*] *n* reste *m*; (*COMM*) fin *f* de série

remaining [rɪ'meɪnɪŋ] *adj* qui reste

remains [rɪ'meɪnz] *npl* restes *mpl*

remake ['riːmeɪk] *n* (*CINEMA*) remake *m*

remand [rɪ'mɑːnd] *n*: **on remand** en détention préventive ♦ *vt*: **to remand in custody** écrouer; renvoyer en détention provisoire

remark [rɪ'mɑːk] *n* remarque *f*, observation *f* ♦ *vt* (*faire*) remarquer, dire; (*notice*) remarquer; **to remark on sth** faire une or des remarque(s) sur qch

remarkable [rɪ'mɑːkəbl] *adj* remarquable

remarkably [rɪ'mɑːkəblɪ] *adv* remarquablement

remarry [riː'mærɪ] *vi* se remarier

remedial [rɪ'miːdɪəl] *adj* (*tuition, classes*) de rattrapage

remedy ['remədɪ] *n*: **remedy (for)** remède *m* (contre or à) ♦ *vt* remédier à

remember [rɪ'membə*] *vt* se rappeler, se souvenir de; **I remember seeing it, I remember having seen it** je me rappelle l'avoir vu or que je l'ai vu; **she remembered to do it** elle a pensé à le faire; **remember me to your wife** rappelez-moi au bon souvenir de votre femme

remembrance [rɪ'membrəns] *n* souvenir *m*; mémoire *f*

Remembrance Day n (BRIT) ≈ (le jour de) l'Armistice m, ≈ le 11 novembre; voir encadré

REMEMBRANCE DAY

Remembrance Day ou **Remembrance Sunday** est le dimanche le plus proche du 11 novembre, jour où la Première Guerre mondiale a officiellement pris fin. Il rend hommage aux victimes des deux guerres mondiales. À cette occasion, on observe deux minutes de silence à 11h, heure de la signature de l'armistice avec l'Allemagne en 1918; certaines membres de la famille royale et du gouvernement déposent des gerbes de coquelicots au cénotaph de Whitehall, et des couronnes sont placées sur les monuments aux morts dans toute la Grande-Bretagne; par ailleurs, les gens portent des coquelicots artificiels fabriqués et vendus par des membres de la légion britannique blessés au combat, au profit des blessés de guerre et de leur famille.

remind [rɪ'maɪnd] vt: **to remind sb of sth** rappeler qch à qn; **to remind sb to do** faire penser à qn à faire, rappeler à qn qu'il doit faire; **that reminds me!** j'y pense!

reminder [rɪ'maɪndə*] n rappel m; (note etc) pense-bête m

reminisce [rɛmɪ'nɪs] vi: **to reminisce (about)** évoquer ses souvenirs (de)

reminiscent [rɛmɪ'nɪsnt] adj: **reminiscent of** qui rappelle, qui fait penser à

remiss [rɪ'mɪs] adj négligent(e); **it was remiss of me** c'était une négligence de ma part

remission [rɪ'mɪʃən] n rémission f; (of debt, sentence) remise f; (of fee) exemption f

remit [rɪ'mɪt] vt (send: money) envoyer

remittance [rɪ'mɪtns] n envoi m, paiement m

remnant ['rɛmnənt] n reste m, restant m; **remnants** npl (COMM) coupons mpl; fins fpl de série

remorse [rɪ'mɔːs] n remords m

remorseful [rɪ'mɔːsful] adj plein(e) de remords

remorseless [rɪ'mɔːslɪs] adj (fig) impitoyable

remote [rɪ'məut] adj éloigné(e), lointain(e); (person) distant(e); **there is a remote possibility that ...** il est tout juste possible que ...

remote control n télécommande f

remotely [rɪ'məutlɪ] adv au loin; (slightly) très vaguement

remould ['riːməuld] n (BRIT: tyre) pneu rechapé

removable [rɪ'muːvəbl] adj (detachable) amovible

removal [rɪ'muːvəl] n (taking away) enlèvement m; suppression f; (BRIT: from house) déménagement m; (from office: dismissal) renvoi m; (MED) ablation f

removal van n (BRIT) camion m de déménagement

remove [rɪ'muːv] vt enlever, retirer; (stain) faire partir; (doubt, abuse) supprimer; **first cousin once removed** cousin(e) au deuxième degré

render ['rɛndə*] vt rendre; (CULIN: fat) clarifier

rendering ['rɛndərɪŋ] n (MUS etc) interprétation f

rendezvous ['rɔndɪvuː] n rendez-vous m inv ♦ vi opérer une jonction, se rejoindre; **to rendezvous with sb** rejoindre qn

renew [rɪ'njuː] vt renouveler; (negotiations) reprendre; (acquaintance) renouer

renewable [rɪ'njuːəbl] adj renouvelable; **renewable energy, renewables** énergies renouvelables

renewal [rɪ'njuːəl] n renouvellement m; reprise f

renounce [rɪ'nauns] vt renoncer à; (disown) renier

renovate ['rɛnəveɪt] vt rénover; (work of art) restaurer

renown [rɪ'naun] n renommée f

renowned [rɪ'naund] adj renommé(e)

rent [rɛnt] pt, pp of **rend** ♦ n loyer m ♦ vt louer; (car, TV) louer, prendre en location; (also: **rent out**) louer, donner en location

rental ['rɛntl] n (for television, car) (prix m de) location f

reorganize [riː'ɔːgənaɪz] vt réorganiser

rep [rɛp] n abbr (COMM) = **representative**; (THEAT) = **repertory**

repair [rɪ'pɛə*] n réparation f ♦ vt réparer; **in good/bad repair** en bon/mauvais état; **under repair** en réparation

repair kit n trousse f de réparations

repatriate [riː'pætrɪeɪt] vt rapatrier

repay [riː'peɪ] vt irreg (money, creditor) rembourser; (sb's efforts) récompenser

repayment [riː'peɪmənt] n remboursement m; récompense f

repeal [rɪ'piːl] n (of law) abrogation f; (of sentence) annulation f ♦ vt abroger; annuler

repeat [rɪ'piːt] n (RADIO, TV) reprise f ♦ vt répéter; (pattern) reproduire; (promise, attack, also COMM: order) renouveler; (SCOL: a class) redoubler ♦ vi répéter

repeatedly [rɪ'piːtɪdlɪ] adv souvent, à plusieurs reprises

repel [rɪ'pɛl] vt repousser

repellent [rɪ'pɛlənt] adj repoussant(e) ♦ n: **insect repellent** insectifuge m; **moth repellent** produit m antimite(s)

repent [rɪ'pɛnt] vi: **to repent (of)** se repentir (de)

repentance [rɪ'pɛntəns] n repentir m

repertory ['rɛpətərɪ] n (also: **repertory theatre**) théâtre m de répertoire

repetition [rɛpɪ'tɪʃən] n répétition f

repetitive [rɪ'pɛtɪtɪv] adj (movement, work) répétitif(ive); (speech) plein(e) de redites

replace [rɪ'pleɪs] vt (put back) remettre, replacer;

(*take the place of*) remplacer; (*TEL*): **"replace the receiver" "raccrochez"**

replacement [rɪ'pleɪsmənt] *n* replacement *m*; remplacement *m*; (*person*) remplaçant/e

replay ['riːpleɪ] *n* (*of match*) match rejoué; (*of tape, film*) répétition *f*

replenish [rɪ'plɛnɪʃ] *vt* (*glass*) remplir (de nouveau); (*stock etc*) réapprovisionner

replica ['rɛplɪkə] *n* réplique *f*, copie exacte

reply [rɪ'plaɪ] *n* réponse *f* ♦ *vi* répondre; **in reply (to)** en réponse (à); **there's no reply** (*TEL*) ça ne répond pas

report [rɪ'pɔːt] *n* rapport *m*; (*PRESS etc*) reportage *m*; (*BRIT: also*: **school report**) bulletin *m* (scolaire); (*of gun*) détonation *f* ♦ *vt* rapporter, faire un compte rendu de; (*PRESS etc*) faire un reportage sur; (*bring to notice: occurrence*) signaler; (: *person*) dénoncer ♦ *vi* (*make a report*): **to report (on)** faire un rapport (sur); (*for newspaper*) faire un reportage (sur); (*present o.s.*): **to report (to sb)** se présenter (chez qn); **it is reported that** on dit or annonce que; **it is reported from Berlin that** on nous apprend de Berlin que

report card *n* (*US, Scottish*) bulletin *m* (scolaire)

reportedly [rɪ'pɔːtɪdlɪ] *adv*: **she is reportedly living in Spain** elle habiterait en Espagne; **he reportedly ordered them to ...** il leur aurait ordonné de ...

reporter [rɪ'pɔːtə*] *n* reporter *m*

repose [rɪ'pəuz] *n*: **in repose** en or au repos

represent [rɛprɪ'zɛnt] *vt* représenter; (*explain*): **to represent to sb that** expliquer à qn que

representation [rɛprɪzɛn'teɪʃən] *n* représentation *f*; **representations** *npl* (*protest*) démarche *f*

representative [rɛprɪ'zɛntətɪv] *n* représentant/e; (*COMM*) représentant/e (de commerce); (*US POL*) député *m* ♦ *adj*: **representative (of)** représentatif(ive) (de), caractéristique (de)

repress [rɪ'prɛs] *vt* réprimer

repression [rɪ'prɛʃən] *n* répression *f*

reprieve [rɪ'priːv] *n* (*LAW*) grâce *f*; (*fig*) sursis *m*, délai *m* ♦ *vt* gracier; accorder un sursis or un délai à

reprisal [rɪ'praɪzl] *n* représailles *fpl*; **to take reprisals** user de représailles

reproach [rɪ'prəutʃ] *n* reproche *m* ♦ *vt*: **to reproach sb with sth** reprocher qch à qn; **beyond reproach** irréprochable

reproachful [rɪ'prəutʃful] *adj* de reproche

reproduce [riːprə'djuːs] *vt* reproduire ♦ *vi* se reproduire

reproduction [riːprə'dʌkʃən] *n* reproduction *f*

reproof [rɪ'pruːf] *n* reproche *m*

reptile ['rɛptaɪl] *n* reptile *m*

republic [rɪ'pʌblɪk] *n* république *f*

republican [rɪ'pʌblɪkən] *adj*, *n* républicain/e

repudiate [rɪ'pjuːdɪeɪt] *vt* (*ally, behaviour*) désa-

vouer; (*accusation*) rejeter; (*wife*) répudier

repulsive [rɪ'pʌlsɪv] *adj* repoussant(e), répulsif(ive)

reputable ['rɛpjutəbl] *adj* de bonne réputation; (*occupation*) honorable

reputation [rɛpju'teɪʃən] *n* réputation *f*; **to have a reputation for** être réputé(e) pour; **he has a reputation for being awkward** il a la réputation de ne pas être commode

reputed [rɪ'pjuːtɪd] *adj* réputé(e); **he is reputed to be rich/intelligent** *etc* on dit qu'il est riche/ intelligent *etc*

reputedly [rɪ'pjuːtɪdlɪ] *adv* d'après ce qu'on dit

request [rɪ'kwɛst] *n* demande *f*; (*formal*) requête *f* ♦ *vt*: **to request (of or from sb)** demander (à qn); **at the request of** à la demande de

request stop *n* (*BRIT: for bus*) arrêt facultatif

require [rɪ'kwaɪə*] *vt* (*need: subj: person*) avoir besoin de; (: *thing, situation*) nécessiter, demander; (*demand*) exiger, requérir; (*order*): **to require sb to do sth/sth of sb** exiger que qn fasse qch/qch de qn; **if required** s'il le faut; **what qualifications are required?** quelles sont les qualifications requises?; **required by law** requis par la loi

requirement [rɪ'kwaɪəmənt] *n* exigence *f*; besoin *m*; condition *f* (requise)

requisition [rɛkwɪ'zɪʃən] *n*: **requisition (for)** demande *f* (de) ♦ *vt* (*MIL*) réquisitionner

rescue ['rɛskjuː] *n* sauvetage *m*; (*help*) secours *mpl* ♦ *vt* sauver; **to come to sb's rescue** venir au secours de qn

rescue party *n* équipe *f* de sauvetage

rescuer ['rɛskjuə*] *n* sauveteur *m*

research [rɪ'sɜːtʃ] *n* recherche(s) *f(pl)* ♦ *vt* faire des recherches sur ♦ *vi*: **to research (into sth)** faire des recherches (sur qch); **a piece of research** un travail de recherche; **research and development (R & D)** recherche-développement (R-D)

resemblance [rɪ'zɛmbləns] *n* ressemblance *f*; **to bear a strong resemblance to** ressembler beaucoup à

resemble [rɪ'zɛmbl] *vt* ressembler à

resent [rɪ'zɛnt] *vt* éprouver du ressentiment de, être contrarié(e) par

resentful [rɪ'zɛntful] *adj* irrité(e), plein(e) de ressentiment

resentment [rɪ'zɛntmənt] *n* ressentiment *m*

reservation [rɛzə'veɪʃən] *n* (*booking*) réservation *f*; (*doubt, protected area*) réserve *f*; (*BRIT AUT: also*: **central reservation**) bande médiane; **to make a reservation (in an hotel/a restaurant/on a plane)** réserver or retenir une chambre/une table/ une place; **with reservations** (*doubts*) avec certaines réserves

reserve [rɪ'zɜːv] *n* réserve *f*; (*SPORT*) remplaçant/e ♦ *vt* (*seats etc*) réserver, retenir; **reserves** *npl* (*MIL*) réservistes *mpl*; **in reserve** en réserve

reserved [rɪ'zɜːvd] *adj* réservé(e)

reshuffle [riːˈʃʌfl] n: **Cabinet reshuffle** (POL) remaniement ministériel

residence [ˈrɛzɪdəns] n résidence f; **to take up residence** s'installer; **in residence** (queen etc) en résidence; (doctor) résidant/e

residence permit n (BRIT) permis m de séjour

resident [ˈrɛzɪdənt] n résident/e ♦ adj résidant(e)

residential [rɛzɪˈdɛnʃəl] adj de résidence; (area) résidentiel(le)

residential school n internat m

residue [ˈrɛzɪdjuː] n reste m; (CHEM, PHYSICS) résidu m

resign [rɪˈzaɪn] vt (one's post) se démettre de ♦ vi: **to resign (from)** démissionner (de); **to resign o.s. to** (endure) se résigner à

resignation [rɛzɪgˈneɪʃən] n démission f; résignation f; **to tender one's resignation** donner sa démission

resigned [rɪˈzaɪnd] adj résigné(e)

resilient [rɪˈzɪlɪənt] adj (person) qui réagit, qui a du ressort

resist [rɪˈzɪst] vt résister à

resistance [rɪˈzɪstəns] n résistance f

resit [riːˈsɪt] vt (exam) repasser ♦ n [ˈriːsɪt] deuxième session f (d'un examen)

resolution [rɛzəˈluːʃən] n résolution f; **to make a resolution** prendre une résolution

resolve [rɪˈzɔlv] n résolution f ♦ vt (decide): **to resolve to do** résoudre or décider de faire; (problem) résoudre

resort [rɪˈzɔːt] n (town) station f (de vacances); (recourse) recours m ♦ vi: **to resort to** avoir recours à; **seaside/winter sports resort** station balnéaire/ de sports d'hiver; **in the last resort** en dernier ressort

resounding [rɪˈzaundɪŋ] adj retentissant(e)

resource [rɪˈsɔːs] n ressource f; **resources** npl ressources; **natural resources** ressources naturelles; **to leave sb to his (or her) own resources** (fig) livrer qn à lui-même (or elle-même)

resourceful [rɪˈsɔːsful] adj plein(e) de ressource, débrouillard(e)

respect [rɪsˈpɛkt] n respect m; (point, detail): **in some respects** à certains égards ♦ vt respecter; **respects** npl respects, hommages mpl; **to have or show respect for sb/sth** respecter qn/qch; **out of respect for** par respect pour; **with respect to** en ce qui concerne; **in respect of** sous le rapport de, quant à; **in this respect** sous ce rapport, à cet égard; **with due respect I ...** malgré le respect que je vous dois, je ...

respectable [rɪsˈpɛktəbl] adj respectable; (quite good: result etc) honorable; (player) assez bon (bonne)

respectful [rɪsˈpɛktful] adj respectueux(euse)

respectively [rɪsˈpɛktɪvlɪ] adv respectivement

respite [ˈrɛspaɪt] n répit m

respond [rɪsˈpɔnd] vi répondre; (to treatment) réagir

response [rɪsˈpɔns] n réponse f; (to treatment) réaction f; **in response to** en réponse à

responsibility [rɪspɔnsɪˈbɪlɪtɪ] n responsabilité f; **to take responsibility for sth/sb** accepter la responsabilité de qch/d'être responsable de qn

responsible [rɪsˈpɔnsɪbl] adj (liable): **responsible (for)** responsable (de); (person) digne de confiance; (job) qui comporte des responsabilités; **to be responsible to sb (for sth)** être responsable devant qn (de qch)

responsive [rɪsˈpɔnsɪv] adj qui n'est pas réservé(e) or indifférent(e)

rest [rɛst] n repos m; (stop) arrêt m, pause f; (MUS) silence m; (support) support m, appui m; (remainder) reste m, restant m ♦ vi se reposer; (be supported): **to rest on** appuyer or reposer sur; (remain) rester ♦ vt (lean): **to rest sth on/against** appuyer qch sur/contre; **the rest of them** les autres; **to set sb's mind at rest** tranquilliser qn; **it rests with him to** c'est à lui de; **rest assured that ...** soyez assuré que ...

restaurant [ˈrɛstərɔŋ] n restaurant m

restaurant car n (BRIT) wagon-restaurant m

restful [ˈrɛstful] adj reposant(e)

restive [ˈrɛstɪv] adj agité(e), impatient(e); (horse) rétif(ive)

restless [ˈrɛstlɪs] adj agité(e); **to get restless** s'impatienter

restoration [rɛstəˈreɪʃən] n restauration f; restitution f

restore [rɪˈstɔː] vt (building) restaurer; (sth stolen) restituer; (peace, health) rétablir

restrain [rɪsˈtreɪn] vt (feeling) contenir; (person): **to restrain (from doing)** retenir (de faire)

restrained [rɪsˈtreɪnd] adj (style) sobre; (manner) mesuré(e)

restraint [rɪsˈtreɪnt] n (restriction) contrainte f; (moderation) retenue f; (of style) sobriété f; **wage restraint** limitations salariales

restrict [rɪsˈtrɪkt] vt restreindre, limiter

restriction [rɪsˈtrɪkʃən] n restriction f, limitation f

rest room n (US) toilettes fpl

result [rɪˈzʌlt] n résultat m ♦ vi: **to result (from)** résulter (de); **to result in** aboutir à, se terminer par; **as a result it is too expensive** il en résulte que c'est trop cher; **as a result of** à la suite de

resume [rɪˈzjuːm] vt (work, journey) reprendre; (sum up) résumer ♦ vi (work etc) reprendre

résumé [ˈreɪzjuːmeɪ] n (summary) résumé m; (US: curriculum vitae) curriculum vitae m inv

resumption [rɪˈzʌmpʃən] n reprise f

resurgence [rɪˈsɜːdʒəns] n réapparition f

resurrection [rɛzəˈrɛkʃən] n résurrection f

resuscitate [rɪˈsʌsɪteɪt] vt (MED) réanimer

retail [ˈriːteɪl] n (vente f au) détail m ♦ cpd de or au détail ♦ *vt* vendre au détail ♦ *vi*: **to retail at 10 francs** se vendre au détail à 10 francs

retailer [ˈriːteɪlə*] *n* détaillant/e

retail price *n* prix *m* de détail

retain [rɪˈteɪn] *vt* (*keep*) garder, conserver; (*employ*) engager

retainer [rɪˈteɪnə*] *n* (*servant*) serviteur *m*; (*fee*) acompte *m*, provision *f*

retaliate [rɪˈtælɪeɪt] *vi*: **to retaliate (against)** se venger (de); **to retaliate (on sb)** rendre la pareille (à qn)

retaliation [rɪtælɪˈeɪʃən] *n* représailles *fpl*, vengeance *f*; **in retaliation for** par représailles pour

retarded [rɪˈtɑːdɪd] *adj* retardé(e)

retch [retʃ] *vi* avoir des haut-le-cœur

retentive [rɪˈtentɪv] *adj*: **retentive memory** excellente mémoire

retina [ˈretɪnə] *n* rétine *f*

retire [rɪˈtaɪə*] *vi* (*give up work*) prendre sa retraite; (*withdraw*) se retirer, partir; (*go to bed*) (aller) se coucher

retired [rɪˈtaɪəd] *adj* (*person*) retraité(e)

retirement [rɪˈtaɪəmənt] *n* retraite *f*

retiring [rɪˈtaɪərɪŋ] *adj* (*person*) réservé(e); (*chairman etc*) sortant(e)

retort [rɪˈtɔːt] *n* (*reply*) riposte *f*; (*container*) cornue *f* ♦ *vi* riposter

retrace [riːˈtreɪs] *vt* reconstituer; **to retrace one's steps** revenir sur ses pas

retract [rɪˈtrækt] *vt* (*statement, claws*) rétracter; (*undercarriage, aerial*) rentrer, escamoter ♦ *vi* se rétracter; rentrer

retrain [riːˈtreɪn] *vt* recycler ♦ *vi* se recycler

retread *vt* [riːˈtred] (*AUT: tyre*) rechaper ♦ *n* [ˈriːtred] pneu rechapé

retreat [rɪˈtriːt] *n* retraite *f* ♦ *vi* battre en retraite; (*flood*) reculer; **to beat a hasty retreat** (*fig*) partir avec précipitation

retribution [retrɪˈbjuːʃən] *n* châtiment *m*

retrieval [rɪˈtriːvəl] *n* récupération *f*; réparation *f*; recherche *f* et extraction *f*

retrieve [rɪˈtriːv] *vt* (*sth lost*) récupérer; (*situation, honour*) sauver; (*error, loss*) réparer; (*COMPUT*) rechercher

retriever [rɪˈtriːvə*] *n* chien *m* d'arrêt

retrospect [ˈretrəspekt] *n*: **in retrospect** rétrospectivement, après coup

retrospective [retrəˈspektɪv] *adj* (*law*) rétroactif(ive) ♦ *n* (*ART*) rétrospective *f*

return [rɪˈtɜːn] *n* (*going or coming back*) retour *m*; (*of sth stolen etc*) restitution *f*; (*recompense*) récompense *f*; (*FINANCE: from land, shares*) rapport *m*; (*report*) relevé *m*, rapport *f* ♦ *cpd* (*journey*) de retour; (*BRIT: ticket*) aller et retour; (*match*) retour ♦ *vi* (*person etc: come back*) revenir; (: *go back*) retourner ♦ *vt* rendre; (*bring back*) rapporter; (*send back*) renvoyer; (*put back*) remettre; (*POL: candidate*) élire;

returns *npl* (*COMM*) recettes *fpl*; bénéfices *mpl*; (: *returned goods*) marchandises renvoyées; **many happy returns (of the day)!** bon anniversaire!; **by return (of post)** par retour (du courrier); **in return (for)** en échange (de)

reunion [riːˈjuːnɪən] *n* réunion *f*

reunite [riːjuːˈnaɪt] *vt* réunir

reuse [riːˈjuːz] *vt* réutiliser

rev [rev] *n abbr* = **revolution** (*AUT*) tour *m* ♦ *vb* (*also*: **rev up**) ♦ *vt* emballer ♦ *vi* s'emballer

revamp [riːˈvæmp] *vt* (*house*) retaper; (*firm*) réorganiser

reveal [rɪˈviːl] *vt* (*make known*) révéler; (*display*) laisser voir

revealing [rɪˈviːlɪŋ] *adj* révélateur(trice); (*dress*) au décolleté généreux *or* suggestif

revel [ˈrevl] *vi*: **to revel in sth/in doing** se délecter de qch/à faire

revenge [rɪˈvendʒ] *n* vengeance *f*; (*in game etc*) revanche *f* ♦ *vt* venger; **to take revenge** se venger

revenue [ˈrevənjuː] *n* revenu *m*

reverberate [rɪˈvɜːbəreɪt] *vi* (*sound*) retentir, se répercuter; (*light*) se réverbérer

reverence [ˈrevərəns] *n* vénération *f*, révérence *f*

reverend [ˈrevərənd] *adj* vénérable; **the Reverend John Smith** (*Anglican*) le révérend John Smith; (*Catholic*) l'abbé John Smith; (*Protestant*) le pasteur John Smith

reversal [rɪˈvɜːsl] *n* (*of opinion*) revirement *m*

reverse [rɪˈvɜːs] *n* contraire *m*, opposé *m*; (*back*) dos *m*, envers *m*; (*AUT: also*: **reverse gear**) marche *f* arrière ♦ *adj* (*order, direction*) opposé(e), inverse ♦ *vt* (*turn*) renverser, retourner; (*change*) renverser, changer complètement; (*LAW: judgment*) réformer ♦ *vi* (*BRIT AUT*) faire marche arrière; **to go into reverse** faire marche arrière; **in reverse order** en ordre inverse

reversed charge call [rɪˈvɜːst-] *n* (*BRIT TEL*) communication *f* en PCV

reversing lights [rɪˈvɜːsɪŋ-] *npl* (*BRIT AUT*) feux *mpl* de marche arrière *or* de recul

revert [rɪˈvɜːt] *vi*: **to revert to** revenir à, retourner à

review [rɪˈvjuː] *n* revue *f*; (*of book, film*) critique *f* ♦ *vt* passer en revue; faire la critique de; **to come under review** être révisé(e)

reviewer [rɪˈvjuːə*] *n* critique *m*

revise [rɪˈvaɪz] *vt* (*manuscript*) revoir, corriger; (*opinion*) réviser, modifier; (*study: subject, notes*) réviser; **revised edition** édition revue et corrigée

revision [rɪˈvɪʒən] *n* révision *f*; (*revised version*) version corrigée

revival [rɪˈvaɪvəl] *n* reprise *f*; rétablissement *m*; (*of faith*) renouveau *m*

revive [rɪˈvaɪv] *vt* (*person*) ranimer; (*custom*) rétablir; (*hope, courage*) redonner; (*play, fashion*) reprendre ♦ *vi* (*person*) reprendre connaissance; (*hope*) renaître; (*activity*) reprendre

revoke [rɪ'vəuk] *vt* révoquer; (*promise, decision*) revenir sur

revolt [rɪ'vəult] *n* révolte *f* ♦ *vi* se révolter, se rebeller

revolting [rɪ'vəultɪŋ] *adj* dégoûtant(e)

revolution [revə'lu:ʃən] *n* révolution *f*; (*of wheel etc*) tour *m*, révolution

revolutionary [revə'lu:ʃənrɪ] *adj*, *n* révolutionnaire (*m/f*)

revolve [rɪ'vɒlv] *vi* tourner

revolver [rɪ'vɒlvə*] *n* revolver *m*

revolving [rɪ'vɒlvɪŋ] *adj* (*chair*) pivotant(e); (*light*) tournant(e)

revolving door *n* (porte *f* à) tambour *m*

revulsion [rɪ'vʌlʃən] *n* dégoût *m*, répugnance *f*

reward [rɪ'wɔ:d] *n* récompense *f* ♦ *vt*: **to reward (for)** récompenser (de)

rewarding [rɪ'wɔ:dɪŋ] *adj* (*fig*) qui (en) vaut la peine, gratifiant(e); **financially rewarding** financièrement intéressant(e)

rewind [ri:'waɪnd] *vt irreg* (*watch*) remonter; (*ribbon etc*) réembobiner

rewire [ri:'waɪə*] *vt* (*house*) refaire l'installation électrique de

rheumatism ['ru:mətɪzəm] *n* rhumatisme *m*

Rhine [raɪn] *n*: **the Rhine** le Rhin

rhinoceros [raɪ'nɒsərəs] *n* rhinocéros *m*

Rhône [rəun] *n*: **the Rhône** le Rhône

rhubarb ['ru:bɑ:b] *n* rhubarbe *f*

rhyme [raɪm] *n* rime *f*; (*verse*) vers *mpl* ♦ *vi*: **to rhyme (with)** rimer (avec); **without rhyme or reason** sans rime ni raison

rhythm ['rɪðm] *n* rythme *m*

rib [rɪb] *n* (*ANAT*) côte *f* ♦ *vt* (*mock*) taquiner

ribbon ['rɪbən] *n* ruban *m*; **in ribbons** (*torn*) en lambeaux

rice [raɪs] *n* riz *m*

rice pudding *n* riz *m* au lait

rich [rɪtʃ] *adj* riche; (*gift, clothes*) somptueux(euse); **the rich** *npl* les riches *mpl*; **riches** *npl* richesses *fpl*; **to be rich in sth** être riche en qch

richly ['rɪtʃlɪ] *adv* richement; (*deserved, earned*) largement, grandement

rickets ['rɪkɪts] *n* rachitisme *m*

rid, *pt*, *pp* **rid** [rɪd] *vt*: **to rid sb of** débarrasser qn de; **to get rid of** se débarrasser de

riddle ['rɪdl] *n* (*puzzle*) énigme *f* ♦ *vt*: **to be riddled with** être criblé(e) de

ride [raɪd] *n* promenade *f*, tour *m*; (*distance covered*) trajet *m* ♦ *vb*, *pt* **rode**, *pp* **ridden** [raud, 'rɪdn] *vi* (*as sport*) monter (à cheval), faire du cheval; (*go somewhere: on horse, bicycle*) aller (à cheval *or* bicyclette *etc*); (*journey: on bicycle, motor cycle, bus*) rouler ♦ *vt* (*a certain horse*) monter; (*distance*) parcourir, faire; **we rode all day/all the way** nous sommes restés toute la journée en selle/avons fait tout le chemin en selle *or* à cheval; **to ride a horse/**

bicycle/camel monter à cheval/à bicyclette/à dos de chameau; **can you ride a bike?** est-ce que tu sais monter à bicyclette?; **to ride at anchor** (*NAUT*) être à l'ancre; **horse/car ride** promenade *or* tour à cheval/en voiture; **to go for a ride** faire une promenade (en voiture *or* à bicyclette *etc*); **to take sb for a ride** (*fig*) faire marcher qn; rouler qn

▶ **ride out** *vt*: **to ride out the storm** (*fig*) surmonter les difficultés

rider ['raɪdə*] *n* cavalier/ière; (*in race*) jockey *m*; (*on bicycle*) cycliste *m/f*; (*on motorcycle*) motocycliste *m/f*; (*in document*) annexe *f*, clause additionnelle

ridge [rɪdʒ] *n* (*of hill*) faîte *m*; (*of roof, mountain*) arête *f*; (*on object*) strie *f*

ridicule ['rɪdɪkju:l] *n* ridicule *m*; dérision *f* ♦ *vt* ridiculiser, tourner en dérision; **to hold sb/sth up to ridicule** tourner qn/qch en ridicule

ridiculous [rɪ'dɪkjuləs] *adj* ridicule

riding ['raɪdɪŋ] *n* équitation *f*

riding school *n* manège *m*, école *f* d'équitation

rife [raɪf] *adj* répandu(e); **rife with** abondant(e) en

riffraff ['rɪfræf] *n* racaille *f*

rifle ['raɪfl] *n* fusil *m* (à canon rayé) ♦ *vt* vider, dévaliser

▶ **rifle through** *vt fus* fouiller dans

rifle range *n* champ *m* de tir; (*indoor*) stand *m* de tir

rift [rɪft] *n* fente *f*, fissure *f*; (*fig: disagreement*) désaccord *m*

rig [rɪg] *n* (*also: oil rig: on land*) derrick *m*; (: *at sea*) plate-forme pétrolière ♦ *vt* (*election etc*) truquer

▶ **rig out** *vt* (*BRIT*) habiller; (: *pej*) fringuer, attifer

▶ **rig up** *vt* arranger, faire avec des moyens de fortune

rigging ['rɪgɪŋ] *n* (*NAUT*) gréement *m*

right [raɪt] *adj* (*true*) juste, exact(e); (*correctly chosen: answer, road etc*) bon(bonne); (*suitable*) approprié(e), convenable; (*just*) juste, équitable; (*morally good*) bien *inv*; (*not left*) droit(e) ♦ *n* (*title, claim*) droit *m*; (*not left*) droite *f* ♦ *adv* (*answer*) correctement; (*not on the left*) à droite ♦ *vt* redresser ♦ *excl* bon!; **the right time** (*precise*) l'heure exacte; (*not wrong*) la bonne heure; **to be right** (*person*) avoir raison; (*answer*) être juste *or* correct(e); **to get sth right** ne pas se tromper sur qch; **let's get it right this time!** essayons de ne pas nous tromper cette fois-ci!; **you did the right thing** vous avez bien fait; **to put a mistake right** (*BRIT*) rectifier une erreur; **right now** en ce moment même; tout de suite; **right before/after** juste avant/après; **right against the wall** tout contre le mur; **right ahead** tout droit; droit devant; **right in the middle** en plein milieu; **right away** immédiatement; **to go right to the end of sth** aller jusqu'au bout de qch; **by rights** en toute justice; **on the right** à droite; **right and wrong** le bien et le mal; **to be in the right** avoir raison; **film rights** droits d'adaptation cinématographique; **right of way** droit *m* de passage; (AUT) priorité f

right angle n angle droit

righteous ['raɪtʃəs] adj droit(e), vertueux(euse); (anger) justifié(e)

rightful ['raɪtful] adj (heir) légitime

right-handed [raɪt'hændɪd] adj (person) droitier(ière)

right-hand man ['raɪthænd-] n bras droit (fig)

right-hand side ['raɪthænd-] n côté droit

rightly ['raɪtlɪ] adv bien, correctement; (with reason) à juste titre; **if I remember rightly** (BRIT) si je me souviens bien

right wing n (MIL, SPORT) aile droite; (POL) droite f ♦ adj: **right-wing** (POL) de droite

rigid ['rɪdʒɪd] adj rigide; (principle) strict(e)

rigmarole ['rɪgmərəul] n galimatias m, comédie f

rigorous ['rɪgərəs] adj rigoureux(euse)

rile [raɪl] vt agacer

rim [rɪm] n bord m; (of spectacles) monture f; (of wheel) jante f

rind [raɪnd] n (of bacon) couenne f; (of lemon etc) écorce f

ring [rɪŋ] n anneau m; (on finger) bague f; (also: **wedding ring**) alliance f; (for napkin) rond m; (of people, objects) cercle m; (of spies) réseau m; (of smoke etc) rond; (arena) piste f, arène f; (for boxing) ring m; (sound of bell) sonnerie f; (telephone call) coup m de téléphone ♦ vb, pt **rang**, pp **rung** [ræŋ, rʌŋ] vi (person, bell) sonner; (also: **ring out**: voice, words) retentir; (TEL) téléphoner ♦ vt (BRIT TEL: also: **ring up**) téléphoner à; **to ring the bell** sonner; **to give sb a ring** (TEL) passer un coup de téléphone or de fil à qn; **that has the ring of truth about it** cela sonne vrai; **the name doesn't ring a bell (with me)** ce nom ne me dit rien

▶ **ring back** vt, vi (BRIT TEL) rappeler

▶ **ring off** vi (BRIT TEL) raccrocher

ring binder n classeur m à anneaux

ringing ['rɪŋɪŋ] n (of bell) tintement m; (louder, also of telephone) sonnerie f; (in ears) bourdonnement m

ringing tone n (BRIT TEL) sonnerie f

ringleader ['rɪŋliːdə*] n (of gang) chef m, meneur m

ringlets ['rɪŋlɪts] npl anglaises fpl

ring road n (BRIT) route f de ceinture

rink [rɪŋk] n (also: **ice rink**) patinoire f; (for roller-skating) skating m

rinse [rɪns] n rinçage m ♦ vt rincer

riot ['raɪət] n émeute f, bagarres fpl ♦ vi manifester avec violence; **a riot of colours** une débauche or orgie de couleurs; **to run riot** se déchaîner

riotous ['raɪətəs] adj tapageur(euse); tordant(e)

rip [rɪp] n déchirure f ♦ vt déchirer ♦ vi se déchirer

▶ **rip up** vt déchirer

ripcord ['rɪpkɔːd] n poignée f d'ouverture

ripe [raɪp] adj (fruit) mûr(e); (cheese) fait(e)

ripen ['raɪpn] vt mûrir ♦ vi mûrir; se faire

rip-off ['rɪpɔf] n (col): **it's a rip-off!** c'est du vol manifeste!

ripple ['rɪpl] n ride f, ondulation f; égrènement m, cascade f ♦ vi se rider, onduler ♦ vt rider, faire onduler

rise [raɪz] n (slope) côte f, pente f; (hill) élévation f; (increase: in wages: BRIT) augmentation f; (: in prices, temperature) hausse f, augmentation; (fig) ascension f ♦ vi, pt **rose**, pp **risen** [rauz, rɪzn] s'élever, monter; (prices) augmenter, monter; (waters, river) monter; (sun, wind, person: from chair, bed) se lever; (also: **rise up**: rebel) se révolter; se rebeller; **rise to power** montée f au pouvoir; **to give rise to** donner lieu à; **to rise to the occasion** se montrer à la hauteur

riser ['raɪzə*] n: **to be an early riser** être matinal(e)

rising ['raɪzɪŋ] adj (increasing: number, prices) en hausse; (tide) montant(e); (sun, moon) levant(e) ♦ n (uprising) soulèvement m, insurrection f

risk [rɪsk] n risque m, danger m; (deliberate) risque ♦ vt risquer; **to take** or **run the risk of doing** courir le risque de faire; **at risk** en danger; **at one's own risk** à ses risques et périls; **it's a fire/health risk** cela présente un risque d'incendie/pour la santé; **I'll risk it** je vais risquer le coup

risky ['rɪskɪ] adj risqué(e)

rissole ['rɪsəul] n croquette f

rite [raɪt] n rite m; **the last rites** les derniers sacrements

ritual ['rɪtjuəl] adj rituel(le) ♦ n rituel m

rival ['raɪvl] n rival/e; (in business) concurrent/e ♦ adj rival(e); qui fait concurrence ♦ vt être en concurrence avec; **to rival sb/sth in** rivaliser avec qn/qch dans

rivalry ['raɪvlrɪ] n rivalité f; concurrence f

river ['rɪvə*] n rivière f, fleuve m ♦ cpd (port, traffic) fluvial(e); **up/down river** en amont/aval

riverbank ['rɪvəbæŋk] n rive f, berge f

riverbed ['rɪvəbed] n lit m (de rivière or de fleuve)

rivet ['rɪvɪt] n rivet m ♦ vt riveter; (fig) river, fixer

Riviera [rɪvɪ'eərə] n: **the (French) Riviera** la Côte d'Azur; **the Italian Riviera** la Riviera (italienne)

road [rəud] n route f; (in town) rue f; (fig) chemin, voie f; **main road** grande route; **major road** route principale or à priorité; **minor road** voie secondaire; **it takes four hours by road** il y a quatre heures de route; **"road up"** (BRIT) "attention travaux"

road accident n accident m de la circulation

roadblock ['rəudblɔk] n barrage routier

roadhog ['rəudhɔg] n chauffard m

road map n carte routière

road rage n comportement très agressif de certains usagers de la route

road safety n sécurité routière

roadside ['rəudsaɪd] n bord m de la route, bas-côté m ◆ cpd (situé(e) etc) au bord de la route; **by the roadside** au bord de la route

road sign n panneau m de signalisation

roadway ['rəudweɪ] n chaussée f

roadworks ['rəudwɜːks] npl travaux mpl (de réfection des routes)

roadworthy ['rəudwɜːðɪ] adj en bon état de marche

roam [rəum] vi errer, vagabonder ◆ vt parcourir, errer par

roar [rɔːʳ] n rugissement m; (of crowd) hurlements mpl; (of vehicle, thunder, storm) grondement m ◆ vi rugir; hurler; gronder; **to roar with laughter** rire à gorge déployée

roast [rəust] n rôti m ◆ vt (meat) (faire) rôtir

roast beef n rôti m de bœuf, rosbif m

rob [rɒb] vt (person) voler; (bank) dévaliser; **to rob sb of sth** voler ou dérober qch à qn; (fig: deprive) priver qn de qch

robber ['rɒbəʳ] n bandit m, voleur m

robbery ['rɒbərɪ] n vol m

robe [rəub] n (for ceremony etc) robe f; (also: **bathrobe**) peignoir m ◆ vt revêtir (d'une robe)

robin ['rɒbɪn] n rouge-gorge m

robot ['rəubɒt] n robot m

robust [rəu'bʌst] adj robuste; (material, appetite) solide

rock [rɒk] n (substance) roche f, roc m; (boulder) rocher m, roche; (BRIT: sweet) ≃ sucre m d'orge ◆ vt (swing gently: cradle) balancer; (: child) bercer; (shake) ébranler, secouer ◆ vi (se) balancer, être ébranlé(e) ou secoué(e); **on the rocks** (drink) avec des glaçons; (ship) sur les écueils; (marriage etc) en train de craquer; **to rock the boat** (fig) jouer les trouble-fête

rock and roll n rock (and roll) m, rock'n'roll m

rock-bottom ['rɒk'bɒtəm] n (fig) niveau le plus bas ◆ adj (fig: prices) sacrifié(e); **to reach** or **touch rock-bottom** (price, person) tomber au plus bas

rockery ['rɒkərɪ] n (jardin m de) rocaille f

rocket ['rɒkɪt] n fusée f; (MIL) fusée, roquette f ◆ vi (prices) monter en flèche

rocking chair ['rɒkɪŋ-] n fauteuil m à bascule

rocking horse ['rɒkɪŋ-] n cheval m à bascule

rocky ['rɒkɪ] adj (hill) rocheux(euse); (path) rocailleux(euse); (unsteady: table) branlant(e)

rod [rɒd] n (metallic) tringle f; (TECH) tige f; (wooden) baguette f; (also: **fishing rod**) canne f à pêche

rode [rəud] pt of **ride**

rodent ['rəudnt] n rongeur m

rodeo ['rəudɪəu] n rodéo m

roe [rəu] n (species: also: **roe deer**) chevreuil m; (of fish: also: **hard roe**) œufs mpl de poisson; **soft roe** laitance f

rogue [rəug] n coquin/e

role [rəul] n rôle m

role play, role playing n jeu m de rôle

roll [rəul] n rouleau m; (of banknotes) liasse f; (also: **bread roll**) petit pain; (register) liste f; (sound: of drums etc) roulement m; (movement: of ship) roulis m ◆ vt rouler; (also: **roll up**: string) enrouler; (also: **roll out**: pastry) étendre au rouleau ◆ vi rouler; (wheel) tourner; **cheese roll** ≃ sandwich m au fromage (dans un petit pain)

▶ **roll about, roll around** vi rouler çà et là; (person) se rouler par terre

▶ **roll by** vi (time) s'écouler, passer

▶ **roll in** vi (mail, cash) affluer

▶ **roll over** vi se retourner

▶ **roll up** vi (col: arrive) arriver, s'amener ◆ vt (carpet, cloth, map) rouler; (sleeves) retrousser; **to roll o.s. up into a ball** se rouler en boule

roll call n appel m

roller ['rəuləʳ] n rouleau m; (wheel) roulette f

roller blade n patin m en ligne

roller coaster n montagnes fpl russes

roller skates npl patins mpl à roulettes

roller skating n patin m à roulettes

rolling ['rəulɪŋ] adj (landscape) onduleux(euse)

rolling pin n rouleau m à pâtisserie

rolling stock n (RAIL) matériel roulant

ROM [rɒm] n abbr (COMPUT: = read-only memory) mémoire morte, ROM f

Roman ['rəumən] adj romain(e) ◆ n Romain/e

Roman Catholic adj, n catholique (m/f)

romance [rə'mæns] n histoire f (or film m or aventure f) romanesque; (charm) poésie f; (love affair) idylle f

Romania [rəu'meɪnɪə] n Roumanie f

Romanian [rəu'meɪnɪən] adj roumain(e) ◆ n Roumain/e; (LING) roumain m

Roman numeral n chiffre romain

romantic [rə'mæntɪk] adj romantique; (play, attachment) sentimental(e)

Rome [rəum] n Rome

romp [rɒmp] n jeux bruyants ◆ vi (also: **romp about**) s'ébattre, jouer bruyamment; **to romp home** (horse) arriver bon premier

rompers ['rɒmpəz] npl barboteuse f

roof [ruːf] n toit m; (of tunnel, cave) plafond m ◆ vt couvrir (d'un toit); **the roof of the mouth** la voûte du palais

roofing ['ruːfɪŋ] n toiture f

roof rack n (AUT) galerie f

rook [ruk] n (bird) freux m; (CHESS) tour f ◆ vt (col: cheat) rouler, escroquer

room [ruːm] n (in house) pièce f; (also: **bedroom**) chambre f (à coucher); (in school etc) salle f; (space) place f; **rooms** npl (lodging) meublé m; **"rooms to let"**, (US) **"rooms for rent"** "chambres à louer"; **is there room for this?** est-ce qu'il y a de la place pour ceci?; **to make room for sb** faire de la place à qn; **there is room for improvement** on peut faire mieux

rooming house ['ru:mɪŋ-] n (US) maison f de rapport

roommate ['ru:meɪt] n camarade m/f de chambre

room service n service m des chambres (dans un hôtel)

roomy ['ru:mɪ] adj spacieux(euse); (garment) ample

roost [ru:st] n juchoir m ♦ vi se jucher

rooster ['ru:stə*] n coq m

root [ru:t] n (BOT, MATH) racine f; (fig: of problem) origine f, fond m ♦ vi (plant) s'enraciner; **to take root** (plant, idea) prendre racine

▶ **root about** vi (fig) fouiller

▶ **root for** vt fus (col) applaudir

▶ **root out** vt extirper

rope [rəup] n corde f; (NAUT) cordage m ♦ vt (box) corder; (climbers) encorder; **to rope sb in** (fig) embringuer qn; **to know the ropes** (fig) être au courant, connaître les ficelles

rosary ['rəuzərɪ] n chapelet m

rose [rəuz] pt of **rise** ♦ n rose f; (also: **rosebush**) rosier m; (on watering can) pomme f ♦ adj rose

rosé ['rəuzeɪ] n rosé m

rosebud ['rəuzbʌd] n bouton m de rose

rosemary ['rəuzmərɪ] n romarin m

roster ['rɒstə*] n: **duty roster** tableau m de service

rostrum ['rɒstrəm] n tribune f (pour un orateur etc)

rosy ['rəuzɪ] adj rose; **a rosy future** un bel avenir

rot [rɒt] n (decay) pourriture f; (fig: pej) idioties fpl, balivernes fpl ♦ vt, vi pourrir; **to stop the rot** (BRIT fig) rétablir la situation; **dry rot** pourriture sèche (du bois); **wet rot** pourriture (du bois)

rota ['rəutə] n liste f, tableau m de service; **on a rota basis** par roulement

rotary ['rəutərɪ] adj rotatif(ive)

rotate [rəu'teɪt] vt (revolve) faire tourner; (change round: crops) alterner; (: jobs) faire à tour de rôle ♦ vi (revolve) tourner

rotating [rəu'teɪtɪŋ] adj (movement) tournant(e)

rotten ['rɒtn] adj (decayed) pourri(e); (dishonest) corrompu(e); (col: bad) mauvais(e), moche; **to feel rotten** (ill) être mal fichu(e)

rotund [rəu'tʌnd] adj rondelet(te); arrondi(e)

rough [rʌf] adj (cloth, skin) rêche, rugueux(euse); (terrain) accidenté(e); (path) rocailleux(euse); (voice) rauque, rude; (person, manner: coarse) rude, fruste; (: violent) brutal(e); (district, weather) mauvais(e); (plan) ébauché(e); (guess) approximatif(ive) ♦ n (GOLF) rough m ♦ vt: **to rough it** vivre à la dure; **the sea is rough today** la mer est agitée aujourd'hui; **to have a rough time (of it)** en voir de dures; **rough estimate** approximation f; **to play rough** jouer avec brutalité; **to sleep rough** (BRIT)

coucher à la dure; **to feel rough** (BRIT) être mal fichu(e)

▶ **rough out** vt (draft) ébaucher

roughage ['rʌfɪdʒ] n fibres fpl diététiques

rough-and-ready ['rʌfən'redɪ] adj (accommodation, method) rudimentaire

rough copy, rough draft n brouillon m

roughly ['rʌflɪ] adv (handle) rudement, brutalement; (make) grossièrement; (approximately) à peu près, en gros; **roughly speaking** en gros

roulette [ru:'let] n roulette f

Roumania etc [ru:'meɪnɪə] = **Romania** etc

round [raund] adj rond(e) ♦ n rond m, cercle m; (BRIT: of toast) tranche f; (duty: of policeman, milkman etc) tournée f; (: of doctor) visites fpl; (game: of cards, in competition) partie f; (BOXING) round m; (of talks) série f ♦ vt (corner) tourner; (bend) prendre; (cape) doubler ♦ prep autour de ♦ adv: **right round, all round** tout autour; **the long way round** (par) le chemin le plus long; **all the year round** toute l'année; **in round figures** en chiffres ronds; **it's just round the corner** c'est juste après le coin; (fig) c'est tout près; **to ask sb round** inviter qn (chez soi); **I'll be round at 6 o'clock** je serai là à 6 heures; **to go round** faire le tour or un détour; **to go round to sb's (house)** aller chez qn; **to go round an obstacle** contourner un obstacle; **to go round the back** passez par derrière; **to go round a house** visiter une maison, faire le tour d'une maison; **enough to go round** assez pour tout le monde; **she arrived round (about) noon** (BRIT) elle est arrivée vers midi; **round the clock** 24 heures sur 24; **to go the rounds** (disease, story) circuler; **the daily round** (fig) la routine quotidienne; **round of ammunition** cartouche f; **round of applause** applaudissements mpl; **round of drinks** tournée f; **round of sandwiches** (BRIT) sandwich m

▶ **round off** vt (speech etc) terminer

▶ **round up** vt rassembler; (criminals) effectuer une rafle de; (prices) arrondir (au chiffre supérieur)

roundabout ['raundəbaut] n (BRIT AUT) rond-point m (à sens giratoire); (at fair) manège m (de chevaux de bois) ♦ adj (route, means) détourné(e)

rounders ['raundəz] npl (game) ≈ balle f au camp

roundly ['raundlɪ] adv (fig) tout net, carrément

round trip n (voyage m) aller et retour m

roundup ['raundʌp] n rassemblement m; (of criminals) rafle f; **a roundup of the latest news** un rappel des derniers événements

rouse [rauz] vt (wake up) réveiller; (stir up) susciter; provoquer; éveiller

rousing ['rauzɪŋ] adj (welcome) enthousiaste

route [ru:t] n itinéraire m; (of bus) parcours m; (of trade, shipping) route f; **"all routes"** (AUT) "toutes directions"; **the best route to London** le meilleur itinéraire pour aller à Londres

routine [ru:'ti:n] adj (work) de routine; (proce-

dure) d'usage ♦ *n* routine *f*; (THEAT) numéro *m*; **daily routine** occupations journalières

rove ['rəuv] *vt* (*area, streets*) errer dans

row¹ ['rəu] *n* (*line*) rangée *f*; (*of people, seats*, KNITTING) rang *m*; (*behind one another: of cars, people*) file *f* ♦ *vi* (*in boat*) ramer; (*as sport*) faire de l'aviron ♦ *vt* (*boat*) faire aller à la rame or à l'aviron; **in a row** (*fig*) d'affilée

row² ['rau] *n* (*noise*) vacarme *m*; (*dispute*) dispute *f*, querelle *f*; (*scolding*) réprimande *f*, savon *m* ♦ *vi* (*also*: **to have a row**) se disputer, se quereller

rowboat ['rəubəut] *n* (US) canot *m* (à rames)

rowdy ['raudɪ] *adj* chahuteur(euse); bagarreur(euse) ♦ *n* voyou *m*

rowing ['rəuɪŋ] *n* canotage *m*; (*as sport*) aviron *m*

rowing boat *n* (BRIT) canot *m* (à rames)

royal ['rɔɪəl] *adj* royal(e)

Royal Air Force (RAF) *n* (BRIT) armée de l'air britannique

royalty ['rɔɪəltɪ] *n* (*royal persons*) (membres *mpl* de la) famille royale; (*payment: to author*) droits *mpl* d'auteur; (: *to inventor*) royalties *fpl*

rpm *abbr* (= *revolutions per minute*) t/mn (= *tours/minute*)

RSVP *abbr* (= *répondez s'il vous plaît*) RSVP

Rt Hon. *abbr* (BRIT: = *Right Honourable*) titre donné aux députés de la Chambre des communes

rub [rʌb] *n* (*with cloth*) coup *m* de chiffon or de torchon; (*on person*) friction *f* ♦ *vt* frotter; frictionner; **to rub sb up** or **rub sb the wrong way** (US) prendre qn à rebrousse-poil

▶ **rub down** *vt* (*body*) frictionner; (*horse*) bouchonner

▶ **rub in** *vt* (*ointment*) faire pénétrer

▶ **rub off** *vi* partir; **to rub off on** déteindre sur

▶ **rub out** *vt* effacer ♦ *vi* s'effacer

rubber ['rʌbə*] *n* caoutchouc *m*; (BRIT: *eraser*) gomme *f* (à effacer)

rubber band *n* élastique *m*

rubber plant *n* caoutchouc *m* (*plante verte*)

rubbish ['rʌbɪʃ] *n* (*from household*) ordures *fpl*; (*fig: pej*) choses *fpl* sans valeur; camelote *f*; (*nonsense*) bêtises *fpl*, idioties *fpl* ♦ *vt* (BRIT col) dénigrer, rabaisser; **what you've just said is rubbish** tu viens de dire une bêtise

rubbish bin *n* (BRIT) boîte *f* à ordures, poubelle *f*

rubbish dump *n* (*in town*) décharge publique, dépotoir *m*

rubble ['rʌbl] *n* décombres *mpl*; (*smaller*) gravats *mpl*

ruby ['ru:bɪ] *n* rubis *m*

rucksack ['rʌksæk] *n* sac *m* à dos

rudder ['rʌdə*] *n* gouvernail *m*

ruddy ['rʌdɪ] *adj* (*face*) coloré(e); (*col: damned*) sacré(e), fichu(e)

rude [ru:d] *adj* (*impolite: person*) impoli(e); (: *word, manners*) grossier(ière); (*shocking*) indécent(e), inconvenant(e); **to be rude to sb** être grossier envers qn

ruffle ['rʌfl] *vt* (*hair*) ébouriffer; (*clothes*) chiffonner; (*water*) agiter; (*fig: person*) émouvoir, faire perdre son flegme à

rug [rʌg] *n* petit tapis *m*; (BRIT: *for knees*) couverture *f*

rugby ['rʌgbɪ] *n* (*also*: **rugby football**) rugby *m*

rugged ['rʌgɪd] *adj* (*landscape*) accidenté(e); (*features, kindness, character*) rude; (*determination*) farouche

ruin ['ru:ɪn] *n* ruine *f* ♦ *vt* ruiner; (*spoil: clothes*) abîmer; **ruins** *npl* ruine(s); **in ruins** en ruine

rule [ru:l] *n* règle *f*; (*regulation*) règlement *m*; (*government*) autorité *f*, gouvernement *m*; (*dominion etc*) under British rule sous l'autorité britannique ♦ *vt* (*country*) gouverner; (*person*) dominer; (*decide*) décider ♦ *vi* commander; décider; (LAW): **to rule against/in favour of/on** statuer contre/en faveur de/sur; **to rule that** (*umpire, judge etc*) décider que; **it's against the rules** c'est contraire au règlement; **by rule of thumb** à vue de nez; **as a rule** normalement, en règle générale

▶ **rule out** *vt* exclure; **murder cannot be ruled out** l'hypothèse d'un meurtre ne peut être exclue

ruled [ru:ld] *adj* (*paper*) réglé(e)

ruler ['ru:lə*] *n* (*sovereign*) souverain/e; (*leader*) chef *m* (d'État); (*for measuring*) règle *f*

ruling ['ru:lɪŋ] *adj* (*party*) au pouvoir; (*class*) dirigeant(e) ♦ *n* (LAW) décision *f*

rum [rʌm] *n* rhum *m* ♦ *adj* (BRIT col) bizarre

Rumania *etc* [ru:'meɪnɪə] = **Romania** *etc*

rumble ['rʌmbl] *n* grondement *m*; gargouillement *m* ♦ *vi* gronder; (*stomach, pipe*) gargouiller

rummage ['rʌmɪdʒ] *vi* fouiller

rumour, (US) **rumor** ['ru:mə*] *n* rumeur *f*, bruit *m* (qui court) ♦ *vt*: **it is rumoured that** le bruit court que

rump [rʌmp] *n* (*of animal*) croupe *f*; (*also*: **rump steak**) romsteck *m*

rumpus ['rʌmpəs] *n* (*col*) tapage *m*, chahut *m*; (*quarrel*) prise *f* de bec; **to kick up a rumpus** faire toute une histoire

run [rʌn] *n* (*race etc*) course *f*; (*outing*) tour *m* or promenade *f* (en voiture); (*journey*) parcours *m*, trajet *m*; (*series*) suite *f*, série *f*; (THEAT) série de représentations; (SKI) piste *f*; (*in tights, stockings*) maille filée, échelle *f* ♦ *vb, pt* **ran**, *pp* **run** [ræn, rʌn] *vt* (*business*) diriger; (*competition, course*) organiser; (*hotel, house*) tenir; (COMPUT: *program*) exécuter; (*force through: rope, pipe*): **to run sth through** faire passer qch à travers; (*to pass: hand, finger*): **to run sth over** promener or passer qch sur; (*water, bath*) faire couler ♦ *vi* courir; (*pass: road etc*) passer; (*work: machine, factory*) marcher; (*bus, train* circuler; (continue: play) se jouer, être à l'affiche; (: contract) être valide or en vigueur; (slide: drawer etc) glisser; (flow: river, bath) couler; (colours, washing) déteindre; (in election) être candidat, se présenter; **to go for a run** aller courir or faire un peu de course à pied; (in car) faire un tour or une promenade (en voiture); **to break into a run** se mettre à courir; **a run of luck** une série de coups de chance; **to have the run of sb's house** avoir la maison de qn à sa disposition; **there was a run on** (meat, tickets) les gens se sont rués sur; **in the long run** à longue échéance; à la longue; en fin de compte; **in the short run** à brève échéance, à court terme; **on the run** en fuite; **to make a run for it** s'enfuir; **I'll run you to the station** je vais vous emmener or conduire à la gare; **to run errands** faire les commissions; **the train runs between Gatwick and Victoria** le train assure le service entre Gatwick et Victoria; **the bus runs every 20 minutes** il y a un autobus toutes les 20 minutes; **it's very cheap to run** (car, machine) c'est très économique; **to run on petrol** or (US) **gas/on diesel/ off batteries** marcher à l'essence/au diesel/sur piles; **to run for president** être candidat à la présidence; **their losses ran into millions** leurs pertes se sont élevées à plusieurs millions; **to be run off one's feet** (BRIT) ne plus savoir où donner de la tête

► **run about** vi (children) courir çà et là

► **run across** vt fus (find) trouver par hasard

► **run around** vi = **run about**

► **run away** vi s'enfuir

► **run down** vi (clock) s'arrêter (faute d'avoir été remonté); (: trouble) se heurter à; (collide with) heurter; **to run into debt** contracter des dettes

► **run off** vi s'enfuir ♦ vt (water) laisser s'écouler

► **run out** vi (person) sortir en courant; (liquid) couler; (lease) expirer; (money) être épuisé(e)

► **run out of** vt fus se trouver à court de; **I've run out of petrol** or (US) **gas** je suis en panne d'essence

► **run over** vt (AUT) écraser ♦ vt fus (revise) revoir, reprendre

► **run through** vt fus (instructions) reprendre, revoir

► **run up** vt (debt) laisser accumuler; **to run up against** (difficulties) se heurter à

runaway ['rʌnəwei] adj (horse) emballé(e); (truck) fou(folle); (inflation) galopant(e)

rung [rʌŋ] pp of **ring** ♦ n (of ladder) barreau m

runner ['rʌnə*] n (in race: person) coureur/euse;

(: horse) partant m; (on sledge) patin m; (for drawer etc) coulisseau m; (carpet: in hall etc) chemin m

runner bean n (BRIT) haricot m (à rames)

runner-up [rʌnər'ʌp] n second/e

running ['rʌnɪŋ] n (in race etc) course f; (of business) direction f; (of event) organisation f; (of machine etc) marche f, fonctionnement m ♦ adj (water) courant(e); (commentary) suivi(e); **6 days running** 6 jours de suite; **to be in/out of the running for sth** être/ne pas être sur les rangs pour qch

running commentary n commentaire détaillé

running costs npl (of business) frais mpl de gestion; (of car): **the running costs are high** elle revient cher

runny ['rʌni] adj qui coule

run-of-the-mill ['rʌnəvðə'mil] adj ordinaire, banal(e)

runt [rʌnt] n avorton m

run-up ['rʌnʌp] n (BRIT): **run-up to sth** période f précédant qch

runway ['rʌnwei] n (AVIAT) piste f (d'envol or d'atterrissage)

rupture ['rʌptʃə*] n (MED) hernie f ♦ vt: **to rupture o.s.** se donner une hernie

rural ['ruərl] adj rural(e)

rush [rʌʃ] n course précipitée; (of crowd) ruée f, bousculade f; (hurry) hâte f, bousculade; (current) flot m; (BOT) jonc m; (for chair) paille f ♦ vt transporter or envoyer d'urgence; (attack: town etc) prendre d'assaut; (BRIT col: overcharge) estamper; faire payer ♦ vi se précipiter; **don't rush me!** laissez-moi le temps de souffler!; **to rush sth off** (do quickly) faire qch à la hâte; (send) envoyer d'urgence; **is there any rush for this?** est-ce urgent?; **we've had a rush of orders** nous avons reçu une avalanche de commandes; **I'm in a rush (to do)** je suis vraiment pressé (de faire); **gold rush** ruée vers l'or

► **rush through** vt fus (work) exécuter à la hâte ♦ vt (COMM: order) exécuter d'urgence

rush hour n heures fpl de pointe or d'affluence

rusk [rʌsk] n biscotte f

Russia ['rʌʃə] n Russie f

Russian ['rʌʃən] adj russe ♦ n Russe m/f; (LING) russe m

rust [rʌst] n rouille f ♦ vi rouiller

rustic ['rʌstik] adj rustique ♦ n (pej) rustaud/e

rustle ['rʌsl] vi bruire, produire un bruissement ♦ vt (paper) froisser; (US: cattle) voler

rustproof ['rʌstpru:f] adj inoxydable

rusty ['rʌsti] adj rouillé(e)

rut [rʌt] n ornière f; (ZOOL) rut m; **to be in a rut** (fig) suivre l'ornière, s'encroûter

ruthless ['ru:θlis] adj sans pitié, impitoyable

rye [rai] n seigle m

Sabbath ['sæbəθ] *n* (*Jewish*) sabbat *m*; (*Christian*) dimanche *m*

sabotage ['sæbətɑːʒ] *n* sabotage *m* ♦ *vt* saboter

saccharin(e) ['sækərɪn] *n* saccharine *f*

sachet ['sæʃeɪ] *n* sachet *m*

sack [sæk] *n* (*bag*) sac *m* ♦ *vt* (*dismiss*) renvoyer, mettre à la porte; (*plunder*) piller, mettre à sac; **to give sb the sack** renvoyer qn, mettre qn à la porte; **to get the sack** être renvoyé(e) or mis(e) à la porte

sacking ['sækɪŋ] *n* toile *f* à sac; (*dismissal*) renvoi *m*

sacrament ['sækrəmənt] *n* sacrement *m*

sacred ['seɪkrɪd] *adj* sacré(e)

sacrifice ['sækrɪfaɪs] *n* sacrifice *m* ♦ *vt* sacrifier; **to make sacrifices (for sb)** se sacrifier *or* faire des sacrifices (pour qn)

sad [sæd] *adj* (*unhappy*) triste; (*deplorable*) triste, fâcheux(euse)

saddle ['sædl] *n* selle *f* ♦ *vt* (*horse*) seller; **to be saddled with sth** (*col*) avoir qch sur les bras

saddlebag ['sædlbæg] *n* sacoche *f*

sadistic [sə'dɪstɪk] *adj* sadique

sadly ['sædlɪ] *adv* tristement; (*regrettably*) malheureusement

sadness ['sædnɪs] *n* tristesse *f*

s.a.e. *abbr* (BRIT. = stamped addressed envelope) enveloppe affranchie pour la réponse

safe [seɪf] *adj* (*out of danger*) hors de danger, en sécurité; (*not dangerous*) sans danger; (*cautious*) prudent(e); (*sure: bet etc*) assuré(e) ♦ *n* coffre-fort *m*; **safe from** à l'abri de; **safe and sound** sain(e) et sauf(sauve); (**just**) **to be on the safe side** pour plus de sûreté, par précaution; **to play safe** ne prendre aucun risque; **it is safe to say that …** on peut dire sans crainte que …; **safe journey!** bon voyage!

safe-conduct [seɪf'kɔndʌkt] *n* sauf-conduit *m*

safe-deposit ['seɪfdɪpɔzɪt] *n* (*vault*) dépôt *m* de coffres-forts; (*box*) coffre-fort *m*

safeguard ['seɪfgɑːd] *n* sauvegarde *f*, protection *f* ♦ *vt* sauvegarder, protéger

safekeeping ['seɪf'kiːpɪŋ] *n* bonne garde

safely ['seɪflɪ] *adv* sans danger, sans risque; (*without mishap*) sans accident; **I can safely say …** je peux dire à coup sûr …

safe sex *n* rapports sexuels protégés

safety ['seɪftɪ] *n* sécurité *f*; **safety first!** la sécurité d'abord!

safety belt *n* ceinture *f* de sécurité

safety pin *n* épingle *f* de sûreté or de nourrice

safety valve *n* soupape *f* de sûreté

sag [sæg] *vi* s'affaisser, fléchir; pendre

sage [seɪdʒ] *n* (*herb*) sauge *f*; (*man*) sage *m*

Sagittarius [sædʒɪ'tɛərɪəs] *n* le Sagittaire; **to be**

Sagittarius être du Sagittaire

Sahara [sə'hɑːrə] *n*: **the Sahara (Desert)** le (désert du) Sahara *m*

said [sed] *pt, pp of* **say**

sail [seɪl] *n* (*on boat*) voile *f*; (*trip*): **to go for a sail** faire un tour en bateau ♦ *vt* (*boat*) manœuvrer, piloter ♦ *vi* (*travel: ship*) avancer, naviguer; (*: passenger*) aller or se rendre (en bateau); (*set off*) partir, prendre la mer; (SPORT) faire de la voile; **they sailed into Le Havre** ils sont entrés dans le port du Havre

▶ **sail through** *vi*, *vt fus* (*fig*) réussir haut la main

sailboat ['seɪlbəʊt] *n* (US) bateau *m* à voiles, voilier *m*

sailing ['seɪlɪŋ] *n* (SPORT) voile *f*; **to go sailing** faire de la voile

sailing boat *n* bateau *m* à voiles, voilier *m*

sailing ship *n* grand voilier

sailor ['seɪlə*] *n* marin *m*, matelot *m*

saint [seɪnt] *n* saint/e

sake [seɪk] *n*: **for the sake of** (*out of concern for*) pour, dans l'intérêt de; (*out of consideration for*) par égard pour; (*in order to achieve*) pour plus de, par souci de; **arguing for arguing's sake** discuter pour (le plaisir de) discuter; **for the sake of argument** à titre d'exemple; **for heaven's sake!** pour l'amour du ciel!

salad ['sæləd] *n* salade *f*; **tomato salad** salade de tomates

salad bowl *n* saladier *m*

salad cream *n* (BRIT) (*sorte f de*) mayonnaise *f*

salad dressing *n* vinaigrette *f*

salami [sə'lɑːmɪ] *n* salami *m*

salary ['sælərɪ] *n* salaire *m*, traitement *m*

sale [seɪl] *n* vente *f*; (*at reduced prices*) soldes *mpl*; **"for sale"** "à vendre"; **on sale** en vente; **on sale or return** vendu(e) avec faculté de retour; **closing-down** or **liquidation sale** (US) liquidation *f* (*avant fermeture*); **sale and lease back** *n* cession-bail *f*

saleroom ['seɪlruːm] *n* salle *f* des ventes

sales assistant *n* (BRIT) vendeur/euse

salesman ['seɪlzmən] *n* vendeur *m*; (*representative*) représentant *m* de commerce

sales rep *n* (COMM) représentant/e *m/f*

saleswoman ['seɪlzwumən] *n* vendeuse *f*

salmon ['sæmən] *n* (*pl inv*) saumon *m*

salon ['sælɔn] *n* salon *m*

saloon [sə'luːn] *n* (US) bar *m*; (BRIT AUT) berline *f*; (*ship's lounge*) salon *m*

salt [sɔːlt] *n* sel *m* ♦ *vt* saler ♦ *cpd* de sel; (CULIN) salé(e); **an old salt** un vieux loup de mer

▶ **salt away** *vt* mettre de côté

salt cellar *n* salière *f*

saltwater ['sɔːlt'wɔːtə*] *adj* (*fish etc*) (d'eau) de mer

salty ['sɔːltɪ] *adj* salé(e)

salute [sə'luːt] *n* salut *m* ♦ *vt* saluer

salvage ['sælvɪdʒ] n (saving) sauvetage m; (things saved) biens sauvés or récupérés ◆ vt sauver, récupérer

salvation [sæl'veɪʃən] n salut m

Salvation Army n Armée f du Salut

same [seɪm] adj même ◆ pron: **the same** le(la) même les mêmes; **the same book as** le même livre que; **on the same day** le même jour; **at the same time** en même temps; **all** or **just the same** tout de même, quand même; **they're one and the same** (person/thing) c'est une seule et même personne/ chose; **to do the same** faire de même, en faire autant; **to do the same as sb** faire comme qn; **and the same to you!** et à vous de même!; (after insult) toi-même!; **same here!** moi aussi!; **the same again!** (in bar etc) la même chose!

sample ['sɑːmpl] n échantillon m; (MED) prélèvement m ◆ vt (food, wine) goûter; **to take a sample** prélever un échantillon; **free sample** échantillon gratuit

sanction ['sæŋkʃən] n sanction f ◆ vt cautionner, sanctionner; **to impose economic sanctions on** or **against** prendre des sanctions économiques contre

sanctity ['sæŋktɪtɪ] n sainteté f, caractère sacré

sanctuary ['sæŋktjʊərɪ] n (holy place) sanctuaire m; (refuge) asile m; (for wild life) réserve f

sand [sænd] n sable m ◆ vt sabler; (also: **sand down**: wood etc) poncer

sandal ['sændl] n sandale f

sandbox ['sændbɒks] n (US: for children) tas m de sable

sandcastle ['sændkɑːsl] n château m de sable

sandpaper ['sændpeɪpə*] n papier m de verre

sandpit ['sændpɪt] n (BRIT: for children) tas m de sable

sandstone ['sændstəun] n grès m

sandwich ['sændwɪtʃ] n sandwich m ◆ vt (also: **sandwich in**) intercaler; **sandwiched between** pris en sandwich entre; **cheese/ham sandwich** sandwich au fromage/jambon

sandwich course n (BRIT) cours m de formation professionnelle

sandy ['sændɪ] adj sablonneux(euse); couvert(e) de sable; (colour) sable inv, blond roux inv

sane [seɪn] adj (person) sain(e) d'esprit; (outlook) sensé(e), sain(e)

sang [sæŋ] pt of **sing**

sanitary ['sænɪtərɪ] adj (system, arrangements) sanitaire; (clean) hygiénique

sanitary towel, (US) **sanitary napkin** n serviette f hygiénique

sanitation [sænɪ'teɪʃən] n (in house) installations fpl sanitaires; (in town) système m sanitaire

sanitation department n (US) service m de voirie

sanity ['sænɪtɪ] n santé mentale; (common sense) bon sens

sank [sæŋk] pt of **sink**

Santa Claus [sæntə'klɔːz] n le Père Noël

sap [sæp] n (of plants) sève f ◆ vt (strength) saper, miner

sapling ['sæplɪŋ] n jeune arbre m

sapphire ['sæfaɪə*] n saphir m

sarcasm ['sɑːkæzm] n sarcasme m, raillerie f

sarcastic [sɑː'kæstɪk] adj sarcastique

sardine [sɑː'diːn] n sardine f

Sardinia [sɑː'dɪnɪə] n Sardaigne f

sash [sæʃ] n écharpe f

sat [sæt] pt, pp of **sit**

satchel ['sætʃl] n cartable m

satellite ['sætəlaɪt] adj, n satellite (m)

satellite dish n antenne f parabolique

satellite television n télévision f par satellite

satin ['sætɪn] n satin m ◆ adj en or de satin, satiné(e); **with a satin finish** satiné(e)

satire ['sætaɪə*] n satire f

satisfaction [sætɪs'fækʃən] n satisfaction f

satisfactory [sætɪs'fæktərɪ] adj satisfaisant(e)

satisfied ['sætɪsfaɪd] adj satisfait(e); **to be satisfied with sth** être satisfait de qch

satisfy ['sætɪsfaɪ] vt satisfaire, contenter; (convince) convaincre, persuader; **to satisfy the requirements** remplir les conditions; **to satisfy sb (that)** convaincre qn (que); **to satisfy o.s. of sth** vérifier qch, s'assurer de qch

satisfying ['sætɪsfaɪɪŋ] adj satisfaisant(e)

Saturday ['sætədɪ] n samedi m; for phrases see also **Tuesday**

sauce [sɔːs] n sauce f

saucepan ['sɔːspən] n casserole f

saucer ['sɔːsə*] n soucoupe f

Saudi (Arabian) ['saudɪ-] adj saoudien(ne) ◆ n Saoudien/ne

sauna ['sɔːnə] n sauna m

saunter ['sɔːntə*] vi: **to saunter to** aller en flânant or se balader jusqu'à

sausage ['sɒsɪdʒ] n saucisse f; (salami etc) saucisson m

sausage roll n friand m

savage ['sævɪdʒ] adj (cruel, fierce) brutal(e), féroce; (primitive) primitif(ive), sauvage ◆ n sauvage m/f ◆ vt attaquer férocement

save [seɪv] vt (person, belongings) sauver; (money) mettre de côté, économiser; (time) (faire) gagner; (food) garder; (COMPUT) sauvegarder; (avoid: trouble) éviter ◆ vi (also: **save up**) mettre de côté ◆ n (SPORT) arrêt m (du ballon) ◆ prep sauf, à l'exception de; **it will save me an hour** ça me fera gagner une heure; **to save face** sauver la face; **God save the Queen!** vive la Reine!

saving ['seɪvɪŋ] n économie f ◆ adj: **the saving grace of** ce qui rachète; **savings** npl économies fpl; **to make savings** faire des économies

savings account n compte m d'épargne

savings bank n caisse f d'épargne

saviour, (US) **savior** ['seivjə*] n sauveur m

savour, (US) **savor** ['seivə*] n saveur f, goût m ♦ vt savourer

savo(u)ry ['seivəri] adj savoureux(euse); (dish: not sweet) salé(e)

saw [sɔː] pt of **see** ♦ n (tool) scie f ♦ vt, pt sawed, pp **sawed** or **sawn** [sɔːn] scier; **to saw sth up** débiter qch à la scie

sawdust ['sɔːdʌst] n sciure f

sawmill ['sɔːmɪl] n scierie f

sawn-off ['sɔːnɔf], (US) **sawed-off** ['sɔːdɔf] adj: **sawn-off shotgun** carabine f à canon scié

sax [sæks] (inf) n saxo m

saxophone ['sæksəfəun] n saxophone m

say [sei] n: **to have one's say** dire ce qu'on a à dire ♦ vt, pt, pp **said** [sed] dire; **to have a say** avoir voix au chapitre; **could you say that again?** pourriez-vous répéter ceci?; **to say yes/no** dire oui/non; **she said (that) I was to give you this** elle m'a chargé de vous remettre ceci; **my watch says 3 o'clock** ma montre dit 3 heures, il est 3 heures à ma montre; **shall we say Tuesday?** disons mardi?; **that doesn't say much for him** ce n'est pas vraiment à son honneur; **when all is said and done** en fin de compte, en définitive; **there is something or a lot to be said for it** cela a des avantages; **that is to say** c'est-à-dire; **to say nothing of** sans compter; **say that ...** mettons or disons que ...; **that goes without saying** cela va sans dire, cela va de soi

saying ['seiɪŋ] n dicton m, proverbe m

scab [skæb] n croûte f; (pej) jaune m

scaffold ['skæfəld] n échafaud m

scaffolding ['skæfəldɪŋ] n échafaudage m

scald [skɔːld] n brûlure f ♦ vt ébouillanter

scale [skeil] n (of fish) écaille f; (MUS) gamme f; (of ruler, thermometer etc) graduation f, échelle (graduée); (of salaries, fees etc) barème m; (of map, also size, extent) échelle ♦ vt (mountain) escalader; (fish) écailler; **pay scale** échelle des salaires; **scale of charges** tarif m (des consultations or prestations etc); **on a large scale** sur une grande échelle, en grand; **to draw sth to scale** dessiner qch à l'échelle; **small-scale model** modèle réduit

▶ **scale down** vt réduire

scallop ['skɔləp] n coquille f Saint-Jacques

scalp [skælp] n cuir chevelu ♦ vt scalper

scampi ['skæmpi] npl langoustines (frites), scampi mpl

scan [skæn] vt scruter, examiner; (glance at quickly) parcourir; (poetry) scander; (TV, RADAR) balayer ♦ n (MED) scanographie f

scandal ['skændl] n scandale m; (gossip) ragots mpl

Scandinavia [skændɪ'neiviə] n Scandinavie f

Scandinavian [skændɪ'neiviən] adj scandinave ♦ n Scandinave m/f

scant [skænt] adj insuffisant(e)

scanty ['skænti] adj peu abondant(e), insuffisant(e), maigre

scapegoat ['skeipgəut] n bouc m émissaire

scar [skɑː] n cicatrice f ♦ vt laisser une cicatrice or une marque à

scarce [skɛəs] adj rare, peu abondant(e)

scarcely ['skɛəsli] adv à peine, presque pas; **scarcely anybody** pratiquement personne; **I can scarcely believe it** j'ai du mal à le croire

scarcity ['skɛəsiti] n rareté f, manque m, pénurie f

scare [skɛə*] n peur f, panique f ♦ vt effrayer, faire peur à; **to scare sb stiff** faire une peur bleue à qn; **bomb scare** alerte f à la bombe

▶ **scare away, scare off** vt faire fuir

scarecrow ['skɛəkrəu] n épouvantail m

scared ['skɛəd] adj: **to be scared** avoir peur

scarf, pl **scarves** [skɑːf, skɑːvz] n (long) écharpe f; (square) foulard m

scarlet ['skɑːlit] adj écarlate

scarlet fever n scarlatine f

scary ['skɛəri] adj (col) qui fiche la frousse

scathing ['skeiðɪŋ] adj cinglant(e), acerbe; **to be scathing about sth** être très critique vis-à-vis de qch

scatter ['skætə*] vt éparpiller, répandre; (crowd) disperser ♦ vi se disperser

scatterbrained ['skætəbreind] adj écervelé(e), étourdi(e)

scavenger ['skævəndʒə*] n éboueur m

scene [siːn] n (THEAT, fig etc) scène f; (of crime, accident) lieu(x) m(pl), endroit m; (sight, view) spectacle m, vue f; **behind the scenes** (also fig) dans les coulisses; **to make a scene** (col: fuss) faire une scène or toute une histoire; **to appear on the scene** (also fig) faire son apparition, arriver; **the political scene** la situation politique

scenery ['siːnəri] n (THEAT) décor(s) m(pl); (landscape) paysage m

scenic ['siːnik] adj scénique; offrant de beaux paysages or panoramas

scent [sent] n parfum m, odeur f; (fig: track) piste f; (sense of smell) odorat m ♦ vt parfumer; (smell: also fig) flairer; (also: **to put** or **throw sb off the scent**: fig) mettre or lancer qn sur une mauvaise piste

sceptical, (US) **skeptical** ['skeptikl] adj sceptique

schedule ['ʃedjuːl, (US) 'skedjuːl] n programme m, plan m; (of trains) horaire m; (of prices etc) barème m, tarif m ♦ vt prévoir; **as scheduled** comme prévu; **on schedule** à l'heure (prévue); à la date prévue; **to be ahead of/behind schedule** avoir de l'avance/du retard; **we are working to a very tight schedule** notre programme de travail est très serré or intense; **everything went according to sche-**

dule tout s'est passé comme prévu
scheduled flight [ˈʃedjuːld-, (US) ˈskɛdjuːld-] n vol régulier
scheme [skiːm] n plan m, projet m; (method) procédé m; (dishonest plan, plot) complot m, combine f; (arrangement) arrangement m, classification f; (pension scheme etc) régime m ♦ vt, vi comploter, manigancer; **colour scheme** combinaison f de(s) couleurs
scheming [ˈskiːmɪŋ] adj rusé(e), intrigant(e) ♦ n manigances fpl, intrigues fpl
scholar [ˈskɔlə*] n érudit/e
scholarship [ˈskɔləʃɪp] n érudition f; (grant) bourse f (d'études)
school [skuːl] n (gen) école f; (in university) faculté f; (secondary school) collège m, lycée m; (of fish) banc m ♦ cpd scolaire ♦ vt (animal) dresser
schoolbook [ˈskuːlbuk] n livre m scolaire or de classe
schoolboy [ˈskuːlbɔɪ] n écolier m; collégien m, lycéen m
schoolchild, pl **-children** [ˈskuːltʃaɪld, -ˈtʃɪldrən] n écolier/ière, collégien/ne, lycéen/ne
schoolgirl [ˈskuːlgəːl] n écolière f; collégienne f, lycéenne f
schooling [ˈskuːlɪŋ] n instruction f, études fpl
schoolmaster [ˈskuːlmɑːstə*] n (primary) instituteur m; (secondary) professeur m
schoolmistress [ˈskuːlmɪstrɪs] n (primary) institutrice f; (secondary) professeur m
schoolteacher [ˈskuːltiːtʃə*] n (primary) instituteur/trice; (secondary) professeur m
science [ˈsaɪəns] n science f; **the sciences** les sciences; (SCOL) les matières fpl scientifiques
science fiction n science-fiction f
scientific [saɪənˈtɪfɪk] adj scientifique
scientist [ˈsaɪəntɪst] n scientifique m/f; (eminent) savant m
scissors [ˈsɪzəz] npl ciseaux mpl; **a pair of scissors** une paire de ciseaux
scoff [skɔf] vt (BRIT col: eat) avaler, bouffer ♦ vi: to **scoff (at)** (mock) se moquer (de)
scold [skəuld] vt gronder, attraper, réprimander
scone [skɔn] n sorte de petit pain rond au lait
scoop [skuːp] n pelle f (à main); (for ice cream) boule f à glace; (PRESS) reportage exclusif or à sensation
▶ **scoop out** vt évider, creuser
▶ **scoop up** vt ramasser
scooter [ˈskuːtə*] n (motor cycle) scooter m; (toy) trottinette f
scope [skəup] n (capacity: of plan, undertaking) portée f, envergure f; (: of person) compétence f, capacités fpl; (opportunity) possibilités fpl; **within the scope of** dans les limites de; **there is plenty of scope for improvement** (BRIT) cela pourrait être beaucoup mieux

scorch [skɔːtʃ] vt (clothes) brûler (légèrement), roussir; (earth, grass) dessécher, brûler
score [skɔː*] n score m, décompte m des points; (MUS) partition f; (twenty) vingt ♦ vt (goal, point) marquer; (success) remporter; (cut: leather, wood, card) entailler, inciser ♦ vi marquer des points; (FOOTBALL) marquer un but; (keep score) compter les points; **on that score** sur ce chapitre, à cet égard; **to have an old score to settle with sb** (fig) avoir un (vieux) compte à régler avec qn; **scores of** (fig) des tas de; **to score well/6 out of 10** obtenir un bon résultat/6 sur 10
▶ **score out** vt rayer, barrer, biffer
scoreboard [ˈskɔːbɔːd] n tableau m
scorn [skɔːn] n mépris m, dédain m ♦ vt mépriser, dédaigner
Scorpio [ˈskɔːpɪəu] n le Scorpion; **to be Scorpio** être du Scorpion
Scot [skɔt] n Écossais/e
Scotch [skɔtʃ] n whisky m, scotch m
scotch [skɔtʃ] vt faire échouer; enrayer; étouffer
scot-free [skɔtˈfriː] adj: **to get off scot-free** s'en tirer sans être puni(e); s'en sortir indemne
Scotland [ˈskɔtlənd] n Écosse f
Scots [skɔts] adj écossais(e)
Scotsman [ˈskɔtsmən] n Écossais m
Scotswoman [ˈskɔtswumən] n Écossaise f
Scottish [ˈskɔtɪʃ] adj écossais(e); **the Scottish National Party** le parti national écossais
Scottish Parliament n Parlement écossais
scoundrel [ˈskaundrəl] n vaurien m
scour [ˈskauə*] vt (clean) récurer; frotter; décaper; (search) battre, parcourir
scout [skaut] n (MIL) éclaireur m; (also: **boy scout**) scout m
▶ **scout around** vi chercher
scowl [skaul] vi se renfrogner, avoir l'air maussade; **to scowl at** regarder de travers
scrabble [ˈskræbl] vi (claw): **to scrabble (at)** gratter; **to scrabble about** or **around for sth** chercher qch à tâtons ♦ n: **Scrabble®** Scrabble® m
scram [skræm] vi (col) ficher le camp
scramble [ˈskræmbl] n bousculade f, ruée f ♦ vi avancer tant bien que mal (à quatre pattes or en grimpant); **to scramble for** se bousculer or se disputer pour (avoir); **to go scrambling** (SPORT) faire du trial
scrambled eggs [ˈskræmbld-] npl œufs brouillés
scrap [skræp] n bout m, morceau m; (fight) bagarre f; (also: **scrap iron**) ferraille f ♦ vt jeter, mettre au rebut; (fig) abandonner, laisser tomber; **scraps** npl (waste) déchets mpl; **to sell sth for scrap** vendre qch à la casse or à la ferraille
scrapbook [ˈskræpbuk] n album m
scrap dealer n marchand m de ferraille
scrape [skreɪp] vt, vi gratter, racler ♦ n: **to get into a scrape** s'attirer des ennuis

▶ **scrape through** vi (in exam etc) réussir de justesse

▶ **scrape together** vt (money) racler ses fonds de tiroir pour réunir

scrap heap n tas m de ferraille; (fig): **on the scrap heap** au rancart or rebut

scrap merchant n (BRIT) marchand m de ferraille

scrap paper n papier m brouillon

scratch [skrætʃ] n égratignure f, rayure f; éraflure f; (from claw) coup m de griffe ◆ adj: **scratch team** équipe de fortune or improvisée ◆ vt (record) rayer; (paint etc) érafler; (with claw, nail) griffer; (COMPUT) effacer ◆ vi: **to start from scratch** partir de zéro; **to be up to scratch** être à la hauteur

scrawl [skrɔːl] n gribouillage m ◆ vi gribouiller

scrawny ['skrɔːnɪ] adj décharné(e)

scream [skriːm] n cri perçant, hurlement m ◆ vi crier, hurler; **to be a scream** (col) être impayable; **to scream at sb to do sth** crier or hurler à qn de faire qch

screech [skriːtʃ] n cri strident, hurlement m; (of tyres, brakes) crissement m, grincement m ◆ vi hurler; crisser, grincer

screen [skriːn] n écran m, paravent m; (CINE, TV) écran; (fig) écran, rideau m ◆ vt masquer, cacher; (from the wind etc) abriter, protéger; (film) projeter; (candidates etc) filtrer; (for illness): **to screen sb for sth** faire subir un test de dépistage de qch à qn

screening ['skriːnɪŋ] n (of film) projection f; (MED) test m (or tests) de dépistage; (for security) filtrage m

screenplay ['skriːnpleɪ] n scénario m

screw [skruː] n vis f; (propeller) hélice f ◆ vt visser; (coll: woman) baiser (!); **to screw sth to the wall** visser qch au mur; **to have one's head screwed on** (fig) avoir la tête sur les épaules

▶ **screw up** vt (paper, material) froisser; (col: ruin) bousiller; **to screw up one's face** faire la grimace

screwdriver ['skruːdraɪvə*] n tournevis m

scribble ['skrɪbl] n gribouillage m ◆ vt gribouiller, griffonner; **to scribble sth down** griffonner qch

script [skrɪpt] n (CINE etc) scénario m, texte m; (in exam) copie f; (writing) écriture f) script m

Scripture ['skrɪptʃə*] n Écriture sainte

scroll [skrəʊl] n rouleau m ◆ vt (COMPUT) faire défiler (sur l'écran)

scrounge [skraundʒ] (col) vt: **to scrounge sth (off or from sb)** se faire payer qch (par qn), emprunter qch (à qn) ◆ vi: **to scrounge on sb** vivre aux crochets de qn

scrounger ['skraundʒə*] n parasite m

scrub [skrʌb] n (clean) nettoyage m (à la brosse); (land) broussailles fpl ◆ vt (floor) nettoyer à la brosse; (pan) récurer; (washing) frotter; (reject) annuler

scruff [skrʌf] n: **by the scruff of the neck** par la peau du cou

scruffy ['skrʌfɪ] adj débraillé(e)

scrum(mage) ['skrʌm(ɪdʒ)] n mêlée f

scruple ['skruːpl] n scrupule m; **to have no scruples about doing sth** n'avoir aucun scrupule à faire qch

scrutiny ['skruːtɪnɪ] n examen minutieux; **under the scrutiny of sb** sous la surveillance de qn

scuff [skʌf] vt érafler

scuffle ['skʌfl] n échauffourée f, rixe f

sculptor ['skʌlptə*] n sculpteur m

sculpture ['skʌlptʃə*] n sculpture f

scum [skʌm] n écume f, mousse f; (pej: people) rebut m, lie f

scurry ['skʌrɪ] vi filer à toute allure; **to scurry off** détaler, se sauver

scuttle ['skʌtl] n (NAUT) écoutille f; (also: **coal scuttle**) seau m (à charbon) ◆ vt (ship) saborder ◆ vi (scamper): **to scuttle away, scuttle off** détaler

scythe [saɪð] n faux f

SDP n abbr (BRIT POL.) = Social Democratic Party

sea [siː] n mer f ◆ cpd marin(e) de (la) mer, maritime; **on the sea** (boat) en mer; (town) au bord de la mer; **by** or **beside the sea** (holiday) au bord de la mer; (village) près de la mer; **by sea** par mer, en bateau; **out to sea** au large; (**out**) **at sea** en mer; **heavy** or **rough sea(s)** grosse mer, mer agitée; **a sea of faces** (fig) une multitude de visages; **to be all at sea** (fig) nager complètement

seaboard ['siːbɔːd] n côte f

seafood ['siːfuːd] n fruits mpl de mer

seafront ['siːfrʌnt] n bord m de mer

seagoing ['siːgəʊɪŋ] adj (ship) de haute mer

seagull ['siːgʌl] n mouette f

seal [siːl] n (animal) phoque m; (stamp) sceau m, cachet m; (impression) cachet, estampille f ◆ vt sceller; (envelope) coller; (: with seal) cacheter; (decide: sb's fate) décider (de); (: bargain) conclure; **seal of approval** approbation f

▶ **seal off** vt (close) condamner; (forbid entry to) interdire l'accès de

sea level n niveau m de la mer

sea lion n lion m de mer

seam [siːm] n couture f; (of coal) veine f, filon m; **the hall was bursting at the seams** la salle était pleine à craquer

seaman ['siːmən] n marin m

seance ['seɪɒns] n séance f de spiritisme

seaplane ['siːpleɪn] n hydravion m

search [sɜːtʃ] n (for person, thing) recherche(s) f(pl); (of drawer, pockets) fouille f; (LAW: at sb's home) perquisition f ◆ vt fouiller; (examine) examiner minutieusement; scruter ◆ vi: **to search for** chercher; **in search of** à la recherche de; **"search and replace"** (COMPUT) "rechercher et remplacer"

▶ **search through** vt fus fouiller

searching ['sɜːtʃɪŋ] adj (look, question) pénétrant(e); (examination) minutieux(euse)

searchlight ['sɜːtʃlaɪt] n projecteur m

search party n expédition f de secours

search warrant n mandat m de perquisition

seashore ['siːʃɔːʳ] n rivage m, plage f, bord m de (la) mer; **on the seashore** sur le rivage

seasick ['siːsɪk] adj: **to be seasick** avoir le mal de mer

seaside ['siːsaɪd] n bord m de la mer

seaside resort n station f balnéaire

season ['siːzn] n saison f ◆ vt assaisonner, relever; **to be in/out of season** être/ne pas être de saison; **the busy season** (for shops) la période de pointe; (for hotels etc) la pleine saison; **the open season** (HUNTING) la saison de la chasse

seasonal ['siːznl] adj saisonnier(ière)

seasoned ['siːznd] adj (wood) séché(e); (fig: worker, actor, troops) expérimenté(e); **a seasoned campaigner** un vieux militant, un vétéran

season ticket n carte f d'abonnement

seat [siːt] n siège m; (in bus, train: place) place f; (PARLIAMENT) siège; (buttocks) postérieur m; (of trousers) fond m ◆ vt faire asseoir, placer; (have room for) avoir des places assises pour, pouvoir accueillir; **are there any seats left?** est-ce qu'il reste des places?; **to take one's seat** prendre place; **to be seated** être assis; **please be seated** veuillez vous asseoir

seat belt n ceinture f de sécurité

sea water n eau f de mer

seaweed ['siːwiːd] n algues fpl

seaworthy ['siːwɜːðɪ] adj en état de naviguer

sec. abbr (= second) sec

secluded [sɪ'kluːdɪd] adj retiré(e), à l'écart

seclusion [sɪ'kluːʒən] n solitude f

second[1] ['sekənd] num deuxième, second(e) ◆ adv (in race etc) en seconde position ◆ n (unit of time) seconde f; (in series, position) deuxième m/f, second(e); (BRIT SCOL) ≈ licence f avec mention bien or assez bien; (AUT: also: **second gear**) seconde f; (COMM: imperfect) article m de second choix ◆ vt (motion) appuyer; **Charles the Second** Charles II; **just a second!** une seconde!, un instant!; (stopping sb) pas si vite!; **second floor** (BRIT) deuxième (étage) m; (US) premier (étage) m; **to ask for a second opinion** (MED) demander l'avis d'un autre médecin; **to have second thoughts (about doing sth)** changer d'avis (à propos de faire qch); **on second thoughts or thought** (US) à la réflexion

second[2] [sɪ'kɒnd] vt (employee) détacher, mettre en détachement

secondary ['sekəndərɪ] adj secondaire

secondary school n collège m, lycée m; voir encadré

second-class ['sekənd'klɑːs] adj de deuxième classe ◆ adv: **to send sth second-class** envoyer qch à tarif réduit; **to travel second-class** voyager en seconde; **second-class citizen** citoyen(ne) de deuxième classe

second hand n (on clock) trotteuse f

secondhand ['sekənd'hænd] adj d'occasion ◆ adv (buy) d'occasion; **to hear sth secondhand** apprendre qch indirectement

secondly ['sekəndlɪ] adv deuxièmement; **firstly ... secondly ...** d'abord ... ensuite ... or de plus ...

secondment [sɪ'kɒndmənt] n (BRIT) détachement m

second-rate ['sekənd'reɪt] adj de deuxième ordre, de qualité inférieure

secrecy ['siːkrəsɪ] n secret m; **in secrecy** en secret

secret ['siːkrɪt] adj secret(ète) ◆ n secret m; **in secret** adv en secret, secrètement, en cachette; **to keep sth secret from sb** cacher qch à qn, ne pas révéler qch à qn; **keep it secret** n'en parle à personne; **to make no secret of sth** ne pas cacher qch

secretary ['sekrətrɪ] n secrétaire m/f; (COMM) secrétaire général; **Secretary of State** (US POL) ≈ ministre m des Affaires étrangères; **Secretary of State (for)** (BRIT POL) ministre m (de)

secretive ['siːkrətɪv] adj réservé(e); (pej) cachottier(ière), dissimulé(e)

secretly ['siːkrɪtlɪ] adv en secret, secrètement, en cachette

sectarian [sek'teərɪən] adj sectaire

section ['sekʃən] n coupe f, section f; (department) section; (COMM) rayon m; (of document) section, article m, paragraphe m ◆ vt sectionner; **the business etc section** (PRESS) la page des affaires etc

sector ['sektəʳ] n secteur m

secular ['sekjuləʳ] adj profane; laïque; séculier(ière)

secure [sɪ'kjuəʳ] adj (free from anxiety) sans inquiétude, sécurisé(e); (firmly fixed) solide, bien attaché(e) (or fermé(e) etc); (in safe place) en lieu sûr, en sûreté ◆ vt (fix) fixer, attacher; (get) obtenir, se procurer; (COMM: loan) garantir; **to make sth secure** bien fixer or attacher qch; **to secure sth for sb** obtenir qch pour qn, procurer qch à qn

security [sɪ'kjuərɪtɪ] n sécurité f, mesures fpl de sécurité; (for loan) caution f, garantie f; **securities** npl (STOCK EXCHANGE) valeurs fpl, titres mpl; **to**

increase or **tighten security** renforcer les mesures de sécurité; **security of tenure** stabilité f d'un emploi, titularisation f

security guard n garde chargé de la sécurité; (transporting money) convoyeur m de fonds

sedate [sɪ'deɪt] adj calme; posé(e) ♦ vt donner des sédatifs à

sedative ['sedɪtɪv] n calmant m, sédatif m

seduce [sɪ'djuːs] vt séduire

seduction [sɪ'dʌkʃən] n séduction f

seductive [sɪ'dʌktɪv] adj séduisant(e), séducteur(trice)

see [siː] vb, pt **saw**, pp **seen** vt (gen) voir; (accompany): **to see sb to the door** reconduire or raccompagner qn jusqu'à la porte ♦ vi voir ♦ n évêché m; **to see that** (ensure) veiller à ce que + sub, faire en sorte que + sub, s'assurer que; **there was nobody to be seen** il n'y avait pas un chat; **let me see** (show me) fais(-moi) voir; (let me think) voyons (un peu); **to go and see sb** aller voir qn; **see for yourself** voyez vous-même; **I don't know what she sees in him** je ne sais pas ce qu'elle lui trouve; **as far as I can see** pour autant que je puisse en juger; **see you!** au revoir!, à bientôt!; **see you soon/later/tomorrow!** à bientôt/plus tard/demain!

▶ **see about** vt fus (deal with) s'occuper de

▶ **see off** vt accompagner (à la gare or à l'aéroport etc)

▶ **see through** vt mener à bonne fin ♦ vt fus voir clair dans

▶ **see to** vt fus s'occuper de, se charger de

seed [siːd] n graine f; (fig) germe m; (TENNIS etc) tête f de série; **to go to seed** monter en graine; (fig) se laisser aller

seedling ['siːdlɪŋ] n jeune plant m, semis m

seedy ['siːdɪ] adj (shabby) minable, miteux(euse)

seeing ['siːɪŋ] conj: **seeing (that)** vu que, étant donné que

seek, pt, pp **sought** [siːk, sɔːt] vt chercher, rechercher; **to seek advice/help from sb** demander conseil/de l'aide à qn

▶ **seek out** vt (person) chercher

seem [siːm] vi sembler, paraître; **there seems to be ...** il semble qu'il y a ..., on dirait qu'il y a ...; **it seems (that) ...** il semble que ...; **what seems to be the trouble?** qu'est-ce qui ne va pas?

seemingly ['siːmɪŋlɪ] adv apparemment

seen [siːn] pp of **see**

seep [siːp] vi suinter, filtrer

seesaw ['siːsɔː] n (jeu m de) bascule f

seethe [siːð] vi être en effervescence; **to seethe with anger** bouillir de colère

see-through ['siːθruː] adj transparent(e)

segment ['seɡmənt] n segment m

segregate ['seɡrɪɡeɪt] vt séparer, isoler

seize [siːz] vt (grasp) saisir, attraper; (take posses-

sion of) s'emparer de; (LAW) saisir

▶ **seize up** vi (TECH) se gripper

▶ **seize (up)on** vt fus saisir, sauter sur

seizure ['siːʒə*] n (MED) crise f, attaque f; (LAW) saisie f

seldom ['seldəm] adv rarement

select [sɪ'lekt] adj choisi(e), d'élite; (hotel, restaurant, club) chic inv, sélect inv ♦ vt sélectionner, choisir; **a select few** quelques privilégiés

selection [sɪ'lekʃən] n sélection f, choix m

self [self] n (pl **selves** [selvz]): **the self** le moi inv ♦ prefix auto-

self-assured [selfə'ʃuəd] adj sûr(e) de soi, plein(e) d'assurance

self-catering [self'keɪtərɪŋ] adj (BRIT: flat) avec cuisine, où l'on peut faire sa cuisine; (: holiday) en appartement (or chalet etc) loué

self-centred, (US) **self-centered** [self'sentəd] adj égocentrique

self-confidence [self'kɒnfɪdns] n confiance f en soi

self-conscious [self'kɒnʃəs] adj timide, qui manque d'assurance

self-contained [selfkən'teɪnd] adj (BRIT: flat) avec entrée particulière, indépendant(e)

self-control [selfkən'trəul] n maîtrise f de soi

self-defence, (US) **self-defense** [selfdɪ'fens] n légitime défense f

self-discipline [self'dɪsɪplɪn] n discipline personnelle

self-employed [selfɪm'plɔɪd] adj qui travaille à son compte

self-evident [self'evɪdnt] adj évident(e), qui va de soi

self-governing [self'gʌvənɪŋ] adj autonome

self-indulgent [selfɪn'dʌldʒənt] adj qui ne se refuse rien

self-interest [self'ɪntrɪst] n intérêt personnel

selfish ['selfɪʃ] adj égoïste

selfishness ['selfɪʃnɪs] n égoïsme m

selfless ['selflɪs] adj désintéressé(e)

self-pity [self'pɪtɪ] n apitoiement m sur soi-même

self-possessed [selfpə'zest] adj assuré(e)

self-preservation ['selfprezə'veɪʃən] n instinct m de conservation

self-respect [selfrɪs'pekt] n respect m de soi

self-righteous [self'raɪtʃəs] adj satisfait(e) de soi, pharisaïque

self-sacrifice [self'sækrɪfaɪs] n abnégation f

self-satisfied [self'sætɪsfaɪd] adj content(e) de soi, suffisant(e)

self-service [self'sɜːvɪs] adj, n libre-service (m), self-service (m)

self-sufficient [selfsə'fɪʃənt] adj indépendant(e)

self-taught [self'tɔːt] adj autodidacte

sell, pt, pp **sold** [sɛl, səʊld] vt vendre ♦ vi se vendre; **to sell at** or **for 10 F** se vendre 10 F; **to sell sb an idea** (fig) faire accepter une idée à qn

▶ **sell off** vt liquider

▶ **sell out** vi: **to sell out (to)** (COMM) vendre son fonds or son affaire (à) ♦ vt vendre tout son stock de; **the tickets are all sold out** il ne reste plus de billets

▶ **sell up** vi vendre son fonds or son affaire

sell-by date ['sɛlbaɪ-] n date f limite de vente

seller ['sɛlə*] n vendeur/euse, marchand/e; **seller's market** marché m à la hausse

selling price ['sɛlɪŋ-] n prix m de vente

Sellotape® ['sɛləʊteɪp] n (BRIT) papier collant, scotch® m

selves [sɛlvz] npl of **self**

semblance ['sɛmblns] n semblant m

semen ['siːmɛn] n sperme m

semester [sɪ'mɛstə*] n (esp US) semestre m

semi... ['sɛmɪ] prefix semi-, demi-; à demi, à moitié ♦ n: **semi** = **semidetached (house)**

semicircle ['sɛmɪsəːkl] n demi-cercle m

semicolon [sɛmɪ'kəʊlən] n point-virgule m

semidetached (house) [sɛmɪdɪ'tætʃt-] n (BRIT) maison jumelée or jumelle

semifinal [sɛmɪ'faɪnl] n demi-finale f

seminar ['sɛmɪnɑː*] n séminaire m

seminary ['sɛmɪnərɪ] n (REL: for priests) séminaire m

semiskilled [sɛmɪ'skɪld] adj: **semiskilled worker** ouvrier/ière spécialisé(e)

semi-skimmed milk ['sɛmɪ'skɪmd-] n lait demi-écrémé

senate ['sɛnɪt] n sénat m; (US): **the Senate** le Sénat; voir encadré

SENATE

Le **Senate** est la chambre haute du "Congress", le parlement des États-Unis. Il est composé de 100 sénateurs, 2 par État, élus au suffrage universel direct tous les 6 ans, un tiers d'entre eux étant renouvelé tous les 2 ans.

---

senator ['sɛnɪtə*] n sénateur m

send, pt, pp **sent** [sɛnd, sɛnt] vt envoyer; **to send by post** or (US) **mail** envoyer or expédier par la poste; **to send sb for sth** envoyer qn chercher qch; **to send word that ...** faire dire que ...; **she sends (you) her love** elle vous adresse ses amitiés; **to send sb to Coventry** (BRIT) mettre qn en quarantaine; **to send sb to sleep** endormir qn; **to send sb into fits of laughter** faire rire qn aux éclats; **to send sth flying** envoyer valser qch

▶ **send away** vt (letter, goods) envoyer, expédier

▶ **send away for** vt fus commander par correspondance, se faire envoyer

▶ **send back** vt renvoyer

▶ **send for** vt fus envoyer chercher; faire venir; (by post) se faire envoyer, commander par correspondance

▶ **send in** vt (report, application, resignation) remettre

▶ **send off** vt (goods) envoyer, expédier; (BRIT SPORT: player) expulser or renvoyer du terrain

▶ **send on** vt (BRIT: letter) faire suivre; (luggage etc: in advance) (faire) expédier à l'avance

▶ **send out** vt (invitation) envoyer (par la poste); (emit: light, heat, signals) émettre

▶ **send round** vt (letter, document etc) faire circuler

▶ **send up** vt (person, price) faire monter; (BRIT: parody) mettre en boîte, parodier

sender ['sɛndə*] n expéditeur/trice

send-off ['sɛndɔf] n: **a good send-off** des adieux chaleureux

senior ['siːnɪə*] adj (older) aîné(e), plus âgé(e); (of higher rank) supérieur(e) ♦ n aîné(e); (in service) personne f qui a plus d'ancienneté; **P. Jones senior** P. Jones père

senior citizen n personne âgée

seniority [siːnɪ'ɔrɪtɪ] n priorité f d'âge, ancienneté f; (in rank) supériorité f (hiérarchique)

sensation [sɛn'seɪʃən] n sensation f; **to create a sensation** faire sensation

sensational [sɛn'seɪʃənl] adj qui fait sensation; (marvellous) sensationnel(le)

sense [sɛns] n sens m; (feeling) sentiment m; (meaning) signification f; (wisdom) bon sens ♦ vt sentir, pressentir; **senses** npl raison f; **it makes sense** c'est logique; **sense of humour** sens de l'humour; **there is no sense in (doing) that** cela n'a pas de sens; **to come to one's senses** (regain consciousness) reprendre conscience; (become reasonable) revenir à la raison; **to take leave of one's senses** perdre la tête

senseless ['sɛnslɪs] adj insensé(e), stupide; (unconscious) sans connaissance

sensible ['sɛnsɪbl] adj sensé(e), raisonnable; (shoes etc) pratique

sensitive ['sɛnsɪtɪv] adj: **sensitive (to)** sensible (à); **he is very sensitive about it** c'est un point très sensible (chez lui)

sensual ['sɛnsjuəl] adj sensuel(le)

sensuous ['sɛnsjuəs] adj voluptueux(euse), sensuel(le)

sent [sɛnt] pt, pp of **send**

sentence ['sɛntns] n (LING) phrase f; (LAW: judgment) condamnation f, sentence f; (: punishment) peine f ♦ vt: **to sentence sb to death/to 5 years** condamner qn à mort/à 5 ans; **to pass sentence on sb** prononcer une peine contre qn

sentiment ['sɛntɪmənt] n sentiment m; (opinion) opinion f, avis m

sentimental [sentɪ'mentl] *adj* sentimental(e)

sentry ['sentrɪ] *n* sentinelle *f*, factionnaire *m*

separate *adj* ['seprɪt] séparé(e), indépendant(e), différent(e) ♦ *vb* ['sepəreɪt] *vt* séparer ♦ *vi* se séparer; **separate from** distinct(e) de; **under separate cover** (COMM) sous pli séparé; **to separate into** diviser en

separately ['seprɪtlɪ] *adv* séparément

separates ['seprɪts] *npl* (*clothes*) coordonnés *mpl*

separation [sepə'reɪʃən] *n* séparation *f*

September [sep'tembə*] *n* septembre *m*; *for phrases see also* **July**

septic ['septɪk] *adj* septique; (*wound*) infecté(e); **to go septic** s'infecter

septic tank *n* fosse *f* septique

sequel ['si:kwl] *n* conséquence *f*; séquelles *fpl*; (*of story*) suite *f*

sequence ['si:kwəns] *n* ordre *m*, suite *f*; **in sequence** par ordre, dans l'ordre, les uns après les autres; **sequence of tenses** concordance *f* des temps

sequin ['si:kwɪn] *n* paillette *f*

Serbia ['sə:bɪə] *n* Serbie *f*

serene [sɪ'ri:n] *adj* serein(e), calme, paisible

sergeant ['sɑ:dʒənt] *n* sergent *m*; (*POLICE*) brigadier *m*

serial ['sɪərɪəl] *n* feuilleton *m* ♦ *adj* (*COMPUT: interface, printer*) série *inv*; (*: access*) séquentiel(le)

serial killer *n* meurtrier *m* tuant en série

serial number *n* numéro de série

series ['sɪərɪz] *n* série *f*; (*PUBLISHING*) collection *f*

serious ['sɪərɪəs] *adj* sérieux(euse); (*accident etc*) grave; **are you serious (about it)?** parlez-vous sérieusement?

seriously ['sɪərɪəslɪ] *adv* sérieusement, gravement; **seriously rich/difficult** (*col: extremely*) drôlement riche/difficile; **to take sth/sb seriously** prendre qch/qn au sérieux

sermon ['sə:mən] *n* sermon *m*

serrated [sɪ'reɪtɪd] *adj* en dents de scie

servant ['sə:vənt] *n* domestique *m/f*; (*fig*) serviteur/servante

serve [sə:v] *vt* (*employer etc*) servir, être au service de; (*purpose*) servir à; (*customer, food, meal*) servir; (*apprenticeship*) faire, accomplir; (*prison term*) faire; purger ♦ *vi* (*TENNIS*) servir; (*be useful*): **to serve as/for/to do** servir de/à/à faire ♦ *n* (*TENNIS*) service *m*; **are you being served?** est-ce qu'on s'occupe de vous?; **to serve on a committee/jury** faire partie d'un comité/ jury; **it serves him right** c'est bien fait pour lui; **it serves my purpose** cela fait mon affaire

▶ **serve out, serve up** *vt* (*food*) servir

service ['sə:vɪs] *n* (*gen*) service *m*; (*AUT: maintenance*) révision *f*; (*REL*) office *m* ♦ *vt* (*car, washing machine*) réviser; **the Services** *npl* les forces armées; **to be of service to sb, to do sb a service**

rendre service à qn; **to put one's car in for service** donner sa voiture à réviser; **dinner service** service de table

serviceable ['sə:vɪsəbl] *adj* pratique, commode

service area *n* (*on motorway*) aire *f* de services

service charge *n* (*BRIT*) service *m*

serviceman ['sə:vɪsmən] *n* militaire *m*

service station *n* station-service *f*

serviette [sə:vɪ'et] *n* (*BRIT*) serviette *f* (de table)

session ['seʃən] *n* (*sitting*) séance *f*; (*SCOL*) année *f* scolaire (*or* universitaire); **to be in session** siéger, être en session *or* en séance

set [set] *n* série *f*, assortiment *m*; (*of tools etc*) jeu *m*; (*RADIO, TV*) poste *m*; (*TENNIS*) set *m*; (*group of people*) cercle *m*, milieu *m*; (*CINE*) plateau *m*; (*THEAT: stage*) scène *f*; (*: scenery*) décor *m*; (*MATH*) ensemble *m*; (*HAIRDRESSING*) mise *f* en plis ♦ *adj* (*fixed*) fixe, déterminé(e); (*ready*) prêt(e) ♦ *vb*, *pt*, *pp* **set** *vt* (*place*) mettre, poser, placer; (*fix, establish*) fixer; (*: record*) établir; (*assign: task, homework*) donner; (*adjust*) régler; (*decide: rules etc*) fixer, choisir; (*TYP*) composer ♦ *vi* (*sun*) se coucher; (*jam, jelly, concrete*) prendre; **to be set on doing** être résolu(e) à faire; **to be all set to do** être (fin) prêt(e) pour faire; **to be (dead) set against** être (totalement) opposé(e); **he's set in his ways** il n'est pas très souple, il tient à ses habitudes; **to set to music** mettre en musique; **to set on fire** mettre le feu à; **to set free** libérer; **to set sth going** déclencher qch; **to set the alarm clock for seven o'clock** mettre le réveil à sonner à sept heures; **to set sail** partir, prendre la mer; **a set phrase** une expression toute faite, une locution; **a set of false teeth** un dentier; **a set of dining-room furniture** une salle à manger

▶ **set about** *vt fus* (*task*) entreprendre, se mettre à; **to set about doing sth** se mettre à faire qch

▶ **set aside** *vt* mettre de côté

▶ **set back** *vt* (*in time*): **to set back (by)** retarder (de); (*place*): **a house set back from the road** une maison située en retrait de la route

▶ **set in** *vi* (*infection, bad weather*) s'installer; (*complications*) survenir, surgir; **the rain has set in for the day** c'est parti pour qu'il pleuve toute la journée

▶ **set off** *vi* se mettre en route, partir ♦ *vt* (*bomb*) faire exploser; (*cause to start*) déclencher; (*show up well*) mettre en valeur, faire valoir

▶ **set out** *vi*: **to set out to do** entreprendre de faire; avoir pour but *or* intention de faire ♦ *vt* (*arrange*) disposer; (*state*) présenter, exposer; **to set out (from)** partir (de)

▶ **set up** *vt* (*organization*) fonder, constituer; (*monument*) ériger; **to set up shop** (*fig*) s'établir, s'installer

setback ['setbæk] *n* (*hitch*) revers *m*, contretemps *m*; (*in health*) rechute *f*

set menu *n* menu *m*

settee [se'ti:] *n* canapé *m*

setting ['setɪŋ] n cadre m; (of jewel) monture f
settle ['setl] vt (argument, matter, account) régler; (problem) résoudre; (MED: calm) calmer; (colonize: land) coloniser ♦ vi (bird, dust etc) se poser; (sediment) se déposer; (also: **settle down**) s'installer, se fixer; (: become calmer) se calmer; se ranger; **to settle to sth** se mettre sérieusement à qch; **to settle for sth** accepter qch, se contenter de qch; **to settle on sth** opter or se décider pour qch; **that's settled then** alors, c'est d'accord!; **to settle one's stomach** calmer des maux d'estomac
▶ **settle in** vi s'installer
▶ **settle up** vi: **to settle up with sb** régler (ce que l'on doit à) qn
settlement ['setlmənt] n (payment) règlement m; (agreement) accord m; (colony) colonie f; (village etc) établissement m; hameau m; **in settlement of our account** (COMM) en règlement de notre compte
settler ['setlə*] n colon m
setup ['setʌp] n (arrangement) manière f dont les choses sont organisées; (situation) situation f, allure f des choses
seven ['sevn] num sept
seventeen [sevn'ti:n] num dix-sept
seventh ['sevnθ] num septième
seventy ['sevntɪ] num soixante-dix
sever ['sevə*] vt couper, trancher; (relations) rompre
several ['sevərl] adj, pron plusieurs m/fpl; **several of us** plusieurs d'entre nous; **several times** plusieurs fois
severance ['sevərəns] n (of relations) rupture f
severance pay n indemnité f de licenciement
severe [sɪ'vɪə*] adj sévère, strict(e); (serious) grave, sérieux(euse); (hard) rigoureux(euse), dur(e); (plain) sévère, austère
severity [sɪ'verɪtɪ] n sévérité f; gravité f; rigueur f
sew, pt sewed, pp sewn [səu, səud, səun] vt, vi coudre
▶ **sew up** vt (re)coudre; **it is all sewn up** (fig) c'est dans le sac or dans la poche
sewage ['su:ɪdʒ] n vidange(s) f(pl)
sewer ['su:ə*] n égout m
sewing ['səuɪŋ] n couture f
sewing machine n machine f à coudre
sewn [səun] pp of **sew**
sex [seks] n sexe m; **to have sex with** avoir des rapports (sexuels) avec
sexism ['seksɪzəm] n sexisme m
sexist ['seksɪst] adj sexiste
sexual ['seksjuəl] adj sexuel(le); **sexual assault** attentat m à la pudeur; **sexual harassment** harcèlement sexuel; **sexual intercourse** rapports sexuels
sexuality [seksju'ælɪtɪ] n sexualité f
sexy ['seksɪ] adj sexy inv
shabby ['ʃæbɪ] adj miteux(euse); (behaviour) mes-

quin(e), méprisable
shack [ʃæk] n cabane f, hutte f
shackles ['ʃæklz] npl chaînes fpl, entraves fpl
shade [ʃeɪd] n ombre f; (for lamp) abat-jour m inv; (of colour) nuance f, ton m; (US: window shade) store m; (small quantity): **a shade of** un soupçon de ♦ vt abriter du soleil, ombrager; **shades** npl (US: sunglasses) lunettes fpl de soleil; **in the shade** à l'ombre; **a shade smaller** un tout petit peu plus petit
shadow ['ʃædəu] n ombre f ♦ vt (follow) filer; **without** or **beyond a shadow of doubt** sans l'ombre d'un doute
shadow cabinet n (BRIT POL) cabinet parallèle formé par le parti qui n'est pas au pouvoir
shadowy ['ʃædəuɪ] adj ombragé(e); (dim) vague, indistinct(e)
shady ['ʃeɪdɪ] adj ombragé(e); (fig: dishonest) louche, véreux(euse)
shaft [ʃɑ:ft] n (of arrow, spear) hampe f; (AUT, TECH) arbre m; (of mine) puits m; (of lift) cage f; (of light) rayon m, trait m; **ventilator shaft** conduit m d'aération or de ventilation
shaggy ['ʃægɪ] adj hirsute; en broussaille
shake [ʃeɪk] vb, pt shook, pp shaken [ʃuk, 'ʃeɪkn] vt secouer; (bottle, cocktail) agiter; (house, confidence) ébranler ♦ vi trembler ♦ vt secousse f; **to shake one's head** (in refusal etc) dire or faire non de la tête; (in dismay) secouer la tête; **to shake hands with sb** serrer la main à qn
▶ **shake off** vt secouer; (fig) se débarrasser de
▶ **shake up** vt secouer
shaky ['ʃeɪkɪ] adj (hand, voice) tremblant(e); (building) branlant(e), peu solide; (memory) chancelant(e); (knowledge) incertain(e)
shall [ʃæl] aux vb: **I shall go** j'irai
shallow ['ʃæləu] adj peu profond(e); (fig) superficiel(le), qui manque de profondeur
sham [ʃæm] n frime f; (jewellery, furniture) imitation f ♦ adj feint(e), simulé(e) ♦ vt feindre, simuler
shambles ['ʃæmblz] n confusion f, pagaïe f, fouillis m; **the economy is (in) a complete shambles** l'économie est dans la confusion la plus totale
shame [ʃeɪm] n honte f ♦ vt faire honte à; **it is a shame (that/to do)** c'est dommage (que + sub/de faire); **what a shame!** quel dommage!; **to put sb/sth to shame** (fig) faire honte à qn/qch
shameful ['ʃeɪmful] adj honteux(euse), scandaleux(euse)
shameless ['ʃeɪmlɪs] adj éhonté(e), effronté(e); (immodest) impudique
shampoo [ʃæm'pu:] n shampooing m ♦ vt faire un shampooing à; **shampoo and set** shampooing et mise f en plis
shamrock ['ʃæmrɔk] n trèfle m (emblème national de l'Irlande)
shandy ['ʃændɪ] n bière panachée

shan't [ʃɑːnt] = shall not

shantytown [ˈʃæntɪtaʊn] n bidonville m

shape [ʃeɪp] n forme f ♦ vt façonner, modeler; (clay, stone) donner forme à; (statement) formuler; (sb's ideas, character) former; (sb's life) déterminer; (course of events) influer sur le cours de ♦ vi (also: **shape up**: events) prendre tournure; (: person) faire des progrès, s'en sortir; **to take shape** prendre forme or tournure; **in the shape of a heart** en forme de cœur; **I can't bear gardening in any shape or form** je déteste le jardinage sous quelque forme que ce soit; **to get o.s. into shape** (re)trouver la forme

-shaped [ʃeɪpt] suffix: **heart-shaped** en forme de cœur

shapeless [ˈʃeɪplɪs] adj informe, sans forme

shapely [ˈʃeɪplɪ] adj bien proportionné(e), beau(belle)

share [ʃeə*] n (thing received, contribution) part f; (COMM) action f ♦ vt partager; (have in common) avoir en commun; **to share out (among or between)** partager (entre); **to share in** (joy, sorrow) prendre part à; (profits) participer à, avoir part à; (work) partager

shareholder [ˈʃeəhəʊldə*] n actionnaire m/f

shark [ʃɑːk] n requin m

sharp [ʃɑːp] adj (razor, knife) tranchant(e), bien aiguisé(e); (point) aigu(ë); (nose, chin) pointu(e); (outline) net(te); (curve, bend) brusque; (cold, pain) vif(vive); (MUS) dièse; (voice) coupant(e); (person: quick-witted) vif(vive) éveillé(e); (: unscrupulous) malhonnête ♦ n (MUS) dièse m ♦ adv: **at 2 o'clock sharp** à 2 heures pile or tapantes; **turn sharp left** tournez immédiatement à gauche; **to be sharp with sb** être brusque avec qn; **look sharp!** dépêche-toi!

sharpen [ˈʃɑːpn] vt aiguiser; (pencil) tailler; (fig) aviver

sharpener [ˈʃɑːpnə*] n (also: **pencil sharpener**) taille-crayon(s) m inv; (also: **knife sharpener**) aiguisoir m

sharp-eyed [ʃɑːpˈaɪd] adj à qui rien n'échappe

sharply [ˈʃɑːplɪ] adv (abruptly) brusquement; (clearly) nettement; (harshly) sèchement, vertement

shatter [ˈʃætə*] vt fracasser, briser, faire voler en éclats; (fig: upset) bouleverser; (: ruin) briser, ruiner ♦ vi voler en éclats, se briser, se fracasser

shave [ʃeɪv] vt raser ♦ vi se raser ♦ n: **to have a shave** se raser

shaver [ˈʃeɪvə*] n (also: **electric shaver**) rasoir m électrique

shaving [ˈʃeɪvɪŋ] n (action) rasage m; **shavings** npl (of wood etc) copeaux mpl

shaving brush n blaireau m

shaving cream n crème f à raser

shaving foam n mousse f à raser

shawl [ʃɔːl] n châle m

she [ʃiː] pron elle; **there she is** la voilà; **she-elephant** etc éléphant m etc femelle; NB for ships, countries follow the gender of your translation

sheaf, pl **sheaves** [ʃiːf, ʃiːvz] n gerbe f

shear [ʃɪə*] vt, pt **sheared**, pp **sheared** or **shorn** [ʃɔːn] (sheep) tondre

▶ **shear off** vt tondre; (branch) élaguer

shears [ʃɪəz] npl (for hedge) cisaille(s) f(pl)

sheath [ʃiːθ] n gaine f, fourreau m, étui m; (contraceptive) préservatif m

shed [ʃed] n remise f, resserre f; (INDUSTRY, RAIL) hangar m ♦ vt, pt, pp **shed** (leaves, fur etc) perdre; (tears) verser, répandre; **to shed light on** (problem, mystery) faire la lumière sur

she'd [ʃiːd] = she had, she would

sheen [ʃiːn] n lustre m

sheep [ʃiːp] n (pl inv) mouton m

sheepdog [ˈʃiːpdɔg] n chien m de berger

sheepskin [ˈʃiːpskɪn] n peau f de mouton

sheer [ʃɪə*] adj (utter) pur(e), pur et simple; (steep) à pic abrupt(e); (almost transparent) extrêmement fin(e) ♦ adv à pic, abruptement; **by sheer chance** par pur hasard

sheet [ʃiːt] n (on bed) drap m; (of paper) feuille f; (of glass, metal) feuille, plaque f

sheik(h) [ʃeɪk] n cheik m

shelf, pl **shelves** [ʃelf, ʃelvz] n étagère f, rayon m; **set of shelves** rayonnage m

shell [ʃel] n (on beach) coquillage m; (of egg, nut etc) coquille f; (explosive) obus m; (of building) carcasse f ♦ vt (crab, prawn etc) décortiquer; (peas) écosser; (MIL) bombarder (d'obus)

▶ **shell out** vi (col): **to shell out (for)** casquer (pour)

she'll [ʃiːl] = she will, she shall

shellfish [ˈʃelfɪʃ] n (pl inv: crab etc) crustacé m; (scallop etc) coquillage m; (pl: as food) crustacés, coquillages

shell suit n survêtement m

shelter [ˈʃeltə*] n abri m, refuge m ♦ vt abriter, protéger; (give lodging to) donner asile à ♦ vi s'abriter, se mettre à l'abri; **to take shelter (from)** s'abriter (de)

sheltered housing [ˈʃeltəd-] n foyers mpl (pour personnes âgées ou handicapées)

shelve [ʃelv] vt (fig) mettre en suspens or en sommeil

shelves [ˈʃelvz] npl of shelf

shepherd [ˈʃepəd] n berger m ♦ vt (guide) guider, escorter

shepherd's pie [ˈʃepədz-] n ≈ hachis m Parmentier

sheriff [ˈʃerɪf] n shérif m

sherry [ˈʃerɪ] n xérès m, sherry m

she's [ʃiːz] = she is, she has

Shetland [ˈʃetlənd] n (also: **the Shetlands, the Shetland Isles** or **Islands**) les îles fpl Shetland

shield [ʃiːld] n bouclier m ♦ vt: **to shield (from)** protéger (de or contre)

shift [ʃɪft] n (change) changement m; (of workers) équipe f, poste m ♦ vt déplacer, changer de place; (remove) enlever ♦ vi changer de place, bouger; **the wind has shifted to the south** le vent a tourné au sud; **a shift in demand** (COMM) un déplacement de la demande

shift work n travail m par roulement; **to do shift work** travailler par roulement

shifty [ʃɪftɪ] adj sournois(e); (eyes) fuyant(e)

shimmer [ʃɪmə*] n miroitement m, chatoiement m ♦ vi miroiter, chatoyer

shin [ʃɪn] n tibia m ♦ vi: **to shin up/down a tree** grimper dans un/descendre d'un arbre

shine [ʃaɪn] n éclat m, brillant m ♦ vb, pt, pp **shone** [ʃɔn] vi briller ♦ vt faire briller or reluire; (torch): **to shine on** braquer sur

shingle [ʃɪŋgl] n (on beach) galets mpl; (on roof) bardeau m

shingles [ʃɪŋglz] n (MED) zona m

shiny [ʃaɪnɪ] adj brillant(e)

ship [ʃɪp] n bateau m; (large) navire m ♦ vt transporter (par mer); (send) expédier (par mer); (load) charger, embarquer; **on board ship** à bord

shipbuilding [ʃɪpbɪldɪŋ] n construction navale

shipment [ʃɪpmənt] n cargaison f

shipping [ʃɪpɪŋ] n (ships) navires mpl; (traffic) navigation f

shipwreck [ʃɪprek] n épave f; (event) naufrage m ♦ vt: **to be shipwrecked** faire naufrage

shipyard [ʃɪpjɑːd] n chantier naval

shire [ʃaɪə*] n (BRIT) comté m

shirt [ʃəːt] n chemise f; **in shirt sleeves** en bras de chemise

shit [ʃɪt] excl (col!) merde (!)

shiver [ʃɪvə*] n frisson m ♦ vi frissonner

shoal [ʃəul] n (of fish) banc m

shock [ʃɔk] n (impact) choc m, heurt m; (ELEC) secousse f, décharge f; (emotional) choc; (MED) commotion f, choc ♦ vt (scandalize) choquer, scandaliser; (upset) bouleverser; **suffering from shock** (MED) commotionné(e); **it gave us a shock** ça nous a fait un choc; **it came as a shock to hear that ...** nous avons appris avec stupeur que ...

shock absorber [-əbzɔːbə*] n amortisseur m

shocking [ʃɔkɪŋ] adj choquant(e), scandaleux(euse); (weather, handwriting) épouvantable

shoddy [ʃɔdɪ] adj de mauvaise qualité, mal fait(e)

shoe [ʃuː] n chaussure f, soulier m; (also: **horseshoe**) fer m à cheval; (also: **brake shoe**) mâchoire f de frein ♦ vt, pt, pp **shod** [ʃɔd] (horse) ferrer

shoelace [ʃuːleɪs] n lacet m (de soulier)

shoe polish n cirage m

shoe shop n magasin m de chaussures

shoestring [ʃuːstrɪŋ] n: **on a shoestring** (fig) avec un budget dérisoire; avec des moyens très restreints

shone [ʃɔn] pt, pp of shine

shook [ʃuk] pt of shake

shoot [ʃuːt] n (on branch, seedling) pousse f; (shooting party) partie f de chasse ♦ vb, pt, pp shot [ʃɔt] vt (game: BRIT) chasser; tirer; abattre; (person) blesser (or tuer) d'un coup de fusil (or de revolver); (execute) fusiller; (CINE) tourner ♦ vi (with gun, bow): **to shoot (at)** tirer (sur); (FOOTBALL) shooter, tirer; **to shoot past sb** passer en flèche devant qn; **to shoot in/out** entrer/sortir comme une flèche

▶ **shoot down** vt (plane) abattre

▶ **shoot up** vi (fig) monter en flèche

shooting [ʃuːtɪŋ] n (shots) coups mpl de feu; (attack) fusillade f; (: murder) homicide m (à l'aide d'une arme à feu); (HUNTING) chasse f; (CINE) tournage m

shooting star n étoile filante

shop [ʃɔp] n magasin m; (workshop) atelier m ♦ vi (also: **go shopping**) faire ses courses or ses achats; **repair shop** atelier de réparations; **to talk shop** (fig) parler boutique

▶ **shop around** vi faire le tour des magasins (pour comparer les prix); (fig) se renseigner avant de choisir or décider

shop assistant n (BRIT) vendeur/euse

shop floor n (BRIT, fig) ouvriers mpl

shopkeeper [ʃɔpkiːpə*] n marchand/e, commerçant/e

shoplifting [ʃɔplɪftɪŋ] n vol m à l'étalage

shopper [ʃɔpə*] n personne f qui fait ses courses, acheteur/euse

shopping [ʃɔpɪŋ] n (goods) achats mpl, provisions fpl

shopping bag n sac m (à provisions)

shopping centre n centre commercial

shop-soiled [ʃɔpsɔɪld] adj défraîchi(e), qui a fait la vitrine

shop steward n (BRIT INDUSTRY) délégué/e syndical(e)

shop window n vitrine f

shore [ʃɔː*] n (of sea, lake) rivage m, rive f ♦ vt: **to shore (up)** étayer; **on shore** à terre

shorn [ʃɔːn] pp of shear ♦ adj: **shorn of** dépouillé(e) de

short [ʃɔːt] adj (not long) court(e); (soon finished) court, bref(brève); (person, step) petit(e); (curt) brusque, sec(sèche); (insufficient) insuffisant(e) ♦ n (also: **short film**) court métrage; **to be short of sth** être à court de or manquer de qch; **to be in short supply** manquer, être difficile à trouver; **I'm 3 short** il m'en manque 3; **in short** bref; en bref; **short of doing** à moins de faire; **everything short of** tout sauf; **it is short for** c'est l'abréviation or le diminutif de; **a short time ago** il y a peu de temps; **in the short term** à court terme; **to cut short** (speech, visit) abréger, écourter; (person) couper la parole à; **to fall short of** ne pas être à la hauteur de; **to stop short** s'arrêter net; **to stop short of** ne pas aller jusqu'à

shortage ['ʃɔːtɪdʒ] n manque m, pénurie f

shortbread ['ʃɔːtbred] n = sablé m

short-change [ʃɔːt'tʃeɪndʒ] vt: **to short-change sb** ne pas rendre assez à qn

short-circuit [ʃɔːt'sɜːkɪt] n court-circuit m ♦ vt court-circuiter ♦ vi se mettre en court-circuit

shortcoming ['ʃɔːtkʌmɪŋ] n défaut m

short(crust) pastry ['ʃɔːt(krʌst)-] n (BRIT) pâte brisée

shortcut ['ʃɔːtkʌt] n raccourci m

shorten ['ʃɔːtn] vt raccourcir; (text, visit) abréger

shortfall ['ʃɔːtfɔːl] n déficit m

shorthand ['ʃɔːthænd] n (BRIT) sténo(graphie) f; **to take sth down in shorthand** prendre qch en sténo

shorthand typist n (BRIT) sténodactylo m/f

short list n (BRIT: for job) liste f des candidats sélectionnés

shortly ['ʃɔːtlɪ] adv bientôt, sous peu

short notice n: **at short notice** au dernier moment

shorts [ʃɔːts] npl (also: **a pair of shorts**) un short

short-sighted [ʃɔːt'saɪtɪd] adj (BRIT) myope; (fig) qui manque de clairvoyance

short-staffed [ʃɔːt'stɑːft] adj à court de personnel

short-stay [ʃɔːt'steɪ] adj (car park) de courte durée

short story n nouvelle f

short-tempered [ʃɔːt'tempəd] adj qui s'emporte facilement

short-term ['ʃɔːttɜːm] adj (effect) à court terme

short wave n (RADIO) ondes courtes

shot [ʃɔt] pt, pp of **shoot** ♦ n coup m (de feu); (shotgun pellets) plombs mpl; (person) tireur m; (try) coup, essai m; (injection) piqûre f; (PHOT) photo f; **to fire a shot at sb/sth** tirer sur qn/qch; **to have a shot at (doing)** essayer de faire qch; **like a shot** comme une flèche; (very readily) sans hésiter; **to get shot of sb/sth** (col) se débarrasser de qn/qch; **a big shot** (col) un gros bonnet

shotgun ['ʃɔtgʌn] n fusil m de chasse

should [ʃud] aux vb: **I should go now** je devrais partir maintenant; **he should be there now** il devrait être arrivé maintenant; **I should go if I were you** si j'étais vous j'irais; **I should like to** j'aimerais bien, volontiers; **should he phone ...** si jamais il téléphone ...

shoulder ['ʃəuldə*] n épaule f; (BRIT: of road) **hard shoulder** accotement m ♦ vt (fig) endosser, se charger de; **to look over one's shoulder** regarder derrière soi (en tournant la tête); **to rub shoulders with sb** (fig) côtoyer qn; **to give sb the cold shoulder** (fig) battre froid à qn

shoulder bag n sac m à bandoulière

shoulder blade n omoplate f

shouldn't ['ʃudnt] = **should not**

shout [ʃaut] n cri m ♦ vt crier ♦ vi crier, pousser des cris; **to give sb a shout** appeler qn

▶ **shout down** vt huer

shouting ['ʃautɪŋ] n cris mpl

shove [ʃʌv] vt pousser; (col: put): **to shove sth in** fourrer or ficher qch dans ♦ n poussée f; **he shoved me out of the way** il m'a écarté en me poussant

▶ **shove off** vi (NAUT) pousser au large; (fig: col) ficher le camp

shovel ['ʃʌvl] n pelle f ♦ vt pelleter, enlever (or enfourner) à la pelle

show [ʃəu] n (of emotion) manifestation f, démonstration f; (semblance) semblant m, apparence f; (exhibition) exposition f, salon m; (THEAT) spectacle m, représentation f; (CINE) séance f ♦ vb, pt showed, pp shown [ʃəun] vt montrer; (courage etc) faire preuve de, manifester; (exhibit) exposer ♦ vi se voir, être visible; **to ask for a show of hands** demander que l'on vote à main levée; **to be on show** être exposé(e); **it's just for show** c'est juste pour l'effet; **who's running the show here?** (col) qui est-ce qui commande ici?; **to show sb to his seat/to the door** accompagner qn jusqu'à sa place/la porte; **to show a profit/loss** (COMM) indiquer un bénéfice/une perte; **it just goes to show that ...** ça prouve bien que ...

▶ **show in** vt faire entrer

▶ **show off** vi (pej) crâner ♦ vt (display) faire valoir; (pej) faire étalage de

▶ **show out** vt reconduire à la porte

▶ **show up** vi (stand out) ressortir; (col: turn up) se montrer ♦ vt démontrer; (unmask) démasquer, dénoncer

show business n le monde du spectacle

showdown ['ʃəudaun] n épreuve f de force

shower ['ʃauə*] n (also: **shower bath**) douche f; (rain) averse f; (of stones etc) pluie f, grêle f; (US: party) réunion organisée pour la remise de cadeaux ♦ vi prendre une douche, se doucher ♦ vt: **to shower sb with** (gifts etc) combler qn de; (abuse etc) accabler qn de; (missiles) bombarder qn de; **to have or take a shower** prendre une douche, se doucher

showerproof ['ʃauəpru:f] adj imperméable

showing ['ʃəuɪŋ] n (of film) projection f

show jumping [-dʒʌmpɪŋ] n concours m hippique

shown [ʃəun] pp of **show**

show-off ['ʃəuɔf] n (col: person) crâneur/euse, m'as-tu-vu/e

showpiece ['ʃəupi:s] n (of exhibition etc) joyau m, clou m; **that hospital is a showpiece** cet hôpital est un modèle du genre

showroom ['ʃəurum] n magasin m or salle f d'exposition

shrank [ʃræŋk] *pt of* shrink

shrapnel ['ʃræpnl] *n* éclats *mpl* d'obus

shred [ʃred] *n* (*gen pl*) lambeau *m*, petit morceau; (*fig: of truth, evidence*) parcelle *f* ♦ *vt* mettre en lambeaux, déchirer; (*documents*) détruire; (*CULIN*) râper; couper en lanières

shredder ['ʃredə*] *n* (*for vegetables*) râpeur *m*; (*for documents, papers*) déchiqueteuse *f*

shrewd [ʃruːd] *adj* astucieux(euse), perspicace

shriek [ʃriːk] *n* cri perçant *or* aigu, hurlement *m* ♦ *vt*, *vi* hurler, crier

shrill [ʃrɪl] *adj* perçant(e), aigu(ë), strident(e)

shrimp [ʃrɪmp] *n* crevette grise

shrine [ʃraɪn] *n* châsse *f*; (*place*) lieu *m* de pèlerinage

shrink, *pt* **shrank**, *pp* **shrunk** [ʃrɪŋk, ʃræŋk, ʃrʌŋk] *vi* rétrécir; (*fig*) se réduire; se contracter ♦ *vt* (*wool*) (faire) rétrécir ♦ *n* (*col: pej*) psychanalyste *m/f*; **to shrink from (doing) sth** reculer devant (la pensée de faire) qch

shrink-wrap ['ʃrɪŋkræp] *vt* emballer sous film plastique

shrivel ['ʃrɪvl] (*also:* **shrivel up**) *vt* ratatiner, flétrir ♦ *vi* se ratatiner, se flétrir

shroud [ʃraud] *n* linceul *m* ♦ *vt*: **shrouded in mystery** enveloppé(e) de mystère

Shrove Tuesday ['ʃrəuv-] *n* (le) Mardi gras

shrub [ʃrʌb] *n* arbuste *m*

shrubbery ['ʃrʌbərɪ] *n* massif *m* d'arbustes

shrug [ʃrʌg] *n* haussement *m* d'épaules ♦ *vt*, *vi*: **to shrug (one's shoulders)** hausser les épaules

▶ **shrug off** *vt* faire fi de; (*cold, illness*) se débarrasser de

shrunk [ʃrʌŋk] *pp of* shrink

shudder ['ʃʌdə*] *n* frisson *m*, frémissement *m* ♦ *vi* frissonner, frémir

shuffle ['ʃʌfl] *vt* (*cards*) battre; **to shuffle (one's feet)** traîner les pieds

shun [ʃʌn] *vt* éviter, fuir

shunt [ʃʌnt] *vt* (*RAIL: direct*) aiguiller; (*: divert*) détourner ♦ *vi*: **to shunt (to and fro)** faire la navette

shut, *pt*, *pp* **shut** [ʃʌt] *vt* fermer ♦ *vi* (se) fermer

▶ **shut down** *vt* fermer définitivement; (*machine*) arrêter ♦ *vi* fermer définitivement

▶ **shut off** *vt* couper, arrêter

▶ **shut out** *vt* (*person, cold*) empêcher d'entrer; (*noise*) éviter d'entendre; (*block: view*) boucher; (*: memory of sth*) chasser de son esprit

▶ **shut up** *vi* (*col: keep quiet*) se taire ♦ *vt* (*close*) fermer; (*silence*) faire taire

shutter ['ʃʌtə*] *n* volet *m*; (*PHOT*) obturateur *m*

shuttle ['ʃʌtl] *n* navette *f*; (*also:* **shuttle service**) (service *m* de) navette *f* ♦ *vi* (*vehicle, person*) faire la navette ♦ *vt* (*passengers*) transporter par un système de navette

shuttlecock ['ʃʌtlkɔk] *n* volant *m* (*de badminton*)

shuttle diplomacy *n* navettes *fpl* diplomatiques

shy [ʃaɪ] *adj* timide; **to fight shy of** se dérober devant; **to be shy of doing sth** hésiter à faire qch, ne pas oser faire qch ♦ *vi*: **to shy away from doing sth** (*fig*) craindre de faire qch

Siberia [saɪˈbɪərɪə] *n* Sibérie *f*

Sicily ['sɪsɪlɪ] *n* Sicile *f*

sick [sɪk] *adj* (*ill*) malade; (*vomiting*): **to be sick** vomir; (*humour*) noir(e), macabre; **to feel sick** avoir envie de vomir, avoir mal au cœur; **to fall sick** tomber malade; **to be (off) sick** être absent(e) pour cause de maladie; **a sick person** un(e) malade; **to be sick of** (*fig*) en avoir assez de

sick bay *n* infirmerie *f*

sicken ['sɪkn] *vt* écœurer ♦ *vi*: **to be sickening for sth** (*cold, flu etc*) couver qch

sickening ['sɪknɪŋ] *adj* (*fig*) écœurant(e), révoltant(e), répugnant(e)

sickle ['sɪkl] *n* faucille *f*

sick leave *n* congé *m* de maladie

sickly ['sɪklɪ] *adj* maladif(ive), souffreteux(euse); (*causing nausea*) écœurant(e)

sickness ['sɪknɪs] *n* maladie *f*; (*vomiting*) vomissement(s) *m(pl)*

sick note *n* (*from parents*) mot *m* d'absence; (*from doctor*) certificat médical

sick pay *n* indemnité *f* de maladie (*versée par l'employeur*)

side [saɪd] *n* côté *m*; (*of animal*) flanc *m*; (*of lake, road*) bord *m*; (*of mountain*) versant *m*; (*fig: aspect*) côté, aspect *m*; (*team: SPORT*) équipe *f* ♦ *cpd* (*door, entrance*) latéral(e) ♦ *vi*: **to side with sb** prendre le parti de qn, se ranger du côté de qn; **by the side of** au bord de; **side by side** côte à côte; **the right/wrong side** le bon/mauvais côté, l'endroit/l'envers *m*; **they are on our side** ils sont avec nous; **from all sides** de tous côtés; **to take sides (with)** prendre parti (pour); **a side of beef** ≈ un quartier de bœuf

sideboard ['saɪdbɔːd] *n* buffet *m*

sideboards ['saɪdbɔːdz] (*BRIT*), **sideburns** ['saɪdbɜːnz] *npl* (*whiskers*) pattes *fpl*

side drum *n* (*MUS*) tambour plat, caisse claire

side effect *n* (*MED*) effet *m* secondaire

sidelight ['saɪdlaɪt] *n* (*AUT*) veilleuse *f*

sideline ['saɪdlaɪn] *n* (*SPORT*) (ligne *f* de) touche *f*; (*fig*) activité *f* secondaire

sidelong ['saɪdlɔŋ] *adj*: **to give sb a sidelong glance** regarder qn du coin de l'œil

sideshow ['saɪdʃəu] *n* attraction *f*

sidestep ['saɪdstep] *vt* (*question*) éluder; (*problem*) éviter ♦ *vi* (*BOXING etc*) esquiver

side street *n* rue transversale

sidetrack ['saɪdtræk] *vt* (*fig*) faire dévier de son sujet

sidewalk ['saɪdwɔːk] *n* (*US*) trottoir *m*

sideways ['saɪdweɪz] adv de côté

siding ['saɪdɪŋ] n (RAIL) voie f de garage

siege [siːdʒ] n siège m; **to lay siege to** assiéger

sieve [sɪv] n tamis m, passoire f ♦ vt tamiser, passer (au tamis)

sift [sɪft] vt passer au tamis or au crible; (fig) passer au crible ♦ vi (fig): **to sift through** passer en revue

sigh [saɪ] n soupir m ♦ vi soupirer, pousser un soupir

sight [saɪt] n (faculty) vue f; (spectacle) spectacle m; (on gun) mire f ♦ vt apercevoir; **in sight** visible; (fig) en vue; **out of sight** hors de vue; **at sight** (COMM) à vue; **at first sight** à première vue, au premier abord; **I know her by sight** je la connais de vue; **to catch sight of sb/sth** apercevoir qn/qch; **to lose sight of sb/sth** perdre qn/qch de vue; **to set one's sights on sth** jeter son dévolu sur qch

sightseeing ['saɪtsiːɪŋ] n tourisme m; **to go sightseeing** faire du tourisme

sign [saɪn] n (gen) signe m; (with hand etc) signe, geste m; (notice) panneau m, écriteau m; (also: **road sign**) panneau de signalisation ♦ vt signer; **as a sign of** en signe de; **it's a good/bad sign** c'est bon/mauvais signe; **plus/minus sign** signe plus/moins; **there's no sign of a change of mind** rien ne laisse présager un revirement; **he was showing signs of improvement** il commençait visiblement à faire des progrès; **to sign one's name** signer

▶ **sign away** vt (rights etc) renoncer officiellement à

▶ **sign in** vi signer le registre (en arrivant)

▶ **sign off** vi (RADIO, TV) terminer l'émission

▶ **sign on** vi (MIL) s'engager; (as unemployed) s'inscrire au chômage; (enrol): **to sign on for a course** s'inscrire pour un cours ♦ vt (MIL) engager; (employee) embaucher

▶ **sign out** vi signer le registre (en partant)

▶ **sign over** vt: **to sign sth over to sb** céder qch par écrit à qn

▶ **sign up** (MIL) vt engager ♦ vi s'engager

signal ['sɪgnl] n signal m ♦ vi (AUT) mettre son clignotant ♦ vt (person) faire signe à; (message) communiquer par signaux; **to signal a left/right turn** (AUT) indiquer or signaler que l'on tourne à gauche/droite; **to signal to sb (to do sth)** faire signe à qn (de faire qch)

signalman [sɪgnlmən] n (RAIL) aiguilleur m

signature ['sɪgnətʃə*] n signature f

signature tune n indicatif musical

signet ring ['sɪgnət-] n chevalière f

significance [sɪg'nɪfɪkəns] n signification f; importance f; **that is of no significance** ceci n'a pas d'importance

significant [sɪg'nɪfɪkənt] adj significatif(ive); (important) important(e), considérable

sign language n langage m par signes

signpost ['saɪnpəust] n poteau indicateur

silence ['saɪlns] n silence m ♦ vt faire taire, réduire au silence

silencer ['saɪlənsə*] n (on gun, BRIT AUT) silencieux m

silent ['saɪlnt] adj silencieux(euse); (film) muet(te); **to keep** or **remain silent** garder le silence, ne rien dire

silent partner n (COMM) bailleur m de fonds, commanditaire m

silhouette [sɪluː'et] n silhouette f ♦ vt: **silhouetted against** se profilant sur, se découpant contre

silicon chip n puce f électronique

silk [sɪlk] n soie f ♦ cpd de or en soie

silky ['sɪlkɪ] adj soyeux(euse)

silly ['sɪlɪ] adj stupide, sot(te), bête; **to do something silly** faire une bêtise

silt [sɪlt] n vase f; limon m

silver ['sɪlvə*] n argent m; (money) monnaie f (en pièces d'argent); (also: **silverware**) argenterie f ♦ cpd d'argent, en argent

silver paper (BRIT), **silver foil** n papier m d'argent or d'étain

silver-plated [sɪlvə'pleɪtɪd] adj plaqué(e) argent

silversmith ['sɪlvəsmɪθ] n orfèvre m/f

silvery ['sɪlvrɪ] adj argenté(e)

similar ['sɪmɪlə*] adj: **similar (to)** semblable (à)

similarly ['sɪmɪləlɪ] adv de la même façon, de même

simmer ['sɪmə*] vi cuire à feu doux, mijoter

▶ **simmer down** vi (fig: col) se calmer

simple ['sɪmpl] adj simple; **the simple truth** la vérité pure et simple

simplicity [sɪm'plɪsɪtɪ] n simplicité f

simply ['sɪmplɪ] adv simplement; (without fuss) avec simplicité

simultaneous [sɪməl'teɪnɪəs] adj simultané(e)

sin [sɪn] n péché m ♦ vi pécher

since [sɪns] adv, prep depuis ♦ conj (time) depuis que; (because) puisque, étant donné que, comme; **since then** depuis ce moment-là; **since Monday** depuis lundi; **(ever) since I arrived** depuis mon arrivée, depuis que je suis arrivé

sincere [sɪn'sɪə*] adj sincère

sincerely [sɪn'sɪəlɪ] adv sincèrement; **Yours sincerely** (at end of letter) veuillez agréer, Monsieur (or Madame) l'expression de mes sentiments distingués or les meilleurs

sincerity [sɪn'serɪtɪ] n sincérité f

sinew ['sɪnjuː] n tendon m; **sinews** npl muscles mpl

sing, pt **sang**, pp **sung** [sɪŋ, sæŋ, sʌŋ] vt, vi chanter

Singapore [sɪŋgə'pɔː*] n Singapour m

singe [sɪndʒ] vt brûler légèrement; (clothes) roussir

singer ['sɪŋə*] n chanteur/euse

singing ['sɪŋɪŋ] n (of person, bird) chant m; façon f de chanter; (of kettle, bullet, in ears) sifflement m

single ['sɪŋgl] *adj* seul(e), unique; (*unmarried*) célibataire; (*not double*) simple ♦ *n* (*BRIT: also:* **single ticket**) aller *m* (simple); (*record*) 45 tours *m*; **not a single one was left** il n'en est pas resté un(e) seul(e); **every single day** chaque jour sans exception

▶ **single out** *vt* choisir; distinguer

single bed *n* lit *m* à une place

single-breasted ['sɪŋglbrɛstɪd] *adj* droit(e)

single file *n*: **in single file** en file indienne

single-handed [sɪŋgl'hændɪd] *adv* tout(e) seul(e), sans (aucune) aide

single-minded [sɪŋgl'maɪndɪd] *adj* résolu(e), tenace

single parent *n* parent unique (*or* célibataire)

single room *n* chambre *f* à un lit *or* pour une personne

singles ['sɪŋglz] *npl* (*TENNIS*) simple *m*; (*us: single people*) célibataires ♦ *m/fpl*

single-track road [sɪŋgl'træk-] *n* route *f* à voie unique

singly ['sɪŋglɪ] *adv* séparément

singular ['sɪŋgjulə*] *adj* singulier(ière); (*odd*) singulier, étrange; (*LING*) (au) singulier, du singulier ♦ *n* (*LING*) singulier *m*; **in the feminine singular** au féminin singulier

sinister ['sɪnɪstə*] *adj* sinistre

sink [sɪŋk] *n* évier *m* ♦ *vb, pt* **sank**, *pp* **sunk** [sæŋk, sʌŋk] *vt* (*ship*) (faire) couler, faire sombrer; (*foundations*) creuser; (*piles etc*): **to sink sth into** enfoncer qch dans ♦ *vi* couler, sombrer; (*ground etc*) s'affaisser; **he sank into a chair/the mud** il s'est enfoncé dans un fauteuil/la boue; **a sinking feeling** un serrement de cœur

▶ **sink in** *vi* s'enfoncer, pénétrer; (*explanation*): **it took a long time to sink in** il a fallu longtemps pour que ça rentre

sinner ['sɪnə*] *n* pécheur/eresse

sinus ['saɪnəs] *n* (*ANAT*) sinus *m inv*

sip [sɪp] *n* petite gorgée ♦ *vt* boire à petites gorgées

siphon ['saɪfən] *n* siphon *m* ♦ *vt* (*also:* **siphon off**) siphonner; (: *fig: funds*) transférer; (: *illegally*) détourner

sir [sə*] *n* monsieur *m*; **Sir John Smith** sir John Smith; **yes sir** oui Monsieur; **Dear Sir** (*in letter*) Monsieur

siren ['saɪərn] *n* sirène *f*

sirloin ['sə:lɔɪn] *n* aloyau *m*

sissy ['sɪsɪ] *n* (*col: coward*) poule mouillée

sister ['sɪstə*] *n* sœur *f*; (*nun*) religieuse *f*, (*bonne*) sœur; (*BRIT: nurse*) infirmière *f* en chef ♦ *cpd*: **sister organization** organisation *f* sœur; **sister ship** sister(-)ship *m*

sister-in-law ['sɪstərɪnlɔ:] *n* belle-sœur *f*

sit, *pt, pp* **sat** [sɪt, sæt] *vi* s'asseoir; (*assembly*) être en séance, siéger; (*for painter*) poser; (*dress etc*) tomber ♦ *vt* (*exam*) passer, se présenter à; **to sit on a committee** faire partie d'un comité; **to sit tight** ne pas bouger

▶ **sit about, sit around** *vi* être assis(e) *or* rester à ne rien faire

▶ **sit back** *vi* (*in seat*) bien s'installer, se carrer

▶ **sit down** *vi* s'asseoir; **to be sitting down** être assis(e)

▶ **sit in** *vi*: **to sit in on a discussion** assister à une discussion

▶ **sit up** *vi* s'asseoir; (*not go to bed*) rester debout, ne pas se coucher

sitcom ['sɪtkɔm] *n abbr* (*TV: = situation comedy*) série *f* comique

site [saɪt] *n* emplacement *m*, site *m*; (*also:* **building site**) chantier *m* ♦ *vt* placer

sit-in ['sɪtɪn] *n* (*demonstration*) sit-in *m inv*, occupation *f* de locaux

sitting ['sɪtɪŋ] *n* (*of assembly etc*) séance *f*; (*in canteen*) service *m*

sitting room *n* salon *m*

situated ['sɪtjueɪtɪd] *adj* situé(e)

situation [sɪtju'eɪʃən] *n* situation *f*; **"situations vacant/wanted"** (*BRIT*) "offres/demandes d'emploi"

six [sɪks] *num* six

sixteen [sɪks'ti:n] *num* seize

sixth [sɪksθ] *adj* sixième; **the upper/lower sixth** (*BRIT SCOL*) la terminale/la première

sixty ['sɪkstɪ] *num* soixante

size [saɪz] *n* dimensions *fpl*; (*of person*) taille *f*; (*of estate, area*) étendue *f*; (*of problem*) ampleur *f*; (*of company*) importance *f*; (*of clothing*) taille; (*of shoes*) pointure *f*; (*glue*) colle *f*; **I take size 14** (*of dress etc*) ≃ je prends du 42 or la taille 42; **the small/large size** (*of soap powder etc*) le petit/grand modèle; **it's the size of ...** c'est de la taille (*or* grosseur) de ..., c'est grand (*or* gros) comme ...; **cut to size** découpé(e) aux dimensions voulues

▶ **size up** *vt* juger, jauger

sizeable ['saɪzəbl] *adj* assez grand(e) *or* gros(se); assez important(e)

sizzle ['sɪzl] *vi* grésiller

skate [skeɪt] *n* patin *m*; (*fish: pl inv*) raie *f* ♦ *vi* patiner

▶ **skate over, skate around** *vt* (*problem, issue*) éluder

skateboard ['skeɪtbɔ:d] *n* skateboard *m*, planche *f* à roulettes

skateboarding ['skeɪtbɔ:dɪŋ] *n* skateboard *m*

skater ['skeɪtə*] *n* patineur/euse

skating ['skeɪtɪŋ] *n* patinage *m*

skating rink *n* patinoire *f*

skeleton ['skɛlɪtn] *n* squelette *m*; (*outline*) schéma *m*

skeleton staff *n* effectifs réduits

skeptical ['skɛptɪkl] (*US*) *adj* = **sceptical**

sketch [skɛtʃ] *n* (*drawing*) croquis *m*, esquisse *f*;

sketch book (THEAT) sketch m, saynète f ◆ vt esquisser, faire un croquis or une esquisse de

sketch book n carnet m à dessin

sketchy ['sketʃɪ] adj incomplet(ète), fragmentaire

skewer ['skjuːə*] n brochette f

ski [skiː] n ski m ◆ vi skier, faire du ski

ski boot n chaussure f de ski

skid [skɪd] n dérapage m ◆ vi déraper; **to go into a skid** déraper

skier ['skiːə*] n skieur/euse

skiing ['skiːɪŋ] n ski m; **to go skiing** (aller) faire du ski

ski jump n (ramp) tremplin m; (event) saut m à skis

skilful, (US) **skillful** ['skɪlful] adj habile, adroit(e)

ski lift n remonte-pente m inv

skill [skɪl] n (ability) habileté f, adresse f, talent m; (art, craft) technique(s) f(pl), compétences fpl

skilled [skɪld] adj habile, adroit(e); (worker) qualifié(e)

skim [skɪm] vt (milk) écrémer; (soup) écumer; (glide over) raser, effleurer ◆ vi: **to skim through** (fig) parcourir

skimmed milk [skɪmd-] n lait écrémé

skimp [skɪmp] vt (work) bâcler, faire à la va-vite; (cloth etc) lésiner sur

skimpy ['skɪmpɪ] adj étriqué(e); maigre

skin [skɪn] n peau f ◆ vt (fruit etc) éplucher; (animal) écorcher; **wet** or **soaked to the skin** trempé(e) jusqu'aux os

skin cancer n cancer m de la peau

skin-deep ['skɪn'diːp] adj superficiel(le)

skin diving n plongée sous-marine

skinhead ['skɪnhed] n skinhead m

skinny ['skɪnɪ] adj maigre, maigrichon(ne)

skintight ['skɪntaɪt] adj (dress etc) collant(e), ajusté(e)

skip [skɪp] n petit bond or saut; (container) benne f ◆ vi gambader, sautiller; (with rope) sauter à la corde ◆ vt (pass over) sauter; **to skip school** (esp US) faire l'école buissonnière

ski pass n forfait-skieur(s) m

ski pole n bâton m de ski

skipper ['skɪpə*] n (NAUT, SPORT) capitaine m ◆ vt (boat) commander; (team) être le chef de

skipping rope ['skɪpɪŋ-] n (BRIT) corde f à sauter

skirmish ['skɜːmɪʃ] n escarmouche f, accrochage m

skirt [skɜːt] n jupe f ◆ vt longer, contourner

skirting board ['skɜːtɪŋ-] n (BRIT) plinthe f

ski slope n piste f de ski

ski suit n combinaison f de ski

ski tow n = **ski lift**

skittle ['skɪtl] n quille f; **skittles** (game) (jeu m de) quilles fpl

skive [skaɪv] vi (BRIT col) tirer au flanc

skull [skʌl] n crâne m

skunk [skʌŋk] n mouffette f; (fur) sconse m

sky [skaɪ] n ciel m; **to praise sb to the skies** porter qn aux nues

skylight ['skaɪlaɪt] n lucarne f

skyscraper ['skaɪskreɪpə*] n gratte-ciel m inv

slab [slæb] n plaque f; dalle f; (of wood) bloc m; (of meat, cheese) tranche épaisse

slack [slæk] adj (loose) lâche, desserré(e); (slow) stagnant(e); (careless) négligent(e), peu sérieux(euse) or conscientieux(euse); (COMM: market) peu actif(ive); (: demand) faible; (period) creux(euse) ◆ n (in rope etc) mou m; **business is slack** les affaires vont mal

slacken ['slækn] (also: **slacken off**) vi ralentir, diminuer ◆ vt relâcher

slag heap n crassier m

slag off (BRIT inf) vt dire du mal de

slam [slæm] vt (door) (faire) claquer; (throw) jeter violemment, flanquer; (criticize) éreinter, démolir ◆ vi claquer

slander ['slɑːndə*] n calomnie f; (LAW) diffamation f ◆ vt calomnier; diffamer

slang [slæŋ] n argot m

slant [slɑːnt] n inclinaison f; (fig) angle m, point m de vue

slanted ['slɑːntɪd] adj tendancieux(euse)

slanting ['slɑːntɪŋ] adj en pente, incliné(e); couché(e)

slap [slæp] n claque f, gifle f; (on the back) tape f ◆ vt donner une claque or une gifle (or une tape) à ◆ adv (directly) tout droit, en plein

slapdash ['slæpdæʃ] adj (work) fait(e) sans soin or à la va-vite; (person) insouciant(e), négligent(e)

slapstick ['slæpstɪk] n (comedy) grosse farce (style tarte à la crème)

slap-up ['slæpʌp] adj (BRIT): **a slap-up meal** un repas extra or fameux

slash [slæʃ] vt entailler, taillader; (fig: prices) casser

slat [slæt] n (of wood) latte f, lame f

slate [sleɪt] n ardoise f ◆ vt (fig: criticize) éreinter, démolir

slaughter ['slɔːtə*] n carnage m, massacre m; (of animals) abattage m ◆ vt (animal) abattre; (people) massacrer

slaughterhouse ['slɔːtəhaus] n abattoir m

slave [sleɪv] n esclave m/f ◆ vi (also: **slave away**) trimer, travailler comme un forçat; **to slave (away) at sth/at doing sth** se tuer à qch/à faire qch

slavery ['sleɪvərɪ] n esclavage m

slay, pt **slew**, pp **slain** [sleɪ, sluː, sleɪn] vt (literary) tuer

sleazy ['sliːzɪ] adj miteux(euse), minable

sledge [sledʒ] n luge f

sledgehammer ['sledʒhæmə*] n marteau m de forgeron

sleek [sliːk] adj (hair, fur) brillant(e), luisant(e); (car, *boat)* aux lignes pures *or* élégantes

sleep [sli:p] *n* sommeil *m* ♦ *vi, pt, pp* **slept** [slept] dormir; *(spend night)* dormir, coucher ♦ *vt*: **we can sleep 4** on peut coucher *or* loger 4 personnes; **to go to sleep** s'endormir; **to have a good night's sleep** passer une bonne nuit; **to put to sleep** *(patient)* endormir; *(animal: euphemism: kill)* piquer; **to sleep lightly** avoir le sommeil léger; **to sleep with sb** *(euphemism)* coucher avec qn

▶ **sleep around** *vi* coucher à droite et à gauche

▶ **sleep in** *vi (lie late)* faire la grasse matinée; *(oversleep)* se réveiller trop tard

sleeper ['sli:pə*] *n (person)* dormeur/euse; *(BRIT RAIL: on track)* traverse *f*; *(: train)* train *m* de voitures-lits; *(: carriage)* wagon-lits *m*, voiture-lits *f*; *(: berth)* couchette *f*

sleeping bag *n* sac *m* de couchage

sleeping car *n* wagon-lits *m*, voiture-lits *f*

sleeping partner *n (BRIT COMM)* = **silent partner**

sleeping pill *n* somnifère *m*

sleepless ['sli:plɪs] *adj*: **a sleepless night** une nuit blanche

sleepwalker ['sli:pwɔːkə*] *n* somnambule *m/f*

sleepy ['sli:pɪ] *adj* qui a envie de dormir; *(fig)* endormi(e); **to be** *or* **feel sleepy** avoir sommeil, avoir envie de dormir

sleet [sli:t] *n* neige fondue

sleeve [sli:v] *n* manche *f*; *(of record)* pochette *f*

sleigh [sleɪ] *n* traîneau *m*

sleight [slaɪt] *n*: **sleight of hand** tour *m* de passe-passe

slender ['slendə*] *adj* svelte, mince; *(fig)* faible, ténu(e)

slept [slept] *pt, pp of* **sleep**

slew [slu:] *vi (also:* **slew round)** virer, pivoter ♦ *pt of* **slay**

slice [slaɪs] *n* tranche *f*; *(round)* rondelle *f* ♦ *vt* couper en tranches *(or* en rondelles); **sliced bread** pain *m* en tranches

slick [slɪk] *adj* brillant(e) en apparence; miel-leux/euse) ♦ *n (also:* **oil slick)** nappe *f* de pétrole, marée noire

slide [slaɪd] *n (in playground)* toboggan *m*; *(PHOT)* diapositive *f*; *(BRIT: also:* **hair slide)** barrette *f*; *(microscope slide)* (lame *f)* porte-objet *m*; *(in prices)* chute *f*, baisse *f* ♦ *vb, pt, pp* **slid** [slɪd] *vt* (faire) glisser ♦ *vi* glisser; **to let things slide** *(fig)* laisser les choses aller à la dérive

sliding ['slaɪdɪŋ] *adj (door)* coulissant(e); **sliding roof** *(AUT)* toit ouvrant

sliding scale *n* échelle *f* mobile

slight [slaɪt] *adj (slim)* mince, menu(e); *(frail)* frêle; *(trivial)* faible, insignifiant(e); *(small)* petit(e), lé-ger(ère) *(before n)* ♦ *n* offense *f*, affront *m* ♦ *vt (offend)* blesser, offenser; **the slightest** le *(or* la) moindre; **not in the slightest** pas le moins du monde, pas du tout

slightly ['slaɪtlɪ] *adv* légèrement, un peu; **slightly built** fluet(te)

slim [slɪm] *adj* mince ♦ *vi* maigrir, suivre un régi-me amaigrissant

slime [slaɪm] *n* vase *f*; substance visqueuse

slimming [slɪmɪŋ] *n* amaigrissement *m* ♦ *adj (diet, pills)* amaigrissant(e), pour maigrir

sling [slɪŋ] *n (MED)* écharpe *f* ♦ *vt, pt, pp* **slung** [slʌŋ] lancer, jeter; **to have one's arm in a sling** avoir le bras en écharpe

slip [slɪp] *n* faux pas; *(mistake)* erreur *f*, bévue *f*; *(underskirt)* combinaison *f*; *(of paper)* petite feuille, fiche *f* ♦ *vt (slide)* glisser ♦ *vi (slide)* glisser; *(move smoothly)*: **to slip into/out of** se glisser *or* se faufil-er dans/hors de; *(decline)* baisser; **to let a chance slip by** laisser passer une occasion; **to slip sth on/ off** enfiler/enlever qch; **it slipped from her hand** cela lui a glissé des mains; **to give sb the slip** faus-ser compagnie à qn; **a slip of the tongue** un lapsus

▶ **slip away** *vi* s'esquiver

▶ **slip in** *vt* glisser

▶ **slip out** *vi* sortir

▶ **slip up** *vi* faire une erreur, gaffer

slipped disc [slɪpt-] *n* hernie discale

slipper ['slɪpə*] *n* pantoufle *f*

slippery ['slɪpərɪ] *adj* glissant(e); *(fig: person)* insai-sissable

slip road *n (BRIT: to motorway)* bretelle *f* d'accès

slip-up ['slɪpʌp] *n* bévue *f*

slipway ['slɪpweɪ] *n* cale *f* (de construction *or* de lancement)

slit [slɪt] *n* fente *f*; *(cut)* incision *f*; *(tear)* déchirure *f* ♦ *vt, pt, pp* **slit** fendre; couper; inciser; déchirer; **to slit sb's throat** trancher la gorge à qn

slither ['slɪðə*] *vi* glisser, déraper

sliver ['slɪvə*] *n (of glass, wood)* éclat *m*; *(of cheese, sausage)* petit morceau

slob [slɔb] *n (col)* rustaud/e

slog [slɔg] *n (BRIT)* gros effort; tâche fastidieuse ♦ *vi* travailler très dur

slogan ['sləugən] *n* slogan *m*

slope [sləup] *n* pente *f*; *(side of mountain)* versant *m*; *(slant)* inclinaison *f* ♦ *vi*: **to slope down** descendre en pente; **to slope up** monter

sloping ['sləupɪŋ] *adj* en pente, incliné(e); *(hand-writing)* penché(e)

sloppy ['slɔpɪ] *adj (work)* peu soigné(e), bâclé(e); *(appearance)* négligé(e), débraillé(e); *(film etc)* senti-mental(e)

slot [slɔt] *n* fente *f*; *(fig: in timetable, RADIO, TV)* cré-neau *m*, plage *f* ♦ *vt*: **to slot into** encastrer *or* insé-rer dans ♦ *vi*: **to slot into** s'encastrer *or* s'insérer dans

sloth [sləuθ] *n (vice)* paresse *f*; *(ZOOL)* paresseux *m*

slouch [slautʃ] *vi* avoir le dos rond, être voûté(e)

▶ **slouch about, slouch around** *vi* traîner à ne rien faire

slovenly ['slʌvənlɪ] *adj* sale, débraillé(e), négligé(e)

slow [sləu] *adj* lent(e); (*watch*): **to be slow** retarder ♦ *adv* lentement ♦ *vt, vi* (*also*: **slow down, slow up**) ralentir; **"slow"** (*road sign*) "ralentir"; **at a slow speed** à petite vitesse; **to be slow to act/decide** être lent à agir/décider; **my watch is 20 minutes slow** ma montre retarde de 20 minutes; **business is slow** les affaires marchent au ralenti; **to go slow** (*driver*) rouler lentement; (*in industrial dispute*) faire la grève perlée

slowly ['sləulɪ] *adv* lentement

slow motion *n*: **in slow motion** au ralenti

sludge [slʌdʒ] *n* boue *f*

slug [slʌg] *n* limace *f*; (*bullet*) balle *f*

sluggish ['slʌgɪʃ] *adj* mou(molle), lent(e); (*business, sales*) stagnant(e)

sluice [sluːs] *n* écluse *f*; (*also*: **sluice gate**) vanne *f* ♦ *vt*: **to sluice down** or **out** laver à grande eau

slum [slʌm] *n* taudis *m*

slump [slʌmp] *n* baisse soudaine, effondrement *m*; crise *f* ♦ *vi* s'effondrer, s'affaisser

slung [slʌŋ] *pt, pp* of **sling**

slur [slɜː*] *n* bredouillement *m*; (*smear*): **slur (on)** atteinte *f*(à); insinuation *f*(contre) ♦ *vt* mal articuler; **to be a slur on** porter atteinte à

slush [slʌʃ] *n* neige fondue

slut [slʌt] *n* souillon *f*

sly [slaɪ] *adj* rusé(e), sournois(e); **on the sly** en cachette

smack [smæk] *n* (*slap*) tape *f*; (*on face*) gifle *f* ♦ *vt* donner une tape à; gifler; (*child*) donner la fessée à ♦ *vi*: **to smack of** avoir des relents de, sentir ♦ *adv* (*col*): **it fell smack in the middle** c'est tombé en plein milieu or en plein dedans; **to smack one's lips** se lécher les babines

small [smɔːl] *adj* petit(e); (*letter*) minuscule ♦ *n*: **the small of the back** le creux des reins; **to get** or **grow smaller** diminuer; **to make smaller** (*amount, income*) diminuer; (*object, garment*) rapetisser; **a small shopkeeper** un petit commerçant

small ads *npl* (*BRIT*) petites annonces

small change *n* petite or menue monnaie

smallholder ['smɔːlhəuldə*] *n* (*BRIT*) petit cultivateur

small hours *npl*: **in the small hours** au petit matin

smallpox ['smɔːlpɔks] *n* variole *f*

small talk *n* menus propos

smart [smɑːt] *adj* élégant(e), chic *inv*; (*clever*) intelligent(e); (*pej*) futé(e); (*quick*) vif(vive), prompt(e) ♦ *vi* faire mal, brûler; **the smart set** le beau monde; **to look smart** être élégant(e); **my eyes are smarting** j'ai les yeux irrités or qui me piquent

smart card *n* carte *f* à puce

smarten up ['smɑːtn-] *vi* devenir plus élégant(e),

se faire beau(belle) ♦ *vt* rendre plus élégant(e)

smash [smæʃ] *n* (*also*: **smash-up**) collision *f*, accident *m*; (*sound*) fracas *m* ♦ *vt* casser, briser, fracasser; (*opponent*) écraser; (*hopes*) ruiner, détruire; (*SPORT: record*) pulvériser ♦ *vi* se briser, se fracasser; s'écraser

▶ **smash up** *vt* (*car*) bousiller; (*room*) tout casser dans

smashing ['smæʃɪŋ] *adj* (*col*) formidable

smattering ['smætərɪŋ] *n*: **a smattering of** quelques notions de

smear [smɪə*] *n* tache *f*, salissure *f*; trace *f*; (*MED*) frottis *m*; (*insult*) calomnie *f* ♦ *vt* enduire; (*fig*) porter atteinte à; **his hands were smeared with oil/ink** il avait les mains maculées de cambouis/d'encre

smear campaign *n* campagne *f* de dénigrement

smell [smel] *n* odeur *f*; (*sense*) odorat *m* ♦ *vb, pt, pp* **smelt** or **smelled** [smelt, smeld] *vt* sentir ♦ *vi* (*food etc*): **to smell (of)** sentir; (*pej*) sentir mauvais; **it smells good** ça sent bon

smelly ['smelɪ] *adj* qui sent mauvais, malodorant(e)

smile [smaɪl] *n* sourire *m* ♦ *vi* sourire

smirk [smɜːk] *n* petit sourire suffisant or affecté

smock [smɔk] *n* blouse *f*, sarrau *m*

smog [smɔg] *n* brouillard mêlé de fumée

smoke [sməuk] *n* fumée *f* ♦ *vt, vi* fumer; **to have a smoke** fumer une cigarette; **do you smoke?** estce que vous fumez?; **to go up in smoke** (*house etc*) brûler; (*fig*) partir en fumée

smoked [sməukt] *adj* (*bacon, glass*) fumé(e)

smoker ['sməukə*] *n* (*person*) fumeur/euse; (*RAIL*) wagon *m* fumeurs

smoke screen *n* rideau *m* or écran *m* de fumée; (*fig*) paravent *m*

smoking ['sməukɪŋ] *n*: **"no smoking"** (*sign*) "défense de fumer"; **he's given up smoking** il a arrêté de fumer

smoking compartment, (*US*) **smoking car** *n* wagon *m* fumeurs

smoky ['sməukɪ] *adj* enfumé(e)

smolder ['sməuldə*] *vi* (*US*) = **smoulder**

smooth [smuːð] *adj* lisse; (*sauce*) onctueux(euse); (*flavour, whisky*) moelleux(euse); (*cigarette*) doux(douce); (*movement*) régulier(ière), sans à-coups or heurts; (*landing, takeoff*) en douceur; (*flight*) sans secousses; (*person*) doucereux(euse), mielleux(euse) ♦ *vt* lisser, défroisser; (*also*: **smooth out**: *creases, difficulties*) faire disparaître

▶ **smooth over** *vt*: **to smooth things over** (*fig*) arranger les choses

smother ['smʌðə*] *vt* étouffer

smoulder, (*US*) **smolder** ['sməuldə*] *vi* couver

smudge [smʌdʒ] *n* tache *f*, bavure *f* ♦ *vt* salir, maculer

smug [smʌg] *adj* suffisant(e), content(e) de soi

smuggle ['smʌgl] *vt* passer en contrebande *or* en fraude; **to smuggle in/out** (*goods etc*) faire entrer/ sortir clandestinement *or* en fraude

smuggler ['smʌglə*] *n* contrebandier/ière

smuggling ['smʌglɪŋ] *n* contrebande *f*

smutty ['smʌtɪ] *adj* (*fig*) grossier(ière), obscène

snack [snæk] *n* casse-croûte *m inv*; **to have a snack** prendre un en-cas, manger quelque chose (de léger)

snack bar *n* snack(-bar) *m*

snag [snæg] *n* inconvénient *m*, difficulté *f*

snail [sneɪl] *n* escargot *m*

snake [sneɪk] *n* serpent *m*

snap [snæp] *n* (*sound*) claquement *m*, bruit sec; (*photograph*) photo *f*, instantané *m*; (*game*) sorte de jeu de bataille ♦ *adj* subit(e), fait(e) sans réfléchir ♦ *vt* faire claquer; (*break*) casser net; (*photograph*) prendre un instantané de ♦ *vi* se casser net *or* avec un bruit sec; (*fig: person*) craquer; **to snap at sb** (*person*) parler d'un ton brusque à qn; (*: dog*) essayer de mordre qn; **to snap open/shut** s'ouvrir/ se refermer brusquement; **to snap one's fingers at** (*fig*) se moquer de; **a cold snap** (*of weather*) un refroidissement soudain de la température

▶ **snap off** *vt* (*break*) casser net

▶ **snap up** *vt* sauter sur, saisir

snappy ['snæpɪ] *adj* prompt(e); (*slogan*) qui a du punch; **make it snappy!** (*col: hurry up*) grouille-toi!, magne-toi!

snapshot ['snæpʃɔt] *n* photo *f*, instantané *m*

snare [snɛə*] *n* piège *m* ♦ *vt* attraper, prendre au piège

snarl [snɑːl] *n* grondement *m or* grognement *m* féroce ♦ *vi* gronder ♦ *vt*: **to get snarled up** (*wool, plans*) s'emmêler; (*traffic*) se bloquer

snatch [snætʃ] *n* (*fig*) vol *m*; (*BRIT: small amount*): **snatches of** fragments *mpl or* bribes *fpl* de ♦ *vt* saisir (*d'un geste vif*); (*steal*) voler ♦ *vi*: **don't snatch!** doucement!; **to snatch a sandwich** manger *or* avaler un sandwich à la hâte; **to snatch some sleep** arriver à dormir un peu

▶ **snatch up** *vt* saisir, s'emparer de

sneak [sniːk] *vi*: **to sneak in/out** entrer/sortir furtivement *or* à la dérobée ♦ *vt*: **to sneak a look at sth** regarder furtivement qch

sneakers ['sniːkəz] *npl* chaussures *fpl* de tennis *or* basket

sneer [snɪə*] *n* ricanement *m* ♦ *vi* ricaner, sourire d'un air sarcastique; **to sneer at sb/sth** se moquer de qn/qch avec mépris

sneeze [sniːz] *n* éternuement *m* ♦ *vi* éternuer

sniff [snɪf] *n* reniflement *m* ♦ *vi* renifler ♦ *vt* renifler, flairer; (*glue, drug*) sniffer, respirer

▶ **sniff at** *vt fus*: **it's not to be sniffed at** il ne faut pas cracher dessus, ce n'est pas à dédaigner

snigger ['snɪgə*] *n* ricanement *m*; rire moqueur

♦ *vi* ricaner; pouffer de rire

snip [snɪp] *n* petit bout; (*bargain*) (bonne) occasion *or* affaire ♦ *vt* couper

sniper ['snaɪpə*] *n* (*marksman*) tireur embusqué

snippet ['snɪpɪt] *n* bribes *fpl*

snob [snɔb] *n* snob *m/f*

snobbish ['snɔbɪʃ] *adj* snob *inv*

snooker ['snuːkə*] *n* sorte de jeu de billard

snoop [snuːp] *vi*: **to snoop on sb** espionner qn; **to snoop about somewhere** fourrer son nez quelque part

snooze [snuːz] *n* petit somme ♦ *vi* faire un petit somme

snore [snɔː*] *vi* ronfler ♦ *n* ronflement *m*

snorkel ['snɔːkl] *n* (*of swimmer*) tuba *m*

snort [snɔːt] *n* grognement *m* ♦ *vi* grogner; (*horse*) renâcler ♦ *vt* (*col: drugs*) sniffer

snout [snaut] *n* museau *m*

snow [snəʊ] *n* neige *f* ♦ *vi* neiger ♦ *vt*: **to be snowed under with work** être débordé(e) de travail

snowball ['snəʊbɔːl] *n* boule *f* de neige

snowbound ['snəʊbaʊnd] *adj* enneigé(e), bloqué(e) par la neige

snowdrift ['snəʊdrɪft] *n* congère *f*

snowdrop ['snəʊdrɔp] *n* perce-neige *m*

snowfall ['snəʊfɔːl] *n* chute *f* de neige

snowflake ['snəʊfleɪk] *n* flocon *m* de neige

snowman ['snəʊmæn] *n* bonhomme *m* de neige

snowplough, (*US*) **snowplow** ['snəʊplaʊ] *n* chasse-neige *m inv*

snowshoe ['snəʊfuː] *n* raquette *f* (*pour la neige*)

snowstorm ['snəʊstɔːm] *n* tempête *f* de neige

snub [snʌb] *vt* repousser, snober ♦ *n* rebuffade *f*

snub-nosed [snʌb'nəʊzd] *adj* au nez retroussé

snuff [snʌf] *n* tabac *m* à priser ♦ *vt* (*also*: **snuff out**: *candle*) moucher

snug [snʌg] *adj* douillet(te), confortable; **it's a snug fit** c'est bien ajusté(e)

snuggle ['snʌgl] *vi*: **to snuggle down in bed/up to sb** se pelotonner dans son lit/contre qn

KEYWORD

so [səʊ] *adv* **1** (*thus, likewise*) ainsi, de cette façon; **if so** si oui; **so do** *or* **have I** moi aussi; **it's 5 o'clock – so it is!** il est 5 heures – en effet! *or* c'est vrai; **I hope/think so** je l'espère/le crois; **so far** jusqu'ici, jusqu'à maintenant; (*in past*) jusque-là; **quite so!** exactement!, c'est bien ça!; **even so** quand même, tout de même

2 (*in comparisons etc: to such a degree*) si, tellement; **so big (that)** si *or* tellement grand (que); **she's not so clever as her brother** elle n'est pas aussi intelligente que son frère

3: **so much** *adj, adv* tant (de); **I've got so much work** j'ai tant de travail; **I love you so much** je vous aime tant; **so many** tant (de)

4 (*phrases*): **10 or so** à peu près *or* environ 10; **so long!** (*inf: goodbye*) au revoir!, à un de ces jours!; **to so speak** pour ainsi dire; **so (what)?** (*col*) (bon) et alors?, et après?

♦ *conj* **1** (*expressing purpose*): **so as to do** pour faire, afin de faire; **so (that)** pour que *or* afin que +*sub*

2 (*expressing result*) donc, par conséquent; **so that** si bien que, de (telle) sorte que; **so that's the reason!** c'est donc (pour) ça!

soak [səʊk] *vt* faire *or* laisser tremper ♦ *vi* tremper; **to be soaked through** être trempé jusqu'aux os

▶ **soak in** *vi* pénétrer, être absorbé(e)

▶ **soak up** *vt* absorber

soaking ['səʊkɪŋ] *adj* (*also*: **soaking wet**) trempé(e)

soap [səʊp] *n* savon *m*

soapflakes ['səʊpfleɪks] *npl* paillettes *fpl* de savon

soap opera *n* feuilleton télévisé (*quotidienneté réaliste ou embellie*)

soap powder *n* lessive *f*, détergent *m*

soapy ['səʊpɪ] *adj* savonneux(euse)

soar [sɔː*] *vi* monter (en flèche), s'élancer; **soaring prices** prix qui grimpent

sob [sɒb] *n* sanglot *m* ♦ *vi* sangloter

sober ['səʊbə*] *adj* qui n'est pas (*or* plus) ivre; (*sedate*) sérieux(euse), sensé(e); (*moderate*) mesuré(e); (*colour, style*) sobre, discrète(te)

▶ **sober up** *vt* dégriser ♦ *vi* se dégriser

so-called ['səʊ'kɔːld] *adj* soi-disant *inv*

soccer ['sɒkə*] *n* football *m*

social ['səʊʃl] *adj* social(e) ♦ *n* (petite) fête

social club *n* amicale *f*, foyer *m*

socialism ['səʊʃəlɪzəm] *n* socialisme *m*

socialist ['səʊʃəlɪst] *adj, n* socialiste (*m/f*)

socialize ['səʊʃəlaɪz] *vi* voir *ou* rencontrer des gens, se faire des amis; **to socialize with** fréquenter; lier connaissance *or* parler avec

social security *n* aide sociale

social work *n* assistance sociale

social worker *n* assistant/e social(e)

society [sə'saɪətɪ] *n* société *f*; (*club*) société, association *f*; (*also*: **high society**) (haute) société, grand monde ♦ *cpd* (*party*) mondain(e)

sociology [səʊsɪ'ɒlədʒɪ] *n* sociologie *f*

sock [sɒk] *n* chaussette *f* ♦ *vt* (*col: hit*) flanquer un coup à; **to pull one's socks up** (*fig*) se secouer (les puces)

socket ['sɒkɪt] *n* cavité *f*; (*ELEC: also*: **wall socket**) prise *f* de courant; (: *for light bulb*) douille *f*

sod [sɒd] *n* (*of earth*) motte *f*; (*BRIT col!*) con *m* (!), salaud *m* (!)

▶ **sod off** *vi*: **sod off!** (*BRIT col!*) fous le camp!, va te faire foutre! (!)

soda ['səʊdə] *n* (*CHEM*) soude *f*; (*also*: **soda water**)

eau *f* de Seltz; (*US: also*: **soda pop**) soda *m*

sofa ['səʊfə] *n* sofa *m*, canapé *m*

soft [sɒft] *adj* (*not rough*) doux(douce); (*not hard*) doux, mou(molle); (*not loud*) doux, léger(ère); (*kind*) doux, gentil(le); (*weak*) indulgent(e); (*stupid*) stupide, débile

soft drink *n* boisson non alcoolisée

soften ['sɒfn] *vt* (r)amollir; adoucir; atténuer ♦ *vi* se ramollir; s'adoucir; s'atténuer

softly ['sɒftlɪ] *adv* doucement; légèrement; gentiment

softness ['sɒftnɪs] *n* douceur *f*

software ['sɒftwɛə*] *n* logiciel *m*, software *m*

soggy ['sɒgɪ] *adj* trempé(e); détrempé(e)

soil [sɔɪl] *n* (*earth*) sol *m*, terre *f* ♦ *vt* salir; (*fig*) souiller

solar ['səʊlə*] *adj* solaire

solar panel *n* panneau *m* solaire

solar power *n* énergie *f* solaire

sold [səʊld] *pt, pp* *of* **sell**

solder ['səʊldə*] *vt* souder (*au fil à souder*) ♦ *n* soudure *f*

soldier ['səʊldʒə*] *n* soldat *m*, militaire *m* ♦ *vi*: **to soldier on** persévérer, s'accrocher; **toy soldier** petit soldat

sole [səʊl] *n* (*of foot*) plante *f*; (*of shoe*) semelle *f*; (*fish: pl inv*) sole *f* ♦ *adj* seule(e), unique; **the sole reason** la seule et unique raison

solemn ['sɒləm] *adj* solennel(le); sérieux(euse), grave

sole trader *n* (*COMM*) chef *m* d'entreprise individuelle

solicit [sə'lɪsɪt] *vt* (*request*) solliciter ♦ *vi* (*prostitute*) racoler

solicitor [sə'lɪsɪtə*] *n* (*BRIT: for wills etc*) ≈ notaire *m*; (: *in court*) ≈ avocat *m*

solid ['sɒlɪd] *adj* (*not hollow*) plein(e), compact(e), massif(ive); (*strong, sound, reliable, not liquid*) solide; (*meal*) consistant(e), substantiel(le); (*vote*) unanime ♦ *n* solide *m*; **to be on solid ground** être sur la terre ferme; (*fig*) être en terrain sûr; **we waited 2 solid hours** nous avons attendu deux heures entières

solidarity [sɒlɪ'dærɪtɪ] *n* solidarité *f*

solitary ['sɒlɪtərɪ] *adj* solitaire

solitary confinement *n* (*LAW*) isolement *m* (cellulaire)

solo ['səʊləʊ] *n* solo *m*

soloist ['səʊləʊɪst] *n* soliste *m/f*

soluble ['sɒljʊbl] *adj* soluble

solution [sə'luːʃən] *n* solution *f*

solve [sɒlv] *vt* résoudre

solvent ['sɒlvənt] *adj* (*COMM*) solvable ♦ *n* (*CHEM*) (dis)solvant *m*

KEYWORD

---

some [sʌm] *adj* **1** (*a certain amount or number of*): **some tea/water/ice cream** du thé/de l'eau/

de la glace; **some children/apples** des enfants/
pommes
2 (*certain: in contrasts*): **some people say that ...**
il y a des gens qui disent que ...; **some films
were excellent, but most ...** certains films
étaient excellents, mais la plupart ...
3 (*unspecified*): **some woman was asking for
you** il y avait une dame qui vous demandait; **he
was asking for some book (or other)** il demandait un livre quelconque; **some day** un de ces
jours; **some day next week** un jour la semaine
prochaine; **after some time** après un certain
temps; **at some length** assez longuement; **in
some form or other** sous une forme ou une
autre, sous une forme quelconque
♦ *pron* **1** (*a certain number*) quelques-un(e)s, cer-
tain(e)s; **I've got some** (*books etc*) j'en ai
(quelques-uns); **some (of them) have been sold**
certains ont été vendus
2 (*a certain amount*) un peu; **I've got some**
(*money, milk*) j'en ai (un peu); **would you like
some?** est-ce que vous en voulez?, en voulez-
vous?
♦ *adv*: **some 10 people** quelque 10 personnes,
10 personnes environ

somebody ['sʌmbədɪ] *pron* quelqu'un; **somebody or other** quelqu'un, je ne sais qui
somehow ['sʌmhau] *adv* d'une façon ou d'une
autre; (*for some reason*) pour une raison ou une
autre
someone ['sʌmwʌn] *pron* = **somebody**
someplace ['sʌmpleɪs] *adv* (*us*) = **somewhere**
somersault ['sʌməsɔːlt] *n* culbute *f*, saut périlleux
♦ *vi* faire la culbute *or* un saut périlleux; (*car*) faire
un tonneau
something ['sʌmθɪŋ] *pron* quelque chose *m*;
something interesting quelque chose d'intéressant; **something to do** quelque chose à faire; **he's
something like me** il est un peu comme moi; **it's
something of a problem** il y a là un problème
sometime ['sʌmtaɪm] *adv* (*in future*) un de ces
jours, un jour ou l'autre; (*in past*): **sometime last
month** au cours du mois dernier
sometimes ['sʌmtaɪmz] *adv* quelquefois, parfois
somewhat ['sʌmwɔt] *adv* quelque peu, un peu
somewhere ['sʌmwɛə*] *adv* quelque part;
somewhere else ailleurs, autre part
son [sʌn] *n* fils *m*
song [sɔŋ] *n* chanson *f*
son-in-law ['sʌnɪnlɔː] *n* gendre *m*, beau-fils *m*
soon [suːn] *adv* bientôt; (*early*) tôt; **soon afterwards** peu après; **quite soon** sous peu; **how soon
can you do it?** combien de temps vous faut-il pour
le faire, au plus pressé?; **how soon can you come
back?** quand *or* dans combien de temps pouvez-
vous revenir, au plus tôt; **see you soon!** à bientôt!;
see also **as**

sooner ['suːnə*] *adv* (*time*) plus tôt; (*preference*): **I
would sooner do** j'aimerais autant *or* je préférerais
faire; **sooner or later** tôt ou tard; **no sooner said
than done** sitôt dit, sitôt fait; **the sooner the better** le plus tôt sera le mieux; **no sooner had we left
than ...** à peine étions-nous partis que ...
soot [sut] *n* suie *f*
soothe [suːð] *vt* calmer, apaiser
sophisticated [sə'fɪstɪkeɪtɪd] *adj* raffiné(e),
sophistiqué(e); (*system etc*) très perfectionné(e),
sophistiqué
sophomore ['sɔfəmɔː*] *n* (*us*) étudiant/e de
seconde année
sopping ['sɔpɪŋ] *adj* (*also:* **sopping wet**) tout(e)
trempé(e)
soppy ['sɔpɪ] *adj* (*pej*) sentimental(e)
soprano [sə'prɑːnəu] *n* (*voice*) soprano *m*; (*singer*)
soprano *m/f*
sorcerer ['sɔːsərə*] *n* sorcier *m*
sore [sɔː*] *adj* (*painful*) douloureux(euse), sensible; (*offended*) contrarié(e), vexé(e) ♦ *n* plaie *f*; **to
have a sore throat** avoir mal à la gorge; **it's a sore
point** (*fig*) c'est un point délicat
sorely ['sɔːlɪ] *adv* (*tempted*) fortement
sorrow ['sɔrəu] *n* peine *f*, chagrin *m*
sorry ['sɔrɪ] *adj* désolé(e); (*condition, excuse, tale*)
triste, déplorable; (*sight*) désolant(e); **sorry!** pardon!, excusez-moi!; **to feel sorry for sb** plaindre
qn; **I'm sorry to hear that ...** je suis désolé(e) *or*
navré(e) d'apprendre que ...; **to be sorry about
sth** regretter qch
sort [sɔːt] *n* genre *m*, espèce *f*, sorte *f*; (*make: of coffee, car etc*) marque *f* ♦ *vt* (*also:* **sort out:** *papers*)
trier; classer; ranger; (: *letters etc*) trier; (: *problems*)
résoudre, régler; (*COMPUT*) trier; **what sort do you
want?** quelle sorte *or* quel genre voulez-vous?;
what sort of car? quelle marque de voiture?; **I'll
do nothing of the sort!** je ne ferai rien de tel!; **it's
sort of awkward** (*col*) c'est plutôt gênant
sorting office ['sɔːtɪŋ-] *n* (*POST*) bureau *m* de tri
SOS *n abbr* (= *save our souls*) SOS *m*
so-so ['səusəu] *adv* comme ci comme ça
sought [sɔːt] *pt, pp of* **seek**
soul [səul] *n* âme *f*; **the poor soul had nowhere
to sleep** le pauvre n'avait nulle part où dormir; **I
didn't see a soul** je n'ai vu (absolument) personne
soulful ['səulful] *adj* plein(e) de sentiment
sound [saund] *adj* (*healthy*) en bonne santé,
sain(e); (*safe, not damaged*) solide, en bon état;
(*reliable, not superficial*) sérieux(euse), solide; (*sensible*) sensé(e) ♦ *adv*: **sound asleep** dormant d'un
profond sommeil ♦ *n* (*noise*) son *m*; bruit *m*; (*GEO*)
détroit *m*, bras *m* de mer ♦ *vt* (*alarm*) sonner; (*also:*
sound out: *opinions*) sonder ♦ *vi* sonner, retentir;
(*fig: seem*) sembler (être); **to be of sound mind** être
sain(e) d'esprit; **I don't like the sound of it** ça ne
me dit rien qui vaille; **to sound one's horn** (*AUT*)
klaxonner, actionner son avertisseur; **to sound like**

ressembler à; **it sounds as if ...** il semblerait que ..., j'ai l'impression que ...

▶ **sound off** vi (col): **to sound off (about)** la ramener (col)

sound barrier n mur m du son

sound bite n phrase toute faite (pour être citée dans les médias)

sound effects npl bruitage m

soundly ['saundlɪ] adv (sleep) profondément; (beat) complètement, à plate couture

soundproof ['saundpruːf] vt insonoriser ♦ adj insonorisé(e)

soundtrack ['saundtræk] n (of film) bande f sonore

soup [suːp] n soupe f, potage m; **in the soup** (fig) dans le pétrin

soup plate n assiette creuse or à soupe

soupspoon ['suːpspuːn] n cuiller f à soupe

sour ['sauə*] adj aigre, acide; (milk) tourné(e), aigre; (fig) acerbe, aigre; revêche; **to go** or **turn sour** (milk, wine) tourner; (fig: relationship, plans) mal tourner; **it's sour grapes** c'est du dépit

source [sɔːs] n source f; **I have it from a reliable source that** je sais de source sûre que

south [sauθ] n sud m ♦ adj sud inv, du sud ♦ adv au sud, vers le sud; **(to the) south of** au sud de; **to travel south** aller en direction du sud; **the South of France** le Sud de la France, le Midi

South Africa n Afrique f du Sud

South African adj sud-africain(e) ♦ n Sud-Africain/e

South America n Amérique f du Sud

South American adj sud-américain(e) ♦ n Sud-Américain/e

south-east [sauθ'iːst] n sud-est m

southerly ['sʌðəlɪ] adj du sud; au sud

southern ['sʌðən] adj (du) sud; méridional(e); **with a southern aspect** orienté(e) or exposé(e) au sud; **the southern hemisphere** l'hémisphère sud or austral

South Pole n Pôle m Sud

South Wales n sud m du Pays de Galles

southward(s) ['sauθwəd(z)] adv vers le sud

south-west [sauθ'west] n sud-ouest m

souvenir [suːvə'nɪə*] n souvenir m (objet)

sovereign ['sɔvrɪn] adj, n souverain/e

soviet ['səuvɪət] adj soviétique

sow n [sau] truie f ♦ vt [səu], pt **sowed** pt, pp **sown** [səun] semer

soya ['sɔɪə], (US) **soy** [sɔɪ] n: **soya bean** graine f de soja; **soya sauce** sauce f au soja

spa [spɑː] n (town) station thermale; (US: also: **health spa**) établissement m de cure de rajeunissement

space [speɪs] n (gen) espace m; (room) place f; espace; (length of time) laps m de temps ♦ cpd spatial(e) ♦ vt (also: **space out**) espacer; **to clear a** space for sth faire de la place pour qch; **in a confined space** dans un espace réduit or restreint; **in a short space of time** dans peu de temps; **(with)in the space of an hour** en l'espace d'une heure

spacecraft ['speɪskrɑːft] n engin spatial

spaceman ['speɪsmæn] n astronaute m, cosmonaute m

spaceship ['speɪsʃɪp] n engin or vaisseau spatial

spacing ['speɪsɪŋ] n espacement m; **single/double spacing** (TYP etc) interligne m simple/double

spacious ['speɪʃəs] adj spacieux(euse), grand(e)

spade [speɪd] n (tool) bêche f, pelle f; (child's) pelle; **spades** npl (CARDS) pique m

Spain [speɪn] n Espagne f

span [spæn] n (of bird, plane) envergure f; (of arch) portée f; (in time) espace m de temps, durée f ♦ vt enjamber, franchir; (fig) couvrir, embrasser

Spaniard ['spænjəd] n Espagnol/e

spaniel ['spænjəl] n épagneul m

Spanish ['spænɪʃ] adj espagnol(e), d'Espagne ♦ n (LING) espagnol m; **the Spanish** npl les Espagnols; **Spanish omelette** omelette f à l'espagnole

spank [spæŋk] vt donner une fessée à

spanner ['spænə*] n (BRIT) clé f (de mécanicien)

spare [spɛə*] adj de réserve, de rechange; (surplus) de or en trop, de reste ♦ n (part) pièce f de rechange, pièce détachée ♦ vt (do without) se passer de; (afford to give) donner, accorder, passer; (refrain from using) ménager; (refrain from hurting) épargner; (refrain from using) ménager; **to spare** (surplus) en surplus, de trop; **there are 2 going spare** (BRIT) il y en a 2 de disponible; **to spare no expense** ne pas reculer devant la dépense; **can you spare the time?** est-ce que vous avez le temps?; **there is no time to spare** il n'y a pas de temps à perdre; **I've a few minutes to spare** je dispose de quelques minutes

spare part n pièce f de rechange, pièce détachée

spare time n moments mpl de loisir

spare wheel n (AUT) roue f de secours

sparingly ['spɛərɪŋlɪ] adv avec modération

spark [spɑːk] n étincelle f; (fig) étincelle, lueur f

spark(ing) plug ['spɑːk(ɪŋ)-] n bougie f

sparkle ['spɑːkl] n scintillement m, étincellement m, éclat m ♦ vi étinceler, scintiller; (bubble) pétiller

sparkling ['spɑːklɪŋ] adj étincelant(e), scintillant(e); (wine) mousseux(euse), pétillant(e)

sparrow ['spærəu] n moineau m

sparse [spɑːs] adj clairsemé(e)

spartan ['spɑːtən] adj (fig) spartiate

spasm ['spæzəm] n (MED) spasme m; (fig) accès m

spasmodic [spæz'mɔdɪk] adj (fig) intermittent(e)

spastic ['spæstɪk] n handicapé-e moteur

spat [spæt] pt, pp of **spit** ♦ n (US) prise f de bec

spate [speɪt] n (fig): **spate of** avalanche f or torrent m de; **in spate** (river) en crue

spawn [spɔ:n] *vt* pondre; (*pej*) engendrer ♦ *vi* frayer ♦ *n* frai *m*

speak, *pt* spoke, *pp* spoken [spi:k, spəuk, 'spəukn] *vt* (*language*) parler; (*truth*) dire ♦ *vi* parler; (*make a speech*) prendre la parole; **to speak to sb/of/ about sth** parler à qn/de qch; **speaking!** (*on telephone*) c'est moi-même!; **to speak one's mind** dire ce que l'on pense; **it speaks for itself** c'est évident; **speak up!** parle plus fort!; **he has no money to speak of** il n'a pas d'argent

▶ **speak for** *vt fus*: **to speak for sb** parler pour qn; **that picture is already spoken for** (*in shop*) ce tableau est déjà réservé

speaker ['spi:kə*] *n* (*in public*) orateur *m*; (*also*: **loudspeaker**) haut-parleur *m*; (*POL*): **the Speaker** le président de la Chambre des communes (*BRIT*) or des représentants (*US*); **are you a Welsh speaker?** parlez-vous gallois?

spear [spɪə*] *n* lance *f* ♦ *vt* transpercer

spearhead ['spɪəhed] *n* fer *m* de lance; (*MIL*) colonne *f* d'attaque ♦ *vt* (*attack etc*) mener

spec [spek] *n* (*BRIT col*): **on spec** à tout hasard; **to buy on spec** acheter avec l'espoir de faire une bonne affaire

special ['speʃl] *adj* spécial(e) ♦ *n* (*train*) train spécial; **take special care** soyez particulièrement prudents; **nothing special** rien de spécial; **today's special** (*at restaurant*) le plat du jour

specialist ['speʃəlɪst] *n* spécialiste *m/f*; **heart specialist** cardiologue *m/f*

speciality [speʃɪ'ælɪtɪ] *n* spécialité *f*

specialize ['speʃəlaɪz] *vi*: **to specialize (in)** se spécialiser (dans)

specially ['speʃlɪ] *adv* spécialement, particulièrement

specialty ['speʃəltɪ] *n* (*US*) = **speciality**

species ['spi:ʃi:z] *n* (*pl inv*) espèce *f*

specific [spə'sɪfɪk] *adj* (*not vague*) précis(e), explicite; (*particular*) particulier(ière); (*BOT, CHEM etc*) spécifique; **to be specific to** être particulier à, être le or un caractère (*or* les caractères) spécifique(s) de

specifically [spə'sɪfɪklɪ] *adv* explicitement, précisément; (*intend, ask, design*) expressément, spécialement; (*exclusively*) spécifiquement, spécifiquement

specification [spesɪfɪ'keɪʃən] *n* spécification *f*; stipulation *f*; **specifications** *npl* (*of car, building etc*) spécification

specimen ['spesɪmən] *n* spécimen *m*, échantillon *m*; (*MED*) prélèvement *m*

speck [spek] *n* petite tache, petit point; (*particle*) grain *m*

speckled ['spekld] *adj* tacheté(e), moucheté(e)

specs [speks] *npl* (*col*) lunettes *fpl*

spectacle ['spektəkl] *n* spectacle *m*

spectacular [spek'tækjulə*] *adj* spectaculaire ♦ *n* (*CINE etc*) superproduction *f*

spectator [spek'teɪtə*] *n* spectateur/trice

spectrum, *pl* **spectra** ['spektrəm, -rə] *n* spectre *m*; (*fig*) gamme *f*

speculation [spekju'leɪʃən] *n* spéculation *f*; conjectures *fpl*

speech [spi:tʃ] *n* (*faculty*) parole *f*; (*talk*) discours *m*, allocution *f*; (*manner of speaking*) façon *f* de parler, langage *m*; (*language*) langage *m*; (*enunciation*) élocution *f*

speechless ['spi:tʃlɪs] *adj* muet(te)

speed [spi:d] *n* vitesse *f*; (*promptness*) rapidité *f* ♦ *vi, pt, pp* sped [sped]: **to speed along/by** *etc* aller/passer *etc* à toute vitesse; (*AUT: exceed speed limit*) faire un excès de vitesse; **at speed** (*BRIT*) rapidement; **at full** or **top speed** à toute vitesse or allure; **at a speed of 70 km/h** à une vitesse de 70 km/h; **shorthand/typing speeds** nombre *m* de mots à la minute en sténographie/dactylographie; **a five-speed gearbox** une boîte cinq vitesses

▶ **speed up**, *pt, pp* **speeded up** *vi* aller plus vite, accélérer ♦ *vt* accélérer

speedboat ['spi:dbəut] *n* vedette *f*, hors-bord *m inv*

speedily ['spi:dɪlɪ] *adv* rapidement, promptement

speeding ['spi:dɪŋ] *n* (*AUT*) excès *m* de vitesse

speed limit *n* limitation *f* de vitesse, vitesse maximale permise

speedometer [spɪ'dɔmɪtə*] *n* compteur *m* (de vitesse)

speedway *n* (*SPORT*) piste *f* de vitesse pour motos; (*also*: **speedway racing**) épreuve(s) *f(pl)* de vitesse de motos

speedy [spi:dɪ] *adj* rapide, prompt(e)

spell [spel] *n* (*also*: **magic spell**) sortilège *m*, charme *m*; (*period of time*) (courte) période *f* ♦ *vt, pt, pp* **spelt** *or* **spelled** [spelt, speld] (*in writing*) écrire, orthographier; (*aloud*) épeler; (*fig*) signifier; **to cast a spell on sb** jeter un sort à qn; **he can't spell** il fait des fautes d'orthographe; **how do you spell your name?** comment écrivez-vous votre nom?; **can you spell it for me?** pouvez-vous me l'épeler?

spellbound ['spelbaund] *adj* envoûté(e), subjugué(e)

spelling ['spelɪŋ] *n* orthographe *f*

spend, *pt, pp* **spent** [spend, spent] *vt* (*money*) dépenser; (*time, life*) passer; (*devote*): **to spend time/money/effort on sth** consacrer du temps/de l'argent/de l'énergie à qch

spendthrift ['spendθrɪft] *n* dépensier/ière

sperm [spə:m] *n* spermatozoïde *m*; (*semen*) sperme *m*

sphere [sfɪə*] *n* sphère *f*; (*fig*) sphère, domaine *m*

spice [spaɪs] *n* épice *f* ♦ *vt* épicer

spicy ['spaɪsɪ] *adj* épicé(e), relevé(e); (*fig*) piquant(e)

spider ['spaɪdə*] *n* araignée *f*; **spider's web** toile *f* d'araignée

spike [spaik] *n* pointe *f*; (ELEC) pointe de tension; **spikes** *npl* (SPORT) chaussures *fpl* à pointes

spill, *pt*, *pp* **spilt** *or* **spilled** [spɪl, -t, -d] *vt* renverser; répandre ♦ *vi* se répandre; **to spill the beans** (col) vendre la mèche; (: confess) lâcher le morceau

▶ **spill out** *vi* sortir à flots, se répandre

▶ **spill over** *vi* déborder

spin [spɪn] *n* (revolution of wheel) tour *m*; (AVIAT) (chute *f* en) vrille *f*; (trip in car) petit tour, balade *f* ♦ *vb*, *pt*, *pp* **spun** [spʌn] *vt* (wool etc) filer; (wheel) faire tourner; (BRIT: clothes) essorer ♦ *vi* tourner, tournoyer; **to spin a yarn** débiter une longue histoire; **to spin a coin** (BRIT) jouer à pile ou face

▶ **spin out** *vt* faire durer

spinach ['spɪnɪtʃ] *n* épinard *m*; (as food) épinards

spinal ['spaɪnl] *adj* vertébral(e), spinal(e)

spinal cord *n* moelle épinière

spin doctor *n* (col) personne employée pour présenter un parti politique sous un jour favorable

spin-dryer [spɪn'draɪə*] *n* (BRIT) essoreuse *f*

spine [spaɪn] *n* colonne vertébrale; (thorn) épine *f*, piquant *m*

spineless ['spaɪnlɪs] *adj* invertébré(e); (fig) mou(molle), sans caractère

spinning ['spɪnɪŋ] *n* (of thread) filage *m*; (by machine) filature *f*

spinning top *n* toupie *f*

spin-off ['spɪnɔf] *n* sous-produit *m*; avantage inattendu

spinster ['spɪnstə*] *n* célibataire *f*; vieille fille

spiral ['spaɪərl] *n* spirale *f* ♦ *adj* en spirale ♦ *vi* (fig: prices etc) monter en flèche; **the inflationary spiral** la spirale inflationniste

spiral staircase *n* escalier *m* en colimaçon

spire ['spaɪə*] *n* flèche *f*, aiguille *f*

spirit ['spɪrɪt] *n* (soul) esprit *m*, âme *f*; (ghost) esprit, revenant *m*; (mood) esprit, état *m* d'esprit; (courage) courage *m*, énergie *f*; **spirits** *npl* (drink) spiritueux *mpl*, alcool *m*; **in good spirits** de bonne humeur; **in low spirits** démoralisé(e); **community spirit** solidarité *f*; **public spirit** civisme *m*

spirited ['spɪrɪtɪd] *adj* vif(vive) fougueux(euse), plein(e) d'allant

spiritual ['spɪrɪtjuəl] *adj* spirituel(le); religieux(euse) ♦ *n* (also: **Negro spiritual**) spiritual *m*

spit [spɪt] *n* (for roasting) broche *f*; (spittle) crachat *m*; (saliva) salive *f* ♦ *vi*, *pt*, *pp* **spat** [spæt] cracher; (sound) crépiter

spite [spaɪt] *n* rancune *f*, dépit *m* ♦ *vt* contrarier, vexer; **in spite of** en dépit de, malgré

spiteful ['spaɪtful] *adj* malveillant(e), rancunier(ière)

spittle ['spɪtl] *n* salive *f*; bave *f*; crachat *m*

splash [splæʃ] *n* éclaboussement *m*; (of colour) tache *f* ♦ *excl* (sound) plouf! ♦ *vt* éclabousser ♦ *vi* (also: **splash about**) barboter, patauger

spleen [spliːn] *n* (ANAT) rate *f*

splendid ['splendɪd] *adj* splendide, superbe, magnifique

splint [splɪnt] *n* attelle *f*, éclisse *f*

splinter ['splɪntə*] *n* (wood) écharde *f*; (metal) éclat *m* ♦ *vi* se fragmenter

split [splɪt] *n* fente *f*, déchirure *f*; (fig: POL) scission *f* ♦ *vb*, *pt*, *pp* **split** *vt* fendre, déchirer; (party) diviser; (work, profits) partager, répartir ♦ *vi* (break) se fendre, se briser; (divide) se diviser; **let's split the difference** coupons la poire en deux; **to do the splits** faire le grand écart

▶ **split up** *vi* (couple) se séparer, rompre; (meeting) se disperser

spoil, *pt*, *pp* **spoilt** *or* **spoiled** [spɔɪl, -t, -d] *vt* (damage) abîmer; (mar) gâcher; (child) gâter; (ballot paper) rendre nul ♦ *vi*: **to be spoiling for a fight** chercher la bagarre

spoils [spɔɪlz] *npl* butin *m*

spoilsport ['spɔɪlspɔːt] *n* trouble-fête *m/f* inv, rabat-joie *m* inv

spoke [spəuk] *pt of* **speak** ♦ *n* rayon *m*

spoken ['spəukn] *pp of* **speak**

spokesman ['spəuksmən], **spokeswoman** [-wumən] *n* porte-parole *m* inv

sponge [spʌndʒ] *n* éponge *f*; (CULIN: also: **sponge cake**) ≈ biscuit *m* de Savoie ♦ *vt* éponger ♦ *vi*: **to sponge on** *or* (US) **off of** vivre aux crochets de

sponge bag *n* (BRIT) trousse *f* de toilette

sponsor ['spɔnsə*] *n* sponsor *m*, personne *f* (or organisme) *m* qui assure le parrainage; (of new member) parrain *m*,/marraine *f* ♦ *vt* (programme, competition etc) parrainer, patronner, sponsoriser; (POL: bill) présenter; (new member) parrainer; **I sponsored him at 3p a mile** (in fund-raising race) je me suis engagé à lui donner 3p par mile

sponsorship ['spɔnsəʃɪp] *n* patronage *m*, parrainage *m*

spontaneous [spɔn'teɪnɪəs] *adj* spontané(e)

spooky ['spuːkɪ] *adj* qui donne la chair de poule

spool [spuːl] *n* bobine *f*

spoon [spuːn] *n* cuiller *f*

spoon-feed ['spuːnfiːd] *vt* nourrir à la cuiller; (fig) mâcher le travail à

spoonful ['spuːnful] *n* cuillerée *f*

sport [spɔːt] *n* sport *m*; (amusement) divertissement *m*; (person) chic type/chic fille ♦ *vt* arborer; **indoor/outdoor sports** sports en salle/de plein air; **to say sth in sport** dire qch pour rire

sporting ['spɔːtɪŋ] *adj* sportif(ive); **to give sb a sporting chance** donner sa chance à qn

sport jacket *n* (US) = **sports jacket**

sports car *n* voiture *f* de sport

sports jacket *n* veste *f* de sport

sportsman ['spɔːtsmən] *n* sportif *m*

sportsmanship ['spɔːtsmənʃɪp] *n* esprit sportif, sportivité *f*

sportswear ['spɔːtsweə*] *n* vêtements *mpl* de

sport

sportswoman ['spɔːtswʊmən] n sportive f
sporty ['spɔːtɪ] adj sportif(ive)
spot [spɔt] n tache f; (dot: on pattern) pois m; (pimple) bouton m; (place) endroit m, coin m; (also: **spot advertisement**) message m publicitaire; (small amount): **a spot of** un peu de ♦ vt (notice) apercevoir, repérer; **on the spot** sur place, sur les lieux; (immediately) sur le champ; **to put sb on the spot** (fig) mettre qn dans l'embarras; **to come out in spots** se couvrir de boutons, avoir une éruption de boutons
spot check n contrôle intermittent
spotless ['spɔtlɪs] adj immaculé(e)
spotlight ['spɔtlaɪt] n projecteur m; (AUT) phare m auxiliaire
spotted ['spɔtɪd] adj tacheté(e), moucheté(e); à pois; **spotted with** tacheté(e) de
spotty ['spɔtɪ] adj (face) boutonneux(euse)
spouse [spauz] n époux/épouse
spout [spaut] n (of jug) bec m; (of liquid) jet m ♦ vi jaillir
sprain [spreɪn] n entorse f, foulure f ♦ vt: **to sprain one's ankle** se fouler or se tordre la cheville
sprang [spræŋ] pt of spring
sprawl [sprɔːl] vi s'étaler ♦ n: **urban sprawl** expansion urbaine; **to send sb sprawling** envoyer qn rouler par terre
spray [spreɪ] n jet m (en fines gouttelettes); (container) vaporisateur m, bombe f; (of flowers) petit bouquet ♦ vt vaporiser, pulvériser; (crops) traiter ♦ cpd (deodorant etc) en bombe or atomiseur
spread [spred] n (distribution) répartition f; (CULIN) pâte f à tartiner; (PRESS, TYP: two pages) double page f ♦ vb, pt, pp spread vt (paste, contents) étendre, étaler; (rumour, disease) répandre, propager; (repayments) échelonner, étaler; (wealth) répartir ♦ vi s'étendre; se répandre; se propager; **middle-age spread** embonpoint m (pris avec l'âge)
▶ **spread out** vi (people) se disperser
spread-eagled ['spredi:gld] adj: **to be** or **lie spread-eagled** être étendu(e) bras et jambes écartés
spreadsheet ['spredʃi:t] n (COMPUT) tableur m
spree [spri:] n: **to go on a spree** faire la fête
sprightly ['spraɪtlɪ] adj alerte
spring [sprɪŋ] n (leap) bond m, saut m; (coiled metal) ressort m; (bounciness) élasticité f; (season) printemps m; (of water) source f ♦ vb, pt sprang, pp sprung [spræŋ, sprʌŋ] vi bondir, sauter ♦ vt: **to spring a leak** (pipe etc) se mettre à fuir; **he sprang the news on me** il m'a annoncé la nouvelle de but en blanc; **in the spring** au printemps; **to spring from** provenir de; **to spring into action** passer à l'action; **to walk with a spring in one's step** marcher d'un pas souple
▶ **spring up** vi (problem) se présenter, surgir
springboard ['sprɪŋbɔːd] n tremplin m

spring-clean [sprɪŋ'kli:n] n (also: **spring-cleaning**) grand nettoyage de printemps
springtime ['sprɪŋtaɪm] n printemps m
sprinkle ['sprɪŋkl] vt (pour) répandre; verser; **to sprinkle water etc on, sprinkle with water etc** asperger d'eau etc; **to sprinkle sugar etc on, sprinkle with sugar etc** saupoudrer de sucre etc; **sprinkled with** (fig) parsemée(e) de
sprinkler ['sprɪŋklə*] n (for lawn etc) arroseur m; (to put out fire) diffuseur m d'extincteur automatique d'incendie
sprint [sprɪnt] n sprint m ♦ vi sprinter
sprinter ['sprɪntə*] n sprinteur/euse
sprout [spraut] vi germer, pousser
sprouts [sprauts] npl (also: **Brussels sprouts**) choux mpl de Bruxelles
spruce [spru:s] n épicéa m ♦ adj net(te), pimpant(e)
▶ **spruce up** vt (smarten up: room etc) apprêter; **to spruce o.s. up** se faire beau(belle)
sprung [sprʌŋ] pp of spring
spun [spʌn] pt, pp of spin
spur [spə:*] n éperon m; (fig) aiguillon m ♦ vt (also: **spur on**) éperonner; aiguillonner; **on the spur of the moment** sous l'impulsion du moment
spurious ['spjuərɪəs] adj faux(fausse)
spurn [spə:n] vt repousser avec mépris
spurt [spə:t] n jet m; (of energy) sursaut m ♦ vi jaillir, gicler; **to put in** or **on a spurt** (runner) piquer un sprint; (fig: in work etc) donner un coup de collier
spy [spaɪ] n espion/ne ♦ vi: **to spy on** espionner, épier ♦ vt (see) apercevoir ♦ cpd (film, story) d'espionnage
spying ['spaɪɪŋ] n espionnage m
sq. abbr (MATH etc) = square
squabble ['skwɔbl] n querelle f, chamaillerie f ♦ vi se chamailler
squad [skwɔd] n (MIL, POLICE) escouade f, groupe m; (FOOTBALL) contingent m; **flying squad** (POLICE) brigade volante
squadron ['skwɔdrn] n (MIL) escadron m; (AVIAT, NAUT) escadrille f
squalid ['skwɔlɪd] adj sordide, ignoble
squall [skwɔːl] n rafale f, bourrasque f
squalor ['skwɔlə*] n conditions fpl sordides
squander ['skwɔndə*] vt gaspiller, dilapider
square [skwɛə*] n carré m; (in town) place f; (US: block of houses) îlot m, pâté m de maisons; (instrument) équerre f ♦ adj carré(e); (honest) honnête, régulier(ière); (col: ideas, tastes) vieux jeu inv, qui retarde ♦ vt (arrange) régler; arranger; (MATH) élever au carré; (reconcile) concilier ♦ vi (agree) cadrer, s'accorder; **all square** quitte; à égalité; **a square meal** un repas convenable; **2 metres square** (de) 2 mètres sur 2; **1 square metre** 1 mètre carré; **we're back to square one** (fig) on se retrouve à la case départ

▶ **square up** vi (BRIT: settle) régler; **to square up with sb** régler ses comptes avec qn

squarely ['skwɛəlɪ] adv carrément; (honestly, fairly) honnêtement, équitablement

squash [skwɔʃ] n (BRIT: drink): **lemon/orange squash** citronnade/orangeade f; (SPORT) squash m; (vegetable) courge f ♦ vt écraser

squat [skwɔt] adj petit(e) et épais(se), ramassé(e) ♦ vi s'accroupir; (on property) squatter, squattériser

squatter ['skwɔtə*] n squatter m

squeak [skwiːk] n (of hinge, wheel etc) grincement m; (of shoes) craquement m; (of mouse etc) petit cri aigu ♦ vi grincer, crier

squeal [skwiːl] vi pousser un or des cri(s) aigu(s) or perçant(s)

squeamish ['skwiːmɪʃ] adj facilement dégoûté(e); facilement scandalisé(e)

squeeze [skwiːz] n pression f; (also: **credit squeeze**) encadrement m du crédit, restrictions fpl de crédit ♦ vt presser; (hand, arm) serrer ♦ vi: **to squeeze past/under sth** se glisser avec (beaucoup de) difficulté devant/sous qch; **a squeeze of lemon** quelques gouttes de citron

▶ **squeeze out** vt exprimer; (fig) soutirer

squelch [skwɛltʃ] vi faire un bruit de succion; patauger

squid [skwɪd] n calmar m

squiggle ['skwɪgl] n gribouillis m

squint [skwɪnt] vi loucher ♦ n: **he has a squint** il louche, il souffre de strabisme; **to squint at sth** regarder qch du coin de l'œil; (quickly) jeter un coup d'œil à qch

squirm [skwəːm] vi se tortiller

squirrel ['skwɪrəl] n écureuil m

squirt [skwəːt] n jet m ♦ vi jaillir, gicler

Sr abbr (= **senior, sister** (REL))

St abbr (= **saint**) St; (= **street**) R

stab [stæb] n (with knife etc) coup m (de couteau etc); (col: try): **to have a stab at (doing) sth** s'essayer à (faire) qch ♦ vt poignarder; **to stab sb to death** tuer qn à coups de couteau

stable ['steɪbl] n écurie f ♦ adj stable; **riding stables** centre m d'équitation

stack [stæk] n tas m, pile f ♦ vt empiler, entasser; **there's stacks of time** (BRIT col) on a tout le temps

stadium ['steɪdɪəm] n stade m

staff [stɑːf] n (work force) personnel m; (BRIT SCOL: also: **teaching staff**) professeurs mpl, enseignants mpl, personnel enseignant; (servants) domestiques mpl; (MIL) état-major m; (stick) perche f, bâton m ♦ vt pourvoir en personnel

stag [stæg] n cerf m; (BRIT STOCK EXCHANGE) loup m

stage [steɪdʒ] n scène f; (profession): **the stage** le théâtre; (point) étape f, stade m; (platform) estrade f ♦ vt (play) monter, mettre en scène; (demonstration) organiser; (fig: recovery etc) effectuer; **in stages** par étapes, par degrés; **to go through a**

difficult stage traverser une période difficile; **in the early stages** au début; **in the final stages** à la fin

stagecoach ['steɪdʒkəutʃ] n diligence f

stage manager n régisseur m

stagger ['stægə*] vi chanceler, tituber ♦ vt (person) stupéfier; bouleverser; (hours, holidays) étaler, échelonner

staggering ['stægərɪŋ] adj (amazing) stupéfiant(e), renversant(e)

stagnate [stæg'neɪt] vi stagner, croupir

stag night, stag party n enterrement m de vie de garçon

staid [steɪd] adj posé(e), rassis(e)

stain [steɪn] n tache f; (colouring) colorant m ♦ vt tacher; (wood) teindre

stained glass window [steɪnd-] n vitrail m

stainless ['steɪnlɪs] adj (steel) inoxydable

stain remover n détachant m

stair [stɛə*] n (step) marche f; **stairs** npl escalier m; **on the stairs** dans l'escalier

staircase ['stɛəkeɪs], **stairway** ['stɛəweɪ] n escalier m

stake [steɪk] n pieu m, poteau m; (BETTING) enjeu m ♦ vt risquer, jouer; (also: **stake out:** area) marquer, délimiter; **to be at stake** être en jeu; **to have a stake in sth** avoir des intérêts (en jeu) dans qch; **to stake a claim (to sth)** revendiquer (qch)

stale [steɪl] adj (bread) rassis(e); (beer) éventé(e); (smell) de renfermé

stalemate ['steɪlmeɪt] n pat m; (fig) impasse f

stalk [stɔːk] n tige f ♦ vt traquer ♦ vi: **to stalk in/out** etc entrer/sortir etc avec raideur

stall [stɔːl] n (BRIT: in street, market etc) éventaire m, étal m; (in stable) stalle f ♦ vt (AUT) caler ♦ vi (AUT) caler; (fig) essayer de gagner du temps; **stalls** npl (BRIT: in cinema, theatre) orchestre m; **a newspaper/flower stall** un kiosque à journaux/de fleuriste

stallion ['stæljən] n étalon m (cheval)

stamina ['stæmɪnə] n vigueur f, endurance f

stammer ['stæmə*] n bégaiement m ♦ vi bégayer

stamp [stæmp] n timbre m; (mark, also fig) empreinte f; (on document) cachet m ♦ vi (also: **stamp one's foot**) taper du pied ♦ vt tamponner, estamper; (letter) timbrer; **stamped addressed envelope (s.a.e.)** enveloppe affranchie pour la réponse

▶ **stamp out** vt (fire) piétiner; (crime) éradiquer; (opposition) éliminer

stamp album n album m de timbres(-poste)

stamp collecting [-kəlɛktɪŋ] n philatélie f

stampede [stæm'piːd] n ruée f; (of cattle) débandade f

stance [stæns] n position f

stand [stænd] n (position) position f; (MIL) résistance f; (structure) guéridon m; support m; (COMM) étalage m, stand m; (SPORT) tribune f; (also: music stand) pupitre m ♦ vb, pt, pp **stood** [stud] vi être or se tenir (debout); (rise) se lever, se mettre debout; (be placed) se trouver ♦ vt (place) mettre, poser; (tolerate, withstand) supporter; **to make a stand** prendre position; **to take a stand on an issue** prendre position sur un problème; **to stand for parliament** (BRIT) se présenter aux élections (comme candidat à la députation); **to stand guard** or **watch** (MIL) monter la garde; **it stands to reason** c'est logique; cela va de soi; **as things stand** dans l'état actuel des choses; **to stand sb a drink/meal** payer à boire/à manger à qn; **I can't stand him** je ne peux pas le voir

▶ **stand aside** vi s'écarter

▶ **stand by** vi (be ready) se tenir prêt(e) ♦ vt fus (opinion) s'en tenir à

▶ **stand down** vi (withdraw) se retirer; (LAW) renoncer à ses droits

▶ **stand for** vt fus (signify) représenter, signifier; (tolerate) supporter, tolérer

▶ **stand in for** vt fus remplacer

▶ **stand out** vi (be prominent) ressortir

▶ **stand up** vi (rise) se lever, se mettre debout

▶ **stand up for** vt fus défendre

▶ **stand up to** vt fus tenir tête à, résister à

standard ['stændəd] n (reference) norme f; (level) niveau m; (flag) étendard m ♦ adj (size etc) ordinaire, normal(e); (model, feature) standard inv; (practice) courant(e); (text) de base; **standards** npl (morals) morale f, principes mpl; **to be** or **come up to standard** être du niveau voulu or à la hauteur; **to apply a double standard** avoir or appliquer deux poids deux mesures; **standard of living** niveau de vie

standard lamp n (BRIT) lampadaire m

stand-by ['stændbaɪ] n remplaçant/e ♦ adj (provisions) de réserve; **to be on stand-by** se tenir prêt(e) (à intervenir); (doctor) être de garde

stand-by ticket n billet m stand-by

stand-in ['stændɪn] n remplaçant/e; (CINE) doublure f

standing ['stændɪŋ] adj debout inv; (permanent: rule) immuable; (army) de métier; (grievance) constant(e), de longue date ♦ n réputation f, rang m, standing m; (duration): **of 6 months' standing** qui dure depuis 6 mois; **of many years' standing** qui dure or existe depuis longtemps; **he was given a standing ovation** on s'est levé pour l'acclamer; **it's a standing joke** c'est un vieux sujet de plaisanterie; **a man of some standing** un homme estimé

standing order n (BRIT: at bank) virement permanent; **standing orders** npl (MIL) règlement m

standing room n places fpl debout

standpoint ['stændpɔɪnt] n point m de vue

standstill ['stændstɪl] n: **at a standstill** à l'arrêt;

(fig) au point mort; **to come to a standstill** s'immobiliser, s'arrêter

stank [stæŋk] pt of **stink**

staple ['steɪpl] n (for papers) agrafe f; (chief product) produit m de base ♦ adj (food, crop, industry etc) de base principal(e) ♦ vt agrafer

stapler ['steɪplə*] n agrafeuse f

star [stɑ:*] n étoile f; (celebrity) vedette f ♦ vi: **to star (in)** être la vedette (de) ♦ vt (CINE) avoir pour vedette; **4-star hotel** hôtel m 4 étoiles; **2-star petrol** (BRIT) essence f ordinaire; **4-star petrol** (BRIT) super m

starboard ['stɑ:bəd] n tribord m; **to starboard** à tribord

starch [stɑ:tʃ] n amidon m

stardom ['stɑ:dəm] n célébrité f

stare [stɛə*] n regard m fixe ♦ vi: **to stare at** regarder fixement

starfish ['stɑ:fɪʃ] n étoile f de mer

stark [stɑ:k] adj (bleak) désolé(e), morne; (simplicity, colour) austère; (reality, poverty) nu(e) ♦ adv: **stark naked** complètement nu(e)

starling ['stɑ:lɪŋ] n étourneau m

starry ['stɑ:rɪ] adj étoilé(e)

starry-eyed [stɑ:rɪ'aɪd] adj (innocent) ingénu(e)

start [stɑ:t] n commencement m, début m; (of race) départ m; (sudden movement) sursaut m; (advantage) avance f ♦ vt commencer; (found: business, newspaper) lancer, créer ♦ vi partir, se mettre en route; (jump) sursauter; **at the start** au début; **for a start** d'abord, pour commencer; **to make an early start** partir or commencer de bonne heure; **to start doing sth** se mettre à faire qch; **to start (off) with ...** (firstly) d'abord ...; (at the beginning) au commencement ...

▶ **start off** vi commencer; (leave) partir

▶ **start over** vi (US) recommencer

▶ **start up** vi commencer; (car) démarrer ♦ vt déclencher; (car) mettre en marche

starter ['stɑ:tə*] n (AUT) démarreur m; (SPORT: official) starter m; (: runner, horse) partant m; (BRIT CULIN) entrée f

starting point ['stɑ:tɪŋ-] n point m de départ

startle ['stɑ:tl] vt faire sursauter; donner un choc à

startling ['stɑ:tlɪŋ] adj surprenant(e), saisissant(e)

starvation [stɑ:'veɪʃən] n faim f, famine f; **to die of starvation** mourir de faim or d'inanition

starve [stɑ:v] vi mourir de faim; être affamé(e) ♦ vt affamer; **I'm starving** je meurs de faim

state [steɪt] n état m; (pomp): **in state** en grande pompe ♦ vt (declare) déclarer, affirmer; (specify) indiquer, spécifier; **to be in a state** être dans tous ses états; **state of emergency** état d'urgence; **state of mind** état d'esprit; **the state of the art** l'état actuel de la technologie (or des connaissances)

stately ['steɪtlɪ] adj majestueux(euse), imposant(e)

stately home n château m

statement ['steɪtmənt] n déclaration f; (LAW) déposition f; (ECON) relevé m; **official statement** communiqué officiel; **statement of account, bank statement** relevé de compte

statesman ['steɪtsmən] n homme m d'État

static ['stætɪk] n (RADIO) parasites mpl; (also: **static electricity**) électricité f statique ♦ adj statique

station ['steɪʃən] n gare f; (MIL, POLICE) poste m (militaire or de police etc); (rank) condition f, rang m ♦ vt placer, poster; **action stations** postes de combat; **to be stationed in** (MIL) être en garnison à

stationary ['steɪʃnərɪ] adj à l'arrêt, immobile

stationer ['steɪʃənə*] n papetier/ière; **stationer's (shop)** papeterie f

stationery ['steɪʃnərɪ] n papier m à lettres, petit matériel de bureau

stationmaster ['steɪʃənmɑːstə*] n (RAIL) chef m de gare

station wagon n (US) break m

statistic [stə'tɪstɪk] n statistique f

statistics [stə'tɪstɪks] n (science) statistique f

statue ['stætjuː] n statue f

status ['steɪtəs] n position f, situation f; (prestige) prestige m; (ADMIN, official position) statut m

status symbol n marque f de standing, signe extérieur de richesse

statute ['stætjuːt] n loi f; **statutes** npl (of club etc) statuts mpl

statutory ['stætjutrɪ] adj statutaire, prévu(e) par un article de loi; **statutory meeting** assemblée constitutive ou statutaire

staunch [stɔːntʃ] adj sûr(e), loyal(e) ♦ vt étancher

stay [steɪ] n (period of time) séjour m; (LAW): **stay of execution** sursis m à statuer ♦ vi rester; (reside) loger; (spend some time) séjourner; **to stay put** ne pas bouger; **to stay with friends** loger chez des amis; **to stay the night** passer la nuit

▶ **stay behind** vi rester en arrière

▶ **stay in** vi (at home) rester à la maison

▶ **stay on** vi rester

▶ **stay out** vi (of house) ne pas rentrer; (strikers) rester en grève

▶ **stay up** vi (at night) ne pas se coucher

staying power ['steɪɪŋ-] n endurance f

stead [sted] n (BRIT): **in sb's stead** à la place de qn; **to stand sb in good stead** être très utile or servir beaucoup à qn

steadfast ['stedfɑːst] adj ferme, résolu(e)

steadily ['stedɪlɪ] adv régulièrement; fermement; d'une voix etc ferme

steady ['stedɪ] adj stable, solide, ferme; (regular) constant(e), régulier(ière); (person) calme, pondéré(e) ♦ vt assurer, stabiliser; (voice) assurer; **to steady oneself** reprendre son aplomb

steak [steɪk] n (meat) bifteck m, steak m; (fish) tranche f

steal, pt **stole**, pp **stolen** [stiːl, stəul, 'stəuln] vt, vi voler

▶ **steal away, steal off** vi s'esquiver

stealth [stelθ] n: **by stealth** furtivement

steam [stiːm] n vapeur f ♦ vt passer à la vapeur; (CULIN) cuire à la vapeur ♦ vi fumer; (ship): **to steam along** filer; **under one's own steam** (fig) par ses propres moyens; **to run out of steam** (fig: person) caler; être à bout; **to let off steam** (fig: col) se défouler

▶ **steam up** vi (window) se couvrir de buée; **to get steamed up about sth** (fig: col) s'exciter à propos de qch

steam engine n locomotive f à vapeur

steamer ['stiːmə*] n (bateau m à) vapeur m; (CULIN) ≈ couscoussier m

steamship ['stiːmʃɪp] n = **steamer**

steamy ['stiːmɪ] adj embué(e), humide

steel [stiːl] n acier m ♦ cpd d'acier

steelworks ['stiːlwəːks] n aciérie f

steep [stiːp] adj raide, escarpé(e); (price) très élevé(e), excessif(ive) ♦ vt (faire) tremper

steeple ['stiːpl] n clocher m

steer [stɪə*] n bœuf m ♦ vt diriger, gouverner; (lead) guider ♦ vi tenir le gouvernail; **to steer clear of sb/sth** (fig) éviter qn/qch

steering ['stɪərɪŋ] n (AUT) conduite f

steering wheel n volant m

stem [stem] n (of plant) tige f; (of leaf, fruit) queue f; (of glass) pied m ♦ vt contenir, endiguer, juguler

▶ **stem from** vt fus provenir de, découler de

stench [stentʃ] n puanteur f

stencil ['stensl] n stencil m; pochoir m ♦ vt polycopier

stenographer [ste'nɔgrafə*] n (US) sténographe m/f

step [step] n pas m; (stair) marche f; (action) mesure f, disposition f ♦ vi: **to step forward** faire un pas en avant, avancer; **steps** npl (BRIT) = **stepladder**; **step by step** pas à pas; (fig) petit à petit; **to be in step (with)** (fig) aller dans le sens (de); **to be out of step (with)** (fig) être déphasé(e) (par rapport à)

▶ **step down** vi (fig) se retirer, se désister

▶ **step in** vi (fig) intervenir

▶ **step off** vt fus descendre de

▶ **step over** vt fus enjamber

▶ **step up** vt augmenter; intensifier

stepbrother ['stepbrʌðə*] n demi-frère m

stepdaughter ['stepdɔːtə*] n belle-fille f

stepfather ['stepfɑːðə*] n beau-père m

stepladder ['steplædə*] n (BRIT) escabeau m

stepmother ['stepmʌðə*] n belle-mère f

stepping stone ['stepɪŋ-] n pierre f de gué; (fig) tremplin m

stepsister ['stepsɪstə*] n demi-sœur f

stepson ['stɛpsʌn] *n* beau-fils *m*

stereo ['stɛrɪəʊ] *n* (*system*) stéréo *f*; (*record player*) chaîne *f* stéréo ♦ *adj* (*also*: **stereophonic**) stéréophonique; **in stereo** en stéréo

sterile ['stɛraɪl] *adj* stérile

sterilize ['stɛrɪlaɪz] *vt* stériliser

sterling ['stɜːlɪŋ] *adj* sterling *inv*; (*silver*) de bon aloi, fin(e); (*fig*) à toute épreuve, excellent(e) ♦ *n* (*currency*) livre *f* sterling *inv*; **a pound sterling** une livre sterling

stern [stɜːn] *adj* sévère ♦ *n* (*NAUT*) arrière *m*, poupe *f*

stew [stjuː] *n* ragoût *m* ♦ *vt, vi* cuire à la casserole; **stewed tea** thé trop infusé; **stewed fruit** fruits cuits or en compote

steward ['stjuːəd] *n* (*AVIAT, NAUT, RAIL*) steward *m*; (*in club etc*) intendant *m*; (*also*: **shop steward**) délégué syndical

stewardess ['stjuːədɛs] *n* hôtesse *f*

stick [stɪk] *n* bâton *m*; (*of chalk etc*) morceau *m* ♦ *vb, pt, pp* **stuck** [stʌk] *vt* (*glue*) coller; (*thrust*): **to stick sth into** piquer or planter or enfoncer qch dans; (*col: put*) mettre, fourrer; (: *tolerate*) supporter ♦ *vi* (*adhere*) coller; (*remain*) rester; (*get jammed*: *door, lift*) se bloquer; **to get hold of the wrong end of the stick** (*BRIT fig*) comprendre de travers; **to stick to** (*one's word, promise*) s'en tenir à; (*principles*) rester fidèle à

▶ **stick around** *vi* (*col*) rester (dans les parages)

▶ **stick out** *vi* dépasser, sortir ♦ *vt*: **to stick it out** (*col*) tenir le coup

▶ **stick up** *vi* dépasser, sortir

▶ **stick up for** *vt fus* défendre

sticker ['stɪkə*] *n* auto-collant *m*

sticking plaster ['stɪkɪŋ-] *n* sparadrap *m*, pansement adhésif

stick-up ['stɪkʌp] *n* (*col*) braquage *m*, hold-up *m*

sticky ['stɪkɪ] *adj* poisseux(euse); (*label*) adhésif(ive)

stiff [stɪf] *adj* (*gen*) raide, rigide; (*door, brush*) dur(e); (*difficult*) difficile, ardu(e); (*cold*) froid(e), distant(e); (*strong, high*) fort(e), élevé(e); **to be** or **feel stiff** (*person*) avoir des courbatures; **to have a stiff back** avoir mal au dos; **stiff upper lip** (*BRIT: fig*) flegme *m* (*typiquement britannique*)

stiffen ['stɪfn] *vt* raidir, renforcer ♦ *vi* se raidir; se durcir

stiff neck *n* torticolis *m*

stifle ['staɪfl] *vt* étouffer, réprimer

stigma, *pl* (*BOT, MED, REL*) **stigmata**, (*fig*) **stigmas** ['stɪgmə, stɪg'mɑːtə] *n* stigmate *m*

stile [staɪl] *n* échalier *m*

stiletto [stɪ'lɛtəʊ] *n* (*BRIT: also*: **stiletto heel**) talon *m* aiguille

still [stɪl] *adj* (*motionless*) immobile; (*calm*) calme, tranquille; (*BRIT: orange drink etc*) non gazeux(euse) ♦ *adv* (*up to this time*) encore, toujours; (*even*) encore; (*nonetheless*) quand même, tout de même ♦ *n* (*CINE*) photo *f*; **to stand still** rester immobile, ne pas bouger; **keep still!** ne bouge pas!; **he still hasn't arrived** il n'est pas encore arrivé, il n'est toujours pas arrivé

stillborn ['stɪlbɔːn] *adj* mort-né(e)

still life *n* nature morte

stilt [stɪlt] *n* échasse *f*; (*pile*) pilotis *m*

stilted ['stɪltɪd] *adj* guindé(e), emprunté(e)

stimulate ['stɪmjʊleɪt] *vt* stimuler

stimulus, *pl* **stimuli** ['stɪmjʊləs, 'stɪmjʊlaɪ] *n* stimulant *m*; (*BIOL, PSYCH*) stimulus *m*

sting [stɪŋ] *n* piqûre *f*; (*organ*) dard *m*; (*col: confidence trick*) arnaque *m* ♦ *vt, pt, pp* **stung** [stʌŋ] piquer ♦ *vi* piquer; **my eyes are stinging** j'ai les yeux qui piquent

stingy ['stɪndʒɪ] *adj* avare, pingre, chiche

stink [stɪŋk] *n* puanteur *f* ♦ *vi, pt* **stank** [stæŋk], *pp* **stunk** [stʌŋk] puer, empester

stinking ['stɪŋkɪŋ] *adj* (*fig: col*) infect(e); **stinking rich** bourré(e) de pognon

stint [stɪnt] *n* part *f* de travail ♦ *vi*: **to stint on** lésiner sur, être chiche de

stir [stɜː*] *n* agitation *f*, sensation *f* ♦ *vt* remuer ♦ *vi* remuer, bouger; **to give sth a stir** remuer qch; **to cause a stir** faire sensation

▶ **stir up** *vt* exciter

stirrup ['stɪrəp] *n* étrier *m*

stitch [stɪtʃ] *n* (*SEWING*) point *m*; (*KNITTING*) maille *f*; (*MED*) point de suture; (*pain*) point de côté ♦ *vt* coudre, piquer; suturer

stoat [stəʊt] *n* hermine *f* (*avec son pelage d'été*)

stock [stɔk] *n* réserve *f*, provision *f*; (*COMM*) stock *m*; (*AGR*) cheptel *m*, bétail *m*; (*CULIN*) bouillon *m*; (*FINANCE*) valeurs *fpl*, titres *mpl*; (*RAIL*: *also*: **rolling stock**) matériel roulant; (*descent, origin*) souche *f* ♦ *adj* (*fig: reply etc*) courant(e); classique ♦ *vt* (*have in stock*) avoir, vendre; **well-stocked** bien approvisionné(e) or fourni(e); **in stock** en stock, en magasin; **out of stock** épuisé(e); **to take stock** (*fig*) faire le point; **stocks and shares** valeurs (mobilières), titres; **government stock** fonds publics

▶ **stock up** *vi*: **to stock up (with)** s'approvisionner (en)

stockbroker ['stɔkbrəʊkə*] *n* agent *m* de change

stock cube *n* (*BRIT CULIN*) bouillon-cube *m*

stock exchange *n* Bourse *f* (des valeurs)

stocking ['stɔkɪŋ] *n* bas *m*

stock market *n* (*BRIT*) Bourse *f*, marché financier

stockpile ['stɔkpaɪl] *n* stock *m*, réserve *f* ♦ *vt* stocker, accumuler

stocktaking ['stɔkteɪkɪŋ] *n* (*BRIT COMM*) inventaire *m*

stocky ['stɔkɪ] *adj* trapu(e), râblé(e)

stodgy ['stɔdʒɪ] *adj* bourratif(ive), lourd(e)

stoke [stəʊk] *vt* garnir, entretenir; chauffer

stole [stəʊl] *pt of* **steal** ♦ *n* étole *f*

stolen ['stəuln] *pp of* **steal**

stomach ['stʌmək] *n* estomac *m*; *(abdomen)* ventre *m* ♦ *vt* supporter, digérer

stomach ache *n* mal *m* à l'estomac *or* au ventre

stone [stəun] *n* pierre *f*; *(pebble)* caillou *m*, galet *m*; *(in fruit)* noyau *m*; *(MED)* calcul *m*; *(BRIT: weight)* = 6.348 kg; 14 *pounds* ♦ *cpd* de *or* en pierre ♦ *vt* dénoyauter; **within a stone's throw of the station** à deux pas de la gare

stone-cold ['stəun'kəuld] *adj* complètement froid(e)

stone-deaf ['stəun'dɛf] *adj* sourd(e) comme un pot

stonework ['stəunwə:k] *n* maçonnerie *f*

stood [stud] *pt, pp of* **stand**

stool [stu:l] *n* tabouret *m*

stoop [stu:p] *vi (also:* **have a stoop)** être voûté(e); *(bend)* se baisser, se courber; *(fig):* **to stoop to sth/doing sth** s'abaisser jusqu'à qch/jusqu'à faire qch

stop [stɔp] *n* arrêt *m*; *(short stay)* halte *f*; *(in punctuation)* point *m* ♦ *vt* arrêter; *(break off)* interrompre; *(also:* **put a stop to)** mettre fin à; *(prevent)* empêcher ♦ *vi* s'arrêter; *(rain, noise etc)* cesser, s'arrêter; **to stop doing sth** cesser *or* arrêter de faire qch; **to stop sb (from) doing sth** empêcher qn de faire qch; **to stop dead** *vi* s'arrêter net; **stop it!** arrête!

▶ **stop by** *vi* s'arrêter (au passage)

▶ **stop off** *vi* faire une courte halte

▶ **stop up** *vt (hole)* boucher

stopgap ['stɔpgæp] *n (person)* bouche-trou *m*; *(also:* **stopgap measure)** mesure *f* intérimaire

stopover ['stɔpəuvə*] *n* halte *f*; *(AVIAT)* escale *f*

stoppage ['stɔpɪdʒ] *n* arrêt *m*; *(of pay)* retenue *f*; *(strike)* arrêt de travail

stopper ['stɔpə*] *n* bouchon *m*

stop press *n* nouvelles *fpl* de dernière heure

stopwatch ['stɔpwɔtʃ] *n* chronomètre *m*

storage ['stɔ:rɪdʒ] *n* emmagasinage *m*; *(of nuclear waste etc)* stockage *m*; *(in house)* rangement *m*; *(COMPUT)* mise *f* en mémoire *or* réserve

storage heater *n (BRIT)* radiateur *m* électrique par accumulation

store [stɔ:*] *n* provision *f*, réserve *f*; *(depot)* entrepôt *m*; *(BRIT: large shop)* grand magasin; *(US: shop)* magasin *m* ♦ *vt* emmagasiner; *(nuclear waste etc)* stocker; *(in filing system)* classer, ranger; *(COMPUT)* mettre en mémoire; **stores** *npl* provisions; **who knows what is in store for us?** qui sait ce que l'avenir nous réserve *or* ce qui nous attend?; **to set great/little store by sth** faire grand cas/peu de cas de qch

▶ **store up** *vt* mettre en réserve, emmagasiner

storeroom ['stɔ:ru:m] *n* réserve *f*, magasin *m*

storey, *(US)* **story** ['stɔ:rɪ] *n* étage *m*

stork [stɔ:k] *n* cigogne *f*

storm [stɔ:m] *n* tempête *f*; *(also:* **electric storm)** orage *m* ♦ *vi (fig)* fulminer ♦ *vt* prendre d'assaut

stormy ['stɔ:mɪ] *adj* orageux(euse)

story ['stɔ:rɪ] *n* histoire *f*; récit *m*; *(PRESS: article)* article *m*; *(: US) = storey*

storybook ['stɔ:rɪbuk] *n* livre *m* d'histoires *or* de contes

stout [staut] *adj* solide; *(brave)* intrépide; *(fat)* gros(se), corpulent(e) ♦ *n* bière brune

stove [stəuv] *n (for cooking)* fourneau *m*; *(: small)* réchaud *m*; *(for heating)* poêle *m*; **gas/electric stove** *(cooker)* cuisinière *f* à gaz/électrique

stow [stəu] *vt* ranger; cacher

stowaway ['stəuəweɪ] *n* passager/ère clandestin(e)

straddle ['strædl] *vt* enjamber, être à cheval sur

straggle ['strægl] *vi* être (*or* marcher) en désordre; **straggled along the coast** disséminé(e) tout au long de la côte

straight [streɪt] *adj* droit(e); *(frank)* honnête, franc (franche); *(plain, uncomplicated)* simple; *(THEAT: part, play)* sérieux(euse); *(col: heterosexual)* hétéro *inv* ♦ *adv* (tout) droit; *(drink)* sec, sans eau ♦ *n*: **the straight** *(SPORT)* la ligne droite; **to put** *or* **get straight** mettre en ordre, mettre de l'ordre dans; **let's get this straight** mettons les choses au point; **10 straight wins** 10 victoires d'affilée; **to go straight home** rentrer directement à la maison; **straight away, straight off** *(at once)* tout de suite; **straight off, straight out** sans hésiter

straighten ['streɪtn] *vt (also:* **straighten out)** redresser; **to straighten things out** arranger les choses

straight-faced [streɪt'feɪst] *adj* impassible ♦ *adv* en gardant son sérieux

straightforward [streɪt'fɔ:wəd] *adj* simple; *(frank)* honnête, direct(e)

strain [streɪn] *n (TECH)* tension *f*; pression *f*; *(physical)* effort *m*; *(mental)* tension (nerveuse); *(MED)* entorse *f*; *(streak, trace)* tendance *f*; élément *m*; *(breed)* variété *f*; *(of virus)* souche *f*; *(strains npl of music)* accents *mpl*, accords *mpl* ♦ *vt* tendre fortement; mettre à l'épreuve; *(filter)* passer, filtrer ♦ *vi* peiner, fournir un gros effort; **he's been under a lot of strain** il a traversé des moments très difficiles, il est très éprouvé nerveusement

strained [streɪnd] *adj (laugh etc)* forcé(e), contraint(e); *(relations)* tendu(e)

strainer ['streɪnə*] *n* passoire *f*

strait [streɪt] *n (GEO)* détroit *m*; **to be in dire straits** *(fig)* être dans une situation désespérée

straitjacket ['streɪtdʒækɪt] *n* camisole *f* de force

strait-laced [streɪt'leɪst] *adj* collet monté *inv*

strand [strænd] *n (of thread)* fil *m*, brin *m* ♦ *vt (boat)* échouer

stranded ['strændɪd] *adj* en rade, en plan

strange [streɪndʒ] *adj (not known)* inconnu(e); *(odd)* étrange, bizarre

strangely ['streɪndʒlɪ] *adv* étrangement, bizarrement

stranger ['streɪndʒə*] n (unknown) inconnu/e; (from somewhere else) étranger/ère; **I'm a stranger here** je ne suis pas d'ici

strangle ['stræŋgl] vt étrangler

stranglehold ['stræŋglhəʊld] n (fig) emprise totale, mainmise f

strap [stræp] n lanière f, courroie f, sangle f; (of slip, dress) bretelle f ♦ vt attacher (avec une courroie etc)

strappy [stræpɪ] adj (dress) à bretelles; (sandals) à lanières

strategic [strə'ti:dʒɪk] adj stratégique

strategy ['strætɪdʒɪ] n stratégie f

straw [strɔ:] n paille f; **that's the last straw!** ça c'est le comble!

strawberry ['strɔ:bərɪ] n fraise f; (plant) fraisier m

stray [streɪ] adj (animal) perdu(e), errant(e) ♦ vi s'égarer; **stray bullet** balle perdue

streak [stri:k] n raie f, bande f, filet m; (fig: of madness etc): a streak of une or des tendance(s) à ♦ vt zébrer, strier ♦ vi: **to streak past** passer à toute allure; **to have streaks in one's hair** s'être fait faire des mèches; **a winning/losing streak** une bonne/mauvaise série or période

stream [stri:m] n (brook) ruisseau m; (current) courant m, flot m; (of people) défilé ininterrompu, flot ♦ vt (SCOL) répartir par niveau ♦ vi ruisseler; **to stream in/out** entrer/sortir à flots; **against the stream** à contre courant; **on stream** (new power plant etc) en service

streamer ['stri:mə*] n serpentin m, banderole f

streamlined ['stri:mlaɪnd] adj (AVIAT) fuselé(e), profilé(e); (AUT) aérodynamique; (fig) rationalisé(e)

street [stri:t] n rue f; **the back streets** les quartiers pauvres; **to be on the streets** (homeless) être à la rue or sans abri

streetcar ['stri:tka:*] n (US) tramway m

street lamp n réverbère m

street map, street plan n plan m des rues

streetwise ['stri:twaɪz] adj (col) futé(e), réaliste

strength [streŋθ] n force f; (of girder, knot etc) solidité f; (of chemical solution) titre m; (of wine) degré m d'alcool; **on the strength of** en vertu de; **at full strength** au grand complet; **below strength** à effectifs réduits

strengthen ['streŋθn] vt renforcer; (muscle) fortifier

strenuous ['strenjʊəs] adj vigoureux(euse), énergique; (tiring) ardu(e), fatigant(e)

stress [stres] n (force, pressure) pression f; (mental strain) tension (nerveuse); (accent) accent m; (emphasis) insistance f ♦ vt insister sur, souligner; **to lay great stress on sth** insister beaucoup sur qch; **to be under stress** être stressé(e)

stretch [stretʃ] n (of sand etc) étendue f; (of time) période f ♦ vi s'étirer; (extend): **to stretch to** or **as far as** s'étendre jusqu'à; (be enough: money, food):

to stretch to aller pour ♦ vt tendre, étirer; (spread) étendre; (fig) pousser (au maximum); **at a stretch** sans discontinuer, sans interruption; **to stretch a muscle** se distendre un muscle; **to stretch one's legs** se dégourdir les jambes

▶ **stretch out** vi s'étendre ♦ vt (arm etc) allonger, tendre; (to spread) étendre; **to stretch out for sth** allonger la main pour prendre qch

stretcher ['stretʃə*] n brancard m, civière f

stretchy ['stretʃɪ] adj élastique

strewn [stru:n] adj: **strewn with** jonché(e) de

stricken ['strɪkn] adj très éprouvé(e); dévasté(e); (ship) très endommagé(e); **stricken with** frappé(e) or atteint(e) de

strict [strɪkt] adj strict(e); **in strict confidence** tout à fait confidentiellement

stride [straɪd] n grand pas, enjambée f ♦ vi, pt **strode**, pp **stridden** [strəʊd, 'strɪdn] marcher à grands pas; **to take in one's stride** (fig: changes etc) accepter sans sourciller

strife [straɪf] n conflit m, dissensions fpl

strike [straɪk] n grève f; (of oil etc) découverte f; (attack) raid m ♦ vb, pt, pp **struck** [strʌk] vt frapper; (oil etc) trouver, découvrir; (make: agreement, deal) conclure ♦ vi faire grève; (attack) attaquer; (clock) sonner; **to go on** or **come out on strike** se mettre en grève, faire grève; **to strike a match** frotter une allumette; **to strike a balance** (fig) trouver un juste milieu

▶ **strike back** vi (MIL, fig) contre-attaquer

▶ **strike down** vt (fig) terrasser

▶ **strike off** vt (from list) rayer; (: doctor etc) radier

▶ **strike out** vt rayer

▶ **strike up** vt (MUS) se mettre à jouer; **to strike up a friendship with** se lier d'amitié avec

striker ['straɪkə*] n gréviste m/f; (SPORT) buteur m

striking ['straɪkɪŋ] adj frappant(e), saisissant(e)

string [strɪŋ] n ficelle f, fil m; (row of beads) rang m; (: of onions, excuses) chapelet m; (: of people, cars) file f; (MUS) corde f; (COMPUT) chaîne f ♦ vt, pt, pp **strung** [strʌŋ]: **to string out** échelonner; **to string together** enchaîner; **the strings** (MUS) les instruments mpl à cordes; **to get a job by pulling strings** obtenir un emploi en faisant jouer le piston; **with no strings attached** (fig) sans conditions

string(ed) instrument [strɪŋ(d)-] n (MUS) instrument m à cordes

stringent ['strɪndʒənt] adj rigoureux(euse); (need) impérieux(euse)

strip [strɪp] n bande f; (SPORT): **wearing the Celtic strip** en tenue du Celtic ♦ vt déshabiller; (fig) dégarnir, dépouiller; (also: **strip down**: machine) démonter ♦ vi se déshabiller

strip cartoon n bande dessinée

stripe [straɪp] n raie f, rayure f

striped [straɪpt] adj rayé(e), à rayures

strip lighting (BRIT) n éclairage m au néon or fluorescent

stripper ['strɪpə*] n strip-teaseuse f

strip-search ['strɪpsə:tʃ] n fouille corporelle (en faisant se déshabiller la personne) ◆ vt: **to strip-search sb** fouiller qn (en le faisant se déshabiller)

stripy ['straɪpɪ] adj rayé(e)

strive, pt **strove**, pp **striven** [straɪv, strəʊv, 'strɪvn] vi: **to strive to do** s'efforcer de faire

strode [strəʊd] pt of **stride**

stroke [strəʊk] n coup m; (MED) attaque f; (caress) caresse f; (SWIMMING: style) (sorte f de) nage f; (of piston) course f ◆ vt caresser; **at a stroke** d'un (seul) coup; **on the stroke of 5** à 5 heures sonnantes; **a stroke of luck** un coup de chance; **a 2-stroke engine** un moteur à 2 temps

stroll [strəʊl] n petite promenade ◆ vi flâner, se promener nonchalamment; **to go for a stroll** aller se promener or faire un tour

stroller ['strəʊlə*] n (US) poussette f

strong [strɒŋ] adj (gen) fort(e); (healthy) vigoureux(euse); (object, material) solide; (distaste, desire) vif(vive); (drugs, chemicals) puissant(e) ◆ adv: **to be going strong** (company) marcher bien; (person) être toujours solide; **they are 50 strong** ils sont au nombre de 50

stronghold ['strɒŋhəʊld] n bastion m

strongly ['strɒŋlɪ] adv fortement, avec force; vigoureusement; solidement; **I feel strongly about it** c'est une question qui me tient particulièrement à cœur; (negatively) j'y suis profondément opposé(e)

strongroom ['strɒŋru:m] n chambre forte

strove [strəʊv] pt of **strive**

struck [strʌk] pt, pp of **strike**

structural ['strʌktʃrəl] adj structural(e); (CONSTR) de construction; affectant les parties portantes

structure ['strʌktʃə*] n structure f; (building) construction f

struggle ['strʌgl] n lutte f ◆ vi lutter, se battre; **to have a struggle to do sth** avoir beaucoup de mal à faire qch

strum [strʌm] vt (guitar) gratter de

strung [strʌŋ] pt, pp of **string**

strut [strʌt] n étai m, support m ◆ vi se pavaner

stub [stʌb] n bout m; (of ticket etc) talon m ◆ vt: **to stub one's toe (on sth)** se heurter le doigt de pied (contre qch)

▶ **stub out** vt écraser

stubble ['stʌbl] n chaume m; (on chin) barbe f de plusieurs jours

stubborn ['stʌbən] adj têtu(e), obstiné(e), opiniâtre

stuck [stʌk] pt, pp of **stick** ◆ adj (jammed) bloqué(e), coincé(e); **to get stuck** se bloquer or coincer

stuck-up [stʌk'ʌp] adj prétentieux(euse)

stud [stʌd] n clou m (à grosse tête); (collar stud) bouton m de col; (of horses) écurie f, haras m; (also:

stud horse) étalon m ◆ vt (fig): **studded with** parsemé(e) or criblé(e) de

student ['stju:dənt] n étudiant/e ◆ cpd estudiantin(e); universitaire; d'étudiant; **law/medical student** étudiant en droit/ médecine

student driver n (US) conducteur/trice débutant(e)

studio ['stju:dɪəʊ] n studio m, atelier m

studious ['stju:dɪəs] adj studieux(euse), appliqué(e); (studied) étudié(e)

studiously ['stju:dɪəslɪ] adv (carefully) soigneusement

study ['stʌdɪ] n étude f; (room) bureau m ◆ vt étudier ◆ vi étudier, faire ses études; **to make a study of sth** étudier qch, faire une étude de qch; **to study for an exam** préparer un examen

stuff [stʌf] n (gen) chose(s) f(pl), truc m; (belongings) affaires fpl, trucs; (substance) substance f ◆ vt rembourrer; (CULIN) farcir; (animal: for exhibition) empailler; **my nose is stuffed up** j'ai le nez bouché; **get stuffed!** (col!) va te faire foutre! (!); **stuffed toy** jouet m en peluche

stuffing ['stʌfɪŋ] n bourre f, rembourrage m; (CULIN) farce f

stuffy ['stʌfɪ] adj (room) mal ventilé(e) or aéré(e); (ideas) vieux jeu inv

stumble ['stʌmbl] vi trébucher

▶ **stumble across** vt fus (fig) tomber sur

stumbling block ['stʌmblɪŋ-] n pierre f d'achoppement

stump [stʌmp] n souche f; (of limb) moignon m ◆ vt: **to be stumped** sécher, ne pas savoir que répondre

stun [stʌn] vt (blow) étourdir; (news) abasourdir, stupéfier

stung [stʌŋ] pt, pp of **sting**

stunk [stʌŋk] pp of **stink**

stunned [stʌnd] adj sidéré(e)

stunning ['stʌnɪŋ] adj (news) étourdissant(e); (fabulous) stupéfiant(e), sensationnel(le)

stunt [stʌnt] n tour m de force; truc m publicitaire; (AVIAT) acrobatie f ◆ vt retarder, arrêter

stuntman ['stʌntmæn] n cascadeur m

stupendous [stju:'pendəs] adj prodigieux(euse), fantastique

stupid ['stju:pɪd] adj stupide, bête

stupidity [stju:'pɪdɪtɪ] n stupidité f, bêtise f

sturdy ['stɜ:dɪ] adj robuste, vigoureux(euse); solide

stutter ['stʌtə*] n bégaiement m ◆ vi bégayer

sty [staɪ] n (of pigs) porcherie f

stye [staɪ] n (MED) orgelet m

style [staɪl] n style m; (of dress etc) genre m; (distinction) allure f, cachet m, style m; **in the latest style** à la dernière mode; **hair style** coiffure f

stylish ['staɪlɪʃ] adj élégant(e), chic inv

stylus, pl **styli** or **styluses** ['staɪləs, -laɪ] n (of record player) pointe f de lecture

suave [swɑːv] adj doucereux(euse), onctueux(euse)

subconscious [sʌbˈkɔnʃəs] adj subconscient(e) ♦ n subconscient m

subcontract n [ˈsʌbˈkɔntrækt] contrat m de sous-traitance ♦ vt [sʌbkənˈtrækt] sous-traiter

subdue [səbˈdjuː] vt subjuguer, soumettre

subdued [səbˈdjuːd] adj contenu(e), atténué(e); (light) tamisé(e); (person) qui a perdu de son entrain

subject n [ˈsʌbdʒɪkt] sujet m; (SCOL) matière f ♦ vt [səbˈdʒɛkt]: to subject to soumettre à; exposer à; to be subject to (law) être soumis(e) à; (disease) être sujet(te) à; subject to confirmation in writing sous réserve de confirmation écrite; to change the subject changer de conversation

subjective [səbˈdʒɛktɪv] adj subjectif(ive)

subject matter n sujet m; contenu m

sublet [sʌbˈlɛt] vt sous-louer

submarine [sʌbməˈriːn] n sous-marin m

submerge [səbˈmɜːdʒ] vt submerger; immerger ♦ vi plonger

submission [səbˈmɪʃən] n soumission f; (to committee etc) présentation f

submissive [səbˈmɪsɪv] adj soumis(e)

submit [səbˈmɪt] vt soumettre ♦ vi se soumettre

subnormal [sʌbˈnɔːml] adj au-dessous de la normale; (person) arriéré(e)

subordinate [səˈbɔːdɪnət] adj, n subordonné(e)

subpoena [səbˈpiːnə] n (LAW) citation f, assignation f ♦ vt citer or assigner (à comparaître)

subscribe [səbˈskraɪb] vi cotiser; to subscribe to (opinion, fund) souscrire à; (newspaper) s'abonner à; être abonné(e) à

subscriber [səbˈskraɪbə*] n (to periodical, telephone) abonné/e

subscription [səbˈskrɪpʃən] n (to fund) souscription f; (to magazine etc) abonnement m; (membership dues) cotisation f; to take out a subscription to s'abonner à

subsequent [ˈsʌbsɪkwənt] adj ultérieur(e), suivant(e); subsequent to prep à la suite de

subsequently [ˈsʌbsɪkwəntlɪ] adv par la suite

subside [səbˈsaɪd] vi s'affaisser; (flood) baisser; (wind) tomber

subsidence [səbˈsaɪdns] n affaissement m

subsidiary [səbˈsɪdɪərɪ] adj subsidiaire; accessoire; (BRIT SCOL: subject) complémentaire ♦ n filiale f

subsidize [ˈsʌbsɪdaɪz] vt subventionner

subsidy [ˈsʌbsɪdɪ] n subvention f

substance [ˈsʌbstəns] n substance f; (fig) essentiel m; a man of substance un homme jouissant d'une certaine fortune; to lack substance être plutôt mince (fig)

substantial [səbˈstænʃl] adj substantiel(le); (fig) important(e)

substantially [səbˈstænʃəlɪ] adv considérablement; en grande partie

substantiate [səbˈstænʃɪeɪt] vt étayer, fournir des preuves à l'appui de

substitute [ˈsʌbstɪtjuːt] n (person) remplaçant/e; (thing) succédané m ♦ vt: to substitute sth/sb for substituer qch/qn à remplacer par qch/qn

subterranean [sʌbtəˈreɪnɪən] adj souterrain(e)

subtitle [ˈsʌbtaɪtl] n (CINE) sous-titre m

subtitled [ˈsʌbtaɪtld] adj sous-titré(e)

subtle [ˈsʌtl] adj subtil(e)

subtotal [sʌbˈtəʊtl] n total partiel

subtract [səbˈtrækt] vt soustraire, retrancher

subtraction [səbˈtrækʃən] n soustraction f

suburb [ˈsʌbəːb] n faubourg m; the suburbs la banlieue

suburban [səˈbəːbən] adj de banlieue, suburbain(e)

suburbia [səˈbəːbɪə] n la banlieue

subway [ˈsʌbweɪ] n (US) métro m; (BRIT) passage souterrain

succeed [səkˈsiːd] vi réussir ♦ vt succéder à; to succeed in doing réussir à faire

succeeding [səkˈsiːdɪŋ] adj suivant(e), qui suit (or suivent or suivront etc)

success [səkˈsɛs] n succès m; réussite f

successful [səkˈsɛsful] adj qui a du succès; (candidate) choisi(e), agréé(e); (business) prospère, qui réussit; (attempt) couronné(e) de succès; to be successful (in doing) réussir (à faire)

successfully [səkˈsɛsfəlɪ] adv avec succès

succession [səkˈsɛʃən] n succession f; in succession successivement; 3 years in succession 3 ans de suite

successive [səkˈsɛsɪv] adj successif(ive); on 3 successive days 3 jours de suite or consécutifs

such [sʌtʃ] adj tel(telle); (of that kind): such a book un livre de ce genre or pareil, un tel livre ♦ adv si; such books des livres de ce genre or pareils, de tels livres; (so much): such courage un tel courage; such a long trip un si long voyage; such good books de si bons livres; such a long trip that un voyage si or tellement long que; such a lot of tellement or tant de; making such a noise that faisant un tel bruit que or tellement de bruit que; such a long time ago il y a si or tellement longtemps; such as (like) tel(telle) que comme; a noise such as to un bruit de nature à; such books as I have les quelques livres que j'ai; as such adv en tant que tel (telle) à proprement parler

such-and-such [ˈsʌtʃənsʌtʃ] adj tel(telle) ou tel(telle)

suck [sʌk] vt sucer; (breast, bottle) téter; (subj: pump, machine) aspirer

sucker [ˈsʌkə*] n (BOT, ZOOL, TECH) ventouse f; (col) naïf/ive, poire f

suction [ˈsʌkʃən] n succion f

sudden ['sʌdn] *adj* soudain(e), subit(e); **all of a sudden** soudain, tout à coup

suddenly ['sʌdnlɪ] *adv* brusquement, tout à coup, soudain

suds [sʌdz] *npl* eau savonneuse

sue [suː] *vt* poursuivre en justice, intenter un procès à ◆ *vi*: **to sue (for)** intenter un procès (pour); **to sue for divorce** engager une procédure de divorce; **to sue sb for damages** poursuivre qn en dommages-intérêts

suede [sweɪd] *n* daim *m*, cuir suédé ◆ *cpd* de daim

suet ['suːt] *n* graisse *f* de rognon or de bœuf

suffer ['sʌfə*] *vt* souffrir, subir; (*bear*) tolérer, supporter, subir ◆ *vi* souffrir; **to suffer from** (*illness*) souffrir de, avoir; **to suffer from the effects of alcohol/a fall** se ressentir des effets de l'alcool/des conséquences d'une chute

sufferer ['sʌfərə*] *n* malade *m/f*; victime *m/f*

suffering ['sʌfərɪŋ] *n* souffrance(s) *f(pl)*

sufficient [sə'fɪʃənt] *adj* suffisant(e); **sufficient money** suffisamment d'argent

sufficiently [sə'fɪʃəntlɪ] *adv* suffisamment, assez

suffocate ['sʌfəkeɪt] *vi* suffoquer; étouffer

sugar ['ʃugə*] *n* sucre *m* ◆ *vt* sucrer

sugar beet *n* betterave sucrière

sugar cane *n* canne *f* à sucre

suggest [sə'dʒest] *vt* suggérer, proposer; (*indicate*) laisser supposer, suggérer; **what do you suggest I do?** que vous me suggérez de faire?

suggestion [sə'dʒestʃən] *n* suggestion *f*

suicide ['suɪsaɪd] *n* suicide *m*; **to commit suicide** se suicider

suit [suːt] *n* (*man's*) costume *m*, complet *m*; (*woman's*) tailleur *m*, ensemble *m*; (*CARDS*) couleur *f*; (*lawsuit*) procès *m* ◆ *vt* aller à; convenir à; (*adapt*): **to suit sth to** adapter or approprier qch à; **to be suited to sth** (*suitable for*) être adapté(e) or approprié(e) à qch; **well suited** (*couple*) faits l'un pour l'autre, très bien assortis; **to bring a suit against sb** intenter un procès contre qn; **to follow suit** (*fig*) faire de même

suitable ['suːtəbl] *adj* qui convient; approprié(e), adéquat(e); **would tomorrow be suitable?** est-ce que demain vous conviendrait?; **we found somebody suitable** nous avons trouvé la personne qu'il nous faut

suitably ['suːtəblɪ] *adv* comme il se doit (*or* se devait *etc*), convenablement

suitcase ['suːtkeɪs] *n* valise *f*

suite [swiːt] *n* (*of rooms, also* MUS) suite *f*; (*furniture*): **bedroom/dining room suite** (ensemble *m* de) chambre *f* à coucher/salle *f* à manger; **a three-piece suite** un salon (canapé et deux fauteuils)

suitor ['suːtə*] *n* soupirant *m*, prétendant *m*

sulfur ['sʌlfə*] (*US*) = **sulphur**

sulk [sʌlk] *vi* bouder

sulky ['sʌlkɪ] *adj* boudeur(euse), maussade

sullen ['sʌlən] *adj* renfrogné(e), maussade; morne

sulphur, (*US*) **sulfur** ['sʌlfə*] *n* soufre *m*

sultana [sʌl'tɑːnə] *n* (*fruit*) raisin (sec) de Smyrne

sultry ['sʌltrɪ] *adj* étouffant(e)

sum [sʌm] *n* somme *f*; (SCOL *etc*) calcul *m*
▶ **sum up** *vt* résumer; (*evaluate rapidly*) récapituler ◆ *vi* résumer

summarize ['sʌməraɪz] *vt* résumer

summary ['sʌmərɪ] *n* résumé *m* ◆ *adj* (*justice*) sommaire

summer ['sʌmə*] *n* été *m* ◆ *cpd* d'été, estival(e); **in (the) summer** en été, pendant l'été

summerhouse ['sʌməhaʊs] *n* (*in garden*) pavillon *m*

summertime ['sʌmətaɪm] *n* (*season*) été *m*

summer time *n* (*by clock*) heure *f* d'été

summit ['sʌmɪt] *n* sommet *m*; (*also:* **summit conference**) (conférence *f* au) sommet *m*

summon ['sʌmən] *vt* appeler, convoquer; **to summon a witness** citer or assigner un témoin
▶ **summon up** *vt* rassembler, faire appel à

summons ['sʌmənz] *n* citation *f*, assignation *f* ◆ *vt* citer, assigner; **to serve a summons on sb** remettre une assignation à qn

sun [sʌn] *n* soleil *m*; **in the sun** au soleil; **to catch the sun** prendre le soleil; **everything under the sun** absolument tout

sunbathe ['sʌnbeɪð] *vi* prendre un bain de soleil

sunblock ['sʌnblɔk] *n* écran *m* total

sunburn ['sʌnbəːn] *n* coup *m* de soleil

sunburned ['sʌnbəːnd], **sunburnt** ['sʌnbəːnt] *adj* bronzé(e), hâlé(e); (*painfully*) brûlé(e) par le soleil

Sunday ['sʌndɪ] *n* dimanche *m*; *for phrases see also* **Tuesday**

Sunday school *n* = catéchisme *m*

sundial ['sʌndaɪəl] *n* cadran *m* solaire

sundown ['sʌndaʊn] *n* coucher *m* du soleil

sundries ['sʌndrɪz] *npl* articles divers

sundry ['sʌndrɪ] *adj* divers(e), différent(e); **all and sundry** tout le monde, n'importe qui

sunflower ['sʌnflaʊə*] *n* tournesol *m*

sung [sʌŋ] *pp of* **sing**

sunglasses ['sʌnglɑːsɪz] *npl* lunettes *fpl* de soleil

sunk [sʌŋk] *pp of* **sink**

sunlight ['sʌnlaɪt] *n* (lumière *f* du) soleil *m*

sunlit ['sʌnlɪt] *adj* ensoleillé(e)

sunny ['sʌnɪ] *adj* ensoleillé(e); (*fig*) épanoui(e), radieux(euse); **it is sunny** il fait (du) soleil, il y a du soleil

sunrise ['sʌnraɪz] *n* lever *m* du soleil

sun roof *n* (AUT) toit ouvrant

sunscreen ['sʌnskriːn] *n* crème *f* solaire

sunset ['sʌnset] *n* coucher *m* du soleil

sunshade ['sʌnʃeɪd] *n* (*lady's*) ombrelle *f*; (*over table*) parasol *m*

sunshine ['sʌnʃaɪn] n (lumière f du) soleil m
sunstroke ['sʌnstrəuk] n insolation f, coup m de
soleil
suntan ['sʌntæn] n bronzage m
suntan lotion n lotion f or lait m solaire
suntan oil n huile f solaire
super ['su:pə*] adj (col) formidable
superannuation [su:pərænju'eɪʃən] n cotisa-
tions fpl pour la pension
superb [su:'pə:b] adj superbe, magnifique
supercilious [su:pə'sɪlɪəs] adj hautain(e), dédai-
gneux(euse)
superficial [su:pə'fɪʃəl] adj superficiel(le)
superimpose ['su:pərɪm'pəuz] vt superposer
superintendent [su:pərɪn'tendənt] n direc-
teur/trice; (POLICE) ≈ commissaire m
superior [su:'pɪərɪə*] adj supérieur(e); (COMM:
goods, quality) de qualité supérieure; (smug)
condescendant(e), méprisant(e) ◆ n supérieur/e;
Mother Superior (REL) Mère supérieure
superiority [supɪərɪ'ɔrɪtɪ] n supériorité f
superlative [su'pə:lətɪv] adj sans pareil(le), suprême ◆ n (LING) superlatif m
superman ['su:pəmæn] n surhomme m
supermarket ['su:pəma:kɪt] n supermarché m
supernatural [su:pə'nætʃərəl] adj surnaturel(le)
superpower ['su:pəpauə*] n (POL) superpuissance f
supersede [su:pə'si:d] vt remplacer, supplanter
superstitious [su:pə'stɪʃəs] adj supersti-
tieux(euse).
supervise ['su:pəvaɪz] vt (children etc) surveiller;
(organization, work) diriger
supervision [su:pə'vɪʒən] n surveillance f; direction f; **under medical supervision** sous contrôle
du médecin
supervisor ['su:pəvaɪzə*] n surveillant/e; (in shop)
chef m de rayon; (SCOL) directeur/trice de thèse
supper ['sʌpə*] n dîner m; (late) souper m; **to
have supper** dîner; souper
supple ['sʌpl] adj souple
supplement n ['sʌplɪmənt] supplément m ◆ vt
[sʌplɪ'ment] ajouter à, compléter
supplementary [sʌplɪ'mentərɪ] adj supplémentaire
supplementary benefit n (BRIT) allocation f
supplémentaire d'aide sociale
supplier [sə'plaɪə*] n fournisseur m
supply [sə'plaɪ] vt (goods): **to supply sth (to sb)**
fournir qch (à qn); (people, organization): **to supply
sb (with sth)** approvisionner or ravitailler qn (en
qch); fournir qch en qch, fournir qch à qn; (system,
machine): **to supply sth (with sth)** alimenter qch
(en qch); (a need) répondre à ◆ n provision f, réserve f; (supplying) approvisionnement m; (TECH) alimentation f; **supplies** npl (food) vivres mpl; (MIL)
subsistances fpl; **office supplies** fournitures fpl de

bureau; **to be in short supply** être rare, manquer;
the electricity/water/gas supply l'alimentation
en électricité/eau/gaz; **supply and demand** l'offre
f et la demande; **it comes supplied with an adaptor** il (or elle) est pourvu(e) d'un adaptateur
supply teacher n (BRIT) suppléant/e
support [sə'pɔ:t] n (moral, financial etc) soutien
m, appui m; (TECH) support m, soutien ◆ vt soutenir,
supporter; (financially) subvenir aux besoins de;
(uphold) être pour, être partisan de, appuyer; (SPORT:
team) être pour; **to support o.s.** (financially)
gagner sa vie
supporter [sə'pɔ:tə*] n (POL etc) partisan/e; (SPORT)
supporter m
suppose [sə'pəuz] vt, vi supposer; imaginer; **to
be supposed to do/be** être censé(e) faire/être); **I
don't suppose she'll come** je suppose qu'elle ne
viendra pas, cela m'étonnerait qu'elle vienne
supposedly [sə'pəuzɪdlɪ] adv soi-disant
supposing [sə'pəuzɪŋ] conj si, à supposer que +
sub
suppress [sə'pres] vt (revolt, feeling) réprimer;
(publication) supprimer; (scandal) étouffer
supreme [su'pri:m] adj suprême
surcharge ['sə:tʃɑ:dʒ] n surcharge f; (extra tax)
surtaxe f
sure [ʃuə*] adj (gen) sûr(e); (definite, convinced) sûr,
certain(e) ◆ adv (col: esp US): **that sure is pretty,
that's sure pretty** c'est drôlement joli(e); **sure!** (of
course) bien sûr!; **sure enough** effectivement; **I'm
not sure how/why/when** je ne sais pas très bien
comment/pourquoi/quand; **to be sure of o.s.**
être sûr de soi; **to make sure of** s'assurer de; vérifier
surely ['ʃuəlɪ] adv sûrement; certainement; **surely
you don't mean that!** vous ne parlez pas sérieusement!
surf [sə:f] n ressac m
surface ['sə:fɪs] n surface f ◆ vt (road) poser le
revêtement de ◆ vi remonter à la surface; faire surface; **on the surface** (fig) au premier abord
surface mail n courrier m par voie de terre (or
maritime)
surfboard ['sə:fbɔ:d] n planche f de surf
surfeit ['sə:fɪt] n: **a surfeit of** un excès de; une
indigestion de
surfing ['sə:fɪŋ] n surf m
surge [sə:dʒ] n vague f, montée f; (ELEC) pointe f de
courant ◆ vi déferler; **to surge forward** se précipiter (en avant)
surgeon ['sə:dʒən] n chirurgien m
surgery ['sə:dʒərɪ] n chirurgie f; (BRIT: room) cabinet m (de consultation); (session) consultation f; (of
MP etc) permanence f (où le député etc reçoit les élec-
teurs etc); **to undergo surgery** être opéré(e)
surgical ['sə:dʒɪkl] adj chirurgical(e)
surgical spirit n (BRIT) alcool m à 90°
surname ['sə:neɪm] n nom m de famille

surplus ['sɜːpləs] n surplus m, excédent m ♦ adj en surplus, de trop; **it is surplus to our requirements** cela dépasse nos besoins; **surplus stock** surplus m

surprise [sə'praɪz] n (gen) surprise f; (astonishment) étonnement m ♦ vt surprendre; étonner; **to take by surprise** (person) prendre au dépourvu; (MIL: town, fort) prendre par surprise

surprising [sə'praɪzɪŋ] adj surprenant(e), étonnant(e)

surprisingly [sə'praɪzɪŋlɪ] adv (easy, helpful) étonnamment, étrangement; (somewhat) surprisingly, he agreed curieusement, il a accepté

surrender [sə'rɛndə*] n reddition f, capitulation f ♦ vi se rendre, capituler ♦ vt (claim, right) renoncer à

surreptitious [sʌrəp'tɪʃəs] adj subreptice, furtif(ive)

surrogate ['sʌrəgɪt] n (BRIT: substitute) substitut m ♦ adj de substitution, de remplacement; **a food surrogate** un succédané alimentaire; **surrogate coffee** ersatz m or succédané m de café

surrogate mother n mère porteuse or de substitution

surround [sə'raund] vt entourer; (MIL etc) encercler

surrounding [sə'raundɪŋ] adj environnant(e)

surroundings [sə'raundɪŋz] npl environs mpl, alentours mpl

surveillance [sɜː'veɪləns] n surveillance f

survey n ['sɜːveɪ] enquête f, étude f; (in house buying etc) inspection f, (rapport m d')expertise f; (of land) levé m; (comprehensive view: of situation etc) vue f d'ensemble ♦ vt [sɜː'veɪ] passer en revue; enquêter sur; inspecter; (building) expertiser; (land) faire le levé de

surveyor [sə'veɪə*] n (of building) expert m; (of land) (arpenteur m) géomètre m

survival [sə'vaɪvl] n survie f; (relic) vestige m ♦ cpd (course, kit) de survie

survive [sə'vaɪv] vi survivre; (custom etc) subsister ♦ vt survivre à, réchapper de; (person) survivre à

survivor [sə'vaɪvə*] n survivant(e)

susceptible [sə'sɛptɪbl] adj: **susceptible (to)** sensible (à); (disease) prédisposé(e) (à)

suspect adj, n ['sʌspɛkt] suspect/e ♦ vt [səs'pɛkt] soupçonner, suspecter

suspend [səs'pɛnd] vt suspendre

suspended sentence [səs'pɛndɪd-] n condamnation f avec sursis

suspender belt [səs'pɛndə-] n (BRIT) porte-jarretelles m inv

suspenders [səs'pɛndəz] npl (BRIT) jarretelles fpl; (US) bretelles fpl

suspense [səs'pɛns] n attente f; (in film etc) suspense m

suspension [səs'pɛnʃən] n (gen, AUT) suspension

f; (of driving licence) retrait m provisoire

suspension bridge n pont suspendu

suspicion [səs'pɪʃən] n soupçon(s) m(pl); **to be under suspicion** être considéré(e) comme suspect(e), être suspecté(e); **arrested on suspicion of murder** arrêté sur présomption de meurtre

suspicious [səs'pɪʃəs] adj (suspecting) soupçonneux(euse), méfiant(e); (causing suspicion) suspect(e); **to be suspicious of or about sb/sth** avoir des doutes à propos de qn/sur qch, trouver qn/qch suspect(e)

sustain [səs'teɪn] vt supporter; soutenir; corroborer; (suffer) subir; recevoir

sustainable [səs'teɪnəbl] adj (rate, growth) qui peut être maintenu(e); (agriculture, development) durable

sustained [səs'teɪnd] adj (effort) soutenu(e), prolongé(e)

sustenance ['sʌstɪnəns] n nourriture f; moyens mpl de subsistance

swab [swɒb] n (MED) tampon m; prélèvement m ♦ vt (NAUT: also: **swab down**) nettoyer

swagger ['swægə*] vi plastronner, parader

swallow ['swɒləu] n (bird) hirondelle f; (of food etc) gorgée f ♦ vt avaler; (fig) gober
▶ **swallow up** vt engloutir

swam [swæm] pt of swim

swamp [swɒmp] n marais m, marécage m ♦ vt submerger

swan [swɒn] n cygne m

swap [swɒp] n échange m, troc m ♦ vt: **to swap (for)** échanger (contre), troquer (contre)

swarm [swɔːm] n essaim m ♦ vi essaimer; fourmiller, grouiller

swastika ['swɒstɪkə] n croix gammée

swat [swɒt] vt écraser ♦ n (BRIT: also: **fly swat**) tapette f

sway [sweɪ] vi se balancer, osciller; tanguer ♦ vt (influence) influencer ♦ n (rule, power): **sway (over)** emprise f (sur); **to hold sway over sb** avoir de l'emprise sur qn

swear, pt swore, pp sworn [swɛə*, swɔː*, swɔːn] vi jurer; **to swear to sth** jurer de qch; **to swear an oath** prêter serment
▶ **swear in** vt assermenter

swearword ['swɛəwɜːd] n gros mot, juron m

sweat [swɛt] n sueur f, transpiration f ♦ vi suer; **in a sweat** en sueur

sweater ['swɛtə*] n tricot m, pull m

sweaty ['swɛtɪ] adj en sueur, moite or mouillé(e) de sueur

Swede [swiːd] n Suédois/e

swede [swiːd] n (BRIT) rutabaga m

Sweden ['swiːdn] n Suède f

Swedish ['swiːdɪʃ] adj suédois(e) ♦ n (LING) suédois m

sweep [swiːp] n coup m de balai; (curve) grande

courbe; (range) champ m; (also: **chimney sweep**) ramoneur m ♦ vb, pt, pp **swept** [swɛpt] vt balayer; (fashion, craze) se répandre dans ♦ vi avancer majestueusement or rapidement; s'élancer; s'étendre

▶ **sweep away** vt balayer; entraîner; emporter

▶ **sweep past** vi passer majestueusement or rapidement

▶ **sweep up** vt, vi balayer

sweeping ['swi:pɪŋ] adj (gesture) large; circulaire; (changes, reforms) radical(e); **a sweeping statement** une généralisation hâtive

sweet [swi:t] n (BRIT) dessert m; (candy) bonbon m ♦ adj doux(douce); (not savoury) sucré(e); (fresh) frais((fraîche), pur(e); (kind) gentil(le); (cute) mignon(ne) ♦ adv: **to smell sweet** sentir bon; **to taste sweet** avoir un goût sucré; **sweet and sour** adj aigre-doux(douce)

sweetcorn ['swi:tkɔːn] n maïs doux

sweeten ['swi:tn] vt sucrer; (fig) adoucir

sweetheart ['swi:tha:t] n amoureux/euse

sweetness ['swi:tnɪs] n douceur f; (of taste) goût sucré

sweet pea n pois m de senteur

swell [swɛl] n (of sea) houle f ♦ adj (col: excellent) chouette ♦ vb, pt **swelled**, pp **swollen** or **swelled** ['swəulən] vt augmenter; grossir ♦ vi grossir, augmenter; (sound) s'enfler; (MED) enfler

swelling ['swɛlɪŋ] n (MED) enflure f; grosseur f

sweltering ['swɛltərɪŋ] adj étouffant(e), oppressant(e)

swept [swɛpt] pt, pp of **sweep**

swerve [swə:v] vi faire une embardée or un écart; dévier

swift [swɪft] n (bird) martinet m ♦ adj rapide, prompt(e)

swig [swɪg] n (col: drink) lampée f

swill [swɪl] n pâtée f ♦ vt (also: **swill out, swill down**) laver à grande eau

swim [swɪm] n: **to go for a swim** aller nager or se baigner ♦ vb, pt **swam**, pp **swum** [swæm, swʌm] vi nager; (SPORT) faire de la natation; (fig: head, room) tourner ♦ vt traverser (à la nage); (distance) faire (à la nage); **to swim a length** nager une longueur; **to go swimming** aller nager

swimmer ['swɪmə*] n nageur/euse

swimming ['swɪmɪŋ] n nage f, natation f

swimming cap n bonnet m de bain

swimming costume n (BRIT) maillot m (de bain)

swimming pool n piscine f

swimming trunks npl maillot m de bain

swimsuit ['swɪmsuːt] n maillot m (de bain)

swindle ['swɪndl] n escroquerie f ♦ vt escroquer

swine [swaɪn] n (pl inv) pourceau m, porc m; (col!) salaud m (!)

swing [swɪŋ] n balançoire f; (movement) balance-

ment m, oscillations fpl; (MUS) swing m; rythme m ♦ vb, pt, pp **swung** [swʌŋ] vt balancer, faire osciller; (also: **swing round**) tourner, faire virer ♦ vi se balancer, osciller; (also: **swing round**) virer, tourner; **a swing to the left** (POL) un revirement en faveur de la gauche; **to be in full swing** battre son plein; **to get into the swing of things** se mettre dans le bain; **the road swings south** la route prend la direction sud

swing bridge n pont tournant

swing door n (BRIT) porte battante

swingeing ['swɪndʒɪŋ] adj (BRIT) écrasant(e); considérable

swipe [swaɪp] n grand coup; gifle f ♦ vt (hit) frapper à toute volée; gifler; (col: steal) piquer; (credit card etc) faire passer (dans la machine)

swirl [swə:l] n tourbillon m ♦ vi tourbillonner, tournoyer

Swiss [swɪs] adj suisse ♦ n (pl inv) Suisse/esse

switch [swɪtʃ] n (for light, radio etc) bouton m; (change) changement m, revirement m ♦ vt (change) changer; (exchange) intervertir; (invert): **to switch (round or over)** changer de place

▶ **switch off** vt éteindre; (engine) arrêter

▶ **switch on** vt allumer; (engine, machine) mettre en marche; (BRIT: water supply) ouvrir

switchboard ['swɪtʃbɔːd] n (TEL) standard m

Switzerland ['swɪtsələnd] n Suisse f

swivel ['swɪvl] vi (also: **swivel round**) pivoter, tourner

swollen ['swəulən] pp of **swell** ♦ adj (ankle etc) enflé(e)

swoon [swuːn] vi se pâmer

swoop [swuːp] n (by police etc) rafle f, descente f; (of bird etc) descente f en piqué ♦ vi (also: **swoop down**) descendre en piqué, piquer

swop [swɔp] n, vt = swap

sword [sɔːd] n épée f

swordfish ['sɔːdfɪʃ] n espadon m

swore [swɔː*] pt of **swear**

sworn [swɔːn] pp of **swear**

swot [swɔt] vt, vi bûcher, potasser

swum [swʌm] pp of **swim**

swung [swʌŋ] pt, pp of **swing**

syllable ['sɪləbl] n syllabe f

syllabus ['sɪləbəs] n programme m; **on the syllabus** au programme

symbol ['sɪmbl] n symbole m

symmetry ['sɪmɪtrɪ] n symétrie f

sympathetic [sɪmpə'θɛtɪk] adj (showing pity) compatissant(e); (understanding) bienveillant(e), compréhensif(ive); **sympathetic towards** bien disposé(e) envers

sympathize ['sɪmpəθaɪz] vi: **to sympathize with sb** (in grief) être de tout cœur avec qn, compatir à la douleur de qn; (in predicament) partager les sentiments de qn; **to sympathize with** (sb's feelings)

comprendre

sympathizer ['sɪmpəθaɪzə*] n (POL) sympathisant/e

sympathy ['sɪmpəθɪ] n compassion f; **in sympathy with** en accord avec; (strike) en or par solidarité avec; **with our deepest sympathy** en vous priant d'accepter nos sincères condoléances

symphony ['sɪmfənɪ] n symphonie f

symptom ['sɪmptəm] n symptôme m; indice m

syndicate ['sɪndɪkɪt] n syndicat m, coopérative f; (PRESS) agence f de presse

synopsis, pl **synopses** [sɪ'nɔpsɪs, -siːz] n résumé m, synopsis m or f

synthetic [sɪn'θetɪk] adj synthétique ◆ n matière f synthétique; **synthetics** npl textiles artificiels

syphon ['saɪfən] n, vb = siphon

Syria ['sɪrɪə] n Syrie f

syringe [sɪ'rɪndʒ] n seringue f

syrup ['sɪrəp] n sirop m; (BRIT: also: **golden syrup**) mélasse raffinée

system ['sɪstəm] n système m; (order) méthode f; (ANAT) organisme m

systematic [sɪstə'mætɪk] adj systématique; méthodique

system disk n (COMPUT) disque m système

systems analyst n analyste-programmeur m/f

ta [tɑː] excl (BRIT col) merci!

tab [tæb] n abbr = tabulator ◆ n (loop on coat etc) attache f; (label) étiquette f; **to keep tabs on** (fig) surveiller

tabby ['tæbɪ] n (also: **tabby cat**) chat/te tigré(e)

table ['teɪbl] n table f ◆ vt (BRIT: motion etc) présenter; **to lay** or **set the table** mettre le couvert or la table; **to clear the table** débarrasser la table; **league table** (BRIT FOOTBALL, RUGBY) classement m (du championnat); **table of contents** table des matières

tablecloth ['teɪblklɔθ] n nappe f

table d'hôte [tɑːbl'dəut] adj (meal) à prix fixe

table lamp n lampe décorative

tablemat ['teɪblmæt] n (for plate) napperon m, set m; (for hot dish) dessous-de-plat m inv

tablespoon ['teɪblspuːn] n cuiller f de service; (also: **tablespoonful**: as measurement) cuillerée f à soupe

tablet ['tæblɪt] n (MED) comprimé m; (: for sucking) pastille f; (of stone) plaque f; **tablet of soap** (BRIT) savonnette f

table tennis n ping-pong m, tennis m de table

table wine n vin m de table

tabloid ['tæblɔɪd] n (newspaper) tabloïde m; **the tabloids** les journaux mpl populaires

tabloid press n voir encadré

TABLOID PRESS

Le terme **tabloid press** désigne les journaux populaires de demi-format où l'on trouve beaucoup de photos et qui adoptent un style très concis. Ce type de journaux vise des lecteurs s'intéressant aux faits divers ayant un parfum de scandale; voir "quality press".

tack [tæk] n (nail) petit clou; (stitch) point m de bâti; (NAUT) bord m, bordée f ◆ vt clouer; bâtir ◆ vi tirer un or des bord(s); **to change tack** virer de bord; **on the wrong tack** (fig) sur la mauvaise voie; **to tack sth on to (the end of) sth** (of letter, book) rajouter qch à la fin de qch

tackle ['tækl] n matériel m, équipement m; (for lifting) appareil m de levage; (FOOTBALL, RUGBY) plaquage m ◆ vt (difficulty) s'attaquer à; (FOOTBALL, RUGBY) plaquer

tacky ['tækɪ] adj collant(e); pas sec(sèche); (col: shabby) moche

tact [tækt] n tact m

tactful ['tæktful] adj plein(e) de tact

tactical ['tæktɪkl] adj tactique; **tactical error** erreur f de tactique

tactics ['tæktɪks] n, npl tactique f

tactless ['tæktlɪs] adj qui manque de tact

tadpole ['tædpəul] n têtard m

tag [tæg] n étiquette f; **price/name tag** étiquette (portant le prix/le nom)

▶ **tag along** vi suivre

tail [teɪl] n queue f; (of shirt) pan m ◆ vt (follow) suivre, filer; **to turn tail** se sauver à toutes jambes; see also **head**

▶ **tail away**

▶ **tail off** vi (in size, quality etc) baisser peu à peu

tailback ['teɪlbæk] n (BRIT) bouchon m

tail end n bout m, fin f

tailgate ['teɪlgeɪt] n (AUT) hayon m arrière

tailor ['teɪlə*] n tailleur m (artisan) ◆ vt: **to tailor sth (to)** adapter qch exactement (à); **tailor's (shop)** (boutique f de) tailleur m

tailoring ['teɪlərɪŋ] n (cut) coupe f

tailor-made ['teɪlə'meɪd] adj fait(e) sur mesure; (fig) conçu(e) spécialement

tailwind ['teɪlwɪnd] n vent m arrière inv

tainted ['teɪntɪd] adj (food) gâté(e); (water, air) infecté(e); (fig) souillé(e)

take [teɪk] vb, pt **took**, pp **taken** [tuk, 'teɪkn] vt prendre; (gain: prize) remporter; (require: effort, courage) demander; (tolerate) accepter, supporter; (hold: passengers etc) contenir; (accompany) emmener, accompagner; (bring, carry) apporter, emporter;

(exam) passer, se présenter à; (conduct: meeting) présider ◆ vi (dye, fire etc) prendre ◆ n (CINE) prise f de vues; **to take sth from** (drawer etc) prendre qch dans; (person) prendre qch à; **I take it that** je suppose que; **I took him for a doctor** je l'ai pris pour un docteur; **to take sb's hand** prendre qn par la main; **to take for a walk** (child, dog) emmener promener; **to be taken ill** tomber malade; **to take it upon o.s. to do sth** prendre sur soi de faire qch; **take the first (street) on the left** prenez la première à gauche; **it won't take long** ça ne prendra pas longtemps; **I was quite taken with her/it** elle/cela m'a beaucoup plu

▶ **take after** vt fus ressembler à

▶ **take apart** vt démonter

▶ **take away** vt (remove); (remove) enlever; (subtract) soustraire ◆ vi: **to take away from** diminuer

▶ **take back** vt (return) rendre, rapporter; (one's words) retirer

▶ **take down** vt (building) démolir; (dismantle: scaffolding) démonter; (letter etc) prendre, écrire

▶ **take in** vt (deceive) tromper, rouler; (understand) comprendre, saisir; (include) couvrir, inclure; (lodger) prendre; (orphan, stray dog) recueillir; (dress, waistband) reprendre

▶ **take off** vi (AVIAT) décoller ◆ vt (remove) enlever; (imitate) imiter, pasticher

▶ **take on** vt (work) accepter, se charger de; (employee) prendre, embaucher; (opponent) accepter de se battre contre

▶ **take out** vt sortir; (remove) enlever; (licence) prendre, se procurer; **to take sth out of** enlever qch de; prendre qch dans; **don't take it out on me!** ne t'en prends pas à moi!

▶ **take over** vt (business) reprendre ◆ vi: **to take over from sb** prendre la relève de qn

▶ **take to** vt fus (person) se prendre d'amitié pour; (activity) prendre goût à; **to take to doing sth** prendre l'habitude de faire qch

▶ **take up** vt (one's story, a dress) reprendre; (occupy: time, space) prendre, occuper; (engage in: hobby etc) se mettre à; (accept: offer, challenge) accepter; (absorb: liquids) absorber ◆ vi: **to take up with sb** se lier d'amitié avec qn

takeaway ['teɪkəweɪ] (BRIT) adj (food) à emporter ◆ n (shop, restaurant) ≈ traiteur m (qui vend des plats à emporter)

takeoff ['teɪkɔf] n (AVIAT) décollage m

takeover ['teɪkəʊvə*] n (COMM) rachat m

takings ['teɪkɪŋz] npl (COMM) recette f

talc [tælk] n (also: **talcum powder**) talc m

tale [teɪl] n (story) conte m, histoire f; (account) récit m; (pej) histoire; **to tell tales** (fig) rapporter

talent ['tælnt] n talent m, don m

talented ['tæləntɪd] adj doué(e), plein(e) de talent

talk [tɔːk] n propos mpl; (gossip) racontars mpl (pej); (conversation) discussion f; (interview) entretien m; (a speech) causerie f, exposé m ◆ vi (chatter)

bavarder; **talks** npl (POL etc) entretiens mpl; conférence f; **to give a talk** faire un exposé; **to talk about** parler de; (converse) s'entretenir or parler de; **talking of films, have you seen ...?** à propos de films, avez-vous vu ...?; **to talk sb out of/into doing** persuader qn de ne pas faire/de faire; **to talk shop** parler métier or affaires

▶ **talk over** vt discuter (de)

talkative ['tɔːkətɪv] adj bavard(e)

talk show n (TV, RADIO) causerie (télévisée or radiodiffusée)

tall [tɔːl] adj (person) grand(e); (building, tree) haut(e); **to be 6 feet tall** ≈ mesurer 1 mètre 80; **how tall are you?** combien mesurez-vous?

tall story n histoire f invraisemblable

tally ['tælɪ] n compte m ◆ vi: **to tally (with)** correspondre (à); **to keep a tally of sth** tenir le compte de qch

talon ['tælən] n griffe f; (of eagle) serre f

tame [teɪm] adj apprivoisé(e); (fig: story, style) insipide

tamper ['tæmpə*] vi: **to tamper with** toucher à (en cachette ou sans permission)

tampon ['tæmpən] n tampon m hygiénique or périodique

tan [tæn] n (also: **suntan**) bronzage m ◆ vt, vi bronzer, brunir ◆ adj (colour) brun roux inv; **to get a tan** bronzer

tang [tæŋ] n odeur (or saveur) piquante

tangent ['tændʒənt] n (MATH) tangente f; **to go off at a tangent** (fig) changer complètement de direction

tangerine [tændʒə'riːn] n mandarine f

tangle ['tæŋgl] n enchevêtrement m ◆ vt enchevêtrer; **to get in(to) a tangle** s'emmêler

tank [tæŋk] n réservoir m; (for processing) cuve f; (for fish) aquarium m; (MIL) char m d'assaut, tank m

tanker ['tæŋkə*] n (ship) pétrolier m, tanker m; (truck) camion-citerne m; (RAIL) wagon-citerne m

tantalizing ['tæntəlaɪzɪŋ] adj (smell) extrêmement appétissant(e); (offer) terriblement tentant(e)

tantamount ['tæntəmaʊnt] adj: **tantamount to** qui équivaut à

tantrum ['tæntrəm] n accès m de colère; **to throw a tantrum** piquer une colère

tap [tæp] n (on sink etc) robinet m; (gentle blow) petite tape ◆ vt frapper or taper légèrement; (resources) exploiter, utiliser; (telephone) mettre sur écoute; **on tap** (beer) en tonneau; (fig: resources) disponible

tap-dancing ['tæpdɑːnsɪŋ] n claquettes fpl

tape [teɪp] n ruban m; (also: **magnetic tape**) bande f (magnétique) ◆ vt (record) enregistrer (au magnétophone or sur bande); **on tape** (song etc) enregistré(e)

tape deck n platine f d'enregistrement

tape measure n mètre m à ruban

taper ['teɪpə*] n cierge m ♦ vi s'effiler
tape recorder n magnétophone m
tapestry ['tæpɪstrɪ] n tapisserie f
tar [tɑː] n goudron m; **low-/middle-tar cigarettes** cigarettes fpl à faible/moyenne teneur en goudron
target ['tɑːgɪt] n cible f; (fig: objective) objectif m; **to be on target** (project) progresser comme prévu
tariff ['tærɪf] n (COMM) tarif m; (taxes) tarif douanier
tarmac ['tɑːmæk] n (BRIT: on road) macadam m; (AVIAT) aire f d'envol ♦ vt (BRIT) goudronner
tarnish ['tɑːnɪʃ] vt ternir
tarpaulin [tɑːˈpɔːlɪn] n bâche goudronnée
tarragon ['tærəgən] n estragon m
tart [tɑːt] n (CULIN) tarte f; (BRIT col: pej: woman) poule f ♦ adj (flavour) âpre, aigrelet(te)
► **tart up** vt (col): **to tart o.s. up** se faire beau(belle); (: pej) s'attifer
tartan ['tɑːtn] n tartan m ♦ adj écossais(e)
tartar ['tɑːtə*] n (on teeth) tartre m
tartar sauce n sauce f tartare
task [tɑːsk] n tâche f; **to take to task** prendre à partie
task force n (MIL, POLICE) détachement spécial
tassel ['tæsl] n gland m; pompon m
taste [teɪst] n goût m; (fig: glimpse, idea) idée f, aperçu m ♦ vt goûter ♦ vi: **to taste of** (fish etc) avoir le or un goût de; **it tastes like fish** ça a un or le goût de poisson, on dirait du poisson; **what does it taste like?** quel goût ça a?; **you can taste the garlic (in it)** on sent bien l'ail; **can I have a taste of this wine?** puis-je goûter un peu de ce vin?; **to have a taste of sth** (also fig) goûter (à) qch; **to have a taste for sth** aimer qch, avoir un penchant pour qch; **to be in good/bad** or **poor taste** être de bon/mauvais goût
tasteful ['teɪstful] adj de bon goût
tasteless ['teɪstlɪs] adj (food) qui n'a aucun goût; (remark) de mauvais goût
tasty ['teɪstɪ] adj savoureux(euse), délicieux(euse)
tatters ['tætəz] npl: **in tatters** (also: **tattered**) en lambeaux
tattoo [tə'tuː] n tatouage m; (spectacle) parade f militaire ♦ vt tatouer
tatty ['tætɪ] adj (BRIT col) défraîchi(e), en piteux état
taught [tɔːt] pt, pp of **teach**
taunt [tɔːnt] n raillerie f ♦ vt railler
Taurus ['tɔːrəs] n le Taureau; **to be Taurus** être du Taureau
taut [tɔːt] adj tendu(e)
tax [tæks] n (on goods etc) taxe f; (on income) impôts mpl, contributions fpl ♦ vt taxer; imposer; (fig: strain: patience etc) mettre à l'épreuve; **before/after tax** avant/après l'impôt; **free of tax** exonéré(e) d'impôt
taxable ['tæksəbl] adj (income) imposable
taxation [tæk'seɪʃən] n taxation f; impôts mpl, contributions fpl; **system of taxation** système fiscal

tax avoidance n évasion fiscale
tax disc n (BRIT AUT) vignette f (automobile)
tax evasion n fraude fiscale
tax-free ['tæksfriː] adj exempt(e) d'impôts
taxi ['tæksɪ] n taxi m ♦ vi (AVIAT) rouler (lentement) au sol
taxi driver n chauffeur m de taxi
taxi rank (BRIT), **taxi stand** n station f de taxis
tax payer [-peɪə*] n contribuable m/f
tax relief n dégrèvement or allègement fiscal, réduction f d'impôt
tax return n déclaration f d'impôts or de revenus
TB n abbr = **tuberculosis**
tea [tiː] n thé m; (BRIT: snack: for children) goûter m; **high tea** (BRIT) collation combinant goûter et dîner
tea bag n sachet m de thé
tea break n (BRIT) pause-thé f
teach, pt, pp **taught** [tiːtʃ, tɔːt] vt: **to teach sb sth**, **teach sth to sb** apprendre qch à qn; (in school etc) enseigner qch à qn ♦ vi enseigner; **it taught him a lesson** (fig) ça lui a servi de leçon
teacher ['tiːtʃə*] n (in secondary school) professeur m; (in primary school) instituteur/trice; **French teacher** professeur de français
teaching ['tiːtʃɪŋ] n enseignement m
tea cloth n torchon m
tea cosy n couvre-théière m
teacup ['tiːkʌp] n tasse f à thé
teak [tiːk] n teck m ♦ adj en or de teck
tea leaves npl feuilles fpl de thé
team [tiːm] n équipe f; (of animals) attelage m
► **team up** vi: **to team up (with)** faire équipe (avec)
teamwork ['tiːmwɜːk] n travail m d'équipe
teapot ['tiːpɒt] n théière f
tear¹ [tɛə*] n déchirure f ♦ vb, pt **tore**, pp **torn** [tɔː*, tɔːn] vt déchirer ♦ vi se déchirer; **to tear to pieces** or **to bits** or **to shreds** mettre en pièces; (fig) démolir
► **tear along** vi (rush) aller à toute vitesse
► **tear apart** vt (also fig) déchirer
► **tear away** vt: **to tear o.s. away (from sth)** (fig) s'arracher (de qch)
► **tear out** vt (sheet of paper, cheque) arracher
► **tear up** vt (sheet of paper etc) déchirer, mettre en morceaux or pièces
tear² [tɪə*] n larme f; **in tears** en larmes; **to burst into tears** fondre en larmes
tearful ['tɪəful] adj larmoyant(e)
tear gas [tɪə-] n gaz m lacrymogène
tearoom ['tɪəruːm] n salon m de thé
tease [tiːz] n taquin/e ♦ vt taquiner; (unkindly) tourmenter
tea set n service m à thé

teaspoon ['tiːspuːn] n petite cuiller; (also: **tea-spoonful**: as measurement) ≈ cuillerée f à café

teat [tiːt] n tétine f

teatime ['tiːtaɪm] n l'heure f du thé

tea towel n (BRIT) torchon m (à vaisselle)

technical ['teknɪkl] adj technique

technicality [teknɪ'kælɪtɪ] n technicité f; (detail) détail m technique; **on a legal technicality** à cause de (or grâce à) l'application à la lettre d'une subtilité juridique; pour vice de forme

technically ['teknɪklɪ] adv techniquement; (strictly speaking) en théorie, en principe

technician [tek'nɪʃən] n technicien/ne

technique [tek'niːk] n technique f

techno ['teknəʊ] n (MUS) techno f

technological [teknə'lɒdʒɪkl] adj technologique

technology [tek'nɒlədʒɪ] n technologie f

teddy (bear) ['tedɪ-] n ours m (en peluche)

tedious ['tiːdɪəs] adj fastidieux(euse)

tee [tiː] n (GOLF) tee m

teem [tiːm] vi: **to teem (with)** grouiller (de); **it is teeming (with rain)** il pleut à torrents

teenage ['tiːneɪdʒ] adj (fashions etc) pour jeunes, pour adolescents

teenager ['tiːneɪdʒə*] n jeune m/f, adolescent/e

teens [tiːnz] npl: **to be in one's teens** être adolescent(e)

tee-shirt ['tiːʃəːt] n = T-shirt

teeter ['tiːtə*] vi chanceler, vaciller

teeth [tiːθ] npl of **tooth**

teethe [tiːð] vi percer ses dents

teething troubles ['tiːðɪŋ-] npl (fig) difficultés initiales

teetotal ['tiː'təʊtl] adj (person) qui ne boit jamais d'alcool

telecommunications ['telɪkəmjuːnɪ'keɪʃənz] n télécommunications fpl

teleconferencing [telɪ'kɒnfərənsɪŋ] n téléconférence(s) f(pl)

telegram ['telɪgræm] n télégramme m

telegraph ['telɪgrɑːf] n télégraphe m

telegraph pole n poteau m télégraphique

telephone ['telɪfəʊn] n téléphone m ♦ vt (person) téléphoner à; (message) téléphoner; **to have a telephone**, (BRIT) **to be on the telephone** (subscriber) être abonné(e) au téléphone; **to be on the telephone** (be speaking) être au téléphone

telephone booth n, (BRIT) **telephone box** n cabine f téléphonique

telephone call n appel m téléphonique, communication f téléphonique

telephone directory n annuaire m (du téléphone)

telephone number n numéro m de téléphone

telephonist [tə'lefənɪst] n (BRIT) téléphoniste m/f

telesales ['telɪseɪlz] npl télévente f

telescope ['telɪskəʊp] n télescope m ♦ vi se télescoper ♦ vt télescoper

television ['telɪvɪʒən] n télévision f

television set n poste m de télévision, téléviseur m

telex ['teleks] n télex m ♦ vt (message) envoyer par télex; (person) envoyer un télex à ♦ vi envoyer un télex

tell [tel], pt, pp **told** [tel, təʊld] vt dire; (relate: story) raconter; (distinguish): **to tell sth from** distinguer qch de ♦ vi (talk): **to tell (of)** parler (de); (have effect) se faire sentir, se voir; **to tell sb to do** dire à qn de faire; **to tell sb about sth** (place, object etc) parler de qch à qn; (what happened etc) raconter qch à qn; **to tell the time** (know how to) savoir lire l'heure; **can you tell me the time?** pourriez-vous me dire l'heure?; **(I) tell you what ...** écoute, ...; **I can't tell them apart** je n'arrive pas à les distinguer

▶ **tell off** vt réprimander, gronder

▶ **tell on** vt fus (inform against) dénoncer, rapporter contre

teller ['telə*] n (in bank) caissier/ière

telling ['telɪŋ] adj (remark, detail) révélateur(trice)

telltale ['telteɪl] n rapporteur/euse ♦ adj (sign) éloquent(e), révélateur(trice)

telly ['telɪ] n abbr (BRIT col: = television) télé f

temp [temp] abbr (BRIT col) = **temporary** ♦ n intérimaire m/f ♦ vi travailler comme intérimaire

temper ['tempə*] n (nature) caractère m; (mood) humeur f; (fit of anger) colère f ♦ vt (moderate) tempérer, adoucir; **to be in a temper** être en colère; **to lose one's temper** se mettre en colère; **to keep one's temper** rester calme

temperament ['temprəmənt] n (nature) tempérament m

temperamental [temprə'mentl] adj capricieux(euse)

temperate ['temprət] adj modéré(e); (climate) tempéré(e)

temperature ['temprətʃə*] n température f; **to have** or **run a temperature** avoir de la fièvre

temple ['templ] n (building) temple m; (ANAT) tempe f

temporary ['tempərərɪ] adj temporaire, provisoire; (job, worker) temporaire; **temporary secretary** (secrétaire) f intérimaire f; **a temporary teacher** un professeur remplaçant or suppléant

tempt [tempt] vt tenter; **to tempt sb into doing** induire qn à faire; **to be tempted to do sth** être tenté(e) de faire qch

temptation [temp'teɪʃən] n tentation f

tempting ['temptɪŋ] adj tentant(e)

ten [ten] num dix ♦ n: **tens of thousands** des dizaines fpl de milliers

tenacity [tə'næsɪtɪ] n ténacité f

tenancy ['tɛnənsɪ] n location f; état m de locataire

tenant ['tɛnənt] n locataire m/f

tend [tɛnd] vt s'occuper de; (sick etc) soigner ♦ vi: **to tend to do** avoir tendance à faire; (colour): **to tend to** tirer sur

tendency ['tɛndənsɪ] n tendance f

tender ['tɛndə*] adj tendre; (delicate) délicat(e); (sore) sensible; (affectionate) tendre, doux(douce) ♦ n (COMM: offer) soumission f; (money): **legal tender** cours légal ♦ vt offrir; **to tender one's resignation** donner or remettre sa démission; **to put in a tender (for)** faire une soumission (pour); **to put work out to tender** (BRIT) mettre un contrat en adjudication

tenement ['tɛnəmənt] n immeuble m (de rapport)

tennis ['tɛnɪs] n tennis m ♦ cpd (club, match, racket, player) de tennis

tennis ball n balle f de tennis

tennis court n (court m de) tennis m

tennis player n joueur/euse de tennis

tennis racket n raquette f de tennis

tennis shoes npl (chaussures fpl de) tennis mpl

tenor ['tɛnə*] n (MUS) ténor m; (of speech etc) sens général

tenpin bowling ['tɛnpɪn-] n (BRIT) bowling m (à 10 quilles)

tense [tɛns] adj tendu(e); (person) tendu, crispé(e) ♦ n (LING) temps m ♦ vt (tighten: muscles) tendre

tension ['tɛnʃən] n tension f

tent [tɛnt] n tente f

tentative ['tɛntətɪv] adj timide, hésitant(e); (conclusion) provisoire

tenterhooks ['tɛntəhuks] npl: **on tenterhooks** sur des charbons ardents

tenth [tɛnθ] num dixième

tent peg n piquet m de tente

tent pole n montant m de tente

tenuous ['tɛnjuəs] adj ténu(e)

tenure ['tɛnjuə*] n (of property) bail m; (of job) période f de jouissance; statut m de titulaire

tepid ['tɛpɪd] adj tiède

term [tɑːm] n (limit) terme m; (word) terme, mot m; (SCOL) trimestre m; (LAW) session f ♦ vt appeler; **terms** npl (conditions) conditions fpl; (COMM) tarif m; **term of imprisonment** peine f de prison; **his term of office** la période où il était en fonction; **in the short/long term** à court/long terme; **"easy terms"** (COMM) "facilités de paiement"; **to come to terms with** (problem) faire face à; **to be on good terms with** bien s'entendre avec, être en bons termes avec

terminal ['tɑːmɪnl] adj terminal(e); (disease) dans sa phase terminale ♦ n (ELEC) borne f; (for oil, ore etc, also COMPUT) terminal m; (also: **air terminal**) aérogare f; (BRIT: also: **coach terminal**) gare routière

terminally ['tɑːmɪnlɪ] adv: **to be terminally ill** être condamné(e)

terminate ['tɑːmɪneɪt] vt mettre fin à ♦ vi: **to terminate in** finir en or par

termini ['tɑːmɪnaɪ] npl of **terminus**

terminus, pl **termini** ['tɑːmɪnəs, 'tɑːmɪnaɪ] n terminus m inv

terrace ['tɛrəs] n terrasse f; (BRIT: row of houses) rangée f de maisons (attenantes les unes aux autres); **the terraces** (BRIT SPORT) les gradins mpl

terraced ['tɛrəst] adj (garden) en terrasses; (in a row: house, cottage etc) attenant(e) aux maisons voisines

terracotta ['tɛrə'kɔtə] n terre cuite

terrain [tɛ'reɪn] n terrain m (sol)

terrible ['tɛrɪbl] adj terrible, atroce; (weather, work) affreux(euse), épouvantable

terribly ['tɛrɪblɪ] adv terriblement; (very badly) affreusement mal

terrier ['tɛrɪə*] n terrier m (chien)

terrific [tə'rɪfɪk] adj fantastique, incroyable, terrible; (wonderful) formidable, sensationnel(le)

terrify ['tɛrɪfaɪ] vt terrifier

territory ['tɛrɪtərɪ] n territoire m

terror ['tɛrə*] n terreur f

terrorism ['tɛrərɪzəm] n terrorisme m

terrorist ['tɛrərɪst] n terroriste m/f

test [tɛst] n (trial, check) essai m; (: of goods in factory) contrôle m; (of courage etc) épreuve f; (MED) examens mpl; (CHEM) analyses fpl; (exam: of intelligence etc) test m (d'aptitude); (: in school) interrogation f de contrôle; (also: **driving test**) (examen du) permis m de conduire ♦ vt essayer; contrôler; mettre à l'épreuve; examiner; analyser; tester; faire subir une interrogation (de contrôle) à; **to put sth to the test** mettre qch à l'épreuve

testament ['tɛstəmənt] n testament m; **the Old/New Testament** l'Ancien/le Nouveau Testament

testicle ['tɛstɪkl] n testicule m

testify ['tɛstɪfaɪ] vi (LAW) témoigner, déposer; **to testify to sth** (LAW) attester qch; (gen) témoigner de qch

testimony ['tɛstɪmənɪ] n (LAW) témoignage m, déposition f

test match n (CRICKET, RUGBY) match international

test tube n éprouvette f

tetanus ['tɛtənəs] n tétanos m

tether ['tɛðə*] vt attacher ♦ n: **at the end of one's tether** à bout (de patience)

text [tɛkst] n texte m

textbook ['tɛkstbuk] n manuel m

textile ['tɛkstaɪl] n textile m

texture ['tɛkstʃə*] n texture f; (of skin, paper etc) grain m

Thailand ['taɪlænd] n Thaïlande f

Thames [tɛmz] n: **the Thames** la Tamise

than [ðæn, ðən] conj que; (with numerals): **more**

than 10/once plus de 10/d'une fois; **I have more/less than you** j'en ai plus/moins que toi; **she has more apples than pears** elle a plus de pommes que de poires; **it is better to phone than to write** il vaut mieux téléphoner (plutôt) qu'écrire; **no sooner did he leave than the phone rang** il venait de partir quand le téléphone a sonné

thank [θæŋk] vt remercier, dire merci à; **thank you (very much)** merci (beaucoup); **thank heavens, thank God** Dieu merci

thankful ['θæŋkful] adj: **thankful (for)** reconnaissant(e) (de); **thankful for/that** (relieved) soulagé(e) de/que

thankless ['θæŋklɪs] adj ingrat(e)

Thanksgiving (Day) ['θæŋksgɪvɪŋ] n jour m d'action de grâce; voir encadré

THANKSGIVING (DAY)

Thanksgiving (Day) est un jour de congé aux États-Unis, le quatrième jeudi du mois de novembre, commémorant la bonne récolte que les Pèlerins venus de Grande-Bretagne ont eue en 1621; traditionnellement, c'était un jour où l'on remerciait Dieu et où l'on organisait un grand festin. Une fête semblable, mais qui n'a aucun rapport avec les Pères Pèlerins, a lieu au Canada le deuxième lundi d'octobre.

KEYWORD

that [ðæt] adj (demonstrative: pl those) ce, cet +vowel or h mute, f cette; **that man/woman/book** cet homme/cette femme/ce livre; (not this) cet homme-là/cette femme-là/ce livre-là; **that one** celui-là(celle-là)

♦ pron 1 (demonstrative: pl those) ce; (not this one) cela, ça; (the one) celui(celle); **who's that?** qui est-ce?; **what's that?** qu'est-ce que c'est?; **is that you?** c'est toi?; **I prefer this to that** je préfère ceci à cela or ça; **that's what he said** c'est or voilà ce qu'il a dit; **all that** tout cela, tout ça; **that is (to say)** c'est-à-dire, à savoir; **at or with that, she ...** là-dessus, elle ...; **do it like that** fais-le comme ça

2 (relative: subject) qui; (: object) que; (: indirect) lequel(laquelle), lesquels(lesquelles) pl; **the book that I read** le livre que j'ai lu; **the books that are in the library** les livres qui sont dans la bibliothèque; **all that I have** tout ce que j'ai; **the box that I put it in** la boîte dans laquelle je l'ai mis; **the people that I spoke to** les gens auxquels or à qui j'ai parlé; **not that I know of** pas à ma connaissance

3 (relative: of time) où; **the day that he came** le jour où il est venu

♦ conj que; **he thought that I was ill** il pensait que j'étais malade

♦ adv (demonstrative): **I can't work that much** je

ne peux pas travailler autant que cela; **I didn't know it was that bad** je ne savais pas que c'était si or aussi mauvais; **that high** aussi haut; si haut; **it's about that high** c'est à peu près de cette hauteur

thatched [θætʃt] adj (roof) de chaume; **thatched cottage** chaumière f

thaw [θɔ:] n dégel m ♦ vi (ice) fondre; (food) dégeler ♦ vt (food) (faire) dégeler; **it's thawing** (weather) il dégèle

---

KEYWORD

the [ðiː, ðə] def art 1 (gen) le, la f, l' +vowel or h mute, les pl (NB: à +le(s) = au(x); de + le = du; de +les = des); **the boy/girl/ink** le garçon/la fille/l'encre; **the children** les enfants; **the history of the world** l'histoire du monde; **give it to the postman** donne-le au facteur; **to play the piano/flute** jouer du piano/de la flûte; **the rich and the poor** les riches et les pauvres

2 (in titles): **Elizabeth the First** Elisabeth première; **Peter the Great** Pierre le Grand

3 (in comparisons): **the more he works, the more he earns** plus il travaille, plus il gagne de l'argent; **the sooner the better** le plus tôt sera le mieux

---

theatre, (us) **theater** ['θɪətə*] n théâtre m

theatre-goer ['θɪətəgəuə*] n habitué/e du théâtre

theatrical [θɪ'ætrɪkl] adj théâtral(e); **theatrical company** troupe f de théâtre

theft [θeft] n vol m (larcin)

their [ðɛə*] adj leur, leurs pl

theirs [ðɛəz] pron le(la) leur, les leurs; **it is theirs** c'est à eux; **a friend of theirs** un de leurs amis

them [ðɛm, ðəm] pron (direct) les; (indirect) leur; (stressed, after prep) eux(elles); **I see them** je les vois; **give them the book** donne-leur le livre; **give me a few of them** donnez m'en quelques uns (or quelques unes)

theme [θiːm] n thème m

theme park n parc m à thème

theme song n chanson principale

themselves [ðəm'selvz] pl pron (reflexive) se; (emphatic) eux-mêmes(elles-mêmes); **between themselves** entre eux(elles)

then [ðɛn] adv (at that time) alors, à ce moment-là; (next) puis, ensuite; (and also) et puis ♦ conj (therefore) alors, dans ce cas ♦ adj: **the then president** le président d'alors or de l'époque; **by then** (past) à ce moment-là; (future) d'ici là; **from then on** dès lors; **before then** avant; **until then** jusqu'à ce moment-là, jusque-là; **and then what?** et puis après?; **what do you want me to do then?** (afterwards) que veux-tu que je fasse ensuite?; (in that *case*) bon alors, qu'est-ce que je fais?

theology [θɪˈɒlədʒɪ] *n* théologie *f*

theoretical [θɪəˈrɛtɪkl] *adj* théorique

theory [ˈθɪərɪ] *n* théorie *f*

therapy [ˈθɛrəpɪ] *n* thérapie *f*

KEYWORD

there [δεə⁴] *adv* 1: there is, there are il y a; **there are 3 of them** (*people, things*) il y en a 3; **there has been an accident** il y a eu un accident 2 (*referring to place*) là, là-bas; **it's there** c'est là(-bas); **in/on/up/down there** là-dedans/là-dessus/là-haut/en bas; **he went there on Friday** il y est allé vendredi; **to go there and back** faire l'aller-retour; **I want that book there** je veux ce livre-là; **there he is!** le voilà!

3: **there, there** (*esp to child*) allons, allons!

---

thereabouts [ˈðɛərəˈbaʊts] *adv* (*place*) par là, près de là; (*amount*) environ, à peu près

thereafter [ðɛərˈɑːftə⁴] *adv* par la suite

thereby [ˈðɛəbaɪ] *adv* ainsi

therefore [ˈðɛəfɔː⁴] *adv* donc, par conséquent

there's [ˈðɛəz] = **there is, there has**

thermal [ˈθəːml] *adj* thermique; **thermal paper/printer** papier *m*/imprimante *f* thermique

thermometer [θəˈmɒmɪtə⁴] *n* thermomètre *m*

Thermos® [ˈθəːməs] *n* (*also:* **Thermos flask**) thermos® *m or f inv*

thermostat [ˈθəːməʊstæt] *n* thermostat *m*

thesaurus [θɪˈsɔːrəs] *n* dictionnaire *m* synonymique

these [ðiːz] *pl pron* ceux-ci/celles-ci ♦ *pl adj* ces; (*not those*): **these books** ces livres-ci

thesis, *pl* **theses** [ˈθiːsɪs, ˈθiːsiːz] *n* thèse *f*

they [ðeɪ] *pl pron* ils(elles); (*stressed*) eux(elles); **they say that ...** (*it is said that*) on dit que ...

they'd [ðeɪd] = **they had, they would**

they'll [ðeɪl] = **they shall, they will**

they're [ðɛə⁴] = **they are**

they've [ðeɪv] = **they have**

thick [θɪk] *adj* épais(se); (*crowd*) dense; (*stupid*) bête, borné(e) ♦ *n*: **in the thick of** au beau milieu de, en plein cœur de; **it's 20 cm thick** ça a 20 cm d'épaisseur

thicken [ˈθɪkn] *vi* s'épaissir ♦ *vt* (*sauce etc*) épaissir

thickness [ˈθɪknɪs] *n* épaisseur *f*

thickset [θɪkˈsɛt] *adj* trapu(e), costaud(e)

thief, *pl* **thieves** [θiːf, θiːvz] *n* voleur/euse

thigh [θaɪ] *n* cuisse *f*

thimble [ˈθɪmbl] *n* dé *m* (à coudre)

thin [θɪn] *adj* mince; (*person*) maigre; (*soup*) peu épais(se); (*hair, crowd*) clairsemé(e); (*fog*) léger(ère) ♦ *vt* (*hair*) éclaircir; (*also:* **thin down**: *sauce, paint*) délayer ♦ *vi* (*fog*) s'éclaircir; (*also:* **thin out**: *crowd*)

se disperser; **his hair is thinning** il se dégarnit

thing [θɪŋ] *n* chose *f*; (*object*) objet *m*; (*contraption*) truc *m*; **things** *npl* (*belongings*) affaires *fpl*; **first thing (in the morning)** à la première heure, tout de suite (le matin); **last thing (at night), he ...** juste avant de se coucher, il ...; **the thing is ...** c'est que ...; **for one thing** d'abord; **the best thing would be to** le mieux serait de; **how are things?** comment ça va?; **she's got a thing about ...** elle déteste ...; **poor thing!** le (or la) pauvre!

think, *pt, pp* **thought** [θɪŋk, θɔːt] *vi* penser, réfléchir ♦ *vt* penser, croire; (*imagine*) s'imaginer; **to think of** penser à; **what do you think of it?** qu'en pensez-vous?; **what did you think of them?** qu'avez-vous pensé d'eux?; **to think about sth/sb** penser à qch/qn; **I'll think about it** je vais y réfléchir; **to think of doing** avoir l'idée de faire; **I think so/not** je crois or pense que oui/non; **to think well of** avoir une haute opinion de; **think again!** attention, réfléchis bien!; **to think aloud** penser tout haut

▶ **think out** *vt* (*plan*) bien réfléchir à; (*solution*) trouver

▶ **think over** *vt* bien réfléchir à; **I'd like to think things over** (*offer, suggestion*) j'aimerais bien y réfléchir un peu

▶ **think through** *vt* étudier dans tous les détails

▶ **think up** *vt* inventer, trouver

think tank *n* groupe *m* de réflexion

thinly [ˈθɪnlɪ] *adv* (*cut*) en tranches fines; (*spread*) en couche mince

third [θəːd] *num* troisième ♦ *n* troisième *m/f*; (*fraction*) tiers *m*; (*BRIT SCOL: degree*) ≈ licence *f* avec mention passable; **a third of** le tiers de

thirdly [ˈθəːdlɪ] *adv* troisièmement

third party insurance *n* (*BRIT*) assurance *f* au tiers

third-rate [ˈθəːdˈreɪt] *adj* de qualité médiocre

Third World *n*: **the Third World** le Tiers-Monde

thirst [θəːst] *n* soif *f*

thirsty [ˈθəːstɪ] *adj* qui a soif, assoiffé(e); **to be thirsty** avoir soif

thirteen [θəːˈtiːn] *num* treize

thirty [ˈθəːtɪ] *num* trente

KEYWORD

this [ðɪs] *adj* (*demonstrative: pl* **these**) ce, cet +*vowel or h mute*, cette *f*; **this man/woman/book** cet homme/cette femme/ce livre; (*not that*) cet homme-ci/cette femme-ci/ce livre-ci; **this one** celui-ci(celle-ci); **this time** cette fois-ci; **this time last year** l'année dernière à la même époque; **this way** (*in this direction*) par ici; (*in this fashion*) de cette façon, ainsi

♦ *pron* (*demonstrative: pl* **these**) ce; (*not that one*) celui-ci(celle-ci), ceci; **who's this?** qui est-ce?; **what's this?** qu'est-ce que c'est?; **I prefer this to that** je préfère ceci à cela; **they were talking of**

this and that ils parlaient de choses et d'autres; **this is what he said** voici ce qu'il a dit; **this is Mr Brown** (*in introductions*) je vous présente Mr Brown; (*in photo*) c'est Mr Brown; (*on telephone*) ici Mr Brown

♦ *adv* (*demonstrative*): **it was about this big** c'était à peu près de cette grandeur *or* grand comme ça; **I didn't know it was this bad** je ne savais pas que c'était si *or* aussi mauvais

thistle [ˈθɪsl] *n* chardon *m*

thorn [θɔːn] *n* épine *f*

thorough [ˈθʌrə] *adj* (*search*) minutieux(euse); (*knowledge, research*) approfondi(e); (*work*) consciencieux(euse); (*cleaning*) à fond

thoroughbred [ˈθʌrəbred] *n* (*horse*) pur-sang *m inv*

thoroughfare [ˈθʌrəfɛə*] *n* rue *f*; **"no thoroughfare"** (*BRIT*) "passage interdit"

thoroughly [ˈθʌrəlɪ] *adv* minutieusement; en profondeur; à fond; **he thoroughly agreed** il était tout à fait d'accord

those [ðəuz] *pl pron* ceux-là(celles-là) ♦ *pl adj* ces; (*not these*): **those books** ces livres-là

though [ðəu] *conj* bien que + *sub*, quoique + *sub* ♦ *adv* pourtant; **even though** quand bien même + *conditional*; **it's not easy, though** pourtant, ce n'est pas facile

thought [θɔːt] *pt, pp of* **think** ♦ *n* pensée *f*; (*opinion*) avis *m*; (*intention*) intention *f*; **after much thought** après mûre réflexion; **I've just had a thought** je viens de penser à quelque chose; **to give sth some thought** réfléchir à qch

thoughtful [ˈθɔːtful] *adj* pensif(ive); (*considerate*) prévenant(e)

thoughtless [ˈθɔːtlɪs] *adj* étourdi(e); qui manque de considération

thousand [ˈθauzənd] *num* mille; **one thousand** mille; **thousands of** des milliers de

thousandth [ˈθauzəntθ] *num* millième

thrash [θræʃ] *vt* rouer de coups; donner une correction à; (*defeat*) battre à plate(s) couture(s)

▶ **thrash about** *vi* se débattre

▶ **thrash out** *vt* débattre de

thread [θred] *n* fil *m*; (*of screw*) pas *m*, filetage *m* ♦ *vt* (*needle*) enfiler; **to thread one's way between** se faufiler entre

threadbare [ˈθredbɛə*] *adj* râpé(e), élimé(e)

threat [θret] *n* menace *f*; **to be under threat of** être menacé/e de

threaten [ˈθretn] *vi* (*storm*) menacer ♦ *vt*: **to threaten sb with sth/to do** menacer qn de qch/de faire

three [θriː] *num* trois

three-dimensional [θriːdɪˈmenʃənl] *adj* à trois dimensions; (*film*) en relief

three-piece [ˈθriːpiːs]: **three-piece suit** *n* complet *m* (avec gilet); **three-piece suite** *n* salon *m*

comprenant un canapé et deux fauteuils assortis

three-ply [θriːˈplaɪ] *adj* (*wood*) à trois épaisseurs; (*wool*) trois fils *inv*

threshold [ˈθreʃhəuld] *n* seuil *m*; **to be on the threshold of** (*fig*) être au seuil de

threw [θruː] *pt of* **throw**

thrifty [ˈθrɪftɪ] *adj* économe

thrill [θrɪl] *n* frisson *m*, émotion *f* ♦ *vi* tressaillir, frissonner ♦ *vt* (*audience*) électriser; **to be thrilled** (*with gift etc*) être ravi(e)

thriller [ˈθrɪlə*] *n* film *m* (*or* roman *m or* pièce *f*) à suspense

thrilling [ˈθrɪlɪŋ] *adj* (*book, play etc*) saisissant(e); (*news, discovery*) excitant(e)

thrive, *pt* **thrived**, **throve**, *pp* **thrived**, **thriven** [θraɪv, θrəuv, ˈθrɪvn] *vi* pousser *or* se développer bien; (*subj: business*) prospérer; **he thrives on it** cela lui réussit

thriving [ˈθraɪvɪŋ] *adj* vigoureux(euse); (*industry etc*) prospère

throat [θrəut] *n* gorge *f*; **to have a sore throat** avoir mal à la gorge

throb [θrɔb] *n* (*of heart*) pulsation *f*; (*of engine*) vibration *f*; (*of pain*) élancement *m* ♦ *vi* (*heart*) palpiter; (*engine*) vibrer; (*pain*) lanciner; (*wound*) causer des élancements; **my head is throbbing** j'ai des élancements dans la tête

throes [θrəuz] *npl*: **in the throes of** au beau milieu de; en proie à; **in the throes of death** à l'agonie

throne [θrəun] *n* trône *m*

throng [ˈθrɔŋ] *n* foule *f* ♦ *vt* se presser dans

throttle [ˈθrɔtl] *n* (*AUT*) accélérateur *m* ♦ *vt* étrangler

through [θruː] *prep* à travers; (*time*) pendant, durant; (*by means of*) par, par l'intermédiaire de; (*owing to*) à cause de ♦ *adj* (*ticket, train, passage*) direct(e) ♦ *adv* à travers; (**from**) **Monday through Friday** (*US*) de lundi à vendredi; **to let sb through** laisser passer qn; **to put sb through to sb** (*TEL*) passer qn à qn; **to be through** (*TEL*) avoir la communication; (*have finished*) avoir fini; **"no through traffic"** (*US*) "passage interdit"; **"no through way"** (*BRIT*) "impasse"

throughout [θruːˈaut] *prep* (*place*) partout dans; (*time*) durant tout(e) le(la) ♦ *adv* partout

throw [θrəu] *n* jet *m*; (*SPORT*) lancer *m* ♦ *vt, pt* **threw**, *pp* **thrown** [θruː, θrəun] lancer, jeter; (*SPORT*) lancer; (*rider*) désarçonner; (*fig*) décontenancer; (*pottery*) tourner; **to throw a party** donner une réception

▶ **throw about**

▶ **throw around** *vt* (*litter etc*) éparpiller

▶ **throw away** *vt* jeter

▶ **throw off** *vt* se débarrasser de

▶ **throw out** *vt* jeter dehors; (*reject*) rejeter

▶ **throw together** *vt* (*clothes, meal etc*) assembler à la hâte; (*essay*) bâcler

▶ **throw up** vi vomir

throwaway ['θrəʊəweɪ] adj à jeter

throw-in ['θrəʊɪn] n (SPORT) remise f en jeu

thru [θruː] prep, adj, adv (US) = **through**

thrush [θrʌʃ] n (ZOOL) grive f; (MED: esp in children) muguet m; (BRIT: in women) muguet vaginal

thrust [θrʌst] n (TECH) poussée f ♦ vt, pt, pp thrust pousser brusquement; (push in) enfoncer

thud [θʌd] n bruit sourd

thug [θʌg] n voyou m

thumb [θʌm] n (ANAT) pouce m ♦ vt (book) feuilleter; **to thumb a lift** faire de l'auto-stop, arrêter une voiture; **to give sb/sth the thumbs up/thumbs down** donner/refuser de donner le feu vert à qn/qch

▶ **thumb through** vt (book) feuilleter

thumbtack ['θʌmtæk] n (US) punaise f (clou)

thump [θʌmp] n grand coup; (sound) bruit sourd ♦ vt cogner sur ♦ vi cogner, frapper

thunder ['θʌndə*] n tonnerre m ♦ vi tonner; (train etc): **to thunder past** passer dans un grondement or un bruit de tonnerre

thunderbolt ['θʌndəbəʊlt] n foudre f

thunderclap ['θʌndəklæp] n coup m de tonnerre

thunderstorm ['θʌndəstɔːm] n orage m

thundery ['θʌndərɪ] adj orageux(euse)

Thursday ['θəːzdɪ] n jeudi m; for phrases see also **Tuesday**

thus [ðʌs] adv ainsi

thwart [θwɔːt] vt contrecarrer

thyme [taɪm] n thym m

tiara [tɪ'ɑːrə] n (woman's) diadème m

tick [tɪk] n (sound: of clock) tic-tac m; (mark) coche f; (ZOOL) tique f; (BRIT col): **in a tick** dans un instant; (BRIT col: credit): **to buy sth on tick** acheter qch à crédit ♦ vi faire tic-tac ♦ vt cocher; **to put a tick against sth** cocher qch

▶ **tick off** vt cocher; (person) réprimander, attraper

▶ **tick over** vi (BRIT: engine) tourner au ralenti; (: fig) aller or marcher doucettement

ticket ['tɪkɪt] n billet m; (for bus, tube) ticket m; (in shop: on goods) étiquette f; (: from cash register) reçu m, ticket; (for library) carte f; (US POL) liste électorale (soutenue par un parti); **to get a (parking) ticket** (AUT) attraper une contravention (pour stationnement illégal)

ticket collector n contrôleur/euse

ticket office n guichet m, bureau m de vente des billets

tickle ['tɪkl] n chatouillement m ♦ vt chatouiller; (fig) plaire à; faire rire

ticklish ['tɪklɪʃ] adj (person) chatouilleux(euse); (which tickles: blanket) qui chatouille; (: cough) qui irrite.

tidal ['taɪdl] adj à marée

tidal wave n raz-de-marée m inv

tidbit ['tɪdbɪt] n (esp US) = **titbit**

tiddlywinks ['tɪdlɪwɪŋks] n jeu m de puce

tide [taɪd] n marée f; (fig: of events) cours m ♦ vt: **to tide sb over** dépanner qn; **high/low tide** marée haute/basse

tidy ['taɪdɪ] adj (room) bien rangé(e); (dress, work) net(nette) soigné(e); (person) ordonné(e), qui a de l'ordre; (: in character) soigneux(euse); (mind) méthodique ♦ vt (also: **tidy up**) ranger; **to tidy o.s. up** s'arranger

tie [taɪ] n (string etc) cordon m; (BRIT: also: **necktie**) cravate f; (fig: link) lien m; (SPORT: draw) égalité f de points; match nul; (: match) rencontre f; (US RAIL) traverse f ♦ vt (parcel) attacher; (ribbon) nouer ♦ vi (SPORT) faire match nul; finir à égalité de points; "**black/white tie**" "smoking/habit de rigueur"; **family ties** liens de famille; **to tie sth in a bow** faire un nœud à or avec qch; **to tie a knot in sth** faire un nœud à qch

▶ **tie down** vt attacher; (fig): **to tie sb down to** contraindre qn à accepter

▶ **tie in** vi: **to tie in (with)** (correspond) correspondre (à)

▶ **tie on** vt (BRIT: label etc) attacher (avec une ficelle)

▶ **tie up** vt (parcel) ficeler; (dog, boat) attacher; (arrangements) conclure; **to be tied up** (busy) être pris or occupé

tier [tɪə*] n gradin m; (of cake) étage m

tiger ['taɪgə*] n tigre m

tight [taɪt] adj (rope) tendu(e), raide; (clothes) étroit(e), très juste; (budget, programme, bend) serré(e); (control) strict(e), sévère; (col: drunk) ivre, rond(e) ♦ adv (squeeze) très fort; (shut) à bloc, hermétiquement; **to be packed tight** (suitcase) être bourré(e); (people) être serré(e); **everybody hold tight!** accrochez-vous bien!

tighten ['taɪtn] vt (rope) tendre; (screw) resserrer; (control) renforcer ♦ vi se tendre; se resserrer

tightfisted [taɪt'fɪstɪd] adj avare

tightly ['taɪtlɪ] adv (grasp) bien, très fort

tightrope ['taɪtrəʊp] n corde f raide

tights [taɪts] npl (BRIT) collant m

tile [taɪl] n (on roof) tuile f; (on wall or floor) carreau m ♦ vt (floor, bathroom etc) carreler

tiled [taɪld] adj en tuiles; carrelé(e)

till [tɪl] n caisse (enregistreuse) ♦ vt (land) cultiver ♦ prep, conj = **until**

tiller ['tɪlə*] n (NAUT) barre f (du gouvernail)

tilt [tɪlt] vt pencher, incliner ♦ vi pencher, être incliné(e) ♦ n (slope) inclinaison f; **to wear one's hat at a tilt** porter son chapeau incliné sur le côté; **(at) full tilt** à toute vitesse

timber ['tɪmbə*] n (material) bois m de construction; (trees) arbres mpl

time [taɪm] n temps m; (epoch: often pl) époque f, temps m; (by clock) heure f; (moment) moment m;

(occasion, also MATH) fois f; (MUS) mesure f ◆ vt (race) chronométrer; (programme) minuter; (remark etc) choisir le moment de; **a long time** un long moment, longtemps; **for the time being** pour le moment; **from time to time** de temps en temps; **time after time, time and again** bien des fois; **in time** (soon enough) à temps; (after some time) avec le temps, à la longue; (MUS) en mesure; **in a week's time** dans une semaine; **in no time** en un rien de temps; **on time** à l'heure; **to be 30 minutes behind/ahead of time** avoir 30 minutes de retard/d'avance; **by the time he arrived** quand il est arrivé, le temps qu'il arrive +sub; **5 times 5** 5 fois 5; **what time is it?** quelle heure est-il?; **what time do you make it?** quelle heure avez-vous?; **to have a good time** bien s'amuser; **we** (or they etc) **had a hard time** ça a été difficile or pénible; **time's up!** c'est l'heure!; **I've no time for it** (fig) cela m'agace; **he'll do it in his own (good) time** (without being hurried) il le fera quand il en aura le temps; **he'll do it in** or (US) **on his own time** (out of working hours) il le fera à ses heures perdues; **to be behind the times** retarder (sur son temps)

time bomb n bombe f à retardement

time lag n (BRIT) décalage m; (: in travel) décalage horaire

timeless ['taɪmlɪs] adj éternel(le)

timely ['taɪmlɪ] adj opportun(e)

time off n temps m libre

timer ['taɪmə*] n (in kitchen) compte-minutes m inv; (TECH) minuteur m

timescale ['taɪmskeɪl] n délais mpl

time-share ['taɪmʃɛə*] n maison f/appartement m en multipropriété

time switch n (BRIT) minuteur m; (: for lighting) minuterie f

timetable ['taɪmteɪbl] n (RAIL) (indicateur m) horaire m; (SCOL) emploi m du temps; (programme of events etc) programme m

time zone n fuseau m horaire

timid ['tɪmɪd] adj timide; (easily scared) peureux(euse)

timing ['taɪmɪŋ] n minutage m; chronométrage m; **the timing of his resignation** le moment choisi pour sa démission

timpani ['tɪmpənɪ] npl timbales fpl

tin [tɪn] n étain m; (also: **tin plate**) fer-blanc m; (BRIT: can) boîte f (de conserve); (: for baking) moule m (à gâteau); **a tin of paint** un pot de peinture

tinfoil ['tɪnfɔɪl] n papier m d'étain

tinge [tɪndʒ] n nuance f ◆ vt: **tinged with** teinté(e) de

tingle ['tɪŋgl] n picotement m; frisson m ◆ vi picoter

tinker ['tɪŋkə*] n rétameur ambulant; (gipsy) romanichel m

▶ **tinker with** vt fus bricoler, rafistoler

tinkle ['tɪŋkl] vi tinter ◆ n (col): **to give sb a tin-**

kle passer un coup de fil à qn

tinned [tɪnd] adj (BRIT: food) en boîte, en conserve

tin opener [-'əupnə*] n (BRIT) ouvre-boîte(s) m

tinsel ['tɪnsl] n guirlandes fpl de Noël (argentées)

tint [tɪnt] n teinte f; (for hair) shampooing colorant ◆ vt (hair) faire un shampooing colorant à

tinted ['tɪntɪd] adj (hair) teint(e); (spectacles, glass) teinté(e)

tiny ['taɪnɪ] adj minuscule

tip [tɪp] n (end) bout m; (protective: on umbrella etc) embout m; (gratuity) pourboire m; (BRIT: for coal) terril m; (: for rubbish) décharge f; (advice) tuyau m ◆ vt (waiter) donner un pourboire à; (tilt) incliner; (overturn: also: **tip over**) renverser; (empty: also: **tip out**) déverser; (predict: winner etc) pronostiquer; **he tipped out the contents of the box** il a vidé le contenu de la boîte

▶ **tip off** vt prévenir, avertir

tip-off ['tɪpɔf] n (hint) tuyau m

tipped ['tɪpt] adj (BRIT: cigarette) (à bout) filtre inv; **steel-tipped** à bout métallique, à embout de métal

tipsy ['tɪpsɪ] adj un peu ivre, éméché(e)

tiptoe ['tɪptəu] n: **on tiptoe** sur la pointe des pieds

tiptop ['tɪptɔp] adj: **in tiptop condition** en excellent état

tire ['taɪə*] n (US) = tyre ◆ vt fatiguer ◆ vi se fatiguer

▶ **tire out** vt épuiser

tired ['taɪəd] adj fatigué(e); **to be/feel/look tired** être/se sentir/avoir l'air fatigué; **to be tired of** en avoir assez de, être las(lasse) de

tireless ['taɪəlɪs] adj infatigable, inlassable

tiresome ['taɪəsəm] adj ennuyeux(euse)

tiring ['taɪərɪŋ] adj fatigant(e)

tissue ['tɪʃuː] n tissu m; (paper handkerchief) mouchoir m en papier, kleenex® m

tissue paper n papier m de soie

tit [tɪt] n (bird) mésange f; (col: breast) nichon m; **to give tit for tat** rendre coup pour coup

titbit ['tɪtbɪt] n (food) friandise f; (before meal) amuse-gueule m inv; (news) potin m

title ['taɪtl] n titre m; (LAW: right): **title (to)** droit m (à)

title deed n (LAW) titre (constitutif) de propriété

title role n rôle principal

TM n abbr = **trademark**, = **transcendental meditation**

─────────────
KEYWORD
─────────────

to [tuː, tə] prep **1** (direction) à; (towards) vers; envers; **to go to France/Portugal/London/school** aller en France/au Portugal/à Londres/à l'école; **to go to Claude's/the doctor's** aller chez Claude/le docteur; **the road to Edinburgh** la route d'Édimbourg

2 (as far as) (jusqu')à; **to count to 10** compter jusqu'à 10; **from 40 to 50 people** de 40 à 50 personnes

3 (*with expressions of time*): **a quarter to 5** 5 heures moins le quart; **it's twenty to 3** il est 3 heures moins vingt

4 (*for, of*) de; **the key to the front door** la clé de la porte d'entrée; **a letter to his wife** une lettre (adressée) à sa femme

5 (*expressing indirect object*) à; **to give sth to sb** donner qch à qn; **to talk to sb** parler à qn; **it belongs to him** cela lui appartient, c'est à lui

6 (*in relation to*) à; **3 goals to 2** 3 (buts) à 2; **30 miles to the gallon** = 9,4 litres aux cent (km);

7 (*purpose, result*): **to come to sb's aid** venir au secours de qn, porter secours à qn; **to sentence sb to death** condamner qn à mort; **to my surprise** à ma grande surprise

♦ *with vb* **1** (*simple infinitive*): **to go/eat** aller/manger

2 (*following another vb*): **to want/try/start to do** vouloir/essayer/commencer à faire

3 (*with vb omitted*): **I don't want to** je ne veux pas

4 (*purpose, result*) pour; **I did it to help you** je l'ai fait pour vous aider

5 (*equivalent to relative clause*): **I have things to do** j'ai des choses à faire; **the main thing is to try** l'important est d'essayer

6 (*after adjective etc*): **ready to go** prêt(e) à partir; **too old/young to ...** trop vieux/jeune pour ...

♦ *adv*: **push/pull the door** tirez/poussez la porte; **to go to and fro** aller et venir

toad [təud] *n* crapaud *m*

toadstool ['təudstu:l] *n* champignon (vénéneux)

toast [təust] *n* (*CULIN*) pain grillé, toast *m*; (*drink, speech*) toast ♦ *vt* (*CULIN*) faire griller; (*drink to*) porter un toast à; **a piece** *ou* **slice of toast** un toast

toaster ['təustə²] *n* grille-pain *m inv*

tobacco [tə'bækəu] *n* tabac *m*; **pipe tobacco** tabac à pipe

tobacconist [tə'bækənɪst] *n* marchand/e de tabac; **tobacconist's (shop)** (bureau *m* de) tabac *m*

toboggan [tə'bɒgən] *n* toboggan *m*; (*child's*) luge *f*

today [tə'deɪ] *adv, n* (*also fig*) aujourd'hui (*m*); **what day is it today?** quel jour sommes-nous aujourd'hui?; **what date is it today?** quelle est la date aujourd'hui?; **today is the 4th of March** aujourd'hui nous sommes le 4 mars; **a week ago today** il y a huit jours aujourd'hui

toddler ['tɒdlə²] *n* enfant *m/f* qui commence à marcher, bambin *m*

toe [təu] *n* doigt *m* de pied, orteil *m*; (*of shoe*) bout *m* ♦ *vt*: **to toe the line** (*fig*) obéir, se conformer; **big toe** gros orteil; **little toe** petit orteil

toenail ['təuneɪl] *n* ongle *m* de l'orteil

toffee ['tɒfɪ] *n* caramel *m*

toffee apple *n* (*BRIT*) pomme caramélisée

together [tə'gɛðə²] *adv* ensemble; (*at same time*) en même temps; **together with** *prep* avec

toil [tɔɪl] *n* dur travail, labeur *m* ♦ *vi* travailler dur; peiner

toilet ['tɔɪlət] *n* (*BRIT: lavatory*) toilettes *fpl*, cabinets *mpl* ♦ *cpd* (*bag, soap etc*) de toilette; **to go to the toilet** aller aux toilettes

toilet bag *n* (*BRIT*) nécessaire *m* de toilette

toilet paper *n* papier *m* hygiénique

toiletries ['tɔɪlətrɪz] *npl* articles *mpl* de toilette

toilet roll *n* rouleau *m* de papier hygiénique

token ['təukən] *n* (*sign*) marque *f*, témoignage *m*; (*voucher*) bon *m*, coupon *m* ♦ *cpd* (*fee, strike*) symbolique; **by the same token** (*fig*) de même; **book/record token** (*BRIT*) chèque-livre/-disque *m*

told [təuld] *pt, pp of* **tell**

tolerable ['tɔlərəbl] *adj* (*bearable*) tolérable; (*fairly good*) passable

tolerant ['tɔlərnt] *adj*: **tolerant (of)** tolérant(e) (à l'égard de)

tolerate ['tɔləreɪt] *vt* supporter; (*MED, TECH*) tolérer

toll [təul] *n* (*tax, charge*) péage *m* ♦ *vi* (*bell*) sonner; **the accident toll on the roads** le nombre des victimes de la route

tomato, *pl* **tomatoes** [tə'mɑ:təu] *n* tomate *f*

tomb [tu:m] *n* tombe *f*

tomboy ['tɒmbɔɪ] *n* garçon manqué

tombstone ['tu:mstəun] *n* pierre tombale

tomcat ['tɒmkæt] *n* matou *m*

tomorrow [tə'mɔrəu] *adv, n* (*also fig*) demain (*m*); **the day after tomorrow** après-demain; **a week tomorrow** demain en huit; **tomorrow morning** demain matin

ton [tʌn] *n* tonne *f* (*BRIT*: = 1016 kg; *US* = 907 kg; metric = 1000 kg); (*NAUT: also*: **register ton**) tonneau *m* (= 2.83 cu.m); **tons of** (*col*) des tas de

tone [təun] *n* ton *m*; (*of radio, BRIT TEL*) tonalité *f* ♦ *vi* s'harmoniser

▶ **tone down** *vt* (*colour, criticism*) adoucir; (*sound*) baisser

▶ **tone up** *vt* (*muscles*) tonifier

tone-deaf [təun'dɛf] *adj* qui n'a pas d'oreille

tongs [tɒŋz] *npl* pinces *fpl*; (*for coal*) pincettes *fpl*; (*for hair*) fer *m* à friser

tongue [tʌŋ] *n* langue *f*; **tongue in cheek** *adv* ironiquement

tongue-tied ['tʌŋtaɪd] *adj* (*fig*) muet(te)

tongue twister *n* phrase *f* très difficile à prononcer

tonic ['tɒnɪk] *n* (*MED*) tonique *m*; (*MUS*) tonique *f*; (*also*: **tonic water**) tonic *m*

tonight [tə'naɪt] *adv, n* cette nuit; (*this evening*) ce soir; **(I'll) see you tonight!** à ce soir!

tonsil ['tɔnsl] *n* amygdale *f*; **to have one's tonsils out** se faire opérer des amygdales

tonsillitis [tɔnsɪ'laɪtɪs] *n* amygdalite *f*; **to have**

tonsillitis avoir une angine *or* une amygdalite

too [tuː] *adv* (*excessively*) trop; (*also*) aussi; **it's too sweet** c'est trop sucré; **I went too** moi aussi, j'y suis allé; **too much** *adv* trop ♦ *adj* trop de; **too many** *adj* trop de; **too bad!** tant pis!

took [tuk] *pt of* **take**

tool [tuːl] *n* outil *m*; (*fig*) instrument *m* ♦ *vt* travailler, ouvrager

tool box *n* boîte *f* à outils

toot [tuːt] *n* coup *m* de sifflet (*or* de klaxon) ♦ *vi* siffler; (*with car-horn*) klaxonner

tooth, *pl* **teeth** [tuːθ, tiːθ] *n* (*ANAT, TECH*) dent *f*; **to have a tooth out** *or* (*US*) **pulled** se faire arracher une dent; **to brush one's teeth** se laver les dents; **by the skin of one's teeth** (*fig*) de justesse

toothache ['tuːθeɪk] *n* mal *m* de dents; **to have toothache** avoir mal aux dents

toothbrush ['tuːθbrʌʃ] *n* brosse *f* à dents

toothpaste ['tuːθpeɪst] *n* (pâte *f*) dentifrice *m*

toothpick ['tuːθpɪk] *n* cure-dent *m*

top [tɒp] *n* (*of mountain, head*) sommet *m*; (*of page, ladder*) haut *m*; (*of list, queue*) commencement *m*; (*of box, cupboard, table*) dessus *m*; (*lid: of box, jar*) couvercle *m*; (*: of bottle*) bouchon *m*; (*toy*) toupie *f*; (*DRESS: blouse etc*) haut *m*; (*of pyjamas*) veste *f* ♦ *adj* du haut; (*in rank*) premier(ière); (*best*) meilleur(e) ♦ *vt* (*exceed*) dépasser; (*be first in*) être en tête de; **the top of the milk** (*BRIT*) la crème du lait; **at the top of the stairs/page/street** en haut de l'escalier/de la page/de la rue; **on top of** sur; (*in addition to*) en plus de; **from top to toe** (*BRIT*) de la tête aux pieds; **at the top of the list** en tête de liste; **at the top of one's voice** à tue-tête; **at top speed** à toute vitesse; **over the top** (*col: behaviour etc*) qui dépasse les limites

▶ **top up**, (*US*) **top off** *vt* remplir

top floor *n* dernier étage

top hat *n* haut-de-forme *m*

top-heavy [tɒp'hevɪ] *adj* (*object*) trop lourd(e) du haut

topic ['tɒpɪk] *n* sujet *m*, thème *m*

topical ['tɒpɪkl] *adj* d'actualité

topless ['tɒplɪs] *adj* (*bather etc*) aux seins nus; **topless swimsuit** monokini *m*

top-level ['tɒplevl] *adj* (*talks*) à l'échelon le plus élevé

topmost ['tɒpməust] *adj* le(la) plus haut(e)

topple ['tɒpl] *vt* renverser, faire tomber ♦ *vi* basculer; tomber

top-secret ['tɒp'siːkrɪt] *adj* ultra-secret(ète)

topsy-turvy ['tɒpsɪ'təːvɪ] *adj, adv* sens dessus-dessous

torch [tɔːtʃ] *n* torche *f*; (*BRIT: electric*) lampe *f* de poche

tore [tɔː*] *pt of* **tear**

torment *n* ['tɔːment] tourment *m* ♦ *vt* [tɔː'ment] tourmenter; (*fig: annoy*) agacer

torn [tɔːn] *pp of* **tear** ♦ *adj*: **torn between** (*fig*) tiraillé(e) entre

tornado, *pl* **tornadoes** [tɔː'neɪdəu] *n* tornade *f*

torpedo, *pl* **torpedoes** [tɔː'piːdəu] *n* torpille *f*

torrent ['tɒrnt] *n* torrent *m*

torrential [tɒ'renʃl] *adj* torrentiel(le)

tortoise ['tɔːtəs] *n* tortue *f*

tortoiseshell ['tɔːtəʃel] *adj* en écaille

torture ['tɔːtʃə*] *n* torture *f* ♦ *vt* torturer

Tory ['tɔːrɪ] *adj* (*BRIT POL*) tory, conservateur(trice) ♦ *n* tory *m/f*, conservateur/trice

toss [tɒs] *vt* lancer, jeter; (*BRIT: pancake*) faire sauter; (*head*) rejeter en arrière ♦ *vi*: **to toss up for sth** (*BRIT*) jouer qch à pile ou face ♦ *n* (*movement: of head etc*) mouvement soudain; (*of coin*) tirage *m* à pile ou face; **to toss a coin** jouer à pile ou face; **to toss and turn** (*in bed*) se tourner et se retourner; **to win/lose the toss** gagner/perdre à pile ou face; (*SPORT*) gagner/perdre le tirage au sort

tot [tɒt] *n* (*BRIT: drink*) petit verre; (*child*) bambin *m*

▶ **tot up** *vt* (*BRIT: figures*) additionner

total ['təutl] *adj* total(e) ♦ *n* total *m* ♦ *vt* (*add up*) faire le total de, totaliser; (*amount to*) s'élever à; **in total** au total

totally ['təutəlɪ] *adv* totalement

totter ['tɒtə*] *vi* chanceler; (*object, government*) être chancelant(e)

touch [tʌtʃ] *n* contact *m*, toucher *m*; (*sens, skill: of pianist etc*) toucher; (*fig: note, also* KAYAK) touche *f* ♦ *vt* (*gen*) toucher; (*tamper with*) toucher à; **the personal touch** la petite note personnelle; **to put the finishing touches to sth** mettre la dernière main à; **a touch of** (*fig*) un petit peu de; une touche de; **in touch with** en contact *or* rapport avec; **to get in touch with** prendre contact avec; **I'll be in touch** je resterai en contact; **to lose touch** (*friends*) se perdre de vue; **to be out of touch with events** ne pas être au courant de ce qui se passe

▶ **touch on** *vt fus* (*topic*) effleurer, toucher

▶ **touch up** *vt* (*paint*) retoucher

touch-and-go ['tʌtʃən'gəu] *adj* incertain(e); **it was touch-and-go whether we did it** nous avons failli ne pas le faire

touchdown ['tʌtʃdaun] *n* atterrissage *m*; (*on sea*) amerrissage *m*; (*US* FOOTBALL) essai *m*

touched [tʌtʃt] *adj* touché(e); (*col*) cinglé(e)

touching ['tʌtʃɪŋ] *adj* touchant(e), attendrissant(e)

touchline ['tʌtʃlaɪn] *n* (*SPORT*) (ligne *f* de) touche *f*

touchy ['tʌtʃɪ] *adj* (*person*) susceptible

tough [tʌf] *adj* dur(e); (*resistant*) résistant(e), solide; (*meat*) dur, coriace; (*journey*) pénible; (*task, problem, situation*) difficile; (*rough*) dur ♦ *n* (*gangster etc*) dur *m*; **tough luck!** pas de chance!; tant pis!

toughen ['tʌfn] *vt* rendre plus dur(e) (*or* plus résistant(e) *or* plus solide)

toupee ['tuːpeɪ] *n* postiche *m*

tour [ˈtuə*] n voyage m; (also: **package tour**) voyage organisé; (of town, museum) tour m, visite f; (by artist) tournée f ◆ vt visiter; **to go on a tour of** (museum, region) visiter; **to go on tour** partir en tournée

tour guide n (person) guide m/f

tourism [ˈtuərɪzm] n tourisme m

tourist [ˈtuərɪst] n touriste m/f ◆ adv (travel) en classe touriste ◆ cpd touristique; **the tourist trade** le tourisme

tourist office n syndicat m d'initiative

tournament [ˈtuənəmənt] n tournoi m

tousled [ˈtauzld] adj (hair) ébouriffé(e)

tout [taut] vi: **to tout for** essayer de raccrocher, racoler; **to tout sth (around)** (BRIT) essayer de placer or (re)vendre qch ◆ n (BRIT: ticket tout) revendeur m de billets

tow [təu] n: **to give sb a tow** (AUT) remorquer qn ◆ vt remorquer; **"on tow"**, (US) **"in tow"** (AUT) "véhicule en remorque"

toward(s) [təˈwɔ:d(z)] prep vers; (of attitude) envers, à l'égard de; (of purpose) pour; **toward(s) noon/the end of the year** vers midi/la fin de l'année; **to feel friendly toward(s) sb** être bien disposé envers qn

towel [ˈtauəl] n serviette f (de toilette); (also: **tea towel**) torchon m; **to throw in the towel** (fig) jeter l'éponge

towelling [ˈtauəlɪŋ] n (fabric) tissu-éponge m

towel rail, (US) **towel rack** n porte-serviettes m inv

tower [ˈtauə*] n tour f ◆ vi (building, mountain) se dresser (majestueusement); **to tower above** or **over sb/sth** dominer qn/qch

tower block n (BRIT) tour f (d'habitation)

towering [ˈtauərɪŋ] adj très haut(e), imposant(e)

town [taun] n ville f; **to go to town** aller en ville; (fig) y mettre le paquet; **in the town** dans la ville, en ville; **to be out of town** (person) être en déplacement

town centre n centre m de la ville, centre-ville m

town council n conseil municipal

town hall n = mairie f

town plan n plan m de ville

town planning n urbanisme m

towrope [ˈtəurəup] n (câble m de) remorque f

tow truck n (US) dépanneuse f

toy [tɔɪ] n jouet m

▶ **toy with** vt fus jouer avec; (idea) caresser

trace [treɪs] n trace f ◆ vt (draw) tracer, dessiner; (follow) suivre la trace de; (locate) retrouver; **without trace** (disappear) sans laisser de traces; **there was no trace of it** il n'y en avait pas trace

tracing paper [ˈtreɪsɪŋ-] n papier-calque m

track [træk] n (mark) trace f; (path: gen) chemin m, piste f; (: of bullet etc) trajectoire f; (: of suspect, ani-

mal) piste f; (RAIL) voie ferrée, rails mpl; (on tape, COMPUT, SPORT) piste f; (on record) plage f ◆ vt suivre la trace or la piste de; **to keep track of** suivre; **to be on the right track** (fig) être sur la bonne voie

▶ **track down** vt (prey) trouver et capturer; (sth lost) finir par retrouver

tracksuit [ˈtræksu:t] n survêtement m

tract [trækt] n (GEO) étendue f, zone f; (pamphlet) tract m; **respiratory tract** (ANAT) système m respiratoire

traction [ˈtrækʃən] n traction f

tractor [ˈtræktə*] n tracteur m

trade [treɪd] n commerce m; (skill, job) métier m ◆ vi faire du commerce; **to trade with/in** faire du commerce avec/le commerce de; **foreign trade** commerce extérieur; **Department of Trade and Industry (DTI)** (BRIT) ministère m du Commerce et de l'Industrie

▶ **trade in** vt (old car etc) faire reprendre

trade fair n foire(-exposition) commerciale

trade-in price n prix m à la reprise

trademark [ˈtreɪdmɑ:k] n marque f de fabrique

trade name n marque déposée

trader [ˈtreɪdə*] n commerçant/e, négociant/e

tradesman [ˈtreɪdzmən] n (shopkeeper) commerçant m; (skilled worker) ouvrier qualifié

trade union n syndicat m

trade unionist [-ˈju:njənɪst] n syndicaliste m/f

tradition [trəˈdɪʃən] n tradition f; **traditions** npl coutumes fpl, traditions

traditional [trəˈdɪʃənl] adj traditionnel(le)

traffic [ˈtræfɪk] n trafic m; (cars) circulation f ◆ vi: **to traffic in** (pej: liquor, drugs) faire le trafic de

traffic calming [-ˈkɑ:mɪŋ] n ralentissement m de la circulation

traffic circle n (US) rond-point m

traffic jam n embouteillage m

traffic lights npl feux mpl (de signalisation)

traffic warden n contractuel/le

tragedy [ˈtrædʒədɪ] n tragédie f

tragic [ˈtrædʒɪk] adj tragique

trail [treɪl] n (tracks) trace f, piste f; (path) chemin m, piste f; (of smoke etc) traînée f ◆ vt traîner, tirer; (follow) suivre ◆ vi traîner; **to be on sb's trail** être sur la piste de qn

▶ **trail away**, **trail off** vi (sound, voice) s'évanouir; (interest) disparaître

▶ **trail behind** vi traîner, être à la traîne

trailer [ˈtreɪlə*] n (AUT) remorque f; (US) caravane f; (CINE) bande-annonce f

trailer truck n (US) (camion m) semi-remorque m

train [treɪn] n train m; (in underground) rame f; (of dress) traîne f; (BRIT: series): **train of events** série f d'événements ◆ vt (apprentice, doctor etc) former; (sportsman) entraîner; (dog) dresser; (memory) exercer; (point: gun etc): **to train sth on** braquer qch sur

♦ vi recevoir sa formation; s'entraîner; **one's train of thought** le fil de sa pensée; **to go by train** voyager par le train or en train; **to train sb to do sth** apprendre à qn à faire qch; (*employee*) former qn à faire qch

trained [treɪnd] *adj* qualifié(e), qui a reçu une formation; dressé(e)

trainee [treɪ'niː] *n* stagiaire *m/f*; (*in trade*) apprenti/e

trainer ['treɪnə*] *n* (*SPORT*) entraîneur/euse; (*of dogs etc*) dresseur/euse; **trainers** *npl* (*shoes*) chaussures *fpl* de sport

training ['treɪnɪŋ] *n* formation *f*; entraînement *m*; dressage *m*; **in training** (*SPORT*) à l'entraînement; (*fit*) en forme

training college *n* école professionnelle; (*for teachers*) ≈ école normale

training shoes *npl* chaussures *fpl* de sport

trait [treɪt] *n* trait *m* (de caractère)

traitor ['treɪtə*] *n* traître *m*

tram [træm] *n* (*BRIT: also:* **tramcar**) tram(way) *m*

tramp [træmp] *n* (*person*) vagabond/e, clochard/e; (*col: pej: woman*) **to be a tramp** être coureuse ♦ vi marcher d'un pas lourd ♦ vt (*walk through: town, streets*) parcourir à pied

trample ['træmpl] *vt*: **to trample (underfoot)** piétiner; (*fig*) bafouer

trampoline ['træmpəliːn] *n* trampolino *m*

tranquil ['træŋkwɪl] *adj* tranquille

tranquillizer ['træŋkwɪlaɪzə*] *n* (*MED*) tranquillisant *m*

transact [træn'zækt] *vt* (*business*) traiter

transaction [træn'zækʃən] *n* transaction *f*; **transactions** *npl* (*minutes*) actes *mpl*; **cash transaction** transaction au comptant

transatlantic ['trænzət'læntɪk] *adj* transatlantique

transfer *n* ['trænsfə*] (*gen, also SPORT*) transfert *m*; (*POL: of power*) passation *f*; (*of money*) virement *m*; (*picture, design*) décalcomanie *f*; (*: stick-on*) autocollant *m* ♦ vt [træns'fəː*] transférer; passer; virer; décalquer; **to transfer the charges** (*BRIT TEL*) téléphoner en P.C.V.; **by bank transfer** par virement bancaire

transfer desk *n* (*AVIAT*) guichet *m* de transit

transform [træns'fɔːm] *vt* transformer

transfusion [træns'fjuːʒən] *n* transfusion *f*

transient ['trænzɪənt] *adj* transitoire, éphémère

transistor [træn'zɪstə*] *n* (*ELEC; also:* **transistor radio**) transistor *m*

transit ['trænzɪt] *n*: **in transit** en transit

transitive ['trænzɪtɪv] *adj* (*LING*) transitif(ive)

transit lounge *n* (*AVIAT*) salle *f* de transit

translate [trænz'leɪt] *vt*: **to translate (from/into)** traduire (du/en)

translation [trænz'leɪʃən] *n* traduction *f*; (*SCOL: as opposed to prose*) version *f*

translator [trænz'leɪtə*] *n* traducteur/trice

transmission [trænz'mɪʃən] *n* transmission *f*

transmit [trænz'mɪt] *vt* transmettre; (*RADIO, TV*) émettre

transparency [træns'pɛərnsɪ] *n* (*BRIT PHOT*) diapositive *f*

transparent [træns'pærnt] *adj* transparent(e)

transpire [træns'paɪə*] *vi* (*become known*): **it finally transpired that ...** on a finalement appris que ...; (*happen*) arriver

transplant *vt* [træns'plɑːnt] transplanter; (*seedlings*) repiquer ♦ *n* ['trænsplɑːnt] (*MED*) transplantation *f*; **to have a heart transplant** subir une greffe du cœur

transport *n* ['trænspɔːt] transport *m* ♦ vt [træns'pɔːt] transporter; **public transport** transports en commun; **Department of Transport** (*BRIT*) ministère *m* des Transports

transportation [trænspɔː'teɪʃən] *n* (moyen *m* de) transport *m*; (*of prisoners*) transportation *f*; **Department of Transportation** (*US*) ministère *m* des Transports

transport café *n* (*BRIT*) ≈ routier *m*

trap [træp] *n* (*snare, trick*) piège *m*; (*carriage*) cabriolet *m* ♦ vt prendre au piège; (*immobilize*) bloquer; (*jam*) coincer; **to set** or **lay a trap (for sb)** tendre un piège (à qn); **to shut one's trap** (*col*) la fermer

trap door *n* trappe *f*

trapeze [trə'piːz] *n* trapèze *m*

trappings ['træpɪŋz] *npl* ornements *mpl*; attributs *mpl*

trash [træʃ] *n* (*pej: goods*) camelote *f*; (*: nonsense*) sottises *fpl*; (*US: rubbish*) ordures *fpl*

trash can *n* (*US*) boîte *f* à ordures

trashy ['træʃɪ] *adj* (*col*) de camelote, qui ne vaut rien

trauma ['trɔːmə] *n* traumatisme *m*

traumatic [trɔː'mætɪk] *adj* traumatisant(e)

travel ['trævl] *n* voyage(s) *m(pl)* ♦ vi voyager; (*move*) aller, se déplacer ♦ vt (*distance*) parcourir; **this wine doesn't travel well** ce vin voyage mal

travel agency *n* agence *f* de voyages

travel agent *n* agent *m* de voyages

traveller, (*US*) **traveler** ['trævlə*] *n* voyageur/euse; (*COMM*) représentant *m* de commerce

traveller's cheque, (*US*) **traveler's check** *n* chèque *m* de voyage

travelling, (*US*) **traveling** ['trævlɪŋ] *n* voyage(s) *m(pl)* ♦ *adj* (*circus, exhibition*) ambulant(e) ♦ *cpd* (*bag, clock*) de voyage; (*expenses*) de déplacement

travel sickness *n* mal *m* de la route (or de mer or de l'air)

trawler ['trɔːlə*] *n* chalutier *m*

tray [treɪ] *n* (*for carrying*) plateau *m*; (*on desk*) corbeille *f*

treacherous ['tretʃərəs] *adj* traître(sse); **road**

conditions are treacherous l'état des routes est dangereux

treacle ['tri:kl] n mélasse f

tread [trɛd] n pas m; (sound) bruit m de pas; (of tyre) chape f, bande f de roulement ♦ vi, pt **trod**, pp **trodden** [trɔd, 'trɔdn] marcher
▶ **tread on** vt fus marcher sur

treason ['tri:zn] n trahison f

treasure ['trɛʒə*] n trésor m ♦ vt (value) tenir beaucoup à; (store) conserver précieusement

treasurer ['trɛʒərə*] n trésorier/ière

treasury ['trɛʒəri] n trésorerie f; **the Treasury**, (US) **the Treasury Department** = le ministère des Finances

treat [tri:t] n petit cadeau, petite surprise ♦ vt traiter; **it was a treat** ça m'a (or nous a etc) vraiment fait plaisir; **to treat sb to sth** offrir qch à qn; **to treat sth as a joke** prendre qch à la plaisanterie

treatment ['tri:tmənt] n traitement m; **to have treatment for sth** (MED) suivre un traitement pour qch

treaty ['tri:ti] n traité m

treble ['trɛbl] adj triple ♦ n (MUS) soprano m ♦ vt, vi tripler

treble clef n clé f de sol

tree [tri:] n arbre m

trek [trɛk] n voyage m; randonnée f; (tiring walk) tirée f ♦ vi (as holiday) faire de la randonnée

tremble ['trɛmbl] vi trembler

tremendous [trɪ'mɛndəs] adj énorme, formidable; (excellent) fantastique, formidable

tremor ['trɛmə*] n tremblement m; (also: **earth tremor**) secousse f sismique

trench [trɛntʃ] n tranchée f

trend [trɛnd] n (tendency) tendance f; (of events) cours m; (fashion) mode f; **trend towards/away from doing** tendance à faire/à ne pas faire; **to set the trend** donner le ton; **to set a trend** lancer une mode

trendy ['trɛndi] adj (idea) dans le vent; (clothes) dernier cri inv

trespass ['trɛspəs] vi: **to trespass on** s'introduire sans permission dans; (fig) empiéter sur; **"no trespassing"** "propriété privée", "défense d'entrer"

trestle ['trɛsl] n tréteau m

trial ['traɪəl] n (LAW) procès m, jugement m; (test: of machine etc) essai m; (hardship) épreuve f; (worry) souci m; **trials** npl (SPORT) épreuves éliminatoires; **horse trials** concours m hippique; **trial by jury** jugement par jury; **to be sent for trial** être traduit(e) en justice; **to be on trial** passer en jugement; **by trial and error** par tâtonnements

trial period n période f d'essai

triangle ['traɪæŋgl] n (MATH, MUS) triangle m

triangular [traɪ'æŋgjulə*] adj triangulaire

tribe [traɪb] n tribu f

tribesman ['traɪbzmən] n membre m de la tribu

tribunal [traɪ'bju:nl] n tribunal m

tributary ['trɪbjutəri] n (river) affluent m

tribute ['trɪbju:t] n tribut m, hommage m; **to pay tribute to** rendre hommage à

trick [trɪk] n ruse f; (clever act) astuce f; (joke) tour m; (CARDS) levée f ♦ vt attraper, rouler; **to play a trick on sb** jouer un tour à qn; **to trick sb into doing sth** persuader qn par la ruse de faire qch; **to trick sb out of sth** obtenir qch de qn par la ruse; **it's a trick of the light** c'est une illusion d'optique causée par la lumière; **that should do the trick** (col) ça devrait faire l'affaire

trickery ['trɪkəri] n ruse f

trickle ['trɪkl] n (of water etc) filet m ♦ vi couler en un filet or goutte à goutte; **to trickle in/out** (people) entrer/sortir par petits groupes

tricky ['trɪki] adj difficile, délicat(e)

tricycle ['traɪsɪkl] n tricycle m

trifle ['traɪfl] n bagatelle f; (CULIN) = diplomate m ♦ adv: **a trifle long** un peu long ♦ vi: **to trifle with** traiter à la légère

trifling ['traɪflɪŋ] adj insignifiant(e)

trigger ['trɪgə*] n (of gun) gâchette f
▶ **trigger off** vt déclencher

trim [trɪm] adj net(te); (house, garden) bien tenu(e); (figure) svelte ♦ n (haircut etc) légère coupe; (embellishment) finitions fpl; (on car) garnitures fpl ♦ vt couper légèrement; (decorate): **to trim (with)** décorer (de); (NAUT: a sail) gréer; **to keep in (good) trim** maintenir en (bon) état

trimmings ['trɪmɪŋz] npl décorations fpl; (extras: gen CULIN) garniture f

trinket ['trɪŋkɪt] n bibelot m; (piece of jewellery) colifichet m

trip [trɪp] n voyage m; (excursion) excursion f; (stumble) faux pas ♦ vi faire un faux pas, trébucher; (go lightly) marcher d'un pas léger; **on a trip** en voyage
▶ **trip up** vi trébucher ♦ vt faire un croc-en-jambe à

tripe [traɪp] n (CULIN) tripes fpl; (pej: rubbish) idioties fpl

triple ['trɪpl] adj triple ♦ adv: **triple the distance/the speed** trois fois la distance/la vitesse

triplets ['trɪplɪts] npl triplés(ées)

triplicate ['trɪplɪkət] n: **in triplicate** en trois exemplaires

tripod ['traɪpɔd] n trépied m

trite [traɪt] adj banal(e)

triumph ['traɪʌmf] n triomphe m ♦ vi: **to triumph (over)** triompher (de)

trivia ['trɪvɪə] npl futilités fpl

trivial ['trɪvɪəl] adj insignifiant(e); (commonplace) banal(e)

trod [trɔd] pt of **tread**

trodden ['trɔdn] pp of **tread**

trolley ['trɔli] n chariot m

trombone [trɔm'bəʊn] *n* trombone *m*

troop [tru:p] *n* bande *f*, groupe *m* ♦ *vi*: **to troop in/out** entrer/sortir en groupe; **trooping the colour** (*BRIT: ceremony*) le salut au drapeau

trophy ['trəʊfɪ] *n* trophée *m*

tropic ['trɔpɪk] *n* tropique *m*; **in the tropics** sous les tropiques; **Tropic of Cancer/Capricorn** tropique du Cancer/Capricorne

tropical ['trɔpɪkl] *adj* tropical(e)

trot [trɔt] *n* trot *m* ♦ *vi* trotter; **on the trot** (*BRIT fig*) d'affilée

▶ **trot out** *vt* (*excuse, reason*) débiter; (*names, facts*) réciter les uns après les autres

trouble ['trʌbl] *n* difficulté(s) *f(pl)*, problème(s) *m(pl)*; (*worry*) ennuis *mpl*, soucis *mpl*; (*bother, effort*) peine *f*; (*POL*) conflit(s) *m(pl)*, troubles *mpl*; (*MED*): **stomach** *etc* **trouble** troubles gastriques *etc* ♦ *vt* déranger, gêner; (*worry*) inquiéter ♦ *vi*: **to trouble to do** prendre la peine de faire; **troubles** *npl* (*POL etc*) troubles; **to be in trouble** avoir des ennuis; (*ship, climber etc*) être en difficulté; **to have trouble doing sth** avoir du mal à faire qch; **to go to the trouble of doing** se donner le mal de faire; **it's no trouble!** je vous en prie!; **please don't trouble yourself** je vous en prie, ne vous dérangez pas!; **the trouble is ...** le problème, c'est que ...; **what's the trouble?** qu'est-ce qui ne va pas?

troubled ['trʌbld] *adj* (*person*) inquiet(ète); (*epoch, life*) agité(e)

troublemaker ['trʌblmeɪkə*] *n* élément perturbateur, fauteur *m* de troubles

troubleshooter ['trʌblʃu:tə*] *n* (*in conflict*) conciliateur *m*

troublesome ['trʌbləsəm] *adj* ennuyeux(euse), gênant(e)

trough [trɔf] *n* (*also: drinking trough*) abreuvoir *m*; (*also: feeding trough*) auge *f*; (*channel*) chenal *m*; **trough of low pressure** (*METEOROLOGY*) dépression *f*

trousers ['trauzəz] *npl* pantalon *m*; **short trousers** (*BRIT*) culottes courtes

trout [traut] *n* (*pl inv*) truite *f*

trowel ['trauəl] *n* truelle *f*

truant ['truənt] *n*: **to play truant** (*BRIT*) faire l'école buissonnière

truce [tru:s] *n* trêve *f*

truck [trʌk] *n* camion *m*; (*RAIL*) wagon *m* à plateforme; (*for luggage*) chariot *m* (à bagages)

truck driver *n* camionneur *m*

truck farm *n* (*US*) jardin maraîcher

true [tru:] *adj* vrai(e); (*accurate*) exact(e); (*genuine*) vrai, véritable; (*faithful*) fidèle; (*wall*) d'aplomb; (*beam*) droit(e); (*wheel*) dans l'axe; **to come true** se réaliser; **true to life** réaliste

truffle ['trʌfl] *n* truffe *f*

truly ['truːlɪ] *adv* vraiment, réellement; (*truthfully*) sans mentir; (*faithfully*) fidèlement; **yours truly** (*in letter*) je vous prie d'agréer, Monsieur (*or* Madame

etc), l'expression de mes sentiments respectueux

trump [trʌmp] *n* atout *m*; **to turn up trumps** (*fig*) faire des miracles

trumpet ['trʌmpɪt] *n* trompette *f*

truncheon ['trʌntʃən] *n* bâton *m* (d'agent de police); matraque *f*

trundle ['trʌndl] *vt, vi*: **to trundle along** rouler bruyamment

trunk [trʌŋk] *n* (*of tree, person*) tronc *m*; (*of elephant*) trompe *f*; (*case*) malle *f*; (*US AUT*) coffre *m*

truss [trʌs] *n* (*MED*) bandage *m* herniaire ♦ *vt*: **to truss (up)** (*CULIN*) brider

trust [trʌst] *n* confiance *f*; (*LAW*) fidéicommis *m*; (*COMM*) trust *m* ♦ *vt* (*rely on*) avoir confiance en; (*entrust*): **to trust sth to sb** confier qch à qn; (*hope*): **to trust (that)** espérer (que); **to take sth on trust** accepter qch sans garanties (*or* sans preuves); **in trust** (*LAW*) par fidéicommis

trusted ['trʌstɪd] *adj* en qui l'on a confiance

trustee [trʌs'tiː] *n* (*LAW*) fidéicommissaire *m/f*; (*of school etc*) administrateur/trice

trustful ['trʌstful] *adj* confiant(e)

trustworthy ['trʌstwə:ðɪ] *adj* digne de confiance

truth, *pl* **truths** [tru:θ, tru:ðz] *n* vérité *f*

truthful ['tru:θful] *adj* (*person*) qui dit la vérité; (*description*) exact(e), vrai(e)

try [traɪ] *n* essai *m*, tentative *f*; (*RUGBY*) essai ♦ *vt* (*LAW*) juger; (*test: sth new*) essayer, tester; (*strain*) éprouver ♦ *vi* essayer; **to try to do** essayer de faire; (*seek*) chercher à faire; **to try one's (very) best** *or* **one's (very) hardest** faire de son mieux; **to give sth a try** essayer qch

▶ **try on** *vt* (*clothes*) essayer; **to try it on** (*fig*) tenter le coup, bluffer

▶ **try out** *vt* essayer, mettre à l'essai

trying ['traɪɪŋ] *adj* pénible

T-shirt ['ti:ʃə:t] *n* tee-shirt *m*

T-square ['ti:skweə*] *n* équerre *f* en T

tub [tʌb] *n* cuve *f*; baquet *m*; (*bath*) baignoire *f*

tubby ['tʌbɪ] *adj* rondelet(te)

tube [tju:b] *n* tube *m*; (*BRIT: underground*) métro *m*; (*for tyre*) chambre *f* à air; (*col: television*): **the tube** la télé

tuberculosis [tjubə:kju'ləʊsɪs] *n* tuberculose *f*

TUC *n abbr* (*BRIT: = Trades Union Congress*) confédération *f* des syndicats britanniques

tuck [tʌk] *n* (*SEWING*) pli *m*, rempli *m* ♦ *vt* (*put*) mettre

▶ **tuck away** *vt* cacher, ranger

▶ **tuck in** *vt* rentrer; (*child*) border ♦ *vi* (*eat*) manger de bon appétit; attaquer le repas

▶ **tuck up** *vt* (*child*) border

tuck shop *n* (*BRIT SCOL*) boutique *f* à provisions

Tuesday ['tju:zdɪ] *n* mardi *m*; (**the date**) **today is Tuesday 23rd March** nous sommes aujourd'hui le mardi 23 mars; **on Tuesday** mardi; **on Tuesdays** le mardi; **every Tuesday** tous les mardis, chaque mardi; **every other Tuesday** un mardi sur deux; **last/next Tuesday** mardi dernier/prochain; **Tuesday next** mardi qui vient; **the following Tuesday** le mardi suivant; **a week/fortnight on Tuesday, Tuesday week/fortnight** mardi en huit/ quinze; **the Tuesday before last** l'autre mardi; **the Tuesday after next** mardi en huit; **Tuesday morning/lunchtime/afternoon/evening** mardi matin/midi/après-midi/soir; **Tuesday night** mardi soir; (*overnight*) la nuit de mardi (à mercredi); **Tuesday's newspaper** le journal de mardi

tuft [tʌft] *n* touffe *f*

tug [tʌɡ] *n* (*ship*) remorqueur *m* ♦ *vt* tirer (sur)

tug-of-war [tʌɡəv'wɔ:ʳ] *n* lutte *f* à la corde

tuition [tju:'ɪʃən] *n* (*BRIT: lessons*) leçons *fpl*; (*US: fees*) frais *mpl* de scolarité

tulip ['tju:lɪp] *n* tulipe *f*

tumble ['tʌmbl] *n* (*fall*) chute *f*, culbute *f* ♦ *vi* tomber, dégringoler; (*somersault*) faire une *or* des culbute(s) ♦ *vt* renverser, faire tomber; **to tumble to sth** (*col*) réaliser qch

tumbledown ['tʌmbldaʊn] *adj* délabré(e)

tumble dryer *n* (*BRIT*) séchoir *m* (à linge) à air chaud

tumbler ['tʌmblə*] *n* verre (droit), gobelet *m*

tummy ['tʌmɪ] *n* (*col*) ventre *m*

tummy upset *n* maux *mpl* de ventre

tumour, (*US*) **tumor** ['tju:mə*] *n* tumeur *f*

tuna ['tju:nə] *n* (*pl inv*) (*also*: **tuna fish**) thon *m*

tune [tju:n] *n* (*melody*) air *m* ♦ *vt* (*MUS*) accorder; (*RADIO, TV, AUT*) régler, mettre au point; **to be in/out of tune** (*instrument*) être accordé/désaccordé; (*singer*) chanter juste/faux; **to be in/out of tune with** (*fig*) être en accord/désaccord avec; **she was robbed to the tune of £10,000** (*fig*) on lui a volé la jolie somme de 10 000 livres

▶ **tune in** *vi* (*RADIO, TV*): **to tune in (to)** se mettre à l'écoute (de)

▶ **tune up** *vi* (*musician*) accorder son instrument

tuneful ['tju:nful] *adj* mélodieux(euse)

tuner ['tju:nə*] *n* (*radio set*) radio-préamplificateur *m*; **piano tuner** accordeur *m* de pianos

tunic ['tju:nɪk] *n* tunique *f*

Tunisia [tju:'nɪzɪə] *n* Tunisie *f*

tunnel ['tʌnl] *n* tunnel *m*; (*in mine*) galerie *f* ♦ *vi* creuser un tunnel (*or une galerie*)

turbulence ['tɜ:bjʊləns] *n* (*AVIAT*) turbulence *f*

tureen [tə'ri:n] *n* soupière *f*

turf [tɜ:f] *n* gazon *m*; (*clod*) motte *f* (de gazon) ♦ *vt* gazonner; **the Turf** le turf, les courses *fpl*

▶ **turf out** *vt* (*col*) jeter; jeter dehors

Turk [tɜ:k] *n* Turc/Turque

Turkey ['tɜ:kɪ] *n* Turquie *f*

turkey ['tɜ:kɪ] *n* dindon *m*, dinde *f*

Turkish ['tɜ:kɪʃ] *adj* turc(turque) ♦ *n* (*LING*) turc *m*

turmoil ['tɜ:mɔɪl] *n* trouble *m*, bouleversement *m*

turn [tɜ:n] *n* tour *m*; (*in road*) tournant *m*; (*tenden-* *cy: of mind, events*) tournure *f*; (*performance*) numéro *m*; (*MED*) crise *f*, attaque *f* ♦ *vt* tourner; (*collar, steak*) retourner; (*milk*) faire tourner; (*change*): **to turn sth into** changer qch en; (*shape: wood, metal*) tourner ♦ *vi* tourner; (*person: look back*) se (re)tourner; (*reverse direction*) faire demi-tour; (*change*) changer; (*become*) devenir; **to turn into** se changer en, se transformer en; **a good turn** un service; **a bad turn** un mauvais tour; **it gave me quite a turn** ça m'a fait un coup; **"no left turn"** (*AUT*) "défense de tourner à gauche"; **it's your turn** c'est (à) votre tour; **in turn** à son tour; à tour de rôle; **to take turns** se relayer; **to take turns at** faire à tour de rôle; **at the turn of the year/century** à la fin de l'année/du siècle; **to take a turn for the worse** (*situation, events*) empirer; **his health** *or* **he has taken a turn for the worse** son état s'est aggravé

▶ **turn about** *vi* faire demi-tour; faire un demi-tour

▶ **turn away** *vi* se détourner, tourner la tête ♦ *vt* (*reject: person*) renvoyer; (: *business*) refuser

▶ **turn back** *vi* revenir, faire demi-tour

▶ **turn down** *vt* (*refuse*) rejeter, refuser; (*reduce*) baisser; (*fold*) rabattre

▶ **turn in** *vi* (*col: go to bed*) aller se coucher ♦ *vt* (*fold*) rentrer

▶ **turn off** *vi* (*from road*) tourner ♦ *vt* (*light, radio etc*) éteindre; (*engine*) arrêter

▶ **turn on** *vt* (*light, radio etc*) allumer; (*engine*) mettre en marche

▶ **turn out** *vt* (*light, gas*) éteindre; (*produce: goods, novel, good pupils*) produire ♦ *vi* (*appear, attend: troops, doctor etc*) être présent(e); **to turn out to be** ... s'avérer ..., se révéler ...

▶ **turn over** *vi* (*person*) se retourner ♦ *vt* (*object*) retourner; (*page*) tourner

▶ **turn round** *vi* faire demi-tour; (*rotate*) tourner

▶ **turn up** *vi* (*person*) arriver, se pointer; (*lost object*) être retrouvé(e) ♦ *vt* (*collar*) remonter; (*increase: sound, volume etc*) mettre plus fort

turning ['tɜ:nɪŋ] *n* (*in road*) tournant *m*; **the first turning on the right** la première (rue *or* route) à droite

turning point *n* (*fig*) tournant *m*, moment décisif

turnip ['tɜ:nɪp] *n* navet *m*

turnout ['tɜ:naʊt] *n* (nombre *m* de personnes dans l')assistance *f*

turnover ['tɜ:nəʊvə*] *n* (*COMM: amount of money*) chiffre *m* d'affaires; (: *of goods*) roulement *m*; (*CULIN*) sorte de chausson; **there is a rapid turnover in staff** le personnel change souvent

turnpike ['tɜ:npaɪk] *n* (*US*) autoroute *f* à péage

turnstile ['tɜ:nstaɪl] *n* tourniquet *m* (d'entrée)

turntable ['tɜ:nteɪbl] *n* (*on record player*) platine *f*

turn-up ['tɜ:nʌp] *n* (*BRIT: on trousers*) revers *m*

turpentine ['tɜ:pəntaɪn] *n* (*also*: **turps**) (essence *f* de) térébenthine *f*

turquoise ['tɜːkwɔɪz] n (stone) turquoise f ◆ adj turquoise inv

turret ['tʌrɪt] n tourelle f

turtle ['tɜːtl] n tortue marine

turtleneck (sweater) ['tɜːtlnek-] n pullover m à col montant

tusk [tʌsk] n défense f (d'éléphant)

tutor ['tjuːtə*] n (BRIT SCOL) directeur/trice d'études; (private teacher) précepteur/trice

tutorial [tjuː'tɔːrɪəl] n (SCOL) (séance f de) travaux mpl pratiques

tuxedo [tʌk'siːdəu] n (US) smoking m

TV [tiː'viː] n abbr (= television) télé f, TV f

twang [twæŋ] n (of instrument) son vibrant; (of voice) ton nasillard ◆ vi vibrer ◆ vt (guitar) pincer les cordes de

tweed [twiːd] n tweed m

tweezers ['twiːzəz] npl pince f à épiler

twelfth [twelfθ] num douzième

twelve [twelv] num douze; **at twelve (o'clock)** à midi; (midnight) à minuit

twentieth ['twentɪɪθ] num vingtième

twenty ['twentɪ] num vingt

twice [twaɪs] adv deux fois; **twice as much** deux fois plus; **twice a week** deux fois par semaine; **she is twice your age** elle a deux fois ton âge

twiddle ['twɪdl] vt, vi: **to twiddle (with) sth** tripoter qch; **to twiddle one's thumbs** (fig) se tourner les pouces

twig [twɪg] n brindille f ◆ vt, vi (col) piger

twilight ['twaɪlaɪt] n crépuscule m; (morning) aube f; **in the twilight** dans la pénombre

twin [twɪn] adj, n jumeau/elle ◆ vt jumeler

twin(-bedded) room ['twɪn('bedɪd)-] n chambre f à deux lits

twin beds npl lits mpl jumeaux

twine [twaɪn] n ficelle f ◆ vi (plant) s'enrouler

twinge [twɪndʒ] n (of pain) élancement m; (of conscience) remords m

twinkle ['twɪŋkl] n scintillement m; pétillement m ◆ vi scintiller; (eyes) pétiller

twirl [twɜːl] n tournoiement m ◆ vt faire tournoyer ◆ vi tournoyer

twist [twɪst] n torsion f, tour m; (in wire, flex) tortillon m; (bend: in road) tournant m; (in story) coup m de théâtre ◆ vt tordre; (weave) entortiller; (roll around) enrouler; (fig) déformer ◆ vi s'entortiller; s'enrouler; (road) serpenter; **to twist one's ankle/wrist** (MED) se tordre la cheville/le poignet

twit [twɪt] n (col) crétin/e

twitch [twɪtʃ] n saccade f; (nervous) tic m ◆ vi se convulser; avoir un tic.

two [tuː] num deux; **two by two, in twos** par deux; **to put two and two together** (fig) faire le rapport

two-door [tuː'dɔː*] adj (AUT) à deux portes

two-faced [tuː'feɪst] adj (pej: person) faux(fausse)

twofold ['tuːfəuld] adv: **to increase twofold** doubler ◆ adj (increase) de cent pour cent; (reply) en deux parties

two-piece ['tuː'piːs] n (also: **two-piece suit**) (costume m) deux-pièces m inv; (also: **two-piece swimsuit**) (maillot m de bain) deux-pièces

twosome ['tuːsəm] n (people) couple m

two-way ['tuːweɪ] adj (traffic) dans les deux sens; **two-way radio** émetteur-récepteur m

tycoon [taɪ'kuːn] n: **(business) tycoon** gros homme d'affaires

type [taɪp] n (category) genre m, espèce f; (model) modèle m; (example) type m; (TYP) type, caractère m ◆ vt (letter etc) taper (à la machine); **what type do you want?** quel genre voulez-vous?; **in bold/italic type** en caractères gras/en italiques

typecast ['taɪpkɑːst] adj condamné(e) à toujours jouer le même rôle

typeface ['taɪpfeɪs] n police f (de caractères)

typescript ['taɪpskrɪpt] n texte dactylographié

typewriter ['taɪpraɪtə*] n machine f à écrire

typewritten ['taɪprɪtn] adj dactylographié(e)

typhoid ['taɪfɔɪd] n typhoïde f

typical ['tɪpɪkl] adj typique, caractéristique

typing ['taɪpɪŋ] n dactylo(graphie) f

typist ['taɪpɪst] n dactylo m/f

tyrant ['taɪərənt] n tyran m

tyre, (US) **tire** ['taɪə*] n pneu m

tyre pressure n pression f (de gonflage)

— U u —

U-bend ['juːbend] n (BRIT AUT) coude m, virage m en épingle à cheveux; (in pipe) coude

ubiquitous [juː'bɪkwɪtəs] adj doué(e) d'ubiquité, omniprésent(e)

udder ['ʌdə*] n pis m, mamelle f

UFO ['juːfəu] n abbr (= unidentified flying object) ovni m (= objet volant non identifié)

Uganda [juː'gændə] n Ouganda m

ugh [əːh] excl pouah!

ugly ['ʌglɪ] adj laid(e), vilain(e); (fig) répugnant(e)

UHT adj abbr = ultra-heat treated: **UHT milk** lait m UHT ou longue conservation

UK n abbr = **United Kingdom**

ulcer ['ʌlsə*] n ulcère m; **mouth ulcer** aphte f

Ulster ['ʌlstə*] n Ulster m

ulterior [ʌl'tɪərɪə*] adj ultérieur(e); **ulterior motive** arrière-pensée f

ultimate ['ʌltɪmət] adj ultime, final(e); (authority) suprême ◆ n: **the ultimate in luxury** le summum du luxe

ultimately ['ʌltɪmətlɪ] adv (in the end) en fin de

compte; (at last) finalement; (eventually) par la suite

ultrasound ['Altrəsaund] n (MED) ultrason m

umbilical [Ambɪ'laɪkl] adj: **umbilical cord** cordon ombilical

umbrella [Am'brelə] n parapluie m; (fig): **under the umbrella of** sous les auspices de; chapeauté(e) par

umpire ['Ampaɪə*] n arbitre m; (TENNIS) juge m de chaise ♦ vt arbitrer

umpteen [Amp'tiːn] adj je ne sais combien de; **for the umpteenth time** pour la nième fois

UN n abbr = **United Nations**

unable [An'eɪbl] adj: **to be unable to** ne (pas) pouvoir, être dans l'impossibilité de; (not capable) être incapable de

unacceptable [Anak'septəbl] adj (behaviour) inadmissible; (price, proposal) inacceptable

unaccompanied [Anə'kAmpənɪd] adj (child, lady) non accompagné(e); (singing, song) sans accompagnement

unaccustomed [Anə'kAstəmd] adj inaccoutumé(e), inhabituel(le); **to be unaccustomed to sth** ne pas avoir l'habitude de qch

unanimous [juː'nænɪməs] adj unanime

unanimously [juː'nænɪməslɪ] adv à l'unanimité

unarmed [An'aːmd] adj (person) non armé(e); (combat) sans armes

unattached [Anə'tætʃt] adj libre, sans attaches

unattended [Anə'tendɪd] adj (car, child, luggage) sans surveillance

unattractive [Anə'træktɪv] adj peu attrayant(e)

unauthorized [An'ɔːθəraɪzd] adj non autorisé(e), sans autorisation

unavoidable [Anə'vɔɪdəbl] adj inévitable

unaware [Anə'wɛə*] adj: **to be unaware of** ignorer, ne pas savoir, être inconscient(e) de

unawares [Anə'wɛəz] adv à l'improviste, au dépourvu

unbalanced [An'bælənst] adj déséquilibré(e)

unbearable [An'bɛərəbl] adj insupportable

unbeatable [An'biːtəbl] adj imbattable

unbeknown(st) [Anbɪ'nəun(st)] adv: **unbeknown(st) to** à l'insu de

unbelievable [Anbɪ'liːvəbl] adj incroyable

unbend [An'bend] vb, vi (irreg) se détendre ♦ vt (wire) redresser, détordre

unbias(s)ed [An'baɪəst] adj impartial(e)

unborn [An'bɔːn] adj à naître

unbreakable [An'breɪkəbl] adj incassable

unbroken [An'brəukn] adj intact(e); (line) continu(e); (record) non battu(e)

unbutton [An'bAtn] vt déboutonner

uncalled-for [An'kɔːldfɔː*] adj déplacé(e), injustifié(e)

uncanny [An'kænɪ] adj étrange, troublant(e)

unceremonious [Anserɪ'məunɪəs] adj (abrupt, rude) brusque

uncertain [An'səːtn] adj incertain(e); **we were uncertain whether ...** nous ne savions pas vraiment si ...; **in no uncertain terms** sans équivoque possible

uncertainty [An'səːtntɪ] n incertitude f, doutes mpl

uncivilized [An'sɪvɪlaɪzd] adj non civilisé(e); (fig) barbare

uncle ['Aŋkl] n oncle m

uncomfortable [An'kAmfətəbl] adj inconfortable; (uneasy) mal à l'aise, gêné(e); (situation) désagréable

uncommon [An'kɔmən] adj rare, singulier(ière), peu commun(e)

uncompromising [An'kɔmprəmaɪzɪŋ] adj intransigeant(e), inflexible

unconcerned [Ankən'səːnd] adj (unworried): **to be unconcerned (about)** ne pas s'inquiéter (de)

unconditional [Ankən'dɪʃənl] adj sans conditions

unconscious [An'kɔnʃəs] adj sans connaissance, évanoui(e); (unaware) inconscient(e) ♦ n: **the unconscious** l'inconscient m; **to knock sb unconscious** assommer qn

unconsciously [An'kɔnʃəslɪ] adv inconsciemment

uncontrollable [Ankən'trəuləbl] adj (child, dog) indiscipliné(e); (emotion) irrépressible

unconventional [Ankən'venʃənl] adj non conventionnel(le)

uncouth [An'kuːθ] adj grossier(ière), fruste

uncover [An'kAvə*] vt découvrir

undecided [Andɪ'saɪdɪd] adj indécis(e), irrésolu(e)

under ['Andə*] prep sous; (less than) (de) moins de; (according to) selon, en vertu de ♦ adv au-dessous; en dessous; **from under sth** de dessous or de sous qch; **under there** là-dessous; **in under 2 hours** en moins de 2 heures; **under anaesthetic** sous anesthésie; **under discussion** en discussion; **under the circumstances** étant donné les circonstances; **under repair** en (cours de) réparation

underage [Andər'eɪdʒ] adj qui n'a pas l'âge réglementaire

undercarriage ['Andəkærɪdʒ] n (BRIT AVIAT) train m d'atterrissage

undercharge [Andə'tʃaːdʒ] vt ne pas faire payer assez à

undercoat ['Andəkəut] n (paint) couche f de fond

undercover [Andə'kAvə*] adj secret(ète), clandestin(e)

undercurrent ['Andəkarnt] n courant sous-jacent

undercut [Andə'kAt] vt irreg vendre moins cher que

underdog ['Andədɔg] n opprimé m

underdone [Andə'dAn] adj (food) pas assez

cuit(e)

underestimate [ˈʌndərˈestɪmeɪt] vt sous-estimer, mésestimer

underfed [ʌndəˈfed] adj sous-alimenté(e)

underfoot [ʌndəˈfut] adv sous les pieds

undergo [ʌndəˈgəu] vt irreg subir; (treatment) suivre; **the car is undergoing repairs** la voiture est en réparation

undergraduate [ʌndəˈgrædjuɪt] n étudiant/e (qui prépare la licence) ♦ cpd: **undergraduate courses** cours mpl préparant à la licence

underground [ˈʌndəgraund] adj souterrain(e); (fig) clandestin(e) ♦ n (BRIT) métro m; (POL) clandestinité f

undergrowth [ˈʌndəgrəuθ] n broussailles fpl, sous-bois m

underhand(ed) [ʌndəˈhænd(ɪd)] adj (fig) sournois(e), en dessous

underlie [ʌndəˈlaɪ] vt irreg être à la base de; **the underlying cause** la cause sous-jacente

underline [ʌndəˈlaɪn] vt souligner

undermine [ʌndəˈmaɪn] vt saper, miner

underneath [ʌndəˈniːθ] adv (en) dessous ♦ prep sous, au-dessous de

underpaid [ʌndəˈpeɪd] adj sous-payé(e)

underpants [ˈʌndəpænts] npl caleçon m, slip m

underpass [ˈʌndəpɑːs] n (BRIT) passage souterrain; (: on motorway) passage inférieur

underprivileged [ʌndəˈprɪvɪlɪdʒd] adj défavorisé(e), déshérité(e)

underrate [ʌndəˈreɪt] vt sous-estimer, mésestimer

undershirt [ˈʌndəʃəːt] n (US) tricot m de corps

undershorts [ˈʌndəʃɔːts] npl (US) caleçon m, slip m

underside [ˈʌndəsaɪd] n dessous m

underskirt [ˈʌndəskəːt] n (BRIT) jupon m

understand [ʌndəˈstænd] vb (irreg: like stand) vt, vi comprendre; **I understand that ...** je me suis laissé dire que ...; je crois comprendre que ...; **to make o.s. understood** se faire comprendre

understandable [ʌndəˈstændəbl] adj compréhensible

understanding [ʌndəˈstændɪŋ] adj compréhensif(ive) ♦ n compréhension f; (agreement) accord m; **to come to an understanding with sb** s'entendre avec qn; **on the understanding that ...** à condition que ...

understatement [ˈʌndəsteɪtmənt] n: **that's an understatement** c'est (bien) peu dire, le terme est faible

understood [ʌndəˈstud] pt, pp of **understand** ♦ adj entendu(e); (implied) sous-entendu(e)

understudy [ˈʌndəstʌdɪ] n doublure f

undertake [ʌndəˈteɪk] vt irreg (job, task) entreprendre; (duty) se charger de; **to undertake to do sth** s'engager à faire qch

undertaker [ˈʌndəteɪkə*] n entrepreneur m des pompes funèbres, croque-mort m

undertaking [ˈʌndəteɪkɪŋ] n entreprise f; (promise) promesse f

undertone [ˈʌndətəun] n (low voice): **in an undertone** à mi-voix; (of criticism etc) nuance cachée

underwater [ʌndəˈwɔːtə*] adv sous l'eau ♦ adj sous-marin(e)

underwear [ˈʌndəwεə*] n sous-vêtements mpl; (women's only) dessous mpl

underworld [ˈʌndəwəːld] n (of crime) milieu m, pègre f

underwrite [ʌndəˈraɪt] vt (FINANCE) garantir; (INSURANCE) souscrire

undies [ˈʌndɪz] npl (col) dessous mpl, lingerie f

undiplomatic [ˈʌndɪpləˈmætɪk] adj peu diplomatique, maladroit(e)

undo [ʌnˈduː] vt (irreg) défaire

undoing [ʌnˈduːɪŋ] n ruine f, perte f

undoubted [ʌnˈdautɪd] adj indubitable, certain(e)

undoubtedly [ʌnˈdautɪdlɪ] adv sans aucun doute

undress [ʌnˈdres] vi se déshabiller ♦ vt déshabiller

undue [ʌnˈdjuː] adj indu(e), excessif(ive)

undulating [ˈʌndjuleɪtɪŋ] adj ondoyant(e), onduleux(euse)

unduly [ʌnˈdjuːlɪ] adv trop, excessivement

unearth [ʌnˈəːθ] vt déterrer; (fig) dénicher

unearthly [ʌnˈəːθlɪ] adj surnaturel(le); (hour) indu(e), impossible

uneasy [ʌnˈiːzɪ] adj mal à l'aise, gêné(e); (worried) inquiet(ète); **to feel uneasy about doing sth** se sentir mal à l'aise à l'idée de faire qch

uneconomic(al) [ˈʌniːkəˈnɔmɪk(l)] adj peu économique; peu rentable

uneducated [ʌnˈedjukeɪtɪd] adj sans éducation

unemployed [ʌnɪmˈplɔɪd] adj sans travail, au chômage ♦ n: **the unemployed** les chômeurs mpl

unemployment [ʌnɪmˈplɔɪmənt] n chômage m

unending [ʌnˈendɪŋ] adj interminable

unerring [ʌnˈəːrɪŋ] adj infaillible, sûr(e)

uneven [ʌnˈiːvn] adj inégal(e); irrégulier(ière)

unexpected [ʌnɪkˈspektɪd] adj inattendu(e), imprévu(e)

unexpectedly [ʌnɪkˈspektɪdlɪ] adv contre toute attente; (arrive) à l'improviste

unfailing [ʌnˈfeɪlɪŋ] adj inépuisable; infaillible

unfair [ʌnˈfεə*] adj: **unfair (to)** injuste (envers); **it's unfair that ...** il n'est pas juste que ...

unfaithful [ʌnˈfeɪθful] adj infidèle

unfamiliar [ʌnfəˈmɪlɪə*] adj étrange, inconnu(e); **to be unfamiliar with sth** mal connaître qch

unfashionable [ʌnˈfæʃnəbl] adj (clothes) démodé(e); (district) déshérité(e), pas à la mode

unfasten [ʌn'fɑːsn] *vt* défaire; détacher
unfavourable, *(US)* **unfavorable** [ʌn'feɪvrəbl] *adj* défavorable
unfeeling [ʌn'fiːlɪŋ] *adj* insensible, dur(e)
unfinished [ʌn'fɪnɪʃt] *adj* inachevé(e)
unfit [ʌn'fɪt] *adj* (*physically*) pas en forme; (*incompetent*) **unfit (for)** impropre (à); (*work, service*) inapte (à)
unfold [ʌn'fəʊld] *vt* déplier; (*fig*) révéler, exposer ♦ *vi* se dérouler
unforeseen ['ʌnfɔː'siːn] *adj* imprévu(e)
unforgettable [ʌnfə'getəbl] *adj* inoubliable
unfortunate [ʌn'fɔːtʃnət] *adj* malheureux(euse); (*event, remark*) malencontreux(euse)
unfortunately [ʌn'fɔːtʃnətlɪ] *adv* malheureusement
unfounded [ʌn'faʊndɪd] *adj* sans fondement
unfriendly [ʌn'frendlɪ] *adj* froid(e), inamical(e)
ungainly [ʌn'geɪnlɪ] *adj* gauche, dégingandé(e)
ungodly [ʌn'gɔdlɪ] *adj* impie; **at an ungodly hour** à une heure indue
ungrateful [ʌn'greɪtful] *adj* qui manque de reconnaissance, ingrat(e)
unhappiness [ʌn'hæpɪnɪs] *n* tristesse *f*, peine *f*
unhappy [ʌn'hæpɪ] *adj* triste, malheureux(euse); (*unfortunate: remark etc*) malheureux(euse); (*not pleased*): **unhappy with** mécontent(e) de, peu satisfait(e) de
unharmed [ʌn'hɑːmd] *adj* indemne, sain(e) et sauf(sauve)
UNHCR *n abbr* (= *United Nations High Commission for Refugees*) HCR *m*
unhealthy [ʌn'hɛlθɪ] *adj* (*gen*) malsain(e); (*person*) maladif(ive)
unheard-of [ʌn'hɜːdɔv] *adj* inouï(e), sans précédent
unhurt [ʌn'hɜːt] *adj* indemne, sain(e) et sauf(sauve)
unidentified [ʌnaɪ'dentɪfaɪd] *adj* non identifié(e)
uniform ['juːnɪfɔːm] *n* uniforme *m* ♦ *adj* uniforme
uninhabited [ʌnɪn'hæbɪtɪd] *adj* inhabité(e)
unintentional [ʌnɪn'tenʃənəl] *adj* involontaire
union ['juːnjən] *n* union *f*; (*also:* **trade union**) syndicat *m* ♦ *cpd* du syndicat, syndical(e)
Union Jack *n* drapeau du Royaume-Uni
unique [juː'niːk] *adj* unique
unison ['juːnɪsn] *n*: **in unison** à l'unisson, en chœur
unit ['juːnɪt] *n* unité *f*; (*section: of furniture etc*) élément *m*, bloc *m*; (*team, squad*) groupe *m*, service *m*; **production unit** atelier *m* de fabrication; **sink unit** bloc-évier *m*
unite [juː'naɪt] *vt* unir ♦ *vi* s'unir
united [juː'naɪtɪd] *adj* uni(e); unifié(e); (*efforts*) conjugué(e)
United Kingdom (UK) *n* Royaume-Uni *m*

(R.U.)
United Nations (Organization) (UN, UNO) *n* (Organisation *f* des) Nations unies (ONU)
United States (of America) (US, USA) *n* États-Unis *mpl*
unit trust *n* (*BRIT COMM*) fonds commun de placement, FCP *m*
unity ['juːnɪtɪ] *n* unité *f*
universal [juːnɪ'vɜːsl] *adj* universel(le)
universe ['juːnɪvɜːs] *n* univers *m*
university [juːnɪ'vɜːsɪtɪ] *n* université *f* ♦ *cpd* (*student, professor*) d'université; (*education, year, degree*) universitaire
unjust [ʌn'dʒʌst] *adj* injuste
unkempt [ʌn'kempt] *adj* mal tenu(e), débraillé(e); mal peigné(e)
unkind [ʌn'kaɪnd] *adj* peu gentil(le), méchant(e)
unknown [ʌn'nəʊn] *adj* inconnu(e); **unknown to me** sans que je le sache; **unknown quantity** (*MATH, fig*) inconnue *f*
unlawful [ʌn'lɔːful] *adj* illégal(e)
unleaded [ʌn'lɛdɪd] *n* (*also:* **unleaded petrol**) essence *f* sans plomb
unleash [ʌn'liːʃ] *vt* détacher; (*fig*) déchaîner, déclencher
unless [ʌn'lɛs] *conj*: **unless he leaves** à moins qu'il (ne) parte; **unless we leave** à moins de partir, à moins que nous (ne) partions; **unless otherwise stated** sauf indication contraire; **unless I am mistaken** si je ne me trompe
unlike [ʌn'laɪk] *adj* dissemblable, différent(e) ♦ *prep* à la différence de, contrairement à
unlikely [ʌn'laɪklɪ] *adj* (*result, event*) improbable; (*explanation*) invraisemblable
unlimited [ʌn'lɪmɪtɪd] *adj* illimité(e)
unlisted ['ʌn'lɪstɪd] *adj* (*US TEL*) sur la liste rouge; (*STOCK EXCHANGE*) non coté(e) en Bourse
unload [ʌn'ləʊd] *vt* décharger
unlock [ʌn'lɔk] *vt* ouvrir
unlucky [ʌn'lʌkɪ] *adj* malchanceux(euse); (*object, number*) qui porte malheur; **to be unlucky** (*person*) ne pas avoir de chance
unmarried [ʌn'mærɪd] *adj* célibataire
unmistakable [ʌnmɪs'teɪkəbl] *adj* indubitable; qu'on ne peut pas ne pas reconnaître
unmitigated [ʌn'mɪtɪgeɪtɪd] *adj* non mitigé(e), absolu(e), pur(e)
unnatural [ʌn'nætʃrəl] *adj* non naturel(le), contre nature
unnecessary [ʌn'nesəsərɪ] *adj* inutile, superflu(e)
unnoticed [ʌn'nəʊtɪst] *adj* inaperçu(e); **to go unnoticed** passer inaperçu
UNO ['juːnəʊ] *n abbr* = **United Nations Organization**
unobtainable [ʌnəb'teɪnəbl] *adj* (*TEL*) impossible à obtenir
unobtrusive [ʌnəb'truːsɪv] *adj* discret(ète)

unofficial [ˌʌnəˈfɪʃl] *adj* non officiel(le); *(strike)* ≈ non sanctionné(e) par la centrale

unorthodox [ʌnˈɔːθədɔks] *adj* peu orthodoxe

unpack [ʌnˈpæk] *vi* défaire sa valise, déballer ses affaires

unpalatable [ʌnˈpælətəbl] *adj (truth)* désagréable (à entendre)

unparalleled [ʌnˈpærəleld] *adj* incomparable, sans égal

unpleasant [ʌnˈpleznt] *adj* déplaisant(e), désagréable

unplug [ʌnˈplʌg] *vt* débrancher

unpopular [ʌnˈpɔpjulə*] *adj* impopulaire; **to make o.s. unpopular (with)** se rendre impopulaire (auprès de)

unprecedented [ʌnˈpresɪdentɪd] *adj* sans précédent

unpredictable [ʌnprɪˈdɪktəbl] *adj* imprévisible

unprofessional [ʌnprəˈfeʃənl] *adj (conduct)* contraire à la déontologie

UNPROFOR [ʌnˈprəufɔː*] *n abbr* (= United Nations Protection Force) FORPRONU *f*

unqualified [ʌnˈkwɔlɪfaɪd] *adj (teacher)* non diplômé(e), sans titres; *(success)* sans réserve, total(e)

unquestionably [ʌnˈkwestʃənəblɪ] *adv* incontestablement

unravel [ʌnˈrævl] *vt* démêler

unreal [ʌnˈrɪəl] *adj* irréel(le)

unrealistic [ˈʌnrɪəˈlɪstɪk] *adj (idea)* irréaliste; *(estimate)* peu réaliste

unreasonable [ʌnˈriːznəbl] *adj* qui n'est pas raisonnable; **to make unreasonable demands on sb** exiger trop de qn

unrelated [ʌnrɪˈleɪtɪd] *adj* sans rapport; sans lien de parenté

unreliable [ʌnrɪˈlaɪəbl] *adj* sur qui (*or* quoi) on ne peut pas compter, peu fiable

unremitting [ʌnrɪˈmɪtɪŋ] *adj* inlassable, infatigable, acharné(e)

unreservedly [ʌnrɪˈzɜːvɪdlɪ] *adv* sans réserve

unrest [ʌnˈrest] *n* agitation *f*, troubles *mpl*

unroll [ʌnˈrəul] *vt* dérouler

unruly [ʌnˈruːlɪ] *adj* indiscipliné(e)

unsafe [ʌnˈseɪf] *adj (machine, wiring)* dangereux(euse); *(method)* hasardeux(euse); **unsafe to drink/eat** non potable/comestible

unsaid [ʌnˈsed] *adj:* **to leave sth unsaid** passer qch sous silence

unsatisfactory [ˈʌnsætɪsˈfæktərɪ] *adj* qui laisse à désirer

unsavoury, *(US)* **unsavory** [ʌnˈseɪvərɪ] *adj (fig)* peu recommandable, répugnant(e)

unscathed [ʌnˈskeɪðd] *adj* indemne

unscrew [ʌnˈskruː] *vt* dévisser

unscrupulous [ʌnˈskruːpjuləs] *adj* sans scrupules

unsettled [ʌnˈsetld] *adj (restless)* perturbé(e); *(unpredictable)* instable; incertain(e); *(not finalized)* non résolu(e)

unshaven [ʌnˈʃeɪvn] *adj* non or mal rasé(e)

unsightly [ʌnˈsaɪtlɪ] *adj* disgracieux(euse), laid(e)

unskilled [ʌnˈskɪld] *adj:* **unskilled worker** manœuvre *m*

unspeakable [ʌnˈspiːkəbl] *adj* indicible; *(awful)* innommable

unstable [ʌnˈsteɪbl] *adj* instable

unsteady [ʌnˈstedɪ] *adj* mal assuré(e), chancelant(e), instable

unstuck [ʌnˈstʌk] *adj:* **to come unstuck** se décoller; *(fig)* faire fiasco

unsuccessful [ʌnsəkˈsesful] *adj (attempt)* infructueux(euse); *(writer, proposal)* qui n'a pas de succès; *(marriage)* malheureux(euse), qui ne réussit pas; **to be unsuccessful** *(in attempting sth)* ne pas réussir; ne pas avoir de succès; *(application)* ne pas être retenu(e)

unsuitable [ʌnˈsuːtəbl] *adj* qui ne convient pas, peu approprié(e); inopportun(e)

unsure [ʌnˈʃuə*] *adj* pas sûr(e); **to be unsure of o.s.** ne pas être sûr de soi, manquer de confiance en soi

unsuspecting [ʌnsəˈspektɪŋ] *adj* qui ne se méfie pas

unsympathetic [ˈʌnsɪmpəˈθetɪk] *adj* hostile; *(unpleasant)* antipathique; **unsympathetic to** indifférent(e) à

untapped [ʌnˈtæpt] *adj (resources)* inexploité(e)

unthinkable [ʌnˈθɪŋkəbl] *adj* impensable, inconcevable

untidy [ʌnˈtaɪdɪ] *adj (room)* en désordre; *(appearance)* désordonné(e), débraillé(e); *(person)* sans ordre, désordonné(e), débraillé(e); *(work)* peu soigné(e)

untie [ʌnˈtaɪ] *vt (knot, parcel)* défaire; *(prisoner, dog)* détacher

until [ʌnˈtɪl] *prep* jusqu'à; *(after negative)* avant ♦ *conj* jusqu'à ce que + *sub*, en attendant que + *sub*; *(in past, after negative)* avant que + *sub*; **until now** jusqu'à présent, jusqu'ici; **until then** jusque-là; **from morning until night** du matin au soir *or* jusqu'au soir

untimely [ʌnˈtaɪmlɪ] *adj* inopportun(e); *(death)* prématuré(e)

untold [ʌnˈtəuld] *adj* incalculable; indescriptible

untoward [ʌntəˈwɔːd] *adj* fâcheux(euse), malencontreux(euse)

unused *adj* [ʌnˈjuːzd] *(new)* neuf(neuve); [ʌnˈjuːst]: **to be unused to sth/to doing sth** ne pas avoir l'habitude de qch/de faire qch

unusual [ʌnˈjuːʒuəl] *adj* insolite, exceptionnel(le), rare

unveil [ʌnˈveɪl] *vt* dévoiler

unwanted [ʌnˈwɔntɪd] *adj* non désiré(e)

unwelcome [ʌnˈwelkəm] *adj* importun(e); **to**

feel **unwelcome** se sentir de trop

unwell [ʌnˈwɛl] *adj* indisposé(e), souffrant(e); **to feel unwell** ne pas se sentir bien

unwieldy [ʌnˈwiːldɪ] *adj* difficile à manier

unwilling [ʌnˈwɪlɪŋ] *adj*: **to be unwilling to do** ne pas vouloir faire

unwillingly [ʌnˈwɪlɪŋlɪ] *adv* à contrecœur, contre son gré

unwind [ʌnˈwaɪnd] *vb (irreg)* ♦ *vt* dérouler ♦ *vi (relax)* se détendre

unwise [ʌnˈwaɪz] *adj* imprudent(e), peu judicieux(euse)

unwitting [ʌnˈwɪtɪŋ] *adj* involontaire

unworkable [ʌnˈwəːkəbl] *adj (plan etc)* inexploitable

unworthy [ʌnˈwəːðɪ] *adj* indigne

unwrap [ʌnˈræp] *vt* défaire; ouvrir

unwritten [ʌnˈrɪtn] *adj (agreement)* tacite

KEYWORD

up [ʌp] *prep*: **he went up the stairs/the hill** il a monté l'escalier/la colline; **the cat was up a tree** le chat était dans un arbre; **they live further up the street** ils habitent plus haut dans la rue

♦ *vi (col)*: **she upped and left** elle a fichu le camp sans plus attendre

♦ *adv* **1** en haut; en l'air; *(upwards, higher)*: **up in the sky/the mountains** (là-haut) dans le ciel/les montagnes; **put it a bit higher up** mettez-le un peu plus haut; **up there** là-haut; **up above** au-dessus; **"this side up"** "haut"

2: **to be up** *(out of bed)* être levé(e); *(prices)* avoir augmenté *or* monté; *(finished)*: **when the year was up** à la fin de l'année; **time's up** c'est l'heure

3: **up to** *(as far as)* jusqu'à; **up to now** jusqu'à présent

4: **to be up to** *(depending on)*: **it's up to you** c'est à vous de décider; *(equal to)*: **he's not up to it** *(job, task etc)* il n'en est pas capable; *(inf: be doing)*: **what is he up to?** qu'est-ce qu'il peut bien faire? **5** *(phrases)*: **he's well up in or on ...** *(BRIT: knowledgeable)* il s'y connaît en ...; **up with Leeds United!** vive Leeds United!; **what's up?** *(col)* qu'est-ce qui ne va pas?; **what's up with him?** *(col)* qu'est-ce qui lui arrive?

♦ *n*: **ups and downs** hauts et bas *mpl*

up-and-coming [ʌpəndˈkʌmɪŋ] *adj* plein(e) d'avenir *or* de promesses

upbringing [ˈʌpbrɪŋɪŋ] *n* éducation *f*

update [ʌpˈdeɪt] *vt* mettre à jour

upgrade [ʌpˈɡreɪd] *vt (person)* promouvoir; *(job)* revaloriser; *(property, equipment)* moderniser

upheaval [ʌpˈhiːvl] *n* bouleversement *m*; branle-bas *m*; crise *f*

uphill [ʌpˈhɪl] *adj* qui monte; *(fig: task)* difficile, pénible ♦ *adv (face, look)* en amont, vers l'amont; *(go, move)* vers le haut, en haut; **to go uphill** monter

uphold [ʌpˈhəuld] *vt irreg* maintenir; soutenir

upholstery [ʌpˈhəulstərɪ] *n* rembourrage *m*; *(of car)* garniture *f*

upkeep [ˈʌpkiːp] *n* entretien *m*

upon [əˈpɔn] *prep* sur

upper [ˈʌpə*] *adj* supérieur(e); du dessus ♦ *n (of shoe)* empeigne *f*

upper class *n*: **the upper class** ≃ la haute bourgeoisie; ♦ *adj*: **upper-class** *(district)* élégant(e), huppé(e); *(accent, attitude)* caractéristique des classes supérieures

upper hand *n*: **to have the upper hand** avoir le dessus

uppermost [ˈʌpəməust] *adj* le(la) plus haut(e), en dessus; **it was uppermost in my mind** j'y pensais avant tout autre chose

upper sixth *n* terminale *f*

upright [ˈʌpraɪt] *adj* droit(e); vertical(e); *(fig)* droit, honnête ♦ *n* montant *m*

uprising [ˈʌpraɪzɪŋ] *n* soulèvement *m*, insurrection *f*

uproar [ˈʌprɔː*] *n* tumulte *m*, vacarme *m*

uproot [ʌpˈruːt] *vt* déraciner

upset *n* [ˈʌpset] dérangement *m* ♦ *vt* [ʌpˈset] *(irreg: like set)* *(glass etc)* renverser; *(plan)* déranger; *(person: offend)* contrarier; *(: grieve)* faire de la peine à; bouleverser ♦ *adj* [ʌpˈset] contrarié(e); peiné(e); *(stomach)* détraqué(e), dérangé(e); **to get upset** *(sad)* devenir triste; *(offended)* se vexer; **to have a stomach upset** *(BRIT)* avoir une indigestion

upshot [ˈʌpʃɔt] *n* résultat *m*; **the upshot of it all was that ...** il a résulté de tout cela que ...

upside down [ˈʌpsaɪd-] *adv* à l'envers

upstairs [ʌpˈstɛəz] *adv* en haut ♦ *adj (room)* du dessus, d'en haut ♦ *n*: **there's no upstairs** il n'y a pas d'étage

upstart [ˈʌpstɑːt] *n* parvenu/e

upstream [ʌpˈstriːm] *adv* en amont

uptake [ˈʌpteɪk] *n*: **he is quick/slow on the uptake** il comprend vite/est lent à comprendre

uptight [ʌpˈtaɪt] *adj (col)* très tendu(e), crispé(e)

up-to-date [ˈʌptəˈdeɪt] *adj* moderne; très récent(e)

upturn [ˈʌptəːn] *n (in economy)* reprise *f*

upward [ˈʌpwəd] *adj* ascendant(e); vers le haut ♦ *adv see* **upwards**

upwards [ˈʌpwədz] *adv* vers le haut; **and upwards** et plus, et au-dessus

urban [ˈəːbən] *adj* urbain(e)

urban clearway *n* rue *f* à stationnement interdit

urbane [əːˈbeɪn] *adj* urbain(e), courtois(e)

urchin [ˈəːtʃɪn] *n* gosse *m*, garnement *m*

urge [əːdʒ] *n* besoin (impératif), envie (pressante) ♦ *vt (caution etc)* recommander avec insistance; *(person)*: **to urge sb to do** presser qn de faire,

recommander avec insistance à qn de faire
▶ **urge on** vt pousser, presser
urgency ['əːdʒənsɪ] n urgence f; (of tone) insistance f
urgent ['əːdʒənt] adj urgent(e); (plea, tone) pressant(e)
urinal ['juərɪnl] n (BRIT) urinoir m
urine ['juərɪn] n urine f
urn [əːn] n urne f; (also: **tea urn**) fontaine f à thé
US n abbr = **United States**
us [ʌs] pron nous
USA n abbr = **United States of America**; (MIL) = United States Army
use n [juːs] emploi m, utilisation f; usage m ◆ vt [juːz] se servir de, utiliser, employer; **in use** en usage; **out of use** hors d'usage; **to be of use** servir, être utile; **to make use of sth** utiliser qch; **ready for use** prêt à l'emploi; **it's no use** ça ne sert à rien; **to have the use of** avoir l'usage de; **what's this used for?** à quoi est-ce que ça sert?; **she used to do it** elle le faisait (autrefois), elle avait coutume de le faire; **to be used to** avoir l'habitude de, être habitué(e) à; **to get used to** s'habituer à
▶ **use up** vt finir, épuiser; (food) consommer
used [juːzd] adj (car) d'occasion
useful ['juːsful] adj utile; **to come in useful** être utile
usefulness ['juːsfəlnɪs] n utilité f
useless ['juːslɪs] adj inutile
user ['juːzə*] n utilisateur/trice, usager m
user-friendly ['juːzə'frendlɪ] adj convivial(e), facile d'emploi
usher ['ʌʃə*] n placeur m ◆ vt: **to usher sb in** faire entrer qn
usherette [ʌʃə'ret] n (in cinema) ouvreuse f
usual ['juːʒuəl] adj habituel(le); **as usual** comme d'habitude
usually ['juːʒuəlɪ] adv d'habitude, d'ordinaire
utensil [juː'tensl] n ustensile m; **kitchen utensils** batterie f de cuisine
uterus ['juːtərəs] n utérus m
utility [juː'tɪlɪtɪ] n utilité f; (also: **public utility**) service public
utility room n buanderie f
utmost ['ʌtməust] adj extrême, le(la) plus grand(e) ◆ n: **to do one's utmost** faire tout son possible; **of the utmost importance** d'une importance capitale, de la plus haute importance
utter ['ʌtə*] adj total(e), complet(ète) ◆ vt prononcer, proférer; émettre
utterance ['ʌtrns] n paroles fpl
utterly ['ʌtəlɪ] adv complètement, totalement
U-turn ['juː'təːn] n demi-tour m; (fig) volte-face f inv

— V v —

v abbr = **verse**, (= **vide**: **see**) v.; (= **versus**) c.; (= **volt**) V.
vacancy ['veɪkənsɪ] n (BRIT: job) poste vacant; (room) chambre f disponible; **"no vacancies"** "complet"
vacant ['veɪkənt] adj (post) vacant(e); (seat etc) libre, disponible; (expression) distrait(e)
vacate [və'keɪt] vt quitter
vacation [və'keɪʃən] n (esp US) vacances fpl; **to take a vacation** prendre des vacances; **on vacation** en vacances
vaccinate ['væksɪneɪt] vt vacciner
vacuum ['vækjum] n vide m
vacuum cleaner n aspirateur m
vacuum-packed ['vækjumpækt] adj emballé(e) sous vide
vagina [və'dʒaɪnə] n vagin m
vagrant ['veɪɡrənt] n vagabond/e, mendiant/e
vague [veɪɡ] adj vague, imprécis(e); (blurred: photo, memory) flou(e); **I haven't the vaguest idea** je n'en ai pas la moindre idée
vaguely ['veɪɡlɪ] adv vaguement
vain [veɪn] adj (useless) vain(e); (conceited) vaniteux(euse); **in vain** en vain
valentine ['væləntaɪn] n (also: **valentine card**) carte f de la Saint-Valentin
Valentine's day ['væləntaɪnz-] n Saint-Valentin f
valiant ['vælɪənt] adj vaillant(e), courageux(euse)
valid ['vælɪd] adj valide, valable; (excuse) valable
valley ['vælɪ] n vallée f
valour, (US) **valor** ['vælə*] n courage m
valuable ['væljuəbl] adj (jewel) de grande valeur; (time) précieux(euse); **valuables** npl objets mpl de valeur
valuation [vælju'eɪʃən] n évaluation f, expertise f
value ['væljuː] n valeur f ◆ vt (fix price) évaluer, expertiser; (cherish) tenir à; **you get good value (for money) in that shop** vous en avez pour votre argent dans ce magasin; **to lose (in) value** (currency) baisser; (property) se déprécier; **to gain (in) value** (currency) monter; (property) prendre de la valeur; **to be of great value to sb** (fig) être très utile à qn
value added tax (VAT) [-'ædɪd-] n (BRIT) taxe f à la valeur ajoutée (TVA)
valued ['væljuːd] adj (appreciated) estimé(e)
valve [vælv] n (in machine) soupape f; (on tyre) valve f; (in radio) lampe f
van [væn] n (AUT) camionnette f; (BRIT RAIL) fourgon m
vandal ['vændl] n vandale m/f
vandalism ['vændəlɪzəm] n vandalisme m
vandalize ['vændəlaɪz] vt saccager

vanguard ['væŋgɑːd] n avant-garde m
vanilla [və'nɪlə] n vanille f ♦ cpd (ice cream) à la vanille
vanish ['vænɪʃ] vi disparaître
vanity ['vænɪtɪ] n vanité f
vantage ['vɑːntɪdʒ] n: **vantage point** bonne position
vapour, (us) **vapor** ['veɪpə*] n vapeur f; (on window) buée f
variable ['vɛərɪəbl] adj variable; (mood) changeant(e) ♦ n variable f
variance ['vɛərɪəns] n: **to be at variance (with)** être en désaccord (avec); (facts) être en contradiction (avec)
varicose ['værɪkəus] adj: **varicose veins** varices fpl
varied ['vɛərɪd] adj varié(e), divers(e)
variety [və'raɪətɪ] n variété f; (quantity): **a wide variety of ...** une quantité or un grand nombre de ... (différent(e)s or divers(es)); **for a variety of reasons** pour diverses raisons
variety show n (spectacle m de) variétés fpl
various ['vɛərɪəs] adj divers(e), différent(e); (several) divers, plusieurs; **at various times** (different) en diverses occasions; (several) à plusieurs reprises
varnish ['vɑːnɪʃ] n vernis m; (for nails) vernis (à ongles) ♦ vt vernir; **to varnish one's nails** se vernir les ongles
vary ['vɛərɪ] vt, vi varier, changer; **to vary with** or **according to** varier selon
vase [vɑːz] n vase m
Vaseline® ['væsɪliːn] n vaseline f
vast [vɑːst] adj vaste, immense; (amount, success) énorme
VAT [væt] n abbr (BRIT) = **value added tax**
vat [væt] n cuve f
vault [vɔːlt] n (of roof) voûte f; (tomb) caveau m; (in bank) salle f des coffres; chambre forte; (jump) saut m ♦ vt (also: **vault over**) sauter (d'un bond)
vaunted ['vɔːntɪd] adj: **much-vaunted** tant célébré(e)
VCR n abbr = **video cassette recorder**
VD n abbr = **venereal disease**
VDU n abbr = **visual display unit**
veal [viːl] n veau m
veer [vɪə*] vi tourner; virer
vegan ['viːgən] n végétalien/ne
vegeburger ['vedʒɪbɜːgə*] n burger végétarien
vegetable ['vedʒtəbl] n légume m ♦ adj végétal(e)
vegetarian [vedʒɪ'tɛərɪən] adj, n végétarien/ne
vehement ['viːɪmənt] adj violent(e), impétueux(euse); (impassioned) ardent(e)
vehicle ['viːɪkl] n véhicule m
veil [veɪl] n voile m ♦ vt voiler; **under a veil of secrecy** (fig) dans le plus grand secret

vein [veɪn] n veine f; (on leaf) nervure f; (fig: mood) esprit m
velocity [vɪ'lɒsɪtɪ] n vitesse f, vélocité f
velvet ['velvɪt] n velours m
vending machine ['vendɪŋ-] n distributeur m automatique
veneer [və'nɪə*] n placage m de bois; (fig) vernis m
venereal [vɪ'nɪərɪəl] adj: **venereal disease (VD)** maladie vénérienne
Venetian [vɪ'niːʃən] adj: **Venetian blind** store vénitien
vengeance ['vendʒəns] n vengeance f; **with a vengeance** (fig) vraiment, pour de bon
venison ['venɪsn] n venaison f
venom ['venəm] n venin m
vent [vent] n conduit m d'aération; (in dress, jacket) fente f ♦ vt (fig: one's feelings) donner libre cours à
ventilator ['ventɪleɪtə*] n ventilateur m
ventriloquist [ven'trɪləkwɪst] n ventriloque m/f
venture ['ventʃə*] n entreprise f ♦ vt risquer, hasarder ♦ vi s'aventurer, se risquer; **a business venture** une entreprise commerciale; **to venture to do sth** se risquer à faire qch
venue ['venjuː] n (of conference etc) lieu m de la réunion (or manifestation etc); (of match) lieu de la rencontre
verb [vɜːb] n verbe m
verbal ['vɜːbl] adj verbal(e); (translation) littéral(e)
verbatim [vɜː'beɪtɪm] adj, adv mot pour mot
verdict ['vɜːdɪkt] n verdict m; **verdict of guilty/not guilty** verdict de culpabilité/de non-culpabilité
verge [vɜːdʒ] n bord m; **"soft verges"** (BRIT) "accotements non stabilisés"; **on the verge of doing** sur le point de faire
▶ **verge on** vt fus approcher de
verify ['verɪfaɪ] vt vérifier
vermin ['vɜːmɪn] npl animaux mpl nuisibles; (insects) vermine f
vermouth ['vɜːməθ] n vermouth m
versatile ['vɜːsətaɪl] adj polyvalent(e)
verse [vɜːs] n vers mpl; (stanza) strophe f; (in bible) verset m; **in verse** en vers
version ['vɜːʃən] n version f
versus ['vɜːsəs] prep contre
vertical ['vɜːtɪkl] adj vertical(e) ♦ n verticale f
vertigo ['vɜːtɪgəu] n vertige m; **to suffer from vertigo** avoir des vertiges
verve [vɜːv] n brio m; enthousiasme m
very ['verɪ] adv très ♦ adj: **the very book which** le livre même que; **the very thought (of it) ...** rien que d'y penser ...; **at the very end** tout à la fin; **the very last** le tout dernier; **at the very least** au moins; **very well** très bien; **very little** très peu; **very much** beaucoup
vessel ['vesl] n (ANAT, NAUT) vaisseau m; (container)

récipient m

vest [vest] n (BRIT) tricot m de corps; (US) gilet m
♦ vt: **to vest sb with sth, to vest sth in sb** investir
qn de qch

vested interest n: **to have a vested interest
in doing** avoir tout intérêt à faire; **vested interests**
npl (COMM) droits acquis

vet [vet] n abbr (= veterinary surgeon) vétérinaire
m/f ♦ vt examiner minutieusement; (text) revoir;
(candidate) se renseigner soigneusement sur, soumettre à une enquête approfondie

veteran [ˈvetərn] n vétéran m; (also: **war veteran**)
ancien combattant ♦ adj: **she's a veteran campaigner for ...** cela fait très longtemps qu'elle lutte
pour ...

veterinary surgeon n (BRIT) vétérinaire m/f

veto [ˈviːtəu] n (pl **vetoes**) veto m ♦ vt opposer
son veto à; **to put a veto on** mettre (or opposer)
son veto à

vex [veks] vt fâcher, contrarier

vexed [vekst] adj (question) controversé(e)

via [ˈvaɪə] prep par, via

viable [ˈvaɪəbl] adj viable

vibrate [vaɪˈbreɪt] vi: **to vibrate (with)** vibrer (de);
(resound) retentir (de)

vicar [ˈvɪkə*] n pasteur m (de l'église anglicane)

vicarage [ˈvɪkərɪdʒ] n presbytère m

vicarious [vɪˈkeərɪəs] adj (pleasure, experience)
indirect(e)

vice [vaɪs] n (evil) vice m; (TECH) étau m

vice- [vaɪs] prefix vice-

vice squad n = brigade mondaine

vice versa [ˈvaɪsɪˈvɜːsə] adv vice versa

vicinity [vɪˈsɪnɪtɪ] n environs mpl, alentours mpl

vicious [ˈvɪʃəs] adj (remark) cruel(le), méchant(e);
(blow) brutal(e); **a vicious circle** un cercle vicieux

victim [ˈvɪktɪm] n victime f; **to be the victim of**
être victime de

victor [ˈvɪktə*] n vainqueur m

Victorian [vɪkˈtɔːrɪən] adj victorien(ne)

victory [ˈvɪktərɪ] n victoire f; **to win a victory
over sb** remporter une victoire sur qn

video [ˈvɪdɪəu] n (video film) vidéo f; (also: **video
cassette**) vidéocassette f; (also: **video cassette
recorder**) magnétoscope m ♦ vt (with recorder)
enregistrer; (with camera) filmer ♦ cpd vidéo inv

video tape n bande f vidéo inv; (cassette) vidéocassette f

video wall n mur m d'images vidéo

vie [vaɪ] vi: **to vie with** lutter avec, rivaliser avec

Vienna [vɪˈenə] n Vienne

Vietnam, Viet Nam [ˈvjetˈnæm] n Viêt-nam or
Vietnam m

Vietnamese [vjetnəˈmiːz] adj vietnamien(ne)
♦ n (pl inv) Vietnamien/ne; (LING) vietnamien m

view [vjuː] n vue f; (opinion) avis m, vue ♦ vt
(situation) considérer; (house) visiter; **on view** (in

museum etc) exposé(e); **in full view of sb** sous les
yeux de qn; **to be within view (of sth)** être à portée de vue (de qch); **an overall view of the situation** une vue d'ensemble de la situation; **in my
view** à mon avis; **in view of the fact that** étant
donné que; **with a view to doing sth** dans l'intention de faire qch

viewer [ˈvjuːə*] n (viewfinder) viseur m; (small projector) visionneuse f; (TV) téléspectateur/trice

viewfinder [ˈvjuːfaɪndə*] n viseur m

viewpoint [ˈvjuːpɔɪnt] n point m de vue

vigorous [ˈvɪgərəs] adj vigoureux(euse)

vile [vaɪl] adj (action) vil(e); (smell) abominable;
(temper) massacrant(e)

villa [ˈvɪlə] n villa f

village [ˈvɪlɪdʒ] n village m

villager [ˈvɪlɪdʒə*] n villageois/e

villain [ˈvɪlən] n (scoundrel) scélérat m; (criminal)
bandit m; (in novel etc) traître m

vindicate [ˈvɪndɪkeɪt] vt défendre avec succès;
justifier

vindictive [vɪnˈdɪktɪv] adj vindicatif(ive), rancu-
nier(ière)

vine [vaɪn] n vigne f; (climbing plant) plante grimpante

vinegar [ˈvɪnɪgə*] n vinaigre m

vineyard [ˈvɪnjɑːd] n vignoble m

vintage [ˈvɪntɪdʒ] n (year) année f, millésime m;
the 1970 vintage le millésime 1970

vintage car n voiture ancienne

vintage wine n vin m de grand cru

viola [vɪˈəulə] n alto m

violate [ˈvaɪəleɪt] vt violer

violence [ˈvaɪələns] n violence f; (POL etc) incidents violents

violent [ˈvaɪələnt] adj violent(e); **a violent dislike
of sb/sth** une aversion profonde pour qn/qch

violet [ˈvaɪələt] adj (colour) violet(te) ♦ n (plant)
violette f

violin [vaɪəˈlɪn] n violon m

violinist [vaɪəˈlɪnɪst] n violoniste m/f

VIP n abbr (= very important person) VIP m

virgin [ˈvɜːdʒɪn] n vierge f ♦ adj vierge; **she is a
virgin** elle est vierge; **the Blessed Virgin** la Sainte
Vierge

Virgo [ˈvɜːgəu] n la Vierge; **to be Virgo** être de la
Vierge

virile [ˈvɪraɪl] adj viril(e)

virtually [ˈvɜːtjuəlɪ] adv (almost) pratiquement; **it
is virtually impossible** c'est quasiment impossible

virtual reality n réalité virtuelle

virtue [ˈvɜːtjuː] n vertu f; (advantage) mérite m,
avantage m; **by virtue of** par le fait de

virtuous [ˈvɜːtjuəs] adj vertueux(euse)

virus [ˈvaɪərəs] n virus m

visa [ˈviːzə] n visa m

visibility [ˌvɪzɪˈbɪlɪtɪ] n visibilité f
visible [ˈvɪzəbl] adj visible; **visible exports/imports** exportations/importations fpl visibles
vision [ˈvɪʒən] n (sight) vue f, vision f; (foresight, in dream) vision
visit [ˈvɪzɪt] n visite f; (stay) séjour m ♦ vt (person) rendre visite à; (place) visiter; **on a private/official visit** en visite privée/officielle
visiting hours npl heures fpl de visite
visitor [ˈvɪzɪtə*] n visiteur/euse; (in hotel) client/e
visitor centre n hall m or centre m d'accueil
visor [ˈvaɪzə*] n visière f
vista [ˈvɪstə] n vue f, perspective f
visual [ˈvɪzjuəl] adj visuel(le)
visual aid n support visuel (pour l'enseignement)
visual display unit (VDU) n console f de visualisation, visuel m
visualize [ˈvɪzjuəlaɪz] vt se représenter; (foresee) prévoir
visually-impaired [ˈvɪzjuəlɪmˈpɛəd] adj malvoyant(e)
vital [ˈvaɪtl] adj vital(e); **of vital importance (to sb/sth)** d'une importance capitale (pour qn/qch)
vitally [ˈvaɪtəlɪ] adv extrêmement
vital statistics npl (of population) statistiques fpl démographiques; (col: woman's) mensurations fpl
vitamin [ˈvɪtəmɪn] n vitamine f
vivacious [vɪˈveɪʃəs] adj animé(e), qui a de la vivacité
vivid [ˈvɪvɪd] adj (account) frappant(e); (light, imagination) vif(vive)
vividly [ˈvɪvɪdlɪ] adv (describe) d'une manière vivante; (remember) de façon précise
V-neck [ˈviːnɛk] n décolleté m en V
vocabulary [vəuˈkæbjulərɪ] n vocabulaire m
vocal [ˈvəukl] adj vocal(e); (articulate) qui n'hésite pas à s'exprimer, qui sait faire entendre ses opinions; **vocals** npl voix fpl
vocal cords npl cordes vocales
vocation [vəuˈkeɪʃən] n vocation f
vocational [vəuˈkeɪʃənl] adj professionnel(le); **vocational guidance/training** orientation/formation professionnelle
vociferous [vəˈsɪfərəs] adj bruyant(e)
vodka [ˈvɒdkə] n vodka f
vogue [vəug] n mode f; (popularity) vogue f; **to be in vogue** être en vogue or à la mode
voice [vɔɪs] n voix f; (opinion) avis m ♦ vt (opinion) exprimer, formuler; **in a loud/soft** à voix haute/basse; **to give voice to** exprimer
voice mail n (system) messagerie f vocale; (device) boîte f vocale
void [vɔɪd] n vide m ♦ adj (invalid) nul(le); (empty): **void of** vide de, dépourvu(e) de
volatile [ˈvɒlətaɪl] adj volatil(e); (fig) versatile

volcano, pl **volcanoes** [vɒlˈkeɪnəu] n volcan m
volition [vəˈlɪʃən] n: **of one's own volition** de son propre gré
volley [ˈvɒlɪ] n (of gunfire) salve f; (of stones etc) pluie f, volée f; (TENNIS etc) volée
volleyball [ˈvɒlɪbɔːl] n volley(-ball) m
volt [vəult] n volt m
voltage [ˈvəultɪdʒ] n tension f, voltage m; **high/low voltage** haute/basse tension
volume [ˈvɒljuːm] n volume m; (of tank) capacité f; **volume one/two** (of book) tome un/deux; **his expression spoke volumes** son expression en disait long
voluntarily [ˈvɒləntrɪlɪ] adv volontairement; bénévolement
voluntary [ˈvɒləntərɪ] adj volontaire; (unpaid) bénévole
volunteer [vɒlənˈtɪə*] n volontaire m/f ♦ vi (MIL) s'engager comme volontaire; **to volunteer to do** se proposer pour faire
vomit [ˈvɒmɪt] n vomissure f ♦ vt, vi vomir
vote [vəut] n vote m, suffrage m; (cast) voix f, vote; (franchise) droit m de vote ♦ vt (bill) voter; (chairman) élire ♦ vi voter; **to put sth to the vote, to take a vote on sth** mettre qch aux voix, procéder à un vote sur qch; **vote for** or **in favour of/against** vote pour/contre; **to vote to do sth** voter en faveur de faire qch; **vote of censure** motion f de censure; **vote of thanks** discours m de remerciement
voter [ˈvəutə*] n électeur/trice
voting [ˈvəutɪŋ] n scrutin m
vouch [vautʃ]: **to vouch for** vt fus se porter garant de
voucher [ˈvautʃə*] n (for meal, petrol) bon m; (receipt) reçu m; **travel voucher** bon m de transport
vow [vau] n vœu m, serment m ♦ vi jurer; **to take** or **make a vow to do sth** faire le vœu de faire qch
vowel [ˈvauəl] n voyelle f
voyage [ˈvɔɪdʒ] n voyage m par mer, traversée f
vulgar [ˈvʌlgə*] adj vulgaire
vulnerable [ˈvʌlnərəbl] adj vulnérable
vulture [ˈvʌltʃə*] n vautour m

— W w —

wad [wɒd] n (of cotton wool, paper) tampon m; (of banknotes etc) liasse f
waddle [ˈwɒdl] vi se dandiner
wade [weɪd] vi: **to wade through** marcher dans, patauger dans ♦ vt passer à gué
wafer [ˈweɪfə*] n (CULIN) gaufrette f; (REL) pain m d'hostie; (COMPUT) tranche f (de silicium)
waffle [ˈwɒfl] n (CULIN) gaufre f; (col) rabâchage m;

remplissage m ♦ vi parler pour ne rien dire; faire du remplissage

waft [wɒft] vt porter ♦ vi flotter

wag [wæg] vt agiter, remuer ♦ vi remuer; **the dog wagged its tail** le chien a remué la queue

wage [weɪdʒ] n (also: **wages**) salaire m, paye f ♦ vt: **to wage war** faire la guerre; **a day's wages** un jour de salaire

wage earner [-ɜːnəʳ] n salarié/e; (breadwinner) soutien m de famille

wage packet n (BRIT) (enveloppe f de) paye f

wager [weɪdʒəʳ] n pari m ♦ vt parier

wag(g)on [wægən] n (horse-drawn) chariot m; (BRIT RAIL) wagon m (de marchandises)

wail [weɪl] n gémissement m; (of siren) hurlement m ♦ vi gémir; hurler

waist [weɪst] n taille f, ceinture f

waistcoat [weɪskəut] n (BRIT) gilet m

waistline [weɪstlaɪn] n (tour m de) taille f

wait [weɪt] n attente f ♦ vi attendre; **to wait for sb/sth** attendre qn/qch; **to keep sb waiting** faire attendre qn; **wait a minute!** un instant!; **"repairs while you wait"** "réparations minute"; **I can't wait to ...** (fig) je meurs d'envie de ...; **to lie in wait for** guetter

▶ **wait behind** vi rester (à attendre)

▶ **wait on** vt fus servir

▶ **wait up** vi attendre, ne pas se coucher; **don't wait up for me** ne m'attendez pas pour aller vous coucher

waiter [weɪtəʳ] n garçon m (de café), serveur m

waiting [weɪtɪŋ] n: **"no waiting"** (BRIT AUT) "stationnement interdit"

waiting list n liste f d'attente

waiting room n salle f d'attente

waitress [weɪtrɪs] n serveuse f

waive [weɪv] vt renoncer à, abandonner

wake [weɪk] vb, pt **woke**, **waked**, pp **woken**, **waked** [wəuk, 'wəukn] vt (also: **wake up**) réveiller ♦ vi (also: **wake up**) se réveiller ♦ n (for dead person) veillée f mortuaire; (NAUT) sillage m; **to wake up to sth** (fig) se rendre compte de qch; **in the wake of** (fig) à la suite de; **to follow in sb's wake** (fig) marcher sur les traces de qn

Wales [weɪlz] n pays m de Galles

walk [wɔːk] n promenade f; (short) petit tour m; (gait) démarche f; (pace): **at a quick walk** d'un pas rapide; (path) chemin m; (in park etc) allée f ♦ vi marcher; (for pleasure, exercise) se promener ♦ vt (distance) faire à pied; (dog) promener; **10 minutes' walk from** à 10 minutes de marche; **to go for a walk** se promener; faire un tour; **I'll walk you home** je vais vous raccompagner chez vous; **from all walks of life** de toutes conditions sociales

▶ **walk out** vi (go out) sortir; (as protest) partir (en signe de protestation); (strike) se mettre en grève; **to walk out on sb** quitter qn

walker [wɔːkəʳ] n (person) marcheur/euse

walkie-talkie [wɔːkɪ'tɔːkɪ] n talkie-walkie m

walking [wɔːkɪŋ] n marche f à pied; **it's within walking distance** on peut y aller à pied

walking shoes npl chaussures fpl de marche

walking stick n canne f

Walkman® [wɔːkmən] n Walkman® m

walkout [wɔːkaut] n (of workers) grève-surprise f

walkover [wɔːkəuvəʳ] n (col) victoire f or examen m etc facile

walkway [wɔːkweɪ] n promenade f, cheminement piéton

wall [wɔːl] n mur m; (of tunnel, cave) paroi f; **to go to the wall** (fig: firm etc) faire faillite

▶ **wall in** vt (garden etc) entourer d'un mur

walled [wɔːld] adj (city) fortifié(e)

wallet [wɒlɪt] n portefeuille m

wallflower [wɔːlflauəʳ] n giroflée f; **to be a wallflower** (fig) faire tapisserie

wallow [wɒləu] vi se vautrer; **to wallow in one's grief** se complaire à sa douleur

wallpaper [wɔːlpeɪpəʳ] n papier peint

walnut [wɔːlnʌt] n noix f; (tree) noyer m

walrus, pl **walrus** or **walruses** [wɔːlrəs] n morse m

waltz [wɔːlts] n valse f ♦ vi valser

wand [wɒnd] n (also: **magic wand**) baguette f (magique)

wander [wɒndəʳ] vi (person) errer, aller sans but; (thoughts) vagabonder; (river) serpenter ♦ vt errer dans

wane [weɪn] vi (moon) décroître; (reputation) décliner

wangle [wæŋgl] (BRIT col) vt se débrouiller pour avoir; carotter ♦ n combine f, magouille f

want [wɒnt] vt vouloir; (need) avoir besoin de; (lack) manquer de ♦ n (poverty) pauvreté f, besoin m; **wants** npl (needs) besoins mpl; **for want of** par manque de, faute de; **to want to do** vouloir faire; **to want sb to do** vouloir que qn fasse; **you're wanted on the phone** on vous demande au téléphone

wanted [wɒntɪd] adj (criminal) recherché(e) par la police; **"cook wanted"** "on recherche un cuisinier"

wanting [wɒntɪŋ] adj: **to be wanting (in)** manquer (de); **to be found wanting** ne pas être à la hauteur

war [wɔːʳ] n guerre f; **to go to war** se mettre en guerre

ward [wɔːd] n (in hospital) salle f; (POL) section électorale; (LAW: child) pupille m/f

▶ **ward off** vt parer, éviter

warden [wɔːdn] n (BRIT: of institution) directeur/trice; (of park, game reserve) gardien/ne; (BRIT: also: **traffic warden**) contractuel/le

warder [wɔːdəʳ] n (BRIT) gardien m de prison

wardrobe ['wɔːdrəub] n (cupboard) armoire f; (clothes) garde-robe f; (THEAT) costumes mpl

warehouse ['wɛəhaus] n entrepôt m

wares [wɛəz] npl marchandises fpl

warfare ['wɔːfɛə*] n guerre f

warhead ['wɔːhed] n (MIL) ogive f

warily ['wɛərɪlɪ] adv avec prudence, avec précaution

warm [wɔːm] adj chaud(e); (person, greeting, welcome, applause) chaleureux(euse); (supporter) ardent(e), enthousiaste; **it's warm** il fait chaud; **I'm warm** j'ai chaud; **to keep sth warm** tenir qch au chaud; **with my warmest thanks/congratulations** avec mes remerciements/mes félicitations les plus sincères

▶ **warm up** vi (person, room) se réchauffer; (water) chauffer; (athlete, discussion) s'échauffer ♦ vt réchauffer; chauffer; (engine) faire chauffer

warm-hearted [wɔːm'hɑːtɪd] adj affectueux(euse)

warmly ['wɔːmlɪ] adv chaudement; chaleureusement

warmth [wɔːmθ] n chaleur f

warn [wɔːn] vt avertir, prévenir; **to warn sb not to do sth** or **against doing sth** prévenir qn de ne pas faire qch

warning ['wɔːnɪŋ] n avertissement m; (notice) avis m; **without (any) warning** (suddenly) inopinément; (without notifying) sans prévenir; **gale warning** (METEOROLOGY) avis de grand vent

warning light n avertisseur lumineux

warning triangle n (AUT) triangle m de présignalisation

warp [wɔːp] n (TEXTILES) chaîne f ♦ vi (wood) travailler, se voiler or gauchir ♦ vt voiler; (fig) pervertir

warrant ['wɔrnt] n (guarantee) garantie f; (LAW: to arrest) mandat m d'arrêt; (: to search) mandat de perquisition ♦ vt (justify, merit) justifier

warranty ['wɔrəntɪ] n garantie f; **under warranty** (COMM) sous garantie

warren ['wɔrən] n (of rabbits) terriers mpl, garenne f

warrior ['wɔrɪə*] n guerrier/ière

Warsaw ['wɔːsɔː] n Varsovie

warship ['wɔːʃɪp] n navire m de guerre

wart [wɔːt] n verrue f

wartime ['wɔːtaɪm] n: **in wartime** en temps de guerre

wary ['wɛərɪ] adj prudent(e); **to be wary about** or **of doing sth** hésiter beaucoup à faire qch

was [wɔz] pt of **be**

wash [wɔʃ] vt laver; (sweep, carry: sea etc) emporter, entraîner; (: ashore) rejeter ♦ vi se laver ♦ n (paint) badigeon m; (washing programme) lavage m; (of ship) sillage m; **to give sth a wash** laver qch; **to have a wash** se laver, faire sa toilette; **he was washed overboard** il a été emporté par une vague

▶ **wash away** vt (stain) enlever au lavage; (river etc) emporter

▶ **wash down** vt laver; laver à grande eau

▶ **wash off** vi partir au lavage

▶ **wash up** vi faire la vaisselle; (US: have a wash) se débarbouiller

washable ['wɔʃəbl] adj lavable

washbasin ['wɔʃbeɪsn] n lavabo m

washcloth ['wɔʃklɔθ] n (US) gant m de toilette

washer ['wɔʃə*] n (TECH) rondelle f, joint m

washing ['wɔʃɪŋ] n (BRIT: linen etc) lessive f

washing machine n machine f à laver

washing powder n (BRIT) lessive f (en poudre)

washing-up [wɔʃɪŋ'ʌp] n (BRIT) vaisselle f

washing-up liquid n (BRIT) produit m pour la vaisselle

wash-out ['wɔʃaut] n (col) désastre m

washroom ['wɔʃrum] n toilettes fpl

wasn't ['wɔznt] = **was not**

wasp [wɔsp] n guêpe f

wastage ['weɪstɪdʒ] n gaspillage m; (in manufacturing, transport etc) déchet m

waste [weɪst] n gaspillage m; (of time) perte f; (rubbish) déchets mpl; (also: **household waste**) ordures fpl ♦ adj (material) de rebut; (energy, heat) perdu(e); (food) inutilisé(e); (land, ground: in city) à l'abandon; (: in country) inculte, en friche ♦ vt gaspiller; (time, opportunity) perdre; **wastes** npl étendue f désertique; **it's a waste of money** c'est de l'argent jeté en l'air; **to go to waste** être gaspillé(e); **to lay waste** (destroy) dévaster

▶ **waste away** vi dépérir

waste disposal (unit) n (BRIT) broyeur m d'ordures

wasteful ['weɪstful] adj gaspilleur(euse); (process) peu économique

waste ground n (BRIT) terrain m vague

wastepaper basket ['weɪstpeɪpə-] n corbeille f à papier

watch [wɔtʃ] n montre f; (act of watching) surveillance f; guet m; (guard: MIL) sentinelle f; (: NAUT) homme m de quart; (NAUT: spell of duty) quart m ♦ vt (look at) observer; (: match, programme) regarder; (spy on, guard) surveiller; (be careful of) faire attention à ♦ vi regarder; (keep guard) monter la garde; **to keep a close watch on sb/sth** surveiller qn/qch de près; **watch what you're doing** fais attention à ce que tu fais

▶ **watch out** vi faire attention

watchdog ['wɔtʃdɔg] n chien m de garde; (fig) gardien/ne

watchful ['wɔtʃful] adj attentif(ive), vigilant(e)

watchmaker ['wɔtʃmeɪkə*] n horloger/ère

watchman ['wɔtʃmən] n gardien m; (also: **night watchman**) veilleur m de nuit

watchstrap ['wɔtʃstræp] n bracelet m de montre

water ['wɔːtə*] n eau f ♦ vt (plant) arroser ♦ vi

(eyes) larmoyer; **a drink of water** un verre d'eau; **in British waters** dans les eaux territoriales Britanniques; **to pass water** uriner; **to make sb's mouth water** mettre l'eau à la bouche de qn
▶ **water down** vt (milk) couper d'eau; (fig: story) édulcorer

watercolour, (US) **watercolor** ['wɔːtəkʌlə*] n aquarelle f; **watercolours** npl couleurs fpl pour aquarelle

watercress ['wɔːtəkrɛs] n cresson m (de fontaine)

waterfall ['wɔːtəfɔːl] n chute f d'eau

water heater n chauffe-eau m

watering can ['wɔːtərɪŋ-] n arrosoir m

water lily n nénuphar m

waterline ['wɔːtəlaɪn] n (NAUT) ligne f de flottaison

waterlogged ['wɔːtəlɔgd] adj détrempé(e); imbibé(e) d'eau

water main n canalisation f d'eau

watermelon ['wɔːtəmɛlən] n pastèque f

waterproof ['wɔːtəpruːf] adj imperméable

watershed ['wɔːtəʃɛd] n (GEO) ligne f de partage des eaux; (fig) moment m critique, point décisif

water-skiing ['wɔːtəskiːɪŋ] n ski m nautique

watertight ['wɔːtətaɪt] adj étanche

waterway ['wɔːtəweɪ] n cours m d'eau navigable

waterworks ['wɔːtəwəːks] npl station f hydraulique

watery ['wɔːtərɪ] adj (colour) délavé(e); (coffee) trop faible

watt [wɔt] n watt m

wave [weɪv] n vague f; (of hand) geste m, signe m; (RADIO) onde f; (in hair) ondulation f; (fig: of enthusiasm, strikes etc) vague ◆ vi faire signe de la main; (flag) flotter au vent ◆ vt (handkerchief) agiter; (stick) brandir; (hair) onduler; **to wave goodbye to sb** dire au revoir de la main à qn; **short/medium wave** (RADIO) ondes courtes/moyennes; **long wave** (RADIO) grandes ondes; **the new wave** (CINE, MUS) la nouvelle vague
▶ **wave aside, wave away** vt (person): **to wave sb aside** faire signe à qn de s'écarter; (fig: suggestion, objection) rejeter, repousser; (: doubts) dissiper

wavelength ['weɪvlɛŋθ] n longueur f d'ondes

waver ['weɪvə*] vi vaciller; (voice) trembler; (person) hésiter

wavy ['weɪvɪ] adj ondulé(e), onduleux(euse)

wax [wæks] n cire f; (for skis) fart m ◆ vt cirer; (car) lustrer ◆ vi (moon) croître

waxworks ['wækswɔːks] npl personnages mpl de cire; musée m de cire

way [weɪ] n chemin m, voie f; (path, access) passage m; (distance) distance f; (direction) chemin, direction f; (manner) façon f, manière f; (habit) habitude f, façon f; (condition) état m; **which way? – this way** par où or de quel côté? – par ici; **to crawl one's way to ...** ramper jusqu'à ...; **to lie one's way out of it** s'en sortir par un mensonge; **to lose**

one's way perdre son chemin; **on the way (to)** en route (pour); **to be on one's way** être en route; **to be in the way** bloquer le passage; (fig) gêner; **to keep out of sb's way** éviter qn; **it's a long way away** c'est loin d'ici; **the village is rather out of the way** le village est plutôt à l'écart or isolé; **to go out of one's way to do** (fig) se donner beaucoup de mal pour faire; **to be under way** (work, project) être en cours; **to make way (for sb/sth)** faire place (à qn/qch), s'écarter pour laisser passer (qn/qch); **to get one's own way** arriver à ses fins; **put it the right way up** (BRIT) mettez-le dans le bon sens; **to be the wrong way round** être à l'envers, pas être dans le bon sens; **he's in a bad way** il va mal; **in a way** d'un côté; **in some ways** à certains égards; d'un côté; **in the way of** en fait de, comme; **by way of** (through) en passant par, via; (as a sort of) en guise de; **"way in"** (BRIT) "entrée"; **"way out"** (BRIT) "sortie"; **the way back** le chemin du retour; **this way and that** par-ci par-là; **"give way"** (BRIT AUT) "cédez la priorité"; **no way!** (col) pas question!

waylay [weɪ'leɪ] vt irreg attaquer; (fig): **I got waylaid** quelqu'un m'a accroché

wayward ['weɪwəd] adj capricieux(euse), entêté(e)

WC n abbr (BRIT: = water closet) w.-c. mpl, waters mpl

we [wiː] pl pron nous

weak [wiːk] adj faible; (health) fragile; (beam etc) peu solide; (tea, coffee) léger(ère); **to grow weak(er)** s'affaiblir, faiblir

weaken ['wiːkn] vi faiblir ◆ vt affaiblir

weakling ['wiːklɪŋ] n gringalet m; faible m/f

weakness ['wiːknɪs] n faiblesse f; (fault) point m faible

wealth [wɛlθ] n (money, resources) richesse(s) f(pl); (of details) profusion f

wealthy ['wɛlθɪ] adj riche

wean [wiːn] vt sevrer

weapon ['wɛpən] n arme f

wear [wɛə*] n (use) usage m; (deterioration through use) usure f; (clothing): **sports/babywear** vêtements mpl de sport/pour bébés; **town/evening wear** tenue f de ville/de soirée ◆ vb, pt **wore**, pp **worn** [wɔː*, wɔːn] vt (clothes) porter; (beard etc) avoir; (damage: through use) user ◆ vi (last) faire de l'usage; (rub etc through) s'user; **wear and tear** usure f; **to wear a hole in sth** faire (à la longue) un trou dans qch
▶ **wear away** vt user, ronger ◆ vi s'user, être rongé(e)
▶ **wear down** vt user; (strength) épuiser
▶ **wear off** vi disparaître
▶ **wear on** vi se poursuivre; passer
▶ **wear out** vt user; (person, strength) épuiser

weary ['wɪərɪ] adj (tired) épuisé(e); (dispirited) las(lasse); abattu(e) ◆ vt lasser ◆ vi: **to weary of** se lasser de

weasel ['wi:zl] n (ZOOL) belette f

weather ['weðə⁺] n temps m ◆ vt (wood) faire mûrir; (tempest, crisis) essuyer, être pris(e) dans; survivre à, tenir le coup durant; **what's the weather like?** quel temps fait-il?; **under the weather** (fig: ill) mal fichu(e)

weather-beaten ['weðəbi:tn] adj (person) hâlé(e); (building) dégradé(e) par les intempéries

weathercock ['weðəkɒk] n girouette f

weather forecast n prévisions fpl météorologiques, météo f

weatherman ['weðəmæn] n météorologue m

weather vane [-veɪn] n = weather cock

weave, pt **wove**, pp **woven** [wi:v, wəuv, 'wəuvn] vt (cloth) tisser; (basket) tresser ◆ vi (fig: pt, pp **weaved**: move in and out) se faufiler

weaver ['wi:və⁺] n tisserand/e

web [web] n (of spider) toile f; (on foot) palmure f; (fabric, also fig) tissu m

website ['websaɪt] n (COMPUT) site m web

wed [wed] vt, pt, pp **wedded** épouser ◆ n: **the newly-weds** les jeunes mariés

we'd [wi:d] = **we had**, **we would**

wedding ['wedɪŋ] n mariage m

wedding day n jour m du mariage

wedding dress n robe f de mariée

wedding ring n alliance f

wedge [wedʒ] n (of wood etc) coin m; (under door etc) cale f; (of cake) part f ◆ vt (fix) caler; (push) enfoncer, coincer

Wednesday ['wednzdɪ] n mercredi m; for phrases see also **Tuesday**

wee [wi:] adj (Scottish) petit(e); tout(e) petit(e)

weed [wi:d] n mauvaise herbe ◆ vt désherber

▶ **weed out** vt éliminer

weedkiller ['wi:dkɪlə⁺] n désherbant m

weedy ['wi:dɪ] adj (man) gringalet

week [wi:k] n semaine f; **once/twice a week** une fois/deux fois par semaine; **in two weeks' time** dans quinze jours; **Tuesday week, a week on Tuesday** mardi en huit

weekday ['wi:kdeɪ] n jour m de semaine; (COMM) jour ouvrable; **on weekdays** en semaine

weekend [wi:k'end] n week-end m

weekly ['wi:klɪ] adv une fois par semaine, chaque semaine ◆ adj, n hebdomadaire (m)

weep, pt, pp **wept** [wi:p, wept] vi (person) pleurer; (MED: wound etc) suinter

weeping willow ['wi:pɪŋ-] n saule pleureur

weigh [weɪ] vt, vi peser; **to weigh anchor** lever l'ancre; **to weigh the pros and cons** peser le pour et le contre

▶ **weigh down** vt (branch) faire plier; (fig: with worry) accabler

▶ **weigh out** vt (goods) peser

▶ **weigh up** vt examiner

weight [weɪt] n poids m ◆ vt alourdir; (fig: factor) pondérer; **sold by weight** vendu au poids; **to put on/lose weight** grossir/maigrir; **weights and measures** poids et mesures

weighting ['weɪtɪŋ] n: **weighting allowance** indemnité f de résidence

weightlifter ['weɪtlɪftə⁺] n haltérophile m

weightlifting ['weɪtlɪftɪŋ] n haltérophilie f

weighty ['weɪtɪ] adj lourd(e)

weir [wɪə⁺] n barrage m

weird [wɪəd] adj bizarre; (eerie) surnaturel(le)

welcome ['welkəm] adj bienvenu(e) ◆ n accueil m ◆ vt accueillir; (also: **bid welcome**) souhaiter la bienvenue à; (be glad of) se réjouir de; **to be welcome** être le(la) bienvenu(e); **to make sb welcome** faire bon accueil à qn; **you're welcome to try** vous pouvez essayer si vous voulez; **you're welcome!** (after thanks) de rien, il n'y a pas de quoi

weld [weld] n soudure f ◆ vt souder

welder ['weldə⁺] n (person) soudeur m

welfare ['welfeə⁺] n bien-être m

welfare state n État-providence m

well [wel] n puits m ◆ adv bien ◆ adj: **to be well** aller bien ◆ excl eh bien!; bon!; enfin!; **well done!** bravo!; **I don't feel well** je ne me sens pas bien; **get well soon!** remets-toi vite!; **to do well in sth** bien réussir à or dans qch; **to think well of sb** penser du bien de qn; **as well** (in addition) aussi, également; **you might as well tell me** tu ferais aussi bien de me le dire; **as well as** aussi bien que or de; en plus de; **well, as I was saying ...** donc, comme je disais ...

▶ **well up** vi (tears, emotions) monter

we'll [wi:l] = **we will**, **we shall**

well-behaved ['welbɪ'heɪvd] adj sage, obéissant(e)

well-being ['wel'bi:ɪŋ] n bien-être m

well-built ['wel'bɪlt] adj (house) bien construit(e); (person) bien bâti(e)

well-deserved ['weldɪ'zə:vd] adj (bien) mérité(e)

well-dressed ['wel'drest] adj bien habillé(e), bien vêtu(e)

well-heeled ['wel'hi:ld] adj (col: wealthy) fortuné(e), riche

wellingtons ['welɪŋtənz] npl (also: **wellington boots**) bottes fpl de caoutchouc

well-known ['wel'nəun] adj (person) bien connu(e)

well-mannered ['wel'mænəd] adj bien élevé(e)

well-meaning ['wel'mi:nɪŋ] adj bien intentionné(e)

well-off ['wel'ɒf] adj aisé(e), assez riche

well-read ['wel'red] adj cultivé(e)

well-to-do ['weltə'du:] adj aisé(e), assez riche

well-wisher ['welwɪʃə⁺] n ami/e, admirateur/trice; **scores of well-wishers had gathered** de nombreux amis et admirateurs s'étaient rassemblés;

letters from well-wishers des lettres d'encouragement

Welsh [wɛlʃ] adj gallois(e) ◆ n (LING) gallois m; **the Welsh** npl les Gallois

Welsh Assembly n Parlement gallois

Welshman, Welshwoman ['wɛlʃmən, -wumən] n Gallois/e

went [wɛnt] pt of **go**

wept [wɛpt] pt, pp of **weep**

were [wəː*] pt of **be**

we're [wɪə*] = **we are**

weren't [wəːnt] = **were not**

west [wɛst] n ouest m ◆ adj ouest inv, de or à l'ouest ◆ adv à or vers l'ouest; **the West** l'Occident m, l'Ouest

westerly ['wɛstəlɪ] adj (situation) à l'ouest; (wind) d'ouest

western ['wɛstən] adj occidental(e), de or à l'ouest ◆ n (CINE) western m

West Indian adj antillais(e) ◆ n Antillais/e

West Indies [-'ɪndɪz] npl: **the West Indies** les Antilles fpl

westward(s) ['wɛstwəd(z)] adv vers l'ouest

wet [wɛt] adj mouillé(e); (damp) humide; (soaked) trempé(e); (rainy) pluvieux(euse) ◆ vt: **to wet one's pants** or **o.s.** mouiller sa culotte, faire pipi dans sa culotte; **to get wet** se mouiller; **"wet paint"** "attention peinture fraîche"

wet suit n combinaison f de plongée

we've [wiːv] = **we have**

whack [wæk] vt donner un grand coup à

whale [weɪl] n (ZOOL) baleine f

wharf, pl **wharves** [wɔːf, wɔːvz] n quai m

KEYWORD

what [wɔt] adj quel(le); **what size is he?** quelle taille fait-il?; **what colour is it?** de quelle couleur est-ce?; **what books do you need?** quels livres vous faut-il?; **what a mess!** quel désordre!

◆ pron 1 (interrogative) que, prep + quoi; **what are you doing?** que faites-vous?, qu'est-ce que vous faites?; **what is happening?** qu'est-ce qui se passe?, que se passe-t-il?; **what are you talking about?** de quoi parlez-vous?; **what is it called?** comment est-ce que ça s'appelle?; **what about me?** et moi?; **what about doing ...?** et si on faisait ...?

2 (relative: subject) ce qui; (: direct object) ce que; (: indirect object) ce + prep +quoi, ce dont; **I saw what you did/was on the table** j'ai vu ce que vous avez fait/ce qui était sur la table; **tell me what you remember** dites-moi ce dont vous vous souvenez; **what I want is a cup of tea** ce que je veux, c'est une tasse de thé

◆ excl (disbelieving) quoi!, comment!

whatever [wɔt'ɛvə*] adj: **whatever book** quel que soit le livre que (or qui) + sub; n'importe quel

livre ◆ pron: **do whatever is necessary** faites (tout) ce qui est nécessaire; **whatever happens** quoi qu'il arrive; **no reason whatever** or **whatsoever** pas la moindre raison; **nothing whatever** or **whatsoever** rien du tout

whatsoever [wɔtsəu'ɛvə*] adj see **whatever**

wheat [wiːt] n blé m, froment m

wheedle ['wiːdl] vt: **to wheedle sb into doing sth** cajoler or enjôler qn pour qu'il fasse qch; **to wheedle sth out of sb** obtenir qch de qn par des cajoleries

wheel [wiːl] n roue f; (AUT: also: **steering wheel**) volant m; (NAUT) gouvernail m ◆ vt pousser, rouler ◆ vi (also: **wheel round**) tourner

wheelbarrow ['wiːlbærəu] n brouette f

wheelchair ['wiːltʃɛə*] n fauteuil roulant

wheel clamp n (AUT) sabot m (de Denver)

wheeze [wiːz] n respiration bruyante (d'asthmatique) ◆ vi respirer bruyamment

KEYWORD

when [wɛn] adv quand; **when did he go?** quand est-ce qu'il est parti?

◆ conj 1 (at, during, after the time that) quand, lorsque; **she was reading when I came in** elle lisait quand or lorsque je suis entré

2 (on, at which): **on the day when I met him** le jour où je l'ai rencontré

3 (whereas) alors que; **I thought I was wrong when in fact I was right** j'ai cru que j'avais tort alors qu'en fait j'avais raison

whenever [wɛn'ɛvə*] adv quand donc ◆ conj quand; (every time that) chaque fois que; **I go whenever I can** j'y vais quand or chaque fois que je le peux

where [wɛə*] adv, conj où; **this is where** c'est là que; **where are you from?** d'où venez vous?

whereabouts ['wɛərəbauts] adv où donc ◆ n: **sb's whereabouts** l'endroit où se trouve qn

whereas [wɛər'æz] conj alors que

whereby [wɛə'baɪ] adv (formal) par lequel (or laquelle etc)

wherever [wɛər'ɛvə*] adv où donc ◆ conj où que +sub; **sit wherever you like** asseyez-vous (là) où vous voulez

wherewithal ['wɛərwɪðɔːl] n: **the wherewithal (to do sth)** les moyens mpl (de faire qch)

whether ['wɛðə*] conj si; **I don't know whether to accept or not** je ne sais pas si je dois accepter ou non; **it's doubtful whether** il est peu probable que; **whether you go or not** que vous y alliez ou non

KEYWORD

which [wɪtʃ] adj 1 (interrogative: direct, indirect) quel(le); **which picture do you want?** quel tableau voulez-vous?; **which one?** lequel(laquelle)?

2: in which case auquel cas

♦ *pron* **1** (*interrogative*) lequel(laquelle), lesquels(lesquelles) *pl*; **I don't mind which** peu importe lequel; **which (of these) are yours?** lesquels sont à vous?; **tell me which you want** dites-moi lesquels *or* ceux que vous voulez

2 (*relative: subject*) qui; (: *object*) que, *prep* + lequel(laquelle); (NB: *à* + *lequel* = auquel; *de* + *lequel* = duquel); **the apple which you ate/which is on the table** la pomme que vous avez mangée/qui est sur la table; **the chair on which you are sitting** la chaise sur laquelle vous êtes assis; **the book of which you spoke** le livre dont vous avez parlé; **he knew, which is true/I feared it he knew, which I feared** il le savait, ce qui est vrai/ce que je craignais; **after which** après quoi

whichever [wɪtʃˈevə*] *adj*: **take whichever book you prefer** prenez le livre que vous préférez, peu importe lequel; **whichever book you take** quel que soit le livre que vous preniez; **whichever way you** de quelque façon que vous + *sub*

while [waɪl] *n* moment *m* ♦ *conj* pendant que; (*as long as*) tant que; (*as, whereas*) alors que; (*though*) quoique + *sub*; **for a while** pendant quelque temps; **in a while** dans un moment; **all the while** pendant tout ce temps-là; **we'll make it worth your while** nous vous récompenserons de votre peine

► **while away** *vt* (*time*) (faire) passer

whim [wɪm] *n* caprice *m*

whimper [ˈwɪmpə*] *n* geignement *m* ♦ *vi* geindre

whimsical [ˈwɪmzɪkl] *adj* (*person*) capricieux(euse); (*look*) étrange

whine [waɪn] *n* gémissement *m* ♦ *vi* gémir, geindre; (*engine*)

whip [wɪp] *n* fouet *m*; (*for riding*) cravache *f*; (POL: *person*) chef *m* de file (*assurant la discipline dans son groupe parlementaire*) ♦ *vt* fouetter; (*snatch*) enlever (*or sortir*) brusquement; *voir encadré*

► **whip up** *vt* (*cream*) fouetter; (*col: meal*) préparer en vitesse; (*stir up: support*) stimuler; (: *feeling*) attiser, aviver

---

WHIP

Un **whip** est un député dont le rôle est, entre autres, de s'assurer que les membres de son parti sont régulièrement présents à la "House of Commons", surtout lorsque les votes ont lieu. Les convocations que les **whips** envoient se distinguent, selon leur degré d'importance, par le fait qu'elles sont soulignées 1, 2 ou 3 fois (les "1-, 2-, ou 3-line whips").

---

whipped cream [wɪpt-] *n* crème fouettée

whip-round [ˈwɪpraund] *n* (BRIT) collecte *f*

whirl [wəːl] *n* tourbillon *m* ♦ *vt* faire tourbillonner; faire tournoyer ♦ *vi* tourbillonner

whirlpool [ˈwəːlpuːl] *n* tourbillon *m*

whirlwind [ˈwəːlwɪnd] *n* tornade *f*

whirr [wəː*] *vi* bruire; ronronner; vrombir

whisk [wɪsk] *n* (CULIN) fouet *m* ♦ *vt* fouetter, battre; **to whisk sb away** *or* **off** emmener qn rapidement

whiskers [ˈwɪskəz] *npl* (*of animal*) moustaches *fpl*; (*of man*) favoris *mpl*

whisky, (*Irish*, *US*) **whiskey** [ˈwɪskɪ] *n* whisky *m*

whisper [ˈwɪspə*] *n* chuchotement *m*; (*fig: of leaves*) bruissement *m*; (*rumour*) rumeur *f* ♦ *vt*, *vi* chuchoter

whistle [ˈwɪsl] *n* (*sound*) sifflement *m*; (*object*) sifflet *m* ♦ *vi* siffler ♦ *vt* siffler, siffloter

white [waɪt] *adj* blanc(blanche); (*with fear*) blême ♦ *n* blanc *m*; (*person*) blanc/blanche; **to turn** *or* **go white** (*person*) pâlir, blêmir; (*hair*) blanchir; **the whites** (*washing*) le linge blanc; **tennis whites** tenue *f* de tennis

white coffee *n* (BRIT) café *m* au lait, (café) crème *m*

white-collar worker [ˈwaɪtkɒlə-] *n* employé/e de bureau

white elephant *n* (*fig*) objet dispendieux et superflu

white lie *n* pieux mensonge

white paper *n* (POL) livre blanc

whitewash [ˈwaɪtwɒʃ] *n* (*paint*) lait *m* de chaux ♦ *vt* blanchir à la chaux; (*fig*) blanchir

whiting [ˈwaɪtɪŋ] *n* (*pl inv: fish*) merlan *m*

Whitsun [ˈwɪtsn] *n* la Pentecôte

whizz [wɪz] *vi* aller (*or passer*) à toute vitesse

whizz kid *n* (*col*) petit prodige

who [huː] *pron* qui

whodunit [huːˈdʌnɪt] *n* (*col*) roman policier

whoever [huːˈevə*] *pron*: **whoever finds it** celui(celle) qui le trouve (, qui que ce soit) quiconque le trouve; **ask whoever you like** demandez à qui vous voulez; **whoever he marries** qui que ce soit *or* quelle que soit la personne qu'il épouse; **whoever told you that?** qui a bien pu vous dire ça?, qui donc vous a dit ça?

whole [həul] *adj* (*complete*) entier(ière), tout(e); (*not broken*) intact(e), complet(ète) ♦ *n* (*total*) totalité *f*; (*sth not broken*) tout *m*; **the whole lot (of it)** tout; **the whole lot (of them)** tous (sans exception); **the whole of the time** tout le temps; **the whole of the town** la ville tout entière; **on the whole, as a whole** dans l'ensemble

wholefood(s) [ˈhəulfuːd(z)] *n(pl)* aliments complets

wholehearted [həulˈhɑːtɪd] *adj* sans réserve(s), sincère

wholemeal [ˈhəulmiːl] *adj* (BRIT: *flour*, *bread*) complet(ète)

wholesale ['həulseɪl] n (vente f en) gros m ♦ adj de gros; (destruction) systématique

wholesaler ['həulseɪlə*] n grossiste m/f

wholesome ['həulsəm] adj sain(e); (advice) salutaire

wholewheat ['həulwiːt] adj = wholemeal

wholly ['həulɪ] adv entièrement, tout à fait

┌─── KEYWORD ───┐

whom [huːm] pron 1 (interrogative) qui; **whom did you see?** qui avez-vous vu?; **to whom did you give it?** à qui l'avez-vous donné?
2 (relative) que, prep + qui; **the man whom I saw/to whom I spoke** l'homme que j'ai vu/à qui j'ai parlé

└───────────────┘

whooping cough ['huːpɪŋ-] n coqueluche f

whore [hɔː*] n (col: pej) putain f

┌─── KEYWORD ───┐

whose [huːz] adj 1 (possessive: interrogative): **whose book is this?** à qui est ce livre?; **whose pencil have you taken?** à qui est le crayon que vous avez pris?, c'est le crayon de qui que vous avez pris?; **whose daughter are you?** de qui êtes-vous la fille?
2 (possessive: relative): **the man whose son you rescued** l'homme dont or de qui vous avez sauvé le fils; **the girl whose sister you were speaking to** la fille à la sœur de qui or de laquelle vous parliez; **the woman whose car was stolen** la femme dont la voiture a été volée
♦ pron à qui; **whose is this?** à qui est ceci?; **I know whose it is** je sais à qui c'est

└───────────────┘

why [waɪ] adv pourquoi ♦ excl eh bien!, tiens!; **the reason why** la raison pour laquelle; **why is he late?** pourquoi est-il en retard?

wicked ['wɪkɪd] adj foncièrement mauvais(e), inique; (mischievous: grin, look) espiègle, malicieux(euse); (terrible: prices, weather) épouvantable

wicket ['wɪkɪt] n (CRICKET) guichet m; espace compris entre les deux guichets

wide [waɪd] adj large; (region, knowledge) vaste, très étendu(e); (choice) grand(e) ♦ adv: **to open wide** ouvrir tout grand; **to shoot wide** tirer à côté; **it is 3 metres wide** cela fait 3 mètres de large

wide-awake [waɪdə'weɪk] adj bien éveillé(e)

widely ['waɪdlɪ] adv radicalement; (different) radicalement; (spaced) sur une grande étendue; (believed) généralement; **to be widely read** (author) être beaucoup lu(e); (reader) avoir beaucoup lu, être cultivé(e)

widen ['waɪdn] vt élargir

wide open adj grand(e) ouvert(e)

widespread ['waɪdspred] adj (belief etc) très répandu(e)

widow ['wɪdəu] n veuve f

widowed ['wɪdəud] adj (qui est devenu(e)) veuf(veuve)

widower ['wɪdəuə*] n veuf m

width [wɪdθ] n largeur f; **it's 7 metres in width** cela fait 7 mètres de large

wield [wiːld] vt (sword) manier; (power) exercer

wife, pl **wives** [waɪf, waɪvz] n femme (mariée), épouse f

wig [wɪg] n perruque f

wiggle ['wɪgl] vt agiter, remuer ♦ vi (loose screw etc) branler; (worm) se tortiller

wild [waɪld] adj sauvage; (sea) déchaîné(e); (idea, life) fou(folle); extravagant(e); (col: angry) hors de soi, furieux(euse); (: enthusiastic): **to be wild about** être fou(folle) or dingue de ♦ n: **the wild** la nature; **wilds** npl régions fpl sauvages

wild card n (COMPUT) caractère m de remplacement

wilderness ['wɪldənɪs] n désert m, région f sauvage

wildlife ['waɪldlaɪf] n faune f (et flore f) sauvage(s)

wildly ['waɪldlɪ] adv (applaud) frénétiquement; (hit, guess) au hasard; (happy) follement

wilful, (us) **willful** ['wɪlful] adj (person) obstiné(e); (action) délibéré(e); (crime) prémédité(e)

┌─── KEYWORD ───┐

will [wɪl] (vt: pt, pp willed) aux vb 1 (forming future tense): **I will finish it tomorrow** je le finirai demain; **I will have finished it by tomorrow** je l'aurai fini d'ici demain; **will you do it?** – yes I will/no I won't le ferez-vous? – oui/non; **you won't lose it, will you?** vous ne le perdrez pas, n'est-ce pas?
2 (in conjectures, predictions): **he will or he'll be there by now** il doit être arrivé à l'heure qu'il est; **that will be the postman** ça doit être le facteur
3 (in commands, requests, offers): **will you be quiet!** voulez-vous bien vous taire!; **will you help me?** est-ce que vous pouvez m'aider?; **will you have a cup of tea?** voulez-vous une tasse de thé?; **I won't put up with it!** je ne le tolérerai pas!
♦ vt: **to will sb to do** souhaiter ardemment qn fasse; **he willed himself to go on** par un suprême effort de volonté, il continua
♦ n volonté f; testament m; **to do sth of one's own free will** faire qch de son propre gré; **against one's will** à contre-cœur

└───────────────┘

willing ['wɪlɪŋ] adj de bonne volonté, serviable ♦ n: **to show willing** faire preuve de bonne volonté; **he's willing to do it** il est disposé à le faire, il veut bien le faire

willingly ['wɪlɪŋlɪ] adv volontiers

willingness ['wɪlɪŋnɪs] n bonne volonté

willow ['wɪləu] n saule m

willpower ['wɪl'pauə*] n volonté f

willy-nilly ['wɪlɪ'nɪlɪ] adv bon gré mal gré

wilt [wɪlt] *vi* dépérir

win [wɪn] *n* (*in sports etc*) victoire *f* ♦ *vb, pt, pp* **won** [wʌn] *vt* (*battle, money*) gagner; (*prize, contract*) remporter; (*popularity*) acquérir ♦ *vi* gagner

▶ **win over** (*BRIT*), **win round** *vt* gagner, se concilier

wince [wɪns] *n* tressaillement *m* ♦ *vi* tressaillir

winch [wɪntʃ] *n* treuil *m*

wind[1] [wɪnd] *n* (*also MED*) vent *m* ♦ *vt* (*take breath away*) couper le souffle à; **the wind(s)** (*MUS*) les instruments *mpl* à vent; **into** or **against the wind** contre le vent; **to get wind of sth** (*fig*) avoir vent de qch; **to break wind** avoir des gaz

wind[2], *pt, pp* **wound** [waɪnd, waʊnd] *vt* enrouler; (*wrap*) envelopper; (*clock, toy*) remonter ♦ *vi* (*road, river*) serpenter

▶ **wind down** *vt* (*car window*) baisser; (*fig: production, business*) réduire progressivement

▶ **wind up** *vt* (*clock*) remonter; (*debate*) terminer, clôturer

windfall [ˈwɪndfɔːl] *n* coup *m* de chance

winding [ˈwaɪndɪŋ] *adj* (*road*) sinueux(euse); (*staircase*) tournant(e)

wind instrument *n* (*MUS*) instrument *m* à vent

windmill [ˈwɪndmɪl] *n* moulin *m* à vent

window [ˈwɪndəʊ] *n* fenêtre *f*; (*in car, train: also*: **windowpane**) vitre *f*; (*in shop etc*) vitrine *f*

window box *n* jardinière *f*

window cleaner *n* (*person*) laveur/euse de vitres

window ledge *n* rebord *m* de la fenêtre

window pane *n* vitre *f*, carreau *m*

window-shopping [ˈwɪndəʊʃɒpɪŋ] *n*: **to go window-shopping** faire du lèche-vitrines

windowsill [ˈwɪndəʊsɪl] *n* (*inside*) appui *m* de la fenêtre; (*outside*) rebord *m* de la fenêtre

windpipe [ˈwɪndpaɪp] *n* gosier *m*

wind power *n* énergie éolienne

windscreen [ˈwɪndskriːn], (*US*) **windshield** [ˈwɪndʃiːld] *n* pare-brise *m inv*

windscreen washer *n* lave-glace *m inv*

windscreen wiper [-waɪpə*] *n* essuie-glace *m inv*

windshield [ˈwɪndʃiːld] (*US*) *n* = **windscreen**

windswept [ˈwɪndswept] *adj* balayé(e) par le vent

windy [ˈwɪndɪ] *adj* venté(e), venteux(euse); **it's windy** il y a du vent

wine [waɪn] *n* vin *m* ♦ *vt*: **to wine and dine sb** offrir un dîner bien arrosé à qn

wine bar *n* bar *m* à vin

wine cellar *n* cave *f* à vins

wine glass *n* verre *m* à vin

wine list *n* carte *f* des vins

wine waiter *n* sommelier *m*

wing [wɪŋ] *n* aile *f*; (*in air force*) groupe *m* d'escadrilles; **wings** *npl* (*THEAT*) coulisses *fpl*

winger [ˈwɪŋə*] *n* (*SPORT*) ailier *m*

wink [wɪŋk] *n* clin *m* d'œil ♦ *vi* faire un clin d'œil; (*blink*) cligner des yeux

winner [ˈwɪnə*] *n* gagnant/e

winning [ˈwɪnɪŋ] *adj* (*team*) gagnant(e); (*goal*) décisif(ive); (*charming*) charmeur(euse)

winnings [ˈwɪnɪŋz] *npl* gains *mpl*

winter [ˈwɪntə*] *n* hiver *m* ♦ *vi* hiverner

winter sports *npl* sports *mpl* d'hiver

wintry [ˈwɪntrɪ] *adj* hivernal(e)

wipe [waɪp] *n* coup *m* de torchon (*or* de chiffon *or* d'éponge) ♦ *vt* essuyer; **to give sth a wipe** donner un coup de torchon à qch; **to wipe one's nose** se moucher

▶ **wipe off** *vt* essuyer

▶ **wipe out** *vt* (*debt*) régler; (*memory*) oublier; (*destroy*) anéantir

▶ **wipe up** *vt* essuyer

wire [ˈwaɪə*] *n* fil *m* (de fer); (*ELEC*) fil électrique; (*TEL*) télégramme *m* ♦ *vt* (*fence*) grillager; (*house*) faire l'installation électrique de; (*also*: **wire up**) brancher

wireless [ˈwaɪəlɪs] *n* (*BRIT*) télégraphie *f* sans fil; (*set*) T.S.F. *f*

wiring [ˈwaɪərɪŋ] *n* (*ELEC*) installation *f* électrique

wiry [ˈwaɪərɪ] *adj* noueux(euse), nerveux(euse)

wisdom [ˈwɪzdəm] *n* sagesse *f*; (*of action*) prudence *f*

wisdom tooth *n* dent *f* de sagesse

wise [waɪz] *adj* sage, prudent(e), judicieux(euse); **I'm none the wiser** je ne suis pas plus avancé(e) pour autant

▶ **wise up** *vi* (*col*): **to wise up to** commencer à se rendre compte de

wish [wɪʃ] *n* (*desire*) désir *m*; (*specific desire*) souhait *m*, vœu *m* ♦ *vt* souhaiter, désirer, vouloir; **best wishes** (*on birthday etc*) meilleurs vœux; **with best wishes** (*in letter*) bien amicalement; **give her my best wishes** faites-lui mes amitiés; **to wish sb goodbye** dire au revoir à qn; **he wished me well** il me souhaitait de réussir; **to wish to do/sb to do** désirer *or* vouloir faire/que qn fasse; **to wish for** souhaiter; **to wish sth on sb** souhaiter qch à qn

wishful [ˈwɪʃful] *adj*: **it's wishful thinking** c'est prendre ses désirs pour des réalités

wistful [ˈwɪstful] *adj* mélancolique

wit [wɪt] *n* (*gen pl: intelligence*) intelligence *f*, esprit *m*; (*presence of mind*) présence *f* d'esprit; (*wittiness*) esprit; (*person*) homme/femme d'esprit; **to be at one's wits' end** (*fig*) ne plus savoir que faire; **to have one's wits about one** avoir toute sa présence d'esprit, ne pas perdre la tête; **to wit** *adv* à savoir

witch [wɪtʃ] *n* sorcière *f*

witchcraft [ˈwɪtʃkrɑːft] *n* sorcellerie *f*

┌─────────────┐
│ **KEYWORD** │
└─────────────┘

with [wɪð, wɪθ] *prep* **1** (*in the company of*) avec; (*at the home of*) chez; **we stayed with friends**

nous avons logé chez des amis; **I'll be with you in a minute** je suis à vous dans un instant
2 (descriptive): **a room with a view** une chambre avec vue; **the man with the grey hat/blue eyes** l'homme au chapeau gris/aux yeux bleus
3 (indicating manner, means, cause): **with tears in her eyes** les larmes aux yeux; **to walk with a stick** marcher avec une canne; **red with anger** rouge de colère; **to shake with fear** trembler de peur; **to fill sth with water** remplir qch d'eau
4: I'm with you (I understand) je vous suis; **to be with it** (col: up-to-date) être dans le vent

withdraw [wɪθ'drɔː] irreg vt retirer ♦ vi se retirer; (go back on promise) se rétracter; **to withdraw into o.s.** se replier sur soi-même
withdrawal [wɪθ'drɔːəl] n retrait m; (MED) état m de manque
withdrawal symptoms npl: **to have withdrawal symptoms** être en état de manque, présenter les symptômes mpl de sevrage
withdrawn [wɪθ'drɔːn] pp of withdraw ♦ adj (person) renfermé(e)
wither ['wɪðə*] vi se faner
withhold [wɪθ'həuld] vt irreg (money) retenir; (decision) remettre; (permission): **to withhold (from)** refuser (à); (information): **to withhold (from)** cacher (à)
within [wɪð'ɪn] prep à l'intérieur de ♦ adv à l'intérieur; **within sight of** en vue de; **within a mile of** à moins d'un mille de; **within the week** avant la fin de la semaine; **within an hour from now** d'ici une heure; **to be within the law** être légal(e) ou dans les limites de la légalité
without [wɪð'aut] prep sans; **without anybody knowing** sans que personne le sache; **to go** or **do without sth** se passer de qch
withstand [wɪθ'stænd] vt irreg résister à
witness ['wɪtnɪs] n (person) témoin m; (evidence) témoignage m ♦ vt (event) être témoin de; (document) attester l'authenticité de; **to bear witness to sth** témoigner de qch; **witness for the prosecution/defence** témoin à charge/à décharge; **to witness to sth/having seen sth** témoigner de qch/d'avoir vu qch
witness box, (US) **witness stand** n barre f des témoins
witty ['wɪtɪ] adj spirituel(le), plein(e) d'esprit
wives [waɪvz] npl of wife
wizard ['wɪzəd] n magicien m
wk abbr = week
wobble ['wɔbl] vi trembler; (chair) branler
woe [wəu] n malheur m
woke [wəuk] pt of wake
woken ['wəukn] pp of wake
wolf, pl **wolves** [wulf, wulvz] n loup m
woman, pl **women** ['wumən, 'wɪmɪn] n femme f ♦ cpd: **woman doctor** femme f médecin; **woman**

friend amie f; **woman teacher** professeur m femme; **young woman** jeune femme; **women's page** (PRESS) page f des lectrices
womanly ['wumənlɪ] adj féminin(e)
womb [wuːm] n (ANAT) utérus m
women ['wɪmɪn] npl of woman
Women's (Liberation) Movement n (also: **women's lib**) mouvement m de libération de la femme, MLF m
won [wʌn] pt, pp of win
wonder ['wʌndə*] n merveille f, miracle m; (feeling) émerveillement m ♦ vi: **to wonder whether** se demander si; **to wonder at** s'étonner de; s'émerveiller de; **to wonder about** songer à; **it's no wonder that** il n'est pas étonnant que + sub
wonderful ['wʌndəful] adj merveilleux(euse)
won't [wəunt] = will not
wood [wud] n (timber, forest) bois m ♦ cpd de bois, en bois
wood carving n sculpture f en or sur bois
wooded ['wudɪd] adj boisé(e)
wooden ['wudn] adj en bois; (fig) raide; inexpressif(ive)
woodpecker ['wudpekə*] n pic m (oiseau)
woodwind ['wudwɪnd] n (MUS) bois m; **the woodwind** (MUS) les bois
woodwork ['wudwəːk] n menuiserie f
woodworm ['wudwəːm] n ver m du bois; **the table has got woodworm** la table est piquée des vers
wool [wul] n laine f; **to pull the wool over sb's eyes** (fig) en faire accroire à qn
woollen, (US) **woolen** ['wulən] adj de laine; (industry) lainier(ière) ♦ n: **woollens** lainages mpl
woolly, (US) **wooly** ['wulɪ] adj laineux(euse); (fig: ideas) confus(e)
word [wəːd] n mot m; (spoken) mot, parole f; (promise) parole; (news) nouvelles fpl ♦ vt rédiger, formuler; **word for word** (repeat) mot pour mot; (translate) mot à mot; **what's the word for "pen" in French?** comment dit-on "pen" en français?; **to put sth into words** exprimer qch; **in other words** en d'autres termes; **to have a word with sb** toucher un mot à qn; **to have words with sb** (quarrel with) avoir des mots avec qn; **to break/keep one's word** manquer à/tenir sa parole; **I'll take your word for it** je vous crois sur parole; **to send word of** prévenir de; **to leave word** (with/for sb) that ... laisser un mot (à qn/pour qn) disant que ...
wording ['wəːdɪŋ] n termes mpl, langage m; libellé m
word processing n traitement m de texte
word processor [-prəusesə*] n machine f de traitement de texte
wore [wɔː*] pt of wear
work [wəːk] n travail m; (ART, LITERATURE) œuvre f ♦ vi travailler; (mechanism) marcher, fonctionner; (plan

etc) marcher; (*medicine*) agir ♦ *vt* (*clay, wood etc*) travailler; (*mine etc*) exploiter; (*machine*) faire marcher *or* fonctionner; **to go to work** aller travailler; **to set to work, to start work** se mettre à l'œuvre; **to be at work (on sth)** travailler (sur qch); **to be out of work** être au chômage; **to work hard** travailler dur; **work loose** se défaire, se desserrer

▶ **work on** *vt fus* travailler à; (*principle*) se baser sur

▶ **work out** *vi* (*subj: plans etc*) marcher; (*SPORT*) s'entraîner ♦ *vt* (*problem*) résoudre; (*plan*) élaborer; **it works out at £100** ça fait 100 livres

▶ **work up** *vt*: **to get worked up** se mettre dans tous ses états

workable ['wəːkəbl] *adj* (*solution*) réalisable

workaholic [wəːkə'hɔlɪk] *n* bourreau *m* de travail

worker ['wəːkəʳ] *n* travailleur/euse, ouvrier/ière; **office worker** employé/e de bureau

work experience *n* stage *m*

workforce ['wəːkfɔːs] *n* main-d'œuvre *f*

working ['wəːkɪŋ] *adj* (*day, tools etc, conditions*) de travail; (*wife*) qui travaille; (*partner, population*) actif(ive); **in working order** en état de marche; **a working knowledge of English** une connaissance toute pratique de l'anglais

working class *n* classe ouvrière ♦ *adj*: **working-class** ouvrier(ière), de la classe ouvrière

workman ['wəːkmən] *n* ouvrier *m*

workmanship ['wəːkmənʃɪp] *n* métier *m*, habileté *f*; facture *f*

works [wəːks] *n* (*BRIT: factory*) usine *f* ♦ *npl* (*of clock, machine*) mécanisme *m*; **road works** travaux *mpl* (d'entretien des routes)

work sheet *n* (*COMPUT*) feuille *f* de programmation

workshop ['wəːkʃɔp] *n* atelier *m*

work station *n* poste *m* de travail

work-to-rule ['wəːktə'ruːl] *n* (*BRIT*) grève *f* du zèle

world [wəːld] *n* monde *m* ♦ *cpd* (*champion*) du monde; (*power, war*) mondial(e); **all over the world** dans le monde entier, partout dans le monde; **to think the world of sb** (*fig*) ne jurer que par qn; **what in the world is he doing?** qu'est-ce qu'il peut bien être en train de faire?; **to do sb a world of good** faire la plus grand bien à qn; **World War One/Two, the First/Second World War** la Première/Deuxième Guerre mondiale; **out of this world** *adj* extraordinaire

worldly ['wəːldlɪ] *adj* de ce monde

worldwide ['wəːld'waɪd] *adj* universel(le) ♦ *adv* dans le monde entier

World Wide Web *n* Web *m*

worm [wəːm] *n* ver *m*

worn [wɔːn] *pp* of **wear** ♦ *adj* usé(e)

worn-out ['wɔːnaut] *adj* (*object*) complètement usé(e); (*person*) épuisé(e)

worried ['wʌrɪd] *adj* inquiet(ète); **to be worried**

about sth être inquiet au sujet de qch

worry ['wʌrɪ] *n* souci *m* ♦ *vt* inquiéter ♦ *vi* s'inquiéter, se faire du souci; **to worry about** *or* **over sth/sb** se faire du souci pour *or* à propos de qch/qn

worse [wəːs] *adj* pire, plus mauvais(e) ♦ *adv* plus mal ♦ *n* pire *m*; **to get worse** (*condition, situation*) empirer, se dégrader; **a change for the worse** une détérioration; **he is none the worse for it** il ne s'en porte pas plus mal; **so much the worse for you!** tant pis pour vous!

worsen ['wəːsn] *vt, vi* empirer

worse off *adj* moins à l'aise financièrement; (*fig*): **you'll be worse off this way** ça ira moins bien de cette façon; **he is now worse off than before** il se retrouve dans une situation pire qu'auparavant

worship ['wəːʃɪp] *n* culte *m* ♦ *vt* (*God*) rendre un culte à; (*person*) adorer; **Your Worship** (*BRIT: to mayor*) Monsieur le Maire; (: *to judge*) Monsieur le Juge

worst [wəːst] *adj* le(la) pire, le(la) plus mauvais(e) ♦ *adv* le plus mal ♦ *n* pire *m*; **at worst** au pis aller; **if the worst comes to the worst** si le pire doit arriver

worth [wəːθ] *n* valeur *f* ♦ *adj*: **to be worth** valoir; **how much is it worth?** ça vaut combien?; **it's worth it** cela en vaut la peine; **50 pence worth of apples** (pour) 50 pence de pommes

worthless ['wəːθlɪs] *adj* qui ne vaut rien

worthwhile ['wəːθ'waɪl] *adj* (*activity*) qui en vaut la peine; (*cause*) louable; **a worthwhile book** un livre qui vaut la peine d'être lu

worthy ['wəːðɪ] *adj* (*person*) digne; (*motive*) louable; **worthy of** digne de

---

KEYWORD

would [wud] *aux vb* **1** (*conditional tense*): **if you asked him he would do it** si vous le lui demandiez, il le ferait; **if you had asked him he would have done it** si vous le lui aviez demandé, il l'aurait fait

2 (*in offers, invitations, requests*): **would you like a biscuit?** voulez-vous un biscuit?; **would you close the door please?** voulez-vous fermer la porte, s'il vous plaît?

3 (*in indirect speech*): **I said I would do it** j'ai dit que je le ferais

4 (*emphatic*): **it WOULD have to snow today!** naturellement il neige aujourd'hui! *or* il fallait qu'il neige aujourd'hui!

5 (*insistence*): **she wouldn't do it** elle n'a pas voulu *or* elle a refusé de le faire

6 (*conjecture*): **it would have been midnight** il devait être minuit

7 (*indicating habit*): **he would go there on Mondays** il y allait le lundi

---

would-be ['wudbiː] *adj* (*pej*) soi-disant

wouldn't ['wudnt] = **would not**

wound vb [waund] ♦ pt, pp of **wind** ♦ n, vt [wu:nd] ♦ n blessure f ♦ vt blesser; **wounded in the leg** blessé à la jambe

wove [wəuv] pt of **weave**

woven ['wəuvn] pp of **weave**

wrap [ræp] n (stole) écharpe f; (cape) pèlerine f ♦ vt (also: **wrap up**) envelopper; **under wraps** (fig: plan, scheme) secret(ète)

wrapper ['ræpə*] n (BRIT: of book) couverture f; (on chocolate etc) papier m

wrapping paper ['ræpɪŋ-] n papier m d'emballage; (for gift) papier cadeau

wreak [ri:k] vt (destruction) entraîner; **to wreak havoc** faire des ravages; **to wreak vengeance on** se venger de, exercer sa vengeance sur

wreath, pl **wreaths** [ri:θ, ri:ðz]n couronne f

wreck [rek] n (sea disaster) naufrage m; (ship) épave f; (pej: person) loque (humaine) ♦ vt démolir; (ship) provoquer le naufrage de; (fig) briser, ruiner

wreckage ['rekɪdʒ] n débris mpl; (of building) décombres mpl; (of ship) naufrage m

wren [ren] n (ZOOL) troglodyte m

wrench [rentʃ] n (TECH) clé f (à écrous); (tug) violent mouvement de torsion; (fig) arrachement m ♦ vt tirer violemment sur, tordre; **to wrench sth from** arracher qch (violemment) à or de

wrestle ['resl] vi: **to wrestle (with sb)** lutter (avec qn); **to wrestle with** (fig) se débattre avec, lutter contre

wrestler ['reslə*] n lutteur/euse

wrestling ['reslɪŋ] n lutte f; (also: **all-in wrestling**: BRIT) catch m

wretched ['retʃɪd] adj misérable; (col) maudit(e)

wriggle ['rɪgl] n tortillement m ♦ vi se tortiller

wring, pt, pp **wrung** [rɪŋ, rʌŋ] vt tordre; (wet clothes) essorer; (fig): **to wring sth out of** arracher qch à

wrinkle ['rɪŋkl] n (on skin) ride f; (on paper etc) pli m ♦ vt rider, plisser ♦ vi se plisser

wrinkled ['rɪŋkld] adj, **wrinkly** ['rɪŋklɪ] adj (fabric, paper) froissé(e), plissé(e); (surface) plissé; (skin) ridé(e), plissé

wrist [rɪst] n poignet m

wristwatch ['rɪstwɔtʃ] n montre-bracelet f

writ [rɪt] n acte m judiciaire; **to issue a writ against sb, serve a writ on sb** assigner qn en justice

write, pt **wrote**, pp **written** [raɪt, rəut, 'rɪtn] vt, vi écrire; **to write sb a letter** écrire une lettre à qn

▶ **write away** vi: **to write away for** (information) (écrire pour) demander; (goods) (écrire pour) commander

▶ **write down** vt noter; (put in writing) mettre par écrit

▶ **write off** vt (debt) passer aux profits et pertes; (depreciate) amortir; (smash up: car etc) démolir complètement

▶ **write out** vt écrire; (copy) recopier

▶ **write up** vt rédiger

write-off ['raɪtɔf] n perte totale; **the car is a write-off** la voiture est bonne pour la casse

writer ['raɪtə*] n auteur m, écrivain m

writhe [raɪð] vi se tordre

writing ['raɪtɪŋ] n écriture f; (of author) œuvres fpl; **in writing** par écrit; **in my own writing** écrit(e) de ma main

writing paper n papier m à lettres

wrong [rɒŋ] adj faux(fausse); (incorrectly chosen: number, road etc) mauvais(e); (not suitable) qui ne convient pas; (wicked) mal; (unfair) injuste ♦ adv faux ♦ n tort m ♦ vt faire du tort à, léser; **to be wrong** (answer) être faux(fausse); (in doing/saying) avoir tort (de dire/faire); **you are wrong to do it** tu as tort de le faire; **it's wrong to steal, stealing is wrong** c'est mal de voler; **you are wrong about that, you've got it wrong** tu te trompes; **to be in the wrong** avoir tort; **what's wrong?** qu'est-ce qui ne va pas?; **there's nothing wrong** tout va bien; **what's wrong with the car?** qu'est-ce qu'elle a, la voiture?; **to go wrong** (person) se tromper; (plan) mal tourner; (machine) se détraquer

wrongful ['rɒŋful] adj injustifié(e); **wrongful dismissal** (INDUSTRY) licenciement abusif

wrongly ['rɒŋlɪ] adv à tort; (answer, do, count) mal, incorrectement; (treat) injustement

wrong side n (of cloth) envers m

wrote [rəut] pt of **write**

wrought [rɔ:t] adj: **wrought iron** fer forgé

wrung [rʌŋ] pt, pp of **wring**

wt. abbr (= weight) pds.

WWW n abbr = World Wide Web: **the WWW** le Web

— X x —

Xmas ['eksməs] n abbr = **Christmas**

X-ray ['eksreɪ] n rayon m X; (photograph) radio(graphie) f ♦ vt radiographier

xylophone ['zaɪləfəun] n xylophone m

— Y y —

Y2K n abbr (= year 2000) l'an m 2000

yacht [jɔt] n voilier m; (motor, luxury yacht) yacht m

yachting ['jɔtɪŋ] n yachting m, navigation f de plaisance

yachtsman ['jɔtsmən] n yacht(s)man m

Yank [jæŋk], **Yankee** ['jæŋkɪ] n (pej) Amerloque m/f, Ricain/e

yank [jæŋk] vt tirer d'un coup sec

yap [jæp] vi (dog) japper

yard [jɑːd] n (of house etc) cour f; (US: garden) jardin m; (measure) yard m (= 914 mm; 3 feet)
builder's yard chantier m

yardstick ['jɑːdstɪk] n (fig) mesure f, critère m

yarn [jɑːn] n fil m; (tale) longue histoire

yawn [jɔːn] n bâillement m ♦ vi bâiller

yawning ['jɔːnɪŋ] adj (gap) béant(e)

yd abbr = **yard**

yeah [jɛə] adv (col) ouais

year [jɪə*] n an m, année f; (SCOL etc) année; **every year** tous les ans, chaque année; **this year** cette année; **a** or **per year** par an; **year in, year out** année après année; **to be 8 years old** avoir 8 ans; **an eight-year-old child** un enfant de huit ans

yearly ['jɪəlɪ] adj annuel(le) ♦ adv annuellement; **twice yearly** deux fois par an

yearn [jɜːn] vi: **to yearn for sth/to do** aspirer à qch/à faire something, languir après qch

yeast [jiːst] n levure f

yell [jɛl] n hurlement m, cri m ♦ vi hurler

yellow ['jɛləu] adj, n jaune (m)

yelp [jɛlp] n jappement m; glapissement m ♦ vi japper; glapir

yes [jɛs] adv oui; (answering negative question) si ♦ n oui m; **to say yes (to)** dire oui (à)

yesterday ['jɛstədɪ] adv, n hier (m); **yesterday morning/evening** hier matin/soir; **the day before yesterday** avant-hier; **all day yesterday** toute la journée d'hier

yet [jɛt] adv encore; déjà ♦ conj pourtant, néanmoins; **it is not finished yet** ce n'est pas encore fini or toujours pas fini; **must you go just yet?** dois-tu déjà partir?; **the best yet** le meilleur jusqu'ici or jusque-là; **as yet** jusqu'ici, encore; **a few days yet** encore quelques jours; **yet again** une fois de plus

yew [juː] n if m

yield [jiːld] n production f, rendement m; (FINANCE) rapport m ♦ vt produire, rendre, rapporter; (surrender) céder ♦ vi céder; (US AUT) céder la priorité; **a yield of 5%** un rendement de 5%

YMCA n abbr (= Young Men's Christian Association) ≈ union chrétienne de jeunes gens (UCJG)

yob(bo) ['jɔb(əu)] n (BRIT col) loubar(d) m

yog(h)urt, yog(h)urt ['jəugət] n yaourt m

yoke [jəuk] n joug m ♦ vt (also: **yoke together**: oxen) accoupler

yolk [jəuk] n jaune m (d'œuf)

┌─────────────┐
│ **KEYWORD** │
└─────────────┘

you [juː] pron 1 (subject) tu; (polite form) vous; (plural) vous; **you French enjoy your food** vous autres Français, vous aimez bien manger; **you and I will go** toi et moi or vous et moi, nous irons
2 (object: direct, indirect) te, t' +vowel; vous; **I know you** je te or vous connais; **I gave it to you** je vous l'ai donné, je te l'ai donné
3 (stressed) toi; vous; **I told YOU to do it** c'est à toi or vous que j'ai dit de le faire
4 (after prep, in comparisons) toi; vous; **it's for you** c'est pour toi or vous; **she's younger than you** elle est plus jeune que toi or vous
5 (impersonal: one) on; **fresh air does you good** l'air frais fait du bien; **you never know** on ne sait jamais

you'd [juːd] = **you had, you would**

you'll [juːl] = **you will, you shall**

young [jʌŋ] adj jeune ♦ npl (of animal) petits mpl; (people): **the young** les jeunes, la jeunesse; **a young man** un jeune homme; **a young lady** (unmarried) une jeune fille, une demoiselle; (married) une jeune femme or dame; **my younger brother** mon frère cadet; **the younger generation** la jeune génération

younger ['jʌŋɡə*] adj (brother etc) cadet(te)

youngster ['jʌŋstə*] n jeune m/f; (child) enfant m/f

your [jɔː*] adj ton(ta), tes pl; (polite form, pl) votre, vos pl

you're [juə*] = **you are**

yours [jɔːz] pron le(la) tien(ne), les tiens(tiennes); (polite form, pl) le(la) vôtre, les vôtres; **is it yours?** c'est à toi (or à vous)?; **a friend of yours** un(e) de tes (or de vos) amis

yourself [jɔː'sɛlf] pron (reflexive) te; (: polite form) vous; (after prep) toi; vous; (emphatic) toi-même; vous-même; **you yourself told me** c'est vous qui me l'avez dit, vous me l'avez dit vous-même

yourselves [jɔː'sɛlvz] pl pron vous; (emphatic) vous-mêmes

youth [juːθ] n jeunesse f; (young man: pl **youths** [juːðz] jeune homme m; **in my youth** dans ma jeunesse, quand j'étais jeune

youth club n centre m de jeunes

youthful ['juːθful] adj jeune; (enthusiasm etc) juvénile; (misdemeanour) de jeunesse

youth hostel n auberge f de jeunesse

you've [juːv] = **you have**

YTS n abbr (BRIT: = Youth Training Scheme) ≈ TUC m

Yugoslav ['juːɡəuslɑːv] adj yougoslave ♦ n Yougoslave m/f

Yugoslavia [juːɡəu'slɑːvɪə] n Yougoslavie f

yuppie ['jʌpɪ] n yuppie m/f

YWCA n abbr (= Young Women's Christian Association) union chrétienne féminine

— Z z —

zany ['zeɪnɪ] *adj* farfelu(e), loufoque

zap [zæp] *vt* (*COMPUT*) effacer

zeal [ziːl] *n* (*revolutionary etc*) ferveur *f*; (*keenness*) ardeur *f*, zèle *m*

zebra ['ziːbrə] *n* zèbre *m*

zebra crossing *n* (*BRIT*) passage *m* pour piétons

zero ['zɪərəu] *n* zéro *m* ◆ *vi*: **to zero in on** (*target*) se diriger droit sur; **5° below zero** 5 degrés au-dessous de zéro

zest [zest] *n* entrain *m*, élan *m*; (*of lemon etc*) zeste *m*

zigzag ['zɪgzæg] *n* zigzag *m* ◆ *vi* zigzaguer, faire des zigzags

Zimbabwe [zɪm'bɑːbwɪ] *n* Zimbabwe *m*

Zimmer® ['zɪmə⁰] *n* (*also*: **Zimmer frame**) déambulateur *m*

zinc [zɪŋk] *n* zinc *m*

zip [zɪp] *n* (*also*: **zip fastener**, (*US*) **zipper**) fermeture *f* éclair® *or* à glissière; (*energy*) entrain *m* ◆ *vt* (*also*: **zip up**) fermer (avec une fermeture éclair®)

zip code *n* (*US*) code postal

zit [zɪt] (*inf*) *n* bouton *m*

zodiac ['zəudiæk] *n* zodiaque *m*

zone [zəun] *n* zone *f*

zoo [zuː] *n* zoo *m*

zoom [zuːm] *vi*: **to zoom past** passer en trombe; **to zoom in (on sb/sth)** (*PHOT, CINE*) zoomer (sur qn/qch)

zoom lens *n* zoom *m*, objectif *m* à focale variable

zucchini [zuːˈkiːnɪ] *n(pl)* (*US*) courgette(s) *f(pl)*